AF269425

"Wayne Grudem y yo siempre coincidimos, tanto en teología como en el método teológico. *Ética cristiana: Una Introducción Bíblica al Razonamiento Moral* tiene todas las excelentes características de su *Systematic Theology [Teología Sistemática]:* exhaustiva fidelidad bíblica, claridad, aplicación práctica e interacción con otros escritores. Sus exhortaciones impulsan al lector a adorar al Dios trino. Espero que este libro tenga una amplia distribución y la respuesta efusiva que merece".

John Frame, catedrático de teología sistemática y filosofía emérita en el Reformed Theological Seminary [Seminario Teológico de la Reforma], Orlando, Florida.

"Esta obra de Wayne Grudem es el mejor texto que se ha compuesto hasta ahora en materia de ética cristiana bíblica, y lo digo en varios sentidos. Es más completo, perspicaz y aplicable comparándolo con cualquier otra obra, y seguro que se convertirá en un clásico de las aulas. Pero lo que más me gusta es cómo Grudem une la mente de un erudito con el corazón de un discípulo más comprometido con agradar a Cristo que a sus contemporáneos, y con un gran celo de fortalecer a la iglesia que de impresionar al mundo".

Daniel R. Heimbach, miembro del L. Russ Bush Center for Faith and Culture [Centro L. Russ Bush para la Fe y la Cultura]; catedrático de ética cristiana del Southeastern Baptist Theological Seminary [Seminario Teológico Bautista del Sureste].

"Wayne Grudem tiene el don inusual de hacer que los conceptos complejos de teología y ética sean accesibles. También tiene un conocimiento enciclopédico y una mente organizada y analítica. Todo ello se pone de manifiesto en este importante libro, que constituye un recurso valiosísimo tanto para los estudiosos como para los profesionales".

Peter S. Heslam, investigador principal del University of Cambridge [Universidad de Cambridge]; director de Transforming Business [Transformando los negocios].

"Wayne Grudem es un maestro a la hora de abordar temas intelectuales de gran relevancia, sazonarlos y servirlos en sabrosos bocados para que cualquier persona pueda saborearlos y digerirlos. No permita que el tamaño de este libro le desanime. Este rico festín le ayudará a entender lo que la Biblia dice sobre cómo vivir hoy. Profundize y saboree la sabiduría que es más dulce que la miel. Coma del pan que traerá salud a tu espíritu y vida a tus huesos".

Mary Kassian, autora de *Girls Gone Wise* [Chicas sabias en un mundo salvaje].

"En el campo de la ética hoy en día, se limitan demasiado a describir los problemas y las alternativas. La idea misma de que existe una respuesta 'correcta' para cualquier cosa es un anatema. En este clima de estancamiento, el libro de Wayne Grudem *Ética Cristiana* es una brisa de aire fresco. Además, demuestra cómo la Biblia proporciona respuestas específicas a preguntas concretas. Sin embargo, no se trata de un mero compendio de sus puntos de vista personales sobre los temas. Incluso cuando sus puntos de vista están en desacuerdo con otros, dentro del cristianismo evangélico, explica a sus lectores esas alternativas y les invita a compararlas. Los lectores son desafiados a pensar y se les da el material que necesitan para hacerlo de una manera que honra a Dios. Nosotros estamos en deuda con Grudem por esta enorme labor de amor".

John Kilner, catedrático de bioética y cultura contemporánea, cátedra Forman de ética y teología del Trinity Evangelical Divinity School [Universidad Divinidad Evangélica de la Trinidad]; director de programas de bioética, Trinity International University [Universidad internacional de Trinidad].

"Wayne Grudem lo ha vuelto a lograr. Su *Systematic Theology* ha equipado a innumerables cristianos, iglesias y pastores en la verdad de la palabra de Dios de una manera clara, accesible y fiel. Ahora su libro de *Ética Cristiana* promete hacer lo mismo al ayudarnos a aplicar la palabra de Dios a nuestras vidas. En una época en la que la obediencia se minimiza a menudo en nombre de la gracia, este libro nos equipa para deleitarnos en la voluntad de Dios para nuestras vidas en respuesta a la gracia."

> **C.J. Mahaney,** pastor principal de Sovereign Grace Church of Louisville [Iglesia de la Gracia Soberana de Louisville].

"A través de este enfoque enciclopédico de la ética aplicada, Wayne Grudem muestra cómo su método de hermenéutica de la Biblia completa puede ayudar a los cristianos a resolver las complicadas cuestiones éticas de la actualidad. Desde el principio de la vida hasta el final de la misma, y en todos los puntos intermedios, Grudem demuestra cómo es la fidelidad en una vida centrada en Dios y en las Escrituras. Léalo con la Biblia y el corazón abiertos".

> **C. Ben Mitchell,** catedrático de filosofía moral de la Union University [Universidad Unión] de Jackson, Tennessee.

"Perspicaz, enciclopédico, bíblico y claramente evangélico, este nuevo libro de Wayne Grudem es una enorme contribución a la ética cristiana. Será una de las obras más importantes y definitivas de esta generación. Los lectores deberían sumergirse capítulo a capítulo, y luego tenerlo a mano para una consulta continua".

> **R.Albert Mohler,** Jr., presidente de The Southern Baptist Theological Seminary [Seminario teológico bautista del sur].

"Este es el mejor libro de ética cristiana que conozco, y pienso solicitarlo como libro de texto principal para mi curso de ética bíblica. Grudem escribe con su estilo característico: claro, lógico, accesible y (¡generalmente!) persuasivo".

> **Andy Naselli,** asistente de catedrático del nuevo testamento y teología de la Bethlehem College & Seminary [Universidad y Seminario de Belén]; líder de iglesia en Bethlehem Baptist Church [Iglesia Bautista de Belén].

"Este análisis casi exhaustivo de la ética cristiana está destinado a convertirse en el texto evangélico de referencia durante muchos años. Es amplio, reflexivo y no teme enfrentarse a cuestiones polémicas y a quienes adoptan un enfoque diferente. Independientemente de si uno puede estar de acuerdo con Grudem en cada tema, todos podemos beneficiarnos inmensamente de su clara presentación. Prácticamente no hay una cuestión ética que no aborde, y consultaré su obra con regularidad en busca de sabiduría y orientación sobre una variedad de asuntos a los que se enfrenta la iglesia en un mundo moralmente decadente y confuso. ¡Muy recomendable!".

> **Sam Storms,** Pastor Principal de la Iglesia Bridgeway en la ciudad de Oklahoma, Oklahoma.

ÉTICA CRISTIANA

ÉTICA CRISTIANA

UNA INTRODUCCIÓN BÍBLICA AL RAZONAMIENTO MORAL

WAYNE GRUDEM

MONSGO®

Christian Ethics: An Introduction to Biblical Moral Reasoning
Copyright © 2018 by Wayne Grudem

Published by Crossway
a publishing ministry of Good News Publishers Wheaton, Illinois 60187, U.S.A.

This edition published by arrangement with Crossway.
All rights reserved.

Ética cristiana: Una Introducción Bíblica al Razonamiento Moral
Publicado por Monsgo® 2022
Una división de Vida Trading Company LLC
1218 Interestate Blvd.
Florence, SC 29501

El presente libro es una traducción de Christian Ethics, publicado en el 2018 por Crossway®

Diseño de portada: Derek Thornton, Faceout Studios.
Imagen de portada: Stocksy

Impreso en India
A menos que se indique lo contrario, todas las citas bíblicas se han tomado de la Santa Biblia, Versión Reina-Valera 1960© 1960 por Sociedades Bíblicas en América Latina. Utilizada con permiso. Todos los derechos reservados.
Para otras versiones bíblicas citadas, ver el AnexoB.
Todos los énfasis en las citas bíblicas han sido añadidos por el autor.
ISBN de tapa dura: 978-1-949206-39-5

Traducción: World Connect Lima S.A.C

Para Hannah, Ava y Will, con la esperanza de que cuando crezcan,
el mundo sea un lugar mejor, un mundo en el que la voluntad de
Dios se comprenda y obedezca más plenamente "así en la tierra
como en el cielo" (Mateo 6:10)

CONTENIDO

PARTE 1:
INTRODUCCIÓN

¿Qué es la ética cristiana? ¿Por qué los cristianos deben estudiar la ética? ¿Cómo debemos estudiarla? ¿Por qué debemos basar nuestro estudio de la ética en todo lo que dice la Biblia y no en unos pocos principios éticos principales de las Escrituras?

¿De dónde provienen las normas éticas de la Biblia? ¿Por qué debemos pensar que son auténticas? ¿Se aplican estas normas éticas a todas las personas de todas las sociedades y en todo momento?

¿Se supone que la Biblia nos enseña a vivir? ¿Cómo sabemos que es verdadera y fiable? ¿Todo el mundo puede entenderla?

¿Por qué la ética cristiana debe abarcar más que el aprendizaje de las acciones correctas? ¿Por qué es importante desarrollar un carácter semejante al de Cristo? ¿Por qué debemos tener en cuenta los resultados de nuestras acciones? ¿Cómo se relaciona el estudio de la ética con nuestra relación personal con Dios?

Aunque nuestros pecados sean perdonados, ¿qué bendiciones adicionales llegan a nuestras vidas cuando obedecemos a Dios y evitamos el pecado? ¿Habrá consecuencias negativas si seguimos pecando de manera deliberada?

PARTE 2:
PROTEGIENDO EL HONOR DE DIOS

"No tendrás dioses ajenos delante de mí".
"No te harás imagen".
"No tomarás el nombre de Jehová tu Dios en vano".
"Acuérdate del día de reposo para santificarlo".
"No hablarás contra tu prójimo falso testimonio".

PARTE 3:
PROTEGIENDO LA AUTORIDAD HUMANA

"Honra a tu padre y a tu madre".

PARTE 4:
PROTEGIENDO LA VIDA HUMANA

"No cometas asesinato" (Nueva Traducción Viviente).

PARTE 5:
PROTEGIENDO EL MATRIMONIO

"No cometerás adulterio"

*deseo homosexual es malo? ¿Las personas pueden "nacer
homosexuales"? ¿Cómo deberíamos evaluar las afirmaciones
de aquellas personas que son "transgénero"? ¿Una operación
de cambio de sexo puede cambiar a un hombre en una mujer
y a una mujer en un hombre?*

PARTE 6:
PROTEGIENDO LA PROPIEDAD

"No hurtarás".

PARTE 7:
PROTEGIENDO LA PUREZA DEL CORAZÓN

"No codiciarás".

ABREVIATURAS

ANF	Los padres antenicenos. Editado por Alexander Roberts y James Donaldson. 1885-1887. 10 vols. Repr., Peabody, Massachusetts: Hendrickson, 1994
BDAG	Bauer, Walter, Frederick William Danker, William F. Arndt y F. Wilbur Gingrich. A Greek-English Lexicon of the New Testament and Other Early Christian Literature [Léxico griego-inglés del Nuevo Testamento y otra literatura cristiana primitiva]. 3ra ed. Chicago: University of Chicago Press, 2000
BDB	Brown, Francis, S. R. Driver y Charles Briggs. A Hebrew and English Lexicon of the Old Testament [Léxico hebreo e inglés del Antiguo Testamento]. Oxford: Clarendon, 1968
BECNT	Comentario exegético de Baker sobre el Nuevo Testamento
RVC	Reina Valera Contemporánea
cf.	comparar
cap.	capítulo
CSB	Biblia estándar cristiana
DCH	Dictionary of Classical Hebrew [Diccionario de hebreo clásico]. Editado por David J. A. Clines. 9 vols. Sheffield, Reino Unido: Sheffield Phoenix Press, 1993-2014
EBC	Comentario Bíblico del Expositor
ESV	Versión estándar inglesa
Et al.	Y otros
HALOT	Koehler, Ludwig, y Walter Baumgartner. The Hebrew and Aramaic Lexicon of the Old Testament [Léxico hebreo y arameo del Antiguo Testamento]. Study Edition. 2 vols. Leiden: Brill, 2001
HCSB	Biblia estándar cristiana de Holman
ICC	Comentario crítico internacional
JETS	Journal of the Evangelical Theological Society [Revista de la Sociedad Teológica Evangélica]
RVR1960	Reina Valera 1960

LSJ	Liddell, Henry George, Robert Scott, Henry Stuart Jones. A Greek-English Lexicon [Léxico griego-inglés]. 9na ed. Oxford, Reino Unido: Clarendon, 1996
LXX	Septuaginta
mg.	notas marginales o de margen
n.	nota
n.s.	nueva serie
NAC	Nuevos Comentarios Americanos
LBLA	La Biblia de las Américas
NCV	Versión del nuevo siglo
NET	La Biblia NET
NICNT	Nuevo comentario internacional sobre el Nuevo Testamento
NICOT	Nuevo comentario internacional sobre el Antiguo Testamento
NIDOTTE	New International Dictionary of Old Testament Theology and Exegesis [Nuevo Diccionario Internacional de Teología y Exégesis del Antiguo Testamento]. Editado por Willem A. VanGemeren. 5 vols. Grand Rapids, Michigan: Zondervan, 1997
NIGTC	Nuevo comentario internacional al testamento griego
NVI	Nueva versión internacional
RVA-2015	Reina Valera Actualizada
JETS	Journal of the Evangelical Theological Society [Revista de la Sociedad Teológica Evangélica]
RVR1960	Reina Valera 1960
NTV	Nueva Traducción Viviente
NPFN1	Nicene and Post-Nicene Fathers [Padres nicenos y posnicenos], Serie 1. Editado por Philip Schaff. 14 vols. 1886–1889. Repr., Peabody, Massachusett: Hendrickson, 1994
NRSV	Nueva versión estándar revisada
párr.	párrafo
PNTC	Comentario pilar del Nuevo Testamento
RSV	Versión estándar revisada
sec.	sección
TLA	Traducción en Lenguaje Actual
TNTC	Comentarios sobre el NuevoTestamento de Tyndale
TOTC	Comentarios sobre el Antiguo Testamento de Tyndale

trad.	Traducido por
TrinJ	Trinity Journal [Revista de la Trinidad]
vol.	volumen
WBC	Comentario bíblico de la palabra
WCF	Confesión de fe de Westminster
WLC	Catecismo Mayor de Westminster
WTJ	Westminster Theological Journal [Revista teológica de Westminster]

ILUSTRACIONES

Tablas

Gráficos

PRÓLOGO

He escrito este libro para los cristianos que quieren comprender lo que enseña la Biblia sobre cómo obedecer fielmente a Dios en su vida diaria. Espero que el libro sea útil no solo para los estudiantes universitarios y de seminario que toman clases de ética cristiana, sino también para todos los demás cristianos que buscan, delante de Dios, ser "llenos del conocimiento de su voluntad en toda sabiduría e inteligencia espiritual" de modo que vivan "como es digno del Señor, agradándole en todo, llevando fruto en toda buena obra, y creciendo en el conocimiento de Dios" (Col 1:9-10).

Este libro, en su totalidad, es una invitación a experimentar la gran bendición de Dios que proviene de caminar a diario por senderos de obediencia, conocer más el gozo de la presencia de Dios y experimentar su favor en nuestras vidas (ver cap. 4). Es una invitación a deleitarse en la bondad y la belleza de las normas morales de Dios porque entendemos que deleitarse en esas normas es realmente deleitarse en el carácter moral infinitamente bueno de Dios mismo (ver cap. 2). El deleitarnos en las normas morales de Dios debería llevarnos a exclamar con el salmista: "¡Oh, cuánto amo yo tu ley! Todo el día es ella mi meditación" (Sal 119:97).

Pero este libro también contiene un desafío. Me resulta preocupante que la enseñanza sobre la ética se haya descuidado en muchas iglesias evangélicas de hoy, en parte porque los temas parecen complejos, porque los pastores no quieren ser acusados de sonar "legalistas" y porque la cultura no cristiana que nos rodea es hostil a los valores morales cristianos, por lo que cualquier persona que enseñe la ética bíblica probablemente sea criticada por los incrédulos. Por lo tanto, espero que este libro ayude a satisfacer una necesidad entre los cristianos de hoy por una mayor comprensión de la ética bíblica. El desafío en el libro es que los cristianos de hoy vivan vidas de santidad personal, vidas que con frecuencia serán claramente diferentes de las de aquellos en la cultura secular que nos rodea, no siendo "conformes a este siglo" sino más bien siendo "transformados por medio de la renovación de vuestro entendimiento, para que comprobéis cuál sea la buena voluntad de Dios, agradable y perfecta" (Ro 12:2).

No puedo afirmar que estoy a la altura de todos los estándares éticos descritos en este libro, ni nadie más que lo lea o lo enseñe. Jesús dijo: "Sed, pues, vosotros perfectos, como vuestro Padre que está en los cielos es perfecto" (Mt 5:48), y eso incluye no solo la perfección moral en nuestras acciones, sino también la perfección infalible en nuestras intenciones y actitudes del corazón, algo de lo que nadie es capaz en esta vida. ¿Quién podría afirmar haber obedecido perfectamente incluso los dos mandamientos que Jesús llamó como los más grandes: amar a Dios y amar al prójimo?

Amarás al Señor tu Dios con todo tu corazón, y con toda tu alma, y con toda tu mente. Este es el primero y grande mandamiento. Y el segundo es semejante: Amarás a tu prójimo como a ti mismo. De estos dos mandamientos depende toda la ley y los profetas. (Mt 22:37-40)

Pero prosigamos. A pesar de tener conocimiento sobre nuestras debilidades y fracasos, podemos decir con el apóstol Pablo: "Hermanos, yo mismos no pretendo haberlo ya alcanzado; pero una cosa hago: olvidando ciertamente lo que queda atrás, y extendiéndome a lo que está delante, prosigo a la meta, al premio del supremo llamamiento de Dios en Cristo Jesús" (Fil 3:13-14).

Si hacemos esto, podemos esperar que nuestras vidas den cada vez más gloria a Dios mientras buscamos honrarlo y reflejar su carácter en todo lo que hacemos. "Mas la senda de los justos es como la luz de la aurora, que va en aumento hasta que el día es perfecto" (Pr 4:18).

Este libro tiene un propósito similar al de mi anterior libro Systematic Theology[1] [Teología sistemática],porque ambos libros buscan explicar "lo que toda la Biblia enseña" sobre varios temas específicos. Sin embargo, Systematic Theology trató temas teológicos como la Trinidad, la persona de Cristo, la expiación y la salvación, mientras que este libro trata temas éticos como mentir y decir la verdad, la guerra, el aborto, la eutanasia, la discriminación racial, el divorcio y nuevo matrimonio, la homosexualidad, la mayordomía del dinero, el uso racional del medio ambiente y muchos otros temas[2].

En el subtítulo, he llamado a este libro "Introducción al razonamiento moral bíblico" porque he tratado de hacerlo comprensible incluso para los cristianos que nunca antes habían estudiado la ética cristiana. He evitado usar términos técnicos sin antes explicarlos, y la mayoría de los capítulos se pueden leer por sí solos, de modo que alguien pueda comenzar en cualquier capítulo y captar su contenido sin haber leído el material anterior.

Sin embargo, este libro, a pesar de su tamaño, sigue siendo una introducción a la ética cristiana. Se han escrito libros enteros sobre los temas tratados en la mayoría de los capítulos de este libro, y se han escrito artículos académicos extensos sobre muchos de los pasajes que cito en este libro. Por lo tanto, cada capítulo es capaz de abrirse a un estudio adicional con mayor amplitud o profundidad para aquellos que estén interesados. Las bibliografías al final de cada capítulo ayudan en ese sentido. Las siguientes seis características distintivas de este libro surgen de mis convicciones sobre qué es la ética cristiana y cómo debería enseñarse:

1. Una base bíblica clara para la ética. Debido a que creo que la ética debería basarse explícitamente en las enseñanzas de las Escrituras, en cada capítulo he intentado mostrar dónde la Biblia respalda los principios éticos en cuestión. De hecho, debido a que creo que las palabras de las Escrituras en sí mismas poseen mayor

---

[1] Wayne Grudem, Systematic Theology: An Introduction to Biblical Doctrine [Teología sistemática: Introducción a la doctrina bíblica] (Leicester, Reino Unido: Inter-Varsity, y Grand Rapids, Michigan: Zondervan, 1994).

[2] Los siguientes párrafos están adaptados de ibid., págs. 15-20, con permiso de los editores.

poder y autoridad que cualquier palabra humana, no solo he dado referencias de la Biblia; con frecuencia he citado pasajes completos de la Biblia para que los lectores puedan examinar fácilmente por sí mismos la evidencia de las Escrituras y de esa manera ser como los nobles de Berea, quienes estaban "escudriñando cada día las Escrituras para ver si estas cosas eran así" (Hechos 17:11). Esta convicción acerca de la naturaleza única de la Biblia como palabras de Dios también me ha llevado a incluir un pasaje de las Escrituras para memorizar al final de cada capítulo.

2. Claridad en la explicación de las enseñanzas éticas. No creo que Dios pretendiera que el estudio de la ética bíblica resultara en confusión y frustración. Un estudiante que sale de un curso de ética lleno solo de incertidumbre moral y mil preguntas sin respuesta, difícilmente "puede exhortar con sana enseñanza y convencer a los que contradicen" (Tito 1:9). Por lo tanto, he tratado de exponer claramente las conclusiones éticas de este libro y mostrar en qué parte de las Escrituras encuentro evidencia convincente para esas posturas. No espero que todos los que lean este libro estén de acuerdo conmigo en todos los puntos de la ética; sí creo que todos los lectores comprenderán las posturas que estoy defendiendo y dónde las Escrituras respaldan estas posturas.

Creo que es justo para los lectores de este libro decir al principio cuáles son mis convicciones con respecto a varias cuestiones éticas que se disputan dentro del cristianismo evangélico. Mantengo una visión conservadora de la inerrancia bíblica, muy de acuerdo con la "Chicago Statement"[Declaración de Chicago] *del International Council on Biblical Inerrancy*[3][Concilio Internacional de Inerrancia Bíblica] (cap. 3). Si bien estoy de acuerdo en que los cristianos son justificados solo por la fe y no por las obras, también considero que nuestra obediencia sigue siendo importante para Dios, que nos trae mucho gozo y bendición, y que el pecado sigue siendo dañino de varias maneras (cap. 5). Creo que la Biblia es la única fuente absoluta de normas morales para nosotros, pero también creo que, conforme a las Escrituras, es correcto dar consideración a las percepciones subjetivas de la guía del Espíritu Santo en nuestra vida diaria (cap. 6). Dadas las promesas de Dios para nosotros, sostengo que nunca seremos puestos en una situación en la que nos veamos obligados a elegir el "pecado menor" (cap. 7). Con respecto al uso del Antiguo Testamento para la ética, sostengo que todo el Pacto de Moisés ha sido derogado y ya no es vinculante para nosotros, pero aún podemos obtener sabiduría de él si tenemos en cuenta que era el plan de Dios para el pueblo de Israel para una era previa en la historia (cap. 8).

Concluyo a partir de muchos pasajes de las Escrituras que nunca es correcto mentir, en el sentido de afirmar en forma oral o escrita algo que creemos que es falso (cap. 12). Sostengo que los hombres y las mujeres son iguales en valor ante Dios, pero que Dios le ha confiado al esposo un papel de liderazgo único en el matrimonio (cap. 15). Sostengo que la pena de muerte es moralmente correcta en algunos casos (cap. 18), que algunas guerras son moralmente aceptables como "guerras justas" (cap. 19), que es moralmente correcto usar la fuerza física para

---

[3] La "Chicago Statement on Biblical Inerrancy" puede encontrarse en mi Systematic Theology, págs. 1203-1207.

defendernos a nosotros mismos o a otros del daño en muchas situaciones (cap. 20), que el aborto siempre es moralmente incorrecto, excepto para salvar la vida de la madre (cap. 21), y que la eutanasia siempre está mal si implica asesinar a un paciente terminal, pero que "dejar morir" a veces es moralmente correcto (cap. 22). Concluyo que la embriaguez siempre está mal, pero que las Escrituras no prohíben el uso moderado de alcohol, aunque reconozco buenas razones por las que algunos cristianos pueden optar por la abstinencia total; además, me opongo a las leyes que legalizarían la marihuana recreativa (cap. 27).

Sostengo que algunas formas de control de la natalidad son moralmente aceptables (cap. 29) y que solo hay dos motivos legítimos para el divorcio: el adulterio y el abandono, donde volverse a casar es moralmente aceptable (cap. 32). Sostengo que las Escrituras siempre ven la conducta homosexual como moralmente incorrecta, y que los intentos recientes de decir que las Escrituras no condenan las relaciones homosexuales fieles contemporáneas no son convincentes (cap. 33).

Creo que Dios aprueba la propiedad privada de los bienes (cap. 34) y que también tiene la intención de que en el proceso de sojuzgar la tierra los seres humanos disfruten de una mayor prosperidad, pero no estoy de acuerdo con las enseñanzas particulares del movimiento del "evangelio de la prosperidad" (cap. 36). Con respecto a las soluciones a la pobreza, creo que las donaciones caritativas y los programas de asistencia social del gobierno son importantes para satisfacer las necesidades urgentes, pero la única solución a largo plazo para la pobreza no vendrá a través de una mayor generosidad, sino solo de que los pobres puedan tener trabajos productivos mediante los cuales puedan mantenerse a sí mismos de por vida (cap. 37). Abogo por un uso racional del medio ambiente, no por un mal uso destructivo, y también doy razones para pensar que todos los recursos naturales de la tierra seguirán siendo abundantes en el futuro previsible. Sostengo que deberíamos seguir usando los combustibles fósiles (carbón, petróleo, gas natural) como buenos regalos de Dios, y que su uso no provocará un peligroso calentamiento global provocado por el hombre (cap. 41).

Esto no significa que ignore otros puntos de vista. Donde hay diferencias sobre estos temas dentro del cristianismo evangélico, he tratado de representar las otras posturas de manera justa, explicar por qué no estoy de acuerdo con ellas y dar referencias a las mejores defensas disponibles de las posturas opuestas. En varios casos he incluido un análisis extenso de un libro muy influyente desde una postura alternativa. También he facilitado que los estudiantes encuentren tratamientos de cada tema en otros textos evangélicos al incluir, al final de cada capítulo, los números de página donde se trata ese tema en otros 13 manuales de ética.

3. Aplicación a la vida. Gran parte de la ética tiene que ver con la aplicación a la vida, al explicar cómo Dios quiere que vivamos de manera que lo honremos. Por lo tanto, he incluido mucho material sobre la aplicación en muchos de los capítulos. Además, he agregado "Preguntas de aplicación personal" al final de cada capítulo, así como un himno relacionado con el tema del capítulo, para que el estudio de la ética pueda ir acompañado de adoración en la presencia de Dios.

4. Enfoque en el mundo evangélico. No creo que se pueda construir un verdadero sistema de ética desde dentro de lo que podemos llamar la tradición teológica "liberal", es decir, por personas que niegan la veracidad absoluta y la consistencia interna de la Biblia o que no creen que las palabras de la Biblia son las mismas palabras de Dios (ver discusión sobre la autoridad de la Biblia en el cap. 3). Por esta razón, los otros escritores con los que interactúo en este libro están en su mayoría dentro de lo que se llama la "tradición evangélica conservadora" más amplia. Escribo como evangélico y para evangélicos. Esto no significa que los de la tradición liberal no tengan nada valioso que decir sobre la ética; simplemente significa que los desacuerdos con ellos casi siempre se reducen a diferencias sobre la naturaleza de la Biblia y su autoridad. El grado de acuerdo ético que puede ser alcanzado por personas con bases de autoridad muy divergentes es bastante limitado. Además, el mundo de la erudición evangélica conservadora de hoy es tan enriquecedor y diverso que ofrece una amplia oportunidad para explorar diferentes puntos de vista y conocimientos sobre las Escrituras. (En varios puntos, también he agregado interacción con la enseñanza católica romana, en particular la enseñanza del Catechism of the Catholic Church[4][Catecismo de la Iglesia católica], porque el catolicismo romano sigue ejerciendo una influencia significativa en todo el mundo).

5. Esperanza de progreso en la unidad de la Iglesia en cuestiones éticas. Aunque enumeré anteriormente varios temas sobre los que existen varios puntos de vista entre los evangélicos, creo que todavía hay mucha esperanza para que la iglesia evangélica logre una comprensión ética más profunda y unificada sobre muchos de estos temas. Jesús todavía está trabajando en la santidad de su iglesia "a fin de presentársela a sí mismo, una iglesia gloriosa, que no tuviese mancha ni arruga ni cosa semejante, sino que fuese santa y sin mancha" (Ef 5:27), y él ha dado dones para equipar a la iglesia "hasta que todos lleguemos a la unidad de la fe y del conocimiento del Hijo de Dios" (Ef 4:13). Aunque los actuales desacuerdos éticos pueden desanimarnos, estas Escrituras siguen siendo verdaderas y no debemos abandonar la esperanza de un acuerdo mayor.

6. Sentido de la urgente necesidad de un mayor entendimiento ético en toda la Iglesia. Estoy convencido de que existe una necesidad urgente en la iglesia de hoy por una comprensión mucho mayor de la ética cristiana. Mi percepción es que hay mucha confusión e incertidumbre sobre la ética entre los evangélicos de hoy. No solo los pastores y maestros deben comprender la ética con mayor profundidad, sino toda la iglesia también. No es que los cristianos de hoy carezcan de la capacidad de comprender la ética; es solo que deben tener acceso a la enseñanza sobre ella de forma comprensible. Una vez que eso suceda, creo que muchos cristianos encontrarán que comprender (y vivir) las enseñanzas éticas de las Escrituras es una de sus mayores alegrías.

Muchas personas me han ayudado a escribir este libro, comenzando con los estudiantes que tomaron mis clases de ética, siendo yo un nuevo profesor en Bethel College en St. Paul, Minesota (1977-1981); todos los estudiantes en mis clases de

---

[3] La "Chicago Statement on Biblical Inerrancy" puede encontrarse en mi Systematic Theology, págs. 1203-1207.

ética en Trinity Evangelical Divinity School [Escuela de Divinidad Evangélica Trinidad], Deerfield, Illinois (1981-2001), y finalmente los estudiantes que tomaron las clases de ética que impartí en Phoenix Seminary en Arizona (2001-2017, y espero continuar durante muchos años). En muchos casos, las posturas que finalmente adopté en este libro han surgido como resultado de la corrección, modificación o complemento de la interacción reflexiva con estos maravillosos estudiantes durante los últimos 40 años.

Además, deseo agradecer a los miembros de la clase Christian Essentials, la clase bíblica para adultos que enseñé en la Scottsdale Bible Church [Iglesia Bíblica de Scottsdale] durante 12 años (2002-2014). Durante ese tiempo, enseñé a través de toda la secuencia de temas de este libro y me beneficié enormemente de la interacción reflexiva con los miembros de esa clase. Esos miembros de la clase y muchos otros amigos (incluidos algunos especiales "compañeros de oración") han estado orando por mí mientras trabajaba en este proyecto durante varios años. Agradezco a Dios por responder esas oraciones y darme fuerza y diligencia para completar este proyecto.

Deseo agradecer al profesor John Frame, cuya clase de ética cristiana influyó en gran manera en mi pensamiento cuando era estudiante en el Westminster Seminary en 1971-1973. Aunque es imposible reconocer mi deuda con él en cada punto de este libro, es apropiado expresarle mi gratitud aquí y decir que probablemente ha influido en mi pensamiento sobre temas éticos más que nadie. Muchos de sus antiguos alumnos, así como los lectores de su excelente libro *The Doctrine of the Christian Life* [La doctrina de la vida cristiana], reconocerán los ecos de su enseñanza en las páginas siguientes. De hecho, su destacada obra *The Doctrine of the Christian Life*[5] ha sido el libro de texto principal que he utilizado en mis clases de ética durante los últimos años. (Antes de su publicación, utilizaba otro libro realmente excelente, *Ethics for a Brave New World*[6] [Ética para un mundo nuevo y valiente] de mis antiguos colegas John Feinberg y Paul Feinberg en Trinity Evangelical Divinity School).

Mucha gente me ayudó con conocimientos especializados en ciertos capítulos, especialmente David Horner sobre a la importancia del carácter y el objetivo de la ética en el capítulo 4; Tim Kimmel sobre las bendiciones por la obediencia en el capítulo 5; Garry Friesen sobre su visión de la orientación en el capítulo 6; John DelHousaye y Peter Gurry sobre estudios recientes de gramática griega en el capítulo 6; John Stemberger sobre la teonomía en el capítulo 8; Al Fadi sobre el arte islámico en el capítulo 10; Jacque Chadwick con los problemas médicos en los capítulos 22, 29 y 30; Michael Herrod y Steve Oman sobre varias cuestiones legales en el capítulo 24 y en otras partes; Jason DeRouchie sobre la ética sexual en el capítulo 28; Steve Eriksson, Joe Gordon y Janice Noland sobre la soltería en el capítulo 28; Wayne Lehsten sobre las estadísticas sobre divorcios en el capítulo 32; Denny Burk

---

[5] John M. Frame, The Doctrine of the Christian Life: A Theology of Lordship [La doctrina del conocimiento de Dios: una teología del señorío] (Phillipsburg, Nueva Jersey: P&R, 2008).

[6] John S. Feinberg y Paul D. Feinberg, Ethics for a Brave New World, 2da ed. (Wheaton, Illinois: Crossway, 2010).

sobre la homosexualidad y el transgenerismo en el capítulo 33; Lars Kierspel sobre los antecedentes rabínicos en el capítulo 33; y Vijay Raj y Cal Beisner sobre las estadísticas ambientales en el capítulo 41. Además, la sabiduría y el conocimiento económico de mi coautor anterior, Barry Asmus, continuaron influyendo en mi pensamiento sobre el material acerca de economía en los capítulos 34-4[7]. Andy Naselli leyó el manuscrito completo e hizo muchas sugerencias que consolidaron sustancialmente el libro. Y estoy profundamente agradecido con Greg Bailey de Crossway, quien editó todo el manuscrito con un meticuloso cuidado, mejorando muchas oraciones, reforzando muchos argumentos, corrigiendo muchas notas al pie de página y referencias de las Escrituras y mejorando la organización del material en muchos capítulos. El libro es mucho mejor debido a su destreza con el trabajo.

Jenny Miller escribió varios de los capítulos con su cuidado y precisión de siempre, y Dan McCurley y Jeff Phillips también hicieron un excelente trabajo escribiendo muchos de los capítulos restantes. Durante los últimos meses, Phil Hoshiwara y Michael Alling, mis estudiantes asistentes del Phoenix Seminary, han trabajado por muchas y largas horas revisando cuidadosamente los distintos capítulos, escribiendo las bibliografías y ayudando de varias otras formas. Los estudiantes asistentes anteriores Josh McCoy, Jason Miller y Danny Malakowsky también ayudaron con labores de investigación y mantenimiento de computadoras. Scott Bauer compiló las referencias cruzadas de otros 13 textos de ética y ayudó con otras investigaciones en varios capítulos. Brenda Dinell escribió esas mismas referencias cruzadas y los himnos, y agregó los pasajes de memoria de las Escrituras para memorizar al final de cada capítulo. Mitch Miller me ayudó con una investigación bibliográfica adicional. Mary Lisa Urban me ayudó a mejorar mis habilidades en el uso del software Naturally Speaking. Durante los últimos meses de preparación del manuscrito, Eric Wildgen y Ryan Carpenter brindaron una valiosa ayuda adicional en la investigación y corrección. También estoy agradecido con Holly DelHousaye, quien me ayudó a ver la sabiduría de hacer de este libro la prioridad más alta que otros proyectos de escritura planificados; con Darryl Gregg, por instalar la iluminación en mi estudio; y con Trent Poling, por brindarme una vez más ayuda oportuna para un desconcertante problema de software.

También deseo agradecer a Stan Gundry, vicepresidente senior y jefe de redacción de Zondervan, por concederme gentilmente el permiso para adaptar varias secciones de mis libros de Zondervan Systematic Theology: An Introduction to Biblical Doctrine y Politics—According to the Bible: A Comprehensive Resource for Understanding Modern Political Issues in Light of Scripture [Política, según la Biblia: un recurso completo para entender los problemas de la política moderna a la luz de las Escrituras] para usar en este libro. Es inevitable que algunos temas tratados tradicionalmente en los cursos de ética (como la pena de muerte, la guerra, el aborto y la eutanasia) se superpongan con un libro sobre una visión cristiana de la política, pero he tratado de mantener el enfoque en este libro sobre temas bíblicos

---

[7] Ver Wayne Grudem y Barry Asmus, The Poverty of Nations: A Sustainable Solution [La pobreza de las naciones: una solución sostenible] (Wheaton, Illinois: Crossway, 2013).

y consideraciones éticas, y con frecuencia remito a los lectores a los tratamientos más extensos de las cuestiones políticas reales que se encuentran en Politics—According to the Bible. Hay menos superposición entre este libro y mi Systematic Theology, pero he adaptado algunas secciones de ese libro en mi tratamiento de temas como el envejecimiento y la muerte, y en el material introductorio en el prefacio y los capítulos 1 y 3. También estoy agradecido con Inter-Varsity Press del Reino Unido por concederme de igual manera el permiso para utilizar este material del Systematic Theology.

En el verano de 2014, pasé varias semanas en la biblioteca de Tyndale House en Cambridge, Inglaterra, trabajando en este libro. Durante ese tiempo, las conversaciones sobre mi trabajo con Peter Williams, David Instone-Brewer, Dirk Jongkind, Peter Heslam y Jonathan Chaplin me ayudaron. El bibliotecario Simon Sykes me ayudó alegremente con varios arreglos en la biblioteca, y Brad Green gentilmente hizo posible que tuviera un escritorio silencioso en la biblioteca llena de gente.

Una vez más, y al igual que con mi libro Politics—According to the Bible, tengo una gran deuda de gratitud con Craig Osten, quien me brindó con precisión y rapidez una excelente ayuda en la investigación de una gran cantidad de detalles fácticos específicos que necesitaba para muchos de los capítulos. Y Phil Hoshiwara compiló con precisión el glosario de todo el libro.

En 2006, mi amigo C. J. Mahaney se me acercó y me comentó sobre un plan que me permitiría enseñar medio tiempo en Phoenix Seminary (solo en períodos de primavera), dándome ocho meses al año para escribir. Los dirigentes de Phoenix Seminary estuvieron de acuerdo, y C. J. luego recaudó los fondos para hacer esto posible durante los primeros tres años (2007-2010). Desde entonces, he podido continuar en un horario de medio tiempo, y este es ahora el séptimo libro que he escrito o coeditado como resultado de ese plan. Estoy profundamente agradecido con C. J. por su idea de 2006, ya que cambió el curso completo de mi vida durante los últimos 10 años.

También estoy profundamente agradecido con mis amigos Bret Edson, Brad Edson, Brad Routh y sus colegas de Marketplace One, quienes han creído en este libro desde el principio y me brindaron apoyo económico, permitiéndome continuar sin enseñar durante los semestres de otoño, lo cual también cubrió algunos gastos relacionados con la investigación. Además, estoy agradecido con el presidente Darryl DelHousaye y el decano académico Bing Hunter de Phoenix Seminary, quienes continúan animándome con mis escritos.

Después de haber sido diagnosticado con párkinson en diciembre de 2015, mi hijo Alexander Grudem, quien había obtenido una maestría en estudios cristianos en Regent College, Vancouver, se mudó a casa para ayudarme a completar este libro, y su formación académica le permitió brindarme una ayuda sustancial. Leyó todos los capítulos, hizo sugerencias prácticas una y otra vez, y también me facilitó un resumen de puntos de vista alternativos de otros libros de ética en muchos capítulos. El libro es mucho mejor como resultado de su trabajo. (Y mientras escribo esto en mayo de 2017, estoy agradecido con Dios porque los síntomas del párkinson siguen siendo notablemente leves y solo han mostrado una progresión lenta).

Finalmente, estoy agradecido con Dios por la notable ayuda de mi asombrosa y maravillosa esposa, Margaret, que ora por mí muchas veces al día y que siempre orará por mí especialmente cuando le digo que estoy "atascado" al intentar escribir una determinada sección. Ella me protege de las interrupciones, trae alimentos a mi estudio cuando estoy trabajando, me anima a perseverar cuando estoy desanimado o frustrado, y simplemente aporta alegría a nuestra vida juntos de muchas maneras. Ella ha visto la importancia de este libro desde el principio y ha continuado apoyándome y alentándome mientras trabajaba en él.

> Mujer virtuosa, ¿quién la hallará?
> > Porque su estima sobrepasa largamente a la de las piedras preciosas.
> El corazón de su marido está en ella confiado,
> > Y no carecerá de ganancias.
> Le da ella bien y no mal
> > Todos los días de su vida. (Pr 31:10-12)

Estoy seguro de que este libro, como todos los libros meramente humanos, tiene errores y descuidos, y probablemente también algunos argumentos defectuosos. Si supiera dónde están, ¡trataría de corregirlos! Por lo tanto, agradecería a los lectores interesados que me enviaran sugerencias de cambios y correcciones. No garantizo que pueda responder a cada carta, pero consideraré el material de cada una, en la medida de lo posible, y haré las correcciones que pueda.

> Alabad a Jehová, porque él es bueno;
> > Porque para siempre es su misericordia. (Sal 118:29)

> No a nosotros, oh Jehová, no a nosotros,
> > Sino a tu nombre da gloria. (Sal 115:1)

WAYNE GRUDEM
PHOENIX SEMINARY
7901 EAST SHEA BLVD.
SCOTTSDALE, ARIZONA 85260
ESTADOS UNIDOS DE AMÉRICA

"Mucha paz tienen los que aman tu ley,
Y no hay para ellos tropiezo". Salmos 119:165

Parte 1

INTRODUCCIÓN

Capítulo 1

INTRODUCCIÓN A LA ÉTICA CRISTIANA

¿Qué es la ética cristiana?

¿Por qué los cristianos deben estudiar la ética?

¿Cómo debemos estudiarla?

¿Por qué debemos basar nuestro estudio de la ética
en todo lo que dice la Biblia y no en unos pocos principios
éticos principales de las Escrituras?

A. DEFINICIÓN DE LA ÉTICA CRISTIANA

1. Definición del presente libro. Para fines de este libro, se utilizará la siguiente definición de ética cristiana:

> **La ética cristiana** es todo estudio que responda a la pregunta: "¿Qué nos enseña la Biblia en su totalidad sobre los actos, actitudes y rasgos de carácter personal que reciben la aprobación de Dios y los que no?"[1].

Dicha definición señala que nuestro estudio de la ética cristiana estará centrado en Dios y en la Biblia. Este libro intentará, para cada tema ético, recoger y sintetizar la enseñanza de todos los pasajes bíblicos relevantes sobre ese tema y luego aplicar esa enseñanza con sabiduría a diversas situaciones de la vida.

Mi enfoque en este caso es similar al que adopté en mi libro Systematic Theology [Teología sistemática], en el que definí la teología sistemática como "Todo estudio que responda a la pregunta: '¿Qué nos enseña la Biblia hoy?' sobre un tema

---

[1] Esta definición de ética cristiana es una adaptación de John M. Frame, *The Doctrine of the Christian Life: A Theology of Lordship [La doctrina de la vida cristiana: Una teología sobre el señorío]* (Phillipsburg, Nueva Jersey: P&R, 2008), pág. 10.

determinado"[2]. Sin embargo, como expliqué allí:

> El énfasis de la teología sistemática está en lo que Dios quiere que *creamos* y *sepamos*, mientras que el énfasis de la ética cristiana está en lo que Dios quiere que hagamos y en las *actitudes* que quiere que tengamos [...] Así, la teología se centra en las ideas, mientras que la ética se centra en las situaciones de la vida. La teología nos dice cómo debemos pensar mientras que la ética nos dice cómo debemos vivir[3].

Por lo tanto, este libro trata de cómo vivir la vida de un cristiano en la actualidad. Este primer capítulo tiene varios paralelismos con el capítulo 1 de mi libro *Systematic Theology*. Esto se debe a que mi enfoque es similar: me pregunto qué dice la Biblia sobre varios temas en ambos libros.

2. Relación con otras disciplinas. El énfasis de este libro no será la ética histórica (un estudio de cómo los cristianos en diferentes períodos de la historia han entendido varios temas éticos) o la *ética filosófica* (el estudio de los temas éticos en gran medida sin apelar a la Biblia a través del uso de las herramientas y los métodos de razonamiento filosófico y el análisis de lo que se puede conocer sobre el bien y el mal a partir de la observación del mundo).

Estos dos temas, que merecen ser tratados por los cristianos, se engloban en ocasiones en una definición más amplia del término *ética cristiana*; de hecho, a lo largo de este libro se encontrarán algunas consideraciones sobre cuestiones históricas y filosóficas. Esto se debe a que el estudio de la historia nos informa de los conocimientos adquiridos y los errores cometidos con anterioridad por otros en la comprensión de la ética, sobre todo a la luz de las Escrituras. Además, el estudio de la filosofía nos ayuda a comprender las teorías sobre el bien y el mal moral que son comunes en nuestra cultura y que también lo han sido en otras culturas a lo largo de la historia, y a menudo nos ayuda a razonar con cuidado sobre situaciones éticas difíciles. No obstante, estas dos áreas de estudio no son el centro de este libro, que hace hincapié en la interacción directa con el texto bíblico para comprender lo que la propia Biblia nos enseña sobre diversos temas éticos. Aunque los estudios históricos y filosóficos sí contribuyen a nuestra comprensión de las cuestiones éticas, mi convicción (que explicaré en el capítulo 3) es que solo la Escritura tiene

---

[2] Wayne Grudem, *Systematic Theology: An Introduction to Biblical Doctrine [Teología sistemática: Una introducción a la doctrina bíblica]* (Leicester, Reino Unido: Inter-Varsity, y Grand Rapids, Michigan: Zondervan, 1994), pág. 21

[3] Ibid, pág. 26. En ese mismo libro, definí la ética cristiana con una redacción diferente: "La ética cristiana es cualquier estudio que responda a la pregunta: '¿Qué requiere Dios que hagamos y qué actitudes *requiere* que tengamos hoy?' con respecto a cualquier situación dada". Ibid. Mi nueva definición en este libro cambia el énfasis de lo que Dios requiere a lo que *aprueba*, porque hay innumerables acciones específicas en la vida (como disfrutar de una hermosa puesta de sol o cantar de manera espontánea un himno de alabanza) que Dios no requiere en realidad de nosotros en ese momento, pero que sin duda aprueba. Además, añadí a la definición los rasgos de carácter personal (a menudo llamados virtudes) tras algunas conversaciones con David Horner, de la Escuela de Teología Talbot, en las que me llamó la atención sobre el frecuente énfasis del Nuevo Testamento en la importancia de las virtudes cristianas (ver el cap. 4).

la autoridad final para definir qué acciones, actitudes y rasgos de carácter personal reciben la aprobación de Dios y cuáles no, y por lo tanto es apropiado dedicar un tiempo significativo a analizar la enseñanza de la propia Escritura.

Mi énfasis en este libro también es diferente respecto a un tercer enfoque que llamaré *ética teológica*. En lugar de tratar de entender y aplicar lo que la Biblia en su totalidad nos enseña sobre cómo vivir (el cual es mi enfoque), la ética teológica comienza con *unas pocas doctrinas cristianas* importantes y luego se razona a partir de esas doctrinas para llegar a conclusiones éticas. Por ejemplo, Oliver O'Donovan parte desde la doctrina de la resurrección de Cristo y razona a partir de ella para llegar a varias conclusiones éticas importantes[4]. Otro ejemplo es el de Richard B. Hays, que parte de las doctrinas neotestamentarias de la comunidad, la cruz y la nueva creación, y luego razona hasta llegar a conclusiones éticas[5]. Estoy de acuerdo en que las doctrinas que utilizan como punto de partida se destacan con claridad en el Nuevo Testamento, pero en lugar de limitar nuestro estudio a lo que se puede deducir de esas doctrinas, en este libro intentaré tener en cuenta las enseñanzas de toda la Biblia sobre cada tema ético, y eso incluirá tener en cuenta los pasajes bíblicos que contienen enseñanzas éticas que no podrían derivarse de forma directa de esas doctrinas importantes.

Aunque estoy de acuerdo en que un estudio de las implicaciones éticas de diversas doctrinas cristianas puede y, de hecho, brinda perspectivas beneficiosas a nuestras responsabilidades éticas, lo que me preocupa es que los resultados de tales estudios son necesariamente más limitados en su alcance, así como inciertos y se inclina más a favor de las conclusiones éticas personales del que las practica, porque no trabajan sobre la base de la riqueza de todos los datos bíblicos ni se enfrentan a las limitaciones de tener que someterse a cada pasaje relevante en lugar de solo a aquellos pasajes con clara relación a los temas elegidos.

La ética cristiana, tal como he definido mi cometido aquí, también difiere de la ética del *Antiguo Testamento*[6] y de la ética del *Nuevo Testamento*[7]. Estas dos

---

[4] Ver el libro tan aclamado de *Oliver O'Donovan, Resurrection and Moral Order: An Outline for Evangelical Ethics* [Resurrección y orden moral: Un esquema para la ética evangélica], 2a ed. (Leicester, Reino Unido: Apollos, y Grand Rapids, Michigan: Eerdmans, 1994), que contiene este enfoque.

[5] Ver el influyente libro de Richard B. Hays, *The Moral Vision of the New Testament: Community, Cross, New Creation: A Contemporary Introduction to New Testament Ethics* [La visión moral del Nuevo Testamento: Comunidad, Cruz, Nueva Creación: Una introducción contemporánea a la ética del Nuevo Testamento] (Nueva York: HarperSanFrancisco, 1996). El libro de Hays recurre a muchos más textos bíblicos, sobre todo del Nuevo Testamento, que el de O'Donovan, mientras que el método de argumentación de este último es más bien filosófico. Sin embargo, el punto de partida para ambos autores no es toda la Biblia considerada como una unidad no contradictoria, sino ciertos temas teológicos importantes extraídos de la misma.

[6] Ver, por ejemplo, Walter C. Kaiser Jr., *Toward Old Testament Ethics* [Hacia la ética del Antiguo Testamento] (Grand Rapids, Michigan: Zondervan, 1983); Christopher J. H. Wright, *Old Testament Ethics for the People of God* [La ética del Antiguo Testamento para el pueblo de Dios] (Downers Grove, Illinois: InterVarsity Press, 2004); Gordon J. Wenham, Story as Torah: Reading Old Testament Narrative Ethically [La historia como Torá: La lectura ética de la narrativa del Antiguo Testamento] (Grand Rapids, Michigan: Baker, 2000); Gordon J. Wenham, *Psalms as Torah: Reading Biblical Song Ethically* [Los Salmos como Torá: Lectura ética de los cantos bíblicos] (Grand Rapids, Michigan: Baker, 2012).

[7] Ver, por ejemplo, Thomas R. Schreiner, *40 Questions about Christians and Biblical Law* [Preguntas sobre los cristianos y la ley bíblica] (Grand Rapids, Michigan: Kregel, 2010); Frank Thielman, *The Law*

disciplinas enfatizan el estudio minucioso de varios temas éticos en el Antiguo Testamento y en el Nuevo Testamento, pero ponen menos énfasis en tratar de reunir las enseñanzas de *la Biblia en su totalidad* sobre varios temas que se aplican a los cristianos de hoy. En varios puntos, haré uso del minucioso trabajo que han realizado los especialistas en ética del Antiguo Testamento y del Nuevo Testamento, y luego intentaré utilizar ese material para establecer conclusiones sobre lo que la Biblia nos dice hoy sobre diversos temas.

3. Las principales categorías para el estudio de la ética. Este libro está organizado en siete grandes áreas que abarcan siete ámbitos de decisiones éticas. Aunque no creo que el antiguo pacto sea moralmente obligatorio para nosotros hoy en día (porque ahora estamos bajo el nuevo pacto; ver el cap. 8), seguimos necesitando utilizar algún tipo de sistema para organizar el estudio de los temas éticos, y creo que los Diez mandamientos proporcionan una estructura útil para dicho estudio. Al utilizar esta estructura, continúo con una larga línea de escritores cristianos sobre ética que lo han hecho[8]. Las categorías generales que empleo siguen la estructura de los Diez mandamientos (Ex 20:1-17) de la siguiente manera[9]:

Parte 1: Introducción

Parte 2: Protegiendo el honor de Dios

    Mandamiento 1: "No tendrás dioses ajenos delante de mí".

    Mandamiento 2: "No te harás imagen".

    Mandamiento 3: "No tomarás el nombre de Jehová tu Dios en vano".

    Mandamiento 9: "No hablarás contra tu prójimo falso testimonio".

    Mandamiento 4: "Acuérdate del día de reposo para santificarlo".

Parte 3: Protegiendo la autoridad humana

    Mandamiento 5: "Honra a tu padre y a tu madre".

Parte 4: Protegiendo la vida humana

    Mandamiento 6: "No cometas asesinato".

Parte 5: Protegiendo el matrimonio

    Mandamiento 7: "No cometerás adulterio".

---

and the New Testament: The Question of Continuity, Companions to the New Testament [La Ley y el Nuevo Testamento: La cuestión de la continuidad, complementos del Nuevo Testamento] (Nueva York: Herder & Herder, 1999); Frank Thielman, *Paul and the Law: A Contextual Approach* [Pablo y la Ley: Un enfoque contextual] (Downers Grove, Illinois: InterVarsity Press, 1994).

[8] Otros que estructuran su adaptación de la ética cristiana según el modelo de los Diez mandamientos son Juan Calvino, *Institutes of the Christian Religion* [Institución de la Religión Cristiana], ed. John T. McNeill, traducido por Ford Lewis Battles, Library of Christian Classics [Biblioteca de clásicos cristianos], vols. 20-21 (Filadelfia: Westminster, 1960; en base a la edición de 1559), 2.8 (367-423); WLC (1647), Preguntas 98-148; Charles Hodge, *Systematic Theology* [Teología sistemática], 3 vols. (1871-1873; repr., Grand Rapids, Michigan: Eerdmans, 1970), 3:259-465; Frame, The Doctrine of the Christian Life [La doctrina de la vida cristiana]; David W. Jones, An Introduction to Biblical Ethics [Introducción a la ética bíblica], Estudios de Ética Cristiana de B&H (Nashville: B&H, 2013); y Robertson McQuilkin y Paul Copan, *An Introduction to Biblical Ethics: Walking in the Way of Wisdom* [Introducción a la ética bíblica: Caminando por el camino de la sabiduría], 3ra ed., ((Downers Grove, Illinois: InterVarsity Press, 2014).

[9] Ver cap. 8, pág. 255, para un análisis de la estructura y la numeración de los Diez mandamientos.

Parte 6: Protegiendo la propiedad
  Mandamiento 8: "No hurtarás".
Parte 7: Protegiendo la pureza de tu corazón
  Mandamiento 10: "No codiciarás".

B. SISTEMAS ÉTICOS: SECULAR Y CRISTIANO

Dado que mi objetivo en este libro es mostrar *lo que la Biblia en su totalidad enseña a los cristianos* sobre cómo vivir una vida que agrade a Dios, no me centraré mucho en las teorías seculares de la ética, ya que los sistemas éticos seculares no pretenden estar sujetos a la autoridad moral de la Biblia. Sin embargo, es oportuno presentar aquí una breve visión general de los sistemas éticos seculares. He adaptado y condensado la siguiente visión general a partir de la clara discusión de Scott B. Rae en su libro *Moral Choices: An Introduction to Ethics* [10] [Opciones morales: Una introducción a la ética].

1. Sistemas deontológicos. La palabra deontológica tiene su origen en el verbo griego *dei*, utilizado en el sentido de "es necesario, debe hacerse"[11]. Los sistemas deontológicos son sistemas éticos que se basan en *normas* sobre lo que está bien y lo que está mal, lo que se debe hacer y lo que no se debe hacer.

Los sistemas deontológicos pueden ser seculares (si las normas se basan solo en la razón y la intuición humanas) o cristianos (si las normas provienen de la Palabra de Dios, la Biblia). Todos los sistemas éticos cristianos toman los mandamientos de Dios en la Biblia como normas que definen la conducta humana correcta e incorrecta, y por lo tanto todos los sistemas éticos cristianos son deontológicos.

2. Sistemas teleológicos. La palabra *teleológica* tiene su origen en el sustantivo griego telos, que significa "fin, meta, resultado"[12]. Los sistemas teleológicos son sistemas éticos que se basan en la búsqueda de los mejores *resultados* para una acción.

La teoría teleológica secular más común es el *utilitarismo*, que implica la búsqueda del mayor bien para el gran número de personas. La mayoría de los argumentos modernos sobre diversas cuestiones políticas se basan en consideraciones utilitarias.

Otra teoría teleológica secular es el *egoísmo ético*, que implica buscar lo que sea mejor para uno mismo, una posición que es sin duda contraria a la enseñanza de

---

[10] Scott B. Rae, *Moral Choices: An Introduction to Ethics* [Opciones morales: Una introducción a la ética], 3ª ed. (Grand Rapids, Michigan: Zondervan, 2009), págs.15-18; 63-103. Rae incluye una crítica sustancial de las versiones seculares de cada uno de estos sistemas éticos. Ver también John S. Feinberg y Paul D. Feinberg, Ethics for a Brave New World [La ética para un valiente nuevo mundo], 2da ed. (Wheaton, Illinois: Crossway, 2010), págs. 28-40; Frame, *The Doctrine of Christian Life* [La doctrina de la vida cristiana], págs. 41-125; y Arthur F. Holmes, Ethics: Approaching Moral Decisions, Contours of Christian Philosophy [Ética: La aproximación a las decisiones morales y aspectos de la filosofía cristiana], 2da ed. (Downers Grove, Illinois: InterVarsity Press, 2007).

[11] BDAG, págs. 213-214

[12] BDAG, pág. 998, significado 3.

Jesús, "Amarás a tu prójimo como a ti mismo" (Mt 22:39). La escritora del siglo XX, Ayn Rand, fomentó el egoísmo ético.

A diferencia de los sistemas teleológicos seculares, un sistema ético cristiano debe tener un aspecto teleológico centrado en Dios, porque la Biblia nos dice que el resultado que debemos buscar es la gloria de Dios: "Si, pues, coméis o bebéis, o hacéis otra cosa, hacedlo todo para la gloria de Dios" (1 Co 10:31).

3. Relativismo. El relativismo ético es la creencia de que no hay un bien y un mal absolutos, por lo que las decisiones éticas deben basarse en lo que es comúnmente aceptado en la cultura de cada persona (*relativismo cultural*) o en las preferencias personales de cada individuo (*relativismo individual*). En el ámbito de la ética sexual, el punto de vista dominante en la cultura popular actual (televisión, películas, música, literatura, educación superior) es el relativismo individual ("Lo que es correcto para ti es correcto para ti y lo que es correcto para mí, también lo es para mí").

Un tipo particular de relativismo ético es el llamado *emotivismo ético*. Es el punto de vista de que no existe lo correcto y lo incorrecto, sin embargo, cuando las personas afirman que algo es moralmente correcto o incorrecto, se limitan a decir que les gusta una cosa y que no les gusta la otra. Solo están expresando sus emociones con un lenguaje ético.

Otro punto de vista similar al relativismo ético es el llamado *antinomianismo*. La palabra *antinomiana* se basa en el prefijo griego *anti-* (que significa "contra") y el sustantivo *nomos* (que significa "ley")[13]. Un antinomiano diría que no estamos sujetos a ninguna ley moral. Algunos de los opositores de Pablo eran al parecer antinómicos y predicaban, "¿Y por qué no decir: Hagamos males para que vengan bienes?" (Ro 3:8).

Un tipo particular de relativismo que ha conseguido mucha influencia es la llamada *ética situacional*. Es el punto de vista de que no hay acciones correctas o incorrectas de forma absoluta, sino que una persona debe hacer siempre lo más conveniente en función de los hechos en cada nueva situación. Este punto de vista se popularizó con el libro *Situation Ethics*[14][Ética situacional] de Joseph Fletcher publicado en 1966, un sacerdote episcopal (más tarde ateo) y profesor de ética en la Harvard Divinity School [Escuela de Divinidad de Harvard] y en la Universidad de Virginia[15].

Dado que la Biblia enseña que hay un bien y un mal absolutos, la ética cristiana no puede aceptar el relativismo ético. Sin embargo, como veremos más adelante, una cuidadosa toma de decisiones cristiana siempre tendrá en cuenta los detalles

---

[13] BDAG, pág. 677, significado 2.

[14] Joseph Fletcher, *Situation Ethics: The New Morality* [Ética situacional: la nueva moralidad] (Filadelfia: Westminster Press, 1966).

[15] He clasificado el punto de vista de Fletcher como un ejemplo de relativismo ético porque niega que haya acciones correctas o incorrectas de forma absoluta, e incluso el asesinato, el adulterio, el robo o la mentira podrían ser lo más virtuoso en determinadas situaciones. Por otro lado, la posición de Fletcher también podría considerarse un ejemplo de ética teleológica, porque su punto de vista sostiene que lo más acertado en cada situación es aquello que aporta el mayor bien para el mayor número de personas y, por tanto, es partidario de buscar los mejores resultados de nuestras acciones.

fácticos de la situación específica que se esté considerando (ver el cap. 6).

4. Ética de la virtud. Las teorías de la ética de la virtud no enfatizan si las acciones específicas están bien o mal, sino el carácter moral del individuo. En la ética de la virtud, la principal preocupación es saber si una persona es virtuosa. En las elecciones políticas, las cuestiones sobre el carácter de un candidato suelen ser importantes, y en esos casos el énfasis en la ética de la virtud desempeña un papel primordial.

Un sistema ético cristiano debe hacer énfasis en la ética de las virtudes porque la Biblia enseña que debemos tratar de desarrollar un carácter semejante al de Cristo: Pablo dice que Dios nos predestinó "para que fuesen hechos conformes a la imagen de su Hijo" (Ro 8:29), y también dice: "Sed imitadores de mí, así como yo de Cristo" (1 Co 11:1). De hecho, Pedro utiliza la palabra griega típica para "virtud" (*aretē*, que significa "virtud, excelencia moral") cuando dice a los cristianos, "esfuércense por añadir a su *fe, virtud*" (2 P 1:5, NVI). Por esta razón, incluyo una larga lista de rasgos de carácter semejantes a los de Cristo en la discusión del objetivo de la ética cristiana en el capítulo 4.

5. Conclusión. Un sistema de ética cristiana basado en la Biblia no corresponde a una sola de estas categorías. Más bien, si nuestro sistema ético se deriva de la Biblia, será *deontológico* (definirá el bien y el mal en base a las reglas que Dios da en las Escrituras) y también *teleológico* (buscará un buen resultado, es decir, hacer todo para la gloria de Dios), y también incluirá un componente de *ética de la virtud* (buscará desarrollar un carácter semejante al de Cristo en cada persona).

Un enfoque cristiano de la ética también será cauteloso a la hora de adoptar las conclusiones de las versiones seculares de estos sistemas éticos, porque todos los sistemas seculares asumen que los principios éticos deben ser desarrollados por los seres humanos utilizando solo la observación, el razonamiento y la intuición humana, mientras que un enfoque cristiano cree que las enseñanzas éticas de la Biblia no son solo el resultado del pensamiento humano sino que han sido reveladas por Dios mismo.

Sin embargo, un sistema ético cristiano no adoptará el *relativismo* moral, ya que la Biblia enseña que hay un bien y un mal absolutos definidos por Dios mismo.

C. ¿POR QUÉ LOS CRISTIANOS DEBEN ESTUDIAR ÉTICA?

¿Por qué los cristianos deben estudiar la ética cristiana? Es decir, ¿por qué debemos dedicarnos a recopilar y resumir las enseñanzas de muchos pasajes bíblicos individuales sobre cuestiones éticas concretas? ¿Por qué no basta con seguir leyendo la Biblia con regularidad todos los días de nuestra vida?

1. La razón fundamental. Al responder a estas preguntas, debemos tener cuidado de no proponer una razón para estudiar la ética cristiana que implique que podemos de alguna manera "mejorar" la Biblia haciendo un mejor trabajo de organización de sus enseñanzas éticas o explicándolas de una mejor manera que la propia Biblia ha hecho. Si lo hacemos, podemos estar negando de forma implícita la claridad o la suficiencia de la Escritura (ver el cap. 2).

La razón fundamental por la que debemos estudiar la ética es para conocer mejor la voluntad de Dios para nosotros. El Nuevo Testamento nos dice en varios pasajes que debemos vivir en obediencia a la voluntad de Dios. Por ejemplo, Jesús enseñó que sus seguidores debían guardar sus mandamientos:

> Por tanto, id, y haced discípulos a todas las naciones, bautizándolos en el nombre del Padre, y del Hijo, y del Espíritu Santo; *enseñándoles que guarden todas las cosas que os he mandado* (Mt 28:19-20).

> Si me amáis, *guardad mis mandamientos* (Juan 14:15).

> Si guardareis *mis mandamientos*, permaneceréis en mi amor; así como yo he guardado los mandamientos de mi Padre, y permanezco en su amor (Juan 15:10; ver también Ro 13:9; 1 Co 7:19; 1 Juan 2:3-4; 3:22,24; 5:2-3; Ap 12:17; 14:12).

No obstante, para cumplir los mandamientos de Jesús, tenemos que saber cuáles son y entender cómo se aplican a nosotros hoy, incluyendo su trasfondo en el Antiguo Testamento y su explicación adicional en las Epístolas del Nuevo Testamento[16]. Ese es el estudio de la ética cristiana.

Las Epístolas del Nuevo Testamento también dan instrucciones a los lectores que se asemejan muchas peticiones para estudiar la ética:

> No os conforméis a este siglo, sino transformaos por medio de la renovación de vuestro entendimiento, *para que comprobéis cuál sea la buena voluntad de Dios, agradable y perfecta* (Ro 12:2).

---

[16] ¿En qué consiste enseñar "todo" lo que Jesús mandó? En un sentido reducido, enseñar todo lo que Jesús mandó es solo enseñar el contenido de la enseñanza oral de Jesús que se registra en los cuatro Evangelios.

Sin embargo, en un sentido más amplio, "todo lo que Jesús mandó" incluye la interpretación y aplicación de su vida y enseñanzas, porque el primer versículo del libro de los Hechos implica que contiene una narración de lo que Jesús siguió haciendo y enseñando a través de los apóstoles después de su resurrección. "Todo lo que Jesús mandó" también puede incluir las Epístolas, ya que se escribieron bajo la supervisión del Espíritu Santo y también se consideraron un "mandato del Señor" (1 Co 14:37; ver también Juan 14:26; 16:13; 1 Ts 4:15; 2 P 3:2; Ap 1:1-3). Por lo tanto, en un sentido más amplio, "todo lo que Jesús mandó" incluye todo el Nuevo Testamento.

Además, si tenemos en cuenta que los escritos del Nuevo Testamento respaldan la absoluta confianza de Jesús en la autoridad y fiabilidad de las Escrituras del Antiguo Testamento como palabras de Dios (ver el cap. 3), y cuando nos damos cuenta de que las Epístolas del Nuevo Testamento también respaldan esta visión del Antiguo Testamento como las palabras autorizadas en forma absoluta de Dios, entonces se hace evidente que no podemos enseñar "todo lo que Jesús mandó" sin incluir también todo el Antiguo Testamento (entendido de forma correcta en las diversas maneras en que se aplica a la era de la nueva alianza en la historia de la redención). En este sentido amplio, "todo lo que Jesús mandó" incluye toda la Biblia cuando se entiende de forma correcta y se aplica a la vida de los creyentes que viven en la era del Nuevo Testamento (también llamada la era de la nueva alianza; ver los caps. 3 y 8 más adelante).

Comprobando lo que es agradable al Señor (Ef 5:10).

Y esto pido en oración, que vuestro amor abunde aun más y *más en ciencia y en todo conocimiento, para que aprobéis lo mejor*, a fin de que seáis sinceros e irreprensibles para el día de Cristo, llenos de frutos de justicia que son por medio de Jesucristo, para gloria y alabanza de Dios (Fil 1:9-11).

Por lo cual también nosotros, desde el día que lo oímos, no cesamos de orar por vosotros, y de pedir que seáis *llenos del conocimiento de su voluntad en toda sabiduría e inteligencia espiritual*, para que andéis como es digno del Señor, agradándole en todo, llevando fruto en toda buena obra, y creciendo en el conocimiento de Dios (Col 1:9-10)

Precisamente por eso, esfuércense por añadir a su fe, *virtud; a su virtud, entendimiento* (2 P 1:5, NVI).

Pues este es el amor a Dios, que guardemos sus *mandamientos*; y sus mandamientos no son gravosos (1 Juan 5:3)

2. Los beneficios que aporta el estudio de la ética cristiana. En este punto, alguien podría objetar que es cierto que Jesús y los escritores del Nuevo Testamento nos dicen que aprendamos y guardemos los mandamientos de Dios, pero ¿por qué hay que hacerlo de esta manera, recopilando y estudiando grupos de textos bíblicos que se refieren a temas concretos? ¿Por qué (alguien podría objetar) no puedo aprender cuál es la voluntad de Dios, y aprender a obedecer los mandamientos de Jesús, con solo leer la Biblia varias veces? ¿Por qué leer un libro de ética o tomar una clase específica de ética cristiana?

Como respuesta, estoy de acuerdo en que hay un gran beneficio en la lectura habitual de la Biblia, sobre todo en la lectura completa de toda la Biblia en repetidas ocasiones. De este modo, muchos cristianos a lo largo de la historia han llevado vidas maravillosas que han traído en verdad la gloria a Dios, han mostrado amor a otras personas, han demostrado altos estándares de integridad personal y han dado como resultado una cosecha espiritual de mucho fruto para el reino de Dios.

Sin embargo, hay importantes beneficios que se obtienen al estudiar los temas éticos de manera concentrada, *además* de la lectura directa de la Biblia o del estudio de pasajes o libros individuales.

a. Obtener una comprensión más precisa de la ética: Todo cristiano que lea este libro ya tiene un conjunto de convicciones éticas, opiniones e ideas sobre lo que es moralmente correcto e incorrecto. Estas creencias éticas provienen de varias fuentes: de un instinto moral interno (que Dios da a cada ser humano: Ro 1:32; 2:14-16), de la formación familiar, de la escuela, de las tradiciones y de las creencias culturales. Los cristianos también se han formado creencias éticas a partir de su propia lectura de la Biblia, de escuchar sermones y de conversaciones con amigos No obstante, mi esperanza es que este libro ayude a los cristianos a ser más precisos en sus puntos de vista éticos en tres aspectos:

(1) Pasar de las convicciones éticas instintivas a las informadas: Espero que los cristianos que ya tienen puntos de vista éticos que son consistentes con las Escrituras cambien de tener *convicciones instintivas* a tener *convicciones bien informadas*. Por ejemplo, una persona que lea el capítulo 21 podría pasar de una convicción instintiva de que el aborto es moralmente incorrecto a una convicción bien informada, incluyendo el conocimiento de cómo varios pasajes bíblicos y hechos médicos apoyan esa convicción. Ese lector también comprendería mejor algunas cuestiones más amplias, como la forma de aplicar diferentes pasajes de las Escrituras a diversas situaciones médicas, y si hay alguna situación a la que los pasajes no puedan aplicarse.

(2) Pasar de la imprecisión a la exactitud de las convicciones éticas: Espero que los cristianos que tienen una comprensión imprecisa o algo vaga de un tema (por ejemplo, el divorcio y las segundas nupcias, tratado en el capítulo 32) lleguen a una comprensión más precisa y bien definida de cómo se aplican las enseñanzas de la Biblia a ese tema (por ejemplo, a varias situaciones específicas de matrimonio, divorcio y segundas nupcias).

(3) Pasar de las convicciones éticas no bíblicas a las bíblicas: Espero que los cristianos que tienen una *comprensión incorrecta* de las normas morales de la Biblia (como argumentaré que muchos cristianos lo hacen con respecto a mentir y decir la verdad, discutido en el cap. 12) sean persuadidos a cambiar sus puntos de vista y lleguen a una convicción moral que sea más fiel a las Escrituras.

Debido al gran número de temas que se abordan en un estudio de ética y al gran detalle con el que se analizan estos temas, es inevitable que alguien que estudie un texto de ética o que tome un curso al respecto por primera vez, tenga muchas creencias personales cuestionadas o modificadas, pulidas o enriquecidas. Por lo tanto, es de suma importancia que cada persona que comience un curso de este tipo decida con firmeza en su mente, rechazar como falsa cualquier idea que se contradiga de forma clara con la enseñanza de las Escrituras. Sin embargo, también es importante que cada persona resuelva no creer ninguna posición ética solo porque este libro o algún otro libro o maestro diga que es verdadero, a menos que el libro o el instructor puedan convencer al estudiante a partir del propio texto de las Escrituras. Es solo la Escritura, y no la "tradición evangélica conservadora" o las opiniones de teólogos respetados o cualquier otra autoridad humana, es la única que debe funcionar como autoridad normativa para nuestra comprensión de lo que Dios aprueba.

b. Utilizar nuestro tiempo de forma sabia: Dado que tenemos vidas limitadas aquí en la tierra, no tenemos suficiente tiempo para llevar a cabo un estudio detallado de un tema ético importante cada vez que surge una pregunta. Por ejemplo, si alguien se pregunta qué enseña la Biblia sobre el matrimonio y el divorcio, podría decirle: "Sigue leyendo tu Biblia y lo descubrirás". Sin embargo, si este individuo comienza a leer en Génesis 1:1, tardará mucho tiempo en encontrar los pasajes que abordan el divorcio en Mateo 19 y 1 Corintios 7, y para entonces tendrá muchas preguntas sobre otros temas: los sacrificios de animales, la pena de muerte, riqueza, la pobreza, etc.

Debido a estas limitaciones de tiempo, si queremos aprender lo que la Biblia enseña sobre los temas éticos, tenemos que hacer uso del trabajo de otros que han buscado en las Escrituras y han propuesto resúmenes sobre estos temas diversos. Provisto de ese estudio, podría enviar a la persona que me preguntara sobre el divorcio y los nuevos matrimonios a una lista de unos cinco pasajes clave y uno o dos capítulos de libros que traten ese tema, y podría resumir con brevedad los argumentos comunes de las dos o tres posiciones principales. Una descripción general y un resumen elemental de esa interrogante pueden leerse en una tarde[17].

c. Preparación para enfrentar las tentaciones de la vida real: Poner en práctica los principios sólidos de la ética bíblica se realiza mejor antes de enfrentar una tentación repentina y tener que tomar una decisión de forma rápida (por ejemplo, una tentación de aceptar un soborno o decir una mentira). En la Biblia, José había recibido una formación previa sobre las normas morales de Dios que le dio la determinación de huir de inmediato de la casa cuando la mujer de Potifar le agarró la ropa y le dijo: "Duerme conmigo" (Gn 39:12). El propio Jesús "crecía en sabiduría" (Lucas 2:52) a lo largo de su infancia y había "aprendido la obediencia" (He 5:8) durante sus primeros 30 años antes de enfrentarse a las tentaciones de Satanás en el desierto (Lucas 4:1-13). Estudiar la ética con antelación nos prepara a tomar decisiones éticas sabias cuando nos enfrentemos a nuevas situaciones repentinas.

d. Conseguir una mejor capacidad para tomar decisiones éticas sabias sobre nuevos asuntos en el futuro: El estudio de la ética cristiana nos ayuda a tomar mejores decisiones en el futuro sobre las nuevas cuestiones éticas que surjan. No podemos saber qué nuevas controversias éticas se desarrollarán en las iglesias en las que viviremos y ministramos dentro de 10, 20 o 30 años, si el Señor no vuelve antes. Estas nuevas controversias éticas incluirán algunas cuestiones que nadie ha examinado antes de forma exhaustiva. Los cristianos se preguntarán: "¿Qué dice la Biblia en su totalidad sobre este tema?".

Estas nuevas cuestiones éticas parecen producirse en cada generación. Por ejemplo, las generaciones anteriores no tuvieron que enfrentarse a cuestiones como la clonación humana, la investigación con células madre embrionarias, la maternidad subrogada, la fecundación in vitro, los métodos de control de la natalidad, el derecho a la privacidad en Internet o el calentamiento global. Además, las cuestiones sobre el papel de los esposos y las esposas en el matrimonio, y el papel de los hombres y las mujeres en la iglesia, han sido mucho más controvertidas desde la década de 1960 que en cualquier otro momento de la historia.

Cualesquiera que sean las nuevas controversias éticas que se susciten en los próximos años, aquellos que hayan aprendido bien la ética cristiana (y también la

---

[17] Por ejemplo, ver *"Divorce and Remarriage"* [Divorcio y nuevos matrimonios] en la *ESV Study Bible* [Estudio de la Biblia de la versión estándar en inglés] (Wheaton, Illinois: Crossway, 2008), 2545-47. (Fui el autor principal de este artículo). En las páginas 2535-60, se encuentran breves resúmenes similares de otros 12 temas éticos.

teología sistemática) estarán mucho más capacitados para abordarlas. La razón es que todo lo que dice la Biblia está relacionado de alguna manera con todo lo demás que dice en ella (ya que todo concuerda de forma coherente, al menos dentro de la propia comprensión de la realidad por parte de Dios, y en la naturaleza de Dios y de la creación tal y como son en realidad). Por lo tanto, las nuevas cuestiones se relacionan en gran medida con lo que ya se ha aprendido de las Escrituras. Cuanto más a fondo hayamos aprendido ese contenido anterior, más capaces seremos de abordar las nuevas cuestiones.

Una analogía útil en este punto es la de un rompecabezas[18]. Si el rompecabezas representa lo que toda la Biblia nos enseña sobre cada cuestión ética, entonces un curso de ética cristiana representa completar el borde y varias secciones grandes del rompecabezas. Sin embargo, nunca sabremos todo lo que la Biblia enseña acerca de todo, por lo que nuestro rompecabezas tendrá muchos vacíos, muchas piezas que faltan por colocar. Resolver un nuevo problema de la vida real es análogo a completar otra sección del rompecabezas: cuantas más piezas se tengan colocadas de forma correcta para empezar, más fácil será encajar las nuevas piezas y menos probable será que se cometan errores.

El objetivo de este libro es capacitar a los cristianos para que pongan en su "rompecabezas ético" el mayor número de piezas con la mayor precisión posible, y luego animarles a seguir poniendo más y más piezas correctas durante el resto de sus vidas. Las enseñanzas que se encuentran en este libro servirán de guía para ayudar en el futuro a que los cristianos continúen llenando otras áreas que pertenecen a todos los aspectos de la obediencia a Dios en todos los aspectos de la vida.

e. El crecimiento hacia la madurez cristiana y la santidad personal: No hay duda en la mente de los autores del Nuevo Testamento que crecer en nuestro conocimiento sobre ética bíblica, junto con la obediencia de corazón a lo que estamos aprendiendo, es una parte importante para crecer hacia la madurez en nuestra fe cristiana.

El autor de Hebreos explica que los cristianos maduros son aquellos que tienen muchos años de práctica en el aprendizaje y la obediencia de las sólidas enseñanzas éticas: "Pero el alimento sólido es para los que *han alcanzado madurez*, para los que por el uso tienen los sentidos ejercitados en el *discernimiento del bien y del mal" (He 5:14).*

Pablo dice a los creyentes que quiere que crezcan en su discernimiento ético y en su obediencia:

"Que de la manera que aprendisteis de nosotros *cómo os conviene conduciros y agradar a Dios*, así abundéis más y más… Pues la voluntad de Dios es vuestra santificación (1 Ts 4:1-3)

Una parte importante del crecimiento en la madurez cristiana es el crecimiento

---

[18] Utilicé también la analogía de un rompecabezas para estudiar la teología sistemática; ver Grudem, *Systematic Theology* [Teología sistemática], pág. 29.

en la santidad de vida personal, un énfasis del Nuevo Testamento que se escucha muy poco en muchas iglesias hoy en día. El autor de Hebreos dice a los cristianos que *"seguid* la paz con todos, y la *santidad,* sin la cual nadie verá al Señor" *(He 12:14).*

Otros pasajes también enfatizan la necesidad de que los cristianos crezcan en santidad de vida:

Limpiémonos de toda contaminación de carne y de espíritu, *perfeccionando la santidad* en el temor de Dios (2 Co 7:1).

Y vestíos del nuevo hombre, creado según Dios en la justicia y *santidad* de la verdad (Ef 4:24).

Dios lo hace para nuestro bien, *a fin de que participemos de su santidad* (He 12:10).

Puesto que todas estas cosas han de ser deshechas, cómo no debéis vosotros andar en *santa y piadosa manera de vivir (2 P 3:11).*

Cuanto más conozcamos a Dios y lo que pide a sus hijos, mejor pediremos su ayuda y sabiduría, y con mayor facilidad le obedeceremos. El estudio correcto de la ética cristiana nos hará cristianos más maduros y dará lugar a una mayor santidad personal en nuestras vidas. De lo contrario, no la estamos estudiando como Dios desea.

f. Evangelismo. Cuando los cristianos viven en medio de culturas seculares que excusan e incluso glorifican todo tipo de pecado, es fácil que se sientan avergonzados de mencionar las normas éticas cristianas a los no creyentes y que se sientan reacios a predicar sobre las normas morales bíblicas en la iglesia, no sea que los no cristianos que están de visita se ofendan.
Sin embargo, esa no es la perspectiva de la Biblia. Las normas morales de Dios son consideradas con frecuencia como un maravilloso medio de evangelización. Incluso en la época de la antigua alianza, Moisés dijo al pueblo de Israel que las naciones de su entorno oirían hablar de las sabias leyes de Dios y se asombrarían:

Mirad, yo os he enseñado estatutos y decretos, como Jehová mi Dios me mandó, para que hagáis así en medio de la tierra en la cual entráis para tomar posesión de ella. Guardadlos, pues, y ponedlos por obra; *porque esta es vuestra sabiduría y vuestra inteligencia ante los ojos de los pueblos, los cuales oirán todos estos estatutos, y dirán: Ciertamente pueblo sabio y entendido, nación grande es esta.* Porque ¿qué nación grande hay que tenga dioses tan cercanos a ellos como lo está Jehová nuestro Dios en todo cuanto le pedimos? Y *¿qué nación grande hay que tenga estatutos y juicios justos como es toda esta ley* que yo pongo hoy delante de vosotros? (Dt 4:5-8).

En el Nuevo Testamento, los apóstoles solían incluir una llamada al arrepentimiento de los pecados en sus mensajes evangelizadores, como hizo Pablo en su presentación a los filósofos griegos en Atenas:

> Pero Dios, habiendo pasado por alto los tiempos de esta ignorancia, ahora *manda a todos los hombres en todo lugar*, que se *arrepientan*; por cuanto ha establecido un día en el cual juzgará al mundo con justicia, por aquel varón a quien designó, dando fe a todos con haberle levantado de los muertos (Hechos 17:30-31)[19].

Pedro sabía que sus oyentes solían estar rodeados de incrédulos hostiles que se burlaban de ellos y los perseguían, pero les recordó que su buena conducta era un testimonio que Dios utilizaría para llevar a algunos de ellos a la salvación (ese es el sentido más probable de "glorificar a Dios en el día de la visita")[20]:

> Amados, yo os ruego como a extranjeros y peregrinos, que os abstengáis de los deseos carnales que batallan contra el alma, *manteniendo buena vuestra manera de vivir entre los gentiles*; para que en lo que murmuran de vosotros como de malhechores, *glorifiquen a Dios en el día de la visitación*, al considerar vuestras buenas obras (1 P 2:11-12).

La proclamación de las normas morales de Dios a los no creyentes es un componente esencial del evangelismo por dos razones: (1) A menos que conozcan las normas morales de Dios, los no creyentes no se convencerán de que han pecado contra esas normas, y por lo tanto no se arrepentirán de sus pecados y no se salvarán. Predicar las normas morales de Dios lleva a los no creyentes a convencerse de sus pecados, a arrepentirse de ellos y a clamar el perdón de Cristo (ver Juan 16:8 sobre el papel del Espíritu Santo en esto). (2) Los no creyentes todavía tienen una conciencia que, por la gracia común de Dios, suele dar testimonio de que las normas morales de las que se burlan y violan son, de hecho, *normas morales buenas y verdaderas* a las que tendrán que rendir cuentas (ver Ro 1:32; 2:14-15).

Por lo tanto, los cristianos no deben avergonzarse de la Biblia, sino que deben enseñar con alegría y defender con gracia sus enseñanzas morales como normas buenas y *maravillosas* que provienen de Dios mismo.

D. ASUNTOS ÉTICOS PRINCIPALES Y SECUNDARIOS

Conviene preguntarse cuál es la diferencia entre un "asunto ético importante" y un "asunto ético secundario". Me ha resultado útil la siguiente guía:

---

[19] Ver también la conversación de Pablo con Félix en Hechos 24:24-25 y la larga lista de pecados específicos de Pablo en su resumen del mensaje evangélico en Ro. 1:18-3:20. Abordo el énfasis del Nuevo Testamento en un llamado al arrepentimiento del pecado en la predicación evangelística en *"Free Grace" Theology: 5 Ways It Diminishes the Gospel* [La teología de la "Gracia Gratuita": 5 formas en que debilita el Evangelio] (Wheaton, Illinois: Crossway, 2016), págs. 41-48.

[20] Ver Wayne Grudem, *The First Epistle of Peter: An Introduction and Commentary* [La primera epístola de Pedro: Introducción y comentario], TNTC (Leicester, Reino Unido: Inter-Varsity, y Grand Rapids, Michigan: Eerdmans, 1988), pág. 116-17.

Un asunto ético principal es el que tiene un efecto amplio y duradero en nuestras vidas y en las de los demás, y un asunto ético secundario es el que tiene poco efecto en nuestras vidas y en las de los demás.

Según esta guía, los asuntos éticos principales incluyen asuntos como el matrimonio y el divorcio, la homosexualidad, el aborto y la administración del dinero. En cambio, los puntos de vista sobre la cremación, el vegetarianismo y la forma en que los padres hablan a sus hijos sobre Papá Noel me parecen cuestiones secundarias.

Por supuesto, los asuntos individuales se sitúan en un espectro que va de lo principal a lo secundario, y las iglesias cristianas y otras organizaciones suelen tener que hacer juicios de valor sobre qué cuestiones considerarán lo bastante significativas como para utilizarlas como base para la afiliación o los papeles de liderazgo. La importancia de un asunto puede incluso variar según las circunstancias históricas y las necesidades de la iglesia en un momento dado. Los cristianos tendrán que pedir a Dios que les dé sabiduría madura y un buen juicio cuando intenten determinar hasta qué punto un asunto ético debe considerarse "principal" en sus circunstancias particulares.

E. ALGUNAS OBJECIONES A ESTE TIPO DE ESTUDIO DE LA ÉTICA CRISTIANA

1. Objeción: "Las enseñanzas morales de la Biblia son incoherentes y contradictorias". Algunos eruditos califican de simplista o incluso ingenuo cualquier enfoque que afirme que las enseñanzas de la Biblia pueden entenderse de tal manera que no se contradigan entre sí. Por ejemplo, en un libro de texto de ética cristiana muy utilizado, Robin Gill dice:

En cuanto se rechaza la infalibilidad literal de todos los versículos de la Biblia, y se alegan contradicciones y errores fácticos y morales, anacronismos e incoherencias, el exponente de la ética cristiana ya no puede fundamentar forma adecuada sus afirmaciones morales en textos de prueba particulares al estilo de Agustín, Lutero e incluso, en ocasiones, Aquino[21].

En respuesta a este argumento, se pueden plantear cuatro puntos:

1. La objeción suele basarse en una visión diferente de la naturaleza de la Biblia, es decir, una visión no evangélica o teológicamente "liberal" según la cual los escritos de la Biblia son *meras palabras humanas* que dan testimonio de una experiencia de Dios, y no son también las propias palabras de Dios. Si se trata de escritos humanos, es de esperar que haya incoherencias y contradicciones, como ocurre con todos los demás escritos humanos de diversos autores y culturas.

Sin embargo, las afirmaciones de la propia Biblia se oponen a este punto de

---

[21] Robin Gill, *A Textbook of Christian Ethics* [Un libro de ética cristiana], 4ta ed. (Londres: Bloomsbury T&T Clark, 2014), págs. 10-11.

vista. Insiste en que "*toda la Escritura* es inspirada por Dios, y útil para enseñar, para redargüir, para corregir, para instruir en justicia" (2 Ti 3:16), y afirma que las palabras del Señor son consistentes de forma interna, ya que "la suma de tu palabra es verdad, Y eterno es todo juicio de tu justicia" (Sal 119:160)[22]. Desde esa perspectiva, tenemos razón al empezar con la expectativa de que Dios no nos hable de forma incoherente o contradictoria. Cuando se combinan las afirmaciones de la Biblia, el resultado, la "suma", es la "verdad".

En una conversación privada, es importante pedir a la persona que hace esta objeción que indique ejemplos concretos para mostrar con exactitud a qué "contradicciones" y "errores morales y fácticos" se refiere, o si incluso tiene alguno en mente. Esta objeción la realizan con frecuencia quienes, tal vez sin saberlo, han adoptado de la cultura occidental moderna una visión escéptica de la posibilidad de encontrar conclusiones verdaderas y universales sobre *cualquier cosa*, incluso sobre Dios y sus normas morales en la Biblia.

Este tipo de escepticismo con respecto a la verdad teológica es muy frecuente en el mundo universitario moderno, donde la "ética", si es que se estudia, no se considera desde la perspectiva de la búsqueda de la comprensión y el sometimiento a la Escritura, sino solo desde las perspectivas de las diferentes teorías de *la ética filosófica* y la *ética histórica* (incluído tal vez un estudio histórico de las diversas ideas en las que creyeron cristianos como Agustín y Martín Lutero en generaciones anteriores). Estos campos de estudio (que tienen su propia validez) pueden llevarse a cabo sin problemas teniendo en cuenta solo los *escritos humanos* y la *razón humana*, actuando sin la creencia en una Biblia con autoridad divina como nuestra fuente de normas éticas. Sin embargo, en este tipo de entorno intelectual en una universidad secular, el estudio de la "ética cristiana", tal como se define en este capítulo, se consideraría imposible, porque se asumiría que la Biblia es solo la obra de muchos autores humanos que escribieron desde diversas culturas a lo largo de más de mil años. Por lo tanto, tratar de encontrar "lo que la Biblia en su totalidad enseña" sobre cualquier tema ético se consideraría casi tan inútil como tratar de encontrar "lo que todos los filósofos enseñan" o "lo que todos los políticos piensan" sobre alguna cuestión. En todos los casos se supondría que la respuesta no es una sola opinión, sino muchas opiniones diversas y con frecuencia contradictorias.

Este punto de vista escéptico de una cosmovisión secular debe ser rechazado por los evangélicos que ven las Escrituras como el producto de la autoría humana y divina, y por lo tanto como una colección de escritos que enseñan verdades no contradictorias sobre Dios y el tipo de conducta que él aprueba para los seres humanos que creó.

2. La creencia en la consistencia interna de las Escrituras apenas puede considerarse simplista o ingenua, ya que esa fue con exactitud la creencia de los más grandes pensadores de la historia de la iglesia cristiana durante los primeros

---

[22] La palabra hebrea traducida como "suma" en Salmos 119:160 es *ro'sh*, que aquí toma el significado de "suma" (BDB, 911, significado 7), que indica el resultado cuando las cosas se suman o combinan, como en la expresión, "Tomad el *censo* de [RVR1960, 'toma la suma de'] toda la congregación de los hijos de Israel" (Nm 1:2).

18 siglos (como indica la referencia de Gill sobre Agustín, Lutero y Aquino). Incluso después de la llegada de la crítica bíblica moderna a principios del siglo XIX, miles de eruditos evangélicos competentes hasta el día de hoy han mantenido este punto de vista.

3. La afirmación de que las Escrituras son inconsistentes de forma interna es, con demasiada frecuencia, una afirmación breve o una simple suposición en los debates, con poco análisis detallado. Sí, hay distintos énfasis que a primera vista parecen crear tensiones entre diferentes partes de la Escritura, como entre Santiago y Pablo sobre la fe y las obras, o entre el mandato de Jesús de poner la otra mejilla (Mt 5:39) y la enseñanza de Pablo de que el funcionario debe "llevar la espada" (Ro 13:4), pero un simple ensayo de esas tensiones no constituye un argumento persuasivo que demuestre que no pueden solucionarse. En realidad, gran parte del resto de este libro se ocupa de buscar resoluciones honestas y razonables a esas tensiones entre pasajes que informan sobre cuestiones éticas concretas.

4. En la mente de Dios, sus normas morales son todas coherentes entre sí. Por lo tanto, si hemos entendido con precisión las enseñanzas de Dios en las Escrituras, deberíamos esperar que nuestras conclusiones "encajen" y sean mutuamente consistentes. La consistencia interna es entonces un argumento a favor, no en contra, de cualquier resultado individual de la ética cristiana.

2. Objeción: "Debemos basar el estudio de la ética en los principios generales de la Escritura, no en todas las normas específicas". Una segunda objeción al tipo de enfoque que adopto en este libro proviene de autores como David P. Gushee y Glen H. Stassen, que utilizan un esquema de cuatro niveles de enseñanzas bíblicas:

1. Juicios particulares
2. Normas
3. Principios
4. Convicciones básicas[23]

Según Gushee y Stassen, (1) los *juicios* particulares dicen lo que una persona específica debe hacer en una situación específica, como por ejemplo, "Andrés debe llevar la mochila de este soldado romano a dos millas". (2) Las *normas* dicen lo que hay que hacer en todas las situaciones de este tipo, como, "y a cualquiera que te obligue a llevar carga por una milla, ve con él dos" (Mt 5:41, suponiendo un trasfondo legal en el que los soldados romanos podían obligar a los ciudadanos a llevar cargas de esta manera). Las normas dan las razones que respaldan los juicios particulares. (3) Los *principios* son más generales y no nos dicen qué hacer en situaciones concretas, sino que dan las razones que respaldan las normas. El principio que sustenta el "ve con él dos" es "Amad a tus enemigos" (versículo 44) o tal vez "Amarás a tu prójimo como a ti mismo" (22:39). (4) Las *convicciones básicas* son las creencias sobre "el carácter, la actividad y la voluntad de Dios, y

---

[23] David P. Gushee y Glen H. Stassen, *Kingdom Ethics: Following Jesus in Contemporary Context* [La ética del Reino: Siguiendo a Jesús en un contexto contemporáneo], 2ª ed. (Grand Rapids, Michigan: Eerdmans, 2016), págs. 65-85; ver el gráfico de resumen en la pág. 70.

sobre nuestra naturaleza como participantes en esa voluntad"[24]. No se necesitan razones para respaldar las convicciones básicas, porque se encuentran en Dios. La convicción básica que respalda el amor al enemigo es que Dios "hace salir su sol sobre malos y buenos, y que hace llover sobre justos e injustos" (Mt 5:45).

A primera vista, esos niveles parecen útiles. Es difícil negar que la Biblia contiene varios tipos de indicaciones más específicas y afirmaciones éticas más generales, y estas cuatro categorías parecen ser una forma útil de clasificarlas[25]. Además, creo que Gushee y Stassen tienen razón al insistir en que los *principios* de la ética bíblica no se sostienen del aire o de la mera invención humana, sino que se fundamentan en *convicciones básicas* sobre el carácter de Dios mismo[26].

No obstante, mi objeción a Gushee y Stassen es que afirman que en ocasiones hay que romper las normas de la Escritura, y esto puede justificarse por los principios más amplios. Escriben:

> Las excepciones se consideran el último recurso, no el primero. Una excepción es legítima solo si se basa en un principio u otra norma que Jesús enseñó o que se encuentra en las Escrituras[27].

Gushee y Stassen sostienen que un sistema ético que afirma que debemos obedecer siempre todas las normas de las Escrituras es "legalismo". Sostienen que tal enfoque "lee la Biblia en búsqueda de normas" y "ve a Dios sobre todo como el dador de normas". Además, sostienen que la razón por la que algunas personas defienden ese "legalismo" es el miedo: "Los legalistas temen que las excepciones a las normas abran la puerta al desastroso relativismo moral y al subjetivismo moral"[28].

A pesar de sus objeciones, sostengo a lo largo de este libro que los cristianos de hoy deben obedecer *todas* las normas y todos los principios de la Escritura que se aplican correctamente a nosotros en nuestras situaciones específicas. Mi creencia no se basa en el miedo al relativismo moral (como dicen que debe ser). Mi convicción proviene más bien de la creencia de que la propia Biblia afirma que todas las enseñanzas éticas de las Escrituras son las palabras autorizadas de Dios para los seres humanos, y nuestra tarea es entenderlas correctamente y aprender

---

[24] *Ibid,* pág. 69.

[25] ¿Cómo obtuvieron Gushee y Stassen estos cuatro niveles de normas morales? Señalan que "nuestro enfoque de esta cuestión tiene una gran influencia de los esfuerzos filosóficos por aclarar lo que la gente quiere decir cuando habla de moralidad", y señalan sobre todo a los filósofos éticos Henry David Aiken y James Gustafson como fuente de su comprensión de los cuatro niveles en la ética cristiana. *Ibid,* pág. 63. Mi objeción no es que estas categorías se deriven de la ética filosófica, sino que la forma en que Gushee y Stassen utilizan esta clasificación para dar autorización para desobedecer algunas de las "normas" de la Biblia, lo que parece ajeno a todo el énfasis de las Escrituras en ser por completo obedientes a todo lo que Dios nos ordena.

[26] Ver su perspicaz crítica de las modernas teorías éticas seculares: "La ética filosófica contemporánea [...] rechaza enraizar los principios en cualquier convicción básica teológica. De este modo, de acuerdo a nuestro punto de vista, los principios existen, pero sin un sistema de respaldo satisfactorio que los alimente". *Ibid,* págs. 73-74.

[27] *Ibid,* pág. 72.

[28] *Ibid.*

cuáles de ellas se aplican a nosotros en nuestras situaciones específicas actuales[29]. Eso es lo que intentaré hacer en este libro, porque no se trata solo de una parte de la Escritura (como los principios generales y algunas normas), sino de "toda la Escritura" que Pablo dice que es útil para nuestra instrucción moral (2 Ti 3:16).

No creo que nuestra tarea como maestros de ética cristiana sea decir que en ocasiones las personas son libres de desobedecer algunas de las normas específicas de Dios que se dirigen a personas en la misma o casi *misma situación* en la que se encuentran. El decir que en ocasiones podemos desobedecer, facilita demasiado que los cristianos dejen de luchar con las difíciles cuestiones de cómo aplicar ciertas "normas" bíblicas que son poco populares hoy en día y se limiten a abandonar esas normas por completo en favor de algún "principio" bíblico que se pueda encontrar para anularlo.

Por ejemplo, ¿qué hay de la norma "El que detiene el castigo, a su hijo aborrece; mas el que lo ama, desde temprano lo corrige" (Pr 13:24)? Para las personas que se sienten incómodas pegando a los niños desobedientes hoy en día, el enfoque de "obedecer los principios, pero no todas las normas" les permitiría dejar de aplicarlo apelando al principio más amplio "Y vosotros, padres, no provoquéis a ira a vuestros hijos" (Ef 6:4).

¿Y qué hay de la norma "Las casadas estén sujetas a sus propios maridos, como al Señor" (Ef 5:22)? Si esto parece incómodo hoy en día, las personas pueden dejar de aplicarlo apelando a los principios bíblicos de igualdad a imagen de Dios (Gn 1:27) y al principio de que "no hay varón ni mujer; porque todos vosotros sois uno en Cristo Jesús" (Gá 3:28).

¿Qué hay sobre la norma de que la autoridad gubernamental debe usar la fuerza ("la espada") para castigar el mal, según Romanos 13:4, "porque no en vano lleva la espada, pues es servidor de Dios, vengador para castigar al que hace lo malo"? Quien se sienta incómodo con ese uso de la fuerza puede dejar de aplicar la norma apelando al principio "Amarás a tu prójimo como a ti mismo" (Mt 22:39), o incluso a otra norma, como "No resistáis al que es malo; antes, a cualquiera que te hiera en la mejilla derecha, vuélvele también la otra" (5:39).

De este modo, *cualquier norma* de la *Escritura* podría ser sustituida por un intérprete creativo, una vez aceptada la guía de "obedecer los principios, pero no todas las normas". La Escritura es tan rica, tan llena de enseñanzas éticas, que siempre se podría alegar algún "principio" para anular una determinada "norma".

No obstante, no hay ninguna guía en el Nuevo Testamento que diga que debemos seguir solo los principios, y no todas las normas. Los autores de las epístolas del Nuevo Testamento dan por sentado que sus lectores tienen la obligación de obedecer todo lo que escriben, ya sea un principio general o un mandato específico. Este es el caso de un principio amplio como "Amarás a tu prójimo como a ti mismo" (Ro 13:9) y también es el caso de mandatos específicos ("normas") como "Pagad a todos lo que debéis: al que tributo, tributo" (v. 7) o "No os embriaguéis con vino, en lo cual hay disolución" (Ef 5:18).

En este punto, el defensor del "principio amplio" podría responder que hay

---

[29] En el capítulo 4, pág. 117, analizo con más detalle el problema del legalismo.

tantas reglas en las Escrituras que es imposible ser coherente y obedecerlas todas. Responderé con más detalle más adelante, en una discusión sobre si a lo largo de la vida nos vemos obligados a elegir el "pecado menor"[30], pero en este punto se pueden decir dos cosas de forma breve:

1. Jesús obedeció todas las normas y principios que se le aplicaban por completo y sin excepción. Esto era lo que frustraba tanto a sus detractores: aunque los fariseos estaban muy orientados a las normas y muy formados en la ley del Antiguo Testamento, no podían encontrar ninguna ocasión en la que Jesús rompiera la más mínima de las normas del Antiguo Testamento. No pudieron responder a su desafío: "¿Quién de vosotros me redarguye de pecado?" (Juan 8:46)[31]. Por lo tanto, las normas de la Escritura no están en conflicto del todo.

2. En el resto de este libro, intentaré explicar en detalle cómo se pueden entender todas las normas y principios de las Escrituras para aplicarlas de forma coherente a numerosas situaciones éticas de la vida real. La objeción "Esto no se puede hacer", si desea ser convincente, tendría que demostrar que este libro argumenta de forma incorrecta el significado de algunos pasajes así como de las normas, y que otros libros similares han realizado lo mismo a través de la historia de la iglesia.

3. Objeción: "Las personas que pretenden basar la ética en toda la Biblia como palabras de Dios en realidad solo utilizan un 'canon dentro del canon' para desarrollar sus posiciones". El "canon" de las Escrituras es una lista aceptada de todos los libros que pertenecen a la Biblia. La idea de un "canon dentro del canon" es la afirmación de que algunas personas utilizan un "canon personal", es decir, las secciones favoritas de las Escrituras, como las enseñanzas de Jesús o los escritos de Pablo, como base para las conclusiones éticas, en lugar de utilizar todos los libros de la Biblia (el canon completo).

Robin Gill da voz a esta objeción:

> Es difícil que incluso el biblista más literalista no esté actuando en la práctica un "canon dentro del canon". Es decir, es difícil tratar todas las partes de la Biblia con la misma seriedad y atención y no ser bíblicamente selectivo.[32]

Como respuesta, diría:

1. En este libro, no he favorecido (al menos no a conciencia) ciertos pasajes o partes de la Biblia e ignorado o minimizado otros. Al tratar temas específicos, me he esforzado por interactuar con todos los pasajes que pudieran parecer estar en tensión con el punto de vista que he defendido. Por ejemplo, al argumentar a favor de la idoneidad moral de la propiedad privada, también he intentado tratar con justicia los pasajes del libro de los Hechos sobre "todas las cosas en común" (Hechos

---

[30] Ver cap. 7

[31] En varias ocasiones, Jesús quebrantó las adiciones rabínicas posteriores al mandamiento del sábado, y esto causó conflictos con sus oponentes judíos, pero no quebrantó el mandamiento del día de reposos real del Antiguo Testamento tal como se entiende según su verdadero significado y la intención original de Dios (ver Marcos 2:23-28)

[32] Gill, *A Textbook of Christian Ethics* [Un libro de ética cristiana], pág. 11

2:44-45; 4:32-37; ver pág. 898). Al argumentar a favor de la legitimidad moral del poder policial y militar del gobierno civil a partir de Romanos 13, también he tratado el pasaje de "poner la otra mejilla" del Sermón de la Montaña (Mt 5:39; ver pág. 431). Eso no significa que haya llegado a la conclusión de que esos pasajes deben permanecer en una tensión irreconciliable, pues con cada cuestión propongo una solución que considera esos pasajes como coherentes y complementarios. Sin embargo, sí significa que no estoy ignorando esos otros pasajes mediante un proceso de selección de una especie de "canon dentro del canon" favorito. Y muchos otros éticos evangélicos han adoptado un enfoque similar al mío en sus escritos.[33]

2. La mayoría de mis conclusiones éticas en este libro no son puntos de vista vagos ni marginales, sino que son coherentes con las posiciones defendidas por la gran mayoría de los escritores de ética evangélica protestante reconocidos desde la Reforma Protestante en el siglo XVI. Todos estos autores han expresado implícita o explícitamente su intención de reflejar con fidelidad el testimonio de *toda* la Escritura, no solo de ciertas partes favoritas. Objetar que todos estos escritores se han engañado de alguna manera y han obrado, sin saberlo, con un "canon dentro del canon" es similar a decir que es imposible que algún maestro cristiano maduro pueda interpretar de forma correcta la Biblia en cuestiones éticas. Sin embargo, ese argumento sugiere que Dios no nos ha dado una Biblia para que *cualquiera* de su pueblo sea capaz de entender de forma correcta. Dicho de otro modo, este argumento representa al final una negación de la importante doctrina de la pureza de las Escrituras.[34]

3. Algunos pasajes de la Escritura son más directa y evidentemente relevantes para el estudio ético que otros, y por supuesto recibirán mayor énfasis en este libro. De la misma manera que un libro sobre la enseñanza bíblica de la creación dedicará mucha atención a Génesis 1-3, un libro sobre el culto dedicará mucha atención a los Salmos, y un libro sobre los dones espirituales dedicará mucha atención a 1 Corintios 12-14, por lo que un libro sobre ética deberá dedicar más atención a los pasajes de la Escritura en los que se enfatizan los temas éticos, como los Diez Mandamientos, los Proverbios, el Sermón de la Montaña y varias de las Epístolas, como Romanos, 1 Corintios, Efesios, Santiago, 1 Pedro y 1 Juan.

F. ¿CÓMO DEBEN ESTUDIAR LOS CRISTIANOS LA ÉTICA CRISTIANA?

¿Cómo debemos entonces estudiar la ética cristiana? Las respuestas son similares a lo que escribí en *Systematic Theology* sobre cómo debemos estudiar la teología, porque en ambos tipos de estudio buscamos aprender lo que dice la Biblia en su totalidad sobre un tema en particular (ya sea un tema teológico o ético).

---

[33] Por ejemplo, ver los libros de ética en la bibliografía de este capítulo de los autores John Jefferson Davis, John S. Feinberg y Paul D. Feinberg, John M. Frame, Norman L. Geisler, Carl F. H. Henry, David Clyde Jones, Walter C. Kaiser Jr, Robertson McQuilkin y Paul Copan, John Murray, Scott B. Rae y Cornelius Van Til. Este enfoque también lo adoptaron los teólogos que escribieron sobre ética en generaciones anteriores, como Richard Baxter, Juan Calvino y Charles Hodge.

[34] Ver el cap. 3, pág. 90, para una discusión sobre la pureza de las Escrituras.

1. Debemos estudiar la ética cristiana con la oración. Si estudiar la ética cristiana es solo una forma determinada de estudiar la Biblia, entonces los pasajes de la Escritura que hablan de la forma en que debemos estudiar la Palabra de Dios nos orientan en esta tarea. Tal como ora el salmista en el Salmos 119:18, "Abre mis ojos, y miraré las maravillas de tu ley", por lo que debemos orar y buscar la ayuda de Dios para entender su Palabra. Pablo nos dice en 1 Corintios 2:14, "el hombre natural no percibe las cosas que son del Espíritu de Dios, porque para él son locura, y no las puede entender, porque se han de discernir espiritualmente". El estudio de la ética es una actividad espiritual en la que necesitamos la ayuda del Espíritu Santo.

No importa lo inteligente que sea un estudiante, si ese estudiante no sigue orando para que Dios le conceda una mente comprensiva y un corazón humilde y que crea, y si el estudiante no mantiene una relación personal con el Señor, entonces él o ella malinterpretará y no creerá en las enseñanzas de las Escrituras, el resultado será el error ético, por lo que la mente y el corazón del estudiante serán cambiados, pero no para mejor sino para peor. Los estudiantes de ética cristiana deben decidirse al principio a mantener sus vidas libres de cualquier desobediencia consciente a Dios o de cualquier pecado conocido que pueda interrumpir su relación con él. Deben decidirse a mantener su propia vida de devocional personal con gran frecuencia. Deben orar de forma continua por la sabiduría y la comprensión de las Escrituras.

Debido a que es el Espíritu Santo el que nos da la capacidad de entender de forma correcta la Escritura, tenemos que darnos cuenta de que lo adecuado, sobre todo cuando no somos capaces de entender algún pasaje o alguna doctrina de la Escritura, es orar pidiendo la ayuda de Dios. Por lo general, lo que necesitamos no es más información sino una mayor comprensión de la información que ya disponemos. Esta visión solo nos la da el Espíritu Santo (cf. 1 Co. 2:14; Ef 1:17-19).

2. Debemos estudiar la ética cristiana con humildad. Pedro nos dice: "todos, sumisos unos a otros, revestíos de humildad; porque: Dios resiste a los soberbios, Y da gracia a los humildes" (1 Pedro 5:5). Aquellos que estudian la ética cristiana aprenderán muchas cosas sobre las enseñanzas de las Escrituras que quizás no son conocidas o no son muy conocidas por otros cristianos en sus iglesias o por familiares que son más longevos en el Señor que ellos. Además, pueden descubrir que entienden cosas sobre las Escrituras que algunos de los líderes de su iglesia no entienden, y que incluso su pastor quizás ha olvidado o nunca ha aprendido bien. En todas estas situaciones, sería fácil adoptar una actitud de orgullo o de superioridad hacia otros que no han realizado ese estudio. Sin embargo, qué desagradable sería que alguien utilizara este conocimiento de la Palabra de Dios solo para ganar discusiones, para menospreciar a un compañero cristiano en una conversación o para hacer que otro creyente se sienta insignificante en la obra del Señor. El consejo de Santiago es adecuado para nosotros en este momento: "Por esto, mis amados hermanos, todo hombre sea pronto para oír, tardo para hablar, tardo para airarse; porque la ira del hombre no obra la justicia de Dios" (Santiago 1:19-20). Nos dice que la comprensión de la Escritura debe ser impartida con humildad y amor:

¿Quién es sabio y entendido entre vosotros? Muestre por la buena conducta sus obras en *sabia mansedumbre* [...] Pero la sabiduría que es de lo alto es primeramente pura, después pacífica, amable, benigna, llena de misericordia y de buenos frutos, sin incertidumbre ni hipocresía. Y el fruto de justicia se siembra en paz para aquellos que hacen la paz (Santiago 3:13, 17-18).

La necesidad de la humildad en el estudio de la ética también se destaca en Salmos 25:

> Bueno y recto es Jehová;
>> Por tanto, él enseñará a los pecadores el camino.
> Encaminará a *los humildes* por el juicio,
>> Y enseñará a *los mansos* su carrera (versículos 8-9)

La ética cristiana bien estudiada no conduce al conocimiento que "envanece" (1 Co 8:1), sino a la humildad y al amor por los demás.

3. Debemos estudiar la ética cristiana con la razón. Jesús y los autores del Nuevo Testamento suelen citar un pasaje de la Escritura y luego sacar conclusiones lógicas de él (por ejemplo, Mt 22:43-45; Juan 10:34-36; Ro 10:10-11; 1 Ti 5:17-18; y muchos otros más). *Razonan* a partir de las Escrituras. Su patrón de razonamiento nos dice que no es malo utilizar el entendimiento humano, la lógica humana y la razón humana para sacar conclusiones de las afirmaciones de la Escritura. Sin embargo, cuando razonamos y obtenemos lo que creemos que son deducciones lógicas correctas de las Escrituras, en ocasiones cometemos errores. Las *deducciones* que obtenemos de las afirmaciones de la Escritura no son iguales a las propias *afirmaciones* de la *Escritura* en cuanto a certeza o autoridad, ya que nuestra capacidad de razonar y sacar conclusiones no es la norma última de la verdad: solo lo es la Escritura.

¿Cuáles son entonces los límites del uso de nuestra capacidad de razonamiento para sacar deducciones de las afirmaciones de la Escritura? El hecho de que el razonamiento para llegar a conclusiones que van más allá de las meras afirmaciones de la Escritura es apropiado e incluso necesario para estudiar la Escritura, y el hecho de que la propia Escritura es la norma última de la verdad, se combinan para indicarnos que *somos libres* de usar *nuestras habilidades de razonamiento para obtener deducciones de cualquier pasaje de la Escritura siempre que estas deducciones no contradigan la clara enseñanza de algún otro pasaje de la Escritura*[35].

Por ejemplo, podríamos leer la instrucción de Pablo "Sométase toda persona a las autoridades superiores" (Ro 13:1) y concluir que tenemos la obligación de obedecer todo lo que la autoridad nos diga. Sin embargo, luego descubrimos varios pasajes narrativos en los que las autoridades gubernamentales ordenaron al pueblo de Dios que pecara contra él; sin embargo, el pueblo de Dios desobedeció a las autoridades, y los relatos bíblicos ven esa desobediencia con aprobación: véase Éxodo 1:15-22 (las parteras hebreas); Ester 4:16 (Ester entrando en la presencia del

---

[35] Esta guía la he adoptado también del profesor John M. Frame, de quien la aprendí cuando recibí clases de él en el Seminario de Westminster (ver el prefacio, pág. 28).

rey sin ser invitada); Daniel 3 (Sadrac, Mesac y Abednego se niegan a inclinarse ante la imagen de oro); Daniel 6 (Daniel orando a Dios en desobediencia a la orden del rey); Mateo 2:8, 12 (los reyes magos desobedeciendo al rey Herodes); y Hechos 4:18-20; 5:29 (los apóstoles predicando el evangelio). Por lo tanto, concluimos que nuestra primera inferencia era incorrecta, y "estar sujeto" al gobierno no significa que debamos obedecer una orden gubernamental para pecar contra Dios.

Este principio (que no debemos permitir que las deducciones de un pasaje de la Escritura contradigan otro pasaje de la Escritura) pone una protección a nuestro uso de lo que creemos que son deducciones lógicas válidas de la Escritura. Nuestras supuestas deducciones lógicas pueden ser erróneas, pero la propia Escritura no lo puede ser. Cuando el salmista dice: "La *suma* de tu palabra es verdad, Y eterno es todo juicio de tu justicia" (Sal 119:160), da a entender que las palabras de Dios son verdaderas en su conjunto y no solo por separado. Vistas en conjunto, su "suma" es también "verdad". En definitiva, no hay ninguna contradicción interna ni en la Escritura ni en los propios pensamientos de Dios.

4. Debemos estudiar la ética cristiana con ayuda de los demás. Debemos estar agradecidos porque Dios ha puesto maestros en la iglesia ("Y a unos puso Dios en la iglesia, primeramente apóstoles, luego profetas, lo tercero *maestros* [...] 1 Co 12:28). Debemos permitir que aquellos con dones de enseñanza, nos ayuden a entender la Escritura. Esto significa que debemos hacer uso de los libros sobre ética cristiana que han sido escritos por algunos de los maestros que Dios ha dado a la iglesia a lo largo de su historia. Además, significa que nuestro estudio de la ética debe incluir la conversación con otros cristianos sobre las cosas que estudiamos. Entre las personas con las que hablamos habrá con frecuencia algunas con dones de enseñanza, que pueden explicar la verdad bíblica con claridad y ayudarnos a entenderla con más facilidad. De hecho, algunos de los aprendizajes más efectivos en los cursos de ética cristiana en las universidades y seminarios ocurren fuera del aula, en conversaciones informales entre estudiantes que intentan comprender las enseñanzas éticas de la Biblia por sí mismos.

5. Debemos estudiar la ética cristiana recopilando y comprendiendo todos los pasajes relevantes de las Escrituras sobre cualquier tema. Este punto se mencionó en nuestra definición de la ética cristiana al principio del capítulo, pero el proceso real necesita ser descrito aquí. ¿Cómo se hace un resumen ético de lo que enseñan todos los pasajes de la Escritura sobre un determinado tema?

Para los temas tratados en este libro, muchas personas pensarán que estudiar este libro y leer los pasajes bíblicos señalados en los capítulos es suficiente. No obstante, algunas personas querrán profundizar en el estudio de las Escrituras sobre un tema en particular o estudiar algún tema no abordado aquí. ¿Cómo podría un estudiante utilizar la Biblia para investigar sus enseñanzas sobre algún otro tema, tal vez uno no discutido de forma explícita en ningún libro de ética cristiana?

El proceso sería el siguiente:

1. Encuentre todos los pasajes relevantes. La mejor herramienta para este paso es un buen programa de búsqueda bíblica (o una concordancia impresa) que permita

buscar palabras clave y encontrar los pasajes en los que se aborda el tema.

Por ejemplo, al estudiar un enfoque bíblico de la riqueza y la pobreza, habrá que encontrar todos los pasajes que contengan palabras como *riqueza, pudiente, rico, opulencia, pobreza* y *pobre*. Si la lista es demasiado larga para ser manejable, el estudiante tendrá que hojear los resultados de la búsqueda de palabras sin buscar los pasajes, o tendrá que dividir la búsqueda en secciones más pequeñas o limitarla de alguna otra manera. Después, , el estudiante puede encontrar otros pasajes al ampliar la red, hojeando los resultados de la búsqueda de palabras sobre otros términos, como *oro, plata, dinero, tesoro, hambre, hambriento, indigente, afligido,* etc.

Además, se pueden encontrar pasajes al pensar en la historia general de la Biblia y luego acudir a las secciones en las que habría información sobre el tema en cuestión. Por ejemplo, sobre el tema de la riqueza y la pobreza, un estudiante querría leer pasajes sobre la riqueza de Salomón, la riqueza de Abraham y los tiempos de riqueza y pobreza de Job, así como pasajes del Nuevo Testamento sobre la pobreza de Jesús (Mt 8:20) y la aparente indiferencia de Pablo hacia su propia riqueza o pobreza (Fil 4:11-13).

Por lo tanto, además de hacer búsquedas de palabras y de leer otros pasajes que uno pueda encontrar sobre el tema, revisar las secciones relacionadas en algunos libros de ética cristiana suele sacar a la luz otros pasajes que se han pasado por alto.

2. El segundo paso consiste en leer, tomar notas e intentar resumir los puntos abordados en los pasajes pertinentes. En ocasiones, un tema se repetirá con frecuencia y el resumen de los distintos pasajes será relativamente fácil. En otras ocasiones, algunos pasajes serán difíciles de entender, y el alumno tendrá que dedicar algún tiempo a estudiar cada uno en profundidad (con solo leer el pasaje en su contexto una y otra vez, o mediante el uso de herramientas especializadas como comentarios y diccionarios) hasta alcanzar una comprensión satisfactoria.

3. Por último, las enseñanzas de los distintos pasajes deben resumirse en uno o varios puntos que la Biblia afirma sobre ese tema. El resumen no tiene que adoptar la forma exacta de las conclusiones de los demás sobre el tema, porque cada uno de nosotros puede organizar el tema de forma diferente o enfatizar cosas distintas, o incluso ver cosas en las Escrituras que otros han pasado por alto.

Por lo tanto, resulta útil leer secciones relacionadas, si es que se pueden encontrar, en varios libros de ética cristiana. Esto proporciona una comprobación útil contra el error y el descuido, y con frecuencia nos hace conscientes de perspectivas y argumentos alternativos que pueden hacernos modificar o fortalecer nuestra posición. Si un estudiante encuentra que otros han argumentado conclusiones muy diferentes, entonces estos otros puntos de vista deben ser expuestos de manera justa y luego contestados. En ocasiones, otros libros de ética nos alertarán sobre las consideraciones históricas o filosóficas que se han planteado en la historia de la iglesia, y éstas proporcionarán ideas adicionales o advertencias contra el error. (Al final de cada capítulo de este libro, he añadido un listado con los números de página en los que se aborda el mismo tema en hasta en 13 otros libros de texto evangélicos sobre ética cristiana, lo que debería facilitar al estudiante la consulta de otros libros sobre el mismo tema).

El proceso descrito con anterioridad es posible para cualquier cristiano que sepa leer su Biblia y pueda utilizar un programa de búsqueda o tan solo buscar palabras en una concordancia. Por supuesto, las personas se volverán más rápidas y precisas en este proceso con el tiempo y la madurez cristiana, pero sería una enorme ayuda para la iglesia si los cristianos, en general, dedicaran mucho más tiempo a buscar temas en las Escrituras por sí mismos y sacar conclusiones de la manera descrita antes. La alegría del descubrimiento de los temas bíblicos sería muy gratificante. Sobre todo los pastores y los que dirigen estudios bíblicos encontrarían una mayor actualización en su comprensión de las Escrituras y en su enseñanza.

6. Debemos estudiar la ética cristiana con regocijo y alabanza. El estudio de la ética no es un simple ejercicio teórico del intelecto. Es un estudio de las normas morales tan sorprendentes dadas por el Dios vivo y de las notables bendiciones de vivir en obediencia a sus mandamientos. No podemos estudiar este tema de forma desapasionada. Debemos amar todo lo que Dios es, todo lo que dice y todo lo que hace. "Y amarás a Jehová tu Dios de todo tu corazón" (Dt 6:5).

Dios no solo desea que hagamos las acciones correctas al seguir sus mandamientos. Además, desea que disfrutemos de él, que disfrutemos viviendo en comunión con él, y que disfrutemos complaciéndolo en todo lo que hacemos. Desea que encontremos una alegría y una satisfacción profundas y duraderas al vivir una vida ética. De hecho, este es el único camino hacia una felicidad profunda y duradera en la vida: vivir vidas que agraden a Dios, caminando cada día en estrecha comunión con él:

Caminó, pues, Enoc con Dios, y desapareció, porque le llevó Dios (Gn 5:24)[36].

Por la fe Enoc fue traspuesto para no ver muerte, y no fue hallado, porque lo traspuso Dios; y antes que fuese traspuesto, tuvo testimonio de haber *agradado a Dios* (He 11:5).

La Biblia contiene muchas palabras de alabanza a Dios por la excelencia y la sabiduría de sus normas morales y las bendiciones que se derivan de caminar por sus caminos. Por lo tanto, al estudiar las enseñanzas éticas de la Palabra de Dios, no debería sorprendernos si con frecuencia encontramos que nuestros corazones estallan de forma espontánea en expresiones de alabanza y deleite como las de los salmistas:

Bienaventurado el varón
   que no anduvo en consejo de malos,
Ni estuvo en camino de pecadores,
   Ni en silla de escarnecedores se ha sentado;

---

[36] La LXX en Gn 5:24 dice que Enoc era "agradable" a Dios, usando *euaresteō*, "ser agradable", como su traducción del verbo hebreo *hālak*, "caminar", que aparece aquí en la raíz hitpael con un significado iterativo, "ir de un lado a otro, caminar" (HALOT, pág. 248), lo que sugiere un patrón de caminar con Dios a lo largo del tiempo. Heb 11:5 coincide con la LXX, ya que también utiliza euaresteō para decir que Enoc "agradó a Dios".

Sino que en la ley de Jehová está su *delicia*,
   Y en su ley medita de día y de noche (Sal 1:1-2).
 La ley de Jehová es perfecta,
que convierte el alma;
El testimonio de Jehová es fiel,
   que hace sabio al sencillo.
Los mandamientos de Jehová son rectos,
   que *alegran el corazón*;
El precepto de Jehová es puro,
   que alumbra los ojos.
El temor de Jehová es limpio,
   que permanece para siempre;
Los juicios de Jehová son verdad,
   todos justos.
Deseables son más que el oro,
   y más que mucho oro afinado;
Y *dulces más que miel,*
   y que la que destila del panal.
Tu siervo es además amonestado con ellos;
   En guardarlos hay *grande galardón* (Sal 19:7-11).

Bienaventurados los perfectos de camino,
   Los que andan en la ley de Jehová.
Bienaventurados los que guardan sus testimonios,
   Y con todo el corazón le buscan;
Pues no hacen iniquidad
   Los que andan en sus caminos (Sal 119:1-3).

Me he *gozado* en el camino de tus testimonios
   Más que de toda *riqueza* (Sal 119:14).

¡Cuán *dulces* son a mi paladar tus palabras!
   Más que la miel a mi boca (Sal 119:103).

Por heredad he tomado tus testimonios para siempre,
   Porque son el *gozo de mi corazón* (Sal 119:111).

PREGUNTAS PARA REFLEXIONAR

Las preguntas al final de cada capítulo se centran en la aplicación a la vida. En muchos capítulos, he incluido algunas preguntas sobre cómo se *siente* el lector en relación con un punto de la ética, porque creo que el estudio de la ética debe sentirse en el nivel emocional, además de entenderse en el nivel intelectual. Creo que estas preguntas serán valiosas para quienes se tomen el tiempo de reflexionar sobre ellas.

1. ¿De qué manera (si es que hay alguna) ha cambiado este capítulo su comprensión de lo que es la ética cristiana? ¿Cuál era su postura ante el estudio de la ética cristiana antes de leer este capítulo? ¿Cuál es su postura ahora?

2. ¿Qué le puede pasar a una iglesia o denominación que deja de aprender sobre la ética cristiana durante una generación o más? ¿Se ha dado ese caso en su iglesia?

3. ¿Hay algún tema de los que aparece en el índice sobre el que una comprensión más profunda ayudaría a resolver una dificultad personal en su vida actual? ¿Cuáles son los peligros espirituales y emocionales de los que personalmente debe darse cuenta al estudiar la ética cristiana?

4. Ore para que Dios haga de este estudio de la ética cristiana un tiempo de crecimiento espiritual y de comunión más profundo con Dios, y un tiempo en el que crezca en lo personal para agradarle en su conducta de vida más que nunca.

TÉRMINOS ESPECIALES

Canon dentro del canon
Ética cristiana
Sistemas deontológicos
Ética histórica
Asunto ético principal
Asunto ético secundario
Ética filosófica
Relativismo
Ética situacional
Sistemas teleológicos
Ética teológica
Ética de la virtud

BIBLIOGRAFÍA

En las bibliografías que figuran después de cada capítulo, he destacado las obras escritas desde una posición evangélica conservadora (definida en sentido amplio. El propósito de esta sección es dar al estudiante un acceso fácil a otros análisis de cada tema por parte de escritores de ética que comparten mis convicciones generales sobre la naturaleza de la Escritura: que toda ella es totalmente veraz y que es la única y absolutamente autorizada Palabra de Dios para nosotros. En cuanto salimos De esa convicción, la base para tomar decisiones éticas es muy diferente.

Asimismo, he incluido algunos recursos católicos romanos (sobre todo el *Catechism* of the *Catholic Church* [Catecismo de la Iglesia Católica]) debido a la gran influencia de la Iglesia Católica Romana en casi todas las sociedades del mundo.

Además, en algunos capítulos que abordan de forma extensa la evaluación de los hechos del mundo que nos rodea (como la discriminación racial, la autodefensa, la riqueza y la pobreza, y la administración del medio ambiente), también he incluido algunos libros de escritores laicos que son relevantes para esos temas.

Otras fuentes de referencia sobre ética

Al final de cada capítulo, he indicado los números de página de otros 13 textos sobre ética de uso común en los que se aborda el mismo tema. (La información bibliográfica completa de estos 13 libros se facilita solo en este capítulo).

Clark, David K., y Robert V. Rakestraw, eds. *Readings in Christian Ethics [Lecturas sobre ética cristiana]*. 2 vols. Grand Rapids, Michigan: Baker, 1994, 1:17-66.

Davis, John Jefferson. *Evangelical Ethics: Issues Facing the Church Today [Ética evangélica: Cuestiones que afronta la Iglesia hoy]*. 4ta ed. Phillipsburg, Nueva Jersey: P&R, 2015, págs. 1-16.

Feinberg, John S., y Paul D. Feinberg. *Ethics for a Brave New World [La ética para un valiente nuevo mundo]*. 2da ed. Wheaton, Illinois: Crossway, 2010, págs. 21-62.

Frame, John M. *The Doctrine of the Christian Life: A Theology of Lordship [La doctrina de la vida cristiana: Una teología sobre el Señorío]*. Phillipsburg, Nueva Jersey: P&R, 2008, págs. 3-384.

Geisler, Norman L. *Christian Ethics: Contemporary Issues andOptions [Ética cristiana: Cuestiones y opciones contemporáneas]*. 2da ed. Grand Rapids, Michigan: Baker, 2010, págs. 15-130.

Gushee, David P., y Glen H. Stassen. *Kingdom Ethics: Following Jesus in Contemporary Context [La ética del Reino: Siguiendo a Jesús en un contexto contemporáneo]*. 2da ed. Grand Rapids, Michigan: Eerdmans, 2016, págs. 3-94.

Hays, Richard B. *The Moral Vision of the New Testament: Community, Cross, New Creation: A Contemporary Introduction to New Testament Ethics [La visión moral del Nuevo Testamento: Comunidad, Cruz, Nueva Creación: Una introducción contemporánea a la ética del Nuevo Testamento]*. San Francisco: HarperSanFrancisco, 1996, págs. 1-312.

Holmes, Arthur F. *Ethics: Approaching Moral Decisions. Contours of Christian Philosophy [Ética: La aproximación a las decisiones morales y aspectos de la filosofía cristiana]*. 2da ed. Downers Grove, Illinois: InterVarsity Press, 2007, págs. 11-58.

Jones, David Clyde. *Biblical Christian Ethics [Ética cristiana bíblica]*. Grand Rapids, Michigan: Baker, 1994, págs. 11-16.

Kaiser, Walter C., Jr. *What Does the Lord Require? A Guide for Preaching and Teaching Biblical Ethics [¿Qué exige el Señor? Una guía para predicar y enseñar la ética bíblica]*. Grand Rapids, Michigan: Baker, 2009, págs. 9-18.

McQuilkin, Robertson, y Paul Copan. *An Introduction to Biblical Ethics: Walking in the Way of Wisdom [Introducción a la ética bíblica: Caminando por el camino de la sabiduría]*. 3ra ed. Downers Grove, Illinois: InterVarsity Press, 2014, págs. 13-23.

Murray, John. *Principles of Conduct: Aspects of Biblical Ethics [Principios de conducta: Aspectos de la ética bíblica]*. Grand Rapids, Michigan: Eerdmans, 1957, págs. 11-26.

Rae, Scott B. *Moral Choices: An Introduction to Ethics [Opciones morales: Una introducción a la ética]*. 3ra ed. Grand Rapids, Michigan: Zondervan, 2009, págs. 11-23.

Otras obras

Anderson, Kerby. *Christian Ethics in Plain Language [Ética cristiana en lenguaje sencillo]*. Nelson's Plain Language Series. Nashville: Nelson Reference & Electronic, 2005.

Atkinson, David J., y David H. Field, eds. *New Dictionary of Christian Ethics and Pastoral Theology [Nuevo diccionario de ética cristiana y teología pastoral]*. Leicester, Reino Unido: Inter-Varsity, y Downers Grove, Illinois: InterVarsity Press, 1995.

Baxter, Richard. *A Christian Directory [Directorio cristiano]*. Morgan, PA: Soli Deo Gloria, 1673; repr., 1996.

Calvino, Juan. *Institutes of the Christian Religion [Institución de la Religión Cristiana]*. John T. McNeill, ed. Ford Lewis Battles, traducido. Library of Christian *Classics [Biblioteca de los clásicos cristianos]*, vols. 20-21. Filadelfia: Westminster, 1960.

Catechism of the Catholic Church [Catecismo de la Iglesia Católica]. 2da ed. Nueva York: Doubleday, 1997.

Douma, Jochem. *The Ten Commandments: Manual for the Christian Life [Los Diez Mandamientos: Manual para la vida cristiana]*. Phillipsburg, Nueva Jersey: P&R, 1996.

Eckman, James P. *Biblical Ethics: Choosing Right in a World Gone Wrong [Ética bíblica: La elección del bien en un mundo equivocado]*. Biblical Essentials Series. Wheaton, Illinois: Crossway, 2004.

Fairbairn, Patrick. *The Revelation of Law in Scripture [La revelación de la ley en las Escrituras]*. Phillipsburg, Nueva Jersey: P&R, 1996.

Fletcher, Joseph. *Situation Ethics: The New Morality [Ética situacional: La nueva moralidad]*. Louisville, Kentucky: Westminster John Knox, 1966.

Gill, Robin. *A Textbook of Christian Ethics [Un libro de ética cristiana]*. 4ta ed. Londres: Bloomsbury T&T Clark, 2014.

Gosnell, Peter W. *The Ethical Vision of the Bible: Learning Good from Knowing God [La visión ética de la Biblia: Aprender el bien del conocimiento de Dios]*. Downers Grove, Illinois: InterVarsity Press, 2014.

Grenz, Stanley J., y Jay T. Smith. *Pocket Dictionary of Ethics [Diccionario de bolsillo de ética]*. Downers Grove, Illinois: InterVarsity Press, 2003.

Grenz, Stanley J. *The Moral Quest: Foundations of Christian Ethics [La búsqueda moral: Fundamentos de la ética cristiana]*. Downers Grove, Illinois: InterVarsity Press, 1997.

Henry, Carl F. H., ed. *Baker's Dictionary of Christian Ethics [Diccionario de Baker sobre ética cristiana]*. Grand Rapids, Michigan: Baker, 1973.

———. *Christian Personal Ethics [La ética cristiana personal]*. Grand Rapids, Michigan: Eerdmans, 1957.

Hodge, Charles. *Systematic Theology [Teología sistemática]*. Vol. 3, Soteriology [Soteriología]. Peabody, Massachusetts: Hendrickson, 1999.

Hughes, Philip Edgcumbe. *Christian Ethics in Secular Society [La ética cristiana en la sociedad secular]*. Grand Rapids, Michigan: Baker, 1983.

Jones, David W. *An Introduction to Biblical Ethics [Introducción a la ética bíblica]*. Estudios de Ética Cristiana de B&H. Nashville: B&H, 2013.

Jones, Mark. *Antinomianism: Reformed Theology's Unwelcome Guest? [Antinomianismo: ¿El invitado no deseado de la teología reformada?]*. Phillipsburg, Nueva Jersey: P&R, 2013.

Kaiser, Walter C., Jr. *Toward Old Testament Ethics [Hacia la ética del Antiguo Testamento]*. Grand Rapids, Michigan: Zondervan, 1983.

Lutzer, Erwin W., y Mark M. Hanna. *The Necessity of Ethical Absolutes [La necesidad de los absolutos éticos]. Christian Free University Curriculum*. Grand Rapids, Michigan: Zondervan, 1981.

MacArthur, John. *Right Thinking in a World Gone Wrong [Pensamiento correcto en un mundo equivocado]*. Eugene, Oregón: Harvest House, 2009.

Mitchell, C. Ben. *Ethics and Moral Reasoning: A Student's Guide. Reclaiming the Christian Intellectual Tradition [Ética y razonamiento moral: Guía del estudiante. Recuperar la tradición intelectual cristiana]*. Wheaton, Illinois: Crossway, 2013.

Mitchell, Craig Vincent. *Charts of Christian Ethics [Cartas de la ética cristiana]. ZondervanCharts*. Grand Rapids, Michigan: Zondervan, 2006.

Myers, Jeff, y David A. *Noebel. Understanding the Times: A Survey of Competing Worldviews [Entendiendo los tiempos: Un estudio de las visiones del mundo que compiten entre sí]*. Understanding the Times Series. Manitou Springs, CO: Summit Ministries, 2015.

Myers, Jeff. *Understanding the Culture: A Survey of Social Challenges [Entendiendo la cultura: Un estudio de los retos sociales]*. Colorado Springs: David C. Cook, 2015.

Noebel, David A. *Understanding the Times: The Religious Worldviews of Our Day and the Search for Truth [Entendiendo los tiempos: Las visiones religiosas de nuestro tiempo y la búsqueda de la verdad]*. Eugene, Oregón: Harvest House, 1994.

O'Donovan, Oliver. *Ethics as Theology [La ética como teología]. Vol. 1, Self, World, and Time [El yo, el mundo y el tiempo]*. Grand Rapids, Michigan: Eerdmans, 2013.

———. *Resurrection and Moral Order: An Outline for Evangelical Ethics [La resurrección y el orden moral: Un esquema para la ética evangélica]*. 2da ed. Leicester, Reino Unido: Apollos, y Grand Rapids, Michigan: Eerdmans, 1994.

Piper, John. *Desiring God: Meditations of a Christian Hedonist [Anhelando a Dios: Meditaciones de un hedonista cristiano]*. Portland, Oregón: Multnomah, 1986.

Poythress, Vern S. *The Lordship of Christ: Serving Our Savior All of the Time, in All of Life, with All of Our Heart [El señorío de Cristo: Servir a nuestro Salvador todo el tiempo, en toda la vida, con todo el corazón]*. Wheaton, Illinois: Crossway, 2016.

Rae, Scott B. *Doing the Right Thing: Making Moral Choices in a World Full of Options [Haciendo lo correcto: Toma de decisiones morales en un mundo lleno de opciones]*. Grand Rapids, Michigan: Zondervan, 2013.

Rushdoony, Rousas John. *The Institutes of Biblical Law [Institutos de la ley bíblica]*. Phillipsburg, Nueva Jersey: Presbyterian and Reformed, 1973.

Ryken, Philip Graham. *Written in Stone: The Ten Commandments and Today's Moral Crisis* [Escrito en piedra: Los diez mandamientos y la crisis moral actual]. Wheaton, Illinois: Crossway, 2003.

Van Til, Cornelius. *In Defense of the Faith [En defensa de la fe]*. Vol. 3, Christian Theistic Ethics [Ética teísta cristiana]. Filadelfia: Westminster Theological Seminary, 1971.

Wilkens, Steve. *Christian Ethics: Four Views [Ética cristiana: Cuatro puntos de vista]*. Downers Grove, Illinois: InterVarsity Press, 2017

PASAJE BÍBLICO PARA MEMORIZAR

Los estudiantes han mencionado en repetidas ocasiones que una de las partes más valiosas de cualquiera de sus cursos en la universidad o en el seminario han sido los pasajes de las Escrituras que debían memorizar. "Por heredad he tomado tus testimonios para siempre, porque son el gozo de mi corazón" (Sal 119:11). Por lo tanto, en cada capítulo he incluido un pasaje adecuado para memorizar a fin de que los instructores puedan incorporar los pasajes bíblicos para memorizar en los requisitos del curso siempre que sea posible. (Los pasajes para memorizar que aparecen al final de cada capítulo provienen de la versión en inglés de la ESV).

Colosenses 1:9-10: Por lo cual también nosotros, desde el día que lo oímos, no cesamos de orar por vosotros, y de pedir que seáis llenos del conocimiento de su voluntad en toda sabiduría e inteligencia espiritual, para que andéis como es digno del Señor, agradándole en todo, llevando fruto en toda buena obra, y creciendo en el conocimiento de Dios.

HIMNO

Lo mejor de la ética cristiana será la alabanza, porque los mandamientos morales de Dios fluyen de su carácter, y su carácter es santo, justo, infinitamente bueno y bellísimo. El autor del Salmo 119 se dio cuenta de esto, pues exclamó: "¡Oh, cuánto amo yo tu ley! Todo el día es ella mi meditación" y "Mis labios rebosarán alabanza cuando me enseñes tus estatutos" (Sal 119:97, 171).

En el capítulo 4, argumentaré que el tipo de vida que glorifica a Dios es "una vida de obediencia a Dios, vivida en relación personal con Dios". Sin embargo, los momentos habituales de adoración son una ayuda importante para refrescar y profundizar nuestra relación diaria con Dios, y los himnos de alabanza son también un medio maravilloso para expresar la alegría que sentimos cuando somos conscientes de la presencia de Dios.

Por ello, es conveniente incluir al final de cada capítulo un himno que suele estar relacionado con el tema de ese capítulo. En una sesión de clase, el himno puede cantarse de forma conjunta al principio o al final de la misma. Otra posibilidad es que un lector lo cante en privado o simplemente medite en silencio sobre las palabras.

En casi todos los capítulos, la letra de los himnos se encuentran en *Great Hymns of the Faith*[37] [Grandes himnos de la fe], pero la mayoría de ellos se encuentran en muchos otros himnarios usuales. Salvo que se indique lo contrario, la letra de estos himnos es ahora de dominio público y ya no está sujeta a restricciones de derechos de autor: por tanto, puede copiarse de forma gratuita para su uso público.

¿Por qué utilicé tantos himnos antiguos? Aunque en lo personal me gustan muchos de los cantos de adoración actuales de amplia difusión, cuando empecé a seleccionar himnos que correspondieran a las grandes enseñanzas éticas de las Escrituras, me di cuenta de que los grandes himnos de la Iglesia a lo largo de la historia tienen una riqueza y una amplitud que aún no tiene igual. Es posible que esto sea un reto para los compositores modernos, para que estudien estos capítulos y luego escriban canciones que reflejen la enseñanza de las Escrituras sobre los temas respectivos.

"Santo, santo, santo"

¡Santo, santo, santo! Señor omnipotente,
siempre el labio mío loores te dará.
¡Santo, santo, santo! Te adoro reverente,
Dios en tres personas, bendita Trinidad.

¡Santo, santo, santo! En numeroso coro
santos escogidos te adoran sin cesar,
de alegría llenos, y sus coronas de oro
rinden ante el trono y el cristalino mar.

¡Santo, santo, santo! Por más que estés velado,
e imposible sea tu gloria contemplar,
santo Tú eres solo, y nadie hay a tu lado,
en poder perfecto, pureza y caridad.

¡Santo, santo, santo! La gloria de tu nombre
vemos en tus obras en cielo, tierra y mar.
¡Santo, santo, santo! Te adorará todo hombre;
Dios en tres personas, bendita Trinidad.

AUTOR: REGINALD HEBER, 1826

---

[37] John W. Peterson, ed., Great Hymns of the Faith [Grandes himnos de la fe] (Grand Rapids, Michigan: Zondervan, 1969).

Capítulo 2

BASE FUNDAMENTAL DE LA ÉTICA: EL CARÁCTER MORAL DE DIOS

¿De dónde provienen las normas éticas de la Biblia?

¿Por qué debemos pensar que son auténticas?

¿Se aplican estas normas éticas a todas las personas de todas las sociedades y en todo momento?

En el capítulo 1, indiqué que en este libro estudiaríamos la ética al preguntar: "¿Qué enseña la Biblia en su totalidad?" sobre diversos temas éticos. Sin embargo, eso deja otra pregunta sin respuesta: ¿De dónde provienen las normas éticas de la Biblia?

A. LA BASE DE LAS NORMAS ÉTICAS DE LA BIBLIA ES EL CARÁCTER MORAL DE DIOS

1. El carácter de Dios es bueno. Cuando la Biblia habla del carácter moral de Dios, habla de Dios como "bueno". Por ejemplo:

> *Bueno eres tú*, y bienhechor;
>> Enséñame tus estatutos (Sal 119:68).

> El es la Roca, cuya obra es perfecta,
>> *Porque todos sus caminos son rectitud*;
> Dios de verdad, y sin ninguna iniquidad en él;
>> Es justo y recto (Dt 32:4).

> *Justos y verdaderos son tus caminos*,
>> Rey de los santos.

> ¿Quién no te temerá, oh Señor,
> y glorificará tu nombre?
>> pues sólo tú eres santo;
> por lo cual todas las naciones vendrán y te adorarán (Ap 15:3-4).

En estos y otros muchos pasajes, la Biblia enfatiza que el carácter moral de Dios es bueno. Es un Dios que es bueno, y también amoroso, justo, misericordioso, fiel, sincero y santo.

Además, Dios aprueba y se deleita en su propio carácter moral. Él es el Dios "bendito", es decir, el que es supremamente feliz en sí mismo (1 Ti 1:11; 6:15)[1]. De hecho, cuando su Palabra proclama que es "bueno", implica que considera que su propio carácter es digno de aprobación.

2. Dios aprueba a las criaturas que se amoldan a su carácter moral. Muchos otros pasajes de la Escritura muestran que Dios desea y aprueba a las criaturas morales que se amoldan a su carácter moral. Así como Dios es amoroso, justo, misericordioso, fiel, sincero, santo, etc., también desea que actuemos de manera amorosa, justa, misericordiosa, fiel, sincera, santa, etc. Estas son las cualidades que Dios aprueba en sí mismo y, por tanto, estas son las cualidades morales que aprueba también en sus criaturas. Así como se deleita en contemplar su propia excelencia moral, se deleita en ver su excelencia moral reflejada en las criaturas que ha creado[2].

A continuación, se presentan algunos pasajes bíblicos que muestran que Dios se deleita en ver su carácter reflejado en nuestras vidas:

> Sino, como aquel que os llamó es santo, *sed también vosotros santos* en toda vuestra manera de vivir (1 P 1:15).

> *Sed, pues, misericordiosos,* como también vuestro Padre es misericordioso (Lucas 6:36).

> Nosotros le *amamos* a él, porque él nos amó primero (1 Juan 4:19).

> Sed, pues, *imitadores* de Dios como hijos amados (Ef 5:1).

---

[1] La palabra *bendito* en estos versículos traduce el adjetivo griego *makarios,* que significa "bendito, feliz" (BDAG, págs. 610-611).

[2] Una vez que aceptamos la idea de que el propio carácter moral de Dios es bueno, es más fácil responder a la siguiente pregunta: "1) ¿Las normas morales de Dios son buenas porque él las ordena o 2) las ordena porque son buenas?".

Ambas afirmaciones son ciertas, si se entienden de forma correcta. (1) Debemos tener cuidado de no imaginar que Dios pueda ordenar algo que sea contrario a su carácter moral, y por lo tanto no debemos imaginar que Dios pueda ordenar arbitrariamente cualquier cosa que podamos imaginar. Si el carácter moral de Dios es bueno hasta el infinito, entonces no puede ordenar nada que no sea correcto y bueno, y eso significa que todo lo que ordena es correcto porque lo ordena. (2) Debemos tener cuidado de no imaginar que hay alguna norma superior de "bien" o "correcto" fuera de Dios a la que él decide amoldarse. Si entendemos que la única norma absoluta de lo bueno y lo correcto es el propio carácter de Dios, entonces también podemos decir que él ordena las cosas porque son correctas (se amoldan a su carácter moral).

Sed, pues, vosotros *perfectos*, como vuestro Padre que está en los cielos es perfecto (Mt 5:48).

No *mintáis* los unos a los otros, habiéndoos despojado del viejo hombre con sus hechos, y revestido del nuevo, el cual conforme *a la imagen del que lo creó* se va renovando hasta el conocimiento pleno (Col 3:9-10)

La idea de Pablo es que nuestro "nuevo yo" se asemeje más a Dios, y por lo tanto debemos imitar la sinceridad de Dios.

Amados, ahora somos hijos de Dios, y aún no se ha manifestado lo que hemos de ser; pero sabemos que cuando él se manifieste, seremos semejantes a él, porque le veremos tal como él es. Y todo aquel que tiene esta esperanza en él, se *purifica a sí mismo, así* como él es puro (1 Juan 3:2-3)

Dicho de otra manera, debemos vivir de la misma manera que vivió Jesús, caminar como él caminó:

Sed *imitadores* de mí, así como yo de Cristo (1 Co 11:1).

Y *andad en amor, como también Cristo nos amó*, y se entregó a sí mismo por nosotros (Ef 5:2).

El que dice que permanece en él, debe andar como él anduvo (1 Juan 2:6).

Pues para esto fuisteis llamados; porque también Cristo padeció por nosotros, *dejándonos ejemplo*, para que sigáis sus pisadas (1 P 2:21).

John Murray, profesor de teología sistemática en el Seminario Westminster de Filadelfia de 1930 a 1966, señala de forma acertada:

En última instancia, ¿por qué debemos comportarnos de una manera y no de otra? [...] La máxima norma de lo correcto es el carácter o la naturaleza de Dios. La base de la ética es que Dios es lo que es, y nosotros debemos conformarnos con lo que él es en santidad, justicia, verdad, bondad y amor [...] Dios hizo al hombre a su imagen y semejanza. Por tanto, el hombre debe ser como Dios[3].

B. DIOS NO PUDO HABER ESTABLECIDO OTRAS NORMAS MORALES

Dado que las normas morales que Dios nos da se basan en su carácter moral, no podría haber hecho otras para nosotros que las que él estableció. No podría habernos mandado que fuera correcto odiar a las personas en lugar de amarlas,

---

[3] John Murray, *Principles of Conduct: Aspects of Biblical Ethics* [Principios de conducta: Aspectos de la ética bíblica] (Grand Rapids, Michigan: Eerdmans, 1957), pág. 177.

mentir en lugar de decir la verdad, asesinar en lugar de proteger la vida, ser injusto en lugar de justo, etc.

Sin embargo, es importante hacer una aclaración al respecto. Cuando hablo de las normas morales de Dios, no me refiero a los requerimientos temporales que Dios le dio al pueblo de Israel en el tiempo de Moisés, tales como los requerimientos sobre alimentos limpios e inmundos o los de varios tipos de sacrificios de animales. Más bien, me refiero a las normas morales permanentes que han sido aplicables a todas las personas durante todos los períodos de la historia (para un análisis más detallado de las leyes del pacto de Moisés, ver el capítulo 8).

C. LAS NORMAS MORALES PERMANENTES DE DIOS QUE SE ENCUENTRAN EN LA BIBLIA SE APLICAN A TODAS LAS PERSONAS EN TODAS LAS CULTURAS EN TODOS LOS PERÍODOS DE LA HISTORIA

Si las normas morales de Dios provienen de su carácter moral inmutable, entonces se deduce que se trata de las normas morales por las que Dios pedirá cuentas a todas las personas en todo lugar. Varios pasajes indican que Dios será el juez de toda la tierra cierto día:

El *Juez de toda la tierra,* ¿no ha de hacer lo que es justo? (Gn 18:25).

Porque vino a juzgar la tierra.
Juzgará al mundo con justicia,
Y a los pueblos con su verdad (Sal 96:13).

Cuando Pablo se dirigió a los filósofos griegos paganos en el Areópago de Atenas, se dirigió a un público que no tenía conocimiento de las normas morales del Dios de Israel (incluso si algunos tenían un conocimiento pasajero de la religión judía, Pablo no pudo haber asumido tal conocimiento por parte de ninguno de sus oyentes). Incluso ante este público, Pablo proclamó que el único Dios verdadero, "El Dios que hizo el mundo y todas las cosas que en él hay", es el Dios que "ha establecido un día en el cual *juzgará al mundo* con justicia, por aquel varón a quien designó, dando fe a todos con haberle levantado de los muertos" (Hechos 17:24, 31). Según Pablo, estos filósofos griegos paganos serían juzgados por Dios conforme a sus normas morales eternas y universales.

Del mismo modo, en Romanos 1, Pablo enseña que los gentiles (la mayoría de los cuales no conocen las normas morales escritas de Dios en la Biblia judía) tendrán que rendir cuentas a Dios porque "no tienen excusa" cuando no glorifican a Dios por ser Dios y no le dan gracias (vv. 20-21). Pablo dice que tales pecadores gentiles "quienes habiendo entendido el juicio de Dios, que los que practican tales cosas son dignos de muerte", pero "no solo las hacen, sino que también se complacen con los que las practican" (v. 32). Además, "conocen" estas normas porque "la obra de la ley está escrita en sus corazones" (2:15).

Por supuesto, estas afirmaciones no significan que un no creyente pueda vivir de acuerdo con las normas morales de Dios y merecer la aprobación de Dios para su vida, porque "todos pecaron, y están destituidos de la gloria de Dios" (Ro 3:23). Estas proclamaciones de responsabilidad a las leyes morales de Dios se dan con el propósito de persuadir a las personas a arrepentirse de sus pecados y confiar en Cristo para el perdón: "Porque la paga del pecado es muerte, mas la dádiva de Dios es vida eterna en Cristo Jesús Señor nuestro" (6:23).

Pedro dice algo parecido al hablar de los no creyentes hostiles que se burlan y calumnian a los cristianos fieles:

> A éstos les parece cosa extraña que vosotros no corráis con ellos en el mismo desenfreno de disolución, y os ultrajan; *pero ellos darán cuenta* al que está preparado para juzgar a los vivos y a los muertos (1 P 4:4-5).

La conclusión de estos pasajes es que incluso las personas que no creen en el Dios de la Biblia o no están de acuerdo en que sus normas morales tengan autoridad divina en sus vidas, serán juzgadas por el Dios de toda la tierra. Además, las normas morales por las que tendrán que rendir cuentas son las que se encuentran en la "ley" de Dios, que está revelada a la perfección en las Escrituras y también está escrita en los corazones y las conciencias de las personas (aunque se perciba de forma imperfecta).

D. EL CARÁCTER MORAL DE DIOS Y EL PROBLEMA DE CÓMO PODEMOS PASAR DEL "ES" AL "SE DEBE"

En un famoso ensayo de 1958, la filósofa británica Elizabeth Anscombe argumentó que sin un concepto de legislador divino, es difícil (o quizás imposible) dar una explicación de por qué algo es moralmente correcto o incorrecto[4]. Escribió:

> Tener un concepto de la ética basada en la ley es sostener que lo que se necesita para la conformidad con las virtudes [...] requiere de la ley divina. Desde luego, no es posible tener tal concepto a menos que se crea en Dios como dador de leyes [...]. Sigue siendo imposible deducir *"moralmente se debe"* de las frases "es" [...]. Y donde uno no cree que hay un juez o una ley, la noción de veredicto puede conservar su efecto psicológico, pero no su significado[5].

Anscombe no creía que los filósofos morales ingleses de los cien años anteriores hubieran avanzado desde las afirmaciones de los hechos sobre el mundo (oraciones con "es") a las afirmaciones sobre lo correcto y lo incorrecto (oraciones con "se debe"), ya que se habían concentrado solo en las discusiones sobre los resultados de las acciones (las consecuencias) sin demostrar de forma adecuada por qué las consecuencias deberían considerarse moralmente correctas o incorrectas.

---

[4] G. E. M. Anscombe, *"Modern Moral Philosophy"*, *Philosophy 33* [La filosofía moral moderna", Filosofía 33], nº 124 (enero de 1958): págs. 1-16.

[5] *Ibid*, págs. 5-7. Con énfasis en el original.

Creo que Anscombe tenía razón al argumentar que una vez que se elimina la idea de un dador de ley divino y nos quedamos solo con la observación humana, la razón y la intuición; no se puede demostrar de forma satisfactoria si algo es moralmente correcto o incorrecto. (Los seres humanos pueden *pensar* o *sentir* por *instinto* si una acción es correcta o incorrecta, pero ¿por qué debería ser ello razón suficiente para decir si de verdad es moralmente correcta o incorrecta? ¿Con qué criterio se puede establecer lo correcto e incorrecto desde el punto de vista moral?).

Alguien podría argumentar que es correcto realizar una acción que produzca *buenos resultados*. Sin embargo, ¿cómo podemos determinar qué es un buen resultado? Alguien podría sugerir que un buen resultado es aquel que aumenta la felicidad para nosotros o para otras personas, o que produce la mayor cantidad de felicidad para las personas. No obstante, eso no resuelve el problema. ¿En qué nos basamos para decir que es bueno conseguir la felicidad? El mero hecho de que a la gente le guste ser feliz no proporciona una respuesta convincente de por qué la felicidad "debe" serlo o por qué es algo moralmente bueno. Muchas personas dicen que les "gustan" cosas que otras personas dirían que son moralmente perversas. ¿Cómo podemos encontrar algo *fuera* de nosotros mismos que nos brinde una respuesta definitiva a la pregunta de por qué algo "debe ser"?[6]

La Biblia tiene una respuesta clara. Nos enseña que cuando las personas asumen que no existe nada en el mundo, excepto los seres humanos y la creación material que percibimos con nuestros sentidos, tienen una suposición incorrecta sobre lo que "es" en el universo. Eso es porque han excluido de la consideración lo más importante que existe en el universo, el ser más importante que "es", es decir, Dios mismo. Él es "el Dios que hizo el mundo y todas las cosas que en él hay", y es el "Señor del cielo y de la tierra", y "no habita en templos hechos por manos humanas" (Hechos 17:24).

Además, este Dios de la Biblia no es solo una idea vaga y abstracta, un ser supremo impersonal, sino que es una persona eterna que tiene un carácter moral. Su carácter moral es parte de lo que "es" en el universo, y siempre ha sido y siempre será. Su aprobación y deleite en la excelencia de su propio carácter moral es también parte de lo que "es" en el universo. No puede haber una norma más elevada para lo correcto e incorrecto moralmente que el carácter moral de Dios.

Creo que con acierto, John Frame presenta el siguiente argumento:

Argumento 2:
Premisa: X es moralmente correcto.
Conclusión: Debemos hacer X.

Entonces Frame dice,

---

[6] Anscombe no fue el primero en afirmar que es imposible que los seres humanos, al margen de cualquier idea de Dios, razonen a partir de las afirmaciones con "es" a "se debe"; ese punto había sido expuesto con fuerza en 1740 por el filósofo británico David Hume. Ver el perspicaz análisis del argumento de David Hume en John M. Frame, *The Doctrine of the Christian Life: A Theology of Lordship* [La doctrina de la vida cristiana: Una teología del señorío] (Phillipsburg, Nueva Jersey: P&R, 2008), págs. 60-63.

El argumento 2 no es una falacia porque hay deberes tanto en la premisa como en la conclusión. Lo que es "moralmente correcto" equivale a "lo que debemos hacer". El argumento 2 [...] puede describirse como "deducir un valor de un hecho", pero [...] el hecho en la premisa es, podríamos decir, un hecho moral. Por tanto, deberíamos formular la falacia naturalista de forma más precisa de la siguiente manera: Se pueden deducir conclusiones morales de hechos morales, pero no de hechos no morales[7].

A continuación, Frame nos pide que consideremos el siguiente argumento, en el que el habla de Dios se considera parte de lo que "es" en el universo:

Argumento 3:
Premisa: Dios dice que es incorrecto robar.
Conclusión: Robar es incorrecto.

Frame dice de este argumento:

El cristiano afirma que este argumento no comete la falacia naturalista, porque la premisa es un hecho moral, no un hecho no moral. Hay un deber implícito en la premisa. Si Dios dice algo, nunca es un mero hecho sino que también es una norma. La palabra de Dios lleva sus características de señorío de control, autoridad y presencia, y su autoridad hace que todo lo que dice sea normativo para nosotros. Así que todo lo que dice, estamos obligados a creerlo, y todo lo que ordena, estamos obligados a hacerlo. Por tanto, lo que Dios dice es normativo. Si dice algo, hay un se debe asociado a ello. Por tanto, el argumento 3 no comete la falacia naturalista, porque es un argumento de hechos morales a la conclusión moral[8].

Por lo tanto, al estudiar la ética cristiana, no nos limitamos a nuestras propias observaciones de la conducta, el instinto y el razonamiento humanos, ya que *Dios también forma parte de lo que existe*, y también sus palabras. En esas palabras, nos ha dado leyes morales que definen lo que "se debe" y "no debe" ser, lo que es moralmente correcto e incorrecto. Lo que *debe ser* es el carácter moral de Dios y también lo que Él aprueba en sus criaturas como coherente con su carácter moral.

Sin embargo, también debemos comprender el punto de vista de los no cristianos. Si no existe Dios (como creen muchos hoy en día), se deduce que todas las afirmaciones sobre "valores morales" son meras invenciones humanas. Y si todas nuestras afirmaciones sobre el bien y el mal desde el punto de vista moral son *meras invenciones humanas*, ¿cómo puede una persona tener derecho a decir que sus valores morales son mejores que los de los demás?

De acuerdo con esta línea de razonamiento, muchas personas de las sociedades modernas asumen que nadie puede saber lo que es correcto e incorrecto de forma absoluta. Esta convicción les lleva a sentirse frustrados e incluso enfadados con las personas (como los cristianos que creen en la Biblia) que afirman que sí saben

---

[7] *Ibid.*, págs. 60-61.

[8] *Ibid.*, pág. 61.

lo que es correcto e incorrecto para todas las personas. Los no cristianos ven esto como un intento arrogante por parte de los cristianos de decir que todos los demás deben obedecer nuestras normas morales personales (que no creen que provengan de Dios, ya que piensan que las inventamos y luego afirmamos que Dios nos las dio).

Sin embargo, los cristianos ven esta situación desde una perspectiva diferente. No creemos que los autores bíblicos o los cristianos actuales hayan *inventado* las normas morales de la Biblia para sí mismos, como las normas morales que otras personas reclaman para sí. Por el contrario, creemos que la Biblia tiene razón cuando afirma que estas palabras nos han sido *reveladas* por el *único Dios verdadero* que creó todo el universo y que lo gobierna como su Señor soberano. Sin embargo, nos resulta útil comprender cómo estas diferentes perspectivas conducen hoy en día a formas muy distintas de evaluar las afirmaciones de conocer el bien y el mal moral absoluto.

E. LAS NORMAS MORALES DE DIOS NUNCA DEJARÁN DE SER VÁLIDAS PARA NOSOTROS

Dado que las normas morales de Dios provienen de su carácter inmutable, podemos concluir que estas normas también se aplicarán a nosotros en la era venidera. Por toda la eternidad, Dios nunca nos dirá que es correcto servir a otros dioses, deshonrar a nuestros padres y madres, asesinar, cometer adulterio, robar o dar falso testimonio. Las normas morales permanentes que Dios ha dado en su Palabra tendrán validez por toda la eternidad, y obedecerlas dará alegría a nuestros corazones y gloria a Dios por siempre.

PREGUNTAS PARA REFLEXIONAR

1. Antes de leer este capítulo, ¿había pensado alguna vez que Dios se deleita en su propio carácter moral? ¿Le hace sentir feliz pensar que Dios da una aprobación eterna e ilimitada a su propio carácter moral?

2. Cuando piensa que las normas morales de Dios se basan en su carácter moral, ¿le hace sentir seguro? ¿Se alegra de que el carácter moral, inmutable y eterno de Dios sea la fuente de las normas morales de las Escrituras?

3. ¿Le incomoda decir que las normas morales de Dios en la Biblia se aplican a todas las personas de todas las culturas de todos los períodos de la historia? Si es así, ¿por qué cree que se siente así?

4. En el futuro, cuando su vida en este tiempo haya terminado y se encuentre con Cristo en el cielo, ¿cómo cree que se sentirá su corazón respecto a los mandatos morales de las Escrituras? ¿Cree que se siente así con respecto a esos mandatos hoy en día?

5. ¿Cree que este capítulo profundizará su relación diaria con Dios? ¿Por qué o por qué no?

TÉRMINOS ESPECIALES

afirmaciones con "es"
afirmaciones con "Se debe"

BIBLIOGRAFÍA

Otras fuentes de referencia sobre ética

(ver los datos bibliográficos completos en la pág. 64)

Clark y Rakestraw, 1:67-112
Davis, 1-6
Feinberg, John y Paul, 30-35
Frame, 131-384
Geisler, 15-21, 123-27
Gushee y Stassen, 3-20
Holmes, 71-82
McQuilkin y Copan, 180-83
Murray, 27-44, 229-42
Rae, 24-58

Otras obras

Webster, J. B. "Dios". En *New Dictionary of Christian Ethics and Pastoral Theology* *[Nuevo diccionario de la ética cristiana y de la teología pastoral]*, editado por David J. Atkinson y David H. Field, págs. 3-9. Leicester, Reino Unido: Inter-Varsity, y Downers Grove, Illinois: InterVarsity Press, 1995.

PASAJE BÍBLICO PARA MEMORIZAR

Efesios 5:1-2: Sed, pues, imitadores de Dios como hijos amados. Y andad en amor, como también Cristo nos amó, y se entregó a sí mismo por nosotros, ofrenda y sacrificio a Dios en olor fragante.

HIMNO

"Al Dios invisible"

Al Dios invisible, al Rey inmortal,
Que habita en la altura y en la santidad;
Anciano de días, Señor sin igual,
Rendimos honores con sinceridad.

Sin prisa, ni pausa, constante y leal,

Gobiernas el mundo con solicitud;
Tú muestras a todos justicia imparcial;
Abundas en gracia, amor y virtud.

Señor, te rodea infinito fulgor;
Los ángeles cubren su rostro ante ti.
Nosotros con gran reverencia y fervor,
Te damos sincera alabanza aquí.

AUTOR: WALTER CHALMERS SMITH, 1867

Capítulo 3

NUESTRA FUENTE DE NORMAS ÉTICAS: LA BIBLIA

¿Se supone que la Biblia nos enseña a vivir?

¿Cómo sabemos que es verdadera y fiable?

¿Todo el mundo puede entenderla?

En el capítulo 2, argumenté que la única base definitiva y satisfactoria para las normas éticas es el carácter moral eterno e inmutable de Dios. Antes de que existiera cualquier otra cosa, Dios existía. Él es. Además, un aspecto de su existencia eterna es su carácter moral eterno. Debido a ese carácter moral, ciertos tipos de acciones, actitudes y rasgos de carácter personal son agradables a Dios, y otros tipos de acciones, actitudes y rasgos de carácter no lo son. Aquellas acciones, actitudes y características personales que reciben la aprobación de Dios son las que son moralmente *correctas*, y *deben* ser aprobadas por nosotros. Aquellas acciones, actitudes y características personales que reciben la desaprobación de Dios son las que están moralmente *incorrectas*, y no *deben* ser aprobadas.

Sin embargo, ¿cómo podemos saber lo que Dios considera correcto e incorrecto? Podemos aprenderlo de la Biblia. Uno de los propósitos de la Biblia es permitirnos saber qué acciones, actitudes y rasgos de carácter personal reciben la aprobación de Dios, y cuáles no. En otras palabras, una de las razones por las que Dios nos dio la Biblia fue para enseñarnos sus puntos de vista sobre lo correcto y lo incorrecto desde el punto de vista moral: ¡para enseñarnos ética[1]!

---

[1] Digo que este es uno de los propósitos de la Biblia porque también hay otros propósitos, como enseñarnos el camino de la salvación, enseñarnos sobre los grandes actos de la historia redentora de Dios, enseñarnos sobre su magnífico carácter y permitirnos disfrutar de la gran bendición de la comunicación personal de él cuando nos habla en su Palabra.

A. EL PROPÓSITO DE LA BIBLIA ES ENSEÑARNOS CÓMO VIVIR

Tanto el Antiguo como el Nuevo Testamento afirman en varios pasajes que uno de los propósitos de la Biblia es enseñarnos a vivir.

En el Antiguo Testamento, esto se ve en los pasajes que hablan de caminar en la ley del Señor (donde "caminar" es una metáfora de vivir su propia vida):

> Bienaventurado el varón
> que *no anduvo* en consejo de malos,
> Ni estuvo en camino de pecadores,
> Ni en silla de escarnecedores se ha sentado;
> Sino que en la *ley de Jehová está su delicia,*
> Y en su ley medita de día y de noche (Sal 1:1-2).

Gran parte del Salmos 119 está dedicado a este tema de vivir de acuerdo con las palabras de Dios o con la ley del Señor:

> Bienaventurados los perfectos de camino,
> Los que *andan en la ley de Jehová.*
> Bienaventurados los que *guardan sus testimonios,*
> Y con todo el corazón le buscan;
> Pues no hacen iniquidad
> Los que *andan en sus caminos.*
> Tú encargaste
> Que sean muy guardados *tus mandamientos.*
> ¡Ojalá fuesen ordenados mis caminos
> Para *guardar tus estatutos*!
> Entonces no sería yo avergonzado,
> Cuando atendiese a *todos tus mandamientos* (Sal 119:1-6).

> ¿Con qué limpiará el joven su camino?
> Con guardar *tu palabra* (Sal 119:9).

> Lámpara es a mis pies tu palabra,
> Y *lumbrera a mi camino* (Sal 119:105).

En el Nuevo Testamento, tenemos una afirmación similar: las palabras de la Escritura son útiles para enseñarnos a vivir o, como dice Pablo, para "instruir en justicia":

> Toda la Escritura es inspirada por Dios, y útil para enseñar, para redargüir, para corregir, para *instruir en justicia*, a fin de que el hombre de Dios sea perfecto, enteramente preparado para toda buena obra (2 Ti 3:16-17).

Sin embargo, este no es el único pasaje que afirma esta verdad. Cuando los apóstoles enseñaban de iglesia en iglesia, gran parte de sus enseñanzas tenían que ver con cuestiones éticas, con cómo vivir como cristianos en este mundo. Por ejemplo:

> Por lo demás, hermanos, os rogamos y exhortamos en el Señor Jesús, que de la manera que *aprendisteis de nosotros cómo os conviene conduciros y agradar a Dios*, así abundéis más y más (1 Ts 4:1).

Todo el libro de Santiago trata muchos temas éticos prácticos, y también lo hace Primera de Pedro. Hay muchos otros pasajes de este tipo que instruyen sobre la conducta correcta e incorrecta para vivir (ver Ro 12-15; 1 Co 1:10; 3:3-4, 5-14; 16:1-2; 2 Co 7:1; 8:1-9:15; Gál 5:13-6:10; Ef 4:1-6:9; Fil 2:12-13; Col 1:9-10; 3:1-4:6; 2 Ts. 3:6-12; gran parte de 1 Timoteo, 2 Timoteo, Tito y Filemón; Heb 12:1-13:19).

Por lo tanto, al estudiar la Biblia con fines éticos, será necesario recopilar, comprender y sintetizar todos los pasajes bíblicos relevantes sobre un tema. Al principio esto puede parecer difícil, pero debemos tener la esperanza de que se puede lograr, pues muchos millones de creyentes a lo largo de la historia ya lo han hecho, al procurar seguir las Escrituras todos los días de su vida. Y Dios mismo quiere que entendamos sus mandamientos para que podamos obedecerle como es debido. "Pues este es el amor a Dios, que guardemos sus mandamientos; y sus mandamientos no son gravosos" (1 Juan 5:3)[2].

B. TRES OBJECIONES SOBRE EL USO DE LA BIBLIA PARA APRENDER A VIVIR

A continuación, se presentan tres objeciones a la idea de que debemos utilizar la Biblia para aprender a vivir de forma agradable a Dios:

1. Objeción: "No ofenda a los visitantes". Algunos cristianos podrían objetar a los pastores que hacen hincapié en enseñar a la gente a obedecer los mandamientos de las Escrituras. Afirmarían que los pastores no deberían predicar mucho sobre el pecado y la obediencia porque ahuyentaría a los visitantes que están buscando conocer a Cristo. Cuando se predica sobre los mandamientos de Dios, se argumenta que se está dejando de ser "sensible al buscador" en nuestras iglesias[3].

---

[2] Ver también mi debate más adelante en este capítulo sobre la claridad de la Escritura (pág. 90).

[3] Uno de los ejemplos más destacados de una iglesia sensible al buscador es la iglesia Willow Creek Community Church de Illinois. G. A. Pritchard, un erudito experto en sociología de la religión, dedicó todo un año a un extenso análisis sociológico de Willow Creek y expresó la siguiente inquietud: "La relevante enseñanza de Hybels de que Dios quiere satisfacer las necesidades de los individuos y hacer que se sientan satisfechos moldea de forma indebida su mensaje evangélico. La santidad de Dios y la naturaleza condenatoria de la ley moral de Dios quedan oscurecidas [...] No es que Hybels no hable de la santidad de Dios y de la necesidad de arrepentirse, es solo que el mensaje de la santidad trascendente de Dios es inundado por el énfasis más amplio en el amor compasivo inmanente de Dios". *Willow Creek Seeker Services: Evaluating a New Way of Doing Church* [Servicios de búsqueda de Willow Creek: Evaluación de una nueva forma de hacer iglesia] (Grand Rapids, Michigan: Baker, 1996), pág. 263. Pritchard destaca que los dirigentes de Willow Creek han hecho algunos intentos de corregir este desequilibrio en el énfasis (págs. 41-42), pero no ve una corrección permanente. (El libro de Pritchard se publicó hace varios años, y no sé si su análisis refleja la práctica actual en Willow Creek). De forma

Mi respuesta es que tenemos en el Nuevo Testamento muchos ejemplos detallados de cómo Jesús quiere que los pastores enseñen a sus iglesias. Esos ejemplos se encuentran sobre todo en las Epístolas, que son las propias palabras de los apóstoles *dando instrucciones a las iglesias del Nuevo Testamento*. ¡Estas epístolas debían leerse en voz alta en las iglesias! (Ver 2 Co 1:13; Ef 3:4; Col 4:16; 1 Ts 5:27; observe también cómo los versículos iniciales de las epístolas muestran con frecuencia que se dirigen a toda una iglesia, como en Ro 1:7; 1 Co 1:2; Gál 1:2; Ef 1:1, etc).

Es imposible ignorar el hecho de que las *Epístolas contienen gran cantidad de instrucciones morales*, enseñando a la gente cómo deben vivir como cristianos a la luz de las enseñanzas morales de Dios, y las Epístolas nos muestran un modelo de cómo los pastores y maestros deben instruir a sus iglesias. Esta verdad no solo se encuentra en las epístolas de Pablo, sino que también es una verdad sorprendente que aparece en las epístolas de Santiago, 1 Pedro y 1 Juan. Además, Jesús ordenó a sus apóstoles que en sus ministerios enseñaran a la gente a "que guarden todas las cosas que os he mandado" (Mt 28:20). Llego a la conclusión de que los pastores que evitan enseñar a la gente a obedecer los mandamientos morales de las Escrituras, no están siguiendo este mandato de Jesús y el claro patrón establecido en el Nuevo Testamento en su totalidad.

Por lo tanto, no estoy de acuerdo con la idea de que los pastores deban evitar enseñar a su gente a obedecer los mandatos morales de las Escrituras. Estoy de acuerdo en que las iglesias deben ser sensibles a las necesidades y preocupaciones de los visitantes (ver 1 Co 14:16, 23-25; Santiago 2:2-4), pero esa sensibilidad nunca debe llevar a diluir las normas morales de Dios que se encuentran en las Escrituras.

La afirmación de que no debemos predicar sobre el arrepentimiento del pecado a los "buscadores" no cristianos es sin duda inconsistente con el patrón del Nuevo Testamento. Al hablar a los no creyentes totales de un fondo pagano por completo en Atenas, Pablo proclamó:

> Pero Dios, habiendo pasado por alto los tiempos de esta ignorancia, ahora *manda a todos los hombres en todo lugar, que se arrepientan*; por cuanto ha establecido un día en el cual juzgará al mundo con justicia, por aquel varón a quien designó, dando fe a todos con haberle levantado de los muertos (Hechos 17:30-31).

De hecho, no proclamar la santidad de Dios y sus normas morales se convertirá, en última instancia, en un obstáculo para la evangelización. ¿Cómo podrán los no cristianos arrepentirse realmente de sus pecados si no conocen las normas morales de Dios reveladas en las Escrituras?

significativa, Pritchard agrega que "Willow Creek no está solo en el problema que he descrito. La iglesia evangélica americana en general ha perdido la visión de la santidad del Señor" (pág. 271). Pritchard dedica varias páginas a detallar los resultados perjudiciales de la enseñanza que oscurece la santidad de Dios y nuestra necesidad de arrepentimiento y obediencia (págs. 263-71). En décadas anteriores, el pastor Robert Schuller (1926-2015) de la Catedral de Cristal en Garden Grove, California, recibió críticas porque evitaba predicar sobre el pecado.

Qué trágico sería que un pastor llegara al final de su vida y descubriera que, por un excesivo deseo de evitar ofender a los visitantes, no había sido fiel del todo a su vocación de pastor-maestro, porque con demasiada frecuencia no había proclamado a su pueblo "todo el consejo de Dios" (Hechos 20:27); no había proclamado con valentía la Palabra de Dios como útil para "instruir en justicia" (2 Ti 3:16); y había dejado un legado de por vida de cristianos superficiales e inmaduros que no habían sido desafiados con regularidad "para que andéis como es digno del Señor, agradándole en todo, llevando fruto en toda buena obra, y creciendo en el conocimiento de Dios" (Col 1:10)[4].

2. Objeción: "La Ley no tiene un 'tercer uso'". Otra objeción surge en relación con la disputa sobre el llamado "tercer uso" de la ley moral de Dios. Los tres usos de la ley de Dios se han entendido de forma tradicional como se indica a continuación:

1. Contener el pecado en la sociedad civil
2. Convencer a los no creyentes del pecado y guiarlos hacia Cristo para su salvación
3. Instruir a los creyentes en la obediencia

Juan Calvino expresó esta idea de los tres usos de la ley moral de Dios en sus *Institutes of the Christian Religion* [Institutos de la Religión Cristiana] en 1559[5]:

Revisemos con brevedad la función y el uso de lo que se llama "ley moral" [...]. Consta de tres partes: [Una] función de la ley es esta: contener mediante el miedo al castigo a ciertos hombres que no se preocupan por lo que es justo y correcto, a menos que se vean obligados a escuchar las terribles amenazas de la ley [...]. Esta rectitud forzada y limitada es necesaria para la comunidad ciudadana de las personas[6].
[Otra] parte es esta: [...] advierte, informa, convence y por último, condena a cada hombre de su propia injusticia [...]. Esto significa que, dejando de lado la absurda opinión de sus propias fuerzas [...] huyen a su misericordia

---

[4] Alguien podría responder que las iglesias que son sensibles al buscador han llevado a muchos cientos de personas que confíen en Cristo al evitar los mensajes sobre la santidad de Dios, nuestro pecado y nuestra necesidad de vivir en obediencia a Cristo cada día. No obstante, esa objeción no tiene en cuenta las consecuencias en la segunda, tercera y cuarta generación de creyentes que deben seguir a la vida de un cristiano maduro. Los cristianos superficiales no dan fruto "treinta, a sesenta, y a ciento por uno" (Marcos 4:20) en las generaciones siguientes. El propósito de Dios en el mundo no es solo lograr que el mayor número de personas confíen en Cristo para su salvación y sigan siendo cristianos superficiales e inmaduros, sino que la tierra se llene de personas que glorifiquen a Dios y que "andéis como es digno del Señor, agradándole en todo, llevando fruto en toda buena obra, y creciendo en el conocimiento de Dios" (Col 1:10).

[5] Juan Calvino, *Institutes of the Christian Religion* [Institutos de la Religión Cristiana], ed. John T. McNeill, traducido por Ford Lewis Battles, Library of Christian Classics, vols. 20-21 (Filadelfia: Westminster, 1960), 2.7.6-12 (354-61). En la discusión de Calvino, lo que él llama el "primer" uso es convencer a las personas del pecado y guiarlas a Cristo para la salvación, y lo que él llama el "segundo" uso es contener el pecado en la sociedad civil, pero he cambiado el orden de sus párrafos para seguir lo que se llama más en común el "primer" y "segundo" uso en las discusiones éticas más recientes.

[6] *Ibid.*, 2.7.6-10 (354-59).

[...]. Porque la misericordia de Dios se revela en Cristo a todos los que la buscan y esperan con verdadera fe[7].

El tercer y principal uso [...] tiene lugar entre los creyentes en cuyos corazones ya vive y reina el Espíritu de Dios [...]. Aquí está el mejor instrumento para que aprendan cada día más a fondo la naturaleza de la voluntad del Señor a la que aspiran, y se confirmen en la comprensión de la misma [...]. Además, puesto que no solo necesitamos la enseñanza, sino también la exhortación, el siervo de Dios se valdrá también de este beneficio de la ley: mediante la meditación frecuente de la misma para ser despertado a la obediencia, ser fortalecido en ella y ser alejado del resbaladizo camino de la transgresión[8].

En ocasiones, se afirma que el respaldo al "tercer uso de la ley" (para instruir a los creyentes) falta o se subestima en los escritos luteranos[9]. Sin embargo, David W. Jones piensa que este énfasis aparece con claridad en ellos. Dice: "Algunos han afirmado que Lutero negó el tercer uso de la ley; sin embargo, una revisión de sus escritos, así como de las confesiones luteranas, no respalda esta afirmación"[10]. Mi propia conclusión es que pocos o ningún líder cristiano reconocido se opone hoy a este "tercer uso" de la ley.

3. Objeción: "La Biblia es sobre el Evangelio, no sobre cómo vivir". Otra objeción proviene de quienes insisten en que la Biblia es sobre "el evangelio" y no sobre la enseñanza de cómo vivir como cristianos.

Sin embargo, esta objeción no es coherente con lo que dice el apóstol Pablo sobre el propósito de las Escrituras. Justo después de afirmar que las Escrituras "te pueden hacer sabio para la salvación por la fe que es en Cristo Jesús" (2 Ti 3:15), Pablo añade una declaración más amplia sobre el propósito de las Escrituras:

Toda la Escritura es inspirada por Dios, y útil para enseñar, para redargüir, para corregir, para *instruir en justicia*, a fin de que el hombre de Dios sea perfecto, *enteramente preparado para toda buena obra* (2 Ti 3:16-17).

Pablo no dice que la Biblia se dio solo para enseñarnos la buena noticia de que Jesús murió por nuestros pecados. Él dice que el propósito de la Escritura también incluye el "instruir en justicia" para que cada cristiano, al seguir las enseñanzas de la Escritura, pueda estar "enteramente preparado para toda buena obra".

Además, Jesús mismo enseñó: "Si me amáis, guardad mis *mandamientos*" (Juan 14:15), y su Gran Mandato, que dio a sus discípulos al final del Evangelio de Mateo, les dijo no solo que hicieran nuevos discípulos y bautizaran, sino también que

---

[7] *Ibid.*, 2.7.6-8 (354-57).

[8] *Ibid.*, 2.7.12 (360-61).

[9] Ver una discusión reflexiva, con referencia a la Fórmula de la concordia luterana, en John M. Frame, *The Doctrine of the Christian Life: A Theology of Lordship* [La doctrina de la vida cristiana: Una teología del señorío] (Phillipsburg, Nueva Jersey: P&R, 2008), pág. 183-92.

[10] David W. Jones, *An Introduction to Biblical Ethics* [Una introducción a la ética bíblica], B&H Studies in Christian Ethics (Nashville: B&H, 2013), 61n21.

debían "enseñar" a esos nuevos discípulos "que guarden todas las cosas que os he mandado" (Mt 28:20). Sin embargo, ¿dónde podemos encontrar los mandamientos de Jesús si no es en la Biblia? Enseñar a la gente a obedecer los mandamientos de Jesús es enseñarles a obedecer la Biblia.

Para responder a la pregunta de si la Biblia aborda principalmente "el evangelio", hay que precisar lo que se entiende por *evangelio*, un término que puede utilizarse en sentido limitado o amplio. En un sentido limitado, el *evangelio* puede definirse como el simple mensaje "Cree en el Señor Jesucristo, y serás salvo" (Hechos 16:31). Si definimos el *evangelio* en ese sentido limitado , entonces ese es el mensaje central de la Biblia, pero no el único. La Biblia también nos enseña mucho sobre cómo vivir la vida cristiana.

En un sentido más amplio, el *evangelio* es una traducción al inglés de la palabra griega *euangelion,* que significa "buenas nuevas". Esta buena nueva incluye todo lo que Dios hizo en el pasado (desde Génesis 1) como preparación del Mesías; todo lo que ha hecho en Cristo, quien es nuestro Mesías; y todo lo que está haciendo ahora y hará en el futuro en nuestras vidas y en el mundo entero como resultado de la obra redentora de Cristo. Para quien confía en Cristo, todo lo que nos dice la Biblia en su totalidad forma parte de las buenas nuevas del evangelio, entendidas en un sentido más amplio. Y estas buenas nuevas incluyen mucho contenido sobre la obediencia a Dios en nuestra vida diaria.

Nuestra tarea como pastores y maestros cristianos no es limitarnos a enseñar *un aspecto* de la Biblia, aunque sea un aspecto tan importante como el mandato de creer en Cristo para la salvación, sino enseñar todo lo que la Biblia enseña, tal como Pablo dijo que su responsabilidad era anunciar "todo el consejo de Dios" (Hechos 20:27).

En conclusión, ¿deben los cristianos de hoy enseñar y predicar sobre las normas morales de Dios reveladas en las Escrituras? ¡Por supuesto que sí! John Frame afirma con gran acierto:

> La noción de que debemos conducir nuestras vidas por completo al margen de las amonestaciones de la Palabra de Dios es una noción terrible. Ignorar la revelación de la justicia de Dios es un pecado. Leer la Escritura, pero negarse a permitir que sus mandatos influyan en la propia conducta, es la esencia del pecado[11].

Cuando los cristianos viven en medio de culturas seculares o incluso de religiones hostiles en la actualidad, es importante que los líderes cristianos continúen enseñando la ética cristiana que se encuentra en las Escrituras. Esto puede ser una tarea difícil en culturas hostiles, pero los pastores que no enseñan con regularidad a sus congregaciones a vivir en obediencia a los mandatos morales de las Escrituras no están obedeciendo el mandato de Jesús de estar "enseñándoles que guarden todas las cosas que os he mandado" (Mt 28:20), y un día se presentarán ante Dios como aquellos que no enseñaron con fidelidad "todo el consejo de Dios"

---

[11] Frame, *The Doctrine of the Christian Life* [La doctrina de la vida cristiana], pág. 190.

(Hechos 20:27). Los miembros de sus congregaciones no crecerán "hasta que todos lleguemos a la unidad de la fe y del conocimiento del Hijo de Dios, a un varón perfecto, a la medida de la estatura de la plenitud de Cristo" (Ef 4:13), sino que seguirán siendo "niños" en la fe, "llevados por doquiera de todo viento de doctrina, por estratagema de hombres que para engañar emplean con astucia las artimañas del error" (v. 14).

C. CUATRO CARACTERÍSTICAS DE LA BIBLIA

Antes de comenzar a discutir las enseñanzas de la Biblia sobre temas éticos específicos, será útil entender cuatro características principales de la Biblia y cómo cada una de ellas se relaciona con la ética cristiana:

1. Autoridad de la Escritura
2. Claridad de la Escritura
3. Necesidad de la Escritura
4. Suficiencia de la Escritura[12]

1. Autoridad: Solo la Biblia, y toda la Biblia, es la Palabra de Dios escrita. Con respecto a la ética, la autoridad de la Escritura es importante porque nos dice que la Biblia es nuestra única autoridad absoluta para definir el bien y el mal desde el punto de vista moral.

a. ¿Cómo podemos saber que la Biblia es la Palabra de Dios? En otro libro, dediqué 50 páginas a discutir por qué los escritos que tenemos en la Biblia son los correctos y por qué es apropiado creer que las palabras de la Biblia (en los manuscritos originales) son las palabras escritas de Dios[13]. Lo que sigue es un breve resumen de ese argumento.

(1) La propia Biblia afirma ser las palabras de Dios: Antes de que una persona decida si confía o no en la Biblia como las propias palabras de Dios, un primer paso importante es investigar *lo que la Biblia afirma sobre sí misma* (si alguien acepta o no esas afirmaciones como verdaderas es una segunda cuestión). Un paso importante para entender cualquier obra literaria es preguntarse qué tipo de literatura pretende ser, sin importar si uno acepta o no esas afirmaciones al final.

En el caso de la Biblia, hay frecuentes afirmaciones según las cuales debe tomarse como las palabras escritas de Dios. El versículo más citado a este respecto se encuentra en 2 Timoteo: *"Toda la Escritura es inspirada por Dios, y útil para enseñar, para redargüir, para corregir, para instruir en justicia"* (3:16).

En este caso, la palabra *Escritura* (en griego, *graphē*) debe referirse al Antiguo

---

[12] El material del resto de este capítulo es un resumen de los caps. 4-8 de Wayne Grudem, *Systematic Theology: An Introduction to Biblical Doctrine* [Teología sistemática: Una introducción a la doctrina bíblica] (Leicester, Reino Unido: Inter-Varsity, y Grand Rapids, Michigan: Zondervan, 1994), págs. 73-138. Utilizado con permiso de los editores.

[13] Ver Grudem, *Systematic Theology* [Teología sistemática], págs. 54-104, con referencia a otra literatura sobre este tema.

Testamento, pues a eso se refiere la palabra *graphē* en cada una de sus 51 apariciones en el Nuevo Testamento[14]. Por lo tanto, Pablo afirma que todos los escritos del Antiguo Testamento son "inspirados por Dios" (en griego, *theopneustos*, "inspirado por Dios"). Dado que se dice que los *escritos* son "inspirados", esta inspiración debe entenderse como una metáfora de la pronunciación de las palabras de la Escritura. Por lo tanto, en este versículo, Pablo declara en forma breve lo que era evidente por las afirmaciones de muchos pasajes del Antiguo Testamento: que los escritos del Antiguo Testamento deben ser considerados como las propias palabras de Dios en forma escrita. Este versículo afirma que Dios es el que habló (y sigue hablando) cada palabra del Antiguo Testamento, aunque utilizó agentes humanos para escribir estas palabras.

Del mismo modo, al hablar de la "Escritura", Pedro dice: "nunca la profecía fue traída por voluntad humana, sino que los santos hombres de Dios *hablaron siendo inspirados por el Espíritu Santo*" (2 P 1:21). Pedro está diciendo que los escritores del Antiguo Testamento hablaban de parte de Dios, pues fueron guiados y dirigidos por el Espíritu Santo en lo que escribieron.

Cuando Jesús fue tentado por Satanás en el desierto, se refirió a las Escrituras del Antiguo Testamento y dijo: "No sólo de pan vivirá el hombre, sino de *toda palabra que sale de la boca de Dios*" (Mt 4:4). Jesús estaba manifestando que las Escrituras del Antiguo Testamento son palabras que salen de la boca de Dios. Se podrían citar muchos otros pasajes como este (ver Mt 1:22; 19:5; Lucas 1:70; 24:25; Juan 5:45-47; Hechos 3:18, 21).

¿Pero qué pasa con el Nuevo Testamento? En dos lugares del Nuevo Testamento, encontramos que se llama "Escritura" a otros escritos del Nuevo Testamento junto con los del Antiguo Testamento. Al escribir a Timoteo, Pablo cita las palabras de Jesús "El obrero es digno de su salario" (extraídas de Lucas 10:7) y se refiere a ellas como "Escritura" (1 Ti 5:18). Pablo, que viajó mucho con Lucas como su acompañante, cita el Evangelio de Lucas como "Escritura", como Palabra de Dios. Pedro también habla de todos los escritos de Pablo como "Escritura", porque se refiere a "todas sus epístolas" como parte de "las [...] Escrituras" (2 P 3:16).

Por lo tanto, los autores del Nuevo Testamento abordaron a conciencia algunos de los escritos del Nuevo Testamento como iguales a las Escrituras del Antiguo Testamento en cuanto a autoridad. Por ello, no es de extrañar que Pablo diga en su carta a la iglesia de Corinto: "Lo que os escribo son *mandamientos del Señor*" (1 Cor 14:37)[15].

(2) A medida que leemos la Biblia, nos convencemos de que son las palabras de Dios: Una cosa es aseverar que la Biblia *afirma* ser las palabras de Dios; otra cosa

---

[14] En dos casos, 1 Ti 5:18 y 2 P 3:16, *graphē* también incluye algunos de los escritos del Nuevo Testamento junto con los del Antiguo Testamento. Ver la discusión de estos versículos al final de esta sección.

[15] Respecto a la objeción que hace Pablo al distinguir sus propias palabras de las del Señor en 1 Corintios 7:12, ver Grudem, *Systematic Theology* [Teología sistemática], págs. 76-77. En resumen, Pablo está distinguiendo la enseñanza terrenal de Jesús sobre un tema de la enseñanza autorizada que Pablo, bajo la autoridad del Señor, también tiene derecho a dar.

es estar convencido de que esas afirmaciones son ciertas. Las personas llegan a la convicción de que las palabras de la Biblia son las palabras de Dios solo cuando el Espíritu Santo habla *en* y *a través* de las palabras de la Biblia a sus corazones, dándoles la seguridad interior de que estas son las palabras de nuestro Creador que nos habla. Todos los argumentos más lógicos o las pruebas más persuasivas del mundo no convencerán a una persona reacia que la Biblia es la Palabra de Dios.

Pablo dice:

Pero el hombre natural no percibe las cosas que son del Espíritu de Dios, porque para él son locura, y no las puede entender, porque se han de discernir espiritualmente (1 Co 2:14).

Sin la obra del Espíritu de Dios en su corazón, una persona no recibirá ni aceptará las verdades espirituales, en especial la verdad de que las palabras de la Escritura son de hecho las palabras de Dios. Esto es análogo a lo que ocurrió cuando las personas en la tierra escucharon a Jesús y supieron que sus palabras eran verdaderas. Él dijo: "*Mis ovejas oyen mi voz, y yo las conozco, y me siguen*" (Juan 10:27).

Esto significa que si alguien va a llegar a creer que la Biblia es la Palabra de Dios, esa persona debe pasar al menos algún tiempo leyendo la Biblia por sí misma, de preferencia después de hacer una breve oración a Dios pidiendo que si las palabras son de Dios, Dios se lo haga saber. El Espíritu Santo no habla a nuestros corazones sobre la veracidad de la Escritura al margen de las propias palabras de la Escritura, sino en y a través de esas palabras.

(3) Otras pruebas son útiles, pero no son del todo convincentes: ¿Esto significa que no es importante considerar la evidencia de las fuentes históricas, de la arqueología, de la consistencia interna y del testimonio personal de otros en la historia que han desafiado la Biblia y luego han llegado a creer en ella? De ninguna manera significa tal cosa. Tales argumentos y pruebas pueden ser útiles para superar las objeciones de las personas a la Biblia y para demostrar que la Biblia es precisa desde el punto de vista histórico y consistente entre sí [16]. Sin embargo, todas esas pruebas, aunque sean significativas de manera preliminar, no podrán igualar el poder de escuchar y reconocer la voz de nuestro mismo Creador que habla a nuestros corazones en las propias palabras de la Biblia.

(4) Si las palabras de la Biblia son las propias palabras de Dios, descreer o desobedecer cualquier parte de la Escritura es hacer lo mismo con Dios: Si todas las palabras de la Escritura son las mismas palabras de Dios para nosotros, entonces tenemos la obligación de entenderlas, creerlas y obedecerlas. Tienen más importancia que cualquier otra palabra escrita en la historia del mundo.

---

[16] A fin de obtener una amplia recopilación de argumentos que demuestren la exactitud y fiabilidad de la Biblia, vea Josh McDowell y Sean McDowell, *Evidence That Demands a Verdict: Life-Changing Truth for a Skeptical World* [Evidencias que exigen un veredicto: La verdad que cambia la vida para un mundo escéptico] (Nashville: Thomas Nelson, 2017); vea también las anotaciones detalladas en la Biblia de estudio (Wheaton, Illinois: Crossway, 2008).

Lo que Dios dijo sobre sus palabras a través de Isaías sigue siendo aplicable a nosotros en la actualidad: "Mi mano hizo todas estas cosas, y así todas estas cosas fueron, dice Jehová; pero miraré a aquel que es pobre y humilde de espíritu, y que tiembla a mi palabra" (Is 66:2).

Por ello, Pedro anima a sus lectores a recordar "el mandamiento del Señor y Salvador dado por vuestros apóstoles" (2 P 3:2), con lo que quizá se refiera a los escritos de los apóstoles que ya circulaban por las iglesias de la época.

(5) La Escritura escrita es nuestra autoridad, no algo que se encuentra en el trasfondo de la Escritura: En ocasiones, los maestros de la Biblia pueden quedar fascinados por algo que aprendieron sobre diversas creencias en el trasfondo de los escritos del Nuevo Testamento. Podrían empezar a hablar de las enseñanzas de los rabinos de la época de Jesús sobre algún tema concreto, de las creencias que el pueblo judío tenía sobre el universo en la época de Moisés, de la (supuesta) "situación de la iglesia" sobre la que Mateo estaba escribiendo en su Evangelio, o de "lo que Jesús dijo realmente en lengua aramea" (que, según ellos, es diferente de lo que nos cuentan los Evangelios).

En todos esos casos, las personas están tratando de sustituir la autoridad de las palabras de la Escritura por otras ideas. Sin embargo, nuestra autoridad no es lo que varios judíos pensaban o practicaban en un momento determinado de la historia, o algo que las especulaciones de un erudito afirman que Jesús debió decir, o alguna situación imaginaria de la iglesia a la que un autor del Evangelio estaba escribiendo. Nuestra autoridad es el *propio texto de la Escritura*, no las ideas que supuestamente están "detrás" del texto de la Escritura.

No digo que las discusiones sobre esas otras cuestiones sean inútiles, porque pueden aclarar algunas veces detalles sobre el trasfondo histórico en el que ocurrieron los hechos bíblicos. No obstante, nuestras reconstrucciones de esas creencias y situaciones son provisionales y siempre algo inciertas. Además, no tenemos ninguna garantía de que los autores bíblicos estuvieran de acuerdo con esas ideas, ya que los libros de la Biblia a menudo se escribieron para diferir de las ideas vigentes en ese momento y corregirlas. Nuestra autoridad son las propias palabras escritas de la Escritura, solo esas palabras.

b. La autoridad de la Biblia es superior a todas las demás autoridades sobre ética: Si solo la Biblia es la Palabra de Dios escrita para nuestro beneficio y entregada a nosotros, entonces debemos considerarla una autoridad superior a todas las demás fuentes de autoridad en las discusiones éticas. Esta es la posición que suelen afirmar los éticos cristianos evangélicos[17]. En concreto, la Biblia es una autoridad superior a estas otras cinco fuentes de autoridad que a veces se afirman:

---

[17] Por ejemplo, John Jefferson Davis sostiene que "las enseñanzas de las Escrituras son el último tribunal de apelación para la ética. La razón humana, la tradición eclesiástica y las ciencias naturales y sociales pueden ayudar a la reflexión moral, pero la revelación divina, que se encuentra en las Escrituras canónicas del Antiguo y del Nuevo Testamento, constituye el 'fondo' del proceso de toma de decisiones". *Evangelical Ethics: Issues Facing the Church Today* [Ética evangélica: Cuestiones que afronta la Iglesia hoy], 4ta ed. (Phillipsburg, Nueva Jersey: P&R, 2015), 3. Declaraciones similares se

(1) Tradición: La Biblia es una autoridad superior a la tradición humana, o a cualquier idea que haya sido sostenida por la mayoría de los maestros a lo largo de la historia de la iglesia. El estudio de la historia de la Iglesia puede ayudarnos a entender cómo pensaban los cristianos de otros siglos sobre temas éticos, pero las opiniones de esos primeros cristianos no son una autoridad superior a la propia Biblia.

(2) Razón: La Biblia es también una autoridad superior a la razón humana. Aunque nuestra razón es una herramienta útil para entender y aplicar las enseñanzas de la Biblia, nuestra capacidad de razonamiento es limitada e imperfecta, y no puede igualar la autoridad de la Palabra de Dios.

(3) Experiencia: La autoridad de la Biblia también es superior a la autoridad de nuestras experiencias en la vida. La reflexión sobre nuestras experiencias puede ayudarnos a entender mejor las situaciones, pero nuestras conclusiones de esas experiencias son simples conclusiones humanas, y no pueden igualar la autoridad de las propias palabras de Dios.

(4) Resultados esperados: La Biblia es también una autoridad superior a los resultados que esperamos de los acontecimientos de la vida. Los resultados supuestamente "buenos" que se obtienen al mentir en una entrevista para conseguir un trabajo, o al hacer trampa en un examen para aprobar un curso, no significan que esas acciones sean correctas.

(5) Impresiones subjetivas: La Palabra de Dios es también una autoridad superior a cualquier impresión subjetiva que podamos tener de la voluntad de Dios para nosotros. Un joven cristiano no debe poner la impresión subjetiva con respecto a que es la voluntad de Dios que él se case con su novia no cristiana por encima de las normas morales bíblicas que dicen que los cristianos deben casarse "en el Señor" (1 Co 7:39) y que no debemos estar "en yugo desigual con los incrédulos" (2 Co 6:14).

Sin embargo, el peor error sería ignorar estas fuentes de información. La tradición humana, sobre todo la de la Iglesia cristiana, la razón humana, nuestra experiencia de la vida y la sabiduría que se deriva de ella, nuestras expectativas razonables sobre los resultados de nuestras acciones y nuestras impresiones subjetivas sobre la voluntad de Dios pueden ser valiosas a la hora de tomar decisiones éticas, siempre y cuando no las tratemos como una autoridad superior a la Palabra de Dios o como una autoridad igual a ella (ver un análisis más detallado en el cap. 6, a partir de la pág. 156).

2. Claridad: Dios nos brindó una Biblia fácil de comprender[18]. La doctrina de la claridad de las Escrituras, expresada en pocas palabras, significa que Dios nos brindó una Biblia fácil de comprender. (Sin embargo, esta afirmación necesita una

---

encuentran en John S. Feinberg y Paul D. Feinberg, *Ethics for a Brave New World* [Ética para un nuevo mundo valiente], 2da ed. (Wheaton, Illinois: Crossway, 2010), pág. 37; y Frame, *The Doctrine of Christian Life* [La doctrina de la vida cristiana], pág. 146-47.

[18] El material de esta sección es una adaptación de Wayne Grudem, *"The Perspicuity of Scripture"*

explicación y una aclaración minuciosa). Con respecto a la ética, esto es importante porque significa que la Biblia puede ser comprendida en *lo que enseña sobre el bien y el mal moral*. Esto debería darnos esperanza en el estudio de la ética.

a. Respaldo bíblico para la claridad de las Escrituras: Muchos pasajes señalan una cualidad de la Escritura por la cual es capaz de ser comprendida. Moisés dijo al pueblo de Israel, con respecto a las palabras que estaban en el libro de Deuteronomio:

> Y estas palabras que yo te mando hoy, estarán sobre tu corazón; y las *repetirás a tus hijos*, y hablarás de ellas estando en tu casa, y andando por el camino, y al acostarte, y cuando te levantes (Dt 6:6-7).

Si se esperaba que todos los padres de Israel enseñaran las palabras de la Escritura a sus hijos, esto implica que la gente común era capaz de comprender las palabras de forma correcta, al menos en su mayor parte. Además, implica que los niños eran capaces de comprenderlas y aprender de ellas, al menos en cierta medida.

No solo el pueblo sabio y culto de Israel podía comprender las palabras de Dios, ya que la "La ley de Jehová es perfecta, que convierte el alma; el testimonio de Jehová es fiel, *que hace sabio al sencillo*" (Sal 19:7; ver también 119:130).

El Nuevo Testamento tiene un énfasis similar. Jesús nunca responde a ninguna pregunta con alguna alusión para culpar a las Escrituras del Antiguo Testamento por ser poco claras. En cambio, las respuestas de Jesús siempre parten de la base de que la culpa de cualquier malentendido de las enseñanzas de la Escritura no debe recaer en las propias Escrituras, sino en quienes no captan o aceptan lo que está escrito:

> ¿No habéis leído lo que hizo David [...]? (Mt 12:3)

> ¿O no habéis leído en la ley [...]? (Mt 12:5)

> ¿Nunca leísteis en las Escrituras [...]? (Mt 21:42; ver también 19:4; 22:29; 22:31; Juan 3:10)

Además, la mayoría de las epístolas del Nuevo Testamento no están dirigidas a los líderes de la iglesia, sino a la gente común de todas las iglesias:

> A la iglesia de Dios que está en Corinto (1 Co 1:2).

> A las iglesias de Galacia (Gá 1:2; ver también Fil 1:1; Col 4:16; 1 Ti 4:13).

Algunas secciones de las Epístolas incluso suponen que los *niños* se encuentran entre el público, escuchando las cartas de Pablo mientras se leen en voz alta, y

---

[La perspicuidad de las Escrituras] (la conferencia sobre John Wenham para la Tyndale Fellowship, Cambridge, Reino Unido, julio de 2009), *Themelios* [Temelios] 34, no. 3 (2009): págs. 288-308, y también de Grudem, *Systematic Theology* [Teología sistemática], 105-15, con permiso de los editores.

comprendiendo al menos parte de lo que está escrito:

> *Hijos, obedeced* en el Señor a vuestros padres, porque esto es justo (Ef 6:1; cf. Col 3:20).

La conclusión apropiada de estos pasajes es que la Escritura afirma en repetidas ocasiones que es capaz de ser comprendida: no solo ciertos pasajes o declaraciones, y no solo la enseñanza sobre ciertos temas, como el camino esencial de la salvación, sino el significado de toda la Escritura sobre muchos temas[19]. En general, se trata de afirmaciones sobre la naturaleza de la Escritura. Al parecer, estas afirmaciones se basan en la profunda suposición de que las Escrituras son comunicaciones de un Dios que desea y es capaz de comunicarse de forma clara con su pueblo.

b. Consideraciones importantes sobre la claridad. La Biblia es un conjunto amplio y complejo de escritos que son producto de la sabiduría y el conocimiento infinitos de Dios. Debido a que este es el tipo de comunicación que se encuentra en la Biblia, se debe tomar en cuenta algunas consideraciones para afirmar la claridad de las Escrituras.

(1) La Escritura se puede comprender, pero No Todo de una vez. La comprensión de las Escrituras es un proceso. Los que son bendecidos por Dios siguen al hombre justo del Salmos 1, que "medita de día y de noche" en la ley de Dios (Sal 1:2; ver también Jos 1:8; Sal 119:15, 23, 48, 78; cf. 1 Co 2:6-7; 2 Co 1:13; He 5:14).

(2) La Escritura se puede comprender, pero No sin esfuerzo. Esto se desprende de la afirmación anterior. Si se espera que meditemos la Escritura, esto implica que estaremos en continuo aprendizaje sobre ella a lo largo de nuestra vida, y eso requerirá cierto esfuerzo. Por ejemplo, "Esdras había preparado su corazón para *inquirir* la ley de Jehová" (Esdras 7:10). Además, Pedro dice que hay "algunas" en los escritos de Pablo "difíciles de entender" (2 P 3:15-16); no es que sean imposibles de comprender, sino que la comprensión requiere cierto esfuerzo.

(3) La Escritura puede ser entendida, pero No sin medios comunes. La Confesión de Fe de Westminster (1646) dice que incluso "los indoctos, con el debido uso de los medios comunes, pueden llegar a una comprensión satisfactoria" de muchas cosas de la Escritura[20]. Los "medios ordinarios" incluyen la lectura y el estudio de

---

[19] La Confesión de Fe de Westminster (1646) afirma la claridad de las Escrituras con respecto a aquellas cosas "que necesariamente deben saberse, creerse y guardarse para conseguir la salvación" (1.7). La inclusión de "guardarse" me hace pensar que la "salvación" podría tener un sentido más amplio ("toda la experiencia de las bendiciones de la salvación a lo largo de nuestra vida") en lugar de un sentido restringido ("la fe salvadora inicial"), pero no estoy seguro de ello. En cualquier caso, no percibo en los pasajes de la Escritura que acabamos de mencionar ninguna justificación para restringir la claridad de la Escritura a ciertos temas o tipos de pasajes. Además, la Confesión de Fe de Westminster no niega que la Escritura sea clara con respecto a otras cuestiones. Es interesante que Frame diga: "Por tanto, la Escritura es lo bastante clara como para hacernos responsables del cumplimiento de nuestros deberes actuales para con Dios". *The Doctrine of the Christian Life* [La doctrina de la vida cristiana], pág. 150.

[20] WCF (*Westminster Confession of Faith*), 1.7.

una traducción de la Biblia en la propia lengua, la lectura, así como el escuchar a los maestros de los comentarios sobre la Biblia. Además, pueden incluir el uso de herramientas como concordancias, diccionarios de hebreo y griego, y libros con información de trasfondo sobre los distintos escritos bíblicos.

(4) La Escritura puede ser comprendida, pero No sin necesidad de estar dispuesto a obedecerla. Santiago dice a sus lectores: "Pero sed hacedores de la palabra, y no tan solamente oidores, engañándoos a vosotros mismos" (Santiago 1:22). Se presume que Santiago se refiere a que si uno escucha la Palabra sin hacer lo que dice, ese oyente será engañado; él o ella entenderá mal. Otros pasajes expresan una idea similar (ver Sal 119:34; Juan 8:43; 1 Co 3:1-3).

(5) La Escritura se puede entender, pero No sin la ayuda del Espíritu Santo. Pablo dice que "el hombre natural no percibe las cosas que son del Espíritu de Dios, porque para él son locura, y no las puede entender, porque se han de discernir espiritualmente" (1 Co 2:14; ver también 2 Co 3:14-16; Col 4:3-4). En cambio, en contraste con esa "persona natural", Pablo dice a los corintios que los cristianos han recibido "el espíritu del mundo, sino el Espíritu que proviene de Dios, *para que sepamos* lo que Dios nos ha concedido" (1 Co 2.12).

Esto implica que tenemos que orar para que el Espíritu Santo nos ayude a entender de forma correcta las Escrituras. (Ver también Sal 119:18, 27, 34, 73; Lucas 24:44-45; Juan 14:26).

(6) La Escritura puede ser comprendida, pero No sin algunos malentendidos. La claridad de la Escritura es una propiedad de la Escritura, no una propiedad de sus lectores[21]. La doctrina de la claridad de la Escritura afirma que la Escritura puede ser comprendida de forma correcta por varios lectores, lo que no quiere decir que siempre *será* comprendida de la misma forma por ellos. Los discípulos no comprendieron algunas de las enseñanzas de Jesús, pues Lucas nos dice que "ellos no entendían estas palabras" (Lucas 9:45), y Juan dice que "porque aún no habían entendido la Escritura, que era necesario que él resucitase de los muertos" (Juan 20:9). De hecho, habrá algunos que malinterpreten y distorsionen a propósito lo que dice la Escritura, pues Pedro dice, en relación con algunos de los escritos de Pablo, que "los indoctos e inconstantes" los tergiversan "como también las otras Escrituras, para su propia perdición" (2 P 3:16; ver también 2 P 3:3-6).

Por lo tanto, la claridad de la Escritura garantiza que la Biblia pueda ser comprendida de forma correcta, no que todos los creyentes la comprendan así.

(7) La Escritura se puede entender, pero nunca por completo. Aunque entendemos la Escritura en algún nivel, incluso desde la infancia, crecemos en

---

[21] Estoy agradecido con Gregg Allison por haberme recalcado primero cómo el enfoque de esta doctrina debe ser la naturaleza de la Escritura, no los malentendidos de sus diversos lectores. Ver Gregg Allison, *"The Protestant Doctrine of the Perspicuity of Scripture: A Reformulation on the Basis of Biblical Teaching"* [La doctrina protestante de la perspicuidad de las Escrituras: Una nueva formulación sobre la base de la enseñanza bíblica] (Tesis de doctorado, Trinity Evangelical Divinity School, Deerfield, Illinois, 1995)

nuestra comprensión a medida que avanzamos en la vida cristiana. El escritor de Hebreos menciona que algunas enseñanzas son "alimento sólido" para la "madurez" (He 5:14; ver también 1 Co 3:1-4). Nunca se agotará la sabiduría de Dios contenida en la Escritura, porque los pensamientos de Dios son más altos que nuestros pensamientos "como son más altos los cielos que la tierra" (Is 55:9).

Sin embargo, estas siete calificaciones no invalidan en absoluto la doctrina de la claridad de las Escrituras. La Biblia sigue siendo comprensible. Algunas partes pueden comprenderse con mayor facilidad y rapidez que otras, pero estas calificaciones son apropiadas para un documento extenso y complejo que proviene de una persona que tiene una sabiduría infinita y que quiere que pasemos toda la vida aprendiendo de él en una relación personal con él.

c. Objeciones a la claridad de la Escritura. Podemos mencionar de forma breve que los eruditos bíblicos que provienen de una perspectiva no evangélica serán a menudo reacios a afirmar una doctrina de la claridad de las Escrituras. En primer lugar, los eruditos que hablan desde la perspectiva del *liberalismo teológico* no considerarán que la Biblia es la Palabra de Dios y que es consistente entre sí, sino que la considerarán "un registro humano falible del pensamiento y la experiencia religiosa, más que una revelación divina de la verdad y la realidad"[22]. Según este punto de vista, las Escrituras contienen numerosos significados contradictorios porque han sido escritas por numerosos autores humanos que vivieron en culturas hebreas, griegas y romanas muy diferentes, con distintas ideas de Dios y distintas experiencias de él. Desde esta perspectiva, toda afirmación de que el mensaje general de la Biblia en su totalidad sobre determinados temas éticos es comprensible y claro parece carecer de toda base. Eso se debe a que, sin una convicción en cuanto a la autoría divina de las Escrituras, no hay razón para suponer que las conclusiones de los autores serían consistentes entre sí en lugar de ser conflictivas y contradictorias.

Sin embargo, esta objeción se basa en la negación de las frecuentes afirmaciones de la propia Escritura de que no se trata de meras palabras humanas, sino de las propias palabras de Dios, como hemos señalado con anterioridad.

Otra objeción proviene de la *hermenéutica posmoderna*, un punto de vista que afirma que no hay una verdad absoluta ni un significado único en un texto[23]. Por lo tanto, las *afirmaciones* para saber lo que significan las Escrituras sobre cualquier tema no son más que intentos encubiertos de ejercer poder sobre los demás. Mark Thompson señala que esta concepción posmoderna de la verdad ha desarrollado la sospecha, ya expuesta por Friedrich Nietzsche (1844-1900), "de que todas las afirmaciones de saber lo que es verdad son en realidad intentos encubiertos de

---

[22] J. I. Packer, *"Liberalism and Conservatism in Theology"* [Liberalismo y conservadurismo en teología], New Dictionary of Theology, [Nuevo Diccionario de Teología] ed. Sinclair B. Ferguson y David F. Wright (Leicester, Reino Unido: Inter-Varsity, and Downers Grove, Illinois: InterVarsity, 1988), pág. 385.

[23] Ver las amplias discusiones sobre la hermenéutica posmoderna en el libro de Grant R. Osborne, *The Hermeneutical Spiral: A Comprehensive Introduction to Biblical Interpretation* [La espiral hermenéutica: Una introducción completa a la interpretación bíblica] (Downers Grove, Illinois: InterVarsity Press, 1991), y Kevin J. Vanhoozer, *Is There a Meaning in This Text?* [¿Existe algún significado en este texto?] (Grand Rapids, Michigan: Zondervan, 1998).

manipular a la gente"[24].

No obstante, negar que se pueda conocer el significado de las Escrituras es, en última instancia, un ataque al carácter de Dios: su bondad, su poder y su capacidad para comunicarse con claridad con su pueblo. Además, es sin duda inconsistente con los numerosos pasajes que hemos examinado con anterioridad sobre la claridad de las Escrituras para la gente común.

Además, los autores de las Escrituras se basan con frecuencia en la idea de que un texto de la Escritura significa una cosa, pero no otra. "¿Fue antes o después de ser circuncidado? *¡Antes, y no después!*" (Ro 4:10, NVI, en referencia a la historia bíblica de Abraham). Las palabras del Génesis "no solamente con respecto a él se escribió que le fue contada, sino también con respecto a nosotros a quienes ha de ser contada" (Ro 4:23-24; ver también He 2:5-6; 4:8; 11:3).

La doctrina de la claridad de las Escrituras también difiere de la *enseñanza católica romana*, la cual sostiene que, en lo que respecta a la correcta interpretación de las Escrituras, "la tarea de interpretación ha sido confiada a los obispos en comunión con el sucesor de Pedro, el Obispo de Roma"[25]. Sin embargo, ni las enseñanzas de Jesús ni las Epístolas del Nuevo Testamento dan ninguna pista de que los lectores creyentes tengan necesidad de un intérprete autorizado de las Escrituras como el obispo de Roma (es decir, el Papa). En efecto, Moisés esperaba que la gente común enseñara las Escrituras a sus hijos; Jesús responsabilizaba a todo el mundo de la correcta comprensión de las Escrituras; y Pablo escribió muchas de sus epístolas a iglesias enteras, dirigiendo incluso algunas secciones a los niños, y asumiendo de este modo que escucharían y comprenderían.

d. Implicaciones positivas de la claridad de las Escrituras. La claridad de las Escrituras nos alienta a que podamos enseñar la ética bíblica a los cristianos de hoy. Los eruditos en las universidades y seminarios, así como los pastores en las iglesias, no se limitan a estudiar solo la "ética mosaica", la "ética del Antiguo Testamento" o la "ética paulina" (todas ellas valiosas por derecho propio), sino que también deberíamos predicar y escribir sobre "lo que toda la Biblia enseña sobre las cuestiones éticas" con una clara aplicación a la vida cotidiana de las personas de hoy en día.

De hecho, la doctrina de la claridad de las Escrituras es esencial en absoluto para que la Biblia tenga alguna autoridad efectiva en la vida de las personas. Sin la claridad de la Escritura alguien podría decir: "Creo por completo en la absoluta autoridad divina de la Escritura, pero no tengo ni idea de lo que me exige creer o cómo me exige vivir". De este modo, si la Escritura no es clara, su autoridad queda anulada en la vida real.

3. Necesidad: La Biblia es necesaria para conocer las declaraciones de Dios

---

[24] Mark D. Thompson, A *Clear and Present Word: The Clarity of Scripture* [Una palabra clara y presente: La claridad de la Escritura], *New Studies in Biblical Theology* [Nuevos estudios de teología bíblica] (Nottingham, Reino Unido: Apollos, y Downers Grove, Illinois: InterVarsity Press, 2006), pág. 33.

[25] *Catechism of the Catholic Church* [Catecismo de la iglesia católica], 2da ed. (Nueva York: Doubleday, 1997), pág. 32 (sec. 85).

sobre el bien y el mal. En lo que respecta a la ética cristiana, la necesidad de las Escrituras es importante porque nos dice que necesitamos la Biblia para tener cierto conocimiento de la voluntad de Dios con respecto al bien y al mal a nivel moral.

Más adelante, defino la necesidad de la Escritura en un sentido más amplio del siguiente modo:

> **La necesidad de las Escrituras** implica que la Biblia es necesaria para conocer el evangelio, para mantener la vida espiritual y para conocer la voluntad de Dios, pero no es necesaria para saber que Dios existe o para conocer algo sobre el carácter de Dios y las leyes morales[26].

Dentro de esa discusión más extensa que aparece en mi *libro Systematic Theology* [Teología Sistemática], examino los pasajes que hablan de la necesidad de leer la Biblia (o de aprender de alguna manera el mensaje bíblico) para conocer el evangelio (esto incluye pasajes como Ro 10:13-17; Juan 3:18; 14:6; Hechos 4:12; 1 Ti 2:5-6). Además, allí sostengo que la Biblia es necesaria para mantener la vida espiritual (ver Mt 4:4, citando Dt 8:3; ver también Dt 32:47; 1 P 2:2).

Sin embargo, en este libro, y a efectos de estudiar la ética, nuestra principal interés tiene que ver con la necesidad de la Biblia para "conocer la voluntad de Dios". En términos de ese enfoque, podemos decir que *la Biblia es necesaria para conocer las declaraciones de Dios sobre el bien y el mal.*

a. El estudio del derecho natural tiene algún valor. Sin embargo, antes de centrarme en la necesidad de la Biblia, debo afirmar que las personas pueden conocer *algo* de las leyes morales de Dios aparte de la Biblia. Incluso sin las enseñanzas morales específicas de la Biblia, los seres humanos tienen conciencia propia que les da un *sentido interno del bien y del mal.* Además, las personas son capaces de observar el modo en que actúan las demás personas y el modo en que funciona todo en el mundo para luego poder razonar sobre esas observaciones y sacar *conclusiones sobre la naturaleza humana,* así como sobre las acciones correctas e incorrectas que son apropiadas para la naturaleza humana. El conjunto de conclusiones morales que se deriva de este tipo de estudios se conoce como "ley natural".

Esta es la definición de la ley natural dada por Gregg Allison:

> De acuerdo a la ley moral de Dios para la conducta humana, la norma se encuentra en la naturaleza humana. Es conocida por los seres humanos a través de la razón y les permite discernir entre el bien y el mal[27].

Allison prosigue su explicación: "De particular importancia en la teología católica,

---

[26] Grudem, *Systematic Theology* [Teología Sistemática], pág. 116.

[27] Gregg Allison, *The Baker Compact Dictionary of Theological Terms* [Diccionario compacto Baker de términos teológicos] (Grand Rapids, Michigan: Baker, 2016), pág. 144. Ver también Arthur F. Holmes, "Natural Law" [La ley natural], en *New Dictionary of Christian Ethics and Pastoral Theology* [Nuevo Diccionario de Ética Cristiana y Teología Pastoral], ed. David J. Atkinson y David H. Field (Leicester, Reino Unido: Inter-Varsity, y Downers Grove, Illinois: InterVarsity, 1995), pág. 619-21; J. Budziszewski,

la ley natural es adoptada con cautela por algunos protestantes"[28].

Mi posición es que el estudio de la ley natural tiene algún valor y tiene cierta fuerza persuasiva con la mayoría de las personas. Por ello, en varios de los siguientes capítulos, utilizaré argumentos no solo de la Biblia, sino también de la razón humana y de observaciones, ajenas a la Biblia, sobre las consecuencias de diversas acciones. No considero que tales argumentos sean iguales a la Biblia en cuanto a autoridad, pero pueden proporcionar una confirmación suplementaria de lo correcto de nuestras conclusiones sobre las enseñanzas morales bíblicas.

El valor del estudio de la ley natural es evidente cuando nos damos cuenta de que cada persona que ha nacido ha recibido una conciencia por Dios y, por lo tanto, tiene algún conocimiento del bien y del mal. Este conocimiento no es perfecto, pero da una aproximación a la voluntad moral de Dios con más o menos exactitud. Pablo dice que los gentiles que no tienen la ley escrita de Dios "muestran que *llevan escrito en el corazón lo que la ley exige,* como lo atestigua su conciencia, pues sus propios pensamientos algunas veces los acusan y otras veces los excusan" (Ro 2:15, NVI). De hecho, Pablo desarrolla un largo argumento para mostrar la culpabilidad moral de todos los seres humanos ante Dios, incluso de aquellos que no le "glorificaron como a Dios ni le dieron gracias" (1:21, NVI), porque hacen de manera voluntaria lo que saben que está mal:

> Quienes *habiendo entendido el juicio de Dios,* que los que practican tales cosas son dignos de muerte, no sólo las hacen, sino que también se complacen con los que las practican (Ro 1:32; cf. todo Ro 1:18-32; ver también Sal 19:1; Hechos 14:16-17).

Por lo tanto, podemos concluir que todas las personas que han nacido tienen *algún* conocimiento de la voluntad de Dios en sus conciencias. Sin embargo, este conocimiento es a menudo indistinto y no puede dar certeza. De hecho, si no existiera la Palabra de Dios escrita en el mundo, *no podríamos* obtener certeza sobre la voluntad de Dios a través de otros medios, como la conciencia, el consejo de otros sabios, el uso del razonamiento humano y el sentido común. Es posible que todos ellos den una *aproximación* a la voluntad de Dios de forma más o menos fiable, pero solo con estos medios no se podría alcanzar ninguna certeza sobre la voluntad de Dios, al menos en un mundo caído donde el pecado distorsiona nuestra percepción del bien y del mal, introduce razonamientos defectuosos en nuestros procesos de pensamiento y hace que de vez en cuando suprimamos el testimonio de nuestras conciencias (ver Jer 17:9; Ro 2:14-15; 1 Co 8:10; He 5:14; 10:22; también 1 Ti 4:2; Tit 1:15). Por lo tanto, la ley natural también tiene limitaciones significativas cuando se compara con las enseñanzas morales claras y explícitas de las propias palabras de Dios en la Biblia.

b. Solo la Biblia contiene las enseñanzas explícitas de Dios sobre el bien y el mal

---

Written on the Heart: The Case for Natural Law [Escrito en el corazón: El caso de la ley natural] (Downers Grove, Illinois: IVP Academic, 1997).

[28] *Ibid.*

moral. Por el contrario, solo en la Biblia tenemos algo más que las impresiones generales de nuestras conciencias y las conclusiones que podemos desarrollar observando y razonando sobre la naturaleza humana. En la Biblia, tenemos afirmaciones verbales claras y definidas sobre la voluntad de Dios:

> Las cosas secretas pertenecen a Jehová nuestro Dios; mas las *reveladas* son para nosotros y para nuestros hijos para siempre, *para que cumplamos todas las palabras de esta ley* (Dt 29:29).

Dios nos ha revelado sus palabras en la Biblia para que obedezcamos sus leyes y hagamos así su voluntad. "Los que andan en la ley de Jehová" son "bienaventurados" a los ojos de Dios (Sal. 119:1). Amar a Dios es que "guardemos sus mandamientos" (1 Juan 5:3). Si queremos tener un conocimiento cierto de la voluntad de Dios respecto al bien y al mal, debemos alcanzarlo mediante el estudio de sus mandamientos, que se encuentran en la Biblia.

Si las normas morales de Dios se definen de forma explícita solo en las palabras de la Biblia, entonces podríamos esperar que los estudios seculares de ética filosófica, estudios que no se someten de forma explícita a las palabras de la Escritura, solo produzcan resultados provisionales y conflictivos. Esto es exactamente lo que encontramos.. El campo de la ética filosófica a lo largo de la historia no ha producido ningún consenso sobre cómo saber qué tipo de acciones y actitudes deben considerarse moralmente correctas e incorrectas.

La implicación de la doctrina de la necesidad de la Escritura para nuestro estudio de la ética es sobre prestar la debida atención a las enseñanzas de la Escritura y a la vez tener mucho cuidado en interpretarla como es debido. Además, no debería sorprendernos demasiado que los especialistas en ética que no afirman la absoluta autoridad divina de las Escrituras no se pongan de acuerdo con los cristianos que sí la afirman, o entre ellos, sobre un gran número de temas éticos.

4. Suficiencia: La Palabra de Dios nos da una libertad sustancial respecto a numerosas decisiones éticas.

a. Evidencias bíblicas de la suficiencia de las Escrituras. La suficiencia de las Escrituras es importante para la ética porque nos dice que Dios nos ha dado un número limitado de requisitos éticos en las Escrituras y nos ha dejado una libertad sustancial en áreas a las que la Biblia no se refiere.

En una publicación anterior, defino la suficiencia de las Escrituras de una manera más amplia:

> **La suficiencia de la Escritura** significa que la Escritura [...] contiene todas las palabras de Dios que necesitamos para la salvación, para confiar y obedecerle a la perfección[29].

---

[29] Grudem, *Systematic Theology* [Teología sistemática], pág. 127. He omitido un apartado de la definición que trataba de varios períodos de la historia redentora, pero que no era esencial para el núcleo de la definición.

En esa discusión, examino los textos que afirman que la Biblia instruye a las personas para la salvación (2 Ti 3:15; Santiago 1:18; 1 P 1:23). Sin embargo, para los fines de este libro, nos centraremos en la suficiencia de la Escritura para estudiar la ética. La conocida afirmación de Pablo sobre la naturaleza de la Escritura es de nuevo muy apropiada:

> Toda la Escritura es inspirada por Dios, y útil para enseñar, para redargüir, para corregir, para instruir en justicia, a fin de que el hombre de Dios[30] sea perfecto, *enteramente preparado para toda buena obra* (2 Ti 3:16-17).

Uno de los propósitos por los que Dios hizo que se escribieran las Escrituras es el de formarnos para que estemos "preparados para toda buena obra". Esto se aplica a toda la vida. Si hay alguna "buena obra" que Dios quiere que un cristiano realice, este pasaje indica que Dios ha dispuesto en su Palabra la formación del cristiano en ella. Por lo tanto, no existe ninguna "buena obra" que Dios quiera que hagamos, salvo las que se enseñan (al menos en un sentido amplio) en alguna parte de la Escritura: está escrita para estar preparados para toda buena obra.

Una enseñanza similar se encuentra en Salmos 119:

> Bienaventurados los *perfectos* de camino,
> Los que andan en la ley de Jehová *(v. 1)*.

El simple hecho de "andar en la ley de Jehová" es ser "perfecto" ante Dios. Esto también es una indicación de que todo lo que Dios requiere de nosotros se encuentra registrado en su Palabra escrita: hacer todo lo que la Biblia nos ordena es ser perfecto a los ojos de Dios.

b. Implicación: Podemos encontrar en la Biblia todo lo que Dios ha dicho sobre temas particulares y las respuestas a nuestras preguntas éticas. La suficiencia de la Escritura nos permite centrar nuestra búsqueda de las palabras de Dios dirigidas a nosotros solo en la Biblia, lo que nos ahorra buscar en todos los escritos de los cristianos a lo largo de la historia, en todas las enseñanzas de la Iglesia o en todos nuestros sentimientos e impresiones[31] subjetivas para descubrir lo que Dios exige de nosotros. Por ello, podemos llegar a conclusiones claras sobre muchas enseñanzas de las Escrituras. Por ejemplo, aunque requiere algo de trabajo, es posible encontrar todos los pasajes bíblicos que son directamente relevantes para los asuntos del matrimonio y el divorcio, las responsabilidades de los padres con

---

[30] La frase "hombre de Dios" reitera una expresión común del Antiguo Testamento que se refiere a los mensajeros de Dios, pero la intención del pasaje es hablar de la suficiencia de la Escritura para formar a todo el pueblo de Dios, y con certeza tanto a los hombres como a las mujeres.

[31] Esto no quiere decir que las impresiones subjetivas de la voluntad de Dios sean inútiles o que deban ser ignoradas. Dicha afirmación sugeriría una visión casi deísta de la (no) participación de Dios en la vida de sus hijos y una visión más bien mecánica e impersonal de la guía. En efecto, Dios puede utilizar y utiliza impresiones subjetivas de su voluntad para recordarnos y alentarnos, y a menudo para orientar nuestros pensamientos en la dirección correcta en las muchas decisiones rápidas que tomamos a lo largo del día, y es la propia Escritura la que nos habla de estos factores subjetivos de orientación (ver Hechos 16:6-7; Ro 8:9, 14, 16; Gá 5:16-18, 25). Ver un análisis más detallado en el cap. 6, pág. 161.

los hijos, o la relación entre un cristiano y el gobierno civil. Además, la suficiencia de las Escrituras nos da la confianza de que *podremos* encontrar lo que Dios requiere que hagamos en distintas áreas. En muchas áreas de la ética, podemos alcanzar la confianza de que nosotros, junto con la gran mayoría de los cristianos a lo largo de la historia, hemos encontrado y formulado de forma correcta qué acciones, actitudes y características personales aprueba Dios. En pocas palabras, esta doctrina nos dice que es posible estudiar la ética y encontrar respuestas a muchas de nuestras preguntas.

En este punto diferimos de los eticistas católicos romanos, que sostienen que no hemos encontrado todo lo que Dios nos dice sobre un tema concreto hasta que no hemos consultado también la enseñanza oficial de la Iglesia a lo largo de su historia. Podríamos responder que aunque la historia de la iglesia puede ayudarnos a *entender* lo que Dios nos dice en la Biblia, nunca en la historia de la iglesia Dios ha *añadido* algo a las enseñanzas o mandatos de la Escritura. A lo largo de la vida de la iglesia, al margen de la Escritura, Dios no ha *añadido* nada que nos exija creer o hacer. La Escritura es suficiente para prepararnos para "toda buena obra", y caminar en sus caminos es ser "perfecto" a los ojos de Dios.

Asimismo, nos diferenciamos de los teólogos no evangélicos, que no están convencidos de que la Biblia sea la Palabra de Dios en ningún sentido único o con autoridad absoluta; por ello, buscarían también muchos otros escritos de los primeros cristianos en un intento de conocer no tanto lo que *Dios dijo* a la humanidad sino más bien lo que *muchos primeros cristianos experimentaron* en su relación con Dios. No esperarían llegar a una conclusión unificada sobre lo que Dios quiere que pensemos o hagamos en cualquier cuestión específica, sino descubrir una variedad de opiniones y puntos de vista sobre las principales ideas unificadas[32]. De modo que todos los puntos de vista sostenidos por los cristianos de cualquiera de las primeras iglesias serían válidos al menos para los cristianos de hoy. La respuesta es que nuestra búsqueda de respuestas a las cuestiones éticas no es un intento de encontrar lo que varios creyentes han pensado en la historia de la Iglesia, sino una búsqueda para encontrar y comprender lo que Dios mismo nos dice en sus propias palabras, que solo se encuentran en las Escrituras.

c. Aplicaciones prácticas de la suficiencia de las Escrituras. Esta doctrina tiene varias aplicaciones prácticas en nuestra vida cristiana. Algunas de ellas son las siguientes:

1. La suficiencia de las Escrituras debe animarnos cuando intentamos descubrir lo que Dios quiere que hagamos en situaciones concretas. Todo lo que Dios quiere decirnos sobre una cuestión se encuentra en la Escritura. Esto no significa que la Biblia responda a todas las preguntas que se nos ocurran, pues "Las cosas secretas pertenecen a Jehová nuestro Dios" (Dt 29:29). Sin embargo, significa que cuando nos enfrentamos a un problema de verdadera importancia para nuestra vida

---

[32] El libro de texto de ética de Robin Gill, de gran difusión, sigue esta pauta. Es una recopilación de numerosos extractos de los escritos de autores cristianos a lo largo de la historia sobre diversos temas éticos. Ver Robin Gill, *A Textbook of Christian Ethics* [Un libro de texto de ética cristiana], 4ta ed. (Londres: Bloomsbury T&T Clark, 2014).

cristiana, podemos acercarnos a la Biblia con la confianza de que Dios la utilizará para guiarnos.

Por supuesto, la Escritura no habla de forma directa de todas las cuestiones. (Por ejemplo, nos decepcionaríamos si tratáramos de encontrar en las Escrituras qué "orden de adoración" debemos seguir los domingos por la mañana o cuándo debemos comer durante el día). En esos casos, podemos concluir que Dios no nos ha exigido que pensemos o actuemos de una manera determinada (excepto, tal vez, en términos de principios más generales con respecto a nuestras actitudes y objetivos).

2. La suficiencia de la Escritura nos recuerda que *no debemos añadir nada a la Escritura, y que no debemos considerar ningún otro escrito de igual valor que la Escritura.* Casi todos los cultos y sectas violan este principio. Por ejemplo, los mormones profesan creer en la Biblia, pero también reclaman autoridad divina para El libro de Mormón. Dado que tales afirmaciones violan los mandatos de Dios de no añadir a sus palabras, no deberíamos pensar que se encontrarán palabras adicionales de Dios en estos escritos.

3. La suficiencia de las Escrituras nos muestra que *ninguna revelación moderna de Dios debe ser puesta en un nivel igual a las Escrituras en autoridad.* A lo largo de la historia de la iglesia, y sobre todo en el movimiento carismático moderno, las personas han afirmado que Dios ha dado revelaciones a través de ellos para la iglesia. No obstante, debemos evaluar tales afirmaciones[33], no debemos considerar tales revelaciones como iguales a las Escrituras[34]. Por el contrario, debemos recalcar que Dios no nos exige que obedezcamos ninguna directriz moral que nos llegue a través de esos medios sin que esté confirmada por las Escrituras[35]. Cada vez que se han puesto otros documentos al lado de las Escrituras (ya sea la literatura cristiana extrabíblica del primer siglo, las enseñanzas acumuladas de la Iglesia Católica Romana o diversas publicaciones de culto), el resultado ha sido siempre una disminución del énfasis en las enseñanzas de la propia Biblia y la enseñanza de algunas cosas contrarias a las Escrituras. La iglesia debe ser siempre consciente de este peligro.

4. La suficiencia de la Escritura nos recuerda que *nada que es pecado, no está prohibido por la Escritura, ya sea de forma explícita o implícita.* Andar en la ley del

---

[33] Véase Grudem, *Systematic Theology* [Teología sistemática], pág. 1039-42, sobre la posibilidad de que algunos tipos de revelación de Dios continúen hoy en día cuando el canon está cerrado, y en especial la pág. 1049-61 sobre el don de profecía.

[34] De hecho, los defensores más responsables del movimiento carismático moderno parecen estar de acuerdo con esta advertencia: véase Wayne Grudem, *The Gift of Prophecy in the New Testament and Today* [El don de profecía en el Nuevo Testamento y en la actualidad] (Wheaton, Illinois: Crossway, 2000), págs. 90-92, pág. 209-14.

[35] No pretendo dar a entender que adopto un punto de vista "cesacionista" de los dones espirituales (es decir, que ciertos dones, como el de profecía y el de hablar en lenguas, cesaron cuando murieron los apóstoles). En este punto, solo deseo afirmar que existe el peligro de otorgar de forma explícita, o incluso implícita, a estos dones un valor que ponga en tela de juicio la autoridad o la suficiencia de las Escrituras en la vida de los cristianos. Se pueden encontrar discusiones más detalladas sobre estos dones en Grudem, Systematic Theology, 1049-88, y en Grudem, *The Gift of Prophecy in the New Testament and Today.*

Señor es ser "perfecto" (Sal 119:1). Por lo tanto, no debemos añadir prohibiciones a las ya establecidas en la Escritura. Puede haber situaciones inusuales en las que estaría mal, por ejemplo, que un cristiano bebiera café o Coca-Cola o ir a los cines (ver 1 Corintios 8-10), pero estas actividades no deben considerarse pecaminosas en sí mismas, a menos que se pueda demostrar que una enseñanza específica o un principio general de las Escrituras las prohíbe para todos los creyentes y para siempre[36].

Siempre hay una tendencia entre los creyentes de empezar a descuidar la búsqueda diaria de orientación en las Escrituras y empezar a vivir según las normas escritas (o no escritas) o las tradiciones sobre lo que hay que hacer o no hacer en la vida cristiana. No obstante, cada vez que añadimos a la lista de pecados que están prohibidos por la propia Escritura, habrá un daño para la iglesia y para la vida de los creyentes individuales. El Espíritu Santo no autorizará la obediencia a normas que no tengan la aprobación de Dios en las Escrituras, ni los creyentes encontrarán deleite en obedecer mandatos que no concuerden con las leyes de Dios escritas en sus corazones.

En algunos casos, los cristianos pueden suplicar repetida y fervientemente a Dios que les conceda la "victoria" sobre supuestos pecados que en realidad no lo son en absoluto, y sin embargo no se les concederá tal "victoria", ya que la actitud o la acción no son desagradables a Dios. El resultado puede ser un gran desaliento en la oración y una frustración general en la vida cristiana. En otros casos, la desobediencia continuada a estos nuevos "pecados" será el resultado, junto con un falso sentido de culpa y una alienación resultante de Dios. Asimismo, puede surgir una insistencia cada vez más intransigente y legalista en estas nuevas normas por parte de quienes las siguen, lo que perturba la auténtica comunión entre los creyentes. Por último, el evangelismo se verá silenciado con frecuencia, ya que la proclamación silenciosa del evangelio que proviene de la vida de los creyentes que *parecerá*, al menos para los de afuera , incluir el requisito adicional que uno debe ajustarse a este modelo de vida uniforme para convertirse en miembro del cuerpo de Cristo.

Un ejemplo de tal adición a los mandatos de las Escrituras se encuentra en la oposición de la Iglesia Católica Romana a los métodos "artificiales" de control de

---

[36] Por supuesto, las sociedades humanas como las naciones, las iglesias, las familias, etc., pueden establecer normas para el desarrollo de sus propios asuntos (como "Los niños de esta familia no pueden ver la televisión en las noches entre semana"). No se puede encontrar tal norma en las Escrituras, ni es probable que se pueda demostrar tal norma por implicación de los principios de las Escrituras. Sin embargo, la obediencia a dichas normas es exigida por Dios porque la Escritura nos dice que debemos estar sujetos a las autoridades gobernantes (Ro 13:1-7; 1 P 2:13-3:6). Una negación de la suficiencia de la Escritura ocurriría solo si alguien intentara dar a la norma una aplicación generalizada fuera de la situación en la que debería funcionar de forma apropiada ("Ningún miembro de nuestra iglesia debería ver la televisión en las noches entre semana" o "Ningún cristiano debería ver la televisión en las noches entre semana"). En tal caso, no se convierte en una norma de conducta en una situación concreta, sino en un mandato moral que al parecer debe aplicarse a todos los cristianos, sea cual sea su situación. No somos libres de añadir tales normas a la Escritura e intentar imponerlas a todos los creyentes sobre los que tenemos influencia, ni la iglesia en su conjunto puede intentar hacerlo. (Aquí también, los católicos romanos diferirían y dirían que Dios da a la iglesia la autoridad para imponer normas morales además de las Escrituras a todos los miembros de la iglesia).

la natalidad, una política que no encuentra respaldo válido en las Escrituras. El resultado de la desobediencia generalizada es la alienación y la falsa culpa.

5. La suficiencia de las Escrituras también nos dice que *Dios no exige nada de nosotros que no esté ordenado en las Escrituras, ya sea de forma explícita o implícita*. Por lo tanto, debemos centrar nuestra búsqueda de la voluntad de Dios en las Escrituras en lugar de buscar orientación a través de la oración para cambiar las circunstancias o alterar los sentimientos, ni tampoco buscar la orientación directa del Espíritu Santo aparte de las Escrituras. Si alguien *afirma* tener un mensaje de Dios que nos dice lo que debemos hacer, nunca debemos asumir que es pecado desobedecer tal mensaje, a menos que pueda ser confirmado por la aplicación de la propia Escritura a nuestra situación.

El descubrimiento de esta gran verdad podría traer una enorme alegría y paz a miles de cristianos que han pasado horas buscando la voluntad de Dios al margen de las Escrituras, solo para no saber si la han encontrado. De hecho, muchos cristianos de hoy tienen muy poca confianza en su capacidad para descubrir la voluntad de Dios con algún grado de certeza. Por lo tanto, hay poco esfuerzo por hacer la voluntad de Dios (porque ¿quién puede conocerla?) y poco crecimiento en la santidad ante Dios en sus vidas.

Debería ser lo contrario. Los cristianos que están convencidos de la suficiencia de las Escrituras deberían empezar a buscar y encontrar con entusiasmo la voluntad de Dios en la Biblia. Deberían crecer en obediencia a él y conocer una gran libertad y paz en sus vidas cristianas. En ese momento, serían capaces de decir con el salmista:

> Guardaré tu ley siempre,
> Para siempre y eternamente.
> Y *andaré en libertad*,
> *Porque busqué tus mandamientos [...]*
> *Mucha paz tienen los que aman tu ley,*
> Y no hay para ellos tropiezo (Sal 119:44-45, 165).

PREGUNTAS PARA REFLEXIONAR

1. ¿Se siente ofendido cuando su pastor predica sobre la importancia de tratar de evitar el pecado en su vida o la importancia de vivir en obediencia a los mandatos morales de Dios? ¿Preferiría que evitara esos temas o al menos los minimizara al impartir sus enseñanzas bíblicas?

2. Si usted es un pastor o un líder de estudios bíblicos, ¿hay ciertos pecados mencionados en la Biblia de los que evite hablar? Si es así, ¿cree que eso contribuye a la salud espiritual de su congregación?

3. Si los niños no aprenden en la iglesia sobre las normas morales de Dios, ¿qué factores influirán más en la formación de sus convicciones morales personales?

4. Al leer la Biblia, ¿le parece (¡con honestidad!) que tiene más autoridad que cualquier otro libro?

5. ¿Qué le convenció para creer que las palabras de la Biblia son las mismas palabras de Dios?

6. Después de leer sobre la autoridad, la claridad, la necesidad y la suficiencia de las Escrituras, ¿cuál de estas cualidades le animó más e incluso le entusiasmó conocer? ¿Por qué?

TÉRMINOS ESPECIALES

autoridad de la Escritura
claridad de la Escritura
el evangelio
la ley natural
necesidad de la Escritura
hermenéutica posmoderna
servicios sensibles al buscador
suficiencia de la Escritura
liberalismo teológico
tercer uso de la ley

BIBLIOGRAFÍA

Otras fuentes de referencia sobre ética

(ver los datos bibliográficos completos en la pág. 64)

Clark y Rakestraw, 1:179-248, 67-112
Feinberg, John y Paul, 40-49
Frame, 131-236
Geisler, 125-27
Gushee y Stassen, 43-63
Holmes, 59-70
Jones, 59-76
McQuilkin y Copan, 29-93
Rae, 28-51

Otras obras

Budziszewski, J. *Written on the Heart: The Case for Natural Law* [Escrito en el corazón: El caso de la ley natural]. Downers Grove, Illinois:InterVarsity Press, 1997.

Gooding, David W., y John Lennox. *The Bible and Ethics* [La Biblia y la ética]. Coleraine, Irlanda del Norte:The Myrtlefield Trust, 2015.

MacArthur, John, ed. *Think Biblically! Recovering a Christian Worldview* [¡Piensa bíblicamente! Recuperando una visión cristiana del mundo]. Wheaton, Illinois: Crossway, 2003.

Mangalwadi, Vishal. *The Book That Made Your World: How the Bible Created the Soul of Western Civilization* [El libro que dio forma al mundo: Como la Biblia creó el alma de la civilización occidental]. Nashville: Thomas Nelson, 2011.

Naselli, Andrew David, y J. D. Crowley. *Conscience: What It Is, How to Train It, and Loving Those Who Differ* [Conciencia: qué es, cómo entrenarla y amar a quienes difieren]. Wheaton, Illinois: Crossway, 2016.

Pritchard, G. A. Willow *Creek Seeker Services: Evaluating a New Way of Doing Church* [Servicios de búsqueda de Willow Creek: Evaluación de una nueva forma de hacer iglesia]. Grand Rapids, Michigan: Baker, 1996.

Scott, Stuart, y Heath Lambert, eds. *Counseling the Hard Cases: True Stories Illustrating the Sufficiency of God's Resources in Scripture* [Asesoramiento en casos difíciles: Historias reales que ilustran la suficiencia de los recursos de Dios en las Escrituras]. Nashville: B&H Academic, 2012.

Sinton, V. M. "Gospel and Ethics". *In New Dictionary of Christian Ethics and Pastoral Theology* [Nuevo diccionario de ética cristiana y teología pastoral], editado por David J. Atkinson y David H. Field, 414-15. Leicester, Reino Unido: Inter-Varsity, y Downers Grove, Illinois: InterVarsity Press, 1995.

PASAJE BÍBLICO PARA MEMORIZAR

2 Timoteo 3:16-17: Toda la Escritura es inspirada por Dios, y útil para enseñar, para redargüir, para corregir, para instruir en justicia, a fin de que el hombre de Dios sea perfecto, enteramente preparado para toda buena obra.

HIMNO

"Enséñame tu camino, oh Señor"

¡Enséñame tu camino, Señor, enséñame tu camino!
Tu gracia que me guía, ¡enséñame tu camino!
Ayúdame a caminar por el sendero justo, más por la fe, menos por la vista;
Guíame con la luz del cielo, ¡enséñame tu camino!

Cuando esté triste del todo, enséñame tu camino.
Cuando las alegrías terrenales se vayan, ¡enséñame tu camino!
En momentos de soledad, en momentos de angustia,
En el fracaso o en el éxito, ¡enséñame tu camino!

Cuando surjan dudas y temores, ¡enséñame tu camino!
Cuando las tormentas se extiendan por los cielos, ¡enséñame tu camino!
Brilla a través de la nube y la lluvia, a través de la pena, el trabajo y el dolor;
Haz que mi camino sea claro, ¡enséñame tu camino!

Mientras dure mi vida, enséñame tu camino.

Dondequiera que esté mi destino, enséñame tu camino.
Hasta que la carrera se realice, hasta que el viaje se termine,
Hasta que se consiga la corona, ¡enséñame tu camino!

AUTOR: B. MANSELL RAMSEY, 1849-1923

HIMNO ALTERNATIVO

"La ley de Jehová es perfecta"

La ley de Jehová es perfecta,
que convierte el alma.
El testimonio de Jehová es fiel,
que hace sabio al sencillo.

CORO:
Deseables son más que el oro,
más que el oro afinado,
y dulces más que miel,
y que la que destila del panal.

Los mandamientos de Jehová son rectos,
que alegran el corazón.
El precepto de Jehová es puro,
que alumbra los ojos.

El temor de Jehová el limpio,
que permanece para siempre.
Los juicios de Jehová son verdad,
todos justos.

AUTOR: ANÓNIMO (DE SALMOS 19:7-11)

Capítulo 4

OBJETIVO DE LA ÉTICA: VIVIR PARA LA GLORIA DE DIOS

¿Por qué la ética cristiana debe abarcar más que el aprendizaje de las acciones correctas?

¿Por qué es importante desarrollar un carácter semejante al de Cristo?

¿Por qué debemos tener en cuenta los resultados de nuestras acciones?

¿Cómo se relaciona el estudio de la ética con nuestra relación personal con Dios?

A. UNA VIDA VIVIDA PARA LA GLORIA DE DIOS

¿Cuál es el objetivo general del estudio de la ética? Debe ser cumplir con nuestro propósito principal, que es glorificar a Dios.

En el Antiguo Testamento, Dios habla así de sus hijos e hijas:

> al que yo he creado *para mi gloria,*
> al que yo hice y formé (Is 43:7, NVI; ver también v. 21)

El Nuevo Testamento afirma de igual modo que, antes de la fundación del mundo, Dios predestinó a las personas a salvarse "a fin de que nosotros, que ya hemos puesto nuestra esperanza en Cristo, seamos para *alabanza de su gloria*" (Ef 1:12, NVI). Dado que Dios nos ha creado para glorificarle, tiene mucho sentido que el Nuevo Testamento nos diga: "Si, pues, coméis o bebéis, o hacéis otra cosa, *hacedlo todo para la gloria de Dios*" (1 Co 10:31).

En resumen de esta perspectiva, el Catecismo Mayor de Westminster dice:

Pregunta 1: ¿Cuál es el fin principal y más elevado del hombre?

Respuesta: El fin principal y más elevado del hombre es glorificar a Dios y disfrutar con plenitud de él para siempre.

B. TRES PERSPECTIVAS DE UNA VIDA VIVIDA PARA LA GLORIA DE DIOS

Al principio puede parecer bastante abstracto decir a las personas: "Deben vivir para la gloria de Dios". ¿Qué significa ello con exactitud? ¿Cómo es una vida vivida para la gloria de Dios?

La Biblia es un tesoro abundante de material que nos ayuda a responder a estas preguntas de manera específica. Para los fines de este libro, nos centraremos en lo que la Biblia dice con respecto a tres perspectivas de una vida vivida para la gloria de Dios: (1) nuestro *carácter personal*, (2) los *resultados* que se derivan de nuestra vida, y (3) nuestro *comportamiento* actual, nuestra conducta de vida.

No debería sorprendernos que Dios se preocupe por algo más que nuestro comportamiento. Se interesa por nosotros como personas completas, no solo por las acciones individuales que realizamos. No solo desea que *hagamos* buenas *acciones* desde el punto de vista moral, sino que también quiere que seamos personas buenas en el sentido moral. Además, desea que nuestras vidas tengan resultados buenos desde el punto de vista moral, resultados que le agraden y le honren. En los tres apartados siguientes de este capítulo, se analizan estas perspectivas con más detalle[1].

En resumen, una vida vivida para la gloria de Dios será una vida que tenga:

1. un carácter que glorifique a Dios: un carácter semejante al de Cristo.
2. resultados que glorifiquen a Dios: una vida que genere abundantes frutos para el reino de Dios.
3. Un comportamiento que glorifique a Dios: una vida de obediencia a Dios, vivida en relación personal con Dios.

---

[1] Los lectores del libro de John M. Frame, *The Doctrine of the Christian Life: A Theology of Lordship* [La doctrina de la vida cristiana: Una teología del señorío] (Phillipsburg, Nueva Jersey: P&R, 2008) reconocerán cierta similitud con su uso respecto a tres perspectivas sobre la vida ética: A lo que llamo carácter es similar a su categoría "existencial"; a lo que llamo resultados es similar a su categoría "situacional"; y a lo que llamo comportamiento es similar a su categoría "normativa". Mi objetivo es utilizar términos que sean fáciles de entender para los lectores comunes y que capten la amplia gama de testimonios bíblicos sobre el tipo de vida que Dios quiere que llevemos. Estas tres perspectivas son una forma útil de resumir la enseñanza bíblica. (Las tres perspectivas de Frame también lo hacen.) Tanto Frame como yo reconocemos que las categorías no son del todo distintas entre sí, ya que muchas partes del testimonio bíblico podrían encajar bastante bien en una u otra categoría de estas tres. Son tres "perspectivas" (una palabra favorita de Frame) sobre el conjunto de una vida vivida para la gloria de Dios.

C. EL OBJETIVO DEL CARÁCTER: UNA VIDA CONFORMADA A LA IMAGEN DE CRISTO

Una de las divisiones del estudio de la ética se denomina "ética de la virtud" (ver el capítulo 1, pág. 42). Se trata de un estudio sobre las cualidades de carácter que las personas deben buscar. Las "virtudes" en ética son disposiciones internas habituales para actuar, sentir, responder y pensar de forma correcta[2] desde el punto de vista moral. En ocasiones, me referiré a estas virtudes como "rasgos de carácter".

La Biblia se preocupa en verdad por el desarrollo de la virtud moral en los creyentes cristianos, ya que docenas de pasajes hablan de los rasgos de carácter personal deseables que los cristianos deben tratar de mostrar en sus vidas. Pedro dice que los cristianos deben esforzarse por añadir "virtud" a su fe cristiana (2 P 1:5), y aquí utiliza la palabra griega (*aretē*), que se utilizaba con frecuencia entre los filósofos griegos para hablar de rasgos deseables que las personas debían esforzarse por incorporar a su propia vida.

Sin embargo, esto no significa que los valores éticos de la Biblia sean los mismos que los de la filosofía griega pagana. R. C. Roberts explica:

> Algunas cosas que son ciertas para la esperanza cristiana pueden no serlo para la esperanza marxista; lo que es cierto para la paz cristiana puede no serlo para la ecuanimidad estoica; lo que es cierto para la valentía cristiana puede no serlo para la valentía aristotélica. El modo en que un cristiano maduro maneja su miedo (es decir, su valentía) implicará ante todo su convicción de que Dios está presente y es digno de confianza; por tanto, dependerá de la práctica de la oración y de la experiencia del Espíritu Santo. Como el aristotélico no practica la oración, ni cree que Dios está presente, ni tiene experiencia del Espíritu Santo, su valentía no es el mismo rasgo que la del cristiano[3].

1. Nuestro objetivo de carácter es ser conformado a la imagen de Cristo. Pablo afirma lo siguiente sobre los cristianos: "A los que antes conoció, también los predestinó para que fuesen hechos *conformes a la imagen de su Hijo*" (Ro 8:29). El propósito por el que Dios nos eligió es que seamos conformados a la imagen de Cristo, es decir, que seamos como Cristo en nuestro carácter y nuestras acciones. Pablo también dice: "Y así como hemos traído la imagen del terrenal, *traeremos*

---

[2] Agradezco a David Horner que me haya ayudado a pensar en una definición clara de las virtudes (aunque soy responsable de esta forma de la definición). M. A. Reid explica que las virtudes y los vicios son "tendencias interiores habituales, o disposiciones, a realizar actos buenos o malos según el punto de vista moral". "Vicio", en *New Dictionary of Christian Ethics and Pastoral Theology* [Nuevo diccionario de ética cristiana y teología pastoral], ed. David J. Atkinson y David H. Field (Leicester, Reino Unido: Inter-Varsity, y Downers Grove, Illinois: InterVarsity, 1995), pág. 874. Sin embargo, las virtudes también incluyen tendencias o disposiciones para pensar y sentir de forma correcta según el punto de vista moral: ver R. C. Roberts, "Virtues, Virtudes", en Atkinson y Field, *New Dictionary of Christian Ethics and Pastoral Theology*, quien dice que las virtudes de una persona "determinan sus preocupaciones, deseos, emociones y percepciones de casi todo, así como sus acciones" (pág. 881).

[3] R. C. Roberts, "Carácter", en Atkinson y Field, *New Dictionary of Christian Ethics and Pastoral Theology*, pág. 66.

también la imagen del celestial" (1 Co 15:49), y el "celestial" en este pasaje es Cristo. Traeremos su imagen, lo que significa que seremos como él.

2. Llegar a ser como Cristo es un proceso que dura toda la vida[4]. Muchos pasajes del Nuevo Testamento mencionan un proceso de toda la vida para llegar a ser como Cristo. Pablo escribe, "Sed imitadores de mí, así como yo de Cristo" (1 Co 11:1), lo que implica que incluso los creyentes maduros entre los lectores de Pablo todavía necesitaban ser animados a tratar de imitarlo, al igual que él seguía tratando de imitar a Cristo. Juan nos hace recordar, "El que dice que permanece en él, debe andar como él anduvo" (1 Juan 2:6). Nuestra vida debe reflejar lo que fue su vida, de modo que le honremos en todo lo que hagamos (Fil 1:20).

Por esta razón, el Nuevo Testamento presenta al cristiano como alguien que se esfuerza por imitar a Cristo en todas sus acciones: "Recibíos los unos a los otros, *como también* Cristo nos recibió" (Ro 15:7); "Maridos, amad a vuestras mujeres, así como Cristo amó a la iglesia" (Ef 5:25); "De la manera que Cristo os *perdonó,* así también hacedlo vosotros" (Col 3:13); "Él puso su vida por nosotros; también nosotros debemos poner nuestras vidas por los hermanos" (1 Juan 3:16). A lo largo de nuestra vida, "corramos [...] la carrera que tenemos por delante, puestos los ojos en Jesús, el autor y consumador de la fe" (He 12:1-2; ver también Ef 5:2; Fil 2:5-11; 1 Ts 1:6; 1 Juan 3:7; 4:17). Por el contrario, la desobediencia hace que se desprecie a Cristo (He 6:6).

Nuestra imitación de Cristo es sobre todo evidente en el sufrimiento. Los cristianos están llamados a soportar el sufrimiento con paciencia "porque también Cristo padeció por nosotros, dejándonos ejemplo, para que *sigáis sus pisadas"* (1 P 2:21). Pablo quería "participar en sus sufrimientos y llegar a ser *semejante a él en su muerte"* (Fil 3:10, NVI; ver también 2 Co 1:5; 4:8-11; He 12:3; 1 P 4:13).

Además, nuestro sufrimiento está relacionado con la participación en la gloria de Cristo cuando regrese: "Padecemos juntamente con él, para que juntamente con él seamos glorificados" (Ro 8:17). Es probable que esto sea así porque es a través del sufrimiento y las dificultades que Dios nos hace más semejantes a Cristo, haciéndonos crecer hasta la madurez en él (Ef 4:13, 15; St 1:2-4; He 5:8-9).

Además, dado que Cristo obedeció a la perfección a su Padre incluso en medio de grandes sufrimientos, nuestra obediencia, confianza y paciencia en el sufrimiento retratan mejor a Cristo y, por tanto, le honran más. Nos reconforta saber que solo estamos experimentando lo que él ya ha experimentado, y que, por tanto, entiende lo que estamos pasando y escucha con simpatía nuestras oraciones (He 2:18; 4:15-16; 12:11). Como resultado de una vida de obediencia, podemos compartir la gloria de Cristo: "Al que venciere, le daré que se siente conmigo en mi trono, así como yo he vencido, y me he sentado con mi Padre en su trono" (Ap 3:21).

Sin embargo, nuestra imitación de Cristo no es una mera imitación de sus acciones. El propósito mucho más profundo es que al imitarlo nos parecemos cada

---

[4] Este apartado es una adaptación de Wayne Grudem, *Systematic Theology: An Introduction to Biblical Doctrine* [Teología sistemática: Una introducción a la doctrina bíblica] (Leicester, Reino Unido: Inter-Varsity, y Grand Rapids, Michigan: Zondervan, 1994), pág. 845-46, con permiso de los editores.

vez más a él: cuando actuamos *como* Cristo nos parecemos a él. Crecemos hasta llegar a la madurez en Cristo (Ef 4:13,15; He 5:8-9; St. 1:2-4) a medida que "somos transformados de gloria en gloria en la misma imagen" (2 Co 3:18). El resultado final es que llegaremos a ser perfectamente como Cristo, tal y como Dios nos ha predestinado (Ro 8:29; 1 Co 15:49), y "cuando él se manifieste, seremos semejantes a él" (1 Juan 3:2). Cuando esto ocurra, Cristo será plenamente glorificado en nosotros (2 Ts 1:10-12; Juan 17:10).

Sin embargo, en todo esto nunca perdemos nuestra personalidad individual. Llegamos a ser perfectamente como Cristo, pero no nos convertimos en Cristo, y no somos absorbidos por Cristo ni nos perdemos para siempre como individuos. En cambio, seremos nosotros, como individuos reales, los que seguiremos conociendo como fuimos conocidos (1 Co 13:12); seremos nosotros los que le veremos tal como es (1 Juan 3:2); seremos nosotros los que le adoraremos, veremos su rostro, tendremos su nombre en la frente y reinaremos con él por los siglos de los siglos (Ap 22:3-5). Así como el Padre, el Hijo y el Espíritu Santo son muy semejantes en su carácter (Juan 14:7, 9), pero siguen siendo personas distintas, nosotros podemos parecernos cada vez más a Cristo y seguir siendo individuos distintos con dones y funciones diferentes (Ef 4:15-16; 1 Co 12:4-27).

De hecho, cuanto más nos parezcamos a Cristo, más nos parecemos a nosotros mismos (Mt 10:39; Juan 10:3; Ap 2:17; Sal 37:4). Si olvidamos esto, tenderemos a descuidar la diversidad de dones en la iglesia y querremos hacer a todos como nosotros mismos. Una perspectiva bíblica adecuada permitirá a cada creyente decir no solo: "Los cristianos somos importantes para Cristo", sino también: "Yo soy importante para Cristo: él conoce mi nombre, me llama por mi nombre, y me da un nombre nuevo que es solo mío" (ver Juan 10:3; Ap 2:17).

3. Una lista parcial de rasgos de carácter semejantes a los de Cristo o "virtudes". Este apartado contiene una lista bastante extensa (pero no exhaustiva) de los rasgos de carácter que las Epístolas del Nuevo Testamento animan a imitar en el proceso de llegar a ser como Cristo[5]. En aras de la brevedad, he limitado esta lista a los rasgos de carácter nombrados en las Epístolas del Nuevo Testamento, pero se podrían añadir más de los Evangelios, en especial del Sermón de la Montaña, como "los pobres de espíritu" (Mt 5:3) o "los que tienen hambre y sed de justicia" (v. 6). De hecho, toda la vida de Cristo en los Evangelios podría ser una fuente para incluso más rasgos de carácter que los que se encuentran en esta lista. (Cuanto más tiempo he trabajado en esta lista, más me he dado cuenta de que incluso esta lista de 27 elementos está incompleta, y aún podrían añadirse más rasgos de carácter)[6].

Podemos crecer en estos rasgos de carácter mediante una combinación de

---

[5] Al recopilar la siguiente lista, comencé con el fruto del Espíritu en Gálatas 5:22-23, y luego añadí "esperanza" del capítulo del amor en 1 Co 13:13. A partir de ahí, la lista sigue el orden del canon del Nuevo Testamento, excepto donde inserté versículos que usaban la misma palabra en español, pero una palabra griega diferente.

[6] A partir de esta lista, se podría construir toda una serie de estudios bíblicos, utilizando un estudio de palabras para cada rasgo de carácter y examinando varios o todos los versículos en los que se utiliza cada término griego.

nuestro propio esfuerzo y el poder del Espíritu Santo[7]. El primer versículo de la lista que sigue nos recuerda que estos rasgos de carácter son "fruto del Espíritu" (Gá 5:22), por lo que son producidos por el poder del Espíritu Santo que actúa en nosotros. No obstante, no podemos ser pasivos en este proceso, sino que debemos buscar estas cualidades con un esfuerzo habitual: "busquen [...] la santidad" (He 12:14; ver también Ro 8:13; Fil 2:12-13; 1 Juan 3:3). Pedro dice a los cristianos, "esfuércense" por crecer en los rasgos de carácter que concuerdan con la virtud y la piedad (2 P 1:5, NVI)

Palabra en español	Palabra(s) en griego	Pasaje del Nuevo Testamento
Amor	*agapē*	"Mas el fruto del Espíritu es *amor*, gozo, paz, paciencia, benignidad, bondad, fe, mansedumbre, templanza; contra tales cosas no hay ley" (Gá 5:22-23).
Gozo	*chara*	Gá 5:22
Paz	*eirēnē*	Gá 5:22
Paciencia	*makrothymia*	Gá 5:22
Benignidad	*chrēstotēs*	Gá 5:22
Bondad	*agathōsynē*	Gá 5:22
Fe	*pistis*	Gá 5:22
Mansedumbre (o docilidad) Palabra en griego con significado similar: apacible	*praütēs* *epieikēs**	Gá 5:23 "no dado al vino, no pendenciero, no codicioso de ganancias deshonestas, sino amable, *apacible*, no avaro" (1 Ti 3:3).
Templanza Palabra en griego con significado similar: sensato (prudente, reflexivo)	*egkrateia* *sōphrōn*	Gá 5:23 "Así que el obispo debe ser intachable, esposo de una sola mujer, moderado, *sensato*, respetable, hospitalario, capaz de enseñar;" (1 Ti 3:2, NVI).
Esperanza	*elpis*	"Y ahora permanecen la fe, la *esperanza* y el amor, estos tres; pero el mayor de ellos es el amor" (1 Co 13.13).

---

[7] Ver el apartado "Dios y el hombre cooperan en la santificación", en Grudem, *Systematic Theology* [Teología sistemática], 753-56.

Perseverancia	*hypomonē*	"Y no solo en esto, sino también en nuestros sufrimientos, porque sabemos que el sufrimiento produce *perseverancia*" (Ro 5:3, NVI).
Hospitalidad	*philoxenia*	"Compartiendo para las necesidades de los santos; practicando la *hospitalidad*" (Ro 12:13).
Confianza (fiabilidad) Palabra griega con significado similar: confianza (audacia)	*tharreō/tharseō parrēsia*	""Así que vivimos *confiados* siempre, y sabiendo que entre tanto que estamos en el cuerpo, estamos ausentes del Señor [...], pero confiamos, y más quisiéramos estar ausentes del cuerpo, y presentes al Señor" (2 Co 5:6, 8). "Conforme a mi anhelo y esperanza de que en nada seré avergonzado; antes bien con toda *confianza*, como siempre, ahora también será magnificado Cristo en mi cuerpo, o por vida o por muerte" (Fil 1:20).

Palabra en español	Palabra(s) en griego	Pasaje del Nuevo Testamento
Pureza	*hagnotēs*	"En *pureza*, en ciencia, en longanimidad, en bondad, en el Espíritu Santo, en amor sincero" (2 Co 6:6).
Generosidad Palabra griega con significado similar: Generosidad	*haplotēs eumetadotos*	"Ustedes serán enriquecidos en todo sentido para que en toda ocasión puedan ser *generosos*, y para que por medio de nosotros la generosidad de ustedes resulte en acciones de gracias a Dios" (2 Co 9:11, NVI). "Mándales que hagan el bien, que sean ricos en buenas

		obras, y generosos, dispuestos a compartir lo que tienen" (1 Ti 6:18, NVI).
Humildad	*tapeinophrosynē*	"Con toda *humildad* y mansedumbre, soportándoos con paciencia los unos a los otros en amor" (Ef 4:2).
Veracidad	*alētheia*	"Por lo cual, desechando la mentira, hablad *verdad* cada uno con su prójimo; porque somos miembros los unos de los otros" (Ef 4:25).
Ternura (compasión)	*eusplagxnos*	"Más bien, sean bondadosos y *compasivos* unos con otros, y perdónense mutuamente, así como Dios los perdonó a ustedes en Cristo" (Ef 4:32).
Gentileza (paciencia, amabilidad, cortesía; ver también "mansedumbre" más arriba)	*epieikēs†*	"Vuestra *gentileza* sea conocida de todos los hombres. El Señor está cerca" (Fil 4:5).
Contentamiento	*autarkēs*	"No lo digo porque tenga escasez, pues he aprendido a *contentarme*, cualquiera que sea mi situación" (Fil 4:11).
Compasión	*oiktirmos*	"Por cuanto Dios los escogió y son santos y amados, practiquen con sinceridad la *compasión* y la bondad. Sean humildes, amables y buenos" (Col 3:12, NBV)
Gratitud	*eucharisteō*	"*Dad gracias* en todo, porque esta es la voluntad de Dios para con vosotros en Cristo Jesús" (1 Ts 5:18).
Moderado	*nēphalios*	"Así que el obispo debe ser intachable, esposo de una sola mujer, *moderado*, sensato, respetable,

		hospitalario, capaz de enseñar;" (1 Ti 3:2, NVI).
Piedad	*eusebeia*	"Mas tú, oh hombre de Dios, huye de estas cosas, y sigue la justicia, la *piedad*, la fe, el amor, la paciencia, la mansedumbre" (1 Ti 6:11).

Palabra en español	Palabra(s) en griego	Pasaje del Nuevo Testamento
Compasión	*eleos*	"En cambio, la sabiduría que desciende del cielo es ante todo pura, y además pacífica, bondadosa, dócil, llena de *compasión* y de buenos frutos, imparcial y sincera" (Santiago 3:17).
Santidad	*hagios*	"Sino, como aquel que os llamó es santo, sed también vosotros santos en toda vuestra manera de vivir; porque escrito está: Sed *santos*, porque yo soy santo" (1 P 1.15-16).
Compasivo	*sympathēs*	"Finalmente, sed todos de un mismo sentir, *compasivos*, amándoos fraternalmente, misericordiosos, amigables" (1 P 3:8).

* Este término tiene diferentes sentidos en distintos contextos; ver el ítem "Razonabilidad".

† Este término tiene diferentes sentidos en distintos contextos; ver el ítem "Mansedumbre".

Tabla 4.1 Rasgos de carácter cristiano

4. Los "vicios" son lo contrario a las virtudes cristianas. No proporcionaré aquí una larga lista de vicios que nombra el Nuevo Testamento, pero aparecen en varios pasajes. He aquí un ejemplo:

Las obras de la naturaleza pecaminosa se conocen bien: inmoralidad sexual, impureza y libertinaje; idolatría y brujería; odio, discordia, celos, arrebatos de ira, rivalidades, disensiones, sectarismos y envidia; borracheras, orgías, y otras cosas parecidas. Les advierto ahora, como antes lo hice, que los que practican tales cosas no heredarán el reino de Dios (Gá 5:19-21, NVI).

Esta es otra lista:

> Estando llenos de toda injusticia, maldad, avaricia y malicia; colmados de envidia, homicidios, pleitos, engaños y malignidad; son chismosos, detractores, aborrecedores de Dios, insolentes, soberbios, jactanciosos, inventores de lo malo, desobedientes a los padres, 31 sin entendimiento, indignos de confianza, sin amor, despiadados; los cuales, aunque conocen el decreto de Dios que los que practican tales cosas son dignos de muerte, no solo las hacen, sino que también dan su aprobación a los que las practican (Ro 1:29-32, NVI).

En generaciones anteriores, y sobre todo en la Edad Media, los cristianos elaboraron una lista de los "Siete Pecados Capitales", que era un resumen de los vicios que se oponen a Dios y al carácter de Cristo en nuestras vidas. A continuación se muestra una forma de la lista: (1) la soberbia, (2) la envidia, (3) la ira, (4) la pereza, (5) la avaricia, (6) la lujuria y (7) la gula[8].

5. Implicaciones para el estudio de la ética, el ministerio pastoral y la crianza de los hijos. La comprensión de que el propósito de Dios es desarrollar en nosotros un carácter semejante al de Cristo tiene implicaciones significativas no solo para el estudio de la ética, sino también para preocupaciones prácticas como el ministerio pastoral y la tarea de criar a los hijos. Si el propósito de Dios es el desarrollo del carácter, entonces, para nuestro estudio personal de la ética, *nuestra meta nunca debe ser solo las acciones correctas.* Nuestra meta debe ser también desarrollar un carácter semejante al de Cristo que sea agradable a Dios. Esto es consistente con la enseñanza de la Biblia, pues leemos que "Jehová no mira lo que mira el hombre; pues el hombre mira lo que está delante de sus ojos, pero Jehová mira el corazón" (1 S 16:7).

Los pastores también deben darse cuenta de que, en su predicación y consejería personal, no basta con persuadir a las personas para que tomen las acciones correctas cuando se enfrentan a situaciones más difíciles. El propósito de Dios en tales situaciones es también desarrollar un carácter semejante al de Cristo en el corazón de la persona.

Ello también es importante para los padres que educan a sus hijos. Quizá sea demasiado fácil centrarse en animar a los hijos a ser obedientes, haciendo hincapié solo en el comportamiento exterior. No obstante, "Jehová mira el corazón" (1 S 16:7). Por lo tanto, la meta de los padres, además de criar a sus hijos para que sean obedientes, debe ser orar, aconsejar, animar, exhortar y vivir de tal manera que el carácter de sus hijos crezca hasta alcanzar la madurez y la semejanza al de Cristo.

Esto no significa que el comportamiento no sea importante. De hecho, existe una interacción que se refuerza mutuamente entre el carácter y las acciones. Si las personas dicen en repetidas ocasiones la verdad, desarrollan un hábito de veracidad

---

[8] Reid, "Vice" [Vicios], pág. 874.

y desarrollan un carácter más veraz. De este modo, si sus corazones están más comprometidos con la veracidad, dirán con más frecuencia la verdad y disfrutarán de ella, incluso se deleitarán en ella. Resultados similares se obtendrían al realizar actos de bondad, desarrollar hábitos de autodisciplina, etc. El buen comportamiento construye el carácter, y el carácter conduce al buen comportamiento. Pablo le dice a Timoteo: "*Ejercítate para la piedad*" (1 Ti 4:7), y el autor de Hebreos dice que los cristianos con "madurez" son "los que por el uso tienen los sentidos ejercitados en el discernimiento del bien y del mal" (He 5:14)[9].

Por lo tanto, cualquier curso de ética cristiana debe tener como objetivo no solo impartir una mayor *comprensión* de la conducta correcta e incorrecta, sino también la *transformación* personal para que cada estudiante (o cada lector de un libro de ética) desarrolle un carácter más parecido al de Cristo a través del curso y se asemeje más a Cristo. En definitiva, esto es una obra del Espíritu Santo, pero el Espíritu Santo trabaja con más frecuencia a través de las disciplinas espirituales tradicionales, como la lectura regular de la Biblia, la oración privada y colectiva, la adoración, la enseñanza bíblica sólida y la comunión con el pueblo de Dios.

Como he indicado antes, ese crecimiento en el carácter de vida semejante al de Cristo es un proceso gradual. Es una especie de "camino" que continúa a lo largo de la vida (ver Sal 1:1-2). La senda de ese "camino" debe ser de continuo crecimiento, como en la imagen de un amanecer que se hace cada vez más brillante:

> Mas la senda de los justos es como la luz de la aurora,
> *Que va en aumento hasta que el día es perfecto. (Pr 4:18)*

D. EL OBJETIVO DE LOS RESULTADOS: UNA VIDA QUE DARÁ ABUNDANTES FRUTOS PARA EL REINO DE DIOS

A Dios no solo le preocupa nuestro carácter. Se preocupa también de que nuestras vidas tengan resultados productivos, o (para usar una metáfora agrícola) de que nuestras vidas sean como plantas que den mucho "fruto" para los propósitos del reino de Dios.

Jesús nos dice que debemos orar a diario para que el reino de Dios "venga" o avance en la tierra: "*Venga tu reino*[10]. Hágase tu voluntad, como en el cielo, así también en la tierra" (Mt 6:10). Nos dice también que debemos buscar el bien del reino de Dios: "Mas *buscad primeramente el reino* de Dios y su justicia, y todas estas cosas os serán añadidas" (v. 33).

Jesús se refiere mucho a dar fruto[11] en nuestras vidas:

---

[9] En ambos versículos, el verbo griego traducido como "ejercitar" es *gymnazō*, "ejercitar, someterse a la disciplina", una palabra que se utilizaba con frecuencia para los ejercicios atléticos (BDAG, pág. 208).

[10] La fuerza del imperativo de tercera persona del singular *elthetō* ("venga") se hace más explícita por la NET: "Venga tu reino". Sin embargo, la mayoría de las traducciones son reacias a alterar la redacción tradicional del Padre Nuestro en este versículo. La fuerza de la petición es la misma en ambos casos: es una oración para que el reino de Dios (su gobierno y reinado en los corazones y vidas de las personas) avance de forma continua en la tierra día tras día.

[11] En Gá 5:22-23, el "fruto del Espíritu" se refiere a los rasgos de carácter o las virtudes que el Espíritu

> Yo soy la vid, vosotros los pámpanos; el que permanece en mí, y yo en él, éste lleva mucho fruto; porque separados de mí nada podéis hacer. (Juan 15:5)

Por el contrario, alguien que se aleja de Cristo es como una rama que "no da fruto" (Juan 15:2). Tal persona "será echado fuera como pámpano, y se secará; y los recogen, y los echan en el fuego, y arden" (v. 6).

Pablo utiliza la metáfora de la construcción de un edificio para hablar de la misma idea. Él dice, "puse el fundamento" en su labor misionera, y que ahora otras personas están construyendo sobre esos cimientos. La obra que cada persona construye puede ser como "oro, plata, piedras preciosas" o como "madera, heno, hojarasca", y todo será probada por el fuego en el día del juicio: "Por el fuego será revelada; y la obra de cada uno cuál sea, el fuego la probará. Si permaneciere la obra de alguno que sobreedificó, recibirá recompensa" (1 Cor 3:10-14).

Estos y muchos otros pasajes muestran que Dios quiere que nuestro trabajo sea productivo, que produzca buenos resultados para hacer avanzar su reino aquí en la tierra durante esta vida.

Por lo tanto, una vida vivida de acuerdo con las enseñanzas éticas de Dios en las Escrituras no solo tiene un carácter semejante al de Cristo, sino que también tiene *resultados* positivos, resultados que hacen avanzar los propósitos de Dios y la obra de su reino aquí en la tierra, y de esa manera traen gloria a Dios.

E. EL OBJETIVO DEL COMPORTAMIENTO: UNA VIDA DE OBEDIENCIA, VIVIDA EN COMUNIÓN PERSONAL CON DIOS

1. La importancia de la obediencia a los mandatos de Dios. Además de preocuparse por nuestro *carácter* y por los *resultados* de nuestras acciones, Dios se preocupa por nuestras propias acciones, por nuestro comportamiento. Muchos pasajes del Nuevo Testamento hablan de la importancia de la obediencia a los mandatos de Dios. "Si me amáis, *guardad mis mandamientos*" (Juan 14:15). Y también: "Pues este es el amor a Dios, que guardemos *sus mandamientos*; y sus mandamientos no son gravosos" (1 Juan 5:3).

Por lo tanto, además de buscar vivir vidas que se amolden a la imagen de Cristo (la meta del carácter) y que den abundantes frutos para el reino de Dios (la meta de los resultados), también es de suma importancia que busquemos vivir vidas de *obediencia* a los mandatos de Dios, haciéndolo *en comunión personal diaria con*

Santo produce en cada cristiano. Sin embargo, en Juan 15:5, Jesús utiliza el término "fruto" en un sentido diferente, para referirse al avance de la obra del reino de Dios en la tierra a través de resultados tales como que más personas lleguen a confiar en Cristo, que las iglesias se planten y crezcan, que las personas vivan vidas de obediencia a Dios y vidas que lo honren, y que, en última instancia, sociedades y naciones enteras sean transformadas por el poder de la Palabra de Dios y la obra del Espíritu Santo. Otros pasajes utilizan la imagen del "fruto" para referirse a los resultados que hacen avanzar la obra del reino de Dios; ver, por ejemplo, Mt 7:17-20; 13:23; Juan 15:1-8, 16; Fil 1:22; 4:17; Co 1:10; Santiago 3:17.

Dios (la meta del comportamiento)[12].

Los mandamientos de Dios que debemos obedecer se encuentran en la Biblia:

> Toda la Escritura es inspirada por Dios, y útil para *enseñar*, para *redargüir*, para corregir, para *instruir en justicia*. (2 Ti 3:16)

La obediencia a las Escrituras es una tarea compleja porque la Biblia es un libro grande y complejo, y la vida misma es compleja. Por lo tanto, Por lo tanto, gran parte del resto de este libro se dedicará a buscar qué tipo de comportamiento nos ordena Dios en diferentes situaciones (como el matrimonio y el divorcio, decir la verdad, la administración de las posesiones, el trabajo y el ocio, etc.). En este capítulo, sin embargo, consideraremos la cuestión de la obediencia a Dios en términos más generales.

2. La auténtica obediencia requiere una continua comunión personal con Dios. No debemos pensar que la obediencia a los mandatos de Dios es algo que podemos hacer "por nuestra cuenta", aparte de Dios, con Dios observando desde la distancia. Más bien, toda nuestra obediencia debe hacerse en continua comunión con Dios. Si no obedecemos de esta manera, Dios no se complacerá, nuestras vidas carecerán de alegría, y con el tiempo, nos cansaremos de cumplir las reglas y nos desviaremos.

David entendió este tipo de vida viviendo en continua comunión con Dios día y noche:

> Bendeciré a Jehová *que me aconseja*;
> Aun en las noches me enseña mi conciencia.
> A Jehová he puesto siempre delante de mí;
> Porque *está a mi diestra*, no seré conmovido.
> Se alegró por tanto mi corazón, y se gozó mi alma;
> Mi carne también reposará confiadamente. (Sal 16:7-9)

Jesús habló de este tipo de vida en términos de "permanecer" en él:

> Yo soy la vid, vosotros los pámpanos; el que *permanece en mí*, y yo en él, éste lleva mucho fruto; porque separados de mí nada podéis hacer. (Juan 15:5)

El apóstol Pablo también habló de este tipo de vida, vivida en comunión personal con Cristo:

> Con Cristo estoy juntamente crucificado, y ya no vivo yo, mas *vive Cristo en mí*; y lo que ahora vivo en la carne, lo vivo en la fe del Hijo de Dios, el cual me amó y se entregó a sí mismo por mí. (Gá 2:20)

---

[12] Estos tres objetivos se relacionan entre sí de manera positiva, ya que un *carácter* semejante al de Cristo produce *obediencia* a Dios y *comunión* con Dios, así como la obediencia y la comunión conducen a resultados *positivos* para el reino de Dios. Sin embargo, la obediencia también desarrolla el carácter, y los resultados refuerzan la obediencia, y así en adelante..

Uno de los aspectos de esa relación personal es tener el poder de Dios obrando en nosotros, pues sin su poder interior, no podremos vivir en obediencia a él:

> Por tanto, amados míos, *como siempre habéis obedecido*, no como en mi presencia solamente, sino mucho más ahora en mi ausencia, ocupaos en vuestra salvación con temor y temblor, porque *Dios es el que en vosotros produce* así el querer como el hacer, por su buena voluntad. (Fil 2:12-13)

Si descuidamos este componente crucial de la comunión regular con Dios, nuestras vidas cristianas pueden degenerar con facilidad hasta convertirse en días sombríos de obediencia adusta, en los que apretamos los dientes y tratamos de "seguir todas las normas" lo mejor que podemos, con la esperanza de que algún bien salga de ello. Sin embargo, este no es el tipo de vida cristiana alegre que describe el Nuevo Testamento.

3. Las alegrías y bendiciones de la obediencia. El Nuevo Testamento contiene muchas promesas de alegrías y bendiciones que resultan de nuestra obediencia a Dios. De hecho, estas promesas son tan numerosas que he dedicado un capítulo entero a hablar de ellas (ver el capítulo 5). En este punto, puedo mencionar un ejemplo claro de las enseñanzas de Jesús, que muestra una correlación directa entre la obediencia a sus mandamientos y el disfrute de una experiencia continua y diaria de su amor:

> Si guardareis mis mandamientos, *permaneceréis en mi amor*; así como yo
> he guardado los mandamientos de mi Padre, y permanezco en su amor.
> (Juan 15:10)

4. Los peligros del legalismo. Aunque la obediencia a Dios es muy importante en la vida de un cristiano, hay dos errores principales que hay que evitar al hablar de la obediencia. Como mencioné en el capítulo 1, hay un punto de vista que niega la importancia de la obediencia, y se llama *antinomianismo*. (El término viene del griego, *anti-*, "contra", y *nomos*, "ley") Un antinomiano es uno que piensa que la obediencia a Dios no es importante o que pone muy poco énfasis en la obediencia a Dios en la vida cristiana.

Sin embargo, también existe un error contrario al antinomismo. Las personas que ponen mucho énfasis en la obediencia a Dios pueden caer en algunas actitudes o prácticas erróneas, todas las cuales caen bajo la categoría general de *legalismo*.

a. El legalismo respecto a la justificación: El hecho de que seamos justificados[13] solo por la fe está en el corazón del evangelio: "Sabiendo que el hombre no es justificado por las obras de la ley, sino por la fe de Jesucristo, nosotros también hemos creído en Jesucristo, para ser *justificados* por *la fe de Cristo y no por las obras de la ley*, por cuanto por las obras de la ley nadie será justificado" (Gá 2:16).

---

[13] La justificación es "un acto legal instantáneo de Dios en el que (1) considera que nuestros pecados han sido perdonados y que la justicia de Cristo nos pertenece, y (2) nos declara justos a sus ojos". Grudem, *Systematic Theology* [Teología Sistemática], pág. 1246.

Una forma de legalismo es la enseñanza de que somos justificados por las obras en lugar de por la fe misma. (La palabra *legalismo* en sí no aparece en las Escrituras, pero este es, creo, su significado más común en las discusiones teológicas).

b. La adición de legalismo a los mandatos de la Escritura: Otra forma de legalismo se trata de añadir a los requisitos morales de la Escritura. Por ejemplo, si alguien dijera que los cristianos todavía tienen que seguir las leyes mosaicas sobre las celebraciones de los días festivos y los alimentos impuros, esto sería añadir a los requisitos morales de las Escrituras para los cristianos en la era del Nuevo Testamento. Pablo reprendió a los cristianos de las iglesias de Galacia: "Guardáis los días, los meses, los tiempos y los años. Me temo de vosotros, que haya trabajado en vano con vosotros" (Gá 4:10-11; ver también Co 2:16-17).

Los fariseos de la época de Jesús añadieron muchas normas a los requisitos morales que se encuentran en las leyes del Antiguo Testamento, pero Jesús los reprendió: "Les decía también: 'Bien invalidáis el mandamiento de Dios para guardar vuestra tradición'" (Marcos 7:9; ver también vv. 10-13).

Algunos grupos cristianos de generaciones anteriores establecieron normas (o transmitieron fuertes expectativas) de que sus miembros debían evitar las películas, los bailes sociales y los juegos de cartas, por ejemplo, aunque es poco probable que estas prohibiciones puedan ser respaldadas por las Escrituras.

No obstante, no debemos pensar con suficiencia que la tendencia a añadir reglas a las Escrituras desapareció con las generaciones anteriores. Incluso hoy en día, en varias iglesias o grupos cristianos, las preferencias o decisiones personales de vida de líderes influyentes pueden convertirse en una especie de legalismo. Las expectativas de comportamiento tienden a volverse legalistas con respecto a cosas como: estilos de corte de pelo; estilos de afeitado; preferencias musicales (con respecto a la música de culto o a la música secular); preferencias alimentarias (orgánicas o no orgánicas); bebés (cuándo tenerlos, cuántos tener y cuántos adoptar); cuánto dinero una persona debe ganar y regalar; lo caro que debe ser un auto o una casa; las opciones de escolarización (escuela en casa vs. escuela cristiana vs. escuela pública); cuánto debe hacer ejercicio o pesar una persona; cuánto tiempo debe pasar una persona con su familia; a qué equipos deportivos debe animar una persona; en qué actividades de la iglesia debe participar una persona; y si una persona debe permitir que sus hijos pidan dulces en Halloween y crean en Santa Claus en Navidad[14].

No cabe duda de que hay decisiones acertadas y desacertadas en muchos de estos ámbitos. Sin embargo, la sabiduría de Dios puede llevar a los cristianos a diferentes conclusiones en estas áreas según sus diferentes circunstancias, preferencias, etapas de la vida y sentido de la llamada de Dios.

---

[14] En el libro de Andrew David Naselli y J. D. Crowley, *Conscience: What It Is, How to Train It, and Loving Those Who Differ* [Conciencia: Qué es, cómo entrenarla y amar a quienes difieren] (Wheaton, Illinois: Crossway, 2016), se encuentra un debate útil sobre cómo abordar una variedad de estos asuntos cuando los cristianos tienen diferentes convicciones de "conciencia". Proveen una larga lista de estos temas en las págs. 80-81.

c. Legalismo en las actitudes: Las personas pueden convertirse en legalistas por sus actitudes hacia los demás. Esto incluiría tener una actitud crítica y de juicio hacia los demás en lugar de una actitud de gracia y perdón. Pablo dice, *"Sed benignos unos con otros, misericordiosos, perdonándoos unos a otros*, como Dios también os perdonó a vosotros en Cristo"* (Ef 4:32). En cambio, algunas personas parecen tener por costumbre un espíritu crítico, y con sus palabras, su lenguaje corporal y sus expresiones faciales proyectan juicios negativos, acusaciones y condenas hacia los demás. (Muchas veces los demás pueden percibirlo aunque la persona crítica no diga nada[15]). Ese espíritu crítico es incompatible con un carácter semejante al de Cristo, pues no imita su amor, su misericordia y su compasión por los demás.

Estas personas críticas rara vez dirán afirmaciones, palabras genuinas de aliento o cumplidos a los demás (¡porque muy pocas personas cumplen con sus altos estándares!). Cuando pasamos tiempo con tales personas legalistas, tienden a hacernos sentir culpables, inferiores, o que no son lo suficientemente buenos. Las personas con un espíritu tan crítico con frecuencia se mueven de una iglesia a otra, sin poder encontrar una congregación que cumpla con sus altos estándares. Tales personas necesitan considerar que tal vez sean las que no "andan en la luz", y como resultado no pueden decir a ninguna iglesia, "tenemos comunión unos con otros" (1 Juan 1:7).

Otro tipo de actitud legalista es el orgullo. Aunque Santiago dice, "Dios resiste a los soberbios, y da gracia a los humildes" (Santiago 4:6), hay un tipo de legalismo orgulloso que tiende a hacer que sus defensores sean farisaicos. No son conscientes de sus propios defectos porque son buenos para justificar ante sí mismos todo lo que hacen. No reconocen su propia necesidad espiritual, ni admiten nunca que se equivocan, de forma genuina y sincera. Tal orgullo es lo opuesto a la humildad de Cristo (uno de los rasgos de carácter mencionados con anterioridad en este capítulo).

En las situaciones interpersonales, estas personas orgullosas a menudo esperan por dentro que se les demuestre que son más justos, más santos, más inteligentes o más sólidos desde el punto de vista doctrinal que los demás (y también esperan que los demás cometan algún error). Sin embargo, Pablo dice, "Nada hagáis por contienda o por vanagloria; antes bien con humildad, estimando cada uno a los demás como superiores a él mismo" (Fil 2:3). Rara vez o nunca experimentarán un corazón con verdadero arrepentimiento, con profunda contrición (como en Sal 51:7).

Su sentido de la superioridad de juicio es tan fuerte que nunca se someterán realmente a la autoridad legítima ni reconocerán que la decisión del grupo más amplio puede ser más sabia que su propio punto de vista. No han confiado en lo que Santiago llama "la sabiduría que es de lo alto":

Pero la sabiduría que es de lo alto es primeramente pura, después pacífica, amable, benigna, llena de misericordia y de buenos frutos, sin incertidumbre

---

[15] Algunas personas legalistas parecen pasar gran parte de su tiempo en Internet, siempre deseosas de criticar a los demás mientras se esconden tras el anonimato del internet.

ni hipocresía. (Santiago 3:17-18)

Otro tipo de actitud legalista se ve en las personas que retienen el perdón y guardan rencor. Piensan que tienen que garantizar por sí mismos que los demás "sufran" por los males que les han hecho, en lugar de estar dispuestos a dejarlo todo en manos de Dios, como dice Pablo: "No os venguéis vosotros mismos, amados míos, sino dejad lugar a la ira de Dios; porque escrito está: Mía es la venganza, yo pagaré, dice el Señor" (Ro 12:19; ver también Mt 6:12; 18:23-25). Además, pueden manifestar esa actitud legalista al pensar que tienen que ser ellos mismos los responsables de convencer a los demás de pecado, en lugar de orar y confiar en que el Espíritu Santo haga lo que solo él puede hacer (ver Juan 16:8).

En ocasiones, una actitud legalista puede mostrarse como lo contrario del orgullo. Algunas personas legalistas pueden volver su legalismo contra sí mismas y llegar a condenarse a sí mismas en exceso, sintiéndose siempre fracasadas a nivel espiritual, sospechando todo el tiempo que nunca están haciendo lo suficiente para Dios, en lugar de pensar en sí mismas "con cordura, conforme a la medida de fe que Dios repartió a cada uno" (Ro 12:3)[16].

d. Legalismo en el énfasis: Además del legalismo en los asuntos doctrinales y el legalismo en las actitudes, también puede haber un legalismo en los énfasis de las personas. Algunas personas pueden darle importancia a cosas menores, siendo siempre quisquillosas y juzgando por detalles menores que incluso podrían ser incorrectos, pero que deberían ser pasados por alto porque no son de la incumbencia de ninguna otra persona. Jesús advierte contra esto:

> ¿Y por qué miras la paja que está en el ojo de tu hermano, y no echas de ver la viga que está en tu propio ojo? ¿O cómo dirás a tu hermano: Déjame sacar la paja de tu ojo, y he aquí la viga en el ojo tuyo? ¡Hipócrita! saca primero la viga de tu propio ojo, y entonces verás bien para sacar la paja del ojo de tu hermano. (Mt 7:3-5; ver también 23:23-24)

Otro tipo de error en el énfasis puede ocurrir al centrarse en la conducta y la apariencia externa (como la ropa, la belleza física o el atractivo), pero descuidando las actitudes internas del corazón y el carácter moral. Los padres pueden cometer con facilidad este error al formar a sus hijos para que sean obedientes, sin prestar la debida atención al desarrollo del corazón de los niños y a su camino personal con Dios. Otra advertencia de Jesús es apropiada:

> ¡Ay de vosotros, escribas y fariseos, hipócritas! porque limpiáis lo de fuera del vaso y del plato, pero por dentro estáis llenos de robo y de injusticia. (Mt 23:25; ver también 1 P 3:3-4 y 1 S 16:7)

---

[16] Me doy cuenta de que antes, en este versículo, Pablo está animando a las personas orgullosas a pensar con "cordura" sobre sí mismas, pero creo que su consejo se aplicaría también a los que tienen una visión demasiado negativa de sí mismos.

F. RESUMEN: EL OBJETIVO DE LA ÉTICA CRISTIANA DEBE SER VIVIR PARA LA GLORIA DE DIOS

En resumen, el objetivo adecuado de la ética cristiana es una vida vivida para la gloria de Dios. Esto puede dividirse en tres aspectos:

1. La meta del carácter que glorifica a Dios es vivir una vida conforme a la imagen de Cristo. Esto es lo que significa adquirir y practicar la genuina "virtud" en nuestras vidas. Debido a este objetivo, al considerar temas éticos específicos a lo largo de este libro, en particular dentro de las "preguntas para reflexionar", consideraré con frecuencia qué rasgos de carácter están más relacionados con el tema en cuestión. Además, preguntaré en ocasiones cómo disfrutar de la obediencia a Dios en este ámbito de la vida, porque parte de un carácter cristiano virtuoso es guardar los mandamientos de Dios en el corazón: "Guarda en tu corazón mis mandamientos" (Pr 3:1).

2. La meta de los resultados que glorifican a Dios es vivir una vida que brinde abundantes frutos para el Reino de Dios. Debido a esta meta, cuando se discutan temas éticos específicos, con frecuencia consideraré los resultados que debemos buscar para hacer avanzar el reino de Dios en esta área de la vida.

3. La meta conductual que glorifica a Dios es vivir una vida de obediencia a Dios en relación personal con Dios. Debido a esta meta, en los capítulos que siguen discutiré acciones correctas e incorrectas desde el punto de vista moral relacionadas con temas particulares, y cómo estas acciones deben hacerse "ante Dios" y en comunión "con Dios".

PREGUNTAS PARA REFLEXIONAR

1. Si el objetivo de la ética es tener (1) un carácter que glorifique a Dios, (2) resultados en la propia vida que glorifiquen a Dios, y (3) un comportamiento que glorifique a Dios, ¿en cuál de estos tres cree que debe centrarse más al leer este libro?

2. Al revisar la lista de rasgos de carácter semejantes a los de Cristo que aparece en este capítulo, ¿podría nombrar algunos en los que sabe que el Espíritu Santo le ha hecho crecer en los últimos años? ¿En cuál le gustaría ver un mayor crecimiento?

3. A lo largo de su crecimiento, ¿qué hicieron sus padres (si es que hicieron algo) para fomentarle a crecer no solo en un comportamiento obediente sino también en un carácter semejante al de Cristo? Si tiene hijos, ¿qué tipo de cosas hace para fomentar el desarrollo del carácter?

4. De acuerdo con la oración "Venga a nosotros tu reino" (Mt 6:10), ¿cuáles son algunos de los cambios que se producirían en su vida y en la de las personas que le rodean si la presencia del reino de Dios (su gobierno y reinado en la vida de las personas) llegara a experimentarse con mayor

plenitud?

5. ¿Se da cuenta de la relación que existe en su propia vida entre la obediencia personal a Dios y la comunión diaria con él?

6. ¿Es consciente de algún aspecto de su vida en el que haya actuado de forma legalista consigo mismo o con los demás? ¿Considera que la cultura de su iglesia, incluso sin intención, puede proyectar un legalismo que va más allá de los requisitos morales de las Escrituras en algunas áreas?

TÉRMINOS ESPECIALES

legalismo
los siete pecados capitales
vicios
ética de la virtud
virtudes

BIBLIOGRAFÍA

Otras fuentes de referencia sobre ética

(ver los datos bibliográficos completos en la pág. 64)

Clark y Rakestraw, 1:247-310
Frame, 911-29
Gushee y Stassen, 21-42
Holmes, 122-30, 131-41
Jones, 17-58, 77-102
McQuilkin y Copan, 123-32
Rae, 31-34

Otras obras

Ferguson, Sinclair B. *The Whole Christ: Legalism, Antinomianism, and Gospel Assurance* [El Cristo completo. Legalismo, antinomismo y la seguridad del evangelio]. Wheaton, Ilinois: Crossway, 2016.

Horton, Michael. *Calvin on the Christian Life: Glorifying and Enjoying God Forever* [Calvino y la vida cristiana: Glorificando a Dios y disfrutando de Él para siempre]. Wheaton, Illinois: Crossway, 2014.

Jones, Mark. *Antinomianism: Reformed Theology's Unwelcome Guest?* [Antinomismo: ¿El invitado no deseado de la teología reformada?]. Phillipsburg, Nueva Jersey: P&R, 2013.

Mathis, David. *Habits of Grace: Enjoying Jesus through the Spiritual Disciplines* [Hábitos de gracia: Disfrutando a Jesús a través de las disciplinas espirituales]. Wheaton, Illinois: Crossway, 2016.

Miller, Paul E. A *Loving Life: In a World of Broken Relationships* [La vida amorosa: en un mundo de relaciones rotas]. Wheaton, Illinois: Crossway, 2014.

Naselli, Andrew David, y J. D. Crowley. *Conscience: What It Is, How to Train It, and Loving Those Who Differ* [Conciencia: Qué es, cómo entrenarla y amar a quienes difieren]. Wheaton, Illinois: Crossway, 2016.

Poythress, Vern S. *The Lordship of Christ: Serving Our Savior All of the Time, in All of Life, with All of Our Heart* [El Señorío de Cristo: Sirviendo a nuestro Salvador todo el tiempo, en toda la vida, con todo nuestro corazón]. Wheaton, Illinois: Crossway, 2016.

Roberts, R. C. *"Character"* [*Carácter*]. *En New Dictionary of Christian Ethics and Pastoral Theology* [Nuevo diccionario de ética cristiana y teología pastoral], editado por David J. Atkinson y David H. Field, 65-71. Leicester, Reino Unido: Inter-Varsity, y Downers Grove, Illinois: InterVarsity Press, 1995.

PASAJE BÍBLICO PARA MEMORIZAR

1 Corintios 10:31: Si, pues, coméis o bebéis, o hacéis otra cosa, hacedlo todo para la gloria de Dios.

HIMNO

"Más santidad dame"

¡Ser como Tú! Oh, Redentor mío,
Es mi oración y firme sentir;
Feliz renuncio a todo tesoro,
Ser como Cristo es mi gemir.

¡Ser como Tú! ¡Oh, ser como eres!
Puro y fiel, mi buen Redentor;
Ven con dulzura y en Tu abundancia;
Tu imagen graba en mi corazón.

¡Ser como Tú! El más compasivo,
Tierno, amoroso, perdonador,
Cuidando al débil, alzando al triste,
Buscando al pobre vil pecador.
¡Ser como Tú! Muy manso y valiente,
Crueles reproches pueda aguantar;
Pobre en espíritu, padeciendo,
Para que a otros pueda salvar.

¡A Ser como Tú! Por eso yo vengo
A recibir la santa unción;
Lo que yo soy ahora te traigo;

Lo que yo tengo es Tuyo, Señor.

¡Ser como Tú! Y mientras te imploro,
Manda Tu Espíritu con amor.
Hazme un templo, digna morada,
Para que gane Tu aprobación.

AUTOR: THOMAS O. CHISHOLM, 1866-1960

ALEGRÍAS Y BENDICIONES DE LA OBEDIENCIA A DIOS Y LAS CONSECUENCIAS PERJUDICIALES DEL PECADO

(UN DEBATE SOBRE LOS MOTIVOS DE LA OBEDIENCIA)

¿Aunque nuestros pecados sean perdonados, ¿qué bendiciones adicionales llegan a nestras vidas cuando obedecemos a Dios y evitamos el pecado?

¿Habrá consecuencias negativas si seguimos pecando de manera deliberada?

Imagine por un momento que se enfrenta a algún tipo de tentación concreta:

Tiene la tentación de hacer un trato deshonesto utilizando algún dinero en el trabajo, o en una situación con un familiar, o en su declaración de la renta.

Llega tarde a una reunión y tiene la tentación de decir una pequeña mentira ("Hubo mucho tráfico de repente") para excusarse.

Se encuentra en un viaje de negocios y las demás personas han dejado la habitación, y tiene la tentación de prolongar demasiado una conversación con una persona del sexo opuesto que no es su cónyuge.

Tiene la tentación de visitar un sitio de Internet que contiene pornografía.

Su jefe quiere que firme un formulario que usted sabe que es falso.

Le cuentan un chisme interesante y no sabe si es cierto, pero tiene la tentación de contárselo a otra persona.

Alguien en el trabajo ha sido ascendido por encima de usted, y tiene la tentación de mentir sobre esa persona solo para desquitarse.

Tiene la tentación de tomar otra copa (si es que bebe) aunque sepa que ha bebido lo suficiente.

Sabe que Dios le ha estado impulsando a llamar por teléfono o visitar a otra persona, o tal vez le ha estado llamando a algún ministerio, pero tiene la tentación de no obedecer.

Tiene la tentación de ser deshonesto sobre algunos detalles de un artículo que va a devolver a una tienda.

En la vida cotidiana, surgen innumerables situaciones de este tipo. La pregunta es: *¿Hace alguna diferencia* lo que hacemos? Incluso podría tener la tentación de racionalizar diciendo: "¿No me ha perdonado ya Dios? Es probable que esto no cambie nada en absoluto".

La respuesta es que sí, hay una diferencia, y esa diferencia es la que abordaremos en este capítulo. En primer lugar, hablaremos de las alegrías y las bendiciones que conlleva la obediencia a Dios en la vida diaria. Más adelante en el capítulo (pág. 138), discutiremos el pecado y las consecuencias perjudiciales que vienen de él, incluso el pecado en la vida de un cristiano.

A. LAS ALEGRÍA Y BENDICIONES DE LA OBEDIENCIA A DIOS

1. La alegría y la bendición de una comunión más profunda con Dios. Jesús habla de una correlación directa entre la obediencia a sus mandamientos y una experiencia continua y diaria de su amor:

Si guardareis mis mandamientos, *permaneceréis en mi amor*; así como yo he guardado los mandamientos de mi Padre, y permanezco en su amor. (Juan 15:10)

Además, habla de una conexión entre guardar su palabra (es decir, obedecer sus mandamientos) y disfrutar de la comunión personal con el Padre y el Hijo:

Respondió Jesús y le dijo: El que me ama, *mi palabra guardará*; y mi Padre le amará, y vendremos a él, y *haremos morada con él.* (Juan 14:23)[1]

No obstante, la comunión personal con Dios y con Cristo (y con el Espíritu Santo) también significa que experimentaremos la alegría con mayor profundidad

---

[1] Leon Morris comenta sobre Juan 14:23: "Juan no está pensando en la segunda venida, ni en las apariciones posteriores a la resurrección, sino en ese estado de los creyentes en el que experimentan la presencia inmediata de la Deidad". *The Gospel according to John* [El evangelio según Juan], NICNT (Nuevo comentario internacional sobre el Nuevo Testamento) (Grand Rapids, Michigan: Eerdmans, 1995), pág. 581.

posible en esta vida, la alegría de la presencia misma de Dios[2].

> *Me llenarás de alegría* en tu presencia,
>   y de dicha eterna a tu derecha. (Sal 16:11, NVI)

> Gustad, y ved que es bueno Jehová;
>   Dichoso el hombre que confía en él. (Sal 34:8)

> ¡Cuán preciosa, oh Dios, es tu misericordia!
>   Por eso los hijos de los hombres se amparan bajo la sombra de tus alas.
> Serán completamente saciados de la grosura de tu casa,
>   *Y tú los abrevarás del torrente de tus delicias.* (Sal 36:7-8)

Esta alegría en la presencia de Dios se experimenta también de otra manera cuando nos deleitamos en el carácter excelente de la naturaleza de Dios, tal como se revela en sus leyes morales:

> Los mandamientos de Jehová son rectos,
>   que *alegran* el corazón;
> El precepto de Jehová es puro,
>   que *alumbra* los ojos.
> El temor de Jehová es limpio,
>   que *permanece* para siempre;
> Los juicios de Jehová son verdad,
>   todos justos.
> *Deseables son más* que el oro,
>   y más que mucho oro afinado;
> *Y dulces más que miel,* y
>   que la que destila del panal. *(Sal 19:8-10)*

2. La alegría y la bendición de dar gloria a Dios imitando su carácter en la Tierra. Pablo nos dijo, "Sed, pues, imitadores de Dios como hijos amados" (Ef 5:1), lo que indica que Dios quiere ver su carácter reflejado en nuestra vida diaria. Jesús dijo que nuestras buenas acciones darán como resultado la gloria de Dios: "Así alumbre vuestra luz delante de los hombres, para que vean vuestras buenas obras, y *glorifiquen a vuestro Padre que está en los cielos*" (Mt 5:16)[3].

3. La alegría y la bendición de expresar nuestro amor a Dios con nuestras acciones. Todos los cristianos tienen en su corazón un amor por Dios y un sentimiento de gratitud por todo lo que ha hecho por ellos. Es natural que este amor y esta gratitud se expresen en acciones agradables a Dios. Por eso, Jesús dice:*"Si me amáis,* guardad mis mandamientos" (Juan 14:15; ver también 14:21; 1 Juan 5:3).

---

[2] John Piper discute de forma amplia la idea de glorificar a Dios por medio de su disfrute (¡!) en su muy influyente libro *Desiring God: Meditations of a Christian Hedonist* [Sed de Dios: Meditaciones de un hedonista cristiano] (Portland, Oregón: Multnomah, 1986).

[3] Ver cap. 4, pág. 108, para saber más sobre la idea de imitar el carácter de Dios en nuestra conducta.

4. La alegría y la bendición de agradar a Dios [4]. Los cristianos pueden en ocasiones temer tanto la enseñanza de la justificación por las obras que cometen el error contrario y no enseñan que, una vez justificados solo por la fe en Cristo, debemos procurar hacer *buenas obras* (ver Ef 2:10; Tito 2:14; He 10:24) que sean agradables a Dios. Este énfasis es mucho más frecuente en el Nuevo Testamento de lo que podríamos pensar, porque los autores del Nuevo Testamento suelen animar a los creyentes cristianos (no a los no cristianos) a *intentar agradar* a Dios con lo que hacen:

Por tanto procuramos también, o ausentes o presentes, *serle agradables* (2 Co 5:9; cf. Gá 1:10).

Comprobando lo que es *agradable al Señor* (Ef 5:10).

Porque Dios es el que en vosotros produce así el querer como el hacer, por *su buena voluntad* (Fil 2:13).

Pero todo lo he recibido, y tengo abundancia; estoy lleno, habiendo recibido de Epafrodito lo que enviasteis; olor fragante, sacrificio acepto, *agradable a Dios* (Fil 4:18).

Para que andéis como es digno del Señor, *agradándole en todo*, llevando fruto en toda buena obra, y creciendo en el conocimiento de Dios (Col 1:10).

Hijos, obedeced a vuestros padres en todo, *porque esto agrada al Señor* (Col 3:20).

No estamos tratando de agradar a ningún ser humano, sólo buscamos *agradar a Dios*, quien juzga si nuestro corazón es bueno o malo (1 Ts 2:4, PDT).

Os rogamos y exhortamos en el Señor Jesús, que de la manera que aprendisteis de nosotros cómo os conviene conduciros y *agradar a Dios*, así abundéis más y más (1 Ts 4:1).

Pero si alguna viuda tiene hijos, o nietos, aprendan éstos primero a ser piadosos para con su propia familia, y a recompensar a sus padres; porque *esto es lo bueno y agradable delante de Dios* (1 Ti 5:4).

Antes que fuese traspuesto, tuvo testimonio de haber *agradado a Dios* (He 11:5).

Y de hacer bien y de la ayuda mutua no os olvidéis; porque de tales

---

[4] Este apartado es una adaptación de Wayne Grudem, "*Pleasing God by Our Obedience: A Neglected New Testament Teaching*" [Agradando a Dios por medio de nuestra obediencia: una enseñanza descuidada del Nuevo Testamento], en *For the Fame of God's Name: Essays in Honor of John Piper* [Para la fama del nombre de Dios: Ensayos en honor de John Pipe], ed. Sam Storms y Justin Taylor (Wheaton, Illinois: Crossway, 2010), pág. 272-92, con permiso de la editorial.

sacrificios se agrada Dios (He 13:16).

Os haga aptos en toda obra buena para que hagáis su voluntad, haciendo él en vosotros lo que es *agradable delante de él* por Jesucristo; al cual sea la gloria por los siglos de los siglos. Amén (He 13:21).

Y cualquiera cosa que pidiéremos la recibiremos de él, porque guardamos sus mandamientos, y hacemos las cosas que son *agradables delante de él* (1 Juan 3:22).

El modelo supremo de una vida que agrada a Dios se encuentra en Jesucristo mismo. Solo él pudo decir: "El que me envió, conmigo está; no me ha dejado solo el Padre, porque *yo hago siempre lo que le agrada*" (Juan 8:29). Y en el bautismo de Jesús la voz del Padre vino del cielo diciendo, "Este es Mi Hijo *amado en quien me he complacido*" (Mt 3:17, NBLA; cf. Mt 12:18; 17:5; Marco 1.11; Lucas 3:22; 2 P 1:17).

En ocasiones, los cristianos asumen de forma errónea que no pueden hacer *absolutamente nada* en esta vida que agrade a Dios. Piensan que Dios considera que incluso su obediencia fiel es *totalmente* inútil, totalmente indigna de su aprobación, y esto puede conducir a sentimientos de completa insignificancia. Sin embargo, esa suposición es sin duda errónea, tanto porque el Nuevo Testamento habla con tanta frecuencia de "agradar" a Dios como porque tal suposición tiende a negar la genuina bondad de la obra que Cristo ha realizado para redimirnos y hacernos aceptables ante él. Tal punto de vista maximizaría nuestra condición de pecadores hasta el punto de que es incluso mayor que la obra redentora de Cristo, "quien se dio a sí mismo por nosotros para redimirnos de toda iniquidad y *purificar* para sí un pueblo propio, celoso de *buenas obras*" (Tito 2:14).

Sospecho que así como Satanás acusa a los cristianos y quiere que sientan una falsa culpa y una falsa acusación, también busca alejarlos de la gran alegría de conocer el favor de Dios en sus actividades diarias, de saber que Dios está complacido con su obediencia. De este modo, intenta obstaculizar nuestra relación personal con Dios, ya que la capacidad de sentir agrado por otra persona es un componente esencial de cualquier relación personal genuina.

¿Acaso Cristo no es capaz de generar en nosotros *buenas obras* de forma genuina¿Se equivoca Pablo cuando dice que hemos sido creados para las buenas obras?

Porque somos hechura suya, creados en Cristo Jesús para *buenas obras,* las cuales Dios preparó de antemano para que anduviésemos en ellas (Ef 2:10; ver también Mt 5:16; 1 Ti 6:18; Tito 2.14).

Cuando las Epístolas del Nuevo Testamento hablan de la obediencia de los creyentes después de haber sido justificados, dichas obras no se denominan "malas obras" sino ¡"buenas obras"! Aunque estas obras son imperfectas, sin duda no son cien por cien malas y pecaminosas, en particular cuando proceden de la fe y están motivadas por el amor a Dios y a los demás.

La Confesión de Fe de Westminster habla de la aceptación por parte de Dios de nuestras buenas obras, aunque sean imperfectas:

> Sin embargo, a pesar de lo anterior, siendo aceptadas las personas de los creyentes por medio de Cristo, *sus buenas obras también son aceptadas en ÉL;* no como si fueran en esta vida enteramente irreprochables e irreprensibles a la vista de Dios; sino que a ÉL, mirándolas en su Hijo, le place aceptar y recompensar lo que es sincero aun cuando sea acompañado de muchas debilidades e imperfecciones[5].

Pablo puede incluso utilizar el lenguaje de la "dignidad" al hablar de la conducta de los creyentes obedientes ante Dios, lo que implica que nuestra conducta puede ser en realidad "digna" de la aprobación de Dios:

> Por eso yo, que estoy preso por la causa del Señor, les ruego que vivan de una manera *digna* [Griego, axiōs, "con dignidad, de manera digna"] del llamamiento que han recibido (Ef 4:1, NVI).

> Para que andéis como es *digno* del Señor, agradándole en todo, llevando fruto en toda buena obra, y creciendo en el conocimiento de Dios (Co 1:10; cf. Fil 1:27; 1 Ts 2:12; 2 Ts 1:11).

Podemos concluir que Dios se deleita en nuestras buenas obras, que se agrada de ellas y que las acepta en Cristo. Así, otro beneficio de la obediencia en la vida cristiana es que estamos haciendo cosas que son agradables a Dios mismo.

5. La alegría y la bendición de hacer felices a los ángeles. Las Escrituras indican que los ángeles de Dios se regocijan cuando ven que los buenos propósitos de Dios se llevan a cabo en nuestras vidas. Es el significado probable de las palabras de Jesús, "Os digo que así habrá más *gozo en el cielo* por un pecador que se arrepiente, que por noventa y nueve justos que no necesitan de arrepentimiento" (Lucas 15:7)[6].

Pablo le recordó a Timoteo que los ángeles vigilaban su conducta, porque le ordenó a Timoteo "delante de Dios y del Señor Jesucristo, y de sus ángeles escogidos" que "guarde estas cosas sin prejuicios, no haciendo nada con parcialidad" (1 Ti 5:21).

Pedro dijo que "ángeles anhelan contemplar" las "cosas que ahora les han anunciado" (1 P 1:12, NVI), lo que probablemente incluía las formas específicas en que la predicación del Evangelio y su posterior enseñanza se aplicaban a las situaciones de los cristianos a los que Pedro estaba escribiendo[7].

Por lo tanto, los cristianos deben obedecer a Dios con la conciencia de que los ángeles están observando y se alegrarán de su obediencia (ver también Ef 3:10; He 12:22).

---

[5] WCF (La Confesión de Fe de Westminster), con énfasis añadido

[6] Esta alegría puede incluir también la de los creyentes que han muerto y ya están en el cielo.

[7] Ver la discusión en Wayne Grudem, *The First Epistle of Peter: An Introduction and Commentary* [La primera epístola de Pedro: Introducción y comentario] (Leicester, Reino Unido: Inter-Varsity, y Grand Rapids, Michigan: Eerdmans, 1988), págs. 72-73.

6. La alegría y la bendición de convertirse en un utensilio para el "uso honorable" de Dios. Pablo explica que los cristianos que trabajan para hacer avanzar el reino de Dios en la tierra son como diferentes tipos de utensilios en una casa grande:

> Pero en una casa grande, no solamente hay utensilios de oro y de plata, sino también de madera y de barro; y unos son para usos honrosos, y otros para usos viles. Así que, si alguno se *limpia de estas cosas, será instrumento* para honra, santificado, *útil* al Señor, y dispuesto para toda buena obra (2 Ti 2:20-21).

La aplicación a la ética es que si nos ocupamos de cosas que son viles para Dios, seguiremos estando en su casa (seguiremos siendo cristianos), pero como el balde que se usa para fregar el suelo o el plato que se usa para dar de comer al perro, seremos como recipientes de "madera y barro" para un uso "vil". Sin embargo, si vivimos de una manera más pura, limpiando nuestras vidas de las cosas que deshonran a Dios, entonces podemos convertirnos en recipientes "para uso honorable", como los "recipientes de oro y plata" que se utilizan para las ocasiones importantes. En ese momento estaremos "listos para toda buena obra".

7. La alegría y la bendición de ser un testigo eficaz ante los no creyentes. Pedro recordó a sus lectores, muchos de los cuales se enfrentaban a una intensa oposición por parte de los no cristianos, "manteniendo buena vuestra manera de vivir entre los gentiles" (1 P 2:12). Lo dijo porque las buenas acciones de los cristianos tendrán un resultado positivo en la vida de sus críticos no cristianos: es posible que esos críticos se conviertan en cristianos y acaben "glorificando a Dios" en el juicio final:

> Manteniendo buena vuestra manera de vivir entre los gentiles; para que en lo que murmuran de vosotros como de malhechores, *glorifiquen a Dios* en el día de la visitación, al considerar vuestras buenas obras (1 P 2:12; ver también 1 P 3:1).

8. La alegría y la bendición de tener los ojos y los oídos de Dios con mayor atención hacia nosotros. Pedro escribe sobre las bendiciones adicionales que provienen de los hábitos de habla y obediencia en la vida de los cristianos:

> El que quiere amar la vida
> > Y ver días buenos,
> Refrene su lengua de mal,
> > Y sus labios no hablen engaño;
> Apártese del mal, y haga el bien;
> > Busque la paz, y sígala.
> *Porque los ojos del Señor están sobre los justos,*
> > *Y sus oídos atentos a sus oraciones;*
> Pero el rostro del Señor está contra aquellos que hacen el mal (1 Pedro 3:10-12).

Pedro no se refiere aquí a las bendiciones que llegan a todos los cristianos en virtud del perdón y la justicia que tenemos en Cristo, sino a las bendiciones especiales que resultan de nuestra obediencia, porque dice que si deseamos estas bendiciones tenemos que guardar nuestra "lengua del mal" y que nuestros "labios no hablen engaño", y tenemos que "apartarnos del mal y hacer el bien"[8].

Sin embargo, Pedro no da a entender que los cristianos que obedecen a Dios tendrán una vida sin problemas, ya que menciona con frecuencia la persecución y la oposición hostil a la que se enfrentan muchos de sus lectores (ver 1 P 1:7; 2:12, 15, 19-21; 3:9, 13-17; 4:1, 4, 12-19; 5:8-10; ver también las frecuentes dificultades de Pablo en 2 Co 11:23-29).

Santiago también indica que una vida de obediencia a Dios tiene como resultado una vida de oración más poderosa y eficaz, ya que "la oración eficaz del justo puede mucho" (Santiago 5:16). Santiago no dice solo que "vuestras oraciones" (es decir, las oraciones de todos los cristianos) o las oraciones de un "creyente" tienen este poder, sino la oración de un "justo", indicando probablemente una característica de la conducta de vida de una persona[9].

Juan también habla de la confianza ante Dios en la oración a partir de una conciencia clara y una obediencia real en la vida:

> Amados, *si nuestro corazón no nos reprende*, confianza tenemos en Dios;
> y cualquiera cosa que pidiéremos la recibiremos de él, porque guardamos
> *sus mandamientos*, y hacemos las cosas que son agradables delante de él.
> (1 Juan 3:21-22)

Hay numerosos pasajes del Antiguo Testamento que hablan de forma similar, como este:

> Por Jehová son ordenados los pasos del hombre,
>   Y *él aprueba su camino*. (Salmos 37:23)

9. La alegría y la bendición de una estrecha comunión con otros cristianos. Juan explica que "caminar en la luz" (expresión de Juan para referirse a una vida de pureza moral) tiene como resultado una mayor comunión con otros cristianos:

> Pero *si andamos en luz*, como él está en luz, *tenemos comunión unos con*

---

[8] Otra razón que demuestra que está hablando de las bendiciones que Dios da a los que actúan en obediencia a él, tiene que ver con que está citando el Salmos 34:12-16, y ese salmo aboga con claridad por la conducta justa como medio para que el pueblo de Dios obtenga bendiciones especiales de él (ver Salmos 34:2, 5, 7-10, 13-15, 18, 22). Para más argumentos que demuestran que Pedro se refiere en primer lugar a las bendiciones en esta vida, y no a las bendiciones celestiales en el siglo venidero, ver *ibid.*, 147-50.

[9] En este contexto, no parece que se refiera a todos los que son "justos" por la imputación de la justicia de Cristo en el momento de la justificación (como en 2 Co 5:21; Fil 3:19). Ambos sentidos de "justo" se encuentran en el Nuevo Testamento: varios pasajes hablan de los cristianos como "justos" porque la justicia de Cristo les ha sido imputada por la fe, mientras que otros pasajes hablan de las personas como "justas" porque su comportamiento, en general, se ha caracterizado por la obediencia a las leyes morales de Dios. Los pasajes que hablan de las personas como "justas" (*dikaios*) de acuerdo con este segundo sentido son Mt 9:13; 27:19; Marcos 2:17; 6:20; Lucas 1:6; 2:25; 5:32; 15:7; 18:9; Ro 5:7; Santiago 5:6; 1 P 3:12, 18; 4:18; 2 P 2:7, 8; 1 Juan 3:7; Ap 22:11.

otros, y la sangre de Jesucristo su Hijo nos limpia de todo pecado. (1 Juan1:7)

10. La alegría y la bendición de una conciencia clara. Pablo le dice a Timoteo que eduque a las personas para que mantengan una buena conciencia ante Dios, pues dice, "El propósito de este mandamiento es el amor nacido de corazón limpio, y de buena conciencia, y de fe no fingida" (1 Ti 1:5). Asimismo, le dice a Timoteo que debe ejercer su ministerio "manteniendo la fe y la *buena conciencia*", y le advierte que, al rechazar sus conciencias, "naufragaron en cuanto a la fe algunos" (v. 19). Sin embargo, una *buena conciencia* depende de caminar en obediencia a Dios y resistir las tentaciones de pecar[10].

11. La alegría y la bendición de la paz de Dios. Pablo relaciona la idea de que los demás imiten su conducta con el hecho de tener la paz de Dios en sus vidas, pues dice, "Lo que aprendisteis y recibisteis y oísteis y visteis en mí, *esto haced; y el Dios de paz estará con vosotros*" (Fil 4:9). De este modo, se repiten las palabras de Isaías:

¡Oh, si hubieras atendido a mis mandamientos!
    Fuera entonces tu paz como un río,
      y tu justicia como las ondas del mar. (Is 48:18; cf. v.22)

12. La alegría y la bendición de descubrir por experiencia que los mandatos de Dios son realmente beneficiosos para nuestra vida. En ocasiones, los autores del Nuevo Testamento utilizan el verbo griego *dokimazō* en el sentido de "probar algo al ponerlo a prueba, poniéndolo en uso y, por tanto, probándolo"[11]. Este es el sentido en Romanos 12:2, NVI:

No se amolden al mundo actual, sino sean transformados mediante la renovación de su mente. *Así podrán comprobar* [En griego, *dokimazō*] cuál es la *voluntad de Dios, buena, agradable y perfecta*.

Esto significa que a medida que los cristianos viven en obediencia a la voluntad de Dios en sus vidas, descubrirán cada vez más que esta forma de vida es "buena, agradable y perfecta" para ellos. La obediencia a Dios es el camino hacia una vida "buena" para un cristiano[12].

13. La alegría y la bendición de experimentar la libertad de la esclavitud del pecado. Pablo escribe:

Así también vosotros consideraos muertos al pecado, pero vivos para Dios

---

[10] Un amplio estudio sobre la conciencia es el de Andrew David Naselli y J. D. Crowley, *Conscience: What It Is, How to Train It, and Loving Those Who Differ* [Conciencia: Qué es, cómo entrenarla y amar a quienes difieren] (Wheaton, Illinois: Crossway, 2016).

[11] La definición actual del Léxico BDAG es "hacer un examen crítico de algo para determinar su autenticidad, poner a prueba, examinar; sacar una conclusión sobre el valor sobre la base de la prueba, probar, aprobar" (BDAG, pág. 255).

[12] Esta idea de demostrar en la práctica que la obediencia a Dios es beneficiosa para nuestra vida se ve también en Ef 5:10 y Fil 1:9-10.

en Cristo Jesús, Señor nuestro. No reine, pues, el pecado en vuestro cuerpo mortal, de modo que lo obedezcáis en sus concupiscencias [...]. Porque el pecado no se enseñoreará de vosotros; pues no estáis bajo la ley, sino bajo la gracia. (Ro 6:11-14)

Una de las alegrías de la obediencia a Dios es reconocer una victoria sobre el pecado o la tentación que ha llegado como resultado de nuestra nueva vida en Cristo.

14. La alegría y la bendición de evitar la dolorosa disciplina de Dios. Las Epístolas del Nuevo Testamento hablan de la "disciplina" paternal de Dios que viene a aquellos que comienzan a vivir en desobediencia a él. Jesús dice a la iglesia de Laodicea: "Yo *reprendo y castigo* a todos los que amo; sé, pues, celoso, y arrepiéntete" (Ap 3:19). Además, el autor de Hebreos advierte a sus lectores sobre la disciplina paternal de Dios, escribiendo: "Es verdad que ninguna disciplina al presente parece ser causa de gozo, sino de tristeza; pero después da fruto apacible de justicia a los que en ella han sido ejercitados" (He 12:11; ver también 1 Co 11:29-30; Ef 4:30)[13].

15. La alegría y la bendición de una mayor seguridad de la salvación. Juan explica que la obediencia a los mandamientos de Dios es uno de los medios para obtener una seguridad adicional que hemos llegado a "conocer" a Cristo en una relación personal y salvadora, pues dice, "Y en esto sabemos que nosotros le conocemos, *si guardamos sus mandamientos*" (1 Juan 2:3).

Del mismo modo, Pedro dice que un medio que los creyentes pueden utilizar para "hacer firme vuestra vocación y elección" (2 P 1:10) es añadir a su fe salvadora inicial varias cualidades de bondad moral en su conducta de vida:

Vosotros también, poniendo toda diligencia por esto mismo, añadid a vuestra fe virtud; a la virtud, conocimiento; al conocimiento, dominio propio; al dominio propio, paciencia; a la paciencia, piedad; a la piedad, afecto fraternal; y al afecto fraternal, amor (2 P 1:5-7).

Luego, Pedro agrega:

Por lo cual, hermanos, tanto más procurad *hacer firme vuestra vocación y elección; porque haciendo estas cosas, no caeréis jamás* (2 P 1:10).

16. La alegría y la bendición de experimentar más de un anticipo de la vida en el cielo. Pedro escribe que "nosotros esperamos, según sus promesas, cielos nuevos y tierra nueva, *en los cuales mora la justicia*" (2 Pe. 3:13), lo que indica que nuestra vida en el cielo será de perfecta obediencia a los mandamientos de Dios. Por lo tanto, una vida de obediencia a los mandamientos de Dios en esta época nos permite experimentar más de un anticipo de lo que será el cielo. En la ciudad celestial venidera no habrá pecado ni desobediencia a Dios, porque *"no entrará en*

---

[13] Para ver una discusión más amplia sobre la disciplina de Dios en nuestras vidas, consulte el cap. 5, pág. 135.

ella ninguna cosa inmunda, o que hace abominación y mentira" (Ap 21:27).

17. La alegría y la bendición de una mayor recompensa celestial. Pablo dice que una de sus motivaciones para tratar de vivir en obediencia a Dios es la esperanza de recibir una mayor recompensa celestial:

> Por tanto procuramos también, o ausentes o presentes, serle agradables. Porque es necesario que todos nosotros comparezcamos ante el tribunal de Cristo, *para que cada uno reciba según lo que haya hecho mientras estaba en el cuerpo,* sea bueno o sea malo (2 Corintios 5:9-10).

Otros pasajes en los que se habla de grados de recompensa para los creyentes en la vida futura son Lucas 19:17, 19; Romanos 14:10-12; 1 Corintios 3:12-15; 4-5; Colosenses 3:25; Apocalipsis 11:18[14].

B. PREGUNTAS PRÁCTICAS EN TORNO A ESTAS BENDICIONES

La lista anterior indica que Dios promete darnos mucho más alegría y bendiciones en relación con la obediencia a él de lo que los cristianos suelen percibir[15]. Sin embargo, surgen de forma natural dos cuestiones en cuanto a la aplicación práctica:

1. ¿Cuánto tiempo falta para que las bendiciones perdidas sean restauradas? Alguien podría preguntar: "¿Qué pasa si cedo a una tentación y elijo pecar por voluntad, y entonces como resultado empiezo a perder algunas de estas bendiciones de Dios? Si me arrepiento de mi pecado, ¿cuánto tiempo pasará hasta que pueda volver a recibir esas bendiciones?" En respuesta a esta pregunta, es necesario hacer varias aclaraciones:

1. No debemos pensar que todas las bendiciones de Dios se perderán de golpe, pues Dios es un padre sabio que busca nuestro bien, por lo que nos disciplinará de la manera que le parezca adecuada. Además, su disciplina siempre estará llena de una medida de misericordia y gracia.

2. La disciplina correctiva de Dios cesará cuando nos alejemos de la tentación y comencemos a caminar de nuevo en la obediencia. Esto es evidente por la forma

---

[14] Ver también Dn 12:2; Mt 6:20-22; 19:21; Lucas 6:22-23; 12:18-21, 32, 42-48; 14:13-14; 1 Co 3:8; 9:18; 13:3; 15:19, 29-32, 58; Gá 6:9-10; Ef 6:7-8; Col 3:23-24; 1 Ti. 6:18; He 10:34, 35; 11:10, 14-16, 26, 35; 1 P 1:4; 2 Juan 8; Ap 11:18; 22:12; ver también Mt 5:46; 6:2-6, 16-18, 24; Lucas 6:35. Extraído de la obra de Wayne Grudem, *Systematic Theology: An Introduction to Biblical Doctrine* [Teología sistemática: Una introducción a la doctrina bíblica] (Leicester, Reino Unido: Inter-Varsity, y Grand Rapids, Michigan: Zondervan, 1994), 1144n4.

[15] No he utilizado mucho los pasajes del Antiguo Testamento sobre las bendiciones que Dios promete por la obediencia. El énfasis del nuevo pacto es más espiritual y menos físico y material que las bendiciones por la obediencia prometidas en Deuteronomio 28:1-14 o las maldiciones por la desobediencia prometidas en Deuteronomio 28:15-68. Esas bendiciones y maldiciones pertenecían al antiguo pacto establecido a través de Moisés para el pueblo de Israel en ese momento, pero el diseño de Dios dando bendiciones adicionales por la obediencia y dando disciplina por la desobediencia es similar.

en que Pablo escribió a los cristianos de Corinto, que habían estado abusando de la Cena del Señor en la forma vergonzosa, irreflexiva e irreverente en que la celebraban. Les dijo que Dios los estaba disciplinando a consecuencia de ello: "Por lo cual hay muchos enfermos y debilitados entre vosotros, y muchos duermen" (1 Co 11:30).

Sin embargo, en la siguiente frase Pablo les dijo que la disciplina de Dios cesaría (y es de suponer que las enfermedades y las muertes terminarían) si entendían y comenzaban a actuar de manera apropiada con la Cena del Señor, pues dice: "Si, pues, nos examinásemos a nosotros mismos, no seríamos juzgados" (1 Co 11:31). Les estaba diciendo que si dejaban de pecar, Dios detendría el juicio disciplinario.

Sin embargo, las consecuencias de algún acto pecaminoso pueden continuar durante un período de tiempo más largo. Un alcohólico que ha abusado del alcohol durante mucho tiempo puede seguir teniendo consecuencias físicas perjudiciales en su propio cuerpo, por ejemplo.

3. Recuerda que "Misericordioso y clemente es Jehová; lento para la ira, y grande en misericordia" (Sal 103:8). Además, "no ha hecho con nosotros conforme a nuestras iniquidades, ni nos ha pagado conforme a nuestros pecados" (v. 10). Cometemos muchos pecados menores por los que Dios, en su paciencia, no nos disciplina. Santiago dice: "Todos ofendemos muchas veces" (Santiago 3:2).

4. El propósito de Dios no es perjudicarnos, sino hacernos el bien en todas las circunstancias (ver Ro 8:28) y "restaurarnos" a un lugar de ministerio efectivo (Gá 6:1) para el avance de su reino. Es importante recordar siempre que la disciplina de Dios es la disciplina de un padre amoroso y sabio: "Dios lo hace *para nuestro bien*, a fin de que participemos de su santidad" (He 12:10, NVI).

5. Para aquellos a los que se les ha confiado posiciones de liderazgo cristiano, es muy difícil saber cuándo y *si* Dios restablecerá la misma medida de administración o responsabilidad ministerial en la obra de su reino. Cuando David se arrepintió de su pecado con Betsabé, Dios le perdonó (2 S 12:13; ver también el Salmos 51), pero el hijo nacido de David y Betsabé murió (v. 19), y Dios nunca volvió a restaurar la medida de bendición que David había conocido en su reino (ver los múltiples problemas que David experimentó en 2 Samuel 13-24; 1 Reyes 1).

Del mismo modo, debido al único pecado de Moisés al golpear la roca en lugar de limitarse a hablarle (Núm. 20:8, 11), Dios no le permitió entrar en la Tierra Prometida (v. 12; ver también Nm 27:12-14; Dt 1:37; 32:48-52)[16]. Además, cuando Saúl ofreció por error un sacrificio en lugar de esperar a que Samuel lo hiciera, Dios le quitó el reino (ver 1 S 13:13-14; ver también 1 S 15:22-23, 26, 28).

6. En las relaciones interpersonales humanas, puede pasar mucho tiempo hasta que una persona que ha hecho daño a los demás recupere su confianza. Otros podrían *perdonar* con rapidez a la persona (Mt 6:14-15), pero el perdón es algo distinto de la confianza. La confianza profunda entre los seres humanos crece poco

---

[16] Debido a un incidente anterior en el que sacó agua de la roca, es probable que Moisés fuera consciente de que el propio Dios estaba de pie ante el pueblo que se encontraba sentado frente a Moisés mientras él estaba de pie sobre la roca (ver Ex 17:6), y por lo tanto, cuando Moisés golpeó la roca, fue una expresión impactante de ira y frustración con el propio Dios. Además, supuso un fracaso al no obedecer en absoluto lo que Dios le había dicho que hiciera.

a poco con el tiempo y puede dañarse en un momento.

Por ejemplo, Pablo no quiso recibir de inmediato a Juan Marcos en su segundo viaje misionero:

> Pero a Pablo no le parecía bien llevar consigo al que se había apartado de ellos desde Panfilia, y no había ido con ellos a la obra (Hechos 15:38; cf. 13:13).

Sin embargo, parece que Juan Marcos recuperó más tarde la confianza de Pablo y ejercieron juntos su ministerio (ver Col 4:10; 2 Ti 4:11).

7. Dios conoce nuestros corazones, y verá con buenos ojos un corazón arrepentido y contrito de verdad:

> Los sacrificios de Dios son el espíritu quebrantado;
> Al corazón contrito y humillado no despreciarás tú, oh Dios (Sal 51:17; ver también 1 S 16:7; Sal 7:9; 26:2; 51:10; Jer 11:20).

En conclusión, no podemos solo saber de antemano cuándo se restaurarán las bendiciones de la obediencia, y en qué medida.

2. Si soy obediente, ¿por qué sigo sufriendo? Alguien podría preguntar: "¿Qué pasa si he sido obediente a Dios pero sigo sufriendo algún tipo de dificultad?".

1. Las dificultades y las penurias son una parte normal de la vida cristiana. Basta con pensar en los ejemplos de Abraham, José, Moisés, David y Job, o, en el Nuevo Testamento, en Pablo y en el propio Jesús. Es frecuente que nos encontremos con dificultades y penurias al mismo tiempo que las bendiciones por la obediencia (mencionadas con anterioridad) se derraman sobre nosotros en gran abundancia. Además, muchos cristianos han descubierto más tarde que sus dificultades eran bendiciones disfrazadas (ver Ro 8:28; también Gn 50:20). El propósito de Dios para nosotros durante nuestra vida en la tierra no es otorgarnos bendiciones ilimitadas, sino perfeccionar nuestro carácter para que seamos más parecidos a Cristo y acercarnos a él en la comunión diaria.

> Hermanos míos, tened por sumo gozo cuando os halléis en diversas pruebas, sabiendo que la prueba de vuestra fe produce paciencia. Mas tenga la paciencia su obra completa, para que seáis perfectos y cabales, sin que os falte cosa alguna (Santiago 1:2-4).

Pedro alentó a los cristianos del primer siglo que el favor de Dios podía estar sobre ellos incluso en medio del sufrimiento:

> Amados, no os sorprendáis del fuego de prueba que os ha sobrevenido, como si alguna cosa extraña os aconteciese, sino gozaos por cuanto sois participantes de los padecimientos de Cristo, para que también en la revelación de su gloria os gocéis con gran alegría. Si sois vituperados por el nombre de Cristo, sois bienaventurados, porque el glorioso Espíritu de Dios reposa sobre vosotros (1 P 4:12-14; ver también 1 P 1:6-7).

2. El sufrimiento sin duda llegará a su fin, algunas veces antes de lo que esperamos:

> Y, *después de que ustedes hayan sufrido un poco de tiempo*, Dios mismo, el Dios de toda gracia que los llamó a su gloria eterna en Cristo, los restaurará y los hará fuertes, firmes y estables (1 P 5:10, NVI).

C. LAS CONSECUENCIAS PERJUDICIALES DEL PECADO EN LA VIDA DE UN CRISTIANO

Algunos cristianos se oponen a hablar en exceso sobre el pecado. ¿No es el Nuevo Testamento el que trata más que nada sobre el perdón y la gracia de Dios? ¿Por qué deberíamos centrarnos en el pecado?

De hecho, es saludable a nivel espiritual que los cristianos piensen en el pecado en sus vidas. Una búsqueda sobre la palabra en español pecado (y otras palabras con la misma raíz, como *pecados o pecador*) muestra que aparece 440 veces solo en el Nuevo Testamento. Además, mi copia de la Biblia en la versión estándar inglesa (ESV) tiene 235 páginas en el Nuevo Testamento. Esto significa que el tema del pecado se menciona de una forma u otra alrededor de dos veces por página en promedio a través de todo el Nuevo Testamento. Podríamos descuidar este tema por nuestra propia cuenta y riesgo.

Esto significa que tenemos que hablar sobre el pecado, ya sea que estemos interactuando con no cristianos, con jóvenes cristianos o con cristianos maduros. Los no cristianos necesitan entender las normas morales de Dios y llegar a una convicción de pecado antes de llegar a un genuino arrepentimiento por el pecado y llegar a la fe salvadora en Cristo para el perdón de esos pecados. Sin embargo, tanto los jóvenes cristianos como los cristianos maduros deben darse cuenta de que la intención de Dios es que toda la vida cristiana sea de crecimiento y santificación, lo que sin duda implica superar de forma progresiva el pecado en nuestras vidas. Así es como crecemos hacia la madurez cristiana. Por lo tanto, es importante entender qué es el pecado y cómo nos afecta.

1. Definición del pecado[17]. El pecado puede definirse de la siguiente manera:

> El **pecado** es cualquier falta de conformidad con la ley moral de Dios en acto, actitud o naturaleza.

Esta definición muestra que el pecado no solo consiste en *acciones* específicas, como robar, mentir o cometer un asesinato, sino también en *actitudes* contrarias a lo que Dios exige de nosotros.

Esta verdad puede verse en los Diez Mandamientos, que prohíben no solo las acciones pecaminosas, sino también las actitudes incorrectas. Por ejemplo, el séptimo y el octavo mandamiento prohíben el adulterio y el robo. Por eso, el décimo

---

[17] Este apartado relativo a la definición de pecado ha sido adaptado por Grudem, *Systematic Theology* [Teología sistemática], 490-91, con permiso de los editores.

mandamiento dice, "No codiciarás la casa de tu prójimo, no codiciarás la mujer de tu prójimo, ni su siervo, ni su criada, ni su buey, ni su asno, ni cosa alguna de tu prójimo" (Ex 20:17). Con este mandamiento, Dios especifica que también considera pecado el *deseo* de robar o de cometer adulterio. Asimismo, en el Sermón de la Montaña, Jesús prohíbe actitudes pecaminosas como la ira (Mt 5:22) y la lujuria (v. 28). Además, cuando Pablo habla de las obras de la carne que se oponen a los deseos del Espíritu (Gal. 5:17), enumera actitudes como "enemistades, [...] celos, iras" (v. 20). Incluso el mandamiento que Jesús identificó como el más importante no dicta una acción sino una actitud, el amor a Dios: "Y amarás al Señor tu Dios con todo tu corazón, y con toda tu alma, y con toda tu mente y con todas tus fuerzas" (Marcos 12:30). Ello significa que un cristiano que vive una vida agradable a Dios tiene pureza moral no solo en sus acciones, sino también en los deseos de su corazón.

Sin embargo, el pecado es la falta de conformidad con la ley moral de Dios no solo en la *acción* y en la *actitud,* sino también en nuestra *naturaleza moral,* el carácter interno que es la esencia de lo que somos como personas. Antes de que Cristo nos redimiera, éramos pecadores por naturaleza. Por eso, Pablo puede decir que *"siendo aún pecadores,* Cristo murió por nosotros" (Ro 5:8) y que antes "éramos por *naturaleza* hijos de ira, lo mismo que los demás" (Ef 2:3). Ello significa que un no creyente, aunque no esté cometiendo acciones pecaminosas o alimentando de forma activa actitudes pecaminosas, sigue siendo un "pecador" a los ojos de Dios; su naturaleza pecaminosa no se ajusta a la ley moral de Dios.

2. ¿Hay pecados mayores y menores? La pregunta "¿Hay pecados mayores y menores ?" debe responderse con cuidado, porque la respuesta depende de lo que una persona entienda por "mayor " y "menor ".

a. La comprensión de "mayor" y " menor " en relación con el pecado:

(1) De acuerdo con la posición legal ante Dios, no hay pecados mayores ni menores : Esto se debe a que *cualquier pecado* hace que una persona sea "pecadora" y por lo tanto culpable ante Dios. Adán y Eva lo descubrieron cuando violaron un solo mandamiento de Dios: "Mas del árbol de la ciencia del bien y del mal no comerás" (Gn 2:17). Pablo recuerda este pecado y dice que, "el juicio vino a causa de *un solo pecado* para condenación" (Ro 5:16).

Una enseñanza similar se halla en Gálatas: "Maldito todo aquel que no permaneciere en todas las cosas escritas en el libro de la ley, para hacerlas" (3:10, citando a Dt 27:26). Otro ejemplo se halla en Santiago: "Porque cualquiera que guardare toda la ley, pero ofendiere en un *punto,* se hace culpable de todos" (2:10).

Por lo tanto, de acuerdo con la situación legal ante Dios, no es útil hablar de pecados mayores o menores . Cualquier pecado hace a una persona culpable ante Dios.

(2) De acuerdo con los resultados que se derivan del pecado, hay pecados mayores y menores: Por ejemplo, es pecado codiciar la computadora portátil de mi vecino (ver Ex 20:17, "No codiciarás"). Sin embargo, es más dañino permitir que ese deseo pecaminoso conduzca al acto real de robar la computadora de mi vecino.

Es más dañino para mi vecino (que ha perdido una computadora), para nuestra relación, para mí (porque he cometido un crimen) y para mi relación con Dios. De manera similar, es un pecado odiar a alguien (Mateo 5:43-44; 22:39), pero es un pecado mucho más dañino asesinar a la persona. Es un pecado desear cometer adulterio (5:27-28), pero es un pecado mucho más dañino cometer de hecho el adulterio[18].

(3) De acuerdo con el tipo de mandamiento que se quebranta, hay pecados mayores y menores: Jesús da a entender que hay mandamientos mayores y menores en la ley del Antiguo Testamento cuando dice:
De manera que cualquiera que quebrante uno de estos mandamientos muy pequeños, y así enseñe a los hombres, muy pequeño será llamado en el reino de los cielos. (Mt 5:19)

> Jesús también reprendió a los escribas y fariseos como "hipócritas" porque prestaban escrupulosa atención a los detalles menores de las leyes del diezmo ("diezmáis la menta y el eneldo y el comino"), pero descuidaban "lo *más importante* de la ley: la justicia, la misericordia y la fe" (Mt 23:23).

(4) De acuerdo con la persona que comete el pecado, hay pecados mayores y menores : Un pecado específico puede afligir a Dios más a fondo y dañar el reino de Dios más si es hecho por alguien con mayor responsabilidad, alguien que tiene un conocimiento más amplio de que es malo, o alguien a quien Dios ha advertido en repetidas ocasiones en el pasado. Santiago advierte que los maestros, a los que se les ha confiado más responsabilidad, serán juzgados con más rigor:

> Hermanos míos, no pretendan muchos de ustedes ser maestros, pues, como saben, *seremos juzgados con más severidad* (Santiago 3:1, NVI).

Jesús indica que aquellos a quienes se les ha dado en abundancia serán más responsables ante Dios:

> Aquel siervo que conociendo la voluntad de su señor, no se preparó, ni hizo conforme a su voluntad, recibirá muchos azotes. Mas el que sin conocerla hizo cosas dignas de azotes, será azotado poco; *porque a todo aquel a quien se haya dado mucho, mucho se le demandará; y al que mucho se le haya confiado, más se le pedirá* (Lucas 12:47-48).

Jesús le dijo a Pilato: "El que a ti me ha entregado, *mayor pecado* tiene" (Juan 19:11), quizá refiriéndose al sumo sacerdote Caifás, que tenía amplios conocimientos del Antiguo Testamento y al que se le había confiado un alto cargo de liderazgo entre el pueblo judío.

El Antiguo Testamento contiene varias advertencias para aquellos que han sido advertidos por Dios con frecuencia y no han escuchado:

---

[18] Ver Ezequiel 8:6, 13 y 15 para otros ejemplos de "aún abominaciones mayores".

El hombre que reprendido *endurece la cerviz*,
De repente será quebrantado, y no habrá para él medicina (Pr 29:1).

Pero no me oyeron ni inclinaron su oído, *sino que endurecieron su cerviz*, e hicieron peor que sus padres (Jer 7:26; ver también Nm 15:30)[19].

b. Beneficios prácticos de la comprensión de los pecados mayores y menores :
Esta distinción entre pecados mayores y menores debe ser útil para nosotros con respecto a nuestras relaciones con otros creyentes y miembros de la familia. En el desarrollo ordinario de las relaciones humanas, es inevitable que se produzcan numerosas ofensas leves que un cristiano sabio se limitará a pasar por alto. Pedro tal vez tenía esto en mente cuando dijo a los cristianos que "tened entre vosotros ferviente amor; porque el amor cubrirá multitud de pecados" (1 P 4:8).

El conocimiento de que puede haber pecados mayores y menores será de gran beneficio para ayudarnos a actuar con sabiduría en lo que respecta a la crianza de los hijos, la enseñanza en los colegios, la relación con los amigos, la gestión de departamentos o empresas enteras, el asesoramiento mutuo y el saber cuándo iniciar un proceso de disciplina eclesiástica. Además, debería sernos útil en lo personal para entender las cosas que son de mayor y menor importancia en nuestra confesión diaria de los pecados a Dios (ver 1 Juan 1:9).

Sin embargo, aunque haya pecados menores debemos recordar que el pecado de cualquier tipo es algo grave a los ojos de Dios, y ningún pecado nos traerá su bendición.

3. ¿Cuáles son las consecuencias perjudiciales del pecado voluntario en la vida de un cristiano? Algunas cosas permanecen sin cambios en la vida de un cristiano nacido de nuevo, incluso cuando él o ella comienza a seguir un camino de pecado consciente y voluntario. Como cristianos, sabemos que nuestra justificación ante Dios es inmutable: "Ahora, pues, *ninguna condenación* hay para los que están en Cristo Jesús" (Rom. 8:1). Además, nuestra *adopción* es inmutable, pues seguimos siendo hijos de Dios, miembros de su familia: "Amados, *ahora somos hijos de Dios*, y aún no se ha manifestado lo que hemos de ser" (1 Juan 3:2). Además, Pablo escribe a los cristianos de las iglesias de Galacia: "Pues *todos sois hijos* de Dios por la fe en Cristo Jesús" (Gá 3:26; véase también Gá 4:4-7; 1 Juan 3:1; Juan 1:12). Al igual que un padre terrenal no suele expulsar de la familia a un hijo desobediente, Dios no nos rechaza de ser sus hijos e hijas por el simple hecho de haber pecado, incluso de forma voluntaria.

Sin embargo, a pesar de estas cuestiones que permanecen sin cambios, varios pasajes del Nuevo Testamento afirman que todavía hay algunas consecuencias dañinas del pecado voluntario y consciente en la vida de un creyente. Discutiré estos pasajes en el siguiente material. (Los siguientes pasajes del Nuevo Testamento que advierten a los creyentes de no pecar se refieren en primer lugar con los

---

[19] Diversos pasajes del Antiguo Testamento abordan los pecados que se cometen "sin intención" de forma diferente a los pecados que se cometen de forma obstinada o con "cerviz endurecido". Ver, por ejemplo, Lv 4:2, 13, 22, 27; 5:15; cf. He 9:7.

pecados que los lectores conocen, ya que los autores del Nuevo Testamento no podían esperar que los lectores tomaran ninguna medida para evitar los pecados que no estaban cometiendo de forma consciente o voluntaria, ya que ni siquiera habrían conocido tales pecados)[20].

a. Como resultado del pecado voluntario, nuestra comunión con Dios será interrumpida: Esto se debe a que "contristéis al Espíritu Santo" (Ef. 4:30). Además, la confianza ante Dios ya no la tenemos cuando oramos o adoramos, pues Juan escribe: "Amados, *si nuestro corazón no nos reprende, confianza tenemos en Dios*" (1 Juan 3:21).

Tal interrupción de la comunión con Dios era operativa incluso para los creyentes que recibieron el perdón bajo el antiguo pacto, pues Isaías escribe lo siguiente:

> He aquí que no se ha acortado la mano de Jehová para salvar,
> ni se ha agravado su oído para oír;
> pero vuestras iniquidades han hecho división
> entre vosotros y vuestro Dios,
> *y vuestros pecados han hecho ocultar de vosotros su rostro*
> para no oír (Is 59:1-2)[21].

Del mismo modo, Pedro advierte a los cristianos, "Apártese del mal, y haga el bien", porque "los ojos del Señor están sobre los justos" (1 P 3:11-12). Esto es sin duda una interrupción de la comunión.

b. Como resultado del pecado voluntario, experimentaremos el disgusto paternal de Dios: He tomado la frase "disgusto paternal" de la Confesión de Fe de Westminster (1646), que incluye esta sabia declaración sobre las consecuencias del pecado:

> Dios continúa perdonando los pecados de aquellos que son justificados; y aunque ellos nunca pueden caer del estado de justificación, sin embargo pueden, por sus pecados, caer en el *disgusto paternal de Dios* y no tener la luz de Su rostro restaurada sobre ellos hasta que se humillen, confiesen sus pecados, pidan perdón y renueven su fe y su arrepentimiento (11.5, con énfasis añadido).

La frase "el disgusto paternal de Dios" parece muy apropiada. La palabra *paternal*

---

[20] Admito que los cristianos también cometen pecados que no saben que lo son, tal vez porque su comprensión de las Escrituras es inadecuada o porque la enseñanza que han recibido era engañosa o insuficiente. Además, es posible pecar por negligencia, es decir, no elegir a propósito realizar algo malo, sino tan solo no darse cuenta o no recordar una necesidad que deberíamos haber satisfecho. En las conocidas palabras de confesión del Libro de Oración Común, "Hemos dejado de hacer lo que debíamos hacer" (perteneciente a la oración de la Confesión general). El material de los siguientes párrafos también se aplica (hasta cierto punto) a los pecados no intencionales, pero nuestro enfoque en esta vida debe ser, por supuesto, tratar con aquellos pecados de los que somos conscientes.

[21] Ver también Sal 66:18, "Si en mi corazón hubiese yo mirado a la iniquidad, el Señor no me habría escuchado".

nos recuerda que seguimos siendo hijos de Dios y que él nos sigue amando como nuestro Padre celestial. Sin embargo, la palabra *disgusto* nos recuerda que Dios no se complace con los pecados de sus hijos. Cualquier padre que haya criado a sus hijos reconocerá enseguida cómo es posible, en el mismo momento, amar con intensidad a un hijo y, al mismo tiempo, ¡estar sumamente disgustado por lo que ese hijo ha hecho!

Pablo habla de ese disgusto divino cuando advierte a los cristianos: "No contristéis al Espíritu Santo de Dios" (Ef 4:30; ver también He 12:5-11).

c. Como resultado del pecado voluntario, podríamos experimentar la disciplina paternal de Dios: El Señor Jesús resucitado habla de su disciplina que viene a los cristianos desobedientes cuando le dice a la iglesia extraviada en Laodicea, "*Yo reprendo y castigo* a todos los que amo; sé, pues, celoso, y arrepiéntete" (Ap 3:19; ver también He 12:6, 10).

d. Como resultado del pecado voluntario, perderemos nuestra santificación: Pablo advierte a los cristianos de Roma que si se entregan por voluntad propia a algún tipo de pecado, se exponen al peligro de quedar cada vez más esclavizados a ese pecado:

> ¿No sabéis que si os sometéis a alguien como esclavos para obedecerle, sois esclavos de aquel a quien obedecéis, sea del pecado para muerte, o sea de la obediencia para justicia? (Ro 6:16).

Pedro también advierte a sus lectores de que no deben ceder a pensamientos o actividades que alimenten deseos impropios en sus mentes y corazones: "Amados, yo os ruego como a extranjeros y peregrinos, que os abstengáis de los deseos carnales que *batallan contra el alma*" (1 P 2.11).

El término griego para "hacer la guerra" es *strateuō*, un término que suele significar "servir como soldado" (véase 1 Cor. 9:7, DHH; 2 Tim. 2:4; Santiago 4:1). Pedro indica que satisfacer los deseos pecaminosos es una actividad peligrosa porque, en términos espirituales, estos deseos son "soldados enemigos" que infligirán daño al "alma" del cristiano, lo cual le hará débil e ineficaz a nivel espiritual.

e. Como resultado del pecado voluntario, tenderemos a ser menos fructíferos en nuestros ministerios y nuestras vidas cristianas: Jesús dice a sus discípulos que deben "permanecer" en él, es decir, mantener el tipo de comunión personal estrecha con él que es necesario para que sea fructífero en la vida cristiana:

> *Permaneced en mí*, y yo en vosotros. Como el pámpano no puede llevar fruto por sí mismo, si no permanece en la vid, así tampoco vosotros, si no *permanecéis en mí*. Yo soy la vid, vosotros los pámpanos; el que permanece en mí, y yo en él, éste lleva mucho fruto; *porque separados de mí nada podéis hacer* (Juan 15:4-5).

f. Como resultado del pecado voluntario, perderemos alguna recompensa celestial: Aunque nuestra justificación es solo por la fe (Ro 5:1; Gá 2:16), nuestras recompensas celestiales se basan en nuestra conducta en esta vida. Si vivimos una vida de fe y obediencia a Dios, recibiremos abundantes recompensas celestiales en la vida venidera (ver Mt 6:19-21; Lucas 19:17, 19; 1 Co 3:12-15). Pablo explica esto de forma bastante explícita a los cristianos de Corinto:

> Porque es necesario que todos nosotros comparezcamos ante el tribunal de Cristo, para que cada uno reciba según lo que haya hecho mientras estaba en el cuerpo, sea bueno o sea malo (2 Co 5:10)[22].

4. ¿Por qué deben orar los cristianos por el perdón de los pecados? Al principio puede parecer desconcertante que Jesús instruya a sus discípulos (e, implícitamente, nos instruya a nosotros) a orar según el modelo del Padre Nuestro, que incluye la petición "Perdónanos nuestros pecados" (Lucas 11:4) o "Perdónanos nuestras deudas, como también nosotros perdonamos a nuestros deudores" (Mateo 6:12). En esta misma oración, se nos indica que pidamos "el pan nuestro de cada día" (v. 11; Lucas 11:3), por lo que parece que se trata de un modelo de oración que Jesús espera que utilicemos todos los días de nuestra vida.

Juan asume este mismo modelo de pedir con regularidad el perdón cuando escribe a los creyentes cristianos, "*Si confesamos nuestros pecados*, él es fiel y justo para perdonar nuestros pecados, y limpiarnos de toda maldad" (1 Juan 1:9). Sin embargo, si Dios perdonó todos nuestros pecados en el momento en que confiamos en Cristo para la salvación, ¿por qué tenemos que seguir pidiendo perdón?

Para responder de forma correcta esta pregunta, debemos distinguir entre dos sentidos diferentes del perdón, ambos implicados en nuestra relación con Dios. El primer sentido es el perdón con respecto a la *culpabilidad o inocencia legal*, y por lo tanto la responsabilidad del castigo eterno por nuestros pecados. En ese sentido, hemos sido perdonados de una vez por todas desde el momento en que confiamos por primera vez en Cristo para salvación, el momento de nuestra justificación (ver Ro 5:1-2; 8:1). Por lo tanto, cuando oramos a diario por el perdón, no estamos orando de nuevo para que Dios nos otorgue una posición legal correcta ante él (justificación), porque eso ya se nos ha dado una vez para siempre y nunca necesita ser repetido.

Sin embargo, hay un segundo sentido del perdón que tiene que ver con la *restauración de la comunión personal* con Dios que ha sido interrumpida por nuestro pecado. En este sentido, tenemos derecho a pedir perdón cada día. Este es quizás el sentido de la petición de David, "Vuélveme el gozo de tu salvación" (Sal 51:12). Cuando somos conscientes de que hemos contristado al Espíritu Santo de Dios por nuestro pecado (ver Ef 4:30) y de que nuestros corazones nos condenan cuando llegamos a la presencia de Dios (ver 1 Juan 3:21), entonces es apropiado pedir que Dios nos perdone, que restaure su estrecha relación personal con nosotros y que el Espíritu Santo vuelva a manifestar su presencia y su poder con nosotros (Ro 8:4, 5, 14; Gá 5:25; Ef 5:18).

Una analogía humana puede ser útil para entender estos dos sentidos del perdón.

---

[22] Para una mayor discusión sobre los grados de recompensa en el cielo, ver Grudem, *Systematic Theology* [Teología sistemática], 1144-45.

Supongamos que un conductor adolescente tiene que comparecer ante el tribunal acusado por conducir con exceso de velocidad y de forma temeraria. Cuando llega, descubre que ¡el juez es su propio padre [23]! Luego supongamos que, debido a algún tecnicismo legal (tal vez el único testigo no se presenta en el tribunal, por ejemplo), el juez tiene que declarar al conductor adolescente "no culpable". En ese caso, el conductor adolescente es "perdonado" en un sentido *legal*. No es culpable ante la ley y no tiene que pagar ninguna pena. Sin embargo, cuando el juez vuelva a casa esa noche, seguirá estando sumamente disgustado con su hijo. El hijo tendrá que pedirle al padre que lo perdone en un sentido de *relación personal* aunque ya haya sido perdonado en un sentido legal.

Ahora Dios se relaciona con nosotros como Juez del universo y como nuestro Padre amoroso. Aunque fuimos perdonados al momento de la justificación por Dios que actuó como Juez, aún necesitamos pedir a diario el perdón en un sentido relacional a Dios que actúa como nuestro Padre.

D. EL PODER DE OBEDECER A DIOS

Dios no se limita a darnos motivos para obedecerle y a prometer bendiciones por la obediencia. Además, nos proporciona la capacidad espiritual y moral para obedecerle en mayor medida a lo largo de nuestra vida. Lo hace a través de la obra santificadora del Espíritu Santo en nosotros. Varios pasajes del Nuevo Testamento hablan de este proceso.

Pablo promete a los cristianos filipinos, "porque Dios es el que en vosotros produce así el *querer como el hacer, por su buena voluntad*" (Fil 2:13). Dios obra en nosotros para permitirnos "querer" (es decir, desear, preferir y decidir seguir; en griego, *thelō*) las cosas que quiere que hagamos.

Pablo exhorta a los cristianos de Roma a crecer en sus modelos de obediencia por el poder del Espíritu Santo, pues dice, "Si por el Espíritu hacéis morir las obras de la carne, viviréis" (Ro 8:13). Además, les promete que, "El pecado no se enseñoreará de vosotros; pues no estáis bajo la ley, sino bajo la gracia" (6:14).

Juan promete a sus seguidores que si confiesan sus pecados a Dios, no solo les perdonará sus pecados, sino que obrará en su interior para "limpiarlos" del pecado. Juan dice: "Si confesamos nuestros pecados, él es fiel y justo para perdonar nuestros pecados, y *limpiarnos de toda maldad*" (1 Juan 1:9). Por lo tanto, debemos fomentar nuestros intentos de vivir cada día en obediencia a las enseñanzas morales de Dios en su Palabra. Él nos promete no solo orientación y dirección moral, sino también la capacidad espiritual y moral de seguir cada vez más esas direcciones. Nunca lo haremos de forma perfecta en esta vida, pero debería alentarnos en gran medida el hecho de que él prometa esta fuerza moral interior y el trabajo interior en nuestros corazones[24].

---

[23] Me doy cuenta de que esto no podría ocurrir en un sistema jurídico moderno, donde el juez tendría que enviar el caso a otro juez para evitar la apariencia de parcialidad.

[24] Para una mayor discusión del proceso de santificación en la vida cristiana, ver Grudem, Systematic Theology [Teología sistemática], 746-62.

PREGUNTAS PARA REFLEXIONAR

1. ¿La idea de obedecer a Dios le parece alegre y agradable, o le resulta agobiante?
2. ¿Alguna vez ha sentido la sensación de que Dios está complacido con algo que usted ha hecho? ¿Le sucede con frecuencia? Si no es así, ¿qué cree que le impide sentir el agrado de Dios?
3. ¿Hay alguna área de su vida que le gustaría "limpiar" para ser un "instrumento para honra"? (Ver 2 Ti 2:21)
4. ¿Se acuerda de algún periodo específico de su vida en el que la disciplina de Dios le haya resultado dolorosa durante un tiempo, pero que haya dado buenos resultados?
5. ¿Está de acuerdo en que el pecado voluntario o en nuestras vidas obstaculizará nuestra comunión diaria con Dios?
6. ¿Piensa que es posible sentir el disgusto paternal de Dios hacia su persona y su amor por usted al mismo tiempo?[24]

TÉRMINOS ESPECIALES

disgusto paternal
buenas obras
pecados mayores
pecados menores

BIBLIOGRAFÍA

Otras fuentes de referencia sobre ética

(ver los datos bibliográficos completos en la pág. 64)

Frame, 403-4, 590-92
McQuilkin y Copan, 598-605
Murray, 181-242
Rae, 40-42

Otras obras

Brown, C. A. *"Obedience"* [Obediencia]. En New Dictionary of Christian Ethics and Pastoral Theology [Nuevo diccionario de ética cristiana y teología pastoral], editado por David J. Atkinson y David H. Field, 636-37. Leicester, Reino Unido: Inter-Varsity, y Downers Grove, Illinois: InterVarsity Press, 1995.

Naselli, Andrew David y J. D. Crowley. *Conscience: What It Is, How to Train It, and Loving Those Who Differ* [Conciencia: Qué es, cómo entrenarla y amar a quienes difieren]. Wheaton, Illinois: Crossway, 2016.

Parkyn, D. L. *"Blessedness"* [Bienaventuranza]. En New Dictionary of Christian

Ethics and Pastoral Theology [Nuevo diccionario de ética cristiana y teología pastoral], 196-97.

Piper, John. *Desiring God: Meditations of a Christian Hedonist* [Dios: Meditaciones de un hedonista cristiano]. Portland, Oregón: Multnomah, 1986.

Sproul, R. C. *Pleasing God* [Complaciendo a Dios]. Wheaton, Illinois: Tyndale, 1988.

PASAJE BÍBLICO PARA MEMORIZAR

2 Timoteo 2:21: Así que, si alguno se limpia de estas cosas, será instrumento para honra, santificado, útil al Señor, y dispuesto para toda buena obra.

HIMNO

"Cuando andemos con Dios"

Cuando andemos con Dios,
Escuchando su voz
Nuestra senda florida será
Si acatamos su ley
Él ser nuestro Rey,
Y con Él reinaremos allá

CORO
Obedecer, cumple a nuestro deber
si queréis ser felices debéis obedecer.

Cuando Cristo murió,
Nuestro llanto enjugó,
Proclamarle debemos doquier.
Gozarás de amor, de tu Rey y Señor,
Si obediente le entregas tu ser.

No podremos probar sus delicias sin par
Si seguimos mundano el placer.
Obtendremos su amor
Y el divino favor si sus leyes
Queremos hacer.

AUTOR: JAMES H. SAMMIS, D. 1919

CÓMO CONOCER LA VOLUNTAD DE DIOS: FACTORES A CONSIDERAR EN LA TOMA DE DECISIONES ÉTICAS

¿Qué factores debemos tener en cuenta al tomar decisiones éticas?

¿Qué significa ser "guiado por el Espíritu Santo"?

Si definimos la ética cristiana como un estudio acerca de la pregunta: "¿Qué nos enseña toda la Biblia sobre qué actos, actitudes y rasgos de carácter personal reciben la aprobación de Dios, y cuáles no?", entonces es posible ver cada decisión significativa como una búsqueda para responder a la pregunta: "¿Cómo puedo conocer la voluntad de Dios para mí en esta situación?". El conocer la voluntad de Dios es saber qué acciones, actitudes y rasgos de carácter aprueba en cada situación.

A. LAS DECISIONES PUEDEN SER RÁPIDAS O PROLONGADAS, EN FUNCIÓN DE LOS PRINCIPALES ACONTECIMIENTOS O DE LAS PEQUEÑAS ACTIVIDADES COTIDIANAS

Algunas decisiones deben tomarse al instante. Cuando José trabajaba en la casa de Potifar en Egipto, un día la mujer de Potifar "lo asió por su ropa, diciendo: 'Duerme conmigo'. Entonces él dejó su ropa en las manos de ella, y huyó y salió" (Gn 39:12; pero también debe notar el ejemplo de respuestas sabias en los vv. 7-10). José solo tuvo un instante para responder, tomó una sabia decisión y huyó[1].

Otras decisiones necesitan más tiempo. En este capítulo explicaré múltiples factores que pueden y deben tenerse en cuenta cuando tenemos más tiempo para tomar una decisión y cuando la decisión en sí es lo bastante importante como para considerarla con mayor detalle.

En ocasiones, conocer la voluntad de Dios implica tomar decisiones importantes, como a qué carrera aspirar, qué disciplina debe elegir un estudiante como carrera universitaria o con quién casarse. Otras veces la cuestión es si aceptar un nuevo trabajo o permanecer en el actual, a qué iglesia unirse, o si ser voluntario para una causa benéfica o una actividad de la iglesia. Incluso otras situaciones pueden implicar decisiones difíciles sobre el final de la vida de un miembro de la familia con una enfermedad terminal. Además, otras decisiones están relacionadas con convicciones sobre cuestiones de políticas públicas, como el aborto, la pena de muerte, la eutanasia, la guerra, las leyes sobre el matrimonio o la legalización de la marihuana.

En otras ocasiones, los cristianos desean contar con la sabiduría de Dios en lo que respecta a decisiones más sencillas y cotidianas, como qué correos electrónicos responder o borrar, qué llamadas telefónicas hacer o posponer, o cómo programar las distintas tareas que hay que hacer en determinados días.

Para todas estas cuestiones, ya sean grandes o pequeñas, debería ser útil el siguiente proceso (aunque en algunas situaciones solo se utilicen partes de este proceso). Sin embargo, este proceso debe entenderse en relación con los capítulos anteriores, en particular los capítulos 4 y 5.

En el capítulo 4, se habló de la importancia de desarrollar un *carácter semejante al de Cristo* y de crecer en las innumerables virtudes cristianas mencionadas en el Nuevo Testamento. A medida que un cristiano crece hacia un carácter semejante al de Cristo, estará más inclinado a tomar decisiones éticas sabias que concuerden con lo que le complace a Dios.

En el capítulo 5, se habló de las alegrías y las bendiciones de la obediencia a Dios, así como de las consecuencias perjudiciales del pecado, incluso en la vida de los cristianos. No obstante, si alguien comienza a adquirir un carácter semejante al de Cristo y una sabiduría piadosa, al tiempo que anhela experimentar las alegrías y las bendiciones de la obediencia, sigue siendo necesario saber qué factores deben ser

---

[1] En otro caso, Uza tuvo un instante para decidir y tomó la decisión equivocada. Dios había dado un claro mandamiento de que el pueblo no debía tocar "cosa santa, no sea que mueran" (Nm 4:15, refiriéndose a los diversos muebles del tabernáculo). No obstante, la magnitud de la santidad de Dios detrás de esa prohibición no había penetrado lo suficiente en el corazón de Uza, porque cuando el rey David y el pueblo de Israel llevaban el arca del pacto a Jerusalén, Uza realmente tocó el arca: "Cuando llegaron a la era de Nacón, *Uza extendió su mano al arca de Dios, y la sostuvo*; porque los bueyes tropezaban. Y el furor de Jehová se encendió contra Uza, y lo hirió allí Dios por aquella temeridad, y cayó allí muerto junto al arca de Dios" (2 S 6:6-7). Además, hubo un fallo de liderazgo en esta situación, ya que el arca se transportaba por error en un carreta en lugar de hacerlo con varas colocadas a través de los anillos de las esquinas del arca (ver Ex 25:14-15; 2 S 6:3-4).

considerados al tomar decisiones éticas.

En los dos apartados siguientes, se analizarán *cuatro dimensiones para cada acción y nueve fuentes de información* que deben tenerse en cuenta en cualquier decisión moral.

B. CUATRO DIMENSIONES PARA CADA ACCIÓN

Las acciones humanas tienen al menos cuatro dimensiones que hay que tener en cuenta cuando se deben tomar decisiones:

1. La acción en sí misma.
2. Las actitudes de la persona sobre la acción.
3. Los motivos de la persona para realizar la acción (la razón por la que la persona hace algo).
4. Los resultados de la acción.

Mientras que la acción en sí, en cuanto se realice, será visible para los demás, las actitudes y los motivos de una persona serán en su mayoría invisibles, y los resultados de la acción también lo serán en su mayoría porque aún no se han producido.

Podemos considerar con más detalle estas cuatro dimensiones para cada acción.

1. La acción en sí misma: La primera pregunta que se debe hacer es: ¿Esta acción es buena desde el punto de vista moral? Para decidirlo, necesitamos conocer los mandatos de la Escritura respecto a la acción.

La Escritura prohíbe con claridad algunas acciones. La Biblia nos dice que no debemos asesinar (Ex 20:13), no debemos cometer adulterio (v. 14), no debemos robar (v. 15), no debemos dar falso testimonio (v. 16), etc. Otras acciones también son mandamientos. La Escritura nos dice que "honres a tu padre y a tu madre" (v. 12). En otra parte, la Biblia nos dice que debemos "Pagad a todos lo que debéis" (Ro 13:7).

Sin embargo, muchas acciones que tenemos que considerar no están específicamente ordenadas ni prohibidas por las Escrituras, como por ejemplo, si hay que aceptar una determinada oferta de trabajo, qué vehículo usado comprar, a qué iglesia unirse o con quién casarse. Para tales decisiones, necesitamos considerar otras dimensiones de la acción en cuestión, y necesitamos considerar las nueve fuentes de información.

2. Las actitudes de la persona sobre la acción. Como "Jehová mira el corazón" (1 S 16:7), no basta con que hagamos acciones correctas desde el punto de vista moral. Dios también quiere que las actitudes de nuestros corazones sean correctas ante él:

Todo camino del hombre es recto en su propia opinión;
Pero *Jehová pesa los corazones* (Pr 21:2).

En algunos casos, una acción puede ser correcta y los *resultados* pueden ser óptimos desde el punto de vista moral, pero las actitudes de una persona pueden ser incorrectas. Por ejemplo, si la madre de Julie le dice que tiene que limpiar su habitación antes de poder salir a jugar con sus amigos, puede que haga la acción correcta (limpiar la habitación a toda prisa) y obtenga los resultados correctos (una habitación limpia), pero con la actitud incorrecta (da un portazo y limpia la habitación con rabia y con un resentimiento latente contra su madre).

3. Los motivos de la persona para realizar la acción. Jesús nos enseñó a cuidarnos de hacer acciones buenas con motivos incorrectos, como el deseo de ser alabado por otras personas:

> Guardaos de hacer vuestra justicia delante de los hombres, para ser *vistos* de ellos; de otra manera no tendréis recompensa de vuestro Padre que está en los cielos. Cuando, pues, des limosna, no hagas tocar trompeta delante de ti, como hacen los hipócritas en las sinagogas y en las calles, para ser alabados por los hombres; de cierto os digo que ya tienen su recompensa (Mt 6:1-2; cf. 23:5-7).

Por ejemplo, piense en una pareja que está hablando sobre si debe acordar ayudar con el ministerio juvenil de su iglesia una noche a la semana. Si se preguntan con sinceridad por qué quieren hacerlo, puede que descubran que sus motivos resultan muy positivos, como el deseo de ministrar con eficacia a los jóvenes que acuden a su iglesia, involucrarse en una actividad de la iglesia en la que participan sus hijos, de hacer algún tipo de ministerio juntos, de satisfacer una necesidad por la escasez de voluntarios en ese momento, o por otros motivos similares. Puede que solo quieran honrar a Dios en la forma en que conducen sus vidas y promueven la venida de su reino, como enseñó Jesús: "Mas buscad primeramente el reino de Dios y su justicia, y todas estas cosas os serán añadidas" (Mt 6:33).

Por otro lado, podrían descubrir que sus motivos no son apropiados. Puede que estén pensando en ayudar en el ministerio juvenil porque un vecino les ha estado presionando para que lo hagan y están cansados de decirle que no, aunque no creen que sea lo correcto. O puede que quieran ser más conocidos y obtener el reconocimiento de los demás en la iglesia, lo que es una simple apelación a su orgullo. ¡O podrían estar buscando una oportunidad para observar al pastor de jóvenes para poder presentar más críticas contra él a los líderes de la iglesia! Todos estos serían motivos incorrectos.

4. Los resultados de la acción. Otros pasajes de la Escritura nos exhortan a pensar en los resultados de nuestras acciones. Por ejemplo, Pablo quería que los cristianos de Corinto evaluaran lo que ocurría en sus cultos de adoración para ver si las diversas actividades contribuían en realidad a edificarse unos a otros en el Señor:

> ¿Qué hay, pues, hermanos? Cuando os reunís, cada uno de vosotros tiene salmo, tiene doctrina, tiene lengua, tiene revelación, tiene interpretación. *Hágase todo para edificación* (1 Co 14:26).

Por poner otro ejemplo, Pablo estaba convencido de que los alimentos impuros del Antiguo Testamento ya no eran impuros para los cristianos ("Nada es inmundo en sí mismo", Ro 14:14), y por tanto la acción de comer cerdo (por ejemplo) no era incorrecta en sí misma. No obstante, podía traer un resultado erróneo, y en esos casos no debía hacerse:

> Pero *si por causa de la comida tu hermano es contristado*, ya no andas conforme al amor. No hagas que por la comida tuya se pierda aquel por quien Cristo murió (Ro 14:15-16; ver también 1 Co 8:13; 10:24).

Al escribir a la iglesia de Corinto, Pablo concluyó una larga sección de consejos con un requerimiento general para que consideraran los resultados de sus acciones: "Si, pues, coméis o bebéis, o hacéis otra cosa, hacedlo todo para la gloria de Dios" (1 Co 10:31).

Tenemos que tener en cuenta estas cuatro dimensiones para cualquier acción: (1) la acción en sí misma, (2) las actitudes, (3) los motivos y (4) los resultados. Una acción que es agradable a Dios seguirá las enseñanzas de las Escrituras en estas cuatro áreas.

5. La mayoría de las acciones contienen una combinación de diferentes actitudes, motivos y resultados. Incluso las acciones más sencillas pueden implicar una compleja combinación de actitudes. Cualquier padre que haya sido despertado a mitad de la noche para cuidar a un niño enfermo, dará fe de que siente un profundo amor por el niño, pero también quizás una leve irritación o incluso resentimiento por la interrupción de un sueño profundo, junto con el agradecimiento a Dios por el privilegio de ser padre, más un ligero matiz de ansiedad por poder hacer un buen trabajo al día siguiente con menos de sueño o sobre si la interrupción despertará a los otros niños, más una profunda sensación de paz al conocer la presencia de Dios, más un renovado sentido de gratitud por los sacrificios realizados por sus propios padres, más quizás un poco de cansancio y desánimo por tener tantas responsabilidades, etc. Nuestros corazones son complejos, y somos capaces de tener múltiples actitudes a la vez en cualquier situación.

En este caso, nuestros *motivos* para una acción pueden estar combinados. Mientras que nuestro motivo principal para dar tiempo o dinero a una iglesia u organización caritativa puede ser promover el trabajo de la iglesia y ganar recompensas celestiales de Dios, también puede haber un pequeño deseo de obtener el reconocimiento de los demás. Es difícil con frecuencia conocer nuestros propios corazones o comprender por completo los motivos de nuestras acciones.

En cuanto a los *resultados*, aunque suele ser posible predecir el resultado más probable de una acción, rara vez es posible predecir los resultados con certeza o saber el alcance de los mismos. Es frecuente que las personas se vean sorprendidas por las "consecuencias involuntarias" de sus acciones. Por ejemplo, alguien podría hacer una inversión empresarial en un proyecto bueno desde el punto de vista moral (una acción correcta), con actitudes y motivos correctos, pero tener malos resultados (la inversión podría fracasar y el capital perderse, tal vez porque la inversión se realizó en un producto para el que no había demanda de los consumidores)[2].

Sin embargo, estas complejidades no significan que sea imposible conocer o evaluar las actitudes, los motivos y los resultados de una acción. Por lo general, podemos conocer las actitudes dominantes y los motivos dominantes de una acción (al menos para nosotros mismos). Suele ser posible predecir los resultados más probables que se derivarán de una acción. Por tanto, podemos analizar estos cuatro factores al considerar cualquier acción o situación concreta.

C. NUEVE FUENTES DE INFORMACIÓN Y ORIENTACIÓN

Como he mencionado antes en este capítulo, algunas veces no hay tiempo para reflexionar sobre una decisión, y una persona solo tiene que usar su mejor juicio en el momento y tomar la decisión enseguida. Sin embargo, en otras ocasiones hay más oportunidad de reflexionar y, en ese caso, hay que tener en cuenta varias fuentes de información diferentes, sobre todo si la decisión es bastante importante. A continuación, nueve fuentes de información a tener en cuenta:

1. Información de la Biblia. Nuestra primera fuente de información sobre cualquier decisión ética debe ser las enseñanzas de la Biblia. La Biblia es nuestra única fuente de orientación ética inerrante y absolutamente autorizada. El resto de este libro está dedicado a buscar las enseñanzas de la Biblia sobre diversos temas éticos específicos.

2. Información del estudio de la situación. Jesús da ejemplos de la vida cotidiana que ilustran cómo la gente suele informarse más sobre una situación antes de acordar un plan de acción:

> Porque ¿quién de vosotros, queriendo edificar una torre, no se sienta primero y calcula los gastos, a ver si tiene lo que necesita para acabarla? No sea que después que haya puesto el cimiento, y no pueda acabarla, todos los que lo vean comiencen a hacer burla de él, diciendo: Este hombre comenzó a edificar, y no pudo acabar. ¿O qué rey, al marchar a la guerra contra otro rey, no se sienta primero y considera si puede hacer frente con diez mil al que viene contra él con veinte mil? Y si no puede, cuando el otro está todavía lejos, le envía una embajada y le pide condiciones de paz (Lucas 14:28-32).

Muchas decisiones sobre la atención médica, las universidades, las ofertas de trabajo, las parejas matrimoniales, las oportunidades ministeriales, las posiciones políticas y muchas otras cosas requieren que encontremos más información sobre los hechos reales de una situación antes de poder hacer una elección responsable.

El estudio de la situación debe incluir también la reflexión sobre "lo que podría ser", que proviene de nuestra imaginación. John Frame explica por qué la

---

[2] Un ejemplo bíblico trágico de resultados imprevistos es el voto insensato de Jefté en Jue 11:30-31.

imaginación es un factor útil en las decisiones éticas. Define la imaginación como "nuestra capacidad de pensar en cosas que no son", y luego dice que la imaginación es útil para tomar decisiones éticas porque "nos permite concebir planes de acción alternativos cuando reflexionamos sobre qué hacer en el futuro"[3].

3. Información sobre uno mismo. Es importante entenderse a uno mismo y su papel específico en la situación en cuestión. Pablo anima a esta meditada autorreflexión:

> Digo, pues, por la gracia que me es dada, a cada cual que está entre vosotros, que no tenga más alto concepto de sí que el que debe tener, sino que piense de *sí con cordura,* conforme a la medida de fe que Dios repartió a cada uno (Ro 12:3).

Por lo tanto, una persona debe reflexionar con sinceridad sobre sus propias habilidades, intereses, deseos y el sentido del llamado de Dios para su vida para decidir si tomar una acción específica o no. El consejo de amigos y de líderes espirituales puede ser útil en este sentido (ver el siguiente apartado)

4. Consejos por parte de otras personas. Los cristianos pueden obtener consejos útiles de otras personas en relación con una decisión ética. Tanto los amigos personales como los líderes espirituales, como los pastores, pueden dar consejos útiles. En general, Pablo animó a los cristianos de Roma (¡a los que todavía no había conocido!) a que fueran capaces de darse consejos sabios unos a otros:

> Pero estoy seguro de vosotros, hermanos míos, de que vosotros mismos estáis llenos de bondad, llenos de todo conocimiento, de tal manera que *podéis amonestaros los unos a los otros* (Ro 15:14).

La palabra griega que se traduce como "podéis amonestaros" es *noutheteō,* "aconsejar sobre la evasión o el cese de una conducta impropia, amonestar, advertir, instruir"[4]. De manera similar, leemos en el Antiguo Testamento: "Mas en la multitud de consejeros hay seguridad" (Pr 11:14).

La lectura de libros y artículos sobre el tema de la decisión es otra fuente importante de "consejos por parte de otras personas", solo que en este caso los demás no están presentes en persona, sino que han escrito sus consejos y los han publicado.

Por último, las enseñanzas históricas de la iglesia pueden ser otra fuente de "consejos por parte de otras personas" que resulta útil para tomar decisiones éticas. Muchos de los maestros bíblicos más sabios de la historia de la iglesia han dedicado mucho tiempo y reflexión a las cuestiones éticas más habituales a las que se enfrenta la gente en cada generación, y con el tiempo se ha acumulado una tradición de enseñanzas eclesiásticas aceptadas sobre algunas cuestiones éticas. En ocasiones, esa tradición se expresa (al menos para los protestantes) en algunas de

---

[3] John M. Frame, *The Doctrine of the Christian Life: A Theology of Lordship* [La doctrina de la vida cristiana: Una teología del señorío] (Phillipsburg, Nueva Jersey: P&R, 2008), 369-70.

[4] BDAG, pág. 679

las declaraciones de fe de mayor extensión, como la Confesión de Fe de Westminster y el Catecismo Mayor de Westminster, el Catecismo de Heidelberg o la Confesión Bautista de Filadelfia.

5. Cambio de circunstancias. Cuando las circunstancias cambian, ¿puede ser una indicación de la voluntad de Dios para uno? Una evaluación correcta requerirá sabiduría para discernir si las circunstancias indican algo de los propósitos de Dios para nosotros, y esto requiere oración para que Dios nos conceda discernimiento para entender las circunstancias de forma correcta. Sin embargo, hay varios ejemplos de orientación circunstancial en las Escrituras.

Un ejemplo famoso de búsqueda de orientación a partir de un cambio en las circunstancias se encuentra en la historia de Gedeón que pone un vellón de lana durante la noche, pidiendo a Dios que haga que el vellón se moje con el rocío y la tierra se seque; luego, la noche siguiente, pide a Dios que haga que el vellón se seque y la tierra se moje con el rocío (ver Jue 6:36-40). Dios concedió la petición de Gedeón en ambas noches.

Sin embargo, no es del todo seguro que la narración bíblica lo ponga como ejemplo a imitar. Dios ya le había dicho con toda claridad a Gedeón lo que debía hacer y ya le había prometido que le daría la victoria (ver Jue 6:14-16), por lo que Gedeón le dijo a Dios en pocas palabras: *"Si me he ganado tu favor,* dame una señal". Desde luego, no estaba demostrando fe en la promesa de Dios. Además, Gedeón había entendido a la perfección la promesa de Dios, pues le dijo: "Si has de salvar a Israel por mi mano, *como has dicho,* he aquí que yo pondré un vellón de lana en la era" (vv. 36-37). El libro de los Jueces relata con frecuencia los acontecimientos con veracidad, pero no siempre se presentan en la narración como ejemplos para que los imitemos.

No conozco ningún ejemplo del Nuevo Testamento en el que el pueblo de Dios buscara de forma similar la orientación a través de la petición a Dios de realizar un milagro específico. Sin embargo, hay otros ejemplos en el Nuevo Testamento acerca de la orientación por el cambio de circunstancias. Cuando Jesús envió a sus doce discípulos a predicar, les indicó que la respuesta del pueblo les diría si debían quedarse allí o marcharse:

> Y si alguno no os recibiere, ni oyere vuestras palabras, salid de aquella casa
> o ciudad, y sacudid el polvo de vuestros pies (Mt 10:14).

Las circunstancias también parecen haber desempeñado un papel importante a la hora de determinar si Pablo se quedaba en una ciudad o se marchaba durante sus viajes misioneros. Cuando surgía una hostilidad violenta contra su predicación, abandonaba esa ciudad y se dirigía a la siguiente (ver Hechos 13:50-51; 14:5-6, 20; 16:40; 17:10, 14; 20:1, 3).

En Atenas, no se enfrentó a una oposición violenta, pero al recibir una respuesta mínima, se marchó de allí y se dirigió a Corinto, donde permaneció un año y seis meses (Hechos 18:1, 11). No obstante, la circunstancia positiva de la bendición de Dios sobre el ministerio de Pablo no siempre indicaba que debía quedarse en una ciudad. Encontró una "puerta abierta" para el ministerio en Efeso y decidió quedarse allí más tiempo, pero luego encontró una "puerta abierta" para el ministerio en Troas y decidió no quedarse. La situación en Efeso es la siguiente:

> Pero estaré en Efeso hasta Pentecostés; *porque se me ha abierto puerta grande y eficaz,* y muchos son los adversarios (1 Co 16:8-9).

A continuación, la situación de contraste en Troas:

> Cuando llegué a Troas para predicar el evangelio de Cristo, *aunque se me abrió puerta en el Señor,* no tuve reposo en mi espíritu, por no haber hallado a mi hermano Tito; *así, despidiéndome de ellos, partí para Macedonia* (2 Co 2:12-13).

En este segundo caso, a pesar de que "se me abrió puerta en el Señor" para el ministerio, Pablo dejó Troas, porque su espíritu estaba sumamente preocupado por encontrar a Tito, a quien lo había enviado antes.. (Una lectura del contexto más amplio de estos acontecimientos muestra que no era solo la preocupación de Pablo por Tito como individuo, sino su profunda preocupación por el bienestar de la iglesia de Corinto, y la expectativa de que Tito le trajera las noticias de Corinto que estaba deseando escuchar). Al parecer, Pablo sí tuvo en cuenta el cambio de circunstancias al tratar de conocer la voluntad de Dios para su ministerio, pero en Troas las circunstancias incluían no solo la puerta abierta para el evangelio, sino también la ausencia de Tito. Asimismo, Pablo pudo haber tenido en cuenta otros factores.

No examinaré aquí en detalle los abundantes ejemplos adicionales de toma de decisiones a la luz de circunstancias cambiadas que se encuentran en las Escrituras, pero de estos ejemplos podemos sacar esta conclusión: Debemos tener en cuenta el cambio de circunstancias, pero el cambio de circunstancias es solo un factor en el proceso de toma de decisiones, y necesitamos orar pidiendo sabiduría a Dios para entender cómo evaluar estas circunstancias.

6. Conciencia. La conciencia es el sentido instintivo interno de una persona sobre el bien y el mal. Pedro exhorta a sus lectores a que se preocupen por tener *"una buena conciencia"* (1 P 3:16), mientras que Pablo dijo: "Y por esto procuro tener siempre una *conciencia sin ofensa* ante Dios y ante los hombres" (Hechos 24:16). Dijo a los cristianos de Roma que una de las razones por las que debían obedecer al gobierno era "por causa de la conciencia" (Ro 13:5).

No significa que la conciencia sea siempre una guía fiable, porque algunas personas pueden tener una conciencia "débil" (1 Co 8:10), y cuando Pablo dice que quiere que sus oyentes desarrollen una "buena conciencia" (1 Ti 1:5)[5], da a entender que otros pueden tener una mala conciencia o una que no sea tan fiable. Sin embargo, hay que tener en cuenta la conciencia a la hora de tomar una decisión ética. Graves

---

[5] Andrew David Naselli y J. D. Crowley discuten cómo una persona puede formar su conciencia en *Conscience: What It Is, How to Train It, and Loving Those Who Differ* [Conciencia: Qué es, cómo entrenarla y amar a quienes difieren] (Wheaton, Illinois: Crossway, 2016), págs. 55-83.

consecuencias sufren los que rechazan el testimonio de sus conciencias, pues Pablo dijo que Timoteo debía "librar la buena batalla" mientras seguía "manteniendo la fe y buena conciencia". Luego, añadió, "Por desecharla[6] ,algunos naufragaron en cuanto a la fe" (vv. 18-19, RVR-1995). Por eso, las personas rechazan el testimonio de sus conciencias bajo un gran riesgo.

7. Corazón. Mientras que la conciencia es un *sentido interno* instintivo del bien y el mal, el "corazón" en las Escrituras es un concepto más amplio, ya que el corazón se considera el centro interno de las inclinaciones y convicciones tanto morales como espirituales más profundas de una persona, ante todo en relación con Dios[7].

Los creyentes de la era del nuevo pacto tienen las leyes de Dios escritas en sus corazones en un sentido más completo y profundo que en el antiguo pacto. Como parte de la superioridad del nuevo pacto sobre el antiguo, Dios promete, *"Pondré mis leyes en sus corazones, y en sus mentes las escribiré"* (He 10:16; cf. 8:10). Además, Pablo supone que los cristianos en general se han "obedecido de corazón" a la voluntad de Dios (Ro 6:17). Sin embargo, no debemos pensar que nuestros corazones son todavía perfectos, porque Pablo también dice que su objetivo en el ministerio es que los cristianos lleguen a practicar "el amor nacido de *corazón limpio*, y de buena conciencia, y de fe no fingida" (1 Ti 1:5; ver también 2 Ts 3:5). Pablo también dice que Dios *"prueba nuestros corazones"* (1 Ts 2:4), lo que supone que los cristianos pueden tener corazones más o menos puros ante Dios. (Ver también Pr 4:23; 1 Co 4:5; Ef 1:18; 6:6; 1 Ts 3:13; Santiago 3:14; 4:8).

Respecto a la orientación ética, la Escritura habla en ocasiones que las personas siguen los deseos de su corazón para hacer lo que agrada a Dios. Pablo dijo a los cristianos de la iglesia de Corinto que, en relación a entregar dinero para la obra del Señor, "Cada uno dé como propuso en su corazón" (2 Co 9:7). Además, el dice que Dios *"puso en el corazón de Tito* la misma solicitud por vosotros" (8:16; ver también Hechos 7:23).

Incluso en el antiguo pacto, David podía escribir a partir de un corazón que había sido transformado en cierta medida por Dios:

> Deléitate en el SEÑOR,
>   y él te concederá los deseos de tu *corazón (Sal 37:4, NTV).*

Esto indica que los deseos profundos y sinceros de una persona que ama a Dios y se deleita en él serán por lo general los mismos deseos que Dios quiere que tenga esa persona, los deseos que Dios se complacerá en conceder. En este caso, los deseos de una persona indican la voluntad de Dios para esa persona.

Una idea similar de deseos internos profundos que concuerdan con la voluntad de Dios se encuentra en otros pasajes que no utilizan de forma específica la palabra

---

[6] El pronombre "la" traduce el pronombre griego *hēn*, un pronombre femenino singular que remite a "conciencia" (*suneidēsis*), que también es femenino singular en griego y el antecedente más cercano.

[7] Se dice que los no cristianos tienen "un corazón pecaminoso e incrédulo" (He 3:12; ver también Ro 1:21, 24; 2 P 2:14). Sin embargo, por la gracia común de Dios, todavía tienen algún sentido interno del bien y del mal, porque Pablo dice que cada persona todavía tiene, hasta cierto punto, una comprensión innata de las normas morales de las leyes de Dios: "La obra de la ley *escrita en sus corazones*" (Ro 2:15).

corazón (hebreo, *lēb*; en griego, kardia), pero que tienen un significado similar:

> Palabra fiel: Si alguno *anhela* [En griego, *oregō*, "buscar realizar, anhelar, esforzarse"] obispado, buena obra *desea* [En griego, *epithymeō*, "tener un fuerte deseo, añorar".] (1 Ti 3:1).

Con respecto a los nuevos matrimonios de una mujer cuyo primer marido ha muerto, Pablo escribe:

> La mujer está ligada a su esposo mientras él vive; pero, si el esposo muere, ella queda libre para casarse con *quien quiera*, con tal de que sea en el Señor (1 Co 7:39).

En este caso, el término griego para "deseos" es *thelō*, "tener deseo de algo, desear tener, desear, querer". Pablo quiere decir que una viuda tiene libertad considerable para casarse con quien quiera, siempre que sea un creyente cristiano ("con tal de que sea en el Señor"). No creo que haya una razón convincente para no aplicar esta guía a las decisiones matrimoniales en general, aunque aquí se hable del caso concreto de las viudas que desean volver a casarse. El principio es que las personas deben casarse con quien quieran contraer matrimonio.

En mis 40 años de enseñanza sobre teología a estudiantes universitarios y de posgrado, he descubierto que este principio es importante cuando los estudiantes han acudido a mí pidiendo consejo sobre las decisiones que tienen que tomar entre las oportunidades de trabajo, las direcciones de la carrera, o en ocasiones sobre si deben comprometerse a casarse con una determinada persona o no. Una y otra vez, tras conocer la situación concreta, me ha resultado útil preguntar: "¿Qué es lo que más *deseas* hacer? ¿Qué hay en tu corazón?".

Me parece que esta pregunta es útil porque en muchas situaciones el Señor ya ha puesto en el corazón de la persona un profundo deseo de seguir un curso de acción particular, y sería insensato ignorar ese deseo. No digo que tal deseo sea siempre fiable, pues Santiago advierte a sus lectores (que son en su mayoría creyentes cristianos) que pueden tener "celos amargos y ambición personal" en sus corazones (Santiago 3:14, NBLA), y "purificad vuestros corazones" es la necesidad de algunos de ellos (4:8; ver también 1:26; 5:5, 8). Sin embargo, en general, los creyentes cristianos que han "obedecido de corazón" las enseñanzas de Dios (Ro 6:17), y he constatado muchas veces que, para los cristianos que caminan en obediencia al Señor, se mantienen en comunión con él y ora y lee la Biblia con regularidad, los deseos de su corazón deberían ser un factor importante a la hora de discernir la voluntad de Dios en situaciones concretas. (No obstante, quiero dejar claro que los deseos del corazón de una persona no son el único factor a tener en cuenta, ya que también hay que considerar las otras fuentes de información de las que se habla en todo este apartado)[8].

---

[8] En este punto, alguien podría objetar que Jeremías 17:9 dice, "Engañoso es el corazón más que todas las cosas, y perverso; ¿quién lo conocerá? En cambio, no creo que esta descripción se aplique a los creyentes cristianos del nuevo pacto, donde Dios ha cumplido su promesa, "Daré mi ley en su mente, y

8. El espíritu humano de una persona. El "espíritu" de una persona (en griego, *pneuma*) es la parte no material de la misma, la que sobrevive cuando el cuerpo físico de la persona muere. El *espíritu humano* de una persona no es lo mismo que el Espíritu Santo, que vive dentro de nosotros y que es él mismo Dios, pues Pablo distingue entre el Espíritu Santo y nuestros espíritus humanos cuando dice, "El *Espíritu* mismo da testimonio a *nuestro espíritu,* de que somos hijos de Dios" (Ro 8:16).

Pablo se guiaba por la inquietud de su espíritu humano cuando estaba en Troas buscando a Tito para que le trajera noticias de la iglesia de Corinto:

Cuando llegué a Troas para predicar el evangelio de Cristo, aunque se me abrió puerta en el Señor, no tuve reposo en *mi espíritu,* por no haber hallado a mi hermano Tito; así, despidiéndome de ellos, partí para Macedonia (2 Co 2:12-13).

En otra situación, cuando Pablo llegó a la ciudad de Atenas, se lee que "su espíritu se enardecía viendo la ciudad entregada a la idolatría" (Hechos 17:16). Por lo visto, esto indica que Pablo tenía una sensación subjetiva de que en Atenas actuaban fuerzas espirituales invisibles y malignas, que estaban detrás de las evidencias físicas externas de idolatría que veía mientras caminaba por la ciudad. La presencia del mal en el reino invisible y espiritual se quedó en Pablo no tanto en su intelecto y razón como en su percepción subjetiva de lo que su espíritu estaba sintiendo dentro de él.

Del mismo modo, los Evangelios dicen a veces que Jesús percibió algo "en su *espíritu*" (Marcos 2:8) o que "se conmovió en *espíritu*" (Juan 13:21).

En ocasiones, el espíritu humano de una persona puede dar indicios de emociones positivas, como cuando María declaró, "Engrandece mi alma al Señor; y *mi espíritu* se regocija en Dios mi Salvador" (Lucas 1:46-47).

Por lo tanto, además de una percepción subjetiva sobre el bien y el mal desde nuestras propias *conciencias,* así como de los profundos deseos y convicciones interiores que sentimos en nuestros *corazones,* también es apropiado considerar cualquier sentido de dinámica espiritual invisible en una situación que pueda permanecer en nuestros *espíritus humanos.*

9. Guía procedente del Espíritu Santo. Una fuente adicional de guía es la dirección personal del Espíritu Santo. Dicha guía se identificó de forma explícita en el segundo viaje misionero de Pablo:

---

la escribiré en su corazón" (Jer 31:33, ver también 32:39). El autor de Hebreos considera que este pasaje indica una de las formas en que el nuevo pacto es superior al antiguo, y el autor lo ve cumplido en la vida de los creyentes bajo el nuevo pacto, donde Dios ha escrito sus leyes en el corazón de su pueblo (ver He 8:10; 10:16). Por eso, el autor de Hebreos dice a los cristianos bajo el nuevo pacto, "acerquémo-nos" a Dios "con *corazón sincero,* en plena certidumbre de fe, purificados los *corazones* de mala con-ciencia" (10:22). Por esta razón, no creo que Jeremías 17:9 deba utilizarse para describir la condición de los corazones de los creyentes en general en el nuevo pacto, que han "obedecido de *corazón*" (Ro 6:17) a las leyes de Dios.

Y atravesando Frigia y la provincia de Galacia, les *fue prohibido por el Espíritu Santo hablar la palabra en Asia;* y cuando llegaron a Misia, intentaron ir a Bitinia, *pero el Espíritu no se lo permitió* (Hechos 16:6-7; ver también 8:29; 13:2; 15:28).

Sin embargo, ¿la guía directa procedente del Espíritu Santo forma parte de la vida de todos los cristianos, o fue exclusiva de Pablo y los demás apóstoles del libro de los Hechos? Estoy convencido de que el Nuevo Testamento enseña que la guía directa procedente del Espíritu Santo es un componente normal de la vida de los cristianos en general, y es uno de los factores que debemos tener en cuenta al buscar conocer la voluntad de Dios.

Pablo escribió a los cristianos de Roma, a los que aún no había conocido, sobre una experiencia de ser guiado por el Espíritu Santo que parece haber considerado como característica de la vida de los cristianos en general:

Porque todos los que son *guiados* por el Espíritu de Dios, éstos son hijos de Dios (Ro 8:14).

La palabra griega traducida aquí como "guiado" es *agontai*, la forma indicativa pasiva presente de agō, que significa "guiar el movimiento de un objeto de una posición a otra" o (en un sentido espiritual) "dirigir/guiar en lo moral o espiritual"[9] En este contexto, Pablo está describiendo una cualidad que caracteriza la vida de los "hijos de Dios" en general. El uso del verbo en tiempo presente transmite el "aspecto imperfectivo", lo que invita al lector a ver la acción sin principio ni fin, y esto es coherente con la idea de una acción continua que ocurre con regularidad o en repetidas ocasiones a lo largo del tiempo. Este sentido del versículo se hace explícito en la traducción de la LBLA, "Porque todos *los que son guiados* por el Espíritu de Dios, los tales son hijos de Dios" (Ro 8:14). Pablo no habla de que una persona se deje guiar solo por sus propias convicciones o deseos morales, sino por el propio Espíritu Santo, que es una persona. Pablo se refiere a la guía personal del Espíritu Santo a los individuos, e indica que esta experiencia es característica de la vida de todos los cristianos[10].

Por otro lado, Pablo escribe a los cristianos de las iglesias de Galacia de forma similar:

Digo, pues: *Andad en el Espíritu,* y no satisfagáis los deseos de la carne (Gá 5:16).

Pero *si sois guiados por el Espíritu,* no estáis bajo la ley (Gá 5:18).

Si vivimos por el Espíritu, *andemos también por el Espíritu* (Gá 5:25).

Todos estos pasajes hablan de una expectativa según la cual los cristianos en general experimentarán una medida de conducción o guía por parte del Espíritu

---

[9] BDAG, pág. 16, significados 1 y 3.

[10] Ver el apéndice de este capítulo, pág. 177, para un análisis más detallado de Ro 8:14 y Gá 5:18.

Santo, que influirá en su evaluación de diversas opciones y cursos de acción de una manera subjetivamente percibida[11].

10. Podemos percibir los factores subjetivos de la guía por separado o en combinación. Los cuatro últimos factores mencionados (la conciencia, el corazón, el espíritu humano y la guía del Espíritu Santo) pueden llamarse "factores subjetivos" porque nos damos cuenta de ellos de forma instintiva, como algo que sentimos o percibimos, más que por el análisis lógico de las ideas o por la observación de los hechos en el mundo natural.

Las personas que actúan desde una visión del mundo no cristiana y materialista agruparían estos cuatro factores en la amplia categoría de "sentimientos" o "emociones" porque no tienen una categoría para la guía invisible del Espíritu Santo o para pensar en nuestros espíritus humanos como componentes reales pero invisibles de lo que somos como personas[12].

He incluido estos cuatro factores por separado porque la Biblia los considera factores distintos, y con frecuencia podemos reconocerlos como componentes distintos de la orientación (como indican los pasajes anteriores). Sin embargo, puede haber otras ocasiones en las que solo seamos conscientes de un sentido instintivo general de lo que hay que hacer en una situación (las personas suelen referirse de forma informal a esto como una "corazonada" sobre una decisión) sin poder evaluar con detalle cada uno de estos factores por separado.

11. Objeción: "Las impresiones subjetivas pueden engañar a las personas". No cabe duda de que las personas pueden cometer errores en el área de la guía subjetiva. El sentido instintivo de una persona sobre lo que debe hacer puede ser incorrecto en ocasiones, y no estoy diciendo que los cristianos deban confiar siempre en esas impresiones subjetivas. Además, hay que tener en cuenta otros factores con mayor objetividad, ante todo los cinco primeros factores que he indicado más arriba: (1) información de la Biblia, (2) información del estudio de la situación, (3) información sobre nosotros mismos, (4) consejo de otros, y (5) observación de las circunstancias cambiantes. Además, la enseñanza de la Biblia debe tener siempre la máxima prioridad. Los cristianos pueden cometer el error de poner demasiado énfasis en la guía de impresiones subjetivas.

No obstante, también me preocupa otro tipo de error, el de enseñar a las

---

[11] Hemos discutido en alguna ocasión la cuestión de la guía del Espíritu Santo que puede venir a través de otras personas cuando Dios trae a sus mentes algo concerniente a usted, y ellos luego se lo comunican a usted. Es algo que el Nuevo Testamento llamaría el don de la "profecía". Ver Wayne Grudem, *Systematic Theology: An Introduction to Biblical Doctrine* [Teología sistemática: Una introducción a la doctrina bíblica] (Leicester, Reino Unido: Inter-Varsity, y Grand Rapids, Michigan: Zondervan, 1994), 1049-61, sobre el don de profecía; ver también Wayne Grudem, *The Gift of Prophecy in the New Testament and Today* [El don de profecía en el Nuevo Testamento y hoy], rev. ed. (Wheaton, Illinois: Crossway, 2000). Mi entendimiento de la Escritura es que dicha guía a través del don de profecía continuará siendo válida durante toda la era de la iglesia hasta que Cristo regrese, pero es necesario tener precaución para evitar el exceso de este don. Pablo dice: "No apaguéis al Espíritu. *No menospreciéis las profecías. Examinadlo todo*; retened lo bueno" (1 Ts 5:19-21).

[12] Jesús se refiere al Espíritu Santo como "el Espíritu de verdad, al cual el mundo no puede recibir, porque no le ve, ni le conoce" (Juan 14:17).

personas a no prestar atención a las impresiones subjetivas sobre qué decisión tomar. Es imposible que sea así, porque Dios nos ha hecho personas completas, con conciencia, corazón y espíritu humano, y nos ha dado la capacidad de relacionarnos con él a través de la presencia personal del Espíritu Santo.

Jesús dijo, "Y yo rogaré al Padre, y os dará *otro Consolador*, para que esté con vosotros para siempre" (Juan 14:16; ver también 14:26; 15:26; 16:7; 1 Juan 2:1). La palabra traducida como "Consolador" es el griego *paraklētos*, que se traduce de varias maneras como "Consolador" (LBLA, RVA-2015, RVR1960, RVR 1977, CSB, NVI), "Abogado defensor" (NTV), "Defensor" (DHH) o "Abogado" (BLP, BLPH). Jesús decía que daría el Espíritu Santo para que fuera "otro Consolador" que estuviera presente con los discípulos cuando él ya no estuviera presente de forma física para hablar con ellos y enseñarles. Todas estas traducciones transmiten la idea de alguien que entabla una comunicación personal y una interacción personal con la persona a la que ayuda o aconseja.

En respuesta a la objeción de que las impresiones subjetivas pueden inducir a error a las personas, debemos reconocer que también podemos ser engañados con respecto a los factores más objetivos para la guía. Podemos ser engañados si malinterpretamos las enseñanzas de las Escrituras, si nos evaluamos de forma equivocada a nosotros mismos y a nuestras capacidades, o si nos basamos en información errónea sobre una situación. Podemos ser engañados al interpretar de forma errónea la experiencia pasada. Sin duda, podemos ser engañados por los sermones (que también podemos aplicar por error) y por los consejos de otros. Los libros y los artículos también pueden inducirnos a error, y en ocasiones la tradición histórica de la Iglesia ha cometido errores. Por lo tanto, no me parece que la objeción de que las impresiones subjetivas puedan confundirnos sea una razón convincente para no tener en cuenta los factores subjetivos.

Mi conclusión es que debemos prestar atención a los cuatro factores subjetivos, así como a los cinco primeros factores objetivos, a la hora de tomar decisiones. Dios se relaciona con nosotros como *personas completas*, lo que incluye nuestra capacidad de percibir estos factores subjetivos, y no solo como personas con capacidades intelectuales. Además, debo volver a insistir en que nunca debemos seguir ninguna de estas impresiones subjetivas para desobedecer las claras enseñanzas de las Escrituras.

D. EL PELIGRO DE COMPLICAR EN EXCESO ESTE PROCESO

En este capítulo, se han analizado cuatro dimensiones que deben tenerse en cuenta en relación con cualquier acción y nueve factores que deben considerarse a la hora de tomar decisiones éticas. Lo he explicado con tanto detalle porque es útil para los cristianos tener una comprensión más amplia de los factores individuales que conforman nuestro proceso de toma de decisiones cuando buscamos conocer la voluntad de Dios para nuestras situaciones individuales.

Sin embargo, no creo que Dios quiera que este proceso de toma de decisiones parezca imposible de seguir para los cristianos con regularidad o tan complicado que se desanimen por ello. Dios quiere que seamos capaces de tener sabiduría para tomar decisiones correctas: "Y si alguno de vosotros tiene falta de sabiduría, pídala a Dios, el cual da a todos abundantemente y sin reproche, y le será dada" (Santiago 1:5).

En el curso real de la vida de una persona, todos estos factores pueden tenerse en cuenta con bastante rapidez en la mayoría de las situaciones, incluso algunas veces de forma instantánea e instintiva, sin considerar de forma consciente cada uno de estos factores por separado. Sin embargo, en otras situaciones, la consideración reflexiva y explícita de estas diferentes dimensiones y factores proporcionará una visión y un discernimiento en mayor medida. De este modo, la toma de decisiones sabias puede convertirse en un buen hábito para todos los cristianos, una habilidad que ejercitan cada vez con mayor naturalidad en el transcurso de un día, a medida que aumentan en "conocimiento y en todo discernimiento", de modo que "aprueben lo mejor" (Fil 1:9-10, RVA-2015).

Una analogía útil es la de un profesional del golf que enseña a un principiante a manejar un palo de golf. El profesional del golf puede tomar primero un palo en sus manos, acercarse a la bola y hacer un swing con el palo, enviando la bola recta y lejos, haciendo que todo parezca muy fácil. En cambio, cuando la lección de golf empieza, el principiante se da cuenta de lo complicado que es realmente un swing de golf adecuado. Debe aprender la posición adecuada de los dedos y de las manos para sujetar el palo, la posición adecuada de los pies, la dirección que debe tomar el cuerpo y la posición adecuada de las rodillas, el torso, los brazos, los codos, las muñecas, los hombros y la cabeza. Para ello tiene que aprender no solo la posición de partida de todas estas cosas, sino los movimientos que tienen que hacer al comenzar el swing de golf, para después golpear la bola y seguirla de forma adecuada. ¡Es una tarea muy compleja!

Lo que he realizado en este capítulo es algo así como desglosar el swing de golf con gran detalle para hablar de sus partes individuales. Sin embargo, estas partes individuales pueden unirse en un proceso natural que se convierte en parte de la forma en que un cristiano vive con normalidad su vida. Creo que esto es lo que pretende el autor de Hebreos cuando habla de los cristianos maduros como "los que por el uso tienen *los sentidos ejercitados* en el discernimiento del bien y del mal" (Heb. 5:14). El proceso ya no parece complicado. Solo tienen que tomar el palo en sus manos, acercarse a la pelota y darle un buen golpe.

E. LA ADQUISICIÓN DE LA SABIDURÍA: LA HABILIDAD PERSONAL NECESARIA PARA UNA VIDA ÉTICA

Hasta este punto en este capítulo, he discutido la importancia de considerar si *una acción en sí misma* es correcta o incorrecta desde el punto de vista moral, considerando las *actitudes* de la persona hacia esa acción, los *motivos* de la persona para la acción y los *resultados* de la acción. A continuación, detallé nueve posibles fuentes de información que deben tenerse en cuenta a la hora de tomar una decisión sobre cualquier acción concreta. Sin embargo, ¿cómo podemos saber que evaluaremos de forma correcta cada uno de estos factores cuando los "tengamos en cuenta"? Para "tener en cuenta" estos factores, se requiere habilidad para hacer evaluaciones correctas. ¿Cómo podemos obtener esa habilidad y cómo podemos mejorarla? Esto nos lleva al tema de la *sabiduría*.

Es de suponer que todas las personas que lean este libro quieran obtener más información para tomar decisiones correctas en las diferentes situaciones éticas que se presenten en sus vidas. En términos bíblicos, la habilidad personal de tomar esas decisiones correctas entra en la categoría de sabiduría.

A efectos de este libro, utilizaré la siguiente definición:

> La **Sabiduría** es la habilidad de entender y aplicar la Biblia de forma correcta a cada situación[13].

De hecho, la sabiduría es necesaria para comprender de forma correcta todo lo que he tratado en los capítulos anteriores y todo lo que trataré en el resto del libro. Por ejemplo, en los capítulos anteriores, argumenté que la ética cristiana busca responder a la pregunta: "¿Qué nos enseña la Biblia en su conjunto sobre qué actos, actitudes y rasgos de carácter personal reciben la aprobación de Dios, y cuáles no?" (cap. 1). Sin embargo, se necesita sabiduría para responder de forma correcta a esa pregunta. Asimismo, argumenté que la fuente más importante de las normas éticas es el carácter moral de Dios (cap. 2) y que aprendemos sobre las normas éticas de Dios en la Biblia (cap. 3). No obstante, ¿cómo podemos entender la Biblia de forma correcta, y cómo podemos saber que la hemos aplicado como es debido a la situación concreta que nos ocupa? He definido la sabiduría como la habilidad de hacer eso mismo: *comprender* de forma correcta las enseñanzas bíblicas sobre la ética y luego *aplicar* con acierto esas enseñanzas a diversas situaciones[13].

Esta definición indica que la sabiduría no es un proceso mecánico sino una *habilidad*, que es ejercida por seres humanos reales en situaciones reales[14]. Al igual

---

[13] Alguien podría objetar que, según esta definición, las personas que no tienen la Biblia no podrían llegar a ser sabias. No obstante, incluso los no creyentes tienen, por gracia común, cierta comprensión de las normas morales de Dios, porque Pablo dice que "llevan escrito en el corazón lo que la ley exige" (Ro 2:15, NVI). Por lo tanto, los no creyentes pueden tener una aproximación a la sabiduría de Dios en algunas áreas de la vida aunque no tengan la Biblia o acceso a las enseñanzas de la misma (ver el apartado sobre la necesidad de la Escritura en el cap. 3, pág. 95). Sin embargo, por no basarse en la propia Biblia, su comprensión también incluirá muchos errores, y no será igual a la verdadera sabiduría bíblica que se practica en relación con Dios mismo.

[14] La idea de la sabiduría como *habilidad* se encuentra también en otros libros de ética evangélica. Scott B. Rae dice: "Este concepto de un oficio o habilidad está en el corazón del concepto hebreo de sabiduría". Moral Choices: An Introduction to Ethics [Opciones morales: Una introducción a la ética], 2da ed. (Grand Rapids, Michigan: Zondervan, 2000), 74n6. (Sin embargo, el capítulo que contiene esta nota a pie de página no se incluyó en la tercera edición de este libro en 2009). Robertson McQuilkin y Paul Copan dicen: "La sabiduría es la habilidad para vivir de forma correcta, lo que significa que la verdadera sabiduría está arraigada en una visión correcta de la realidad. La vida competente empieza por estar bien alineada con el Dios trino que se relaciona por sí mismo". *An Introduction to Biblical Ethics: Walking in the Way of Wisdom* [Introducción a la ética bíblica: Caminando por el camino de la sabiduría], 3ra ed. (Downers Grove, Illinois: InterVarsity Press, 2014), pág. 17. Ver también la cita de

que sucede con otras habilidades, la sabiduría puede aumentar con el tiempo y con la práctica para tomar buenas decisiones en diferentes situaciones. La adquisición de una sabiduría madura es un proceso que se incrementa a lo largo de muchos años de vida piadosa, y los cristianos maduros son "para los que han alcanzado madurez, para los que por el uso tienen los sentidos ejercitados en el discernimiento del bien y del mal" (He 5:14). Los niños aún no tienen mucha experiencia en la vida, y por eso no son tan sabios como esperamos que lo sean más adelante. Incluso Jesús creció en sabiduría durante su infancia:

> Y Jesús *crecía en sabiduría* y en estatura, y en gracia para con Dios y los hombres (Lucas 2:52).

John Frame habla de la necesidad de tal habilidad:

> Aplicar la Palabra de Dios a las circunstancias requiere una especie de visión moral. Estas aplicaciones requieren la capacidad de ver las circunstancias *a la luz* de los principios bíblicos. En los dilemas morales, solemos hacernos preguntas como "¿Es este acto un asesinato?" O "¿Es este acto un robo?". Para los cristianos, el reto es dar nombres bíblicos a las acciones humanas. Algunos son evidentes: tomar dinero de la cartera de un amigo sin autorización es lo que la Biblia llama robar. Algunas veces es menos obvio: ¿es un asesinato desconectar a este paciente terminal del soporte vital?[15]

Mi definición de sabiduría es muy similar a lo que Frame llama "una especie de visión moral" y "la capacidad de ver las circunstancias a la luz de los principios bíblicos".

La Biblia pone un énfasis excepcional en el valor de la sabiduría. En concreto, el libro de los Proverbios ensalza la sabiduría una y otra vez:

> Bienaventurado el hombre que halla la sabiduría,
>   Y que obtiene la inteligencia;
> Porque su ganancia es mejor que la ganancia de la plata,
>   Y sus frutos más que el oro fino.
> Más preciosa es que las piedras preciosas;
>   Y todo lo que puedes desear, no se puede comparar a ella.
> Largura de días está en su mano derecha;
>   En su izquierda, riquezas y honra.
> Sus caminos son caminos deleitosos,

Frame en la siguiente nota a pie de página.

[15] Frame, *The Doctrine of the Christian Life* [La doctrina de la vida cristiana], pág. 356, énfasis en el original. Frame afirma que las Escrituras suelen representar la sabiduría "como una habilidad, un saber cómo en lugar de saber qué [...]. En Santiago 3:13-17, la sabiduría es una clara ética, la habilidad de vivir con piedad". *Ibid.*, pág. 351, énfasis en el original. Si mi memoria es correcta, también aprendí a pensar en la sabiduría como la habilidad de aplicar las Escrituras de forma correcta a situaciones específicas en la clase de ética de Frame en 1973 en el Seminario de Westminster, pero no pude encontrarla definida con exactitud en su libro *The Doctrine of the Christian Life.*

Y todas sus veredas paz (Pr 3:13-17).

No obstante, ¿cómo puede una persona llegar a ser sabia? La Biblia habla con frecuencia de ese tema. No es una simple cuestión de seguir ciertos pasos, de modo que si uno se limita a completar los pasos A, B y C, obtendrá de forma automática la respuesta correcta. Más bien, las Escrituras suelen referirse al carácter de la persona que toma las decisiones éticas, a la clase de persona que debe ser para tener sabiduría.

En lo que resta de esta sección, examinaremos la fuente de la sabiduría y los rasgos de carácter personal que la acompañan.

1. La sabiduría viene de Dios. Dios es infinitamente sabio. Su sabiduría es tan superior a toda sabiduría humana que Pablo puede llamarlo el " único sabio Dios " (Ro 16:27, NVI; ver también Ro 11:33). Aunque los seres humanos pueden obtener algo de sabiduría, la Biblia dice que en Cristo "están escondidos *todos* los tesoros de la *sabiduría* y del conocimiento" (Co 2:3).

Por lo tanto, si queremos obtener la verdadera sabiduría, debemos obtenerla de Dios mismo mientras caminamos en una relación personal con él. "Jehová da la sabiduría" (Pr 2:6; ver también 1 R 3:12; 4:29; 10:24; Sal 51:6; Ec 2:26; Dn 2:21-23). Santiago dice a sus lectores que la manera de obtener la sabiduría es pedirla a Dios:

> Y si alguno de vosotros tiene falta de sabiduría, *pídala* a Dios, el cual da a todos abundantemente y sin reproche, y le será dada (Santiago 1:5).

Otros pasajes del Nuevo Testamento se refieren a Cristo como fuente de sabiduría para nosotros (ver Lucas 21:15; 1 Co 1:24, 30; Col 2:3), y otros se refieren al papel del Espíritu Santo para impartir sabiduría a los creyentes (ver 1 Co 12:8; Ef 1:17).

Si la sabiduría es la habilidad de aplicar la Biblia de forma correcta a cada situación, entonces la sabiduría requiere *discernimiento en las situaciones*, una habilidad no solo para aprender los hechos de una situación, sino también para ver en el corazón de la misma, para entender lo que en realidad está pasando. Además, la sabiduría requiere *discernimiento en las Escrituras*, la capacidad de evaluar varios pasajes y entender con precisión cómo se aplican. Por eso, Pablo ora para que los cristianos filipinos crezcan en su discernimiento:

> Y esto pido en oración: que vuestro amor abunde aún más y más en conocimiento verdadero y en todo discernimiento [En griego, aesthēsis, "discernimiento, perspicacia, capacidad de entender"], a fin de que escojáis lo mejor, para que seáis puros e irreprensibles para el día de Cristo (Fil 1:9-10, LBLA).

Dado que Pablo ora para que Dios conceda discernimiento a estos cristianos, es correcto que nosotros también pidamos a Dios el mismo tipo de discernimiento para nosotros y para los demás.

De manera similar, Pablo ora por los cristianos de Colosas para que se llenen del conocimiento de la voluntad de Dios "en toda *sabiduría e inteligencia espiritual*"

(Col 1:9). Por su parte, el autor del Eclesiastés nos dice: "Al hombre que le agrada, Dios le da sabiduría, ciencia y gozo" (Ec 2:26). Estos pasajes son una indicación más de que la sabiduría viene de Dios, que es correcto orar a Dios por sabiduría, y que se complace de forma especial en dársela a aquellos que caminan en una relación personal con él.

2. La sabiduría viene de la Escritura. Si Dios es la fuente de toda la verdadera sabiduría, no es de extrañar que con frecuencia utilice las palabras de la Biblia como medio para darnos sabiduría. Cuando Moisés estaba presentando al pueblo de Israel los mandatos escritos de Dios en el Deuteronomio, les dijo "Guardadlos, pues, y ponedlos por obra", ya que, dijo, "esta es vuestra sabiduría y vuestra inteligencia ante los ojos de los pueblos" (Dt. 4:6).

No es solo un pequeño grupo de eruditos altamente capacitados el que puede ser sabio por la Escritura, sino que todo el pueblo de Dios, incluso "al sencillo", aquellos que pueden no tener una gran formación o no ser sabios a los ojos del mundo, pueden ser sabios por las palabras de Dios:

> La ley de Jehová es perfecta,
>> que convierte el alma;
> El testimonio de Jehová es fiel,
>> *que hace sabio al sencillo* (Sal 19:7; ver también Sal 119:98-100, 130; Col 3:16; 1 Ti 3:15).

La sabiduría que viene de Dios a través de la Escritura es muy diferente de la sabiduría del mundo. Pablo deja muy claro este contraste entre la sabiduría mundana y la sabiduría de Dios:

> Sin embargo, hablamos sabiduría entre los que han alcanzado madurez; *y sabiduría, no de este siglo*, ni de los príncipes de este siglo, que perecen. Mas hablamos sabiduría de Dios en misterio, la sabiduría oculta, la cual Dios predestinó antes de los siglos para nuestra gloria (1 Co 2:6-7; ver también Gn 3:6; 1 Co 1:18-31; 2:1-16; 2 Co 1:12)

3. La sabiduría viene con el temor de Dios. La Escritura aclara en varios lugares que si vamos a obtener sabiduría, debemos comenzar con el temor de Dios:

> *El principio de la sabiduría es el temor de Jehová;*
>> Buen entendimiento tienen todos los que practican sus mandamientos (Sal 111:10).

> *El temor de Jehová es el principio de la sabiduría,*
>> Y el conocimiento del Santísimo es la inteligencia (Pr 9:10).

> *El temor de Jehová es enseñanza de sabiduría;*
>> Y a la honra precede la humildad (Pr 15:33; ver también Job 28:28).

La idea del temor del Señor no es un tema oculto en las Escrituras, pues las expresiones "temor de Dios", "temor a Dios" y "temor de Jehová" aparecen 84 veces en el Antiguo y el Nuevo Testamento (en la ESV)[16] .

Los cristianos suelen explicar este "temor de Jehová" como "reverencia a Jehová", un concepto algo más tenue que el de temor. Sin embargo, no conozco ninguna versión bíblica moderna que traduzca el Salmos 111:10 como "El principio de la sabiduría es la reverencia a Jehová", sin duda porque el sentido más habitual de la palabra hebrea *yir'āh* en el Antiguo Testamento y de la palabra griega *phobos* en el Nuevo Testamento (en versículos como Dt 2:25; Jonás 1:10; Hechos 9:31; 2 Cor. 5:11) es solo "miedo"[17]. Si bien es cierto que el sentido de "reverencia" es apropiado en algunos contextos[18], no me parece que se adecue tan bien a los pasajes sobre la sabiduría.

Es importante afirmar con claridad que los cristianos ya no deben temer la condenación eterna de Dios (ver 1 Juan 4:18), pues Cristo nos ha salvado eternamente de la condenación final: "Ahora, pues, ninguna condenación hay para los que están en Cristo Jesús" (Ro 8:1). Sin embargo, hay otros sentidos de "el temor a Jehová" que parecen apropiados para la vida cristiana. Por ejemplo, es muy apropiado que los cristianos teman desagradar a Dios o contristar al Espíritu Santo (ver Ef 4:30, y cap. 5, pág. 142). En efecto, es muy apropiado que los cristianos teman la disciplina paternal de Dios si caminan en desobediencia voluntaria a él (ver He 12:5-11 y cap. 5, pág. 142). No obstante, el temor al desagrado paternal de Dios y el miedo a su disciplina paternal son muy diferentes del terror al juicio final, del que hemos sido liberados por el sacrificio de Cristo por nuestro pecado.

Un sano temor al disgusto de Dios y el miedo a su disciplina paternal son apropiados para adquirir la sabiduría. Si establecemos en nuestra mente, al comienzo de la búsqueda de la sabiduría, que deseamos profundamente evitar desobedecer a Dios o desagradarle, entonces estaremos mucho más deseosos de aprender sus direcciones para nuestras vidas y de caminar en obediencia a esos buenos mandatos.

Por el contrario, *si no tememos* desagradar a Dios y *no tememos* su disciplina, entonces no seremos tan cuidadosos en buscar entender sus caminos, y es probable que no crezcamos mucho en sabiduría. Esto se debe a que "El principio de la sabiduría es el temor de Jehová" (Sal 111:10).

Los que *no* temen a Dios pueden cometer todo tipo de pecados horribles. Al culminar los nueve versículos en los que Pablo se refiere a los pecados de los judíos y los gentiles apartados de Dios, resume el problema en la última frase al decir que *no hay temor* de Dios:

No hay justo, ni aun uno;
  No hay quien entienda,
No hay quien busque a Dios.

---

[16] Además, hay otros versículos que dicen "temedle", en referencia a Dios.

[17] HALOT, pág. 433-34; BDB, pág. 432; BDAG, pág. 1062.

[18] Ver BDB, 432, significado 3, "temor de Dios, reverencia, piedad", y BDAG, 1062, significado 2b, "reverencia, respeto". Sin embargo, el significado "reverencia" no aparece en el léxico hebreo más reciente (2001) HALOT, pág. 433-34.

Todos se desviaron, a una se hicieron inútiles;
No hay quien haga lo bueno, no hay ni siquiera uno.
Sepulcro abierto es su garganta;
Con su lengua engañan.
Veneno de áspides hay debajo de sus labios;
Su boca está llena de maldición y de amargura.
Sus pies se apresuran para derramar sangre;
Quebranto y desventura hay en sus caminos;
Y no conocieron camino de paz.
No hay temor de Dios delante de sus ojos (Ro 3:10b-18)

El énfasis de la Biblia sobre un temor de Dios beneficioso desde el punto de vista espiritual, nos sugiere que es importante que las iglesias enseñen a los cristianos el valor de temer a Dios. Tal enseñanza sin duda conduciría a una mayor sabiduría en nuestras iglesias, lo cual redundaría en una mayor santidad y pureza, así como en una mayor bendición de Dios en nuestra vida diaria.

4. La sabiduría viene con la fe. Tras decir a sus lectores que quien carece de sabiduría, "pídasela a Dios", Santiago añade tres versículos (vv. 6-8) sobre la importancia de pedir con fe:

Si a alguno de ustedes le falta sabiduría, pídasela a Dios, y él se la dará, pues Dios da a todos generosamente sin menospreciar a nadie. *Pero que pida con fe, sin dudar*, porque quien duda es como las olas del mar, agitadas y llevadas de un lado a otro por el viento. 7 Quien es así no piense que va a recibir cosa alguna del Señor; 8 es indeciso e inconstante en todo lo que hace (Santiago 1:5-8, NVI).

"Pida con fe" significa pedir con la firme confianza de que Dios nos concederá la sabiduría que hemos pedido. Este es un ejemplo específico del principio general sobre la confianza en Dios que se encuentra en Hebreos 11:

Pero sin fe es imposible agradar a Dios; porque es necesario que el que se acerca a Dios crea que le hay, y *que es galardonador de los que le buscan* (He 11:6).

Este tipo de versículos debería ser un gran estímulo. Cuando pedimos algo que Dios ha aprobado o prometido en su Palabra (como la sabiduría), no tenemos que seguir preguntándonos si le agrada darnos lo que pedimos, pues su Palabra nos dice que sí[19].

5. La sabiduría viene con el conocimiento. Si la sabiduría se entiende como la habilidad de aplicar la Biblia de forma correcta a cada situación, la sabiduría suele llegar después de haber obtenido *mayor información* sobre la enseñanza de la

---

[19] Para una mayor discusión sobre la oración, que incluye cómo pensar en las oraciones no respondidas en la vida cristiana, veR Grudem, *Systematic Theology* [Teología sistemática], pág. 355-75.

Biblia sobre un tema o más información sobre la situación real.

La Biblia menciona el *conocimiento* como un factor importante que debe acompañar a la sabiduría. "El corazón del prudente adquiere *conocimiento*, y el oído del sabio busca el *conocimiento*" (Pr 18:15, LBLA; ver también Pr 10:14). En Proverbios 8, cuando la "Sabiduría" llama e invita a las personas a aprender, dice: "Recibid mi instrucción y no la plata, y *conocimiento* antes que el oro escogido; porque mejor es la sabiduría que las joyas" (Pr 8:10-11, LBLA). Otros pasajes de los Salmos y los Proverbios relacionan la sabiduría con el conocimiento (ver Sal 119:66; Pr 1:7; 2:6, 10; 15:2, 7; 18:15; 21:11; 22:17; 24:3-5). Estos pasajes indican que una persona sabia no solo tendrá la habilidad de aplicar la Biblia de forma correcta a cada situación, sino que también tendrá conocimiento sobre la Biblia y sobre la situación (incluyéndose a sí mismo o a otras personas que estén en la situación).

Por ejemplo, una pareja joven que busque sabiduría sobre cómo educar a sus hijos podría tener que dedicar tiempo a buscar numerosos pasajes bíblicos que nos enseñen sobre la crianza de los hijos (hay mucho material en Proverbios y otros libros). Eso les daría más información (conocimiento) sobre la Biblia.

Por lo general, se necesita más información sobre una situación antes de poder tomar una decisión sabia. Una persona que busque sabiduría para decidir si acepta otro trabajo, tendrá que averiguar una cantidad considerable de información sobre el posible trabajo antes de poder tomar una decisión sabia. Las personas que van a comprar una casa suelen contratar a un inspector de viviendas profesional para que les proporcione información más detallada sobre la casa antes de comprarla.

Además, el conocimiento de la situación debe incluir también el conocimiento de *nosotros mismos*, ya que formamos parte de la situación. Una mujer que esté pensando en iniciar un nuevo negocio tendrá que evaluarse a sí misma con honestidad para determinar si tiene las habilidades y los intereses necesarios para tener éxito en ese tipo concreto de negocio (los sabios consejos de amigos honestos pueden ser de gran ayuda en este caso).

6. La sabiduría viene con la obediencia a Dios. En la Biblia, la persona "infame" no es sabia, ya que "las palabras de su boca son iniquidad y fraude; ha dejado de ser cuerdo y de hacer el bien" (Sal 36:3). En cambio, las personas obedientes a Dios son las que adquieren sabiduría y la ejercen en sus acciones:

La boca del *justo habla sabiduría*,
 Y su lengua habla justicia (Sal 37:30).

En Proverbios 8, la "Sabiduría" clama y dice: "Voy por el camino de la rectitud, por los senderos de la justicia" (Pr 8:20, NVI). En el Nuevo Testamento, Santiago dice que quien es "oidor de la palabra pero no hacedor de ella" olvidará enseguida lo que ha oído, lo que implica que no aprenderá la sabiduría de la lectura de la Biblia a menos que la siga y la obedezca, pues entonces no será un "oidor olvidadizo" sino un "hacedor de la obra" (Santiago 1:23-25). En otra parte, Santiago relaciona la sabiduría con la buena conducta:

¿Quién es sabio y entendido entre vosotros? Muestre *por la buena conducta*

sus obras en sabia mansedumbre (Santiago 3:13)[20].

Un pasaje de Hebreos indica que podemos mejorar en la toma de decisiones sabias mediante años de "práctica" en distinguir el bien del mal, con la implicación de que aquellos que constantemente hacen elecciones sabias desde el punto de vista moral, ganarán habilidad en tal discernimiento:

> Pero el alimento sólido es para los que han alcanzado madurez, para los que por el uso tienen los *sentidos ejercitados* en el discernimiento del bien y del mal (He 5:14).

En este versículo, "uso [...] en el discernimiento" traduce el término griego *aisthētērion* (plural), que significa "capacidad de discernimiento" con respecto a "la capacidad de tomar decisiones morales"[21].

7. La sabiduría viene con la aceptación de los consejos de los demás. Un tema común en Proverbios es que las personas que son sabias escuchan los consejos de otras personas. Es probable que esto se deba a que otras personas pueden ayudarnos a entender las Escrituras o a comprender una situación con mayor precisión:

> El camino del necio es derecho en su opinión;
> *Mas el que obedece al consejo es sabio (Pr 12:15).*

> Mas con los avisados está la sabiduría (Pr 13:10).

> Escucha el consejo, y recibe la corrección,
> Para que seas sabio en tu vejez (Pr 19:20; ver también 15:31; 20:18; 24:6).

Sin embargo, es importante elegir con cuidado a las personas de las que tomamos consejo. Es posible elegir compañeros sabios o tontos como fuente de sabiduría, y el tipo de compañeros que elijamos afectará a la obtención de sabiduría o no:

> El que anda con sabios, sabio será;
> *Mas el que se junta con necios será quebrantado (Pr 13:20).*

En Proverbios, se advierte en repetidas ocasiones que hay que tener cuidado con los consejos de las personas que hacen el mal:

> Hijo mío, si los pecadores te quisieren engañar,
> *No consientas (Pr 1:10; ver también Pr 16:29; 25:5).*

8. La sabiduría viene con la humildad. Otra característica de las personas que adquieren sabiduría es la humildad. "Cuando viene la soberbia, viene también la deshonra; mas con los *humildes está la sabiduría*" (Prov. 11:2). Las personas orgullosas tienen un tipo de "sabiduría" errónea, una falsa sabiduría por la que se

---

[20] Otros versículos también relacionan la sabiduría con la obediencia a Dios o con la integridad personal del carácter (ver Pr 11:3; 12:5; Ec 2:26).

[21] Ver BDAG, pág. 29

consideran sabios. La Escritura advierte contra esto en repetidas ocasiones:

> *No seas sabio en tu propia opinión;*
>   Teme a Jehová, y apártate del mal (Pr 3:7; ver también 26:12; Jer 9:23; Ro 12:6).

En el Nuevo Testamento, Santiago dice que quién es "sabio y entendido" "muestre por la buena conducta sus *obras en sabia mansedumbre*" (Santiago 3:13). Después de hablar de la falsa sabiduría que proviene de la "ambición egoísta", Santiago pasa a describir la suave persuasión de la humilde sabiduría que proviene de Dios:

> Pero la sabiduría que es de lo alto es primeramente pura, después pacífica, amable, *benigna*, llena de misericordia y de buenos frutos, sin incertidumbre ni hipocresía. Y el fruto de justicia se siembra en paz para aquellos que hacen la paz (Santiago 3:17-18).

9. La sabiduría nos trae alegría. Una valiosa recompensa para la persona que encuentra la sabiduría de Dios es la alegría que viene con la sabiduría. "Mas la sabiduría recrea al hombre de entendimiento" (Pr 10:23; también hay que tener en cuenta la alegría que la sabiduría proporciona a Dios en Pr 8:30)[22] .

En otro lugar, el autor de los Proverbios compara la alegría de la sabiduría con la dulzura de la miel:

> *Come miel,* hijo mío, porque es buena;
>   sí, la miel del panal es dulce a tu paladar.
> Sabe que así es *la sabiduría para tu alma;*
>   si la hallas, entonces habrá un futuro,
> y tu esperanza no será cortada (Pr 24:13-14).

Esto significa que cuando una persona encuentra una solución sabia a una situación desconcertante, Dios suele dar con esa sabiduría una sensación interna de alegría y deleite, e incluso una sensación de estar "guiados por el Espíritu de Dios" (Ro 8:14).

F. APÉNDICE: UNA RESPUESTA AL LIBRO DE GARRY FRIESEN: *DECISION MAKING AND THE WILL OF GOD* [LA TOMA DE DECISIONES Y LA VOLUNTAD DE DIOS]

Publicado por primera vez en 1980, con una edición revisada en 2004, *Decision Making and the Will of God*[23] , ha tenido una influencia significativa en el pensamiento evangélico sobre cómo conocer la voluntad de Dios. El autor Garry Friesen[24] niega que Dios guíe de forma directa a los cristianos a una "voluntad

---

[22] Otros pasajes que relacionan la sabiduría con las cosas alegres o agradables son Pr 2:10; 3:13; 8:11, 18-19; 16:16; Ec 8:1.

[23] Garry Friesen con J. Robin Maxson, *Decision Making and the Will of God* [La toma de decisiones y la voluntad de Dios], rev. ed. (Colorado Springs: Multnomah, 2004). La portada de la edición de 2004 dice: "Más de 250 000 ejemplares vendidos".

[24] En aras de la simplicidad, he decidido referirme al libro como "de Friesen", aunque haya sido escrito

individual" para cada persona que sea más específica que la "voluntad moral de Dios" revelada en la Biblia[25]. Dado que Friesen niega que Dios conceda de forma habitual una guía adicional a los cristianos a través de los medios subjetivos que he comentado con anterioridad en este capítulo, es apropiado proporcionar una interacción más extensa con su libro en este punto.

1. El punto de vista sobre la Guía "Bible and Wisdom Only" [Solo la Biblia y la Sabiduría] de Friesen . El argumento de Friesen es el siguiente:

1. Donde Dios nos manda, debemos obedecer.
2. Donde no hay mandato, Dios nos da libertad (y responsabilidad) para elegir.
3. Donde no hay mandato, Dios nos da sabiduría para elegir.
4. Cuando hayamos elegido lo que es moral y sabio, debemos confiar en que el Dios soberano hará que todos los detalles sean buenos[26].

Cuando Friesen se refiere a los mandatos de Dios, alude a la ley moral de Dios tal y como se nos revela en las Escrituras. Aparte de las enseñanzas de las Escrituras, no cree que Dios guíe a los cristianos de manera más específica en relación con las decisiones individuales en su vida diaria. En otras palabras, Dios no tiene una "voluntad individual" detallada para que cada cristiano la siga, que sea más específica que los mandatos morales de la Escritura[27].

Por lo tanto, cuando los cristianos toman decisiones individuales en la vida diaria, si no hay ningún mandato de las Escrituras que se aplique, entonces "Dios nos da libertad". Sin embargo, dentro de esa libertad, debemos usar la *sabiduría* que Dios nos da para evaluar diferentes cursos de acción y tomar decisiones sabias.

Friesen no niega los sentimientos o pensamientos subjetivos que nos orientan en una u otra dirección. Reconoce "la realidad de las impresiones internas" y dice

---

"con J. Robin Maxson", quien sin duda desempeñó un papel importante en su composición y revisión. No obstante, a lo largo de la mayor parte del libro, Friesen se presenta como el autor principal.

[25] Sin embargo, Friesen sí admite la posibilidad de que "en raros casos Dios pueda revelar de forma sobrenatural (mediante una voz, un ángel o un sueño) un mandato divino a una persona concreta". Friesen, pág. 221; ver también las págs. 233, 235. Aunque insiste en que "los casos de buena fe de guía especial han sido raros, incluso para los apóstoles". *Ibíd*, pág. 236. Tal guía especial sería "evidente" porque estaría "sobrenaturalmente confirmada y en armonía con las Escrituras". *Ibíd*, pág. 237. En todos estos casos, "se redujo el ámbito de libertad para el destinatario y se amplió la voluntad moral de Dios: donde Dios manda, hay que obedecer". *Ibíd*, pág. 236. Por lo tanto, da a entender que esa intervención sobrenatural no es algo que debamos esperar o buscar, ni debemos pensar que forma parte habitual de la vida de los creyentes cristianos.

[26] Estos cuatro puntos son un relato literal del resumen de Friesen. *Ibíd*, pág. 15.

[27] Cuando Friesen se refiere al concepto de una "voluntad individual" en lo que él llama el "punto de vista tradicional" de la guía, alude a la idea tradicional de que existe una hoja de ruta o un plan de *vida único* e individual que Dios quiere que cada cristiano descubra. Pero en esta discusión, uso la frase "voluntad individual" para referirme no a una "hoja de ruta para toda la vida", sino a la guía de Dios para cualquier decisión individual específica en la vida de un creyente.

Sin embargo, hay que señalar que Friesen incluye una discusión equilibrada y perspicaz sobre la "voluntad soberana" secreta de Dios que dirige todos los acontecimientos detallados de nuestras vidas, pero dice que esta voluntad soberana de Dios solo se puede conocer después de que los acontecimien-

que "todo el mundo experimenta corazonadas internas que apuntan a alguna conclusión específica [...]. Hay numerosas ocasiones en las que una idea aparece en la cabeza de una persona al parecer de la nada"[28]. No quiere que los cristianos ignoren estos sentimientos subjetivos, sino que los evalúen con la Escritura y la sabiduría.

Sin embargo, insiste en que Dios no suele utilizar estas impresiones subjetivas para guiarnos más allá de lo que enseñan los mandatos morales de la Escritura y de lo que indicaría una sabia reflexión sobre toda la decisión[29]. Por lo tanto, debemos evaluar las impresiones subjetivas que nos llegan, y "la base de esta evaluación ha de ser la voluntad moral de Dios y la sabiduría"[30].

2. La crítica de Friesen al "punto de vista tradicional". Friesen critica lo que él llama el "punto de vista tradicional" de la guía, un punto de vista que afirma que "para cada una de nuestras decisiones, Dios tiene un plan ideal que dará a conocer al creyente atento"[31]. Según este punto de vista, Friesen dice que "se espera que los creyentes lo encuentren (el plan detallado de Dios) como parte de la vida cristiana". Esta "voluntad individual" para cada creyente contiene una guía más específica que la "voluntad moral" de Dios revelada en la Biblia, según esta punto de vista[32]. Dice que quienes siguen este punto de vista tradicional, siempre intentan encontrar "el punto"[33], que es la voluntad específica de Dios para cada decisión, en lugar de operar dentro de un círculo más amplio de "libertad" en el que Dios nos permite usar la sabiduría y nuestras propias preferencias para tomar decisiones basadas en nuestro entendimiento.

Según Friesen, este punto de vista tradicional no se enseña en las Escrituras. Analiza los pasajes de las Escrituras que se utilizan con más frecuencia para respaldar el punto de vista tradicional y concluye que no son convincentes[34]. Además, señala que las impresiones subjetivas nunca pueden dar un conocimiento seguro de la voluntad de Dios[35]. Asimismo, afirma que la punto de vista tradicional debe abandonarse en los muchos cientos de pequeñas decisiones que todos tomamos en el transcurso de un día habitual, ya que es imposible buscar la guía de Dios para todas ellas[36].

3. Una respuesta a Friesen. Hay muchas cosas que me gustan de este libro. Los

---

tos hayan sucedido y no debe desempeñar ningún papel en nuestro proceso de toma de decisiones. Ibíd, 201-19. Esta discusión me ha parecido bastante útil y no tengo ninguna objeción al respecto. Estoy de acuerdo en que la voluntad secreta y soberana de Dios para los acontecimientos de nuestra vida no puede conocerse de antemano y, por tanto, no puede formar parte de nuestro proceso de toma de decisiones sobre cursos de acción que aún están en el futuro.

[28] *Ibíd*, 264-65.

[29] *Ibíd*.

[30] *Ibíd*, 265.

[31] *Ibíd*, 28.

[32] Friesen resume la "punto de vista tradicional" en ibíd, 27-35

[33] Ver *ibíd*, págs. 29, 54-88, 110, 138.

[34] *Ibíd*, 45-111.

[35] *Ibíd*, 92-98.

[36] *Ibíd*, 81-82, 110, 246-47.

apartados de Friesen sobre la ley moral de Dios, sobre la soberanía de Dios en nuestras vidas y sobre el uso de la sabiduría en la toma de decisiones contienen mucho material valioso sobre la teología en cuanto a su impacto en la vida cristiana práctica. Todo el libro es un modelo de claridad en la escritura y en el desarrollo de un argumento extenso. A lo largo de cada apartado del libro, es evidente el deseo de Friesen de comprender y someterse a la enseñanza autorizada de las Escrituras. Además, algunas de sus críticas a lo que él llama el punto de vista tradicional proporcionan buenas advertencias contra la excesiva dependencia de factores subjetivos al tratar de conocer la voluntad de Dios.

Sin embargo, no estoy de acuerdo con el punto de vista sobre la guía de "Solo la Biblia y la sabiduría" que está en el corazón de este libro.

a. La exclusión de Friesen respecto a la guía personal de Dios a cada creyente es contraria a todo el patrón de las Escrituras desde el libro del Génesis hasta el del Apocalipsis: Lo que me parece más impactante del libro de Friesen es *la ausencia de una clara evidencia bíblica que pruebe el corazón de su posición de "Solo la Biblia y la sabiduría"*. Lo que quiero decir es que no creo que haya ningún pasaje de la Escritura, ni ninguna combinación de pasajes, que nos lleve a pensar que Dios no se comunica de forma directa con su pueblo a lo largo de toda la historia en formas individuales y personales que se producen *además* de su comunicación en y a través de las palabras escritas de la Escritura.

Si observamos todo el ámbito de la historia bíblica, vemos que desde el principio hasta el final Dios tiene una relación personal con su pueblo, una relación en la que se comunica directa y personalmente con él, y esta comunicación nunca se limita a las palabras que dio a todo su pueblo en "el libro del pacto" o los escritos del canon de la Escritura. Dios tuvo una relación personal y una comunicación interpersonal directa con Adán y Eva, Caín y Abel, Enoc (que caminó con Dios, Gn 5:24), Noé, Abraham, Isaac, Jacob, Moisés, David, Salomón y muchos otros profetas y reyes del Antiguo Testamento[37].

A través de la persona de Jesús, Dios Hijo se comunicó individual y personalmente con muchas personas mientras estuvo en la tierra. Después de la resurrección, el Señor Jesús o el Espíritu Santo interactuó en persona con Pablo no solo en el camino de Damasco (Hechos 9:4-6), sino también dirigiendo su segundo viaje misionero (16:6-7), animándole en Corinto (18:9-10), confirmando su decisión de ir a Jerusalén (19:21), mostrándole lo que sucedería en Jerusalén (20:23), animándole en la prisión de Jerusalén (23:11), asegurándole que llegaría sano y salvo a Roma (esta vez por medio de un ángel, 27:23-24), diciéndole que no curaría su espina en la carne (2 Cor. 12:9), indicándole que fuera a Jerusalén (Gá 2:2), y estando a su lado en su juicio en Roma (2 Ti 4:17).

---

[37] Friesen escribe: "En la Biblia, ningún creyente se pregunta: '¿Cuál es la voluntad individual de Dios para mí en este caso?'". *Ibíd,* pág. 48. No obstante, esto es sin duda incorrecto. Por ejemplo, David con frecuencia buscaba la guía específica de Dios: "Y David consultó a Jehová, diciendo: ¿Iré a atacar a estos filisteos? Y Jehová respondió a David: Ve, ataca a los filisteos, y libra a Keila" (1 S 23:2; ver también 1 S 23:4, 9-12; 30:8; 2 S 2:1; 5:19, 23-24). Existen muchos otros ejemplos, como el del pueblo que busca la guía de Dios en Jue 1:1; 20:18, 23, 27-28; 1 S 10:22.

Sin embargo, esto no solo ocurrió con Pablo, ya que Dios guió de forma directa a Felipe (Hechos 8:26, 29), a Ananías (9:10-16), a Cornelio (10:3-6), a Pedro (10:13-20; 12:7-8), a la iglesia de Antioquía (13:2) y a la iglesia de Jerusalén (15:28).

Además, el Nuevo Testamento promete que cada creyente tendrá una relación personal con el Padre, el Hijo y el Espíritu Santo:

El que me ama, mi palabra guardará; y mi Padre le amará, y vendremos a él, y *haremos morada con él* (Juan 14:23).

Porque todos los que son *guiados por el Espíritu de Dios*, éstos son hijos de Dios (Ro 8:14: el verbo griego *agontai*, en presente indicativo, considera esta "guía" como un proceso continuo o regular)[38].

Digo, pues: *Andad en el Espíritu*, y no satisfagáis los deseos de la carne. [...] Pero si sois *guiados por el Espíritu*, no estáis bajo la ley (Gá 5:16, 18; el verbo griego en presente indicativo *agesthe* lo ve como un proceso continuo o regular.

[Oro] para que el Dios de nuestro Señor Jesucristo, el Padre de gloria, os dé espíritu de sabiduría y de revelación en el *conocimiento de él* (Ef 1:17).

A fin de *conocerle*, y el poder de su resurrección, y la participación de sus padecimientos, llegando a ser semejante a él en su muerte (Fil 3:10).

Así que, todos los que somos perfectos, esto mismo sintamos; y si otra cosa sentís, *esto también os lo revelará Dios* (Fil 3:15).

He aquí, yo estoy a la puerta y llamo; si alguno oye mi voz y abre la puerta, entraré a él, *y cenaré con él,* y él conmigo (Ap 3:20).

Friesen intenta explicar muchos de estos ejemplos como casos especiales que no establecen un patrón para los cristianos habituales de hoy[39]. No obstante, mi contraargumento es el siguiente: mira el patrón general de las Escrituras.

De principio a fin, la Biblia nos habla de un Dios que se relaciona de forma *individual* y *personal* con su pueblo. Además, Friesen nos dice, en contra de la experiencia del pueblo de Dios a lo largo de toda la Biblia, que Dios ya no se comunica personal e individualmente con ninguno de su pueblo, excepto a través

---

[38] Ver más adelante, pág. 177, mi interacción con la explicación de Friesen sobre la guía del Espíritu en Ro 8:14 y Gá 5:18.

[39] Ver Friesen, 45-111: los profetas son diferentes, Jesús es diferente, Pablo es diferente, sus experiencias son diferentes, etc. Friesen también dice que los casos de guía especial en la Biblia son poco comunes: "Incluso en el registro bíblico, la guía especial es poco frecuente [...], las instancias de buena fe de guía especial han sido poco frecuentes, incluso para los apóstoles". *Ibíd,* 233-36. No estoy de acuerdo, porque un fenómeno que ocurre numerosas docenas de veces a lo largo de toda la Biblia, apenas puede llamarse "poco frecuente" en las Escrituras. El gran número de ejemplos de interacciones personales con Dios que se registran en las Escrituras debería llevarnos a esperar que este tipo de relación interpersonal entre Dios y los creyentes individuales también ocurriera otras diversas veces que no fueron registradas.

de las palabras escritas en el canon de las Escrituras[40].

Por lo tanto, el punto de vista de Friesen de "Solo la Biblia y la sabiduría", nos pide que creamos (1) que a lo largo de la Biblia, Dios se comunicó con su pueblo tanto a través de las Escrituras escritas (todo lo que tenían en cualquier momento) como a través de la comunión personal directa y la interacción con las personas, y (2) que Dios ahora se comunica solo a través de las palabras escritas del canon, y ya no a través de la comunión e interacción personal directa con las personas. Esto es bastante extraño a la luz del hecho de que el nuevo pacto en el que vivimos ahora, se considera mejor en todos los sentidos (ver 2 Corintios 3; Hebreos 8-9). No obstante, ¿cómo puede ser mejor si hemos perdido los elementos de relación personal con Dios y de comunicación personal de él que caracterizaron todos los períodos de la historia de los que nos habla la Biblia? ¿En qué parte de la Biblia existe *algo* que nos guíe a creer ello?

Desde luego, me doy cuenta de que el canon de las Escrituras se encuentra cerrado[41] y que no se van a añadir más escritos a la Biblia. No obstante, esa no es la cuestión. La pregunta es, ¿qué pasa con la comunicación de Dios a individuos específicos que no forma parte del canon? Si la Biblia es el "libro del pacto" que estipula los términos de la relación entre Dios como Rey y nosotros como su pueblo del pacto, entonces ¿debemos decir que *el Rey nunca puede comunicarse con su pueblo de ninguna otra manera que no sea a través del documento del pacto?* ¿Puede un Dios que ama a su pueblo no comunicarse con él directa y personalmente?

El teólogo evangélico Carl F. H. Henry comentó con acierto lo siguiente:

> Cualquier afirmación de la experiencia evangélica que no incluya la posibilidad tanto de la comunión con Dios como de la comunicación de la voluntad divina determinada a la vida entregada, me parece artificialmente restrictiva[42].

Desde luego, la inmensa mayoría de los cristianos a lo largo de toda la historia, han conocido y experimentado la guía del Espíritu Santo a la hora de tomar decisiones, ante todo mientras oraban y leían las palabras de la Escritura, siendo conscientes de que esta guía incluía no solo las indicaciones, los mandatos y los principios de la Escritura, sino también impresiones subjetivas de la voluntad de Dios, así como pensamientos o recuerdos concretos que el Señor les trae a la mente. Esto implica sin duda la validez de pensar que existe una voluntad particularizada o "individual" de Dios para personas concretas en algunas situaciones concretas.

Por lo tanto, mi primera observación sobre el argumento de Friesen es notar cómo una posición que *descarta toda guía personal directa del Espíritu Santo* hoy es tan distinta de todo el curso de la historia bíblica y de la enseñanza del Nuevo Testamento sobre la comunión personal que tenemos con el Padre, el Hijo y el Espíritu Santo.

---

[40] Ver en la nota anterior la matización de Friesen de que hay escasas exce

[41] Ver Grudem, *Systematic Theology* [Teología sistemática], 54-72

[42] Carl F. H. Henry, *Confessions of a Theologian* [Confesiones de un teólogo] (Waco, Texas: Word, 1986), pág. 53.

Además, no hay ningún pasaje que enseñe esta posición. ¿En qué pasaje se dice algo como: "Nunca se debe pensar que Dios lo guía a través de un sentido subjetivo de su guía. Tome sus decisiones a partir de la Biblia y de su propia sabiduría". Ningún pasaje se acerca a ese tipo de enseñanza.

Puede que me haya pasado algo por alto, pero no creo que los pasajes que implican la expectativa de un canon cerrado proporcionen tal respaldo a la posición de Friesen, como tampoco lo hacen los pasajes que hablan de la suficiencia de las Escrituras para los fines para los que fueron concebidas. De hecho, no creo que haya ningún pasaje sólido de las Escrituras que respalde el punto de vista de la guía de "Solo la Biblia y la sabiduría". El respaldo bíblico para tal punto de vista es muy débil, y también es contrario a la forma en que Dios se ha relacionado personalmente con su pueblo a lo largo de la historia bíblica.

b. Friesen reduce por error la guía del Espíritu Santo a la enseñanza moral de las Escrituras. En dos versículos distintos, Pablo se refiere a la guía del Espíritu Santo como una experiencia común a todos los creyentes cristianos:

> Porque todos los que son *guiados por el Espíritu de Dios*, éstos son hijos de Dios (Ro 6:14).

> Pero si sois *guiados por el Espíritu*, no estáis bajo la ley (Gá 5:18).

Según Friesen, en su contexto, estos versículos "no tratan de la toma de decisiones diarias en áreas no encomendadas". Más bien, en Romanos 8:14, "la guía es la orientación hacia la voluntad moral de Dios para hacer lo que le agrada"[43]. De hecho, en Gálatas 5:18, "esta guía está sin duda relacionada con la voluntad moral de Dios revelada en las Escrituras"[44].

Sin embargo, esta interpretación no explica lo suficiente la palabra real que Pablo utiliza para "guiado", que es el verbo griego *agō*, "guiar". Este verbo es frecuente en el Nuevo Testamento (se utiliza 69 veces), y da una imagen de alguien que guía de forma específica a una persona (o incluso a un animal) de un lugar a otro. Aquí hay algunos ejemplos de este mismo verbo:

> A la entrada del pueblo les dijo: «Hallarán una burra atada y junto a ella un burrito. Desátenlos y me los *traen [agō]* (Mt 21:2, NBV).

> Pero cuando os *trajeren [agō]* para entregaros, no os preocupéis por lo que habéis de decir, ni lo penséis, sino lo que os fuere dado en aquella hora, eso hablad; porque no sois vosotros los que habláis, sino el Espíritu Santo (Marcos 13:11).

> Jesús, lleno del Espíritu Santo, volvió del Jordán, y fue *llevado [agō]* por el Espíritu al desierto (Lucas 4:1; esto es muy parecido a la redacción de Ro 8:14 y Gá 5:18, y significa guía a lugares específicos en el desierto. El

---

[43] Friesen, pág. 100.

[44] *Ibíd*, pág. 102.

versículo paralelo en Mt 4:1 utiliza un verbo afín para decir que Jesús "El Espíritu Santo *condujo [apagō]* a Jesús al desierto").

Y le *llevó [agō]* a Jerusalén, y le puso sobre el pináculo del templo, y le dijo: Si eres Hijo de Dios, échate de aquí abajo (Lucas 4:9).

Y acercándose, vendó sus heridas, echándoles aceite y vino; y poniéndole en su cabalgadura, lo *llevó [agō]* al mesón, y cuidó de él (Lucas 10:34).

Este halló primero a su hermano Simón, y le dijo: Hemos hallado al Mesías (que traducido es, el Cristo). Y le *trajo [agō]* a Jesús. Y mirándole Jesús, dijo: Tú eres Simón, hijo de Jonás; tú serás llamado Cefas (que quiere decir, Pedro) (Juan 1:41-42).

Llevaron [agō] a Jesús de casa de Caifás al pretorio (Juan 18:28).

Sólo Lucas está conmigo. Toma a Marcos y *tráele [agō]* contigo, porque me es útil para el ministerio (2 Ti 4:11).

Existen muchos ejemplos similares, pero la idea debe ser clara. Cuando los lectores del primer siglo (que utilizaban con frecuencia el verbo *agō* para hablar de una persona que guía o conduce a otra de un lugar a otro) vieron que Pablo utilizaba este verbo para hablar de ser "guiado" por el Espíritu Santo, lo habrían entendido como una guía detallada y específica en las diversas elecciones y decisiones de la vida cotidiana.

De hecho, en Gálatas 5, Pablo acababa de decir a sus lectores, "andad en el Espíritu" (Gá 5:16), y unos versículos después dijo: "Si vivimos por el Espíritu, andemos también por el Espíritu" (Gá 5:25), otros dos versículos que utilizan la metáfora de caminar por la vida para referirse a la guía del Espíritu Santo. Todo el pasaje sostiene la imagen de la conducta diaria como un "andar" que debe ser guiado por el Espíritu Santo.

Estoy de acuerdo con Friesen en que el contexto en ambos versículos muestra que aquellos que son guiados por el Espíritu Santo, no vivirán en un patrón de pecado contra las leyes morales de Dios. Sin embargo, esa idea encaja bien en un contexto de guía específica del Espíritu Santo, porque Pablo está diciendo que si eres guiado por el Espíritu Santo, seguirás los deseos del Espíritu Santo, y esos deseos te guiarán para cumplir la ley moral de Dios: "Digo, pues: Andad en el Espíritu, *y no satisfagáis los deseos de la carne*" (Gá 5:16).

Esto no significa que la guía del Espíritu Santo se *limite* a enseñarnos a seguir la ley moral de Dios en las Escrituras, sino que significa que la guía del Espíritu Santo, en cualquier camino detallado de conducta que elija, será siempre *coherente* con el carácter del Espíritu Santo, y por lo tanto se ajustará siempre a la ley moral de Dios. Sin embargo, la guía del Espíritu Santo es una realidad más amplia que la de darnos el deseo de seguir esas leyes morales: es una *guía* real a través del camino de la vida.

c. Friesen subestima la forma en que la vida de Cristo es un ejemplo para

nosotros. Friesen concluye que "Cristo recibió una guía específica del Padre más allá de la voluntad moral de Dios [...] que incluía todo lo que Cristo dijo que veía y oía hacer al Padre" (Juan 5:19, 30)[45]. No obstante, dice que no estamos destinados a imitar a Cristo en ese aspecto de su vida:

> Se declara que Cristo es nuestro ejemplo, pero la medida en que es nuestro modelo no es ilimitada. Él es nuestro ejemplo en formas específicas [...]. Las áreas en las que se les dice a los creyentes que imiten a Jesucristo se *refieren a la manera en que Él cumplió la voluntad moral de Dios*. Al igual que Jesús obedeció la voluntad moral de su Padre, los hijos e hijas de Dios deben obedecer la voluntad de su Padre. La diferencia es la siguiente: para el Hijo unigénito de Dios, la voluntad de su Padre se reveló a través de diversos medios; para los nuevos hijos de Dios, la voluntad de su Padre se revela por completo en su Palabra, la Biblia[46].

Sin embargo, es cuestionable que Friesen tenga razón en esta limitación. Desde luego, deberíamos imitar a Jesús en la forma en que fue obediente a Dios, pero si esa obediencia incluía un patrón de búsqueda regular de la guía de su Padre celestial, entonces ¿no deberíamos imitar también ese patrón? Juan nos dice, "El que dice que permanece en él, debe andar como él anduvo" (1 Juan 2:6). Debemos vivir nuestra vida imitando todo su modelo de vida.

Además, Jesús es nuestro Sumo Sacerdote, y "no tenemos un sumo sacerdote que no pueda compadecerse de nuestras debilidades, sino uno que fue tentado en todo según nuestra semejanza, pero sin pecado" (He 4:15). No obstante, si Jesús podía invocar la guía específica de Dios cuando se enfrentaba a decisiones difíciles, pero nosotros no podemos hacer lo mismo, entonces no parece que sea del todo capaz de "compadecerse de nuestras debilidades" como Uno que "fue tentado en todo según nuestra semejanza".

d. El método de guía de "Solo la Biblia y la sabiduría" de Friesen tiende a obstaculizar la relación personal entre nosotros y Dios. Cuando los creyentes buscan con frecuencia la guía de Dios para varias decisiones diarias, y luego esperan con expectación alguna indicación de la dirección de Dios, esto se convierte en un componente importante de su relación personal con él. Sin embargo, en el sistema de "Solo la Biblia y la sabiduría", esa interacción personal con Dios queda excluida, y nuestro sentido de comunión personal con él se ve disminuido.

Un pastor que también es un antiguo alumno mío del seminario me escribió que le había sucedido esto:

> En lo personal, pasé por una etapa en la que me convencí de la posición [de que no hay guía subjetiva hoy en día] y fue perjudicial para mi relación con el Señor: fue como si hubiera cortado la comunicación con él como ser vivo[47].

---

[45] *Ibíd*, págs. 49-50.

[46] *Ibíd*, págs. 50-51, con énfasis en el documento original.

[47] Carta personal de un antiguo alumno.

Incluso si alguien con el punto de vista de Friesen ora: "Por favor, Señor, guíame en esta decisión", puede estar pidiendo solo una mayor comprensión de las *Escrituras* o *más sabiduría* sobre la situación, todo lo cual seguirá siendo procesado por completo a través de su inteligencia y análisis lógico[48]. Según este punto de vista, Dios no da ninguna guía *adicional* a través de impresiones subjetivas que vienen a través de nuestros pensamientos, nuestras conciencias, nuestros corazones, nuestros espíritus, o una guía percibida del Espíritu Santo.

Sin embargo, esto significaría que Dios no se relaciona por completo con nosotros como personas completas. Se relaciona con nosotros solo a través de nuestros intelectos, y no a través de nuestras conciencias, nuestros deseos del corazón o nuestras percepciones espirituales. Es significativo que, incluso en un apartado en el que Friesen habla de "practicar la presencia" de Dios, ninguna de las cinco formas que menciona incluye ninguna interacción personal entre Dios y el creyente[49]. Hasta parece afirmar que una menor interacción personal con Dios es mejor en nuestra vida diaria ("menos es mejor" [50]) porque Dios no nos ve como "niños inmaduros" que necesitan ser guiados en cada decisión, sino como "adultos" capaces de tomar decisiones informadas por nosotros mismos[51].

e. Friesen advierte de varios errores cometidos por los defensores del "punto de vista tradicional". Friesen no documenta a ningún autor que defienda lo que él llama el "punto de vista tradicional" de la guía en el argumento principal de su libro (aunque lo hace en el Apéndice 1 en la página 426-40). Sin embargo, incluye algunas advertencias útiles contra los abusos populares de la dependencia de la guía subjetiva.

Por ejemplo, señala que el punto de vista tradicional debe abandonarse en la toma de decisiones habituales a lo largo del día, porque nadie podría dedicar tiempo a buscar guía sobre cada pequeña decisión. Con razón señala que esto significa que Dios no puede esperar que busquemos su guía en cada decisión cotidiana[52]. Esta es una advertencia válida contra un malentendido de la guía, e incluso estaría de acuerdo en que la analogía de Friesen de que Dios nos trata como adultos y no como "niños inmaduros" es un argumento válido en respaldo de esta advertencia.

---

[48] Friesen piensa que es una ventaja que la guía se base solo en factores objetivos, porque esto nos permite tener certeza respecto a la guía, mientras que depender de factores subjetivos nunca nos dará ello (ver Friesen, págs. 92, 249, 252). Sin embargo, esta crítica no me parece convincente, porque incluso desde el punto de vista de Friesen, ¿cómo podemos estar seguros de que nuestra "sabiduría" ha entendido bien la situación y ha aplicado de forma adecuada las Escrituras a la situación? Además, aunque las impresiones subjetivas de la voluntad de Dios no den una certeza objetiva, pueden darnos la suficiente confianza como para que actuemos según ellas. Y si la impresión subjetiva nos lleva a actuar de una manera que está dentro de lo que Friesen llama el área de la "libertad", y si no es imprudente, entonces ¿qué objeción podría haber para seguirla? En respuesta a esta pregunta, Friesen escribió en un correo electrónico: "No tendrás ninguna objeción por mi parte. La única excepción es que conozcas otra cosa más sabia para la misma decisión". Correo electrónico de Garry Friesen, 20 de septiembre de 2016, citado con permiso.

[49] Friesen, 270-71.

[50] *Ibíd*, 275-77.

[51] *Ibíd*, 275-76.

[52] *Ibíd*, págs. 46, 86, 110, 246-47.

No obstante, también respondería que sigue siendo posible buscar la guía de Dios en *algunas* decisiones durante un día habitual y ser receptivos a la guía de Dios incluso en momentos en los que no la buscamos a propósito. (Aquí modificaría la analogía de Friesen de no ser "niños inmaduros" para que contenga la idea de un hijo adulto maduro relacionándose en forma conversacional a lo largo del día con su padre increíblemente sabio que está caminando con él).

Aunque estoy de acuerdo en que Friesen tiene razón al decir que Dios no tiene una "voluntad individual" además de los mandatos morales de las Escrituras que debemos buscar para cada mínimo detalle de nuestras vidas, también creo que el patrón de las Escrituras de principio a fin muestra que Dios en *ocasiones* tiene una "voluntad individual" para un creyente en una situación determinada, y que guía a los creyentes en direcciones específicas que quiere que vayan en esas situaciones[53]. (Y Friesen estaría de acuerdo en que las impresiones subjetivas pueden ayudarnos a pensar de forma correcta sobre qué decisiones son sabias y coherentes con las Escrituras; solo que no cree que estas impresiones den una *guía adicional* a lo que está en las Escrituras y a lo que es sabio).

Asimismo, creo que Friesen tiene razón al argumentar que las Escrituras no muestran ninguna expectativa de que debamos buscar una guía adicional de Dios en la mayoría de las decisiones cotidianas y rutinarias de la vida. Sería una parálisis irremediable[54]. Hace una crítica acertada a la opinión de que si perdemos la guía especial de Dios en algún momento concreto de la vida, estamos condenados a vivir una vida con la "segunda mejor opción" de Dios[55]. Asimismo, subraya con acierto que la mayoría de las decisiones que tomamos a lo largo de cada día pueden y deben decidirse de acuerdo con las enseñanzas de las Escrituras, así como con el uso de la sabiduría que nos ha dado Dios (de hecho, todo este libro de ética está dedicado a ayudar a las personas a tomar decisiones sabias de esa manera).

Por lo tanto, aunque no estoy de acuerdo con el punto de vista de Friesen cuando excluye la guía adicional de Dios a través de medios subjetivos, su énfasis en la

---

[53] Por correspondencia personal, Friesen está de acuerdo en que Dios puede dar en ocasiones una guía individual especial, pero a continuación dice que, "Se trata de una revelación directa milagrosa y que siempre debe ser obedecida. En la práctica, cuando uno recibe una revelación directa, su 'libertad' está restringida y los mandatos crecen por uno. Solo discrepamos en lo común de la guía individual especial. La lista total me parece muy pequeña para 6000 años de historia. No obstante, Dios puede dar una revelación milagrosa directa para una decisión individual en cualquier momento que lo desee". Correo electrónico de Garry Friesen, 20 de septiembre de 2016, citado con permiso.

Mi respuesta es decir: (1) Me alegra saber que estamos de acuerdo en que esa guía subjetiva es posible; (2) Friesen tiene razón al decir que diferimos en cuanto a la frecuencia con la que ocurre dicha guía, porque yo diría que ocurre millones de veces al día en varios lugares del mundo en la vida de los cristianos individuales, mientras que Friesen diría que ocurre solo en contadas ocasiones en la historia; y (3) Friesen pondría tal guía milagrosa en la misma categoría de autoridad moral que la Escritura, mientras que yo no lo haría, porque (a) siempre hay una medida de incertidumbre hoy en día sobre si un sentido subjetivo es en verdad de Dios y si lo hemos entendido de forma correcta, mientras que no hay incertidumbre sobre si un pasaje de la Escritura es de Dios, a la vez que para muchos mandatos morales de la Escritura podemos obtener un alto nivel de certeza de que los hemos entendido de forma correcta; y (b) tal guía subjetiva se da hoy para un individuo específico en un lugar y tiempo específicos, pero la Escritura se da para todo el pueblo de Dios para todos los lugares y todos los tiempos.

[54] Ver Friesen, 246-47

[55] *Ibíd*, págs. 29, 200, 517

importancia de tomar decisiones basadas en la Biblia y la sabiduría es un énfasis útil. Solo creo que es tan solo una parte del todo.

Por último, me complace informar que Friesen leyó un borrador anterior de este capítulo y me escribió lo siguiente:

> Después de leer su capítulo varias veces, estoy convencido de que estamos más cerca en el punto de vista de lo que usted piensa y de lo que yo pensaba. En realidad, usted no sostiene el punto de vista tradicional. Sostiene algo así como el punto de vista de la sabiduría, con excepciones. Incluso esas excepciones están muy cerca de mi propia punto de vista. No obstante, hay diferencias, por supuesto[56].

f. ¿Cómo funciona la guía en la práctica? Algunos ejemplos de mi propia vida.
Para resumir mi punto de vista, puede ser útil que describa cómo entiendo que funciona la guía de Dios en mi propia vida. Este es un día habitual en el que tengo que dar clases en el Seminario de Phoenix:

Actividad	¿Oro para que Dios me guíe en esta actividad?
Levantarme, correr, tomar un baño, desayunar	No
Leer la Biblia y dedicar tiempo a la oración	Sí, sobre la aplicación de las Escrituras a mi vida, cómo orar por personas específicas, cómo pensar en los eventos del día y otras decisiones próximas, y guía sobre los elementos de mi lista de "cosas por hacer". (Este es el tiempo más extenso de búsqueda de guía a lo largo de mi día).
Conducir hasta el Seminario de Phoenix	No (tomo la misma ruta todos los días). Sin embargo, puedo orar sobre otros asuntos mientras conduzco.
Asistir a la reunión de la facultad	No con respecto a temas de rutina, pero durante algunas discusiones pido la guía del Señor sobre el tema en cuestión, y si debo hablar o no.
Horas de oficina	Sí, suelo orar durante las conversaciones con los estudiantes o los visitantes externos, para pedirle al Señor que comprenda los temas que se discuten, y si debo detenerme y orar en voz alta por la persona que está en mi oficina.
Dar clases	No durante mi clase, pero en ocasiones oro en silencio para que me guíen sobre cómo responder a una pregunta difícil de un alumno o cuándo interrumpir a un alumno que está tomando

---

[56] Correo electrónico de Garry Friesen, 20 de septiembre de 2016, citado con permiso.

	demasiado tiempo de clase.
Conducir a casa	No (tomo la misma ruta todos los días).
Cenar	No (¡Me gusta la cocina de Margaret y me como todo lo que ha preparado!).
Pasar tiempo con Margaret (dar un paseo, ver algo en la televisión, jugar a las cartas o hacer mandados)	No
Ir a dormir	No

Tabla 6.1. La guía de Dios en nuestra decisiones cotidianas

Esto indica un patrón en el que no busco la guía de Dios para las decisiones cotidianas a lo largo del día, pero sí busco su guía para las decisiones que no lo son.

Los días que no tengo clases que impartir, trabajo en casa. En esos días, oro por la mañana sobre el orden de las tareas en mi agenda diaria, y con frecuencia, cuando oro, el Espíritu Santo parece darme más visión y comprensión de las tareas de mi lista, o en ocasiones me trae a la mente pasajes de la Escritura que se aplican con exactitud a mi situación.

Asimismo, experimento lo que creo que es la guía del Espíritu Santo en otras situaciones. Por ejemplo, hablé hace poco en una conferencia de pastores sobre el tema de uno de mis libros publicados. Había hablado sobre ese mismo tema varias veces a grupos de pastores con un sentido de la bendición del Señor en las charlas, y fue lo mismo esta vez. Pero cuando llegué a casa me di cuenta de que mi corazón no tenía ganas de hacer más conferencias sobre este tema en particular. Entendí que esa percepción en mi corazón era una indicación de la guía del Espíritu Santo, que me estaba guiando para que no dedicara más tiempo a hablar de este tema en el futuro.

Durante una reciente reunión del grupo de confraternidad familiar en el que participamos Margaret y yo, sentí una sensación insólita de la presencia y la bendición del Señor durante nuestro tiempo de oración. Entendí que esto significaba que mi espíritu humano estaba percibiendo una manifestación insólita de la presencia del Espíritu Santo mientras orábamos[57].

En otra ocasión, Margaret y yo pasamos varios meses orando y buscando la guía del Señor sobre la iglesia a la que debíamos unirnos. A menos de 15 minutos en auto de nuestra casa, habíamos visitado varias iglesias con predicaciones de fidelidad bíblica y ministerios que promueven el reino. La aplicación de las enseñanzas

---

[57] En ocasiones, nuestros espíritus humanos pueden percibir una influencia espiritual hostil. Recuerdo haber visitado una antigua catedral europea hace varios años. Cuando entramos al interior oscuro siguiendo a una multitud de otros turistas, de repente sentí una fuerte sensación de maldad espiritual, una sensación tan poderosa que tuve que darme la vuelta y marcharme. Creo que el Señor me permitió percibir en mi espíritu que la catedral ya no servía para los fines para los que fue construida.

morales de la Biblia y de toda la sabiduría que Dios nos había dado no nos dirigió a una solución clara. Al final, decidimos afiliarnos a la iglesia en la que nos *sentíamos espiritualmente* más "en casa", un factor subjetivo, pero que entendimos como una guía del Espíritu Santo. "Todos los que son guiados por el Espíritu de Dios, son hijos de Dios" (Ro 8:14).

g. Una comparación del punto de vista de Friesen de "Solo la Biblia y la sabiduría" con mi comprensión de la guía del Espíritu Santo en la búsqueda de conocer la voluntad de Dios. En este punto, volvemos al resumen de Friesen sobre su punto de vista de la guía, con el que empezamos. Junto a cada uno de los cuatro puntos de Friesen, he puesto mis propias conclusiones a modo de comparación.

El punto de vista de Friesen: La guía de Dios viene solo de la Biblia y la sabiduría	Mi punto de vista: La guía de Dios proviene de la Biblia, la sabiduría y algunos factores subjetivos
1. Donde Dios manda, debemos obedecer.	1. Donde Dios manda, debemos obedecer.
2. Donde no hay mandato, Dios nos da libertad (y responsabilidad) para elegir.	2. Donde no hay mandatos, Dios nos da libertad (y responsabilidad) para elegir, *ya que en ocasiones el Espíritu Santo nos guía directamente al influir en nuestros pensamientos, al traernos a la mente pasajes de las Escrituras, al darnos perspicacia y comprensión, al cambiar nuestros deseos, al despertar nuestras conciencias o al impartir a nuestros espíritus humanos la presencia y la guía específica del Espíritu Santo.*
3. Donde no hay mandato, Dios nos da sabiduría para elegir.	3. Cuando no hay un mandato, Dios suele darnos sabiduría para elegir, *y en ocasiones el Espíritu Santo nos guía directamente en los casos en que la Biblia y la sabiduría no deciden o no pueden decidir sobre el problema.*
4. Cuando hayamos elegido lo que es moral y sabio, debemos confiar en que el Dios soberano obrará todos los detalles para el bien.*	4. Cuando hayamos elegido lo que es moral y sabio, debemos confiar en que el Dios soberano obrará todos los detalles para el bien.*

* Los cuatro puntos de la columna de la izquierda son un extracto del resumen de Friesen; Friesen, pág. 15.

Tabla 6.2. Dos puntos de vista sobre la guía de Dios

PREGUNTAS PARA REFLEXIONAR

1. ¿Alguna vez ha tenido que tomar una decisión al instante y ha decidido de forma correcta? ¿Incorrectamente? ¿Podría decir qué factores de su corazón le llevaron a tomar dicha decisión al instante?

2. ¿Se acuerda de alguna ocasión en la que le haya parecido que un cambio repentino en ciertas circunstancias indicaba la guía de Dios sobre cómo debía tomar una decisión? ¿Cómo lo supo?

3. ¿Podría decir hoy que tiene "una conciencia sin ofensa ante Dios y ante los hombres" (Hechos 24:16)? ¿O hay algo que perturba su conciencia? Si es así, ¿qué se podría hacer para corregirlo?

4. ¿Ha afectado alguna vez los deseos profundos de su corazón a alguna decisión relativa a su trabajo, a la dirección de su carrera o a un compromiso ministerial?

5. ¿Alguna vez ha sido consciente de percibir algo en su espíritu? ¿Puede dar un ejemplo concreto?

6. ¿Cómo reconoce el momento en que el Espíritu Santo le está guiando, si es que lo hace?

7. ¿A qué personas sabias ha conocido? ¿Cómo cree que llegaron a ser sabios?

8. ¿Siente ahora mismo temor de Dios? Si es así, ¿puede explicar cómo afecta ello a su relación con él? ¿Cómo le aporta sabiduría?

9. Lea Santiago 1:5-6. ¿Cuánta fe diría que tiene ahora mismo en que Dios le dará sabiduría con respecto a una decisión difícil específica?

10. ¿Prefiere usted en lo personal el "punto de vista tradicional" de la guía, el punto de vista de "solo la Biblia y la sabiduría", o el punto de vista mixto que se ha defendido en este capítulo?

TÉRMINOS ESPECIALES

punto de vista sobre la guía de "Solo la Biblia y la sabiduría"
conciencia
temor a Dios
corazón
voluntad moral de Dios
voluntad soberana de Dios
espíritu
impresión subjetiva

BIBLIOGRAFÍA

Otras fuentes de referencia sobre ética

(ver los datos bibliográficos completos en la pág. 64)

Clark and Rakestraw, 1:279-310
Feinberg, John y Paul, 52-61
Frame, 24-36
Geisler, 116-27
Gushee y Stassen, 442-48
Jones, 59-76
McQuilkin y Copan, 599-605
Rae, 104-20

Otras obras

DeYoung, Kevin. *Just Do Something: A Liberating Approach to Finding God's Will* [Solo haz algo: un enfoque liberador para encontrar la voluntad de Dios]. Chicago: Moody, 2009.

Friesen, Garry, y J. Robin Maxson. *Decision Making and the Will of God* [La toma de decisiones y la voluntad de Dios]. Sisters , Oregón: Multnomah, 2004.

Howard, J. Grant, Jr. *Knowing God's Will and Doing It!* [¡Conociendo la voluntad de Dios y haciéndola!]. *Grand Rapids, Michigan:* Zondervan, 1976.

Huffman, Douglas S., ed. *How Then Should We Choose? Three Views on God's Will and Decision Making* [¿Cómo debemos elegir entonces? Tres puntos de vista sobre la voluntad de Dios y la la toma de decisiones]. Grand Rapids, Michigan: Kregel, 2009.

Naselli, Andrew David, y J. D. Crowley. *Conscience: What It Is, How to Train It, and Loving Those Who Differ* [Conciencia: Qué es, cómo entrenarla y amar a quienes difieren]. Wheaton, Illinois: Crossway, 2016.

O'Donovan, O. M. T. *"Christian Moral Reasoning"* [Razonamiento moral cristiano]. En *New Dictionary of Christian Ethics and Pastoral Theology* [Nuevo diccionario de ética cristiana y teología pastoral], editado por David J. Atkinson y David H. Field, 122-27. Leicester, Reino Unido: Inter-Varsity, y Downers Grove, Illinois: InterVarsity Press, 1995.

Willard, Dallas. *In Search of Guidance: Developing a Conversational Relationship with God* [En busca de guía: Desarrollando una relación conversacional con Dios]. Ventura, California: Regal, 1983.

PASAJE BÍBLICO PARA MEMORIZAR

Santiago 1:5-6: Si alguno de vosotros tiene falta de sabiduría, pídala a Dios, el cual da a todos abundantemente y sin reproche, y le será dada. Pero pida con fe, no dudando nada, porque el que duda es semejante a la onda del mar, que es arrastrada por el viento y echada de una parte a otra.

HIMNO

"Abre mis ojos a la luz"

Abre mis ojos a la luz; tu rostro quiero ver, Jesús.
Pon en mi corazón tu bondad, y dame paz y santidad.
Humildemente acudo a ti, porque tu tierna voz oí.
Mi guía sé, Espíritu Consolador.

Abre mi oído a tu verdad; yo quiero oír con claridad
bellas palabras de dulce amor, ¡oh, mi bendito Salvador!
Consagro a ti mi frágil ser; tu voluntad yo quiero hacer.
Llena mi ser, Espíritu Consolador.

Abre mis labios para hablar y a todo el mundo proclamar
que tú viniste a rescatar al más indigno pecador.
La mies es mucha, ¡oh, Señor!; obreros faltan de valor.
Heme aquí, Espíritu Consolador.

Abre mi mente para ver más de tu amor y gran poder.
Haz que en la lucha pueda triunfar y en tus caminos fiel andar.
De mi alma escudo siempre sé y aumenta mi valor y fe.
Mi mano ten, Espíritu Consolador.

AUTOR: CLARA H. SCOTT, 1841-1897

Capítulo 7

LOS CRISTIANOS NUNCA TENDRÁN QUE ELEGIR EL "PECADO MENOR"

¿Es correcto mentir para proteger una vida humana?

¿Acaso Dios quiere que obedezcamos todos los mandamientos de las Escrituras?

¿En algún momento nos enfrentaremos a un conflicto moral imposible?

Muchos libros de ética cristiana afirman que a veces las personas se encuentran en situaciones tan difíciles que las únicas opciones posibles son las pecaminosas y, por lo tanto, están obligadas a elegir entre desobedecer uno de los mandamientos morales de Dios. Por tal motivo, su mejor opción es escoger el "pecado menor"[1].

Un ejemplo clásico es el de un cristiano en la Alemania nazi que esconde judíos en el sótano de su casa. ¿Qué debería hacer cuando los soldados nazis golpeen la puerta y exijan saber si está ocultando judíos? El dueño de casa sabe que si descubren a los judíos, serán llevados a un campo de concentración y probablemente serán ejecutados.

¿Acaso este es un "conflicto moral imposible", que a veces es llamado como una "trágica elección moral"? El dilema es que si el dueño de casa dice la verdad, estará traicionando la vida de un inocente, lo que sin duda es moralmente incorrecto. Sin embargo, si miente y dice que no hay ningún judío escondido en su casa,

---

[1] Este capítulo ha sido adaptado de *"Christians Never Have to Choose the 'Lesser Sin'"* ["Los cristianos nunca tendrán que escoger el 'pecado menor'"] en *Redeeming the Life of the Mind: Essays in Honor of Vern Poythress* [Redimiendo la vida de la mente: ensayos en honor a Vern Poythress] de Wayne Grudem, eds. John M. Frame, Wayne Grudem y John J. *Hughes* (Wheaton, Illinois: Crossway, 2017), págs. 331-59, con permiso del editor.

estará cometiendo el delito moral de mentir. En una situación como esta, ¿no sería mejor *mentir* (el pecado menor) *que traicionar a personas inocentes* para que sean ejecutadas (un pecado mayor)?

A. EL PUNTO DE VISTA DEL CONFLICTO MORAL IMPOSIBLE

Algunos cristianos moralistas sí apoyan el punto de vista a favor del conflicto moral imposible. En esta primera parte del capítulo, vamos a examinar los argumentos de dos textos influyentes de ética que apoyan el punto de vista, escritos por (1) Norman Geisler y (2) John y Paul Feinberg.

1. Norman Geisler. Geisler brinda un argumento amplio para lo que llama "absolutismo graduado" en su libro de 2010 *Christian Ethics: Contemporary Issues and Options* [La ética cristiana: Cuestiones y opciones contemporáneas]. Él escribió: "Existen algunos conflictos morales personalmente inevitables en los que un individuo no puede obedecer ambos mandamientos"[2]. En tales situaciones, Geisler afirma:

> Dios no considera culpable a una persona por incumplir una ley moral inferior siempre y cuando cumpla la ley moral superior. Dios exime a alguien de su deber de cumplir la ley moral inferior, ya que no podría cumplirla sin incumplir una ley superior[3].

> Por ejemplo, al mentir para salvar una vida, lo que está bien no es la falacia (una mentira como esa siempre está mal) sino el acto de misericordia para salvar una vida [...] En estos casos, Dios no considera a la persona culpable por el deplorable acto concurrente ante la realización del bien mayor [...] El absolutismo graduado no considera que haya excepciones a las leyes absolutas, solo exenciones[4].

> Cuando cumplimos la ley moral superior, no somos considerados responsables por incumplir la ley inferior[5].

Geisler explica que en el "absolutismo graduado"[6] hay ciertas categorías de las leyes morales que son superiores a otras. Él da tres ejemplos:

1. El amor a Dios por sobre el amor por la humanidad.
2. Obedecer a Dios antes que al gobierno.

---

[2] Norman L. Geisler, *Christian Ethics: Contemporary Issues and Options* [La ética cristiana: Cuestiones y opciones contemporáneas], 2.ª ed. (Grand Rapids, Michigan: Baker, 2010), pág. 102.

[3] *Ibid*, pág. 104.

[4] *Ibid*, págs. 109-10.

[5] *Ibid*, págs. 111, 115.

[6] A veces el punto de vista de Geisler también se llama jerarquismo, porque está basado en una jerarquía de leyes morales.

3. La misericordia antes que la honradez[7].

Él deja claro que no cree que uno debe escoger el pecado menor y *luego pedir perdón por pecar* (una posición que denomina "absolutismo conflictivo"), ya que argumenta que *no hay pecado* en incumplir una ley moral inferior para obedecer una superior. Dios no considera a la persona culpable en absoluto, así que no hay necesidad de pedir perdón en dichos casos[8].

Geisler brinda muchos ejemplos de las Escrituras y la vida moderna para probar que a veces enfrentamos conflictos morales en los que posiblemente no podemos obedecer ambos mandamientos.

a. Desobedecer al gobierno civil: Geisler menciona algunos casos en los que, según él, las personas tuvieron que desobedecer al gobierno para ser fieles a Dios y, por lo tanto, tuvieron que transgredir una obligación moral para cumplir una superior. Él da los siguientes ejemplos:

1. Las parteras hebreas Sifrá y Fuvá, quienes desobedecieron cuando el Faraón les ordenó matar a los bebés varones (Ex 1:15-22).
2. Sadrac, Mesac y Abednego, quienes se negaron a inclinarse ante la estatua de oro que mandó erigir el Rey Nabucodonosor (Daniel 3).
3. Daniel, quien desobedeció la orden del rey de no orar a nadie más que al rey (Daniel 6)[9].
4. Los apóstoles, quienes desobedecieron al Sanedrín cuando les ordenaron no predicar en el nombre de Jesús (Hechos 4:18-20; ver también 5:29)[10].

Estoy de acuerdo con Geisler de que la narrativa bíblica ve con buenos ojos estas acciones de desobediencia al gobierno para ser fieles a Dios. Sin embargo, no estoy de acuerdo con la afirmación de Geisler de que estas acciones constituyen una desobediencia a los mandamientos de Dios.

La Biblia nunca dice que las personas deben obedecer siempre todos los mandatos de un gobierno civil secular. En cambio, Pablo dice sabiamente: "Toda persona *debe someterse a las autoridades de gobierno*" (Ro 13:1 NTV). "Someterse" a un gobierno en general no significa que uno siempre debe obedecer todos sus mandatos

Un principio importante aquí es que los pasajes individuales de las Escrituras deben ser interpretados en función de toda su enseñanza. Hay muchos pasajes en los que Dios dio claramente aprobación a Su pueblo que desobedeció a un gobierno que le estaba ordenando a realizar una acción pecaminosa[11].

---

[7] Geisler, *Christian Ethics* [La ética cristiana], págs. 104-5.

[8] Ver *ibid.*, págs. 83-96, para la explicación y el rechazo de Geisler al absolutismo conflictivo. En este capítulo no comento sobre el absolutismo conflictivo. Mis objeciones a esa postura son las mismas que mis objeciones a la postura de Geisler: la Biblia no nos enseña que alguna vez estaremos en una posición en la que todas nuestras elecciones serán pecaminosas

[9] Geisler menciona estos ejemplos especialmente en ibid., págs. 102-4; ver también pág. 77.

[10] *Ibid.*, pág. 105.

[11] Mi análisis detallado de este principio se encuentra en el cap. 16, pág. 437. Como complemento a los ejemplos de Geisler, ver también Est 4:16 (Ester) y Mt 2:8, 12 (Los sabios de Oriente).

Por lo tanto, la enseñanza de toda la *Escritura*, cuando se entiende de manera correcta, es que Dios le dice a Su pueblo que se debe *someter* a las autoridades del gobierno pero que no tiene la obligación de obedecer cuando les ordena pecar (es decir, desobedecer algo que Dios nos manda en las Escrituras)[12] . Ningún ejemplo en la Biblia desmiente este principio.

Por lo tanto, la lista de Geisler de los casos en los cuales se aceptaba que las personas desobedezcan a las autoridades no demuestra que haya algunos conflictos morales en los cuales las personas no pueden obedecer ambas órdenes.

b. Desobedecer a los padres: Otro ejemplo que Geisler repite una y otra vez es cuando Jesús, según Geisler, ni honró ni obedeció a sus padres para honrar a Dios (en Lucas 2:41-49). Geisler dice: "Jesús parecía afrontar un verdadero conflicto entre obedecer a su Padre celestial y obedecer a sus padres terrenales (Lucas 2)" [13]. Él dice: "A los doce, Jesús afrontó un conflicto entre sus padres terrenales y su Padre celestial" [14]. Luego, menciona una época en la que Jesús no cumplió el mandamiento moral "de obedecer a los padres"[15].

Sin embargo, una vez más, parece que Geisler no ha sido tan preciso al representar lo que las Escrituras enseñan en realidad. En ninguna parte de la Biblia dice que Jesús desobedeció a sus padres. Si se menciona alguna falta moral en el pasaje, es por parte de los padres de Jesús, que se fueron de Jerusalén sin estar seguros de que Jesús estaba con ellos:

> Al regresar ellos, acabada la fiesta, se quedó el niño Jesús en Jerusalén, sin
> que lo supiesen José y su madre. Y pensando que estaba entre la compañía,

---

[12] Geisler intenta demostrar que las Escrituras ordenan a los creyentes obedecer todas las leyes del gobierno al citar la versión en inglés King James Version de 1 P 2:13, que dice que debemos someternos a "toda institución humana por causa del Señor". Lamentablemente, la palabra griega que usa Pedro no es una de las palabras comunes para "ley" u "ordenanza" (tales como *nomos* o *dikaiōma*). En cambio, Pedro usa *ktisis*, que aquí significa "sistema de autoridad establecido que es el resultado de alguna acción fundacional, sistema de gobierno, sistema de autoridad" (BDGA, pág. 573), que tiene como resultado la traducción de la versión en inglés ESV: "Someteos, por causa del Señor, a *toda institución humana*". Además de la versión en inglés ESV, la NASB, NET, NRSV y RSV también dicen "institución", en cambio, las versiones en inglés CSB, NIV y NLT traducen *ktisis* como "autoridad humana". Entre las traducciones modernas solo la versión en inglés NKJV sigue a la KJV y mantiene "ordenación".

El significado correcto en 1 P 2:13 es "sométanse... a toda institución humana" porque después Pedro da ejemplos: "al rey como autoridad" y también "autoridades". Por lo tanto, el versículo no ordena obediencia a cualquier "ordenación humana", sino una sumisión general a la autoridad gubernamental legítima.

El otro texto que Geisler usa para afirmar que la Biblia nos obliga a obedecer todas las leyes y mandatos del gobierno es Tito 3:1: "Recuérdales que se sujeten a los gobernantes y autoridades, que obedezcan, que estén dispuestos a toda buena obra". Sin embargo, esta orden general de ser "obediente" se debe entender en función de otro versículo que usa esta misma palabra griega (*peitharcheō*): "Respondiendo Pedro y los apóstoles, dijeron: 'Es necesario obedecer [*peitharcheō*] a Dios antes que a los hombres'" (Hechos 5:29). La enseñanza del Nuevo Testamento en su totalidad muestra que los cristianos deben obedecer al gobierno excepto cuando este les ordena pecar contra Dios. Dios no concede una exención en tales casos (como Geisler afirma) porque, en primer lugar, Dios nunca pidió que se obedezcan todos los mandatos del gobierno humano.

[13] Geisler, *Christian Ethics* [La ética Cristiana], pág. 76

[14] *Ibid.*, pág. 94.

[15] *Ibid.*, pág. 104; ver también pág. 109.

anduvieron camino de un día; y le buscaban entre los parientes y los conocidos; pero como no le hallaron, volvieron a Jerusalén buscándole. Y aconteció que tres días después le hallaron en el templo, sentado en medio de los doctores de la ley, oyéndoles y preguntándoles. (Lucas 2:43-46)

Afirmar que Jesús desobedeció a sus padres en esta situación es afirmar algo que el texto simplemente no dice[16].

c. Trabajar en el día de reposo: Geisler dice que Jesús afrontó un "conflicto moral" "entre mostrar misericordia y respetar el día de reposo (Marcos 2:27)"[17].

Sin embargo, una vez más el argumento de Geisler está basado en la incomprensión del pasaje de las Escrituras. El Nuevo Testamento menciona muchos casos en los que Jesús infringió las interpretaciones y reglas restrictivas que se atribuyen al mandamiento del día de reposo en la tradición judía. Sin embargo, no hay ningún caso en el que haya infringido el propio mandamiento del día de reposo cuando se entiende de manera correcta, en la forma que Dios quería. Jesús menciona este mismo punto en el pasaje porque corrigió la comprensión errónea de la ley del día de reposo por parte de los fariseos cuando dijo: "El día de reposo fue hecho por causa del hombre, y no el hombre por causa del día de reposo" (Marcos 2:27)[18]. Jesús nunca incumplió el mandamiento del día de reposo del Antiguo Testamento cuando se entendió de manera correcta. Por lo tanto, estos ejemplos del ministerio de Jesús no prueban que Él en algún momento afrontó un conflicto moral imposible.

---

[16] Geisler también dice: "Si unos padres le dicen a su hijo que odie a Dios, el hijo debe desobedecer a sus padres para obedecer a Dios". *Ibid.*, pág. 104. Sin embargo, esto exige que se desobedezca a Col 3:20: "Hijos, obedeced a vuestros padres en todo, porque esto agrada al Señor". Aquí, Geisler separa de manera equivocada "obedeced a vuestros padres en todo" del contexto, porque Pablo estaba escribiendo a la iglesia donde los "niños" oyentes habrían tenido padres creyentes. Además, las siguientes palabras son: "porque esto le agrada al Señor", así que la orden de Pablo se debe entender en un contexto general de buscar agradar a Dios, no odiarlo. La enseñanza más amplia de toda la Biblia (incluyendo Mt 19:29; Marcos 10:29-30; Lucas 14:26; Ef 6:1) muestra que las Escrituras no enseña que los hijos siempre deben obedecer a sus padres, sino que siempre deben obedecer a sus padres *excepto cuando ellos les dicen que desobedezcan* a Dios. Tanto Geisler como yo diríamos que el hijo debe desobedecer la orden de su padre de odiar a Dios, sin embargo, Geisler diría que esto involucra desobedecer un mandamiento de las Escrituras para obedecer otro. En cambio, yo diría que esto no significa que se desobedecería un mandamiento de las Escrituras, una vez que se entienda toda la enseñanza de las Escrituras. Esto es parecido a la enseñanza de la Biblia sobre obedecer la autoridad del gobierno civil.

[17] *Ibid.*, pág. 76; Geisler repite esta afirmación en las págs. 94 y 109.

[18] Con frecuencia, Jesús corregía las interpretaciones demasiado estrictas del Antiguo Testamento por parte de los rabinos judíos de su tiempo: "¿Por qué también vosotros quebrantáis el mandamiento de Dios por vuestra tradición?" (Mt 15:3; ver también v. 6). De acuerdo con el pasaje específico al cual se refiere Geisler, acerca de recoger espigas para comer en el día de reposo (Marcos 2:23-27), D. A. Carson observa correctamente (sobre el pasaje paralelo en Mt 12:1-8): "Ni siquiera está claro cómo estaban rompiendo una ley del AT, donde el mandamiento del día de reposo estaba dirigido principalmente al trabajo regular. Los discípulos no eran labradores tratando de hacer algún trabajo ilícito, sino eran predicadores itinerantes recogiendo casualmente espigas de trigo. De hecho, dejando de lado las interpretaciones halajicas, no está claro que se haya incumplido algún mandamiento de las Escrituras". *"Matthew"* ["Mateo"] en *Matthew & Mark* [Mateo y Marcos] (*Edición Revisada*) de D. A. Carson, vol. 9 en EBC, ed. Tremper Longman III y David E. Garland (Grand Rapids, Michigan: Zondervan, 2010), pág. 325.

d. Mentir:

(1) Rahab: Geisler afirma que hay unos casos en los que las personas en la Biblia fueron obligadas a mentir para cumplir una ley moral superior. Él menciona el caso de Rahab, la prostituta en Jericó que escondió a los espías israelíes y luego mintió sobre ello a los representantes del rey, quienes fueron a su casa (Josué 2:4-6)[19].

Voy a tratar el caso de Rahab más adelante en el capítulo sobre mentir y decir la verdad (ver cap. 12, pág. 321), sin embargo, en este punto es suficiente señalar que es dudoso que las Escrituras consideren que la mentira de Rahab es un ejemplo que los creyentes deben imitar [20]. Esto se debe a que el contexto muestra claramente que ella no era un ejemplo de excelencia moral, porque era una prostituta cananea (Josué 2:1) y no tenía una relación previa con los estándares morales que Dios le dio a Israel. Mientras que su fe y valentía eran notables (el Nuevo Testamento se refiere a ella por estas cosas: ver He 11:31; Santiago 2:25), los pasajes posteriores de las Escrituras evitan claramente mencionar su mentira. De hecho, Juan Calvino (1509-1564) observó sabiamente:

> Con respecto a la mentira, debemos admitir que *aunque se hizo con un buen propósito, no estuvo exenta de culpa.* Porque los que consideran completamente excusable lo que se llama una mentira piadosa, no consideran debidamente cuán preciosa es la verdad a los ojos de Dios. Por lo tanto, a pesar de que nuestro propósito sea ayudar a nuestros hermanos [...] *nunca puede ser lícito mentir* porque no puede ser correcto lo que es contrario a la naturaleza de Dios. Y Dios es la verdad[21].

De igual manera, el padre de la iglesia, Agustín (354-430) dijo:

> Pero el hecho de que ella haya mentido no está propuesto de manera sabia para imitar, aunque de esta manera se exponga de manera inteligente algo profético para la interpretación e incluso a pesar de que Dios haya sido consciente de recompensar sus buenas acciones y clemente al perdonar esta mala acción[22].

(2) Las parteras hebreas en Egipto: Geisler también menciona a las parteras

---

[19] Geisler, *Christian Ethics* [La ética cristiana], pág. 10.

[20] Ver también un complemento importante a mi argumento en el análisis detallado de Vern S. Poythress de algunas diferencias significativas entre las mentiras verbales y las acciones engañosas en *"Why Lying Is Always Wrong: The Uniqueness of Verbal Deceit"* [Por qué mentir siempre es malo: la unicidad del engaño verbal] Westminster Theological Journal WTJ 75 (2013): págs. 83-95.

[21] Juan Calvino, *Commentaries on the Book of Joshua* [Comentarios sobre el libro de Josué], trad. Henry Beveridge (reimpr., Grand Rapids, Michigan: Baker 2005), pág. 47, énfasis añadido.

[22] Agustín, *Treatises on Various Subjects* [Tratados sobre diversos temas], vol. 16 de *The Fathers of the Church* [Los padres de la iglesia], trad. Mary Sarah Muldowney (Washington: The Catholic University of America Press, 1952), pág. 170, énfasis añadido. También encontrado en *To Consentius: Against Lying* [Carta a Consentius: Contra la mentira], sec. 34 (NPNF[1], 3:497), énfasis añadido. John Murray llega a una conclusión parecida: "Ni la propia Escritura ni las inferencias teológicas derivadas de las Escrituras nos proporciona cualquier garantía para la reivindicación de la mentira de Rahab". *Principles of Conduct: Aspects of Biblical Ethics* [Principios de conducta: aspectos de la ética bíblica]

hebreas Sifrá y Fuvá (Ex 1:15-22) como ejemplos de mentira que Dios aprueba[23] , sin embargo, el texto no establece que las parteras en realidad estaban mintiendo. Lo que está claro es que el Faraón ordenó a las parteras matar a todos los bebés hebreos varones que habían nacido "pero las parteras temieron a Dios, y no hicieron como les mandó el rey de Egipto, sino que preservaron la vida a los niños" (v. 17). Cuando el Faraón las cuestionó, las parteras le dijeron que las mujeres hebreas "dan a luz antes que la partera venga a ellas" (Ex 1:19) y no hay razón para dudar que esto fuera cierto. De hecho, es completamente razonable pensar que cuando los hebreos se enteraron del plan del Faraón, esperaron a que nacieran los bebés para llamar a las parteras, tal vez llamando a otras parteras o ayudándose mutuamente en el proceso de parto. Dios favoreció a las parteras por preservar la vida de los niños pero no hay prueba de que le hayan mentido al Faraón. Muchos siglos después, Agustín dijo: "Así pues, no fue su engaño lo que fue recompensado, sino su benevolencia; la bondad de su intención, no la iniquidad de su invención"[24].

e. Ejemplo moderno: Mentir a los soldados nazis: Como se mencionó antes, el clásico e hipotético conflicto moral imposible es el de los soldados nazis en la puerta exigiendo saber si hay algún judío en la casa. Geisler menciona la mentira a los soldados nazis para salvar a los judíos como un ejemplo que prueba que la misericordia es una ley mora superior a la honradez[25].

Pero cuando las personas se encuentran en una situación como esta siempre tenemos otras opciones aparte de mentir o divulgar dónde están escondidos los judíos. El silencio es una opción. Invitar a los soldados a pasar y mirar por sí mismos es otra opción. En una situación similar, se pueden presentar muchas otras posibles respuestas, incluyendo ofrecer hospitalidad y bebida a los soldados. En la historia de Corrie ten Boom, cuya familia escondió judíos en su casa en los Países Bajos durante la Segunda Guerra Mundial, hay un registro notable de la protección providencial de Dios sobre las personas que habían escondido (ver mi análisis más extenso sobre esta situación en el cap. 12, pág. 326). Vern Poythress cita la historia de Corrie ten Boom en alguna parte de su artículo sobre por qué mentir siempre es malo[26].

f. Ejemplo moderno: Dejar las luces encendidas: Geisler menciona otro ejemplo moderno sobre las personas que dejan algunas luces encendidas en sus casas cuando salen para disuadir a los ladrones de entrar. Geisler dice que las personas que hacen esto "realizan un engaño intencional para proteger su propiedad"[27].

Sin embargo, una vez más, el argumento de Geisler está basado en una

---

(Grand Rapids, Michigan: Eerdmans, 1957), pág. 139.

[23] Geisler, *Christian Ethics* [La ética cristiana], pág. 105.

[24] Agustín, Treatises on Various Subjects [Tratados sobre diversos temas], 16:165; también encontrado en *To Consentius: Against Lying* [Carta a Consentius: Contra la mentira], sec. 32 (NPNF[1], 3:495).

[25] Geisler, *Christian Ethics* [La ética cristiana], pág. 106. Geisler menciona el caso específico de Corrie ten Boom, sin embargo, con frecuencia en discusiones de ética esta situación hipotética se presenta sin detalles específicos.

[26] Poythress, *"Why Lying Is Always Wrong"* ["Por qué mentir siempre es malo"], págs. 90-92

[27] Geisler, *Christian Ethics*, pág. 80; ver también pág. 106

incomprensión de las Escrituras. Esta no prohíbe todas las acciones que pretenden engañar a los demás (ver Josué 8:3-8; 1 S 21:13; 2 S 5:22-25), porque en algunos caso esas acciones son diferentes a una "mentira", entendido en el sentido de afirmar algo que crees que es falso. Las acciones (tales como dejar las luces encendidas en casa) no son ni verdaderas ni falsas. Son solo cosas que ocurren y tienen significados ambiguos[28].

Lo que las Escrituras prohíben es levantar "falso testimonio contra tu prójimo" (Ex 20:16). En otros casos, nos ordena no mentir, cuando mentir se entiende como afirmar de manera verbal o escrita algo que creemos que es falso (ver Ef 4:25; Col 3:9-10; 1 Ti 1:10; Ap 14:5; 21:8; 22:15)[29]. Una vez más, tomando en cuenta la totalidad de las Escrituras, podemos ver que este mandamiento es muy específico: no prohíbe todas las acciones de engaño, sin embargo, siempre nos prohíbe mentir en el sentido de afirmar de manera verbal algo que sabemos que no es cierto.

Dejar las luces encendidas no infringe ese mandamiento. El ejemplo de Geisler no es suficiente para probar que afrontamos conflictos morales imposibles.

g. Ejemplo moderno: Llegar tarde a cenar: De igual manera, un hombre que le dice a su esposa que llegará a cenar con ella a las 6:00 p.m. y luego se detiene a ayudar a una persona gravemente herida tras un trágico accidente automovilístico mientras está en camino[30] no está infringiendo el mandamiento que va en contra de mentir. En las situaciones habituales de la vida, las personas entienden que el compromiso de encontrarse con alguien en algún lugar y tiempo contiene una condición implícita: "... a menos que circunstancias imprevistas me lo impidan". En dicha situación, ninguna persona racional pensaría que su esposo, que llegaba tarde a cenar por tal razón, ha hecho algo moralmente incorrecto o infringido alguna norma moral[31].

h. Jesús no testifica en su propia defensa: Geisler afirma que Jesús afrontó un conflicto moral al momento de su muerte. Él dijo:

> La misericordia y la justicia entraron en conflicto directo e inevitable. ¿Él debió hablar en defensa del inocente (Él mismo), como la ley indica (Lv 5:1)? O, ¿debió mostrar misericordia para los muchos (humanidad) al negarse a defenderse a sí mismo?[32]

> [Jesús] se encontraba entre las peticiones de justicia para el inocente (Él mismo) y la misericordia para la humanidad (los culpables). Él escogió la misericordia para todos en lugar de la justicia para uno solo. Este conflicto [...] dramatiza la supremacía de la misericordia sobre la justicia

---

[28] Ver Poythress, *"Why Lying Is Always Wrong"* para varias diferencias entre discurso y acciones.

[29] Ver mi extenso análisis sobre mentir en el cap. 12, pág. 309.

[30] Geisler le llama a esto "romper una promesa". *Christian Ethics* [La ética Cristiana], pág. 103.

[31] Geisler diría que el esposo rompió su promesa, pero esto no es un pecado porque Dios hace una "exención" cuando una ley moral inferior se incumple para obedecer una ley moral superior. Yo diría que ninguna ley moral se incumplió.

[32] Geisler, *Christian Ethics*, pág. 94.

en conflictos morales inevitables [33].

Sin embargo, la comprensión de Geisler sobre los dos aspectos de esta situación es equivocada. En Levítico 5:1 dice que si alguien hubiera "sido llamado a testificar, y fuere testigo [...] y no lo denunciare, él llevará su pecado". No obstante, Jesús obedeció esto porque el Evangelio de Mateo nos dice de manera explícita que cuando el sumo sacerdote ordenó a Jesús testificar bajo juramento al decir: "Te conjuro por el Dios viviente, que nos digas si eres tú el Cristo, el Hijo de Dios", Jesús no se quedó callado y respondió en tal caso diciendo: "Tú lo has dicho" (Mt 26:63-64, con evidente alusión al mandamiento en Lv 5:1, el cual Jesús estaba cumpliendo).

Es un completo malentendido de la naturaleza del juicio de Jesús decir que Él no cumplió con las peticiones de justicia para los inocentes, porque Jesús no era el juez o el gobernador romano en este caso. Él era la víctima inocente que fue condenado de manera injusta por Pilatos, un gran acto de injusticia. Sin embargo, Pilatos cometió la injusticia. Jesús no cometió esta injusticia, ¡sufrió los resultados de ella!

Este ejemplo es claramente evidencia inadecuada para la afirmación de Geisler de que a veces afrontamos conflictos morales en los cuales no podemos obedecer ambos mandamientos. Jesús no desobedeció ningún mandamiento de las Escrituras cuando sufrió y murió por nosotros y es degradante para la magnífica gloria del sacrificio de Cristo en la cruz pensar que sí lo hizo.

i. Asesinar:

(1) Sansón: Finalmente, Geisler menciona otros dos ejemplos que, según él, ambos demuestran la vulneración de la prohibición bíblica de matar. Primero, está el ejemplo de Sansón[34], que empujó con tal fuerza las columnas de la casa de los filisteos que esta se derrumbó sobre él y lo mató, sin embargo, también arrasó con miles de enemigos filisteos de Israel (Jue 16:28-30). Geisler ve esto como desobedecer el mandamiento en contra de asesinar, porque Sansón se suicidó (junto con los perversos filisteos).

Una vez más, Geisler no entiende el sentido del pasaje. Nada en la ley moral de Dios prohibía a los israelitas arriesgar e incluso sacrificar valientemente sus vidas cuando se enfrentaban a los enemigos de la nación (tales como los filisteos opresores). La destrucción de la casa de los filisteos por parte de Sansón fue un acto heróico de sacrificio por su parte y, en cierto modo, este hecho incluso presagió la muerte de Cristo por nosotros. Sin embargo, la historia de Sansón no es un ejemplo de alguien enfrentando un conflicto moral imposible en el cual él no podía obedecer varios mandamientos.

(2) Abraham e Isaac: El otro ejemplo que Geisler menciona es que Dios ordenó a Abraham sacrificar a su hijo Isaac (Génesis 22)[35]. Geisler dice: "La historia de

---

[33] *Ibid.*, pág. 109.

[34] *Ibid.*, pág. 102.

[35] *Ibid.*, págs. 102, 104.

Abraham e Isaac (Gn 22) contiene un conflicto moral real. 'No matarás' es un mandamiento moral divino (Ex 20:13, según la versión en inglés KJV) y, a pesar de esto, Dios le ordenó a Abraham que sacrificara a su hijo Isaac"[36]. Sin embargo, no es necesario creer que Dios le ordenó a Abraham que sacrificara a Isaac y también le ordenara no hacerlo al mismo tiempo. Primero, esto no encajaría en el paradigma del "absolutismo graduado" de Geisler porque no sería un caso de desobediencia a una ley moral inferior para obedecer una ley moral superior. Esto ocurre porque la misma ley moral está involucrada en ambos aspectos: "Sacrificar a Isaac" versus "no sacrificar a Isaac". Y este no fue el caso de obedecer a Dios antes que a las autoridades, sino, como Geisler lo presenta, un caso de obediencia a Dios ("Sacrifica a Isaac") versus obedecer a Dios ("No sacrifiques a Isaac"). Por lo tanto, el absolutismo graduado no nos ayuda en esta situación.

Todos los intérpretes están de acuerdo con que este pasaje sobre Abraham e Isaac es increíblemente complicado. La conclusión que encuentro más útil comienza con entender que, si bien no podemos asesinar de manera lícita a otro ser humano, Dios por sí mismo tiene el derecho de tomar una vida y Él puede de manera lícita tomar la vida de cualquier humano que haya pecado ("El alma que pecare, esa morirá", Ez 18:4; "Porque la paga del pecado es muerte", Ro 6:23). Dios también tiene el derecho de autorizar a los seres humanos a dar este castigo a otros seres humanos que cometieron pecado, así como lo hace con el gobierno civil (ver Gn 6:5-6; Ro 13:4; ver también cap. 18, pág. 508).

Probablemente, los pensamientos de Abraham eran confusos. Por una parte, él debió esperar que Dios proveyera otra solución, porque le dijo a sus siervos: "Esperad aquí con el asno, y yo y el muchacho iremos hasta allí y adoraremos, y *volveremos a vosotros*" (Gn 22:5) y el verbo hebreo "venir" es plural (*wenāshûbāh*, que literalmente significa, "nosotros volveremos").

Por otro lado, él también debe haberse dado cuenta de que Dios en Su soberanía tiene el derecho de incluso ordenar tomar una vida humana y tal caso no sería un incumplimiento del mandamiento "No matarás" (Ex 20:13)[37] . Sin embargo, de alguna manera, Abraham también se dio cuenta de que Dios podría devolverle la vida a Isaac, porque leemos: "Pensando que Dios es poderoso para levantar aun de entre los muertos, de donde, en sentido figurado, también le volvió a recibir" (He 11:19).

En cualquiera de los casos, este pasaje complicado no apoya la afirmación de Geisler de que a veces debemos desobedecer la ley moral inferior para obedecer la ley moral superior.

Por lo tanto, podemos concluir que Geisler no ha aportado ningún ejemplo convincente para demostrar la afirmación de que "existen algunos conflictos morales personalmente inevitables en los cuales una persona no puede obedecer

---

[36] *Ibid.*, pág. 102; ver también págs. 77, 104. A pesar de que los Diez Mandamientos se entregaron después (Éxodo 20), las personas han tenido un conocimiento instintivo de que asesinar es incorrecto desde el inicio de la creación, como podemos ver en la historia de Caín y Abel (Gn 4:8-16).

[37] Nótese que no hubo incumplimiento del mandamiento contra el asesinato cuando Dios después le dijo al pueblo de Israel que destruyan a los cananeos en la conquista de Canaán (Dt 20:16-18). En la justicia de Dios, Él puede pedir que se tome la vida de los seres humanos pecadores.

ambos mandamientos"[38]. Simplemente, no hay ningún ejemplo en las Escrituras en el que se apruebe infringir alguno de los mandamientos morales de Dios.

Después de considerar muchos argumentos de que a veces afrontamos conflictos morales imposibles, David W. Jones señala correctamente que:

> Uno de los mejores argumentos del absolutismo no conflictivo es la lectura natural de la Biblia. Como se mencionó anteriormente, no existen ejemplos unívocos del conflicto moral en las Escrituras. Si bien los defensores tanto del absolutismo graduado como del conflictivo citan presuntos ejemplos de conflicto moral en la Biblia, *ninguno de estos textos de prueba son presentados como conflictos morales en la narrativa de la Escritura en sí misma*; tanto en su presentación como en su resolución. De hecho, parece claro que el enfoque de la Biblia no está en el conflicto entre las normas morales, sino en el conflicto entre los creyentes y las normas morales, incluyendo la tentación de pecar[39].

2. John Feinberg y Paul Feinberg: El punto de vista de que a veces afrontaremos situaciones de conflictos morales imposibles también se encuentra en *Ethics for a Brave New World* [Ética para un nuevo mundo audaz] de John Feinberg y Paul Feinberg[40], un libro con el que estoy de acuerdo en muchas partes. Sin embargo, en esta cuestión tengo un punto de vista diferente. Los Feinberg dicen:

> En cuanto a nuestra opinión, estamos de acuerdo con que hay deberes *prima facie* y que a veces entran en conflicto. Compartimos la opinión de [W. D.] Ross y Geisler en que obedecer uno y desobedecer o no cumplir con otro no es pecado. Si dos deberes se excluyen entre sí, uno no puede obedecer ambos. Nadie es libre de hacer lo imposible[41].

¿Qué evidencia brindan los Feinberg para probar que a veces tenemos deberes que entran en conflicto entre sí y, por lo tanto, no podemos obedecer ambos?

a. Llegar tarde a reuniones: Primero, los Feinberg dan el siguiente ejemplo:

> Supongamos que alguien promete reunirse con otra persona a las 10 a.m. Sin embargo, en el camino ve a alguien en peligro, a quien puede ayudar. Si se detiene a ayudar, no puede cumplir su promesa de llegar a las 10 a.m. Ross sugiere que en tal caso, el deber de prestar ayuda es primordial y el deber de cumplir con su promesa parece poco importante. El camino correcto se hace evidente. En otros casos el deber verdadero será difícil de percibir, pero uno debe hacerlo de todos modos[42].

---

[38] Geisler, *Christian Ethics* [La ética cristiana].

[39] David W. Jones, *An Introduction to Biblical Ethics* [Una introducción a la ética cristiana], B&H Estudios de Ética Cristiana (Nashville: B & H, 2013), pág. 100, énfasis añadido.

[40] John S. Feinberg y Paul D. *Feinberg, Ethics for a Brave New World*, 2.ª ed. (Wheaton, IL: Crossway, 2010).

[41] *Ibid.*, pág. 39

[42] *Ibid.*

Mi respuesta en este caso es parecida a la que di al ejemplo de Geisler de llegar tarde a cenar (ver anteriormente, pág. 194). En las interacciones sociales habituales, las personas entienden que el compromiso de reunirse con alguien en algún lugar y tiempo contiene una condición implícita: "...a menos que alguna circunstancia imprevista me lo impida". La necesidad de ayudar a alguien en peligro es una circunstancia demasiado imprevista y ninguna persona racional pensaría que la persona que ayudó a alguien en peligro y no llegó a la reunión ha cometido algún error moral.

Por lo tanto, si bien estoy de acuerdo con Geisler y los Feinberg de que es moralmente correcto ayudar a la persona en peligro y llegar tarde a la reunión de las 10 a.m., tendremos diferentes análisis morales de la razón por la que es correcto. Ellos sostienen que el deber superior de ayudar a la persona en peligro tiene prioridad sobre el *deber inferior* de no romper la promesa y, por lo tanto, la persona que ayuda a alguien en peligro no comete pecado cuando no cumple su promesa. Por el contrario, yo sostengo que la persona no está cometiendo pecado porque su promesa de reunirse con alguien a las 10 a.m. contiene una condición implícita. Tanto el orador como el oyente entienden que la promesa implica: "Me reuniré contigo a las 10 a.m. a menos que alguna circunstancia imprevista me lo impida". Por consecuencia, la persona que se detuvo a ayudar a la persona en peligro no rompió esa promesa condicional.

De hecho, Santiago le dice a los cristianos que ellos deberían dejar en claro la naturaleza condicional de las promesas de hacer algo en el futuro:

> ¡Vamos ahora! los que decís: "Hoy y mañana iremos a tal ciudad, y estaremos allá un año, y traficaremos, y ganaremos; cuando no sabéis lo que será mañana. Porque ¿qué es vuestra vida? Ciertamente es neblina que se aparece por un poco de tiempo, y luego se desvanece. *En lugar de lo cual deberíais decir: 'Si el Señor quiere, viviremos y haremos esto o aquello'".* (Santiago 4:13-15).

b. El ejemplo de Cristo: Otro argumento de los Feinberg es que es "impensable" que el mismo Jesús haya afrontado situaciones en las cuales dos deberes morales entraran en conflicto y que le fuera imposible a Él obedecer ambos. Este es su párrafo clave:

> Nuestra creencia de que uno no es culpable por no obedecer ambos deberes en conflicto también proviene de apelar al ejemplo de Cristo[43]. Como Geisler argumenta, es impensable que mientras Cristo estaba en la tierra nunca haya afrontado una situación en la cual dos deberes entraran en conflicto de forma que fuera imposible cumplir ambos. De hecho, las Escrituras dicen que fue tentado en todos los sentidos, al igual que nosotros (He 4:15)

---

[43] "También" se refiere al párrafo anterior, el cual cité anteriormente, en el que dice: "Si dos deberes se excluyen entre sí, uno no puede obedecer ambos. Nadie es libre de hacer lo imposible". Sin embargo, este párrafo no da más razones para dichas situaciones; solamente afirma que esas situaciones ocurren.

y como nosotros afrontamos esa situación, Él también lo debe haber hecho. Sin embargo, el mismo versículo dice que Él estaba libre de pecado; si esto fuera así, debe ser posible afrontar tales decisiones, obedecer un deber y no pecar al no cumplir o desobedecer el otro[44].

El argumento de este párrafo es el siguiente:

1. Afrontamos situaciones en las que no se puede desobedecer dos deberes morales.
2. Cristo fue tentado en todos los sentidos, al igual que nosotros.
3. Por lo tanto, Cristo también debe haber afrontado dichas situaciones.

Pero, ¿dónde está el argumento que prueba el paso 1, que afrontamos esas situaciones de conflicto moral imposible? No existe otro más que el ejemplo de llegar tarde a una reunión porque tiene una buena explicación alternativa. Los Feinberg no dan ningún ejemplo de las Escrituras que demuestre que Cristo desobedeció la ley moral de Dios.

c. La idea de decidir entre algunos deberes generales amplios que a veces entran en conflicto no se encuentra en las Escrituras: Los Feinberg dicen que ellos están de acuerdo con W. D. Ross en que "hay ciertos deberes *prima facie* que todos tenemos"[45]. (La expresión *prima facie* aquí significa: "evidente, obvio" y se refiere a los deberes que las personas reconocen instintivamente como válidos). De hecho, Ross, lista siete de estos deberes:

1. Fidelidad
2. Reparación (reparar o enmendar el daño causado)
3. Gratitud
4. Benevolencia (mostrar amabilidad a otros)
5. Justicia
6. Superación personal
7. No maleficencia (no hacer daño)[46]

Para nuestros propósitos en el estudio de la ética cristiana, observe cuán lejos del modelo de la enseñanza bíblica está la idea de que los cristianos deben considerar la lista de los siete "deberes evidentes" y luego decidir cuál tiene prioridad en cada situación. Los filósofos que no basan sus normas morales sobre el bien y el mal a partir de la Biblia pueden decir que nuestras obligaciones morales se basan en dichos deberes evidentes, sin embargo, la Biblia no dice eso. En ningún momento los apóstoles le enseñan a las personas a "sopesar cuidadosamente sus deberes evidentes y decidir entre ellos".

Más bien, el modelo bíblico es enseñar a las personas a estudiar y meditar *en las*

---

[44] Feinberg y Feinberg, *Ethics for a Brave New World* [Ética para un nuevo mundo audaz], pág. 39.

[45] *Ibid.*, pág. 38.

[46] W. D. Ross, *The Right and the Good* [Lo correcto y lo bueno], ed. Philip Stratton-Lake (Oxford: Clarendon, 2002), pág. 21.

palabras de Dios y obedecer *todos* los mandamientos de Dios para nosotros:

> Sino que en la ley del Señor está su deleite,
>   y en *su ley medita de día y de noche.* (Sal 1:2 LBLA)

> ¡Cuán bienaventurados son los de camino perfecto,
>   los que andan en la ley del Señor!
> ¡Cuán bienaventurados son *los que guardan sus testimonios,*
>   y con todo el corazón le buscan! No cometen iniquidad,
> sino que andan en sus caminos. (Sal 119:1-3 LBLA)

> Entonces no seré avergonzado,
>   al considerar *todos tus mandamientos.* (Sal 119:6 LBLA)

> He contado con mis labios
>   de todas las ordenanzas de tu boca. (Sal 119:13 LBLA)

> Todos tus mandamientos son verdad. (Sal 119:86)

> Por tanto, estimo rectos todos tus preceptos acerca de todas las cosas,
>   y aborrezco todo camino de mentira. (Sal 119:128 LBLA)

> Que cante mi lengua de tu palabra,
>   porque todos tus mandamientos son justicia. (Sal 119:172 LBLA)

En el Nuevo Testamento, Jesús les dijo a los apóstoles que ellos deben enseñar a las personas "a cumplir *todas las cosas que les he mandado*" (Mt 28:20 RVC). Y Pablo escribió que "*Toda la Escritura* es inspirada por Dios, y útil [...] para instruir en justicia" (2 Ti 3:16).

B. LOS RESULTADOS NEGATIVOS DEL PUNTO DE VISTA DEL CONFLICTO MORAL IMPOSIBLE

1. El punto de vista del "conflicto moral imposible" se convierte en un camino peligroso que incita a los cristianos a pecar más y más. Los estudiantes que llevan cursos de ética en la universidad o un seminario a menudo son persuadidos a adoptar una postura de conflicto moral imposible que luego los lleva cuesta abajo por un camino peligroso hacia el relativismo moral.

Ocurre de esta manera: Un profesor de universidad desafía a sus estudiantes con algunas situaciones hipotéticas desconcertantes que ha perfeccionado y mejorado durante décadas de enseñanza (tales como mentir para proteger a los judíos que se encuentran en tu sótano de los nazis, robar para alimentar a una familia que pasa hambre o evitar a un hombre que se ahoga para mantener a las demás personas con vida en un bote salvavidas que ya está demasiado lleno)[47]. Muchos estudiantes

---

[47] Josep Fletcher usó muchos ejemplos como estos de gran impacto en su libro influyente *Situation Ethics* [La ética de situación] (Filadelfia: Westminster, 1966), esp. págs. 37, 75, 133, 136, 143, 163-66. Su

salen de la clase convencidos de que realmente no hay absolutos morales porque hay momentos en los que es moralmente necesario mentir, robar, o incluso matar para salvar vidas. (No importa mucho si adoptan una jerarquía explícita de leyes morales, como en el punto de vista de Geisler, o una convicción de que la obligación más grande tiene que resolverse en cada situación nueva, así como en el punto de vista de los Feinberg).

Si ellos terminan convencidos de que el amor es una "convicción básica" que a veces puede ser más importante que las reglas y principios de la Biblia, entonces la conducta amorosa manifestada en las obligaciones personales con los amigos o en los vínculos personales con las relaciones románticas con mayor facilidad pueden parecer más importantes para ellos que decir la verdad, mantenerse moralmente puros u honrar a sus padres si de repente deciden que están en situaciones de conflicto moral imposible en las que no pueden cumplir ambas obligaciones.

Puede ocurrir en una situación de trabajo, donde un cristiano puede pensar que es aceptable decir una mentira pequeña a su empleador para cubrir a un amigo que realmente necesita mantener su trabajo. Esto puede parecer aceptable porque la "misericordia" es una ley moral superior que la "veracidad"[48].O un pastor de jóvenes puede comenzar a exagerar y embellecer testimonios de respuestas a oraciones porque hay una obligación moral superior de hacer progresar el reino de Dios antes que decir la verdad. Según él estas historias increíbles desarrollarán la fe de las personas. O un oficial del gobierno que es cristiano puede ser persuadido de que es aceptable decir mentiras pequeñas y luego más grandes porque el principio más grande es buscar el bien para el país (que, por supuesto, se vuelve más grande si permanece en el cargo). En estas y muchas otras situaciones, esas complicadas racionalizaciones se convierten en realidad en un atajo hacia el comportamiento inmoral.

De esta manera, la idea de que podemos afrontar conflictos morales imposibles se convierte en un apoyo intelectual que persuade a las personas a adoptar una postura que funciona básicamente como el relativismo moral; no hay normas morales absolutas que siempre se deban obedecer.

Lamentablemente, las personas que buscan racionalizar el pecado siempre podrán pensar en alguna "ley moral superior" que deben seguir en una situación de tentación. En una clase de filosofía se les convence de que a veces las personas afrontan situaciones de "conflicto moral imposible" y luego, ¡esa misma semana!, de repente se encuentran en una situación así y se excusan por incumplir un mandamiento moral de las Escrituras. La siguiente semana, se dan cuenta de que también están afrontando otra situación similar. Pronto podrán racionalizar con tranquilidad todo tipo de conductas inmorales. Desarrollan una estructura moral débil y convicciones morales blandas, y nunca están seguros de que cualquier acción es absolutamente incorrecta en todas las circunstancias.

---

objetivo fue persuadir a los lectores de que no hay normas absolutas del bien o el mal más que la norma del "amor", la cual entendió que significa actuar de una manera que traerá el bien mayor a la mayor cantidad de personas en cada situación (ver págs. 59, 61, 64).

[48] Geisler, *Christian Ethics* [La ética cristiana], págs. 104-5.

2. La perspectiva más sencilla de la Biblia: Obedecer los mandatos de Dios. El simple principio moral de obedecer lo que Dios nos ordena en las Escrituras es mucho mejor que el punto de vista del conflicto moral imposible. Nuestra tarea, como se expresa en las Escrituras una y otra vez, es obedecer la sabiduría infinita y autoridad absoluta de Dios como se encuentra en Su palabra:

> pero mostraré fiel amor por mil generaciones a los que me aman y obedecen *mis mandamientos*. (Dt 5:10 PDT)

> ¡Oh, si siempre tuvieran un corazón así, si estuvieran dispuestos a temerme y a obedecer todos *mis mandatos*! Entonces siempre les iría bien a ellos y a sus descendientes (Dt 5:29 NTV)

> Pero el fiel amor del SEÑOR a quienes lo respetan, siempre ha existido y seguirá existiendo. Su justicia es de generación en generación con la gente que sigue sus enseñanzas y que no se olvida de *obedecer sus mandamientos*. (Sal 103:17-18 PDT)

> Sabemos que amamos a los hijos de Dios si amamos a Dios y *obedecemos sus mandamientos*. (1 Juan 5:2 NTV)

Por lo tanto, nuestro enfoque en situaciones morales difíciles debe ser pedir la sabiduría de Dios, la fuerza y el valor de las convicciones para hacer lo que es correcto ante Él.

C. UN PUNTO DE VISTA MEJOR: LOS CRISTIANOS NUNCA TENDRÁN QUE AFRONTAR UN CONFLICTO MORAL IMPOSIBLE

En contraste con el punto de vista del conflicto moral imposible, la postura que sostengo y la que encuentro más fiel a las Escrituras es que los cristianos nunca estarán obligados a elegir cometer un "pecado menor", sin embargo, en cada situación habrá por lo menos un curso de acción que no implicará desobedecer ninguno de los mandamientos de Dios (cuando se entiende y aplica correctamente).

Esta postura a veces se llama "absolutismo moral no conflictivo", pero no estoy totalmente conforme con esa denominación. Sugiere que estamos obligados a obedecer un número de "absolutos morales", como no matar, no robar, no mentir y amar a nuestro prójimo, y que nunca nos encontraremos en una situación en la que tengamos que desobedecer alguna de esas obligaciones morales para obedecer otra. ¿Pero mi postura no es exactamente esa. No está basada en una breve lista de absolutos morales. En cambio, está basada en toda la Biblia. Mi postura se denomina con mayor exactitud como "el punto de vista de los mandamientos bíblicos no contradictorios". Creo que Dios nos exige obedecer los mandamientos morales de toda la Biblia que apliquen de manera correcta a nuestras situaciones[49].

---

[49] Por supuesto, se deben interpretar de manera correcta estos mandamientos en los contextos en los

Él nos responsabiliza de no solo obedecer una corta lista de "absolutos morales", sino toda Su Palabra, porque *"Toda la Escritura* [no solamente un lista resumida de absolutos morales] es inspirada por Dios, y *útil* para enseñar, para redargüir, *para corregir, para instruir en justicia"* (2 Ti 3:16). Creo que en nuestra enseñanza de ética debemos hacer lo que Jesús nos ordenó: "Enséñenles a cumplir t*odas las cosas que les he mandado"* (Mt 28:20 RVC)[50].

1. La vida de Cristo demuestra que nunca estaremos obligados a desobedecer alguno de los mandamientos de Dios. El Nuevo Testamento no brinda ningún ejemplo en el que Jesús haya desobedecido algún mandamiento del Antiguo Testamento cuando se entendió de manera correcta. Sin embargo, Jesús fue tentado en todos los sentidos al igual que nosotros:

> Porque no tenemos un sumo sacerdote incapaz de compadecerse de nuestras debilidades, sino uno que *ha sido tentado en todo de la misma manera que nosotros*, aunque sin pecado. (He 4:15 NVI)

Si seguimos el razonamiento de aquellos que dicen que a veces estamos obligados a elegir cometer un pecado menor, entonces tendríamos que decir que hubo momentos en los que Jesús cometió un "pecado menor"; por ejemplo, cuando afirmó una mentira. Y esto implica que el Único que es verdadera y totalmente Dios, quien no puede mentir (Tito 1:2; He 6:18), dijo una mentira. Esta es una dificultad insuperable a la que se enfrentan aquellos que dicen que hay momentos que Dios quiere que digamos una mentira (cometer un pecado menor) con el fin de realizar un bien mayor.

¿En qué parte de los Evangelios hay un ejemplo convincente de que Jesús incumplió un mandamiento de Dios? No existe ninguno. Desde luego, con frecuencia Jesús sanaba en el día de reposo (ver Marcos 3:1-6; Lucas 14:1-6), sin embargo, solo estaba infringiendo las adiciones judías a la ley del día de reposo, no la ley del Antiguo Testamento en sí. La propia enseñanza de Jesús indicaba que sanar a las personas no era el tipo de "trabajo" prohibido en el mandamiento del día de reposo en Éxodo 20:8-11 (ver Mt 12:12; Marcos 3:4; Lucas 13:15-16; 14:5; Juan 5:17; 7:23), y tampoco lo era arrancar espigas de trigo cuando una persona tenía hambre (Mt 12:1-8).

Si fuera importante para Dios enseñarnos que a veces afrontaremos conflictos morales imposibles en los que quiere que desobedezcamos alguno de sus

---

que ocurren. El resto de este libro está dedicado a esa tarea.

[50] Una defensa reflexiva y cuidadosamente redactada sobre el absolutismo moral no conflictivo se encuentra en *"Ethical Choices: A Case for Non-Conflicting Absolutism"* ["Opciones éticas: Un caso de absolutismo no conflictivo"] del libro *Readings in Christian Ethics: Volume 1: Theory and Method* [Lecturas de ética cristiana: Volumen 1: Teoría y método] de Robert V. Rakestraw, ed. David K. Clark y Robert V. Rakestraw (Grand Rapids, Michigan: Baker, 1994), págs. 118-24. El absolutismo moral no conflictivo es también la postura defendida por John M. Frame en *The Doctrine of the Christian Life: A Theology of Lordship* [La Doctrina de la vida Cristiana: Teología del señorío] (Phillipsburg, Nueva Jersey: P&R, 2008), págs. 230-34. También es la postura de Murray en Principles of Conduct [Principios de conducta: Aspectos de la ética], especialmente en las págs. 123-48.

mandamientos para obedecer otro, ¿no lo habría hecho evidente en varios ejemplos indiscutibles en la vida de Jesús?

Por contraste, hay muchos ejemplos de Jesús diciendo que está libre de pecado y que nadie encontró pecado en Él:

> Yo hago siempre lo que le agrada [es decir, Su Padre]. (Juan 8:29)

> ¿Quién de vosotros puede acusarme de pecado? (Juan 8:46 RVR1995)[51]

> Si guardareis mis mandamientos, permaneceréis en mi amor; así como yo he guardado los mandamientos de mi Padre, y permanezco en su amor. (Juan 15:10)

> Él no cometió pecado ni se halló engaño en su boca. (1 P 2:22 RVR1995)

Geisler tiene una comprensión alternativa sobre estos versículos. Afirma que Jesús infringió mandamientos menores de Dios, sin embargo, no fue realmente pecado porque Dios siempre le dio una "exención" de un mandamiento para que pueda obedecer un mandamiento superior. Geisler dice: "Cuando cumplimos la ley moral superior, no somos responsables por infringir la ley moral inferior"[52]. También dice: "Dios no culpa a una persona por no cumplir una ley moral inferior siempre y cuando cumpla la ley superior"[53], y que la exención de Dios elimina la culpa del individuo por no cumplir la ley moral superior[54]. Sin embargo, la afirmación de Geisler no se apoya en ninguna enseñanza explícita que aparezca en el Nuevo Testamento. En ningún momento los apóstoles Pablo, Pedro o Juan le escriben a los cristianos del siglo I y dicen: "Cuando enfrentes una situación difícil con un conflicto moral imposible, Dios te dará una exención por infringir una de sus leyes morales". Esta idea es completamente ajena al pensamiento del Nuevo Testamento.

Además, Jesús estuvo rodeado de judíos opositores del siglo I que observaban cada una de sus acciones y escuchaban cada una de sus palabras, tratando de atraparlo desobedeciendo algún mandamiento de Dios y no pudieron hacerlo. Si Jesús hubiera inclumplido un mandamiento moral de Dios en una situación difícil, se habrían abalanzado sobre Él de inmediato y lo habrían acusado de haber hecho algo malo. Sin embargo, no encontraron nada en su vida que infringiera alguno de los mandamientos de Dios. Jesús afirmó repetidamente la bondad e inviolabilidad de todas las palabras de Dios en las Escrituras: "la Escritura no puede ser quebrantada" (Juan 10:35).

2. 1 Corintios 10:13 promete que nunca afrontaremos conflictos morales

---

[51] Ver también Lucas 4:13; Juan 8:12; Hechos 2:27; 3:14; 4:30; 7:52; 13:35; Ro 8:3; 2 Co 5:21; He 7:26; 1 P 1:19; 3:18; 1 Juan 2:1; 3:5. El testimonio del Nuevo Testamento sobre la ausencia de pecado de Jesús es abrumador.

[52] Geisler, *Christian Ethics* [La ética cristiana], pág. 115.

[53] *Ibid.*, pág. 104.

[54] *Ibid.*, págs. 104, 110-11.

imposibles: Al escribir a los cristianos de Corinto que se enfrentaban a la presión de su cultura no cristiana a participar en aspectos de culto a los ídolos, Pablo les aseguró que los creyentes nunca afrontarían una situación en la que las circunstancias les obliguen a hacer algo contrario a una de las normas morales de Dios:

> No os ha sobrevenido ninguna tentación que no sea humana; pero fiel es Dios, que no os dejará ser tentados más de lo que podéis resistir, sino *que dará también juntamente con la tentación la salida,* para que podáis soportar. (1 Co 10:13)

Geisler responde que este versículo aplica solo a situaciones de "tentación", no a toda la vida de los cristianos[55]. Sin embargo, esta es una objeción poco convincente porque las situaciones en las que las personas afirman un conflicto moral imposible son, por definición, situaciones de tentación[56]. Todas ellas son situaciones en las que los cristianos se sienten demasiado presionados por las circunstancias que les rodean para desobedecer una de las leyes morales de Dios. Pero Pablo dice que en todas esas situaciones Dios proveerá "la salida", una escapatoria de la tentación para que el cristiano no tenga que ceder e incumplir una de las leyes morales de Dios.

El enfoque adecuado en tales situaciones difíciles es no ceder a la tentación e inclumplir una de las leyes morales de Dios, sino pedir la sabiduría de Dios (ver Santiago 1:5) para entender cómo escapar de la situación sin hacer algo que Dios cuente como pecado.

3. Es ajeno a todo el marco de la enseñanza moral bíblica decir que a veces Dios quiere que desobedezcamos uno de Su mandamientos. ¿Dónde encontramos algo en las Escrituras que nos incite a averiguar qué mandamientos debemos desobedecer en tiempos difíciles? No se encuentra nada de eso[57]. Más bien, la repetida perspectiva de las Escrituras es ordenarnos una y otra vez que obedezcamos todos los mandamientos de Dios:

> La ley del Señor es perfecta,
> que restaura el alma [...]
> Los preceptos del Señor son rectos,
> que alegran el corazón;
> el mandamiento del Señor es puro,

---

[55] *Ibid.,* pág. 76.

[56] La palabra griega que Pablo usa para "tentación" en 1 Co 10:13 es peirasmos "intento de hacer que uno haga algo malo, tentación, incitación al pecado" (BDAG, pág. 793). Se usa en Lucas 4:13 para hablar sobre "todas las tentaciones" que Satanás presentó a Jesús en el desierto. Sin embargo, en muchos versículos la palabra también se usa para referirse a "prueba, juicio" (BDGA, pág. 793). Santiago 1:2 es un ejemplo: "Hermanos míos, tened por sumo gozo cuando os halléis en diversas pruebas". Todo tipo de situaciones difíciles están incluidas en la afirmación de Pablo sobre "ninguna tentación" en 1 Co 10:13.

[57] Frame dice: "En las Escrituras tenemos un deber moral de hacer lo correcto y nunca lo incorrecto". *The Doctrine of the Christian Life* [La Doctrina de la vida Cristiana], pág. 231.

que alumbra los ojos [...]
los juicios del Señor son verdaderos,
    todos ellos justos [...]
Además, tu siervo es amonestado por ellos;
    en guardarlos hay gran recompensa. (Sal 19:7-11 LBLA)

¡Cuán bienaventurados son los de camino perfecto,
    los que andan en la ley del Señor!
¡Cuán bienaventurados son los que guardan sus testimonios, y
    con todo el corazón le buscan! (Sal 119:1-2 LBLA)

Entonces no seré avergonzado,
    al considerar *todos tus mandamientos.* (Sal 119:6 LBLA)

Hazme andar por la senda de tus mandamientos,
    porque en ella me deleito. (Sal 119:35 LBLA)

Y eran ambos justos delante de Dios, andando sin represión en *todos los mandamientos y estatutos del Señor.* (Lucas 1:6 RVA)

Porque cualquiera que guardare toda la ley, pero ofendiere en un punto, se hace culpable de todos. (Santiago 2:10)

El Nuevo Testamento nunca incita a los cristianos a "elegir el pecado menor" o "darse cuenta de que tienen una exención de las leyes morales inferiores de Dios en situaciones difíciles", sino les dice que huyan del pecado y la tentación:

Huyan de la inmoralidad sexual. (1 Co 6:18 NVI)

Por tanto, amados míos, *huid* de la idolatría. (1 Co 10:14)

Mas tú, oh hombre de Dios, *huye* de estas cosas, y sigue la justicia, la piedad, la fe, el amor, la paciencia, la mansedumbre. (1 Ti 6:11)

Huye también de las pasiones juveniles, y sigue la justicia, la fe, el amor y la paz, con los que de corazón limpio invocan al Señor. (2 Ti 2:22)

4. Los pasajes sobre los mandamientos mayores y menores nunca nos incitan a desobedecer los menores. Concuerdo con que hay algunos pasajes en las Escrituras que diferencian entre los mandamientos mayores y menores. Pero nunca alientan ninguna obediencia a los mandamientos mayores que implique desobediencia a los mandamientos menores. Por ejemplo, Jesús reprendió a los escribas y fariseos por pagar el diezmo en pequeños trozos de especias y descuidar "*lo más importante de la ley*: la justicia, la misericordia y la fe". (Mt 23:23). Sin embargo, cuando leemos el versículo completo encontramos que, lejos de alentar la desobediencia a los asuntos menores de la ley, Jesús les estaba recordando que eran responsables (bajo el antiguo pacto) de obedecer tanto las leyes mayores como las menores:

> ¡Ay de vosotros, escribas y fariseos, hipócritas! porque diezmáis la menta
> y el eneldo y el comino, y dejáis lo más importante de la ley: la justicia, la
> misericordia y la fe. Esto era necesario hacer, *sin dejar de hacer aquello*.
> (Mt 23:23)

En otro momento, Jesús habla sobre "el menor de estos mandamientos", implicando que hay mandamientos menores y mayores. Pero de nuevo advierte que no se debe enseñar a las personas que es aceptable desobedecer incluso el menor de los mandamientos:

> Porque de cierto os digo que hasta que pasen el cielo y la tierra, ni una jota
> ni una tilde pasará de la ley, hasta que todo se haya cumplido. De manera
> que *cualquiera que quebrante uno de estos mandamientos* muy pequeños,
> y así enseñe a los hombres, muy pequeño será llamado en el reino de los
> cielos; mas cualquiera que los haga y los enseñe, éste será llamado grande
> en el reino de los cielos. (Mt 5:18-19)

5. Sería injusto que Dios nos diera mandamientos contradictorios. Si realmente nos enfrentamos a situaciones de conflicto moral imposible y nuestra obligación moral absoluta es con Dios, entonces esto significa que Dios nos pondrá en situaciones en las cuales nos ordenará a hacer cosas contradictorias, lo cual sería incongruente e injusto de su parte. John Frame dice: "En este punto de vista, la ley de Dios es por sí misma contradictoria, porque exige un comportamiento contradictorio. Seguramente la congruencia de las Escrituras es un concepto vacío si estas nos ordenan a hacer cosas contradictorias"[58]. Esta no es una postura aceptable.

6. La sabiduría y providencia de Dios. La postura de los "mandamientos bíblicos no contradictorios" es congruente con la sabiduría infinita de Dios en los mandamientos morales que nos ha dado y es congruente con Su ordenamiento providencial de todas las circunstancias de nuestra vida. Robert Rakestraw observa correctamente:

> La naturaleza de Dios defiende [al absolutismo moral no conflictivo]. Si
> Dios ha dado muchos absolutos morales, algunos que realmente entran en
> conflicto a veces, ¡parece que hay conflicto dentro de la mente y voluntad
> moral de Dios! La naturaleza de Dios tan perfecta y congruente dentro de
> Su propia naturaleza moral parece estar en peligro por cualquier punto de
> vista que sostiene que los absolutos de Dios entran realmente en conflicto[59].

7. Conclusión. Basándome en estas diversas consideraciones de la Biblia, he llegado

---

[58] *Ibid.*, pág. 232.

[59] Rakestraw, *"Ethical Choices"* ["Opciones éticas"], pág. 123. Jones también piensa que el "absolutismo no conflictivo" es el "menos problemático" de las tres opciones propuestas por los cristianos (absolutismo conflictivo, absolutismo graduado y absolutismo no conflictivo). *An Introduction to Biblical Ethics* [Una introducción a la ética bíblica], pág. 105.

a la conclusión de que los cristianos nunca afrontarán una situación de conflicto moral imposible, una situación en la que todas nuestras elecciones son pecaminosas. Estoy de acuerdo con Frame cuando escribe: "Por lo tanto, debo concluir que no hay elecciones morales trágicas ni conflictos de deberes"[60].

PREGUNTAS PARA REFLEXIONAR

1. ¿Este capítulo le ha motivado? Sí o no, ¿por qué?
2. ¿Alguna vez se enfrentó a una situación en la cual parecía que de alguna manera todas sus decisiones eran pecaminosas? ¿Qué hizo? Al pensar en la decisión, ¿cree que tomó la elección correcta? Si no es así, ¿cuál considera que hubiera sido la correcta? ¿Qué cree que Jesús hubiera hecho en esa situación?
3. Lea 1 Corintios 10:13. ¿Cómo le hace sentir con respecto a su futuro y sobre una decisión que está afrontando en este momento?

TÉRMINOS ESPECIALES

absolutismo graduado
conflicto moral imposible
mandamientos bíblicos no contradictorios
absolutismo moral no conflictivo
deber *prima facie*

BIBLIOGRAFÍA

Otras fuentes de referencia sobre ética

(ver datos bibliográficos completos, pág. 64)

Clark y Rakestraw, 1:113-78
Davis, 6-10
Feinberg, John y Paul, 36-40
Frame, 230-34
Geisler, 61-62, 83-95
Gushee y Stassen, 298-307
Jones, 125-52
Murray, 123-48, 202-28
Rae, 50-51

Otras obras

Fletcher, Joseph, *Situation Ethics: The New Morality* [La ética de situación: La

---

[60] Frame, *The Doctrine of the Christian Life* [La Doctrina de la vida Cristiana], pág. 233; ver un análisis más extenso en las págs. 230-34.

moralidad nueva]. Louisville, Kentucky: Westminster John Knox, 1997.

Fletcher, Joseph y John Warwick Montgomery. *Situation Ethics: True or False? A Dialogue between Joseph Fletcher and John Warwick Montgomery* [La ética de situación: ¿Verdadero o Falso? Una conversación entre Joseph Fletcher y John Warwick Montgomery]. Minneapolis: Bethany Fellowship, 1972.

Higginson, R. A. *"Absolutes"* ["Absolutos"]. *En New Dictionary of Christian Ethics and Pastoral Theology* [Nuevo diccionario de ética cristiana y teología pastoral], editado por David J. Atkinson y David H. Field, págs. 134-35. Leicester, Reino Unido: InterVarsity y Downers Grove, Illinois: InterVarsity Press, 1995.

Wilkens, Steve. *Beyond Bumper Sticker Ethics: An Introduction to Theories of Right and Wrong* [Más allá de la ética de calcomanías: Introducción a las teorías del bien y el mal]. Downers Grove, Illinois: IVP Academic, 2011.

PASAJE BÍBLICO PARA MEMORIZAR

1 Corintios 10:13: No os ha sobrevenido ninguna tentación que no sea humana; pero fiel es Dios, que no os dejará ser tentados más de lo que podéis resistir, sino que dará también juntamente con la tentación la salida, para que podáis soportar.

HIMNO

"Tentado, No cedas"

Tentado no cedas; ceder es pecar,
más fácil será luchando triunfar.
¡Valor! pues, gustoso domina tu mal.
Jesús librar puede de asalto mortal.

Coro
A Jesús pues, acude,
en sus brazos tu alma
hallará dulce calma;
él te hará vencedor.

Evita el pecado, procura agradar
a dios a quien debes por siempre ensalzar:
no mancha tus labios impúdica voz,
tu corazón guarda de codicia atroz.

Amante, benigno y enérgico sé;
en cristo ten siempre indómita fe;
veraz sea tu dicho, de dios es tu ser;
corona te espera y vas a vencer.

AUTOR: HORATIO R. PALMER, 1834-1907

Capítulo 8

¿CÓMO DEBEN USAR LOS CRISTIANOS EL ANTIGUO TESTAMENTO COMO GUÍA ÉTICA?

Si todo el Pacto de Moisés se ha anulado, ¿podemos seguir adquiriendo sabiduría al estudiarlo?

¿Cómo podemos saber qué leyes del Antiguo Testamento son una guía sabia para nosotros en la actualidad y qué leyes solo estuvieron dirigidas para el pueblo de Israel antes del tiempo de Cristo?

Claramente el Antiguo Testamento es parte de nuestra Biblia. Sin embargo, a veces es difícil saber cuáles de sus leyes deben seguir los cristianos en la actualidad. La pregunta es: ¿cómo deben usar los cristianos el Antiguo Testamento como guía ética? La respuesta no es sencilla y, por lo tanto, este capítulo estará dedicado a intentar resolver la pregunta.

El problema surge cuando vemos que algunos pasajes del Antiguo Testamento parecen encajar muy bien en las enseñanzas de Jesús y en las de los autores del Nuevo Testamento, mientras que otros no. Por ejemplo, Deuteronomio 6:5 dice:

> Y amarás a Jehová tu Dios de todo tu corazón, y de toda tu alma, y con todas tus fuerzas.

Jesús cita este versículo en el Nuevo Testamento (ver Mt 22:37; Marcos 12:30; Lucas 10:27). Asimismo, Levítico 19:18 dice:

Amarás a tu prójimo como a ti mismo.

Este versículo también está citado en el Nuevo Testamento (ver Mt 19:19; 22:39; Marcos 12:32; Ro 13:9; Gá 5:14; Santiago 2:8). Además, algunos de los Diez Mandamientos, como los mandatos contra el asesinato, el adulterio y el robo, también se encuentran en el Nuevo Testamento (ver el análisis más adelante).

Por otro lado, otras leyes del Antiguo Testamento parecen completamente ajenas a la enseñanza y práctica del Nuevo Testamento y algunas de ellas están anuladas de manera explícita por las enseñanzas del Nuevo Testamento. Hoy en día, la gran mayoría de cristianos estaría de acuerdo con que las siguientes leyes ya no son obligatorias para nadie:

También el cerdo, porque tiene pezuñas, y es de pezuñas hendidas, pero no rumia, lo tendréis por inmundo. (Lv 11:7)

Y el día que ofrezcáis la gavilla, ofreceréis un cordero de un año, sin defecto, en holocausto a Jehová. (Lv 23:12)

Y el que blasfemare el nombre de Jehová, ha de ser muerto; toda la congregación lo apedreará; así el extranjero como el natural, si blasfemare el Nombre, que muera. (Lv 24:16)

El que hiriere a su padre o a su madre, morirá. (Ex 21:15)

Debido a que el Antiguo Testamento contiene tanta variedad, algunas leyes que parecen válidas para siempre y otras que parecen estar descontinuadas, los cristianos han llegado a muchas soluciones diferentes a la pregunta de cómo usar el Antiguo Testamento como guía ética[1]. Encontrar una solución persuasiva requerirá sabiduría para entender la labor que cada parte del Antiguo Testamento tiene en el desarrollo de la historia de la obra de Dios como se revela en la Biblia (usualmente llamada "la historia de la redención").

Mi argumento en las siguientes páginas intentará establecer el siguiente principio:

El Pacto de Moisés, que comenzó cuando Dios dio los Diez Mandamientos en el Monte Sinaí (Éxodo 20), llegó a su fin cuando Cristo murió y ahora los cristianos viven bajo las órdenes del nuevo pacto. Sin embargo, el Antiguo Testamento todavía es una valiosa fuente de sabiduría ética cuando se entiende conforme a las formas en que los autores del Nuevo Testamento siguen usando el Antiguo Testamento en la enseñanza ética y en función de los cambios introducidos por el nuevo pacto.

---

[1] Ver David Dorsey, *"The Law of Moses and the Christian: A Compromise"* ["La Ley de Moisés y el cristiano: Un compromiso"], JETS 34, núm. 3 (Septiembre 1991): págs. 322-24. Dorsey menciona seis categorías de soluciones a la pregunta de cómo aplicar la ley de Moisés en la actualidad.

A. EL PACTO DE MOISÉS LLEGÓ A SU FIN TRAS LA MUERTE DE CRISTO

Una manera importante de obtener una visión general de toda la Biblia es verla en términos de los diferentes *pactos* que Dios estableció con las personas, como el pacto con Noé (Gn 9:8-17), el pacto con Abraham (15:1-21; 17:1-27) o el pacto hecho en la época de Moisés (ver Ex 19:5; 24:7-8). Cada pacto estuvo marcado por una serie de declaraciones de Dios que definían las condiciones bajo las que se relacionaría con el pueblo durante la duración de ese pacto. Por lo tanto, esta es mi definición de pacto:

> Un **pacto** es un acuerdo legal divino e inalterable entre Dios y el hombre que estipula las condiciones de su relación[2].

En mi libro *Systematic Theology* [Teología sistemática] analizo detalladamente los diferentes pactos en la Biblia[3].

Si vamos a entender cómo interpretar el Antiguo Testamento de manera correcta como guía ética, es esencial que comprendamos las diferencias entre el *antiguo pacto* que Dios estableció con el pueblo de Israel por medio de Moisés y el *nuevo pacto* que fue establecido por Cristo.

1. Muchas declaraciones explícitas enseñan que el Pacto de Moisés llegó a su fin. La primera mención en la Biblia sobre un "nuevo pacto" se da en el mismo Antiguo Testamento, cuando Dios, a través de Jeremías, prometió esto:

> He aquí que vienen días, dice Jehová, en los cuales haré nuevo pacto con la casa de Israel y con la casa de Judá. (Jer 31:31)

Después, en los Evangelios, no nos dicen nada sobre el *nuevo pacto* hasta el mismísimo final del ministerio terrenal de Jesús, en la Última Cena, cuando dijo: "Esta copa es el nuevo pacto en mi sangre, que por vosotros se derrama" (Lucas 22:20; ver también 1 Co 11:25). Las palabras de Jesús en el Evangelio de Mateo hacen que la conexión entre la copa de vino y su muerte sea incluso más explícita: "Porque esto es mi sangre del nuevo pacto, que por muchos es derramada para remisión de los pecados" (Mt 26:28).

No obstante, el momento preciso en el que el nuevo pacto comenzó no fue en la Última Cena, sino unas horas después cuando realmente se derramó la sangre de Jesús y murió. El autor de Hebreos dice: "Porque el testamento [*diathēkē*] con la muerte se confirma; pues no es válido entre tanto que el testador vive" (He 9:17). La palabra griega usada aquí (*diathēkē*) puede significar "testamento" o "pacto" y parece que el autor apela al conocimiento de sus lectores de que ambos significados son posibles porque esta declaración apoya su afirmación de que Jesús

---

[2] Wayne Grudem, *Systematic Theology An Introduction to Biblical Doctrine* [Teología sistemática: Introducción a la doctrina bíblica] (Leicester, Reino Unido: InterVarsity y Grand Rapids, Michigan: Zondervan, 1994), pág. 515.

[3] Ver *ibid.*, págs. 515-25.

"es mediador de un nuevo *pacto*" (v. 15). Entonces, esta es una clara prueba de que el antiguo pacto llegó a su fin y el nuevo pacto comenzó al momento de la muerte de Cristo.

Pablo diferencia este nuevo pacto con el que llama "el antiguo pacto" (2 Co 3:14). Es importante reconocer que no identifica el antiguo pacto con *todo el período del Antiguo Testamento*, sino con el pacto que Dios hizo con el pueblo de Israel a través de Moisés, porque lo llama "el ministerio de muerte grabado con letras en piedras" (una referencia a los Diez Mandamientos en Éxodo 20) y menciona la gloria desvanecida del rostro de Moisés (2 Co 3:7). También diferencia el antiguo pacto con su actual ministerio del nuevo pacto, el cual llama "el ministerio del espíritu" (v. 8). En este contexto, Pablo dice que el antiguo pacto "había de ser abolido" (vv. 11, 13).

Un análisis más detallado sobre el fin del Pacto de Moisés se encuentra en Hebreos 7-10. En Hebreos 7 dice que Jesús se convirtió en un "sacerdote para siempre, Según el orden de Melquisedec" (He 7:17), no como parte del sistema de sacerdotes descendientes de Leví en el antiguo pacto, lo que el autor de Hebreos llama "el sacerdocio levítico" (v. 11). Pero si Jesús se convirtió en un sacerdote "según el orden de Melquisedec, y que no fuese llamado según el orden de Aarón" (v. 11), entonces también se ha establecido un nuevo sistema de leyes porque el autor afirma que es muy evidente que "porque cambiado el sacerdocio, necesario es que haya también *cambio de ley*" (v. 12). En otras palabras, sabemos que un nuevo sistema legal (un nuevo pacto) ha entrado en vigor porque es evidente que un nuevo sacerdote ha asumido el cargo, es decir, Jesús, y no podía ser un sacerdote según las leyes del antiguo pacto, bajo el cual los sacerdotes tenían que descender de Leví. Por lo tanto, el autor dice que Jesús es "fiador de un *mejor pacto*" (v. 22). El sistema legal antiguo, el antiguo pacto, ha llegado a su fin y un sistema legal nuevo, un pacto mejor, ha entrado en vigor.

Todo el argumento de Hebreos 8-10 establece una y otra vez que *el Pacto de Moisés ha llegado a su fin* y que Cristo ha iniciado el tan prometido nuevo pacto mediante su ofrenda de sí mismo y su continuo ministerio sumo sacerdotal. El autor explica que el ministerio de Cristo que inicia el nuevo pacto es mucho mejor que el ministerio del antiguo pacto:

> Pero ahora tanto mejor ministerio es el suyo, cuanto es *mediador de un mejor pacto*, establecido sobre mejores promesas. Porque si aquel *primero* hubiera sido sin defecto, ciertamente no se hubiera procurado lugar para el *segundo*.
>
> Porque reprendiéndolos dice:

> He aquí vienen días, dice el Señor,
> En que estableceré con la casa de Israel
> y la casa de Judá un *nuevo pacto*;
> *No como el pacto* que hice con sus padres
> El día que los tomé de la mano para sacarlos de
> la tierra de Egipto;

> Porque ellos no permanecieron en mi pacto,
>   Y yo me desentendí de ellos, dice el Señor.
> Por lo cual, *este es el pacto que haré* con la casa de Israel
>   Después de aquellos días, dice el Señor:
> Pondré mis leyes en la mente de ellos,
>   Y sobre su corazón las escribiré;
> Y seré a ellos por Dios,
>   Y ellos me serán a mí por pueblo;
> Y ninguno enseñará a su prójimo,
>   Ni ninguno a su hermano, diciendo: Conoce al Señor;
> Porque todos me conocerán,
>   Desde el menor hasta el mayor de ellos.
> Porque seré propicio a sus injusticias,
>   Y nunca más me acordaré de sus pecados y de sus iniquidades.

Al decir: *Nuevo pacto*, ha dado *por viejo al primero*; y lo que se da por viejo y se envejece, está próximo a desaparecer. (He 8:6-13)

Después el autor dice que "aun el primer *pacto* tenía ordenanzas de culto y un santuario terrenal" (He 9:1) y explica a detalle un poco del sistema de los sacrificios ofrecidos por los sacerdotes del antiguo pacto. Sin embargo, luego también explica que Cristo ha entrado en el mejor templo celestial como sacerdote "por el más amplio y más perfecto tabernáculo, no hecho de manos, es decir, no de esta creación, [...] sino por su propia sangre, entró una vez para siempre en el Lugar Santísimo [...]" (vv. 11-12). En otras palabras, el sacrificio de Jesús se realizó en el templo celestial, no en el terrenal del antiguo pacto y esto muestra que el antiguo pacto es obsoleto.

¿Cuál es la conclusión? Un nuevo pacto está en vigor: "Así que, por eso es mediador de un *nuevo pacto*" (He 9:15).

Es importante observar que el autor de Hebreos no está diciendo que algunas leyes del antiguo pacto ya no son aplicables para los cristianos (por ejemplo, las leyes de sacrificio o pureza), sino que *el antiguo pacto en sí, todo ese sistema de leyes* que definió la relación entre Dios y su pueblo, ya no está en vigor. Es "obsoleto" (He 8:13 NVI) [4]. Frank Thielman argumenta de manera convincente esta conclusión:

> Además, toda la ley es obsoleta, no solo la parte de la ley que regula el sacerdocio y los sacrificios. En [Hebreos] 9:15-22 el término "nuevo pacto" es sinónimo de "todos los mandamientos de la ley anunciados por Moisés" (9:19). Por lo tanto, todo el Pacto de Moisés, y no solo una parte de él, ha sido sustituido por un nuevo pacto: Porque cambiado el sacerdocio, necesario es que haya también cambio de ley (7:12) [5].

---

[4] Dorsey dice: "El NT [...] habla de la ley en términos bastante monolíticos. En ninguna parte se sugiere la obligación legal de solo una parte del corpus. Si uno está legalmente vinculado a la ley, es a toda la ley, incluida cualquier estipulación "menor", a la que está vinculado". *"The Law of Moses and the Christian"* [La ley de Moisés y el cristiano"], pág. 330.

[5] Frank Thielman, *The Law and the New Testament: The Question of Continuity* [La Ley y el Nuevo

Otros pasajes en el Nuevo Testamento también enseñan o asumen que el antiguo pacto ya no está en vigor. En Gálatas 3, Pablo afirma que el sistema de leyes establecido en el Pacto de Moisés era temporal:

Entonces, ¿para qué sirve la ley? Fue añadida a causa de las transgresiones, *hasta que viniese la simiente* a quien fue hecha la promesa. (Gá 3:19)

En este contexto, Pablo deja claro que todo el sistema de leyes[6] establecido mediante Moisés ya no es aplicable para nosotros porque dice: "la ley era nuestro guardián hasta que llegó Cristo. El resultado es que estamos aprobados a través de la fe. *Ahora que ha llegado la fe, ya no necesitamos que la ley sea nuestro guardián.* Todos ustedes son hijos de Dios por la fe en Jesucristo" (Gá 3:24-26 PDT). Al decir: "ya no necesitamos que la ley sea nuestro guardián" (v. 25), Pablo aclara que ya no estamos bajo las disposiciones detalladas de la Ley de Moisés.

De igual manera, en Romanos, Pablo se refiere a las leyes del Pacto de Moisés como "la ley" y dice:

Así también vosotros, hermanos míos, *habéis muerto a la ley* mediante el cuerpo de Cristo, para que seáis de otro, del que resucitó de los muertos, a fin de que llevemos fruto para Dios. (Ro 7:4)

Luego, Pablo dice: "Pero ahora estamos libres de la ley, [...], de modo que sirvamos bajo el régimen nuevo del Espíritu y no bajo el régimen viejo de la letra" (Ro 7:6).

En 1 Corintios, Pablo dice: "a los que están sujetos a la ley *(aunque yo no esté sujeto a la ley)* como sujeto a la ley, para ganar a los que están sujetos a la ley" (9:20).

En Efesios, Pablo dice que el Pacto de Moisés (la ley) ha llegado a su fin y esto es evidente por el hecho de que el pueblo de Dios ya no solo está conformado por judíos, sino por judíos y gentiles que confían en Cristo. En la iglesia ya no existe la división y rivalidad entre judíos y gentiles. Cristo estableció esta unidad al abolir todas las leyes que calificaban a los judíos como personas distintas, leyes que Pablo llama "la ley de los mandamientos expresados en ordenanzas":

Porque él es nuestra paz. De dos pueblos hizo uno solo, al derribar la pared intermedia de separación y al abolir en su propio cuerpo las enemistades. *Él puso fin a la ley de los mandamientos expresados en ordenanzas,* para

---

Testamento: La cuestión de la continuidad], Complementos del Nuevo Testamento (Nueva York: Herder & Herder, 1999), pág. 131. Todo el argumento de Thielman en las págs. 111-34 es un análisis persuasivo de este tema en Hebreos.

[6] Concuerdo con Douglas Moo cuando declara que en Gá 3:24 "no hay razón para pensar que la 'ley' [...] significa algo diferente a lo que claramente significa en Gálatas 2-4: la Ley de Moisés, la tôrâ, en toda su 'Ley' en el Nuevo Testamento denota la Ley de Moisés a menos que haya buenas razones que indiquen lo contrario". Respuesta a Greg L. Bahnsen, *The Theonomic Reformed Approach to Law and Gospel* ["El enfoque teonómico reformado de la Ley y el Evangelio"] en *Five Views on Law and Gospel* [Cinco puntos de vista sobre la Ley y el Evangelio], contrapuntos, ed. Serie Stanley N. Gundry (Grand Rapids, Michigan: Zondervan, 1996), págs. 168-69. Moo responde a la afirmación de Bahnsen en el mismo volumen (104) que la "ley" en este pasaje solo se refiere a las leyes ceremoniales del Pacto de Moisés.

crear en sí mismo, de los dos pueblos, una nueva humanidad, haciendo la paz, y para reconciliar con Dios a los dos en un solo cuerpo mediante la cruz, sobre la cual puso fin a las enemistades. (Ef 2:14-16)

El fin de la Ley de Moisés también quedó claro en la prédica de Pablo en su primer viaje misionero, cuando les dijo a los judíos de Antioquía en Pisidia que, en Jesús mismo, "todos los que creen quedan perdonados de todo aquello para lo que no pudieron alcanzar perdón bajo la ley de Moisés" (Hechos 13:39 DHH), lo que significa que la ley de Moisés ya no está en vigor para los que creen en Jesús.

De hecho, el fin del Pacto de Moisés, con su sistema de sacrificios y sacerdotes que eran los únicos que tenían acceso a la presencia de Dios, se mostró de forma dramática en el momento que Jesús murió cuando "en ese momento el velo del templo se rasgó en dos, de arriba hacia abajo" (Mt 27:51 RVC; ver también Marcos 15:38; Lucas 23:45). Dios estaba indicando que el antiguo sistema de sacerdotes y sacrificios, por el cual nadie más que el sumo sacerdote podía entrar al Lugar Santísimo y estar ante la presencia de Dios, llegó a su fin. De aquí en adelante, los creyentes llegarían a Dios a través de Jesucristo y Su sacrificio y estarían ante la presencia del mismo Dios en el cielo en vez de estar limitados a un templo terrenal. El *sistema de leyes bajo el Pacto de Moisés*, totalmente adecuado en el período para el que Dios lo destinó, llegó a su fin.

Thomas R. Schreiner afirma la misma postura:

Pablo argumenta que la totalidad de la ley se ha dejado de lado ahora que Cristo ha venido. Decir que los elementos "morales" de la ley siguen teniendo autoridad empaña la verdad de que todo el Pacto de Moisés ya no está vigente para los creyentes[7].

Brian Rosner también argumenta ampliamente que Pablo repudia de manera explícita el Pacto de Moisés como ley-pacto[8].

2. Se dice que algunas obligaciones legales específicas del Pacto de Moisés ya no son necesarias para los cristianos. Junto a varias declaraciones de que el Pacto de Moisés en su *totalidad* ha llegado a su fin, el Nuevo Testamento contiene una serie de pasajes que muestran que los cristianos ya no están sujetos a varias disposiciones específicas de la Ley de Moisés. Examinaremos estos pasajes en varias categorías y observaremos cómo el Nuevo Testamento usualmente proporciona reemplazos de estas leyes que son apropiados para el nuevo pacto.

a. Los cristianos ya no tienen que ofrecer sacrificios del Antiguo Testamento. Como se explicó en la parte anterior, Hebreos 7-10 brinda un argumento amplio de

---

[7] Thomas R. Schreiner, *40 Questions about Christians and Biblical Law* [40 preguntas sobre los cristianos y la ley bíblica] (Grand Rapids, Michigan: Fregel, 2010), pág. 90. También dice: "Pablo claramente enseña que los cristianos ya no están bajo la ley del pacto constituido mediante Moisés". *Ibid.*, pág. 67.

[8] Ver Brian S. Rosner, *Paul and the Law: Keeping the Commandments of God* [Pablo y la Ley: Cumpliendo los mandamientos de Dios], *New Studies in Biblical Theology* [Nuevos estudios de teología bíblica], vol. 31 (Downers Grove, Illinois: InterVarsity Press, 2013). Rosner observa que es sorprendente que Pablo "nunca haya dicho que los creyentes deben vivir según la ley". *Ibid.*, pág. 87

que ahora hay un nuevo sumo sacerdote (Jesús), un nuevo sacrificio (el sacrificio de Jesús) y un nuevo templo (el templo celestial). Que los cristianos ofrezcan sacrificios en el templo de Jerusalén por sus pecados sería igual a decir de manera pública que piensan que el sacrificio de Jesús no fue suficiente.

Pero en el nuevo pacto hay reemplazos espirituales para estos sacrificios físicos. Los cristianos pueden ofrecer "siempre a Dios *sacrificio de alabanza*" (He 13:15 RVA-2015), compartir con otros necesitados y "no se olvidan de hacer el bien y *de compartir lo que tienen* [...] tales *sacrificios* agradan a Dios" (v. 16 RVA-2015). Pablo utiliza un lenguaje de sacrificio similar cuando escribe que los cristianos deben entregar toda su vida a Dios, al decir: "Presenten sus cuerpos como *sacrificio vivo y santo*, aceptable a Dios, que es el culto racional de ustedes" (Ro 12:1 NBLA). Pablo también dice que cuando la iglesia de Filipos le envió una ofrenda, esta fue "una ofrenda fragante, un sacrificio que Dios acepta con agrado" (Fil 4:18 NVI). Además, los cristianos por sí mismos son un nuevo templo porque Pablo dice: "¿No sabéis que *sois santuario de Dios*, y [...] Espíritu de Dios mora en vosotros?" (1 Co 3:16). Pedro también dice que los cristianos son un nuevo templo, una "casa espiritual" y que son "sacerdocio santo, para ofrecer *sacrificios espirituales* aceptables a Dios por medio de Jesucristo" (1 P 2:5). Ya no hay necesidad de tener sacerdotes descendientes de Leví porque "vosotros sois linaje escogido, real sacerdocio" (v. 9).

b. Los cristianos ya no tienen que ser circuncidados. Pablo es firme al afirmar que si los cristianos de Galacia requieren la circuncisión como señal de salvación, entonces una vez más tendrían que estar sujetos a toda la Ley de Moisés, en cuyo caso la salvación del nuevo pacto ganado por medio de Cristo no será válida para ellos:

> He aquí, yo Pablo os digo que si os circuncidáis, de nada os aprovechará Cristo. Y otra vez testifico a todo hombre que se circuncida, que *está obligado a guardar toda la ley*. De Cristo os desligasteis, los que por la ley os justificáis; de la gracia habéis caído. (Gá 5:2-4)

Cuando Pablo comenzó a predicar de ciudad en ciudad que los creyentes de Jesucristo no tenían que ser circuncidados, fue cruelmente perseguido. Pero se negó a comprometer el evangelio de esta manera:

> Y yo, hermanos, si aún predico la circuncisión, ¿por qué padezco persecución todavía? En tal caso se ha quitado el tropiezo de la cruz. (Gá 5:11)

Asimismo, el concilio de Jerusalén (Hechos 15:1-29) llegó a la conclusión de que la circuncisión no era necesaria para los cristianos y, por lo tanto, rechazó claramente la afirmación de algunos cristianos judíos, que decían: "Si no os circuncidáis conforme al rito de Moisés, no podéis ser salvos" (v. 1)[9].

---

[9] Muchos otros pasajes afirman que la circuncisión no es necesaria para los cristianos (ver 1 Co 7:18-19; Gá 2:3; Fil 3:2-3; Col 2:11; Tito 1:10). Leemos que Pablo circuncidó a Timoteo, pero el versículo continúa explicando que esto fue "por causa de los judíos que había en aquellos lugares; porque todos sabían que su padre era griego" (Hechos 16:3). Pablo circuncidó a Timoteo no para cumplir con la ley

Pero al igual que con los sacrificios del Antiguo Testamento, lo mismo ocurre con la circuncisión: hay una contraparte espiritual en el nuevo pacto. Pablo les puede decir a los cristianos en Colosenses: "*Fuisteis circuncidados* con circuncisión no hecha a mano, al echar de vosotros el cuerpo pecaminoso carnal, en la circuncisión de Cristo" (Col 2:11). En Romanos explica detalladamente que esta circuncisión es un cambio de corazón para que nuestros corazones no se endurezcan ante Dios, sino que respondan al Espíritu Santo porque "la circuncisión es la del corazón, en espíritu, no en letra" (Ro 2:29; ver también Jer 4:4).

c. Los cristianos ya no deben seguir las leyes alimentarias del Antiguo Testamento. Marcos dice que Jesús "declaraba *limpios todos los alimentos*" (Marcos 7:19 NVI) cuando enseñó que "nada de lo que entra en una persona puede contaminarla", sino que "lo que sale de la persona es lo que la contamina" como "los malos pensamientos, la inmoralidad sexual, los robos, los homicidios, los adulterios", entre otros (vv. 18-21 NVI).

En un debate sobre lo que pueden comer los cristianos, Pablo dijo: "Yo sé, y confío en el Señor Jesús, que nada es *inmundo en sí mismo*" (Ro 14:14). Luego dice:

> No destruyas la obra de Dios por causa de la comida. *Todas las cosas a la verdad son limpias*; pero es malo que el hombre haga tropezar a otros con lo que come. (Ro 14:20)

Pablo les dice a los corintios que si van a cenar a la casa de un no creyente, "de todo lo que se os ponga delante comed, sin preguntar nada por motivos de conciencia" (1 Co 10:27). Esto sería impensable para un judío que se rige por la Ley de Moisés, que estaba obligado por su conciencia a cumplir con las reglas alimentarias de Moisés[10].

La dramática confrontación de Pablo con Pedro en Antioquía se produjo por este mismo tema de las leyes alimentarias judías. Pedro "comía con los gentiles" (Gá 2:12), sin duda comiendo algunos alimentos que eran impuros según las normas alimentarias de Moisés, pero "antes que viniesen algunos de parte de Jacobo, [...] [Pedro] se retraía y se apartaba, porque tenía miedo de los de la circuncisión" (v. 12). Por lo tanto, Pablo dijo:

> Pero cuando vi que no andaban rectamente conforme a la verdad del evangelio, dije a Pedro delante de todos: Si tú, siendo judío, vives como los gentiles y no como judío, ¿por qué obligas a los gentiles a judaizar? (Gá 2:14)

Pablo también escribe a los cristianos colosenses que no tienen que sentirse culpables por no cumplir con las leyes alimentarias judías:

> Por tanto, nadie os juzgue en *comida o en bebida*, o en cuanto a días de fiesta, luna nueva o días de reposo, todo lo cual es sombra de lo que ha de

---

del Antiguo Testamento, sino para evitar ofender de manera innecesaria a los judíos que sabían que la madre de Timoteo era judía (v. 1).

[10] Ver también 1 Co 6:12; Tito 1:15.

venir; pero el cuerpo es de Cristo. (Col 2:16-17)

Por último, Pablo le escribe a Timoteo que enseñar a las personas que deben abstenerse de cierta comida no es parte de la fe cristiana, sino es el resultado de "espíritus engañosos y enseñanzas que provienen de demonios" (1 Ti 4:1 NTV) y de manera equivocada las personas:

Prohibirán casarse y mandarán abstenerse de los alimentos que Dios creó para que, con acción de gracias, participasen de ellos los que creen y han conocido la verdad. Porque todo lo que Dios ha creado es bueno, y no hay que rechazar nada cuando es recibido con acción de gracias pues es santificado por medio de la palabra de Dios y de la oración. (1 Ti 4:3-5 RVA-2015)

Por lo tanto, está claro que los cristianos no tienen que seguir las leyes alimentarias del Pacto de Moisés[11], sino que deben abstenerse de malos pensamientos y actos que salen de su corazón (Marcos 7:18-21).

d. Los cristianos ya no deben cumplir con el día de reposo y otras fiestas del Antiguo Testamento. En muchos lugares, el Nuevo Testamento deja muy claro que ya no es obligatorio para los cristianos cumplir con el día de reposo u otros días o fiestas especiales. Pablo les escribe a los romanos:

Hay quien considera que *un día tiene más importancia* que otro, pero hay quien considera *iguales todos los días.* Cada uno debe estar firme en sus propias opiniones. (Ro 14:5 NVI)

Asimismo, les escribe a los gálatas:

Ustedes celebran ciertos *días,* meses, fechas y años… ¡Mucho me temo que mi trabajo entre ustedes no haya servido de nada! (Gá 4:10-11 DHH)

---

[11] Alguien podría refutar que en el concilio de Jerusalén en Hechos 15 se decidió enviar un mensaje a la iglesia de Antioquía de que debían abstenerse de ciertos alimentos, porque leemos:

Nos pareció bien al Espíritu Santo y a nosotros no imponerles a ustedes ninguna carga aparte de los siguientes requisitos: abstenerse de lo sacrificado a los ídolos, de sangre, de la carne de animales estrangulados y de la inmoralidad sexual. Bien harán ustedes si evitan estas cosas. Con nuestros mejores deseos. (Hechos 15:28-29 NVI)

Sin embargo, esta decisión se entendería mejor como una concesión sabia y estratégica para no ofender innecesariamente al pueblo judío que escucharía el evangelio, no como una imposición parcial de las leyes de Moisés a los cristianos. Esto se aclara cuando la lista de las cosas a las que debemos abstenernos se explica de esta manera: "Porque Moisés desde tiempos antiguos tiene en cada ciudad quien lo predique en las sinagogas, donde es leído cada día de reposo" (Hechos 15:21). En otras palabras, hay muchos judíos observadores en las sinagogas y comer ciertos alimentos los ofendería de manera innecesaria. Thielman dice de manera sabia: "El Decreto Apostólico desempeña más naturalmente el papel de un compromiso pragmático. Los apóstoles y ancianos han facilitado la asociación de los cristianos judíos más conservadores con los creyentes gentiles". *The Law and the New Testament* [La ley y el Nuevo Testamento]; ver también pág. 174.

En Colosenses, Pablo explica de manera muy explícita por qué los cristianos ya no tienen que celebrar días especiales y fiestas judías. Esto se debe a que estas prácticas anticipaban la redención completa que vendría en el ministerio de Jesucristo. Una vez que llegó, estas prácticas ya no fueron obligatorias:

> Por tanto, nadie os juzgue en comida o en bebida, o en cuanto a *días de fiesta, luna nueva o días de reposo, todo lo cual es sombra de lo que ha de venir;* pero el cuerpo es de Cristo. (Col 2:16-17)

Es importante que aquí Pablo incluye "el día de reposo" en la misma categoría de "alimento y bebida" y "días de fiesta o luna nueva"[12], todos los cuales eran obligatorios en las leyes judías. No obstante, Pablo dice de manera explícita que nadie debería "juzgar" a otros por cumplir o no cumplir estas cosas porque solo son "una sombra".

En Hebreos 4:1-11 se desarrolla un argumento extenso de que el día de reposo del Antiguo Testamento estaba esperando el descanso espiritual que vendría con la salvación en Cristo en el Nuevo Testamento, para que hoy en día "quede un reposo para el pueblo de Dios" (He 4:9) y los cristianos que confían en Cristo realmente entren en ese día de reposo espiritual, "porque el que ha entrado en su reposo, también ha reposado de sus obras, como Dios de las suyas" (v. 10). Esto es algo en lo que cualquiera puede entrar hoy en día, porque inmediatamente agrega: "Procuremos, pues, entrar en aquel reposo" (v. 11). El día de reposo del Antiguo Testamento estaba esperando el descanso espiritual que Cristo ganaría para su pueblo en su ministerio terrenal, muerte y resurrección. (Para un análisis más extenso sobre la forma en que el mandamiento del día de reposo aplica para los cristianos de la actualidad, ver cap. 13, pág. 342).

e. Los cristianos ya no deben seguir las leyes del Antiguo Testamento que regulan el gobierno civil de Israel. Durante el tiempo del Pacto de Moisés establecido en el Monte Sinaí (Éxodo 20), el pueblo de Israel existía como una nación geográfica y políticamente distinta entre las naciones del mundo. Por esa razón, Dios dio normas para los tribunales y los jueces, directrices para la aplicación de las leyes por parte de la policía o el ejército, listas de penas legales y otras disposiciones necesarias para el funcionamiento del gobierno civil de una nación.

Pero en la era del nuevo pacto, las personas de todas las naciones se convierten en cristianos. En ninguna parte se instruye a los cristianos a constituir o incluso intentar constituir una nación geográfica y políticamente distinta entre las naciones de la tierra. Por lo tanto, el Nuevo Testamento enseña a los cristianos a estar sometidos a los gobiernos civiles bajo los que viven:

> *Toda persona debe someterse a las autoridades de gobierno,* pues toda autoridad proviene de Dios, y los que ocupan puestos de autoridad están allí colocados por Dios. Por lo tanto, cualquiera que se rebele contra la autoridad se rebela contra lo que Dios ha instituido, y será castigado. Pues

---

[12] Algunas ofrendas eran obligatorias en el antiguo pacto cuando había luna nueva (Nm 29:6).

las autoridades no infunden temor a los que hacen lo que está bien, sino a los que hacen lo que está mal. ¿Quieres vivir sin temor a las autoridades? Haz lo correcto, y ellas te honrarán. Las autoridades están al servicio de Dios para tu bien; pero si estás haciendo algo malo, por supuesto que deberías tener miedo, porque ellas tienen poder para castigarte. Están al servicio de Dios para cumplir el propósito específico de castigar a los que hacen lo malo. Por eso tienes que someterte a ellas, no solo para evitar el castigo, sino para mantener tu conciencia limpia. Por esas mismas razones, también paguen sus impuestos, pues los funcionarios de gobierno necesitan cobrar su sueldo. Ellos sirven a Dios con lo que hacen. Ustedes den a cada uno lo que le deben: paguen los impuestos y demás aranceles a quien corresponda, y den respeto y honra a los que están en autoridad. (Ro 13:1-7 NTV)

Por causa del Señor someteos a toda institución humana, ya sea al rey, como a superior, y a los *gobernadores*, como por él enviados para castigo de los malhechores y alabanza de los que hacen bien. Honrad a todos. Amad a los hermanos. Temed a Dios. *Honrad al rey.* (1 P 2:13-14, 17 RVR 1960)

Thielman observa de manera correcta que las "amonestaciones por someterse al gobierno ronamo (Ro 13:1-7)" de Pablo "implicaba la derogación de las [...] partes civiles de la ley"[13].

Otro indicio de que el gobierno civil de la nación debía ser distinto del gobierno de la iglesia es que los cristianos primitivos elegían a los líderes de la iglesia entre los miembros de la misma y no entre las autoridades romanas que gobernaban las zonas donde vivían. Por lo tanto, Pablo les dio instrucciones a Timoteo (ver 1 Ti 3:1-7) y a Tito (ver Tito 1:5-9) de escoger a los ancianos y no sugiere que las autoridades del gobierno romano deban desempeñar alguna función de liderazgo en la iglesia.

Este acuerdo parece tan común en la actualidad, sin embargo, contrasta notablemente con el sistema de gobierno del Pacto de Moisés. En ese entonces, Moisés y los líderes posteriores como Samuel, David y Salomón no solo eran los líderes del pueblo de Dios (la "iglesia" del antiguo pacto), sino también los líderes del gobierno de Israel ("el estado"). En el Pacto de Moisés, no había una separación entre "iglesia" y "estado". La era del nuevo pacto es muy diferente.

Schreiner está de acuerdo:

La idea de que las leyes civiles de Israel deben seguir funcionando como las reglas de las naciones-estado de hoy en día representa una interpretación completamente incorrecta de las Escrituras. Los creyentes ya no están bajo la ley, porque la ley fue dada a Israel, que funcionaba como una comunidad política y eclesiástica. En la actualidad, ninguna nación ocupa el lugar de Israel porque ninguna puede afirmar que es la nación escogida por Dios[14].

---

[13] Thielman, *The Law and the New Testament* [La ley y el Nuevo Testamento], pág. 169. Ver también Schreiner, *40 Questions* [40 preguntas sobre los cristianos y la ley bíblica], pág. 92.

[14] Schreiner, *40 Questions* [40 preguntas sobre los cristianos y la ley bíblica], pág. 224.

Esta separación entre el gobierno de la iglesia (el gobierno eclesiástico) y el gobierno del estado (el gobierno civil) se estableció de manera maravillosa en principio por Jesús cuando sus opositores judíos (aquí, los fariseos y herodianos) le preguntaron: "¿Es correcto que paguemos impuestos al César o no?" (Mt 22:17). Los opositores de Jesús trataron de tenderle una trampa. Si decía que era correcto pagar impuestos al César, creían que perdería muchos seguidores entre los judíos que odiaban a los romanos opresores. Pero si decía que no era correcto pagar impuestos al César, podía ser acusado por incitar rebelión contra Roma y ser arrestado. Entonces, se produjo este incidente:

> Pero Jesús, conociendo la malicia de ellos, les dijo: "¿Por qué me tentáis, hipócritas? Mostradme la moneda del tributo". Y ellos le presentaron un denario. Entonces les dijo: "¿De quién es esta imagen, y la inscripción?" Le dijeron: "De César". Y les dijo: "Dad, pues, a César lo que es de César, y a Dios lo que es de Dios". Oyendo esto, se maravillaron, y dejándole, se fueron. (Mt 22:18-22)

Al señalar que la inscripción del César estaba en la moneda y al decir "Dad, pues, a César lo que es de César", Jesús quiso decir de manera clara que era correcto pagar impuestos. Era una función adecuada del gobierno romano cobrar impuestos y los seguidores de Jesús tenían que cumplir con ello.

Sin embargo, al mencionar dos categorías diferentes "lo que es de César" y "lo que es de Dios", Jesús también quiso decir que hay un ámbito de la actividad humana que el César no puede controlar. El gobierno civil no tiene derecho a gobernar todos los aspectos de la vida. También hay otro ámbito de la vida en el cual el creyente es responsable ante Dios directamente, no ante la autoridad que gobierna. Jesús no especificó qué partes de la vida pertenecen a cada categoría, no obstante, al identificar dos categorías estableció de manera sabia una base para distinguir dos ámbitos diferentes de actividad humana, cada uno gobernado por diferentes autoridades.

Esa diferencia entre lo que lo que es del César y lo que es de Dios también ofrece un argumento que muestra por qué ningún gobierno civil de la actualidad debe tratar de imponer sanciones por las creencias o actividades religiosas (como la pena de muerte del Antiguo Testamento por blasfemia o por promover la adoración a otros dioses). No es solo que el Pacto de Moisés en su totalidad haya llegado a su fin y ya no sea aplicable hoy en día. También es que, aunque algunas partes del Pacto de Moisés nos pueden informar sobre una conducta personal sabia en la actualidad (ver el análisis más adelante), estas leyes de Moisés no nos muestran lo que Dios tiene planeado para los gobiernos civiles en la era del nuevo pacto porque ningún gobierno *civil* tienen al mismo tiempo autoridad sobre la vida espiritual de la *iglesia*.

3. Razones de por qué el Pacto de Moisés llegó a su fin. Algunos pasajes del Nuevo Testamento también explican por qué el Pacto de Moisés llegó a su fin cuando comenzó el nuevo pacto. Entender estas razones es otro factor que contribuye con nuestra capacidad de aplicar de manera sabia las enseñanzas del antiguo pacto en nuestras vidas como cristianos hoy en día.

a. Dios estableció el Pacto de Moisés solo por un período temporal: En su argumento en Gálatas 3, Pablo usa el término "la ley" para referirse al Pacto de Moisés: "La ley, que vino cuatrocientos treinta años después, no anula el pacto que Dios había ratificado previamente" (Gá 3:17 NVI). Según Pablo, el Pacto de Moisés vino 430 años después del Pacto de Abraham.

Luego sigue este versículo clave:

> Entonces, ¿para qué sirve la ley? Fue añadida a causa de las transgresiones, *hasta que viniese la simiente* a quien fue hecha la promesa. (Gá 3:19)

Aquí Pablo está diciendo que Dios dio la ley por cierto tiempo, es decir, hasta que Cristo ("la simiente" que Dios prometió a Abraham) llegue.

En los siguientes versículos, Pablo deja claro que ya no estamos bajo esta Ley de Moisés. Dice: "La ley era nuestro guardián *hasta que llegó Cristo*. [...] Ahora que ha llegado la fe, ya no necesitamos que la ley sea nuestro guardián" (Gá 3:24-25 PDT). Por lo tanto, ya no estamos bajo la Ley de Moisés. Se dio para mostrarnos nuestro pecado y para frenarlo (como "guardián" y "a causa de las transgresiones") hasta que Cristo llegó.

b. Cristo debía cumplir el Pacto de Moisés: Pablo dice: "el fin de la ley es Cristo, para justicia a todo aquel que cree" (Ro 10:4). Aquí la palabra traducida "fin" es la palabra griega *telos*, la cual puede significar "término, conclusión" u "objetivo". Probablemente Pablo quiere que sus lectores la entiendan de ambas maneras. La ley señaló a Cristo como el Único que podía cumplirla y Cristo trajo el fin de la ley como una forma de obtener justicia (ver Ro 10:3-6).

La enseñanza de Jesús en el Sermón de la Montaña contiene un pasaje crucial en la relación entre Él y la ley del Antiguo Testamento:

> No penséis que he venido para abrogar la ley o los profetas; no he venido para abrogar, sino para cumplir. Porque de cierto os digo que hasta que pasen el cielo y la tierra, ni una jota ni una tilde pasará de la ley, hasta que todo se haya cumplido. (Mt 5:17-18)

Jesús "cumplió" la ley del Antiguo Testamento de muchas maneras. La obedeció de manera perfecta, sin haber cometido ni una sola vez una violación de sus leyes (ver Lucas 4:13; Juan 8:46; Ro 8:3; 2 Co 5:21; He 4:15; 1 P 2:22; 1 Juan 3:5).

En otro sentido, "cumplió" muchas de las leyes del Antiguo Testamento mediante acciones que mostraban el verdadero propósito espiritual para el que estaban destinadas. Cumplió las leyes de sacrificio al convertirse en el sacrificio perfecto. Cumplió las leyes y normas sobre sacerdotes al convertirse en nuestro gran sumo sacerdote. Cumplió la ley sobre la circuncisión mediante la "circuncisión de Cristo", la cual nos da corazones nuevos que responden a la voluntad de Dios (ver Col 2:11). Cumplió la ley del día de reposo al darnos el descanso espiritual eterno (ver Mt

11:28; He 4:9-10). Y cumplió en lo referente al gobierno civil, las leyes del Antiguo Testamento, estableciendo él mismo un reino que no es de este mundo (Juan 18:36; ver también Fil 3:20).

c. Se estableció el Pacto de Moisés para gobernar al pueblo de Dios mientras constituían una nación judía separada antes de la llegada de Cristo, pero no estaba destinado para un período en el que el pueblo de Dios no tuviera una nación propia sino que viviera como ciudadano de todas las naciones: Como se mencionó anteriormente, la iglesia no constituye una nación separada o una entidad política, ni debe tratar de establecer una para sí misma, sino que los cristianos deben "someterse a las autoridades de gobierno" (Ro 13:1 NTV). Ahora hay una diferencia entre iglesia y el estado, una diferencia entre "lo que es del César" y "lo que es de Dios". Por lo tanto, la iglesia no existe como una nación separada de todas las naciones del mundo. Ahora las personas de todas las naciones son parte de la iglesia en todo el mundo.

d. La Ley de Moisés no podía impartir vida espiritual ni facultar a las personas para obedecerla: Pablo explica una falla de la Ley de Moisés cuando muestra que esta no podía dar una vida espiritual verdadera:

> ¿Contradice la ley a las promesas de Dios? ¡De ninguna manera! Porque, si la ley dada pudiera dar vida, la justicia sería verdaderamente por la ley. (Gá 3:21 RVC)

Pablo quiere decir lo mismo cuando compara la ley con la obra del nuevo pacto del Espíritu:

> Porque la ley del Espíritu de vida en Cristo Jesús te[a] ha libertado de la ley del pecado y de la muerte. Pues lo que *la ley no pudo hacer, ya que era débil por causa de la carne*, Dios lo hizo: enviando a su propio Hijo en semejanza de carne de pecado y como ofrenda por el pecado, condenó al pecado en la carne, para que el requisito de la ley se cumpliera en nosotros, que no andamos conforme a la carne, sino conforme al Espíritu. (Ro 8:2-4 LBLA)

Entonces, por todas estas razones Dios estableció el Pacto de Moisés con un objetivo temporal y cuando ese propósito se cumplió en la vida, muerte y resurrección de Cristo, el Pacto de Moisés dejó de estar en vigor. Llegó a su fin.

B. EL PACTO DE MOISÉS SEGUÍA EN VIGOR DURANTE EL MINISTERIO TERRENAL DE JESÚS

1. Un nuevo pacto solo entra en vigor con la muerte. Como se explicó anteriormente (pág. 221), el nuevo pacto entró en vigor tras la muerte de Cristo: "El testamento [pacto] solo entra en vigencia después de la muerte de la persona" (He 9:17 NTV)[15].

---

[15] Thielman también concluye que el nuevo pacto fue "establecido tras la muerte de Cristo". *Theology of the New Testament: A Canonical and Synthetic Approach* [Teología del Nuevo Testamento: Un enfoque canónico y sintético] (Grand Rapids, Michigan: Zondervan, 2005), pág. 365.

2. Jesús nunca infringió ninguna ley del Pacto de Moisés, sin embargo, sí infringió las reglas adicionales sumamente detalladas hechas por los rabinos, especialmente en lo que respecta al día de reposo. Jesús fue "nacido bajo la ley" (Gá 4:4) y fue intachable durante toda su vida ante las leyes de Dios en el Antiguo Testamento. Es impensable que haya podido infringir de manera directa alguna de las leyes de Moisés y que luego haya podido decirles a sus oponentes judíos hostiles: "¿Quién de vosotros me redarguye de pecado?" (Juan 8:46). No recibió respuesta alguna. (Ver también Lucas 4:13; Juan 8:46; Ro 8:3; 2 Co 5:21; He 4:15; 1 P 2:22; 1 Juan 3:5).

Por ejemplo, no hay registro de que Jesús comiera cerdo, no ofreciera los sacrificios requeridos o no respetara las fiestas judías específicas.

Schreiner observa que Jesús "vivió bajo la ley del Antiguo Testamento". También dice:

> En términos estrictos, Jesús no deroga explícitamente el día de reposo, ni infringe sus disposiciones. Sin embargo, el enfoque en las regulaciones que es evidente en los Jubileos, el Qumrán y la Mishná está ausente en la enseñanza de Jesús[16].

Pero Jesús se apresuró a criticar y contradecir las tradiciones demasiado severas que habían sido establecidas por los maestros judíos y que en realidad no formaban parte de las Escrituras judías. Dijo: "entonces anulan la palabra de Dios *por el bien de su propia tradición*" (Mt 15:6 NTV). Cuando Jesús les dijo a sus discípulos que se cuidaran de la "levadura" de los fariseos y saduceos, "entonces entendieron que Él no les había dicho que se cuidaran de la levadura de los panes, sino de la *enseñanza de los fariseos y saduceos*" (16:12 NBLA).

De hecho, muchos pasajes en los Evangelios muestran a Jesús como completamente obediente a las leyes del Nuevo Testamento, cuando se entiende de manera correcta.

Por ejemplo, después de que sanó a una víctima de lepra, le dijo al hombre: "Solo ve, preséntate al sacerdote, y lleva la ofrenda que ordenó Moisés, para que les sirva de testimonio" (Mt 8:4 NVI), diciéndole así que cumpla la ley del Antiguo Testamento.

Cuando algunos recaudadores de impuestos desafiaron a Pedro diciendo que Jesús no pagaba el impuesto de dos dracmas, Jesús le dijo a Pedro cómo pagarlo para así cumplir con la ley (Mt 17:24-27). Cuando purificó el templo, le estaba devolviendo su función adecuada, expulsando a los que lo habían convertido en un tumulto de actividad comercial y recordándoles su verdadera finalidad: "Mi casa, casa de oración será llamada" (21:13).

Reprendió a los escribas y fariseos por la atención escrupulosa a los detalles, no diciendo que tal atención fuera incorrecta cuando se trataba de partes de la ley del Antiguo Testamento, sino que estaban poniendo demasiada atención en asuntos

---

[16] Schreiner, *40 Questions* [40 preguntas sobre los cristianos y la ley bíblica], pág. 211. Los Jubileos, los documentos Qumrán y la Mishná son escritos judíos posteriores a los libros de Antiguo Testamento hebreo.

menos importantes de la ley:

> ¡Ay de vosotros, escribas y fariseos, hipócritas! porque diezmáis la menta y el eneldo y el comino, y dejáis lo más importante de la ley: la justicia, la misericordia y la fe. Esto era necesario hacer, *sin dejar de hacer aquello.* (Mt 23:23)

Cuando Jesús dijo: "Esto era necesario hacer, sin dejar de hacer aquello", quería decir que debieron buscar justicia, misericordia y fidelidad, y también diezmar sus especias como lo estaban haciendo. La ley exigía ambas cosas.

Al final de su ministerio, Jesús comió una cena de Pascua con sus discípulos, como ordenaba la Ley de Moisés (ver Mt 26:17-29).

3. Pero gran parte de las enseñanzas de Jesús eran sobre el reino de Dios, con relación tanto al tiempo del ministerio terrenal de Jesús como a la era del nuevo pacto. La expresión "reino de Dios" ocurre 53 veces en los Evangelios y la expresión equivalente "reino de los cielos" ocurre 32 veces en el Evangelio de Mateo, siendo un total de 85 veces que se menciona esta idea en los Evangelios. El reino de Dios es el mandato de Dios en los corazones y vidas de las personas y fue destacando cada vez más a lo largo del ministerio terrenal de Jesús. A pesar de que Jesús vivió bajo el antiguo pacto, la venida del reino de Dios fue como echar vino nuevo en odres nuevos (Mt 9:17). Esto nos ayuda a entender por qué muchas de las enseñanzas de Jesús aplican de manera directa a nuestra vida como cristianos en la actualidad, a pesar de que Jesús dio estas enseñanzas mientras todavía vivía bajo el período del antiguo pacto.

C. CRÍTICA A LA "TEONOMÍA"

Un punto de vista alternativo sobre la relevancia de la Ley de Moisés en la actualidad es promovida por los seguidores de una postura llamada "teonomía". (La palabra *teonomía* significa: "Ley de Dios" y surge de dos palabras griegas, *theos*, "Dios" y *nomos*, "ley"). El defensor más conocido de la teonomía es Greg Bahnsen, quien expresó y defendió su punto de vista en el libro *Five Views on Law and Gospel*[17] [Cinco puntos de vista sobre la Ley y el Evangelio] y de manera más extensa en su libro *Theonomy in Christian Ethics*[18] [La teonomía en la ética cristiana]. Bahnsen argumenta que las leyes "morales" y "civiles" del Pacto de Moisés se mantienen vigentes en la actualidad y solo las partes "ceremoniales" de la ley fueron derogadas por la llegada del nuevo pacto (ver mi análisis de estas tres divisiones de la ley, pág. 248). Estas son algunas de sus declaraciones sobre esta postura:

> Las instrucciones *morales* encontradas en la ley, los mandamientos de Dios

---

[17] Bahnsen, *"The Theonomic Reformed Approach to Law and Gospel"* ["El enfoque teonómico reformado de la Ley y el Evangelio"] en Five Views on Law and Gospel [Cinco puntos de vista sobre la Ley y el Evangelio], págs. 93-143.

[18] Greg Bahnsen, *Theonomy in Christian Ethics* [La teonomía en la ética cristiana] (Nutley, Nueva Jersey: Craig, 1977).

revelados en el Antiguo Testamento, no se han dejado de lado junto con las instrucciones redentoras para la circuncisión, el sacerdocio, el sacrificio y el templo[19].

La santa y buena ley de Dios nunca se equivoca en lo que exige. Es "perfecta" (Dt 32:4; Sal 19:7; Santiago 1:25), al igual que el propio Dador de la Ley (Mt 5:48). Es una transcripción de su personalidad moral[20].

Si las estipulaciones morales de la revelación de Moisés son axiomáticamente buenas y de carácter universal y son sostenidas por Cristo en su validez moral incluso en el menor mandamiento, a menos de que Dios revele lo contrario, entonces *todos los jueces civiles de esta época deben guiarse y regularse por esas leyes*[21].

Los jueces civiles [...] necesitan que la ley de Dios les informe cómo y dónde se ha de aplicar la ira de Dios en el Estado. Los jueces que rechazan *las directrices penales de esa ley* están, por lo tanto, rebelándose a ser siervos de Dios[22].

Los preceptos civiles del Antiguo Testamento (leyes "judiciales" permanentes) son un modelo perfecto de justicia social para todas las culturas, *incluso en el castigo de los criminales*[23].

La afirmación de Bahnsen de que las leyes morales del Pacto de Moisés siguen en vigor hoy en día no es inusual porque es la postura más comúnmente sostenida por los teólogos reformados contemporáneos, una postura que se afirma en la Confesión de fe de Westminster (ver 19.3, 4, 5, la cual cito más adelante, pág. 249). Sin embargo, su declaración de que las *leyes civiles* del Pacto de Moisés deben ser aplicadas por los gobiernos civiles de hoy, *incluyendo las sanciones* de dichas leyes, ha sido demasiado controversial y muy criticada, particularmente con respecto a su apoyo para establecer la pena de muerte para una mayor variedad de delitos como se especifica en el Pacto de Moisés.

La postura de Bahnsen lo lleva a argumentar:

En la actualidad, los jueces civiles tienen la *obligación de ejecutar a todos aquellos que cometan delitos capitales* como lo define la ley autoritaria de Dios[24].

Luego, especifica los delitos capitales que, en su opinión, deberían estar sujetos a la pena de muerte en las sociedades modernas, porque eran delitos capitales en el Pacto de Moisés. Menciona los siguientes: asesinato, adulterio, impureza, sodomía,

---

[19] Bahnsen, *"The Theonomic Reformed Approach to Law and Gospel"*, pág. 99, énfasis en el original.

[20] *Ibid.*, pág. 109.

[21] *Ibid.*, pág. 125, énfasis añadido.

[22] *Ibid.*, pág. 132, énfasis añadido.

[23] *Ibid.*, pág. 142, énfasis añadido.

[24] Bahnsen, *Theonomy* [La teonomía en la ética cristiana], pág. 442.

zoofilia, homosexualidad, violación, incesto, mala conducta en los niños (con referencia a Ex 21:15-17, golpear o maldecir a su padre o madre y a Dt 21:20-21, ser un hijo testarudo y rebelde), incumplimiento del día de reposo, secuestro, apostasía, brujería, hechicería, falsa pretensión de profecía y blasfemia[25]. Bahnsen dice: "El Señor mira estos delitos con tanto desprecio que le ordena al estado ejecutar a aquellos que los comenten"[26].

Estoy en total desacuerdo con la teonomía por muchas razones:

1. La incapacidad de reconocer que el Pacto de Moisés llegó a su fin en su totalidad . Mi argumento en la sección A de este capítulo (pág. 210) constituye una objeción importante a la teonomía. Bahnsen argumenta que las leyes morales y civiles del Pacto de Moisés todavía son obligatorias en la actualidad, sin embargo, como argumenté anteriormente, los autores del Nuevo Testamento afirman reiteradamente que el *Pacto de Moisés llegó a su fin en su totalidad* , por lo tanto, ya no vivimos bajo ese pacto. La afirmación de Bahnsen de que solo han concluido ciertas partes del Pacto de Moisés no es concluyente teniendo en cuenta la frecuente afirmación del Nuevo Testamento de que el propio Pacto de Moisés ha llegado a su fin en su totalidad .

Los teonomistas usualmente recurren a Mateo 5:17-18 por apoyo, argumentando que Jesús no "derogó" la ley del Antiguo Testamento, ni una jota ni una tilde de ella:

No penséis que he venido para abrogar la ley o los profetas; no he venido para abrogar, sino para cumplir. Porque de cierto os digo que hasta que pasen el cielo y la tierra, ni una jota ni una tilde pasará de la ley, hasta que todo se haya cumplido. (Mt 5:17-18)

No obstante, en este mismo pasaje Jesús explicó qué iba a hacer en vez de derogar el Antiguo Testamento: Lo iba a "cumplir" y lo hizo de muchas maneras (como lo expliqué anteriormente, pág. 222). Está claro que no *derogó* ninguna parte del Antiguo Testamento porque seguía siendo la Biblia que usaban los apóstoles en la iglesia primitiva (ver 2 Ti 3:16-17). Jesús cumplió la ley al establecer un nuevo pacto que reemplazó el antiguo pacto y eso significó que este ya no estaba en vigor, como claramente enseñaron los apóstoles (ver el análisis anterior, pág. 211).

Estoy de acuerdo con que "ni una jota ni una tilde" se deberían borrar del Antiguo Testamento en la actualidad, pero lo debemos interpretar y aplicar de manera correcta al entender que *el Pacto de Moisés fue dado para el pueblo de Israel por un tiempo determinado* y sus disposiciones no son directamente aplicables a nosotros ni a los gobiernos civiles actuales. Todavía podemos seguir adquiriendo sabiduría de cada parte del Antiguo Testamento, pero solo si lo leemos sabiendo que el Pacto de Moisés es algo del pasado, algo que ahora ha llegado a su fin.

2. La incapacidad de reconocer el contexto histórico y gubernamental único de las leyes de Moisés. Los defensores de la teonomía son incapaces de reconocer

---

[25] *Ibid.*, pág. 445.

[26] *Ibid.*

que las sabias leyes de Dios para el gobierno civil de Israel como nación en *aquel entonces* no son necesariamente las sabias leyes de Dios para los gobiernos civiles de las naciones seculares *actuales*. Este es un error fundamental, la incapacidad de reconocer la singularidad del contexto histórico-redentor en el cual se establecieron las leyes de Moisés.

Bahnsen argumenta que "la Biblia ilustra repetidamente que las naciones paganas fueron juzgadas por las mismas normas morales de la Ley de Moisés"[27], pero esto no demuestra la postura de Bahnsen. Concuerdo con que todas las personas son responsables ante Dios por las normas morales básicas que ha escrito en el corazón de cada persona (ver Ro 2:14-15), pero ese hecho, que es aceptado por todos los cristianos de todo el mundo, no demuestra la afirmación de Bahnsen, es decir, que los gobiernos seculares en la época del Antiguo Testamento hayan sido responsables de hacer cumplir *todos los detalles específicos de las leyes civiles y las sanciones dadas al pueblo de Israel en el Pacto de Moisés*. Cabe destacar que Bahnsen no da aquí ningún ejemplo de que los profetas de Dios hayan reprendido a ninguna nación gentil por no cumplir con las penas civiles específicas para los delitos bajo la Ley de Moisés (como la pena de muerte por golpear a su padre o madre, por incumplir el día de reposo, entre otros).

Todo el contexto histórico que rodea el establecimiento del Pacto de Moisés (Éxodo 20-23) muestra que estas leyes fueron dadas específicamente para la nación de Israel durante ese tiempo. Nada en el resto del Antiguo Testamento sugiere que Dios esperaba que los gobernantes gentiles también hicieran cumplir esas leyes en sus naciones porque no eran parte del Pacto de Moisés. Y nada en el Nuevo Testamento sugiere que Dios esperaba que el imperio romano secular o algún otro gobierno hiciera cumplir las detalladas leyes de Moisés que dio específicamente a la nación de Israel; de hecho, como ya se observó, el Nuevo Testamento enseña repetidamente que el Pacto de Moisés ha llegado a su fin.

Además, como argumenté anteriormente (pág. 219), imponer penas por delitos religiosos como la blasfemia y la apostasía pública va en contra de la enseñanza de Jesús, que en esta época actual "De César" (el gobierno civil) no tiene jurisdicción sobre "lo que es de Dios" (Mt 22:21).

3. Actitudes crueles y extremas. Vern Poythress, un crítico de la teonomía sumamente amable y generoso, comenta una tendencia argumentativa entre muchos defensores de la teonomía:

> Un número considerable de cristianos ha tenido la impresión de que, en la práctica, los teonomistas son contenciosos y conflictivos, una fuente continua de agravios, peleas, ofensas y separaciones en la iglesia. [...] La recurrencia de las diferencias sugiere [...] que algo dentro del propio movimiento de alguna manera desencadena o fomenta el pecado de este tipo en particular[28].

---

[27] Bahnsen, *"The Theonomic Reformed Approach to Law and Gospel"* ["El enfoque teonómico reformado de la Ley y el Evangelio"], pág. 112.

[28] Vern S. Poythress, *The shadow of Christ in the Law of Moses* [La sombra de Cristo en la Ley de

John Frame, otro crítico generoso y a veces de admiración, dice algo parecido:

> He llegado a la conclusión de que la teonomía es un buen caso de estudio sobre cómo las ideas teológicas *no* se deben introducir. Las fuertes polémicas del movimiento teonómico (y, por supuesto, también las de sus críticos) han sido, en mi opinión, muy innecesarias e incluso contraproducentes para sus propósitos[29].

Esta también ha sido mi experiencia personal con los defensores de la teonomía. Concretamente recuerdo haber observado de lejos una conversación entre uno de los principales representantes del movimiento de la teonomía y otro hombre que no estaba de acuerdo con él. Pronto la conversación se tornó desagradable, el teonomista le gritó enfadado al otro hombre. Mientras me alejaba en silencio, pensaba: "Esta no es la sabiduría que viene de arriba". El pasaje que vino a mi mente es este:

> En cambio, *la sabiduría que procede de lo alto* es primeramente pura; luego es pacífica, tolerante, complaciente, llena de misericordia y de buenos frutos, imparcial y no hipócrita. Y el fruto de justicia se siembra en paz para aquellos que hacen la paz. (Santiago 3:17-18 RVA-2015)

Si es cierto que la división, las disputas y la separación en la iglesia siguen con frecuencia los pasos de aquellos que defienden la teonomía, entonces es apropiado también evaluar este punto de vista desde la perspectiva de los frutos que produce: "Por sus frutos los conoceréis" (Mt 7:16)[30].

4. Desaprobando el Evangelio. Dudo que los defensores de la teonomía se den cuenta hasta qué punto sus escritos y discursos tienen en realidad el efecto de alejar a las personas del Evangelio cristiano, en vez de promover el Evangelio de Jesucristo y la influencia cristiana en el gobierno. Para entender lo que digo, piense en la indignación y repulsión que casi todos en las sociedades occidentales sienten en la actualidad hacia el Islam radical cuando sus representantes realmente ejecutan personas que consideran culpables de adulterio o blasfemia contra Mahoma. Muchos musulmanes pacíficos insisten que "eso no es lo que el Islam en realidad enseña", sin embargo, saben que no todos están completamente convencidos. Nos guste o no, en su totalidad la imagen mundial del Islam está sumamente mancillada por este comportamiento de los musulmanes radicales.

Tenemos que reconocer que esta reacción a los extremos del Islam es parecida a la reacción de muchos no cristianos cuando se enteran que dentro del movimiento cristiano evangélico existe una contingente que realmente promueve *la pena de muerte* por actos sexuales privados consentidos como el adulterio, la fornicación y

---

Moisés] (Phillipsburg, Nueva Jersey: P&R, 1991), pág. 359.

[29] John M. Frame, *The Doctrine of the Christian Life: A Theology of Lordship* [La Doctrina de la vida Cristiana: Teología del señorío] (Phillipsburg, Nueva Jersey: P&R, 2008), pág. 223.

[30] No estoy afirmando que los teonomistas no sean cristianos, sino que su postura peculiar es incorrecta y una muestra de ello es el fruto dañino que produce.

la homosexualidad[31], y por delitos religiosos como la blasfemia pública, la apostasía (defensa de falsas religiones) y el incumplimiento del día de reposo[32]. Este punto de vista extremista recibe una cobertura desproporcionada en los medios de comunicación seculares, lo que distorsiona la percepción que la gente tiene de los cristianos en general.

Por esta razón, me parece que el movimiento de la teonomía realmente provoca que se desapruebe el Evangelio de Cristo. Su énfasis en una exigencia divina para que los gobiernos civiles impongan la pena de muerte en una variedad tan amplia de pecados es contraria a la naturaleza de la era de la iglesia, en la cual nuestra tarea es ganar personas para Cristo, no mediante el gobierno civil que penaliza la blasfemia pública y la promoción de otras religiones, sino mediante la persuasión y el poder del Evangelio: "Porque no *envió Dios a su Hijo al mundo para condenar al mundo, sino para que el mundo* sea salvo por él" (Juan 3:17).

Por lo tanto, por un tiempo me pregunté si era necesario incluir un análisis de la teonomía en este libro de ética porque no quería darle más visibilidad o credibilidad. Finalmente decidí que debía hacerlo porque lo considero no solo benignamente incorrecto sino verdaderamente dañino para la causa de Cristo en la labor de proclamar el Evangelio y llevar influencia cristiana a los gobiernos en esta era del nuevo pacto.

En este punto un teonomista podría protestar: "¿Pero no crees que la ley de Dios es santa y sabia, y que las enseñanzas de la Biblia deben tener influencia sobre los gobiernos civiles de la actualidad?". En respuesta diría que sí pienso que los pecados como el adulterio, la homosexualidad y la blafemia son transgreciones a la santa ley de Dios (ver caps. 11, 28 y 33) y, como todos los otros pecados, hacen que las personas sean culpables ante Dios y merecedores del castigo eterno (Ro 6:23). Asimismo, he escrito un libro entero en el que defiendo una influencia cristiana importante en el gobierno civil actual[33]. En otra parte de este libro defiendo el uso de la pena de muerte por asesinato premeditado (ver cap. 18). Pero no lo hago basándome en el Pacto de Moisés (como los teonomistas), sino en las enseñanzas de Génesis 9 y Romanos 13 (que no son parte del Pacto de Moisés). Por lo tanto, mi discrepancia con la teonomía no es un rechazo a la santidad o bondad de la ley moral de Dios, sino a la aplicación directa del Pacto de Moisés a los gobiernos

---

[31] En otra parte argumento que los actos sexuales privados como el adulterio, la fornicación y la homosexualidad, si bien son moralmente incorrectos según las normas bíblicas, no deberían ser castigados por las leyes civiles. Al comienzo de la historia de los Estados Unidos, muchos estados tenían leyes, por ejemplo, contra la fornicación (sexo entre parejas del sexo opuesto no casadas), pero estas leyes se aplicaban rara vez o nunca. Ver Wayne Grudem, *Politics - According to the Bible: A Comprehensive Resource for Understanding Modern Political Issues in Light of Scripture* [Política según la Biblia: un recurso integral para comprender los problemas políticos modernos a la luz de las Escrituras] (Grand Rapids, Michigan: Zondervan, 2010), págs. 237-38.

[32] Ver, por ejemplo, cómo el movimiento de la teonomía es el objetivo de los escritores no cristianos que citan sus posturas extremistas con el fin de rechazar la idea de la influencia cristiana en la política y el gobierno en general, como en el caso de Michelle Goldberg, *Kingdom Coming: The Rise of Christian Nationalism* [La llegada del Reino: El ascenso del nacionalismo cristiano] (Nueva York: W. W. Norton, 2007).

[33] Ver Grudem, *Politics - According to the Bible* [Política según la Biblia: un recurso integral para comprender los problemas políticos modernos a la luz de las Escrituras].

civiles actuales[34].

D. LOS AUTORES DEL NUEVO TESTAMENTO NOS ENSEÑAN CÓMO USAR EL ANTIGUO TESTAMENTO PARA LA INSTRUCCIÓN ÉTICA

¿De qué manera exactamente los autores del Nuevo Testamento comprendieron cómo debían aplicar el Antiguo Testamento a las cuestiones de conducta ética de los cristianos del nuevo pacto? La respuesta es que (1) Jesús les enseñó a los apóstoles durante Su ministerio terrenal y (2) tuvieron una guía adicional por parte del Espíritu Santo después de que Jesús ascendiera al cielo.

1. Jesús les enseñó a los apóstoles a interpretar de manera correcta el Antiguo Testamento para la ética.

a. Algunas de las enseñanzas de Jesús sobre el Antiguo Testamento están registradas en los Evangelios. En muchas partes de los Evangelios encontramos que Jesús enseñó a interpretar de manera correcta el Antiguo Testamento, como cuando dijo: "El día de reposo fue hecho por causa del hombre, y no el hombre por causa del día de reposo" (Marcos 2:27). Vemos otro ejemplo cuando utilizó una frase de Isaías 56:7: "Mi casa, casa de oración será llamada", para sus acciones de purificación del templo (Mt 21:13).

Las seis series de "antítesis" en Mateo 5:21-48 también muestran la enseñanza de Jesús sobre el Antiguo Testamento. Jesús comienza cada tema con la frase: "Oísteis que fue dicho a los antiguos [...]" (Mt 5:21) o una expresión similar. Estas seis unidades abarcan seis temas: asesinato (vv. 21-26), adulterio (vv. 27-30), divorcio (vv. 31-32), juramento (vv. 33-37), represalia (vv. 38-42) y amar a nuestros enemigos (vv. 43-48).

Algunas personas piensan que Jesús aquí está corrigiendo las leyes del Antiguo Testamento, pero es relevante que tres de las seis frases "oísteis" contienen alteraciones o adiciones a la ley del Antiguo Testamento. La más osada de estas es:

> Oísteis que fue dicho: "Amarás a tu prójimo, y aborrecerás a tu enemigo".
> (Mt 5:43)

---

[34] Para críticas a la teonomía más amplias, ver Poythress, *The Shadow of Christ in the Law of Moses* [La sombra de Cristo en la Ley de Moisés], págs. 311-61; Frame, *The Doctrine of Christian Life* [La Doctrina de la vida Cristiana: Teología del señorío], págs. 217-24, 957-76; William S. Barker y W. Robert Godfrey, eds., *Theonomy: A Reformed Critique* [Teonomía: una crítica reformada] (Grand Rapids, Michigan: Zondervan, 1991); H. Wayne House y Thomas Ice, eds., *Dominion Theology: Blessing or Curse? An Analysis of Christian Reconstructionism* [Teología del dominio: ¿Bendición o maldición? Un análisis del reconstruccionismo cristiano] (Sisters, Oregón: Multnomah, 1988); Norman L. Geisler, *Christian Ethics: Contemporary Issues and Options* [La ética cristiana: Cuestiones y opciones contemporáneas], 2.ª ed. (Grand Rapids, Michigan: Baker, 2010), págs. 205-14; Christopher J. H. Wright, *Old Testament Ethics for the People of God* [Ética del Antiguo Testamento para el pueblo de Dios] (Downers Grove, Illinois; InterVarsity Press, 2004), págs. 403-8.

El Antiguo Testamento dice: "Amarás a tu prójimo", sin embargo, en ninguna parte dice: "aborrecerás a tu enemigo" [35]. Jesús está citando alguna tradición judía, alguna enseñanza de los rabinos o, tal vez, incluso un dicho popular que había surgido en la época posterior a la finalización de las Escrituras del Antiguo Testamento.

De igual manera, en las otras cinco unidades, Jesús está *corrigiendo malas interpretaciones y malentendidos populares* de la enseñanza del Antiguo Testamento. Incluso cuando cita con exactitud el Antiguo Testamento (como en "Oísteis que fue dicho: No cometerás adulterio", Mt 5:27), Jesús está corrigiendo una comprensión superficial del mandamiento que hacía pensar a la gente que solo prohibía el acto físico real del adulterio, minimizando así la fuerza del mandato. Sin embargo, Jesús muestra que el mandato es mucho más profundo y requiere pureza de corazón (ver Mt 5:28)[36].

Otra razón por la que sabemos que Jesús no está corrigiendo el Antiguo Testamento en sí en Mateo 5:21-48 es que la expresión: "Oísteis que fue dicho" (Mt 5:21, 27, 33, 38, 43; cf. v. 31 con una expresión parecida) no aparece en ninguna otra parte de las enseñanzas de Jesús o en el resto del Nuevo Testamento para introducir citas del Antiguo Testamento. Y Jesús elige sus palabras con mucho cuidado. Ni siquiera afirma que "fue dicho a los antiguos", sino solo *"Oísteis* que fue dicho a los antiguos" (vv. 21, 33). Esta expresión es muy diferente a la forma autoritaria en la cual Jesús y los autores del Nuevo Testamento normalmente citan las Escrituras, con declaraciones tan definitivas como "escrito está" (4:4 y frecuentemente en el Nuevo Testamento), "la Escritura dice" (Ro 9:17; 10:11), entre otros[37].

---

[35] Es cierto que algunos pasajes en el Antiguo Testamento, particularmente con relación a la conquista de Canaán, incluyen órdenes de ejecutar a los enemigos no creyentes. Pero en ninguna parte Dios ordena al pueblo de Israel odiar a sus enemigos. Esto simplemente no es una afirmación de nada de lo que dice el Antiguo Testamento.

[36] Douglas Moo se opone: "Es poco probable que Jesús esté afirmando el "verdadero" significado de las prohibiciones originales. Nada en el Antiguo Testamento sugiere que la ira y la lujuria estuvieron incluidas en las prohibiciones de asesinato y adulterio, respectivamente". *"The Law of Christ as the Fulfillment of the Law of Moses: A Modified Lutheran View"* ["La Ley de Cristo como cumplimiento de la Ley de Moisés: Un punto de vista luterano modificado"], en *Five Views on Law and Gospel* [Cinco puntos de vista sobre la Ley y el Evangelio], ed. de la serie Stanley N. Gundry (Grand Rapids, Michigan: Zondervan, 1996), pág. 348. Pero codiciar a la mujer del prójimo estaba explícitamente prohibido en los Diez Mandamientos (Éx 20:17) y esto seguramente implicaba una prohibición contra la lujuria, no simplemente contra el adulterio. De igual manera, la prohibición contra codiciar el buey o el asno del prójimo "ni cosa alguna de tu prójimo" (v. 17) no solo implicaba que robar estaba mal, sino que estaba mal querer robar. Por lo tanto, parece que el décimo mandamiento dio una clara señal de que Dios estaba pidiendo pureza de corazón y también de acciones en todos los mandamientos y Jesús lo hacía explícito.

[37] No me parece una objeción persuasiva el hecho de que Mateo utilice en otros lugares una forma de aoristo pasivo del mismo verbo (*legō*) para señalar que se cumplieron las profecías del Antiguo Testamento, como en Mt 1:22: "Todo esto aconteció para que se cumpliese lo dicho [Griego, de *rhēthen*, participio aoristo pasivo de *legō*] por el Señor por medio del profeta". (En este punto difiero con mi amigo Frank Thielman en su, sin duda, excelente libro *The Law and The New Testament* [La Ley y el Nuevo Testamento: La cuestión de la continuidad], págs. 51-52, 73).
   En respuesta diría que tales expresiones son diferentes en dos maneras importantes. Primero, Mateo especifica que en realidad se dijo algo por medio del profeta o el Señor mediante un profeta, no solo se dijo: "Oísteis". Segundo, la forma de expresión es diferente, porque todas las declaraciones de Mateo

Por lo tanto, estoy de acuerdo con la declaración de Schreiner con respecto a Mateo 5:21-48: "En estos versículos en particular Jesús corrigió malinterpretaciones de la Ley de Moisés [...] Jesús explicó el verdadero significado de la ley y corrigió interpretaciones equivocadas"[38].

b. Algunas de las enseñanzas de Jesús sobre el Antiguo Testamento no estaba registrada en los Evangelios pero se reflejan en las enseñanzas de los apóstoles en los Hechos y las Epístolas: Después de la resurrección de Jesús, Él siguió enseñando a sus discípulos, como en la conversación en el camino de Emaús, en la cual, "comenzando desde Moisés y todos los Profetas, les interpretaba en todas las Escrituras lo que decían de él" (Lucas 24:27 RVA-2015). Este es solo un ejemplo de la forma en la cual apareció ante Sus discípulos y les enseñó durante 40 días posteriores a su resurrección de la tumba:

Estimado Teófilo, en mi primer libro me referí a todo lo que Jesús comenzó a hacer y enseñar hasta el día en que fue llevado al cielo, *luego de darles instrucciones por medio del Espíritu Santo a los apóstoles* que había escogido. Después de padecer la muerte, se les presentó dándoles muchas pruebas convincentes de que estaba vivo. Durante cuarenta días se les apareció y *les habló acerca del reino de Dios.* (Hechos 1:1-3 NVI)

Además de esta enseñanza posterior a la resurrección, los discípulos pudieron recurrir a otras enseñanzas de Jesús que habían escuchado durante sus tres años de ministerio terrenal. Sin duda, eso incluía mucho más contenido del que se registra solamente en los cuatro Evangelios.

Asimismo, Jesús prometió que el Espíritu Santo los ayudaría a recordar con exactitud las cosas que les había enseñado:

Mas el Consolador, el Espíritu Santo, a quien el Padre enviará en mi nombre, él os enseñará todas las cosas, y *os recordará todo lo que yo os he dicho.* (Juan 14:26)

---

sobre las profecías usan un participio aoristo como un sustantivo con un artículo definido que lo precede (aquí, griego de rhēthen). Pero en las declaraciones en Mateo 5, la expresión utiliza un verbo conjugado: "Oísteis que fue dicho [Griego, hoti errethē, aoristo pasivo indicativo segundo singular, diferente de un participio utilizado como sustantivo]". Las expresiones son diferentes. Además, la palabra *legō* es demasiado común (aparece 2353 veces en el Nuevo Testamento), por lo que su uso para referirse a las Escrituras en otro tipo de expresiones no es un argumento de peso.

Por lo tanto, Jesús no está corrigiendo el Antiguo Testamento en Mateo 5:21-48, porque en tres de seis unidades da declaraciones que no se encuentran en ninguna parte del Antiguo Testamento y usa una fórmula introductoria ("Oísteis que fue dicho …") que no especifica nada escrito en las Escrituras y que en ningún otro lugar se usa para introducir declaraciones de las Escrituras.

[38] Schreiner, *40 Questions* [40 preguntas sobre los cristianos y la ley bíblica], pág. 165; ver su argumento completo en las págs. 165-69, incluyendo un análisis de las citas específicas. Otros intérpretes que están de acuerdo con que Jesús no está corrigiendo el Antiguo Testamento sino sus malinterpretaciones son: *John Murray Principles of Conduct: Aspects of Biblical Ethics* [Principios de conducta: Aspectos de la ética bíblica] (Grand Rapids, Michigan: Eerdmans, 1957), págs. 157-80; también D. A. Carson, *"Matthew"* ["Mateo"], en *Matthew and Mark* [Mateo y Marcos] (*Edición revisada*), vol. 9 en EBC, ed. Tremper Longman III y David E. Garland (Grand Rapids, Michigan: Zondervan, 2010), págs. 180-81.

2. Los Apóstoles tenían más enseñanzas provenientes directamente de la guía del Espíritu Santo. Jesús no solo prometió que el Espíritu Santo les permitiría a los apóstoles *recordar* con exactitud lo que les había enseñado; también prometió que el Espíritu Santo les seguiría enseñando:

> Pero cuando venga el Espíritu de verdad, *él os guiará a toda la verdad;* porque no hablará por su propia cuenta, sino que *hablará todo* lo que oyere, y os hará saber las cosas que habrán de venir. (Juan 16:13)

3. El resultado es que los apóstoles hablaron con la autoridad del Señor. Como resultado de estas influencias, los apóstoles estaban perfectamente capacitados para entender correctamente las enseñanzas del Antiguo Testamento y aplicarlas sabiamente para vivir vidas agradables a Dios en el tiempo del nuevo pacto. A veces incluso afirman de manera explícita que están hablando con la autoridad del Señor, como cuando Pablo le escribió a la iglesia de Corinto:

> Si alguno se cree profeta o espiritual, reconozca que *esto que les escribo es mandato del Señor.* (1 Co 14:37 NVI)

Pedro dice algo parecido:

> Recuerden las palabras que los santos profetas pronunciaron en el pasado, y *el mandamiento que dio nuestro Señor y Salvador por medio de los apóstoles.* (2 P 3:2 NVI)

4. "La ley de Cristo" y otras muchas expresiones en el Nuevo Testamento se refieren a todo el conjunto de la enseñanza cristiana sobre una vida agradable a Dios. A veces los autores del Nuevo Testamento se refieren al conjunto de normas por las cuales los cristianos deben guiar su vida diaria como "la ley de Cristo". Pablo dice que él no está "sujeto a la ley" (1 Co 9:20, refiriéndose a la ley de Moisés), pero en el siguiente versículo aclara esto al decir:

> A los que están sin ley, como si yo estuviera sin ley (no estando yo sin ley de Dios, sino bajo la ley de Cristo), para ganar a los que están sin ley. (1 Co 9:21)

En otra parte dice: "Sobrellevad los unos las cargas de los otros, y cumplid así la ley de Cristo" (Gá 6:2). El contenido de esta "ley de Cristo" es mejor entendido como todo lo que Jesús ha enseñado sobre la vida ética, incluyendo sus enseñanzas sobre el Antiguo Testamento y cualquier enseñanza adicional que completaba las instrucciones éticas del Nuevo Testamento. También incluía el ejemplo de la vida de Jesús, ya que los autores del Nuevo Testamento a veces hablan de imitar a Cristo en nuestra conducta (ver 1 Co 11:1; 1 Ts 1:6; 1 Juan 2:6)[39]. Por lo tanto, "la ley de Cristo"

---

[39] Thielman tiene razón al decir: "Por lo tanto, para Pablo la ley de Cristo era la propia enseñanza y ejemplo ético de Jesús". *The Law and the New Testament* [La Ley y el Nuevo Testamento: La cuestión de la continuidad], pág. 19.

bajo la cual tenían que vivir los cristianos del Nuevo Testamento constituye una adecuada oposición del nuevo pacto a la "ley de Moisés" de la que fueron liberados (ver Hechos 13:39).

Otra expresión que representa este conjunto de enseñanza ética es "la ley de Dios". Pablo dijo que no está "sin ley de Dios" (1 Co 9:21; ver también Ro 7:22, 25, donde Pablo ve la ley de Dios de manera positiva).

Una expresión diferente es "los mandamientos de Dios". Pablo dice: "Pues no tiene importancia si un hombre ha sido o no circuncidado. Lo importante es *cumplir los mandamientos de Dios*" (1 Co 7:19 NTV). Aquí es relevante que Pablo descarta la idea de la circuncisión como algo innecesario, pero piensa que "cumplir los mandamientos de Dios" es diferente a la ley de la circuncisión. Esta es otra señal de que, para Pablo, "los mandamientos de Dios" no eran las leyes del Pacto de Moisés, sino todas las enseñanzas éticas del Nuevo Testamento que son significativas para la vida cristiana. (La idea de cumplir los "mandamientos" de Dios también se encuentra en 1 Juan 3:22; 24; 5:2-3; 2 Juan 6; Ap 12:17; 14:12).

Otra forma en la que el Nuevo Testamento habla sobre sus enseñanzas éticas es llamándolas los "mandamientos" de Jesús. Estas expresiones ocurren solo en el Evangelio de Juan y en las Epístolas de Juan, donde se mencionan las normas éticas cristianas:

Si me aman, *obedezcan mis mandamientos*. (Juan 14:15 RVC)

El que tiene mis mandamientos, y los obedece, ése es el que me ama; y el que me ama, será amado por mi Padre, y yo lo amaré, y me manifestaré a él. (Juan 14:21 RVC)

Con esto podemos saber que lo conocemos: si obedecemos *sus mandamientos*. (1 Juan 2:3 RVC; ver también v. 4)

Santiago llama a este conjunto de normas de conducta cristiana "la perfecta ley, la de la libertad" (Santiago 1:25; ver también 2:12). También la llama "la ley real" (2:8).

5. Formas específicas en que los autores del Nuevo Testamento entienden todo el Antiguo Testamento como una valiosa fuente de sabiduría ética. A pesar de que los autores del Nuevo Testamento afirman repetidamente que los cristianos ya no están bajo el Pacto de Moisés y la Ley de Moisés, también afirman una verdad complementaria, es decir, que se puede ganar *mucha sabiduría valiosa* de las palabras de Dios en el Antiguo Testamento. Y no se trata de una mera "sabiduría" centrada en el hombre del tipo que se encuentra en los libros modernos de autoayuda, sino de una sabiduría que comprende el tipo de acciones, actitudes y rasgos de carácter personal que son agradables o desagradables a Dios para siempre[40].

En un pasaje conocido, Pablo explica que cada parte de las Escrituras, incluyendo

---

[40] Estoy muy de acuerdo con Dorsey, *"The Law of Moses and the Christian"* ["La ley de Moisés y el cristiano"], págs. 321-34. Dorsey expone su tesis con valentía: "Legalmente, ninguna de las 613 estipulaciones del pacto sinaítico son obligatorias para los cristianos del NT, incluyendo las llamadas leyes

todo el Antiguo Testamento, viene de Dios y es valioso para enseñarnos a vivir:

> *Toda la Escritura* es inspirada por Dios, y *útil* para enseñar, para redargüir, para corregir, *para instruir en justicia*, a fin de que el hombre de Dios sea perfecto, enteramente preparado para toda buena obra. (2 Ti 3:16-17)

En otra parte, tras citar el Salmo 69:9 (parte de la literatura sapiencial del Antiguo Testamento), Pablo amplía el alcance de lo que dice que es útil para nosotros para incluir todo el Antiguo Testamento, diciendo que todo fue escrito "para nuestra enseñanza":

> Porque *las cosas que se escribieron antes, para nuestra enseñanza se escribieron*, a fin de que por la paciencia y la consolación de las Escrituras, tengamos esperanza. (Ro 15:4)

Por último, al referirse a una sección histórica específica del Antiguo Testamento, Pablo dice:

> Estas cosas les sucedieron como ejemplo, y *fueron escritas como enseñanza para nosotros*, para quienes ha llegado el fin de los siglos. (1 Co 10:11 LBLA)

Aparentemente Pablo puede tomar cualquier sección de los libros históricos del Antiguo Testamento y de la literatura sapiencial (no solo los códigos legales) y decir que fueron escritos en las Escrituras "para nuestra enseñanza" en la era del Nuevo Testamento. Y, a pesar de que Pablo insiste que el Pacto de Moisés ha llegado a su fin, también afirma de manera clara que "la ley a la verdad es santa, y el mandamiento santo, justo y bueno" (Ro 7:12).

Por lo tanto, todos los tipos de literatura encontrados en el Antiguo Testamento (Ley, libros históricos, literatura sapiencial, libros proféticos) pueden ser útiles para nosotros cuando buscamos entender el tipo de vida que es agradable a Dios. En las leyes del Pacto de Moisés, Dios no solo le dio al pueblo de Israel reglas para los rituales de sacrificios y prácticas que los diferenciarían de las naciones, sino también instrucciones con respecto a la conducta de vida habitual. Inevitablemente, las instrucciones de Dios incluyeron algunos mandamientos que aplicaban *solo para Israel* para ese tiempo y lugar en particular, y otros mandamientos (por ejemplo, los mandamientos en contra del asesinato, adulterio, robo y mentira) que definieron los límites de conducta de Dios para *la vida humana en general*, para todas las personas y todos los períodos de la vida humana en la tierra. La tarea de clasificar qué mandamientos pertenecen a qué categoría se llevó a cabo por los apóstoles, ya que les había enseñado Jesús y estuvieron bajo la guía del Espíritu Santo[41].

---

morales, mientras que en un sentido revelador y pedagógico todas las 613 son obligatorias para nosotros, incluyendo todas las leyes ceremoniales y cívicas". *Ibid.*, pág. 325.

[41] Frame dice de manera correcta: "El estudiante de la Ley de Moisés debe pensar en cada estatuto para determinar qué significa, preguntándose porqué Dios le dio ese estatuto a Israel. ¿Acaso Dios solo lo dio como justicia? ¿Como un tipo de Cristo? ¿Como una forma de recordarle a Israel su pacto

Lo mismo se aplica a los libros históricos del Antiguo Testamento. Aunque parte del material se refiere específicamente a los detalles de la obediencia a las leyes sobre el templo, los sacrificios y otras cosas únicas de la nación de Israel en ese tiempo, también hay mucho material que enseña sobre la vida humana en general antes de Dios[42].

Además, la literatura sapiencial del Antiguo Testamento (Job, Salmos, Proverbios, Eclesiastés, Cantar de los Cantares) contiene mucho material que no aplica solo al pueblo de Israel bajo el Pacto de Moisés, sino que enseña sobre pautas de conducta sabias para la vida humana en general, vivida en responsabilidad con Dios. Lo mismo aplica para los *libros proféticos*.

Aquí hay algunas pautas desarrolladas a partir de las diversas formas en que los autores del Nuevo Testamento obtienen enseñanzas éticas del Antiguo Testamento:

a. Génesis 1 - Éxodo 19: Este material precede al Pacto de Moisés y, por lo tanto, enseña principios éticos para todas las épocas: El Pacto de Moisés no comenzó hasta que Dios proclamó las palabras de los Diez Mandamientos al pueblo de Israel (Ex 20:1-17) y luego dio leyes adicionales por medio de Moisés (Éxodo 20-23)[43]. Después Moisés roció la sangre de un sacrificio sobre el pueblo y dijo: "He aquí *la sangre del pacto* que el Señor ha hecho con ustedes referente a todas estas palabras" (24:8 RVA-2015). En ese momento inició el Pacto de Moisés.

El autor de Hebreos coincide con esto y lo hace más evidente en este pasaje:

> De donde *ni aun el primer pacto fue instituido sin sangre*. Porque habiendo anunciado Moisés todos los mandamientos de la ley a todo el pueblo, tomó la sangre de los becerros y de los machos cabríos, con agua, lana escarlata e hisopo, y roció el mismo libro y también a todo el pueblo, diciendo: *"Esta es la sangre del pacto que Dios os ha mandado"*. (He 9:18-20)

Es importante recordar que cuando el Nuevo Testamento habla sobre el "antiguo pacto", simplemente significa el Pacto de Moisés y, por lo tanto, no incluye el material desde Génesis 1 hasta Éxodo 19. Cuando Dios prometió por medio de Jeremías

---

especial? O, ¿alguna combinación de estos? Los estudiantes de la ley deben pensar en muchas posibilidades". The Doctrine of the Christian Life [La doctrina de la vida cristiana], pág. 217.

Para encontrar tres enfoques evangélicos diferentes de un análisis de las enseñanzas éticas permanentes que se encuentran en las leyes detalladas de Éxodo, Levítico y Deuteronomio, ver Walter C. Kaiser Jr., *Toward Old Testament Ethics* [Hacia una ética del Antiguo Testamento] (Grand Rapids, Michigan: Zondervan, 1983), págs. 96-137; Poythress, *The Shadow of Christ in the Law of Moses* [La sombra de Cristo en la ley de Moisés], págs. 77-221; Wright, *Old Testament Ethics for the People of God* [Ética del Antiguo Testamento para el pueblo de Dios].

[42] Gordon J. Wenham da un análisis detallado y reflexivo de las formas en las que los relatos del Antiguo Testamento funcionan para dar instrucción ética en su libro *Story as Torah: Reading Old Testament Narrative Ethically* [La historia como Torá: Lectura ética de la narrativa del Antiguo Testamento] (Grand Rapids, Michigan: Baker, 2012).

[43] En ciertas formas Éxodo 19 podría contarse como parte del Pacto de Moisés, ya que todo el capítulo se refiere a los preparativos para que el pueblo se reúna con Dios en el Monte Sinaí, donde se iniciaría el pacto. He decidido clasificar Éxodo 19 con el material precedente al Pacto del Moisés, pero si alguien lo quiere incluir dentro del Pacto de Moisés no habría ninguna diferencia significativa en el patrón de interpretación que estoy proponiendo aquí.

que establecería "un nuevo pacto", por ejemplo, no comparó esto con el pacto con Noé o con Abraham, sino con "el pacto que hice con sus padres el día que tomé su mano *para sacarlos de la tierra de Egipto*" (Jer 31:31-32); es decir, el Pacto de Moisés. Cuando Pablo habla del "antiguo pacto", se está refiriendo específicamente al Pacto de Moisés (2 Co 3:14; este es el pacto con Moisés que fue "grabado con letras en piedras", v. 7). Y el autor de Hebreos usa la expresión "el primer pacto" para referirse específicamente a las normas contenidas en el Pacto de Moisés (ver He 9:1; 18).

Por lo tanto, a pesar de que los autores del Nuevo Testamento afirman repetidamente que el Pacto de Moisés ha llegado a su fin, nunca enseñan o quieren decir que estamos libres de las normas morales enseñadas en Génesis 1 hasta Éxodo 19. La historia de los propósitos de Dios en la creación (Génesis 1-2) y el juicio de Dios en la caída (Génesis 3) son particularmente importantes aquí, porque sientan las bases para entender toda la conducta humana posterior.

En muchos puntos, el Nuevo Testamento aplica el material desde Génesis 1 hasta Éxodo 19 directamente a la vida de las personas, sin una pista de que las normas éticas encontradas ahí ya no son aplicables. Por ejemplo, Jesús se remonta al relato de la creación en Génesis 2 para enseñar la naturaleza del matrimonio:

> Él, respondiendo, les dijo: ¿No habéis leído que el que los hizo al principio, varón y hembra los hizo, y dijo: 'Por esto el hombre dejará padre y madre, y se unirá a su mujer, y los dos serán una sola carne'? Así que no son ya más dos, sino una sola carne; por tanto, lo que Dios juntó, no lo separe el hombre. (Mt 19:4-6, citando Gn 2:24)

Pablo también cita el relato de la creación para explicar a la iglesia de Corinto por qué tener relaciones sexuales con una protistuta va en contra de los propósitos de Dios en la creación y es moralmente incorrecto (1 Co 6:16, de nuevo citando Gén 2:24). En otro lado, Pablo se remite a Génesis 2 para explicar que el matrimonio entre hombre y mujer, como Dios lo quiso desde el principio, es un "misterio" profundo y, cuando se entiende de manera correcta, se refiere "a Cristo y a la Iglesia" (Ef 5:31-32 NVI, citando nuevamente Gn 2:24).

Aunque Pablo no cita de manera explícita Génesis 9 cuando habla de la autoridad del gobierno civil, el pensamiento en Génesis 9:5-6, sobre que el propio Dios exigirá a los seres humanos que actúen como sus agentes para aplicar el castigo a los asesinos, está probablemente en el trasfondo de la declaración de Pablo de que el gobierno civil en los días del imperio Romano es "servidor de Dios, vengador para castigar al que hace lo malo" (Ro 13:4; ver también 1 P 2:14)[44].

---

[44] Ver un análisis más detallado en el cap. 16 sobre la autoridad del gobierno civil y en el cap. 18 sobre la pena capital.

Con respecto a Noé, John Jefferson Davis dice: "Se pueden hacer distinciones legítimas entre la l gislación dada a Israel como estado teocrático bajo Moisés y la revelación más universal dada a la raza humana a través de Noé. La derogación de las características del Pacto de Moisés (p. e., la circuncisión, las leyes alimentarias, el sacrificio animal) para la iglesia del Nuevo Testamento no afecta necesariamente a los principios morales y legales dados a través de Noé. Él estaba a la cabeza de una nueva raza humana tras el diluvio y las estipulaciones del Pacto de Noé, como el permiso para comer carne y la

En otra parte, los autores del Nuevo Testamento mencionan los pecados de Caín en Génesis 4:8 como homicidio culposo (1 Juan 3:12; Judas 11), se refieren a la obediencia de Sara hacia Abraham en Génesis como un ejemplo que las esposas del nuevo pacto deben seguir (1 P 3:6) y hablan sobre la maldad de la inmoralidad sexual de Sodoma y Gomorra en Génesis 19 (Judas 7).

Por lo tanto, los autores del Nuevo Testamento con frecuencia se refieren al material precedente a Moisés en Génesis y Éxodo para enseñar una conducta ética a todas las personas de todos los tiempos.

b. Éxodo 20:1-17: Los autores del Nuevo Testamento reafirman todos los Diez Mandamientos (excepto el mandamiento del día de reposo): Los Diez Mandamientos se encuentran en Éxodo 20:1-17 (y se volvieron a declarar en Dt 5:6-21). A pesar de que Jesús habla sobre el mandamiento del día de reposo en los Evangelios, los autores del Nuevo Testamento nunca citan o afirman que el mandamiento del día de reposo es aplicable a los cristianos del nuevo pacto. Pero citan o hacen referencia a los otros mandamientos muy seguido.

(1) Primer mandamiento:

No tendrás dioses ajenos delante de mí. (Ex 20:3)

La idea de que Dios debe ser lo primero en nuestras vidas está implícita en el mayor mandamiento: "*Amarás al Señor tu Dios* con todo tu corazón, y con toda tu alma, y con toda tu mente" (Mt 22:37; ver también la respuesta de Jesús a Satanás en Mt 4:10). Este mandamiento también se afirma cuando Pablo señala cómo las personas pecaban cuando "adoraron y sirvieron a la criatura en lugar del Creador" (Ro 1:25 LBLA) y cuando los escritores del Nuevo Testamento condenan frecuentemente la idolatría (ver 1 Co 5:10-11; 6:9; 10:7, 14; Gá 5:20; Ef 5:5; Col 3:5; 1 Ts 1:9; 1 Juan 5:21; Ap 9:20; 16:2; 20:4; 21:8; 22:15; ver también Hechos 12:23).

(2) Segundo mandamiento:

No te harás imagen, ni ninguna semejanza de lo que esté arriba en el cielo, ni abajo en la tierra, ni en las aguas debajo de la tierra. No te inclinarás a ellas, ni las honrarás; porque yo soy Jehová tu Dios, fuerte, celoso, que visito la maldad de los padres sobre los hijos hasta la tercera y cuarta generación de los que me aborrecen, y hago misericordia a millares, a los que me aman y guardan mis mandamientos. (Ex 20:4-6)

Este mandato contra las imágenes hechas como ídolos se afirmó cuando Pablo estuvo en Aten*as y* "su espíritu se enardecía dentro de él al contemplar *la ciudad llena de ídolos*" (Hechos 17:16 LBLA); aquí, no eran ídolos del corazón sino imágenes

---

promesa de que no habría más diluvios universales, se aplicaban no solo a Noé y su familia o a algún grupo étnico limitado, sino también, en principio, a toda la humanidad". *Evangelical Ethics: Issues Facing the Church Today* [Ética evangélica: problemas que enfrenta la iglesia hoy], 4ª ed. (Phillipsburg, Nueva Jersey: P&R, 2015), pág. 204.

físicas talladas. Este mandato también se afirma cuando Pablo dice que los gentiles "cambiaron la gloria del Dios inmortal por imágenes de hombres mortales, de aves, de cuadrúpedos y de reptiles" (Ro 1:23 RVC). Además, muchos de los pasajes citados en el punto (1) anterior también podrían encajar en esta categoría, ya que en la mayoría de los casos las personas adoraban objetos físicos que representaban deidades.

(3) Tercer mandamiento:

> No tomarás el nombre de Jehová tu Dios en vano; porque no dará por inocente Jehová al que tomare su nombre en vano. (Ex 20:7)

Pablo afirma la maldad de deshonrar el nombre de Dios cuando les dice a los judíos que no creen en Cristo: "el nombre de Dios es blasfemado entre los gentiles por causa de vosotros" (Ro 2:24). Tal blasfemia que deshonra el nombre de Dios también es identificada como pecado en 1 Timoteo 1:13, 20; Santiago 2:7; 2 Pedro 2:12; Judas 10; Apocalipsis 13:1, 5, 6; 16:9, 11, 21; 17:3; compare la prohibición de la "palabra corrompida" en Efesios 4:29.

(4) Cuarto mandamiento:

> Acuérdate del día de reposo para santificarlo. Seis días trabajarás, y harás toda tu obra; mas el séptimo día es reposo para Jehová tu Dios; no hagas en él obra alguna, tú, ni tu hijo, ni tu hija, ni tu siervo, ni tu criada, ni tu bestia, ni tu extranjero que está dentro de tus puertas. Porque en seis días hizo Jehová los cielos y la tierra, el mar, y todas las cosas que en ellos hay, y reposó en el séptimo día; por tanto, Jehová bendijo el día de reposo y lo santificó. (Ex 20:8-11)

El mandato de descansar en el día de reposo nunca se repite como una obligación para los cristianos después del comienzo del nuevo pacto en el momento de la muerte de Cristo[45]. Sin embargo, hay otra parte del mandamiento. Este mandamiento también exige que el pueblo de Dios trabaje: "Seis días trabajarás, y harás toda tu obra" (Ex 20:9). Hay mandatos del Nuevo Testamento que reflejan este requisito, como Efesios 4:28:

> El que hurtaba, no hurte más, sino *trabaje, haciendo con sus manos lo que es bueno,* para que tenga qué compartir con el que padece necesidad.

---

[45] En el cap. 13 analizo la duda sobre si las personas todavía están moralmente obligadas a cumplir el mandamiento del día de reposo bajo el nuevo pacto. Mi conclusión en ese capítulo es que el mandamiento del día de reposo debe entenderse como un resumen de todos los detalles posteriores sobre las fiestas de Moisés (incluyendo el año sabático y el año jubilar), las ceremonias y los sacrificios que esperaban la venida de Cristo y, por lo tanto, hoy en día no estamos obligados moralmente a obedecerlo, aunque es sabio tomar períodos regulares de adoración y descanso.

Algunos escritores reformistas han argumentado que el cumplimiento del día de reposo hoy en día sigue siendo necesario porque fue una "ordenanza desde la creación" establecida por Dios al momento de la creación de Adán y Eva: *ver Murray Principles of Conduct* [Principios de conducta: Aspectos de la ética bíblica], págs. 30-35

En 1 Tesalonicenses 4:11-12 y 2 Tesalonicenses 3:6-12 se encuentran mandatos similares para que los cristianos se dediquen al trabajo productivo. (Sin embargo, no hay nada particularmente innovador en un mandato de trabajar, ya que Dios ordenó a Adán y Eva que "sojuzgaran" la tierra [Gn 1:28] y situó a Adán en el jardín "para que lo labrara y lo guardase" [2:15]. Ver cap. 13 para un análisis más extenso sobre el cuarto mandamiento, pág. 342).

(5) Quinto mandamiento:

Honra a tu padre y a tu madre, para que tus días se alarguen en la tierra que Jehová tu Dios te da. (Ex 20:12)

Pablo cita este mandamiento de manera explícita en Efesios:

Hijos, obedeced en el Señor a vuestros padres, porque esto es justo. Honra a tu padre y a tu madre, que es el primer mandamiento con promesa; para que te vaya bien, y seas de larga vida sobre la tierra. (Ef 6:1-3)

Otros pasajes en el Nuevo Testamento también afirman la validez de una obligación moral de honrar a nuestros padres (ver Ro 1:30; 1 Ti 1:9; 2 Ti 3:2; ver también la enseñanza de Jesús en Mt 15:4; 19:18).

(6) Sexto mandamiento:

No cometas asesinato. (Ex 20:13 NTV)

"Asesinar" aparece muchas veces entre las listas de varios pecados en el Nuevo Testamento (ver Ro 1:29; 13:9; 1 Ti 1:9; Santiago 2:11; 4:2; 1 Juan 3:12, 15; Ap 9:21; 16:6; 18:24; 21:8; 22:15; ver también la enseñanza de Jesús en Mt 5:21-26; 15:19; 19:18).

(7) Séptimo mandamiento:

No cometerás adulterio. (Ex 20:14)

Pablo cita "no cometerás adulterio" entre los mandamientos que forman parte del mandato de amor en Romanos 13:9. Santiago también cita este mandamiento directamente (Santiago 2:11).

Pero si entendemos que este mandamiento prohíbe no solo el adulterio en sentido estricto, sino la inmoralidad sexual en un sentido más amplio, entonces muchos otros pasajes en el Nuevo Testamento reflejan esta norma moral y prohíben la conducta sexual inmoral (ver Ro 1:26-27; 2:22; 1 Co 5:1-5; 6:9, 13-20; 7:2; 10:8; Gá 5:19; Col 3:5; 1 Ts. 4:3; 1 Ti 1:10; He 12:16; 13:4; Santiago 2:11; 2 P 2:14; Judas 7; Ap 2:20-22; 9:21; 14:8; 17:1-5; 18:3; 19:2; 21:8, 22:15; ver también la enseñanza de Jesús en Mt 5:27-28; 15:19; 19:9, 18).

(8) Octavo mandamiento:

No hurtarás. (Ex 20:15)

Pablo cita este mandamiento de manera directa en Romanos 13:9, su resumen de obligaciones morales que se cumplen en el mandato de amar al prójimo. También repite este mandato cuando dice: "El que hurtaba, no hurte más" (Ef 4:28). Sin embargo, muchos otros versículos también prohíben el hurto de diferentes tipos (ver Ro 2:22; 1 Co 5:11; 6:10; He 10:34; Tito 2:10; Santiago 5:4; Ap 9:21; ver también la enseñanza de Jesús en Mt 15:19; 19:18).

(9) Noveno mandamiento:

No hablarás contra tu prójimo falso testimonio. (Ex 20:16)

A pesar de que este mandamiento no se cita de manera explícita en el Nuevo Testamento, si entendemos que es una prohibición general de levantar falso testimonio, entonces hay muchos pasajes que afirman esta norma moral, comenzando con el juicio a Ananías y Safira por mentirle al Espíritu Santo en Hechos 5:1-11. Y Pablo les dice a los efesios: *"Desechando la mentira,* hablad verdad cada uno con su prójimo" (Ef 4:25). Lo mandatos en contra de levantar falso testimonio, especialmente sobre otras personas, se encuentran en Romanos 1:30; Efesios 5:3-4; Colosenses 3:8-9; 1 Timoteo 1:10; 5:13; Santiago 4:11; 1 Juan 1:6; 2:4, 21, 27; 2 Juan 7; Apocalipsis 21:8; 22:15; ver también la enseñanza de Jesús en Mateo 5:37; 15:19; 19:18.

(10) Décimo mandamiento:

No codiciarás la casa de tu prójimo, no codiciarás la mujer de tu prójimo, ni su siervo, ni su criada, ni su buey, ni su asno, ni cosa alguna de tu prójimo. (Ex 20:17)

Pablo cita el mandato "no codiciarás" como algo que se sintetiza en el mandamiento: "Amarás a tu prójimo como a ti mismo" (Ro 13:9). También cita este mandato en Romanos 7:7 para enseñar qué era codiciar, despertando así más pecado y siendo utilizado por el pecado para producir en él "toda codicia" (7:8). El pecado de la codicia también se menciona en otra parte (ver 1:29; Col 3:5; 1 Ti 6:5-10, 17-18; He 13:5; Santiago 4:2; 2 P 2:14; ver también la enseñanza de Jesús en Lucas 12:15). No todos estos pasajes usan la palabra *codiciar,* pero todos contienen la idea de que es pecaminoso tener nuestros corazones enfocados en mayores riquezas que las que Dios nos ha confiado.

¿Qué podemos concluir de estas múltiples afirmaciones del Nuevo Testamento sobre nueve de las diez normas morales que se encuentran en los Diez Mandamientos (además del aspecto laboral del mandamiento del día de reposo)? No sería correcto concluir que los autores del Nuevo Testamento pensaron que estos mandamientos eran aplicables para los cristianos porque eran parte del Pacto de Moisés. Esa línea de pensamiento contradiría los otros pasajes que enseñan de manera muy clara que el Pacto de Moisés ha llegado a su fin y que el nuevo pacto está en vigor (ver el análisis anterior).

Es mejor concluir que los autores del Nuevo Testamento, guiados por las enseñanzas de Jesús y por la guía posterior del Espíritu Santo tras el ascenso de Jesús al cielo, entendieron que Dios, en su sabiduría, colocó dentro de los Diez Mandamientos algunos principios amplios que no solo enseñarían al pueblo de Israel qué tipo de conducta es agradable o desagradable para Él, sino que *también sería útil para enseñar fuera de Israel*, y a lo largo de toda la historia, sobre esa conducta. En resumen, los Diez Mandamientos manifiestan la sabiduría de Dios para toda la historia de la humanidad.

Bruce Waltke señala que, incluso dentro del contexto original de Éxodo, "los Diez Mandamientos son las enseñanzas más importantes del antiguo pacto por muchas razones", incluyendo el hecho de que se otorgaron primero en el establecimiento del pacto. Son los únicos otorgados por Dios y no por medio de Moisés. Son los únicos guardados en el arca de la alianza. No se limitan a la geografía o a la historia. Son llamados "el pacto" (Dt 4:13; 9:9, 11). Y se dirigen personalmente a cada individuo dentro de toda la nación judía utilizando verbos en segunda persona del singular[46]. Waltke dice:

> Los Diez Mandamientos no están limitados por el tiempo y espacio. Por lo tanto, los Diez Mandamientos no pueden estar condicionados a la cultura. Aplican para todas las personas de todas las nacionalidades y todos los períodos. Expresan la postura moral fundamental de Dios[47].

En un párrafo destacado, Waltke explica cómo los Diez Mandamientos se basan en el orden que Dios instauró la creación:

> Los relatos de la creación sustentan los Diez Mandamientos, que personifican la ética de la fe de Israel y conforman el sistema judicial de las naciones judeocristianas. El relato afirma la prioridad del único Dios verdadero, exigida por el primer mandamiento. También afirma que existe aparte de toda la creación y que es soberano sobre ella. Por lo tanto, representarlo en la forma de ídolo o como la diosa Sofía, como prohíbe el segundo mandamiento, es una desvirtuación abominable de su gloriosa persona. Este Dios magnífico no tolerará que se asocie su glorioso nombre a cualquier cosa falsa; esta verdad apoya al tercer mandamiento. La estipulación del Sabbat en el cuarto mandamiento se basa en el día de reposo como punto culminante de la creación. Está prohibido asesinar porque los humanos están hechos a la imagen y semejanza de Dios, lo cual les da dignidad. La prohibición del adulterio está basada en la orden moral establecida por Dios, quien le dio a Adán solo una esposa. El Creador le dio la tierra de cultivo a toda la humanidad para proveerse de alimentos

---

[46] Bruce K. Waltke, *An Old Testament Theology: An Exegetical Canonical, and Thematic Approach* [Una teología del Antiguo Testamento: Un enfoque exegético, canónico y temático] (Grand Rapids, Michigan: Zondervan, 2007), págs. 412-414. Sin embargo, Waltke señala que en la era del nuevo pacto los cristianos no están obligados a cumplir el día de reposo semanalmente, aunque sigue pensando que es sabio hacerlo (págs. 424-25).

[47] *Ibid.*, págs. 413-14. Waltke explica con cierto detalle las enseñanzas morales de cada mandamiento en las págs. 414-33.

y riqueza (Gn 1:29). No se debe tolerar que se le robe a la comunidad lo que legítimamente corresponde a todos o que se le robe a un individuo lo que este ha ganado legalmente, como su salario por trabajar de la creación. Se debe proteger la reputación de cada ser humano, porque todos están hechos a imagen y semejanza de Dios[48].

Podríamos agregar que, además de los relatos de la creación, los siguientes capítulos en Génesis muestran el mal moral implicado en varios de estos pecados, tales como el asesinato (Gn 4:8-10; 9:5-6), el adulterio (12:17; 34:2; 39:9) y el hurto (31:9). Por lo tanto, *antes del Pacto de Moisés*, muchas de las normas morales encontradas en los Diez Mandamientos se expresaron antes en los relatos históricos del Génesis.

También es importante observar qué no están afirmando los autores del Nuevo Testamento como norma moral para la conducta cristiana en el nuevo pacto. No encontramos ninguna afirmación de la circuncisión, los sacrificios de la Ley de Moisés, el mandamiento del día de reposo (curiosamente), las fiestas y festivales judíos, las leyes alimentarias, las leyes relacionadas a la pureza de la vestimenta y las leyes que regulan las prácticas agrícolas. No encontramos ninguna señal de que el gobierno civil haya querido establecer leyes relacionadas con las actividades religiosas y ningún estímulo para que los cristianos formen una nación separada o cualquier entidad política separada.

Es mejor concluir que los autores del Nuevo Testamento reafirmaron las normas morales encontradas en nueve de los Diez Mandamientos, no porque pensaron que algunas partes del Pacto de Moisés permanecían en vigor, sino porque vieron en estos mandamientos claras declaraciones sobre la conducta que es agradable a Dios para todas las personas, para toda la vida[49].

c. El desenlace del Antiguo Testamento: Los autores del Nuevo Testamento aplican varios pasajes en función de cinco cambios importantes provocados por el nuevo pacto: Con el fin de entender qué están haciendo los autores del Nuevo Testamento con los otros pasajes del Antiguo Testamento, es importante tomar en cuenta cinco cambios importantes que se dieron con el nuevo pacto:

---

[48] *Ibid.*, pág. 206. Si bien Waltke relaciona el mandamiento del sabbat con el día de reposo de Dios en la creación, es curioso que, a diferencia de otros mandatos, este no está basado en la necesidad de proteger el honor de Dios o la dignidad de los seres humanos creados a imagen y semejanza de Dios. Ver también el análisis reflexivo de las "ordenanzas desde la creación" por Murray en *Principles of Conduct* [Principios de conducta: Aspectos de la ética bíblica], págs. 27-148.

[49] Geisler da un ejemplo de la vida cotidiana para demostrar que los autores del Nuevo Testamento podían reafirmar las normas morales del antiguo pacto sin implicar que los cristianos siguieran estando bajo la autoridad legal de las leyes del antiguo pacto: "Solo porque hay leyes morales similares en el Nuevo Testamento no significa que seguimos bajo el Antiguo Testamento. También hay leyes de tránsito similares en Carolina del Norte y Texas. Pero cuando un ciudadano de Carolina del Norte desobedece una de sus leyes de tránsito, no estaría incumpliendo una ley similar de Texas. Debido a que la naturaleza moral de Dios no cambia de una época a otra, debemos esperar que muchas de las leyes morales sean las mismas. Sin embargo, esto no significa que seguimos sometidos a la codificación de Moisés simplemente porque Moisés las recibió del mismo Dios que inspiró a Pablo y Pedro". *Christian Ethics* [La ética cristiana: Cuestiones y opciones contemporáneas], pág. 209.

(1) El antiguo pacto ha llegado a su fin: Por lo tanto, los cristianos primero deberían entender las leyes del Antiguo Testamento como reglas que fueron dadas *para todo el pueblo de Israel en ese entonces,* no como reglas legalmente aplicables a todas las personas para siempre. Una vez que ese principio está establecido, entonces las leyes individuales del Antiguo Testamento, así como partes de los libros históricos, libros proféticos y literatura sapiencial, se pueden evaluar como fuentes de sabiduría con respecto al tipo de vida que es agradable a Dios para toda la vida.

(2) El Mesías ha venido y ofreció un sacrificio final: Por lo tanto, las leyes que pertenecieron al sistema del templo, el sacerdocio y los sacrificios, todos los cuales esperaban a Cristo, se han cumplido. Esto significa que los cristianos obedecen estas leyes de formas nuevas. El pueblo de Dios ahora es Su templo terrenal ("¿No sabéis que sois templo de Dios [...] el Espíritu de Dios mora en vosotros?"; 1 Co 3:16; ver también 2 Co 6:16) y de manera individual los cristianos son templos del Espíritu Santo ("vuestro cuerpo es templo del Espíritu Santo, el cual está en vosotros"; 1 Co 6:19). Porque Jesús es nuestro "gran sumo sacerdote" (He 4:14), Él nos ha creado para ser "real sacerdocio" (1 P 2:9). Pablo ve su evangelización entre los gentiles como "el deber sacerdotal de proclamar el evangelio de Dios", y en esta obra sacerdotal los gentiles que vienen a Cristo son "ofrendas" que él presenta a Dios (Ro 15:16 NVI). Pablo también ve el sacrificio de su propia vida al servicio del evangelio como una "ofrenda líquida" que le está ofreciendo a Dios (Fil 2:17 RVA-2015; 2 Ti 4:6). En la actualidad, los cristianos ya no ofrecen animales en sacrificio en un altar físico en Jerusalén, sino que ofrecen "sacrificio de alabanza" y cuando ellos "hacen el bien" y "comparten con otros lo que tienen" están haciendo acciones que también son "sacrificios" que "agradan a Dios" (He 13:15-17 NVI).

(3) Las leyes de Dios ahora se escriben con más fuerza en los corazones de Su pueblo: Por eso, las normas de conducta ética del Nuevo Testamento dan más importancia a la justicia interior, sin dejar de lado las instrucciones con respecto a la conducta real.

No quiero decir que el Antiguo Testamento no se interese por los asuntos del corazón. Muchos pasajes mencionan la necesidad de tener un corazón puro ante Dios (ver Gn 6:5; Ex 20:17; Dt 6:5; Sal 24:4; 51:17; Pr 4:23; etc.). Sin embargo, aparentemente bajo el antiguo pacto el Espíritu Santo no suele dar a las personas el mismo nivel de capacidad para obedecer a Dios con el corazón que da en el nuevo pacto, porque Jeremías predijo que el "nuevo pacto" sería diferente del antiguo pacto de esta manera:

> Este es el pacto que después de aquel tiempo haré con el pueblo de Israel —afirma el Señor—: Pondré mi ley en su mente, y la escribiré en su corazón. Yo seré su Dios, y ellos serán mi pueblo. Ya no tendrá nadie que enseñar a su prójimo, ni dirá nadie a su hermano: "¡Conoce al Señor!", porque todos, desde el más pequeño hasta el más grande, me conocerán —afirma el Señor—. Yo les perdonaré su iniquidad, y nunca más me acordaré de sus

pecados. (Jer 31:33-34)

Por lo tanto, a las enseñanzas sobre los detalles de un corazón puro no les dieron tanto énfasis en las leyes de Moisés como a las vastas indicaciones sobre las sanciones civiles para muchos crímenes, los procedimientos de purificación en la agricultura, instrucciones sobre muchas enfermedades y la extensa lista de alimentos limpios e impuros; además de muchas leyes relacionadas al sacerdocio, sacrificios y festivales.

Asimismo, básicamente en el Antiguo Testamento no encontramos ninguna parte que sea paralela al énfasis que da el Nuevo Testamento a las virtudes morales como el amor, la humildad, el perdón, la fe, la alegría, la perseverancia, entre otros. Hasta donde sé, el Antiguo Testamento no tiene un grupo completo de instrucciones sobre la ética de las virtudes[50] como estos pasajes en el Nuevo Testamento:

En cambio, el fruto del Espíritu es amor, alegría, paz, paciencia, amabilidad, bondad, fidelidad, humildad y dominio propio. No hay ley que condene estas cosas. (Gá 5:22-23 NVI)

Quítense de ustedes toda amargura, enojo, ira, gritos y calumnia, junto con toda maldad. Más bien, sean bondadosos y misericordiosos los unos con los otros, perdonándose unos a otros como Dios también los perdonó a ustedes en Cristo. (Ef 4:31-32 RVA-2015)

En cuanto a lo demás, hermanos, todo lo que es verdadero, todo lo honorable, todo lo justo, todo lo puro, todo lo amable, todo lo que es de buen nombre, si hay virtud alguna, si hay algo que merece alabanza, en esto piensen. Lo que aprendieron, recibieron, oyeron y vieron en mí, esto hagan; y el Dios de paz estará con ustedes.. (Fil 4:8-9 RVA-2015)

Por lo tanto, como escogidos de Dios, santos y amados, revístanse de afecto entrañable y de bondad, humildad, amabilidad y paciencia, de modo que se toleren unos a otros y se perdonen si alguno tiene queja contra otro. Así como el Señor los perdonó, perdonen también ustedes. Por encima de todo, vístanse de amor, que es el vínculo perfecto. Que gobierne en sus corazones la paz de Cristo, a la cual fueron llamados en un solo cuerpo. Y sean agradecidos. Que habite en ustedes la palabra de Cristo con toda su riqueza: instrúyanse y aconséjense unos a otros con toda sabiduría; canten salmos, himnos y canciones espirituales a Dios, con gratitud de corazón. Y todo lo que hagan, de palabra o de obra, háganlo en el nombre del Señor Jesús, dando gracias a Dios el Padre por medio de él. (Col 3:12-17 NVI)

Hermanos, les rogamos que amonesten a los perezosos. Alienten a los tímidos. Cuiden con ternura a los débiles. Sean pacientes con todos. Asegúrense de que ninguno pague mal por mal, más bien siempre traten de hacer el bien entre ustedes y a todos los demás. Estén siempre alegres.

---

[50] Ver el análisis de la ética de la virtud en el cap. 1, pág. 42.

Nunca dejen de orar. Sean agradecidos en toda circunstancia, pues esta es la voluntad de Dios para ustedes, los que pertenecen a Cristo Jesús. (1 Ts 5:14-18 NVI)

En las Epístolas del Nuevo Testamento hay muchos pasajes similares y la frecuencia con la que aparecen revela una clara diferencia en el énfasis de las listas de deberes y requisitos externos tan predominantes en el Pacto de Moisés (para otras listas de virtudes ver: Ro 12:1-2, 9-21; 13:1-7, 8-14; 1 Co 10:31; 13:4-7; 2 Co 6:3-9; Gá 5:13-14; muchas partes de Efesios 4-6; 1 Ti 3:1-13; 6:6, 11; 2 Ti 2:22-26; Tito 1:7-9; 2:1-14; Santiago 3:13-18; 1 P 3:8-17; 4:7-19; 2 P 1:3-7; 3:11). Este énfasis tan notable en las actitudes del corazón y en las virtudes morales internas es totalmente adecuado para el nuevo pacto, porque el mensaje de este pacto está escrito "no en tablas de piedra, sino en tablas de corazones humanos" (2 Co 3:3 LBLA).

Este cambio en el énfasis del ámbito físico externo hasta el ámbito espiritual interno también se observa con respecto al matrimonio. En la Ley de Moisés, Dios ordenó: "No contraerás matrimonio con ellos [los cananeos]; no darás tus hijas a sus hijos, ni tomarás sus hijas para tus hijos" (Dt 7:3 LBLA). A pesar de que Pablo no cita este pasaje de manera explícita, probablemente aporta el antecedente de su norma de que los cristianos solo se deberían casar con otros cristianos, "pero si su marido muriere, libre es para casarse con quien quiera, con tal que sea en el Señor" (1 Co 7:39) y su mandato: "No os unáis en yugo desigual con los incrédulos" (2 Co 6:14). El mandato del Antiguo Testamento de no casarse con personas de otras naciones (perteneciente al ámbito *físico*) en el Nuevo Testamento se convierte en el mandato de no casarse con personas de otras religiones (perteneciente al ámbito *espiritual*).

En la nueva ética del reino de Dios, las personas se vuelven impuras no por los alimentos impuros, sino por la impureza de pensamientos en el corazón:

Lo que entra en la boca no contamina al hombre; sino lo que sale de la boca, esto contamina al hombre. [...] ¿No entienden que todo lo que entra en la boca va al estómago y sale a la letrina? Pero lo que sale de la boca viene del corazón, y eso contamina al hombre. Porque del corazón salen los malos pensamientos, los homicidios, los adulterios, las inmoralidades sexuales, los robos, los falsos testimonios y las blasfemias. Estas cosas son las que contaminan al hombre, pero el comer sin lavarse las manos no contamina al hombre. (Mt 15:11, 17-20 RVA-2015)

El requisito del Antiguo Testamento de abstenerse de alimentos impuros en el nuevo pacto se ha vuelto un requisito espiritual de abstenerse de pensamientos impuros y de un corazón impuro. Esta sabia reaplicación de las leyes de Moisés es aparentemente lo que Douglas Moo tiene en mente cuando dice: "Las estipulaciones detalladas de la Ley de Moisés usualmente revelan principios que son parte de la Palabra de Dios para Su pueblo en ambos pactos"[51].

---

[51] Moo, *"The Law of Christ as the Fulfillment of the Law of Moses"* ["La Ley de Cristo como cumplimiento de la Ley de Moisés: Un punto de vista luterano modificado"], pág. 376, con referencia a "la

(4) El pueblo de Dios ya no constituye una nación terrenal separada: Por lo tanto, las leyes que rigen la conducta de la sociedad civil son aplicadas de formas nuevas para la iglesia.

El Antiguo Testamento contiene muchos capítulos con listas de delitos específicos relacionados a los amos y esclavos, padres e hijos, ley de daños personales, cuidado de los animales agrícolas, protección de los bienes personales y restitución en casos de hurto, entre otros (por ejemplo, ver Éxodo 21-23). Estas leyes reflejan la admirable sabiduría de Dios en cuanto a la conducta del pueblo de Israel en aquel tiempo y lugar.

Sin embargo, el Nuevo Testamento no repite tales definiciones de los delitos, las sanciones impuestas por los jueces, etc. Estas disposiciones eran apropiadas para gobernar la vida de las personas de la nación de Israel en ese tiempo. El Nuevo Testamento pocas veces cita este material, pero cuando lo hace, esta *"ley civil" del Antiguo Testamento aplica a la vida en la iglesia*. Por ejemplo, el requisito de que una acusación sea presentada por "dos o tres testigos" en un delito civil (Dt 19:15) es aplicado por Jesús en asuntos de disciplina de la iglesia (ver Mt 18:16) y es aplicado por Pablo en las acusaciones sobre malas acciones de una persona contra otra dentro de la iglesia (ver 2 Co 13:1). El sabio principio de Dios para proporcionar protección contra falsas acusaciones sigue siendo importante, pero se trata como un principio que se aplica en los casos de disciplina de la iglesia.

La ley civil del Antiguo Testamento exigía al pueblo de Israel condenar a muerte por lapidación a quien profesaba una religión falsa y luego añadía: "Así quitarás el mal de en medio de ti" (Dt 17:7; de igual manera, para otros delitos, ver Dt 19:19; 22:21, 24). Sin embargo, en el Nuevo Testamento, Pablo aplica este requisito no para fomentar la pena capital por parte de un gobierno civil, sino para fomentar la disciplina de la iglesia y la expulsión de la iglesia a quien es culpable de incesto ("Quitad, pues, a ese perverso de entre vosotros", 1 Co 5:13).

Cuando el Pacto de Moisés ordenó: "No le pongan bozal al buey cuando esté trillando el grano" (Dt 25:4 DHH), esta indicación se aplicó en una sociedad agrícola para las prácticas agrícolas. Pero Pablo considera que hay una necesidad más importante de que los trabajadores sean recompensados por su trabajo, incluyendo su propio trabajo como apóstol (1 Co 9:9) y el pago de los ministros del Evangelio en general (1 Ti 5:18), porque cita este pasaje de Deuteronomio 25 cuando trata ambos temas. La aplicación de la ley civil en el Antiguo Testamento cobra de esta manera un nuevo enfoque en el nuevo pacto.

Otro ejemplo de esta transición se encuentra en Isaías:

> Apártense, apártense, salgan de allí,
> Nada inmundo toquen.
> Salgan de en medio de ella, purifíquense,
> Ustedes que llevan las vasijas del Señor. (Is 52:11 NBLA)

En este pasaje, Dios está llamando a su pueblo por medio de las palabras de

---

aplicación precisa y detallada de dichas leyes por Poythress, *The Shadow of Christ in the Law of Moses* [La sombra de Cristo en la Ley de Moisés]".

Isaías a dejar la nación de Babilonia, regresar a su país y vivir como una nación separada. Pero cuando Pablo cita este pasaje en 2 Corintios 6:17, lo aplica a la iglesia, no diciéndoles que se convierta en una entidad política separada entre las naciones del mundo, sino diciéndoles a los cristianos: "No os unáis en yugo desigual con los incrédulos" y "limpiémonos de toda contaminación de carne y de espíritu, perfeccionando la santidad en el temor de Dios" (2 Co 6:14; 7:1). El llamamiento a la separación de la nación se convierte ahora en un llamamiento a la separación de las prácticas pecaminosas en la vida de cada persona.

Por otro lado, considere la orden sobre la disciplina del Señor en Proverbios:

No menosprecies, hijo mío, el castigo de Jehová,
Ni te fatigues de su corrección;
Porque Jehová al que ama castiga,
Como el padre al hijo a quien quiere. (Pr 3:11-12)

En este caso, a pesar de que Proverbios 3 fue escrito en el período del Pacto de Moisés, no hay nada en estos pasajes que los ate a las circunstancias específicas de este, por eso, el autor de Hebreos los cita directamente como "la exhortación que como a hijos *se os dirige*" (He 12:5-6). Los autores del Nuevo Testamento pueden advertir sobre los pecados de Balaam (2 P 2:15; Ap 2:14), recordar el valor y fe de Rahab (He 11:31; Santiago 2:15), fomentar la imitación de la firmeza de Job (Santiago 5:11) y enseñar sobre la oración a partir de la vida de oración de Elías (v. 17) sin dudar que están citando los escritos del antiguo pacto, porque no hay nada en los ejemplos citados que restrinja su aplicación a las circunstancias específicas de Israel durante la era del antiguo pacto.

(5) Los gentiles ya no se tienen que convertir en judíos para ser salvos: En la actualidad, Dios salva a las personas de todas las naciones y grupos étnicos de la tierra. Por lo tanto, las leyes que delimitan la separación de los judíos respecto a otras naciones ahora no se aplican en términos físicos sino en términos de realidades espirituales internas.

Por ejemplo, este principio se ve en el énfasis del Nuevo Testamento sobre la circuncisión "del corazón, por el espíritu" (Ro 2:29 NBLA), la cual es una "circuncisión no hecha por manos, [...] la circuncisión de Cristo" (Col 2:11 NBLA). Y las leyes alimentarias judías que diferencian los alimentos limpios e impuros antes distinguían a los judíos de las demás naciones de la tierra, pero en el nuevo pacto, negarse a comer con los gentiles (y supuestamente participar en su comida) significaba que incluso Pedro "era de condenar" y "no andaban con rectitud en cuanto a la verdad del evangelio" (Gá 2:11, 14 LBLA). Pablo cuestionó a Pedro: "¿por qué obligas a los gentiles a vivir como judíos?" (v. 14 LBLA). Por el mismo razonamiento, podemos esperar que las leyes con respecto a la vestimenta específica y las prácticas agrícolas, aunque hayan sido anuladas por el fin del Pacto de Moisés, pudieran seguir enseñando un poco de la sabiduría de Dios con respecto a la pureza de la conducta en la vida.

Eso sería un tipo de aplicación paralela de una Ley de Moisés como esta:

Cumple con mis estatutos. No cruces tu ganado con animales de otra especie. No siembres en tu campo semillas mezcladas. No te pongas vestidos con hilos mezclados. (Lv 19:19 RVC)

A pesar de que dichas prácticas no están explícitamente derogadas en el Nuevo Testamento ni explícitamente aplicadas a la conducta de vida de los cristianos, son parecidas a las leyes alimentarias en el sentido de que dieron evidencia tangible de que Israel era un pueblo distinto, separado de otras naciones en la tierra. En el nuevo pacto, el pueblo de Dios muestra que son un pueblo distinto, no por obedecer las leyes alimentarias o de vestimenta, sino por la pureza moral en sus vidas. Pablo dice: "Y no adopten las costumbres de este mundo, sino transfórmense por medio de la renovación de su mente, para que comprueben cuál es la voluntad de Dios, lo que es bueno, agradable y perfecto" (Ro 12:2 RVC; cf. 2 Co 6:14-18).

E. ¿DEBERÍAMOS CLASIFICAR LAS LEYES DEL ANTIGUO TESTAMENTO COMO CIVILES, CEREMONIALES Y MORALES?

En generaciones anteriores, los intérpretes de la Biblia a veces usaban una triple clasificación de las leyes del Antiguo Testamento como civiles, ceremoniales y morales para ayudar a distinguir cuales seguían siendo aplicables en el nuevo pacto (las leyes morales) y cuales se habían anulado (las leyes civiles y las ceremoniales). Por ejemplo, este enfoque se encuentra en la Confesión de Fe de Westminster (1646) (la denominación "judicial" se utiliza para lo que otros llaman leyes "civiles"):

Además de esta ley, comúnmente llamada ley *moral*, agradó a Dios dar al pueblo de Israel, como iglesia menor de edad, leyes *ceremoniales*, que contenían varias ordenanzas típicas; en parte de adoración, prefigurando a Cristo, Sus gracias, acciones, sufrimientos y beneficios; Y en parte expresando diversas instrucciones sobre los deberes morales. Todas aquellas *leyes ceremoniales* están abrogadas bajo el Nuevo Testamento.

A los Israelitas, en cuanto cuerpo político también les dio leyes *judiciales*, que expiraron juntamente con el Estado político de aquel pueblo, por lo que ahora no obligan a los otros pueblos, sino en lo que la justicia general de ellas lo requiera.

La *ley moral* obliga por siempre a todos, tanto a los justificados como a los que no lo están, a que se le obedezca; y esto no solo en consideración a la naturaleza de ella, sino también con respecto a la autoridad de Dios, el Creador, quien la dio. Cristo, en el Evangelio, en ninguna manera abroga esta ley, sino que refuerza nuestra obligación de cumplirla. (CFW, 19.3-5, énfasis añadido)[52]

---

[52] Ver una diferencia similar de estos tipos de leyes en Charles Hodge, *Systematic Theology* [Teología sistemática], 3 vols. (1871-1873); reimpr., Grand Rapids, Michigan: Eerdmans, 1970), 3:267-69.

Los treinta y nueve artículos de la Iglesia Anglicana (1571) también contienen esta distinción:

> El Antiguo Testamento no es contrario al Nuevo dado que tanto en el Antiguo como en el Nuevo Testamento Cristo ofrece la vida eterna a la Humanidad, y Él es el único Mediador entre Dios y el Hombre, siendo simultáneamente Dios y el Hombre. Por lo que no debe escucharse a aquellos que fingen que los antiguos Padres sólo se preocuparon por las promesas transitorias. Aunque la ley dada por Dios a Moisés en lo concerniente a las *ceremonias y ritos*, no vincula a los hombres cristianos, ni los preceptos *civiles* deberían recibirse obligatoriamente en ninguna mancomunidad. Sin embargo, ningún cristiano está libre de desobedecer los mandamientos llamados *morales*. (Los treinta y nueve artículos, VII, énfasis añadido)

Esta triple distinción tiene cierta ventaja, porque las llamadas "leyes ceremoniales" se refieren generalmente al sistema de sacrificios, al sacerdocio y al templo, y la historia de la redención muestra que la obediencia directa y literal a estas leyes ya no es necesaria porque se han cumplido en Cristo. Además, las leyes llamadas "leyes civiles" (o "leyes judiciales") incluyen las dadas por el gobierno de Israel como nación y desde una perspectiva de la historia de la redención se demuestra que esas leyes ya no deben utilizarse como guía detallada para la legislación civil hoy en día, ya que los cristianos ya no viven en una entidad nacional separada.

Sin embargo, la clasificación tiene algunas fallas:

1. Estas categorías de leyes no se mencionan de manera explícita en ninguna parte del Antiguo Testamento o Nuevo Testamento, ni este último sugiere que debamos analizar el Antiguo Testamento según dichas categorías cuando busquemos orientación ética.

2. Es incorrecto pensar que solo algunas partes del Pacto de Moisés han llegado a su fin y otras siguen en vigor. Esto es contrario al énfasis del Nuevo Testamento de que el Pacto de Moisés ha llegado a su fin en su totalidad y ya no está en vigor. Por lo tanto, es un error enseñar que las leyes "morales" del Pacto de Moisés siguen en vigor.

3. No siempre está claro qué leyes pertenecen a qué categorías y asignar leyes en varias categorías se puede convertir en un proceso subjetivo y arbitrario[53]. Las categorías coinciden, ya que todas las leyes son "morales" en cierto sentido. Por

---

[53] Frame lo dice de manera clara: "De modo que moral es solo un término para esas leyes que creemos que son actualmente normativas, en lugar de una cualidad de las leyes que lleva a esa conclusión. Lo mismo ocurre con el término ceremonial. Parece que los teólogos llaman a ciertas leyes 'ceremoniales', no porque compartan un tema en particular, sino porque son juzgadas como no apropiadas para el nuevo pacto". *The Doctrine of the Christian Life* [La Doctrina de la vida Cristiana: Teología del señorío], págs. 214-15. Además, Dorsey da una larga lista de leyes de Moisés referentes a las prácticas agrícolas, económicas y matrimoniales (¿acaso no son estos asuntos morales?) que serían imposibles de cumplir en un entorno geográfico y climatológico que no sea similar al de Palestina y dice que esto sugiere "que este corpus nunca tuvo la intención de ser el cuerpo normativo de las leyes que rigen a la Iglesia cristiana, esparcidas como están por todos los climas de la tierra habitada". *"The Law of Moses and the Christian"* ["La ley de Moisés y el cristiano"], págs. 326.

lo que, por ejemplo, Pablo entiende que los pasajes del Antiguo Testamento sobre el templo tienen un componente moral que imparte sabiduría a los cristianos del Nuevo Testamento porque ahora nuestros cuerpos son "templo del Espíritu Santo" y, por lo tanto, debemos abstenernos de la inmoralidad sexual (1 Co 6:18-20).

Para poner otro ejemplo, he aquí una disposición de la Ley de Moisés:

No retendrás el salario del jornalero en tu casa hasta la mañana. (Lv 19:13)

Sin embargo, cuando dicto una clase en el Seminario de Phoenix, el seminario no me paga en ese mismo momento antes de que me vaya a casa ese día. De hecho, el seminario me paga solo dos veces al mes. ¿Mis empleadores están infringiendo Levítico 19:13? ¿Acaso no es una ley moral, que vela por el bienestar de los trabajadores?

La mejor solución surge cuando entendemos que la Ley de Moisés está derogada en su totalidad, pero que podemos encontrar sabiduría en ella cuando buscamos determinar una conducta que es agradable a Dios. Sobre esta base, podemos ver un sabio principio de pagar a los trabajadores cuando se ha acordado pagarles, para que tengan sus ingresos en el momento que por derecho esperan recibirlos.

Esta es otra ley que parece ser una ley "moral" porque se refiere a la seguridad física de las personas:

Cuando construyas una casa nueva, haz una baranda a tu azotea, para que no traigas culpa de sangre a tu casa, si alguien se cayera de ella. (Dt 22:8 RVA-2015)

Si afirmamos que las leyes "morales" siguen siendo válidas y obligatorias para las personas en la actualidad, ¡entonces mi casa en Arizona (con techo inclinado y sin parapeto o baranda alrededor de los bordes exteriores) está infringiendo el mandato de Dios!

Alguien podría argumentar que esta ley en Deuteronomio 22 fue escrita en un entorno histórico y cultural en el cual las casas tenían techos planos. A veces las personas recibían a sus visitas en el techo y otras veces las personas dormían ahí. La baranda era necesaria para proteger a las personas de que se caigan por accidente. Pero en realidad tengo un techo plano sobre solo una habitación de mi casa y nadie sube a ese techo plano por ningún motivo (excepto para reparar goteras). Ahora, la ley no dice: "haz una baranda a tu azotea *si alguien sube al techo*". Solo dice: "haz una baranda a tu azotea". ¿Acaso estoy incumpliendo la ley al no tener una baranda alrededor de mi techo plano? Si decimos que las leyes "morales" del Pacto de Moisés son obligatorias para nosotros hoy en día, y esta ley ordena que se haga una baranda en un techo plano, entonces me parece que debería hacer una baranda en mi techo plano.

Una vez más, un mejor enfoque es reconocer que el Pacto de Moisés ha llegado a su fin en su totalidad y ya no está en vigor. Ya no estamos bajo ninguna parte del Pacto de Moisés como ley obligatoria. Sin embargo, podemos obtener sabiduría de él y, en este caso, la conclusión sabia sería reconocer que Dios se complace cuando tomamos precauciones razonables para proteger la seguridad física de otros en nuestra propiedad. Por ejemplo, quitar el hielo de la vereda frente a la casa o esparcir arena en ella durante el invierno (en climas fríos) para evitar que la gente se caiga; instalar una baranda en lugar de dejar una escalera completamente abierta para bajar al sótano; poner una valla alrededor de una piscina para evitar que los niños caigan dentro de ella; o agregar una baranda de protección alrededor de un techo plano si la gente lo usa como área de actividades (como hace uno de mis vecinos).

Por lo tanto, puedo concluir que aunque la clasificación civil-ceremonial-moral tiene cierta utilidad, no es una herramienta tan útil para entender cómo el Antiguo Testamento se aplica a la conducta ética del Nuevo Testamento como un proceso de (1) reconocer que el Pacto de Moisés ha llegado a su fin en su totalidad, (2) reconocer las diferencias específicas entre el antiguo y el nuevo pacto; y por último, en vista de esas diferencias, (3) buscar sabiduría para la vida a partir de todo el Antiguo Testamento, incluyendo todas sus leyes.

F. RESUMEN DE LOS PRINCIPIOS DEL USO DEL ANTIGUO TESTAMENTO COMO GUÍA EN LA ACTUALIDAD

Con estos antecedentes, podemos sacar algunas conclusiones sobre la forma en que se debe usar el Antiguo Testamento para entender la ética cristiana en la actualidad. Pero primero debemos examinar tres alternativas menos satisfactorias.

1. Tres soluciones inadecuadas.

a. Todo lo que no ha sido anulado por el Nuevo Testamento sigue siendo necesario: La primera alternativa consiste en que todo lo que hay en el Antiguo Testamento que no está específicamente derogado por la enseñanza del Nuevo Testamento sigue siendo válido para nosotros hoy. Sin embargo, ese es un enfoque inapropiado, debido a que nos obligaría a evitar usar ropa hecha con dos tipos de tela y evitar sembrar nuestros campos con dos tipos de semillas, ambas cosas prohibidas en el Antiguo Testamento (Lv 19:19) pero no mencionadas en el Nuevo Testamento. Este enfoque no reconoce que los autores del Nuevo Testamento estaban tratando de darnos una lista completa de leyes que ya no son obligatorias, pero nos estaban enseñando por medio de muchos ejemplos los principios generales por los cuales podemos entender las diferencias entre el antiguo y el nuevo pacto.

b. No se requiere nada más aparte de lo que el Nuevo Testamento reafirma: El segundo enfoque (y opuesto) consiste en que no se requiere obedecer nada en el Antiguo Testamento excepto lo que se afirma en el Nuevo Testamento. Sin embargo, este enfoque tampoco reconoce lo que estaban haciendo los autores del Nuevo Testamento. No dan ninguna indicación de que estaban tratando de darnos una lista completa de reglas del Antiguo Testamento que nos enseñaría una conducta sabia. En cambio, enseñan las principales diferencias entre el antiguo y el nuevo pacto y nos dan una serie de ejemplos que muestran cómo se deben aplicar esas diferencias en situaciones prácticas de la vida cotidiana. El enfoque de "no se requiere nada del Antiguo Testamento, excepto las partes que se han reafirmado en el Nuevo Testamento" no aprecia de manera adecuada el hecho de que todo el Antiguo Testamento está incluído en la declaración: *"Toda la Escritura* es inspirada por Dios, y útil para enseñar, para redargüir, para corregir, *para instruir en justicia"* (2 Ti 3:16). Si entendemos con claridad las diferencias entre los pactos, entonces cada versículo en el Antiguo Testamento tiene el potencial de enseñarnos algo sobre la conducta sabia para vivir la vida cristiana hoy.

c. Plantear la pregunta según más continuidad o discontinuidad: Un tercer enfoque consiste en preguntarse si el Nuevo Testamento enfatiza más continuidad o discontinuidad en la ética del Antiguo Testamento. Pero no creo que plantear esta pregunta sea un enfoque útil porque hay tanto continuidad como discontinuidad, como hemos visto anteriormente. Además, cualquier decisión sobre el énfasis global no puede realmente resolver por nosotros la pregunta de cómo entender una ley específica, porque todavía no sabríamos si entra en la categoría con más énfasis o menos énfasis.

2. Una solución mejor: Entender cada enseñanza ética del Antiguo Testamento en función de las diferencias entre el antiguo y el nuevo pacto. Un mejor enfoque consiste en aprender de los autores del Nuevo Testamento cómo aplicar los pasajes del Antiguo Testamento en asuntos de ética en la actualidad al tener en cuenta las diferencias entre el antiguo y el nuevo pacto, y el lugar de cada pasaje en la historia global de la redención en la Biblia. Concretamente, el modelo de enseñanza del Nuevo Testamento muestra que debemos tener en cuenta estos principios:

a. Génesis 1-Éxodo 19: Este material precede al Pacto de Moisés y enseña principios éticos aplicables a todos los tiempos.

b. Los Diez Mandamientos en Éxodo 20:1-17: El Nuevo Testamento reafirma todos los mandamientos (excepto el mandamiento del día de reposo) y debe entenderse como una enseñanza de normas morales universales aplicables a todos los tiempos.

c. El desenlace del Antiguo Testamento: Este material contiene la sabiduría de Dios para la conducta humana, pero cada pasaje se debe entender en función de cinco cambios que se dieron con el nuevo pacto:

(1) El antiguo pacto ha llegado a su fin: Por lo tanto, las leyes del antiguo pacto se deben entender primero como normas que fueron dadas para el pueblo de Dios en ese entonces, no como normas que son legalmente obligatorias para todas las personas de todos los tiempos. Entonces se puede evaluar cada pasaje como una fuente de sabiduría con respecto al tipo de vida que es agradable a Dios en todos los tiempos.

(2) El Mesías ha venido y ofreció un sacrificio final: Por lo tanto, el sistema de sacrificios del Antiguo Testamento se ha anulado y cumplimos esas leyes de formas nuevas, muchas de las cuales los autores del Nuevo Testamento mencionan de manera explícita.

(3) Las leyes de Dios ahora se escriben con más fuerza en los corazones de Su pueblo: Por lo tanto, las normas de Dios para la conducta ética ponen más énfasis en los detalles de la justicia interior, sin descuidar las instrucciones con respecto a la conducta real.

(4) El pueblo de Dios ya no constituye una nación terrenal separada: Por lo tanto, muchas leyes del Antiguo Testamento que rigen la conducta de la sociedad civil, incluyendo las sanciones civiles, se aplican de formas nuevas a la iglesia.

(5) Los gentiles ya no se tienen que convertir en judíos para ser salvos: Por lo tanto, las leyes que diferencian al pueblo judío de otros grupos étnicos (tales como la circuncisión, las leyes alimentarias y leyes de vestimenta) ahora no se aplican a las indicaciones físicas de separación, sino a las realidades espirituales internas.

3. Esta es la labor para toda la vida. Por último, los autores del Nuevo Testamento con frecuencia motivan a los cristianos a crecer en sabiduría y discernimiento, lo que implica que la capacidad para aplicar la Biblia de manera correcta a la vida es algo que puede incrementar a lo largo de nuestra vida. Pablo les dice a los cristianos: "transfórmense por medio de la renovación de su mente, para que *comprueben cuál es la voluntad de Dios,* lo que es bueno, agradable y perfecto" (Ro 12:2 RVC). Ora por los filipinos: "que vuestro amor *abunde aún más y más en conocimiento verdadero y en todo discernimiento,* a fin de que escojáis lo mejor, para que seáis puros e irreprensibles para el día de Cristo" (1:9-10 LBLA). Ora por los cristianos en Colosenses: "que sean llenos del conocimiento de su voluntad *en toda sabiduría y plena comprensión espiritual,* para que anden como es digno del Señor a fin de agradarle en todo" (Col 1:9-10 RVA-2015). Otros pasajes hablan de la misma manera (ver Ef 4:23; Col 4:5; He 5:14).

Estos pasajes, dirigidos a los que han sido creyentes por muchos años, sugiere que la sabiduría en cómo vivir la vida cristiana, especialmente la sabiduría en la difícil tarea de aplicar el Antiguo Testamento de manera correcta a la conducta ética hoy en día, es un atributo que los cristianos pueden adquirir y practicar con mayor precisión a medida que crecen en la madurez cristiana. No hay una fórmula sencilla que nos permita entender automáticamente cada pasaje de manera correcta, sin embargo, bajo la guía del Espíritu Santo y siguiendo el modelo de interpretación que vemos en los autores del Nuevo Testamento, podemos buscar sabiduría de Dios para entender correctamente el Antiguo Testamento, incluyendo aquellos mandatos que no han sido afirmados ni derogados por las enseñanzas específicas en el Nuevo Testamento y, también, incluyendo los libros históricos, la literatura sapiencial y los libros proféticos.

Cuando podamos hacer esto de manera sabia, estaremos entendiendo de manera correcta todo el Antiguo Testamento como "inspirado por Dios" y "útil para enseñar, para redargüir, para corregir, para instruir en justicia" (2 Ti 3:16). De esta manera, el profesor de ética cristiana estará listo para enseñar este material del Antiguo Testamento así como el del Nuevo y, por lo tanto, se convertirá en un "escriba que ha sido instruido en el reino de los cielos" y quien "es semejante al dueño de una casa, que de su tesoro saca cosas nuevas y cosas viejas" (Mt 13:52 RVC).

Mi objetivo es mantener estos principios en mente y buscar aplicarlos de manera correcta a muchas otras partes específicas del Antiguo Testamento en los capítulos restantes de este libro.

G. ¿EXISTEN MANDATOS DEL NUEVO TESTAMENTO RELACIONADOS CON LA CULTURA?

Hasta este momento, me he estado preguntando cómo podemos saber cuándo las personas que viven en la era del nuevo pacto ya no deben obedecer algunos mandatos del Antiguo Testamento. Una pregunta relacionada es si hay mandatos del Nuevo Testamento que están relacionados a la cultura, de modo que no necesitamos obedecerlos literalmente hoy, sino solo los principios más profundos que representan.

Analizo este tema ampliamente en el anexo de este libro (ver pág. 1227), pero en este punto puedo resumir este análisis al decir que los únicos mandatos del Nuevo Testamento relacionados a la cultura dirigidos a los cristianos que viven bajo el nuevo pacto son aquellos concernientes a las *acciones físicas que contienen significados simbólicos*. Hay por lo menos tres de estos: (1) ósculo santo (Ro 16:16; 1 Co 16:20; 2 Co 13:12; 1 Ts 5:26; 1 P 5:14); (2) lavado de pies (Juan 13:14; cf. 1 Ti 5:10); y (3) las esposas (o mujeres) se cubren la cabeza en la oración (1 Co 11:4-16). Puede haber dos o tres más (ver pág. 1186). El ósculo santo era una expresión física que transmitía la idea de un saludo cordial. El lavado de pies (en la forma en que Jesús lo planteó en Juan 13) era una acción física que simbolizaba adoptar una actitud de servicio hacia los demás. El cubrirse la cabeza con un velo era una acción física que simbolizaba algo sobre el rol o estatus de la mujer (lo más probable es que fuera una mujer casada o posiblemente que fuera una mujer y no un hombre; otros han propuesto otras interpretaciones, pero todas ellas son intentos de explicar lo que simbolizaba el velo).

No creo que esto deba considerarse como un tema complicado. Si bien hay cristianos que creen que deberíamos obedecer literalmente estos mandatos, para la mayoría de las personas del mundo evangélico decidir que un ósculo santo es un saludo que se puede manifestar de otra manera no es un problema desconcertante en la interpretación bíblica. Es algo que surge casi por instinto, ya que la gente se da cuenta intuitivamente de que hay diferencias en las formas de saludar entre las diferentes culturas. Lo mismo ocurre para el lavado de pies y cubrirse la cabeza.

H. ANEXO: UTILIZAR LOS DIEZ MANDAMIENTOS COMO PRINCIPIO ORGANIZADOR PARA TRATAR TEMAS ÉTICOS ESPECÍFICOS

Hay muchas formas posibles en las que podemos organizar los temas a tratar en un curso de ética cristiana. Un sistema consistiría en organizar los temas *alfabéticamente*. Este es el procedimiento utilizado por los diccionarios de ética cristiana[54]. En dicho sistema, los temas abordados bajo la letra A serían:

Aborto
Abundancia
Abuso
Adopción
Adulterio
Alcohol
entre otros

¿Pero existe un orden lógico para ordenar los temas?[55]

Otro enfoque consiste en tratar un *número limitado* de temas controversiales, organizándolos en diferente orden de acuerdo a la *preferencia de cada autor*. Por ejemplo, la mayoría de los libros de texto de ética tratarán los siguientes temas:

Temas de vida y muerte (tales como el aborto, la eutanasia, la pena capital)
Temas relacionados al matrimonio y sexualidad humana (matrimonio, divorcio, homosexualidad, inmoralidad sexual, tecnología de reproducción humana)
Temas relacionados a la guerra
Temas económicos (riqueza y pobreza, justicia económica, el medio ambiente)[56].

---

[54] Por ejemplo, ver *New Dictionary of Christian Ethics and Pastoral Theology* [Nuevo diccionario de ética cristiana y teología pastoral], ed. David J. Atkinson y David H. Field (Leicester, Reino Unido: InterVarsity y Downers Grove, Illinois: InterVarsity Press, 1995), y *Dictionary of Scripture and Ethics* [Diccionario de escritura y ética], ed. Joel B. Green (Grand Rapids, Michigan: Baker, 2011).

[55] La organización de los temas es algo más fácil en la teología sistemática, donde un esquema muy común es organizar los temas en la amplia perspectiva histórica de creación-caída-redención, que es el principio histórico organizador de la Biblia. Por lo tanto, en mi libro *Systematic Theology* [Teología sistemática] después de comenzar con la doctrina de la Palabra de Dios (que es nuestra fuente de información sobre la teología), paso a tratar los temas generales de Dios, su creación, la caída y el pecado, la obra de redención de Cristo, la aplicación de la redención a nuestras vidas, la doctrina de la iglesia y la doctrina del futuro. Otros han organizado la teología de acuerdo a la doctrina de la Trinidad, siguiendo las principales secciones del Credo de Nicea como principio organizador. Pero los temas tratados en la ética no encajan fácilmente en esos esquemas.

[56] Los siguientes textos de ética tratan la mayoría o todos estos temas pero los organizan en diferente orden: John S. Feinberg y Paul D. Feinberg, *Ethics for a Brave New World* [Ética para un nuevo mundo audaz], 2ª ed. (Wheaton, Illinois: Crossway, 2010); Geisler, Christian Ethics [La ética cristiana: Cuestiones y opciones contemporáneas]; Robin Gill, A Textbook of Christian Ethics [Un libro de texto de ética cristiana], 4ª ed. (Londres: Bloomsbury T&T Clark, 2014); Richard B Hays, *The Moral Vision of the New Testament: Community*, Cross, New Creation: A *Contemporary Introduction to New Testament Ethics* [La visión moral del Nuevo Testamento: Comunidad, Cruz, Nueva Creación: Una introducción contemporánea a la ética del Nuevo Testamento] (San Francisco: HarperSanFrancisco, 1996); Arthur F. Holmes, *Ethics: Approaching Moral Decisions* (Contours of Christian Philosophy) [Ética: Enfoque de las decisiones morales (Aspectos de la filosofía cristiana)], 2ª ed. (Downers Grove, Illinois: InterVarsity Press, 2007); *Murray, Principles of Conduct* [Principios de conducta: Aspectos de la ética bíblica]; Scott B. Rae, *Moral Choices: An Introduction to Ethics* [Opciones morales: Una introducción a la ética], 3ª ed. (Grand Rapids, Michigan: Zondervan, 2009); David P. Gushee y Glen H. Stassen, *Kingdom Ethics: Following Jesus in Contemporary Context* [La ética del reino: Seguir a Jesús en el contexto contemporáneo], 2ª ed. (Downers Grove, Illinois: InterVarsity Press, 2016).

Otro sistema comúnmente usado a lo largo de la historia cristiana ha sido organizar el análisis de los temas de ética *en función a los Diez Mandamientos*. Ese es el principio organizador utilizado recientemente en libros de texto de John Frame[57] y de Robertson McQuilkin y Paul Copan[58], y fue usado de manera histórica por Juan Calvino[59] y Charles Hodge[60] para organizar su enseñanza ética. Este también es el principio organizador usado para enseñar conducta ética en el Catecismo Mayor de Westminster de 1648 (Preguntas 98-148) y en el Catecismo de Heidelberg de 1563 (Preguntas 92-115). También he elegido utilizar ese sistema organizacional en este libro.

1. Los Diez Mandamientos ofrecen una estructura útil para organizar temas de ética: A pesar de que el Pacto de Moisés llegó a su fin en el momento de la muerte de Cristo, los Diez Mandamientos (Ex 20:1-7; Dt 5:6-21) siguen aportando un resumen útil de temas de ética. Todos estos mandamientos (excepto el mandamiento del día de reposo) se reafirman en el Nuevo Testamento y se deben considerar como parte de "la ley de Cristo", la cual debe guiar la vida de los creyentes cristianos del nuevo pacto. Jesús se refiere a muchos de los mandamientos como una forma de resumir las obligaciones éticas de una persona:

> Tú conoces los mandamientos: 'No cometas asesinato; no cometas adulterio; no robes; no des falso testimonio; no estafes a nadie; honra a tu padre y a tu madre' (Marcos 10:19 NTV)

De igual manera, Pablo cita muchos de los mandamientos como obligaciones morales de los cristianos, pero dice que también están resumidos en el mandamiento del amor:

> Pues los mandamientos dicen: "No cometas adulterio. No cometas asesinato. No robes. No codicies". Estos y otros mandamientos semejantes se resumen en uno solo: "Ama a tu prójimo como a ti mismo". El amor no hace mal a otros, por eso el amor cumple con las exigencias de la ley de Dios. (Ro 13:9-10 NTV)

a. Las Escrituras contienen varios resúmenes breves de las obligaciones éticas: Los Diez Mandamientos no son el único resumen de las obligaciones éticas de la Biblia, porque Jesús resumió nuestras obligaciones éticas en solo dos mandamientos:

> Amarás al Señor tu Dios con todo tu corazón, y con toda tu alma, y con toda tu mente. Este es el primero y grande mandamiento. Y el segundo

---

[57] Frame, *The Doctrine of the Christian Life* [La Doctrina de la vida Cristiana: Teología del señorío].

[58] Robertson McQuilkin y Paul Copan, *An Introduction to Biblical Ethics: Walking in the Way of Wisdom* [Introducción a la ética bíblica: Caminando por el camino de la sabiduría], 3ª ed. (Downers Grove, Illinois: Intervarsity Press, 2014).

[59] Juan Calvino, *Institutes of the Christian Religion* [Institución de la Religión Cristiana], ed. John T. McNeill, trad. Ford Lewis Battles, *Library of Christian Classics* [Biblioteca de clásicos cristianos], vols. 20-21 (Filadelfia: Westminster, 1960), 2.8 (págs. 367-423).

[60] Hodge, *Systematic Theology* [Teología sistemática], 3:259-465.

es semejante: Amarás a tu prójimo como a ti mismo. De estos dos mandamientos depende toda la ley y los profetas. (Mt 22:37-40)

Pablo dio un resumen aún más breve de la vida cristiana, en un solo mandamiento: "Por tanto, ya sea que coman o beban, o que hagan otra cosa, háganlo todo para la gloria de Dios" (1 Co 10:31 RVA-2015).

Los Diez Mandamientos, al igual que estos otros resúmenes, brindan una perspectiva útil de las obligaciones morales que tenemos ante Dios.

Sin embargo, nunca debemos pensar que podemos usar los resúmenes para reemplazar la enseñanza de toda la Escritura con respecto a cómo llevar una vida que sea agradable a Dios. Por ejemplo, si solo tuviéramos los mandatos de amar a Dios y a nuestro prójimo, los cristianos se plantearían cientos de ideas diferentes sobre lo que significa amar a Dios o al prójimo y muchas de esas ideas serían confusas o contradictorias. Por esa razón, Dios nos dio mucha más información y orientación en "toda la Escritura" y toda ella es "útil" para "instruir en justicia" (2 Ti 3:16).

b. Cada mandamiento se puede ver desde una perspectiva amplia o limitada: Santiago brinda una perspectiva interesante de los Diez Mandamientos cuando dice:

> Pues el que obedece todas las leyes de Dios menos una es tan culpable como el que las desobedece todas, porque el mismo Dios que dijo: "No cometas adulterio", también dijo: "No cometas asesinato". Así que, si ustedes matan a alguien pero no cometen adulterio, de todos modos han violado la ley. (Santiago 2:10-11 NTV)

La intención de Santiago parece ser la de entender toda la ley moral de Dios como un todo orgánico. Esto significa que si alguien incumple una parte de la misma, en cierto sentido se ha convertido en "culpable" de incumplirla toda (entendido en sentido amplio).

Por ejemplo, supongamos que alguien va a robar un auto. Claramente está incumpliendo el octavo mandamiento: "No hurtarás". ¿Pero qué pasa con los otros mandamientos? Esa persona ha infringido el primer mandamiento (no tendrás dioses ajenos), porque ha hecho que poseer ese auto sea más importante que someterse a Dios y confiar en Él. Ha incumplido el segundo mandamiento (no adorar imágenes talladas) porque ha hecho que el auto, que es parte de la creación, sea más importante para él que Dios, el Creador (ver Col 3:5). Ha incumplido el tercer mandamiento (no tomar el nombre de Dios en vano) porque es un humano hecho a imagen y semejanza de Dios y, por lo tanto, tiene que representar a Dios en la tierra, sin embargo, al robar está representando a Dios como algo deshonroso y deshonesto entonces está dañando la reputación de Dios (ver Pr 30:9: "O que siendo pobre, hurte, y blasfeme el nombre de mi Dios").

A pesar de que el cuarto mandamiento (el mandamiento del día de reposo) no se conserva bajo el nuevo pacto, este mandamiento también incluye la declaración: "Seis días trabajarás, y harás toda tu obra" (Ex 20:9), pero en lugar de trabajar o adorar a Dios en el día del robo, este hombre robó un auto (ver Ef 4:28, donde robar se considera opuesto a trabajar para mantenerse a sí mismo).

Ciertamente ha incumplido el quinto mandamiento (honrar a tus padres) porque cuando se conozca su crimen, traerá vergüenza a su familia, incluyendo a su padre y a su madre. Ha incumplido el sexto mandamiento (no asesinar) porque, si bien no mató a otra persona, dañó su vida al quitarle el auto (cf. Mt 5:21-22). Ha incumplido el séptimo mandamiento (de no al adulterio) al cometer adulterio espiritual y ser infiel a Cristo, a quien debería servir como esposa (ver Juan 3:29; Ap 19:7; 22:17). Ha incumplido el noveno mandamiento (no levantar falso testimonio) porque, por sus acciones y palabras, está proclamando que el auto le pertenece, cuando en realidad no es así. Y sin duda ha incumplido el décimo mandamiento (no codiciar) porque codiciaba el auto que no le pertenecía y eso le llevó a robarlo.

Por lo tanto, "porque el que cumple con toda la ley, pero falla en un solo punto ya es culpable de haberla quebrantado toda" (Santiago 2:10 NVI).

El valor de este ejercicio hipotético es que nos ayuda a ver la gravedad del pecado y cómo incluso un pecado puede ser una acción compleja que afecta muchas partes de nuestra vida.

c. Utilizar cada mandamiento como un principio organizador: El contenido de este libro mostrará cómo considero que los Diez Mandamientos son un marco útil para estudiar todos los temas de ética, porque cada mandamiento puede servir como un principio organizador para muchos temas relacionados. Por ejemplo, el tercer mandamiento (no tomar el nombre de Dios en vano) se puede usar como una categoría amplia para lidiar con las cuestiones relacionadas a la pureza del habla. Podemos discutir no solo el hecho de tomar el nombre del Señor en vano en un sentido específico, sino también el lenguaje obsceno o vulgar, el drama y las películas (y los papeles que podrían no ser apropiados para los cristianos), los juramentos y las promesas, y los valores y peligros del humor en el habla. (En relación con este tema está la cuestión de mentir y decir la verdad, que se trata más específicamente en el noveno mandamiento: no levantar falso testimonio).

En el séptimo mandamiento (no cometer adulterio) trato no solo el tema del adulterio en sentido estricto, sino también la definición de matrimonio, la poligamia, la pureza sexual, el control de la natalidad, la tecnología reproductiva, la pornografía, el divorcio y el nuevo matrimonio, y la homosexualidad.

De esta manera, toda la gama de temas relacionados con la vida cristiana puede ser analizada de manera organizada y lógica. Además, la necesidad de analizar todos los 10 mandamientos hacen que incluyamos algunos temas que no son tratados habitualmente en los libros de texto de ética (como los asuntos de imágenes de Dios y Cristo con relación al segundo mandamiento o el asunto del lenguaje obsceno con relación al tercer mandamiento).

2. ¿Cómo deberíamos enumerar los Diez Mandamientos? En este libro, he usado el sistema tradicional protestante más común para enumerar los Diez Mandamientos:

1. No tendrás dioses ajenos delante de mí.

2. No te harás imagen.
3. No tomarás el nombre de Jehová tu Dios en vano.
4. Acuérdate del día de reposo para santificarlo.
5. Honra a tu padre y a tu madre.
6. No cometas asesinato.
7. No cometerás adulterio.
8. No hurtarás.
9. No hablarás contra tu prójimo falso testimonio.
10. No codiciarás.

¿Pero este sistema de numeración es correcto? A pesar de que la Biblia se refiere a estos mandamientos como las "Diez Palabras" o los "Diez Mandamientos" (Ex 34:28; Dt 4:13; 10:4), no se asignan números específicos a los distintos mandamientos en sí. Por lo tanto, se han utilizado diferentes sistemas de numeración.

Otro sistema de numeración común es el usado por la Iglesia católica romana (el utilizado por los luteranos es similar). Este sistema combina los dos primeros mandamientos del sistema protestante habitual en un solo mandamiento y luego separa el último mandamiento sobre la codicia en dos mandamientos, de esta manera:

1. No tendrás dioses ajenos y no te harás o adorarás a imágenes.
2. No tomarás el nombre de Jehová tu Dios en vano.
3. Acuérdate del día de reposo para santificarlo.
4. Honra a tu padre y a tu madre.
5. No cometas asesinato.
6. No cometerás adulterio.
7. No hurtarás.
8. No hablarás contra tu prójimo falso testimonio.
9. No codiciarás la mujer de tu prójimo.
10. No codiciarás la casa de tu prójimo[61].

Me parece que los sistemas católico romano y luterano prefieren el primer sistema de numeración, el seguido en la tradición protestante reformada. Esto se debe a que parece absurdo separar el mandamiento de no codiciar la casa del prójimo del mandamiento de no codiciar la mujer del prójimo. Las ideas están estrechamente relacionadas y pertenecen a un mismo mandamiento que prohíbe la codicia. Esto se vuelve aún más claro cuando vemos que la redacción de la primera parte del mandamiento es diferente en Éxodo y Deuteronomio:

No codiciarás la casa de tu prójimo, no codiciarás la *mujer* de tu prójimo. (Ex 20:17)

No codiciarás la *mujer* de tu prójimo, ni desearás la casa de tu prójimo.

---

[61] Esta numeración aparece en el *Catechism of the Catholic Church* [Catecismo de la Iglesia Católica], 2ª ed. (Nueva York: Doubleday, 1997), págs. 551-52; ver la explicación de la historia de este sistema de numeración, que comenzó con Agustín, en la pág. 557 (párr. 2065).

(Dt 5:21)[62].

Sobre los dos primeros mandamientos (o el primero), parece mejor separar el mandamiento de no tener dioses ajenos, del mandamiento de no hacer o adorar esculturas, y verlos como dos mandamientos. Waltke observa de manera correcta:

> Al separar los dos primeros mandamientos se distingue entre adorar a deidades cananeas o extranjeras, que se consideraban como poderes que gobiernan aspectos de la naturaleza, y distorsionar la naturaleza de la verdadera Deidad. Según este segundo mandamiento, Dios no puede ser comparado con nada que exista. Son ideas distintas[63].

Por lo tanto, he decidido seguir el orden tradicional protestante (no luterano) de numeración de los mandamientos. Pero en este caso no está en juego ninguna cuestión importante de doctrina o ética.

PREGUNTAS PARA REFLEXIONAR

1. ¿Este capítulo ha cambiado su forma de ver el Antiguo Testamento? Si es así, ¿de qué manera?
2. ¿Puede nombrar algunos mandamientos del Antiguo Testamento que todavía parecen estar "escritos en su corazón" hoy en día? (Ver Jer 31:33; He 8:10)
3. ¿Cuáles son los mandamientos del Antiguo Testamento que claramente no están "escritos en su corazón" hoy en día?

TÉRMINOS ESPECIALES

leyes ceremoniales
leyes civiles
reino de Dios
ley de Cristo
leyes morales
pacto de Moisés
nuevo pacto
antiguo pacto
teonomía

---

[62] Debido a esta diferencia en el orden, la tradición católico romana sigue el orden de Deuteronomio y convierte al noveno mandamiento en una prohibición contra codiciar la mujer del prójimo, mientras que la tradición luterana sigue el orden de Éxodo y convierte al noveno mandamiento en una prohibición contra codiciar la casa del prójimo.

[63] Waltke, *An Old Testament Theology* [Una teología del Antiguo Testamento: Un enfoque exegético, canónico y temático], pág. 411.

BIBLIOGRAFÍA

Otras fuentes de referencia sobre ética

(ver datos bibliográficos completos, pág. 64)

Clark y Rakestraw, 1:179-210
Feinberg, John y Paul, 42-49
Frame, 206-36
Hays, 291-312
Jones, 103-24
McQuilkin y Copan, 205-16
Murray, 149-201
Rae, 28-38

Otras obras

Bahnsen, Greg L. *Theonomy in Christian Ethics* [La teonomía en la ética cristiana]. Nutley, Nueva Jersey: Craig Press, 1977.

Barker, William S. y W. *Robert Godfrey, eds. Theonomy: A Reformed Critique* [Teonomía: una crítica reformada]. Grand Rapids, Michigan: Zondervan, 1991.

Carroll R. (Rodas), M. Daniel. "Old Testament Ethics" ["Ética del Antiguo Testamento"]. *En Dictionary of Scripture and Ethics* [Diccionario de escritura y ética], editado por Joel B. Green, págs. 561-65. Grand Rapids, Michigan: Baker, 2011.

Clowney, Edmund P. *How Jesus Transforms the Ten Commandments* [Cómo Jesús transforma los Diez Mandamientos], editado por Rebecca Clowney Jones. Phillipsburg, Nueva Jersey: P&R, 2007.

Goldberg, Michelle. *Kingdom Coming: The Rise of Christian Nationalism* [La llegada del Reino: El ascenso del nacionalismo cristiano]. Nueva York: W. W. Norton, 2007.

Gundry, Stanley N., ed. de la serie. *Five Views on Law and Gospel* [Cinco puntos de vista sobre la Ley y el Evangelio]. Contrapuntos. Grand Rapids, Michigan: Zondervan, 1996.

House, H. Wayne y Thomas Ice. *Dominion Theology, Blessing or Curse?* [Teología del dominio: ¿Bendición o maldición? Un análisis del reconstruccionismo cristiano]. Portland, Oregón: Multnomah, 1988.

Kaiser, Walter C., Jr. *Toward Old Testament Ethics* [Hacia una ética del Antiguo Testamento]. Grand Rapids, Michigan: Zondervan, 1991.

Poythress, Vern S. *The Shadow of Christ in the Law of Moses* [La sombra de Cristo en la Ley de Moisés]. Phillipsburg, Nueva Jersey: P&R, 1991.

Rooker, Mark F. *The Ten Commandments: Ethics for the Twenty-First Century. NAC Studies in Bible and Theology* [Los Diez Mandamientos: Ética para el siglo XXI]. Vol. 7. Nashville: B&H Academic, 2010.

Rosner, Brian S. *Paul and the Law: Keeping the Commandments of God* [Pablo y la Ley: Cumpliendo los mandamientos de Dios]. New Studies in Biblical

Theology [Nuevos estudios de teología bíblica]. Vol. 31. Downers Grove, Illinois: InterVarsity Press, 2013.

Schreiner, Thomas R. *40 Questions about Christians and Biblical Law* [40 preguntas sobre los cristianos y la ley bíblica]. Grand Rapids, Michigan: Kregel, 2010.

Thielman, Frank. *Paul and the Law: A Contextual Approach* [Pablo y la Ley: Un enfoque contextual]. *Downers Grove, Illinois: Inter- Varsity Press*, 1994.

——— *The Law and the New Testament: The Question of Continuity* [La Ley y el Nuevo Testamento: La cuestión de la continuidad]. Companions to the New Testament. Nueva York: Herder & Herder, 1999.

Waltke, Bruce K. *An Old Testament Theology: An Exegetical, Canonical, and Thematic Approach* [Una teología del Antiguo Testamento: Un enfoque exegético, canónico y temático]. Grand Rapids, Michigan: Zondervan, 2007.

Wenham, Gordon J. *Psalms as Torah: Reading Biblical Song Ethically* [Los Salmos como Torah: Leyendo canciones bíblicas éticamente]. Grand Rapids, Michigan: Baker, 2012.

——— *Story as Torah: Reading Old Testament Narrative Ethically* [La historia como Torah: Lectura ética de la narrativa del Antiguo Testamento]. Grand Rapids, Michigan: Baker, 2004.

Wogaman, J. Philip. *Christian Ethics: A Historical Introduction* [Ética cristiana: Una introducción histórica]. Louisville: Westminster John Knox, 1993.

Wright, Christopher J. H. *"Old Testament Ethics"* ["Ética del Antiguo Testamento"]. En New Dictionary of Christian Ethics and Pastoral Theology [Nuevo diccionario de ética cristiana y teología pastoral], editado por David J. Atkinson y David H. Field, págs. 48-56. Leicester, Reino Unido: Inter-Varsity y Downers Grove, Illinois: InterVarsity Press, 1995.

——— *Old Testament Ethics for the People of God* [Ética del Antiguo Testamento para el pueblo de Dios]. Downers Grove, Illinois: InterVarsity, 2004.

PASAJE BÍBLICO PARA MEMORIZAR

Hebreos 8:6 (RVA-2015): Pero ahora Jesús ha alcanzado un ministerio sacerdotal tanto más excelente por cuanto él es mediador de un pacto superior, que ha sido establecido sobre promesas superiores.

HIMNO

"¡Cuán firme cimiento!"

¡Cuán firme cimiento se ha dado a la fe
de Dios en su eterna Palabra de amor!
¿Qué más Él pudiera en su libro añadir,
si todo a sus hijos lo ha dicho el Señor,
si todo a sus hijos lo ha dicho el Señor?

"No temas por nada, contigo Yo soy.

Tu Dios Yo soy solo, tu ayuda seré.
Tu fuerza y firmeza en mi diestra estarán,
y en ella valor y poder te daré,
y en ella valor y poder te daré".

"No habrán de anegarte las ondas del mar,
si en aguas profundas te ordeno salir.
Pues siempre contigo en angustias seré
y todas tus penas podré bendecir,
y todas tus penas podré bendecir".

"La llama no puede dañarte jamás,
si en medio del fuego te ordeno pasar.
El oro de tu alma más puro será,
pues sólo la escoria se habrá de quemar,
pues sólo la escoria se habrá de quemar".

"Mi amor siempre tierno, invariable, eternal,
constante a mi pueblo mostrarle podré
si nívea corona ya ciñe su sien,
cual tiernos corderos aún cuidaré,
cual tiernos corderos aún cuidaré".

"Al alma que anhele la paz que hay en mí,
jamás en sus luchas la habré de dejar.
Si todo el infierno la quiere perder,
¡Yo nunca, no nunca, la puedo olvidar!
¡Yo nunca, no nunca, la puedo olvidar!"

DE: LA SELECCIÓN DE HIMNOS DE RIPPON, 1787

PROTEGIENDO EL HONOR DE DIOS

"No tendrás dioses ajenos delante de mí".

"No te harás imagen".

"No tomarás el nombre de Jehová tu Dios en vano".

"Acuérdate del día de reposo para santificarlo".

"No hablarás contra tu prójimo falso testimonio".

Capítulo 9

NO HAY OTROS DIOSES

¿Por qué tener una buena relación con Dios es el primer requisito para estudiar ética?

En la actualidad, ¿qué cosas estamos tentados a valorar más que a Dios?

Cuando Dios dictó los Diez Mandamientos desde el Monte Sinaí, comenzó identificándose a sí mismo y lo que había hecho:

> Y habló Dios todas estas palabras, diciendo: Yo soy Jehová tu Dios, que te saqué de la tierra de Egipto, de casa de servidumbre. (Ex 20:1-2)

Luego, dictó el primer mandamiento:

> "No tendrás dioses ajenos delante de mí". (Ex 20:3)

A. EL SIGNIFICADO DEL MANDAMIENTO

En el texto Hebreo, la palabra *tú* es un pronombre singular[1], indicando que Dios se está dirigiendo al pueblo de Israel como individuos que deben rendirle cuentas personalmente.

La frase "delante de mí" representa la expresión hebrea *'al-pānāy'* (literalmente, "en/ante/hacia/contra de mi rostro"[2]) y se traduce como "delante de mí" (según la versión en inglés ESV y la mayoría de las otras traducciones al español) o "aparte de mí" (en las versiones en inglés CSB; ESV mg., NVI y NRSV mg.), sin embargo, el sentido es parecido en ambas expresiones. La intención de los traductores al español al traducir "delante de mí" era dar el sentido de "en mi presencia" (que capta la idea del hebreo "en mi rostro" en cualquiera de los casos, "delante de mí"

---

[1] De manera muy literal, el texto hebreo dice: "No tendrás [*lekā*] otros dioses delante de mí".

[2] De hecho, la Septuaginta traduce esta frase en Deuteronomio 5:7 como: "ante mi faz" (Griego, pro *prosōpou mou*).

no significa: "No tendrás otros dioses de mayor rango que yo", porque entonces nos permitiría tener unos pequeños "dioses", a los que podríamos adorar, obedecer y confiar parcialmente, como en el politeísmo pagano. Ese no es el sentido que se pretende. Debemos entender que el versículo significa: "No tendrás otros dioses en mi presencia" o "ante mi rostro". Este mandamiento es un recordatorio de que siempre y en todo lugar estamos ante la presencia de Dios y que Él no tolerará otros pequeños dioses en cualquier lugar o momento de nuestras vidas.

Por lo tanto, el primer mandamiento nos recuerda que Dios merece y exige nuestra absoluta reverencia, confianza, obediencia y amor. Esta idea adquiere una expresión más completa en este pasaje tan conocido:

> Escucha, Israel: el SEÑOR nuestro Dios, el SEÑOR uno es. Y amarás al SEÑOR tu Dios con todo tu corazón, con toda tu alma y con todas tus fuerzas.(Dt 6:4-5 RVA-2015)

Dios es el supremo, omnipotente y santísimo Creador y Gobernante del universo, y justamente exige que le honremos como tal:

> Yo, el SEÑOR; este es mi nombre.
> *No daré mi gloria a otros*
> ni mi alabanza a los ídolos. (Is 42:8 RVA-2015)

> Por amor de mi nombre refreno mi furor;
> para alabanza mía lo reprimo, para no destruirte.
> He aquí que te he purificado, pero no como a plata;
> te he probado en el horno de la aflicción.
> Por mí, por amor de mí mismo lo hago;
> pues, *¿cómo ha de ser profanado mi nombre?*
> *¡No daré a otro mi gloria!* (Is 48:9-11 RVA-2015)

B. ¿POR QUÉ ES EL PRIMER MANDAMIENTO?

1. Es necesario tener una buena relación con Dios para tener una mejor comprensión de la ética y una correcta vida ética. Este mandamiento busca nuestros corazones. Se trata del tipo de relación con Dios que tenemos en nuestros corazones, una relación que solo Dios puede ver. Este es el primer mandamiento porque nos recuerda que los demás mandamientos no son solo simples opiniones inventadas por la imaginación humana, sino que son mandamientos que provienen de nuestro mismísimo Creador.

Por eso, en otra parte, la Palabra de Dios dice:

> *El principio de la sabiduría es el temor de Jehová;*
> buen discernimiento tienen todos los que practican sus mandamientos;
> su alabanza permanece para siempre (Sal 111:10 RVR1977)

Antes de que podamos escuchar correctamente, comprender completamente u obedecer con alegría los otros mandamientos, primero debemos llegar al punto en que conozcamos y amemos a Dios y de hecho, le temamos (en el sentido que debemos temer disgustarle y temer incurrir en su disciplina paternal)[3] . Entonces estaremos listos para obedecerle correctamente.

Debido a que este mandamiento desafía nuestros corazones en el nivel más profundo, inmediatamente debemos darnos cuenta de que en esta vida es imposible obedecerlo perfectamente y por lo tanto, este mandato también debe acercarnos a Cristo para obtener el perdón completo (ver 1 Juan 1:9).

Como se mencionó anteriormente, la frase "delante de mí" nos recuerda que toda la vida se vive en presencia de Dios. No estoy de acuerdo con el punto de vista de que este mandamiento se refiere a un entorno de adoración *en el* templo, con el pueblo de Israel reunido en el templo, donde estarían "delante de Dios". Si fuera así, el mandamiento diría que no deben tener otros dioses rivales en el *templo*. Sin embargo, el punto de vista del Antiguo Testamento consiste en que la presencia de Dios no se limita al templo (o al "tabernáculo", la tienda que se utilizaba como santuario en el tiempo de Moisés):

> *Los ojos de Jehová están en todo lugar,*
> Mirando a los malos y a los buenos. (Pr 15:3; ver también Salmo 139)

> Porque los ojos de Jehová *contemplan toda la tierra*, para mostrar su poder
> a favor de los que tienen corazón perfecto para con él. (2 Cr 16:9)

El mandamiento también nos llama a recordar que nuestros corazones están continuamente en la presencia de Dios, porque él siempre los observa:

> Porque el Señor no mira lo que mira el hombre; pues el hombre mira lo que
> está delante de sus ojos, pero *Jehová mira el corazón*. (1 S 16:7)

2. Cuando las sociedades ignoran el primer mandamiento, se produce mucho mal. Siempre que una sociedad olvida la idea de que vivimos en la presencia de Dios y de que somos responsables ante Él por nuestras acciones, las malas acciones se multiplican.

Cuando Pablo escribe sobre la pecaminosidad de todo el mundo, enlaza varias citas del Antiguo Testamento con la conclusión: *"No hay temor de Dios* delante de sus ojos". Aquí está el pasaje completo:

> "No hay justo, ni aun uno;
> No hay quien entienda,
> No hay quien busque a Dios.
> Todos se desviaron, a una se hicieron inútiles;
> No hay quien haga lo bueno,
> no hay ni siquiera uno".
> "Sepulcro abierto es su garganta;

---

[3] Ver el análisis de temer a Dios en el cap. 6, pág. 166.

Con su lengua engañan".
"Veneno de áspides hay debajo de sus labios".
"Su boca está llena de maldición y de amargura".
"Sus pies se apresuran para derramar sangre;
  Quebranto y desventura hay en sus caminos;
Y no conocieron camino de paz".
  No hay temor de Dios delante de sus ojos". (Ro 3:10-18)

Uno de los pasajes que Pablo cita es del Salmo 36, el cual explica este proceso de manera precisa. Conecta la maldad imprudente y gratuita con la suposición insensata de una persona malvada de que Dios no conocerá sus acciones, por lo que no será responsable ante Dios:

La iniquidad del impío me dice al corazón:
  No hay temor de Dios
delante de sus ojos.
  Se lisonjea, por tanto, en sus propios ojos,
De que *su iniquidad no será hallada y aborrecida.*
  Las palabras de su boca son iniquidad y fraude;
Ha dejado de ser cuerdo y de hacer el bien. (Sal 36:1-3)

Un tema parecido se encuentra en el Salmo 94, donde "los impíos" piensan que pueden librarse del mal porque suponen que Dios no ve lo que están haciendo:

¿Hasta cuándo, Señor, hasta cuando se regocijarán los impíos?
  ¿Hasta cuándo esos malhechores seguirán jactándose de sus crímenes?
A tu pueblo, Señor, lo oprimen;
  a los que son tuyos los afligen.
A las viudas y a los extranjeros los matan;
  a los huérfanos les quitan la vida,
  y todavía dicen: *"El Señor no nos verá;
  el Dios de Jacob no se dará cuenta".* (Sal 94:3-7 RVC)

Un ejemplo histórico de esta tendencia a la decadencia moral, que se produce cuando una sociedad pierde el sentido común de la responsabilidad ante Dios, ha sido evidente dentro de mi propia vida. En 1971 (cuando tenía 23 y era un estudiante de primer año de seminario), la Corte Suprema de los Estados Unidos dio una nueva interpretación al concepto de libertad religiosa de la Primera Enmienda de la Constitución. En el caso Lemon v. Kurtzman, la corte dictaminó que las acciones del gobierno "no deben tener el efecto primario de promover o inhibir la religión". No decía "promover o inhibir la religión cristiana" (o la "religión católica", la "religión judía", la "religión presbiteriana", entre otras), sino "promover o inhibir la religión" (en general), algo que la Primera Enmienda jamás quiso ni pretendió decir[4].

---

[4] Esta decisión fue parcialmente apoyada por la decisión de 1947 de Everson v. Board of Education, 330 U.S. 1 (1947), la cual también creo que estaba equivocada y fue mucho más allá de lo que la Constitución exigía. Ver el análisis en Wayne Grudem, *Politics-According to the Bible: A Comprehensive*

Hubo muchas consecuencias, pero hubo una en particular que se vio en las escuelas públicas (que son organismos del gobierno). Con mayor frecuencia, a los profesores de las escuelas y a otros funcionarios se les prohibió hacer cualquier afirmación positiva sobre creer en Dios o tener responsabilidad ante Él (incluso de forma no sectaria). El resultado fue que, desde 1971, la sociedad americana ha estado poblada por personas que, durante sus años de formación, han sido educados *sin ningún sentido de consenso social de que las personas son moralmente responsables ante Dios por sus acciones*. Algunas personas pueden pensar que esto es algo bueno, pero yo no. No puedo probar que ese sistema de educación pública, que no hace ninguna referencia a Dios, ha *causado* la decadencia moral generalizada que vemos, pero, es indudable que la decadencia moral *ha surgido claramente* tras este cambio impuesto por la corte en nuestro sistema educativo, y creo que ha sido un factor causal importante. Este mismo tipo de ausencia de un sentido de responsabilidad moral ante Dios también se ha propagado de manera continua por la mayoría de medios de comunicación y la industria del entretenimiento. Cuando las sociedades ignoran el primer mandamiento, se produce mucho mal.

3. En la actualidad, el concepto de actuar con ética "ante Dios" está ausente en la ética secular. A pesar de que la mayoría de universidades o escuelas de posgrado seculares ahora ofrecen cursos sobre temas como la ética empresarial, ética legal o ética médica, estos cursos generalmente carecen de la idea de responsabilidad ante Dios o la idea de que hay normas éticas absolutas basadas en el carácter moral de nuestro Creador (o la idea de que podemos saber qué son estas normas éticas). Esto no quiere decir que esos cursos no tengan valor, sino solo que sus conclusiones son necesariamente provisionales (ya que no existen los absolutos morales) y los motivos para comportarse de manera ética que enseñan, se limitan necesariamente a buscar los mejores resultados (ética consecuencialista). Por supuesto que hay algún beneficio en la evaluación de resultados, no obstante, los enfoques seculares carecen del motivo mucho más fuerte de la responsabilidad ante Dios por las propias acciones de uno y la claridad ética que proviene de saber lo que el mismísimo Dios nos ha dicho, sobre las elecciones éticas correctas e incorrectas.

4. Jesús exige la misma lealtad. El primer mandamiento nos enseña, que solo Dios tiene el derecho de exigir nuestro amor, confianza y obediencia absoluta. Sin embargo, después en el Nuevo Testamento vemos que Jesús nos pide que lo amemos más que a nadie ni a nada, incluso más que a nuestras familias o nuestras vidas:

> El que ama a padre o madre más que a mí, no es digno de mí; el que ama a hijo o hija más que a mí, no es digno de mí; y el que no toma su cruz y sigue en pos de mí, no es digno de mí. El que halla su vida, la perderá; y el que pierde su vida por causa de mí, la hallará. (Mt 10:37-39)

Resource for Understanding Modern Political Issues in Light of Scripture [Política según la Biblia: un recurso integral para comprender los problemas políticos modernos a la luz de las Escrituras] (Grand Rapids, Michigan: Zondervan, 2010), págs. 136-37.

Esta es la evidencia de Jesús afirmando ser Dios, porque nos exige la misma lealtad que solo Dios es digno de recibir. Esta es la razón por la cual es tan importante que los cristianos adoren a Jesús. Si Jesús no fuera Dios, entonces adorarle sería idolatría. Si Jesús fuera realmente Dios, como afirmó, entonces adorarle es una forma eternamente apropiada de obedecer el primer mandamiento.

C. APLICACIÓN EN LA VIDA: OTROS DIOSES EN LA ACTUALIDAD

1. Religiones politeístas. Una evidente vulneración del primer mandamiento sería cualquier religión politeísta, como el hinduismo moderno, tan presente en la India. Los templos hindúes pueden tener cientos o incluso miles de ídolos que representan diferentes deidades hindúes.

El politeísmo no es nuevo, ya que Pablo lo encontró en Atenas:

> Mientras Pablo los esperaba en Atenas, su espíritu se enardecía dentro de él al contemplar la ciudad llena de ídolos. (Hechos 17:16 LBLA)

El espíritu de Pablo estaba muy perturbado por los ídolos de Atenas, porque veía que no solo eran representaciones inocentes de ideas alternativas a Dios, sino que se trataba de profundas vulneraciones pecaminosas del mandamiento: "No tendrás dioses ajenos delante de mí".

2. Todas las falsas religiones. Todas las religiones que adoran a otras deidades diferentes al único Dios verdadero de la Biblia, están infringiendo el primer mandamiento. En la antigua Babilonia, tres jóvenes judíos fieles se rehusaron a infringir este mandamiento y a adorar una estatua de oro de una deidad babilónica como el rey ordenó. Al rey le dijeron:

> Hay unos varones judíos, los cuales pusiste sobre los negocios de la provincia de Babilonia: Sadrac, Mesac y Abed-nego; estos varones, oh rey, no te han respetado; no adoran tus dioses, ni adoran la estatua de oro que has levantado. (Dn 3:12)

Por su desobediencia los arrojaron a un horno de fuego ardiendo, pero milagrosamente Dios los protegió (Dn 3:13-30).

En la era del Nuevo Testamento, hubo muchos templos paganos devotos a varias deidades griegas y romanas en el mundo mediterráneo. Pablo no dijo que estas otras religiones fueran inofensivas, sino que dijo que los adoradores de estos templos religiosos paganos estaban adorando a los demonios en lugar de al único Dios verdadero:

> Lo que digo es que *cuando los paganos ofrecen algo en sacrificio, se lo ofrecen a los demonios, y no a Dios*, y yo no quiero que ustedes tengan nada en común con los demonios. (1 Co 10:20 DHH; ver también 2 Co 4:4 DHH, donde Satanás es llamado "el dios de este mundo")

3. Ateísmo. A pesar de que el ateísmo afirma no creer en ninguna deidad en absoluto, en realidad aquellos que profesan el ateísmo también están infringiendo el primer mandamiento, porque han puesto sus propias ideas sobre la religión, como prioridad más alta que la adoración y la obediencia al único Dios verdadero, quien los creó a ellos y al universo entero. De esta manera, los ateos tienen "otros dioses" (sus propias ideas falsas) en la presencia de Dios, quien observa todo.

4. Cosas que no llamamos "dioses" pero que valoramos, amamos, servimos y confiamos más que en Dios mismo. Si empezamos a hacer una lista de todas las cosas que a veces valoramos, amamos, servimos y confiamos más que en Dios, la lista podría tomarnos toda la vida y ser muy extensa. Estos son algunos ejemplos:

a. Dinero: Jesús nos advierte que no debemos anteponer el dinero a Dios:

> Nadie puede servir a dos amos al mismo tiempo, porque aborrecerá al uno y apreciará al otro; será fiel al uno y del otro no hará caso. No podéis servir al mismo tiempo a Dios y al dinero. (Mt 6:24 BLP)

b. Bienes materiales que codiciamos: Pablo puede decir que la codicia es "idolatría", porque significa que buscamos alegría, satisfacción y seguridad, en cosas que deseamos tener en vez de buscar esas cosas en y desde Dios, quien ha prometido ocuparse de nuestras necesidades:

> Por lo tanto, hagan morir en ustedes todo lo que sea terrenal: inmoralidad sexual, impureza, pasiones desordenadas, malos deseos y *avaricia. Eso es idolatría.* (Col 3:5 RVC)

c. Comida y placer físico: Pablo habla de las personas cuyo "dios es el vientre" (Fil 3:19 RVR1960), con ello, se puede estar refiriendo a las personas que anteponen la alimentación y la satisfacción de sus apetitos físicos, a cualquier otra preocupación. Otra posibilidad es que está usando este ejemplo en particular, para hablar sobre las personas que anteponen la comodidad física y los placeres hedonistas, a todo lo demás en la vida. En cualquiera de los casos, este es un falso dios que toma el lugar del único Dios verdadero.

d. Aprobación de otras personas: Es una tentación común para los cristianos buscar la aprobación de otras personas, popularidad e incluso fama y, después, comenzar a tratar esas cosas como algo más importante que servir a Dios o a Cristo. Pablo manifiesta que si hubiera hecho esto no estaría sirviendo realmente a Cristo:

> ¿Qué busco con esto: ganarme la aprobación humana o la de Dios? ¿Piensan que procuro agradar a los demás? *Si yo buscara agradar a otros, no sería siervo de Cristo.* (Gá 1:10 NVI)

Incluso el apóstol Pedro cometió este error en un momento dado, porque cuando "vinieron algunos de parte de Jacobo" él "se retraía y se apartaba, porque tenía miedo de los de la circuncisión" (Gá 2:12). Evitar la desaprobación de los creyentes judíos demasiado estrictos fue más importante para Pedro que ser fiel al

Evangelio y Pablo lo reprendió por ello (ver Gá 2:14; ver también 1 S 15:24, donde Saúl dice que pecó *"porque temí al pueblo* y consentí a la voz de ellos").

e. La alabanza pertenece solo a Dios: Es peligroso que una persona famosa o popular acepte demasiadas alabanzas por parte de otros seres humanos y se deleite en ellos, como Herodes Agripa I que encontró su propia ruina:

> El día señalado, Herodes, ataviado con su ropaje real y sentado en su trono, le dirigió un discurso al pueblo. La gente gritaba: "¡Voz de un dios, no de hombre!". Al instante un ángel del Señor lo hirió, porque no le había dado la gloria a Dios; y Herodes murió comido de gusanos. (Hechos 12:21-23 NVI)

f. Prácticas semirreligiosas o "espirituales": Cuando nos damos cuenta que el primer mandamiento nos exige que confiemos en Dios por encima de todo, esto pone en tela de juicio las pequeñas supersticiones que fácilmente pueden formar parte de la vida de una persona. Esto podría ser, confiar en la "suerte" o buena fortuna, para que nos conceda el beneficio o el éxito, o pensar que los acontecimientos "solo ocurren" por casualidad o destino y no por el gobierno providencial de Dios en el universo.

Otros sustitutos semirreligiosos semejantes a confiar verdaderamente en Dios, son confiar en el "karma" en los acontecimientos de la vida o confiar en los horóscopos, los adivinos o los videntes. Relacionado con esto estaría el uso de tablas de ouija para intentar obtener orientación, conocer el futuro o contactar con el mundo espiritual desconocido. También están las supersticiones comunes, aparentemente "inofensivas", tales como confiar en los números de la suerte, días de suerte, códigos de suerte, etc., en vez de confiar en Dios.

Estas cosas han sido comunes en todas las épocas. Juan Calvino afirmó que: "la naturaleza del hombre [...] es una fábrica perpetua de ídolos"[5].

g. Poder: A veces en la experiencia humana, tener poder sobre otras personas es adictivo y la persona que ha ganado el poder desea más y más. Entonces este deseo de poder se vuelve más importante que Dios en la vida de esa persona.

h. Uno mismo: Para muchas personas, el mayor ídolo de todos es uno mismo. Pasan sus días trabajando sobre todo para ellos mismos en vez de hacerlo para la gloria de Dios y Su reino. El objetivo principal de su pensamiento es siempre "¿Qué es lo mejor para mí?"

i. Otras cosas en las que confiamos más que en Dios: Cuando nos damos cuenta que en este mandamiento Dios exige nuestra completa lealtad y confianza, comprendemos que demasiado a menudo en la vida confiamos más en otras cosas que en Él. Tales cosas pueden ser nuestros propios talentos o habilidades, nuestros

---

[5] Juan Calvino, *Institutes of the Christian Religion* [Institución de la Religión Cristiana], ed. John T. McNeill, trad. Ford Lewis Battles, *Library of Christian Classics* [Biblioteca de clásicos cristianos], vols. 20-21 (Filadelfia: Westminster, 1960), 1.11.8 (108).

amigos, nuestros ahorros de jubilación, un partido político favorito (por el futuro de nuestro país), ejercitarse y comer una dieta saludable (para cuidar nuestra salud), la medicina moderna y los médicos competentes (para curar nuestras enfermedades) y los planes de vacaciones, eventos familiares o eventos deportivos (para nuestra felicidad). No estoy diciendo que estas cosas están mal en sí, porque muchas de ellas son realmente buenas. Pero nuestra confianza en ellas y nuestro amor por ellas, puede tomar el lugar de Dios. Por lo tanto, se pueden convertir en ídolos en nuestros corazones.

Los protestantes, no están de acuerdo con sus amigos católicos romanos con respecto a otra aplicación de este mandamiento. Muchos protestantes consideran que las prácticas católicas romanas de la "veneración" a María y otros santos, y las oraciones a María y a los santos, son una adoración y confianza en criaturas finitas en lugar de en Dios mismo y por lo tanto, una transgresión del primer mandamiento. Sin embargo, los católicos romanos consideran de otra manera estas prácticas[6].

PREGUNTAS PARA REFLEXIONAR

1. ¿Hoy en día ama verdaderamente a Dios por encima de todo, más que a su familia, sus amigos e incluso su propia vida?

2. En un día normal, ¿con qué frecuencia es consciente de vivir toda la vida "delante Dios"?

3. En la actualidad, ¿está buscando la alegría en Dios por encima de todo lo demás y encontrándola en las amistades humanas y otros placeres terrenales, solo cuando los ve como regalos por parte de Él?

4. ¿Hay "pequeños dioses" a los que tiende a adorar más que a Dios mismo, cosas de las que le gusta hablar más que de Dios o cosas en las que le gusta pensar más durante el día?

5. ¿A veces piensa que las cosas pasan gracias al destino, la suerte o alguna pequeña práctica supersticiosa?

6. ¿Algunas veces busca aprobación por parte de otras personas más que de Dios?

7. ¿A veces se siente tentado a crear sus propias reglas de ética, en vez de seguir las reglas que se encuentran en la Biblia?

8. ¿Ha estudiado ética en una secundaria, universidad o ambiente de negocios secular? Si es así, ¿en qué se diferencia de lo que está aprendiendo en este libro?

9. ¿Qué virtudes personales o rasgos de carácter cristianos serían útiles para ayudarle a obedecer mejor este mandamiento? (Ver la lista de rasgos de carácter en el cap. 4, pág. 110).

---

[6] Ver el análisis en *Catechism of the Catholic Church* [Catecismo de la Iglesia Católica], 2ª ed. (Nueva York: Doubleday, 1997), párrs. 969, 971, 975, 2673-79, 2683-84, 2692.

BIBLIOGRAFÍA

Otras fuentes de referencia sobre ética

(ver datos bibliográficos completos, pág. 64)

> Frame, 421-49
> McQuilkin y Copan, 189-94

Otras obras

Beale, G. K. *We Become What We Worship: A Biblical Theology of Idolatry* [Nos convertimos en lo que adoramos: Una teología bíblica de la idolatría]. Downers Grove, Illinois: InterVarsity Press, 2008.

Bigney, Brad. *Gospel Treason: Betraying the Gospel with Hidden Idols* [Traición del Evangelio: Traicionar el Evangelio con ídolos ocultos]. Phillipsburg, Nueva Jersey: P&R, 2012.

Fitzpatrick, Elyse M. *Idols of the Heart: Learning to Long for God Alone* [Los ídolos del corazón: Aprender a anhelar solo a Dios]. 2ª ed. Phillipsburg, Nueva Jersey: P&R, 2016.

Goudzwaard, Bob. *Idols of Our Time* [Ídolos de nuestro tiempo]. Downers Grove, Illinois: InterVarsity Press, 1984.

Hardyman, Julian. *Idols: God's Battle for Our Hearts* [Ídolos: la batalla de Dios por nuestros corazones]. Leicester, Reino Unido: InterVarsity Press, 2010.

Idleman, Kyle. *Gods at War: Defeating the Idols That Battle for Your Heart* [Dioses en guerra: Cómo derrotar a los ídolos que combaten por apoderarse de tu corazón]. Grand Rapids, Michigan: Zondervan, 2013.

Keller, Timothy. *Counterfeit Gods: The Empty Promises of Money, Sex, and Power, and the Only Hope That Matters* [Dioses falsos: las promesas vacías de dinero, sexo y poder, y la única esperanza que importa]. Nueva York: Dutton, 2009.

Powlison, David. *"Revisiting Idols of the Heart and Vanity Fair"* ["Ídolos del corazón y la feria de la vanidad"]. *Journal of Biblical Counseling* 27, núm. 3 (2013): págs. 37-68.

Rosner, Brian S. *Greed as Idolatry: The Origin and Meaning of a Pauline Metaphor* [La codicia como idolatría: El origen y el significado de una metáfora paulina]. Grand Rapids, Michigan: Eerdmans, 2007.

———. *"Idolatry"* ["Idolatría]. *En Dictionary of Scripture and Ethics* [Diccionario de Escritura y Ética], editado por Joel B. Green, págs. 392-94. Grand Rapids, Michigan: Baker, 2011.

PASAJE BÍBLICO PARA MEMORIZAR

Éxodo 20:1-3: Y habló Dios todas estas palabras, diciendo: "Yo soy Jehová tu Dios, que te saqué de la tierra de Egipto, de casa de servidumbre. No tendrás dioses ajenos delante de mí".

HIMNO

"El Placer De Mi Alma"

¿Quién podrá con su presencia
Impartirme bendición?
Solo Cristo y su clemencia
Pueden dar consolación

Coro:
Solo Cristo satisface
Mi transido corazón;
Es el Lirio de los Valles
Y la Rosa de Saron

Su amor no se limita,
Es su gracia sin igual;
Su Merced es infinita,
Más profunda que mi mal

Redención sublime y santa,
Imposible de explicar;
Que su sangre sacrosanta
Mi alma pudo rescatar

Cristo suple en abundancia
Toda mi necesidad;
Ser de Él, es mi ganancia,
Inefable es su bondad[7].

AUTOR: THORO HARRIS, 1874-1955

---

[7] Letra y música por Thoro Harris. © 1931, renovado en 1959 Nazarene Publishing House. Todos los derechos reservados. Utilizado con autorización.

Capítulo 10

NADA DE IMÁGENES

¿Acaso todas las obras de arte están prohibidas o solo las que se utilizan para adorar?

¿Está mal hacer imágenes de Dios con fines artísticos?

¿Qué ocurre con las imágenes de Jesucristo o el Espíritu Santo?

El segundo mandamiento dice:

> No te harás imagen, ni ninguna semejanza de lo que esté arriba en el cielo ni abajo en la tierra ni en las aguas debajo de la tierra. No te inclinarás ante ellas ni les rendirás culto, porque yo soy el SEÑOR tu Dios, un Dios celoso que castigo la maldad de los padres sobre los hijos, sobre la tercera y sobre la cuarta generación de los que me aborrecen. Pero muestro misericordia por mil generaciones a los que me aman y guardan mis mandamientos. (Ex 20:4-6 RVA-2015)

A. EL SIGNIFICADO DEL MANDAMIENTO

1. Prohíbe hacer imágenes de Dios Padre. La palabra hebrea traducida como "imagen" es *pesel*, un sustantivo relacionado con el verbo *pāsal*, "tallar, esculpir" algo (usualmente de madera o piedra). Siempre se refiere a un objeto que es tallado o esculpido en madera, piedra o metal y luego utilizado como un objeto de adoración; en otras palabras, un ídolo[1]. Mientras que el primer mandamiento prohíbe adorar otros dioses que no sean el único Dios verdadero, este mandamiento prohíbe adorar al único Dios verdadero de una forma que nos haga pensar que

---

[1] En vez de traducir pesel como "imagen", algunas traducciones de la Biblia simplemente lo traducen como "ídolo" (en las versiones en inglés NASB, NLT, NRSV). La versión en inglés KJV utiliza el término "grabado", que es una palabra antigua en inglés que significa "tallado o esculpido". Esta palabra hebrea es usualmente usada en otras partes del Antiguo Testamento para referirse no solo a cualquier obra de arte tallada, sino a las imágenes usadas en la adoración.

tiene una forma física como algo de su creación. Pensar que el propio ser de Dios tiene una forma física es despreciarlo, deshonrarlo e ignorar la gran diferencia entre el Creador y la criatura.

A veces el pueblo de Israel cedía a la tentación de inventar imágenes físicas para representar al mismísimo Señor Dios. Esto no es sorprendente. Todas las naciones y culturas del antiguo Cercano Oriente que rodean a Israel tenían imágenes físicas de sus dioses. Tal vez el pueblo de Israel sentía que su religión era inferior cuando interactuaban con personas de otras naciones. Fácilmente pudieron enfrentarse a preguntas como estas: "¿Por qué su religión es tan diferente? ¿Qué clase de religión ni siquiera sabe cómo es su dios físicamente?".

Por alguna razón, poco después del éxodo de Egipto, el pueblo de Israel incitó a Aarón para que hiciera un objeto físico que representara al mismísimo Dios:

> Viendo el pueblo que Moisés tardaba en descender del monte, se acercaron
> entonces a Aarón, y le dijeron: "Levántate, *haznos dioses* que vayan delante
> de nosotros; porque a este Moisés, el varón que nos sacó de la tierra de
> Egipto, no sabemos qué le haya acontecido". (Ex 32:1)

Aarón cedió ante la presión del pueblo y les dijo que trajeran sus joyas de oro, así lo hicieron:

> El cual los tomó de las manos de ellos, y formólo con buril, e hizo de ello
> un becerro de fundición. Entonces dijeron: "Israel, estos son tus dioses, que
> te sacaron de la tierra de Egipto". Y viendo esto Aarón, edificó un altar
> delante del becerro; y pregonó Aarón, y dijo: "Mañana será fiesta á Jehová".
> (Ex 32:4-5)

Esta no era una imagen de Baal o Dagón, deidades paganas. Fue creada como una imagen del mismísimo Señor Dios. Y acarreó el juicio de Dios sobre el pueblo (ver Ex 32:7-35).

Del mismo modo, en un período posterior, el rey Jeroboán hizo imágenes del Señor Dios:

> Y habiendo tenido consejo, hizo el rey dos becerros de oro, y dijo al pueblo:
> "Bastante habéis subido a Jerusalén; he aquí *tus dioses,* oh Israel, *los cuales
> te hicieron subir de la tierra de Egipto*". (1 Reyes 12:28)

Cuanto más pensamos en el becerro de oro que Aarón y el pueblo hicieron (Éxodo 32), más aborrecible parece la acción. Tal vez al principio pensaron que el becerro representaba la vitalidad, fuerza y fertilidad de Dios, todas cualidades apreciadas. Sin embargo, pensar en Dios como un becerro tergiversa terriblemente el poder del Dios que creó todo el universo (¡comparado con el poder de un simple becerro!), Su omnipresencia (comparada con un becerro en un lugar) y Su conocimiento y sabiduría infinitos (¡comparados con la inteligencia de un becerro!), sin mencionar Su santidad y pureza moral, Su amor, Su paciencia, Su inmutabilidad, Su eternidad, Su justicia, Su ira, Su individualidad, Sus habilidades para las relaciones interpersonales, Su habilidad para hablar y Su existencia Trinitaria. Este becerro de oro era una terrible ofensa al honor de Dios. Estaba proclamando que Dios es parecido a algo de la creación, pero de hecho es el Creador eterno e infinito de todas las cosas; no una simple criatura.

2. Prohíbe hacer imágenes de falsos dioses. Pero el mandamiento también prohíbe hacer y adorar imágenes de otros dioses, como la imagen de Baal o Asera (ambos mencionados en Jue 6:25 y con frecuencia en el Antiguo Testamento) o la imagen de Dagón, la deidad filistea (ver 1 S 5:2-7), ya que el mandamiento no especifica únicamente: "No te harás imagen de *mí*". En cambio, prohíbe hacer y adorar todas las imágenes que representan a *cualquier* deidad.

El malvado rey judío Manasés construyó tales imágenes de otros dioses:

> Porque él reedificó los lugares altos que Ezequías su padre había derribado, y levantó altares a los *baales*, e hizo imágenes de *Asera*, y adoró a todo el ejército de los cielos, y les rindió culto. (2 Cr 33:3)

Cuando Salomón se casó con muchas esposas extranjeras, también construyó templos e ídolos para los dioses de estas mujeres extranjeras:

> Entonces edificó Salomón un lugar alto a Quemos, ídolo abominable de Moab, en el monte que está enfrente de Jerusalén, y a Moloc, ídolo abominable de los hijos de Amón. Así hizo para todas sus mujeres extranjeras, las cuales quemaban incienso y ofrecían sacrificios a sus dioses. (1 Reyes 11:7-8)

Adorar a esas deidades extranjeras infringía el primer mandamiento. Pero incluso si Salomón no adoraba a estos ídolos, el simple hecho de hacerlos para que sus esposas los adorasen era una vulneración del segundo mandamiento, porque hizo estas cosas como objetos de adoración.

El salmista dice la verdad acerca de estas imágenes de falsos dioses:

> Los ídolos de las naciones son plata y oro,
>   Obra de manos de hombres.
> *Tienen boca, y no hablan;*
>   *Tienen ojos, y no ven;*
> Tienen orejas, y no oyen;
>   Tampoco hay aliento en sus bocas.
> Semejantes a ellos son los que los hacen,
>   Y todos los que en ellos confían. (Sal 135:15-18; ver también la insensatez de
>   la idolatría descrita en Is 44:9-20)

B. LA RAZÓN DE ESTE MANDAMIENTO

1. La razón de este mandamiento son los celos de Dios. El segundo mandamiento tiene una razón: "No te harás imagen, [...] No te inclinarás ante ellas ni les rendirás culto, *porque yo soy el Señor tu Dios, un Dios celoso*" (Ex 20:4-5 RVA-2015).

Dios busca ser conocido y honrado por quien es y no le gusta cuando alguien lo representa falsamente o lo deshonra. Pero como vimos anteriormente con respecto al becerro de oro, *cualquier* forma física deshonra y representa de forma errónea a Dios, porque no se ve ni actúa como una cosa material de la creación. Él es el Creador infinito, todopoderoso y omnipresente y no hay nada en la creación que pueda representar de manera adecuada quien es. En términos del Nuevo Testamento: "Dios es Espíritu; y los que le adoran, en espíritu y en verdad es necesario que adoren" (Juan 4:24).

Sin embargo, Dios hizo una criatura en todo el universo para que lo represente y es el hombre:

> Y creó Dios al hombre a su imagen,
>   a imagen de Dios lo creó;
>   varón y hembra los creó. (Gn 1:27)

Como el hombre es creado a imagen de Dios, nosotros como seres humanos somos los principales representantes de Dios en la tierra. Somos más parecidos a Dios que cualquier otra cosa que ha creado y debemos gobernar Su creación (ver Gn 1:28) como sus representantes en obediencia a Él. Dios no nos creó para inclinarnos ante un becerro, un pescado, un ave o cualquier otro animal creado.

En Deuteronomio 4, Moisés le dio al pueblo una explicación más detallada de este mandamiento y dijo que la razón por la que el pueblo judío no debía hacer imágenes talladas es que *"no vieron niguna figura"* cuando el Señor apareció ante ellos en el Monte Sinaí (también llamado "Horeb"). Dios no apareció ante ellos en una forma física:

> Por tanto, tengan mucho cuidado de ustedes mismos, *pues ninguna imagen vieron* el día que el Señor les habló en Horeb de en medio del fuego. *No sea que se corrompan y se hagan imágenes,* o semejanza de cualquier figura, sea en forma de hombre o de mujer, ni en forma de cualquier animal que esté en la tierra, ni en forma de cualquier ave alada que vuele en los cielos, ni en forma de cualquier animal que se desplace sobre la tierra, ni en forma de cualquier pez que haya en las aguas debajo de la tierra. No sea que al alzar tus ojos al cielo y al ver el sol, la luna y las estrellas, es decir, todo el ejército del cielo, seas desviado a postrarte ante ellos y a rendir culto a cosas que el Señor tu Dios ha asignado a todos los pueblos de debajo del cielo. (Dt 4:15-19 RVA-2015)

Hay algunos sucesos comunes en la vida humana que nos ayudan a entender este atributo de los celos de Dios. Nos molesta que alguien mienta sobre nosotros, porque no queremos que otros piensen mal de nosotros. O nos parece bastante molesto que alguien nos tome una foto y luego la edite para que parezcamos feos, para mostrarnos cometiendo algún acto pecaminoso o para representarnos inadecuadamente de alguna otra manera.

¡Cuánta mayor tristeza y cólera, debe experimentar el infinitamente sabio y puro Creador de todas las cosas, cuando sus criaturas lo representan inadecuadamente y lo deshonran! Esto nos ayuda a entender que los celos de Dios por su propio honor son *algo bueno* y es uno de sus santos atributos. Deberíamos darnos cuenta de lo importante que es para Dios que pensemos en Él correctamente y de lo mucho que le disgusta que pensemos, hablemos de Él y lo representemos de manera incorrecta.

Dios no quería ser deshonrado en la época de Moisés (1440 a. C.) y no quiere ser deshonrado hoy ni nunca. Por lo tanto, este mandamiento significa que las personas de todas las culturas y todos los tiempos de la historia, no deben hacer esculturas o pinturas intentando representar al Dios invisible.

Esta aseveración probablemente provoque que muchas personas piensen en una de las creaciones artísticas más asombrosas del mundo, la magnífica serie de pinturas de Miguel Ángel en el techo de la Capilla Sixtina del Vaticano. El techo irradia el genio artístico de Miguel Ángel. Sin embargo, cerca del centro está el famoso retrato de Dios estirando su dedo para tocar el dedo extendido de Adán, en el momento que Dios lo creó. Esta es una pintura del Dios invisible representado como hombre. Aunque me asombra la habilidad artística de Miguel Ángel y aunque creo que sus *motivos* eran buenos (comunicar a las personas los eventos de la Biblia por medio de sus pinturas)[2], también pienso que esta pintura de Dios infringe el segundo mandamiento. Considerando especialmente Deuteronomio 4:15-17, no creo que Dios esté satisfecho al ser representado como un anciano con cabello blanco y abundante barba[3].

2. La cuestión de la equidad de Dios. Este segundo mandamiento también contiene una declaración de las consecuencias que sufrirán los hijos o nietos de aquellos que adoran ídolos:

> No te harás imagen, ni ninguna semejanza de lo que esté arriba en el cielo ni abajo en la tierra ni en las aguas debajo de la tierra. No te inclinarás ante ellas ni les rendirás culto, porque yo soy el SEÑOR tu Dios, un Dios celoso que castigo la maldad de los padres sobre los hijos, sobre la tercera y sobre la cuarta generación de los que me aborrecen. Pero muestro misericordia por mil generaciones a los que me aman y guardan mis mandamientos. (Ex 20:4-6 RVA-2015)

A veces las personas se preguntan cómo puede ser justo que Dios castigue a los hijos y nietos por los pecados de sus padres.

En respuesta, hay que decir que uno de los aspectos más detestables del pecado es que a menudo trae un daño permanente no solo para el pecador, sino también para las personas que lo rodean. Podemos observar este patrón en la vida diaria:

---

[2] Ver cap. 6, pág. 149, para la diferencia entre los motivos de una acción y la acción misma.

[3] En dos ocasiones he visto el techo de la Capilla Sixtina y estuve impresionado por su escala y belleza. Creo que es posible diferenciar entre (1) *crear* una imagen de Dios, (2) *adorar* una imagen de Dios y (3) *mirar* una imagen de Dios como observador. Creo (1) y (2) son incorrectos, pero (3) no suele ser incorrecto. También he visitado un gran templo hindú en la India que tenía cientos de ídolos y, en ese caso, me pareció que la calidad artística era pobre. Sin embargo, no creo que haya estado mal observar a este ídolo, siempre y cuando no empezara a adorarlo o a pensar que me estaba mostrando cómo es Dios (ver Hechos 17:16, 22-23).

los hijos de padres abusivos son más propensos a volverse abusivos en la adultez y los hijos de padres alcohólicos son más propensos a volverse alcohólicos. Incluso cuando ese comportamiento pecaminoso no es imitado directamente por la siguiente generación, a menudo quedan cicatrices emocionales y el daño causado por el pecado se prolonga durante más de una generación. A veces se ve incluso hasta "la cuarta generación" (bisnietos).

Pero también hay que decir que hay esperanza para las personas de cada generación que se conviertan a Dios. No debemos leer el versículo 5 por separado, sino que debemos relacionarlo con el versículo 6. Este pasaje muestra dos grupos de personas: *"los que me aborrecen"* (v. 5) y *"los que me aman y cumplen mis mandamientos"* (v. 6). Una persona de la primera, segunda o tercera generación posterior a un padre profundamente pecador puede dirigirse a Dios en arrepentimiento, pidiendo perdón. En ese caso, la persona arrepentida es cambiada de la categoría de "los que me aborrecen" a la categoría de "los que me aman y cumplen mis mandamientos" y ya no se aplica la perennidad del pecado a los descendientes de "los que aborrecen" a Dios (v. 5). Ahora esta persona está en la categoría de a quienes Dios trata "con misericordia infinita"[4] y puede comenzar a conocer una creciente libertad de los anteriores patrones de comportamiento pecaminoso.

C. APLICACIÓN EN LA VIDA

1. Este mandamiento también prohíbe imágenes mentales de Dios. Cuando Jesús enseñó sobre algunos de los Diez Mandamientos, explicó que a Dios no solo le preocupa nuestras acciones externas, sino también la obediencia en lo más profundo de nuestros corazones (ver Mt 5:21-30). Esto se debe a que "el hombre mira lo que está delante de sus ojos, pero el SEÑOR mira el corazón" (1 S 16:7 RVA-2015; ver también Sal 51:10).

Por lo tanto, no solo debemos abstenernos de hacer estatuas de madera o metal para representar a Dios. También debemos abstenernos de pensar en Dios, de tal manera que nos imaginemos que tiene un cuerpo físico o que se parece a un hombre o a alguna otra parte de la creación. No debemos pensar que Dios Padre tiene algún tipo de forma física[5].

Entonces, ¿cómo debemos pensar sobre Dios cuando le oramos? A pesar de que no está mal pensar acerca de Jesucristo como hombre (ver más adelante), no debemos pensar en Dios Padre en la forma *"ni semejanza alguna* de lo que está arriba en el cielo, ni abajo en la tierra, ni en las aguas debajo de la tierra" (Ex 20:4). Simplemente debemos pensar en Él como una *presencia espiritual,* una presencia

---

[4] La frase en el v. 6 también se puede traducir: "a millares" (según las versiones en inglés ESV mg, NRSV); muchas otras traducciones dicen: "por mil generaciones" (según las versiones en inglés HCSB, NET, NIV, NLT). El texto hebreo literalmente dice: "por mil", pero esto sigue inmediatamente después de mencionar a "la tercera y cuarta generación", por lo tanto, en estas traducciones se entendió que significa "por mil (generaciones)".

[5] Los mormones contradicen esta enseñanza cuando afirman que incluso Dios Padre en algún tiempo tuvo un cuerpo físico como ser humano.

sin cuerpo físico. Y debemos pensar de la misma manera en el Espíritu Santo, como un ser espiritual que está presente con nosotros, pero que no tiene forma física.

2. Pero este mandamiento no prohíbe las imágenes de Cristo. Cuando abordamos el tema de Cristo, nos enfrentamos a una situación diferente. Ciertamente no está mal *pensar en Cristo* como cuando existió en la tierra en forma humana, porque *vivió en la tierra como hombre* por aproximadamente 33 años. Pensar en Él en forma humana no *lo representa inadecuadamente,* sino que lo representa de manera auténtica. Por lo tanto, la razón bíblica para no hacer ninguna imagen de Dios, "pues ninguna imagen vieron el día que el Señor les habló en Horeb de en medio del fuego" (Dt 4:15 RVA-2015), no aplica para Jesús. De hecho, las personas sí vieron una "forma" humana cuando Jesús caminó entre ellos, porque existió en un cuerpo humano de verdad. Sería incorrecto leer las historias del Evangelio de Jesús y no pensar en Él como un hombre real con un cuerpo humano.

Pero si no es incorrecto crear *imágenes mentales* de Jesús en nuestras mentes, entonces no puede ser incorrecto retratar a Cristo como un hombre en cosas como pinturas y esculturas también. No me parece incorrecto representar a Jesús como un hombre en los libros de cuentos bíblicos para niños, en todo tipo de pinturas artísticas, etc. No me parece incorrecto que un bebé represente a Jesús como bebé en una obra navideña en una iglesia. Y tampoco me parece incorrecto que un actor represente a Jesús en una película, siempre y cuando no lo represente pecando de alguna manera y no lo haga de manera irrespetuosa o falsa. Jesús vivió entre nosotros como hombre y es correcto pensar en Él y representarlo como un auténtico hombre.

En nuestras oraciones, es ciertamente aceptable pensar en Jesús como un hombre aún en la actualidad, porque resucitó de entre los muertos en Su cuerpo físico (aunque era un cuerpo de resurrección perfecto; ver Lucas 24:38-43, 50-51). Hoy en día, sigue existiendo en el cielo como Dios y hombre unidos en una persona y las Escrituras nos animan a pensar en Él como nuestro "sumo sacerdote fiel y misericordioso al servicio de Dios" (He 2:17 NVI). Además, debemos pensar en Él como alguien que ha sido tentado al igual que nosotros y, por lo tanto, entiende nuestra situación:

> Porque no tenemos un sumo sacerdote que no pueda compadecerse de nuestras debilidades, sino uno que fue tentado *en todo según nuestra semejanza,* pero sin pecado. Acerquémonos, pues, confiadamente al trono de la gracia, para alcanzar misericordia y hallar gracia para el oportuno socorro. (He 4:15-16)

3. Este mandamiento no prohíbe todas las artes visuales. Al leer por primera vez este mandamiento, un intérprete podría tomar el versículo 4: "No te harás imagen, ni semejanza alguna de lo que está arriba en el cielo, ni abajo en la tierra, ni en las aguas debajo de la tierra", como un mandamiento independiente que prohíbe todas las artes visuales que representen seres vivos en el mundo natural[6].

---

[6] Un ejemplo de dicha prohibición se encuentra en el Islam. El experto islámico Al Fadi me informó

Pero una prohibición tan estricta de todas las imágenes de las cosas creadas malinterpreta la fuerza de este mandamiento. El versículo 4 no debe tomarse por sí solo, sin tener en cuenta su relación con la primera parte del versículo 5: "No te inclinarás ante ellas, ni las honrarás". Tomados juntos, la razón que se da tanto para (1) "No te harás imagen…" como para (2) "No te inclinarás ante ellas, ni las honrarás" son los celos de Dios: "porque yo soy el SEÑOR tu Dios, un Dios celoso". Dios no quiere que las personas hagan imágenes visuales con el fin de adorarlas o para transmitir la idea: "Así es Dios". Cualquier forma física que represente a Dios lo deshonrará. Pero hasta ahí llega el mandamiento; no prohíbe *todas* las artes visuales.

Otra razón por la que sabemos que este mandato no prohíbe todas las representaciones artísticas de los seres vivos es que Dios mismo ordenó al pueblo de Israel que hiciera imágenes de algunas partes de la creación. Por ejemplo, les dijo explícitamente que algunas partes del candelabro del tabernáculo debían hacerse como flores de almendro:

Entonces harás un candelabro de oro puro [...] *tres copas en forma de flor de almendro* en un brazo, con un cáliz y una flor; y tres copas en forma de flor de almendro en el otro brazo, con un cáliz y una flor; así en los seis brazos que salen del candelabro. (Ex 25:31-33 NBLA)

Además, Dios ordenó que los adornos de las prendas sacerdotales que llevaría Aarón incluyeran imágenes de granadas:

Y en sus orlas harás *granadas* de azul, púrpura y carmesí alrededor, y entre ellas campanillas de oro alrededor. Una campanilla de oro y una granada, otra campanilla de oro y otra granada, en toda la orla del manto alrededor. (Ex 28:33-34)

Más sorprendente aún es la orden de hacer imágenes de criaturas celestiales invisibles, los querubines. Estas imágenes debían estar cubiertas de oro y debían cubrir el arca de la alianza en el Lugar Santísimo del tabernáculo:

Harás también dos querubines de oro; labrados a martillo los harás en los dos extremos del propiciatorio. Harás, pues, un querubín en un extremo, y un querubín en el otro extremo; de una pieza con el propiciatorio harás los querubines en sus dos extremos. Y los querubines extenderán por encima las alas, cubriendo con sus alas el propiciatorio; sus rostros el uno enfrente del otro, mirando al propiciatorio los rostros de los querubines. (Ex 25:18-20)

Por lo tanto, si Dios *ordenó* hacer tales obras de arte que representan realidades

---

(en un correo electrónico personal) que "el Islam permite las obras de arte de estilo geométrico o arquitectónico" y la caligrafía, pero no permite "ninguna representación de seres humanos, animales o cualquier ser vivo". Por esta razón, la única obra de arte visual que se ve en las mezquitas es la escritura árabe y los diseños geométricos.

terrestres y celestiales, no puede estar prohibiendo tal acción en el segundo mandamiento. El segundo mandamiento significa: "No harás ninguna imagen ni ninguna semejanza [...] para postrarte ante ellas o para representarme por medio de ellas".

PREGUNTAS PARA REFLEXIONAR

1. ¿Suele tener una imagen mental de Dios Padre cuando le ora? ¿De Jesucristo? ¿Del Espíritu Santo?
2. ¿Le alegra que Dios sea celoso por su propio honor o le incomoda esta idea?
3. Cuando ve a Jesucristo representado en pinturas o películas, ¿esto es útil o perjudicial para su vida espiritual?

TÉRMINOS ESPECIALES

imagen
imagen mental

BIBLIOGRAFÍA

Otras fuentes de referencia sobre ética

(ver datos bibliográficos completos, pág. 64)

Frame, 450-63
McQuilkin y Copan, 195-99

Otras obras

Barrs, Jerram. *Echoes of Eden: Reflections on Christianity, Literature, and the Arts* [Ecos del Edén: Reflexiones sobre el cristianismo, la literatura y las artes]. Wheaton, Illinois: Crossway, 2013.

Gaebelein, Frank Ely y D. Bruce Lockerbie. *The Christian, the Arts, and Truth: Regaining the Vision of Greatness* [El cristiano, las artes y la verdad: Recuperar la visión de la grandeza]. Portland, Oregón: Multnomah, 1985.

Rookmaaker, H. R. *Modern Art and the Death of a Culture* [El arte moderno y la muerte de una cultura]. Downers Grove, Illinois: InterVarsity, 1970.

Rosner, Brian S. *"Idolatry"* ["Idolatría"]. In Dictionary of Scripture and Ethics [Diccionario de Escritura y Ética], editado por Joel B. Green, págs. 392-94. Grand Rapids, Michigan: Baker, 2011.

Schaeffer, Francis A. *Art and the Bible: Two Essays* [El arte y la Biblia: Dos ensayos]. L'abri Special. Londres: Hodder y Stoughton, 1973.

Thistlethwaite, David. *The Art of God and the Religions of Art* [El arte de Dios y las religiones del arte]. Carlisle, Inglaterra: Solway, 1998.

Wolterstorff, Nicholas. *Art in Action: Toward a Christian Aesthetic* [El arte en acción: Hacia una estética cristiana]. Grand Rapids, Michigan: Eerdmans, 1996, 2010.

PASAJE BÍBLICO PARA MEMORIZAR

Éxodo 20:4-6: No te harás imagen, ni ninguna semejanza de lo que esté arriba en el cielo, ni abajo en la tierra, ni en las aguas debajo de la tierra. No te inclinarás a ellas, ni las honrarás; porque yo soy Jehová tu Dios, fuerte, celoso, que visito la maldad de los padres sobre los hijos hasta la tercera y cuarta generación de los que me aborrecen, y hago misericordia a millares, a los que me aman y guardan mis mandamientos.

HIMNO

"¡Alabad al gran rey!"

Solemnes resuenen las voces de amor
con gran regocijo tributen loor al rey soberano,
al buen salvador; dignísimo es él del más alto honor.

Coro:
¡Alabad, alabad, alabad al gran Rey!
¡Adorad, adorad, adoradle su grey!
Es nuestro escudo, baluarte y sostén el Omnipotente por siglos. Amén.

Su amor infinito, ¿qué lengua dirá?
y ¿quién sus bondades jamás sondeará?
Su misericordia no puede faltar,
mil himnos alaben su nombre sin par.

Inmensa la obra de Cristo en la cruz,
enorme la culpa se ve por su luz.
Al mundo él vino, nos iluminó,
y por nuestras culpas el Justo murió.
Velad, fieles todos, velad con fervor,

que viene muy pronto Jesús, el Señor.
Con notas alegres vendrá a reinar;
a su eterna gloria os ha de llevar.

AUTOR: FANNY CROSBY, 1820-1915

Capítulo 11

PUREZA DEL HABLA

¿Qué significa tomar el nombre de Dios "en vano"?
¿Qué pautas nos dan las Escrituras con respecto al lenguaje obsceno, los juramentos, los votos y el discurso humorístico?

El tercer mandamiento dice:

> No tomarás el nombre de Jehová tu Dios en vano; porque no dará por inocente Jehová al que tomare su nombre en vano. (Ex 20:7)

A. EL SIGNIFICADO DEL MANDAMIENTO

1. El significado de "nombre". En la actualidad, un nombre es sobre todo una etiqueta para identificar a una persona y diferenciarla de los demás. No solemos pensar que describe el carácter de la persona.. Sin embargo, en la Biblia, el "nombre" de una persona usualmente tiene que ver con su carácter o reputación. Por lo tanto, Proverbios dice:

> De más estima es el *buen nombre* que las muchas riquezas, Y la buena fama más que la plata y el oro. (Pr 22:1)

De hecho, a veces Dios cambiaba los nombres de las personas para designarles nuevos roles que tendrían o para dar descripciones más precisas de quiénes eran:

> Ya no se llamará más tu nombre Abram; tu nombre será Abraham, pues te he constituido en padre de una multitud de naciones. (Gn 17:5 RVA-2015; "Abraham" significa "padre de las multitudes")

> Dios dijo también a Abraham: A Sarai tu mujer no la llamarás más Sarai; Sara será su nombre. (Gn 17:15 RVA-2015; "Sara" significa "princesa")

> Y dará a luz un hijo, y llamarás su nombre Jesús, porque él salvará a su

pueblo de sus pecados. (Mt 1:21; "Jesús" es la forma griega del nombre hebreo "Joshua", que significa "el Salvador")

Por lo tanto, el "nombre" de Dios no solo se refiere a Su nombre (como "Dios" o "el Señor") en un sentido estricto, sino que también a *todo lo que se ha dicho sobre Dios* en términos de su carácter o reputación. Este mandamiento nos dice que es muy importante para Dios cómo hablamos de Él.

2. El significado de "Tomar [...] en vano". La frase traducida "tomar [...] en vano" representa una combinación de dos palabras hebreas, la palabra común *nāśā'*, que significa "levantar, llevar", y la palabra *shāwe'*, que significa "vacío, nada, vanidad". En un sentido extremadamente literal, el mandato se podría traducir: "No levantarás el nombre del Señor tu Dios a la ligera (o al vacío, a la vanidad)".

3. El mandato prohíbe los usos insensatos o insignificantes del nombre de Dios. Por lo tanto, este mandato en su significado más básico prohíbe usar el nombre de Dios (o cualquiera de Sus nombres, como "Dios", "el Señor", "Jesús" o "Cristo") de forma descuidada o irreverente.

La forma en que la sociedad usa el nombre de Dios es un reflejo de la forma en que la sociedad piensa sobre Él. Cuanto más una sociedad se aleja de Dios, es más común escuchar a las personas usar Su nombre simplemente como una maldición o como una expresión de sorpresa, frustración o disgusto. La expresión "¡Oh, por Dios! (u "OPD") es muy común, incluso se escucha en las conversaciones de niños y las personas usan "¡Jesucristo!" como una exclamación de uso general sin pensar en el mismísimo Jesús en ningún momento.

Pero si en la Biblia un nombre también se refiere *a toda la reputación de una persona*, entonces este mandato también prohíbe *cualquier* discurso falso, indigno o irreverente sobre Dios. Por lo tanto, este mandato nos reta a considerar cómo hablamos acerca de Dios en cualquier momento que hablamos sobre Él. ¿Estamos bastante sorprendidos como para poder pronunciar el nombre de Dios?[1] ¿Hay mucha reverencia en nuestros corazones cuando hablamos de Él?.

Cuando oramos, ¿tenemos mucha reverencia por Dios, nos sentimos muy intimidados por Su majestad? (Durante años he tratado de evitar el lenguaje y la entonación "eclesiásticos" al orar en voz alta con otras personas y, como resultado, mis oraciones suenan como una conversación ordinaria, pero reconozco el peligro de que mis oraciones se vuelvan demasiado informales y carezcan de la

---

[1] En la actualidad, algunos judíos ni siquiera dicen el nombre de Dios. Se refieren a Él vagamente como "El Todopoderoso", "el de arriba" o *"Hashem"*, que en hebreo significa "el Nombre". Ver Rabino Baruch S. Davidson, *"Why Jews Don't Say Jesus Name"* ["Por qué los judíos no pronuncian el nombre de Dios"] https://www.chabad.org/library/article_cdo/aid/1443443/jewish/Why-Dont-Jews-Say-Gds-Name.htm

Además, algunos judíos observantes evitan escribir casualmente cualquier nombre de Dios porque temen que el nombre escrito pueda ser desfigurado, borrado o destruido accidentalmente o por alguien que lo ignore. Ver *"Jewish Concepts: The Name of God"* ["Conceptos judíos: El nombre de Dios"], http://www.jewishvirtuallibrary.org/the-name-of-god. La Biblia no apoya esta idea porque usa el nombre de Dios muchos miles de veces, pero se puede apreciar el intento de ser respetuoso.

reverencia apropiada). También hay cierto peligro en el humor cuando se trata de Dios. Hablando de manera personal, casi siempre me siento incómodo cuando las personas hacen bromas sobre Dios o Jesús, o cuando dicen cosas cómicas o tontas que Dios supuestamente está haciendo en el mundo.

Otras vulneraciones a este mandamiento ocurren cuando las personas hablan mal sobre Dios y deshonran Su reputación. Algunos dicen que Dios es malo, que no es digno de alabanza o que es injusto o inequitativo. Otros promueven falsas religiones, enseñando que Dios es ausente o cruel, que no se le puede conocer o que Su Palabra (la Biblia) no es digna de confianza. Algunos en realidad se burlan de Dios y otros deshonran gravemente a Jesús al representarlo de manera pecaminosa en programas de televisión, obras de teatro, películas, pinturas o esculturas.

Compare estas vulneraciones del mandamiento con la adecuada y correcta reverencia hacia Dios que mostró Moisés:

> Y pasando Jehová por delante de él, proclamó: ¡Jehová! ¡Jehová! fuerte, misericordioso y piadoso; tardo para la ira, y grande en misericordia y verdad; que guarda misericordia a millares, que perdona la iniquidad, la rebelión y el pecado, y que de ningún modo tendrá por inocente al malvado; que visita la iniquidad de los padres sobre los hijos y sobre los hijos de los hijos, hasta la tercera y cuarta generación. *Entonces Moisés, apresurándose, bajó la cabeza hacia el suelo y adoró.* (Ex 34:6-8)

O compare la respuesta de Job después de que Dios se revelara ante él:

> De oídas te había oído;
> Mas ahora mis ojos te ven.
> Por tanto me aborrezco
> y *me arrepiento en polvo y ceniza.* (Job 42:5-6)

O compare la respuesta de Isaías cuando vio al Señor en el cielo:

> Entonces dije: *"¡Ay de mí! que soy muerto; porque siendo hombre inmundo de labios, y habitando en medio de pueblo que tiene labios inmundos,* han visto mis ojos al Rey, Jehová de los ejércitos". (Is 6:5)

En el libro de Apocalipsis, los habitantes del cielo con frecuencia son vistos postrándose ante Dios y adorando:

> Y todos los ángeles estaban en pie alrededor del trono, y de los ancianos y de los cuatro seres vivientes, y *se postraron sobre sus rostros delante del trono, y adoraron a Dios.* (Ap 7:11)

Algo más grave que el uso irrespetuoso del nombre de Dios es la maldición intencional o la blasfemia contra Dios. Esta fue la tentación de Job cuando su esposa le dijo: "Maldice a Dios y muérete" (Job 2:9), pero resistió la tentación y "en todo esto no pecó Job con sus labios" (v. 10). Sin embargo, cuando los malvados en el libro del Apocalipsis experimentan el derramamiento de la ira de Dios sobre la tierra, en lugar de arrepentirse y dar gloria a Dios, lo siguen maldiciendo:

Y los hombres se quemaron con el gran calor, y blasfemaron el nombre de Dios, que tiene poder sobre estas plagas, y no se arrepintieron para darle gloria. [...] y mordían de dolor sus lenguas, y blasfemaron contra el Dios del cielo por sus dolores y por sus úlceras, y no se arrepintieron de sus obras. (Ap 16:9-11)

4. En un sentido más amplio, este mandamiento cubre toda la vida. Cuando la Biblia dice que Dios nos creó "a su imagen" (Gn 1:27), significa que nos hizo para que seamos como Él y para que también lo representemos en la tierra[2]. Esto implica que toda nuestra vida "proclama" algo acerca de nuestro Creador, incluso cuando no lo digamos con palabras concretas. Es por esto que Dios quiere que imitemos Su carácter moral en nuestras vidas (ver el análisis en el cap. 10, pág. 281). El autor de Proverbios 30 se dio cuenta de eso y oró para que Dios le impidiera robar, porque si robaba algo deshonraría a Dios:

[No sea que me sacie] O que siendo pobre, hurte,
> *Y blasfeme el nombre de mi Dios. (Pr 30:9)*

Pedro también animó a sus lectores a que la forma en que respondieran ante el sufrimiento les diera la oportunidad de glorificar a Dios:

Si sois vituperados por el nombre de Cristo, sois bienaventurados, porque el glorioso Espíritu de Dios reposa sobre vosotros. [...] Así que, ninguno de vosotros padezca como homicida, o ladrón, o malhechor, o por entremeterse en lo ajeno; *pero si alguno padece como cristiano, no se avergüence, sino glorifique a Dios por ello.* (1 P 4:14-16)

La conclusión es que, en un sentido más amplio, todo pecado cometido por los seres humanos infringe el tercer mandamiento, porque cuando una persona peca, un portador de la imagen de Dios lo está representando de una manera incorrecta o pecaminosa. Esto es especialmente cierto en el caso de los cristianos, porque llevamos el nombre "cristiano" y así la gente relaciona más fácilmente lo que hacemos con la reputación de nuestro Señor Jesucristo.

En términos prácticos, esta comprensión del mandamiento significa que si actúo de manera justa y equitativa, estoy proclamando que Dios, mi Creador y Señor, es justo y equitativo. Si actúo con bondad y misericordia, estoy proclamando que Dios es bondadoso y misericordioso. Pero si miento, estoy proclamando que mi Dios es mentiroso y no se puede confiar en Él. Si soy cruel y vengativo, estoy proclamando que mi Dios también es cruel y vengativo. Este punto de vista nos ayuda a entender por qué Dios se toma el pecado tan en serio y por qué debe ser castigado. Todo pecado deshonra a Dios.

---

[2] Ver Wayne Grudem, *Systematic Theology: An Introduction to Biblical Doctrine* [Teología sistemática: Introducción a la doctrina bíblica] (Leicester, Reino Unido: InterVarsity y Grand Rapids, Michigan: Zondervan, 1994), págs. 442-50.

B. CATEGORÍAS DEL HABLA OFENSIVA

El mandamiento contra tomar el nombre de Dios en vano naturalmente sugiere que consideremos la idea algo más amplia de la pureza de nuestra habla en general[3]. Por lo tanto, en esta parte analizaré tres categorías del habla que se consideran ofensivas en la actualidad, al menos hasta cierto punto. (Estaré analizando el uso de palabras en el mundo angloparlante, especialmente del inglés americano, hasta donde lo entiendo). Cuando digo que estas categorías de habla son "consideradas ofensivas", me refiero a que, por ejemplo, estas son expresiones que normalmente evitarían los conductores y reporteros de la televisión nacional y que (normalmente) no utilizarían los políticos en discursos públicos, ni los profesores de las escuelas públicas en sus lecciones, ni los pastores en sus sermones. También son palabras que la mayoría de los padres les enseñarían a sus hijos a no decir.

Las tres categorías del habla son:

1. Tomar el nombre de Dios en vano (esto significa, usar el nombre de Dios de una manera deshonrosa).
2. Maldecir (expresar el deseo de que alguien esté maldito o condenado).
3. Utilizar lenguaje obsceno o impuro (utilizar palabras ofensivas relacionadas al uso del cuarto de baño o actividades sexuales).

1. Tomar el nombre de Dios en vano. En la categoría de "tomar el nombre de Dios en vano", incluyo cualquier uso del nombre de Dios de forma irrespetuosa o deshonrosa, como expliqué anteriormente. Este tipo de habla está directamente prohibido por el tercer mandamiento. Ningún cristiano en ninguna circunstancia debe hacer este mal uso del nombre de Dios. Hacerlo es un pecado directo contra Dios.

Debido a que las normas morales de Dios como se revelan en la Biblia son aplicables para todas las personas creadas por Él, no solo a los cristianos, también es incorrecto que los no cristianos utilicen este tipo de habla, porque Dios lo toma como un pecado contra Él. Sin embargo, como creo que el "César" no debe tener jurisdicción sobre "lo que es de Dios" (Mt 22:21), no creo que los gobiernos civiles deban hacer cumplir las leyes relacionadas a las prácticas y creencias religiosas, sino que deben proteger la libertad de religión. Por lo tanto, no creo que ningún gobierno civil de la actualidad deba promulgar leyes contra tales perjurios públicos o "blasfemias" contra Dios.

Como vimos anteriormente, el Pacto de Moisés ha llegado a su fin y ahora vivimos bajo el nuevo pacto. En la actualidad, el pueblo de Dios no constituye una nación separada (como el pueblo de Israel hizo en el período del Antiguo Testamento) y, por lo tanto, muchas de las leyes que Dios dio para el gobierno civil

---

[3] No pretendo analizar todos los tipos de habla incorrecta, porque eso requeriría un análisis mucho más extenso. Otros tipos de habla incorrecta incluirían cosas como el chisme, la calumnia, la incitación a la actividad criminal, la promoción de falsas religiones, el habla severa o cruel, el maldecir a otras personas y el habla deshonesta. Santiago dice: "Si alguno no ofende en palabra, éste es varón perfecto, capaz también de refrenar todo el cuerpo" (Santiago 3:2).

de la nación de Israel ya no deberían estar vigentes para los gobiernos civiles de hoy (ver el análisis en el cap. 8, pág. 219). La ley de Moisés contra la blasfemia es un buen ejemplo de una ley del antiguo pacto que Dios no pretende que los gobiernos civiles apliquen hoy:

> Y a los hijos de Israel hablarás, diciendo: Cualquiera que maldijere a su Dios, llevará su iniquidad. *Y el que blasfemare el nombre de Jehová, ha de ser muerto;* toda la congregación lo apedreará; así el extranjero como el natural, si blasfemare el Nombre, que muera. (Lv 24:15-16)

Volviendo al asunto del habla personal de los cristianos, a veces una persona muy íntegra plantea la pregunta de si también es incorrecto utilizar sustitutos comunes del nombre de Dios. Por ejemplo, alguien podría decir: *"Oh my gosh"* en vez de *"Oh my God"*[4]. ¿Esta también es una práctica que deben *evitar* los cristianos?

En este sentido, hay espacio para diferentes opiniones. Cuando escucho a alguien decir *"Oh my gosh"*, con frecuencia entiendo que significa que la persona está intentando *evitar* usar el nombre de Dios en vano y lo aprecio. Lo escucho como un intento de reverencia y no como una expresión irreverente. Por otra parte, cuando yo hablo, utilizo otras expresiones alternativas, tales como *"My goodness!"* en vez de *"Oh my gosh"*, probablemente porque *"Oh my gosh"* es todavía muy parecido a *"Oh my God"*. Aun así, me parece que se trata de un área en la que hay una amplia gama de conclusiones legítimas para los cristianos con respecto a su propio habla personal.

El factor decisivo aquí es entender qué significan las palabras cuando se hablan. El significado de una palabra es lo que *en el momento* significa para el hablante y para los oyentes y, a veces, es diferente de su origen histórico. Por poner un ejemplo obvio, para cualquiera que hable inglés hoy en día, la palabra *Tuesday* no significa "día de Zeus", ni la palabra *Thursday* significa "día de Thor", a pesar de que esos eran los significados originales de las palabras. Por lo tanto, la pregunta adecuada no es si *"Oh my gosh"* en un momento dado era un sustituto de *"Oh my God"*. La pregunta adecuada es si realmente significa *"Oh my God"* para las personas de hoy cuando la escuchan. No creo que sea así.

2. Maldecir. Las palabras en esta categoría son deseos o expresiones de condena o el juicio de Dios sobre una persona. Al estar molesto, alguien podría decir: "¡Vete al in****!" o algo mucho más fuerte, expresando un destino al que el hablante desea que la persona vaya.

Los autores del Nuevo Testamento son bastante claros al decir que esas maldiciones a otras personas no son parte del habla cristiana. Pablo dice:

> Bendecid a los que os persiguen; bendecid, y no *maldigáis*. (Ro 12:14) .

---

[4] N. del T.: Se optó por dejar la traducción literal del inglés ya que no existe un equivalente en español. Tanto "Oh my gosh" como "Oh my God" significan "Oh por Dios", "Oh, Dios mío", "Oh, mi Dios".

[5] Santiago también indica que está mal que incluso los ángeles maldigan a seres malignos como los demonios, porque dice: "Pero cuando el arcángel Miguel contendía con el diablo, disputando con él por

Santiago dice algo parecido:

> Pero ningún hombre puede domar la lengua, que es un mal que no puede ser refrenado, llena de veneno mortal. Con ella bendecimos al Dios y Padre, y con *ella maldecimos a los hombres, que están hechos a la semejanza de Dios.* De una misma boca proceden bendición y maldición. Hermanos míos, *esto no debe ser así.* (Santiago 3:8-10)

Por último, Pedro da el ejemplo de Jesús, quien se abstuvo de maldecir a las personas que lo estaban maltratando y matando:

> Pues para esto fuisteis llamados; porque también Cristo padeció por nosotros, dejándonos ejemplo, para que sigáis sus pisadas; el cual no hizo pecado, ni se halló engaño en su boca; *quien cuando le maldecían, no respondía con maldición;* cuando padecía, no amenazaba, sino encomendaba la causa al que juzga justamente. (1 P 2:21-23)

¿Pero qué pasa si alguien nos maldice? ¿Deberíamos temer a que una maldición que alguien grite contra nosotros en realidad nos dañe de forma espiritual o física? El escritor de Proverbios nos asegura que no tendrá efecto en nosotros:

> Como el gorrión sin rumbo o la golondrina sin nido, *la maldición sin motivo jamás llega a su destino.* (Pr 26:2 NVI)

Cuando el Rey David y sus leales súbditos huían de Jerusalén ante la invasión militar del hijo rebelde de David, Absalón, un hombre desagradable llamado Simei comenzó a maldecir a David y a lanzarle piedras desde lejos (2 S 16:5-8). Entonces David expresó su esperanza de que Dios les trajera en realidad a él y a sus hombres bendiciones en lugar de las maldiciones que Simei estaba gritando contra él:

> Quizá mirará Jehová mi aflicción, *y me dará Jehová bien por sus maldiciones de hoy.* (2 S 16:12)

Por lo tanto, no debemos temer que Dios o algún demonio nos harán daño solo porque algún enemigo ha lanzado furiosamente una maldición contra nosotros.

Sin embargo, las personas pueden experimentar heridas emocionales por haber recibido palabras de enojo de otra persona y, en ese caso, la curación de las heridas emocionales a menudo requerirá de oración, ya sea a solas o con otra persona que pueda orar y ministrar a la persona que ha sido herida:

> Hay hombres cuyas palabras son como golpes de espada; *Mas la lengua de los sabios es medicina.* (Pr 12:18)

Si somos maldecidos, Pedro hace énfasis en que no debemos decir una maldición en respuesta, sino que debemos dar una bendición y Dios nos bendecirá a cambio:

---

el cuerpo de Moisés, no se atrevió a proferir juicio de maldición contra él, sino que dijo: El Señor te reprenda" (Judas 1:9).

No devolviendo mal por mal, *ni maldición por maldición, sino por el contrario, bendiciendo,* sabiendo que fuisteis llamados para que heredaseis bendición. (1 P 3:9)

La clave para poder devolver bendición por maldición es poner toda la situación en manos de Dios, incluyendo aquella cuestión del juicio justo al malhechor. Esto es lo que Pablo estaba haciendo cuando dijo: "Alejandro el calderero me ha causado muchos males; *el Señor le pague conforme a sus hechos*" (2 Ti 4:14). Creo que esto es también lo que hacía Jesús cuando fue injustamente calumniado y finalmente crucificado, pues Pedro nos dice:

Quien cuando le maldecían, no respondía con maldición; cuando padecía, no amenazaba, sino *encomendaba la causa al que juzga justamente.* (1 P 2:23)[6]

3. Utilizar lenguaje obsceno o impuro. Esta tercera categoría es diferente a la primera (tomar el nombre de Dios en vano, lo cual siempre está mal) y la segunda (maldecir a alguien, lo cual siempre está mal). Esta categoría consiste en un grupo de palabras que generalmente la sociedad considera ofensivas. Estas son palabras que muchas personas evitan usar porque la mayoría de oyentes pensarán que son obscenas o "sucias".

En este caso, las preguntas éticas son qué tipo de reputación queremos tener, si es prudente buscar una reputación por medio de un lenguaje limpio en lugar de impuro, y si el uso de lenguaje obsceno traerá cierta medida de desaprobación sobre el evangelio que representamos (a menudo lo hace).

Este tipo de habla es probablemente lo que Pablo tenía en mente cuando dijo:

Tampoco debe *haber palabras indecentes, conversaciones necias ni chistes groseros,* todo lo cual está fuera de lugar; haya más bien acción de gracias. (Ef 5:4 NVI)

Ninguna *palabra corrompida* salga de vuestra boca, sino la que sea buena para la necesaria edificación, a fin de dar gracia a los oyentes. (Ef 4:29)

Pablo anima a los "siervos", quienes trabajan para otros, a que su conducta se debe caracterizar "mostrándose fieles en todo, para que *en todo adornen la doctrina de Dios nuestro Salvador*" (Tito 2:10). Ciertamente esto incluiría el discurso.

También anima a los cristianos a tener un mayor nivel de pureza no solo de su habla, sino también de su pensamiento:

---

[6] Esta idea es similar al sentido de las indicaciones de Pablo en Ro 12:19 ("No os venguéis vosotros mismos, amados míos, sino dejad lugar a la *ira de Dios*") cuando se combina con Ro 13:4, que dice que la autoridad del gobierno civil "es servidor de Dios, vengador para castigar al que hace lo malo". Cuando los cristianos fueron gravemente agraviados por una actividad delictiva, Pablo les animó a no buscar la venganza personal, sino a buscar un castigo justo para el malhechor a través de la agencia del gobierno civil.

> Por lo demás, hermanos, todo lo que es verdadero, todo lo honesto, todo lo justo, todo lo puro, todo lo amable, todo lo que es de buen nombre; si hay virtud alguna, si algo digno de alabanza, en esto pensad. (Fil 4:8)

¿A qué tipo de habla me refiero cuando digo "obsceno" o "impuro"? La respuesta no depende del tema que se trate, sino de las palabras que se utilicen para referirse a él. Cada lenguaje tiene un rango de los llamados "registros" del habla, desde el registro culto y formal, hasta el más común, pasando por el registro vulgar u ofensivo. La Tabla 11.1 tiene algunos ejemplos.

Tema	Registro culto o formal	Registro coloquial	Registro vulgar u obsceno (o impuro u ofensivo)
Uso del cuarto de baño	defecar mixionar	hacer popó hacer pis	ca*** me**
Actividad sexual	mantener relaciones sexuales	dormir con o tener sexo con	co***

Tabla 11.1. "Registros" del habla

Considero que utilizar las palabras de la columna de la derecha está en una categoría diferente a tomar el nombre de Dios en vano o maldecir a alguien. El asunto es qué tipo de reputación estamos construyendo para nosotros mismos con nuestras formas de hablar si usamos un lenguaje que se considera vulgar u ofensivo.

A diferencia de tomar el nombre de Dios en vano o maldecir a alguien, no estoy dispuesto a afirmar que decir las palabras de la columna derecha sea siempre incorrecto para todos en cualquier circunstancia. Pero utilizar estas palabras es algo análogo a otras cosas socialmente ofensivas, como andar con mermelada de uva derramada en medio de nuestro polo o no usar desodorante y emitir un olor hediondo, o hurgarse la nariz en público. Estas palabras ofenden y harán que las personas piensen que tenemos la boca sucia, y se verán reflejadas en nuestra reputación[7]. Sospecho que este es el tipo de cosa que Pablo tenía en mente cuando se refirió a "palabras corrompidas" y "chistes groseros" (Ef 4:29; 5:4).

También debemos reconocer que la idoneidad de las palabras puede variar de una situación a otra. Las diferentes ocupaciones y lugares de trabajo tienen diferentes estándares aceptados de discurso apropiado. Fuera de estar realmente en cada situación, es difícil decir de antemano qué será exactamente ofensivo y cuán ofensivo será.

---

[7] Ver mi correo electrónico personal a mi amigo John Piper sobre este tema en https://www.desiringgod.org/articles/wayne-grudem-on-offensive-language.

Las palabras se consideran obscenas o vulgares porque generalmente la sociedad *las considera* de esa manera. Las palabras tienen una connotación *de deseo de escandalizar u ofender*. Una persona que utiliza estas palabras está anunciando algo sobre el tipo de persona por el que desea ser conocido.

Por último, cuando una subcultura dentro de una sociedad se deteriora en una actividad cada vez más pecaminosa, su lenguaje tiende a ser cada vez más impuro. Un amigo que fue arrestado por protestar en una clínica abortista pasó cuatro noches en la cárcel de la ciudad. Después me comentó que mientras escuchaba las voces de los otros presos que resonaban en el bloque de celdas durante la noche, seguía escuchando un lenguaje lleno de referencias sexuales vulgares y conversaciones sobre el uso del cuarto de baño. La vida de los presos se había degenerado en una pecaminosidad cada vez mayor y su lenguaje se había degenerado igualmente en una vulgaridad cada vez mayor.

C. TEATRO Y CINE: EL ASUNTO DE CITAR O REPRESENTAR A LOS NO CREYENTES

¿Qué ocurre si un cristiano tiene el papel de representar a un no creyente en una producción de teatro o en una película? ¿Sería aceptable que en ese papel hable como lo haría normalmente un no creyente? ¿Existen límites en lo que es correcto que un cristiano diga en tales circunstancias?

1. En ocasiones la Biblia cita a no creyentes. En muchos lugares, la Biblia registra de manera adecuada las falacias que decían los no creyentes. Estos son algunos ejemplos:

Dice el necio en su corazón: "No hay Dios". (Sal 14:1)

Porque ellos habían dicho: "Tiene espíritu inmundo". (Marcos 3:30)

Por tanto, os hago saber que nadie que hable por el Espíritu de Dios dice: Jesús es maldito. Y nadie puede decir: Jesús es el Señor, sino por el Espíritu Santo. (1 Co 12:3 RVR1977)

En cada uno de estos casos, no hay peligro de que el lector piense que la Biblia aprueba estas declaraciones. Las declaraciones falsas están citadas en contextos que muestran una clara desaprobación a las falsedades que se están hablando. Pero el hecho sigue siendo que estos no creyentes están siendo citados de manera explícita en la Biblia.

2. Hay una diferencia entre fingir que se realiza una acción y en realidad realizarla. Un actor en el escenario o en una película pueden *fingir* matar a alguien con una espada o pistola, sin embargo, el otro actor no muere; es solo una *muerte fingida*. De igual manera, un actor puede fingir ser un mecánico mentiroso que engaña a un cliente, pero en realidad sólo está "mintiendo" a otro actor. Ambos actores entienden que se trata de una acción fingida.

Algunas personas también querrán poner el uso del lenguaje vulgar por el *actor* en esta categoría. Alguien puede argumentar que las personas no pensarán que el actor es alguien que tiene un lenguaje impuro o corrompido, sino que solamente pensarán que el *personaje* de la obra o película está utilizando ese tipo de lenguaje. Por otro lado, se podría argumentar que las personas que conocen al actor como alguien que no tiene la costumbre de utilizar palabras groseras podrían pensar que es un poco raro que este lenguaje tan vulgar esté saliendo de su boca. Debe haber libertad para que las personas tomen decisiones personales en este sentido.

Considero que lo mismo aplica para un actor que dice "Vete al d***" en una producción. Esto probablemente entre en la categoría de fingir que se maldice a otra persona, porque el actor que está recibiendo la maldición piensa que es solo una acción fingida, no realmente dirigida a él o ella en la vida real.

Pero el hecho de que un actor *tome el nombre de Dios en vano* me parece que entra en una categoría diferente. No es como *fingir* asesinar a alguien. En cambio, en *realidad* se está tomando el nombre de Dios en vano. Es hablar de Dios o usar Su nombre de manera muy deshonrosa e irrespetuosa. Esto podría ser parecido a la diferencia entre un actor de una obra criticando a un presidente de los Estados Unidos *ficticio*, utilizando un nombre que ningún presidente ha tenido, y un actor que critica al *actual* presidente de los Estados Unidos mencionando su nombre. En ese caso, ya no es una acción fingida dentro de una obra de teatro, sino una crítica real a un presidente viviente. De la misma manera, tomar el nombre de Dios en vano es una deshonra real al Dios vivo.

Por lo tanto, no encuentro justificación para el actor que está tomando el nombre de Dios en vano, incluso si está interpretando un papel en una obra de teatro o película.

3. Hay una diferencia entre mirar una película u obra de teatro y actuar en ella. También hay una diferencia significativa entre *hacer* algo malo y *mirar* que alguien más lo esté haciendo. Muchos de los seguidores de Jesús miraron el acto más perverso en la historia, la crucifixión de Cristo, pero ellos no hicieron nada malo al mirar esto (ver Lucas 23:49). De manera similar, mirar una película que representa a alguien tomando el nombre de Dios en vano no es lo mismo a decir realmente esas palabras.

Por otra parte, eso no significa que siempre esté bien mirar todas las películas u obras de teatro que representan el mal. En este caso, las principales consideraciones éticas pueden ser identificadas al preguntar cuáles serán los resultados por mirar, por ejemplo, una película en particular. ¿Le hará más cruel e insensible hacer mal uso del nombre de Dios? ¿Acaso se perturbará su corazón, como le ocurrió a Pablo cuando "su espíritu se enardecía dentro de él al contemplar la ciudad [Atenas] llena de ídolos" (Hechos 17:16 LBLA; cf. 2 P 2:7-8, con respecto a Lot)? ¿Tendrá un efecto positivo o negativo en su carácter personal?

Otros resultados a considerar son los efectos en otros. ¿Su presencia o apoyo financiero supondrá que está aprobando algo en una obra de teatro o película que normalmente no aprobaría? ¿Animará a otros a pensar que no hay nada malo en la obra de teatro o película, ya que estuvo presente para mirarla? Ciertamente, hay espacio para que las personas tomen decisiones diferentes en estos asuntos y para respetar las decisiones de los demás.

D. JURAMENTOS

1. Definición. Un juramento se puede definir de la siguiente manera:

Un juramento es una apelación al castigo de Dios si su declaración es falsa.

Cuando una persona hace un juramento es como si estuviera diciendo: "Si no estoy diciendo la verdad, le pido al mismísimo Dios para que me castigue por ello".

2. Juramentos en la Biblia. La Biblia contiene muchos ejemplos de juramento. Por ejemplo, Pablo dice en su segunda carta a los corintios:

Mas *yo invoco a Dios por testigo sobre mi alma*, que por ser indulgente con vosotros no he pasado todavía a Corinto. (2 Co 1:23)

Hay otros ejemplos en las Escrituras de Pablo haciendo juramentos:

Porque *testigo me es Dios*, a quien sirvo en mi espíritu en el evangelio de su Hijo, de que sin cesar hago mención de vosotros siempre en mis oraciones, rogando que de alguna manera tenga al fin, por la voluntad de Dios, un próspero viaje para ir a vosotros. (Ro 1:9-10)

Porque *Dios me es testigo* de cómo os amo a todos vosotros con el entrañable amor de Jesucristo. (Fil 1:8; ver también Gá 1:20; 1 Ts 2:5, 10)

El mismísimo Jesús se encontró en una situación en su juicio cuando el sumo sacerdote declaró que estaba poniendo a Jesús bajo juramento:

Mas Jesús callaba. Entonces el sumo sacerdote le dijo: *"Te conjuro por el Dios viviente*, que nos digas si eres tú el Cristo, el Hijo de Dios". Jesús le dijo: "Tú lo has dicho; y además os digo, que desde ahora veréis al Hijo del Hombre sentado a la diestra del poder de Dios, y viniendo en las nubes del cielo". (Mt 26:63-64)

La palabra traducida "conjuro" es el verbo griego *exorkizō*, "poner a alguien bajo juramento"[8]. En esta situación, Jesús respondió con sinceridad y no se negó a hablar bajo juramento.

En un pasaje destacable, el autor de Hebreos explica como el *mismísimo* Dios hizo un juramento cuando hizo una promesa a Abraham:

Porque cuando Dios hizo la promesa a Abraham, no pudiendo jurar por otro mayor, juró por sí mismo, diciendo: De cierto te bendeciré con abundancia

---

[8] De hecho, muchas traducciones en realidad dicen: "Te pongo bajo juramento ante el Dios viviente" (Según las versiones en inglés NKJV, NRSV; en las versiones en inglés CSB, NET, NIV se encuentra expresiones similares).

y te multiplicaré grandemente. Y habiendo esperado con paciencia, alcanzó la promesa. Porque los hombres ciertamente juran por uno mayor que ellos, y para ellos el fin de toda controversia es el juramento para confirmación. Por lo cual, queriendo Dios mostrar más abundantemente a los herederos de la promesa la inmutabilidad de su consejo, interpuso juramento; para que por dos cosas inmutables, en las cuales es imposible que Dios mienta, tengamos un fortísimo consuelo los que hemos acudido para asirnos de la esperanza puesta delante de nosotros. (He 6:13-18; cf. "Del juramento que hizo a Abraham nuestro padre" (Lucas 1:73)

3. Es moralmente aceptado que los cristianos hagan juramentos. A pesar de que hay muchos de estos ejemplos en la Biblia sobre el pueblo de Dios haciendo juramentos y estos ocurren en contextos en los cuales los juramentos están vistos con aprobación, algunas personas igual se han preguntado si es correcto que las personas hagan juramentos debido a lo que Jesús dijo en el Sermón de la Montaña[9] (algunos han llegado a afirmar que Jesús estaba *prohibiendo* todos los juramentos en este pasaje[10]):

Además habéis oído que fue dicho a los antiguos: No perjurarás, sino cumplirás al Señor tus juramentos. Pero yo os digo: No juréis en ninguna manera; ni por el cielo, porque es el trono de Dios; ni por la tierra, porque es el estrado de sus pies; ni por Jerusalén, porque es la ciudad del gran Rey. Ni por tu cabeza jurarás, porque no puedes hacer blanco o negro un solo cabello. Pero sea vuestro hablar: Sí, sí; no, no; porque lo que es más de esto, de mal procede. (Mt 5:33-37)

Estoy de acuerdo con la mayoría de comentadores que creen que Jesús no está prohibiendo todos los juramentos (como vimos anteriormente, hay muchos juramentos en las Escrituras). En cambio, está prohibiendo juramentos hechos en el contexto de personas mintiendose entre sí de manera habitual, e incluso diciendo que las personas pueden mentir bajo ciertos juramentos pero no bajo otros, juramentos formulados de manera diferente[11], con el fin de que no se confíe en

---

[9] Un amigo cristiano que era oficial de policía en Inglaterra me dijo que entre los cristianos de su cuerpo policial, había una gran discusión sobre si hacer un juramento en la corte estaba prohibido por la enseñanza de Jesús. Los oficiales de policía son usualmente llamados a dar su testimonio en la corte y se espera que lo hagan bajo juramento.

[10] Por ejemplo, los Testigos de Jehová se niegan a saludar a la bandera de EE. UU., un derecho que fue respaldado por la Corte Suprema de EE. UU. en la Junta de Educación del Estado de Virginia Occidental contra Barnette, 319 U.S. 624 (1942); ver https://www.oyez.org/cases/1940–1955/319us624. Los cuáqueros no hacen juramentos en la corte, sino solo "afirman". Ver http://www.bbc.co.uk/religion/religions/christianity/subdivisions/quakers_1.shtml. Sin embargo, cuando los presidentes Herbert Hoover y Richard Nixon, ambos de origen cuáquero, tomaron el juramento presidencial, acordaron "jurar solemnemente" en vez de "afirmar". No obstante, el presidente Franklin Pierce, un cuáquero, utilizó la palabra "afirmar". Ver Don Kennon *The Sad Inaugural of Franklin Pierce* ["La triste toma de posesión de Franklin Pierce"], U.S. Capitol Historical Society,
https://uschs.wordpress.com/2013/01/22/presidential-inaugural-quiz-follow-up-the-sad-inaugural-of-franklin-pierce.

[11] Con respecto a Mt 5:34, Juan Calvino dice: "No era su propósito aflojar o endurecer la ley, sino

nadie. En otras palabras, Jesús está reprendiendo el *mal uso de los juramentos,* una situación en la cual las personas necesitaban jurar para que les crean porque nadie creía las palabras ordinarias de estas personas. Estaban practicando y excusando la mentira habitual y luego diciendo que si alguien dijo algo bajo ciertos tipos de juramento, tenía que ser cierto.

Un ejemplo de esta práctica se puede ver en la dura condena que Jesús impone a los escribas y fariseos en Mateo 23:

> ¡Ay de vosotros, guías ciegos! que decís: "Si alguno jura por el templo, no es nada; pero si alguno jura por el oro del templo, es deudor". ¡Insensatos y ciegos! porque ¿cuál es mayor, el oro, o el templo que santifica al oro? (vv. 16-17; cf. vv. 18-22)

Por lo tanto, en Mateo 5:33-37, Jesús está diciendo: "No hagas juramento alguno" si mientes tan seguido que necesitas jurar para que las personas te crean. En tal situación, debes volver a practicar hablar con veracidad en todo momento para que siempre confíen en tu palabra.

Probablemente Santiago tiene el mismo significado en mente (y probablemente está repitiendo la enseñanza de Jesús) cuando dice:

> Pero sobre todo, hermanos míos, no juréis, ni por el cielo, ni por la tierra, ni por ningún otro juramento; sino que vuestro sí sea sí, y vuestro no sea no, para que no caigáis en condenación. (Santiago 5:12)

Estas enseñanzas de Jesús y Santiago nos exigen que seamos habitualmente fieles y veraces en todas nuestras palabras, para que no tengamos que jurar con el fin de que las personas crean todo lo que decimos.

Hoy en día, en los tribunales se pide a los testigos que juren solemnemente que dicen la verdad. Teniendo en cuenta los frecuentes juramentos encontrados en las Escrituras, concluyo que es moralmente correcto que los cristianos hagan juramentos en esas situaciones judiciales e incluso que lo hagan de tal manera que llamen a Dios a ser testigo de la veracidad de lo que dicen. Por ejemplo, esta es la forma del juramento que se utiliza habitualmente en el Condado de Maricopa, Arizona, donde vivo:

> ¿Jura solemnemente que el testimonio que va a dar es la verdad, toda la verdad y nada más que la verdad, con el amparo de Dios?

Los testigos que responden de manera afirmativa a esta pregunta generalmente entienden que están sujetos a sanciones legales por perjurio si infringen este

---

devolver a una comprensión verdadera y genuina lo que había sido bastante corrompido por las falsas maquinaciones de los escribas y fariseos. Si entendemos esto, pensaremos que Cristo no condenó totalmente los juramentos". *Institutes of the Christian Religion* [Institución de la Religión Cristiana], ed. John T. McNeill, trad. *Ford Lewis Battles, Library of Christian Classics* [Biblioteca de clásicos cristianos], vols. 20-21 (Filadelfia: Westminster, 1960), 2.8.27 (pág. 392). Ver también D. A. Carson, *"Matthew"* ["Mateo"], en *Matthew and Mark* (Revised Edition) [Mateo y Marcos (Edición revisada)], vol. 9 en EBC, ed. Tremper Longman III y David E. Garland (Grand Rapids, Michigan: Zondervan, 2010), págs. 187-88.

juramento en su testimonio. Más allá de eso, no sé cuántas personas están conscientes de que la declaración "con el amparo de Dios" se puede entender como una forma de un juramento por el cual están pidiendo a Dios que les haga responsables si no están diciendo la verdad en su testimonio.

Otra forma de juramento que es común en la actualidad es una promesa, hecha por alguien que va a ser investido como funcionario público, de ser fiel en la ejecución de los deberes de su cargo. Los miembros del congreso, los miembros de la corte suprema e incluso los funcionarios municipales suelen "jurar" con algún tipo de juramento, en el que la persona promete cumplir fielmente las obligaciones del cargo. Estos juramentos, al menos de manera tradicional, se han entendido tanto como una apelación a Dios para que le ayude a cumplir con el cargo, como una apelación a Dios para que haga responsable al que jura si no es fiel.

El juramento del presidente de los Estados Unidos, tal y como se establece en la Constitución de los EE. UU., es el siguiente:

> Juro (o afirmo) solemnemente que ejerceré fielmente el cargo de Presidente de los Estados Unidos y que, en la medida de mis posibilidades, preservaré, protegeré y defenderé la Constitución de los Estados Unidos.

En su primera toma de posesión, George Washington de manera voluntaria agregó: "Así que Dios me ayude" y otros presidentes han seguido esta tradición desde entonces.

Las personas que se convierten en ciudadanos naturales de los Estados Unidos toman un juramento de lealtad al país. La forma actual del juramento es muy larga e incluye muchas promesas serias:

> Por la presente declaro, bajo juramento, que renuncio absoluta y totalmente y abjuro de toda lealtad y fidelidad a cualquier príncipe, potentado, estado o soberanía extranjero, de quien o del cual he sido súbdito o ciudadano hasta ahora; que apoyaré y defenderé la Constitución y las leyes de los Estados Unidos de América contra todos los enemigos, nacionales y extranjeros; que mantendré verdadera fe y lealtad a los mismos; que portaré armas en nombre de los Estados Unidos cuando lo requiera la ley; que realizaré un servicio no combatiente en las Fuerzas Armadas de los Estados Unidos cuando lo requiera la ley; que realizaré trabajo de importancia nacional bajo la dirección civil cuando lo requiera la ley; y que asumo esta obligación libremente, sin ninguna reserva mental o propósito de evasión; así que ayúdame Dios[12].

No sé cuántos ciudadanos nuevos entienden que le piden a Dios que les ayude y les haga responsables de cumplir este juramento. Pero creo que ese es el significado de las palabras.

Las personas no deben hacer *juramentos tontos* con el fin de hacer cosas

---

[12] Ver https://www.uscis.gov/us-citizenship/naturalization-test/naturalization-oath-allegiance-united-states-america.

pecaminosas. Por ejemplo, más de 40 hombres en Jerusalén juraron matar a Pablo:

> Venido el día, algunos de los judíos tramaron un complot y se *juramentaron* bajo maldición, diciendo que no comerían ni beberían hasta que hubiesen dado muerte a Pablo. Eran más de cuarenta los que habían hecho esta conjuración. (Hechos 23:12-13)

Pero su complot falló (Hechos 23:16-24). Supuestamente incumplieron su juramento y ¡volvieron a comer![23]

E. VOTOS

1. Definición. A efectos de este libro, utilizo la siguiente definición:

> Un voto es una promesa a Dios para realizar alguna acción o comportarse de alguna manera.

2. Votos en la Biblia. Al igual que con los juramentos, en las Escrituras frecuentemente encontramos votos. Un ejemplo familiar es el voto hecho por Ana, quien no tenía hijos y fue madre del profeta Samuel, antes de que pudiera concebir:

> E *hizo voto*, diciendo: "Jehová de los ejércitos, si te dignares mirar a la aflicción de tu sierva, y te acordares de mí, y no te olvidares de tu sierva, sino que dieres a tu sierva un hijo varón, yo lo dedicaré a Jehová todos los días de su vida, y no pasará navaja sobre su cabeza". (1 S 1:11)

Otro ejemplo de un voto es la promesa que Jacob le hizo a Dios después de que apareciera ante él por medio de un sueño en Bet-el:

> E *hizo Jacob voto*, diciendo: "Si fuere Dios conmigo, y me guardare en este viaje en que voy, y me diere pan para comer y vestido para vestir, y si volviere en paz a casa de mi padre, Jehová será mi Dios. Y esta piedra que he puesto por señal, será casa de Dios; y de todo lo que me dieres, el diezmo apartaré para ti". (Gn 28:20-22)

Más adelante en la vida de Jacob, Dios le recordó este voto:

> Yo soy el Dios de Bet-el, donde tú ungiste la piedra, y donde me hiciste un voto. Levántate ahora y sal de esta tierra, y vuélvete a la tierra de tu nacimiento. (Gn 31:13)

3. Los votos hechos a Dios se deben cumplir. La ley bíblica sobre los votos es muy explícita al decir que las personas no tienen que hacer votos a Dios, pero si lo hacen, deben cumplirlos:

---

[13] Parecido a este es el juramento (no un voto porque no era una promesa a Dios) que Herodes hizo a la hija de Herodías de darle lo que pidiera y ella pidió la cabeza de Juan el Bautista (ver Mt 14:6-8).

Cuando hagas un voto al SEÑOR tu Dios, no tardes en cumplirlo; porque ciertamente el SEÑOR tu Dios te lo demandará, y sería en ti pecado. *Pero si te abstienes de hacer un voto, no sería en ti pecado.* Cumplirás lo que tus labios pronuncien; harás de acuerdo con el voto que hayas hecho al SEÑOR tu Dios, la ofrenda voluntaria que hayas prometido con tu boca. (Dt 23:21-23 RVA-2015; cf. Nm 30:2; Ec 5:4-5)

4. Los votos para hacer algo pecaminoso no se deben cumplir. Sin embargo, no estamos obligados a cumplir los votos a Dios de que haremos algo pecaminoso, porque en primer lugar Dios no quiere que pequemos. Este principio muestra la insensatez del pueblo judío de corazón duro que rechazó las advertencias del profeta Jeremías y proclamó que iba a seguir cumpliendo sus votos malvados:

En cuanto a la palabra que nos has hablado en nombre de Jehová, no te haremos caso; sino que ciertamente cumpliremos todo lo que hemos prometido, para ofrecer incienso a la reina del cielo, y derramarle libaciones, como hemos hecho nosotros y nuestros padres, nuestros reyes y nuestros príncipes, en las ciudades de Judá y en las calles de Jerusalén, y tuvimos abundancia de pan, y prosperamos, y no nos sucedió nada malo. (Jer 44:16-17 RVR1977)

Cuando Jefté fue el líder de Israel, hizo un voto insensato:

Y Jefté hizo voto a Jehová, diciendo: "Si entregares a los amonitas en mis manos, cualquiera que saliere de las puertas de mi casa a recibirme, cuando regrese victorioso de los amonitas, será de Jehová, y lo ofreceré en holocausto". (Jue 11:30-31)

Pero cuando regresó a casa, su hija salió de la puerta de su casa (Jue 11:34). La Biblia dice que cumplió este voto con respecto a su hija (v. 39), pero no debería haberlo hecho[14]. Este voto forma parte de una serie de acciones erróneas y equivocadas llevadas a cabo por varios líderes de Israel a lo largo del libro de los Jueces.

5. A veces una autoridad humana puede anular un voto. En la ley de Moisés, las personas a veces necesitaban aprobación de la cabeza de familia para que el voto se considere válido. Por ejemplo:

Pero cuando una mujer joven, que todavía vive en la casa de su padre, haga un voto a Jehová o asuma alguna obligación, si su padre sabe de su voto o de la obligación con que ligó su alma, y su padre no dice nada, todos los votos de ella serán firmes, y toda obligación con que haya ligado su alma, firme será. *Pero si su padre se lo prohíbe el día en que se entera, ninguno de los votos y las obligaciones con que ella haya ligado su alma será firme.*

---

[14] Los comentaristas difieren sobre si realmente la ofreció como sacrificio en un altar o si le restringió la posibilidad de casarse, que es el resultado más probable.

Y Jehová la perdonará, por cuanto su padre se lo prohibió. (Nm 30:3-5 RVR1995; ver también vv. 6-15)

Una aplicación moderna de la sabiduría de Dios revelada en esta ley, sería el principio de que los padres tienen derecho a liberar a sus hijos de votos o promesas insensatas o impetuosas, si lo hacen dentro de un plazo razonable después de conocer la promesa. (Por ejemplo, "Pero *prometí* que iría a esa fiesta esta noche" o "pero le *prometí* a Samantha que la llevaría a su casa").

6. Votos matrimoniales. En la actualidad, la forma más conocida de un voto en las sociedades occidentales, es el voto matrimonial. En muchas ceremonias de matrimonio, los votos todavía son considerados no solo como promesas que los esposos se hacen entre sí, sino también como promesas ante la presencia de Dios y, por lo tanto, promesas hechas a Él como también entre sí.

Por eso, muchos servicios de matrimonio comienzan con una declaración como esta:

Nos hemos reunido aquí *en la presencia de Dios* y de estos testigos, para unir a este hombre y a esta mujer en santo matrimonio.

Luego, en algún punto, usualmente cuando se hace el intercambio de anillos, los novios se hacen una promesa "en el nombre del Padre, del Hijo y del Espíritu Santo". Sería de gran ayuda para fortalecer los lazos matrimoniales en las sociedades occidentales, si las personas que se casan se dieran cuenta por completo de que están pidiendo a Dios no, solo que les permita cumplir sus promesas, sino también que les haga responsables de ellas. Es probable que haga precisamente eso.

F. HUMOR

1. La risa en las Escrituras. En muchas partes, la Biblia proporciona una perspectiva positiva de la risa como una expresión de alegría y deleite:

Entonces dijo Sara: *Dios me ha hecho reír,* y cualquiera que lo oyere, se reirá conmigo. (Gn 21:6)

Entonces nuestra boca se *llenará de risa,* Y nuestra lengua de alabanza. (Sal 126:2)

[Hay] tiempo de llorar y *tiempo de reír,* tiempo de hacer duelo y tiempo de bailar. (Ec 3:4)

El alimento se prepara para *disfrutarlo,* el vino alegra la vida. (Ec 10:19 RVA-2015)

Bienaventurados los que ahora lloráis, porque *reiréis.* (Lucas 6:21)

2. Humor en las Escrituras. Varios pasajes en las Escrituras parecen tener una intención humorística (aunque debido al tiempo transcurrido, el humor puede no parecernos tan divertido como a los lectores originales). Por ejemplo:

> Mete el perezoso su mano en el plato; Se cansa de llevarla a su boca. (Pr 26:15)

> ¿Y por qué miras la paja que está en el ojo de tu hermano, y no echas de ver la viga que está en tu propio ojo? (Mt 7:3)

En un acontecimiento gracioso, justo después de que un ángel rescató a Pedro de la prisión, fue a la casa de María, la madre de Juan Marcos, donde muchas personas estaban orando por él:

> Cuando llamó Pedro a la puerta del patio, salió a escuchar una muchacha llamada Rode, la cual, cuando reconoció la voz de Pedro, de gozo no abrió la puerta, sino que corriendo adentro, dio la nueva de que Pedro estaba a la puerta. [...] Mas Pedro persistía en llamar. (Hechos 12:13-16)

3. Algunas advertencias sobre el humor. Aunque las Escrituras suelen considerar la risa y el humor de forma positiva, también hay algunas advertencias:

> Tampoco debe haber *palabras indecentes, conversaciones necias ni chistes groseros,* todo lo cual está fuera de lugar; haya más bien acción de gracias. (Ef 5:4 NVI)

Este versículo no prohíbe todo tipo de humor, sino que prohíbe el tipo que ofende a otras personas o que fomenta pensamientos de comportamiento inmoral (ver Ef 5:5).

Otra advertencia con respecto al humor surge de considerar sus *resultados* en nuestras conversaciones. En algunas situaciones, es "tiempo de llorar" y no "tiempo de reír" (Ec 3:4). A veces el humor se puede utilizar en exceso y se puede convertir en una pérdida de tiempo. Otras veces es inapropiado, porque excluye las conversaciones útiles y la acción de gracias a Dios. En ocasiones puede "apagar al Espíritu" (1 Ts 5:19), porque cuando el Espíritu Santo está obrando de manera activa en los corazones de las personas (por ejemplo, durante un sermón, una sesión de consejería o el tiempo de oración de un grupo pequeño), alguien podría sentirse incómodo con la atmósfera pesada, solemne y sobria de la conversación, y de repente soltar un chiste cambiando la atmósfera al instante y apagando así la obra del Espíritu Santo. Por lo tanto, tenemos que reconocer el peligro de utilizar demasiado humor en un servicio de adoración, mientras se dirigen estudios bíblicos o durante tiempos reservados para la oración.

En algunos casos, los cristianos tendrán que enfrentar la difícil situación de encontrarse a sí mismos en medio de un grupo, en el que alguien está diciendo una broma de mal gusto o irreverente. En ese caso, ¿escuchar supone aprobación?

Cada situación como esta es diferente, sin embargo, con frecuencia un cristiano puede mostrar algún ligero indicio de desaprobación o reticencia, a participar plenamente en las risas sin actuar de forma excesivamente crítica o cortar la relación por completo. A veces bastará con un simple movimiento de cabeza o una expresión facial de perplejidad o preocupación, pero si el humor continúa, puede ser necesario salir de la habitación. Este es ciertamente un momento para orar por la guía del Espíritu Santo sobre cómo responder en cada situación particular (ver también Ef 5:11-14).

PREGUNTAS PARA REFLEXIONAR

1. ¿Cómo se siente cuando las personas se burlan de su nombre, lo llaman por un apodo irrespetuoso o incluso mienten acerca de usted?
2. ¿Cree que siente suficiente reverencia instintiva, cuando pronuncia el nombre de Dios o de Jesucristo?
3. Si comenzara a pensar que todas sus acciones "proclaman" algo acerca de su Creador, ¿qué cambios concretos se podrían provocar en su vida?
4. ¿Alguna vez ha hecho un juramento o voto? ¿En qué se diferenció del habla ordinaria?
5. ¿Qué rasgos de carácter cristianos (ver pág. 110) serán evidentes en la vida de una persona que se toma en serio el tercer mandamiento?
6. ¿De qué manera cambiará este capítulo su forma de hablar, en caso de que lo haga?

TÉRMINOS ESPECIALES

maldecir
en vano
nombre
juramento
lenguaje obsceno
voto

BIBLIOGRAFÍA

Otras fuentes de referencia sobre ética

(ver datos bibliográficos completos, pág. 64)

Frame, 487-512
McQuilkin y Copan, 200-205

Otras obras

Baker, William R. *Sticks & Stones: The Discipleship of Our Speech* [Varas y piedras: El discipulado de nuestro habla]. Downers Grove, Illinois: InterVarsity Press, 1996.
Field, D. H. *"Speech and the Tongue"* ["El habla y la lengua"]. En *New Dictionary of*

Christian Ethics and Pastoral Theology [Nuevo diccionario de ética cristiana y teología pastoral], editado por David J. Atkinson y David H. Field, pág. 805-6. Leicester, Reino Unido: Inter-Varsity y Downers Grove, Illinois: InterVarsity Press, 1995.

Hovey, Craig. *"Speech Ethics"* ["Ética del habla"]. En *Dictionary of Scripture and Ethics* [Diccionario de Escritura y Ética], editado por Joel B. Green, págs. 744-46. Grand Rapids, Michigan: Baker, 2011.

Kassian, Mary A. y Betty Hassler. *Conversation Peace: Improve Your Relationships One Word at a Time* [La conversación apacible: Mejore sus relaciones palabra a palabra]. Nashville: Broadman & Holman, 2004.

Mains, Karen Burton. *You Are What You Say: Cure for the Troublesome Tongue* [Eres lo que dices: Cura para la lengua conflictiva]. Grand Rapids, Michigan: Zondervan, 1988.

Mayhall, Carole. *Words That Hurt, Words That Heal* [Palabras que hieren, palabras que curan]. Colorado Springs: NavPress, 1990.

Piper, John y Justin Taylor, eds. *The Power of Words and the Wonder of God* [El poder de las palabras y la maravilla de Dios]. Wheaton, Illinois: Crossway, 2009.

Stowell, Joseph M. *The Weight of Your Words: Measuring the Impact of What You Say* [El peso de tus palabras: Midiendo el impacto de lo que dices]. Chicago: Moody, 1998.

PASAJE BÍBLICO PARA MEMORIZAR

Éxodo 20:7: No tomarás el nombre de Jehová tu Dios en vano; porque no dará por inocente Jehová al que tomare su nombre en vano.

HIMNO

"Que la mente de Cristo, mi Salvador"

Que el sentir de Jesucristo
todo el tiempo esté en mí;
que su amor mi guía sea,
en lo que hago aquí.

Que yo pueda su palabra
día en día atesorar;
y así en mí su imagen,
se haga reflejar.

Que la paz de Dios, mi Padre,
reine en mi corazón;
para que a los afligidos
dé consolación.

Que el amor de Jesucristo,
más profundo que la mar,
sea el móvil que me impulse
siempre a triunfar.

Que yo siga la carrera
con paciencia y valor,
la mirada puesta en Cristo,
de mi fe autor.
Que su belleza repose en mi,
al intentar ganarme a los perdidos
y que olviden el canal, viéndole solo a El.

AUTOR: KATE B. WILKINSON, 1859-1928

Capítulo 12

MENTIR Y DECIR LA VERDAD

¿Es correcto mentir?

¿Hay diferencia entre una mentira hablada y acciones que engañan a las personas?

¿La Biblia enseña algo sobre el plagio y la puntualidad?

El noveno mandamiento dice:

> No hablarás contra tu prójimo falso testimonio. (Ex 20:16)

A. EL SIGNIFICADO DEL MANDAMIENTO

El enfoque específico de este mandamiento es el "falso testimonio" que alguien daría en una situación judicial (ver una mención similar, por ejemplo, en los pasajes sobre el "falso testimonio" en Dt 19:18; Sal 27:12; Pr 14:5; 25:18). Además, este falso testimonio no se da contra un extraño, sino contra "tu prójimo", al que deberías conocer especialmente bien y al que deberías amar (Lv 19:18)[1].

Pero este mandamiento no tiene la intención de prohibir *solamente* este tipo específico de falso discurso (falso testimonio contra tu prójimo en la corte). Considero que Juan Calvino estaba en lo correcto al señalar que los mandamientos negativos de los Diez Mandamientos, seleccionan ejemplos especialmente de odio y daño dentro de categorías enteras de acciones ilícitas, pero la intención de Dios al hacer esto, es impactarnos para que nos demos cuenta de lo realmente malvadas

---

[1] Este capítulo ha sido adaptado de Wayne Grudem, *"Why It Is Never Right to Lie: An Example of John Frame's Influence on My Approach to Ethics"* ["Por qué nunca es correcto mentir: un ejemplo de la influencia de John Frame en mi enfoque de la ética"], en *Speaking the Truth in Love: The Theology of John Frame* [Decir la verdad con amor: La teología de John Frame] (Homenaje a John Frame), ed. John J. Hughes (Phillipsburg, Nueva Jersey: P&R, 2009; ISBN 978-1-59638-164-3), págs. 778-801, con autorización de P&R Publishing Co., Apdo. 817, Phillipsburg, New Jersey 08865, www.prpbooks.com.

que son todas las acciones de esa categoría general[2]. (Ver un análisis más extenso del punto de vista de Calvino en la pág. 318 sobre el significado de "prójimo").

Por lo tanto, parece apropiado, bajo este mandamiento, considerar el asunto de la mentira y el habla honesta en general.

Estoy analizando el noveno mandamiento en la primera parte de este libro (en lugar de hacerlo en orden secuencial, después del octavo mandamiento) por dos razones: (1) El tema de mentir y decir la verdad está estrechamente relacionado con el tema de la pureza del habla, el cual fue analizado en el capítulo anterior durante el estudio del tercer mandamiento, y, por lo tanto, parecía apropiado agrupar estos dos mandamientos. (2) Al enseñar clases de ética durante los últimos 40 años, he comprobado que lo mejor es tratar este tema al principio, ya que plantea cuestiones que son relevantes para muchos otros temas que vienen a continuación. Lamentablemente, mentir se ha convertido en una parte común de la vida cotidiana para muchas personas en la actualidad. En una encuesta que se le hizo a más de 1 200 adultos en el 2014, se descubrió que el 76 % dijo que está bien mentir en algunas ocasiones. De acuerdo con esta encuesta, el 21.7 % de los hombres admitió haber mentido en su currículum, frente al 16.3 % de mujeres. Además, el 37.4 % de hombres y el 43.6 % de mujeres le han mentido a sus padres y el 21.5 % de hombres y el 21.6 % de mujeres le han mentido a su pareja o seres queridos[3].

Un estudio británico de 2014 descubrió que las personas mienten, en promedio, 10 veces a la semana[4]. Un estudio de 2002 hecho en la Universidad de Massachusetts-Amherst descubrió que el 60 % de las personas no pueden pasar más de 10 minutos sin mentir y dijeron un promedio de dos a tres mentiras durante este tiempo[5]. En otra encuesta británica, hecha en 2008, se descubrió que las personas mienten cuatro veces al día o 1 460 veces al año y a la edad de 60 habrán mentido 88 000 veces[6]. Esta deshonestidad generalizada es un cáncer destructivo que corroe implacablemente el tejido de la sociedad.

B. UNA DEFINICIÓN DE LA MENTIRA

1. La necesidad de una definición precisa. Los debates sobre la mentira, suelen

---

[2] Ver Juan Calvino, *Institutes of the Christian Religion* [Institución de la religión cristiana], ed. John T. McNeill, trad. Ford Lewis Battles, *Library of Christian Classics*, vols. 20-21 (Filadelfia: Westminster, 1960), 2.8.20, 2.8.47 (1:376, 411-12).

[3] "Survey: *Who's Telling the Truth*" ["Encuesta: ¿Quién dice la verdad?"], CreditDonkey, http://www.creditdonkey.com/lying.html. Este estudio se realizó del 08 al 12 de agosto de 2014.

[4] "*Lies have become an accepted part of British life, poll reveals*" ["Una encuesta revela que mentir se ha convertido en una parte aceptada en la vida de los británicos"], The Telegraph, 13 de noviembre de 2014, http://www.telegraph.co.uk/news/newstopics/howaboutthat/11230110/Lies-have-become-an-accepted-part-of-British-life-poll-reveals.html.

[5] "*UMass researcher finds most people lie in everyday conversation*" ["Un investigador de la UMass descubre que la mayoría de ciudadanos mienten en sus conversaciones cotidianas"], Universidad de Massachusetts-Amherst, 10 de junio de 2002, https://www.eurekalert.org/pub_releases/2002-06/uoma-urf061002.php.

[6] "*No lie: People average 4 fibs a day*" ["No hay que mentir: La gente miente en promedio 4 veces al día"], WorldNetDaily, 21 de enero de 2008, http://www.wnd.com/2008/01/45642/#t4C13ZksfVEjx8kc.99.

carecer de precisión a la hora de definir desde el principio, de qué se está hablando exactamente. En un sentido estricto, mentir significa solo afirmar de manera verbal algo que crees que es falso. En un sentido amplio, algunas personas piensan que "mentir" se refiere a todo tipo de engaño, no solo incluyendo *declaraciones habladas y escritas*, sino también, *acciones* destinadas a engañar o confundir a los demás (como dejar las luces encendidas en una casa para que los ladrones piensen que hay alguien adentro), declaraciones verbales que solo *revelan una parte* de lo que la persona sabe que es verdad, y las *falsedades involuntarias*, declaraciones que alguien cree que son ciertas pero que resultan ser falsas.

Sin embargo, estas definiciones más amplias de la mentira, incluyen tantas categorías diferentes que hacen que el análisis de este tema sea irremediablemente complejo y a menudo conduce a más confusión que claridad. Además, no estoy al tanto de ningún pensador moderno de ética que afirma que *todo tipo de engaño es siempre incorrecto*. El filósofo Christopher Tollefsen, quien argumenta que mentir siempre está mal, dice: "Parece extremadamente difícil defender la opinión de que el engaño como tal es siempre malo"[7]. Cita a Agustín, quien dice: "Aunque el que miente desea ocultar la verdad, no todo el que desea ocultar la verdad está mintiendo"[8]. A diferencia de la categoría más amplia de "engaño", Tollefsen define la mentira como "una afirmación contraria a la creencia del locutor"[9]. Una definición tan estricta de la mentira me parece un enfoque útil y añade precisión al argumento.

Otra razón para centrarse en las declaraciones verbales, es que el enfoque de la propia Biblia en este tema, se centra en la mentira en este sentido más estricto, el de *afirmar con palabras* algo que crees que es falso (ver la larga lista de pasajes en la siguiente parte).

Por lo tanto, si bien algunos utilizan un significado más amplio de "mentir", no es el significado que le doy en este capítulo. El tema principal que trataré en este capítulo es la cuestión estricta de las afirmaciones verbales de algo que uno cree que es falso. Por eso, utilizaré esta definición de mentir:

Mentir es afirmar de manera oral o escrita algo que crees que es falso.

2. Cosas que no se incluyen en la mentira. Muchos actos relacionados no están incluidos en esta definición estricta:

1. *Silencio.* Esto es no decir nada, por lo que el silencio no es exactamente una afirmación de nada; ver el silencio de Jesús en Mt 26:63.
2. *Acciones no verbales destinadas a engañar o confundir a alguien.* Una acción es algo que ocurre; no es verdadera ni falsa como una afirmación verbal. Un ejemplo, es dejar la luz encendida en nuestra casa cuando

---

[7] Christopher O. Tollefsen, *Lying and Christian Ethics* [La mentira y la ética cristiana], *New Studies in Christian Ethics*, vol. 33 (Nueva York: Cambridge University Press, 2014), pág. 16.

[8] *Ibid.*, pág. 42, citando a Agustín, To Consentius: Against Lying [Carta a Consentius: Contra la mentira], pág. 23 (NPNF[1], 3:491).

[9] Tollefsen, *Lying and Christian Ethics* [La mentira y la ética cristiana], pág. 25.

estamos fuera el fin de semana. Un observador podría concluir de manera correcta: "La familia Grudem dejó la luz encendida", pero eso puede o no significar que estamos en casa.

3. *Declaraciones irónicas, especialmente en el humor.* Estas no son verdaderas afirmaciones, cuando se entienden de manera correcta.

4. *Hipérbole.* Las declaraciones hiperbólicas no tienen la intención de ser tomadas como literalmente verdaderas; utilizan una exageración imposible para conseguir un efecto retórico: Yo podría decir: "Me tomó una eternidad escribir este capítulo". Del mismo modo, Jesús dijo: "Saca primero la viga de tu propio ojo" (Mt 7:5).

5. *Falsedades no intencionadas.* Por ejemplo, podrías estar mal informado y después afirmar algo que en realidad es falso. Pero esto no es algo que crees que es falso, así que no entra en la definición de mentir dada anteriormente.

Quiero dejar en claro, que no estoy haciendo juicios morales sobre estos otros actos. Las personas pueden argumentar sobre los hechos del 1 al 5, diciendo que algunos de ellos son *casi nunca o nunca incorrectos*, mientras que para los demás son *con frecuencia o tal vez siempre incorrectos* (dependiendo de otros factores). Esas son preguntas interesantes, pero no son mi objetivo principal en este capítulo. No son lo mismo que mentir en el sentido estricto de "afirmar de manera verbal o escrita algo que crees que es falso", que es lo que me interesa en este punto.

3. Las acciones de engaño no son lo mismo que las mentiras verbales. Algunos pueden estar en desacuerdo con esta definición estricta de mentir, por ejemplo, "las acciones de engaño son lo *mismo* que mentir". Sin embargo, esa no es una afirmación prudente. Las acciones de engaño son *de alguna forma* parecidas a mentir (su intención es persuadir a alguien a creer algo falso) y *de otra forma* diferentes a mentir.

Por ejemplo, las acciones son ambiguas y pueden tener distintos significados, mientras que las afirmaciones verbales no suelen ser ambiguas. Además, la Biblia trata de manera diferente a las acciones de engaño y a las declaraciones falsas, como indicaré más adelante. Y mentir implica una contradicción entre lo que crees que es verdad y lo que dices, lo que no ocurre con las acciones de engaño (una diferencia que fue muy importante para Agustín). Las diferencias son importantes y al menos muestran que las dos categorías se deberían analizar por separado.

En una amable respuesta a una versión anterior de este capítulo[10], mi amigo y antiguo profesor John Frame escribió:

> No logro encontrar ninguna diferencia moralmente relevante, entre engañar intencionalmente a alguien con los labios y engañarlo con una acción. Concuerdo con que las acciones en sí no son ni verdaderas ni falsas. Sin embargo, a veces engañan a las personas y usualmente se realizan de manera intencional para engañar. Si las tergiversaciones verbales

---

[10] Ver mi artículo, *"Why It Is Never Right to Lie"* ["Por qué nunca es correcto mentir"].

son erróneas, lo son porque engañan a las personas que no deberíamos engañar. Por lo tanto, no logro entender cómo las acciones y las palabras son diferentes en este aspecto[11].

Frame está de acuerdo con que las acciones y las palabras son diferentes en algunos aspectos, pero difiere con que no hay "diferencias moralmente relevantes" entre engañar con palabras y engañar con acciones, porque ambos son incorrectos "debido a que engañan a las personas".

Mi respuesta es que hay dos razones diferentes y más profundas de porqué es incorrecto mentir. Está mal (1) porque Dios dice muchas veces que mentir es incorrecto (ver la siguiente parte) y (2) porque al mentir no se imita el carácter de Dios, quien nunca miente porque no lo puede hacer (Tito 1:2; He 6:18). No es posible que mentir sea incorrecto simplemente porque la mentira engaña a la gente o tendríamos que argumentar que todo tipo de engaño es moralmente incorrecto, incluyendo las estrategias engañosas en la guerra o en las competencias deportivas, una posición que ningún ético cristiano moderno defiende y que no es posible defender de manera persuasiva a partir de las Escrituras.

Vern Poythress da una respuesta adicional a Frame, cuando argumenta a favor de lo que llama la "singularidad de la acción verbal". Poythress dice que "la comunicación verbal, es diferente a dejar la luz encendida, montar una emboscada o fingir una retirada" porque:

Cuando no se utilizan palabras, las acciones físicas se tienen que interpretar [...] Las palabras y las declaraciones también se tienen que interpretar. Pero la interpretación está condicionada por las normas del lenguaje, las normas del significado de las palabras y las normas de la comunicación personal. Las afirmaciones pueden ser verdaderas o falsas; en cambio, una jugada de fútbol o una maniobra militar no son ni verdaderas ni falsas[12].

Además, existe el testimonio abrumador de las Escrituras sobre este tema. Como muchos pasajes en la próxima parte indican, las Escrituras en sí, utilizan mentira y mentir muy seguido en el sentido estricto de afirmar en palabras algo que alguien piensa que es falso. Este significado se encuentra en pasajes como los siguientes:

Verdad digo en Cristo, *no miento*, y mi conciencia me da testimonio en el Espíritu Santo. (Ro 9:1)

Para esto yo fui constituido predicador y apóstol (*digo verdad* en Cristo, *no miento*), y maestro de los gentiles en fe y verdad. (1 Ti 2:7)

Se necesita otra aclaración: Estoy de acuerdo con que existen algunas acciones que se consideran exactamente equivalentes a afirmar algo de manera verbal o escrita. Por ejemplo, en la sociedad americana moderna asentir con la cabeza hacia arriba y hacia abajo se considera como equivalente a decir sí y mover la

---

[12] Vern S. Poythress, "*Why Lying Is Always Wrong: The Uniqueness of Verbal Deceit*" ["Por qué mentir siempre es incorrecto: La singularidad del engaño verbal"], WTJ75 (2013): 85-86.

cabeza de un lado a otro se considera equivalente a decir no. Otro ejemplo sería una persona herida que ha perdido la voz pero que puede señalar las palabras *sí y no* en una pizarra que tiene delante. Esto podría llamarse "acciones verbales equivalentes". Son formas no ambiguas de afirmar o negar algo y pertenecen a la misma categoría de "afirmar algo de manera oral o por escrito". No pertenecen a mi categoría 2 mencionada anteriormente: "Acciones no verbales destinadas a engañar o confundir a alguien".

4. Agustín, Calvino y otros definen la mentira de manera similar. La limitación de mentir en un sentido estricto no es nueva para mí. El respetado padre de la iglesia Agustín (354-430 d.C.), el más famoso defensor del punto de vista de que mentir es siempre incorrecto, argumentó en contra de mentir, solo en el sentido estricto que he expuesto anteriormente, es decir, afirmar de forma verbal o escrita algo que uno cree en ese momento que no es cierto[13]. Tomás de Aquino (1225-1274) sostuvo un punto de vista parecido , al igual que Calvino (1509-1564)[15].

El profesor del Seminario de Westminster John Murray (1898-1975) adoptó la misma postura en *Principles of Conduct* [Principios de conducta]. Después de analizar varios pasajes de las Escrituras (tales como las historias de Rahab en Josué 2 y las parteras egipcias en Éxodo 1), concluyó: "El resultado de nuestra investigación ha sido, que ningún caso demuestra la pertinencia de faltar a la verdad, bajo ninguna circunstancia"[16]. Murray define la mentira de la siguiente manera:

> La persona que debe ser calificada de mentirosa, es la que afirma como verdadero lo que sabe o cree que es falso o afirma como falso lo que sabe o cree que es verdadero[17].

---

[13] Ver un análisis más extenso en Paul J. Griffiths, *Lying: An Augustinian Theology of Duplicity* [La mentira: Una teología agustiniana de la duplicidad](Grand Rapids, Michigan: Brazos, 2004). Griffiths representa el punto de vista de Agustín de la siguiente manera: "La mentira es un acto verbal, algo que hacemos con palabras" (pág. 25). Y dice que para Agustín: "La mentira es un discurso deliberadamente engañoso, un discurso insincero que contradice deliberadamente lo que su locutor considera verdadero" (pág. 31). "Las acciones no verbales no pueden ser mentiras" (pág. 33). "El silencio, la negación a hablar, también está excluído" (pág. 33). "El error se excluye de la mentira. Los chistes no son mentiras" (pág. 34). "La definición de Agustín de la mentira, entonces, excluye en principio la comunicación no verbal en general y el silencio en particular" (pág. 38). El propio Agustín dice: "Ese hombre miente, quien tiene una cosa en su mente y dice otra con palabras o con signos de cualquier tipo". *On Lying* [Sobre la mentira], sec. 3 (NPNF[1], 3:458). Concluye *On Lying* diciendo: "Resulta, pues, que esos testimonios de la Escritura no tienen otro significado que el de que nunca debemos decir una mentira; viendo que no se encuentra ningún ejemplo de mentiras, digno de imitación, en las costumbres y acciones de los santos". *On Lying*, sec. 42 (NPNF[1], 3:476).

[14] Ver Tollefsen, *Lying and Christian Ethics* [La mentira y la ética cristiana], págs. 6-8, 44-56.

[15] Juan Calvino, *Institutes of the Christian Religion* [Instituciones de la religión cristiana], ed. John T. McNeill, trad. Ford Lewis Battles, *Library of Christian Classics*, vols. 20-21 (Filadelfia: Westminster, 1960), 2.8.47 (págs. 411-12); ver también Calvino, *Commentaries on the Book of Joshua* [Comentarios sobre el libro de Josué], trad. Henry Beveridge (reimpr. Grand Rapids, Michigan: Baker, 2005), pág. 47 (sobre Jos 2:4).

[16] *John Murray, Principles of Conduct: Aspects of Biblical Ethics* [Principios de conducta: Aspectos de la ética bíblica] (Grand Rapids, Michigan: Eerdmans, 1957), pág. 146.

[17] *Ibid.* pág. 133

Después dice: "Los mandatos de la Escritura que se refieren directamente a la exigencia de veracidad, se refieren a la palabra o al discurso"[18].

C. VARIAS DECLARACIONES BÍBLICAS CONDENAN LA MENTIRA

1. Amplios testimonios bíblicos. La Biblia tiene muchos pasajes que prohíben o condenan la mentira, en el sentido de afirmar de manera verbal algo que crees que es falso. Estos pasajes condenan el falso discurso (viéndolo como algo característico de los pecadores que están alejados de Dios) o aprueban la veracidad en el habla (viéndola como característica de las personas justas). A continuación, daré ejemplos de dichos pasajes, sin embargo, se podrían añadir muchos más. La importancia de este testimonio de las Escrituras contra la mentira constituye una repetida advertencia de Dios de que no debemos tomar este asunto a la ligera.

No *hablarás* contra tu prójimo falso testimonio. (Ex 20:16)

Mis labios no *hablarán iniquidad*, Ni mi lengua pronunciará engaño. (Job 27:4; énfasis en la expresión oral)

Destruirás a los que *hablan mentira*. (Sal 5:6; énfasis en la expresión oral)

Habla mentira cada uno con su prójimo; Hablan con labios lisonjeros, y con doblez de corazón. (Sal 12:2; énfasis en el uso de la palabra)

Se apartaron los impíos desde la matriz; Se descarriaron *hablando mentira* desde que nacieron. (Sal 58:3; énfasis en el uso de la palabra)

Pero el rey se alegrará en Dios; Será alabado cualquiera que jura por él; Porque la boca de los que *hablan mentira* será cerrada. (Sal 63:11; énfasis en el uso de la palabra)

El que *habla mentiras* no se afirmará delante de mis ojos. (Sal 101:7; énfasis en el uso de la palabra)

Y dije en mi apresuramiento: Todo hombre es mentiroso. (Sal 116:11)

La mentira aborrezco y abomino; Tu ley amo. (Sal 119:163)

Libra mi alma, oh Jehová, del labio *mentiroso*, Y de la lengua fraudulenta. (Sal 102:2; énfasis en el uso de la palabra)

Rescátame, y líbrame de manos de los hombres extraños, cuya boca *habla*

---

[18] *Ibid.* pág. 135. Con respecto a las acciones que tienen la intención de engañar, Murray argumenta más adelante que no hubo mala acción por parte de Josué o del ejército de Israel cuando se retiró de la ciudad de Hai, atrayendo a sus habitantes a una emboscada mediante acciones que pretendían engañar. *Ibid.* pág. 144; cf. Josué 8.

falsedad y cuya diestra es diestra de mentira. (Sal 144:11 RVR1995; énfasis en el uso de la palabra)

El *labio veraz* permanecerá para siempre; Mas la *lengua mentirosa* sólo por un momento. (Pr 12:19; énfasis en el uso de la palabra)

Los *labios mentirosos* son abominación a Jehová; Pero los que hacen verdad son su contentamiento. (Pr 12:22; énfasis en el uso de la palabra)

El justo aborrece la *palabra de mentira;* Mas el impío se hace odioso e infame. (Pr 13:5)

Aparta de mí *falsedad y mentira;* No me des pobreza ni riquezas; Concédeme mi diaria ración de pan. (Pr 30:8 RVR1977)

No hay quien litigue con justicia, ni quien defienda su causa con lealtad; confían en vanidad, y *hablan mentiras;* conciben maldades, y dan a luz iniquidad. (Is 59:4 RVR1977; énfasis en el uso de la palabra)

Tensan su lengua como su arco; *La mentira y no la verdad* prevalece en la tierra; Porque de mal en mal proceden, Y a Mí no me conocen, declara el Señor. (Jer 9:3 NBLA; énfasis en el uso de la palabra)

Y cada uno engaña a su compañero, y *ninguno habla verdad;* acostumbraron su lengua a *hablar mentira,* se ocupan de actuar perversamente. (Jer 9:5; énfasis en el uso de la palabra)

Sus ricos se colmaron de rapiña, y sus moradores *hablaron mentira,* y su lengua es engañosa en su boca. (Mi 6:12; énfasis en el uso de la palabra)

Y dijo Pedro: Ananías, ¿por qué llenó Satanás tu corazón para que *mintieses* al Espíritu Santo, y sustrajeses del precio de la heredad? [...] No has *mentido* a los hombres, sino a Dios. (Hechos 5:3-4; El pecado de Ananías fue decir algo falso)[19]

Verdad digo en Cristo, no miento, y mi conciencia me da testimonio en el Espíritu Santo. (Ro 9:1; énfasis en escribir palabras verdaderas, no falsas)

En esto que os escribo, he aquí delante de Dios que no miento. (Gá 1:20; este es un ejemplo en el que mentir podría significar afirmar por *escrito* algo que Pablo creía que era falso, sin embargo, el enfoque seguiría estando en que una mentira es algo falso expresado en palabras)

Por lo cual, *desechando la mentira, hablad verdad* cada uno con su prójimo; porque somos miembros los unos de los otros. (Ef 4:25; la falsedad se

---

[19] Las palabras específicas de Ananías no se registraron en Hechos 5, pero la declaración de Pedro muestra que Ananías había dicho que estaba donando toda la cantidad recibida por la tierra. Sin embargo, esta declaración era falsa

contrapone a decir la verdad)

No mintáis los unos a los otros, habiéndoos despojado del viejo hombre con sus hechos, y revestido del nuevo, el cual conforme a la imagen del que lo creó se va renovando hasta el conocimiento pleno. (Col 3:9-10)

[la ley ha sido puesta] para los fornicarios, para los homosexuales, para los secuestradores, para los *mentirosos,* para los perjuros, y para cuanto haya contrario a la sana doctrina. (1 Ti 1:10 RVA-2015)

Para esto yo fui constituido predicador y apóstol *(digo verdad en Cristo, no miento),* y maestro de los gentiles en fe y verdad. (1 Ti 2:7; énfasis en escribir palabras verdaderas, no falsas)

Y en sus bocas no fue hallada mentira, pues son sin mancha delante del trono de Dios. (Ap 14:5; énfasis en el uso de la palabra)

Pero los cobardes e incrédulos, los abominables y homicidas, los fornicarios y hechiceros, los idólatras y todos los *mentirosos* tendrán su parte en el lago que arde con fuego y azufre, que es la muerte segunda. (Ap 21:8)

Por lo tanto, las normas morales de la Biblia con respecto a mentir no solo incluyen el noveno mandamiento, sino toda una colección de pasajes del Antiguo Testamento y el Nuevo Testamento que prohíben decir mentiras o falsedades. *¡Y esta es solo una parte de la lista!* Varios pasajes similares condenan tales cosas como las mentiras, las falsedades, los mentirosos y aquellos que "hablan mentiras".

2. La mención del "prójimo" en Éxodo 20:16 no limita la aplicación del noveno mandamiento ni de los muchos otros pasajes sobre la mentira. John Frame sugiere que la inclusión de la palabra *prójimo* en el noveno mandamiento, "No hablarás contra tu prójimo falso testimonio" (Ex 20:16), puede significar que no prohíbe todas las afirmaciones de falsedad. Él escribe: "¿Entonces qué es una mentira? Diría que una mentira es una palabra o acto que de manera intencional engaña al prójimo con el fin de lastimarlo. Es un falso testimonio *contra* el prójimo"[20]. Más adelante, al referirse a los pasajes bíblicos que promueven algún engaño, escribe:

Todos [estos pasajes] se refieren a la aplicación de la justicia contra los malvados, especialmente cuando buscan la vida inocente. [...] La exigencia de decir la verdad está condicionada por una relación, la del "prójimo". [...] He cuestionado si existe una relación de prójimo entre un creyente y alguien que busca asesinar [...] No tenemos ninguna obligación de decir la verdad a personas que, por ejemplo, buscan la vida inocente[21].

Sin embargo, no estoy convencido de que la expresión del noveno mandamiento,

---

[20] John M. Frame, *The Doctrine of the Christian Life: A Theology of Lordship* [La doctrina de la vida cristiana: Teología del señorío] (Phillipsburg, Nueva Jersey: P&R, 2008), pág. 835, énfasis en el original

[21] *Ibid.*, pág. 839..

"No hablarás *contra tu prójimo* falso testimonio" (Ex 20:16), tiene la intención de mostrarnos que hay algunas personas a las que les podemos mentir. Es muy probable que haya otra explicación para esa expresión.

Calvino explicó las referencias concretas en los Diez Mandamientos al decir que Dios formuló los mandatos *positivos* de una manera que nos resulte más fácil de aceptar. Por ejemplo, "Honra a tu padre y a tu madre" (Ex 20:12) nos debería llevar a concluir, de manera más amplia, que debemos estar sometidos a toda autoridad legítima (como el gobierno civil), sin embargo, Dios redactó el requisito en términos de padre y madre y "por medio de ese sometimiento que es más fácil de tolerar, el Señor nos acostumbra de manera gradual a todo sometimiento legítimo"[22].

Por el contrario, Calvino dice que lo prohibido en los mandatos negativos ponen los ejemplos más aborrecibles de toda esa categoría de maldades, con el fin de impactarnos para que apreciemos lo aborrecibles que son todas ellas. Por consiguiente, con respecto al séptimo mandamiento, "No cometerás adulterio" (Ex 20:14), Calvino dice: "Pero prohíbe expresamente la fornicación, a fin de que, mediante la inmundicia de la fornicación llevarnos a aborrecer toda lujuria"[23].

Por lo tanto, Calvino se da cuenta de que "no hablarás contra tu prójimo falso testimonio" (Ex 20:16) representa una escena en la corte en la cual el "falso testimonio" posiblemente perjudicará al prójimo al causarle la pérdida de la vida o de la propiedad, pero la formulación del mandamiento de esta manera *no tiene la intención de limitar la aplicación exclusivamente al prójimo*. Calvino dice:

> Al igual que prohibió la crueldad, la desvergüenza y la avaricia en los mandamientos previos, *aquí se prohíbe la falsedad.* [...] Porque siempre hay que volver a lo mismo: se elige un vicio particular de entre varios tipos *como un ejemplo,* y los demás se incluyen en la misma categoría, siendo el elegido un vicio especialmente infame[24].

Por lo tanto, hay una alternativa a considerar que "contra tu prójimo" limita el alcance del noveno mandamiento. Se entiende mejor que "no hablarás *contra tu prójimo* falso testimonio" sea elegido como un ejemplo particularmente aborrecible de la mentira, porque se trata de un escenario judicial en el que alguien habla falsamente de forma intencionada contra un prójimo (¡a quien debería amar!) de forma que al prójimo le costará sus bienes (quizás en beneficio del testigo) o incluso su vida. Con esto Dios quiere mostrarnos lo aborrecible que es toda la mentira, no solo la de este tipo.

El otro uso de "prójimo" en los Diez Mandamientos confirma esta interpretación:

> No codiciarás la casa *de tu prójimo*, no codiciarás la mujer *de tu prójimo*, ni su siervo, ni su criada, ni su buey, ni su asno, ni cosa alguna *de tu prójimo*. (Ex 20:17)

---

[22] Calvino, *Institutes* [Instituciones], 2.8.35 (401).

[23] *Ibid.*, 2.8.41 (405).

[24] *Ibid.*, 2.8.47 (411-12).

Seguramente no querremos argumentar que la mención del "prójimo" restringe la aplicación de este mandamiento, de modo que es incorrecto codiciar la casa o la esposa de tu prójimo, ¡pero aceptable codiciar la casa o la esposa de tu enemigo!

Entonces interpretado de manera correcta, "no codiciarás la casa de tu prójimo, no codiciarás la mujer de tu prójimo" quiere decir que "no codiciarás la casa de *nadie*, no codiciarás la mujer de *nadie*". De igual manera, "no hablarás contra tu prójimo falso testimonio" quiere decir que "no hablarás falso testimonio en absoluto" o, para decirlo en términos de la mentira, "no *mentirás* en *absoluto*". Y los diferentes pasajes de las Escrituras mencionados anteriormente también confirman esto cuando condenan la mentira en general sin mencionar al prójimo.

D. EL CARÁCTER DE DIOS COMO LA BASE PARA NO MENTIR

1. Dios no puede mentir. Los mandatos bíblicos contra mentir tienen su origen en el carácter de Dios, que nunca miente:

> *Dios no es hombre*, para que mienta, Ni hijo de hombre para que se arrepienta. El dijo, ¿y no hará? Habló, ¿y no lo ejecutará? (Nm 23:19)

> *Toda palabra de Dios es limpia;* Él es escudo a los que en él esperan. (Pr 30:5)

> En la esperanza de la vida eterna, la cual Dios, *que no miente*, prometió desde antes del principio de los siglos. (Tito 1:2)

> [Dios garantiza su promesa con un juramento] para que por dos cosas inmutables, en las cuales *es imposible que Dios mienta*, tengamos un fortísimo consuelo los que hemos acudido para asirnos de la esperanza puesta delante de nosotros. (He 6:18)

Entonces, esta es la razón absoluta por la cual mentir es incorrecto: nos hace desleales portadores de la imagen de Dios. El Nuevo Testamento nos dice: "*Sed, pues, imitadores de Dios* como hijos amados" (Ef 5:1) y cuando hablamos con la verdad estamos representando de manera correcta a Dios como el Único que dice la verdad. Pero si mentimos, no estamos imitando de manera correcta el propio discurso veraz de Dios. Si mentimos, estamos representando de manera falsa a Dios como el Único que miente y eso lo deshonra[25]. Esta conexión entre no mentir y llevar la imagen de Dios, se ve en la declaración de Pablo a los colosenses:

---

[25] Algunos pasajes en las Escrituras muestran que Dios manda un "espíritu de mentira" (1 reyes 22:22; cf. Ez 14:19) para engañar a las personas o manda un engaño "para que crean la mentira" (2 Ts 2:11). En las Escrituras se describen como casos de juicio divino sobre el pecado. Dios a veces envía agentes malignos para llevar a cabo juicios (como envió a los babilonios para llevar a los israelitas al exilio), pero nunca hace el mal Él mismo. Así que, aparentemente, Dios puede enviar un espíritu mentiroso o algún tipo de engaño como forma de juicio sobre la gente, pero Él mismo nunca miente.

No mintáis los unos a los otros, habiéndoos despojado del viejo hombre con sus hechos, y revestido del nuevo, el cual *conforme a la imagen del que lo creó* se va renovando hasta el conocimiento pleno. (Col 3:9-10)

Por el contrario, el carácter de Satanás es tal que miente por su propia naturaleza:

Vosotros sois de vuestro padre el diablo, y los deseos de vuestro padre queréis hacer. El ha sido homicida desde el principio, y no ha permanecido en la verdad, porque *no hay verdad en él. Cuando habla mentira, de suyo habla; porque es mentiroso, y padre de mentira.* (Juan 8:44)

Por lo tanto, el fundamento de estas normas éticas contra la mentira no se encuentra en ningún resultado humano (como el beneficio o daño que mentir le podría hacer a alguien más o si alguien puede ser llevado a pensar algo falso), sino en el hecho de que *nuestra mentira deshonra a Dios.* Él busca criaturas que representan Su imagen de manera correcta, mientras que Satanás promueve constantemente todo tipo de falsedad y discurso mentiroso.

2. Jesús nunca consideró necesario mentir. Una fuerte objeción al punto de vista de que a veces es aceptable mentir surge de la vida de Cristo. El Nuevo Testamento nos dice que Cristo "fue tentado en todo según nuestra semejanza, pero sin pecado" (He 4:15). Enfrentó, al menos de alguna manera, todo tipo de situaciones éticas difíciles en las que nos encontraremos alguna vez. Eso significa que si las personas en la actualidad alguna vez enfrentan una situación en la cual parece que tienen que mentir, entonces Jesús también enfrentó esa misma situación difícil. Y si necesitamos mentir en una situación como esa, entonces Jesús también tenía que mentir. Esto podría significar que Jesús en realidad mintió, en realidad afirmó algo que creía que era falso. Parece necesario concluir que, de acuerdo con esta postura, ¡Jesús en realidad afirmó una falsedad!

Pero esto sería imposible para Jesús, porque también es Dios y "es imposible que Dios mienta" (He 6:18). Por lo tanto, Jesús nunca mintió. Y, por tanto, nosotros tampoco tenemos que mentir en ningún momento. El propio carácter moral de Jesús y la veracidad de sus palabras proporcionan más evidencia de que las Escrituras nos prohíben mentir en cualquier circunstancia. El carácter de Dios, quien nunca miente, se manifiesta ante nosotros en la vida de Jesús, quien nunca mintió.

En conclusión, basándome en los abundantes testimonios de las Escrituras sobre mentir y el testimonio bíblico sobre el carácter de Dios, creo que nunca es correcto mentir en el sentido de afirmar de manera oral o escrita algo que crees que es falso.

E. LOS EJEMPLOS NARRATIVOS DE LA MENTIRA EN LAS ESCRITURAS NO ANULAN NUESTRA CONCLUSIÓN DE QUE MENTIR ES SIEMPRE INCORRECTO

A pesar del sólido testimonio de las Escrituras contra la mentira, un grupo de escritores de ética han argumentado que hay *ejemplos narrativos* específicos en las Escrituras, que muestran que Dios a veces aprobaba las mentiras humanas que se decían con buenos propósitos, particularmente para salvar una vida humana, por lo tanto, anulando nuestra conclusión de que mentir es siempre incorrecto. Es necesario analizar algunos de estos pasajes:

1. La mentira de Rahab. Todos admiten que Rahab mintió a los hombres que buscaban a los espías hebreos:

> Josué hijo de Nun envió desde Sitim dos espías secretamente, diciéndoles: "Andad, reconoced la tierra, y a Jericó". Y ellos fueron, y entraron en casa de una ramera que se llamaba Rahab, y posaron allí. Y fue dado aviso al rey de Jericó, diciendo: "He aquí que hombres de los hijos de Israel han venido aquí esta noche para espiar la tierra". Entonces el rey de Jericó envió a decir a Rahab: "Saca a los hombres que han venido a ti, y han entrado a tu casa; porque han venido para espiar toda la tierra". Pero la mujer había tomado a los dos hombres y los había escondido; y dijo: "Es verdad que unos hombres vinieron a mí, pero no supe de dónde eran. Y cuando se iba a cerrar la puerta, siendo ya oscuro, *esos hombres se salieron, y no sé a dónde han ido;* seguidlos aprisa, y los alcanzaréis". Mas ella los había hecho subir al terrado, y los había escondido entre los manojos de lino que tenía puestos en el terrado. Y los hombres fueron tras ellos por el camino del Jordán, hasta los vados; y la puerta fue cerrada después que salieron los perseguidores. (Josué 2:1-7)

La pregunta es si este pasaje o los posteriores que mencionan a Rahab (ver más abajo) muestran que Dios realmente aprobó su mentira.

Es importante que se analice cuidadosamente el contexto. Se muestra que Rahab era una "ramera" (v. 2) que vivía en la ciudad cananea de Jericó. No hay nada en el contexto histórico que indique que ella tenía alguna instrucción previa en las normas morales requeridas por el Dios de Israel (aparte de lo que podía saber por gracia común). No debemos asumir que las Escrituras pretenden considerar a una ramera cananea sin formación ni conocimientos como modelo de conducta ética. El texto no nos da la razón para sacar esta conclusión.

En dos pasajes del Nuevo Testamento se elogia su fe y el hecho de que recibiera a los espías y los despidiera sanos y salvos, pero se evita claramente mencionar su mentira:

> Por la fe Rahab la ramera no pereció juntamente con los desobedientes, *habiendo recibido a los espías en paz.* (He 11:31)

> Asimismo también Rahab la ramera, ¿no fue justificada por obras, *cuando recibió a los mensajeros y los envió por otro camino?* (Santiago 2:25)

Ciertamente estos versículos no alaban a Rahab, pero tampoco dicen nada como esto:

Por la fe, Rahab la ramera no pereció juntamente con los desobedientes, *porque dijo una ingeniosa mentira para salvar* a los espías.

Asimismo también Rahab la ramera, ¿no fue justificada por obras, cuando recibió a los mensajeros y *mintió* para salvarlos?

En ninguna parte de las Escrituras hay un versículo que sea de esta manera y que contenga una aprobación explícita de una mentira, ni siquiera una dicha para proteger la vida del inocente. Hay muchas declaraciones en las Escrituras sobre la mentira y siempre las condenan.

Con respecto a la mentira de Rahab, Calvino observa de manera correcta:

En cuanto a la falsedad, debemos admitir que, *aunque se hizo con un buen propósito, no estuvo libre de culpa.* Porque los que sostienen que las llamadas mentiras piadosas son totalmente excusables, no consideran lo suficiente cuán preciosa es la verdad ante los ojos de Dios. Por lo tanto, aunque nuestro propósito sea ayudar a nuestros hermanos [...] *nunca puede ser correcto mentir,* porque lo que es contrario a la naturaleza de Dios no puede ser correcto. Y Dios es la verdad[26].

Agustín adopta la misma postura:

Por lo tanto, en lo que respecta a Rahab en Jericó, porque hospedó a extraños, hombres de Dios, porque al recibirlos se puso en peligro, porque creyó en su Dios, porque los escondió diligentemente donde pudo, porque les dio el consejo más fiel de regresar por otro camino, sea alabada como digna de ser imitada. [...] Pero en cuanto a que mintió [...] no es digna de ser imitada: [...] aunque Dios haya honrado memorablemente esas cosas, esta cosa mala misericordiosamente la pasó por alto[27].

Por lo tanto, las Escrituras no toman la mentira de Rahab como ejemplo para que los creyentes la imiten.

2. Las parteras hebreas en Egipto.

Y habló el rey de Egipto a las parteras de las hebreas, una de las cuales se llamaba Sifra, y otra Fúa, y les dijo: "Cuando asistáis a las hebreas en sus partos, y veáis el sexo, si es hijo, matadlo; y si es hija, entonces viva". Pero las parteras temieron a Dios, y no hicieron como les mandó el rey de Egipto, sino que preservaron la vida a los niños. Y el rey de Egipto hizo llamar a las parteras y les dijo: "¿Por qué habéis hecho esto, que habéis preservado la vida a los niños?". Y las parteras respondieron a Faraón: "Porque las mujeres hebreas no son como las egipcias; pues son robustas, y

---

[26] Calvino, *Commentaries on the Book of Joshua* [Comentario sobre Josué], pág. 47, énfasis añadido.
[27] Agustín, *To Consentius: Against Lying* [Carta a Consentius: Contra la mentira], sec. 34 (NPNF[1], 3:497), énfasis añadido.

dan a luz antes que la partera venga a ellas". Y Dios hizo bien a las parteras; y el pueblo se multiplicó y se fortaleció en gran manera. Y por haber las parteras temido a Dios, él prosperó sus familias. (Ex 1:15-21)

¿Acaso este pasaje muestra que Dios aprobó la mentira? Al menos dos factores ponen en duda esta conclusión: (1) La declaración de las parteras puede haber sido en realidad verdadera, o verdadera como una generalización. Es totalmente razonable que, cuando el pueblo hebreo conoció el plan del faraón, a menudo retrasó la llamada a las parteras hasta después de haber dado a luz, quizás recurriendo a otras parteras o quizás ayudándose mutuamente en el proceso de parto. Las propias parteras pueden haber sido cómplices de este plan, incluso enseñando a las mujeres hebreas a ayudarse mutuamente en el momento del parto. (2) El favor de Dios a las parteras se debe principalmente o totalmente a lo que se dice en el versículo 17 (ellas "dejaron vivir a los niños varones") y en el versículo 21 (ellas "temieron a Dios"). Si su declaración al Faraón fue una mentira, la dijeron solo para protegerse a sí mismas del castigo, no para proteger a los niños hebreos, así que no es un buen ejemplo de mentir para proteger otra vida. Por lo tanto, este pasaje no es un claro reconocimiento de la mentira. Agustín escribe que el favor de Dios sobre ellos "no fue porque mintieron, sino porque fueron misericordiosos con el pueblo de Dios. Por tanto, lo que se premió en ellos no fue su engaño, sino su benevolencia"[28].

3. Declaración de Eliseo a los soldados sirios. El rey de Siria envió a un grupo de soldados a capturar a Eliseo, pero Dios lo protegió milagrosamente de la siguiente forma:

Y luego que los sirios descendieron a él, oró Eliseo a Jehová, y dijo: "Te ruego que hieras con ceguera a esta gente". Y los hirió con ceguera, conforme a la petición de Eliseo. Después les dijo Eliseo: *No es este el camino, ni es esta la ciudad; seguidme, y yo os guiaré al hombre que buscáis*. Y los guió a Samaria. Y cuando llegaron a Samaria, dijo Eliseo: Jehová, abre los ojos de éstos, para que vean. Y Jehová abrió sus ojos, y miraron, y se hallaban en medio de Samaria. (2 Reyes 6:18-20)

Entonces el rey de Israel, que estaba en la ciudad de Samaria, le preguntó a Eliseo si podía matar a los soldados sirios que Eliseo capturó (2 Reyes 6:21), pero él le dijo al rey que los alimente y los dejara seguir su camino (v. 22).

¿Eliseo le mintió al ejército Sirio? Él dijo: "No es este el camino, ni es esta la ciudad" (2 Reyes 6:19), sin embargo, las palabras eran en realidad ambiguas, algo enigmáticas. ¿Qué camino? ¿Qué ciudad? (¿A la que Dios quería que vayan?) El Señor los había "cegado" (v. 18), así que decidieron seguir a Eliseo. La declaración: "yo os guiaré al hombre que buscáis" (v. 19) fue, de nuevo, algo enigmática, pero en lugar de abandonarlos, Eliseo los llevó a un lugar donde se encontraron con él cara a cara. Esto no es en absoluto un ejemplo claro de una falsedad aprobada por Dios. (Y, en todo caso, no se dijo para salvar la vida de Eliseo ni de nadie más, pues los

---

[28] *Ibid.*, sec. 32 (NPNF[1], 3:495).

soldados sirios ya estaban cegados y eran inofensivos).

4. Otros pasajes que informan de varios tipos de engaño. Frame menciona otros 16 grupos de pasajes "en los que alguien engaña a un enemigo, sin incurrir en ninguna condena y, a veces, incluso siendo elogiado"[29]. Él dice:

> En estos pasajes, hay engaño, y ese engaño trae daño. Pero el daño se le hace a un enemigo, no a un prójimo. [...] Parece que los pasajes bíblicos enumerados anteriormente, que justifican el engaño en ciertos casos, tienen todos que ver con la búsqueda de la justicia contra los malvados, especialmente cuando buscan la vida de los inocentes.[...] Recordemos que en el noveno mandamiento la exigencia de decir la verdad está condicionada a una relación, la del "prójimo"[30].

Los pasajes se dividen en varias categorías, pero ninguno de ellos contiene una mentira clara (en el sentido de una afirmación verbal de algo que el locutor creía que era falso) que sea aprobada por Dios. Algunos de los pasajes hablan sobre acciones de engaño, como una emboscada militar en Hai (Josué 8:3-8), un ataque sorpresa (2 S 5:22-25) o David fingiendo estar loco (1 S 21:13). Parece que en estos pasajes Dios aprueba estas acciones de engaño, sin embargo, no entran en la categoría de una "mentira" como la he definido en este capítulo[31].

¿Pero son estas acciones engañosas lo bastante diferentes de una "mentira" (tal y como se define en este capítulo) como para que esté justificado incluirlas en una categoría diferente? Creo que sí lo son por varias razones: (1) Las Escrituras las tratan de manera diferente, siempre condena las mentiras pero no siempre condena esas acciones de engaño. (2) Las acciones no son verdaderas ni falsas (como lo son las afirmaciones verbales), sino solo son cosas que pasan. (3) Por instinto, las personas las tratan de manera diferente. Si un fin de semana dejo la luz encendida en mi casa (para disuadir a los ladrones haciéndoles creer que estoy en casa) y luego mi vecino se encuentra conmigo mientras me hospedo en un hotel en Tucson (a dos horas de viaje), él no creerá que soy un mentiroso porque vio que la luz estaba encendida antes de que él llegara a Tucson. Pero si le hubiera dicho a mi vecino: "Me voy a quedar en casa este fin de semana" y luego mi vecino se encuentra conmigo en el hotel en Tucson, pensará que le mentí. Esto ocurre porque (4) las acciones tienen significados ambiguos, pero las proposiciones normalmente no.

No estoy diciendo que las acciones de engaño no sean nunca malas (a veces lo son, especialmente en situaciones de confianza, como los matrimonios o las relaciones entre padres e hijos), sino que pertenecen a una categoría distinta, que

---

[29] Frame, *The Doctrine of the Christian Life* [La doctrina de la vida cristiana], pág. 86. Los 16 grupos de pasajes son (1) Ex 1:15-21; (2) Jos 2:4-6; 6:17, 25; He 11:31; Santiago 2:25; (3) Jos 8:3-8; (4) Jue 4:18-21; 5:24-27; (5) 1 S 16:1-5; (6) 1 S 19:12-17; (7) 1 S 20:6; (8) 1 S 21:13; (9) 1 S 27:10; (10) 2 S 5:22-25; (11) 2 S 15:34; (12) 2S 17:19-20; (13) 1 Reyes 22:19-23; (14) 2 Reyes 6:14-20; (15) Jer 38:24-28 y (16) 2 Ts 2:11.

[30] *Ibid.*, págs. 836, 839.

[31] La guerra depende a menudo de acciones destinadas a engañar al enemigo. Otro ámbito de acciones de engaño moralmente aceptables son las competencias atléticas (como un mariscal de campo de fútbol que finge un pase y luego corre con el balón) y otro son los juegos, como el ajedrez.

las Escrituras tratan de manera diferente a las afirmaciones verbales de cosas que uno cree que son falsas.

Otros pasajes que Frame menciona se refieren a *Dios enviando un espíritu engañoso* o un espíritu de mentira a los no creyentes malvados (1 Reyes 22:19-23; 2 Ts 2:11). Estos pasajes plantean dudas difíciles sobre el uso providencial de Dios de agentes malvados para llevar a cabo el juicio, pero no muestran necesariamente la aprobación de Dios de las mentiras, como tampoco el hecho de que Dios ordenó a la gente malvada crucificar a Cristo (Hechos 2:23; 4:27-28) muestra que Dios aprobara sus malas acciones: no lo hizo (Hechos 2:23).

Otros pasajes simplemente *reportan que alguien mintió* (tal como los relatos de las Escrituras *reportan* otros pecados, como asesinar o cometer adulterio) sin mencionar la aprobación de Dios a la mentira (estos pasajes son 1 S 19:12-17, donde Mical miente para proteger a David y a sí misma; 1 S 20:6, donde David le aconseja a Jonatán que mienta y 2 S 17:19-20, donde una mujer miente para proteger a los mensajeros de David).

En otros pasajes hay casos de lo que podríamos llamar *discurso engañoso,* pero no está claro que alguien haya dicho realmente una mentira en el sentido de afirmar algo que pensaba que era falso. Estos pasajes son Jueces 4:18-21, donde Jael invita a Sísara a su tienda; 2 Samuel 15:34, donde David le dice a Husai que diga que será el siervo de Absalón (sí lo fue, sin embargo, fue un siervo desleal); y Jeremías 38:24-28, donde Jeremías informa que ha hecho una petición al rey (que podría haber hecho realmente).

Un pasaje se refiere a *declarar una parte de la verdad.* En 1 Samuel 16:1-5, Dios le dijo a Samuel que mencionara parte del propósito de su viaje, es decir, que dijera que iba a Belén a ofrecer un sacrificio (lo cual era cierto), pero Samuel guardó silencio respecto a la otra cosa que iba a hacer: ungir a David como rey. No hubo afirmación de nada falso, pero como Dios le ordenó a Samuel lo que debía decir, el pasaje parece aprobar algunos casos en los que una persona declara parte de la verdad y guarda silencio sobre otros asuntos.

Pero en ninguno de estos pasajes queda claro que alguien haya dicho una mentira y que esta haya sido aprobada por Dios. Por lo tanto, estos pasajes narrativos no deben usarse contra el testimonio consistente de muchas declaraciones normativas de las Escrituras, que condenan coincidentemente la mentira como algo que siempre desagrada a Dios.

F. ¿EXISTEN ALGUNAS CIRCUNSTANCIAS QUE REQUIEREN QUE UNA PERSONA MIENTA?

1. ¿Es aceptable mentir para proteger una vida? ¿Hay algunas circunstancias en las que Dios nos pide que mintamos para obtener un buen resultado, como mentir para salvar la vida de una persona? Algunos autores argumentan que mentir para proteger la vida de inocentes puede ser moralmente correcto. Por ejemplo, Frame escribe:

No tenemos la obligación de decir la verdad a personas que, por ejemplo, buscan la vida de un inocente. En muchos volúmenes y ensayos de éticas, los autores se refieren a, tal vez, el dilema de ética más famoso de todos: Durante la Segunda Guerra Mundial, un cristiano refugiaba a judíos en su casa para protegerlos de los Nazis. Los oficiales de la SS tocaron la puerta y le preguntaron directamente si estaba escondiendo judíos. [...] En este caso [...] creo que la obligación fue claramente engañar a la SS [...] Si había una oportunidad de engañar a los oficiales de la SS, como Rahab engañó a los oficiales de su propio pueblo, creo que el cristiano ha debido aprovechar esa estrategia[32].

¿Qué podríamos decir acerca de esa situación tan difícil? ¿No es mejor mentir para proteger a estos judíos escondidos que decir la verdad y provocar su muerte?[33]

Resulta interesante que, hacia el año 395 d. C., Agustín trató una situación similar de un obispo llamado Firmus que escondía a una persona justa que huía del emperador corrupto. Cuando los mensajeros del emperador vinieron a capturar a la persona, el obispo volvió a mentir y tampoco quiso revelar el escondite. Al parecer, los mensajeros del emperador trataron de obligarle a revelar el escondite y, como resultado, "sufrió muchas torturas físicas", pero "se mantuvo firme en su decisión" y, finalmente, gracias a su cortesía, obtuvo el perdón del emperador para el hombre que estaba protegiendo. Agustín dice: "¿Qué conducta puede ser más valiente y persistente?"[34]. Agustín pensó que sería incorrecto mentir, incluso por el propósito de proteger la vida humana.

2. Las situaciones de la vida real ofrecen muchas más opciones. Cabe decir que las situaciones de la vida real son siempre más complejas, y ofrecen más opciones, que las situaciones hipotéticas expuestas en una o dos frases de un libro de texto de ética. Por ejemplo, decir la verdad y mentir no son las únicas opciones, ya que el *silencio* es siempre una opción (aunque podría causar sufrimiento, como ocurrió con el obispo que Agustín utilizó de ejemplo).

Una cuarta opción es decir alguna entre cientos de cosas diferentes que no responden la pregunta, por ejemplo, "no cooperaré con ningún intento de capturar o matar a los judíos". Sí, eso podría significar que los soldados nazi entrarán a la fuerza y buscarán dentro, pero probablemente de todas maneras lo hagan. ¿Quién asegura que le hubieran creído al cristiano si hubiera dicho no?

---

[32] Frame, *The Doctrine of the Christian Life* [La doctrina de la vida cristiana], págs. 839-40.

[33] Entre los que defienden la validez moral de mentir para proteger la vida en estas situaciones se encuentran Norman L. Geisler, *Christian Ethics: Contemporary Issues and Options* [Ética cristiana: Cuestiones y opciones contemporáneas], 2.ª ed. (Grand Rapids, Michigan: Baker, 2010), pág. 112 y David P. Gushee y Glen H. Stassen, *Kingdom Ethics: Following Jesus in Contemporary Context* [La ética del reino: Seguir a Jesús en el contexto contemporáneo], 2.ª ed. (Grand Rapids, Michigan: Baker, 2016), págs. 299-305.

[34] Agustín, *On Lying* [Sobre la mentira], sec. 23 (NPNF[1], 3:468). Tollefsen observa que Agustín plantea reiteradamente otro argumento: "Si la mentira está permitida para lograr algún gran bien espiritual o temporal, entonces ¿por qué el adulterio, o algún otro acto impuro, no sería también aceptable en favor del mismo bien?". *Lying and Christian Ethics* [La mentira y la ética cristiana], pág. 39, con referencia a Agustín, On Lying, sec. 23 (NPNF[1], 3:468).

Vern Poythress relata un ejemplo histórico real en el cual Dios honró la sencilla fe de una joven holandesa que se negó a mentir. Durante la ocupación alemana de los Países Bajos, los soldados nazi buscaban a hombres holandeses físicamente aptos a quienes capturar y forzar a trabajar en fabricas de municiones nazi. Un día, dos sobrinos de Corrie ten Boom fueron a la casa de su familia, buscando escapar de los soldados nazi. La familia los escondió en un pequeño sótano que estaba debajo de una trampilla en el piso de la cocina. La trampilla estaba cubierta con una alfombra y encima de esta estaba la mesa de la cocina. Luego, ocurrieron los siguientes eventos:

Cerramos la puerta, pusimos la alfombra encima y colocamos la mesa de nuevo en su lugar. Con manos temblorosas, Betsy, Cocky y yo pusimos un mantel largo encima de ella y comenzamos a colocar cinco tazas de té.

Escuchamos un estruendo en la sala, ya que la puerta principal se abrió de golpe y otro más pequeño cuando a Cocky se le cayó la taza de té. Dos alemanes uniformados entraron corriendo en la cocina, con los rifles en alto.

"Quédense donde están. No se muevan".

Oímos unas botas subiendo las escaleras. Los soldados miraron alrededor con asco, ya que la habitación estaba llena de mujeres y un anciano. [...]

"¿Dónde están tus hombres?" El soldado más bajo le preguntó a Cocky con un acento holandés marcado y torpe.

"Estas son mis tías", respondió, "y este es mi abuelo. Mi padre está en su colegio y mi madre está comprando, y..."

"¡No pregunté por todo el clan!" el hombre estalló en alemán. Entonces, en holandés dijo: "¿Dónde están tus hermanos?"

Cocky lo miró por un segundo y luego miró abajo. Mi corazón se detuvo. Sabía cómo Nollie había entrenado a sus hijos, sin embargo, estaba segura, ¡segurísima de que en ocasiones como esta tenían permitido mentir!

"¿Tienes hermanos?" preguntó el oficial de nuevo.

"Sí", dijo Cocky suavemente. "Tenemos tres".

"¿Cuántos años tienen?"

"Veintiuno, diecinueve y dieciocho".

Escuchábamos como arriba abrían y cerraban las puertas y el sonido de los muebles siendo arrancados de las paredes.

"¿Dónde están ahora?" insistió el soldado.

Cocky se inclinó y comenzó a recoger los pedazos de la taza rota. El hombre la levantó de golpe. "¿Dónde están tus hermanos?"

"El mayor está en la Escuela de Teología. No llega a casa la mayoría de las noches porque...".

"¿Y los otros dos?"

Cocky ni siquiera lo dudó

"Por qué, están debajo de la mesa".

Indicándonos a todos con su arma que nos apartemos, el soldado cogió una esquina de la tela. Tras una señal suya, el hombre alto se puso de cuclillas con el rifle listo. Luego levantó la tela.

Por fin, la tensión acumulada terminó: Cocky estalló en ataques de risa histérica. Los soldados voltearon. ¿Acaso esta chica se estaba burlando de ellos?

"¡No creas que somos tontos!" el hombre bajo masculló. Salió furioso de la habitación y, minutos después, todo el pelotón se marchó, aunque, desgraciadamente, no antes de que el silencioso soldado hubiera espiado y se hubiera metido en el bolsillo nuestro preciado paquete de té[35].

Este es un caso destacado de la protección providencial de Dios. Sin embargo, ciertamente, decir dónde se ubican las personas escondidas no es lo único que se puede decir. Poythress sugiere de manera sabia, que esas situaciones de "nazis en la puerta" también se pueden convertir en oportunidades para compartir el evangelio con los propios soldados, con palabras como estas:

> ¿Puedes entender que acepto la autoridad legítima del gobierno humano, pero no puedo cooperar con el mal? Si le diera asilo a judíos, ¿te lo diría? No deberías preguntar por los judíos, sino por cómo te puedes reconciliar con el Dios que te creó[36].

El filósofo romano católico Christopher Tollefsen hace una sugerencia similar:

> Así pues, hay que negarse a responder, guardando silencio o evadiendo de alguna manera la pregunta. Aun así, el nazi es un ser humano [...] y no se puede suponer que su alma está más allá de la salvación [...] Respondería a la obligación de amar, y por el bien de la sociabilidad, también decirle que está involucrado en una actividad perversa y animarlo a arrepentirse[37].

Algunos podrían argumentar que en esta situación, los malhechores, tales como los asesinos han "perdido su derecho a la verdad". Probablemente estaría de acuerdo con esto (al menos con la verdad relacionada a los judíos escondidos) y por eso no les diría a los nazis la verdad (no tenemos la obligación general de decir todo lo que sabemos). Pero eso tampoco significa que les tenga que mentir. En esa situación, un cristiano debe inmediatamente orar por la sabiduría de Dios para saber qué decir sin mentir y sin revelar dónde están escondidos los judíos.

Poythress señala que Jesús promete a sus discípulos la ayuda del Espíritu Santo cuando sean juzgados ante autoridades hostiles del gobierno, una situación algo análoga:

> Y aun ante gobernadores y reyes seréis llevados por causa de mí, para testimonio a ellos y a los gentiles. Mas cuando os entreguen, no os

---

[35] Corrie ten Boom con Elizabeth y John Sherrill, *The Hiding Place* [El escondite] (Grand Rapids, Michigan: Baker, 1984), págs. 106-7. Poythress cita esta larga narración (de una edición diferente) en "Why Lying Is Always Wrong" ["Por qué mentir siempre es incorrecto"], págs. 90-91.

[36] Poythress, *"Why Lying Is Always Wrong"* ["Por qué mentir siempre es incorrecto"], pág. 93.

[37] Tollefsen, *Lying and Christian Ethics* [La mentira y la ética cristiana], pág. 177.

preocupéis por cómo o qué hablaréis; porque *en aquella hora os será dado lo que habéis de hablar.* Porque no sois vosotros los que habláis, sino el Espíritu de vuestro Padre que habla en vosotros. (Mt 10:18-20)[38] .

3. ¿La situación de los judíos escondidos representa una "elección moral trágica"

Algunos éticos utilizarían el ejemplo de los nazis buscando a los judíos escondidos para argumentar a favor de una "elección moral trágica", un caso en el que tenemos que cometer un pecado menor (mentir) para evitar un pecado mayor (asesinar, ayudar a un asesino o, al menos, no prevenir un asesinato cuando lo podríamos haber hecho). Sin embargo, no concuerdo con este punto de vista, porque (como argumenté en el cap. 7, pág. 201), de acuerdo con las enseñanzas de la Biblia, *no existen tales elecciones morales trágicas,* momentos en los que Dios quiere que desobedezcamos uno de sus mandatos para obedecer otro.

Este punto es más importante de lo que las personas creen a primera vista. Me preocupa que en el mundo cristiano evángelico de la actualidad, los "casos difíciles" minuciosamente elaborados se utilizan con demasiada frecuencia como una cuña para dejar la puerta entreabierta, para inducir a las personas a aceptar que en algunas situaciones es moralmente correcto (¡y aceptable para Dios!) desobedecer uno de Sus mandatos en las Escrituras. Como expliqué en el capítulo 7 (ver pág. 200), esta fue la postura de Joseph Fletcher, cuyo libro *Situation Ethics* [La ética de situación][39] de 1966 elaboró todo tipo de "casos difíciles" en los cuales una persona supuestamente tenía que mentir, asesinar, cometer adulterio o robar para seguir el principio del "amor" por los demás (es decir, hacer el bien por los demás).

Pero ese razonamiento basado en "casos difíciles" conduce rápidamente a encontrar justificaciones sencillas para muchos otros pecados. Es fácil que las personas pasen de (1) *a veces* es correcto mentir para preservar la vida humana, a (2) es correcto mentir cuando hace más bien que mal, a (3) *es correcto* mentir cuando piensas que traerá un *buen resultado,* a (4) a veces es correcto infringir *otros* mandatos de la Biblia cuando hará más bien que mal.

El resultado final es un sistema ético personal extremadamente débil, que carece de toda estructura, que ignora los mandatos de las Escrituras y que simplemente busca obtener buenos resultados por cualquier medio (sin ser atrapado). Todo el sistema puede degenerar rápidamente en relativismo moral.

4. También son importantes los resultados más amplios sobre mentir o no mentir. Al igual que con todas las cuestiones éticas, hay que preguntarse qué *resultados* tendrá una determinada acción. Si una persona miente (incluso para proteger una vida), se producirán varios resultados:

1. La vida de la otra persona puede como no puede preservarse. Sin

---

[38] Citado en Poythress, *"Why Lying Is Always Wrong"* ["Por qué mentir siempre es incorrecto"], pág. 92.

[39] Joseph Fletcher, *Situation Ethics: The New Morality* [La ética de la situación: La nueva moralidad] (Filadelfia: Westminster Press, 1966).

embargo, la persona que mintió no puede estar segura de que diferentes acciones (quedarse en silencio o dar otras respuestas) tampoco habrían preservado la vida (especialmente si confía en el control soberano de Dios sobre las situaciones).

2. Dios será deshonrado, porque un ser humano que lleva la imagen de Dios y que representa a Dios en la tierra, dijo una mentira y, por lo tanto, representó a Dios como mentiroso.

3. Las personas empezarán a pensar que la persona que mintió es (al menos a veces) un mentiroso, alguien en cuyas palabras no siempre se puede confiar.

4. El carácter moral de la persona que mintió se verá afectado, porque en una situación difícil no obedeció los mandatos bíblicos contra la mentira.

5. Será más fácil para la persona que mintió hacerlo de nuevo en el futuro, porque una vez que una persona cree que es correcto mentir en algunas circunstancias, mentir le parecerá una solución fácil en otras circunstancias y la persona mentirá con más frecuencia.

6. Otros pueden imitar el acto de mentir de la persona, multiplicando estos resultados en otras situaciones.

Sin embargo, si una persona se mantiene en silencio y dice la verdad (negándose a mentir), entonces se producirán varios resultados buenos:

1. La persona habrá confiado en Dios para obtener los resultados correctos, incluyendo la protección de la vida de la otra persona.

2. Dios será honrado porque las acciones de la persona representaron a su Creador como el Único que dice solo la verdad.

3. Las personas comenzarán a pensar que la persona que dijo la verdad es alguien en cuyas palabras siempre se puede confiar.

4. El carácter moral de la persona que no mintió se fortalecerá, porque en una situación difícil obedeció fielmente los mandatos bíblicos contra mentir.

5. La persona que se negó a mentir será más propensa a decir siempre la verdad en el futuro, recordando que no fue necesario mentir en esta situación difícil en el pasado.

6. La honestidad del orador puede ser imitada por otros, multiplicando estos resultados en otras situaciones. De esta manera, la obra del reino de Dios avanzará.

G. LA RELACIÓN ENTRE MENTIR Y EL CARÁCTER MORAL DE UNA PERSONA

1. La mentira acompaña a la mayoría de los otros pecados. Es significativo que la mentira a menudo acompañe a otros pecados. El asesino, el adúltero y el ladrón mienten para ocultar su maldad. Y los que promueven religiones falsas a menudo utilizan la mentira para promover sus puntos de vista:

> Pero el Espíritu dice claramente que, en los últimos tiempos, algunos apostatarán de la fe, escuchando a espíritus engañadores y a doctrinas de demonios, de hipócritas y *mentirosos,* cuya conciencia está cauterizada. (1 Ti 4:1-2 RVR1995)

Pero si con frecuencia se miente para cubrir otros pecados, entonces una sociedad en la cual es inaceptable mentir y en la cual la sinceridad está muy presente, se podría esperar que también disminuyeran otras acciones indebidas. (Ciertamente los padres que han criado niños o los profesores que han enseñado a estudiantes de primaria declararán que si se pudiera eliminar la mentira, entonces también se eliminarían muchas otras malas conductas).

2. Decir la verdad en situaciones difíciles requiere tener fe en Dios y carácter moral fuerte. Desde la infancia, todos los seres humanos enfrentan circunstancias en las que hacen algo incorrecto y luego se les cuestiona por ello.

> "Victoria, ¿comiste las galletas que te dije que no comieras?"

> "Billy, ¿rompiste la taza favorita de tu mamá?"

Y, más adelante, en una situación de trabajo:

> "Ralph, el Sr. Smith dice que todavía no ha recibido el pago. ¿Pusiste el cheque en el correo antes de recogerlo el viernes, como te pedí que hicieras?"

Otro ejemplo es cuando alguien involucrado en un accidente de tránsito y es interrogado por la policía:

> "Sr. Thompson, ¿a qué velocidad iba cuando se acercó al cruce?"

La tentación en estas situaciones es mentir, porque esperamos que decir la verdad traerá consecuencias negativas contra nosotros. Para resistir la tentación, tenemos que confiar que Dios nos cuidará incluso si al decir la verdad tengamos consecuencias dolorosas por un tiempo. También debemos reconocer que obedecer a Dios cuando es difícil construye nuestro carácter moral y refuerza nuestra estructura moral. Incluso a los niños se les puede enseñar estas simples verdades, para que creen el hábito de decir la verdad con coraje y fe aunque sea doloroso.

Los siguientes pasajes de las Escrituras serán de aliento en tales situaciones:

> Yo honraré a los que me honran. (1 S 2:30)

> Y sabemos que a los que aman a Dios, todas las cosas les ayudan a bien, esto es, a los que conforme a su propósito son llamados. (Ro 8:28)

> Mi Dios, pues, suplirá todo lo que os falta conforme a sus riquezas en gloria en Cristo Jesús. (Fil 4:19)

Y aunque era Hijo, por lo que padeció aprendió la obediencia. (He 5:8)

Pero el alimento sólido es para los que han alcanzado madurez, para los que por el uso tienen los sentidos ejercitados en el discernimiento del bien y del mal. (He 5:14)

3. Mentir o decir la verdad son indicios del carácter moral del locutor. La veracidad y la mentira suelen ser indicadores muy significativos del carácter moral interno de una persona. De hecho, la veracidad al hablar puede ser la prueba más frecuente de nuestra integridad cada día.

En la vida cotidiana, las personas no encuentran a menudo oportunidades para asesinar, cometer adulterio, robar o infringir otras leyes civiles sin una alta probabilidad de ser descubierto y sufrir graves consecuencias. Sin embargo, tienen muchas oportunidades cada día de decir la verdad o pequeñas mentiras (normalmente con poca probabilidad de ser descubiertos). Por ejemplo, las expresiones "no lo sé", "no me acuerdo", "pensé que dijiste XYZ" o "me olvidé" pueden ser mentiras descaradas, ¿pero quién lo puede probar? Las pequeñas exageraciones de los acontecimientos o las distorsiones de los detalles de los hechos pueden decirse repetidamente en situaciones en las que los oyentes no tienen forma de saber que son falsas. Sin embargo, en cada caso, se deshonra a Dios y el carácter moral del mentiroso se ve aún más afectado, su conciencia se endurece de manera progresiva contra la ley de Dios y se presta a cometer también otros tipos de pecado.

> Jehová, ¿quién habitará en tu tabernáculo?
>   ¿Quién morará en tu monte santo?
> El que anda en integridad y hace justicia,
>   *Y habla verdad en su corazón*. (Sal 15:1-2)

Cada vez que una persona dice la verdad o miente, se alinea con Dios, "que no miente" (Tito 1:2), o con Satanás, "mentiroso, y padre de mentira" (Juan 8:44).

Una persona que dice la verdad (o se queda en silencio), incluso en una situación difícil, representa de manera fiel a su Creador como alguien que dice la verdad o no miente y, por lo tanto, se ajusta más a la imagen de Dios. Además, como se observó anteriormente, decir la verdad usualmente requiere una confianza interior en que Dios gobernará las circunstancias y el resultado de la situación.

H. CONCLUSIÓN SOBRE LA MENTIRA

Si se entiende que mentir significa "afirmar de manera verbal o escrita algo que crees que es falso", entonces el testimonio general de las Escrituras es que mentir es siempre incorrecto en cualquier situación y circunstancia de la vida y esto será verdad por toda la eternidad.

I. BUSCANDO Y AMANDO LA VERDAD

1. Las obligaciones positivas que implica el noveno mandamiento. Cuando Dios nos da una orden de no hacer algo, a menudo implica que quiere que hagamos lo contrario, y ese es ciertamente el caso del noveno mandamiento. Dios quiere que digamos la verdad, la creamos y la amemos. Ese amor por la verdad incluye toda la verdad del Evangelio, de toda la Biblia y, también, la verdad sobre otras personas y sobre el mundo que nos rodea.

> Jehová, ¿quién habitará en tu tabernáculo?
>> ¿Quién morará en tu monte santo?
> El que anda en integridad y hace justicia,
>> Y habla verdad en su corazón. (Sal 15:1-2)

> He aquí, tú amas la *verdad* en lo íntimo. (Sal 51:6)

> *Compra la verdad,* y no la vendas;
>> La sabiduría, la enseñanza y la inteligencia. (Pr 23:23)

> Estas son las cosas que habéis de hacer: Hablad verdad cada cual con su prójimo; juzgad según la verdad y lo conducente a la paz en vuestras puertas. [...] *Amad, pues, la verdad* y la paz. (Zac 8:16, 19)

> Jesús le dijo: "Yo soy el camino, y *la verdad,* y la vida; nadie viene al Padre, sino por mí". (Juan 14:6)

> Por lo cual, desechando la mentira, *hablad verdad* cada uno con su prójimo; porque somos miembros los unos de los otros. (Ef 4:25)

Juan Calvino lo entendió, pues en relación con el noveno mandamiento, escribió:

> Debemos ayudar fielmente a todos en la medida de lo posible a afirmar la verdad, con el fin de proteger la integridad de su nombre y de sus bienes [de la otra persona][40].

El Catecismo Mayor de Westminster también explica los deberes positivos que implica el noveno mandamiento de la siguiente manera:

> Los deberes exigidos en el noveno mandamiento son el preservar y promover la verdad entre los hombres, y la buena fama del prójimo, así como la nuestra; testificar la verdad y mantenerla; y hablar de corazón, sinceramente, libremente, claramente y plenamente, la verdad, y solamente la verdad, en cuestiones de juicio y justicia, así como en cualquier otro asunto; una estima caritativa hacia nuestro prójimo; amando, deseando y regocijándonos por su buen nombre [...] [siguen varias ilustraciones más]. (CMW, Pregunta 144)

---

[40] Calvino, *Institutes* [Instituciones], 2.8.47 (411).

A modo de aplicación práctica, debemos amar la verdad y tratar de promoverla y defenderla en todas las áreas del conocimiento humano. Si se nos pide que testifiquemos ante un tribunal, debemos hacerlo con un corazón dispuesto y con total honestidad, en la medida de nuestras posibilidades, para que se conozca la verdad. Y en el ámbito de los estudios académicos, debemos informar fielmente y con precisión los resultados de nuestras investigaciones en todos los campos de estudio, sin ceder nunca a la tentación de distorsionar o sesgar la verdad para apoyar los resultados que preferimos.

2. La necesidad de responder a la difamación. El Catecismo Mayor de Westminster, en la explicación del noveno mandamiento, dice que también se necesita "un amor y cuidado por nuestro nombre *defendiéndolo* siempre que sea necesario" (Pregunta 144). Da dos referencias bíblicas como apoyo:

De más estima es el buen nombre que las muchas riquezas, Y la buena fama
  más que la plata y el oro. (Pr 22:1)

Respondió Jesús: Yo no tengo demonio, antes honro a mi Padre; y vosotros
me deshonráis. (Juan 8:49)

El segundo pasaje ilustra un modelo general en el ministerio de Jesús: Siempre se defendía a sí mismo inmediata y firmemente contra falsas acusaciones durante todo su ministerio (ver, por ejemplo, cómo silenciaba constantemente a los fariseos y saduceos en Mt 22:22, 33, 46). La única excepción fue la situación particular en la que fue juzgado hasta su crucifixión al final de su vida (27:12, 14). En esa situación, fue muy importante que se someta al plan del Padre de que moriría como un criminal, bajo falsa acusación y que cumpliría con la profecía de Isaías:

Angustiado él, y afligido,
  no abrió su boca;
como cordero fue llevado al matadero;
  y como oveja delante de sus trasquiladores,
  enmudeció, y no abrió su boca. (Is 53:7; cf. Hechos 8:32)

En la actualidad, muy frecuentemente los líderes cristianos permiten erróneamente que sus propios nombres o los ministerios que dirigen sean calumniados implacablemente ante la opinión pública mientras no dan ninguna respuesta. Esto puede ser inmensamente perjudicial en una época en la que las acusaciones en Internet pueden multiplicarse rápidamente sin que los autores tengan que rendir cuentas. Estos líderes cristianos silenciosos tal vez piensan que están imitando el ejemplo de Jesus en su crucifixión, sin embargo, no aprecian la singularidad de esa situación y, por lo tanto, no imitan el ejemplo de Jesús durante todo su ministerio público, cuando él inmediatamente se defendía y respondía las falsas acusaciones. No digo que tengamos que responder todo lo que escuchemos o leamos, porque a veces una falsa acusación tiene poca influencia y es mejor ignorarla: "Tampoco apliques tu corazón a todas las cosas que se hablan, para que no oigas a tu siervo cuando dice mal de ti" (Ec 7:21). Pero se debe responder una falsa acusación cuando parece que va a ganar influencia y hará daño.

El apóstol Pablo mostró una preocupación parecida de proteger el buen nombre de su ministerio, el buen nombre de Cristo y la reputación del Evangelio cuando exigió que los funcionarios de la ciudad de Filipos acudieran a la cárcel y los liberaran públicamente a él y a Silas, mostrando así la reivindicación pública de su inocencia:

> Pero Pablo les dijo: Después de azotarnos públicamente sin sentencia judicial, siendo ciudadanos romanos, nos echaron en la cárcel, ¿y ahora nos echan encubiertamente? No, por cierto, sino vengan ellos mismos a sacarnos. (Hechos 16:37; cf. Marcos 13:11)

J. OTROS ASUNTOS ESPECÍFICOS RELACIONADOS CON DECIR LA VERDAD

1. Espionaje y trabajo policial encubierto. Basándome en los abundantes testimonios de las Escrituras y en los argumentos del análisis previo basado en ese testimonio, no creo que sea correcto mentir nunca en el sentido de afirmar de manera verbal o escrita algo que crees que es falso. ¿Pero eso significa que un cristiano nunca pueda trabajar como un espía o como un oficial de policía encubierto?

Mi conclusión es que hay algunas acciones que serían moralmente aceptables para un cristiano que trabaja como un espía y otras acciones que serían moralmente incorrectas.

1. En general, no puede ser incorrecto trabajar como espía (visitar otro país de manera secreta con el propósito de ganar información sobre el lugar), porque el mismísimo Dios le ordenó a Moisés: "Envía tú hombres que reconozcan la tierra de Canaán, la cual yo doy a los hijos de Israel" (Nm 13:2). Después, Josué "envió desde Sitim dos espías secretamente, diciéndoles: Andad, reconoced la tierra, y a Jericó" (Josué 2:1).

2. No puede ser incorrecto ocultar nuestra completa identidad, porque el mismísimo Jesús vivió como un ser humano ordinario por los primeros 30 años de su vida y las personas de su pueblo de Nazareth no sabían que era tanto Dios como hombre, sino pensaban que era simplemente "el carpintero" (Marcos 6:3; ver Mt 13:53-58). ¡Ni siquiera sus hermanos (quienes habían crecido con él en la misma pequeña casa del siglo I) sabían que también era plenamente Dios! "Porque ni aun sus hermanos creían en él" (Juan 7:5).

En otro ejemplo, José ocultó su identidad de sus hermanos cuando visitaron Egipto por primera vez y sus acciones son aprobadas en el relato de Génesis:

> Y José era el señor de la tierra [...] y llegaron los hermanos de José, y se inclinaron a él rostro a tierra. Y José, cuando vio a sus hermanos, los conoció; mas hizo como que no los conocía, y les habló ásperamente, y les dijo: ¿De dónde habéis venido? Ellos respondieron: De la tierra de Canaán, para comprar alimentos. José, pues, conoció a sus hermanos; pero ellos no

le conocieron. (Gn 42:6-8)

Del mismo modo, David fingió estar loco después de presentarse ante Aquis, el rey de Gat:

Y cambió su manera de comportarse delante de ellos, y se fingió loco entre ellos, y escribía en las portadas de las puertas, y dejaba correr la saliva por su barba. Y dijo Aquis a sus siervos: "He aquí, veis que este hombre es demente; ¿por qué lo habéis traído a mí?" (1 S 21:13-14)

3. Si bien pienso que no es moralmente correcto mentir sobre nuestro nombre, también creo que hay algunas situaciones en las que utilizar otro nombre es moralmente aceptable. Esto usualmente pasa cuando las personas utilizan sobrenombres, como "Chip", "Rocky", "Slim" o *The Refrigerator* (refiriéndose al enorme jugador de fútbol americano William Perry). Los autores literarios con frecuencia utilizan seudónimos para ocultar su identidad, como Mary Anne Evans que escribió bajo el nombre de George Eliot. Las celebridades conocidas a veces se registran con un nombre falso en un hotel, para proteger su privacidad. Y, aparentemente, José estaba utilizando otro nombre o título egipcio cuando sus hermanos aparecieron ante él en Egipto (Gn 42:6-11), porque no les reveló su verdadero nombre hasta mucho después, cuando les dijo: *"Yo soy José vuestro hermano*, el que vendisteis para Egipto" (45:4).

En dicha situación, si sus hermanos le hubieran preguntado: "¿Eres [nombre egipcio], gobernador de la tierra de Egipto?" hubiera sido honesto de parte de él responder que sí, porque ese era el nombre que estaba usando. Pero si le hubieran preguntado: "¿Eres José, nuestro hermano, hijo de Jacob?" hubiera sido mentira decir que no.

4. A veces es moralmente aceptable decir parte de la razón por la que se hace algo, sin decir todas las razones que se tienen. Esto es evidente en la historia en la que el Señor le dijo al profeta Samuel que fuera a Belén y ungiera a David como rey. Pero Saúl ya era el rey, así que Samuel respondió al Señor: "¿Cómo iré? Si Saúl lo supiera, me mataría". Jehová respondió: "Toma contigo una becerra de la vacada, y di: A ofrecer sacrificio a Jehová he venido" (1 S 16:2).

Era verdad que Samuel iba a ofrecer sacrificio al Señor en Belén y lo hizo. Aunque ese no era su principal propósito al ir, seguía siendo una declaración veraz. De ello podemos concluir que hay ocasiones en las que declarar parte de la verdad es moralmente aceptable, incluso cuando se hace para ocultar un propósito más importante de una acción. En este caso, el propio Señor lo ordenó, por lo que no podemos decir que fuera moralmente incorrecto. Este ejemplo justifica, por ejemplo, que los cristianos digan que su propósito al viajar a otros países es enseñar inglés, aunque un propósito más importante pueda ser hacer evangelismo entre la gente a la que enseñan. Y se justifica que un espía viaje a otro país, por ejemplo, como consultor informático o de gestión (si realmente hace algo de ese trabajo), aunque espiar sea la motivación principal.

5. Estas consideraciones no responden completamente la pregunta de si un

cristiano puede trabajar como espía o como oficial de policía encubierto, sin embargo, son de ayuda al aclarar algunos de los asuntos implicados.

2. Plagio. El plagio significa publicar parte del trabajo de otro autor y declararlo de su propiedad. El plagio se produce en el ámbito educativo cuando un alumno entrega una redacción o un trabajo trimestral que contiene un fragmento de texto tomado de un documento ajeno sin poner una nota a pie de página ni indicar que se trata de una cita de otra persona. El plagio se produce en el periodismo cuando un reportero o un crítico copia las palabras o pensamientos de otra persona sin atribuírselas. Y también se produce en los sermones cuando el pastor predica fragmentos de material que ha encontrado en el sermón de otra persona como si fuera su material original.

Todos estos son ejemplos de afirmar (o de manera intencional dar la impresión) que el autor mismo ha escrito el material y que, por lo tanto, la redacción y las ideas se originaron con él. Sin embargo, esa es otra forma de mentir porque los lectores y oyentes consideran que el autor, al identificarse como la fuente de trabajo, está afirmando: "esas palabras e ideas se originaron conmigo". Esa es una afirmación falsa.

3. Puntualidad. Algunas personas tienen el hábito de llegar tarde. Su amigo dice: "Nos encontramos en Starbucks a las 11 a.m. del jueves para tomar café". Usted llega a las 11 y espera, luego, él llega a las 11:15 u 11:20 con una rápida excusa sobre "mucho tráfico" o cualquier otra cosa. De hecho, en una de mis clases de un ciclo reciente, tuve un estudiante así, usualmente llegaba cinco o diez minutos después de que la clase haya empezado. Hablé con él en privado, con muy pocos resultados. Supongo que ese hábito se había forjado durante décadas.

Reconozco que el hábito de la impuntualidad no entra en la categoría de un "pecado mayor", como el asesinato, el adulterio o el perjurio[41], pero igual tiene alguna importancia. Si su amigo queda en encontrarse con usted a las 11 a.m. en Starbucks y no hizo ningún esfuerzo razonable para cumplir con su palabra, está faltando a su obligación de ser sincero al hablar. Después de un tiempo, las personas comenzarán a dudar si esta persona es "confiable" (ver Ex 18:21; 1 Co 7:25) en otras cosas que dice. Ciertamente el mismísimo Dios es confiable en todo lo que dice (Sal 93:5; 111:7; 1 Ti 1:15; Ap 22:6) y deberíamos imitar su discurso.

Además, su amigo ha "robado" parte de su tiempo, porque si hubiera sabido que él iba a llegar a las 11:20, usted hubiera escogido hacer otra cosa en vez de sentarse en Starbucks y esperar esos 20 minutos. Al faltar el respeto a su tiempo, su amigo no parece haber seguido la enseñanza de Jesús: "Amarás a tu prójimo como a ti mismo" (Mt 22:39).

Debido a mis 40 años de experiencia en educación, sé lo molesto que es cuando dos o tres estudiantes entran tarde a mi clase, después de que ya he comenzado la lección. Usualmente trato de ignorarlo y solo sigo con mi clase, pero molesta a otros alumnos y también mi flujo de ideas, al menos hasta algún punto. Estoy

---

[41] Ver el análisis de los pecados mayores y menores en el cap. 5, pág. 139.

seguro de que los pastores y líderes de adoración sienten lo mismo cuando las personas entran al servicio de la iglesia cinco, diez o incluso quince minutos tarde y lo hacen de manera habitual. Probablemente piensen: "A nadie le importará", pero no es realmente cierto. Sí, estoy seguro de que el pastor prefiere que lleguen tarde a que no vayan, pero esa tardanza sigue siendo una falta de respeto al pastor y al líder de adoración, y molesta para aquellos que ya están presentes. Una pregunta útil para una persona que habitualmente llega tarde es: "¿Qué le pasaría a la iglesia si todos actuáramos como yo lo hago?"[42].

Reconozco que hay circunstancias ocasionales que son completamente impredecibles y sobre las que no tenemos control (como un neumático pinchado, un accidente de tráfico o una emergencia médica) y no estoy diciendo que es irresponsable llegar tarde a una cita en esas circunstancias. Sin embargo, estas raras ocasiones son diferentes al hábito de retrasarse constantemente. La puntualidad responsable puede ser una virtud menor, pero creo que sigue siendo una virtud.

4. Otras situaciones habituales. Mi enfoque sobre otras situaciones que ocurren en la vida diaria sería parecido al enfoque anterior, en cualquier caso manteniendo el principio de que nunca es correcto mentir. Por lo tanto, por ejemplo, no existe tal cosa como una "pequeña mentira blanca", es decir, una mentira supuestamente "inofensiva" dicha para convencer a alguien de ir a una fiesta de cumpleaños sorpresa o dicha para ocultar un regalo de Navidad, etc. Se podrían usar otras formas de convencer a una persona de ir a la fiesta sorpresa (se podrían decir muchas cosas verdaderas en vez de decir una mentira).

¿Qué le debería decir el esposo a su esposa cuando esta le pregunta si le gusta el vestido que se ha comprado o su nuevo corte de cabello, pero él no cree que el vestido o el corte es atractivo? Aquí puedo dar un consejo personal (tras 48 años de matrimonio): es siempre mejor decir la verdad y hacerlo apoyándose en Efesios 4:15 LBLA, "hablando la verdad en *amor*". Esto significa hablar con amabilidad, humildad y consideración, también hablar con honestidad. ("Bueno, no es mi favorito... pero el color es bonito", o algo así. Tal vez Mt 10:19 se puede aplicar ligeramente en este caso: "porque en aquella hora os será dado lo que habéis de hablar"). El resultado puede ser una decepción momentánea, pero a la larga los esposos confiarán en que siempre se dirán la verdad con amor y amabilidad, y su matrimonio tendrá buenos beneficios.

¿Qué pasa con las respuestas a los modismos convencionales o los saludos habituales, como, "cómo estás"? Creo que "bien" puede cubrir muchas situaciones (tanto el locutor como el oyente entienden que se aplica de forma bastante amplia)

---

[42] Revelación justa: Escribo esta parte como una persona que tenía dificultad para llegar a tiempo por muchos años y quien todavía a veces tiene problemas. Un punto de inflexión importante se produjo hace unos años con la simple decisión de salir antes a las citas, por ejemplo, nuestra iglesia queda a 15 minutos en carro desde nuestra casa. Por lo tanto, por muchos años, salíamos de casa a las 9:15 para llegar al servicio de las 9:30 y siempre llegaba unos minutos tarde. Finalmente decidimos comenzar a salir de casa a las 9 a.m. para el servicio de las 9:30 y, de repente, el viaje se volvió más relajado; nos sentíamos libres de saludar a las personas mientras entrábamos a la iglesia y nos sentábamos cinco o diez minutos antes de que comenzara el servicio, nos permitía hablar con los demás que estaban ahí. Fue una solución simple, pero cambió nuestras mañanas de los domingos de manera significativa.

y "estoy bien, gracias" puede ser una respuesta honesta en casi todo momento. (Incluso en medio de un gran problema, puedo estar "bien" porque estoy confiando en el Señor). A veces, será apropiado dar una respuesta más específica. No se trata de situaciones realmente difíciles, y el pensamiento creativo conducirá sin duda a oportunidades de respuestas aún más beneficiosas[43] .

PREGUNTAS PARA REFLEXIONAR

1. ¿De qué manera este capítulo ha cambiado su punto de vista sobre la mentira?
2. ¿De qué manera tener el hábito de decir la verdad le permitirá glorificar de manera más plena a Dios y avanzar la obra de Su reino aquí en la tierra?
3. ¿Con este capítulo se dio cuenta de que no ha tenido mucho cuidado con ser honesto en su discurso como debería? ¿Cree que esto influirá en su vida más adelante?
4. ¿Cree que está permitido mentir con el fin de salvar una vida? ¿Existen otras alternativas?
5. ¿Conoce a alguien a quien considera ser completamente confiable cuando dice algo? ¿Qué piensa de esa persona?
6. ¿Qué rasgos de carácter cristianos (ver pág. 110) son especialmente apropiados para fomentar la veracidad en el discurso?
7. ¿En algún momento alguien dijo algo falso sobre usted o difundió información falsa sobre usted y tuvo que actuar para corregir esa información falsa? ¿O guardó silencio al respecto? Al recordar esa situación, ¿hay algo que harías diferente si pudieras?
8. ¿Cree que hay circunstancias en las que una "pequeña mentira blanca" es moralmente permitida?

TÉRMINOS ESPECIALES

hablar falso testimonio
hipérbole
mentir
plagio
puntualidad
elección moral trágica

BIBLIOGRAFÍA

Otras fuentes de referencia sobre ética
(ver datos bibliográficos completos, pág. 64)

---

[43] Mi amigo C. J. Mahaney con frecuencia responde: "Me va mucho mejor de lo que merezco", ¡lo que genera muchas conversaciones interesantes!

Frame, 830-40
Geisler, 19-20
Gushee y Stassen, 288-307
Jones, 144-52
McQuilkin y Copan, 501-14
Murray, 123-48

Otras obras

Griffiths, Paul J. *Lying: An Augustinian Theology of Duplicity* [La mentira: Una teología agustiniana de la duplicidad]. Grand Rapids, Michigan: Brazos, 2004.

Hammond, Peter. *Character Assassins: Dealing with Ecclesiastical Tyrants and Terrorists* [Asesinos de carácter: Tratando con tiranos y terroristas eclesiásticos.]. Cape Town: Christian Liberty Books, 2004.

Hicks, P. A. *"Truth"* ["Verdad"]. En New Dictionary of Christian Ethics and Pastoral Theology [Nuevo diccionario de ética cristiana y teología pastoral], editado por David J. Atkinson y David H. Field, págs. 867-68. Leicester, Reino Unido: Inter-Varsity y Downers Grove, Illinois: InterVarsity Press, 1995.

Komp, Diane M. *Anatomy of a Lie: The Truth about Lies and Why Good People Tell Them* [Anatomía de una mentira: La verdad sobre las mentiras y por qué la gente buena las dice]. Grand Rapids, Michigan: Zondervan, 1998.

Lindskoog, Kathryn Ann. *Fakes, Frauds, & Other Malarkey: 301 Amazing Stories & How Not to Be Fooled* [Falsedades, fraudes y otros engaños: 301 historias increíbles y cómo no dejarse engañar]. Grand Rapids, Michigan: Zondervan, 1993.

Morey, Robert A. *A Bible Handbook on Slander and Gossip: How God Wants You to Deal with Slander and Gossip* [Un manual bíblico sobre la calumnia y el chisme: Cómo quiere Dios que usted se enfrente a la calumnia y el chisme]. Maitland, Florida: Xulon Press, 2009.

Stowell, Joseph M. *The Weight of Your Words: Measuring the Impact of What You Say* [El peso de tus palabras: Cómo medir el impacto de lo que dices]. Chicago: Moody Press, 1998.

Tollefsen, Christopher O. *Lying and Christian Ethics* [La mentira y la ética cristiana]. New Studies in Christian Ethics. Vol. 33. Nueva York: Cambridge University Press, 2014.

PASAJE BÍBLICO PARA MEMORIZAR

Éxodo 20:16: No hablarás contra tu prójimo falso testimonio.

HIMNO

"Te necesito ya"

Te necesito ya,

Bendito Salvador,
me infunde dulce paz
 tu tierna voz de amor.

Coro:
Te necesito Cristo,
sí, te necesito,
 con corazón contrito acudo a ti.

Te necesito ya,
Tú no me dejarás;
yo siempre venceré
 si tú conmigo estás.

Te necesito ya,
Tu santa voluntad,
y tus promesas mil en mí,
 cumple en verdad.

Te necesito ya,
Santísimo Señor;
tuyo hazme nada más,
Bendito Salvador.

AUTOR: ANNIE S. HAWKS, 1835-1918

Capítulo 13

EL MANDAMIENTO SOBRE EL DÍA DE REPOSO

¿Por qué se cambió el día de adoración a Dios del sábado al domingo?

¿Está mal trabajar los domingos?

El cuarto mandamiento indica lo siguiente:

> Acuérdate del día de reposo para santificarlo. Seis días trabajarás, y harás toda tu obra; mas el séptimo día es reposo para Jehová tu Dios; no hagas en él obra alguna, tú, ni tu hijo, ni tu hija, ni tu siervo, ni tu criada, ni tu bestia, ni tu extranjero que está dentro de tus puertas. Porque en seis días hizo Jehová los cielos y la tierra, el mar, y todas las cosas que en ellos hay, y reposó en el séptimo día; por tanto, Jehová bendijo el día de reposo y lo santificó (Ex 20:8-11).

La redacción de este mandamiento en Deuteronomio brinda una razón adicional a la que se da en Éxodo:

> Guardarás el día de reposo para santificarlo, como Jehová tu Dios te ha mandado. Seis días trabajarás, y harás toda tu obra; mas el séptimo día es reposo a Jehová tu Dios; ninguna obra harás tú, ni tu hijo, ni tu hija, ni tu siervo, ni tu sierva, ni tu buey, ni tu asno, ni ningún animal tuyo, ni el extranjero que está dentro de tus puertas, para que descanse tu siervo y tu sierva como tú. *Acuérdate que fuiste siervo en tierra de Egipto, y que Jehová tu Dios te sacó de allá con mano fuerte y brazo extendido; por lo cual Jehová tu Dios te ha mandado que guardes el día de reposo* (Dt 5:12-15).

---

[1] La razón añadida en Deuteronomio representa una redacción adicional que Dios dio a Moisés acerca de este mandamiento, bien cuando Dios pronunció por primera vez los Diez Mandamientos desde la montaña o en una revelación posterior (el texto no lo especifica).

A. EL SIGNIFICADO DEL MANDAMIENTO

1. Un día de descanso fue un regalo de Dios. Para los israelitas, un pueblo agrícola que debía trabajar para conseguir el alimento "con el sudor de su rostro" (Gn 3:19), este mandamiento anunciaba un regalo de Dios: un día de descanso de su trabajo en el que laboraban durante el resto de la semana. Este día también era un momento en el que podían acercarse a Dios en adoración, un día que Dios "bendecía" (Ex 20:11). El mandamiento no pretendía imponer restricciones onerosas a la actividad humana, de tal manera que la obediencia llegara a ser una carga terrible, y que incluso la conducta ordinaria de la vida diera lugar a acusaciones severas y a una temerosa culpabilidad. Jesús comprendió esto, pues dijo: "El día de reposo fue hecho por causa del hombre, y no el hombre por causa del día de reposo" (Marcos 2:27).

El Señor habló a través de Isaías para explicar cómo pretendía que el día de reposo fuera una "delicia":

> Si retrajeres del día de reposo tu pie,
>> de hacer tu voluntad en mi día santo,
> *y lo llamares delicia,*
>> santo, glorioso de Jehová;
> y lo venerares, no andando en tus propios caminos,
>> ni buscando tu voluntad, ni hablando tus propias palabras,
> *entonces te deleitarás en Jehová;*
>> y yo te haré subir sobre las alturas de la tierra,
> y te daré a comer la heredad de Jacob tu padre;
>> porque la boca de Jehová lo ha hablado (Is 58:13-14).

2. La tradición judía posterior añadió muchas reglas opresivas. Sin embargo, la tradición judía que se desarrolló después de que se escribieran los últimos libros del Antiguo Testamento añadió numerosas reglas legalistas detalladas sobre lo que se consideraba "trabajo" prohibido en el día de reposo y qué tipo de actividades estaban permitidas. A continuación, algunos ejemplos de estas reglas detalladas de la Mishná[2]:

> Si una tetera [que contiene agua caliente] fuese retirada [de una estufa], no se puede poner agua fría en ella para que se caliente; pero se puede poner suficiente [...] para que [el agua caliente] quede tibia[3].

---

[2] La Mishná es una colección de reconocidas enseñanzas rabínicas sobre todos los detalles de la vida judía. Se puso por escrito alrededor del año 200 d. C., pero gran parte de la tradición oral que representa data de antes de la época de Cristo. El Talmud, que fue posterior a la Mishná, consiste en cada uno de los párrafos de la Mishná seguidos de extensas discusiones rabínicas sobre su significado. Por lo tanto, el Talmud es mucho más extenso que la Mishná. La sección de la Mishná que trata de las regulaciones del día de reposo (el tratado llamado Shabbath) tiene 21 páginas en la traducción inglesa de Herbert Danby, mientras que la sección correspondiente al Talmud babilónico (también llamado Shabbath) en una traducción inglesa abarca 806 páginas. Ver *The Babylonian Talmud: Seder Moed* [El Talmud babilónico: Seder Moed] 4 vols., ed. I. Epstein (Londres: Soncino, 1938), 1.1-806.

[3] Herbert Danby, traducido, The Mishnah (Oxford: Oxford University Press, 1933), 103 (Mishnah,

Es culpable el que escribe dos letras, ya sea con la mano derecha o con la izquierda, ya sea la misma o distinta letra, ya sea con tintas diferentes o en cualquier idioma[4].

Si un gentil encendió una lámpara, un israelita puede hacer uso de la luz, pero si la encendió por el bien del israelita, está prohibido. Si llenó [un abrevadero] de agua para dar de beber a su ganado, el israelita podrá dar de beber a su propio ganado después de él, pero si el gentil lo hizo por el israelita, está prohibido[5].

Si hay una piedra en la boca de una vasija, se puede girar la vasija de lado para que la piedra caiga. Si la vasija estuviera entre otras vasijas, puede levantarse y luego ponerse de lado para que la piedra se caiga [...]Si una esponja tiene una pieza de mano de cuero, pueden usarla para limpiarse [en el día de reposo], pero si no la tiene, no pueden usarla para limpiarse[6].

Por lo tanto, aunque Jesús nunca transgredió realmente el cuarto mandamiento en su sentido original, sus adversarios judíos estaban asumiendo la validez de muchas de esas reglas adicionales cuando lo acusaron a él y a sus discípulos de "hacer lo que no es lícito hacer en el día de reposo" (Mateo 12:2; ver también Lucas 14:3; Juan 5:10). Cuando curaba en el día de reposo (Juan 9:14) o cuando sus discípulos arrancaban espigas un día de reposo y se las comían (Marcos 2:23), fueron acusados de transgredir el día de reposo, pero Jesús y sus discípulos de hecho estaban obedeciendo el verdadero sentido de este mandamiento. Sin embargo, en el período posterior a la Reforma, los protestantes reformados que pensaban que el mandamiento del día de reposo seguía siendo vinculante enseñaban que las "obras de necesidad y misericordia" estaban ciertamente permitidas por Dios en este día[7].

B. LA POSICIÓN SABATARIANA: EL DOMINGO DEBE TRATARSE COMO EL DÍA DE REPOSO EN EL ANTIGUO TESTAMENTO

Existe una larga y muy respetada tradición dentro de la iglesia cristiana que considera el domingo como la contraparte neotestamentaria del día de reposo del Antiguo Testamento y, por lo tanto, está sujeto a muchos de sus requisitos.

Por ejemplo, esta era la posición de los puritanos ingleses, y se tradujo en la

---

Shabbath, 3.5).

[4] *Ibid.*, 111 (Mishnah, Shabbath, 12.3).

[5] *Ibid.*, 115 (Mishnah, Shabbath, 16.8).

[6] *Ibid.*, 118 (Mishnah, Shabbath, 21:2-3).

[7] He tomado la frase "obras de necesidad y misericordia" del Westminster Larger Catechism [Catecismo Mayor de Westminster], pregunta 117; la *Westminster Confession of Faith* [Confesión de Fe de Westminster] utiliza la expresión "deberes de necesidad y misericordia" (21.8). John M. Frame, que defiende la validez permanente del mandamiento del sábado en la actualidad, explica sensatamente que, incluso desde este punto de vista, "las obras de necesidad no son solo obras necesarias para mantenernos vivos. Son obras que mantienen la vida humana en equilibrio". *The Doctrine of the Christian Life: A Theology of Lordship* [La doctrina de la vida cristiana: una teología del señorío] (Phillipsburg, NJ: P&R, 2008), 548.

Westminster Confession of Faith [Confesión de Fe de Westminster]:

> Por un mandamiento positivo, moral y perpetuo que obliga a todos los hombres en todas las épocas, Él [Dios] ha designado particularmente un día de cada siete como día de reposo, para que se le santifique; el cual, desde el principio del mundo hasta la resurrección de Cristo, era el último día de la semana; y desde la resurrección de Cristo, se convirtió en el primer día de la semana, el cual, en las Escrituras, se llama el Día del Señor, y debe continuar hasta el fin del mundo, como el día de reposo cristiano (WCF, 21.7).

¿Cómo se observaba este día? La confesión decía:

> [Las personas deben] observar un reposo santo, todo el día, de sus propias obras, palabras y pensamientos sobre su trabajo y recreaciones mundanas, [...] [y se] ocupen, todo el tiempo, en los ejercicios públicos y privados de Su culto, y en los deberes de necesidad y misericordia. (WCF, 21.8)

Los que defienden esta posición alternativa suelen llamarla una perspectiva "sabatariana" porque defiende mantener el día de reposo del Antiguo Testamento, pero haciéndolo en domingo en lugar del sábado.

Los argumentos a favor de esta posición son:

1. Dios estableció un patrón de observancia del día de reposo en la creación:

> Y acabó Dios en el día séptimo la obra que hizo; *y reposó el día séptimo* de toda la obra que hizo. *Y bendijo Dios al día séptimo*, y lo santificó, porque en él reposó de toda la obra que había hecho en la creación (Gn 2:2-3).

Además, cuando Dios dio el mandamiento del día de reposo en Éxodo 20, dio su patrón de actividades en la creación de la siguiente manera:

> Porque en seis días hizo Jehová los cielos y la tierra, el mar, y todas las cosas que en ellos hay, y reposó en el séptimo día; por tanto, Jehová bendijo el día de reposo y lo santificó (Ex. 20:11).

Por lo tanto, se afirma que el descanso en el séptimo día es un requisito moral que Dios estableció en la creación (una "ordenanza desde la creación"), y eso significa que Dios requiere que todas las personas en todas las épocas lo obedezcan, no solo los que viven bajo el Pacto de Moisés.

2. El cuarto mandamiento es parte de los Diez Mandamientos y todos los Diez Mandamientos representan requisitos morales de Dios que se aplican a toda la vida humana en la tierra durante todos los períodos de la historia. Por lo tanto, no debemos ignorar el cuarto mandamiento.

3. No hay nada en el Nuevo Testamento que indique de manera convincente la abrogación del mandamiento del día de reposo del Antiguo Testamento. Por lo tanto, sigue siendo moralmente vinculante para las personas hoy en día.

Muchos escritores de la tradición reformada en particular defienden ampliamente esta posición sabatariana y las defensas de John Murray[8] y John Frame[9] son particularmente contundentes y bien fundamentadas[10]. Yo también sostuve este punto de vista durante varios años, y respeto profundamente este punto de vista así como a varios amigos que sinceramente lo sostienen[11].

Aunque explicaré mi posición con más detalle en las páginas siguientes, en este momento puedo responder brevemente a estos argumentos de esta manera: (1) no hay ningún mandamiento en Génesis 1-2 que indique que Adán y Eva debían observar el séptimo día como un día especial de descanso y adoración; (2) el mandamiento del día de reposo me parece diferente de los otros mandamientos porque es el único que incluye las fiestas judías y el sistema de sacrificios relacionado (por lo tanto, se llamaría una ley "ceremonial" en la antigua categorización moral-civil-ceremonial de las leyes); y (3) dado que el cuarto mandamiento es parte del Pacto de Moisés, que ha sido finalizado, no creo que haya necesidad de encontrar una cancelación específica de este mandamiento en el Nuevo Testamento. Basta con que no haya ninguna reafirmación del mismo por parte de los autores del Nuevo Testamento. Además, Hebreos 3-4 indica que los cristianos del Nuevo Pacto entran y participan ahora en ese "reposo" que Dios estableció en la creación y en el que el pueblo de Israel no entró.

Ahora pasaré a una consideración más completa de las razones por las que creo que el mandamiento del día de reposo ya no está vigente.

C. EL MANDAMIENTO DEL DÍA DE REPOSO NO ESTÁ MORALMENTE VINCULADO CON LAS PERSONAS EN LA ACTUALIDAD

1. El Pacto de Moisés ha finalizado. Como argumenté ampliamente en el capítulo

---

[8] John Murray, *Principles of Conduct: Aspects of Biblical Ethics* [Principios de la conducta: aspectos de la ética bíblica] (Grand Rapids, Michigan: Eerdmans, 1957), 30-35.

[9] Frame, *The Doctrine of the Christian* Life, 513-74.

[10] Ver también los argumentos sabatarianos de Peter Masters en http://www.metropolitantaberna-cle.org/Christian-Article/Remember-the-Lords-Day-Is-there-Christian-Sabbath/Sword-and-Trowel-Magazine. Además, hay una presentación breve y clara de los puntos de vista alternativos publicados en el Reino Unido por la Fellowship of Independent Evangelical Churches [Comunidad de Iglesias Evangélicas Independientes]: https://fiec.org.uk/docs/Sabbath_(All_in_the_Family).pdf.

[11] Personalmente, mantuve y seguí una posición sabatariana durante mis cuatro años de estudios universitarios y tres años de seminario teológico. Recuerdo muchos de esos domingos como días maravillosos de adoración y comunión con el pueblo de Dios. Cambié mi punto de vista y adopté esencialmente la posición "prudente pero no obligatoria" de este capítulo mientras me preparaba para enseñar una clase bíblica para adultos en mi iglesia bautista local durante mis estudios de doctorado.

Mi práctica personal ahora no es muy diferente de lo que era cuando sostenía un punto de vista sabatariano, porque generalmente no hago ningún trabajo académico los domingos, sino que paso tiempo en la iglesia y con familiares y amigos. Sin embargo, ocasionalmente (tal vez una vez cada ocho o diez semanas) hago algún trabajo académico el domingo por la noche, como preparar una conferencia para el lunes o trabajar para cumplir con el plazo de entrega de un escrito. Cuando sostenía una posición sabatariana, no habría hecho esto y lo habría considerado pecaminoso. Ahora no creo que sea pecaminoso, pero creo que sería imprudente dejar que se convierta en un patrón.

8, los escritores del Nuevo Testamento afirman claramente que el Pacto de Moisés ha finalizado y ya no es obligatorio para las personas de hoy, ya que vivimos en la era del Nuevo Pacto (ver Lucas 22:20; Ro 7:4, 6; 8:2; 10:4; 1 Co 9:20; 2 Co 3:6; Gá 3:24-25; Ef 2:15; He 7:18-19; 8:6-13, y la sección que comienza en la pág. 210).

Por lo tanto, el hecho de que este mandamiento forme parte de los Diez Mandamientos no demuestra por sí mismo que siga siendo una obligación moral para las personas en la actualidad. Los Diez Mandamientos pertenecen al antiguo pacto, que ya no está en vigor.

¿Entonces, por qué he seguido la estructura de los Diez Mandamientos para organizar este libro sobre ética? Lo he hecho porque nueve de los Diez Mandamientos se reafirman o incluso se citan en el Nuevo Testamento por tener validez moral también para los cristianos de la era del Nuevo Pacto. Esto indica que Dios dio estos nueve mandamientos (al menos) a los israelitas no con el propósito de mostrar que Israel era visiblemente diferente de otras naciones, sino porque estos nueve mandamientos contenían normas morales de Dios que eran aplicables a toda la humanidad durante toda la historia. Su aplicación no se limitaba solo a Israel durante un tiempo determinado.

2. A diferencia de los otros nueve mandamientos, este nunca se reafirma para los cristianos del Nuevo Pacto. La ausencia de cualquier afirmación del mandamiento del día de reposo para los cristianos del Nuevo Pacto aparentemente indica que los primeros apóstoles, guiados por las enseñanzas de Jesús mientras estuvo en la tierra y por obra del Espíritu Santo después (Juan 14:26; 16:13), se dieron cuenta de que el mandamiento del día de reposo no expresaba las normas morales de Dios para toda la humanidad para todos los tiempos, sino que establecía requisitos específicos para el pueblo de Israel como nación mientras mientras vivían bajo el Pacto de Moisés. Mientras que el arco iris era la señal del pacto de Dios con Noé (Gn 9:12-15) y la circuncisión era la señal del pacto de Dios con Abraham (17:11), Bruce Waltke señala que "el día de reposo es la señal del Pacto de Moisés "[12](ver Ex 31:13).

El mandamiento del día de reposo esperaba la llegada de Cristo y se cumplió con su vida y su ministerio. Prometía un descanso físico a los trabajadores, pero Jesús ofrecía un descanso espiritual más profundo, un descanso de nuestra lucha por hacer lo correcto ante Dios. Jesús dijo:

> Venid a mí todos los que estáis trabajados y cargados, *y yo os haré descansar.* Llevad mi yugo sobre vosotros, y aprended de mí, que soy manso y humilde de corazón; y *hallaréis descanso para vuestras almas;* porque mi yugo es fácil, y ligera mi carga (Mateo 11:28-30).

Según el autor de Hebreos, confiar en Cristo es entrar en el verdadero "reposo" (He 4:9) que el pueblo judío no alcanzó:

---

[12] Bruce K. Waltke, *An Old Testament Theology: An Exegetical, Canonical, and Thematic Approach* [Una teología del Antiguo Testamento: Un enfoque exegético, canónico y temático] (Grand Rapids, Michigan: Zondervan, 2007), 423.

Temamos, pues, no sea que permaneciendo aún la promesa de entrar en su reposo, alguno de vosotros parezca no haberlo alcanzado [...] Pero los que hemos creído entramos en el reposo [...] Por tanto, queda un reposo para el pueblo de Dios (He 4:1, 3, 9).

Pablo dice explícitamente que el mandamiento del día de reposo era una "sombra", pero que la sombra se cumple en Cristo:

Por tanto, nadie os juzgue en comida o en bebida, o en cuanto a días de fiesta, luna nueva *o días de reposo,* todo lo cual es *sombra de lo que ha de venir; pero el cuerpo es de Cristo* (Col 2:16-17).

3. El Nuevo Testamento dice explícitamente que los cristianos ya no deben guardar los días de reposo. Pablo se dio cuenta de que había cierta controversia sobre guardar días especiales como el día de reposo (y quizás otras fiestas judías) en la iglesia de Roma, pues escribió a los creyentes romanos que debían respetar las decisiones de los demás en este sentido; en otras palabras, guardar tales días no era algo que Dios exigiera, sino algo que las personas podía hacer si así lo deseaban:

Uno hace *diferencia entre día y día;* otro juzga iguales todos los días. Cada uno esté plenamente convencido en su propia mente. El que hace caso del día, lo hace para el Señor; y el que no hace caso del día, para el Señor no lo hace. El que come, para el Señor come, porque da gracias a Dios; y el que no come, para el Señor no come, y da gracias a Dios (Ro 14:5-6).

Aún más explícita es su fuerte reprimenda a las iglesias de Galacia; les dice que se escandaliza de que sigan exigiendo a las personas que guarden días especiales[13]:

Guardáis los días, los meses, los tiempos y los años. Me temo de vosotros, que haya trabajado en vano con vosotros (Gá 4:10-11).

Por eso pudo decir a los cristianos de Colosas:

Por tanto, nadie os juzgue en comida o en bebida, o en cuanto a días de fiesta, luna nueva *o días de reposo* (Col 2:16).

Los cristianos eran libres de decidir cómo querían actuar en el día de reposo (o en el domingo) porque no había ninguna exigencia moral de Dios o de Cristo al respecto.

Juan Calvino entendió esto, pues escribió:

Pero no hay duda de que con la venida del Señor Cristo la parte ceremonial de este mandamiento fue abolida [...] Él es, digo, el verdadero cumplimiento del día de reposo [...] Por esta razón, el apóstol escribe en otra parte que

---

[13] A Pablo no le molestaba que los cristianos guardaran voluntariamente los días especiales (Ro 14:5-6), pero aparentemente algunas iglesias de Galacia exigían dicha observancia como parte del intento de ser justificados por las "obras de la ley" (ver Gá 2:16; 3:10-11; 5:4).

el día de reposo [Col 2:16] era "una sombra de lo que ha de venir; pero el cuerpo es de Cristo" [Col 2:17], es decir, la sustancia misma de la verdad [...] Esto no se limita a un solo día, sino que se extiende a lo largo de toda nuestra vida, hasta que, completamente muertos a nosotros mismos, estamos llenos de la vida de Dios. Por lo tanto, los cristianos deben evitar por completo la observancia supersticiosa de los días[14].

Calvino continúa explicando de qué manera debemos seguir observando este mandamiento del día de reposo:

Aunque el día de reposo ha sido abrogado, todavía hay ocasión para: (1) reunirnos en los días señalados para escuchar la palabra, partir el pan místico y orar en público [cf. Hch 2,42]; (2) dar tregua a los siervos y obreros[15].

Varios de los conflictos de Jesús con sus oponentes judíos sobre el día de reposo insinuaron que se avecinaba un cambio con respecto a este mandamiento. No leemos sobre conflictos entre Jesús y sus oponentes acerca de los otros nueve mandamientos, pero hubo varios conflictos sobre la observancia del día de reposo. Tenemos la impresión de que provocaba deliberadamente el conflicto sobre esta ley, como en este suceso registrado en Marcos:

Otra vez entró Jesús en la sinagoga; y había allí un hombre que tenía seca una mano. Y le acechaban para ver *si en el día de reposo le sanaría*, a fin de poder acusarle. Entonces dijo al hombre que tenía la mano seca: Levántate y ponte en medio. *Y les dijo: ¿Es lícito en los días de reposo hacer bien, o hacer mal; salvar la vida, o quitarla?* Pero ellos callaban. Entonces, mirándolos alrededor con enojo, entristecido por la dureza de sus corazones, dijo al hombre: Extiende tu mano. Y él la extendió, y la mano le fue restaurada sana. Y salidos los fariseos, tomaron consejo con los herodianos contra él para destruirle (Marcos 3:1-6)[16].

Otras afirmaciones que tratan el mandamiento del día de reposo de forma diferente incluyen "el Hijo del Hombre es Señor del día de reposo" (Mat 12:8) y "mi Padre hasta ahora trabaja, y yo trabajo" (Juan 5:17).

4. El mandamiento del día de reposo resume muchos otros mandamientos sobre fiestas especiales y otras ceremonias. Así como la ley "Amarás a tu prójimo como a ti mismo" (Lv 19:18) era un resumen de varios mandamientos sobre las relaciones

---

[14] Juan Calvino, Institutos de la Religión Cristiana, ed. John T. McNeill, trans. Ford Lewis Battles, Biblioteca de Clásicos Cristianos, vols. 20-21 (Filadelfia: Westminster, 1960), 2.8.31 (397).

[15] *Ibid.*, 2.8.32 (398).

[16] Aunque entiendo que este acontecimiento insinúa un cambio en la ley del día de reposo para los creyentes del Nuevo Pacto, reconozco que los que piensan que el mandamiento del día de reposo sigue siendo válido para los cristianos de hoy verán estos conflictos como una simple corrección de las tradiciones judías demasiado estrictas sobre el día de reposo, y no como una insinuación de su próxima abolición.

humanas (ver Ro 13:9; Gá 5:14), así cada uno de los Diez Mandamientos puede verse como un resumen de otras leyes más detalladas sobre las amplias áreas temáticas que especifican.

Muchas de estas leyes se encuentran más detalladas en Éxodo 21-23, capítulos que siguen inmediatamente a los Diez Mandamientos.

Por ejemplo, el sexto mandamiento, "No cometas asesinato" (Ex 20:13 NTV), puede considerarse un resumen de otras muchas leyes específicas que protegen la vida humana (ver 21:12-14, 20-25, 28-32). El séptimo mandamiento, "No cometerás adulterio" (20:14), servía como resumen de varias leyes detalladas que protegían la pureza sexual en el matrimonio (ver 22:16-17, 19; Lv 18:1-30). El octavo mandamiento, "No robarás" (20:15), era un resumen de varias otras leyes específicas relativas a la protección de la propiedad (ver 21:33-36; 22:1-15; 23:4-5).

De la misma manera, el mandamiento del día de reposo puede considerarse un resumen de otros mandamientos estrechamente relacionados, tanto sobre el día de reposo como sobre el año de reposo, el Año del Jubileo y otras fiestas y sacrificios requeridos (Ex 23:10-19; Lv 25:1-22, 28, 40-41, 54). Si el mandamiento sobre el día de reposo exige el mismo cumplimiento por parte de los cristianos de hoy que por parte del pueblo judío en la nación de Israel, entonces es difícil ver por qué el año de reposo y el Año de Jubileo no son también moralmente obligatorios para nosotros en la actualidad.

El día de reposo también estaba estrechamente relacionado con otras fiestas judías y días especiales en el código mosaico. Si estamos obligados a guardar el día de reposo, entonces es difícil entender por qué no deberíamos también estar obligados a guardar estas fiestas adicionales y días especiales. Estos incluyen los siguientes:

- Fiesta de los Panes sin Levadura (o Pascua, una fiesta de siete días: Ex 23:15; Lv 23:5)
- Fiesta de las Semanas (o Cosecha, los primeros frutos o Pentecostés: Ex 23:16; 34:22; Nm 28:26)
- Fiesta de los Tabernáculos (o de las Cabañas o de la cosecha, una fiesta de ocho días: Ex 23:16; 34:22; Lv 23:34; Dt 16:13)
- Fiesta de las Trompetas (Lv 23:24; Nm 29:1)
- Día de la Expiación (Lv 23:26-31)

Los autores del Nuevo Testamento comprendieron esta estrecha conexión entre el mandamiento del día de reposo y estos otros días y festivales especiales, pues Pablo agrupa la ley del día de reposo con las leyes sobre "una fiesta o una luna nueva" (Col 2:16; la "luna nueva" también era un tiempo para ofrendas especiales; Nm 29:6; Esdras 3:5; Sal 81:3; Is 1:13). Pero Pablo no se limita a decir a los cristianos colosenses que están libres de obligaciones morales en relación con estos días especiales judíos. Los mezcla con los asuntos de "comida y bebida", y afirma que todos estos son reglamentos del antiguo pacto que han sido cumplidos en Cristo:

Por tanto, nadie os juzgue en comida o *en bebida*, o en cuanto a días de *fiesta, luna nueva o días de reposo*, todo lo cual es sombra de lo que ha de venir; pero el cuerpo es de Cristo.

Entonces, parece que el mandamiento del día de reposo, al igual que las demás leyes festivas y alimentarias judías, fue diseñado exclusivamente para la situación del pueblo judío que vivía en la nación de Israel durante la época del Pacto de Moisés. (A veces este tipo de leyes se denomina leyes "ceremoniales", pero ver la discusión anterior en la pág. 248). Mi conclusión es que, al igual que las leyes sobre los alimentos limpios e impuros y todas las fiestas judías, el mandamiento del día de reposo no fue concebido por Dios como algo que todas las personas debían cumplir en todo momento.

D. DEBEMOS SEGUIR GANANDO SABIDURÍA DEL CUARTO MANDAMIENTO

Dado que "toda la Escritura" es "útil [...] para instruir en justicia" (2 Ti 3:16; cf. Ro 15:4), deberíamos esperar poder obtener sabiduría incluso de aquellas partes del Pacto de Moisés que no son reafirmadas sino explícitamente abolidos para los cristianos del Nuevo Testamento. Eso es definitivamente cierto para el mandamiento del día de reposo.

1. Es prudente dedicar tiempos regulares a la oración, la adoración a Dios, el aprendizaje y la comunión con otros creyentes. Desde los primeros días después de que Jesús ascendiera al cielo, los primeros cristianos "estaban siempre en el templo, alabando y bendiciendo a Dios" (Lucas 24:53). Los cristianos de todo el mundo y a lo largo de la historia han deseado naturalmente reunirse para orar, adorar a Dios, aprender de su Palabra y tener comunión. Después de Pentecostés, "cada día" los primeros cristianos estuvieron "perseverando unánimes cada día en el templo, y partiendo el pan en las casas [...] alabando a Dios, y teniendo favor con todo el pueblo" (Hechos 2:46-47).

Las epístolas del Nuevo Testamento contienen docenas de versículos sobre "los unos a los otros" que indican que los cristianos se reunían de forma regular y habitual para orar, adorar, instruirse y confraternizar: "Recibíos *los unos a los otros*" (Ro 15:7); "Saludaos *los unos a los otros*" (16:16; también 1 Co 16 :20; 2 Co 13:12; 1 P 5:14); "Cuando os reunáis a comer, esperaos *unos a otros*" (1 Co 11:33); "Consolaos *[los unos a los otros]*" (2 Co 13:11); "Anímense *unos a otros* con salmos, himnos y cánticos espirituales" (Ef 5:19) (NVI); "Instrúyanse y aconséjense *unos a otros*" (Col 3:16); "Animaos *unos a otros y edificaos unos a otros*" (1 Ts 5:11); "Confesaos vuestras ofensas *unos a otros y orad unos por otros*" (Santiago 5:16); "Hospedaos *los unos a los otros*" (1 Pe. 4:9); y "*Nos amemos unos a otros*" (1 Juan 3:23).

Por eso, no es de extrañar que el autor de Hebreos recuerde a sus lectores que no deben dejar de reunirse:

Y considerémonos unos a otros para estimularnos al amor y a las buenas obras; *no dejando de congregarnos*, como algunos tienen por costumbre, *sino exhortándonos;* y tanto más, cuanto veis que aquel día se acerca (He 10:24-25).

La conclusión de estos pasajes es que es una parte normal de la vida cristiana reunirse regularmente con otros creyentes para orar, adorar, aprender de las Escrituras y animarse. Por eso Pablo podía escribir a iglesias enteras y asumir que la carta sería leída en voz alta cuando los cristianos de esas ciudades se reunieran (ver Col 4:16; 1 Ts 5:27). Debido a estos pasajes del Nuevo Testamento, parece que no solo es prudente sino que es moralmente necesario que los cristianos se reúnan regularmente con otros creyentes.

Si la ética cristiana es el estudio de "qué actos, actitudes y rasgos de carácter personal reciben la aprobación de Dios" (ver cáp. 1, pág. 37), entonces podríamos plantear nuestra conclusión de esta manera: Dios se complace cuando los cristianos están vigilantes en oración, adoración, aprendizaje y comunión con otros creyentes regularmente.

2. ¿En qué día deben adorar juntos los cristianos?

a. Cualquier día es aceptable porque el cuarto mandamiento ya no es obligatorio. Para el pueblo de Israel, el cuarto mandamiento especificaba el séptimo día (sábado) como un día de descanso, oración y adoración: "Acuérdate del día de reposo, para santificarlo [...] El séptimo día es reposo para Jehová tu Dios" (Ex 20:8, 10). Pero el Pacto de Moisés ha terminado, y el cuarto mandamiento ya no es obligatorio para los creyentes en la actualidad.

Entonces, ¿en qué día deben celebrar los cristianos la adoración? En cierto sentido, cualquier día sería aceptable. De hecho, muchos de los primeros cristianos aparentemente adoraban juntos *cada día* (ver Hechos 2:4-6).

En las sociedades occidentales contemporáneas, es común que los cristianos se reúnan en pequeños grupos en casas particulares durante varios días de la semana. Por ejemplo, el grupo del que formamos parte mi esposa y yo se reúne los jueves por la noche desde hace varios años. También asistimos a un gran servicio corporativo de adoración con toda la iglesia local los domingos por la mañana, pero de vez en cuando asistimos a un servicio de adoración del sábado por la noche (que tiene el mismo formato y contenido que el servicio de adoración del domingo por la mañana).

b. El patrón más frecuente en la historia de la Iglesia Cristiana ha sido el de reunirse en domingo. En la era del Nuevo Testamento, los primeros cristianos iniciaron un patrón de reunirse en domingo:

> *El primer día de la semana,* reunidos los discípulos para partir el pan, Pablo les enseñaba, habiendo de salir al día siguiente; y alargó el discurso hasta la medianoche (Hechos 20:7).

> *Cada primer día de la semana* cada uno de vosotros ponga aparte algo, según haya prosperado, guardándolo, para que cuando yo llegue no se

recojan entonces ofrendas (Co 16:2).

Este cambio al domingo se hizo muy probablemente para celebrar la resurrección de Cristo en el primer día de la semana, que fue el domingo (Mt 28:1; Lucas 24:1; Juan 20:1), y esta también es la razón por la que el día llamado "el día del Señor" (Ap 1:10) era probablemente el domingo.

Poco después de que se escribieran los libros del Nuevo Testamento, algunos de los primeros escritores cristianos también registraron un patrón de adoración dominical entre los cristianos. Por ejemplo:

> Y en *el día llamado domingo*, todos los que viven en las ciudades o en el campo se reúnen en un lugar, y se leen las memorias de los apóstoles o los escritos de los profetas [...] entonces [...] el presidente [el líder] instruye verbalmente, y exhorta a la imitación de estas cosas buenas. Luego nos levantamos todos juntos y oramos [...] se trae pan y vino y agua [...] El domingo es el día en el que celebramos nuestra asamblea común, porque es el primer día en que Dios [...] hizo el mundo; y ese mismo día Jesucristo, nuestro Salvador, resucitó de entre los muertos[17].

Los primeros cristianos parecen haber llamado al domingo "el día del Señor". Juan dijo en el Apocalipsis: "Yo estaba en el Espíritu *en el día del Señor*" (Ap 1:10), y un escrito cristiano muy antiguo lo distingue del día de reposo de los judíos, pues Ignacio, obispo de Antioquía, escribe hacia el año 110 d. C. que los cristianos "ya no vivían para el día de reposo, sino *para el día del Señor*"[18].

c. Es conveniente reunirse regularmente y descansar, pero no es necesario un día concreto. En este punto, debe notarse una diferencia importante entre el Antiguo Pacto y el Nuevo Pacto. En el Pacto de Moisés, el pueblo judío estaba obligado a descansar y a adorar a Dios todos los sábados. Cualquier violación de este mandamiento, aunque fuera una sola vez, daba lugar a un castigo severo (ver Ex 31:15: "cualquiera que trabaje en el día de reposo, ciertamente morirá"; ver también Nm 15:32-36).

Pero la enseñanza del Nuevo Testamento sobre los tiempos regulares de

---

[17] Justino Mártir, *First Apology* [Primera Apología] (alrededor del año 152 d. C.), cáp. 67 (ANF, 1:186).

[18] Ignacio, Carta los *Magnesios*, 9.1, en Los Padres *Apostólicos*, trans. Kirsopp Lake, 2 vols. (Cambridge, Massachusetts: Harvard University Press, 1970), 1:205. Ver también La Didaché, 14.1: "En el día del *Señor* reuníos, partid el pan y celebrad la Eucaristía, después de confesar vuestras transgresiones para que vuestra ofrenda sea pura". Ibid., 1:331. La datación de La *Didaché* es incierta; puede ser del año 50-100 d. C. Sin embargo, hay que tener en cuenta que este patrón de reunirse el *domingo* para la adoración se registra en el Nuevo Testamento y posteriormente como algo *que los cristianos hacían* en lugar de algo que se ordena a cada cristiano hacer exactamente en ese día. La indicación de Pablo a los Corintios de que aparten algo y lo guarden "el primer día de cada semana" (1 Co 16:2) es un mandato de ofrenda semanal regular y algunos pueden entenderlo como un requisito de que los cristianos se reúnan el primer día de la semana (y den ofrendas), pero también es posible entender la especificación del "primer día de cada semana" como una simple consideración del hecho de que Pablo sabía que la iglesia se reunía en domingo. Podría no significar que pretendía ordenar que se reunieran solo los domingos, sino que cuando lo *hicieran* llevaran una ofrenda regularmente.

adoración es muy diferente. La principal declaración al respecto nos dice que no descuidemos reunirnos:

> Y considerémonos unos a otros para estimularnos al amor y a las buenas obras; *no dejando de congregarnos,* como algunos tienen por costumbre, sino exhortándonos; y tanto más, cuanto veis que aquel día se acerca (He 10:24-25).

Por lo tanto, es prudente, e incluso exigible a los cristianos, que nos reunamos con otros creyentes regularmente. Pero si por diversas razones esto no es posible o viable de vez en cuando, no hay ningún indicio de que debamos ser apedreados hasta la muerte o incluso enfrentarnos a algún tipo de disciplina eclesiástica. Reunirse regularmente es simplemente un patrón de vida prudente que el Señor nos dice que debemos guardar.

La falta de especificación de un día concreto como el único aceptable para el descanso y la adoración es también importante para los cristianos en la actualidad. Para algunos cristianos (como los pastores y otros miembros del personal a tiempo completo de las iglesias), el domingo es su principal día de trabajo durante la semana. Otros tienen varios trabajos seculares que los obligan a trabajar periódica o regularmente los domingos. Parece apropiado que los pastores tomen otro día que no sea el domingo como día de descanso, y que aquellos cuyos trabajos requieren que trabajen los domingos tomen otro día tanto para descansar como para adorar con otros creyentes. El Nuevo Pacto da a los creyentes este tipo de libertad para buscar varias maneras sabias y apropiadas de cumplir con la expectativa de que se reunirán para tiempos regulares de adoración y tomarán tiempos regulares de descanso.

3. Es prudente tener días regulares de descanso de nuestro trabajo ordinario. En su sabiduría, Dios exigió al pueblo judío que descansara de su trabajo ordinario un día a la semana. Esto fue un regalo de Dios para su pueblo. No debían pensar en sí mismos como esclavos oprimidos, obligados a trabajar hasta el agotamiento los siete días de la semana. Dios les dio un día en el que podían liberarse del trabajo, descansar, adorar y disfrutar de la presencia de Dios y de la comunión entre ellos.

Aquí también notamos la diferencia entre el Pacto de Moisés y el Nuevo Pacto. Dado que el Pacto de Moisés ha finalizado, los cristianos del Nuevo Testamento *no tienen que* descansar en el séptimo día (día de reposo) o en cualquier otro día específico de los siete.

Sin embargo, aún debemos reconocer que necesitamos tiempos periódicos de descanso. Todavía no tenemos cuerpos perfectos de resurrección que no se debilitarán ni envejecerán (ver Ro 8:23; 1 Co 15:23). Incluso Jesús se cansó físicamente de vez en cuando. Cuando Jesús y sus discípulos llegaron a Samaria, "Jesús, *cansado* del camino, se sentó así junto al pozo" (Juan 4:6).

Por lo tanto, es *prudente* (mas no obligatorio) que los cristianos en la era del Nuevo Pacto también tomen tiempos regulares de descanso de su trabajo ordinario. Estos tiempos de descanso son un regalo de Dios que nos permite disfrutar libremente sin culpa, así como le dio al pueblo judío del Antiguo Testamento el sábado como un regalo: "El día de reposo fue hecho por causa del hombre, y no el hombre por causa del día de reposo" (Marcos 2:27).

El día de descanso que la gente elige puede variar de una persona a otra. No hay ningún mandato del Nuevo Testamento de que deba ser el domingo (o el sábado). Para muchos cristianos, el domingo será el mejor día, uno que se ajusta a los horarios de sus familias y trabajos. Para otros cristianos, otro día será igual de apropiado.

Pero tomar un día de descanso sigue siendo una práctica *prudente*, no una orden. No hay ningún *mandato* dirigido a los cristianos en el Nuevo Pacto de que deban tomar días periódicos de descanso del trabajo, de manera que no es un pecado si a veces no tomamos tales días. Más bien, la práctica de tomar un día de descanso es una deducción que parece prudente del patrón que Dios estableció para sí mismo en la creación y del patrón de trabajo y descanso que estableció para el pueblo judío en el Antiguo Pacto. Bruce Waltke observa:

> Una persona que se siente dispuesta a trabajar siete días a la semana debería examinar a qué dios adora [...] Pero es importante recordar de nuevo que el día de reposo ya no es obligatorio[19].

Por lo tanto, mi enfoque de este mandamiento es diferente al de los otros nueve mandamientos. Si bien es cierto que *nunca* es correcto adorar a otro Dios (el primer mandamiento), hacer una imagen tallada de Dios (segundo mandamiento), tomar el nombre de Dios en vano (el tercer mandamiento), o deshonrar a los padres, asesinar, cometer adulterio, robar, mentir o codiciar (del quinto al décimo mandamiento), puede haber circunstancias de vez en cuando (como la necesidad de cumplir con un plazo inminente) en las que sería prudente romper el patrón y trabajar los siete días, tal vez incluso durante una o dos semanas. "Nadie os juzgue [...] en cuanto a [...] días de reposo" (Col 2:16; ver también Ro 14:5-6). Sin embargo, esto no debe convertirse en un patrón de vida común o regular.

Para aquellos que tienen autoridad sobre otros en el trabajo o en una familia, es prudente proporcionar tiempos de descanso para ellos también, e incluso para los animales que trabajan en la agricultura, como Dios ordenó a su pueblo en el Pacto de Moisés:

> Seis días trabajarás, y al séptimo día reposarás, *para que descanse tu buey y tu asno*, y tome refrigerio el hijo de tu sierva, y el extranjero (Ex 23:12).

Una aplicación práctica de este versículo es que los empleadores deben proporcionar días libres habituales a sus empleados. Incluso parecería prudente que los padres den a los hijos un día de descanso de las responsabilidades domésticas (cuando sea posible) y, en los hogares donde la madre es la principal responsable de preparar las comidas, que la familia busque formas creativas de aliviarla de esa responsabilidad un día a la semana.

---

[19] Waltke, *An Old Testament Theology* [Una teología del Antiguo Testamento], 424-25.

4. Dios se complace tanto en nuestro trabajo como en nuestro descanso. Dios mismo estableció un patrón de trabajo y descanso cuando trabajó durante seis días y luego descansó en el séptimo día:

> Porque en seis días hizo Jehová los cielos y la tierra, el mar, y todas las cosas que en ellos hay, *y reposó en el séptimo día;* por tanto, Jehová bendijo el día de reposo y lo santificó (Ex 20:11).

A través de este ejemplo, Dios estaba enseñando a su pueblo que se complacía *tanto cuando trabajaban* de una manera que lo honraba *como cuando descansaban* de una manera que lo imitaba y lo honraba también.[20]Del mismo modo, hoy en día, Dios se complace cuando trabajamos en diversas tareas en obediencia a él, y también cuando descansamos de ese trabajo de vez en cuando para adorarlo y disfrutar de los frutos de nuestra labor.

5. Es prudente tomar vacaciones más largas de vez en cuando. El Pacto de Moisés también contenía mandamientos para períodos más largos de descanso del trabajo. Había el año de reposo (Lv 25:1-7) y el Año del Jubileo (vv. 8-17), y también una serie de fiestas cada año. Por ejemplo, la Fiesta de las Cabañas era una fiesta de siete días y un tiempo de regocijo:

> La fiesta solemne de los tabernáculos harás por *siete días,* cuando hayas hecho la cosecha de tu era y de tu lagar. Y *te alegrarás en tus fiestas solemnes,* tú, tu hijo, tu hija, tu siervo, tu sierva, y el levita, el extranjero, el huérfano y la viuda que viven en tus poblaciones. *Siete días celebrarás fiesta solemne a Jehová tu Dios en el lugar que Jehová escogiere;* porque te habrá bendecido Jehová tu Dios en todos tus frutos, y en toda la obra de tus manos, *y estarás verdaderamente alegre* (Dt 16:13-15).

Estas fiestas no son obligatorias para los creyentes en el Nuevo Pacto. Eran parte del Pacto de Moisés que se ha terminado. Pero nos enseñan que Dios, en su sabiduría, dio a su pueblo algunos períodos más largos de descanso del trabajo.

Una aplicación sólida sería que es sabio para nosotros tomar de vez en cuando períodos más largos de vacaciones, como una semana o dos, lejos de nuestro trabajo normal para que podamos revitalizarnos. (En el Antiguo Testamento, las fiestas eran tiempos no solo de descanso y refrigerio, sino también de disfrute en la presencia del Señor).

Jesús también enseñó a sus discípulos una pauta de tiempos periódicos de descanso de su intenso ministerio:

> Entonces los apóstoles se juntaron con Jesús, y le contaron todo lo que habían hecho, y lo que habían enseñado. Él les dijo: Venid vosotros aparte a un lugar desierto, *y descansad un poco.* Porque eran muchos los que iban y

---

[20] Waltke observa: "El día de reposo [...] es un recordatorio de que Dios no valora a los humanos por su capacidad de producir. No somos máquinas. Tenemos valor aparte de lo que producimos. Es una lección difícil". *An Old Testament Theology* [Una teología del Antiguo Testamento], 421.

venían, de manera que ni aun tenían tiempo para comer. *Y se fueron solos en una barca a un lugar desierto* (Marcos 6:30-32).

6. El trabajo regular también es una bendición. El cuarto mandamiento no solo ordenaba al pueblo judío que recordara el día de reposo y se abstuviera de trabajar en ese día cada semana, también les ordenó que trabajaran los otros seis días: *"Seis días trabajarás, y harás toda tu obra"* (Ex 20:9). Esta parte del cuarto mandamiento refleja el propósito de Dios en la creación del hombre y la mujer a su imagen y semejanza, pues ordenó a Adán y Eva "llenad la tierra y sojuzgadla, y señoread" (Gn 1:28), y puso al hombre "en el huerto de Edén, *para que lo labrara y lo guardase*" (2:15).

Esta exigencia de realizar un trabajo productivo se reafirma para los cristianos en el Nuevo Pacto, ya que el mismo Pablo dijo: "Si alguno *no quiere trabajar*, tampoco coma" (2 Ts 3:10), y él mismo *"trabajó* noche y día" para dar a los cristianos "un ejemplo a imitar" (vv. 8-9). En otro lugar, Pablo escribió:

> El que hurtaba, no hurte más, sino *trabaje, haciendo con sus manos lo que es bueno*, para que tenga qué compartir con el que padece necesidad (Ef 4:28; cf. 1 Ts 4:11-12).

Estos pasajes nos enseñan que el trabajo productivo es algo bueno, algo que Dios nos da como una bendición y un privilegio, además de una exigencia.

Por lo tanto, es agradable para Dios que los cristianos (de hecho, para todas las personas) vivan una vida de trabajo regular, productivo y útil (ya sea remunerado o no) que traiga beneficios no solo al trabajador, sino también a otras personas y a la sociedad en su conjunto[21].

E. PREGUNTAS PRÁCTICAS

1. ¿Deben los cristianos apoyar las leyes de cierre del domingo? En siglos anteriores, muchos países y jurisdicciones locales tenían leyes que exigían que las tiendas y la mayoría de los negocios permanecieran cerrados los domingos. Estas leyes eran en gran parte el resultado de la influencia cristiana en las sociedades, reflejando la creencia entre muchos cristianos de que el cuarto mandamiento sigue siendo obligatorio para las personas en la actualidad. Pero al menos en Estados Unidos, y en cierta medida, y más recientemente en el Reino Unido, estas leyes se han abolido o se han flexibilizado considerablemente[22].

Debido a que el Pacto de Moisés ha finalizado y ya no es obligatorio en la

---

[21] Los estudiantes en la escuela todavía no están trabajando por una paga monetaria, sino que están en un período de entrenamiento intensivo para que puedan trabajar más productivamente cuando la escolaridad termine, y en ese sentido deben ver sus estudios como una especie de trabajo productivo a los ojos de Dios.

[22] En 1985, los cristianos del Reino Unido organizaron una gran campaña para "Mantener el domingo como algo especial", en oposición a la legislación gubernamental propuesta que habría abolido muchas leyes de cierre de los domingos (ver https://www.keepsundayspecial.org.uk/). La campaña obtuvo un amplio apoyo, especialmente por parte de las iglesias, los sindicatos y los propietarios de

actualidad, y porque no hay ningún mandato en el Nuevo Testamento para que los cristianos (o personas en general) descansen un día de cada siete, esto me parece una cuestión de prudencia que se centra especialmente en los *resultados* de una ley más que una cuestión de obediencia o desobediencia a algún pasaje específico de la Escritura. Mi punto de vista es que la decisión debe tomarse buscando una evaluación prudente de qué traerá los mejores resultados para una sociedad. Ciertamente, existe la posibilidad de que las personas, incluso los cristianos, no estén de acuerdo con esta cuestión. "Uno hace diferencia entre día y día; otro juzga iguales todos los días" (Ro 14:5).

A mi juicio, las leyes gubernamentales deben permitir una libertad considerable en este ámbito para que los individuos y las empresas decidan como mejor les parezca, pero también que es un patrón prudente para que muchos negocios permanezcan cerrados el domingo (y para algunos, el sábado y el domingo).

Por ejemplo, en Estados Unidos, donde las leyes que prohíben la apertura de los comercios minoristas en domingo han desaparecido casi universalmente, todavía es cierto que muchos centros de trabajo están completamente cerrados. Las escuelas, colegios y universidades no ofrecen clases los domingos. Todas las oficinas gubernamentales están cerradas. Los consultorios de médicos, dentistas y las oficinas de abogados están cerradas. Casi todas las oficinas de empresas y negocios están cerradas.

Por otro lado, casi todos los comercios minoristas (tiendas de abarrotes , de ropa, grandes almacenes) están abiertos.[23]Los aviones siguen volando con un horario regular. Casi todos los restaurantes están abiertos. De alguna manera, la sociedad estadounidense parece haber llegado a la conclusión de que es más conveniente hacer diligencias y comer en restaurantes los fines de semana, cuando las responsabilidades del trabajo diario no interfieren como ocurre durante la semana.

Hay sabiduría en la declaración de Jesús con respecto al día de reposo del Antiguo Testamento de que "el día de reposo fue hecho por causa del hombre, y no el hombre por causa del día de reposo". Aunque la gente podría comprar comprar alimentos y ropa el sábado en lugar del domingo, a veces les resulta más conveniente comprar estas cosas el domingo (como hacemos mi esposa y yo de vez en cuando). Y con frecuencia, parte de nuestro disfrute de un día de descanso en domingo es

---

pequeñas tiendas. La campaña apoyó el mantenimiento de las leyes de cierre dominical, mostrando los beneficios para las familias y para la sociedad en su conjunto de mantener un día de descanso reconocido para toda la nación. La campaña tuvo un efecto significativo. Incluso en 1994, cuando la Ley de Comercio Dominical liberalizó las leyes de cierre dominical, las grandes tiendas seguían pudiendo hacer negocios solo durante seis horas los domingos. Ver "Horarios comerciales para los minoristas: La ley", https://www.gov.uk/trading-hours-for-retailers-the-law.

[23] Una notable excepción es la empresa Chick-fil-A, cuyo fundador, S. Truett Cathy, estableció como principio cerrar los domingos por sus convicciones cristianas. Esta cadena de restaurantes de comida rápida tiene más de 2 000 restaurantes en 43 estados (en 2016) y más de 6 800 millones de dólares de ingresos anuales: Ver Courtney O'Neil-Hill, *"Top of the List: Atlanta's Top 50 Private Companies"*, Atlanta Business Chronicle, 14 de octubre de 2016, https://www.bizjournals.com/atlanta/news/2016/10/14/top-of-the-list-atlantas-top-50-private-companies.html. Ver también https://www.chick-fil-a.com/About/Who-We-Are.

tomar tiempo para comer en un restaurante local con amigos.

2. ¿Deben los cristianos abogar por una semana laboral de seis días? Porque el cuarto mandamiento dice: *"Seis días trabajarás, y harás toda tu obra"* (Ex 20:9), algunos podrían preguntarse si hay algo malo en tener un trabajo que requiere solo cinco días de trabajo en la semana (normalmente de lunes a viernes). ¿Es este patrón generalizado una concesión a la pereza humana?

En primer lugar, debemos recordar que este mandamiento pertenece al Pacto de Moisés que ha finalizado. No pertenece al Nuevo Pacto y no se repite en la era del Nuevo Pacto. Por lo tanto, no se trata de un mandamiento bíblico.

Por otro lado, si vemos el cuarto mandamiento, en su contexto histórico como una fuente de sabiduría que podría encontrar diferentes aplicaciones en la era del Nuevo Pacto, proporciona una advertencia útil contra la pereza cuando dice: "Seis días trabajarás". Dios espera que, mientras seamos física y mentalmente capaces, nos dediquemos *regularmente al trabajo productivo* (ver la discusión anterior).

Pero eso no significa que tengamos que hacer el mismo tipo de trabajo todos los días. Las personas que tienen empleos que les obligan a trabajar de lunes a viernes suelen utilizar los sábados para otro tipo de tareas útiles, como el mantenimiento de la casa, la compra de alimentos, la realización de otras diligencias, la realización de actividades relacionadas con la crianza de los hijos y, a veces, incluso trabajan en un segundo empleo. La cuestión no es si las personas trabajan *en el mismo empleo* durante seis días a la semana, sino si se dedican regularmente a algún tipo de trabajo productivo (remunerado o no) que aporte algún tipo de beneficio a los demás y a la sociedad en su conjunto.

En las sociedades agrícolas más primitivas, se habría considerado increíble la idea de que alguien pudiera trabajar solo cinco días a la semana y realizar todas las tareas necesarias para el mantenimiento de los animales de la granja y el cuidado de las cosechas. Pero en los sistemas económicos modernos y desarrollados, la productividad humana se ha multiplicado muchas veces, en todas las esferas de trabajo, incluyendo el trabajo agrícola, la producción industrial, los negocios basados en la información y la economía de servicios. Cientos de millones de personas pueden ahora ganarse la vida de forma decente y mantenerse trabajando solo cinco días a la semana. Esto no debe considerarse una maldición, sino una bendición. Esto deja libertad a las personas para llevar a cabo otras actividades útiles durante los otros dos días de la semana, como el trabajo con la comunidad, el voluntariado y las asociaciones benéficas, así como el tiempo dedicado a la familia, los pasatiempos y otros tipos de actividades útiles.

PREGUNTAS PARA REFLEXIONAR

1. ¿Espera con ansia el domingo? ¿Por qué o por qué no?
2. Después de leer este capítulo, ¿cómo cree que podría cambiar su patrón de actividades del domingo, si es que lo hace?
3. Cuando se reúne con otros cristianos el domingo, ¿siente la aprobación de Dios? ¿Nota que su vida espiritual se renueva o fortalece?

4. ¿Cree que toma suficiente tiempo habitual de descanso del trabajo? ¿Muy poco? ¿Demasiado?

5. Si es padre o madre, o si tiene autoridad de supervisión en su lugar de trabajo, ¿cómo sabe si está dando a los que están bajo su autoridad suficientes oportunidades para descansar de su trabajo? ¿Cómo sabe si le está dando demasiadas oportunidades para descansar?

6. ¿Qué rasgos de carácter cristiano (ver pág. 110) esperaría cultivar por la forma en que guarda el domingo?

7. ¿Cuáles son algunos resultados positivos en cuanto a glorificar a Dios y avanzar la obra de su reino que esperaría ver como resultado de la forma en que decide pasar su tiempo los domingos?

TÉRMINOS ESPECIALES

Posición sabatariana
Día de reposo
Posición "prudente pero no necesaria"

BIBLIOGRAFÍA

Otras fuentes de referencia sobre ética

(ver datos bibliográficos completos, pág. 64)

Frame, 513-74
Jones, 144-52
McQuilkin y Copan, 205-16
Murray, 30-35

Otras obras

Beckwith, Roger T., y Wilfrid Stott. *The Christian Sunday: A Biblical and Historical Study* [El domingo cristiano: Un estudio bíblico e histórico]. Grand Rapids, Michigan: Baker, 1980.

Carson, D. A., ed. *From Sabbath to Lord's Day: A Biblical, Historical and Theological Investigation* [Del día de reposo al día del Señor: una investigación bíblica, histórica y teológica]. Collegeville, Minnesota: Wipf & Stock, 2000.

Dawn, Marva J. *Keeping the Sabbath Wholly: Ceasing, Resting, Embracing, Feasting* [Guardar el día de reposo por completo: interrumpiendo, descansando, aceptando, festejando]. Grand Rapids, Michigan: Eerdmans, 1999.

———. *The Sense of the Call: A Sabbath Way of Life for Those Who Serve God, the Church, and the World* [El sentido de la llamada: Un modo de vida sabático para los que sirven a Dios, a la Iglesia y al mundo]. Grand Rapids, Michigan: Eerdmans, 2006.

Dennison, James T. T*he Market Day of the Soul: The Puritan Doctrine of the Sabbath* in England, 1532-1700 [El día de mercado del alma: la doctrina puritana del día de reposo en Inglaterra, 1532-1700]. Morgan, Pensilvania: Soli Deo Gloria, 2001.

Donato, Christopher John, ed. *Perspectives on the Sabbath: 4 Views* [Perspectivas sobre el día de reposo: 4 puntos de vista]. Nashville: Broadman & Holman, 2011.

Edwards, Brian H. *The Ten Commandments for Today* [Los Diez Mandamientos de hoy]. Revisado ed. Leominster, Reino Unido: Day One, 2005.

Field, D. H. "*Sabbath*"[Día de reposo]. En *New Dictionary of Christian Ethics and Pastoral Theology* [Nuevo diccionario de ética cristiana y teología pastoral], editado por David J. Atkinson y David H. Field, 754-55. Leicester, Reino Unido: Inter-Varsity, and Downers Grove, Illinois: InterVarsity Press, 1995.

Jewett, Paul King. *The Lord's Day: A Theological Guide to the Christian Day of Worship* [El día del Señor: Una guía teológica del día de adoración cristiana]. Grand Rapids, Michigan: Eerdmans, 1971.

Pipa, Joseph A, Jr. *The Lord's Day* [El día del Señor]. Fearn, Ross-shire, Escocia: Christian Focus, 1996.

Ratzlaff, Dale. *Sabbath in Christ* [El día de reposo en Cristo]. Glendale, Arizona: Life Assurance Ministries, 2010. A response to the Seventh-Day Adventist view [Una respuesta a la visión adventista del séptimo día].

Schreiner, Thomas R. "*Good-Bye and Hello: The Sabbath Command for New Covenant Believers*" [Adiós y hola: El mandato del día de reposo para los creyentes del Nuevo Pacto]. En *Progressive Covenantalism: Charting a Course between Dispensational and Covenant Theologies* [El pactalismo progresivo: Trazando un camino entre las teologías dispensacional y del pacto], editado por Stephen J. Wellum y Brent E. Parker, 159-88. Nashville: Broadman & Holman, 2016.

Sleeth, Matthew. *24/6: A Prescription for a Healthier, Happier Life* [24/6: Receta para una vida más sana y feliz]. Wheaton, Illinois: Tyndale, 2012.

Wells, Tom. *The Christian and the Sabbath* [El cristiano y el día de reposo]. West Chester, Ohio: Tom Wells, 2010.

Wells, Tom y Fred G. Zaspel. *New Covenant Theology: Description, Definition, Defense* [Teología del Nuevo Pacto: descripción, definición, defensa]. Frederick, Maryland: New Covenant Media, 2002, capítulos 13 y 14.

PASAJE BÍBLICO PARA MEMORIZAR

Éxodo 20:8-11: Acuérdate del día de reposo para santificarlo. Seis días trabajarás, y harás toda tu obra; mas el séptimo día es reposo para Jehová tu Dios; no hagas en él obra alguna, tú, ni tu hijo, ni tu hija, ni tu siervo, ni tu criada, ni tu bestia, ni tu extranjero que está dentro de tus puertas. Porque en seis días hizo Jehová los cielos y la tierra, el mar, y todas las cosas que en ellos hay, y reposó en el séptimo día; por tanto, Jehová bendijo el día de reposo y lo santificó.

HIMNO

"Día santo del Señor"

Día santo del Señor,
¡oh cuán pronto en pasar!
Solo vino poco ha;
ya lo vemos terminar.
Y volando al cielo va,
fiel testigo allí será;
y volando al cielo va,
fiel testigo allí será.

¿Qué informe llevará
al celeste tribunal?
¿De maldades hablará?,
¿de cuidado mundanal?
¿O de santa adoración,
con Jesús en comunión?
¿O de santa adoración,
con Jesús en comunión?

¡Oh, perdónanos, Señor,
el mal uso de tu don!
Los preceptos de tu ley
graba en nuestro corazón.
Es tu sábado, Señor,
sello santo de tu amor;
es tu sábado, Señor,
sello santo de tu amor.

AUTOR: JOHN NEWTON, 1725-1807

Parte 3

PROTEGIENDO LA AUTORIDAD HUMANA

"Honra a tu padre y a tu madre".

Capítulo 14

AUTORIDAD DE LOS PADRES

¿Por qué quiere Dios que los hijos honren a sus padres?

¿Deben los hijos adultos seguir siendo obedientes a sus padres?

¿Está mal la corrección física?

¿Cuáles son las ventajas de las escuelas públicas, las escuelas cristianas y la educación en casa?

El quinto mandamiento indica lo siguiente:

> Honra a tu padre y a tu madre, para que tus días se alarguen en la tierra que Jehová tu Dios te da (Ex 20:12).

Este mandamiento es reafirmado por Moisés en el Deuteronomio, donde brinda una motivación adicional para la obediencia:

> Honra a tu padre y a tu madre, como Jehová tu Dios te ha mandado, para que sean prolongados tus días, *y para que te vaya bien* sobre la tierra que Jehová tu Dios te da (Dt 5:16).

A. EL SIGNIFICADO DEL MANDAMIENTO

1. La ubicación de este mandamiento. Los primeros cuatro mandamientos tratan principalmente de nuestra relación con Dios. Los seis últimos tratan principalmente de las relaciones humanas y comienzan con instrucciones sobre la familia. Esto no es accidental, porque la familia es el pilar fundamental de toda la sociedad. Los padres tienen mayor influencia que cualquier otra persona en la siguiente generación, y por tanto en el futuro de las sociedades y las naciones. Si los hijos honran de verdad a sus padres, aprenderán de ellos cómo vivir toda la vida en obediencia a Dios[1] y conocerán su bendición en sus vidas, como explica un padre a un hijo en Proverbios:

> *Hijo mío, no te olvides de mi ley,*
>   y tu corazón guarde mis mandamientos;
>   porque largura de días y años de vida
>   y paz te aumentarán (Pr 3:1-2).

2. El significado de "honor". "Honrar" al padre y a la madre de uno significa tratarlos con respeto, deferencia y cuidado; también, tratarlos como dignos de honor, como importantes y significativos. Juan Calvino observa que "hay tres partes del honor del que se habla aquí: reverencia, obediencia y agradecimiento".[2] Se le ordenó al pueblo de Israel: "Cada uno *temerá* a su madre y a su padre" (Lv 19:3).

La *obediencia* a los padres estaba seguramente incluida en el entendimiento del Antiguo Testamento, ya que en otras partes del Pacto de Moisés había castigos severos para un "hijo contumaz y rebelde, que no obedeciere a la voz de su padre ni a la voz de su madre" (Dt 21:18; cf. Pr 30:17) y por maldecir al padre y a la madre (Ex 21:15, 17; Lv 20:9; Pr 20:20). (Como expliqué en el cáp. 8, Se impuso estos castigos solo para el pueblo de Israel y solo en esa época, y ya no son aplicables en la actualidad).

3. La motivación: La recompensa de Dios de una larga vida. Este mandamiento especifica una recompensa que viene con la obediencia:

> Honra a tu padre y a tu madre, *para que tus días se alarguen en la tierra* que Jehová tu Dios te da (Ex 20:12).

Una razón adicional, "para que te vaya bien", se añade al mandamiento en Deuteronomio 5:16, pero John Frame observa acertadamente que este aspecto de la bendición ya estaba implícito en Éxodo 20:12: "Por supuesto, la larga vida no es una bendición sin prosperidad, así que, como con el cuarto mandamiento, Deuteronomio simplemente detalla lo que ya está implícito en Éxodo".[3] Entonces, este es un ejemplo destacado de lo que se enseña en cientos de pasajes tanto del Antiguo como del Nuevo Testamento: Dios da bendiciones en esta vida en respuesta a nuestra obediencia a él.[4]

4. Afirmación de este mandamiento en el Nuevo Testamento. El apóstol Pablo afirma muy claramente que este mandamiento es aplicable a todas las personas

---

[1] Esto es, si los padres son creyentes cristianos. Pero incluso si los padres son incrédulos, por la gracia común de Dios serán más capaces de impartir sabiduría sobre la vida si sus hijos los honran.

[2] Juan Calvino, *Institutes of the Christian Religion* [Institutos de la Religión Cristiana], ed. John T. McNeill, trans. Ford Lewis Battles, *Library of Christian Classics* [Biblioteca de Clásicos Cristianos], vols. 20-21 (Filadelfia: Westminster, 1960), 2.8.36 (402).

[3] John M. Frame, *The Doctrine of the Christian Life: A Theology of Lordship* [La doctrina de la vida cristiana: una teología del señorío] (Phillipsburg, NJ: P&R, 2008), 575.

[4] Hay excepciones, cuando las personas piadosas que están viviendo en santidad ante Dios de repente sus vidas se acortan. . Pero en estos casos, la promesa encuentra un cumplimiento mucho mayor en su nuevo hogar en el cielo (ver Fil 3:20; He 11:15-16). Ver un análisis más detallado en el cáp. 5, a partir de la pág. 126.

de todos los tiempos, no solo a la nación de Israel bajo el Pacto de Moisés. Por ejemplo, dice que uno de los pecados de los gentiles que no conocen a Dios es que son "desobedientes a los padres" (Ro 1:30; cf. 2 Ti 3:2). Al hablar de personas "sin ley y desobedientes", incluye a "los parricidas y matricidas" (1 Ti 1:9).

Además, Pablo cita explícitamente el quinto mandamiento en sus instrucciones a los creyentes de Éfeso:

> Hijos, obedeced en el Señor a vuestros padres, porque esto es justo. *Honra a tu padre y a tu madre,* que es el primer mandamiento con promesa; para que te vaya bien, y seas de larga vida sobre la tierra (Ef 6:1-3).

5. Aplicación más amplia de este mandamiento. Calvino entendía que este mandamiento representaba, en un sentido más amplio, la exigencia de Dios de que nos sometiéramos a toda autoridad humana legítima que estuviera sobre nosotros. Escribió:

> Ahora bien, este precepto de subordinación difiere considerablemente con la depravación de la naturaleza humana que, hinchada por el anhelo de una posición elevada, soporta la subordinación a regañadientes. Por lo tanto, ha puesto como ejemplo aquella clase de superioridad que es por naturaleza más amable y menos envidiosa, porque así podría ablandar y doblegar más fácilmente nuestras mentes al hábito de la sumisión. Por medio de esa sumisión que es más fácil de tolerar, el Señor nos acostumbra gradualmente a toda subordinación legítima[5].

Estoy de acuerdo con la visión de Calvino con respecto a este mandamiento (y con la validez de ver cada uno de los Diez Mandamientos como resúmenes de muchas otras leyes específicas de Dios), pero si alguien elige no estar de acuerdo con esta perspectiva, no afectará realmente a la siguiente discusión de otras autoridades humanas específicas, porque esas discusiones se basan en enseñanzas detalladas de las Escrituras sobre esos temas individuales. Sin embargo, he organizado los temas que abordo en este libro según este plan general de manera que todas las cuestiones éticas relacionadas con la sumisión a la autoridad y al uso apropiado de la autoridad humana, se abordan en la tercera parte. Por lo tanto, en los capítulos inmediatamente siguientes se tratará la autoridad dentro del matrimonio (cáp. 15), la autoridad del gobierno civil (cáp. 16), y la autoridad en el lugar de trabajo, en las escuelas y en las iglesias (cáp. 17).

B. RESPONSABILIDADES DE LOS HIJOS

1.Cuando los hijos son jóvenes, son responsables de obedecer a sus padres. Pablo es muy claro cuando dice: "Hijos, obedeced en el Señor a vuestros padres,

---

[5] *Calvino,* Institutes [Institutos], 2.8.35 (401). *The Westminster Larger Catechism* [El Catecismo Mayor de Westminster] también entiende que este mandamiento incluye la obediencia a toda autoridad humana legítima: ver Preguntas 123-33.

porque esto es justo" (Ef 6:1), y luego cita el quinto mandamiento:

> Honra a tu padre y a tu madre, que es el primer mandamiento con promesa;
> para que te vaya bien, y seas de larga vida sobre la tierra (Ef 6:2-3).

En Colosenses repite esta afirmación con una ligera modificación: Hijos, obedeced a vuestros padres en todo, *porque esto agrada al Señor* (Col 3:20).

Jesús ejemplificó esa obediencia cuando tenía 12 años: "Y descendió con ellos, y volvió a Nazaret, y *estaba sujeto a ellos*" (Lucas 2:51).

Sin embargo, esta obediencia a los padres nunca debe tener prioridad sobre la obediencia a Dios. Pablo lo da a entender cuando dice: "Obedeced *en el Señor* a vuestros padres", indicando que la lealtad a Dios tiene prioridad incluso sobre la obediencia a los padres. [6]Jesús también enseñó que uno no debe amar a un padre más que a él: "El que ama a padre o madre más que a mí, no es digno de mí" (Mt 10:37). Este es un ejemplo de un principio más amplio en la Escritura de que no debemos obedecer a ninguna autoridad humana que nos ordene pecar contra Dios (ver la discusión anterior con respecto al gobierno civil, que comienza en la pág. 189).

2. Cuando los hijos se convierten en adultos, aún deben honrar a sus padres, pero no están obligados a obedecerlos. A veces los cristianos adultos leen Efesios 6:1 y piensan que les dice que deben obedecer a sus padres incluso cuando son mayores y tienen sus propios hogares. ¿No dice: "Hijos, obedeced en el Señor a vuestros padres, porque esto es justo"? Sin embargo, esta interpretación se basa en un malentendido del contexto y de la palabra griega traducida como "hijos" en este versículo.

El contexto muestra que Pablo se dirige a diferentes grupos de personas en la iglesia de Éfeso. Se dirige a las "casadas" (Ef. 5:22-24) y a los "maridos" (vv. 25-33), luego a los "hijos" (6:1-3) y a los "padres" (v. 4), y después a los "siervos" (vv. 5-8) y a los "amos" (v. 9). Ninguna de estas secciones se dirige a todos los miembros de la iglesia, pues los oyentes de Pablo habrían reconocido que si pertenecían a una categoría (como "casadas"), entonces no pertenecían a la otra categoría ("maridos") dentro de cada par de categorías.

Además, Pablo no dice: "Todos ustedes, obedezcan a sus padres", sino más bien: "*Hijos,* obedeced a vuestros padres". La categoría de "hijos" es diferente de la categoría de todas las personas en la iglesia. Y Pablo no dice: "Todos vosotros, obedeced a vuestros padres *durante toda vuestra vida*", ni lo da a entender.

La idea de que un adulto deje el hogar de sus padres y forme un nuevo hogar se remonta a la narración de la creación en el Génesis, donde leemos:

> Por tanto, *dejará el hombre a su padre y a su madre,* y se unirá a su mujer,
> y serán una sola carne (2:24).

---

[6] Conocí a un amigo en la universidad cuyos padres le habían prohibido leer la Biblia cuando era estudiante de secundaria. Él los desobedeció y leía la Biblia en su habitación a escondidas con una linterna bajo las sábanas por la noche. En la actualidad es el exitoso pastor de una gran iglesia evangélica.

Se supone que cuando un hombre y una mujer se casan, dejan el hogar de sus padres y establecen un nuevo hogar y una nueva familia propia. A medida que los niños pasan de la infancia a la edad adulta, deben experimentar una transición gradual de la relación de un niño pequeño con sus padres, una relación en la que el padre da continuamente instrucciones que el niño obedece continuamente, a una relación adulto-adulto, en la que el progenitor asesora y aconseja más frecuentemente (si se le pide) y exige menos, aunque el hijo siga viviendo en casa y se acerque a la edad adulta madura e independiente.

El hijo adulto debe seguir sometiéndose a la autoridad de los padres *con respecto a la conducta del hogar de los padres* mientras viva en ese hogar (o mientras esté de visita en cualquier momento en el futuro). En otras palabras, un hijo mayor de edad debe respetar la autoridad del esposo y la esposa a los que pertenece el hogar como lo haría cualquier visitante adulto. Y esto es solo se refiere a los asuntos de conducta dentro de ese hogar, no con respecto a toda la vida.

Es imposible decir con exactitud a qué edad concreta un niño se convierte en adulto y ya no está sujeto a la autoridad de sus padres. Ciertamente, cuando una persona ha crecido, se ha casado y ha establecido su propio hogar, ha alcanzado la plena adultez y ya no está sujeto a la autoridad de sus padres. Sin embargo, los padres prudentes dan una gran libertad a sus hijos adultos que aún viven en casa mientras trabajan o asisten a la universidad , permitiéndoles tomar las decisiones que mejor les parezca con respecto a la conducta de toda su vida fuera del hogar.

Los hijos adultos deben recordar que, aunque las palabras de Pablo sobre la obediencia en Efesios 6:1 se dirigen a los niños y no a los adultos de la congregación, ¡el quinto mandamiento no estaba dirigido solo a los niños! "Honra a tu padre y a tu madre" (Ex 20:12) es algo que Dios dijo a todo el pueblo de Israel, tanto a adultos como a niños. Por lo tanto, el quinto mandamiento debería enseñar a todas las personas a honrar y mostrar respeto a sus padres en público y en privado durante toda su vida, aunque a veces esto sea difícil.

3.Cuando los padres envejecen, sus hijos son responsables de cuidar de ellos en la medida de lo necesario y de sus posibilidades. La iglesia primitiva se enfrentó al problema de cómo cuidar a las viudas cuyos esposos habían muerto y que ya no podían mantenerse a sí mismas. ¿Tiene la iglesia alguna responsabilidad de mantenerlas?

La respuesta de Pablo fue que sí, que la iglesia debe cuidar de esas viudas (ver 1 Ti 5:9-16), pero antes de que la iglesia se involucre, los hijos de las viudas deben hacer primero su parte:

> Honra a las viudas que en verdad lo son. Pero *si alguna viuda tiene hijos, o nietos,* aprendan éstos primero a ser piadosos para con su propia familia, y *a recompensar a sus padres*; porque esto es lo bueno y agradable delante de Dios (1 Ti 5:3-4,8).

A veces, estos cuidados implican una ayuda económica. A veces también implicará acoger a uno o ambos padres ancianos en el propio hogar, ayudar a tomar disposiciones prudentes para el cuidado profesional a tiempo parcial o ayudarlos a trasladarse a un centro de residencia asistida. Diferentes soluciones serán apropiadas para diferentes familias en diferentes circunstancias, pero las instrucciones de Pablo dejan claro que los hijos tienen una responsabilidad significativa de cuidar de alguna manera a sus padres o ver que estén bien cuidados, en la medida en que los hijos puedan hacerlo. Ciertamente, las visitas regulares, la correspondencia y las conversaciones telefónicas son parte importante de la responsabilidad hacia los padres mayores.

Jesús reprendió a los fariseos que tenían la costumbre de decir a la gente que podían evitar la obligación de cuidar a sus padres dando dinero al templo:

> Les decía también: Bien *invalidáis el mandamiento* de Dios para guardar vuestra tradición. Porque Moisés dijo: Honra a tu padre y a tu madre; y: El que maldiga al padre o a la madre, muera irremisiblemente. Pero vosotros decís: Basta que diga un hombre al padre o a la madre: Es Corbán (que quiere decir, mi ofrenda a Dios) todo aquello con que pudiera ayudarte, *y no le dejáis hacer más por su padre o por su madre, invalidando la palabra de Dios* con vuestra tradición que habéis transmitido. Y muchas cosas hacéis semejantes a estas (Mr 7:9-13).

El principio general que Jesús defiende aquí es que dar dinero (o, implícitamente, tiempo y atención) a algún tipo de actividad ministerial religiosa no exime de la obligación de cuidar a los padres. Al hacerlo, estaríamos "invalidando la palabra de Dios" (Mr 7:13).

4. Los hijos deben respetar la independencia y los derechos de propiedad de sus padres mientras éstos vivan. La Escritura ve positivamente la tradición de que los padres dejen una herencia a sus hijos e incluso a sus nietos: "El bueno dejará herederos a los hijos de sus hijos" (Pr 13:22). Porque los hijos que heredarán el dinero de sus padres, a veces pueden llegar a pensar que parte de él ya les pertenece antes de que los padres mueran. (Observe la parábola del hijo pródigo en Lucas 15:11-32, especialmente el v. 12; y observe la presunción de Absalón, que trató de apoderarse del trono de su padre David mientras éste aún vivía, en 2 Samuel 15-18. Pero hasta que los padres mueran o den realmente parte de la propiedad al hijo, ésta sigue perteneciendo a los padres. El libro de Proverbios advierte sobre la falta de respeto a los derechos de propiedad de los padres: "El que roba a su padre o a su madre, y dice que no es maldad, Compañero es del hombre destruidor" (28:24).

5. Las bendiciones de la obediencia al quinto mandamiento. Como se ha señalado anteriormente, la reafirmación de los Diez Mandamientos por parte de Moisés en Deuteronomio amplía las bendiciones que se prometen por la obediencia a este mandamiento:

> Honra a tu padre y a tu madre, como Jehová tu Dios te ha mandado, *para que sean prolongados tus días, y para que te vaya bien* sobre la tierra que Jehová tu Dios te da (Dt 5:16).

Aunque esta bendición de larga y buena vida en la tierra de Israel era específica del Pacto de Moisés, en dos pasajes diferentes del Nuevo Testamento, Pablo también conecta la obediencia a los padres con las bendiciones que llegarán a los hijos. En Efesios, cita directamente Deuteronomio 5 con la implicación de que la bendición "para que te vaya bien" se aplica todavía a los hijos en la era del Nuevo Pacto:

> Hijos, obedeced en el Señor a vuestros padres, porque esto es justo. Honra a tu padre y a tu madre, que es el primer mandamiento con promesa; *para que te vaya bien,* y seas de larga vida sobre la tierra (Ef 6:1-3).

Luego, cuando Pablo instruye a los hijos para que obedezcan a sus padres en su carta a los Colosenses, añade un motivo aún más fuerte, el de saber que Dios mismo se complace con su obediencia:

> Hijos, obedeced a vuestros padres en todo, *porque esto agrada al Señor* (Col 3:20).

¿Significan estos pasajes que los hijos que obedecen a sus padres y las personas que honran a sus padres en general vivirán más tiempo en esta tierra que los que no lo hacen? Esta pregunta requiere una respuesta cuidadosa. Me doy cuenta de que el énfasis en las recompensas en el Antiguo Testamento era más terrenal y material, mientras que el énfasis en las recompensas en el Nuevo Testamento es más celestial y espiritual, ya que en lugar de la tierra geográfica de Israel, "nuestra ciudadanía está en los cielos" (Fil 3:20), y "porque no tenemos aquí ciudad permanente, sino que buscamos la por venir" (He 13:14; ver una discusión más detallada en el cáp. 8, pág. 244). Pero no creo que este cambio de énfasis deba hacernos descartar totalmente la expectativa de que la obediencia al quinto mandamiento dará lugar a una vida más larga y mejor aquí en la tierra, al menos como principio general.

Esto es cierto, en parte, por la observación de sentido común de que los hijos obedientes tienen más éxito en la educación, aprenden mejores hábitos de trabajo y habilidades para las relaciones personales, cuidan mejor de su salud, y tienen una mayor integridad y normas morales personales más fuertes de adultos[7] (al menos en los casos en que los padres enseñan estas cosas a sus hijos, como Dios manda).

Según D. H. Sailor, que escribe en *Supporting Children in Their Home, School, and Community* [Apoyo a los niños en su hogar, escuela y comunidad]: "los padres

---

[7] J. T. Piotrowski, M. A. Lapierre, D. L. Linebarger, "Investigating Correlates of Self-Regulation in Early Childhood with a Representative Sample of English Speaking American Families" [Investigación de los correlatos de la autorregulación en la primera infancia con una muestra representativa de familias estadounidenses de habla inglesa], *Journal of Children and Family Studies* [Revista de estudios de niños y de la familia] 22, no. 3 (abril de 2013): 423-36, https://www.ncbi.nlm.nih.gov/pubmed/23525149. Los autores escriben: "Los niños que poseen menos habilidades de autorregulación están en desventaja en comparación con los niños que demuestran una mayor habilidad para regular sus emociones, cogniciones y comportamiento. Los niños con estos déficits de regulación tienen dificultades para conectar con sus compañeros, generar relaciones con los profesores, negociar su mundo social y tener éxito académico [...] Los padres que recurren a prácticas de crianza que refuerzan el sentido de autonomía del niño al mismo tiempo que mantienen una presencia parental consistente (es decir, una crianza autoritaria) tienen hijos que demuestran fuertes habilidades de autorregulación".

que son cariñosos y establecen, discuten y hacen cumplir los límites apropiados para el desarrollo son los que más éxito tienen a la hora de ayudar a sus hijos a ser autónomos, independientes, autocontrolados, seguros de sí mismos y cooperativos. Estos niños también tienen más probabilidades de tener altos niveles de competencia y alta autoestima durante la infancia y la adolescencia. También tienen interiorizadas las normas morales y su rendimiento académico en la escuela secundaria es superior "[8].

Anthony Kane, un comentarista secular, lo confirma: "El aprendizaje de la obediencia es una parte importante del desarrollo infantil". Afirma que a través de la obediencia, los niños "aprenden el autocontrol y desarrollan otros rasgos de carácter positivos [...] Es natural que un niño quiera obedecer a sus padres. También es necesario para su correcto crecimiento y desarrollo "[9].

Pero creo que hay un factor espiritual adicional de la bendición intencional de Dios en la vida de un niño que obedece a sus padres. Pablo lo da a entender cuando dice: "porque esto agrada al Señor" (Col 3:20) y dice: "para que te vaya bien" (Ef 6:3).

Entonces, ¿debemos enseñar a nuestros hijos que Dios los bendecirá si honran y obedecen a sus padres? Absolutamente sí. Pablo se dirige directamente a los niños tanto en Efesios 6 como en Colosenses 3, y apela al motivo de la bendición de Dios al dirigirse a ellos en ambos casos. !Sin duda alguna debemos enseñar a nuestros hijos estos pasajes que están dirigidos específicamente a ellos! Y cuando los hijos buscan ser obedientes y honrar a sus padres en respuesta a estos versículos, esto aumentará su fe y su expectativa de la bendición de Dios en sus vidas.

C. LAS RESPONSABILIDADES DE LOS PADRES

1. El amor. La Biblia asume con frecuencia que los padres amarán a sus hijos, aunque rara vez les ordena directamente que lo hagan. Esto es evidente en pasajes como las palabras de Dios a Abraham: "Toma ahora tu hijo, tu único, Isaac, a *quien amas*" (Gn 22:2), y en el profundo dolor de David por su hijo rebelde Absalón, cuando éste murió (ver 2 S 18:33). David compara el amor de Dios por nosotros con la compasión de un padre por sus hijos:

> Como el padre se compadece de los hijos,
> Se compadece Jehová de los que le temen (Sal 103:13).

Jesús tomó como un hecho aceptado de la vida que los padres "sabéis dar buenas dádivas a vuestros hijos" (Lucas 11:13). Además, el profundo amor de un padre por su hijo descarriado se ve en la respuesta del padre al hijo pródigo (15:20, 22-24).

Las siguientes secciones también ilustran las formas en que el amor de un padre se muestra en la disciplina, la paciencia y la comprensión, y la sabia instrucción.

---

[8] D. H. Sailor, *Supporting Children in Their Home, School, and Community* [Apoyo a los niños en su hogar, escuela y comunidad] (Boston: Allyn & Bacon, 2004), 158-59.

[9] Anthony Kane, MD, "The Seven Keys to Child Obedience" [Las siete claves de la obediencia infantil], http://www.healthyplace.com/adhd/children-behavioral-issues/seven-keys-to-child-obedience/.

2. Disciplina.

a. Los padres son responsables de tener hijos obedientes: Las Escrituras son enfáticas en enseñar que los padres, y especialmente los padres, son responsables de tener a sus hijos bajo control, no desafiando la autoridad paterna sino respetando y obedeciendo. Una de las cualificaciones de ser un anciano es tener hijos obedientes, como Pablo le dice a Timoteo[10]:

> que gobierne bien su casa, *que tenga a sus hijos en sujeción con toda honestidad* (pues el que no sabe gobernar su propia casa, ¿cómo cuidará de la iglesia de Dios?) (1 Ti 3:4-5).

En otro pasaje, Pablo le dice a Tito que la conducta de la familia de un hombre es uno de las cualificaciones para ser anciano:

> el que fuere irreprensible, marido de una sola mujer, *y tenga hijos creyentes*[11] *que no estén acusados de disolución ni de rebeldía* (Tit 1:6).

En dos ocasiones en las que fui miembro de una junta de ancianos que consideraba posibles candidatos para nominar a la junta, por obediencia a estos pasajes, rechazamos a un candidato calificado (una persona diferente en cada caso) porque era bastante evidente para todos en la iglesia que sus hijos se comportaban mal y carecían de disciplina. Esa fue la única razón por la que rechazamos a la persona en ambos casos.

b. Diversas formas de disciplina: Ciertamente la disciplina puede tomar una variedad de formas, dependiendo de las circunstancias así como de la edad y personalidad del niño. Dios mismo nos disciplina de varias maneras, apropiadas a nuestras personalidades, circunstancias y niveles de madurez (ver He 12:5-11). Un padre prudente tratará de encontrar métodos efectivos de disciplina que sean apropiados para cada niño en cada circunstancia.

c. La cuestión de la corrección física: Aunque la disciplina de un niño nunca debe ser cruel o físicamente dañina para el cuerpo del niño, varios pasajes de las Escrituras enfatizan que la disciplina debe incluir a veces infligir dolor al niño a través de alguna forma de corrección física (o lo que se llama "smacking" [manotada] en el Reino Unido en la actualidad). Estos pasajes indican que el beneficio moral y espiritual llega a un niño que experimenta la disciplina física[12]:

---

[10] Todas las cualificaciones para los ancianos (excepto la capacidad de enseñar) son rasgos de carácter que deberían ser verdaderos para todos los cristianos.

[11] En una nota a pie de página, la ESV ofrece una traducción alternativa: *"son fieles"*. Ambos sentidos son significados posibles del texto griego, y es cuestión de decidir qué interpretación es la más apropiada en este contexto.

[12] Para un tratamiento más extenso de estos pasajes, ver Andy Naselli, "Training Children for Their Good" [Formando a los niños para su bien]. *The Journal of Discipleship and Family Ministry 3*, no. 2 (2013): 48-64, http://andynaselli.com/wp-content/uploads/2013_training.pdf.

> *El que detiene el castigo, a su hijo aborrece;*
> Mas el que lo ama, desde temprano lo corrige[13] (Pr 13:24).

Personalmente, puedo recordar varios casos en los que, con lágrimas en los ojos, apliqué corrección física a uno de nuestros hijos menores con una cuchara de madera por una desobediencia particularmente dura y obstinada. Lo hice porque no "aborrecía" a mi hijo (Pr 13:24), sino que lo amaba. Otros pasajes sobre este tema son los siguientes:

> La necedad está ligada en el corazón del muchacho;
> Mas la *vara de la corrección* la alejará de él (Pr 22:15).

> No rehúses corregir al muchacho;
> Porque si lo castigas con vara, no morirá.
> *Lo castigarás con vara,*
> *Y librarás su alma del Seol* (Pr 23:13-14).

> *La vara y la corrección dan sabiduría;*
> Mas el muchacho consentido avergonzará a su madre [...]
> Corrige a tu hijo, y te dará descanso,
> Y dará alegría a tu alma (Pr 29:15-17).

No hay nada en estos pasajes ni en sus contextos que indique que dicha instrucción estaba destinada únicamente al pueblo judío que vivía bajo el Pacto de Moisés. Más bien, como ocurre con casi todo el libro de Proverbios, se trata de una sabia instrucción de Dios para todos los seres humanos en todas las culturas y sociedades.

El autor de Hebreos reconoce el dolor y los beneficios que provienen de la disciplina de los padres humanos y de la disciplina de Dios en nuestras vidas:

> Por otra parte, tuvimos a nuestros padres terrenales que nos disciplinaban, y los venerábamos. ¿Por qué no obedeceremos mucho mejor al Padre de los espíritus, y viviremos? [...] Ninguna disciplina al presente parece ser causa de gozo, sino de tristeza; pero después da fruto apacible de justicia a los que en ella han sido ejercitados (He 12:9, 11).

Sin embargo, en muchos casos, la disciplina física no es necesaria, y solo una palabra puede ser suficiente: "La represión aprovecha al entendido, más que cien azotes al necio" (Pr 17:10).

d. La oposición a la corrección física en la cultura moderna: Algunas partes de las sociedades modernas y algunas naciones se oponen firmemente a cualquier forma de disciplina física (lo que a veces se llama "castigo corporal") de los niños[14].

---

[13] La palabra vara traduce el término hebreo *she be*, refiriéndose aquí a un palo de madera de algún tipo.

[14] El resto de esta sección es una adaptación de Wayne Grudem, *Politics—According to the Bible: A Comprehensive Resource for Understanding Modern Political Issues in Light of Scripture* [La política

En algunos países europeos y en otros, las leyes prohíben ahora que los padres apliquen corrección física a sus hijos como parte del proceso disciplinario. Australia, Suecia, Finlandia, Noruega, Austria, Chipre, Dinamarca, Letonia, Croacia, Bulgaria, Alemania, Israel, Islandia, Rumanía, Ucrania y Hungría son algunos de los países que han prohibido el castigo corporal de alguna forma[15]. (En Suecia, a pesar de dicha ley, es interesante que las agresiones de los adultos a los niños de entre uno y seis años se cuadruplicaron entre 1984 y 1994). [16]También se han considerado leyes similares en algunas partes de Estados Unidos (Massachusetts[17] y California[18], por ejemplo), pero no se han adoptado.

Un cruzado contra la corrección física, llamado Jordan Riak, propuso "zonas libres de corrección física" que estigmatizarían a los padres.[19]Escribió en 1997:

> Si cualquier niño, bajo cualquier pretexto, en cualquier circunstancia, debe ser sometido a una agresión física, y si tal tratamiento es beneficioso para el niño, debería haber dejado de ser un tema de debate serio hace mucho tiempo. El hecho es que la traumatización deliberada de un niño por parte de un cuidador es destructiva para ese niño [...] Algunos de nuestros ciudadanos se aferran a una noción anacrónica de que los niños son bienes muebles y que sus propietarios tienen el derecho, o incluso el deber, de controlar su propiedad por medios violentos y pueden asignar ese derecho a otros, como los profesores. En ocasiones, se han citado los Proverbios del Rey Salomón como su autoridad [...] Mi corazonada es que la afición de los fundamentalistas por la autoridad del Antiguo Testamento es impulsada por una necesidad de auto-exculpación sobre su maltrato a los niños[20].

Las leyes que ya están en vigor en Estados Unidos son suficientes para evitar los verdaderos abusos físicos a los niños y para imponer un castigo adecuado cuando se produzcan. Pero dichas leyes no deberían ampliarse para descartar el uso de la disciplina física como los golpes a un niño. Un sistema de valores con

---

según la Biblia: un recurso completo para entender los problemas de la política moderna a la luz de las Escrituras] (Grand Rapids, Michigan: Zondervan, 2010), 256-60, con permiso de la editorial.

[15] "*The 42 Countries That Have Banned Corporal Punishment*" [Los 42 países que han prohibido el castigo corporal], *UN Tribune*, 20 de noviembre de 2014 http://untribune.com/42-countries-banned-corporal-punishment/.

[16] "Kriminalistatistk vid SCB", 115 81 Estocolmo, vol. 5 (1995): citado en John S. Lyons y Robert E. Lazelere, "Where Is Evidence That Non-Abusive Punishment Increases Aggression?" [¿Dónde está la evidencia de que los castigos no abusivos aumentan la agresividad?], presentado en el XXVI Congreso Internacional de Psicología, 18 de agosto de 1996, https://www.fisheaters.com/spanking.html.

[17] "Should Spanking Your Child Be Illegal?"[¿Debería ser ilegal la corrección física a tu hijo?] *ABCNews.com*, 28 de noviembre de 2007, http://abcnews.go.com/GMA/story?id=3924024.

[18] Nancy Vogel, "A Spanking Ban: Are We Going to Get It?" [La prohibición de la corrección física: ¿Vamos a conseguirla?] *Los Angeles Times*, 20 de enero de 2007, http://articles.latimes.com/2007/jan/20/local/me-spanking20.

[19] Ver Edward Wong, "No-Spanking Zone Sought in Oakland" ["Se busca una zona sin corrección física en Oakland"], *Los Angeles Times*, 24 de enero de 1999, A10.

[20] Jordan Riak, "Spanking and Hitting Are Perilous" [La corrección física y golpes son peligrosos], *The Brown University Child and Adolescent Behavior Letter* [La carta del comportamiento del niño y el adolescente de la Universidad de Brown] 13, no. 9 (septiembre de 1997): 1.

base bíblica entiende que cuando la corrección física se administran con sabiduría y moderación, son beneficiosas, no perjudiciales, en la crianza de los niños. Sin embargo, la Biblia también advierte que los padres no deben ser tan exigentes que provoquen frustración y desesperación en sus hijos: "Padres, no exasperéis a vuestros hijos, para que no se desalienten" (Col 3:21).

De vez en cuando, los medios de comunicación informan de nuevos estudios académicos que afirman "demostrar" que la corrección física no es buena o es psicológicamente perjudicial para los niños. Pero estos estudios casi nunca distinguen la corrección física prudente y no abusiva que causa un dolor temporal pero no un daño físico de las palizas más violentas que provocan graves moretones u otros daños físicos a los niños. Tampoco distinguen la corrección física prudente y controlada de la rabia injustificada y el abuso físico real de los padres borrachos o patológicamente abusivos. Por lo tanto, los estudios están sesgados y dan resultados distorsionados.

Murray Straus, de la Universidad de New Hampshire, es una de las voces más honestas que piden que se destierre el castigo corporal y, de vez en cuando, ha publicado estudios sesgados y distorsionados para tratar de promover sus intenciones ocultas. A lo largo de los años, Straus ha tratado de relacionar el castigo corporal con un menor coeficiente intelectual en los niños[21] y al comportamiento antisocial[22].

En respuesta a uno de los estudios de Straus, incluso la revista *Time*, que no es una defensora del castigo corporal, escribió sobre la metodología con puntos débiles:

El problema tiene que ver con quiénes participaron en el estudio. Straus y compañía extrajeron la información de entrevistas telefónicas que realizó la Oficina de Estadísticas Laborales a partir de 1979 con 807 madres de niños de 6 a 9 años. Se les preguntó cuántas veces habían corregido físicamente a sus hijos en la semana anterior y cómo era el comportamiento de los niños: ¿mentían, engañaban, se portaban mal en la escuela? Después, la oficina encuestó al mismo grupo dos años después. Claro, los niños que habían recibido corrección física se habían vuelto cada vez más antisociales. Pero cuando se analizan los resultados más de cerca, empiezan a parecer un poco turbios. Para empezar, observa el Dr. Den Trumbull, un pediatra de Montgomery, Alabama...las madres tenían entre 14 y 21 años. Esto no es

---

[21] Ver "Want Smarter Kids? Don't Spank Them" [¿Quieres niños más inteligentes? No los corrijas físicamente], Reuters, 3 de agosto de 1999, y Lori Wright y Murray A. Straus, "Children Who Are Spanked Have Lower IQs, New Research Finds" [Los niños que reciben corrección física tienen un coeficiente intelectual más bajo, según una nueva investigación], Universidad de New Hampshire, 25 de septiembre de 2009, http://scholars.unh.edu/news/205 y http://scholars.unh.edu/cgi/viewcontent.cgi?article=1204&context=news.

[22] Murray A. Straus, David B. Sugarman, Jean Giles-Sims, "Spanking by Parents and Subsequent Anti-Social Behavior of Children" [La corrección física de los padres y el posterior comportamiento antisocial de los hijos], *Archives of Pediatric and Adolescent Medicine* [Archivos de Medicina Pediátrica y del Adolescente] 151 (Agosto de 1997): 761-67, https://jamanetwork.com/journals/jamapediatrics/article-abstract/518458.

una muestra de la maternidad estadounidense. Además, las que pegaban lo hacían en promedio dos veces por semana. Estos factores, dice Trumbull, más el hecho de que algunos de los niños tenían hasta nueve años, "son indicadores de una familia disfuncional en mi opinión, y en la de la mayoría de los psicólogos y pediatras".

Trumbull también observó que limitar el estudio a los niños de 6 a 9 años distorsionaba los resultados; para entonces los niños pueden comprender las consecuencias de sus actos. Para ellos, los castigos físicos frecuentes son probablemente humillantes y traumáticos, y podrían conducir a un peor comportamiento en el futuro.

El problema es que, mientras la corrección física disminuye, el abuso infantil aumenta. Parece que los profesionales bien intencionados han estado utilizando al chico de la corrección física equivocado, y el estudio de Straus ofrece pocas razones para cambiar esa apreciación[23].

En 1993, un grupo de pediatras estadounidenses presentó una revisión de todos los artículos sobre el castigo corporal a la Academia Americana de Pediatría. Sus resultados revelaron que de los 132 estudios que supuestamente documentaban los efectos negativos del castigo corporal en los niños, solo 24 tenían datos empíricos. Todos los demás eran editoriales, comentarios, opiniones o revisiones. Y de los 24 estudios válidos, 23 tenían una redacción ambigua y definiciones amplias que distorsionaba los resultados. Encontraron que el castigo físico incluía cualquier cosa, desde una golpiza leve hasta golpear a un niño con un cepillo para el pelo o un cable eléctrico, hasta verter agua hirviendo sobre el niño. Concluyeron que los estudios "no respondían del todo a la verdadera cuestión científica: ¿la corrección física ocasional ayuda o perjudica el desarrollo de la capacidad de aprendizaje del niño ?"[24].

Los cristianos deberían desconfiar de los "estudios de expertos" supuestamente concluyentes que terminan diciendo a los padres que no deben hacer exactamente lo que la Biblia les dice que hagan.

Por supuesto, los que se oponen a la corrección física siempre pueden traer a colación ejemplos extremos de abuso y de dura distorsión de las normas bíblicas. Los cristianos tampoco deberían abogar por tales acciones, sino que deberían oponerse a ellas. Sin embargo, hay que tener en cuenta que el abuso de algo (como la corrección física a los niños) no demuestra que la acción en sí es incorrecta. Cualquier cosa que sea buena puede ser abusada o utilizada de forma incorrecta.

Gene Edward Veith, rector del Patrick Henry College y antiguo director ejecutivo del Instituto Cranach del Seminario Teológico Concordia, escribió en la revista *World* que no aplicar corrección física a los niños es en realidad una forma de abuso infantil:

---

[23] Michael D. Lemonick, "Spare the Rod? Maybe" [¿Reservar la vara? Quizás], revista *Time*, 25 de agosto de 1997.

[24] David Larson, "Is Mild Spanking Abusive or Helpful for Young Children?" [¿Es la corrección física leve abusiva o útil para los niños pequeños?] Physicians Research Forum Research Summary [Resumen de investigación del Foro de Investigación de Médicos] (1993).

No solo la ACLU, sino también muchos educadores, psicólogos infantiles e incluso padres suscriben la teoría "expresiva" de salud mental. Según este modelo, los seres humanos, en el fondo, son básicamente buenos. Simplemente necesitan expresar los sentimientos que llevan dentro. Los obstáculos a esta expresión, como las "reglas de la sociedad", las figuras de autoridad "opresivas" y los sistemas de creencias "críticos", provocan la represión y, por tanto, la infelicidad mental y la desviación. Bajo esta visión del mundo, cualquier intento de controlar, castigar o reprimir los sentimientos de un niño se interpreta como cruel. Y disciplinar a un niño se convierte en algo casi imposible [...] Como los adultos no ejercen la fuerza contra ellos, los jóvenes aprenden que pueden ignorar a los que tienen autoridad y todos los intentos de disciplinar a los niños mediante el "refuerzo positivo" y métodos no dolorosos como el "tiempo fuera" y el sentimiento de culpa[...]Permitir que los niños crezcan sin disciplina, por muy amable que parezca en la superficie, es un abuso infantil, una expresión del odio de nuestra cultura hacia los niños[25].

No debería sorprendernos que muchos no cristianos argumentan en contra de la corrección física. Muchos de ellos no creen que exista una tendencia al mal en los corazones humanos, incluyendo los corazones de los niños. Pero esto es contrario a la visión cristiana del mundo, que sostiene que hay una tendencia al mal (así como una tendencia rival a hacer el bien, por gracia común) en el corazón de cada niño.[26] Por lo tanto, es menos probable que una cosmovisión no cristiana piense que los niños deben ser disciplinados por el mal que hacen. Además, la cosmovisión no cristiana de muchas personas no sostienen que deba ser necesaria la fuerza física superior para frenar el mal, pero una visión cristiana entiende que parte del mal en los corazones de las personas es tan irracional que no puede ser frenado por el razonamiento, sino solo por la fuerza.[27] Cuando se aplica a la disciplina de los niños, la visión cristiana del mundo entiende que a veces la corrección física es necesaria, que la corrección física supera rápidamente la mala conducta voluntaria o irracional de una manera que las horas de súplica y razonamiento no logran, y que ayudan a construir un carácter más justo en un niño.

Una razón más profunda que subyace a la oposición al castigo físico de los niños puede ser, al menos en algunos casos, la oposición a la idea misma de la autoridad de los padres sobre los niños (por la aversión a toda autoridad) o la oposición a la idea de que los padres puedan saber mejor que los niños lo que está bien y lo que está mal (por la creencia de que nadie puede saber lo correcto o lo incorrecto para otra persona). En algunos casos, esta oposición a toda forma de corrección física puede ser reforzada por una profunda influencia espiritual (una influencia maligna) que busca socavar el plan de Dios para la familia y para la contención del mal en la vida de los niños.

---

[25] Gene Edward Veith, "Hating Our Children" [Odiando a nuestros hijos], revista World, 12 de junio de 1999, https://world.wng.org/1999/06/hating_our_children.

[26] Ver Grudem, *Politics—According to the Bible* [La política según la Biblia], 119-22.

[27] Ver *ibid.*, 121-22.

3. Paciencia y comprensión. Además del amor y la disciplina, la Biblia especifica que los padres son responsables de mostrar paciencia y comprensión hacia sus hijos:

> Y vosotros, padres, *no provoquéis a ira a vuestros hijos*, sino criadlos en disciplina y amonestación del Señor (Ef 6:4).

Esto significa que la disciplina no debe ser demasiado dura ni demasiado exigente, ya que frustrará a los niños y les provocará la ira. Por otra parte, los niños también se enfadan cuando no reciben ningún tipo de disciplina por parte de sus padres y madres, especialmente de los padres. La ausencia de disciplina no es realmente una expresión de amor por los hijos, y los niños lo perciben instintivamente y con frecuencia responden a la ausencia de de disciplina con un comportamiento cada vez más inaceptable, casi como si estuvieran suplicando alguna forma de disciplina por parte de sus madres y padres.

Tras estudiar varios estilos de crianza, Gwen Dewar observó: "El factor de predicción más sustancial y significativo de las habilidades de autorregulación deficientes era tener un padre que respondía 'sí' a preguntas como 'ignoro el mal comportamiento de mi hijo' y 'cedo a mi hijo cuando causa un alboroto por algo[28]'".

4. Instrucción. Educar a los niños "en disciplina y *amonestación del Señor*" (Ef 6:4) incluye enseñarles sobre Dios y sus caminos. Gran parte del libro de Proverbios consiste en enseñanzas de madres y padres a sus hijos: "Oye, hijo mío, la instrucción de tu padre, Y no desprecies la dirección de tu madre" (Pr 1:8; ver también Pr 2:1; 3:1; 4:1; 5:1; 6:1; 7:1).

Moisés dio instrucciones al pueblo de Israel sobre la formación de sus hijos, y estas instrucciones establecen un modelo prudente para todos los padres de todos los tiempos:

> Y estas palabras que yo te mando hoy, estarán sobre tu corazón; y *las repetirás a tus hijos*, y hablarás de ellas estando en tu casa, y andando por el camino, y al acostarte, y cuando te levantes (Dt 6:6-7).

La crianza de los hijos con prudencia es una tarea alegre, pero también es notablemente desafiante y a veces muy difícil. ¡Requiere mucha sabiduría de Dios! (Ver exhortación para pedirle a Dios sabiduría en Santiago 1:5-8). La crianza prudente significa que los padres deben entender a sus hijos, incluyendo los dones e intereses únicos y con frecuencia diferentes de sus hijos.

Los padres también deben recordar que están enseñando a sus hijos con el ejemplo de sus vidas tanto como con sus palabras. Las instrucciones de Pablo y

---

[28] Gwen Dewar, "Kids with Permissive Parents Show Less Self-Control"[Los niños con padres permisivos muestran menos autocontrol], BabyCenter.com, 20 de abril de 2013, https://blogs.babycenter.com/mom_stories/preschoolers-with-permissive-parents-show-less-self-control/. Ver también Piotrowski et al., "Investigating Correlates of Self-Regulation" [Investigación de los correlatos de la autorregulación], Journal of Child and Family Studies 22, no. 3 (abril de 2013): 423-36, http://europepmc.org/articles/PMC3602616.

Pedro a los líderes de las primeras iglesias también aplican a los padres:

> presentándote tú en todo como *ejemplo* [del griego, typos, "modelo, ejemplo, patrón a imitar"] de buenas obras; en la enseñanza mostrando integridad, seriedad (Tit 2:7).

> no como teniendo señorío sobre los que están a vuestro cuidado, sino *siendo ejemplos de la grey* (1 P 5:3).

¿Y si los padres se equivocan al educar a sus hijos? Es inevitable que todos cometemos errores, porque somos seres humanos imperfectos. "Porque todos ofendemos muchas veces" (Santiago 3:2). Al recordar mi propia vida, me vienen a la memoria momentos en los que ahora pienso que fui demasiado estricto con alguno de mis hijos, y otras veces que fui demasiado permisivo con ellos. Pero si los hijos saben que sus padres los quieren profundamente, eso compensará con creces los errores ocasionales que cometamos (con frecuencia sin saber que estamos cometiéndolos en ese momento). En este caso, las palabras de Pedro son apropiadas: "El amor cubrirá multitud de pecados" (1 P 4:8).

Además, cuando los padres y los hijos buscan a Dios, incluso los errores que cometen los padres pueden resultar en beneficio de los hijos a largo plazo, porque Romanos 8:28: "Y sabemos que a los que aman a Dios, *todas las cosas les ayudan a bien*, esto es, a los que conforme a su propósito son llamados".

Es una responsabilidad importante y de peso transmitir la verdad sobre Dios y su Palabra y su forma de vida a las generaciones futuras. Sin embargo, es una responsabilidad que Dios nos confía a lo largo de cada generación hasta que el Señor regrese:

> Abriré mi boca en proverbios;
> Hablaré cosas escondidas desde tiempos antiguos,
> Las cuales hemos oído y entendido;
> *Que nuestros padres nos las contaron.*
> *No las encubriremos a sus hijos,*
> *Contando a la generación venidera las alabanzas de Jehová,*
> Y su potencia, y las maravillas que hizo.
> El estableció testimonio en Jacob,
> Y puso ley en Israel,
> *La cual mandó a nuestros padres*
> *Que la notificasen a sus hijos;*
> *Para que lo sepa la generación venidera, y los hijos que nacerán;*
> *Y los que se levantarán lo cuenten a sus hijos,*
> A fin de que pongan en Dios su confianza,
> Y no se olviden de las obras de Dios;
> Que guarden sus mandamientos (Sal 78:2-7).

5. La importancia de la formación de los hijos. Todo este tema de la formación de los niños es crucial en la actualidad. Con las sociedades que se alejan cada vez más de las normas cristianas de conducta moral, espero que las familias cristianas que tienen hijos obedientes, educados, bien disciplinados, alegres, felices, seguros y pacíficos, se distinguirán cada vez más como diferentes de la cultura no cristiana que las rodea. Con frecuencia, esa cultura se caracteriza por niños rebeldes, enojados e indisciplinados, que a veces pueden ser muy crueles unos con otros y presentan interminables problemas de disciplina en las escuelas públicas.

D. OPCIONES DE ENSEÑANZA: ¿QUÉ TIPO DE ESCUELA ES MEJOR PARA LOS NIÑOS?

En Estados Unidos, al igual que en muchos otros países, los padres pueden elegir entre varios tipos de escuelas para educar a sus hijos. Estas opciones se dividen principalmente en tres categorías:

1. Escuela pública (o escuela patrocinada por el gobierno)
2. Escuela cristiana
3. Educación en casa

Evaluaré brevemente los argumentos ofrecidos en apoyo de cada tipo de escuela[29].

1. Argumentos para enviar a los niños a una escuela pública.

a. Influencia positiva en los demás: Los niños cristianos que van a una escuela pública (me doy cuenta de que en algunos países esto puede llamarse una escuela patrocinada por el gobierno) pueden tener una influencia positiva en la escuela y especialmente en los otros niños. Aquí la enseñanza de Jesús proporciona la base:

Vosotros sois la sal de la tierra; pero si la sal se desvaneciere, ¿con qué será salada? No sirve más para nada, sino para ser echada fuera y hollada por los hombres. *Vosotros sois la luz del mundo;* una ciudad asentada sobre un monte no se puede esconder. Ni se enciende una luz y se pone debajo de un almud, sino sobre el candelero, y alumbra a todos los que están en casa. Así alumbre vuestra luz delante de los hombres, para que vean vuestras buenas obras, y glorifiquen a vuestro Padre que está en los cielos (Mt 5:13-16).

Además, Jesús oró a su Padre no para que sacaran a los cristianos del mundo, sino para protegerlos del Maligno en el mundo:

No ruego que los quites del mundo, sino que los guardes del mal. No son del mundo, como tampoco yo soy del mundo. Santifícalos en tu verdad; tu palabra es verdad. Como tú me enviaste al mundo, así yo los he enviado al mundo (Juan 17:15-18).

---

[29] Los argumentos a favor de cada uno de estos tres tipos de escolarización se encuentran también en *Schooling Choices* [Opciones de escolaridad], ed. H. Wayne House (Portland, Oregón: Multnomah, 1988).

b. Mejor calidad educativa: Las escuelas públicas a veces proporcionan una educación de mayor calidad que las escuelas cristianas o la educación en casa, al menos en algunas áreas y situaciones.

c. La oportunidad de desarrollar una fe y un carácter moral más fuertes: Ejemplos bíblicos como el de José en Egipto (Génesis 39) y el de Daniel en Babilonia (Daniel 1)[30] muestran que los jóvenes creyentes pueden soportar la oposición y las dificultades en un entorno hostil y aun así llegar a tener un carácter moral fuerte y una fe fuerte.

d. Inadecuación de las escuelas cristianas en algunas zonas: Algunas zonas no disponen de escuelas cristianas, o las que existen no tienen un alto nivel académico. Además, algunas escuelas cristianas carecen del tamaño necesario para desafiar a los estudiantes excelentes, especialmente en la escuela secundaria, en áreas como la banda, orquesta, atletismo, debate, matemáticas y ciencias avanzadas, o idiomas extranjeros avanzados. Además, algunos padres pueden descubrir que las escuelas cristianas locales tienen profesores y administradores que son malos modelos de conducta (pueden ser arbitrarios, autocráticos o dictatoriales), o pueden descubrir que la escuela cristiana local parece demasiado represiva o legalista y el ambiente podría tentar a los estudiantes a rebelarse contra el propio cristianismo.

e. Profesores cristianos en las escuelas públicas: En algunas zonas geográficas, un gran número de profesores de escuelas públicas son cristianos creyentes en la Biblia que tienen una fuerte influencia en el ambiente y el contenido educativo en sus escuelas.

f. Finanzas: Por último, muchas familias simplemente no pueden permitirse el costo de enviar a los niños a una escuela cristiana, aunque les gustaría hacerlo si pudieran.

2. Argumentos para enviar a los niños a una escuela cristiana.

a. Toda la educación del niño debe estar centrada en la Biblia y en Dios: La Biblia enseña explícitamente cómo se deben formar a los niños:

> Y vosotros, padres, no provoquéis a ira a vuestros hijos, sino *criadlos en disciplina y amonestación del Señor* (Ef 6:4).

El contraste en este versículo ("no provoquéis a vuestros hijos, sino criadlos en disciplina y amonestación del Señor") sugiere que la formación que no es "del Señor" resultará frustrante para los alumnos y quizás incluso los "provoque" a ira.

Es cierto que todos los padres cristianos pueden fomentar una formación centrada en Dios en el hogar y en la iglesia, pero la escuela sigue teniendo una

---

[30] José tenía unos 17 años cuando fue vendido como esclavo en Egipto (ver Gn 37:2). Daniel "probablemente tendría unos 14 o 15 años cuando fue llevado al cautiverio y comenzó su entrenamiento", según Stephen R. Miller, *Daniel*, NAC (Nashville: Broadman & Holman, 1994), 60, con referencia a E. J. Young, *The Prophecy of Daniel* [La profecía de Daniel] (Grand Rapids, Michigan: Eerdmans, 1949), 42.

inmensa influencia en la vida de los niños. Mientras que la formación en la iglesia puede suponer de tres a cinco horas por semana (del 3 al 5 por ciento de las horas de vigilia de un niño), la formación en la escuela supone de 30 a 40 horas por semana (del 30 al 40 por ciento de las horas de vigilia de un niño), casi 10 veces más tiempo que la iglesia.

Si los niños reciben "formación y amonestación" que excluye las palabras de Dios durante, digamos, seis horas al día, cinco días a la semana, durante 12 años de formación, ¿es esto educarlos "en disciplina y amonestación del Señor"? (Ef 6:4).

b. La educación debe ser positiva y veraz: En cuanto a la formación de los hijos, leemos:

> Instruye al niño *en su camino,* y aun cuando fuere viejo no se apartará de
> él (Pr 22:6).

No creo que ningún versículo de la Escritura anime a los padres a dar a sus hijos una formación secular que los "fortalezca". Por otro lado, pueden volverse más crueles se insensibilizados ante el comportamiento pecaminoso de otros a su alrededor.

c. La influencia de los compañeros debe ser positiva y semejante a la de Cristo: La Escritura nos recuerda que los niños tendrán tendencia a parecerse cada vez más a los compañeros que frecuente:

> El que anda con sabios, sabio será; mas el que se junta con necios será
> quebrantado (Pr 13:20).

d. El modelo de vida de todo profesor debe ser digno de imitación: Los niños imitan por naturaleza. Un profesor que les guste tendrá un impacto tremendo no solo en el aspecto académico, sino también en sus actitudes hacia todos los aspectos de la vida. Jesús dijo:

> El discípulo no es superior a su maestro; mas todo el que fuere perfeccionado,
> será como su maestro (Lucas 6:40).

Este es un argumento a favor de una escuela que tiene profesores cristianos cuyo modelo de vida es digno de ser imitado.

Alguien puede responder que también hay excelentes maestros cristianos en las escuelas públicas (como mencioné anteriormente). Estoy agradecido por su presencia, y sé que tienen una influencia positiva en los alumnos. Por otro lado, al menos en los Estados Unidos, su capacidad de influir en los niños en una dirección específicamente cristiana, o incluso en una dirección moral positiva, está restringida por las excesivas regulaciones gubernamentales y la exclusión intencional de los temas cristianos en muchas partes del plan de estudios.

e. Solo la educación centrada en Dios da verdadera sabiduría: La razón por la que enviamos a los niños a la escuela es para que crezcan en sabiduría. Pero las

Escrituras son claras en cuanto a que la sabiduría genuina viene solo en el contexto del temor de Dios y la sumisión a Cristo:

> *El principio de la sabiduría es el temor de Jehová;*
> Buen entendimiento tienen todos los que practican sus mandamientos;
> Su loor permanece para siempre (Sal 111:10).

> El temor de Jehová es el principio de la sabiduría,
> Y el conocimiento del Santísimo es la inteligencia (Pr 9:10).

> [...]Cristo, en quien están escondidos todos los tesoros de la sabiduría y del conocimiento (Col 2:2-3).

La cuestión es si creemos que la Biblia sigue funcionando en el mundo real de hoy. ¿Ofrece una guía sabia para la vida moderna? De ser así, ¿no parece apropiado formar a los niños desde una perspectiva que respete las enseñanzas de la Biblia en todas las áreas de estudio sobre la naturaleza del mundo y su historia?[31]

f. Altos estándares académicos: Muchas escuelas cristianas en la actualidad tienen estándares académicos excepcionalmente altos, con frecuencia igualan o superan los niveles académicos de las escuelas públicas.

3. Argumentos a favor de la educación en casa.

a. La Biblia asume que los padres son responsables de educar a sus hijos: Los pasajes bíblicos que hablan de la formación de los hijos están todos dirigidos a los padres, no a los profesores en las escuelas. Los ejemplos incluyen: "Y estas palabras que yo te mando hoy, estarán sobre tu corazón; y las repetirás *a tus hijos*" (Dt 6:7) y "*padres*...criadlos en disciplina y amonestación del Señor" (Ef 6:4).

Los que están a favor de las escuelas públicas o de las escuelas cristianas pueden responder que los padres están supervisando el proceso, pero que están recibiendo ayuda especializada de quienes cuentan con una mejor formación en diversas materias, por lo que los profesores simplemente están ayudando a los padres en su tarea. Los defensores de la educación en casa responden que es ventajoso que sean los propios padres quienes realicen la formación.

b. El aprendizaje más significativo ocurre en compañía, y los padres son

---

[31] El profesor de psicología de la Universidad de Nueva York, Paul Vitz, llevó a cabo un extenso examen de 90 libros de texto de uso generalizado en las escuelas públicas en materia de lectura, estudios sociales e historia. Descubrió una omisión casi absoluta de cualquier mención positiva de la historia protestante, de las contribuciones judías y cristianas a los acontecimientos históricos, de las opiniones políticas conservadoras, de la actividad empresarial privada, del matrimonio, de los papeles heroicos de los niños o de los hombres, o del valor de la maternidad o de las tareas domésticas. Ver Paul C. Vitz, *Censorship: Evidence of Bias in Our Children's Textbooks* [Censura: Pruebas de parcialidad en los libros de texto para niños] (Ann Arbor, Michigan: Servant, 1986). Un amplio análisis de las presiones fuertemente anticristianas sobre los niños en la cultura actual se encuentra en James C. Dobson y Gary Lee Bauer, *Children at Risk: The Battle for the Hearts and Minds of Our Kids* [Niños en peligro: la batalla por los corazones y mentes de nuestros niños] (Dallas: Word, 1990).

los mejores compañeros para los niños pequeños: Este argumento también encuentra apoyo en los pasajes que hablan de que los padres forman a sus hijos, y en la afirmación de Jesús de que "todo el que fuere perfeccionado, será como su maestro" (Lucas 6:40).

c. Los compañeros de un niño en una escuela pública o cristiana pueden no ser la mejor influencia para el niño: Los defensores de la educación en casa señalan que "las malas conversaciones corrompen las buenas costumbres" (1 Co 15:33) y "el que se junta con necios será quebrantado" (Pr 13:20). Algunos padres que están a favor de la educación en casa se preocupan por las compañías que un niño tendrá incluso en una escuela cristiana, y especialmente en una escuela pública.

d. La formación en las normas morales y el carácter personal es al menos tan importante como la formación académica: Los defensores de la educación en casa dirán que los padres son los mejores maestros en cuanto a las normas morales y el carácter personal.

e. Los niños educados en casa muestran en promedio un rendimiento educativo excelente: Uno de los argumentos más sólidos a favor de la educación en casa es el notable historial académico compilado por miles de niños educados en casa en todo Estados Unidos. Un estudio realizado por Michael Cogan en la Universidad de St. Thomas reveló que:

- El puntaje promedio en el ACT de los alumnos educados en casa era de 26,5, en comparación con 25,0 de los estudiantes de la escuela pública.
- El puntaje promedio del ACT en inglés para los estudiantes educados en casa fue de 27,8, comparado con el 24,5 de los estudiantes de escuelas públicas.
- El puntaje promedio de lectura del ACT para los estudiantes educados en casa fue de 28,2, en comparación con el 25,6 de los estudiantes de la escuela pública.
- Los estudiantes educados en casa se graduaron en la universidad en un porcentaje más alto que sus compañeros: 66,7% en comparación con el 57,5% y obtuvieron promedios de notas más altos[32].

Aunque los padres que educan en casa reconocen que no todos los padres son buenos profesores por naturaleza, responden que los materiales de formación que ahora están disponibles para que los padres los utilicen, son elaborados por expertos altamente capacitados y proporcionan una ayuda significativa para los padres que podrían no tener la formación o las habilidades para ser profesores sin dichos materiales.

f. Existen muchas oportunidades de interacción social con otros niños: Mientras

---

[32] Michael Cogan, "Exploring Academic Outcomes of Homeschooled Students" [Explorando los resultados académicos de los estudiantes educados en casa], Universidad de St. Thomas, 2009, http://i.bnet. com/blogs/homeschool.pdf.

que los defensores de las escuelas públicas o cristianas hacen hincapié en los beneficios que obtienen los niños de las interacciones sociales frecuentes en la escuela, los padres que educan en casa han creado muchas redes para proporcionar interacciones sociales a sus hijos con otros niños educados en casa. Asimismo, varios distritos escolares de Estados Unidos permiten a los niños educados en casa participar en algunas actividades, como equipos deportivos, o incluso tomar una selección de clases especializadas en las escuelas públicas locales. Algunas escuelas cristianas hacen lo mismo.

g. Las familias que educan en casa disfrutan de gran alegría e interacción familiar en el proceso: Esta es probablemente una de las razones más sólidas por las que muchos padres apoyan la educación en casa. Descubren que es una experiencia positiva para ellos y para sus hijos, y que refuerza los lazos familiares de una manera que durará toda la vida.

4. ¿Cuál es mi conclusión? Mi esposa, Margaret, y yo enviamos a nuestros tres hijos a una escuela secundaria pública (de noveno a duodécimo grado), pero realmente no había opción porque no había ninguna escuela cristiana cerca de donde vivíamos. Pero cuando nuestros hijos eran más jóvenes, ayudamos a fundar una escuela cristiana (Christian Heritage Academy, entonces en Northbrook y hoy en Northfield, Illinois) durante sus años de escuela primaria. De hecho, yo fui el primer presidente de la junta directiva (1982-1984), y fuimos firmes defensores de los beneficios de las de las escuelas cristianas en ese momento y lo seguimos siendo en la actualidad.

Sin embargo, lo que es mejor para cada niño y para cada familia variará según la personalidad y las necesidades del niño, las capacidades y los intereses de los padres (incluyendo, ciertamente, sus capacidades financieras), y los tipos de escuelas cristianas y escuelas públicas donde vive la familia.

Nosotros no elegimos la opción de educar en casa a ninguno de nuestros hijos, pero sabemos de familias a las que les ha funcionado muy bien.

Al evaluar estas tres opciones, es importante "comparar manzanas con manzanas". No es apropiado comparar una buena escuela pública con un mal ejemplo de escuela cristiana, o viceversa. Es mejor, cuando se piensa en este asunto como una cuestión teórica (como en un debate en clase de ética), para comparar los mejores ejemplos de los tres tipos de escolarización. Pero luego, por supuesto, cada familia debe tomar una decisión cada año según las circunstancias en las que viven.

Por último, existe una preocupación generalizada por el trágico descenso del rendimiento escolar en todo Estados Unidos, especialmente en los últimos 30 años. ¿Qué se puede hacer al respecto?

En mi opinión, el desarrollo más alentador es la creciente prevalencia de opciones genuinas para la *elección de escuela* por medio de programas gubernamentales que proporcionan a los padres *"vales" de matrícula* que se vinculan al estudiante y no a una escuela concreta. Los padres pueden utilizar estos vales (que suelen tener un valor de varios miles de dólares al año por estudiante) para matricular a sus hijos en cualquier escuela, ya sea pública, particular subvencionada, privada o cristiana.

El Tribunal Supremo aprobó el uso de estos vales para escuelas religiosas en una importante decisión en 2002[33].

Desde 2002, muchos estados han logrado avances notables poniendo a disposición de los padres opciones escolares (a pesar de la enérgica oposición a estas opciones por parte de los sindicatos de profesores de la escuela pública).

PREGUNTAS PARA REFLEXIONAR

1. Después de leer este capítulo, ¿puede pensar en alguna forma específica en la que podría hacer un mejor trabajo para honrar a su padre y madre?

2. ¿Le enseñaron sus padres que debe obedecerles porque "esto agrada al Señor" (Col 3:20)? Cuando crecía, ¿tenía la sensación de que era agradable a Dios que obedeciera a sus padres? Si tiene hijos, ¿les ha enseñado que es agradable a Dios que lo obedezcan?

3. ¿Cómo ha cambiado su relación con sus padres al pasar de la infancia a la edad adulta? Mirando al pasado, ¿hay cosas que haría de forma diferente si pudiera?

4. ¿Cree que es prudente que los padres apliquen corrección física a sus hijos dentro de las limitaciones y circunstancias que se han tratado en este capítulo?

5. Si tiene hijos, ¿cómo les enseña acerca de Dios durante el curso habitual de cada día? ¿Cómo le enseñaron sus padres sobre Dios?

6. ¿Qué rasgos de carácter cristiano (ver pág. 110) aprendió del ejemplo de sus padres cuando estaba creciendo? Si tiene hijos, ¿puede pensar en momentos en los que ha tratado de actuar como modelo para sus hijos con respecto a ciertos rasgos de carácter?

TÉRMINOS ESPECIALES

hijos
educación en casa
honor
elección de escuela
vales de matrícula

BIBLIOGRAFÍA

Otras fuentes de referencia sobre ética

---

[33] El caso fue Zelman contra Simmons-Harris, 536 U.S. 639 (2002). En un caso relacionado, el Tribunal Supremo también confirmó la validez de un programa de Arizona que concede créditos fiscales estatales para compensar las donaciones individuales realizadas a una organización benéfica, la Arizona Christian School Tuition Organization: ver Arizona Christian School Tuition Organization contra Winn, 563 U.S. 125 (2011). Ambos casos fueron decididos por una mayoría de 5-4.

(ver datos bibliográficos completos, pág. 64)

Frame, 575-92
McQuilkin y Copan, 333-42

Otras obras

Dobson, James C., y Gary Lee Bauer. *Children at Risk: The Battle for the Hearts and Minds of Our Kids* [Niños en peligro: la batalla por los corazones y mentes de nuestros niños]. Dallas: Word, 1990.

Dobson, James C. *The New Dare to Discipline* [El nuevo desafío de la disciplina]. Wheaton, Illinois: Tyndale, 1992.

Francis, J. A. H. "*Parenthood, Parenting*" [Paternidad, crianza de los hijos]. *In New Dictionary of Christian Ethics and Pastoral Theology* [Nuevo Diccionario de Ética Cristiana y Teología Pastoral], editado por David J. Atkinson y David H. Field, 650-52. Leicester, Reino Unido: Inter-Varsity, y Downers Grove, Illinois: InterVarsity Press, 1995.

Fulgham, Nicole Baker. Educating All God's Children: What Christians Can—and Should—Do to Improve Public Education for Low-Income Kids [Educando a todos los hijos de Dios: Lo que los cristianos pueden y deben hacer para mejorar la educación pública de los niños de bajos ingresos]. Grand Rapids, Michigan: Brazos, 2013.

House, H. Wayne, ed. *Schooling Choices* [Opciones de escolaridad]. Portland, Oregón: Multnomah, 1988.

Kimmel, Tim. *Grace-Based Parenting: Set Your Family Free* [Crianza basada en la gracia: Libere a su familia]. Nashville: Thomas Nelson, 2004.

Lowrie, Roy W. *To Christian School Parents* [A los padres de la escuela cristiana]. Whittier, California: Association of Christian Schools International, 1982.

Vitz, Paul C. *Censorship: Evidence of Bias in Our Children's Textbooks* [Censura: Pruebas de parcialidad en los libros de texto para niños]. Ann Arbor, Michigan: Servant Books, 1986.

Ware, Bruce A., y John Starke, eds. *One God in Three Persons: Unity of Essence, Distinction of Persons, Implications for Life* [Un Dios en tres personas: Unidad de la esencia, distinción de las personas, implicaciones para la vida]. Wheaton, Illinois: Crossway, 2015.

Wegner, Paul D., Catherine Wegner, y Kimberlee Herman. *Wise Parenting: Guidelines from the Book of Proverbs* [Crianza sabia: Pautas del Libro de Proverbios]. Grand Rapids, Michigan: Discovery House, 2009.

Wilson, Douglas, ed. *Repairing the Ruins: The Classical and Christian Challenge to Modern Education* [Reparar las ruinas: El desafío clásico y cristiano de la educación moderna]. Moscú, ID: Canon Press, 2006.

PASAJE BÍBLICO PARA MEMORIZAR

Efesios 6:1-2: Hijos, obedeced en el Señor a vuestros padres, porque esto es justo. Honra a tu padre y a tu madre, que es el primer mandamiento con promesa.

HIMNO

"Hijos de nuestro Padre Celestial"

Hijos del Padre Celestial,
se reúnen con seguridad en su seno;
Ni el pájaro ni la estrella del cielo
Tal refugio jamás fue dado.

Dios cuida y alimenta a los suyos;
En sus santas cortes florecen.
De todas las cosas malas Él los salva;
En sus poderosos brazos los lleva.

Ni la vida ni la muerte
del Señor a sus hijos;
A ellos les muestra su gracia,
y sus penas las conoce todas.

Aunque Él dé o quite,
Dios nunca abandona a sus hijos;
Su propósito amoroso es únicamente
Para preservarlos puros y santos.

Alabad al Señor con alegría;
Tu Protector nunca duerme.
A la voluntad de tu Defensor,
Todo enemigo debe rendirse.

AUTORA (SUECA): KAROLINA W. SANDELL-BERG, 1858

Capítulo 15

IGUALDAD Y LIDERAZGO EN EL MATRIMONIO

¿Cómo pueden los esposos tener un papel de liderazgo en el matrimonio si los hombres y mujeres valen lo mismo ante Dios? ¿Cómo debería funcionar en la práctica el liderazgo del esposo y el apoyo de la esposa a ese liderazgo? ¿Cuáles son los argumentos que utilizan las feministas evangélicas en la actualidad?

En el capítulo anterior consideramos la relación entre padres e hijos en una familia, particularmente la autoridad que Dios ha dado a los padres sobre sus hijos y la responsabilidad que tienen los hijos de honrar a sus padres y madres[1].

En este capítulo examinaremos otro aspecto de la autoridad que Dios ordena dentro de la vida familiar, es decir, la relación entre el esposo y la esposa. Veremos que la Biblia enseña dos principios importantes que deben enseñarse juntos: el principio de igualdad en el matrimonio y el principio de la responsabilidad de liderazgo del esposo en el matrimonio[2].

Esta idea de que los hombres y mujeres son iguales, pero que Dios ordenó diferentes funciones para ellos en el matrimonio, se conoce como la posición "complementarianista". En contraste, la opinión de que los hombres y mujeres son iguales y que no hay roles específicos en el matrimonio se conoce como la posición

---

[1] El material de este capítulo ha sido adaptado de Wayne Grudem, *Evangelical Feminism and Biblical Truth: An Analysis of More Than 100 Disputed Questions* [El feminismo evangélico y la verdad bíblica: un análisis de más de 100 preguntas controvertidas] (Wheaton, Illinois: Crossway, 2012), 25-56, con permiso de la editorial.

[2] Sobre las preguntas relacionadas con la definición del matrimonio, la intimidad sexual en el matrimonio, la poligamia y el matrimonio entre personas del mismo sexo, ver el capítulo 28. Allí también trato el tema de la soltería.

"igualitaria". En particular, los complementarianistas sostienen que hay un papel de liderazgo único para los hombres en el matrimonio (y en la iglesia), mientras que los egalitarianistas lo niegan. (A veces utilizo el término *feminista evangélica* como sinónimo de *egalitarianista*).

Dado que el tema de este capítulo ha sido ampliamente debatido dentro del mundo evangélico (ver la bibliografía al final del capítulo), he incluido interacciones bastante extensas con diferentes puntos de vista.

A. LOS HOMBRES Y LAS MUJERES SON IGUALES EN VALOR Y DIGNIDAD

En el primer capítulo de la Biblia leemos que tanto el hombre como la mujer han sido creados "a imagen de Dios". De hecho, el primer versículo que nos dice que Dios creó a los seres humanos también nos dice que tanto "el hombre como la mujer" son creados a imagen de Dios:

> Y creó Dios al hombre *a su imagen,*
> a imagen de Dios lo creó;
> varón y hembra los creó (Gn 1:27).

Ser creado a imagen de Dios es un privilegio increíble. Significa que el ser humano es *como Dios y representa a Dios*[3] . No se dice que ninguna otra criatura de la creación, ni siquiera los poderosos ángeles, haya sido creada a imagen de Dios. Es un privilegio que solo se nos concede a nosotros, hombres y mujeres[4].

Cualquier discusión sobre la masculinidad y la feminidad en la Biblia debe comenzar aquí. Cada vez que hablemos con otra persona, debemos recordar que esa persona es una criatura de Dios que es *más parecida a Dios que cualquier otra cosa en el universo,* y los hombres y las mujeres comparten esa condición por igual. Por lo tanto, debemos tratar a los hombres y a las mujeres con la misma dignidad y pensar que ambos tienen el mismo valor. *Ambos* llevamos la imagen de Dios, y compartimos esa igualdad desde el primer día en que Dios nos creó. "A imagen de Dios lo creó; *varón y hembra los creó*" (Gn 1:27). En ninguna parte de la Biblia

---

[3] Para más información, ver Wayne Grudem, *Systematic Theology: An Introduction to Biblical Doctrine* [Teología Sistemática: Una introducción a la doctrina bíblica] (Leicester, Reino Unido: Inter-Varsity, y Grand Rapids, Michigan: Zondervan, 1994), 442-50.

[4] Dios nos creó para que nuestra semejanza con él se viera en nuestro juicio moral y en nuestras acciones; en nuestra vida espiritual y en nuestra capacidad de relacionarnos con Dios, que es espíritu; en nuestra capacidad de razonamiento; en nuestro uso del lenguaje; en nuestra conciencia del pasado y futuro lejanos; en nuestra creatividad; en la complejidad y variedad de nuestras emociones; en la profundidad de nuestras relaciones interpersonales; en nuestra igualdad y diferencias en el matrimonio y otras relaciones interpersonales; en nuestro gobierno sobre el resto de la creación; y de otras maneras. Todos estos aspectos están distorsionados por el pecado y, por lo tanto, se manifiestan en formas que *no se parecen* a Dios y le desagradan, pero todas estas áreas de nuestras vidas también están siendo restauradas progresivamente a una mayor semejanza con Dios a través de la salvación que es nuestra en Cristo, y serán completamente restauradas en nosotros cuando Cristo regrese. Para una discusión más completa sobre lo que significa ser creado a la imagen de Dios, ver Bruce A. Ware, "Male and Female Complementarity and the Image of God" [La complementariedad masculina y femenina y

dice que los hombres hayan sido creados más a imagen de Dios que las mujeres, o viceversa. [5] Los hombres y mujeres comparten por igual el enorme privilegio de haber sido creados a imagen de Dios.

La Biblia proporciona así una clara corrección para los errores de la dominación masculina y la superioridad masculina que han llegado como resultado del pecado y que se han visto en casi todas las culturas de la historia del mundo. Donde se piense que los hombres son mejores que las mujeres; donde los esposos actúen como "dictadores" egoístas; donde las esposas se les prohíba tener su propio trabajo fuera del hogar, votar, tener propiedades o recibir educación; donde las mujeres son tratadas como inferiores; y donde hay abuso o violencia contra mujeres, como la violación, el infanticidio femenino, la poligamia o los harenes, se está negando la verdad bíblica de igualdad en la imagen de Dios. Los cristianos deben proclamar a todas las sociedades donde ocurren estas cosas, que la primera página de la Palabra de Dios da un testimonio fundamental e irrefutable contra estos males[6].

Sin embargo, podemos decir aún más. Si los hombres y las mujeres están igualmente hechos a la imagen de Dios, entonces somos igualmente importantes y valiosos *para Dios*. Tenemos el mismo valor ante él *por toda la eternidad* pues así hemos sido creados. Esta verdad debería excluir todos nuestros sentimientos de orgullo o inferioridad, y debería excluir cualquier idea de que un sexo es mejor o peor que el otro. A diferencia de muchas culturas y religiones no cristianas, nadie debe sentirse orgulloso o superior por ser hombre, y nadie debe sentirse decepcionada o inferior por ser mujer. Si Dios nos considera iguales en valor, entonces eso Si Dios nos considera iguales en valor, entonces eso resuelve para siempre la cuestión del valor personal, ya que la evaluación de Dios es el verdadero estándar de valor personal para toda la eternidad.

Otra evidencia de nuestra igualdad en ser a imagen de Dios, se ve en la iglesia del Nuevo Testamento, donde el Espíritu Santo fue dado en nueva plenitud tanto a hombres como a mujeres (Hechos 2:17-18), donde tanto hombres como mujeres fueron bautizados para ser miembros del cuerpo de Cristo (v. 41), [7] y donde tanto

---

la imagen de Dios], en *Biblical Foundations for Manhood and Womanhood* [Fundamentos bíblicos de la masculinidad y feminidad], ed. Wayne Grudem (Wheaton, Reino Unido). Wayne Grudem (Wheaton, Illinois: Crossway, 2002), 71-92.

[5] En 1 Co 11:7, Pablo dice: "Porque el varón no debe cubrirse la cabeza, pues él es imagen y gloria de Dios, pero la mujer es gloria del varón". No está negando aquí que la mujer haya sido creada a imagen de Dios, pues eso se afirma claramente en Gn 1:27. Tampoco está diciendo que la mujer sea la imagen del hombre. Más bien, Pablo está diciendo simplemente que *en la relación entre el hombre y la mujer*, el hombre en particular, refleja algo de la excelencia del Dios que lo creó, y la mujer en esa relación refleja algo de la excelencia del hombre del que fue creada. Sin embargo, Pablo dice casi inmediatamente que el hombre y la mujer son interdependientes (vv. 11-12) y que no podríamos existir el uno sin el otro. No dice en este pasaje que el hombre sea más a imagen y semejanza de Dios que la mujer, y no debemos deducir tal idea de este pasaje.

[6] Un ejemplo trágico de dominación masculina sigue ocurriendo en la India. Tehmina Arora, asesora jurídica de Alliance Defending Freedom en la India, afirma: "En nuestro país, se abortan 50 000 bebés cada mes por una razón: son niñas en lugar de niños. La proporción de sexos sesgada de la India demuestra que, como nación, le hemos fallado a las niñas. O son abortadas o, una vez nacidas, son objeto de diversas formas de violencia". "Las niñas de la India necesitan amor, atención y derecho a la vida", ADFMedia.org , 7 de marzo de 2016, http://www.adf media.org /News/PRDetail/CID=89218

[7] El hecho de que tanto los hombres como las mujeres sean bautizados contrasta con el Antiguo

hombres como mujeres recibieron dones espirituales para su uso en la vida de la iglesia (1 Co 12:7, 11; 1 P 4:10). El apóstol Pablo nos recuerda que no debemos dividirnos en facciones que se consideran superiores e inferiores (como judío y griego, esclavo y libre, u hombre y mujer), sino que debemos considerarnos unidos porque "todos vosotros sois uno en Cristo Jesús" (Gá 3:28).

Cuando los esposos y esposas no escuchan con respeto y consideración los puntos de vista del otro, no estiman la sabiduría a la que se puede llegar de manera diferente y expresada de manera diferente por la otra persona, o no valoran los diferentes dones y preferencias de la otra persona tanto como los propios, descuidan esta enseñanza sobre la igualdad en la imagen de Dios[8].

Se resumió una perspectiva saludable sobre la forma en que la igualdad se manifiesta en el matrimonio como parte de "Marriage and Family Statement" [Declaración sobre el matrimonio y la familia] publicada por Cruzada Estudiantil para Cristo en julio de 1999. Después de tres párrafos en los que se habla de la igualdad y las diferencias entre hombres y mujeres, la declaración señala:

> En un matrimonio que vive según estas verdades, el amor entre los esposos
> se manifestará escuchando los puntos de vista del otro, valorando los dones,
> la sabiduría y los deseos del otro, honrándose mutuamente en público y en
> privado, y buscando siempre el beneficio, y no el daño, del otro[9].

¿Por qué incluyo la igualdad del hombre y la mujer en valor y dignidad ante Dios como una cuestión importante en la controversia entre masculinidad y feminidad? No porque nosotros los complementarianistas diferimos de los egalitarianistas en esta cuestión, sino porque diferimos en este punto con las tendencias pecaminosas

---

Testamento, donde el signo externo de inclusión en la comunidad del pueblo de Dios era la circuncisión, que, por su naturaleza, se administraba solo a los hombres. Dado que tanto los hombres como las mujeres son bautizados en la iglesia del Nuevo Testamento, cada bautismo debería recordarnos nuestra igualdad en la imagen de Dios.

[8] Creo que no escuché muy bien a mi esposa, Margaret, al principio de nuestro matrimonio. No valoré sus dones y preferencias tanto como los míos o la sabiduría a la que ella llegaba de forma diferente (con frecuencia, parecía, rápida e instintiva) y se expresaba de forma diferente a la mía. Tiempo después hicimos muchos progresos en este ámbito, pero mirando hacia atrás, Margaret me dijo que al principio de nuestro matrimonio sentía como si le hubieran quitado la voz y como si mis oídos estuvieran cerrados. Es de esperar que hayan otras parejas en las que Dios necesita abrir los oídos del esposo para escuchar y necesita restaurar la voz de la esposa para hablar.

Me doy cuenta de que hay un error opuesto en el que el esposo escucha tanto y la mujer tiene tanta voz que se convierte en la compañera que gobierna la relación. Tampoco defiendo ese error, y en lo que sigue defenderé la necesidad de un papel de liderazgo masculino en la toma de decisiones dentro del matrimonio.

[9] Declaración política anunciada y distribuida a los miembros del personal de Cruzada Estudiantil en una conferencia bianual del personal el 28 de julio de 1999, en la Universidad Estatal de Colorado, Fort Collins, Colorado. La declaración fue reportada en un despacho de Religion News Service el 30 de julio de 1999; un artículo de Baptist Press por Art Toalston el 29 de julio de 1999 (www.baptistpress.com); y un artículo en la revista World del 11 de septiembre de 1999, 32, asimismo, fue citado en completo en el boletín mensual de James Dobson, *Family News from Dr. James Dobson*, septiembre de 1999, 1-2. La declaración también se reproduce y discute en *Ministering to Twenty-First Century Families: Eight Big Ideas for Church Leaders* [Guiando a las familias del siglo XXI: Ocho grandes ideas para los líderes de la iglesia] de Dennis Rainey(Nashville: Thomas Nelson, 2001), 39-56.

en nuestros propios corazones y con el machismo opresivo y la dominación masculina que ha dañado la mayoría de las culturas a lo largo de la historia.

Cualquier persona que predique o enseñe sobre la masculinidad y la feminidad tiene que empezar aquí, donde la Biblia empieza, no con nuestras diferencias, sino con nuestra *igualdad* en la imagen de Dios.

Hay otra razón por la que creo que este es un tema clave, que le habla especialmente a los hombres. Personalmente, creo que una de las razones por las que Dios permitió que esta controversia sobre la masculinidad y feminidad en la iglesia en este momento es para que nosotros los hombres podamos corregir algunos errores, cambiar algunas tradiciones erróneas, y ser más fieles a las Escrituras al tratar a nuestras esposas y a todas las mujeres con dignidad y respeto. El primer paso para corregir estos errores es estar plenamente convencidos en nuestros corazones de que las mujeres comparten con nosotros el mismo valor y dignidad que les corresponde por estar hechas a imagen de Dios.

B. LOS HOMBRES Y MUJERES TIENEN PAPELES DIFERENTES EN EL MATRIMONIO COMO PARTE DEL ORDEN CREADO

En 1987, cuando formaba parte del liderazgo de la organización conocida como el Consejo sobre la masculinidad y la feminidad bíblica, escribimos una declaración de principios conocida como la "Declaración de Danvers". [10]Esta declaración ha sido ampliamente reconocida como la principal definición de una visión complementaria de la masculinidad y la feminidad bíblicas. Con respecto a la relación entre el esposo y la esposa en el matrimonio, la Declaración de Danvers incluye las siguientes afirmaciones:

1. Tanto Adán como Eva fueron creados a imagen de Dios, iguales ante Dios como personas y distintos en su masculinidad y feminidad.
2. Dios ordena las distinciones en los roles masculino y femenino como parte del orden creado, y deben encontrar eco en cada corazón humano.
3. Dios estableció la jefatura de Adán en el matrimonio antes de la caída, y no fue un resultado del pecado.

El 14 de junio de 2000, la Convención Bautista del Sur adoptó una revisión de su declaración de fe, conocida como Fe y Mensaje Bautistas. Incluye este párrafo sobre la relación entre el esposo y la esposa en el matrimonio, que también expresa una posición complementaria similar a la de la Declaración de Danvers:

El esposo y la esposa tienen el mismo valor ante Dios, ya que ambos han sido creados a imagen y semejanza de Dios. La relación matrimonial es un

---

[10] Varios líderes evangélicos prepararon la Declaración de Danvers en una reunión del Consejo sobre la masculinidad y la feminidad bíblicas (CBMW) en Danvers, Massachusetts, en diciembre de 1987. El CBMW la publicó por primera vez en su forma final en Wheaton, Illinois, en noviembre de 1988. Ver el apéndice al final de este capítulo para el texto completo de esta declaración.

modelo del modo en que Dios se relaciona con su pueblo. El esposo debe amar a su esposa como Cristo amó a la iglesia. Él tiene la responsabilidad dada por Dios de *proveer, proteger y guiar a su familia.* La esposa debe someterse con gracia al liderazgo de servicio de su esposo así como la iglesia se somete voluntariamente al liderazgo de Cristo. Ella, siendo a la imagen de Dios como lo es su esposo y por lo tanto igual a él, tiene la responsabilidad dada por Dios de *respetar a su esposo y servir como su ayudante* en la gestión del hogar y la crianza de la próxima generación[11.]

Por el contrario, los egalitarianistas no afirman tales diferencias creadas. De hecho, la declaración sobre "Los hombres, las mujeres y la igualdad bíblica" publicada por Christians for Biblical Equality [Cristianos por la Igualdad Bíblica] (CBE) dice:

1. La Biblia enseña que tanto el hombre como la mujer fueron creados a imagen y semejanza de Dios, tenían una relación directa con él y compartían las responsabilidades de tener y criar hijos y de dominar el orden creado (Gn 1:26-28) [...]

5. La Biblia enseña que el dominio de Adán sobre Eva fue el resultado de la caída y que, por lo tanto, *no formaba parte del orden original creado* [...]
10. La Biblia define la función del liderazgo como la capacitación de los demás para el servicio y no como el ejercicio del poder sobre ellos (Mt 20:25-28, 23:8; Mr 10:42-45; Juan 13:13-17; Gá 5:13; 1 P 5:2-3).

11. La Biblia enseña que los esposos y esposas son herederos de la gracia de la vida y que están unidos en una relación de mutua sumisión y responsabilidad (1 Co 7:3-5; Ef 5:21; 1 P. 3:1-7; Gn 21:12). La función del esposo como "cabeza" (*kephale*) debe entenderse como amor y servicio de entrega dentro de esta relación de sumisión mutua (Ef. 5:21-33; Col 3:19; 1 P 3:7)[12].

Entonces, ¿qué posición es la correcta? ¿Enseña realmente la Biblia que los

---

[11] La fe y el mensaje bautistas, http://www.sbc.net/bfm2000/bfm2000.asp, énfasis añadido. Los pasajes bíblicos añadidos a esta sección sobre la familia fueron: Gn 1:26-28; 2:15-25; 3:1-20; Ex 20:12; Dt 6:4-9; Jos 24:15; 1 S 1:26-28; Sal 51:5; 78:1-8; 127-128; 139:13-16; Pr 1:8; 5:15-20; 6:20-22; 12:4; 13:24; 14:1; 17:6; 18:22; 22:6, 15; 23:13-14; 24:3; 29:15, 17; 31:10-31; Ec 4:9-12; 9:9; Mal 2:14-16; Mt 5:31-32; 18:2-5; 19:3-9; Mc 10:6-12; Ro 1:18-32; 1 Co 7:1-16; Ef 5:21-33; 6:1-4; Col 3:18-21; 1 Ti 5:8, 14; 2 Tit 1:3-5; Tit 2:3-5; Heb 13:4; 1 P 3:1-7.

[12] "Men, Women and Biblical Equality" ["Hombres, mujeres e igualdad bíblica"], https://www.cbein-ternational.org/sites/default/files/english_3.pdf, énfasis añadido. La declaración de la CBE presenta regularmente una posición no igualitaria con un lenguaje peyorativo utilizando un lenguaje como "el gobierno de Adán sobre Eva", y ni siquiera menciona una tercera alternativa, es decir, la jefatura amorosa y humilde. Para un análisis de las repetidas ambigüedades en la declaración de la CBE, ver John Piper y Wayne Grudem, "Charity, Clarity, and Hope", en John Piper y Wayne Grudem, eds, *Recovering Biblical Manhood and Womanhood: A Response to Evangelical Feminism* [Recuperación de la masculinidad y feminidad bíblicas: Una respuesta al feminismo evangélico] (Wheaton, Illinois: Crossway, 1991), 403-22.

hombres y las mujeres tenían papeles diferentes desde el principio de la creación? Cuando miramos cuidadosamente las Escrituras, podemos ver al menos 10 indicaciones de que Dios dio a los hombres y a las mujeres roles distintos antes de la caída, y particularmente que había un liderazgo masculino en el matrimonio antes de la caída.

C. DIEZ INDICACIONES DEL LIDERAZGO MASCULINO EN EL MATRIMONIO ANTES DE LA CAÍDA

1. El orden. Adán fue creado primero, y luego Eva (observe la secuencia en Gn 2:7, 18-23). Puede ser que en la actualidad no consideremos esto muy importante, pero lo era para los lectores originales de este texto. El apóstol Pablo también lo considera importante: basa su argumento de la iglesia reunida en el Nuevo Testamento en el hecho de que Adán fue creado antes que Eva. Dice: "Porque no permito a la mujer enseñar, ni ejercer dominio sobre el hombre.... *Porque Adán fue formado primero, después Eva*" (1 Ti 2:12-13).

Según la propia Escritura, pues, el hecho de que Adán fuera creado primero y luego Eva tenía implicaciones no solo para Adán y Eva, sino también para la relación entre hombres y mujeres a lo largo de toda la historia de la humanidad[13].

2. La representación. Fue Adán, y no Eva, quien tuvo un papel especial en la representación de la raza humana. Mirando la narración del Génesis, encontramos que Eva pecó primero, luego Adán pecó: "tomó de su fruto, y comió; y dio también a su marido, el cual comió así como ella" (Gn 3:6). Dado que Eva pecó primero, podríamos esperar que el Nuevo Testamento nos dijera que heredamos una naturaleza pecaminosa o que somos considerados culpables por el pecado de Eva. Pero esto no es así. El Nuevo Testamento no dice que "en Eva todos mueren", sino que "Porque así como en *Adán* todos mueren, también en *Cristo* todos serán vivificados" (1 Co 15:22).

Esto se ve también en el paralelo entre *Adán* y Cristo, donde Pablo ve a Cristo como el "postrer Adán":

> Así también está escrito: Fue hecho el primer hombre Adán alma viviente; el postrer Adán, espíritu vivificante [...] El primer hombre es de la tierra, terrenal; el segundo hombre, que es el Señor, es del cielo [...] Y así como hemos traído la imagen del terrenal, traeremos también la imagen del celestial (1 Co 15:45-49; ver también Ro 5:12-21, donde se desarrolla otra relación entre Adán y Cristo).

Es indiscutible que Adán tenía un papel de liderazgo en representación de toda la raza humana, un papel de liderazgo que no tenía Eva. Tampoco Adán y Eva

---

[13] Ware añade otra razón relacionada con esta prioridad temporal en la creación, es decir, que la mujer fue creada "de" o "desde" el hombre. Ver su discusión en "Male and Female Complementarity and the Image of God" ["La complementariedad masculina y femenina y la imagen de Dios"], 82-84. Podría contarse como una undécima razón junto con las 10 que enumero.

representaban *juntos* a la raza humana. Solo Adán representaba la raza.

3. El nombre de la mujer. Cuando Dios hizo la primera mujer y "la trajo al hombre", la Biblia nos dice:

> el cual exclamó:
> «Esta sí es hueso de mis huesos
> y carne de mi carne.
> Se llamará "mujer"
> porque del hombre fue sacada» (Gen. 2:23) (NVI).

Cuando Adán dijo "se llamará Mujer", le estaba dando un nombre. Esto es importante porque los lectores originales habrían reconocido que, en el contexto de Génesis 1-2, la persona que hace el "nombramiento" de las cosas creadas es siempre la persona que tiene autoridad sobre esas cosas.

Algunos egalitarianistas, como Gilbert Bilezikian y Stanley Grenz, niegan que Adán diera un nombre a su esposa en Génesis 2:23. [14] Pero esta objeción es poco convincente cuando vemos cómo Génesis 2:23 encaja en el patrón de actividades de nombramiento a lo largo de estos dos primeros capítulos del Génesis. Lo vemos

---

[14] Gilbert Bilezikian dice: "No se menciona 'dar un nombre' en referencia a la mujer en el verso 23 [...] El contraste entre Génesis 2:23 y 3:20 confirma el hecho de que no hubo ningún acto de nombramiento en primera instancia. Cuando Eva recibe realmente su nombre, el texto utiliza esa misma palabra, 'El hombre llamó a su mujer Eva'" *Beyond Sex Roles: What the Bible Says about a Woman's Place in Church and Family* [Más allá de los roles de género: Lo que dice la Biblia sobre el lugar de la mujer en la iglesia y la familia] (Grand Rapids, Michigan: Baker, 1985), 259, 261.

Bilezikian aparentemente piensa que donde no se usa el *nombre* (el sustantivo hebreo *shem*), no se produce ningún acto de nombrar. Pero no tiene en cuenta el hecho de que shem tampoco se utiliza en Gn 1:5, 8 o 10, donde Dios nombra el "Día", la "Noche", el "Cielo", la "Tierra" y los "Mares". La idea de nombrar puede ser indicada por el verbo *qara'* ("llamar") sin que se utilice el sustantivo *shem*, como ocurre en estos versículos.

Stanley Grenz dice: "La construcción hebrea habitual para el acto de nombrar no está presente en el texto de Génesis 2:23. Phyllis Trible señala que para denotar un nombre, el verbo hebreo 'llamar' debe ir seguido de un nombre real [...]Sin embargo, en el texto de Génesis 2:23 no aparece ningún nombre real, sino solo la designación *mujer* [...] El narrador no afirma que el hombre nombró de hecho a su mujer cuando Dios se la trajo [...]No es hasta después de la Caída que Adán la llama Eva". *Women in the Church: A Biblical Theology of Women in Ministry* [Las mujeres en la Iglesia: Una teología bíblica de la mujer en el Ministerio] (Downers Grove, IL: InterVarsity Press, 1995), 163.

Pero Grenz (y Trible) se equivocan en esto porque asumen erróneamente que *mujer* (hebreo, *'ishshah*) no es un nombre. Sin embargo, sin duda se toma como un nombre aquí en el Génesis, y Gn 2:23 es paralelo a los otros versículos sobre nombres en este contexto, especialmente en Gn 5:2, donde se dice que Dios "y los bendijo, y llamó [*qara'*] el nombre de ellos Adán, el día [literalmente "en el día"] en que fueron creados". Grenz y Trible no dan cuenta de la naturaleza especial de Génesis 1-2, donde este mismo patrón de nombramiento se utiliza de categorías amplias enteras del orden creado, y todavía no se esperaría un nombre personal individual (como Eva).

George W. Ramsey argumenta en contra de la afirmación de Trible, diciendo: "Es un error argumentar que Génesis 2:23 no es no es un ejemplo de la atribución de un nombre [...] El uso del sustantivo shem no es absolutamente esencial para la fórmula de nombramiento. *Qara'* más lamed con un objeto indica nombramiento también como *qara'* más *shem*". "¿Es el dar un nombre un acto de dominación en Génesis 2:23 y en otros lugares?" *Catholic Biblical Quarterly 50* (1988): 29. Ramsey señala ejemplos similares, como el nombre de Icabod en 1 S 4:21, "Y llamó al niño Icabod", donde la palabra *shem* ("nombre") no se utiliza, sino el verbo qara' y el verbo lamed con un objeto, como en Gn 2:23

cuando examinamos los lugares en los que se utiliza el mismo verbo (hebreo, qara', *"llamar"*) en contextos de nombramiento en Génesis 1-2:

Y *llamó* Dios a la luz Día, y a las tinieblas *llamó* Noche (1:5).

Y *llamó* Dios a la expansión Cielos (1:8).

Y *llamó* Dios a lo seco Tierra, y a la reunión de las aguas *llamó* Mares (1:10).

Jehová Dios formó, pues, de la tierra toda bestia del campo, y toda ave de los cielos, y las trajo a Adán para que viese cómo las había de *llamar*; y todo lo que Adán *llamó* a los animales vivientes, ese es su nombre (2:19).

Y puso Adán *nombre* a toda bestia y ave de los cielos y a todo ganado del campo (2:20).

En cada uno de estos versículos anteriores a Génesis 2:23, se utiliza el mismo verbo hebreo, qara', para indicar una actividad de nombramiento. Así como Dios demostró su soberanía sobre el día, la noche, el cielo, la tierra y los mares, asignándoles nombres, así Adán demostró su autoridad sobre el reino animal asignando a cada criatura viviente un nombre. Los lectores originales habrían reconocido este patrón y habrían visto una continuación del mismo cuando Adán dijo: "se *llamará* Mujer".

En Génesis y en el resto del Antiguo Testamento, cuando alguien da un nombre a una persona o cosa, ese nombre suele indicar algo del carácter o la calidad de esa persona o cosa. Así, los padres dan nombres a sus hijos (ver Gn 4:25, 26; 5:3, 29; 16:15; 19:37, 38; 21:3). Y Dios cambia los nombres de las personas cuando desea indicar un cambio en su carácter o función (ver Gn 17:5, 15, donde Dios cambia el nombre de Abram por el de Abraham y el de Sarai por el de Sara). En cada uno de estos pasajes tenemos el mismo verbo (*qara'*) que se utiliza en Génesis 2:23, y en cada caso la persona que da el nombre tiene autoridad sobre la persona que recibe el nombre. Por lo tanto, cuando Adán dio a su esposa el nombre de "Mujer", indicaba una especie de autoridad que Dios había dado a Adán, una función de liderazgo que Eva no tenía con respecto a su esposo[15].

Linda Belleville objeta que nombrar en el Antiguo Testamento "no era un acto de control o poder".[16] Pero esto no tiene sentido. La cuestión no es que haya algún

---

[15] William J. Webb afirma que cuando Adán llama a Eva "Mujer" (*'ishshah*) en Gn 2:23, muestra su papel como compañera en igualdad con Adán, porque su nombre es similar al del hombre (*'ish*). *Slaves, Women and Homosexuals: Exploring the Hermeneutics of Cultural Analysis* [Esclavos, mujeres y homosexuales: Explorando la hermenéutica del análisis cultural] (Downers Grove, IL: InterVarsity Press, 2001), 116. Este argumento no es convincente porque los nombres de "hombre" y "mujer" son similares, pero no son idénticos (*'ish* e *'ishshah*), por lo que son algo iguales y algo diferentes.

Las palabras también significan cosas diferentes: *'ish* significa "hombre" o "esposo" (BDB [El léxico hebreo-inglés Brown-Driver-Briggs], 35) e *'ishshah* significa "mujer, esposa, hembra" (BDB, 61), y aunque las palabras se parecen, están relacionadas con raíces diferentes; el léxico de la BDB habla de "la imposibilidad de derivar *'ish* e *'ishshah* de la misma raíz", 35. Para Webb decir que este nombre solo indica igualdad es reduccionista: es tomar una parte de la verdad y convertirla en toda la verdad. Los n

[16] Linda Belleville, *"Women in Ministry: An Egalitarian Perspective"* ["Mujeres en el Ministerio: Una

tipo de poder o control mágico en el acto de nombrar, sino que la autoridad para dar un nombre en sí mismo supone que la persona que da el nombre *ya tiene autoridad* sobre la persona o cosa que recibe ese nombre[17].

Debemos notar aquí que Adán no dio el nombre personal "Eva" a su esposa hasta Génesis 3:20: "Y *llamó [qara']*Adán el nombre de su mujer, Eva, por cuanto ella era madre de todos los vivientes". Esto se debe a que en el relato de la creación en Génesis 2, Adán estaba dando un nombre de categoría amplia a su esposa, indicando el nombre que se daría a las mujeres en general; no estaba dando un

---

perspectiva igualitaria"], en *Two Views on Women in Ministry Counterpoints* [Dos puntos de vista sobre las mujeres en los contrapuntos del ministerio], serie ed. Stanley N. Gundry, gen. ed. James R. Beck (Grand Rapids, Michigan: Zondervan, 2001), 143. Belleville se refiere a Anthony Thiselton, *"Supposed Power of Words in the Biblical Writings"* ["El supuesto poder de las palabras en los escritos bíblicos"], *Journal of Theological Studies* n.s., vol. XXV, pt. 2 (1974): 283-99, y también a Ramsey, "Name-Giving" ["Nombramiento"] (ver notas a pie de página 14 y 17 para una discusión del artículo de Ramsey). El artículo de Thiselton no aborda realmente la cuestión que se discute aquí en relación con Gn 2:23, porque su preocupación es mostrar que el dar un nombre no tiene una especie de poder automático o mágico en los escritos bíblicos. Por supuesto, esto no es lo que yo afirmo sino más bien que el derecho a dar un nombre a alguien implica que el que lo da tiene autoridad sobre esa persona o cosa.

[17] Sin embargo, Ramsey aporta pruebas que nos permiten hacer una diferenciación útil entre lo que podemos llamar nombres "privados" y "públicos" (esta es mi distinción, no la suya). Ramsey señala que Agar dio un nombre a Dios en Gn 16:13: "Entonces llamó el nombre de Jehová que con ella hablaba: 'Tú eres Dios que ve'". Dice, con razón, que "es difícil imaginar que el narrador pretendiera que entendiéramos que esta mujer [...] está ejerciendo algún tipo de control sobre Dios"."Nombramiento", 34. Estoy de acuerdo, pero lo que este verso demuestra es simplemente una actividad humana común por la que la gente puede inventar todo tipo de "nombres privados" con los que se refieren a otra persona, incluso a alguien grande o famoso (por ejemplo, alguien que admira a un presidente actual de los Estados Unidos podría referirse a él con frecuencia como "nuestro gran presidente", mientras que alguien que se opone a sus políticas puede referirse con frecuencia a "ese tonto de la Casa Blanca"). Estos nombres privados no cambian el nombre público, oficial o ampliamente utilizado de esa persona, y Ramsey tiene razón al ver que en un caso como éste no hay ninguna indicación de autoridad sobre la persona nombrada. Sin embargo, Ramsey se equivoca al tomar este ejemplo inusual y derivar de él una conclusión general de que dar un nombre no indica poder o autoridad sobre la persona o cosa nombrada.

El ejemplo de Agar no es como los muchos otros ejemplos bíblicos de otorgar un nombre público u oficial a alguien, un nombre comúnmente utilizado por otras personas y con el que el receptor del nombre se identifica en adelante. En el Antiguo Testamento, ese tipo de otorgamiento de un nombre público u oficial lo hacen habitualmente quienes tienen autoridad sobre la persona o cosa nombrada (como demuestran claramente los numerosos pasajes del Génesis citados en mis párrafos anteriores, así como los pasajes que cita Ramsey [32], en los que los reyes otorgan nombres y los guerreros que conquistan territorios otorgan nombres). Con frecuencia, Dios da nombres públicos y oficiales en Génesis, y los padres también dan esos nombres, y pueden hacerlo debido a su autoridad sobre las personas nombradas.

La cita de Ramsey de Gn 26:17-21 como ejemplo contrario no es convincente, ya que en ese mismo contexto existen pruebas significativas de que el acto de otorgar un nombre a un pozo es un acto de dominio sobre ese pozo. Observe Gn 26:18: "Y volvió a abrir Isaac los pozos de agua que habían abierto en los días de Abraham su padre, y que los filisteos habían cegado después de la muerte de Abraham; y los llamó por los nombres que su padre los había llamado". El hecho de que Isaac nombrara dos pozos Esek ("contienda") y Sitnah ("enemistad") antes de dejarlos por un tercer pozo (¡al que dio nombre!) muestra que seguía afirmando un derecho inherente de de dominio sobre ellos, aunque renunciaba temporalmente al ejercicio de ese derecho en aras de la paz. Note que toda esta disputa sobre los pozos se llevó a cabo a la luz de Gn 26:3, donde Dios le había prometido "A ti y a tu descendencia daré todas estas tierras".

nombre personal específico que designara el carácter de la persona individual[18].

4. El nombramiento de la raza humana. Dios llamó a la raza humana "Hombre", no "Mujer". Como la idea de nombrar es tan importante en el Antiguo Testamento, es significativo notar qué nombre eligió Dios para la raza humana en su conjunto. Leemos:

> El día en que creó Dios al hombre, a semejanza de Dios lo hizo. Varón y hembra los creó; y los bendijo, *y llamó el nombre de ellos Adán*, el día en que fueron creados (Gn 5:1-2).

La palabra hebrea que se traduce como "Hombre" es *'adam*. Pero este no era en absoluto un término neutral en cuanto al género a los ojos de los lectores hebreos, porque en los cuatro capítulos anteriores a Génesis 5:2, *'adam* se utiliza muchas veces para hablar de un ser humano masculino en contraste de un ser humano femenino. En la siguiente lista, la palabra *hombre* en cursiva representa la palabra hebrea *'adam* en todos los casos:

> Y de la costilla que Jehová Dios tomó del hombre, hizo una mujer, y la trajo al hombre (Génesis 2:22; note que no dice que Dios convirtió la costilla en otro *'adam*, otro "hombre", sino que convirtió la costilla en una "mujer", que es la traducción de una palabra hebrea diferente).

> Y el *hombre* dijo: "Esta es ahora hueso de mis huesos, y carne de mi carne. Ella será llamada mujer, porque del hombre fue tomada" (Gn 2:23) (NBLA).

> En ese tiempo el *hombre* y la mujer estaban desnudos, pero ninguno de los dos sentía vergüenza (Gn 2:25).

> y el *hombre* y su mujer se escondieron de la presencia de Jehová Dios entre los árboles del huerto (Gn 3:8).

> Mas Jehová Dios llamó al *hombre*, y le dijo: ¿Dónde estás tú? (Gn 3:9).

> Y el *hombre* respondió: La mujer que me diste por compañera me dio del árbol, y yo comí (Gn 3:12).

> El *hombre* llamó Eva a su mujer, porque ella sería la madre de todo ser

---

[18] Del mismo modo, dado que Dios hizo que Adán examinara y nombrara todo el reino animal (Gn 2:19-20), es probable que Adán diera nombres a un representante de cada categoría o tipo amplio de animal (como perro, gato, ciervo o león, para usar los equivalentes en español).No es de esperar que le diera nombres individuales y personales (como Rover, Tabby, Bambi o Leo), porque esos nombres no se habrían aplicado a otros del mismo tipo. Bilezikian pasa por alto esta distinción, *Beyond Sex Roles* [Más allá de los roles de género] 259-61, y Grenz, *Women in the Church* [Las mujeres en la Iglesia], 163, cuando objetan que Adán no nombró a Eva hasta Gn 3:20, después de la caída. (Ver también Judy L. Brown, *Women Ministers According to Scripture* [Las mujeres ministras según las Escrituras] [Springfield, Misuri: Judy L. Brown, 1996], 31.) Sí le dio un nombre personal específico ("Eva") después de la caída, pero también le dio el nombre de categoría general "mujer" antes de la caída. Lo uno no excluye lo otro, pues la Biblia informa de ambos acontecimientos.

viviente (Gn 3:20) (NVI).

Cuando llegamos al nombre de la raza humana en Génesis 5:2 (El día en que fueron creados, Dios dijo: "Se llamarán hombres") (DHH), era evidente para los lectores originales que Dios estaba un nombre con claras connotaciones o matices masculinos[19].

No estoy diciendo que *'adam* en la Biblia hebrea se refiera siempre a un ser humano masculino, pues a veces tiene un sentido más amplio y significa algo así como "persona". Sin embargo, en los primeros capítulos del Génesis, la conexión con el hombre en contraste de la mujer es un patrón muy claro. Dios dio a la raza humana un nombre que, como la palabra en español *hombre*, puede significar un ser humano masculino o puede referirse a la raza humana en general[20].

¿Supone esto alguna diferencia? Sí, da una pista de que Dios quería un liderazgo

---

[19] Además de los ocho ejemplos mencionados aquí, la palabra *'adam* se utilizó otras cinco veces como como nombre propio de Adán a diferencia de Eva en los cuatro primeros capítulos de Génesis (3:17, 21; 4:1, 25; 5:1). Sin embargo, hay más de 13 casos en los que la palabra hebrea 'adam se refiere a un ser humano de sexo masculino, porque antes de la creación de Eva hay otros 12 casos en los que las referencias a "el hombre" hablan solo de una persona de sexo masculino que Dios ha creado (ver Gn 2:5, 7 [dos veces], 8, 15, 16, 18, 19 [dos veces], 20 [dos veces], 21). Si contamos estos casos, hay 25 ejemplos de 'adam para referirse a un ser humano masculino antes de Gn 5:2. Las connotaciones masculinas de la palabra no podrían haber pasado desapercibidas para los lectores originales.

[20] Linda Belleville niega que el uso de 'adam indique el liderazgo masculino, porque había otras palabras de orientación masculina disponibles. Ella dice: "'adam no es un término que denote género [...] se traduce correctamente con un término genérico como *humano* o *humanidad* . Cuando el género entra en juego, se usan los términos hebreos *zakar* ('hombre') y *neqebah* ('femenino') [...] Que *'adam* es un término que incluye el género, se deduce de la repetida referencia a *'adam* como 'ellos' (Génesis 1:26-27; 5:2). La elección constante de la Septuaginta del término genérico *anthropos* ('persona', 'humano') para traducir *'adam* apunta a lo mismo". *Women Leaders and the Church: Three Crucial Questions* [Las mujeres líderes y la Iglesia: tres cuestiones cruciales] (Grand Rapids, Michigan: Baker, 2000), 102.

Aquí Belleville no ha entendido lo que se quiere decir. La palabra hebrea *'adam* no está orientada exclusivamente a los hombres (*como zakar*), sino que se puede utilizar en cuatro sentidos: (1) para referirse a la raza humana en su conjunto, (2) para referirse a un ser humano, (3) para referirse a un hombre en contraste de una mujer (especialmente en los primeros capítulos del Génesis), y (4) como nombre propio de Adán (ver BDB [El léxico hebreo-inglés Brown-Driver-Briggs], 9). Por lo tanto, el término de la Septuaginta anthropos es una traducción útil de *'adam* , porque puede significar tanto persona como hombre, según el contexto. Belleville, sorprendentemente, solo ofrece a los lectores la mitad de la evidencia relevante en este punto, olvidando mencionar que anthropos también puede significar "una persona masculina; *hombre*" (ver BDAG [Bauer, Danker, Arndt y Gingrich (Léxico griego-inglés del Nuevo Testamento)], 81).

Belleville no dice nada sobre la evidencia más significativa en estos capítulos: las connotaciones masculinas que los lectores notarían del uso de *'adam* 25 veces en los primeros capítulos del Génesis para referirse a Adán o a un ser humano masculino en contraste de una mujer.

En cambio, Aída Besancon Spencer trata de negar el matiz masculino en 'adam haciéndolo siempre colectivo, diciendo: "'El Adán' es un 'ellos' [...] 'El Adán' es un 'macho y hembra'. Por lo tanto, 'el Adán' podría traducirse como 'humano' o 'humanidad'". Incluso llega a hablar de "Adán, la mujer". *Beyond the Curse: Women Called to Ministry* [Más allá de la maldición: Las mujeres llamadas al ministerio] (Peabody, MA: Hendrickson, 1985), 21. Pero su argumento no funciona, porque se contradice con muchos versículos de Génesis 2-3, donde *'adam* tiene que referirse a Adán solo, no a Adán y Eva juntos (y nunca se usa para Eva sola). El intento de Spencer de meter todos los ejemplos de la palabra en un solo significado daría lugar a frases absurdas como "la *humanidad* y la mujer estaban desnudos, pero ninguno de los dos sentía vergüenza" (Gn 2:25) y "La *humanidad* y su mujer se escondieron de la presencia de Jehová Dios" (3:8).

masculino al elegir este nombre. Es significativo que Dios no llamara a la raza humana "Mujer" (me refiero a los equivalentes hebreos de estas palabras en español). Tampoco dio a la raza humana un nombre como "humanidad", que no tendría connotaciones masculinas y ninguna relación con el hombre a diferencia de la mujer. Más bien, llamó a la raza "hombre". Raymond C. Ortlund dice, con razón, que "el hecho de que Dios nombre a la raza 'hombre' susurra el liderazgo masculino "[21].

Cuando Génesis 5:2 informa de este proceso de nombramiento, se refiere a un acontecimiento anterior al pecado y a la caída:

> El día en que creó Dios al hombre, a semejanza de Dios lo hizo. Varón y hembra los creó; y los bendijo, y llamó el nombre de ellos Adán, *el día en que fueron creados* (Gn 5:1-2).

Y, de hecho, el nombre ya se indica en Génesis 1:27: Y creó Dios al *hombre* a su imagen, a imagen de Dios lo creó; varón y hembra los creó.

Si el nombre "hombre" en español (como en hebreo) no sugiriera el liderazgo masculino o la cabeza en la raza humana, no habría ninguna objeción a usar *hombre* para referirse a la raza humana hoy en día. Pero es precisamente la insinuación de liderazgo masculino en la palabra lo que ha llevado a algunas personas a objetar este uso de *hombre* y a intentar sustituirlo por otros términos[22].

Sin embargo, es ese mismo matiz de liderazgo masculino el que hace que ésta sea precisamente la mejor traducción de Génesis 1:27 y 5:2.

5. La responsabilidad principal. Dios habló primero a Adán después de la caída. Después de que Adán y Eva pecaron, se escondieron del Señor entre los árboles del jardín. Entonces leemos: Mas Jehová Dios llamó al *hombre*, y le dijo: ¿Dónde estás *tú*? (Gn. 3:9).

En el texto hebreo, la expresión "el hombre" mientras que "le" y "tú" son todos singulares. A pesar de que Eva había pecado primero, Dios llamó primero a Adán para que rindiera cuenta de lo que había sucedido en su familia. Adán era el principal responsable.

Una analogía de esta responsabilidad se ve en la vida de una familia humana contemporánea. Cuando un padre entra en una habitación en la que varios niños se han portado mal y han dejado la habitación sumida en el caos, probablemente llamará al mayor y le dirá: "¿Qué ha pasado aquí?" Aunque todos son responsables

---

[21] Raymond C. Ortlund Jr., "Male-Female Equality and Male Headship" ["La igualdad hombre-mujer y el liderazgo masculino"], en Piper y Grudem, eds., *Recovering Biblical Manhood and Womanhood* [Recuperación de la masculinidad y la feminidad bíblicas], 98.

[22] Varias traducciones bíblicas de género neutro han cambiado la palabra *hombre*, que era la habitual en las primeras traducciones en español. En Gn 1:26-27, la Nueva Traducción Viviente utiliza *seres humanos,* al igual que en la Nueva Biblia Viva (NBV), mientras que se utiliza *ser humano* en la Traducción en Lenguaje Actual (TLA) y en la Nueva Versión Internacional (NVI). La versión en inglés de la NVI de 2011 lo cambió por *mankind* (humanidad en español), que aún conserva algún matiz masculino ya que el prefijo de la palabra , es decir man, significa hombre en español. En Gn 5:2, también se sustituye el nombre *hombre* y *Adán* por *seres humanos* (TLA, BLPH, PDT, NVI, NBV) y humanos (NTV). En la versión en inglés de la NVI del 2011 se utiliza *mankind*.

de su comportamiento, el hijo mayor es el principal responsable. De manera similar, cuando Dios llamó a Adán para que rindiera cuentas, indicaba una responsabilidad principal para Adán en la conducta de su familia.

Del mismo modo, Dios dio órdenes sobre los árboles del jardín solo a Adán antes de la caída (Gn 2:15-17), indicando de nuevo una responsabilidad principal que correspondía a Adán[23].En cambio, la serpiente se dirigió primero a Eva (3:1), tratando de tentarla para que asumiera la responsabilidad de llevar a la familia al pecado e invertir el orden que Dios había establecido en la creación.

6. El propósito. Eva fue creada como ayudante de Adán, no Adán como ayudante de Eva. Después de que Dios creara a Adán y le diera instrucciones sobre su vida en el jardín del Edén, leemos: Y dijo Jehová Dios: No es bueno que el hombre esté solo; le haré ayuda idónea para él (Gn 2:18).

Es cierto que la palabra hebrea traducida aquí como "ayudante" *('ezer)* se utiliza con frecuencia en otras partes de la Biblia para referirse a Dios, que es nuestro ayudante (ver, por ejemplo, el Salmo 33:20; 70:5; 115:9). Sin embargo la palabra *ayudante* no determina por sí misma la relación que Dios quería establecer entre Adán y Eva. La actividad de ayudar es tan amplia que puede ser realizada por alguien que tiene mayor autoridad, alguien que tiene igual autoridad, o alguien que tiene menos autoridad que la persona a la que se ayuda. Por ejemplo, un padre puede ayudar a su hijo a hacer sus deberes[24]. O yo puedo ayudar a mi vecino a mover su sofá. O mi hijo puede ayudarme a limpiar el garaje. Sin embargo, *el hecho es que en cada una de estas situaciones* la persona que ayuda se sitúa en un papel subordinado a la persona que tiene la responsabilidad principal de llevar a cabo la actividad. Incluso si un padre ayuda a su hijo a hacer los deberes, la responsabilidad principal de los deberes sigue siendo de él y no del padre. El padre es solo el ayudante. E incluso cuando Dios nos ayuda, seguimos siendo los principales responsables de la actividad, y por lo tanto nos hace responsables de lo que hacemos.

Pero el Génesis no dice simplemente que Eva iba a fungir como ayudante de Adán en uno o dos eventos específicos. Más bien dice que Dios hizo a Eva para proporcionar a Adán una ayudante, una que fungiría como su ayudante *en virtud de la creación.*

---

[23] Bilezikian afirma que Dios se dirigió primero a Adán no porque hubiera una mayor responsabilidad de Adán como líder, sino solo porque Dios había hablado antes solo con Adán: "Como único destinatario de la orden original de Dios de prohibir el consumo del árbol, Dios pidió a Adán que diera cuenta de sí mismo. Esa orden había sido dada a Adán como una prohibición personal (2:17 también está en segunda persona del singular) cuando Eva aún no estaba formada [...] Dios no le hizo ninguna pregunta sobre Eva. Ya le llegaría su turno". Beyond Sex Roles [Más allá de los roles de género], 51.

Estoy de acuerdo con Bilezikian en que Dios había ordenado antes a Adán solo con respecto al árbol prohibido, pero ese hecho no hace más que reforzar la idea, ya que las acciones de Dios en ambos casos implican un papel de liderazgo para Adán con respecto a Eva. Así como Dios le dio la orden primero a Adán solo, pero Eva también era responsable de obedecer tan pronto como Adán le comunicara la orden, después de la caída Dios le habló primero a Adán y lo hizo responsable principalmente por desobedecer la orden que había recibido directamente de Dios. Esto no niega la responsabilidad personal de Eva (Dios también le habló a ella), pero asume el liderazgo de Adán.

[24] Estoy tomando esta analogía de Ortlund, "Male-Female Equality" ["La igualdad hombre-mujer"], 104.

> Y dijo Jehová Dios: No es bueno que el hombre esté solo; le haré ayuda idónea para él (2:18).

El texto hebreo puede traducirse literalmente como "haré *para él* [hebreo, *lô*] un ayudante adecuado". El apóstol Pablo entiende esto con exactitud, porque escribe: "pues en verdad el hombre no fue creado a causa de la mujer, sino la mujer a causa del hombre" (1 Co 11:9, LBLA). El papel de Eva, y el propósito que Dios tenía en mente cuando la creó, era que ella fuera "una ayuda [...] para él".

Sin embargo, en la misma frase Dios enfatiza que ella no lo ayudaría como alguien inferior a él. Más bien, ella debía ser una ayuda "adecuada para él", y aquí la palabra hebrea *kenegdô* significa "una ayuda correspondiente a él", una ayuda "igual y adecuada a él"[25]. Así que Eva fue creada como una ayudante, pero como una ayudante que era igual a Adán. Fue creada como alguien que se diferenciaba de él, pero que se diferenciaba de él en formas que complementaban exactamente lo que era Adán.

7. El conflicto. La maldición trajo una distorsión de los roles anteriores, no la introducción de nuevos roles. Después de que Adán y Eva pecaron, Dios dijo las siguientes palabras de juicio a Eva:

> A la mujer dijo: Multiplicaré en gran manera los dolores en tus preñeces; con dolor darás a luz los hijos; *y tu deseo será para tu marido,* y él se enseñoreará de ti (Gn 3:16).

La palabra traducida como "deseo" es una palabra hebrea poco inusual, *teshûqah*, que significa "deseo, urgencia, impulso" y puede referirse a un impulso positivo o negativo según el contexto. Aquí se usa con la preposición común *'el*, que se refiere a un movimiento hacia algo, y "cuando el movimiento o la dirección implícita parece, por el contexto, ser de carácter hostil", tiene el sentido de "contra[26]".

En este contexto, el "deseo" o impulso se entiende mejor como algo negativo porque los otros componentes del pronunciamiento de la maldición de Dios sobre Adán y Eva (3:16-19) son *todos negativos* (el dolor de la maternidad, los efectos nocivos en la tierra y su propio retorno al polvo) y porque un deseo positivo de Eva por Adán (de compañía o de unión sexual) no habría sido introducido como parte de la maldición de Dios, sino que habría existido antes de la caída. Por lo tanto, la traducción de la versión inglesa ESV: "your desire shall be contrary to your husband" [tu deseo será contrario a tu esposo], expresa mejor el sentido del versículo[27] (N. del T.: Traducción literal de la versión del inglés de la Biblia Net).

---

[25] Esta es la definición que aparece en BDB [El léxico hebreo-inglés Brown-Driver-Briggs], 617.

[26] BDB [El léxico hebreo-inglés Brown-Driver-Briggs], 40; ver también DCH [Diccionario de hebreo clásico], 4.265; NIDOTTE [Nuevo Diccionario Internacional de Teología y Exégesis del Antiguo Testamento], 4:341-342. Está claro que la preposición *'el* puede tener el significado de "contra", por ejemplo, en Gn 4:8, que dice: Caín se levantó contra [*'el*] su hermano Abel, y lo mató.

[27] Un sentido similar se encuentra en las traducciones en inglés de la Biblia NET ("querrás controlar a tu marido, pero él te dominará") y la Nueva Traducción Viviente ("desearás controlar a tu marido, pero él gobernará sobre ti") N. del T.: Traducción literal de la versión en inglés de la Biblia NET.

Esta interpretación de Génesis 3:16 se confirma significativamente con la expresión estrechamente paralela de 4:7

> el pecado está a la puerta; con todo esto, *a ti será su deseo*, y tú te enseñorearás de él.

Aquí el sentido es muy claro. Dios se imagina al pecado como un animal salvaje que está a la puerta de Caín, esperando para abalanzarse sobre él y dominarlo. En ese sentido, el "deseo" o "impulso instintivo" del pecado es "contrario a" él. Este verso tiene una secuencia de seis palabras hebreas que son idénticas o casi idénticas a la redacción de Génesis 3:16, lo que implica que la misma idea, un deseo negativo u hostil, está en la mira en ambos versículos.

Por lo tanto, el sentido del Génesis 3:16 es que, *como juicio, Dios introdujo el conflicto en la relación entre Adán* y Eva (la hostilidad de ella hacia él, su riguroso dominio sobre ella), al igual que introdujo el dolor de la maternidad en Eva (v. 16a) y el dolor de labrar la tierra en Adán (vv. 17-19)[28] .

Algunos han asumido que el "deseo" en Génesis 3:16 se refiere al deseo sexual. [29]Algunas traducciones de la Biblia parecen apoyar esta idea al traducir este versículo como, por ejemplo: "y con todo, tu deseo será para tu marido" (LBLA). Pero esta interpretación es muy poco probable porque (1) toda la Biblia ve el deseo sexual dentro del matrimonio como algo positivo, no como algo malo o algo que Dios impuso como un juicio; y (2) seguramente Adán y Eva tenían deseo sexual el uno por el otro antes de su pecado, ya que Dios les había dicho "fructificad y multiplicaos" (Gn 1:28), y ciertamente habría dado el deseo que correspondía al mandato. Así que "su deseo" no puede referirse al deseo sexual. Es mucho más apropiado para el contexto de una maldición entenderlo como un deseo agresivo contrario a su esposo, uno que la pondría en conflicto con él.

Entonces Dios dijo que Adán "se *enseñoreará* de ti" (Gn 3:16). [30]La palabra hebrea

---

[28] La única otra aparición de *teshûqah* en todo el Antiguo Testamento hebreo (aparte de Gn 3:16 y 4:7) se encuentra en Cantares 7:10 (v. 11 en hebreo): "Yo soy de mi amado, y su deseo tiende hacia mí" (LBLA). En este contexto la palabra no indica un deseo hostil o agresivo, sino que indica el deseo sexual del hombre por su esposa. Por lo tanto, Génesis 3:16 y 4:7 tienen el sentido de "deseo, impulso contrario a" y Cantares 7:10 tiene el sentido de "deseo, impulso para".

En cualquier caso, aunque el sentido en Cantares 7:10 (11) es diferente, el contexto es distinto, y este ejemplo está alejado en el tiempo y en la autoría de Génesis 3:16 y se le debe dar menor importancia para entender el significado de la palabra en Génesis. Seguramente el sentido no puede ser "deseo sexual" en Gn 4:7, y parece muy improbable en el contexto de Gn 3:16 también.

Walter C. Kaiser Jr. sostiene que *teshûqah* en Gn 3:16 significa "giro" y que el pasaje significa que el "giro" de Eva se alejaría de Dios y se dirigiría a su esposo. *Hard Sayings of the Old Testament* [Dichos difíciles del Antiguo Testamento] (Downers Grove, Illinois: InterVarsity Press, 1988), 34-35. El problema es que el texto no tiene ningún indicio de "alejarse de Dios", y Kaiser tiene que incorporar esa idea al versículo. Además, los léxicos no muestran ningún respaldo al significado de Kaiser para *teshûqah* como posibilidad (ver BDB [El léxico hebreo-inglés Brown-Driver-Briggs], HALOT [Léxico hebreo y arameo del Antiguo Testamento] y NIDOTTE [Nuevo Diccionario Internacional de Teología y Exégesis del Antiguo Testamento] en *teshûqah*). Sin embargo, Kaiser argumenta con razón que el significado de "deseo sexual" es contrario tanto al contexto de Gn 3:16 como al resto del Antiguo Testamento.

[29] Por ejemplo, ver Belleville, Women Leaders and the Church [Las mujeres líderes y la Iglesia], 106. Afirma el uso de *teshûqah* en Cantares 7:10 (11), pero no discute la diferencia de contextos.

[30] Belleville dice que una sugerencia "plausible" que "se ajusta bien al contexto" es "leer el pronombre

traducida aquí como "enseñorear" es mashal, un término común en el Antiguo Testamento que regularmente, si no siempre, se refiere a gobernar por medio de un mayor poder, fuerza o fortaleza. Se utiliza para referirse a gobernantes humanos, militares o políticos, como José, que era señor en toda la tierra de Egipto (Gn 45:26), los filisteos, que dominaban sobre Israel (Jue 14:4; 15:11), o Salomón, que señoreaba todos los reinos que había conquistado (1 R 4:21). También se utiliza para hablar del dominio de Dios sobre el mar (Sal 89:9) o sobre la tierra en general (66:7). A veces se refiere a gobernantes opresores que hacen sufrir al pueblo bajo su mando (Neh 9:37; Is 19:4). En cualquier caso, la palabra no se refiere a uno que dirige entre iguales, sino uno que gobierna en virtud del poder y la fuerza, y a veces incluso gobierna con dureza y egoísmo.

Una vez que entendemos estos dos términos (por "deseo" y "enseñorear"), podemos ver mucho más claramente lo que estaba involucrado en los diversos aspectos de la maldición que Dios trajo a Adán y Eva como castigo por sus pecados.

Uno de los aspectos de la maldición fue la imposición del *dolor en el área particular de responsabilidad de Adán*, la obtención de alimentos de la tierra:

> maldita será la tierra por tu causa;
> con dolor comerás de ella todos los días de tu vida.
> Espinos y cardos te producirá,
> y comerás plantas del campo.
> Con el sudor de tu rostro
> comerás el pan hasta que vuelvas a la tierra,
> porque de ella fuiste tomado;
> pues polvo eres, y al polvo volverás (Gn 3:17-19).

Otro aspecto de la maldición fue la imposición del *dolor en el área particular de responsabilidad de Eva*, el tener hijos:

> Multiplicaré en gran manera los dolores en tus preñeces;
> con dolor darás a luz los hijos (Gn 3:16).

Y un tercer aspecto de la maldición fue la introducción del *dolor* y el *conflicto* en la *relación* entre Adán y Eva. Antes de su pecado, habían vivido en el jardín del Edén en perfecta armonía, aunque con un papel de liderazgo que correspondía a Adán como cabeza de su familia. Pero después de la caída, Dios introdujo el conflicto en el sentido de que Eva tendría una urgencia e impulso interno de oponerse a Adán, para resistir su liderazgo (el verbo *teshûqah* + 'el): "Tu impulso, tu deseo será *contrario* a tu marido". Y Adán respondería con un dominio sobre Eva que

---

hû' como esto (neutro), en lugar de él (masculino). El deseo de la esposa será para su esposo, y esto (el deseo) la gobernará". *Women Leaders and the Church* [Las mujeres líderes y la Iglesia], 107. Belleville no muestra ninguna conciencia de que la palabra para "deseo" (*teshûqah*) no es masculina ni neutra sino femenina, y que normalmente requeriría un pronombre femenino (*hî'*) para tal significado. El pronombre *hû'* y el verbo *yimshal* ("él enseñoreará") son ambos masculinos, y hay un sustantivo masculino correspondiente ("esposo") que tiene sentido en el contexto inmediato. La sugerencia de Belleville simplemente no coincide con la gramática hebrea del versículo.

provendría de su mayor fuerza y agresividad, un dominio que sería contundente y a veces severo (el verbo *mashal*). Podríamos parafrasear: "Y él, debido a su mayor fuerza, *dominará* sobre ti". Habría dolor en la labranza de la tierra, dolor en la crianza de los hijos, y dolor y conflicto en su relación.

Es crucial en este punto que nos demos cuenta de que *nunca debemos tratar de aumentar o perpetuar los resultados de la maldición*. ¡Nunca debemos tratar de promover Génesis 3:16 como algo bueno! De hecho, toda la Biblia después de Génesis 3 es la historia del trabajo de Dios para superar los efectos de la maldición que impuso en su justicia. Finalmente, Dios traerá un nuevo cielo y una tierra nueva en la que las cosechas brotarán abundantemente de la tierra (Is 35:1-2; Amós 9:13; Ro 8:20-21) y en la que no habrá más dolor ni sufrimiento (Ap 21:4).

Por lo tanto, ¡*nunca* debemos tratar de perpetuar los elementos de la maldición! No debemos plantar espinas y malas hierbas en nuestros jardines, sino vencerlas. Deberíamos hacer todo lo posible para aliviar el dolor del parto de las mujeres. Y deberíamos hacer todo lo posible para deshacer el conflicto que se produce cuando las mujeres desean oponerse o incluso controlar a sus esposos, y cuando los esposos mandan con severidad sobre ellas.

Por lo tanto, Génesis 3:16 nunca debe utilizarse como un argumento directo a favor del liderazgo masculino en el matrimonio. Pero sí nos muestra que la caída produjo una *distorsión* de los roles anteriores, no la introducción de nuevos roles. La distorsión consistió en que Eva se rebelaría ahora contra la autoridad de su esposo, mientras que Adán abusaría de esa autoridad para dominar por la fuerza e incluso con severidad a Eva[31].

8. La restauración. Cuando llegamos al Nuevo Testamento, la salvación en Cristo reafirma el orden de la creación. Si la interpretación anterior de Génesis 3:16 es correcta, como creo que es, entonces lo que esperaríamos encontrar en el Nuevo Testamento es una reversión de esta maldición. Esperaríamos encontrar una *anulación* de los impulsos hostiles o agresivos de la mujer contra su esposo y la respuesta del esposo de dominar con severidad a su esposa. De hecho, eso es exactamente lo que encontramos. Leemos:

Casadas, *estad sujetas a vuestros maridos, como conviene en el Señor. Maridos, amad a vuestras mujeres, y no seáis ásperos con ellas* (Col 3:18-19).

Este mandamiento es una anulación del impulso de oposición (hebreo, *teshûqah*) y de la regla severa (hebreo, *mashal*) que Dios impuso en la maldición. Dios restablece en el Nuevo Testamento la belleza de la relación entre Adán y Eva

---

[31] La interpretación de Gn 3:16 como si hablara de un deseo hostil "contrario" al esposo de Eva, o incluso un deseo de dominarlo, ha ganado un importante apoyo entre los comentaristas del Antiguo Testamento. Susan T. Foh lo sugirió por primera vez en *"What Is the Woman's Desire?"* ["¿Cuál es el deseo de la mujer?"] WTJ 37 (1975): 376-83. David Talley señala que la palabra está atestiguada en el hebreo samaritano y mishnaico "con el significado de urgencia, anhelo, impulso", y dice de Foh: "Su argumento de que el deseo es una contienda por el liderazgo, un uso negativo, parece probable para Génesis 3:16". NIDOTTE, 4:341, con referencia a varios comentaristas. Los comentaristas que también entienden el "deseo" en Génesis 3:16 como algo hostil incluyen a C. John Collins, Génesis 1-4

que existía desde el momento de su creación. Eva estaba sometida a Adán como cabeza de familia. Adán amaba a su esposa y no era severo con ella en su liderazgo. Ese es el patrón que Pablo manda seguir a los esposos y esposas[32].

9. El misterio revelado: La relación entre Cristo y la Iglesia. Desde el principio de la creación, el matrimonio era una imagen de la relación entre Cristo y la Iglesia. Cuando el apóstol Pablo habla del matrimonio y quiere hablar de la relación entre el esposo y la esposa, no se remonta a ninguna sección del Antiguo Testamento que habla de la situación después de que el pecado entrara en el mundo. Más bien, se remonta a Génesis 2, antes de la caída, y utiliza ese orden de creación para hablar del el matrimonio:

> Por esto dejará el hombre a su padre y a su madre, y se unirá a su mujer, y los dos serán una sola carne. Grande es este misterio; mas *yo digo esto respecto de Cristo y de la iglesia* (Ef 5:31-32).

Un "misterio" en los escritos de Pablo es algo que solo se entendía débilmente en el Antiguo Testamento, pero que se aclara en el Nuevo Testamento. Aquí Pablo aclara el significado del "misterio" del matrimonio tal como Dios lo creó en el jardín del Edén. Pablo está diciendo que el "misterio" de Adán y Eva, el significado que no se entendía antes, es que el matrimonio "se refiere a Cristo y a la Iglesia".

Aunque Adán y Eva no lo sabían, *su relación representaba la relación entre Cristo y la Iglesia*. Fueron creados para representar esa relación, y eso es lo que se supone que *hacen todos los matrimonios*. En esa relación, Adán representa a Cristo, mientras que Eva representa a la Iglesia, porque Pablo dice: "El marido es cabeza de la mujer, *así como Cristo es cabeza de la iglesia*" (Ef 5:23).

La relación entre Cristo y la Iglesia no es culturalmente variable. Es la misma para todas las generaciones. Y no es reversible. Hay un papel de liderazgo o jefatura que pertenece a Cristo, un papel que la Iglesia no tiene. Del mismo modo, en el matrimonio, tal y como Dios lo creó, hay un papel de liderazgo para el esposo que la esposa no tiene. Esta relación existía desde el principio, en el hermoso matrimonio entre Adán y Eva en el jardín.

10. El paralelismo con la Trinidad. La igualdad, las diferencias y la unidad entre hombres y mujeres reflejan la igualdad, las diferencias y la unidad en la Trinidad. Aunque enumero esto aquí como el décimo argumento de por qué hubo diferencias de roles entre hombres y mujeres desde la creación, lo discutiré en detalle en una sección posterior (ver pág. 413).

(Phillipsburg, NJ: P&R, 2006), 159-60, y Gordon J. Wenham *Génesis 1-15* (Waco, TX: Word, 1987), 81-82. Bruce K. Waltke señala: "Su deseo será dominar". *Génesis: A Commentary* [Génesis: un comentario] (Grand Rapids, Michigan: Zondervan, 2001), 94.

[32] Hubo un presagio de estos mandatos del Nuevo Testamento en varios matrimonios piadosos relatados en el Antiguo Testamento y el honor otorgado a las mujeres en pasajes como Rut, Ester y Proverbios 31. Pero en el desarrollo del plan de redención de Dios, esperó hasta el Nuevo Testamento para dar las instrucciones completas y explícitas para la relación matrimonial que encontramos en Efesios 5, Colosenses 3 y 1 Pedro 3

He aquí, 10 argumentos que demuestran las diferencias en los roles del hombre y la mujer antes de la caída. Algunos argumentos no son tan contundentes como otros, aunque todos tienen cierta fuerza. Algunos de ellos susurran el liderazgo masculino, y otros la gritan claramente. Pero forman un caso acumulativo que muestra que Adán y Eva tenían roles distintos antes de la caída, y este era el propósito de Dios cuando los creó. Esto es significativo porque muestra que el liderazgo masculino en el matrimonio no es un resultado del pecado, sino que formaba parte de cómo Dios creó al hombre y a la hombre y la mujer al principio.

D. LA ENSEÑANZA DEL NUEVO TESTAMENTO SOBRE EL PAPEL DE LÍDER DEL ESPOSO

El Nuevo Testamento reafirma en varios pasajes tanto la igualdad del hombre y la mujer como creados a la imagen de Dios (como se discutió en la primera sección de este capítulo) como el papel de liderazgo del esposo dentro del matrimonio. Los pasajes sobre el liderazgo del esposo incluyen:

> *Las casadas estén sujetas a sus propios maridos, como al Señor;* porque el marido es cabeza de la mujer, así como Cristo es cabeza de la iglesia, la cual es su cuerpo, y él es su Salvador. Así que, como la iglesia está sujeta a Cristo, así también las casadas lo estén a sus maridos en todo. *Maridos, amad a vuestras mujeres, así como Cristo amó a la iglesia,* y se entregó a sí mismo por ella, para santificarla, habiéndola purificado en el lavamiento del agua por la palabra, a fin de presentársela a sí mismo, una iglesia gloriosa, que no tuviese mancha ni arruga ni cosa semejante, sino que fuese santa y sin mancha. Así también los maridos deben amar a sus mujeres como a sus mismos cuerpos. El que ama a su mujer, a sí mismo se ama (Ef 5:22-28).

La objeción igualitaria más común a estos versículos es decir que el pasaje realmente enseña la "sumisión mutua", porque el versículo inmediatamente anterior les dice a todos los cristianos "*someteos unos a otros* en el temor de Dios" (Ef 5:21).

Sin embargo, esa no es una objeción persuasiva, porque *el siguiente contexto especifica el tipo de sumisión que Pablo tiene en mente.* Explica que las esposas deben estar sujetas a sus maridos (Ef 5:22-23), los hijos deben obedecer a sus padres (6:1), y los siervos deben obedecer a sus amos (6:5). Estas relaciones nunca se invierten. No les dice a los esposos que se sometan a las esposas, ni a los padres que se sometan a los hijos (anulando así toda la autoridad paterna), o que los amos estén sujetos a sus siervos. De hecho, Pablo no les dice a los esposos y a las esposas en general que se sometan el uno al otro, ¡ni les dice a las esposas que se sometan a los esposos de otras mujeres! Dice: "Las casadas estén sujetas *a sus propios maridos,* como al Señor [33]" (5:22).

Por lo tanto, lo que Pablo tiene en mente no es un tipo difuso de "sumisión mutua"

---

[33] El texto griego tiene el adjetivo *idios,* que significa "propio".

en el que todo el mundo es "considerado y atento" con los demás, sino un tipo específico de sumisión a una autoridad: la esposa está sujeta a la autoridad de "su propio esposo". Del mismo modo, no se dice que los padres y los hijos practiquen la "sumisión mutua", sino que los hijos deben estar sujetos a ("obedecer") sus padres (Ef 6:1-3), y a los siervos se les dice que estén sujetos a ("obedecer") sus amos[34] (Ef 6:5-8).

Otra objeción igualitaria es que el término "cabeza" (griego, kephale) en Efesios 5:23, "el marido es la cabeza de la mujer", realmente significa "fuente" en lugar de "autoridad sobre". Pero esto no tendría sentido en el contexto de Efesios 5, ¡pues los esposos no son la "fuente" de sus esposas! [35]Y esta es una afirmación sin evidencia persuasiva que la respalde, porque en la literatura griega antigua hay más de 50 ejemplos en los que se dice que una persona es la "cabeza" de otra persona, y en todos los casos la persona que se dice que es la "cabeza" está en una posición de autoridad sobre la otra persona. No existen excepciones[36].

Otros pasajes del Nuevo Testamento también afirman estas funciones distintas para los esposos y esposas dentro del matrimonio:

> *Casadas, estad sujetas a vuestros maridos,* como conviene en el Señor. *Maridos, amad a vuestras mujeres,* y no seáis ásperos con ellas (Col. 3:18-19).

> Las ancianas asimismo sean reverentes en su porte; no calumniadoras, no esclavas del vino, maestras del bien; que *enseñen a las mujeres jóvenes* a

---

[34] El estudio de Daniel Doriani sobre la historia de la interpretación de Ef 5:21 demostró que varios escritores anteriores pensaban que en el versículo se enseñaba una especie de "sumisión mutua", pero que dicha "sumisión" adoptaba formas muy diferentes para los que tenían autoridad y para los que estaban bajo la autoridad. Entendían que los que *tenían autoridad* debían gobernar con sabiduría y con una preocupación sacrificada por los que estaban *bajo su autoridad.* Sin embargo, Doriani no encontró ningún autor en la historia de la iglesia anterior al advenimiento del feminismo en la última mitad del siglo XX que pensara que "someteos unos a otros" en Ef 5:21 anulaba la autoridad del esposo dentro del matrimonio. Es precario afirmar que un versículo del Nuevo Testamento significa lo que nadie en la historia de la iglesia ha pensado que significaba. Ver Daniel Doriani, "The Historical Novelty of Egalitarian Interpretations of Ephesians 5:21-22" ["La novedad histórica de las interpretaciones igualitarias de Efesios 5:21-22"], en Grudem, ed., *Biblical Foundations for Manhood and Womanhood,* 203-19.

[35] Los egalitarianistas responden que se trata de una alusión a la creación de Eva a partir de la costilla de Adán, pero Pablo no está hablando de Adán y Eva en este versículo, sino de los esposos y esposas en general.

[36] He citado todos estos ejemplos en *Evangelical Feminism and Biblical Truth* [El feminismo evangélico y la verdad bíblica], 544-51. Ver también mi extensa discusión sobre el significado de *kephale* en "The Meaning of *kephale* ("head"): An Analysis of New Evidence, Real and Alleged" ["El significado de *kephale* ("cabeza"): Un análisis de las nuevas pruebas, reales y supuestas"], JETS 44, no. 1 (marzo de 2001): 25-65. Este artículo de JETS se reproduce en *Evangelical Feminism and Biblical Truth* 552-99 (incluyendo nuevo material añadido en respuesta a Anthony Thiselton, 592-96). Mis dos estudios anteriores sobre kephale fueron "Does *kephale* ("head") Mean 'Source' or 'Authority Over' in Greek Literature? A Survey of 2,336 Examples" ["¿Acaso la *kephale* ("cabeza") significa 'Fuente' o 'Autoridad sobre' en literatura griega? Una encuesta de 2 336 ejemplos"], en TrinJ , n.s., 6 (1985): 38-59 (también publicado como apéndice en George W. Knight III, *The Role Relationship of Men and Women: New Testament Teaching* [La relación de roles del hombre y la mujer: La enseñanza del Nuevo Testamento] rev. ed. [Chicago: Moody, 1985], 49-80); y "The Meaning of *kephale* ("Head"): A Response to Recent Studies" ["El significado de kephale ("cabeza"): Una respuesta a los estudios recientes"], TrinJ , n.s., 11 (1990): 3-72 (reimpreso en Piper y Grudem, eds, *Recovering Biblical Manhood and Womanhood* , 425-68).

amar a sus maridos y a sus hijos, a ser prudentes, castas, cuidadosas de su casa, buenas, *sujetas a sus maridos,* para que la palabra de Dios no sea blasfemada (Tit 2:3-5).

Asimismo vosotras, *mujeres, estad sujetas a vuestros maridos;* para que también los que no creen a la palabra, sean ganados sin palabra por la conducta de sus esposas, considerando vuestra conducta casta y respetuosa. Vuestro atavío no sea el externo de peinados ostentosos, de adornos de oro o de vestidos lujosos, sino el interno, el del corazón, en el incorruptible ornato de un espíritu afable y apacible, que es de grande estima delante de Dios. Porque así también se ataviaban en otro tiempo aquellas santas mujeres que esperaban en Dios, *estando sujetas a sus maridos; como Sara obedecía a Abraham, llamándole señor;* de la cual vosotras habéis venido a ser hijas, si hacéis el bien, sin temer ninguna amenaza. Vosotros, *maridos, igualmente, vivid con ellas sabiamente,* dando honor a la mujer como a vaso más frágil, y como a coherederas de la gracia de la vida, para que vuestras oraciones no tengan estorbo[37] (1 P 3:1-7).

E. UN EJEMPLO DE CÓMO FUNCIONAN ESTOS PRINCIPIOS EN LA PRÁCTICA

Me gustaría decir algo en este punto sobre cómo funcionan en la práctica la igualdad hombre-mujer y el liderazgo masculino. La situación que mejor conozco es mi propio matrimonio, así que hablaré de él brevemente[38].

En nuestro matrimonio, Margaret y yo hablamos con frecuencia y detenidamente sobre muchas decisiones. A veces son decisiones importantes (como la compra de una casa o de un carro), y otras veces son decisiones pequeñas (como dónde deberíamos ir a dar un paseo juntos). Con frecuencia me someto a sus deseos, y ella a los míos, porque nos amamos. En casi todos los casos, cada uno de nosotros tiene una sabiduría y una perspicacia que el otro no tiene, y hemos aprendido a escucharnos mutuamente, así como a confiar mucho en el juicio del otro. Por lo general, llegamos a un acuerdo sobre la decisión. Rara vez hago algo que a ella no le parezca sensato. Ella ora , ama a Dios y es sensible a la guía y dirección del Señor, por lo que la respeto mucho y la sabiduría que Dios le da.

Pero en cada decisión, sea grande o pequeña, y hayamos llegado a un acuerdo o no, la responsabilidad de tomar la decisión sigue recayendo en mí. (Hablo aquí de decisiones que nos involucran a ambos, no de decisiones individuales que cada uno toma sobre nuestras esferas personales de responsabilidad). No estoy de acuerdo con los que dicen que el liderazgo masculino marca la diferencia solo

---

[37] Discuto otras objeciones igualitarias a estos versículos con cierta extensión en *Evangelical Feminism and Biblical Truth* [El feminismo evangélico y la verdad bíblica], 183-219, 329-61.

[38] En la página web del Council on Biblical Manhood and Womanhood [Consejo sobre la masculinidad y la feminidad bíblica], www.cbmw.org, se puede encontrar mucho material adicional sobre la forma en que los esposos y esposas deben relacionarse si quieren seguir las enseñanzas bíblicas.

una vez cada diez años, más o menos, cuando un esposo y una esposa no pueden llegar a un acuerdo. Creo que el liderazgo masculino marca la diferencia en cada *decisión* que una pareja toma cada día de su vida matrimonial. Si hay un liderazgo masculino genuino en el matrimonio, hay un reconocimiento silencioso y sutil de que el centro del proceso de toma de decisiones es el esposo, no la esposa. Y aunque con frecuencia habrá muchas discusiones, y debería haber mucho respeto y consideración mutua, la responsabilidad de tomar la decisión recae en el esposo. Y así, en nuestro matrimonio, la responsabilidad de tomar la decisión recae en mí.

Esto no se debe a que sea más sabio o un líder más dotado. Es porque soy el esposo, y Dios me ha dado esa responsabilidad. A pesar de las presiones culturales en sentido contrario, no renunciaré a este liderazgo masculino; no la negaré; y no me avergonzaré de ella.

Dios dió este patrón bíblico. Es muy bueno. Trae paz y alegría a nuestro matrimonio, y tanto Margaret como yo estamos agradecidos por ello.

Sin embargo, existen peligros de distorsión. Poner en práctica este modelo bíblico es un reto, porque podemos errar en una u otra dirección. Hay errores de pasividad y errores de agresividad en ambos lados del ideal bíblico. Esto se puede ver en el siguiente cuadro:

	Errores de pasividad	Ideal bíblico	Errores de agresividad
Esposo	Flojo	Un liderazgo amoroso y humilde	Tirano
Esposa	Pisoteada	Sumisión alegre e inteligente	Usurpadora

Tabla 15.1. El ideal bíblico y los errores que pueden cometer los esposos.

El ideal bíblico por parte del esposo, en la columna central, es el liderazgo amoroso y humilde, según Efesios 5:25-33. El ideal bíblico por parte de la esposa es la sumisión alegre e inteligente y el apoyo al liderazgo de su esposo, de acuerdo con de acuerdo con Efesios 5:22-24 y 31-33.

En el lado derecho del cuadro, los errores de agresividad son los que tuvieron su inicio, como vimos, en Génesis 3:16. El esposo puede volverse egoísta, severo y dominante, actuando como un "tirano". Esto no es el liderazgo bíblico, sino una trágica distorsión del mismo. Una esposa también puede demostrar errores de agresividad cuando se resiste al liderazgo de su esposo, no apoyándolo sino luchando contra él y creando conflictos a cada paso. Puede convertirse en una "usurpadora", una trágica distorsión del modelo bíblico de igualdad en la imagen de Dios.

En el lado izquierdo del cuadro están los errores opuestos, los errores de pasividad. El esposo puede abdicar de su liderazgo y descuidar sus responsabilidades. Los hijos necesitan

ser disciplinados, pero se sienta a ver la televisión y no hace nada. La familia no va a la iglesia con regularidad, pero él es pasivo y no hace nada. La familia se endeuda cada vez más, pero él cierra los ojos y no hace nada. Algún familiar o amigo acosa verbalmente a su mujer, pero él no hace nada. Esto también es una trágica distorsión del patrón bíblico. Se ha convertido en un "flojo".

La esposa también puede cometer errores de pasividad. En lugar de participar activamente en las decisiones de la familia, en lugar de aportar su sabiduría y perspicacia que tanto se necesitan, su única respuesta a cada pregunta es: "Sí, querido, lo que tú digas". Sabe que su esposo y sus hijos están actuando mal, pero no dice nada. Su esposo se vuelve abusivo verbal o físicamente, pero ella nunca se opone y nunca busca la disciplina de la iglesia o la intervención civil para poner fin al abuso. Nunca expresa sus preferencias sobre las amistades o las vacaciones familiares, ni sus opiniones sobre las personas o los acontecimientos. Ella piensa que lo que se le pide es que sea "sumisa" a su esposo. Pero esto también es una trágica distorsión de los patrones bíblicos. Se ha convertido en "pisoteada".

Todos tenemos diferentes orígenes, personalidades y temperamentos. También tenemos diferentes áreas de la vida en las que nuestra santificación es menos completa. Algunos de nosotros somos más propensos a los errores de agresividad, mientras que otros son más propensos a los errores de pasividad. Incluso podemos caer en errores de agresividad en nuestros hogares y en errores de pasividad cuando visitamos a nuestros suegros. O puede ser al revés. Para mantener un equilibrio saludable y bíblico, necesitamos seguir leyendo la Palabra de Dios cada día y continuar orando por la ayuda de Dios para obedecer su Palabra lo mejor que podamos.

F. LA RESPONSABILIDAD DEL ESPOSO DE PROVEER Y PROTEGER A SU ESPOSA Y A SU FAMILIA, Y LA RESPONSABILIDAD DE LA MUJER DE CUIDAR DEL HOGAR Y DE CUIDAR A LOS HIJOS

Existen otras diferencias en los roles, además del liderazgo y la sumisión. Otros dos aspectos del liderazgo del esposo en el matrimonio son la responsabilidad de *proveer y proteger* a su esposa y a su familia. Una responsabilidad correspondiente para la esposa es tener la responsabilidad principal de cuidar el *hogar* y de los *hijos*. Cada uno puede ayudar al otro, pero sigue habiendo responsabilidades principales que no se comparten por igual.

Estas responsabilidades se mencionan tanto en la Declaración de Danvers como en la declaración de la Convención Bautista del Sur citada anteriormente. No voy a discutirlas en detalle en este momento, sino simplemente señalar que estos aspectos adicionales de las diferentes funciones también se establecen en las Escrituras.

El apoyo bíblico a que el esposo tenga la responsabilidad principal de proveer a su familia y la esposa tenga la responsabilidad *principal* de cuidar del hogar y de los hijos se encuentra en Génesis 2:15, junto con 2:18-23 y 3:16-19 (se supone que Eva tiene la responsabilidad principal de tener hijos, pero Adán de cultivar la tierra para obtener alimentos, y el dolor se introduce en las áreas de responsabilidad de ambos); Proverbios 31:10-31, especialmente los versículos 15, 21, 27; Isaías 4:1 (vergüenza por la trágica anulación del orden normal); 1 Timoteo 5:8 (el texto griego no especifica "cualquier hombre", pero en el contexto histórico ese habría sido el referente asumido, excepto en situaciones inusuales como un hogar sin padre); 1 Timoteo 5:3-16 (las viudas, no los viudos, deben ser respaldados por la iglesia); y Tito 2:5.

Sin embargo, decir que el esposo tiene la responsabilidad *principal* de mantener a su familia no implica que esté mal que la esposa también trabaje en un empleo que produzca ingresos si lo desea y tiene la oportunidad de hacerlo. En las sociedades agrícolas de toda la historia, incluyendo en los tiempos bíblicos, tanto las mujeres como los hombres compartían muchas de las responsabilidades laborales relacionadas con la agricultura (por ejemplo, ver Rut 2:22-23 y Pr 31:13-31). Pero la responsabilidad principal de mantener a la familia sigue siendo del esposo. Del mismo modo, es totalmente apropiado que el esposo ayude regularmente, según tenga oportunidad, con el cuidado del hogar y de los hijos (ver Pr 1:8; 4:1; Ef 6:4). Pero la responsabilidad principal del cuidado del hogar y la crianza de los hijos sigue siendo de la esposa[39].

El respaldo bíblico a la idea de que el hombre tiene la responsabilidad principal de proteger a su familia se encuentra en Números 1:2-3 (solo los hombres son "capaces de ir a la guerra"); Deuteronomio 3:18-19 (los hombres van a la guerra mientras las mujeres y los niños se quedan en casa); Deuteronomio 20:7-8 y 24:5 (los hombres van a la guerra, no las mujeres, aquí y en muchos otros pasajes del Antiguo Testamento); Josué 1:14; Jueces 4:8-10 (Barak no se lleva la gloria porque insistió en que una mujer lo acompañara a la batalla); Nehemías 4:13-14 (el pueblo debe luchar por sus hermanos, hogares, esposas e hijos, pero no dice que deben luchar por sus esposos); Jeremías 50:37 (es la desgracia de una nación cuando las mujeres se convierten en sus guerreros); Nahum 3:13 ("He aquí, tu pueblo será

---

[39] La psicoanalista y trabajadora social clínica judía Erica Komisar defendió la importancia de que las madres cuiden de los niños en su libro *Being There: Why Prioritizing Motherhood in the First Three Years Matters* [Estar ahí: Por qué es importante priorizar la maternidad en los tres primeros años] (Nueva York: Penguin Random House, 2017). Según una entrevista en *The Wall Street Journal* su libro "se basa en la investigación en psicología, neurociencia y epigenética" para argumentar que "las madres son biológicamente necesarias para los bebés", no solo para el embarazo y el parto, sino también para el desarrollo de la capacidad de los niños de practicar respuestas emocionales sanas en las interacciones sociales a lo largo de su vida.

Sostiene que "cada vez que una madre consuela a un bebé que se encuentra en una situación difícil , en realidad está regulando las emociones del bebé desde fuera hacia dentro. A los tres años, el bebé interioriza esa capacidad de regular sus emociones, pero no hasta entonces". Por eso, las madres "tienen que estar ahí todo lo posible, tanto física como emocionalmente, para los niños en los primeros 1000 días".

Komisar relata que en tres décadas de tratamiento de las familias que acudían a su consulta, ha observado un aumento de niños diagnosticados de trastorno por déficit de atención/hiperactividad (TDAH), así como una mayor agresividad en los niños pequeños y depresión en las niñas, y otros trastornos sociales en los que los niños "tenían dificultades para relacionarse con otros niños, tenían dificultades de empatía". Luego dice: "La ausencia de las madres en la vida diaria de los niños fue lo que vi como uno de los desencadenantes de estos trastornos mentales". James Taranto, "The Politicization of Motherhood" ["La politización de la maternidad"], *The Wall Street Journal*, 28 y 29 de octubre de 2017, A11, https://www.wsj.com/articles/thepoliticization-of-motherhood-1509144044

como mujeres en medio de ti" es una burla); Mateo 2:13-14 (se le dice a José que proteja a María y al niño Jesús Jesús llevándolos a Egipto); Efesios 5:25 (el amor de un esposo debe extenderse incluso a dar la vida por su esposa, algo que muchos soldados en la batalla han hecho a lo largo de la historia para proteger a sus familias y a su patria); y 1 Pedro 3:7 (una esposa es un "vaso más débil", y por lo tanto el esposo, como es generalmente más fuerte, tiene una mayor responsabilidad de usar su fuerza para proteger a su esposa).

Además, hay una ausencia total de pruebas de la otra parte. En ninguna parte podemos encontrar pasajes de las Escrituras que alienten a las mujeres a ser el principal medio de sustento mientras sus esposos cuidan de la casa y los hijos. En ninguna parte podemos encontrar pasajes de las Escrituras que animen a las mujeres a ser las principales protectoras de sus esposos. Ciertamente, las mujeres pueden ayudar en estas funciones según el tiempo y las circunstancias lo permitan (ver Génesis 2:18-23), pero no son las principales responsables de ellas.

Por último, está el testimonio interno de los corazones de hombres y mujeres. Hay algo en el hombre que dice: "No quiero depender de una mujer para mantenerme a largo plazo. Quiero ser el responsable de proveer a la familia, aquel a quien mi esposa recurre y de quien depende para su sustento". Nunca he conocido a un hombre que pueda trabajar y que, sin embargo, no sienta cierta vergüenza ante la idea de que su esposa lo mantenga a largo plazo.

Sin embargo, reconozco que en muchas familias puede haber una inversión temporal de los papeles debido al desempleo involuntario o mientras el esposo está recibiendo educación adicional, y en esas circunstancias son arreglos totalmente apropiados; sin embargo, cuanto más tiempo se prolongan, más tensión ejercen sobre el matrimonio. También reconozco que la incapacidad permanente de un esposo o el desempleo involuntario cuando busca con ahínco un trabajo con una remuneración adecuada, o la ausencia del esposo en el hogar, pueden crear una necesidad de que la esposa sea la principal proveedora, pero las familias en las que esto ocurre suelen dar testimonio de la inusual tensión que conlleva y que desearían que no tuviera que ser así.

Por otro lado, hay algo en una mujer que dice: "Quiero que mi esposo me provea, que me dé la seguridad de saber que tendremos lo suficiente para comprar alimentos y pagar las facturas. Me parece bien recurrir hacia él y depender de él para esa responsabilidad". Nunca he conocido a una mujer que no quisiera que su esposo le proporcionara esa sensación de seguridad[40].

G. LA IGUALDAD Y LAS DIFERENCIAS ENTRE HOMBRES Y MUJERES REFLEJAN POR ANALOGÍA LA IGUALDAD Y DIFERENCIAS EN LA TRINIDAD

[40] Para un análisis más detallado, ver John Piper, "A Vision of Biblical Complementarity" ["Una visión de la complementariedad bíblica"], en Piper y Grudem, eds., *Recovering Biblical Manhood* and *Womanhood*, 31-59. Ver también Dorothy Patterson, "The High Calling of Wife and Mother in Biblical Perspective" ["La alta vocación de esposa y madre en perspectiva bíblica"], ibid., 364-77.

En 1 Corintios 11, Pablo escribe:

> Pero quiero que sepáis que Cristo es la *cabeza* de todo varón, y el varón es la *cabeza* de la mujer, y Dios la cabeza de Cristo (v. 3)..

En este versículo, "cabeza" (griego, *kephale*) se refiere a alguien que está en una posición de autoridad sobre otro, como esta palabra griega hace uniformemente siempre que se usa en la literatura antigua para decir que una persona es "cabeza de" otra persona o de un grupo. [41]Así pues, Pablo se refiere aquí a una relación de autoridad entre Dios Padre y Dios Hijo encarnado, y establece un paralelismo entre esa relación trinitaria en la economía divina y la relación entre el esposo y la esposa en el matrimonio. Se trata de una analogía importante, que hay que establecer con cuidado, pero que al menos muestra que puede haber *igualdad y diferencias* en las relaciones entre las personas al mismo tiempo. Podemos ilustrar esto en el siguiente diagrama, donde las flechas indican la autoridad para ejercer liderazgo con respecto a la persona a la que apunta la flecha:

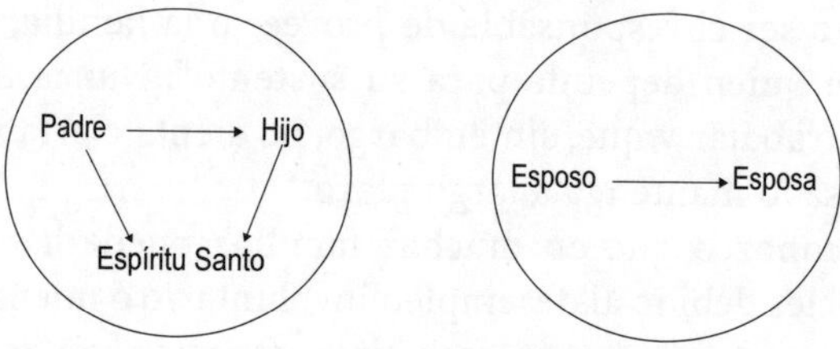

Gráfico 15.1. La autoridad en la Trinidad y en el matrimonio. (Fuente: Wayne Grudem, *Evangelical Feminism and Biblical Truth: An Analysis of More Than 100 Disputed Questions* [El feminismo evangélico y la verdad bíblica: Un análisis de más de 100 cuestiones controvertidas] [Wheaton, Illinois: Crossway, 2004, 2012]. Adaptado con permiso).

Así como el Padre y el Hijo son iguales en su deidad y en todos sus atributos, pero se distinguen en sus relaciones personales (como se ve en sus funciones específicas en el desarrollo del plan de Dios), así un esposo y una esposa son iguales en dignidad y valor como portadores de la imagen de Dios, pero diferentes en funciones que Dios les ha dado. Al igual que Dios Hijo está sometido a la autoridad de Dios Padre, Dios ha previsto que las esposas estén sometidas a la autoridad de sus esposos, de ninguna manera minimiza su valor compartido.

La Escritura habla con frecuencia de la relación Padre-Hijo dentro de la Trinidad, una relación en la que el Padre "dio" a su único Hijo (Juan 3:16); "envió" al Hijo al mundo (3:17, 34; 4:34; 8:42; Gá 4:4); nos "predestinó" a ser conformados a la imagen de su Hijo (Ro 8:29; cf. 1 P 1:2). a la imagen de su Hijo (Ro 8:29; cf. 1 P 1:2); y nos "eligió" en el Hijo "antes de la fundación del mundo" (Ef 1:4). El Hijo obedece los mandatos del Padre que lo envió (Juan 12:49) y dice que vino a hacer "la voluntad

---

[41] Ver la discusión anterior, pág. 408 y la nota a pie de página 36.

del que me envió" (Juan 4:34; 6:38). Todos estos pasajes implican o suponen la misma deidad del Padre y del Hijo, sin embargo, enseñan una distinción de las personas en términos de funciones.

Y estas relaciones nunca se invierten. La Escritura nunca dice que el Hijo envía al Padre al mundo, que el Espíritu Santo envía al Padre o al Hijo al mundo, o que el Padre obedece las órdenes del Hijo o del Espíritu Santo. La Escritura nunca dice que el Hijo nos haya predestinado a ser conformados a la imagen del Padre. La labor de predestinarnos, y de enviar y dar al Hijo, corresponde solo al Padre.

Y la evidencia bíblica parece indicar que estas relaciones de persona son eternas, pues el Padre nos predestinó en el Hijo *"antes* de la fundación del mundo" (Ef 1:4), lo que requiere que el Padre haya sido eternamente el Padre y el Hijo haya sido eternamente el Hijo. Si el amor del Padre se ve en que "dio a su Hijo único" (Juan 3:16), entonces el Padre tenía que ser el Padre y el Hijo tenía que ser el Hijo antes de que el Hijo viniera al mundo. El Padre no dio a alguien que era una persona divina más en la Trinidad, sino que dio a Aquel que era su único Hijo, Aquel que eternamente había sido su Hijo.

Además, los nombres "Padre" e "Hijo" tienen un gran significado para esta cuestión de sus propiedades de persona. Dentro de la Trinidad, el Padre eternamente no engendrado ha sido eternamente el Padre, el Hijo eternamente engendrado ha sido eternamente el Hijo, y el Espíritu Santo eternamente procedente ha sido eternamente el Espíritu Santo. Los nombres "Padre" e "Hijo" en sí mismos significan distinciones personales dentro de la Divinidad y un ordenamiento eterno reflejado en un rol de autoridad o liderazgo para Aquel que es el Padre, como todo autor bíblico y todo lector en las culturas del mundo bíblico habría reconocido.

También fue así en la creación del mundo, donde el Padre inició, ordenó y creó "por" el Hijo (He 1:2). El Hijo fue la poderosa Palabra de Dios que ejecutó los mandatos del Padre, pues "todas las cosas por él fueron hechas" (Juan 1:3). Todas las cosas fueron creadas por el Padre por medio del Hijo, pues "solo hay un Dios, el Padre, del cual proceden todas las cosas [...] y un Señor, Jesucristo, *por medio* del cual son todas las cosas" (1 Co 8:6). En ninguna parte la Escritura invierte esto y dice que el Hijo creó "a través" del Padre.

El Hijo se sienta ahora a la *derecha* del Padre[42] (Ro 8:34; He 1:3, 13; 1 P 3:22); el Padre no se sienta a la derecha del Hijo. El Hijo recibe del Padre la autoridad para derramar el Espíritu Santo en la plenitud del Nuevo Pacto (Mt 28:18; Hechos 2:33), intercede ante el Padre (He 7:25) y recibe la revelación del Padre para dársela a la iglesia (Ap 1:1). El Padre no ora al Hijo y no recibe revelación del Hijo para dársela a la Iglesia.

Finalmente, por toda la eternidad, el Hijo estará sujeto al Padre, ya que después de que el último enemigo, la muerte, sea destruido, el encarnado y triunfante "Hijo mismo se sujetará al que le sujetó a él todas las cosas, para que Dios sea todo en todos[43]" (1 Co 15:28). Vemos en estos pasajes que la idea de liderazgo y sumisión

---

[42] Tanto en el Antiguo Testamento (Sal 45:9; 110:1) como en el Nuevo Testamento (Mt 20:21), la persona sentada a la derecha del rey está sometida a su autoridad.

[43] Ha habido cierta controversia sobre si el Hijo ha estado eternamente sometido al Padre o si esta

dentro de una relación personal filial no comenzó con algunos escritos del apóstol Pablo en el siglo I. Tampoco comenzó con unos pocos hombres patriarcales en una sociedad patriarcal en el Antiguo Testamento. Tampoco la idea de liderazgo y sumisión comenzó con la caída de Adán y Eva en el pecado (Génesis 3). De hecho, la idea de liderazgo y sumisión ni siquiera comenzó con la creación de Adán y Eva (Génesis 1-2). No, la idea de *liderazgo y sumisión* dentro de una relación personal existía *antes de la creación,* es decir, únicamente en Dios. Ahora, como resultado de la creación, existe análogamente en las relaciones humanas.

Incluso si alguien no está de acuerdo con mi conclusión de que la relación de autoridad/sumisión del Padre y el Hijo ha existido *eternamente,* todavía hay abundante evidencia bíblica de que tal relación ha existido desde la creación del mundo, cuando el Padre creó a través del Hijo, y continúa aún hoy, con el Hijo sentado a la derecha del Padre. Por lo tanto, todavía hoy podemos ver en la Trinidad un ejemplo de plena igualdad en la deidad junto con la sumisión o los roles, y esto sigue siendo análogo a la relación esposo-esposa en el matrimonio.

El Padre, el Hijo y el Espíritu Santo no difieren en ningún atributo, sino solo en la forma en que se relacionan entre sí. Y el resultado de esa relación es, por un lado, de liderazgo y autoridad y, por el otro, de sumisión voluntaria y gozosa a esa autoridad.

Podemos aprender de esta relación entre las personas de la Trinidad que la sumisión a una autoridad legítima es una virtud noble. Es un privilegio. Es buena y deseable. Es la virtud que el Hijo eterno de Dios ha demostrado *para siempre.* Es su gloria, la gloria del Hijo en su relación con el Padre.

En las sociedades modernas, tendemos a pensar que si eres una persona que tiene autoridad sobre otra, eso es algo bueno, mientras que si eres alguien que tiene que someterse a una autoridad, eso es algo malo. Pero ese es el punto de vista del mundo, y no es cierto. La sumisión a una autoridad legítima es algo bueno, noble y maravilloso, porque Dios mismo la estableció para nuestro bien.

Podemos decir entonces que existe una relación de autoridad y sumisión entre iguales, con entrega mutua de honores, que forma parte de la relación interpersonal más fundamental y más gloriosa del universo, la de las tres personas de la Trinidad, y que este tipo de relación se manifiesta también en la creación de las relaciones humanas por parte de Dios. Tal relación permite diferencias interpersonales sin "mejor" o "peor", sin "más importante" y "menos importante".

Cuando empezamos a rechazar la idea misma de la autoridad y la sumisión, no las distorsiones y los abusos, sino la idea misma, estamos alterando algo muy

---

sujeción es solo para las actividades relacionadas con la encarnación de Cristo. Varias discusiones relacionadas con esta cuestión se encuentran en Dennis W. Jowers y H. Wayne House, eds, *The New Evangelical Subordinationism? Perspectives on the Equality of God the Father and God the Son* [¿El nuevo subordinacionismo evangélico? Perspectivas sobre la igualdad de Dios Padre y Dios Hijo] (Eugene, Oregón: Pickwick, 2012), y Bruce A. Ware y John Starke, eds, *One God in Three Persons: Unity of Essence, Distinction of Persons, Implications for Life* [Un Dios en tres personas: unidad de la esencia, distinción de las personas, implicaciones para la vida] (Wheaton, Illinois: Crossway, 2015). (He contribuido con ensayos a cada uno de estos volúmenes, defendiendo en más detalle la posición que he defendido aquí, es decir, que el Hijo está eternamente sometido al Padre, aunque plenamente igual en deidad y en todos los atributos de la deidad).

profundo. Empezamos a rechazar a Dios mismo.

Esta enseñanza sobre la Trinidad crea un problema para los egalitarianistas. Tratan de obligar a la gente a elegir entre la igualdad y la autoridad. Dicen: "Si tienes liderazgo masculino entonces no puedes ser igual. O si eres igual, entonces no puedes tener liderazgo masculino". Y nuestra respuesta complementaria es que se pueden tener ambas cosas: basta con ver la Trinidad. Dentro del ser de Dios, hay tanto igualdad como autoridad.

En respuesta a esto, los egalitarianistas deberían decir: "De acuerdo, estamos de acuerdo en esto. En Dios *puede* haber igualdad y diferencias al mismo tiempo". De hecho, algunos egalitarianistas han dicho esto mismo. [44]Pero algunos egalitarianistas prominentes han tomado una dirección diferente. Tanto Gilbert Bilezikian como Stanley Grenz han escrito ahora que piensan que hay "sumisión mutua" dentro de la Trinidad en lugar de relaciones ordenadas entre las personas divinas. Dicen que el Padre también se somete al Hijo. [45]Hacen esta afirmación aunque ningún pasaje de la Escritura afirme tal relación, y a pesar de que una afirmación de relaciones ordenadas entre las personas divinas ha sido siempre la enseñanza ortodoxa de la Iglesia. Este es un movimiento preocupante y peligroso. Si queremos ser bíblicos, debemos preservar tanto la igualdad y diferencias de roles en las relaciones humanas, que es análogo a las relaciones profundas y hermosas dentro de la Divinidad entre el Padre Hijo y Espíritu Santo.

H. LA IGUALDAD Y DIFERENCIAS ENTRE HOMBRES Y MUJERES SON MUY BUENAS

En la cultura hostil de hoy en día, puede que nos avergüence hablar de las diferencias entre hombres y mujeres dadas por Dios: No queremos que los demás nos ataquen o se rían de nosotros. Quizás tememos que alguien se ofenda si hablamos claramente de esas diferencias.

---

[44] Ver el artículo de Craig Keener "Is Subordination within the Trinity Really Heresy? A Study of John 5:18 in Context" ["¿Es realmente una herejía la subordinación dentro de la Trinidad? Un estudio de Juan 5:18 en contexto"], TrinJ, n.s., 20 (1999): 39-51.

[45] Para una discusión más completa del pensamiento egalitarianista con respecto a la doctrina de la Trinidad, ver Bruce A. Ware, "Tampering with the Trinity: Does the Son Submit to His Father?" ["Alteración de la Trinidad: ¿Se somete el Hijo a su Padre?"] en Grudem, ed., *Biblical Foundations for Manhood and Womanhood*, 233-53. Ver también mi discusión sobre la afirmación igualitaria de la sumisión mutua en la Trinidad en *Evangelical Feminism and Biblical Truth*, 429-33; ver también 405-29.

Más recientemente, he escrito dos contribuciones adicionales a esta discusión: Wayne Grudem, "Biblical Evidence for the Eternal Submission of the Son to the Father" ["Evidencia bíblica de la sumisión eterna del Hijo al Padre"], en *The New Evangelical Subordinationism?*, 223-61, y Wayne Grudem, "Doctrinal Deviations in the Evangelical-Feminist Arguments about the Trinity" ["Desviaciones doctrinales en los argumentos evangélicos-feministas sobre la Trinidad"], en *One God in Three Persons*, 17-45.

Las principales declaraciones de Bilezikian y Grenz se encuentran en Bilezikian, "Hermeneutical Bungee-Jumping: Subordination in the Godhead" ["El salto hermenéutico: La subordinación en la Divinidad"], *JETS*40, no. 1 (marzo de 1997): 57-68, y Grenz, "Theological Foundations for Male-Female Relationships" ["Fundamentos teológicos de las relaciones entre hombres y mujeres"], *JETS*41, no. 4 (diciembre de 1998): 615-30.

La declaración fundamental de la excelencia de nuestras similitudes y diferencias como hombres y mujeres se encuentra en Génesis 1:31: "Y vio Dios todo lo que había hecho, y he aquí que era bueno en gran manera". Solo cuatro versículos después de que la Biblia nos diga que Dios nos hizo "varón y mujer", nos dice que Dios miró todo lo que había hecho, incluyendo a Adán y Eva creados a su imagen, y su evaluación de lo que vio fue que era "bueno en gran manera". La forma en que Dios nos creó como hombres y mujeres, iguales en su imagen y diferentes en sus roles, es muy buena. Y si es muy buena, entonces podemos hacer algunas otras observaciones sobre el orden creado.

Este orden creado es *justo*. Nuestros amigos egalitarianistas argumentan que "no es justo" que los hombres tengan un papel de liderazgo en la familia simplemente porque son hombres. Pero si esta diferencia se basa en la asignación de roles por parte de Dios desde el principio, entonces es justa. ¿Acaso el Hijo le dice al Padre: "No es justo que tú mandes por el simple hecho de ser el Padre?" ¿Dice el Hijo al Padre: "Has estado al mando durante quince mil millones de años, y ahora me toca a mí los próximos quince mil millones?" ¡De ninguna manera ! Más bien, cumplió el salmo que decía: "El hacer tu voluntad, Dios mío; me ha agradado, y tu ley está en medio de mi corazón" (Sal 40:8; cf. He 10:7). De su relación con el Padre, dijo: "yo hago siempre lo que le agrada" (Juan 8:29) y "he descendido del cielo, no para hacer mi voluntad, sino la voluntad del que me envió" (Juan 6:38). El orden de las relaciones dentro de la Trinidad es justo. Y el orden de relaciones establecido por Dios para el matrimonio es justo.

Este orden creado también es *el mejor para nosotros*, porque proviene de un Creador omnisciente. Este orden honra verdaderamente a los hombres y mujeres. No conduce al abuso, sino que lo evita, porque tanto el hombre como la mujer son iguales en valor ante Dios. No suprime los dones, la sabiduría y la perspicacia de las mujeres, como a veces se ha hecho en el pasado, sino que las alienta.

Este orden creado también es un *misterio*. Llevo 48 años casado con una mujer muy maravillosa. No puedo entenderla. Justo cuando creo que la entiendo, me sorprende de nuevo. ¡El matrimonio es un reto! Y también es muy entretenido. Pero en nuestras relaciones mutuas como hombres y mujeres, siempre habrá elementos de sorpresa, misterio y diferencia que no podemos comprender del todo, sino que simplemente disfrutamos.

Este orden creado es también *hermoso*. Dios se deleitó en él y pensó que era "muy bueno". Cuando funcione de la manera que Dios quería, disfrutaremos de esta relación y nos deleitaremos en ella, porque hay una cualidad divina en ella. Y aunque algunos elementos de las sociedades modernas han estado presionando en la dirección opuesta durante varias décadas, hay muchas pruebas de la "ley natural", de nuestra observación del mundo y de nuestro sentido interno de lo correcto y lo incorrecto, de que los diferentes roles dentro del matrimonio son *correctos*. Esto es lo que queríamos decir cuando afirmamos en la Declaración de Danvers: "Las distinciones en los roles masculinos y femeninos son ordenadas por Dios [...] y deberían encontrar un eco en cada corazón humano" (Afirmación 2). El orden creado por Dios para el matrimonio es hermoso porque es la forma en que Dios trae una *unidad* sorprendente a personas que son tan *diferentes* como lo son los hombres y las mujeres.

La belleza del orden creado por Dios para el matrimonio encuentra su expresión en nuestra sexualidad dentro del matrimonio. "Por tanto, dejará el hombre a su padre y a su madre, y se unirá a su mujer, y serán una sola carne" (Gn 2:24). Dios diseñó nuestra sexualidad para que reflejara la unidad, las diferencias y la belleza al mismo tiempo. Como esposos, nos sentimos más atraídos por las partes del otro que son más diferentes. Nuestra unidad más profunda, que incluye una unidad física, emocional y espiritual, se da en el punto en el que somos más diferentes. En nuestra unión física, tal y como Dios la concibió, no hay deshumanización de la mujer ni emasculación del hombre, sino que hay igualdad y honor para el esposo y la esposa. Y ahí está nuestra más profunda alegría humana y nuestra más profunda expresión de unidad.

Esto significa que la sexualidad dentro del matrimonio es preciosa para Dios. Él la diseñó para mostrar la *igualdad*, la *diferencia* y la *unidad* todo al mismo tiempo. Es un gran misterio cómo esto puede ser y también es una gran bendición y alegría. Además, Dios ha ordenado que de la unión sexual surja el acontecimiento más asombroso y sorprendente: ¡la creación de nuevos seres humanos a imagen y semejanza de Dios!

En la más íntima de las relaciones humanas, mostramos igualdad, diferencia, unidad y mucha semejanza con Dios, todo a la vez. ¡Gloria a Dios!

I. APÉNDICE: LA DECLARACIÓN DE DANVERS

En diciembre de 1987, el recién formado Consejo sobre la Masculinidad y la Feminidad Bíblica se reunió en Danvers, Massachusetts, para componer la Declaración de Danvers sobre la Masculinidad y la Feminidad Bíblica. Antes de enumerar las afirmaciones reales que componen la Declaración de Danvers, hemos incluido una sección que detalla los desarrollos contemporáneos que sirven de fundamento para estas afirmaciones. Ofrecemos esta declaración al mundo evangélico, sabiendo que estimulará una discusión saludable, esperando que obtenga un amplio consenso.

Fundamentación

Nos han conmovido en nuestro propósito los siguientes acontecimientos contemporáneos que observamos con profunda preocupación:

1. La incertidumbre y la confusión generalizadas en nuestra cultura respecto a las diferencias complementarias entre la masculinidad y la feminidad;
2. los efectos trágicos de esta confusión al deshacer la estructura del matrimonio tejido por Dios con las bellas y diversas hebras de la masculinidad y de la feminidad;
3. la creciente promoción del egalitarianismo feminista, acompañado de distorsiones o descuido de la armonía alegre descrita en las Escrituras

entre el liderazgo amoroso y humilde de los esposos redimidos y el apoyo inteligente y voluntario de ese liderazgo por parte de las esposas redimidas;

4. la ambivalencia generalizada en cuanto a los valores de la maternidad, el ama de casa vocacional y los muchos ministerios que históricamente han desempeñado las mujeres;

5. la creciente reivindicación de la legitimidad de las relaciones sexuales que han sido bíblicamente e históricamente consideradas como ilícitas o perversas y el aumento de la representación pornográfica de la sexualidad humana;

6. el recrudecimiento de los abusos físicos y emocionales en la familia;

7. la aparición de roles para hombres y mujeres en el liderazgo de la iglesia que no se ajustan a la enseñanza bíblica, sino que resultan contraproducentes al obstaculizar el testimonio bíblicamente fiel;

8. la creciente prevalencia y aceptación de rarezas hermenéuticas ideadas para reinterpretar significados aparentemente claros de los textos bíblicos;

9. la constante amenaza a la autoridad bíblica, ya que pone en peligro la claridad de las Escrituras y la accesibilidad de su significado para la gente común se aparta al ámbito restringido del ingenio técnico;

10. y detrás de todo esto, la aparente adaptación de algunos dentro de la iglesia al espíritu de la época, a expensas de una autenticidad bíblica radical y convincente que, en el poder del Espíritu Santo, puede reformar en lugar de reflejar nuestra cultura enferma.

Afirmaciones

Basándonos en nuestra comprensión de las enseñanzas bíblicas, afirmamos lo siguiente:

1. Tanto Adán como Eva fueron creados a imagen de Dios, iguales ante Dios como personas y distintos en su condición de hombre y mujer (Gn 1:26- 27; 2:18).

2. Las distinciones en los roles masculinos y femeninos son ordenadas por Dios como parte del orden creado, y deberían encontrar eco en cada corazón humano (Gn 2:18, 21-24; 1 Co 11:7-9; 1 Ti 2:12-14).

3. El liderazgo de Adán en el matrimonio fue establecido por Dios antes de la caída, y no fue resultado del pecado (Gn 2:16-18, 21-24; 3:1-13; 1 Co 11:7-9).

4. La caída introdujo distorsiones en las relaciones entre hombres y mujeres (Gn 3:1-7, 12, 16).

   • En el hogar, el liderazgo amoroso y humilde del esposo tiende a ser sustituido por el control o la pasividad; la sumisión inteligente y voluntariosa de la esposa tiende a ser reemplazada por la usurpación o el servilismo.

- En la iglesia, el pecado inclina a los hombres hacia un amor mundano por el poder o una abdicación de la responsabilidad espiritual, e inclina a las mujeres a resistirse a las limitaciones en sus roles o a descuidar el uso de sus dones en los ministerios apropiados.

5. El Antiguo Testamento, así como el Nuevo Testamento, manifiestan el mismo alto valor y dignidad que Dios atribuye a las funciones del hombre y de la mujer (Gn 1:26-27). mujeres (Gn 1:26-27; 2:18; Gá 3:28). Tanto el Antiguo como el Nuevo Testamento también afirman el principio del liderazgo masculino en la familia y en la comunidad del pacto (Gn 2:18; Ef 5:21-33; Col 3:18-19; 1 Ti 2:11-15).

6. La redención en Cristo tiene como objetivo eliminar las distorsiones introducidas por la maldición.

- En la familia, los esposos deben abandonar el liderazgo severo o egoísta y crecer en el amor y el cuidado de sus esposas; las esposas deben abandonar la resistencia a la autoridad de sus esposos y crecer en la sumisión voluntaria y alegre al liderazgo de sus esposos (Ef 5:21-33; Col 3:18-19; Tit 2:3-5; 1 P. 3:1-7).

- En la iglesia, la redención en Cristo da a los hombres y a las mujeres la misma participación en las bendiciones de la salvación; sin embargo, algunas funciones de gobierno y enseñanza dentro de la iglesia están restringidas a los hombres (Gá 3:28; 1 Co 11:2-16; 1 Ti 2:11-15).

7. En toda la vida, Cristo es la suprema autoridad y guía para los hombres y mujeres, de modo que ninguna sumisión terrenal, doméstica, religiosa o civil, implica un mandato para seguir a una autoridad humana en el pecado (Dn 3:10-18; Hechos 4:19-20; 5:27-29; 1 P 3:1-2).

8. Tanto en los hombres como en las mujeres, un sentido sincero del llamado al ministerio nunca debe ser utilizado para dejar de lado los criterios bíblicos para determinados ministerios (1 Ti 2:11-15, 3:1-13; Tit 1:5-9). Más bien, la enseñanza bíblica debe seguir siendo la autoridad para probar nuestro discernimiento subjetivo de la voluntad de Dios.

9. Con la mitad de la población mundial fuera del alcance del evangelismo autóctono; con un sinnúmero de otras personas perdidas en aquellas sociedades que han escuchado el evangelio; con las tensiones y miserias de la enfermedad, la desnutrición, la falta de vivienda, el analfabetismo, la ignorancia, el envejecimiento, la adicción, el crimen, el encarcelamiento, la neurosis y la soledad, ningún hombre o mujer que sienta la pasión de Dios por dar a conocer Su gracia en palabra y obra, no necesita vivir sin un ministerio gratificante para la gloria de Cristo y el bien de este mundo caído (1 Co 12:7-21).

10. Estamos convencidos de que la negación o el descuido de estos principios tendrá consecuencias cada vez más destructivas en nuestras

familias, nuestras iglesias y la cultura en general.

Concedemos permiso y animamos a las personas interesadas a utilizar, reproducir y distribuir la Declaración de Danvers[46].

PREGUNTAS PARA REFLEXIONAR

1. ¿Está de acuerdo con el argumento de este capítulo de que las mujeres casadas son iguales a sus esposos en importancia ante Dios y en su condición de personas, pero que sus esposos también tienen un papel de liderazgo en el matrimonio que las esposas no tienen? Si es así, ¿qué opina de estas dos ideas?¿Le alegra que ambas se encuentren en la Biblia? Si no es así, ¿por qué no?
2. Si aún no se ha casado pero espera casarse algún día, ¿cómo espera que su matrimonio sea en términos de igualdad y liderazgo en la relación?
3. Si está casado, ¿espera que su relación matrimonial cambie con respecto a las cuestiones de igualdad y liderazgo?
4. ¿Cree que personalmente tiende a cometer errores de pasividad o errores de agresividad?
5. ¿Cree en su corazón que los hombres y las mujeres son iguales en valor ante Dios?
6. ¿Qué rasgos de carácter cristiano (ver pág. 110) son más útiles en un matrimonio?
7. ¿Cuáles son algunos ejemplos de buenos resultados que esperaría ver en un matrimonio vivido según las enseñanzas de la Biblia?

TÉRMINOS ESPECIALES

Cristianos por la Igualdad Bíblica (CBE)
complementarianista
Consejo sobre la masculinidad y la feminidad bíblica (CBMW)
Declaración de Danvers
egalitarianista
feminista evangélica
cabeza
sumisión mutua

BIBLIOGRAFÍA

Otras fuentes de referencia sobre ética

(ver datos bibliográficos completos, pág. 64)

---

[46] Reproducido de la página web del Council on Biblical Manhood and Womanhood, https://cbmw.org/uncategorized/the-danvers-statement/.

Clark y Rakestraw, 2:293-338

Frame, 630-35

McQuilkin y Copan, 311-33

Otras obras

Bilezikian, Gilbert G. *Beyond Sex Roles: What the Bible Says About a Woman's Place in Church and Family* [Más allá de los roles de género: Lo que la Biblia dice sobre el lugar de la mujer en la iglesia y la familia]. 2ª ed. Grand Rapids, Michigan: Baker, 1991. Egalitarianista.

DeMoss, Nancy Leigh, ed. *Biblical Womanhood in the Home* [La feminidad bíblica en el hogar]. Foundations for the Family Series [Serie de fundamentos para la familia]. Wheaton, Illinois: Crossway, 2002. Complementarianista.

Gilder, George F. *Men and Marriage* [Los hombres y el matrimonio]. Gretna, LA: Pelican, 1986.

Grudem, Wayne, ed. *Biblical Foundations for Manhood and Womanhood* [Fundamentos bíblicos de la masculinidad y la feminidad]. Wheaton, Illinois: Crossway, 2002. Complementarianista.

---. *Countering the Claims of Evangelical Feminism* [Contrarrestando las afirmaciones del feminismo evangélico]. Sisters, Oregón: Multnomah, 2006. Complementarianista. Esta es una condensación de 320 páginas de mi *Evangelical Feminism and Biblical Truth* [Feminismo Evangélico y la verdad bíblica] .

---. *Evangelical Feminism: A New Path to Liberalism?* [Feminismo Evangélico: ¿Un nuevo camino hacia el liberalismo?] Wheaton, Illinois: Crossway, 2006. Este libro analiza 25 argumentos presentados por las feministas evangélicas y concluye que cada argumento socava la autoridad de las Escrituras y conduce en la dirección del liberalismo teológico. Complementarianista.

---. *Evangelical Feminism and Biblical Truth: An Analysis of More Than 100 Disputed Questions* [El feminismo evangélico y la verdad bíblica: Un análisis de más de 100 cuestiones controvertidas]. Wheaton, Illinois: Crossway, 2012. Complementarianista. Este libro de 856 páginas contiene mi más extensa interacción con escritores egalitarianistas sobre cuestiones polémicas relacionadas con la masculinidad y feminidad bíblicas.

Grudem, Wayne A., y Dennis Rainey, eds. *Pastoral Leadership for Manhood and Womanhood* [Liderazgo pastoral para la masculinidad y la feminidad]. Wheaton, Illinois: Crossway, 2002.

James, Sharon. *God's Design for Women: Biblical Womanhood for Today* [El diseño de Dios para las mujeres: La feminidad bíblica para la actualidad]. *Darlington, Inglaterra: Evangelical Press, 2002.* Complementarianista.

Jones, Peter. *The God of Sex: How Spirituality Defines Your Sexuality* [El Dios del sexo: Cómo la espiritualidad define tu sexualidad]. Colorado Springs: Victor, 2006. Complementarianista.

Jones, Rebecca. *Does Christianity Squash Women? A Christian Looks at Womanhood* [¿Aplasta el cristianismo a las mujeres? Una mirada cristiana a la feminidad].

Nashville: Broadman & Holman, 2005. Complementarianista.

Kassian, Mary A. *The Feminist Mistake: The Radical Impact of Feminism on Church and Culture* [El error feminista: El impacto radical del feminismo en la iglesia y la cultura]. Wheaton, Illinois: Crossway, 2005. Complementarianista.

---. *Girls Gone Wise in a World Gone Wild* [Las chicas se vuelven sabias en un mundo salvaje]. Chicago: Moody, 2010. Complementarianista.

---. *Women, Creation, and the Fall* [La mujer, la creación y la caída]. Westchester, Illinois: Crossway, 1990. Complementarianista.

Knight, George W. *The Role Relationship of Men and Women: New Testament Teaching* [La relación de roles del hombre y la mujer: La enseñanza del Nuevo Testamento]. Rev. ed. Chicago: Moody, 1985. Complementarianista.

Köstenberger, Andreas J., y David W. Jones. *God, Marriage and Family: Rebuilding the Biblical Foundation* [Dios, el matrimonio y la familia: Reconstruyendo el fundamento bíblico]. 2da ed. Wheaton, Illinois: Crossway, 2010. Complementarianista.

Köstenberger, Margaret Elizabeth. *Jesus and the Feminists: Who Do They Say That He Is?* [Jesús y las feministas: ¿Quién dicen que es?] Wheaton, Illinois: Crossway, 2008. Complementarianista.

Lewis, Robert. *Real Family Values: Leading Your Family into the 21st Century with Clarity and Conviction* [Valores familiares reales: Dirigiendo a su familia hacia el siglo XXI con claridad y convicción]. Sisters, Oregón: Multnomah, 2000. Complementarianista.

Lewis, Robert y William Hendricks. *Rocking the Roles: Building a Win-Win Marriage* [Rompiendo con los roles: La construcción de un matrimonio en el que todos salgan ganando]. Rev. ed. Colorado Springs: NavPress, 1999. Complementarianista.

Olthuis, J. H. "*Marriage*" [Matrimonio]. En *New Dictionary of Christian Ethics and Pastoral Theology* [Nuevo Diccionario de Ética Cristiana y Teología Pastoral], editado por David J. Atkinson y David H. Field, 565-68. Leicester, Reino Unido: Inter-Varsity, y Downers Grove, Illinois: InterVarsity Press, 1995.

Pierce, Ronald W., y Rebecca Merrill Groothuis, gen. eds. *Discovering Biblical Equality: Complementarity without Hierarchy.* [El descubrimiento de la igualdad bíblica: Complementariedad sin jerarquía]. 2da ed. Downers Grove, Illinois: InterVarsity Press, 2005. Egalitarianista. Este libro es la defensa más influyente y extensa de una posición igualitaria, con ensayos de varios estudiosos evangélicos.

Piper, John, y Wayne Grudem, eds. *Recovering Biblical Manhood and Womanhood: A Response to Evangelical Feminism* [Recuperación de la masculinidad y feminidad bíblicas: Una respuesta al feminismo evangélico]. Wheaton, Illinois: Crossway, 1991. Complementarianista. Esta es la colección más influyente de ensayos académicos que defienden una posición complementaria.

Rainey, Dennis. *Building Strong Families* [Construyendo familias fuertes]. Foundations for the Family Series. Wheaton, Illinois: Crossway, 2002. Complementarianista.

Spencer, Aída Besanc, on. *Marriage at the Crossroads: Couples in Conversation about*

Discipleship, Gender Roles, Decision Making, and Intimacy [Matrimonio en la encrucijada: Parejas en conversación sobre discipulado, roles de género, toma de decisiones e intimidad]. Downers Grove, Illinois: Inter-Varsity Press, 2009. Contiene interacciones entre representantes de puntos de vista egalitarianistas y puntos de vista complementarianistas.

Stackhouse, John G. *Partners in Christ: A Conservative Case for Egalitarianism* [Socios en Cristo: Un caso conservador para el egalitarianismo]. Downers Grove, Illinois: InterVarsity Press, 2015. Egalitarianista.

Strachan, Owen, y Gavin Peacock. *Grand Design: Male and Female He Made Them* [Gran diseño: Masculino y Femenino Él los hizo]. Fearn, Ross-shire, Escocia: Christian Focus, 2016. Complementarianista.

Waite, Linda J., y Maggie Gallagher. *The Case for Marriage: Why Married People Are Happier, Healthier, and Better Off Financially* [Argumentos a favor del matrimonio: Por qué los casados son más felices, más sanos y están mejor económicamente]. Nueva York: Doubleday, 2000.

Webb, William J. Slaves, *Women and Homosexuals: Exploring the Hermeneutics of Cultural Analysis* [Esclavos, mujeres y homosexuales: Explorando la hermenéutica del análisis cultural]. Downers Grove, Illinois: InterVarsity Press, 2001. Egalitarianista.

Weber, Stu. *Tender Warrior: Every Man's Purpose, Every Woman's Dream, Every Child's Hope* [El guerrero tierno: El propósito de todo hombre, el sueño de toda mujer, la esperanza de todo niño]. Nueva ed. Sisters, Oregón: Multnomah, 2006. Complementarianista.

PASAJE BÍBLICO PARA MEMORIZAR

Colosenses 3:18-19: Casadas, estad sujetas a vuestros maridos, como conviene en el Señor. Maridos, amad a vuestras mujeres, y no seáis ásperos con ellas.

HIMNO

"El amor de mi Salvador"

Me sorprendo ante la presencia
de Jesús el Nazareno,
y me pregunto cómo pudo amarme,
Un pecador condenado, impuro.

Estribillo:
¡Qué maravilla! ¡Qué maravilla!
Y mi canción será siempre:
¡Qué maravilloso! Qué maravilloso
¡es el amor de mi Salvador por mí!

Para mí fue en el jardín
Él oró: "No es mi voluntad, sino la tuya";
No tuvo lágrimas por sus propias penas
sino que sudó gotas de sangre por las mías.

En piedad los ángeles lo contemplaron
Y vinieron del mundo de la luz
Para consolarle en las penas
Que soportó por mi alma aquella noche.

Tomó mis pecados y mis penas
Los hizo suyos;
Llevó la carga a Calv'ry
Y sufrió y murió solo.

Cuando con los rescatados en la gloria
Su rostro por fin veré,
Será mi alegría a través de los siglos
Cantar su amor por mí.

AUTOR: CHARLES H. GABRIEL, 1856- 1932

Capítulo 16

GOBIERNO CIVIL

¿Por qué estableció Dios el gobierno civil?

¿Qué deben hacer los gobiernos?

¿Es correcto desobedecer al gobierno o tratar de cambiar el gobierno?

¿Cuál es la relación correcta entre la Iglesia y el Estado?

¿Apoya la Biblia a las monarquías o favorece algún tipo de democracia?

En esta sección del libro continuamos analizando cuestiones relacionadas con la autoridad humana. En los dos capítulos anteriores, examinamos la autoridad de los padres en la familia ("Honra a tu padre y a tu madre") y la autoridad de los esposos en el matrimonio. Ahora nos ocupamos de la autoridad del gobierno civil[1].

¿Qué nos enseña la Biblia sobre el gobierno civil en general? ¿De dónde surgió la idea del gobierno? ¿Cuál debería ser el propósito del gobierno? ¿Cómo se debe elegir los gobiernos? ¿Qué tipo de gobierno es mejor? ¿Cuáles son las responsabilidades de los gobernantes? Este es el tipo de preguntas que intento responder en este capítulo.

Las primeras secciones muestran que Dios mismo estableció el gobierno civil para aportar múltiples beneficios a las sociedades humanas. Las secciones siguientes muestran las limitaciones de los gobiernos y algunos valores específicos que los gobiernos deben promover.

A. LOS GOBIERNOS DEBEN CASTIGAR EL MAL Y FOMENTAR EL BIEN

---

[1] Este capítulo ha sido adaptado de Wayne Grudem, *Politics-According to the Bible: A Comprehensive Resource for Understanding Modern Political Issues in Light of Scripture* [La política según la Biblia: Un recurso completo para entender los asuntos políticos modernos a la luz de las Escrituras] (Grand Rapids, Michigan: Zondervan, 2010), 77-115, con permiso de la editorial.

1. El fundamento del Antiguo Testamento.

a. Génesis 9:5-6: La primera indicación del establecimiento de un gobierno civil por parte de Dios en la sociedad humana ocurrió cuando Noé y su familia salieron del arca después del diluvio. En ese momento Dios dijo que exigiría un pago ("una rendición de cuentas") por el delito de asesinato y que exigiría que esta pena fuera ejecutada por otros seres humanos:

> Por cierto, de la sangre de ustedes yo habré de pedirles cuentas. A todos los animales y a todos los seres humanos les *pediré cuentas* de la vida de sus semejantes.
>
> Si alguien derrama la sangre de un ser humano, otro ser humano derramará la suya porque el ser humano ha sido creado a imagen de Dios mismo (Gn 9:5-6) (NVI).

Aquí Dios indicó que el crimen de asesinato (expresado por la imagen bíblica de "derramamiento de sangre") se pagaría con la pérdida de la propia vida del criminal: "otro ser humano derramará la suya" (ver la discusión de la pena capital en el cáp. 18, pág. 505).

No se dan más detalles sobre el gobierno civil. Pero al decir estas palabras a Noé, Dios estableció la obligación de los seres humanos de llevar a cabo el castigo más severo (la toma de una vida humana) en retribución del crimen más horrible (el asesinato de otro ser humano). Una vez establecido este principio, también se validó la imposición de penas menores para delitos *menores*, ya que un gobierno que tiene el derecho de aplicar el castigo más severo ciertamente tiene el derecho de aplicar penas *menores* para delitos *menores*. (Por ejemplo, se establecieron varios tipos de castigos para el gobierno del pueblo de Israel en las leyes que se encuentran en Éxodo hasta Deuteronomio).

Este mandato que Dios dio a Noé es significativo para nuestros propósitos en el siglo XXI porque fue dado mucho antes del establecimiento del pueblo de Israel como descendientes de Abraham (comenzando en Génesis 12) o el establecimiento de Israel como una nación distinta (comenzando con el éxodo de Egipto en Éxodo 12:33-42, el cruce del Mar Rojo en Éxodo 14, y la reunión de la nación en el Monte Sinaí en Éxodo 19-20). El mandato a Noé en Génesis 9 se dio *al principio del restablecimiento de la sociedad humana* después de que Dios hubiera destruido a todos, excepto a la familia de Noé, en las aguas del diluvio. Por lo tanto, una interpretación bíblica cuidadosa no limitaría los principios de Génesis 9:5-6 al Antiguo Testamento o a la nación de Israel, ya que el contexto implica que estos principios tienen relevancia para toda la raza humana en todos los tiempos.

b. La anarquía es un mal altamente destructivo: Otra sección del Antiguo Testamento refuerza esta necesidad del gobierno para frenar el mal, ya que muestra que cuando no hay gobierno o el gobierno es tan débil que no puede hacer cumplir sus leyes, hay resultados terriblemente destructivos. Las historias de Jueces 17-21 relatan algunos de los pecados más horribles registrados en la Biblia. Estos pasajes nos enseñan los terribles resultados de la anarquía, una situación que se produce cuando no hay ningún gobierno efectivo. Esta era la situación en Israel en aquella época, ya que "en aquellos días no había rey en Israel; cada uno hacía lo que bien le parecía" (Jue 17:6; cf. 18:1; 19:1; 21:25).

Estas trágicas narraciones de Jueces muestran con espantoso detalle por qué el gobierno civil es sumamente necesario entre los seres humanos pecadores. Cuando no hay un gobernante, la gente pecadora inventa su propia moralidad y pronto comienzan a hacer cosas terribles a los demás. Si no hay una autoridad gubernamental que detenga a los malvados, el mal simplemente aumenta.

c. Los gobiernos deben aplicar la justicia y defender a los débiles: Otra forma de describir el castigo del mal y la recompensa del bien es hablar de "hacer cumplir la justicia", donde "justicia" significa gobernar según las normas justas de las leyes de Dios. Si un rey aplica la justicia, castiga a los que han hecho el mal, y protege y recompensa a los que han hecho el bien. De esta manera, la justicia significa que las personas reciben lo que merecen[2].

El salmista muestra a Dios hablando a los gobernantes terrestres sobre la justicia:

¿Hasta cuándo defenderán la injusticia,
    y favorecerán a los impíos? [...]
Defiendan la causa del huérfano y del desvalido;
    al pobre y al oprimido háganles justicia.
Salven al menesteroso y al necesitado;
    líbrenlos de la mano de los impíos (Sal 82:2-4) (NVI).

Esta declaración enfatiza que los gobernantes (1) deben juzgar con justicia y rectitud, es decir, no deben "favorecer a los impíos", sino juzgar solo de acuerdo con la ley y los hechos del caso; (2) deben prestar especial atención a la defensa de "los huérfanos y desvalidos" y, por implicación, de otros que tienen poco poder para defenderse; y (3) deben usar su poder para impedir que "los impíos" dañen a otros, particularmente a aquellos que son "menesterosos" y "necesitados".

Un pasaje similar en Daniel enseña lo mismo. Daniel aconsejó al rey Nabucodonosor que Dios quería que practicara la "justicia" y mostrara "misericordia para con los oprimidos" (Dn 4:27).

d. Los gobiernos deben ejecutar castigos rápidos como disuasivo del crimen: Un pasaje del Eclesiastés refuerza la importancia del castigo civil para frenar el mal:

Por cuanto no se ejecuta luego sentencia sobre la mala obra, el corazón de
los hijos de los hombres está en ellos dispuesto para hacer el mal (Ec 8:11).

2. Enseñanza similar del Nuevo Testamento.

---

[2] Curiosamente, la Iglesia Católica Romana define la justicia en las instituciones sociales de forma similar: "La sociedad asegura la justicia social cuando proporciona las condiciones que permiten a las asociaciones o a los individuos obtener lo que les corresponde". *Catechism of the Catholic Church* [Catecismo de la Iglesia Católica], 2ª ed. (Nueva York: Doubleday, 1997), párr. 1928 (pág. 521).

a. Romanos 13:1-7: El Nuevo Testamento complementa y refuerza lo que encontramos en el Antiguo Testamento sobre la responsabilidad de la autoridad civil de castigar el mal. El pasaje más largo viene de Pablo:

> Sométase toda persona a las autoridades superiores; *porque no hay autoridad sino de parte de Dios, y las que hay, por Dios han sido establecidas.* De modo que quien se opone a la autoridad, a lo establecido por Dios resiste; y los que resisten, acarrean condenación para sí mismos. Porque los magistrados no están para infundir temor al que hace el bien, sino al malo. ¿Quieres, pues, no temer la autoridad? Haz lo bueno, y tendrás alabanza de ella; porque *es servidor de Dios para tu bien.* Pero si haces lo malo, teme; porque no en vano lleva la espada, pues *es servidor de Dios, vengador para castigar al que hace lo malo.* Por lo cual es necesario estarle sujetos, no solamente por razón del castigo, sino también por causa de la conciencia. Pues por esto pagáis también los tributos, porque son servidores de Dios que atienden continuamente a esto mismo. Pagad a todos lo que debéis: al que tributo, tributo; al que impuesto, impuesto; al que respeto, respeto; al que honra, honra.

Este pasaje nos dice varias cosas sobre el gobierno:

1. Dios ha designado a las autoridades que tienen el poder gubernamental (Ro 13:1-2). Esta idea se respalda en la declaración de Jesús a Pilato: "Ninguna autoridad tendrías contra mí, si no te fuese dada de arriba" (Juan 19:11).

2. Los gobernantes civiles "[...] están para infundir temor al [...] malo" (Ro 13:3), lo que significa que frenan el mal mediante la amenaza de castigo por las malas acciones. Esto es consistente con lo que se enseña en Génesis 9:5-6.

3. Los gobernantes civiles dan "aprobación" o alabanza (en griego, epainos, "aprobación, reconocimiento, alabanza") a los que hacen el bien (Ro 13:3). Además, el gobernante "es servidor de Dios *para tu bien*" (v. 4). Estos versículos indican que el gobierno tiene un rol en la promoción del bien común de una sociedad. No solo debe castigar las malas acciones, sino que también debe fomentar y recompensar la buena conducta, el comportamiento que contribuye al bien de la sociedad.

Un ejemplo de respaldo del gobierno al bien común son los parques y zonas de recreo financiados por los impuestos donde las familias pueden ir de picnic y los equipos deportivos pueden practicar y competir. Esta responsabilidad de promover lo que es bueno también justifica la exención de impuestos para las iglesias, ya que estas son buenas para la sociedad y promueven el bienestar de los ciudadanos. El mismo principio respalda la promoción del matrimonio por parte del gobierno mediante ciertos privilegios legales y beneficios económicos.

4. Los funcionarios del gobierno sirven a Dios. Pablo dice que el gobernante "es *servidor de Dios* para tu bien" y que "es *servidor de Dios*" (Ro 13:4). También dice que "las autoridades están al servicio de Dios" (v. 6) (NVI).

Esto significa que debemos pensar que los funcionarios del gobierno sirven a Dios cuando castigan el mal y promueven el bien, se den cuenta o no. Este es un pasaje que respalda la idea de que debemos considerar el gobierno civil como un regalo de Dios, algo que nos aporta grandes beneficios. Aunque las personas individuales y los gobiernos individuales pueden hacer el mal, *la institución del gobierno civil* en sí misma es algo muy bueno, un beneficio que nos llega de la infinita sabiduría y amor de Dios.

5. Los funcionarios del gobierno están haciendo el "bien" al llevar a cabo su trabajo. Pablo dice que el funcionario es servidor de Dios "para tu *bien*" (Ro 13:4). Esto significa que, en general, debemos considerar las actividades del gobierno, cuando premia el bien y castiga el mal, como algo que es "bueno" según la Palabra de Dios. Esta es una razón adicional para dar gracias a Dios por el gobierno civil.

Pero esto no significa de ninguna manera que debamos considerar bueno todo lo que hace un gobernante. Juan el Bautista reprendió a Herodes "a causa de todas las *maldades* que Herodes había hecho" (Lucas 3:19). Daniel le dijo a Nabucodonosor: "Tus *pecados* redime con justicia" (Dn 4:27). La historia del Antiguo Testamento contiene muchos relatos de reyes que "hicieron lo malo ante los ojos de Jehová" (1 Reyes 11:6). Por lo tanto, debemos decir que los gobernantes hacen "el bien" cuando cumplen con sus responsabilidades de manera justa y equitativa, siguiendo los principios de Dios para el gobierno.

6. Las autoridades gubernamentales ejecutan la ira de Dios sobre los malhechores y, por tanto, llevan a cabo una tarea de *retribución*. Esto queda explícito en la afirmación de Pablo de que el gobernante "no en vano lleva la espada", sino que, como "servidor de Dios", funciona como "*vengador* para castigar al que hace lo malo" (Ro 13:4). La palabra griega traducida como "vengador" es *ekdikos*, que significa "agente de castigo". [3]Esto indica que el propósito del castigo civil es *no solo evitar que se cometan más delitos* sino también de *llevar a cabo la ira de Dios sobre la maldad* y que esto incluirá la aplicación de un castigo real, es decir, algún tipo de dolor o dificultad para el malhechor, un castigo que es apropiado para el delito cometido. Por eso Pablo puede decir que la autoridad gubernamental es "un vengador *para castigar* al que hace lo malo".

Esto es significativo, especialmente en relación con Romanos 12:19, que se encuentra solo tres versículos antes de la discusión de Pablo sobre el gobierno civil que comienza en Romanos 13:1. (En el texto griego, tal como lo escribió Pablo, no había divisiones de capítulos o versículos, por lo que este versículo está muy cerca de lo que ahora conocemos como Romanos 13). Pablo señala:

No os venguéis vosotros mismos, amados míos, sino dejad lugar a la ira de Dios; porque escrito está: Mía es la venganza, yo pagaré, dice el Señor (Ro 12:19).

Pablo les dice a los cristianos que no tomen *venganza personal* cuando se les ha hecho un mal, sino que deben permitir que el malhechor sea castigado por "la ira de Dios". Luego, unas pocas frases después (en Ro 13:4), explica que la "ira de Dios"

---

[3] Esta idea se ve reforzada por otros usos de esta palabra (como en 1 Ts 4:6) y el verbo relacionado *ekdikeo* ("infligir el castigo apropiado por el mal cometido, castigar, tomar venganza", como en Apocalipsis 6:10; 19:2), así como el sustantivo relacionado *ekdikesis* ("venganza, castigo", como en Hechos 7:24; Ro 12:19; 2 Ts 1:8; Hebreos 10:30). 1:8; He 10:30).

contra los malhechores es llevada a cabo por el gobierno civil cuando les inflige un castigo. Esto significa que con frecuencia es correcto que los cristianos se dirijan al gobierno civil para pedir que se haga justicia cuando han sufrido un mal a manos de otros. El gobierno civil, en esta vida, es el medio que Dios ha establecido para llevar a cabo la justicia en estos casos.

b. 1 Pedro 2:13-14: Pedro expresa una visión similar del rol del gobierno en su primera epístola:

> Por causa del Señor someteos a toda institución humana, ya sea al rey, como a superior, ya a los gobernadores, como por él enviados para castigo de los malhechores y alabanza de los que hacen bien.

Pedro, al igual que Pablo, comienza ordenando a sus lectores que "se sometan" a las instituciones humanas, como el emperador o los gobernantes. También dice que estos líderes deben controlar la mala conducta y alabar y animar la buena "para *castigo de los malhechores y alabanza de los que hacen bien*" (1 P 2:14). La idea de que el gobierno es establecido por Dios no se hace explícita, pero se insinúa cuando Pedro dice que los cristianos deben estar sometidos "por causa del Señor a toda institución humana" (v. 13). Y Pedro incluye explícitamente la idea de retribución contra los malhechores cuando dice que los gobernantes son enviados "para *castigar* a los malhechores". (La palabra traducida como "castigar" es el sustantivo griego *ekdikesis*, relacionado con *ekdikos*, como vimos en Ro 13:4). La idea de que deben "alabar a los que hacen bien" da un apoyo adicional al concepto de que el gobierno promueve el bien común de una sociedad.

c. ¿Qué hay de "poner la otra mejilla"? Algunos cristianos se oponen hoy a la idea de que el gobierno deba castigar a los malhechores. Dicen que el gobierno debería tratar de corregir las causas que llevan a las personas a cometer delitos, culpando a la sociedad mucho más que a las personas que hacen el mal. Estas personas que se oponen a castigar a los malhechores suelen remitirse a las palabras de Jesús en Mateo 5:39:

> Pero yo os digo: No resistáis al que es malo; antes, a cualquiera que te hiera en la mejilla derecha, vuélvele también la otra.

¿Prohíbe esta enseñanza incluso que el gobierno ejecute el castigo a los malhechores? No, si se entiende correctamente.

Este versículo de "poner la otra mejilla" debe entenderse dentro de su contexto. Jesús no está hablando de las *responsabilidades del gobierno*, sino que está dando principios para la conducta personal individual. Además, en esta sección de Mateo, Jesús no está dando requisitos absolutos que deben seguirse en cada caso, sino que está dando *ilustraciones* específicas y concretas de lo que suele ser la conducta personal en la vida de un cristiano[4].

---

[4] Ver también la discusión del significado de la palabra *bofetada* en este versículo en el cáp. 20, pág. 551.

Para tomar otro ejemplo, sería desobediente al resto de la Escritura obedecer en toda situación el mandato que viene solo tres versículos después: "Al que te pida, dale; y al que quiera tomar de ti prestado, no se lo rehúses" (Mt 5:42). Si esto fuera un requisito absoluto, cualquier mendigo podría llevar a la quiebra a cualquier cristiano simplemente por pedir más y más repetidamente. Pero la Biblia *también* requiere que los cristianos sean buenos administradores de sus recursos (ver Lucas 16:10: "El que es fiel en lo muy poco, también en lo más es fiel"; 1 Co 4:2: "se requiere de los administradores, que cada uno sea hallado fiel"; y la parábola de los talentos en Mateo 25:14-30).

Por estas razones, el mandato de Jesús a sus seguidores de poner la otra mejilla no es un argumento persuasivo contra el uso de la fuerza por parte del gobierno o el castigo retributivo a los malhechores, que son responsabilidades del gobierno que se enseñan explícitamente en varios otros pasajes de las Escrituras.

d. Habría gobiernos civiles incluso en un mundo sin pecado: ¿Es necesario el gobierno solo porque hay maldad en el mundo? No, no creo que esa sea la conclusión. Incluso si no hubiera maldad en el mundo, creo que el gobierno seguiría siendo necesario. Su rol incluiría hacer cosas que *promuevan el bien común* de una sociedad, como (en las sociedades modernas al menos) la construcción y regulación de carreteras, el establecimiento de pesos y medidas estándar, el mantenimiento de registros públicos, la promulgación de leyes para la seguridad (como los límites de velocidad y las normas para los materiales de construcción), la estandarización de la energía eléctrica y el establecimiento de una moneda que se utilice como dinero para el intercambio legal dentro de una nación. Estas actividades promueven el bien común. "Promueven el bienestar general", como dice el primer párrafo de la Constitución de los Estados Unidos[5].

B. ¿QUÉ PASA CON LAS LEYES DETALLADAS DEL ANTIGUO TESTAMENTO PARA EL GOBIERNO DE ISRAEL?

Si es cierto que los gobiernos son responsables ante Dios de castigar el mal y fomentar el bien, ¿no deberíamos recurrir a las extensas leyes que Dios dio a la nación de Israel en el Antiguo Testamento para saber con más detalle cómo deben funcionar los gobiernos?

No podemos hacerlo directamente, y solo deberíamos hacerlo con mucha precaución, debido al lugar especial que ocupan esas leyes en el ámbito de toda la Biblia. Pertenecían al Pacto de Moisés, y, como argumenté en el capítulo 8, el Pacto de Moisés se terminó y reemplazó por el Nuevo Pacto, que comenzó en el momento de la muerte de Cristo.

Tampoco dio Dios estas leyes a Israel como modelo para que todos los gobiernos las imitaran en todos los aspectos. Esto es cierto por varias razones:

---

[5] Ver http://constitutionus.com.

1. Israel como una teocracia. Muchas de las leyes eran adecuadas solo para una teocracia. Israel debía ser para Dios "un reino de sacerdotes y una nación santa" (Ex 19:6) (NVI). Por lo tanto, era una teocracia gobernada por Dios mismo, y por lo tanto las leyes de Israel *gobernaban la vida religiosa del pueblo de Dios* (como sus sacrificios, festivales y adoración al único Dios verdadero) así como los asuntos que normalmente pertenecen a los gobiernos civiles en todas las épocas de la historia.

2. El juicio de Dios sobre el fin de los tiempos que irrumpe en la historia actual. Una interpretación adecuada de las leyes de Israel requiere la comprensión de algunos ejemplos inusuales del juicio de Dios que "irrumpe" repentinamente en la historia de la humanidad.

Incluso antes del establecimiento de Israel como nación, hubo algunos ejemplos de que el juicio de Dios trajo repentinamente una rápida retribución a la extrema pecaminosidad humana. La historia del diluvio y el arca de Noé (Génesis 6-9) es un ejemplo de tal juicio. La historia de Sodoma y Gomorra (ver 19:24-28), en la que Dios destruyó estas ciudades con azufre y fuego del cielo, es otra.

La historia de la destrucción de las ciudades de Canaán por el pueblo de Israel es otro ejemplo, un acontecimiento único llevado a cabo bajo la dirección de Dios (ver Dt 20:16-18; contrasta con los vv. 10-15, donde tal guerra de juicio divino estaba prohibida en otros casos). Esta guerra para la conquista de Canaán y la destrucción de los cananeos se llevó a cabo por orden específica de Dios y formaba parte de su plan para establecer a su pueblo en la tierra que le había prometido. También presagiaba el juicio final de Dios sobre toda la tierra. [6]Pero estos ejemplos de la "irrupción" del juicio de Dios en la historia de la humanidad fueron llevados a cabo directamente por Dios (el diluvio y la destrucción de Sodoma y Gomorra) o se llevaron a cabo por orden directa de Dios (la conquista de Canaán). Nunca deben servir de modelo para que los gobiernos civiles los imiten en la actualidad. Fueron históricamente únicos.

3. Aplicación extensiva de la pena de muerte. Una interpretación adecuada de las leyes del Antiguo Testamento también requiere la comprensión de otro aspecto único de esas leyes, es decir, la imposición de la pena de muerte no solo por el asesinato (como en Gn 9:5-6), sino también por promover una religión falsa (ver Ex 22:18, 20; Dt 13:6-17), por rebelión contra la autoridad familiar (ver Ex 21:15, 17; Dt 21:18-21), y por el pecado sexual (ver Lv 20:10-14).

Estas y otras aplicaciones de la pena de muerte formaban parte de la identidad de Israel como "nación santa" (Ex 19:6) (NVI) ante Dios, pero eso no significa que las naciones actuales, que no existen como teocracias o como "naciones santas" ante Dios, deban intentar seguir estos ejemplos. seguir estos ejemplos. De hecho, el relato histórico del Antiguo Testamento muestra que tales leyes y castigos tan severos no pudieron crear un pueblo verdaderamente santo, porque las leyes no cambiaron el corazón de la gente (ver Jer 31:31-33; Ro 8:3-4; Gá 3:21-24). Estos castigos severos para las infracciones religiosas, la rebelión familiar y el pecado

---

[6] Ver Meredith G. Kline, "The Intrusion and the Decalogue" [La intrusión y el decálogo], WTJ 16, no. 1 (noviembre de 1953): 1-22.

sexual no deben ser utilizados como modelo para los gobiernos de la actualidad.

4. El valor permanente de estas leyes. Si se tienen en cuenta estas distinciones, las leyes que Dios dio a Israel pueden seguir proporcionando información útil para entender los propósitos del gobierno y la naturaleza del buen y mal gobierno. En el resto de este capítulo, trataré de utilizar ese material de forma reflexiva, prestando atención al contexto histórico único en el que se produce. Y debemos recordar que, por comparación con las leyes y costumbres de las naciones circundantes del antiguo Cercano Oriente, las leyes que Dios dio a Israel fueron un modelo asombroso de cómo la justicia, la equidad la compasión por los pobres y los oprimidos, y la auténtica santidad de vida pueden funcionar en la vida cotidiana. De hecho, Moisés dijo al pueblo de Israel: "Y ¿qué nación grande hay que tenga estatutos y juicios justos como es toda esta ley que yo pongo hoy delante de vosotros?" (Dt 4:8)[7].

Aunque las disposiciones específicas de la Ley de Moisés en Éxodo-Deuteronomio estaban destinadas a aplicarse directamente solo a Israel en ese momento, algunas otras secciones del Antiguo Testamento no están dirigidas específicamente al pueblo judío, sino que hablan en términos generales sobre los gobiernos y los reyes. Por ejemplo, solo el libro de los Proverbios tiene 32 versículos que mencionan a un rey. Salmos y Eclesiastés añaden más. Estos versículos dan sabiduría adicional sobre el gobierno civil que usaremos en puntos específicos en el resto de este capítulo[8].

C. DIOS ES SOBERANO SOBRE TODAS LAS NACIONES, Y TODOS LOS PUEBLOS SON RESPONSABLES ANTE ÉL

Amplias secciones de varios de los libros proféticos del Antiguo Testamento se dirigen no a Israel sino a las naciones paganas. Estas profecías muestran que Dios también hace responsables a las *naciones incrédulas* por sus acciones (ver Isaías 13-23; Jeremías 46-51; Ezequiel 25-32; Amós 1-2; Abdías-escrito a Edom; Jonás-enviado a Nínive; Nahum-escrito a Nínive; Habacuc 2; Sofonías 2).

Varios otros pasajes enseñan la soberanía de Dios sobre la selección y el establecimiento de los gobernantes, incluidos los gobernantes de las naciones seculares. A través de Moisés, Dios dijo al Faraón: "Pero *te he dejado con vida precisamente para mostrarte mi poder, y para que mi nombre sea proclamado por toda la tierra*" (Ex 9:16) (NVI).

Dios también predijo, a través de Isaías, el establecimiento de Ciro, rey de Persia, unos 150 años antes de su vida:

---

[7] Para más información, ver Christopher J. H. Wright, Old Testament Ethics for the People of God [Ética del Antiguo Testamento para el pueblo de Dios] (Downers Grove, Illinois: InterVarsity Press, 2004); Walter C. Kaiser Jr., *Toward Old Testament Ethics* [Hacia una ética del Antiguo Testamento] (Grand Rapids, Michigan: Zondervan, 1991); Gordon J. *Wenham, Story as Torah: Reading Old Testament Narrative Ethically* [La historia como Torá: Lectura ética de la narrativa del Antiguo Testamento] (Grand Rapids, Michigan: Baker, 2000).

[8] Para una discusión mucho más extensa sobre cómo aplicar las enseñanzas bíblicas al gobierno civil, ver Grudem, *Politics-According to the Bible* [La política según la Biblia].

que dice de Ciro: Es mi pastor, y cumplirá todo lo que yo quiero [...]

Así dice Jehová a su ungido, a Ciro, al cual tomé yo por su mano derecha, para sujetar naciones delante de él[9] (Is 44:28-45:1).

El salmista expresa de manera general la idea de la designación de gobernantes por parte de Dios:

Porque ni de oriente ni de occidente,
Ni del desierto viene el enaltecimiento.
Mas Dios es el juez;
A éste humilla, y a aquél enaltece (Sal 75:6-7).

Daniel también afirma esto sobre Dios: "quita reyes, y pone reyes" (Dn 2:21) y "El Altísimo tiene dominio en el reino de los hombres, y que lo da a quien él quiere" (4:25; ver también los vv. 17, 32).

En el Nuevo Testamento, Pablo también enseña este principio:

Sométase toda persona a las autoridades superiores; porque no hay autoridad sino de parte de Dios, *y las que hay, por Dios han sido establecidas* (Ro 13:1).

D. LOS GOBIERNOS DEBEN SERVIR AL PUEBLO Y BUSCAR EL BIEN DEL PUEBLO Y DE LA NACIÓN

Si el gobierno civil debe ser "siervo de Dios para tu bien" (Ro 13:4), entonces el gobierno existe para el bien del pueblo, no *para el bien del rey, el emperador o el presidente*. En el Antiguo Testamento, Samuel ilustró bien este principio durante su servicio como juez. Al final de su mandato como juez, dijo al pueblo de Israel:

Aquí estoy; atestiguad contra mí delante de Jehová y delante de su ungido, si he tomado el buey de alguno, si he tomado el asno de alguno, si he calumniado a alguien, si he agraviado a alguno, o si de alguien he tomado cohecho para cegar mis ojos con él; y os lo restituiré. Entonces dijeron: Nunca nos has calumniado ni agraviado, ni has tomado algo de mano de ningún hombre (1 S 12:3-4).

En contraste con su propia conducta justa como juez, Samuel advirtió al pueblo que un rey abusaría de su poder y tomaría del pueblo para beneficio propio y de su familia:

---

[9] Cuando Isaías profetizó (alrededor del 740-681 a. C.), el Imperio Asirio dominaba el antiguo Cercano Oriente. Pero Asiria fue derrotada por las fuerzas del imperio babilónico en el 612 a. C. Luego Babilonia cayó en manos de los persas en el 539 a. C. Ciro se convirtió en rey de Persia en el 538 a.C. Por lo tanto, Isaías, bajo la inspiración de Dios, predijo a Ciro por su nombre, un gobernante que llegaría dos imperios y unos 150 años después de la profecía de Isaías.

Dijo, pues: Así hará el rey que reinará sobre vosotros: *tomará* vuestros hijos, y los pondrá en sus carros y en su gente de a caballo, para que corran delante de su carro [...] los pondrá asimismo a que aren sus campos y sieguen sus mieses [...] *Tomará* también a vuestras hijas para que sean perfumadoras, cocineras y amasadoras. Asimismo *tomará* lo mejor de vuestras tierras, de vuestras viñas y de vuestros olivares [...] Diezmará vuestro grano y vuestras viñas, para dar a sus oficiales y a sus siervos. *Tomará* vuestros siervos y vuestras siervas [...] Diezmará también vuestros rebaños, y seréis sus siervos (1 S 8:11-17).

Este uso del poder gubernamental para el enriquecimiento propio del líder y sus familiares y amigos traiciona el propósito fundamental del gobierno: servir al pueblo. Se condena repetidamente en el Antiguo Testamento (ver Dt 16:19; Sal 26:10; Pr 15:27; 17:23; Is 33:15; Ez 22:12; Amós 5:12; Hab. 1:2-4).

Lamentablemente, cuanto más poder sin control tiene un gobierno y menos responsabilidad pública tiene ante el pueblo, más probable es que un gobernante se olvide de servir al pueblo y "tome" más y más para sí mismo, tal como Samuel advirtió que haría el rey[10].

E. LOS CIUDADANOS DEBEN ESTAR SUJETOS AL GOBIERNO Y OBEDECER SUS LEYES (EXCEPTO EN CIERTAS CIRCUNSTANCIAS)

1. La obligación general de estar sujeto al gobierno civil. Debido a que Dios ha establecido el gobierno para restringir el mal y hacer el bien para la nación, los ciudadanos deben, en general, estar sujetos al gobierno y obedecer sus leyes. Pablo escribe:

Sométase toda persona a las autoridades superiores; porque no hay autoridad sino de parte de Dios, y las que hay, por Dios han sido establecidas. De modo que quien se opone a la autoridad, a lo establecido por Dios resiste (Ro 13:1-2).

Del mismo modo, Pedro dice a los cristianos: Por causa del Señor *someteos* a toda institución humana, ya sea al rey, como a superior, ya a los gobernadores, como por él enviados para castigo de los malhechores y alabanza de los que hacen

---

[10] Un ejemplo trágico de este tipo de abuso de poder fue la vida de Omar Bongo, que gobernó la nación africana de Gabón durante 41 años. Cuando murió en 2009, el Daily Telegraph de Londres informó de que Bongo "consideraba todo lo que había en [Gabón] como su propiedad personal y elevó la corrupción a método de gobierno". Habiendo tomado para sí una gran parte de la riqueza petrolera de Gabón, "poseía 33 propiedades en París y Niza", además de tener otros 86 millones de libras (138 millones de dólares) en cuentas en Nueva York, y "estos descubrimientos eran probablemente sólo la punta del iceberg: La fortuna de Bongo se elevaba sin duda a cientos de millones de dólares y puede haber llegado a los miles de millones". *The Daily Telegraph,* 9 de junio de 2009, 29. Por desgracia, en los países donde los gobiernos no tienen una separación efectiva de poderes, historias como ésta podrían repetirse muchas veces.

bien (1 P 2:13-14).

Estos pasajes enseñan que las personas en general, y los cristianos en particular, tienen la obligación de obedecer al gobierno civil[11].

2. ¿Cuándo es correcto desobedecer al gobierno civil? Dios no hace responsable a las personas de obedecer al gobierno civil *cuando la obediencia significaría desobedecer directamente un mandato de Dios mismo*. Este principio se indica en varios pasajes de las secciones narrativas de la Biblia.

Un ejemplo evidente proviene de los primeros días de la iglesia cristiana. Después de que Jesús ordenara a los apóstoles que predicaran el evangelio (ver Mateo 28:19-20), la autoridad gobernante judía, el Sanedrín, arrestó a algunos de ellos y les ordenó "que en ninguna manera hablasen ni enseñasen en el nombre de Jesús" (Hechos 4:18). Pero los apóstoles Pedro y Juan respondieron: "no podemos dejar de decir lo que hemos visto y oído" (v. 20), y después Pedro proclamó: "Es necesario obedecer a Dios antes que a los hombres" (5:29).

Esta es una afirmación evidente del principio de que Dios requiere que su pueblo desobedezca al gobierno civil si la obediencia significa desobedecer directamente a Dios.

Otros pasajes también lo establecen. En Daniel 3:13-20, el rey Nabucodonosor ordenó a tres hombres judíos, Sadrac, Mesac y Abed-nego, que se inclinaran y adoraran una estatua de oro que había erigido. Pero ellos se negaron y dijeron: "No serviremos a tus dioses, ni tampoco adoraremos la estatua que has levantado" (v. 18). Dios mostró su aprobación de sus acciones al rescatarlos del horno de fuego ardiendo (vv. 19-30).

Cuando el Faraón ordenó a las parteras egipcias que dieran muerte a los niños hebreos recién nacidos, ellas desobedecieron, y Dios aprobó su desobediencia (Ex 1:17, 21). Cuando estaba prohibido que alguien entrara en la presencia del rey Asuero sin ser invitado, Ester desobedeció la ley, arriesgando su vida para salvar a su pueblo, los judíos (ver Est 4:16). Daniel también desobedeció una ley que

---

[11] ¿Y los límites de velocidad? ¿Ser sujeto al gobierno requiere que los cristianos sigan el límite de velocidad indicado al conducir? Durante muchos años pensé que Romanos 13 me exigía no exceder el límite de velocidad anunciado, y por lo tanto regularmente mantenía mi velocidad a 30 mph, 45 mph, o 55 mph si eso era lo que decía la señal, con el resultado de que probablemente el 95 por ciento de los demás conductores me pasaban yendo 5 a 10 mph más rápido. Pero mantuve mi velocidad constante, aunque eso puso a prueba mi paciencia.

Entonces, un día, un abogado cristiano me dijo que, en varios casos, los tribunales de Estados Unidos habían defendido el principio de que el límite de velocidad que se debe obedecer no es la velocidad indicada, sino "la velocidad que se aplica habitualmente". Donde yo vivo, en Arizona, el límite de velocidad que se "aplica habitualmente" es de 10 u 11 mph por encima de la velocidad anunciada (según mi observación personal y algunos informes de los medios de comunicación), aunque podrá haber menos tolerancia hacia los conductores imprudentes o muy jóvenes. (Las prácticas policiales en otros estados y otros países pueden ser diferentes).

Por lo tanto, mi práctica personal ahora, en general, es conducir con el flujo de tráfico y permanecer por debajo del límite que se aplica habitualmente. Esto lo hago con la conciencia tranquila. Sin embargo, se trata de una aplicación sabia de las Escrituras a una situación concreta, y los cristianos pueden diferir al respecto. Tengo un buen amigo cristiano (un profesor de otro seminario) que no está de acuerdo conmigo y cree que está obligado por su conciencia a permanecer por debajo del límite establecido.

le prohibía orar a Dios (ver Dn 6:10). Además, cuando el rey Herodes ordenó a los sabios que regresaran y le dijeran dónde se encontraba el Rey de los Judíos recién nacido, un ángel les advirtió que no hicieran caso de esta orden, por lo que desobedecieron a Herodes y "regresaron a su tierra por otro camino" (ver Mt 2:8, 12).

Juan Calvino lo expresó así:

> Pero en esa obediencia que hemos mostrado que se debe a la autoridad de los gobernantes, debemos hacer siempre esta excepción [...] que tal obediencia no debe alejarnos nunca de la obediencia a Él, a cuya voluntad deben someterse los deseos de todos los reyes [...] Y ¡qué absurdo sería que al satisfacer al hombre incurrieran en el desagrado de aquel por cuya causa obedecen a los mismos hombres! El Señor, por tanto, es el Rey de los Reyes [...] Si ordenan algo en contra de Él, que sea desestimado[12].

3. ¿Es correcto intentar derrocar u obtener la libertad de un gobierno existente? A veces se plantea la cuestión de si fue correcto que las primeras colonias americanas declararan su independencia de Gran Bretaña. ¿Acaso la Revolución Americana no fue un acto de desobediencia a las autoridades gobernantes y, por lo tanto, fue un acto de desobediencia al mandato de Dios en Romanos 13?

Algunos escritores cristianos han defendido esta postura. Por ejemplo, John MacArthur dice que rebelarse contra el gobierno británico y declarar la independencia era "contrario a las claras enseñanzas y mandatos de Romanos 13:1-7". Por lo tanto, MacArthur dice: "Los Estados Unidos en realidad nacieron de una violación de los principios del Nuevo Testamento, y cualquier bendición que Dios ha otorgado a América ha venido a pesar de esa desobediencia de los Padres Fundadores"[13].

En la época de la Revolución Americana, varios cristianos estaban de acuerdo con la posición que MacArthur expone aquí. Algunos dejaron las colonias americanas y regresaron a Inglaterra para someterse a la corona británica en vez de participar en la Guerra de la Independencia.

Pero no estoy de acuerdo con este punto de vista. Estoy convencido, después de estudiar la situación histórica y los principios de las Escrituras, que la Revolución Americana fue moralmente justificada a los ojos de Dios.

El motivo por el que varios colonos pensaron que estaba justificado rebelarse contra la monarquía británica es que *es moralmente correcto que un funcionario inferior del gobierno proteja a los ciudadanos a su cargo de un funcionario superior* que está cometiendo delitos contra estos ciudadanos.

Este pensamiento en los círculos protestantes se remonta a Calvino. En sus

---

[12] Juan Calvino, *Institutes of the Christian Religion* [Institutos de la Religión Cristiana], ed. John T. McNeill, trans. Ford Lewis Battles, Library of Christian Classics, vols. 20-21 (Filadelfia: Westminster, 1960), 4.20.32 (1520).

[13] John MacArthur, *Why Government Can't Save You: An Alternative to Political Activism* [Por qué el gobierno no puede salvarte: Una alternativa al activismo político], Bible for Life Series (Nashville: Word, 2000), 6-7.

Institutes of the Christian Religion [Institutos de la Religión Cristiana] (1559), argumentó lo siguiente:

> Si ahora hay magistrados del pueblo, designados para frenar la obstinación de los reyes [...] si hacen un guiño a los reyes que caen violentamente y agreden a las personas humildes comunes, declaro que [...] traicionan deshonestamente la libertad del pueblo, del que saben que han sido designados protectores por ordenanza de Dios[14].

Otros pensadores luteranos y reformados hicieron declaraciones similares. El derecho a rebelarse contra los tiranos también se encuentra en las palabras del filósofo católico Tomás de Aquino (c. 1225-1274) y de muchos otros escritores cristianos. Según Greg Forster, un experto en la historia de la teoría gubernamental, un argumento común entre los escritores cristianos era que un "gobierno" tiránico "no es realmente un gobierno, sino una banda criminal que se hace pasar por un gobierno, y por lo tanto no tiene derecho a la obediencia que los gobiernos (propiamente dichos) pueden reclamar".[15]Otro argumento fue que "el principio del estado de derecho [...] implica el derecho a la rebelión"[16].

Por lo tanto, los líderes que fundaron los Estados Unidos y declararon su independencia de Gran Bretaña pensaron que estaban haciendo algo que era *moralmente correcto e incluso necesario, ya que estaban protegiendo a los ciudadanos a su cargo de los malvados ataques del rey Jorge III de Inglaterra,* que había actuado repetidamente como un "tirano". Los ciudadanos de las colonias necesitaban protegerse del rey Jorge tanto como de un ladrón o asesino que atacara a la gente desde dentro del país, y tanto como de un ejército hostil que lo invadiera desde otro país.

De hecho, la Declaración de la Independencia contiene una larga declaración de agravios contra Inglaterra que hizo "necesario que un pueblo disolviera las ataduras políticas que los han unido a otro". Los autores escribieron que habían soportado pacientemente muchos sufrimientos, buscando otras soluciones:

> La prudencia, en efecto, dictará que los gobiernos largamente establecidos no deben ser cambiados por causas ligeras y transitorias; y en consecuencia, toda la experiencia ha demostrado que la humanidad está más dispuesta a sufrir, mientras los males sean sufribles, que a enderezarse aboliendo las formas a las que está acostumbrada.

Pero entonces los firmantes de la Declaración dijeron esencialmente que no podían sufrir más los abusos del rey:

> Sin embargo, cuando una larga serie de abusos y usurpaciones, que persiguen invariablemente el mismo objeto, evidencian un designio de reducirlos bajo un despotismo absoluto, es su derecho, es su deber,

---

14 Calvino, *Institutes* [Institutos], 4.20.31 (1519).
15 Greg Forster, correo electrónico personal, 21 de enero de 2010.
16 Ibid.

deshacerse de ese gobierno, y proporcionar nuevos guardianes para su seguridad futura [...] La historia del actual Rey de Gran Bretaña es una historia de repetidas injurias y usurpaciones, todas las cuales tienen el objetivo directo de establecer una tiranía absoluta sobre estos estados. Para probar esto, dejemos que los hechos se sometan a un mundo cándido.

Lo que sigue es una larga y detallada lista de abusos intolerables del poder gubernamental que el rey de Inglaterra había infligido a las colonias. El rey era un criminal destructivo a los ojos de los líderes coloniales, por lo que sentían que tenían la obligación ante Dios de proteger a sus ciudadanos de él.

Entonces los firmantes concluyeron la Declaración con la indicación de que no lo hacían como individuos aislados, sino como "Representantes de los Estados Unidos de América, en el Congreso General, reunidos, apelando al Juez Supremo del mundo por la rectitud de nuestras intenciones".

Finalmente, estos representantes de las distintas colonias declararon:

Nosotros [...] publicamos y declaramos solemnemente que estas colonias unidas son, y por derecho deben ser, estados libres e independientes; que están absueltas de toda lealtad a la Corona Británica, y que toda conexión política entre ellas y el estado de Gran Bretaña es y debe ser totalmente disuelta [...] Y para el apoyo de esta declaración, con una firme confianza en la protección de la Divina Providencia, nos comprometemos mutuamente con nuestras vidas, nuestras fortunas y nuestro sagrado honor[17].

Otro argumento para tratar de cambiar u obtener la libertad de un gobierno existente es el principio general de que *la Biblia no dice que sea siempre malo cambiar un gobierno existente*. Por ejemplo, los cristianos que viven en una democracia votan regularmente para elegir líderes, y a veces votan para elegir líderes diferentes de los que están actualmente en el cargo. Intentan cambiar el gobierno a través de una elección. ¿Podría ser correcto intentar cambiar el gobierno por otros medios (como declarar la propia independencia, y luego defender ese estatus independiente contra los ataques)?

Reconozco que la Biblia dice que los funcionarios gobernantes han sido "designados" por Dios, pero ciertamente Él actúa a través de acciones humanas para designar líderes *diferentes* en tiempos diferentes. La historia de Israel muestra cómo Dios actuó una y otra vez a través de muchos eventos significativos para destituir a un rey y nombrar a otro.

Una tercera razón por la que a veces es correcto intentar cambiar el gobierno existente es que *la Biblia da algunos ejemplos de que Dios levanta líderes para liberar a su pueblo del gobierno de los tiranos*, como Moisés, que liberó a su pueblo de Egipto y del faraón (ver Ex 1-14). El libro de los Jueces recoge muchas historias que muestran que los gobernantes extranjeros oprimieron al pueblo de Israel, pero luego Dios los liberó a través de jueces que Él había designado: "Y Jehová levantó

---

[17] Ver el texto de la Declaración de Independencia, incluida la larga lista de agravios, en el apéndice de este capítulo, pág. 477.

jueces que los librasen de mano de los que les despojaban" (Jue 2:16).

En el Nuevo Testamento, el autor de Hebreos habla de algunos héroes del Antiguo Testamento "que por fe *conquistaron reinos*" (He 11:33), lo que significa que mediante la acción militar derrocaron gobiernos y establecieron otros poderes gobernantes.

Muchos de los Padres Fundadores de los Estados Unidos conocían estos ejemplos bíblicos de tiranos derrocados. De hecho, la notable propuesta de Benjamín Franklin para el diseño del Gran Sello de los Estados Unidos (que finalmente no se adoptó) era esta (la propuesta aún existe de puño y letra de Franklin):

> Moisés de pie en la orilla y extendiendo su mano sobre el mar, provocando así que este arrase al Faraón, que está sentado en un carro abierto, con una corona en la cabeza y una espada en la mano. Rayos de una columna de fuego en las nubes que llegan a Moisés, para expresar que actúa por orden de la deidad. El lema: Rebelión a los Tiranos es Obediencia a Dios[18].

Mi conclusión es que la Declaración de la Independencia, al igual que la Guerra de Independencia estadounidense, fue moralmente justificada y era realmente necesaria para liberar al pueblo de las colonias de la tiranía que sufrían por parte del rey Jorge III de Inglaterra[19].

F. LOS GOBIERNOS DEBEN PROTEGER LA LIBERTAD HUMANA

La libertad en una nación es de suma importancia porque permite a las personas tener la libertad de elegir obedecer o desobedecer a Dios, de servirle o no servirle, según su mejor criterio. La Biblia da un gran valor a la libertad humana individual y a la responsabilidad de elegir sus acciones. Comenzando por el origen de la raza humana, cuando puso a Adán y Eva en el jardín del Edén, Dios dio a las personas libertad de elección (ver Génesis 2:16-17). Esa libertad de elección es una de las manifestaciones más elevadas de excelencia en los seres humanos que Dios ha creado, y es una de las formas en que el ser humano se parece más a Dios que cualquiera de los animales o plantas que ha creado[20].

1. Argumentos bíblicos a favor de la libertad humana. Varios argumentos de la Biblia respaldan la idea de que los gobiernos deben proteger la libertad humana. La primera consideración es el hecho de que *la esclavitud y la opresión son*

---

[18] Citado en www.greatseal.com/committees/firstcomm/.

[19] Debo añadir que me alegro de que hoy el Reino Unido sea uno de los aliados y amigos más cercanos de Estados Unidos. Mi esposa, Margaret, y yo pasamos cuatro maravillosos años viviendo en el Reino Unido, y hemos regresado para visitas más cortas en varias ocasiones.

[20] En este capítulo, hablo específicamente de la libertad política o de la libertad de las restricciones gubernamentales sobre las propias acciones. En cuanto a la relación entre la libertad humana de elección y la soberanía de Dios, ver Wayne Grudem, *Systematic Theology: An Introduction to Biblical Doctrine* [Teología Sistemática: Una introducción a la doctrina bíblica] (Leicester, Reino Unido: Inter-Varsity, y Grand Rapids, Michigan: Zondervan, 1994), 315-54.

siempre vistas negativamente en las Escrituras, mientras que la libertad es vista positivamente.

Cuando Dios dio los Diez Mandamientos al pueblo de Israel, comenzó diciendo: "Yo soy el Señor tu Dios. Yo te saqué de Egipto, del país donde *eras esclavo*" (Ex 20:2) (NVI).

Cuando el pueblo de Israel se volvió contra el Señor, Él los entregó en manos de opresores, que los esclavizaron y les quitaron la libertad (ver Dt 28:28-29, 33; Jue 2:16-23). La pérdida de la libertad era un juicio, no una bendición.

Por eso, una de las bendiciones prometidas en la profecía mesiánica de Isaías 61 era que el libertador venidero liberaría al pueblo de la opresión de sus enemigos, pues iba "a publicar libertad a los cautivos" (v. 1).

También se valoraba la libertad individual, ya que aunque la gente en Israel a veces se vendía a sí misma como esclavos para solucionar la pobreza extrema, el año del Jubileo llegaba una vez cada 50 años para liberar a los que habían sido esclavizados.

> Y santificaréis el año cincuenta, *y pregonaréis libertad en la tierra a todos sus moradores;* ese año os será de jubileo, y volveréis cada uno a vuestra posesión, y cada cual volverá a su familia (Lev. 25:10).

Las Escrituras ven favorablemente la libertad de elección individual una y otra vez. Es un componente de la personalidad humana plena y es, en última instancia, un reflejo del atributo de la "voluntad" de Dios, su capacidad para aprobar y llevar a cabo diversas acciones a su voluntad. Por eso, no solo tenemos la prueba de Dios a Adán y Eva en el jardín del Edén, sino también declaraciones como esta:

> Os he puesto delante la vida y la muerte, la bendición y la maldición; *escoge,* pues, la vida, para que vivas tú y tu descendencia (Dt 30:19).

> *Escogeos* hoy a quién sirváis (Jos 24:15).

> *Venid a mí* todos los que estáis trabajados y cargados, y yo os haré descansar (Mt 11:28).

> Y el Espíritu y la Esposa dicen: *Ven.* Y el que oye, diga: "Ven". Y el que tiene sed, venga; y el que quiera, tome del agua de la vida gratuitamente (Ap 22:17).

Desde el principio del Génesis hasta el último capítulo del Apocalipsis, Dios honra y protege la libertad y la elección humana. La libertad es un componente esencial de nuestra humanidad. Cualquier gobierno que niegue significativamente la libertad individual ejerce una influencia terriblemente deshumanizadora sobre su pueblo.

2. Los gobiernos deben proteger la libertad humana. Por lo tanto, Dios se complace cuando los gobiernos *protegen las libertades humanas básicas* y, por lo tanto, permiten a las personas mucha libertad para decidir cómo utilizar su tiempo y sus recursos de acuerdo con lo que consideren mejor. Tal libertad en cualquier nación conducirá a una increíble diversidad de opciones en la educación, ocupaciones, amistades y asociaciones, creencias religiosas, actividades benéficas, usos del dinero, usos del tiempo, actividades recreativas, música, arte y miles de otras cosas.

La libertad en una sociedad permite a las personas decidir qué quieren hacer entre los muchos buenos usos de su tiempo y recursos. Mucha gente dedicará su tiempo libre a cuidar de sus familiares o de los miembros de la comunidad; a ayudar a entrenar a equipos deportivos de niños; a realizar trabajos voluntarios en iglesias o en viajes misioneros; a ayudar a organismos de socorro; a realizar trabajos voluntarios en hospitales o colegios; a dedicar su tiempo a crear y hacer crecer empresas; o a realizar cientos y cientos de otras actividades que merecen la pena. Un gobierno que maximiza la libertad humana (sin dejar de castigar a los malhechores) con frecuencia descubre que sus ciudadanos hacen una sorprendente cantidad de bien a los demás y al mundo.

¿Qué libertades humanas debe proteger el gobierno civil? Las libertades básicas protegidas en la Constitución de los Estados Unidos son la libertad de religión, la libertad de de prensa, la libertad de reunión y la libertad de petición al gobierno (ver la Primera Enmienda de la Constitución). Otras libertades mencionadas en la Carta de Derechos son "el derecho del pueblo a poseer y portar armas" (Segunda Enmienda), "el derecho de las personas a estar seguras en sus personas, casas, papeles y efectos, contra registros e incautaciones irrazonables" (Cuarta Enmienda), el derecho a no autoinculparse en los tribunales, y el derecho a no ser "privado de la vida, la libertad o la propiedad, sin el debido proceso legal" (Quinta Enmienda). Después, la Decimotercera Enmienda de 1865 garantizó la libertad de la "esclavitud" y la "servidumbre involuntaria"[21].

Estos requisitos para la protección de la libertad humana implican que los ciudadanos y gobiernos deben aceptar restricciones a la libertad humana solo a regañadientes y solo cuando exista una necesidad significativa de hacerlo. Los gobiernos totalitarios que controlan todos los aspectos de la vida (como en varios países musulmanes actuales o en la actual Corea del Norte) actúan de forma contraria al énfasis que hace la Biblia en el alto valor de la libertad humana. En los Estados Unidos, la esclavitud (o "servidumbre involuntaria") que se permitía en algunos estados hasta la Proclamación de Emancipación de 1863 fue otro tipo de negación equivocada de libertad humana a los que estaban esclavizados (ver 1 Tim. 1:10 en la versión inglesa de la ESV (English Standard Version), donde los "esclavistas" se encuentran entre varios tipos de pecadores ante Dios).

Al fundar los Estados Unidos, los autores de la Declaración de la Independencia comprendieron la importancia de la libertad, ya que afirmaron desde el principio no solo que "todos los hombres son creados iguales", sino también "que son dotados

---

[21] Las citas de la Constitución se han extraído de http://constitutionus.com. Sobre la Decimotercera Enmienda, ver "The Abolition of Slavery" [La abolición de la esclavitud], The Heritage Guide to the Constitution [La guía del patrimonio de la Constitución], http://www.heritage.org/constitution/#!/amendments/13/essays/166/abolition-of-slavery.

por su Creador de ciertos derechos inalienables, entre ellos la vida, la *libertad* y la búsqueda de la felicidad". El derecho inalienable a la "libertad" se enumeró justo al lado del derecho inalienable a la "vida". La siguiente frase declaraba que el propósito del gobierno era proteger derechos como la vida y la libertad: "Que *para asegurar estos derechos* los gobiernos son instituidos entre los hombres, derivando sus justos poderes del consentimiento de los gobernados". La protección de la libertad humana se consideraba una de las funciones más importantes y básicas del gobierno[22].

3. ¿Cuánta restricción de la libertad es necesaria? Aunque la libertad debe valorarse altamente, no puede ser un derecho absoluto a la luz de otras enseñanzas bíblicas sobre el rol del gobierno. Por necesidad, el gobierno a veces infringe la "libertad" de las personas para hacer el mal, como cuando prohíbe el asesinato y, por tanto, limita la "libertad" de alguien para quitarle la vida a otra persona.

La regulación gubernamental de los límites de velocidad en las carreteras limita necesariamente la "libertad" de una persona de conducir a la velocidad que quiera, pero la mayoría de las personas cree que esto es apropiado debido a la necesidad de proteger la vida y el bienestar de los demás.

Lo que me preocupa es que en los últimos años los debates políticos no han mostrado casi ninguna conciencia del enorme valor de la libertad y de la gran pérdida que supone su restricción. Los gobiernos deberían restringir la libertad humana en la menor medida posible para llevar a cabo sus funciones legítimas, como castigar el mal y premiar el bien. Sin embargo, los gobiernos intentan con demasiada frecuencia restringir la libertad humana de forma mucho más amplias e intrusivas, no solo prohibiendo cosas que son claramente malas, sino también cosas que son moralmente neutras o buenas simplemente porque no son favorecidas por el gobierno.

No tengo espacio aquí para discutir exactamente cuánta regulación gubernamental es necesaria o sabia en múltiples situaciones,[23] pero es importante señalar que *cada incremento en la regulación gubernamental de la vida es también un incremento en la eliminación de libertad humana en alguna medida.* Cuando se producen pequeñas pérdidas de libertad una y otra vez a lo largo de un período de años, las personas pueden convertirse esencialmente en esclavos de un gobierno sin darse cuenta de lo que está ocurriendo.

Por ejemplo, si un gobierno local prohíbe que las tiendas de comestibles proporcionen bolsas de plástico (como hizo San Francisco en 2007), me obliga a utilizar bolsas de papel.[24] Esto me priva de la libertad de elegir qué tipo de bolsa quiero. Pero no puedo llevar tantas bolsas de papel como de plástico del carro a la casa, porque las bolsas de papel se rompen y se desgarran fácilmente. Por lo tanto,

---

[22] Ver el texto de la Declaración de Independencia en el apéndice de este capítulo, pág. 477.

[23] Ver Grudem, *Politics-According to the Bible* [La política según la Biblia], para una discusión más extensa de varias regulaciones específicas.

[24] Charlie Goodyear, "S.F. First City to Ban Plastic Shopping Bags" [San Francisco es la primera ciudad en prohibir las bolsas de compra de plástico], *San Francisco Chronicle*, 28 de marzo de 2007, www.sfgate.com/cgi-bin/article.cgi?file=/c/a/2007/03/28/MNGDROT5QN1.DTL.

cada viaje a la tienda de comestibles requerirá ahora algunos viajes adicionales entre el carro y la casa, una pérdida incremental de la libertad humana para cada ciudadano. Las bolsas de papel también ocupan más espacio de almacenamiento y no funcionan tan bien para otras tareas, por lo que hay otra pequeña pérdida de libertad.

Tal vez algunos piensen que esto es insignificante, y tal vez otros piensen que hay un beneficio medioambiental derivado de evitar las bolsas de plástico, lo que hace que la prohibición de las bolsas de plástico valga el precio de privar a los ciudadanos de una pequeña cantidad de libertad de esta manera. Yo no lo creo. Pero lo que quiero decir es simplemente que mi libertad de utilizar mi tiempo como quiera se ha visto un poco mermada por la acción del gobierno, y nadie parece darse cuenta de que esto ha sucedido.

La clasificación obligatoria por parte del gobierno de los residuos en varios tipos de basura reciclable, que deben depositarse en un día distinto al resto de la basura, es otra erosión de la libertad en el uso del tiempo de las personas. (¿Vale la pena? Tal vez sí. No lo sé con certeza: los cálculos son complejos, sobre todo porque existen otras alternativas con buenos resultados[25]). Lo único que quiero decir es que, al menos, el debate debe reconocer que el costo de la obligatoriedad del reciclaje no es solo monetario, sino que también incluye un *costo muy real* en pérdida de la libertad humana, un poco a la vez.

Sin duda, la mayor pérdida de libertad por la acción del gobierno es la de los tributos, ya que si tengo que pagar 100 dólares más en impuestos, entonces (1) he perdido la libertad de decidir por mí mismo cómo quiero gastar esos 100 dólares y (2) tengo que trabajar mucho más simplemente para tener la misma cantidad de dinero que tenía que gastar antes de tener que pagar el impuesto. Por lo tanto, cada dólar de impuesto adicional que se me cobra me quita una pequeña cantidad más de mi libertad, así como (con frecuencia) una pequeña cantidad más de mi tiempo, que es una pequeña cantidad más de mi vida. Estas "pequeñas cantidades" pueden llegar a ser enormes, de modo que en algunos países la gente trabaja más de la mitad de su tiempo solo para pagar los impuestos al gobierno. Se han convertido en siervos medievales, ligados no al señor feudal sino al gobierno nacional, viviendo la mitad de sus vidas en servidumbre.[26] Los impuestos les han robado enormes porciones de sus vidas. La pérdida gradual de nuestra libertad humana es la pérdida gradual de nuestras vidas.

G. EL GOBIERNO NO PUEDE SALVAR A LAS PERSONAS NI CAMBIAR FUNDAMENTALMENTE LOS CORAZONES HUMANOS

[25] Para la discusión de varias alternativas para la eliminación de residuos, ver mi *Politics-According to the Bible* [La política según la Biblia], 346-48.

[26] Para una descripción clásica de cómo la libertad se pierde progresivamente en favor del gobierno, ver F. A. Hayek, *The Road to Serfdom* [El camino hacia la servidumbre], Fiftieth Anniversary Ed. (Chicago: University of Chicago Press, 1994).

1. La salvación personal es una obra de Dios, no del gobierno. Es importante recordar que existen tareas que el gobierno no puede hacer, tareas que Dios ha confiado a la Iglesia y al Espíritu Santo trabajando a través de la Biblia, que es la Palabra de Dios.

El gobierno civil, incluso uno muy bueno, no puede salvar a la gente de sus pecados, ya que eso solo puede ocurrir a través de la fe personal en Jesucristo. "Porque por gracia sois salvos por medio de la fe; y esto no de vosotros, pues es don de Dios; no por obras, para que nadie se gloríe" (Ef 2:8-9). Solo Dios puede prometer: "Os daré corazón nuevo, y pondré espíritu nuevo dentro de vosotros" (Ez 36:26). Solo Dios puede decir: "Pondré mis leyes en la mente de ellos, y sobre su corazón las escribiré; y seré a ellos por Dios, y ellos me serán a mí por pueblo" (He 8:10).

Por lo tanto, los cristianos nunca deben depositar su última esperanza en ningún gobierno para cambiar los corazones humanos o convertir una nación de personas pecadoras en una nación de personas santas y justas ante Dios. Esa es la obra de Dios solamente, y Él la lleva a cabo a través de la Iglesia cuando proclama el evangelio de Jesucristo y cuando la gente pone personalmente su confianza en Cristo y encuentra que "si alguno está en Cristo, nueva criatura es; las cosas viejas pasaron; he aquí todas son hechas nuevas" (2 Co 5:17).

Esto es importante para los cristianos que trabajan para influir en el gobierno. Debemos recordar que *la principal necesidad* de toda sociedad es el evangelio de Jesucristo, un evangelio que se da a conocer a través de la Iglesia, no del gobierno. Jesús es "el camino, y la verdad, y la vida" (Juan 14:6). La Biblia dice que en Cristo "están escondidos todos los tesoros de la sabiduría y del conocimiento" (Col 2:3). Solo a través de Jesucristo las personas pueden conocer verdaderamente a Dios y llevar una vida agradable a Dios.

2. Las personas transformadas interiormente son necesarias para una sociedad transformada. Los cristianos que buscan influir en el gobierno también deben recordar que se necesitan personas transformadas interiormente si alguna vez vamos a ver una sociedad transformada. El simple hecho de aprobar buenas leyes y tener un buen gobierno nunca será suficiente para cambiar una sociedad. El pueblo de Israel en el Antiguo Testamento tenía buenas leyes de Dios mismo, pero esas leyes no impidieron que la gente se descarriara y finalmente trajera el juicio de Dios sobre ellos mismos.

Por lo tanto, debemos recordar *constantemente que ganar elecciones no es suficiente para cambiar una nación.* Los cristianos podrían (en teoría, al menos) ganar suficiente influencia para anular la decisión de la Corte Suprema sobre el aborto (Roe contra Wade), aprobar leyes pro-vida que protejan a los no nacidos, y aprobar leyes de defensa del matrimonio, sin embargo, todo eso no impediría que la gente tuviera relaciones sexuales prematrimoniales, abortara de alguna manera, o cometiera actos homosexuales. Debe haber un cambio en los corazones y mentes de las personas.

Las leyes funcionan mejor cuando gobiernan a un pueblo que tiene un buen carácter moral y convicciones morales. Si toda una sociedad es corrupta, las leyes solo podrán frenar los ejemplos más atroces de pecado, dejando al resto intacto. Como dijo John Adams, uno de los principales Padres Fundadores: "Nuestra Constitución fue hecha solo para un pueblo moral y recto. Es totalmente inadecuada para cualquier otro gobierno"[27].

A menos que un país haya transformado a su población, es poco probable que pueda aprobar muy buenas leyes o elegir muy buenos líderes. Ningún candidato puede ganar las elecciones haciendo campaña sobre "valores morales en el gobierno" si la población en su conjunto carece de esos valores morales. (¡Piense en cómo habrían sido las elecciones en Sodoma y Gomorra!) Por lo tanto, es importante que la Iglesia continúe en su tarea de proclamar el evangelio de Jesucristo para cambiar los corazones y las mentes de la gente uno a la vez. Y una vez que las personas se convierten en cristianos, es importante enseñarles los principios morales de la Biblia, no solo principios de conducta para sus vidas individuales, sino también los principios relativos a los roles y responsabilidades del gobierno civil.

Sin embargo, si nos detuviéramos en este punto, solo tendríamos una parte de la verdad de la Biblia.

3. Los gobiernos influyen significativamente en las convicciones morales y el comportamiento de las personas, así como en el tejido moral de una nación. A pesar de su incapacidad para salvar o transformar a la gente, los gobiernos *sí* tienen una inmensa influencia en la conducta de las personas en una sociedad. El salmista sabía que hay "reyes corruptos" que "por decreto fraguan la maldad" (Sal 94:20) (NVI), es decir, ¡que aprueban leyes para permitir el mal! Isaías dice: "¡Ay de los que emiten *decretos inicuos* y publican edictos opresivos!" (Is 10:1). Otro salmo implica que los gobernantes malvados pueden influenciar a la gente hacia el mal, porque dice que si "el cetro de los impíos" (un símbolo de la autoridad que tienen los gobernantes malvados) alguna vez cayera "sobre la heredad asignada a los justos", entonces sería mucho más probable que los justos "extiendan sus manos hacia la maldad" (Sal 125:3) (NVI). A veces los gobiernos pueden aprobar leyes que autorizan actos terriblemente malos, como cuando Amán persuadió al rey Asuero para que firmara un decreto por el que todo el pueblo de Persia pudiera "exterminar a todos los judíos, jóvenes y ancianos, niños y mujeres, en un mismo día" y luego "apoderarse de sus bienes" (Est 3:13).

Esta es una de las razones por las que Pablo animó a los cristianos a orar "por los gobernantes y por todas las autoridades", para que los creyentes cristianos "tengamos paz y tranquilidad, y llevemos una vida piadosa y digna" (1 Ti 2:2) (NVI). Una vez más, la implicación es que los *buenos* gobernantes pueden influir en una nación hacia una *buena* conducta, mientras que los gobernantes *malos* pueden alentar y promover todo tipo de conductas *malas* entre su pueblo.

En parte, la influencia del gobierno proviene del *ejemplo personal*. Durante muchas generaciones, se enseñó a los escolares la conducta moral recta y heroica de líderes como George Washington y Abraham Lincoln, para que pudieran imitar esa

---

[27] John Adams, *The Works of John Adams, Second President of the United States* [Las obras de John Adams, segundo presidente de los Estados Unidos], ed. Charles Francis Adams (Boston: Little, Brown, 1854), IX:229 (11 de octubre de 1798).

conducta en sus propias vidas. (Recuerdo esa enseñanza en mi colegio de primaria en Wisconsin.) Por el contrario, una de las razones por las que el pueblo de Estados Unidos, de ambos partidos, se sintió tan profundamente decepcionado por la mala conducta sexual del presidente Bill Clinton en su cargo fue el mal ejemplo que dio a los niños adolescentes y, de hecho, a todo el resto de la sociedad.

Otra razón por la que el gobierno influye en la conducta es que *las leyes tienen una función didáctica*. Si un gobierno aprueba leyes que dicen que algo es legal, muchas o quizás la mayoría de las personas de esa sociedad también pensarán que es moralmente correcto. Si el gobierno dice que algo es ilegal, mucha gente pensará que es moralmente incorrecto. Esto es especialmente cierto para las personas que no buscan orientación moral en la Biblia, pero también puede ser cierto para los creyentes cristianos.

Por ejemplo, la función didáctica de la ley es una de las razones por las que sigue habiendo tantos abortos en Estados Unidos. Mucha gente toma la salida fácil y razona que si el gobierno permite algo, la sociedad debe pensar que es moralmente correcto o al menos moralmente permisible. Así que deciden abortar, tal vez incluso en contra de la tranquila voz interior de sus conciencias. Pero si hubiera leyes que prohibieran a la gente tomar la vida de los niños no nacidos, entonces muchas de estas mismas personas descubrirían que sus conciencias estarían de acuerdo con la ley, y la apoyarían y pensarían que es correcta.

Por poner otro ejemplo, mis propias conversaciones en el estado de Arizona (donde vivo) me sugieren que la gran mayoría de los cristianos evangélicos de allí piensan que es perfectamente natural y moralmente correcto que los cristianos posean armas para fines de autodefensa en casos de emergencia. Pero sospecho que una mayoría igualmente grande de cristianos evangélicos en Inglaterra (donde he estado muchas veces para estudiar o enseñar) piensan que es moralmente incorrecto que los cristianos hagan esto. No me sorprende, ya que las leyes de Inglaterra hacen casi imposible que los civiles posean armas, pero las leyes y costumbres de Arizona hacen que sea muy fácil para los civiles . Las leyes tienen una función didáctica, e influyen en las ideas de la gente sobre el bien y el mal.

Las mismas consideraciones se aplican a las actitudes de la gente sobre el matrimonio entre personas del mismo sexo, los motivos adecuados para el divorcio, la edad a la que es apropiado que los niños tomen bebidas alcohólicas (comparo las leyes de Estados Unidos con las leyes mucho más liberales de Europa), el lugar del discurso religioso secular en las actividades públicas, etc. Las leyes poseen una función didáctica con respecto a la población en general.

Además, lo que el gobierno considera legal o ilegal afecta a lo que se enseña en los colegios a los niños de cualquier sociedad. La legalización del matrimonio entre personas del mismo sexo por parte del Tribunal Supremo en 2015 supuso un incentivo adicional para que los colegios enseñen que la conducta homosexual debe considerarse normal y moralmente correcta, y para que intenten silenciar a cualquiera que exprese la opinión de que la conducta homosexual es moralmente incorrecta. [28]Esta influencia en los niños de una sociedad tendrá una profunda

---

[28] Ver Alex Grubbs, "California Soon to Be First State to Teach LGBT History in Public Schools"

influencia en su sentido del bien y el mal moral y en su futura conducta sexual.

Por lo tanto, las leyes y políticas de un gobierno tienen un enorme impacto en la conducta de las personas en una sociedad. Los cristianos deberían preocuparse por esto porque (1) el pecado destruye la vida de las personas y a los cristianos se les ordena: "Amarás a tu prójimo como a ti mismo" (Mt 22:39), y (2) porque todo el curso de una nación se establece por la conducta moral de sus ciudadanos individuales, y "la justicia engrandece a la nación; mas el pecado es afrenta de las naciones" (Pr 14:34). Si bien es cierto, entonces, que el gobierno no puede salvar a la gente o cambiar fundamentalmente los corazones humanos, siempre que decimos esto, debemos simultáneamente afirmar que las políticas y leyes del gobierno tienen una inmensa influencia en una nación para bien o para mal.

H. PRINCIPIOS PARA UNA RELACIÓN CORRECTA ENTRE LA IGLESIA Y EL ESTADO

En un enfrentamiento dramático , los oponentes judíos de Jesús trataron de atraparlo con una pregunta: ¿Es lícito dar tributo a César, o no? (Mt 22:17). Decir que sí a los impuestos romanos suponía el riesgo de parecer que apoyaba al odiado gobierno romano. Decir no a los impuestos romanos haría que Jesús pareciera un revolucionario peligroso contra el poder de Roma. Tomando a sus oponentes por sorpresa, Jesús dijo: "Mostradme la moneda del tributo", y "ellos le presentaron un denario" (v. 19). Después de eso, la enseñanza se desarrolló así:

> Entonces les dijo: ¿De quién es esta imagen, y la inscripción? Le dijeron: De César. Y les dijo: Dad, pues, a César lo que es de César, y a Dios lo que es de Dios (Mt 22:20-21).

Esta es una afirmación notable porque Jesús muestra que debe haber *dos esferas de influencia diferentes*, una para el gobierno y otra para la vida religiosa del pueblo de Dios. pueblo de Dios. Algunas cosas, como los impuestos, pertenecen al gobierno civil ("lo que es de César"), y esto implica que la iglesia no debe tratar de controlar estas cosas. Por otro lado, algunas cosas pertenecen a la vida religiosa

[California pronto será el primer estado en enseñar la historia de la comunidad LGBT en los colegios públicos], CNS News, 20 de julio de 2016, https://www.cnsnews.com/news/article/alex-grubbs/california-soon-be-first-state-teach-lgbt-history-public-schools; Jessica Chasmar, "Las Vegas Schools Consider Teaching Kindergartners About Masturbation, Homosexuality" [Los colegios de Las Vegas consideran enseñar a los niños de preescolar sobre la masturbación y la homosexualidad], *The Washington Times*, 24 de septiembre de 2014, http://www.washingtontimes.com/news/2014/sep/24/las-vegas-schools-consider-teaching-kindergartners/; Todd Starnes, "Parents Furious over School's Plan to Teach Gender Spectrum, Fluidity" [Padres furiosos por el plan de los colegios para enseñar el espectro de género y la fluidez], FoxNews.com, 15 de mayo de 2015, http://www.foxnews.com/opinion/2015/05/15/call-it-gender-fluidity-schools-to-teach-kids-there-s-no-such-thing-as-boys-or-girls.html; y Michael Alison Chandler, "In D.C. Schools, Gay-Tolerance Lessons Are Becoming Elementary" [En los colegios de D.C., las lecciones de tolerancia a los homosexuales se están convirtiendo en algo elemental], The Washington Post, 4 de febrero de 2012, https://www.washingtonpost.com/local/education/in-dc -schools-gay-tolerance-lessons-are-becoming-elementary/2012/01/29/gIQA8YLFqQ_story.html.

de las personas ("lo que es de Dios"), y esto implica que el gobierno civil no debe tratar de controlar esas cosas.

Jesús no especificó ninguna lista de cosas que pertenecen a una u otra categoría, pero la sola distinción de estas dos categorías tuvo un significado monumental para la historia de la humanidad. Señalaba el apoyo de Jesús a un sistema diferente del establecido por las leyes para la nación de Israel en el Antiguo Testamento. En ese tiempo, Israel era una "teocracia" en la que Dios era el gobernante del pueblo, las leyes eran dadas directamente a Israel por Dios (en lugar de que las decidiera el pueblo o un rey humano), y se consideraba a *toda la nación* como "el pueblo de Dios". Por lo tanto, se esperaba que todos en la nación adoraran a Dios, y las leyes de Israel cubrían no solo lo que en la actualidad consideraríamos "asuntos seculares", como el asesinato y el robo, sino también "asuntos religiosos", como los sacrificios de animales y los castigos por adorar a otros dioses (ver Levítico 21-23; Dt 13:6-11).

En la declaración de Jesús sobre Dios y el César, estableció las líneas generales de un nuevo orden en el cual "lo que es de Dios" *no* debe estar bajo el control del gobierno civil (o "César"). Este sistema es muy diferente de la teocracia del Antiguo Testamento. La nueva enseñanza de Jesús implica que todos los gobiernos civiles, incluso hoy, deben dar libertad a las personas en cuanto a la fe religiosa que elijan seguir o no, las doctrinas religiosas que sostienen, y cómo adoran a Dios. El "César" no debe controlar "lo que es de Dios".

Esta distinción nos lleva a varios aspectos de aplicación:

1. La Iglesia no debe gobernar "lo que es de César". Este principio significa que *no debe haber ningún control de la Iglesia sobre las acciones del gobierno civil.* Este es un asunto en el que liberales y conservadores, tanto demócratas como republicanos, están de acuerdo en los Estados Unidos hoy en día.

Un respaldo a esta idea es el hecho de que en el Nuevo Testamento no se indica que los ancianos de las Iglesias locales tuvieran alguna responsabilidad en el ámbito local, provincial o de todo el imperio. Los funcionarios de esos gobiernos eran siempre distintos de los ancianos de las Iglesias del Nuevo Testamento.

De hecho, en un momento de su ministerio, el propio Jesús se negó a asumir ningún cargo gubernamental. Alguien se le acercó para pedirle que decidiera una disputa sobre una herencia, y él se negó:

> Le dijo uno de la multitud: Maestro, di a mi hermano que parta conmigo la herencia. Mas él le dijo: Hombre, ¿quién me ha puesto sobre vosotros como juez o partidor? (Lucas 12:13-14).

Jesús se negó a asumir la autoridad en un ámbito de gobierno civil que no le había sido asignado.

Si la Iglesia no debe gobernar el Estado, esto implica que varios papas de la Edad Media se equivocaron al intentar imponer su autoridad sobre reyes y emperadores, o incluso al reclamar el derecho a elegir al emperador. Estas circunstancias surgieron como resultado de no apreciar la distinción que Jesús hizo entre "lo que es de César" y "lo que es de Dios".

2. El gobierno civil no debe gobernar "lo que es de Dios". Este principio implica que toda nación debe permitir la libertad de religión, por lo que cada persona es libre de seguir la religión que elija. El principio, me parece, está justamente protegido en la Primera Enmienda de la Constitución de EE.UU., que dice: "El Congreso no hará ninguna ley que respete el establecimiento de la religión, o que prohíba el libre ejercicio de la misma "[29].

Otro respaldo a la idea de que el gobierno no debe controlar la Iglesia (o sinagoga o mezquita) se encuentra en la selección de los oficiales de la Iglesia en el Nuevo Testamento. Los primeros apóstoles fueron elegidos por Jesús, no por ningún funcionario romano (ver Mateo 10:1-4). La iglesia primitiva, y no algún funcionario del gobierno, eligió a "siete hombres de buena reputación" para supervisar la distribución de alimentos a los necesitados (Hechos 6:3) (NVI). Pablo dio los requisitos para ancianos y diáconos, que habrían sido utilizados por los de la Iglesia (ver 1 Ti 3:1-13; Tit 1:3-9). Es evidente que el gobierno civil, los funcionarios locales o del Imperio Romano no intervinieron en la selección de los oficiales de la Iglesia primitiva.

Esto se debe a que, a diferencia de la nación de Israel en la época del Antiguo Testamento, *el gobierno de la Iglesia y el gobierno del estado son sistemas diferentes,* y los dos gobiernos tienen autoridad sobre diferentes grupos de personas (con alguna superposición) para diferentes propósitos. El gobierno civil no debe gobernar a la Iglesia ni infringir el derecho de la Iglesia a gobernarse a sí misma.

3. El gobierno civil nunca debe tratar de imponer la religión. Trágicamente, muchos cristianos de siglos anteriores cometieron el error de pensar que el gobierno civil podía obligar a la gente a seguir la fe cristiana. Este punto de vista jugó un papel importante en la Guerra de los Treinta Años (1618-1648) que comenzó como un conflicto entre protestantes y católicos romanos por el control de varios territorios, especialmente en Alemania. Hubo muchas otras "guerras de religión" en Europa, especialmente entre católicos y protestantes, en los siglos XVI y XVII. También en el siglo XVI, los protestantes reformados y luteranos persiguieron y mataron a miles de grupos anabaptistas en Suiza y Alemania, que pretendían tener iglesias "solo para creyentes" y practicaban el bautismo por inmersión para aquellos que hacían una profesión personal de fe.

Con el paso del tiempo, cada vez más cristianos se dieron cuenta de que este punto de vista de "forzar la religión" es inconsistente con las enseñanzas de Jesús e inconsistente con la naturaleza de la fe (ver la discusión más adelante). Hoy en día no conozco ningún grupo cristiano importante que siga sosteniendo la opinión de que el gobierno civil debe tratar de obligar a la gente a seguir la fe cristiana[30].

---

[29] Ver http://constitutionus.com.

[30] Existe un pequeño movimiento marginal llamado teonomía o reconstruccionismo cristiano que aboga por la aplicación de las leyes del Antiguo Testamento por parte del gobierno en la actualidad, pero la mayoría o todos los líderes reconocidos del movimiento evangélico en Estados Unidos se han distanciado claramente de esta posición respecto a las leyes civiles. (Ver mi crítica a la teonomía, a

Pero otras religiones siguen promoviendo que el gobierno imponga sus puntos de vista. Esto se ve países como Arabia Saudí, que aplica leyes que obligan a la gente a seguir el Islam e impone severas penas de la policía religiosa a quienes no lo cumplen. La ley prohíbe toda práctica pública de cualquier religión que no sea el Islam y prohíbe a los saudíes convertirse a otras religiones. El defensor del islam, Bilal Cleland, escribe en el sitio web pro islámico *Islam for Today* [Islam para la actualidad]: "La legislación contenida en el Corán se convierte en la ley básica del Estado"[31].

El punto de vista de "forzar la religión" también es utilizado por grupos violentos en todo el mundo para justificar la persecución a los cristianos como la quema por parte de los musulmanes de todo un pueblo cristiano en Pakistán, en la que murieron seis cristianos a principios de agosto de 2009,[32] o la guerra emprendida por grupos militantes islámicos contra los cristianos en Nigeria, Sudán y otros países del África subsahariana. El extremismo y la persecución constante contra los cristianos por parte del ISIS (Estado Islámico de Irak y el Levante) están provocando migraciones masivas y desplazamientos internos. Los yazidíes de la región de Kurdistán han sido eliminados casi por completo. En Irak, el número de cristianos cayó de 1,4 millones en 2003 a menos de 200 000 en 2017; y en Siria, de 1,25 millones en 2011 a tan solo 500 000 en 2017. [33]En Irak, el 81% de la población cristiana ha desaparecido, asesinada u obligada a huir al desierto o a los campos de la ONU, donde los yihadistas esperan para aterrorizarlos[34].

La visión de "forzar la religión" también ha conducido a la persecución violenta de los cristianos por parte de algunos grupos hindúes en la India. Los abogados de Alliance Defending Freedom [Alianza para la Defensa de la Libertad] en la India informan de más de 670 ataques a cristianos en todo el país desde enero de 2015. [35]En 1999, se informó que se quemaron 51 iglesias cristianas y salas de oración hasta los cimientos en el estado occidental de Gujarat. Un misionero australiano, Graham Staines, y sus dos hijos pequeños murieron quemados en su jeep por una turba hindú en el estado de Orissa, en la costa oriental de la India. [36]En 2007,

---

partir de la pág. 225).

[31] Bilal Cleland, "Islamic Government" [Gobierno islámico], *Islam for Today* [Islam para la actualidad], www.islamfortoday.com/cleland04.htm.

[32] Ben Quinn, "Six Christians Burned Alive in Pakistan Riots" [Seis cristianos quemados vivos en los disturbios de Pakistán], *The Guardian*, 2 de agosto de 2009, www.guardian.co.uk/world/2009/aug/02/christians-burned-alive-pakistan.

[33] "Persecuted and Forgotten? A Report on Christians Oppressed for their Faith 2015-2017, Iraq-Country Profile and Incident Reports" [¿Perseguidos y olvidados? Un informe sobre los cristianos oprimidos por su fe 2015-2017, Iraq-Perfil del país e informes de incidentes], Aid to the Church in Need [Ayuda a la Iglesia Necesitada], https://acnuk.org/wp-content/uploads/2017/08/PF2017-Exec-Summ-WEB-VERSION.pdf.

[34] Kristiana Monk, "Kerry Urged to Accuse ISIS of Genocide against Christians" [Kerry instó a acusar al ISIS de genocidio contra los cristianos], The Daily Signal, 2 de marzo de 2016, http://dailysignal.com/2016/03/02/kerry-urged-to-accuse-isis-of-genocide-against-christians/.

[35] Información proporcionada por Tehmina Arora, consejera senior de ADF India, en un correo electrónico personal a Craig Osten de ADF.

[36] Ramola Talwar Badam, "Christians, Hindus Clash in India" [Cristianos e hindúes se enfrentan en la India], Associated Press, 30 de octubre de 1999,

Associated Press informó de que extremistas hindúes incendiaron casi una docena de iglesias[37].

Además, una investigación realizada por el Pew Research Center's Forum on Religion and Public Life [Foro sobre Religión y Vida Pública del Centro de Investigación Pew] reveló que los cristianos son acosados en 130 países. En 104 países, el acoso lo realizan gobiernos y organizaciones, y en 100 países, grupos sociales e individuos[38].

Sin embargo, hay que tener en cuenta que otros musulmanes y otros hindúes también están a favor de la democracia y de permitir diversos grados de libertad religiosa.

En los primeros años de los Estados Unidos, el respaldo a la libertad de religión aumentó por la necesidad de formar un país unido con personas de diversos orígenes religiosos (como los congregacionales, anglicanos/episcopalianos, presbiterianos, cuáqueros, bautistas, católicos romanos y judíos) y porque muchos de los colonos habían huido de la persecución religiosa en sus países de origen. Por ejemplo, los peregrinos de Nueva Inglaterra habían huido de Inglaterra, donde se habían enfrentado a multas y encarcelamientos por no asistir a los servicios de la Iglesia de Inglaterra y por celebrar sus propios servicios religiosos.

En 1779, solo tres años después de la Declaración de la Independencia, Thomas Jefferson redactó el Estatuto para la Libertad Religiosa de Virginia, que demostraba el creciente respaldo a la libertad religiosa en los Estados Unidos. Jefferson escribió:

> Por lo tanto, la Asamblea General promulga que no se obligará a ningún hombre a frecuentar o apoyar cualquier culto religioso, lugar o ministerio, ni será forzado, restringido, molestado o agobiado [cargado] en su cuerpo o en sus bienes, ni sufrirá de alguna manera a causa de sus creencias u opiniones religiosas, sino que todos los hombres serán libres de profesar y mantener sus opiniones en materia de religión, y que las mismas no podrán en ningún caso disminuir, ampliar o afectar sus capacidades civiles[39].

Varias enseñanzas de la Biblia muestran que los gobiernos civiles nunca deben tratar de forzar a la gente a seguir una religión determinada.

a. Jesús distinguió los reinos de Dios y del César: Este es el argumento fundamental que expuse al principio de esta sección. Las creencias y prácticas religiosas individuales de una persona ciertamente pertenecen a "lo que es de

---

[37] Gabin Rabinowitz, "Hindus, Christians Clash in India" [Hindúes y cristianos se enfrentan en la India], Associated Press, 27 de diciembre de 2007, www.foxnews.com/printer_friendly_wires/2007Dec27/0,4675,IndiaChurchesAttacked,00.html.

[38] Pew Research Center, The Pew Forum on Religion and Public Life, "Rising Restrictions on Religion-One-Third of World's Population Experiences an Increase" [Incremento de las restricciones a la religión: un tercio de la población mundial experimenta un aumento], agosto de 2011, http://pewforum.org/Government/Rising-Restrictions-on-Religion.aspx.

[39] "The Virginia Statute for Religious Freedom" [El Estatuto para la Libertad Religiosa de Virginia], redactado por Thomas Jefferson en 1779, aprobado por la Asamblea General de Virginia en 1786, http://www.vahistorical.org/collections-and-resources/virginia-history-explorer/thomas-jefferson.

Dios" (Mt 22:21), y por lo tanto es un área en la que el gobierno civil ("César") no debe intervenir.

b. Jesús se negó a tratar de forzar a la gente a creer en Él: Otro incidente en la vida de Jesús también muestra cómo él se opuso a la idea de que se usará la fuerza para tratar de persuadir a la gente a seguirlo, pues increpó a sus discípulos cuando querían un castigo instantáneo para la gente que lo rechazaba:

> Y envió mensajeros delante de él, los cuales fueron y entraron en una aldea de los samaritanos para hacerle preparativos. Mas no le recibieron, porque su aspecto era como de ir a Jerusalén. Viendo esto sus discípulos Jacobo y Juan, dijeron: Señor, ¿quieres que mandemos que descienda fuego del cielo, como hizo Elías, y los consuma? (Lucas 9:52-54).

Al parecer, los discípulos pensaron que tenían una excelente manera de convencer a la gente para que viniera a escuchar a Jesús en el pueblo de al lado. Si el fuego bajaba del cielo y aniquilaba la aldea samaritana que había rechazado a Jesús, entonces se correría la voz, y Jesús y los discípulos tendrían un 100% de asistencia en la siguiente aldea. ¡Qué método tan persuasivo para "forzar a la religión"!

Pero Jesús no tendría nada que ver con esta idea. El siguiente versículo dice: "Entonces volviéndose él, los reprendió" (Lucas 9:55). Jesús rechazó directamente cualquier intento de forzar a la gente a creer en él o a seguirlo.

c. La fe genuina no puede ser impuesta: La naturaleza de la fe genuina encaja con la condena de Jesús a cualquier petición de "fuego del cielo" para obligar a la gente a seguirlo. La razón que subyace es que *la verdadera fe en Dios debe ser voluntaria*. Si la fe ha de ser genuina, nunca puede ser forzada. Esta es otra razón por la que los gobiernos nunca deben tratar de obligar a la adhesión a una religión en particular.

En todo el ministerio de Jesús y de los apóstoles se observa un claro respeto por la voluntad individual y las decisiones voluntarias de las personas. Siempre *enseñaron* a la gente y *razonaban* con ellos, les *pedían* que tomaran la decisión personal de seguir a Jesús como el verdadero Mesías (ver Mt 11:28-30; Hechos 28:23; Ro 10:9-10; Ap 22:17).

La creencia religiosa genuina no puede imponerse mediante la fuerza, ya sea por el fuego del cielo o por el gobierno civil, y los cristianos no deben participar en ningún intento de utilizar el poder del gobierno civil para *obligar* a la gente a apoyar o seguir el cristianismo o cualquier otra religión.

d. Implicaciones prácticas del rechazo a la perspectiva de "religión obligatoria": ¿Cuáles son las implicaciones prácticas de rechazar el punto de vista de "forzar a la religión"? Una de ellas es que los gobiernos nunca deben intentar forzar a la gente a seguir o creer en una religión específica, sino que deben garantizar libertad de religión para los seguidores de *todas las religiones* dentro de la nación.

Otra implicación es que los cristianos de cada nación deben apoyar la libertad de religión y oponerse a cualquier intento del gobierno de obligar a una sola religión. De hecho, la completa *libertad de religión* debería ser el primer principio por el que abogaran y defendieran los cristianos que buscan influir en el gobierno.

A veces los no cristianos expresan el temor de que si los cristianos adquieren demasiado poder en el gobierno, tratarán de imponer el cristianismo a todo el mundo. Este es un argumento habitual de grupos como Americans United for Separation of Church and State, the Center for American Progress y la Freedom from Religion Foundation. Algunos críticos incluso sugieren que los cristianos de derecha están tratando de establecer una teocracia en Estados Unidos por medios incrementales. Michelle Goldberg escribe: "La nación cristiana es tanto el objetivo de la derecha religiosa como su ideología fundamental, la justificación de su intento de derrocar la doctrina de la separación de la Iglesia y el Estado [...] Ahora mismo [...] es la marea alta del fervor teocrático".[40]Para contrarrestar este tipo de acusaciones falsas, es importante que los cristianos involucrados en la política afirmen una y otra vez su compromiso a la completa libertad religiosa en Estados Unidos (y en cualquier otro país).

Otra implicación es que el gobierno no debe favorecer o apoyar a ninguna religión o denominación específica. Sin embargo, en algunos países sigue existiendo una "iglesia establecida". Por ejemplo, en el Reino Unido, la Iglesia de Inglaterra sigue siendo la iglesia estatal; [41]en países escandinavos como Noruega y Suecia, la Iglesia Luterana es la iglesia estatal; [42]y en muchos países con una población altamente católica, como España, la Iglesia Católica Romana es la iglesia estatal. En Alemania, los impuestos eclesiásticos se aplican a los asalariados católicos, protestantes y judíos, hasta el 8% o el 9% de sus ingresos totales. El Estado distribuye estos fondos a las iglesias para que las utilicen en servicios sociales[43].

Reconozco que algunos cristianos de estos países argumentan que los beneficios que se derivan de tener esas iglesias estatales superan los efectos negativos, pero todavía no puedo ver suficiente justificación para ello en el Nuevo Testamento. No veo ninguna evidencia de que el dinero de los impuestos del gobierno, en lugar de las donaciones de los cristianos individuales, deba utilizarse para apoyar las actividades de una iglesia. Además, el patrón histórico parece ser que el apoyo directo del gobierno debilita a una iglesia en lugar de fortalecerla. (Por ejemplo, observe la bajísima asistencia a las iglesias luteranas patrocinadas por el Estado en Alemania o Suecia).

4. El gobierno civil debe respaldar y alentar a las iglesias y a los grupos religiosos de buena fe en general. Aunque el gobierno civil no debe gobernar sobre la iglesia y no debe forzar ni promover ninguna religión por encima de otra, es una cuestión totalmente aparte si el gobierno debe respaldar a las iglesias y a la religión *en general* . Un ejemplo de este tipo de respaldo (aunque no sea un

---

[40] Michelle Goldberg, *Kingdom Coming: The Rise of Christian Nationalism* (Nueva York: W. W. Norton, 2007), 27-28. Ver también Kevin Phillips, *American Theocracy: The Peril and Politics of Radical Religion, Oil, and Borrowed Money in the 21st Century* (Nueva York: Viking, 2006).

[41] John L. Allen Jr., "In Europe, 'Church Taxes' Are Not Unusual," *National Catholic Reporter*, 29 de enero de 2009, disponible por suscripción en: https://www.highbeam.com/doc/1G1-53744625.html.

[42] Ibid.

[43] Ibid.

apoyo o financiación directa) sería la concesión de un estatus de exención fiscal a las iglesias, para que estas no paguen impuestos sobre sus propiedades o sobre los ingresos y contribuciones que reciben. Otro ejemplo sería el apoyo del gobierno a los capellanes en el ejército y en las prisiones de Estados Unidos.

Estas acciones me parecen apropiadas para el gobierno. Se derivan de la responsabilidad del gobierno de "promover el bienestar general" (en palabras de la Constitución de EE.UU.) o de promover el bien de la nación en su conjunto (ver más arriba, pág. 432). Mientras *cualquier grupo religioso* tenga la oportunidad de aprovechar estos beneficios, no parece que el gobierno esté favoreciendo indebidamente a una religión sobre otra.

Lamentablemente, algunos segmentos de la sociedad estadounidense han perdido de vista la idea de que las iglesias son saludables para una sociedad y, por tanto, deben ser incentivadas. En los procesos de zonificación municipal está apareciendo una tendencia ominosa por la que cada vez es más difícil que las iglesias obtengan aprobaciones para construir nuevas instalaciones o comprar edificios para utilizarlos como lugares de adoración en muchas zonas[44].

5. Las cuestiones más difíciles sobre la relación entre la Iglesia y el Estado surgen cuando la gente no está de acuerdo con lo que pertenece a cada ámbito. La mayoría de las cuestiones realmente difíciles sobre la relación entre la Iglesia y el Estado surgen cuando hay un conflicto sobre si algo está entre "lo que es del César" o "lo que es de Dios". En la iglesia primitiva, el gobierno civil pensaba que era apropiado exigir a cada persona que se inclinara ante una estatua de César y le jurara lealtad como un dios. Inclinarse ante César era algo que era "de César". Pero los primeros cristianos pensaban que esta práctica los obligaba a cometer idolatría, por lo que creían que era "lo que es de Dios". Muchos de los primeros cristianos murieron por esa convicción (que creo que era la convicción correcta: que el gobierno civil no tiene ninguna autoridad legítima para ordenar a nadie que adore a ninguna persona o supuesto dios).

En Estados Unidos, me parece que la mayoría de estas disputas de Dios contra César en casos difíciles se han resuelto correctamente. Por ejemplo, los Testigos de Jehová se han opuesto tradicionalmente a las transfusiones de sangre, alegando que se trata de una creencia *religiosa*. Pero el gobierno civil, en varios casos, ha impuesto por la fuerza las transfusiones de sangre para salvar la vida de un niño

---

[44] The Alliance Defending Freedom [La Alianza para la Defensa de la Libertad] (www.ADFMedia. org) ha participado y ganado muchas de estas batallas de zonificación. Ver "New Hampshire Church Receives More than $1.1 Million over Unconstitutional Zoning Restrictions" [Una iglesia de New Hampshire recibe más de 1,1 millones de dólares por restricciones de zonificación inconstitucionales], 25 de junio de 2010, http://www.adfmedia.org /news/prdetail/4092; "Florida City's Discrimination against Church Costs Taxpayers Nearly $300,000" [La discriminación de la ciudad de Florida contra la iglesia cuesta a los contribuyentes casi 300 000 dólares], 15 de octubre de 2015, http://www.adfmedia. org/News/PRDetail/9313; "Mich. Town Allows Church to Occupy Property in Wake of Lawsuit" [Mich. La ciudad permite que la iglesia ocupe la propiedad tras una demanda], 6 de diciembre de 2010, www. adfmedia.org/News/PRDetail/4457; y "Texas Town Hinders Church Ministry from Helping Parolees" [Un pueblo de Texas impide que el ministerio de la iglesia ayude a los presos en libertad condicional], 28 de abril de 2008, http://www.adfmedia.org/News/PRDetail/1842.

pequeño por encima de las objeciones de los padres de los Testigos de Jehová, razonando que la protección de la vida de un niño no es una cuestión de adoración o de actividades eclesiásticas, sino que es legítimamente competencia del gobierno civil (y estoy de acuerdo). [45]En otro caso, los practicantes de una religión brasileña en Nuevo México alegaron que el uso de té alucinógeno en los servicios de culto formaba parte de su práctica religiosa tradicional. [46]El Tribunal Supremo (con razón, me parece) les permitió continuar con esta práctica como elemento de su adoración, pero cuando un nuevo grupo religioso en California afirmó que su religión recién inventada requería cultivar y consumir marihuana como parte de su "adoración", un tribunal federal de distrito (de nuevo con razón, creo) lo prohibió, señalando que no existía ninguna tradición histórica que estableciera esto como una creencia religiosa genuina[47].

En otro caso, Sultanna Freeman, una mujer musulmana en Orlando, Florida, reclamó el derecho a llevar un velo, salvo una fina hendidura para los ojos, cuando se hiciera la foto del carné de conducir. Alegó que se trataba de una "creencia religiosa sincera". El Estado hizo un esfuerzo razonable para adaptarse a ella, diciendo que podía ser fotografiada en un entorno privado en el que solo estuvieran presentes mujeres, pero ella no quedó satisfecha con esta solución. Finalmente, el Tribunal de Circuito de Florida, el 6 de junio de 2003, dictaminó que si ella quería un permiso de conducir, el Estado tenía un "interés imperioso" en exigirle que se hiciera una foto sin velo. [48]Una vez más, creo que la decisión fue correcta, y que el requisito de una foto identificable para una licencia de conducir no está entre "lo que es de Dios" sino entre "lo que es de César". La libertad de religión no exime a las personas de la obligación de obedecer las leyes de aplicación general: las leyes ordinarias y moralmente buenas que se exigen a todos los miembros de una sociedad.

I. LOS GOBIERNOS DEBEN ESTABLECER UNA SEPARACIÓN DE PODERES FUERTE Y CLARA

Debido a la presencia del pecado en cada corazón humano (ver arriba, pág. 445) y a la influencia corruptora del poder, debe haber una clara separación de poderes en todos los niveles del gobierno civil para evitar que una persona o grupo adquiera demasiado poder y convierta el gobierno en una tiranía. La frase "separación de poderes" significa que el poder del gobierno debe dividirse entre varios grupos o personas diferentes, y no concentrarse en una sola persona o grupo.

Varias partes de las Escrituras respaldan la idea de separación de poderes en una autoridad gobernante. Los relatos del Antiguo Testamento dan muchos

---

[45] Por ejemplo, ver Catherine Philip, "Babies Seized after Jehovah's Witness Mother Refuses Blood for Sextuplets" [Una madre testigo de Jehová perdió la tenencia de sus bebés tras rechazar sangre para sus sextillizos], *The Times*, 23 de febrero de 2007, https://www.thetimes.co.uk/article/babies-seized-after-jehovahs-witness-mother-refuses-blood-for-sextuplets-0t8g5bfsbrl.

[46] Gonzales v. O Centro Espirita Beneficiente Uniao Do Vegetal, 546 U.S. 418 (2006).

[47] Kiczenski v. Ashcroft, 2006 WL 463153, en *3 (E.D. Cal. 24 de febrero de 2006).

[48] "U.S. Muslim Ordered to Lift Veil" [Ordenan a una musulmana estadounidense que se levante el velo], BBC News, 6 de junio de 2003, http://news.bbc.co.uk/1/hi/world/americas/2970514.stm.

ejemplos de reyes que tenían poder sin control y que abusaron de él. Saúl antepuso repetidamente sus propios intereses a los del pueblo. David abusó de su autoridad real en su pecado con Betsabé (ver 2 Samuel 11). Salomón tuvo indebidamente "setecientas mujeres reinas y trescientas concubinas; y sus mujeres desviaron su corazón" (1 Reyes 11:3). Además, tenía un exceso de plata y oro, a pesar de que eso estaba prohibido (1 Reyes 10:14-22; Dt 17:17). Durante la monarquía dividida, la mayoría de los reyes abusaron de su poder e hicieron el mal (ver 1-2 Reyes; 1-2 Crónicas). Muchos otros ejemplos de poder descontrolado a lo largo de la historia de la humanidad confirman la idea de que cuando el poder se combina con el pecado en el corazón humano, tiene una influencia corruptora en la gente y se abusa fácilmente de él.

El profeta Samuel advirtió precisamente de esto, diciendo que un rey abusaría de su poder y "tomará" y "tomará" una y otra vez del pueblo (ver 1 S 8:11-17, citado anteriormente, pág. 436).

Pero, ¿qué puede evitar el abuso de poder de los gobernantes? La mejor salvaguarda contra el abuso de poder es el poder dividido, de modo que una persona o grupo dentro de un gobierno, "controle" el uso del poder por parte de otra persona o grupo. Cuando el poder está dividido entre varias personas o grupos, diferentes entidades en diferentes partes del gobierno luchan para asegurarse de que ninguna parte del gobierno tenga demasiado poder (porque tienden a proteger su propio territorio).

La Biblia contiene varios ejemplos positivos de diversos tipos de poder dividido, que reflejan la sabiduría de Dios al proteger contra el abuso de poder de una persona. En el Antiguo Testamento, el rey tenía *algunos* controles sobre su poder debido a la existencia de los oficios de profeta y sacerdote (aunque con frecuencia el rey los ignoraba).

En el Nuevo Testamento, cabe destacar que Jesús no estableció *un* apóstol con autoridad sobre la iglesia, sino *12* apóstoles (ver Mateo 10:1-4; Hechos 1:15-26). Aunque al principio Pedro actuó como portavoz de los apóstoles (ver Hechos 2:14; 3:12; 15:7), más tarde Santiago parece haber asumido esa función (ver Hechos 15:13; 21:18; Gá 1:19; 2:9, 12). Además, el Concilio de Jerusalén tomó su decisión no solo por la autoridad de los apóstoles, sino porque les "pareció bien a los apóstoles y a los ancianos, *con toda la iglesia*" (Hechos 15:22). Todos los indicios de la forma de gobierno que seguían las iglesias locales en el Nuevo Testamento muestran que no eran gobernadas por un solo *anciano*, sino por múltiples *ancianos* (ver Tito 1:5; Santiago 5:14).

La separación de poderes en un gobierno puede lograrse de muchas maneras, y diferentes naciones han adoptado diferentes estructuras. El ejemplo que mejor conozco es el de Estados Unidos, donde el poder del gobierno nacional está dividido en tres poderes: el legislativo (el Congreso), el ejecutivo (el presidente y todos los que están bajo su autoridad) y el judicial (los tribunales). El poder legislativo propiamente dicho se divide en la Cámara de Representantes (con miembros elegidos cada dos años), y el Senado (con miembros elegidos cada seis años). Ambas cámaras deben aprobar la legislación y el presidente debe firmarla.

Hay otras formas de dividir el poder en Estados Unidos. El poder se asigna en partes al gobierno nacional, a los gobiernos de los 50 estados y a los gobiernos de los condados y ciudades, cada uno de los cuales conserva la autoridad sobre algunas áreas. El poder del ejército está bajo la autoridad del presidente y de un secretario civil de defensa (que no es miembro de las fuerzas armadas pero tiene autoridad sobre todas ellas). La financiación para el ejército tiene que ser aprobada por el Congreso. El poder del Ejército de los Estados Unidos es en sí mismo limitado, ya que la ley le prohíbe ejercer funciones de policía civil dentro de los Estados Unidos. Además, cada estado tiene una guardia nacional que no está bajo la autoridad del Ejército de los Estados Unidos, del presidente o de cualquier rama del gobierno federal, sino bajo el gobernador de ese estado.

Las fuerzas policiales locales solo son responsables ante los gobiernos de las ciudades o condados para los que trabajan. Esto significa que nadie podría apoderarse de los Estados Unidos simplemente asumiendo el control del Ejército (como puede ocurrir en algunas naciones), ya que el Ejército no tiene autoridad sobre los cientos de miles de fuerzas policiales locales que sólo responden ante los ciudadanos de sus propias ciudades y pueblos.

Como una salvaguarda más contra una tiranía impuesta desde arriba, los Padres Fundadores incorporaron en la Segunda Enmienda de la Constitución "el derecho del pueblo a tener y portar armas". [49]Una ciudadanía armada proporciona un nivel adicional de defensa contra un tirano potencial y proporciona una mayor separación del poder en una nación. (Suiza proporciona otro ejemplo de este principio, con su requisito de que todos los hombres de la nación estén armados y entrenados en el uso de armas de fuego).

Otro tipo de separación de poderes tiene que ver con la difusión de información. Por esta razón, la Primera Enmienda de la Constitución también prohíbe "coartar la libertad de expresión o de prensa; o el derecho del pueblo a reunirse pacíficamente y a solicitar al Gobierno la reparación de agravios". Esto garantiza el conocimiento público del funcionamiento del gobierno y la rendición de cuentas al pueblo. Garantiza que los partidos políticos de la oposición no pueden ser ilegalizados o perseguidos, sino que deben tener derechos y ser protegidos. De este modo, la libertad de expresión, la libertad de prensa y la libertad de reunión son elementos esenciales para la protección contra el abuso de poder del gobierno.

J. EL ESTADO DE DERECHO DEBE APLICARSE INCLUSO A LOS GOBERNANTES DE UNA NACIÓN

En una nación con buen gobierno, la ley manda sobre los gobernantes, no los gobernantes sobre la ley. Este principio se estableció en la nación de Israel y fue reforzado por el requisito de que un nuevo rey debía escribir una copia de la Ley Mosaica para sí mismo, para que la entendiera y recordara estar sujeto a ella:

> Y cuando se siente sobre el trono de su reino, entonces *escribirá para sí en un libro una copia de esta ley*, del original que está al cuidado de los

---

[49] Ver http://constitutionus.com

sacerdotes levitas; y lo tendrá consigo, *y leerá en él todos los días de su vida,* para que aprenda a temer a Jehová su Dios, para guardar todas las palabras de esta ley y estos estatutos, para ponerlos por obra; para que no se eleve su corazón sobre sus hermanos, ni se aparte del mandamiento a diestra ni a siniestra; a fin de que prolongue sus días en su reino, él y sus hijos, en medio de Israel (Dt 17:18-20).

En la práctica, el principio del "Estado de Derecho" significa que ningún rey (o presidente o primer ministro) tiene un poder ilimitado. El rey no está por *encima* de la ley, sino que está *sometido* a ella como quedó dramáticamente ilustrado cuando el profeta Natán reprendió al rey David por desobedecer las leyes de Dios en su pecado con Betsabé (2 Samuel 12). Otros reyes fueron reprendidos por los profetas por desobedecer las palabras de Dios, como Saúl (1 S 13:13-14), Jeroboam (1 Reyes 13-14) y Acab (1 Reyes 18:18). En la iglesia primitiva incluso el apóstol Pedro fue reprendido por Pablo cuando se apartó de los principios de la Palabra de Dios y las enseñanzas de Cristo (ver Gá 2:11-12).

Este principio de que incluso los gobernantes no están por encima de la ley se ilustra en Estados Unidos (y en otros países) cada vez que un gobernador, senador o representante en funciones es condenado en los tribunales por utilizar su cargo en beneficio personal o por aceptar sobornos para para influir en una decisión.

Sin embargo, el principio del Estado de Derecho se viola siempre que cualquier persona o grupo de una sociedad tiene un poder absoluto y, por tanto, puede desobedecer la ley sin temor a ser castigado. Este es el caso de los dictadores y sus amigos y familiares en muchos países pequeños; de las mafias criminales que violan repetidamente la ley en Rusia; de los monopolios apoyados por el gobierno que tienen un poder irrestricto (como las empresas de telecomunicaciones controladas por Carlos Slim en México); [50]o de los "puestos de control" que notoriamente extorsionan a los camiones que intentan transitar por las carreteras en Camerún y otros países africanos. El Estado de Derecho también se vulnera en los países en los que el gobierno tiene el monopolio de los medios de comunicación y puede publicar mentiras o encubrir la mala conducta del gobierno sin temor a las consecuencias (como en los "juicios" de muchos líderes de iglesias en casas de China o el acallamiento de los periodistas de oposición en Rusia).

K. LA BIBLIA BRINDA UN APOYO INDIRECTO PERO SIGNIFICATIVO A LA IDEA DE QUE EL GOBIERNO DEBE SER ELEGIDO POR EL PUEBLO (ALGÚN TIPO DE DEMOCRACIA)

La Biblia no ordena explícitamente ni enseña directamente que los gobiernos deben ser elegidos por un proceso democrático[51]; de hecho, no hay mandatos

---

[50] David Luhnow, "The Secrets of the World's Richest Man" [Los secretos del hombre más rico del mundo], The Wall Street Journal, 4 de agosto de 2007, https://www.wsj.com/articles/SB118615255900587380.

[51] La palabra *democracia* puede tener un significado amplio o limitado. En un sentido amplio, *demo-*

bíblicos sobre cómo Dios quiere que se elijan. En realidad, hay muchos ejemplos históricos de *reyes hereditarios* en todo el Antiguo Testamento, y también leemos sobre algunos emperadores romanos y gobernadores enviados por ellos en el Nuevo Testamento. Estos gobernantes están *registrados* en la historia de la Biblia, pero eso no significa que su forma de gobierno sea *respaldada u ordenada*. No hay ninguna enseñanza explícita de que otros gobiernos en otras naciones deban adoptar estas formas

Si miramos más allá de estos simples ejemplos históricos a los principios bíblicos relativos al gobierno y a la naturaleza de los seres humanos, se puede elaborar un argumento bíblico bastante sólido en apoyo de la idea de que *alguna forma de gobierno elegida por el pueblo* es preferible a otros tipos de gobierno (al menos durante la época actual, hasta el regreso de Cristo). Varios argumentos consistentes con los principios bíblicos apoyan esta idea:

1. La igualdad a imagen de Dios. El primer respaldo para algún tipo de democracia es el concepto de *la igualdad de todas las personas a imagen de Dios*. "Y creó Dios al hombre a *su imagen*, a imagen de Dios lo creó; varón y hembra los creó" (Gn 1:27; esto se aplica también a toda la raza humana descendiente de Adán y Eva. Otros pasajes de la Escritura afirman también que todos los seres humanos son a imagen de Dios: ver Gn 9:6; Stg 3:9). Ser "a imagen de Dios" significa ser como Dios y representarlo en la tierra, el estatus más alto que se le da a todo lo que Dios hizo.

Pero si *todas las personas* comparten por igual el alto privilegio de estar hechas a imagen y semejanza de Dios, ¿qué razón puede haber para que alguna familia piense que tiene un derecho especial a actuar como "realeza" o a gobernar sobre los demás sin su consentimiento? Lejos de respaldar nada parecido a un "derecho divino de los reyes", el principio fundamental de igualdad a imagen de Dios enseñado en el primer capítulo de la Biblia se opone a la idea de la realeza.

Este rechazo a cualquier derecho hereditario de cualquier "familia real" a gobernar sobre otros fue el trasfondo que llevó a esta afirmación en el segundo párrafo de la Declaración de Independencia de los Estados Unidos:

---

cracia significa "gobierno del pueblo, ejercido directamente o a través de representantes elegidos" (significado 1 en *The American Heritage Dictionary* [Boston: Houghton Mifflin, 1996], 497). En este sentido, Estados Unidos es claramente una democracia: no es una monarquía, una oligarquía o una dictadura, sino que es un gobierno "por el pueblo [...] a través de representantes elegidos".

Pero a veces la gente trata de informarme: "Estados Unidos es una república, no una democracia". Hay cierto valor en esta afirmación, y entiendo que la gente intente ser más precisa al describir el tipo de gobierno que tenemos. Pero también deberían entender que cuando dicen esto, están usando la palabra *democracia* en un sentido más restringido, uno en el que significa una "regla de mayoría simple", y entienden que la palabra se refiere solo a una democracia pura, como en una antigua ciudad-estado, donde todas las decisiones se tomaban por votación de todos los ciudadanos. Entienden la palabra *república* como el único término apropiado para describir un gobierno por representantes elegidos que toman decisiones para el gobierno de todo el pueblo.

Mi respuesta a estas personas es que, sí, Estados Unidos es una *república*, pero *también* es una *democracia*, porque no estoy usando la palabra democracia en el sentido estricto de "democracia pura". Simplemente estoy usando la palabra democracia para significar un sistema de gobierno en el que los líderes son elegidos por el pueblo. Ese es el sentido más común de la palabra en la actualidad, y eso es lo que significa en el español ordinario conversacional y escrito.

Sostenemos que estas verdades son evidentes, que *todos los hombres son creados iguales,* que son dotados por su Creador de ciertos derechos inalienables[52] [...]

2. La rendición de cuentas a través de las elecciones es una protección contra el abuso de poder. Otro argumento a favor de alguna forma de democracia es que la *rendición de cuentas de los gobernantes ante el pueblo* ayuda a prevenir el abuso de poder. Como he argumentado anteriormente (ver la pág. 456), la separación de poderes en el gobierno tiende a evitar los abusos. Quizá la separación de poderes más eficaz sea la separación de poderes entre el poder otorgado al gobierno y el poder reservado para el pueblo, que es evidente en las elecciones libres. *La necesidad de obtener y mantener el consentimiento de los gobernados,* a través de elecciones periódicas, es probablemente la mayor protección contra el abuso de poder y la mayor garantía de responsabilidad por parte de los gobernantes. Esto se debe a que las elecciones proporcionan un fuerte incentivo a los gobernantes para que actúen en beneficio del pueblo y, por tanto, para que actúen como "siervo de Dios para tu bien" (Ro 13:4), como dice Pablo que deben hacer los gobiernos. Los gobernantes que se corrompen y abusan de su poder suprimen regularmente las elecciones libres, encarcelan o asesinan a los opositores políticos, intimidan a los votantes y amañan las elecciones para "ganar" porque sus compinches controlan las cédulas, el recuento de los votos y los informes de los medios de comunicación sobre los resultados de las elecciones. (Las "elecciones" amañadas en Rusia[53], Zimbabue[54] y Venezuela[55] son ejemplos notorios, al igual que la elección anulada de Aung San Suu Kyi en Myanmar/Birmania[56]).

¿Cómo podemos saber si un país funciona realmente como una democracia? El exdisidente soviético Natan Sharansky, en su libro *The Case for Democracy* [Alegato por la democracia], ofrece "la prueba de la plaza" para determinar si una sociedad concreta es lo que él llama una "sociedad libre" (y, por tanto, una auténtica democracia) o una "sociedad del miedo":

---

[52] Ver el texto de la Declaración de Independencia en el apéndice de este capítulo, pág. 477. Énfasis añadido.

[53] "'Las elecciones no fueron justas y no cumplieron las normas de las elecciones democráticas', concluyeron la Organización para la Seguridad y la Cooperación en Europa (OSCE) y el Consejo de Europa en una declaración conjunta". "Russia's Election: How It Was Rigged" [Elecciones en Rusia: Cómo se amañaron], *The Economist,* 3 de diciembre de 2007, www.economist.com/world/europe/displaystory. cfm?story_id=10238268.

[54] Peta Thorneycraft, "Police 'Rigged Ballot' in Zimbabue Election" [La policía "amañó la votación" en las elecciones de Zimbabue], *The Age,* 12 de abril de 2008, www.theage.com.au/news/world/police-rigged-ballot-in-zimbabwe-election/2008/04/11/1207856835491.html.

[55] Christopher Toothaker, "Efforts to Dispel Claims of Vote-Rigging in Venezuela's Recall Vote Suffer a Setback" [Los esfuerzos por disipar las acusaciones de amaño de votos en el voto revocatorio de Venezuela sufren un revés], Associated Press, 19 de agosto de 2004, http:// staugustine.com/stories/081904/wor_2521920.shtml#.WXZdp63Mz64.

[56] Meghan Dunn, "UN Chief Urges Myanmar to Hold 'Fair' Election" [El jefe de la ONU insta a Myanmar a celebrar unas elecciones "justas"], CNN, 14 de julio de 2009, www.cnn.com/2009/WORLD/asiapcf/07/13/myanmar.un.elections/index.html; y "Myranmar Junta Dismisses Suu Kyi Victory" [La Junta de Myranmar desestima la victoria de Suu Kyi], Associated Press/USA Today, 6 de julio de 2008, https://usatoday30.usatoday.com/news/world/2008-07-06-3081463627_x.htm.

¿Puede una persona caminar en medio de la plaza del pueblo y expresar sus opiniones sin temor a ser detenido, encarcelado o sufrir daños físicos? Si puede, entonces esa persona está viviendo en una sociedad libre, no en una sociedad del miedo[57].

3. El pueblo en su conjunto es el que mejor puede juzgar si los gobernantes trabajan por su bien. El propósito del gobierno también aboga por la democracia. *Si el gobierno debe servir para el beneficio del pueblo* (ser "siervo de Dios para tu *bien*", Ro 13:4), esto significa que el gobierno no existe en última instancia para el bien del rey, el *bien* del *emperador*, o el bien del consejo *gobernante* (o de sus familias y amigos), sino por el bien del propio pueblo.

La siguiente pregunta que se plantea es la siguiente: ¿Quién es el más indicado para decidir lo que es mejor para el pueblo? ¿No debería el pueblo en su conjunto tener derecho a decidir qué tipo de líderes es el más indicado para su bien y el de la nación? Por supuesto, el pueblo en su conjunto puede cometer errores, al igual que cualquier grupo de élite de gobernantes podría equivocarse sobre lo que es mejor para el pueblo. Pero, en última instancia, el pueblo que *supuestamente* se beneficia del gobierno debería ser el que mejor pueda decidir lo que *realmente* lo beneficia y lo que no. (Los gobernantes pueden engañarse a sí mismos pensando que sus políticas son "para el bien del pueblo", pero es difícil creerlo si tienen que amañar las elecciones, encarcelar a los opositores políticos y silenciar la disidencia).

4. Algunos ejemplos de las Escrituras muestran el valor de obtener el consentimiento de los gobernados. Varios ejemplos narrativos de las Escrituras indican que *el gobierno parece funcionar mejor con el consentimiento de los gobernados*. Aunque Moisés había sido nombrado por Dios, buscó el consentimiento público de los ancianos y del pueblo de Israel (Ex 4:29-31), al igual que Samuel cuando se presentó ante todo el pueblo en su calidad de juez (1 S 7:5-6) y Saúl después de haber sido ungido como rey (1 S 10:24).

Cuando David se convirtió en rey de Judá, obtuvo el consentimiento público de todo el pueblo: " Y vinieron los varones de Judá y ungieron allí a David por rey sobre la casa de Judá" (2 S 2:4). Cuando el sacerdote Sadoc ungió a Salomón como rey, entonces " dijo todo el pueblo: ¡Viva el rey Salomón!" (1 Reyes 1:39; ver también 12:1).

En el Nuevo Testamento, los apóstoles pidieron la ayuda de la comunidad para seleccionar a los líderes que supervisarían la distribución de alimentos a los necesitados: "*Buscad*, pues, hermanos, *de entre vosotros* a siete varones de buen testimonio, llenos del Espíritu Santo y de sabiduría, a quienes encarguemos de este trabajo" (Hechos 6:3).

Por el contrario, existen ejemplos negativos en las Escrituras de tiranos que no obtuvieron el consentimiento del pueblo, sino que gobernaron con severidad en oposición al consentimiento del pueblo. "Y no oyó el rey [Roboam] al pueblo"

---

[57] Natan Sharansky, *The Case for Democracy: The Power of Freedom to Overcome Tyranny and Terror* [Alegato por la democracia: la fuerza de la libertad para acabar con la tiranía y el terror] (Nueva York: PublicAffairs, 2004), 40-41.

(1 Reyes 12:15), y como resultado las 10 tribus del norte se rebelaron contra él: "Cuando todo el pueblo vio que *el rey no les había oído*, le respondió estas palabras, diciendo: ¿Qué parte tenemos nosotros con David? [...] ¡Israel, a tus tiendas! (v. 16). A partir de ese día, Israel se dividió en los reinos del norte y del sur.

De manera similar, el Antiguo Testamento contiene varios ejemplos de gobernantes opresivos que sometieron al pueblo de Israel a la esclavitud y que ciertamente no gobernaron con el consentimiento de aquellos sobre los que gobernaron, ya sea el faraón como rey de Egipto (Ex 3:9-10), los filisteos, que gobernaron con severidad sobre Israel durante la época de los jueces (Jue 14:4), o Nabucodonosor y otros reyes extranjeros que conquistaron y finalmente llevaron al pueblo al exilio (2 Reyes 25:1-21). Todos estos acontecimientos se consideran negativamente en la narración bíblica.

En el Nuevo Testamento, bajo el gobierno romano, Herodes el Grande y sus sucesores también fueron gobernantes opresivos, reinaron sin el consentimiento del pueblo judío y gobernaron con severidad sobre ellos (ver Mt 2:16-17; Lucas 13:1; Hechos 12:1-2).

5. Conclusión: La Biblia respalda significativamente la idea de un gobierno elegido por el pueblo. Por lo tanto, se pueden ofrecer argumentos bíblicos sustanciales que respalden la idea de alguna forma de gobierno elegida por el pueblo mismo (es decir, en términos generales, una democracia). Dicho gobierno parece ser preferible a todas las demás formas de gobierno, como la dictadura, la monarquía hereditaria o el gobierno por un aristócrata hereditario o aristocracia autoperpetuante. (Varias democracias actuales, como el Reino Unido y Noruega, han conservado una monarquía que desempeña una función principalmente ceremonial y simbólica, pero son democracias porque el poder real de gobierno recae en los representantes elegidos por el pueblo).

Sin embargo, hay un Rey al que la Biblia da una aprobación ilimitada, y es Jesucristo, que un día volverá a la tierra para reinar como "Rey de reyes y Señor de señores" (Ap 19:16). No habrá injusticia ni abuso de poder en su dominio, pues reinará en perfecta rectitud. El libro de Daniel profetiza sobre su reinado:

> Y le fue dado dominio,
>   gloria y reino, para que todos los pueblos,
> naciones y lenguas le sirvieran;
>   su dominio es dominio eterno, que nunca pasará,
> y su reino uno que no será destruido (Dn 7:14).

Pero hasta que Cristo vuelva a reinar, alguna forma de democracia parece ser la mejor forma de gobierno, basada en los principios anteriores.

6. El desarrollo temprano del autogobierno en los Estados Unidos. En los inicios de la historia de los Estados Unidos, cuando los peregrinos establecieron el Pacto del Mayflower en 1620, y con ello establecieron una forma de autogobierno, lo hicieron con un fuerte conocimiento bíblico influenciado por muchos de los pasajes y principios de las Escrituras mencionados anteriormente. También tenían vívidos recuerdos de la opresión de la monarquía en Inglaterra. Como resultado, el Pacto del Mayflower estableció un gobierno *mediante el consentimiento de los gobernados* y esto establecería un patrón para las colonias posteriores y para los Estados Unidos en su conjunto en años posteriores. Los peregrinos declararon que estaban formando un "Cuerpo Político Civil" que promulgaría "leyes" para el bien general de la colonia, y luego le dijeron a ese gobierno: "le prometemos toda la sumisión y obediencia debidas". [58]Se trataba de una sumisión voluntaria a un gobierno que ellos mismos habían creado. No les fue impuesto desde fuera por un rey o alguna otra fuerza conquistadora. Era un gobierno establecido para funcionar con el consentimiento de los gobernados, una especie de democracia.

Estos mismos principios encontraron una expresión más completa en la Declaración de la Independencia de Estados Unidos:

> Sostenemos que estas verdades son evidentes, que todos los hombres son creados iguales, que son dotados por su Creador con ciertos derechos inalienables, que entre ellos están la vida, la libertad y la búsqueda de la felicidad. Que para asegurar estos derechos, los gobiernos se instituyen entre los hombres, *derivando sus justos poderes del consentimiento de los gobernados*[59].

Aunque en la historia antigua y medieval existían algunas formas de gobierno democrático en zonas locales (como la antigua Atenas), cuando Estados Unidos comenzó como democracia representativa en 1776, se le podía llamar el "experimento americano", porque en ese momento no había otras democracias nacionales en funcionamiento en el mundo. Pero después de la fundación de Estados Unidos, y especialmente en el siglo XX, el número de democracias nacionales en funcionamiento aumentó notablemente. El Foro Mundial sobre la Democracia informa de que en 1950 había 22 democracias que representaban el 31% de la población mundial, y otros 21 Estados con prácticas democráticas restringidas que representaban el 11,9% de la población mundial. En 2015, las democracias electorales representaban 125 de los 196 países existentes. [60]Aproximadamente 4 100 millones de personas viven en democracias electorales, es decir, el 55,8% de la población mundial[61].

Por lo tanto, cuando la gente hoy en día se queja de que no quiere involucrarse en la política porque piensa que los políticos son demasiado corruptos (o arrogantes, codiciosos, ávidos de poder, u otras formas de "no espiritualidad"), quiero

---

[58] Para conocer el texto del Pacto del Mayflower, ver www.historyplace.com/unitedstates/revolution/mayflower.htm. Para conocer las fuentes primarias del Pacto del Mayflower, ver http://mayflowerhistory.com/primary-sources-and-books/.

[59] Ver el texto de la Declaración de la Independencia en el apéndice de este capítulo, pág. 477.

[60] "Freedom in the World: 2015" [Libertad en el mundo: 2015], Freedom House, https://freedomhouse.org/sites/default/files/01152015_FIW_2015_final.pdf.

[61] La cifra exacta es de 4 101 291 986 personas de una población mundial de 7 349 472 254 al 11 de agosto de 2016. Ver "Number of World Citizens Living under Different Regimes" [Número de ciudadanos del mundo que viven bajo diferentes regímenes], Our World in Data, https://ourworldindata.org/grapher/world-pop-by-political-regime.

recordarles que aunque la democracia es desordenada, todavía funciona bastante bien, y todas las formas alternativas de gobierno son mucho peores. Deberíamos estar agradecidos por quienes están dispuestos a participar en ella, con frecuencia con gran sacrificio personal.

L. LAS NACIONES DEBEN VALORAR EL PATRIOTISMO

¿Cuál debe ser la actitud de los ciudadanos hacia la nación en la que viven? Debido a que cualquier nación puede tener gobernantes que son malos, o básicamente buenos gobernantes que aún hacen cosas malas de vez en cuando, una visión cristiana del gobierno nunca respaldaría un tipo de *patriotismo ciego*, según el cual un ciudadano nunca criticaría a un país o a sus líderes. De hecho, un *patriotismo genuino*, que siempre busca promover el bien de la nación, criticaría honestamente al gobierno y a sus líderes cuando hicieran cosas contrarias a las normas morales bíblicas.

Pero, ¿es acaso el patriotismo una virtud? Mi conclusión es que la Biblia apoya un tipo genuino de patriotismo en el que los ciudadanos aman, apoyan y defienden a sus países.

1. Razones bíblicas para el patriotismo. El respaldo bíblico a la idea de patriotismo comienza con el reconocimiento de que *Dios ha establecido naciones en la tierra*. Hablando en Atenas, Pablo dijo que Dios "de un solo hombre hizo todas las *naciones* para que habitaran toda la tierra; y determinó los períodos de su historia y las fronteras de sus territorios" (Hechos 17:26) (NVI).

Un ejemplo de esto se encuentra en la promesa de Dios de hacer de los descendientes de Abram (después Abraham) una nación distinta:

> Y haré de ti una *nación* grande, y te bendeciré, y engrandeceré tu nombre,
> y serás bendición (Gn 12:2).

Después Dios le dijo a Abraham: "En tu simiente serán benditas todas *las naciones* de la tierra, por cuanto obedeciste a mi voz" (Gn 22:18).

El origen antiguo de muchas naciones de la tierra está registrado en la Tabla de las Naciones que descienden de Noé, que concluye: "Estas son las familias de los hijos de Noé por sus descendencias, en *sus naciones*; y de éstos se esparcieron las naciones en la tierra después del diluvio" (Gn 10:32).

En el progreso continuo de la historia, Job señala que Dios *"multiplica las naciones*, y él las destruye; esparce a las naciones, y las vuelve a reunir" (Job 12:23).

El sentido de lo que era una "nación" en la Biblia no difiere sustancialmente de lo que entendemos por nación en la actualidad: un grupo de personas que viven bajo un mismo gobierno que es soberano e independiente en su relación con otras naciones.

En la era moderna, y a efectos de este libro, una nación es normalmente un grupo relativamente grande de personas que viven bajo un gobierno independiente, aunque en la actualidad existen algunas naciones que no son muy grandes, como

Mónaco y Luxemburgo, y algunas naciones son solo parcialmente independientes de otras más grandes y dominantes.

La existencia de muchas naciones independientes en la tierra debe considerarse una bendición de Dios. Uno de los beneficios de la existencia de las naciones es que *dividen y dispersan el poder gubernamental por toda la tierra* . De esta manera, evitan el gobierno de una dictadura mundial, que sería más horrible que cualquier gobierno malvado, tanto porque afectaría a todos en la tierra y porque no habría ninguna nación que pudiera desafiarla. La historia ha demostrado repetidamente que los gobernantes con poder sin control e ilimitado se vuelven más y más corruptos.

Los firmantes de la Declaración de la Independencia de Estados Unidos se dieron cuenta de que estaban estableciendo una nación separada, como se indica en la primera frase:

> Cuando, en el curso de los acontecimientos humanos, se hace necesario que un pueblo disuelva las bandas políticas que lo han unido a otro, y para asumir entre las potencias de la tierra, la *posición separada e idéntica* a la que las leyes de la naturaleza y del Dios de la naturaleza les dan derecho, un respeto decente a las opiniones de la humanidad exige que declaren las causas que les impulsan a la separación[62].

La Biblia también enseña a los cristianos a obedecer y honrar a los líderes de la nación en la que viven. Pedro dice a los cristianos que "honren al rey" (1 P 2:17), y luego añade:

> Por causa del Señor someteos a toda institución humana, ya sea al rey, como a superior [...] (vv. 13-14).

Asimismo, Pablo anima no solo a la obediencia, sino también a honrar y apreciar a los gobernantes civiles cuando escribe: "Sométase toda persona a las autoridades superiores" (Ro 13:1). Añade que el gobernante es "servidor de Dios para tu bien" (v. 4). Concluye esta sección dando a entender que los cristianos no solo deben pagar impuestos, sino también respetar y honrar, al menos en cierta medida, a los gobernantes en el gobierno civil:

> Pagad a todos lo que debéis: al que tributo, tributo; *al que impuesto, impuesto; al que respeto, respeto; al que honra, honra* (v. 7).

Estos mandatos siguen un patrón que se encuentra en el Antiguo Testamento, como indican los siguientes pasajes:

> Teme a Jehová, hijo mío, y al rey;
> No te entremetas con los veleidosos (Pr 24:21).

> Ni aun en tu pensamiento digas mal del rey, ni en lo secreto de tu cámara

---

[62] Ver el texto de la Declaración de la Independencia en el apéndice de este capítulo, pág. 477.

digas mal del rico (Ec 10:20).

Así ha dicho Jehová de los ejércitos, Dios de Israel, a todos los de la cautividad que hice transportar de Jerusalén a Babilonia [...] *Y procurad la paz de la ciudad a la cual os hice transportar,* y rogad por ella a Jehová; porque en su paz tendréis vosotros paz (Jer 29:4-7).

El establecimiento por parte de Dios de las naciones individuales, los beneficios que llegan al mundo por la existencia de las naciones, y los mandatos bíblicos que implican que uno debe apreciar y apoyar a los líderes del gobierno donde uno vive, tienden a apoyar la idea del patriotismo en una nación.

2. Los beneficios del patriotismo en una nación. Teniendo en cuenta estos factores, yo definiría el auténtico patriotismo de forma más completa, ya que incluye los siguientes elementos:

1. Un *sentido de pertenencia* a una comunidad más amplia de personas, que proporciona un aspecto del sentido de identidad de una persona y de su obligación hacia los demás.

2. *Gratitud* por los beneficios que proporciona una nación, como la protección de la vida, la libertad y la propiedad; las leyes que disuaden de hacer el mal y fomentan el bien; el mantenimiento de un sistema monetario y de mercados económicos; y un idioma o idiomas comunes.

3. Un *sentimiento compartido de orgullo por los logros de otros individuos* en la nación a la que uno "pertenece" como conciudadanos de la misma (incluyendo el orgullo por los esfuerzos deportivos, científicos, económicos, artísticos, filantrópicos o de otro tipo).

4. Un *sentimiento de orgullo por las cosas buenas que ha hecho una nación,* algo que se desarrolla mediante una comprensión adecuada de la historia de la nación y un sentimiento de pertenencia a un grupo de personas que incluye a las generaciones anteriores dentro de esa nación.

5. Una *sensación de seguridad* con respecto al futuro debido a la expectativa de que el grupo más amplio (es decir, todos en la nación) trabajará por el bien de la nación y, por lo tanto, defenderá a cada persona en la nación de ataques de malhechores violentos, ya sea desde dentro o fuera de sus fronteras.

6. Un *sentido de obligación* de servir a la nación y hacer el bien a la nación de diversas maneras, como defenderla de ataques militares o de críticas injustas de otros; proteger la existencia y el carácter de la nación para las generaciones futuras; y mejorar la nación de diversas maneras cuando sea posible, incluso a través de la crítica útil de las cosas que se hacen mal dentro de la nación.

7. El *sentido de obligación de vivir y transmitir a los recién llegados y a las generaciones sucesivas un sentido compartido de valores y normas morales* que son ampliamente valoradas por los habitantes de la

nación. Es más probable que este sentimiento de obligación de normas morales compartidas se dé dentro de una nación que en el mundo en su conjunto, ya que una persona puede actuar como agente moral y ser evaluada por los demás en el contexto de toda una nación, pero muy rara vez alguien tiene la suficiente prominencia como para actuar con respecto a todo el mundo. Otra razón es que los valores y normas pueden extenderse fácilmente a la mayoría de los ciudadanos de una nación (especialmente cuando la mayoría habla un idioma común), pero el mundo es tan grande y diverso que es difícil encontrar muchos valores y normas morales que se compartan en todas las naciones, o cualquier conocimiento en una nación de los valores que se tienen en otras naciones. Si se quieren preservar y transmitir esos valores morales e ideales nacionales dentro de una nación individual, suele ser necesario compartir un sentido común de los orígenes de la nación y su historia.

Por el contrario, lo opuesto al patriotismo es una actitud de desagrado o incluso de desprecio u odio hacia la propia nación, acompañada de continuas críticas hacia ella. En lugar de sentir gratitud por los beneficios proporcionados por el país y orgullo por las cosas buenas que ha hecho, los que se oponen al patriotismo destacarán repetidamente cualquier aspecto negativo de las acciones del país, sin importar lo antiguo o lo insignificante que sea en comparación con el conjunto de su historia. No estarán orgullosos de la nación ni de su historia, y no estarán muy dispuestos a sacrificarse por ella, a servirla o defenderla. Estas actitudes antipatrióticas erosionarán continuamente la capacidad de la nación para funcionar eficazmente y finalmente tenderán a socavar la propia existencia de la nación. En estos casos, una crítica sana pero limitada de los males de una nación se exagera hasta el punto de que se distorsiona la realidad y la persona se vuelve básicamente opositora al bien de la nación en general.

Por poner un ejemplo contemporáneo, un ciudadano patriótico de Irán en 2017 bien podría decir: "Amo a mi país y sus grandes tradiciones, ideales e historia, pero me entristece profundamente la naturaleza opresiva y malvada del actual gobierno totalitario". Un ciudadano patriota de Corea del Norte podría decir algo parecido. Un ciudadano patriota de Irak bajo el régimen de Saddam Hussein podría haber dicho cosas similares también.

Por poner otro ejemplo, un ciudadano patriótico de Alemania podría decir: "Amo a mi nación y estoy orgulloso de sus grandes logros históricos en la ciencia, literatura, música y muchas otras áreas del pensamiento humano, aunque me duelen profundamente los males perpetrados bajo el liderazgo de Adolf Hitler, y me alegro de que finalmente nos hayamos liberado de su gobierno opresor".

Doy estos ejemplos para ilustrar el hecho de que incluso los ciudadanos de países con gobernantes malos gobernantes malvados pueden conservar un patriotismo genuino que se combina con una crítica sobria y veraz de los líderes actuales o pasados. Pero ese patriotismo seguirá incluyendo los valiosos componentes mencionados anteriormente, como el sentido de pertenencia a esa nación concreta, gratitud por los beneficios que proporciona, orgullo compartido por sus logros, sensación de seguridad, el sentido de obligación de servirla y protegerla (y, esperemos, de cambiar cualquier liderazgo malvado), y un sentido de obligación de seguir y transmitir los valores e ideales compartidos que representan lo mejor de la historia del país.

Si estas cosas pueden ser ciertas incluso en naciones que tienen o han tenido malos gobiernos, entonces ciertamente el patriotismo puede ser un valor inculcado en todas las demás naciones del mundo también. Y una visión cristiana del gobierno fomenta y apoya el patriotismo genuino dentro de una nación.

M. LOS CRISTIANOS DEBEN INFLUIR EN EL GOBIERNO PARA EL BIEN

1. Respaldo del Antiguo Testamento a la influencia cristiana en el gobierno. La Biblia muestra varios ejemplos de creyentes en Dios que influyeron en los gobiernos seculares, y ve sus actividades con aprobación. El primer ejemplo es el de José, que era el más alto funcionario después del Faraón, rey de Egipto, y tenía gran influencia en las decisiones del Faraón (ver Gn 41:37-45; 42:6; 45:8-9, 26). Después, Moisés se presentó con valentía ante el faraón y exigió la libertad para el pueblo de Israel, diciendo: "Jehová ha dicho así: Deja ir a mi pueblo" (Ex 8:1).

El profeta judío Daniel ejerció una fuerte influencia en el gobierno secular de Babilonia. Daniel le dijo al rey Nabucodonosor:

> Por lo tanto, yo le ruego a Su Majestad aceptar el consejo que le voy a dar: *Renuncie usted a sus pecados y actúe con justicia*; renuncie a su maldad y *sea bondadoso con los oprimidos*. Tal vez entonces su prosperidad vuelva a ser la de antes (Dn 4:27) (NVI).

El enfoque de Daniel era audaz y claro. Era lo contrario de un enfoque multicultural moderno, que podría decir algo así:

> Oh rey Nabucodonosor, soy un profeta judío, pero no me atrevería a imponer mis normas morales judías a tu reino babilónico. Pregunta a tus astrónomos y a tus adivinos. Ellos te guiarán en tus propias tradiciones. Entonces, ¡sigue tu propio corazón! No me corresponde a mí hablarte del bien y del mal.

No, Daniel le dijo con valentía al rey: "*Renuncie usted a sus pecados* y actúe con justicia; renuncie a su maldad y sea bondadoso con los oprimidos"

En ese momento Daniel era un prominente funcionario en la corte de Nabucodonosor. Era "gobernador de toda la provincia de Babilonia" y "jefe supremo de todos los sabios de Babilonia" (Dn 2:48). Estaba regularmente "en la corte del rey" (v. 49). Por lo tanto, parece que Daniel tenía un importante rol de asesor del rey. Esto lleva a suponer que, aunque no se especifica en el texto, la declaración resumida de Daniel sobre los "pecados", "maldad" y "ser bondadoso con los oprimidos" (Dn

4:27) fue seguida por una conversación en la que Daniel nombraba políticas y acciones específicas del rey que eran buenas o malas a los ojos de Dios.

El consejo que Jeremías proclamó a los exiliados judíos en Babilonia también apoya la idea de que los creyentes tienen influencia en las leyes y el gobierno. Jeremías dijo a estos exiliados: *"Busquen el bienestar de la ciudad* adonde los he deportado, y pidan al Señor por ella, porque el bienestar de ustedes depende del bienestar de la ciudad" (Jer 29:7) (NVI). Pero si los creyentes han de procurar traer el bien a esa sociedad pagana, eso debe incluir el intento de traer el bien a su gobierno como lo hizo Daniel (además de trabajar en muchas otras áreas no gubernamentales para para llevar el bien a los individuos, familias, colegios, empresas y otros componentes de la sociedad). El verdadero "bienestar" de una ciudad así avanzará en gran medida a través de leyes y políticas gubernamentales que sean consistentes con las enseñanzas de Dios en la Biblia, no por aquellas que son contrarias a las enseñanzas de la Biblia.

Otros creyentes en Dios también ocuparon altos cargos de influencia gubernamental en naciones no judías. Nehemías era "copero del rey" (Neh 1:11), un puesto de alta responsabilidad ante el rey Artajerjes de Persia. [63]Mardoqueo "fue el segundo después del rey Asuero" de Persia (Est 10:3; ver también 9:4). La reina Ester también tenía una influencia significativa en las decisiones de Asuero (ver Est 5:1-8; 7:1-6; 8:3-13; 9:12-15, 29-32). Y el salmista dijo: "Hablaré de tus testimonios delante de los reyes, y no me avergonzaré" (Sal 119:46).

Además, hay varios pasajes en los profetas del Antiguo Testamento que abordan los pecados de las naciones extranjeras que rodean a Israel: ver Isaías 13-23; Ezequiel 25-32; Amós 1-2; Abdías (dirigido a Edom); Jonás (enviado a Nínive); Nahum (dirigido a Nínive); Habacuc 2; y Sofonías 2. Estos profetas podían hablar a naciones fuera de Israel porque el Dios que se revela en la Biblia es el Dios de *todos los pueblos* y de *todas las naciones* de la tierra.

Por lo tanto, las normas morales de Dios reveladas en la Biblia son las normas morales a las que Dios hará responsables a todas las personas. Esto incluye más que la forma en que las personas se comportan en sus matrimonios y con sus familias, en sus barrios y escuelas, en sus trabajos y negocios. También se refiere a la forma en que las personas se comportan en las *oficinas gubernamentales*. Los creyentes tienen la responsabilidad de dar testimonio de las normas morales de la Biblia por las que Dios pedirá cuentas a todas las personas, incluidas las que ocupan cargos públicos.

2. Apoyo del Nuevo Testamento a la influencia cristiana significativa en el gobierno. Un ejemplo del Nuevo Testamento sobre la influencia en el gobierno es la vida de Juan el Bautista. Durante su vida, el gobernante de Galilea (desde el año 4 a. C. hasta el 39 d. C.) era Herodes Antipas, un "tetrarca" que había sido nombrado por el emperador romano y estaba sometido a la autoridad del Imperio Romano.

El Evangelio de Mateo nos dice que Juan el Bautista reprendió a Herodes por un

---

[63] "El puesto de copero del rey era un cargo elevado y suponía un acceso regular al rey". *ESV Study Bible* [Biblia de Estudio ESV] (Wheaton, Illinois: Crossway, 2008), 825.

pecado personal específico en su vida:

> Porque Herodes había prendido a Juan, y le había encadenado y metido en la cárcel, por causa de Herodías, mujer de Felipe su hermano; porque Juan le decía: No te es lícito tenerla (Mt 14:3-4).

Pero el Evangelio de Lucas añade más detalles:

> [Juan el Bautista] Con estas y otras muchas exhortaciones anunciaba las buenas nuevas al pueblo. Entonces Herodes el tetrarca, siendo reprendido por Juan a causa de Herodías, mujer de Felipe su hermano, *y de todas las maldades que Herodes había hecho,* sobre todas ellas, añadió además esta: encerró a Juan en la cárcel (Lucas 3:18-20).

Ciertamente, "todas las maldades que Herodes había hecho" incluían las acciones malvadas que había llevado a cabo como funcionario gobernante del Imperio Romano. Juan el Bautista lo reprendió *por todas ellas.* Juan habló con valentía a un funcionario del imperio sobre el derecho moral y el error de sus políticas gubernamentales. Al hacer esto, Juan seguía los pasos de Daniel y de muchos profetas del Antiguo Testamento. El Nuevo Testamento describe las acciones de Juan el Bautista como las de un "varón justo y santo" (Marcos 6:20). Es un excelente ejemplo de un creyente que tuvo lo que yo llamo "influencia significativa" en las políticas de un gobierno (aunque le costó la vida: ver Marcos 6:21-29).

Otro ejemplo es el del apóstol Pablo. Mientras Pablo estaba en prisión en Cesarea, fue juzgado ante el gobernador romano Félix. Esto es lo que sucedió:

> Algunos días después, viniendo Félix con Drusila su mujer, que era judía, llamó a Pablo, y le oyó acerca de la fe en Jesucristo. Pero *al disertar Pablo acerca de la justicia, del dominio propio y del juicio venidero,* Félix se espantó, y dijo: Ahora vete; pero cuando tenga oportunidad te llamaré (Hechos 24:24-25).

Aunque Lucas no nos da más detalles, el hecho de que Félix estuviera "alarmado" y que Pablo razonara con él sobre la "justicia" y el "juicio venidero", indica que Pablo indica que Pablo estaba hablando de las normas morales del bien y del mal, y de de lo correcto y lo incorrecto, y de las formas en que Félix, como funcionario del Imperio Romano, tenía obligaciones de vivir de acuerdo con las normas dadas por Dios. Sin duda, Pablo le dijo a Félix que tendría que rendir cuentas de sus por sus acciones en el "juicio venidero", y esto probablemente fue lo que hizo que Félix se "alarmara". Cuando Lucas nos dice que Pablo "razonó" con Félix sobre estas cosas, la palabra (el participio presente del verbo griego *dialegomai*) indica una conversación o discusión de ida y vuelta. No es difícil suponer que Félix le preguntó a Pablo: "¿Qué pasa con esta decisión que he tomado? ¿Qué pasa con esta política? ¿Qué pasa con esta resolución ?" Sería una restricción artificial del significado del texto suponer que Pablo habló con Félix solo de su vida "privada" y no de sus acciones como gobernador romano. Pablo es, pues, otro ejemplo de un creyente que intenta ejercer una influencia cristiana significativa en el gobierno civil.

Por lo tanto, si los cristianos se preguntan si es correcto intentar ejercer una influencia cristiana significativa sobre los gobiernos civiles y los líderes gubernamentales, tenemos el incentivo de muchos ejemplos positivos en la historia narrativa de la Biblia, incluyendo a José, Moisés, Daniel, Jeremías, Nehemías, Mardoqueo y Ester. También tenemos como ejemplos las profecías escritas de Isaías, Ezequiel, Amós, Abdías, Jonás, Nahum Habacuc y Sofonías. En el Nuevo Testamento tenemos los ejemplos valientes de Juan el Bautista y el apóstol Pablo. Tales influencias en los gobiernos no son ejemplos menores de la Biblia, sino que se encuentran en la historia del Antiguo Testamento, desde Génesis hasta Ester (el último libro histórico), en los profetas de la escritura canónica desde Isaías hasta Sofonías, y en el Nuevo Testamento, tanto en los Evangelios como en los Hechos. Y esos son solo los ejemplos de los siervos de Dios que traen una influencia significativa a los reyes paganos que no dieron lealtad al Dios de Israel o a Jesús en los tiempos del Nuevo Testamento. Si añadimos a esta lista las muchas historias de profetas del Antiguo Testamento que traen consejo Si añadimos a esta lista las muchas historias de profetas del Antiguo Testamento que trajeron consejo, ánimo y reprimenda a los reyes buenos y malos de Israel, entonces incluiríamos las historias de todos los reyes y los escritos de todos los profetas, casi todos los libros del Antiguo Testamento. Y podríamos añadir varios pasajes de los Salmos y los Proverbios que hablan de gobernantes buenos y malos. Influir en el gobierno para el bien sobre la base de la sabiduría que se encuentra en las palabras de Dios es un tema que aparece en toda la Biblia.

3. Romanos 13 y 1 Pedro 2. Además de estos ejemplos, *pasajes bíblicos específicos que enseñan sobre el gobierno* presentan un argumento a favor de la influencia cristiana significativa. ¿Por qué creemos que Dios puso Romanos 13:1-7, 1 Pedro 2:13-14, y pasajes relacionados (como en Salmos y Proverbios) en la Biblia? ¿Están ahí simplemente como una cuestión de curiosidad intelectual para los cristianos, que los leerán en privado pero nunca los utilizarán para hablar con los funcionarios del gobierno sobre cómo Dios entiende sus funciones y responsabilidades? ¿Pretende Dios que este material se *oculte* a la gente del gobierno y que se *mantenga secreto* por los cristianos que lo leen y se quejan en silencio de "lo mucho que el gobierno se ha alejado de lo que Dios quiere que sea"? Ciertamente Dios puso tales pasajes allí no solo para informar a los cristianos sobre cómo *ellos* deben relacionarse con el gobierno civil, sino también para que *personas con responsabilidades gubernamentales* puedan saber lo que Dios mismo espera de ellos.

Esto también se refiere a otros pasajes de la Biblia que nos instruyen sobre las normas morales de Dios, sobre la naturaleza y propósito de los seres humanos hechos a imagen de Dios, sobre los propósitos de Dios para la tierra y principios relativos a los buenos y malos gobiernos. Todas estas enseñanzas son relevantes para aquellos que sirven en cargos gubernamentales, y debemos hablar y enseñar sobre ellas cuando tengamos la oportunidad de hacerlo.

4. Objeciones a la influencia cristiana en el gobierno.

a. Objeción: "No se puede legislar la moral": Cuando sostengo que los cristianos deben tratar de tener una influencia significativa para el bien en los gobiernos, algunas personas se apresuran a plantear la cuestión de la "Prohibición", el período de 1920 a 1933 cuando una enmienda constitucional prohibió la fabricación o venta de bebidas alcohólicas en los Estados Unidos.

La historia es la siguiente: En 1919, los Estados Unidos adoptaron la Decimoctava Enmienda a la Constitución (en vigor el 16 de enero de 1920), que prohibía "la fabricación, venta o transporte de licores embriagantes [...] con fines de consumo". Pero esta ley se desobedeció ampliamente y muchas personas tenían sus propias cervecerías y destilerías. Fue imposible aplicar la Ley eficazmente. Finalmente, en 1933, se aprobó la Vigésima Primera Enmienda a la Constitución, que decía: "el decimoctavo artículo de enmienda a la Constitución de los Estados Unidos queda derogado" (sin embargo, permitía a los estados regular el uso y venta de alcohol según sus propias leyes[64]).

La gente explica que la Prohibición fue un fracaso, y de ahí concluyen que "no se puede legislar la moral". Pero creo que el ejemplo de la Prohibición demuestra algo completamente distinto y en realidad apoya mi posición.

¿Qué demuestra esta experiencia? Demuestra que es imposible imponer normas morales a una población *cuando esas normas morales son más estrictas que las que se encuentran en la propia Biblia.* Aunque la Biblia contiene frecuentes advertencias contra la embriaguez (ver Ef 5:18), no prohíbe el consumo moderado de bebidas alcohólicas, y el apóstol Pablo incluso le dice a su asociado Timoteo: "Ya no bebas agua, sino usa de un poco de vino por causa de tu estómago y de tus frecuentes enfermedades" (1 Ti 5:23). Por tanto, la prohibición absoluta de las bebidas alcohólicas era una ley que no encontró eco en el corazón de la gente en general, porque no reflejaba las normas morales de Dios que ha escrito en el corazón de todas las personas (ver Ro 2:15).

Por lo tanto, no creo que la Prohibición en los Estados Unidos fuera un experimento para intentar imponer normas de conducta bíblicas a la nación. Creo que fue un experimento que demostró la imposibilidad de tratar de imponer normas que van más allá de lo que exige la Biblia. Y creo que la Prohibición fue correctamente derogada.

b. Objeción: "Todo gobierno es malo y demoníaco": Otra objeción a la influencia cristiana significativa en el gobierno proviene de aquellos que dicen que todo uso del poder gubernamental está profundamente infectado por fuerzas malignas y demoníacas. El reino del poder gubernamental es el reino de Satanás y sus fuerzas, y por lo tanto todo uso gubernamental del "poder sobre" alguien es mundano y no la forma de vida que Jesús enseñó. El método de Jesús para vencer el mal es a través de la prédica del evangelio y el poder del Espíritu Santo.
Este enfoque, en principio, suena bastante espiritual y, por lo tanto, los cristianos se sienten atraídos por él. Proporciona una razón para que los cristianos no se involucren en el trabajo sucio y difícil de la política y el gobierno. Pero no encuentro

---

[64] Consulte en http://constitutionus.com el texto de las Enmiendas XVIII y XXI.

este enfoque persuasivo ni coherente con la enseñanza bíblica.

(1) Apoyo de Lucas 4:6: Este punto de vista fue fuertemente impulsado por el pastor de Minnesota Greg Boyd en su influyente libro *The Myth of a Christian Nation*[65][El mito de una nación cristiana]. Los puntos de vista de Boyd en este libro han tenido un gran impacto en Estados Unidos, especialmente entre los votantes evangélicos más jóvenes[66].

Boyd señala que todo gobierno civil es "demoníaco".[67] Su principal evidencia es la declaración de Satanás a Jesús durante la tentación de Jesús en el desierto:

> Y le llevó el diablo a un alto monte, y le mostró en un momento todos los reinos de la tierra. Y le dijo el diablo: A ti te daré toda esta potestad, y la gloria de ellos; *porque a mí me ha sido entregada,* y a quien quiero la doy. Si tú postrado me adorares, todos serán tuyos (Lucas 4:5-7).

Boyd enfatiza la afirmación de Satanás de que toda la autoridad de todos los reinos del mundo "me ha sido entregada", luego dice que Jesús "no discute la afirmación del Diablo de poseerlos. Aparentemente, la autoridad de todos los reinos del mundo ha sido entregada a Satanás".

> Boyd continúa diciendo: "Funcionalmente, Satanás es el director general de todos los gobiernos terrestres". ¡ [68]Esta es, en efecto, una afirmación exhaustiva!

(2) El error de depender de Lucas 4:6: Boyd se equivoca claramente en este punto. Jesús nos dice cómo evaluar las afirmaciones de Satanás, pues dice:

> Cuando miente, expresa su propia naturaleza, porque es un mentiroso. ¡Es el padre de la mentira! (Juan 8:44) (NVI).

Jesús no necesitaba responder a cada palabra falsa que decía Satanás, pues su propósito era resistir la tentación misma, y esto lo hizo con las palabras decisivas: "escrito está: Al Señor tu Dios adorarás, y a él solo servirás" (Lucas 4:8).

Así que tenemos que elegir: ¿Creemos las *palabras de Satanás* de que tiene la autoridad de todos los reinos terrenales, o creemos las *palabras de Jesús* de que Satanás es un mentiroso y el padre de la mentira? La respuesta es fácil: Satanás quería que Jesús creyera una mentira, así como quería que Eva creyera una mentira (Gn 3:4), y quiere que nosotros también creamos una mentira, la mentira de que él es el jefe de los gobiernos terrenales.

---

[65] Gregory A. Boyd, *The Myth of a Christian Nation: How the Quest for Political Power Is Destroying the Church* [El mito de una nación cristiana: Cómo la búsqueda del poder político está destruyendo a la Iglesia] (Grand Rapids, Michigan: Zondervan, 2005).

[66] Por ejemplo, se pueden ver ecos del escrito de Boyd en varios lugares de Shane Claiborne y Chris Haw, *Jesus for President: Politics for Ordinary Radicals* [Jesús para presidente: Política para radicales de a pie] (Grand Rapids, Michigan: Zondervan, 2008).

[67] Boyd, *The Myth of a Christian Nation* [El mito de una nación cristiana], 21.

[68] *Ibid.*, 22.

Por el contrario, hay pasajes en la Biblia que nos dicen cómo debemos pensar de los gobiernos civiles. Estos pasajes no concuerdan con la afirmación de Satanás en Lucas 4:6 ni con la afirmación de Boyd sobre la autoridad de Satanás sobre todos los gobiernos terrenales. Por el contrario, estos pasajes (en los que habla Dios, no Satanás) describen el gobierno civil como un regalo de Dios, algo que está sujeto al gobierno de Dios y que es utilizado por Dios para sus propósitos. He aquí algunos de esos pasajes:

El *Altísimo gobierna el reino de los hombres,* y que a quien él quiere lo da, y constituye sobre él al más bajo de los hombres (Dn 4:17).

Sométase toda persona a las autoridades superiores; porque *no hay autoridad sino de parte de Dios, y las que hay, por Dios han sido establecidas* [...] Porque los magistrados no están para infundir temor al que hace el bien, sino al malo. ¿Quieres, pues, no temer la autoridad? Haz lo bueno, y tendrás alabanza de ella; porque *es servidor de Dios para tu bien* [...] *son servidores de Dios* (Ro 13:1-6).

Pedro considera que el gobierno civil hace lo *contrario* de lo que hace Satanás: los gobiernos civiles son establecidos por Dios "para castigo de los malhechores", pero Satanás ¡alienta a los que hacen el mal! Los gobiernos civiles son establecidos por Dios para "*alabanza* de los que hacen bien" (1 P 2:14), pero Satanás desanima y ataca a los que hacen el bien.

El punto es que Satanás quiere que creamos que todo el gobierno civil está bajo su control, pero eso no se enseña en ninguna parte de la Biblia. El único versículo en toda la Biblia que dice que Satanás tiene autoridad sobre todos los gobiernos lo dice el padre de la mentira, y no debemos creerlo. Boyd está simplemente equivocado en su defensa de la opinión de que "el gobierno es demoníaco[69]".

5. Los cristianos han influido positivamente en los gobiernos a lo largo de la historia. El historiador Alvin Schmidt señala cómo la difusión del cristianismo y la influencia cristiana en el gobierno fueron los principales responsables de la prohibición del infanticidio, el abandono de niños y el aborto en el Imperio Romano (en el año 374); [70]la abolición de las brutales batallas a muerte en las que habían muerto miles de gladiadores (en el año 404); [71]el fin del cruel castigo de marcar la cara de los criminales (en el año 315); [72]la institución de reformas en las prisiones, como la segregación de los presos y las presas (en el año 361); [73]el cese de la práctica de los sacrificios humanos entre los irlandeses, los prusianos y los lituanos, así como

---

[69] Para ver varios argumentos adicionales de Boyd, y mis respuestas a esos argumentos, ver mi *Politics— According to the Bible* [Política según la Biblia], 38-44.

[70] Alvin J. Schmidt, *How Christianity Changed the World* [Cómo el cristianismo cambió el mundo] (Grand Rapids, Michigan: Zondervan, 2004; anteriormente publicado como *Under the Influence* [Bajo la influencia], 2001), 51, 53, 59. Ver también D. James Kennedy y Jerry Newcombe, What If Jesus Had Never Been Born? [¿Y si Jesús no hubiera nacido?] (Nashville: Thomas Nelson, 1994).

[71] *Ibid.,* 63.

[72] *Ibid.,* 65.

entre los indios aztecas y mayas; [74]la proscripción de la pedofilia; [75]la concesión de derechos de propiedad y otras protecciones a las mujeres; [76]la prohibición de la poligamia (que todavía se practica en algunas naciones musulmanas), [77]la prohibición de quemar vivas a las viudas en la India (en 1829); [78]el fin de la dolorosa y paralizante práctica de atar los pies de las jóvenes en China (en 1912); [79]convencer a los funcionarios del gobierno de que iniciaran un sistema de colegios públicos en Alemania (en el siglo XVI) [80]y promover la idea de la educación obligatoria de todos los niños en varios países europeos[81].

Durante la historia de la Iglesia, los cristianos han tenido una influencia decisiva en la oposición y con frecuencia en la abolición de la esclavitud en el Imperio Romano, en Irlanda y en la mayor parte de Europa (aunque Schmidt señala con franqueza que una minoría de maestros cristianos "errantes" ha apoyado la esclavitud en varios siglos). [82]En Inglaterra, William Wilberforce, un cristiano devoto, lideró el esfuerzo exitoso para abolir el comercio de esclavos y luego la propia esclavitud en todo el Imperio Británico en 1840[83].

En Estados Unidos, los cristianos del Sur defendían a ultranza la esclavitud, pero los superaban en número los cristianos que eran ardientes abolicionistas, que hablaban, escribían y promovían constantemente la abolición de la esclavitud. Schmidt señala que dos tercios de los abolicionistas estadounidenses de mediados de la década de 1830 eran clérigos cristianos, [84]y da numerosos ejemplos del fuerte compromiso cristiano de varios de los más influyentes cruzados antiesclavistas, como Elijah Lovejoy (el primer mártir abolicionista), Lyman Beecher, Edward Beecher, Harriet Beecher Stowe (autora de *La cabaña del tío Tom*), Charles Finney, Charles T. Torrey, Theodore Weld, William Lloyd Garrison, "y otros demasiado numerosos para mencionarlos". [85]El movimiento estadounidense por los derechos civiles, que dio lugar a la prohibición de la segregación y la discriminación racial, fue liderado por Martin Luther King Jr. y muchas iglesias y grupos cristianos lo apoyaron[86].

También hubo una fuerte influencia de las ideas cristianas y de cristianos influyentes en la formulación de la Carta Magna en Inglaterra (1215) [87]y de la

---

[73] *Ibid.*

[74] *Ibid.*, 65-66.

[75] *Ibid.*, 87-88.

[76] *Ibid.*, 111.

[77] *Ibid.*, 115.

[78] *Ibid.*, 116-17.

[79] *Ibid.*, 119.

[80] *Ibid.*, 179.

[81] *Ibid,*. 179-80. Aunque no se trata de una simple influencia en las leyes, Schmidt también señala la inmensa influencia de los cristianos en la educación superior: En el año 1932 había 182 colegios y universidades en los Estados Unidos, y de ese número, el 92% había sido fundado por denominaciones cristianas. Ibid., 190.

[82] *Ibid.*, 274-76.

[83] *Ibid.*, 276-78.

[84] Ibid., 279

[85] *Ibid.*, 279-90.

[86] *Ibid.*, 287-89.

Declaración de Independencia (1776) y la Constitución (1787) [88]en Estados Unidos. Estos son tres de los documentos más significativos en la historia de los gobiernos de la tierra, y los tres muestran las marcas de una significativa influencia cristiana en las ideas fundamentales sobre cómo los gobiernos deben funcionar. Estos fundamentos del gobierno británico y estadounidense no se produjeron como resultado de la opinión de que los cristianos deben centrarse en la evangelización y no involucrarse en la política.

Schmidt también sostiene que varios componentes específicos de las visiones modernas del gobierno tuvieron una fuerte influencia cristiana en su origen, como los principios de los derechos humanos individuales, la libertad individual, la igualdad de los individuos ante la ley, la libertad de religión y la separación de la Iglesia y Estado[89].

En cuanto a la actualidad, el perspicaz libro de Charles Colson, *God and Government*[90][Dios y el Gobierno] informa de docenas de relatos motivadores de cristianos valientes de la vida real que, en últimos años, en causas grandes y pequeñas, han tenido un impacto significativo para el bien en las leyes y los gobiernos de todo el mundo.

Por lo tanto, no puedo estar de acuerdo con John MacArthur cuando dice: "Dios no llama a la iglesia a influir en la cultura mediante la promoción de la legislación y las sentencias judiciales que favorecen un punto de vista bíblico".[91]Cuando reviso esa lista de cambios en los gobiernos y leyes que los cristianos promovieron, creo que Dios sí llamó a la iglesia, y a miles de cristianos dentro de la iglesia, a trabajar para lograr estas mejoras trascendentales en la sociedad humana en todo el mundo. ¿Debemos decir que los cristianos que provocaron estos cambios *no* lo hicieron por obediencia a Dios? ¿Que estos cambios no hicieron ninguna diferencia para Dios? Esto no puede ser cierto.

MacArthur dice: "Utilizar métodos temporales para promover el cambio legislativo y judicial [...] no es nuestra vocación y no tiene valor eterno".[92]No estoy de acuerdo. Creo que los cambios mencionados anteriormente son importantes para el Dios que declara: "Pero corra el juicio como las aguas, y la justicia como impetuoso arroyo" (Amós 5:24). A Dios *le importa* cómo se tratan las personas aquí en la tierra, y los cambios en el gobierno mencionados anteriormente tienen un valor eterno a los ojos de Dios.

Si la iglesia cristiana hubiera adoptado el punto de vista de "hacer evangelismo, no política" a lo largo de su historia, nunca habría provocado estos cambios de valor inconmensurable entre las naciones del mundo. Pero estos cambios se

---

[87] *Ibid.*, 251-52.

[88] *Ibid.*, 253-58.

[89] *Ibid.*, 258-70.

[90] Charles W. Colson, *God and Government: An Insider's View on the Boundaries between Faith and Politics* [Dios y el gobierno: una visión privilegiada de los límites entre la fe y la política] (Grand Rapids, Michigan: Zondervan, 2007; anteriormente publicado como Kingdoms in Conflict [Reinos en conflicto], 1987).

[91] MacArthur, *Why Government Can't Save You* [Por qué el gobierno no puede salvarte], 130

[92] *Ibid.*, 15.

produjeron, porque los cristianos se dieron cuenta de que si podían influir en las leyes y los gobiernos para el bien, estarían obedeciendo el mandato de su Señor: "Así alumbre vuestra luz delante de los hombres, para que *vean vuestras buenas obras*, y glorifiquen a vuestro Padre que está en los cielos" (Mt 5:16). Ellos influyeron en los gobiernos para el bien porque sabían que "somos hechura suya, creados en Cristo Jesús *para buenas obras*, las cuales Dios preparó de antemano para que anduviésemos en ellas" (Ef 2:10).

N. APÉNDICE: DECLARACIÓN DE LA INDEPENDENCIA DE LOS ESTADOS UNIDOS

He incluido aquí el texto completo de la Declaración de Independencia porque algunas personas no la han leído nunca y otras sólo recuerdan algunos fragmentos del segundo párrafo. Es uno de los documentos más influyentes de la historia del mundo, y solo toma unos minutos leerlo. La fe de los Padres Fundadores en Dios se menciona explícitamente al principio y al final.

En el Congreso, 4 de julio de 1776

La Declaración de la Independencia de Estados Unidos de América

Cuando, en el curso de los acontecimientos humanos, se hace necesario que un pueblo disuelva los lazos políticos que lo han unido a otro, y asuma entre las potencias de la tierra, la posición separada e igualitaria a la que las leyes de la naturaleza y del Dios de la naturaleza le dan derecho, un respeto decente a las opiniones de la humanidad requiere que se declaren las causas que los impulsan a la separación.

Sostenemos que estas verdades son evidentes, que todos los hombres son creados iguales, que son dotados por su Creador de ciertos derechos inalienables, que entre ellos están la vida, la libertad y la búsqueda de la felicidad. Que, para garantizar estos derechos, se instituyen entre los hombres gobiernos que derivan sus justos poderes del consentimiento de los gobernados. Que siempre que una forma de gobierno resulte destructiva para estos fines, el pueblo tiene derecho a modificarla o a abolirla, y a instituir un nuevo gobierno que se funde en los principios y organice sus poderes de la manera que estime más conveniente para su seguridad y felicidad. La prudencia, en efecto, dictará que los gobiernos establecidos desde hace mucho tiempo no deben ser cambiados por causas ligeras y transitorias; y en consecuencia, toda la experiencia ha demostrado que la humanidad está más dispuesta a sufrir, mientras los males sean sufribles, que a enderezarse aboliendo las formas a las que están acostumbrados. Pero cuando una larga serie de abusos y usurpaciones, que persigue invariablemente el mismo objetivo, demuestra un plan para reducirlos a un despotismo absoluto, es su derecho, es su deber, deshacerse de ese gobierno y proveer nuevos guardianes para su seguridad futura.

Tal ha sido el paciente sufrimiento de estas colonias; y tal es ahora la necesidad que las obliga a modificar sus antiguos sistemas de gobierno. La historia del actual rey de Gran Bretaña es una historia de repetidas injurias y usurpaciones, todas ellas con el objetivo directo de establecer una tiranía absoluta sobre estos estados. Para probar esto, dejemos que los hechos se sometan a un mundo sincero.

Ha negado su consentimiento a las leyes más sanas y necesarias para el bien público.

Ha prohibido a sus gobernantes que aprueben leyes de importancia inmediata y apremiante, a menos que se suspenda su aplicación hasta que se obtenga su consentimiento; y cuando se suspende, se desentiende totalmente de ellas.

Se ha negado a aprobar otras leyes para la acomodación de grandes distritos de personas, a menos que esas personas renuncien al derecho de representación en la legislatura, un derecho inestimable para ellos y formidable solo para los tiranos.

Ha reunido a los cuerpos legislativos en lugares inusuales, incómodos y distantes del depósito de sus registros públicos, con el único propósito de fatigarlos para que cumplan con sus medidas.

Ha disuelto repetidamente las cámaras representativas, por oponerse con valiente firmeza a sus invasiones de los derechos del pueblo.

Se ha negado durante mucho tiempo, después de tales disoluciones, a hacer que se elijan otros; por lo que los poderes legislativos, incapaces de ser eliminados, han vuelto al pueblo en general para su ejercicio. El Estado, entretanto, ha quedado expuesto a todos los peligros de la invasión exterior y de las convulsiones interiores.

Se ha esforzado por impedir la población de estos estados; para ello, ha obstruido las leyes de naturalización de extranjeros; se ha negado a aprobar otras para fomentar su migración hacia aquí, y ha elevado las condiciones de las nuevas asignaciones de tierras.

Ha obstruido la administración de justicia, al negarse a dar su consentimiento a las leyes para establecer los poderes judiciales.

Ha hecho que los jueces dependan solo de su voluntad, para la permanencia de sus cargos, y la cantidad y el pago de sus salarios.

Ha erigido una multitud de nuevas oficinas, y ha enviado aquí oleadas de oficiales para acosar a nuestro pueblo, y comer su sustancia.

Ha mantenido entre nosotros, en tiempos de paz, ejércitos permanentes sin el consentimiento de nuestras legislaturas.

Ha intentado que el ejército sea independiente y superior al poder civil.

Se ha combinado con otros para someternos a una jurisdicción ajena a nuestra constitución y no reconocida por nuestras leyes; dando su consentimiento a sus actos de supuesta legislación:

Por acuartelar grandes cuerpos de tropas armadas entre nosotros:

Por protegerlos, mediante un simulacro de juicio, del castigo por cualquier asesinato que cometan contra los habitantes de estos estados:

Por cortar nuestro comercio con todas las partes del mundo:

Por imponernos impuestos sin nuestro consentimiento:

Por privarnos, en muchos casos, de los beneficios del juicio con jurado:

Por transportarnos más allá de los mares para ser juzgados por supuestos delitos:

Por abolir el sistema libre de las leyes inglesas en una provincia vecina, estableciendo en ella un gobierno arbitrario, y ampliando sus fronteras de modo que la conviertan a la vez en un ejemplo e instrumento adecuado para introducir el mismo gobierno absoluto en estas colonias:

Por quitarnos nuestros estatutos, abolir nuestras leyes más valiosas y alterar fundamentalmente las formas de nuestros gobiernos:

Por suspender nuestras propias legislaturas, y declararse investidos de poder para legislar por nosotros en todos los casos.

Ha abdicado el derecho que tenía para gobernarnos, declarándonos la guerra y poniéndonos fuera de su protección.

Ha saqueado nuestros mares, asolado nuestras costas, quemado nuestras ciudades y destruido las vidas de nuestro pueblo.

En este momento está transportando grandes ejércitos de mercenarios extranjeros para completar los trabajos de muerte, desolación y tiranía, ya iniciadas con circunstancias de crueldad y perfidia que apenas tienen parangón en las épocas más bárbaras, y que son totalmente indignas del cabeza de una nación civilizada.

Ha obligado a nuestros conciudadanos cautivos en alta mar a portar armas contra su país, a convertirse en verdugos de sus amigos y hermanos, o a caer ellos mismos en sus manos.

Ha provocado insurrecciones domésticas entre nosotros, y se ha esforzado por traer a los habitantes de nuestras fronteras, los despiadados salvajes indios, cuya regla de guerra conocida, es la destrucción sin distinción de todas las edades, sexos y condiciones.

En cada etapa de estas opresiones hemos solicitado reparación en los términos más humildes: nuestras repetidas peticiones han sido respondidas solo con repetidos perjuicios. Un príncipe, cuyo carácter está marcado por todos los actos que pueden definir a un tirano, no es apto para ser el gobernante de un pueblo libre.

Tampoco hemos dejado de prestar atención a nuestros hermanos británicos. Les hemos advertido de vez en cuando de los intentos de su legislatura de extender una jurisdicción injustificada sobre nosotros. Les hemos recordado las circunstancias de nuestra emigración y asentamiento aquí. Hemos apelado a su justicia y magnanimidad nativas, y les hemos conjurado, por los lazos de nuestro común parentesco, a repudiar estas usurpaciones, que interrumpirían inevitablemente nuestras conexiones y correspondencia. Debemos, por lo tanto, aceptar la necesidad, que denuncia nuestra separación, y considerarlos, como consideramos al resto de la humanidad, enemigos en la guerra, en la paz amigos.

Nosotros, por lo tanto, los representantes de los Estados Unidos de América, reunidos en Congreso General, apelando al Juez Supremo del mundo por la rectitud de nuestras intenciones, en nombre y por la autoridad del buen pueblo de estas colonias, publicamos y declaramos solemnemente que estas colonias unidas son, y deben ser por derecho, estados libres e independientes; que están absueltas de toda lealtad a la Corona Británica, y que toda conexión política entre ellas y el estado de Gran Bretaña, es y debe ser totalmente disuelta; y que como estados libres e independientes, tienen pleno poder para declarar la guerra, concertar la paz, establecer alianzas, establecer el comercio y realizar todos los demás actos y cosas que los estados independientes pueden hacer por derecho. Y para el apoyo de esta declaración, con una firme confianza en la protección de la Divina Providencia, nos comprometemos mutuamente con nuestras vidas, nuestras fortunas y nuestro sagrado honor.

[**Connecticut:**] Samuel Huntington, Roger Sherman, William Williams, Oliver Wolcott

[**Delaware:**] Thomas McKean, George Read, Caesar Rodney

[**Georgia:**] Button Gwinnett, Lyman Hall, George Walton

[**Maryland:**] Charles Carroll, Samuel Chase, William Paca, Thomas Stone

[**Massachusetts:**] John Adams, Samuel Adams, Elbridge Gerr y, John Hancock, Robert Treat Paine

[**New Hampshire:**] Josiah Bartlett, Matthew Thornton, William Whipple

[**Nueva Jersey:**] Abraham Clark, John Hart, Francis Hopkinson, Richard Stockton, John Witherspoon

[**Nueva York:**] William Floyd, Francis Lewis, Philip Livingston, Lewis Morris

[**Carolina del Norte:**] Joseph Hewes, William Hooper, John Penn

[**Pensilvania:**] George Clymer, Benjamin Franklin, Robert Morris, John Morton, George Ross, Benjamin Rush, James Smith, George Taylor, James Wilson

[**Rhode Island:**] William Ellery, Stephen Hopkins

[**Carolina del Sur:**] Thomas Heyward, Jr, Thomas Lynch, Jr, Arthur Middleton, Edward Rutledge

[**Virginia:**] Carter Braxton, Benjamin Harrison, Thomas Jefferson, Francis Lightfoot Lee, Richard Henry Lee, Thomas Nelson, Jr. y George Wythe

PREGUNTAS PARA REFLEXIONAR

1. ¿Cómo ha cambiado este capítulo su visión del gobierno civil? ¿Ha pensado antes que los que trabajan para el gobierno son siervos de

    Dios para su bien (Ro 13:4)?

2. ¿Está agradecido con Dios por el gobierno civil bajo el que vive?

3. ¿Cómo se siente cuando escucha que un funcionario del gobierno es "un vengador para castigar al que hace lo malo" (Ro 13:4)?

4. ¿Cree que podría servir en buena conciencia como policía o soldado, incluso si eso significara tener que usar la fuerza mortal contra un malhechor que estuviera poniendo en peligro a otros?

5. ¿Qué rasgos de carácter cristiano (ver pág. 110) son especialmente importantes para los policías y miembros de las fuerzas armadas?

6. Si viviera en las colonias americanas en 1776, ¿habría apoyado la Guerra de la Independencia?

7. ¿De qué manera concreta responde el gobierno del país en el que vive a la voluntad del pueblo? ¿Cómo podría mejorar (si es que lo hace)? ¿Qué puede hacer para ayudar a que siga cumpliendo con su responsabilidad?

8. ¿Ha estado alguna vez en una situación en la que pensó que tenía que desobedecer al gobierno para obedecer a Dios?

9. ¿Hay alguna forma específica en la que cree que Dios lo está llamando personalmente a tratar de influir en su gobierno para el bien?

TÉRMINOS ESPECIALES

anarquía
libertad de religión
libertad
Pacto del Mayflower
patriotismo
Estado de Derecho
separación de poderes

BIBLIOGRAFÍA

Otras fuentes de referencia sobre ética

(ver datos bibliográficos completos, pág. 64)

Clark y Rakestraw, 2:423-50
Davis, 10-16, 215-33
Feinberg, John y Paul, 700-707
Frame, 602-21
Geisler, 220-25, 244-59
Hays, 317-46
Holmes, 109-12
McQuilkin y Copan, 555-60
Murray, 107-22
Rae, 252

Otras obras

Balmer, Randall Herbert. *Thy Kingdom Come: How the Religious Right Distorts the Faith and Threatens America: An Evangelical's Lament* [Venga tu reino: Cómo la derecha religiosa distorsiona la fe y amenaza a Estados Unidos: El lamento de un evangélico]. Nueva York: Basic Books, 2006.

Bandow, Doug. *Beyond Good Intentions: A Biblical View of Politics* [Más allá de las buenas intenciones: Una visión bíblica de la política]. Turning Point Christian Worldview Series. Westchester, Illinois: Crossway, 1988.

Barton, David. *Original Intent: The Courts, the Constitution, and Religion* [La intención original: Los tribunales, la Constitución y la religión]. 5a ed. Aledo, Texas: WallBuilder Press, 2011.

Beckwith, Francis J. *Politics for Christians: Statecraft as Soulcraft* [Política para cristianos: El arte del Estado como arte del alma]. Christian Worldview Integration Series. Downers Grove, Illinois: IVP Academic, 2012.

Boyd, Gregory A. *The Myth of a Christian Nation: How the Quest for Political Power Is Destroying the Church* [El mito de una nación cristiana: Cómo la búsqueda del poder político está destruyendo a la Iglesia]. Grand Rapids, Michigan: Zondervan, 2005.

Budziszewski, J. *Written on the Heart: The Case for Natural Law* [Escrito en el corazón: El caso de la ley natural]. Downers Grove, Illinois: InterVarsity Press, 1997.

Carson, D. A. *Christ and Culture Revisited* [Cristo y la cultura revisados]. Grand Rapids, Michigan: Eerdmans, 2008.

Chaplin, J. P. *"Government"* [Gobierno] En *New Dictionary of Christian Ethics and Pastoral Theology* [Nuevo Diccionario de Ética Cristiana y Teología Pastoral], editado por David J. Atkinson y David H. Field, 415-17. Leicester, Reino Unido: Inter-Varsity, and Downers Grove, Illinois: InterVarsity Press, 1995.

Chaput, Charles J. *Render unto Caesar: Serving the Nation by Living Our Catholic Beliefs in Political Life* [Dar al César: Servir a la nación viviendo nuestras creencias católicas en la vida política]. Nueva York: Doubleday, 2008.

Claiborne, Shane y Chris Haw. Jesus for President: Politics for Ordinary Radicals [Jesús para Presidente: Política para radicales ordinarios]. Grand Rapids, Michigan: Zondervan, 2008.

Colson, Charles W. *God and Government: An Insider's View on the Boundaries between Faith and Politics* [Dios y el gobierno: una visión privilegiada de los límites entre la fe y la política]. Grand Rapids, Michigan: Zondervan, 2007.

D'Souza, Dinesh. *What's So Great about America* [¿Qué tiene de bueno Estados Unidos?]. Nueva York: Penguin, 2003.

DeYoung, Kevin, y Greg Gilbert. *What Is the Mission of the Church? Making Sense of Social Justice, Shalom, and the Great Commission* [¿Cuál es la misión de la Iglesia? Cómo entender la justicia social, el shalom y la gran comisión]. Wheaton, Illinois: Crossway, 2011.

Drew, Charles D. A *Public Faith: Bringing Personal Faith to Public Issues* [Una fe pública: Llevando la fe personal a los asuntos públicos]. Colorado Springs:

NavPress, 2000.

Forster, Greg. *The Contested Public Square: The Crisis of Christianity and Politics* [La plaza pública en disputa: La crisis del cristianismo y la política]. Downers Grove, Illinois: IVP Academic, 2008.

Frame, John M. *The Escondido Theology: A Reformed Response to Two Kingdom Theology* [La Teología de Escondido: Una respuesta reformada a la teología de dos reinos]. Lakeland, Florida: Whitefield Media Productions, 2011.

Garlow, James L. *Well Versed: Biblical Answers to Today's Tough Issues* [Bien versado: Respuestas bíblicas a los problemas actuales]. Washington, DC: Regnery Faith, 2016.

Gilder, George F. *The Israel Test* [La prueba de Israel]. Minneapolis: Richard Vigilante Books, 2009.

Goldberg, Michelle. *Kingdom Coming: The Rise of Christian Nationalism* [El Reino que viene: El ascenso del nacionalismo cristiano]. Nueva York: W. W. Norton, 2007.

Grudem, Wayne. *Politics—According to the Bible: A Comprehensive Resource for Understanding Modern Political Issues in Light of Scripture* [La política según la Biblia: Un recurso completo para entender las cuestiones políticas modernas a la luz de las Escrituras]. Grand Rapids, Michigan: Zondervan, 2010.

Hamilton, Alexander, James Madison y John Jay. *The Federalist Papers* [Los documentos federalistas]. Nueva York: Signet Classics, 2003.

Haugen, Gary A. *Good News about Injustice: A Witness of Courage in a Hurting World* [Buenas noticias sobre la injusticia: Un testimonio de valentía en un mundo herido]. Downers Grove, Illinois: InterVarsity Press, 1999.

Hayek, F. A. *The Road to Serfdom* [El camino a la servidumbre]. Fiftieth Anniversary Ed. Chicago: University of Chicago Press, 1994.

Hewitt, Hugh. *The Fourth Way: The Conservative Playbook for a Lasting GOP Majority* [El cuarto camino: El manual de estrategia conservador para una mayoría duradera del GOP]. Nueva York: Simon & Schuster, 2017.

———.*The Good and Faithful Servant: A Small Group Study on Politics and Government for Christians* [El siervo bueno y fiel: Un estudio para grupos pequeños sobre política y gobierno para cristianos]. Arlington, Virginia: Townhall, 2009.

Hoffmeier, James K. *The Immigration Crisis: Immigrants, Aliens, and the Bible* [La crisis de la inmigración: Inmigrantes, extranjeros y la Biblia]. Wheaton, Illinois: Crossway, 2009.

Horner, Barry E. *Future Israel: Why Christian Anti-Judaism Must Be Challenged* [El Israel del futuro: Por qué hay que desafiar el antijudaísmo cristiano]. Nashville: B&H Academic, 2007.

Howard, Philip K. *The Death of Common Sense: How Law Is Suffocating America* [La muerte del sentido común: cómo la ley está asfixiando a Estados Unidos]. Nueva York: Random House, 1994.

Hunter, James Davison. *To Change the World: The Irony, Tragedy, and Possibility of Christianity Today* [Cambiar el mundo: la ironía, la tragedia y la posibilidad del cristianismo en la actualidad]. Nueva York: Oxford University Press, 2010.

Jackson, Harry R., y Tony Perkins. *Personal Faith, Public Policy* [Fe personal, política pública]. Lake Mary, Florida: Front-Line, 2008.

Keller, Timothy. *Generous Justice: How God's Grace Makes Us Just* [Justicia generosa: Cómo la gracia de Dios nos hace justos]. Nueva York: Dutton, 2010.

Kennedy, D. James y Jerry Newcombe. *What If Jesus Had Never Been Born?* [¿Y si Jesús no hubiera nacido?] Nashville: Thomas Nelson, 1994.

Kidd, Thomas S. *God of Liberty: A Religious History of the American Revolution* [Dios de la libertad: una historia religiosa de la revolución americana]. Nueva York: Basic Books, 2010.

Kuyper, Abraham. *Guidance for Christian Engagement in Government: A Translation of Abraham Kuyper's Our Program* [Guía para el compromiso cristiano en el gobierno: una traducción de nuestro programa de Abraham Kuyper]. Editado y traducido por Harry Van Dyke. Grand Rapids, Michigan: Christian's Library Press, 2013.

Lillback, Peter A. y Jerry *Newcombe. George Washington's Sacred Fire* [El fuego sagrado de George Washington]. Bryn Mawr, Pensilvania: Providence Forum, 2006.

Marshall, Peter y David Manuel. *The Light and the Glory: 1492-1793* [La luz y la gloria: 1492-1793]. Edición revisada y ampliada. Grand Rapids, Michigan: Revell, 2009.

MacArthur, John. *Why Government Can't Save You: An Alternative to Political Activism* [Por qué el gobierno no puede salvarte: una alternativa al activismo político]. Bible for Life Series. Nashville: Word, 2000.

Minnery, Tom. W*hy You Can't Stay Silent: A Biblical Mandate to Shape Our Culture* [Por qué no puedes permanecer en silencio: un mandato bíblico para moldear nuestra cultura]. Wheaton, Illinois: Tyndale, 2001.

Murray, Charles A. *American Exceptionalism: An Experiment in History* [El excepcionalismo americano: un experimento en la historia]. Values and Capitalism. Washington, DC: AEI, 2013.

Neuhaus, Richard John. *The Naked Public Square: Religion and Democracy in America* [La plaza pública desnuda: religión y democracia en América]. 2da ed. Grand Rapids, Michigan: Eerdmans, 1986.

Niebuhr, H. Richard. *Christ and Culture* [Cristo y la cultura]. Nueva York: Harper & Bros., 1951.

Nyquist, J. Paul. *Is Justice Possible?* The Elusive Pursuit of What Is Right [¿Es posible la justicia? La búsqueda esquiva de lo correcto]. Chicago: Moody, 2017.

Olson, Roger E. *How to Be Evangelical without Being Conservative* [Cómo ser evangélico sin ser conservador]. Grand Rapids, Michigan: Zondervan, 2008.

Ovey, Michael, Wayne A. Grudem, Jonathan Chaplin, David McIlroy y Timothy Laurence. *Good News for the Public Square: A Biblical Framework for Christian Engagement* [Buenas noticias para la plaza pública: Un marco bíblico para el compromiso cristiano]. Londres: The Lawyers Christian Fellowship, 2014.

Prager, Dennis. *Still the Best Hope: Why the World Needs American Values to Triumph* [Todavía la mejor esperanza: por qué el mundo necesita valores americanos para triunfar]. Nueva York: Broadside, 2012.

Phillips, Kevin. *American Theocracy: The Peril and Politics of Radical Religion, Oil, and Borrowed Money in the 21st Century* [Teocracia americana: El peligro y la política de la religión radical, el petróleo y el dinero prestado en el siglo XXI]. Nueva York: Viking, 2006.

Robison, James y Jay W. Richards. *Indivisible: Restoring Faith, Family, and Freedom before It's Too Late* [Indivisible: restauración de la fe, familia y libertad antes de que sea demasiado tarde]. Nueva York: FaithWords, 2012.

Schlafly, Phyllis y George Neumayr. *No Higher Power: Obama's War on Religious Freedom* [No hay poder superior: La guerra de Obama contra la libertad religiosa]. Washington, DC: Regnery, 2012.

Schmidt, Alvin J. *How Christianity Changed the World* [Cómo el cristianismo cambió el mundo]. Grand Rapids, Michigan: Zondervan, 2004.

Schutt, Michael P. *Redeeming Law: Christian Calling and the Legal Profession* [Redimiendo el Derecho: la vocación cristiana y la profesión jurídica]. Downers Grove, Illinois: InterVarsity Press, 2007.

Schweikart, Larry. *48 Liberal Lies about American History* (That You Probably Learned in School) [48 mentiras liberales sobre la historia de Estados Unidos (que probablemente aprendiste en el colegio)]. Nueva York: Sentinel, 2009.

Sears, Alan y Craig Osten. *The ACLU vs America: Exposing the Agenda to Redefine Moral Values* [La ACLU contra América: Exponiendo la agenda para redefinir los valores morales]. Nashville: Broadman & Holman, 2005.

Sharansky, Natan y Ron Dermer. *The Case for Democracy: The Power of Freedom to Overcome Tyranny and Terror* [Alegato por la democracia: la fuerza de la libertad para acabar con la tiranía y el terror]. Nueva York: PublicAffairs, 2004.

Sider, Ronald J. *Just Politics: A Guide for Christian Engagement* [Política justa: Una guía para el compromiso cristiano]. 2da ed. Grand Rapids, Michigan: Brazos, 2012.

Smith, Gary Scott, ed. *God and Politics: Four Views on the Reformation of Civil Government: Theonomy, Principled Pluralism, Christian America, National Confessionalism* [Dios y la política: Cuatro puntos de vista sobre la reforma del gobierno civil: teonomía, pluralismo de principios, Estados Unidos cristiano, confesionalismo nacional]. Phillipsburg, Nueva Jersey: Presbyterian and Reformed, 1989.

Spencer, Nick y Jonathan Chaplin, eds. *God and Government* [Dios y el gobierno]. Londres: SPCK, 2009.

Stark, Rodney. *The Victory of Reason: How Christianity Led to Freedom, Capitalism, and Western Success* [La victoria de la razón: cómo el cristianismo condujo a la libertad, el capitalismo y el éxito de Occidente]. Nueva York: Random House, 2005.

Thomas, Cal, y Ed Dobson. *Blinded by Might: Why the Religious Right Can't Save America* [Cegados por el poder: por qué la derecha religiosa no puede salvar a Estados Unidos]. Grand Rapids, Michigan: Zondervan, 2000.

Tocqueville, Alexis de. *Democracy in America* [Democracia en Estados Unidos]. Editado por Richard D. Heffner. Nueva York: Signet Classic, 2001.

Trewhella, Matthew J. *The Doctrine of the Lesser Magistrates: A Proper Resistance to Tyranny and a Repudiation of Unlimited Obedience to Civil Government* [La doctrina de los magistrados menores: una resistencia adecuada a la tiranía y un repudio a la obediencia ilimitada al gobierno civil]. North Charleston, Carolina del Sur: CreateSpace, 2013.

VanDrunen, David. *Living in God's Two Kingdoms: A Biblical Vision for Christianity and Culture* [Vivir en los dos reinos de Dios: una visión bíblica del cristianismo y la cultura]. Wheaton, Illinois: Crossway, 2010.

Vantassel, Stephen. *Dominion over Wildlife? An Environmental Theology of Human-Wildlife Relations* [¿Dominio sobre la fauna? una teología ambiental de las relaciones entre el hombre y la fauna]. Eugene, Oregón: Wipf & Stock. 2009.

Vaughan, Joel D. *The Rise and Fall of the Christian Coalition: The Inside Story* [El ascenso y la caída de la coalición cristiana: la historia interna]. Eugene, Oregón: Wipf & Stock, 2009.

Wallis, Jim. *God's Politics: Why the Right Gets It Wrong and the Left Doesn't Get It* [La política de Dios: por qué la derecha se equivoca y la izquierda no lo entiende]. Nueva York: HarperCollins, 2005.

Yoder, John Howard. *The Politics of Jesus: Vicit Agnus Noster* [La política de Jesús: Vicit Agnus Noster]. Grand Rapids, Michigan: Eerdmans, 1972.

PASAJE BÍBLICO PARA MEMORIZAR

Romanos 13:1-2: Sométase toda persona a las autoridades superiores; porque no hay autoridad sino de parte de Dios, y las que hay, por Dios han sido establecidas. De modo que quien se opone a la autoridad, a lo establecido por Dios resiste; y los que resisten, acarrean condenación para sí mismos.

HIMNO

"América, la bella"

Oh hermosa, por cielos espaciosos,
por ondas de grano ámbar,
¡por majestades de montaña púrpura
por encima de la llanura fructuosa!

¡América!, ¡América!,
Dios derramó Su gracia sobre ti,
y corona tu bien con hermandad
de mar a brillante mar.

Oh, hermosa por los pies peregrinos,
cuya severa y apasionada tensión
un camino para la libertad golpeó
¡a través del desierto!

¡América!, ¡América!
Que Dios repare cada uno de tus defectos,
confirme tu alma en el autocontrol,
tu libertad en la ley.

Oh, hermosa por los héroes probados
en la lucha liberadora,
que más que a sí mismos amaron a su país
¡y la misericordia más que la vida!

¡América!, ¡América!
Que Dios refine tu oro,
hasta que todo el éxito sea noble,
y la ganancia divina.

Oh, hermosa por el sueño patriota
que ve, más allá de los años,
¡tus ciudades de alabastro brillan
sin que las lágrimas humanas las empañen!

¡América!, ¡América!
Dios derramó Su gracia sobre ti,
y corona tu bien con hermandad
de mar a brillante mar.

AUTORA: KATHERINE LEE BATES, 1859-1929.

HIMNO ALTERNATIVO

"Dios salve a la Reina" (para el Reino Unido y las naciones de la Commonwealth británica)

Dios salve a nuestra graciosa Reina,
larga vida a nuestra noble Reina,
¡Dios salve a la Reina!
envíanos a ella victoriosos,
felices y gloriosos,
largo reinado sobre nosotros,
¡Dios salve a la Reina!

¡Oh Señor Dios,
dispersa a nuestros enemigos,
y hazlos caer!
confunde sus viles trucos,
confunde su política,
en ti nuestras esperanzas ponemos,

¡Dios salve a la Reina!

Tus regalos más escogidos en la tienda,
vertidos en ella están satisfechos,
¡largo reinado!
ella defiende nuestras leyes,
y siempre nos da motivo,
para cantar con el corazón y la voz,
¡Dios salve a la Reina!

No solo en esta tierra
Dios misericordioso,
¡de costa a costa!
Señor, haz ver a las naciones,
que los hombres son hermanos,
y forman una familia,
 en todo el mundo.

De cada enemigo latente,
de los soplidos asesinos,
¡Dios salve a la Reina!
Sobre tu brazo extendido,
para defender la causa Británica,
nuestra madre, princesa, y amiga,
¡Dios salve a la Reina!

AUTOR: DESCONOCIDO

Alternativa: Se pueden utilizar otras oraciones patrióticas musicalizadas para otros países.

Capítulo 17

OTRAS AUTORIDADES

¿Cómo deben relacionarse los cristianos con las personas que tienen autoridad en el trabajo, la iglesia y los colegios?

En los tres capítulos anteriores, hemos considerado la autoridad que Dios da a los padres, el rol de liderazgo que Dios confía a los maridos y el tipo de autoridad que Dios da a los gobiernos civiles. En este capítulo, consideraremos otros tres roles a los que Dios da una medida de autoridad sobre otros: (1) empleadores, (2) ancianos de la iglesia y (3) profesores[1]. Estas no son todas las relaciones de autoridad que existen entre los seres humanos. Existen otras áreas de autoridad que no voy a discutir aquí, como la autoridad dentro de equipos deportivos, en las asociaciones cívicas voluntarias y en las sociedades profesionales.

Pablo no especificó a qué tipo de autoridades se refería cuando le escribió esto a Tito:

> Recuérdales que *se sujeten a los gobernantes y autoridades*, que obedezcan, que estén dispuestos a toda buena obra. Que a nadie difamen, que no sean pendencieros, sino amables, mostrando toda mansedumbre para con todos los hombres (Tito 3:1-2).

Aunque el tipo principal de "gobernantes y autoridades" que Pablo tenía en mente puede haber sido los funcionarios del gobierno civil, sus palabras no limitan lo que dice solo a esa situación específica. Parece apropiado aplicar esta afirmación general de manera más amplia para incluir a todas las autoridades legítimas dentro de las relaciones humanas.

---

[1] El Catecismo Mayor de Westminster establece una aplicación más amplia del quinto mandamiento a otras personas que tienen autoridad en diferentes esferas de la vida: "Por *padre y madre*, en el quinto mandamiento, se entiende, no solo los padres naturales, sino todos los superiores en edad y dones; y especialmente aquellos que, por orden de Dios, están sobre nosotros en posición de autoridad, ya sea en la familia, la iglesia o la comunidad" (Pregunta 124).

A. EMPLEADORES Y EMPLEADOS

1. Los amos y siervos son el paralelo más cercano del Nuevo Testamento a los empleadores y empleados en la actualidad. La situación laboral más común en el Imperio Romano en el siglo I d. C. era la de "criado" (griego, *doulos,* a veces traducido como "siervo" o "esclavo") que trabajaba para su "amo".

Un criado tenía un estatus más alto y una mayor seguridad económica que un obrero, que tenía que buscar trabajo cada día en el mercado (ver Mateo 20:1-15). A los criados se les podía confiar una responsabilidad considerable y desempeñar numerosos trabajos que implicaban una gran libertad y responsabilidad.

En los hogares grecorromanos, las criadas (también llamadas "esclavas" en gran parte de la literatura académica) no solo servían como cocineras, limpiadoras y asistentes personales, sino también como tutores de personas de todas las edades, como médicos, como enfermeros, como compañeros cercanos y como administradores de los hogares. En el mundo de los negocios, los criados no solo eran conserjes y repartidores, sino también administradores de fincas, tiendas y barcos, así como vendedores y agentes contractuales. En la administración pública, los criados se empleaban no solo en la pavimentación de calles y la limpieza de alcantarillas, sino también como administradores de fondos y personal, y como ejecutivos con poder de decisión[2] .

Un ejemplo de la cantidad de libertad y responsabilidad que se puede dar a un criado se encuentra en la parábola de los talentos de Jesús:

> Porque el reino de los cielos es como un hombre que yéndose lejos, llamó a sus siervos [Griego, doulos, plural] y les entregó sus bienes. A uno dio *cinco talentos*, y a otro *dos*, y a otro *uno*, a cada uno conforme a su capacidad; y luego se fue lejos (Mateo 25:14-15).

Dado que un talento era el equivalente a unos 20 años de salario para un obrero, a razón de 15 dólares por hora esto equivaldría a 600 000 dólares por talento, lo que significa que los tres siervos recibieron 3 millones de dólares, 1,2 millones de dólares y 600 000 dólares en dinero actual respectivamente. Luego el amo se fue, dejando a estos siervos o criados con gran libertad para llevar a cabo sus negocios con el dinero que les había confiado.

Los criados estaban "ligados" por ley a sus empleadores durante un cierto periodo de tiempo, pero con frecuencia podían ganar su libertad alrededor de los 30 años. [3]Por lo tanto, existe cierta similitud con el estatus de muchos sirvientes contratados que llegaron como inmigrantes a América en los siglos XVII y XVIII. A diferencia de la esclavitud norteamericana, el servicio de servidumbre del primer siglo no se

---

[2] S. S. Bartchy, "Slavery" [Esclavitud], en *The International Standard Bible Encyclopedia* [La Enciclopedia Bíblica Internacional Estándar], rev. ed., ed. Geoffrey W. Bromiley (Grand Rapids, Michigan: Eerdmans, 1988), 4:544. A. A. Ruprecht está de acuerdo: ver "Slave, Slavery" [Esclavo, esclavitud], en *Dictionary of Paul and His Letters* [Diccionario de Pablo y sus Cartas], ed., Gerald F. Hawthorne. Gerald F. Hawthorne, Ralph P. Martin y Daniel G. Reid (Downers Grove, Illinois: InterVarsity Press, 1993), 881-83.

[3] Bartchy, "Slavery" [Esclavitud], 4:545.

basaba en categorías raciales. Aunque no contaban con tantas protecciones legales como los ciudadanos romanos o como los que habían obtenido su libertad, los criados contaban con un sistema de leyes que los protegía en cierta medida:

> Por supuesto, se reconocía que los esclavizados, hasta un tercio de la población en las grandes ciudades como Roma, Éfeso, Antioquía y Corinto, eran seres humanos, si no "personas jurídicas". Como tales, estaban protegidos por la ley contra la crueldad severa de sus propietarios o de otros [...] La propiedad de un esclavo estaba completamente bajo el control del esclavo, que podía tratar de aumentarla para utilizarla en la compra de la libertad legal y en el establecimiento de una vida cómoda como persona liberada[4] .

Los estudiosos pueden debatir durante mucho tiempo sobre la maldad de la esclavitud en el primer siglo. Sin duda, había muchas diferencias en un sistema social que duró tanto tiempo y estaba tan arraigado y en estos casos se pueden encontrar datos que apoyan diferentes puntos de vista. Lo que no estoy dispuesto a hacer es decir que la institución del siglo I de los *doulos* (traducido como "criado", "siervo" o "esclavo") era inherente y omnipresente tan malo que los autores del Nuevo Testamento deberían haberla condenado por completo, y el hecho de que no lo hicieran muestra que las normas morales del Nuevo Testamento son inadecuadas. Esto sería decir que el Nuevo Testamento realmente enseña una norma moral defectuosa, y no creo que esa opción esté abierta para los cristianos que toman la Biblia como la impecable y pura Palabra de Dios.

También está demostrado que un número importante de personas se convirtió voluntariamente en criados por las oportunidades educativas, económicas y sociales que ofrecía. En estas notas de la *ESV Study Bible* se ofrece más información:

> La institución romana de ser un "siervo" (Gk. *doulos* [...]) era diferente de la institución de la esclavitud en América del Norte durante los siglos XVII y XIX. Por lo general, se permitía a los esclavos trabajar a cambio de una paga y ahorrar lo suficiente para comprar su libertad (ver Mateo 25:15, donde a los "siervos" [de nuevo Gk. *doulos*] se les confiaban inmensas cantidades de dinero y responsabilidad). El [Nuevo Testamento] asume que el tráfico de seres humanos es un pecado (1 Ti 1:10; Ap 18:11-13), y Pablo insta a

---

[4] *Ibid.*, 4:544. Cabe señalar que algunos estudiosos difieren de Bartchy y describen la esclavitud antigua de forma más negativa. J. A. Harrill dice que el tema de la esclavitud antigua ha sido objeto de un "feroz debate académico", y que es "un tema más controvertido que cualquier otro en el estudio de la literatura y la sociedad antiguas". "Slavery" [Esclavitud], en el *Dictionary of New Testament Background* [Diccionario de antecedentes del Nuevo Testamento] ed. Craig A. Evans y Stanley E. Porter (Downers Grove, Illinois: InterVarsity Press, 2000), 1124. Sin embargo, M. I. Finley, "Slavery" [Esclavitud], en el *Oxford Classical Dictionary* [Diccionario Clásico Oxford] 2a. ed., ed. N. G. L. Hammond y H. H. Scullard (Oxford: Clarendon, 1970), 994-96, coincide sustancialmente con la valoración de Bartchy. Esto es significativo porque Finley, un profesor de historia de Cambridge, fue aparentemente el mayor historiador moderno de la esclavitud antigua; todos los estudios sobre este tema mencionan su monumental estudio *Ancient Slavery and Modern Ideology* [Antigua esclavitud y la ideología moderna] (Nueva York: Viking, 1980) junto con varias obras relacionadas.

los esclavos cristianos que puedan obtener [...] la libertad a que lo hagan [...] Pablo no aprueba el sistema de esclavitud, sino que da instrucciones a los amos y esclavos creyentes sobre su relación mutua en el Señor, y sobre cómo debe vivirse dentro de los límites de su cultura social y legal. El resultado, como se observa con frecuencia, es que la esclavitud desapareció lentamente en la antigüedad por la influencia del cristianismo [...] No cabe duda de que habría sido difícil que la institución de la esclavitud sobreviviera en la atmósfera de amor creada por la carta [a Filemón], y de hecho los elementos del llamamiento de Pablo que se encuentran en esta carta ayudaron a sentar las bases para la abolición de la esclavitud[5].

Por lo tanto, aunque los paralelos no son exactos, los roles de amo y siervo en el primer siglo proporcionan la analogía bíblica más cercana para la relación empleador-empleado en la actualidad y los pasajes del Nuevo Testamento que hablan de este tema proporcionan instrucciones útiles para los cristianos en la actualidad[6].

2. Los empleados deben estar sujetos a la autoridad de sus supervisores. Varios pasajes del Nuevo Testamento instruyen a los siervos a estar sujetos a sus amos:

Exhorta a los siervos a que se sujeten a sus amos, que agraden en todo, que no sean respondones; no defraudando, sino mostrándose fieles en todo, para que en todo adornen la doctrina de Dios nuestro Salvador (Tito 2:9-10).

Criados, estad sujetos con todo respeto a vuestros amos; no solamente a los buenos y afables, sino también a los difíciles de soportar (1 P 2:18).

En Efesios y Colosenses, Pablo ordena explícitamente a los siervos que "obedezcan" a sus amos terrenales, sus supervisores en el trabajo:

Siervos, obedeced a vuestros amos terrenales con temor y temblor, con sencillez de vuestro corazón (Ef 6:5).

Siervos, obedeced en todo a vuestros amos terrenales, no sirviendo al ojo, como los que quieren agradar a los hombres, sino con corazón sincero, temiendo a Dios (Col 3:22).

---

[5] *ESV Study Bible* [Biblia de estudio ESV] (Wheaton, Illinois: Crossway, 2008), 2201, 2273, 2353 (notas sobre 1 Co 7:21; Ef 6:5; introducción a Filemón).

[6] Robertson McQuilkin y Paul Copan escriben: "Aunque el contexto social de los tiempos bíblicos era radicalmente distinto al de la sociedad democrática contemporánea, los principios enunciados para las relaciones entre esclavos y propietarios son tan humanitarios en su protección de los oprimidos que son fácilmente transferibles a las relaciones entre trabajadores y empresarios en la era posterior a la esclavitud en la que vivimos, una era propiciada por la influencia de la enseñanza del Nuevo Testamento". *An Introduction to Biblical Ethics: Walking in the Way of Wisdom* [Introducción a la ética bíblica: caminando por el camino de la sabiduría], 3ª ed., (Downers Grove, Illinois: InterVarsity Press, 2014), 448.

Pero ¿qué ocurre si un empresario ordena en la actualidad a un empleado hacer algo que es moralmente incorrecto o contrario a la ley civil, como por ejemplo decirle que mienta a un cliente o a un proveedor, o que falsifique un informe financiero? En ese caso, se aplica el mismo principio que discutimos con respecto a la autoridad de los padres, esposos y gobiernos civiles: los cristianos deben desobedecer a una autoridad humana cuando esa autoridad les diga directamente que violen las leyes morales de Dios o hagan algo que viole una ley civil.

Sin embargo, es una tragedia que los múltiples miles de reglamentos gubernamentales a los que están sujetas las empresas hoy en día, y los exageradamente amplios y vagos estatutos federales, con frecuencia hacen imposible que las personas sepan lo que la ley les exige. [7]En tal contexto, incluso a los cristianos que desean obedecer a sus empleadores, les resultará difícil saber qué es lo correcto en cada situación, y necesitarán orar por el generoso don de la sabiduría de Dios (ver Santiago 1:5-6).

3. Los empleados no deben robar, sino que deben ser fieles en todo. En la actualidad, (al igual que en el primer siglo) los empleados con frecuencia tienen oportunidades de robar pequeñas cosas sin que se note. Pero Pablo les dijo a los siervos:

> Los esclavos siempre deben obedecer a sus amos y hacer todo lo posible por agradarlos. No deben ser respondones ni *robar*, sino demostrar que son buenos y absolutamente dignos de confianza (Tito 2:9-10) (NTV).

Un empleado que se lleva la mercancía a casa sin pagarla, está robando. Un empleado que hace fotocopias personales sin permiso y sin pagar, está robando. Un cajero que no cobra a un amigo toda la mercancía que ese amigo ha llevado al mostrador, está robando. Un empleado de un puesto de helados que regala helados a unos amigos que pasan por allí, está robando. Un empleado contratado que factura por el tiempo que no ha trabajado realmente está robando. Un empleado que juega videojuegos en el trabajo cuando se supone que está trabajando, está robando.

Paul también le dice a los empleados que no sean "respondones", ya que un empleado que discute constantemente con su supervisor creará un ambiente de trabajo tenso, hostil y muy desagradable.

La frase "sino mostrándose fieles en todo" (Tito 2:10) probablemente indica el carácter de confianza del empleado cristiano. Un cristiano es alguien en quien su empleador puede confiar en que mostrará buena fe (o que será "fiel, digno de confianza", que es un sentido legítimo del término griego pistis aquí). Además, si los empleados trabajan "como para el Señor y no para los hombres" (Col 3:23; ver el siguiente punto), entonces no querrán robar a Cristo mismo.

4. Los empleados deben trabajar con diligencia, como si estuvieran sirviendo a Cristo. Pablo explica un concepto notable: En lugar de pensar que están trabajando

---

[7] Ver Harvey Silverglate, *Three Felonies a Day* [Tres delitos por día] (Nueva York: Encounter, 2009, 2011).

solo para complacer a sus amos humanos, los siervos deben comportarse como si estuvieran trabajando para Cristo mismo, con la seguridad de que Él los recompensará por su trabajo:

> Siervos, obedeced a vuestros amos terrenales con temor y temblor, con sencillez de vuestro corazón, *como a Cristo*; no sirviendo al ojo, como los que quieren agradar a los hombres, sino *como siervos de Cristo*, de corazón haciendo la voluntad de Dios; sirviendo de buena voluntad, *como al Señor y no a los hombres*, sabiendo que el bien que cada uno hiciere, *ése recibirá del Señor*, sea siervo o sea libre (Ef 6:5-8).
>
> Siervos, obedeced en todo a vuestros amos terrenales, no sirviendo al ojo, como los que quieren agradar a los hombres, sino con corazón sincero, *temiendo a Dios*. Y todo lo que hagáis, *hacedlo de corazón, como para el Señor y no para los hombres; sabiendo que del Señor recibiréis la recompensa de la herencia, porque a Cristo el Señor servís*. Mas el que hace injusticia, recibirá la injusticia que hiciere, porque no hay acepción de personas. Amos, haced lo que es justo y recto con vuestros siervos, sabiendo que también vosotros tenéis un Amo en los cielos (Col 3:22-4:1).
>
> Este es un concepto poderoso, y cuando se practica, transforma absolutamente un lugar de trabajo. Los empleados serán diligentes, trabajadores, alegres (¡porque tienen el privilegio de trabajar para Cristo!), fieles en el cumplimiento de sus deberes (porque saben que Cristo los recompensará), comprometidos con una alta calidad del producto o del resultado del trabajo (porque están presentando el resultado a Cristo), y completamente honestos en su trato con los demás (porque están hablando escuchando a Cristo mismo). Cualquier empleador estaría encantado de tener empleados así.

Esta idea de trabajar para Cristo es un recordatorio de la bondad intrínseca del trabajo. Scott Rae señala:

> El trabajo tiene un valor *intrínseco* porque Dios lo ordenó antes de la entrada del pecado en el mundo. Si se examina detenidamente el relato del Génesis sobre la creación, se verá que Dios ordenó a Adán y a Eva que trabajaran en el jardín *antes* de la aparición del pecado (2:15) [...] El trabajo no es un castigo para los seres humanos por su pecado [...] La idea original de Dios sobre el trabajo era que los seres humanos pasaran su vida vida en la actividad productiva, con pausas regulares para el ocio, descanso y la celebración de la bendición de Dios (Ex 20:8-11) [...] Dios es un trabajador, y los seres humanos son trabajadores en virtud de estar hechos a imagen y semejanza de Dios[8].

5. ¿Qué pasa si los empleados son tratados injustamente?

---

[8] Scott B. Rae, *Moral Choices: An Introduction to Ethics* [Opciones morales: una introducción a la ética], 3ª ed. (Grand Rapids, Michigan: Zondervan, 2009), 334-35.

a. Deben buscar una resolución justa cuando sea posible: Cuando Pablo estaba a punto de ser azotado en relación con un disturbio en Jerusalén que él no había creado, apeló al centurión que estaba cerca, diciendo: "¿Os es lícito azotar a un ciudadano romano sin haber sido condenado?" (Hechos 22:25), y fue liberado.

En otra situación, cuando Pablo y Silas fueron arrojados injustamente a la cárcel en Filipos y luego estaban a punto de ser liberados en secreto para que los funcionarios no tuvieran que confesar su maldad, Pablo protestó y exigió que los funcionarios que habían actuado mal "vengan ellos mismos a sacarnos" para que haya una reivindicación pública de Pablo y Silas y su mensaje evangélico (Hechos 16:37).

En una tercera situación, cuando a Pablo le preocupaba que un procedimiento legal se volviera contra él, ejerció su derecho como ciudadano romano y dijo "a César apelo" (Hechos 25:11).

Estos ejemplos demuestran el principio de que cuando uno experimenta una injusticia no es malo apelar por justicia a alguien en una posición de autoridad cuando se tiene la oportunidad de hacerlo.

Por analogía, si un empleado recibe una evaluación de rendimiento inexacta, o si no se le proporciona la compensación o las condiciones de trabajo prometidas, o si se siente maltratado en cualquier otro tipo de situación, no hay nada de malo en pedir a la persona apropiada con autoridad que revise la situación y quizás la corrija. En algunos casos, en una sociedad moderna, las acciones del empleador violan la normativa federal o estatal. No hay nada malo en apelar a la autoridad gubernamental en tales casos, "porque es servidor de Dios para tu bien" (Ro 13:4).

b. Cuando no es posible una resolución justa, los empleados deben confiar en que Cristo los recompense: En muchas situaciones laborales, se toman decisiones que parecen injustas para un empleado y no hay un remedio humano aparente o una autoridad que pueda corregirlas (tal vez el empleado teme arriesgarse a perder su trabajo si sigue adelante con el asunto).

Pablo era consciente de que los amos con frecuencia trataban a sus siervos injustamente en las situaciones de empleo del primer siglo, y en esos casos los siervos tenían muy poco recurso, pero solo para soportar el sufrimiento o las dificultades. Pablo les aseguró que Cristo los recompensaría y que un día arreglaría todas las cuentas. Les dijo que los siervos debían trabajar de corazón, "sabiendo que *del Señor recibiréis la recompensa de la herencia*" (Col 3:24). También les aseguró que sus amos deshonestos serían castigados algún día: "*El que hace el mal pagará por su propia maldad*, y en esto no hay favoritismos" (v. 25).

Por otra parte, si los amos hubieran engañado a los siervos de modo que no hubieran sido recompensados justamente por su trabajo, el Señor los recompensaría, pues dijo que los siervos deben trabajar "sabiendo que el bien que cada uno hiciere, ése recibirá del Señor" (Ef 6:8).

Pedro va más allá del estímulo de confiar en Cristo para la futura justificación y la futura recompensa. También dice que soportar con paciencia el sufrimiento injusto es agradable a Dios y es "aprobado delante de Dios" (1 P 2:20). Esta es su declaración completa a los siervos (griego, *oiketes*, un término general para los sirvientes domésticos de varios tipos) que eran maltratados:

> Criados, estad sujetos con todo respeto a vuestros amos; no solamente a los buenos y afables, *sino también a los difíciles de soportar*. Porque esto merece aprobación, si alguno a causa de la conciencia delante de Dios, sufre molestias *padeciendo injustamente*. Pues ¿qué gloria es, si pecando sois abofeteados, y lo soportáis? Mas si haciendo lo bueno sufrís, y lo soportáis, esto ciertamente es aprobado delante de Dios. Pues para esto fuisteis llamados; porque también Cristo padeció por nosotros, dejándonos ejemplo, para que sigáis sus pisadas (1 P 2:18-21).

El estímulo de Pedro es diferente al de Pablo. Pedro no les recuerda a los siervos que un día Dios arreglará todas las cuentas con justicia; más bien, dice que si sufren injustamente, ellos están imitando a su Salvador, Jesucristo, que sufrió injustamente y dejó un ejemplo para ellos para que lo sigan. Su consuelo es que Dios los ve y se preocupa por ellos, y su paciente resistencia su sufrimiento "es aprobado" a los ojos de Dios, es decir, es algo que encuentra la gracia o el favor de Dios (griego, *charis*). Y este Dios es el que vela en todo momento y que cuidará de ellos y, en última instancia, los recompensará (ver 1 P 5:10).

6. La razón para ser un empleado fiel es recomendar el Evangelio y honrar a Cristo. Pablo le dice a Tito que si los siervos son sumisos a sus amos, complacientes, no son respondones, no roban, sino que muestran toda la buena fe, el propósito es "para que en todo *adornen la doctrina* de Dios nuestro Salvador" (Tito 2:10). Un servicio fiel como empleado será una publicidad positiva e incluso hermosa para el evangelio de Cristo, y lo honrará.

Si los empleados cristianos entienden esto en la actualidad, serán empleados fieles y productivos, sabiendo que su trabajo en sí mismo produce un hermoso aroma que rodea el contenido del evangelio en el que creen.

7. Los empleadores deben tratar a sus empleados de manera justa. Cuando el Nuevo Testamento habla a los "amos", también habla a los empleadores de la actualidad, así como a todos los supervisores, gerentes y jefes en cualquier tipo de lugar de trabajo. ¿Cómo deben actuar? Las iglesias del Nuevo Testamento incluían no solo a los siervos, sino también a los amos que tenían una posición económica y social más elevada. Las instrucciones de Pablo no eran tan extensas para los amos, pero son muy claras:

> Amos, *haced lo que es justo y recto con vuestros siervos*, sabiendo que también vosotros tenéis un Amo en los cielos (Col 4:1).

El recordatorio de "que también vosotros tenéis un Amo en los cielos" era una sutil advertencia de que el Señor conocería cualquier maldad de los amos y que Él les pediría cuentas en el último día. Pero también era un estímulo de que si hacían "lo que es justo y recto", su Amo celestial estaría complacido y los recompensaría en el cielo.

Robertson McQuilkin y Paul Copan señalan:

El empresario que paga menos de un salario justo está robándole al trabajador. El trabajador que llega tarde por descuido y pierde el tiempo con conversaciones triviales, trabajo descuidado, descansos prolongados o soñando despierto, es un ladrón. Y ambos pecan contra Dios, su verdadero empleador[9].

Las instrucciones de Pablo a los amos en Efesios son similares:

Y vosotros, amos, haced con ellos lo mismo, dejando las amenazas, sabiendo que el Señor de ellos y vuestro está en los cielos, y que para él no hay acepción de personas (6:9).

La frase "haced con ellos lo mismo" significaba que los amos debían actuar de la misma manera que Pablo había dicho a los siervos que actuaran (vv. 5-8), es decir, trabajando como si sirvieran al Señor y sabiendo que él los recompensaría por cualquier bien que hicieran ("lo mismo" es plural en griego, taauta "las mismas cosas").

La exhortación "dejando las amenazas" aparentemente significaba que los amos debían detener incluso las amenazas de violencia física contra los esclavos, que era el principal medio de disciplinar a los siervos y mantenerlos en orden y sumisos. Frank Thielman observa: "Con esta orden, Pablo ha cortado el hilo que mantenía unida la institución de la esclavitud[10]".

La exigencia de que los amos sean justos y equitativos en el trato con los siervos se sustenta en el hecho de que los amos también son responsables ante el Señor: "sabiendo que también vosotros tenéis un Amo en los cielos" (Col 4:1). Los amos pueden tener una posición social y económica superior a la de los siervos en la actualidad, pero eso no les dará ningún privilegio o estatus ante el Señor cuando Él juzgue a todas las personas con justicia e imparcialidad: "para él no hay acepción de personas" (Ef 6:9).

8. Los empleadores deben saber que Dios les devolverá sus buenas y malas acciones. Aunque los jefes y supervisores de la actualidad (como los amos del primer siglo) pueden pensar que hay menos responsabilidad para ellos que para sus empleados, eso no es cierto, porque lo que Pablo dijo a los siervos también se aplica a los amos: "Mas el que hace injusticia, recibirá la injusticia que hiciere" (Col 3:25). Por otra parte, lo mismo ocurre con cualquier bien que hacen los empleadores: "el bien que cada uno hiciere, ése recibirá del Señor, sea siervo o sea libre" (Ef 6:8).

Por lo tanto, si los jefes en el lugar de trabajo en la actualidad encuentran que algunos empleados son ingratos y resentidos incluso cuando se les trata con

---

[9] McQuilkin y Copan, *An Introduction to Biblical Ethics* [Una introducción a la ética bíblica] , 450-51.

[10] Frank Thielman, *Ephesians* [Efesios], BECNT (Grand Rapids, Michigan: Baker, 2010), 410. Rae señala: "Como mínimo, una visión cristiana del mundo requiere que se trate a los empleados con dignidad y respeto, en consonancia con el hecho de estar hechos a imagen de Dios". *Moral Choices* [Decisiones morales], 350.

generosidad y justicia, los jefes pueden tener en cuenta que Cristo se complace con el bien que han hecho, y los recompensará.

B. ANCIANOS Y MIEMBROS DE LA IGLESIA

1. Los miembros de la iglesia deben estar sujetos a la autoridad de los ancianos. Los ancianos tenían autoridad sobre la gente en sus iglesias en el tiempo del Nuevo Testamento. Esto es especialmente evidente en Hebreos 13:17, que instruye a los cristianos:

> *Obedeced a vuestros pastores, y sujetaos a ellos;* porque ellos velan por vuestras almas, como quienes han de dar cuenta; para que lo hagan con alegría, y no quejándose, porque esto no os es provechoso.

Esta autoridad de gobierno es también evidente en la instrucción que Pedro da a los ancianos para pastorear el rebaño:

> Quiero aconsejar ahora a los ancianos de las congregaciones de ustedes, yo que soy anciano como ellos y testigo de los sufrimientos de Cristo, y que también voy a tener parte en la gloria que ha de manifestarse. *Cuiden de las ovejas de Dios* que han sido *puestas a su cargo;* háganlo de buena voluntad, como Dios quiere, y no forzadamente ni por ambición de dinero, sino de buena gana. Compórtense no como si ustedes fueran los dueños de los que están a su cuidado, sino procurando ser un ejemplo para ellos (1 P 5:1-3) (DHH).

Pedro continúa exhortando a los demás miembros de la iglesia a someterse a los ancianos: "Igualmente, jóvenes, estad sujetos a los ancianos" (1 P 5:5).

Pablo también indica que los ancianos tienen una función de gobierno con respecto a las iglesias, pues dice que los ancianos que *"gobiernan* bien" deben ser considerados dignos de "doble honor" (1 Ti 5:17). Además, Pablo dice que el historial de liderazgo de un anciano con respecto a sus hijos proporciona información sobre si sería un buen anciano para supervisar las actividades de la iglesia:

> que gobierne bien *su casa,* que tenga a sus hijos en sujeción con toda honestidad (pues el que no sabe gobernar su propia casa, ¿cómo cuidará de la iglesia de Dios?) (1 Ti 3:4-5).

2. Los miembros de la iglesia deben honrar a los ancianos de la iglesia. Cuando Pablo dice que los ancianos que "gobiernan bien" deben ser "tenidos por dignos de *doble honor,* mayormente los que trabajan en predicar y enseñar" (1 Ti 5:17), con seguridad quiere decir que deben ser bien compensados por su trabajo, pues el siguiente versículo habla de que el obrero merece su salario (v.18). Pero no debemos pensar que "doble honor" significa solo una compensación económica, pues "honor" es una categoría más amplia e incluiría cosas como el respeto y dar al anciano el beneficio de la duda cuando no conocemos todos los detalles o las razones que hay detrás de las distintas decisiones que se han tomado[11].

3. Los ancianos deben ejercer la autoridad en la iglesia de buena voluntad, con entusiasmo y como ejemplo para los demás. Pedro es bastante explícito en su consejo a los ancianos con respecto a su conducta en la iglesia. Deben ejercer su tarea de pastorear "las ovejas de Dios" (es decir, la iglesia) "háganlo de buena voluntad [...] y no forzadamente" (es decir, no pensando que tal pastoreo es una carga onerosa, sino considerándolo un privilegio gozoso), "ni por ambición de dinero, sino de buena gana" (es decir, no como un simple trabajo que hacen solo porque les pagan, sino como algo que desean realizar), "compórtense no como si ustedes fueran los dueños de los que están a su cuidado, sino procurando ser un ejemplo para ellos" (es decir, no abusando de su autoridad, sino estableciendo un modelo de obediencia fiel a Cristo).

C. PROFESORES Y ALUMNOS

1. Ningún pasaje de la Escritura habla directamente de la autoridad de los profesores. El rol de profesor en un entorno educativo público o privado en la actualidad no encuentra un paralelo específico en el Nuevo Testamento. Sin embargo, hay una declaración de Jesús que habla de la influencia de la vida de un profesor en sus alumnos:

> El discípulo no es superior a su maestro; mas todo el que fuere perfeccionado,
> será como su maestro (Lucas 6:40).

La Biblia pone énfasis en la responsabilidad de los padres en la formación de sus hijos (ver Ef 6:4; Col 3:21; cf. Dt 6:7). Sin embargo, en las sociedades modernas (como a veces en el mundo antiguo) los padres suelen delegar parte de esa responsabilidad a los profesores que forman a sus hijos (ver Gá 3:24-25, que habla de la ley como nuestro "guardián" utilizando el término griego *paidagogos* "guardián, líder, guía, tutor, profesor").

Pero si los padres confían a los profesores parte de la responsabilidad de formar a sus niños, los profesores tienen cierta autoridad que les ha sido delegada por los padres. Esto significa que los profesores tienen una autoridad legítima en el ámbito de su actividad de formación de los niños. Esto significa también que la relación de los profesores y los alumnos es análoga a la relación entre padres e hijos. La relación es también de alguna manera análoga a la relación entre empleadores y empleados, ya que los profesores asignan a los niños tareas (tareas académicas) que deben cumplir fielmente.

2. Similitudes con otras relaciones de autoridad.

---

[11] Para un análisis de la forma en que deben seleccionarse los ancianos, ver Wayne Grudem, *Systematic Theology: An Introduction to Biblical Doctrine* [Teología Sistemática: una introducción a la doctrina bíblica] (Leicester, Reino Unido: Inter-Varsity, y Grand Rapids, Michigan: Zondervan, 1994), 912-37.

a. Los estudiantes deben ser sumisos a la autoridad de sus profesores: Así como los hijos los hijos deben obedecer a sus padres (Ef 6:1; Col 3:20) y los empleados deben obedecer a sus supervisores (Ef 6:5-7; Col 3:22-24; Tito 2:9-10; 1 P 2:18), los estudiantes deben ser sumisos a sus profesores.

Se pierden enormes cantidades de tiempo de instrucción y se produce una importante disminución de la eficacia de la enseñanza, simplemente por la presencia de alumnos indisciplinados en las aulas de los colegios de Estados Unidos. Tal conducta, en última instancia, desprecia la autoridad de Dios mismo, que ha confiado a los padres y, por implicación, a los profesores sus posiciones de autoridad.

b. Los estudiantes deben honrar a sus profesores: Así como los niños deben obedecer el quinto mandamiento, "Honra a tu padre y a tu madre" (Ex 20:12), los estudiantes deben tratar a sus profesores con honor y respeto. Pedro también dice a los siervos que estén "sujetos *con todo respeto* a vuestros amos; no solamente a los buenos y afables, sino también a los difíciles de soportar" (1 P 2:18).

c. Los estudiantes no deben ser conflictivos: Aunque es una parte esencial del proceso de aprendizaje que los alumnos hagan preguntas y razonen con los profesores mientras investigan los temas, esto nunca debe degenerar en una discusión, así como Pablo les dice a los siervos "que agraden en todo, que no sean respondones" (Tito 2:9).

d. Los estudiantes deben trabajar de corazón, como si estuvieran sirviendo al Señor: Así como Pablo dice a los siervos que deben "hacedlo de corazón, como para el Señor y no para los hombres" (Col 3:23). Los estudiantes también deben actuar de esta manera con respecto al trabajo que realizan en sus estudios académicos. "Para que en todo adornen la doctrina de Dios nuestro Salvador" (Tito 2:10), y así sería un buen testimonio que honraría a su Señor Jesucristo.

PREGUNTAS PARA REFLEXIONAR

1. ¿Qué opina de la enseñanza del Nuevo Testamento de que debe estar sometido a su empleador o (si está en el colegio) a su profesor? ¿Le gusta? De no ser así, ¿por qué no?

2. ¿Alguna vez un supervisor en su lugar de trabajo le ha dicho que haga algo que era claramente incorrecto desde el punto de vista moral? ¿Cómo respondió? ¿Cómo cree que debería haber respondido?

3. ¿Puede buscar honesta y alegremente hacer el bien para su empleador y su lugar de trabajo cada día?

4. ¿Ha sentido alguna vez que lo han tratado injustamente en su lugar de trabajo? ¿Cómo habló con Dios sobre esta situación? ¿Ha llegado a un punto en el que confía en que Dios resolverá esta situación con justicia, aunque no sea hasta el juicio final?

5. ¿Cree que su conducta en el trabajo honra a Cristo?

6. Si tiene autoridad de supervisión en su lugar de trabajo, ¿cómo busca tratar a sus empleados de forma justa? ¿Cuál es la parte más difícil de su trabajo?

7. Antes de leer este capítulo, ¿había pensado en estar sujeto a la autoridad de los ancianos de su iglesia? ¿De qué manera piensas ahora que está sujeto a ellos? ¿Le gusta esta idea? De no ser así, ¿por qué?

8. Si es profesor, ¿cree que sus alumnos son adecuadamente respetuosos con usted y su autoridad? ¿Cuál es la parte más difícil de su trabajo con respecto a la relación con sus alumnos? ¿Hay algo que podría hacer de manera diferente?

9. Si es estudiante, ¿cree que debería ser más respetuoso con sus profesores? (o sus catedráticos)?

TÉRMINOS ESPECIALES

siervo
doulos
ancianos

BIBLIOGRAFÍA

Otras fuentes de referencia sobre ética

(ver datos bibliográficos completos, pág. 64)

Davis, 293-303
Frame, 575-92
McQuilkin y Copan, 449-50

Otras obras

Barclay, William. *Educational Ideals in the Ancient World* [Ideales educativos en el mundo antiguo]. Grand Rapids, Michigan: Baker, 1974.

Buford, Bob. *Half Time: Changing Your Game Plan from Success to Significance* [Medio tiempo: cómo cambiar el plan de juego para pasar del éxito a la trascendencia]. Grand Rapids, Michigan: Zondervan, 1994.

Edersheim, Alfred. *Sketches of Jewish Social Life* [Bocetos de la vida social judía]. Peabody, Massachusetts: Hendrickson, 1998.

Estes, Daniel J. *Hear, My Son: Teaching and Learning in Proverbs 1-9* [Escucha, hijo mío: enseñanza y aprendizaje en Proverbios 1-9]. Grand Rapids, Michigan: Eerdmans, 1997.

Miller, Darrow L., y Marit Newton. *LifeWork: A Biblical Theology for What You Do Every Day* [El trabajo de la vida: una teología bíblica para lo que haces cada día]. Seattle: JUCUM, 2009.

Nelson, Tom. *Work Matters: Connecting Sunday Worship to Monday* [El trabajo

importa: conectando la adoración del domingo con el trabajo del lunes].
Wheaton, Illinois: Crossway, 2011.
Tidball, D. J. *"Ministry"* [Ministerio]. En *New Dictionary of Christian Ethics and Pastoral Theology* [Nuevo diccionario de ética cristiana y teología pastoral], editado por David J. Atkinson y David H. Field, 593-95. Leicester, Reino Unido: Inter-Varsity, y Downers Grove, Illinois: InterVarsity Press, 1995.

PASAJE BÍBLICO PARA MEMORIZAR

Colosenses 3:22-25: Siervos, obedeced en todo a vuestros amos terrenales, no sirviendo al ojo, como los que quieren agradar a los hombres, sino con corazón sincero, temiendo a Dios. Y todo lo que hagáis, hacedlo de corazón, como para el Señor y no para los hombres; sabiendo que del Señor recibiréis la recompensa de la herencia, porque a Cristo el Señor servís. Mas el que hace injusticia, recibirá la injusticia que hiciere, porque no hay acepción de personas

HIMNO

"Día en día"

Día en día Cristo está conmigo,
me consuela en medio del dolor.
Pues confiando en su poder eterno,
no me afano, ni me da temor.
Sobrepuja todo entendimiento
la perfecta paz del Salvador.
En su amor tan grande e infinito
siempre me dará lo que es mejor.

Día en día Cristo me acompaña
y me brinda dulce comunión.
Todos mis cuidados él los lleva;
a él entrego mi alma y corazón.
No hay medida del amor supremo
de mi bondadoso y fiel Pastor.
Él me suple lo que necesito
pues el Pan de vida es mi Señor.

Oh, Señor, ayúdame este día
a vivir de tal manera aquí
que tu nombre esté glorificado
pues anhelo honrarte sólo a ti.
Con la diestra de tu gran justicia
me sustentas en la turbación.

Tus promesas son sostén y guía,
siempre en ellas hay consolación.

AUTORA: LINA SANDELL BERG, 1832-1903.

PROTEGIENDO LA VIDA HUMANA

"No cometas asesinato" (Nueva Traducción Viviente).

Capítulo **18**

PENA DE MUERTE

¿En alguna ocasión es correcto que el gobierno condene a muerte a un criminal?

El sexto mandamiento indica lo siguiente:

> No cometas asesinato (Ex 20:13 NTV)

A. EL SIGNIFICADO DEL MANDAMIENTO

El verbo hebreo traducido como "asesinar" es *rātsakh*, que significa "asesinar, matar violenta y deliberadamente[1]". Se utiliza este verbo en el Antiguo Testamento para referirse a quitarle la vida a un ser humano de forma ilegal, a lo cual hoy llamamos "homicidio calificado" (en sentido penal). Por ejemplo, este mismo verbo se utiliza en una forma diferente para hablar de un "asesino" en Números 35:16, 17, 18, 19 (NTV). El verbo también se utiliza para hablar de "causar la muerte de un humano por descuido o negligencia[2]". Pero *rātsakh* no es la palabra usual para designar la ejecución judicial[3] , y nunca se utiliza para referirse a matar en la guerra[4].

---

[1] De la versión en inglés de la Biblia BDB, 953. El léxico hebreo y arameo del Antiguo Testamento (HALOT, por sus siglas en inglés) lo define como "matar, asesinar, abatir, matar violenta y deliberadamente", 1283.

[2] Pie de página en Ex 20:13 de la versión en inglés ESV (English Standard Version). Por lo tanto, la palabra tiene en realidad un sentido un poco más amplio que la palabra *asesinar* hoy en día.

[3] La palabra hebrea *mûth* y a veces otras expresiones se utilizan para hablar de la ejecución judicial (es decir, la pena de muerte). Así, Números 35:16 dice: "...el asesino [*rātsakh*] debe ser ejecutado [*mûth*]". De los 49 casos de rātsakh en el Antiguo Testamento, solo se usa una vez para la ejecución judicial, y eso es en una ley que se enuncia en forma proverbial o axiomática, y que no representa el uso común de la palabra en otros lugares: "Todos los asesinos [*rātsakh*] deben ser ejecutados [*rātsakh*], pero solo si las pruebas son presentadas por más de un testigo. No se puede condenar a muerte a [*mûth*] nadie por el testimonio de un solo testigo" (Nm 35:30).

[4] Este capítulo es una adaptación de Wayne Grudem, *Politics-According to the Bible: A Comprehensive Resource for Understanding Modern Political Issues in Light of Scripture* [Política según la Biblia: Un recurso integral para entender cuestiones políticas modernas a la luz de la Escritura] (Grand Rapids, Michigan: Zondervan, 2010), págs. 186-201, con permiso de la editorial.

Por lo tanto, no debe utilizarse el sexto mandamiento como argumento contra la pena de muerte, ya que no es el sentido en que los lectores originales lo habrían entendido[5].

Aunque este mandamiento forma parte del Pacto de Moisés, se repite varias veces en el Nuevo Testamento (ver Ro 1:29; 13:9; 1 Ti 1:9; Santiago 2:11; 4:2; 1 Juan 3:12, 15; Ap 9:21; 16:6; 18:24; 21:8; 22:15; ver también las enseñanzas de Jesús en Mt 5:21-26; 15:19; 19:18). Los autores del Nuevo Testamento afirman con frecuencia la continua validez moral de este mandamiento en la era del nuevo pacto.

Dios es el Creador y sustentador de la vida humana, y el ser humano es la cúspide de su creación, pues se dice que solo el ser humano ha sido creado a imagen de Dios. Por lo tanto, Dios prohíbe terminantemente que los seres humanos se maten entre sí.

Dado que el sexto mandamiento se refiere a la protección de la vida, en este capítulo trataré la cuestión de la pena de muerte. Un argumento a favor de la pena de muerte para el delito de asesinato es que protege a los seres humanos de quienes podrían querer asesinarlos, esto debido a que el castigo es muy grande: si alguien asesina a otra persona, esta persona será condenada a pena de muerte. De este modo, se sostiene que la pena de muerte muestra el altísimo valor que debe darse a la vida humana.

En los capítulos siguientes también consideraré otras cuestiones relacionadas con la vida y la muerte, como la guerra (cap. 19), la autodefensa (cap. 20), el aborto (cap. 21), la eutanasia (cap. 22), el suicidio (cap. 23) y el envejecimiento y la muerte (cap. 24). A continuación, consideraré tres cuestiones adicionales que no conciernen a la vida y la muerte, pero que tienen que ver con la protección de la calidad de la vida humana: la discriminación racial (cap. 25), la salud (cap. 26) y el alcohol y las drogas (cap. 27).

B. LA PREGUNTA SOBRE LA PENA DE MUERTE

La pregunta con respecto a la pena de muerte (también llamada pena capital o ejecución) es la siguiente: ¿deben los gobiernos quitarles la vida a las personas condenadas por delitos capitales?

¿Qué delitos son estos? Los delitos para los que se especifica la pena de muerte hoy en día suelen incluir al menos el asesinato premeditado y la traición. Otros delitos que a veces se consideran que merecen la pena de muerte son el intento de utilizar un arma de destrucción masiva, el espionaje que provoca que los ciudadanos de un país pierdan la vida y delitos como la violación con agravantes , el secuestro con agravantes[6], el secuestro de aviones o el perjurio que conducen a la muerte de una persona.

Pero la pregunta principal que se aborda en este capítulo es si los gobiernos

---

[5] La Reina Valera 1960 y otras versiones de la Biblia llevan a error cuando traducen Ex 20:13 como "no matarás", lo que podría interpretarse como todo tipo de matanzas, un sentido mucho más amplio de lo que pretende el verbo hebreo

[6] Un delito "con agravantes" es aquel en el que la intención o las circunstancias reales aumentan significativamente la culpabilidad del delincuente o el daño a la víctima.

deben tener el derecho de aplicar la pena de muerte en *absoluto*.

C. LA TRASCENDENCIA DE LA ENSEÑANZA BÍBLICA

1. Génesis 9:5-6. En la historia antigua de la raza humana, Dios provocó un diluvio masivo en la tierra, que destruyó a todos los seres humanos excepto a los ocho que fueron rescatados en el arca: Noé, su esposa, sus tres hijos y sus esposas (Génesis 6-9).

Cuando terminó el diluvio, Noé y su familia salieron del arca y comenzaron a formar la sociedad humana nuevamente. En ese momento, Dios les dio instrucciones sobre la vida que iban a comenzar. Entre esas instrucciones estaba el siguiente pasaje, que, como vimos en el capítulo 16 (pág. 427), proporciona el cimiento del gobierno humano:

> Porque ciertamente demandaré la sangre de vuestras vidas; de mano de todo animal la demandaré, y de mano del hombre; de mano del varón su hermano demandaré la vida del hombre.
>
> El que derramare sangre de hombre,
>   por el hombre su sangre será derramada;
>   porque a imagen de Dios es hecho el hombre (Gn 9:5-6).

La palabra "derramar" en este enunciado se traduce del verbo hebreo *shāphak*, que en este pasaje significa "derramar en gran cantidad causando la muerte". Por lo tanto, "en este versículo, 'derramar sangre' se refiere a la toma violenta e injustificada de vidas humanas (cf. Gn 37:22; Nm 35:33; 1 R 2:31; Ez 22:4)[7]".

Este mandamiento de Dios dice que cuando alguien asesina a otra persona, el propio asesino debe ser condenado a muerte. Esta ejecución de un asesino no iba a ser realizada directamente por Dios, sino por un agente humano: "por el hombre su sangre será derramada". Sin embargo, esto no debía ser visto como una venganza humana, sino como el cumplimiento de la propia exigencia de justicia de Dios. Dios explica a qué se refiere cuando dice: "De mano del varón su hermano *demandaré* la vida del hombre" (Gn 9:5).

La razón que Dios da para ello es el inmenso valor de la vida humana: "porque a imagen de Dios es hecho el hombre" (v. 6). Ser a imagen de Dios es el estatus y el privilegio más elevado de toda la creación, y solo los seres humanos lo comparten (ver Génesis 1:27). Ser a imagen de Dios significa que los seres humanos son más parecidos a Dios que cualquier otra cosa en la tierra, y también significa que son los representantes de Dios en este mundo (porque son como Él y por lo tanto pueden representarlo mejor). Por lo tanto, asesinar a un ser humano es asesinar a alguien que es más parecido a Dios que cualquier otra criatura en la tierra. El asesinato a otro ser humano es, por tanto, una especie de agresión contra Dios mismo, pues es una agresión contra su representante en la tierra, una agresión contra la "imagen"

---

[7] "Capital Punishment" [Pena de muerte], en *ESV Study Bible* [Biblia de Estudio Teológico] (Wheaton, Illinois: Crossway, 2008), pág. 2552.

de sí mismo que ha dejado en la tierra.

Para dar un castigo justo a un crimen tan grave, Dios decreta que el asesino pagará el precio máximo: perder su propia vida. El castigo se ajustará al delito: "El que derramare sangre de hombre, por el hombre su sangre será derramada; porque a imagen de Dios es hecho el hombre" (Gn 9:6).

Por lo tanto, este pasaje establece los principios fundamentales de toda autoridad gubernamental humana. Al principio de la sociedad humana, después de que el diluvio destruyera la tierra, Dios establece que delegará en los seres humanos la autoridad para aplicar el castigo a los malhechores ("por el hombre su sangre será derramada").

Por lo tanto, la autoridad para ejecutar el castigo sobre las malas acciones no fue inventada simplemente por los seres humanos de forma independiente. Más bien, es una autoridad que Dios ha delegado en los seres humanos, y a través de esta autoridad Dios lleva a cabo su recta justicia sobre los malhechores, pues dice que esta es la forma en que "demandará la vida del hombre" (Gn 9:5). Así que la autoridad para castigar las malas acciones (probablemente a través de alguna forma de gobierno que se establezca) es dada por Dios a los seres humanos.

Dicha autoridad para castigar las malas acciones también implica que los gobiernos humanos tendrán que decidir (1) qué mala acción merece ser castigada, (2) qué castigo es apropiado para cada mala acción y (3) si un individuo es o no culpable de esa mala acción.

Este pasaje que se encuentra en Génesis 9 ocurrió mucho antes del establecimiento de la nación de Israel (en el éxodo de Egipto) o de la entrega de las leyes del Pacto de Moisés (en Éxodo, Levítico, Números y Deuteronomio). Por lo tanto, la aplicación de este pasaje no se limita a la nación de Israel por un período de tiempo específico, sino que es para todas las personas por todos los tiempos.

El pacto que Dios hizo con Noé después del diluvio no se llama en ninguna parte el "antiguo pacto", y no se dice en ninguna parte que esté abolido o que ya no tenga vigencia. El pacto que Dios hizo con Noé se aplica a todos los seres humanos de la tierra por todas las generaciones:

> Estará el arco en las nubes, y lo veré, y me acordaré del pacto perpetuo entre
> Dios y *todo ser viviente,* con toda carne que hay sobre la tierra (Gn 9:16).

Concluimos de este pasaje que Dios le concedió al gobierno humano la autoridad para llevar a cabo la pena de muerte y que esta es la autoridad fundamental de todos los gobiernos de la tierra[8].

2. Romanos 13:1-7. He tratado este pasaje con cierto detalle en el capítulo 16, pero hay dos detalles específicos que merecen ser comentados en este punto. Una vez más, el pasaje es el siguiente:

> Sométase toda persona a las autoridades superiores; porque no hay

---

[8] Ver el cap. 18, pág. 513, para una argumentación sobre el punto de vista de que Gn 9:6 es un proverbio humano, no un mandato de Dios.

autoridad sino de parte de Dios, y las que hay, por Dios han sido establecidas. De modo que quien se opone a la autoridad, a lo establecido por Dios resiste; y los que resisten, acarrean condenación para sí mismos. Porque los magistrados no están para infundir temor al que hace el bien, sino al malo. ¿Quieres, pues, no temer la autoridad? Haz lo bueno, y tendrás alabanza de ella; porque es servidor de Dios para tu bien. Pero si haces lo malo, teme; porque no en vano lleva la espada, pues *es servidor de Dios, vengador para castigar al que hace lo malo.* Por lo cual es necesario estarle sujetos, no solamente por razón del castigo, sino también por causa de la conciencia. Pues por esto pagáis también los tributos, porque son servidores de Dios que atienden continuamente a esto mismo. Pagad a todos lo que debéis: al que tributo, tributo; al que impuesto, impuesto; al que respeto, respeto; al que honra, honra.

En primer lugar, Pablo dice que el agente del gobierno es "servidor de Dios, vengador [griego, ekdikos, "el que ejecuta el castigo"] para castigar al que hace lo malo" (Ro 13:4). Esto es congruente con la enseñanza de Génesis 9 que dice que Dios demanda un ajuste de cuentas por las malas acciones y que esto se llevará a cabo mediante agentes humanos.

En segundo lugar, Pablo dice que el gobierno civil "no en vano lleva la espada" (Ro 13:4). La palabra griega para "espada" es *macharia,* la cual se utiliza en muchos otros pasajes para hablar del instrumento con el que se ejecuta a las personas. A continuación, algunos ejemplos:

Y mató a *espada* a Jacobo, hermano de Juan (Hechos 12:2).

[El carcelero] sacó la *espada* y se iba a matar, pensando que los presos habían huido (Hechos 16:27).

Fueron apedreados, aserrados, puestos a prueba, muertos a filo de *espada* (He 11:37).

Si alguno mata a *espada*, a espada debe ser muerto (Ap 13:10).

Varios versículos de la Septuaginta (la traducción griega del Antiguo Testamento) también utilizan la palabra de esta manera, por ejemplo:

Irremisiblemente herirás a filo de *espada* a los moradores de aquella ciudad, destruyéndola con todo lo que en ella hubiere (Dt 13:15).

Luego que Jehová tu Dios la entregue en tu mano, herirás a todo varón suyo a filo de *espada* (Dt 20:13).

Por lo tanto, la idea, sugerida por algunos, de que la espada aquí es simplemente un símbolo de la autoridad gubernamental es poco convincente[9]. Cuando Pablo

---

[9] David P. Gushee y Glen H. Stassen hacen referencia (pero no citan) a un artículo de 1976 en una

dice que el gobierno civil en general está autorizado a "llevar la espada", se refiere a que se le ha dado autoridad de Dios para usar la espada con el propósito para el que las personas la usaban en el primer siglo, y es para ejecutar a las personas.

3. 1 Pedro 2:13-14. El apóstol Pedro escribe lo siguiente:

Por causa del Señor someteos a toda institución humana, ya sea al rey, como a superior, ya a los gobernadores, como por él enviados *para castigo de los malhechores* y alabanza de los que hacen bien.

La expresión traducida como "castigo" en el versículo 14 (eis *ekdikēsis*, literalmente "para el castigo") incluye la misma palabra que Pablo utiliza para la "venganza" que pertenece a Dios (Ro 12:19). Pablo también utiliza una palabra de la misma raíz para decir que el gobierno civil es un "vengador [griego, *ekdikos*] para castigar" (Ro 13:4). Tanto Romanos 13 como 1 Pedro 2 enseñan que el gobierno tiene la responsabilidad no solo de disuadir la delincuencia, sino también de llevar el castigo de Dios al malhechor (en el sentido de retribución por la mala acción; ver un análisis más detallado en el cap. 16, pág. 429). Esto coincide con Génesis 9:5-6.

4. ¿Pero es correcto desear que el gobierno castigue a un criminal? A veces, los cristianos pueden pensar que si un ser querido ha sido asesinado, o si ellos mismos han sufrido un robo, han sido golpeados o han resultado gravemente heridos por culpa de un conductor ebrio, deben limitarse a perdonar a la persona y jamás buscar que el malhechor sea castigado por la justicia. Pero esa no es la solución que da Pablo en Romanos 12:19. Él no dice: "No os venguéis vosotros mismos, amados míos, sino simplemente perdonen a todos los que les hayan hecho mal". Más bien, les dice a sus lectores que renuncien a cualquier deseo de buscar *venganza* por sí mismos y que, en cambio, se la entreguen al gobierno civil, pues después de decir: "No os venguéis vosotros mismos, amados míos", dice, "*sino dejad lugar a la ira de Dios*". A continuación, explica que el gobierno civil es "servidor de Dios, vengador

---

revista académica alemana como prueba de que la mención de la "espada" en este pasaje "se refiere al símbolo de autoridad que llevaba la policía que acompañaba a los recaudadores de impuestos". *Kingdom Ethics: Following Jesus in Contemporary Context* [Siguiendo a Jesús en un contexto contemporáneo], 2ª ed. (Grand Rapids, Michigan: Eerdmans, 2016), págs. 223-24. Concluyen que el propósito de Pablo era instar a los cristianos a pagar impuestos y no rebelarse contra el gobierno, y que este pasaje no dice nada sobre la pena de muerte.

Pero su objeción carece de sentido. Todo el mundo está de acuerdo en que Pablo les dice a los cristianos que paguen impuestos en Ro 13:6. Esa es una de las formas en que les dice que se sometan al gobierno. Pero eso no es hasta el versículo 6, mientras que los versículos del 1 al 5 no se limitan a la cuestión del pago de impuestos. Hablan de la autoridad gubernamental en general y de la necesidad de someterse a "lo establecido por Dios". Ro 13:4 no dice: "Pero si haces lo malo, teme", sino: ""Pero si haces lo malo, teme; porque no en vano lleva la espada". Pablo está advirtiendo a los romanos contra todo tipo de actividad criminal. Y no dice que la autoridad gubernamental "es servidor de Dios, vengador para castigar al que evade impuestos", sino "vengador para *castigar al que hace lo malo*".

Gushee y Stassen tratan erróneamente de limitar este pasaje general sobre la autoridad gubernamental a una de las aplicaciones específicas que Pablo hace al final del pasaje. (Y el hecho de que un artículo académico se publicara en una revista alemana hace 40 años no es suficiente para establecer el consenso de la erudición evangélica del Nuevo Testamento respecto a un pasaje).

para castigar al que hace lo malo" (Ro 13:4)[10].

En otras palabras, las personas no deben buscar la *venganza* personal cuando han sido perjudicadas, sino que deben buscar que se haga justicia a través del funcionamiento del gobierno civil. Dejar que el gobierno civil haga *justicia* libera al creyente de hacer el bien incluso a los que lo han perjudicado. Como dice Pablo: "si tu enemigo tuviere hambre, dale de comer; si tuviere sed, dale de beber" (Ro 12:20). Para que de esa manera, el creyente venza "con el bien el mal" (v. 21), y ese bien no solo viene a través de dar comida y agua, sino también a través del sistema de justicia del gobierno civil, que es "servidor de Dios para tu bien" (Ro 13:4) .

Pero, alguien podría objetar, ¿no está mal que un cristiano desee venganza? Esto depende del tipo de venganza que se desee. Si buscamos y deseamos tomar *venganza personal* (para que nosotros mismos dañemos al malhechor), entonces eso es desobedecer a Romanos 12 y 13. Pero si deseamos que el gobierno lleve a cabo la *justa venganza de Dios* sobre el malhechor, entonces estamos haciendo exactamente lo que dice Pablo en 12:19 y estamos dejando la venganza "a la ira de Dios". Lo dejamos a la acción propia del gobierno, que es el "servidor de Dios" cuando "castigar al que hace lo malo" (13:4). No puede ser malo que deseemos que la justicia de Dios se lleve a cabo de esta manera, pues es otra forma en que Dios demuestra la gloria de su atributo de justicia en la tierra. (Jim Wallis no hace esta distinción entre la incorrecta venganza personal y el legítimo deseo que la venganza de Dios llegue a través del gobierno cuando se opone a la pena de muerte, diciendo que "solo satisface la venganza"[11] . Y no es así, sino que satisface la exigencia de justicia de Dios).

Por lo tanto, no me parece mal que los cristianos (1) muestren bondad personal y oren por la salvación y el perdón eterno de aquellos que les han hecho mal y (2) simultáneamente persigan la justicia a través de los juzgados civiles y deseen que el malhechor sea justamente correspondido por el mal que ha hecho. De hecho, he hablado con más de un creyente que ha sufrido el asesinato de un amigo o un ser querido, y que anhelaba profundamente que los juzgados aplicaran el castigo al asesino. Me pareció que esto reflejaba un sentido profundamente arraigado de la justicia de Dios que Él ha puesto en nuestros corazones humanos, un sentimiento que pedía a gritos que se castigara el mal y que se hiciera justicia.

Otro pasaje que confirma esta interpretación de la venganza es Apocalipsis 6:9-10, que dice así:

> Cuando abrió el quinto sello, vi bajo el altar las almas de los que habían sido muertos por causa de la palabra de Dios y por el testimonio que tenían. Y clamaban a gran voz, diciendo: *¿Hasta cuándo*, Señor, santo y verdadero, *no juzgas y vengas* [Greek, *ekdikeō*, "castigar, tomar venganza"] *nuestra sangre*

---

[10] En los primeros manuscritos griegos no había divisiones de capítulos o versículos, y la conexión entre lo que ahora conocemos como el final de Romanos 12 y el comienzo de Romanos 13 habría sido aún más clara para los lectores originales de Pablo.

[11] Jim Wallis, *God's Politics: Why the Right Gets It Wrong and the Left Doesn't Get It* [La política de Dios: ¿Por qué la derecha se equivoca y la izquierda no entiende?] (Nueva York: HarperCollins, 2005), pág. 303.

en los que moran en la tierra?

El punto significativo de este pasaje es que estas "almas" están completamente libres de pecado, y esto significa que no queda ningún rastro de deseo pecaminoso en sus corazones. Sin embargo, claman para que Dios se vengue de los que los han asesinado, de "los que moran en la tierra" (v. 10)[12]. Por lo tanto, tal deseo no puede considerarse moralmente incorrecto o incoherente con el hecho de perdonar a los demás y encomendar continuamente el juicio a las manos de Dios, tal como hizo Jesús cuando estaba en la cruz (ver 1 P 2:23; Lucas 23:34). De hecho, es precisamente esta acción de confiar el juicio en las manos de Dios lo que nos permite renunciar al deseo de buscarlo por nosotros mismos y lo que nos da libertad para seguir mostrando actos de misericordia personal con los infractores en esta vida.

5. ¿Qué delitos merecen la pena de muerte? ¿Hay otros delitos, además del asesinato, que merezcan la pena de muerte? La Biblia no nos da indicaciones específicas sobre esa pregunta, aunque algunos principios bíblicos pueden orientar nuestro proceso de razonamiento. La pregunta principal es si otros delitos son *tan horribles como el asesinato en el grado de maldad que implican* como para merecer la pena de muerte.

La decisión final sobre qué delitos merecen la pena de muerte debe ser tomada por cada estado o nación, idealmente cuando la voluntad del pueblo se expresa a través de las leyes promulgadas por sus representantes elegidos.

Christopher Wright señala una característica importante de la ley del Antiguo Testamento: "Ningún delito contra la propiedad en el procedimiento legal normal se castigaba con la muerte"[13]. Es decir, las personas no podían ser condenadas a muerte por robar cosas, pero en su lugar, había que hacer algún tipo de retribución monetaria. Este parece ser un principio sabio que debería impedir que la pena de muerte siquiera se considere para los delitos que implican solo la propiedad.

Sin embargo, es necesario hacer un recordatorio: no es legítimo apelar a los muchos tipos de delitos sujetos a la pena de muerte en las leyes del Pacto de Moisés (en Éxodo, Levítico, Números y Deuteronomio) para decir que esos delitos deben recibir la pena de muerte hoy en día. Esas leyes estaban destinadas solo *al pueblo de Israel en ese momento particular de la historia.* Muchas de esas leyes reflejaban el estatus único de Israel como pueblo en posesión de Dios que debía adorarlo y no permitir ningún indicio de lealtad a otros dioses. No hay ninguna sugerencia en el resto de la Biblia de que esos usos particulares de la pena de muerte en el Pacto de Moisés deban ser aplicados por los gobiernos civiles hoy, en la era del nuevo pacto (ver mi análisis sobre la teonomía a partir de la pág. 225; ver también las págs. 221, 433).

6. Conclusión. Dios otorga al gobierno civil el derecho y la responsabilidad de

---

[12] Ver también Génesis 4:10 "Y él le dijo: ¿Qué has hecho? La voz de la sangre de tu hermano clama a mí desde la tierra".

[13] Christopher J. H. *Wright, Old Testament Ethics for the People of God* [La relevancia ética del Antiguo Testamento] (Downers Grove, Illinois: InterVarsity Press, 2004), pág. 308.

aplicar la pena de muerte para ciertos delitos, al menos para el delito de asesinato (que se especifica en Génesis 9:6). Si debe haber otros delitos sujetos a la pena de muerte es una cuestión que cada gobierno de cada sociedad debe decidir a través de su proceso normal de toma de decisiones políticas y gubernamentales.

D. OBJECCIONES

1. Génesis 9:5-6. Mi argumento hasta este punto ha sostenido un apoyo significativo a la pena de muerte en Génesis 9:5-6:

> Porque ciertamente demandaré la sangre de vuestras vidas; de mano de todo animal la demandaré, y de mano del hombre; de mano del varón su hermano demandaré la vida del hombre. "El que derramare sangre de hombre, por el hombre su sangre será derramada; porque a imagen de Dios es hecho el hombre".

Algunos objetan que este pasaje contiene un "proverbio" y no un mandato real de Dios sobre cómo deben actuar los seres humanos. David Gushee y Glen Stassen dicen esto sobre Génesis 9:6 "Tal y como aparece en el Génesis, no ordena la pena de muerte, sino que da un sabio consejo basado en la probable consecuencia de tu acción: si asesinas a alguien, terminarás siendo asesinado"[14].

Pero esta interpretación no es convincente por tres motivos:

1. Cuando se conecta Génesis 9:5 con el versículo 6, se muestra que la ejecución del asesino es la forma en que Dios *mismo llevará a cabo la justicia a través de su intermediario en la sociedad humana.* Dios dice: "...de mano del varón su hermano demandaré la vida del hombre" (v. 5). Pero Gushee y Stassen no dicen nada sobre este versículo.

2. La última cláusula del versículo 6 explica el mandato. La pena de muerte debe aplicarse por el asesinato porque el hombre es a imagen de Dios. Esto demuestra el motivo de la gravedad del delito. Pero según la opinión de Gushee y Stassen, esta razón no tendría sentido. Entienden que este "proverbio" significa, en efecto, que "si haces algo malo (el asesinato), se te hará otro mal (otro asesinato)". Pero, ¿cómo es posible que nuestra creación a imagen de Dios sea una razón para ese mal proceder tan vengativo? Esto es como decir (según su punto de vista): "La violencia (el asesinato) aumentará entre las personas porque están hechas a imagen de Dios". ¡Esa línea de pensamiento termina indicando que la imagen de Dios es la razón por la que la gente hace el mal!

Por otro lado, en la interpretación que defiendo, este versículo dice: "El asesinato de otro ser humano es tan grave que se exigirá la pena de muerte, porque ese ser humano fue hecho a imagen de Dios".

3. Pasajes posteriores del Antiguo Testamento muestran que Dios mismo

---

[14] Gushee y Stassen, *Kingdom Ethics* [La ética del reino], pág. 222. Varias de las objeciones que trato en esta sección son planteadas por Gushee y Stassen en una amplia argumentación contra la pena de muerte. Ibid., págs. 215-33.

instituyó la pena de muerte para el delito de asesinato (ver Nm. 35:16-34).

Por estos tres motivos, la interpretación de Gushee y Stassen no es convincente.

2. Éxodo 20:13. Algunos han argumentado que Éxodo 20:13, "No cometas asesinato" (Nueva Traducción Viviente), prohíbe la pena de muerte. Afirman que ni siquiera un gobierno debe "asesinar" a un criminal.

Como expliqué al principio de este capítulo, esa interpretación malinterpreta el sentido del verbo hebreo *rātsakh*, que aquí se traduce como "asesinar". El término se refiere a la toma ilegal de una vida humana, no a toda toma de vida humana. Los primeros lectores y oyentes de Éxodo 20:13 no habrían entendido que esta palabra prohibía la pena de muerte, para la que se solían utilizar otras palabras (ver pág. 505).

Además, Dios mismo ordenó que la pena de muerte se llevara a cabo en las propias leyes que dio para el Pacto de Moisés (ver, por ejemplo, Nm 35:16-21, 30-34). No sería coherente pensar que en Éxodo 20:13 Dios prohibiera lo que ordenó en Números 35.

3. Mateo 5:38-39. Este pasaje se cita a veces como una prohibición de la pena de muerte. Dice lo siguiente:

> Oísteis que fue dicho: Ojo por ojo, y diente por diente. Pero yo os digo: No resistáis al que es malo; antes, a cualquiera que te hiera en la mejilla derecha, vuélvele también la otra.

Sin embargo, en este pasaje, Jesús está hablando a personas individuales sobre cómo deben relacionarse con otros individuos. Es similar a Romanos 12:19, donde Pablo prohíbe la venganza personal. Jesús no está hablando de la responsabilidad de los gobiernos o de decirles cómo deben actuar con respecto al castigo del crimen. Debemos prestar atención al contexto de los pasajes para poder aplicarlos con precisión a las situaciones que abordan. Mateo 5 se refiere a la conducta personal, mientras que Romanos 13 aborda explícitamente las responsabilidades de los gobiernos[15].

4. Mateo 22:39. Aquí Jesús dice: "Amarás a tu prójimo como a ti mismo". ¿Este mandamiento prohíbe dar muerte a un asesino? ¿Es posible amar al prójimo, en obediencia a este mandamiento, y al mismo tiempo condenarlo a muerte por asesinato? ¿Cómo pueden ser coherentes estas acciones? ¿Y no debería este mandato de Jesús tener prioridad sobre los mandatos del Antiguo Testamento sobre la ejecución de la pena de muerte?

Pero esta objeción, si enfrenta el mandato de Jesús con algunos mandatos del Antiguo Testamento sobre la pena de muerte, claramente malinterpreta el contexto del que Jesús tomó estas palabras. En realidad, Jesús está citando el Antiguo Testamento, en Levítico 19:18, donde Dios ordenó al pueblo:

---

[15] Para más información sobre este pasaje, ver el cap. 20, pág. 551.

> No te vengarás, ni guardarás rencor a los hijos de tu pueblo, sino *amarás a tu prójimo como a ti mismo*. Yo Jehová.

En ese mismo contexto, Dios también ordenó la pena de muerte para ciertos delitos (ver Lv 20:2, 10). Por lo tanto, debe haber sido coherente que Dios ordenara el amor al prójimo y también ordenara la pena de muerte, por ejemplo, para las personas que dieran muerte a sus propios hijos sacrificándolos para los ídolos (Lv 20:2). El amor al prójimo no anula la exigencia de aplicar la justicia de Dios a los malhechores.

5. Mateo 26:52. Cuando Jesús estaba siendo arrestado, Pedro sacó su espada y golpeó al siervo del sumo sacerdote, pensando en defender a Jesús del ataque. Pero Jesús le dijo:

> Vuelve tu espada a su lugar; porque todos los que tomen espada, a espada perecerán.

¿Acaso este versículo argumenta en contra de la pena de muerte?

Las palabras de Jesús a Pedro no deben tomarse como una orden para las personas que sirven como agentes de un gobierno. Esa interpretación no tendría en cuenta quién era Pedro y cuál era su papel en ese momento. Jesús no estaba diciendo que ningún soldado o policía debiera tener armas; más bien le estaba diciendo a Pedro que no intentara resistirse a los que estaban arrestando a Jesús y lo llevarían a la crucifixión. Jesús no quería iniciar un levantamiento civil entre sus seguidores, y desde luego no quería que mataran a Pedro en ese momento por intentar defenderlo y protegerlo.

Pero también es interesante que Jesús no le dijera a Pedro que entregara su espada o la tirara, sino que le dijo: "Vuelve tu espada a su lugar" (Mt 26:52). Aparentemente era correcto que Pedro siguiera llevando su espada, solo que no la usara para evitar el arresto y la crucifixión de Jesús[16]. En este contexto, por lo tanto, "todos los que tomen espada, a espada perecerán" debe significar que aquellos que toman la espada *en un intento de hacer el trabajo espiritual de promover el reino de Dios* no tendrán éxito. Si los seguidores de Jesús intentaran derrocar al gobierno romano como medio para promover el reino de Dios en aquella época, simplemente fracasarían y perecerían por la espada.

6. Juan 8:2-11. El Antiguo Testamento ordenaba la pena de muerte para el delito de adulterio (ver Dt 22:23-24), pero en la historia del Nuevo Testamento acerca de la mujer sorprendida en adulterio, Jesús les dijo primero a los acusadores de la mujer: "El que de vosotros esté sin pecado sea el primero en arrojar la piedra contra ella" (Juan 8:7), y después de que todos los acusadores se habían ido, Jesús le dijo a la mujer: "Ni yo te condeno; vete, y no peques más" (v. 11). ¿Esto implica que Jesús no quería que se siguiera aplicando la pena de muerte?

---

[16] La gente solía llevar espadas para defenderse de los ladrones u otro tipo de agresores violentos; ver el capítulo 20, pág. 556.

Hay muchas razones por las que este pasaje no debería utilizarse como argumento contra la pena de muerte. En primer lugar, incluso si este texto se utiliza para argumentar en contra de la pena de muerte por *adulterio*, no es la historia de un asesino, por lo que no se puede aplicar al uso de la pena de muerte por *asesinato*, que fue establecido en el pacto de Dios con Noé mucho antes del pacto con Moisés.

En segundo lugar, el contexto histórico de este pasaje explica más sobre la respuesta de Jesús. No se dejó arrastrar a una trampa en la que dijera a los líderes judíos que ejecutaran la pena de muerte, pues el gobierno romano había prohibido que nadie ejecutara la pena de muerte, salvo los propios romanos[17].

En tercer lugar, todo el relato expuesto en Juan 7:53-8:11 es un pasaje de origen dudoso, como se evidencia en las notas explicativas de cualquier traducción bíblica moderna. Aunque el pasaje se mantiene en muchas Biblias hoy en día, suele ir con doble paréntesis u otros signos que muestran que casi con toda seguridad no formaba parte del manuscrito original del Evangelio de Juan. Por lo tanto, la autoridad de este texto es dudosa.

De este modo, en varios niveles, el texto no ofrece una objeción persuasiva a la pena de muerte con respecto a delitos como el asesinato.

7. "Debemos seguir las enseñanzas de Jesús". A veces, los que se oponen a la pena de muerte dicen que deberíamos seguir las enseñanzas de Jesús sobre este asunto en lugar de otros pasajes de la Biblia, especialmente algunos del Antiguo Testamento. Gushee y Stassen, por ejemplo, dicen: "Una forma de estudiar la enseñanza bíblica sobre la pena de muerte es comenzar con Jesucristo como Señor y con el compromiso de ser seguidores de Jesús. [...]. Luego nos preguntamos primero qué enseñó Jesús sobre la pena de muerte como respuesta al asesinato "[18]. Contrastan este enfoque con el uso de Génesis 9:6 como el pasaje clave para entender este tema[19].

Sin embargo, la principal enseñanza bíblica sobre las responsabilidades del gobierno civil se encuentra en pasajes como Génesis 9, Romanos 13 y 1 Pedro 2 (ver el capítulo 16 para otros pasajes). *Jesús mismo* no dio muchas enseñanzas explícitas sobre el gobierno civil. Por lo tanto, cuando alguien dice: "Debemos seguir las enseñanzas de Jesús" con respecto al gobierno civil, ¡ha descartado la mayor parte de las enseñanzas importantes de la Biblia sobre el gobierno civil!

Sin embargo, en otro sentido, toda la Biblia viene con la autoridad de Jesús, y debemos tratar de seguir todo lo que enseña sobre este tema. Jesús defendió continuamente la autoridad del Antiguo Testamento como la Palabra de Dios, y delegó en sus apóstoles para que hablaran y escribieran con su autoridad[20]. Seguir la enseñanza de toda la Biblia sobre cualquier tema es seguir la enseñanza de Jesús

---

[17] Los acusadores judíos de Jesús dijeron a Pilato: "A nosotros no nos está permitido dar muerte a nadie" (Juan 18:31). Para un análisis de las pruebas históricas extrabíblicas, ver D. A. Carson, *The Gospel According to John* [El evangelio según Juan], Pillar New Testament Commentary (Grand Rapids, MI: Eerdmans, 1991), págs. 591-92.

[18] Gushee y Stassen, Kingdom Ethics [Ética del Reino], pág. 218.

[19] *Ibid.*, págs. 221-23.

[20] Ver Grudem, *Systematic Theology: An Introduction to Biblical Doctrine* [Teología sistemática: Una introducción a la doctrina bíblica] (Leicester, Reino Unido: Inter-Varsity y Grand Rapids, Michigan: Zondervan, 1994), págs. 54-89.

sobre ese tema.

Por último, como ya se ha explicado con respecto a los pasajes de Mateo, Gushee y Stassen intentan aplicar incorrectamente algunas de las enseñanzas de Jesús al asunto de la pena de muerte tal y como la utilizan los gobiernos, un tema que estas enseñanzas no pretendían abordar.

8. "Dios perdonó a algunos asesinos, como Caín y el rey David". El último argumento bíblico contra la pena de muerte es que las propias acciones de Dios demuestran que los asesinos no deben ser condenados a muerte, ya que Dios mismo perdonó a Caín, quien asesinó a su hermano Abel (Gn 4:8-16), y también perdonó al rey David cuando causó la muerte del marido de Betsabé, Urías (ver 2 S 12:13)[13].

Pero esta objeción simplemente cambia el tema de la responsabilidad del gobierno civil a la libertad de Dios para perdonar a quien Él desee. Por supuesto, Dios puede perdonar a algunas personas hasta el día del juicio final. ¡Él es Dios! Igualmente, puede ejecutar un juicio inmediato sobre otros conforme a sus sabios propósitos. Lo vemos con el fuego que cayó del cielo sobre Sodoma y Gomorra (Gn 19:24-29); el diluvio (Gn 6-9); y las muertes repentinas de Nadab y Abiú (Lv 10:1-2); Coré, Datán y Abiram (Nm 16:31-33); y Uza (2 S 6:7).

¡Pero Dios *no* nos dice en estos pasajes lo *que quiere que hagan los gobiernos civiles*! Ello lo estableció claramente en Génesis 9:5-6, Romanos 13:1-7, 1 Pedro 2:13-14 y en otros pasajes. Cuando Dios nos dice lo que quiere que hagan los gobiernos, estos deben seguir esas enseñanzas.

Es característico de las personas que se oponen a la pena de muerte que sigan apelando a pasajes que no hablan específicamente del tema del gobierno civil para utilizarlos y negar la enseñanza de los pasajes que sí hablan del gobierno civil. No es una buena interpretación bíblica.

9. "Necesitamos aplicar una 'ética para toda la vida'". Algunos de los que se oponen a la pena de muerte han dicho que los cristianos deben aplicar una "ética para toda la vida", en la que se oponen a toda toma intencional de vidas humanas, incluyendo el aborto, la eutanasia, la pena de muerte y la guerra (a este punto de vista se le llama a veces el argumento de la "vestimenta sin costuras"). Wallis adopta esta postura en su libro *God's Politics* [La política de Dios][22]. El cardenal Joseph Bernardin de Chicago fue un defensor de este punto de vista y declaró: "El espectro de la vida atraviesa los problemas de la genética, el aborto, la pena capital, la guerra moderna y el cuidado de los enfermos terminales"[23]. El Papa Juan Pablo II también defendió esta postura en su encíclica *Evangelium Vitae* escribiendo:

> En este horizonte se sitúa también el problema de la pena de muerte, respecto a la cual hay, tanto en la Iglesia como en la sociedad civil, una

---

[21] Gushee y Stassen también mencionan a Tamar (Génesis 38); ver *Kingdom Ethics* [Ética del Reino], págs. 221-22.

[22] Wallis, *God's Politics*, págs. 300, 303-6. Wallis no discute ningún pasaje de la Biblia que apoye su punto de vista, sino solo su principio vago y general de una "ética de la vida consistente".

[23] Cardenal Joseph Bernardin, *Consistent Ethic of Life* [Ética consistente de la vida] (Kansas: Sheed and Ward, 1988), pág. 7

tendencia progresiva a pedir una aplicación muy limitada e, incluso, su total abolición. El problema se enmarca en la óptica de una justicia penal que sea cada vez más conforme con la dignidad del hombre y por tanto, en último término, con el designio de Dios sobre el hombre y la sociedad.

En efecto, la pena que la sociedad impone «tiene como primer efecto el de compensar el desorden introducido por la falta». La autoridad pública debe reparar la violación de los derechos personales y sociales mediante la imposición al reo de una adecuada expiación del crimen, como condición para ser readmitido al ejercicio de la propia libertad. De este modo la autoridad alcanza también el objetivo de preservar el orden público y la seguridad de las personas, no sin ofrecer al mismo reo un estímulo y una ayuda para corregirse y enmendarse.

Es evidente que, precisamente para conseguir todas estas finalidades, la *medida* y la *calidad de la pena* deben ser valoradas y decididas atentamente, sin que se deba llegar a la medida extrema de la eliminación del reo salvo en casos de absoluta necesidad, es decir, cuando la defensa de la sociedad no sea posible de otro modo. Hoy, sin embargo, gracias a la organización cada vez más adecuada de la institución penal, estos casos son ya muy raros, por no decir prácticamente inexistentes[24].

Frente a ello, debo afirmar que el enfoque adecuado para decidir una posición bíblica sobre un tema es tomar *la enseñanza bíblica específica sobre ese tema* en lugar de recurrir a una difusa nube de generalidades (como la "ética para toda la vida") que luego puede utilizarse para apoyar casi cualquier posición que el proponente desee. Como sostengo en capítulos posteriores, los textos bíblicos específicos relacionados con el aborto y la eutanasia nos enseñan una posición en contra de ellos, pero los textos específicos relacionados con la pena de muerte la respaldan[25].

Más que una "ética para toda la vida", los cristianos deberían adoptar una "ética de toda la Biblia" y ser fieles a las enseñanzas de toda la Biblia sobre este tema, así como sobre otros.

10. Objeciones a la pena de muerte basadas en los resultados y la equidad. La mayoría de los argumentos sobre la pena de muerte, al *margen* de las enseñanzas de la Biblia, tienen que ver con los resultados de la aplicación o la abolición de la pena de muerte y su equidad. Los que argumentan en contra de la pena de muerte dicen que (1) no disuade la delincuencia; (2) se podría ejecutar a personas inocentes; (3) la violencia del gobierno provoca más violencia en la sociedad; (4) se administra injustamente, ya que los pobres y algunas minorías étnicas tienen muchas más probabilidades de recibir la pena de muerte; y (5) se ha utilizado históricamente de forma cruel y opresiva, incluso por los cristianos.

---

[24] Juan Pablo II, *Evangelium Vitae* ("El evangelio de la vida"), 25 de marzo de 1995, párr. 56, http://w2.vatican.va/content/john-paul-ii/en/encyclicals/documents /hf_jp-ii_enc_25031995_evangelium-vitae.html.

[25] Trato el tema del aborto en el capítulo 21 y el de la eutanasia en el capítulo 22.

Por el contrario, algunos grupos defensores han presentado argumentos persuasivos a favor de la pena de muerte basados en los hechos de que (1) en realidad sí disuade delitos violentos; (2) se pueden tomar las garantías adecuadas para evitar que se ejecute a personas inocentes; (3) al identificar el asesinato y la pena de muerte con la misma palabra, "violencia", no se hace la importante distinción entre quitarle la vida a una persona inocente y quitarle la vida a una persona culpable; (4) puede administrarse de forma justa; y (5) aunque es cierto que se pueden encontrar ejemplos de abuso en la historia, un sentido humano generalizado de la justicia reconoce que el delito de asesinato premeditado solo puede castigarse de forma adecuada quitándole la vida al asesino.

En los siguientes párrafos examinaré con mayor detalle estas objeciones en función de los resultados y la equidad.

a. ¿Es la pena de muerte un elemento de disuasión para el asesinato? Al examinarse las estadísticas en general, existe una *relación inversa muy clara* entre el número de ejecuciones de asesinos y el número de asesinatos en los Estados Unidos. Cuando el número de ejecuciones baja, el número de asesinatos sube, pero cuando las ejecuciones aumentan, los asesinatos bajan. Esto se puede observar en el siguiente gráfico que resume las conclusiones de dos profesores de la Universidad Pepperdine[26]:

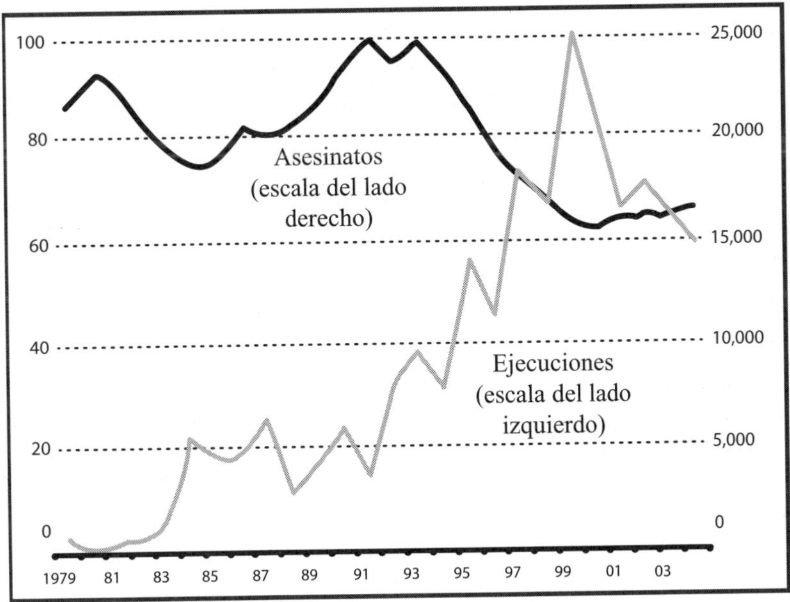

Gráfico 18.1. El efecto disuasivo: Relación entre las ejecuciones y los asesinatos realizados entre los años 1979-2004. (Fuente: Roy D. Adler y Michael Summers, basándose en las estadísticas de la Oficina Federal de Investigaciones).

---

[26] Roy D. Adler y Michael Summers, *"Capital Punishment Works"* ["La pena de muerte funciona"], The Wall Street Journal, 2 de noviembre de 2007, http://online.wsj.com/article/SB119397079767680173.html.

Algunos estudios han demostrado que por cada asesino ejecutado se disuaden entre 14 y 18 nuevos homicidios[27]. David Muhlhausen, investigador de la Fundación Heritage, informa que en un estudio llevado a cabo en 2009, los investigadores descubrieron que la adopción de leyes estatales que someten a la pena de muerte a los acusados de asesinatos de niños dio lugar a una reducción de casi el 20 % en los índices de estos delitos[28].

Este efecto disuasivo ha sido reconocido incluso por los investigadores que se oponen a la pena de muerte. "Personalmente, me opongo a la pena de muerte", dice H. Naci Mocan, un economista de la Universidad Estatal de Luisiana y autor de un estudio que revela que cada ejecución salva cinco vidas, "pero mi investigación demuestra que existe un efecto disuasivo"[29].

Del mismo modo, Cass Sunstein, de la Universidad de Chicago, y Adrian Vermeule, de la Universidad de Harvard, quienes se oponen a la pena de muerte, escribieron: "La pena de muerte posiblemente salve vidas". Y añaden: "Aquellos que se oponen a la pena de muerte y lo hacen en nombre de la protección de la vida deben aceptar la posibilidad de que al no aplicar la pena de muerte no se está protegiendo la vida"[30].

Estos estudios demuestran que los argumentos de autores como Wallis, quien afirma que estar en contra de la pena de muerte forma parte de una "ética de vida coherente", son insuficientes[31]. Mi respuesta a ello es señalar que cuando apoyamos la pena de muerte, demostramos que damos *el mayor valor posible a la vida humana*, ya que cuando una vida es arrebatada de manera injusta, la sociedad exige el mayor castigo: que el asesino pierda la vida. Además, los estudios demuestran que Wallis se equivoca cuando escribe que "no hay pruebas reales de que [la pena de muerte] disuada los asesinatos; solo satisface la venganza"[32] (no ofrece ningún dato que apoye esta afirmación).

Asimismo, existe un argumento de sentido común: si un delincuente sabe que posiblemente será condenado a muerte, ¿Existe una mayor o menor probabilidad de que cometa un asesinato si sabe que no puede ser condenado a muerte? Será menos probable[33].

---

[27] Testimonio de David B. Muhlhausen, "*The Death Penalty Deters Crime and Saves Lives*" ["La pena de muerte disuade el crimen y salva vidas"], Fundación Heritage, 28 de agosto de 2007,

http://www.heritage.org/testimony/the-death-penalty-deters-crime-and-saves-lives, citando a Paul R. Zimmerman, "State Executions, Deterrence, and the Incidence of Murder" ["Ejecuciones estatales, disuasión y la incidencia de los asesinatos"], Journal of Applied Economics 7, n° 1 (mayo de 2004): 909-41.

[28] David B. Muhlhausen, "*How the Death Penalty Saves Lives*" ["Cómo la pena de muerte salva vidas"], U.S. News and World Report, 29 de septiembre de 2014, http://www.usnews.com/opinion/articles/2014/09/29/the-death-penalty-saves-lives-by-deterring-crime.

[29] H. Naci Mocan, citado en Adam Liptak, "*Does Death Penalty Save Lives? A New Debate*" [¿La pena de muerte salva vidas? Un Nuevo debate"], The New York Times, 18 de noviembre de 2007, www.nytimes.com/2007/11/18/us/18deter.html.

[30] Cass Sunstein y Adrian Vermeule, "*Is Capital Punishment Morally Required? The Relevance of Life-Life Tradeoffs*" ["¿Es la pena capital moralmente necesaria? La importancia de las compensaciones vida por vida"], Stanford Law Review 703 (2005): 58, citado en Liptak, "Does Death Penalty Save Lives?"

[31] Ver Wallis, *God's Politics* [La política de Dios], págs 300, 303.

[32] *Ibid.*, pág. 303

[33] Dennis Prager ofrece un interesante experimento mental del fallecido sociólogo Ernest van der

El sistema jurídico actual de Estados Unidos permite que las apelaciones de las condenas por asesinato se prolonguen durante una década o más, por lo que en los últimos años no hemos podido ver una evaluación fiable del efecto disuasivo de la pena de muerte. Si la pena de muerte se ejecutara de forma más rápida cuando se ha determinado claramente la culpabilidad de alguien y se han agotado los medios de apelación razonables, el efecto disuasivo sería sin duda mucho mayor de lo que es actualmente. La Biblia dice lo siguiente: "Porque la sentencia contra una mala obra no se ejecuta enseguida, el corazón de los hijos de los hombres está en ellos entregado enteramente a hacer el mal" (Ec 8:11 NBLA).

b. ¿Las personas inocentes son ejecutadas? Con respecto a la posibilidad de que se ejecute a personas inocentes, no ha habido (a mi entender) ningún ejemplo conocido de una persona inocente ejecutada en Estados Unidos desde la reanudación de la pena de muerte en 1976. Varios presos inocentes condenados a muerte han sido *liberados* gracias a las pruebas de ADN[34], pero eso no demuestra que ninguna persona haya sido ejecutada injustamente. Por supuesto, la pena de muerte solo debe aplicarse cuando se establece la culpabilidad con un nivel de prueba extremadamente alto, lo cual se hace en muchas condenas por asesinato.

¿Cuál es el resultado de no aplicar la pena de muerte en caso de asesinato premeditado? La cadena perpetua también es un tipo de castigo cruel y es sumamente costoso. Además, condenar a un asesino a cadena perpetua o a una pena de larga duración puede llevar a que cometa otros asesinatos en prisión o después de fugarse o recibir un indulto. Por ejemplo, en 1981, Glen Stewart Godwin fue condenado a 25 años de prisión por asesinar a puñaladas a Kim Robert LeValley, quien era piloto y traficante de drogas. Godwin apuñaló a LeValley 26 veces. Se escapó de la prisión estatal de Folsom, en California, y huyó a México, donde comenzó una nueva vida como traficante de drogas. Allí fue detenido y mató a un miembro de un cártel de drogas de México mientras estaba en prisión. Poco después, se fugó de esa prisión y (desde 2016) sigue prófugo de la justicia[35].

Haag: Imagínese lo que ocurriría si un solo estado aprobara una ley para que la pena de muerte se aplicara solo a los asesinatos que se cometen los días lunes, miércoles y viernes. ¿Cree que los asesinatos en ese estado disminuirían los lunes, miércoles y viernes? Por supuesto que sí. Prager señala: "La idea de que las multas de aparcamiento disuaden aparcar ilegalmente pero que la muerte no disuade asesinar es realmente irracional. Demuestra lo que sucede cuando la gente pone la ideología por encima del sentido común". "A Response to Oregon's Governor on Capital Punishment" ["Una respuesta al gobernador de Oregón sobre la pena de muerte"], Townhall, 29 de noviembre de 2011, http://townhall.com/columnists/dennisprager/2011/11/29/a_response_to_oregons_governor_on_capital_punishment26 R

[34] Un ejemplo es Nicholas James Yarris, quien en 2003 fue exonerado gracias a las pruebas de ADN, fue acusado de violar y asesinar a una mujer de los suburbios de Filadelfia; por lo tanto, no se aplicó la ejecución. Ver Cindi Lash, *"DNA Exonerates Death Row Inmate"* ["Prueba de ADN exonera a un condenado a muerte"], Pittsburgh Post-Gazette, 10 de diciembre de 2003, www.post-gazette.com/local-news/20031210yarris1210p1.asp.

[35] Melissa Underwood, *"Glen Stewart Godwin Wanted for Murder, Escape From Prison"* ["Glen Stewart Godwin acusada de asesinato fuga de prisión"], Fox News, 28 de enero de 2008, www.foxnews.com/story/0,2933,326034,00.html, y Elisha Fieldstedt, "On the Lam: Seven Prison Escapees Who Never Were Found" ["Prófugos de la justicia: Siete fugitivos de prisión que nunca fueron encontrados"], NBCNews.com, 8 de junio de 2015, http://www.nbcnews.com/storyline/new-york-prison-escape/lam-prison-escapees-who-were-ne-

El hecho es que Dios dio el mandato de la pena de muerte en Génesis 9:6 al iniciarse la sociedad humana tras el diluvio, cuando los métodos de recopilación de pruebas y la certeza de las mismas eran mucho menos fiables que en la actualidad. Sin embargo, Dios dio la orden a seres humanos falibles, sin exigirles que fueran omniscientes para llevarla a cabo, sino esperando únicamente que actuaran con responsabilidad y trataran de evitar más injusticias mientras obedecían. Entre el pueblo de Israel, no aplicar la pena de muerte cuando Dios lo había ordenado era "contaminar" y "manchar" la tierra ante Dios, pues no se había hecho justicia (ver Nm 35:32-34 NTV).

c. ¿Toda violencia conduce a más violencia? La idea de que la "violencia" ejercida por el gobierno (en el caso de la pena de muerte) conduce a más violencia es contraria a las enseñanzas de Génesis 9:5-6, Romanos 13:4 y 1 Pedro 2:13-14. De hecho, es exactamente lo contrario: la pena capital tiene realmente un efecto disuasivo y salva muchas vidas inocentes, como lo demuestran numerosos estudios (ver la discusión anterior).

d. ¿Existen desigualdades raciales o económicas con respecto a la pena de muerte? Si la pena de muerte se aplica de forma injusta o desequilibrada entre ciertos segmentos de la población *en comparación con el número de asesinatos cometidos por ese segmento de la población*, deben tomarse las medidas legales necesarias para corregir ese desequilibrio. Pero, en general, ello no es un argumento en contra de la pena de muerte. Simplemente es un argumento que demuestra que cuando se cometen delitos que merecen la pena de muerte se debe llevar a cabo de forma justa, tanto entre ricos y pobres, y entre los miembros de cada grupo étnico. No debe haber discriminación por la condición social, la clase económica o el origen racial de una persona.

Lamentablemente, un estudio llevado a cabo en 1983 sobre la pena de muerte en Georgia reveló que el 22 % de los acusados de raza negra que mataron a víctimas de raza blanca fueron condenados a muerte, mientras que el 8 % de los acusados de raza blanca que mataron a víctimas de raza blanca fueron condenados a muerte; y que el 1 % de los acusados de raza negra que mataron a víctimas de raza negra fueron condenados a muerte, frente al 3 % de los acusados de raza blanca que mataron a víctimas de raza negra. Así que efectivamente parece que la pena de muerte se aplicó de forma desproporcionada contra los acusados de raza negra en ese estado[36].

e. ¿Se ha usado la pena de muerte de manera inapropiada en el pasado? Es cierto que a veces en la historia se ha utilizado la pena de muerte con horribles excesos y por delitos mucho menores que el asesinato. Hay ejemplos trágicos en la historia de la iglesia donde las personas fueron ejecutadas por lo que la iglesia consideraba la propagación de una falsa doctrina. Pero dichas ejecuciones fueron *abusos* que no

---

ver-found-could-still-be-n371901.

[36] *"Race and the Death Penalty", Capital Punishment in Context,* ["La raza y la pena de muerte", La pena capital en su contexto] https://capitalpunishmentincontext.org/issues/race.

deberían ser defendidos por nadie hoy en día; dichos casos no son argumentos en contra del uso legítimo de la pena de muerte.

E. LA IMPORTANCIA DEL TEMA

El tema de la pena de muerte es importante por tres razones: (1) Dios, tanto en el Antiguo como en el Nuevo Testamento, enseña que los gobiernos deben aplicar este castigo al menos para el delito de asesinato; (2) la pena de muerte actúa como un importante elemento disuasivo frente al horrible crimen de asesinar, especialmente en los casos en que la ejecución se lleva a cabo de forma justa, rápida y con las garantías adecuadas para no castigar a personas inocentes; y (3) la pena de muerte satisface un profundo deseo humano que exige un castigo justo cuando se ha cometido un asesinato.

PREGUNTAS PARA REFLEXIONAR

1. ¿Ha cambiado en algo su opinión sobre la pena de muerte después de leer este capítulo?
2. ¿Alguna vez ha sido víctima de un delito? Si es así, ¿deseaba que se castigara al delincuente? ¿Cómo cree que debería haberse sentido al respecto?
3. Si está de acuerdo en que la pena de muerte es moralmente correcta en caso de asesinato premeditado, ¿cree que podría participar como miembro de un jurado y votar para aprobar la pena de muerte para un asesino convicto? ¿Cómo se sentiría?
4. ¿Qué rasgos de carácter cristiano (ver pág. 110) deben destacarse al considerar el asunto de la pena de muerte?
5. Si su gobierno adoptara su punto de vista sobre la pena de muerte, ¿qué resultados esperaría ver en términos de dar gloria a Dios y hacer avanzar la obra de Su reino en la tierra?

TÉRMINOS ESPECIALES

pena de muerte
asesinar
venganza
ética para toda la vida

BIBLIOGRAFÍA

Otras fuentes de referencia sobre ética

(ver datos bibliográficos completos, pág. 64)

Clark y Rakestraw, 2:451-88
Davis, 198-214
Feinberg, John y Paul, 227-66
Frame, 701-4
Geisler, 199-219
Gushee y Stassen, 217-33
Holmes, 95-103
Kaiser, 127-38
McQuilkin y Copan, 438-41
Murray, 107-22
Rae, 247-69

Otras obras

Gleason, Ronald N. *The Death Penalty on Trial: Taking a Life for a Life Taken* [La pena de muerte a prueba: tomar una vida por una vida tomada]. Ventura, California: Nordskog, 2008.

House, H. Wayne y John Howard Yoder, eds. *The Death Penalty Debate: Two Opposing Views of Capital Punishment* [El debate sobre la pena de muerte: dos puntos de vista opuestos sobre la pena capital]. Waco, Texas: Word, 1991.

Lewis, C. S. *"The Humanitarian Theory of Punishment"* ["La teoría humanitaria del castigo"]. The Twentieth Century: An Australian Quarterly Review [El siglo XX: Una revista trimestral australiana] 3:3 (1949): 5-12.

Moreland, James Porter y Norman L. Geisler. *The Life and Death Debate: Moral Issues of Our Time* [El debate sobre la vida y la muerte: cuestiones morales de nuestro tiempo]. Nueva York: Greenwood, 1990.

Owens, Erik C., John D. Carlson y Eric P. Elshtain, eds. *Religion and the Death Penalty: A Call for Reckoning* [Religión y pena de muerte: Un llamado a un ajuste de cuentas]. Grand Rapids, Michigan: Eerdmans, 2004.

Sider, Ronald J., ed. *The Early Church on Killing: A Comprehensive Sourcebook on War, Abortion, and Capital Punishment* [La iglesia primitiva sobre matar: Un amplio libro de consulta sobre la guerra, el aborto y la pena de muerte]. Grand Rapids, Michigan: Baker Academic, 2012.

Storms, Sam. *"Can a Christian Support Capital Punishment?" In Tough Topics 2: Biblical Answers to 25 Challenging Questions* ["¿Puede un cristiano apoyar la pena de muerte?" Sobre temas difíciles 2: Respuestas bíblicas a 25 preguntas desafiantes], págs. 255-67. Fearn, Ross-shire, Escocia: Christian Focus, 2015.

Van Ness, D. W. *"Capital Punishment"* ["Pena de muerte"] En el New Dictionary of Christian Ethics and Pastoral Theology [Nuevo Diccionario de Ética Cristiana y Teología Pastoral], editado por David J. Atkinson y David H. Field, págs. 214-15. Leicester, Reino Unido: Inter-Varsity y Downers Grove, Illinois: InterVarsity Press, 1995.

Wallis, Jim. *God's Politics: Why the Right Gets It Wrong and the Left Doesn't Get It* [La política de Dios: ¿Por qué la derecha se equivoca y la izquierda no entiende?]. Nueva York: HarperCollins, 2005.

Wright, Christopher J. H. Old Testament Ethics for the People of God [La relevancia ética del Antiguo Testamento]. Downers Grove, Illinois: InterVarsity Press, 2004.

PASAJE BÍBLICO PARA MEMORIZAR

Romanos 13:4: porque es servidor de Dios para tu bien. Pero si haces lo malo, teme; porque no en vano lleva la espada, pues es servidor de Dios, vengador para castigar al que hace lo malo.

HIMNO

"Oh, ven pronto, temible juez de todos" [37]

(Se puede cantar con la melodía de "Padre eterno, poderoso para salvar")

Oh, ven pronto, temible Juez de todos;
Porque, aunque tu Venida sea terrible,
Todas las sombras de la verdad caerán,
Y ante ti la falsedad muere:
Ven pronto, porque la duda y el miedo
Se disuelven como las nubes cuando Tú estás cerca.

Oh, ven pronto, gran Rey de todo;
Reina a nuestro alrededor y en nuestro interior;
Que el pecado no vuelva a cautivar nuestras almas,
Que el dolor y la pena mueran con el pecado:
Ven pronto, porque solo Tú
Puedes hacer que tu pueblo disperso sea uno.

Oh, ven pronto, verdadera Vida de todos;
Porque la muerte es poderosa por todas partes;
En cada hogar sus sombras caen,
En cada corazón se encuentra su marca:
Oh, ven pronto, porque la aflicción y el dolor
Nunca podrán nublar tu glorioso reinado.

Oh, ven rápido, Luz segura de todo;
Porque la noche sombría se cierne sobre nuestro camino;
Y las almas débiles comienzan a caer
Con la fatiga de mirar el día:
Ven pronto, porque alrededor de tu trono
Ningún ojo está ciego, ni se conoce la noche.

AUTOR: LAWRENCE TUTTIETT, 1854

---

[37] N. del T.: El presente himno no cuenta con una traducción literaria oficial.

Capítulo **19**

GUERRA

¿Cómo podemos saber si una guerra es una "guerra justa"?

¿Es correcto que un cristiano sirva como soldado?

¿Cuáles son los argumentos a favor de una posición pacifista?

¿Es correcto que las naciones tengan armas nucleares?

Inevitablemente, la guerra conlleva una destrucción horrenda para ambas partes de un conflicto; por lo tanto, este es uno de los temas más difíciles y con mayores repercusiones en el estudio de la ética. Es apropiado tratarlo en esta sección de capítulos relacionados con la protección de la vida, ya que las guerras para defenderse suelen librarse para proteger la vida de los ciudadanos en las naciones y porque es necesario determinar si el sexto mandamiento prohíbe a los cristianos participar en la guerra[1].

En el siglo XIX, Charles Hodge, teólogo del Seminario de Princeton, escribió sobre los horrores de la guerra y la necesidad de un cuidadoso examen moral sobre este tema:

> Se ha reconocido que la guerra es uno de los males más terribles que se puede infligir a una población; que implica la destrucción de la propiedad y la vida; que desmoraliza tanto a los vencedores como a los vencidos; que somete a miles de no combatientes a todas las miserias de la pobreza, la viudez y la orfandad; y que tiende a detener el progreso de la sociedad en todo lo que es bueno y deseable [...] También se ha reconocido que la gran mayoría de las guerras que han devastado el mundo han sido injustificables a los ojos de Dios y del hombre. Sin embargo, esto no implica que la guerra

---

[1] Este capítulo ha sido adaptado de la obra de Wayne Grudem, *Politics-According to the Bible: A Comprehensive Resource for Understanding Modern Political Issues in Light of Scripture* [La política según la Biblia: Un recurso completo para entender las cuestiones políticas modernas a la luz de las Escrituras] (Grand Rapids, Michigan: Zondervan, 2010), págs. 388-94, 418-24, 433-35, con permiso de la editorial.

deba ser condenada en todos los casos[2].

A. EL SEXTO MANDAMIENTO NO PROHÍBE TODO TIPO DE PARTICIPACIÓN EN LA GUERRA

Como expliqué en el capítulo anterior, el mandamiento que indica "no cometas asesinato" (Ex 20:13 NTV) utiliza un verbo hebreo (rātsakh) que se refiere a la privación ilegal de otra vida humana (lo que actualmente llamamos "asesinar"). El mandamiento también prohíbe causar la muerte de otra persona por negligencia o descuido. Pero este verbo *nunca se utiliza para referirse a matar en la guerra,* por lo que utilizarlo como argumento contra toda participación en la guerra es una aplicación errónea del sexto mandamiento. El mandamiento no habla de matar en la guerra, y los lectores hebreos originales habrían entendido que no era aplicable a los soldados que matan en combate (ver el capítulo 18, pág. 505).

De hecho, en varias ocasiones en el Antiguo Testamento, Dios mismo ordenó al pueblo de Israel que fuera a la guerra (ver Dt 20:1), y habría sido contradictorio que Él ordenara algo y lo prohibiera al mismo tiempo.

En el Nuevo Testamento, los soldados no son condenados por servir en el ejército romano, sino, por el contrario, Juan el Bautista les dice: "Contentaos con vuestro salario" (Lucas 3:14). Cornelio, un centurión romano a cargo de 100 soldados, llegó a la fe y fue bautizado como creyente en Jesús sin que hubiera ningún indicio de que su ocupación fuera moralmente incorrecta (ver Hechos 10:1, 44-48; ver también Lucas 14:31).

Sin embargo, eso no responde a la pregunta de si es moralmente correcto que un cristiano participe en una guerra. Esa pregunta se desarrollará en gran parte de este capítulo.

B. LOS GOBIERNOS SON RESPONSABLES DE DEFENDER A SUS NACIONES CONTRA LOS ATAQUES DE OTRAS NACIONES

Como vimos en el capítulo 16 (ver pág. 427), una de las responsabilidades más fundamentales del gobierno es frenar el mal y castigar a los que lo hacen. Cuando un gobierno hace esto, defiende a los débiles e indefensos, y disuade que se cometan nuevas fechorías. El apóstol Pedro dice que el gobierno civil tiene por objeto *"castigar a los malhechores* y alabar a los que hacen bien" (1 P 2:14). Y Pablo dice que el gobierno está autorizado por Dios a "llevar la espada" (Ro 13:4) contra los malhechores para que sea "un temor" frente a la mala conducta (v. 3). También "castigar al que hace lo malo" (v. 4). Según Pablo, cuando el gobernante utiliza la fuerza superior, incluso mortal, contra el mal, es "servidor de Dios para tu bien" (v. 4).

---

[2] Charles Hodge, *Systematic Theology* [Teología sistemática], 3 vols. (1871-1873; repr., Grand Rapids, Michigan: Eerdmans, 1970), 3:365.

Si Dios ordena a un gobierno que proteja a sus ciudadanos de un asaltante o ladrón que provenga del *mismo* país, entonces sin duda también tiene la obligación de proteger a sus ciudadanos contra miles de asesinos o ladrones que vengan como un ejército desde algún lugar *fuera* de la nación. Por lo tanto, una nación tiene la *obligación moral de defenderse* contra atacantes extranjeros que vengan a matar, conquistar y subyugar a la gente de esa nación.

Juan Calvino siguió esta línea de razonamiento cuando escribió (en 1559) sobre el derecho del gobierno a hacer la guerra:

> Pero los reyes y los pueblos a veces deben tomar las armas [...] En efecto, si castigan con razón a los ladrones cuyos actos dañinos solo han afectado a unos pocos, ¿permitirán que todo un país sea afligido y devastado de manera impune por los robos? Porque no hay diferencia entre que sea un rey o el más humilde de los plebeyos quien invada un país extranjero en el que no tiene derecho [...] Todos ellos deben ser considerados por igual como ladrones y castigados como tales. Por lo tanto [...] los príncipes deben estar armados [...] para defender por medio de la guerra los dominios confiados a su custodia, si en algún momento están bajo el ataque del enemigo[3] .

Este razonamiento se reflejó en algunas de las primeras confesiones de fe protestantes. Por ejemplo, la Confesión de Augsburgo (1530), la cual es muy seguida por los luteranos, dice lo siguiente:

> Los cristianos pueden ejercer legítimamente cargos civiles [...] participar en la guerra justa, actuar como soldados (Art. 16).

Y la Confesión de Fe de Westminster (1646), que es seguida por los presbiterianos y otros cristianos reformados, dice así:

> Es lícito que los cristianos acepten y ejerzan el cargo de magistrado, cuando sean llamados a ello [...] para ello, pueden legalmente, ahora bajo el Nuevo Testamento, *hacer la guerra cuando sea justo y necesario* (23.2).

La obligación moral de una nación de defenderse también aparece en los relatos del Antiguo Testamento en los que la nación de Israel tuvo que defenderse en muchas ocasiones de los ataques de pueblos como los filisteos, los asirios y los

---

[3] Juan Calvino, *Institutes of the Christian Religion* [Institución de la religión cristiana], ed. John T. McNeill, traducción *Ford Lewis Battles, Library of Christian Classics*, vols. 20-21 (Filadelfia: Westminster, 1960), 4.20.11 (1499). John Murray argumenta de manera similar: "¿Por qué tipo de lógica se puede sostener que el magistrado, que está investido con el poder de la espada (Romanos 13:4), puede y debe ejecutar la venganza sobre los malhechores dentro de su dominio, pero debe envainar la espada de Dia resistencia cuando los malhechores de fuera invaden su dominio? [...] Alegar el pacifismo o la no resistencia en tales condiciones es anular la enseñanza del Nuevo Testamento que dice que el magistrado civil es enviado por el Señor para castigar y reprimir las malas acciones y para mantener el orden de la justicia, el bien y la paz". *Principles of Conduct: Aspects of Biblical Ethics* [Principios de conducta: aspectos de la ética bíblica] (Grand Rapids, Michigan: Eerdmans, 1957), pág. 115. (El mismo Murray perdió un ojo mientras servía en el ejército británico en la Primera Guerra Mundial).

babilonios. Cuando Dios bendijo a Israel, los israelitas derrotaron a los enemigos que los atacaban (ver Jueces 2:16-18; 1 Samuel 17; 2 Samuel 5:17-25; y muchos otros ejemplos de los relatos del Antiguo Testamento). Pero cuando el pueblo desobedeció a Dios y se apartó de él, Él permitió que otras naciones los derrotaran como una manifestación de su juicio contra ellos:

> Y dejaron a Jehová, y adoraron a Baal y a Astarot. Y se encendió contra Israel el furor de Jehová, el cual los entregó en manos de robadores que los despojaron, y los vendió en mano de sus enemigos de alrededor; y no pudieron ya hacer frente a sus enemigos. Por dondequiera que salían, la mano de Jehová estaba contra ellos para mal, como Jehová había dicho, y como Jehová se lo había jurado; y tuvieron gran aflicción (Jue 2:13-15).

Esto cumplió la promesa de Dios a través de Moisés en Deuteronomio 28. Si el pueblo obedecía a Dios, Él prometía lo siguiente: "Jehová derrotará a tus enemigos que se levantaren contra ti; por un camino saldrán contra ti, y por siete caminos huirán de delante de ti" (v. 7). Pero si desobedecían, entonces "Jehová te entregará derrotado delante de tus enemigos; por un camino saldrás contra ellos, y por siete caminos huirás delante de ellos" (v. 25).

Estas promesas se cumplieron muchas veces a lo largo de la historia de Israel. Demuestran que es algo bueno ante los ojos de Dios, una bendición especial, cuando un gobierno tiene el poder militar suficiente para derrotar a los enemigos que traigan ejércitos para atacarlo (es decir, es algo bueno siempre y cuando un gobierno no se haya vuelto tan corrupto y malvado que Dios se complazca en verlo conquistado).

C. ¿CÓMO PODEMOS SABER SI UNA GUERRA ES UNA "GUERRA JUSTA"?

Por supuesto, hay algunas guerras malas, como las que se libran simplemente para conquistar y saquear. ¿Cómo podemos saber si una guerra es buena o mala? Durante siglos de debates éticos sobre el tema de la guerra, un punto de vista muy común que se ha desarrollado, con muchas aportaciones de los eruditos cristianos, es la tradición de la "guerra justa". Este punto de vista sostiene que una guerra es moralmente correcta (o "justa") cuando cumple ciertos criterios. También sostiene que hay ciertas restricciones morales en la forma en que se puede llevar a cabo una guerra.

En términos generales, me parece que esta tradición de "guerra justa" es coherente con las enseñanzas bíblicas sobre la necesidad que tienen las naciones de defenderse de sus enemigos. He aquí un útil y reciente resumen de los criterios de una guerra justa, junto con las referencias bíblicas que se utilizan para apoyar estos criterios. En general, considero que estos criterios son coherentes con estas enseñanzas bíblicas:

> Con el tiempo, la ética de la guerra justa ha desarrollado un conjunto de

criterios comunes que pueden utilizarse para decidir si es correcto *ir a la guerra* en una situación específica. Entre ellos se encuentran los siguientes:

1. *Causa justa* (¿la razón para ir a la guerra es una causa moralmente correcta, como la defensa de una nación? cf. Ap 19:11).
2. *Autoridad competente* (¿la guerra no ha sido declarada simplemente por una banda de renegados dentro de una nación, sino por una autoridad reconocida y competente dentro de la nación? cf. Ro 13:1).
3. *Justicia comparativa* (¿está claro que las acciones del enemigo son moralmente incorrectas, y los motivos y acciones de la propia nación al ir a la guerra son, en comparación, moralmente correctos? cf. Ro 13:3).
4. *Intención correcta* (¿el propósito de ir a la guerra es proteger la justicia y la rectitud y no simplemente robar, saquear y destruir otra nación? cf. Pr 21:2).
5. *Último recurso* (¿se han agotado todos los otros medios razonables para resolver el conflicto?) cf. Mt 5:9; Ro 12:18).
6. *Probabilidad de éxito* (¿existe una posibilidad razonable de que se puede ganar la guerra? cf. Lucas 14:31).
7. *Proporcionalidad de los resultados previstos* (¿los buenos resultados que se obtienen de una victoria en una guerra serán significativamente mayores que los daños y pérdidas que inevitablemente se producirán al continuar la guerra? cf. Ro 12:21; 13:4).
8. *Espíritu correcto* (¿se emprende la guerra con gran reticencia y tristeza por el daño que se producirá y no simplemente con un "deleite en la guerra", como en Sal 68:30?).

Además de estos criterios para decidir si una determinada guerra es "justa", los defensores de la teoría de la guerra justa también han desarrollado algunas *restricciones morales sobre cómo debe librarse una guerra justa*. Entre ellas se encuentran las siguientes:

1. *Proporcionalidad en el uso de la fuerza* (¿no se puede causar más destrucción que la necesaria para ganar la guerra? cf. Dt 20:10-12).
2. *Discriminación entre combatientes y no combatientes* (en la medida en que sea factible en el desarrollo exitoso de una guerra, ¿se toma el cuidado necesario para evitar daños contra los no combatientes? cf. Dt 20:13-14, 19-20).
3. *Evitar medios malvados* (¿se tratará con justicia y compasión a los enemigos capturados o derrotados, y se tratará con justicia a los propios soldados en cautiverio? cf. Sal 34:14).
4. *Buena fe* (¿existe un deseo genuino de restablecer la paz y, finalmente, de vivir en armonía con la nación atacante? cf. Mt. 5:43-44; Ro 12:18)[4].

---

[4] "War" [Guerra], en *ESV Study Bible* [Biblia de Estudio Teológico] (Wheaton, Illinois: Crossway, 2008), 2555, ligeramente editado. A veces la frase latina *jus ad bellum* ("justicia hacia la guerra") se utili-

En la vida real, algunas guerras son evidentemente justas, otras son claramente injustas y otras son más difíciles de evaluar. Cuando Adolf Hitler invadió y conquistó una nación europea soberana tras otra, estaba llevando a cabo una guerra claramente injusta. Cuando muchas naciones europeas, entre ellas Gran Bretaña, Francia, Bélgica, los Países Bajos, Yugoslavia y otras naciones aliadas como Canadá, Sudáfrica, Nueva Zelanda y Australia[5] lucharon para defenderse de la ofensiva de Hitler, claramente estaban participando en una guerra justa para detener a los ejércitos nazis. Estas guerras de defensa cumplían todos los criterios de una guerra justa. Pero a lo largo de la historia, existen otras guerras que son más difíciles de evaluar.

En algunas situaciones, se pueden cumplir claramente varios de los criterios de una guerra justa, mientras que las decisiones sobre otros criterios pueden ser poco claras, y las personas pueden llegar a conclusiones diferentes; tales conclusiones a menudo dependen de distintas evaluaciones de los hechos ocurridos en cada situación. También puede haber ocasiones en las que una guerra cumple de manera muy clara la mayoría de los criterios, pero no todos, y sin embargo la guerra se considera necesaria para la propia supervivencia de una nación. En estos casos, la decisión es más difícil, y los cristianos necesitarán orar para obtener mucha sabiduría de Dios sobre sus decisiones individuales.

¿Se puede justificar una guerra preventiva? (una guerra preventiva es aquella en la que la nación A descubre pruebas contundentes de que la nación B está a punto de lanzar un ataque contra ella, por lo que la nación A ataca primero a la nación B, no para conquistar a la nación B, sino para evitar un ataque). Cuando los hechos reales de la situación muestran de forma clara que el ataque preventivo es necesario para defender al país, y se cumplen los demás criterios de una guerra justa, me parece que una guerra preventiva puede justificarse por ajustarse al criterio 1, que es "causa justa".

D. ¿UN CRISTIANO DEBE PARTICIPAR EN UNA GUERRA JUSTA?

1. Si una guerra es claramente justa. Si una guerra es claramente una guerra justa, entonces no es una labor "moralmente incorrecta sino necesaria" para un cristiano servir en un puesto militar y luchar en esa guerra, no es simplemente algo moralmente neutral. Más bien, debemos entender que luchar en una guerra de este tipo es moralmente bueno, porque el cristiano que sirve como soldado entra en la categoría de funcionario del gobierno que indica Romanos 13:4, quien es "servidor

---

za para referirse a los ocho criterios para decidir si ir a la guerra es justo, y la frase *jus in bello* ("justicia en la guerra") se utiliza para referirse a los cuatro criterios para decidir si la conducta al luchar en la guerra es justa. Sobre la cuestión del uso de medios coercitivos para interrogar a los prisioneros, y por qué el término "tortura" se utiliza con una variedad de significados tan amplia que a menudo confunde la discusión, ver Grudem, *Politics-According to the Bible* [Política según la Biblia], págs. 425-33.

[5] En total fueron 26 las naciones que se aliaron para luchar contra Hitler y los nazis. Ver *"Allied Powers"* [Potencias Aliadas], Britannica.com, https://www.britannica.com/topic/Allied-Powers-international-alliance#ref754272.

de Dios para tu bien". Por lo tanto, cuando un soldado cristiano lucha para derrotar a una fuerza enemiga malvada, es correcto que se vea a sí mismo como "servidor de Dios, vengador para castigar al que hace lo malo" (v. 4).

Cuando los soldados acudieron a Juan el Bautista preguntando qué debían hacer en respuesta a su llamado sobre "haced, pues, frutos dignos de arrepentimiento" (Lucas 3:8), él no les dijo que abandonaran el ejército o se negaran a servir en combate para el Imperio Romano, sino que simplemente les dijo esto:

> No hagáis extorsión a nadie, ni calumniéis; y contentaos con vuestro salario (Lucas 3:14).

Con respecto a este pasaje, Calvino escribe:

> Porque si la doctrina cristiana (para usar las palabras de Agustín) condenaba todas las guerras, a los soldados que pedían consejo sobre la salvación se les debería haber aconsejado más bien que arrojaran sus armas y se retiraran completamente del servicio militar. [...] Cuando les enseñó a contentarse con su salario, evidentemente no les prohibió llevar armas[6].

Otros pasajes del Antiguo Testamento también entienden que el pueblo de Dios está haciendo algo moralmente bueno cuando arriesga su vida al salir a la batalla para defender a su pueblo de agresores malvados:

> Quien adiestra mis manos para la batalla,
>   Para entesar con mis brazos el arco de bronce (Sal 18:34).

> Bendito sea Jehová, mi roca,
>   Quien adiestra mis manos para la batalla,

> Y mis dedos para la guerra (Sal 144:1).

Antes de la conquista de Canaán por parte de Israel, los líderes de las tribus de Rubén y Gad acudieron a Moisés y pidieron que se les permitiera asentarse en el lado este del río Jordán en lugar de cruzar al lado oeste de este y entrar a la Tierra Prometida. Moisés les permitió hacerlo con la condición de que primero vinieran con el ejército de Israel para derrotar a los cananeos que estaban dentro de ese territorio. Moisés incluso les dijo que sería "pecado" que no se unieran a la batalla a la que Dios los había llamado:

> Y respondió Moisés a los hijos de Gad y a los hijos de Rubén: ¿Irán vuestros hermanos a la guerra, y vosotros os quedaréis aquí? ¿Y por qué desanimáis a los hijos de Israel, para que no pasen a la tierra que les ha dado Jehová? [...] Si lo hacéis así, si os disponéis para ir delante de Jehová a la guerra, y todos vosotros pasáis armados el Jordán delante de Jehová, hasta que haya

---

[6] Calvino, *Institutes* [Institución], 4.20.12 (1500).

echado a sus enemigos de delante de sí, [...]; luego volveréis, y seréis libres de culpa para con Jehová, y para con Israel; y esta tierra será vuestra en heredad delante de Jehová. *Mas si así no lo hacéis, he aquí habréis pecado ante Jehová; y sabed que vuestro pecado os alcanzará* (Nm 32:6-7, 20-23).

Sin embargo, si un cristiano lucha en una guerra, es importante que evite el uso de medios malvados para llevarla a cabo (ver en páginas anteriores la lista de restricciones morales sobre cómo se debe librar una guerra). La actitud con la que un cristiano lucha en la guerra también es importante. En la medida en que Dios le permita al cristiano o a la cristiana[7] hacerlo, debe sentir un profundo dolor por el mal, y probablemente incluso una ira piadosa contra él, así como dolor por los combatientes del otro bando, muchos de los cuales pueden haberse visto obligados a luchar contra su propia voluntad. El cristiano también debe participar en la guerra con "bondad, fe [...] templanza" (Gá 5:22-23). Incluso esperaría que los cristianos combatieran con un corazón de amor por sus enemigos, así como David amaba profundamente a su hijo Absalón mientras enviaba al ejército a luchar contra él y a derrotar su insurrección injusta (2 Samuel 18)[8].

Una de las expresiones más elocuentes y conmovedoras de la historia de un hombre cristiano que lidera con determinación una guerra que creía justa, pero que lo hace con una tristeza agónica y con confianza en la providencia de Dios, se encuentra en el Segundo Discurso Inaugural de Abraham Lincoln, pronunciado el 4 de marzo de 1865, después de haber liderado la Unión en la Guerra Civil durante cuatro largos años (y solo seis semanas antes de su asesinato). He reproducido este discurso como parte del anexo de este capítulo (ver la página 545).

2. Si una guerra es claramente injusta. Si una guerra es claramente injusta, entonces es moralmente incorrecto que un cristiano participe en ella. Los principios discutidos en el capítulo 16 sobre desobedecer al gobierno civil cuando manda a un creyente a pecar contra Dios se aplican en esta situación (ver pág. 437). Se trata de una situación en la que "es necesario obedecer a Dios antes que a los hombres" (Hechos 5:29).

Si un cristiano (o cristiana) se niega a servir en una guerra, esta persona puede verse obligada a huir del país (ver 1 S 19:10-12; 2 Co 11:33) o enfrentarse al encarcelamiento u otro castigo. Pero es mejor sufrir por hacer el bien que ceder y participar en hacer el mal. "Mas si haciendo lo bueno sufrís, y lo soportáis, esto ciertamente es aprobado delante de Dios" (1 P 2:20).

Para proteger a las personas de tener que atentar contra su conciencia con relación a la guerra, creo que es bueno que los países tengan leyes que permitan a los "objetores de conciencia" servir en funciones no militares (como la atención médica) en lugar de tratar de obligarlos a participar en una guerra cuando ellos

---

[7] Creo que es moralmente correcto que las cristianas también participen en un conflicto bélico, pero en posiciones no combatientes (ver más adelante, pág. 543).

[8] Uno de los versículos más trágicos de las Escrituras se encuentra en 2 S 18:33: "Entonces el rey se turbó, y subió a la sala de la puerta, y lloró; y yendo, decía así: !!Hijo mío Absalón, hijo mío, hijo mío Absalón! !!Quién me diera que muriera yo en lugar de ti, Absalón, hijo mío, hijo mío!".

creen que es moralmente incorrecto hacerlo[9].

3. ¿Qué pasa si no está claro si una guerra es justa o injusta? Si una guerra no es claramente justa o injusta, la situación se vuelve más difícil, y es importante que los cristianos busquen la sabiduría de Dios para evaluar la situación de forma correcta (ver Santiago 1:5-6). En las sociedades democráticas abiertas debe darse gran importancia a las decisiones tomadas por los representantes elegidos por la población tras una cuidadosa deliberación. Por supuesto, los cristianos que sostienen una posición a favor de la guerra justa y los cristianos que sostienen una posición pacifista probablemente también diferirán en sus evaluaciones sobre los hechos relevantes en cualquier guerra específica, pero cuando todos los cristianos que sostienen una posición a favor de la guerra justa están en desacuerdo sobre cómo evaluar una guerra, entonces la decisión se vuelve mucho más difícil.

E. PACIFISMO

Aunque el punto de vista de la guerra justa ha sido la posición que se ha mantenido mayoritariamente a lo largo de la historia de la iglesia, un punto de vista minoritario ha sido el del pacifismo militar[10]. El punto de vista pacifista sostiene que no es correcto que los *cristianos* usen la fuerza militar contra otros, y por lo tanto no es correcto que los cristianos participen en combates militares, ni siquiera para defender a su propia nación. Un punto de vista pacifista similar, pero un tanto diferente, sostiene que es incorrecto que *cualquiera* participe en un combate militar y que esa "violencia" siempre es moralmente incorrecta.

Un reciente e influyente defensor del pacifismo es Jim Wallis con su libro *God's Politics* [La política de Dios][11]. También se encuentran argumentos similares en *Jesus for President* [Jesús para presidente][12] de Shane Claiborne y Chris Haw. A

---

[9] Sin embargo, también reconozco que las leyes de objeción de conciencia suelen exigir que el objetor tenga una convicción moral que se oponga a todas las guerras, no solo a una en específico. No estoy seguro de que sea necesario que este concepto sea tan restrictivo. Para una nación con un ejército compuesto exclusivamente por voluntarios, este problema se resuelve fácilmente.

[10] En cuanto al pacifismo en la iglesia primitiva, Hodge explica: "En las primeras épocas de la iglesia había una gran aversión a participar en el servicio militar, y a veces los padres justificaban esta reticencia poniendo en duda la legalidad de todas las guerras. Pero las verdaderas causas de esta oposición que tenían los cristianos para incorporarse al ejército eran que con ello se entregaban al servicio de un poder que perseguía su religión, además que los comportamientos relacionados a la idolatría estaban relacionados de forma inseparable con los deberes militares. Cuando el Imperio Romano se convirtió en cristiano y la cruz sustituyó al águila en los estandartes del ejército, esta oposición desapareció. [...] Ninguna iglesia cristiana histórica ha declarado que todas las guerras sean ilegales". Systematic Theology [Teología sistemática], 3.367.

[11] Jim Wallis, *God's Politics: Why the Right Gets It Wrong and the Left Doesn't Get It* [La política de Dios: ¿Por qué la derecha se equivoca y la izquierda no entiende?] (San New York: HarperCollins, 2005), especialmente págs. 87-205.

[12] Shane Claiborne y Chris Haw, *Jesus for President: Politics for Ordinary Radicals* [Jesús para Presidente: Política para radicales ordinarios] (Grand Rapids, Michigan: Zondervan, 2008), especialmente págs. 199-224 y 338-47, pero también en otras partes del libro, la mayoría de las cuales están estructuradas como un conjunto de narraciones vagamente conectadas entre sí, en lugar de un argumento organizado, secuencial y lógico. Claiborne y Haw también incluyen en su bibliografía recomen-

continuación, se analizan brevemente los principales argumentos pacifistas que se aplican a la guerra[13].

Los argumentos que se suelen utilizar para apoyar el pacifismo son que (1) Jesús nos ordenó poner la otra mejilla (Mt 5:39); (2) Jesús nos ordenó amar a nuestro prójimo como a nosotros mismos (Mt 22:39); (3) participar en un combate militar implica no confiar en Dios; (4) deberíamos depender del derecho internacional en lugar de ir a la guerra; (5) el uso de violencia siempre conduce a más violencia, y se debe adoptar el pacifismo como una manera de detener ese círculo vicioso; y (6) un pacifismo cristiano más genuino habría evitado las guerras anteriores.

1. ¿Debemos solo poner la otra mejilla? Como respuesta a este argumento pacifista, diría que el punto de vista pacifista aplica de manera errónea la enseñanza de Jesús sobre la *conducta individual* para poner la otra mejilla (Mt 5:39) respecto al *gobierno civil* (ver sobre el tema en el capítulo 18, pág. 514). La enseñanza específica sobre el gobierno civil es que debe "llevar la espada" para oponerse a los malhechores y castigar al que hace lo malo (Ro 13:4). Además, en Lucas 22:36, Jesús ordenó a sus seguidores que llevaran espadas (que se utilizaban para defenderse y protegerse de los ladrones; ver la explicación en el cap. 18, pág. 515).

John Feinberg y Paul Feinberg explican claramente esta distinción:

> Un problema fundamental de las interpretaciones pacifistas sobre las enseñanzas de Jesús es que no distinguen entre los deberes privados y públicos, los deberes personales y los del Estado. Como individuo particular, puedo poner la otra mejilla cuando se me agrede injustamente. Sin embargo, mis responsabilidades son totalmente diferentes cuando me encuentro en la posición de tutor de terceros como en el caso de magistrado civil o padre de familia. Como soy responsable de sus vidas y bienestar, debo resistir, incluso con la fuerza, una agresión injusta contra ellos. Además, amar al prójimo o al enemigo no significa que deba quedarme de brazos cruzados mientras secuestran y asesinan a mi hijo. Debo utilizar la fuerza necesaria para proteger su vida y su seguridad. El Estado se encuentra en esta relación de tercera parte con sus ciudadanos. Aquellos textos que los pacifistas suelen citar para justificar la no resistencia son versículos que tienen que ver con los deberes privados o personales, no con los deberes públicos[14].

2. ¿El amor al prójimo exige el pacifismo? Si realmente *amamos a nuestro prójimo*

---

dada al menos dos libros pacifistas de gran difusión: Gregory A. Boyd, T*he Myth of a Christian Nation: How the Quest for Political Power Is Destroying the Church* [El mito de una nación cristiana: Cómo la búsqueda del poder político está destruyendo a la iglesia] (Grand Rapids, Michigan: Zondervan, 2007) y John Howard Yoder, *The Politics of Jesus: Vicit Agnus Noster* [La política de Jesús: Vicit Agnus Noster], 2ª ed. (Grand Rapids, Michigan: Eerdmans, 1994).

[13] Anteriormente, he respondido de forma más extensa a algunos argumentos adicionales a favor del pacifismo, especialmente en lo que se refiere a la opinión de que "todo gobierno es demoníaco" que defiende Boyd; para ello, ver mi obra *Politics-According to the Bible* [Política según la Biblia], págs. 38-44.

[14] John S. Feinberg y Paul D. Feinberg, Ethics for a Brave New World [Ética para un mundo feliz], 2ª ed. (Wheaton, Illinois: Crossway, 2010), pág. 646.

(como ordenó Jesús en Mt 22:39), entonces estaremos dispuestos incluso a ir a la guerra para protegerlos de los agresores malvados que atacan a la nación. Si el pacifista pregunta: "¿Cómo puedes amar a tu prójimo o incluso amar a tu enemigo y luego matarlo en la guerra?", la respuesta tiene que ser que Dios *ordenó tanto* el amor al prójimo como ir a la guerra, ya que el mandamiento que dice "amarás a tu prójimo como a ti mismo" se encuentra en Levítico 19:18 en el Antiguo Testamento y Jesús lo cita de allí. Por lo tanto, debe ser coherente que Dios ordene *ambas* cosas, y un mandamiento no debe utilizarse para anular el otro.

Un ejemplo al respecto lo encontramos en la trágica historia de David, quien envió a su ejército para derrotar a Absalón, su rebelde hijo (2 Samuel 18). David amaba mucho a Absalón, pero era responsable de proteger el cargo de rey que Dios le había confiado. Por ello, con dolor, y sin dejar de amar a Absalón, David envió al ejército contra él.

3. ¿Ir a la guerra significa falta de fe? Los cristianos no tienen derecho a decirles a los demás que "confíen en Dios" para cosas diferentes a las que enseña la Biblia. Romanos 13:1-4 enseña que, de ser necesario, Dios autoriza a los gobiernos a usar la fuerza mortal para oponerse al mal. Por lo tanto, en este caso, el argumento pacifista le está diciendo a las personas que desobedezcan lo que dice Romanos 13 sobre el gobierno, y que confíen en que Dios los protegerá de todos modos. ¡Esto es como decirles a las personas que no deben trabajar para ganarse el sustento, sino que deben "confiar en Dios" para que les provea el alimento de todos modos! Un mejor enfoque es obedecer lo que Dios dice en Romanos 13:1-4 sobre el uso del poder del gobierno para refrenar el mal, y luego confiar en que Dios trabaje a través de ese poder para refrenarlo, que es la manera en que Él quiere que los gobiernos funcionen.

Este es el problema que tengo con Jim Wallis cuando critica la dependencia estadounidense del poder militar para proteger a la nación de los terroristas como "una política extranjera *basada principalmente en el miedo*"[15]. También atribuye otro motivo erróneo a los estadounidenses cuando sitúa las respuestas militares a los atentados terroristas en la categoría de "ira y venganza", que llevan a una nación a "tomar represalias de manera indiscriminada de modo que provocan aún más pérdidas de vidas inocentes"[16] .

Por el contrario, Romanos 13 enseña que la acción militar empleada para defender a una nación no es una actividad errónea o pecaminosa, *así como tampoco es una actitud errónea el deseo de depender de la acción militar (bajo la dirección de Dios)*, ya que Dios ha autorizado a las naciones a utilizar dicho poder militar. Los pacifistas como Wallis no se dan cuenta de que es completamente posible, como lo han demostrado millones de cristianos que han servido en las fuerzas militares, *confiar en que* Dios les permita utilizar el poder militar que ha puesto en sus manos para defender a sus países con éxito. La solución no es el pacifismo, *sino confiar en que Dios* nos dará el éxito mientras *lo obedecemos* al emplear la defensa militar que Él ha designado.

---

[15] Wallis, *God's Politics* [La política de Dios], pág. 88, énfasis añadido.

[16] *Ibid.*, pág. 92; ver también pág. 94.

John Jefferson Davis señala que el autor de Hebreos pone como *ejemplo* de fe a algunas personas del pueblo de Dios que lucharon en las guerras:

> Es muy interesante que un escritor del Nuevo Testamento, el autor de Hebreos, se refiriera explícitamente a las hazañas militares de los jueces y de David y no viera sus acciones como expresiones de "dureza de corazón", sino como demostraciones de fe viva en Dios. Estos hombres de Dios "que por fe conquistaron reinos, hicieron justicia [...] se hicieron fuertes en batallas, pusieron en fuga ejércitos extranjeros" (He 11:33-34). Se presentan ante la iglesia del Nuevo Testamento como ejemplos *positivos* de fe, y su fe en este caso se demostró a través de su valor militar. Dios aprobó claramente que "pusieran en fuga ejércitos extranjeros" y el uso de armas para aplicar justicia. Este texto en Hebreos muestra claramente que, desde la perspectiva del Nuevo Testamento, el uso de la fuerzas armadas no es incompatible con la verdadera fe en Dios, y que en la escala de valores divina, la aplicación de la justicia tiene mayor prioridad que la no violencia cuando estos dos valores entran en conflicto[17].

Además, Davis pone al mismo Jesús como ejemplo de la necesidad de usar la fuerza para resistir el mal:

> En la purificación del templo (Juan 2:13-22), Cristo mismo expulsó a los cambistas con un azote de cuerdas. Por sí solo, este incidente muestra las insuperables dificultades que rodean el insistir en una comprensión literal del dicho "no resistáis al que es malo". Cristo no permaneció pasivo ante el mal, sino que actuó por la fuerza para apartar el mal de su presencia.
>
> En el libro del Apocalipsis, Juan tiene una visión celestial del Cristo resucitado, quien está montado en un caballo, y que "con justicia juzga y hace la guerra" (19:11 LBLA). Juan no vio nada moralmente ofensivo en representar las acciones de Cristo resucitado en términos militares[18].

4. ¿Es mejor depender del derecho internacional y de un tribunal internacional?

De acuerdo con la enseñanza de Romanos 13, las naciones deben proteger a sus propios ciudadanos. Creo que los pacifistas como Wallis en realidad son antibíblicos cuando dicen que las naciones no deben actuar por su cuenta ni utilizar la "acción unilateral" para defenderse, sino que deben depender de un "tribunal internacional para que sopese los hechos y emita juicios con una aplicación efectiva de la ley multinacional"[19]. En otra parte, Wallis dice que deberíamos depender de un "derecho internacional" mucho más poderoso y de "fuerzas policiales globales"[20]. Dice que solo un tribunal internacional con poder real "podrá protegernos"[21].

---

[17] John Jefferson Davis, *Evangelical Ethics: Issues Facing the Church Today* [Ética evangélica: problemas que enfrenta la iglesia hoy], 4ª ed. (Phillipsburg, Nueva Jersey: P&R, 2015), pág. 243.

[18] *Ibid.*, pág. 244.

[19] Wallis, *God's Politics* [La política de Dios], pág. 106.

[20] *Ibid.*, pág. 164.

[21] *Ibid.*, pág. 106.

Hay muchas objeciones contra el argumento de Wallis:

En primer lugar, es una simple ilusión. En toda la historia de la humanidad, nunca se ha dado un gobierno mundial eficaz (ni siquiera el Imperio Romano, en su máxima extensión, pudo llegar a China, la India, el África subsahariana o América del Norte y del Sur). Es absurdo depender de algo que nunca ha existido para salvarnos de una amenaza terrorista a la que nos enfrentamos en este mismo momento.

En segundo lugar, si alguna vez existiera un gobierno mundial tan poderoso, probablemente estaría dominado por los votos de numerosas naciones pequeñas que en su mayoría son antiestadounidenses, ya que sus gobiernos son comunistas, totalitarios o están dedicados a la expansión de la religión musulmana, y por lo tanto se oponen a los Estados Unidos. Sería como la actual composición de las Naciones Unidas, con sus habituales votos antiestadounidenses.

En tercer lugar, depender de ese gobierno mundial para mantener la paz en el mundo exigiría a las naciones, incluyendo a Estados Unidos, a renunciar a su soberanía individual. Esto abriría la puerta a someter a los Estados Unidos a una condición de servidumbre y dominación por parte de naciones o líderes que buscan su caída.

Mucho mejor que la posición pacifista de confiar en un tribunal internacional y en una fuerza policial global es confiar en que el Señor utilizará los medios que Él ha designado, que es el uso del propio poder militar de cada nación, como he explicado anteriormente a partir de Romanos 13 y otros pasajes.

5. ¿La violencia siempre conduce a más violencia? Simplemente es falso decir, como lo hacen los pacifistas, que la violencia siempre conduce a más violencia. La fuerza mortal empleada por la policía local para contener o matar a un asesino pone fin a la violencia de ese asesino. Lo mismo ocurre cuando se utilizan los ejércitos para defender a las naciones de los agresores. De hecho, el uso del poder militar impidió que Hitler se apoderara de toda Europa y, eventualmente, de todo el mundo durante la Segunda Guerra Mundial. Impidió que los norcoreanos tomaran Corea del Sur en la Guerra de Corea. En la Guerra de Secesión, impidió que el ejército Confederado estableciera una nación separada en la que se preservara y defendiera la esclavitud.

El eslogan pacifista que dice "la violencia siempre trae más violencia" es erróneo, pues utiliza la misma palabra, *violencia*, para referirse a dos situaciones muy diferentes: el uso moralmente *correcto* de la fuerza mortal para detener a los malhechores y el uso moralmente *incorrecto* de la fuerza para llevar a cabo ataques contra personas inocentes. Un mejor eslogan sería "los gobiernos justos deben usar la fuerza superior para detener la violencia criminal contra personas inocentes" o simplemente "la fuerza superior detiene la violencia criminal".

6. ¿Podría un pacifismo más fuerte haber acabado con la esclavitud o haber detenido a Hitler? Casi al final del argumento pacifista que se encuentra en el libro de Greg Boyd llamado *The Myth of a Christian Nation* [El mito de una nación cristiana], responde a la objeción de que la guerra era necesaria para acabar con la esclavitud en Estados Unidos (en la Guerra de Secesión) y para detener la campaña de Hitler para conquistar el mundo (en la Segunda Guerra Mundial). ¿Acaso en esos casos el uso de la fuerza militar no trajo consigo beneficios?

Boyd sostiene que si los cristianos hubiesen sido mejores pacifistas, la historia hubiera sido diferente: "Si, en primer lugar, los cristianos profesantes hubiesen sido remotamente parecidos a Jesús, no habría habido esclavitud ni guerra para que nos preguntemos *qué habría pasado* si los cristianos hubiesen amado a sus enemigos y puesto la otra mejilla"[22]. Con respecto a la Guerra de Secesión, Boyd dice: "Por el contrario, una persona del reino debería preguntarse qué podría haber ocurrido si más personas del reino hubieran estado dispuestas a vivir el llamado del reino radical"[23].

Pero esto no es más que una forma elegante de decir: "Si la historia fuera diferente, probaría mi argumento". Y esa es otra forma de decir: "Si los hechos fueran diferentes, probarían mi argumento". Pero ello no es un argumento válido. Es apelar a una ilusión y no a los hechos. Boyd simplemente dice que si el mundo fuera diferente, el mundo sería diferente. Pero eso no prueba nada. La historia es lo que es, y la historia muestra que tanto el mal de la esclavitud estadounidense como el mal de Hitler fueron detenidos solo gracias al poder de una fuerza militar superior. Esa es la tarea que Dios ha asignado a los gobiernos que "llevan la espada" (Ro 13:4).

La lógica del pacifismo llevaría, en última instancia, a rendirse totalmente ante el más malvado de los gobiernos, que no se detendría ante nada para utilizar su poder para oprimir a los demás. Por todas estas razones, el pacifismo de Wallis, Boyd y otros no constituye una postura persuasiva para ser adoptada por los cristianos.

F. ARMAS NUCLEARES

1. La historia de las armas nucleares. Las dos únicas armas nucleares que se han utilizado en la guerra fueron utilizadas por Estados Unidos y fueron contra Hiroshima y Nagasaki, en Japón, el 6 y el 9 de agosto de 1945, respectivamente. Estas dos grandes ciudades tenían importancia industrial y militar para las actividades bélicas japonesas. Se calcula que en Hiroshima murieron entre 90 000 y 150 000 personas (de 340 000) y en Nagasaki, unas 80 000 (de 212 000)[24]; aproximadamente la mitad de esas personas murieron inmediatamente, y la otra mitad murió posteriormente a causa de quemaduras, radiación y otras lesiones. En ambos casos, las bombas destruyeron todo lo que había en un radio de 1.60 kilómetros y causaron incendios hasta 3.21 kilómetros de la zona de impacto.

Cuando el presidente Harry S. Truman autorizó el uso de estas bombas, su objetivo era poner fin a la Segunda Guerra Mundial, y, de hecho, ese fue el resultado.

---

[22] Boyd, *The Myth of a Christian Nation*, pág. 174.

[23] *Ibid.*, pág. 177.

[24] C. Peter Chen, "Atomic Bombing of Hiroshima and Nagasaki" ["Bombardeo atómico de Hiroshima y Nagasaki"], Base de datos de la Segunda Guerra Mundial, http://ww2db.com/battle_spec.php?battle_id=49.

Seis días después del lanzamiento de la segunda bomba, Japón anunció su rendición ante los Aliados.

Aunque lanzar estas bombas significó la pérdida de aproximadamente 200 000 vidas japonesas, una estimación que se repite comúnmente (por parte de analistas que entienden la fuerza que tenían Estados Unidos y Japón en ese momento) es que si la guerra hubiera continuado sin el uso de estas bombas, el resultado habría sido la pérdida de al menos 500 000 vidas estadounidenses y posiblemente cientos de miles de vidas japonesas[25]. En su autobiografía del año 1955, el presidente Truman afirmó que la bomba atómica probablemente salvó medio millón de vidas estadounidenses, sin mencionar las de muchos japoneses. Los japoneses ya habían demostrado en anteriores batallas en las campañas del Pacífico que no se rendirían.

Aun así, los críticos de izquierda afirman que la cifra de 500 000 posibles víctimas era un "mito". En un artículo publicado en el New England Journal of History en 2007, Michael Kort, profesor de estudios generales de la Universidad de Boston, respondió a esas críticas:

> En The Journal of Military History, [el historiador militar] D. M. Giangreco explicó que, en manos de los militares, estas proyecciones adoptaban tres formas: estimaciones médicas, estimaciones de personal y estimaciones estratégicas. Demostró entonces que existía documentación importante para las proyecciones de bajas de alto nivel, las cuales, por cierto, variaban mucho, de fuentes militares y civiles que llegaban a más de 500 000. Igualmente importante, una estimación que llegó a Truman, del expresidente Herbert Hoover, quien tenía contactos gubernamentales de alto nivel, llevó al presidente a convocar una importante reunión con el Estado Mayor Conjunto y los principales asesores civiles el 18 de junio de 1945 para discutir la proyectada invasión de Japón. En resumen, como destacó Giangreco en un artículo posterior en la Pacific Historical Review, Truman vio y se preocupó por las estimaciones de bajas de alto nivel antes de la invasión prevista[26].

Es imposible saber cuál habría sido el número exacto de bajas, pero está claro que el uso de las bombas atómicas salvó muchísimas vidas.

Desde 1945, varias otras naciones han adquirido armas nucleares, pero desde entonces no se ha vuelto a utilizar ninguna otra arma nuclear en una guerra. Por ejemplo, ¿qué impidió que se las utilizara durante el período de la Guerra Fría entre la Unión Soviética y los Estados Unidos y sus aliados? ¿Qué impidió a los soviéticos lanzar ataques nucleares contra Estados Unidos o Europa Occidental? Principalmente, fue el miedo a una respuesta devastadora por parte de Estados

---

[25] Jing Oh, *"Hiroshima and Nagasaki: The Decision to Drop the Bomb"* ["Hiroshima y Nagasaki: La decisión de lanzar la bomba"], The Michigan Journal of History 1, n°. 2 (2002): n.p,
https://michiganjournalhistory.files.wordpress.com/2014/02/oh_jung.pdf.

[26] Michael Kort, *"The Historiography of Hiroshima: The Rise and Fall of Revisionism"* ["La historiografía de Hiroshima: El ascenso y la caída del revisionismo"], New England Journal of History 64, n°. 1 (otoño de 2007): págs. 31-48, http://theamericanpresident.us/images/truman_bomb.pdf.

Unidos, el Reino Unido y Francia, que habría provocado la terrible destrucción de la propia Unión Soviética. En otras palabras, lo que evitó su uso por parte de cualquier nación agresora fue que las naciones amantes de la paz *poseyeran una cantidad enorme de armas nucleares*. Ese sistema de disuasión ha funcionado durante casi siete décadas (desde que la Unión Soviética desarrolló armas nucleares en 1949).

2. En la actualidad, ¿qué países cuentan con armas nucleares? Según la Federación de Científicos Estadounidenses, que hace un seguimiento de los arsenales nucleares, Estados Unidos tenía un total de 4670 armas nucleares desplegadas y operativas para el año 2016[27] , y las estimaciones actuales indican que Rusia tiene 4500[28] . Según el Departamento de Estado de Estados Unidos, este país ha reducido su arsenal nuclear en un 85 % desde 1967 (cuando tenía 31 255 armas nucleares) y en un 78 % desde la caída del Muro de Berlín en 1989 (cuando tenía 22,217). De 1994 a 2014, Estados Unidos desmanteló 9 952 ojivas nucleares[29]. La razón de conservar un número tan grande es que, en caso de una guerra nuclear, se podrían destruir muchas armas antes de poder lanzarlas, otras fallarían y otras no alcanzarían sus objetivos (las armas dependen de un sistema de lanzamiento en tres partes: bombarderos, misiles y submarinos).

Además de Estados Unidos y Rusia (país que ahora controla el arsenal nuclear de la antigua Unión Soviética), las siguientes naciones también poseen armas nucleares: (3) Reino Unido, (4) Francia, (5) China, (6) la India, (7) Pakistán y (8) Corea del Norte. Asimismo, se cree que (9) Israel posee armas nucleares, pero nunca lo ha confirmado públicamente. Además de estas naciones, Irán está persiguiendo agresivamente el poder nuclear y potencialmente las armas nucleares[30]. El grupo terrorista ISIS también está tratando de conseguir armas nucleares[31]. Por otra parte, cuando Israel destruyó el reactor nuclear de Osirak de Saddam Hussein el 7 de junio de 1981, anuló temporalmente la capacidad de Irak para desarrollar armas nucleares[32].

---

[27] Hans M. Kristensen y Robert S. Norris, *"United States nuclear forces, 2016"* [Fuerzas nucleares de Estados Unidos, 2016], Boletín de los Científicos Atómicos 72, n°. 2 (2016): págs. 63-73, http://dx.doi.org/10.1080/00963402.2016.1145901.

[28] Hans M. Kristensen y Robert S. Norris, *"Russia nuclear forces, 2016"* [Fuerzas nucleares de Rusia, 2016], Boletín de los Científicos Atómicos 72, n°. 3 (2016): págs. 125-34, http://www.tandfonline.com/doi/pdf/10.1080/00963402.2016.1170359

[29] *"Transparency in the U.S. Nuclear Weapons Stockpile"* ["Transparencia en el arsenal de armas nucleares de Estados Unidos"], Departamento de Estado de Estados Unidos, 29 de abril de 2014, https://2009-2017.state.gov/t/isn/npt/statements/241165.htm.

[30] Jason Matthews, *"Make No Mistake, Iran Will Acquire Nuclear Weapons. Soon"* ["No se equivoquen, Irán adquirirá armas nucleares pronto"], Fox News, 16 de junio de 2015, http://www.foxnews.com/opinion/2015/06/16/make-no-mistake-iran-will-acquire-nuclear-weapons-soon.html.

[31] Jenny Stanton, *"ISIS claims it is 'infinitely' closer to buying a nuclear weapon from Pakistan and smuggling it into the US"* ["ISIS afirma que está muy cerca de comprar un arma nuclear a Pakistán y pasarla de contrabando a Estados Unidos"], London Daily Mail, 22 de mayo de 2015, http://www.dailymail.co.uk/news/article-3093244/ISIS-claims-infinitely-closer-buying-nuclear-weapon-Pakistan-s muggling-US.html.

[32] *"1981: Israel Bombs Iraq Nuclear Reactor"* ["1981: Israel bombardea un reactor nuclear iraquí"], BBC, 7 de junio de 1981, http://news.bbc.co.uk/onthisday/hi/dates/stories/june/7/newsid_3014000/3014623.

3. ¿Puede el mundo eliminar con éxito las armas nucleares? Hoy en día, muchas personas creen que el peligro de las armas nucleares se debe a la *sola existencia* de tantas de ellas en el mundo. Por ejemplo, la senadora demócrata Diane Feinstein de California ha dicho que las armas nucleares "no son un elemento de disuasión, sino una grave y creciente amenaza para la humanidad"[33].

Si las personas creen ello, entonces parece lógico que piensen que reducir el número de armas nucleares en el mundo reduciría la amenaza de que cualquier nación pudiera lanzar un ataque nuclear. Por lo tanto, su objetivo es conseguir un desarme nuclear integral en todo el mundo. Su deseo es que el mundo pueda deshacerse de todas las armas nucleares de una vez por todas.

¿Será posible el desarme nuclear mundial? La respuesta corta es no.

La historia de la humanidad demuestra que, una vez desarrolladas las armas, nunca desaparecen de la tierra. Las ballestas fueron declaradas ilegales por el II Concilio de Letrán en 1139, pero la gente siguió usándolas de todos modos. Tras la invención de los aviones, el Convenio de La Haya prohibió los bombardeos aéreos en 1899; sin embargo, las personas siguieron utilizando los aviones para lanzar bombas[34]. La razón es que en el mundo siempre habrá personas de corazón malvado que buscarán las armas más destructivas que puedan obtener con el fin de llevar a cabo sus malvados propósitos. "Engañoso es el corazón más que todas las cosas, y perverso; ¿quién lo conocerá?" (Jer 17:9).

Por lo tanto, esperar que se puedan eliminar las armas nucleares de las naciones del mundo es una simple ilusión sin ninguna base en la realidad. Decir que es posible sería como decir que es posible invertir el curso de la historia de la humanidad desde el principio de los tiempos con respecto al desarrollo de las armas. Tal expectativa no debería calificarse como una política de defensa racional para una nación.

Justo después de que el presidente Barack Obama proclamara ante las Naciones Unidas su objetivo de un mundo sin armas nucleares, el comité editorial de The Wall Street Journal señaló de manera oportuna lo siguiente:

> En las amargas décadas de la Guerra Fría, aprendimos por las malas que los únicos países que respetan los tratados de desarme son los que quieren ser desarmados[35].

4. ¿Cómo podemos reducir de manera eficaz el riesgo de utilizar armas

---

stm.

[33] Dianne Feinstein, *"Let's Commit to a Nuclear-Free World"* ["Comprometámonos con un mundo libre de armas nucleares"], The Wall Street Journal, 3 de enero de 2009, A9,
   https://www.wsj.com/articles/SB123094493785650643.

[34] *"To Russia with Love: Degrading the U.S. Nuclear Arsenal"* ["A Rusia con amor: Degradando el arsenal nuclear de Estados Unidos"], The Wall Street Journal, 4 de abril de 2009, A10,
   https://www.wsj.com/articles/SB123879970564788365.

[35] *"The Disarmament Illusion: Obama Pursues Arms Control Treaties; Iran Builds the Bomb"* ["La ilusión del desarme: Obama busca tratados de control de armas; Irán construye la bomba"], The Wall Street Journal, 26 de septiembre de 2009, A14,
   https://www.wsj.com/articles/SB10001424052970204488304574435001700218982.

nucleares? Si no es posible librar al mundo de las armas nucleares, la pregunta más importante sería cómo podemos protegernos de su uso. Existen dos respuestas para esta pregunta: (1) la disuasión mediante la amenaza creíble de una fuerza nuclear superior y (2) un sistema de defensa antimisiles que impida que las armas nucleares alcancen sus objetivos.

Ya que es responsabilidad de los gobiernos proteger a las personas sobre las que Dios los ha puesto en autoridad (ver el análisis de Ro 13:1-7 anteriormente, pág. 429), es necesario que en un mundo con armas nucleares las naciones sean capaces de defenderse de una o ambas de maneras descritas anteriormente, o que puedan depender de naciones pacíficas más poderosas para defenderse de tales ataques. Teniendo en cuenta que no hay otra nación más fuerte que proteja a Estados Unidos, y que muchas otras naciones dependen de este país para su protección, Estados Unidos, en particular, tiene la gran responsabilidad de mantener una fuerza nuclear claramente superior que pueda derrotar a cualquier posible atacante, y debe hablar y actuar de tal manera que el posible atacante esté convencido de que Estados Unidos tomará represalias de forma abrumadora si se lanza un arma nuclear contra la nación. No hacerlo sería no proteger de manera eficaz a sus ciudadanos.

Asimismo, hay más de 30 naciones que dependen de Estados Unidos para protegerse de un ataque nuclear[36]. Si Estados Unidos no mantuviera una capacidad de respuesta nuclear lo suficientemente fuerte, también estaría fallando a estos aliados que dependen de su protección, y eso podría impulsarlos a tomar la decisión de desarrollar sus propios arsenales nucleares.

Además, debido a la persistente amenaza del uso de armas nucleares por parte de naciones agresoras (ya sea Rusia, Corea del Norte, Irán o incluso China), Estados Unidos tiene la firme responsabilidad de seguir desarrollando y desplegando un sistema eficaz de defensa antimisiles que derribe un misil atacante antes de que este pueda alcanzar su objetivo.

De hecho, el sistema de defensa antimisiles que Estados Unidos tiene ahora parcialmente desplegado en Alaska y California es una magnífica alternativa a la terrible posibilidad de tener que lanzar un ataque nuclear en respuesta a un ataque contra el país. En lugar de que dos naciones hagan estallar las ciudades del otro, la función de los sistemas de defensa antimisiles es derribar los misiles entrantes de un atacante antes de que lleguen a su objetivo para que así las armas nucleares no exploten (las cargas nucleares de los misiles entrantes normalmente no detonarían en estos casos). Todos los cristianos que aman la paz y creen en la protección de la vida humana deberían alegrarse enormemente de que la tecnología militar haya avanzado hasta el punto de que esos sistemas sean en realidad muy eficaces, como ya lo han demostrado en muchas pruebas.

El 26 de enero de 2002, se informó de que un misil interceptor terrestre disparado desde un buque de la Marina alcanzó un misil armado ficticio en el espacio después de que fuera disparado sobre el Pacífico[37]. En otra prueba, que se

---

[36] *"Atomic Bombshells"* ["Bombas atómicas], The Wall Street Journal, 24-25 de enero de 2009, A10; Jack David, "No Reason" ["Sin motivo"], The Wall Street Journal, 21-22 de febrero de 2009, A9.

[37] *"Missile Shield Test Dubbed A Hit"* ["La prueba del escudo antimisiles se considera un éxito"],

realizó el 1 de septiembre de 2006, un misil disparado desde un silo de la base aérea de Vandenberg, en California, derribó un misil lanzado desde la isla de Kodiak, en Alaska[38]. En una prueba de un sistema antimisiles aerotransportado realizada el 11 de febrero de 2010:

> Un avión Boeing 747 equipado con un enorme cañón láser derribó un misil de tipo Scud sobre el Pacífico [...], marcando lo que los analistas dijeron que era un hito importante en el desarrollo del sistema de defensa antimisiles de la nación. [...]. El láser de alta energía disparó un rayo del tamaño de una pelota de baloncesto que viajó a 670 millones de millas por hora para incinerar un misil que se movía a 4,000 millas por hora, según lo que dijo el Pentágono[39].

Lamentablemente, las pruebas del sistema antimisiles aéreo se interrumpieron en 2012 debido a recortes presupuestarios[40].

Cuando el presidente Reagan propuso por primera vez estos sistemas de defensa antimisiles, fue ridiculizado por la izquierda política y los medios de comunicación de Estados Unidos, que lo calificaron como un sistema de "La guerra de las galaxias" y predijeron que nunca funcionaría. Pero ahora se ha demostrado una y otra vez que dicho sistema funciona en las pruebas. Los cristianos deberían apoyar con entusiasmo este sistema de defensa.

Estos dos medios de defensa contra ataques nucleares (mantener una gran capacidad de armas nucleares y construir una potente defensa antimisiles) tienen también otra ventaja: la superioridad de Estados Unidos frente a otras naciones en ambas áreas disuade a cualquier enemigo potencial de intentar igualar su poder o participar en una carrera de armamentos contra esta nación.

Por el contrario, si Estados Unidos procede de forma unilateral a desarmarse cada vez más, simplemente alentará a las naciones enemigas a que se apresuren a comenzar a desarrollar más armas nucleares y medios de lanzamiento que consideren que podrían conseguirles la victoria sobre Estados Unidos si llegaran a atacar. Por lo tanto, el *desarme* estadounidense provocaría *una carrera de armamentos* por parte de otras naciones.

Associated Press, 26 de enero de 2002, www.cbsnews.com/stories/2002/01/26/national/main325718.shtml.

[38] Amy Clark, *"Interceptor Missile Passes Key Test"* ["El misil interceptor supera una prueba clave"], Associated Press, 1 de septiembre de 2006, https://www.cbsnews.com/news/interceptor-missile-passes-key-test./.

[39] W. J. Hennigan, *"Airborne Laser Shoots Down Missile in Test, Pentagon Says"* ["Un láser aerotransportado derriba un misil en una prueba, según el Pentágono"] Los Angeles Times, 13 de febrero, 2010, http://articles.latimes.com/2010/feb/13/business/la-fi-laser13-2010feb13.

[40] *"US mothballs airborne laser missile defense weapon"* ["EE.UU. retira el arma de defensa antimisiles láser aerotransportada"], Associated Press, 29 de febrero de 2012, https://www.yahoo.com/news/us-mothballs-airborne-laser-missile-130251897.html. Para un análisis de las recientes decisiones del gobierno de Estados Unidos sobre cancelar el despliegue de defensas antimisiles adicionales, ver mi obra Politics-According to the Bible [Política según la Biblia], págs. 423-24.

G. MUJERES EN COMBATE

Históricamente, la posición de Estados Unidos ha sido que las mujeres nunca deben ser enviadas al combate. Las mujeres podían desempeñar otras funciones en las fuerzas armadas, pero no en funciones que pudieran suponer un combate. Sin embargo, esa política ha experimentado un cambio significativo en los últimos 40 años.

La primera mujer que se incorporó a la Marina, específicamente para ser piloto, lo hizo en 1981[41]. Las primeras mujeres piloto de combate estuvieron en Kosovo en 1993. En diciembre de 2015, el secretario de Defensa de Estados Unidos, Ashton Carter, anunció que todos los puestos de combate estarían abiertos a las mujeres, abriendo así más de 220,000 puestos. En una conferencia de prensa, Carter indicó lo siguiente: "No habrá excepciones. Se les permitirá conducir tanques, disparar morteros y dirigir soldados de infantería en combate. Podrán servir como Rangers y Boinas Verdes del Ejército, SEALs de la Marina, infantería del Cuerpo de Marines, paracaidistas de la Fuerza Aérea y todo lo que antes solo se les permitía a los hombres"[42].

Creo que la posición histórica de Estados Unidos era correcta y que es un error enviar a las mujeres al combate. El argumento bíblico para esta posición está claramente expresado en el artículo *"War"* ["Guerra"] de la *ESV Study Bible* [Biblia de Estudio Teológico]:

> La mayoría de las naciones a lo largo de la historia, y la mayoría de los cristianos en cada época, han sostenido que luchar en combate es una responsabilidad que debe recaer solo en los hombres, sostienen también que ello va en contra de la idea misma de la feminidad y que es vergonzoso para una nación que las mujeres arriesguen sus vidas como combatientes en una guerra. La suposición de que solo los hombres y no las mujeres combatan en una batalla es también un patrón frecuente en las narraciones históricas y es confirmado por líderes y profetas en el Antiguo Testamento[43].

Varios pasajes incluyen ejemplos narrativos que muestran que solo los hombres debían luchar en la batalla:

> Tomad el censo de toda la congregación de los hijos de Israel [...] todos los varones [...] todos los que pueden salir a la guerra en Israel (Nm 1:2-3).

---

[41] "Women Fighter Pilots Flying Combat Missions over Afghanistan with Little or No Fanfare" ["Mujeres piloto de combate que sobrevuelan misiones en Afganistán con poca o ninguna algarabía"], Associated Press, 23 de octubre de 2001, www.military.com/Content/MoreContent?file=FL_womenpilots_102301.

[42] Matthew Rosenberg y Dave Philipps, *"All Combat Roles Now Open to Women, Defense Secretary Says"* ["Todas las funciones de combate ahora están abiertas a las mujeres, indica el Secretario de Defensa"], The New York Times, 3 de diciembre de 2015, http://www.nytimes.com/2015/12/04/us/politics/combat-military-women-ash-carter.html.

[43] *"War"* ["Guerra"], 2555. Los pasajes de las Escrituras en apoyo son Nm 1:2-3; Dt 3:18-19; 20:7-8; 24:5; Jos 1:14; 23:10; Jue 4:8-10; 9:54; 1 S 4:9; Neh 4:13-14; Jer 50:37; Nah 3:13.

[...] Todos ustedes, *hombres valientes,* cruzarán armados delante de sus hermanos, los israelitas. Pero sus *mujeres,* sus pequeños y su ganado [...] permanecerán en las ciudades que les he dado (Dt 3:18-19 NBLA).

¿Y quién es el *hombre* que está comprometido con una mujer y no se ha casado? Que salga y regrese a su casa, no sea que muera en la batalla y otro se case con ella" (Dt 20:7 NBLA).

Cuando un hombre es recién casado, no saldrá con el ejército ni se le impondrá ningún deber; quedará libre en su casa por un año para hacer feliz a la mujer que ha tomado (Dt 24:5 NBLA).

Sus *mujeres,* sus pequeños y su ganado permanecerán en la tierra que Moisés les dio al otro lado del Jordán. Pero ustedes, todos los *valientes guerreros,* pasarán en orden de batalla delante de sus hermanos, y los ayudarán (Jos 1:14).

Puse a la gente por familias para que hiciera guardia con espadas, lanzas y arcos. Luego, [...] les dije: «¡No le tengan miedo al enemigo! ¡Recuerden al Señor, quien es grande y glorioso, y *luchen por sus hermanos, sus hijos, sus hijas, sus esposas y sus casas!*» (Neh 4:13-14 NTV; Nehemías no les dice a las personas que luchen por sus esposos, ya que ninguna esposa estaba luchando).

Otros pasajes indican que se consideraba vergonzoso morir a manos de una mujer en la batalla, y vergonzoso para una nación tener mujeres luchando en sus fuerzas armadas:

Entonces llamó apresuradamente a su escudero, y le dijo: Saca tu espada y mátame, para que no se diga de mí: Una mujer lo mató. Y su escudero le atravesó, y murió (Jue 9:54).

La espada golpeará sus caballos, sus carros de guerra
  y a sus aliados de otras tierras,
y todos se volverán como mujeres.
  La espada golpeará sus tesoros
y todos serán saqueados (Jer 50:37; cf. v. 30 NTV).

Así es tu pueblo: solo *mujeres* en medio de ti.
  Las puertas de tu tierra se abren de par en par a tus enemigos;
El fuego devora tus cerrojos (Nah 3:13 NBLA).

Algunos pueden objetar que estos ejemplos son de la historia antigua, cuando las mujeres no eran físicamente tan capaces de luchar como los hombres. Pero esa no es una objeción convincente ya que los israelitas, tanto hombres como mujeres, eran personas muy trabajadoras que pasaban gran parte de su vida en el exterior. Aunque las mujeres no estuvieran físicamente capacitadas para luchar con la misma eficacia que los hombres, sin duda podrían haber contribuido a una batalla, si hubiera sido apropiado que lo hicieran. Pero la Palabra de Dios muestra constantemente que se consideraba vergonzoso que en una guerra, los hombres dependieran de las mujeres para proteger a la nación. Esa es una tarea que siempre se les encomendó a los hombres.

H. ANEXO: SEGUNDO DISCURSO INAUGURAL DE ABRAHAM LINCOLN

Pronunciado en Washington, D.C., el 4 de marzo de 1865.

Estimados compatriotas: En esta segunda ocasión que presto juramento para ejercer el puesto presidencial, hay menos necesidad de un discurso prolongado que en la primera ceremonia de toma de posesión. En aquella ocasión, una declaración detallada del curso a seguir parecía adecuada y apropiada. Ahora, después de cuatro años en los que las declaraciones públicas han sido constantemente divulgadas en todos los puntos y fases de la gran contienda todavía llaman la atención y absorben las energías de la nación, pocas novedades podrían ser presentadas. El progreso en el ámbito militar, que es el punto principal del cual depende todo lo demás, es tan conocido por el público como por mí mismo, y es, espero, razonablemente satisfactorio y alentador para todos. Con grandes esperanzas para el futuro, no me atrevo a hacer predicciones sobre estos asuntos.

En la ocasión que correspondió a este evento hace cuatro años, todos los pensamientos se dirigían ansiosamente hacia una inminente guerra civil. Todos la temíamos, y todos tratamos de evitarla. Mientras que el discurso de toma de posesión se daba desde este mismo lugar, dedicado por completo a la salvación de la Unión sin llegar a la guerra, agentes insurrectos estaban en esta misma ciudad tratando de destruirla sin una guerra (con el objetivo de disolver a la Unión y dividir propiedades mediante negociaciones). Ambas partes censuraban la guerra, pero una de ellas prefería llegar a la guerra antes de dejar que la nación sobreviviera, y la otra aceptaría la guerra antes de dejarla perecer. Así vino la guerra.

Una octava parte de toda la población eran esclavos de color, y no se encontraban distribuidos de forma general dentro de la Unión, sino que localizados en la parte sur. Estos esclavos constituían un interés peculiar y poderoso. Todos sabían que este interés era, de una u otra forma, la causa de la guerra. Fortalecer, perpetuar y ampliar este interés era el objetivo por el cual los insurrectos estaban dispuestos a separar la Unión, incluso por medio de la guerra; mientras que el Gobierno no pretendía ningún derecho más que restringir la ampliación territorial de esos intereses.

Ninguna de las partes esperaba que la guerra tuviera el impacto o la duración que ha alcanzado. Tampoco se preveía que la causa del conflicto podría cesar durante o incluso antes de que el conflicto en sí mismo terminara. Cada parte buscaba un triunfo fácil, y un resultado menos fundamental y sorprendente. Ambas partes leen la misma Biblia y rezan al mismo Dios, y cada una invoca la ayuda de Dios al luchar contra la otra. Puede parecer extraño que los hombres se atrevieran a pedir la ayuda de un Dios justo para retirarle el pan de la frente sudorosa a otros hombres; pero no vamos a juzgar, para no ser juzgados. Las oraciones de ambas partes no podían ser escuchadas; las oraciones de ambas partes no han sido respondidas plenamente.

El Todopoderoso tiene sus propios propósitos. "¡Qué calamidades tendrá el mundo por sus ofensas!, porque debe ser necesario que existan ofensas. Pero ¡qué calamidades sufrirá el hombre de quien provengan las ofensas!". Si suponemos que la esclavitud en Estados Unidos es una de las ofensas que, en la providencia de Dios, deben existir, pero que tras haber excedido el tiempo señalado por Él, Dios ahora quiere eliminar, y le da al Norte y al Sur esta terrible guerra como castigo para aquellos de quienes provino dicha ofensa, ¿debemos asumir que la divinidad de Dios es menor a la que siempre hemos creído? Esperamos con indulgencia y oramos con fervor que este poderoso flagelo de la guerra desaparezca rápidamente. Sin embargo, si es la voluntad de Dios que esta guerra continúe hasta que se hunda toda la riqueza acumulada durante los 250 años de trabajo ingrato que realizaron los esclavos, y hasta que cada gota de sangre extraída con el látigo sea pagada con otra gota extraída por la espada, al igual que se dijo hace tres mil años, debemos decir que «los juicios de Jehová son verdad, todos justos».

Con malicia hacia nadie, con caridad hacia todos, con firmeza en lo correcto, como Dios nos permite ver lo que es correcto, esforcémonos en terminar la obra en que nos encontramos; para sanar las heridas de la nación, para cuidar de aquellos que murieron en la batalla, de sus viudas y sus hijos huérfanos; para todas las tareas que nos lleven a alcanzar y apreciar una paz justa y duradera entre nosotros, y con todas las naciones.

PREGUNTAS PARA REFLEXIONAR

1. ¿Estaría dispuesto a luchar en una guerra para defender a su nación de un ataque aunque para ello tuviera que matar a los soldados que atacan a su país? ¿Cree que Dios aprobaría lo que está haciendo?

2. ¿Qué rasgos de carácter cristiano (ver pág. 110) buscaría desarrollar especialmente mientras sirve como soldado?

3. En la historia de su nación, ¿ha habido guerras que considere injustas, en las que su nación no tenía una justificación moral suficiente para ir a la guerra? ¿Qué cree que haría si su nación le exigiera servir en las fuerzas armadas durante una guerra así?

4. ¿Qué guerras en la historia de su nación cree que fueron guerras justas?

5. ¿Cree que su país cuenta actualmente con una fuerza militar adecuada para la defensa nacional? ¿Qué opina de ello?

6. ¿Cree que Estados Unidos (o su propio país) debería disponer de armas nucleares? ¿En qué situaciones (si es que hay alguna) cree que sería moralmente correcto utilizarlas?

7. Si usted es mujer, ¿le gustaría tener la oportunidad de servir en puestos

militares de combate o cree que no es un rol apropiado para una mujer? Si usted es hombre, ¿cómo se sentiría si hubiera mujeres sirviendo junto a usted en un combate?

8. ¿De qué manera el mantener una fuerza militar poderosa en un país evidencia el avance del reino de Dios, si es que lo hace?

TÉRMINOS ESPECIALES

guerra justa
pacifismo
guerra preventiva
guerra injusta

BIBLIOGRAFÍA

Otras fuentes de referencia sobre ética

(ver datos bibliográficos completos, pág. 64)

Clark y Rakestraw, 2:489-524
Davis, 234-57
Feinberg, John y Paul, 635-95
Frame, 704-6
Geisler, 220-43
Gushee y Stassen, 308-38
Hays, 317-46
Kaiser, 185-98
McQuilkin y Copan, 407-28
Rae, 302-28

Otras obras

Attwood, D. J. E. *"War"* ["Guerra"]. En el *New Dictionary of Christian Ethics and Pastoral Theology* [Nuevo Diccionario de Ética Cristiana y Teología Pastoral], editado por David J. Atkinson y David H. Field, págs. 885-88. Leicester, Reino Unido: Inter-Varsity y Downers Grove, Illinois: InterVarsity Press, 1995.

Boyd, Gregory A. *The Myth of a Christian Nation: How the Quest for Political Power Is Destroying the Church* [El mito de una nación cristiana: cómo la búsqueda de poder político está destruyendo a la iglesia]. Grand Rapids, Michigan: Zondervan, 2005. Visión pacifista.

Charles, J. Daryl. *Between Pacifism and Jihad: Just War and Christian Tradition* [Entre el pacifismo y la yihad: La guerra justa y la tradición cristiana]. Downers Grove, Illinois: InterVarsity Press, 2005.

Charles, J. Daryl y Timothy J. Demy. *War, Peace, and Christianity: Questions and Answers from a Just-War Perspective* [Guerra, paz y cristianismo: Preguntas y respuestas desde una perspectiva de guerra justa]. Wheaton, Illinois: Crossway, 2010.

Claiborne, Shane y Chris Haw. *Jesus for President: Politics for Ordinary Radicals* [Jesús para presidente: Política para radicales ordinarios]. Grand Rapids, Michigan: Zondervan, 2008. Visión pacifista.

Clouse, Robert G., ed. *War: Four Christian Views. Downers Grove* [La guerra: cuatro puntos de vista cristianos], Illinois: InterVarsity Press, 1991.

Cowles, C. S., ed. *Show Them No Mercy: 4 Views on God and Canaanite Genocide* [No les muestres misericordia: Cuatro puntos de vista sobre Dios y el genocidio Cananeo]. Grand Rapids, Michigan: Zondervan, 2003.

Gabriel, Brigitte. *Because They Hate: A Survivor of Islamic Terror Warns America* [Porque odian: Una sobreviviente del terror islámico advierte a Estados Unidos]. Nueva York: St. Martin's Griffin, 2008.

Harlow, J. Porter. *How Should We Treat Detainees? An Examination of "Enhanced Interrogation Techniques" under the Light of Scripture and the Just War Tradition* [¿Cómo debemos tratar a los detenidos? Un examen de las "técnicas de interrogatorio mejoradas" a la luz de las Escrituras y de la tradición de la guerra justa]. Phillipsburg, Nueva Jersey: P&R, 2016.

Holmes, Arthur F. *"Just-War Theory"* ["Teoría de la guerra justa"]. En el New Dictionary of Christian Ethics and Pastoral Theology, págs. 521-23.

———. *War and Christian Ethics: Classic and Contemporary Readings on the Morality of War* [La guerra y la ética cristiana: Lecturas clásicas y contemporáneas sobre la moral de la guerra]. 2nd ed. Grand Rapids, Michigan: Baker, 2005. Visión de la guerra justa.

Longman, Tremper y Daniel G. Reid. *God Is a Warrior* [Dios es un guerrero]. Grand Rapids, Michigan: Zondervan, 2010.

Wallis, Jim. *God's Politics: Why the Right Gets It Wrong and the Left Doesn't Get It* [La política de Dios: ¿Por qué la derecha se equivoca y la izquierda no entiende?]. Nueva York: HarperCollins, 2005. Visión pacifista.

Weigel, George. *Faith, Reason, and the War against Jihadism: A Call to Action* [Occidente en guerra contra el yihadismo: El papel de la fe y la razón]. Nueva York: Doubleday, 2007.

Wright, Lawrence. *The Looming Tower: Al-Qaeda and the Road to 911* [La torre que se avecina: Al Qaeda y el camino hasta el 911]. Nueva York: Vintage, 2007. Historia extensamente investigada sobre el desarrollo del terrorismo islámico.

Yoder, John Howard. *The Politics of Jesus: Vicit Agnus Noster* [La política de Jesús: Vicit Agnus Noster]. Grand Rapids, Michigan: Eerdmans, 1972. Visión pacifista.

PASAJE BÍBLICO PARA MEMORIZAR

Apocalipsis 19:11 (LBLA): Y vi el cielo abierto, y he aquí, un caballo blanco; el que lo montaba se llama Fiel y Verdadero, y con justicia juzga y hace la guerra.

HIMNO

"Padre eterno presto a salvar"

Eterno Padre, presto a salvar,
Cuyo brazo ha contenido la inquieta ola,
Quien le ordena al poderoso y profundo océano
No sobrepasar sus límites;
Oh, escúchanos cuando te imploramos ayudes,
¡A quienes están en peligro en el mar!

¡Oh, Cristo! Cuya voz las aguas escucharon
Y cesaron su furia sometiéndose a Tu palabra,
Que caminaste sobre la espumosa profundidad,
Y tranquilo en medio del tumulto dormiste;
Oh, escúchanos cuando te imploramos ayudes,
¡A quienes están en peligro en el mar!

¡Santísimo Espíritu Santo! Que ponderaste
Sobre el oscuro e impetuoso caos,
Y le ordenaste cesar su furioso tumulto,
Y cambiar por paz la salvaje confusión;
Oh, escúchanos cuando te imploramos ayudes,
¡A quienes están en peligro en el mar!

¡Oh, Trinidad de amor y poder!
A nuestros hermanos protege en la hora del peligro;
De la roca y tempestad, del fuego y del enemigo,
Protégelos adondequiera que vayan;
Así, por siempre se levantarán hacia Ti
Felices himnos de alabanza de tierra y mar.

AUTOR: WILLIAM WHITING, 1860

HIMNO ALTERNATIVO

"El himno de la batalla de la república"

Mis ojos han visto la gloria de la venida del Señor:
Está aplastando la viña donde se guardan las uvas de la ira;
Ha liberado el fatídico rayo de su terrible y rápida espada:
Su verdad está en marcha.

(Coro)
¡Gloria! ¡Gloria! ¡Aleluya!

¡Gloria! ¡Gloria! ¡Aleluya!
¡Gloria! ¡Gloria! ¡Aleluya!
¡Gloria! ¡Gloria! ¡Aleluya!
Su verdad está en marcha.

Lo he visto en las fogatas de cien campamentos que rodean
Le han construido un altar en las humedades y rocíos del atardecer;
Puedo leer su justa sentencia en la tenue luz y en las flameantes lámparas:
Su día está en marcha.

Ha sonado su trompeta y nunca llamará a retirada;
Ha cribado los corazones de los hombres ante su tribunal:
¡Oh, apresúrate, alma mía, para responderle! ¡Alégrense pies míos!
Nuestro Dios está marchando

En la belleza de los lirios Cristo nació al otro lado del mar,
Con la gloria en su seno que nos transfigura a ti y a mí:
Así como ha muerto para santificar a los hombres, muramos para liberarlos.
Mientras Dios está marchando.

AUTOR: JULIA WARD HOWE, 1819-1910

Capítulo 20

AUTODEFENSA

¿En algún momento es correcto que los cristianos utilicen la fuerza física para defenderse de un ataque físico?

¿Es correcto usar un arma en caso que esta se encuentre disponible?

¿Es correcto que un cristiano tenga un arma?

Otro tema relacionado con la protección de la vida es la autodefensa. Aunque el tema de la guerra tiene que ver con la protección de la vida a nivel nacional, la posibilidad de un ataque físico también se da a nivel individual; es decir, personal. Esto plantea numerosas preguntas relacionadas con la autodefensa. ¿En algún momento es correcto defenderse de las agresiones físicas o intentar utilizar la fuerza física para evitar o detener agresiones hacia los demás? Y si es correcto defendernos, ¿también lo es utilizar algún tipo de arma para la autodefensa?

A. LA ENSEÑANZA BÍBLICA

1. Jesús no prohibió la autodefensa. A veces las personas piensan que Jesús prohibió todo tipo de autodefensa cuando les dijo a sus discípulos que debían poner la otra mejilla:

> Ustedes han oído que se dijo: "Ojo por ojo y diente por diente". Pero yo les digo: No resistan al que les haga mal. Si *alguien te da una bofetada en la mejilla derecha, vuélvele también la otra* (Mt 5:38-39 NVI).

Pero aquí no es que Jesús esté prohibiendo la autodefensa. Está prohibiendo que las personas tomen venganza personal simplemente para "desquitarse" de la otra persona. El verbo griego traducido como "dar una bofetada" es *rhapizō*, que se refiere a una bofetada fuerte dada como insulto (una persona diestra usaría el dorso de la mano para abofetear a alguien "en la mejilla derecha")[1] . Así que la idea es no devolver el golpe cuando alguien te golpea como insulto. La idea de un ataque violento para dañar físicamente o incluso asesinar a alguien no se contempla aquí[2].

En el contexto de Mateo 5:38-39, varias de las otras afirmaciones de Jesús dan *ejemplos* de cómo debe ser la conducta semejante a Cristo, pero *no son mandatos absolutos* que deban obedecerse en todas las situaciones. Por ejemplo, la afirmación de Jesús que indica "al que te pida, dale; y al que quiera tomar de ti prestado, no se lo rehúses" (Mt 5:42, solo tres versículos después del pasaje sobre poner la otra mejilla) no puede obedecerse en todas las situaciones; si fuera así, un mendigo persistente podría llevar a la quiebra a cualquier cristiano o a cualquier iglesia solo con pedirlo.

John Piper comenta pasajes como este en el Sermón del monte:

> Los mandamientos [...] *no son preceptos absolutos* sin excepciones, sino que son *ilustraciones concretas* y puntuales de cómo puede y debe ser el amor al enemigo en la vida de un discípulo. Que estas ilustraciones no sean siempre la forma de actuar del amor hacia el enemigo es evidente por el propio comportamiento de Jesús [Piper cita la purificación del templo por parte de Jesús] [...] y por la propia naturaleza del amor como aquello que tiene como objetivo lo mejor para la vida del amado[3].

2. Otros pasajes de la Escritura animan a escapar del peligro. En otra parte de la Escritura se muestra que es correcto que los cristianos traten de evitar ser lastimados por un atacante violento. Por ejemplo, cuando el rey Saúl arrojó una lanza a David, él la esquivó y escapó:

> Y Saúl procuró enclavar a David con la lanza a la pared, *pero él se apartó de delante de Saúl*, el cual hirió con la lanza en la pared; y David *huyó, y escapó aquella noche* (1 S 19:10).

David no se limitó a "poner la otra mejilla"; es decir, no le devolvió la lanza a Saúl y le dijo: "¡Inténtalo de nuevo!".

Después de aquel incidente, los siguientes capítulos de 1 Samuel muestran cómo

---

[1] En la literatura rabínica existe un paralelo a esta expresión: "Si un hombre esposó a su compañero debe pagarle una sela... Si lo abofetea, debe pagarle 200 zuz. Si [lo golpeó] con el dorso de la mano debe pagarle 400 zuz". Mishná, Baba Kamma 8.6; citado de Mishná, trad. Herbert Danby (Oxford: Oxford University Press, 1933), pág. 343.

[2] John Murray escribe: "Cuando Jesús dice: 'No resistan al que les haga mal', no debemos suponer que está inculcando la no resistencia pasiva en todas las circunstancias de ataque contra nosotros o nuestras propiedades, y que cuando seamos heridos o insultados debemos pedir más [...] La forma de la declaración está dictada por la necesidad de mostrar el completo contraste en las relaciones personales entre las actitudes y reacciones del discípulo de Cristo y las actitudes y reacciones de la persona controlada por la pasión vengativa". *Principles of Conduct: Aspects of Biblical Ethics* [Principios de Conducta: Aspectos de la Ética Bíblica] (Grand Rapids, Michigan: Eerdmans, 1957), pág. 175.

[3] John Piper, *Love Your Enemies: Jesus's Love Command in the Synoptic Gospels and the Early Christian Paraenesis* [Ama a tus enemigos: el mandamiento del amor de Jesús en los evangelios sinópticos y la paraénesis cristiana primitiva], vol. 38 (Cambridge, Reino Unido: Cambridge University Press, 1979), pág. 99.

Saúl intentaba matar a David constantemente, pero David escapaba una y otra vez de las garras de Saúl (ver 1 Samuel 19-26). Del mismo modo, los espías hebreos que llegaron a Jericó fueron escondidos por Rahab y luego escaparon en secreto de la ciudad; ver Josué 2.

Asimismo, cuando el rey Aretas intentó capturar a Pablo en Damasco, él escapó:

> En Damasco, el gobernador de la provincia del rey Aretas guardaba la ciudad de los damascenos para prenderme; y fui descolgado del muro en un canasto por una ventana, y escapé de *sus manos* (2 Co 11:32-33).

Jesús también escapó de una multitud enfurecida en Nazaret que intentaba arrojarlo por un acantilado:

> Y levantándose, le echaron fuera de la ciudad, y le llevaron hasta la cumbre del monte sobre el cual estaba edificada la ciudad de ellos, para despeñarle. *Mas él pasó por en medio de ellos, y se fue* (Lucas 4:29-30).

> En otra ocasión, Jesús se escondió en el templo y luego escapó de judíos hostiles que buscaban hacerle daño (ver Juan 8:59; 10:39).

3. Algunos pasajes alientan el uso de la fuerza en autodefensa.

a. La autodefensa contra un animal: Está claro que es correcto utilizar la fuerza física o usar un arma para defenderse del ataque de un animal salvaje, como un oso o un león. El propio David lo hizo cuando cuidaba las ovejas, y su declaración de que fue "Jehová" quien lo libró del león y del oso indica que estos actos de autodefensa fueron aprobados por Dios:

> David respondió a Saúl: Tu siervo era pastor de las ovejas de su padre; y cuando venía un león, o un oso, y tomaba algún cordero de la manada, *salía yo tras él, y lo hería*, y lo libraba de su boca; *y si se levantaba contra mí, yo le echaba mano de la quijada, y lo hería y lo mataba. Fuese león, fuese oso, tu siervo lo mataba*; y este filisteo incircunciso será como uno de ellos, porque ha provocado al ejército del Dios viviente. Añadió David: *Jehová, que me ha librado de las garras del león y de las garras del oso*, él también me librará de la mano de este filisteo. Y dijo Saúl a David: Ve, y Jehová esté contigo (1 S 17:34-37).

Es importante señalar que el apóstol Pedro escribe que algunos incrédulos se comportan "como animales irracionales, se guían únicamente por el instinto" (2 P 2:12 NVI). Si es moralmente correcto defenderse de un león que nos ataca, ¿también sería moralmente correcto luchar para defenderse de un esposo, o padre, o vecino borracho y violento? ¿O contra un asaltante irracional y drogado en un estacionamiento por la noche?

b. La autodefensa en una corte: Varios ejemplos bíblicos que tratan sobre las cortes de justicia apoyan claramente el derecho moral de defenderse en asuntos legales.

No suponen el uso de la fuerza física, pero apoyan la idea de que algunos tipos de autodefensa son moralmente buenos.

Cuando Pedro y Juan fueron acusados de mala conducta por el Sanedrín judío, ellos hablaron con valentía en su propia defensa (ver Hechos 4:5-22). Todos los apóstoles que fueron arrestados se defendieron de manera similar ante el Sanedrín (ver Hechos 5:27-42). Lo mismo hizo Esteban antes de su martirio (Hechos 7).

El apóstol Pablo se defendió en muchas ocasiones. Habló en su propia defensa ante las autoridades de la ciudad de Filipos (Hechos 16:37), ante el tribuno romano en Jerusalén (21:27-39), ante una turba judía hostil en Jerusalén (22:1-21), ante un centurión romano en Jerusalén (22: 25), ante el Sanedrín judío (23:1-10), de nuevo ante el tribuno romano de Jerusalén (23:17-22), ante el gobernador romano Félix (24:10-21), ante el gobernador romano Festo (25:8-12) y ante el rey Agripa (26:1-29).

Además, Pablo se defendió a sí mismo y a su ministerio de múltiples acusaciones en varias de sus epístolas (ver especialmente 2 Corintios). Durante su ministerio, Jesús también se defendió con frecuencia de las acusaciones verbales (ver el análisis en el cap. 12, pág. 334).

c. Pasajes del Antiguo Testamento sobre la autodefensa contra el ataque físico: Aunque las leyes del Pacto de Moisés prohibían el asesinato (ver Ex. 20:13), no prohibían golpear e incluso matar a una persona que irrumpiera en la casa de uno en medio de la noche, en la oscuridad. Es de suponer que, en la oscuridad de la noche, el propietario de la casa no sabría si su propia vida y la de los miembros de su familia estaban en peligro. Pero si el propietario defendía su casa durante el día, no podía llegar a matar al intruso:

> Si el ladrón fuere hallado forzando una casa, y fuere herido y muriere, el que lo hirió no será culpado de su muerte. Pero si fuere de día, el autor de la muerte será reo de homicidio (Ex 22:2-3).

Durante las horas de luz, es más probable que haya testigos, por lo que el ladrón podría ser atrapado y castigado[4].

Esta ley se encuentra en el Pacto de Moisés, y por lo tanto no requiere directamente nuestra obediencia bajo el nuevo pacto (ver cap. 8), pero aún podemos obtener sabiduría de ella (ver 2 Ti 3:17). La esencia de esta ley no se refiere únicamente a asuntos de Israel, como los reglamentos para el culto o los detalles sobre los rituales judíos, los sacrificios y las leyes de pureza. El tema se refiere más bien a la situación humana en general. Por lo tanto, podemos concluir que nos enseña que Dios reconoció en aquel entonces, y aparentemente seguiría reconociendo en la actualidad, que existe un tipo de defensa legítima con el uso de la fuerza.

Cuando Nehemías dirigía al pueblo para reconstruir el muro alrededor de

---

[4] Alan Cole señala: "Matar a un ladrón que está cavando en la pared de ladrillos de barro [...] es un homicidio justificado, si se hace al anochecer. El dueño de la casa puede suponer que se trata de un asesino armado. Su muerte puede haber sido incluso accidental, en la lucha a ciegas en la oscuridad. Pero a la luz del día, el dueño de casa no tiene excusa para matar, además, puede identificar al hombre". *Exodus: An Introduction and Commentary* [Éxodo: Introducción y comentario], TOTC (Londres: Tyndale Press, 1973), pág. 171.

Jerusalén, se aseguró de que cada hombre que trabajaba en el muro tuviera también una espada para defenderse de los enemigos:

> Los que edificaban en el muro, los que acarreaban, y los que cargaban, con una mano trabajaban en la obra, y *en la otra tenían la espada*. Porque los que edificaban, cada uno tenía su *espada ceñida* a sus *lomos*, y así edificaban (Neh 4:17-18)[5].

El libro de Ester culmina con la historia de la intervención milagrosa de Dios a través de Ester para que, por decreto del rey Asuero, el pueblo judío pudiera luchar para defenderse:

> Y [Mardoqueo] envió cartas por medio de correos montados en caballos veloces [...] [cartas que decían] que *el rey daba facultad a los judíos que estaban en todas las ciudades, para que se reuniesen y estuviesen a la defensa de su vida*, prontos a destruir, y matar, y acabar con toda fuerza armada del pueblo o provincia que viniese contra ellos, y aun sus niños y mujeres, y apoderarse de sus bienes (Est 8:10-11).

En este dramático acontecimiento de la historia judía, Dios liberó a su pueblo permitiéndole usar la fuerza física para luchar y defenderse.

Un pasaje del libro de los Proverbios también tiene relevancia aquí:

> Como manantial turbio y pozo contaminado
> Es el justo que cede ante el impío (Pr 25:26 NBLA).

¿Debe un cristiano "ceder" continuamente ante el ataque violento de un malvado, sin defenderse? Esto sería actuar como un "pozo contaminado", el testimonio de la vida cristiana quedaría empañado y disminuido por actuar de una manera cobarde.

d. Pasajes del Antiguo Testamento sobre defender a los demás de ataques: Algunos pasajes del Antiguo Testamento suponían que un ciudadano justo y piadoso de Israel debía enfrentarse a un malvado que atacara a alguien más débil, como una mujer joven o un niño. Esta es la ley concerniente a una violación ocurrida en un campo:

> Pero si el hombre encuentra en el campo a la joven que está comprometida, y el hombre la fuerza y se acuesta con ella; entonces morirá solo el que se acuesta con ella. No harás nada a la joven; no hay en la joven pecado digno de muerte [...]. Cuando él la encontró en el campo, *la joven comprometida dio voces, pero no había nadie que la salvara* (Dt 22:25-27).

---

[5] Alguien podría objetar que se trataba de soldados que necesitaban armas porque formaban parte del ejército que defendía la nación de Israel. Estoy de acuerdo, pero el principio de que el pueblo de Dios tenga armas para defenderse se sigue viendo en este pasaje. Hay muchos otros pasajes en las narraciones del Antiguo Testamento en los que Dios aprueba que el pueblo de Israel se defienda contra los ataques de otras naciones.

Este pasaje supone que cualquiera que oyera los gritos de la mujer debería haber acudido en su ayuda y luchar contra el agresor.

Aunque el siguiente pasaje se dirige específicamente a los gobernantes humanos, el principio más amplio sigue siendo claro: es correcto defender a los débiles y a los huérfanos, a los que no tienen a nadie que los defienda:

> Defended al *débil y al huérfano*;
>> Haced justicia al afligido y al menesteroso.
> Librad al afligido y al necesitado;
>> *Libradlo de mano de los impíos* (Sal 82:3-4).

Este pasaje y muchos otros que hablan de los "huérfanos" en el Antiguo Testamento también indican que normalmente, entre el pueblo de Israel, el padre de cada familia era responsable de defender a su mujer y a sus hijos contra cualquiera que intentara hacerles daño. Los "huérfanos" necesitaban una protección especial porque no tenían padres que cumplieran esta función protectora.

e. Las enseñanzas de Jesús sobre tener una espada: Casi al final de su vida, Jesús parecía animar a sus discípulos a tener espadas para defenderse:

> Entonces les dijo: «Pero ahora, el que tenga una bolsa, que la lleve consigo, de la misma manera también una alforja, *y el que no tenga espada, venda su manto y compre una.* Porque les digo que es necesario que en Mí se cumpla esto que está escrito: "Y con los transgresores fue contado"; pues ciertamente, lo que se refiere a Mí, tiene su cumplimiento». Y ellos dijeron: «*Señor, aquí hay dos espadas».* «*Es suficiente»,* les respondió (Lucas 22:36-38 NBLA).

La gente solía llevar espadas en aquella época para protegerse de los ladrones, y al parecer, al menos dos de los discípulos de Jesús, que llevaban tres años con él, llevaban espadas, y Jesús no lo había prohibido. Aunque muchos intérpretes entienden que Jesús hablaba de las espadas de forma metafórica (es decir, que los discípulos debían armarse espiritualmente para luchar contra los enemigos espirituales), no es una interpretación convincente, ya que en este contexto la *bolsa* y la *alforja* (vv. 35-36) eran reales, y las *espadas* que le mostraron también lo eran. Si Jesús se refería a una bolsa de dinero y una mochila real, entonces también debía referirse a una espada real. El hecho de que Jesús fuera a ser crucificado significaba un gran peligro de que la gente atacara también a los discípulos. Cuando Jesús dijo: "Es suficiente", fue inmediatamente en respuesta a que los discípulos le mostraron "dos espadas", por lo que "suficiente" se entiende mejor como "suficientes espadas".

En un intento de argumentar que este versículo *no* justifica el llevar una espada, algunos intérpretes han dicho que Jesús quiso decir: "Ya basta de hablar de espadas". Pero eso no tiene mucho sentido, pues el propio Jesús fue el primero en sacar el tema de la espada, y los discípulos simplemente le respondieron mostrándole las espadas y haciendo un comentario muy breve. No les habría reprendido ("¡Basta de esta conversación!") por limitarse a responderle con una breve frase. Cuando

Jesús dijo: "Es suficiente", quiso decir que dos espadas eran suficientes, y esta fue una expresión de aprobación de lo que acababan de decir y hacer. No hay ningún indicio de represión. Pero eso significa que *Jesús estaba animando a sus discípulos a llevar espadas para la autodefensa*, e incluso a "comprar una" si no la tenían.

Otro argumento que algunas personas presentan a favor de las "espadas" como metáfora es que más adelante, en Lucas 22, Jesús reprendió a Pedro por cortar la oreja derecha del siervo del sumo sacerdote (con una espada real; ver Lucas 22:50; Juan 18:10). Pero Jesús reprendió a Pedro en ese momento porque no quería que sus discípulos intentaran detener su crucifixión o que intentaran iniciar un levantamiento militar contra Roma, y definitivamente no quería que Pedro fuera asesinado en ese momento por intentar protegerlo. Este también es el significado de Mateo 26:52: "Todos los que tomen espada, a espada perecerán". Jesús quiso decir que aquellos que toman la espada *en un intento de hacer el trabajo espiritual de avanzar el reino de Dios* no tendrán éxito en ese trabajo, y si los seguidores de Jesús intentaran derrocar el gobierno romano como un método para hacer avanzar el reino de Dios en ese momento, simplemente fracasarían y perecerían por la espada. Jesús no quería que Pedro intentara hacer avanzar el reino de Dios por la fuerza[6].

Pero eso no significa que Jesús estuviera prohibiendo el uso de una espada para la autodefensa o para defender a otra persona contra el ataque de un asesino, violador o ladrón. De hecho, a pesar de reprender a Pedro por herir al siervo del sumo sacerdote, Jesús no le dijo a Pedro que tirara su espada, sino que le permitió conservarla, pues dijo: "Vuelve tu espada a su lugar" (Mt 26:52).

f. Dos argumentos adicionales a favor de la autodefensa: Otro argumento a favor de la autodefensa es que Dios quiere que cuidemos la salud de nuestros cuerpos, y que no realicemos acciones que los dañen, ya que Pablo dice: "Vuestro cuerpo es templo del Espíritu Santo, el cual está en vosotros" (1 Co 6:19).

Otro argumento es que no oponerse a un ataque violento a menudo conducirá a más daño y maldad. Por lo tanto, actuar con amor tanto hacia un atacante *como* hacia uno mismo incluiría tratar de detener el ataque antes de que se produzca el daño. "Amarás a tu prójimo como a ti mismo" (Mt 22:39).

4. Otros autores que escriben sobre la autodefensa. El Catecismo Mayor de Westminster dice:

> [El sexto mandamiento prohíbe] quitarnos la vida a nosotros mismos y a los demás, salvo en caso de justicia pública, guerra legítima y *defensa necesaria*. (Pregunta 136; la prueba bíblica que se da es Ex. 22:2, el pasaje que he citado anteriormente sobre golpear a un ladrón que entra en una

---

[6] Norman L. Geisler escribe: "Puesto que Jesús prohibió las espadas para extender el evangelio, ¿qué propósito posible había detrás de la orden de Jesús de que los discípulos vendieran sus prendas exteriores y compraran una espada? Si Jesús excluye las espadas por motivos religiosos, podemos suponer que las incluye por motivos civiles. Por lo tanto, las espadas no son armas válidas para librar batallas espirituales, pero sí son herramientas legítimas para la propia defensa civil". *Christian Ethics: Contemporary Issues and Options* [Ética cristiana: Cuestiones y opciones contemporáneas], 2a ed. (Grand Rapids, MI: Baker, 2010), pág. 230.

casa por la noche).

John Frame escribe lo siguiente:

La Escritura no dice mucho sobre la autodefensa individual como tal, aunque Éxodo 22:2-3 sanciona el asesinato de alguien que invade tu casa después de la noche. [...] Si alguien intenta matarte a ti, o a un miembro de tu familia, y no hay ayuda disponible, lo correcto es que evites el ataque, por la fuerza si es necesario. [...] La ley del amor limita nuestra respuesta incluso ante un invasor de la casa. Pero no nos prohíbe defender nuestras vidas, a nuestras familias y nuestras posesiones por la fuerza, en la medida en que sea necesario[7].

Robertson McQuilkin y Paul Copan están básicamente de acuerdo con Frame, pero también incluyen una útil distinción entre defenderse de un criminal común y defenderse de la persecución por ser cristiano:

Parece que la resistencia física en defensa propia se valida en las Escrituras [...] pero no se ordena. [...] Otro tema básico para el cristiano es si el daño inminente está orientado al crimen o si es una persecución por causa de Cristo. Uno puede elegir la no resistencia cuando sufre por Cristo, pero sí elegir resistir por el bien de otros, e incluso por el bien del propio agresor, en el caso de una agresión orientada al crimen[8].

5. ¿Pero no deben los cristianos esperar la persecución? Mi amigo John Piper nos recuerda de manera elocuente que el Nuevo Testamento nos dice con frecuencia a los cristianos que experimentaremos persecución y que "debemos esperar y aceptar el maltrato injusto sin represalias"[9]. Piper cita muchos versículos, especialmente de 1 Pedro, que muestran que debemos esperar sufrir injustamente por ser cristianos:

Mas también si alguna cosa padecéis por causa de la justicia, bienaventurados sois (1 P 3:14).

Sino gozaos por cuanto sois participantes de los padecimientos de Cristo, para que también en la revelación de su gloria os gocéis con gran alegría (1 P 4:13).

Pero si alguno padece como cristiano, no se avergüence, sino glorifique a Dios por ello (1 P 4:16).

---

[7] John M. Frame, *The Doctrine of the Christian Life: A Theology of Lordship* [La doctrina de la vida cristiana: Teología del señorío] (Phillipsburg, New Jersey: P&R, 2008), págs. 692-93.

[8] Robertson McQuilkin y Paul Copan, *An Introduction to Biblical Ethics: Walking in the Way of Wisdom* [Introducción a la ética bíblica: Caminando por el camino de la sabiduría], 3ª ed. (Downers Grove, Illinois: InterVarsity Press, 2014), pág. 350.

[9] John Piper, *"Should Christians Be Encouraged to Arm Themselves?"* ["¿Debería animarse a los cristianos a que se armen?"] Desiring God, 22 de diciembre de 2015, http://www.desiringgod.org/articles/should-christians-be-encouraged-to-arm-themselves.

Estos versículos y otros nos recuerdan que debemos esperar ser perseguidos como cristianos, y que debemos aprovechar tales circunstancias como una oportunidad para el testimonio cristiano (ver Lucas 21:13). Hasta aquí, estoy de acuerdo con mi amigo. Cuando somos perseguidos como cristianos, Pedro nos llama a imitar el propio ejemplo de Cristo:

> Quien cuando le maldecían, no respondía con maldición; cuando padecía, no amenazaba, sino encomendaba la causa al que juzga justamente (1 P 2:23).

¿Pero qué sucede en una situación diferente, no en una situación en la que somos perseguidos por ser cristianos, sino en un ataque criminal cuando nos enfrentamos a un asaltante (o banda o turba) malvado, irracional, borracho o drogado, cuya agresión no tiene nada que ver con la oposición a nuestras convicciones cristianas? En tales situaciones, Piper está de acuerdo en que "llamar a la policía cuando uno se ve amenazado [...] parece correcto según Romanos 13:1-4"[10], pero es reacio a afirmar que un cristiano individual deba usar la fuerza o un arma en tal situación, incluso para defender a su esposa o hijos (dice que personalmente "aconsejaría a un cristiano no tener un arma de fuego disponible para tales circunstancias"[11]). Dice que no sabe lo que haría si se presentara la situación "con todas sus innumerables variaciones de factores", pero luego también añade que "sería muy lento en condenar a una persona que optara por una opción diferente a la mía"[12].

Aunque estoy de acuerdo con el apoyo de Piper de que los cristianos deben esperar la persecución y que nuestra actitud dominante cuando se enfrenta a la persecución debe ser la confianza en el Señor y la fe en que nos permitirá testificar con valentía por Él, y aunque la profundidad de la fe de Piper y su amor por Cristo son siempre un ejemplo maravilloso para mí personalmente, sigo discrepando con su ambivalencia sobre el uso de la fuerza para la autodefensa *en circunstancias que no sean de persecución* y sobre el uso de la fuerza para proteger a otros frente al ataque violento de los delincuentes. Si es moralmente correcto llamar a la policía, que usaría armas de fuego para protegernos en tales circunstancias, entonces me parece moralmente correcto usar un arma, si es necesario, antes de que la policía pueda llegar (no por venganza, como lo prohíbe Ro 12:19, sino por defensa propia). Los pasajes de las Escrituras citados en las páginas anteriores me parecen que justifican de manera suficiente el uso de la fuerza y el uso de un arma en tales situaciones.

B. ¿CÓMO DEBEMOS ENSEÑAR A NUESTROS HIJOS?

Desde luego, debemos enseñar a nuestros hijos a ser "pacificadores", pues Jesús lo enseñó:

---

[10] *Ibid.*

[11] *Ibid.*

[12] *Ibid.*

> Bienaventurados los pacificadores, porque ellos serán llamados hijos de Dios (Mt 5:9).

Además, debemos enseñar a nuestros hijos a no ser temperamentales y a simplemente ignorar un insulto menor o una "bofetada" en lugar de devolver el golpe con ira y escalar un conflicto, según la enseñanza de Jesús:

> *Si alguien te da una bofetada en la mejilla derecha, vuélvele también la otra* (Mt 5:39 NVI).

Sin embargo, habrá ocasiones en las que el intento de evitar un conflicto no tenga éxito, y el acosador simplemente intensifique sus ataques. Si un padre o un profesor interviene, esa es la mejor solución. Pero a veces no hay ningún profesor o padre presente, y la agresión se vuelve más grave.

En estos casos, los pasajes bíblicos citados sobre la autodefensa me convencen de que hay que enseñar a los niños a defenderse con valor y determinación, no para buscar venganza, sino para poner un fin claro y decisivo a los ataques. Hay que hacer que el agresor reconozca que pagará un precio importante si se producen más ataques, y a menudo eso solo ocurrirá si la víctima se defiende con fuerza y decisión (ya sea que la víctima gane o pierda el enfrentamiento, el solo hecho de defenderse suele ser suficiente para disuadir de nuevos ataques).

De lo contrario, el hecho de no oponerse a las agresiones físicas con la fuerza física suele dar lugar a más agresiones perjudiciales y a más agravios. "Como manantial turbio y pozo contaminado es el justo que cede ante el impío" (Pr 25:26 NBLA).

Además, los niños cristianos a los que se les enseña a no defenderse a menudo sufren reiterados ataques y, por ello, pueden interiorizar profundos sentimientos de injusticia y desesperación. Ningún padre debería permitir que esto les ocurra a sus hijos.

Por último, también hay que enseñar a los niños a orar y a perdonar a quienes los atacan. Pueden hacerlo al mismo tiempo que luchan para defenderse. Sí, incluso se les puede enseñar a amar a sus agresores y a buscar el bien para ellos, además de luchar contra ellos en defensa propia:

> Oísteis que fue dicho: Amarás a tu prójimo, y aborrecerás a tu enemigo. Pero yo os digo: Amad a vuestros enemigos, bendecid a los que os maldicen, haced bien a los que os aborrecen, y orad por los que os ultrajan y os persiguen; para que seáis hijos de vuestro Padre que está en los cielos, que hace salir su sol sobre malos y buenos, y que hace llover sobre justos e injustos (Mt 5:43-45).

C. ¿ES CORRECTO QUE UNA PERSONA UTILICE UN ARMA PARA LA AUTODEFENSA?

Si es moralmente correcto huir de un peligro físico o (dependiendo de las circunstancias) luchar para defenderse a sí mismo o a otros de un ataque, entonces el uso de un arma también parece ser moralmente correcto. A veces, la persona agredida utilizará simplemente lo que tiene a mano, ya sea un garrote o algún otro objeto pesado, o quizás un cuchillo de cocina. El cabeza de familia que defiende a su familia contra un intruso de noche en Éxodo 22:2 (ver anteriormente) probablemente habría utilizado algún tipo de arma, porque golpear a una persona solo con las manos no suele causar la muerte.

Los pasajes sobre las espadas comentados anteriormente (Lucas 22:36-38 y Mateo 26:52) dan un gran apoyo a la idea de que Jesús quería que sus discípulos tuvieran un arma eficaz para usar en autodefensa. La mayoría de las veces, el simple hecho de llevar una espada disuadiría a un delincuente, que no querría arriesgarse a ser herido por un ataque. La espada también le permitiría a una persona defender a otros, como una mujer, un niño o un anciano, que podrían ser atacados por alguien más fuerte.

Otra razón para llevar un arma como una espada es que podría compensar grandes desigualdades de tamaño o fuerza entre un atacante y una víctima. Uno de los discípulos de Jesús podría haber sido más pequeño o más débil que un posible asaltante, pero si era lo suficientemente hábil usando una espada, podría defenderse eficazmente de un atacante.

Una tercera razón por la que la gente llevaba espadas era que, aunque los oficiales romanos y la policía local eran capaces de imponer la paz en general, simplemente no eran suficientes para estar en el lugar cuando se cometía un delito. La espada proporcionaba protección contra los delitos violentos siempre que no hubiera un policía o un soldado cerca.

D. ¿ES CORRECTO USAR UN ARMA DE FUEGO EN DEFENSA PROPIA?

1. Argumentos a favor del uso de un arma de fuego para la autodefensa. Si la Biblia autoriza la idea de la autodefensa en general, y si Jesús animó a sus discípulos a llevar espadas para protegerse, entonces me parece que también es moralmente correcto que una persona pueda usar otro tipo de armas para defenderse. Hoy en día eso incluiría el uso de un arma de fuego (cuando la nación o el estado lo permiten) u otras armas, como el gas pimienta, que disuadirían a un atacante.

Una razón importante por la que la gente elige un arma de fuego para defenderse es que esta es un gran elemento equiparador que compensa las grandes diferencias de fuerza física. Con una pistola, una mujer de 80 años, sola en su casa por la noche, o un débil comerciante de 70 años, que trabaja en una zona de alta criminalidad, tendrían un medio eficaz de defensa contra un intruso masculino de 25 años de más de 120 kilos. Ningún otro tipo de arma le daría a una persona esa habilidad.

En la gran mayoría de los casos, el solo hecho de blandir un arma de fuego hace que el atacante huya (la obra citada al final de este capítulo contiene referencias a cientos de historias de este tipo), y en el siguiente caso más común, el atacante es herido e incapacitado, pero se recupera completamente y se presenta a juicio.

El requisito de actuar con amor hacia nuestro prójimo, incluso hacia un atacante, implica que se debe utilizar la menor cantidad de fuerza necesaria para detener el ataque, lo que resulta en la menor cantidad de daño físico para el propio atacante.

Sin embargo, al igual que los cristianos que tienen dinero no deben confiar en su dinero, sino en el Señor (Sal 62:10, y ver capítulos 34-38), y al igual que los cristianos que viven bajo buenos gobiernos deben seguir poniendo su confianza en el Señor para su protección, no en sus gobiernos, así también los cristianos que deciden poseer un arma de fuego deben seguir confiando en el Señor y no ceder a la tentación de confiar en sus armas antes que en el Señor.

2. Leyes de control de armas de fuego. En otro libro, he tratado el tema de la eficacia de las leyes de control de armas de fuego en Estados Unidos y otros países. También he tratado la situación legal actual en los Estados Unidos con respecto a la Segunda Enmienda de la Constitución de los Estados Unidos[13].

3. ¿Debe un cristiano individual poseer un arma de fuego? Todo lo que se ha tratado no aborda la cuestión de si los cristianos individuales decidirán que es *sabio* que ellos posean un arma de fuego. Hay espacio para que los cristianos

---

[13] Ver Wayne Grudem, Politics-According to the Bible: A Comprehensive Resource for Understanding Modern Political Issues in Light of Scripture [Política según la Biblia: Un recurso integral para entender cuestiones políticas modernas a la luz de la Escritura] (Grand Rapids, Michigan: Zondervan, 2010), págs. 204-12. Por ejemplo, a pesar de un historial de estrictas políticas de control de armas de fuego, Chicago es una de las ciudades más violentas y con mayor número de muertos del país. En 2012, hubo más de 500 muertes relacionadas con armas de fuego en Chicago. Esto supone un aumento de más del 10% respecto a la tasa de 2005. En cambio, en Houston, una ciudad de tamaño similar a Chicago y sin leyes estrictas de control de armas de fuego, solo se produjeron 217 muertes relacionadas con armas de fuego en 2012. Ver Kristen Tate, "More Laws Do Not Mean Less Crime" ["Más leyes no significan menos delitos"], 27 de agosto de 2013,

https://thelibertarianchick.com/2013/07/05/more-laws-dont-mean-less-crime/ y Miya Shay, "Houston Leaders Say Crime Rate is Down" ["Los líderes de Houston dicen que el índice de criminalidad ha bajado"], ABC13, 23 de enero de 2013, http://abc13.com/archive/8965115/. En 2016, el total se disparó a 762 muertes relacionadas con armas de fuego en Chicago; ver Azadeh Ansari y Rosa Flores, "Chicago's 762 Homicides in 2016 Is Highest in 19 Years" ["Los 762 homicidios registrados en Chicago en 2016 son la cifra más alta en 19 años"], CNN, 2 de enero de 2017, http://www.cnn.com/2017/01/01/us/chicago-murders-2016/.

En 1976, el Ayuntamiento de Washington DC aprobó una ley que prohibía de forma general a los residentes la posesión de armas de fuego. Todas las armas de fuego en los hogares debían estar descargadas o inutilizadas. En 1976, la tasa de asesinatos en Washington era de aproximadamente 28 por cada 100 000 residentes. En 1990, la tasa era de 80 por cada 100 000. En 2008, la Corte Suprema de Estados Unidos, en el caso District of Columbia contra Heller, 554 U.S. 570 (2008), anuló la ley por considerarla inconstitucional. En 2014, seis años después de la anulación de la ley, la tasa de asesinatos era de aproximadamente 15 homicidios por cada 100 000 habitantes. Ver "A History of D.C. Gun Ban" ["Historia de la prohibición de armas de fuego en D.C."], The Washington Post, 26 de junio de 2008, http://www.washingtonpost.com/wp-dyn/content/article/2007/07/17/AR2007071700689.html y "Uniform Crime Reporting Program, District of Columbia, 1960-2008", Oficina Federal de Investigaciones (FBI, por sus siglas en inglés), División de Servicios de Información de la Justicia Penal. Este material se puede encontrar utilizando la herramienta de creación de tablas en https://www.ucrdatatool.gov/ y "2014 Crime in the United States" ["La delincuencia en Estados Unidos en 2014"], Oficina Federal de Investigaciones, División de Servicios de Información de la Justicia Penal, otoño del 2015,

https://ucr.fbi.gov/crime-in-the-u.s/2014/crime-in-the-u.s.-2014/tables/table-5. Se puede consultar la mayoría de estos artículos en http://www.justfacts.com/guncontrol.asp.

difieran sobre este tema y para que cada uno decida lo que es mejor en su propia situación. Algunos cristianos pueden vivir en lugares donde piensan que la necesidad de cualquier arma de autodefensa es tan mínima que se ve superada por las consideraciones negativas del costo y el peligro potencial de que un arma sea encontrada y utilizada indebidamente por un niño o que se utilice de manera accidental. Otros pueden vivir en lugares en los que creen que existe una gran posibilidad de que se produzca un ataque violento contra ellos o sus familias por parte de asaltantes irracionales, y piensan que poseer un arma para defenderse es una decisión sabia. Creo que todo el mundo estará de acuerdo en que, si alguien posee un arma de fuego, es fundamental que reciba una capacitación adecuada y que practique con cierta regularidad los procedimientos de seguridad prudentes y el uso correcto del arma. Pero la cuestión de poseer un arma de fuego es un asunto de preferencia individual y de decisión personal.

PREGUNTAS PARA REFLEXIONAR

1. Si se encuentra con alguien que está agrediendo brutalmente a un niño o a otra persona claramente más pequeña y débil, y si las palabras no detienen el ataque, ¿intentaría utilizar la fuerza física para detener a esta persona? ¿Usaría un garrote u otra arma si la tuviera a mano?

2. ¿De niño le enseñaron que debía intentar defenderse de las agresiones físicas o que no debía defenderse? ¿Cree que esa enseñanza produjo buenos resultados en su vida? ¿Desearía ahora que aquella enseñanza hubiera sido diferente?

3. ¿En algún momento ha experimentado algún tipo de persecución dirigida específicamente contra usted a causa de su fe cristiana? ¿Cómo le permitió Dios afrontar esa situación?

4. ¿Puede dar un ejemplo específico de un momento en el que "puso la otra mejilla" y como resultado experimentó el favor y la bendición de Dios?

5. ¿Cree usted que es correcto que un cristiano posea algún tipo de arma para la autodefensa? En caso de que su respuesta sea afirmativa, ¿en qué circunstancias debería usarse y en cuáles no?

6. ¿Qué rasgos de carácter cristiano (ver la pág. 110) serían especialmente útiles para permitirle tomar las decisiones correctas respecto a la autodefensa cuando suceda una agresión y tenga que tomar una decisión al instante?

7. ¿Cómo espera que su posición sobre la autodefensa resulte en dar gloria a Dios y hacer avanzar la obra de su reino en la tierra?

TÉRMINOS ESPECIALES

autodefensa

BIBLIOGRAFÍA

Otras fuentes de referencia sobre ética

(ver datos bibliográficos completos, pág. 64)

Frame, 690-93
Geisler, 230-35
Gushee y Stassen, ver "Otras obras"
McQuilkin y Copan, 350
Rae, 304,308,314

Otras obras

DeRouchie, Jason S. *"Lethal Self-Defense"* [Autodefensa letal"], Jason DeRouchie, 26 de abril de 2016, http://jasonderouchie.com/derouchie-lethal-self-defense/.

Kleck, Gary y Don B. Kates. *Armed: New Perspectives on Gun Control* [Armados: nuevas perspectivas sobre el control de armas]. Amherst, Nueva York: Prometheus, 2001.

Kopel, David B. *The Truth about Gun Control* [La verdad sobre el control de armas]. Nueva York: Encounter Broadsides, 2013.

Lott, John R, Jr. More Guns, *Less Crime: Understanding Crime and Gun-Control Laws* [Más armas, menos crimen: Comprender la delincuencia y las leyes de control de armas de fuego]. 2ª ed. Studies in Law and Economics. Chicago: University of Chicago Press, 2000.

———. *The War on Guns: Arming Yourself against Gun Control Lies* [La guerra contra las armas: armarse contra las mentiras del control de armas de fuego]. Washington, DC: Regnery, 2016.

Piper, John. *Love Your Enemies: Jesus's Love Command in the Synoptic Gospels and in the Early Christian Paraenesis* [Ama a tus enemigos: el mandamiento del amor de Jesús en los evangelios sinópticos y la paraénesis cristiana primitiva]. Wheaton, Illinois: Crossway, 2012.

———. *"Should Christians Be Encouraged to Arm Themselves?"* ["¿Debería animarse a los cristianos a que se armen?"] Desiring God, 22 de diciembre de 2015, http://www.desiringgod.org/articles/should-christians-be-encouraged-to-arm-themselves.

Sprinkle, *Preston con Andrew Rillera. Fight: A Christian Case for Nonviolence* [Lucha: Un argumento cristiano a favor de la no violencia]. Colorado Springs: Cook, 2013.

Stassen, Glen H. y David P. *Gushee, Kingdom Ethics: Following Jesus in Contemporary Context* [La ética del reino: Siguiendo a Jesús en un contexto contemporáneo], págs. 189-91. Downers Grove, Illinois: IVP Academic, 2003. Stassen y Gushee se oponen a permitir la propiedad privada de armas de fuego; este material no se encuentra en la 2ª edición de 2016 de éste libro.

Van Wyk, Charl. *Shooting Back: The Right and Duty of Self-Defense* [Devolver los disparos: El derecho y el deber de la autodefensa]. Ciudad del Cabo: Christian

Liberty Books, 2001.

PASAJE BÍBLICO PARA MEMORIZAR

Proverbios 25:26 (NBLA): Como manantial turbio y pozo contaminado es el justo que cede ante el impío.

HIMNO

"Castillo fuerte es nuestro Dios"

Castillo fuerte es nuestro Dios,
Defensa y buen escudo;
Con su poder nos librará
En todo trance agudo.
Con furia y con afán
Acósanos Satán,
Por armas deja ver
Astucia y gran poder;
Cual él no hay en la tierra.

Nuestro valor es nada aquí,
Con él todo es perdido;
Mas con nosotros luchará,
De Dios, el escogido.
Es nuestro Rey Jesús,
Él que venció en la cruz,
Señor y Salvador,
Y siendo él solo Dios,
Él triunfa en la batalla.

Y si demonios mil están
Prontos a devorarnos
No temeremos, porque Dios
Sabrá cómo ampararnos.
¡Que muestre su vigor
Satán, y su furor!
Dañarnos no podrá,
Pues condenado es ya
Por la Palabra Santa.

Esa palabra del Señor,
Que el mundo no apetece,
Por el Espíritu de Dios
Muy firme permanece.

Nos pueden despojar
De bienes, nombre, hogar,
El cuerpo destruir,
Mas siempre ha de existir
De Dios el reino eterno.

AUTOR: MARTIN LUTHER, 1483-1546

Capítulo 21

ABORTO

¿Qué enseña la Biblia sobre la protección del niño no nacido?
¿Existen pruebas científicas de que el niño no nacido es una persona independiente?
¿Y qué sobre el aborto en caso de violación o para salvar la vida de la madre?

Otro tema importante relacionado con la protección de la vida humana es el aborto. En este capítulo, hablaré del aborto en el sentido de cualquier acción que cause intencionadamente la muerte y la extracción de un niño no nacido del vientre[1].

A. EVIDENCIA BÍBLICA DE LA CONDICIÓN DE PERSONA DE UN NIÑO NO NACIDO

El argumento más sólido, por mucho, contra el aborto es considerar que el niño no nacido es una persona única. Varios pasajes de la Biblia indican que el niño no nacido debe ser considerado y protegido como una persona desde el momento de la concepción.

1. Lucas 1:41-44. Antes del nacimiento de Juan el Bautista, cuando su madre, Elisabet, estaba alrededor del sexto mes de embarazo, recibió la visita de su pariente, María, quien se convertiría en la madre de Jesús. Lucas relata lo siguiente:

> Al escuchar el saludo de María, el bebé de Elisabet saltó en su vientre y Elisabet se llenó del Espíritu Santo. Elisabet dio un grito de alegría y le

---

[1] Gran parte del material de este capítulo ha sido adaptado de la obra de Wayne Grudem, *Politics According to the Bible: A Comprehensive Resource for Understanding Modern Political Issues in Light of Scripture* [La política según la Biblia: Un recurso completo para entender las cuestiones políticas modernas a la luz de las Escrituras] (Grand Rapids, Michigan: Zondervan, 2010), págs. 157-78, con permiso de la editorial.

exclamó a María: [...] Cuando escuché tu saludo, *el bebé saltó de alegría en mi vientre* (Lucas 1:41-44 NTV).

Bajo la influencia del Espíritu Santo, Elisabet llamó "bebé" (en griego, brephos, "niño, infante") al niño no nacido en el sexto mes de embarazo. Es la misma palabra griega que se utiliza para designar a un niño *después* de su nacimiento, como cuando se llama a Jesús "niño [*brephos*], acostado en el pesebre" (Lucas 2:16; ver también Lucas 18:15; 2 Tim. 3:15 NTV).

Elisabet también dijo que el bebé "saltó de alegría", lo que le atribuye una actividad humana personal. Él era capaz de oír la voz de María y, de alguna manera, incluso antes de nacer, sentirse alegre por ello. En 2004, investigadores de la Universidad de Florida descubrieron que los niños no nacidos pueden distinguir las voces de sus madres y distinguir la música del ruido[2]. Otro estudio, publicado en Psychology Today en 1998, confirmó que los bebés oyen y responden a la voz de su madre cuando aún están en el vientre materno, y que la voz de la madre tiene un efecto tranquilizador sobre ellos[3]. Investigaciones más recientes (2013) han demostrado que los bebés aprenden palabras y sonidos desde el vientre materno, y que conservan recuerdos de ellos después de nacer[4].

2. Salmos 51:5. En el Antiguo Testamento, el rey David pecó con Betsabé y luego fue reprendido por el profeta Natán. Después, David escribió el Salmo 51, en el que suplica a Dios: "Ten piedad de mí, oh Dios, conforme a tu misericordia" (v. 1). En medio de la confesión de su pecado, escribe lo siguiente:

> He aquí, en maldad he sido formado,
>   *Y en pecado me concibió mi madre* (Sal 51:5).

David piensa en el momento de su nacimiento y dice que fue "formado" del vientre de su madre como un pecador. De hecho, su pecaminosidad se extendía incluso antes de su nacimiento, pues David, bajo la dirección del Espíritu Santo, dice: "En pecado me concibió mi madre".

Hasta este punto del salmo, David no está hablando del pecado de su madre en ninguno de los cuatro versículos anteriores, sino que está hablando de la

---

[2] Universidad de Florida. *"University of Florida Research Adds to Evidence That Unborn Children Hear 'Melody' of Speech"* ["Una investigación de la Universidad de Florida aumenta las pruebas de que los niños no nacidos oyen la 'melodía' del habla"], Science Daily, 23 de enero de 2004,
www.sciencedaily.com/releases/2004/01/040123001433.htm.

[3] Janet L. Hopson, *"Fetal Psychology"* ["Psicología fetal"], Psychology Today, 1 de septiembre de 1998 (revisado por última vez el 9 de junio de 2016),
https://www.psychologytoday.com/articles/199809/fetal-psychology.

[4] Eino Partanen et al., *"Learning-induced neural plasticity of speech processing before birth"* ["Plasticidad neuronal inducida por el aprendizaje del procesamiento del habla antes del nacimiento"], Proceedings of the National Academy of Sciences of the United States of America [Actas de la Academia Nacional de Ciencias de los Estados Unidos de América.], 22 de julio de 2013, http://www.pnas.org/content/110/37/15145.full. Ver también Beth Skwarecki, "Babies Learn to Recognize Words in the Womb" ["Los bebés aprenden a reconocer palabras en el vientre materno"], Science, 26 de agosto de 2013,
http://www.sciencemag.org/news/2013/08/babies-learn-recognize-words-womb.

profundidad *de su propia pecaminosidad* como ser humano. Por lo tanto, también debe estar hablando de sí mismo en este versículo, no de su madre. Está diciendo que desde el momento de su concepción él ha tenido una naturaleza pecaminosa. Esto significa que *él piensa de sí mismo que ha sido un ser humano independiente, una persona independiente, desde el momento de su concepción.* No era solo una parte del cuerpo de su madre, sino que era una condición de persona independiente desde el momento en que fue concebido.

3. Salmos 139:13. David también piensa de sí mismo que fue una persona mientras crecía en el vientre de su madre, pues dice:

> Tú formaste mis entrañas;
>> Tú *me* hiciste en el vientre de mi madre (Sal 139:13).

Aquí también habla de sí mismo como una persona independiente ("me") cuando estaba en el vientre de su madre. La palabra hebrea traducida como "entrañas" es *kilyah*, literalmente significa "riñones", pero en contextos como este se refiere a las partes más internas de una persona, incluyendo sus pensamientos y emociones más profundas (ver sus usos en Sal 16:7; 26:2; 73:21; Pr 2:16; Jer 17:10).

4. Génesis 25:22-23. En un ejemplo anterior, Rebeca, la esposa de Isaac, estaba embarazada de los gemelos a quienes llamarían Jacob y Esaú. Leemos lo siguiente:

> Y los hijos [hebreo, *banîm*, plural de *ben*, "hijo"] luchaban dentro de ella; y
> dijo: Si es así, ¿para qué vivo yo? Y fue a consultar a Jehová;
>
> y le respondió Jehová:
>> Dos naciones hay en tu seno,
> Y dos pueblos serán divididos desde tus entrañas;
>> El un pueblo será más fuerte que el otro pueblo,
> Y el mayor servirá al menor (Gn 25:22-23).

Una vez más, los bebés no nacidos son vistos como "hijos" dentro del vientre de su madre (la palabra hebrea *ben* es la palabra habitual utilizada más de 4 900 veces en el Antiguo Testamento para "hijo" o [en plural] "hijos" o "niños"). Se considera que estos gemelos ya están luchando juntos. Antes del nacimiento se les considera personas distintas y se predice su futuro.

5. Éxodo 21:22-25. En cuanto al tema del aborto, quizás el pasaje más importante de todos se encuentra en las leyes específicas que Dios dio a Moisés para el pueblo de Israel durante la época del Pacto de Moisés. Una ley concreta habla de las penas que deben imponerse si se pone en peligro o se daña la vida o la salud de una mujer embarazada o de su *hijo no nacido:*

> Si algunos riñeren, e hirieren a mujer embarazada, *y ésta abortare,* pero
> sin haber muerte, serán penados conforme a lo que les impusiere el marido
> de la mujer y juzgaren los jueces. *Mas si hubiere muerte,* entonces pagarás

vida por vida, ojo por ojo, diente por diente, mano por mano, pie por pie, quemadura por quemadura, herida por herida, golpe por golpe (Ex 21:22-25)[5].

Esta ley se refiere a una situación que se produce cuando los hombres se pelean y uno de ellos golpea accidentalmente a una mujer embarazada. Ninguno de los dos tiene intención de hacerlo, pero al pelearse no tienen el suficiente cuidado para evitar golpearla. Si eso sucede, existen dos posibilidades:

1. Si esto provoca un parto prematuro, *pero sin haber muerte de la mujer embarazada o de su hijo no nacido*, sigue habiendo una pena, tal como lo indica el versículo 22 ("serán penados"). La pena es por poner en peligro por descuido la vida o la salud de la mujer embarazada y de su hijo. En la sociedad moderna se aplican leyes similares, como cuando se multa a una persona por conducir ebria, aunque no haya atropellado a nadie con su vehículo. Puso en peligro la vida y la salud de las personas de manera imprudente, y merece una multa u otra sanción.

2. Pero *"si hubiere muerte"* de la mujer embarazada o de su hijo, entonces la pena es bastante severa: "Vida por vida, ojo por ojo, diente por diente…" (vv. 23-24). Esto significa que tanto la madre como el niño no nacido reciben la misma protección legal. La pena por dañar al niño no nacido es tan grande como por dañar a la madre. Se trata a ambos como personas que merecen toda la protección de la ley[6].

Esta ley es incluso más relevante cuando se ve en el contexto de otras leyes del

---

[5] La frase "y ésta abortare" es una traducción del texto hebreo, que en realidad usa la palabra hebrea común *yeled* para referirse a su "hijo", pero en el sentido de la traducción se deja abierta la posibilidad para referirse a plural, en caso la mujer esté embarazada de más de un niño. Otra palabra muy común es *yātsā'*, la cual significa "salir", adaptándola en la traducción como "abortar". Otra versión como la NTV lo traduce como "da a luz antes de término".

[6] La BLP adoptó un sentido alternativo para este pasaje y lo tradujo así: "Si en el transcurso de una pelea entre dos hombres, uno lastima a una mujer embarazada, haciéndola abortar, pero sin causarle ningún otro daño…". En este caso, causar un aborto (aborto espontáneo) y la muerte de un niño no nacido solo tiene como consecuencia una multa. Por lo tanto, algunos han argumentado que este pasaje trata al niño no nacido como menos digno de protección que otros en la sociedad, ya que la pena es menor.

Pero los argumentos a favor de esta traducción no son convincentes. El argumento principal es que esta traducción haría que la ley fuera similar a una disposición del código de leyes de Hammurabi (escrito alrededor de 1760 a. C. en la antigua Babilonia). Pero ese supuesto paralelismo no debe anular el significado de las palabras reales del texto hebreo del Éxodo. Las leyes morales y civiles de la Biblia solían ser distintas de las de las antiguas culturas que rodeaban a Israel.

Además, hay dos palabras hebreas para referirse a un "aborto" (*shākal*, utilizada en Gn 31:38; ver también Ex 23:26; Job 21:20; Os 9:14; y *nēphel*; ver Job 3:16; Sal 58:8; Ec 6:3), pero ninguno de los dos se utiliza aquí. La palabra que se utiliza, *yātsā'*, se usa normalmente para referirse al nacimiento vivo de un niño (ver Gn 25:26; 38:29; Jer 1:5).

Por último, incluso en esta traducción (incorrecta), se impone una multa a la persona que cause accidentalmente la muerte del niño no nacido. Esto implica que causar accidentalmente una muerte de este tipo se sigue considerando moralmente incorrecto. Por lo tanto, causar intencionalmente la muerte de un niño no nacido sería mucho más indebido, incluso según esta traducción.

Pacto de Moisés. Cuando la Ley de Moisés trataba otros casos en los que alguien causaba accidentalmente la muerte de otra persona, no se exigía dar "vida por vida", ni la pena de muerte. Más bien, la persona que causaba accidentalmente la muerte de otra persona debía huir a una de las seis "ciudades de refugio" hasta la muerte del sumo sacerdote (ver Nm 35:9-15, 22-29). Se trataba de una especie de "arresto domiciliario", aunque la persona debía permanecer solo en una ciudad y no en una casa durante un periodo de tiempo limitado. Era un castigo mucho menor que el de "vida por vida".

Esto significa que Dios estableció para Israel un código de leyes *que daba más valor a la protección de la vida de una mujer embarazada y de su hijo no nacido que a la vida de cualquier otra persona en la sociedad israelita*. Lejos de tratar la muerte de un niño no nacido como algo menos importante que la muerte de otras personas en la sociedad, esta ley trataba la muerte de un niño no nacido o de su madre como *algo más importante* y, por lo tanto, digno de un castigo más severo. Además, la ley no hacía ninguna distinción sobre el número de meses de embarazo de la mujer. Es de suponer que se aplicaba desde una fase muy temprana del embarazo, siempre que se pudiera saber que la lesión infligida por los hombres que luchaban causaba la muerte del niño o los niños no nacidos.

Asimismo, esta ley se aplicaba a un caso de muerte *accidental* de un niño no nacido, pero si la muerte *accidental* de un niño no nacido es tan importante ante los ojos de Dios, entonces sin duda la muerte *intencional* de un niño no nacido debe ser un crimen aún peor.

6. Lucas 1:35: La encarnación. El ángel Gabriel le dijo a María que daría a luz un hijo, y que esto se produciría por el poder del Espíritu Santo:

> El ángel le contestó: —El Espíritu Santo vendrá sobre ti, y el poder del Altísimo te cubrirá con su sombra. Por lo tanto, el bebé que nacerá será santo y será llamado Hijo de Dios (Lucas 1:35 NTV).

Entonces Elisabet llamó a María "la madre de mi Señor" (Lucas 1:43) poco después de que María quedara embarazada. Estos versículos son muy importantes porque significan que la encarnación de Cristo no comenzó cuando era un bebé recién nacido, un niño pequeño, un adolescente o un hombre adulto. Sino que la naturaleza divina de Dios Hijo se unió a la naturaleza humana de Jesús desde el momento de su concepción en el vientre de María. Desde ese momento, Jesucristo fue una persona divina-humana, tanto Dios como hombre. Esto es relevante para tratar el tema del aborto, porque significa que Cristo era una persona humana genuina mucho antes de su nacimiento como bebé en la primera Navidad.

John Jefferson Davis escribió lo siguiente:

> En el Nuevo Testamento, la encarnación de Jesucristo es un profundo testimonio de la afirmación de Dios sobre la santidad de la vida prenatal [...]. Su historia humana, como la nuestra, comenzó en la *concepción* [...]. El punto importante es que Dios eligió comenzar el proceso de encarnación

ahí, y no en otro punto, afirmando así el significado de ese punto de partida para la vida humana[7] .

Scott Rae concuerda señalando lo siguiente:

Desde los primeros momentos de la vida en el seno materno, María y Elizabet se dan cuenta de que la encarnación había comenzado. Esto apoya la idea de que la encarnación comenzó con la concepción de Jesús y que el Mesías tomó forma humana en todas sus etapas, incluida la vida embrionaria[8] .

7. Conclusión. A partir de todos estos pasajes se concluye que la Biblia enseña que debemos considerar al niño no nacido como una persona desde el momento de la concepción y, por lo tanto, debemos dar al niño no nacido una protección legal que sea al menos igual a la de los demás miembros de la sociedad.

8. Una nota sobre el perdón. Es probable que muchas personas que lean estas evidencias de la Biblia, quizás por primera vez, ya hayan abortado y otras personas tal vez hayan animado a otra persona a abortar. No puedo minimizar o negar el mal moral que implican estas acciones, pero puedo señalar el reiterado ofrecimiento de la Biblia de que Dios dará el perdón a aquellos que se arrepientan de su pecado y confíen en Jesucristo para ser perdonados: "Si confesamos nuestros pecados, él es fiel y justo para perdonar nuestros pecados, y limpiarnos de toda maldad" (1 Juan 1:9). Aunque tales pecados, como todos los demás, merecen la ira de Dios, Jesucristo tomó esa ira sobre sí mismo como sustituto de todos los que creyeran en él: "Quien llevó él mismo nuestros pecados en su cuerpo sobre el madero, para que nosotros, estando muertos a los pecados, vivamos a la justicia; y por cuya herida fuisteis sanados" (1 P 2:24).

B. PRUEBAS CIENTÍFICAS DE LA CONDICIÓN DE PERSONA DEL NIÑO NO NACIDO

Junto al testimonio bíblico sobre la condición de persona del niño no nacido, las pruebas científicas también indican que cada niño en el vientre materno debe ser considerado una persona humana única. Dianne Irving, bioquímica y bióloga, profesora de la Universidad de Georgetown escribió lo siguiente:

Para empezar, científicamente ocurre algo muy crucial entre los procesos de gametogénesis y fecundación: el cambio de una simple *parte* de un ser humano (es decir, un espermatozoide) y una simple *parte* de otro ser humano (es decir, un ovocito, normalmente denominado "óvulo"), que simplemente

---

[7] John Jefferson Davis, *Evangelical Ethics: Issues Facing the Church Today* [Ética evangélica: Cuestiones que afronta la Iglesia hoy], 4º ed. (Phillipsburg, Nueva Jersey: P&R, 2015), pág. 152, énfasis en el original.

[8] Scott B. Rae, *Moral Choices: An Introduction to Ethics* [Elecciones morales: una introducción a la ética], 3ª ed. (Grand Rapids, Michigan: Zondervan, 2009), pág. 130.

poseen "vida humana", a un nuevo ser humano vivo, genéticamente único, de nueva existencia, individual y completo (un cigoto humano embrionario unicelular). Es decir, tras la fecundación, las partes del ser humano se han transformado efectivamente en algo muy diferente de lo que eran antes; se han transformado en un ser humano único y completo. Durante el proceso de fecundación, el espermatozoide y el ovocito dejan de existir como tales y se produce un nuevo ser humano.

Para entenderlo, hay que recordar que cada tipo de organismo vivo tiene un número y una calidad de cromosomas específicos que son característicos de cada miembro de una especie (el número solo puede variar ligeramente si el organismo ha de sobrevivir). Por ejemplo, el número característico de cromosomas para un miembro de la especie humana es de 46 (este número puede variar en mayor o menor cantidad en seres humanos con síndrome de Down o síndrome de Turner). Cada célula somática (o, corporal) de un ser humano tiene este número característico de cromosomas. Incluso las células germinales tempranas contienen 46 cromosomas; solo sus formas maduras, los gametos sexuales, o espermatozoides y ovocitos, contendrán posteriormente solo 23 cromosomas cada una. Los espermatozoides y los ovocitos se derivan de las células germinales primitivas del feto en desarrollo mediante el proceso conocido como "gametogénesis". Como cada célula germinal tiene normalmente 46 cromosomas, el proceso de "fecundación" no puede producirse hasta que el número total de cromosomas de cada célula germinal se reduzca a la mitad. Esto es necesario para que, tras su fusión en la fecundación, se mantenga el número de cromosomas característico de un solo individuo de la especie humana (46); de lo contrario, terminaríamos con una especie de monstruo.

Para ver con exactitud por qué se considera que un espermatozoide o un ovocito solo poseen vida humana, y que no son seres humanos vivos en sí mismos, hay que examinar los hechos científicos básicos que intervienen en los procesos de **gametogénesis** y de **fecundación**. Puede ser útil tener en cuenta que los resultados de la gametogénesis y la fecundación son muy diferentes. Los resultados de la gametogénesis son gametos sexuales maduros con solo 23 cromosomas en lugar de 46. El resultado de la fecundación es un ser humano vivo con 46 cromosomas. La gametogénesis se refiere a la maduración de las células germinales, dando lugar a los gametos. La fecundación se refiere al inicio de un nuevo ser humano[9].

En otras palabras, la identidad genética propia del niño no nacido muestra que

____

[9] Dianne N. Irving, *"When Do Human Beings Begin?"* ["¿Cuándo se inicia el ser humano?"] Centro de Recursos para la Educación Católica,
   http://www.catholiceducation.org/en/controversy/abortion/when-do-human-beings-begin.html, énfasis en el original. Irving es una exbioquímica/bióloga de investigación de carrera (National Institutes of Health [Institutos Nacionales de Salud], *National Cancer Institute* [Instituto Nacional del Cáncer], Bethesda, MD), filósofa con maestría y doctorado (Universidad de Georgetown, Washington, DC), y profesora de la historia de filosofía y de ética médica.

es muy diferente (¡en cada una de las células del cuerpo del niño!) de cualquier parte del propio cuerpo de la madre (ya que cada célula del cuerpo de la madre contiene el ADN de la madre, no el del niño).

C. OTROS ARGUMENTOS CONTRA EL ABORTO

El testimonio bíblico y la evidencia científica argumentan firmemente que el niño no nacido es una persona que debe ser protegida por la ley, y que el aborto, por lo tanto, es algo malo y no debe ser legal. Sin embargo, no todas las personas se convencen con estos argumentos. ¿Cuáles son otras formas de argumentar contra el aborto por parte de quienes aceptan la condición de persona del no nacido?

1. El trato a un bebé después de nacer. Los argumentos basados en cómo tratamos a un niño después de nacer pueden tener una importante fuerza persuasiva. Por ejemplo, ¿nos parecería correcto que nuestras leyes permitieran a un padre matar a un niño de un año simplemente porque el padre no quiere al niño o lo considera una pesada carga? Si no es así, ¿deberíamos permitir que se mate a una persona no nacida?

2. Imágenes de ultrasonido. La tecnología moderna de ultrasonidos proporciona imágenes muy realistas del niño no nacido, imágenes que se parecen tanto a una persona real que tienen una gran fuerza persuasiva. Es tan grande el parecido con los niños después de nacer que los padres y abuelos suelen fijar con imanes estas imágenes de ultrasonidos de niños no nacidos en sus refrigeradores. Focus on the Family afirma que el 78% de las mujeres que ven un ultrasonido de su bebé en el útero rechazan el aborto[10]. El programa "Option Ultrasound" del ministerio ha sido reconocido por salvar más de 350 000 vidas del aborto hasta 2016[11].

Debido a la contundencia de las imágenes de ultrasonido, muchos defensores del aborto tratan de disuadir a las mujeres embarazadas de verlas. Nancy Keenan, presidenta de la *National Abortion Rights Action League Pro-Choice America* [Liga de Acción Nacional del Derecho al aborto] de Washington DC, dijo: "Los políticos no deben exigir a un médico que realice un ultrasonido innecesario desde el punto de vista médico, ni obligar a una mujer a ver una imagen de ultrasonido contra su voluntad"[12]. El defensor del aborto William Saletan, escribiendo en la revista Slate, dijo: "El ultrasonido ha expuesto la vida en el vientre materno a quienes no queríamos ver lo que el aborto mata. El feto se retuerce, y nosotros también"[13].

---

[10] Ver Adam Cohen, *"The Next Abortion Battleground: Fetal Heartbeats"* ["El próximo campo de batalla del aborto: Los latidos del feto"], Time, 17 de octubre de 2011,
http://ideas.time.com/2011/10/17/the-next-abortion-battleground-fetal-heartbeats/.

[11] Leah Jessen, *"How This Ultrasound Program Brought Life to 358,000 Babies"* ["Cómo este programa de ultrasonidos salvó la vida a 358 000 bebés"], The Daily Signal, 7 de enero de 2016,
http://dailysignal.com/2016/01/07/how-this-ultrasound-program-brought-life-to-358000-babies/.

[12] Citado en Jennifer Parker, *"Bill Would Mandate Ultrasound before Abortion"* ["Un proyecto de ley obligaría a realizar una ecografía antes de abortar"], ABC News, 16 de marzo de 2007,
http://abcnews.go.com/US/story?id=2958249&page=1&CMP=OTC-RSSFeeds0312.

[13] Citado en ibíd.

3. La pérdida de millones de personas valiosas. Otro argumento contra el aborto es la incalculable pérdida que supone para la nación la muerte de más de un millón de bebés al año. Desde la decisión de la Corte Suprema de 1973 en el caso Roe v. Wade, casi 60 millones de niños han muerto a causa del aborto[14]. Algunos de ellos tendrían ahora 44 años. Otros tendrían 43, 42, y así sucesivamente, hasta llegar a aproximadamente un millón de ellos que estarían en su primer año de vida[15].

Muchos de ellos ahora podrían ser científicos, médicos, ingenieros, jefes de empresa, empresarios, artistas, electricistas, poetas, carpinteros, músicos, agricultores, deportistas, líderes políticos, etc. Muchas de ellas serían madres que cuidarían de sus propios hijos y padres que ayudarían a criar a sus hijos. Contribuirían a la sociedad en todos los ámbitos de la vida, pero nunca tuvieron la oportunidad de nacer. Nunca tuvieron la oportunidad de contribuir de forma positiva a este mundo.

4. El instinto de la madre. Un último gran argumento es simplemente apelar al sentido instintivo que tiene una mujer embarazada de que lo que está creciendo en su vientre no es un pedazo de tejido o simplemente una parte de su cuerpo, sino que es de hecho *un bebé*. Tal instinto es dado incluso a los que no creen en Dios, pues la Biblia nos dice, con respecto a los gentiles "que no tienen ley", que "la obra de la ley *escrita en sus corazones*, dando testimonio su *conciencia*, y acusándoles o defendiéndoles sus razonamientos" (Ro 2:14-15). Esto nos da cierta esperanza de que los argumentos que demuestran la condición de persona del niño no nacido lleguen a ser persuasivos para la mayoría de las personas de una sociedad.

D. RESPUESTA A LOS ARGUMENTOS A FAVOR DEL ABORTO

Quienes rechazan el testimonio bíblico y la evidencia científica de que el niño no nacido debe ser tratado como una persona desde el momento de la concepción presentan una serie de argumentos para permitir el aborto. En esta sección, resumiré y responderé a los argumentos más sobresalientes.

1. Incapaz de interactuar con otros y de sobrevivir por sí mismo. Una de las objeciones es que el niño no nacido es incapaz de hablar o interactuar con otras personas o realizar acciones morales. Además, es incapaz de sobrevivir sin su madre.

Pero estos factores no significan que el niño no nacido no sea una persona. Un recién nacido aún no puede hablar ni realizar acciones morales. Lo mismo ocurre con una persona en coma debido a un accidente grave. Además, sin duda, un recién

---

[14] A 28 de octubre de 2016, el número aproximado de abortos realizados en Estados Unidos desde el caso Roe v. Wade es de 59 489 251. Ver www.numberofabortions.com.

[15] El número de abortos está disminuyendo. En 2015-2016, el número de abortos fue de aproximadamente 926 000. Ver http://www.nrlc.org/uploads/factsheets/FS01AbortionintheUS.pdf. Esta cifra ha descendido desde el máximo de 1,6 millones anuales alcanzado en 1990. De 1980 a 1992, la media fue de más de 1,5 millones al año.

nacido es incapaz de sobrevivir sin su madre (algunos dirían que la mayoría de los estudiantes de secundaria son incapaces de sobrevivir sin sus madres). Esta objeción no es convincente.

2. Defectos de nacimiento. Otra objeción tiene que ver con los niños no nacidos que se sabe que tienen defectos de nacimiento. ¿No deberían los padres tener derecho a abortar a esos niños, evitándose así muchas dificultades y librando al niño de una vida de sufrimiento?

Pero, ¿pensaríamos que es correcto condenar a muerte a un niño así *después* de su nacimiento?

Si ya hemos establecido que el niño no nacido debe ser tratado como una persona desde el momento de la concepción, entonces el hecho de que haya nacido o que aún no haya nacido no debería hacer ninguna diferencia en nuestra evaluación de la condición de persona del niño. Si no nos parece correcto matar a ese niño después de que nazca, tampoco deberíamos considerar correcto matarlo antes de que nazca.

Además, antes del nacimiento, el diagnóstico de "posibles" o "probables" defectos de nacimiento puede ser erróneo. A veces un niño nace perfectamente normal después de un diagnóstico de este tipo. Muchas anomalías congénitas son muy pequeñas y no tienen un impacto significativo en la vida del niño. E incluso cuando un defecto de nacimiento es de gran importancia (por ejemplo, el síndrome de Down), el niño puede llevar una vida feliz y aportar mucha alegría y bendición a su propia familia y a muchas otras[16]. En estos casos, los cristianos deben animarse a confiar en la sabia providencia de Dios y en su dirección soberana sobre sus vidas. Jehová le respondió [a Moisés]: ¿Quién dio la boca al hombre? ¿o quién hizo al mudo y al sordo, al que ve y al ciego? ¿No soy yo Jehová? (Ex 4:11). En una ocasión, Jesús vio a un hombre ciego de nacimiento:

> Y le preguntaron sus discípulos, diciendo: Rabí, ¿quién pecó, éste o sus padres, para que haya nacido ciego? Respondió Jesús: No es que pecó éste, ni sus padres, sino para que las obras de Dios se manifiesten en él (Juan 9:2-3).

Randy Alcorn cita un ejemplo de un profesor de la facultad de medicina que presentó el siguiente caso práctico y preguntó a los alumnos qué harían:

> El padre tenía sífilis y la madre tuberculosis. De los cuatro hijos anteriores, el primero era ciego, el segundo murió, el tercero era sordomudo y el cuarto tenía tuberculosis. ¿Qué le aconsejarías a la mujer cuando descubra que ha vuelto a quedar embarazada?

---

[16] Robertson McQuilkin y Paul Copan plantean un punto que las personas suelen pasar por alto: "La bendición y el beneficio no solo llegan a los discapacitados, sino también a sus cuidadores, muchos de los cuales profundizan en su compasión e incluso en su valor mientras atienden las necesidades de los demás". *An Introduction to Biblical Ethics: Walking in the Way of Wisdom* [Introducción a la ética bíblica: Caminando por el camino de la sabiduría], 3° ed. (Downers Grove, Illinois: InterVarsity Press, 2014), pág. 380.

Un estudiante respondió: "Yo aconsejaría un aborto". Entonces el profesor dijo: "Felicidades [...]. Acabas de matar a Beethoven" [17].

3. Embarazos por violación o incesto. Si un niño ha sido concebido por una violación o incesto, debemos reconocer el verdadero dolor y las dificultades que experimenta la madre, quien está embarazada involuntariamente, quizás a una edad muy temprana. Los cristianos que conocen estas situaciones deben estar dispuestos a dar ánimo y apoyo de muchas maneras.

Pero una vez más hay que preguntarse: ¿Consideraríamos correcto matar a un bebé concebido como consecuencia de una violación o un incesto *después* de su nacimiento? La mayoría de las personas dirían que definitivamente no. Un niño así no pierde su derecho a vivir por las circunstancias de su concepción. Por lo tanto, tampoco deberíamos considerar correcto matar al niño antes de que nazca. La violación que se produjo no fue culpa del niño, y no se debería condenar a muerte al niño por el crimen de otra persona. "Los padres no morirán por los hijos, ni los hijos por los padres; cada uno morirá por su pecado" (Dt 24:16; cf. Ez 18:20). Además, los embarazos por violación o incesto son muy poco frecuentes, representando como mucho el 1% de todos los abortos [18], aunque probablemente mucho menos que ello.

Alcorn señala que la conocida cantante evangélica Ethel Waters nació como resultado de un embarazo que se produjo cuando su madre fue violada a los 12 años [19]. Sin duda, hoy en día hay más personas que llevan una vida útil, productiva y plena a pesar de que su nacimiento fue el resultado del horrible crimen que supone una violación [20]. No debemos justificar el hecho de acabar con la vida del niño no nacido en estos casos.

4. Aborto para salvar la vida de la madre. Según los Centros para el Control y la Prevención de Enfermedades, el aborto realizado para salvar la vida de la madre

---

[17] Randy Alcorn, *ProLife Answers to ProChoice Arguments* [Respuestas provida a los argumentos proelección] (Portland, Oregon: Multnomah, 1992), pág. 175. Al citar este argumento, no quiero dar a entender que solo merece la pena salvar las vidas de los compositores famosos, sino todo lo contrario: merece la pena salvar todas las vidas humanas, tanto porque hemos sido creados a imagen de Dios como porque nunca podemos saber de antemano cuánto bien haría un niño en su vida, si se le deja vivir. Beethoven, quien nació en circunstancias que distaban mucho de ser ideales, es simplemente una vívida ilustración del segundo punto. (Ver el cap. 5, pág. 139, sobre la importancia de evaluar los resultados de nuestras acciones).

[18] Según el Instituto Alan Guttmacher, la división de investigación de Planned Parenthood, menos del 0. 5% de los abortos en 2004 se realizaron en víctimas de violación. Ver Lawrence B. Finer, Lori F. Frohwirth, Lindsay A. Dauphinee, Susheela Singh y Ann M. Moore, *"Reasons U.S. Women Have Abortions: Quantitative and Qualitative Perspectives"* ["Razones por las que las mujeres estadounidenses abortan: Perspectivas cuantitativas y cualitativas"], Perspectives on Sexual and Reproductive Health 37, n°. 3 (2005): 114,

https://www.guttmacher.org/sites/default/files/pdfs/journals/3711005.pdf.

[19] Alcorn, ProLife Answers, pág. 179.

[20] Un excelente alumno de una de mis clases en el seminario me confió en privado que, tras llegar a la edad adulta, se enteró por sus padres de que su padre legal, quien lo había criado desde su nacimiento, no era su padre biológico, sino que se había casado con la madre del alumno después de que ella fuese violada por otro hombre. Cuando me lo contó ya había cumplido varios años de fructífero ministerio.

es extremadamente raro (menos del 0,118 % de todos los abortos)[21] . Un estudio más reciente realizado en el Reino Unido reveló que solo el 0,006 % de los abortos realizados en ese país fueron para salvar la vida de la madre[22]. Esta situación es diferente de las otras que hemos considerado anteriormente, porque aquí la elección es entre la pérdida de una vida (la del bebé) y la pérdida de dos vidas (la del bebé y la de la madre).

No veo ninguna razón para decir que el aborto en esta situación sería moralmente incorrecto, y de hecho creo que sería moralmente correcto que los médicos salvaran la vida que se puede *salvar* y quitaran la vida del niño no nacido. Este escenario es muy diferente de la mayoría de los casos de aborto, porque en este caso la extracción del niño no nacido del cuerpo de la madre (por ejemplo, de la trompa de Falopio en el caso de un embarazo ectópico) es el resultado de la *intención directa de salvar la vida de la madre, no de la intención directa de quitarle la vida al niño.* Si existe la tecnología médica para salvar la vida del niño en esos casos, entonces por supuesto que la vida del niño también debe ser salvada. Pero si el aborto es necesario para salvar la vida de la madre, esta parece ser la única situación en la que el aborto está moralmente justificado.

Por lo tanto, me parece correcto que todas las propuestas provida de la corriente principal para las restricciones legales del aborto hayan incluido una excepción para salvar la vida de la madre.

Pero en política, los defensores del "derecho al aborto" agrupan con demasiada frecuencia "vida" y "salud", y afirman que están dispuestos a restringir el aborto "salvo para salvar la *vida* o la *salud* de la madre". Luego, en la práctica, la "salud" se define de forma tan amplia en los precedentes legales que también incluye la "salud mental", incluida la ausencia de angustia excesiva; de este modo, "excepto para salvar la vida o la salud de la madre" significa en la práctica que el aborto está permitido siempre que la madre quiera someterse a uno.

De hecho, el caso Doe v. Bolton, que acompañó al caso Roe v. Wade, definió la "salud" materna como "todos los factores (físicos, emocionales, psicológicos, familiares y la edad de la mujer) que son relevantes para el bienestar de la paciente". Estos factores son tan imprecisos y abiertos que se puede alegar casi cualquier razón para permitir un aborto en el segundo y tercer trimestre. Por lo tanto, el aborto es legal, y no puede prohibirse, en el cuarto, quinto, sexto, séptimo, octavo o noveno mes de embarazo si se alega alguno de dichos motivos[23].

E. ¿QUÉ LEYES DEBEN PROMULGAR LOS GOBIERNOS

---

[21] Jeani Chang et al., *"Pregnancy-Related Mortality Surveillance-United States, 1991-1999"* [Seguimiento de la mortalidad relacionada con el embarazo-Estados Unidos, 1991-1999], Centros para el Control y la Prevención de Enfermedades, Morbidity and Mortality Weekly Report, 21 de febrero de 2003, www.cdc.gov/mmwr/preview/mmwrhtml/ss5202a1.htm.

[22] Según el Subsecretario de Estado Parlamentario del Ministerio de Sanidad (Earl Howe). Ver http://www.publications.parliament.uk/pa/ld201213/ldhansrd/text/120719w0001.htm.

[23] Este caso de la Corte Suprema es Doe v. Bolton, 41 U.S. 179, 192 (1973); ver http://caselaw.findlaw.com/us-supreme-court/410/179.html.

CON RESPECTO AL ABORTO?

Una de las responsabilidades fundamentales de un gobierno es proteger la vida de las personas que gobierna, ya que si el gobierno debe castigar a los que hacen el mal y evitar que dañen a los inocentes (ver cap. 16, pág. 428), entonces no cabe duda de que un gobierno debe proteger a su pueblo del daño máximo de ser asesinado (ver análisis de Gn 9:5-6, pág. 507). Si los niños no nacidos son considerados personas, entonces está claro que el gobierno debe proteger sus vidas[24]. De hecho, son *especialmente* los débiles e indefensos, los que carecen de otros medios de protección, los que deben ser objeto de la protección gubernamental:

> Defended al débil y al huérfano; Haced justicia al afligido y al menesteroso. Librad al afligido y al necesitado; Libradlo de mano de los impíos (Sal 82:3-4)

Por lo tanto, recomendaría las siguientes políticas gubernamentales y leyes relacionadas con el aborto[25]:

1. Los gobiernos deben promulgar leyes que prohíban el aborto, excepto para salvar la vida de la madre[26].
2. Ninguna política gubernamental debe promover o financiar el aborto.
3. Ninguna política gubernamental debe obligar a las personas a participar en abortos o suministrar medicamentos que los provoquen.
4. No se debe financiar ni apoyar el proceso de creación de embriones humanos con el fin de destruirlos en la investigación médica.

Sin embargo, también debemos reconocer que en Estados Unidos, en la actualidad, el Congreso *no tiene poder* para aprobar una ley que prohíba el aborto en ninguna etapa del embarazo. Y las 50 legislaturas estatales *no tienen poder* para aprobar ninguna ley que prohíba el aborto (la prohibición del aborto por nacimiento parcial, que sobrevivió al escrutinio de la Corte Suprema, es la única excepción). Esto se debe a que todas las leyes que prohíben el aborto han sido anuladas por la Corte Suprema como "inconstitucionales" ¡ya que la corte dice que tales leyes violan la garantía de la Constitución del derecho al aborto![27] Y esta es

---

[24] En cuanto a las sanciones que se aplicarían a los que infringen la ley, eso lo determinaría el poder legislativo de cada estado (antes de Roe v. Wade, la mayoría de las penas estatales se aplicaban al médico que realizaba el aborto y no a la mujer que abortaba).

[25] En otra parte he tratado la situación legal actual en los Estados Unidos y las razones de varias recomendaciones específicas respecto a las leyes gubernamentales sobre el aborto. Ver Grudem, *Politics— According to the Bible* [La política según la Biblia], págs. 157-78. Lo que sigue en esta sección es un resumen de dicha explicación más extensa.

[26] ¿Qué pasaría si se propusiera una ley "de compromiso" que prohibiera los abortos excepto para salvar la vida de la madre o en casos de violación o incesto? Creo que los cristianos deberían apoyar esa legislación, ya que prohibiría aproximadamente el 99 % de los abortos que se producen hoy en día. Una vez aprobada la ley, tal vez se puedan hacer otras modificaciones en el futuro, si el sentimiento público lo apoya. Pero incluso una ley de este tipo contribuiría en gran medida a proteger la vida de la inmensa mayoría de los niños no nacidos que hoy en día son asesinados.

[27] Bajo Roe y el caso complementario Doe v. Bolton, la Corte Suprema permitió el aborto por la salud

la decisión de la corte a pesar de que la propia Constitución no dice nada sobre el aborto[28] .

La cruda realidad es que no se pueden promulgar leyes que prohíban el aborto en Estados Unidos hasta que la Corte Suprema anule el caso Roe v. Wade. Por lo tanto, los cristianos que realmente buscan cambios importantes en las leyes sobre el aborto en los Estados Unidos deben apoyar a los candidatos provida para las elecciones, especialmente para la presidencia y el Senado, porque el presidente es el único que nombra a los jueces de la Corte Suprema, y el Senado debe aprobar esas designaciones antes de que un candidato pueda formar parte de la corte.

F. OBJECIONES A LAS LEYES QUE RESTRINGEN EL ABORTO

Estas son algunas de las objeciones que la gente ha planteado contra la idea de prohibir el aborto:

1. "Estas leyes son una restricción errónea de la libertad". Algunas personas argumentarán que una ley que prohíbe el aborto restringe indebidamente la libertad humana individual. ¿No debería ser la propia madre la que decidiera continuar con el embarazo y dar a luz? ¿Cómo puede ser correcto decir que la ley debe obligar a una mujer a cargar con un embarazo y a tener un hijo que no desea? ¿No es la libertad individual un principio fundamental de este país? En ocasiones, algunas personas dirán: "Creo que es una decisión que debería corresponder a la madre y a su médico, y la madre debería ser libre de decidir lo que considere mejor".

Sin duda, la libertad individual es importante y debe ser protegida. Pero la verdadera pregunta no es la libertad en abstracto, sino qué *restricciones adecuadas* debe imponer la ley a la libertad individual. Las leyes ya restringen la libertad de muchas maneras que las personas aceptan. La ley no me concede la libertad de conducir en estado de ebriedad, de robar el auto de mi vecino, de golpear a alguien que no me agrada o de disparar un arma dentro de los límites de la ciudad, y tampoco permite que los padres puedan causar la muerte de sus hijos. Así que no se trata de la libertad humana, sino de si la ley debe permitir *la libertad de las personas para quitarle la vida a sus hijos*. Si el niño no nacido se considera una persona humana, el tema es si el gobierno debe permitir que las personas cometan asesinatos contra sus propios hijos. Definitivamente, no.

2. "Todos los hijos deben ser deseados". Esta es otra frase popular utilizada por los políticos que defienden el aborto sin restricciones. Algunas personas sostienen que la ventaja de permitir el aborto es que da a las madres la libertad de no dar

---

de la madre, incluyendo la salud emocional y psicológica, lo que efectivamente permite el aborto en cualquier momento de los nueve meses de embarazo (ver el análisis hecho anteriormente en este capítulo, pág. 577).

[28] Para una explicación de por qué Roe v. Wade se basó en una "interpretación" ilegítima de la Constitución de los Estados Unidos (en realidad fue una reescritura de parte de la Constitución), ver la obra de Grudem, *Politics-According to the Bible* [La política según la Biblia], págs. 133 -34.

a luz a niños que realmente no quieren, niños que podrían crecer descuidados, maltratados y mal atendidos. ¿Por qué no permitir los abortos para que solo las madres que realmente *quieren* a sus hijos los tengan?

Pero si consideramos que el niño no nacido es una persona, entonces este argumento no es más que otra forma de decir que se debería permitir a las personas matar a otras personas a las que no quieren cuidar. Particularmente hablando, los padres deberían poder matar a los hijos que no quieran cuidar.

Una vez que nace un niño, ¿diríamos que un padre que no "quiere" seguir cuidando de ese niño debería tener el derecho de matarlo porque "todos los hijos deberían ser deseados"? Desde luego que no. Este es un pensamiento horrible, pero no es más que la conclusión lógica del argumento "todos los hijos deberían ser deseados". Este es realmente un argumento moralmente fallido, el cual devalúa tanto la vida humana que valora más el deseo de conveniencia de una madre que el derecho a la vida de un niño hecho a imagen y semejanza de Dios.

3. "Personalmente estoy en contra del aborto, pero no apoyo las leyes contra el aborto". Este argumento es empleado por varios políticos que no quieren mostrar su *apoyo* a la idea de matar a los niños no nacidos, pero que siguen comprometidos con la protección del derecho *legal* de las mujeres a abortar si así lo desean. Es de suponer que si una mujer embarazada les pidiera consejo, le dirían que ellos *personalmente le recomendarían* que no abortara, pero la decisión, por supuesto, sigue siendo de ella.

Este argumento no comprende la diferencia entre la persuasión moral personal y las leyes gubernamentales. Si realmente creemos que una acción está acabando con vidas humanas inocentes, no nos conformaremos con depender de la influencia moral para detenerla. Esta posición sería similar a decir: *"Personalmente me opongo a que los conductores conduzcan estando ebrios, y personalmente no recomendaría* que lo hicieran, pero no apoyo que haya leyes que lo prohíban, porque creo que *cada conductor debe tener el derecho de decidir por sí mismo* si conduce estando ebrio o no". El hecho es que, aparte de la aplicación de la ley por parte del gobierno, muchas personas decidirán tontamente conducir en estado de embriaguez y provocarán la muerte de otras personas por sus malas decisiones. El gobierno ha sido instituido por Dios para protegernos de las malas acciones de los demás.

En realidad, este argumento es un sutil intento de cambiar de tema. El tema en cuestión no son las *preferencias personales* de los individuos, sino lo que *las leyes de un gobierno* deben prohibir. Al igual que no diríamos: "Personalmente me opongo al asesinato, pero no creo que deba haber leyes contra el asesinato", parece ingenuo y, en mi opinión, engañoso decir: "Personalmente me opongo al aborto, pero no creo que deban existir leyes contra el mismo".

4. "Debemos reducir las causas de aborto en vez de tener leyes contra esta práctica". Una posición similar a la de "personalmente estoy en contra del aborto, pero no apoyo las leyes contra el aborto" es la de Jim Wallis, expresada en su libro *God's Politics* [La Política de Dios]. Wallis afirma que "la tasa de abortos en Estados Unidos es demasiado elevada para una sociedad buena y sana que respete tanto a las mujeres como a los niños", y recomienda "centrarse realmente en los problemas de los embarazos de adolescentes y la reforma de la adopción, que son tan fundamentales para reducir el aborto, al mismo tiempo que se ofrece un apoyo real a las mujeres, especialmente a las de bajos ingresos, que corren un mayor riesgo de sufrir embarazos no deseados"[29] .

Pero esto es solo cambiar de tema. El tema que se debate son las leyes sobre el aborto. La pregunta concreta es: *¿Cuáles deberían ser las leyes sobre el aborto?* ¿Las leyes deberían prohibir el aborto (con ciertas excepciones) o no? Decir que debemos intentar reducir los embarazos de adolescentes para acabar con el aborto es como decir que debemos apoyar a Alcohólicos Anónimos para acabar con los conductores que conducen en estado de embriaguez, o que debemos apoyar la creación de empleo para acabar con los robos, o que debemos apoyar las clínicas de control de la ira para acabar con los asesinatos. Son programas sociales útiles, pero no detendrán esos delitos por sí solos.

Lo que Wallis se niega a decir en *God's Politics* es que deberíamos tener *leyes* que prohíban a las mujeres acabar con la vida de sus hijos no nacidos. Nuestras leyes deben proteger la vida humana. La mayor diferencia entre conservadores y liberales sobre el aborto es la forma en que responden a esta pregunta: *¿Está en contra de la ley de matar a su hijo no nacido?*

Creo que debería estar en contra de la ley (salvo en el caso de salvar la vida de la madre). Por supuesto, *también* deberíamos dar apoyo a las mujeres con bajos ingresos que están embarazadas, pero ambas partes están de acuerdo en ello. La solución es el "tanto y como", tanto el apoyo a la madre como las leyes. Pero Wallis no menciona el "tanto y como". Cuando se le pregunta *cuáles deberían ser las leyes*, él y otras personas se limitan a cambiar el tema por el apoyo a la maternidad. No apoyan las leyes que prohíben el aborto.

5. "Todos los que se oponen al aborto deben adoptar una 'ética de vida coherente'". ¿Cómo es posible que algunos evangélicos voten por candidatos proabortistas para el Senado o para la presidencia? Uno de los enfoques consiste en cambiar el tema de la discusión de las leyes sobre el aborto a decir que debemos dar más apoyo a las mujeres que están embarazadas, y así reducir el aborto (ver el análisis en el apartado anterior). Otro enfoque común es el que también ejemplifica Wallis. Dice que los cristianos deben apoyar "una ética de vida coherente", *pero ningún partido político* es lo suficientemente completo en este ámbito. Define esta ética como la que incluye "las cuestiones vitales" del "aborto, la eutanasia, la pena de muerte, las armas nucleares, la pobreza y el racismo". Los llama "componentes críticos de una ética de vida coherente"[30]. Luego dice:

> El problema es que hoy en día en Estados Unidos no se puede votar por una ética de vida coherente. Los republicanos hacen hincapié en algunas

---

[29] Jim Wallis, *God's Politics: Why the Right Gets It Wrong and the Left Doesn't Get It* [La política de Dios: por qué la derecha se equivoca y la izquierda no lo entiende] (Nueva York: HarperCollins, 2005), págs.299-300.

[30] *Ibid.*, págs. 300-301.

cuestiones relacionadas con la vida, los demócratas en otras, mientras que ambos violan la vestimenta sin costuras de la vida en varios asuntos vitales[31].

En otras palabras, ningún partido practica "una ética de la vida coherente" (según Wallis) en todos estos asuntos, y, por tanto, las personas no deberían pensar que deben votar por los republicanos por el tema del aborto, porque hay otros asuntos "vitales" en los que la posición demócrata es mejor.

Pero los cristianos deben entender lo que Wallis está haciendo aquí. Cambia el tema de las leyes que prohíben el aborto por el de las leyes sobre toda una serie de cosas, y afirma que una posición provida *verdaderamente cristiana* incluiría políticas como la oposición a la pena de muerte, la oposición a las armas nucleares y el aumento de la ayuda gubernamental a los pobres (como explica en otra parte de su libro *God's Politics*). El efecto de este argumento de Wallis es restarle importancia a la cuestión del aborto diciendo que todos estos son asuntos "vitales".

Estoy de acuerdo en que es importante tener en cuenta todos los asuntos que defienden los políticos de ambos partidos antes de decidir el voto. Pero es difícil ver cómo un asunto puede ser más importante que detener el asesinato injusto de más de un millón de niños inocentes no nacidos año tras año. Creo que Wallis se equivoca al restar importancia a este asunto al mezclarlo con toda una serie de cuestiones controvertidas y complicadas.

Además, muchos cristianos discrepan profundamente con Wallis sobre la pena de muerte, la defensa nacional y las soluciones a la pobreza (ver los análisis en otras partes de este libro). La frase de Wallis "una ética de vida coherente" es un eslogan engañoso que intenta hacer creer que sus opiniones pacifistas sobre la pena de muerte y la guerra, su apoyo a la redistribución de la riqueza por parte del gobierno y sus propias soluciones a la discriminación racial son las posiciones verdaderamente "provida". Esto diluye el argumento sobre la enseñanza bíblica contra el aborto al ampliar la discusión para incluir muchos otros asuntos controversiales. Este argumento de prestidigitación no debería cegarnos ante el claro hecho de que cada voto a cada candidato proabortista a la presidencia o al Congreso tiene un innegable efecto de seguir permitiendo un millón de abortos al año en Estados Unidos.

6. "Los cristianos no deben tratar de imponer sus normas morales a otras personas". Las personas que hacen esta objeción suelen decir que está bien que los cristianos piensen que el aborto es malo *para ellos mismos*, pero que no tienen derecho a intentar imponer esa convicción a otros que no tienen un punto de vista cristiano.

En respuesta, hay que decir que muchas de nuestras leyes se basan en convicciones morales que tiene la gran mayoría de la población. Las leyes contra el asesinato se basan en la convicción moral de que el asesinato está mal. Las leyes contra el robo se basan en la convicción moral de que robar está mal. Las leyes contra la

---

[31] *Ibid.*, pág. 301

poligamia y el incesto se basan en la convicción moral de que esas prácticas están mal. Las leyes contra el acoso sexual o los adultos que tienen relaciones sexuales con menores se basan en convicciones morales de que esas acciones están mal. Podríamos multiplicar los ejemplos por miles en todos los ámbitos jurídicos.

¿Qué normas morales apoyan las leyes contra el aborto? Hay dos: (1) no se debe permitir que las personas asesinen a otras personas y (2) el niño no nacido debe ser considerado una persona humana y, por tanto, debe ser protegido como tal. Sin duda, casi todo el mundo estaría de acuerdo en el primer punto. Por lo tanto, el problema realmente se refiere al segundo punto, es decir, si el niño no nacido debe ser considerado una persona humana digna de protección legal.

En nuestro sistema de gobierno, los cristianos no pueden *imponer* sus convicciones morales a nadie. Pero cada uno de los habitantes de la nación es libre de intentar *persuadir* a los demás sobre las convicciones morales que deben ser la base de las diferentes leyes. Así que en lugar de "los cristianos no deben tratar de imponer sus normas morales a los demás", una forma más precisa de formular esta objeción es "los cristianos no deben tratar de persuadir a los demás de que el niño no nacido es una persona humana que merece las protecciones legales que corresponden a todas las personas humanas".

Por supuesto, cuando la objeción se plantea de esa manera, casi nadie estaría de acuerdo con ella. Sin duda, nuestra nación se fundó sobre la libertad de los ciudadanos *para hablar de sus convicciones y tratar de persuadir a los demás*, y así tratar de influir en las leyes. De hecho, la Primera Enmienda garantiza la libertad de expresión y la libertad de prensa, lo que nos permite que personas de todas las ideologías sean libres de argumentar e intentar persuadir a los demás sobre el tipo de leyes que deben promulgarse.

Por último, los cristianos no deben considerar su convicción sobre la condición de persona del niño no nacido como *"nuestra convicción* moral". No es algo que nos hayamos inventado, sino que lo encontramos escrito en la Biblia. Y la Biblia la presenta no como una simple opinión humana, sino como la norma moral de Dios mismo, por la que hace responsables a todas las personas de todas las naciones (ver el análisis realizado anteriormente, cap. 16, pág. 434).

Parece correcto que los cristianos intenten persuadir a los demás de que las normas morales que se encuentran en la Biblia son correctas y deben utilizarse en el gobierno humano. Fue sobre la base de esta convicción que Pablo pudo razonar con el gobernador romano Félix "acerca de la *justicia*, del dominio propio y del juicio venidero" (Hechos 24:25). Fue sobre esta base que Juan el Bautista "reprendió" a Herodes el tetrarca por "todas las maldades que Herodes había hecho" (Lucas 3:19). Y fue sobre esta base que Daniel advirtió al rey Nabucodonosor de Babilonia sobre sus "pecados" e "iniquidades" (Dn 4:27), y Jonás advirtió a toda la ciudad de Nínive para que se arrepintiera (ver Jonás 3:4; ver también el análisis sobre la influencia cristiana en el gobierno en el cap. 16, pág. 468).

G. LA IMPORTANCIA DE ESTE ASUNTO

El Antiguo Testamento contiene serias advertencias a una nación que permitía que la gente diera muerte a sus hijos. Imitando las prácticas de otras naciones, algunos del pueblo de Israel habían comenzado a "quemar al fuego a sus hijos y a sus hijas" (Jeremías 7:31), lo que se refería a poner a sus hijos vivos en el fuego para sacrificarlos a Moloc y a otros dioses paganos. Por permitir que esta práctica continuara, Dios emitió una severa advertencia de juicio a través del profeta Jeremías:

> Porque los hijos de Judá han hecho lo malo ante mis ojos, dice Jehová [...] Y han edificado los lugares altos de Tofet, que está en el valle del hijo de Hinom, *para quemar al fuego a sus hijos y a sus hijas,* cosa que yo no les mandé, ni subió en mi corazón. Por tanto, he aquí vendrán días, ha dicho Jehová, en que no se diga más, Tofet, ni valle del hijo de Hinom, sino Valle de la Matanza; y serán enterrados en Tofet, por no haber lugar. Y serán los cuerpos muertos de este pueblo para comida de las aves del cielo y de las bestias de la tierra; y no habrá quien las espante. Y haré cesar de las ciudades de Judá, y de las calles de Jerusalén, la voz de gozo y la voz de alegría, la voz del esposo y la voz de la esposa; *porque la tierra será desolada* (Jer 7:30-34).

El asunto preocupante con respecto a los Estados Unidos (y muchos otros países hoy en día) se refiere a la dirección que ha tomado la nación. Ha elegido voluntariamente ser representada y gobernada por funcionarios elegidos que defienden decididamente el derecho de una mujer a quitarle la vida a su hijo no nacido. ¿Cuál será la evaluación de Dios sobre nuestra nación a la luz de tales decisiones? ¿O no pensamos que Dios sigue siendo soberano sobre los asuntos de las naciones?

PREGUNTAS PARA REFLEXIONAR

1. ¿Cómo ha influido este capítulo en su forma de pensar sobre el aborto?
2. Si alguna vez ha abortado o ha animado a otra persona a abortar, ¿le ha pedido perdón a Dios? ¿Siente que Él lo ha perdonado?
3. ¿Hay algo que los amigos puedan hacer para ayudar a consolar a alguien que ha tenido un aborto?
4. ¿Cuáles son algunas formas prácticas en las que los cristianos pueden ayudar a las mujeres que se enfrentan a un embarazo no deseado?
5. ¿Bajo qué circunstancias (si las hubiere) cree que el aborto sería moralmente permisible?
6. ¿Considera que su gobierno debería tener leyes que prohíban el aborto? ¿Qué cree que deberían prohibir esas leyes? ¿Y qué deberían permitir?
7. ¿Qué rasgos de carácter cristiano (ver pág. 110) serían útiles para las mujeres que experimentan un embarazo imprevisto o no deseado? ¿Y para sus amigos y seres queridos que quieren animarlas?

TÉRMINOS ESPECIALES

aborto

BIBLIOGRAFÍA

Otras fuentes de referencia sobre ética

(ver datos bibliográficos completos, pág. 64)

Clark y Rakestraw, 2:21-56
Davis, 131-60
Feinberg, John y Paul, 63-155
Frame, 717-32
Geisler, 131-59
Gushee y Stassen, 418-28
Hays, 444-61
Kaiser, 105-16
McQuilkin y Copan, 363-82
Rae, 121-43

Otras obras

Alcorn, Randy. *Does the Birth Control Pill Cause Abortion?* [¿La píldora anticonceptiva ocasiona un aborto?] 7ª ed. Gresham, Oregon: Eternal Perspective Ministries, 2004.

———. *ProLife Answers to ProChoice Arguments* [Respuestas provida a los argumentos proelección]. 2nd ed. Sisters, Oregon: Multnomah, 2000.

———. *Why Pro-Life? Caring for the Unborn and Their Mothers* [¿Por qué Provida? La atención a los no nacidos y sus madres]. Ed. revisada y actualizada. Peabody, Massachusetts: Hendrickson, 2012.

Beckwith, Francis J. *Politically Correct Death: Answering the Arguments for Abortion Rights* [La muerte políticamente correcta: Respondiendo a los argumentos a favor del derecho al aborto]. Grand Rapids, Michigan: Baker, 1993.

Best, Megan. *Fearfully and Wonderfully Made: Ethics and the Beginning of Human Life* [Hecho temerosa y maravillosamente: La ética y el comienzo de la vida humana] Kingsford, Nueva Gales del Sur, Australia: Matthias Media, 2012.

Cook, E. D. "*Abortion*" ["Aborto"] En el New Dictionary of Christian Ethics and Pastoral Theology [Nuevo Diccionario de Ética Cristiana y Teología Pastoral], editado por David J. Atkinson y David H. Field, págs. 131-34. Leicester, Reino Unido: Inter-Varsity y Downers Grove, Illinois: InterVarsity Press, 1995.

Ganz, Richard L. y C. Everett Koop, eds. *Thou Shalt Not Kill: The Christian Case against Abortion* [No matarás: El caso cristiano contra el aborto]. New Rochelle, Nueva York: Arlington House, 1978.

George, Robert P. y Christopher Tollefsen. *Embryo: A Defense of Human Life* [Embrión: Una defensa de la vida humana]. Nueva York: Doubleday, 2008.

Gorman, Michael J. *Abortion and the Early Church: Christian, Jewish and Pagan Attitudes in the Greco-Roman World* [El aborto y la iglesia primitiva: Actitudes cristianas, judías y paganas en el mundo grecorromano]. Eugene, Oregon: Wipf & Stock, 1998.

Hekman, Randall J. *Justice for the Unborn: Why We Have "Legal" Abortion and How We Can Stop It* [Justicia para los no nacidos: Por qué tenemos el aborto "legal" y cómo podemos detenerlo]. Ann Arbor, Michigan: Servant, 1984.

Hensley, Jeff Lane, ed. *The Zero People: Essays on Life* [El Pueblo Cero: Ensayos sobre la vida]. Ann Arbor, Michigan: Servant, 1983.

Klusendorf, Scott. *The Case for Life: Equipping Christians to Engage the Culture* [El caso de la vida: Equipando a los cristianos para que se comprometan con la cultura]. Wheaton, Illinois: Crossway, 2009.

Kreeft, Peter. *The Unaborted Socrates: A Dramatic Debate on the Issues Surrounding Abortion* [El Sócrates no abortado: Un debate dramático sobre las cuestiones relacionadas con el aborto]. Downers Grove, Illinois: InterVarsity Press, 1983.

Olasky, Marvin N. *Abortion Rites: A Social History of Abortion in America* [Ritos del aborto: Una historia social del aborto en América]. Wheaton, Illinois: Crossway, 1992.

Piper, John. Brothers, *We Are Not Professionals: A Plea to Pastors for Radical Ministry* [Hermanos, no somos profesionales: una súplica a los pastores hacia un ministerio radical]. En *The Collected Works of John Piper* [La colección de obras de John Piper], editado por David Mathis y Justin Taylor, vol. 3, págs. 137-432. Wheaton, Illinois: Crossway, 2017. Ver *"Brothers, Blow the Trumpet for the Unborn"* ["Hermanos, toquen la trompeta por los no nacidos"], págs. 390-403.

———. *"'Rescue Those Being Led Away to Death': A Defense of Trespassing Abortion Clinics When Life Is at Stake"* ["'Rescatar a los que son llevados a la muerte': Una defensa del allanamiento de las clínicas de aborto cuando está en juego la vida"] [1989]. En The Collected Works of John Piper, vol. 12, págs. 339-45

Platt, David. *"Modern Holocaust: The Gospel and Abortion"* ["El holocausto moderno: El Evangelio y el aborto"]. En *Counter Culture: Following Christ in an Anti-Christian Age* [Contracultura: Seguir a Cristo en una época anticristiana], ed. revisada y actualizada, págs. 59-80. Carol Stream, Illinois: Tyndale Momentum, 2017.

Taylor, Justin. *"Abortion Is about God': Piper's Passionate, Prophetic Pro-Life Preaching"* ["'El aborto es asunto de Dios': La apasionada y profética predicación provida de Piper"]. En *For the Fame of God's Name: Essays in Honor of John Piper* [Por la fama del nombre de Dios: Ensayos en honor a John Piper], editado por Sam Storms y Justin Taylor, págs. 328-50. Wheaton,

Illinois: Crossway, 2010.

———. *"Abortion: Why Silence and Inaction Are Not Options for Evangelicals"* ["El aborto: Por qué el silencio y la inacción no son opciones para los evangélicos"]. En Don't Call It a Comeback: The Same Faith for a New Day [No lo llames un regreso: La misma fe para un nuevo día], editado por Kevin DeYoung, págs. 179-90. Wheaton, Illinois: Crossway, 2011.

Tollefsen, Christopher O., Patrick Lee y Robert P. George. "Marco Rubio Is Right: The Life of a New Human Being Begins at Conception" ["Marco Rubio tiene razón: La vida de un nuevo ser humano comienza en la concepción"]. Discurso público, 5 de agosto de 2015, http://www.thepublicdiscourse.com/2015/08/15520/.

PASAJE BÍBLICO PARA MEMORIZAR

Lucas 1:44 (NTV): Cuando escuché tu saludo, el bebé saltó de alegría en mi vientre.

HIMNO

"¿Le importará a Jesús?"

¿Le importará a Jesús
Que esté doliente mi corazón?
Si ando en senda oscura de aflicción
¿Me dará consolación?
Le importa, sí le importa
Comparte mi dolor

Hasta en mis días tristes
Y mis noches negras
Le importan al Señor

¿Le importará si estos pies
Tropiezan al caminar?
¿Si he caído en mal o en la tentación
Me podrá así levantar?

Le importa, sí le importa
Comparte mi dolor
En mis días más tristes
Y noches más negras
Me ama el Salvador

¿Le importará el día triste
Cuando diga "adiós"

Y mi corazón lleno de aflicción
Clame en medio del dolor?

Le importa, sí le importa
Comparte mi dolor
En mis días más tristes
Y noches más negras
Me abraza el Salvador

Le importa, sí le importa
Comparte mi dolor
Hasta en mis días tristes
Mis noches más negras
Le importan al Señor
Le importan al Señor

AUTOR: FRANK E. GRAEFF, 1860-191

Capítulo 22

EUTANASIA

¿Está mal dar muerte a una persona que padece un gran dolor y no tiene esperanza de recuperarse?

¿Cómo podemos saber cuándo hay que interrumpir el tratamiento médico cerca del final de la vida de alguien?

¿Debería la ley permitir a los médicos practicar la eutanasia cuando un paciente lo pida?

La palabra eutanasia deriva de las palabras griegas *eu* ("bueno") y *thanatos* ("muerte"), por lo que las personas suelen entenderla como "buena muerte", lo cual es una interpretación bastante errónea del término. En ocasiones, a este procedimiento se le llama popularmente "homicidio piadoso", otro término que induce a error al presentar dicha acción de forma positiva. La *eutanasia* es simplemente el acto de poner fin intencionadamente a la vida de una persona de edad avanzada, con una enfermedad terminal o que padece alguna lesión o enfermedad incurable[1].

Este asunto suele destacarse en el caso de los enfermos terminales que experimentan dolor crónico y, por lo tanto, ya no quieren vivir e incluso pueden desear que se les dé muerte. Además, también se plantea en el caso de personas que han perdido gran parte o la mayor parte de sus capacidades mentales a causa de un coma o una demencia grave, o de pacientes que parecen no tener ninguna esperanza humana razonable de recuperarse de una lesión o enfermedad grave. ¿Qué es lo moralmente correcto que hay que hacer en estos casos?

---

[1] Este capítulo ha sido adaptado de Wayne Grudem, *Politics-According to the Bible: A Comprehensive Resource for Understanding Modern Political Issues in Light of Scripture* [Política según la Biblia: Un recurso integral para entender cuestiones políticas modernas a la luz de la Escritura] (Grand Rapids, Michigan: Zondervan, 2010), págs. 178-86 con permiso de la editorial.

A. LA ENSEÑANZA BÍBLICA

1. Éxodo 20:13: El sexto mandamiento. La principal enseñanza bíblica relacionada con este tema se encuentra en el sexto mandamiento:

No cometas asesinato (Ex 20:13 NTV).

Este mandamiento, el cual se afirma en el Nuevo Testamento en Mateo 19:18 y Romanos 13:9, se aplica a todos los seres humanos creados a imagen de Dios. No dice: "No cometas asesinato, excepto cuando una persona tenga más de ochenta o noventa años", o "No cometas asesinato, excepto cuando una persona muy enferma así lo quiera".

Así como el mandamiento contra el asesinato prohíbe el aborto en las primeras etapas de la vida humana, el mandamiento contra el asesinato también prohíbe el asesinato intencional de una persona en las etapas finales de la vida humana.

Como expliqué en el capítulo 18 (pág. 505), la palabra traducida como "asesinato" en Éxodo 20:13 se refiere tanto al asesinato premeditado (que se comunica con la palabra *homicidio* calificado) como a causar la muerte de una persona por descuido o negligencia. El término siempre se aplica al asesinato de seres humanos, no de animales. Por lo tanto, este mandamiento bíblico prohíbe quitarle la vida a otra persona, aunque sea anciana, tenga una enfermedad terminal o sufra mucho.

2. 2 Samuel 1:1-16: La muerte de Saúl. Otro pasaje de especial importancia es 2 Samuel 1:1-16. El rey Saúl había muerto recientemente en la batalla, convirtiendo a David en rey. Unos días después de la batalla en la que Saúl falleció, un hombre se presentó ante David y afirmó que había encontrado a Saúl gravemente herido y que él le había rogado que lo matara, por lo que el hombre lo hizo. En varios sentidos, este fue un acto de "eutanasia". Sin embargo, la respuesta de David fue ordenar la pena de muerte para el hombre que había hecho esto. A continuación, la historia:

Aconteció después de la muerte de Saúl, que vuelto David de la derrota de los amalecitas, estuvo dos días en Siclag.

Al tercer día, sucedió que vino uno del campamento de Saúl, rotos sus vestidos, y tierra sobre su cabeza; y llegando a David, se postró en tierra e hizo reverencia.

Y le preguntó David: ¿De dónde vienes? Y él respondió: Me he escapado del campamento de Israel.

David le dijo: ¿Qué ha acontecido? Te ruego que me lo digas. Y él respondió: El pueblo huyó de la batalla, y también muchos del pueblo cayeron y son muertos; también Saúl y Jonatán su hijo murieron.

Dijo David a aquel joven que le daba las nuevas: ¿Cómo sabes que han muerto Saúl y Jonatán su hijo?

El joven que le daba las nuevas respondió: Casualmente vine al monte de Gilboa, *y hallé a Saúl que se apoyaba sobre su lanza, y venían tras él carros y gente de a caballo.*

Y mirando él hacia atrás, me vio y me llamó; y yo dije: Heme aquí.

Y me preguntó: ¿Quién eres tú? Y yo le respondí: Soy amalecita.

El me volvió a decir: *Te ruego que te pongas sobre mí y me mates, porque se ha apoderado de mí la angustia;* pues mi vida está aún toda en mí.

Yo entonces me puse sobre él y le maté, porque sabía que no podía vivir después de su caída; y tomé la corona que tenía en su cabeza, y la argolla que traía en su brazo, y las he traído acá a mi señor.

Entonces David, asiendo de sus vestidos, los rasgó; y lo mismo hicieron los hombres que estaban con él.

Y lloraron y lamentaron y ayunaron hasta la noche, por Saúl y por Jonatán su hijo, por el pueblo de Jehová y por la casa de Israel, porque habían caído a filo de espada.

Y David dijo a aquel joven que le había traído las nuevas: ¿De dónde eres tú? Y él respondió: Yo soy hijo de un extranjero, amalecita.

Y le dijo David: ¿Cómo no tuviste temor de extender tu mano para matar al ungido de Jehová?

Entonces llamó David a uno de sus hombres, y le dijo: *Ve y mátalo. Y él lo hirió, y murió.*

Y David le dijo: Tu sangre sea sobre tu cabeza, pues tu misma boca atestiguó contra ti, diciendo: Yo maté al ungido de Jehová (2 S 1:1-16).

Esta narración tiene muchas similitudes con las situaciones actuales en las que a veces se dice que la eutanasia está justificada:

1. El paciente (Saúl) parecía estar herido de muerte, sin ninguna esperanza humana razonable de recuperación (había caído sobre su propia espada en un intento de cometer suicidio: ver 1 S 31:4-5).

2. El paciente padecía un dolor extremo y, si no moría, se enfrentaba a la posibilidad de sufrir aún más.

3. El paciente claramente pidió, incluso suplicó, que alguien le diera muerte.

4. Esta solicitud además era una orden del jefe de gobierno en ese momento, porque Saúl todavía era el rey.

Pero David, quien en ese momento es claramente retratado como un hombre "conforme al corazón" de Dios (1 S 13:14; cf. Hechos 13:22), declara que este hombre que había matado a Saúl es digno de la pena de muerte. En otras palabras, la persona que ha llevado a cabo la eutanasia es *culpable de asesinato.*

Se pueden plantear tres objeciones contra esta interpretación:

En primer lugar, esta historia sobre el mensajero amalecita que mató a Saúl no se menciona en 1 Samuel 31:3-6, donde se relata la muerte de Saúl por primera vez. Por lo tanto, el mensajero amalecita puede estar inventando esta historia para convencer a David de que había matado a Saúl, que era el enemigo de David.

Sin embargo, esta idea no anula la fuerza de esta narración, porque aunque la historia no sea cierta, *David la acepta como verdadera y juzga al hombre basándose en esa historia.* David lo condena basándose en su propia confesión de culpabilidad.

Y así, la narración de la Escritura retrata la decisión de este rey sabio, un hombre conforme al corazón de Dios, como un *juicio apropiado y moralmente correcto* sobre el hombre que ha llevado a cabo la eutanasia.

Además, el mensajero amalecita realmente tiene la corona y el brazalete que Saúl había estado usando, y sabe que Saúl había caído sobre su propia espada, por lo que es bastante seguro que el hombre estuviera allí cerca de Saúl cuando este estaba muriendo. Por lo tanto, sin duda es posible que su historia sea totalmente cierta y que simplemente no se haya incluido en el resumen de la muerte de Saúl en 1 Samuel 31. De hecho, el versículo 4 de ese capítulo no especifica que Saúl se suicidara, sino que intentó hacerlo: "Entonces tomó Saúl su propia espada y se echó sobre ella". El siguiente versículo dice que en algún momento después, el escudero de Saúl lo vio muerto ("viendo su escudero a Saúl muerto"), pero permite que el amalecita acabe con la vida de Saúl antes de eso. En cualquier caso, los hechos probablemente ocurrieron muy rápidamente en medio del fragor de la batalla.

En segundo lugar, este caso es único porque Saúl era rey, y David se refiere a él como el "ungido de Jehová" (2 S 1:14). Por lo tanto, no debe utilizarse para establecer un principio general de que la eutanasia está mal, sino solo la aplicación específica de que el asesinato de un rey está mal.

Sin embargo, esta objeción no es persuasiva, porque el carácter ilícito del asesinato no depende del estatus o del rango de la víctima. El asesinato es malo porque Dios lo prohíbe (Ex 20:13), y más específicamente porque es la toma de la vida de una persona hecha a la imagen de Dios (ver Gn 9:5-6). ¡Un rey no posee una mayor parte de la imagen de Dios que otras personas que no son reyes! Todos los seres humanos comparten por igual la condición de ser creados "a imagen de Dios" (Gn 1:27). Por lo tanto, si está mal matar a un rey con una enfermedad terminal que lo pida, entonces también está mal matar a cualquier otra persona que lo pida.

En tercer lugar, el pecado del mensajero amalecita no fue cometer asesinato, sino rebelarse contra el rey, que era el "ungido de Dios".

Sin embargo, esta interpretación no concuerda con las palabras que se usan en el texto, ya que David no condenó a muerte al hombre por rebelión, sino por asesinato (2 S 1:14, 16). Y, de hecho, en el momento en que esto ocurrió, el amalecita no se estaba rebelando contra el rey, sino que estaba obedeciendo lo que el rey le había ordenado. El pecado fue asesinato, y David lo castiga como corresponde.

Por lo tanto, esta narración confirma de manera significativa el acierto de aplicar el "no cometas asesinato" al tema de la eutanasia.

La conclusión es que tanto Éxodo 20:13 como 2 Samuel 1:1-16 indican que es moralmente incorrecto quitarle la vida de forma activa a un enfermo terminal que está sufriendo y que pide que se le dé muerte.

B. LA DIFERENCIA FUNDAMENTAL ENTRE MATAR Y DEJAR MORIR

Es necesario distinguir claramente entre "matar" y "dejar morir". *Matar* es hacer activamente algo a un paciente de modo que acelere o provoque su muerte. En cambio, *dejar morir* es permitir pasivamente que alguien muera por otras causas, sin interferir en ese proceso[2]. En el primer caso, la causa de la muerte es la acción de otra persona. En el segundo caso, la causa de la muerte es la enfermedad, la lesión o el proceso de envejecimiento que ya se ha producido en la persona que muere. Mientras que la Biblia prohíbe matar activamente a alguien, en el caso de dejar morir a alguien, la decisión moral es más compleja.

Algunas veces es claramente incorrecto dejar morir a una persona. *Debemos* intervenir y tratar de ayudar a una persona a recuperarse, y *no* permitir pasivamente que muera, cuando (1) hay una esperanza humana razonable de recuperación y (2) podemos ayudar. Esto sería obedecer la enseñanza de Jesús "Amarás a tu prójimo como a ti mismo" (Mt 22:39) y su mandamiento "Así que, todas las cosas que queráis que los hombres hagan con vosotros, así también haced vosotros con ellos; porque esto es la ley y los profetas" (Mt 7:12). Además, en la parábola del buen samaritano, Jesús condenó implícitamente al sacerdote y al levita que se desentendieron de hacer lo que podían para ayudar a un hombre malherido (ver Lucas 10:30-37).

Por otro lado, en los casos en los que (1) no hay ninguna esperanza humana razonable de recuperación (a veces llamada situación de "futilidad"), y (2) es el deseo del paciente que se le permita morir, y/o (3) no podemos ayudar (como cuando una persona está atrapada en un auto que se incendia o cuando el gasto de los tratamientos médicos necesarios es más de lo que podemos asumir), *entonces puede ser correcto permitir que la persona muera*. Esto es moralmente distinto de asesinar activamente a una persona.

Permitir que alguien muera puede incluir *no poner en marcha* un sistema médico de soporte vital (como un respirador artificial) o *detener* un sistema de soporte vital. Aunque muchas personas en las sociedades seculares modernas tienen un profundo miedo a la muerte, los cristianos no deben temerla. A veces, en las Escrituras vemos ejemplos de personas que se dan cuenta de que su muerte está cerca y que simplemente confían en Dios y entregan sus vidas en sus manos (ver Lucas 2:29; 23:46; Hechos 7:59; ver también Gn 49:33; 1 Co 15:55-57; He 2:15).

Mi propia decisión puede ser útil en este punto. Si se diera una circunstancia en la que me enfrentara a una enfermedad terminal, y no hubiera ninguna esperanza humana razonable de recuperación, y ya no fuera consciente; es decir, no pudiera dar a conocer mis deseos y probablemente ni siquiera fuera capaz de rezar conscientemente, en tal situación, ¿querría que se hiciera un gran esfuerzo y se gastara mucho dinero para evitar que muriera y, por tanto, impedirme ir al cielo? Desde luego que no.

El ejemplo del apóstol Pablo es bueno en este punto. Dijo que podía ver beneficios en permanecer vivo y también grandes beneficios en morir e ir a estar con Cristo, pero su afirmación de estas dos alternativas "buenas" nos lleva a concluir que seguramente no hubiera querido estar de alguna manera suspendido entre las dos

---

[2] A veces, matar activamente a una persona que sufre se denomina "eutanasia activa" para distinguirla de dejar morir a alguien (que a veces se llama "eutanasia pasiva"). He decidido no utilizar estos términos en este capítulo porque, erróneamente, hacen que ambas acciones parezcan similares, desdibujando la distinción moral fundamental entre matar a alguien y dejarlo morir..

durante semanas o incluso meses. Quería una cosa o la otra, o la vida o la muerte:

> Conforme a mi anhelo y esperanza de que en nada seré avergonzado; antes bien con toda confianza, como siempre, ahora también será magnificado Cristo en mi cuerpo, o *por vida* o *por muerte*. Porque para mí el vivir es Cristo, y el morir es ganancia. Mas si el vivir en la carne resulta para mí en beneficio de la obra, no sé entonces qué escoger. Porque de ambas cosas estoy puesto en estrecho, teniendo deseo de partir y estar con Cristo, lo cual es muchísimo mejor; pero quedar en la carne es más necesario por causa de vosotros (Fil 1:20-24).

Sin embargo, me parece que proporcionar nutrición e hidratación es diferente de un sistema de soporte vital artificial. ¿Qué ocurre si un paciente está inconsciente o tan débil que no puede alimentarse a sí mismo? ¿Hay que ponerle una sonda para proporcionarle agua y comida (lo que se suele llamar "nutrición e hidratación")? Por mi parte, creo que *debemos* proporcionar nutrición e hidratación de manera continua si podemos hacerlo. Lo creo porque me parece una expresión ordinaria de la misericordia y la compasión cristianas el evitar que el paciente muera de sed o de inanición en lugar de morir de la propia enfermedad o lesión. Por analogía, si el paciente hubiera sufrido un grave accidente automovilístico y se hubiera roto los dos brazos, y por lo tanto no pudiese alimentarse a sí mismo, sin duda querríamos brindarle nutrición e hidratación. Por ello, creo que también deberíamos hacerlo cuando la incapacidad del paciente para alimentarse no está causada por la fractura de sus brazos, sino por estar inconsciente.

Sin embargo, reconozco que a veces la situación médica exacta es más compleja, y el tomar una decisión sobre la nutrición e hidratación (especialmente la nutrición) puede ser más difícil. El 21 de abril de 2016, las Asociaciones Médicas y Dentales Cristianas emitieron una declaración reflexiva que tiene en cuenta más de estas complejidades[3]. La declaración, que figura como anexo en este capítulo, recomienda que la nutrición y la hidratación se mantengan a menos que sean perjudiciales para el paciente o claramente contrarias a los deseos expresados por este.

Además, la medicina moderna debe utilizarse para aliviar el dolor y el sufrimiento de un enfermo terminal (ver Mateo 7:12; 22:39). En la gran mayoría de los casos de hoy en día, se dispone de medicamentos, especialmente morfina o fármacos conocidos como opioides, que impiden que las personas sufran de forma continua y extrema cuando se acercan a la muerte[4]. Un estudio reciente descubrió que los enfermos de cáncer avanzado que reciben cuidados paliativos tempranos para ayudarlos en sus problemas físicos y emocionales tienen una mejor calidad de vida y no experimentan tanto sufrimiento como los que no reciben estos cuidados[5].

---

[3] *"Artificially-Administered Nutrition and Hydration"* ["Nutrición e hidratación artificiales"], *Christian Medical & Dental Associations* [Asociaciones Médicas y Dentales Cristianas], https://cmda.org/resources/publication/artificially-administered-nutrition-and-hydration-ethics-statement.

[4] *"Last Days of Life"* ["Los últimos días de la vida"], Institutos Nacionales de Salud, Instituto Nacional del Cáncer, www.cancer.gov/cancertopics/pdq/supportivecare/lasthours/Patient/page2#Keypoint7.

[5] *"Study Confirms Benefits of Early Palliative Care for Advanced Cancer"* ["Un estudio confirma los beneficios de los cuidados paliativos tempranos para el cáncer avanzado"], Institutos Nacionales de

C. ARGUMENTOS CONTRA LA EUTANASIA DESDE LA RAZÓN Y EVIDENCIA FUERA DE LA BIBLIA

Además de los argumentos citados anteriormente en Éxodo 20:13 ("No cometas asesinato") y en 2 Samuel 1:1-16 (la muerte de Saúl), se pueden formular cuatro argumentos adicionales contra la eutanasia:

1. El instinto moral humano de que el asesinato es malo. La mayoría de las personas tienen la convicción de que está mal asesinar a otro ser humano. Se puede argumentar desde esta convicción general hasta la aplicación específica de que está mal asesinar a los ancianos o a los enfermos terminales. ¿Acaso el asesinato no es asesinato si la víctima es joven o anciana, fuerte o débil, o si goza de buena salud o sufre? Ninguna de estas circunstancias debería afectar al estatus moral de la persona como ser humano.

2. La pendiente resbaladiza de la eutanasia a la "obligación" de morir. La preocupación por una "pendiente resbaladiza" en la política pública tiene cierta fuerza persuasiva. Si se permite la eutanasia para *algunos* pacientes que sufren, ¿cómo podemos evitar que se aplique *cada vez más y más* a pacientes que sufren? Y con el aumento del costo de la atención sanitaria a los pacientes ancianos y extremadamente enfermos, es probable que aumente la presión hacia los pacientes para que pidan que se les quite la vida. Además, "las naciones que han permitido el suicidio asistido por médicos descubren que una sociedad puede pasar rápidamente de *permitir* simplemente 'el derecho a morir' a la creencia de que existe 'una *obligación* de morir' por parte de los ancianos y los enfermos graves que están 'agotando los recursos' de la sociedad. En tales situaciones, es probable que se dé muerte a muchas personas ancianas en contra de su voluntad"[6].

3. El horror de la eutanasia involuntaria. La situación en los Países Bajos se ha hecho especialmente notoria: un gran número de ancianos ha sido sometido a la muerte contra su voluntad[7]. En 2012, 4188 personas recibieron la eutanasia en los Países Bajos mediante una mezcla de sedantes y una dosis letal de relajantes musculares[8]. Wesley Smith, abogado de la International Anti-Euthanasia Task Force, escribió que la cifra es en realidad mucho mayor:

La evidencia de décadas demuestra que esa eutanasia involuntaria es

---

Salud, Instituto Nacional del Cáncer, 5 de octubre de 2016, https://www.cancer.gov/news-events/cancer-currents-blog/2016/palliative-care-quality.

[6] "The End of Life" ["El fin de la vida"], en ESV Study Bible [Biblia de Estudio Teológico] (Wheaton, Illinois: Crossway, 2008), pág. 2543. (Yo fui el autor principal de este artículo, que también fue modificado y aprobado por al menos otros tres editores).

[7] Se puede leer un resumen conciso de la ley de eutanasia de los Países Bajos en: www.internationaltaskforce.org/hollaw.htm.

[8] Bruno Waterfield, *Number of Dutch Killed by Euthanasia Rises by 13 Percent* ["El número de muertos en los Países Bajos por eutanasia aumenta un 13 %"], The Telegraph, 24 de septiembre de 2013, http://www.telegraph.co.uk/news/worldnew/europe/netherlands/10330823/Number-of-Dutch-killed-by-euthanasia-rises -by-13-per-cent.html.

incontrolable. De hecho, en su sentencia de 1997 en la que se negaba a crear un derecho constitucional al suicidio asistido (Washington v. Glucksberg), la Corte Suprema de los Estados Unidos citó un estudio del gobierno de los Países Bajos de 1991 en el que se constataba que en 1990, los médicos cometieron "más de 1000 casos de eutanasia sin una petición explícita" y "otros 4941 casos en los que los médicos administraron sobredosis letales de morfina sin el consentimiento explícito de los pacientes". Esto significa que en 1990, casi 6000 de las aproximadamente 130000 personas que murieron en los Países Bajos ese año fueron sometidas a eutanasia involuntaria, aproximadamente el 4% de todas las muertes en los Países Bajos. Esto en cuanto a la "elección"[9].

El defensor de la eutanasia Philip Nitschke inventó la llamada "píldora pacífica" para inducir el suicidio, y también llevó a cabo talleres de "cómo suicidarse". Dijo que su posición personal es que "si creemos que hay un derecho a la vida, entonces debemos aceptar que la gente tiene derecho a disponer de esa vida cuando quiera"[10]. Y añadió:

> Muchas personas que conozco y con las que mantengo debates creen que la vida humana es sagrada. Yo no lo creo. [...] Si crees que tu cuerpo le pertenece a Dios y que acortar una vida es un crimen contra Dios, entonces claramente no estarás de acuerdo con mis pensamientos sobre este tema. No me importa que la gente mantenga estas creencias y sufra tanto como desee al morir. Para ellos, el sufrimiento redentor puede abrir un poquito más la puerta del cielo, y si esa es su creencia, es bienvenida; pero me opongo firmemente a que me impongan esas opiniones. Quiero que mi creencia, que la vida humana no es sagrada, reciba el mismo respeto[11].

La pendiente resbaladiza también se ha extendido a la eutanasia infantil. En septiembre de 2005, el gobierno de los Países Bajos anunció su intención de ampliar su política de eutanasia para permitir a los médicos poner fin a la vida de los bebés con el consentimiento de los padres. Según el "Protocolo de Gronican", se permite la eutanasia cuando se decide que un niño tiene una enfermedad terminal sin posibilidades de recuperación y padece un gran dolor[12].

Christine Rosen, autora de *Preaching Eugenics* [Predicando la eugenesia], dice:

> La adopción de la eutanasia por parte de los Países Bajos ha sido un proceso

---

[9] Wesley Smith, *"We Ignore the Dutch Legalization of Euthanasia at Our Own Peril"* ["Ignoramos la legalización por parte de los Países Bajos de la eutanasia bajo nuestro propio riesgo"], Euthanasia.com, 17 de diciembre de 2000, http://www.euthanasia.com/nethcases.html.

[10] Citado en Kathryn Jean Lopez, *"Euthanasia Sets Sail: An interview with Philip Nitschke, the other 'Dr. Death'"* ["La eutanasia se pone en marcha: Una entrevista con Philip Nitschke, el otro 'Dr. Muerte'"], National Review, 5 de junio de 2001, http://www.nationalreview.com/article/420133/euthanasia-sets-sail-kathryn-jean-lopez.

[11] Citado en *ibid.*

[12] Wesley J. Smith, *"From Holland to New Jersey"* ["De Holanda a Nueva Jersey"], National Review, 22 de marzo de 2005, http://www.nationalreview.com/article/213965/pushing-infanticide-wesley-j-smith.

gradual ayudado por la creciente aceptación (en una Europa mucho más secular) de que algunas vidas "no son dignas de vivir". De hecho, Europa está haciendo precisamente eso. Según Associated Press, el 73 % de los médicos franceses ha admitido haber utilizado fármacos para acabar con la vida de un bebé, y entre el 2 y el 4 % de los médicos del Reino Unido, Italia, España, Alemania y Suecia ha confesado lo mismo[13].

Bélgica también ha aprobado una ley que permite la eutanasia de niños, y se dio muerte al primer niño en septiembre de 2016[14]. Según la ley belga, los niños de cualquier edad pueden pedir la eutanasia si se considera que tienen una enfermedad terminal[15]. El exabogado internacional de Alliance Defending Freedom [Alianza para la Defensa de la Libertad] International, Roger Kiska, quien lideró la lucha legal contra aquella ley, dijo lo siguiente después de que esta se aprobara:

> Ninguna sociedad civilizada permite que los niños se suiciden. Lejos de ser una ley compasiva, esta ley le entrega a un niño el equivalente a una pistola cargada con la increíble creencia de que el niño debe ser libre de apretar el gatillo si así lo desea. La decisión de Bélgica de permitirlo es grotescamente abominable e inhumana. Como explicaba el análisis jurídico que proporcionamos a los miembros del Parlamento belga, la premisa subyacente de la ley es que la vida no merece la pena y que los niños son de alguna manera lo suficientemente maduros como para tomar decisiones tan serias sobre sus propias vidas. Por el contrario, esta ley explota a los niños vulnerables entregándoles una "libertad" que no se encuentran para nada preparados para asumir[16].

4. Ejemplos de personas que se han recuperado sorprendentemente. Un último argumento en contra de la eutanasia proviene de los relatos y testimonios personales de personas que aparentemente tenían una enfermedad terminal o sufrían lesiones que ponían en peligro su vida y que, sin embargo, se recuperaron, así como de personas mayores que siguen llevando una vida feliz y productiva.

Un ejemplo de este hecho es Jesse Ramírez, de Mesa en Arizona. En mayo de 2007, Jesse, de 36 años, sufrió un terrible accidente automovilístico mientras él y

---

[13] Christine Rosen, *Preaching Eugenics: Religious Leaders and the American Eugenics Movement* [Predicando la eugenesia: Los líderes religiosos y el movimiento eugenésico estadounidense] (Oxford: Oxford University Press, 2004), citado en Kathryn Jean Lopez, "Mercy!" ["¡Piedad!"] National Review, 30 de marzo de 2005,

http://www.nationalreview.com/article/214029/mercy-kathryn-jean-lopez

[14] Yves Logghe, *"First Child Dies by Legal Euthanasia in Belgium"* ["Primer niño muere por eutanasia legal en Bélgica"], CBS News, 19 de septiembre de 2016,

http://www.cbsnews.com/news/child-dies-by-euthanasia-in-belgium-where-assistance-in-dying-is-legal/

[15] Charlotte McDonald-Gibson, *"Belgium Extends Euthanasia Law to Kids"* ["Bélgica extiende la ley de eutanasia a los niños"], Time, 13 de febrero de 2014, http://time.com/7565/belgium-euthana-sia-law-children-assisted-suicide/.

[16] *"Belgium to Allow Children to Kill Themselves"* ["Bélgica permitirá que los niños se suiciden"], Alliance Defending Freedom, 13 de febrero de 2014, http://www.adfmedia.org/News/PRDetail/8847.

su esposa estaban discutiendo[17]. Sufrió una fractura de cuello y un traumatismo craneal, y cayó en coma. Apenas diez días después del accidente, a Jesse se le retiró la comida, el agua y los antibióticos a petición de su mujer, quien solo sufrió heridas leves por el accidente. Luego fue trasladado a un centro de cuidados para enfermos terminales, donde habría muerto, pero los abogados de Alliance Defending Freedom, a instancias de la hermana de Jesse, lograron restablecer la alimentación, el agua y el tratamiento. Unos días después, Jesse salió del coma. Aunque estuvo seis días sin comer ni beber, Jesse se recuperó y salió del hospital en octubre de 2007, y continuó su recuperación en casa[18]. En 2008, el estado de Arizona aprobó la "Ley de Jesse", que cerraba una laguna en el proceso de toma de decisiones para los pacientes que son físicamente incapaces de comunicar sus deseos con respecto a la atención médica[19].

D. OBJECIONES

Hay tres objeciones principales a la posición en contra de la eutanasia que he señalado anteriormente:

1. "Debemos defender el valor de la libertad humana". Los defensores de la eutanasia suelen insistir en la importancia de la libertad humana, incluso en la libertad de un individuo para elegir acabar con su propia vida.

Pero si es moralmente incorrecto asesinar activamente a otra persona, el hecho de que una persona *elija* ser asesinada no anula esta conclusión moral. Hay muchos casos en los que alguien podría sentirse tan frustrado con la vida que diría: "Me quiero morir". Pero, ¿entonces debemos decir que es correcto asesinar a esa persona? Si el asesinato es moralmente incorrecto, ni siquiera el deseo de la persona que quiere ser asesinada puede convertirlo en algo moralmente correcto, ya que sigue tratándose de quitar una vida humana. El derecho a la vida de una persona no depende de que ella misma quiera vivir.

2. "A veces necesitamos aliviar el dolor". Otra objeción es que algunas personas experimentan un dolor insoportable e interminable, y en todo caso suelen estar a pocos meses o años de la muerte. Sin embargo, el dolor y el sufrimiento no son razones suficientes para superar la prohibición moral del asesinato. Una mejor solución es aliviar el dolor (lo que casi siempre es posible con la medicina moderna)[20] y hacer todo lo que se pueda para superar el sufrimiento de la persona.

---

[17] Dennis Wagner, *"Injured Man's Awakening Called 'Miracle'"* ["El despertar de un hombre accidentado se califica como un 'milagro'"], USA Today, 27 de junio de 2007, https://usatoday30.usatoday.com/news/nation/2007-06-26-comatose_n.htm.

[18] Rick Dubek, *"Comatose Mesa Man Walks Out of Hospital"* ["Un hombre de Mesa que estuvo en coma sale del hospital"], AZCentral, 19 de octubre de 2007, http://archive.azcentral.com/12news/news/articles/jesseramirezwalks10192007-CR.html.

[19] *"ADF Commends Signing of 'Jesse's Law'"* ["ADF elogia la firma de la 'Ley de Jesse'"], Alliance Defending Freedom, 25 de junio de 2008, http://www.adfmedia.org/News/PRDetail/1907.

[20] Son pocos los casos en los que no es posible aliviar el dolor de forma significativa con medicamentos.

3. "Los recursos médicos y el dinero son limitados". Un último argumento es que el dinero y los recursos médicos son limitados y, por lo tanto, debemos dar muerte a las personas ancianas o muy enfermas para no malgastar estos recursos en ellas. No se trata de destinar un recurso escaso (por ejemplo, un trasplante de riñón) a una persona más joven o más sana. Se trata más bien de argumentar que las personas ancianas o muy enfermas *no deberían recibir tanta atención médica*.

Pero este argumento, expresado de otra manera, básicamente dice que es correcto matar a las personas cuyos cuidados nos cuestan demasiado. Este argumento es sencillamente una forma de decir: "No tenemos suficiente dinero para cuidar a estos ancianos y enfermos terminales". ¿Pero es ello una justificación para quitarle la vida a otra persona? Esto modificaría el mandamiento "No cometas asesinato" en un mandamiento diferente: "No cometas asesinato a menos que lo hagas para gastar tu dinero en algo más". Esta objeción es difícilmente aceptable por motivos morales.

Debo subrayar que no se trata de la discusión sobre "dejar morir", que puede ser la decisión correcta en el caso de enfermos terminales que no tienen ninguna esperanza humana razonable de recuperación. En tales casos, los deseos del paciente y los recursos económicos disponibles para atenderlo se convierten en auténticas consideraciones. Pero aquí no estamos hablando de dejar morir, estamos hablando de si es correcto *matar activamente* a otra persona porque pensamos que la sociedad debería gastar menos en el cuidado de ancianos y enfermos, y más bien destinar ese dinero a otros fines médicos. Estamos hablando de si es correcto asesinar.

Es importante darse cuenta de que estas tres objeciones se basan en un punto de vista contrario a la cosmovisión cristiana. Estas tres objeciones no valoran la vida humana como algo sagrado, algo que lleva de forma única la imagen de Dios en este mundo. Y no dan todo el peso a la fuerza moral del mandamiento de Dios: "No cometas asesinato".

E. ÚLTIMAS TENDENCIAS LEGALES

Las recientes tendencias legales en al menos algunos estados de Estados Unidos parecen ir en la dirección de permitir más la eutanasia. En la mayoría de los estados, la eutanasia sigue estando prohibida y se le aplican las leyes contra el asesinato. Sin embargo, en 1994, los votantes de Oregón promulgaron la "Ley de Muerte Digna", es decir, el llamado suicidio asistido por un médico[21], y esta ley fue respaldada por la Corte de Apelaciones del Noveno Circuito de Estados Unidos en 1997. Posteriormente, la Corte Suprema de Estados Unidos denegó una apelación a la ley. En una impugnación posterior en la que se sostenía que las leyes federales sobre sustancias controladas prevalecían sobre la ley, la Corte Suprema de Estados Unidos falló seis a tres a favor de la ley en 2006[22]. En noviembre de 2008, los

---

[21] Ver http://www.oregon.gov/oha/PH/PROVIDERPARTNERRESOURCES/EVALUATIONRESEARCH/DEATHWITHDIGNITYACT/pages/index.aspx.

[22] Gonzales v. Oregon, 546 U.S. 243 (2006).

ciudadanos del estado de Washington también legalizaron el suicidio asistido por médicos[23] . En octubre de 2015, el gobernador Jerry Brown de California firmó un proyecto de ley que legalizaba el suicidio asistido en ese estado. La ley entró en vigor el 9 de junio de 2016[24] . Poco después, una aseguradora de salud se negó a pagar la quimioterapia de una mujer que padecía un cáncer terminal, pero, en su lugar, accedió a pagar unas píldoras letales menos costosas[25] . El suicidio asistido también es legal en Vermont y Montana[26] .

Por otro lado, en 1999, Jack Kevorkian, un médico de Michigan, fue condenado por ayudar a un paciente a suicidarse en un acto que se exhibió en televisión y que violaba la legislación vigente en Michigan[27] .

F. LA IMPORTANCIA DE ESTE TEMA

La dirección que toma una sociedad con respecto a la eutanasia es un reflejo de cómo valora la vida humana y cómo valora el mandamiento de Dios de no asesinar. En las sociedades en las que se legaliza el suicidio asistido por un médico, se prepara el terreno para una mayor degradación de la protección de la vida humana. Se pensará que algunas personas son "demasiado ancianas" para merecer un tratamiento médico. La compasión y el cuidado de los ancianos disminuirán, y se les considerará cada vez más como una carga que hay que cuidar, en lugar de miembros valiosos de la sociedad.

Y a menos que experimentemos una muerte prematura, todos quienes leemos este capítulo algún día seremos esas personas "ancianas" que necesitan cuidados y el apoyo de los demás.

G. ANEXO: NUTRICIÓN E HIDRATACIÓN ARTIFICIALES

Una declaración de las Asociaciones Médicas y Dentales Cristianas (CMDA, por sus siglas en inglés).

Un dilema ético frecuente en la práctica médica contemporánea es el de

---

[23] *"Washington State to Allow Assisted Suicide"* ["El estado de Washington permitirá el suicidio asistido"], Associated Press, 2 de marzo de 2009,
https://usatoday30.usatoday.com/news/nation/2009-03-01-washington-assisted_N.htm.

[24] Lisa Aliferis, *"California to Permit Medically Assisted Suicide as of June 9"* ["California permitirá el suicidio asistido médicamente a partir del 9 de junio"], National Public Radio, 10 de marzo de 2016,
http://www.npr.org/sections/health-shots/2016/03/10/469970753/californias-law-on-medically-asisted-suicide-to-take-effect-june-9.

[25] Bradford Richardson, *"Assisted-suicide law prompts insurance company to deny coverage to terminally ill California woman"* ["La ley de suicidio asistido lleva a una aseguradora de salud a denegar la cobertura a una mujer californiana con enfermedad terminal"], Washington Times, 20 de octubre de 2016, http://www.washingtontimes.com/news/2016/oct/20/assisted-suicide-law-prompts-insurance-company-den/.

[26] *"'Death With Dignity' Laws By State"* ["'Leyes de Muerte Digna' por el Estado"] FindLaw,
http://healthcare.findlaw.com/patient-rights/death-with-dignity-laws-by-state.html.

[27] *"Kevorkian Gets 10 to 25 Years in Prison"* ["Kevorkian recibe de 10 a 25 años de prisión"], CNN, 13 de abril de 1999, www.cnn.com/US/9904/13/kevorkian.03/.

emplear o no medios artificiales para proporcionar nutrición o hidratación[28] en determinadas situaciones clínicas. Los precedentes jurídicos sobre este asunto no siempre resuelven el dilema ético ni concuerdan con la ética cristiana. La CMDA ofrece las siguientes directrices éticas para ayudar a los cristianos en estas decisiones difíciles y a menudo cargadas de emoción. Se deben considerar los siguientes ámbitos:

BÍBLICO

1. Todos los seres humanos, en todas las etapas de la vida, están hechos a imagen y semejanza de Dios, y su dignidad inherente debe ser tratada con respeto (Génesis 1:25-26). Esto se aplica de tres maneras:

   a. Todas las personas o sus apoderados deben tener la oportunidad de tomar sus propias decisiones médicas de la manera más informada posible. Sus valores únicos deben ser considerados antes de que el equipo médico dé sus recomendaciones.

   b. Quitar intencionalmente una vida humana está mal (Génesis 9:5-6; Éxodo 20:13).

   c. Especialmente los cristianos (Mateo 25:35-40; Santiago 2:15-17), y los profesionales de la salud en general, tienen una obligación especial de proteger a los vulnerables.

2. Ofrecer alimentos y líquidos por vía oral a todas las personas capaces de alimentarse o reconfortarse por ellas de forma segura, y asistirlas cuando sea necesario, es una exigencia moral (Mateo 25:31-45).

3. Todas las personas son responsables ante Dios del cuidado de su cuerpo, y los profesionales de la salud son responsables ante Dios del cuidado de sus pacientes. Como cristianos, entendemos que nuestros cuerpos pertenecen fundamentalmente a Dios; no son nuestros (1 Corintios 6:20).

4. Debemos tratar a todas las personas como queremos que nos traten a nosotros (Lucas 6:31).

5. No se debe utilizar la tecnología solo para prolongar el proceso de muerte cuando esta es inminente. Hay un "tiempo de morir" (Eclesiastés 3:2).

6. Para un creyente, la muerte conduce a un futuro eterno en la presencia de Dios, donde lo esperan la sanidad y la plenitud definitivas (2 Corintios 5:8; Juan 3:16, 6:40, 11:25-26 y 17:3).

7. Las decisiones médicas deben tomarse en oración y con cuidado. Cuando se enfrentan a una enfermedad grave, los pacientes pueden consultar a los líderes espirituales reconociendo que Dios es el sanador definitivo y la fuente de sabiduría (Éxodo 15:26; Santiago 1:5, 5:14).

8. A menudo, la enfermedad proporciona un contexto en el que los siguientes principios bíblicos entran en tensión:

   a. Dios utiliza soberanamente las experiencias difíciles de la vida para cumplir sus inescrutables propósitos (Job; 1 Pedro 4:19; Romanos 8:28; 2 Corintios 12:9).

   b. Dios desea que su pueblo disfrute de sus regalos y experimente salud y descanso (Salmos 127:2; Mateo 11:28-29; Hebreos 4:11).

MÉDICO

1. El cuidado cariñoso hacia el paciente debe tener como objetivo minimizar las molestias al final de la vida. Morir sin NHA no tiene por qué ser doloroso y, en algunas situaciones, puede contribuir al bienestar.

   a. La nutrición: En las etapas activas de la muerte, a medida que los sistemas del cuerpo comienzan a fallar, el tracto alimentario se deteriora hasta el punto de no poder procesar los alimentos, y la alimentación forzada puede causar malestar e hinchazón. Ya que normalmente una persona puede vivir durante semanas sin alimentos, la falta de nutrición a corto plazo no equivale a causar la muerte.

   b. Hidratación: En el paciente, que por lo demás está sano, que padece una deshidratación reversible, la falta de líquidos provoca síntomas de malestar que pueden incluir sed, fatiga, dolor de cabeza, aceleración del ritmo cardíaco, agitación y confusión. En cambio, la mayoría de las muertes naturales se producen con cierto grado de deshidratación, lo cual sirve para evitar las molestias de la sobrecarga de líquidos. A medida que el corazón se debilita, si no fuera por la deshidratación progresiva, el líquido se acumularía en los pulmones, causando dificultad respiratoria, o en otras partes del cuerpo, provocando una hinchazón excesiva de los tejidos. En el paciente moribundo, la deshidratación solo produce molestias si se deja secar los labios y la lengua.

2. Complicaciones de la NHA.

   a. La alimentación por sonda puede aumentar el riesgo de neumonía por aspiración del contenido del estómago.

   b. La alimentación por sonda y los medicamentos que se administran a través de ella pueden provocar diarrea, lo que aumenta la posibilidad de que se produzcan rupturas de la piel o úlceras de decúbito e infecciones, especialmente en un paciente ya debilitado.

   c. No es inusual que los pacientes con sondas de alimentación tiren de la sonda de forma voluntaria o en un estado de confusión, causando daños en la piel en el lugar de inserción o desprendiendo la sonda. Para evitar daños, puede ser necesario recurrir a restricciones físicas o medicamentos sedantes que, en otras circunstancias, serían innecesarios.

   d. El procedimiento quirúrgico para insertar una sonda de gastrostomía endoscópica percutánea (alimentación) puede provocar ocasionalmente una perforación intestinal u otras complicaciones graves.

   e. Las complicaciones de la NPT incluyen las que están asociadas al catéter venoso central, como la perforación de un vaso sanguíneo o colapso pulmonar; la infección local o del torrente sanguíneo; y las complicaciones asociadas a la propia alimentación, como sobrecarga de líquidos, alteraciones electrolíticas, glucemia lábil, disfunción hepática o enfermedad de la vesícula biliar.

3. Contexto de la enfermedad.

   a. Cáncer: El cáncer en fase terminal suele aumentar las necesidades metabólicas del organismo más allá de la nutrición que se puede conseguir por vía oral. Cuando el cáncer ha progresado hasta esta fase, el paciente puede experimentar gran dolor, y la NHA solo puede prolongar la muerte.

   b. Deterioro neurológico grave: Con frecuencia tiene un pronóstico indeterminado que hace que la toma de decisiones sea difícil. Requiere una cuidadosa evaluación de la probabilidad de mejora, de las cargas y beneficios de la intervención médica, y una evaluación de cuánto puede soportar el paciente mientras aguarda la ansiada mejora.

   c. Demencia: Si un paciente sobrevive hasta las últimas fases de la demencia, la capacidad de ingerir alimentos y líquidos por la boca puede verse afectada o perderse. Estudios científicos exhaustivos han demostrado que la NHA no mejora el bienestar ni la duración de la vida y, en realidad, puede acortarla.

ÉTICO

1. No existe ninguna distinción ética entre suspender o retener la alimentación artificial. Sin embargo, el impacto psicológico puede variar si se percibe que ello ha sido la causa de la muerte.

2. Si hay dudas sobre si es conveniente emplear la NHA, se puede considerar la posibilidad de realizar un ensayo con tiempo limitado.

3. Cualquier intervención médica debe llevarse a cabo solo después de una cuidadosa evaluación del beneficio esperado frente a la posible carga.

4. La decisión de aplicar o retirar la alimentación artificial está basada en un análisis de las circunstancias médicas, los valores y la experiencia, e implica al paciente o al apoderado designado en colaboración con el equipo de salud.

5. Lo mejor es que todas las partes interesadas busquen el consenso.

SOCIAL

1. Comer es una función social. Incluso para los pacientes comprometidos que no pueden alimentarse a sí mismos, ser alimentados por otras personas proporciona algunas de las mejores oportunidades que tienen para el contacto humano significativo y el placer.

2. Las personas que sufren demencia avanzada suelen seguir siendo sensibles y sociales.

La CMDA respalda las directrices éticas en cuatro categorías:

1. **Indicaciones fuertes:** Situaciones en las que el uso de la NHA está totalmente indicado y no sería ético que un equipo médico se negara a recomendarla o a ponerla en práctica. Ejemplos de estas situaciones serían:

   a. Un paciente con incapacidad para tomar líquidos y nutrición por vía oral por razones anatómicas o funcionales con una alta probabilidad de reversión en el momento oportuno.

   b. Un paciente que se encuentra en una condición estable con una enfermedad que no se considera progresiva o terminal y el paciente o la persona apoderada desea que se prolongue la vida (por ejemplo, una persona que ha nacido sin la capacidad de tragar pero que por lo demás es una persona con buena salud, o la víctima de un traumatismo o de un cáncer quien ha sido sometida a una cirugía curativa pero que no puede alimentarse por vía oral).

   c. Un paciente con un deterioro cerebral grave recién diagnosticado pero no inminentemente mortal y sin otras comorbilidades que pongan en peligro su vida.

   d. La insuficiencia del tracto gastrointestinal o la necesidad médica de reposo intestinal total pueden justificar el uso de la NPT en algunos contextos no terminales.

   e. Un paciente que, de otro modo, está en fase terminal y que solicita una alimentación artificial de corta duración estando plenamente informado del riesgo que corre para que pueda vivir un acontecimiento importante de su vida.

2. **Indicaciones permitidas:** Situaciones en las que el uso de la NHA es moralmente neutro y se debe animar al paciente o al apoderado a tomar la mejor decisión posible después de que el equipo médico le haya proporcionado toda la información necesaria. Ejemplos de estas situaciones serían:

   a. Un paciente con un deterioro neurológico grave y progresivo que, de otro modo, desea que se le prolongue la vida (por ejemplo, esclerosis lateral amiotrófica en fase terminal).

   b. Condiciones que no serían terminales si se proporciona la NHA, pero que, en opinión del paciente o la persona apoderada, no se sabe si los beneficios previstos frente a las cargas justifican la intervención.

3. **No se recomienda pero se permite:** Situaciones en las que el uso de la NHA puede no estar recomendado en todos los casos pero, dependiendo del contexto médico, sería moralmente lícito, suponiendo que el paciente o el apoderado hayan sido informados de los beneficios y de las posibles complicaciones y soliciten que se inicie o continúe. Ejemplos de estas situaciones serían:

   a. Un paciente que presenta un estado de enfermedad, como una discapacidad neurológica importante, en el que, tras varios meses de apoyo y observación, el pronóstico de recuperación de la conciencia o la comunicación sigue siendo desfavorable indeterminado. En los casos en los que se retira o se retiene la NHA, se deben seguir ofreciendo líquidos orales al paciente que exprese tener sed.

b. Un paciente cuyo apoderado solicita que se anule las instrucciones anticipadas del paciente y la recomendación del equipo médico en contra de la NHA debido al contexto médico particular o cambiante.

c. Colocación de una PEG en un paciente que es capaz, pero que tiene comprometida la capacidad de alimentarse por vía oral, como sustituto conveniente del proceso de alimentación oral, que suele llevar mucho tiempo, para facilitar la administración de medicamentos, o para satisfacer los criterios de elegibilidad para el traslado desde un entorno de cuidados intensivos a un nivel apropiado de cuidados de enfermería a corto plazo, cuidados a largo plazo o un centro de rehabilitación. Las decisiones sobre la NHA en estos casos deben tener en cuenta los beneficios potenciales frente a los riesgos y las cargas de las opciones de alimentación disponibles, la capacidad de los cuidadores para administrar la alimentación y la administración prudente de los recursos médicos y financieros, siempre teniendo en cuenta el mejor interés del paciente.

4. **Indicaciones no permitidas:** Situaciones en las que no es ético emplear el NHA. Algunos ejemplos de estas situaciones serían:

a. Utilizar la NHA en un paciente en contra de los deseos expresos de este o del apoderado, ya sea de forma extemporánea o según lo indicado en una instrucción anticipada y acordado por el apoderado. Puede haber contextos médicos específicos en los que un apoderado pueda anular una instrucción anticipada que solicite la NHA sobre la base de un juicio sustitutivo si el apoderado sabe que el paciente no la querría en el contexto actual.

b. Obligar a un profesional médico a participar en la inserción de una sonda de alimentación o en el acceso para la NPT contraviniendo su propia conciencia. En esta situación, el profesional médico solicitante debe estar dispuesto a transferir la atención del paciente a otro que preste el servicio (ver la declaración del CMDA sobre el derecho de conciencia en la asistencia médica).

c. Utilizar la NHA en una situación en la que es biológicamente fútil, como en el caso de un paciente declarado con muerte cerebral. Una excepción sería una paciente embarazada con muerte cerebral en la que el propósito de la NHA es preservar la vida del feto; la NHA en esta circunstancia no es fútil para la vida en el útero.

d. Utilizar la HNA en un intento de retrasar la muerte de un paciente cuya muerte es inminente (excepto en el contexto del punto 1.e. mencionado anteriormente).

La CMDA reconoce que el NHA es un tema controversial con límites morales indistintos. Los desacuerdos deben tratarse con espíritu de amor cristiano mostrando respeto hacia todos.

Aprobado por unanimidad por la Cámara de Representantes
21 de abril de 2016
Ridgecrest, Carolina del Norte[29]

PREGUNTAS PARA REFLEXIONAR

1. ¿Cómo ha afectado este capítulo a su forma de pensar sobre la eutanasia?
2. Si llegara el momento en que sufriera una enfermedad terminal y no tuviera ninguna esperanza humana razonable de recuperación, ¿qué tipo de tratamientos médicos querría que se le hicieran con el fin de prolongar su vida? ¿Y con el fin de aliviar su dolor?
3. ¿Ha hablado con los miembros de su familia más cercana sobre sus deseos en cuanto a los cuidados para usted al final de su vida? ¿Ha plasmado estos deseos en un documento escrito que esté reconocido legalmente, como por ejemplo (en Estados Unidos) un "poder notarial médico"? (Para un mayor análisis, ver cap. 24, pág. 631).
4. ¿Qué rasgos de carácter cristiano (ver pág. 110) serían especialmente útiles para las personas que atraviesan una enfermedad terminal? ¿Y para los miembros de sus familias que están cerca de ellos?

TÉRMINOS ESPECIALES

suicidio asistido
eutanasia
matar
dejar morir
nutrición e hidratación
pendiente resbaladiza

BIBLIOGRAFÍA

Otras fuentes de referencia sobre ética

(ver datos bibliográficos completos, pág. 64)

Clark y Rakestraw, 2:95-138
Davis, 161-97
Feinberg, John y Paul, 157-226
Frame, 734-38
Geisler, 160-79
Gushee y Stassen, 434-41
Kaiser, 139-50

---

[29] Extraído de la página web de las Asociaciones Médicas y Dentales Cristianas, https://www.cmda.org/resources/publication/artificially-administered-nutrition-and-hydration-ethics-statement.

McQuilkin y Copan, 387-93

Rae, 212-46

Otras obras

Cameron, N. M. de S. *"Euthanasia"* ["Eutanasia"] En el *New Dictionary of Christian Ethics and Pastoral Theology* [Nuevo Diccionario de Ética Cristiana y Teología Pastoral], editado por David J. Atkinson y David H. Field, págs. 357-59. Leicester, Reino Unido: Inter-Varsity y Downers Grove, Illinois: InterVarsity Press, 1995.

Frame, John M. *Medical Ethics: Principles, Persons, and Problems* [La ética médica: principios, personas, y problemas]. *Christian Perspectives* [Perspectivas cristianas]. Phillipsburg, Nueva Jersey: Presbyterian and Reformed, 1988.

Kilner, John Frederic. *Life on the Line: Ethics, Aging, Ending Patients' Lives, and Allocating Vital Resources* [La vida en juego: Ética, envejecimiento, acabar con la vida de los pacientes y asignar recursos vitales]. Grand Rapids, Michigan: Eerdmans, 1992.

———, ed. *Why the Church Needs Bioethics: A Guide to Wise Engagement with Life's Challenges* [Por qué la Iglesia necesita la bioética: Una guía para afrontar con sabiduría los retos de la vida]. Grand Rapids, Michigan: Zondervan, 2011.

Kilner, John Frederic, Arlene B. Miller y Edmund D. Pellegrino, eds. *Dignity and Dying: A Christian Appraisal* [Dignidad y muerte: Una valoración cristiana]. Horizons in Bioethics Series [Serie horizontes de la bioética]. Carlisle, Reino Unido: Paternoster, 1996.

Kilner, John Frederic y C. Ben Mitchell. *Does God Need Our Help? Cloning, Assisted Suicide, and Other Challenges in Bioethics* [¿Necesita Dios nuestra ayuda? Clonación, suicidio asistido y otros retos de la bioética]. Vital Questions. Wheaton, Illinois: Tyndale, 2003.

Mitchell, C. Ben. *Biotechnology and the Human Good* [La biotecnología y el bien humano]. Washington, DC: Georgetown University Press, 2007.

Mitchell, C. Ben y D. Joy Riley. *Christian Bioethics: A Guide for Pastors, Health Care Professionals, and Families* [Bioética cristiana: Guía para pastores, profesionales de la salud y familias]. B&H Studies in Christian Ethics [Estudios de Ética Cristiana de B&H]. Nashville: B&H Academic, 2014.

Tada, Joni Eareckson. *When Is It Right to Die? A Comforting and Surprising Look at Death and Dying* [¿Cuándo es correcto morir? Una mirada reconfortante y sorprendente sobre la muerte y la agonía], ed. actualizada Grand Rapids, Michigan: Zondervan, 2018.

VanDrunen, David. *Bioethics and the Christian Life: A Guide to Making Difficult Decisions* [Bioética y vida cristiana: Una guía para tomar decisiones difíciles]. Wheaton, Illinois: Crossway, 2009.

PASAJE BÍBLICO PARA MEMORIZAR

Éxodo 20:13 (NTV): No cometas asesinato.

HIMNO

"Grande es tu fidelidad"

Oh, Dios eterno, tu misericordia ni una sombra de duda tendrá;
tu compasión y bondad nunca fallan y por los siglos el mismo serás.

CORO
¡Oh, tu fidelidad! ¡Oh, tu fidelidad! Cada momento la veo en mí;
nada me falta, pues todo provees. ¡Grande, Señor, es tu fidelidad!

La noche oscura, el sol y la luna las estaciones del año también,
unen su canto, cual fieles criaturas, porque eres bueno, por siempre
eres fiel.

Tú me perdonas, me impartes el gozo, tierno me guías por sendas de paz;
eres mi fuerza, mi fe, mi reposo, y por los siglos mi
Padre serás[30] .

AUTOR: THOMAS O. CHISHOLM, 1866-1960

---

[30] (Versión en inglés) Palabras: Thomas O. Chisholm. © 1923, Ren. 1951 Hope Publishing Company, Carol Stream, Illinóis 60188. Todos los derechos reservados. Utilizado con permiso.

Capítulo 23

SUICIDIO

¿Una persona que se suicida puede ser perdonada?

El tema del suicidio es extremadamente doloroso siquiera de mencionar, y especialmente de discutir, para aquellos que han perdido a un familiar o amigo que se quitó la vida. Por lo tanto, cualquier discusión sobre el tema debe ser abordada con consideración y compasión, y reconociendo que el recuerdo de un suicidio de hace muchos años puede seguir siendo extremadamente doloroso y difícil. Sin embargo, al tratar las cuestiones morales relacionadas con la protección de la vida, es necesario abordar el tema del suicidio.

Según la Fundación Americana para la Prevención del Suicidio, citando estadísticas de los Centros para el Control y la Prevención de Enfermedades, el suicidio es la décima causa de muerte en Estados Unidos. En 2014 (el último año para el que se dispone de estadísticas), 42 773 estadounidenses murieron por suicidio. La tasa de suicidio ajustada por edad fue de 12.93 por cada 100 000 individuos en 2014, frente a 10.5 por cada 100 000 en 1999. En promedio, hay 117 suicidios por día, y los hombres mueren por suicidio tres veces y media más que las mujeres, pero las mujeres intentan suicidarse tres veces más que los hombres. El suicidio le cuesta a Estados Unidos 44 000 mil millones de dólares anuales en pérdidas médicas y laborales[1].

Desde el año 2000, la tasa de suicidio entre los hombres blancos en Estados Unidos ha aumentado de aproximadamente 12.0 por cada 100 000 a 14.7 por cada 100 000 en 2014, y constituye la tasa más alta de suicidio entre los adultos. Sin embargo, también se ha producido un fuerte aumento de los suicidios de mujeres de mediana edad y jóvenes. La tasa de mujeres de mediana edad aumentó un 63 %, de 6 a 9.8 por cada 100 000, entre 1999 y 2014. Durante el mismo periodo, el número de suicidios aumentó entre todos los grupos raciales, excepto entre los hombres de

---

[1] *"Suicide Statistics"* ["Estadísticas sobre suicidios"], Fundación Americana para la Prevención del Suicidio, citando datos de los Centros para el Control y la Prevención de Enfermedades - Informe de lesiones mortales de 2015, https://afsp.org/about-suicide/suicide-statistics/. Ver también https://www. nationalcouncildocs.net/wp-content/uploads/2015/10/2015-National-Facts-and-Figures.pdf.

raza negra[2] .

Según la Organización Mundial de la Salud (OMS)[3] , se calcula que en 2012 se suicidaron 804 000 personas, lo que supone una tasa mundial de suicidio estandarizada por edad de 11.4 por cada 100 000. En los últimos 45 años, según la OMS, las tasas mundiales de suicidio han aumentado un 60 %. La OMS también calcula que, en promedio, una persona muere por suicidio cada 40 segundos en algún lugar del mundo[4] .

A. LA ENSEÑANZA DE LA BIBLIA SOBRE EL ASESINATO TAMBIÉN PROHÍBE EL SUICIDIO

Cuando Dios habla en los Diez Mandamientos y dice: "No cometas asesinato" (Ex 20:13 NTV; repetido en Ro 13:9 y en otras partes), utiliza el verbo hebreo *rātsakh*, que se refiere a lo que hoy llamaríamos "asesinato", y también puede referirse a causar la muerte de otra persona por negligencia o descuido (ver el análisis realizado anteriormente de *rātsakh*, pág. 505). Pero si se aplica al asesinato de *otra* persona, entonces parece lógico que también se aplique al asesinato de nosotros mismos. Por lo tanto, "No cometas asesinato" es también una prohibición que significa "No te asesines a ti mismo"[5].

Un pasaje anterior, mucho antes del Pacto de Moisés, afirma este principio moral:

> Porque ciertamente demandaré la sangre de vuestras vidas; de mano de todo animal la demandaré, y de mano del hombre; de mano del varón su hermano demandaré la vida del hombre.
>
> El que derramare sangre de hombre,
>   por el hombre su sangre será derramada;
> porque a imagen de Dios es hecho el hombre (Gn 9:5-6).

"Derramar sangre de hombre" es una expresión del Antiguo Testamento para referirse a quitar voluntariamente la vida a otra persona, y por ese crimen Dios impone aquí la más severa de las penas humanas, la de quitar la vida al asesino (ver el análisis anterior, pág. 507). Aunque eso no es posible en el caso de un suicidio,

---

[2] Carina Storrs, *"U.S. Suicide Rates Up, Especially among Women, But Down for Black Males"* ["Las tasas de suicidio en Estados Unidos suben, especialmente entre las mujeres, pero bajan para los hombres negros"], CNN, 22 de abril de 2016, http://www.cnn.com/2016/04/22/health/suicide-rates-rise/.

[3] *"Global Health Observatory Data, Suicide Rates* (per 100,000 population)" "Datos del Observatorio Mundial de la Salud, tasas de suicidio (por 100 000 habitantes)", Organización Mundial de la Salud, http://www.who.int/gho/mental_health/suicide_rates/en/.

[4] "International Suicide Statistics" ["Estadísticas internacionales de suicidio"], Suicide.org, citando datos de la Organización Mundial de la Salud, www.suicide.org/international-suicide-statistics.html.

[5] El Catecismo Mayor de Westminster interpreta este mandamiento como una prohibición explícita del suicidio. Se pregunta: "¿Cuáles son los pecados prohibidos en el sexto mandamiento?" y las primeras palabras de la respuesta son: "Los pecados prohibidos en el sexto mandamiento son: el quitarnos la vida, o quitársela a otros, a no ser un caso de justicia pública, de guerra lícita o de defensa necesaria" (pregunta 136).

pues el asesino ya está muerto, el principio de que Dios considera esto como un mal moral grave permanece. Es importante que este pasaje se encuentre en la base misma de la sociedad humana después del diluvio, y por lo tanto podemos entenderlo correctamente como aplicable a toda la raza humana.

Tomando estos dos pasajes juntos, podemos concluir que el suicidio es moralmente incorrecto a los ojos de Dios y viola sus mandamientos contra la toma voluntaria de vidas humanas inocentes (asesinato). No solo está mal asesinar a otro ser humano, sino también a uno mismo.

B. LAS ESCRITURAS NUNCA VEN EL SUICIDIO DE FORMA POSITIVA

Los ejemplos narrativos del suicidio en la Biblia muestran que a menudo es el último acto de desesperación de una persona que se ha vuelto contra Dios y sus propósitos. Por ejemplo:

1. Saúl. Después de que el rey Saúl "desechó la palabra de Jehová", el profeta Samuel le dijo: "Jehová te ha desechado para que no seas rey sobre Israel" (1 S 15:26). A continuación, Saúl mostró un comportamiento cada vez más irracional y hostil hacia David, tratando de matarlo en repetidas ocasiones (ver 1 Samuel 18-28). En lugar de experimentar la victoria sobre los ejércitos filisteos como resultado de la protección de Dios, Saúl fue derrotado por los filisteos y estuvo a punto de sufrir una muerte humillante a manos de ellos. Así que, Saúl cayó sobre su propia espada, quitándose la vida[6]:

> Y arreció la batalla contra Saúl, y le alcanzaron los flecheros, y tuvo gran temor de ellos. Entonces dijo Saúl a su escudero: Saca tu espada, y traspásame con ella, para que no vengan estos incircuncisos y me traspasen, y me escarnezcan. Mas su escudero no quería, porque tenía gran temor. Entonces *tomó Saúl su propia espada y se echó sobre ella.* Y viendo su escudero a Saúl muerto, él también se echó sobre su espada, y murió con él (1 S 31:3-5).

2. Ahitofel. El consejero de confianza de David, Ahitofel, lo abandonó y se unió a la rebelión equivocada de Absalón (ver 2 S 15:12, 31). Pero Absalón no siguió el consejo de Ahitofel, y este no tardó en darse cuenta de que la causa de Absalón estaba perdida y que sería derrotado. Por lo tanto, desesperado por haber elegido el bando perdedor y al darse cuenta de que había traicionado injustamente al rey David, Ahitofel se suicidó:

> Pero Ahitofel, viendo que no se había seguido su consejo, enalbardó su asno, y se levantó y se fue a su casa a su ciudad; y *después de poner su casa*

---

[6] Existe una narración complementaria en 2 S 1:1-16, en el que un soldado amalecita afirma que mató a Saúl a petición del propio Saúl. Tanto si es cierto como si se trata de un embellecimiento interesado de los hechos, lo cierto es que Saúl, al menos, intentó suicidarse y fue la causa principal de su propia muerte. Ver análisis en pág. 589.

en orden, se ahorcó, y así murió, y fue sepultado en el sepulcro de su padre (2 S 17:23).

3. Judas: Cuando Judas experimentó el amargo arrepentimiento de haber traicionado a Jesús, se quitó la vida:

Entonces Judas, el que le había entregado, viendo que era condenado, devolvió arrepentido las treinta piezas de plata a los principales sacerdotes y a los ancianos, diciendo: Yo he pecado entregando sangre inocente. Mas ellos dijeron: ¿Qué nos importa a nosotros? ¡Allá tú! Y arrojando las piezas de plata en el templo, *salió, y fue y se ahorcó* (Mt 27:3-5; ver también el suicidio de Zimri en 1 Reyes 16:18-19, así como la prevención del suicidio del carcelero de Filipinas en Hechos 16:28).

La fuerza conjunta de estos pasajes, junto con muchos otros pasajes bíblicos que sirven para honrar y proteger la vida humana, llevan a John Jefferson Davis a decir: "La actitud bíblica hacia la vida humana es tan positiva que es innecesario hacer una condena explícita sobre el suicidio; su maldad es evidente"[7].

4. La muerte de Sansón no se debe considerar un suicidio. Efectivamente fue Sansón quien provocó su propia muerte, pero lo hizo como un último acto de autosacrificio por el bien de su pueblo:

Entonces clamó Sansón a Jehová, y dijo: Señor Jehová, acuérdate ahora de mí, y fortaléceme, te ruego, solamente esta vez, oh Dios, para que de una vez tome venganza de los filisteos por mis dos ojos. Asió luego Sansón las dos columnas de en medio, sobre las que descansaba la casa, y echó todo su peso sobre ellas, su mano derecha sobre una y su mano izquierda sobre la otra. *Y dijo Sansón: Muera yo con los filisteos. Entonces se inclinó con toda su fuerza, y cayó la casa sobre los principales, y sobre todo el pueblo que estaba en ella.* Y los que mató al morir fueron muchos más que los que había matado durante su vida (Jue 16:28-30).

Con su sacrificio propició una gigantesca derrota de los enemigos filisteos y una gran motivación para el pueblo de Israel. Así, la muerte de Sansón fue similar a la de los soldados en combate que dan su vida heroicamente para salvar la de otros. A pesar de su vergonzosa conducta pasada, Sansón se convirtió en un ejemplo de la enseñanza de Jesús: "Nadie tiene mayor amor que este, que uno ponga su vida por sus amigos" (Juan 15:13). Además, al sacrificar su vida para derrotar a los filisteos que oprimían a Israel, presagió de alguna manera la muerte del propio Cristo[8].

---

[7] John Jefferson Davis, *Evangelical Ethics: Issues Facing the Church Today* [Ética evangélica: problemas que enfrenta la iglesia hoy], 4ª ed. (Phillipsburg, Nueva Jersey: P&R, 2015), pág. 193.

[8] Robertson McQuilkin y Paul Copan escriben: "Dar la vida por otro de forma abnegada no es un suicidio pecaminoso. Si lo fuera, Dios mismo sería el más culpable de todos. Nadie le quitó la vida a Cristo. Él la entregó por su propia voluntad" (Jn 10:18). *An Introduction to Biblical Ethics: Walking in the Way of Wisdom* [Introducción a la ética bíblica: Caminando por el camino de la sabiduría], 3ª ed. (Downers Grove, Illinois: InterVarsity Press, 2014), pág. 386.

C. EL OBJETIVO DE SATANÁS ES DESTRUIR A LOS SERES HUMANOS HECHOS A LA IMAGEN DE DIOS

La Escritura nos dice que solo los seres humanos, de entre toda la creación de Dios, tienen la elevada condición de haber sido hechos a "imagen" y "semejanza" de Dios (ver Gn 1:27; 9:6; Stg 3:9). Por lo tanto, somos la cúspide de la creación de Dios. Por ello, Dios exige el más severo castigo para quien destruya esa imagen al asesinar a un ser humano (ver Gn 9:5-6).

Pero Satanás odia a Dios y odia a los seres humanos que están hechos a imagen de Dios. Su objetivo es destruirnos:

> Pues ustedes son hijos de su padre, el diablo, y les encanta hacer las cosas malvadas que él hace. *Él ha sido asesino desde el principio* y siempre ha odiado la verdad, porque en él no hay verdad. Cuando miente, actúa de acuerdo con su naturaleza porque es mentiroso y el padre de la mentira (Juan 8:44 NTV).

Por lo tanto, Satanás tratará de persuadir a la gente para que se suicide. Por esta razón, cuando las personas me dicen que "oyen voces" que les dicen que se suiciden, sospecho que en algunos casos esto puede ser el resultado de una influencia demoníaca que los ataca y que busca hacer que se dañen a sí mismos o incluso que se quiten la vida[9] (sin embargo, en otros casos las supuestas voces pueden ser acusaciones autocríticas amplificadas de la propia mente de la persona).

Por el contrario, el Espíritu Santo habita en los cristianos y quiere que glorifiquen a Dios en sus cuerpos, no que los destruyan:

> ¿O ignoráis que *vuestro cuerpo es templo del Espíritu Santo, el cual está en vosotros,* el cual tenéis de Dios, y que no sois vuestros? Porque habéis sido comprados por precio; *glorificad, pues, a Dios en vuestro cuerpo* y en vuestro espíritu, los cuales son de Dios (1 Co 6:19-20)[10] .

Aunque algunas veces las circunstancias de una persona puedan parecer sumamente difíciles, Dios promete que siempre hay una solución disponible sin ceder a la tentación de pecar:

> No os ha sobrevenido ninguna tentación que no sea humana; pero fiel es Dios, que no os dejará ser tentados más de lo que podéis resistir, sino que dará también juntamente con la tentación la salida, para que podáis soportar (1 Co 10:13).

---

[9] Para un análisis de la influencia demoníaca en la vida de las personas y un tratamiento bíblico de cómo deben responder los cristianos, ver Wayne Grudem, *Systematic Theology: An Introduction to Biblical Doctrine* [Teología sistemática: Una introducción a la doctrina bíblica] (Leicester, Reino Unido: Inter-Varsity y Grand Rapids, Michigan: Zondervan, 1994), págs. 412-36.

[10] En el contexto de 1 Corintios 6, Pablo dice "vuestro cuerpo es templo del Espíritu Santo" para argumentar contra la inmoralidad sexual. Pero el mismo principio se aplicaría también a otras acciones por las que maltratamos nuestro cuerpo o hacemos un mal uso de él y, por lo tanto, deshonramos este "templo", y sin duda se aplicaría a la destrucción de nuestro cuerpo mediante el suicidio.

Con respecto a este versículo, John Frame escribe lo siguiente: "Dios nunca abandona a sus hijos. Nunca los lleva a una situación en la que la autodestrucción pecaminosa sea la única opción" (1 Co 10:13)[11].

D. EL SUICIDIO HIERE PROFUNDAMENTE A OTRAS PERSONAS

Cuando alguien se suicida, los familiares y amigos de esa persona experimentan un profundo dolor que puede ser intenso durante muchos años. Pueden experimentar una gran pena y dolor intensificados por el hecho de que no hay esperanza de cambiar el resultado o (a menudo) de encontrar en esta vida alguna otra explicación para el suicidio.

Por lo tanto, la persona que se suicida está actuando en contra del mandamiento de Jesús "Amarás a tu prójimo como a ti mismo" (Mt 22:39). Quien se quita la vida está actuando incluso en contra de un amor legítimo a sí mismo.

Otro resultado perjudicial del suicidio es que a veces otras personas siguen el ejemplo de la persona que se suicida y ellas se suicidan también. Esto es particularmente cierto en el caso de los suicidios de celebridades muy conocidas[12], pero puede ocurrir dentro de la red social de cualquier persona. Por lo tanto, un suicidio puede llevar a la destrucción de varias otras vidas y multiplicar la pena y el dolor entre muchas otras familias y redes de amigos.

E. ¿LAS PERSONAS QUE SE HAN SUICIDADO PUEDEN SER PERDONADAS?

1. Sí, por supuesto, si eran creyentes de Cristo. Si bien es cierto que quitarse la vida es un pecado contra Dios, todos seguiremos siendo pecadores necesitados de perdón hasta el momento de nuestra muerte.

> Si decimos que no tenemos pecado, nos engañamos a nosotros mismos, y
> la verdad no está en nosotros (1 Juan 1:8).

Por lo tanto, no se trata de saber si alguien era pecador en el momento en que murió (porque todos seguiremos siendo pecadores cuando muramos), sino si esa persona había confiado verdaderamente en Cristo para el perdón de los pecados.

Si la persona había creído en el evangelio y confiado realmente en Cristo, entonces los conocidos pasajes que tienen que ver con la muerte de Cristo por nuestros pecados y el don de la salvación son muy oportunos aquí asegurándonos que incluso el pecado del suicidio puede ser perdonado:

---

[11] John M. Frame, *The Doctrine of the Christian Life: A Theology of Lordship* [La Doctrina del Conocimiento de Dios: Teología del Señorío] (Phillipsburg, Nueva Jersey: P&R, 2008), pág. 738.

[12] Ver Margot Sanger-Katz, *"The Science behind Suicide Contagion"* ["La ciencia detrás del contagio del suicidio"], The New York Times, 13 de agosto de 2014, http://www.nytimes.com/2014/08/14/upshot/the-science-behind-suicide-contagion.html.

Porque la paga del pecado es muerte, mas la dádiva de Dios es vida eterna en Cristo Jesús Señor nuestro (Ro 6:23).

Porque primeramente os he enseñado lo que asimismo recibí: *Que Cristo murió por nuestros pecados*, conforme a las Escrituras (1 Co 15:3).

Y esta es la voluntad del Padre, el que me envió: Que de todo lo que me diere, no pierda yo nada, sino que lo resucite en el día postrero. Y esta es la voluntad del que me ha enviado: *Que todo aquél que ve al Hijo, y cree en él, tenga vida eterna;* y yo le resucitaré en el día postrero (Jn 6:39-40).

Por lo cual estoy seguro de que ni la muerte, ni la vida, ni ángeles, ni principados, ni potestades, ni lo presente, ni lo por venir, ni lo alto, ni lo profundo, ni ninguna otra cosa creada nos podrá separar del amor de Dios, que es en Cristo Jesús Señor nuestro (Ro 8:38-39).

2. Enseñanza católica romana. A veces hay confusión sobre la enseñanza de la Iglesia Católica Romana en relación a este tema. Esto quizá se debe a la enseñanza católica romana antigua que no concedía una misa de funeral o un entierro por la iglesia a alguien que se había suicidado[13]. Sin embargo, el actual *Catecismo de la Iglesia Católica* enseña lo siguiente:

No se debe desesperar de la salvación eterna de aquellas personas que se han dado muerte. Dios puede haberles facilitado por caminos que Él solo conoce la ocasión de un arrepentimiento salvador. La Iglesia ora por las personas que han atentado contra su vida[14].

F. CÓMO RESPONDER SI ALGUIEN PREGUNTA: "SI ME SUICIDO, ¿IRÉ AL CIELO?"

Esta pregunta debe tomarse muy en serio. No hay que decir nada que anime a alguien a suicidarse o que dé la impresión que se está dando permiso para ello.

Es importante que preguntemos sobre las circunstancias que han llevado a la persona a hacerse esta pregunta. A veces, los sentimientos intensos de tristeza, arrepentimiento, frustración, confusión y desesperanza llevan a las personas a contemplar el suicidio e incluso a intentarlo. En otros casos, puede haber un deseo de venganza o un deseo de escapar de la vergüenza o de un dolor intenso.

Después de escuchar con compasión y orar para que Dios le dé a usted una visión de la causa de esta pregunta, es importante tratar de convertir de alguna

---

[13] Un cambio en el derecho canónico en 1983 permitió los ritos funerarios, incluyendo la misa y el entierro en terrenos consagrados, para aquellos que mueren por suicidio, ya que el suicidio fue eliminado de la lista de razones por las que se negaría una misa funeral o un entierro católico. Ver *"Code of Canon Law"* ["Código de Derecho Canónico"], The Holy Ver, Cap. II, http://www.vatican.va/archive/ENG1104/_P4C.HTM.

[14] *Catechism of the Catholic Church* [Catecismo de la Iglesia Católica], 2º ed. (Nueva York: Doubleday, 1997), párr. 2283 (609), http://www.vatican.va/archive/ENG0015/_P7Z.HTM.

manera la desesperación de la persona en al menos una chispa de esperanza.

Si la persona profesa ser un creyente cristiano, a menudo las palabras de Dios en las Escrituras traerán por sí mismas esperanza al corazón de la persona de una manera que ninguna palabra simplemente humana lo puede hacer. El Salmo 42 puede ser muy útil para leerlo en voz alta. Además, los siguientes pasajes conocidos también pueden ser de ayuda:

> Por nada estéis afanosos, sino sean conocidas vuestras peticiones delante de Dios en toda oración y ruego, con acción de gracias. Y la paz de Dios, que sobrepasa todo entendimiento, guardará vuestros corazones y vuestros pensamientos en Cristo Jesús (Fil 4:6-7).

> No os ha sobrevenido ninguna tentación que no sea humana; pero fiel es Dios, que no os dejará ser tentados más de lo que podéis resistir, sino que dará también juntamente con la tentación la salida, para que podáis soportar (1 Co 10:13; este versículo debe animar a la persona a que Dios siempre le dará esperanza para salir de circunstancias muy difíciles).

> Y sabemos que a los que aman a Dios, todas las cosas les ayudan a bien, esto es, a los que conforme a su propósito son llamados (Ro 8:28).

Si la persona no profesa ser un creyente cristiano o si usted duda de que la persona haya llegado a la fe genuina, entonces es importante buscar y orar por una oportunidad para presentar las buenas noticias del perdón de los pecados y la oferta de salvación en Jesucristo, porque el evangelio es especialmente poderoso en circunstancias como esta.

Sin embargo, todo este consejo debe presentarse con gran sensibilidad, y solo cuando parezca que la persona está al menos un poco preparada para escucharlo. Intentar forzar la alegría en una persona desesperada puede empeorar la situación si se hace de una manera insensible:

> El que canta canciones al corazón afligido
> > Es como el que quita la ropa en tiempo de frío,
> > o el que sobre el jabón echa vinagre (Pr 25:20).

Por último, además de la ayuda y consejo que usted mismo puede brindar, si hay algún indicio de que la persona sigue contemplando el suicidio, sería prudente buscar la ayuda de un consejero capacitado (o, en casos especialmente urgentes, buscar la intervención llamando a la atención de emergencia al 911 en los Estados Unidos o a una línea telefónica de prevención del suicidio, como la *National Suicide Prevention Lifeline* [Línea Nacional de Prevención del Suicidio], 1-800-273-8255).

PREGUNTAS PARA REFLEXIONAR

1. ¿Cómo ha cambiado este capítulo su forma de entender el suicidio?
2. ¿Hay algunas formas prácticas en las que los cristianos puedan consolar

y animar a las personas que han perdido a un ser querido a causa del suicidio?

3. ¿Conoce a algún amigo o familiar que crea que puede estar tentado a suicidarse? ¿Qué podría hacer para ayudarlos a tomar una decisión diferente?

TÉRMINOS ESPECIALES

ninguno

BIBLIOGRAFÍA

Otras fuentes de referencia sobre ética

(ver datos bibliográficos completos, pág. 64)

Feinberg, John y Paul, 187-88, 205-7
Frame, 738-39
Geisler, 43, 172-73
Kaiser, 139-50
McQuilkin y Copan, 384-87

Otras obras

Blocher, Henri. *Suicide* [Suicidio]. Traducido por Roger Van Dyk. Downers Grove, Illinois: InterVarsity Press, 1972.

Chamberlain, Paul C. *Final Wishes: A Cautionary Tale on Death, Dignity & Physician-Assisted Suicide* [Deseos finales: Un cuento con moraleja sobre la muerte, la dignidad y el suicidio asistido por un médico]. Downers Grove, Illinois: InterVarsity Press, 2000.

Demy, Timothy J. y Gary Stewart. *Suicide: A Christian Response* [El suicidio: Una respuesta cristiana]. Grand Rapids, Michigan: Kregel, 1998.

Dyck, Arthur J. *Life's Worth: The Case against Assisted Suicide* [El valor de la vida: El caso contra el suicidio asistido]. Grand Rapids, Michigan: Eerdmans, 2002.

Harris, B. "*Suicide*" ["Suicidio"] En el *New Dictionary of Christian Ethics and Pastoral Theology* [Nuevo Diccionario de Ética Cristiana y Teología Pastoral], editado por David J. Atkinson y David H. Field, págs. 825-26. Leicester, Reino Unido: Inter-Varsity y Downers Grove, Illinois: InterVarsity Press, 1995.

Moreland, James Porter y Norman L. Geisler. *The Life and Death Debate: Moral Issues of Our Time* [El debate sobre la vida y la muerte: cuestiones morales de nuestro tiempo]. Nueva York: Greenwood Press, 1990.

Moreland, James Porter y Scott B. Rae. *Body & Soul: Human Nature & the Crisis in Ethics* [Cuerpo y alma: la naturaleza humana y la crisis de la ética]. Downers Grove, Illinois: InterVarsity Press, 2000.

Stewart, Gary P., William R. Cutrer, Timothy J. Demy, Dónal P. O'Mathúna, Paige C.

Cunningham, John F. Kilner y Linda K. Bevington. *Basic Questions on Suicide and Euthanasia: Are They Ever Right?* [Cuestiones básicas sobre el suicidio y la eutanasia: ¿alguna vez tienen razón?] BioBasics Series. Grand Rapids, Michigan: Kregel, 1998.

Tada, Joni Eareckson. *When Is It Right to Die? A Comforting and Surprising Look at Death and Dying* [¿Cuándo es correcto morir? Una mirada reconfortante y sorprendente sobre la muerte y la agonía], ed. actualizada Grand Rapids, Michigan: Zondervan, 2018.

Wennberg, Robert N. *Terminal Choices: Euthanasia, Suicide, and the Right to Die* [Decisiones terminales: Eutanasia, suicidio y derecho a morir]. Grand Rapids, Michigan: Eerdmans, 1990.

PASAJE BÍBLICO PARA MEMORIZAR

Filipenses 4:6-7: Por nada estéis afanosos, sino sean conocidas vuestras peticiones delante de Dios en toda oración y ruego, con acción de gracias. Y la paz de Dios, que sobrepasa todo entendimiento, guardará vuestros corazones y vuestros pensamientos en Cristo Jesús.

HIMNO

"Oh, qué amigo nos es Cristo"

¡Oh, qué amigo nos es Cristo!
Él llevó nuestro dolor
y nos manda que llevemos
todo a Dios en oración.
¿Está el hombre desprovisto
de paz, gozo y santo amor?
Esto es porque no llevamos
todo a Dios en oración.

¿Estás débil y cargado
de cuidados y temor?
A Jesús, refugio eterno
dile todo en oración.
¿Te desprecian tus amigos?
Cuéntaselo en oración;
en sus brazos
de amor tierno
paz tendrá tu corazón.
Jesucristo es nuestro amigo,
de esto pruebas nos mostró,
pues para llevar consigo
al culpable se humanó.

El castigo de su pueblo
en su muerte él sufrió;
Cristo es un amigo eterno,
solo en él confío yo.

AUTOR: JOSEPH SCRIVEN, 1819-1886

Capítulo 24

ENVEJECIMIENTO Y MUERTE

¿Cuáles son las bendiciones que trae consigo el envejecimiento?

¿Es correcto que los cristianos gasten dinero en tintes para el cabello o en cirugías estéticas?

¿Por qué es importante tener un testamento y otros documentos sobre el final de la vida?

¿Qué podemos decir sobre la cremación?

El proceso gradual de envejecer suele recordarnos que vamos a morir. Por ello, es apropiado considerar los temas del envejecimiento y la muerte en este apartado, el cual se ocupa de cuestiones relacionadas con la protección de la vida.

A medida que envejecemos, es inevitable que nuestro cuerpo se debilite. Esto ocurre incluso en el caso de los atletas campeones, ningún atleta ha hecho mal a la hora de retirarse en los niveles de habilidad más competitivos de los deportes profesionales. En medio de nuestra vida, empezamos a experimentar recordatorios cada vez más frecuentes de que eventualmente la muerte va a llegar. La cultura occidental moderna trata de evitar pensar en el envejecimiento y la muerte, y algunas personas gastan grandes cantidades de dinero y tiempo en intentar ocultar los signos de la edad y parecer más jóvenes de lo que realmente son.

¿Cómo deben abordar los cristianos esta fase de la vida? La perspectiva de los cristianos con respecto al envejecimiento y la muerte debería ser muy diferente a la de la cultura secular en la que vivimos. No debemos temer a la muerte como lo hacen los incrédulos, porque Jesús vino a la tierra para triunfar sobre Satanás y "librar a todos *los que por el temor de la muerte* estaban durante toda la vida sujetos a servidumbre" (He 2:15).

A. COMPRENDIENDO EL ENVEJECIMIENTO Y LA MUERTE

1. El envejecimiento y la muerte son el resultado del pecado. Los seres humanos experimentan el envejecimiento y la muerte debido al pecado de Adán:

> Por tanto, como el pecado entró en el mundo por un hombre, *y por el pecado la muerte*, así la muerte pasó a todos los hombres, por cuanto todos pecaron (Ro 5:12).

> Porque por cuanto la muerte entró por un hombre, también por un hombre la resurrección de los muertos. *Porque así como en Adán todos mueren*, también en Cristo todos serán vivificados (1 Co 15:21-22).

Dios le advirtió a Adán que le impondría la pena de muerte en caso de desobediencia:

> Mas del árbol de la ciencia del bien y del mal no comerás; porque el día que de él comieres, *ciertamente morirás* (Gn 2:17).

Cuando Adán y Eva comieron del árbol, Dios, en su justicia, pronunció esta maldición sobre ellos:

> Con el sudor de tu rostro comerás el pan
>   hasta que vuelvas a la tierra,
> porque de ella fuiste tomado;
>   *pues polvo eres,*
> *y al polvo* volverás (Gn 3:19).

Sin embargo, la pena de muerte no se impuso instantáneamente cuando Adán y Eva pecaron. Sino que la experimentaron gradualmente cuando empezaron a envejecer y finalmente envejecieron y murieron (Gn 5:5).

2. La muerte no es un castigo para los cristianos. Pablo afirma que "ninguna condenación hay para los que están en Cristo Jesús" (Ro 8:1). Se ha pagado por completo el castigo por nuestros pecados. Por lo tanto, aunque los cristianos siguen muriendo, no debemos ver la muerte de los cristianos como un castigo de Dios o como una pena por nuestros pecados[1]. La pena de muerte ya no se aplica a nosotros, ni en términos de muerte física ni de muerte espiritual (separación de Dios). Así que debe haber otra razón por la que los cristianos mueren[2].

---

[1] Pablo vio la muerte de algunos cristianos de Corinto que habían estado abusando de la Cena del Señor (1 Co 11:30) como un proceso de disciplina o escarmiento, no una condena. Dijo: "Sin embargo, cuando el Señor nos juzga, nos está disciplinando para que no seamos condenados junto con el mundo" (1 Co 11:32 NTV) (en este análisis, utilizo la palabra castigo para referirme al castigo divino que tiene por objeto hacernos daño, y disciplina para referirme a las dificultades a través de las cuales Dios tiene la intención de hacernos bien).

[2] El material que se encuentra desde aquí hasta el final de esta sección ha sido adaptado de Wayne Grudem, *Systematic Theology: An Introduction to Biblical Doctrine* [Teología sistemática: Una in-

3. El envejecimiento y la muerte son el resultado final de vivir en un mundo caído. En su gran sabiduría, Dios decidió que no nos aplicaría los beneficios de la obra redentora de Cristo todos a la vez. Más bien, eligió aplicarnos los beneficios de la salvación de forma gradual a lo largo del tiempo. Del mismo modo, eligió no eliminar todo el mal del mundo de inmediato, sino esperar hasta el juicio final y el establecimiento del nuevo cielo y la nueva tierra. En resumen, seguimos viviendo en un mundo caído y nuestra experiencia de salvación sigue siendo incompleta. La muerte será el último elemento del mundo caído en ser eliminado. Pablo dijo:

> Luego el fin, cuando entregue el reino al Dios y Padre, cuando haya suprimido todo dominio, toda autoridad y potencia. Porque preciso es que él reine hasta que haya puesto a todos sus enemigos debajo de sus pies. *Y el postrer enemigo que será destruido es la muerte* (1 Co 15:24-26).

Cuando Cristo vuelva:

Entonces se cumplirá la palabra que está escrita:

Sorbida es la muerte en victoria.
    ¿Dónde está, oh muerte, tu aguijón?
¿Dónde, oh sepulcro, tu victoria? (1 Co 15:54-55).

Así pues, la muerte sigue siendo una realidad en la vida de los cristianos. Aunque la muerte no llega a nosotros como un castigo por nuestros pecados individuales (porque eso lo ha pagado Cristo), sí lo hace como resultado de *vivir en un mundo caído*, donde no se han eliminado todos los efectos del pecado.

Asimismo, experimentamos otros resultados de la caída que dañan nuestros cuerpos y revelan la presencia de la muerte en el mundo. Los cristianos, al igual que los que no son cristianos, experimentan el envejecimiento, las enfermedades, las lesiones y los desastres naturales. Dios suele responder a las oraciones para librar a los cristianos (y también a los no cristianos) de algunos de estos efectos de la caída durante un tiempo (revelando así la naturaleza de su reino venidero); sin embargo, los cristianos eventualmente experimentan todas estas cosas en cierta medida y, hasta que Cristo vuelva, todos envejeceremos y moriremos. El "postrer enemigo" aún no ha sido destruido. Y Dios ha elegido permitirnos experimentar la muerte antes de obtener todos los beneficios de la salvación que han sido obtenidos para nosotros.

4. Dios utiliza las experiencias del envejecimiento y de la muerte para completar nuestra santificación. Como mencionamos anteriormente, los cristianos jamás tienen que pagar ninguna pena por el pecado, ya que todo eso ha sido asumido por Cristo (Ro 8:1). Por lo tanto, cuando experimentamos dolor y sufrimiento en esta vida, nunca debemos pensar que es porque Dios nos está *castigando* (para dañarnos). A veces el sufrimiento es simplemente el *resultado de vivir en un mundo*

troducción a la doctrina bíblica] (Leicester, Reino Unido: Inter-Varsity y Grand Rapids, Michigan: Zondervan, 1994), págs. 810-13, con permiso de la editorial.

pecaminoso y caído; sin embargo, a veces Dios nos está *disciplinando* (para nuestro bien) a través del sufrimiento, y a veces nos permite experimentar las dificultades como una *oportunidad para expresar nuestra fe en él y encontrar nuestra alegría en él* (ver Santiago 1:2-3; 1 Pedro 1:6-9). En cualquier caso, Romanos 8:28 nos asegura que para "los que aman a Dios, todas las cosas les ayudan a bien, esto es, a los que conforme a su propósito son llamados".

El reto que Jesús le hace a la iglesia de Esmirna podría hacerse a todo creyente: "*Sé fiel hasta la muerte*, y yo te daré la corona de la vida" (Ap 2:10). Pablo dice que su objetivo en la vida es llegar a ser como Cristo: "[Deseo que] a fin de conocerle, y el poder de su resurrección, y la participación de sus padecimientos, *llegando a ser semejante a él en su muerte*" (Fil 3:10). Pensó en la forma en que Jesús murió y se propuso ejemplificar las mismas características en su vida cuando llegara el momento de morir: que en cualquier circunstancia en que se encontrara, él, como Cristo, siguiera obedeciendo a Dios, confiando en Dios, perdonando a los demás y atendiendo a las necesidades de los que le rodeaban, dando así gloria a Dios incluso en su muerte. Por eso, cuando estaba en la cárcel, sin saber si moriría allí o saldría vivo, aún podía decir: "Conforme a mi anhelo y esperanza de que en nada seré avergonzado; antes bien con toda confianza, como siempre, ahora también *será magnificado Cristo* en mi cuerpo, o por vida o *por muerte*" (Fil 1:20).

Esta comprensión sobre el envejecimiento y la muerte debería ser una gran motivación para nosotros. Debería quitarnos el miedo a envejecer y a morir, miedo que ronda las mentes de los incrédulos (cf. He 2:15). Sin embargo, aunque Dios nos traiga bien a través de este proceso, debemos recordar que el envejecimiento y la muerte no son naturales; no son correctos; y, a causa del pecado, estropean la creación perfecta que Dios hizo originalmente. La muerte es un enemigo, algo que Cristo acabará destruyendo (1 Co 15:26).

5. Nuestra experiencia de la muerte completa nuestra unión con Cristo. Otra razón por la que Dios nos permite experimentar la muerte, en vez de llevarnos de inmediato al cielo cuando nos convertimos en cristianos, es que a través de la muerte imitamos a Cristo en lo que hizo y así experimentamos una unión más estrecha con él. Pablo puede decir que somos coherederos de Cristo "si es que *padecemos juntamente con él,* para que juntamente con él seamos glorificados" (Ro 8:17). Y Pedro les dice a sus lectores que no se sorprendan del fuego de prueba que les sobreviene, sino que los anime, "gozaos por cuanto *sois participantes de los padecimientos de Cristo,* para que también en la revelación de su gloria os gocéis con gran alegría" (1 P 3:10). La unión con Cristo en el sufrimiento incluye la unión con él en la muerte (ver Fil 3:10). Pedro escribe: "Cristo padeció por nosotros, dejándonos ejemplo, para que sigáis sus pisadas" (1 P 2:21).

6. Obedecer a Dios es más importante que preservar nuestra propia vida. Si Dios utiliza la experiencia de la muerte para profundizar nuestra confianza en él y fortalecer nuestra obediencia a él, entonces es importante que recordemos que el objetivo del mundo de preservar la vida física a toda costa no es la meta más importante para un cristiano: la obediencia a Dios y la fidelidad a él en cada circunstancia son mucho más importantes. Pablo puede afirmar: "Porque yo estoy dispuesto no sólo a ser atado, mas aun a morir en Jerusalén por el nombre del Señor Jesús" (Hechos 21:13; cf. 25:11). Además, les dijo a los ancianos de Efeso: "Pero de ninguna cosa hago caso, ni estimo preciosa mi vida para mí mismo, con tal que acabe mi carrera con gozo, y el ministerio que recibí del Señor Jesús, para dar testimonio del evangelio de la gracia de Dios" (20:24). Fue esta convicción, que la obediencia a Dios es mucho más importante que la conservación de la vida, la que le dio valor a Pablo para volver a la ciudad de Listra después de haber sido apedreado y dado por muerto (Hechos 14:20), y para volver allí de nuevo poco después (vv. 21-22). Soportó muchos sufrimientos y peligros (2 Co 11:23-27) poniendo en riesgo su vida en muchas ocasiones para obedecer plenamente a Cristo. Por ello, pudo decir al final de su vida, con un tono de gran triunfo: "El tiempo de mi partida está cercano. *He peleado la buena batalla,* he acabado la carrera, he guardado la fe" (2 Ti 4:6-7).

Esta convicción impulsó a los santos del Antiguo Testamento a aceptar el martirio antes que el pecado: "Mas otros fueron atormentados, no aceptando el rescate, a fin de obtener mejor resurrección" (He 11:35). También les dio valor a Pedro y a los demás apóstoles, cuando se enfrentaron a la amenaza de muerte, para decir: "Es necesario obedecer a Dios antes que a los hombres" (Hechos 5:29). También leemos que habrá regocijo en el cielo cuando los santos fieles hayan vencido al Diablo "por medio de la sangre del Cordero y de la palabra del testimonio de ellos, y *menospreciaron sus vidas hasta la muerte*" (Ap 12:11).

La convicción de que podemos honrar al Señor incluso en nuestra muerte, y que la fidelidad a él es mucho más importante que preservar nuestras vidas, ha dado valor y motivación a los mártires a lo largo de la historia de la iglesia. Cuando se enfrentaron a la opción de conservar sus vidas y pecar, o renunciar a sus vidas y ser fieles, eligieron renunciar a sus vidas: *"menospreciaron sus vidas hasta la muerte".* Aunque vivamos en países donde actualmente hay poca persecución y poca probabilidad de martirio, sería bueno que fijáramos esta verdad en nuestra mente, pues si estamos dispuestos a morir por fidelidad a Dios, nos resultará más fácil renunciar también a todo lo demás por amor a Cristo.

B. ALGUNAS BENDICIONES QUE LLEGAN CON EL ENVEJECIMIENTO

A pesar de lo difícil que puede ser el proceso de envejecimiento, también ofrece algunas oportunidades que deben ser vistas como bendiciones en la vida cristiana:

1. Una oportunidad para una mayor confianza en Cristo para la eficacia en el ministerio y en la conducta ordinaria de la vida. El apóstol Pablo experimentó un tipo de debilidad o aflicción que Dios no le quitó, porque escribe sobre un "aguijón en mi carne" (2 Co 12:7). No da más explicaciones al respecto, pero dice que le pidió a Dios tres veces que se lo quitara (v. 8). En lugar de quitar este "aguijón", Dios respondió a Pablo: "Bástate mi gracia; *porque mi poder se perfecciona en la* *debilidad*" (v. 9a). Pablo concluye con lo siguiente:

> Por tanto, de buena gana me gloriaré más bien en mis debilidades, para que repose sobre mí el poder de Cristo. Por lo cual, por amor a Cristo me gozo en las debilidades, en afrentas, en necesidades, en persecuciones, en angustias; porque cuando soy débil, entonces soy fuerte (2 Co 12:9b-10).

El proceso de envejecimiento, al hacer que nuestros cuerpos se debiliten, nos ofrece hoy una oportunidad similar para descubrir cómo el "poder [de Cristo] se perfecciona en la debilidad". Esto significa que los años avanzados para un cristiano pueden significar el emocionante descubrimiento de una obra de Dios cada vez más poderosa a través de su ministerio a los demás, con gran fruto en la obra del reino de Dios.

2. Una oportunidad para un mayor crecimiento en santidad de vida, madurez espiritual y oración. Pablo se enfrentó a múltiples dificultades y penurias, incluyendo un cierto aumento de la debilidad de su cuerpo, ya que dijo: "Nuestro hombre exterior se va desgastando" (2 Co 4:16; ver también 2 Ti 4:6-7, escrito posteriormente en su vida). Sin embargo, no se desanimó, sino que escribió la siguiente notable afirmación:

> Por tanto, no desmayamos; *antes aunque este nuestro hombre exterior se va desgastando, el interior no obstante se renueva de día en día.* Porque esta leve tribulación momentánea produce en nosotros un cada vez más excelente y eterno peso de gloria; no mirando nosotros las cosas que se ven, sino las que no se ven; pues las cosas que se ven son temporales, pero las que no se ven son eternas (2 Co 4:16-18).

Esta renovación interior debió de tener muchos efectos positivos en la vida espiritual de Pablo, y debería traer beneficios a nuestras vidas también. Como nuestro "interior [...] se renueva de día en día", podemos aspirar a un mayor crecimiento en la santidad personal y en el acercamiento a Dios con la oración.

Por lo tanto, al pensar en el panorama de envejecer, debemos animarnos con la esperanza de que nuestra vida sea como "la senda de los justos", que es "como la luz de la aurora, que va en aumento hasta que el día es perfecto" (Pr 4:18).

3. Una oportunidad para creer que Dios revelará una respuesta adecuada para cada situación difícil. Como expliqué en el capítulo 7, los cristianos en general deben tener confianza en que Dios nunca los pondrá en una situación en la que todas sus posibles opciones sean pecados y deban elegir "el pecado menor". Por el contrario, Dios es fiel en sus órdenes sobre nuestras circunstancias diarias, de modo que, incluso en situaciones difíciles, siempre tendremos una "salida" (1 Co 10:13) mediante la cual podemos responder de forma agradable a Dios.

El proceso de envejecimiento ofrece su propio conjunto de circunstancias especiales que nos dan la oportunidad de confiar en Dios en medio de dificultades nuevas e imprevistas que deben ser tratadas de manera adecuada. Una vez más, la respuesta adecuada en cada situación de este tipo es establecer en nuestra mente que Dios *tiene una solución correcta para esta circunstancia*, y luego pedirle sabiduría (ver Santiago 1:5-6) para entender la solución.

El debilitamiento de nuestros cuerpos también nos da la oportunidad de pedirle a Dios que la bendición que Moisés concedió a la tribu de Aser sea también para nosotros: "Y como tus días serán tus fuerzas" (Dt 33:25). Debemos pedir que sigamos teniendo la fuerza suficiente para cumplir con nuestras nuevas responsabilidades de cada día hasta que muramos.

4. Una oportunidad para agradecer la dignidad que corresponde a los signos físicos del envejecimiento. A medida que nuestro cuerpo envejece, mostrará numerosos signos físicos de envejecimiento: pérdida de fuerza, canas (o pérdida de cabello), más arrugas, etc. Pero el autor de Proverbios vio dignidad en todo ello:

La gloria de los jóvenes es su fuerza,
y la honra de los ancianos, sus canas (20:29 LBLA).

La nota de la *ESV Study Bible* [Biblia de Estudio Teológico] sobre este versículo presenta una astuta observación:

La cabeza **canosa** (cf. 16:31) es un ejemplo concreto de una verdad general: muchas de las evidencias físicas de la vejez tienen dignidad y esplendor propios, y a menudo representan experiencia, madurez, sabiduría y santidad[3].

C. ALGUNAS DIFICULTADES DEL ENVEJECIMIENTO

1. El envejecimiento sigue trayendo dificultades y la muerte sigue siendo un enemigo. No estaría tratando el texto bíblico con justicia si diera la impresión de que las Escrituras ven el envejecimiento y la muerte como bendiciones absolutas. No es así. Sí es cierto que Dios puede traer y de hecho trae a nosotros muchas de las bendiciones mencionadas anteriormente durante el proceso de envejecimiento, y esto es un resultado de su maravillosa gracia. Pero la realidad es que la muerte es un enemigo que aún no ha sido destruido, y solo será destruido en la última trompeta, cuando Cristo regrese: "Y el postrer enemigo que será destruido es la muerte" (1 Co 15:26).

Pablo entiende que experimentamos dolor en esta vida mientras anhelamos tener nuestros cuerpos de resurrección, pues dice que "nosotros, que tenemos las primicias del Espíritu, *gemimos dentro de nosotros mismos aguardando* la adopción como hijos, *la redención de nuestro cuerpo*" (Ro 8:23 RVA-2015). Compara nuestros cuerpos terrenales actuales con "tiendas" en las que deseamos vestir nuestros cuerpos renovados: "Pues en esta tienda gemimos deseando ser sobrevestidos de nuestra habitación celestial" (2 Co 5:2 RVA-2015).

Por lo tanto, aunque Dios promete muchas bendiciones que podemos buscar

---

[3] *ESV Study Bible* (Wheaton, Illinois: Crossway, 2008), pág. 1170.

y esperar recibir de él en el proceso de envejecimiento, aún así, a medida que envejecemos, anhelaremos cada vez más esos cuerpos perfectos de resurrección que Cristo nos dará cuando regrese, cuerpos que manifestarán un sorprendente contraste con nuestros débiles cuerpos actuales. Pablo dice que nuestros cuerpos viejos y débiles que morirán y serán enterrados son como semillas que se plantan en la tierra y que luego producen plantas asombrosas como resultado de la "muerte":

> Así también es la resurrección de los muertos. Se siembra en corrupción, resucitará en incorrupción. Se siembra en deshonra, resucitará en gloria; se siembra en debilidad, resucitará en poder (1 Co 15:42-43).

2. ¿Deben los cristianos recurrir a tintes para el cabello, aparatos dentales y cirugía estética para ocultar los efectos del envejecimiento? Dado que el envejecimiento y la muerte fueron impuestos por Dios como una maldición tras el pecado de Adán y Eva, la pérdida de atractivo físico que las personas experimentan al envejecer también debe considerarse como un resultado de la caída. Y al igual que es correcto tratar de mitigar otros resultados de la caída (por ejemplo, tratamos de aliviar el dolor de la maternidad y tratamos de eliminar las espinas y los cardos de nuestros cultivos, contrarrestando Gn 3:16, 18), también es correcto tratar de mitigar *al menos* parte de la falta de atractivo físico que ha surgido como resultado de la caída y que aumenta a medida que envejecemos.

Dios ha puesto dentro de nosotros un instinto para deleitarnos en la belleza y no en la fealdad, y aunque la belleza física de un pecador rebelde puede ser un peligro engañoso (ver Pr 6:25; 11:22), hay varios ejemplos bíblicos de deleite piadoso en la belleza física del pueblo justo de Dios (ver Est 2:7; Job 42:15; Sal 45:2, 11; Cantar de los Cantares 1:15-16). Además, el templo de Dios y su ciudad son hermosos (Salmos 48:2; 50:2; 96:6), y Dios mismo es grandioso en su belleza (ver Salmos 27:4; Isaías 33:17). Por lo tanto, no es intrínsecamente malo que los seres humanos deseen la belleza o que deseen ser atractivos, guapos o bellos en apariencia.

Además, la belleza física terrenal nos aporta cierto regocijo, porque percibimos en ella un indicio del reino de Dios excepcionalmente bello cuando se manifieste por completo, cuando recibamos cuerpos perfectos de resurrección que son notables en su belleza física porque "resucitará en gloria" (1 Co 15:43). Cuando la Nueva Jerusalén descienda del cielo desde Dios, será sumamente hermosa, "dispuesta como una esposa ataviada para su marido" (Ap 21:2). La ciudad tendrá una belleza que no puede ser descrita en su totalidad en esta época, pero que se asemejará y superará la belleza de las piedras preciosas (ver vv. 10-27). Además, la orden de Pablo de que pensemos en "todo lo amable" (Fil 4:8; griego, *prosphilēs*, "agradable, placentero, bello") sin duda incluye la belleza física.

Sin embargo, existe el peligro de dar demasiada importancia a la belleza física en esta época, ya que las cosas no son siempre lo que parecen por fuera, y "engañosa es la gracia, y vana la *hermosura*" (Pr 31:30). Por lo tanto, aunque hay valor y bondad en la belleza física, no debe ser el objetivo principal de nuestros esfuerzos para ser atractivos a los demás, sino que debe ser la excelencia de nuestro carácter y las buenas obras que hacemos para el Señor y para los demás:

Vuestro atavío no sea el externo de peinados ostentosos, de adornos de oro o de vestidos lujosos, sino *el interno, el del corazón, en el incorruptible ornato de un espíritu afable y apacible*, que es de grande estima delante de Dios. Porque así también se ataviaban en otro tiempo aquellas santas mujeres que esperaban en Dios, estando sujetas a sus maridos; como Sara obedecía a Abraham, llamándole señor; de la cual vosotras habéis venido a ser hijas, si hacéis el bien, sin temer ninguna amenaza (1 P 3:3-6; ver también 1 Ti 2:9-10).

Si se tiene en cuenta esta advertencia y las personas no dan excesiva importancia a la belleza física ni gastan demasiado dinero en perseguirla, me parece que algunos esfuerzos para mejorar el atractivo físico son opciones moralmente buenas (pero a menudo opcionales)[4].

Por ejemplo, cortarse, peinarse o cepillarse el cabello y afeitarse (en el caso de los hombres) son formas de alterar la apariencia "natural" de nuestro cuerpo, pero me parecen cosas buenas y sabias. Del mismo modo, sin descuidar o distorsionar otras obligaciones de administración, una persona puede permitirse, y si desea hacerlo, llevar a cabo acciones similares para mejorar su aspecto físico, me parece algo moralmente bueno.

Esto también se aplica a otras acciones "cosméticas". Si una persona puede permitírselo y lo desea, creo que puede ser una opción moralmente buena (aunque opcional) utilizar tinte para teñirse el cabello[5] o ponerse aparatos para enderezar los dientes torcidos. En Arizona, donde vivo, con su intenso sol durante todo el año, es habitual que la gente acuda periódicamente al dermatólogo para que elimine las manchas de la piel congelándolas al instante con nitrógeno líquido, en parte para prevenir el cáncer de piel, pero también por razones estéticas.

En mi opinión, al menos algunos tipos de cirugía estética entran en esta misma categoría general, aunque el tema de los gastos financieros puede ser más significativo en este caso. Además, la persona que contempla la cirugía estética debe evaluar honestamente los motivos de su corazón a la luz de 1 Pedro 3:3-6 (citado anteriormente). Desde luego, no hay nada malo en un esfuerzo moderado por mejorar la apariencia física, pero la búsqueda de un cuerpo "perfecto" o el deseo continuo de disimular la edad real pueden convertirse fácilmente en un ídolo, apartando nuestro corazón de Dios y de las cosas en las que Él quiere que nos centremos[6].

---

[4] Las personas podrían imaginar que la preocupación por la belleza física exterior es solo una característica de la sociedad moderna, pero elementos como los aros en la nariz y los aretes eran conocidos incluso en las sociedades primitivas de hace muchos siglos (ver, por ejemplo, Gn 24:47; Ez 16:12).

[5] Sin embargo, también hay que tener en cuenta la dignidad que conllevan las "canas"; ver mi comentario anterior sobre Pr 16:31.

[6] En la zona en la que vivo, en Arizona, hay muchos cirujanos plásticos, lo que me lleva a concluir que la cirugía plástica con fines estéticos es habitual. Aunque no tengo ninguna objeción moral general contra la cirugía plástica (al igual que no tengo ninguna objeción contra los aparatos dentales para los dientes torcidos), me llena de tristeza cuando veo a alguien cuyo rostro, evidentemente artificial, da la apariencia de haberse sometido a múltiples cirugías plásticas en un intento inútil de aparentar 40 años en lugar de 70. ¿Cuál es el objetivo? Hay que distinguir, como mínimo, las medidas adoptadas

En conclusión, no veo ninguna objeción moral a estos y otros procedimientos similares, siempre y cuando estos gastos no representen un enfoque excesivo en la belleza física que excluya la belleza espiritual (ver 1 P 3:3-6), y siempre y cuando la persona sea capaz de permitirse tales gastos sin dejar de ser fiel a otras responsabilidades presupuestarias de la buena administración. Aquí debería aplicarse el principio de la suficiencia de la Escritura: no debemos juzgar o prohibir lo que la propia Escritura no prohíbe. En este caso, es pertinente el principio que Pablo aplicó a las disputas sobre los alimentos y los días de la semana:

> Pero tú, ¿por qué juzgas a tu hermano? O tú también, ¿por qué menosprecias a tu hermano? Porque todos compareceremos ante el tribunal de Cristo (Ro 14:10).

D. ¿CÓMO DEBEMOS PENSAR Y SENTIRNOS SOBRE NUESTRA PROPIA MUERTE Y LA DE OTRAS PERSONAS?

1. No debemos temer nuestra propia muerte. Según el Nuevo Testamento, no debemos ver nuestra propia muerte con miedo, sino con gozo ante el hecho de ir a estar con Cristo. Pablo dice: "Más quisiéramos estar ausentes del cuerpo, y presentes al Señor" (2 Co 5:8)[7] . Cuando estaba en prisión, enfrentándose a la posibilidad de ser ejecutado, pudo decir:

> Porque para mí el vivir es Cristo, y el *morir es ganancia*. Mas si el vivir en la carne resulta para mí en beneficio de la obra, no sé entonces qué escoger. Porque de ambas cosas estoy puesto en estrecho, *teniendo deseo de partir y estar con Cristo*, lo cual es muchísimo mejor (Fil 1:21-23).

De igual manera, el apóstol Juan escribió:

> Oí una voz que desde el cielo me decía: Escribe: Bienaventurados de aquí en adelante los muertos que mueren en el Señor. Sí, dice el Espíritu, descansarán de sus trabajos, porque sus obras con ellos siguen (Ap 14:13).

Por tanto, los creyentes no deben temer a la muerte, ya que la Escritura nos asegura que ni siquiera la "muerte" nos "podrá separar del amor de Dios, que es en Cristo Jesús Señor nuestro" (Ro 8:38-39; cf. Sal 23:4). De hecho, Jesús murió para "librar a todos los que por el temor de la muerte estaban durante toda la vida sujetos a servidumbre" (He 2:15)[8] . Este versículo nos recuerda que una clara muestra de

---

para mejorar la apariencia de las adoptadas para disimular la edad, y también hay que plantearse con honestidad la cuestión de si se trata de un uso prudente del dinero en cada situación concreta.

[7] El material presentado desde aquí hasta el final de esta sección ha sido adaptado de Grudem, *Systematic Theology* [Teología sistemática], págs. 813-16, con permiso de la editorial.

[8] Sin duda, Louis Berkhof tiene razón al decir que la sepultura de Jesús "no sirvió simplemente para demostrar que Jesús estaba realmente muerto, sino también para eliminar los terrores de la tumba para los redimidos y para santificar la tumba para ellos". *Systematic Theology*, 4th ed. (Grand Rapids, Michigan: Eerdmans, 1941), pág. 340.

nuestra falta de miedo a la muerte será un sólido testimonio de los cristianos en un mundo que trata de evitar hablar de la muerte y que no tiene respuesta para ella.

2. Es correcto que experimentemos tanto dolor como gozo cuando mueren seres queridos. A veces los cristianos se preguntan si llorar y expresar dolor cuando mueren amigos o parientes es una muestra de falta de fe. ¿Deberíamos solo tratar de ser fuertes y contener nuestras emociones?

Jesús mismo dio una respuesta con su dolor cuando llegó a la casa de María y Marta, cuyo hermano, el amigo de Jesús, Lázaro, había muerto recientemente. Leemos lo siguiente: "Jesús lloró" (Juan 11:35). Sintió dolor por el dolor que Lázaro había experimentado y dolor por la pérdida de la comunión con Lázaro que María y Marta, y él mismo, estaban experimentando. Sin duda, también sintió un profundo dolor por el hecho de que la muerte existiera en la creación de Dios y entre el propio pueblo de Dios. Expresó su dolor tan abiertamente que el pueblo judío que lo observaba exclamó: "Mirad cómo le amaba" (v. 36).

También hay otros ejemplos en las Escrituras. Después de que Esteban fuera apedreado por su fiel testimonio de Cristo, "hombres piadosos llevaron a enterrar a Esteban, e hicieron gran llanto sobre él" (Hechos 8:2). Estos piadosos cristianos no tenían ninguna duda de que Esteban estaba en el cielo con Jesús. Habían visto cómo, justo antes de morir, Esteban, "puestos los ojos en el cielo, vio la gloria de Dios, y a Jesús que estaba a la diestra de Dios" (7:55). Y luego exclamó:

> He aquí, veo los cielos abiertos, y al Hijo del Hombre que está a la diestra de Dios (Hechos 7:56).

> Mientras Esteban fallecía, exclamó: "Señor Jesús, recibe mi espíritu" (Hechos 7:59).

Estos fieles cristianos no dudaban de que Esteban *estaba en ese momento en la presencia de Jesús* en el cielo, y regocijándose. Pero aun así "hicieron gran llanto sobre él" (Hechos 8:2). Expresaron de forma visible y pública su dolor por lo que había sufrido Esteban y por el hecho de que ya no tendrían una maravillosa comunión con él.

Pablo no les dijo a los cristianos de Tesalónica que no se afligieran *para nada* por los que habían muerto, sino que les escribió "para que *no os entristezcáis como los otros que no tienen esperanza*" (1 Ts 4:13)[9] . Los tesalonicenses no debían afligirse de la misma manera, con la misma amarga desesperación que los incrédulos, los "que no tienen esperanza". Esto indica que el dolor que sentimos por la muerte de los creyentes también debe estar mezclado con esperanza y gozo. Pablo les aseguró que Cristo "murió por nosotros para que ya sea que velemos, o que durmamos, vivamos juntamente con él" (5:10), y así los animó indicando que los que han muerto se habían ido a estar con el Señor. Por ello, la Escritura dice: *"Bienaventurados de aquí en adelante los muertos que mueren en el Seño*r [...] descansarán de sus trabajos" (Ap 14:13). La Escritura incluso nos dice: "Estimada a los ojos del Señor es la muerte

---

[9] Ver Hechos 20:37-38 y Fil 2:27 para más ejemplos de dolor legítimo en esta vida.

de sus santos" (Sal 116:15 LBLA).

Por lo tanto, aunque sintamos dolor cuando mueren amigos y parientes cristianos, también podemos decir con la Escritura: "¿Dónde está, oh muerte, tu aguijón? ¿Dónde, oh sepulcro, tu victoria? [...] Mas gracias sean dadas a Dios, que nos da la victoria por medio de nuestro Señor Jesucristo (1 Co 15:55-57). Nuestro duelo debe mezclarse con la adoración a Dios y la acción de gracias por la vida del ser querido que ha muerto.

Los ejemplos de David y Job nos enseñan que la adoración es especialmente importante en esos momentos. Cuando el hijo de David murió, dejó de orar para que el niño se recuperara y adoró a Dios: "Entonces David se levantó de la tierra, y se lavó y se ungió, y cambió sus ropas, y entró a la casa de Jehová, y *adoró*" (2 S 12:20).

Job hizo lo mismo cuando se enteró de la muerte de sus 10 hijos:

> Entonces Job se levantó, y rasgó su manto, y rasuró su cabeza, y se postró en tierra y *adoró*, y dijo: Desnudo salí del vientre de mi madre, y desnudo volveré allá. Jehová dio, y Jehová quitó; sea el nombre de Jehová bendito (Job 1:20-21).

3. Dolor por la muerte de los incrédulos. Cuando los incrédulos mueren, la pena que sentimos no se mezcla con el gozo de la seguridad de que han ido a estar con el Señor. Este dolor, especialmente cuando se trata de aquellos a quienes hemos estado cerca, es muy profundo y real. El propio Pablo, al pensar en algunos de sus hermanos judíos que habían rechazado a Cristo, y sin duda pensando en su destino eterno, dijo: "Verdad digo en Cristo, no miento, y mi conciencia me da testimonio en el Espíritu Santo, *que tengo gran tristeza y continuo dolor en mi corazón*. Porque deseara yo mismo ser anatema, separado de Cristo, por amor a mis hermanos, los que son mis parientes según la carne" (Ro 9:1-3).

Sin embargo, también hay que decir que a menudo no tenemos la certeza absoluta de que una persona haya persistido en su negativa a confiar en Cristo hasta el momento de la muerte. La conciencia de la muerte inminente suele provocar un genuino escrutinio del corazón de la persona moribunda. A veces recordará palabras de la Escritura o palabras del testimonio cristiano que escucharon hace mucho tiempo, y la persona moribunda puede llegar a un verdadero arrepentimiento y verdadera fe. Ciertamente, no podemos tener ninguna seguridad de que esto haya sucedido a menos que haya una evidencia explícita, pero también es bueno darse cuenta de que en muchos casos solo contamos con un conocimiento probable, pero no absoluto, de que aquellos que hemos conocido como incrédulos han persistido en su incredulidad hasta su muerte. En algunos casos, simplemente no lo sabemos.

Sin embargo, después de que una persona no cristiana haya muerto, sería un error ofrecer alguna insinuación a los demás de que pensamos que esa persona ha ido al cielo. Esto simplemente daría una información engañosa y una falsa seguridad, y disminuiría la urgencia de la necesidad de que los que aún están vivos confíen en Cristo. Es mejor, ya que tenemos la oportunidad, centrarnos en el hecho de que la pena que sentimos por la pérdida de alguien a quien amamos debería hacernos reflexionar también sobre nuestras propias vidas y nuestros propios destinos. De hecho, cuando podemos hablar como amigos con los seres queridos de un incrédulo que ha muerto, a menudo el Señor nos abrirá oportunidades para hablar con ellos sobre el evangelio.

En tales circunstancias, a menudo es muy útil hablar con auténtico agradecimiento sobre las buenas cualidades que notamos y nos animaron durante la vida de la persona que ha fallecido[10]. Por ejemplo, aunque Saúl se había convertido en un rey malvado y había perseguido a David e intentado matarlo muchas veces, una vez que Saúl murió, David habló públicamente de las cosas buenas que había hecho Saúl:

> ¡¡Ha perecido la gloria de Israel sobre tus alturas!
>> ¡¡Cómo han caído los valientes! [...]
> Saúl y Jonatán [...]
> Más ligeros eran que águilas,
>> Más fuertes que leones.
> Hijas de Israel, llorad por Saúl,
>> Quien os vestía de escarlata con deleites,
>> Quien adornaba vuestras ropas con ornamentos de oro.
>> ¡¡Cómo han caído los valientes en medio de la batalla! (2 S 1:19-25)[11].

E. PREPARARSE PARA LA MUERTE

1. La importancia de tener un testamento y preparar directivas médicas para el final de la vida. Cuando Pablo estaba en una prisión romana (Fil 1:13), no sabía si el encarcelamiento terminaría con su liberación o con su muerte. Pero pasara lo que pasara, Pablo esperaba poder actuar de forma que honrara a Cristo, tanto en su vida como en el momento de su muerte:

> Conforme a mi anhelo y esperanza de que en nada seré avergonzado; antes bien con toda confianza, como siempre, ahora también *será magnificado Cristo en mi cuerpo, o por vida o por muerte* (Fil 1:20).

Siguiendo el modelo de Pablo, el objetivo de todo cristiano debería ser poder morir de una forma que honre a Cristo, por la gracia de Dios, y así hacer "todo para la gloria de Dios" (1 Co 10:31).

Otro principio de las Escrituras que es relevante aquí es la regla de oro:

---

[10] Es correcto dar gracias a Dios por los beneficios de la gracia común en la vida de los incrédulos; ver el análisis de la gracia común en Grudem, *Systematic Theology* [Teología sistemática], págs. 657-68.

[11] Sin embargo, hablar de la vida de una persona que ha fallecido requiere honestidad y un juicio maduro, ya que si se nos pide que realicemos un servicio fúnebre por alguien cuya vida ha sido ampliamente conocida como malvada y destructiva, no queremos dar a las personas la impresión de que lo que una persona hace en esta vida no hace ninguna diferencia, o que ignoramos las cualidades notablemente malas de dicha persona, o perderemos credibilidad con los que nos escuchan. Como ejemplo de la inevitable reacción de la gente ante la muerte de alguien claramente malvado, como Adolf Hitler, observar Pr 11:10: "Mas cuando los impíos perecen hay fiesta".

Así que, todas las cosas que queráis que los hombres hagan con vosotros, así también haced vosotros con ellos; porque esto es la ley y los profetas (Mt 7:12).

Si usted quisiera que sus seres queridos preparen un testamento y directivas médicas anticipadas para ellos mismos (para dar instrucciones en caso de que tuviera que tomar decisiones en el final de su vida en relación a su atención médica), la declaración de Jesús indica que *usted también debería tener estos documentos preparados con antelación para evitarles a sus seres queridos muchas dificultades innecesarias.*

Dos documentos legales importantes que ayudarán a una persona a que muera de una manera que honre a Cristo son un testamento (o un documento legal similar sobre la disposición de los bienes de la persona) y directivas médicas anticipadas (un documento que da instrucciones sobre los cuidados al final de la vida).

a. La importancia de un testamento: Son muchos los beneficios de tener un testamento (o un documento legal similar, como un fideicomiso). Hará que la tramitación de su herencia sea mucho más sencilla y rápida después de su muerte.

Posiblemente ahorrará a sus seres queridos gastos legales adicionales a los que tendrán que hacer frente si usted fallece sin un testamento. Le dará la oportunidad de decidir cómo deben dividirse sus bienes (incluyendo los regalos que quiera hacer a su iglesia u otras organizaciones benéficas) en lugar de que los bienes se dividan automáticamente según una fórmula ideada por el estado en el que vive[12].

Además, las parejas con hijos menores de edad deben dar a conocer claramente sus deseos respecto a quién obtendrá la custodia de sus hijos en el caso de que ambos padres fallezcan repentinamente.

A la luz de estas ventajas, es trágico que para el año 2014 se estime que el 51 % de los adultos estadounidenses de entre 55 y 64 años no cuente con un testamento. El 62 % de los que tenían entre 45 y 54 años tampoco tenían testamento. En general, el 64 % de los estadounidenses no contaba con un testamento[13].

Según Legalzoom.com, muchas personas evitan hacer un testamento porque:

1. Simplemente no llegan a hacerlo.
2. No se sienten cómodos compartiendo detalles personales con extraños.
3. No están preparados para tomar decisiones importantes en la vida.
4. No son conscientes de las consecuencias de no tener un testamento.

---

[12] Existen excelentes ayudas para decidir cómo repartir los bienes, como *Splitting Heirs: Giving Your Money and Things to Your Children without Ruining Their Lives* [Dividir a los herederos: Cómo dar tu dinero y pertenencias a tus hijos sin arruinarles la vida] (Chicago: Northfield Publishing, 2004) de Ron Blue. Aunque el libro tiene muchos consejos excelentes, especialmente para los padres, Blue explica que a veces hay buenas razones para dividir los bienes de uno de forma desigual entre los hijos. En principio, estoy de acuerdo con ello, pero los padres también deberían ser conscientes de que cualquier reparto de bienes significativamente desigual conlleva la posibilidad de dejar un legado de amargura y resentimiento durante muchos años después de la muerte de los padres.

[13] Richard Eisenberg, *"Americans' Ostrich Approach to Estate Planning"* ["Política del avestruz en la planificación del patrimonio de los estadounidenses"], Forbes, 9 de abril de 2014, http://www.forbes.com/sites/nextavenue/2014/04/09/americans-ostrich-approach-to-estate-planning/#3e48d437f07b.

5. Evitan tratar asuntos familiares.
6. Hay un desacuerdo entre los cónyuges acerca de tener un testamento.
7. Creen que requiere demasiado esfuerzo.
8. No saben por dónde empezar.
9. Los jóvenes creen que no necesitan un testamento.
10. Creen que solo las personas adineradas necesitan un testamento[14].

Según FindLaw.com, las 10 principales razones para tener un testamento son:

1. Usted decide cómo se distribuirá su patrimonio. El testamento es un documento jurídicamente vinculante que le permite determinar cómo desea que se gestione su patrimonio tras su muerte. Si fallece sin un testamento, no hay garantía de que se cumplan sus deseos. Tener un testamento ayuda a minimizar cualquier disputa familiar sobre su patrimonio que pueda surgir, y también determina el "quién, qué y cuándo" de su patrimonio.

2. Usted decide quién se hará cargo de sus hijos menores de edad. Un testamento le permite tomar una decisión informada sobre quién debe cuidar de sus hijos menores. De no haber un testamento, el ente legal correspondiente se encargará de elegir entre los miembros de la familia o un tutor designado por el Estado. Tener un testamento le permite designar a la persona que quiere que se encargue de la crianza de sus hijos o, mejor aún, asegurarse de que no sea alguien que usted no quiere que se encargue de la crianza de sus hijos.

3. Para evitar un largo proceso de sucesión testamentaria. Al contrario de lo que comúnmente se piensa, todas las herencias deben pasar por el proceso de sucesión testamentaria, con o sin testamento. Sin embargo, tener un testamento acelera este proceso e informa al ente legal encargado de cómo desea que se divida su patrimonio. Este ente tiene el propósito de "administrar su patrimonio", y cuando usted muere sin un testamento (lo que se conoce como morir "intestado"), el ente legal decidirá cómo dividir su patrimonio sin su participación, lo que también puede causar largas e innecesarias demoras.

4. Para minimizar los impuestos sobre el patrimonio. Otra razón para tener un testamento es que le permite minimizar los impuestos sobre el patrimonio. El valor de lo que regale a sus familiares o a la beneficencia reducirá el valor de su patrimonio cuando llegue el momento de pagar los impuestos sobre este.

5. Usted decide quién va a gestionar los asuntos de su patrimonio. Los albaceas se aseguran de que todos sus asuntos estén en orden, incluyendo el pago de las facturas, la cancelación de sus tarjetas de crédito y la notificación al banco y otros establecimientos comerciales. Dado que los

---

[14] Heleigh Bostwick, *"Don't Have a Will? 10 Common But Misguided Excuses"* ["¿No tiene testamento? 10 excusas comunes pero erróneas"], LegalZoom,
https://www.legalzoom.com/articles/dont-have-a-will-10-common-but-misguided-excuses.

albaceas desempeñan el papel más importante en la administración de su patrimonio, querrá asegurarse de nombrar a alguien que sea honesto, digno de confianza y organizado (que puede ser o no un miembro de su familia).

6. Puede desheredar a personas que, de otro modo, podrían heredar. La mayoría de las personas no saben que pueden desheredar a personas de su testamento. Sí, puede desheredar a personas que de otro modo podrían heredar su patrimonio si usted fallece sin un testamento. Dado que los testamentos describen específicamente cómo desea usted que se distribuya su patrimonio, sin un testamento, su patrimonio puede acabar en manos equivocadas o en manos de alguien que usted no quería (como un excónyuge con el que tuvo un amargo divorcio).

7. Hacer regalos y donaciones. La posibilidad de hacer regalos es una buena razón para tener un testamento porque permite que su legado siga vivo y refleje sus valores e intereses personales. Además, los regalos de hasta $13 000 están excluidas del impuesto sobre el patrimonio, por lo que también está aumentando el valor de su patrimonio para que lo disfruten sus herederos y beneficiarios.

8. Para evitar mayores dificultades legales. Si usted muere sin un testamento, una parte o la totalidad de su patrimonio puede pasar a alguien que usted no quería. Por ejemplo, un caso se refería a la herencia de un hijo fallecido al que se le concedió más de un millón de dólares por una demanda por muerte injusta. Cuando el hijo falleció, su padre, quien no había formado parte de la vida de su hijo durante más de treinta y dos años, se dispuso a heredar todo el patrimonio, ¡dejando a los parientes cercanos y a los hermanos fuera del escenario!

9. Puede cambiar de opinión si las circunstancias de su vida cambian. Una buena razón para tener un testamento es que puede cambiarlo en cualquier momento mientras esté vivo. Algunos cambios en la vida, como los nacimientos, los fallecimientos y los divorcios, pueden crear situaciones en las que sea necesario cambiar el testamento.

10. El mañana no está garantizado. La procrastinación y la falta de voluntad para aceptar la muerte como parte de la vida son razones comunes para no tener un testamento. A veces, nos damos cuenta de que los testamentos son necesarios demasiado tarde, por ejemplo, cuando se produce una muerte o una discapacidad inesperada. Para evitar un mayor estrés a las familias en un momento ya de por sí emotivo, puede ser aconsejable reunirse con un abogado especializado en planificación patrimonial para que lo ayude a elaborar un plan patrimonial básico como mínimo, antes de que sea demasiado tarde.[15]

---

[15] *"Top Ten Reasons to Have a Will"* ["Las diez razones principales para tener un testamento"] FindLaw, http://estate.findlaw.com/wills/top-ten-reasons-to-have-a-will.html/. (El importe de la exclusión del impuesto sobre el patrimonio mencionado en el punto 7 puede ser modificado por el Congreso).

Otra razón por la que la gente puede evitar elaborar un testamento es que no cree que vaya a morir pronto. Sin embargo, "no hay hombre que tenga potestad sobre el espíritu para retener el espíritu, ni potestad sobre el día de la muerte" (Ec 8:8) y "el hombre tampoco conoce su tiempo" (9:12). En la parábola que Jesús contó del rico insensato, este pensaba que podía "comer, beber y regocijarse" porque tenía "muchos bienes [...] guardados para muchos años" (Lucas 12:19). Pero Jesús dijo:

> Pero Dios le dijo: Necio, esta noche vienen a pedirte tu alma; y lo que has provisto, ¿de quién será? (Lucas 12:20).

No podemos saber el día de nuestra muerte, y lo correcto es hacer los preparativos adecuados mientras podamos hacerlo.

El supuesto gasto que supone la elaboración de un documento legal también puede ser un factor disuasorio. Sin embargo, existen recursos en línea con un precio módico para un testamento sencillo[16]. Las familias con situaciones más complejas harían bien en recurrir a los servicios de un abogado especializado en planificación patrimonial.

b. La importancia de una directiva médica anticipada: Una *directiva médica anticipada* (o un documento similar en otros países) puede evitar a los miembros de la familia mucha agonía y dolorosos desacuerdos sobre lo que usted querría en relación con los cuidados al final de su vida. También puede evitarle mucho sufrimiento, ya que puede evitar que lo mantengan vivo durante días o semanas por medios artificiales cuando usted desea morir pero ya no puede manifestar sus deseos. También puede ahorrarle a su familia muchos gastos innecesarios, evitando que gasten miles de dólares en mantenerlo con vida cuando usted no lo desea, pero no tienen ninguna documentación escrita que les permita saberlo con certeza.

Sin embargo, es difícil poder precisar de antemano qué hacer en todas las complejas situaciones médicas que pueden darse en una enfermedad terminal o como consecuencia de un accidente grave. Por lo tanto, también es prudente firmar un documento de *poder legal médico* duradero que designe a la persona autorizada para tomar decisiones médicas en su nombre en caso de que usted esté inconsciente y no pueda tomar decisiones por sí mismo. John Jefferson Davis lo explica así:

> En una sociedad proclive a ver la legislación y los litigios como soluciones a los problemas personales y sociales, el concepto de "poder legal duradero" es mucho más preferible que el "testamento vital". El "poder legal duradero" hace hincapié en una relación de confianza y entendimiento entre el paciente, la familia y el médico, y ese clima es fundamental para preservar los intereses adecuados tanto del paciente como de la profesión médica[17].

---

[16] Una organización cristiana que ayuda a las familias de bajos y medianos ingresos a elaborar un testamento muy sencillo y otros documentos importantes para el final de la vida por un precio mínimo es Legacy Wise; ver http://www.legacywise.org/.

[17] John Jefferson Davis, *Evangelical Ethics: Issues Facing the Church Today* [Ética evangélica: Cuestiones que afronta la iglesia hoy], 4° ed. (Phillipsburg, Nueva Jersey: P&R, 2015), págs. 189-90.

Por lo tanto, los principios bíblicos de hacer a los demás lo que se quiere que hagan con uno mismo y de procurar morir de una manera que honre a Cristo son argumentos de peso para preparar una directiva médica anticipada en la que se expongan sus deseos concretos respecto a su atención al final de la vida, especialmente en situaciones en las que no hay una esperanza razonable de recuperación y serían necesarios medios extraordinarios y muy costosos solo para prolongar el proceso de la muerte (ver un análisis más detallado de la eutanasia en el capítulo 22, pág. 587).

F. ¿ES LA CREMACIÓN UNA ALTERNATIVA ACEPTABLE PARA EL SEPELIO?

En muchas economías desarrolladas, el proceso tradicional de enterrar el cuerpo de alguien en un ataúd se ha vuelto cada vez más costoso, y en muchos lugares es también bastante difícil y costoso encontrar un terreno apropiado para un entierro en el cementerio. Por estas razones, muchas personas han comenzado a utilizar la cremación como una forma alternativa de presentar los últimos respetos a un ser querido que ha fallecido. En términos de administración financiera, esto a menudo le parece a mucha gente una solución sabia.

La Biblia no da ninguna orden explícita sobre cómo debemos tratar el cuerpo de una persona después de la muerte. Sin embargo, hay varios ejemplos narrativos de cómo tratar el cuerpo de una persona con dignidad y respeto hasta el momento del sepelio. Algunos "hombres valientes" de Israel arriesgaron sus vidas para rescatar los cuerpos de Saúl y sus hijos de los filisteos para darles una sepultura digna (1 S 31:11-13). El viejo profeta que vivía en Betel viajó y encontró el cuerpo del hombre de Dios que había perdido la vida a causa de un león (¡y cuyo cuerpo estaba siendo custodiado por el león!), y tomó el cuerpo y le dio una sepultura digna (1 Reyes 13:24-31).

En el Nuevo Testamento, los discípulos de Juan el Bautista rescataron su cadáver y le dieron una adecuada sepultura (Marcos 6:29). Y el cuerpo de Jesús mismo fue respetuosamente cuidado y enterrado por sus discípulos en una tumba nueva (ver Juan 19:38-42; también Lucas 23:55-56). Antes de su muerte, Jesús dio firmes palabras de aprobación a una mujer que lo ungió con un ungüento muy caro en la última semana de su vida. Jesús dijo: "Ella ha hecho una obra hermosa conmigo [...] Ungió mi cuerpo de antemano, preparándolo para la sepultura" (Marcos 14:6-8 NVI). Estos ejemplos muestran un patrón de tratar el cuerpo de una persona muerta con dignidad y respeto.

Sin embargo, hay muchas formas, que varían de una cultura a otra, de mostrar respeto por una persona que ha muerto y de honrar su memoria.

Por lo tanto, no puedo decir que la cremación sea inapropiada o incorrecta (aunque no sería mi opción de preferencia; ver más adelante). Nuestros cuerpos terminarán desintegrándose de todos modos (excepto los huesos), y la cremación acelera ese proceso en gran medida.

Sin embargo, cuando un creyente muere, no importa si es enterrado o cremado, es importante indicar que no quiere decir que no habrá resurrección *del mismo cuerpo* que fue enterrado o cremado. Cuando Jesús resucitó de entre los muertos, su mismo cuerpo fue resucitado, y lo mismo sucederá con nosotros. Cuando Cristo regrese, nuestros mismos cuerpos que han sido enterrados o cremados (o lo que queda de ellos) serán levantados de entre los muertos y transformados a un estado de perfecta salud, gran atractivo físico[18] y vida eterna (ver 1 Co 15:23, 42-44, 51-52; Fil 3:21; 1 Ts 4:16).

Yo preferiría que me enterraran de forma tradicional con mi cuerpo en un ataúd simple que se colocara en la tierra. Pablo dijo:

> Se siembra en corrupción, resucitará en incorrupción. [...] Porque se tocará la trompeta, y *los muertos serán resucitados incorruptibles*, y nosotros seremos transformados (1 Co 15:42, 52).

El entierro tradicional del cuerpo en un ataúd tiene la ventaja de dar una expresión más visible a nuestra esperanza de la resurrección del cuerpo, desde ese mismo lugar en la tierra, cuando Cristo regrese. Sin embargo, también es importante evitar otro error: gastar demasiado dinero en un ataúd, tal vez por la vana esperanza de que el cuerpo de una persona no se descomponga tan rápido, o para tratar de mitigar la culpa o el remordimiento por no haber tratado muy bien a una persona fallecida en los últimos años de su vida, o por alguna otra razón. Esta es una administración inadecuada de nuestro dinero.

John Piper aborda ambas cuestiones en un artículo persuasivo en el que defiende el entierro, no la cremación. Concluye lo siguiente:

> Animo a las iglesias a cultivar una contracultura cristiana en la que la gente espere funerales y entierros sencillos, menos costosos y en la que todos colaboremos para que un entierro cristiano no suponga una dificultad económica para nadie. Y debido a las indicaciones bíblicas y a las razones adicionales mencionadas anteriormente, sostengo que el entierro centrado en Dios y basado en el Evangelio es preferible a la cremación. *Preferible.* No *ordenado*, pero sí lleno de verdades cristianas que se convertirán en un testimonio cada vez más claro a medida que nuestra sociedad sea cada vez menos cristiana[19].

Sin embargo, para aquellos que han sido cremados, Cristo recogerá sus cenizas de donde quiera que hayan sido esparcidas, y de ellas creará un nuevo cuerpo de resurrección que nunca se debilitará ni envejecerá de nuevo, y que nunca morirá. Los cristianos que deciden utilizar el proceso de cremación para sus seres queridos pueden procurar dejar claro en la ceremonia funeraria que siguen esperando la futura resurrección del cuerpo de entre las cenizas.

---

[18] Para un análisis del atractivo físico de los cuerpos de resurrección de todos los cristianos cuando resucitemos "en gloria" (1 Co 15:43), ver Grudem, *Systematic Theology* [Teología sistemática], págs. 831-32.

[19] John Piper, *"Burying versus Burning"* ["Enterrar versus cremar"], World, 8 de julio de 2017, https://world.wng.org/content/burying_vs_burning.

PREGUNTAS PARA REFLEXIONAR

1. ¿Ha llegado a una edad en la que empieza a notar cierto declive físico debido al envejecimiento? Honestamente, ¿cómo se siente al respecto?
2. Lea 2 Corintios 4:16-18. ¿Cómo influyen estos versículos en su actitud respecto a su envejecimiento (ya sea que esté notando ahora sus efectos o que ese momento aún esté lejos en el futuro)?
3. ¿De qué manera ha influido este capítulo en su visión del envejecimiento y de la eventual muerte?
4. ¿Cree usted que muestra el debido respeto y gratitud por la dignidad y la sabiduría que representan los signos de la edad (como las canas y las arrugas)?
5. ¿Valora más la fidelidad a Dios que el conservar su vida?
6. ¿Tiene usted un testamento, una directiva médica anticipada y un documento de poder legal médico? Si no es así, ¿por qué no?
7. ¿Le teme a la muerte? Si es así, ¿qué cree que puede ser útil para superar ese miedo?
8. ¿Qué opina de la cremación?
9. ¿Qué rasgos de carácter cristiano (ver pág. 110) le serían más útiles al acercarse el momento de su muerte?

TÉRMINOS ESPECIALES

directiva médica anticipada
documento de poder legal médico
testamento

BIBLIOGRAFÍA

Otras fuentes de referencia sobre ética

(ver datos bibliográficos completos, pág. 64)

Frame, 732-37

Otras obras

Blue, Ron. *Splitting Heirs: Giving Your Money and Things to Your Children without Ruining Their Lives* [Dividir a los herederos: Cómo dar tu dinero y pertenencias a tus hijos sin arruinarles la vida]. Chicago: Northfield Publishing, 2004.

Dunlop, John. *Finding Grace in the Face of Dementia* [Ayuda y esperanza frente a los desafíos de la demencia]. Wheaton, Illinois: Crossway, 2017.

Graham, Billy. *Nearing Home: Thoughts on Life, Faith and Finishing Well* [Casi en casa: Reflexiones sobre la vida, la fe y el fin de la carrera]. Nashville:

Thomas Nelson, 2011.

Morey, Robert A. *Death and the Afterlife* [La muerte y el más allá]. Minneapolis: Bethany House, 1984.

Moss, M. J. *"Ageing"* ["Envejecimiento"] En el *New Dictionary of Christian Ethics and Pastoral Theology* [Nuevo Diccionario de Ética Cristiana y Teología Pastoral], editado por David J. Atkinson y David H. Field, págs. 148-49. Leicester, Reino Unido: Inter-Varsity y Downers Grove, Illinois: InterVarsity Press, 1995.

Kilner, John F. *"Aged, Aging"* ["Envejecido, Envejecimiento"] En el Dictionary of Scripture and Ethics [Diccionario de Escritura y Ética], editado por Joel B. Green, págs. 50-52. Grand Rapids, Michigan: Baker, 2011.

———. *Life on the Line: Ethics, Aging, Ending Patients' Lives, and Allocating Vital Resources* [La vida en juego: Ética, envejecimiento, acabar con la vida de los pacientes y asignar recursos vitales]. Grand Rapids, Michigan: Eerdmans, 1992.

Packer, J. I. *Finishing Our Course with Joy: Guidance from God for Engaging with Our Aging* [Terminar nuestro curso con gozo: Guía de Dios para afrontar nuestro envejecimiento]. Wheaton, Illinois: Crossway, 2014.

Piper, John. *"Getting Old to the Glory of God"* ["Envejecer para la gloria de Dios"] [2008] En The Collected Works of John Piper [La colección de trabajos de John Piper], editado por David Mathis y Justin Taylor, vol. 13, 313-24. Wheaton, Illinois: Crossway, 2017.

———. *Rethinking Retirement: Finishing Life for the Glory of Christ* [Repensando el retiro: Terminar la vida para la gloria de Cristo]. Wheaton, Illinois: Crossway, 2008.

Sweeting, Donald W. y George Sweeting. *How to Finish the Christian Life: Following Jesus in the Second Half* [Cómo terminar la vida cristiana: Seguir a Jesús en la segunda mitad]. Chicago: Moody Publishers, 2012.

Vere, D. W. *"Death and Dying"* ["Muerte y morir"] En el New Dictionary of Christian Ethics and Pastoral Theology [Nuevo Diccionario de Ética Cristiana y Teología Pastoral], págs. 284-85.

PASAJE BÍBLICO PARA MEMORIZAR

2 Corintios 4:16-17: Por tanto, no desmayamos; antes aunque este nuestro hombre exterior se va desgastando, el interior no obstante se renueva de día en día. Porque esta leve tribulación momentánea produce en nosotros un cada vez más excelente y eterno peso de gloria.

HIMNO

"Oh Cristo, yo te amo"

¡Oh, Cristo, yo te amo! Que mío eres sé;

Ya todo pecado por ti dejaré. ¡Oh, Cristo precioso!
Por ti salvo soy; Jesús, si te amaba, yo te amo más hoy.

Me amaste primero y así te amo a ti,
Pues sobre el calvario moriste por mí;
Por lo que sufriste mi vida te doy;
Jesús, si te amaba, yo te amo más hoy.

Y mientras que viva en este vaivén,
En la hora final de la muerte también,
Yo te amaré siempre; cantándote estoy,
"Jesús, si te amaba, yo te amo más hoy"

Al fin en tu gloria por gracia entraré,
Y allí con los santos loor te daré;
Por siglos eternos a cantarte voy:
"Jesús, si te amaba, yo te amo más hoy"

AUTOR: WILLIAM R. FEATHERSTONE, 1864

Capítulo 25

DISCRIMINACIÓN RACIAL

¿Por qué está mal discriminar a los demás por sus diferencias raciales?

¿La Biblia dice algo sobre el matrimonio interracial?

¿Qué hay de malo con los argumentos de las personas que intentan defender la discriminación racial basándose en la Biblia?

La presente sección del libro (Parte 4) aborda la protección de la vida humana, por lo que todos los capítulos están ampliamente relacionados con el sexto mandamiento: "No cometas asesinato" (Ex 20:13 NTV). En primer lugar, consideramos varios temas directamente relacionados con la vida y la muerte (capítulos 18-24). Ahora, en los tres últimos capítulos de esta sección, nos ocupamos de tres temas que no tienen que ver directamente con la vida y la muerte, sino con el bienestar de las personas en esta vida: la discriminación racial (cap. 25), la salud (cap. 26), y luego un tema específico de salud, que es el alcohol y las drogas (cap. 27)[1].

La discriminación hacia las personas por su origen racial o étnico ha sido habitual en muchas sociedades a lo largo de la historia. En la época de Jesús y de los apóstoles sucedía lo mismo. La parábola de Jesús del buen samaritano que atendió a un judío herido (Lucas 10:30-37) fue impactante para sus oyentes porque "judíos y samaritanos no se tratan entre sí" (Juan 4:9). La enseñanza del apóstol Pablo sobre las relaciones raciales en la iglesia debió parecer algo revolucionario para muchos nuevos cristianos: "Donde no hay griego ni judío, circuncisión ni incircuncisión, bárbaro ni escita, siervo ni libre, sino que Cristo es el todo, y en todos" (Col 3:11).

---

[1] Gran parte de este capítulo ha sido adaptado del artículo *"Racial Discrimination"* ["Discriminación racial"] de la *ESV Study Bible* [Biblia de Estudio Teológico] (Wheaton, Illinois: Crossway, 2008), págs. 2557-58, con permiso de la editorial. (Yo fui el autor principal de este artículo).

Tanto en aquel entonces como ahora, fuera de la iglesia cristiana, la separación y la discriminación racial y étnica eran muy comunes entre las naciones del mundo.

Mi objetivo en este capítulo será mostrar que, de principio a fin, la Biblia no proporciona ninguna base para favorecer o discriminar a ningún grupo de personas por su origen, sino que considera a todos los seres humanos como dignos de honor y respeto, ya que todos por igual están hechos a imagen de Dios.

La percepción de la discriminación racial sigue siendo un problema grave en Estados Unidos. Un estudio realizado en junio de 2016 por el Centro de Investigación Pew reveló que la gran mayoría de los negros (88 %) dice que Estados Unidos necesita seguir haciendo cambios para que los negros tengan los mismos derechos que los blancos, pero el 43 % se muestra escéptico respecto a que esos cambios lleguen a producirse. Según el estudio, los negros son más propensos que los blancos a decir que los negros son tratados de forma menos justa en el trabajo (una diferencia de 42 puntos porcentuales), al solicitar un préstamo o una hipoteca (41 puntos), al tratar con la policía (34 puntos), en las cortes de justicia (32 puntos), en las tiendas o restaurantes (28 puntos) y al votar en las elecciones (23 puntos). Por un margen de al menos 20 puntos porcentuales, los negros también son más propensos que los blancos a decir que la discriminación racial (70 % frente al 36 %), las escuelas de menor calidad (75 % frente al 53 %) y la falta de empleo (66 % frente al 45 %) son las principales razones por las que los negros pueden tener más dificultades para salir adelante que los blancos[2].

Lamentablemente, la percepción de la discriminación racial ha empeorado en los últimos años. En 2016, Gallup publicó un extenso informe de sus encuestas sobre la percepción de la discriminación racial y las relaciones raciales durante los 12 años previos. En 2004, el 74 % de los blancos no hispanos y el 68 % de los negros dijeron que las relaciones raciales eran "muy buenas" o "algo buenas". En 2016, solo el 55 % de los blancos no hispanos y el 49 % de los negros dijeron que las relaciones raciales eran "muy buenas" o "algo buenas". En 2004, solo el 8 % de los negros consideraba que las relaciones raciales eran "muy malas". Ese porcentaje se disparó al 21 % en 2016. En 2005, el 30 % de los negros clasificaron de "muy insatisfecho" el trato que recibían. Ese porcentaje aumentó al 42 % en 2016[3].

El informe también mostró que en 2003, el 52 % de los negros consideraba que eran necesarias nuevas leyes de derechos civiles para abordar la discriminación racial. Ese porcentaje aumentó al 69 % en 2015[4]. Entre los hispanos, durante el mismo período, el porcentaje aumentó del 44 % al 52 % en cuanto a la necesidad de nuevas leyes de derechos civiles[5].

---

[2] *"On Views of Race and Inequality, Blacks and Whites Are Worlds Apart"* ["Con respecto a la raza y la desigualdad, hay mucha diferencia entre los negros y los blancos"], Centro de Investigación Pew, 27 de junio de 2016,

http://www.pewsocialtrends.org/2016/06/27/on-views-of-race-and-inequality-blacks-and-whites-are-worlds-apart/.

[3] *"Race Relations"* ["Relaciones raciales"] Gallup, http://www.gallup.com/poll/1687/Race-Relations.aspx.

[4] *Ibid.*

[5] *Ibid.*

Según el estudio del Centro de Investigación Pew en Estados Unidos que fue llevado a cabo el 2016, cerca de la mitad de los hispanos en Estados Unidos (52 %) dicen ahora que han sufrido discriminación o que han sido tratados de manera injusta debido a su raza o etnia. El estudio reveló que entre los hispanos de 18 a 29 años, el 65 % dijo haber sufrido discriminación o trato injusto por su raza o etnia. En comparación, solo el 35 % de los hispanos de 50 años a más dicen lo mismo, haciendo una diferencia de 30 puntos porcentuales[6].

Pero ha habido áreas de mejora. Por ejemplo, en 1965, los blancos tenían 63.2 puntos porcentuales más de probabilidades de estar registrados para votar en comparación con los negros. Pero en 2004, los votantes negros tenían 3.8 puntos porcentuales *más* probabilidades de estar registrados para votar que los blancos[7]. Además, a diferencia de lo que ocurría en Estados Unidos antes de mediados de la década de 1960, la discriminación racial está ahora explícitamente prohibida por ley en las admisiones universitarias, en las prácticas de empleo y promoción de las empresas, en los alojamientos públicos como restaurantes y hoteles, y en otros ámbitos de la vida.

Desde 1965, los negros han ido aumentando en todos los ámbitos económicos, pero no al mismo ritmo que los blancos. Según el Centro de Investigación Pew, la mediana de los ingresos familiares (en dólares ajustados a la inflación) ha pasado de $22 000 en 1963 a más de $40 000 en la actualidad, pero sigue siendo solo dos tercios de la mediana de todos los estadounidenses[8]. El desempleo de la población negra sigue siendo el doble que el de la población blanca, similar a lo que ocurría en 1972[9].

Una encuesta realizada en 2014 por CBS News reveló que la mayoría de los estadounidenses piensan que la Ley de Derechos Civiles de 1964 ha mejorado las cosas para las personas de raza negra en Estados Unidos, incluyendo el 84 % de los blancos y el 83 % de los negros[10]. Es justo concluir que ha habido algunos progresos, y en comparación con hace 50 años, las cosas están mucho mejor para las minorías raciales en Estados Unidos. Pero es evidente que los problemas siguen existiendo.

La discriminación racial no solo es un problema que ocurre en los Estados

---

[6] Jens Manuel Krogstad y Gustavo López, *"Roughly Half of Hispanics Have Experienced Discrimination"* ["Aproximadamente la mitad de los hispanos ha sufrido discriminación"], Centro de Investigación Pew, 29 de junio de 2016,

http://www.pewresearch.org/fact-tank/2016/06/29/roughly-half-of-hispanics-have-experienced-discrimination/.

[7] *"Yes, Race Relations Have Improved Since 1965"* ["Sí, las relaciones raciales han mejorado desde 1965"], National Review, 26 de junio de 2013,

http://www.nationalreview.com/article/352038/yes-race-relations-have-improved-1965-editors.

[8] Richard Wolf, *"Equality Still Elusive 50 Years after Civil Rights Act"* ["La igualdad sigue siendo difícil 50 años después de la Ley de Derechos Civiles"], USA Today, 1 de abril de 2014,

http://www.usatoday.com/story/news/nation/2014/01/19/civil-rights-act-progress/4641967/.

[9] *Ibid.*

[10] Sarah Dutton, Jennifer De Pinto, Anthony Salvanto y Fred Backus, *"As Civil Rights Act Turns 50, Most Americans Appreciate Its Importance"* ["Al cumplirse los 50 años de la Ley de Derechos Civiles, la mayoría de los estadounidenses aprecian su importancia"], CBS News, 9 de abril de 2014,

http://www.cbsnews.com/news/as-civil-rights-act-turns-50-most-americans-appreciate-its-importance/.

Unidos. Un estudio de la Unión Europea realizado en 2003 reveló que el 22 %
de los encuestados dijo haber sufrido discriminación por su raza, casi el doble
que el segundo motivo más citado, que eran las dificultades de aprendizaje o las
enfermedades mentales[11]. Otro estudio, realizado cuatro años más tarde, reveló
que la percepción de la discriminación racial había aumentado, y que el 49 %
consideraba que se había generalizado[12]. Un informe de 2013 reveló que el 56% de los
encuestados pensaba que el origen étnico seguía siendo la causa de discriminación
más percibida en la UE[13] .

A. TODAS LAS PERSONAS DE LA TIERRA SON DESCENDIENTES DE ADÁN Y EVA

Los tres primeros capítulos del Génesis, junto con los demás capítulos de este
libro, se presentan como narraciones históricas veraces sobre el origen de la
raza humana[14]. Estos primeros capítulos proporcionan la base histórica para
comprender la unidad esencial de todos los seres humanos, porque muestran que
todos los habitantes de la tierra descienden de Adán y Eva. Ello se evidencia, en
primer lugar, en el comienzo de la raza humana, cuando Dios creó a Adán y Eva
como los primeros seres humanos sobre la tierra:

> Entonces dijo Dios: Hagamos al hombre a nuestra imagen, conforme a
> nuestra semejanza [...] Y creó Dios al hombre a su imagen, a imagen de
> Dios lo creó; varón y hembra los creó (Gn 1:26-27).

En un capítulo posterior, leemos que "llamó Adán el nombre de su mujer, Eva,
por cuanto *ella era madre de todos los vivientes*" (Gn 3:20).

Después del diluvio (Génesis 6-8), Noé y su esposa, junto con sus tres hijos y sus
esposas, salieron del arca:

> Y los hijos de Noé que salieron del arca fueron Sem, Cam y Jafet [...] Estos

---

[11] *"Discrimination in Europe"* ["Discriminación en Europa"], 2003
http://ec.europa.eu/public_opinion/archives/ebs/ebs_168_exec.sum_en.pdf.

[12] *"Discrimination in the European Union"* ["Discriminación en la Unión Europea"] 2007,
http://ec.europa.eu/public_opinion/archives/ebs/ebs_263_en.pdf.

[13] *"Racism and Discrimination in Employment in Europe"* ["Racismo y discriminación en el trabajo
en Europa"] 2013, 10,
http://cms.horus.be/files/99935/MediaArchive/publications/shadow%20report%202012-13/sha-
dowReport_final.pdf.

[14] Para un análisis detallado de las razones por las que Génesis 1-3 debe tomarse como una narración
histórica veraz, incluyendo una afirmación de su fiabilidad por parte de Jesús y 10 libros diferentes del
Nuevo Testamento, ver Wayne Grudem, "Theistic Evolution Undermines Twelve Creation Events and
Several Crucial Christian Doctrines" ["La evolución teísta socava doce acontecimientos de la crea-
ción y varias doctrinas cristianas cruciales"] en Theistic Evolution: A Scientific, Philosophical, and
Theological Critique [Evolución teísta: una crítica científica, filosófica y teológica], ed. J. P. Moreland,
Stephen C. Meyer, Christopher Shaw, Ann K. Gauger y Wayne Grudem (Wheaton, Illinois: Crossway,
2017), págs. 783-837.

tres son los hijos de Noé, *y de ellos fue llena toda la tierra* (Gn 9:18-19).

Pablo afirma explícitamente que todos los hombres de la tierra descienden de Adán, pues al hablar a los filósofos de Atenas, indica lo siguiente:

De un solo hombre creó todas las naciones de toda la tierra. De antemano decidió cuándo se levantarían y cuándo caerían, y determinó los límites de cada una (Hechos 17:26 NTV)[15].

La importancia doctrinal de que todos los seres humanos desciendan de Adán es que muestra la unidad física de la raza humana. Por lo tanto, muestra que así como Adán podía ser el representante de todas las personas, Cristo puede ser el representante de todos los que creen[16]. Pablo lo explica así:

Porque así como por la desobediencia de un hombre los muchos fueron constituidos pecadores, así también por la obediencia de uno, los muchos serán constituidos justos (Ro 5:19).

Porque por cuanto la muerte entró por un hombre, también por un hombre la resurrección de los muertos. *Porque así como en Adán todos mueren, también en Cristo todos serán vivificados* (1 Co 15:21-22).

B. TODOS LOS SERES HUMANOS COMPARTEN POR IGUAL EL HABER SIDO CREADOS "A IMAGEN DE DIOS"

Puesto que "creó Dios al hombre *a su imagen* [...] varón y hembra los creó" (Gn 1:27), y puesto que "Adán [...] engendró un hijo a su semejanza, *conforme a su imagen*" (5:3), la Escritura espera que entendamos que todos los seres humanos comparten la condición de ser "a imagen de Dios", es decir, que representan a Dios en la tierra y son más parecidos a Dios que cualquier otra criatura de la tierra[17]. Este punto se refuerza cuando Dios le dice a Noé que exigirá a los seres humanos que ejecuten el castigo a los asesinos:

El que derramare sangre de hombre,
    por el hombre su sangre será derramada;
porque a imagen de Dios es hecho el hombre (Gn 9:6).

Esta afirmación de que todas las personas continúan siendo hechas a imagen de

---

[15] Según Pablo, este único hombre es Adán (ya que Pablo se refiere repetidamente a Adán como "un hombre" al hablar del comienzo de la raza humana en Ro 5:12, 14, 15, 16, 17, 19).

[16] Para un mayor análisis, ver Guy Waters, "Theistic Evolution Is Incompatible with the Teachings of the New Testament" ["La evolución teísta es incompatible con las enseñanzas del Nuevo Testamento"], en Moreland et al., eds., Theistic Evolution [Evolución teísta], págs. 879-926.

[17] Ver el análisis en el cap. 10, pág. 281. Ver también el análisis de la imagen de Dios en Wayne Grudem, *Systematic Theology: An Introduction to Biblical Doctrine* [Teología sistemática: Una introducción a la doctrina bíblica] (Leicester, Reino Unido: Inter-Varsity y Grand Rapids, Michigan: Zondervan, 1994), págs. 442-50.

Dios es el principio general que muestra la profunda maldad moral del asesinato de cualquier ser humano.

En el Nuevo Testamento, Santiago afirma una idea similar cuando habla de las personas "que están hechos a la semejanza de Dios" (Santiago 3:9; notar que Génesis 1:26 habla de que el hombre fue creado tanto a "imagen" como a "semejanza" de Dios).

Puesto que todos los seres humanos descienden de Adán y Eva, y que todos son a imagen de Dios, la Escritura descarta cualquier idea de superioridad o inferioridad racial a los ojos de Dios. Debemos tratar a todos los seres humanos con dignidad y respeto: "Honrad a *todos*" (1 P 2:17); "mostrar verdadera humildad en el trato con *todos*" (Tito 3:2 NTV).

Santiago también nos advierte que no debemos mostrar "favoritismo", favoreciendo a un tipo de personas o a otro (en ese contexto está hablando de ricos y pobres, pero el principio se aplica también a otros tipos de favoritismo); escribió: "Hermanos míos, no tengáis vuestra fe en nuestro glorioso Señor Jesucristo con una actitud de *favoritismo*" (Santiago 2:1 LBLA; ver también v. 9). John Frame lo explica así:

> Santiago también se opone al favoritismo (Santiago 2:4; 3:17). El favoritismo es el término bíblico para el prejuicio. Ello implica tratar mal a alguien, no porque la persona lo merezca, sino por una preferencia irracional[18].

C. LAS PERSONAS DE TODOS LOS ORÍGENES RACIALES SE UNIRÁN EN EL CIELO

Si nos vamos al final de la Biblia, vemos el mismo énfasis en la unidad racial y étnica, porque la innumerable multitud de personas que adoran ante el trono de Dios en el cielo incluye a personas de cada tribu y nación de la tierra:

> Después de esto miré, y he aquí una gran multitud, la cual nadie podía contar, *de todas naciones y tribus y pueblos y lenguas,* que estaban delante del trono y en la presencia del Cordero, vestidos de ropas blancas, y con palmas en las manos; y clamaban a gran voz, diciendo: La salvación pertenece a nuestro Dios que está sentado en el trono, y al Cordero (Ap 7:9-10).

D. PRUEBAS GENÉTICAS SOBRE LA UNIDAD DE LA RAZA HUMANA

La ESV Study Bible [Biblia de Estudio Teológico] resume las pruebas científicas actuales sobre la unidad de la raza humana de la siguiente manera:

---

[18] John M. Frame, *The Doctrine of the Christian Life: A Theology of Lordship* [La Doctrina del Conocimiento de Dios: Teología del Señorío] (Phillipsburg, Nueva Jersey: P&R, 2008), pág. 663.

Los recientes estudios genéticos del Proyecto Genoma Humano confirman de forma interesante el gran grado de similitud genética que comparten todos los seres humanos y el ínfimo grado de disimilitud genética que distingue a un grupo de otro. La ciencia contemporánea más avanzada muestra que la secuencia del genoma humano es casi (99.9 %) exactamente igual en todas las personas[19].

A continuación, figura esta declaración del Proyecto Genoma Humano:

Los estudios de ADN no indican que existan subespecies (razas) clasificables por separado dentro de los humanos modernos. Aunque se pueden identificar diferentes genes o rasgos físicos como el color de la piel y del cabello entre los individuos, no existen patrones consistentes de genes en el genoma humano para distinguir una raza de otra. Tampoco existe una base genética para las divisiones de la etnia humana. Las personas que han vivido en la misma región geográfica durante muchas generaciones tienen algunos alelos [formas posibles en las que puede presentarse un gen para un rasgo específico] en común, pero ningún alelo se encontrará en todos los miembros de una población y en ningún miembro de otra[20].

Además, algunos estudios genéticos recientes ofrecen una importante verosimilitud científica a la idea de que todos los seres humanos descienden de una pareja humana en la historia temprana de la raza humana[21].

¿Por qué las personas con diferentes características raciales proceden de distintas regiones del mundo? Desde Adán y Eva, la raza humana siempre ha incluido variaciones genéticas en el color de los ojos, la estatura y el aspecto facial, así como variaciones en el color de la piel y del cabello que ahora se asocian con diferentes grupos raciales. En algún momento temprano de la historia de la raza humana, cuando las personas empezaron a migrar a diversas partes de la tierra, algunas variaciones dentro del patrimonio genético humano se *aislaron geográficamente* de otras variaciones, de modo que las personas que vivían en lo que ahora es el norte de Europa llegaron a parecerse más unas a otras. Las personas que vivían en lo que ahora es África empezaron a parecerse más entre sí, y lo mismo ocurrió con las personas que vivían en Asia y en América del Norte. El resultado fue que grupos de personas de distintas partes del mundo llegaron a tener diferentes colores de piel y otras características que actualmente asociamos con las diferencias raciales.

Una interesante revelación de esto tiene que ver con la herencia genética del color de la piel. Los estudios genéticos modernos nos dicen que cuando una persona de piel clara tiene un hijo con otra de piel oscura, la piel del niño no será

---

[19] *"Racial Discrimination"* ["Discriminación racial"], pág. 2557.

[20] *"Minorities, Race, and Genomics"* ["Minorías, raza y genómica"], Archivo de Información del Proyecto del Genoma Humano 1990-2003,
  http://web.ornl.gov/sci/techresources/Human_Genome/elsi/minorities.shtml, citado en ibid., págs. 2557-58.

[21] Ver información sobre Adán y Eva en Moreland et al., eds., *Theistic Evolution* [Evolución teísta], caps. 27-29, págs. 783-926.

más oscura que la del progenitor con la piel más oscura. Esto significa que, si la transmisión hereditaria del color de la piel ha operado de la misma manera desde el principio de la historia de la humanidad, entonces la variedad actual del color de la piel debe haber existido desde el principio. Este dato apunta a que los muchos hijos de Adán y Eva (ver Gn 5:4) probablemente tenían diferentes colores de piel, y que posiblemente Adán y Eva también tenían diferentes colores de piel.

E. EJEMPLOS DE MATRIMONIOS INTERRACIALES VISTOS DE FORMA POSITIVA EN LA BIBLIA

A la luz de la enseñanza bíblica sobre la unidad de la raza humana, no es de extrañar que algunos matrimonios entre personas de diferentes orígenes raciales o étnicos sean vistos de forma positiva en la Biblia, e incluso que desempeñen un papel importante en la historia bíblica.

Por ejemplo, cuando José estaba en Egipto, tomó como esposa a una egipcia:

> Y nacieron a José dos hijos antes que viniese el primer año del hambre, los cuales le dio a luz Asenat, hija de Potifera sacerdote de On. Y llamó José el nombre del primogénito, Manasés; porque dijo: Dios me hizo olvidar todo mi trabajo, y toda la casa de mi padre. Y llamó el nombre del segundo, Efraín; porque dijo: Dios me hizo fructificar en la tierra de mi aflicción (Gn 41:50-52).

José era de origen semita (descendiente de Abraham), mientras que su esposa, Asenath, era una egipcia del norte de África. Sin embargo, estos hijos se convirtieron en los antepasados de las tribus de Efraín y Manasés, dos de las más numerosas de las 12 tribus de Israel (ver Gn 41:51-52).

Más adelante, leemos que Moisés se había casado con una mujer etíope:

> María y Aarón hablaron contra Moisés a causa de la mujer cusita que había tomado; porque él había tomado mujer cusita. Y dijeron: ¿Solamente por Moisés ha hablado Jehová? ¿No ha hablado también por nosotros? Y lo oyó Jehová (Nm 12:1-2).

El pueblo "cusita" (hebreo, *kushî*) procedía de la región de África que hoy es Etiopía y Sudán. El término hebreo es el mismo que se utiliza en Jeremías 13:23: "¿Mudará el *etíope*[22] su piel, y el leopardo sus manchas?". Por lo tanto, en este pasaje Miriam y Aarón critican a Moisés, un hombre judío, por casarse con una mujer africana de piel mucho más oscura. Sin embargo, Dios juzga inmediatamente a Miriam y a Aarón por este reproche:

> Luego dijo Jehová a Moisés, a Aarón y a María: Salid vosotros tres al tabernáculo de reunión. Y salieron ellos tres. Entonces Jehová descendió en la columna de la nube, y se puso a la puerta del tabernáculo, y llamó a

---

[22] En hebreo, *kûshî*, una variante de la misma palabra.

Aarón y a María; y salieron ambos. Y él les dijo: Oíd ahora mis palabras. Cuando haya entre vosotros profeta de Jehová, le apareceré en visión, en sueños hablaré con él. No así a mi siervo Moisés, que es fiel en toda mi casa. Cara a cara hablaré con él, y claramente, y no por figuras; y verá la apariencia de Jehová. ¿Por qué, pues, no tuvisteis temor de hablar contra mi siervo Moisés? Entonces la ira de Jehová se encendió contra ellos; y se fue. Y la nube se apartó del tabernáculo, *y he aquí que María estaba leprosa como la nieve;* y miró Aarón a María, y he aquí que estaba leprosa (Nm 12:4-10)[23].

Sobre este pasaje, John Piper comenta lo siguiente:

Dios no emite ninguna crítica contra Moisés por casarse con una mujer negra cusita. Pero cuand o Miriam critica al líder elegido por Dios por este matrimonio, Dios cubre su piel con lepra blanca. Si alguna vez pensó que el negro era un símbolo bíblico para la impureza, tenga cuidado con la forma en que utiliza esa idea; ya que podría caer sobre usted una impureza blanca[24].

Una prueba más del interés de Dios por la armonía interracial se ve en el hecho de que hay algunos antepasados no judíos en la línea de Jesús, ya que su ascendencia incluía a Rahab, que era una cananea de Jericó (ver Jos 6:25; Mt 1:5), y a Rut, que era moabita (ver Rut 1:4, 22; 2:2, 6, 21; 4:5, 10; Mt 1:5).

Al principio, alguien podría pensar que las leyes del Antiguo Testamento contra el matrimonio con mujeres extranjeras serían un argumento contra el matrimonio interracial. Es cierto que en el Pacto de Moisés había algunas leyes que impedían al pueblo judío casarse con personas de otras naciones, por ejemplo:

Y no emparentarás con ellas; no darás tu hija a su hijo, ni tomarás a su hija para tu hijo. Porque desviará a tu hijo de en pos de mí, y servirán a dioses ajenos; y el furor de Jehová se encenderá sobre vosotros, y te destruirá pronto (Dt 7:3-4; ver también Esdras 10:11).

Pero el contexto de estos pasajes muestra que el propósito de estas leyes era evitar que el pueblo judío se casara con personas de otras religiones. La razón específica se da en Deuteronomio 7:4: *"Porque desviará a tu hijo de en pos de mí, y servirán a dioses ajenos".* Y los pasajes de Esdras sobre contraer matrimonio con esposas extranjeras también muestran que el problema era *casarse con personas de religiones falsas* que apartarían al pueblo judío de servir al Señor (ver Esdras 9:1-2, 11, 14). El equivalente en el Nuevo Testamento a estas leyes contra el matrimonio con extranjeros es la prohibición de casarse con incrédulos, lo cual no tiene nada que ver con la raza o el origen nacional. Por lo tanto, una viuda "libre es para casarse con quien quiera, *con tal que sea en el Señor"* (1 Co 7:39; ver también 2 Co 6:14).

---

[23] Entonces Moisés oró al Señor, y Miriam se curó en siete días (Nm 12:11-15).

[24] John Piper, *Bloodlines: Race, Cross, and the Christian* [Líneas de sangre: raza, cruz y el cristiano] (Wheaton, Illinois: Crossway, 2011), pág. 212.

F. ¿CUÁL FUE LA MALDICIÓN DE CAM (O CANAÁN)?

En algún momento después del diluvio, Noé se embriagó y se quedó dormido, acostado desnudo en su tienda (Gn 9:21). Cam, quien era uno de los hijos de Noé, vio a su padre en aquel estado deshonroso y aparentemente ridiculizó a Noé ante sus hermanos, Sem y Jafet, quienes entonces trataron a su padre con respeto y cubrieron la desnudez de Noé:

> Entonces Sem y Jafet tomaron la ropa, y la pusieron sobre sus propios hombros, y andando hacia atrás, cubrieron la desnudez de su padre, teniendo vueltos sus rostros, y así no vieron la desnudez de su padre (Gn 9:23).

Cuando "despertó Noé de su embriaguez" y se enteró de lo sucedido, no maldijo a Cam, sino a Canaán, uno de los hijos de Cam:

> "Y dijo: *Maldito sea Canaán*; siervo de siervos será a sus hermanos" (Gn 9:25).

Algunas personas han utilizado vergonzosamente este pasaje para intentar justificar la discriminación racial e incluso la esclavización de personas de origen africano, con la afirmación de que el resultado de esta maldición era la piel de color oscura[25]. Sin embargo, la propia Biblia muestra que *no* fueron los descendientes de Canaán, sino los descendientes de los *otros hijos* de Cam quienes poblaron el norte de África:

> Descendientes de Cam: *Cus* [Etiopía, Sudán], *Egipto*, *Put* [Libia[26] y Canaán (Gn 10:6 BLP).

Los descendientes de Canaán no migraron a África, sino que vivieron en la tierra de Palestina en las regiones de Sidón, Gaza, Sodoma y Gomorra:

> Y Canaán engendró a Sidón su primogénito, a Het, al *jebuseo, al amorreo, al gergeseo, al heveo, al araceo, al sineo, al arvadeo, al zemareo y al hamateo*; y después se dispersaron las *familias de los cananeos.* Y fue *el territorio de los cananeos* desde Sidón, en dirección a Gerar, hasta Gaza; y en dirección de Sodoma, Gomorra, Adma y Zeboim, hasta Lasa (Gn 10:15-19).

Más adelante en la historia bíblica, vemos que estas eran las tribus de cananeos que fueron destruidas por el pueblo de Israel cuando conquistaron la Tierra Prometida (nótar que muchos de los nombres de los grupos tribales son los mismos):

---

[25] Para una historia detallada de los intérpretes que promovieron este punto de vista en siglos anteriores, ver Edwin Yamauchi, *"The Curse of Ham"* ["La maldición de Cam"], Criswell Theological Review n.s. 6, n.º 2 (primavera de 2009): págs. 45-60.

[26] Ver Gordon J. Wenham, *Genesis 1-15* [Génesis 1-15], WBC (Waco, Texas: Word, 1987), págs. 221, para las notas sobre la identificación de Cus y Put.

> Cuando Jehová tu Dios te haya introducido en la tierra en la cual entrarás para tomarla, y haya echado de delante de ti a muchas naciones, al heteo, al gergeseo, al amorreo, al cananeo, al ferezeo, al heveo y al jebuseo, siete naciones mayores y más poderosas que tú, y Jehová tu Dios las haya entregado delante de ti, y las hayas derrotado, las destruirás del todo; no harás con ellas alianza, ni tendrás de ellas misericordia (Dt 7:1-2).

Sin embargo, no se mataron a todos los cananeos, y los que quedaron fueron sometidos a la servidumbre durante la época de Salomón:

> A todos los pueblos que quedaron de los amorreos, heteos, ferezeos, heveos y jebuseos, que no eran de los hijos de Israel; a sus hijos que quedaron en la tierra después de ellos, que los hijos de Israel no pudieron acabar, hizo Salomón que sirviesen con tributo hasta hoy. Mas a ninguno de los hijos de Israel impuso Salomón servicio, sino que eran hombres de guerra, o sus criados, sus príncipes, sus capitanes, comandantes de sus carros, o su gente de a caballo (1 Reyes 9:20-22).

Por lo tanto, *la maldición sobre los descendientes de Canaán se cumplió* con la destrucción del pueblo cananeo a cargo de la nación de Israel cuando conquistaron la Tierra Prometida y, posteriormente, cuando sometieron a los pueblos cananeos a la servidumbre[27]. Esta maldición no tenía nada que ver con la superioridad racial ni con el color de la piel ni tampoco con los afrodescendientes.

G. ¿CÓMO DEBEMOS RELACIONARNOS CON PERSONAS DE DIFERENTES ORÍGENES RACIALES?

El Nuevo Testamento nos orienta acerca de cómo relacionarnos con personas de diferentes orígenes raciales. Vemos en el Nuevo Testamento que había conflictos raciales entre judíos y samaritanos en la época de Jesús, pues "judíos y samaritanos no se tratan entre sí" (Juan 4:9). Sin embargo, Jesús habló abierta y libremente con la mujer del pozo de Samaria (ver 4:1-42). Y también contó la parábola del buen samaritano (Lucas 10:25-37), en parte para enseñar que los judíos debían considerar al samaritano como un "prójimo", el objeto propio del mandamiento "Amarás a tu prójimo como a ti mismo" (ver vv. 27, 29).

Al final de su ministerio terrenal, Jesús dijo a sus discípulos: "Haced discípulos a todas las naciones" (Mt 28:19), y Pablo da a entender que no debe haber discriminación racial en la iglesia cuando escribe: "Ya no hay judío ni griego [...] porque todos vosotros sois uno en Cristo Jesús (Gá 3:28).

Un pasaje muy importante sobre la unidad racial en la iglesia se encuentra en la carta de Pablo a los Efesios:

---

[27] Derek Kidner dice: "Es probable [...] que el sometimiento de los cananeos ante Israel cumpliera adecuadamente el oráculo (cf. Jos 9:23; 1 Reyes 9:21)". Genesis [Génesis], TOTC (Chicago: InterVarsity Press, 1967), pág. 104. Del mismo modo, ver Wenham, *Genesis 1-15* [Génesis 1-15], págs. 201-2.

> Por esta causa yo Pablo, prisionero de Cristo Jesús por vosotros los gentiles; si es que habéis oído de la administración de la gracia de Dios que me fue dada para con vosotros; que *por revelación me fue declarado el misterio*, como antes lo he escrito brevemente, leyendo lo cual podéis entender cuál sea mi conocimiento en el misterio de Cristo, misterio que en otras generaciones no se dio a conocer a los hijos de los hombres, como ahora es revelado a sus santos apóstoles y profetas por el Espíritu: *que los gentiles son coherederos* y miembros del mismo cuerpo, y copartícipes de la promesa en Cristo Jesús por medio del evangelio, del *cual yo fui hecho ministro* por el don de la gracia de Dios que me ha sido dado según la operación de su poder. A mí, que soy menos que el más pequeño de todos los santos, *me fue dada esta gracia de anunciar entre los gentiles el evangelio de las inescrutables riquezas* de Cristo, y de aclarar a todos cuál sea la dispensación del misterio escondido desde los siglos en Dios, que creó todas las cosas; *para que la multiforme sabiduría de Dios sea ahora dada a conocer por medio de la iglesia a los principados y potestades en los lugares celestiales* (3:1-10).

Aquí Pablo habla de un magnífico "misterio" del cual solo se insinuaba parcialmente en el Antiguo Testamento, pero que Dios había revelado "a sus santos apóstoles y profetas" (Ef 3:5) en el Nuevo Testamento. Este misterio era "que los gentiles son coherederos" (v. 6), es decir, ¡que estaban incluidos en igualdad de condiciones en la iglesia! (para los judíos del primer siglo debió ser sorprendente pensar que los no judíos estuvieran incluidos en el pueblo de Dios en igualdad de condiciones).

Pero a medida que Pablo predicaba el evangelio a los gentiles, y a medida que personas de diferentes orígenes raciales y étnicos se incorporaban a la iglesia, algo dramático sucedía en el reino invisible de la actividad espiritual: los "principados y potestades en los lugares celestiales" (es decir, las fuerzas espirituales angélicas y demoníacas que son invisibles para nosotros en este momento) comenzaron a ver y comprender la asombrosa sabiduría y complejidad del plan eterno de Dios para la iglesia. Comenzaron a ver la realización de "la multiforme sabiduría de Dios" (aquí "multiforme" se traduce por la palabra griega *polypoikilos*, que significa "que tiene muchas facetas, diversificado, muy polifacético").

Pablo estaba diciendo aquí que cuando las personas de diversos orígenes raciales y étnicos son capaces de amarse unos a otros y trabajar juntos en la iglesia es algo *muy diferente a la tendencia que ha habido a lo largo de la historia de personas de diferentes orígenes* viviendo en animosidad e incluso a veces en guerra unos contra otros. Pero Dios lo lleva a cabo porque Cristo "derribó el muro de hostilidad que nos separaba" (Ef 2:14). Los ángeles lo ven y se alegran, mientras que los demonios lo presencian y se enfurecen.

Esta notable verdad tiene importantes implicaciones para la iglesia cristiana. Tal como escribí en otra ocasión:

> Si la iglesia cristiana es fiel al sabio plan de Dios, estará siempre en primera línea para derribar las barreras raciales y sociales en las sociedades de todo

el mundo, y será así una manifestación visible del asombroso y sabio plan de Dios de lograr una gran unidad a partir de una gran diversidad y hacer así que toda la creación lo honre[28].

Por último, la imagen de la adoración ante el trono de Dios en el cielo (Ap 7:9-10) es una maravillosa imagen de la unidad racial:

> Después de esto miré, y he aquí una gran multitud, la cual nadie podía contar, *de todas naciones y tribus y pueblos y lenguas*, que estaban delante del trono y en la presencia del Cordero, vestidos de ropas blancas, y con palmas en las manos; y clamaban a gran voz, diciendo: La salvación pertenece a nuestro Dios que está sentado en el trono, y al Cordero.

Esta imagen bíblica no necesariamente significa que las iglesias étnicamente homogéneas no agradan a Dios, al menos durante una o dos generaciones debido a las diferencias entre los idiomas (por ejemplo, en la zona de Phoenix, donde vivo, es común ver iglesias hispanas, coreanas y chinas). Esto se debe a que las personas se sentirán más cómodas adorando y confraternizando con otros que hablan su mismo idioma[29]. Pero sí significa que las iglesias deben reconocer que tal separación étnica no es el ideal que Pablo sostiene en Efesios, donde declara que una iglesia multiétnica proclama "la multiforme sabiduría de Dios" a "los principados y potestades en los lugares celestiales" (3:10). Y desde luego, una vez superada la barrera del idioma, las iglesias deben acoger y nunca excluir o mostrar hostilidad hacia otras personas de diferente origen étnico o racial.

En otras palabras, el propósito de Dios es que sus iglesias se conviertan en ejemplos vivos de unidad y armonía racial, acogiendo e incluyendo a personas de todos los orígenes raciales y étnicos en una comunión plena e igualitaria en el cuerpo de Cristo[30].

H. EL TEMA DE LAS LEYES DE LAS MIGRACIONES

Dado que personas de muchas razas y etnias pueden querer migrar a un país, es conveniente decir algo en este punto sobre la discriminación racial y sobre si los países deben permitir la migración de personas de todo tipo de orígenes raciales y étnicos.

Ciertamente, la enseñanza bíblica sobre la igualdad de todos los seres humanos a imagen y semejanza de Dios (ver anteriormente) debería llevarnos a la conclusión de que no se debe discriminar a las personas de ningún grupo racial o étnico específico a la hora de decidir a quién se debe permitir la entrada en un país. Además, animaría a las iglesias a acoger a nuevos migrantes de otros países en sus

---

[28] Grudem, *Systematic Theology* [Teología sistemática], pág. 194.

[29] Por poner otro ejemplo, recuerdo que mi abuela de Minneapolis conservó su himnario sueco hasta su muerte.

[30] Algunos lectores se preguntarán por qué no digo que es una cuestión de "justicia social". Explico mi decisión de no utilizar la expresión "justicia social" en el cap. 37, pág. 961.

iglesias, ya que ello promoverá el tipo de congregaciones interraciales que, según el apóstol Pablo, glorificarán a Dios mostrando su asombrosa sabiduría en la ruptura, en Cristo, de las barreras que, de otro modo, separarían en lugar de unir a los seres humanos (ver el análisis en la sección anterior)[31].

El tema de las políticas específicas que deberían adoptarse con respecto a la migración es una cuestión política que abordo ampliamente en otro libro[32]. Y en otro libro, mi coautor y yo presentamos datos históricos que demuestran que cuando un país excluye a determinados grupos y les impide la entrada a ese país, inevitablemente obstaculiza su desarrollo económico. Pero los países que fomentan la migración de personas cualificadas y altamente motivadas de otras naciones suelen obtener importantes beneficios económicos de dicha política[33].

PREGUNTAS PARA REFLEXIONAR

1. ¿Alguna vez ha sufrido discriminación por su raza? ¿Cómo lo ha afrontado? ¿Su fe cristiana lo ayudó de alguna manera en esa situación?

2. ¿Ha discriminado alguna vez a otra persona por su origen racial? Si mira hacia atrás, ¿cómo podría haber actuado de forma diferente?

3. ¿Podría dar algún ejemplo de situaciones en las que haya experimentado una sana unidad interracial, ya sea en su trabajo, en su escuela (si es estudiante), en actividades deportivas, en su vecindario o en su iglesia?

4. ¿Puede describir cómo cree que sería la ausencia de discriminación racial en cada uno de los escenarios mencionados en la pregunta anterior?

5. ¿Qué cosas puede hacer para superar la discriminación racial en situaciones en las que todavía existe? ¿Qué puede hacer su iglesia?

6. ¿Qué rasgos de carácter cristiano (ver pág. 110) serían especialmente útiles para llevar a las personas a tener actitudes correctas y elegir acciones correctas en relación con la discriminación racial?

TÉRMINOS ESPECIALES

[31] Espero que todos los lectores estén de acuerdo con esta frase en la medida en que se aplica a los que han migrado legalmente a un país. En cuanto al asunto más difícil y complejo de cómo relacionarse con los que han entrado en un país ilegalmente, ver mi análisis en Wayne Grudem, *Politics-According to the Bible: A Comprehensive Resource for Understanding Modern Political Issues in Light of Scripture* [La política según la Biblia: Un recurso completo para entender las cuestiones políticas modernas a la luz de las Escrituras] (Grand Rapids, Michigan: Zondervan, 2010), págs. 470-83.

[32] Mi punto de vista es que Estados Unidos es una tierra de inmensas oportunidades y grandes espacios abiertos, y deberíamos seguir acogiendo a un gran número de migrantes legales, como lo hemos hecho a lo largo de nuestra historia. Sin embargo, el proceso de admisión de dichos migrantes debería permitir la entrada solo para aquellos que estamos seguros de que beneficiarán a la nación, tratarán de respetar sus leyes y sus valores culturales positivos, y no tratarán de perjudicarla. Además, es necesario que nuestras fronteras sean mucho más seguras para detener la gran afluencia de migrantes ilegales. Para muchos otros detalles, ver ibid.

[33] Ver Wayne Grudem y Barry Asmus, *The Poverty of Nations: A Sustainable Solution* [La pobreza de las naciones: una solución sostenible] (Wheaton, Illinois: Crossway, 2013), págs. 294-97, 356-58.

discriminación racial

BIBLIOGRAFÍA

Otras fuentes de referencia sobre ética

(ver datos bibliográficos completos, pág. 64)

Clark y Rakestraw, 2:261-92
Davis, 291-324
Frame, 666-78
Gushee y Stassen, 396-416
Hays, 407-43
Holmes, 83-94
Kaiser, 31-42
McQuilkin y Copan, 238-39, 355-62

Otras obras

Anyabwile, Thabiti. *"The Glory and Supremacy of Jesus Christ in Ethnic Distinctions and over Ethnic Identities"* ["La gloria y la supremacía de Jesucristo en las distinciones étnicas y sobre las identidades étnicas"] En For the Fame of God's Name: Essays in Honor of John Piper [Para la fama del nombre de Dios: Ensayos en honor de John Piper], editado por Sam Storms y Justin Taylor, págs. 293-307. Wheaton, Illinois: Crossway, 2010.

Bray, Gerald. *"Racial and Ethnic Equality"* ["Igualdad racial y étnica"] En God Is Love: A Biblical and Systematic Theology [Dios es amor: Una teología bíblica y sistemática], págs. 336-40. Wheaton, Illinois: Crossway, 2012.

Carson, D. A. *"Hard Case One: Racism"* [Primer caso difícil: el racismo] En Love in Hard Places [Amor en lugares difíciles], págs. 87-108. Wheaton, Illinois: Crossway, 2002.

Cheung-Judge, L. M.-Y. *"Discrimination"* ["Discriminación"] En *el New Dictionary of Christian Ethics and Pastoral Theology* [Nuevo Diccionario de Ética Cristiana y Teología Pastoral], editado por David J. Atkinson y David H. Field, págs. 312-14. Leicester, Reino Unido: Inter-Varsity y Downers Grove, Illinois: InterVarsity Press, 1995.

DeYoung, Kevin. *"10 Reasons Racism Is Offensive to God"* ["10 razones por las que el racismo es una ofensa para Dios"] DeYoung, Restless, and Reformed, 25 de junio de 2015, http://www.thegospelcoalition.org/blogs/kevindeyoung/2015/06/25/10-reasons-racism-is-offensive-to-god /.

D'Souza, Dinesh. *The End of Racism: Principles for a Multiracial Society* [El fin del racismo: principios para una sociedad multiracial]. New York: Free Press Paperbacks, 1996.

Emerson, Michael O. y Christian Smith. *Divided by Faith: Evangelical Religion and the Problem of Race in America* [Divididos por la fe: La religión evangélica y el problema de la raza en Estados Unidos]. Oxford: Oxford University Press, 2000.

Evans, Tony. *Oneness Embraced* [La unidad abrazada]. Chicago: Moody, 2011.

Hamilton, James M., Jr. *"Does the Bible Condone Slavery and Sexism?"* ["¿La Biblia condena la esclavitud y el sexismo?"] En *In Defense of the Bible: A Comprehensive Apologetic for the Authority of Scripture* [En defensa de la Biblia: Una completa apología de la autoridad de las Escrituras], editado por Steven B. Cowan y Terry L. Wilder, págs. 335-48. Nashville: Broadman & Holman, 2013.

Hays, J. Daniel. *From Every People and Nation: A Biblical Theology of Race* [De todos los pueblos y naciones: Una teología bíblica de la raza]. New Studies in Biblical Theology 14. Downers Grove, Illinois: InterVarsity Press, 2003.

Hoffmeier, James K. *The Immigration Crisis: Immigrants, Aliens, and the Bible* [La crisis de la inmigración: inmigrantes, extranjeros, y la Biblia]. Wheaton, Illinois: Crossway, 2009.

Loritts, Bryan, ed. *Letters to a Birmingham Jail: A Response to the Words and Dreams of Martin Luther King, Jr* [Cartas a la cárcel de Birmingham: Una respuesta a las palabras y los sueños de Martin Luther King, Jr.]. Chicago: Moody Publishers, 2014.

McKissic, William Dwight y Anthony T. Evans. *Beyond Roots II: If Anybody Ask You Who I Am: A Deeper Look at Blacks in the Bible* [Más allá de las raíces II: Si alguien te pregunta quién soy: una mirada más profunda a la población negra en la Biblia]. Wenonah, Nueva Jersey: Renaissance Productions, 1994.

Piper, John. *Bloodlines: Race, Cross, and the Christian* [Líneas de sangre: raza, cruz y el cristiano]. Wheaton, Illinois: Crossway, 2011.

Perkins, John M. *Dream with Me* [Sueña conmigo]. Ada, Michigan: Baker Books, 2017.

Platt, David. *"Unity in Diversity: The Gospel and Ethnicity"* [Unidad en la diversidad: El Evangelio y la etnia] En Counter Culture: Following Christ in an Anti-Christian Age [Contracultura siguiendo a Cristo en una época anticristiana], edición revisada y actualizada, págs. 189-216. Carol Stream, Illinois: Tyndale Momentum, 2017.

Priest, Robert J. y Alvaro L. Nieves, eds. *This Side of Heaven: Race, Ethnicity, and Christian Faith* [Este lado del cielo: raza, etnia y fe cristiana]. New York: Oxford University Press, 2007.

Sharp, Douglas R. *No Partiality: The Idolatry of Race & the New Humanity* [No hay parcialidad: La idolatría de la raza y la nueva humanidad]. Downers Grove, Illinois: InterVarsity Press, 2002.

Sowell, Thomas. *Intellectuals and Race* [Intelectuales y raza]. New York: Basic Books, 2013.

Steele, Shelby. *Shame: How America's Past Sins Have Polarized Our Country* [Vergüenza: Cómo los pecados del pasado de Estados Unidos han polarizado a nuestro país]. New York: Basic Books, 2015.

———. *White Guilt: How Blacks and Whites Together Destroyed the Promise of the Civil Rights Era* [La culpa blanca: Cómo negros y blancos destruyeron juntos la promesa de la era de los derechos civiles]. New York: Harper Perennial, 2007.

Thernstrom, Abigail M. y Stephan Thernstrom. *No Excuses: Closing the Racial Gap in Learning* [Sin excusas: Cerrar la brecha racial en el aprendizaje]. New York: Simon & Schuster, 2003.

Williams, Jarvis J. *One New Man: The Cross and Racial Reconciliation in Pauline Theology* [Un hombre nuevo: La cruz y la reconciliación racial en la teología paulina]. Nashville: B&H Academic, 2010.

PASAJE BÍBLICO PARA MEMORIZAR

Apocalipsis 7:9-10: Después de esto miré, y he aquí una gran multitud, la cual nadie podía contar, de todas naciones y tribus y pueblos y lenguas, que estaban delante del trono y en la presencia del Cordero, vestidos de ropas blancas, y con palmas en las manos; y clamaban a gran voz, diciendo: La salvación pertenece a nuestro Dios que está sentado en el trono, y al Cordero.

HIMNO

"De la iglesia el fundamento"

De la iglesia el fundamento
es Jesús el Salvador;
por la obra de su gracia
le dio vida su Señor;
para hacerla esposa suya
de los cielos descendió,
y su sangre por limpiarla
en la cruz Él derramó.

De entre todas las naciones
escogida en variedad,
a través de las edades
se presenta en unidad;
en diversidad de pueblos
solo tiene un Señor,
una fe y un nacimiento,
un constante y puro amor.

Ella alaba solo un nombre,
sigue una sola luz;
guarda una esperanza
y su gloria es una cruz.
Por el celo que la anima,
de las almas corre en pos,
y ambiciona por la gracia
conducirlas hacia Dios.

A través de sufrimientos,
de fatigas y dolor,
el glorioso día espera
en que vuelva su Señor;
consumada su carrera,
ya sin mancha estará;
a las bodas del Cordero
victoriosa entrará.

AUTOR: SAMUEL J. STONE, 1866

Capítulo 26

SALUD

¿Por qué Dios quiere que cuidemos nuestro cuerpo físico?
¿Qué debemos pensar sobre el sueño, las vacunas, los
alimentos orgánicos, los tatuajes y la circuncisión?

A veces las personas asumen erróneamente que solo las realidades "espirituales" son moralmente buenas y que las realidades físicas, incluyendo nuestros cuerpos físicos, son malas por naturaleza. Pero de principio a fin, la Biblia presenta una visión positiva de *la bondad moral de nuestros cuerpos físicos*, aunque se ve atenuada por el hecho de que nuestros cuerpos también se han visto afectados por la caída y por el pecado continuo. La Biblia también deja claro que debemos cuidar nuestro cuerpo. Por lo tanto, en este capítulo, consideraremos una serie de asuntos éticos relacionados con el cuidado de nuestro cuerpo físico.

A. NUESTROS CUERPOS FÍSICOS NO SON ALGO MALO, SINO QUE SON BUENOS REGALOS DE PARTE DE DIOS

1. La creación. Cuando Dios creó los primeros cuerpos físicos humanos, eran "buenos en gran manera". Lo sabemos porque fueron contemplados en la evaluación final de Dios en el sexto día de la creación: "Y vio Dios *todo* lo que había hecho, y he aquí que era *bueno en gran manera*" (Gn 1:31).

Dios puso especial cuidado en la creación de los cuerpos físicos del primer hombre y la primera mujer, como queda claro en la detallada descripción bíblica de la actividad de Dios durante este proceso. Mientras que los otros elementos de la creación se habían formado simplemente con la orden de Dios al decir "sea la luz" (Gn. 1:3), "produzca la tierra hierba verde" (v. 11), o "produzca la tierra seres vivientes según su género" (v. 24), cuando se trata de la creación de Adán y Eva, leemos lo siguiente:

> Entonces Jehová Dios *formó al hombre del polvo de la tierra*, y sopló en su nariz aliento de vida, y fue el hombre un ser viviente (Gn 2:7).

Aquí la palabra hebrea traducida como "formó" es *yātsar*, un verbo que se utiliza en otras ocasiones para referirse a un alfarero que "forma" la arcilla en una vasija (Is 29:16) o a personas que "formaron" ídolos (44:9-10).

Con respecto a la la creación de Eva, podemos leer:

> Y de la costilla que Jehová Dios tomó del hombre, *hizo una mujer*, y la trajo al hombre (Gn 2:22).

La palabra hebrea traducida como "hizo" es bānāh, que suele significar "edificar", y se utiliza para referirse a Caín edificando una ciudad (Gn 4:17), a Noé edificando un altar (8:20), o a la gente edificando casas (Dt 8:12; 20:5).

Estos dos versículos de Génesis 2 hablan de la detallada atención personal de Dios para formar los cuerpos físicos del hombre y de la mujer. Sin duda, los cuerpos de Adán y Eva estaban incluidos en el deleite que Dios sintió cuando "vio [...] todo lo que había hecho" y *"era bueno en gran manera"* (Gn 1:31).

Por lo tanto, la perspectiva bíblica principal sobre nuestros cuerpos físicos es que son buenos. No son malos de por sí, como enseñaba la antigua herejía del gnosticismo, la religión maniquea de la que escapó Agustín, y otras teorías antiguas y modernas que niegan la bondad inherente de las cosas materiales. Tampoco nuestros cuerpos son puramente neutros desde el punto de vista moral. Dios creó el universo material, incluyendo nuestros cuerpos físicos, y declaró que todo "era bueno en gran manera".

2. La caída. Dios le dijo a Adán que si comía del árbol de la ciencia del bien y del mal, "ciertamente morirás" (Gn 2:17). Dios no aplicó ese castigo inmediatamente después de que Adán y Eva pecaran, sino que el *envejecimiento que los condujo a la muerte* comenzó a hacer efecto lentamente en sus cuerpos. Después de la caída, Dios dijo: "Pues polvo eres, y al polvo volverás" (3:19). Así que Pablo puede decir en el Nuevo Testamento:

> Por tanto, como el pecado entró en el mundo por un hombre, y *por el pecado la muerte*, así la muerte pasó a todos los hombres, por cuanto todos pecaron (Ro 5:12).

Por ello, a lo largo de nuestra vida en la tierra, no debemos tratar de evitar reconocer las imperfecciones y debilidades de nuestros cuerpos físicos. Reconocer que nuestros cuerpos se están desgastando no debe hacer que los cristianos se desesperen, sino que debe hacer que anhelemos nuestros "cuerpos resucitados" perfectamente sanos que nunca estarán enfermos ni débiles, nunca envejecerán y nunca morirán. Pablo indica: "Nosotros mismos, que tenemos las primicias del Espíritu, aun nosotros mismos gemimos en nuestro interior, *aguardando ansiosamente la adopción como hijos, la redención de nuestro cuerpo*" (Ro 8:23 LBLA).

3. La muerte. Con excepción de los que estén vivos cuando Cristo regrese (1 Ts 4:17), todos los que viven en la presente época experimentarán la muerte física.

"Está establecido para los hombres que mueran una sola vez" (He 9:27). Dios no eliminará definitivamente la muerte física hasta el momento en que Cristo regrese, ya que "el último enemigo que será destruido es la muerte" (1 Co 15:26 NVI).

Por lo tanto, aunque en un principio nuestros cuerpos fueron creados como algo "bueno en gran manera", en esta época todos están sujetos no solo al envejecimiento, la debilidad y la enfermedad, sino también a la muerte final.

4. La futura resurrección corporal. ¡La muerte no es el final de la historia para nuestros cuerpos físicos! Dios ha prometido que un día resucitará estos mismos cuerpos y les devolverá la perfecta salud y fuerza a la "final trompeta", cuando la muerte sea vencida:

> He aquí, os digo un misterio: No todos dormiremos; pero todos seremos transformados, en un momento, en un abrir y cerrar de ojos, a la final trompeta; porque *se tocará la trompeta, y los muertos serán resucitados incorruptibles, y nosotros seremos transformados.* Porque es necesario que esto corruptible se vista de incorrupción, y *esto mortal se vista de inmortalidad.* Y cuando esto corruptible se haya vestido de incorrupción, y esto mortal se haya vestido de inmortalidad, entonces se cumplirá la palabra que está escrita:
>
> Sorbida es la muerte en victoria.
> ¿Dónde está, oh muerte, tu aguijón?
> ¿Dónde, oh sepulcro, tu victoria? (1 Co 15:51-55).

Estos cuerpos resucitados serán increíblemente atractivos, fuertes y completamente sanos, y nunca más estarán sujetos a enfermedades o al envejecimiento (ver 1 Co 15:42-44)[1].

5. Por lo tanto, nuestros cuerpos físicos son importantes para Dios. Dios hizo nuestros cuerpos y su complejidad es asombrosa:

> Porque tú formaste mis entrañas;
> Tú me hiciste en el vientre de mi madre.
> *Te alabaré; porque formidables, maravillosas son tus obras;*
> Estoy maravillado,
> Y mi alma lo sabe muy bien (Sal 139:13-14).

Un día Dios cumplirá su propósito original para nuestros cuerpos y los hará perfectos una vez más, y en nuestros cuerpos resucitados y perfeccionados lo glorificaremos para siempre. Por lo tanto, no debemos despreciar o descuidar nuestros cuerpos físicos, sino cuidarlos y estar agradecidos con Dios por ellos,

---

[1] Para un mayor análisis de la naturaleza de nuestros cuerpos resucitados, ver la obra de Wayne Grudem, *Systematic Theology: An Introduction to Biblical Doctrine* [Teología Sistemática de Grudem: Introducción a la doctrina bíblica] (Leicester, Reino Unido: Inter-Varsity y Grand Rapids, Michigan: Zondervan, 1994), págs. 828-39.

aunque sean imperfectos.

B. DEBEMOS TENER EL DEBIDO CUIDADO DE NUESTROS CUERPOS FÍSICOS

1. Nuestros cuerpos pertenecen a Dios y son "templos" del Espíritu Santo. A diferencia de la época del Antiguo Testamento, cuando Dios habitaba entre su pueblo en el tabernáculo del desierto y luego en el templo de Jerusalén, y a diferencia de las culturas paganas cercanas de aquella época, donde los "dioses" griegos y romanos supuestamente vivían en los templos que abundaban en todas las grandes ciudades, Pablo dijo que, como cristianos, *nuestros cuerpos* son ahora templos del Espíritu Santo:

> ¿O ignoráis que *vuestro cuerpo es templo del Espíritu Santo, el cual está en vosotros*, el cual tenéis de Dios, y que no sois vuestros? Porque habéis sido comprados por precio; glorificad, pues, a Dios en vuestro cuerpo y en vuestro espíritu, los cuales son de Dios (1 Co 6:19-20).

En el Antiguo Testamento, Dios le dio al pueblo judío instrucciones detalladas sobre el cuidado del tabernáculo y, posteriormente, del templo, donde Dios habitaba en medio de su pueblo. Incluso los paganos griegos y romanos cuidaban de forma especial los templos en los que habitaban sus supuestos "dioses". Pero en lugar de decirles a los cristianos de Corinto que cuidaran de esos templos físicos, Pablo los animó a cuidar su propio cuerpo, porque el Espíritu Santo habitaba en él.

De hecho, nuestros cuerpos físicos son *el medio por el que servimos a Dios* en esta vida. Todo tipo de actividad ministerial que la gente hace hoy en día implica un cierto uso de sus cuerpos físicos. Cuando cantamos alabanzas a Dios, usamos nuestras voces. Cuando hacemos evangelismo, usamos nuestras voces para compartir las buenas noticias, nuestras mentes para pensar y nuestros oídos para escuchar las respuestas de la otra persona. Cuando oramos, usamos nuestras voces físicas, o si oramos en silencio, al menos usamos nuestras células cerebrales. La enseñanza de la Biblia utiliza la voz de una persona (y, esperemos, su cerebro). Los ministerios de misericordia suelen involucrar el llevar comida a los necesitados o ir físicamente a la habitación de un hospital para visitar a un enfermo. Los padres utilizan la fuerza de sus cuerpos físicos para "trabajar de buena gana [...], como si fuera para el Señor y no para la gente" (Col 3:23 NTV).

No creo que haya ningún tipo de ministerio o servicio para el Señor que hagamos en esta vida que no involucre de alguna manera a nuestros cuerpos físicos. Y en todas estas actividades, el Espíritu Santo elige trabajar *a través de nuestros cuerpos físicos* para lograr resultados positivos en el mundo.

Cuando leemos los comentarios de Pablo sobre su propio ministerio, vemos un indicio de la inmensa cantidad de energía física y esfuerzo que aportó a la tarea del ministerio cristiano:

> Por tanto, velad, acordándoos que por tres años, *de noche y de día, no he*

cesado de amonestar con lágrimas a cada uno (Hechos 20:31).

Para lo cual también trabajo, luchando según la *potencia de él*, la *cual actúa poderosamente en mí* (Col 1:29).

Ya que nuestros cuerpos físicos son el medio por el cual el Espíritu Santo ministra a través de nosotros en esta vida, nuestra salud física es importante. Por lo tanto, debemos cuidar adecuadamente nuestros cuerpos para que sean instrumentos eficaces para que el Espíritu Santo trabaje a través de ellos en esta vida. La fuerza de nuestro cuerpo es algo que podemos presentar a Dios como una ofrenda para ser utilizada a su servicio:

Así que, hermanos, os ruego por las misericordias de Dios, que *presentéis vuestros cuerpos en sacrificio vivo, santo, agradable a Dios*, que es vuestro culto racional (Ro 12:1).

En otra parte, Pablo dice que quiere que presentemos nuestros "miembros" (con lo que parece referirse a los miembros de nuestros cuerpos físicos) a Dios para servirle:

Ni tampoco presentéis vuestros miembros al pecado como instrumentos de iniquidad, sino presentaos vosotros mismos a Dios como vivos de entre los muertos, y *vuestros miembros a Dios como instrumentos de justicia* (Ro 6:13).

2. La debilidad física o la enfermedad reducen la cantidad de tiempo y energía que podemos dedicar a cualquier ministerio. Me doy cuenta de que Dios a menudo actúa de manera poderosa e incluso milagrosa a pesar de la debilidad física o la enfermedad (abordo este tema más adelante en la sección D, pág. 670). Sin embargo, en el curso ordinario de la vida y del ministerio, cuando nos debilitamos físicamente o nos enfermamos gravemente, no somos capaces de hacer la misma cantidad de trabajo para el reino y el ministerio.

Mientras escribo este capítulo, tengo 68 años. Soy consciente de que cuando viajo a algún lugar para hablar, me canso más rápidamente que hace 10 o 15 años, y tardo más días en recuperar mis fuerzas cuando vuelvo a casa. Hasta donde sé, mi salud es excelente para la edad que tengo[2], pero no tengo la energía para trabajar la misma cantidad de horas, día tras día, que antes. El mismo recorrido exacto por nuestro barrio que antes podía correr en 26 o 27 minutos ahora me toma 29 minutos. Cuando voy al gimnasio, me doy cuenta de que no puedo levantar tanto peso como podía hacerlo hace 5 años. Esto es simplemente un factor de la edad, y es una tontería tratar de negarlo.

Por supuesto, incluso los cristianos bastante mayores y débiles, que suelen vivir en residencias de ancianos o con sus hijos adultos, pueden tener ministerios

---

[2] Es decir, gozo de buena salud con la excepción de algunos síntomas relacionados con las primeras etapas de la enfermedad de Parkinson; ver http://www.desiringgod.org/articles/i-have-parkinson-s-and-i-am-at-peace.

mundiales muy eficaces a través de la oración. Pero están limitados en cualquier otro tipo de ministerios que puedan hacer (más allá del valioso testimonio de sus palabras y acciones para influir en los que los rodean, y cualquier ministerio que puedan tener a través de cartas y otros materiales escritos).

3. Es mejor estar sano que no estarlo. En igualdad de condiciones, es mejor estar sano que no estarlo, y ser físicamente fuerte que débil. La maldición de Génesis 3:19 ("pues polvo eres, y al polvo volverás") no es buena para nosotros. No es algo que debamos tratar de acelerar o alegrarnos, porque es parte del juicio de Dios sobre el pecado.

Ya que es mejor estar sano que no estarlo (en igualdad de condiciones), Juan les dice a sus lectores: "Yo deseo que tú seas prosperado en todas las cosas, y *que tengas salud*, así como prospera tu alma" (3 Juan 1:2).

Otro argumento que indica que la salud física es mejor que la enfermedad (si tenemos la posibilidad de elegir) es que nuestros cuerpos estarán físicamente sanos y fuertes en el siglo venidero: "se siembra en debilidad, resucitará en poder" (1 Co 15:43). La intención final de Dios para nosotros no es que vivamos en la debilidad y la enfermedad para siempre, sino en la salud y la fuerza, mostrando que son cualidades inherentemente mejores para desear y buscar.

Además, otro argumento que demuestra la bondad de la salud física, en la medida de lo posible, es que las personas que están enfermas normalmente toman medicamentos o buscan la ayuda de un médico cuando pueden hacerlo. Al buscar estar bien, indican que creen que estar bien es mejor que estar enfermo.

C. EVALUACIÓN DE LOS FACTORES ESPECÍFICOS QUE INFLUYEN EN LA SALUD FÍSICA

1. Hábitos de salud con sentido común. Es fácil que las personas jóvenes y con buena salud piensen: "No importa mucho si trato de cuidar mi salud o no porque de todos modos me siento muy bien". Pero si nuestros cuerpos son importantes para Dios, y si podemos servirle de manera más eficaz y amplia con cuerpos sanos, entonces ese tipo de descuido puede no ser sabio.

Debemos reconocer que es agradable a Dios y que es coherente con sus propósitos para nosotros en esta vida que prestemos atención a los hábitos de salud con sentido común, tales como hacer ejercicio con regularidad, seguir una dieta adecuada, dormir lo suficiente, usar el cinturón de seguridad mientras conducimos, lavarnos las manos antes de comer y no correr riesgos físicamente imprudentes o insensatos. Además, si una vacuna contra la gripe cada año reduce en gran medida el riesgo de contraer la gripe y quedar incapacitado durante varios días, entonces no cabe duda de que es prudente vacunarse.

También he llegado a la conclusión de que existe cierto beneficio médico general al tomar suplementos multivitamínicos con regularidad, al menos en una cantidad razonable, para las personas que pueden permitírselo. Por ejemplo, un estudio publicado en el Journal of Steroid Biochemistry and Molecular Biology encontró un aumento de la densidad ósea y una reducción de las fracturas en mujeres posmenopáusicas que tomaban calcio y vitamina D[3] . El Physicians' Health Study II, publicado por Harvard Health Publications en 2014, analizó el efecto del uso a largo plazo de multivitaminas por parte de hombres sanos en varios aspectos de su salud. Se descubrió que los hombres que tomaban multivitaminas tenían un 8 % menos de probabilidades de ser diagnosticados de cáncer y presentaban un menor riesgo de desarrollar cataratas. Sin embargo, los sujetos del estudio no experimentaron ninguna protección contra ataques cardíacos, derrames cerebrales ni otras formas de enfermedades cardiovasculares[4].

Lo cierto es que la mayoría de las personas, en la mayoría de las etapas de la vida, tienen la capacidad de marcar una diferencia significativa en su propia salud y bienestar físico. Mediante sus elecciones de estilo de vida y hábitos de salud, pueden influir en el número de años que pueden vivir y realizar un trabajo eficaz en el reino de Dios.

2. Ejercicio físico. Pablo reconoce que el ejercicio físico es de "algún provecho". No es tan valioso como el ejercicio de la piedad, pero aún así vale la pena hacerlo:

> Aunque el *ejercicio físico trae algún provecho*, la piedad es útil para todo, ya que incluye una promesa no solo para la vida presente, sino también para la venidera (1 Ti 4:8 NVI).

Al parecer, Pablo también ejerció algún tipo de autodisciplina con respecto a su propio cuerpo físico, ya que explica la vida cristiana utilizando una metáfora deportiva (pero dice que no lo hace por el honor terrenal, sino por una recompensa celestial "que dura para siempre"):

> Todos los deportistas se entrenan con *mucha disciplina*. Ellos lo hacen para obtener un premio que se echa a perder; nosotros, en cambio, por *uno que dura para siempre*. Así que yo no corro como quien no tiene meta; no lucho como quien da golpes al aire. Más bien, *golpeo mi cuerpo y lo domino*, no sea que, después de haber predicado a otros, yo mismo quede descalificado (1 Co 9:25-27 NVI).

La investigación médica moderna sigue demostrando los múltiples beneficios que aporta el ejercicio físico regular. Según la Mayo Clinic, existen siete beneficios principales del ejercicio físico regular:

- El ejercicio controla el peso porque se queman más calorías.
- El ejercicio ayuda a combatir condiciones de salud y enfermedades

---

[3] J. Christopher Gallagher M.D. y Sri Harsha Tella, M.D., *"Prevention and Treatment of Postmenopausal Osteoporosis"* ["Prevención y tratamiento de la osteoporosis posmenopáusica"], The Journal of Steroid Biochemistry and Molecular Biology 142 (julio de 2014): págs. 155-70, https://www.ncbi.nlm.nih.gov/pmc/articles/PMC4187361/.

[4] *"Do Multivitamins Make You Healthier?"* ["¿Las multivitaminas te hacen más saludable?"] Harvard Health Publications, Escuela de Medicina de Harvard, marzo de 2014, http://www.health.harvard.edu/mens-health/do-multivitamins-make-you-healthier.

como las cardiopatías al aumentar el colesterol bueno (HDL).

- El ejercicio mejora el estado de ánimo al estimular las sustancias químicas del cerebro que hacen que uno se sienta más feliz o más relajado.
- El ejercicio aumenta la energía al incrementar el flujo de oxígeno y nutrientes a los tejidos.
- El ejercicio promueve un mejor sueño al ayudar a conciliarlo más rápidamente.
- El ejercicio mejora la vida sexual al mejorar los niveles de energía.
- El ejercicio ayuda a crear vínculos sociales con amigos y familiares al participar en actividades compartidas[5].

Mantener un ejercicio regular requiere más autodisciplina que en siglos anteriores, porque las personas de las sociedades económicamente desarrolladas de hoy pueden conducir un auto en lugar de caminar, usar una lavadora en lugar de lavar la ropa a mano, trabajar en un escritorio o en una computadora en lugar de en el campo, y ajustar el termostato en lugar de cortar leña o palear carbón para una fogata. Es fácil volverse pasivo y sedentario, pero nuestros cuerpos (y nuestros ministerios) resultan perjudicados por ello.

3. Dormir. Estudios recientes indican que muchos estadounidenses no duermen lo suficiente. Un estudio realizado en 2010 por los Centros para el Control y la Prevención de Enfermedades reveló que 41 millones de trabajadores estadounidenses no duermen lo suficiente[6]. En 2013, Gallup informó que el 40 % de los estadounidenses duermen menos de las 7 horas mínimas recomendadas por noche[7].

Pero la Biblia considera que el sueño es importante y que es un regalo de Dios. De hecho, no dormir lo suficiente puede ser un indicio de ansiedad y falta de confianza en Dios para el éxito de nuestros esfuerzos:

> En vano madrugan ustedes,
>   y se acuestan muy tarde,
> para comer un pan de fatigas,
>   *porque Dios concede el sueño a sus amados* (Sal 127:2).

Un día de trabajo productivo conduce a una buena noche de sueño, según el libro de Eclesiastés: *"Dulce es el sueño del trabajador,* coma mucho o coma poco; pero la hartura del rico no le permite dormir." (5:2 LBLA).

---

[5] "Exercise: 7 Benefits of Regular Physical Activity" ["Ejercicio: 7 beneficios de la actividad física regular"], Mayo Clinic, http://www.mayoclinic.org/healthy-lifestyle/fitness/in-depth/exercise/art-20048389.

[6] *"Short Sleep Duration among Workers—United States, 2010"* ["Poca duración del sueño entre los trabajadores-Estados Unidos, 2010"], Centros para el Control y la Prevención de Enfermedades, Morbidity and Mortality Weekly Report [Informe semanal de morbilidad y mortalidad] 61, n.º 16 (abril 27, 2012): págs. 281-85, http://www.cdc.gov/mmwr/preview/mmwrhtml/mm6116a2.htm.

[7] Jeffrey M. Jones, "In U.S., *40% Get Less Than Recommended Amount of Sleep*" ["En Estados Unidos, el 40 % duerme menos de lo recomendado"], Gallup, 19 de diciembre de 2013, http://www.gallup.com/poll/166553/less-recommended-amount-sleep.aspx.

He comprobado tanto en mi propia vida como en conversaciones con muchas personas que dormir lo suficiente es importante para una vida de oración eficaz. Pablo les dice a los cristianos de Éfeso que "oren en el Espíritu en todo momento, con peticiones y ruegos. *Manténganse alerta* y perseveren" (Ef 6:18 NVI). Pero es difícil "mantenerse alerta" cuando uno se está quedando dormido. La falta de sueño puede llevar a un adormecimiento espiritual y a la disminución de la capacidad de orar y adorar eficazmente[8].

Por otro lado, existe la posibilidad de dormir demasiado. El exceso de sueño es un signo de pereza, que nos llevará a la pobreza:

> Pasé junto al campo del hombre perezoso [...]
>   Y he aquí que por toda ella habían crecido los espinos [...]
> Un poco de sueño, cabeceando otro poco,
>   Poniendo mano sobre mano otro poco para dormir;
> Así vendrá como caminante tu necesidad,
>   Y tu pobreza como hombre armado (Pr 24:30-34).

El "perezoso" de Proverbios es alguien que ama demasiado el sueño. Cuando llega la hora de despertarse, simplemente se da la vuelta, vuelve a rodar y se duerme de nuevo:

> Como la puerta gira sobre sus quicios,
>   Así el perezoso se vuelve en su cama (Pr 26:14)

La cantidad de sueño que cada persona necesita para funcionar de forma eficaz varía. Algunas personas pueden funcionar bien con solo 6 horas de sueño por noche, mientras que otras parecen necesitar unas 8 horas para estar completamente descansadas. Aunque se tiene en cuenta la variabilidad individual, los estudios han demostrado que la cantidad óptima para la mayoría de las personas son 7 horas de sueño[9]. Y se sabe que unas pocas personas (entre el 1 % y el 3 % de la población) necesitan solo 4 o 5 horas de sueño por noche. Algunas de las personas más exitosas que tienen un promedio de 4 a 5 horas de sueño incluye al presidente Donald Trump, los expresidentes Clinton y Obama, Jay Leno, Condoleeza Rice, Martha Stewart, Marissa Mayer (CEO de Yahoo), Margaret Thatcher, Thomas Edison y Benjamin Franklin[10]. La cantidad óptima de sueño es algo que cada persona debe

---

[8] Cuando enseñaba en la Trinity Evangelical Divinity School de Deerfield, Illinois, uno de los oradores de la capilla era un veterano superintendente del distrito de la Evangelical Free Church of America, la denominación a la que pertenecía el seminario. En el transcurso de su charla en la capilla, mencionó que había sido superintendente de distrito supervisando el trabajo de docenas de pastores durante más de 20 años. Dijo que cada vez que un pastor acudía a él y le decía que había decidido dejar el ministerio porque estaba desanimado, le decía al pastor: "Ve a casa y duerme lo suficiente durante el próximo mes y luego regresa para hablar conmigo". Dijo que en todos los casos, el pastor volvía un mes después y decidía continuar en el ministerio.

[9] Sumathi Reddy, "*Why Seven Hours of Sleep Might Be Better Than Eight*" ["Por qué siete horas de sueño pueden ser mejores que ocho"], The Wall Street Journal, 21 de julio de 2014, http://www.wsj.com/articles/sleep-experts-close-in-on-the-optimal-nights-sleep-1405984970.

[10] Carolyn Cutrone y Max Nisen, "*19 Successful People Who Barely Sleep*" ["19 personas de éxito que

determinar por sí misma.

Este asunto es importante, ya que la falta prolongada de suficientes horas de sueño puede tener graves consecuencias para la salud. Los efectos incluyen:

- Fatiga, letargo y falta de motivación; problemas de concentración y memoria.
- Mal humor e irritabilidad
- Reducción de la creatividad y de la capacidad para resolver problemas; dificultad para tomar decisiones
- Incapacidad para lidiar con el estrés
- Reducción de la inmunidad; resfriados e infecciones frecuentes; aumento de peso
- Deterioro de la capacidad motriz y aumento del riesgo de accidentes
- Mayor riesgo de diabetes, enfermedades cardíacas y otros problemas de salud[11].

También es importante que pensemos en el sueño como un regalo del Señor, ya que "Dios concede el sueño a sus amados" (Sal 127:2)[12].

4. Vacunas. Recientemente, se ha extendido una preocupante tendencia antivacunas entre los padres jóvenes. Basándose en información encontrada en internet o escuchada de amigos, un número de estos padres jóvenes están decidiendo no permitir que sus hijos reciban las vacunas rutinarias que los médicos recomiendan para la prevención de enfermedades en la primera infancia.

Esta tendencia antivacunas me parece sumamente equivocada. Gran parte de ella fue impulsada por un informe publicado en 1988 en una revista médica británica, The Lancet, en el que se afirmaba una relación entre las vacunas y el autismo. Pero más tarde, The Lancet se retractó de la historia porque se había demostrado claramente que esta era fraudulenta, y se le retiró la licencia médica al autor, un cirujano británico llamado Andrew Wakefield[13].

Por ejemplo, los niños que no están vacunados contra la tos ferina (tos convulsiva) tienen 24 veces más probabilidades de contraer la enfermedad. Debido

---

apenas duermen"], Business Insider, 18 de septiembre de 2012, http://www.businessinsider.com/successful-people-who-barely-sleep-2012-9.

[11] *"Sleep Needs: What to Do If You're Not Getting Enough Sleep"* ["Necesidades del sueño: Qué hacer si no duermes lo suficiente"], HelpGuide.org, http://www.helpguide.org/articles/sleep/how-much-sleep-do-you-need.htm.

[12] John Piper escribe: "Para mí, dormir adecuadamente no es solo un asunto de mantenerse saludable. Es un asunto de permanecer en el ministerio". Brothers, We Are Not Professionals: A Plea to Pastors for Radical Ministry [Hermanos, no somos profesionales: una súplica a los pastores por un ministerio radical], 2° ed. (Nashville: Broadman & Holman, 2013), pág. 189. Ver también Joe Carter, "How to Love God by Getting More Sleep" ["Cómo amar a Dios durmiendo más"], The Gospel Coalition, 15 de diciembre de 2015, http://www.thegospelcoalition.org/article/how-to-love-god-by-getting-more-sleep; Adrian Reynolds, And So to Bed...: A Biblical View of Sleep [Y así a la cama...: Una visión bíblica del sueño]. Fearn, Ross-shire, Escocia: Christian Focus, 2014.

[13] Paul A. Offit, *"The Anti-Vaccination Epidemic"* ["La epidemia antivacunas"], The Wall Street Journal, 24 de septiembre de 2014, A21, https://www.wsj.com/articles/paul-a-offit-the-anti-vaccination-epidemic-1411598408.

al descenso de las tasas de vacunación, en 2010, California experimentó un brote de tos ferina mayor que cualquier otro desde 1947, y 10 niños murieron a causa de ella. Mientras que los Centros para el Control y la Prevención de Enfermedades declararon que Estados Unidos estaba libre de sarampión en el año 2000, en 2014 se produjeron 667 casos de sarampión[14], y en 2015 hubo 189 casos, incluyendo un brote multiestatal de 113 casos vinculados a Disneyland en California[15].

Las enfermedades que se pueden prevenir con una simple serie de vacunas (varicela, difteria, hepatitis A, hepatitis B, Hib, VPH, influenza, sarampión, enfermedad meningocócica, paperas, enfermedad neumocócica, poliomielitis, rotavirus, rubeola, herpes zóster, tétanos y tos ferina)[16] son enfermedades graves, a veces muy debilitantes e incluso potencialmente mortales, que la medicina moderna ha podido erradicar casi por completo, si los padres hacen vacunar a sus hijos.

Pruebas médicas exhaustivas y reiterados han demostrado que el riesgo de complicaciones o enfermedades como consecuencia de la vacunación en la primera infancia es insignificante, y que existe una probabilidad de daño casi infinitamente pequeña. Por ejemplo, los estudios han revelado que después de recibir la primera inyección de la vacuna contra el sarampión, las paperas y la rubéola (SPR), un niño tiene una probabilidad aproximada de 1 entre 3 000 de desarrollar una fiebre que le provoque una convulsión[17], mientras que la probabilidad de daño por estas mismas enfermedades es mucho mayor.

La idea de que estas vacunas no son "naturales" no es convincente desde el punto de vista bíblico. Esto se debe a que lo que es "natural" en el mundo tal y como existe no solo ha sido creado por Dios, sino que también ha experimentado el resultado de la maldición que Dios impuso sobre la tierra:

> Entonces dijo a Adán: Por cuanto has escuchado la voz de tu mujer y has comido del árbol del cual te ordené, diciendo: «No comerás de él», *maldita será la tierra por tu causa*; con trabajo comerás de ella todos los días de tu vida (Gn 3:17 LBLA).

Por lo tanto, la enfermedad y la muerte forman parte del orden "natural" de las cosas en el mundo después del pecado de Adán y Eva. El mandato de "sojuzgar" la tierra (Gn 1:28) implica la expectativa de Dios de que Adán y Eva desarrollaran los recursos de la tierra para hacerlos menos dañinos y más útiles para la raza humana.

Por ello, las vacunas también forman parte de la "naturaleza", porque están hechas de productos desarrollados a partir de ella. El mundo entero pertenece a Dios, incluyendo todos los elementos para las vacunas que él puso en la tierra. Y ha dado a los hombres y mujeres la sabiduría para desarrollar vacunas para los seres

---

[14] Vincent Iannelli, *"Measles Outbreaks in the United States"* ["Brotes de sarampión en Estados Unidos"], VeryWell, 15 de agosto de 2017, https://www.verywell.com/measles-outbreaks-2633845.

[15] Ibid.

[16] *"Recommended Vaccines by Disease"* ["Vacunas recomendadas por enfermedad"], Centros para el Control y la Prevención de Enfermedades, https://www.cdc.gov/vaccines/vpd/vaccines-diseases.html.

[17] Dina Fine Maron, *"Fact or Fiction? Vaccines Are Dangerous"* ["¿Realidad o ficción? Las vacunas son peligrosas"], Scientific American, 6 de marzo de 2015,
https://www.scientificamerican.com/article/fact-or-fiction-vaccines-are-dangerous/.

humanos hechos a su imagen. Todo pertenece a Dios y todo proviene de él: "De Jehová es la tierra y su plenitud; El mundo, y los que en él habitan" (Sal 24:1).

El hecho de que los padres no vacunen a sus hijos y, por lo tanto, aumenten en gran medida el riesgo de que contraigan alguna enfermedad gravemente dolorosa y perjudicial, que podrían contagiar a otros niños y adultos, es un incumplimiento flagrante del mandamiento "Amarás a tu prójimo como a ti mismo" (Mt 22:39), incluso con respecto a sus propios hijos.

5. Alimentos "orgánicos". Pablo sabía que había disputas entre los cristianos sobre qué alimentos eran correctos para comer, así que escribió a los cristianos romanos sobre esto, diciéndoles que tenían gran libertad para decidir qué comer y qué no, pero que no debían juzgar a los demás sobre estos temas:

> Porque uno cree que se ha de comer de todo; otro, que es débil, come legumbres. El que come, no menosprecie al que no come, y el que no come, no juzgue al que come; porque Dios le ha recibido (Ro 14:2-3).

Me parece que hoy en día se aplica el mismo principio al tema del consumo de alimentos orgánicos.

Si algunas personas piensan que los alimentos etiquetados como "orgánicos" son más sanos, y si se los pueden costear (ya que suelen ser más caros), entonces son libres de comerlos, pero no de condenar a otros que no deciden gastar su dinero de esa manera.

En cuanto al asunto de si los alimentos orgánicos son realmente más saludables, es simplemente un tema de obtener datos adecuados y evaluarlos correctamente. No creo que esté en juego ningún principio bíblico. Se trata simplemente de un asunto orientado a los hechos.

Sin embargo, sí creo que es incorrecto que las personas asuman que los alimentos que se encuentran en un estado "natural", que no han sido tratados con fertilizantes, pesticidas, herbicidas o modificaciones genéticas, son más espirituales, más cristianos o más agradables a Dios que los alimentos que han sido modificados con herramientas y métodos de investigación agrícola modernos. No creo que estas innovaciones de la agricultura moderna sean erróneas porque no creo que lo que crece de forma "no mejorada" en la naturaleza sea necesariamente la mejor manera de que exista esa planta, verdura o fruta. La forma en que crecen los alimentos en la naturaleza bien podría verse afectada por la caída y por la maldición que Dios puso sobre la tierra:

> *Maldita será la tierra por tu causa;*
>   con dolor comerás de ella todos los días de tu vida.
> *Espinos y cardos te producirá,* y comerás plantas del campo (Gn 3:17-18).

Además de los "espinos y cardos", algunas de las cosas difíciles y dolorosas que ocurren en la naturaleza son los insectos que se comen los cultivos y las enfermedades de las plantas que infectan los cultivos. Cuando se rocían los campos con herbicidas, se vencen los "espinos y cardos" que forman parte de la maldición y que pueden obstaculizar el crecimiento de los cultivos. Por lo tanto, este proceso de eliminación de las malezas es algo *moralmente bueno* que los agricultores deben hacer en sus campos, y no hay ningún beneficio moral en eliminar las malezas con las manos en lugar de rociarlas con un producto químico que está diseñado para matarlas.

Si "de Jehová es la tierra y su plenitud; El mundo, y los que en él habitan" (Sal 24:1), entonces el material para fabricar un herbicida también es del Señor, y la inteligencia del científico que descubre el herbicida también es un regalo de Dios. Por lo tanto, debemos utilizar estas cosas con acción de gracias.

El mandamiento dado a Adán y Eva que dice: "Llenad la tierra, y sojuzgadla" (Gn 1:28) implicaba que el desarrollo agrícola sería una actividad necesaria, y lo sería aún más después de la maldición que cayó sobre la tierra como consecuencia del pecado.

Por lo tanto, el tema de los alimentos orgánicos gira en torno a si *saben mejor*, si son *asequibles* y si tienen algún *beneficio* significativo para la *salud*. Estas son preguntas que los individuos deben responder por sí mismos y por sus familias.

Mi inclinación personal en este ámbito es no gastar dinero extra en alimentos orgánicos a menos que claramente tengan mejor sabor o sean más frescos. Estoy dispuesto a comer cualquier fruta y verdura que se venda en el supermercado dando gracias a Dios por todo ello. Estoy feliz de aplicar 1 Timoteo 4:4-5 a todos los productos frescos que están a mi disposición:

> Porque todo lo que Dios creó es bueno, y *nada es de desecharse, si se toma con acción de gracias;* porque por la palabra de Dios y por la oración es santificado.

6. Los tatuajes. A veces las personas leen una afirmación sobre los tatuajes en el Antiguo Testamento y se preguntan si se aplica hoy en día:

> No haréis sajaduras en vuestro cuerpo por un muerto, *ni os haréis tatuajes;* yo soy el Señor. (Lv 19:28 LBLA).

a. Levítico 19:28 es parte del Pacto de Moisés y ya no tiene carácter obligatorio: Como argumenté anteriormente (ver pág. 210), el Pacto de Moisés ha terminado con la muerte de Cristo, y ahora estamos bajo el nuevo pacto. Por lo tanto, esta ley del Pacto de Moisés no tiene obligación directa para nosotros hoy en día[18].

Pero la pregunta que queda es si la prohibición de los tatuajes sigue reflejando la sabiduría para una vida piadosa, sabiduría que haríamos bien en seguir hoy, o si es una prohibición particular de las circunstancias del antiguo pacto.

b. Este mandamiento probablemente se refiere a las prácticas religiosas cananeas: Esta misma frase en Levítico también prohíbe hacer "sajaduras en vuestro cuerpo por un muerto", lo cual no tiene nada que ver con los mandamientos

---

[18] Observar cómo el versículo anterior, si se siguiera en la actualidad, también prohibiría cortarse el pelo y afeitarse: "No haréis tonsura en vuestras cabezas, ni dañaréis la punta de vuestra barba" (Lv 19:27).

religiosos judíos y, por lo tanto, debe reflejar una prohibición contra las prácticas religiosas cananeas relacionadas con la muerte de amigos o familiares. Por lo tanto, es probable que los tatuajes mencionados estén relacionados también con las prácticas religiosas cananeas. Pero esto no es seguro, ya que Harrison R. K. dice: "El afeitado del cabello de las sienes y de la barba (27), o la incisión de dibujos en la piel, formaban parte de las prácticas paganas de duelo y, como tales, estaban prohibidas. La desfiguración de la piel, que probablemente incluía algunos emblemas de deidades paganas, deshonraba la imagen divina en una persona"[19]. Jay Sklar escribe: "Hoy en día, los tatuajes (al menos en las culturas occidentales) no tienen las mismas asociaciones paganas que en el antiguo Israel, por lo que los creyentes ya no tienen prohibido hacérselos"[20]. Sin embargo, Gordon J. Wenham ve una razón adicional y más profunda para este mandamiento: "El hombre no debe desfigurar la semejanza divina implantada en él marcando su cuerpo. La apariencia externa de las personas debe reflejar su condición interna de pueblo elegido y santo de Dios (Dt 14:1-2)"[21].

c. Este versículo es parte de las leyes de pureza física del Pacto de Moisés: Incluso si se demostrara que Levítico 19:28 no está relacionado con las prácticas religiosas paganas, la prohibición de los tatuajes debería seguir viéndose como parte de las leyes de pureza física que eran exclusivas del Pacto de Moisés, como la prohibición de cortarse el cabello o la barba (v. 27), la prohibición de comer de un árbol frutal hasta el quinto año (vv. 23-25), o las prohibiciones de tener ganado híbrido, de plantar dos tipos de semillas en un campo, o de llevar prendas de dos tipos de material (v. 19). Todas estas leyes enfatizan la pureza física externa, una pureza de apariencia que ya no es obligatoria para las personas en el nuevo pacto. No parece haber ninguna razón para ver ningún principio moral permanente reflejado en estos mandamientos. Por lo tanto, no hay ninguna prohibición bíblica contra los tatuajes para las personas que ya no viven bajo el Pacto de Moisés.

d. ¿Es sabio hacerse un tatuaje? Más allá del tema de si existe una prohibición bíblica directa contra los tatuajes, se encuentra el tema de si es sabio hacerse un tatuaje[22]. Es similar a comprarse una prenda de vestir que no se puede quitar en toda su vida, aunque ya no le guste. Los tatuajes son extremadamente difíciles y muy caros de eliminar, con un costo total que puede alcanzar los $10 000, dependiendo del número de sesiones necesarias[23], además que el proceso de eliminación

---

[19] R. K. Harrison, *Leviticus* [Levítico], TOTC (Downers Grove, Illinois: InterVarsity Press, 1980), pág. 201.

[20] Jay Sklar, *Leviticus* [Levítico], TOTC (Downers Grove, Illinois: InterVarsity Press, 2014), pág. 250.

[21] Gordon J. Wenham, *The Book of Leviticus* [El libro de Levítico], NICOT (Grand Rapids, Michigan: Eerdmans,1979), pág. 272

[22] Andrew David Naselli y J. D. Crowley concluyen que los tatuajes no son "intrínsecamente pecaminosos", sino que pueden ser imprudentes por la forma en que otras personas podrían entenderlos: ver *Conscience: What It Is, How to Train It, and Loving Those Who Differ* [La conciencia: Qué es, cómo entrenarla y cómo amar a los que difieren] (Wheaton, Illinois: Crossway, 2016), págs. 73-75.

[23] *"How Much Does Tattoo Removal Cost?"* ["¿Cuánto cuesta eliminar un tatuaje?"] CostHelper, http://health.costhelper.com/tattoo-removal.html.

requiere varios tratamientos que son muy dolorosos[24]. Los tatuajes visibles son un obstáculo para conseguir un empleo o están prohibidos para conseguir puestos de trabajo en muchas empresas. Una encuesta realizada por Salary.com descubrió que el 76 % de los encuestados considera que los tatuajes y los piercings perjudican las posibilidades de ser contratado durante una entrevista de trabajo. Más de un tercio (el 39 %) consideraba que los empleados con tatuajes y piercings dan mala imagen a sus empleadores. Por último, el 42 % considera que los tatuajes son siempre inapropiados en el trabajo[25]. Otro estudio de la Universidad escocesa de St. Andrews demostró que los gerentes pensaban que los trabajadores visiblemente tatuados podían ser percibidos como "aborrecibles, repugnantes, desagradables y desordenados" por los clientes[26]. Cualquiera que se plantee hacerse un tatuaje debería al menos ser consciente de estas percepciones comunes.

7. Automutilación. A veces las personas se lastiman intencionalmente el cuerpo cortándolo o hiriéndolo de otras maneras. Esto es diferente a hacerse un tatuaje, porque el objetivo de hacerse un tatuaje es mejorar la apariencia corporal de una persona (si lo hace o no es un asunto de discrepancia y gusto personal). Pero con respecto a la automutilación, la intención es herir el propio cuerpo y *dañar* su apariencia.

La enseñanza de Pablo sobre nuestro cuerpo es apropiada en este caso. Como hemos visto anteriormente, dice que "vuestro cuerpo es templo del Espíritu Santo, el cual está en vosotros, el cual tenéis de Dios" (1 Co 6:19). Los cristianos tenemos al Espíritu Santo viviendo dentro de nosotros, así que no debemos deshonrar nuestros cuerpos.

Además, el propósito de Satanás es destruir a los seres humanos hechos a imagen de Dios. Jesús dice: "Él ha sido homicida desde el principio" (Juan 8:44). Es como el ladrón que solo viene "para hurtar y matar y *destruir*" (Juan 10:10). Por lo tanto, junto con los propios deseos pecaminosos de una persona y el odio a sí mismo, otro factor que motiva la automutilación podría ser una influencia demoníaca que insta a una persona a hacerse daño a sí misma.

La pregunta de qué motiva este comportamiento es muy importante, y requerirá sabiduría y discernimiento espiritual para entenderlo. En muchos casos, se necesitará la ayuda de un consejero cristiano sabio y maduro, junto con mucha oración, para poder abordar eficazmente este problema.

8. Circuncisión.

---

[24] Courtney Rubin, *"How to Get Rid of a Tattoo You've Outgrown"* ["Cómo deshacerse de un tatuaje que ha cambiado su aspecto"], The New York Times, 23 de febrero de 2016,
http://www.nytimes.com/2016/02/25/fashion/tattoo-regret-a-painful-if-improved-reversal-awaits.html?_r=0.

[25] Aaron Gouveia, *"Survey: Tattoos Hurt Your Chances of Getting a Job"* ["Encuesta: Los tatuajes perjudican las posibilidades de conseguir un trabajo"] Salary.com, http://www.salary.com/tattoos-hurt-chances-getting-job/slide/2/.

[26] Citado en Alex Mierjeski, *"Can Tattoos Lead to Job Discrimination"* ["¿Pueden los tatuajes ser motivo de discriminación laboral?"], ATTN:, 23 de agosto de 2015,
https://www.attn.com/stories/2845/tattoos-workplace-discrimination.

a. La circuncisión ya no es ordenada por Dios en el Nuevo Pacto: Mucho antes del tiempo de Moisés, Dios instituyó la ceremonia de la circuncisión para todos los descendientes masculinos de Abraham:

> Este es mi pacto, que guardaréis entre mí y vosotros y tu descendencia después de ti: *Será circuncidado todo varón de entre vosotros* (Gn 17.10).

Este requisito se repitió en la Ley de Moisés con respecto a los niños recién nacidos: "Y al octavo día se circuncidará al niño" (Lv 12:3).

Pero incluso en la época de Moisés se comprendía que el acto físico externo de la circuncisión tenía la intención de simbolizar una "circuncisión del corazón" interna por la que la gente dejaba de ser obstinada y resistente a la voluntad de Dios, y la seguía voluntariamente. Moisés le dijo al pueblo de Israel: "*Circuncidad, pues, el prepucio de vuestro corazón,* y no endurezcáis más vuestra cerviz" (Dt 10:16).

En el tiempo del nuevo pacto, Pablo enseñó que el verdadero pueblo de Dios no era los que tienen la circuncisión física, sino aquellos cuyos corazones están circuncidados y que que son sumisos a Dios en sus vidas:

> Pues no es judío el que lo es exteriormente, ni es la circuncisión la que se hace exteriormente en la carne; sino que es judío el que lo es en lo interior, y *la circuncisión es la del corazón,* en espíritu, no en letra; la alabanza del cual no viene de los hombres, sino de Dios (Ro 2:28-29).

Pablo tuvo especial cuidado en enfatizar que la circuncisión ya no es necesaria para los creyentes en el nuevo pacto:

> La circuncisión nada es, y la incircuncisión nada es, sino el guardar los mandamientos de Dios (1 Co 7:19).

Varios otros pasajes dejan claro que la circuncisión ya no es un requisito bajo el nuevo pacto (ver Gá 2:3; 5:2-6, 11; Fil 3:2-3; Col 2:11, Tito 1:10; y la larga narración del Concilio de Jerusalén en Hechos 15:1-29).

b. ¿Es la circuncisión beneficiosa desde el punto de vista de la salud? Aunque la circuncisión no es obligatoria bajo el nuevo pacto, ¿es prudente por los beneficios que otorga a la salud? La respuesta a esta pregunta parece ser afirmativa. Por ejemplo, los investigadores Brian Morris, profesor emérito de la Facultad de Ciencias Médicas de la Universidad de Sydney, y Thomas Wiswell descubrieron que los recién nacidos no circuncidados se enfrentan a un 50 % de posibilidades de contraer infecciones del tracto urinario, mientras que los bebés circuncidados solo presentan un 33 % de riesgo. Los investigadores descubrieron que los beneficios de la circuncisión superan los riesgos en una proporción de 100 a 1, ya que la mitad de los hombres no circuncidados necesitarán tratamiento por una afección relacionada con la retención del prepucio[27]. Además, se ha comprobado que la circuncisión reduce el riesgo de algunas enfermedades de transmisión sexual y

---

[27] B. Morris, S. Bailis y T. Wiswell, "*Circumcision Rates in the United States: Rising or Falling? What*

protege contra el cáncer de pene[28] .

Por lo tanto, muchos padres deciden circuncidar a sus bebés varones para proporcionarles este beneficio de salud para el resto de sus vidas.

c. Sabemos que la circuncisión no es dañina, porque Dios la ordenó: No se debe argumentar que la circuncisión dañará a un bebé varón o que el dolor que acompaña a la circuncisión será perjudicial, porque Dios nunca habría ordenado a todos los varones de su pueblo que experimentaran algo que les produjera un daño físico o los perjudicara de alguna manera.

d. ¿Deben los padres dejar que el niño elija después? Algunos padres podrían argumentar que es mejor dejar que el niño crezca hasta la edad adulta y luego decidir si quiere ser circuncidado. Pero me parece que este es un caso en el que los padres tienen la responsabilidad de tomar una decisión sabia respecto a lo que es mejor para su hijo. Permitir que un niño decida sobre esto es algo así como permitir que un niño elija qué comida va a comer y qué vacunas recibirá (no tiene la edad suficiente para tomar una decisión sabia en el momento en que hay que tomar la decisión). Si espera hasta la edad adulta, la experiencia de la circuncisión será más dolorosa y difícil. Un estudio de 2013 publicado en el Journal of Urology descubrió que los hombres circuncidados sufrían un dolor entre moderado y grave durante la recuperación, perdiendo al menos una semana de trabajo y experimentando limitaciones en la actividad física intensa durante 11 días[29] .

e. ¿Se equivocan los defensores de la circuncisión al idealizar nuestro "estado natural"? Los que se oponen a la circuncisión podrían argumentar que es mejor dejar el cuerpo humano en su "estado natural". Pero este argumento no tiene en cuenta el hecho de que, desde la caída, nuestros cuerpos están sujetos a la enfermedad y eventualmente a la muerte (Gn 2:17; 3:19). Muchas veces los cuerpos de las personas necesitan lentes para corregir el "estado natural" de su visión o frenos para corregir el "estado natural" de sus dientes. Por lo tanto, no sería sorprendente que Dios requiriera para su pueblo, los judíos, en el antiguo pacto una "corrección" del estado natural en el que nacían los niños para protegerlos de infecciones y enfermedades que puedan tener luego en sus vidas.

Effect Might the New Affirmative Pediatric Policy Statement Have?" ["Las tasas de circuncisión en los Estados Unidos: ¿Aumentando o disminuyendo? ¿Qué efecto podría tener la nueva declaración de política pediátrica afirmativa?"]. Actas de la Mayo Clinic, 2014, citado en Chris Weller, *"Circumcision Benefits Exceed Risks 100 to 1, 'Equivalent to Childhood Vaccination'"* ["Los beneficios de la circuncisión superan los riesgos 100 a 1, 'equivalente a la vacunación infantil'"], Medical Daily, 2 de abril de 2014, http://www.medicaldaily.com/circumcision-benefits-exceed-risks-100-1-equivalent-childhood-vaccination-273992.

[28] *"Circumcision Basics"* ["Conceptos básicos de la circuncisión"] WebMD, http://www.webmd.com/sexual-conditions/guide/circumcision.

[29] B. P. Rai, A. Qureshi, N. Kadi, R. Donat, *"How Painful is Adult Circumcision? A Prospective, Observational Cohort Study"* ["¿Qué tan dolorosa es la circuncisión en adultos? Un estudio de cohorte prospectivo y observacional"], Journal of Urology 189 (junio de 2013): págs. 2237-42, https://www.ncbi.nlm.nih.gov/pubmed/23276514.

9. Influencias espirituales en la salud física. Nuestra salud física no solo se ve afectada por la alimentación, el ejercicio, el sueño y la medicina adecuada para curar las enfermedades, sino también por nuestra salud espiritual.

Por un lado, se dice que vivir en obediencia ante Dios es bueno para nuestra salud:

> No seas sabio en tu propia opinión;
>   Teme a Jehová, y apártate del mal;
> *Porque será medicina a tu cuerpo,*
>   Y *refrigerio para tus huesos* (Pr 3:7-8).

> El corazón apacible es vida de la carne;
>   Mas la envidia es carcoma de los huesos (Pr 14:30).

> *El corazón alegre constituye buen remedio;*
>   Mas el espíritu triste seca los huesos (Pr 17:22).

Por otro lado, el pecado no confesado y la conciencia de la culpa moral ante Dios pueden consumir nuestra salud.

> *Mientras callé, se envejecieron mis huesos*
>   En mi gemir todo el día.
> Porque de día y de noche se agravó sobre mí tu mano;
>   Se volvió mi verdor en sequedades de verano. Selah
> Mi pecado te declaré, y no encubrí mi iniquidad.
>   Dije: Confesaré mis transgresiones a Jehová;
> Y tú perdonaste la maldad de mi pecado. Selah (Sal 32:3-5).

Estos pasajes nos hacen ver la importancia de mantener una sana relación con Dios, y de confesar y abandonar el pecado conocido cuando nos llame la atención. También nos recuerdan que vivir en obediencia a Dios normalmente tendrá una influencia positiva en nuestra salud.

D. DIOS PUEDE Y A MENUDO ACTÚA A TRAVÉS DE NOSOTROS A PESAR DE LA DEBILIDAD O LA ENFERMEDAD

Lo anterior sobre la importancia de la salud física y la necesidad de cuidar razonablemente nuestro cuerpo debe equilibrarse con otro factor que también se enseña en las Escrituras: Dios puede obrar de manera sorprendente y poderosa a través de nuestras debilidades y a pesar de ellas. Esto es importante porque en esta vida todos experimentaremos alguna clase de enfermedad o incapacidad física, y todos eventualmente nos debilitaremos y moriremos (a menos que Cristo regrese primero).

El apóstol Pablo era muy consciente de ello, y particularmente en 2 Corintios escribe sobre su debilidad y cómo Dios manifestó su poder a través de ella:

> Pero tenemos este tesoro en vasos de barro, *para que la excelencia del poder sea de Dios, y no de nosotros,* que estamos atribulados en todo, mas no angustiados; en apuros, mas no desesperados; perseguidos, mas no desamparados; derribados, pero no destruidos; llevando en el cuerpo siempre por todas partes la muerte de Jesús, *para que también la vida de Jesús se manifieste en nuestros cuerpos.* Porque nosotros que vivimos, siempre estamos entregados a muerte por causa de Jesús, para que también la vida de Jesús se manifieste en nuestra carne mortal (4:7-11).

Unos versículos más adelante, él continúa explicando que no se desanima por sus sufrimientos físicos:

> Por tanto, no desmayamos; *antes aunque este nuestro hombre exterior se va desgastando,* el interior no obstante se renueva de día en día. Porque *esta leve tribulación momentánea* produce en nosotros un cada vez más excelente y eterno peso de gloria; no mirando nosotros las cosas que se ven, sino las que no se ven; pues las cosas que se ven son temporales, pero las que no se ven son eternas (2 Co 4:16-18).

Pablo incluso oró para que Dios le quitara algo que él llamaba "aguijón en mi carne, un mensajero de Satanás" (2 Co 12:7)[30] . Pablo pidió repetidamente al Señor que se lo quitara, se lee: "Respecto a lo cual tres veces he rogado al Señor, que lo quite de mí" (v. 8).

A pesar de las fervorosas oraciones de Pablo, el Señor no le quitó lo que llamaba "aguijón en mi carne" sino que explicó su propósito secreto detrás de ella:

> Y me ha dicho: Bástate mi gracia; porque *mi poder se perfecciona en la debilidad.* Por tanto, de buena gana me gloriaré más bien en mis debilidades, para que repose sobre mí el poder de Cristo. Por lo cual, por amor a Cristo me gozo en las debilidades, en afrentas, en necesidades, en persecuciones, en angustias; *porque cuando soy débil, entonces soy fuerte* (2 Co 12:9-10).

La proclamación del evangelio por parte de Pablo en todo el mundo gentil tuvo un éxito monumental, a pesar de su aflicción y debilidad. Pero eso solo demostró que el poder detrás de su prédica era Dios, no la propia fuerza de Pablo.

En el Antiguo Testamento, el Salmo 119 contiene algunos versículos sorprendentes sobre los beneficios espirituales que le llegaron al salmista a través de su sufrimiento:

---

[30] Los comentaristas no están seguros sobre la naturaleza de lo que Pablo llama "aguijón en mi carne". Algunos piensan que era una aflicción física, otros piensan que era el acoso de un demonio ("un mensajero de Satanás"), y otros piensan que era la repetida oposición hostil de los opositores judíos a la que Pablo se enfrentaba en una ciudad tras otra. Mi propia conclusión, después de leer los argumentos de varias partes, es que no tenemos suficientes pruebas para decidir de forma concluyente qué era este "aguijón en mi carne". Pero esa incertidumbre es beneficiosa para nosotros porque nos permite hacer una aplicación más amplia de este pasaje a todo tipo de dificultades y penurias que enfrentamos en esta vida.

> Antes que fuera yo humillado, descarriado andaba;
> Mas ahora guardo tu palabra [...]
> Bueno me es haber sido humillado,
> Para que aprenda tus estatutos (Sal 119:67,71)[31].

Si juntamos estos versículos con lo expuesto anteriormente sobre la importancia de la salud física y el cuidado de nuestro cuerpo, nuestra conclusión debería ser que es correcto tratar de proteger y cuidar nuestra salud física en la medida en que podamos hacerlo mientras nos ocupamos de otras responsabilidades de la vida. Sin embargo, cuando la aflicción física o la discapacidad se presentan en nuestras vidas, no debemos desanimarnos, sino seguir confiando en que Dios actúa a través de nosotros a pesar de nuestras debilidades, pues en ellas el poder de Dios puede hacerse más evidente en nuestras vidas y ministerios.

E. ¿ES CORRECTO SACRIFICAR LA SALUD FÍSICA POR EL BIEN DEL MINISTERIO?

1. A veces Pablo sacrificó su salud física para difundir el Evangelio. Algunas veces Pablo estaba dispuesto a priorizar la difusión del Evangelio por encima de su salud física y su bienestar corporal. Considere este notable párrafo:

> Tres veces he sido azotado con varas; una vez apedreado; tres veces he padecido naufragio; una noche y un día he estado como náufrago en alta mar; en caminos muchas veces; en peligros de ríos, peligros de ladrones, peligros de los de mi nación, peligros de los gentiles, peligros en la ciudad, peligros en el desierto, peligros en el mar, peligros entre falsos hermanos; en trabajo y fatiga, en muchos desvelos, en hambre y sed, en muchos ayunos, en frío y en desnudez (2 Co 11:25-27).

Esa persistencia en viajar sin descanso de ciudad en ciudad para difundir el Evangelio, a pesar de la carga que debió suponer para el cuerpo de Pablo, contrasta con nuestra cultura moderna y su ideal (quizá su "ídolo") de proteger nuestra salud física como uno de nuestros objetivos más importantes. La experiencia de Pablo demuestra que un ministerio eficaz para Cristo suele costar algo en términos de salud física. De hecho, Pedro nos dice que Cristo soportó los sufrimientos físicos como un ejemplo para nosotros: "También Cristo padeció por nosotros, dejándonos ejemplo, para que sigáis sus pisadas" (1 P 2:21).

Además, el ejemplo de Cristo nos dice que a veces tendremos que dar la vida por los demás para ser obedientes a él y a su llamado: "Nadie tiene mayor amor que este, que uno ponga su vida por sus amigos" (Juan 15:13). En el libro de Apocalipsis, vemos a los que vencieron a Satanás "por medio de la sangre del Cordero y de la palabra del testimonio de ellos", y pudieron hacerlo porque "menospreciaron sus

---

[31] Los pasajes del Nuevo Testamento sobre los beneficios espirituales que se obtienen a través de las pruebas y el sufrimiento también son aplicables aquí: ver Santiago 1:2-4; 1 P 1:6-7.

vidas hasta la muerte" (Ap 12:11).

2. Se requiere sabiduría para decidir entre el cuidado de la salud física y el sacrificio de la misma para los propósitos del ministerio. A veces es difícil saber cómo decidir entre la necesidad de cuidar nuestro cuerpo como templo del Espíritu Santo (es decir, no actuar tontamente dañando nuestro cuerpo) y sacrificar nuestro bienestar físico por el bien del avance del reino de Dios (es decir, no ser egoísta). Esto es una cuestión de sabiduría madura, y también debemos reconocer que la elección correcta puede variar de una persona a otra y de una circunstancia a otra. Es importante buscar el consejo de los amigos en estas circunstancias: "En la multitud de consejeros hay seguridad" (Pr 11:14). Con frecuencia, el Espíritu Santo nos guiará también en esta área, especialmente cuando oramos y buscamos su guía.

PREGUNTAS PARA REFLEXIONAR

1. ¿Considera que su cuerpo físico es algo básicamente "bueno" porque ha sido creado por Dios?
2. ¿Cómo se siente ante el hecho de que existirá en un cuerpo físico (uno que será perfecto) para siempre?
3. ¿Normalmente duerme lo suficiente? ¿Por qué sí o por qué no? ¿En qué medida influye su confianza en Dios en ello?
4. ¿Cree que hace muy poco ejercicio o que le dedica demasiado tiempo al ejercicio y a la preparación física personal? Después de leer este capítulo, ¿piensa hacer algún cambio en esta área de su vida? ¿Por qué podría ser difícil?
5. ¿Cuál es su convicción sobre los tatuajes? ¿Y sobre la circuncisión de los niños varones?
6. ¿Es consciente de alguna forma en que su salud espiritual está teniendo un impacto en su salud física?
7. ¿Puede pensar en algunas formas en las que Dios ha obrado a través de usted a pesar de la debilidad física?
8. ¿Qué rasgos de carácter cristiano (ver pág. 110) se fortalecen al cuidar regularmente de su salud física? ¿Qué rasgos de carácter cristiano le serán especialmente útiles para animarse a cuidar sabiamente de su salud?

TÉRMINOS ESPECIALES

ninguno

BIBLIOGRAFÍA

Otras fuentes de referencia sobre ética

(ver datos bibliográficos completos, pág. 64)

Frame, 739-43

Otras obras

Brand, Paul y Philip Yancey. *Fearfully and Wonderfully Made* [Hecho con temor y maravilla]. Grand Rapids, Michigan: Zondervan, 1980.

———. *In His Image: The Sequel to Fearfully & Wonderfully Made* [A su imagen: La secuela de Hecho con temor y maravilla]. Grand Rapids, Michigan: Zondervan, 1984.

Cook, E. D. *"Health and Health Care"* ["Salud y atención médica"] En el New Dictionary of Christian Ethics and Pastoral Theology [Nuevo Diccionario de Ética Cristiana y Teología Pastoral], editado por David J. Atkinson y David H. Field, págs. 435-37. Leicester, Reino Unido: Inter-Varsity y Downers Grove, Illinois: InterVarsity Press, 1995.

Cutillo, Bob. *Pursuing Health in an Anxious Age* [Buscar la salud en una época de ansiedad]. Wheaton, Illinois: Crossway, 2016.

Jones, David W. y Russell S. Woodbridge. *Health, Wealth and Happiness: Has the Prosperity Gospel Overshadowed the Gospel of Christ?* [Salud, riqueza y felicidad: ¿Ha ensombrecido el Evangelio de la Prosperidad el Evangelio de Cristo?] Grand Rapids, Michigan: Kregel, 2011.

Murray, David. *Reset: Living a Grace-Paced Life in a Burnout Culture* [Reinicio: Vivir una vida a ritmo de gracia en una cultura del agotamiento]. Wheaton, Illinois: Crossway, 2017.

Reynolds, Adrian. *And So to Bed...: A Biblical View of Sleep* [Y así a la cama...: Una visión bíblica del sueño]. Fearn, Ross-shire, Escocia: Christian Focus, 2014.

Saunders, Peter. *The Human Journey: Thinking Biblically about Health* [El viaje humano: Pensando bíblicamente sobre la salud]. Londres: Christian Medical Fellowship, 2014.

PASAJE BÍBLICO PARA MEMORIZAR

1 Corintios 6:19-20: ¿O ignoráis que vuestro cuerpo es templo del Espíritu Santo, el cual está en vosotros, el cual tenéis de Dios, y que no sois vuestros? Porque habéis sido comprados por precio; glorificad, pues, a Dios en vuestro cuerpo y en vuestro espíritu, los cuales son de Dios.

HIMNO

"Mi corazón, oh, examina hoy"

Mi corazón, oh, examina hoy;
Mis pensamientos, prueba, oh, Señor.
Ve si en mí perversidades hay;
Por sendas rectas guíame por tu amor

Dame, Señor, beber tu plenitud,
Pues que Tú eres fuente de salud.
Sobre la cruz en medio del dolor,
Brotar la hiciste por tu gran amor.

AUTOR: J. EDWIN ORR, 1912

Capítulo 27

ALCOHOL Y DROGAS

¿Cuáles son los peligros de las bebidas alcohólicas?

¿Está mal consumir alcohol con moderación?

¿Cuáles son los peligros relacionados con la legalización de la marihuana?

Este capítulo trata dos asuntos que están ampliamente relacionados con el tema de la salud, estos son las drogas y bebidas alcohólicas. Gran parte del capítulo estará centrado en las bebidas alcohólicas y posteriormente, al final del capítulo, discutiré en qué medida se pueden aplicar los mismos principios al consumo de drogas[1].

El asunto del consumo de bebidas alcohólicas ha sido muy discutido. Por ejemplo, en los Estados Unidos de América, a finales del siglo XIX e inicios del siglo XX, la conciencia pública sobre las consecuencias destructivas de la embriaguez se hizo tan fuerte que se modificó la Constitución de los Estados Unidos para prohibir "la fabricación, venta y transporte de bebidas alcohólicas"[2].

Este acontecimiento político fue notable debido a la gran dificultad para modificar la Constitución. Este proceso requirió de dos tercios de los votos de cada cámara del Congreso y la ratificación de tres cuartos de los estados (en ese momento, 36 de 48 estados). Pero el apoyo público a la Enmienda XVIII fue tan grande que en 1917 fue aprobada por el Senado con una votación de 65 a 20 y en la Cámara por 282 a 128, con más de dos tercios de votación a favor por parte de los Demócratas y Republicanos[3]. Posteriormente fue presentada a los estados. El primer estado en ratificarla fue Mississippi el 7 de enero de 1918 y el 16 de enero de 1919, Nebraska se convirtió en el estado número 36 en ratificarla[4]. La enmienda

---

[1] Ver más adelante, pág. 688, para la definición de los tipos de drogas que trato en este capítulo.

[2] La Enmienda XVIII de la Constitución de los Estados Unidos se ratificó el 16 de enero de 1919. Ver el texto de la enmienda en http://constitutionus.com (también lo menciono brevemente en la página 472).

[3] *"The States and the Prohibition Amendment"* ["Los Estados Unidos y la Ley Seca"], CQ Researcher, http://library.cqpress.com/cqresearcher/document.php?id=cqresrre1931022500.

[4] Ibid.

especificaba que entraría en vigencia un año después de la ratificación y, por lo tanto, entró en vigencia el 16 de enero de 1920 y se mantuvo así por más de 13 años[5] .

Esta enmienda fue ampliamente referida con la sola palabra *Prohibición*. Esta no prohibía el *consumo* personal de bebidas alcohólicas, pero sí prohibía su *transporte y venta*, lo que hacía que fuera más difícil para las personas poder obtenerlas. Mientras la ley estuvo en vigencia, hubo una desobediencia generalizada.

La oposición pública a la prohibición aumentó a lo largo de los 13 años. Finalmente, la Enmienda XVIII fue derogada por la ratificación de la Enmienda XXI el 5 de diciembre de 1933[6] .

Actualmente, el alcohol es ilegal en muchos países de mayoría musulmana, así como en algunas regiones de la India[7] . Por otro lado, hay 19 países que no cuentan con restricciones de edad para consumir alcohol[8] .

A. INFORMACIÓN ACTUAL SOBRE LOS EFECTOS DESTRUCTIVOS DEL ABUSO DEL ALCOHOL

El abuso del alcohol es uno de los mayores males del mundo actual, el cual trae consigo muchas consecuencias destructivas:

1. Los miembros de la familia (especialmente mujeres y niños) sufren las consecuencias de la violencia inducida por el alcohol. De acuerdo con un estudio llevado a cabo el 2012, más del 10 % de niños en los Estados Unidos viven con padres con problemas de alcohol[9] . De la cantidad de parejas casadas que se involucran en altercados físicos, entre un 60 % y 70 % de ellas abusan del alcohol[10] .

2. Muchas víctimas inocentes mueren a causa de conductores ebrios. En 2014, las víctimas mortales de conductores manejando bajo los efectos del alcohol llegó a la cifra de 9 967 (31 % del total de los accidentes vehiculares)[11] .

---

[5] La ley que fue aprobada por el Congreso que especifica los detalles de la aplicación de esta prohibición se conoció como la Ley Volstead (Ley Seca), aprobada por anulación del veto del presidente Woodrow Wilson el 28 de octubre de 1919.

[6] Ver *"The States and the Prohibition Amendment"* ["Los Estados Unidos y la Ley Seca"]. Ver también http://constitutionus.com para el texto de la Enmienda XXI.

[7] *"14 Countries Where Drinking Alcohol Is Illegal"* ["14 países donde beber alcohol es ilegal"] WorldAtlas, http://www.worldatlas.com/articles/14-countries-where-drinking-alcohol-is-illegal.html. Los países que prohíben el alcohol son Bangladés, Brunéi, Irán, Irak, India (algunas ciudades), Libia, Kuwait, Maldivas, Pakistán, Arabia Saudita, Sudán, Somalia, Emiratos Árabes Unidos y Yemen.

[8] *"Minimum Drinking Age (MLDA) in 19 Countries"* ["Edad mínima de consumo de alcohol en 19 países"], ProCon.org, http://drinkingage.procon.org/view.resource.php?resourceID=004294. Los países sin restricciones de edad para el consumo de alcohol son Benín, Bolivia, Burkina Faso, Burundi, Camboya, Camerún, China, Gabón, Guinea Bisáu, Indonesia, Kosovo, Laos, Mali, Ruanda, Santo Tomé y Príncipe, Sierra Leona, Islas Salomón, Timor Oriental y Togo.

[9] *"More than 7 Million Children Live with a Parent with Alcohol Problem"* ["Más de 7 millones de niños viven con padres con problemas de alcohol"], *Center for Behavioral Health Statistics and Quality* [Centro de Estadísticas y Calidad de la Salud Mental], Data Spotlight, 16 de febrero del 2012, http://media.samhsa.gov/data/spotlight/Spot061ChildrenOfAlcoholics2012.pdf.

[10] *"Alcoholism and Family/Marital Problems"* ["Alcoholismo y problemas familiares/maritales"], American Addiction Centers, http://americanaddictioncenters.org/alcoholism-treatment/family-marital-problems/.

[11] *"2014 Crash Data Key Findings"* ["Datos de choques de 2014, Principales conclusiones"] U.S.

3. Las personas pierden sus empleos y destruyen sus carreras. Los estudios documentaron que el consumo excesivo de alcohol aumenta el ausentismo, así como el "presentismo" que es el acto de presentarse enfermo al trabajo, disminuyendo así la productividad[12].

4. Las personas tienen una probabilidad mucho mayor de padecer enfermedades hepáticas, neumonía, cáncer de esófago, hemorragia interna y cometer suicidio. Cerca de 88 000 personas (aproximadamente 62 000 hombres y 26 000 mujeres) mueren al año por causas relacionadas al alcohol, haciendo del alcohol la cuarta causa principal de muerte evitable en los Estados Unidos[13].

5. Muchas personas experimentan graves discapacidades mentales, algunas de ellas irreversibles incluso cuando el consumo de alcohol se detiene. De acuerdo con Laurence Westreich, profesor clínico asociado en la *Division of Alcoholism and Drug Abuse at New York University* [División de Alcoholismo y Abuso de Drogas en la Universidad de Nueva York] más del 20 % de las personas con enfermedades mentales también sufren abuso o dependencia al alcohol[14]. La Oficina Nacional de Investigaciones Económicas de los Estados Unidos determinó que hay una conexión definitiva entre las enfermedades mentales y el uso de sustancias adictivas. De acuerdo con la oficina, los individuos con una enfermedad mental existente consumen aproximadamente el 38 % del total de alcohol, así como también el 44 % del total de cocaína y el 40 % del total de cigarrillos. Además, personas que han experimentado enfermedades mentales consumen cerca del 69 % del total de alcohol, así como el 84 % del total de cocaína y el 68 % del total de cigarrillos[15].

6. Algunas estimaciones indican que debido al abuso del alcohol las personas acortan su esperanza de vida de 10 a 12 años[16].

7. En 2014, el 24.7 % de las personas de 18 años a más reportaron que habían bebido en exceso con un máximo de 4 veces durante los últimos 30 días, mientras que el 6.7 % reportó que lo habían hecho de 5 veces a más durante el mismo periodo[17].

Department of Transportation, National Highway Traffic Safety Administration [Departamento de Transporte de Estados Unidos, Administración Nacional de Seguridad del Tráfico en las Carreteras], noviembre del 2015, http://www.nrd.nhtsa.dot.gov/Pubs/812219.pdf.

[12] Carmel Lobello, *"How Drinking Too Much Sabotages Your Finances"* ["Cómo el beber mucho sabotea tus finanzas"] The Week, 4 de noviembre del 2013,
http://theweek.com/articles/457336/how-drinking-much-sabotage-finances.

[13] *"Alcohol and Public Health: Alcohol-Related Disease Impact (ARDI)"* ["El Alcohol y la Salud Pública: Impacto de las enfermedades relacionadas al alcohol"], Centro para el Control y Prevención de Enfermedades, http://nccd.cdc.gov/DPH_ARD/default/default.aspx, y M. Stahre, J. Roeber, D. Kanny, et. al., *"Contribution of excessive alcohol consumption to deaths and years of potential life lost in the United States"* ["Contribución del consumo excesivo de alcohol a las muertes y a los años potenciales de vida perdidos en los Estados Unidos"] Preventing Chronic Disease [Prevención de enfermedades crónicas] 11 (2014): E109.

[14] *"Alcohol and Mental Illness"* ["El alcohol y las enfermedades mentales"], Primary Psychiatry, 1 de enero del 2005, http://primarypsychiatry.com/alcohol-and-mental-illness/.

[15] Marie Bussing-Birks, *"Mental Illness and Substance Abuse"* ["Enfermedades mentales y abuso de sustancias"], Oficina Nacional de Investigaciones Económicas, 13 de diciembre del 2016,
http://www.nber.org/digest/apr02/w8699.html.

[16] *"Alcohol Use Disorder"* ["Trastorno por consumo de alcohol"] The New York Times, 8 de marzo del 2013, http://www.nytimes.com/health/guides/disease/alcoholism /possible-complications.html.

[17] "Results from the 2014 National Survey on Drug Use and Health: Detailed Tables" ["Resultados

En los Estados Unidos, casi 14 millones de adultos, o 1 de cada 13 adultos, abusan del alcohol o tienen un problema de alcoholismo[18]. De acuerdo con la Organización Mundial de la Salud, en 2011, alrededor de 140 millones de personas en todo el mundo sufrían de trastornos relacionados con el alcohol[19].

B. LA BIBLIA PROHÍBE TAJANTEMENTE LA EMBRIAGUEZ

Varios pasajes del Nuevo Testamento especifican el mal moral de embriagarse:

> Más bien os escribí que no os juntéis con ninguno que, llamándose hermano, fuere [...] o *borracho*. (1 Co 5:11)

> *No se emborrachen con vino,* que lleva al desenfreno. (Ef 5:18 NVI)

Además, Pablo incluye a los "borrachos" entre los que no "heredarán el reino de Dios" (1 Co 6:10). En otra parte dice que "los que practican tales cosas no heredarán el reino de Dios" (Gá 5:21; ver también Lucas 21:34; Ro 13:13; 1 P 4:3) refiriéndose a que la "embriaguez" se encuentra dentro de esas actividades. Al enumerar las calificaciones de un obispo en la iglesia, Pablo dice que no debe ser "dado al vino" (1 Ti 3:3; también Tit 1:7), y un diácono no debe ser "dado a mucho vino" (1 Ti 3:8).

Algunos pasajes del Antiguo Testamento también nos advierten contra la embriaguez. Dos historias destacadas muestran que las personas que se embriagaban perdían el buen juicio y la capacidad moral, tal como pasó con Noé, quien, vergonzosamente, "se embriagó, y estaba descubierto en medio de su tienda" (Gn 9:21), y con Lot, quien se embriagó dos veces y sin darse cuenta de lo que hacía cometió incesto con sus hijas (Gn 19:30-36).

El autor de Proverbios aconseja:

> No estés con los *bebedores* de vino,
>   ni con los comedores de carne;
> *porque el bebedor y el comilón empobrecerán*
>   y el sueño hará vestir vestidos rotos (Pr 23:20-21).

Un pasaje más largo describe con vívidas imágenes poéticas las consecuencias

---

de la encuesta nacional llevada a cabo el 2014 sobre el uso de drogas y la salud: Tablas detalladas"], Substance Abuse and Mental Health Services Administration, Table 2.46B: "Alcohol use, binge alcohol use, and heavy alcohol use in the past month among persons aged 18 or older, by demographic characteristics: Percentages, 2013 and 2014" [Administración de Salud Mental y Abuso de Sustancias Tabla 2.46B: "Consumo de alcohol, consumo excesivo de alcohol y mucho consumo de alcohol en el último mes entre personas de 18 años a más por características demográficas: Porcentajes, 2013 y 2014"], http://www.samhsa.gov/data/sites/default/files/NSDUH-DetTabs2014/NSDUH-DetTabs2014.htm#-tab2-46b.

[18] Lizmarie Maldonado, *"Drug Addiction Statistics-Alcoholism Statistics and Data Sources"* ["Estadísticas de adicción a las drogas - Estadísticas de alcoholismo y base de datos"], Project-Know, http://www.projectknow.com/research/drug-addiction-statistics-alcoholism-statistics/.

[19] *"Global Status Report on Alcohol and Health"* ["Informe sobre la situación mundial del alcohol y la salud"], Organización Mundial de la Salud, 2011, http://www.who.int/substance_abuse/publications/global_alcohol_report/msbgsruprofiles.pdf.

de la embriaguez:

> ¿De quién son los lamentos? ¿De quién los pesares?
>> ¿De quién son los pleitos? ¿De quién las quejas?
> ¿De quién son las heridas gratuitas?
>> ¿De quién los ojos morados?
> ¡Del que no suelta la botella de vino
>> ni deja de probar licores!
> No te fijes en lo rojo que es el vino,
> ni en cómo brilla en la copa,
>> ni en la suavidad con que se desliza;
> porque acaba mordiendo como serpiente
>> y envenenando como víbora.
> Tus ojos verán alucinaciones,
>> y tu mente imaginará estupideces.
> Te parecerá estar durmiendo en alta mar,
>> acostado sobre el mástil mayor.
> Y dirás: "Me han herido, pero no me duele.
>> Me han golpeado, pero no lo siento.
> ¿Cuándo despertaré de este sueño
>> para ir a buscar otro trago?" (Pr 23: 29-35 NVI).

Pero ¿cómo definiríamos el estar ebrio? La cantidad de alcohol que las personas pueden beber sin llegar a embriagarse varía mucho, pero algunos pasajes de las Escrituras enfatizan la pérdida del buen juicio y la capacidad moral (ver Gn 9:21; 19:30-36; Pr 31:4-5) o el ser "descarriados" por el alcohol (Pr 20:1 RVA-2015). Pablo dice que estar ebrio "es desenfreno" (NVI, Ef 5:18; la palabra griega asōtia se refiere a "abandono imprudente, desenfreno, disipación, libertinaje", y el adjetivo relacionado se usa en Lucas 15:13, el hijo pródigo que "desperdició sus bienes viviendo perdidamente").

Por lo tanto, una definición de embriaguez especificaría que una persona está ebria cuando:

- ha perdido el buen juicio,
- no piensa claramente,
- ha perdido algo de capacidad moral,
- actúa de una forma que trae vergüenza a la propia reputación de la persona o del Evangelio, o
- ha perdido una adecuada coordinación física (como la incapacidad de conducir un auto de forma segura).

C. LA BIBLIA CONTIENE SERIAS ADVERTENCIAS SOBRE LOS PELIGROS DEL ALCOHOL

1. Las Escrituras advierten que no hay que dejarse engañar por las bebidas

alcohólicas. El libro de Proverbios advierte con frecuencia sobre la naturaleza engañosa del alcohol:

> El vino es escarnecedor, la sidra alborotadora, y *cualquiera que por ellos yerra* no es sabio (Pr 20:1).

> Hombre necesitado será el que ama el deleite, y el que ama el vino y los ungüentos no se enriquecerá (Pr 21:17).

Los líderes gubernamentales tienen una responsabilidad especial en este sentido. Deben tener particular cuidado de no nublar su juicio a través del uso del alcohol y, a causa de esto, tomar decisiones equivocadas.

> No es de los reyes, oh Lemuel,
>   no es de los reyes beber vino,
> ni de los príncipes la sidra;
> no sea que bebiendo olviden la ley,
>   y perviertan el derecho de todos los afligidos (Pr 31:4-5; ver también Ec 10:17;
>   Jer 13:13).

Bajo el Pacto de Moisés, a ciertos grupos de personas se les prohibió todo consumo de vino y "sidra", como a Aron y sus hijos, quienes fueron sacerdotes (Lv 10:8-9) y las personas que tomaron el voto nazareo (Nm 6:1-4; ver también Lc 1:15 en relación con Juan el Bautista).

2. Las Escrituras también advierten sobre hacer "tropezar" a otras personas. Un pasaje importante sobre este asunto es 1 Corintios 8:1-13. Aunque no habla específicamente de las bebidas alcohólicas sino de los alimentos ofrecidos a los ídolos, en este pasaje hay algunos conceptos útiles que se pueden aplicar al tema de las bebidas alcohólicas.

La ciudad de Corinto estaba llena de templos de diferentes dioses griegos y romanos a quienes Pablo calificó como "ídolos" (1 Co 8:1). Muchos de los cristianos en Corinto habían participado en la adoración de estos ídolos en los diferentes templos (ver 1 Co 12:2). Pero luego surgió la pregunta sobre si era correcto comer los alimentos que se habían ofrecido a los ídolos y que luego eran vendidos en el mercado de la carne en Corinto.

Pablo respondió a esta pregunta con estas indicaciones:

> De todo lo que se vende en la carnicería, comed, sin preguntar nada por motivos de conciencia; porque del Señor es la tierra y su plenitud (1 Co 10:25-26).

En otras palabras, los corintios eran libres de comer aquella carne sin preocuparse de que haya sido contaminada al ser ofrecida a un ídolo en uno de los templos (sin embargo, Pablo especificó que debían abstenerse si un no creyente decía explícitamente que había sido ofrecido a un ídolo, ya que parecería que los cristianos estaban de acuerdo con la ofrenda de dichos alimentos a los ídolos y la fuerza espiritual relacionada con ellos; ver 1 Co 10:28-29).

Aún así, había otro motivo que complicaba la situación, aunque los corintios eran por lo general libres de comer ese tipo de alimentos al comprender que no había ningún daño espiritual relacionado a ellos, no todos los cristianos en Corinto compartían esta creencia o entendían este concepto. Para ellos, era moralmente incorrecto comer los alimentos que habían sido ofrecidos a los ídolos y, por lo tanto, atentaba contra las creencias de su conciencia.

Por ello, Pablo advirtió a los cristianos en Corinto que sean cuidadosos en la forma en la que utilizaban su libertad para comer los alimentos que habían sido ofrecidos a los ídolos. La práctica era inofensiva en sí misma, *pero si daba un ejemplo que guiaba a otros cristianos a actuar en contra de las creencias de sus conciencias,* entonces estaba mal. Por lo tanto, Pablo dijo: "Pero mirad que esta libertad vuestra no venga a ser *tropezadero* para los débiles" (1 Co 8:9). Luego, explicó lo siguiente:

> Porque si alguno te ve a ti, que tienes conocimiento, sentado a la mesa en un lugar de ídolos, la conciencia de aquel que es débil, ¿no será estimulada a comer de lo sacrificado a los ídolos? Y por el conocimiento tuyo, se perderá el hermano débil por quien Cristo murió (1 Co 8:10-11).

El pecado en este caso es motivar a un cristiano a pecar en contra de su conciencia comiendo los alimentos ofrecidos a los ídolos, *aunque crea que está mal hacerlo* (ver también 1 Co 8:7)[20].

La conclusión a la que llegó Pablo fue que debía ser muy cuidadoso de no comer públicamente los alimentos ofrecidos a los ídolos en un lugar o momento que alentara a los cristianos a hacerlo aunque ellos mismos creyeran que estaba mal:

> Por lo cual, *si la comida le es a mi hermano ocasión de caer*, no comeré carne jamás, para no poner tropiezo a mi hermano (1 Co 8:13)[21].

Podemos aplicar esta enseñanza al tema de las bebidas alcohólicas. Los creyentes cristianos que no tienen ninguna objeción moral al consumo de bebidas alcohólicas deben tener cuidado de no beberlas de manera que puedan animar a los cristianos más jóvenes (u otros que piensan que el consumo de bebidas alcohólicas es incorrecto) a beber también y así atentar contra sus conciencias. Esto sería hacer que "tropiecen" en el sentido en el que Pablo se refiere en 1 Corintios 8:13.

Pero también es importante tener en cuenta que el versículo no dice: "Si la comida hace que otra persona se enoje conmigo o se irrite...". Solo se refiere a la idea de motivar a quienes piensan que es incorrecto comer carne ofrecida a los ídolos a comerla de todos modos y, por consiguiente, que atenten contra sus conciencias. El versículo no significa que una persona tiene que abstenerse de todo

---

[20] Ver un análisis más extenso sobre este tema en Andrew David Naselli y J. D. Crowley, *Conscience: What It Is, How to Train It, and Loving Those Who Differ* [Conciencia: qué es, cómo entrenarla y amar a quienes difieren] (Wheaton, Illinois: Crossway, 2016), págs. 109-10.

[21] La palabra traducida como "ocasión de caer" (griego, *skandalizō*, "hacer pecar, hacer tropezar") en otras partes es traducido como "hacer pecar" (ver Mt 5:29, 30; 18:6, 8, 9).

consumo de alcohol cuando esté en compañía de personas que estén en desacuerdo con este tema.

Romanos 14 contiene una enseñanza similar sobre la celebración de días especiales o el abstenerse de comer ciertas comidas como la carne. Pero aquí Pablo agrega que los cristianos no deben juzgarse los unos a los otros en temas de comida:

> Recibid al débil en la fe, pero no para contender sobre opiniones. Porque uno cree que se ha de comer de todo; otro, que es débil, come legumbres. *El que come, no menosprecie al que no come, y el que no come, no juzgue al que come;* porque Dios le ha recibido. ¿Tú quién eres, que juzgas al criado ajeno? Para su propio señor está en pie, o cae; pero estará firme, porque poderoso es el Señor para hacerle estar firme. […] Así que, ya no nos juzguemos más los unos a los otros, sino más bien decidid no poner tropiezo u ocasión de caer al hermano (vv. 1-4,13).

En conjunto, los pasajes que se encuentran en 1 Corintios 8 y Romanos 14 animan a los cristianos a dar libertad a las convicciones individuales sobre este asunto y a limitarse a dejar que cada persona sea responsable individualmente de cómo responda sobre este tema ante Dios.

D. OTROS PASAJES EN LAS ESCRITURAS VEN LAS BEBIDAS ALCOHÓLICAS DE FORMA MÁS POSITIVA

Debemos reconocer que las advertencias en las Escrituras en contra de la embriaguez (ver pasajes anteriores) revelan una suposición tácita de que hay un consumo correcto de alcohol que no lleva a la embriaguez. Si la intención de Dios hubiera sido prohibir todo consumo de bebidas alcohólicas en cualquier circunstancia, la Biblia lo prohibiría explícitamente en lugar de prohibir únicamente la embriaguez.

En contraste con las repetidas y estrictas prohibiciones de la Biblia en contra de la *embriaguez* y las constantes advertencias sobre los *peligros* de las bebidas alcohólicas, algunos pasajes bíblicos ven estas bebidas como parte de la creación de Dios, por lo cual las personas deben dar gracias:

> Él hace producir el heno para las bestias,
>   y la hierba para el servicio del hombre,
> sacando el pan de la tierra,
>   y *el vino que alegra el corazón del hombre,*
> el aceite que hace brillar el rostro,
> y el pan que sustenta la vida del hombre (Sal 104:14-15).

Este salmo dice que una de las razones por las cuales Dios creó "hierba para el servicio del hombre" en la tierra es para que las personas puedan producir "el vino que alegra el corazón del hombre" como uno de los buenos productos de la tierra, semejante al aceite y al pan. Un versículo relacionado se encuentra en Eclesiastés: "Anda, y come tu pan con gozo, y *bebe tu vino con alegre corazón*; porque tus obras ya son agradables a Dios" (9:7).

Proverbios dice:

> Honra al SEÑOR con tus riquezas
> y con los primeros frutos de tus cosechas.
> Así tus graneros se llenarán a reventar,
> *y tus bodegas rebosarán de vino nuevo* (Pr 3:9-10 NVI).

Es posible que estas "bodegas" contuviesen jugo de uvas sin fermentar durante uno o dos días, pero en el clima del Medio Oriente, sin la refrigeración moderna, se convertía rápidamente en vino.

En ocasiones, el vino se ve como parte de una celebración alegre en la presencia de Dios, como cuando Melquiades "sacó pan y vino" y bendijo a Abraham después de su victoria ante los reyes quienes tenían capturado a Lot (Gn 14:18-20) o cuando el pueblo de Israel tuvo que comer "delante de Jehová tu Dios en el lugar que él escogiere para poner allí su nombre, el diezmo de tu grano, de tu vino y de tu aceite, y las primicias de tus manadas y de tus ganados" (ver Dt 14:22-26).

En el Nuevo Testamento, Jesús celebró la Pascua Judía tomando una copa de vino (ver Mt 26:27-29) y el Evangelio de Juan registró que el primer milagro de Jesús fue convertir el agua en vino en seis grandes tinajas, cada uno de las cuales contenía "dos o tres cántaros" y estaban llenas de agua "hasta arriba" (Jn 2:6-7). Este vino era tan bueno que el anfitrión pensó que el novio había guardado el "buen vino" para el final (v. 10). El asunto es que Jesús "manifestó su gloria" creando milagrosamente un excelente vino en la fiesta de bodas (v. 11).

Cuando Pablo menciona algunas cosas sobre las que los cristianos no deben juzgarse "los unos a los otros" (Ro 14:13), menciona explícitamente el vino:

> *Todas las cosas a la verdad son limpias*; pero es malo que el hombre haga tropezar a otros con lo que come. Bueno es no comer carne, *ni beber vino*, ni nada en que tu hermano tropiece, o se ofenda, o se debilite (Ro 14:20-21).

Pablo menciona en otra parte que una de las "doctrinas de demonios" es "prohibir casarse" y "abstenerse de alimentos que Dios creó para que con acción de gracias participasen de ellos" (1 Ti 4:1-3). Aunque en este pasaje no especifica el vino, el principio sigue siendo aplicable, y el razonamiento de Pablo en los siguientes pasajes es relevante al tema del vino y también al de los alimentos:

> Porque *todo lo que Dios creó es bueno, y nada es de desecharse*, si se toma con acción de gracias; porque por la palabra de Dios y por la oración es santificado (1 Ti 4:4-5; ver también Col 2:20-23).

En un pasaje, Pablo le dice explícitamente a Timoteo que beba vino y da a entender que tiene algún beneficio para la salud:

> Ya no bebas agua, sino usa de un poco de vino por causa de tu estómago y de tus frecuentes enfermedades. (1 Ti 5:23)

Según la Mayo Clinic (Centro de Salud Mayo), el vino tinto puede tener beneficios para el corazón, ya que contiene antioxidantes, como los flavonoides y una sustancia llamada resveratrol, las cuales son buenas para el corazón. El resveratrol ayuda a prevenir el daño a los vasos sanguíneos, reduce el colesterol malo (LDL) y previene los coágulos sanguíneos. Otros antioxidantes del vino tinto llamados polifenoles también pueden proteger el revestimiento de los vasos sanguíneos del corazón. Sin embargo, la Mayo Clinic indica también que es necesario realizar más investigaciones para verificar estos beneficios[22]. La Universidad Johns Hopkins ha descubierto que el vino tinto también ayuda a prevenir los accidentes cerebrovasculares[23].

Pero las advertencias de Pablo sobre no hacer tropezar a los demás con lo que hacemos son un recordatorio de que no todo lo que es moralmente correcto en sí mismo es sabio o útil en cada situación. Pablo también dijo: "Todo me es lícito, pero no todo conviene" (1 Co 10:23).

E. APLICACIÓN ESPECÍFICA A PERSONAS E IGLESIAS

Basado en los principios bíblicos descritos anteriormente, en esta sección daré mis propias opiniones sobre asuntos específicos relacionados con las bebidas alcohólicas, recordando a la vez el mensaje de Pablo de que hay temas en los que las personas pueden simplemente acordar estar en desacuerdo, temas en los que hay espacio para las diferencias personales de opinión. En este aspecto, no debemos juzgarnos unos a los otros, como explica Pablo (con mis aplicaciones adicionales entre corchetes):

> El que come [¡o bebe!], no menosprecie al que no come, y el que no come,
> no juzgue al que come [¡o bebe!]; porque Dios le ha recibido (Ro 14:3).

1. ¿Deben los cristianos practicar la abstinencia total de bebidas alcohólicas?
Esta es una pregunta personal y la respuesta variará de un individuo a otro. Dependerá en parte del conocimiento de uno mismo, de su historia personal, su historia familiar y su contexto cultural.

Muchas personas que se han dado cuenta de que son alcohólicas[24] han descubierto que deben practicar la abstinencia total para evitar embriagarse nuevamente. Una de esas personas es el expresidente George W. Bush, quien dejó la bebida a la edad de 40 años y no ha bebido una gota de alcohol desde 1986[25]. Otros practican la

---

[22] *"Red Wine and Resveratrol: Good for Your Heart?"* ["El vino tinto y el resveratrol: ¿son buenos para el corazón?"] Mayo Clinic, 12 de noviembre de 2016, http://www.mayoclinic.org/diseases-conditions/heart-disease/in-depth/red-wine/art-20048281.

[23] *"How Red Wine May Shield Brain from Stroke Damage"* ["Cómo el vino tinto podría proteger al cerebro de daños causados por un accidente cerebrovascular"] Johns Hopkins Medicine, 21 de abril del 2010, http://www.hopkinsmedicine.org/news/media/releases/How_Red_Wine_May_Shield_Brain_From_Stroke_Damage.

[24] Quienes han sufrido de alcoholismo y han superado la adicción siguen considerándose alcohólicos. Se dan cuenta de que beber una sola gota de alcohol puede llevarlos por el camino de regreso al alcoholismo. Por lo tanto, deben comprometerse con la abstinencia total.

[25] Kathleen Koch, *"Bush Opens Up on Struggle with Alcohol Abuse"* ["Bush se sincera respecto a su

abstinencia total porque han visto cómo la adicción al alcohol ha destruido a algún miembro de su familia[26]. Muchas personas en la posición de líderes cristianos (así como muchos pastores) practican la abstinencia total porque no quieren que sus ejemplos guíen a otros a desviarse hacia patrones dañinos de conducta.

Pero muchos otros cristianos toman bebidas alcohólicas con moderación y nunca han estado ebrios o cerca de estarlo. Ya que la Biblia no prohíbe todo el consumo de bebidas alcohólicas, mi opinión es que ellos tienen la libertad de hacerlo.

2. ¿Deben las iglesias exigir la abstinencia total de bebidas alcohólicas? En el pasado, muchas iglesias exigían a las personas hacer un voto de abstinencia total para unirse a la iglesia, o bien se esperaba la abstinencia total de los responsables de la iglesia. En mi niñez, mi familia asistía a una iglesia bautista donde el "compromiso con la iglesia" estaba pegado dentro de la portada del libro de himnos, e incluía una promesa de abstención del "consumo y venta de bebidas embriagantes" (si es que recuerdo la frase correctamente). Cualquiera que quisiera ser miembro de la iglesia tenía que aceptar cumplir esa promesa.

Pero yo no estaría a favor ni apoyaría esa exigencia. Es exigir un estándar de conducta más estricto de lo que dice la propia Biblia. Ni Jesús (Juan 2:6-11) ni Pablo (1 Ti 5:23) podrían haberse unido a esta iglesia. Tal requisito haría que la iglesia se gane una reputación en la comunidad como "la iglesia donde las personas no pueden beber" y se haría conocida por exigir un estándar moral que no encuentra un eco natural en los corazones de los no cristianos (como lo harían normalmente los estándares morales de Dios en las Escrituras; ver Ro 2:14-15). En este sentido, una exigencia como esa podría convertirse en una prohibición erróneamente legalista que en realidad impide que las personas vengan a la iglesia y sean salvos.

3. ¿Cuál es el mejor testimonio para la sociedad? Alguien podría señalar que la práctica de total abstinencia es el mejor testimonio para una sociedad donde el alcoholismo es tan perjudicial. Sin embargo, eso supone que la mejor forma de testimonio es un tipo de estilo de vida que es más estricto que lo que Dios exige en su Palabra.

Por otro lado, se puede decir que el mejor testimonio para la sociedad es el consumo responsable y moderado de alcohol, de modo que un cristiano no se embriagaría en una fiesta de vecindario, sino que además sería un ejemplo de

---

problema con el abuso del alcohol"] CNN 11 de diciembre del 2008, http://edition.cnn.com/2008/POLITICS/12/11bush.alcohol/.

[26] Mientras escribo esta nota al pie de página (noviembre del 2016), el presidente electo Donald Trump entra en esta categoría. Ha dicho que él no bebe alcohol porque ello arruinó la vida de su hermano mayor, Freddy. Freddy murió en 1981 a los 43 años por alcoholismo. En una entrevista con The New York Times, Trump dijo que aprendió viendo a su hermano cómo las malas decisiones pueden "arrastrar a los que parecían destinados a triunfar", y el sufrimiento de Freddy lo llevó a nunca probar el alcohol ni los cigarrillos. Jason Horowitz, *"For Donald Trump, Lessons from a Brother's Suffering"* ["Lecciones para Donald Trump debido al sufrimiento de su hermano"] The New York Times, 02 de enero del 2016, http://www.nytimes.com/2016/01/03/us/politics/for-donald-trump-lessons-from-a-brothers-suffering.html.

moderación en este sentido. A mi parecer, esto se acerca más al ejemplo de Pablo de "a todos me he hecho de todo, para que de todos modos salve a algunos" (1 Co 9:22).

F. OBJECIONES AL CONSUMO MODERADO DE ALCOHOL

En esta sección, presentaré algunas objeciones comunes de los cristianos al consumo moderado de alcohol y daré mi respuesta a cada una de ellas.

1. Objeción: "Las bebidas alcohólicas en los tiempos de la Biblia se diluían, por lo tanto no eran embriagantes". Robertson McQuilkin utilizó esto como uno de sus argumentos en apoyo a la abstinencia total para los cristianos hoy en día:

> Creo que la abstinencia total es la posición más bíblica en los Estados Unidos del siglo XX. El principio es el de renunciar a mis derechos por el bienestar de los demás (Ro 14; 1 Co 8, 10) en una situación totalmente distinta a la de los tiempos bíblicos. En la cultura bíblica, donde el agua era escasa y a menudo estaba contaminada, el vino era la forma más sencilla de purificar el agua potable y era la bebida más común a la hora de comer. Era mezclado con agua, hasta doscientas partes de agua por una parte de vino. De hecho, se consideraba una barbaridad beber vino que fuese solamente mitad y mitad. Debido al consumo común de bebidas con alto contenido de alcohol, tenemos problemas que las personas de la época de la Biblia no podrían haber imaginado. [Luego, McQuilkin ofrece datos reveladores relacionados a accidentes de tránsito, violencia conyugal, asesinatos, violaciones, robos, suicidios y accidentes laborales][27].

En respuesta, se puede decir lo siguiente:

Primero, las afirmaciones de McQuilkin de que el agua en la cultura bíblica "a menudo estaba contaminada" y necesitaba ser purificada con vino no tiene fundamento. Varias narraciones bíblicas hablan de sacar agua fresca directamente de los pozos (ver Gn 24:11; 29:2; 2 S 23:15; Juan 4:6), y normalmente esa agua habría sido lo suficientemente pura para beberla sin peligro.

Segundo, las fuentes antiguas que mencionan que a veces el vino se mezclaba con agua[28] no prueban que *siempre* fue así o que el vino no embriagaba en el mundo antiguo, esto ya que la Biblia habla sobre personas que se embriagaron tomando vino. Las historias de embriaguez de Noé y Lot (ver Gn 9:21; 19:30-36), las advertencias contra el alcoholismo (Pr 23:20-21), y las advertencias contra la embriaguez (1 Co 5:11; Gá 5:21; 1 Ti 3:2-3; Tit 1:7) demuestran que, aunque el vino se diluía a veces, en otras ocasiones estuvo lo suficientemente concentrado como

---

[27] Robertson McQuilkin, *An Introduction to Biblical Ethics* [Introducción a la ética bíblica], 2da ed. (Wheaton, Illinois: Tyndale, 1995), págs. 97-98; el mismo párrafo se encuentra en la 3era edición del libro, por McQuilkin y Paul Copan (Downers Grove, Illinois: InterVarsity Press, 2014), pág. 137.

[28] Robert H. Stein, *"Wine Drinking in New Testament Times"* ["El consumo de vino en el Nuevo Testamento"], Christianity Today 20 (Junio, 1975), 9, citado en McQuilkin, 620n6.

para embriagar a las personas. Pablo no dijo "y no te embriagues con agua diluida en una pizca de vino" sino "no se emborrachen con vino, que lleva al desenfreno" (Ef 5:18 NVI). Y es de suponer que el buen vino que Jesús produjo en las bodas de Caná de Galilea fue sacado directamente de la tinaja de piedra y llevado sin diluir al anfitrión del banquete (ver Juan 2:8-10).

A veces, ese vino mezclado no se consideraba algo normal de la vida, sino un signo de pobreza y juicio. El lamento de Isaías sobre la corrupción y la decadencia de Jerusalén incluyen esta afirmación:

> Tu plata se ha convertido en escorias, *tu vino está mezclado con agua* (Is 1:22).

2. Objeción: "La abstinencia total es la única garantía para no volverse un alcohólico". Esta objeción también es planteada por McQuilkin en *An Introduction to Biblical Ethics* [Introducción a la ética bíblica]. Escribe lo siguiente:

> La única forma segura de evitar el pensamiento, el habla y el comportamiento influenciados por el alcohol o de evitar las drogas y la adicción es no tomar la primera copa o la primera dosis de una droga. Aunque otros no lleguen a las mismas conclusiones a partir de estos datos, concluyo que la producción, la venta y el consumo de bebidas alcohólicas y de drogas adictivas o sin prescripción médica que alteran la mente son incompatibles con los principios bíblicos[29].

En primer lugar, en respuesta diré que estoy de acuerdo con este argumento con respecto a muchos tipos de "drogas adictivas o sin prescripción médica que alteran la mente", para los que puedo ver un fuerte argumento bíblico para nunca tomar la primera dosis. Pero pongo a las bebidas alcohólicas en una categoría diferente por la evidencia bíblica que cito anteriormente.

En segundo lugar, reconozco que muchas personas han sentido la validez del tipo de argumento de McQuilkin y han decidido que la abstinencia total es la mejor opción para ellos. Respeto y apoyo el derecho de cada cristiano a decidir que la abstinencia total es el mejor enfoque para ellos, esto por diversas razones. Los cristianos no deberían presionar a las personas que mantienen esta postura e intentar persuadirlas de que la cambien.

En tercer lugar, la edición más reciente del libro de McQuilkin, con la coautoría de Paul Copan, contiene tres párrafos que están etiquetados como "La perspectiva de Copan". Aunque Copan muestra respeto por la postura de McQuilkin, él dice: "Dudo en insistir en la abstinencia total ya que las Escrituras en sí sugieren el propósito festivo, social y de celebración de las bebidas alcohólicas como un regalo de Dios". Por lo tanto, aduce que el testimonio bíblico no le permite defender la abstinencia total, sino que defiende "cualquier uso incorrecto del alcohol"[30].

---

[29] McQuilkin, *An Introduction to Biblical Ethics* 2da ed., pág. 98: además en la 3era ed., pág. 137, con la oración añadida, "Soy, en efecto, 'el guardián de mi hermano', y puedo, con mi ejemplo, ser un obstáculo".

[30] McQuilkin y Copan, *An Introduction to Biblical Ethics* [Introducción a la ética bíblica], 3era ed.,

En cuarto lugar, la Biblia no aconseja a los cristianos en general a ser más estrictos de lo que exigen las Escrituras solo para estar "a salvo" de infringir las Escrituras[31]. La naturaleza excesivamente estricta de tal exigencia para todas las personas puede verse si nos preguntamos cómo sería ese procedimiento para evitar otros pecados. Por ejemplo, ¿cómo puede garantizar que nunca le disparará a alguien accidentalmente con un arma? Nunca compre un arma y nunca vaya de cacería. ¿Cómo puede garantizar que nunca se declarará en bancarrota? Nunca inicie un negocio. Estas son reglas excesivamente estrictas que los cristianos no querrían imponerse a sí mismos ni a los demás.

En quinto lugar, no es verdad que la abstinencia total es la única forma de evitar embriagarse. Otra forma segura es practicar la moderación y la restricción en todo momento. Millones de cristianos lo han hecho a lo largo de su vida.

3. Objeción: "Beber incluso una sola copa de vino puede matar millones de células cerebrales". No he encontrado esta objeción en la literatura académica, pero algunas veces la repiten los estudiantes en mi clase (quienes la han escuchado en sermones o presentaciones populares). Pero Dios estaba muy al tanto de los efectos del alcohol en el cerebro humano cuando inspiró a los escritores bíblicos a describir un uso moderado del alcohol de forma positiva en las mismas Escrituras. Y desde un punto de vista médico, esta afirmación simplemente no es verdadera. Roberta J. Pentney, una exinvestigadora de la Universidad Estatal de Nueva York en Búfalo, descubrió que, aunque el consumo de alcohol altera el funcionamiento cerebral en adultos dañando las dendritas transmisoras de mensajes en las neuronas del cerebelo, una estructura involucrada en el aprendizaje y coordinación motora, no mata células cerebrales enteras[32]. De hecho, además de evitar accidentes cerebrovasculares, el consumo de vino también se ha relacionado con una menor probabilidad de padecer Alzheimer y Parkinson. En resumen, "la investigación indica que los adultos que beben con moderación no corren el riesgo de perder células cerebrales"[33].

4. Objeción: "Cuando las iglesias exigen abstinencia total, no se hace ningún daño y podría hacer mucho bien al impedir que las personas se conviertan en alcohólicas". En respuesta, creo que *se hace* daño cuando alejamos a las personas de la iglesia con estándares más estrictos de lo que dicen las Escrituras (proclamando, de hecho, que para ser cristiano hay que renunciar a todo consumo de alcohol). En el siglo I, Pablo reconoció el daño que causaba la "circuncisión", que exigía algo más estricto que las Escrituras y, por lo tanto, "arruina familias enteras" al enseñar

---

págs. 137-38.

[31] Esto es similar a la enseñanza rabínica en el judaísmo del siglo I que "ponía un cerco a la ley" con disposiciones más estrictas que las que exigía la ley de Dios.

[32] *Anahad O'Connor: "The Claim: Alcohol Kills Brain Cells"* ["La afirmación: el alcohol mata células cerebrales"] The New York Times, 23 de noviembre del 2004, http://www.nytimes.com/2004/11/23/health/the-claim-alcohol-kills-brain-cells.html.

[33] *"Wine experts less vulnerable to Alzheimer's, study says"* ["Según los estudios, los consumidores de vino son menos vulnerables a tener Alzheimer"], Fox News, 8 de septiembre del 2016, http://www.foxnews.com/health/2016/09/08/wine-experts-less-vulnerable-to-alzheimers-study-says.html.

"lo que no se debe" (Tito 1:10-11 NVI). Pablo también reprendió a los colosenses por someterse a un ascetismo demasiado estricto que proclamaba: "¡No toques esto! ¡No pruebes eso! ¡No te acerques a aquello!" (Col 2:21 NTV). Y le advirtió a Timoteo que se cuidara de las enseñanzas que exigían una abstinencia más estricta que la que exigía la Palabra de Dios (ver 1 Ti 4:1-5). La vida cristiana es lo suficientemente difícil como para que agreguemos reglas hechas por el hombre sobre lo que Dios ya nos ha dado.

El tema más amplio aquí no son las bebidas alcohólicas en sí mismas, sino si creemos que los estándares morales de las Escrituras son las mejores reglas de Dios para nuestras vidas (de nuevo, esta es la doctrina de la suficiencia de las Escrituras; ver cap. 3, pág. 97). En cada generación existe la tentación de alejarse de la suficiencia de las Escrituras con nuevos tipos de legalismos que Dios no exige. Por lo tanto, debemos evitar dos errores: el error de desobedecer las Escrituras y el error de añadir a las Escrituras más de lo que Dios exige.

G. EL CONSUMO DE DROGAS RECREATIVAS ILÍCITAS

1. Categoría de drogas. El término *droga* puede ser aplicado a una gran variedad de sustancias, así que es importante definir desde el principio de qué estoy hablando. No estoy hablando de sustancias químicas utilizadas para propósitos *médicos* (comúnmente llamadas drogas o productos farmacéuticos). Me refiero más bien a las "drogas recreativas", es decir las que no son utilizadas con fines medicinales, sino porque las personas creen que van a disfrutar de los efectos mentales y emocionales que causan estas drogas.

Tampoco estoy hablando de drogas que están *legalmente permitidas* porque los gobiernos de varios países han determinado que el peligro del abuso o los resultados dañinos no son lo suficientemente significativos como para justificar su prohibición. Por ejemplo, a veces se dice que el café, el té y la Coca-Cola son "drogas" porque la cafeína que contienen es un "estimulante" que incrementa el estado de alerta y que el alcohol es un "depresor" porque hace que las personas se sientan relajadas. Pero, en general, la mayoría de gobiernos no han prohibido el uso de estas sustancias. Es por eso que he utilizado los términos "drogas ilícitas", donde la palabra *ilícitas* significa "ilegal" o "no permitido legalmente".

Dentro de la categoría de drogas recreativas ilícitas, hay tres grupos: (1) estimulantes (drogas que incrementan el estado de alerta o mejoran el desempeño deportivo); (2) depresores (drogas que relajan a las personas); y (3) drogas alucinógenas (drogas que dan a las personas "una percepción de [...] experiencias sin un estímulo externo y con sentido convincente de su realidad"[34] es decir, drogas que provocan que las personas crean que están viendo, oyendo o tocando objetos cuando no es así).

2. La necesidad de que los cristianos obedezcan la ley. Al hablar de drogas

---

[34] Tomado de la definición de *alucinación* del *American Heritage Dictionary* [Diccionario de la herencia americana del idioma inglés] (Boston: Houghton Mifflin, 2006) pág. 792.

"ilícitas", su consumo está prohibido por la ley federal o estatal. Solo por ello, los cristianos deben evitar su consumo, según Romanos 13:1: "Sométase toda persona a las autoridades superiores".

3. El requisito de evitar la embriaguez. Muchas drogas recreativas ilícitas producen efectos similares a la embriaguez, y por lo tanto los mandamientos bíblicos contra la embriaguez también se aplican al consumo de dichas drogas. Si su uso distorsiona el buen juicio de una persona, ocasiona la pérdida de alguna medida de autocontrol moral, causa la pérdida de la buena coordinación física, o trae críticas sobre la reputación de una persona o sobre el evangelio, entonces los pasajes contra la "embriaguez" también prohíben volverse "ebrios" por medio de estas drogas. El mandato "no se emborrachen con vino" (Ef 5:18 NVI) también puede ser aplicado correctamente en el sentido de "no te embriagues con marihuana (o cocaína, heroína, o drogas similares)". (Ver también 1 Co 5:11; 6:9-11; Gá 5:21; 1 Ti 3:2-8; Tit 1:7).

4. El requisito de mantener la sobriedad y el autocontrol. Otros pasajes de las Escrituras nos animan a mantenernos sobrios: "sed, pues, sobrios, y velad en oración" (1 P 4:7; ver también 1 Ts 5:6-8). Otras personas sostienen que el autocontrol es una virtud moral que los cristianos deben cultivar (ver Gá 5:23, donde forma parte del fruto del Espíritu; ver también 1 P 4:7; 2 P 1:6). Siempre que el uso de una droga recreativa ilícita provoque una pérdida significativa del autocontrol, su consumo está prohibido por estos versículos.

5. El requisito de evitar lo que la Biblia llama "hechicería". No debemos imaginar que las drogas recreativas son un invento moderno. Varios pasajes de las Escrituras mencionan la "hechicería" entre la lista de pecados contra Dios y la práctica de la hechicería en el mundo antiguo incluía a menudo el uso de drogas que alteraban la mente:

> Y manifiestas son las obras de la carne, que son: adulterio, fornicación, inmundicia, lascivia, idolatría, *hechicerías* [griego, *pharmakeia*], [...] los que practican tales cosas no heredarán el reino de Dios (Gá 5:19-21).

> Y no se arrepintieron de sus homicidios, ni de sus *hechicerías* [griego, *pharmakon*, plural], ni de su fornicación, ni de sus hurtos (Ap 9:21).

> Pero los cobardes e incrédulos, los abominables y homicidas, los fornicarios y *hechiceros* [griego, *pharmakos*, plural], los idólatras y todos los mentirosos tendrán su parte en el lago que arde con fuego y azufre, que es la muerte segunda (Ap 21:8; ver también Ap 18:23; 22:15).

Los tres términos griegos relacionados que se utilizan en estos pasajes (de la raíz *pharmak-*) pueden ser usados en sentido positivo o negativo. En un sentido positivo, este término a veces se refiere al uso de fármacos para curar personas (como en las palabras *farmacéutico o farmacia*). Pero estos tres pasajes bíblicos se refieren a una actividad que es moralmente mala. Por lo tanto, estos pasajes deben estar utilizando los términos en un sentido negativo. *Pharmakon* (Ap 9:21) significa "una droga utilizada como medio de control, *poción mágica, hechizo*"[35], lo que sin duda incluiría las drogas que se toman con fines alucinógenos y probablemente también fuertes estimulantes y depresores (aunque el mundo antiguo no habría distinguido esas categorías exactas). El sustantivo *pharmakeia* (Gá 5:20; Ap 18:23) se refiere a "hechicería, magia"[36], e implicaría el uso de drogas que alteran la mente. El término *pharmakos* (Ap 21:8; 22:15) se refiere a "alguien que hace cosas extraordinarias por medios ocultos, hechicero, mago"[37]. Las prácticas ocultas prohibidas en estos pasajes habrían incluido tanto el uso de drogas como pociones mágicas y otras prácticas como un intento de lanzar hechizos mágicos a las personas. Otro diccionario dice que *pharmakeia* y *pharmakon* se refieren al "uso de la magia, a menudo drogas y el lanzamiento de hechizos sobre las personas"[38].

La conclusión es que, aunque estos términos no se limitan al uso de drogas con fines de alteración de la mente, su significado ciertamente *incluye* tales prácticas, así como otras prácticas ocultas en el mundo antiguo. Por lo tanto, estos pasajes sobre "hechicería" proporcionan un testimonio bíblico adicional contra el uso de drogas recreativas ilícitas.

6. Los resultados perjudiciales para la sociedad por la legalización de la marihuana. En los Estados Unidos, a finales del 2006, ocho estados legalizaron el uso de la marihuana recreativa[39], aunque aún así iba en contra de la ley federal[40] (pero el Departamento de Justicia bajo la administración de Obama no ha intentado aplicar las leyes federales relativas a la marihuana durante varios años en los estados que han legalizado su uso recreativo)[41].

Para las sociedades que consideran cualquier cambio en las leyes relativas a la marihuana, es importante reconocer las consecuencias negativas de su uso:

a. La probabilidad de la adicción: La marihuana es adictiva. De acuerdo con el Instituto Nacional sobre el Abuso de Drogas de Estados Unidos (NIDA, por sus siglas en inglés), más del 30% de consumidores de marihuana podrían tener trastorno

---

[35] BDAG, pág. 1050.

[36] *Ibid.*, pág. 1049.

[37] *Ibid.*, pág. 1050.

[38] J. P. Louw y Eugene Albert Nida, Greek-English Lexicon of the New Testament [Diccionario griego-inglés del Nuevo Testamento] (Nueva York: United Bible Societies, 1988, 53.100, 1:545). Liddell-Scott Greek-English Lexicon [Diccionario Liddell-Scott griego-inglés] dice que pharmakeia se refiere a "el uso de cualquier tipo de drogas, pociones o hechizos" y el verbo relacionado pharmakeuō significa "drogar a una persona, darle una droga venenosa o estupefaciente" (Liddell Scott Jones, 1917).

[39] *"State Marijuana Laws in 2016 Maps"* ["Mapa de las leyes estatales sobre la marihuana en 2016"], Governing, http://www.governing.com/gov-data/state-marijuana-laws-map-medical-recreational. html. Los estados de Alaska, California, Colorado, Maine, Massachusetts, Nevada, Oregon y Washington.

[40] Kevin Johnson y Raju Chebium, *"Justice Dept. Won't Challenge State Marijuana Laws"* ["El Departamento de Justicia no impugnará las leyes estatales sobre la marihuana"] USA Today, 29 de agosto del 2013, http://www.usatoday.com/story/news/nation/2013/08/29/justice-medical-marijuana-laws/2727605/.

[41] *Ibid.*

[42] *"Is Marijuana Addictive?"* ["¿La marihuana es adictiva?"] Instituto Nacional sobre el Abuso de

por consumo de marihuana en algún grado[42]. Entre las personas que empezaron a consumir marihuana antes de los 18 años, este trastorno es de cuatro a siete veces más probable que entre aquellos que empezaron a consumirla siendo adultos[43]. Según investigadores de la Universidad de Yale, suele ser una "droga de inicio" que conduce a los consumidores a otras drogas aún más adictivas y perjudiciales, incluidos los medicamentos de venta con receta como los opioides[44].

b. La pérdida de la motivación para alcanzar los objetivos: La marihuana y otros depresores causan un incremento en la pereza y letargo, dando como resultado una falta de motivación para ser miembros productivos de la sociedad. Según investigadores de la Universidad Northwestern, el consumo casual de marihuana está relacionado con anomalías cerebrales. Uno de los investigadores dijo: "Las drogas que causan adicción pueden provocar una mayor liberación de dopamina que las recompensas naturales como la comida, el sexo y la interacción social. Con ellas también se obtiene una dosis de dopamina, pero no tanto como con muchas drogas adictivas. Es por ello que las drogas adquieren tanta relevancia y todo lo demás pierde su importancia"[45].

c. Disminución del coeficiente intelectual (CI): El consumo frecuente de marihuana por parte de adolescentes puede causar una disminución en el CI que suele ser permanente. Investigadores de la Universidad de Duke descubrieron que la marihuana disminuía el CI hasta ocho puntos en el caso de los consumidores habituales de toda la vida que se iniciaban en la adolescencia[46].

d. Accidentes de tráfico e incidentes fatales: Debido a que la marihuana provoca la pérdida del buen juicio, del control moral, de la coordinación física y tiempo de respuesta, su consumo generalizado suele provocar un aumento de los accidentes de tráfico e incidentes fatales. En el estado de Washington, los accidentes de tráfico incrementaron tras la legalización del uso recreativo de marihuana. En el 2014, la Fundación AAA para la Seguridad del Tráfico descubrió que en 462 accidentes mortales, 85 de los conductores involucrados dieron positivo a la prueba de marihuana[47].

Drogas, abril del 2017, https://www.drugabuse.gov/publications/research-reports/marijuana/marijuana-addictive.

[43] *Ibid.*

[44] Amanda Cuda, *"Yale Study: Marijuana May Really Be a Gateway Drug"* ["Estudio de Yale: la marihuana podría ser una droga de inicio"] Connecticut Post, 21 de agosto del 2012, http://www.ctpost.com/local/article/Yale-study-Marijuana-may-really-be-gateway-drug-3805532.php.

[45] Marla Paul, *"Casual Marijuana Use Linked to Brain Abnormalities"* ["El consumo casual de marihuana está relacionado con anomalías cerebrales"] Northwestern Now, 16 de abril del 2014, http://news.northwestern.edu/stories/2014/04/casual-marijuana-use-linked-to-brain-abnormalities-in-students.

[46] *"Pot Does Lower IQ, Study Finds"* ["Los estudios encontraron que la marihuana sí disminuye el CI"], Fox News, 15 de enero del 2013, http://www.foxnews.com/health/2013/01/15/does-pot-really-lower-iq.html.

[47] Andrea Noble, *"Marijuana-Related Fatal Car Accidents Surge in Washington State after Legalization"* ["Los accidentes mortales de tráfico relacionados con la marihuana aumentan en el estado de Washington tras su legalización"] Washington Times, 10 de mayo del 2016, http://www.washingtonti-

e. Crimen: Tanto por la pérdida del buen juicio y el control moral, como por la necesidad de financiar un hábito adictivo a las drogas, el uso generalizado de la marihuana conduce regularmente a un aumento significativo de la delincuencia en las zonas donde su uso es frecuente[48].

Algunos defensores de la legalización de la marihuana afirman que las cárceles de Estados Unidos están llenas de personas encarceladas por delitos menores de drogas y esto supone un mal uso del espacio carcelario y del tiempo y dinero de las fuerzas del orden. Sin embargo, estas afirmaciones parecen tener poca base en la realidad. Ernie Martinez, director general de la Coalición Nacional de Asociaciones de Oficiales de Narcóticos, con sede en Denver, dijo: "Es un mito que no desaparece y que es repetido por personas que deberían saberlo mejor. Desafortunadamente, nadie lee los registros públicos. Pero la verdad está ahí y se ve muy diferente a la historia impulsada por los defensores de la legalización de la marihuana y la difundida por los medios de comunicación"[49].

En 2004, según la Oficina de Estadísticas de Justicia:

- Una décima parte del 1 % de las personas que se encuentran en las cárceles estatales estaban cumpliendo condenas por posesión de marihuana por primera vez. Esas personas también pueden tener sentencias concurrentes por otros delitos.
- Tres décimas del 1 % de las personas que se encontraban en las cárceles estatales estaban cumpliendo condena por posesión de marihuana con antecedentes penales. Ellos también podían tener condenas concurrentes por otros delitos.
- 1.4 % de las personas en centros penitenciarios estatales fueron encarceladas por delitos relacionados únicamente con la marihuana[50].

Así mismo, en 2011, según la Comisión de Sentencias de Estados Unidos:

- Había 216 362 reclusos en el sistema federal. Entre ellos había 6 961 delincuentes que cometieron faltas relacionadas con la marihuana, de los cuales solo 103 fueron encarcelados por simple posesión, como resultado de acuerdos de culpabilidad en los que los presos se declararon culpables de posesión a cambio de sentencias menores.
- El gobierno federal solo condenó a 48 delincuentes que poseían menos de 5 000 gramos de marihuana. La cantidad media poseída era de 3 800 gramos, el equivalente a unos 9 000 porros o cigarrillos de marihuana[51].

---

mes.com/news/2016/may/10/marijuana-related-fatal-car-accidents-surge-washin/.

[48] Rob Hotakainen, *"Marijuana is Drug Most Often Linked to Crime"* ["La marihuana es la droga más relacionada con la delincuencia"], McClatchy, 23 de mayo del 2013,
http://www.mcclatchydc.com/news/politics-government/article24749413.html.

[49] *Legalization Didn't Unclog Prisions* ["La legalización no descongestionó las cárceles"], Washington Examiner, 31 de marzo del 2015, http://www.washingtonexaminer.com/legalization-didnt-unclog-prisons/article/2562326.

[50] *Ibid.*

[51] *Ibid.*

Por los tanto, aunque muchos presos han sido condenados anteriormente por delitos relacionados con las drogas, los delitos reales por los que están cumpliendo condena en prisión son delitos mucho más graves, como el tráfico de drogas[52].

7. La problemática sobre la marihuana medicinal. Los cristianos no deberían tener ninguna objeción al uso de una sustancia que se encuentra en la naturaleza para propósitos medicinales genuinos, aunque en estos casos la sustancia debería ser regulada por ley, disponible únicamente con la prescripción médica, fabricada por compañías farmacéuticas de acuerdo con las normas de la Administración de Alimentos y Medicamentos, y vendidas solo en farmacias junto con otros medicamentos.

El problema de la "marihuana medicinal" es la frecuencia del abuso. Algunos médicos no ven ningún daño en el consumo generalizado de la marihuana, por lo que escribirán miles de recetas para las personas que alegan cualquier tipo de dolor crónico, a pesar de que los médicos y los pacientes sepan que el propósito de la marihuana es el uso recreativo. Este abuso flagrante hace que el público en general se resista a considerar o autorizar cualquier uso medicinal genuino de la marihuana.

8. El abuso de los medicamentos con receta. Los cristianos no deberían oponerse, sino estar agradecidos con Dios por la disponibilidad de varios analgésicos potentes que han sido desarrollados por la investigación médica moderna. Un gran grupo de estos analgésicos son los llamados opioides, una categoría que incluye medicamentos como la morfina[53], la hidrocodona y la oxicodona.

Sin embargo, existe una fina línea entre el *uso prudente* de estos opioides y su *abuso*. Si estos fármacos se toman con el legítimo propósito médico de aliviar el dolor, debería considerarse un uso prudente. Pero si un paciente empieza a utilizar estos medicamentos principalmente para sentirse "drogado" en lugar de para aliviar el dolor, o si un paciente se vuelve adicto a estos medicamentos, entonces el uso prudente ha cruzado la línea y se ha convertido en abuso[54]. Tanto los médicos como los pacientes cristianos deben orar pidiendo la sabiduría de Dios en tales situaciones (ver Santiago 1:5-6).

PREGUNTAS PARA REFLEXIONAR

1. ¿Cuál es su convicción personal sobre el consumo de bebidas alcohólicas? ¿Cuál es su postura?
2. Si se ha embriagado alguna vez, ¿hubo consecuencias negativas? ¿Ha tenido alguna vez la tentación de volver a embriagarse? ¿Qué cosas

---

[52] *Ibid.*

[53] La morfina es un derivado del opio, cuyos efectos analgésicos y de alteración de la mente se conocen desde hace miles de años.

[54] También he notado que en algunos casos, especialmente en lo que se refiere a pacientes con dolor agudo incesante en situaciones de final de vida, puede estar justificado el uso a largo plazo de analgésicos inusualmente fuertes.

prácticas pueden ayudarlo a resistir esa tentación?

3. Si su práctica personal es la abstinencia total de bebidas alcohólicas, ¿qué resultados positivos ve usted en ello? Si su práctica personal es el consumo del alcohol con moderación, ¿qué resultados positivos ve usted en ello?

4. ¿Qué rasgos de carácter cristiano (ver pág. 110) serían útiles para evitar la tentación de embriagarse o abusar de las drogas?

5. ¿Diría que su propia experiencia de una relación personal con Cristo le trae más alegría que la que la gente podría encontrar en la embriaguez o en el uso de drogas ilícitas? (ver Sal 4:7: "Tú has hecho que mi corazón rebose de alegría, alegría mayor que la que tienen los que disfrutan de trigo y vino en abundancia" NVI).

TÉRMINOS ESPECIALES

embriaguez
drogas ilícitas
Prohibición
hechicería (en la Biblia)
tropiezo
abstinencia total
Ley Volstead

BIBLIOGRAFÍA

Otras fuentes de referencia sobre ética

(ver datos bibliográficos completos, pág. 64)

Frame, 740-42
Geisler, 359-73
Kaiser, 163-72
McQuilkin y Copan, 116-18

Otras obras

Batchelor, Ollie. *Use and Misuse: A Christian Perspective on Drugs* [Uso y abuso: una perspectiva cristiana sobre las drogas]. Leicester, Reino Unido: Inter-Varsity, 1999.

Breeden, Tom y Mark L. Ward Jr. *Can I smoke Pot? Marijuana in Light of Scripture* [¿Puedo fumar marihuana? La marihuana a la luz de las Escrituras]. Adelphi, Maryland: Cruciform, 2016.

Bustanoby, Andre. *The Wrath of Grapes: Drinking and the Church Divided* [La ira de la uva: beber y la iglesia dividida]. Grand Rapids, Michigan: Baker, 1987.

Gentry, Kenneth L. *The Christian and Alcoholic Beverages: A Biblical Perspective*

[El cristiano y las bebidas alcohólicas: Una perspectiva bíblica]. Grand Rapids, Michigan: Baker, 1986.

———. *God Gave Wine: What the Bible Says about Alcohol* [Dios dio vino: Lo que dice la Biblia sobre el alcohol]. Lincoln, California: Oakdown, 2001. Este es un enfoque actualizado del título anterior.

Masters, Peter. *Should Christians Drink? The Case for Total Abstinence* [¿Deben beber los cristianos? El caso de la abstinencia total]. Londres: Sword & Trowel; Metropolitan Tabernacle, 2011.

Minirth, Frank B., Paul D. Meier y Stephen Arterburn. *Miracle Drugs* [Medicamentos milagrosos]. Nashville: Thomas Nelson, 1995.

Morey, Robert A. *The Bible and Drug Abuse* [La Biblia y el abuso de drogas]. Grand Rapids, Michigan: Baker, 1973.

Vale, J. A. *"Drugs"* ["Drogas"]. En el *New Dictionary of Christian Ethics and Pastoral Theology* [Nuevo Diccionario de Ética Cristiana y Teología Pastoral], editado por David J. Atkinson y David H. Field, págs. 320-22. Leicester, Reino Unido: Inter-Varsity y Downers Grove, Illinois: InterVarsity Press, 1995.

Vere, D. W. "Alcoholism" ["Alcoholismo"]. En el New Dictionary of Christian Ethics and Pastoral Theology págs. 152-53.

———. *"Dependence"* ["Dependencia"] En el *New Dictionary of Christian Ethics and Pastoral Theology* , págs. 298-99.

Wilder-Smith, A. E. *The Drug Users: The Psychopharmacology of Turning On* [Los consumidores de drogas: La psicofarmacología del consumo]. Wheaton, Illinois: Harold Shaw, 1970.

PASAJE BÍBLICO PARA MEMORIZAR

Efesios 5:18: No se emborrachen con vino, que lleva al desenfreno. Al contrario, sean llenos del Espíritu (NVI).

HIMNO

"Tal como soy"

Tal como soy de pecador
Sin más confianza que tu amor
Ya que me llamas vengo a ti
Cordero de Dios heme aquí.

Tal como soy buscando paz
En mi desdicha y mal tenaz
Conflicto grande siento en mí
Cordero de Dios heme aquí.

Tal como soy me acogerás
Perdón, alivio me darás

Pues tu promesa ya creí
Cordero de Dios heme aquí

Tal como soy tu compasión
Vencido a toda oposición
Ya pertenezco solo a ti
Cordero de Dios heme aquí.

AUTOR: CHARLOTTE ELLIOT, 1836

Parte 5

PROTEGIENDO EL MATRIMONIO

"No cometerás adulterio".

Capítulo 28

MATRIMONIO

¿Cuáles son los elementos esenciales para que se produzca un matrimonio?

¿Por qué las Escrituras valoran tanto la intimidad sexual dentro del matrimonio, pero la prohíben fuera de él?

¿La definición bíblica del matrimonio debe aplicarse a todas las culturas y sociedades?

¿Qué medidas pueden ayudar a proteger un matrimonio contra el adulterio?

¿Es malo que una pareja viva junta antes del matrimonio?

¿Qué dice la Biblia sobre la soltería?

El séptimo mandamiento indica lo siguiente:

> No cometerás adulterio (Ex 20:14).

La palabra *adulterio* significa "relaciones sexuales voluntarias entre una persona casada y una pareja que no sea el cónyuge legítimo"[1]. Esa definición se adapta al significado de la palabra hebrea *nā'ap*, que se utiliza en este versículo, como queda claro en otros pasajes que hablan del adulterio en términos de relaciones sexuales con alguien que está casado con otra persona.

Uno de esos pasajes es Levítico 20:10: "Si un hombre *cometiere adulterio* con la mujer de su prójimo, el adúltero y la adúltera indefectiblemente serán muertos".

De igual manera, Proverbios 6:32 dice: "Mas *el que comete adulterio* es falto de entendimiento; corrompe su alma el que tal hace" y el contexto muestra que está

---

[1] *American Heritage Dictionary* [Diccionario de la herencia americana del idioma inglés], 4ta ed.(-Boston: Houghton Mifflin, 2006), pág. 24.

hablando del "que se llega a la mujer de su prójimo" (v.29a). Este versículo advierte, "no quedará impune ninguno que la tocare" (v.29b).

La maldad moral del adulterio también se afirma en algunos pasajes narrados. Por ejemplo, cuando la esposa de Potifar, el capitán de la guardia en Egipto, sedujo a José para que mantuviera relaciones sexuales con ella, él respondió: "¿Cómo, pues, haría yo este grande mal, y *pecaría contra Dios?*" (Gn 39:9). Pero el rey David no fue tan justo, ya que pecó gravemente al cometer adulterio con Betsabé, la esposa de Urías heteo (2 Samuel 11).

El mandamiento contra el adulterio es reafirmado múltiples veces en el Nuevo Testamento (ver Mt 19:18; Ro 2:22; Stg 2:11) es claramente vinculante desde el punto de vista moral también en la era del nuevo pacto. Jesús enseña sobre su aplicación más profunda a las actitudes de nuestros corazones diciendo: "Pero yo os digo que cualquiera que mira a una mujer para codiciarla, ya adulteró con ella en su corazón" (Mt 5:28). Pero Dios ya había indicado la aplicación más profunda de este mandamiento cuando dijo en el décimo mandamiento que "no codiciarás la mujer de tu prójimo" (Ex 20:17).

El propósito de este mandamiento es proteger el matrimonio y, por lo tanto, en este capítulo consideraremos la enseñanza bíblica sobre el matrimonio con cierto detenimiento[2]. Luego, en los capítulos subsecuentes en esta parte del libro, trataremos con otras preguntas específicas relacionadas al matrimonio, tales como el control de la natalidad (cap. 29), tecnología reproductiva moderna (cap. 30), pornografía (cap, 31), divorcio y nuevo matrimonio (cap. 32) y la homosexualidad (cap. 33).

A. ¿QUÉ ES EL MATRIMONIO?

1. Definición de matrimonio. En todas las culturas y sociedades a lo largo de toda la historia de la humanidad, se considera al matrimonio como "la unión legal de un hombre y una mujer como esposo y esposa"[3]. Ninguna sociedad en la historia había permitido el matrimonio entre personas del mismo sexo antes del siglo XXI[4]. Pero empezando con los Países Bajos en 2001[5], varios países han reconocido el matrimonio entre personas del mismo sexo, incluyendo a Estados Unidos con la decisión de la Corte Suprema Obergefell vs. Hodges el 26 de junio del 2015.

---

[2] Sin embargo, ya traté el tema del liderazgo y la asociación en el matrimonio en el cap. 15, por lo que no retomaré ese tema en este capítulo.

[3] *American Heritage Dictionary* [Diccionario de la herencia americana del idioma inglés], pág. 1073

[4] Corte Suprema de los Estados Unidos, Obergefell vs. Hodges, 576 U.S._(2015), https://www.supremecourt.gov/opinions/14pdf/14-556_3204.pdf, por desacuerdo del Jefe de Justicia John Roberts, a la que se sumaron el juez Antonin Scalia y el juez Clarence Thomas. En el texto de su desacuerdo, llamaron la atención sobre el hecho de que los abogados que argumentaban a favor del matrimonio entre personas del mismo sexo admitieron "que no conocen ninguna sociedad que permitiera el matrimonio entre personas del mismo sexo antes de 2001" (4).

[5] Adam Taylor, *"What Was the First Country to Legalize Gay Marriage"* ["¿Cuál fue el primer país en legalizar el matrimonio homosexual?"] The Washington Post, 25 de junio del 2016, https://www.washingtonpost.com/news/worldviews/wp/2015/06//26/what-was-the-first-country-to-legalize-gay-marriage/?utm_term=.cldcc9ef7ff9.

Como argumentaré más adelante, la definición histórica del matrimonio como la unión de un hombre y una mujer es consistente con la enseñanza bíblica y esa es la interpretación del matrimonio que utilizaré a lo largo de este capítulo[6].

2. Definición más completa del matrimonio a partir de las Escrituras. En las Escrituras, el matrimonio es visto como una relación de por vida entre un hombre y una mujer que se establece mediante un pacto solemne ante Dios. El profeta Malaquías habla del matrimonio como un "pacto" del cual Dios es testigo:

> Y todavía preguntan por qué. Pues porque el Señor actúa como testigo entre tú y la esposa de tu juventud, a la que traicionaste aunque es tu compañera, *la esposa de tu pacto* (Mal 2:14 NVI)

En este pasaje, un "pacto" es un acuerdo solemne que establece una relación matrimonial entre un hombre y una mujer. En este acuerdo, el hombre y la mujer se prometen mutuamente que serán fieles a este matrimonio durante toda la vida y le piden a Dios que sea testigo de su promesa y los haga responsables para ser fieles a ella.

Las ceremonias tradicionales de matrimonio han incluído regularmente el reconocimiento tanto de (1) la naturaleza pública del matrimonio (al menos exigiendo la inscripción legal del matrimonio en un registro público accesible), para que la sociedad sepa que ese hombre y esa mujer son cónyuges, como de (2) la presencia de Dios como testigo de los votos matrimoniales.

Por ejemplo, ambos elementos se encuentran en una actualización recientemente publicada de una ceremonia de boda "tradicional" por el pastor veterano R. Kent Hugues. Esta redacción se basa en siglos de tradición cristiana (y especialmente en el servicio tradicional que se encuentran en el Libro de Oración Común de la Iglesia Episcopal):

> Nos hemos reunido aquí, *a la vista de Dios y en presencia de esta congregación*, para unir a este hombre y a esta mujer en santo matrimonio, que es un estado de vida honorable instituido en el principio por Dios mismo, que nos significa la unión espiritual que hay entre Cristo y la iglesia[7].

3. El matrimonio cambia el estatus de una persona frente a Dios y la sociedad. Lo hace no solo por los votos solemnes de fidelidad mutua de los esposos en presencia de Dios y su petición a Dios de que les pida cuentas sobre estos votos, sino también porque Dios mismo actúa durante la ceremonia nupcial. En el contexto de discutir la naturaleza del matrimonio, Jesús dijo: "Por tanto, *lo que Dios juntó*, no lo

---

[6] Varias sociedades han reconocido históricamente la poligamia como una forma válida de matrimonio, pero en el caso de la poligamia el matrimonio sigue siendo entre un hombre y una mujer, solo que el hombre puede estar casado con más de una mujer a la vez. Los matrimonios polígamos nunca incluyeron uniones homosexuales. (Para más información sobre la poligamia, ver más adelante, pág. 718).

[7] R. Kent Hughes y Douglas O'Donnell, *The Pastor's Book: A Comprehensive and Practical Guide to Pastoral Ministry* [El libro del pastor: una guía completa y práctica para el ministerio pastoral] (Wheaton, Illinois: Crossway, 2015), pág. 141

separe el hombre" (Mt 19:6). En otras palabras, cuando se da un matrimonio, *no es solamente una ceremonia humana*. Sino que ocurre algo profundamente espiritual. Dios mismo une a la pareja en una unión espiritual como marido y mujer: su unión es algo que "Dios juntó".

Además, el matrimonio cambia el estatus de una persona frente a la sociedad. La Palabra de Dios deja claro que desde el principio de la raza humana, Él quiso que cada matrimonio único fuera el inicio de una nueva unidad social, un nuevo hogar, una nueva familia distinta de las familias de los padres de los novios. Esto queda claro en Génesis 2: "Por tanto, *dejará el hombre a su padre y a su madre, y se unirá a su mujer,* y serán una sola carne" (v.24). La frase "dejará el hombre a su padre y a su madre" muestra a un hombre que deja el hogar del que formaba parte e implica que se establece un nuevo hogar. La frase "se unirá a su mujer" indica que esta nueva relación entre un hombre y su esposa es la base del nuevo hogar que se ha establecido.

La sociedad reconoce que el matrimonio cambia los roles de los hombres y las mujeres en la sociedad. No solo ocurre en las películas, sino a veces también en la vida real, que una boda se suspende en el último momento, incluso después de que hayan llegado los invitados, ¡porque la novia o el novio deciden no presentarse! La boda no se lleva a cabo y el hombre y la mujer se mantienen solteros. Esto indica una creencia común en la sociedad de que los actos previos no constituyen un matrimonio y la pareja no es en realidad esposo y esposa hasta que la ceremonia pública ocurra.

Pero después de la ceremonia de bodas, todos los consideran como marido y mujer. Ya no son personas solteras ni pueden salir con otras personas. Además (en los Estados Unidos y en muchas otras sociedades) sus estatus legales han cambiado. Si uno de los cónyuges muere, quien sigue vivo tiene derechos de herencia que nadie más tiene. Si uno de los cónyuges se enferma, el otro tiene la autoridad y responsabilidad de cuidar al que está enfermo. Si tienen hijos, tienen la responsabilidad y la autoridad para criar a los hijos.

4. Es necesario un tipo de conocimiento público para un matrimonio. Debido a que el matrimonio cambia la forma en que la sociedad considera al hombre y a la mujer, las bodas mencionadas en las Escrituras solían ir acompañadas de una celebración pública. Cuando llegó el momento para que Jacob y Raquel se casen, "Labán juntó a todos los varones de aquel lugar, e hizo banquete" (Gn 29:22), ¡aunque engañó a Jacob y le llevó a Lea en lugar de Raquel (v.23)! Cuando Isaac se casó con Rebeca, la escasa narración se limita a decir: "Y la trajo Isaac a la tienda de su madre Sara, y tomó a Rebeca por mujer, y la amó" (24:67). Pero esta historia muestra que la toma de Rebeca como esposa de Isaac ocurrió en medio de la comunidad social en que vivían, por lo que el matrimonio fue conocido públicamente.

De forma similar, en el Nuevo Testamento, las bodas de Caná en Galilea fue un gran evento público (Juan 2:1-11). En las sociedades modernas, esta necesidad de conocimiento público de un matrimonio se refleja en el requisito de que la pareja obtenga una licencia de matrimonio emitida por la autoridad gubernamental local y luego que el matrimonio sea validado por alguien a quien se le reconozca la autoridad para celebrar bodas, como un juez, un juez de paz o un miembro del clero. (incluso el capitán de un barco en alta mar puede oficiar una ceremonia).

Estas costumbres reflejan el entendimiento común en la sociedad de que debe haber un conocimiento público de algún tipo para que se produzca un matrimonio, para que la sociedad pueda pensar en el hombre y la mujer como una pareja casada y empezar a relacionarse con ellos como tal y no como individuos no casados, tanto a efectos legales como sociales.

5. Las relaciones sexuales por sí solas no constituyen un matrimonio. En el tiempo del Antiguo Testamento, si una pareja no casada tuvo relaciones sexuales, la Ley de Moisés les exigía casarse. Pero si el padre de la mujer se negaba a dar su permiso, entonces no se casaban, pero el hombre estaba obligado a pagar una multa:

> Si alguien seduce a una mujer virgen que no esté comprometida para casarse, y se acuesta con ella, deberá pagarle su precio al padre y tomarla por esposa. Aun si el padre se niega a entregársela, el seductor deberá pagar el precio establecido para las vírgenes (Ex 22:16-17 NVI; ver también Dt 22:28-29)[8].

En el Nuevo Testamento, cuando Jesús habló con la mujer en el pozo en Samaria, la sorprendió diciéndole detalles de su vida: "Porque cinco maridos has tenido, y el que ahora tienes no es tu marido" (Jn 4:18). Ella estuvo viviendo con un hombre, pero no estaba casada con él porque ninguna ceremonia de bodas se llevó a cabo. Por lo tanto, Jesús le dijo que ese hombre no era su esposo. Las relaciones sexuales por sí solas no constituyen un matrimonio.

6. La unión sexual es un componente esencial del matrimonio (con excepciones inusuales). Jesús relacionó la unión física de un esposo y una esposa en el matrimonio con el hecho de estar unidos en matrimonio por Dios. Hizo esta conexión en el contexto de un debate de los fariseos sobre el divorcio:

> Entonces vinieron a él los fariseos, tentándole y diciéndole: ¿Es lícito al hombre repudiar a su mujer por cualquier causa? Él, respondiendo, les dijo: ¿No habéis leído que el que los hizo al principio, varón y hembra los hizo, y dijo: Por esto el hombre dejará padre y madre, y se unirá a su mujer, y los dos serán una sola carne? *Así que no son ya más dos, sino una sola carne;* por tanto, lo que Dios juntó, no lo separe el hombre (Mt 19:3-6).

---

[8] He utilizado estos pasajes del Pacto de Moisés para mostrar que las relaciones sexuales por sí solas no constituían un matrimonio en el Pacto de Moisés. Sin embargo, dado que el Pacto de Moisés ha terminado con el establecimiento del nuevo pacto en Cristo (ver cap. 8) no debemos entender este requisito legal como uno que debamos tratar de implementar en las leyes públicas o en la disciplina de la iglesia o en situaciones de asesoramiento hoy en día.

Por otra parte, estos pasajes nos recuerdan que Dios nunca ha considerado la relación sexual como un hecho intrascendente y casual. No solo implica una unión física, sino también un profundo vínculo emocional y espiritual que solo es apropiado dentro de los límites seguros de una relación matrimonial fiel, comprometida y de por vida.

En la expresión "así que no son ya más dos, sino una sola carne", la palabra *así* representa la palabra griega *hōste*, "por esta razón, por lo tanto, así"[9]. Debido a su unión sexual, "no son ya más dos", sino que ahora son "una sola carne". Esta unidad fue un componente esencial del matrimonio desde el principio de la raza humana. Además, cuando los cónyuges se unen en esta unidad de "una sola carne", son una pareja a la que "Dios juntó" (v.6). La unión sexual del marido y mujer se consideraba esencial para su vínculo matrimonial.

Sobre este mismo tema, Pablo dice a los cónyuges que deben mantener un patrón de intimidad sexual regular dentro de su matrimonio (ver 1 Co 7:3) y esto probablemente refleja una comprensión de la importancia de la unión sexual para el vínculo matrimonial similar a la que se ve en Génesis 2.

Por esta razón, si un hombre y una mujer celebran una ceremonia matrimonial pero no tienen relaciones sexuales después de esta, su matrimonio es considerado como "no consumado". En algunas tradiciones y sociedades, esto puede ser motivo de anulación del matrimonio (en la tradición católica romana es motivo para que la iglesia o el papa anulen el matrimonio)[10].

En la ley británica, un matrimonio puede ser anulado si se considera defectuoso o "inválido", siendo una de las condiciones la no consumación[11]. En Estados Unidos, las leyes de anulación varían según el estado, pero se pueden recibir anulaciones por no consumación o por falta de capacidad física (impotencia u otras razones) para mantener relaciones sexuales, esto se da en varios estados, así como en el distrito de Columbia[12].

Por otro lado, hay casos inusuales en los que se produce un matrimonio y la pareja está físicamente incapacitada para tener relaciones sexuales (por ejemplo, por su avanzada edad o por una discapacidad física). En estos casos, sigue habiendo una profunda unidad espiritual y emocional y una promesa pública ante Dios y la sociedad; por lo tanto, no hay motivo para considerar que el matrimonio es inválido.

7. El matrimonio representa la relación entre Cristo y la iglesia. Cuando el apóstol Pablo habla del matrimonio y desea hablar de la relación entre el esposo y la esposa, no se remonta a ninguna sección del Antiguo Testamento que hable del matrimonio después de que el pecado entró en el mundo. Más bien, se remonta

---

[9] BDAG, pág. 1107

[10] El Código de Derecho Canónico de la Iglesia Católica Romana dice que "por una causa justa, el Romano Pontífice puede disolver un matrimonio no consumado entre bautizados o entre un bautizado y un no bautizado a petición de ambos o de uno de ellos, aunque el otro no esté dispuesto". Art. 1, Can. 1142, http://www.vatican.va/archive/ENG1104/__P44.HTM.

[11] *"Annul a Marriage"* [Anular un matrimonio] página web del gobierno del Reino Unido, https://www.gov.uk/how-to-annul-marriage/when-you-can-annul-a-marriage.

[12] Los estados son Alaska, California, Colorado, Connecticut, Delaware, Idaho, Illinois, Iowa, Kentucky, Michigan, Minnesota, Montana, Carolina del Norte, Dakota del Norte, Ohio, Carolina del Sur, Dakota del Sur, Texas, Vermont, Virginia del Oeste, Wisconsin y Wyoming. Ver *"Annulment and Prohibited Marriage Laws—Information on the Law about Annulment and Prohibited Marriage—Prohibited Marriage"* [Leyes de anulación y prohibición de matrimonio - Información sobre la ley de anulación y prohibición de matrimonio], *Law Library—American Law and Legal Information* [Biblioteca de derecho - derecho americano e información jurídica], http://law.jrank.org/pages/11834/Annulment-Prohibited-Marriage-Prohibited-Marriage.html#ixzz4SM5LNXBf.

a Génesis 2, antes de la caída, y utiliza ese modelo de creación para hablar del matrimonio:

> Por esto dejará el hombre a su padre y a su madre, y se unirá a su mujer, y los dos serán una sola carne. Grande es este misterio; mas yo digo esto respecto de Cristo y de la iglesia (Ef 5:31-32).

En los escritos de Pablo, un "misterio" es algo que se entendía débilmente, si es que se lograba entender en el Antiguo Testamento, pero que ahora se aclara en la era del Nuevo Testamento. Aquí Pablo aclara el significado del "misterio" del matrimonio tal como Dios lo creó en el jardín del Edén. Está diciendo que el "misterio" de Adán y Eva (el significado que no se entendía antes) es que el matrimonio "se refiere a Cristo y la iglesia".

Aunque Adán y Eva no lo entendieron, su relación representaba la relación entre Cristo y la iglesia. Ellos fueron *creados* para representar esa relación y eso es lo que Pablo dice que deben hacer *todos los matrimonios*. En un matrimonio, así como Adán representaba a Cristo y Eva a la iglesia, siempre y en todos los matrimonios, los esposos deben representar a Cristo y las esposas a la iglesia, "porque el marido es cabeza de la mujer, así como Cristo es cabeza de la iglesia" (Ef 5:23)[13] .

8. Los cristianos deben casarse solo con otros cristianos. En el Antiguo Testamento, Dios prohibía frecuentemente al pueblo judío casarse con personas de otras naciones que adoraban a otros dioses:

> *Y no emparentarás con ellas* [las cananeas]; no darás tu hija a su hijo, ni tomarás a su hija para tu hijo. Porque desviará a tu hijo de en pos de mí, y servirán a dioses ajenos; y el furor de Jehová se encenderá sobre vosotros, y te destruirá pronto (Dt 7:3-4; ver también Ex 34:16; Jos 23:12-13; Esd 9:14).

El ejemplo más trágico de violación de este mandamiento fue el del rey Salomón, quien se casó con muchas esposas extranjeras y "cuando Salomón era ya viejo, sus mujeres inclinaron su corazón tras dioses ajenos, y su corazón no era perfecto con Jehová su Dios." (1 Reyes 11:4).

En el Nuevo Testamento, existe una preocupación similar de que los auténticos creyentes cristianos *no se casen con no creyentes*. Esto se hace explícito cuando Pablo habla sobre una mujer cuyo esposo falleció. Él dijo:

> La mujer casada está ligada por la ley mientras su marido vive; pero si su marido muriere, libre es para casarse con quien quiera, *con tal que sea en el Señor* (1 Co 7:39).

Cuando Pablo dice "con tal que sea en el Señor" quiere decir que solo puede casarse con alguien que esté "en Cristo"; es decir, con un creyente[14]. Aunque aquí Pablo habla específicamente del caso de viudas, el principio es consistente con las

---

[13] Ver el tema sobre el liderazgo y la asociación en el matrimonio en el cap. 15 pág. 389.

[14] Pablo utiliza con frecuencia la expresión "en Cristo" para referirse a los cristianos creyentes. Solo

expectativas de Dios para su pueblo en el Antiguo Testamento y no hay motivo para pensar que no debería también aplicarse a todos los matrimonios en la actualidad.

Además, existe la enseñanza más general de que los cristianos no deben "unirse en yugo desigual" con los no creyentes:

> *No os unáis en yugo desigual* con los incrédulos; porque ¿qué compañerismo tiene la justicia con la injusticia? ¿Y qué comunión la luz con las tinieblas? ¿Y qué concordia Cristo con Belial? ¿O qué parte el creyente con el incrédulo? ¿Y qué acuerdo hay entre el templo de Dios y los ídolos? Porque vosotros sois el templo del Dios viviente (2 Co 6:14-16).

En una sociedad familiarizada con la vida agrícola, la imagen de dos animales unidos por un yugo para tirar de un arado habría sido familiar. Los animales normalmente habrían estado igualados, o casi[15] . La idea de que donde va un buey, tiene que ir el otro es esencial para la imagen. Sea cual sea el trabajo que realice un buey, el otro también tiene que trabajar en ello. En otras palabras, los animales tienen una influencia significativa en la vida del otro y cada uno de ellos también limita la libertad del otro.

Aunque Pablo no menciona específicamente el matrimonio en este pasaje, seguramente la metáfora se aplica al matrimonio (aunque también aplicaría otras relaciones humanas que de manera similar requieren que una persona sea influenciada significativamente en su conducta de vida por otra persona). Por lo tanto, este pasaje le prohibiría a un cristiano casarse con un no cristiano.

B. LA BONDAD DE LA INTIMIDAD SEXUAL DENTRO DEL MATRIMONIO

1. El sexo dentro del matrimonio fue creado por Dios como algo fundamentalmente bueno. Cuando Dios hizo al primer hombre y a la primera mujer, los creó con características sexuales diferentes y esperaba que a través de las relaciones sexuales tuvieran una descendencia que eventualmente poblara la tierra:

> Y creó Dios al hombre a su imagen,
>> a imagen de Dios lo creó;
>> varón y hembra los creó.

> Y los bendijo Dios y les dijo: *Fructificad y multiplicaos*; llenad la tierra y sojuzgadla y señoread en los peces del mar, en las aves de los cielos y en todas las bestias que se mueven sobre la tierra. [...] Y vio Dios todo lo que había hecho, *y he aquí que era bueno en gran manera*. Y fue la tarde y la mañana el día sexto (Gn 1:27-28, 31).

---

en 1 Corintios utiliza esta expresión en 1:2, 30; 3:1; 4:10, 15, 17; 15:18, 22; 16:24.

[15] En el Pacto de Moisés, Dios prohibió al pueblo de Israel arar con dos animales desiguales: "No ararás con buey y con asno juntamente" (Dt 22:10).

Por lo tanto, antes de que existiera el pecado en el mundo, al principio de la raza humana, las relaciones sexuales entre Adán y Eva fueron algo que Dios ordenó como parte de la creación que "era buena en gran manera".

Adán y Eva también habrían sentido un fuerte deseo sexual el uno por el otro. Esto se debe a que Dios habría puesto en sus corazones un deseo consecuente con el mandato que les dio de "fructificad y multiplicaos". Además, habrían tenido un sentimiento instintivo y espontáneo de anhelo de reunir en una relación de "una sola carne" (ver Gn 2:24) lo que Dios había separado cuando tomó una costilla del costado de Adán y la convirtió en una mujer:

> Y de la costilla que Jehová Dios tomó del hombre, hizo una mujer, y la trajo
> al hombre.

> Dijo entonces Adán: *Esto es ahora hueso de mis huesos*
>   *y carne de mi carne;*
> ésta será llamada Varona,
>   porque del varón fue tomada (Gn 2:22-23).

Tanto Adán como Eva habrían reconocido que originalmente eran un solo cuerpo (el de Adán) y las relaciones sexuales habrían restaurado cierto sentido de esa unidad original, sin dejar de conservar su carácter personal.

En la narrativa de la creación, el sexo siempre se ve dentro del contexto del matrimonio, lo que implica que ha pertenecido al matrimonio desde el principio. Esto queda claro en Génesis 2:24:

> Por tanto, dejará el hombre a su padre y a su madre, y *se unirá a su mujer,*
> y serán una sola carne.

La frase "se unirá *a su mujer*" implica que es en el contexto del matrimonio donde "se convierten en una sola carne".

2. Unidad sexual y unidad racional. La unión sexual entre Adán y Eva se produjo en el contexto de una profunda unidad relacional entre ellos: "Y estaban ambos desnudos, Adán y su mujer, y no se avergonzaban" (Gn 2:25). Esto implica una completa apertura con el otro, la ausencia de cualquier deseo de esconderse del otro. La unión sexual entre Adán y Eva fue un reflejo apropiado de su profunda unidad interpersonal.

Incluso después de la caída, el lenguaje bíblico utilizado para el sexo dentro del matrimonio envuelve una profunda relación interpersonal del uno con el otro. Por ejemplo:

> *Conoció* Adán a su mujer Eva, la cual concibió y dio a luz a Caín, y dijo: Por
> voluntad de Jehová he adquirido varón (Gn 4:1).

La palabra hebrea traducida como "conoció" es *yāda'*, que es la palabra hebrea común para conocer o entender algo, pero también se utiliza en varias ocasiones en el Antiguo Testamento para hablar de relaciones sexuales (ver también Gn 4:17,

25; 24:16; Nm 31:17; 1 Reyes 1:4).

3. El pecado alteró la intimidad relacional y sexual en el matrimonio. Después que Adán y Eva comieron del fruto prohibido en el jardín del Edén, "entonces fueron abiertos los ojos de ambos, y conocieron que estaban desnudos; entonces cosieron hojas de higuera, y se hicieron delantales" (Gn 3:7).

Las hojas de la higuera cubrían sus órganos sexuales, mostrando que de repente no eran tan íntimos en su relación. Ya no estaban "desnudos [...] y no se avergonzaban" (Gn 2:25). Cuando ocultaron sus órganos sexuales el uno al otro, implicaba que también había una barrera mental y emocional en su relación y sugería cierta reticencia o vacilación en cuanto a su unión sexual. El pecado había estropeado hasta cierto punto tanto su intimidad física y relacional como la belleza de esa intimidad que habían compartido antes de su pecado.

4. Sin embargo, el sexo dentro del matrimonio sigue considerándose bueno después de la caída. Que el pecado entre al mundo no destruyó la bondad del sexo dentro del matrimonio, ya que en pasajes posteriores de las Escrituras se sigue considerando positivo e incluso placentero. Esto es especialmente cierto en Cantar de los Cantares, un libro de las Escrituras que se dedica completamente a la belleza de la intimidad física dentro del matrimonio. Y también es evidente en pasajes como esta sección de Proverbios, que recomienda la idea de disfrutar y deleitarse con el sexo dentro del matrimonio:

> Bebe agua de tu cisterna
> > y agua fresca de tu pozo.
> ¿Se derramarán por fuera tus manantiales,
> > tus arroyos de aguas por las calles?
> Sean para ti solo,
> > y no para los extraños contigo.
> Sea bendita tu fuente,
> > y regocíjate con la mujer de tu juventud,
> amante cierva y graciosa gacela;
> > que sus senos te satisfagan en todo tiempo,
> su amor te embriague para siempre (Pr 5:15-19 LBLA).

En este pasaje, el "agua" es una imagen de la realización y el disfrute sexual en el matrimonio y en este contexto el padre está aconsejando al hijo que mantenga la fidelidad sexual dentro de su matrimonio durante toda su vida.

Este pasaje también le dice al marido con respecto a su esposa que "su amor te embriague para siempre" (Pr 5:19). El verbo hebreo traducido como "embriagado" *shāgah*, se utiliza en otras partes para referirse a los que se descarrían por haber bebido demasiado (ver Pr 20:1; Is 28:7). Y las expresiones "en todo tiempo" y "para siempre" en este mismo versículo implican que la intimidad sexual debe ser una experiencia gozosa para una pareja casada incluso hasta la vejez.

5. Las parejas casadas tienen la mayor plenitud sexual. A diferencia de la imagen que suele presentar la cultura popular hoy en día, la mayor alegría y satisfacción en el sexo no la experimentan los adultos solteros que tienen relaciones sexuales entre ellos, sino las parejas casadas fieles, y especialmente las que tienen un fuerte compromiso religioso en su vida personal.

Un estudio de la Universidad de Chicago determinó que las personas religiosas que están casadas tienen la mejor vida sexual. Practican el sexo con más frecuencia, lo encuentran más satisfactorio y divertido, y tienen una vida sexual más larga. El estudio descubrió que las mujeres protestantes evangélicas conservadoras son las que declaran tener el sexo más satisfactorio y el mayor número de orgasmos. El 32 % afirma que llega al orgasmo cada vez que hace el amor. Las protestantes tradicionales y las católicas se situaron solo cinco puntos detrás, mientras que las que no tienen afiliación religiosa reflejan el 22 %[16] .

Otro estudio reciente realizado por la Escuela de Salud Pública T. H. Chan de la Universidad de Harvard reveló que la asistencia regular a la iglesia está asociada a una mayor estabilidad matrimonial, en particular indica que hay una probabilidad de divorcio entre un 30 y un 50 % menor[17] .

Estas conclusiones son opuestas a los estereotipos, las caricaturas y las tentaciones engañosas que a menudo se presentan a las personas en el mundo actual por la televisión, películas, novelas y gran parte de la música moderna. Pero estas conclusiones son sin duda coherentes con una visión bíblica del mundo, de la que esperaríamos que la obediencia a los mandatos morales de Dios nos trajera la mayor alegría en esta vida.

6. El sexo es una parte importante de una relación matrimonial sana y estable. El apóstol Pablo aconseja a los cristianos de Corinto de manera muy específica sobre el sexo dentro del matrimonio:

> Pero a causa de las fornicaciones, cada uno tenga su propia mujer, y cada una tenga su propio marido. *El marido cumpla con la mujer el deber conyugal, y asimismo la mujer con el marido.* La mujer no tiene potestad sobre su propio cuerpo, sino el marido; ni tampoco tiene el marido potestad sobre

---

[16] Walt Larimore, *"Poll Shows Sex within Marriage Is More Fulfilling"* ["Una encuesta muestra que el sexo dentro del matrimonio es más satisfactorio"], iMom, http://www.imom.com/poll-shows-sex-within-marriage-is-more-fulfilling/#.WEr28uYrKUk, citando a Edward O. Laumann, John H. Gagnon, Robert T. Michael y Stuart Michaels, The Social Organization of Sexuality: Sexual Practices in the United States [La organización social de la sexualidad: Prácticas sexuales en Estados Unidos] (Chicago: University of Chicago Press, 1994).

[17] El informe dice: "Varios estudios han encontrado resultados similares; es decir, que los que asisten a servicios religiosos tienen entre un 30 y un 50 % menos probabilidades de divorciarse que los que no hacen". Tyler J. VanderWeele, *"Religious Service Attendance, Marriage, and Health"* ["Asistencia a los servicios religiosos, matrimonio y salud"] Escuela de Salud Pública de Harvard, 29 de noviembre del 2016, https://family-studies.org/religious-service-attendance-marriage-and-health/. Otras pruebas de la mayor estabilidad de los matrimonios con respecto a la asistencia regular a la iglesia se encuentran en Shaunti Feldhahn, *The Good News about Marriage: Debunking Discouraging Myths about Marriage and Divorce* [La buena noticia sobre el matrimonio: Refutando mitos desalentadores sobre el matrimonio y el divorcio] (Colorado Spring: Multnomah, 2014); ver mi resumen de sus conclusiones en el cap. 32, pág. 800.

su propio cuerpo, sino la mujer. No os neguéis el uno al otro, a no ser por algún tiempo de mutuo consentimiento, para ocuparos sosegadamente en la oración; y volved a juntaros en uno, para que no os tiente Satanás a causa de vuestra incontinencia (1 Co 7:2-5).

En este pasaje, la expresión "deber conyugal" significa los derechos sexuales que pertenecen al matrimonio; es decir, el derecho de los cónyuges a tener relaciones sexuales entre ellos. Aquí, la Palabra de Dios está enseñando que continuar teniendo relaciones sexuales dentro del matrimonio es una parte importante de una relación saludable. Cuando Pablo dice, "para que no os tiente Satanás a causa de vuestra incontinencia" (v.5), indica que Satanás quiere tentarnos para que nos desviemos en nuestros corazones y acciones, y esto implica que no quiere que tengamos el gozo físico de la unión sexual dentro del matrimonio y sugiere que se opondrá a ello como sea.

Por lo tanto, que las parejas casadas sigan teniendo relaciones sexuales entre ellas es una forma de luchar contra los planes de Satanás y es una protección que Dios nos ha proporcionado contra la tentación. La intimidad sexual en el matrimonio tiende a mantener nuestros deseos enfocados dentro de nuestros matrimonios y suele darnos grandes deseos hacia nuestros cónyuges. Esto es lo contrario de codiciar a la mujer o al marido *de otras personas,* como se prohíbe en el décimo mandamiento (ver Ex 20:17).

Sin embargo, a veces la incapacidad física dentro de un matrimonio dificulta o impide las relaciones sexuales frecuentes. En tales circunstancias, los matrimonios siguen estando obligados por la Palabra de Dios a permanecer fieles el uno con el otro y deben buscar, de ser posible, alguna solución a la dificultad que les permita respetar los principios enseñados en 1 Corintios 7:2-5. También es importante recordar en esta situación, como en todas, que 1 Corintios 10:13 sigue siendo cierto: "Fiel es Dios, que no os dejará ser tentados más de lo que podéis resistir, sino que dará también juntamente con la tentación la salida, para que podáis soportar". En dichos casos, tanto el esposo como la esposa, de forma individual y conjunta deben buscar la ayuda y la dirección de Dios para encontrar una solución adecuada o una forma de afrontar una situación difícil.

C. LA DEFINICIÓN DE DIOS SOBRE EL MATRIMONIO ES MORALMENTE OBLIGATORIA PARA TODAS LAS PERSONAS EN TODAS LAS SOCIEDADES DURANTE TODA LA HISTORIA DE LA HUMANIDAD

1. La definición de Dios sobre el matrimonio no era solo para el pueblo judío, sino que estaba destinada a aplicarse a todas las personas en todas las sociedades y en todos los tiempos[18] . Como hemos visto, varias leyes del Antiguo

---

[18] Esta sección y la siguiente son una adaptación de Wayne Grudem, *Politics-According to the Bible: A Comprehensive Resource for Understanding Modern Political Issues in Light of Scripture* [Política según la Biblia: Un recurso integral para entender cuestiones políticas modernas a la luz de la Escritura]

Testamento estaban destinadas únicamente al pueblo judío para un momento determinado de su historia. Esto incluye las leyes sobre los sacrificios de animales y sobre los alimentos limpios y contaminados. Estas leyes, que Dios le dio al pueblo después de su salida de Egipto (Éxodo 1-15) y que están registradas en Éxodo 20-40 y en Levítico, Números y Deuteronomio, pertenecían específicamente al Pacto de Moisés.

Pero la enseñanza bíblica fundamental sobre el matrimonio proviene *del principio de la raza humana*, del momento en que Adán y Eva fueron creados. Viene incluso antes de que hubiera maldad o pecado en el mundo (que vino con la caída, registrada en Génesis 3). Por ello es que Jesús dice que estas verdades sobre el matrimonio vienen desde el "principio" (Mt 19:4). Pertenecen a la esencia de cómo nos creó Dios, como hombre y mujer.

Por lo tanto, Dios pretende que entendamos al matrimonio como la unión de por vida entre un hombre y una mujer y que esa sea la definición correcta del matrimonio para todas las personas en el mundo, para todas las culturas y sociedades, y para todos los períodos de la historia hasta el comienzo del nuevo cielo y la nueva tierra[19].

Por eso fue justo que Dios juzgara, por ejemplo, a las ciudades no judías de Sodoma y Gomorra por su práctica generalizada de la conducta homosexual (ver Gn 19:1-28, especialmente el v. 5; también Judas 7). También juzgó al Faraón, rey de Egipto, por haber tomado a Sarai, la esposa de Abram (ver Gn 12:17-20). El libro de Proverbios, que contiene mucha sabiduría no solo para el pueblo de Israel en la época del Antiguo Testamento, sino para la conducta de la vida en general, da frecuentes advertencias contra el adulterio (ver 2:16-19; 5:1-23; 6:20-35; 7:4-27; 23:27-28).

En la época del Nuevo Testamento, Juan el Bautista reprendió a Herodes Antipas, un idumeo que no formaba parte del pueblo de Israel, por cometer incesto al tomar a la mujer de su hermano (Marcos 6:17-18). Y Pablo podía decir que los gentiles, *que no tenían las leyes judías*, seguían siendo culpables de violar las normas morales de Dios con respecto a la conducta sexual (ver Ro 1:26-27; 1 Co 5:9-11, 13; 6:9; cf. 1 P 4:3-5). En el libro de Apocalipsis, la gran ciudad llamada "Babilonia", el centro de la rebelión terrenal contra Dios, es juzgada por muchos pecados, entre ellos la "inmoralidad sexual" (Ap 18:3-9 RVC). Además, entre los que quedan fuera de la ciudad celestial están "los que incurren en inmoralidad sexual" (Ap 2:18 RVC).

Así que, desde Génesis hasta Apocalipsis, desde el principio de la Biblia hasta el final, Dios ha establecido estándares morales sobre la naturaleza y la conducta del matrimonio. Además, indica repetidamente que hará responsables *a todos los habitantes de la tierra* si deciden desobedecer esas normas.

(Grand Rapids, Michigan: Zondervan, 2010), págs. 215-17, con autorización del editor. Para un análisis más extenso de las leyes y políticas específicas con relación al matrimonio, ver págs. 221-44 de dicho libro.

[19] En Mt 22:30, Jesús indica que se producirá un cambio significativo después de la resurrección final de los creyentes: "Porque en la resurrección ni *se casarán ni se darán en casamiento*, sino serán como los ángeles de Dios en el cielo". Pero ese cambio evidente no afecta a la definición legal o moral del matrimonio en esta época.

Un ejemplo muy claro de ello se encuentra en Levítico 18, que afirma que los cananeos eran moralmente responsables ante Dios por muchos tipos de pecado sexual (especificados en los vv. 6-23): "porque todas estas abominaciones hicieron los hombres de aquella tierra que fueron antes de vosotros, y la tierra fue contaminada" (v. 27). Dios los responsabilizó por violar sus normas respecto al matrimonio a pesar de que no tenían las leyes escritas de Israel y no formaban parte del pueblo judío. Sin embargo, las normas morales de Dios estaban escritas en sus corazones, y sus conciencias daban testimonio de esas normas, por lo que Dios les pedía cuentas con toda razón (ver Ro 2:14-15).

Estos pasajes indican que *la definición del matrimonio establecida por Dios en la Biblia* (una unión para toda la vida entre un hombre y una mujer) *debería ser el estándar adoptada por todos los gobiernos.* Y este estándar para el matrimonio debe aplicarse a todas las personas, no solo a los cristianos o a los que personalmente están de acuerdo con las normas de la Biblia.

2. El matrimonio entre un hombre y una mujer es la institución más fundamental de cualquier sociedad. Inmediatamente después de crear al hombre y a la mujer, Dios estableció el matrimonio (Génesis 1-2) antes que cualquier otra institución de la sociedad humana. Nació antes de que se establecieran ciudades, naciones, cortes de justicia o cualquier ley humana. Definitivamente precedió a cualquier gobierno nacional, estatal o de ciudad. Se produjo antes de la creación de cualquier escuela, empresa, iglesia y otras organizaciones sin ánimo de lucro. Se produjo antes del establecimiento de *cualquier otra institución* en cualquier sociedad humana. Y es la base para el establecimiento de cualquier sociedad.

Desde hace mucho tiempo, las sociedades han reconocido la vital importancia de algún tipo de normalización de una relación matrimonial fiable, continua y fiel entre un hombre y una mujer. No conozco ninguna excepción a la generalización de que todas las naciones humanas de la tierra, todas las sociedades de cualquier tamaño o antigüedad, han reconocido y protegido la institución del matrimonio heterosexual[20] (aunque algunos han reconocido la poligamia como una forma de matrimonio, sigue siendo un matrimonio heterosexual).

J. D. Unwin, un antropólogo británico, llegó a esta conclusión tras investigar las afirmaciones de Sigmund Freud. Descubrió que el llamado de Freud a la liberación del comportamiento sexual tenía graves consecuencias para la sociedad. Unwin pudo hacer una cronología de la decadencia histórica de 86 culturas diferentes, y descubrió que la "monogamia marital estricta" era tan fundamental para la dinámica y el crecimiento social que ninguna sociedad prosperó durante más de tres generaciones sin ella. Unwin escribió lo siguiente: "En los registros humanos no existe ningún ejemplo de una sociedad que conserve su dinamismo después de que toda una nueva generación haya heredado una tradición que no insista en la continencia prenupcial y posnupcial" (es decir, la abstinencia del sexo fuera del matrimonio)[21].

---

[20] Ver mi análisis de la definición de matrimonio anteriormente, pág. 700.

[21] Joseph Daniel Unwin, *Sex and Culture* [Sexo y cultura] (Londres: Oxford University Press, 1934); Sexual Regulations and Cultural Behavior [Normativa sexual y comportamiento cultural] (Londres:

D. ADULTERIO

Al principio de este capítulo, cité y expliqué brevemente el séptimo mandamiento: "No cometerás adulterio" (Ex 20:14). En esta sección, explicaré de manera más específica por qué Dios prohíbe tan estrictamente el adulterio, y en secciones posteriores trataré otros tipos de relaciones sexuales que van en contra de las normas morales de Dios.

1. El adulterio está prohibido en las Escrituras.

a. Las Escrituras afirman en repetidas ocasiones que el adulterio está mal: El séptimo mandamiento que indica "No cometerás adulterio" (Ex 20:14) es afirmado muchas veces en el Nuevo Testamento (ver Mt 15:19; 19:18; Lucas 18:20; Ro 2:22; 13:9; Santiago 2:11; 2 P 2:14), lo que demuestra que se sigue aplicando en la era del nuevo pacto.

b. El adulterio introduce indebidamente a otra persona en la relación de "una sola carne" que es el matrimonio. Las Escrituras enfatizan que dentro del matrimonio, "el hombre [...] se unirá a su mujer, y serán una sola carne" (Gn 2:24; también Ef 5:31), pero el adulterio significa que hay tres personas involucradas en la relación de "una sola carne", lo cual va en contra de la intención de Dios de unidad y exclusividad dentro del matrimonio.

c. El adulterio representa indebidamente una infidelidad en la relación entre Cristo y la iglesia. Pablo enseña que la relación entre un esposo y una esposa es un profundo "misterio [...] respecto de Cristo y de la iglesia" (Ef 5:32). Por lo tanto, si un esposo comete adulterio, está representando a Cristo como alguien infiel con su pueblo, que lo abandona y no cumple su pacto con él (ver también Mal 2:14). Si una esposa comete adulterio, es una imagen de la iglesia adorando a otro dios y siendo infiel a Cristo. Ambas representaciones son sumamente deshonrosas para Cristo.

d. El adulterio destruye la confianza dentro de un matrimonio. El adulterio es la más grave violación de la promesa matrimonial de una persona en cuanto a ser fiel durante toda su vida. Si uno de los cónyuges viola esa promesa, el otro se preguntará, con justa razón, si se puede volver a confiar en el cónyuge adúltero. Y si la confianza se destruye dentro de un matrimonio, todos los demás aspectos de la relación se vuelven mucho más difíciles.

e. El adulterio suele ocasionar el nacimiento de nuevos hijos o que estos sean abortados. Como en el caso de David y Betsabé (2 Samuel 11), una relación adúltera suele dar lugar al nacimiento de un hijo, pero solo uno de los cónyuges del matrimonio es el padre biológico de ese hijo. Es probable que este niño no

---

Oxford University Press, 1935); y Hopousia: Or the Sexual and Economic Foundations of a New Society [Hopousia: O los fundamentos sexuales y económicos de una nueva sociedad] (Londres: George Allen and Unwin, 1940), citado en Daniel R. Heimbach, *"Deconstructing the Family"* ["Deconstruyendo la familia"], The Religion and Society Report 22, n.º 7 (octubre/noviembre de 2005).

pueda ser criado tanto por su padre como por su madre, sino solo por uno de ellos (generalmente la madre). En otras ocasiones, un embarazo bajo este tipo de condiciones conduce a un aborto, acabando así con la vida del niño inocente.

f. A menudo, el adulterio destruye toda la vida de una persona. Las advertencias contra el adulterio que se encuentran en Proverbios son severas, contundentes y vívidas en su descripción de la terrible destrucción: una advertencia contra el adulterio retrata a un hombre agarrando carbones ardientes y apretándolos contra su pecho:

> ¿Puede alguien echarse brasas en el pecho
> > sin quemarse la ropa?
> ¿Puede alguien caminar sobre las brasas
> > sin quemarse los pies?
> Pues tampoco quien se acuesta con la mujer ajena
> > puede tocarla y quedar impune [...]
> Pero al que comete adulterio le faltan sesos;
> > *el que así actúa se destruye a sí mismo.*
> No sacará más que golpes y vergüenzas,
> > y no podrá borrar su oprobio (Pr 6:27-33 NVI).

Otra imagen vívida compara al hombre que comete adulterio con un animal que camina ignorantemente hacia su muerte violenta y repentina:

> Y así lo sedujo con sus dulces palabras
> > y lo engatusó con sus halagos.
> Él la siguió de inmediato,
> > *como un buey que va al matadero.*
> Era como un ciervo que cayó en la trampa,
> > en espera de la flecha que le atravesaría el corazón.
> Era como un ave que vuela directo a la red,
> > sin saber que *le costará la vida* (Pr 7:21-23 NTV).

Justo antes de estas dos advertencias hay una más larga que retrata la seducción de una mujer que tienta a un hombre a cometer adulterio:

> *Pues la mujer ajena habla con dulzura*
> > *y su voz es más suave que el aceite;*
> pero termina siendo más amarga que el ajenjo
> > y más cortante que una espada de dos filos.
> Andar con ella conduce a la muerte;
> > sus pasos llevan directamente al sepulcro.
> A ella no le importa el camino de la vida
> > ni se fija en lo inseguro de sus pasos.
> Por lo tanto, hijo mío, atiéndeme,
> > no te apartes de mis enseñanzas.

Aléjate de la mujer ajena;
    ni siquiera te acerques a la puerta de su casa,
para que no pierdas la riqueza de tus años
    en manos de gente extraña y cruel;
para que ningún extraño se llene
    con el fruto de tu esfuerzo y tu trabajo.
De lo contrario, *acabarás por lamentarlo*
    cuando tu cuerpo se consuma poco a poco (Pr 5:3-11 DHH).

Estos pasajes suponen un reto para los padres: ¿Estamos dispuestos a dar advertencias tan vívidas (tal vez incluso estos versículos) a nuestros hijos hoy en día? Si los padres hubieran inculcado estas advertencias a sus hijos durante las dos o tres últimas generaciones, la estructura moral de nuestra sociedad sería muy diferente a la actual[22].

2. Medidas de precaución contra el adulterio. Las personas que han cometido adulterio a menudo cuentan historias similares de cómo comenzó con una amistad aparentemente "inocente" que luego se convirtió en encuentros más frecuentes, hasta que finalmente se cruzaron más y más límites y finalmente se produjo el adulterio.

Algunos pasajes de la Escritura advierten a las personas que *eviten situaciones* que puedan conducir al adulterio o incluso que den la apariencia de un comportamiento inapropiado. Por ejemplo, al hablar de una "mujer ajena" (Pr 5:3 DHH), el consejo de un padre a su hijo en Proverbios 5:8 dice "aléjate de la mujer ajena" y "ni siquiera te acerques a la puerta de su casa". En otras palabras, no pases tiempo en compañía de alguien por quien empiezas a sentir una atracción sexual encaminada a una relación inmoral. Ni siquiera decidas acercarte a donde está ella para no dar mayor oportunidad a la tentación. Cuando José fue acosado por la mujer de Potifar, "él dejó su ropa en las manos de ella, y huyó y salió" (Gn 39:12).

En el Nuevo Testamento, Pablo dice: "No busquemos satisfacer los deseos de la carne" (Ro 13:14 RVC), "ni deis lugar al diablo" (Ef 4:27). Nuevamente, esto implica que las personas deben evitar situaciones en las que es probable que se sientan tentadas a tener un comportamiento inadecuado.

Algunas medidas de precaución de sentido común que algunas personas han seguido incluyen tener cuidado de no estar a solas con una persona del sexo opuesto[23], mantener la puerta de la oficina abierta o tener una ventana en la puerta (como hacen todas las oficinas del Seminario de Phoenix, donde yo enseño), y, si

---

[22] Estas advertencias de las Escrituras se confirman año tras año con las trágicas noticias de líderes de alto nivel cuyas carreras y familias son destruidas por relaciones adúlteras. Son especialmente trágicas las historias de muchos líderes cristianos que han cometido adulterio y han destruido sus ministerios como consecuencia de ello.

[23] El vicepresidente Mike Pence "nunca come a solas con una mujer que no sea su esposa", según un artículo del Washington Post del 28 de marzo de 2017. La revelación de esta práctica recibió duras críticas de la prensa liberal, pero a mí me parece una política acertada. Ver https://www.washingtonpost.com/politics/karen-pence-is-the-vice-presidents-prayer-warrior-gut-check-and-shield/2017/03/28/3d7a26ce-0a01-11e7-8884-96e6a6713f4b_story.html?utm_term=.afa2e1e497ce.

se viaja por negocios con un compañero de trabajo del sexo opuesto, procurar no compartir asiento en el avión y no tener habitaciones en el mismo piso del hotel.

Un ministerio cristiano importante, el cual conozco, tiene una política que disuade a los miembros del personal del sexo opuesto de viajar juntos y solos por negocios, ya sea a nivel local o fuera de la ciudad. Si esto no se puede evitar, o si no se puede incorporar un tercero al viaje, entonces los dos empleados deben utilizar un transporte terrestre público (como autobuses o trenes) o un transporte terrestre no público separado (como coches de alquiler), y todas las reuniones deben realizarse en zonas públicas. Se recomienda mucho no celebrar reuniones individuales fuera de la oficina. Si no pueden evitarse, cada persona debe notificar a su cónyuge (de ser el caso) y al director acerca del lugar, la fecha y la hora en que se celebrará la reunión. Las reuniones individuales entre miembros del sexo opuesto en la oficina también deben llevarse a cabo en una zona visible.

Otra medida de precaución es tener cuidado con las señales de peligro de nuestro propio corazón. "Sobre toda cosa guardada, guarda tu corazón; porque de él mana la vida" (Pr 4:23). Si somos sinceros con nosotros mismos, podemos reconocer cuando sentimos una atracción inusual por una persona del sexo opuesto con la que no estamos casados, o cuando deseamos encontrar excusas para encontrarnos con esa persona o estar con ella en diferentes situaciones, o cuando deseamos prolongar las conversaciones más allá de lo necesario, etc. Cuando surgen tales sentimientos en el corazón de uno, quizás sea prudente distanciarse intencionadamente de la relación.

3. Las Escrituras establecen un estándar aún más alto: No desees cometer adulterio. Tales medidas de precaución, como las que he comentado en la sección anterior, son totalmente coherentes con el décimo mandamiento, que va más allá del mandato de no cometer adulterio y habla de nuestros corazones: *"No codiciarás la mujer de tu prójimo"* (Ex 20:17). Como señalé en un capítulo anterior (ver pág. 138), Dios no solo nos exige pureza en las acciones, sino también pureza en los pensamientos y en las actitudes de nuestro corazón. Y este mandamiento nos indica específicamente que busquemos la pureza en nuestros corazones. Aunque en esta vida ninguno de nosotros será perfecto respecto a lo que nuestro corazón desea, podemos esperar crecer en pureza del corazón a lo largo de nuestra vida. También podemos consolarnos con el perdón que Cristo nos promete cuando nuestros corazones se desvían (ver 1 Juan 1:9).

El libro de los Proverbios contiene un mandamiento similar sobre la actitud de una persona hacia alguien que no es su esposa: "No codicies su hermosura *en tu corazón*" (Pr 6:25).

Cuando nuestros corazones se ajusten con mayor perfección a estos mandamientos, los que estamos casados encontraremos un amor más profundo por nuestras propias esposas o esposos, y un deseo más profundo de mantener una relación sexual sana dentro de nuestros propios matrimonios. La pureza del corazón en este sentido también conducirá cada vez más a un genuino sentimiento de repulsión ante la idea de abrazar de manera sexualmente afectuosa a alguien que no sea el propio cónyuge.

Jesús comprendió la intención más profunda del séptimo mandamiento, el cual buscaba prohibir los deseos adúlteros, así como el acto físico del adulterio. Él enseñó lo siguiente:

> Oísteis que fue dicho: No cometerás adulterio. Pero yo os digo que cualquiera que *mira a una mujer para codiciarla*, ya adulteró con ella en su corazón (Mt 5:27-28).

La frase griega que se traduce como "para codiciarla" es pros to *epithymēsai autēn*, que literalmente significa "con el propósito de codiciarla". Esto significa que un hombre que mira a una mujer (o una foto de una mujer) debe preguntarse: "*¿Por qué* la estoy mirando?" Si la respuesta honesta es que la estás mirando con el propósito de despertar pensamientos codiciosos hacia ella o pensando en tener sexo con ella, entonces Jesús dice que "ya adulteraste con ella en tu corazón". Y necesitas alejarte de este pecado y pedir el perdón de Dios.

La sabiduría de Dios se ve en estas enseñanzas bíblicas, puesto que reflejan un tema común en las Escrituras: las acciones indebidas comienzan en el corazón. Los siguientes pasajes destacan ello:

> Sobre toda cosa guardada, *guarda tu corazón*;
> Porque de él mana la vida (Pr 4:23).

> Porque de dentro, del *corazón de los hombres*, salen los malos pensamientos, los adulterios, las fornicaciones, los homicidios (Marcos 7:21).

> La tentación viene de *nuestros propios deseos*, los cuales nos seducen y nos arrastran. 15 De esos deseos nacen los actos pecaminosos, y el pecado, cuando se deja crecer, da a luz la muerte (Santiago 1:14-15 NTV).

Algunas personas que lean esto, especialmente los que no son cristianos o los cristianos más jóvenes, pueden pensar que estas enseñanzas son simplemente imposibles de seguir. Pero el testimonio de millones de cristianos a lo largo de la historia ha sido que estas enseñanzas no son imposibles de obedecer, así como un hábito de vida regular, incluso si algunas ocasiones todos fallamos en mantener la pureza del corazón en una u otra área, e incluso si nuestros corazones nunca llegan a ser completamente puros hasta el día en que muramos y vayamos a la presencia del Señor.

Si creemos que las Escrituras son verdaderas, entonces debemos creer las enseñanzas de que las personas que han sido renovadas (o "nacidas de nuevo", Juan 3:3, 7; 1 Pedro 1:3, 23) tienen un nuevo poder interno, por obra del Espíritu Santo, para vencer la tentación y vivir vidas de creciente pureza moral. Pablo dice: "Así también vosotros consideraos muertos al pecado, pero vivos para Dios en Cristo Jesús, Señor nuestro" (Ro 6:11), y, por el poder del Espíritu Santo en nosotros, "no andar conforme a la carne, sino conforme al Espíritu" (Ro 8:4). También dice que "si por el Espíritu hacéis morir las obras de la carne, viviréis" (Ro 8:13). El camino de crecimiento en la santidad personal de la vida es un camino ascendente en el que Dios *espera* que continuemos y nos *permite* continuar, paso a paso a lo largo de nuestra vida terrenal. Incluso el apóstol Pablo sabía que él aún no era "perfecto", pero también dijo lo siguiente: "Olvidando ciertamente lo que queda atrás, y extendiéndome a lo que está delante, prosigo a la meta, al premio del supremo llamamiento de Dios en Cristo Jesús" (Fil 3:12-14; ver también Pr 4:18).

Además, las Escrituras prometen que el gozo que podemos experimentar en la estrecha comunión con Dios es mucho mayor que cualquier supuesto placer terrenal que pensamos que podría venir de desobedecer a Dios:

> En tu presencia hay plenitud de gozo;
> Delicias a tu diestra para siempre (Sal 16:11).

> Si guardareis mis mandamientos, permaneceréis en mi amor; así como yo he guardado los mandamientos de mi Padre, y permanezco en su amor. Estas cosas os he hablado, para que mi gozo esté en vosotros, y vuestro gozo sea cumplido (Juan 15:10-11).

> A quien amáis sin haberle visto, en quien creyendo, aunque ahora no lo veáis, os alegráis con gozo inefable y glorioso (1 P 1:8).

Por último, debemos tener en cuenta el reiterado énfasis de las Escrituras en que la bendición de Dios sobre nuestras vidas y ministerios depende en gran medida de que mantengamos la pureza del corazón ante Él:

> Porque los ojos de Jehová contemplan toda la tierra, para mostrar su poder a favor de los que *tienen corazón perfecto* para con él (2 Cr 16:9).

> ¿Y por qué, hijo mío, andarás ciego con la mujer ajena,
> Y abrazarás el seno de la extraña?
> *Porque los caminos del hombre están ante los ojos de Jehová,*
> Y él considera todas sus veredas (Pr 5:20-21).

> Así que, *si alguno se limpia de estas cosas,* será instrumento para honra, santificado, útil al Señor, y dispuesto para toda buena obra. *Huye también de las pasiones juveniles, y sigue la justicia,* la fe, el amor y la paz, con *los que de corazón limpio invocan* al Señor (2 Ti 2:21-22).

E. ¿POR QUÉ DIOS PERMITIÓ LA POLIGAMIA EN EL ANTIGUO TESTAMENTO?

Hay varios ejemplos de poligamia en el Antiguo Testamento. ¿Tener más de una esposa refleja el modelo de Dios respecto al matrimonio?

La respuesta es que Dios *permitió temporalmente* la poligamia sin dar mandamientos explícitos en contra de ella, a pesar de que no se ajustaba a su propósito original para el matrimonio como se indica en Génesis 1-2. Pero los pasajes narrativos nos dan algunos indicios de que la poligamia no estaba en línea con el propósito de Dios, ya que en todos los ejemplos en los que un hombre tiene más de una esposa, la situación conduce a grandes problemas en la relación matrimonial, y se deja que los lectores saquen sus propias conclusiones al respecto.

En la *ESV Study Bible* [Biblia de Estudio Teológico] se encuentra un útil resumen del material bíblico sobre la poligamia:

> ¿Por qué permitió Dios la poligamia en el Antiguo Testamento? En ninguna parte de la Biblia Dios ordenó la poligamia ni le dijo a nadie que se casara con más de una esposa. Más bien, Dios permitió temporalmente la poligamia (no dio ninguna prohibición general contra ella) sin darle ninguna aprobación moral explícita. Sin embargo, en los relatos del Antiguo Testamento, cada vez que un hombre tiene dos o más esposas, parece que le trae problemas (ver Génesis 16; 29-31; 1 Samuel 1; 1 Reyes 11; notar también la prohibición de Dt 17:17). Además, la poligamia es tremendamente deshumanizadora para las mujeres, ya que no las trata como iguales en valor a sus maridos, y por lo tanto no reconoce que comparten plenamente el alto estatus de haber sido creadas "a imagen de Dios" (Génesis 1:27), y de ser dignas de honor como "coherederas de la gracia de la vida" (1 Pedro 3:7). El requisito "marido de una sola mujer" (1 Tim. 3:2) excluiría a los polígamos de ser ancianos (las pruebas de la poligamia entre los judíos del siglo I se encuentran en Josefo, *Antiquities* [Antigüedades] 17.14; Mishná, Yevamot 4.11; Ketubot 10.1, 4, 5; Sanedrín 2.4; Keritot 3.7; Kidushín 2.7; Behorot 8.4; y Justino Mártir, *Dialogue with Trypho* [Diálogo con Trifón], capítulo 134; con respecto a la poligamia entre las personas que no eran judías ver 2 Mac 4:30; Josefo, *Antiquities* 17.19; Tertuliano, *Apology* [Apología] 46). Esto tiene una aplicación práctica hoy en día en contextos misioneros en culturas donde todavía se practica la poligamia, la Biblia no animaría a un esposo a divorciarse de ninguna de sus múltiples esposas, ya que las dejaría sin apoyo ni protección. Pero no permitiría que un hombre que tiene múltiples mujeres sea un anciano. Esta restricción brindaría un patrón que, si se sigue, generalmente llevaría a la abolición de la poligamia en una iglesia en una generación o dos[24].

F. PRÁCTICAS SEXUALES PROHIBIDAS EN LAS ESCRITURAS

1. El incesto. Una larga sección de la Ley de Moisés, Levítico 18:6-18, prohíbe varios tipos específicos de incesto. Empieza diciendo: "Ningún varón se llegue a parienta próxima alguna, para descubrir su desnudez" (Lv 18:6); los analistas suelen coincidir en que "descubrir su desnudez" funciona como un eufemismo en este contexto para el hecho de tener relaciones sexuales con una persona[25]. Los siguientes versículos

---

[24] *"Marriage and Sexual Morality"* ["Matrimonio y moralidad sexual"], ESV Study Bible (Wheaton, Illinois: Crossway, 2008), 2544. (Yo fui el autor principal de este artículo, aunque luego fue modificado por otros editores).

[25] Algunas traducciones incluso traducen la frase explícitamente como "tener relaciones sexuales"

prohíben las relaciones sexuales (y, por tanto, el matrimonio) con la madre (v. 7), la madrastra (v. 8), la hermana o hermanastra (v. 9), la nieta (v. 10), la tía (vv. 12-14), la nuera (v. 15), la cuñada (v. 16) y la hijastra o nietastra (v. 17). No se menciona explícitamente a la hija de uno, ya que las relaciones sexuales con la propia hija estaban igualmente prohibidas tanto en Israel como en las culturas vecinas[26]. Además, las relaciones sexuales con la hijastra y la nietastra están prohibidas (v. 17), por lo que seguramente tener relaciones sexuales con la propia hija estaría incluso mucho más prohibido (ver también Ez 22:11.)

La prohibición de casarse con la madrastra se repite en Deuteronomio: "Ninguno tomará la mujer de su padre, ni profanará el lecho de su padre" (Dt 22:30).

No hay razón para pensar que estas leyes solo se limiten a la nación de Israel o al Pacto de Moisés. Son asuntos que conciernen a la conducta humana en general, y debemos entenderlos como una guía útil para el tipo de vida que agrada a Dios en el ámbito de la sexualidad humana.

De hecho, Pablo reprende a la iglesia de Corinto por no disciplinar a un hombre que vivía en una relación incestuosa con su madrastra:

Me cuesta creer lo que me informan acerca de la inmoralidad sexual que hay entre ustedes, algo que ni siquiera los paganos hacen. Me dicen que un hombre de su iglesia vive en pecado con su madrastra. Ustedes están muy orgullosos de sí mismos, en cambio, deberían estar llorando de dolor y vergüenza y echar a ese hombre de la congregación (1 Co 5:1-2 NTV).

Esta afirmación indica que Pablo se asombra al pensar que los corintios no entienden que el incesto es moralmente malo. Esto ofrece una confirmación específica de que, al menos en este caso, las leyes del Antiguo Testamento sobre el incesto reflejan las normas morales permanentes de Dios. Por lo tanto, parece adecuado concluir que las otras normas sobre el incesto siguen siendo aplicables en la actualidad.

2. La conducta homosexual. Abordaré el tema de la homosexualidad en un capítulo aparte (ver cap. 33, pág. 843). Ya en este punto, basta con señalar que tanto el Antiguo Testamento (Lv 18:22; 20:13) como el Nuevo Testamento (Ro 1:26-27; 1 Co 6:9-11; 1 Ti 1:9-10) prohíben la conducta homosexual.

3. Tener relaciones sexuales antes del matrimonio. El Antiguo Testamento claramente prohibía las relaciones sexuales entre dos personas no casadas. Por ejemplo, aquí hay una ley que concierne a una pareja que fue descubierta teniendo relaciones sexuales:

Si alguien seduce a una mujer virgen que no esté comprometida para casarse, y se acuesta con ella, deberá pagarle su precio al padre y tomarla por esposa. Aun si el padre se niega a entregársela, el seductor deberá pagar

---

tales como DHH, NTV, NVI, TLA, entre otras.

[26] Ver *ESV Study Bible* [Biblia de Estudio Teológico], pág. 240 (nota sobre Lv 18:6-18).

el precio establecido para las vírgenes (Ex 22:16-17 NVI)

La exigencia de que se casen indica el carácter indebido de las relaciones sexuales fuera del matrimonio. Necesitaban casarse para que cualquier otra relación sexual se produjera en el contexto adecuado del matrimonio. El grado de intimidad era tal que solo podía darse dentro del matrimonio. Si el padre de la mujer se negaba a permitir el matrimonio, el hombre tenía que pagar una multa considerable, lo que nuevamente indica que lo que habían hecho estaba mal (la palabra hebrea traducida como "seduce" en este verso, *pātāh*, indica que no se trató de una violación forzada, sino que se dio el consentimiento en cierto grado; es diferente a la situación de violación a la fuerza narrada en Dt 22:25-27, por ejemplo). En Deuteronomio 22:28-29 se encuentra una ley similar que exige el matrimonio de una pareja que haya tenido relaciones sexuales.

El requisito de que una mujer permanezca virgen hasta su matrimonio se muestra explícitamente en un largo pasaje en Deuteronomio 22:13-21. Si un hombre acusaba a su nueva esposa de no ser virgen, "entonces el padre de la joven y su madre tomarán y sacarán las señales de la virginidad de la doncella a los ancianos de la ciudad, en la puerta" (v. 15; aparentemente las "señales de la virginidad" correspondían a un paño manchado con sangre de su himen roto en su noche de bodas). Entonces, el hombre que presentaba la falsa acusación sería azotado como castigo (v. 18).

Por otro lado, "si las acusaciones del hombre son ciertas y ella no era virgen" entonces "los hombres de la ciudad la apedrearán hasta darle muerte. [Puesto que] ha contaminado a Israel con el delito de andar como prostituta mientras vivía en la casa de sus padres" (Dt 22:20-21). Su actividad sexual fuera del matrimonio se castigaba con la muerte (ver también la historia del embarazo de Tamar y la presunción inicial de Judá de que era culpable de un crimen digno de muerte, Gn 38:24).

Una vez más, debemos tener en cuenta que estas leyes son parte del Pacto de Moisés, el cual ha terminado, y no debemos pensar que los *castigos específicos* que se exigían bajo el gobierno de Israel en aquella época deban ser exigidos por los gobiernos civiles de hoy (ver análisis de las leyes del Antiguo Testamento en el cap. 8, especialmente la pág. 225). Sin embargo, no existe ninguna razón para pensar que la *norma moral* contra las relaciones sexuales fuera del matrimonio fuese algo aplicable únicamente al pueblo judío o al Pacto de Moisés, ya que se trata de asuntos que conciernen a la vida humana en general.

El Nuevo Testamento también muestra que las relaciones sexuales entre dos personas no casadas se consideran pecado según las normas morales de Dios. Esto se ve en varios pasajes que prohíben la "inmoralidad sexual", tales como:

Huyan de la *inmoralidad sexual*. Cualquier otro pecado que el hombre cometa está fuera del cuerpo, pero el inmoral sexual peca contra su propio cuerpo. (1 Co 6:18 RVA-2015).

La palabra griega traducida como "inmoralidad sexual" es *porneia*, un término muy amplio que se refiere a cualquier tipo de "relación sexual ilícita, *prostitución, falta de castidad, fornicación*"[27] .

El hecho de que *porneia* se refiera a relaciones sexuales entre personas que no están casadas se ve en una declaración de los opositores judíos de Jesús cuando dicen: "Nosotros no hemos nacido de *inmoralidad sexual* [*porneia*]. Tenemos un solo padre, Dios" (Juan 8:41 RVA-2015). Queda claro que quieren decir que no han nacido fuera del matrimonio, como resultado de relaciones sexuales entre personas no casadas.

Este significado de *porneia* también queda explícito cuando Pablo escribe sobre ética sexual a los corintios:

> Pero a causa de la *inmoralidad sexual*, cada hombre tenga su esposa, y cada mujer tenga su esposo. (1 Co 7:2 RVA-2015).

Aquí Pablo dice que la solución para superar la tentación de "inmoralidad sexual" es que un hombre y una mujer se casen. Luego agrega:

> Pero, si no pueden dominarse, que se casen, porque es preferible casarse que quemarse de pasión (1 Co 7:9 NVI).

Una vez más, para evitar la tentación de tener sexo antes del matrimonio, Pablo les dice a las parejas "que se casen". Nuevamente, se asume que el sexo antes del matrimonio es pecado.

Por lo tanto, los lectores del Nuevo Testamento del primer siglo seguramente hubieran entendido que los pasajes que prohíben la "inmoralidad sexual" prohibían toda relación sexual entre personas no casadas. El problema para los lectores contemporáneos es que la frase "inmoralidad sexual" puede parecer algo imprecisa y abstracta, y es fácil que los lectores pasen por alto el hecho de que la expresión griega se utilizaba con mayor frecuencia para referirse a las relaciones sexuales entre personas no casadas.

En español, la palabra *fornicación* significa relaciones sexuales fuera del matrimonio, y en la versión Reina Valera 1960, *porneia* suele traducirse como "fornicación", así que en 1 Corintios 6:18 dice: "Huid de la fornicación". Cuando se tradujo *porneia* como "fornicación", quedó claro para los lectores que todos los pasajes que mencionan "fornicación" prohibían explícitamente las relaciones sexuales entre personas no casadas.

Pero en todas las versiones modernas de hoy en día, la palabra "fornicación" (que para algunos puede sonar arcaica u obsoleta) ha desaparecido, y la expresión

---

[27] BDAG, pág. 854. El término porneia no se refiere específicamente al "adulterio" (designado por un término griego diferente, moicheia). El "adulterio" (*moicheia*) se distingue de "inmoralidad sexual" (*porneia*) en Mateo 15:19 y Marcos 7:21. Sin embargo, en los Apócrifos, un pasaje se refiere a una mujer que "cometió adulterio por inmoralidad sexual" (en porneia *emoicheuthē*, Sirácides 23:23), mostrando que porneia era el término más amplio, uno que incluía todo tipo de conducta sexualmente inmoral, y *moicheia* era el término más limitado, refiriéndose específicamente a la conducta sexualmente inmoral de una persona casada. (En 1 Co 5:1, porneia se utiliza para referirse al incesto, mostrando también que es el término con un significado más amplio).

más abstracta y general que se utiliza comúnmente es "inmoralidad sexual". Estoy de acuerdo en que "inmoralidad sexual" es la traducción más acertada en la actualidad[28], pero la desventaja de la traducción "inmoralidad sexual" es que los lectores contemporáneos no se dan cuenta tan fácilmente de que *principalmente se refiere a las relaciones sexuales entre dos personas no casadas*, y que no solo incluye relaciones sexuales casuales entre personas no comprometidas entre sí, sino también a relaciones sexuales entre un hombre y una mujer comprometidos entre sí pero que aún no se han casado.

Esta comprensión de la palabra *porneia* permite que una serie de versículos muy claros del Nuevo Testamento prohíban explícitamente que un hombre y una mujer tengan relaciones sexuales antes de casarse. A continuación, se muestran algunos versículos:

> Muchos que antes han pecado [...] no se han arrepentido de los actos de impureza, *inmoralidad sexual* y libertinaje que han cometido (2 Co 12:21 RVA-2015).

> Ahora bien, las obras de la carne son evidentes. Estas son: *inmoralidad sexual*, impureza, desenfreno (Gá 5:19 RVA-2015).

> Pero la *inmoralidad sexual* y toda impureza o avaricia no se nombren más entre ustedes, como corresponde a santos (Ef 5:3 RVA-2015).

> Por lo tanto, hagan morir lo terrenal en sus miembros: *inmoralidad sexual*, impureza, bajas pasiones, malos deseos y la avaricia, que es idolatría (Col 3:5 RVA-2015).

> Porque esta es la voluntad de Dios, la santificación de ustedes: que se aparten de *inmoralidad sexual* (1 Ts 4:3 RVA-2015).

Por último, Pablo utiliza la imagen del matrimonio para hablar de su preocupación por los corintios, y dice lo siguiente:

> Porque les celo con celo de Dios, pues les he desposado con un solo marido para presentarlos como una virgen pura a Cristo (2 Co 11:2 RVA-2015).

Cuando dice: "les he desposado con un solo marido", se refiere a la costumbre judía de los "esponsales", un acuerdo legalmente vinculante para casarse en algún momento futuro. Pablo utiliza la imagen de presentar la iglesia de Corinto a Cristo en su segunda venida "como una virgen pura", es decir, como una iglesia que fue fiel solo a Cristo. Pero la imagen de una "virgen pura" (en griego, *parthenon hagnēn*) implica una vez más la expectativa de que, para ser considerada moralmente pura, una novia se presente como "virgen" ante su marido.

---

[28] La expresión "inmoralidad sexual" indica correctamente que la palabra *porneia* se refiere a todo tipo de conducta sexual que se consideraba moralmente incorrecta en la época del Nuevo Testamento, incluyendo el incesto (como aparece en 1 Co 5:1) y el adulterio (ver Ap 17:2; probablemente los reyes estaban casados).

Hay abundantes pruebas de que las parejas que se abstienen de tener relaciones sexuales antes de su matrimonio tienen una vida sexual significativamente más feliz y satisfactoria una vez casados que los que tienen relaciones sexuales antes del matrimonio, lo que confirma una vez más que la obediencia a los mandamientos de Dios conduce al bienestar humano. Múltiples estudios apuntan a que los adultos que esperaron a tener relaciones sexuales hasta estar casados experimentaron mayores niveles de satisfacción en comparación con los que mantuvieron relaciones sexuales antes del matrimonio. Según el Journal of Family Psychology de la Asociación Americana de Psicología, en un estudio realizado con 2035 parejas casadas se descubrió que las que esperaron a tener relaciones sexuales hasta el matrimonio valoraron la estabilidad de su relación un 22% más alta, la satisfacción de su relación un 20% más alta, la calidad sexual de su relación un 15% mejor y la comunicación un 12% mejor que las parejas que mantuvieron relaciones sexuales antes del matrimonio[29].

Además, la *National Health and Social Life Survey* [Encuesta Nacional de Salud y Vida Social], el estudio más completo sobre el sexo en Estados Unidos, indicaba que una "pareja sexual monógama integrada en un matrimonio formal claramente produce la mayor satisfacción y el mayor placer"[30].

G. INTIMIDAD FÍSICA ANTES DEL MATRIMONIO

Ahora bien, es importante plantear otra pregunta. Si bien las Escrituras son claras en cuanto a que las relaciones sexuales antes del matrimonio son moralmente incorrectas ante los ojos de Dios y, en última instancia, perjudiciales para una relación, ¿hay alguna otra orientación que se pueda dar con respecto al grado de afecto físico e intimidad que es apropiado entre un hombre y una mujer antes del matrimonio? Hay fuentes cristianas más extensas que buscan proporcionar una guía sabia en esta área[31], pero puedo añadir un breve comentario en este punto.

Si un hombre y una mujer ya tienen una relación romántica entre sí, Dios ha diseñado nuestros cuerpos humanos de tal manera que, si uno de ellos toca o estimula físicamente los órganos sexuales del otro, esa acción despertará el deseo de una mayor estimulación y, en última instancia, despertará un fuerte deseo de

---

[29] *"Couples who delay having sex get benefits later, study suggests"* ["Las parejas que aplazan las relaciones sexuales obtienen beneficios en el futuro, indica un estudio"], Science Daily, 29 de diciembre de 2010, https://www.sciencedaily.com/releases/2010/12/101222112102.htm.

[30] Bradley Wilcox, *"A Scientific Review of Abstinence and Abstinence-Based Programs"* ["Una revisión científica de la abstinencia y los programas basados en la abstinencia"], febrero de 2008, https://d1li5256yp-m7oi.cloudfront.net/ampartnership/2015/05/AScientificReviewofAbstinenceandAbstinencePrograms.pdf.

[31] Ver, por ejemplo, el sitio web de Focus on the Family para jóvenes adultos, Boundless.org, que tiene varios excelentes recursos y artículos. Ir a http://www.boundless.org/relationships/Sexualit#P=0 para obtener un listado completo. Entre los libros recomendables se encuentran: Henry Cloud y John Townsend, *Boundaries in Dating: How Healthy Choices Grow Healthy Relationships* [Límites en las citas: Cómo las elecciones saludables hacen crecer las relaciones saludables] (Grand Rapids, Michigan: Zondervan, 2000) y Andy Stanley, The New Rules for Sex and Dating [Las nuevas reglas para el sexo y las citas] (Grand Rapids, Michigan: Zondervan, 2014).

mantener relaciones sexuales inmediatamente. Eso significa que la estimulación física es más que una expresión inocente de afecto; es un despertar intencional del deseo de tener sexo antes del matrimonio, algo que las Escrituras prohíben explícitamente. Por lo tanto, aunque sea difícil, las parejas deben ser precavidas en cuanto a la intensidad de la intimidad física que se permiten antes del matrimonio. Si el propósito de sus acciones es principalmente despertar fuertes deseos físicos que no pueden ser correctamente satisfechos antes del matrimonio, entonces han ido demasiado lejos. Y porque creo que Dios ha dado a los hombres un papel de liderazgo con respecto al matrimonio (ver cap. 15, pág. 407), yo retaría a los hombres a mostrar liderazgo, responsabilidad y respeto en esta área. En otras palabras, en una relación de pareja antes del matrimonio, el hombre debe ser el principal responsable de establecer los límites del alcance de las expresiones físicas de afecto e intimidad de la pareja.

En 1957, el profesor del Seminario de Westminster, John Murray, comentando la enseñanza de Jesús en Mateo 5:28, escribió lo siguiente (Me doy cuenta de que sus expresiones suenan un poco anticuadas hoy en día, pero todavía sigue habiendo sabiduría en lo que indica):

> La línea divisoria entre la virtud y el vicio no es un abismo sino que es el filo de una navaja. El deseo sexual no es malo y Jesús no dice eso. Arrojar cualquier calumnia sobre el deseo sexual es impugnar la integridad del Creador y de su creación. Además, no es malo desear satisfacer el deseo y el impulso sexual de la manera que Dios ha ordenado. De hecho, el deseo sexual es una de las consideraciones que inducen a hombres y mujeres a casarse. La Escritura reconoce plenamente la propiedad de ese motivo y recomienda el matrimonio como la salida honorable y necesaria para el impulso sexual. Lo que está mal es el deseo más temprano y rudimentario de satisfacer el impulso al acto sexual fuera del estado del matrimonio. No es incorrecto desear el acto sexual con la persona que puede ser contemplada como cónyuge siempre y cuando se haya contraído matrimonio con él o ella. Pero el deseo del acto sexual fuera de ese santuario divinamente instituido y estrictamente custodiado que Dios ha reservado solo para el hombre y su esposa está mal; y es de esta fuente de deseo que proceden todos los males por los que la santidad del sexo es profanada[32].

H. MASTURBACIÓN

Los escritores cristianos difieren sobre el tema de si la masturbación es siempre pecaminosa. En la siguiente sección presento dos puntos de vista.

1. Primer punto de vista: La masturbación siempre está mal (escrito por Jason DeRouchie)[33]. La intimidad sexual dentro del matrimonio es un hermoso regalo de

---

[32] John Murray, *Principles of Conduct: Aspects of Biblical Ethics* [Principios de Conducta: Aspectos de la Ética Bíblica] (Grand Rapids, Michigan: Eerdmans, 1957), pág. 56.

[33] Esta sección fue escrita a petición mía por un defensor de este punto de vista, Jason S. DeRouchie,

Dios. Es una salida para el juego y la pasión, y alimenta la cercanía con el cónyuge proporcionando un contexto único para dar y recibir amor.

Muchos profesionales de la medicina tratan la masturbación como una parte natural del desarrollo humano, y algunos líderes de la iglesia han intentado dar razones prácticas y teológicas para masturbarse. Sin embargo, no creo que este enfoque agrade a Dios, y he visto la destrucción que tal práctica trae tanto a las personas solteras como a las casadas. Mi enfoque aquí es aclarar bíblicamente por qué participar en tal actividad fuera del lecho matrimonial es pecaminoso y por lo tanto debe ser evitado.

Jesús dijo: "si tu mano derecha te es ocasión de caer, córtala" (Mt 5:30). No podemos resistir la tentación sexual con nuestras propias fuerzas. Pero con la ayuda de Dios, todo es posible (Marcos 9:23; 10:27). Jesús "llevó él mismo nuestros pecados en su cuerpo sobre el madero, para que nosotros, estando muertos a los pecados, vivamos a la justicia" (1 P 2:24).

Este es nuestro clamor y nuestra confianza en la luz del nuevo pacto de Cristo: ¡podemos vencer con la ayuda de Dios (Dt 30:6; Jer 32:40; Ez 36:27)! En Cristo, nos convertimos en nuevas creaciones. Desde esta perspectiva, considere los siguientes pensamientos sobre la práctica de la masturbación en la vida de alguien que está en Cristo:

a. Dios quiso que todas las formas correctas de expresión sexual fueran en el lecho matrimonial: La expresión sexual que se manifiesta en el orgasmo es un buen regalo de Dios (1 Ti 4:2-5) que el hombre y la mujer deben disfrutar solo en el contexto de la intimidad conyugal (Gn 2:23; Cnt 8:4-6; 1 Co 7:2-5; He 13:4). Cuando las personas alcanzan el orgasmo fuera del acto de confirmación del pacto de hacer el amor en el matrimonio, el acto expresa una falta de autocontrol y se convierte únicamente en una búsqueda de sí mismo, divorciada de su propósito de crear intimidad.

b. La intimidad sexual entre un esposo y una esposa orienta el amor entre Cristo y su iglesia: La razón más importante por la que la expresión sexual que se manifiesta en el orgasmo debe disfrutarse solo en el contexto del matrimonio es

profesor de Antiguo Testamento y teología bíblica en el Bethlehem College & Seminary de Minneapolis, Minnesota. Para una lectura más desarrollada de su argumento, ver *If Your Right Hand Causes You to Sin: Ten Biblical Reflections on Masturbation* ["Si tu mano derecha te hace pecar: diez reflexiones bíblicas sobre la masturbación"], Desiring God, 3 de diciembre de 2016, https://www.desiringgod.org/articles/if-your-right-hand-causes-you to-sin.

Este punto de vista también lo sostiene Norman Geisler, Christian Ethics: Contemporary Issues and Options [Ética cristiana: Cuestiones y opciones contemporáneas], 2° ed. (Grand Rapids, Michigan: Baker, 2010), págs. 275-76 y Daniel R. Heimbach, *True Sexual Morality: Recovering Biblical Standards for a Culture in Crisis* [La verdadera moral sexual: Recuperación de las normas bíblicas para una cultura en crisis] (Wheaton, Illinois: Crossway, 2004), págs. 222-23.

El *Catechism of the Catholic Church* [Catecismo de la Iglesia Católica], 2° ed. (Nueva York: Doubleday, 1997) también afirma que "la masturbación es un acto intrínseco y gravemente desordenado". Sin embargo, continúa diciendo que ciertos factores "pueden disminuir, si no incluso reducir al mínimo, la culpabilidad moral". Párrafo 2352. Ver también http://www.vatican.va/archive/ENG0015/_P85.HTM. En esta sección del catecismo no se cita ninguna prueba de las Escrituras.

porque Dios da el impulso sexual que lleva a la expresión sexual para representar la naturaleza íntima de "una sola carne" del amor del pacto entre Cristo y su iglesia (Ef 5:31-32).

c. La masturbación fuera del lecho matrimonial no glorifica a Dios porque siempre está impulsada por el deseo maligno: Cualquier deseo que ejerzamos en un momento equivocado o por un motivo equivocado es algo malo, y Dios centra el momento y el motivo adecuados del deseo sexual en el matrimonio. Como tal, el deseo *maligno* impulsa toda expresión sexual fuera del lecho matrimonial, incluyendo la masturbación, por lo que debemos tratar todos esos actos como pecaminosos y dignos del infierno (Mt. 5:29-30; Marcos 7:20-23; 1 Co 6:9-10; Gá 5:17, 19-21; Ef 5:5; Col 3:5-6).

A la luz de estas realidades, creo que cualquiera que se masturbe fuera del lecho matrimonial peca e insulta la gloria de Dios en Cristo. Por lo tanto, como hombres y mujeres de Dios, no debemos practicarlo. En lugar de ello, busquemos la ayuda de nuestro Señor y tratemos de honrarlo con nuestros cuerpos permitiendo que nuestra única salida para el deseo sexual sea la intimidad del pacto de amor conyugal (Job 31:1). El que nos llama a la santidad es fiel, y seguramente lo hará (1 Ts 5:23-24).

2. Segundo punto de vista: La masturbación no siempre está mal. Otros escritores evangélicos sostienen un punto de vista alternativo, y esta es la posición que me parece más persuasiva .

a. No está explícitamente prohibida en las Escrituras: Lo primero que hay que decir sobre la masturbación es que las Escrituras no hablan de ella en ninguna parte (excepto posiblemente Lv 15:16, que no es una prohibición). Y el principio de la suficiencia de las Escrituras (ver cap. 3, pág. 97) nos dice que no debemos prohibir lo que las propias Escrituras no prohíben. Esto sería añadir a los mandamientos de la Escritura, lo cual Dios no nos permite hacer.

b. El daño causado por añadir a los requisitos morales de las Escrituras: Los

---

[34] Para el punto de vista de que la masturbación no siempre está mal, ver James Dobson, Bringing Up Boys [Cómo criar a los varones] (Wheaton, Illinois: Tyndale, 2001), págs. 78-80; Richard Foster, *"Sexuality and Singleness"* ["Sexualidad y soltería"], en Readings in Christian Ethics, vol. 2: Issues and Applications, ed. David K. Clark y Robert Vincent Rakestraw (Grand Rapids, Michigan: Baker, 1996, págs. 161-64. Scott B. Rae, Moral Choices: An Introduction to Ethics [Elecciones morales: una introducción a la ética], 3ª ed. (Grand Rapids, Michigan: Zondervan, 2009), págs. 289-90; J. H. Olthuis, *"Masturbation"* ["Masturbación"], en New Dictionary of Christian Ethics and Pastoral Theology [Nuevo Diccionario de Ética Cristiana y Teología Pastoral], ed. David J. Atkinson y David H. Field (Leicester, Reino Unido: Inter-Varsity y Downers Grove, Illinois: InterVarsity Press, 1995), págs. 574-75. J. Robertson McQuilkin y Paul Copan son ambivalentes: "Si bien reconocemos que no podemos hacer un caso absoluto para prohibir la práctica, nos parece claro que no se puede hacer un caso sólido para aprobarla". An Introduction to Biblical Ethics: Walking in the Way of Wisdom [Introducción a la ética bíblica: Caminando por el camino de la sabiduría], 3ª ed. (Downers Grove, Illinois: InterVarsity Press, 2014), pág. 261. Todos estos autores advierten sobre los peligros, incluyendo la lujuria indebida, la obsesión y permitir que la masturbación se convierta en un sustituto de la intimidad sexual en el matrimonio.

líderes cristianos deben tratar este tema con cautela y tener cuidado de no hacer afirmaciones que la Escritura no hace. De lo contrario, pueden promover mucha falsa culpa y un sentimiento innecesario de alejamiento de Dios al exigir a las personas un patrón de conducta que Dios mismo no requiere y para el cual, por consiguiente, no concede obediencia.

Un estudio llevado a cabo en 2008 por la revista Archives of Sexual Behavior informó de que el 73 % de los hombres y el 36.8 % de las mujeres de Gran Bretaña se habían masturbado en las cuatro semanas previas a dicho estudio[35]. El psicólogo James Dobson señala lo siguiente: "Entre el 95 y el 98 % de los chicos realizan esta práctica, y se sabe que el resto miente. Es lo más parecido a un comportamiento universal que puede ocurrir"[36].

Si se trata de una conducta que Dios no prohíbe del todo, no es de extrañar que los intentos humanos de ejercer la autodisciplina y abstenerse de la masturbación sean a menudo frustrantes para las personas (esta práctica no entra en la misma categoría que abstenerse de asesinar, de cometer adulterio, de hurtar, de tomar el nombre de Dios en vano o de mentir, entre otros, porque la mayoría de los cristianos y muchas personas que no son cristianas pueden abstenerse, y de hecho lo hacen, de cometer estos pecados durante toda su vida).

Dobson advierte del peligro espiritual de imponer a las personas una carga moral que (en su opinión) las Escrituras no apoyan:

> Los chicos y chicas que están bajo la condena divina pueden llegar a convencerse gradualmente de que ni siquiera Dios podría amarlos. Prometen mil veces con gran sinceridad no volver a cometer ese acto "despreciable". Luego pasa una o dos semanas, o tal vez varios meses. Con el tiempo, la presión hormonal se acumula hasta que casi todos los momentos de vigilia resuenan con el deseo sexual. Finalmente, en un momento (y realmente me refiero a un *momento*) de debilidad, ocurre de nuevo. Entonces, ¿qué, querido amigo? ¿Dime qué le dice un joven a Dios cuando acaba de romper la milésima promesa solemne que le hizo? Estoy convencido de que algunos adolescentes han abandonado su fe por no haber podido complacer a Dios en este punto[37].

La declaración de Dobson destaca los resultados espiritualmente dañinos de la falsa culpa que puede seguir si los líderes cristianos añaden requisitos morales que no se enseñan en las Escrituras, y en mi opinión ese es el resultado probable de enseñar que la masturbación es siempre mala. Pero, ¿qué resultados perjudiciales se derivan de la enseñanza de que no *siempre* está mal, sino que solo está mal *cuando* va acompañada de una lujuria indebida, de la obsesión o de permitir que

---

[35] Makeda Gerressu, Catherine H. Mercer, Cynthia A. Graham, Kaye Wellings y Anne M. Johnson, *"Prevalence of Masturbation and Associated Factors in a British National Probability Survey"* ["Prevalencia de la masturbación y factores asociados en una encuesta nacional británica de probabilidad"], *Archives of Sexual Behavior 37* [Archivos de Comportamiento Sexual 37], n.º 2 (2008): págs. 266-78, http://link.springer.com/article/10.1007%2Fs10508-006-9123-6.

[36] Dobson, *Bringing Up Boys* [Cómo criar a los varones], pág. 78.

[37] *Ibid.*

se convierta en un sustituto de la intimidad sexual en el matrimonio? Cuando consideramos las cosas que la Escritura claramente prohíbe (tomar el nombre de Dios en vano, deshonrar a los padres, asesinar, el adulterio, robar, mentir, la embriaguez, la calumnia, etc.), podemos ver fácilmente el daño producido por estas acciones, pero es menos claro cómo podría afirmarse que la masturbación *siempre* trae resultados dañinos.

c. Sin embargo, mirar a una mujer con lujuria está prohibido en las Escrituras: Aunque las Escrituras no condenen directamente la masturbación, existe el peligro de que pueda ir acompañada de otros pecados, como la lujuria indebida. Jesús dijo: "Cualquiera que mira a una mujer para codiciarla, ya adulteró con ella en su corazón" (Mt 5:28). Por lo tanto, si un hombre mira a una mujer (o una foto o una imagen mental de una mujer) con el propósito de excitarse sexualmente, está pecando. Ha cometido adulterio con ella en su corazón. Por lo tanto, si la masturbación va acompañada de un deseo mental de participar en una actividad inmoral, el deseo mental es malo, incluso si el acto de la masturbación no es en sí mismo moralmente malo (se aplicarían las mismas consideraciones en el caso de una mujer que mira con lujuria una foto o una imagen mental de un hombre) (ver un análisis más detallado en el cap. 31 sobre la pornografía, pág. 784).

d. Los esposos y las esposas no deben dejar de tener relaciones sexuales juntos: Las Escrituras no indican la frecuencia con la que las parejas deben mantener relaciones sexuales, y, a decir verdad, la frecuencia variará según la pareja y las circunstancias, las preferencias personales, la salud física y la edad. Pero Pablo es muy claro en que mantener la intimidad sexual es importante:

> El marido cumpla con la mujer el deber conyugal, y asimismo la mujer con el marido. [...] No os neguéis el uno al otro, a no ser por algún tiempo de mutuo consentimiento, para ocuparos sosegadamente en la oración; y volved a juntaros en uno, para que no os tiente Satanás a causa de vuestra incontinencia (1 Co 7:3-5; ver la cita más extensa y el análisis realizado anteriormente, pág. 709).

En este pasaje, la solución de Pablo a la tensión sexual es la relación sexual, no la masturbación que reemplaza la relación sexual regular. Por lo tanto, las parejas casadas no deben caer en un patrón en el que la masturbación sustituya a las relaciones sexuales entre ambos. Por otro lado, debemos volver al principio de que la masturbación no está prohibida, ni que Pablo la prohíbe en este pasaje. Lo que sí enseña es que las parejas casadas no deben descuidar las relaciones sexuales regulares (siempre que sean físicamente capaces de hacerlo y no sea extremadamente doloroso o físicamente perjudicial para uno de los dos).

I. LA SOLTERÍA

1. El Nuevo Testamento valora mucho la soltería. El autor Barry Danylak señala oportunamente lo siguiente:

> De las tres grandes religiones monoteístas de la época moderna que son el judaísmo, el cristianismo y el islam, solo el cristianismo afirma la soltería como una vocación y un don distintivos dentro de la comunidad del pueblo de Dios[38].

Danylak argumenta que esto no es una casualidad, sino que está directamente relacionado con las afirmaciones únicas del Nuevo Testamento sobre el pueblo de Dios (lo cual explicaré con mayor detalle más adelante).

El valor de la soltería se afirma, en primer lugar, por el notable ejemplo de soltería en la vida del propio Jesús, que no tenía hogar ni familia propia (ver Lucas 9:58). Consideraba a los que le seguían como su familia espiritual (Mt 12:48-50).

El otro ejemplo es el apóstol Pablo, que escribió 13 de los 27 libros del Nuevo Testamento y cuyos viajes misioneros ocupan toda la segunda mitad del libro de los Hechos, caps. 13-28). Pablo no estaba casado, al menos durante la época de su ministerio apostólico. Explicando los derechos que podría haber ejercido pero no lo hizo, dijo: "¿No tenemos derecho de traer con nosotros una hermana por mujer como también los otros apóstoles, y los hermanos del Señor, y Cefas?" (1 Co 9:5). Al recomendar la soltería como algo que tiene muchos beneficios para el ministerio, dijo: "Quisiera más bien que todos los hombres fuesen como yo; pero cada uno tiene su propio don de Dios, uno a la verdad de un modo, y otro de otro" (7:7). En otras palabras, Pablo ve un gran beneficio que se obtendría si todos los cristianos fueran solteros como él, pero luego añade rápidamente que se da cuenta de que no todos tienen este don de Dios.

Más adelante, en 1 Corintios 7 dice así:

> Pienso que, a causa de la crisis actual, es bueno que cada persona se quede como está. 27 ¿Estás casado? No procures divorciarte. ¿Estás soltero? No busques esposa. (vv. 26-27 NVI)[39].

> Quisiera, pues, que estuvieseis sin congoja. El soltero tiene cuidado de las cosas del Señor, de cómo agradar al Señor; pero el casado tiene cuidado de las cosas del mundo, de cómo agradar a su mujer. Hay asimismo diferencia entre la casada y la doncella. La doncella tiene cuidado de las cosas del Señor, para ser santa así en cuerpo como en espíritu; pero la casada tiene cuidado de las cosas del mundo, de cómo agradar a su marido (vv. 32-34).

De manera que el que la da en casamiento hace bien, y el que no la da en

---

[38] Barry Danylak, *A Biblical Theology of Singleness* [Una perspectiva bíblico-teológica sobre la soltería] (Cambridge, Reino Unido: Grove Books, 2007), pág. 3; ver también Barry Danylak, *Redeeming Singleness* [Redimiendo la soltería] (Wheaton, Illinois: Crossway, 2010), págs. 16-17.

[39] Algunos comentaristas piensan que las instrucciones de Pablo en esta parte de 1 Corintios 7 no pretenden ser instrucciones generales para todos los cristianos de todos los tiempos, sino que se deben a una crisis específica (quizás la escasez de alimentos debida a una hambruna en Grecia en el año 51-52 d. C.), porque dice que estas instrucciones son "a causa de la crisis actual". Otros comentaristas entienden que "la crisis actual" se refiere a todo el periodo de tiempo hasta el regreso de Cristo (ver el v. 31).

casamiento hace mejor (v. 38).

2. Hay un valor espiritual en tener personas solteras en una iglesia. Danylak señala muy acertadamente que cuando en una iglesia hay tanto personas solteras como casadas, eso nos recuerda que vivimos en un "tiempo intermedio", es decir, que todavía formamos parte de este siglo actual, y la gente se casa y tiene hijos físicos, pero también formamos parte del siglo venidero, y las personas solteras nos recuerdan vivamente que la verdadera familia de Dios es espiritual, y las personas solteras de nuestras iglesias que pertenecen a la misma familia espiritual muestran que el siglo venidero ya ha empezado en nuestras vidas[40] .

Danylak añade:

> [La presencia y el ministerio de los solteros] es un recordatorio visible de que el reino de Dios apunta a una realidad que está más allá de las preocupaciones mundanas del matrimonio, la familia y la carrera. [...] Los solteros [...] sirven como recordatorios tangibles para la iglesia en general de su herencia futura anticipada en la nueva creación[41] .

Por "nuestra herencia futura anticipada" se refiere al hecho de que esperamos "una herencia indestructible, incontaminada e inmarchitable. Tal herencia está reservada en el cielo para ustedes" (1 P 1:4).

En otras palabras, los solteros de la iglesia nos recuerdan que todos seremos solteros en el siglo venidero, y el alegre compañerismo que los solteros y los casados pueden tener en este siglo nos recuerda y anticipa también el siglo venidero.

3. El Nuevo Testamento hace énfasis en que la iglesia es una familia espiritual que es más grande que la familia física de cada uno. Danylak también menciona lo siguiente:

> Los solteros pueden experimentar dos vacíos diferentes pero a la vez relacionados. El primero es la ausencia de intimidad y compañerismo como resultado de vivir sin pareja. [...] El segundo es que no tendrán descendencia física[42] .

Danylak señala que la respuesta del Nuevo Testamento a la necesidad de intimidad y compañerismo se cumple en la relación de hermanos y hermanas en una nueva familia espiritual. Por ello, Jesús dijo: "Todo aquel que hace la voluntad de mi Padre que está en los cielos, ése *es mi hermano, y hermana, y madre*" (Mt 12:50).

Las epístolas del Nuevo Testamento con frecuencia contemplan a la iglesia como una familia. Por ejemplo, los autores del Nuevo Testamento se refieren a los creyentes de la iglesia como *"hermanos"* (o "hermanos y hermanas") 127 veces en

---

[40] Danylak lo expresa de esta manera: "La presencia de solteros y casados en la iglesia juntos significa el hecho de que la iglesia vive entre ambas eras". *Biblical Theology of Singleness* , pág. 27.

[41] *Ibid.*, pág. 28.

[42] *Ibid.*, págs. 3-4.

las Epístolas[43] , y Pablo le dice a Timoteo que se relacione con la iglesia como lo haría con una familia:

> No reprendas al anciano, sino exhórtale como a padre; a los más jóvenes, como a *hermanos*; a las ancianas, como a madres; a las jovencitas, como a *hermanas*, con toda pureza (1 Ti 5:1-2).

Esto significa que si una iglesia funciona correctamente, los adultos solteros dentro de la iglesia se sentirán bienvenidos e incluidos como miembros de la familia, y estarán experimentando el tipo de comunicación íntima y compañerismo que se encuentra comúnmente en las familias físicas saludables. De este modo, la necesidad de intimidad y compañerismo se puede cubrir en la comunión de la iglesia.

4. En el Nuevo Testamento, el pueblo de Dios se multiplica a través del nacimiento espiritual. ¿Qué hay del otro vacío que Danylak menciona sobre las personas solteras que a menudo sienten la ausencia de no tener descendencia física?

Danylak señala un contraste entre el Antiguo y el Nuevo Testamento. En el Antiguo Testamento, comenzando con Abraham y continuando con sus descendientes Isaac y Jacob, y luego con los 12 hijos de Jacob (que se convirtieron en los jefes de las 12 tribus de Israel), la promesa de Dios de dar a Abraham una multitud de descendientes y hacer de él "una nación grande" (Gn 12:2; ver también 15:5; 17:4-6) se cumplió principalmente a través de la descendencia física: hijos, nietos, bisnietos, y así sucesivamente durante muchas generaciones, quienes se convirtieron en la nación de Israel. Pero en el nuevo pacto, Pablo deja claro que: "No todos los que descienden de Israel son israelitas [...] *No los que son hijos según la carne* son los hijos de Dios, sino que los que son hijos según la promesa son contados como descendientes" (Ro 9:6-8), y también dice que "todos sois hijos de Dios por la fe en Cristo Jesús" (Gá 3:26).

Por lo tanto, el método del Antiguo Testamento en el que Dios expandía a su pueblo mediante la reproducción física de los hijos ha sido sustituido por el proceso espiritual de las personas que nacen de nuevo (ver Juan 3:1-8).

Esta conciencia de la familia espiritual de Dios permite a Pablo llamar a la iglesia de Corinto "hijos míos amados" (1 Co 4:14), y les dice: "En Cristo Jesús yo os engendré por medio del evangelio" (v. 15). A los cristianos de Gálatas los llama "hijitos míos" (Gl. 4:19), y a los cristianos tesalonicenses les dice que cuando estaba entre ellos, actuaba como una madre con "sus propios hijos" (1 Ts 2:7) o "como el padre a sus hijos" (v. 11). Llama a Timoteo "[mi] verdadero hijo en la fe" (1 Ti 1:2; ver también 1 Co 4:17) y llama a Tito "[mi] verdadero hijo en la común fe" (Tito 1:4). Se refiere a "mi hijo Onésimo, a quien engendré en mis prisiones" (Filemón 10). Y por último, el apóstol Juan se refiere a sus lectores como "hijitos míos" (1 Juan 2:1; ver también 3 Juan 4).

Estos pasajes indican que aquí en la tierra, la familia de Dios crece no solo

---

[43] He excluido 1 Co 9:5 y He 7:5 de este recuento, ya que las referencias a los "hermanos" en estos versículos parecen tener en cuenta a los parientes físicos.

porque los padres tengan hijos *físicos*, sino porque las personas se convierten en hijos *espirituales* y miembros de la familia de Dios al creer en el evangelio (por supuesto, esperamos y oramos para que los hijos físicos de los creyentes también se conviertan en hijos espirituales de Dios y en miembros de su familia).

Esto significa que las personas solteras de la iglesia pueden ser alentadas a tener hijos espirituales a través de la obra de evangelización y la oración, y también a nutrir y entrenar a los hijos espirituales a través de los ministerios de discipulado, el ánimo, el consejo sabio, y simplemente ayudando a otros creyentes de muchas maneras.

5. El matrimonio no es necesario para una humanidad plena ni para una vida verdaderamente plena. Jesús y Pablo son ejemplos de personas que eran completamente humanas y que tuvieron vidas increíblemente satisfactorias en obediencia a Dios con respecto a sus llamados en la tierra, pero ni Jesús ni Pablo estaban casados.

Además, cada persona en la tierra estará soltera durante una parte de su vida. Las personas no nacen casadas, sino que permanecen solteras durante un tiempo hasta el matrimonio. Luego, en el otro extremo de la vida, uno de los cónyuges suele morir antes que el otro, y el otro cónyuge vuelve a quedar soltero.

Además, un día todos los creyentes vivirán para siempre en el nuevo cielo y la nueva tierra, donde no hay matrimonio, pues "en la resurrección ni se casarán ni se darán en casamiento, sino serán como los ángeles de Dios en el cielo" (Mt 22:30). Sin embargo, lo cierto es que en ese siglo venidero, seremos plenamente humanos y, de hecho, experimentaremos mucho más de la excelencia de nuestra humanidad como creados a imagen de Dios que en este siglo. Tendremos una vida verdaderamente plena como solteros, viviendo para siempre en la presencia de Dios entre nuestros hermanos y hermanas espirituales (por lo tanto, esta parte del libro sobre la "soltería" no concierne solo a las personas que actualmente no están casadas; sino que, en cierta medida, nos concierne a todos, tanto a los casados como a los solteros).

6. La soltería permite dedicar más tiempo al ministerio cristiano. Pablo enfatiza los beneficios de estar libre de las distracciones del matrimonio y la familia cuando dice que "el soltero tiene cuidado de las cosas del Señor, de cómo agradar al Señor", y "la doncella tiene cuidado de las cosas del Señor, para ser santa así en cuerpo como en espíritu" (1 Co 7:32, 34). Esta situación es diferente a la del hombre casado, que "tiene cuidado de las cosas del mundo, de cómo agradar a su mujer", y a la de la mujer casada, que "tiene cuidado de las cosas del mundo, de cómo agradar a su marido" (vv. 33-34).

A lo largo de la historia de la iglesia, muchos otros trabajadores cristianos han llevado a cabo sus ministerios de una manera que no habría sido posible si hubieran estado casados. Entre algunos ejemplos se encuentran David Brainerd[44] ,

---

[44] "David Brainerd Historical Marker" ["Hito histórico de David Brainerd"], ExplorePAHistory.com, http://explorepahistory.com/hmarker.php?markerId=1-A -20C. Brainerd estaba comprometido con Jerusha Edwards, la hija del famoso predicador del Gran Despertar Jonathan Edwards, pero falleció a

Mary Slessor[45] , Amy Carmichael[46] , John R. W. Stott[47] , Nancy Leigh DeMoss (se casó en 2015 y ahora es Nancy DeMoss Wolgemuth)[48] , y otros[49].

7. Jesús promete una gran recompensa para los que son fieles en su vida de soltería. Jesús habla de los que han dejado a sus familias por su causa:

> Respondió Jesús y dijo: De cierto os digo que no hay ninguno que haya dejado casa, o hermanos, o hermanas, o padre, o madre, o mujer, o hijos, o tierras, por causa de mí y del evangelio, que no reciba cien veces más ahora en este tiempo; casas, hermanos, hermanas, madres, hijos, y tierras, con persecuciones; y en el siglo venidero la vida eterna (Marcos 10:29-30).

Desde luego, esto también se aplica a los que han abandonado el matrimonio por el servicio a Dios y la fidelidad a él. También incluiría a las mujeres solteras que han rechazado oportunidades de casarse con un no cristiano para ser fieles a las Escrituras (1 Co 7:29; 2 Co 6:14), pero luego han permanecido solteras durante toda su vida. Sin duda, han renunciado al privilegio de una familia por causa de Jesús y "por causa [...] del evangelio" (Marcos 10:29). Aquí Jesús promete que "recibirán cien veces más ahora en este tiempo" (v. 30), lo cual debe significar en la comunión de la iglesia, la familia de Dios, y en la comunión con Dios mismo.

En el relato paralelo del Evangelio de Mateo, la recompensa no se especifica como "en este tiempo", sino que puede estar más orientada al futuro: "Y cualquiera que haya dejado casas, o hermanos, o hermanas, o padre, o madre, o mujer, o hijos, o tierras, por mi nombre, recibirá cien veces más, y heredará la vida eterna" (Mateo 19:29). Esta afirmación le sigue inmediatamente al versículo en el que Jesús habla de "la regeneración" cuando "el Hijo del Hombre se siente en el trono de su gloria" (v. 28).

8. Dios es soberano sobre quien se casa y quien no[50] . Con respecto a la soltería

---

los 29 años.

[45] Lex Loizides, *"Mary Slessor the 'Mother of All Peoples'"* ["Mary Slessor, la 'Madre de todos los pueblos'"]., Church History Review, 26 de febrero de 2011, https://lexloiz.wordpress.com/2011/02/26 / mary-slessor-the-mother-of-all-peoples/.

[46] Susan Verstraete, *"The Reluctant Mother: Amy Carmichael"* ["La madre reacia: Amy Carmichael"], Christian Communicators Worldwide, http://www.ccwtoday.org/article/the-reluctant-mother-amy-carmichael/.

[47] John R. W. Stott y Al Hsu, *"John Stott on Singleness"* ["John Stott sobre la soltería"], Christianity Today, 17 de agosto de 2011, http://www.christianitytoday.com/ct/2011/augustweb-only/johnstottsingleness.html.

[48] Hannah Anderson, *"Nancy Leigh DeMoss' Big Adventure"* ["La gran aventura de Nancy Leigh DeMoss"], CT Pastors, mayo de 2015 http://www.christianitytoday.com/pastors/2015/may-web-exclusives/nancy-leigh-demoss-big-adventure.html.

[49] Otra famosa líder cristiana que permaneció soltera durante toda su vida fue Henrietta Mears, quien fundó la escuela dominical moderna. Ver *"Henrietta C. Mears: 1890-1963"*, The Women of Faith Series, http://secretplaceseries.com/Support/Testimonies/H_Mears1.html.

[50] He tomado textualmente el título de este apartado del excelente prólogo de John Piper, *"For Single Men and Women* (and the Rest of Us)" ["Para hombres y mujeres solteros (y el resto de nosotros)"], en Recovering Biblical Manhood and Womanhood: A Response to Evangelical Feminism, ed. John Piper y Wayne Grudem. John Piper y Wayne Grudem (Wheaton, Illinois: Crossway, 1991), xxv.

y el matrimonio, John Piper señala sabiamente: "Dios gobierna en estos asuntos, y seremos más felices cuando nos inclinemos ante sus caminos inescrutables y confesemos: '… no quitará el bien a los que andan en integridad'" (Sal 84:11)[51].

Los que desean casarse y no han podido hacerlo, seguro que experimentan una prueba de su fe, si pueden creer que a través de las circunstancias difíciles que no eligieron, Dios aún les traerá el bien y Romanos 8:28 seguirá demostrando que es verdad lo que indica: "Y sabemos que a los que aman a Dios, *todas las cosas les ayudan a bien,* esto es, a los que conforme a su propósito son llamados".

Aunque la soltería prolongada se considere un tipo de sufrimiento y una prueba, Pedro dice que cuando la fe de una persona en Dios se mantiene firme, es más preciosa que el oro a los ojos de Dios:

> En lo cual vosotros os alegráis, aunque ahora por un poco de tiempo, si es necesario, tengáis que ser afligidos en diversas pruebas, para que *sometida a prueba vuestra fe,* mucho más preciosa que el oro, el cual aunque perecedero se prueba con fuego, sea hallada en alabanza, gloria y honra cuando sea manifestado Jesucristo, a quien amáis sin haberle visto, en quien creyendo, aunque ahora no lo veáis, os alegráis con gozo inefable y glorioso (1 P 1:6-8).

Dios es realmente soberano sobre todos nuestros asuntos, y está trabajando invisiblemente su buen plan para todo su pueblo, para que su reino avance en la tierra, y para su gloria en todas nuestras vidas.

9. Implicaciones prácticas para la vida de la iglesia. Las realidades espirituales mencionadas en los apartados anteriores deberían llevarnos a preguntarnos si las iglesias evangélicas de hoy hacen suficiente hincapié en el valor de la soltería como una vocación legítima y honrada en la vida cristiana. En los siglos pasados, el péndulo osciló tanto en dirección a la afirmación del celibato que muchas generaciones de personas creyeron que la más alta vocación espiritual era ser un sacerdote, un monje o una monja que viviera en celibato al servicio de Dios durante toda la vida. Pero ahora uno se pregunta si el péndulo no ha retrocedido demasiado en la otra dirección, con un énfasis excesivo en el ministerio a las parejas casadas, en un descuido del valor y la importancia del ministerio de los solteros célibes.

Las iglesias tienen que hacer hincapié en la importancia de que los solteros participen en grupos de confraternidad en el hogar y en otros tipos de interacciones sociales frecuentes en las que la intimidad interpersonal, el compañerismo y la confianza puedan florecer y disfrutarse. Además, las iglesias deben asegurarse de alentar y afirmar el valor de la gran herencia que una persona puede dejar cuando ha sido capaz de dar lugar al nacimiento y alimentar a muchos niños espirituales a lo largo de la vida, ello a través de la evangelización o el discipulado, o simplemente a través de un ministerio silencioso de ayuda y estímulo.

10. ¿Qué sucede con los cristianos solteros que anhelan casarse pero no han

---

[51] *Ibid*

encontrado una pareja matrimonial? Por último, aunque afirmo el alto valor de la soltería para aquellos a los que Dios llama a esa vida, también me preocupa el gran número de hombres y mujeres solteros en las iglesias evangélicas que anhelan casarse y que no sienten la llamada de Dios a permanecer solteros.

Recibí este correo electrónico de una mujer que se encuentra en dicha situación:

> Un número cada vez mayor de mujeres cristianas como yo que tienen 30, 40 y más años no pueden encontrar un camino hacia el matrimonio, a pesar de nuestros mejores esfuerzos y oraciones constantes. [...] El matrimonio ha caído en tiempos difíciles en nuestra sociedad moderna. [...] Pero mientras que muchas personas que no son cristianas y no están casadas han optado por convivir o eligen deliberadamente permanecer solteras y sin hijos para perseguir sus intereses personales, la gran mayoría de los cristianos solteros tiene un gran deseo de casarse y formar una familia.
>
> La iglesia evangélica parece no estar nada preparada para el aumento de la soltería de por vida no deseada entre sus miembros, y a veces parece ser totalmente indiferente. [...] Es extremadamente difícil para la mayoría de las personas vivir una vida de celibato cuando están diseñadas por Dios para la compañía íntima. ¿Qué se espera que haga un cristiano soltero con respecto a los deseos sexuales cuando no puede casarse? ¿Cómo puede evitar caer en el pecado?
>
> Aunque la iglesia es una familia espiritual, y los amigos son bendiciones del Señor, vivir la vida sin una familia física supone una soledad insoportable. [...] A veces me siento como si no fuera nada. ¿Es realmente la intención de Dios que decenas de personas vivan su vida completamente solas? ¿No hablan Génesis 2:18 y Eclesiastés 4:9-12 en contra de esto? [...] Aunque trabajo para mantenerme (y doy gracias a Dios por poder hacerlo), no obtengo mi identidad de mi carrera. Siempre pensé que mi identidad sería la de esposa y madre, algo que he esperado desde que era una niña. Cuando eres una mujer soltera sin hijos, especialmente en la iglesia, es difícil saber quién o qué eres o sentir que tienes algún valor. [...] Cuidé a mis dos padres hasta que murieron. ¿Quién cuidará de mí cuando sea tan mayor que no pueda cuidarme a mí misma?
>
> No atribuimos el aumento del divorcio a la voluntad de Dios porque sabemos que Dios odia el divorcio. Tampoco atribuimos a Dios el aumento de los abortos. Sin embargo, ambas cosas están ocurriendo en nuestra sociedad. ¿Cómo podemos suponer entonces que el aumento de la soltería es la voluntad de Dios? ¿No podría ser un problema el hecho de que muchos de nosotros no podamos casarnos? Y si es un problema, ¿no hay algo que la iglesia pueda hacer para ayudar?
>
> Sin embargo, las mujeres solteras como yo, que aman mucho al Señor pero que luchan mucho contra los deseos sexuales insatisfechos, la soledad, la falta de identidad y las preocupaciones por el futuro, se sienten como miembros invisibles de la iglesia. La atención suele centrarse en los que están casados o en los que todavía son jóvenes y tienen posibilidades

de casarse, y a los solteros de más edad se les deja que lleven solos sus singulares cargas. Como hijo de Dios salvado con amor por su gracia, le ruego que analice más profundamente esta cuestión.

En Cristo,
[nombre]

Lo que dice esta mujer en este correo electrónico me hace pensar que su situación entra en la categoría de las "diversas pruebas" de las que habla Pedro (ver 1 P 1:6; también Santiago 1:2 y la sección 8 anterior sobre la soberanía de Dios). Pienso en su soltería no deseada de toda la vida como una especie de sufrimiento doloroso que experimentan muchos miles de cristianos hoy en día quienes anhelan estar casados pero no lo están. Y así como las iglesias tratan de aliviar otros tipos de sufrimiento que las personas experimentan, también creo que las iglesias deberían ser proactivas a la hora de proporcionar formas para que los hombres y mujeres solteros se integren más plenamente en las interacciones sociales de la iglesia.

Además, este correo electrónico llama la atención sobre un problema paralelo al fallo de las iglesias a la hora de subrayar *la importancia y la bondad de la soltería:* el fallo de las iglesias a la hora de promover *la importancia y la bondad del matrimonio.* La autora del correo electrónico señala de forma acertada que "el matrimonio ha caído en tiempos difíciles en nuestra sociedad moderna". En Estados Unidos, en los últimos 50 años, se ha producido un alarmante descenso del porcentaje de adultos casados. En 1960, el 72.2 % de las personas mayores de 18 años estaban casadas, pero en 2012, esa cifra se redujo al 50.5 %, un cambio notable en la situación de más del 20 % de la población adulta[52]. Al parecer, hay muchas más personas, y especialmente muchos más hombres, que simplemente no están interesados en casarse, al menos no muy pronto.

Son varias las razones que explican esta pérdida de interés por el matrimonio en la cultura moderna en general. En primer lugar, el abandono de las normas morales bíblicas significa que muchas mujeres están dispuestas a tener relaciones sexuales con sus parejas sin haberse casado primero, pero esto elimina lo que probablemente sea el principal incentivo para que los hombres se comprometan con el matrimonio: el deseo sexual. Pablo escribió: "Pero si no tienen don de continencia, cásense, pues mejor es casarse que estarse quemando" (1 Co 7:9). Pero esto implica una cultura en la que las mujeres generalmente se niegan a tener relaciones sexuales hasta después de casarse, lo cual es muy diferente de la cultura actual. En segundo lugar, el uso generalizado de la pornografía, sobre todo pero no exclusivamente por parte de los hombres, es un sustituto engañoso y adictivo de la búsqueda de la satisfacción sexual dentro del matrimonio. En tercer lugar, la sociedad secular moderna descuida o incluso denigra el matrimonio como algo

---

[52] Richard Fry, *"New census data show more Americans are tying the knot, but mostly it's the college educated"* ["Los nuevos datos del censo muestran que más estadounidenses se están casando, pero en su mayoría se trata de personas con estudios universitarios"], Pew Research Center, 6 de febrero de 2014, http://www.pewresearch.org/fact-tank/2014/02/06/new-census-data-show-more-americans-are-tying-the-knot-but-mostly-its-the-college-educated/.

mucho menos deseable que una vida egocéntrica de tener sexo sin compromiso y encontrar satisfacción en la profesión, los pasatiempos, los deportes y los viajes (por ejemplo, pocas películas o programas de televisión muestran matrimonios estables y felices a largo plazo). Por desgracia, muchos cristianos solteros de entre 20 y 30 años, influenciados por esta cultura secular, también ven el matrimonio con recelo y se muestran reacios a contraer un compromiso de por vida.

La perspectiva de la Biblia es muy diferente. La Escritura ve el matrimonio de forma muy positiva, desde el matrimonio de Adán y Eva en el jardín del Edén (Génesis 2) hasta el matrimonio de Cristo y su esposa, la iglesia, al final del libro del Apocalipsis (19:6-9). El autor de Hebreos escribe: *"Honroso sea en todos el matrimonio"* (13:4). Esta visión bíblica positiva del matrimonio debe promoverse en nuestras iglesias, no solo entre los adultos de 20 y 30 años, sino también entre los niños y adolescentes, muchos de los cuales se sorprenderán y se alegrarán al conocer la enseñanza bíblica sobre la gran belleza y la alegría del matrimonio[53].

El análisis que hice anteriormente sobre la responsabilidad de liderazgo del marido en el matrimonio (ver cap. 15, pág. 407) también tiene implicaciones aquí. En particular, los hombres solteros necesitan superar su miedo al compromiso, buscar la guía y la bendición del Señor, y tomar la iniciativa en el desarrollo de relaciones que puedan conducir al matrimonio. Entonces, (¡sin tardar mucho!), los hombres también deberían tomar la iniciativa de proponer matrimonio a las mujeres que aman. En una iglesia en la que el matrimonio es "honroso en todos", esto ocurrirá con frecuencia y con mucha alegría.

J. LOS GOBIERNOS CIVILES DEBEN DEFINIR EL MATRIMONIO PARA TODOS LOS CIUDADANOS

1. La definición y regulación del matrimonio corresponde a los propósitos del gobierno, según la Biblia. Entre los propósitos más importantes del gobierno civil, según la Biblia, están (1) frenar el mal, (2) aportar beneficios a la sociedad, y (3) poner orden en la sociedad (ver la discusión de estos propósitos en el cap. 16, pág. 427) Sobre estas tres bases, un cristiano debería concluir que es correcto que el gobierno defina y regule el matrimonio[54].

En primer lugar, el matrimonio *frena el mal* promoviendo la fidelidad sexual entre hombres y mujeres, estableciendo un compromiso jurídicamente vinculante para que los padres cuiden de sus hijos, estableciendo un compromiso jurídicamente vinculante para que los cónyuges se responsabilicen económicamente y se cuiden mutuamente, y proporcionando una protección legal para evitar que las mujeres sean explotadas por hombres que, de otro modo, podrían disfrutar de una relación sexual durante un tiempo y luego abandonar a una mujer y a los hijos que pueda haber tenido como fruto de esa unión.

---

[53] Ver pág. 800 para la información que muestra que la tasa de divorcio es mucho más baja de lo que suele creerse, y mucho más baja aún entre las parejas que asisten regularmente a la iglesia.

[54] Esta sección es una adaptación de Grudem, *Politics-According to the Bible* [Política según la Biblia], págs. 221-55, con autorización del editor.

En segundo lugar, el matrimonio *aporta beneficios* a la sociedad de muchas maneras. Promueve la estabilidad social[55], el bienestar económico[56], los beneficios educativos y económicos para los hijos[57], la transmisión de valores morales y culturales a la siguiente generación y una unidad social estable para las interacciones dentro de la sociedad[58] (estos beneficios se explican con mayor detalle en la sección K que se encuentra más adelante).

En tercer lugar, el establecer el matrimonio *pone orden* en la sociedad para que el público en general sepa quién está casado y quién no. El estado civil debe ser objeto de registro público, para que la sociedad, en su conjunto, pueda honrar y proteger los matrimonios individuales de diversas maneras y pueda saber quién es responsable del cuidado, la protección y la formación de los hijos y del cuidado de los cónyuges que tienen necesidades médicas, financieras o de otro tipo.

Por tanto, definir y regular el matrimonio proporciona estabilidad y orden a la sociedad. El matrimonio es un bien social sumamente importante que debe ser fomentado y protegido por el gobierno.

2. Los gobiernos deben definir y establecer el matrimonio porque ninguna otra institución lo puede hacer para toda una sociedad. Solo un gobierno civil es capaz de definir lo que constituye un matrimonio para toda una nación o sociedad. Ninguna iglesia o denominación podría hacerlo, ya que solo hablan para sus propios miembros. Del mismo modo, ninguna sociedad voluntaria podría hacerlo, porque no incluye a todas las personas de la sociedad.

Si no se da una definición de matrimonio a toda una sociedad, se producirá el caos y mucha opresión de mujeres y niños. Stanley Kurtz, del Instituto Hudson, escribe al respecto:

> Al establecer la institución del matrimonio, la sociedad ofrece un apoyo y un estímulo especiales a los hombres y las mujeres que tienen hijos juntos. Dado que el matrimonio tiene una profunda repercusión en los intereses de los niños, es una cuestión de interés público. Los niños son indefensos y dependen de los adultos. Más allá de sus padres, los niños dependen de la sociedad para crear instituciones que los alejen del caos. Los niños no

---

[55] James S. Coleman, *"Social Capital in the Creation of Human Capital"* ["El capital social en la creación de capital humano"], American Journal of Sociology 94 (1988): S109-S113, http://courseweb.ischool.illinois.edu/~katewill/for-china/readings/coleman%201988%20social%20capital.pdf.

[56] Mary Parke,*"Are Married Parents Really Better for Children? What Research Says about the Effects of Family Structure on Child Well-Being"* ["¿Son los padres casados realmente mejores para los niños? Lo que dicen las investigaciones sobre los efectos de la estructura familiar en el bienestar infantil"], Center for Law and Social Policy, mayo de 2003, 7, www.clasp.org/resources-and-publications/states/0086.pdf.

[57] Ibid, págs. 2-3; ver también Robert I. Lerman, *"Marriage and the Economic Well-Being of Families with Children: A Review of the Literature"* ["El matrimonio y el bienestar económico de las familias con hijos: Una revisión de la literatura"], julio de 2002, https://aspe.hhs.gov/system/files/pdf/73481/LitReview.pdf, y Why Marriage Matters: Twenty-One Conclusions from the Social Sciences [Por qué es importante el matrimonio: 21 conclusiones de las ciencias sociales] (Nueva York: Institute, 2002), http://americanvalues.or/catalog/pdfs/WhyMarriageMatters1.pdf.

[58] Coleman, *"Social Capital in the Creation of Human Capital"* S109-S113.

pueden articular sus necesidades. Los niños no pueden votar; sin embargo, los niños son la sociedad. Ellos son nosotros, y son nuestro futuro. Por eso, la sociedad tiene el derecho de dar apoyo y estímulo especiales a una institución que es necesaria para el bienestar de los niños, incluso si eso significa beneficios especiales para algunos y no para otros. La dependencia intrínseca de la infancia humana es la razón por la que el libertinaje puro nunca puede funcionar[59].

Sin una norma establecida por el gobierno respecto a lo que constituye el matrimonio, el resultado será una proliferación de niños que nacen en relaciones de incesto y poligamia, así como en muchas relaciones temporales sin compromiso, lo que dará lugar a que nazcan muchos niños sin que nadie tenga la obligación legal de cuidarlos.

La investigadora y defensora del matrimonio Maggie Gallagher dice:

El propósito del derecho matrimonial es intrínsecamente normativo, para crear y obligar a otros a reconocer un determinado tipo de unión: permanente, fiel, coresidencial y sexual[60].

El consenso de las naciones de todo el mundo a lo largo de la historia es que la sociedad en su conjunto, a través de sus autoridades gubernamentales, necesita definir y regular el matrimonio para todos sus ciudadanos. Incluso Aristóteles dijo que el primer deber de los legisladores sabios es definir y regular el matrimonio. Escribió lo siguiente:

Si es un deber del legislador asegurar robustez corporal desde el principio a los ciudadanos que ha de formar, su primer cuidado debe tener por objeto los matrimonios de los padres y las condiciones, relativas al tiempo y a los individuos, que se requieren para contraerlos[61].

Algunas personas pueden argumentar que los gobiernos actuales ya no necesitan definir el matrimonio en absoluto, pero esto es solo decir que ahora podemos esperar actuar en contra de todo el curso de la historia de todas las sociedades del mundo[62]. Tal perspectiva no alienta el optimismo del éxito.

---

[59] Stanley Kurtz, *"Deathblow to Marriage: Gay Marriage Has Real Implications"* ["Golpe de muerte al matrimonio: El matrimonio gay tiene implicaciones reales"], 5 de febrero de 2004 http://www.nationalreview.com/article/209401/deathblow-marriage.

[60] Maggie Gallagher, *"(How) Will Gay Marriage Weaken Marriage as a Social Institution: A Reply to Andrew Koppelman"* ["(Cómo) el matrimonio gay debilitará el matrimonio como institución social: Una respuesta a Andrew Koppelman"], University of St. Thomas Law Review 2, n° 1 (otoño de 2004): pág. 43, http://maggiegallagher.com/2011/09/how-will-gay-marriage-weaken-marriage-as-a-social-institution-a-reply-to-andrew-koppelman/.

[61] Aristóteles, *Politics* [Política], 10.7.16, en *The Politics of Aristotle* [La política de Aristóteles], trad. Benjamin Jowett (Oxford: Clarendon Press, 1885), pág. 238.

[62] Incluso si la anarquía con respecto al matrimonio prevaleciera durante un breve período en una sociedad, tal situación sería de por sí inestable y pronto daría lugar a una cierta normalización del matrimonio o a la disolución de la sociedad.

K. BENEFICIOS DEL MATRIMONIO ENTRE UN HOMBRE Y UNA MUJER

No debe sorprendernos que el matrimonio establecido según los principios de Dios en las Escrituras generalmente aporte muchos beneficios a la sociedad.

1. El matrimonio entre un hombre y una mujer aporta muchos beneficios a los hijos. Un gran conjunto de beneficios sociales consiste en las ventajas que obtienen los niños que crecen en hogares donde el padre y la madre son cónyuges (un matrimonio heterosexual):

1. Los niños que viven con sus dos padres casados tienen un rendimiento educativo mucho más alto[63].
2. Los niños que viven con sus dos padres casados tienen muchas más probabilidades de disfrutar de un mejor nivel económico en su vida adulta y es mucho menos probable que acaben en la pobreza[64].
3. Los niños que viven con sus dos padres casados tienen una mucho mejor salud física y emocional[65].
4. Los niños que viven con sus dos padres casados son mucho menos propensos a cometer delitos[66], son menos propensos a abusar del alcohol y otras sustancias[67], y tienen más probabilidades de vivir de acuerdo con estándares más altos de integridad y principios morales[68].

---

[63] Parke, *"Are Married Parents Really Better for Children?"* ["¿Los padres casados son realmente mejores para los niños?"] págs. 2-3.

[64] Robert I. Lerman, *"How Do Marriage, Cohabitation, and Single Parenthood Affect the Material Hardships of Families with Children?"* ["¿Cómo afectan el matrimonio, la convivencia y la monoparentalidad a las dificultades materiales de las familias con hijos?"] julio de 2002, y Robert I. Lerman, *"Married and Unmarried Parenthood and Economic Well-Being: A Dynamic Analysis of a Recent Cohort"* ["La paternidad con y sin matrimonio y el bienestar económico: Un análisis dinámico de una cohorte reciente"], julio de 2002, https://aspe.hhs.gov/system/files/pdf/73496/parenthood.pdf.

[65] Frank F. Furstenburg Jr. y Andrew J. Cherlin, *Divided Families: What Happens to Children When Parents Part* [Familias divididas: Qué pasa con los hijos cuando los padres se separan] (Cambridge, Massachusetts: Harvard University Press, 1991), pág. 56; y Paul R. Amato, *"Children's Adjustment to Divorce: Theories, Hypothesis, and Empirical Support"* ["La adaptación de los niños al divorcio: Teorías, hipótesis y apoyo empírico"], Journal of Marriage and the Family 23 (1993); citado en Lynn Wardle, "Is Preference for Marriage in Law Justified?" ["¿Está justificada la preferencia por el matrimonio en la ley?"] World Family Policy Forum 1999 [Foro Mundial de Política Familiar 1999] http://www.law.byu.edu/wfpc/forum/1999/wardle.pdf.

[66] Cynthia Harper y Sarah McClanahan, *"Father Absence and Youth Incarceration"* ["Ausencia del padre y encarcelamiento de los jóvenes"], Journal of Research on Adolescence 14 (2004): págs. 369-97, http://onlinelibrary.wiley.com/doi/10.1111/j.1532-7795.2004.00079.x/abstract.

[67] *"Family Matters: Substance Abuse and the American Family"* ["La familia importa: Abuso de sustancias y la familia americana"], El Centro Nacional sobre Adicciones y Abuso de Sustancias de la Universidad de Columbia, marzo de 2005, 17, https://www.centeronaddiction.org/sites/default/files/Family-matters-substance-abuse-and-the-american-family0.pdf; y Robert L. Flewelling y Karl E. Bauman, *"Family Structure as a Predictor of Initial Substance Abuse and Sexual Intercourse in Adolescence"* ["La estructura familiar como factor predictivo del abuso inicial de sustancias y de las relaciones sexuales en la adolescencia"], Journal of Marriage and the Family 52 (1990): págs. 171-81. Resumen disponible en http://www.jstor.org/stable/352848?seq=1#page_scan_tab_contents.

[68] Furstenburg y Cherlin, *Divided Families* [Familias divididas], y Amato, *"Children's Adjustment to*

5. Los niños que viven con sus dos padres casados tienen menos probabilidades de sufrir abusos físicos y tienen más probabilidades de vivir en hogares que les proporcionen apoyo, protección y estabilidad[69].

6. Los niños que viven con sus dos padres casados tienen más probabilidades de establecer familias estables en la siguiente generación[70].

2. El matrimonio entre un hombre y una mujer le proporciona muchos beneficios a la pareja casada. Otro conjunto de beneficios sociales que aporta el matrimonio consiste en las ventajas que el matrimonio suele aportar a los cónyuges:

1. El matrimonio ofrece una garantía de compañía y cuidado para toda la vida mucho mejor que cualquier otra relación o institución humana[71].

2. El matrimonio conduce a un mayor nivel económico y a una menor probabilidad de acabar en la pobreza tanto para hombres como para mujeres[72].

3. El matrimonio ofrece a las mujeres una protección contra la violencia doméstica y el abandono mucho mayor que cualquier otra relación o institución humana[73].

4. El matrimonio anima a los hombres a realizar actividades socialmente beneficiosas mucho más que cualquier otra relación o institución humana[74].

---

*Divorce*² ["La adaptación de los niños al divorcio"]; citado en Wardle, *"Is Preference for Marriage in Law Justified?"* ["¿Está justificada la preferencia por el matrimonio en la ley?"] http://www.law.byu.edu/wfpc/forum/1999/wardle.pdf.

[69] Patrick F. Fagan, *"The Child Abuse Crisis: The Disintegration of Marriage, Family, and the American Community"* ["La crisis del maltrato infantil: La desintegración del matrimonio, la familia y la comunidad estadounidense"], Heritage Foundation, Backgrounder #115, 15 de mayo de 1997, http://www.heritage.org/marriage-and-family/report/the-child-abuse-crisis-the-disintegration-marriage-family-and-the, y E. Thompson, T. L. Hanson y S. S. McLanahan, *"Family Structure and Child Well-Being: Economic Resources versus Parental Behaviors"* ["Estructura familiar y bienestar infantil: Recursos económicos frente a comportamientos parentales"] Social Forces 73: págs. 221-42; citado en Jeffry H. Larson, *"The Verdict on Cohabitation vs. Marriage"* ["El veredicto sobre la convivencia vs. el matrimonio"], http://scholarsarchive.byu.edu/cgi/viewcontent.cgi?article=1027&context=marriageandfamilies.

[70] Patrick F. Fagan, *"How Broken Families Rob Children of Their Chances for Future Prosperity"* ["Cómo las familias rotas privan a los niños de sus oportunidades de prosperidad en el futuro"], Heritage Foundation, Backgrounder #1283, 11 de junio de 1999, http://www.heritage.org/marriage-and-family/report/how-broken-families-rob-children-their-chances-future-prosperity.

[71] Linda J. Waite y Maggie Gallagher, *The Case for Marriage: Why Married People are Happier, Healthier, and Better Off Financially* [Los argumentos a favor del matrimonio: Por qué los casados son más felices, más sanos y gozan de una mejor situación económica] (Nueva York: Doubleday, 2000), citado en Larson, "The Verdict on Cohabitation vs. Marriage".

[72] David J. Eggebeen y Daniel T. Lichter, *"Race, Family Structure, and Changing Poverty Among American Children"* ["Raza, estructura familiar y evolución de la pobreza entre los niños estadounidenses"], American Social Review 56: 801, 806, citado en Wardle, "Is Preference for Marriage in Law Justified?".

[73] Patrick F. Fagan y Kirk A. Johnson, *"Marriage: The Safest Place for Women and Children"* ["El matrimonio: El lugar más seguro para las mujeres y los niños"], Heritage Foundation, Backgrounder #1535, 10 de abril de 2002, http://www.heritage.org/marriage-and-family/report/marriage-still-the-safest-place-women-and-children.

[74] Linda Waite, *"Does Marriage Matter?"* ["¿El matrimonio importa?"] Demographics 32 (1995): 483,

5. Los hombres y las mujeres en general tienen un instinto innato que valora la fidelidad sexual en las relaciones íntimas, y el matrimonio proporciona un estímulo social de dicha fidelidad mucho mayor que cualquier otra relación o institución[75].

6. El matrimonio ofrece una mayor protección contra las enfermedades de transmisión sexual en comparación con cualquier otra relación o institución[76].

7. El diseño biológico de los cuerpos de los hombres y las mujeres sostiene que la intimidad sexual está diseñada para ser disfrutada solo entre un hombre y una mujer.

Por todas estas razones, el matrimonio es el elemento básico de cualquier sociedad estable, y es fundamental para la continuidad de una sociedad sana y estable. Todas estas razones argumentan que es correcto que los gobiernos *fomenten y recompensen* el matrimonio entre un hombre y una mujer. Esta institución aporta enormes beneficios a la sociedad por encima de cualquier otra relación o institución. Por lo tanto, la sociedad tiene un gran interés en proteger y fomentar el matrimonio a través de sus leyes.

PREGUNTAS PARA REFLEXIONAR

1. ¿Cómo ha cambiado este capítulo su forma de entender el matrimonio, si es que lo ha hecho?

2. Si está casado, ¿cómo le afecta pensar en su propio matrimonio como una imagen de la relación entre Cristo y la iglesia?

3. Si no está casado, gran parte del material de este capítulo no ha sido directamente relevante para la experiencia de su vida actual. Pero, ¿hubo partes del capítulo que fueron beneficiosas para su vida cristiana?

4. Si está casado, ¿la intimidad sexual funciona como Dios quiere que lo haga en su matrimonio? ¿Por qué sí o por qué no? ¿La relación sexual que tiene con su cónyuge refleja su relación personal general entre ambos?

5. En los lugares no cristianos de la cultura en la que usted vive, ¿cuáles son algunas de las consecuencias perjudiciales que se producen al violar las normas morales de Dios para el matrimonio?

6. Si está casado, haga una lista de 30 consecuencias perjudiciales que ocurrirían si cometiera adulterio. Enumere 10 cosas específicas que

---

citado en Wardle, *"Is Preference for Marriage in Law Justified?"* ["¿Está justificada la preferencia por el matrimonio en la ley?"].

[75] Robert T. Michael, John H. Gagnon, Edward O. Laumann y Gina Kolata, *Sex in America: A Definitive Survey* [El sexo en América: Un estudio definitivo] (Boston: Little Brown, 1994), 105, citado en *"What's Happening to Marriage?"* ["¿Qué le está pasando al matrimonio?"] State of Our Unions 2009, Rutgers University National Marriage Project, http://stateofourunions.org/2009/SOOU2009.pdf.

[76] Fagan y Johnson, *"Marriage: The Safest Place for Women and Children"* ["El matrimonio: El lugar más seguro para las mujeres y los niños"].

puede hacer para evitar cometer adulterio.

7. ¿Cuán puros son los deseos de su corazón ante los ojos de Dios en esta área? En los últimos años, ¿ha notado algún crecimiento en la madurez cristiana con respecto a los deseos de su corazón?

8. Si está soltero, ¿cuáles son algunos de los beneficios de la soltería según su propia experiencia?

9. Si está soltero, ¿se siente acogido y afirmado en su iglesia? ¿Existen oportunidades para que pueda utilizar sus dones espirituales en beneficio de los demás?

TÉRMINOS ESPECIALES

adulterio
convivencia
fornicación
matrimonio
inmoralidad sexual

BIBLIOGRAFÍA

Otras fuentes de referencia sobre ética

(ver datos bibliográficos completos, pág. 64)

Clark y Rakestraw, 2:139-76
Feinberg, John y Paul, 589-94
Frame, 748-55
Geisler, 299-303
Gushee y Stassen, 270-87
Holmes, 113-21
Jones, 153-76
Kaiser, 67-90
McQuilkin y Copan, 219-41
Murray, 27-30, 45-81Rae, 271-79

Otras obras

Anderson, Ryan T. *Truth Overruled: The Future of Marriage and Religious Freedom* [Verdad anulada: El futuro del matrimonio y la libertad religiosa]. Nueva York: Regnery, 2015.

Andreades, Sam A. *enGendered: God's Gift of Gender Difference in Relationship* [Engendrado: El don de Dios de la diferencia de género en las relaciones]. Wooster, Ohio: Weaver, 2015.

Ash, Christopher. *Married for God: Making Your Marriage the Best It Can Be* [Casados por Dios: Cómo hacer que su matrimonio sea lo mejor posible].

Wheaton, Illinois: Crossway, 2016.

Balswick, Judith K. y Jack O. Balswick. *Authentic Human Sexuality: An Integrated Christian Approach* [La auténtica sexualidad humana: Un enfoque cristiano integrado]. Downers Grove, Illinois: InterVarsity Press, 1999.

Burk, Denny. *What Is the Meaning of Sex?* [¿Cuál es el significado del sexo?]. Wheaton, Illinois: Crossway, 2013.

Chandler, Matt. *Mingling of Souls: Love, Marriage, Redemption, and Sex in the Song of Solomon* [La Unión de Dos Almas: El diseño de Dios para el amor, el matrimonio, el sexo y la redención]. Colorado Springs: Cook, 2015.

Cutrer, William y Sandra Glahn. *Sexual Intimacy in Marriage* [Intimidad sexual en el matrimonio] Grand Rapids, Michigan: Kregel, 1998.

Danylak, Barry. *A Biblical Theology of Singleness* [Una teología bíblica de la soltería]. Cambridge, Reino Unido: Grove Books, 2007.

DeMoss, Nancy Leigh, ed. *Biblical Womanhood in the Home* [La mujer bíblica en el hogar]. Foundations for the Family Series. Wheaton, Illinois: Crossway, 2002.

DeYoung, Kevin. *"Saints and Sexual Immorality"* ["Los santos y la inmoralidad sexual"]. En The Hole in Our Holiness: Filling the Gap between Gospel Passion and the Pursuit of Godliness [El agujero en nuestra santidad: Cómo llenar el vacío entre la pasión evangélica y la búsqueda de la piedad], págs. 107-22. Wheaton, Illinois: Crossway, 2012.

Dobson, James C. *Marriage under Fire: Why We Must Win This War* [Matrimonio bajo fuego: por qué debemos ganar esta guerra]. Sisters, Oregon: Multnomah, 2004.

Driscoll, Mark y Grace Driscoll. *Real Marriage: The Truth about Sex, Friendship and Life Together* [El verdadero matrimonio: La verdad sobre el sexo, la amistad y la vida en común]. Nashville: Thomas Nelson, 2012.

Eggerichs, Emerson. *Love and Respect: The Love She Most Desires, the Respect He Desperately Needs* [Amor y respeto: El amor que ella más ansía. El respeto que él desesperadamente necesita]. Nashville: Integrity, 2004.

Feldhahn, Shaunti. *The Good News about Marriage: Debunking Discouraging Myths about Marriage and Divorce* [La buena noticia sobre el matrimonio: Desmontando mitos desalentadores sobre el matrimonio y el divorcio]. Colorado Springs: Multnomah, 2014.

———. *The Surprising Secrets of Highly Happy Marriages: The Little Things That Make a Big Difference* [Los sorprendentes secretos de los matrimonios más felices: Las pequeñas cosas que marcan la diferencia]. Colorado Springs: Multnomah, 2013.

Furstenberg, Frank F., Jr. y Andrew J. *Cherlin. Divided Families: What Happens to Children When Parents Part* [Familias divididas: Qué pasa con los hijos cuando los padres se separan]. Cambridge, Massachusetts: Harvard University Press, 1991.

Gilder, George F. *Men and Marriage* [Los hombres y el matrimonio]. Gretna, Luisiana: Pelican, 1986.

Girgis, Sherif, Ryan T. Anderson y Robert P. George. *What Is Marriage? Man and Woman* [¿Qué es el matrimonio? Hombre y mujer: una defensa. Nueva York:

Encounter Books, 2012.

Green, Rob. *Tying the Knot: A Premarital Guide to a Strong and Lasting Marriage* [De camino al matrimonio: Una guía prematrimonial para una relación fuerte y duradera]. Greensboro, Carolina del Norte: New Growth, 2016.

Grudem, Wayne, ed. *Biblical Foundations for Manhood and Womanhood* [Fundamentos bíblicos de la masculinidad y la feminidad]. Wheaton, Illinois: Crossway, 2002.

———. *Countering the Claims of Evangelical Feminism* [Contrarrestar las afirmaciones del feminismo evangélico]. Sisters, Oregon: Multnomah, 2006. Esta es una condensación de 320 páginas de mi libro Evangelical Feminism and Biblical Truth [El feminismo evangélico y la verdad bíblica].

———. *Evangelical Feminism and Biblical Truth: An Analysis of More Than 100 Disputed Questions* [El feminismo evangélico y la verdad bíblica: Un análisis de más de 100 cuestiones controvertidas]. Wheaton, Illinois: Crossway, 2012.

Grudem, Wayne y Dennis Rainey, eds. *Pastoral Leadership for Manhood and Womanhood* [Liderazgo pastoral para la masculinidad y la feminidad]. Wheaton, Illinois: Crossway, 2002.

Harley, Willard F. *His Needs, Her Needs: Building an Affair-Proof Marriage* [Lo que él necesita, lo que ella necesita: Construye un matrimonio a prueba de infidelidades]. Grand Rapids, Michigan: Revell, 1994.

Haugen, Gary A. *Good News about Injustice: A Witness of Courage in a Hurting World* [Buenas noticias acerca de la injusticia: un testimonio de valentía en un mundo sufriente]. Downers Grove, Illinois: InterVarsity Press, 1999.

Heimbach, Daniel R. *True Sexual Morality: Recovering Biblical Standards for a Culture in Crisis* [La verdadera moral sexual: Recuperando las normas bíblicas para una cultura en crisis]. Wheaton, Illinois: Crossway, 2004.

Heitritter, Lynn y Jeanette Vought. *Helping Victims of Sexual Abuse* [Ayuda a las víctimas de abusos sexuales]. Minneapolis: Bethany House, 1989.

Hiestand, Gerald y Jay Thomas. *Sex, Dating, and Relationships: A Fresh Approach* [Sexo, Citas y Relaciones: Un nuevo enfoque]. Wheaton, Illinois: Crossway, 2012.

James, Sharon. *God's Design for Women: Biblical Womanhood for Today* [El diseño de Dios para la mujer: La mujer bíblica para hoy]. Darlington, Inglaterra: Evangelical Press, 2002.

Jones, Peter. *The God of Sex: How Spirituality Defines Your Sexuality* [El dios del Sexo: Cómo la espiritualidad define tu sexualidad]. Colorado Springs: Victor, 2006.

Kassian, Mary A. *Women, Creation, and the Fall* [La mujer, la creación y la caída]. Westchester, Illinois: Crossway, 1990.

Keller, Timothy y Kathy Keller. *The Meaning of Marriage: Facing the Complexities of Commitment with the Wisdom of God* [El significado del matrimonio: Cómo enfrentar las dificultades del compromiso con la sabiduría de Dios]. Nueva York: Dutton, 2011.

Köstenberger, Andreas J. y David W. Jones. *God, Marriage, and Family: Rebuilding the Biblical Foundation* [Dios, el matrimonio y la familia: Reconstruyendo los cimientos bíblicos]. 2° ed. Wheaton, Illinois: Crossway, 2010.

Lewis, Robert. *Real Family Values: Leading Your Family into the 21st Century with Clarity and Conviction* [Valores familiares reales: Dirigiendo a su familia hacia el siglo XXI con claridad y convicción]. Sisters, Oregon: Multnomah, 2000.

Lewis, Robert y William Hendricks. *Rocking the Roles: Building a Win-Win Marriage* [Cambiar los roles: Construyendo un matrimonio beneficioso para todos]. Ed. revisada Colorado Springs: NavPress, 1999.

Mahaney, C. J. y Carolyn Mahaney. *Sex, Romance, and the Glory of God: What Every Christian Husband Needs to Know* [Sexo, romance, y la gloria de Dios: lo que necesita saber cada esposo cristiano]. Wheaton, Illinois: Crossway, 2004.

Mohler, R. Albert, Jr. *We Cannot Be Silent: Speaking Truth to a Culture Redefining Sex, Marriage, and the Very Meaning of Right and Wrong* [No podemos callar: Decirle la verdad en una cultura que redefine el sexo, el matrimonio y lo que está bien o mal]. Nashville: Thomas Nelson, 2015.

Olthuis, J. H. *"Marriage"* ["Matrimonio"] En el New Dictionary of Christian Ethics and Pastoral Theology [Nuevo Diccionario de Ética Cristiana y Teología Pastoral], editado por David J. Atkinson y David H. Field, págs. 214-15-. Leicester, Reino Unido: Inter-Varsity y Downers Grove, Illinois: InterVarsity Press, 1995.

Ortlund, Ray. *Marriage and the Mystery of the Gospel* [El matrimonio y el misterio del evangelio]. Short Studies in Biblical Theology. Wheaton, Illinois: Crossway, 2016

Piper, John. *This Momentary Marriage: A Parable of Permanence* [Este matrimonio momentáneo: una parábola de la permanencia]. Wheaton, Illinois: Crossway, 2009.

Piper, John y Justin Taylor, eds. *Sex and the Supremacy of Christ* [Sexo y la supremacía de Cristo]. Wheaton, Illinois: Crossway, 2005.

Piper, John y Wayne Grudem, eds. *Recovering Biblical Manhood and Womanhood: A Response to Evangelical Feminism* [Recuperación de la condición de hombre y la condición de mujer bíblicas: una respuesta al feminismo evangélico]. Wheaton, IL: Crossway, 1991.

Platt, David. *Counter Culture: Following Christ in an Anti-Christian Age* [Contracultura: Seguir a Cristo en una era anticristiana], ed. revisada y actualizada. Carol Stream, Illinois: Tyndale Momentum, 2017.

Rainey, Dennis. *A Call to Family Reformation: Restoring the Soul of America One Home at a Time* [Una llamada a la reforma familiar: Restaurar el alma de Estados Unidos un hogar a la vez]. Little Rock, Arkansas: FamilyLife, 1996.

———. *Preparing for Marriage Devotions for Couples: Discover God's Plan for a Lifetime of Love* [Preparación para el matrimonio. Devocionales para parejas: Descubre el plan de Dios para una vida de amor]. Minneapolis: Bethany House, 2013.

———. *Stepping Up: A Call to Courageous Manhood* [Dando un paso adelante: Una llamada a la valentía de los hombres]. Little Rock, Arkansas: FamilyLife, 2011.

Ricucci, Gary y Betsy Ricucci. Love That Lasts: When Marriage Meets Grace [Amor que dura: Cuando el matrimonio se une a la gracia]. Wheaton, Illinois: Crossway, 2006.

Tripp, Paul David. *What Did You Expect? Redeeming the Realities of Marriage* [¿Qué

Estabas Esperando?: Redimiendo las realidades del matrimonio]. Wheaton, Illinois: Crossway, 2010.

Uhlmann, Steve y Barbara. *Plastic Promises: Discovering What Our Marriage Was Made Of* [Promesas de plástico: Descubriendo de qué estaba hecho nuestro matrimonio]. Scottsdale, Arizona: Love Like Jesus, 2016.

Waite, Linda J. y Maggie Gallagher. *The Case for Marriage: Why Married People Are Happier, Healthier, and Better Off Financially* [Los argumentos a favor del matrimonio: Por qué los casados son más felices, más sanos y están mejor económicamente]. Nueva York: Doubleday, 2000.

Weber, Stu. *Tender Warrior: Every Man's Purpose, Every Woman's Dream, Every Child's Hope* [Guerrero tierno: El propósito de todo hombre, el sueño de toda mujer, la esperanza de todo niño]. Nueva edición. Sisters, Oregon: Multnomah, 2006.

Wheat, Ed y Gaye Wheat. *Intended for Pleasure: Sex Technique and Sexual Fulfillment in Christian Marriage* [El placer sexual ordenado por Dios: Técnicas y satisfacción sexual en el matrimonio cristiano]. 4º ed. Grand Rapids, Michigan: Revell, 2010.

PASAJE BÍBLICO PARA MEMORIZAR

Efesios 5:31-32: Por esto dejará el hombre a su padre y a su madre, y se unirá a su mujer, y los dos serán una sola carne. Grande es este misterio; mas yo digo esto respecto de Cristo y de la iglesia.

HIMNO

"¡Oh Dios de amor perfecto!"

¡Oh, Dios de amor perfecto! A ti venimos
Ante tu trono excelso, en oración;
Concede amor sin término a tus hijos,
Dales el gozo de tu bendición.

Dios de la vida, dales tus virtudes
De caridad y de profunda fe;
La fe que dice ante el dolor: No dudes.
El noble confiar de la niñez.

Concédeles, Señor, amor cumplido;
Dales tu paz, que calma la ansiedad;
Haz brillar tras el día ensombrecido
La aurora nueva de un amor sin par.

Bendice a los que unes, Padre bueno,
Por el eterno y celestial Jesús;

Dios trino, de perdón y gracia lleno,
Que al universo inundas con tu luz.

AUTOR: DOROTHY B. GURNEY, 1858-1932

Capítulo 29

CONTROL DE LA NATALIDAD

¿Debemos pensar que el control de la natalidad es moralmente aceptable?

De ser así, ¿hay tipos de control de la natalidad que son moralmente incorrectos?

¿Qué métodos anticonceptivos son moralmente aceptables?

El tema del control de la natalidad está relacionado con el amplio tema del matrimonio, porque toda pareja casada debe enfrentarse a la cuestión del control de la natalidad hoy en día, y la sociedad moderna presenta una gran variedad de puntos de vista. Por un lado, muchos en la sociedad moderna no encuentran ningún problema moral en el control de la natalidad, y suelen utilizar preservativos y/o píldoras anticonceptivas para tener relaciones sexuales y evitar el temor a un embarazo no deseado. Por otro lado, la Iglesia Católica Romana considera que todas las formas de control de la natalidad son moralmente incorrectas, excepto la abstención periódica de las relaciones sexuales durante el período fértil de la mujer cada mes (que es una forma "natural" en contraposición a la forma "artificial" de control de la natalidad).

El *Catecismo de la Iglesia Católica* indica lo siguiente:

> La unidad, la indisolubilidad, y la *apertura a la fecundidad* son esenciales al matrimonio. [...] El rechazo de la fecundidad priva la vida conyugal de su "don más excelente", el hijo[1].

Todo acto matrimonial en sí mismo debe quedar abierto a la transmisión

---

[1] *Catechism of the Catholic Church* [Catecismo de la Iglesia Católica], 2ª ed. (Nueva York: Doubleday, 1997), párr. 1664 (463), énfasis añadido.

de la vida[2].

Es intrínsecamente mala toda acción que [...] se proponga como fin o como medio, hacer imposible la procreación[3].

La sagrada Escritura y la práctica tradicional de la Iglesia ven en las *familias numerosas* como un signo de la bendición divina y de la generosidad de los padres[4].

Entre los protestantes evangélicos, unos pocos apoyan esencialmente la posición católica romana y se oponen a todas las formas de control de la natalidad "artificial", pero la mayoría cree que el control de la natalidad es una decisión personal de cada familia y que las parejas deben ser libres de decidir cuántos hijos tendrán.

¿Qué es lo que realmente enseña la Biblia sobre el control de la natalidad? Esa es la pregunta que desarrollará el presente capítulo.

Debido al tema, casi todo este capítulo se refiere a las parejas que están casadas y que todavía pueden tener hijos. Traté el tema de la soltería en el capítulo 28 y abordaré el difícil tema de la infertilidad en el capítulo 30 (junto con el tema de la adopción).

A. LAS ESCRITURAS NO VEN A LOS HIJOS COMO UNA CARGA SINO COMO UNA GRAN BENDICIÓN

En la sociedad contemporánea, algunas personas ven a los hijos mayormente como una carga, un gasto enorme y un inconveniente que interfiere en la felicidad de una pareja casada. De vez en cuando aparecen noticias que hacen que la tarea de criar a los hijos parezca ¡espantosamente costosa! En 2013, el Departamento de Agricultura de los Estados Unidos estimó que el costo de criar a un hijo desde su nacimiento hasta su graduación en la escuela secundaria era de $245 340. Y en zonas más caras, como el noreste de Estados Unidos, esa cifra alcanza los $455 000. Eso no incluye los costos de los años universitarios, que según estimaciones conservadoras de la Junta Universitaria para 2016-2017 son de $20 090 (en el estado) por año para la matrícula y el alojamiento en las universidades públicas por cuatro años, y $45 370 para las universidades privadas por cuatro años[5].

Pero la Biblia no ve la crianza de los hijos como una carga o como algo que es financiera o emocionalmente imposible de hacer. Por el contrario, constantemente ve a los hijos como una bendición de Dios. Esta perspectiva positiva comienza en el primer momento de la historia de la humanidad, ya que el primer mandamiento

---

[2] *Ibid.,* párr. 2366 (628).

[3] *Ibid.,* párr. 2370 (629).

[4] *Ibid.,* párr. 2373 (630), énfasis en el original.

[5] *"Expenditures on Children by Families 2015"* ["Gasto en hijos por familias 2015"], Departamento de Agricultura de los Estados Unidos, revisado en marzo de 2017, 20, https://www.cnpp.usda.gov/sites/default/files/crc2015_March2017_0.pdf. Las cifras exactas son $9 650 al año para la matrícula de las universidades públicas estatales más $10 440 para el alojamiento y la comida; para las universidades privadas son $33 480 para la matrícula más $11 890 para el alojamiento y la comida.

que Dios dio a los seres humanos fue el de tener hijos:

> Y los bendijo Dios, y les dijo: *Fructificad y multiplicaos*; llenad la tierra, y sojuzgadla, y señoread en los peces del mar, en las aves de los cielos, y en todas las bestias que se mueven sobre la tierra (Gn 1:28).

"Multiplicar" implica tener más de dos hijos, porque una pareja con solo dos hijos simplemente se reemplazará en la tierra, sin multiplicar la población[6].

Otros pasajes del Antiguo Testamento continúan fomentando una visión positiva de los hijos, incluso después de que Adán y Eva pecaran:

> He aquí, *herencia de Jehová son los hijos*;
>   *Cosa de estima el fruto del vientre*.
> Como saetas en mano del valiente,
>   Así son los hijos habidos en la juventud.
> Bienaventurado el hombre que llenó su aljaba de ellos;
>   No será avergonzado
> Cuando hablare con los enemigos en la puerta (Sal 127:3-5).

> Tu mujer será *como vid que lleva fruto* a los lados de tu casa;
>   Tus hijos como plantas de olivo alrededor de tu mesa.
> He aquí *que así será bendecido el hombre*
>   Que teme a Jehová (Sal 128:3-4).

> ¿No hizo él uno, habiendo en él abundancia de espíritu? *¿Y por qué uno? Porque buscaba una descendencia para Dios*. Guardaos, pues, en vuestro espíritu, y no seáis desleales para con la mujer de vuestra juventud (Mal 2:15).

En el Nuevo Testamento, Jesús demostró una actitud sumamente positiva hacia los niños:

> Entonces le fueron presentados unos niños, para que pusiese las manos sobre ellos, y orase; y los discípulos les reprendieron.
> Pero Jesús dijo: Dejad a los niños venir a mí, y no se lo impidáis; porque de los tales es el reino de los cielos.
> Y habiendo puesto sobre ellos las manos, se fue de allí (Mt 19:13-15).

Además, las indicaciones de Pablo a Timoteo sobre cómo debe enseñar a las iglesias incluían esta declaración respecto a las viudas:

> Quiero, pues, que las viudas jóvenes se casen, *críen hijos*, gobiernen su casa; que no den al adversario ninguna ocasión de maledicencia (1 Ti 5:14).

Estos pasajes indican que la primera pregunta que deben hacerse las parejas al considerar el control de la natalidad es la siguiente: *¿Concordamos en nuestros corazones con la visión positiva de la Biblia sobre los hijos como una bendición*

---

[6] Ver más adelante, pág. 750, sobre el tema de la sobrepoblación en la actualidad.

de Dios, o concordamos con la visión secular moderna de que los hijos son un inconveniente y una carga?

Estas preguntas son importantes porque el punto de vista de la Biblia es sin lugar a dudas favorable a los hijos. El énfasis bíblico en los hijos como una bendición me lleva a pensar que las parejas casadas deberían, en casi todos los casos, planear tener hijos en algún momento de sus matrimonios[7]. De hecho, mi recomendación personal a la mayoría de las parejas jóvenes sería que planearan tener varios hijos y que disfruten de sus familias numerosas durante toda su vida (pocas veces, o ninguna, he conocido a parejas que me hayan dicho: "Hemos tenido demasiados hijos").

Tener varios hijos también es una forma de extender la iglesia. Aunque en el capítulo anterior argumenté que el reino de Dios en la tierra en la era del Nuevo Pacto se expande principalmente al tener hijos espirituales (personas que nacen de nuevo), y no simplemente a través de la procreación física (ver pág. 730), sigue siendo cierto que el patrón que vemos en las Escrituras es que los hijos de los creyentes normalmente también se convierten en creyentes[8]. Por lo tanto, tener varios hijos también es una forma en que las parejas pueden extender la población del pueblo de Dios en el mundo, personas que finalmente lo glorificarán por toda la eternidad.

Estas verdades bíblicas nos recuerdan que nuestro principal énfasis en cualquier discusión sobre el control de la natalidad debe ser el maravilloso privilegio, la alegría y la bendición de tener hijos, en muchos casos de tener varios. Por lo general, los hijos seguirán siendo una bendición y una alegría para los padres durante toda su vida.

Sin embargo, las Escrituras también reconocen que a veces los hijos pueden ser una causa de gran dolor para sus padres. Absalón fue una fuente de gran dolor para David, desde su intento rebelde de usurpar el trono de David hasta su muerte a manos de Joab, quien era el general de David (2 Samuel 13-18). La parábola del hijo pródigo (Lucas 15:11-32) narra el caso de un hijo que sería causa de un inmenso dolor a su padre. Además, algunos versículos de Proverbios muestran una idea de tragedias similares con hijos rebeldes:

> El hijo sabio alegra al padre,
> Pero el *hijo necio* es tristeza de su mådre (Pr 10:1).

> El *hijo necio* es pesadumbre de su padre,
> Y amargura a la que lo dio a luz (Pr 17:25; ver también
> 19:13; 29:3; Dt 21:18 , 21).

Sin embargo, estos versículos muestran las excepciones en lugar del caso

---

[7] Las pocas excepciones serían los casos en los que la esposa tiene un problema médico, como una discapacidad que haría que el embarazo fuera extremadamente peligroso, o en los que las parejas ya han superado la edad fértil cuando se casan.

[8] Ver Wayne Grudem, *Systematic Theology: An Introduction to Biblical Doctrine* [Teología Sistemática: Una introducción a la doctrina bíblica] (Leicester, Reino Unido: Inter-Varsity y Grand Rapids, Michigan: Zondervan, 1994), pág. 500.

general, y la perspectiva general de las Escrituras sobre los hijos sigue siendo muy positiva. Además, podemos esperar que la promesa profética de Malaquías se cumpla parcialmente o incluso en mayor medida en nuestra propia vida, de modo que antes del día en que el Señor venga en juicio, las hijas y los hijos pródigos se reconcilien con sus padres:

> He aquí, yo os envío el profeta Elías, antes que venga el día de Jehová, grande y terrible. El hará volver *el corazón de los padres hacia los hijos, y el corazón de los hijos hacia los padres*, no sea que yo venga y hiera la tierra con maldición (Mal 4:5-6).

B. OBJECIÓN: "EL MUNDO YA TIENE DEMASIADA GENTE"

Una objeción que puede plantearse contra esta perspectiva bíblica positiva de tener hijos es la idea de que el mundo ya tiene demasiada gente. Alguien podría argumentar que en la época de la Biblia no había mucha gente en la tierra y la exhortación a tener más hijos tenía sentido, pero hoy en día el mundo ya tiene demasiada gente y existe el peligro de la sobrepoblación.

Se pueden dar dos respuestas a esta objeción. En primer lugar, la orden de "fructificad y multiplicaos; llenad la tierra" (Gn 1:28) expresaba el propósito de Dios de que Adán y Eva llenaran la tierra *con personas que glorificaran a Dios*, personas que lo honraran, sirvieran y adoraran. Por lo general, es cierto que los hijos de los creyentes también se convierten en creyentes y, por lo tanto, sigue siendo una actividad moralmente buena para los cristianos tener hijos y así llenar la tierra con más personas que glorifiquen a Dios. Aunque hay algunas excepciones, la gran mayoría de los hijos de creyentes, en general, aporta mucho más bien que mal al mundo durante el transcurso de su vida.

La otra respuesta es que el mundo está lejos de estar sobrepoblado. La tendencia en todas las naciones del mundo es que, a medida que aumenta la prosperidad, la gente tiene cada vez menos hijos. Esto es muy evidente ahora en varios países, sobre todo en Canadá, Alemania, Hungría, Italia, Japón, Rusia y Corea del Sur, donde la gente ha tenido tan pocos hijos en las últimas décadas que la población se mantiene estable o disminuye, con tasas de fertilidad que bajan hasta 1.5 hijos por mujer[9]. En diciembre de 2016, según la Oficina del Censo de Estados Unidos, la población del mundo era de 7.36 mil millones[10]. En 2004, la División de Población del Departamento de Asuntos Económicos y Sociales de las Naciones Unidas publicó un documento en el que se afirmaba que se esperaba que la población se

---

[9] Joseph Chamie, *"Global Population of 10 Billion by 2100?—Not So Fast"* ["¿Población mundial de 10 mil millones para el 2100?... No tan rápido"], YaleGlobal, 26 de octubre de 2011, http://yaleglobal.yale.edu/content/global-population-10-billion-2100-not-so-fast. Chamie es el exdirector de la División de Población de la ONU.

[10] *U.S. and World Population Clock* [Reloj de población estadounidense y mundial], Oficina del Censo de Estados Unidos, http://www.census.gov/popclock/.

estabilizara alrededor de los 9.22 mil millones en algún momento del año 2075[11] . Otros modelos, elaborados después de 2004, muestran que la población mundial se estabilizará en 10.1 mil millones en 2100 debido al descenso de las tasas de fertilidad[12] . He tratado la estabilización de la población mundial con mayor detalle en otro libro[13] , y también la abordo en el capítulo 41 de este libro (ver pág. 1110).

De hecho, muchas de las zonas más densamente pobladas del mundo son también las más prósperas, como los Países Bajos, el Reino Unido, Alemania y Japón. La densidad de población actual de Massachusetts (871 personas por milla cuadrada) es mucho mayor que la de China (375 personas por milla cuadrada) y no muy inferior a la de la India (1 169 personas por milla cuadrada)[14] , pero Massachusetts es, en general, un lugar mucho más agradable para vivir, con una calidad de vida más alta. La diferencia es el aumento de la prosperidad, lo cual les permite a las personas tener mejores condiciones de vida.

Tampoco es cierto que los miles de millones de habitantes del mundo estén agotando rápidamente los recursos del planeta, por lo que pronto tendremos una escasez generalizada de diversos recursos esenciales. Trato este tema con más detalle en el capítulo 41 de este libro, así como en otra parte[15] , así que me limitaré a decir aquí que un Dios infinitamente sabio creó para nosotros una tierra "para que fuese habitada" (Is 45:18), la cual era "buena en gran manera" (Gn 1:31).

C. EL CONTROL DE LA NATALIDAD DURANTE UN TIEMPO LIMITADO ES MORALMENTE PERMISIBLE

Aunque creo que, en casi todas las circunstancias, las parejas casadas deberían planear tener hijos alguna vez, esto no significa que tengan la obligación moral de tener tantos hijos como sean físicamente capaces de tener. Los métodos anticonceptivos que existen en la actualidad ofrecen muchas opciones para decidir cuándo tener hijos y cuántos.

Por ejemplo, una pareja de recién casados puede decidir no tener hijos durante los primeros años de su matrimonio, quizá hasta que finalicen su proceso educativo o hasta que tengan una mayor estabilidad financiera. En ese caso, decidir posponer el tener hijos puede ser una opción sabia y moralmente buena.

Después de que una pareja haya tenido algunos hijos, uno o ambos cónyuges suelen tener la sensación de que "no deberíamos tener más hijos", quizá porque "no podríamos hacer un buen trabajo criando más hijos". Esta puede ser una decisión

---

[11] *"World Population to 2300"* ["Población mundial para el 2300"], División de Población del Departamento de Asuntos Económicos y Sociales de las Naciones Unidas, 2004, http://www.un.org/esa/population/publications/longrange2/WorldPop2300final.pdf.

[12] Chamie, *"Global Population of 10 Billion by 2100?—Not So Fast"*.

[13] Ver Wayne Grudem, *Politics-According to the Bible: A Comprehensive Resource for Understanding Modern Political Issues in Light of Scripture* [La política según la Biblia: Un recurso completo para entender las cuestiones políticas modernas a la luz de las Escrituras] (Grand Rapids, Michigan: Zondervan, 2010), págs. 333-36.

[14] Ver el cap. 41, pág. 1110, para estas y otras estadísticas sobre la densidad de población.

[15] Grudem, *Politics-According to the Bible*, págs. 320-86.

moralmente buena y sabia, porque decidir tener más hijos significa asumir otra responsabilidad importante, y Dios quiere que seamos fieles en esa responsabilidad:

> Porque si alguno no provee para los suyos, y mayormente *para los de su casa*, ha negado la fe, y es peor que un incrédulo (1 Ti 5:8).

El contexto específico de este versículo se refiere a proporcionar apoyo a las viudas, pero la expresión "para los de su casa" sin duda incluiría también a los propios hijos. En cuanto a este pasaje, creo que John Feinberg y Paul Feinberg están en lo cierto cuando dicen que al proveer "para los de su casa", una persona debe cubrir "las necesidades financieras, físicas, emocionales y espirituales"[16]. Por lo tanto, es preciso que las parejas consideren si son razonablemente capaces de hacerlo con más hijos de los que ya tienen.

Además, Jesús da un principio que se refiere a cumplir con las obligaciones en general, y puede aplicarse apropiadamente al asunto de tener más hijos:

> Porque ¿quién de vosotros, queriendo edificar una torre, no se sienta primero y calcula los gastos, a ver si tiene lo que necesita para acabarla? (Lucas 14:28).

La aplicación al control de la natalidad es que parece prudente que las parejas "calculen los gastos" de forma realista y vean si tienen los suficientes recursos físicos y emocionales, y una expectativa razonable de recursos financieros también, para criar más hijos.

Sin embargo, también hay que mencionar que muchas familias modernas con cuatro, cinco o incluso más hijos suelen notar que el Señor les da la fuerza y los recursos necesarios para criar bien a sus hijos "en disciplina y amonestación del Señor" (Ef 6:4).

La consideración más amplia aquí es que toda la vida consiste en decidir no hacer algunas cosas buenas para poder hacer otras cosas también buenas. Hay muchas más cosas buenas por hacer en el mundo de las que podríamos lograr incluso en varias vidas.

Más adelante en este capítulo, consideraré los argumentos a favor de una perspectiva alternativa, principalmente, que el control de la natalidad es siempre incorrecto para las parejas cristianas (ver pág. 754).

D. MÉTODOS ANTICONCEPTIVOS MORALMENTE ACEPTABLES Y MORALMENTE INACEPTABLES

Diversos métodos anticonceptivos impiden que el esperma del marido fecunde el óvulo de la mujer, por lo que no destruyen ninguna nueva vida humana. Por lo tanto, son métodos de control de la natalidad *moralmente aceptables*. Según el Life Issues Institute [Instituto de Asuntos de la Vida], esto incluiría el uso de

---

[16] John S. Feinberg y Paul D. Feinberg, *Ethics for a Brave New World* [Ética para un mundo feliz], 2º ed. (Wheaton, Illinois: Crossway, 2010), pág. 305.

un preservativo, un diafragma, una esponja, un espermicida y la mayoría de las píldoras anticonceptivas[17]. El antiguo método del "ritmo", ahora sustituido por la planificación familiar natural (PFN), también entra en esta categoría[18]. Además, si una pareja ha tomado la decisión de no tener más hijos durante su vida, también serían moralmente aceptables una vasectomía (para el hombre) o una ligadura tubárica (para la mujer, comúnmente llamada "ligadura de trompas").

Por otro lado, algunos métodos anticonceptivos permiten que se produzca la concepción y luego provocan la muerte del hijo recién concebido. Como argumenté en un capítulo anterior que trata sobre el aborto (ver cap. 21, pág. 566), las Escrituras indican que debemos considerar al niño no nacido como una persona humana desde el momento de la concepción (Sal 51:5; ver el análisis realizado más adelante, pág. 756). Esto también resulta evidente por el hecho de que, cuando el esperma del marido fecunda el óvulo de la mujer, comienza a formarse una nueva criatura viva con su propio ADN a medida que las células se dividen y multiplican. Los métodos anticonceptivos que causarían la muerte de este niño recién concebido (métodos conocidos como abortivos) incluyen las píldoras del día después (RU-486 y ellaOne)[19].

El dispositivo intrauterino (DIU) también debe considerarse un abortivo. Este dispositivo médico permite que el óvulo de una mujer sea fecundado por el esperma de un hombre, pero impide que el embrión que se produce se implante en el útero de la madre. Según Donna Harrison, ginecóloga y obstetra certificada, impedir que un embrión se implante es matar al embrión y, por tanto, es un aborto[20]. Por lo tanto, este método de control de la natalidad no es moralmente aceptable por motivos bíblicos (ver también el análisis de la tecnología reproductiva moderna en el próximo capítulo).

E. LOS ESPOSOS DEBEN PROCURAR NO NEGAR A SUS ESPOSAS EL PRIVILEGIO Y LA ALEGRÍA DE TENER HIJOS DURANTE DEMASIADO TIEMPO

Aunque creo que el uso de métodos anticonceptivos durante un tiempo limitado es

---

[17] *"Abortifacients: An Overview"* ["Abortivos: Un panorama general"], Life Issues Institute, Inc, 29 de septiembre de 2014, http://www.lifeissues.org/2014/09/abortifacients-overview/.

[18] Puede encontrar información sobre la planificación familiar natural en National Family Planning International [Planificación Familiar Nacional Internacional], http://nfpandmore.org/; el Departamento de Salud y Servicios Humanos de los Estados Unidos, https://www.hhs.gov/opa/pregnancy-prevention/non-hormonal-methods/natural-family-planning/index.html; y WebMd [Web médica]: http://www.webmd.com/sex/birth-control/features/today-natural-family-planning#1. En particular, la Iglesia Católica Romana dispone de una serie de recursos sobre planificación familiar natural.

[19] *"Abortifacients: An Overview"*; ver también James Trussell, Elizabeth G. Raymond y Kelly Cleland, "Emergency Contraception: A Last Chance to Prevent Unintended Pregnancy" ["Anticoncepción de emergencia: Una última oportunidad para evitar un embarazo no deseado"], Universidad de Princeton, Oficina de Investigación de la Población, noviembre de 2016, http://ec.princeton.edu/questions/ec-review.pdf.

[20] Donna Harrison, *"Contraception That Kills"* ["Anticoncepción que mata"], National Review, 8 de julio de 2014, http://www.nationalreview.com/article/382172/contraception-kills-donna-harrison.

moralmente permisible para las parejas, también es importante que los esposos se den cuenta de que sus esposas con frecuencia tendrán un profundo e intenso deseo de tener hijos del que sus esposos pueden no ser conscientes. No fue Jacob quien le dijo a Raquel, sino Raquel quien le dijo a Jacob sumida en la desesperación por su infertilidad: "Dame hijos, o si no, me muero" (Gn. 30:1).

Un ejemplo de la insensibilidad que los esposos pueden mostrar hacia sus esposas en este ámbito es la reacción de Elcana ante el dolor que sintió su esposa Ana cuando no tuvo hijos:

Y Elcana su marido le dijo: Ana, ¿por qué lloras? ¿por qué no comes? ¿y por qué está afligido tu corazón? *¿No te soy yo mejor que diez hijos?* (1 S 1:8).

Pero Ana sintió profundamente este dolor, pues "con amargura de alma oró a Jehová, y lloró abundantemente" (1 S 1:10).

El Salmo 113 enfatiza la alegría de una mujer quien antes era estéril cuando Dios le permite tener hijos:

El hace habitar en familia a la estéril,
Que se goza en ser madre de hijos.
Aleluya (Sal 113:9; ver también Is 54:1).

Por el contrario, cuando Abram (más adelante Abraham) se angustió por no tener hijos, su atención no se centró en su anhelo personal de tener y criar un hijo, sino en no tener un heredero:

Dijo además Abram: He aquí, no me has dado descendencia, y *uno nacido en mi casa es mi heredero* (Gn 15:3 LBLA).

F. UN PUNTO DE VISTA ALTERNATIVO: TODO CONTROL DE LA NATALIDAD ES MALO (O TODO CONTROL DE LA NATALIDAD "ARTIFICIAL" ES MALO)

En las últimas décadas, un movimiento de "planificación familiar natural" ha ganado influencia entre los cristianos evangélicos. Estos cristianos se oponen al control de la natalidad (o a la mayoría de los métodos de control de la natalidad). Apoyan su punto de vista con al menos los siguientes tres argumentos:

1. Los hijos son una bendición; por lo tanto, debemos tener muchos hijos.
2. Debemos confiar en Dios para decidir cuántos hijos debemos tener.
3. El control de la natalidad no es natural.

Responderé a estos tres argumentos en los siguientes apartados.

1. Los hijos son una bendición; por lo tanto, debemos tener muchos hijos. Mary Pride es una influyente evangélica que se opone al control de la natalidad. Ella presenta el siguiente argumento:

Los dos métodos que utilizan los cristianos para planificar sus familias, (1) el espaciamiento de embarazos y (2) la limitación del tamaño de la familia, tienen una cosa en común: *establecen un punto de corte sobre el número de bendiciones que una familia está dispuesta a aceptar.* ¿Puede alguien encontrar un solo versículo de la Biblia que diga que los cristianos deben rechazar las bendiciones de Dios? Según la Biblia, los hijos son una bendición *incomparable*[21].

Mi respuesta a este argumento es que se basa en un razonamiento erróneo y antibíblico. La base del razonamiento es la siguiente: si algo es bueno o es una bendición, debemos tratar de maximizarlo.

El problema con este razonamiento es que hay muchas cosas buenas en la vida, muchas bendiciones de Dios, y no podemos maximizarlas todas. Dormir es algo bueno (Sal 127:2), pero Dios no nos exige que durmamos todo lo que podamos (ver la advertencia sobre dormir demasiado en Pr 6:10-11). La comida es algo bueno y una bendición de Dios, pero sería un error comer todo lo que podamos. El trabajo también es una bendición de Dios (Ec 2:24; 3:13; 5:18), pero eso no significa que estemos obligados a trabajar tanto como podamos. Lo mismo podría decirse del ejercicio físico, de dar a los pobres, de la evangelización, de adorar o del estudio de la Biblia.

En lugar del falso principio "Si algo es bueno, debes tratar de maximizarlo", Dios requiere que oremos y ejerzamos una sabiduría madura para saber cómo asignar el tiempo limitado que tenemos entre las diversas buenas actividades disponibles en esta vida.

Un razonamiento tan erróneo como el que ofrece Pride no se limita a los opositores del control de la natalidad. A menudo, en los círculos cristianos se escuchan exhortaciones del tipo: "Como la actividad XYZ es buena, deberías hacer más de la actividad XYZ", donde la actividad XYZ es enseñar a los niños en la escuela dominical, ministrar a los pobres, participar en campañas de evangelización o tener más hijos. Pero esta exhortación no tiene en cuenta los llamados individuales de Dios a diferentes personas. Dios puede estar llamando a una persona a centrarse más en la actividad ABC o la actividad DEF en lugar de la actividad XYZ.

La indicación de Paul es mejor:

Pero cada uno como el Señor le repartió, *y como Dios llamó a cada uno, así haga*; esto ordeno en todas las iglesias (1 Co 7:17).

El "como Dios llamó a cada uno" se determina mejor mediante la consideración sabia y en oración de los propios dones y llamados de Dios, y eso podría no incluir el llamado de una pareja casada a criar tantos hijos como puedan concebir físicamente. Permitir que las personas tengan libertad para seguir sus propios llamados individuales de Dios significa que las personas tomarán muchas decisiones diferentes sobre qué actividades buenas deben priorizar. Algunos tendrán muchos

---

[21] Mary Pride, *The Way Home: Beyond Feminism, Back to Reality* [El camino a casa: más allá del feminismo, de vuelta a la realidad] (Westchester, Illinois: Crossway, 1985), pág. 76, énfasis en el original.

hijos, mientras que otros tendrán menos hijos y dedicarán más tiempo a diferentes ministerios y otras actividades valiosas. Permitir esta libertad respeta la diversidad de llamados dentro de la iglesia. "Son muchos los miembros, pero el cuerpo es uno solo" (1 Co 12:20).

2. Debemos confiar en Dios para decidir cuántos hijos debemos tener. Pride también presenta este argumento:

> Hay una alternativa a los planes y a la planificación de cuántos bebés tener y cuándo tenerlos. Se puede resumir en tres pequeñas palabras: confiar y obedecer. Si Dios está dispuesto a planificar mi familia por mí [...] entonces, ¿por qué debería estropear su plan con mis ideas? [22]

Este argumento contra el control de la natalidad no reconoce que la soberanía de Dios no suele anular el funcionamiento ordinario del mundo natural que ha creado. No le decimos a un agricultor: "Confía en la soberanía de Dios en cuanto a la cantidad de maleza que crecerá en tu campo". Si no hiciera nada para controlar las malezas, en poco tiempo crecerían de manera excesiva en su campo.

Por poner otro ejemplo, mis vecinos tienen un árbol de toronjas que produce deliciosas toronjas todos los años, tantas que las regalan alegremente a los vecinos. Pero no permiten que las toronjas que caen del árbol se queden allí y dispersen sus semillas en el suelo, para que con el tiempo broten ¡muchas más toronjas! Un defensor de la "planificación natural de las toronjas" podría decirles que "confíen en Dios para decidir cuántas toronjas tendrán", pero el resultado sería que pronto tendrían más toronjas de las que podrían cuidar. Es mucho más sabio que ejerzan un cierto "control de la natalidad" de las toronjas y recojan las que caen al suelo.

El concepto importante que hay que recordar aquí es que Dios no *suele anular, en su soberanía, las consecuencias naturales y ordinarias de las acciones humanas*. Si una pareja decide que tendrá relaciones sexuales con frecuencia y "confía en Dios" para decidir cuántos hijos tendrá, la respuesta es que Dios ya ha decidido (por la forma en que ha ordenado el mundo natural y nuestros cuerpos físicos) que tendrán muchos hijos (suponiendo que la pareja tenga buena salud reproductiva). Decir que *confían en Dios* para saber cuántos hijos tendrán es como arrojar semillas de flores silvestres en su patio trasero una vez a la semana durante un año y luego decir: "Confiamos en Dios para que decida cuántas flores crecerán en nuestro patio". Si las semillas se arrojan repetidamente en tierra fértil, florecerán.

El principio más amplio es que Dios quiere que confiemos en él con *respecto a los mandamientos y las promesas que nos ha dado en las Escrituras*. Pero no hay nada en las Escrituras que nos diga que evitemos el control de la natalidad y que luego confiemos en él para saber cuántos hijos tendremos. No estamos autorizados a confiar en él para cosas que no ha prometido ni ordenado.

Daniel Doriani analiza sabiamente la apelación a la confianza en la soberanía de Dios que hacen los cristianos que se oponen al control de la natalidad:

---

[22] Pride, *The Way Home*, pág. 77.

El movimiento "no al control de la natalidad" dice que la planificación familiar usurpa la soberanía de Dios al impedir que nazcan niños que podrían haber existido. Esto malinterpreta la forma en que Dios trabaja con agentes humanos y otros "medios secundarios", como el clima. Si digo que la planificación familiar interfiere con la soberanía de Dios, también podría argumentar que no debo planificar mi vocación o mi próxima comida o el lugar donde viviré para no interferir con el plan de Dios. Este concepto de la soberanía de Dios podría justificar todo tipo de pereza e inacción, incluyendo la negativa a recibir atención médica. También asume lo que hay que demostrar, que Dios quiere que la pareja tenga más hijos y quiere que cooperen mediante el coito "sin protección". ¡Pero tal vez Dios no ha planeado más hijos para la pareja y quiere que cooperen usando el control de la natalidad! La ignorancia de la voluntad de Dios nunca nos excusa del trabajo honesto de discernir y planificar[23].

3. El control de la natalidad no es natural. Con frecuencia, este argumento es la suposición no declarada detrás de muchas objeciones al control de la natalidad: como el sexo sin control de la natalidad es "natural", y ya que este proceso "natural" suele tener como resultado más bebés, tener más bebés es moralmente correcto (o es la voluntad de Dios para nosotros).

Frente a este argumento, debemos responder que Dios no nos manda simplemente a seguir lo que es "natural", sino a seguir sus mandamientos en la Escritura (en esto diferimos con la visión católica romana que pone mucho más énfasis en lo que ellos perciben como "ley natural").

La Biblia suele dirigirnos por un camino que difiere del curso de la naturaleza. Con respecto a las relaciones sexuales en sí, Dios no nos ordena hacer lo que es "natural"; sino que nos ordena limitar las relaciones sexuales a una relación matrimonial en lugar de seguir nuestros "instintos naturales", los cuales a veces nos llevarían a tener relaciones sexuales con distintas personas, incluso fuera del matrimonio.

Es importante tener en cuenta que Dios cambió el orden del mundo natural en el momento de la caída, y esto significa que nuestro ideal supremo no consiste simplemente en dejar que la "naturaleza virgen" siga su curso. Después de que Adán y Eva pecaron, Dios dijo: "Maldita será la tierra por tu causa; con dolor comerás de ella todos los días de tu vida. Espinos y cardos te producirá, y comerás plantas del campo" (Gn 3:17-18). De pronto, la vida en el mundo natural se volvió más difícil y dolorosa.

Cuando unimos esta alteración que Dios impuso al mundo natural con el mandamiento de Dios de "sojuzgar" la tierra (Gn 1:28), es correcto concluir que a menudo debemos tomar medidas activas para cambiar o incluso superar el curso de la naturaleza virgen. Esto es aplicable no solo a las plantas del campo, sino también

---

[23] Daniel Doriani, *"Birth Dearth or Bring on the Babies? Biblical Perspectives on Family-Planning"* ["¿Escasez de nacimiento o traer a los bebés?: Perspectivas bíblicas sobre planificación familiar"], Journal of Biblical Counseling 12, no. 1 (otoño de 1993): 33.

a nuestros cuerpos físicos, pues con frecuencia necesitamos medicamentos para remediar alguna discapacidad o enfermedad.

Alteramos la naturaleza de muchas maneras. Podamos los árboles frutales, raleamos las zanahorias, cortamos los árboles para plantar cultivos, matamos las malas hierbas y ponemos barreras para que no entren animales salvajes. En todos estos casos estamos interfiriendo en el curso de la naturaleza para obedecer de forma más eficaz a Dios.

Esto es particularmente importante en lo que respecta a los partos, porque después de que Adán y Eva pecaran, Dios cambió los efectos que el parto tendría en el cuerpo de la mujer:

> A la mujer dijo: *Multiplicaré en gran manera los dolores en tus preñeces*; con dolor darás a luz los hijos (Gn 3:16).

Esto nos indica que el parto es mucho más doloroso y probablemente mucho más pesado para el cuerpo de una mujer de lo que hubiera sido antes de la caída.

Por lo tanto, si Adán y Eva no hubieran pecado, y si no se hubiera impuesto una maldición a la mujer a la hora del parto, es posible que Eva, en su cuerpo no caído, hubiera podido dar a luz fácilmente a 15, 20 o más hijos, a un ritmo de uno por año, sin sentir dolor ni sufrimiento, y sin experimentar un desgaste prolongado en su cuerpo. Pero esto dejó de ser así tras la imposición de la maldición. Lo que ahora es "natural" no siempre será lo mejor.

Además, es posible que Génesis 3:16 también indique un aumento de la frecuencia de la fertilidad de la mujer, más de lo que su cuerpo está preparado para soportar en su estado caído. La versión King James Version (y la New King James Version) ofrece una traducción alternativa (N. del T.: Se hará una traducción literal de las versiones mencionadas para una mejor comprensión del análisis):

> Multiplicaré en gran medida vuestro dolor y *vuestra concepción* (KJV).

> Multiplicaré en gran medida tu dolor y *tu concepción* (NKJV).

Esta traducción es una traducción gramaticalmente legítima y totalmente literal del término hebreo *wehēronēk*, "y tu concepción". Según esta traducción, es posible que el periodo de fertilidad de Eva se produjera con menos frecuencia antes de la caída, quizás una vez al año o cada dos años. Y esto habría significado que las relaciones sexuales durante casi todo el año no habrían tenido como objetivo la procreación, sino el disfrute mutuo y la compañía[24].

---

[24] Sin embargo, en defensa de otras traducciones, la gran mayoría de los comités de traducción han entendido la expresión hebrea como un ejemplo de *hendiadys*, el uso de dos palabras unidas por "y" para expresar una sola idea, en este caso no solo "dolor y preñez" sino "dolor en la preñez", una sola idea. Esta también es una traducción gramaticalmente legítima, y los comités de traducción han tendido a favorecerla, probablemente por la convicción de que la abrumadora perspectiva prohijos de las Escrituras no sería fácilmente compatible con la idea de que el aumento de la fertilidad era parte de la maldición.

Sin embargo, no quiero descartar la posibilidad de la traducción de la KJV demasiado rápido. Por ejemplo, una veterana misionera que había trabajado con mujeres en países pobres durante varias

En relación con la idea de que debemos seguir lo que es "natural" está la idea de que la procreación es el objetivo principal (o incluso el único objetivo legítimo) de las relaciones sexuales. Sin embargo, esa idea no se encuentra en las Escrituras. Las relaciones sexuales también dan lugar a la unión de "una sola carne", que es la esencia del matrimonio (ver Gn 2:24; Ef 5:31). Y la intimidad sexual en el matrimonio también es otorgada por Dios con el propósito del placer mutuo y el compañerismo profundo (ver Pr 5:18-19; Cantar de los Cantares; ver también el análisis en el capítulo anterior, pág. 706). Ya que la procreación no es el único objetivo de las relaciones sexuales, el sexo dentro del matrimonio también es bueno durante los periodos no fértiles de la mujer cada mes, así como después de la menopausia.

En cuanto a la afirmación de que la procreación es el objetivo principal de las relaciones sexuales, es difícil saber cómo se puede encontrar algún criterio que lo demuestre. Si Dios crea algo con múltiples propósitos, ¿quiénes somos nosotros para determinar que un propósito es el principal y los otros son secundarios?

En conclusión, estos tres argumentos contra el control de la natalidad no son convincentes.

G. ¿CÓMO PUEDE SABER UNA PAREJA CUÁNTOS HIJOS TENER?

Si los hijos son una bendición, y si es bueno tener hijos, y si el control de la natalidad es aceptable al menos durante un tiempo en un matrimonio, entonces ¿cómo puede decidir una pareja cuántos hijos debe tener?

La Escritura no nos da una respuesta que se ajuste a todos los matrimonios. En tal caso, debemos actuar con gracia y permitir que las personas tengan una amplia variedad de respuestas diferentes debido a sus diferentes llamados individuales de Dios.

En general, las parejas deben orar por la sabiduría de Dios, que cada vez puede volverse más clara para ellos después de varios meses o años:

> *Y si alguno de vosotros tiene falta de sabiduría, pídala a Dios*, el cual da a todos abundantemente y sin reproche, y le será dada. Pero pida con fe, no dudando nada; porque el que duda es semejante a la onda del mar, que es arrastrada por el viento y echada de una parte a otra (Santiago 1:5-6).

Si se sienten cómodos haciéndolo, las parejas también pueden decidir buscar el consejo de otras personas, a través de las cuales Dios a menudo nos dará sabiduría.

Las conclusiones que he defendido en este capítulo implican que la perspectiva fundamental de una pareja en esta decisión debe ser que los hijos son una bendición del Señor, y que tener hijos es algo bueno y agradable a Dios (Gn 1:28; Sal 127:3-5; 128:3-4; Mal 2:15; 1 Ti 5:14). Pero también es correcto que "calculen los gastos" (Lucas 14:28) de asumir una responsabilidad tan grande. Si desean profundamente

---

décadas me dijo que había visto con frecuencia los devastadores efectos físicos que tienen 15 o 20 años consecutivos de partos en las mujeres pobres.

tener más hijos, es probable que Dios los esté llamando a hacerlo, y deben confiar plenamente en que él proveerá sus necesidades y les permitirá mantener a su familia (1 Ti 5:8), siempre y cuando no tomen una decisión imprudente e insensata que, en esencia, esté exigiendo una provisión milagrosa de Dios. Pero si uno o ambos se oponen firmemente a tener más hijos, y si esa oposición está basada en deseos bíblicos y piadosos, entonces esa oposición debería ser considerada en gran medida en el proceso de toma de decisiones, y el uso de métodos anticonceptivos sería apropiado.

En medio de esas dos situaciones, una pareja puede sentirse insegura o ambivalente acerca de tener más hijos, y en ese caso probablemente decidirá no intentar activamente evitar el embarazo, agradecer a Dios que a menudo nos conceda la bendición de los hijos, y luego esperar a ver si Dios, en su soberanía, les concede más hijos.

Sin embargo, hay dos errores que claramente deben evitarse: (1) basar una decisión en el miedo, el egoísmo y las expectativas no santificadas de una cultura no cristiana, y así no obedecer el llamado de Dios; y (2) basar una decisión en un tipo de "fe" imprudente e irresponsable que no proviene de Dios, sino que solo es una proyección de los motivos equivocados de una persona.

También es importante la actitud de los cristianos hacia los que tienen pocos o muchos hijos. En este sentido, al igual que con casarse o no casarse, "cada uno tiene su propio don de Dios, uno a la verdad de un modo, y otro de otro" (1 Co 7:7), y los cristianos deben respetar y honrar las diferentes decisiones que otras familias han tomado al respecto: "¿Tú quién eres, que juzgas al criado ajeno? Para su propio señor está en pie, o cae" (Ro 14:4; ver también v. 10).

PREGUNTAS PARA REFLEXIONAR

1. ¿Tiende a ver a los hijos más como una carga o como una bendición positiva?
2. Considera la posibilidad de tener varios hijos (por ejemplo, cinco, seis o más). Si eso ocurriera, ¿cree que en el futuro aportarían al mundo consecuencias en su mayoría positivas o negativas? ¿La idea de tener tantos hijos le provoca el temor de no poder mantenerlos o de no poder ser un padre lo suficientemente bueno? ¿Cómo cree que Dios vería esta posibilidad?
3. ¿Cuál cree que sería la cantidad idónea de hijos que podría tener?
4. ¿Qué rasgos de carácter cristiano (ver pág. 110) lo ayudarán a tener las actitudes correctas y a tomar las decisiones correctas con respecto al control de la natalidad?

TÉRMINOS ESPECIALES

abortivo
DIU

planificación familiar natural (PFN)
método del ritmo
RU-486

BIBLIOGRAFÍA

Otras fuentes de referencia sobre ética

(ver datos bibliográficos completos, pág. 64)

Davis, 17-58
Feinberg, John y Paul, 286-306
Frame, 782-87
Geisler, 396-405
Gushee y Stassen, 431-34
McQuilkin y Copan, 333-34
Murray, 45-81
Rae, 286-89

Otras obras

Best, Megan. *Fearfully and Wonderfully Made: Ethics and the Beginning of Human Life* [Hecho con temor y maravilla: La ética y el comienzo de la vida humana]. Kingsford, Nueva Gales del Sur, Australia: Matthias Media, 2012.

Biebel, David B., ed. *The Sterilization Option: A Guide for Christians* [La opción de esterilización: una guía para los cristianos]. Grand Rapids, Michigan: Baker, 1995.

Cutrer, William R. y Sandra L. Glahn. *The Contraception Guidebook: Options, Risks, and Answers for Christian Couples* [La guía de anticoncepción: opciones, riesgos y respuestas para parejas cristianas]. Grand Rapids, Michigan: Zondervan, 2005.

Doriani, Daniel. *"Birth Dearth or Bring on the Babies? Biblical Perspectives on Family-Planning"* ["¿Escasez de nacimiento o traer a los bebés?: Perspectivas bíblicas sobre planificación familiar"] Journal of Biblical Counseling 12, n.º 1 (1993), págs. 24-35.

Fletcher, D. B. *"Birth Control"* ["Control de la natalidad"] En el *New Dictionary of Christian Ethics and Pastoral Theology* [Nuevo Diccionario de Ética Cristiana y Teología Pastoral], editado por David J. Atkinson y David H. Field, págs. 193-95. Leicester, Reino Unido: Inter-Varsity y Downers Grove, Illinois: InterVarsity Press, 1995.

Köstenberger, Andreas J. *"To Have or Not to Have Children: Special Issues Related to the Family, Part 1"* ["Tener o no tener hijos: Temas especiales sobre la familia, parte 1"]. En God, Marriage, and Family: Rebuilding the Biblical Foundation [Dios, el matrimonio y la familia: Reconstruyendo los cimientos bíblicos]. 2ª ed., págs. 117-37, 334-40. Wheaton, Illinois: Crossway, 2010.

Pride, Mary. *The Way Home: Beyond Feminism, Back to Reality* [El camino a casa:

más allá del feminismo, de vuelta a la realidad]. Westchester, Illinois: Crossway, 1985. Contra el control de la natalidad.

Wheat, Ed y Gaye Wheat. *Intended for Pleasure: Sex Technique and Sexual Fulfillment in Christian Marriage* [El placer sexual ordenado por Dios: Técnicas y satisfacción sexual en el matrimonio cristiano]. 4ª ed., págs. 162-94. Grand Rapids, Michigan: Revell, 2010.

PASAJE BÍBLICO PARA MEMORIZAR

Salmos 127:3: He aquí, herencia de Jehová son los hijos; cosa de estima el fruto del vientre.

HIMNO

"Cristo es guía de mi vida"

Cristo, Guía de mi vida, ya no hay nada qué temer;
Nunca puedo yo dudarle pues me sabe defender.
Paz, Consuelo y vida eternal por la fe yo tengo en él,
Y con él ya nada temo porque Cristo Guía fiel

Cristo, Guía de mi vida, libre estoy de todo afán;
En las pruebas me da gracia, es de mi alma el vivo pan.
Si de sed estoy sufriendo, si mi paso lento va,
Él prepara fuente viva que mi ser refrescará.

Cristo, Guía de mi vida, ¡Oh, qué plenitud de amor!
En su hogar celeste ofrece dar descanso el Salvador.
Cuando de este mundo parta, viviré con él, yo sé.
"Jesucristo fue mi Guía", por los siglos cantaré.

AUTOR: FANNY J. CROSBY, 1820-1915

Capítulo 30

INFERTILIDAD, TECNOLOGÍA REPRODUCTIVA Y ADOPCIÓN

¿Cómo los principios bíblicos nos ayudan a evaluar las tecnologías reproductivas modernas, especialmente la inseminación artificial, la fecundación in vitro, la adopción embrionaria y la maternidad subrogada?

¿Por qué la Biblia ve la adopción de una forma tan positiva?

A. INFERTILIDAD

La infertilidad es cuando una pareja no puede concebir ni tener hijos, ya que el sistema reproductor del hombre o de la mujer no funciona de manera normal. Los avances médicos modernos proveen varias soluciones para la infertilidad y es apropiado considerarlas en esta sección del libro que trata sobre temas relacionados al matrimonio. Al final de este capítulo, también consideraré una cuestión relacionada: la adopción.

1. La infertilidad en el Nuevo y el Antiguo Testamento. La infertilidad ha sido motivo de gran dolor tanto para los hombres como para las mujeres, pero en especial para las mujeres, durante toda la historia de la humanidad, como lo vemos en algunos de los primeros capítulos de la Biblia. Sara (Sarai) no pudo tener hijos con Abraham (Gn 11:30; 16:1) durante la mayor parte de su vida, hasta que milagrosamente tuvo a Isaac a su avanzada edad (ver Gn 21:1-7). Raquel, la esposa de Jacob, no pudo tener hijos por un largo tiempo después de que se casó con Jacob

(Gn 29:31), así como la madre de Sansón, la esposa de Manoa (Jue 13:2). Ana, la madre de Samuel, clamó al Señor con profundo dolor a causa de su infertilidad (1 S 1:2-8). En el Nuevo Testamento, Zacarías y Elisabet "no tenían hijo, porque Elisabet era estéril, y ambos eran ya de edad avanzada" (Lucas 1:7), pero, de nuevo, mediante la intervención milagrosa de Dios, al final Elisabet dio a luz a Juan el Bautista (vv. 57-66). Estos ejemplos descriptivos muestran que *superar la infertilidad es algo que le agrada a Dios* y a menudo es una manifestación de su bendición especial sobre una pareja.

Asimismo, hay algunos pasajes generales que muestran la gran bendición de Dios cuando "Él hace habitar en familia a la estéril, que se goza en ser madre de hijos. Aleluya" (Sal 113:9; ver también Ex 23:26; Dt 7:14; Is 54:1; Gá 4:27). Estos pasajes son totalmente consistentes con la perspectiva que presenté en el capítulo anterior, de que la gran enseñanza de la Biblia es que los hijos son una gran bendición de Dios: "He aquí, herencia de Jehová son los hijos; Cosa de estima el fruto del vientre" (Sal 127:3; ver también Gn 1:28; Sal 128:3-4; Mal 2:15; 1 Ti 5:14; ver también el cap. 29, pág. 747).

Debido a la solidez de estos pasajes bíblicos, es correcto considerar la infertilidad como algo que debemos tratar de superar confiando en que a Dios le agradan tales esfuerzos. La infertilidad no debería ser algo que nos resulte indiferente, como el color de nuestros ojos o cabello, sino algo que veamos como una condición que es otro de los resultados de la caída, una de las enfermedades y discapacidades que entraron en la raza humana luego de que Adán y Eva pecaran. La infertilidad no formaba parte de la gran obra de Dios, tal y como la concibió en un principio o como pretendía que funcionara.

2. Un sentimiento de dolor por no tener hijos. Dios, en su sabiduría, muestra compasión y conciencia del profundo dolor por no tener hijos en varios pasajes, tales como las historias de Raquel (Gn 30:1) y Ana (1 S 1:5-10).

El profundo dolor que sienten las parejas que no tienen hijos no debe ser minimizado o desestimado a la ligera por los demás, en especial por los pastores y consejeros, sino también por los amigos. Ya que solo las mujeres pueden dar a luz y dar de lactar a los hijos, este dolor puede ser especialmente agudo para las esposas debido a la sensación de pérdida por no poder tener un hijo concebido conjuntamente, por no tener la experiencia de estar embarazada, por no pasar por el nacimiento y la lactancia materna de un hijo y por no poder desempeñar el rol de madre para sus propios hijos.

3. Fe en medio del dolor. Algunas veces, una pareja sin hijos se preguntará si su situación es el resultado del disgusto o la disciplina de Dios y esto hará que sea difícil para ellos creer que Dios tiene buenos propósitos para ellos y sus vidas. Sin embargo, el ejemplo de Zacarías y Elisabet al principio del Evangelio de Lucas muestra que incluso una pareja piadosa y moralmente ejemplar puede ser infértil, ya que Zacarías y Elisabet "eran justos delante de Dios" (Lucas 1:6; esto es un recordatorio de que su infertilidad no era el resultado de su pecado individual) y aún así no podían tener hijos:

> Hubo en los días de Herodes, rey de Judea, un sacerdote llamado Zacarías,
> de la clase de Abías; su mujer era de las hijas de Aarón, y se llamaba Elisabet.
> *Ambos eran justos delante de Dios, y andaban irreprensibles en todos los*
> *mandamientos y ordenanzas del Señor. Pero no tenían hijo*, porque Elisabet
> era estéril, y ambos eran ya de edad avanzada (Lucas 1:5-7).

Es importante reconocer que la incapacidad de tener hijos es una prueba difícil, un tipo de sufrimiento que muchas parejas afrontan de manera privada y silenciosa. En tales situaciones, los pasajes de las Escrituras que tratan sobre las pruebas y el sufrimiento en la vida cristiana a menudo son útiles para motivar la fe de las personas:

> En lo cual [tu salvación] vosotros os alegráis, aunque ahora por un poco de
> tiempo, si es necesario, *tengáis que ser afligidos en diversas pruebas*, para
> que sometida a prueba vuestra fe, mucho más preciosa que el oro, el cual
> aunque perecedero se prueba con fuego, sea hallada en alabanza, gloria y
> honra cuando sea manifestado Jesucristo, a quien amáis sin haberle visto,
> en quien creyendo, aunque ahora no lo veáis, os alegráis con gozo inefable
> y glorioso; obteniendo el fin de vuestra fe, que es la salvación de vuestras
> almas (1 P 1:6-9; ver también Santiago 1:2-4).

En este pasaje, Pedro anima a los creyentes que pasan por pruebas a continuar en la fe, lo que es muy valioso para Dios y que resultará en una gran recompensa. Asimismo, motiva a los creyentes que sufren a amar a Cristo y creer en él, ya que esa relación con él los llenará con alegría.

También sería de motivación para las parejas infértiles recordar que ni Jesús ni Pablo tuvieron hijos físicos, pero ambos encontraron gran satisfacción en los ministerios que Dios les encomendó. Tuvieron muchos hijos espirituales que entraron al reino de Dios y fueron nutridos por sus ministerios.

Como lo mencioné en los dos capítulos anteriores, el Nuevo Testamento varias veces pone un énfasis positivo en los hijos espirituales que son el resultado del ministerio de una persona. Pablo le dice a la iglesia de Corinto lo siguiente: "Pues me convertí en su padre en Cristo Jesús cuando les prediqué la Buena Noticia" (1 Co 4:15 NTV). Llama a los cristianos de Gálatas "hijitos míos" (Gá 4:19). Llama a Timoteo "verdadero hijo en la fe" (1 Ti 1:2) y de manera similar llama a Tito "verdadero hijo en la común fe" (Tito 1:4). Y Pedro se refiere a Marcos, quien a menudo viajaba con él, como "Marcos mi hijo" (1 P 5:13).

B. TRES PRINCIPIOS MORALES QUE CONSIDERAR EN RELACIÓN CON LA TECNOLOGÍA REPRODUCTIVA

1. La medicina moderna en general es moralmente buena. En la actualidad, la medicina moderna (y, de hecho, la medicina del mundo antiguo) se puede usar para superar muchas enfermedades y discapacidades. Deberíamos ver esto como algo bueno y algo por lo que podemos darle gracias a Dios.

Dios puso los recursos en la tierra para que los descubriéramos y desarrolláramos, incluyendo los recursos que son útiles para fines médicos, y nos dio la sabiduría y el deseo de hacerlo. La garantía de esto se encuentra en el mandamiento de Dios a Adán y Eva de "sojuzgar" la tierra (Gn 1:28) y se reafirma por el hecho de que todos los medicamentos que tenemos en la actualidad se hacen a partir de los recursos de la tierra y que "*de Jehová es la tierra* y su plenitud; el mundo, y los que en él habitan" (Sal 24:1).

Asimismo, el ministerio de sanación de Jesús señaló que Dios se alegra cuando tratamos de ayudar a que las personas superen enfermedades y discapacidades:

> Al ponerse el sol, todos los que tenían enfermos de diversas enfermedades los traían a él; y *él, poniendo las manos sobre cada uno de ellos, los sanaba* (Lucas 4:40).

Este era un patrón común del ministerio de Jesús en la tierra y el carácter inclusivo de la expresión "*todos* los que tenían enfermos de diversas enfermedades" nos permite suponer que Jesús también sanó a muchas mujeres (y hombres) infértiles que anteriormente no podían concebir ni tener hijos.

Por lo tanto, parece moralmente correcto apoyar y ver con buenos ojos los avances de la medicina que en la actualidad pueden brindar salud a las personas que tienen varias enfermedades y discapacidades, incluyendo la infertilidad.

2. Debemos considerar a un niño no nacido como una persona humana desde el momento de la concepción. En el capítulo anterior sobre el aborto (cap. 21) argumenté con cierto detalle que varios pasajes de las Escrituras nos llevaban a considerar al niño no nacido como una persona humana desde el momento de la concepción. David, al pensar en el comienzo de su existencia como pecador, menciona su pecaminosidad incluso al momento de su concepción: "He aquí, en maldad he sido formado, y *en pecado me concibió mi madre*" (Sal 51:5; ver análisis, pág. 567). Asimismo, David le dijo a Dios: "Tú me hiciste en el vientre de mi madre" (139:13). En el Antiguo Pacto, si un niño no nacido moría, incluso por una lesión accidental, el que había ocasionado que el niño no nacido muriera era sometido a la pena de muerte (ver Ex 21:22-25: "Pagarás vida por vida"). Jacob y Esaú eran considerados como dos hijos únicos que se convertirían en dos naciones luchando dentro del vientre de Rebeca (Gn 25:22-23). Y Elisabet, en el sexto mes de embarazo, dijo lo siguiente: "[...] la criatura saltó de alegría en mi vientre" (Lucas 1:44), sin duda una acción humana (ver previamente, pág. 566, para un análisis más amplio sobre estos pasajes).

Estos pasajes son relevantes en cuanto a la cuestión de las tecnologías reproductivas, ya que quieren decir que no deberíamos aprobar ninguna tecnología que, sin duda, ocasionará la muerte de un niño no nacido que fue concebido cuando el esperma del hombre fecundó el óvulo de la mujer, las células comenzaron a dividirse y el embrión humano empezó a convertirse en un bebé.

3. Dios quiere que un niño sea concebido y nazca de un hombre y una mujer que están casados entre sí. Afirmo este tercer principio con un poco más de duda que los primeros dos, ya que este principio no se basa en ningún mandamiento directo de las Escrituras, sino en un patrón de historias bíblicas y probables implicaciones de los mandamientos morales bíblicos sobre algunos temas relacionados.

Muchas cuestiones éticas relacionadas con la tecnología reproductiva tienen que ver con la posibilidad médica de que una mujer quede embarazada y tenga un hijo *incluso cuando el padre biológico del niño no es su esposo*. Pero todo el ámbito de las historias bíblicas y los estándares morales bíblicos consideran que esta situación va en contra del plan establecido por Dios para el nacimiento de un niño[1].

Al principio de la creación Dios les dijo a Adán y Eva (quienes eran esposos): "Sean fecundos y multiplíquense. Llenen la tierra" (Gn 1:28 RVA-2015). Este versículo por sí mismo no dice que a Dios no le agradarían otras maneras de tener hijos, pero es el modelo fundamental para el matrimonio en toda la Biblia y es la primera instancia del mandamiento ser fecundo (la Biblia llama a Adán y Eva "el hombre y su esposa" en Gn 2:25 NTV y usa la relación entre Adán y Eva como el modelo para el matrimonio en general en el v. 24).

Igualmente, los reiterados mandamientos de Dios en contra del adulterio (Ex 20:14; Lv 20:10; Dt 5:18; Pr 6:32; Mt 15:19; Ro 13:9; Santiago 2:11; 2 P 2:14) apoyan esta idea. Una razón por la que las relaciones sexuales solo deben ocurrir dentro del contexto del matrimonio es que garantiza que los hijos solo nacerán de un hombre y una mujer que están casados entre sí.

Otra evidencia que apoya esta conclusión se encuentra en las detalladas leyes de Éxodo:

> Si alguien seduce a una mujer virgen que no esté comprometida para casarse, y se acuesta con ella, deberá pagarle su precio al padre y tomarla por esposa (Ex 22:16 NVI; la única excepción está en el v. 17, pero el principio general es que el matrimonio se debe realizar; ver también Dt 22:28-29).

Una vez más, la disposición específica de la ley garantizaba que sin un hombre y una mujer tenían relaciones sexuales, se casarían, garantizando de nuevo que un niño nacería en un contexto en donde un hombre y una mujer estén casados entre sí.

Las enseñanzas de Jesús en contra del divorcio brindaron una protección posterior que garantizaba que los niños nacerían dentro de un matrimonio. El principio general es "por tanto, lo que Dios juntó, no lo separe el hombre" (Mt 19:6). Las únicas excepciones (en donde se permite el divorcio) son casos en donde el matrimonio ha sido tan gravemente corrompido por el adulterio o por el abandono a largo plazo que ya no puede haber reconciliación, pero se trata de situaciones poco frecuentes (ver cap. 32) y en tales casos la concepción de futuros hijos no ocurriría en ningún caso.

Las prohibiciones contra la "inmoralidad sexual" ("fornicación" en traducciones

---

[1] Sin embargo, la situación del nacimiento virginal de Jesús por medio de su madre María es un acontecimiento único en toda la historia de la humanidad, ya que, en la sabia providencia de Dios, Jesús no tenía un padre humano biológico.

antiguas, del término griego *porneia*) también buscan asegurar que las relaciones sexuales ocurran solo dentro del contexto del matrimonio. Esto garantizaría que los hijos solo sean concebidos dentro del contexto del matrimonio (ver 1 Co 6:18; 2 Co 12:21; Gá 5:19; Ef 5:3; Col 3:5; 1 Ts 4:3; ver también el análisis en el cap. 28, pág. 706).

Finalmente, las Escrituras no indican en ninguna parte que Dios considera que sea moralmente correcto que un hombre y una mujer que no están casados conciban un hijo.

Por lo tanto, este amplio patrón de las enseñanzas bíblicas me lleva a la conclusión de que un niño debe ser concebido y nacer de un hombre y una mujer que están casados entre sí y no dentro de otra situación o relación.

C. ALGUNAS TECNOLOGÍAS REPRODUCTIVAS MODERNAS SON MORALMENTE ACEPTABLES

La categoría general para varios tratamientos médicos que ayudan a que las personas tengan hijos es "tecnología de reproducción asistida" (abreviado como TRA). En esta sección, consideraré algunos tipos específicos de tecnología de reproducción asistida a la luz de los tres principios morales previos. Sin embargo, hay que tener un poco de precaución. La tecnología médica en esta área se desarrolla a una velocidad sorprendente y es imposible predecir qué nuevos procesos estarán disponibles en los próximos años. Otros eticistas evangélicos han analizado las tecnologías reproductivas con más detalle que yo en este capítulo[2] y espero que ellos y otros como ellos continúen realizando estos estudios tan detallados.

No obstante, también espero que los temas individuales que analizo en este capítulo brinden un modelo de razonamiento ético que los lectores encuentren útil para evaluar técnicas y procesos futuros.

Las tres conclusiones de la sección previa se pueden resumir de la siguiente manera:

1. La medicina moderna en general es moralmente buena.
2. Debemos tratar a un niño no nacido como una persona humana desde el momento de la concepción.
3. Dios quiere que un niño sea concebido y nazca de un hombre y una mujer que están casados entre sí.

Estos tres principios nos dan una perspectiva útil de la que podemos concluir que algunos tipos de tecnologías reproductivas modernas son moralmente

---

[2] En la bibliografía al final de este capítulo, ver especialmente las obras de John S. Feinberg y Paul D. Feinberg, John M. Frame, John Kilner, C. Ben Mitchell, Scott B. Rae y David VanDrunen. La página web del Center for Bioethics and Human Dignity [Centro de Bioética y Dignidad Humana] de la Trinity International University también tiene varios recursos sobre muchas cuestiones detalladas de la bioética: https://cbhd.org/. También recomiendo la declaración de bioética sobre este tema del Christian Medical and Dental Associations [Asociaciones Cristianas Médicas y Dentales]; ver https://www.cmda. org/resources/publication/assisted-reproductive-technology-ethics-statement.

aceptables y otros tipos no.

1. Inseminación Artificial Conyugal (IAC). El proceso de inseminación artificial por medio del esposo no viola ninguno de los principios bíblicos mencionados anteriormente. Simplemente permite que una esposa quede embarazada a través del esperma de su esposo cuando, por alguna razón, es físicamente imposible o improbable que esto suceda mediante las relaciones sexuales comunes. En primer lugar, se recolecta el esperma del esposo y luego se inyecta en el cuello uterino o en el útero mediante una jeringa sin aguja u otro dispositivo médico. El niño es concebido y nace de un hombre y una mujer que están casados entre sí. Ninguna persona humana no nacida (o embrión) se destruye en el proceso. Y el maravilloso resultado es que la pareja supera la infertilidad.

2. Fecundación in vitro sin la destrucción de embriones. La fecundación *in vitro* (abreviada como FIV) es el proceso de juntar el óvulo de la mujer con el esperma del hombre en un laboratorio en lugar de que sea dentro del cuerpo de la mujer (la frase en latín *in vitro* significa "dentro del vidrio").

Los cristianos evangélicos difieren sobre la aceptación moral de este procedimiento, como lo indicaré posteriormente (algunos escritores evangélicos respetados argumentan que la fecundación in vitro siempre es moralmente inaceptable). Personalmente, opino que, en principio, no debería haber ninguna objeción moral sobre la fecundación *in vitro* según los estándares bíblicos, siempre que no se destruya ningún embrión humano en el proceso, ya que una vez más solo se trata de permitir que un esposo y una esposa infértiles tengan hijos y que de ese modo superen su infertilidad por medio de la medicina moderna. Alguien puede objetar que este no es el proceso "natural" de la concepción por medio de las relaciones sexuales que Dios quiso, pero tal argumento debe suponer una definición de "natural" que excluye arbitrariamente los medios médicos modernos que consideramos parte de la naturaleza. ¿El equipo de laboratorio que se usa para la fecundación in vitro no está hecho también a partir de los recursos que Dios plantó en la tierra? ¿No son los investigadores médicos y los técnicos médicos, con toda su sabiduría y habilidad, también parte de la creación de Dios?

Para citar otra analogía, piense en una mujer que usa un termómetro moderno para tomar la temperatura de su cuerpo cada día para determinar el mejor momento para tener relaciones sexuales con el fin de poder concebir un hijo. ¿Es un proceso "no natural" porque usa un termómetro médico moderno para saber cuándo está ovulando? Sin duda, no. El termómetro está hecho a partir de una parte del mundo natural que Dios creó. De manera similar, piense en un esposo que usa viagra o una pastilla moderna similar para superar la disfunción eréctil para que él y su esposa puedan tener relaciones sexuales y concebir un bebé. ¿El proceso tiene que rechazarse como "no natural" porque usa medicina moderna para superar su problema médico? Sin duda, no. La viagra está hecha de materiales que Dios puso en el mundo natural, así que también es parte de la naturaleza considerada en un sentido amplio.

Por lo tanto, no parece haber ninguna razón válida para rechazar la fecundación *in vitro* por no formar parte del proceso natural que Dios estableció para la concepción de los hijos. Todas las consideraciones esenciales sobre este tema están resueltas: la medicina moderna se usa para superar una discapacidad, no se destruye la vida de ningún niño no nacido y el niño es concebido y nace de un hombre y una mujer que están casados entre sí.

Sin embargo, a menudo la fecundación *in vitro* se realiza de una manera en que se destruyen varios embriones humanos y, por lo tanto, resulta erróneamente en la destrucción de la vida humana. Esto sucede porque, con el fin de aumentar la probabilidad de un embarazo, se pueden fecundar más óvulos de la mujer en los equipos de laboratorio de los que realmente se implantan en su vientre[3].

En la mayoría de casos, las parejas que se someten a la fecundación *in vitro* en donde se crean varios embriones pueden indicar una de las siguientes opciones en cuanto al manejo de cualquier embrión restante:

1. Congelamiento (criopreservación) de embriones que no se implantaron para el uso de la pareja en cualquier ciclo de tratamiento futuro.
2. Donar anónimamente los embriones para que otras parejas infértiles los usen (ver la sección de "adopción embrionaria" posteriormente).
3. Permitir que los embriones se desarrollen en el laboratorio hasta que perezcan, en donde se descartan, lo que usualmente está dentro de los seis u ocho días de recolección[4].

Sin embargo, no es necesario fecundar varios óvulos. El desarrollo tecnológico de la fecundación *in vitro* ha llegado al punto en que es posible que una pareja fecunde solo un óvulo o dos y luego se implanten ambos en el vientre de la mujer, si es que lo desean. De hecho, un estudio británico del año 2012 descubrió que las mujeres nunca deberían tener más de dos óvulos implantados. La investigadora principal, Debbie Lawlor de la Universidad de Bristol, dijo lo siguiente: "Investigaciones previas, antes de las técnicas más modernas de la FIV, aún mostraban que implantar tres [embriones] aumentaba la probabilidad de una tasa de éxito de nacidos vivos, en comparación con la transferencia de uno o dos". "Nuestra investigación demuestra que esto ya no es así"[5]. En tales casos, en donde no se destruye ningún embrión, creo que la fecundación *in vitro* es moralmente aceptable.

John Feinberg y Paul Feinberg están en desacuerdo con mi postura y argumentan que la FIV es moralmente inaceptable, incluso cuando solo se fecunda un óvulo, ya que la tasa de éxito es muy baja en tales casos. Ambos escriben lo siguiente:

---

[3] *In-Vitro Fertilization and Embryo Transfer: Overview for IVF Patients"* ["Fecundación in vitro y transferencia de embriones: Una perspectiva para pacientes de FIV"] Georgia Reproductive Services, http://www.ivf.com/overview.html.

[4] *Ibid.* Ver también *"In Vitro Fertilization (IVF)"* ["Fecundación in vitro (FIV)"], The Mayo Clinic, http://www.mayoclinic.org/tests-procedures/in-vitro-fertilization/details/how-you-prepare/ppc-20206941.

[5] Citado en Catharine Pearson, *"IVF Study Shows Two Eggs are Good, 3 Too Many"* ["Un estudio sobre la FIV demuestra que dos óvulos son buenos, 3 son demasiados"], Huffington Post, 18 de enero de 2012, http://www.huffingtonpost.com/2012/01/12/ivf-study-shows-2-eggs-ar_n_1202020.html.

Creemos que el embrión es un humano y una persona desde el momento de la concepción en adelante. [...] Nuestros puntos de vista sobre el estado del embrión nos llevan a nuestra mayor objeción moral sobre la FIV, específicamente, su desperdicio y pérdida de vida embriónica. [...] Si la tasa de éxito de la FIV hubiera aumentado en un 95 % o incluso en un 80-85 %, habríamos sido más empáticos, pero [...] en la actualidad la tecnología de la FIV no está ni cerca de tales tasas de éxito. Consideramos moralmente inaceptable la pérdida de demasiadas vidas humanas. [...] Las tasas de éxito son, en el mejor de los casos, solo de un 17 % cuando se usa un embrión. [...] Se pierden muchas vidas humanas como para considerar que es moralmente aceptable[6].

Respeto mucho el libro de los hermanos Feinberg, el cual utilicé como el libro principal para enseñar ética cristiana por varios años. Estoy de acuerdo con sus conclusiones mucho más que con las que estoy en desacuerdo. Asimismo, tanto John como Paul Feinberg fueron valiosos colegas míos cuando enseñé en Trinity Evangelical Divinity School. Considero que su objeción sobre este punto es importante y la tomo con seriedad, pero al final no me convence.

Mi respuesta es que la fecundación de solo uno o dos óvulos al mismo tiempo e implantarlos con la esperanza de que sobrevivan, es muy distinto a la práctica común de la fecundación in vitro en donde se fecundan varios óvulos y luego la mayoría de ellos se destruye intencionalmente. En ese caso, hay una destrucción deliberada de vidas humanas. Sin embargo, cuando se fecunda solo uno o dos óvulos al mismo tiempo, la intención del doctor, el esposo y la esposa es que todos los óvulos fecundados vivan y lleguen a nacer con normalidad. Por lo tanto, aún creo que este tipo de fecundación *in vitro* es moralmente aceptable[7].

Esto no quiere decir que las parejas están obligadas a probar la fecundación in vitro, sino que solo es algo moralmente aceptable. Muchas parejas pueden concluir que el proceso es muy costoso para ellos. En promedio, el costo de un ciclo básico

---

[6] John S. Feinberg y Paul D. Feinberg, *Ethics for a Brave New World* [Ética para un nuevo mundo audaz], 2da ed. (Wheaton, Illinois: Crossway, 2010), págs. 424-25. El autor británico John Ling también objeta sobre la FIV: ver John R. Ling, Bioethical Issues: Understanding and Responding to the Culture of Death [Cuestiones de bioética: Comprendiendo y respondiendo a la cultura de la muerte], edición revisada y actualizada (Leominster, Reino Unido: Day One Publications, 2014). Resume sus objeciones aquí:

Comprendiendo y respondiendo a la cultura de la muerte], edición revisada y actualizada (Leominster, Reino Unido: Day One Publications, 2014). Resume sus objeciones aquí: http://www.john-ling.co.uk/thirtyyears.htm.

[7] Las dos otras objeciones que se pueden presentar contra la FIV son (1) que los avances en la tecnología de la FIV a menudo los desarrollan investigadores que destruyen intencionalmente cientos de embriones y (2) que la FIV separa la concepción de la unión sexual de "una sola carne" (Gn 2:24) en la que Dios quería que sucediera. Reconozco que algunos lectores considerarán que estas objeciones son convincentes, pero yo no porque (1) no creo que tengamos la responsabilidad de evitar usar todas las tecnologías modernas desarrolladas por los seres humanos pecadores en diversas épocas y lugares alrededor del mundo y (2) ningún mandamiento en las Escrituras dice que la concepción de un hijo por un esposo y una esposa solo debe ocurrir mediante tal unión de "una sola carne". Quiero ser cuidadoso en enseñar todos los estándares éticos que las Escrituras enseñan y no prohibir lo que las Escrituras no prohíben.

de FIV en los Estados Unidos va desde aproximadamente $12 000 a $15 000. Otro proceso menos complicado llamado "Mini FIV" cuesta aproximadamente de $5 000 a $7 000[8].

Otros pueden pensar que la probabilidad de éxito del proceso es muy pequeña y por ello no quieren embarcarse en un proceso tan difícil. Según la Society of Assisted Reproductive Technologies [Sociedad de Tecnologías de Reproducción Asistida] (SART), en 2014 la tasa de nacimientos vivos por ciclo de FIV con óvulos propios era de 54.4 % entre las mujeres menores de 35 años, 42.0 % en mujeres de 35 a 37 años y 26.6 % en las de 38 a 40 años. La tasa de éxito cae en un 13.3 % en las mayores de 40 años y el éxito en las mayores de 44 años es raro, aproximadamente 3.9 %[9].

Un estudio sueco descubrió que una mujer que solo tenía un embrión implantado en su vientre tenía casi la misma probabilidad de quedar embarazada que una mujer que tenía dos o más embriones implantados. La transferencia de un solo embrión también redujo las posibilidades de que nacieran gemelos con bajo peso y complicaciones relacionadas[10].

Otra consideración es que una pareja pueda decidir que embarcarse en otro embarazo trae consigo altos riesgos para la salud de la madre que son muy significativos para ellos como para pensar que deberían intentar la FIV. Igualmente, en tales casos la *posibilidad médica* y la *aceptación moral* de intentar la fecundación *in vitro* no quiere decir que estén obligados a utilizar este procedimiento si no quieren hacerlo.

3. Adopción embrionaria. A menudo, durante el proceso de la fecundación *in vitro*, se fecundan más óvulos en el laboratorio que los que se implantan en el vientre de una mujer. Como se señaló anteriormente, en lugar de destruir estos embriones, algunas parejas deciden congelarlos en caso decidan tener más hijos en el futuro o por otras razones. Hasta el 2015, se estima que hay más de un millón de embriones congelados almacenados solo en los Estados Unidos[11]. Muchos de ellos nunca serán reclamados o usados por los padres originales. ¿Qué se debe hacer con estos embriones?

Una posibilidad es que otras parejas adopten esos embriones, se implanten en el vientre de la esposa y les permitan crecer y nacer como niños normales. A veces, estos niños son llamados *snowflake children* (bebés copo de nieve)[12].

---

[8] *"IVF Costs—In Vitro Fertilization Costs"* ["Costos de la FIV: Los costos de la fecundación in vitro"], Internet Health Resources, Infertility Resources, https://www.ihr.com/infertility/ivf/ivf-in-vitro-fertilization-cost.html.

[9] *"Final Cumulative Outcome Per Egg Retrieval Cycle"* ["Resultado final acumulado por ciclo de recuperación de óvulos"], Society of Assisted Reproductive Technologies, 2014, https://www.sartcorsonline.com/rptCSR_PublicMultYear.aspx?ClinicPKID=0.

[10] *"Good Results with Only One Egg in In-Vitro Fertilization"* ["Buenos resultados con un solo óvulo en la fecundación in vitro"], Science Daily, 14 de diciembre de 2004, https://www.sciencedaily.com/releases/2004/12/041203091047.htm.

[11] John Burger, *"Frozen Embryo Population in the U.S. Hits 1 Million"* ["La población de embriones congelados alcanza el millón en los Estados Unidos"], Aleteia, 18 de junio de 2015, http://aleteia.org/2015/06/18/frozen-embryo-population-in-the-us-hits-1-million-mark/.

[12] El término snowflake children (bebés copo de nieve) se refiere a los niños que resultan de la adop-

Aunque no debemos motivar o aceptar el proceso de creación de embriones que no se usarán en primera instancia, una vez que estos embriones se crean parecen estar en una situación muy similar a la de los huérfanos. Son niños muy jóvenes que aún no han nacido y cuyos padres ya no se encargan de ellos.

En este caso, parece aplicable el consejo bíblico de cuidar a los huérfanos:

La religión pura y sin mácula delante de Dios el Padre es esta: *Visitar a los huérfanos y a las viudas en sus tribulaciones*, y guardarse sin mancha del mundo (Santiago 1:27; ver también Os 14:3) .

Si consideramos a los embriones congelados como "huérfanos" que han sido abandonados por sus padres, entonces es claro que parece moralmente correcto que las parejas los adopten, los hagan nacer y los críen en sus propias familias como sus propios hijos adoptivos. De hecho, Dios bendecirá grandemente a aquellos que adopten y críen estos embriones como hijos[14] .

Alguien podría preguntarse si existe un daño en el desarrollo físico o mental de estos niños como el resultado de haber estado congelados durante un periodo de tiempo, algunas veces por varios años. Sin embargo, la sorprendente evidencia muestra que tales *snowflake children* (bebés copo de nieve) a menudo crecen sanos y con normalidad e incluso ahora algunos se acercan a la edad adulta. Por ejemplo, Hannah Strege, el primer embrión adoptado que nació el 31 de diciembre de 1998, no solo está en perfecta salud, sino que ha viajado a Washington, DC. varias veces para testificar en frente del Congreso como parte de un intento para detener la matanza de embriones congelados para la investigación con células madre[15]. Otra niña, Marley Jade, nacida de una pareja de Denver el 3 de junio de 2016, estuvo congelada por más de 17 años. La pequeña Marley está en perfecta salud[16].

Alguien podría objetar que adoptar dicho embrión y hacer que nazca como un niño normal viola nuestro principio anterior de que Dios quiere que un niño sea concebido y nazca de un hombre y una mujer que están casados entre sí. Pero en estos casos el niño ya fue concebido y ya existe. Incluso si el niño no nace de los

---

ción de los embriones congelados que restan luego de la fecundación in vitro. Estos embriones se transfieren a parejas infértiles vía donación embrionaria. Luego de la adopción, el niño tiene padres legales distintos al hombre y la mujer cuyo esperma y óvulo originalmente concibieron el embrión. El proceso legal de posesión de un embrión es diferente del proceso de adopción tradicional. Para más información, ver https://www.nightlight.org/snowflakes-embryo-adoption-donation/embryo-adoption/.

[13] Varios pasajes del Antiguo Testamento sobre los "sin padres" también muestran el cuidado de Dios por los niños que no pueden cuidarse o protegerse a sí mismos. Ver Ex 22:22; Dt 10:18; 24:17, 19-21; 26:12-13; 27:19; Sal 10:14, 18; 68:5; 82:3; 146:9; Is 1:17; Jer 7:6; 22:3; Zac 7:10.

[14] Los hermanos Feinberg también están de acuerdo en que adoptar estos embriones congelados y usarlos para producir bebés es moralmente correcto; ver *Ethics for a Brave New World* [Ética para un nuevo mundo audaz], págs. 430-32.

[15] Marilyn Synek, *"A Person Is a Person No Matter How Small* (Or Frozen)" ["Una persona es una persona sin importar cuán pequeña (o congelada) sea "], National Right to Life News Today, 8 de enero de 2015, http://www.nationalrighttolifenews.org/news/2015/01/a-person-is-a-person-no-matter-how-small-or-frozen/#.WGPmqo-cGUk.

[16] Sara McGinnis, *"Meet the Baby Girl Who Spent Over 17 Years as a Frozen Embryo"* ["Conozca a la bebé que pasó más de 17 años como un embrión congelado"], BabyCenter, 17 de octubre de 2016, http://blogs.babycenter.com/mom_stories/embryo-adoption-10172016-infertility-snowflakes/.

padres que lo *concibieron, nacerá de un hombre y una mujer que están casados entre sí* y este es un final mucho mejor que ser destruído como embrión.

Pero, ¿una mujer soltera o casada puede por sí misma adoptar tal embrión congelado, hacer que nazca y criarlo como su hijo? Esta es una pregunta difícil y es posible que los cristianos difieran en la respuesta. Aunque algunos pueden argumentar que esto no debería permitirse porque ser criado dentro de un hogar monoparental es mucho más difícil para los niños (ver posteriormente, pág. 801), considero, desde la perspectiva del niño, que aún es mucho mejor crecer en un hogar monoparental que morir como un embrión descartado o existir eternamente como un embrión congelado por décadas. Si la sociedad decide mediante el proceso político que es aceptable que los padres solteros adopten hijos una vez que ya nacieron (y muchas sociedades han concluído que es correcto)[17], entonces parece que no hay ninguna razón para prohibir que una madre soltera adopte un niño no nacido y haga que nazca.

4. Cribado genético preimplantacional para detectar enfermedades genéticas.
En la actualidad, es posible examinar genéticamente al cónyuge antes de fecundar el óvulo de la mujer mediante fecundación *in vitro* o antes de la inseminación artificial conyugal. Este examen podrá determinar si el padre trasmitirá a los hijos alguna enfermedad genética. Dado que el esperma masculino en sí todavía no es una persona humana, no veo ninguna objeción moral a este procedimiento si se utiliza para evitar la concepción de un niño que probablemente tendría una enfermedad grave de transmisión genética (este tipo de cribado ahora puede detectar la fibrosis quística, la malformación cardíaca, la hemofilia, la enfermedad de Huntington y enfermedades de transmisión sexual como la sífilis, la gonorrea y la clamidia)[18].

Sin embargo, también se podría usar el mismo procedimiento no solo para prevenir enfermedades, sino para que los padres escojan entre varios tipos de niños perfectamente sanos. Por ejemplo, antes de la fecundación, una pareja podría decidir que quiere tener un niño y, por lo tanto, solo utilizarían el esperma que contiene un cromosoma Y. O podrían decidir que quieren una niña y, por lo tanto, utilizar el esperma que no contenga ningún cromosoma Y. Los futuros tipos de

---

[17] En los Estados Unidos, la adopción de padres solteros es legal en 50 estados. Algunos estados tienen restricciones que se basan en la edad, orientación sexual, historial criminal y residencia estatal. Ver *"Can Single Parents Adopt a Child?"* ["¿Los padres solteros pueden adoptar un niño?"] Considering Adoption,

https://consideringadoption.com/adopting/types-of-adoption/can-single-parents-adopt-a-child. Se estima que del 5 % al 10 % de todas las adopciones son hechas por personas solteras. Ver *"Single Parent Adoption"* ["Adopción de padres solteros"] Adoption Services, http://www.adoptionservices. org/adoption_special/adoption_single.htm. Otros países que permiten la adopción de padres solteros de otros países (con restricciones) son Haití, Rusia, China, Etiopía, Guatemala, Vietnam y Kazajistán. Ver "Single Parent International Adoption" ["Adopción internacional de padres solteros"], Single Parent Center, 16 de diciembre de 2016.

http://www.singleparentcenter.net/single-parent-international-adoption/.

[18] *"New guidelines for screening of sperm, egg and embryo donors in the UK"* ["Nuevas guías para el cribado de donantes de esperma, óvulos y embriones en el Reino Unido"], British Fertility Society, 09 de enero de 2009, https://britishfertilitysociety.org.uk/press-release/new-guidelines-for-screening-of-sperm-egg-and-embryo-donors-in-the-uk/#sthash.sBcCn5RJ.dpuf.

selección pueden incluir la posibilidad de elegir la altura mínima que alcanzará un niño, el color de los ojos o del cabello, o, incluso, el nivel de CI. ¿Sería esto correcto?

Si bien estos procesos de detección genética no consisten en terminar la vida de un nuevo ser humano (porque la fecundación no ha ocurrido), realmente cuestionaría los motivos de las parejas que buscan hacer tales selecciones. No se trata de casos en los que se intenta prevenir las enfermedades que son resultado de la caída y de la llegada del pecado y la muerte al mundo, sino que se trata de opciones entre la maravillosa diversidad y variedad de personas humanas que habrían resultado de la creación de Dios al principio, incluso sin pecado ni muerte en el mundo. Especialmente en cuanto a la selección del sexo, ¿la preferencia por un niño o una niña refleja algún prejuicio oculto de que las niñas son mejores que los niños o los niños mejores que las niñas? Esto sería contrario a la creación de Dios tanto de hombres como de mujeres como maravillosos portadores de su imagen (ver cap. 15, pág. 390)[19] .

D. OTRAS TECNOLOGÍAS DE REPRODUCCIÓN MODERNAS SON MORALMENTE INACEPTABLES

Los mismos tres principios morales mencionados anteriormente nos llevan a la conclusión de que otras tecnologías de reproducción son moralmente inaceptables.

1. Fecundación in vitro con reducción selectiva. En muchos usos de la fecundación *in vitro*, se fecundan varios óvulos y el médico elige uno o posiblemente dos embriones que parecen tener más posibilidades de sobrevivir. El médico implanta esos embriones en el útero de la mujer y luego destruye los demás. Sin embargo, se está destruyendo la vida humana y no debería considerarse moralmente aceptable.

Este proceso suele ir acompañado de un diagnóstico genético preimplantacional (DGP)[20] . Se trata del cribado genético más utilizado para detectar enfermedades en el embrión y se realiza entre cinco y siete días después de la fecundación. Se extrae una célula (o a veces dos) del embrión "concebido" por fecundación *in vitro* antes de implantarlo en la madre. Como esta célula es como todas las demás del cuerpo del niño, contiene todo el complemento genético de ese individuo, una combinación de los genomas de la madre y del padre (uno de cada gen de cada progenitor).

Al igual que cualquier persona viva (niño o adulto) puede someterse a una prueba genética utilizando una de sus células (normalmente se hace mediante un frotis de la boca, recogiendo la saliva que contiene células), esta célula del embrión puede analizarse antes de la implantación del embrión en el útero de la madre

---

[19] Ver Paige Comstock Cunningham, *"Baby-Making Pt. 2: The Fractured Fulfillment of Huxley's Brave New World"* ["Haciendo bebés parte 2: El cumplimiento incompleto de Un nuevo mundo audaz de Huxley"], The Center for Bioethics & Human Dignity, https://cbhd.org/content/baby-making-pt-2the-fractured-fulfillment-huxleys-brave-new-world. Cunningham encuentra paralelismos entre el movimiento eugenésico de principios del siglo XX y el reciente aumento de las pruebas genéticas para la selección del sexo u otras características, ya que los padres buscan tener bebés "perfectos".

[20] Agradezco a la Dra. Jacque Chadwick por su borrador inicial de estos dos párrafos, así como sus útiles consejos en otros puntos de todo este capítulo.

(de ahí el nombre del procedimiento). Así, se puede decidir si se implanta o no el embrión en función de su composición genética.

Este procedimiento conduce a la destrucción de los embriones que no son implantados, lo cual es la destrucción de la vida humana y, por lo tanto, no es moralmente aceptable. Además, este procedimiento se puede adoptar fácilmente para promover una forma de eugenesia, la creencia de que solo aquellos que son "deseables" pueden vivir.

Las similitudes con las teorías del movimiento eugenésico estadounidense de principios del siglo XX son motivo de gran preocupación. Semejante a la fecundación in vitro con reducción selectiva es la FIV con reducción del embarazo multifetal. En este caso, muchos óvulos fecundados son implantados en el útero de la mujer y, después de cierto tiempo, sobreviven uno o dos niños no nacidos que parecen más fuertes y sanos, mientras que los otros son destruidos. Esta también es una forma de aborto y no es moralmente aceptable.

2. Inseminación artificial con semen de donante (IAD). La inseminación artificial con el esperma de un hombre que no es el cónyuge se llama inseminación artificial con semen de donante (abreviado IAD). Si bien algunos éticos creen que en ciertos casos es moralmente aceptable[21], para mí no lo es. Sobrepasa los límites del modelo de leyes establecido por Dios en las Escrituras, que siempre buscó garantizar que un niño fuera concebido por un hombre y una mujer casados entre sí y naciera de ellos (ver el análisis anterior, pág. 765). No obstante, en este caso el niño es concebido por un hombre y una mujer que no están casados entre sí. Aunque la gente puede diferir sobre si esto constituye técnicamente un adulterio, ciertamente es una transgresión de los medios normales por los que Dios planeó que los niños fueran concebidos y nacieran.

Además, hay algunas posibles complejidades emocionales que, aunque no proporcionan un argumento bíblico directo contra la IAD, nos alertan del peligro de introducir un estrés considerable en un matrimonio. Si una mujer recibe la inseminación artificial de un hombre que no es su cónyuge, pasará por la experiencia intensamente personal, y que cambia la vida, de llevar un niño desde el embarazo hasta el nacimiento sin la enorme satisfacción de saber que el niño que lleva dentro fue concebido con su esposo. No es absurdo pensar que la madre se pregunte qué clase de hombre es el donante de esperma (quizás anónimo) y si alguna vez podrá conocerlo. Esas complejidades emocionales no serán saludables para la relación matrimonial. (No pretendo que estas tentaciones emocionales demuestren que este acuerdo es moralmente inaceptable, sino que simplemente menciono aquí que el IAD puede generar más estrés de lo esperado en la relación matrimonial).

Que una mujer soltera recurra al IAD es claramente moralmente inaceptable. Esto implicaría que una mujer soltera quede embarazada de un banco de esperma, infringiendo así la intención de Dios de que los hijos sean concebidos por un hombre y una mujer casados entre sí y naciera de ellos. Las leyes morales que

---

[21] Ver Feinberg y Feinberg, *Ethics for a Brave New World* [Ética para un nuevo mundo audaz], págs. 405-6.

Dios dio en las Escrituras fueron diseñadas para evitar que las mujeres solteras concibieran hijos con hombres con los que no estuvieran casadas y, de este modo, intencionalmente dieran a luz a niños que no tendrían padres que les ayudaran a criarlos[22].

De igual manera, si una mujer que es parte de una relación lésbica recurre al IAD para concebir está infringiendo el principio de que un niño debe ser concebido por un hombre y una mujer casados entre sí y naciera de ellos, no de dos mujeres que viven juntas (ver cap. 33 donde analizo la homosexualidad).

3. Maternidad subrogada. A veces una mujer casada que es físicamente incapaz de quedar embarazada y tener hijos por sí misma hace un acuerdo con otra mujer, que acepta quedar embarazada con el embrión de la pareja original y llevar al niño hasta su nacimiento. Puede tratarse de una fecundación *in vitro*, en la que se utilizan tanto el óvulo como el esperma de la pareja, o de una inseminación artificial con semen de un donante, en la que se utiliza el esperma del cónyuge pero el óvulo de la madre subrogada.

Me parece que este acuerdo también infringe la intención de Dios de que los niños deben ser concebidos por un hombre y una mujer casados entre sí y nacidos de ellos. En este caso, el niño no nacería de la mujer que es parte de la pareja de casados, sino de la madre subrogada[23].

Además, hay que considerar seriamente los probables aspectos emocionales de este acuerdo. Es probable que la intimidad personal que conlleva la gestación y el nacimiento de un hijo sea tan profunda que el proceso de maternidad subrogada corre el peligro de ejercer una presión casi intolerable sobre el matrimonio. La pareja está incluyendo a una tercera persona en su relación matrimonial, al menos en algunos sentidos. El cónyuge puede encontrarse con un creciente apego emocional a la mujer que está embarazada de su hijo. La madre subrogada probablemente sentirá un apego emocional similar al hombre cuyo hijo está esperando. Y el profundo vínculo que inevitablemente se desarrolla entre una mujer y el hijo que porta se verá interrumpido y roto únicamente con mucho sufrimiento y, posiblemente, con batallas legales.

El caso más famoso de maternidad subrogada fue, tal vez, la batalla sobre "Baby M" a mitad de 1980. Una madre subrogada (Mary Beth Whitehead) acordó en tener un niño para Elizabeth y William Stern, utilizando su propio óvulo e inseminación

---

[22] Esta es una situación diferente a un hombre o mujer soltero que adopta a un niño que ya ha nacido o incluso adopta un embrión congelado; ver anteriormente, pág. 771.

[23] Feinberg y Feinberg piensan que la maternidad subrogada, que implica la fecundación in vitro con el esperma y el óvulo de la pareja original, es moralmente aceptable en algunas situaciones limitadas; ver *Ethics for a Brave World* [Ética para un nuevo mundo audaz], págs.442-43. Mencionan una posibilidad muy interesante pero muy poco probable; al comienzo del embarazo la madre fallece de manera inesperada y una amiga o pariente está dispuesta a llevar al bebé hasta el nacimiento para que no muera. En este caso dicen: "Creemos que la maternidad subrogada sería moral" (pág. 443). Estoy de acuerdo con ellos en este caso muy improbable, porque sería parecido al caso de adoptar un embrión congelado, lo cual analicé anteriormente. Sin embargo, esto no es un argumento a favor de la legitimidad de la maternidad subrogada en otras situaciones, ya que en este caso tan inusual no había ninguna intención de implicar la maternidad subrogada en el momento de la concepción inicial del niño.

artificial con el esperma de William. Sin embargo, incumplió el acuerdo de darle un hijo a los Stern. El Tribunal Supremo de Nueva Jersey dictaminó que no se podía obligar a una madre a entregar a su hijo y, en 1988, declaró a la Sra. Whitehead como madre legal. Debido a ese precedente, casi todos los acuerdos de subrogación son ahora gestacionales y no utilizan el óvulo de la madre subrogada, sino el de la madre intencional o un óvulo anónimo de una donante[24].

En 2012, el Tribunal Supremo de Nueva Jersey abordó otro caso de gestación subrogada en el que un matrimonio obtuvo un óvulo de una donante anónima y acordó con una madre subrogada que lo gestara por ellos. Hicieron que la madre subrogada renunciara a todos los derechos legales sobre el niño e hicieron que un juez colocara de manera preventiva sus nombres en el certificado de nacimiento. Un trabajador del hospital cuestionó este acuerdo, un niño nacido de una mujer, pero destinado a otra, y llamó a la oficina estatal de estadísticas vitales. La oficina llamó a la fiscalía, que demandó anular la orden del juez sobre el certificado de nacimiento. Un tribunal inferior dio la razón al fiscal general y eliminó el nombre de la madre del certificado de nacimiento. El Tribunal Supremo de Nueva Jersey no se pronunció al respecto. La división del tribunal dejó al niño legalmente sin madre[25].

En las Escrituras hay un evento que tiene muchas similitudes con la práctica moderna de la maternidad subrogada: Abram (más adelante Abraham) concibió un niño con Agar, la sierva egipcia de su esposa, Sarai (más adelante Sara). Casi de inmediato se produjo un conflicto conyugal y se produjeron muchas disputas:

> Sarai mujer de Abram no le daba hijos; y ella tenía una sierva egipcia, que se llamaba Agar. Dijo entonces Sarai a Abram: "Ya ves que Jehová me ha hecho estéril; *te ruego, pues, que te llegues a mi sierva; quizá tendré hijos de ella*". Y atendió Abram al ruego de Sarai. Y Sarai mujer de Abram tomó a Agar su sierva egipcia, al cabo de diez años que había habitado Abram en la tierra de Canaán, y la dio por mujer a Abram su marido. *Y él se llegó a Agar, la cual concibió*; y cuando vio que había concebido, miraba con desprecio a su señora. Entonces Sarai dijo a Abram: "Mi afrenta sea sobre ti; yo te di mi sierva por mujer, y viéndose encinta, me mira con desprecio; juzgue Jehová entre tú y yo". (Gn 16:1-5)

Este caso no es exactamente como la maternidad subrogada moderna, porque hubo relaciones sexuales de por medio y el niño solo nació del esperma de Abram, no del esperma de Abram y el óvulo de Sarai. Pero de esta narración se desprenden profundas tensiones y conflictos interpersonales. Un intérprete perspicaz de las Escrituras observará este conflicto resultante (y el conflicto que perdura hasta hoy entre el pueblo judío, que desciende de Abram y Sarai, y el pueblo árabe, que

---

[24] Kate Zernike, "*Courts' Split Decision Provides Little Clarity on Surrogacy*" ["La decisión discrepante de los tribunales aporta poca claridad sobre la maternidad subrogada"], The New York Times, 24 de octubre de 2012, http://www.nytimes.com/2012/10/25/nyregion/in-surrogacy-case-nj-supreme-court-is-deadlocked-over-whom-to-call-mom.html.

[25] *Ibid.*

desciende de Abram y Agar) y concluirá acertadamente que en este texto Dios pretende advertirnos de que esa forma de traer hijos al mundo puede acarrear muchos problemas.

La infertilidad es una causa de profundo dolor, angustia y pena para muchas parejas; debemos reconocerlo y mostrar comprensión y compasión por quienes experimentan esta pena. Pero este profundo dolor no debe ser considerado como una razón válida para sobrepasar los límites morales que Dios ha establecido en Su Palabra con respecto a la concepción y el nacimiento de los hijos.

4. Clonación. En la actualidad, no es posible que las parejas infértiles tengan hijos por medio de la clonación. Pero si esto en algún momento fuera posible, ¿sería moralmente aceptable?

Los avances científicos modernos han hecho posible que se clonen plantas. Por ejemplo, una empresa de productos madereros puede plantar un campo entero con árboles clonados, de modo que las ramas de cada árbol tengan la misma forma en el mismo lugar y cada uno tenga la misma altura[26]. También se ha utilizado la clonación para preservar diferentes árboles en extinción[27]. No veo una objeción moral a este proceso y puede hacer que la tierra de cultivo sea más productiva y tenga como resultado mejor calidad de cosecha (o árboles). Me parece que esto es una parte legítima del sometimiento de la tierra, según Génesis 1:28.

Otra posibilidad es la clonación no solo de plantas, sino de animales. Según el Instituto Nacional de Investigación del Genoma Humano, se han clonado los siguientes animales: vacas, ovejas, gatos, venados, perros, caballos, mulas, bueyes, conejos y ratas. Un mono rhesus ha sido clonado por división de embriones[28].

No estoy seguro de cómo se debe evaluar la clonación de animales desde un punto de vista moral. Podría ser posible hacer una diferencia entre formas superiores de animales, como los mamíferos (tal vez aquellos en los que parece "que hay vida", ver Gn 1:30), e inferiores, animales menos complejos. Las formas superiores de animales (como perros, gatos, caballos y chimpancés) usualmente parecen tener algo similar a la personalidad humana y es común que los animales domésticos desarrollen un tipo de amistad genuina con sus compañeros humanos. Queda por ver si las formas superiores de vida animal pueden realmente clonarse con éxito, de modo que sobrevivan más que un corto periodo de tiempo. El primer animal

---

[26] Según el Departamento de Industrias Primarias y Recursos de Australia Meridional, un clon es parte de un grupo de descendientes que son idénticos. Cada individuo tiene los mismos genes que la planta original de la que se hizo el clon. Los clones pueden crearse mediante esquejes, pero lo más habitual es hacerlo en un laboratorio mediante el cultivo de tejidos. El embrión de la semilla original puede producir hasta 100.000 plántulas. La ventaja de cultivar bosques a partir de clones es que los árboles serán más uniformes en altura y diámetro, con las mismas propiedades de la madera. Ver *"How Pine Forests are Managed"* ["Cómo se hace el cultivo de los bosques de pinos"], http://www.pir.sa.gov.au/data/assets/pdf_file/0005/79835/Forestry_Matters_-_Fact_sheet_-_How_pine_forests_are_managed.pdf.

[27] Denisa R. Superville, *"Historic trees get a second shot at life with cloning efforts"* ["Árboles históricos reciben una segunda oportunidad de vida gracias a los esfuerzos de clonación"], Phys.org, 06 de junio de 2013, http://phys.org/news/2013-06-historic-trees-shot-life-cloning.html.

[28] Cloning [Clonación], Instituto Nacional de Investigación del Genoma Humano, https://www.genome.gov/25020028/#al-7.

clonado, una oveja llamada Dolly, nació en 1996. Dolly murió de manera prematura a los 6 años por problemas articulares y pulmonares asociados a la vejez. Sin embargo, cuatro clones de su misma línea han cumplido 9 años y están bien[29]. Dos años después del nacimiento de Dolly, unos investigadores en Japón clonaron ocho terneros de una sola vaca, pero solo cuatro sobrevivieron[30].

Sin embargo, con respecto a la clonación de seres humanos, creo que los cristianos deberían tener importantes objeciones morales. Los científicos podrían pensar que pueden crear el *doble exacto* de un atleta campeón mundial o un científico con un increíblemente alto CI, pero simplemente en ningún caso sería la misma persona. Todas las circunstancias y experiencias de la vida por las que pasa una persona desde la niñez hasta la adultez nunca podrían ser las mismas. A veces las personas se vuelven más fuertes al superar adversidades, ¿pero las personas querrían que sus dobles clonados pasen por esas dificultades?

Además, el proceso de producir un ser humano por medio de la clonación (si es que alguna vez se pudiera hacer) es considerablemente diferente de la intención de Dios de que la maravillosa diversidad y variedad de la raza humana sea protegida con niños que nazcan de una mezcla de información genética tanto del padre como de la madre. Esto no ocurre en la clonación. En su sabiduría, Dios nos hace diferentes como individuos, no como clones de los demás, y, de esta manera, protege la singularidad y el valor de cada ser humano.

Asimismo, hay una pregunta importante sobre si los seres humanos clonados, incluso si son idénticos de manera *física y genética* a la persona de cuyas células se originó la clonación, sería de verdad un ser humano. ¿Cómo podríamos saber que esta persona tendría alma? ¿El proceso de clonación obligaría a Dios a otorgarle un alma humana a alguien que simplemente tiene un cuerpo humano físico?

Las Escrituras se refieren constantemente a nuestra alma (o espíritu) como algo diferente de nuestros cuerpos físicos. Cuando Raquel murió *"su alma partía (pues murió)"* (Gn 35:18 NBLA) y cuando Elías oró para que el niño muerto volviera a la vida, pidió que el "alma" del niño volviera a él (1 Reyes 17:21 según las versiones en inglés RSV, KJV, NKJV[31]). En otra parte, el Antiguo Testamento se refiere a la muerte como un tiempo en el que "el espíritu vuelve a Dios, quien lo dio" (Ec 12:7 RVA-2015; ver también Lucas 23:46; Juan 19:30; Hechos 7:59). Y las Escrituras nos advierten que el origen de la conexión entre el cuerpo de una persona y su espíritu es misteriosa, algo que Dios no nos revela: "Como tú no comprendes cómo entra el *espíritu* a los huesos en el vientre de la mujer encinta, así no comprenderás la obra de Dios quien hace todas las cosas" (Ec 11:5 RVA-2015).

Pero si nuestra sociedad moderna comienza a crear cuerpos humanos físicos sin

---

[29] Rachel Feltman, *"Dolly the Sheep Died Young - But Her Clones Seem Perfectly Healthy As They Turn 9"* ["La oveja Dolly murió, pero sus clones se ven perfectamente sanos al cumplir 9 años", The Washington Post, 26 de julio de 2016, https://www.washingtonpost.com/news/speaking-of-science/ wp/2016/07/26/dolly-the-sheep-died-young-but-her-clones-seem-perfectly-healthy-as-they-turn-9/.

[30] *Cloning* [Clonación]

[31] En muchas traducciones de este versículo, el equivalente de la palabra hebrea neplesh es "vida" (ver las versiones en inglés ESV, NIV, NASB). La palabra puede significar "alma" o "vida", dependiendo del contexto (HALOT [Diccionario hebreo y arameo del Antiguo Testamento], 1.712-13; BDB, 659).

la aprobación o bendición de Dios en el proceso, ¿qué estaríamos creando realmente? ¿Podría vivir un ser humano sin alma? O, de ser así, ¿tendría alguna conciencia o algún sentido del bien y del mal? Estas son preguntas muy preocupantes.

Por último, el proceso de producir seres humanos clonados, incluso si fuera posible, infringiría una vez más el principio de que Dios pretende que los niños sean concebidos por un hombre y una mujer casados entre sí y nacidos de ellos, ya que una persona clonada a partir de un ser humano específico no sería creada a partir de un padre y una madre casados entre sí. He llegado a la conclusión de que la clonación de seres humanos es moralmente inaceptable.

E. ADOPCIÓN

Usualmente, la adopción es una opción maravillosa para las parejas sin hijos si es su deseo ser padres y si es algo que creen que Dios les está diciendo que hagan. La adopción también es un reflejo de las propias acciones de Dios al adoptarnos como Sus hijos (ver Juan 1:12; Ro 8:14-17; Gá 4:5; Ef 1:5)[32]. Además, es una forma muy práctica de cuidar a los "huérfanos", lo cual es algo que Santiago menciona como parte de "la religión pura y sin mácula delante de Dios el Padre" (Santiago 1:27). Por estas razones, no solo muchas parejas sin hijos, sino también muchas parejas cristianas que ya tienen algunos hijos nacidos naturalmente, han decidido que Dios los está llamando a adoptar uno o más niños adicionales. El libro de Russell Moores, publicado en 2009, *Adopted for Life* [Adoptado para siempre][33] ha tenido mucha influencia al promocionar la adopción entre familias evangélicas.

Como las Escrituras ven la adopción de una manera tan positiva y como el proceso de adopción es usualmente difícil y costoso, algunas iglesias han establecido o trabajan conjuntamente con los programas que proveen apoyo financiero, legal, entre otros a las parejas durante el proceso de adopción. Por ejemplo, Bethlehem Baptist Church en Minneapolis trabaja con "LYDIA Fund", la cual provee apoyo financiero a padres cristianos calificados para que adopten niños de orfanatos de todo el mundo[34]. Focus on the Family ofrece diferentes recursos para ayudar a los padres que desean adoptar niños[35]. Y Bethany Christian Services es otra organización que ofrece una amplia gama de servicios de asistencia a las parejas que desean adoptar[36], al igual que un gran número de ministerios estatales y locales.

PREGUNTAS PARA REFLEXIONAR

[32] Ver Wayne Grudem, *Systematic Theology: An Introduction to Biblical Doctrine* [Teología sistemática: Introducción a la doctrina bíblica] (Leicester, Reino Unido: InterVarsity y Grand Rapids, Michigan: Zondervan, 1994), págs. 736-45.

[33] Russell D. Moore, *Adopted for Life: The Priority of Adoption of Christian Families and Churches* [Adoptado para siempre: La prioridad de adopción de las familias e iglesias cristianas], (Wheaton, Illinois: Crossway, 2009).

[34] Ver https://bethlehem.church/adoption/.

[35] Ver http://www.focusonthefamily.com/parenting/adoptive-families/.

[36] Ver https://www.bethany.org/adoption.

1. Si no pudiera tener hijos por algún tipo de infertilidad, ¿hasta qué punto diría usted que confía en que Dios sacará algo bueno de esta situación, según lo dispuesto en Romanos 8:28? ¿Hasta qué punto Dios le ha dado paz a su corazón sobre este asunto?

2. Considerando los diferentes tipos de tecnología de reproducción moderna analizados en este capítulo, ¿cuál sería más cómodo usar en su propio matrimonio si pasara por un problema de infertilidad? ¿Cuál cree que es inapropiado o moralmente inaceptable para usted?

3. ¿Qué piensa acerca de la adopción embrionaria? ¿Cree que las iglesias deben promover esta idea de manera más activa?

4. ¿Cree que sería moralmente correcto que los científicos intenten clonar un ser humano? ¿Considera que deberían haber leyes que lo prohíban?

5. ¿Alguno de sus amigos o parientes ha adoptado uno o más niños? ¿Su experiencia en general ha sido positiva o negativa? Si han tenido una experiencia positiva, ¿qué factores influyeron en ello?

6. ¿Qué rasgos de carácter (ver pág. 110) son especialmente importantes al considerar los asuntos de infertilidad, las tecnologías de reproducción modernas y la adopción?

TÉRMINOS ESPECIALES

inseminación artificial con semen de donante (IAD)
inseminación artificial conyugal (IAC)
clonación
criopreservación
adopción embrionaria
infertilidad
fecundación in vitro
cribado genético preimplantacional
snowflake children (bebés copo de nieve)
maternidad subrogada

BIBLIOGRAFÍA

Otras fuentes de referencia sobre ética

(ver datos bibliográficos completos, pág. 64)

Clark y Rakestraw, 2:57-94
Davis, 59-89
Feinberg, John y Paul, 387-459
Frame 787-95
Geisler, 180-98
Gushee y Stassen, 428-31
Kaiser, 151-62

McQuilkin y Copan, 396-99
Rae, 155-81

Otras obras

Batura, Paul J., Eric Metaxas y Larry King. *Chosen for Greatness: How Adoption Changes the World* [Escogido para la grandeza: Cómo la adopción cambia el mundo]. Washington D. C.: Regnery Faith, 2016.

Best, Megan. *Fearfully and Wonderfully Made: Ethics and the Beginning of Human Life* [Asombrosa y maravillosamente hecho: la ética y el comienzo de la vida humana]. Kingsford, Nueva Gales del Sur, Australia: Matthias Media, 2012.

Brinton, Sara y Amanda Bennett. *In Defense of the Fatherless: Redeeming International Adoption & Orphan Care* [En defensa de los huérfanos: Redimiendo la adopción internacional y el cuidado de los huérfanos]. Fearn, Ross-shire, Escocia: Christian Focus, 2015.

Cook, E. David. *"Reproductive Technologies"* ["Tecnologías reproductivas"]. En Dictionary of Scripture and Ethics [Diccionario de Escritura y Ética], editado por Joel B. Green, págs. 669-71. Grand Rapids, Michigan: Baker, 2011.

Fletcher, D. B. *"Reproductive Technologies"* ["Tecnologías reproductivas"]. En New Dictionary of Christian Ethics and Pastoral Theology [Nuevo diccionario de ética cristiana y teología pastoral], editado por David J. Atkinson y David H. Field, págs. 733-34. Leicester, Reino Unido: Inter-Varsity, y Downers Grove, Illinois: InterVarsity Press, 1995.

Hui, Edwin C. *At the Beginning of Life: Dilemmas in Theological Bioethics* [Al principio de la vida: Dilemas de la bioética teológica]. Downers Grove, Illinois: InterVarsity Press, 2002.

Kilner, John F. *Dignity and Destiny: Humanity in the Image of God* [Dignidad y destino: La humanidad en la imagen de Dios]. Grand Rapids, Michigan: Eerdmans, 2015.

———, ed. *Why the Church Needs Bioethics: A Guide to Wise Engagement with Life's Challenges* [Por qué la Iglesia necesita la bioética: Una guía para afrontar con sabiduría los retos de la vida]. Grand Rapids, Michigan: Zondervan, 2011.

Kilner, John Frederic y C. Ben Mitchell. *Does God Need Our Help? Cloning, Assisted Suicide, and Other Challenges in Bioethics* [¿Dios necesita nuestra ayuda? Clonación, suicidio asistido y otros retos de la bioética]. Vital Questions. Wheaton, Illinois: Tyndale, 2003.

Meilaender, Gilbert. *Not by Nature but by Grace: Forming Families through Adoption* [No por naturaleza, sino por gracia: Formando familias a través de la adopción]. Notre Dame, Indiana: University of Notre Dame Press, 2016.

Mitchell, C. Ben. *Biotechnology and the Human Good* [La biotecnología y el bien humano]. Washington D. C.: Georgetown University Press, 2007.

Mitchell, C. Ben y D. Joy Riley. *Christian Bioethics: A Guide for Pastors, Health Care Professionals, and Families* [Bioética cristiana: Guía para pastores, profesionales de la salud y familias]. B&H Studies in Christian Ethics. Nashville: B&H Academic, 2014.

Moore, Russell D. *Adopted for Life: The Priority of Adoption for Christian Families and Churches* [Adoptado para siempre: La prioridad de adopción de las familias e iglesias cristianas]. Wheaton, Illinois: Crossway, 2009.

———. *Adoption: What Joseph of Nazareth Can Teach Us about This Countercultural Choice* [La adopción: Lo que José de Nazaret puede enseñarnos sobre esta opción contracultural]. Wheaton, Illinois: Crossway, 2015.

Moore, Russell, Andrew T. Walker y Randy Stinson. *The Gospel & Adoption* [El Evangelio y la adopción]. Nashville: B&H Publishing, 2017.

Rae, Scott B. Brave New Families: Biblical Ethics and Reproductive Technologies [Nuevas familias audaces: Ética bíblica y tecnologías reproductivas]. Grand Rapids, Michigan: Baker, 1996.

———. *Outside the Womb: Moral Guidance for Assisted Reproduction* [Fuera del útero: Orientación moral para la reproducción asistida]. Chicago: Moody, 2011.

VanDrunen, David. *Bioethics and the Christian Life: A Guide to Making Difficult Decisions* [Bioética y la vida cristiana: Una guía para tomar decisiones difíciles]. Wheaton, Illinois: Crossway, 2009.

PASAJE BÍBLICO PARA MEMORIZAR

1 Pedro 1:6-7: En lo cual vosotros os alegráis, aunque ahora por un poco de tiempo, si es necesario, tengáis que ser afligidos en diversas pruebas, para que sometida a prueba vuestra fe, mucho más preciosa que el oro, el cual aunque perecedero se prueba con fuego, sea hallada en alabanza, gloria y honra cuando sea manifestado Jesucristo.

HIMNO

"Estoy bien con mi Dios"

Cuando la paz como un río atiende mi camino
cuando las penas ruedan como las olas del mar;
cualquiera sea mi parte, me has enseñado a decir,
"está bien, está bien con mi alma."

Coro
Está bien con mi alma
está bien, está bien
con mi alma

Aunque Satán golpee, aunque vengan las pruebas,
esta bendita esperanza está al control:
que Cristo ha observado mi desesperada situación,
y ha derramado su propia sangre por mi alma.

Mi pecado oh, ¡la dicha de este glorioso pensamiento!

Mi pecado, no en parte, sino en su totalidad,
está clavado en la cruz, y ya no lo cargo más;
¡Alaba al Señor, alaba al Señor, oh alma mía!

Oh Señor, apresura el día en que vea mi fe,
las nubes se enrollarán como un pergamino;
la trompeta resonará y el Señor descenderá;
allí entonces, estará bien mi alma.

HORATIO G. SPAFFORD, 1828-1888

Capítulo 31

PORNOGRAFÍA

¿Por qué está mal ver pornografía?
¿Qué daños produce?

A. LA ENSEÑANZA BÍBLICA

El tema de la pornografía debe analizarse dentro del marco más amplio de la enseñanza bíblica sobre el matrimonio, tal como se trata en el capítulo 28. Dios protege la santidad del matrimonio mediante el séptimo mandamiento: "No cometerás adulterio" (Ex 20:14), y mediante otras enseñanzas bíblicas relacionadas con ese mandamiento. Dicho mandamiento prohíbe clara y directamente que una persona *casada* tenga relaciones sexuales con alguien que no sea su propio cónyuge.

Como ya expliqué en el capítulo 28, las enseñanzas morales de la Biblia también prohíben las relaciones sexuales entre *personas no casadas*. Esto resulta evidente no solo por las leyes de Moisés que penalizaban tal conducta (ver Ex 22:16-17; Dt 22:13-21), sino también por las enseñanzas de Jesús, quien señaló el pecado en la vida de la mujer en el pozo de Samaria diciéndole: "Porque cinco maridos has tenido, y el que ahora tienes no es tu marido" (Juan 4:18; Jesús da a entender que está mal que ella viva con un hombre fuera del matrimonio). Otros versículos que traducen la palabra griega *porneia* como "inmoralidad sexual" (como Mt 15:19; Gá 5:19; Ef 5:3 en la NVI) también muestran que las relaciones sexuales fuera del matrimonio son pecado (ver análisis en el capítulo 28, pág. 712).

La Biblia también habla de nuestros deseos. La constante enseñanza de la Escritura es que Dios se preocupa no solo de las *acciones* humanas, sino también de las actitudes de nuestros corazones (ver pág. 138). Y ello queda claro en el último de los Diez Mandamientos:

> No codiciarás la casa de tu prójimo, *no codiciarás la mujer de tu prójimo*, ni su siervo, ni su criada, ni su buey, ni su asno, ni cosa alguna de tu prójimo (Ex 20:17).

El mandamiento de no "codiciar" significa no tener el deseo de tomar como propio lo que le pertenece a otro. Por lo tanto, el mandamiento de no codiciar "la mujer de tu prójimo" es un mandamiento de no *desear* tenerla como propia o tener relaciones sexuales con ella. Por ejemplo, esto queda explícito en Proverbios 6:25 al referirse a una adúltera: "No codicies su hermosura en tu corazón".

Jesús puso de manifiesto la intención de estas leyes de pureza sexual del Antiguo Testamento en su enseñanza en el Sermón del monte:

> Oísteis que fue dicho: No cometerás adulterio. Pero yo os digo que cualquiera que mira a una mujer para codiciarla, ya adulteró con ella en su corazón (Mt 5:27-28)[1].

La conclusión de estos pasajes es que las normas morales de Dios exigen que las personas no deseen tener relaciones sexuales con alguien que no sea su cónyuge (una relación en la que la Biblia considera la atracción sexual y la intimidad como un regalo sano y maravilloso de Dios).

Con respecto a la pornografía, la pregunta es si es incorrecto mirar imágenes o leer materiales escritos que despiertan deseos sexuales que son contrarios a las normas morales de Dios, o, para plantear la pregunta con las palabras de Jesús, si es incorrecto mirar una *imagen* de una mujer "para codiciarla" (Mt 5:28) .

De hecho, uno de los profetas del Antiguo Testamento muestra un ejemplo de la relación entre mirar imágenes y desear lo que uno ve, y luego cometer acciones pecaminosas. Hablando de la ciudad de Jerusalén en una parábola de una mujer llamada Oholiba, Ezequiel dice lo siguiente:

> Pero esta aumentó su prostitución, pues *vio* hombres grabados en la pared, figuras de caldeos grabadas con ocre rojo, ceñidas las cinturas con cinturón, con amplios turbantes sobre sus cabezas, teniendo todos la apariencia de comandantes, a la manera de los hijos de Babilonia, de Caldea, la tierra de su origen. Por ellos ardió en *deseo* con solo verlos, y les *envió* mensajeros a Caldea. Los hombres de Babilonia se unieron a ella en cama de amores, y la *contaminaron* con su lujuria. Se contaminó con ellos, y su alma se hastió de ellos (Ez 23:14-17 RVA-2015).

Aquí Ezequiel traza una progresión de pecado sexual. Oholiba vio, luego codició, después mandó a buscar a los que fueron grabados, y finalmente cometió adulterio con ellos.

Otros pasajes del Antiguo Testamento fomentan un hábito general de pureza con respecto a lo que miramos con nuestros ojos:

> En integridad de corazón andaré
> en medio de mi casa.
> *No pondré delante de mis ojos cosa indigna* (Sal 101:2-3)[2].

---

[1] El texto griego traducido como "para codiciarla" es pros to epithymēsai autēn, donde la construcción pros + infinitivo indica el propósito de mirar, dando el sentido de "cualquiera que mira a una mujer con el propósito de codiciarla". Jesús se dirige así a los propósitos en el corazón del hombre.

[2] "Indigna" se traduce aquí de la palabra hebrea *beliyyaʿal*, que significa "inutilidad, maldad" (HALOT

Cuando Job protestó por su inocencia ante Dios, una de sus afirmaciones fue que había guardado sus ojos para no mirar a una joven de forma que fuera desagradable para Dios:

> He hecho un pacto con mis ojos;
> ¿cómo, pues, hubiera podido fijar la mirada en una virgen?
> ¿Cuál sería entonces la porción que Dios me daría desde arriba,
> la heredad que da el Todopoderoso desde lo alto? (Job 31:1-2).

Por lo tanto, la pregunta moral sobre la pornografía es si es correcto crear, distribuir, adquirir, y ver fotografías y videos (o leer o escuchar material escrito y de audio) *con el propósito principal de despertar en una persona deseos sexuales que son contrarios a las normas morales de Dios*, es decir, deseos sexuales por alguien que no sea el cónyuge de la persona. Una vez formulada la pregunta de esta manera, debería quedar claro que crear y usar la pornografía es de por sí moralmente incorrecto, porque *el propósito de crear y usar la pornografía* es despertar deseos pecaminosos en la mente y el corazón de una persona, deseos que son desagradables para Dios. Tales acciones no pueden considerarse moralmente aceptables.

B. LOS EFECTOS DAÑINOS DE LA PORNOGRAFÍA

1. Daño espiritual. Sin duda hay un daño espiritual que proviene de ver pornografía, porque los deseos lujuriosos que despierta son considerados por Jesús como adulterio en el corazón de una persona (Mt 5:28). Y la conciencia de este pecado traerá un sentido de distancia de Dios: "Si en mi corazón yo hubiera consentido la iniquidad el Señor no me habría escuchado" (Sal 66:18).

El apóstol Juan reconoce que una conciencia culpable será un obstáculo para nuestras oraciones:

> Amados, *si nuestro corazón no nos reprende, tenemos confianza delante de Dios*; y cualquier cosa que pidamos la recibiremos de él porque guardamos sus mandamientos y hacemos las cosas que son agradables delante de él (1 Juan 3:21-22).

Desde luego, debemos pedir perdón a Dios cada vez que pecamos (ver 1 Juan 1:9), pero aun así se ha producido un daño a nuestra vida espiritual. Por esta razón, Pedro aconseja a los cristianos a "que se abstengan de las pasiones carnales que *combaten* contra la vida" (1 P 2:11; la imagen del combate implica que nuestras vidas pueden ser dañadas si nos dejamos sumergir en "pasiones" pecaminosas).

Además, la pornografía es espiritualmente engañosa porque su atractivo inicial nunca satisfará y nunca conducirá al profundo gozo y felicidad espiritual que solo puede venir de la estrecha comunión con Dios mismo. David se refirió a este gozo cuando escribió lo siguiente: "En tu presencia hay plenitud de gozo; delicias a

---

- Léxico hebreo y arameo del Antiguo Testamento), págs. 133-34).

tu diestra para siempre" (Sal 16:11). Ya que la pornografía nunca podrá proveer una alegría profunda y duradera, puede atrapar a las personas para que busquen materiales cada vez más viles, hasta que destruyan sus vidas (ver la sección 4 más adelante sobre la posibilidad de adicción).

2. Daño a los matrimonios y otras relaciones. Otro impacto significativo de la pornografía es que desvía el afecto y los deseos que una persona debería tener por su cónyuge en una dirección fuera de su matrimonio. Un hombre que utiliza pornografía está privando a su esposa del afecto emocional que debería ser para ella. Está apartando su corazón de ella y de desear su afecto. Esto dificultará su relación sexual dentro del matrimonio y creará recuerdos dañinos que durarán mucho tiempo, probablemente interfiriendo en su matrimonio durante varios años (aunque es menos frecuente que las mujeres vean pornografía, si lo hacen, es de esperar que los resultados destructivos sean similares).

Cuando un hombre consume pornografía, su esposa (o enamorada, u otras mujeres que lo conozcan) tendrá a menudo un sentido instintivo de cierta impureza o suciedad moral en el hombre, incluso si no descubre ningún hecho sobre lo que está haciendo.

Más allá de este sentido instintivo, podría observar un cambio en sus patrones de comportamiento.

Su interés por tener relaciones sexuales con su esposa podría disminuir debido a su consumo de pornografía[3]. Las manifestaciones de enfado cuando se le pregunta por el uso de pornografía son otra señal de que lo está haciendo[4]. Otros factores que suelen indicar a la esposa que su pareja consume pornografía son el distanciamiento emocional, el aumento del secretismo, el uso excesivo de internet, el comportamiento antisocial y el aumento de las críticas a la apariencia de su esposa[5]. Así, no es de extrañar que un estudio reciente de la American Sociological Association [Asociación Estadounidense de Sociología] descubriera que, una vez que uno de los cónyuges empieza a consumir pornografía, la probabilidad de que el matrimonio acabe en divorcio aumenta[6].

3. Actitudes y perspectivas distorsionadas sobre el sexo. Una gran cantidad de evidencia proveniente de estudios sociológicos también muestra los efectos dañinos de la pornografía en las personas que la ven y también en aquellos que luego son

---

[3] Juli Slattery, *"The Impact of Pornography on Marital Sex"* ["El impacto de la pornografía en el sexo conyugal"] Focus on the Family, http://www.focusonthefamily.com/marriage/sex-and-intimacy/when-your-husband-isnt-interested-in-sex/the-impact-of-pornography-on-marital-sex.

[4] *"Spouse May Be Involved with Pornography"* ["El cónyuge puede estar involucrado en la pornografía"], Focus on the Family, http://family.custhelp.com/app/answers/detail/a_id/25856/~/i-suspect-that-my-spouse-is-viewing-pornography.-what-should-i-do%3F.

[5] *Matt Fradd, "10 Signs of Porn Addiction: Do These Describe Your Husband?"* ["10 señales de adicción a la pornografía: ¿Describen a su esposo?"] Covenant Eyes, 21 de agosto de 2015, http://www.covenanteyes.com/2015/08/21/10-signs-of-porn-addiction-do-these-describe-your-husband/#.

[6] *"Beginning pornography use associated with increase in probability of divorce"* ["El inicio del consumo de pornografía se asocia con el aumento de la probabilidad de divorcio"] Science Daily, 22 de agosto de 2016, https://www.sciencedaily.com/releases/2016/08/160822083354.htm. Ver también http://www.asanet.org/sites/default/files/pr_am_2016_perry_news_release_final.pdf.

perjudicados por estas personas. Las consecuencias dañinas pueden resumirse en los siguientes puntos extraídos de un documento de investigación ampliamente documentado por el psicólogo Patrick Fagan del Marriage and Religion Research Institute [Instituto de Investigación sobre Matrimonio y Religión], un proyecto del Family Research Council [Consejo de Investigación Familiar]:

La pornografía afecta a los adultos, los niños, las parejas, las familias y la sociedad. Entre los adolescentes, la pornografía impide el desarrollo de una sexualidad sana, y entre los adultos, distorsiona las actitudes y las realidades sexuales. En las familias, el consumo de pornografía conduce a la insatisfacción matrimonial, la infidelidad, la separación y el divorcio. La sociedad en general no es inmune al efecto de la pornografía. Por ejemplo, los delincuentes pedófilos suelen estar involucrados no solo en ver pornografía, sino también en su distribución[7].

La pornografía tiene un gran impacto en la percepción que los adolescentes tienen sobre el sexo. El informe afirma:

El ver pornografía por parte de los adolescentes provoca una desorientación en esa fase de desarrollo en la que tienen que aprender a manejar su sexualidad y en la que son más vulnerables a la incertidumbre sobre sus creencias sexuales y sus valores morales. Un estudio realizado con 2 343 adolescentes descubrió que el material sexualmente explícito de internet aumentaba de forma significativa sus incertidumbres sobre la sexualidad.

El estudio también demostró que una mayor exposición a material sexualmente explícito en internet aumentaba las actitudes favorables a la exploración sexual con otras personas fuera del matrimonio y disminuía el compromiso marital con el otro cónyuge. En otro estudio realizado por Todd G. Morrison, profesor de psicología de la Universidad de Saskatchewan, y sus colegas se descubrió que los adolescentes expuestos a altos niveles de pornografía tenían niveles más bajos de autoestima sexual. También existe una importante relación entre el consumo frecuente de pornografía y los sentimientos de soledad, incluyendo la depresión mayor. Por último, ver pornografía puede generar sentimientos de vergüenza; por ejemplo, en un estudio realizado a estudiantes de secundaria, la mayoría de los que habían visto pornografía sentían cierto grado de vergüenza por haberla visto. Sin embargo, un 36 % de los hombres y un 26 % de las mujeres afirmaron nunca haberse avergonzado de ver pornografía, lo que da una idea del nivel de insensibilización ya alcanzado en la sociedad.

El elevado consumo de pornografía por parte de los adolescentes también afecta sus comportamientos. El consumo de pornografía por parte de los hombres está vinculado a un incremento significativo de las relaciones

---

[7] Patrick F. Fagan, *"The Effects of Pornography in Individuals, Marriages, Families, and Communities"* ["Los efectos de la pornografía en las personas, los matrimonios, las familias y las comunidades"], https://www.scribd.com/document/23477007/The-Effects-of-Pornography, 3. Fagan es investigador principal y director del Center for Marriage and Religion Research del Family Research Council, en Washington, DC.

sexuales con amigos no románticos, y probablemente esté relacionado con la llamada *hook-up* culture ("cultura del rollo" o "cultura del polvo").

La exposición a contenidos sexuales pornográficos puede ser un factor importante en los embarazos de adolescentes. Un estudio longitudinal de tres años sobre adolescentes descubrió que la exposición frecuente a contenidos sexuales televisados estaba relacionada con una probabilidad considerablemente mayor de embarazo adolescente en los siguientes tres años. Este mismo estudio también descubrió que la probabilidad de embarazo en la adolescencia era dos veces mayor cuando la cantidad de esa exposición a contenidos sexuales, dentro de los episodios de visionado, era alta, no baja...

La pornografía conduce a percepciones distorsionadas de la realidad social: una percepción exagerada del nivel de actividad sexual en la población general, una estimación sobredimensionada "de la incidencia de la actividad sexual prematrimonial y extramatrimonial, así como una mayor valoración de la promiscuidad masculina y femenina", "una sobreestimación de casi todas las actividades sexuales realizadas por adultos sexualmente activos", y una sobreestimación de la prevalencia general de perversiones como el sexo en grupo, la zoofilia y la actividad sadomasoquista. De este modo, las creencias que se forman en la mente de quien ve pornografía están muy alejadas de la realidad. Se podría argumentar que ver repetidamente pornografía induce una enfermedad mental en materia sexual. Estas distorsiones dan lugar a la aceptación de tres creencias: (1) las relaciones sexuales son de carácter recreativo, (2) los hombres suelen tener una orientación sexual y (3) las mujeres son objetos o mercancías sexuales[8] .

4. La gran posibilidad de adicción. El informe de Fagan continúa tratando el tema de la pornografía y la adicción. Escribe lo siguiente:

La pornografía y el "cibersexo" son altamente adictivos y pueden conducir a comportamientos sexuales compulsivos (que disminuyen la capacidad de la persona para desarrollar otros aspectos importantes de su vida). Más del 90 % de los terapeutas encuestados en un estudio creían que una persona podía volverse adicta al "cibersexo". En una encuesta estadounidense, el 57 % de los usuarios frecuentes recurrieron a la actividad sexual en línea para lidiar con el estrés. Un estudio sueco realizado en 2006 sobre usuarios habituales de pornografía en internet descubrió que alrededor del 6 % eran usuarios compulsivos y que estos usuarios compulsivos también consumían mucha más pornografía que no estaba en internet. El consumo adictivo de pornografía conduce a una menor autoestima y a una menor capacidad para llevar una vida social y laboral significativa. Una encuesta realizada a adictos a la pornografía reveló que les disgustaba la sensación

---

[8] *Ibid.*, págs. 5-6, 12-13. Las frases entrecomilladas en este párrafo son citas de otros estudios académicos que se documentan en notas a pie de página en el documento de Fagan.

de "descontrol" y el tiempo dedicado al consumo de pornografía. Todos los compulsivos sexuales informaron haberse sentido angustiados y haber experimentado un deterioro en un aspecto importante de sus vidas como resultado de su adicción. Casi la mitad de los compulsivos sexuales dijeron que su comportamiento tenía resultados negativos significativos en su vida social, y una cuarta parte informó sobre efectos negativos en su trabajo. En otra encuesta, los compulsivos sexuales y los adictos al sexo mostraron 23 veces más probabilidades de declarar que descubrir material sexual en internet era lo peor que les había pasado en la vida en comparación con los que no tenían problemas. Por lo tanto, no es de extrañar que la depresión clínica severa sea dos veces más frecuente entre los usuarios de pornografía en internet que entre los que no son usuarios[9].

De hecho, Victor Cline, experto en adicción sexual, descubrió que hay una progresión de cuatro pasos entre muchos que consumen pornografía:

1. *Adicción:* La pornografía proporciona una potente estimulación sexual o efecto afrodisíaco, seguido de una liberación sexual, casi siempre a través de la masturbación.
2. *Incremento*: Con el tiempo, los adictos desean material más explícito y perverso para satisfacer sus "necesidades" sexuales.
3. *Desensibilización:* Lo que al principio se percibía como asqueroso, chocante y perturbador, con el tiempo se convierte en algo común y aceptable.
4. *Comportamiento sexual:* Hay una tendencia creciente a reproducir los comportamientos que se ven en la pornografía[10].

Un estudio reveló que se cree que más de 30 millones de estadounidenses sufren de una adicción sexual en los Estados Unidos[11], lo cual, dada la población actual de los Estados Unidos de alrededor de 326 000 000, significaría que aproximadamente el 9.2 % de todos los estadounidenses tienen alguna forma de adicción sexual, un cáncer espiritual y moral que está trabajando incesantemente para destruir la nación.

5. Daño a las comunidades. Los estudios del uso de la tierra realizados por el *National Law Center for Children and Families* [Centro Legal Nacional para Niños y Familias] demuestran que existe una correlación entre los "negocios para adultos" (tiendas de pornografía) y la delincuencia[12]. Por ejemplo, "en los vecindarios de Phoenix en los que había negocios para adultos, el número de delitos sexuales era

---

[9] *Ibid.*, pág. 16

[10] Victor B. Cline, *"Pornography's Effects on Adults and Children"* ["Consecuencias de la pornografía en adultos y niños"], https://www.scribd.com/doc/20282510/Dr-Victor-Cline-Pornography-s-Effects-on-Adults-and-Children, págs. 3-5.

[11] Roxanne Dryden-Edwards, *"Sexual Addiction"* ["Adicción sexual"] Medicine Net, http://www.medicinenet.com/sexual_addiction/article.htm#sexual_addiction_facts.

[12] Para más información, visite http://www.nationallawcenter.org/. Esta organización ofrece semina-

un 506 % mayor que en las zonas en las que no había este tipo de negocios. El número de delitos contra la propiedad era un 43 % mayor y el número de delitos violentos, un 4 % mayor"[13].

Mary Anne Layden, directora de educación del Sistema de Salud de la Universidad de Pensilvania, señala: "Llevo 13 años tratando a víctimas y agresores de violencia sexual. No he tratado ni un solo caso de violencia sexual que no tuviera que ver con la pornografía"[14].

6. Pornografía infantil. Por último, en cuanto a la pornografía infantil, su producción es ilegal. El material manipulado digitalmente para que parezca pornografía infantil también era ilegal, hasta que una decisión de la Corte Suprema en abril de 2002 declaró inconstitucional la ley de pornografía infantil "virtual"[15].

La cantidad de daños causados a las víctimas de la pornografía infantil es una tragedia. Cline escribe lo siguiente:

> Son principalmente los pedófilos los que crean auténtica pornografía infantil utilizando niños. Y lo hacen tanto para su propio uso como para intercambiar o vender el material que producen. Cuando esto ocurre, se abusa doblemente de los niños: en el momento en que se hacen las películas o los videos o las fotos, y luego cuando otras personas observan su victimización durante los próximos años y se excitan sexualmente al observar cómo se utiliza de una manera sexual a los niños. La pornografía infantil produce siempre una gran vergüenza y culpabilidad en los niños implicados, especialmente a medida que crecen y comprenden mejor la magnitud de sus abusos y saben que hay un registro permanente de su degradación que circula por ahí para que la gente lo vea, quizá sus futuros amigos o sus propios hijos cuando sean mayores[16].

7. El egoísmo sustituye al amor. Alan Sears, presidente y CEO de Alliance Defending Freedom [Alianza para la Defensa de la Libertad] y antiguo director de la Comisión

---

rios de formación para capacitar y formar a fiscales, investigadores y funcionarios encargados de hacer cumplir la ley para detener a los depredadores sexuales. También ayuda a facilitar la tecnología para ayudar a las comunidades a hacer frente a los problemas relacionados con los negocios para adultos y la actividad delictiva.

[13] *"Library Protection Plan: A Guide to Help Concerned Citizens Persuade Public Libraries to Protect Children from Internet Pornography"* ["Plan de protección de bibliotecas: Una guía para ayudar a los ciudadanos que se preocupan por persuadir a las bibliotecas públicas para que protejan a los niños de la pornografía en internet"], National Coalition for the Protection of Children and Families, 7, http://www.plan2succeed.org/library_protection.pdf.

[14] *Ibid*. También disponible en Haven Bradford Gow, *"Child Sex Abuse: America's Dirty Secret"* ["Abuso sexual infantil: El secreto oscuro de Estados Unidos"], MS *Voices for Children, marzo 2000, citado en "A Guide to What One Person Can Do About Pornography"* ["Guía de lo que una persona puede hacer frente a la pornografía"], American Family Association, 10, http://www.macbma.net/uploads/6/5/7/9/657914/what_can_one_person_do.pdf.

[15] Ashcroft v. Free Speech Coalition, (00-795) 535 U.S. 234 (2002). Ver https://www.law.cornell.edu/supct/html/00-795.ZS.html.

[16] Cline, *"Pornography's Effects on Adults and Children"* ["Consecuencias de la pornografía en adultos y niños"], pág. 12.

sobre Pornografía del entonces fiscal general Edwin Meese III, añade:

La unión sexual dentro del matrimonio, entre un hombre y una mujer, está destinada por el Creador a ser un acto de amor supremo, entrega y unidad. Se trata, por así llamarlo, de una imagen de suprema abnegación. Prácticamente todos los defensores del comportamiento sexual secular se centran en una filosofía de "todo gira en torno a mí" en lugar de en el amor mutuo y el cuidado de la otra persona [...] En los años que he hablado en público desde entonces, en repetidas ocasiones me he referido a la pornografía como la "verdadera literatura del odio" de nuestra época, por su odio y explotación de la persona humana, independientemente de su tamaño, forma, color y sexo. Reduce a los seres humanos a mercancías sin valor para ser vistas y desechadas como pañuelos desechables[17].

C. OBJECIONES Y RACIONALIZACIONES

Al cometer cualquier tipo de pecado, es posible que las personas que lo llevan a cabo minimicen o racionalicen su comportamiento e intenten persuadirse de que lo que están haciendo no es realmente un pecado o no es tan malo. Algunos ejemplos de racionalización del pecado del uso de la pornografía serían los siguientes:

1. "No es una mujer real, solo es una imagen". Mi respuesta es que es una imagen de una *mujer real*. Si estás mirando la imagen "para codiciarla" (Mt 5:28), es decir, con el propósito de excitarte sexualmente, entonces Jesús dice que ya estás cometiendo adulterio con esa mujer en tu corazón. Además, las imágenes pornográficas modernas muestran detalles mucho más íntimos de los que veían los hombres judíos en la época de Jesús, cuando miraban a las mujeres con largas túnicas de Oriente Medio, y, por lo tanto, es probable que la intensidad del deseo lujurioso dirigido a la pornografía moderna sea también mucho mayor.

2. "Bueno, solo tengo curiosidad; en realidad no la estoy codiciando". Pero la pregunta es: ¿te excita sexualmente lo que estás mirando? De ser así, entonces estás mirando "para codiciarla" (Mt 5:28) y cometiendo adulterio en tu corazón.

3. "Las cosas que miro no son tan malas: solo es 'porno suave', no son cosas fuertes". Una vez más, la pregunta es, si eres honesto sobre lo que hay en tu corazón, ¿cuál es tu propósito para mirarlo? Si tu propósito es disfrutar de la excitación sexual que te proporciona, entonces estás mirando "para codiciar" (Mt 5:28), y Jesús dice que esto es pecado contra Dios.

D. ¿DEBEN LOS GOBIERNOS PROMULGAR LEYES QUE RESTRINJAN LA PORNOGRAFÍA?

El hecho de que algo sea moralmente incorrecto según la Biblia no significa por sí

---

[17] *"Pornography: The Degrading Behemoth (Part 1)"* ["La pornografía: El monstruo degradante (Parte 1)"], Catholic Online, 29 de julio de 2004, https://www.catholic.org/featured/headline.php?ID=1193.

mismo que los gobiernos deban tener leyes contra ello. Por ejemplo, no hay leyes contra la embriaguez, la pereza o el uso insensato y despilfarrador del dinero a nivel personal. Por poner otro ejemplo, durante toda la historia de los Estados Unidos, o bien *no había leyes* contra la fornicación (en el sentido de relaciones sexuales privadas entre adultos del sexo opuesto no emparentados y no casados) o bien esas leyes casi nunca se aplicaban (ver pág. 229, n.º 31). Al parecer, tanto los funcionarios gubernamentales como las personas que los eligen sienten instintivamente que tales leyes constituirían una intromisión muy grande en la vida privada de los individuos. Por razones similares, no creo que los cristianos deban abogar por leyes que impidan ver material pornográfico, independientemente de cómo lo obtenga una persona.

Sin embargo, el hecho de *crear* ese material y *distribuirlo* a otras personas es otro tema. En ese caso, una persona está creando un material que (desde un punto de vista bíblico) tiene un efecto perjudicial para las normas morales de la sociedad, y específicamente para las personas que usan la pornografía y para aquellas con las que se relacionan de manera íntima.

Por lo tanto, ya que la pornografía hace que las personas sean más propensas a cometer actos de violencia contra las mujeres o los niños, o más propensas a cometer violaciones, se puede plantear un argumento sólido para promulgar o mantener leyes contra la producción, distribución y venta de material pornográfico.

E. ¿LOS PORNOGRAFOS DEBEN SER PROCESADOS?

La Primera Enmienda de la Constitución de Estados Unidos, que protege la libertad de prensa (entre otras libertades), tenía como objetivo principal proteger la expresión *política*. Esto significa que no todo tipo de expresión está protegida. Por ejemplo, la calumnia, la difamación y la incitación a los disturbios no están protegidas, como tampoco lo están el fraude al consumidor o el fraude postal, y las cortes lo han reconocido acertadamente. Las cortes también han reconocido que la Primera Enmienda no puede utilizarse con razón para reclamar la protección de material obsceno. Pero, ¿qué se entiende por "obsceno"?

En la decisión de la Corte Suprema de 1957 en el caso Roth v. Estados Unidos, el estándar establecido por la corte fue "si para la persona promedio, aplicando los estándares de la comunidad contemporánea, el tema dominante del material tomado en su conjunto apela al interés *lascivo*" (la palabra lascivo significa "excesivamente interesado en cuestiones de sexo")[18]. Luego, en el caso Miller v. California de 1973, la Corte Suprema decidió que una obra no se considera obscena a menos que "carezca de valor literario, artístico, político y científico importante"[19].

Estos casos siguen proporcionando una norma que puede utilizarse eficazmente en los procesos contra los pornógrafos, siempre y cuando se permita a los jurados dar un significado de sentido común a la palabra *importante*, de modo que la

---

[18] *American Heritage Dictionary of the English Language* [Diccionario del Patrimonio Americano del Lenguaje Inglés], 4º ed. (Boston: Houghton Mifflin, 2006), pág. 1413.

[19] Miller v. California, 413 U.S. 15.

palabra no se vea despojada de su fuerza por instrucciones engañosas al jurado o por una deferencia indebida al testimonio de los llamados "expertos" traídos por los abogados que defienden a los pornógrafos . Además, desde un punto de vista práctico, la mayor parte de los problemas que existen en el país en relación con la pornografía podrían abordarse si los fiscales decidieran presentar cargos únicamente contra la producción y distribución de *imágenes visuales* (fotografías y vídeos) y no trataran de procesar las publicaciones que contienen solo palabras, donde las normas son más imprecisas y es más fácil alegar algún mérito literario.

El exfiscal federal Alan Sears afirma que "las leyes de obscenidad, aunque están lejos de ser perfectas, son más concretas que muchas otras leyes penales utilizadas con éxito y de forma regular en el sistema de justicia penal"[21] . Señala que la Comisión de Pornografía del Fiscal General, de la que fue director, proporcionó una definición útil de pornografía como "material sexualmente explícito diseñado principalmente para la excitación"[22].

Sear indica también lo siguiente:

> La pornografía incluye varias clases de contenido: la obscenidad, el material perjudicial para los menores, la pornografía infantil, la indecencia y las representaciones lícitas pero pornográficas...
>
> Dependiendo del tipo de contenido, su carácter ofensivo oscila entre lo "meramente inmoral" (que muestra a las mujeres y a otras personas como una subespecie de seres humanos a los que hay que utilizar, abusar y divertir) y lo que siempre he llamado "fotografías de la escena del crimen", que son representaciones reales de comportamientos sexuales ilícitos con fines de lucro o explotación.
>
> A los que producen material ilícito los llamo integrantes de una "empresa criminal", no de una "industria".
>
> Así pues, la pornografía tiene una gran dimensión vergonzosa y, dependiendo de la amplitud de su definición, es una empresa multimillonaria. Sin embargo, por muy grande que sea y presente que esté, no es demasiado grande para que se la pueda controlar y limitar de forma drástica en cualquier comunidad que tenga la voluntad de hacerlo[23].

Por lo tanto, el problema actual de la pornografía en Estados Unidos no es que las leyes sean inadecuadas, sino que los fiscales no están lo suficientemente dispuestos a presentar cargos contra quienes producen y distribuyen pornografía.

Un ejemplo concreto de la falta de acción penal es la pornografía en internet, el cual tiene un efecto destructivo en la sociedad. Un artículo del ABA Journal

---

[20] Ver Estados Unidos v. Kilbride, n.º 07-10528 y Estados Unidos v. Schaeffer, n.º 07-10534, Corte de Apelaciones de los Estados Unidos para el Noveno Circuito (2008).

[21] Alan E. Sears, *"The Legal Case for Restricting Pornography"* ["El caso legal para restringir la pornografía"] en *Pornography: Research Advances and Policy Considerations* [Pornografía: Avances en la investigación y consideraciones políticas], ed. Dolf Zillman y Jennings Bryant (Hillsdale, Nueva Jersey: Lawrence Erlbaum Associates, 1989), pág. 327.

[22] *"Pornography: The Degrading Behemoth"* ["La pornografía: El monstruo degradante"]

[23] *Ibid.*

que trata este tema concluye lo siguiente: "La verdadera razón por la que no se ha abordado la obscenidad en internet se debe a que las fuerzas del orden parecen no tener el tiempo, los recursos ni la disposición para combatirla"[24] .

F. MEDIDAS PRÁCTICAS DE PROTECCIÓN CONTRA LA PORNOGRAFÍA

A nivel de cada familia u hogar, se pueden tomar algunas medidas prácticas para protegerse contra la pornografía. Por ejemplo, se pueden instalar filtros en las computadoras que filtren material ofensivo. Los padres también pueden exigirles a sus hijos que utilicen siempre las computadoras en habitaciones y entornos en los que la pantalla del ordenador sea visible para los demás miembros de la familia[25]. Los padres pueden utilizar un dispositivo enchufable desarrollado recientemente llamado Circle para controlar todas las computadoras y todos los teléfonos de la casa con filtros específicos para cada dispositivo que bloquean varios tipos de contenidos e incluso regulan las horas en que cada dispositivo puede acceder a internet[26] .

Del mismo modo, los cristianos pueden fomentar el uso de filtros para las computadoras de las bibliotecas locales que están disponibles para el uso de los niños, y pueden abogar para que se coloquen computadoras en espacios relativamente públicos. También pueden actuar con eficacia a la hora de ejercer presión en la comunidad para eliminar las tiendas que venden mucha pornografía.

En el sitio web del *National Center on Sexual Exploitation* (Centro Nacional de Explotación Sexual) se pueden encontrar otras formas de ayudar a librar a una comunidad de la difusión e influencia de la pornografía, aquí el link: http:// endsexualexploitation.org/.

G. LIBERARSE DE LA PORNOGRAFÍA ES POSIBLE

Por último, muchos ministerios de consejería cristiana informan de un éxito significativo a la hora de ayudar a las personas a liberarse de la adicción a la pornografía. No debe sorprender que tales programas sean con frecuencia efectivos para ayudar a los cristianos nacidos de nuevo, ya que la Escritura promete que "el pecado no se enseñoreará de vosotros; pues no estáis bajo la ley, sino bajo la gracia" (Ro 6:14).

Algunos ministerios de renombre que se especializan en ayudar a las personas

---

[24] Jason Krause, *"The End of the Net Porn Wars"* ["El fin de la guerra de la pornografía en la red"], ABA Journal, 1 de febrero de 2008, www.abajournal.com/magazine/article/the_end_of_the_net_porn_wars.

[25] Por poner un ejemplo personal, a la oficina de mi casa se llega por un pasillo que sale de la cocina y la sala de estar, pero siempre dejo la puerta abierta y trabajo de espaldas a la puerta por lo que la pantalla de mi computadora queda a la vista de Margaret mucho antes de que yo sepa si está en el pasillo. Esto me ayuda a sentirme siempre responsable de mi uso de la computadora ante ella. Pero mi mayor sentido de responsabilidad sigue siendo hacia Jehová: "Los ojos de Jehová están en todo lugar, mirando a los malos y a los buenos" (Pr 15:3).

[26] Para un análisis detallado de Circle, ver Tony Reinke, *"Walk the Worldwide Garden: Protecting Your*

a superar la adicción a la pornografía son los siguientes: Pure Hope (http://purehope.net), Pure Intimacy (http://www.pureintimacy.org) y Seven Places (http://sevenplaces.org).

PREGUNTAS PARA REFLEXIONAR

1. Si alguna vez ha visto pornografía en el pasado, ¿cuáles fueron algunos de los resultados negativos de esa experiencia?

2. ¿Ha tendido a poner excusas o hacer racionalizaciones con respecto a mirar pornografía? ¿Cómo ha cambiado este capítulo su punto de vista sobre la pornografía?

3. ¿Suele sentir la tentación de mirar pornografía? Si es así, ¿qué medidas podría tomar para superar la tentación?

4. Si ahora usted se dedicara a mirar pornografía, ¿qué consecuencias perjudiciales tendría en las relaciones con su familia y sus amigos? ¿En su matrimonio (si está casado)? ¿En su relación con Dios? ¿En su salud espiritual personal? ¿En su trabajo? ¿En relación con la eficacia y la productividad de su ministerio en el futuro?

5. Piense sobre el efecto que tienen los diferentes tipos de películas para su propio corazón y su relación con Dios. ¿Qué tipo de películas no le conviene ver?

6. ¿Ha conocido a alguien adicto a la pornografía? ¿Cómo describiría la salud emocional y relacional de la vida de esa persona? ¿Confiaría en esta persona?

7. Debido a la amplia prevalencia de la pornografía en la sociedad moderna, considero necesario plantear la siguiente pregunta: Siendo usted honesto, ¿es adicto a la pornografía? ¿Está dispuesto a admitir que necesita la ayuda de otras personas y que esta no es una batalla que pueda ganar usted solo?

8. ¿Qué rasgos de carácter cristiano (ver pág. 110) son especialmente útiles cuando los cristianos buscan actuar con madurez e integridad con respecto a la pornografía?

TÉRMINOS ESPECIALES

ninguno

BIBLIOGRAFÍA

Otras fuentes de referencia sobre ética

Home in the Digital Age" ["Caminar por el jardín del mundo: Proteger tu hogar en la era digital"], Desiring God, 14 de mayo de 2016, https://www.desiringgod.org/articles/walk-the-worldwide-garden. Ver también Tim Challies, *"Ask Me Anything"* ["Pregúntame lo que desees"] challies.com, 28 de mayo de 2017, https://www.challies.com/feedback/ask-me-anything-7.

(ver datos bibliográficos completos, pág. 64)

Frame, 766-68, 775-76
Geisler, 381-95
Kaiser, 55-56
McQuilkin y Copan, 254-62

Otras obras

Alcorn, Randy. *The Purity Principle* [El principio de la pureza]. Sisters, Oregon: Multnomah, 2003.

———. *Sexual Temptation: Establishing Guardrails and Winning the Battle* [La tentación sexual: Establecer límites y ganar la batalla]. 3º ed. Sandy, Oregon: Eternal Perspective Ministries, 2011.

Arterburn, Stephen y Fred Stoeker. *Every Man's Battle: Winning the War on Sexual Temptation One Victory at a Time* [La batalla de cada hombre: Ganando la guerra a la tentación sexual una victoria a la vez]. Editado por Mike Yorkey. 1º ed. Colorado Springs: WaterBrook Press, 2000.

Chester, Tim. *Closing the Window: Steps to Living Porn Free* [Cerrando la Ventana: Pasos para vivir sin pornografía]. Downers Grove, Illinois: Inter-Varsity Press, 2010.

Court, J. H. *"Pornography"* ["Pornografía"] En el New Dictionary of Christian Ethics and Pastoral Theology [Nuevo Diccionario de Ética Cristiana y Teología Pastoral], editado por David J. Atkinson y David H. Field, págs. 675-77. Leicester, Reino Unido: Inter-Varsity y Downers Grove, Illinois: InterVarsity Press, 1995.

Eberstadt, Mary y Mary Anne Layden. *The Social Costs of Pornography: A Statement of Findings and Recommendations* [Los costos sociales de la pornografía: Una declaración de conclusiones y recomendaciones]. Princeton, Nueva Jersey: Witherspoon Institute, 2010.

Hall, Laurie. *An Affair of the Mind: One Woman's Courageous Battle to Salvage Her Family from the Devastation of Pornography* [Un asunto de la mente: La valiente batalla de una mujer para salvar a su familia de la devastación de la pornografía]. Colorado Springs: Focus on the Family, 1996.

Harris, Joshua. *Sex Is Not the Problem (Lust Is): Sexual Purity in a Lust-Saturated World* [El sexo no es el problema (la lujuria, sí): Pureza sexual en un mundo saturado de lujuria]. Sisters, Oregon: Multnomah, 2003.

Hart, Archibald D. The Sexual Man: Masculinity without Guilt [El hombre sexual: La masculinidad sin culpa]. Dallas: Thomas Nelson, 1995.

Haugen, Gary A. *Good News about Injustice: A Witness of Courage in a Hurting World* [Buenas noticias sobre la injusticia: Un testimonio de valentía en un mundo herido]. Downers Grove, Illinois: InterVarsity Press, 1999.

Kastleman, Mark B. *The Drug of the New Millennium: The Science of How Internet Pornography Radically Alters the Human Brain and Body* [La droga del nuevo milenio: La ciencia de cómo la pornografía en internet altera de forma radical el cerebro y el cuerpo humano]. Orem, Utah: Granite Publishing, 2001.

Keller, Timothy. *Counterfeit Gods: The Empty Promises of Money, Sex, and Power, and the Only Hope That Matters* [Dioses que fallan: Las promesas vacías del dinero, el sexo y el poder, y la única esperanza verdadera]. New York: Dutton, 2009.

Lambert, Heath. *Finally Free: Fighting for Purity with the Power of Grace* [Finalmente libre: Lucha por la pureza con el poder de la gracia]. Grand Rapids, Michigan: Zondervan, 2013.

McLawhorn, Richard. *Summary of the Final Report of the Attorney General's Commission on Pornography* [Resumen del informe final de la Comisión del Fiscal General sobre la pornografía]. Cincinnati: National Coalition Against Pornography [Coalición Nacional contra la Pornografía], 1986.

Naselli, Andrew David. *"Seven Reasons You Should Not Indulge in Pornography"* ["Siete razones por las que no debes complacerte con la pornografía"] Themelios 41 (2016): págs. 473-83.

———. *"When You Indulge in Pornography, You Participate in Sex Slavery"* ["Cuando uno se entrega a la pornografía, contribuye a la esclavitud sexual"] Journal for Biblical Manhood and Womanhood 20, n.° 2 (2015): págs. 23-29.

Piper, John. *"Faith in Future Grace vs. Lust"* ["La fe en la gracia futura frente a la lujuria"] En Future Grace: The Purifying Power of the Promises of God [Gracia venidera: El poder purificador de las promesas de Dios], 2° ed., págs. 329-38. Colorado Springs: Multnomah, 2012.

Platt, David. *"A War on Women: The Gospel and Sex Slavery"* ["La guerra contra las mujeres: El Evangelio y la esclavitud sexual"] En Counter Culture: Following Christ in an Anti-Christian Age [Contracultura siguiendo a Cristo en una época anticristiana], edición revisada y actualizada, págs. 109-32. Carol Stream, Illinois: Tyndale Momentum, 2017.

Struthers, William M. *Wired for Intimacy: How Pornography Hijacks the Male Brain* [Cableado para la intimidad: Cómo la pornografía secuestra el cerebro masculino]. Downers Grove, Illinois: InterVarsity Press, 2009.

Tripp, Paul David. *Sex and Money: Pleasures That Leave You Empty and Grace That Satisfies* [El sexo y el dinero: Los placeres que te dejan vacío y la gracia que satisface]. Wheaton, Illinois: Crossway, 2013.

White, John. *Eros Defiled: The Christian and Sexual Sin* [Eros profanado: El cristiano y el pecado sexual]. Downers Grove, Illinois: InterVarsity Press, 1977.

PASAJE BÍBLICO PARA MEMORIZAR

Mateo 5:27-28: Oísteis que fue dicho: No cometerás adulterio. Pero yo os digo que cualquiera que mira a una mujer para codiciarla, ya adulteró con ella en su corazón.

HIMNO

"Fija tus ojos en Cristo"

¡Oh, alma cansada y turbada!
Sin luz en tu senda andarás
Al salvador mira y vive
Del mundo la luz es su faz

Fija tus ojos en Cristo
Tan lleno de gracia y amor
Y lo terrenal sin valor será
A la luz del glorioso Jesús

De muerte a vida eterna
Te llama el salvador fiel
En ti no domine el pecado
Hay siempre victoria en él

Fija tus ojos en Cristo
Tan llenos de gracia y amor
Y lo terrenal sin valor será
A la luz del glorioso Jesús

Jamás faltará su promesa
Él dijo: "Contigo estoy"
Al mundo perdido ve pronto
Y anuncia la salvación hoy

Fija tus ojos en Cristo
Tan lleno de gracia y amor
Y lo terrenal sin valor será
A la luz del glorioso Jesús.

AUTOR: HELEN H. LEMMEL, 1864-1961

Capítulo 32

DIVORCIO Y NUEVO MATRIMONIO

Según la Biblia, ¿cuáles son los fundamentos legítimos para el divorcio, si es que los hay?

¿El divorcio es moralmente aceptable en un caso de abuso físico o abandono?

Si se concede un divorcio por razones bíblicas legítimas, ¿el nuevo matrimonio siempre está permitido?

¿Una persona divorciada puede llegar a tener un cargo de autoridad en la iglesia?

¿Cuáles son las razones que se dan para la perspectiva de "no al nuevo matrimonio"?

En el matrimonio, un hombre y una mujer se comprometen a vivir juntos como marido y mujer para toda la vida. Para que puedan mantener este compromiso, *ambas partes* tienen que permanecer dentro del matrimonio. Pero cuando una parte decide dejar el matrimonio, ya sea para estar con otra persona o simplemente para terminar la relación existente, para el otro cónyuge se vuelve imposible cumplir fielmente su compromiso (por ejemplo, un esposo no puede *actuar como esposo ni vivir* con una esposa que vive con otro hombre). Por lo tanto, surge la cuestión del divorcio. Es importante considerar este aspecto en esta sección del libro que trata sobre temas éticos relacionados con el matrimonio[1].

---

[1] Algunas partes de este capítulo se adaptaron del ensayo *"Divorce and Remarriage"* [Divorcio y nuevo matrimonio] en el *ESV Study Bible* [Biblia de Estudio Teológico] (Wheaton, Illinois: Crossway, 2008), págs. 2545–47, con el permiso de la editorial. (Yo fui el principal autor de este artículo).

¿En qué circunstancias, si es que las hay, es moralmente correcto divorciarse y por consiguiente disolver un matrimonio? Además, si ocurre un divorcio, ¿es moralmente correcto que una persona divorciada se case con alguien más? Estas y más preguntas se abordarán en este capítulo.

A. EL DIVORCIO Y SUS CONSECUENCIAS

1. La tasa de divorcios es alta, pero no tan alta como usualmente se dice. En la actualidad, el divorcio se ha vuelto más común que en las generaciones anteriores. En la primera parte del siglo XX, la tasa de divorcios en los Estados Unidos era aproximadamente de 0.9 por cada 1 000 habitantes de la población total[2]. A lo largo del siglo XX, la tasa de divorcios aumentó gradualmente y luego en los años 1970 y 1980 se incrementó rápidamente, ya que muchos estados aprobaron leyes de divorcio sin culpa[3]. A principios de 1980, la tasa de divorcios alcanzó su punto máximo con aproximadamente 5.0 por cada 1 000 habitantes de la población total (aproximadamente 1.2 millones de divorcios)[4]. Después de 1985, la tasa de divorcios decreció gradualmente, y en el 2014 había aproximadamente 813 862 divorcios o nulidades matrimoniales en Estados Unidos, o 3.2 por cada 1 000 habitantes de la población total[5]. Pero la cantidad de divorcios por cada 1 000 habitantes disminuyó principalmente porque ahora muchas parejas viven juntas en lugar de casarse y más personas permanecen solteras (hubo aproximadamente 10.6 matrimonios por cada 1 000 personas a principios de 1980, pero solo 6.8 matrimonios por cada 1 000 personas entre 2009-2012)[6].

Sin embargo, no es cierto que en la actualidad el 50 % de los matrimonios terminan en divorcio (una estadística que algunas veces se repite en las noticias de medios de comunicación populares). Después de un profundo análisis estadístico, la investigadora social Shaunti Feldhahn registró en el 2014 lo siguiente: "Según una de las encuestas más recientes del Census Bureau [Oficina del Censo de Estados Unidos], el 72 % de las personas que se han casado siguen casadas con su primer cónyuge" y el 28 % restante no representa a todas las personas divorciadas, porque el total también incluye a aquellos que han enviudado mediante la muerte

---

[2] *"Marriages and Divorces, 1900–2012"* ["Divorcios y matrimonios, 1900–2012"], Information Please, citando información de U.S Centers for Disease Control and Prevention [Centros para el Control y la Prevención de Enfermedades], National Center for Health Statistics [Centro Nacional de Estadísticas de Salud] http://www.infoplease.com/ipa/A0005044.html.

[3] Las leyes de divorcio sin culpa permiten que se conceda un divorcio sin necesidad de demostrar que una parte del matrimonio cometió alguna irregularidad (tal como adulterio, abandono o crueldad) que haga que el matrimonio no funcione. En un proceso de divorcio sin culpa, una de las partes simplemente tiene que demostrar que el matrimonio ya no es posible y no tiene más reparo (por ejemplo, debido a "diferencias irreconciliables") sin tener que probar que la otra parte es responsable. Los requerimientos específicos varían de estado a estado.

[4] *"Marriages and Divorces, 1900–2012"* ["Divorcios y matrimonios, 1900–2012"].

[5] Centers for Disease Control and Prevention, National Center for Health Statistics, National Marriage and Divorce Trends [Tendencias Nacionales de Matrimonios y Divorcios], https://www.cdc.gov/nchs/nvss/marriage_divorce_tables.htm. Nota: Las estadísticas del CDC no incluyen datos de California, Georgia, Hawaii, Indiana ni Minnesota.

[6] *"Marriages and Divorces, 1900–2012"*.

de un cónyuge, una categoría que representa hasta quizás el 8 %[7] . Eso quiere decir que "alrededor del 20 al 25 % de los primeros matrimonios terminan en divorcio"[8]. Feldhahn concluye lo siguiente: "Imagina el cambio en nuestra consciencia colectiva si decimos 'la mayoría de los matrimonios dura toda la vida' en lugar de 'la mitad de los matrimonios termina en divorcio'"[9].

La tasa de divorcios es menor en aquellos que asisten a la iglesia regularmente. Feldhahn dice:

> Solo la asistencia semanal a la iglesia disminuye la tasa de divorcios significativamente, alrededor del 25 al 50 %, dependiendo del estudio. La creencia popular de que la tasa de divorcios es la misma dentro y fuera de la iglesia se basa en un profundo y arraigado *malentendido* sobre los resultados de George Barna en varias encuestas a lo largo de las décadas pasadas. Un malentendido que, como el Sr. Barna me dijo, le hubiera encantado corregir en las mentes del público[10].

En lo personal, por mucho tiempo he sido escéptico de las afirmaciones de que el 50 % de los matrimonios terminan en divorcio y que la tasa de divorcios entre los cristianos evangélicos es la misma que la de la sociedad en general. He sido escéptico porque tales declaraciones parecían ser absolutamente erróneas en términos de las personas que he conocido. Margaret y yo hemos conocido a varios cientos y probablemente miles de parejas casadas a lo largo de nuestros 48 años de matrimonio. Hemos vivido en seis estados y dos países diferentes (estuvimos más de cuatro años en el Reino Unido), fuimos miembros activos de nueve iglesias distintas y he enseñado por 40 años en tres instituciones educativas diferentes con cientos de estudiantes, y el número de divorcios de los que sabemos es absolutamente pequeño. Sin duda representa menos del 5 % de las parejas casadas que hemos conocido y probablemente está cerca del 1 %.

Los consejeros matrimoniales Jan y David Stoop registran una evidencia anecdótica similar:

> Una pareja, la cual trabaja junta en un ministerio matrimonial que involucra a varias parejas, compartió en su respuesta a nuestro cuestionario que descubrió que de 1 500 parejas que oran juntas de manera regular solo una se divorcia[11].

Feldhahn incluye otras estadísticas alentadoras sobre el matrimonio, tabulando investigaciones sociológicas de múltiples fuentes. Ella registra lo siguiente: "El

---

[7] Shaunti Feldhahn, *The Good News about Marriage: Debunking Discouraging Myths about Marriage and Divorce* [Las buenas nuevas sobre el matrimonio: Desacreditando los mitos desilusionantes sobre el matrimonio y el divorcio]. (Colorado Springs: Multnomah, 2014), págs. 21–22.

[8] *Ibid.*, pág. 22.

[9] *Ibid.*, pág. 25.

[10] *Ibid.*, pág. 66

[11] Jan Stoop y David Stoop, *When Couples Pray Together: Creating Intimacy and Spiritual Wholeness* [Cuando las parejas oran juntas: Creando intimidad y plenitud espiritual] (Ann Arbor, Michigan: Servant, 2000), pág. 31.

promedio de aquellos que dicen tener matrimonios felices es alrededor del 90 %". Luego, al descontar cierta variabilidad estadística, concluye: "El porcentaje real de matrimonios felices puede ser un poco mayor o menor, el 80 % parece una cifra muy segura y, en cierto modo, incluso conservadora"[12].

Sin embargo, aún millones de parejas en los Estados Unidos y en otros países, incluyendo parejas cristianas, se divorcian cada año. Por lo tanto, es importante entender las enseñanzas de la palabra de Dios sobre este asunto, así como comprender de manera más detallada las consecuencias del divorcio.

2. Las trágicas consecuencias del divorcio. Ya que en la actualidad el divorcio es más común que en las generaciones anteriores, algunas personas pueden asumir que es menos perjudicial en la vida de las personas de lo que solía ser. Pero el estudio más exhaustivo de las consecuencias a largo plazo del divorcio no confirma esta suposición. El estudio fue dirigido por Judith Wallerstein, fundadora y directora ejecutiva del Center for the Family in Transition [Centro para la familia en transición] en Corte Madera, California. Los resultados de este estudio se han publicado en varios libros desde hace muchos años[13].

Los resultados del estudio de Wallerstein son desgarradores, y solo puedo mencionar algunos puntos. Sus colegas y ella entrevistaron a 60 familias (120 padres y 131 hijos) que pasaban por divorcios en 1971. Luego, entrevistaron a las mismas personas en intervalos de tiempo de un año, cinco años y diez años después de los divorcios con el fin de determinar los resultados en las vidas de las personas. Nunca se había realizado un estudio de tal magnitud sobre las consecuencias a largo plazo del divorcio[14].

A continuación, se mostrarán algunas de las conclusiones destacadas del estudio:

> Los hombres y las mujeres nos dejan muy en claro, después de 10 años, que el estrés de ser padre/madre soltero(a) nunca se alivia y el miedo de estar solo nunca cesa (*Second Chances* [Padres e hijos después del divorcio], pág. 10).

Increíblemente, una mitad de las mujeres y un tercio de los hombres siguen

---

[12] Feldhahn, *The Good News about Marriage* [Las buenas nuevas sobre el matrimonio], pág. 51

[13] El material que cito posteriormente se tomó del estudio publicado 10 años después que los divorcios ocurrieran: Judith Wallerstein y Sandra Blakeslee, *Second Chances: Men, Women, and Children a Decade after Divorce* [Padres e hijos después del divorcio: Quién gana, quién pierde y por qué] (Nueva York: Ticknor and Fields, 1989). El material adicional que no contradice sino que afirma en gran parte el estudio previo se encuentra en Judith Wallerstein, Julia Lewis, y Sandra Blakeslee, *The Unexpected Legacy of Divorce: The 25 Year Landmark Study* [El inesperado legado del divorcio] (Nueva York: Hyperion, 2000).

[14] Wallerstein explica que los investigadores eligieron a un grupo homogéneo de la población para su estudio, en donde la mayoría de los hombres eran profesionales altamente capacitados, jefes u ocupaban un cargo directivo en una empresa y el 75 % de las mujeres tenían al menos algún tipo de educación universitaria. La mitad de las familias pertenecía a iglesias o sinagogas. Wallerstein dice lo siguiente: "Esto es, entonces, el divorcio en el mejor de los casos". Wallerstein y Blakeslee, *Second Chances*, xv.

intensamente molestos con sus previos cónyuges a pesar de que hayan pasado 10 años. Puesto que sus sentimientos no han cambiado, además que la ira también se ha convertido en un aspecto continuo y, algunas veces, dominante en la vida de sus hijos (pág. 29).

Solo una de cada siete exparejas experimentó segundos matrimonios estables (pág. 41).

Algunos hombres y mujeres parecen permanecer unidos por el matrimonio, le da seguridad a sus vidas y la propia estructura les provee su razón de ser y su máximo nivel de adaptación adulta. Tanto para el hombre como para la mujer, el matrimonio en la mitad de la vida o más tarde tiene una función adicional y muy importante: provee una defensa interna contra las ansiedades del envejecimiento, ser viejo, estar solo y enfrentar la muerte inevitable. Además, también ofrece apoyo externo para superar el aumento de las discapacidades y las enfermedades de la edad avanzada. Cuando se remueve la estructura, se sienten extremadamente vulnerables y los síntomas externos de la deterioración física son un símbolo del conflicto y la aflicción emocional interna (pág. 53).

A la gente le gusta creer que porque hay muchas familias divorciadas, los adultos y los niños creerán que el divorcio es más sencillo o incluso fácil. Pero ni los padres ni los hijos encuentran consuelo en los números. El divorcio no es una experiencia más "normal" simplemente porque mucha gente ha pasado por eso. Nuestros hallazgos revelan que todos los niños sufren a causa del divorcio, sin importar que muchos de sus amigos hayan pasado por eso [...]. Todos y cada uno de los hijos exclama: "¿Por qué a mí?" (pág. 303).

Los niños de todas las edades se sienten intensamente rechazados cuando sus padres se divorcian [...]. Algunos mantienen su ira escondida durante años por miedo a disgustar a sus padres o por miedo a represalias; otros la muestran (pág. 12).

Los niños sienten una soledad intensa [...]. Incluso cuando a los niños se les aconseja no elegir un lado, a menudo sienten que deben hacerlo. Sin embargo, cuando escogen un lado para sentirse más protegidos, también se sienten desesperados porque traicionan a un padre con el otro. Si no eligen un lado se sienten separados y desleales con ambos padres. No hay una solución para su dilema (pág. 13).

[Después de 10 años y, algunas veces, 15 años] aunque ya no tengan ninguna ilusión de que sus padres se casen de nuevo, sus sentimientos de pérdida y anhelo persiste y sus emociones son profundas y fuertes. Se sienten menos protegidos, menos cuidados, menos consolados [...]. Estos niños comparten recuerdos vívidos y dolorosos de la separación de sus padres (pág. 23).

[Aproximadamente un tercio de los hijos] entre las edades de 19 y 29 años tiene poca o ninguna ambición 10 años después del divorcio de sus padres. Van a la deriva por la vida sin establecer metas, con educación limitada y con un sentido de desamparo [...]. No hacen planes a largo plazo y apuntan por debajo de los logros intelectuales y educativos de sus padres y madres (págs. 148-149).

Una de las grandes tragedias del divorcio es que muchos padres no tienen la menor idea de que sus hijos se sienten rechazados [...]. Sin el continuo apoyo de sus padres, estos niños carecen de autoconfianza y de orgullo sobre su propia masculinidad [...]. [Las niñas] se sienten heridas, inseguras de su feminidad e inseguras en sus relaciones con los hombres [...]. Mucha gente joven, especialmente los hombres, no pueden expresar la ira que sienten hacia el padre que lo rechaza (págs. 150-151).

No cito este material para señalar que tales consecuencias destructivas son inevitables, ya que las estadísticas y probabilidades no suponen resultados seguros para ningún individuo. Asimismo, los cristianos que pasan por un divorcio y los cristianos que proporcionan apoyo a aquellos que enfrentan un divorcio tienen el factor adicional del poder del Espíritu Santo para sanar la vida de las personas. Algunas veces, la ira o el miedo de muchos años puede ser cambiado por el poder transformador del Espíritu Santo que trabaja en las personas en respuesta a la oración. Y las iglesias que funcionan bien, a menudo pueden ofrecer la "familia" efectiva que compensará en cierta medida lo que se perdió en el divorcio. Aún así, estos preocupantes hallazgos nos ayudan a entender por qué Dios estableció maravillosas normas morales sobre el matrimonio eterno entre un hombre y una mujer como el patrón para los matrimonios en la raza humana (ver la siguiente sección).

Un versículo que comúnmente se piensa que revela el propio dolor de Dios en relación con las dolorosas consecuencias del divorcio se encuentra en el último libro del Antiguo Testamento. Según varias traducciones, Malaquías dice lo siguiente:

"Pues odio el divorcio", dice el Señor, el Dios de Israel, "y aquel que cubre de iniquidad su vestidura", dice el Señor de los ejércitos. "Así que cuida tu espíritu, para que no actúes con traición" (Mal 2:16, NASB)[15].

Si esta es la traducción correcta, no quiere decir que Dios considere que todos los divorcios son moralmente incorrectos (ya que se deben considerar otros pasajes de las Escrituras), sino que Dios se aflige profundamente al ver las dolorosas consecuencias que traen los divorcios.

---

[15] La DHH, RVA-2015, NVI y la CST lo traducen como Dios diciendo: "Yo aborrezco el divorcio". La BLPH traduce esta oración como "Pues el que repudia a su esposa porque ha dejado de amarla —dice el Señor, Dios de Israel— se comporta de forma violenta, —dice el Señor del universo—". Ver el anexo de este capítulo (pág. 836) para un análisis sobre los aspectos de la traducción involucrados en este complicado versículo. N. del T.: Se realizó la traducción textual de este versículo para lograr una mejor comprensión del análisis del mismo que se presenta al final del capítulo.

Cualquiera sea la perspectiva que uno tenga sobre Malaquías 2:16, los intérpretes que poseen distintos puntos de vista sobre este versículo aún están de acuerdo en que el énfasis constante tanto del Antiguo como del Nuevo Testamento está en la importancia de preservar el matrimonio y evitar el divorcio a toda costa, excepto en algunas circunstancias muy específicas.

B. EL PLAN ORIGINAL DE DIOS PARA EL MATRIMONIO MONÓGAMO ETERNO

El plan original de Dios para la raza humana, como se indica en la creación de Adán y Eva como marido y mujer (Gn 1:27-28; 2:22-25), es un matrimonio monógamo eterno. Jesús confirmó esto cuando respondió una pregunta acerca del divorcio:

> Entonces vinieron a él los fariseos, tentándole y diciéndole: ¿Es lícito al hombre repudiar a su mujer por cualquier causa? Él, respondiendo, les dijo: ¿No habéis leído que el que los hizo al principio, varón y hembra los hizo [de Gn 1:27], y dijo: Por esto el hombre dejará padre y madre, y se unirá a su mujer, y los dos serán una sola carne [de Gn 2:24]? Así que no son ya más dos, sino una sola carne; por tanto, *lo que Dios juntó, no lo separe el hombre* (Mt 19:3-6).

En esta respuesta, Jesús reprende y corrige una costumbre del siglo I: el divorcio simple por razones triviales. Por ejemplo, la Mishná dijo lo siguiente:

> La escuela de Shammai dice: Un hombre no debe divorciarse de su esposa a menos que haya encontrado impureza sexual en ella. [...] Y la escuela de Hillel dice que [él puede divorciarse de ella] incluso si le estropea un plato. [...] Rabbi Akiba dice: [él puede divorciarse de ella] incluso si encuentra alguien más justa que ella..." (Mishná, Gittin 9:10)[16].

En lugar de entrar en este debate entre los rabinos, Jesús afirma el plan original de Dios para el matrimonio y demuestra que sigue siendo su modelo para todos los matrimonios.

El profeta del Antiguo Testamento, Malaquías, ve el matrimonio como un "pacto" entre el esposo y la esposa. Asimismo, Dios es testigo de este pacto y hará a la gente responsable de ello: "Porque Jehová ha atestiguado entre ti y la mujer de tu juventud, contra la cual has sido desleal, *siendo ella tu compañera, y la mujer de tu pacto*" (Mal 2:14). Por lo tanto, el matrimonio es un compromiso particularmente serio (1) entre el marido y la mujer, (2) la sociedad en la que viven y (3) ante el mismo Dios (ya sea considerado o no en la ceremonia matrimonial)[17].

---

[16] La versión escrita de la Mishná se realizó a finales del siglo II o a principios del siglo III d. C, pero refleja una tradición oral anterior, incluso mucho antes de la época de Cristo. En relación con esta cita en específico, tanto Hillel (falleció en el año 10 d. C.) como Shammai (50 a. C. - 30 d. C.) vivieron antes del ministerio de Jesús en la tierra.

[17] Ver análisis adicionales de la solemnidad del matrimonio en el capítulo 28, pág. 701.

Es importante comenzar este capítulo sobre el divorcio con una afirmación clara de que la intención original de Dios es que el esposo y la esposa sigan casados por el resto de sus vidas o, como la ceremonia matrimonial lo dice: "hasta que la muerte los separe". Aunque el siguiente análisis mostrará que Dios permitió el divorcio como una solución en algunos casos en donde los matrimonios tuvieron daños irremediables, la Escritura sigue demostrando que el modelo de Dios es un matrimonio monógamo eterno y que la primera pregunta que se le debe hacer a cualquier persona que piensa en divorciarse debería ser: "¿Es posible que este matrimonio se restaure y se preserve?"

C. EN EL ANTIGUO TESTAMENTO, EL DIVORCIO SE PERMITÍA EN CIERTOS CASOS

La única ley en el Antiguo Testamento con respecto al divorcio está en Deuteronomio 24:

> Cuando alguno tomare mujer y se casare con ella, si no le agradare por haber hallado en ella alguna cosa indecente, le escribirá carta de divorcio, y se la entregará en su mano, y la despedirá de su casa. Y salida de su casa, podrá ir y casarse con otro hombre. Pero si la aborreciere este último, y le escribiere carta de divorcio, y se la entregare en su mano, y la despidiere de su casa; o si hubiere muerto el postrer hombre que la tomó por mujer, *no podrá su primer marido, que la despidió, volverla a tomar para que sea su mujer,* después que fue envilecida; porque es abominación delante de Jehová, y no has de pervertir la tierra que Jehová tu Dios te da por heredad (vv. 1-4).

Esta no es la clase de ley que dice algo como "una persona puede obtener un divorcio por tal y tal motivo". No existe una ley exactamente así en ninguna parte del Antiguo Testamento. Por el contrario, este pasaje *supone* que algunos divorcios entre un esposo y una esposa surgirían "por haber hallado en ella alguna cosa indecente"(v.1), pero el texto no especifica precisamente qué es lo "indecente"[18]. El texto solo establece que una mujer no puede volver con su primer esposo en las siguientes circunstancias:

1. si él se divorcia de ella porque encuentra "alguna cosa indecente" en ella, y
2. si ella se casa con otro hombre, y
3. si este segundo marido muere o se divorcia de ella;

---

[18] Otras traducciones hablan de "algo reprochable" (LBLA, NBLA), "algo indecoroso" (NVI, CST), "alguna cosa vergonzosa" (RVA-2015), "algo censurable" (BLPH) o "alguna cosa indecente" (RVC, RVR1995). La expresión hebrea *'erwat dābār* "la desnudez/la vergüenza de algo", es un tanto ambiguo. John Murray dice sabiamente lo siguiente: "Es sumamente difícil, si no precario, estar seguro de lo que realmente era 'la cosa indecorosa'". *Divorce* [Divorcio] (Philadelphia: Presbyterian and Reformed, 1961), pág. 9.

4. entonces su primer marido no puede volver a casarse con ella.

Sin embargo, podemos notar que este pasaje supone que, después del divorcio, la mujer tenía el derecho de casarse con alguien más y que el segundo matrimonio no se consideraba como adulterio, sino como un matrimonio legítimo: Ella "podrá ir y casarse con otro hombre" (Dt 24:2)[19].

Otros pasajes del Antiguo Testamento también suponían que ocurrían divorcios entre la gente judía, lo que indicaba que incluso si Dios no concedía un divorcio en ninguna situación específica, lo toleraba y, en cierto grado, lo regulaba, al menos en algunos casos:

No tomarán [los sacerdotes] mujer que haya sido profanada como ramera, ni tomarán *mujer divorciada de su marido*; porque el sacerdote es santo a su Dios (Lv 21:7 LBLA; el versículo supone que aquellos que no eran sacerdotes podían casarse con una "mujer divorciada de su marido[20]").

Pero si la hija del sacerdote queda viuda o *se divorcia*, y no tiene hijo y regresa a la casa de su padre como en su juventud, podrá comer del alimento de su padre (Lv 22:13 LBLA).

Pero el voto de una viuda o de una *divorciada*, todo aquello por lo cual se ha comprometido, será firme contra ella (Nm 30:9 LBLA).

[Si un hombre acusa a su mujer de no ser virgen cuando se casaron, y si sus padres muestran a los ancianos las pruebas de su virginidad] *no podrá divorciarse de ella* (Dt 22:19 NVI; el versículo supone que el divorcio era una posibilidad en otros matrimonios; ver también v.29).

Ella vio que por haber fornicado la rebelde Israel, *yo la había despedido y dado carta de repudio*; pero no tuvo temor la rebelde Judá su hermana, sino que también fue ella y fornicó (Jer 3:8. En este versículo, Dios se personifica como un esposo que se "había despedido", es decir, se divorció, de su infiel mujer debido a todas sus "fornicaciones", es decir, su culto a otros dioses).

Pero estos pasajes del Antiguo Testamento no nos orientan mucho en relación con las normas éticas del divorcio en la era del Nuevo Pacto, porque (1) suponen que los divorcios ocurrirían sin darnos detalles específicos de cómo saber cuándo un divorcio es moralmente justificable y (2) todas pertenecen al Pacto de Moisés, que ya no está vigente en la era del Nuevo Pacto en la que vivimos (ver el análisis en el cap. 8, pág. 210).

---

[19] Murray escribe lo siguiente: "Una cosa es cierta, que el segundo matrimonio no se colocó en la categoría de adulterio [...]. La mujer y su segundo marido no fueron condenados a la muerte como el Pentateuco demandaba en el caso de adulterio". *Ibid.*, págs. 14-15.

[20] Ver una restricción similar en Ez 44:22.

D. EN EL NUEVO TESTAMENTO, EL DIVORCIO SE PERMITE EN DOS CASOS

Durante varios siglos, los intérpretes cristianos han conservado diferentes puntos de vista sobre el divorcio y el nuevo matrimonio; además, los comentaristas han debatido ampliamente cada pasaje de las Escrituras acerca del divorcio. En esta sección, daré un resumen de mi opinión sobre los pasajes relevantes del Nuevo Testamento. Luego, en el capítulo I, interactuaré con las interpretaciones alternativas.

1. Jesús permitió el divorcio y el nuevo matrimonio debido al adulterio.

a. Mateo 19:3-9: Ahora podemos examinar con más detalle Mateo 19:3-9, que (junto con su paralelo en Marcos 10:2-12) es el pasaje más largo de la Biblia que aborda el tema del divorcio. En primer lugar, trataré este largo pasaje y luego examinaré Mateo 5:32, que es el pasaje más corto acerca del divorcio en ese libro. Como veremos, Jesús establecía un requisito mucho más estricto en relación con el divorcio que el del estándar que enseñaban muchos rabinos de su época.

Previamente, en este capítulo cité los cuatro primeros versículos de Mateo 19:3-9, pero aquí está el pasaje completo (RVA-2015):

> Entonces los fariseos se acercaron a él para probarle, diciendo: —¿Le es lícito al hombre divorciarse de su mujer por cualquier razón? Él respondió y dijo: —¿No han leído que el que los creó en el principio, los hizo hombre y mujer? Y dijo: "Por esta causa el hombre dejará a su padre y a su madre, y se unirá a su mujer; y serán los dos una sola carne". Así que ya no son más dos, sino una sola carne. Por tanto, lo que Dios ha unido, no lo separe el hombre. Le dijeron: —¿Por qué, pues, mandó Moisés darle carta de divorcio y despedirla? Les dijo: —*Ante su dureza de corazón, Moisés les permitió divorciarse de sus mujeres; pero desde el principio no fue así*. Y les digo que cualquiera que se divorcia de su mujer, a no ser por causa de inmoralidad sexual, y se casa con otra comete adulterio.

La declaración de Jesús "Ante su dureza de corazón [...]" no debería entenderse como si solo las personas de "corazón duro" *iniciaran* los divorcios, sino que "la rebelión de la dureza de tu corazón contra Dios ocasionó una grave profanación de los matrimonios". La presencia de pecado en la comunidad significaba que algunos matrimonios podrían ser dañados profundamente por cónyuges de corazón duro, por lo tanto, Moisés "permitió" al *otro* cónyuge obtener un divorcio. Dios estaba proporcionando una solución parcial para el daño que un esposo o esposa de corazón duro podía hacerle a la otra persona en el matrimonio.

En el versículo final de este pasaje, Jesús provee orientación significativa sobre el divorcio en la era del Nuevo Pacto:

> Y les digo que cualquiera que se divorcia de su mujer, a no ser por causa de inmoralidad sexual, y se casa con *otra* comete adulterio (Mt 19:9 RVA-2015).

El primer aspecto que hay que notar es que Jesús le pone fin de manera decisiva a todos los otros fundamentos por los que las personas se divorciaban de sus esposas debido a las liberales interpretaciones judías de Deuteronomio 24:1-4. La única razón legítima para iniciar un divorcio es si es que un cónyuge comete "inmoralidad sexual". Jesús definitivamente no aprueba los divorcios simples. Según este pasaje, Él prohíbe los divorcios por razones distintas al adulterio. Él contradice directamente los puntos de vista que promueven los seguidores de la escuela rabínica de Hillel y los seguidores de Akiba, ya que: "La escuela de Hillel dice [...] [él puede divorciarse de ella] incluso si le estropea un plato. [...] Rabbi Akiba dice: [él puede divorciarse de ella] incluso si encuentra alguien más justa que ella..." (Mishná, Gittin 9:10).

Lo que implica la declaración de Jesús es que divorciarse por otras razones distintas al adulterio realmente no disuelve un matrimonio a los ojos de Dios. Esto queda claro porque Jesús dice que un hombre que se divorcia de su esposa "a no ser por causa de inmoralidad sexual, y se casa con otra *comete adulterio*" (Mt 19:9 RVA-2015). Pero el "adulterio" (en griego: *moichaomai*) solo lo puede cometer una persona casada. Esto significa que Jesús dice que un hombre que se divorcia erróneamente de su esposa no ha recibido un divorcio legítimo y, de hecho, sigue casado con su esposa original cuando inicia su segundo matrimonio[21].

Aparentemente, los discípulos de Jesús se asombraron por la severidad de sus enseñanzas en comparación con las de muchos rabinos de la época, puesto que le dijeron en el siguiente versículo: "Si así es la condición del hombre con su mujer, no conviene casarse" (Mt 19:10). Ellos saltaron a la conclusión que sería más seguro nunca casarse que quedarse atrapado en un matrimonio infeliz por el resto de sus vidas. Pero Jesús corrigió lo que malentendieron explicando que el llamado y la capacidad de no casarse era algo que Dios solo "daba" a ciertas personas. La conversación fue la siguiente:

> Le dijeron sus discípulos: Si así es la condición del hombre con su mujer, no conviene casarse. Entonces él les dijo: No todos son capaces de recibir esto [es decir, el dicho de "no conviene casarse"], *sino aquellos a quienes es dado*. Pues hay eunucos que nacieron así del vientre de su madre, y hay eunucos que son hechos eunucos por los hombres, y hay eunucos que a sí mismos se hicieron eunucos por causa del reino de los cielos. El que sea capaz de recibir esto, que lo reciba (Mt 19:10-12).

Pero cuando Jesús permitió el *divorcio* por adulterio, también significaba romper la regla del Antiguo Testamento, bajo la cual la pena por el adulterio era la muerte (ver Lv 20:10; Dt 22:22, cf. Juan 8:4-5). Aunque es poco probable que la gente judía del siglo I, que vivió bajo el gobierno romano por más de 1,400 años después de la época de Moisés, realmente efectuara la pena de muerte por adulterio[22]. La

---

[21] Si el matrimonio es un pacto solemne que se realiza con la presencia de Dios (ver cap. 28, pág. 701), entonces la decisión de Dios sobre si un esposo y una esposa siguen casados o no es sumamente importante.

[22] Como mencioné en el cap. 18 (ver pág. 515), el imperio romano no permitía que nadie excepto sus

ley aún permanecía en Levítico y Deuteronomio. Pero en la era del Nuevo Pacto, según la enseñanza de Jesús, la pena por adulterio ya no sería la muerte sino el "despido" que supone el divorcio (o incluso quizás el perdón y la restauración del matrimonio, porque Jesús *permite* el divorcio por adulterio, pero no lo *ordena*).

Debemos recalcar que cuando Jesús dijo que "cualquiera que se divorcia de su mujer, *a no ser por causa de inmoralidad sexual,* y se casa con otra comete adulterio" (Mt 19:9 RVA-2015), quiere decir que: el divorcio y el nuevo matrimonio por causa de inmoralidad sexual *no* está prohibido y no constituye adulterio. Aquí hay un ejemplo de un enunciado de "*a no ser por*" de mi trabajo como profesor en un seminario. Supongamos que yo le digo lo siguiente a mi clase:

> Aquellos que presenten su trabajo final después del martes a las 9 a. m., *a no ser por los estudiantes a los que les di una extensión de la fecha de entrega,* recibirán una deducción de un punto de la nota por día.

Esta declaración quiere decir que un estudiante que presente tarde su trabajo pero que ha recibido una extensión de la fecha de entrega no tendrá una deducción de un punto de la nota por día. Del mismo modo, la afirmación de Jesús "a no ser por causa de inmoralidad sexual" implica que un hombre que se divorcia de su mujer por adulterio y se casa con otra persona no comete adulterio.

La declaración de Jesús también es importante en relación con el nuevo matrimonio. Cuando Jesús dice: "y se casa con otra", quiere decir que *se permite tanto el divorcio como el nuevo matrimonio* en el caso de inmoralidad sexual y que alguien que se divorcia porque su cónyuge cometió adulterio puede casarse con otra persona sin cometer pecado. Esto es evidente porque si quitamos "y se casa con otra", el texto no tiene sentido:

> Y les digo que *cualquiera que se divorcia de su mujer,* a no ser por causa de inmoralidad sexual, [...] *comete adulterio.*

Pero puede que no sea cierto, porque algunos esposos se pueden divorciar de sus esposas y no se casan de nuevo ni viven con otra mujer. Pueden permanecer solteros y castos. En ese caso, no cometerían adulterio con nadie y las palabras de Jesús no tendrían sentido. Por lo tanto, la frase "y se casa con otra" debe estar presente para que el versículo tenga sentido. Eso quiere decir que "el que se divorcia de su mujer, *y se casa con otra*" por inmoralidad sexual no comete adulterio en ese segundo matrimonio.

En cuanto al significado de la cláusula de excepción, la expresión "inmoralidad sexual" en la declaración de Jesús se traduce del término griego *porneia*, que era un término amplio que incluía todos los tipos de conducta sexual inmoral (ver el análisis en el cap. 28, pág. 720; ver también BDAG, pág. 854). Definitivamente incluía

---

propios oficiales realizaran la pena de muerte. Esta es la razón por la que los acusadores judíos de Jesús le dijeron a Pilato: "A nosotros no nos está permitido dar muerte a nadie" (Juan 18:31).

Para un análisis sobre la evidencia histórica extrabíblica, ver D. A. Carson, *The Gospel According to John* PNTC [El evangelio según Juan PNTC], (Grand Rapids, Michigan: Eerdmans, 1991), págs. 591–92.

el adulterio[23], así como la prostitución, el incesto, la homosexualidad y la zoofilia[24].

En conclusión, si la "inmoralidad sexual" ocurre, entonces Jesús dice que el divorcio está permitido. Pero no dice que el divorcio es necesario. Incluso en esos casos, el perdón y la reconciliación siempre deben ser la primera opción.

b. El divorcio en el siglo I siempre incluía el derecho al nuevo matrimonio: En la cultura griega, romana y judía del siglo I, en donde se permitía el divorcio, siempre se asumía que lo acompañaba el derecho al nuevo matrimonio. En relación con la cultura judía, la Mishná dice lo siguiente:

> La fórmula esencial del proyecto de ley del divorcio es: "he aquí que eres libre de casarte con otro hombre" (Mishná, Gittin 9:3)[25].

En la cultura griega, "un hombre podía divorciarse de su esposa regresándosela a su padre, quien luego la podía dar en matrimonio a un segundo esposo"[26]. Asimismo, en la cultura romana sucedía lo siguiente: "Aunque se valoraba la virtud y suerte de una mujer que durante toda su vida solo tuvo un esposo [...], el nuevo matrimonio era aceptable y necesario"[27].

Esto no necesariamente significa que Jesús tenía que estar de acuerdo con todas las otras culturas en relación con este tema. Pero sí significa que si la intención de Jesús era enseñar que en algunos casos el divorcio se permitía, pero nunca el nuevo matrimonio, Él habría tenido que dejarlo completamente claro en su enseñanza. De lo contrario, los que lo escuchaban, así como los lectores de los Evangelios a lo largo del imperio romano, naturalmente habrían asumido que si el divorcio se permitía, el derecho a casarse de nuevo con otra persona también estaba permitido.

---

[23] El término *porneia* se usa para referirse al adulterio en Ap 17:2, así como también en *Apocrypha* [Evangelios apócrifos] (Sir 23:23) y la obra cristiana temprana *Shepherd of Hermas* [Pastor de Hermas] (Mandato 4.1.5).

[24] Pero *porneia* puede no incluir, en su uso ordinario, cometer "adulterio" en el corazón de uno al mirar a otra mujer con intenciones lujuriosas, como alguien podría querer argumentar de Mt 5:28. Según Mt 5:21-22, tan solo enojarse con alguien podía significar que has "asesinado" a la otra persona y ¡deberías ser sometido a la pena de muerte! En el uso ordinario en griego, *porneia* se refería solo a las acciones físicas de la inmoralidad sexual y Jesús lo reconoció, porque tuvo que agregar "en su corazón" para mostrar que estaba hablando de un tipo de adulterio distinto, no del acto físico, en Mt 5:28.

Sin embargo, debo añadir que a mi parecer es posible que los tipos de pecados sexuales que implica el término porneia también puedan incluir, en la actualidad, una profanación sexual tan profunda de un matrimonio como la que comete un esposo que visita regularmente un club nudista o que satisface su deseo de la adicción a la pornografía. Cada situación es diferente, y si ocurre una situación real que involucre a alguien en una iglesia, mi recomendación sería que la junta directiva de la iglesia acepte la difícil responsabilidad de evaluar el caso y busque tomar una decisión sabia.

[25] David Instone-Brewer dice que la fórmula del divorcio que dice: "Puedes casarte con cualquier hombre que desees" (o un equivalente cercano), se puede encontrar en documentos judíos del siglo V a. C., e incluso en certificados de matrimonio y códigos de leyes babilónicos del siglo XIV a. C. *Divorce and Remarriage in the Bible: The Social and Literary Context* [El divorcio y nuevo matrimonio en la Biblia: El contexto social y literario] (Grand Rapids, Michigan: Eerdmans, 2002), pág. 29.

[26] *"Marriage Law"* ["Derecho matrimonial"] en Oxford Classical Dictionary [Diccionario clásico de Oxford], 3ra ed., ed. Simon Hornblower y Antony Spawforth (Oxford: Oxford University Press, 1996), pág. 928.

[27] *Ibid.*

c. Mateo 5:32: En este versículo, Jesús afirma básicamente la misma enseñanza que en Mateo 19:

> Pero yo les digo que, *excepto en caso de inmoralidad sexual*, todo el que se divorcia de su esposa la induce a cometer adulterio, y el que se casa con la divorciada comete adulterio también (NVI).

Jesús dice que el esposo que se divorcia erróneamente de su esposa "la induce a cometer adulterio". En esa sociedad, se asumía que una mujer divorciada necesitaría casarse con otra persona por soporte económico y protección, pero aun así Jesús dice que este nuevo matrimonio comienza con "adulterio" porque no hubo una razón real para su divorcio (inmoralidad sexual). Sin embargo, Jesús le echa la mayor parte de la culpa al esposo original quien se divorció erróneamente de ella, diciendo que "la induce a cometer adulterio"[28].

La excepción que vemos en Mateo 19 también está presente en este pasaje: "excepto en caso de inmoralidad sexual". De nuevo, Jesús enseña que el divorcio está permitido en el caso de inmoralidad sexual. Simplemente enseña que el divorcio por otras razones menos serias no es aceptable.

En la última oración del pasaje: "el que se casa con la divorciada" debería juntarse con las palabras anteriores de esta oración. Como se entiende en este contexto, la última cláusula no contradice directamente la parte anterior del versículo (y Mt. 19:9), en donde Jesús permite la legitimidad del divorcio por adulterio. Por el contrario, esta cláusula sigue el mismo tema que Él debate en la primera parte del versículo y, por lo tanto, significa: "y el que se casa con *tal mujer divorciada de manera errónea como lo que acabo de mencionar...*".

d. Marcos 10:11-12 y Lucas 16:18:

> Él les dijo: —*Cualquiera que se divorcia de su mujer y se casa con otra comete adulterio contra ella.* Y si la mujer se divorcia de su marido y se casa con otro comete adulterio (Marcos 10:11-12 RVA-2015).

> *Cualquiera que se divorcia de su mujer y se casa con otra comete adulterio.* Y el que se casa con la divorciada por su marido comete adulterio (Lucas

---

[28] Una traducción alternativa es: "cualquiera que se divorcie de su mujer, excepto en caso de inmoralidad sexual, la hace víctima de adulterio" (Mt 5:32 New International Version). Sin embargo, no he encontrado otra versión (en inglés) que lo traduzca de esa manera, y tal traducción no parece necesaria. El verbo en griego es moicheuthēnai un aoristo pasivo infinitivo del verbo *moicheuō*, que el BDAG (pág. 657) le da el significado de "cometer adulterio" y bajo esa definición se dice que la voz pasiva se puede usar en el caso de una mujer, tal como en Sirácides 23:23 ("En primer lugar, desobedeció a la Ley del Altísimo, luego pecó contra su marido; y, en tercer lugar, se manchó con un adulterio, teniendo hijos de un extraño".); Filón, *On the Decalogue* [Sobre los diez mandamientos], pág. 124; Flavio Josefo, *Antiquities of the Jews* [Antigüedades judías], 7.131; y Juan 8:4. Asimismo, el *Liddell-Scott Greek-English Lexicon* [Diccionario griego-inglés de Liddell-Scott] cita *Historia Animalium* [Historia de los animales] 586.a.3 de Aristóteles, como otro ejemplo de una forma pasiva de *moicheuō* que se usa en un sentido activo para referirse a "una mujer en Sicilia que cometió adulterio (moicheutheisa) con un etíope" (LSJ, 1141). Ni el BDAG ni el LSJ [Diccionario griego-inglés] dicen que "ser víctima de adulterio" sea un posible significado para la voz pasiva del verbo.

16:18 RVA-2015).

En estas declaraciones sobre el divorcio en Marcos y Lucas, Jesús no incluye la cláusula de excepción "excepto en caso de inmoralidad sexual". La razón más probable es que no haya habido una disputa o desacuerdo entre los judíos, o en la cultura griega o romana, de que el adulterio fuera un fundamento legítimo para el divorcio, y Jesús no aborda este tema. Por el contrario, las disputas entre los judíos de esa época eran para saber qué *otros* fundamentos para el divorcio eran legítimos (como el de ¡estropear un plato!).

El objetivo principal de las declaraciones de Jesús en estos versículos era invalidar la práctica de los divorcios por razones triviales que muchos intérpretes judíos defendían a partir de Deuteronomio 24. Tanto en Marcos como Lucas, Jesús anula definitivamente esas costumbres. Esto no invalida la enseñanza más amplia dada en Mateo, ya que la excepción por adulterio se asume pero no se declara explícitamente en Marcos y Lucas.

En el discurso ordinario es común omitir las condiciones puntuales de una afirmación cuando el orador y el oyente suponen que las condiciones se aplican y no es necesario decirlas. Por ejemplo, supongamos que una adolescente en Arizona le dice a su padre lo siguiente: "¿Papá, puedo conducir a 100 mph en la Carretera 101?" Su padre probablemente le responda: "No, cualquiera que conduzca a 100 mph en la Carretera 101 será arrestado". No necesita añadir: "A menos que seas un policía que persigue a un delincuente", porque todos ya lo dan por hecho.

Otro ejemplo es la declaración de Jesús que "cualquiera que mira a una mujer para codiciarla, ya adulteró con ella en su corazón" (Mt 5:28). Pero hay una excepción no expresada que se asume: "cualquiera que mira a una mujer *excepto su esposa*"[29].

Del mismo modo, en un contexto en donde no había controversia sobre la legitimidad del divorcio por adulterio, no había necesidad de declarar específicamente esa excepción.

2. Pablo añade el abandono como una segunda razón para el divorcio. Pablo da una segunda razón legítima para el divorcio en 1 Corintios 7:10-15:

> Pero a los que están unidos en matrimonio, mando, no yo, sino el Señor: Que la mujer no se separe del marido; y si se separa, quédese sin casar, o reconcíliese con su marido; y que el marido no abandone a su mujer. Y a los demás yo digo, no el Señor: Si algún hermano tiene mujer que no sea creyente, y ella consiente en vivir con él, no la abandone. Y si una mujer tiene marido que no sea creyente, y él consiente en vivir con ella, no lo abandone. Porque el marido incrédulo es santificado en la mujer, y la mujer incrédula en el marido; pues de otra manera vuestros hijos serían inmundos, mientras que ahora son santos. *Pero si el incrédulo se separa, sepárese; pues no está el hermano o la hermana sujeto a servidumbre en semejante caso*, sino que a paz nos llamó Dios.

---

[29] Andy Naselli me señaló esta excepción.

En los dos primeros versículos (vv. 10-11), Pablo enseña que los esposos y las esposas deben permanecer juntos y si por alguna razón se separan por un tiempo, no deben casarse con alguien más, sino buscar reconciliarse y volver a vivir juntos.

Cuando Pablo dice "no yo, sino el Señor" y luego dice "yo digo, no el Señor", hace una diferencia entre un tema del que tiene constancia de la enseñanza de Jesús sobre el matrimonio (1 Co 7:10-11) y un tema sobre el que Jesús no dejó ninguna enseñanza específica (vv. 12-15)[30]. En las iglesias como en la de Corinto, Pablo enfrentaba una nueva situación que Jesús no había abarcado: cuando una persona cristiana se casaba con una persona no cristiana (en el contexto en el que Jesús hablaba, la gente judía solo se casaba con otros judíos y, por lo tanto, el esposo y la esposa eran parte de la comunidad religiosa judía).

Cuando un creyente tiene un cónyuge no creyente, Pablo dice que ambos deben permanecer casados si el no creyente está dispuesto a hacerlo (1 Co 7:12-14)[31]. Luego, añade lo siguiente:

> Pero si *el incrédulo se separa,* sepárese; pues no está el hermano o la hermana sujeto a servidumbre en semejante caso, sino que a paz nos llamó Dios. (1 Co 7:15)

La interpretación más probable de este versículo es que implica la libertad de obtener un divorcio legal y la libertad de casarse con alguien más. El cónyuge que ha sido abandonado no está "sujeto a servidumbre" a ninguna obligación de mantener el matrimonio. Cuando un cónyuge no creyente abandona el matrimonio, Dios libera al cónyuge creyente de la "servidumbre" del doble y el interminable estrés de (1) una vana esperanza eterna de reconciliarse con un no creyente que se fue y (2) una prohibición eterna de no disfrutar de las buenas bendiciones de un nuevo matrimonio.

¿Este pasaje aplicaría si una persona que profesa ser cristiana abandona su matrimonio? En tales casos, surge la pregunta si la persona es genuinamente un creyente o simplemente hizo una profesión falsa de la fe. Cada situación será diferente, y un cristiano involucrado en tal difícil circunstancia debería buscar un consejo sabio de los líderes de su iglesia. Si es posible, en un intento de reconciliar el matrimonio, se deberían seguir los pasos de la disciplina de iglesia establecidos en Mateo 18:15-17. Si ese proceso resulta en el paso final de la excomunión de la iglesia, entonces podría ser apropiado tratar al cónyuge que abandonó el matrimonio como

---

[30] Ver un análisis más extenso en Wayne Grudem, *Systematic Theology: An Introduction to Biblical Doctrine* [Teología sistemática de Grudem: Introducción a la doctrina bíblica] (Leicester, Reino Unido: Inter-Varsity y Grand Rapids, Michigan: Zondervan, 1994), págs. 76–77.

[31] Esta orden de permanecer casado con una esposa o esposo no creyente contrasta con la situación en Esdras 10, en donde los exiliados que regresaron de Babilonia a Jerusalén acordaron "despedir" (o "causar la salida"; la raíz verbal Hiphil del verbo *yātsā*') a sus esposas extranjeras (Esdras 10:3). Sin embargo, el *ESV Study Bible* [Biblia de Estudio Teológico] señala que en la declaración: "Nosotros hemos pecado contra nuestro Dios, pues *tomamos* mujeres extranjeras de los pueblos de la tierra" (Esdras 10:2), la palabra que se traduce como "tomamos" (*Hiphil de yāshab*, "vivir") no es la que se usa habitualmente, sino que literalmente significa "hemos dado una casa", y estas palabras "posiblemente pueden significar que estas relaciones ilícitas no eran matrimonios en sentido estricto". *ESV Study Bible* (Wheaton, Illinois: Crossway, 2008), pág. 819.

un no creyente ("tenle por gentil y publicano", Mt 18:17). Pero se debe recalcar que si se puede lograr la reconciliación del matrimonio, ese siempre debe ser el primer objetivo.

3. Dos fundamentos legítimos para el divorcio. Si juntamos la enseñanza de Jesús con la enseñanza de Pablo sobre este tema, parece que hay dos fundamentos legítimos para el divorcio: (1) adulterio y (2) el abandono por parte de un no creyente cuando todos los intentos razonables de reconciliación han fallado (incluyendo el abandono por parte de una persona que profesa ser cristiana que ha rechazado todos los pasos de la disciplina de la iglesia y ha pasado a ser tratado como un no creyente).

La postura que he resumido brevemente aquí (que tanto el divorcio como el nuevo matrimonio se permiten cuando un cónyuge ha cometido adulterio o ha abandonado el matrimonio y no se puede solucionar) es la posición más común que se ha tomado entre los protestantes desde la Reformación. Por ejemplo, esta es la postura que se expone en la Confesión de Fe de Westminster (1646):

> En caso de adulterio después del matrimonio, es lícito para la parte inocente promover su divorcio y después de este, la parte puede casarse con otra persona como si la parte ofensora hubiera muerto. [...] Nada excepto el *adulterio* o la *deserción obstinada* que no puede ser remediada ni por la iglesia ni por el magisterio civil, es causa suficiente para disolver los lazos del matrimonio (24.5,6).

Esta es la posición que se defiende en el extenso argumento exegético de John Murray[32] y en el análisis minucioso y detallado, pero menos técnico, de Jay Adams[33] y Thomas Edgar[34]. También es la posición propuesta en los textos sobre ética de John Jefferson Davis[35], John Feinberg y Paul Feinberg[36] y de Robertson McQuilkin y Paul Copan[37].

---

[32] Murray, *Divorce* [Divorcio]. Todo el libro trata de un estudio exegético detallado de los pasajes bíblicos en relación con el divorcio. D. A. Carson también brinda una extensa defensa de la perspectiva de que, en Mateo 19:3-12, Jesús permitió tanto el divorcio como el nuevo matrimonio en el caso de adulterio: ver D. A. Carson *"Matthew"* ["Mateo"] en *The Expositor's Bible Commentary: Matthew & Mark* [Comentario bíblico del expositor: Mateo y Marcos] (Edición revisada), vol. 9 en EBC, ed. Tremper Longman III y David E. Garland (Grand Rapids, Michigan: Zondervan, 2010), págs. 465–74.

[33] Jay Adams, Marriage, *Divorce, and Remarriage in the Bible* [Matrimonio, divorcio y nuevo matrimonio] (Grand Rapids, Michigan: Zondervan, 1980).

[34] Thomas Edgar, *"Divorce & Remarriage for Adultery or Desertion"* [Divorcio y nuevo matrimonio por adulterio o abandono], en *Divorce and Remarriage: Four Christian Views* [Divorcio y el nuevo matrimonio: Cuatro puntos de vistas cristianos], ed. H. Wayne House (Downers Grove, Illinois: InterVarsity Press, 1990), págs. 151–96.

[35] John Jefferson Davis, *Evangelical Ethics: Issues Facing the Church Today* [Ética evangélica: problemas que enfrenta la iglesia hoy], 4ta ed. (Phillipsburg, Nueva Jersey: P&R, 2015), págs. 90–105.

[36] John S. Feinberg y Paul D. Feinberg, *Ethics for a Brave New World* [Ética para un mundo nuevo feliz], 2da ed. (Wheaton, Illinois: Crossway, 2010), págs. 583–633.

[37] Robertson McQuilkin y Paul Copan, *An Introduction to Biblical Ethics: Walking in the Way of Wisdom* [Introducción a la ética bíblica: Caminando en el camino de la sabiduría], 3ra ed. (Downers Grove, Illinois: InterVarsity Press, 2014), págs. 234–48.

E. ¿EXISTE ALGÚN FUNDAMENTO LEGÍTIMO ADICIONAL PARA EL DIVORCIO?

Además de los dos fundamentos legítimos de inmoralidad sexual y abandono por parte de un no creyente, ¿existen otros fundamentos bíblicos legítimos para el divorcio?

1. ¿Divorcio por maltrato físico? Algunas personas han argumentado que los casos reiterados de maltrato físico deberían ser otro fundamento legítimo para el divorcio, por al menos cuatro razones: (1) el abusador se ha "separado" del matrimonio, no ha abandonado el hogar *físicamente*, sino que se separó *relacionalmente,* así que se podría aplicar 1 Corintios 7:15 (ver anteriormente); (2) aunque el maltrato no es técnicamente "adulterio" en el sentido de *porneia* ("inmoralidad sexual") en Mateo 19:9, es otro tipo de conducta inmoral que también destruye la alianza matrimonial o la relación de "una sola carne" (Gn 2:24) que es esencial para el matrimonio; (3) al especificar dos condiciones que dañan tan profundamente el matrimonio como para permitir el divorcio, Jesús y Pablo dan a entender que debe haber otras condiciones (como casos reiterados de maltrato físico) que podrían dañar el matrimonio tan profundamente como para justificar el divorcio en esos casos también; y, (4) el maltrato físico es una violación tan grave de la responsabilidad de un esposo de cuidar y proteger a su esposa, que rompe la alianza matrimonial (ver Ex 21:10-11).

Un gran motivo detrás de estos argumentos es la afirmación de que el maltrato físico por parte de un esposo a su esposa (o, en algunos casos, de una esposa a su esposo) es sumamente malvado y daña gravemente la relación matrimonial. Entonces, reconocer esta maldad provoca un instinto entre los cristianos de que se debe hacer *algo* para proteger a la parte maltratada de sufrir más abusos. ¿No es el divorcio la solución más obvia y más sana para tal situación?

Algunos autores a los que les tengo un gran respeto argumentaron que el maltrato físico (y, quizás, otras ofensas graves que dañan gravemente la relación matrimonial) también constituye un fundamento suficiente para el divorcio. Por ejemplo, John Frame está de acuerdo en que el divorcio y el nuevo matrimonio se permiten en caso de adulterio o el abandono irremediable por parte de un no creyente, pero también permitiría el divorcio cuando un cónyuge no creyente ya no puede "mantener sus votos matrimoniales de forma creíble", ya sea por "abuso verbal o físico, enredos emocionales con personas distintas del cónyuge, no proveer, abandono literal, etc.". Pero también especifica que "en estos casos, la iglesia debería reconocer los divorcios solo si todas las soluciones posibles han fracasado"[38].

Reconozco la fuerza de este tipo de razonamiento y, en el caso de maltrato físico, estoy completamente de acuerdo en que se debe hacer *algo* (o quizás varias cosas) rápidamente para prevenir que el cónyuge maltratado tenga que padecer más

---

[38] John M. Frame, The Doctrine of the Christian Life: A Theology of Lordship [La doctrina de la vida cristiana: teología del señorío] (Phillipsburg, Nueva Jersey: P&R, 2008), pág. 781. David Clyde Jones también piensa que el maltrato físico viola tanto la alianza matrimonial que es un fundamento suficiente, así como el adulterio y el abandono, para el divorcio. *Biblical Christian Ethics* [Ética bíblica

sufrimiento[39]. Tan pronto como los líderes de la iglesia sepan de un caso de maltrato físico, deberían actuar para ponerle fin al maltrato de manera inmediata, a menudo aconsejando al cónyuge maltratado a separarse y mudarse a otro lugar, quizás a uno desconocido (con el objetivo de restaurar el matrimonio, así como el término total del maltrato). Asimismo, puede que se necesiten tomar otras acciones y las mismas variarán según el caso. Estas acciones pueden incluir disciplina de iglesia, confrontación y consejería, intervención policial, una orden judicial y otros tipos de intervención por parte de los miembros de la iglesia, miembros de la familia y amigos . Como lo argumenté en el capítulo 20, cuando una persona se enfrenta a una posible agresión física, la autodefensa o la huida del peligro son acciones moralmente correctas. En algunos casos, poner una denuncia en la comisaría local y presentar cargos también puede ser correcto, porque atacar violentamente a un cónyuge y ocasionar daño físico es un acto criminal y está sujeto a sanciones legales. Se debe poner fin al maltrato usando todos los medios posibles y el cónyuge maltratado debe ser protegido.

Sin embargo, según la enseñanza bíblica, los argumentos previos que intentan demostrar que debemos considerar el maltrato físico como otro fundamento para el divorcio no me convencen. Por otro lado, mis respuestas a estos argumentos son los siguientes:

1. En 1 Corintios 7:15, cuando Pablo dice: "Pero si el incrédulo se separa", el verbo griego *chōrizō* ("separarse, partir, dejar") en este contexto no habría sugerido a los lectores originales de Pablo un alejamiento relacional, sino una separación física (el mismo verbo se usa en el versículo 10 para decir "que la mujer no se separe del marido")[41].

2. Aunque *porneia* en Mateo 19:9 se refiere a una amplia gama de encuentros sexuales fuera de los lazos matrimoniales bajo el término de "inmoralidad sexual", no se usaba para referirse a otros tipos de inmoralidad que no sean de naturaleza sexual, tal como el maltrato

---

cristiana] (Grand Rapids, Michigan: Baker, 1994), págs. 177–204.

[39] Para soluciones específicas, ver Chris Moles, *The Heart of Domestic Abuse: Gospel Solutions for Men Who Use Control and Violence in the Home* [El corazón del maltrato doméstico: Las soluciones del Evangelio para hombres que usan el control y la violencia en el hogar] (Bemidji, Minnesota: Focus, 2015). También ver Jason Meyer, *"A Complementarian Manifesto against Domestic Abuse"* [Un manifiesto complementario contra el maltrato doméstico], The Gospel Coalition, 2 de diciembre de 2015, http://www.thegospelcoalition.org/article/a-complementarian-manifesto-against-domestic-abuse. Para lograr una ayuda compasiva y sabia para ayudar a víctimas de abuso, ver Steven R. Tracy, *Mending the Soul: Understanding and Healing Abuse* [Remendando el alma] (Grand Rapids, Michigan: Zondervan, 2005).

[40] Tengo conocimiento de al menos dos situaciones en donde una mujer nos dijo a mi esposa, Margaret, y a mí que en el pasado su marido la había maltratado físicamente y que acudió a su pastor por ayuda, pero él minimizó el problema y la hizo a un lado. Esta fue una trágica e inexcusable evasión de responsabilidad por parte de esos pastores.

Pero también sabemos de al menos una situación en donde varias personas de nuestra iglesia (incluyendo a mi esposa y mi hijo adolescente) ayudaron a una esposa maltratada a mudarse de su casa a mitad del día cuando su esposo estaba en el trabajo. Luego, comenzó la disciplina de iglesia, lo que al final llevó al arrepentimiento y reconciliación. El matrimonio sigue sano después de más de diez años.

[41] Otros versículos en donde *chōrizō* describe una separación física incluyen Hechos 1:4; 18:1, 2; Flm

físico.

3. A Pesar de que Pablo, con su autoridad apostólica, podía agregar un fundamento adicional para el divorcio, ese hecho no nos da a nosotros, como personas que no tienen tal autoridad apostólica para escribir nuevas palabras en las Escrituras, la libertad de añadir ningún fundamento adicional para el divorcio por iniciativa propia casi 2,000 años después. Asimismo, Pablo daba su veredicto apostólico *sobre una nueva situación* que Jesús no había enseñado (una persona cristiana casada con una persona no cristiana). Pero el maltrato dentro del matrimonio no es una situación nueva que acaba de surgir en el siglo XXI. Debido al corazón pecaminoso de los seres humanos, sin duda el maltrato físico dentro del matrimonio también ocurría en la época del ministerio de Jesús en la tierra. Pero ni Jesús ni Pablo enseñaron que ese maltrato (abuso) fuera un fundamento legítimo para el divorcio.

4. El argumento de que el maltrato físico rompe la alianza matrimonial presenta una nueva categoría en el debate, la categoría de romper una alianza. Pero ni Jesús ni Pablo usaron esa categoría para enseñar sobre el divorcio, así que no creo que sea legítimo afirmar que "romper la alianza matrimonial" sea una norma bíblica que se usa para decidir cuándo el divorcio es legítimo, y después comenzar a enumerar varios tipos de pecado que podrían entrar en esta amplia categoría. Tal razonamiento probablemente abriría la puerta a un sin número de pecados que "rompen la alianza matrimonial", de ese modo no solo el maltrato físico contaría como un fundamento válido para el divorcio, sino también muchos otros.

Aún así, simpatizo con la profunda preocupación de aquellos que argumentan que el divorcio se debe permitir por maltrato físico constante, ya que entienden la maldad destructiva en tal situación, y parece fácil concluir que el divorcio es la mejor solución. Yo también me siento atraído emocionalmente por esta esta solución, y reconozco que mi propio rechazo a la solución puede ser erróneo. Pero realmente no puedo ver una manera legítima de justificarlo a partir de las Escrituras y, como en todos los otros asuntos éticos, las palabras de Dios en las Escrituras deben ser definitivamente mi guía y modelo.

Mi negativa sobre este asunto proviene en gran medida de la contundente redacción en la enseñanza de Jesús, en la cual muy claramente parece excluir otros fundamentos para el divorcio:

> Pero yo les digo que, *excepto en caso de inmoralidad sexual, todo el que se divorcia de su esposa* la induce a cometer adulterio, y el que se casa con la divorciada comete adulterio también (Mt 5:32 NVI).

> Y les digo que *cualquiera que se divorcia de su mujer, a no ser por causa de*

---

15. Jesús también lo usó para hablar sobre el término de un matrimonio (Mt 19:6, Marcos 10:9).cristiana] (Grand Rapids, Michigan: Baker, 1994), págs. 177–204.

inmoralidad sexual, y se casa con otra comete adulterio (Mt 19:9 RVA-2015).

Pero de nuevo debo enfatizar que, cuando un pastor u otros líderes de la iglesia se enteran de una situación de maltrato (abuso), la iglesia debería actuar rápidamente para establecer todas las medidas necesarias para proteger al cónyuge maltratado y para que el maltrato termine inmediatamente.

Finalmente, deberíamos reconocer que entre las parejas que viven juntas, el maltrato es más que el doble de común entre aquellos que no están casados en comparación con las parejas casadas que no vivieron juntas antes del matrimonio. Según un estudio del Colegio Americano de Pediatras realizado en 2015, citando una investigación hecha por C. T. Kenney y S. S McLanahan, la tasa de maltrato por parte de parejas casadas que seguían casadas era de 15.5 % (una cifra trágicamente alta). Pero las parejas que vivían juntas y que eventualmente no se casaban, el porcentaje era de 35.3 %. Las parejas que convivían y que luego se casaban tuvieron una tasa de 21.9 % .

2. ¿Divorcio por abandono emocional o material? David Instone-Brewer argumenta que, aparte del adulterio y el abandono por parte de un no creyente, el Nuevo Testamento también permite el divorcio por abandono emocional o material. A continuación, se mostrará un resumen de su posición:

> Estoy de acuerdo con los dos fundamentos tradicionales del adulterio y el abandono por parte de un no creyente y con los otros dos fundamentos del Antiguo Testamento a los que aluden Pablo y la tradición de la iglesia. Estos dos son el abandono emocional y el abandono material y se alude a ellos en 1 Corintios 7:3-5, 32-34. Ambos fundamentos derivaron de Éxodo 21:10-11, que establece que un esposo debe proveerle comida, vestimenta y amor a su esposa[43].

Instone-Brewer basa gran parte de su argumento en una ley del Antiguo Testamento acerca de los esclavos. En un contexto de leyes relativas a un hombre que ha tomado como esposa a una esclava y luego toma a una segunda esposa, leemos lo siguiente:

> Si toma como esposa a otra mujer, no podrá privar a su primera esposa de sus derechos conyugales, ni de alimentación y vestido. Si no le provee esas tres cosas, la mujer podrá irse sin que se pague nada por ella (Ex 21:10-11

---

[42] *"Cohabitation: Effects of Cohabitation on the Men and Women Involved Part 1 of 2"* ["Cohabitación: Efectos de la cohabitación en las mujeres y hombres involucrados Parte 1 de 2"], Colegio Americano de Pediatras, marzo 2015, http://www.acpeds.org/the-college-speaks/position-statements/societal-issues/cohabitation-part-1-of-2, citando a C. T. Kenney y S. S. McLanahan, *"Why are cohabiting relationships more violent than marriages?"* ["¿Por qué las relaciones de convivencia son más violentas que los matrimonios?"] Demography 43, n°. 1 (febrero 2006): págs. 127–40.

[43] Instone-Brewer, Divorce and Remarriage in the Bible [Divorcio y nuevo matrimonio en la Biblia], pág. 275. Él también presentó el mismo argumento en otro libro popular, Divorce and Remarriage in the Church: Biblical Solutions for Pastoral Realities [El divorcio y el nuevo matrimonio en la iglesia: Soluciones bíblicas para realidades pastorales] (Downers Grove, Illinois: InterVarsity Press, 2003).

NVI).

Luego, Instone-Brewer cita las interpretaciones rabínicas posteriores que se referían o hacían alusión a este pasaje cuando se debatía sobre las responsabilidades de un esposo y de una esposa dentro del matrimonio. Él dice que las tres categorías de "derechos conyugales, [...] alimentación y vestido"[44] se pueden resumir en soporte emocional y material[45].

Continúa y argumenta que incluso los estrictos intérpretes rabinos, los seguidores de Shammai, estaban de acuerdo en que la *falta de soporte emocional o material era un fundamento suficiente para el divorcio*[46]. Por lo tanto, la cita rabínica que citamos previamente en este capítulo es importante:

> La escuela de Shammai dice: Un hombre no debe divorciarse de su esposa a menos que haya encontrado impureza sexual[47] en ella. [...] Y la escuela de Hillel dice… [él puede divorciarse de ella] incluso si le estropea un plato. [...] Rabbi Akiba dice: [él puede divorciarse de ella] incluso si encuentra alguien más justa que ella…" (Mishná, *Gittin* 9:10)

Instone-Brewer argumenta lo siguiente:

1. Todos los intérpretes judíos de la época de Cristo aceptaban que las tres categorías de abandono de Éxodo 21:10-11 (alimentación, vestido y derechos conyugales) eran fundamentos legítimos para el divorcio (págs. 100-109).
2. Por lo tanto, los seguidores de Shammai (los "shamaitas") aceptaron los tres fundamentos de Éxodo 21:10-11 y los incluyeron en su entendimiento de "impureza" (o "algo indecente") sobre Deuteronomio 24:1 (pág. 111).
3. Jesús citó Deuteronomio 24:1 cuando prohibió el divorcio "a no ser por causa de inmoralidad sexual" (*mē epi porneia*, Mt 19:9 RVA-2015) y "excepto en caso de inmoralidad sexual" (*parektos logou porneias*, Mt 5:32 NVI) (págs. 158-59, 185-87).
4. Jesús en ninguna parte negó los tres fundamentos para el divorcio de Éxodo 21:10-11, y "si Jesús no dijo nada sobre una creencia universalmente aceptada, entonces la mayoría de eruditos asume que esto indicaba que Él estaba de acuerdo con ello" (pág. 185).
5. Por lo tanto, Jesús debió haber estado de acuerdo con el estricto punto de vista shamaita, que indica que el divorcio se permitía tanto por adulterio como por el abandono de las tres obligaciones indicadas en

---

[44] La frase "derechos conyugales" comúnmente se entendía para referirse a las relaciones sexuales dentro del matrimonio.

[45] Instone-Brewer, *Divorce and Remarriage in the Bible* [Divorcio y nuevo matrimonio en la Biblia], págs. 100–107.

[46] *Ibid.*, págs. 111-12.

[47] La redacción hebrea de la Mishná es debar *'erwat*, "una cuestión de indecencia", que simplemente toma prestado dos palabras de Dt 24:1 (*'erwat dābār*, "alguna cosa indecente") pero invierte el orden de las palabras.

Éxodo 2:10-11 (págs. 159, 167, 184).

6. En resumen, Jesús permitió el divorcio no solo por adulterio sino también por la falta de proveer alimento, vestido y derechos conyugales (que se puede resumir como abandono material o emocional).

Como respuesta, aunque afirmo mi aprecio por Instone-Brewer como un buen amigo que me ha ayudado en varias ocasiones con investigaciones en Tyndale House en Cambridge, Inglaterra, y también como un erudito meticuloso con un vasto conocimiento sobre el mundo antiguo, aún así debo confesar que no creo que su argumento sobre este tema sea convincente por varias razones:

1. Aunque presenta evidencia de que muchos intérpretes judíos se basaban en Éxodo 21:10-11 para enseñar sobre las *responsabilidades de un esposo y una esposa en el matrimonio,* no pude encontrar evidencia en las páginas 100-109 del libro de Instone-Brewer de que *todos* los intérpretes judíos estaban de acuerdo en que no cumplir con el alimento, el vestido o los derechos conyugales fueran *fundamentos para el divorcio.*

2. No pude encontrar evidencia en su análisis en las páginas 100-109 que demostraran específicamente que los seguidores de Shammai sostuvieran que no cumplir con el alimento, el vestido o los derechos conyugales fueran fundamentos para el divorcio, o que los shamaitas creyeran que "alguna cosa indecente" en Deuteronomio 24:1 incluyera la falta de alimento, vestido o derechos conyugales.

3. El argumento de que Jesús cita Deuteronomio 24:1 cuando habla de "inmoralidad sexual" en Mateo 5:32 y 19:9 no es convincente. La Septuaginta no usa porneia para traducir *'erwat dābār* ("algo indecente"), sino *aschēmon pragma* ("una cosa indecente o vergonzosa") y esto sugiere que puede ser que los judíos que hablaban griego en la época de Cristo no hayan escuchado el término *porneia* como una referencia a Deuteronomio 24:1. Asimismo, la palabra porneia se usaba para referirse a varios tipos de encuentros sexuales fuera de los lazos matrimoniales legítimos (incluyendo el adulterio), pero el adulterio en la época en que se escribió Deuteronomio 24:1 requería la pena de muerte, no el divorcio (Lv 20:10, Dt 22:22). Por lo tanto, es muy improbable que los oyentes de Jesús hayan pensado que se refería a Deuteronomio 24:1 cuando dijo "excepto en caso de inmoralidad sexual"[48].

4. No es suficiente decir que Jesús no negó los tres fundamentos para el divorcio en Éxodo 21:10-11, y que por lo tanto Él debió haber estado de acuerdo con ellos. Instone-Brewer admite que este es un "argumento desde el silencio" (pág. 184), pero creo que incluso es más débil que un argumento desde el silencio. Es un argumento contrario a lo que Jesús dice explícitamente.

En el contexto de responderles una pregunta a los fariseos: "¿Le es lícito al hombre divorciarse de su mujer *por cualquier razón?*" (Mt 19:3 RVA-2015), luego Jesús dice: "Ante su dureza de corazón, Moisés *les permitió* divorciarse de sus mujeres; pero desde el principio no fue así" (v. 8), esperábamos que Jesús enseñara un punto

---

[48] Previamente en este capítulo, argumenté que Jesús, en Mt 19:9, rechazaba los fundamentos del divorcio altamente permisivos de algunas interpretaciones rabínicas de Dt 24:1. Pero este permiso para divorciarse por "inmoralidad sexual" (*porneia*) no se basaba en Dt 24:1 porque la inmoralidad sexual en la época de Moisés resultaba en pena de muerte y no en divorcio.

de vista más estricto sobre el divorcio que las interpretaciones poco severas que promovían los rabinos acerca de Deuteronomio 24. No da ni una señal que indique que apoya las distintas perspectivas del divorcio que promovían varios maestros judíos.

En ese contexto, Jesús excluye expresamente todos los otros fundamentos para el divorcio, ya que Él dice explícitamente lo siguiente:

> Y les digo que cualquiera que se divorcia de su mujer, a no ser por causa de inmoralidd sexual, y se casa con otra comete adulterio (Mt 19:9 RVA-2015).

La construcción "cualquiera … a no ser por" descarta de manera explícita todos los fundamentos del divorcio que no sean por adulterio. No es solo que Jesús no negara explícitamente que el divorcio fuera válido por no proveer alimento, vestido o derechos conyugales. Tampoco negó explícitamente que el divorcio fuera válido porque una esposa estropeara un plato o porque el hombre encontrara otra mujer que fuera más hermosa que su actual esposa. Él no necesitaba negar nada de esto de manera explícita porque los estaba negando todos al mismo tiempo cuando dijo: "*cualquiera* que se divorcia de su mujer, a no ser por causa de inmoralidad sexual…".

5. Por lo tanto, no considero que Instone-Brewer haya presentado evidencia convincente de que Jesús permitiera el divorcio por el abandono de las tres obligaciones que indica Éxodo 21:10-11 (no proveer alimento, vestido o derechos conyugales), Jesús no enseñó que el divorcio se permitía por abandono material o emocional[49]. En vista de la evidencia contradictoria sobre lo que Jesús claramente sí enseñó, un argumento que se basa en lo que Jesús no enseñó tiene una validez dudosa.

6. Finalmente, es importante volver atrás y recordar cuán alejado está el argumento de Instone-Brewer de la enseñanza del Nuevo Testamento. Su argumento se basa en Éxodo 21:10-11, pero ello es parte del Pacto de Moisés, que ya no está vigente en la era del Nuevo Pacto (ver cap. 8). Asimismo, ese pasaje no es acerca del matrimonio y el divorcio en general, sino sobre los derechos de una esclava que ha sido tomada por un hombre para ser su esposa. Y el argumento no se basa en la enseñanza directa del pasaje, sino en la posterior aplicación judía del pasaje sobre el divorcio. Y no solo sobre cualquier aplicación judía del pasaje, sino en la supuesta aplicación de los estrictos seguidores de Shammai, de la cual no hay evidencia específica documentada. Entonces, no se basa en la afirmación explícita de Jesús de este supuesto punto de vista shamaita sobre Éxodo 21:10-11, sino en el hecho de que Jesús no negó explícitamente este punto de vista en su enseñanza.

Por lo tanto, me parece que esta postura se basa en algo que Jesús no dijo sobre

---

[49] Debo añadir que el libro de Instone-Brewer es una fuente inmensamente valiosa de información sobre el divorcio y el nuevo matrimonio de los escritos judíos, griegos y romanos, y también (págs. 268-99) contiene una exhaustiva categorización de una variedad de posturas antiguas y modernas sobre el divorcio, con documentación detallada para los autores que sostienen cada posición. Además, desde el principio hasta el final, el libro presenta evidencia del genuino y sabio cuidado pastoral hacia personas que experimentan o han experimentado el divorcio en carne propia.

el punto de vista de los shamaitas, que no está documentado, acerca de un pasaje que habla de las leyes de la esclavitud y no sobre el matrimonio y el divorcio en general. Un pasaje que se encuentra en las leyes del Pacto de Moisés, el cual ya no está vigente. Por ende, esta postura ni siquiera tiene evidencia suficiente para ser convincente.

3. ¿Divorcio porque el matrimonio no se puede reparar? ¿Se debería conceder un divorcio cuando un esposo y una esposa han estado profundamente alejados uno del otro por varios meses o años y la arraigada hostilidad que se tienen no ha respondido a los reiterados intentos de consejería y reconciliación? En tal caso, las personas que conocen a la pareja pueden decir que el matrimonio ya no tiene reparo.

Al parecer, Craig Blomberg defendió esta postura en el caso de matrimonios gravemente dañados. Escribió lo siguiente:

> Entonces, quizás la mejor manera de describir cuándo se permite un divorcio y un nuevo matrimonio es simplemente diciendo que es cuando un individuo, de acuerdo con una comunidad cristiana de apoyo de la cual el individuo formaba una parte íntima, cree que él o ella no tiene otra elección u opción para tratar de evitar algún mal mayor. Todos los intentos de reconciliación conocidos se han agotado[50].

El artículo de Blomberg demuestra una admirable compasión por las personas que pasan por situaciones maritales dolorosas y por aquellas que ya se han divorciado. Simpatizo con su deseo de brindar una solución a una situación profundamente disfuncional. Sin embargo, tal como en el caso del maltrato físico, simplemente no veo una justificación suficiente para la postura de Blomberg basada en las mismas Escrituras.

4. ¿Divorcio por incompatibilidad? En la actualidad, se conceden muchos divorcios, pero no por adulterio, abandono, maltrato físico, o por abandono material o emocional, sino por algún tipo de "incompatibilidad": el esposo y la esposa no se llevan bien y ya no quieren seguir casados. Según un informe realizado por el National Fatherhood Initiative [Iniciativa Nacional para la Paternidad], una encuesta indicó que las razones más comunes para el divorcio fueron las siguientes:

1. Falta de compromiso: citado por el 73 %, que dijo que habrían deseado que sus excónyuges "se hubieran reforzado más" para seguir casados.
2. Discutir: citado por el 56 %.
3. Infidelidad: citado por el 55 %.
4. Casarse muy joven: según el informe, los Centros para el Control y la Prevención de Enfermedades señalan que alrededor del 50 % de los matrimonios de adolescentes fracasa en los primeros 15 años.

---

[50] Craig Blomberg, *"Marriage, Divorce, Remarriage, and Celibacy: An Exegesis of Matthew 19:3-12"* ["Matrimonio, divorcio, nuevo matrimonio y celibato: Una exégesis de Mateo 19:3-12"], TrinJ, n.s., 11 (1990): 193.

5. Expectativas irreales: citado por 45 %.
6. Falta de "igualdad": citado por 44 %.
7. Falta de preparación: citado por 41 %.
8. Maltrato: citado por el 29 %[51].

En Europa, las razones más comunes para el divorcio que fueron citadas por las parejas son bastante parecidas, pero también incluyen algunos factores adicionales como abuso de sustancias (50 %), problemas de salud (27.8 %) y diferencias religiosas (33.3 %)[52].

Sin embargo, a partir del debate anterior debería quedar en claro que Dios considera que el matrimonio es un compromiso solemne y eterno, y que solo los tipos más graves de inmoralidad destructiva (adulterio o abandono) se consideran como fundamentos válidos para el divorcio según las enseñanzas del Nuevo Testamento.

F. PREGUNTAS SOBRE SITUACIONES ESPECÍFICAS

1. Personas que se divorciaron por razones no bíblicas. ¿Qué se debería hacer si alguien se divorcia por razones diferentes a las que la Biblia establece y luego se casa con otra persona? Jesús dice que en dicho caso la persona ha cometido "adulterio", así que el matrimonio comienza con adulterio:

> Y les digo que cualquiera que se divorcia de su mujer, a no ser por causa de inmoralidad sexual, y se casa con otra comete adulterio (Mt 19:9 RVA-2015).

Pero luego de que esa pareja se haya casado, en caso que decidan seguir las enseñanzas de las Escrituras, ¿qué deberían hacer?

Cuando Jesús dijo: "y se casa con otra" en el mismo versículo, Él quiere decir que el segundo matrimonio es, de hecho, un verdadero matrimonio. Jesús no dice "*y vive fuera del matrimonio* con otra" (lo que era posible)[53], sino "y se casa con

---

Larry Richards también cree que las Escrituras permiten el divorcio cuando un esposo y una esposa deciden que "el matrimonio está totalmente terminado y es tiempo de divorciarse". Él argumenta lo siguiente: "A ninguna corte eclesiástica se le ha otorgado el derecho bíblico de determinar quién puede y quién no puede divorciarse". Además, él permitiría el divorcio por la dureza del corazón como lo demuestra "el maltrato mental y físico, abuso sexual, adulterios reiterados y abandono emocional y espiritual de la relación". "Divorce & Remarriage under a Variety of Circumstances" ["Divorcio y nuevo matrimonio bajo una serie de circunstancias"], en *Divorce and Remarriage: Four Christian Views* [Divorcio y el nuevo matrimonio: Cuatro puntos de vistas cristianos], pág. 242.

[51] "*With This Ring, A National Survey on Marriage*" ["Con este anillo… Una encuesta nacional del matrimonio en América"] The National Fatherhood Initiative , 2005, pág. 32, http://wyofams.org/index_htm_files/NationalMarriageSurvey.pdf. Muchas de las personas encuestadas señalaron varias razones que causaron sus divorcios, así que los porcentajes suman más del 100 %.

[52] Shelby B. Scott, Galena K. Rhoades, Scott M. Stanley, Elizabeth S. Allen y Howard J. Markman, "*Reasons for Divorce and Recollections of Premarital Intervention: Implications for Improving Relationship Education*" ["Razones para el divorcio y memorias de intervención prematrimonial: Implicaciones para mejorar la educación relacional"], *Couple and Family Psychology* 2, n°. 2 (junio 2013): págs. 131–45, https://www.ncbi.nlm.nih.gov/pmc/articles/PMC4012696/.

[53] Ver la historia de la mujer en el pozo en Juan 4, a la que Jesús le dice: "porque cinco maridos has

otra". Por lo tanto, una vez que ocurre el segundo matrimonio, sería otro pecado romperlo, ya que destruiría otro matrimonio.

Esto quiere decir que el segundo matrimonio no debería considerarse como si un hombre y una mujer vivieran en un continuo adulterio, *ya que ahora están casados el uno con el otro*, no con alguien más. Sí, Jesús enseña que el matrimonio comienza con adulterio, pero sus palabras también indican que estas dos personas están casadas[54]. La responsabilidad del esposo y la esposa, en tal caso, es pedirle perdón a Dios por sus pecados anteriores, y también por su bendición en su matrimonio actual. Por lo tanto, deben esforzarse para que el matrimonio actual sea bueno y duradero.

2. ¿Alguien divorciado puede llegar a tener un cargo de autoridad en la iglesia?
Cuando Pablo enumera los requisitos para los ancianos, incluye lo siguiente en su declaración:

> Entonces es necesario que el obispo sea de conducta intachable, *marido de una sola mujer*, sobrio, prudente, decoroso, hospitalario, apto para enseñar… (1 Ti 3:2 RVA-2015).

De manera similar, le escribe esto a Tito acerca de la elección de los ancianos:
Por esta causa te dejé en Creta, para que corrigieses lo deficiente, y establecieses ancianos en cada ciudad, así como yo te mandé; el que fuere irreprensible, *marido de una sola mujer*, y tenga hijos creyentes que no estén acusados de disolución ni de rebeldía (Tito 1:5-6).

Este también es un requisito para los diáconos:

> Los diáconos sean *maridos de una sola mujer*, y que gobiernen bien sus hijos y sus casas (1 Ti 3:12).

a. Todos los requisitos se refieren al carácter y la vida presente de un hombre:
Algunas veces, la gente piensa que estos requisitos se refieren a un hombre que no

---

tenido, y el que ahora tienes no es tu marido" (v. 18).

[54] Aquí hay dos analogías que pueden ayudar a que las personas entiendan cómo el matrimonio puede empezar con adulterio, pero una vez que comienza no debería ser visto como dos personas que viven en adulterio:

1. Algunas personas creen que la Guerra de la Independencia de los Estados Unidos (1776-1783) no fue solo una guerra, sino una errónea rebelión moral contra Gran Bretaña (no estoy de acuerdo con este punto de vista; ver cap. 16). Pero tales personas no argumentarían que ahora los estadounidenses siguen viviendo en un estado de rebelión pecaminosa en contra del gobierno británico. Una vez que el gobierno de los Estados Unidos se estableció, se convirtió en un país separado, y ahora es moralmente correcto que siga siendo un país separado.

2. Suponga que unos padres tienen una hija inteligente y extraordinaria y, cuando se mudan a una nueva ciudad, mienten sobre su fecha de nacimiento para que pueda empezar el primer grado. A ella le va muy bien en la escuela, tanto a nivel académico como social, pero luego, antes de que comience el próximo año escolar, se sienten culpables de su acto inmoral y se lo confiesan al director. ¿La escuela debería hacer que curse el primer grado de nuevo? No, sería en vano. Comenzó su primer grado con una mentira, pero sigue siendo una educación de primer grado genuina y se debería considerar como legítima. Su educación comenzó con un acto pecaminoso, pero no hay pecado en considerarla como una estudiante legítima en sus años escolares posteriores.

ha estado casado más de una vez y que, por ende, excluye de los cargos de anciano y diácono a todos los hombres que se han divorciado por cualquier razón y luego se han casado de nuevo, y también a todos los que han enviudado y también volvieron a casarse.

Una mejor comprensión de este pasaje se refiere al *estado actual* de un hombre, ya sea su *carácter* de ser fiel a su esposa o el hecho de no ser polígamo: no tener más de una esposa *en la actualidad*. En cualquiera de estas interpretaciones, el versículo no prohíbe que todos los hombres divorciados no puedan ser ancianos o diáconos.

A favor del punto de vista de que estos pasajes significan que un hombre debería ser "el marido de una sola mujer" *en la actualidad está el hecho que todos los otros requisito*s para ser un anciano o un diácono en estos contextos se refieren al *carácter actual* de un hombre, no a toda su vida pasada. Esto se evidencia cuando examinamos la lista completa de los requisitos para ser anciano en 1 Timoteo 3 (he puesto en cursiva los otros requisitos que no se refieren necesariamente a la vida pasada de un hombre, en particular los que no se convierten en cristianos hasta algún momento durante sus vidas adultas):

> Fiel es esta palabra: Si alguien anhela el obispado, desea buena obra. Entonces es necesario que el obispo sea *de conducta intachable, marido de una sola mujer, sobrio, prudente, decoroso, hospitalario, apto para enseñar, no dado al vino, no violento sino amable, no contencioso ni amante del dinero. Que gobierne bien su casa y tenga a sus hijos en sujeción* con toda dignidad. Porque si alguien no sabe gobernar su propia casa, ¿cómo cuidará de la iglesia de Dios? Que no sea un recién convertido para que no se llene de orgullo y caiga en la condenación del diablo. También debe *tener buen testimonio de los de afuera* para que no caiga en el reproche y la trampa del diablo (1 Ti 3:1-7 RVA-2015).

Todos los otros requisitos que Pablo enumera se refieren al *estado actual* de un hombre, no a toda su vida pasada. Por ejemplo, Pablo no quiere decir "alguien que *nunca ha sido* violento", sino "alguien que *ahora no es* violento, sino amable". Él no quiere decir "alguien que *nunca ha sido* amante del dinero", sino "alguien que *ahora no es* amante del dinero". Él no quiere decir "alguien que haya sido intachable *durante toda su vida*", sino "alguien que ahora es intachable". Si hacemos que esos requisitos se apliquen a la vida pasada de una persona, entonces podríamos excluir de un cargo a casi todos los que se convierten en cristianos cuando son adultos, ya que es poco probable que algún no cristiano pueda cumplir estos requisitos.

b. No es un defecto de carácter si la esposa de un hombre muere y luego él se casa de nuevo: Otro argumento que apoya esta posición es que Pablo claramente anima a las *viudas* a casarse de nuevo: "Quiero, pues, que las viudas jóvenes se casen" (1 Ti 5:14). Por lo tanto, no parece haber ninguna falta moral o defecto de carácter simplemente porque un hombre se case de nuevo después de que su esposa muera (ver también 1 Co 7:39, que motiva al nuevo matrimonio). Por ende, no hay ninguna razón legítima para excluir a tal hombre de convertirse en un anciano o un diácono si está calificado para ello.

c. Estos pasajes probablemente prohíben que un polígamo sea un anciano o un diácono: Una mejor interpretación es que Pablo prohíbe que un polígamo (un hombre que en *la actualidad* tiene más de una esposa) sea un anciano o un diácono. Hay muchas razones que apoyan esta perspectiva: (1) Pablo pudo haber dicho "que haya estado casado solo una vez", pero no lo hizo[55]. (2) Tendríamos que evitar que los viudos que se casaron de nuevo sean parte del cuerpo de ancianos o diáconos si hacemos que la frase se refiera a "que haya estado casado solo una vez". Pero todos los requisitos para tener un cargo de autoridad en la iglesia se basan en el carácter espiritual y moral de un hombre, y no hay nada en las Escrituras que indique que un hombre que se casa de nuevo después de que su esposa muera tenga menos condiciones morales o espirituales[56]. (3) La poligamia era posible en el siglo I. Aunque no era común, se practicaba especialmente entre los judíos. El historiador judío Flavio Josefo dice lo siguiente: "Puesto que es nuestra tradición ancestral tener varias esposas a la vez"[57]. La legislación rabínica también regulaba las tradiciones hereditarias y otros aspectos de la poligamia[58].

Por lo tanto, es razonable entender que la frase "marido de una sola mujer" (Tito 1:6) prohíba que un polígamo tenga un cargo de anciano o diácono[59]. Entonces, los pasajes no dicen nada sobre el divorcio y el nuevo matrimonio en relación con los requisitos para tener un cargo en la iglesia.

Si este el sentido correcto de la frase, entonces tiene una aplicación práctica

[55] La expresión griega traducida como "haber estado casado solo una vez" es hapax gegamēmenos, usando la palabra "una vez" (*hapax*) y el participio perfecto de *gameō*, "casarse", dándole el sentido de "haber estado casado solo una vez y seguir estándolo como resultado de ese matrimonio" (tal construcción con *hapax* más un participio perfecto se encuentra en He 10:2, y una construcción similar está en He 9:26. Expresiones relacionadas con verbos aoristos se encuentran en He 6:4, 9:28 y Judas 1:3).

Pablo también pudo haber expresado la idea de estar casado solo una vez usando el participio perfecto de *ginomai* para decir "haber sido esposo de una mujer" (*gegonōs mias gunaikos anē*).

[56] Algunos intérpretes de la iglesia primitiva trataron de excluir de los cargos de la iglesia a viudos que se casaron de nuevo (ver, por ejemplo, Apostolic Constitutions [Constituciones apostólicas] 2.2; 6.17 [siglo III o IV d. C.] y *Apostolic Canons* [Cánones apostólicos] 17 [siglo IV o V d. C.]), pero estas declaraciones no reflejan una perspectiva bíblica sino un falso ascetismo que argumentaba que el celibato en general era superior al matrimonio (estos textos se pueden encontrar en ANF 7:396, pág. 457 y pág. 501).

Sin embargo, Crisóstomo (407 d. C.) entendió que 1 Ti 3:2 prohibía la poligamia, no los nuevos matrimonios luego de la muerte o el divorcio (ver su obra *Homily X* [Homilía X] en 1 Ti 3:1-4 en NPNF 13:438).

[57] Josefo, *Antiquities* [Antigüedades] 17.14; en 17:19 enumera a nueve mujeres que estuvieron casadas con el rey Herodes al mismo tiempo. Se puede encontrar una traducción en inglés en la obra de Josefo llamada *Jewish Antiquities* [Antigüedades judías], vol. 8, trad. Ralph Marcus (Cambridge, Massachusetts: Harvard University Press y Londres: Heinemann, 1969), pág. 379 y pág. 381.

[58] Ver la Mishná, *Yevamot* 4:11; *Ketubot* 10:1,4,5; *Sanedrín* 2:4; *Keritot* 3:7; *Kidushín* 2:7, *Behorot* 8:4 (la Mishná refleja gran parte de la tradición oral que se remonta al siglo I o antes). Otra evidencia de la poligamia judía se encuentra en Justino Mártir, *Dialogue with Trypho* [Diálogo con Trifón], 134, ANF 1:266–67. La evidencia sobre la poligamia entre los no judíos no es tan amplia, pero se indica en Heródoto (fallecido 420 a. C.) 1.135; 4.155; 2 Mac 4:30 (cerca del año 170 a. C.); Tertuliano, Apology [Apología] 46 en ANF 3:50–51.

[59] Este también es el punto de vista de Davis, *Evangelical Ethics* [Ética evangélica], pág. 103.

significativa en los contextos misioneros e incluso en la actualidad en culturas en donde la poligamia aún se practica. La Biblia no animaría a un esposo a divorciarse de ninguna de sus múltiples esposas, ya que las dejaría sin apoyo ni protección. Pero no permitiría que un hombre que tiene múltiples mujeres sea un anciano o un diácono. Esta restricción brindaría un patrón que, si se sigue, generalmente llevaría a la abolición de la poligamia en una iglesia en una generación o dos.

d. Otra posibilidad es que estos pasajes signifiquen que un hombre debe serle "fiel a su esposa": Un punto de vista alternativo de estos pasajes sostiene que la expresión *mias gunaikos andra*, "marido de una sola mujer", significa "tener el carácter de un hombre de una sola mujer"; es decir, "fiel a su esposa". Para apoyar este punto de vista está el hecho de que en 1 Timoteo 5:9 se usa una frase para los requisitos de las viudas (griego, *henos andros gunē*; "mujer de un solo hombre", i. e., "esposa de un solo marido"):

> Sea puesta en la lista solo la viuda no menor de sesenta años, que *haya sido esposa de un solo marido*.

En este versículo, "esposa de un solo marido" parece referirse a la cualidad de la fidelidad, ya que la prohibición de casarse de nuevo luego de la muerte de un cónyuge sería una contradicción al consejo de Pablo en 1 Timoteo 5:14: "que las viudas jóvenes se casen". Asimismo, no tendría sentido que "esposa de un solo marido" signifique que una mujer no pueda casarse con más de un hombre al mismo tiempo (poliandria), ya que ello era algo desconocido en la cultura judía o greco-romana. Por lo tanto, se argumenta que el versículo 9 debe significar "que haya sido fiel a su esposo". Todos los comentaristas que están a favor del punto de vista de que el versículo 3:2 significa "fiel a su esposo" parecen estar influenciados por esta expresión paralela en el versículo 5:9[60].

Sin embargo, no considero que esta supuesta expresión paralela sea muy convincente, ya que el contexto es diferente, la razón para el requisito es distinta y el tiempo de los verbos griegos que usan en la oración más larga es diferente en cada caso (los comentaristas generalmente no toman en cuenta estas diferencias). Además, en griego existe una palabra muy común que significa "fiel" (el adjetivo *pistos*), una palabra que Pablo usa varias veces en 1 Timoteo y que fácilmente pudo haberla usado en 1 Timoteo 3:2 si hubiera querido decir "fiel a su esposa". Pero no lo hizo.

Es natural que "que haya sido esposa de un solo marido" (1 Ti 5:9) se refiera a toda la *vida pasada* de una viuda, puesto que Pablo habla sobre los requisitos para

---

[60] La mayoría de los comentaristas modernos parecen estar a favor de la explicación de que un "marido de una sola mujer" significa "tener el carácter de un hombre de una sola mujer", es decir, un hombre que le es fiel a su esposa. Ver George Knight III, *Commentary on the Pastoral Epistles NIGTC* [Las Epístolas pastorales: Un comentario sobre el texto griego (NCITG)], (Grand Rapids, Michigan: Eerdmans, 1992), págs. 157–59; también I. Howard Marshall, *The Pastoral Epistles ICC* [Las Epístolas pastorales CCI], (Edimburgo: T&T Clark, 1999), págs. 250–51. El análisis más extenso de las diferentes opciones para "marido de una sola mujer" se encuentra en William Mounce, Pastoral Epistles WBC [Epístolas pastorales], (Nashville: Thomas Nelson, 2000), págs. 170–73.

recibir apoyo financiero de la iglesia: una mujer que haya estado casada con más de un esposo habría tenido más familiares que le podrían brindar apoyo. Y todos los requisitos para que las viudas reciban apoyo financiero en 1 Timoteo 5:9-10 tienen que ver con sus *vidas pasadas*, no con sus vidas y condiciones (caracteres) en la actualidad, como es el caso de los requisitos para los ancianos y diáconos en el capítulo 3[61]. Es por eso que muchas traducciones traducen el requisito de una viuda en 1 Timoteo 5:9 como "*que haya sido esposa de un solo marido*" (RVR1960, RVR1977, RVA-2015, CST, todas se refieren a la vida pasada. De manera similar, la LBLA dice "habiendo sido"; y la NTV dice "haberle sido fiel"), pero traducen los requisitos para los ancianos en 1 Timoteo 3:2 como "es necesario que el obispo sea... marido de una sola mujer" (refiriéndose a su vida actual).

Pero también aprecio el énfasis de los argumentos de la interpretación de "fiel a su esposa". Además, ya sea que alguien sostenga la interpretación de "no polígamo" o "fiel a su esposa", es claro que Pablo no habla de todos los nuevos matrimonios. Él no le prohíbe ser un líder en la iglesia a un hombre cuya esposa ha muerto y se ha casado de nuevo o a un hombre que se ha divorciado y se ha casado de nuevo (estos casos deben evaluarse de forma individual).

e. ¿Los requisitos para ser líder exigen que los ancianos y diáconos deban estar casados? Cuando Pablo dice que un anciano o un diácono debe ser el "marido de una sola mujer" es poco probable que quiera decir que todos los ancianos o diáconos deban estar casados por dos razones:

1. Tanto Jesús como Pablo (1 Co 7:7-8; 9:5) eran solteros y es poco probable que Pablo haya establecido un requisito para los ancianos que ni siquiera él ni el mismo Jesús pudieron cumplir.

2. Pablo también establece dos requisitos sobre los hijos, diciendo que un anciano debe ser alguien que tenga *hijos creyentes* (Tito 1:6) y "que gobierne bien su casa y tenga a sus *hijos* en sujeción con toda dignidad" (1 Ti 3:4 RVA-2015). Dice que es esencial que los diáconos "gobiernen bien a sus hijos y sus casas" (1 Ti 3:12). Es poco probable que Pablo requiera que los ancianos deban tener dos o más hijos (el sustantivo está en plural, lo que supone más de uno). Por el contrario, parece que Pablo habla sobre el tipo de situación más común, un hombre casado con hijos, y el sentido del pasaje es: "*Si él tiene hijos*, los hijos deben ser creyentes y estar en sujeción a sus padres".

De manera similar, los pasajes que contengan "marido de una sola mujer" deben entenderse como "*si él está casado*, solo debería tener una sola mujer" (o "él debería serle fiel a su mujer"). Esa sería la situación más común para un anciano o un diácono. Además, Pablo habla sobre los casos comunes, dando un ejemplo sobre el típico y aceptado obispo o diácono como un padre y esposo fiel, sin exigir

---

[61] Este enfoque contextual sobre la vida pasada de una viuda hace que la traducción "que haya sido esposa de un solo marido" sea apropiada y esto es aún más cierto si entendemos la intención del participio perfecto *gegonuia* en 1 Ti 5:9 que se traslada a la frase anterior. En cualquier caso, todos los requisitos para inscribir a las viudas en 1 Ti 5:9-10 se refieren a la historia pasada de sus vidas. Pero en 1 Ti 3:2 y en Tito 1:6 el sentido es diferente, ya que se usan las formas del tiempo presente de *eimi* ("ser"): "es necesario que el obispo sea irreprochable, marido de una sola mujer..." (1 Ti 3:2 RVA-2015).

absolutamente el matrimonio o los hijos.

3. ¿Las leyes sobre el divorcio deberían reflejar el modelo bíblico? Es apropiado comentar brevemente sobre un aspecto de las leyes civiles. ¿Los cristianos deberían influir en las leyes para que reflejen el modelo bíblico sobre el matrimonio y el divorcio?

Dado que el matrimonio no es una institución solo para los cristianos, sino una institución establecida por Dios en la creación (Gn 1:27-28; 2:24-25), Él pretendía que se aplicara a todas las personas, creyentes y no creyentes por igual, y quería que sea beneficioso tanto para los esposos(as) como para la sociedad en general (ver análisis en cap. 28, pág. 710).

Por lo tanto, las normas que se expresan en las Escrituras sobre el divorcio y el nuevo matrimonio son estándares que, en última instancia, son los mejores para todas las personas según el propósito de nuestro Creador. Por ende, me parece que la iglesia, cuando tenga oportunidad, debería motivar tanto a los no cristianos como a los cristianos a que se atengan a los altos estándares morales de Dios en relación con el divorcio y el nuevo matrimonio. Además, debería fomentar propuestas legislativas que brinden más apoyo legal a la solemnidad del matrimonio y su intención de ser un compromiso eterno, asistencia para matrimonios con problemas, más protección para los cónyuges que realmente buscan reparar sus matrimonios y disposiciones para la separación temporal y el divorcio permanente cuando es evidente que no hay otra solución posible.

Asimismo, en culturas y sociedades en donde han ocurrido divorcios desenfrenados por todo tipo de razones durante décadas, tanto los cristianos como las iglesias deberían buscar apoyar y atender a los hombres, mujeres y niños que se han visto afectados por divorcios en el pasado.

G. EVALUACIÓN DE LOS PUNTOS DE VISTA MÁS RESTRICTIVOS SOBRE EL DIVORCIO Y EL NUEVO MATRIMONIO

Aunque la postura sobre el divorcio y el nuevo matrimonio que he apoyado en este capítulo ha sido la más común entre los protestantes conservadores desde la Reformación y, a pesar de que he analizado los puntos de vista de otros autores que tienen posturas *menos restrictivas* (permiten fundamentos adicionales para el divorcio), también debemos analizar en este punto las posturas de algunos otros autores que tienen puntos de vista más restrictivos sobre el divorcio y el nuevo matrimonio. Hay dos categorías en cuanto a los puntos de vista *más restrictivos:* (1) no al divorcio ni al nuevo matrimonio y (2) sí al divorcio, pero no al nuevo matrimonio.

1. No al divorcio ni al nuevo matrimonio. J. Carl Laney sostiene que la Biblia nunca aprueba el divorcio y, si un divorcio ocurre, nunca se permite casarse con alguien más. Él dice lo siguiente: "Creo que las Escrituras enseñan que el matrimonio fue diseñado por Dios para permanecer hasta la muerte y que el divorcio y el nuevo matrimonio constituyen el pecado del adulterio"[62] .

Laney enfatiza la enseñanza de Jesús sobre la permanencia del matrimonio en Mateo 19:4-6 (pág. 32) y en particular la declaración de Jesús: "Por tanto, lo que Dios ha unido, no lo separe el hombre" (v. 6 RVA-2015). Como respuesta a la pregunta de los fariseos: "¿Le es lícito al hombre divorciarse de su mujer por cualquier razón?" (v. 3 RVA-2015), Laney dice que la respuesta de Jesús "indica que no hay una razón válida para el divorcio" (pág. 33)[63].

¿Entonces qué debemos hacer con la frase "a no ser por causa de inmoralidad sexual" en Mateo 19:9 (RVA-2015)?

> Y les digo que cualquiera que se divorcia de su mujer, a *no ser por causa de inmoralidad sexual* [*porneia*, en griego], y se casa con otra comete adulterio.

Laney dice que, en este versículo, *porneia* se refiere al incesto y esto quiere decir que Jesús permitía el divorcio en el caso de casarse con un pariente cercano, como se define en Levítico 18:6-18. Laney escribe: "La cláusula de excepción en Mateo 19:9 simplemente establece que la prohibición de Cristo en contra del divorcio (Mt 19:6) no aplica en el caso de un matrimonio ilegal e incestuoso" (pág. 35). Él señala que porneia se refiere al incesto en 1 Corintios 5:1.

No considero que el argumento de Laney sea convincente. El término porneia es muy común (aparece 75 veces en el Nuevo Testamento y en la Septuaginta juntos y 25 veces solo en el Nuevo Testamento) y se puede usar para hacer alusión a cualquier tipo de "relación sexual ilegal"[64]. El mismo Laney está de acuerdo en que el término "básicamente se refiere a una actividad sexual ilegal, incluyendo la prostitución, la impureza y la fornicación. *Porneia* es un término general que se puede interpretar de varias maneras" (pág. 34).

Por lo tanto, es muy poco probable que Mateo o los lectores de habla griega del Evangelio de Mateo hubieran entendido que "inmoralidad sexual" (porneia) se restringía a los tipos de incesto descritos en Levítico 18:6-18, especialmente cuando

---

[62] J. Carl Laney, *"No Divorce and No Remarriage"* ["Ni divorcio ni nuevo matrimonio"] en *Divorce and Remarriage: Four Christian Views* [Divorcio y el nuevo matrimonio: Cuatro puntos de vista cristianos], pág. 16. Este capítulo es un resumen del libro previo de Laney, *The Divorce Myth: A Biblical Examination of Divorce and Remarriage* [El mito del divorcio] (Minneapolis, Minnesota: Bethany House, 1981).

[63] En este punto debo agregar que "no divorciarse" también forma parte de la postura histórica de la iglesia católica romana. Ver *Catechism of the Catholic Church* [Catecismo de la iglesia católica], 2da ed. (Nueva York: Doubleday, 1997), para. 1650, 2382-86. "El matrimonio rato y consumado no puede ser disuelto por ningún poder humano ni por ninguna causa fuera de la muerte" (2382). "El divorcio es una ofensa grave a la ley natural. [...] El hecho de contraer una nueva unión, aunque reconocida por la ley civil, aumenta la gravedad de la ruptura: el cónyuge casado de nuevo se halla entonces en situación de adulterio público y permanente" (2384). Y para los que se divorciaron y luego se casaron con alguien más "no pueden acceder a la comunión eucarística mientras persista esta situación" (1650).

Sin embargo, el catecismo también incluye otra declaración que parece permitir el divorcio en varias situaciones específicas: "Si el divorcio civil representa la única manera posible de asegurar ciertos derechos legítimos, el cuidado de los hijos o la defensa del patrimonio, puede ser tolerado sin constituir una falta moral" (2383). No entiendo cómo esta declaración es consistente con las otras declaraciones que cité que prohíben estrictamente el divorcio.

[64] BDAG, pág. 854.

el término *porneia* ni si quiera está en la traducción de la Septuaginta de ese pasaje. En estos pasajes no existe una redacción claramente restrictiva, tal como "a no ser por causa de inmoralidad sexual con los miembros de la propia familia", que les indique a los lectores que Jesús usa la palabra en un sentido sumamente restrictivo.

El hecho que porneia se usa en un versículo para referirse al incesto (1 Co 5:1) no invalida la evidencia de muchos otros pasajes tanto en el Antiguo Testamento como en el Nuevo Testamento que muestran que la palabra se refiere a una amplia gama de actividades sexuales inmorales, así que ese es el sentido que también le deberíamos dar en Mateo 19:9.

David Instone-Brewer señala:

> [Entender que *porneia* significa "incesto" en Mateo 19:9] no tendría mucho sentido en el contexto de la enseñanza de Jesús. Jesús criticaba a aquellos que usan el certificado de divorcio con mucha facilidad. [...] Sin embargo, en el caso del incesto no hay necesidad de un certificado de divorcio porque el matrimonio se consideraría inválido desde el principio. Los rabinos no consideraban que se hubiera llevado a cabo ningún divorcio[65].

Mi conclusión es que el punto de vista de "no al divorcio ni al nuevo matrimonio" no puede explicar correctamente la precisa redacción que se encuentra en Mateo 19:9 y 1 Corintios 7:15, en donde se permite el divorcio por adulterio y abandono.

2. Sí al divorcio, pero no al nuevo matrimonio. En 1990, William Heth argumentó que aunque algunas veces podrían llegar a ocurrir divorcios, el casarse de nuevo con otra persona nunca se justificaba. Después, Heth cambió su postura[66], como explicaré posteriormente (pág. 834), pero su argumento de 1990 sigue siendo una defensa ampliamente accesible y articulada de esta postura, y sigue siendo provechoso entenderlo e interactuar con él.

Un punto crucial del argumento de Heth era su explicación de Mateo 19:9 (RVA-2015): "Y les digo que cualquiera que se divorcia de su mujer, a no ser por causa de inmoralidad sexual, y se casa con otra comete adulterio".

Heth afirmaba que la frase "a no ser por causa de inmoralidad sexual" solo aplicaba para la primera parte de la oración ("cualquiera que se divorcia de su

---

[65] *Divorce and Remarriage in the Bible* [Divorcio y nuevo matrimonio en la Biblia], pág. 158. Instone-Brewer también sostiene que los análisis más recientes sobre la evidencia lingüística del Corán, al que hacen alusión Joseph Fitzmyer y Laney, demuestran que porneia no debería entenderse como una palabra que se aplica estrictamente al incesto (págs. 157-58).

[66] Ver William Heth *"Jesus on Divorce: How My Mind Has Changed"* ["Jesús sobre el divorcio: Cómo cambié de parecer"] Southern Baptist Journal of Theology 6, n° 1 (primavera de 2002): págs. 4-29. Pero el coautor de Heth, Gordon Wenham, aún defiende el punto de vista de que se permite el divorcio, pero no el nuevo matrimonio; ver Wenham, *"Does the New Testament Approve Remarriage after Divorce?"* ["¿El Nuevo Testamento aprueba el nuevo matrimonio después del divorcio?"] Southern Baptist Journal of Theology 6, n° 1 (primavera de 2002), págs. 30-45. Wenham enfatiza que aparentemente esta era la perspectiva de la iglesia en el siglo II d. C. y duda que todos hayan podido leer mal los textos del Nuevo Testamento y olvidar las enseñanzas apostólicas tan rápido (pág. 41). Ver también Wenham y Heth, *Jesus and Divorce: Towards an Evangelical Understanding of New Testament Teaching* [Jesús y el divorcio: Hacia una comprensión evangélica de la enseñanza del Nuevo Testamento], 2da ed. (Carlisle, Reino Unido: Paternoster, 2002).

mujer"), pero no para la segunda parte ("y se casa con otra"). Él escribió lo siguiente:

> Mateo 19:9 tiene dos oraciones, una condicionada y otra firme: (1) un hombre no puede divorciarse de su esposa a menos que sea culpable de adulterio y (2) cualquiera que se case con otra mujer después de divorciarse de su esposa comete adulterio. O parafraseando: "divorciarse por razones distintas a la infidelidad matrimonial está prohibido y el nuevo matrimonio después de cada divorcio es adulterio"[67].

Sin embargo, no considero que la explicación de Heth sea una interpretación creíble de Mateo 19:9, ya que no explica el hecho de que hay un sujeto ("cualquiera" o *hos an* en griego) para los tres verbos:

cualquiera que *se divorcia* [...] y se casa [...] *comete adulterio.*

Pero la explicación de Heth presenta erróneamente dos temas diferentes y esto convierte ilegítimamente el versículo en dos declaraciones separadas, como lo demuestra su explicación:

1. Un *hombre* no se puede divorciar de su esposa a menos que sea culpable

---

[67] William Heth, *"Divorce, but No Remarriage"* ["Divorcio, pero no un nuevo matrimonio"], en *Divorce and Remarriage: Four Christian Views* [Divorcio y el nuevo matrimonio: Cuatro puntos de vista cristianos], pág. 104. Este capítulo es un resumen del gran argumento de Heth en el libro de William Heth y Gordon J. Wenham: Jesus and Divorce: The Problem with the Evangelical Consensus [Jesús y el divorcio: El problema del consenso evangélico] (Nashville: Thomas Nelson, 1984).

Otra defensa reflexiva y cuidadosamente razonada de la postura de "no al nuevo matrimonio" se encuentra en un artículo de John Piper: *"Divorce & Remarriage: A Position Paper"* ["Divorcio y nuevo matrimonio: Un artículo de opinión"] Desiring God, 21 de julio, 1986, http://www.desiringgod.org/articles/divorce-remarriage-a-position-paper. Los argumentos de Piper son, como uno puede esperar, excepcionalmente claros y contundentes. Enfatiza mucho acerca de lo que ve como la clara prohibición del nuevo matrimonio en varios otros pasajes del Nuevo Testamento y sobre las posibles explicaciones alternativas de Mateo 19:9. Aunque considero a John como un preciado amigo de toda la vida y a pesar de que estoy de acuerdo con casi todo lo que enseña, con todo respeto puedo decir que estoy en desacuerdo con él en este tema.

Piper también señala que la posición oficial de la iglesia que pastoreaba en ese tiempo, que adoptó su Consejo de Diáconos en 1989, difería con su propia postura de "no al nuevo matrimonio". La posición de la iglesia incluye las siguientes declaraciones: "(3) El divorcio se puede permitir cuando un cónyuge abandona la relación, comete adulterio o es peligrosamente abusivo (1 Co 7:15, Mateo 19:9, 1 Co 7:11). [...] (4) El nuevo matrimonio del cónyuge divorciado y agraviado se puede considerar como una ruptura del matrimonio previo para que el cónyuge que no está casado, cuya conducta no justifica bíblicamente estar divorciado, pueda ser libre de casarse de nuevo con otro creyente (Mateo 19:9). [...] (5) Luego de que se hayan hecho grandes esfuerzos para la reconciliación, los cónyuges agraviados referidos en el punto #3 pueden, junto con los líderes de la iglesia, llegar a considerar sus matrimonios como rotos y sin reparo. En tales casos, el nuevo matrimonio puede ser un paso legítimo si se toma con seriedad que corta toda posibilidad de una reconciliación que Dios aún puede estar dispuesto a realizar". Ver "A Statement on Divorce & Remarriage in the Life of Bethlehem Baptist Church" [Declaración sobre el divorcio y el nuevo matrimonio en la vida de la iglesia bautista de Bethlehem] Desiring God, 2 de mayo, 1989, http://www.desiringgod.org/articles/a-statement-on-divorce-remarriage-in-the-life-of-bethlehem-baptist-church. Piper también analiza los pasajes acerca del divorcio en *What Jesus Demands from the World* [Lo que Jesús exige del mundo] (Wheaton, Illinois: Crossway, 2006), págs. 301-22.

de adulterio y

2. *Cualquiera* que se case con otra mujer luego de divorciarse de su esposa comete adulterio[68].

Esto no es lo que Jesús dijo. Él no hizo dos declaraciones separadas de dos temas diferentes, sino hizo una declaración sobre "cualquiera":

Y les digo que *cualquiera que se divorci*a de su mujer, a no ser por causa de inmoralidad sexual, y se casa con otra *comete adulterio* (Mt 19:9 RVA-2015).

Para hacerle justicia a este versículo, es mejor concluir, como lo hice previamente, que Jesús dice que un hombre que se divorcia de su esposa por inmoralidad sexual y se casa con otra no comete adulterio. Es decir, en este caso Jesús permite el nuevo matrimonio.

Otro problema con la interpretación previa de Heth es que según su explicación Mateo 19:9 no tiene sentido. Como señalamos anteriormente, si quitamos la cláusula "y se casa con otra" el versículo diría: "Cualquiera que se divorcia de su mujer, a no ser por causa de inmoralidad sexual… comete adulterio". Pero esto no es cierto, ya que el divorcio en sí no constituye adulterio. Algunas personas pueden divorciarse y no tendrán relaciones sexuales ni se casarán con alguien más. Para responder tal objeción, Heth afirma que "el divorcio *es* equivalente a cometer adulterio"[69] y apela a Mateo 5:27-32, pero ahí Jesús no dice que el divorcio es adulterio, sino que alguien que se divorcia erróneamente de su mujer "la induce a cometer adulterio". La Biblia en ninguna parte dice que el divorcio en sí es adulterio.

Algunas veces, los que defienden la postura de "no al nuevo matrimonio" dan una explicación diferente para la cláusula de excepción de "a no ser por causa de inmoralidad sexual" en Mateo 19:9. Sostienen que *porneia*, como se usa en Mateo 19:9, no se refiere al adulterio que comete una mujer casada, sino a la *fornicación de una mujer comprometida* que se descubre antes de su matrimonio[70].

Estoy de acuerdo en que *porneia*, que se refiere a una amplia gama de actividades sexuales ilegales, algunas veces se usaba para hacer alusión a las relaciones sexuales antes del matrimonio (ver Juan 8:41). Pero también se utilizaba para referirse a otros tipos de inmoralidad sexual como el incesto (1 Co 5:1) y el adulterio (Ap 17:2; y, en la literatura judía y cristiana cerca de la época del Nuevo Testamento, ver Sirácides 23:23; *Shepherd of Hermas* [Pastor de Hermas] Mandato 4.1.5). El argumento más determinante en contra de este punto de vista es el contexto de Mateo 19:9, ya que cuando comienza la conversación, los fariseos no le preguntan a Jesús sobre el divorcio durante un período de desposorio (o compromiso),

---

[68] Heth, *"Divorce, but No Remarriage"* ["Divorcio, pero no un nuevo matrimonio"] pág. 104. La misma interpretación de Mt 19:9 (la cláusula de excepción aplica a "cualquiera que se divorcia", pero no a "y se casa con otra") es defendida por Andrew Corner, *Divorce and Remarriage: Biblical Principle and Pastoral Practice* [El divorcio y el nuevo matrimonio: principios bíblicos y la práctica pastoral], 2da ed. (Fearn, Ross-shire, Reino Unido: Mentor, 2002), págs. 216-19.

[69] Heth, *"Divorce, but No Remarriage"* ["Divorcio, pero no un nuevo matrimonio"] pág. 104.

[70] Heth menciona este punto de vista como una "buena posibilidad"; ibid., 126n66. Piper también está a favor de esta interpretación en su *"Position Paper"* ["Artículo de opinión"], secc. 11.

sino sobre los divorcios en general: "Entonces los fariseos se acercaron a él para probarle, diciendo: —¿Le es lícito al hombre divorciarse de su mujer por cualquier razón?" (Mt 19:3 RVA-2015). Nada en el contexto podría apoyar limitar la discusión a la fornicación descubierta durante el período del compromiso, ni tampoco puede ser apoyada por los usos comunes de *porneia*, ya que se refiere a una gran variedad de actos sexuales inmorales.

Heth también recurre a Marcos 10:11-12 y a Lucas 16:18[71], que no incluyen la cláusula de excepción que se encuentra en Mateo 5:32 y 19:9. Estoy de acuerdo en que estos pasajes en Mateo y Lucas no incluyen una excepción por inmoralidad sexual y que si no tendríamos los versículos en Mateo, podríamos concluir que Jesús no permitió ningún motivo para el divorcio. Pero sí tenemos los versículos en Mateo y explícitamente se permite el divorcio en el caso de inmoralidad sexual. Una explicación lógica es que Marcos y Lucas no incluyeron la declaración de Jesús sobre esta excepción porque no había una disputa acerca de eso y todos estaban de acuerdo en que era un fundamento legítimo para el divorcio.

Otro argumento que Heth usa es que "cuando Pablo habla específicamente sobre el 'derecho' al nuevo matrimonio siempre menciona la muerte de uno de los cónyuges en el mismo contexto (1 Co 7:39; ver también Ro 7:2-3)"[72]. Pero en estas declaraciones Pablo habla sobre el matrimonio en general y el tema del divorcio no se plantea en ninguno de los contextos, así que el hecho de que no haya mencionado ningún fundamento para el divorcio en estos pasajes no es un argumento determinante.

Para ser coherente, es importante señalar que Heth argumenta que el nuevo matrimonio nunca se permite, ni siquiera cuando el otro cónyuge se ha casado con alguien más. ¿Qué debería hacer el cónyuge abandonado en ese caso? Heth dice que el cónyuge abandonado debe quedarse soltero por el resto de su vida:

> Si Jesús llama adulterio al nuevo matrimonio y si la reconciliación es aparentemente imposible, entonces el camino de la mayor bendición de Dios debe estar dirigido a seguir una vida de soltería[73].

Aprecio que esto sea coherente con la interpretación de Heth sobre las Escrituras en su capítulo, pero muchos intérpretes lo considerarán poco razonable. Por ejemplo, si James y Susan están casados y luego James se divorcia de Susan y se casa con Alice, él ya no está casado con Susan. Por lo tanto, Susan ya no está casada, sino que está soltera (de hecho, Heth dice que ella debería seguir una "vida de soltera"). Y si está soltera, entonces no hay razón para que ella no se case con alguien más.

Hay otra razón por la que no estoy convencido de la perspectiva de "no al nuevo matrimonio" y es el argumento de que esta postura es tan distinta al énfasis de todo el Nuevo Testamento sobre la sanación y la restauración de los que han sido heridos por los efectos del pecado y el mal del mundo. Jesús sanaba con frecuencia a todos los que se le acercaban con cualquier aflicción, como lo vemos en los siguientes

---

[71] Heth, *"Divorce, but No Remarriage"*, págs. 107–8.
[72] *Ibid.,* pág. 109.
[73] *Ibid.,* pág. 115.

versículos:

> Y cuando llegó la noche, trajeron a él muchos endemoniados; y con la palabra echó fuera a los demonios, y *sanó a todos los enfermos* (Mt 8:16).

También dijo:

> El ladrón no viene sino para hurtar y matar y destruir; yo he venido para que tengan vida, y para que la tengan en abundancia (Juan 10:10).

Y el Antiguo Testamento indica:

> No quitará el bien a los que andan en integridad (Sal 84:11).

Además, la Biblia ve el matrimonio como una *bendición* de Dios, algo bueno y maravilloso para que nosotros lo disfrutemos durante esta vida (ver Gn 1:31; Pr 18:22). Y el matrimonio le ofrece al mundo una hermosa imagen de la relación entre Cristo y la iglesia (ver Ef 5:31-32).

Por lo tanto, no me parece que sea coherente con la manera en la que Dios actúa con sus hijos en la era del Nuevo Pacto decirles a aquellos que ya han sufrido mucho porque un cónyuge los ha abandonado o ha cometido adulterio con alguien más, que han sufrido mucho más cuando ese cónyuge se ha casado con otra persona y que todavía anhelan estar casados, que Dios les exija a estas víctimas que sufren, *que ya no están casadas con nadie*, que nunca más vuelvan a casarse. Para aquellos que desean casarse, tal prohibición prolongaría su sufrimiento y penuria de manera innecesaria. Simplemente no creo que Dios actúe de esta manera con sus hijos en esta era.

Reconozco que este es un argumento de "vista general" que depende de cómo uno ve el Nuevo Testamento (o toda la Biblia) como un todo. Conozco muchos pasajes que hablan de las bendiciones que reciben aquellos que soportan el sufrimiento en esta vida y estoy seguro que aquellos que no están de acuerdo conmigo en este tema me citarían aquellos pasajes y también podrían citar 1 Corintios 7 que habla sobre el valor de la soltería (para los que son llamados a esa vida y tienen el don del celibato). Entiendo que en la naturaleza de la vida cristiana, todos experimentaremos algún tipo de sufrimiento en esta vida, ya que es algo que no se puede evitar. Pero tener prohibido casarse por el resto de la vida, incluso para los que no tienen el don del celibato y que desean casarse, es un tipo de sufrimiento que *se puede* evitar si las iglesias permiten que se casen de nuevo. Jesús nos dice que oremos: "Líbranos del mal" (Mt 6:13), y ciertamente deberíamos orar para que aquellos que han sido víctimas de divorcios no deseados sean liberados de su sufrimiento al menos hasta que los nuevos matrimonios traigan sanación y bendición a sus vidas.

Claramente, como lo mencioné anteriormente, el mismo Heth cambió su postura en un artículo del año 2002 titulado *"Jesus on Divorce: How My Mind Has Changed"* [Jesús sobre el divorcio: Cómo cambié de parecer][74]. Él escribió lo siguiente: "Parece

---

[74] Heth, *"Jesus on Divorce: How My Mind Has Changed"* págs. 4-29.

que es más probable que la cláusula de excepción en Mateo señale el divorcio con causa justa, un divorcio válido que permitiría volver a casarse, y Jesús limita esa causa justa a la *porneia*" [75].

Ahora Heth también piensa que 1 Corintios 7:15 ("Pero si el incrédulo se separa, sepárese; pues no está el hermano o la hermana sujeto a servidumbre en semejante caso") permite el divorcio y el nuevo matrimonio en el caso de abandono irreconciliable. Sostiene que lo convenció el argumento de Craig Keener de que en este versículo Pablo "claramente libera a la parte inocente para que se case de nuevo" y que "si Pablo quería decir que el nuevo matrimonio no estaba permitido, dijo exactamente todo lo contrario" [76].

H. CONSEJOS PRÁCTICOS PARA LAS PERSONAS QUE HAN EXPERIMENTADO DIVORCIOS DOLOROSOS

Probablemente, en la actualidad muchas iglesias tengan personas que han experimentado divorcios dolorosos: quizás algunos niños que todavía están profundamente afligidos, ya que sus mamás y papás disolvieron sus matrimonios hace años o, quizás, adultos que no querían divorciarse, pero cuyos cónyuges solicitaron el divorcio de todos modos. Como lo demostró el estudio Wallerstein citado anteriormente en este capítulo, tales personas pueden experimentar sufrimiento, tristeza profunda y el sentimiento de abandono o traición muchos años después, aunque rara vez se lo mencionarán a alguien.

Es importante que los pastores y otros miembros de la iglesia sepan que tales situaciones no son inusuales hoy en día. En algún lugar y momento de la vida de la iglesia es importante brindar un entorno en donde la gente se sienta lo suficientemente segura para discutir estos sentimientos. Y luego tener la oportunidad de orar por uno o dos en algún momento, hasta que el Espíritu Santo les de la capacidad de perdonar de manera genuina a los que causaron su sufrimiento y les dé verdadero consuelo y paz a los corazones y mentes de las personas afligidas.

Los cristianos que han pasado por divorcios también tienen una maravillosa motivación al saber que Jesús entiende nuestro sufrimiento y está dispuesto a caminar con nosotros a través de él:

> Porque no tenemos un sumo sacerdote que no pueda compadecerse de nuestras debilidades, sino uno que fue tentado en todo según nuestra semejanza, pero sin pecado. Acerquémonos, pues, confiadamente al trono de la gracia, para alcanzar misericordia y hallar gracia para el oportuno socorro (He 4:15-16).

Aunque Jesús nunca se casó, por lo que nunca experimentó el divorcio

---

[75] *Ibid.*, pág. 20.

[76] *Ibid.*, pág. 13, citando a Craig Keener, *And Marries Another: Divorce and Remarriage in the Teaching of the New Testament* [Y se casa con otro: Divorcio y nuevo matrimonio en la enseñanza del Nuevo Testamento] (Peabody, Massachusetts: Hendrickson, 1991), pág. 61.

específicamente, sin duda sabía lo que era ser traicionado y abandonado por amigos que eran cercanos a Él, particularmente Judas, quien estuvo con Él por tres importantes años (ver Mt 26:14, 25, 47; ver también Mt 26:56: "todos los discípulos, dejándole, huyeron"). Los cristianos pueden orarle directamente a Jesús sabiendo que Él entiende el abandono mejor que cualquier ser humano.

Asimismo, es importante que los cristianos que han experimentado divorcios no permitan que el dolor del pasado controle el resto de sus vidas. Para los niños que han sufrido profundamente por divorcios, las palabras de Pedro tienen una relevancia especial, ya que demuestra que el sacrificio de Cristo pagó nuestra libertad, incluso de cualquier patrón erróneo de la vida que experimentamos de nuestros padres:

Fuisteis *rescatados de vuestra vana manera de vivir, la cual recibisteis de vuestros padres*, no con cosas corruptibles, como oro o plata, sino con la sangre preciosa de Cristo, como de un cordero sin mancha y sin contaminación (1 P 1:18-19).

Y para los adultos que han sido abandonados por un cónyuge anterior, la promesa de consuelo de Dios en 2 Corintios también debería brindar una gran motivación:

Bendito sea el Dios y Padre de nuestro Señor Jesucristo, Padre de misericordias y Dios de toda consolación, el cual nos consuela en todas nuestras tribulaciones, para que podamos también nosotros consolar a los que están en cualquier tribulación, por medio de la consolación con que nosotros somos consolados por Dios. Porque de la manera que abundan en nosotros las aflicciones de Cristo, así abunda también por el mismo Cristo nuestra consolación (2 Co 1:3-5).

Finalmente, es importante que las iglesias establezcan programas o prácticas ministeriales que enseñen sobre matrimonios fuertes y los fomenten, además de ofrecer consejo y ayuda para parejas que pasan por tiempos difíciles en sus matrimonios[77].

Asimismo, para cada persona casada que lee este capítulo, incluso aquellos que se divorciaron erróneamente en el pasado y que ahora se casaron con alguien más, el propósito de Dios para usted a partir de ahora en adelante es pedirle perdón por los errores que cometió en el pasado y luego buscar la bendición de Dios *en su matrimonio actual.* Él no quiere que usted se divorcie de nuevo, sino que permanezca casado. Por lo tanto, sin importar las circunstancias que lo llevaron a este matrimonio actual, si usted está casado(a), *ahora está casado(a) con la persona correcta* y Dios quiere que usted tenga un matrimonio bueno por el resto de su vida.

---

[77] FamilyLife, un ministerio cristiano dirigido por mi amigo de toda la vida Dennis Rainey, es una organización bíblica y excepcional que tiene una variedad de excelentes programas para motivar y fortalecer los matrimonios. Ver http://www.familylife.com (Margaret y yo fuimos antiguos miembros del Speaker Team de las conferencias matrimoniales de FamilyLife).

I. ANEXO: LA TRADUCCIÓN DE MALAQUÍAS 2:16[78]

Hay tres opciones de traducción para Malaquías 2:16:

1. Varias traducciones indican que el Señor dice: "odio el divorcio", como en la NASB (New American Standard Bible):

> "Pues *odio el divorcio*", dice el Señor, el Dios de Israel, "y aquel que cubre de iniquidad su vestidura", dice el Señor de los ejércitos. "Así que cuida tu espíritu, para que no actúes con traición" (Mal 2:16, NASB).

Versiones como RSV (Revised Standard Version), NRSV (New Revised Standard Version), NIV 1984 (New International Version 1984), NLT (New Living Translation) y NET (New English Translation) también indican que el Señor dice: "odio el divorcio".

2. Otras traducciones, como la NIV 2011 (New International Version 2011), interpretan que el sujeto que "odia" es el esposo y traducen la oración de la siguiente manera:

> "*El hombre que odia y se divorcia de su esposa*", dice el Señor, el Dios de Israel, "le hace daño a la que debería proteger", dice el Señor Todopoderoso (Mal 2:16 NIV).

La traducción de la ESV (English Study Version) es similar, pero interpreta que "odio" significa dejar de amar a su esposa:

> Pues *el hombre que no ama a su mujer sino que se divorcia de ella*, dice el Señor, el Dios de Israel, cubre con violencia su vestidura, dice el Señor de los ejércitos (Mal 2:16 ESV).

La versión de la Christian Standard Bible también es similar: "'Si él odia y se divorcia de su mujer', dice el Señor y Dios de Israel, 'cubre de injusticia su vestidura', dice el Señor de los ejércitos" (Mal 2:16 CSB).

3. Una tercera alternativa es traducir el verbo como "él odia", pero entendiendo que el sujeto es "el Señor", no el esposo. Esa es la alternativa de traducción que se encuentra en la acotación de la ESV:

> Es decir, "El Señor, el Dios de Israel, dice que *él odia el divorcio*" (Mal 2:16 ESV mg.).

La NKJV (New King James Version) también lo traduce de esta manera: "Pues el Señor y Dios de Israel dice que *él odia el divorcio*". La KJV (King James Version) lo indica de manera similar: "Pues el Señor, el Dios de Israel, dijo que él odiaba el despido: ya que *uno* cubre con violencia su vestidura, dice el Señor de los ejércitos".

¿Existe una mejor solución entre estas tres opciones? Sin duda, la versión

---

[78] N. del T.: El análisis que se desarrolla a continuación se basa en la traducción hecha al inglés. Se estarán usando las versiones en dicho idioma y para una mayor comprensión del análisis, se realizó una traducción más textual de los versículos en cuestión.

hebrea de este versículo es muy difícil de entender. Ninguna solución está libre de dificultades. Aquí hay tres soluciones principales con los argumentos a favor para cada una:

1. Varias traducciones indican que Dios dice: "odio el divorcio" (NASB, RSV, NRSV, NET, NIV 1984 y NLT). Para traducir el texto hebreo de esta manera, los traductores tienen que entender el verbo *sānē'* como un gerundio, "odiando" (normalmente esto se escribiría como *sonē'*) y asumir que se entiende el pronombre "Yo", lo que le da el siguiente sentido: "Pues yo odio [estoy odiando] el divorcio, dice el Señor" (Zac 9:12 se cita como paralelo en hebreo). Según este punto de vista, así como también en la perspectiva número 3, se tiene que hacer un pequeño cambio a la tercera persona del singular del verbo *wekissāh*, "y él cubre", en la siguiente cláusula, alterándolo para que tenga el sentido de "y el que cubre" o "y cubriendo".

2. La ESV interpreta la primera cláusula en un sentido similar a la Septuaginta, tomando el hebreo para representar una declaración de "si-entonces", ya que la primera palabra (*kî*, en hebreo) puede significar "pues" o "si". Esto le da el siguiente sentido: "Si él [es decir, el hombre] odia y se divorcia, dice el Señor y Dios de Israel, cubre su vestidura con violencia". Las siguientes razones apoyan este sentido: (1) Interpreta que el sujeto que "odia" es un esposo que se divorcia, lo que es coherente con el uso de "odiar" en otros contextos matrimoniales, donde el odio en cuestión es sin duda el del esposo (Gn 29:31; Dt 21:15-17; 22:13, 16; 24:3; Jue 15:2 y Pr 30:23). En algunos de estos casos, "odiar" tiene el sentido de "dejar de amar" y así es como la ESV traduce el verbo. (2) Esta traducción no requiere ninguna ligera modificación del texto en hebreo. (3) Las traducciones alternativas de "yo odio el divorcio" o "El Señor [...] dice que él odia el divorcio" suenan como una condenación total del divorcio, pero tal condena general del divorcio en Malaquías 2:16 contradiría la autorización (por adulterio), al menos como una respuesta a la infidelidad sexual, que se encuentra implícito en Deuteronomio 22:19, 29; 24:1-4; Jeremías 3 (el divorcio figurativo de Dios e Israel); Mateo 5:32; 19:8-9 y 1 Corintios 7:15. (4) El sujeto del segundo verbo debe ser un ser humano pecador, ya que no puede decir lo siguiente: "Pues el Señor dice que odia el divorcio *y él cubre su vestidura con violencia*". Por lo tanto, las otras traducciones tienen que cambiar el verbo indicativo en tercera persona "y él cubre" (*wekissāh*, en hebreo) a un gerundio, dándole el sentido de "y *cubriendo* la vestidura de uno con violencia".

3. Una nota a pie de página de la versión ESV le da este sentido alternativo: "El Señor, el Dios de Israel, dice que odia el divorcio y al que cubre...". Las razones que apoyan esta versión son las siguientes: (1) "El Señor" es la única persona que se nombra explícitamente en el versículo, así que es normal entenderlo como la persona de quien el versículo indica que "odia". (2) Otros varios ejemplos de esta misma construcción gramatical en hebreo (verbo indicativo más sustantivo sin una conjunción o preposición entre ellos) muestran que el sustantivo debería tomarse como el objeto indirecto del primer verbo, dándole el siguiente sentido: "odia [verbo indicativo] [el] divorcio [sustantivo]" (cf. Nm 10:31; Dt 2:7; Sal 77:10 [inglés v. 9]; 139:2; Is 56:11). Pero no hay ejemplos de esta combinación en el Antiguo Testamento hebreo que apoyen el sentido de "y" en "él odia y divorcio". Lo que se

necesita para el punto 2 es algún ejemplo de un verbo indicativo X (como "él odia") seguido inmediatamente por un sustantivo Y (como, por ejemplo, "divorcio") lo que significa "X y Y", pero no se ha encontrado ningún ejemplo. (3) Todos los otros 60 ejemplos del Antiguo Testamento de una forma indicativa de este mismo verbo *sānē'* (odiar) expresan un objeto (la persona o cosa odiada). Por lo tanto, este verbo también debe requerir un objeto directo y esto apoya el sentido de "él odia el divorcio" (con "divorcio" como el objeto directo), pero no el sentido de "él odia y [se] divorcia" (en donde no hay un objeto expresado para "odia"). (4) En otros contextos que mencionan el pecado, donde la frase "el Señor" se menciona junto con la palabra *odia* (*sānē'*, en hebreo), el Señor suele ser el sujeto (p. ej., Is 1:14; 61:8; Jer 44:4; Zac 8:17; Mal 1:3). (5) Por lo tanto, este versículo da una clara explicación a Malaquías 2:15: No seáis desleales para con la mujer de vuestra juventud (v. 15) pues (*kî*, en hebreo) el Señor odia el divorcio (v. 16).

No es una decisión fácil, pero la traducción de la nota al pie de página de la ESV (y de la KJV y NKJV), representada en el punto 3, de alguna manera me parece preferible por las razones anteriores: "El Señor, el Dios de Israel, dice que odia el divorcio...".

En cualquier caso, ninguna de estas traducciones cambia la enseñanza de la Biblia sobre el divorcio, ya que todas indican que el divorcio por razones que no se especifican en las Escrituras es condenado por el Señor como un pecado grave. En las interpretaciones 1 y 3 lo que el Señor "odia" es probablemente el tipo de despido "desleal" de la esposa que se menciona en el contexto (ver vv. 13, 15) o el versículo puede estar hablando del odio de Dios a la destructividad y el dolor que siempre implica el divorcio.

PREGUNTAS PARA REFLEXIONAR

1. ¿Se sorprendió con la información de este capítulo acerca de cuántos matrimonios son felices y sobre cómo algunos matrimonios cristianos terminan en divorcio? ¿Cuál era la fuente de sus ideas anteriores sobre el número de matrimonios exitosos?

2. ¿Se sorprendió al leer sobre las consecuencias a largo plazo del divorcio? ¿De qué manera este material afectó lo que piensa sobre el divorcio?

3. Luego de leer el análisis en este capítulo, ¿cuántos fundamentos legítimos cree usted que hay para el divorcio según el Nuevo Testamento? En tales casos, ¿cree que casarse con otra persona es moralmente aceptable?

4. ¿Qué rasgos de carácter cristiano (ver pág. 110) serían más útiles para proteger el matrimonio de modo que no acabe en divorcio? ¿Cuáles serían los más importantes para tratar las consecuencias de un divorcio no deseado?

5. Lea Éxodo 20:17. ¿Alguna vez "codició la mujer de su prójimo" (o esposo)? ¿Está dispuesto(a) a traer ese deseo a la presencia de Dios, pedir su perdón y pedirle que lo(a) ayude a cambiar ese deseo en su corazón en un deseo positivo por su propio cónyuge?

6. Si usted está casado(a), ¿cuáles son algunas cosas prácticas que puede hacer ahora para fortalecer su matrimonio y evitar que acabe en divorcio?

TÉRMINOS ESPECIALES

ninguno

BIBLIOGRAFÍA

Otras fuentes de referencia sobre ética

(ver datos bibliográficos completos, pág. 64)

Clark y Rakestraw, 2:225-60
Davis, 90-105
Feinberg, John y Paul, 583-633
Frame, 769-81
Geisler, 303-13
Gushee y Stassen, 270-87
Hays, 347-78
Jones, 177-204
Kaiser, 91-104
McQuilkin y Copan, 241-48

Otras obras

Adams, Jay E. Marriage, *Divorce, and Remarriage in the Bible* [Matrimonio, divorcio y nuevo matrimonio]. Grand Rapids, Michigan: Zondervan, 1980.

Atkinson, D. J. *"Remarriage"* ["Nuevo matrimonio"]. En el New Dictionary of Christian Ethics and Pastoral Theology [Nuevo diccionario de ética cristiana y teología pastoral], editado por David J. Atkinson y David H. Field, págs. 729–30. Leicester, Reino Unido: InterVarsity y Downers Grove, Illinois: InterVarsity Press, 1995.

Cornes, Andrew. *Divorce and Remarriage: Biblical Principle and Pastoral Practice* [El divorcio y el nuevo matrimonio: principios bíblicos y la práctica pastoral]. 2da ed. Fearn, Ross-shire, Escocia: Mentor, 2002.

Feldhahn, Shaunti. *The Good News about Marriage: Debunking Discouraging Myths about Marriage and Divorce* [Las buenas nuevas sobre el matrimonio: Desacreditando los mitos desilusionantes sobre el matrimonio y el divorcio]. Colorado Springs: Multnomah, 2014.

Hawthorne, Gerald F. *"Marriage and Divorce, Adultery and Incest"* ["Matrimonio y divorcio, adulterio e incesto"]. En *Dictionary of Paul and His Letters* [Diccionario de Pablo y sus cartas], editado por Gerald F. Hawthorne, Ralph P. Martin y Daniel G. Reid, págs. 594–600. Downers Grove, Illinois: InterVarsity

Press, 1993.

Heth, William A. y Gordon J. Wenham. *Jesus and Divorce: The Problem with the Evangelical Consensus* [Jesús y el divorcio: El problema del consenso evangélico]. Nashville: Thomas Nelson, 1984.

House, H. Wayne, ed. *Divorce and Remarriage: Four Christian Views* [Divorcio y el nuevo matrimonio: Cuatro puntos de vistas cristianos]. Downers Grove, Illinois: InterVarsity Press, 1990.

Instone-Brewer, David. *Divorce and Remarriage in the Bible: The Social and Literary Context* [El divorcio y nuevo matrimonio en la Biblia: El contexto social y literario]. Grand Rapids, Michigan: Eerdmans, 2002.

———. *Divorce and Remarriage in the Church: Biblical Solutions for Pastoral Realities* [El divorcio y el nuevo matrimonio en la iglesia: Soluciones bíblicas para realidades pastorales]. Downers Grove, Illinois: InterVarsity Press, 2003.

Keener, Craig S. *And Marries Another: Divorce and Remarriage in the Teaching of the New Testament* [Y se casa con otro: Divorcio y nuevo matrimonio en la enseñanza del Nuevo Testamento]. Peabody, Massachusetts: Hendrickson, 1991.

Köstenberger, Andreas J. con David W. Jones. *God, Marriage, and Family: Rebuilding the Biblical Foundation* [Dios, matrimonio y familia: Recuperando los fundamentos bíblicos]. 2da ed. Wheaton, Illinois: Crossway, 2010, págs. 223–38, 363–69, 275–88, 373–77.

Laney, J. Carl. *The Divorce Myth: A Biblical Examination of Divorce and Remarriage* [El mito del divorcio]. Minneapolis: Bethany House, 1981.

MacArthur, John. *The Divorce Dilemma: God's Last Word on Lasting Commitment* [El dilema del divorcio: La palabra de Dios para un compromiso permanente]. Family Focal Point. Leominster, Inglaterra: Day One, 2009.

Moles, Chris. *The Heart of Domestic Abuse: Gospel Solutions for Men Who Use Control and Violence in the Home* [El corazón del maltrato doméstico: Las soluciones del Evangelio para hombres que usan el control y la violencia en el hogar]. Bemidji, Minnesota: Focus, 2015.

Murray, John. *Divorce* [Divorcio]. Filadelfia: Presbyterian & Reformed, 1961.

Newheiser, Jim. Marriage, Divorce, and Remarriage: Critical Questions and Answers [Matrimonio, divorcio y nuevo matrimonio]. Phillipsburg, Nueva Jersey: P&R, 2017.

Small, Dwight Hervey. *Remarriage and God's Renewing Grace: A Positive Biblical Ethic for Divorced Christians* [El nuevo matrimonio y la gracia renovadora de Dios: Una ética bíblica positiva para los cristianos divorciados]. Grand Rapids, Michigan: Baker, 1986.

Storms, Sam. *"What Did Jesus Teach about Divorce and Remarriage? What Did Paul Teach about Divorce and Remarriage?"* ["¿Qué enseñó Jesús sobre el divorcio y el nuevo matrimonio? ¿Qué enseñó Pablo sobre el divorcio y el nuevo matrimonio?"]. En *Tough Topics 2: Biblical Answers to 25 Challenging Questions* [Temas difíciles: Respuestas bíblicas a 25 preguntas desafiantes], págs. 209–35. Fearn, Ross-shire, Escocia: Christian Focus, 2015.

Strauss, Mark L., ed. *Remarriage after Divorce in Today's Church: Three Views* [Volver a casarse después del divorcio en la iglesia de hoy: 3 vistas]. Counterpoints.

Grand Rapids, Michigan: Zondervan, 2006.

Tracy, Steven R. *Mending the Soul: Understanding and Healing Abuse* [Remendando el alma]. Grand Rapids, Michigan: Zondervan, 2005.

Wallerstein, Judith S., Julia Lewis y Sandra Blakeslee. *The Unexpected Legacy of Divorce: A 25 Year Landmark Study* [El Inesperado Legado del Divorcio]. Nueva York: Hyperion, 2000.

Wallerstein, Judith S. y Sandra Blakeslee. *Second Chances: Men, Women, and Children a Decade after Divorce* [Padres e hijos después del divorcio: Quién gana, quién pierde y por qué]. Nueva York: Ticknor & Fields, 1989.

Wenham, Gordon J. *"Divorce"* ["Divorcio"]. En el New Dictionary of Christian Ethics and Pastoral Theology, págs. 315–17.

Wenham, Gordon J. y William A. Heth. *Jesus and Divorce: Towards an Evangelical Understanding of New Testament Teaching* [Jesús y el divorcio: Hacia una comprensión evangélica de la enseñanza del Nuevo Testamento]. 2da ed. Carlisle, Reino Unido: Paternoster, 2002.

PASAJE BÍBLICO PARA MEMORIZAR

Mateo 19:9 (RVA-2015): Y les digo que cualquiera que se divorcia de su mujer, a no ser por causa de inmoralidad sexual, y se casa con otra comete adulterio.

HIMNO

"Cual la mar hermosa"

Cual la mar hermosa es la paz de Dios,
fuerte y gloriosa, es eterna paz;
grande y perfecta, premio de la cruz,
fruto del Calvario, obra de Jesús.

Descansando en Cristo,
siempre paz tendré.
En Jehová confiando,
nada temeré.

En el gran refugio de la paz de Dios
nunca hay molestias, es perfecta paz;
nunca negra duda, pena ni pesar,
vejaciones crueles, pueden acosar.

Toda nuestra vida cuidará Jesús;
Cristo nunca cambia, Él es nuestra paz.
Fuertes y seguros en el Salvador,
siempre moraremos en su grande amor.

Oh, Señor amado, Tú nos das quietud;
de Ti recibimos celestial salud.
Haznos conocerte, te amaremos más;
sé Tú nuestro dueño, Príncipe de paz.

Descansando en Cristo,
tengo siempre paz.
En Jehová confiando,
hallo gran solaz.

AUTOR: FRANCES R. HAVERGAL, 1836-1879

HIMNO ALTERNATIVO

"Te necesito ya"

Te necesito ya,
Bendito Salvador;
Me infunde dulce paz,
Tu tierna voz de amor.

Te necesito Cristo, sí, te necesito,
Con corazón contrito acudo a ti.

Te necesito ya,
Tú no me dejarás;
Yo siempre venceré si tú conmigo estás.

Te necesito Cristo, sí, te necesito,
Con corazón contrito acudo a ti.

Te necesito ya,
Tu santa voluntad,
Y tus promesas mil en mí,
Cumple en verdad.

Te necesito Cristo, sí, te necesito,
Con corazón contrito acudo a ti.

Te necesito ya,
Santísimo Señor;
Tuyo hazme nada más,
Bendito Salvador.

AUTOR: ANNIE S. HAWKS, 1835-1918

Capítulo 33

HOMOSEXUALIDAD Y TRANSGENERISMO

¿Los pasajes bíblicos sobre la homosexualidad aún están vigentes hoy en día?

¿Cómo deberíamos analizar los recientes argumentos que afirman que la Biblia puede interpretarse para permitir relaciones homosexuales legítimas?

¿El deseo homosexual es malo?

¿Las personas pueden "nacer homosexuales"?

¿Cómo deberíamos evaluar las afirmaciones de aquellas personas que son "transgénero"? ¿Una operación de cambio de sexo puede cambiar a un hombre en una mujer y a una mujer en un hombre?

¿Qué enseña la Biblia sobre la homosexualidad? ¿Acaso habla sobre los conceptos modernos de las relaciones serias entre personas del mismo sexo y el matrimonio entre personas del mismo sexo? Es apropiado discutir estas preguntas en esta unidad del libro, ya que trata varios aspectos de la sexualidad humana[1].

Según mi conocimiento, ningún pastor evangélico o erudito bíblico de las generaciones anteriores alguna vez afirmó que la Biblia daba una aprobación

[1] Varias secciones de este capítulo se adaptaron del artículo *"Homosexuality"* ["Homosexualidad"] en el *ESV Study Bible* [Biblia de Estudio Teológico] (Wheaton, Illinois: Crossway, 2008), págs. 2547–50, con el permiso de la editorial (yo fui el autor principal de este artículo, pero también se benefició en gran medida de las aportaciones y cambios de redacción sugeridos por Robert Gagnon, Daniel Heimbach y Justin Taylor).

moral para cualquier tipo de conducta homosexual[2]. El consenso unánime de siglos de enseñanzas cristianas sobre una cuestión moral tan importante no puede desestimarse a la ligera. Incluso en la actualidad, la mayoría de libros que se que más se utilizan sobre ética cristiana que fueron escritos por evangélicos aún sostienen la misma postura que la iglesia ha tenido a lo largo de su historia; es decir, que la conducta homosexual es moralmente incorrecta a los ojos de Dios, según la enseñanza uniforme de las Escrituras, y que las personas comprometidas en actividades homosexuales deberían ser tratadas con amor y compasión por los miembros de la iglesia, pero no de una manera que indique que se aprueba su conducta homosexual[3].

Por el otro lado, algunos autores que pueden considerarse parte del evangelismo (interpretado de una manera más amplia) han dado una afirmación cautelosa o limitada sobre algunos tipos de relaciones homosexuales. En la primera edición de *Kingdom Ethics* [La ética del reino] Glen Stassen y David Gushee afirmaron una postura cristiana tradicional, declarando lo siguiente: "La conducta homosexual es una forma de expresión sexual que está fuera de la voluntad de Dios"[4]. Pero en la segunda edición, Gushee defiende lo que denomina "una visión revisionista evangélica" y que define como: "Es moralmente admisible a los ojos de Dios que las personas homosexuales (tantos hombres como mujeres) tengan relaciones maritales (no relaciones casuales o promiscuas)"[5].

[2] Ver S. Donald Fortson y Rollin G. Grams, *Unchanging Witness: The Consistent Christian Teaching on Homosexuality in Scripture and Tradition* [Testimonio inmutable: la coherencia de la enseñanza cristiana sobre la homosexualidad en las Escrituras y la tradición] (Nashville: B&H Academic, 2016).

[3] Ver John Jefferson Davis, *Evangelical Ethics: Issues Facing the Church Today* [Ética evangélica: problemas que enfrenta la iglesia hoy], 4ta ed. (Phillipsburg, Nueva Jersey: P&R, 2015), págs. 106-30; John S. Feinberg y Paul D. Feinberg, Ethics for a Brave New World [Ética para un nuevo mundo audaz], 2da ed. (Wheaton, Illinois: Crossway, 2010), págs. 307-85; John M. Frame, *The Doctrine of the Christian Life: A Theology of Lordship* [La doctrina de la vida cristiana: Teología del señorío] (Phillipsburg, Nueva Jersey: P&R, 2008), págs. 757-63; Norman L. Geisler, *Christian Ethics: Contemporary Issues and Options* [Ética cristiana: temas y opciones contemporáneos], 2da ed. (Grand Rapids, Michigan: Baker, 2010), págs. 280-98; Robertson McQuilkin y Paul Copan, *An Introduction to Biblical Ethics: Walking in the Way of Wisdom* [Introducción a la ética bíblica: andar en el camino de la sabiduría], 3ra ed. (Downers Grove, Illinois: InterVarsity Press, 2014), págs. 285-310; Scott B. Rae, *Moral Choices: An Introduction to Ethics* [Decisiones morales], 3ra ed. (Grand Rapids, Michigan: Zondervan, 2009), págs. 279-86. Ver también Richard B. Hays, *The Moral Vision of the New Testament: Community*, Cross, *New Creation: A Contemporary Introduction to New Testament Ethics* [La visión moral del Nuevo Testamento: comunidad, cruz, nueva creación.] (San Francisco: HarperSanFrancisco, 1996), págs. 379–406.

[4] Glen H. Stassen y David P. Gushee, *Kingdom Ethics: Following Jesus in Contemporary Context* [La ética del reino: Siguiendo a Jesús en un contexto contemporáneo] (Downers Grove, Illinois: InterVarsity Press, 2003), pág. 311.

[5] David P. Gushee y Glen H. Stassen, *Kingdom Ethics: Following Jesus in Contemporary Context*, 2da ed. (Grand Rapids, Michigan: Eerdmans, 2016), pág. 266. En un pie de página, Gushee explica que completó esta sección de la segunda edición después de la muerte de Stassen. Luego, añade lo siguiente: "Debo confesar que mientras mi antiguo coautor Glen Stassen estuvo totalmente de acuerdo en que la segunda edición necesitaba una revisión a fondo de esta sección en particular, estaba muy enfermo como para participar en mi último punto de vista. Él estaba orgulloso de ser el patrocinador de la facultad del grupo de apoyo a los estudiantes homosexuales en el Seminario Teológico Fuller". Ibíd., 267n1.

El 15 de septiembre de 2017, Gushee publicó un libro anunciando que había dejado el evangelio; ver David P. Gushee, Still Christian: Following Jesus out of American Evangelicalism [Aún cristiano:

Judith y Jack Balswick, profesores del Seminario Teológico Fuller, dicen que el modelo de hombre y mujer que se encuentra en el relato de la creación en Génesis "nos persuade a defender la unión heterosexual como el diseño previsto de Dios para los matrimonios"[6]. Sin embargo, concluyen su análisis sobre la homosexualidad con este párrafo un poco ambiguo:

> Sabemos que algunos cristianos homosexuales pueden decidir comprometerse en una unión homosexual monógama para toda la vida, creyendo que esto es lo mejor que Dios tiene para ellos. Ellos creen que esto refleja una sexualidad auténtica que es congruente con ellos y su visión de las Escrituras. Aunque defendamos el modelo de una unión monógama heterosexual eterna, nuestra compasión nos lleva a apoyar a todos los cristianos que siguen el camino de Dios en sus vidas. Un Jesús que ha sufrido conoce el camino y desea conocer a aquellos que lo buscan[7].

Tony Campolo, un reconocido profesor de sociología y famoso orador dentro del círculo evangélico, anunció en 2015 lo siguiente: "Finalmente estoy listo para solicitar la aceptación total de las parejas cristianas homosexuales en la iglesia"[8]. Asimismo, en el Reino Unido, el famoso pastor Steve Chalke "anunció en la revista Christianity, en la edición de febrero de 2013, que creía que las relaciones monógamas del mismo sexo no eran pecaminosas y que las iglesias deberían apoyarlas"[9].

Sin embargo, tal defensa de la legitimidad moral de las relaciones entre personas del mismo sexo aún es muy raro entre los líderes evangélicos. Para poder entenderlo es necesario examinar con más detalle los pasajes bíblicos relevantes.

A. EL DISEÑO ORIGINAL DE DIOS

Según el diseño original de Dios, la conducta humana sexual tenía que ocurrir dentro del contexto del matrimonio entre un hombre y una mujer. El primer capítulo de la Biblia dice lo siguiente:

> Y creó Dios al hombre a *su imagen*,
>   a imagen de Dios lo creó;
>   varón y hembra los creó (Gn 1:27).

El primer aspecto que se menciona es la distinción de la raza humana en dos

---

Siguiendo a Jesús fuera del evangelismo estadounidense] (Louisville: Westminster John Knox, 2017).

[6] Judith K. Balswick y Jack O. Balswick, *Authentic Human Sexuality: An Integrated Christian Approach* [La sexualidad humana auténtica], 2da ed. (Downers Grove, Illinois: InterVarsity Press, 2008), pág. 135.

[7] Ibid., pág. 1361 V

[8] Tony Campolo, *"For the Record"* ["Para que conste"], Tony Campolo blog, 8 de junio, 2015, http://tonycampolo.org/for-the -record-tony-campolo-releases-a-new-statement/.

[9] Sarah, Eekhoff Zylstra, *"Major Ministry Kicked Out of Evangelical Alliance UK over Homosexuality Stance"* ["Un importante pastor es expulsado de la Alianza Evangélica del Reino Unido por su postura sobre la homosexualidad"] Christianity Today, 5 de mayo, 2014, http://www.christianitytoday.com/gleanings/2014/may/major-ministry-kicked-out-evangelical-alliance-chalke-oasis.html.

sexos complementarios ("varón y hembra") en relación con ser "a imagen de Dios".

En Génesis 2, que describe con más detalle el proceso resumido en el capítulo 1:27, vemos que Dios dijo: "No es bueno que el hombre esté solo; le haré ayuda idónea para él" (2:18). Luego, Génesis aplica el ejemplo de Adán y Eva para todos los matrimonios:

> Por tanto, dejará *el hombre* a su padre y a su madre, y se unirá a *su mujer*, y serán *una sola carne* (Gn 2:24).

Entonces, esta unión sexual de "una sola carne" se estableció como el modelo para el matrimonio en general y esto explica por qué Jesús cita Génesis 1:27 y 2:24 como el modelo normativo que Dios espera que todos los matrimonios sigan (ver Mt 19:4-6; Marcos 10:6-8).

Pablo, como un buen discípulo de Jesús, del mismo modo hace un gran énfasis de Génesis 1:27 y 2:24 en sus dos principales textos sobre la práctica homosexual: Romanos 1:23-23 y Corintios 6:9. Tanto Jesús como Pablo asumen la lógica de la relación sexual que se implica en Génesis: una unión sexual requiere que dos (y solo dos) mitades sexuales diferentes ("un hombre" y "su mujer") se unan en un todo sexual ("una sola carne").

La importancia de esta unión sexual entre hombre y mujer se enfatiza aún más en la manera en la que el autor del Génesis razona de la creación de Eva a partir de la costilla de Adán hasta la unión sexual dentro del matrimonio:

> Y de la costilla que Jehová Dios tomó del hombre, hizo una mujer, y la trajo al hombre. Dijo entonces Adán: Esto es ahora hueso de mis huesos y carne de mi carne; ésta será llamada Varona, porque del varón fue tomada. *Por tanto*, dejará el hombre a su padre y a su madre, y se unirá a su mujer, y serán una sola carne (Gn 2:22-24).

La palabra por *tanto* conecta la creación de Eva a partir de una parte del cuerpo de Adán con la unión sexual de "una sola carne" entre un hombre y una mujer en el matrimonio: es la reunión de dos partes constituyentes de un todo sexual. Un hombre no es la parte que falta o el complemento sexual de otro hombre, sino una mujer.

B. LA CONDUCTA HOMOSEXUAL ES UNO DE LOS VARIOS TIPOS DE RELACIONES SEXUALES PROHIBIDAS EN LAS ESCRITURAS

Los pasajes posteriores en la Biblia defienden el modelo del matrimonio establecido en Génesis 1-2 y prohíben cualquier otro tipo de relación sexual fuera de la relación matrimonial entre un hombre y una mujer. Por ejemplo, tener relaciones sexuales con una persona del sexo opuesto que no sea su esposa(a) se prohíbe en el mandamiento: "No cometerás adulterio" (Ex 20:14; reafirmado por Jesús en Mt 19:18; cf. Ro 13:19; Santiago 2:11). Además, el sexo entre personas no casadas (que era llamado "fornicación" en las traducciones antiguas de la Biblia) se prohíbe en pasajes tales como Éxodo 22:16-17; Deuteronomio 22:13-21, 28-29; 1 Corintios 6:18; 2 Corintios 11:2; 12:21; Gálatas 5:19; Efesios 5:3; Colosenses 3:5; y 1 Tesalonicenses 4:3[10].

También se prohíben otros tipos específicos de relaciones sexuales fuera del matrimonio, como la prostitución (1 Co 6:15-18), el incesto (Lv 20:11-21; 1 Co 5:1-2) y la zoofilia (Lv 18:23; 20:15-16). Asimismo, varios pasajes de las Escrituras prohíben las relaciones homosexuales y las estaré analizando a continuación.

En este capítulo, interactuaré con varios puntos del libro de Matthew Vines llamado God and *the Gay Christian: The Biblical Case in Support of Same-Sex Relationships*[11] [Dios y el cristiano gay: El caso bíblico en apoyo de las relaciones del mismo sexo]. Esta es una defensa reflexiva, ampliamente investigada y cuidadosamente fundamentada de las relaciones serias entre personas del mismo sexo que ha tenido una gran influencia en el mundo evangélico. Además, depende de y hace una frecuente referencia a varios de los primeros y más técnicos trabajos académicos que han intentado defender la legitimidad de las relaciones homosexuales mediante interpretaciones alternativas de pasajes claves en las Escrituras[12] (para simplificar, he incluido páginas referenciales del libro de Vines en el texto en lugar de notas al pie de página).

1. Génesis 19. El primer texto del Antiguo Testamento que se refiere al tema de la homosexualidad es el relato sobre Sodoma y Gomorra en Génesis 19:

> Llegaron, pues, los dos ángeles a Sodoma a la caída de la tarde; y Lot estaba sentado a la puerta de Sodoma. Y viéndolos Lot, se levantó a recibirlos, y se inclinó hacia el suelo, y dijo: Ahora, mis señores, os ruego que vengáis a casa de vuestro siervo y os hospedéis, y lavaréis vuestros pies; y por la mañana os levantaréis, y seguiréis vuestro camino. [...]
>
> Pero antes que se acostasen, rodearon la casa los hombres de la ciudad, los varones de Sodoma, todo el pueblo junto, desde el más joven hasta el más viejo. Y llamaron a Lot, y le dijeron: ¿Dónde están los varones que vinieron

---

[10] Ver cap. 28, pág. 720, para un análisis sobre estos pasajes en relación con la convivencia antes del matrimonio.

[11] *Matthew Vines, God and the Gay Christian: The Biblical Case in Support of Same-Sex Relationships* (Nueva York: Convergent, 2014). Para una respuesta a Vines, ver R. Albert Mohler Jr., ed., *God and the Gay Christian? A Response to Matthew Vines* [¿Dios y el cristiano gay?: Una respuesta a Matthew Vines], Conversant (Louisville: SBTS Press, 2014). Este libro electrónico contiene capítulos de Mohler, James Hamilton, Denny Burk, Owen Strachan y Heath Lambert.

[12] Vines depende en gran medida de los argumentos académicos más técnicos del libro de James V. Brownson, Bible, Gender, *Sexuality: Reframing the Church's Debate on Same-Sex Relationships* [Biblia, género y sexualidad] (Grand Rapids, Michigan: Eerdmans, 2013). Brownson es un profesor del Nuevo Testamento en el Western *Theological Seminary* [Seminario Teológico Occidental] en Holland, Michigan, el cual es un seminario denominacional para la Iglesia Reformada en América. Para una revisión exhaustiva y crítica del libro de Brownson, ver Preston Sprinkle, *"Romans 1 and Homosexuality: A Critical Review of James Brownson's Bible, Gender, Sexuality"* ["Romanos 1 y la homosexualidad: Un análisis crítico del libro de James Brownson llamado Biblia, género y sexualidad"], Bulletin for Biblical Research 24, n.º 4 (2014): págs. 515–28.

a ti esta noche? *Sácalos, para que los conozcamos.* Entonces Lot salió a ellos a la puerta, y cerró la puerta tras sí, y dijo: Os ruego, hermanos míos, que no hagáis tal maldad.

Y hacían gran violencia al varón, a Lot, y se acercaron para romper la puerta. Entonces los varones alargaron la mano, y metieron a Lot en casa con ellos, y cerraron la puerta. Y a los hombres que estaban a la puerta de la casa hirieron con ceguera desde el menor hasta el mayor, de manera que se fatigaban buscando la puerta. Y dijeron los varones a Lot: ¿Tienes aquí alguno más? Yernos, y tus hijos y tus hijas, y todo lo que tienes en la ciudad, sácalo de este lugar; porque vamos a destruir este lugar, por cuanto el clamor contra ellos ha subido de punto delante de Jehová; por tanto, Jehová nos ha enviado para destruirlo. [...]

Y al rayar el alba, los ángeles daban prisa a Lot, diciendo: Levántate, toma tu mujer, y tus dos hijas que se hallan aquí, para que no perezcas en el castigo de la ciudad. Y deteniéndose él, los varones asieron de su mano, y de la mano de su mujer y de las manos de sus dos hijas, según la misericordia de Jehová para con él; y lo sacaron y lo pusieron fuera de la ciudad. [...]

Entonces Jehová hizo llover sobre Sodoma y sobre Gomorra azufre y fuego de parte de Jehová desde los cielos; y destruyó las ciudades, y toda aquella llanura, con todos los moradores de aquellas ciudades, y el fruto de la tierra. [...]

Y subió Abraham por la mañana al lugar donde había estado delante de Jehová. Y miró hacia Sodoma y Gomorra, y hacia toda la tierra de aquella llanura miró; y he aquí que el humo subía de la tierra como el humo de un horno. Así, cuando destruyó Dios las ciudades de la llanura, Dios se acordó de Abraham, y envió fuera a Lot de en medio de la destrucción, al asolar las ciudades donde Lot estaba (Gn 19:1-29).

Vines afirma que el episodio de Sodoma y Gomorra no indica el juicio de Dios sobre la práctica homosexual, sino solo a la práctica homosexual *coercitiva*. Él menciona lo siguiente: "El pecado de Sodoma tuvo mucho más que ver con la falta de hospitalidad y la tendencia a la violencia que con cualquier designio sexual que los hombres tenían sobre los visitantes de Lot". Vines señala que "fue una amenaza de violación en grupo" y añade que "en el mundo antiguo, que un hombre fuera violado se consideraba como la máxima degradación" (pág. 65).

Pero no es convincente afirmar que Dios juzgo a Sodoma solo por una falta de hospitalidad y una amenaza de violación en grupo. La homosexualidad desenfrenada debió haberse expandido por toda la ciudad de Sodoma mucho antes que los dos visitantes angelicales llegaran, ya que hombres que no tienen un patrón de vida previo de conducta homosexual no deciden espontáneamente reunirse en la puerta de una casa y demandar que los dos visitantes salgan para que puedan "conocerlos":

Pero antes que se acostasen, rodearon la casa los hombres de la ciudad, los varones de Sodoma, *todo el pueblo junto*, desde el más joven hasta el más viejo. Y llamaron a Lot, y le dijeron: ¿Dónde están los varones que vinieron a ti esta noche? *Sácalos, para que los conozcamos* (Gn 19:4-5).

Cuando los hombres de la ciudad dijeron que querían "conocer" a los visitantes (que eran ángeles) usaron la palabra *conocer* en el sentido común del Antiguo Testamento que era tener relaciones sexuales (ver Gn 4:1, 17, 25; ver también el pasaje similar en Jue 19:22). Lot, quien conocía personalmente a los hombres de la ciudad, entendía perfectamente bien lo que ellos querían y llamó a su pretensión "maldad" (Gn 19:7). Por lo tanto, este intento de violencia contra los visitantes no era un pecado accidental de una sola vez sin relación con el juicio de Dios, sino que debería entenderse como una manifestación reprochable particular de un patrón generalizado de homosexualidad que era común en toda la ciudad. Estos eran hombres que usualmente practicaban conductas homosexuales y se manifestó en su conducta esa noche.

Sabemos que el juicio del Señor sobre Sodoma no solo fue por los intentos de los hombres de forzar a los ángeles visitantes dentro de la casa de Lot, ya que la conversación que el Señor tuvo con Abraham en Génesis 18 muestra que Dios iba a enjuiciar la ciudad por la *conducta previa de los sodomitas* mucho antes que los ángeles visitaran la ciudad. Dios le dijo a Abraham que visitaba Sodoma: "Por cuanto el clamor contra Sodoma y Gomorra se aumenta más y más, y el pecado de ellos se ha agravado en extremo" (Gn 18:20). Al final, el Señor le dijo a Abraham: "No la destruiré, respondió, por amor a los diez (refiriéndose a personas justas)" (v. 32), pero no encontró ni 10 personas justas en Sodoma.

Algunas veces se argumenta que la culpa de Sodoma y Gomorra no fue debido a la homosexualidad sino por *otros pecados*, ya que otros autores del Antiguo Testamento los mencionan. Vines presenta este argumento y menciona que los pecados de "la opresión a grupos marginados, el homicidio y el robo", así como también "el adulterio, la idolatría y el abuso de poder" como se especifica en Isaías 1:4, 10; 13:19; Jeremías 23:14; Lamentaciones 4:6; Amós 4:1-11 y Sofonías 2:8-11. Finalmente, cita Ezequiel 16:49-50 y añade que "no se menciona la sexualidad, tanto en el pasaje de Ezequiel como en las otras referencias del Antiguo Testamento sobre Sodoma siguiendo Génesis 19" (págs. 63-64).

La lista de pasajes del Antiguo Testamento que Vines da es errónea, ya que la mayoría no menciona ningún pecado específico de Sodoma, sino que simplemente dice que Dios juzgará a otros grupos de personas de la misma manera en que juzgó a Sodoma. Por ejemplo: "Moab será como Sodoma, y los hijos de Amón como Gomorra; campo de ortigas, y mina de sal, y asolamiento perpetuo" (Sof 2:9). De manera similar, en Isaías 1:4, 10; 13:19; Lamentaciones 4:6 y Amós 4:1-11 no se mencionan los pecados específicos de Sodoma, así que es muy difícil que estos pasajes apoyen el argumento de Vines.

El pasaje de Jeremías sí enumera los pecados específicos:

Y en los profetas de Jerusalén he visto torpezas;
   cometían *adulterios*, y andaban en *mentiras*,
   y *fortalecían las manos de los malos*,

> para que ninguno se convirtiese de su maldad;
> me fueron todos ellos como Sodoma,
> y sus moradores como Gomorra (Jer 23:14).

No es extraño que Jeremías mencionara *otros* pecados al decir que *los profetas en Jerusalén* eran tan detestables a los ojos de Dios como las personas de Sodoma, ya que es probable que estos profetas de Jerusalén no hayan practicado la homosexualidad. Pero Sodoma seguía siendo un buen punto de comparación para que Jeremías lo mencionara, puesto que rara vez una sociedad profundamente depravada cometía solo un tipo de pecado. Sin duda, Sodoma se entregaba a todo tipo de prácticas malignas, por lo que Dios hizo llover un juicio inmediato y total sobre ella.

¿Y sobre el pasaje de Ezequiel que Vines menciona?

> He aquí que esta fue la maldad de Sodoma tu hermana: soberbia, saciedad de pan, y abundancia de ociosidad tuvieron ella y sus hijas; *y no fortaleció la mano del afligido y del menesteroso.* Y se llenaron de *soberbia*, e hicieron abominación delante de mí, y cuando lo vi las quité (Ez 16:49-50).

Este pasaje muestra que la soberbia y el egoísmo eran *otros* pecados en Sodoma, y Ezequiel decidió resaltarlos, pero la homosexualidad no está ausente en estos versículos, ya que el último pecado que se menciona y el que viene inmediatamente antes de Dios dice: "las quité", es que ellos "hicieron *abominación* delante de mí". La palabra *abominación* se traduce del término hebreo *tô'ēbāh*, que es el mismo término que se usa para decir que es una "abominación" delante de Dios que un hombre "se eche con un hombre como con una mujer" en Levítico 18:22 y 20:13. Este paralelo lingüístico con la Ley de Moisés que prohíbe la conducta homosexual junto con el conocimiento del muy conocido relato sobre el intento de violación homosexual en Génesis 19, sin duda hubiera hecho que los oidores y lectores de Ezequiel piensen en el pecado de la homosexualidad cuando encontraron la expresión "hicieron *abominación*" en Ezequiel 16:50.

Finalmente, Judas 7 interpreta que el pecado de Sodoma es la homosexualidad (ver análisis en el tratado de Judas 7 posteriormente).

2-3. Levítico 18:22 y 20:13.

> No te echarás con varón como con mujer; es abominación (Lv 18:22; "abominación" se traduce de la palabra *tô'ēbāh* en hebreo, la cual se usa para referirse a acciones que son extremadamente desagradables para Dios).

> Si alguno se ayuntare con varón como con mujer, abominación hicieron (Lv 20:13; de nuevo, "abominación" se traduce de la palabra *tô'ēbāh* en hebreo).

Vines objeta que estos versículos son parte de la Ley de Moisés y que el Pacto de Moisés ha llegado a su fin. Por lo tanto, así como ya no obedecemos las prohibiciones sobre comer cerdo o usar ropa hecha de dos tipos de materiales distintos, ya no tenemos que obedecer otras leyes de la Ley de Moisés. Además, este hecho cuestiona la validez contemporánea de estas leyes sobre la conducta homosexual (págs. 78-81).

Luego, Vines admite que algunas leyes del Antiguo Testamento siguen vigentes en la actualidad, como las "prohibiciones de homicidio, adulterio e idolatría, por ejemplo" (pág. 82). ¿Eso quiere decir que las leyes sobre moralidad sexual siguen vigentes ahora? Como respuesta, Vines señala que incluso en el área de la ética sexual, varios aspectos de la ley del Antiguo Testamento en la actualidad no se consideran vigentes, tal como la prohibición de las relaciones sexuales durante el periodo menstrual de una mujer (Lv 18:19; 20:18), el requisito de matrimonio por levirato (Dt 25:5-6) y la permisión de la poligamia (Dt 21:15-17) (págs. 83-84).

Como respuesta, aunque estoy de acuerdo con que las leyes del Pacto de Moisés ya no aplican directamente a las personas en la actualidad, aún tenemos que decidir, en el caso de las leyes individuales, si reflejan la sabiduría de Dios sobre acciones que son agradables o desagradables para Él para todas las edades y sociedades (ver análisis en el cap. 8, pág. 234). Tal decisión solo se puede tomar considerando el contenido específico de la ley en cuestión, el contexto en donde ocurre y especialmente la manera en cómo se trata el mismo tema en el Nuevo Testamento.

En cuanto a las prohibiciones de la conducta homosexual en Levítico, aquí hay varias razones por las que deberíamos considerar que reflejan la sabiduría de Dios sobre el tipo de conducta que le desagrada siempre: (1) Levítico 18:22 y 20:13 ocurren en contextos en donde se prohíben otros varios tipos de conducta sexual que son permanentemente inmorales, tal como el adulterio, el incesto y la zoofilia: ver Levítico 18:1-23 y 20:10-16[13]. (2) En Levítico 20:13 no hay detalles que sugieran que esta norma de conducta es única para las circunstancias particulares del Pacto de Moisés que ya no está vigente (por ejemplo, como los detalles sobre sacrificios y festivales; ver análisis en el cap. 8, pág. 215). (3) Varios pasajes del Nuevo Testamento reafirman las prohibiciones en contra de la conducta homosexual (ver posteriormente). (4) Estos pasajes en Levítico son parte de un modelo coherente de enseñanzas morales a lo largo de toda la Biblia, que ve como moralmente incorrecto todos los tipos de relaciones sexuales fuera del modelo del matrimonio creado entre un hombre y una mujer. (5) Además, estos pasajes reflejan un estándar moral que se ve en la narrativa del pasaje sobre la destrucción de Sodoma y Gomorra (Génesis 19), que sucedió mucho antes del Pacto de Moisés y la Ley de Moisés que comienza en Éxodo 19-20.

Finalmente, Vines objeta que estos versículos en Levítico no prohibían la conducta homosexual porque fuera inmoral por naturaleza, sino porque violaba las suposiciones patriarcales comunes en esa cultura, en la que era "degradante para un hombre ser tratado como mujer", ya que en la cultura antigua "se consideraba

---

[13] Sin embargo, creo que la prohibición en contra de las relaciones sexuales durante el periodo menstrual de una mujer probablemente pertenece a un conjunto de leyes únicas del Pacto de Moisés, como otras leyes que especifican la impureza por tener contacto con la sangre.

que las mujeres tenían *menos valor*" (págs. 88, 91; énfasis en el original). Por lo tanto, estas prohibiciones del Antiguo Testamento contra la conducta homosexual "reflejan el valor inferior que se le atribuía comúnmente a las mujeres en la época antigua" (pág. 83). Pero dado que ya no consideramos que la mujer tiene un valor inferior, este estándar moral no es válido para nosotros en la actualidad (ver pág. 93).

Mi respuesta a esta afirmación es que Vines inventa una explicación que no se basa en ninguna evidencia del texto en Levítico 18:22 o 20:13. Estos versículos no dicen: "No te echarás con varón como con mujer *ya que eso sería tratar a uno de los hombres como una criatura de valor inferior*". Simplemente dice: "No te echarás con varón como con mujer". En lugar de inventar una razón que no se especifica en *ninguna parte* del texto de las Escrituras[14], es mucho mejor concluir que Dios prohíbe la conducta homosexual porque viola el estándar moral que se encuentra a lo largo de Biblia, desde Génesis hasta Apocalipsis, de que las relaciones sexuales solo pueden ser entre un hombre y una mujer únicamente dentro de los lazos matrimoniales.

Por lo tanto, a pesar de las objeciones presentadas por Vines y otras personas, parece mejor concluir que las prohibiciones en contra de la conducta homosexual que se encuentran en Levítico 18:22 y 20:13, aunque no apliquen directamente para nosotros como parte del Pacto Moisés, aún reflejan el estándar de conducta moral revelado por Dios para todas las culturas y todos los periodos de la historia.

4. Romanos 1:26-27. Pablo habla de la conducta homosexual en medio de un largo catálogo de pecados humanos "que detienen con injusticia la verdad" (Ro 1:18).

> Por esto Dios los entregó a pasiones vergonzosas; pues aun sus mujeres cambiaron el uso natural por el que es contra *naturaleza*, y de igual modo también los hombres, dejando el uso natural de la mujer, se encendieron en su lascivia unos con otros, cometiendo hechos vergonzosos hombres con hombres, y recibiendo en sí mismos la retribución debida a su extravío (Ro 1:26-27).

La frase "contra naturaleza" en el versículo 26 significa que la conducta homosexual no representa lo que Dios deseaba cuando hizo al hombre y la mujer con cuerpos físicos que poseen una manera "natural" de interactuar entre sí y deseos "naturales" el uno por el otro.

Este mismo versículo muestra que Pablo considera los *deseos* homosexuales ("pasiones", del griego *pathos*, en plural) como algo "vergonzoso". Esto es porque tales deseos son contrarios al propósito y la intención de Dios de que las relaciones sexuales se deberían limitar al matrimonio. Además, estos deseos tratan el sexo

---

[14] De hecho, en esta misma página (pág. 91), el propio Vines cita un libro que editamos John Piper y yo en donde mencionamos lo siguiente: "De hecho, las mujeres son totalmente iguales a los hombres en persona, importancia y estatus ante Dios". *Recovering Biblical Manhood and Womanhood: A Response to Evangelical Feminism* [Recuperando la masculinidad y la feminidad bíblicas: una respuesta al feminismo evangélico] (Wheaton, Illinois: Crossway, 1991), xv.

biológico de una persona solo como la mitad de lo que es. La lógica de una relación *heterosexual* es juntar las dos (y solo dos) *mitades sexuales diferentes y complementarias* en un todo sexual ("serán una sola carne", Gn 2:24). Pero, por el contrario, la lógica de una relación *homosexual* es que otra persona del mismo sexo complemente y llene lo que le falta a ese *mismo* sexo, lo que implica que cada participante solo es la mitad de su propio sexo: dos medios hombres formando un hombre completo o dos medias mujeres formando una mujer completa. Es decir, la lógica de la relación sexual requiere de un complemento sexual, y en una relación del mismo sexo se muestra como la autodesvalorización del propio sexo ya que uno se ve en la necesidad de complementar estructuralmente su propio sexo con alguien del mismo sexo.

Vines objeta que en este pasaje, Pablo no habla sobre las relaciones serias entre personas del mismo sexo tales como las que existen ahora (págs. 99, 113), ya que Pablo solo estaba condenando los pecados de personas que eran "capaces de tomar la decisión opuesta y virtuosa" (pág. 103). Pero Pablo no pudo haber querido que sus declaraciones se aplicaran a las personas con orientaciones sexuales del mismo sexo en la actualidad, puesto que "los homosexuales no pueden elegir sentirse atraídos por personas del sexo opuesto, ya que no se sienten atraídos por ellas, ni tampoco pueden generar tal atracción" (pág. 103). Vines dice que "lo que Pablo describía es *totalmente diferente de lo que estamos discutiendo*" (pág. 103; énfasis en el original).

Según Vines, es importante reconocer la manera en la que el mundo antiguo veía la conducta homosexual. "Las formas más comunes de conductas de personas del mismo sexo en el mundo grecoromano eran la pederastía, la prostitución y el sexo entre amos y sus esclavos. [...] La gran mayoría de la conducta visible entre personas del mismo sexo fácilmente encaja en un paradigma de exceso" (pág. 104). Finalmente, concluye lo siguiente: "Pablo no estaba condenando la expresión de la orientación hacia mismo sexo en contraposición a la expresión de una orientación hacia sexo opuesto. Estaba condenando el *exceso* en lugar de la *moderación*" (pág. 105; énfasis en el original).

Mi respuesta es que Vines hace que el pasaje diga totalmente lo opuesto de lo que en realidad dice. Pablo no dice "las mujeres no podían tener suficiente sexo con los hombres, así que *incluyeron* tener relaciones sexuales con personas del mismo sexo", ni tampoco dice "los hombres no podían tener suficiente sexo con las mujeres, así que *incluyeron* el sexo con hombres"; sino, por el contrario, dice que las mujeres *dejaron* de tener sexo con hombres y se volvieron hacia las mujeres y los hombres *dejaron* de tener sexo con mujeres y se volvieron hacia los hombres:

> [...] pues aun sus mujeres *cambiaron* el uso natural por el que es contra naturaleza, y de igual modo también los hombres, *dejando* el uso natural de la mujer, se encendieron en su lascivia unos con otros, cometiendo hechos vergonzosos hombres con hombres... (Ro 1:26-27).

Vines afirma que "Pablo no estaba condenando la expresión de la *orientación* del mismo sexo" (pág. 105; énfasis añadido), pero esto es lo que Pablo estaba condenando exactamente en este pasaje, ya que habla sobre los deseos sexuales erróneos cuando menciona que "Dios los entregó a pasiones vergonzosas" (Ro 1:26), lo que explica posteriormente cuando indica que los hombres "encendieron en su lascivia unos con otros" (v.27).

El tipo de argumento que Vines presenta no es nuevo. Entre los defensores de la conducta homosexual, una declaración común es que los pasajes bíblicos acerca de la homosexualidad prohíben solo *ciertos tipos de conducta sexual*, tal como la prostitución homosexual o la pedofilia (conducta homosexual que involucra a niños), o una conducta homosexual infiel y sin compromiso (algunas veces llamado el "argumento de explotación: la Biblia solo prohíbe las formas explotadoras de la homosexualidad").

Pero, ¿dónde está la evidencia de que los pasajes relevantes deberían tener este tipo de aplicación restringida? Si examinamos de nuevo Romanos 1:26-27, encontramos que no hay evidencia legítima en la *redacción actual*, el *contexto o la evidencia del mundo antiguo* para demostrar que los pasajes se referían a nada menos que a todo tipo de conducta homosexual por parte de todo tipo de personas.

Además, se debe mencionar brevemente otros dos contraargumentos bíblicos en contra del "argumento de explotación":

1. En Romanos 1:23-27, Pablo claramente enfatiza Génesis 1 cuando habla de "aves, cuadrúpedos y reptiles" (v. 23), dice que la gente estaba "honrando y dando culto a las *criaturas* antes que al *Creador*" (v.25) y luego, cuando habla sobre "mujeres" y "hombres" en los versículos 26-27, usa el término griego menos común *thēlys* para referirse a las "mujeres" y arsēn para los "hombres", términos que también se usan en la Septuaginta en Génesis 1:27, que dice: "varón [*arsēn*] y hembra [*thēlys*] los creó". Pero esto significa que el argumento de Pablo en Romanos 1:26-27 refleja una convicción de que cualquier tipo de relación sexual que no refleje la complementariedad de hombre-mujer que Dios creó en Génesis 1:27-28 es una violación de la voluntad de Dios para toda la humanidad desde el momento de la creación, independientemente si esa relación es amorosa o seria.

2. La condena absoluta de Pablo contra todas las formas de homosexualidad se destaca por su mención sobre las relaciones sexuales entre lesbianas en Romanos 1:26 ("sus mujeres cambiaron el uso natural por el que es contra naturaleza"), ya que en el mundo antiguo esta forma de relación sexual no se caracterizaba típicamente por el sexo con adolescentes, esclavas o prostitutas.

El argumento sobre si las culturas antiguas desaprobaban toda conducta homosexual o solo la conducta opresiva y explotadora (como Vines declara en las págs. 103-5), realmente no afecta nuestro entendimiento de los pasajes bíblicos, ya que los escritores del Nuevo Testamento como Pablo no dudaban en estar en desacuerdo con los estándares morales de la sociedad que los rodeaba (ver 1 Co 10:20; Ef 4:17; 1 Ts 4:5).

Aunque Vines argumenta que "contra naturaleza" en Romanos 1:26 se refiere a las violaciones de "los roles de género dentro de un contexto patriarcal" (pág. 109) y que, por lo tanto, básicamente significa lo que es "contrario a las expectativas culturales", Robert Gagnon concluye, luego de un extenso estudio de la expresión griega para *physin* ("contra naturaleza") y expresiones similares en la literatura griega antigua[15], que para "los autores judíos que escribieron durante un siglo o dos después del nacimiento de Jesús" la frase "contra naturaleza" se refería a las relaciones sexuales entre personas del mismo sexo y la frase "de acuerdo a la naturaleza" hacía alusión a las relaciones sexuales entre personas del sexo opuesto por dos razones principales: (1) "la capacidad única de las relaciones sexuales heterosexuales de procrear" y (2) "la complementariedad o fijación anatómica de los órganos sexuales masculinos y femeninos y la feminización del género de la pareja homosexual receptiva de manera transgresora"[16]. Teniendo en cuenta este contexto de la rotunda y unánime condenación judía sobre la práctica homosexual, Gagnon escribe lo siguiente:

> La noción de los judíos del siglo I, tales como Pablo y Jesús que habrían dado su aprobación general a un estilo de vida homosexual si tan solo se les hubieran mostrado ejemplos adecuados de relaciones entre personas del mismo sexo que se cuidan mutuamente y que eran normales (porque era natural en la cultura), sería algo increíble de creer. [...] Ya que la complementariedad anatómica, sexual y procreativa de las uniones entre hombres y mujeres, en contraste con aquellas entre mujer y mujer y entre hombre y hombre, hubiese seguido siendo algo incuestionable[17].

En cuanto a la declaración de Pablo en Romanos 1:26-27 de que la conducta heterosexual que las personas "dejaron" era lo "natural" (o "de acuerdo con la naturaleza"), mientras que la conducta homosexual era "contra naturaleza", Gagnon concluye que "Pablo se refiere a la complementariedad anatómica y procreativa del hombre y la mujer" o "poniéndolo en términos más crudos, Pablo en efecto argumenta que incluso los paganos que no tienen acceso al libro de Levítico deberían saber que el erotismo entre personas del mismo sexo es 'contra naturaleza', puesto que los órganos sexuales primarios encajan en el hombre y la mujer, no entre mujer y mujer u hombre y hombre"[18]. Además, agrega que "Pablo estaba pensando en 'naturaleza' no como 'la manera en que las cosas usualmente se hacen' (i. e., convención cultural)", sino como 'la forma material del orden creado'" y señala que esto es coherente con varias referencias de Pablo sobre la creación original de Dios en Romanos 1:18-32[19].

Esta evidencia también es relevante para otro tipo de objeción que se presenta contra Romanos 1:26-27. Aunque Vines no defiende esta postura, otros han afirmado que la frase "contra naturaleza" (para *physin*, en griego) en Romanos 1:26-27 muestra que Pablo solo habla de las personas que "naturalmente" tienen deseos por las personas del sexo opuesto. Por lo tanto, no aplicaría para personas que "naturalmente" tienen deseos homosexuales. El argumento menciona que, para

---

[15] Robert A. J. Gagnon, *The Bible and Homosexual Practice: Texts and Hermeneutics* [La Biblia y la práctica homosexual] (Nashville: Abingdon, 2001), págs. 159-83.

[16] *Ibid.*, págs. 180-81.

[17] *Ibid.*, pág. 182.

[18] *Ibid.*, pág. 254.

[19] *Ibid.*, págs. 256-57.

ellos, la conducta homosexual no es contraria a su *naturaleza*.

Pero esta objeción supone añadir al texto una restricción que no se basa en las palabras reales que Pablo escribió. Aquí están de nuevo los versículos en cuestión:

[...] pues aun sus mujeres cambiaron el uso *natural* por el que es *contra naturaleza*, y de igual modo también los hombres, dejando el uso *natural* de la mujer, se encendieron en su lascivia unos con otros (Ro 1:26-27).

Pablo no dice "contra *su naturaleza*", sino "contra naturaleza" (para *physin*, en griego), una frase que, como Gagnon mostró, se usa varias veces en literatura a parte de la Biblia para hablar sobre todos los tipos de conducta sexual contrarios al orden natural del mundo. Aquí hay algunos ejemplos:

Mucho antes de la época del Nuevo Testamento, el gran filósofo Platón (aprox. 429-347 a. C.) escribió lo siguiente:

Cuando un hombre se une a una mujer para procrear, el placer que se experimenta es debido a la naturaleza, pero cuando un hombre se acuesta con un hombre o una mujer con otra mujer es contra naturaleza [para *physin*, en griego, la misma frase que se usa en Ro 1:26], y [...] aquellos [...] culpables de tales atrocidades fueron impulsados por su esclavitud al placer[20].

El historiador judío Flavio Josefo (aprox. 37-100 d. C.) escribió que los habitantes de Élide y Tebas, dentro de su conducta homosexual, practicaban un "vicio contrario a la naturaleza [para physin, la misma expresión que se encuentra en Ro 1:26]" y, en ese contexto, se refería a la "practica de Sodoma" (conducta homosexual) como "sus propias relaciones ilícitas y sus placeres antinaturales [*para physin*, de nuevo]"[21].

El historiador griego Plutarco (aprox. 50- aprox. 120 d. C.) se refería a la conducta homosexual entre hombres como "contra naturaleza" (*para physin*) e "indecente"[22].

Estas citas muestran que cuando los escritores del Nuevo Testamento condenaron la conducta homosexual usaron la misma terminología que se utilizaba comúnmente en otro tipo de literatura griega para condenar toda conducta homosexual como "contra naturaleza" y moralmente incorrecta. Las palabras del Nuevo Testamento no permiten que estas prohibiciones se limiten a un tipo particular de conducta homosexual estrechamente definida, como afirman los defensores de la homosexualidad.

En conclusión, Vines y otros defensores de la legitimidad moral de la orientación y la conducta homosexual tratan de demostrar que Pablo no habla sobre las relaciones serias y modernas entre personas del mismo sexo, sino sobre la conducta homosexual opresiva o explotadora, o la conducta que es básicamente

---

[20] Platón, *Laws* [Leyes], 1.636C. (al citar estos ejemplos de literatura griega aparte de la Biblia, no estoy apoyando las opiniones sobre la homosexualidad que Platón u otros autores sostenían, sino que solo estoy dando ejemplos para demostrar que se entendía que la frase para *physin* comúnmente aplicaba a todos los tipos de relaciones sexuales homosexuales).

[21] Flavio Josefo, *Against Apion* [Contra Apión], 2.273–75.

[22] Plutarco, Moralia, *Dialogue on Love* [Moralia, Narraciones de amor], 751.D–E.

una manifestación de la pasión sexual en exceso. Pero estos argumentos no son convincentes. Pablo no menciona ninguna de estas condiciones en Romanos 1:26-27, sino que condena todas las relaciones sexuales homosexuales en general como contrarias al orden creado por Dios, y también dice que incluso los deseos de tal actividad homosexual (lo que hoy se llama orientación sexual) son "pasiones vergonzosas".

5. 1 Corintios 6:9. En otra parte, Pablo menciona la conducta homosexual dentro de una larga lista de pecados:

> ¿No se dan cuenta de que los que hacen lo malo no heredarán el reino de Dios? No se engañen a sí mismos. Los que se entregan al pecado sexual o rinden culto a ídolos o cometen adulterio o son prostitutos o *practican la homosexualidad* o son ladrones o avaros o borrachos o insultan o estafan a la gente: ninguno de esos heredará el reino de Dios. Algunos de ustedes antes eran así; pero fueron limpiados; fueron hechos santos; fueron hechos justos ante Dios al invocar el nombre del Señor Jesucristo y por el Espíritu de nuestro Dios (NTV).

La frase "los que practican la homosexualidad" se traduce de la frase en griego *oute malakoi oute arsenokoitai*, que significa "*ni malakoi ni arsenokoitai*". Pero, ¿qué significan estos dos términos griegos? El primero es el plural de malakos, que significa "suave" o "afeminado", y se usaba comúnmente en el mundo grecorromano para referirse a la pareja "pasiva" en los actos homosexuales[23]. El segundo término es el plural *arsenokoitēs*, una combinación de las palabras en griego *arsēn* ("hombre") y *koitē* (aquí significa "relación sexual"). Pablo aparentemente acuñó el término arsenokoitēs a partir de la Septuaginta (traducción griega) de Levítico 20:13[24] y significa (en plural) "hombres que tienen relaciones sexuales con hombres"[25].

Vines objeta que estos términos no denotan relaciones serias entre personas del mismo sexo, sino que malakoi se refiere a "aquellos que carecen de autocontrol" y que la palabra "abarca una entera disposición a la desmesura" (pág. 122). En cuanto a *arsenokoitēs*, Vines dice que "muy a menudo se refiere a la explotación económica,

---

[23] Ver BDAG, pág. 613.

[24] Lv 20:13 dice lo siguiente: "Si alguno se ayuntare con varón como con mujer" y la Septuaginta tiene meta arsenos *koitēn gunaikos*, "con un hombre en la forma de relación sexual con una mujer", usando las palabras *arsēn* ("hombre") y *koitē* ("relación sexual"), lo que significa que el uso de Pablo de la palabra compuesta arsenokoitēs sea muy probablemente una alusión a Lv 20:13.

Para leer dos grandes estudios del uso y el contexto del término arsenokoitēs, ver los libros de Gagnon: *The Bible and Homosexual Practice* [La Biblia y la práctica homosexual], págs. 312-39 y de James B. DeYoung: *Homosexuality: Contemporary Claims Examined in Light of the Bible and Other Ancient Literature and Law* [Homosexualidad: Afirmaciones contemporáneas a la luz de la Biblia y de otra literatura y leyes antiguas] (Grand Rapids, Michigan: Kregel, 2000), págs. 175-203. Tanto Gagnon (pág. 315) como DeYoung (pág. 195) concluyen que Pablo acuñó esta palabra a partir de la redacción de la Septuaginta de Lv 18:22 y 20:13.

[25] Ver BDAG, pág. 135. La nota al pie de página de 1 Co 6:9 en la *ESV* [Biblia de Estudio Teológico] explica la redacción en griego detrás de la expresión de la ESV "hombres que practican la homosexualidad" de la siguiente manera: "Los dos términos griegos traducidos por esta frase se refieren a las parejas pasivas y activas en los actos homosexuales consensuados".

no a la conducta de las personas del mismo sexo". Además, menciona que algunas veces se usa en listas de pecados que incluyen el robo y otros tipos de pecados sobre la economía (pág. 124). Concluye que la palabra "describe algún tipo de explotación sexual y económica" (pág. 125; énfasis en el original). En cualquier caso, según Vines, incluso si estas dos palabras se refirieran a ambos hombres en las relaciones entre personas del mismo sexo, el contexto "seguiría siendo muy diferente de nuestro contexto actual", ya que "la conducta de las personas del mismo sexo en el siglo I no se consideraba como la expresión de una orientación sexual exclusiva. Se consideraba como un exceso" (pág. 126).

Sin embargo, estas afirmaciones entran en conflicto directo con las conclusiones de Gagnon en su más amplio estudio sobre *malakos* y *arsenokoitēs* en la antigua literatura griega[26]. Luego de citar y analizar varios ejemplos de ambos términos, Gagnon concluye lo siguiente:

> Entonces, es evidente que la combinación de los términos *malakoi* y *arsenokoitai* se entienden correctamente en nuestro contexto contemporáneo cuando se aplican a todos los tipos de relaciones sexuales concebibles entre personas del mismo sexo[27].

La afirmación de Vines de que *arsenokoitēs* se refiere a algún tipo de explotación económica, simplemente porque otros pecados que se mencionan en las listas en donde aparece incluyen robar y otros actos de injusticia económica, tampoco es convincente, ya que es común que las listas de pecados incluyan varios tipos de pecados, como se evidencia incluso en el pasaje en discusión (1 Co 6:9-11), que también menciona idólatras, ladrones, avaros, borrachos, maldicientes y estafadores. Por supuesto, las palabras de una lista pueden ser diferentes entre sí en cuanto a su significado (además esto es muy evidente en el siguiente pasaje que discutimos: 1 Ti 1:10). La pregunta es qué significa esta palabra, no lo que las otras significan.

6. 1 Timoteo 1:10. En este versículo, Pablo usa la misma palabra que en 1 Corintios 6:9, arsenokoitēs, en una lista de vicios derivados de "la ley" (en este caso, los Diez Mandamientos), lo que significa que este versículo también debería interpretarse como una prohibición absoluta de las relaciones sexuales entre hombres, según Levítico 18:22 y 20:13.

> Nosotros sabemos que la ley es buena cuando se usa correctamente. Pues la ley no fue diseñada para la gente que hace lo correcto. Es para los transgresores y rebeldes, para los desobedientes a Dios y los pecadores, para quienes no consideran nada sagrado y que profanan lo que es santo, para quienes matan a su padre o a su madre, o cometen otros homicidios. La ley es para los que cometen inmoralidades sexuales o los que *practican la homosexualidad* o los traficantes de esclavos, los mentirosos, los que no cumplen sus promesas o los que hacen cualquier otra cosa que contradiga

---

[26] Ver Gagnon, *The Bible and Homosexual Practice*, págs. 303-39.
[27] *Ibid.*, pág. 330.

la sana enseñanza que proviene de la gloriosa Buena Noticia, que me confió nuestro bendito Dios (1 Ti 1:8-10 NTV).

Los mismos argumentos sobre el significado de *arsenokoitēs* aplican aquí. Se refiere a todos los tipos de relaciones homosexuales entre hombres.

7. Judas 7. Judas hace este comentario sobre el juicio de Sodoma y Gomorra (Génesis 19):

> Así también Sodoma y Gomorra y las ciudades vecinas son puestas como escarmiento, al sufrir el castigo de un fuego eterno, *por haber practicado,* como aquellos, inmoralidad sexual y *vicios contra la naturaleza.* (Judas 1:7 NVI).

La frase griega que se traduce como "practicado vicios contra naturaleza" es *apelthousai opisō sarkos heteras,* literalmente: "fueron por otra carne", lo que significa que era "otra" o distinto de la inmoralidad heterosexual con mujeres a lo que Judas se refiere anteriormente en la oración al decir que habían "practicado *inmoralidad sexual"*[28]. Es decir, los habitantes de Sodoma y Gomorra pecaron tanto mediante adulterio heterosexual como por conducta homosexual.

En conclusión, al menos siete pasajes muestran de manera constante que las Escrituras ven todo tipo de conducta homosexual como contraria a la voluntad moral de Dios.

C. ¿QUÉ HAY SOBRE LOS DESEOS HOMOSEXUALES?

¿La Biblia aborda el tema acerca de las actitudes y deseos homosexuales? Como he mencionado anteriormente en varios capítulos de este libro, Dios exige en última instancia la perfección moral, no solo en las acciones humanas, sino en las actitudes del corazón, en todas las áreas de nuestras vidas. Por ende, la Biblia no solo prohíbe el adulterio, sino también el deseo de cometer adulterio (Ex 20:14. 17; cf. Mt 5:28); y no solo el robo, sino también la *codicia* (Ex 20:15, 17). Esto es "porque Jehová no mira lo que mira el hombre; pues el hombre mira lo que está delante de sus ojos, pero Jehová mira el corazón" (1 S 16:7).

Por lo tanto, las Escrituras enseñan que cualquier deseo que quebrante los mandamientos de Dios también es malo ante los ojos de Dios. "Bienaventurados los de limpio corazón, porque ellos verán a Dios" (Mt 5:8). Aunque tener un impulso a hacer lo que Dios explícitamente prohíbe es (por definición) un impulso contrario a la voluntad de Dios, la Biblia también reconoce que los cristianos serán "tentados" por sus "propias pasiones" (Santiago 1:14 RVA-2015), así que, en tales circunstancias,

---

[28] La literatura judía extrabíblica interpretó de manera similar el pecado de Sodoma como homosexualidad; ver Flavio Josefo, *Antiquities* [Antigüedades judías], 1.200–201; Filón, *On Abraham* [Sobre Abraham], págs. 134–36; *Testament of Naphtali* [Testamento de Neftalí], 3.4. Ver el análisis posterior de este pasaje, con referencias adicionales sobre la literatura judía extrabíblica, en Thomas R. Schreiner, 1, *2 Peter, Jude* [1, 2 Pedro y Judas], NAC 37 (Nashville: Broadman & Holman, 2003), págs. 451-53.

anima a los cristianos a "perseverar" (v. 12) y a ser "hacedores de la palabra" (v. 22). Esto implica no estimular el impulso incorrecto (cf. Mt 5:28) y no pensar fijamente en ello para que así no "dé a luz el pecado" (Santiago 1:15).

Así que no es extraño que no solo la conducta homosexual, sino también los deseos homosexuales se consideren como contrarios a la voluntad de Dios. Los deseos homosexuales son vistos como "pasiones vergonzosas" (Ro 1:26) y Pablo dice que las parejas homosexuales "encendieron en su lascivia unos con otros" (v. 27), dando una imagen de un poderoso pero destructivo deseo interno.

Esto no quiere decir que el *deseo* homosexual es tan dañino como la *conducta* homosexual. Aunque todo pecado es malo y conlleva una culpa legal ante Dios (cf. Santiago 2:10-11), se puede hacer una diferencia entre los deseos incorrectos y las acciones incorrectas en relación con muchas áreas de la vida. Odiar a otra persona es incorrecto ante los ojos de Dios, pero asesinar a la persona es mucho más perjudicial. Codiciar los animales de granja de un vecino es incorrecto, pero robarlos es mucho más perjudicial. Asimismo, los deseos lujuriosos de adulterio son erróneos, pero cometer adulterio es mucho más perjudicial. Del mismo modo, los deseos homosexuales son malos ante los ojos de Dios, pero cometer actos homosexuales es mucho más perjudicial[29].

Vines afirma que la Biblia se refiere a los deseos sexuales hacia personas del sexo opuesto y no específicamente a los deseos sexuales hacia personas del mismo sexo, lo que él llama "orientación" del mismo sexo. Él escribe lo siguiente:

> La conclusión es esta: la Biblia no aborda directamente el tema de la *orientación* del mismo sexo o la expresión de esa orientación (pág. 130, énfasis en el original).

Pero hay dos argumentos que demuestran que esa afirmación es incorrecta: (1) la mención explícita de las "pasiones vergonzosas" en Romanos 1:26 y (2) la constante enseñanza de las Escrituras sobre todos los pecados, de que Dios no solo exige la pureza de acción, sino también la pureza de corazón (ver análisis en el cap. 4, pág. 138).

D. LA SOLUCIÓN DE LA BIBLIA PARA LA HOMOSEXUALIDAD

Así como con cualquier pecado, la solución de la Biblia para la homosexualidad es confiar en Cristo para el perdón de pecados, la imputación de la justicia y el poder de cambio. Después de hablar sobre "los que se entregan al pecado sexual... cometen adulterio... *practican la homosexualidad*... ladrones... [y] borrachos" (1 Co 6:9-10 NTV), Pablo les dice a los corintios cristianos: "*Algunos de ustedes*

---

[29] Para saber sobre el estado moral sobre la atracción hacia personas del mismo sexo, ver el libro de Denny Burk y Heath Lambert: *Transforming Homosexuality: What the Bible Says about Sexual Orientation and Change* [Transformando la homosexualidad: Qué dice la Biblia sobre la orientación sexual y el cambio] (Phillipsburg, Nueva Jersey: P&R, 2015). Ver también Nashville Statement [La Declaración de Nashville], pág. 881.

antes eran así" (v. 11 NTV). Luego, añade lo siguiente: "pero fueron limpiados; fueron hechos santos; fueron hechos justos ante Dios al invocar el nombre del Señor Jesucristo y por el Espíritu de nuestro Dios" (v.11 NTV; cf. Ro 6:23, Fil 2:13; 1 Juan 1:9). Esto implica que algunas personas que antes eran homosexuales en la iglesia de Corinto habían dejado su estilo vida homosexual y, mediante el poder del Espíritu Santo, deseaban vivir vidas de pureza sexual, ya sea mediante el celibato o por matrimonios heterosexuales fieles.

Es importante que la comunidad cristiana siempre muestre amor y compasión a aquellos que practican una conducta homosexual y que también le ofrezca su amistad cuando se presenten las oportunidades, aunque no de una manera que indique que se aprueba la práctica homosexual. También es importante dar esperanzas de cambio, ya que muchos homosexuales dirán que desean establecer un modelo de vida diferente[30].

Existen varios testimonios de exhomosexuales que ahora no solo testifican una vida matrimonial heterosexual, sino también deseos sexuales que son predominantemente heterosexuales. Alan Sears y Craig Osten registran varias de estas historias, tales como las siguientes:

> [Mucho antes de dejar su estilo de vida lésbico] ella sabía en lo profundo de su ser sobre el pecado de su conducta lésbica y *quería escapar,* pero no sentía nada más que enojo y condenación por aquellos individuos que se hacían llamar cristianos. El enojo que ella sentía la ahuyentó del cristianismo por muchos años. A pesar de esto, Dios siguió trabajando en su corazón y finalmente la trajo hacia Él[31].

Sin embargo, la conclusión de varios estudios y un tema frecuente en los testimonios personales es que el cambio a largo plazo de un estilo de vida homosexual rara vez ocurre sin un programa de ayuda y motivación de parte de otros, que suele incluir el amor y el cuidado de cristianos compasivos y ministerios dedicados a ayudar a aquellos que practican una conducta homosexual[32].

---

[30] Erik Eckholm registra entrevistas con varios hombres que son parte de un movimiento ex-homosexual en: *"'Ex Gay' Men Fight Back Against View That Homosexuality Can't Be Changed"* ["'Exhomosexuales' luchan contra el punto de vista de que la homosexualidad no se puede cambiar"], The New York Times, 31 de octubre de 2012, http://www.nytimes.com/2012/11/01/us/ex-gay-men-fight-view-that-homosexuality-cant-be-changed.html.

[31] Alan Sears y Craig Osten, *The Homosexual Agenda: Exposing the Principal Threat to Religious Freedom Today* [La agenda homosexual], rev. y ed. actualizada (Nashville: Broadman & Holman, 2003), pág. 8. La introducción de este libro incluye varios testimonios personales de cómo personas que practicaban una conducta homosexual pudieron dejar ese estilo de vida con la ayuda de amigos cristianos y/o organizaciones cristianas.

[32] Los ministerios que ayudan a personas que luchan con la homosexualidad incluyen: Courage (http://couragerc.net); Desert Hope (http://deserthope.com); Desert Stream Ministries (www.desertstream.org); Genesis Counseling (http://www.genesiscounseling.org); Harvest USA (http://www.harvestusa.org); Healing for the Soul (http://healingforthesoul.org); Mastering Life Ministries (http://www.masteringlife.org); Pure Intimacy (http://www.pureintimacy.org); Regeneration (http://regenerationministries.org); Restored Hope Network (http://www.restoredhopenetwork.com); y Where Grace Abounds (http://wheregraceabounds.org). Ver también las fuentes el sitio web de Focus on the Family:
http://www.focusonthefamily.com/socialissues/sexuality/leaving-homosexuality/resour-

E. OBJECIONES

Regularmente se plantean una serie de objeciones contra la visión de la Biblia de que la homosexualidad es moralmente incorrecta. Estas incluyen las siguientes:

1. "Algunas personas 'nacen homosexuales' y no pueden cambiar". Una objeción es que algunas personas "nacen homosexuales"; es decir, muchos homosexuales no eligen su orientación sexual, sino que es parte de su composición genética al momento de nacer. Así que los homosexuales nunca pueden cambiar y, por lo tanto, para ellos la conducta homosexual no puede ser incorrecta.

Vines escribe lo siguiente:

> La orientación sexual no es una elección y es muy resistente al cambio. [...] Para mí, la atracción hacia personas del mismo sexo es completamente natural. No es algo que elegí o algo que pueda cambiar (págs. 28-29).

Debemos responder con compasión y empatía a tal declaración debido a la seriedad de su afirmación. Pero también debemos reconocer que esta no es la manera en que la Biblia habla sobre ningún patrón de conducta o de ningún deseo del corazón que sea contrario a la voluntad de Dios. Como señalamos anteriormente, cuando Pablo habla sobre "los que practican la homosexualidad" (1 Co 6:9 NTV), le dice a la iglesia de Corinto: "Algunos de ustedes antes *eran así*" (v. 11), lo que indica que la iglesia de Corinto tenía algunos miembros que antes eran homosexuales y que ya no practicaban conductas homosexuales. Según la Biblia, esta es una evidencia importante de que es posible que los homosexuales, al menos, cambien sus acciones y dejen de ser homosexuales.

Asimismo, hay varios pasajes en el Nuevo Testamento que dan esperanza de que es posible que la gente cambie, no solo en su patrón de acciones pecaminosas, sino también en los deseos de sus corazones. Estos son algunos de esos pasajes:

> No reine, pues, el pecado en vuestro cuerpo mortal, de modo que lo obedezcáis en sus concupiscencias; ni tampoco presentéis vuestros miembros al pecado como instrumentos de iniquidad, sino presentaos vosotros mismos a Dios como vivos de entre los muertos, y vuestros miembros a Dios como instrumentos de justicia. Porque *el pecado no se enseñoreará de vosotros*; pues no estáis bajo la ley, sino bajo la gracia (Ro 6:12-14)[33].

> Pero gracias a Dios, que aunque erais esclavos del pecado, habéis *obedecido de corazón* a aquella forma de doctrina a la cual fuisteis entregados (Ro 6:17).

---

ces-for-men-and-women-with-unwanted-homosexuality.

Ver también el análisis de lo que significa tal "cambio" en el libro de Mark A. Yarhouse: Homosexuality and the Chrisian: A Guide for Parents, Pastors, and Friends [La homosexualidad y el cristiano: Una guía para padres, pastores y amigos] (Minneapolis: Bethany House, 2010), págs. 81-98

[33] Ver el análisis de este pasaje y los versículos relacionados en la pág. 145.

De modo que si alguno está en Cristo, nueva criatura es; las cosas viejas pasaron; he aquí todas son hechas nuevas (2 Co 5:17).

Así que, amados, puesto que tenemos tales promesas, limpiémonos de toda contaminación de carne y de espíritu, perfeccionando la santidad en el temor de Dios (2 Co 7:1).

Porque Dios es el que en vosotros produce así el querer como el hacer, por su buena voluntad (Fil 2:13).

Sino, como aquel que os llamó es santo, sed también vosotros santos en toda vuestra manera de vivir; porque escrito está: Sed santos, porque yo soy santo (1 P 1:15-16).

Si confesamos nuestros pecados, él es fiel y justo para perdonar nuestros pecados, *y limpiarnos de toda maldad* (1 Juan 1:9).

Y en el Antiguo Testamento, David oró así:

Crea en mí, oh Dios, un corazón limpio,
    Y renueva un espíritu recto dentro de mí (Sal 51:10).

Esto no quiere decir que las personas que se convierten a Cristo automática o necesariamente dejarán de tener deseos homosexuales. Convertirse en cristiano no significa que la gente ya no experimentará deseos intensos de pecar (sexuales o de otro tipo). Sino que la fe genuina produce el fruto de la obediencia y el cambio real y significativo. Y Pablo indica que esto es precisamente lo que sucedió con algunos que habían practicado la homosexualidad en Corinto.

La objeción de los defensores a favor de las relaciones serias entre personas del mismo sexo es que no hay evidencia de que la "orientación" (es decir, el deseo de tener relaciones sexuales y recibir afecto de parte de otra persona del mismo sexo) de las personas pueda cambiar. Vines menciona que la evidencia de organizaciones "exhomosexuales" demuestra que ellos "no aseguraban cambiar la *orientación* sexual de nadie. [...] Ninguna parte de la evidencia parece demostrar que Dios estaba cambiando la orientación sexual de las personas" (pág. 10; énfasis en el original; ver también págs. 28, 40, 130).

Pero un análisis equilibrado de la literatura acerca de este tema muestra una imagen bastante diferente. Jeffrey Satinover, un psiquiatra graduado del Instituto Tecnológico de Massachusetts, Harvard y la Universidad de Texas, y que ha enseñado tanto en Yale como Harvard, señala cómo el entorno académico dominante en los estudios sobre la homosexualidad ha cambiado tanto que la literatura psiquiátrica profesional funciona bajo una especie de "censura", de manera que la mayoría de los estudios que demuestran el éxito de los programas de tratamiento que ayudan a los homosexuales a superar la conducta y la orientación homosexual ni si quiera puedan publicarse[34]. Sin embargo, Satinover señala muchos estudios previos en

---

[34] Ver Jeffrey Satinover, *Homosexuality and the Politics of Truth* [Homosexualidad y la política de la

los que "la combinación de estos resultados da una tasa de éxito de más del 50 %, en donde el éxito se define como un cambio entre 'considerable' y 'completo'. [...] *Toda la evidencia que existe sugiere firmemente que la homosexualidad se puede cambiar*"[35].

Un ejemplo interesante sobre la investigación acerca de los homosexuales que han cambiado, y también un ejemplo de la gran presión en contra de los investigadores que afirmaban que esto había sucedido, se ve en la historia del psiquiatra Robert Spitzer y su repudio hacia su investigación previa. A continuación, menciono la historia para que los lectores puedan evaluar sus implicaciones por sí mismos.

En el año 2001, Spitzer, un profesor de psiquiatría sumamente respetado en la Universidad de Columbia, publicó un estudio que demostraba que varios homosexuales y lesbianas no solo habían cambiado su conducta, sino también sus patrones de deseos sexuales. Esto era muy importante porque a principios del año 1970 Spitzer había dirigido los esfuerzos para que la homosexualidad se quitara de la lista de enfermedades mentales de la Asociación Estadounidense de Psiquiatría (APA, por sus siglas en inglés). Pero en el año 2001 presentó un artículo en la convención de la APA que afirmaba que los homosexuales podían cambiar. Señaló que su investigación "demuestra que algunas personas pueden cambiar de homosexuales a heterosexuales y que debíamos reconocerlo"[36].

Spitzer declaró que realizó entrevistas telefónicas de 45 minutos a 200 personas. Entrevistó a 143 hombres, cuya edad promedio era 42 años, y 57 mujeres, cuya edad promedio era 44 años. Todos afirmaron que habían cambiado su orientación de homosexual a heterosexual. Cada persona respondió 114 preguntas cerradas sobre sus sentimientos y conductas sexuales antes y después de sus intentos de cambio. La mayoría de gente que fue entrevistada indicó que había usado más de una estrategia para cambiar su orientación. Alrededor de la mitad indicó que el paso que más los ayudó fue trabajar con un psicólogo o un consejo pastoral. Aproximadamente un tercio señaló que un grupo de apoyo los ayudó y unos pocos mencionaron ayudas como libros o ser asesorados por una persona heterosexual. Spitzer llegó a la conclusión que el 66 % de los hombres y el 44 % de las mujeres registró sentirse bien heterosexualmente después de la terapia[37].

A pesar de su prestigio en el campo de la psiquiatría, Spitzer fue atacado

---

verdad] (Grand Rapids, Michigan: Baker, 1996), págs. 168–78. Este es un excelente libro que explica el daño médico y la naturaleza adictiva de la conducta homosexual, así como la capacidad que tienen los homosexuales para cambiar.

[35] *Ibid.*, pág. 186, énfasis en el original. Satinover, quien es judío, documenta el ministerio particularmente efectivo de los programas cristianos que incluyen una oración de sanación para los homosexuales que desean escapar de sus vidas homosexuales (págs. 196-209).

[36] Malcolm Ritter, *"Study: Some Gays Can Go Straight"* ["Estudio: Algunos homosexuales pueden volverse heterosexuales"] The Washington Post, 9 de mayo de 2001,
http://www.washingtonpost.com/wp-srv/aponline/20010509/aponline013921_000.htm.

[37] Robert Spitzer, *"Can Some Gay Men and Lesbians Change Their Sexual Orientation? 200 Participants Reporting a Change from Homosexual to Heterosexual Orientation"* ["¿Pueden algunos homosexuales y lesbianas cambiar su orientación sexual? 200 participantes afirman un cambio de orientación de homosexual a heterosexual"], Archives of Sexual Behavior 32, n.º 3 (2003): págs. 403–17 (los detalles específicos que cito son de las págs. 406-7 y 411), https://www.stolaf.edu/people/huff /classes/ Psych130F2010/LabDocuments/Spitzer.pdf.

inmediatamente. David Elliot, un vocero del National Gay and Lesbian Task Force [El grupo de trabajo nacional LGBTQ] en Washington, atacó su muestra de entrevistados y dijo lo siguiente: "La muestra es terrible, está totalmente manchada y no representa en nada a la comunidad homosexual y lesbiana"[38]. Luego, en el año 2012, tres años antes de su muerte y después de más de una década de ataques de parte de la comunidad homosexual (incluyendo una que citó el Código de Núremberg para denunciar su estudio no solo como defectuoso sino como "moralmente incorrecto"), Spitzer se retractó y se disculpó por su estudio[39]. Pero su breve carta de disculpas no afirmaba que haya tergiversado alguna de las respuestas que recolectó en las entrevistas, sino solo que "no había una manera de determinar si los relatos de cambio del sujeto eran válidos" y "no eran autoengaños o mentiras descaradas"[40].

En conclusión, creo que sigue siendo importante que el estudio de Spitzer de 2001 resuma los testimonios personales de mucha gente que *afirmó* que había experimentado un cambio permanente no solo de su conducta homosexual, sino también de su orientación homosexual. Aparentemente, la única manera de negar esto es afirmar que no se le puede creer a las personas que hacen tales declaraciones porque se engañan a sí mismas o mienten.

Otros estudios e informes de programas más recientes han arrojado evidencia similar de la capacidad de cambio de muchos homosexuales. Un estudio publicado en el Journal of Sex and Marital Therapy realizado por los psicólogos Stanton L. Jones del Wheaton College y Mark A. Yarhouse de la Universidad de Regent evaluó a 98 individuos durante seis o siete años después de la terapia. Se descubrió que el 23 % afirmó haber logrado cambiar a una orientación y un comportamiento heterosexual, mientras que un 30 % adicional afirmó que ya no se identificaba como homosexual y permanecían en castidad[41]. Inmediatamente, los investigadores fueron atacados por CNN, que afirmó que los autores estaban sesgados por su afiliación con instituciones religiosas.

Curiosamente, en su crítica sobre el estudio, CNN citó a varios académicos que declararon que sabían que la conducta sexual podía cambiar durante la vida de una persona, pero que igual no estaban de acuerdo con los resultados del estudio. CNN

---

[38] Citado en Ritter, *"Study: Some Gays Can Go Straight"* ["Estudio: Algunos homosexuales pueden volverse heterosexuales"].

[39] Benedict Carey, *"Psychiatry Giant Sorry for Backing Gay 'Cure'"* ["El gigante de la psiquiatría lamenta haber apoyado la 'cura' homosexual"], The New York Times, 18 de mayo de 2012,
http://www.nytimes.com/2012/05/19/health/dr-robert-l-spitzer-noted-psychiatrist-apologizes-for-study-on-gay-cure.html.

[40] Citado en John M. Becker, *"Exclusive: Dr. Robert Spitzer Apologizes to Gay Community for Infamous 'Ex-Gay' Study"* ["Exclusiva: El Dr. Robert Spitzer se disculpa con la comunidad homosexual por su infame 'Estudio exhomosexual'"] Truth Wins Out, 25 de abril de 2012, http://www.truthwinsout.org/news/2012/04/24542/.

[41] Kathleen Gilbert, *"Major Study: Changing Sexual Orientation Is Possible"* ["Estudio importante: Cambiar la orientación sexual es posible"], LifeSite News, 29 de septiembre de 2011,
https://www.lifesitenews.com/news/major-study-changing-sexual-orientation-is-possible.La historia completa está disponible en el estudio de Stanton L. Jones y Mark A. Yarhouse, Ex-Gays? A Longitudinal Study of Religiously Mediated Change in Sexual Orientation [Ex Gays], (Downers Grove, Illinois: IVP Academic, 2007).

citó a Eli Coleman, catedrático y director del programa de sexualidad humana de la Facultad de Medicina de la Universidad de Minnesota: "No creo que tengamos algo realmente nuevo aquí. Desde hace un tiempo sabemos que algunas personas pueden cambiar su conducta y la percepción de su identidad sexual mediante estos intentos de conversión". Sin embargo, siguió afirmando, en directa contradicción con los resultados del estudio lo siguiente: "Puedes cambiar de comportamiento, pero eso no es cambiar de orientación. Puedes tener un cambio de conducta a corto plazo. No es algo prolongado"[42].

2. "La evidencia científica demuestra que algunas personas son homosexuales por composición genética". Algunos sostienen que la ciencia apoya el argumento de que la homosexualidad se determina por la composición genética antes del nacimiento. De hecho, hay estudios que han demostrado que algunas influencias indirectas y congénitas en el desarrollo homosexual pueden aumentar la *probabilidad* del desarrollo homosexual. Existen ciertos factores hereditarios que hacen que las personas tengan una mayor probabilidad de desarrollar todo tipo de patrones de conducta pecaminosa (como ira frecuente e injustificada, violencia, adulterio, alcoholismo y demás), así que no sería extraño descubrir que algunas personas, con ciertos antecedentes hereditarios, tengan una mayor probabilidad de desarrollar deseos y conductas homosexuales.

Sin embargo, esto es muy diferente de probar el *determinismo* congénito de la homosexualidad, es decir, que algunas personas sean genéticamente incapaces de elegir otra opción que no sea tener deseos homosexuales y practicar una conducta homosexual. Uno de los estudios que tiene una gran importancia es el de gemelos idénticos, en donde uno se volvió homosexual mientras que el otro no, incluso a pesar de tener una composición genética idéntica. Por ejemplo, en el año 2015, investigadores de la Universidad de California hicieron un estudio con 37 pares de gemelos idénticos. En cada par, uno de los gemelos era homosexual. Descubrieron que el porcentaje de los pares en donde ambos gemelos eran homosexuales era solo del 20 %, a pesar de que eran idénticos genéticamente[43].

Hace veinticinco años, J. Michael Bailey y Richard C. Pillard examinaron a hermanos gemelos idénticos y fraternos y a hermanos adoptados en un intento de establecer un vínculo genético para la homosexualidad. El 52 % de los gemelos idénticos presuntamente eran homosexuales, mientras que solo el 22 % de los gemelos fraternos entraban en la misma categoría. Los autores notaron que ya que los gemelos idénticos tenían un material genético idéntico, el hecho de que casi la mitad de los gemelos idénticos fuera *heterosexual* refuta de manera efectiva la idea de que la homosexualidad tiene una base genética[44].

---

[42] Citado en Madison Park, "Study Supporting Gay Conversion Challenged" ["Se cuestiona un estudio que apoya la conversión homosexual"], CNN, 4 de octubre de 2011,
http://thechart.blogs.cnn.com/2011/10/04/study-supporting-gay-conversion-challenged/.

[43] Sarah Knapton, *"Homosexuality 'May Be Triggered by Environment after Birth'"* ["La homosexualidad 'podría originarse por el entorno después del nacimiento'"] The Telegraph, 8 de octubre de 2015, http://www.telegraph.co.uk/science/2016/03/15/homosexuality-may-be-triggered-by-environment -after-birth/.

[44] J. Michael Bailey y Richard C. Pillard, *"A Genetic Study of Male Sexual Orientation"* ["Un estudio

Finalmente, las enseñanzas morales de la palabra de Dios deben ser nuestro estándar final sobre lo bueno y malo, no los deseos internos de las personas. Es importante reconocer que (1) prácticamente todo comportamiento es, en algún nivel, biológicamente influenciado y (2) para que un mandamiento de Dios tenga validez, no depende de que primero los seres humanos pierdan el deseo de violar dicho mandamiento.

3. "Algunos factores del entorno predisponen a algunas personas a la homosexualidad". Esta no es exactamente una objeción sobre el punto de vista que he defendido, pero es un factor que debería tomarse en cuenta. Algunos estudios han demostrado que ciertos factores del entorno aumentan la *probabilidad* (pero no la necesidad) de la conducta homosexual. Dos de los más importantes, en particular para los hombres homosexuales, son la ausencia física o emocional de un padre amoroso durante la niñez de un niño y el abuso sexual en alguna ocasión durante la niñez o la adolescencia. El estudio de la Universidad de California citado anteriormente indica esto y varios testimonios personales lo confirman.

Por ejemplo, Mike Haley, un exhomosexual quien luego se unió al equipo de Focus on the Family, narró cómo fue criado por un padre que lo llamaba "inútil" cuando se hizo evidente que no iba a convertirse en un atleta "macho". Haley fue víctima de abuso sexual desde los 11 hasta los 18 años, luego entró a la vida homosexual y finalmente se convirtió en un prostituto. Después de vivir como un homosexual por 12 años, gracias a la influencia de un amigo que le compartió sobre el amor de Dios, Mike dejó su vida homosexual, más tarde se casó y se convirtió en padre de dos hijos[45].

Otro ejemplo es el de Teresa Britton, quien relacionó su lucha contra el lesbianismo con el alcoholismo y el maltrato físico de su padre. Ella se decía así misma: "Nunca dejaré que un hombre me trate así. Si así son todos los hombres, ¿por qué querría estar con uno?". Ella también renunció a la homosexualidad luego de ver el amor de Cristo manifestado en otros cristianos[46]. Hay muchos testimonios de ese tipo.

4. "En la actualidad, muchas relaciones homosexuales son beneficiosas, no perjudiciales". Finalmente, hay una objeción que proviene de la experiencia: algunas parejas homosexuales tienen relaciones fieles y satisfactorias, así que, ¿por qué se deberían considerar inmorales?

Sin embargo, no se debería usar la experiencia como un estándar más alto que las enseñanzas de la Biblia para determinar lo que es moralmente bueno o malo.

Asimismo, también existe evidencia negativa proveniente de la experiencia, ya que

---

genético sobre la orientación sexual del hombre"] Archives of General Psychiatry 48 (1991): págs. 1089-96.

[45] Mike Haley, *"How One Man Found Freedom in Christ"* ["Cómo un hombre encontró libertad en Cristo"], https://www.focusonthefamily.ca/content/how-one-man-found-freedom-in-christ; ver también: http://exgayisok.wixsite.com/mhaley

[46] Eileen E. Flynn, *"Former Lesbian Discusses Life-Changing Experience"* ["Una exlesbiana discute sobre la experiencia que cambió su vida"], Austin-American Statesman, 16 de febrero de 2003, citado en Sears and Osten, The Homosexual Agenda [La agenda homosexual], pág. 8.

varios estudios indican que, particularmente entre los hombres homosexuales, las relaciones a largo plazo con una sola pareja no son comunes y el patrón generalizado es el de tener muchas parejas sexuales, que a menudo se cuentan por cientos a lo largo de los años.

Rara vez se menciona en la prensa las consecuencias perjudiciales de la conducta homosexual. No obstante, Satinover registra algunos de los perjuicios médicos que típicamente se asocian con la práctica homosexual entre hombres:

- Una disminución de veinticinco a treinta años de esperanza de vida.
- Enfermedad hepática crónica potencialmente mortal: hepatitis infecciosa.
- Enfermedad inmune inevitablemente mortal, incluyendo cánceres relacionados.
- Cáncer rectal frecuentemente mortal.
- Múltiples enfermedades intestinales y otras enfermedades infecciosas.
- Una tasa de suicidio mucho más alta de lo normal[47].

¿Cuál es la razón de estas condiciones médicas? Satinover explica que muchas se deben a la práctica homosexual común de las relaciones sexuales anales:

Estamos diseñados con una barrera casi impenetrable entre el torrente sanguíneo y el contenido sumamente tóxico e infeccioso del intestino. Las relaciones sexuales anales rompen esta barrera en la pareja receptiva, independientemente de que la pareja activa use un preservativo o no. Como consecuencia, los hombres homosexuales son desproporcionadamente vulnerables a una serie de infecciones graves y a veces mortales causadas por la entrada de heces en el torrente sanguíneo. Estas incluyen la hepatitis B y un grupo de afecciones poco frecuentes[48].

Satinover también señala un contraste significativo en las conductas sexuales de las personas heterosexuales y homosexuales. Entre los heterosexuales, la

---

[47] Satinover, *Homosexuality and the Politics of Truth* [Homosexualidad y la política de la verdad], pág. 51.

[48] *Ibid.*, pág. 67. Ver también la obra de Anne Rompalo, *"Sexually Transmitted Causes of Gastrointestinal Symptoms in Homosexual Men"* ["Enfermedades de transmisión sexual que causan síntomas gastrointestinales en hombres homosexuales"] Medical Clinics of North America 74, n.° 6 (noviembre 1990): págs.1633–45. La vista previa de artículo está disponible en http://www.sciencedirect.com/sdfe/pdf/ download/eid/1-s2.0-S0025712516304990/first-page-pdf; *"Safer Sex STD Prevention for Gay and Bi- Men"* ["Prevención de ETS en sexo seguro para hombres homosexuales y bisexuales"], LGBT Health Channel, 1 de agosto de 2001, www.gayhealthchannel.com/stdmsm/.

Un estudio del 2010 indicó que la tasa de diagnósticos del nuevo virus de inmunodeficiencia humana (VIH) entre hombres homosexuales activos fue más de 44 veces superior que la de otros hombres y más de 40 veces superior que la de las mujeres. Asimismo, la tasa de sífilis primaria y secundaria entre los hombres homosexuales activos fue más de 46 veces superior a la de otros hombres y más de 71 veces superior a la de las mujeres. Centers for Disease Control and Prevention [Centros para el Control y la Prevención de Enfermedades], *"CDC Analysis Provides New Look at Disproportionate Impact of HIV and Syphilis among U.S. Gay and Bisexual Men"* ["El análisis de los Centros para el Control y la Prevención de Enfermedades ofrece una nueva visión del impacto desproporcionado del VIH y la sífilis entre los hombres homosexuales y bisexuales de Estados Unidos"], 10 de marzo de 2010, https:// www.cdc.gov/stdconference/2010/msmpressrelease.pdf.

fidelidad sexual era relativamente alta: "el 90 % de las mujeres heterosexuales y más del 75 % de los hombres heterosexuales nunca han tenido relaciones sexuales extramaritales". Pero entre los hombres homosexuales la situación es muy distinta:

> Un estudio de 1981 reveló que solo el 2 % de los homosexuales eran monógamos o semimonógamos, que se definen generalmente por haber tenido diez o menos parejas en su vida. [...] Un estudio de 1978 descubrió que el 43 % de los hombres homosexuales estimó haber tenido relaciones sexuales con quinientas o más parejas diferentes. [...] El 79 % dijo que más de la mitad de esas parejas eran desconocidos[49].

Estudios más recientes mostraron cifras diferentes, pero también confirmaron un patrón general entre las parejas de hombres homosexuales (pero no entre las parejas lesbianas): darle muy poca importancia a la "fidelidad" sexual de la pareja. Un estudio hecho por investigadores de la Universidad Estatal de San Francisco en el 2010, descubrió que los hombres homosexuales no le daban mucho valor a la monogamia. El "Estudio de parejas homosexuales" entrevistó a 556 parejas de hombres homosexuales durante tres años y descubrió que el 50 % de los hombres entrevistados había tenido relaciones sexuales fuera de sus relaciones, con el conocimiento y la aprobación de sus parejas. Colleen Hoff, la investigadora principal del estudio, dijo lo siguiente: "En el caso de las personas heterosexuales esto se llama engaño y amorío, pero en el caso de las personas homosexuales no tiene una connotación tan negativa"[50](se debe señalar que este estudio no necesariamente contradice los estudios previos citados por Satinover, ya que tales estudios se trataban de hombres homosexuales en general, mientras que este estudio posterior entrevistó solo a "parejas" en relaciones serias).

Otro estudio con información del año 2000 descubrió que el porcentaje de hombres heterosexuales que afirmaron haber tenido relaciones sexuales con alguien más que sus esposas fue del 10 %, mientras que el 14 % de mujeres heterosexuales casadas afirmaron haber tenido relaciones sexuales con alguien más que sus esposos. En cambio, entre los hombres homosexuales, el porcentaje que afirmó haber tenido relaciones sexuales con otras personas distintas a sus parejas fue del 59 % y en el caso de las lesbianas fue del 8 %[51].

F. ¿ES CORRECTO ASISTIR O PARTICIPAR DE UNA BODA ENTRE PERSONAS DEL MISMO SEXO?

[49] *Satinover, Homosexuality and the Politics of Truth* [Homosexualidad y la política de la verdad], pág. 55. Sin embargo, Satinover señala que "las prácticas sexuales lésbicas tienen menos riesgos que las prácticas sexuales homosexuales y que las lesbianas no son tan promiscuas como los hombres homosexuales". Ibid., pág. 52.

[50] Citado en Scott James, *"Many Successful Gay Marriages Share an Open Secret"* ["Muchos matrimonios homosexuales exitosos comparten un secreto a voces"], The New York Times, 28 de enero de 2010, http://www.nytimes.com/2010/01/29/us/29sfmetro.html. El estudio completo se puede leer en: https://www.ncbi.nlm.nih.gov/pmc/articles/PMC2906147/.

[51] Sharon Jayson, *"Gay-Straight Couples More Monogamous in the Past"* ["Las parejas homosexua-

En la actualidad, el matrimonio entre personas del mismo sexo se reconoce en varios países, incluyendo a los Estados Unidos (desde 2015). Esto quiere decir que puede que muchos cristianos sean invitados a bodas de personas del mismo sexo, en donde uno o ambos sean amigos o miembros de la familia. ¿Los cristianos deberían asistir a tal ceremonia?

La pregunta principal es si es que ir a dicho matrimonio indica que uno lo aprueba de manera pública. Yo considero que sí. Al ir a la boda, con mi presencia doy a entender lo siguiente: "Estoy contento por este matrimonio, lo apoyo mediante mi presencia y busco que tenga la bendición de Dios". Pero no creo que un cristiano que esté sujeto a los estándares morales de las Escrituras pueda decir estas cosas con la conciencia tranquila en relación con una boda entre personas del mismo sexo. Por lo tanto, no creo que sea correcto que un cristiano asista a una boda entre personas del mismo sexo.

Esta cuestión cobra aún más fuerza cuando se les solicita a los cristianos que poseen negocios que contribuyan con sus habilidades artísticas en la celebración de una boda entre personas del mismo sexo. ¿Un fotógrafo cristiano debería estar de acuerdo en tomar las fotos de la boda? ¿Una florista cristiana debería estar de acuerdo en realizar los arreglos florales? ¿Un repostero cristiano debería estar de acuerdo con hornear y decorar el pastel de bodas? ¿Un cristiano que tiene una capilla privada que se usa para matrimonios debería permitir que allí se celebre una boda entre personas del mismo sexo?

En los últimos años, varios cristianos de tales profesiones respetuosamente han rechazado contribuir con sus habilidades artísticas para realzar los matrimonios entre personas del mismo sexo. Considero que para ellos esta fue una decisión moralmente correcta; de hecho, creo que fue una decisión moralmente necesaria si querían evitar verse obligados a respaldar públicamente algo que consideran como moralmente incorrecto. Pero en varios casos judiciales, los cristianos involucrados en dichas situaciones perdieron y recibieron multas de muchos miles de dólares, a menudo con el resultado de la destrucción de sus negocios y la pérdida de sus medios de vida.

A continuación, se mostrarán algunos ejemplos de casos que, como mencioné, fueron defendidos o están siendo defendidos por la organización de defensa legal cristiana Alliance Defending Freedom [Alianza para la Defensa de la Libertad] (ADF):

1. En marzo de 2017, en Richland, Washington, la florista Barronelle Stutzman se arriesgaba a perder su negocio y todos sus bienes personales por rechazar de manera cordial crear los arreglos florales para la boda entre personas del mismo sexo de un antiguo cliente y amigo. La Corte Suprema de Washington falló por unanimidad en contra de su derecho de conciencia por rechazar usar su talento para tal ceremonia. La ADF

les-heterosexuales eran más monógamas en el pasado"] USA Today, 9 de septiembre de 2011, http://usatoday30.usatoday.com/news/health/wellness/marriage/story/2011–09–05/Gay-straight-couples-more-monogamous-than-in-the-past/50267258/1.

apeló su caso ante la Corte Suprema de los Estados Unidos[52].

2. En Denver, el repostero Jack Phillips rechazó crear el pastel de bodas para un evento que celebraba un matrimonio entre personas del mismo sexo. La Corte de Apelaciones de Colorado ratificó una sentencia de la Comisión de Derechos Civiles de Colorado que ordenaba a Phillips y a su personal crear pasteles para las celebraciones de personas del mismo sexo, así como someterse a una "reeducación" y presentar informes trimestrales de "cumplimiento" por los siguientes dos años. La ADF también apeló el caso ante la Corte Suprema de los Estados Unidos.

3. En Lexington, Kentucky, el diseñador de camisetas cristiano Blaine Adamson rechazó diseñar e imprimir camisetas para un evento del "orgullo gay". La Comisión de Derechos Humanos de Lexington falló en contra de Blaine. La ADF apeló el caso ante la corte, que revocó la decisión y afirmó el derecho de conciencia de Blaine. Ahora el caso está bajo apelación.

4. En Albuquerque, Nuevo México, la fotógrafa Elaine Huguenin fue condenada a pagar cerca de $7 000 en honorarios de abogados a una pareja de lesbianas por rechazar respetuosamente usar su talento para conmemorar una ceremonia de compromiso entre personas del mismo sexo. Huguenin perdió ante la Corte Suprema de Nuevo México, con uno de los jueces escribiendo que fue su "precio de ciudadanía" verse obligada a violar sus creencias religiosas personales en cuanto al matrimonio como la unión de un hombre y una mujer. Ella, su esposo y sus hijos recibieron varias amenazas de muerte y, al final, cerró su negocio[53].

La agenda detrás del movimiento para castigar severamente a los cristianos si se rehúsan a contribuir con sus talentos artísticos en matrimonios entre personas del mismo sexo es ominosa. Me parece que es un intento de usar el poder del gobierno para exigir que todos en la sociedad aprueben moralmente la conducta homosexual. Por lo tanto, es un intento de obligar a los cristianos a violar sus consciencias y pecar contra Dios. Este tipo de campaña, impulsada por grupos defensores de los homosexuales, ataca el fundamento principal de la libertad de religión, que es el primer derecho fundamental que se protege en la Declaración de Derechos en la constitución de los Estados Unidos: "El Congreso no promulgará ley alguna por la que adopte una religión de Estado, *o que prohíba el libre ejercicio de la misma*"[54]. Sin embargo, las decisiones de la corte en contra de los cristianos

---

[52] Ver el análisis de Denny Burk, *"A Florist Loses Religious Freedom, and Much More"* ["Una florista pierde la libertad de religión y mucho más"], CNN, 20 de febrero de 2015, http://www.cnn.com/2015/02/20/living/stutzman-florist-gay/index.html.

[53] Osten, coautor del libro *The Homosexual Agenda* [La agenda homosexual] y director senior de investigación y redacción de subvenciones de la ADF, me brindó la información sobre estos casos mediante un correo electrónico personal el 1 de abril de 2017. Para más información sobre estos casos, ver http://www.adflegal.org/issues/religious-freedom/conscience.

[54] Ver http://constitutionus.com.

evidentemente les prohíbe ejercer con libertad su religión y seguir sus profundas creencias religiosas. Esta es una amenaza a gran escala.

En la actualidad, tales casos están en el sistema judicial de los Estados Unidos y, en última instancia, la Corte Suprema los resolverá[55]. Podemos esperar y orar para que la Corte Suprema falle a favor de que los gobiernos nacionales y estatales en los Estados Unidos no prohíban que la gente "ejerza libremente" su religión.

G. LEYES Y POLÍTICAS GUBERNAMENTALES EN RELACIÓN CON EL MATRIMONIO ENTRE PERSONAS DEL MISMO SEXO.

Aunque en la actualidad muchos países, incluyendo a los Estados Unidos, hayan reconocido el matrimonio entre personas del mismo sexo[56], tales decisiones no son consistentes con las enseñanzas bíblicas. Esto es porque uno de los roles del gobierno civil es "alabar a los que hacen el bien" (1 P 2:14), pero las relaciones homosexuales no se pueden clasificar como moralmente "buenas" teniendo en cuenta las enseñanzas bíblicas abordadas previamente.

Es importante reconocer que el reconocimiento del gobierno de una relación como un "matrimonio" lleva consigo *la aprobación y el apoyo* de esa relación por parte de una sociedad. Las parejas que están legalmente casadas disfrutan muchos beneficios y garantías (legales, financieras e interpersonales) que la sociedad otorga para fomentar el matrimonio e indicar que la institución del matrimonio brinda beneficios a la sociedad como un todo.

Entonces, realmente la cuestión es si una sociedad, mediante sus leyes, debería aprobar y apoyar las relaciones homosexuales, las que tanto la Biblia como la mayoría de culturas a lo largo de la historia las han considerado como moralmente incorrectas en lugar de "buenas", y las que también traen consigo consecuencias perjudiciales significativas. En mi opinión, el gobierno debería permanecer "neutral" en cuanto a la conducta homosexual, no debería promoverla, como

---

[55] El caso emblemático de Masterpiece Cakeshop vs. Colorado Civil Rights Commission fue argumentado ante la Corte Suprema el 5 de diciembre de 2017. No se tomó ninguna decisión cuando se imprimió este libro.

[56] El reconocimiento del matrimonio entre personas del mismo sexo en los Estados Unidos fue aprobado el 26 de junio de 2015 mediante un voto de 5-4 de la Corte Suprema de los Estados Unidos en el caso Obergefell vs. Hodges. El juez Anthony Kennedy se unió a los cuatro jueces liberales de la corte (Ruth Bader Ginsburg, Stephen Breyer, Sonia Sotomayor y Elena Kagan) para emitir un quinto voto, mientras que los jueces Antonin Scalia, Clarence Thomas y Samuel Alito, así como el Presidente de la Corte Suprema, John Roberts, emitieron fuertes opiniones discrepantes.

Antes de esta decisión, varios estados llegaban a conclusiones distintas sobre este tema y en 30 de los 50 estados se habían aprobado enmiendas constitucionales que limitaban el matrimonio a un hombre y una mujer, pero todas fueron rechazadas por decisión de la Corte Suprema de los Estados Unidos.

A partir de septiembre de 2017, los siguientes países legalizaron el matrimonio entre personas del mismo sexo: Argentina, Bélgica, Brasil, Canadá, Colombia, Dinamarca, Inglaterra/Gales, Finlandia, Francia, Alemania, Groenlandia, Islandia, Irlanda, Luxemburgo, Malta, Países Bajos, Nueva Zelanda, Noruega, Portugal, Escocia, Sudáfrica, España, Suecia, Estados Unidos y Uruguay. Ver http://www.pewforum.org/2015/06/26/gay-marriage-around -the-world-2013/.

sucede con el reconocimiento del matrimonio entre personas del mismo sexo, pero tampoco prohibirla, como lo hizo anteriormente la llamada "ley de sodomía" en los Estados Unidos[57].

El reconocimiento gubernamental del matrimonio entre personas del mismo sexo implica otras consecuencias legales, tales como condiciones para permitir que las parejas homosexuales adopten y críen niños, pero esto les quita la oportunidad a muchos niños de ser criados en un hogar con una madre y un padre, que sin duda es el mejor ambiente para ellos (ver cap. 28, pág. 739). Además, existe un gran peligro de que la libertad de religión y la libertad de expresión se vean amenazadas, ya que el reconocimiento gubernamental del matrimonio entre personas del mismo sexo también puede generar prohibiciones gubernamentales contra la crítica de la conducta homosexual.

Para un análisis sobre las cuestiones políticas y legales involucradas, vea mi libro *Politics—According to the Bible* [Política según la Biblia][58].

H. CONCLUSIÓN SOBRE LA HOMOSEXUALIDAD

La conducta homosexual de todo tipo siempre se considera como un pecado en la Biblia y las recientes interpretaciones de la Biblia que se han planteado como objeciones hacia ese punto de vista no brindan una explicación satisfactoria de las palabras o los contextos de los pasajes relevantes. La intimidad sexual se limita al matrimonio y, siguiendo el modelo establecido por Dios en la creación, el matrimonio solo es entre un hombre y una mujer. La iglesia siempre debe actuar con amor y compasión con los homosexuales, pero nunca debe afirmar que la conducta homosexual es moralmente correcta. El evangelio de Jesucristo ofrece las "buenas nuevas" del perdón de pecados y la verdadera esperanza de una vida transformada para los homosexuales, así como lo hace con todos los pecadores.

I. LA PREGUNTA SOBRE EL TRANSGENERISMO: ¿LAS PERSONAS PUEDEN ELEGIR SU GÉNERO?

En la actualidad, algunas personas afirman ser "transgénero"; es decir, creen (o se "identifican") que tienen un género distinto a su sexo biológico. Alguien que es biológicamente hombre puede afirmar identificarse como una mujer y alguien que es biológicamente mujer puede declarar identificarse como un hombre. Estas afirmaciones se basan en la suposición de que el "género" es algo que las personas pueden elegir y no algo que se determina por el sexo biológico de sus cuerpos. A continuación, trataré de brindar una perspectiva bíblica para esta pregunta.

---

[57] Ver más recomendaciones sobre leyes en el libro de Wayne Grudem: Politics—According to the Bible: A Comprehensive Resource for Understanding Modern Political Issues in Light of Scripture [Política según la Biblia: Un recurso integral para comprender los problemas políticos modernos a la luz de las Escrituras], (Grand Rapids, Michigan: Zondervan, 2010), págs. 233–38 (ver también pág. 229, n.° 31).

[58] Ver Grudem, *Politics—According to the Bible*, págs. 221–38.

1. Dios creó solo dos sexos: hombre y mujer. En el principio de la creación, Dios hizo al hombre y a la mujer iguales en valor y persona, pero distintos en sexualidad.

> Y creó Dios al hombre *a su imagen,*
> a imagen de Dios lo creó;
> varón y hembra los creó (Gn 1:27).

Aunque los hombres y las mujeres son similares en muchos aspectos, también son diferentes en muchos aspectos. Hay aproximadamente 37.2 billones de células en el cuerpo humano[59] y estas células (excepto por los glóbulos rojos)[60] son diferentes en los hombres y las mujeres, ya que los hombres tienen un cromosoma X y un cromosoma Y en cada célula, mientras que las mujeres tienen dos cromosomas X en cada célula. Es decir, si contamos todas las células, excepto por (un estimado) 10 billones de glóbulos rojos, a nivel celular, todavía hay más de 27 *billones* de diferencias biológicas entre el hombre y la mujer.

Existen otras diferencias físicas. Los hombres y las mujeres difieren en la "conexión" de sus cerebros, la organización de varias conexiones entre partes distintas del cerebro, dando como resultado que los hombres y las mujeres procesen la información de forma diferente. Louann Brizendine, neuropsiquiatra de la Universidad de California, San Francisco, escribe lo siguiente:

> Los científicos han documentado una sorprendente colección de diferencias cerebrales estructurales, químicas, genéticas, hormonales y funcionales entre mujeres y varones. [...] Los cerebros femenino y masculino procesan de diferentes maneras los estímulos, oír, ver, "sentir" y juzgar lo que otros están sintiendo[61].

Otras diferencias interesantes (usando un promedio para hombres y mujeres) incluyen las siguientes:

- Un hombre promedio es más alto y más pesado que una mujer promedio.
- En promedio, las niñas entran a la pubertad aproximadamente dos años antes que los niños.
- Los hombres tienen corazones y pulmones más grandes y producen

---

[59] Nicholas Bakalar, "37.2 *Trillion: Galaxies or Human Cells*" ["37.2 billones: Galaxias o células humanas"], The New York Times, 19 de junio de 2015, https://www.nytimes.com/2015/06/23/science/37-2-trillion-galaxies-or-human-cells.html; ver también Rose Eveleth, *"There Are 37.2 Trillion Cells in Your Body"* ["Hay 37.2 billones de células en tu cuerpo"], Smithsonian, 24 de octubre de 2013, http://www.smithsonianmag.com/smart-news/there-are-372-trillion-cells-in-your-body-4941473/.

[60] Los glóbulos rojos no tienen un núcleo, por lo tanto, no tienen cromosomas XX o XY. Los glóbulos rojos constituyen cerca de un cuarto de las células en un cuerpo humano normal. Ver *"Blood Basics"* ["Conceptos básicos de la sangre"], American Society of Hematology, http://www.hematology.org/Patients/Basics/; Ananya Mandal, "What Are Genes?" ["¿Qué son los genes?"], News Medical, http://www.news-medical.net/life-sciences/What-are-Genes.aspx y *"Red Blood Cell Count—Types"* ["Número de glóbulos rojos: tipos"], Symptoms, http://www.symptoms.in/red-blood-cell-count.html.

[61] Louann Brizendine, *The Female Brain* [El cerebro femenino] (Nueva York: Morgan Road Books, 2006), pág. 4.

grandes cantidades de glóbulos rojos debido a sus altos niveles de testosterona.

- Los hombres tienen mejor visión a distancia y percepción de profundidad. Las mujeres tienen mejor visión nocturna y mejor memoria visual.
- Las mujeres son más sensibles al sonido que los hombres.
- En promedio, los hombres son más de un 30 % más fuertes que las mujeres, especialmente en la parte superior del cuerpo.
- La fertilidad femenina disminuye después de los 35 años, terminando con la menopausia, pero los hombres son capaces de engendrar hijos incluso cuando tienen una edad muy avanzada.
- La piel de los hombres tiene más colágeno y sebo, lo que la hace más dura y grasosa que la piel de la mujer.
- Generalmente, las mujeres tienen un porcentaje de grasa mayor que los hombres[62].

2. Dios planea que la identidad de género de una persona se determine por su sexo biológico. Las Escrituras no dan a entender en ninguna parte que una mujer biológica debería "identificarse" como un hombre o intentar actuar de una forma que parezca propia de los hombres. Ni tampoco las Escrituras dan a entender en ninguna parte que un hombre biológico debería "identificarse" como mujer o intentar actuar de una forma que parezca propia de las mujeres. Por el contrario, existen múltiples pasajes *que dan por sentado que alguien es un hombre o una mujer y que la sociedad podrá diferenciarlos regularmente*. A continuación, se mostrarán algunos de esos pasajes:

La mujer cuando conciba y dé a luz varón, será inmunda siete días. [...] Y si diere a luz hija, será inmunda dos semanas (Lv 12:2-5).

No te echarás con *varón* como con *mujer*; es abominación (Lv 18:22).

Si alguno se ayuntare con *varón* como con *mujer*, abominación hicieron; ambos han de ser muertos; sobre ellos será su sangre (Lv 20:13).

Cuando alguno hiciere especial voto a Jehová, según la estimación de las personas que se hayan de redimir, lo estimarás así: En cuanto al varón de veinte años hasta sesenta, lo estimarás en cincuenta siclos de plata, según el siclo del santuario. Y si fuere *mujer*, la estimarás en treinta siclos (Lv 27:2; la diferencia probablemente reflejaba el precio común de los esclavos y el valor estimado de su trabajo).

Si alguno muere y no tiene hijo varón, pasarán su heredad a su hija. Si no

---

[62] Heidi Miller, *"Difference Between Male and Female Structures (Mental and Physical)"* ["Diferencias entre las estructuras masculinas y femeninas (mentales y físicas)"], SteadyHealth, 19 de marzo de 2007, http://www.steadyhealth.com/articles/difference-between-male-and-female-structures-mental-and-physical?show_all=1.

tiene hija, darán su heredad a sus hermanos (Nm 27:8-9 RVA-2015).

Cuando algún *hombre* haga al SEÑOR un voto o un juramento asumiendo obligación [...] Pero cuando una *mujer* joven que todavía permanece en la casa de su padre haga un voto al SEÑOR y asuma obligación... (Nm 30:2-3 RVA-2015).

[En referencia a una ciudad conquistada durante la guerra] Luego que Jehová tu Dios la entregue en tu mano, herirás a todo *varón* suyo a filo de espada. Solamente las *mujeres* y los niños, y los animales, y todo lo que haya en la ciudad, todo su botín tomarás para ti (Dt 20:13).

No vestirá la *mujer* traje de *hombre*, ni el *hombre* vestirá ropa de *mujer*; porque abominación es a Jehová tu Dios cualquiera que esto hace (Dt 22:5).

Por esto Dios los entregó a pasiones vergonzosas; pues aun sus *mujeres* cambiaron el uso natural por el que es contra naturaleza, y de igual modo también los *hombres*, dejando el uso natural de la *mujer*, se encendieron en su lascivia unos con otros, cometiendo hechos vergonzosos hombres con hombres, y recibiendo en sí mismos la retribución debida a su extravío (Ro 1:26-27).

Todo *varón* que ora o profetiza con la cabeza cubierta, afrenta su cabeza. Pero toda *mujer* que ora o profetiza con la cabeza descubierta, afrenta su cabeza. [...] Porque el *varón* no debe cubrirse la cabeza, pues él es imagen y gloria de Dios; pero la mujer es gloria del *varón*. Porque el *varón* no procede de la mujer, sino la *mujer* del *varón*, y tampoco el varón fue creado por causa de la *mujer*, sino la *mujer* por causa del varón. Por lo cual la mujer debe tener señal de autoridad sobre su cabeza, por causa de los ángeles. Pero en el Señor, ni el varón es sin la mujer, ni la mujer sin el varón (1 Co 11:4-11).

Quiero, pues, que los *hombres* oren en todo lugar, levantando manos santas, sin ira ni contienda. Asimismo, que las *mujeres* se atavíen de ropa decorosa, con pudor y modestia; no con peinado ostentoso, ni oro, ni perlas, ni vestidos costosos, sino con buenas obras, como corresponde a mujeres que profesan piedad. La *mujer* aprenda en silencio, con toda sujeción. Porque no permito a la mujer enseñar, ni ejercer dominio sobre el hombre, sino estar en silencio (1 Ti :8-12).

No reprendas al *anciano*, sino exhórtale como a padre; a los más jóvenes, como a hermanos; a las *ancianas*, como a *madres*; a las *jovencitas*, como a hermanas, con toda pureza (1 Ti 5:1-2).

Que los *ancianos* sean sobrios, serios, prudentes, sanos en la fe, en el amor, en la paciencia. Las *ancianas* asimismo sean reverentes en su porte; no calumniadoras, no esclavas del vino, maestras del bien; que enseñen a las *mujeres jóvenes* a amar a sus maridos y a sus hijos, a ser prudentes, castas, cuidadosas de su casa, buenas, sujetas a sus maridos, para que la palabra de Dios no sea blasfemada. Exhorta asimismo a los *jóvenes* a que sean prudentes (Tito 2:2-6).

Aunque en la actualidad los cristianos puedan reflexionar sobre el significado de estos pasajes y puedan estar en desacuerdo sobre su correcta aplicación en la era del Nuevo Pacto, el único punto que busco establecer es que las Escrituras *distinguen de manera constante al hombre y la mujer*, suponen que las personas siempre serán capaces de diferenciarlos y asumen que los hombres y las mujeres actuarán en varias maneras diferentes, en maneras de acuerdo a su sexo. En todos estos pasajes, se asume que el sexo biológico de una persona determina cómo la persona debería actuar; es decir, en maneras según el sexo de cada persona, ya sea si es hombre o mujer. La percepción de la "identidad de género" de cada persona debería ser la misma que su sexo biológico[63].

3. Deuteronomio 22:5. Un pasaje de especial importancia en el debate del transgenerismo.

Un pasaje de la Ley de Moisés tiene una relevancia particular en esta discusión:

No vestirá la mujer traje de hombre, ni el hombre vestirá ropa de mujer; porque abominación es a Jehová tu Dios cualquiera que esto hace (Dt 22:5).

Jason DeRouchie, profesor del Antiguo Testamento, publicó un análisis particularmente revelador sobre este versículo y su relevancia para las cuestiones del transgenerismo en la actualidad, y mi análisis se basa en gran parte de su trabajo[64].

DeRouchie reconoce que esta ley se encuentra en la Ley de Moisés y que ya no vivimos bajo el Pacto de Moisés. Él menciona lo siguiente: "Aunque los cristianos no están vinculados legalmente a la Ley de Moisés, no desechan la ley en sí". Además, analiza cuidadosamente el significado de este mandamiento a la luz de la obra redentora de Cristo y nuestra posición en la era del Nuevo Pacto. La Ley de

---

[63] En esta sección no analizo los varios tipos de desórdenes del desarrollo sexual que en conjunto se refieren a la "intersexualidad". Tales casos involucran varias ambigüedades en los indicadores de la sexualidad y, por lo tanto, se diferencian del transgenerismo, que abarca las ambigüedades psicológicas en los sentimientos y preferencias de una persona. Para un análisis bíblico sobre la intersexualidad, ver el libro de Denny Burk: *What Is the Meaning of Sex?* [¿Cuál es el significado del sexo?] (Wheaton, Illinois: Crossway, 2013), págs. 157–83. Burk concluye, creo que con mucha razón, que la decisión de tratar a un(a) niño(a) intersexual como hombre o mujer debería determinarse por su patrón cromosómico, ya sea XX o XY, siempre que sea posible determinarlo.

[64] Jason DeRouchie, *"Confronting the Transgender Storm: New Covenant Reflections from Deuteronomy 22:5"* ["Afrontando la tormenta transgénero: Reflexiones del Nuevo Pacto de Deuteronomio 22:5"], Journal for Biblical Manhood and Womanhood 21, n.° 1 (25 de mayo de 2016), http://cbmw.org/topics/transgenderism/jbmw-21-1-confronting-the-transgender-storm-new-covenant-reflections-from-deuteronomy-225/. Otro artículo revelador sobre este pasaje que analiza y rechaza varias interpretaciones alternativas es el de P. J. *Harland: "Menswear and Womenswear: A Study of Deuteronomy 22:5"* ["Vestimenta masculina y vestimenta femenina: Un estudio de Deuteronomio 22:5"], Expository Times 110, n.° 3 (1998): págs. 73–76.

Moisés aún tiene una importancia teológica y todavía podemos aprender de ella "en cuanto a Dios y sus caminos".

Con este contexto, DeRouchie señala que "a primera vista, la prohibición se refiere a lo que el APA denomina 'expresión de género': 'la manera en que una persona actúa para comunicar su género en una cultura dada' mediante aspectos como la vestimenta". Luego, dice lo siguiente:

> Sin embargo, en un nivel más profundo, la ley supone una regla más importante: que solo hay dos sexos biológicos, hombre y mujer, y que la normativa de género del mundo de Dios es que el sexo biológico de una persona debería gobernar tanto la identidad como la expresión de género. Antes que se derrame la ira divina, este texto provee un buen recurso para corregir la confusión de género y la identidad transgénero[65].

Ya que el término hebreo traducido como "hombre" en Deuteronomio 22:5 no es *'ish*, que a menudo puede significar "esposo", sino *geber*, que significa "hombre" o "hombre fuerte", pero nunca "esposo", DeRouchie concluye lo siguiente:

> Desde la perspectiva de Dios, la masculinidad y la feminidad tienen implicaciones más allá del hogar o la comunidad de culto reunida. También impacta la vida diaria de la sociedad. [...] En la cultura israelita, había ciertos tipos de vestimenta, adornos o artículos que distinguían al hombre y a la mujer. Como tal, parece que hay dos aspectos en juego en esta ley: (1) todos necesitaban que su expresión de género se alineara con su sexo biológico y (2) todos necesitaban evitar la confusión de género, ya que otros podrían percibir erróneamente que un hombre fuera una mujer y una mujer fuera un hombre según su vestimenta[66].

En cuanto a la última oración de Deuteronomio 22:5, "porque abominación es a Jehová tu Dios cualquiera que esto hace", DeRouchie concluye que difuminar las distinciones entre los hombres y las mujeres en la sociedad debilita la capacidad de los hombres y las mujeres de reflejar correctamente la naturaleza de Dios: "lo que hace que el transgenerismo sea abominable es que perversa la capacidad humana de reflejar, asemejarse y representar a Dios de manera correcta en este mundo"[67]. ¿Por qué? Porque tanto el Antiguo como el Nuevo Testamento describen la relación entre Dios y su pueblo como una relación entre un esposo y su esposa, una analogía en la que el hombre representa a Dios y la mujer representa al pueblo de Dios. Las diferencias que Dios estableció entre los hombres y las mujeres son necesarias para que se vea el reflejo de la gloria de Dios en la actividad humana.

La identidad y la expresión de género se tratan de la gloria de Dios y sobre mantener las diferencias que Dios creó en la tierra que, a su vez, señalan la distinción definitiva entre Dios y su esposa. Así como los esposos y las esposas en el hogar

---

[65] DeRouchie, *"Confronting the Transgender Storm"*.
[66] *Ibid.*
[67] *Ibid.*

humano y los hombres y las mujeres en el hogar colectivo de Dios cumplen papeles distintos y, por ende, muestran de manera única la imagen de Dios, así también el creador y Señor de todas las cosas se magnifica correctamente en las vidas de los hombres y las mujeres cuando nuestra identidad y expresión de género se alinean perfectamente con nuestro sexo biológico establecido por Dios. Aquellos que nacen hombres deben vivir y desarrollarse como hombres y aquellas que nacen mujeres deben vivir y desarrollarse como mujeres[68].

Finalmente, a modo de aplicación práctica, DeRouchie dice lo siguiente:

> Como creyentes, deberíamos estar entre aquellos que celebran que los hombres sean masculinos y que las mujeres sean femeninas, tanto en la manera en la que actuamos como en la manera en que vestimos[69].

4. ¿Qué hay sobre la cirugía de reasignación de sexo? Para las personas que afirman ser transgénero hay ciertos procesos quirúrgicos disponibles para alterar sus órganos sexuales y, en algunas ocasiones, otras características físicas, como el tamaño del pecho y el vello facial. Tales cirugías son mucho más invasivas y duraderas que el hecho de que una mujer use una vestimenta de hombre o que un hombre use una vestimenta de mujer, lo cual se prohíbe en Deuteronomio 22:5, y atacan con más profundidad la masculinidad de un hombre y la feminidad de una mujer que Dios ha establecido.

Sin embargo, dichas cirugías no pueden cambiar a un hombre en una mujer ni a una mujer en un hombre. Un hombre biológico, después de la cirugía, aún tiene 27 billones de células masculinas en su cuerpo con los cromosomas XY, y una mujer biológica, después de la cirugía, aún tiene 27 billones de células femeninas en su cuerpo con los cromosomas XX. Un hombre biológico aún tiene miles de millones de conexiones neurológicas masculinas típicas en su cerebro y una mujer biológica aún tiene miles de millones de conexiones neurológicas femeninas típicas en su

---

[68] *Ibid.*

[69] *Ibid.* Sin embargo, DeRouchie reconoce que los estilos de vestimenta para hombres y mujeres cambian con el tiempo, así que ciertos tipos de vestimenta que solo los hombres o las mujeres usaban ya no se consideran como específicos de un género: "en nuestra cultura actual, las mujeres pueden usar pantalones [...] e incluso corbatas sin que se cuestione su feminidad. [...] Los hombres también pueden usar aretes o tener el cabello largo sin que se cuestione su masculinidad". *Ibid.* Estoy de acuerdo con su análisis de las actuales opiniones culturales sobre estos aspectos, pero sus comentarios sobre la idoneidad de la vestimenta netamente masculina y femenina me hicieron reflexionar sobre la sospecha generalizada e instintiva del cabello largo en los hombres que tuvieron millones de padres en 1960, cuando, para ellos, el cabello largo hacía que sus hijos "parecieran mujeres".

Asimismo, este artículo me ayudó a comprender por qué, después de 48 años de matrimonio, aún me siento incómodo si por alguna razón surge una ocasión en donde tengo que sostener el bolso de Margaret, incluso si es por un corto tiempo en un lugar público. En el año 2017, en los Estados Unidos, los hombres no sostenían bolsos, eso era algo perteneciente a la feminidad y a las mujeres. Alguien puede preguntar: "¿Sostener un bolso amenaza tu masculinidad?" Mi respuesta es sí, hasta cierto punto socava mi sentido de masculinidad. Para mí es incómodo porque parece que estoy dando la señal de que prefería ser una mujer que un hombre, una señal que expresa que me siento incómodo con mi masculinidad. Por lo tanto, lo llevaré (si es necesario) y ¡lo sostendré de una manera en que no se asemeje a la manera en que una mujer normalmente sostiene un bolso! Considero que tal instinto humano de preservar cierto grado de distinción en la vestimenta masculina y femenina es saludable.

cerebro. Tanto antes como después de tal cirugía, un hombre biológico aún es un hombre y una mujer biológica aún es una mujer.

Paul McHugh, expsiquiatra en jefe del Hospital Johns Hopkins, publicó una importante objeción sobre la cirugía de reasignación de sexo en The Wall Street Journal en 2014[70]. McHugh redacta que el transgenerismo es "un desorden mental que merece comprensión, tratamiento y prevención". Asimismo, añade que "la idea de la desalineación del sexo es simplemente errónea: no corresponde con la realidad física. [...] Puede ocasionar resultados psicológicos nefastos"[71].

McHugh compara a las personas que afirman ser transgénero con "aquellas que sufren de anorexia y bulimia nerviosa, donde la suposición que se aleja de la realidad física es que las personas que están gravemente delgadas creen que tienen sobrepeso". Luego, dice lo siguiente:

> Para los transgénero, este argumento sostiene que el sentimiento propio del "género" es un sentido consciente y subjetivo que, al estar en la mente de uno, otros no lo pueden cuestionar. A menudo, la persona no solo busca que la sociedad tolere esta "verdad personal", sino que la afirme. [...] Sin duda, los psiquiatras deben desafiar el concepto del solipsismo de que lo que está en la mente no se puede cuestionar[72].

Luego, presenta algunas estadísticas muy preocupantes sobre los resultados de la cirugía de reasignación de sexo, incluyendo un estudio realizado por el Instituto Karolinska en Suecia que investigó a 324 personas durante 30 años después de que se realizaran la cirugía de reasignación de sexo. Este estudio demostró que "después de 10 años de haberse realizado la cirugía, los problemas mentales de las personas transexuales comenzaron a aumentar" y su tasa de suicidio fue casi 20 veces mayor que la de la población no transgénero en general[73].

En cuanto a los niños con sentimientos transgénero, McHugh registra lo siguiente: "Cuando los niños que afirmaban sentirse transgénero se les hizo un seguimiento sin tratamiento médico o quirúrgico tanto en la Universidad Vanderbilt como en la Clínica Portman en Londres, el 70% - 80% de ellos espontáneamente perdía esos sentimientos". Él está en desacuerdo con los doctores que administran hormonas a niños, las cuales retrasan la pubertad, "a pesar de que los medicamentos impiden su desarrollo y corren el riesgo de causar esterilidad".

McHugh concluye lo siguiente:

> "Cambiar de sexo" es biológicamente imposible. Las personas que se somenten a una cirugía de reasignación de sexo no pasan de ser hombres a

---

[70] Paul McHugh, *"Transgender Surgery Isn't the Solution: A Drastic Physical Change Doesn't Address Underlying Psycho-Social Troubles"* ["La cirugía de reasignación de sexo no es la solución: Un cambio físico drástico no soluciona los problemas psicosociales existentes"], The Wall Street Journal, 12 de junio de 2014, actualizado el 13 de mayo de 2016, https://www.wsj.com/articles/paul-mchugh-transgender-surgery-isnt-the-solution-1402615120.

[71] *Ibid.*

[72] *Ibid.*

[73] *Ibid.*

mujeres o viceversa. Por el contrario, se convierten en hombres feminizados o mujeres masculinizadas. Afirmar que esto se trata de una cuestión de derechos civiles y alentar las intervenciones quirúrgicas en realidad es colaborar con un desorden mental y promoverlo[74].

En otro estudio exhaustivo del que McHugh fue coautor con Lawrence Mayer, ambos escriben lo siguiente:

La hipótesis de que la identidad de género es una propiedad innata y establecida de los seres humanos que es idependiente del sexo biológico; es decir, que una persona pueda ser "un hombre atrapado en el cuerpo de una mujer" o "una mujer atrapada en el cuerpo de un hombre", no está sustentada por evidencia científica[75].

5. Servicios higiénicos, vestuarios y equipos deportivos. Recientemente, varios cuerpos gubernamentales de los Estados Unidos, tanto a nivel nacional como estatal, han autorizado o requerido que las escuelas permitan que los niños transgénero usen los servicios higiénicos y vestuarios distintos a los que corresponde su sexo biológico. En este sentido, las niñas que son biológicamente mujeres, pero afirman "identificarse como hombres" deben ser admitidas en los servicios higiénicos y vestuarios para hombres, y los niños que son biológicamente hombres, pero afirman "identificarse como mujeres" deben ser admitidos en los servicios higiénicos y vestuarios para mujeres.

Si los padres objetan que tales niños usen servicios higiénicos individuales y separados, los defensores del transgenerismo responden que esto representa maltrato y discriminación, ya que no permite que estos niños transgénero utilicen los mismos servicios higiénicos o vestuarios como los otros niños del género con el que se identifican. La Alliance Defending Freedom [Alianza para la Defensa de la Libertad] (ADF) trabaja en varios casos legales que involucran a padres e hijos que no tienen otra opción que demandar a sus escuelas distritales locales para mantener los servicios higiénicos, duchas y vestuarios del sexo opuesto.

En un caso, un estudiante de secundaria y sus padres demandaron al Boyertown Area School District en Pensilvania por violar intencionalmente el derecho a la privacidad corporal, luego de que el estudiante fuera expuesto involuntariamente a una estudiante femenina desvestida mientras se cambiaba en los vestuarios para hombres de la escuela.

---

[74] *Ibid.*

[75] Lawrence Mayer y Paul McHugh, *"Sexuality and Gender: Findings from the Biological, Psychological, and Social Science"* ["Sexualidad y género: Descubrimientos en las ciencias biológicas, trsicológicas y sociales"] The New Atlantis 50 (2016): pág. 8, http://www.thenewatlantis.com/publications/preface-sexuality-and-gender. La investigación tiene 143 páginas en total. La "Nota del Editor" de este asunto en especial afirma que la investigación fue escrita por el "Dr. Lawrence S. Mayer, un epidemiólogo capacitado en psiquiatría, y el Dr. Paul R. McHugh, sin duda el psiquiatra estadounidense más importante de la última mitad del siglo". Ibid., pág. 4.

Ver también Paul McHugh, *"Surgical Sex: Why We Stopped Doing Sex Change Operations"* ["Cirugía de sexo: ¿Por qué dejamos de realizar cirugías de reasignación de sexo?"], First Things, noviembre de 2004, págs. 34–38, https://www.frstthings.com/article/2004/11/surgical-sex.

La escuela distrital había abierto en secreto los servicios higiénicos y vestuarios específicos para cada sexo a los estudiantes del sexo opuesto, sin notificar a los estudiantes o padres. Cuando el estudiante, identificado en la demanda como "Joel Doe", estaba en ropa interior y a punto de ponerse su ropa de gimnasia, de repente notó que una estudiante femenina, que también se encontraba desvestida, estaba en el vestuario.

Cuando "Joel Doe" presentó una denuncia ante las autoridades de la escuela, le informaron que ahora permitían que los estudiantes que se identificaban a sí mismos como del sexo opuesto eligieran cualquier vestuario que quisieran usar. Él le pidió a las autoridades que protejan su privacidad, pero en lugar de eso le dijeron dos veces que debía "tolerarlo" y hacer que el cambio con los estudiantes del sexo opuesto sea lo más "natural" posible[76].

En otro caso de la ADF en Minnesota, se le permitió bajo la política distrital a un estudiante biológicamente hombre, que se identificaba como una mujer, entrar al vestuario de las mujeres. Según la denuncia en el caso, el estudiante ingresó para bailar en el vestuario "de una manera sexual explícita: *twerking*, 'perreando' y bailando canciones con letras explícitas como si estuviera en un 'tubo de stripper', incluyendo la canción 'Milkshake' de Kelis. En otra ocasión, una estudiante vio que el estudiante levantaba su vestido para que se vea su ropa interior mientras 'perreaba' con la música"[77].

En los equipos deportivos, a los niños que son biológicamente hombres, pero que afirman "identificarse como niñas", se les permitió participar como miembros de los equipos deportivos de las niñas y, puesto que algunos niños (biológicos) son más grandes y más fuertes que cualquier niña en esos deportes, comenzaron a vencer a todas las niñas con las que competían[78].

En Texas, una joven de 17 años que tomaba testosterona en un intento de convertirse en un hombre ganó el título de lucha femenina de Texas luego de luchar una temporada invicta contra mujeres[79]. En marzo de 2017, un levantador de pesas transgénero neozelandés que anteriormente participaba en la división masculina antes de "convertirse" en mujer dominó la competencia internacional en su debut

---

[76] *"Student Sues Pennsylvania School District for Sexual Harassment, Violation of Personal Privacy"* ["Estudiante demanda al distrito escolar de Pensilvania por acoso sexual y violación de la privacidad personal"], Alliance Defending Freedom [Alianza para la Defensa de la Libertad], 21 de marzo de 2017, http://www.adfmedia.org/News/PRDetail/?CID=93267. El caso se llama Doe vs. Boyertown Area School District.

[77] *"Families Sue Feds, Minnesota School District for Violating Student Privacy"* ["Familias demandan a los federales y al distrito escolar de Minnesota por violar la privacidad de los estudiantes"], Alliance Defending Freedom, 8 de septiembre de 2016, http://www.adfmedia.org/News/PRDetail/?CID=91352.

[78] Ver el artículo de Joy Pullmann: *"Boys Will Keep Winning Girls' Sports Trophies Until We Are Willing to Re-Assert Sex Distinctions"* ["Los hombres seguirán ganando trofeos en la liga deportiva femenina hasta que estemos dispuestos a reafirmar las diferencias de sexo"], The Federalist, 11 de abril del 2017, http://thefederalist.com/2017/04/11/boys-will-keep-winning-girls-sports-trophies-willing-re-assert-sex-distinctions/.

[79] Kristie Rieken, *"Transgender Boy Wins Controversial Girls State Wrestling Title in Texas"* ["Joven transgénero gana de manera controversial el título de liga de lucha femenina de Texas"], Chicago Tribune, 25 de febrero de 2017, http://www.chicagotribune.com/sports/highschool/ct-transgender-wrestler-texas-20170225-story.html.

en el circuito femenino, estableciendo cuatro récords mundiales en el proceso[80]. En Alaska, un estudiante biológicamente hombre compitió como mujer y se llevó todos los honores del estado en el atletismo femenino. Uno de los padres de las jóvenes que compitieron contra el atleta transgénero mencionó que sus victorias "no eran justas y no era correcto para nuestras atletas femeninas"[81].

Tales erróneas políticas de gobierno son simplemente incorrectas, ya que tratan de exigir que las personas afirmen una mentira descarada. Un niño que es biológicamente hombre es un niño, no una niña, sin importar cuántas miles de veces afirme que es una niña. Una niña que es biológicamente mujer es una niña, no un niño, sin importar cuántas miles de veces afirme que es un niño. Que una sociedad afirme tal mentira descarada es (para usar la analogía de McHugh que se mencionó anteriormente) similar a que una sociedad le diga a una joven con un serio problema de anorexia, que está por debajo del peso apropiado y que está al borde de morir de inanición, que lo que ella realmente cree sobre sí misma es cierto, es decir, que está muy gorda.

Asimismo, estas políticas gubernamentales siembran las semillas de la confusión de género entre los niños y niñas cuyos vestuarios son invadidos por individuos del sexo opuesto y que las políticas escolares los obligan a desvestirse en presencia de individuos del sexo opuesto. Por lo tanto, dichas políticas intentan reforzar la mentira de que el género de una persona es algo que se puede elegir, no algo que se determina por la realidad biológica. Además, tales políticas tienden a socavar el instinto de decoro establecido por Dios en relación con la exposición de las partes privadas de los niños, niñas, hombres y mujeres. "Los que en nosotros son menos decorosos, se tratan con más decoro. Porque los que en nosotros son más decorosos, no tienen necesidad" (1 Co 12:23-24).

6. Pronombres: ¿Deberíamos llamar a un hombre *ella* y a una mujer él? Otro aspecto del movimiento transgénero es la aparente determinación de varios medios de comunicación de referirse a los hombres y mujeres biológicos con pronombres que no corresponden a lo que verdaderamente son, sino que reflejan el "género" que ellos han escogido para sí mismos. Por lo tanto, una mujer "transgénero" quien es biológicamente un hombre será aludida en los medios con el pronombre *ella*, ya que eso es lo que prefiere. Por ejemplo, Bruce Jenner, el famoso atleta olímpico (medalla de oro en el decatlón de 1976), que ahora afirma ser transexual y se identifica así mismo como Caitlyn Jenner, será mencionado con el pronombre *ella*.

Esto es algo que considero que los cristianos no deberían hacer y algo que, con una conciencia tranquila, no pueden hacer. Esta es la presión de la sociedad

---

[80] Bradford Richardson, *"Transgender Weightlifter Breaks Record in Women's Competition"* ["Levantador de pesas transgénero rompe récord en competencia femenina"], The Washington Times, 21 de marzo de 2017, http://www.washingtontimes.com/news/2017/mar/21/transgender-weightlifter-breaks-womens-record/.

[81] Douglas Ernst, *"Transgender Students' All-State Honors in Girls' Track and Field Ignites Backlash"* ["Los honores que recibieron los estudiantes transgénero en el atletismo femenino provocaron una respuesta negativa"], The Washington Times, 6 de junio de 2016,
http://www.washingtontimes.com/news/2016/jun/6/nattaphon-wangyot-transgender-student-riles-critic/.

intentando exigir que afirme una mentira: afirmar que Jenner en realidad es una mujer ahora. Pero esto es falso. Él es un hombre, siempre ha sido un hombre y siempre lo será. Por lo tanto, siempre me referiré a él con el pronombre *él*.

J. ANEXO 1: LA DECLARACIÓN DE NASHVILLE

Recientemente, varias organizaciones evangélicas han intentado formular sabias declaraciones políticas sobre la homosexualidad y el transgenerismo. Ya que probablemente en los próximos años a cada iglesia y organización cristiana se le preguntará sobre su posición acerca de estos temas, decidí incluir como anexos en este capítulo dos guías recientes y bíblicamente fieles, que podrían ser útiles para que las iglesias y organizaciones paraeclesiásticas formulen sus propias políticas.

La primera es la Declaración de Nashville, publicada por el Council on Biblical Manhood and Womanhood [Consejo sobre la masculinidad y la feminidad bíblicas]. La declaración se terminó de redactar en una reunión de pastores evangélicos, líderes y eruditos en Nashville, Tennessee, el 25 de agosto de 2017. Yo fui parte del comité de redacción y también uno de los más de 180 firmantes iniciales. Posteriormente, muchos miles de personas lo firmaron[82].

La Declaración de Nashville
Una coalición por la sexualidad bíblica

"Reconozcan que el Señor es Dios;
él nos hizo, y somos suyos..."
Salmos 100:3

Preámbulo
Los cristianos evangélicos de comienzos del siglo XXI están viviendo en un período de transición histórica. A medida que la cultura de Occidente se ha vuelto cada vez más poscristiana, ha emprendido una formidable revisión de lo que significa ser un ser humano. En general, el espíritu de nuestra época ya no discierne ni se deleita en la belleza del diseño de Dios para la vida humana. Muchos niegan que Dios haya creado a los seres humanos para su gloria, y que sus buenos propósitos para nosotros incluyan nuestro diseño personal y físico como hombre y mujer. Es común pensar que la identidad humana como hombre y mujer no forma parte del bello plan de Dios, sino que, más bien, es una expresión de las preferencias autónomas de un individuo. De este modo, el camino al gozo pleno y duradero a través del buen diseño de Dios para sus criaturas es reemplazado por el camino de miopes alternativas que, tarde o temprano, arruinan la vida humana y deshonran a Dios.

Este espíritu secular de nuestra época presenta un gran desafío a la iglesia cristiana. ¿Perderá la iglesia del Señor Jesucristo su convicción bíblica, claridad y valentía, y se fundirá con el espíritu de la época? ¿O se aferrará a la Palabra de vida,

---

[82] Ver https://cbmw.org/nashville-statement.

cobrará valor en Jesús y proclamará sin avergonzarse su camino como el camino de vida? ¿Conservará su claro testimonio contracultural ante un mundo que parece empeñado en irse a la ruina?

Estamos persuadidos de que la fidelidad en nuestra generación significa declarar una vez más la verdadera historia del mundo y nuestro lugar en él, en particular en cuanto a hombres y mujeres. La Escritura cristiana enseña que no hay más que un solo Dios que es el único Creador y Señor de todo. Cada persona le debe gozosa gratitud, sincera alabanza y completa lealtad solo a él. Este no solo es el camino a glorificar a Dios, sino a conocernos a nosotros mismos. Olvidar a nuestro Creador es olvidar quiénes somos, porque él nos hizo para sí mismo. Y no podemos conocernos verdaderamente a nosotros mismos sin conocer verdaderamente a aquel quien nos creó. No nos hicimos a nosotros mismos; no somos nuestros. Nuestra verdadera identidad, como personas masculinas y femeninas, ha sido dada por Dios. No solo es insensato, sino también inútil el tratar de convertirnos en aquello para lo cual Dios no nos creó.

Creemos que el diseño de Dios para su creación y su medio de salvación sirven para darle a él la mayor gloria y darnos a nosotros el mayor bien. El buen plan de Dios nos concede la mayor libertad. Jesús dijo que él vino para que pudiéramos tener vida y tenerla en abundancia. Él está a nuestro favor y no en nuestra contra. Por lo tanto, con la esperanza de servir a la iglesia de Cristo y testificar públicamente de los buenos propósitos de Dios para la sexualidad humana revelada en la Escritura cristiana, presentamos las siguientes afirmaciones y negaciones.

Artículo 1
AFIRMAMOS que Dios ha diseñado el matrimonio para que sea una unión de pacto, sexual, procreativa y de por vida entre un hombre y una mujer, como esposo y esposa, y tiene el propósito de simbolizar el amor de pacto entre Cristo y su novia, la iglesia.

NEGAMOS que Dios haya diseñado el matrimonio para que fuera una relación homosexual, polígama o poliamorosa. También negamos que el matrimonio sea un mero contrato humano, sino un pacto hecho delante de Dios.

Artículo 2
AFIRMAMOS que la voluntad revelada de Dios para todas las personas es la castidad fuera del matrimonio y la fidelidad dentro del matrimonio.

NEGAMOS que algún afecto, deseo o compromiso puedan justificar la relación sexual antes o fuera del matrimonio; tampoco justifican ninguna forma de inmoralidad sexual.

Artículo 3
AFIRMAMOS que Dios creó a Adán y Eva, los primeros seres humanos, a su propia imagen, iguales delante de Dios como personas, y distintos como hombre y mujer.

NEGAMOS que las diferencias divinamente ordenadas entre el hombre y la mujer impliquen para ellos desigualdad en dignidad o valor.

Artículo 4

AFIRMAMOS que las diferencias divinamente ordenadas entre hombre y mujer reflejan el diseño original de la creación de Dios y su finalidad es el bien humano y el florecimiento humano.

NEGAMOS que tales diferencias sean el resultado de la Caída o sean una tragedia que deba ser superada.

Artículo 5

AFIRMAMOS que las diferencias entre las estructuras reproductivas masculina y femenina son esenciales en el diseño de Dios para el autoconcepto como hombre o mujer.

NEGAMOS que las anomalías físicas o las condiciones psicológicas anulen el vínculo que Dios ha establecido entre el sexo biológico y el autoconcepto como hombre o mujer.

Artículo 6

AFIRMAMOS que aquellos que nacen con un desorden físico de desarrollo sexual están creados a imagen de Dios y poseen dignidad y valor tal como todos los demás que llevan dicha imagen. Ellos son reconocidos por nuestro Señor Jesús en sus palabras acerca de los «eunucos que nacieron así desde el vientre de la madre». Con todos los demás, ellos son bienvenidos como fieles seguidores de Jesús y deberían aceptar su sexo biológico en la medida que este se pueda conocer.

NEGAMOS que las ambigüedades relacionadas con el sexo biológico de una persona la incapaciten para vivir una vida fructífera en alegre obediencia a Cristo.

Artículo 7

AFIRMAMOS que el autoconcepto como hombre o mujer se debería definir según los santos propósitos de Dios en la creación y redención tal como se revelan en la Escritura.

NEGAMOS que la adopción de un autoconcepto homosexual o transgénero sea compatible con los santos propósitos de Dios en la creación y la redención.

Artículo 8

AFIRMAMOS que las personas que experimentan atracción sexual por el mismo sexo pueden vivir una vida rica y fructífera que agrade a Dios mediante la fe en Jesucristo, en tanto que, como todos los cristianos, lleven una vida de pureza.

NEGAMOS que la atracción sexual por el mismo sexo sea parte de la bondad natural de la creación original de Dios, o que excluya a una persona de la esperanza del evangelio.

Artículo 9

AFIRMAMOS que el pecado distorsiona los deseos sexuales, desviándolos del pacto matrimonial y dirigiéndolos a la inmoralidad sexual, una distorsión que incluye inmoralidad tanto heterosexual como homosexual.

NEGAMOS que un patrón permanente de deseo de inmoralidad sexual justifique la conducta sexual inmoral.

Artículo 10

AFIRMAMOS que es pecaminoso aprobar la inmoralidad homosexual o el transgenerismo y que tal aprobación constituye un alejamiento esencial de la fidelidad y el testimonio cristianos.

NEGAMOS que la aprobación de la inmoralidad homosexual o el transgenerismo sea un asunto de indiferencia moral respecto al cual los cristianos por lo demás fieles deberían aceptar sus diferencias.

Artículo 11

AFIRMAMOS nuestro deber de hablar la verdad en amor en todo tiempo, incluyendo cuando nos hablamos unos a otros o nos referimos a otros como hombre o mujer.

NEGAMOS cualquier obligación de hablar de tal manera que deshonre el diseño de Dios para quienes poseen su imagen como hombres o mujeres.

Artículo 12

AFIRMAMOS que la gracia de Dios en Cristo concede perdón misericordioso, así como poder transformador, y que este perdón y poder le permiten a un seguidor de Jesús dar muerte a sus deseos pecaminosos y andar de una manera digna del Señor.

NEGAMOS que la gracia de Dios en Cristo sea insuficiente para perdonar todos los pecados sexuales y para dar poder para la santidad a cada creyente que se sienta atraído hacia el pecado sexual.

Artículo 13

AFIRMAMOS que la gracia de Dios en Cristo permite a los pecadores abandonar el autoconcepto transgénero y, por paciencia divina, aceptar el vínculo ordenado por Dios entre el sexo biológico de la persona y su autoconcepto como hombre o mujer.

NEGAMOS que la gracia de Dios en Cristo autorice autoconceptos que no concuerden con la voluntad revelada de Dios.

Artículo 14

AFIRMAMOS que Cristo Jesús ha venido al mundo a salvar a los pecadores y que, por medio de la muerte y resurrección de Cristo, el perdón de pecados y la vida eterna están a disposición de toda persona que se arrepienta del pecado y confíe solo en Cristo como Salvador, Señor y supremo tesoro.

NEGAMOS que el brazo del Señor sea demasiado corto para salvar o que algún pecador esté fuera de su alcance.

K. ANEXO 2: RESOLUCIÓN DE LA CONVENCIÓN BAUTISTA DEL SUR SOBRE LA IDENTIDAD TRANSGÉNERO

En el 2014, durante su reunión denominacional anual, la Convención Bautista del Sur, la denominación protestante más grande en los Estados Unidos, aprobó una resolución clara, sabia y basada en la Biblia sobre la identidad transgénero, que podría servir como un modelo para otras iglesias y denominaciones. La resolución fue redactada por el profesor del Boyce College Denny Burk y el director de políticas de la Ethics and Religious Liberty Commission [Comisión de Ética y Libertad Religiosa] Andrew Walker[83].

"Sobre la identidad transgénero"

Resolución de la Convención Bautista del Sur, 10-11 de junio de 2014, en Baltimore, Maryland

CONSIDERANDO:
Que, todas las personas son creadas a imagen de Dios y son hechas para glorificarlo (Génesis 1:27; Isaías 43:7);

Que, el diseño de Dios fue la creación de dos sexos distintos y complementarios, hombre y mujer (Génesis 1:27; Mateo 19:4; Marcos 10:6), que designan la diferencia fundamental que Dios integró en la propia biología de la raza humana;

Que, las diferencias entre los roles masculinos y femeninos establecidos por Dios son parte del orden creado y deberían encontrar su expresión en el corazón de cada humano (Génesis 2:18, 21-24; 1 Corintios 11:7-9; Efesios 5:22-33; 1 Timoteo 2:12-14);

Que, la caída del hombre en el pecado y la maldición posterior de Dios condujo a la ruptura y la inutilidad de la buena creación de Dios (Génesis 3:1-24; Romanos 8:20);
Que, según un estudio del 2011, aproximadamente 700 000 estadounidenses perciben que su identidad de género no va acorde a la realidad física de su sexo biológico de nacimiento;

Que, el transgenerismo se diferencia del hermafroditismo o la intersexualidad en la medida que el sexo del individuo no es ambiguo biológicamente, sino psicológicamente;

Que, la American Psychiatric Association [Asociación Estadounidense de Psiquiatría] eliminó esta condición (alias, "desorden de identidad de género") de su lista de desórdenes en el 2013, sustituyendo "desorden de identidad de género"

---

[83] Ver *"On Transgender Identity"* ["Sobre la identidad transgénero"] The Southern Baptist Convention [Convención Bautista del Sur], http://www.sbc.net/resolutions/2250/on-transgender-identity.

por "disforia de género";

Que, la American Psychiatric Association incluye entre sus opciones de tratamiento para la disforia de género la terapia hormonal de masculinización o feminización, la cirugía de reasignación de sexo y la transición social y legal al género deseado; Que, las noticias señalan que los padres permiten que sus hijos se sometan a estas terapias;

Que, muchos activistas LGTB han tratado de normalizar la experiencia transgénero y definir el género según la autopercepción, independientemente de la anatomía biológica;

Que, la separación de la identidad de género de la realidad física del sexo biológico del nacimiento ocasiona el efecto perjudicial de que se entienda que la sexualidad y la persona son variables;

Que, algunas escuelas públicas motivan a que los padres y maestros afirmen los sentimientos de los niños cuya autopercepción de género difiere de su sexo biológico;

Que, algunas escuelas públicas permiten el acceso a los servicios higiénicos y vestuarios según la autopercepción de género de los niños y no según su sexo biológico;

Que, el estado de Nueva Jersey prohíbe a los consejeros autorizados realizar cualquier intento de cambiar la "expresión de género" de un(a) niño(a);

Que, estas corrientes culturales son contrarias a la enseñanza bíblica resumida en la Fe y Mensaje Bautistas, Artículo III: "El hombre es la creación especial de Dios, hecho a su propia imagen. Él los creó hombre y mujer como la corona de su creación. La dádiva del género es por tanto parte de la bondad de la creación de Dios"; en virtud de lo cual

SE RESUELVE:
Que, los mensajeros de la reunión de la Convención Bautista del Sur en Baltimore, Maryland, del 10 al 11 de junio de 2014, afirmen el buen diseño de Dios en cuanto a que la identidad de género se determina por el sexo biológico y no por la autopercepción, una percepción que a menudo es influenciada por la naturaleza humana caída en formas contrarias al diseño de Dios (Efesios 4:17-18);

Que, nos aflige la realidad de la caída humana que puede resultar en tales manifestaciones biológicas como la intersexualidad o manifestaciones psicológicas como la confusión de la identidad de género y apuntamos nuestra esperanza a la redención de nuestros cuerpos en Cristo (Romanos 8:23);

Que, brindamos amor y compasión a aquellos cuya propia interpretación sexual es moldeada por un preocupante conflicto entre su sexo biológico y su identidad de género;

Que, invitamos a que todas las personas transgénero confíen en Cristo y experimenten una renovación en el Evangelio (1 Timoteo 1:15-16);

Que, amamos a nuestro prójimo transgénero, siempre buscamos su bien, los invitamos a las iglesias y, mientras se arrepientan y crean en Cristo, los recibimos como miembros de la iglesia (2 Corintios 5:18-20; Gálatas 5:14);

Que, consideramos que nuestro prójimo transgénero es portador de la imagen del Dios todopoderoso y, por lo tanto, condenamos los actos de maltrato o abuso cometido contra ellos;

Que, nos oponemos a los esfuerzos de alterar la propia identidad corporal (p. ej., terapia hormonal de masculinización, feminización o cirugía de reasignación de sexo) para rediseñarla según la autopercepción de identidad de género;

Que, seguimos oponiéndonos firmemente a todos los esfuerzos de cualquier gobernante u organismo gubernamental para validar la identidad transgénero como moralmente loable (Isaías 5:20);

Que, nos oponemos a todos los esfuerzos culturales para validar las afirmaciones de la identidad transgénero; y finalmente

Que, nuestro amor por el Evangelio y la urgencia por la Gran Comisión debe incluir declarar todo el consejo de Dios, proclamando lo que las Escrituras enseñan sobre el diseño de Dios para nosotros como hombres y mujeres creados a su imagen y para su gloria (Mateo 28:19-20; Hechos 20:27; Romanos 11:36).

PREGUNTAS PARA REFLEXIONAR

1. ¿Dios lo creó como un hombre o una mujer? ¿Es feliz con el hombre o la mujer que es?
2. ¿Se relaciona exactamente igual con los hombres que con las mujeres o siente que hay una diferencia instintiva en su forma de relacionarse?
3. ¿Cómo ha cambiado lo que pensaba sobre la homosexualidad luego de leer este capítulo (si es que ha cambiado)?
4. Si fuera invitado a una boda entre personas del mismo sexo de un pariente o amigo cercano, ¿asistiría? ¿Por qué sí o por qué no?
5. ¿Tiene amigos cercanos o familiares que viven un estilo de vida homosexual? ¿Cómo se relaciona con ellos siendo cristiano? ¿Cómo cree que Dios quiere que usted se relacione con ellos? ¿Cómo cree que Jesús se relacionaría con ellos?
6. ¿Qué rasgos de carácter cristiano (ver pág. 110) son especialmente útiles para afrontar los deseos sexuales en su propia vida o en relación con amigos que viven un estilo de vida homosexual?

TÉRMINOS ESPECIALES

identidad transgénero

BIBLIOGRAFÍA

Otras fuentes de referencia sobre ética

(ver datos bibliográficos completos, pág. 64)

Clark y Rakestraw, 2:177-224
Davis, 106-30
Feinberg, John y Paul, 307-85
Frame, 757-61
Geisler, 280-98
Gushee y Stassen, 264-68
Hays, 379-406
Kaiser, 117-26
McQuilkin y Copan, 285-310
Rae, 279-86

Otras obras

Allberry, Sam. *Is God Anti-Gay? Questions Christians Ask* [¿Está Dios en contra de los gays?]. Purcellville, Virginia: The GoodBook Co., 2013.

Balswick, Judith K. y Jack O. *Balswick. Authentic Human Sexuality: An Integrated Christian Approach* [La sexualidad humana auténtica]. 2da ed. Downers Grove, Illinois: IVP Academic, 2008.

Branch, J. Alan. *Born This Way? Homosexuality, Science, and the Scriptures* [¿Así se nace? Homosexualidad, ciencia y las Escrituras]. Wooster, Ohio: Weaver Book Co., 2016.

Burk, Denny. *"Training Our Kids in a Transgender World"* ["Entrenando a nuestros hijos en una cultura que afirma el transgénero"]. En Designed for Joy: How the Gospel Impacts Men and Women, Identity and Practice [Diseñados para el gozo: Cómo el Evangelio afecta a hombres y mujeres, identidad y práctica], editado por Jonathan Parnell y Owen Strachan, págs. 89–98. Wheaton, Illinois: Crossway, 2015.

———. *What Is the Meaning of Sex?* [¿Cuál es el significado del sexo?] Wheaton, Illinois: Crossway, 2013.

Burk, Denny y Heath Lambert. *Transforming Homosexuality: What the Bible Says about Sexual Orientation and Change* [Transformando la homosexualidad: Qué dice la Biblia sobre la orientación y el cambio sexual]. Phillipsburg, Nueva Jersey: P&R, 2015.

Burtoft, Larry. *Setting the Record Straight: What Research Really Says about the Social Consequences of Homosexuality* [Poniendo las cosas en claro: Lo que realmente dicen las investigaciones sobre las consecuencias sociales de la homosexualidad]. Colorado Springs: Focus on the Family, 1994.

Butterfield, Rosaria Champagne. *The Secret Thoughts of an Unlikely Convert: An English Professor's Journey into Christian Faith* [Los pensamientos secretos de una conversa improbable: el viaje de una profesora de inglés a la fe cristiana]. Pittsburgh: Crown & Covenant, 2012.

Carlson, Jodi. *The Truth Comes Out: The Roots and Causes of Male Homosexuality* [La verdad sale a la luz: Las raíces y las causas de la homosexualidad masculina]. Colorado Springs: Focus on the Family, 2002.

Carson, D. A. *The Intolerance of Tolerance* [La tolerancia contemporánea es intrínsecamente intolerante]. Grand Rapids, Michigan: Eerdmans, 2012.

Citlau, Ron. *Hope for the Same-Sex Attracted: Biblical Direction for Friends, Family Members, and Those Struggling with Homosexuality* [Atraídos por el mismo sexo, ¡Hay esperanza!, Instrucción bíblica para amigos, familiares y aquellos que luchan con la homosexualidad]. Minneapolis: Bethany House, 2017.

Dallas, Joe. *Speaking of Homosexuality: Discussing the Issues with Kindness and Clarity* [Hablando sobre la homosexualidad: Discutiendo los temas con amabilidad y claridad]. Grand Rapids, Michigan: Baker, 2016.

DeRouchie, Jason S. *"Confronting the Transgender Storm: New Covenant Reflections on Deuteronomy 22:5"* ["Confrontando la tormenta transgénero: Reflexiones del Nuevo Pacto de Deuteronomio 22:5"]. Journal for Biblical Manhood and Womanhood 21, n.º 1 (2016): págs. 58–69.

DeYoung, James B. *Homosexuality: Contemporary Claims Examined in Light of the Bible and Other Ancient Literature and Law* [Homosexualidad: Afirmaciones contemporáneas a la luz de la Biblia y de otra literatura y leyes antiguas]. Grand Rapids, Michigan: Kregel Academic & Professional, 2000.

DeYoung, Kevin. *"40 Questions for Christians Now Waving Rainbow Flags"* ["40 preguntas para los cristianos que ahora agitan las banderas del arcoíris"]. DeYoung, Restless, and Reformed, 1 de julio de 2015, http://www.thegospelcoalition.org/blogs/kevindeyoung/2015/07/01/40-questions-for-christians-now-waving-rainbow-flags/.

———. *What Does the Bible Really Teach about Homosexuality?* [¿Qué es lo que realmente la Biblia enseña sobre la homosexualidad?] Wheaton, Illinois: Crossway, 2015.

Field, D. H. *"Homosexuality"* ["Homosexualidad"] En el New Dictionary of Christian Ethics and Pastoral Theology [Nuevo Diccionario de Ética Cristiana y Teología Pastoral], editado por David J. Atkinson y David H. Field, págs. 450–54. Leicester, Reino Unido: InterVarsity y Downers Grove, Illinois: InterVarsity Press, 1995.

Fortson III, S. Donald y Rollin G. Grams. *Unchanging Witness: The Consistent Christian Teaching on Homosexuality in Scripture and Tradition* [Testimonio inmutable: la coherencia de la enseñanza cristiana sobre la homosexualidad en las Escrituras y la tradición]. Nashville: B&H Academic, 2016.

Gagnon, Robert A. J. *The Bible and Homosexual Practice: Texts and Hermeneutics* [La Biblia y la práctica homosexual]. Nashville: Abingdon, 2001.

Gagnon, Robert A. J. y Dan O. Via. *Homosexuality and the Bible: Two Views* [La homosexualidad y la Biblia: Dos puntos de vista]. Minneapolis: Fortress, 2004.

Girgis, Sherif, Robert P. George y Ryan T. Anderson. *What Is Marriage? Man and Woman: A Defense* [¿Qué es el matrimonio? Hombre y mujer: Una defensa]. Nueva York: Encounter, 2012.

Grenz, Stanley J. *Welcoming but Not Affirming: An Evangelical Response to Homosexuality* [Dar la bienvenida pero no afirmar: una respuesta evangélica a la homosexualidad]. Louisville: Westminster John Knox, 1998.

Grisanti, Michael A. *"Cultural and Medical Myths about Homosexuality"* ["Mitos médicos y culturales sobre la homosexualidad"]. The Master's Seminary Journal 19 (2008): págs. 175–202. Guthrie, George H. "Changing Our Mind" ["Cambiando nuestra manera de pensar"]. The Gospel Coalition, 9 de enero de 2015, http://www.thegospelcoalition.org/article/changing-our-mind.

Heimbach, Daniel R. *Why Not Same-Sex Marriage: A Manual for Defending Marriage against Radical Deconstruction* [Por qué no al matrimonio entre personas del mismo sexo: Un manual para defender el matrimonio contra la deconstrucción radical]. Sisters, Oregon: Trusted Books, 2014.

Hill, Wesley. *Washed and Waiting: Reflections on Christian Faithfulness and Homosexuality* [Limpio y a la espera: Reflexiones sobre la fidelidad cristiana y la homosexualidad]. Edición actualizada y extendida. Grand Rapids, Michigan: Zondervan, 2016.

Hubbard, Peter. *Love into Light: The Gospel, the Homosexual, and the Church* [El amor a la luz: El Evangelio, el homosexual y la iglesia]. Greenville, Carolina del Sur: Ambassador International, 2013.

Jones, Peter. *The God of Sex: How Spirituality Defines Your Sexuality* [El Dios del sexo: Cómo la espiritualidad define tu sexualidad]. Colorado Springs:Victor, 2006.

Jones, Peter. *One or Two: Seeing a World of Difference, Romans 1 for the Twenty-First Century* [Uno o dos: Viendo un mundo de diferencia]. Escondido, California: Main Entry Editions, 2010.

Jones, Stanton L. y Mark A. *Yarhouse. Homosexuality: The Use of Scientific Research in the Church's Moral Debate* [La homosexualidad: El uso de la investigación científica en el debate moral de la iglesia]. Downers Grove, Illinois: InterVarsity Press, 2000.

———. *Ex-Gays?: A Longitudinal Study of Religiously Mediated Change in Sexual Orientation* [¿Ex-gays? Un estudio longitudinal del cambio de orientación sexual mediado por la religión]. Downers Grove, Illinois: IVP Academic, 2007.

Keller, Timothy. *"The Bible and Same-Sex Relationships: A Review Article"* ["La Biblia y las relaciones entre personas del mismo sexo: Un artículo de opinión"]. The Gospel Coalition, 5 de junio de 2015, http://www.thegospelcoalition.org/article/the-bible-and-same-sex-relationships-a-review-article.

Köstenberger, Andreas J. *"Abandoning Natural Relations: The Biblical Verdict on Homosexuality"* [Abandonando las relaciones naturales: El veredicto bíblico sobre la homosexualidad]. En God, Marriage, and Family: Rebuilding the Biblical Foundation [Dios, el matrimonio y la familia: La reconstrucción de la fundación bíblica]. 2da ed., págs. 199–222. Wheaton, Illinois: Crossway, 2010.

Köstenberger, Andreas J. y Margaret E. Köstenberger. *God's Design for Man and Woman: A Biblical-Theological Survey* [El diseño de Dios para el hombre y la mujer: Un estudio bíblico-teológico]. Wheaton, Illinois: Crossway, 2014.

Lovelace, Richard F. *Homosexuality and the Church* [La Homosexualidad y la iglesia]. Old Tappan, Nueva Jersey: Revell, 1978.

MacArthur, John F. *"God's Word on Homosexuality: The Truth about Sin and the Reality of Forgiveness"* ["La palabra de Dios sobre la homosexualidad: La verdad sobre el pecado y la realidad del perdón"]. The Master's Seminary Journal 19 (2008): págs. 153–74.

McDowell, *Sean y John Stonestreet. Same-Sex Marriage: A Thoughtful Approach to God's Design for Marriage* [Matrimonio entre personas del mismo sexo: Un enfoque reflexivo del diseño de Dios para el matrimonio]. Grand Rapids, Michigan: Baker, 2014.

Mohler, R. Albert, Jr., ed. *God and the Gay Christian? A Response to Matthew Vines* [¿Dios y el cristiano gay?: Una respuesta a Matthew Vines]. Conversant. Louisville: SBTS Press, 2014 (este libro electrónico incluye capítulos de Mohler, James M. Hamilton, Denny Burk, Owen Strachan y Heath Lambert).

———. *We Cannot Be Silent: Speaking Truth to a Culture Redefining Sex, Marriage, and the Very Meaning of Right and Wrong* [No podemos callar: Decir la verdad en una cultura que redefine el sexo, el matrimonio y lo que está bien o mal]. Nashville: Thomas Nelson, 2015.

Nicolosi, Joseph y Linda Ames Nicolosi. *A Parent's Guide to Preventing Homosexuality* [Una guía para padres sobre cómo prevenir la homosexualidad]. Downers Grove, Illinois: InterVarsity Press, 2002.

Phelan, James, Neil Whitehead y Philip Sutton. *"What Research Shows: NARTH's Response to the APA Claims on Homosexuality"* ["Lo que demuestra la investigación: La respuesta de NARTH a las declaraciones de la APA sobre la homosexualidad"]. Journal of Human Sexuality 1 (2009): págs. 5–121.

Piper, John. *"'Let Marriage Be Held in Honor'—Thinking Biblically about So-Called Same-Sex Marriage"* ["Que el matrimonio se celebre con honor: Pensando bíblicamente sobre el llamado matrimonio entre personas del mismo sexo"]. Journal for Biblical Manhood and Womanhood 17, n.º 2 (2012): págs. 36–40. *Protecting Your Ministry from Sexual Orientation Gender Identity Lawsuits* [Cómo proteger su ministerio de demandas por orientación sexual e identidad de género]. Scottsdale, Arizona: Alliance Defending Freedom, 2015.

Roberts, Vaughn. *Transgender* [Transgénero]. Talking Points. Purcellville, Virginia: The Good Book Co., 2016.

Satinover, Jeffrey. *Homosexuality and the Politics of Truth* [Homosexualidad y la política de la verdad]. Grand Rapids, Michigan: Baker, 1996.

Schmidt, Thomas E. *Straight and Narrow? Compassion and Clarity in the Homosexuality Debate* [La homosexualidad: Compasión y claridad en el debate]. Downers Grove, Illinois: InterVarsity Press, 1995.

Sears, Alan y Craig Osten. *The Homosexual Agenda: Exposing the Principal Threat to Religious Freedom Today* [La agenda homosexual]. Edición revisada y actualizada. Nashville: Broadman & Holman, 2003.

Shaw, Ed. *Same-Sex Attraction and the Church: The Surprising Plausibility of the Celibate Life* [La iglesia y la atracción hacia el mismo sexo: La sorprendente viabilidad de la vida célibe]. Downers Grove, Illinois: InterVarsity Press, 2015.

Siker, Jeffrey S. *Homosexuality in the Church: Both Sides of the Debate* [La homosexualidad en la iglesia: Ambos lados del debate]. Louisville: Westminster John Knox, 1994.

Sprigg, Peter y Timothy Dailey. *Getting It Straight: What the Research Shows about Homosexuality* [Entendiéndolo bien: lo que muestra la investigación sobre la homosexualidad]. Washington: Family Research Council, 2004.

Sprigg, Peter. The Top Ten Myths about Homosexuality [Los diez mitos principales sobre la homosexualidad]. Washington: Family Research Council, 2010.

———. *The Top Ten Harms of Same Sex "Marriage"* [Los diez daños principales del "matrimonio" entre personas del mismo sexo]. Washington: Family Research Council, 2011.

Sprinkle, Preston. *People to Be Loved: Why Homosexuality Is Not Just an Issue* [Personas a ser amadas: Por qué la homosexualidad no es solo un problema]. Grand Rapids, Michigan: Zondervan, 2015.

———. *"Romans 1 and Homosexuality: A Critical Review of James Brownson's Bible, Gender, and Sexuality"* ["Romanos 1 y la homosexualidad: Una revisión crítica del libro de James Brownson 'La Biblia, el género y la sexualidad'"]. Bulletin for Biblical Research 24 (2014): págs. 515–28.

———, *ed. Two Views on Homosexuality, the Bible, and the Church* [Dos puntos de vista sobre la homosexualidad, la Biblia y la iglesia]. Counterpoints. Grand Rapids, Michigan: Zondervan, 2016.

Vines, Matthew. *God and the Gay Christian: The Biblical Case in Support of Same-Sex Relationships* [Dios y el cristiano gay: El caso bíblico en apoyo de las relaciones del mismo sexo]. Nueva York: Convergent, 2014.

Wink, Walter, ed. *Homosexuality and Christian Faith: Questions of Conscience for the Churches* [Homosexualidad y la fe cristiana: Cuestiones de consciencia para las iglesias]. Minneapolis: Fortress, 1999.

Winter, Bruce W. *"Roman Homosexual Activity and the Elite* (1 Corinthians 6:9)" ["La actividad homosexual romana y la élite (1 Corintios 6:9)"]. En *After Paul Left Corinth: The Influence of Secular Ethics and Social Change* [Después de que Pablo dejó Corinto: La influencia de la ética secular y el cambio social], págs. 110–20. Grand Rapids, Michigan: Eerdmans, 2001.

Yuan, Christopher y Angela Yuan. *Out of a Far Country: A Gay Son's Journey to God* [Ya no vivo yo: La travesía de un hijo homosexual a Dios]. Colorado Springs: Waterbrook, 2011.

PASAJE BÍBLICO PARA MEMORIZAR

Romanos 1:26-27: Por esto Dios los entregó a pasiones vergonzosas; pues aun sus mujeres cambiaron el uso natural por el que es contra naturaleza, y de igual modo también los hombres, dejando el uso natural de la mujer, se encendieron en su lascivia unos con otros, cometiendo hechos vergonzosos hombres con hombres, y recibiendo en sí mismos la retribución debida a su extravío.

HIMNO

"Calma mi alma"

Calma mi alma, contigo estoy Señor;
soporta con paciencia tu dolor,
deja al Señor que obre y te proteja en cada prueba,
Él te será fiel.
Calma mi alma, tu amigo eterno es;
te guiará a un lugar feliz.

Calma mi alma, que Dios te guiará;
en el futuro como en el ayer,
fe y esperanza no debes perder
todo misterio al fin claro será.
Calma mi alma, las olas y los vientos.
Él rige con su voz y poder.

Calma mi alma, la hora está llegando,
de estar por siempre al lado del Señor;
si soy dolor, las penas ya se alejan
y Cristo reina con su gran poder;
Calma mi alma, ya todo está en paz;
¡Oh! Qué gran gozo es vernos al final.

AUTOR: KATHARINA VON SCHLEGEL, NACIDA EN 1697

Parte 6

PROTEGIENDO LA PROPIEDAD

"No hurtarás".

Capítulo 34

PROPIEDAD: LA BONDAD Y LA NECESIDAD DE LA PROPIEDAD PRIVADA

¿Por qué Dios permite que los humanos posean bienes?

¿Es algo bueno?

¿Dios aprueba el incremento de la prosperidad humana en la tierra?

¿Cuáles son los peligros de la "teología de la prosperidad"?

El octavo mandamiento indica lo siguiente:

"No hurtarás" (Ex 20:15).

A. EL SIGNIFICADO DEL MANDAMIENTO

El octavo mandamiento nos ordena a no "hurtar". El verbo hebreo gānab ("hurtar") se usa para referirse a Raquel hurtando los ídolos de su padre (Gn 31:19), al hurto de plata u oro de la casa de alguien (44:8), al hurto de un buey o una oveja (Ex 22:1) e incluso al hurto de un ser humano mediante el rapto (Ex 21:16). Significa tomar algo que no le pertenece.

Sin duda, este mandamiento aplica a todos los cristianos en la era del Nuevo Pacto porque se afirma varias veces en el Nuevo Testamento:

No hurtarás (Ro 13:9).

Los ladrones [...] [no] heredarán el reino de Dios (1 Co 6:10).

El que hurtaba, no hurte más (Ef 4:28; ver también Ro 2:21; 1 Co 5:11; Tito

2:10; He 10:34; Santiago 5:4; Ap 9:21).

B. EL MANDAMIENTO DE NO HURTAR IMPLICA LA PROPIEDAD PRIVADA

El mandamiento "no hurtarás" supone que *hay algo que hurtar*, algo que le pertenece a alguien más y no a usted. Usted no debería robar el buey o el burro (o el auto, el celular o la computadora) de otra persona, ya que eso le pertenece a ella y no a usted. Por lo tanto, el octavo mandamiento supone la propiedad privada[1].

1. El respaldo de la propiedad privada en algunas partes del Antiguo Testamento. Otros pasajes en el Antiguo Testamento muestran que Dios estaba interesado en proteger la propiedad privada. Las personas debían poseer los bienes, no el gobierno o la sociedad como un todo. Por ejemplo, Dios le dijo al pueblo de Israel que cuando llegara el Año del Jubileo "os será de jubileo, y *volveréis cada uno a vuestra posesión*, y cada cual volverá a su familia" (Lv 25:10).

El Pacto de Moisés incluía varias otras leyes que determinaban los castigos por hurtar y la restitución adecuada por los daños causados a los animales de granja de una persona o los campos de cultivo (por ejemplo, ver Ex 21:28-36; 22:1-15; Dt 22:1-4; 23:24-25). Los animales y los campos de cultivo de una persona le pertenecían a esa persona, no a alguien más y los judíos debían respetar tales derechos de propiedad[2].

Otro mandamiento garantizaba que se protegerían los límites de propiedad: "No cambiarás de lugar los linderos de tu prójimo, los cuales habrán sido establecidos por los antepasados en la heredad tuya, que recibirás en la tierra que el SEÑOR tu Dios te da para que tomes posesión de ella" (Dt 19:14 RVA-2015). Mover los linderos significaba mover los límites de la tierra y, por lo tanto, hurtar la tierra que le pertenecía al prójimo (cf. Pr 22:28; 23:10).

Asimismo, el Antiguo Testamento muestra que los gobiernos podrían usar injustamente su inmenso poder para ignorar los derechos de propiedad y hurtar lo que no deberían. A petición de la malvada reina Jezabel, el rey Acab hurtó injustamente la viña de Nabot y lo mandó matar en el proceso (1 Reyes 21). Y, como mencioné anteriormente (pág. 435), el profeta Samuel había advertido sobre los males de un rey así, que "tomará", "tomará" y "tomará":

---

[1] Partes de esta sección se adaptaron del libro de Wayne Grudem y Barry Asmus: *The Poverty of Nations: A Sustainable Solution* [La pobreza de las naciones] (Wheaton, Illinois: Crossway, 2013), págs. 141–43, con el permiso de la editorial. Otras partes de este capítulo se tomaron del libro de Wayne Grudem: *"The Eighth Commandment as the Moral Foundation for Property Rights, Human Flourishing, and Careers in Business"* ["El octavo mandamiento como la base moral de los derechos de propiedad, la prosperidad humana y las carreras empresariales"], Themelios 41 (2016): págs. 76–87, con el permiso de la editorial.

[2] Este párrafo y el siguiente se adaptaron del libro de Wayne Grudem: Politics—According to the Bible: A Comprehensive Resource for Understanding Modern Political Issues in Light of Scripture [Política según la Biblia: un recurso integral para comprender los problemas políticos modernos a la luz de las Escrituras] (Grand Rapids, Michigan: Zondervan, 2010), pág. 262, con el permiso de la editorial.

Samuel refirió todas las palabras del SEÑOR al pueblo que le había pedido un rey. Y dijo: —Este será el proceder del rey que reine sobre ustedes: *Tomará* a los hijos de ustedes y los pondrá en sus carros y en su caballería, para que corran delante de su carro. Nombrará para sí jefes de millares y jefes de cincuenta. Hará que aren sus campos y sieguen su mies, que fabriquen sus armas de guerra y el equipo de sus carros. *Tomará* a las hijas de ustedes para que sean perfumistas, cocineras y panaderas. También tomará lo mejor de las tierras de ustedes, de las viñas y de los olivares, y los dará a sus servidores. *Tomará* la décima parte de los granos y viñedos de ustedes para dárselo a sus funcionarios y servidores. *Tomará* a los siervos, a las siervas, a los mejores bueyes y a los mejores asnos de ustedes para ocuparlos en sus obras. También *tomará* la décima parte de los rebaños de ustedes, y ustedes mismos serán sus siervos. Aquel día clamarán a causa de su rey que se habrán elegido, pero aquel día el SEÑOR no los escuchará (1 S 8:10-18 RVA-2015)[3].

2. La propiedad privada en el Nuevo Testamento. Varios pasajes del Nuevo Testamento muestran que las personas tenían el derecho de poseer dinero y bienes, y se esperaba que los usaran sabiamente. El Nuevo Testamento fomenta mucho la generosidad, pero no hay ningún indicio de la desaprobación de un sistema en el que *los bienes no los posea el gobierno o la sociedad en general, sino personas individuales* que son responsables de decidir sabiamente cómo usarlos. A continuación, veremos algunos de estos pasajes:

[...] si debemos repartir, hagámoslo con generosidad (Ro 12:8 RVC).

Cada primer día de la semana cada uno de vosotros ponga aparte algo, según haya prosperado, guardándolo, para que cuando yo llegue no se recojan entonces ofrendas (1 Co 16:2).

Cada uno dé como propuso en su corazón: no con tristeza, ni por necesidad, porque Dios ama al dador alegre (2 Co 9:7).

El que hurtaba, no hurte más, sino trabaje, haciendo con sus manos lo que es bueno, para que tenga qué compartir con el que padece necesidad (Ef 4:28).

A los ricos de este siglo manda que no sean altivos, ni pongan la esperanza en las riquezas, las cuales son inciertas, sino en el Dios vivo, que nos da todas las cosas en abundancia para que las disfrutemos. Que hagan bien, que sean ricos en buenas obras, dadivosos, generosos (1 Ti 6:17-18).

[...] y el despojo de vuestros bienes sufristeis con gozo, sabiendo que tenéis en vosotros una mejor y perdurable herencia en los cielos (He 10:34).

---

[3] En cambio, el rey David fue un buen ejemplo porque le insistió a Arauna a comprarle una era, cuando podía haberla recibido como regalo (ver 2 S 24:23-24).

Sean vuestras costumbres sin avaricia, contentos con lo que tenéis ahora; porque él dijo: No te desampararé, ni te dejaré (He 13:5).

He aquí, clama el jornal de los obreros que han cosechado vuestras tierras, el cual por engaño no les ha sido pagado por vosotros; y los clamores de los que habían segado han entrado en los oídos del Señor de los ejércitos (Santiago 5:4; aquí la amonestación por el mal uso de los bienes aún implica que Dios responsabilice a los ricos deshonestos por la administración de su riqueza).

Pero el que tiene bienes de este mundo y ve a su hermano tener necesidad, y cierra contra él su corazón, ¿cómo mora el amor de Dios en él? (1 Juan 3:17).

Algunas veces, las personas afirman que los cristianos practicaban una forma de "comunismo primitivo", ya que el libro de los Hechos menciona que los creyentes tenían en común todas las cosas. Es importante observar los pasajes cuidadosamente:

Todos los que habían creído estaban juntos, y tenían en común todas las cosas; y vendían sus propiedades y sus bienes, y lo repartían a todos según la necesidad de cada uno. Y perseverando unánimes cada día en el templo, y partiendo el pan en las casas, comían juntos con alegría y sencillez de corazón (Hechos 2:44-46).

Y la multitud de los que habían creído era de un corazón y un alma; y ninguno decía ser suyo propio nada de lo que poseía, sino que tenían todas las cosas en común. Y con gran poder los apóstoles daban testimonio de la resurrección del Señor Jesús, y abundante gracia era sobre todos ellos. Así que no había entre ellos ningún necesitado; porque todos los que poseían heredades o casas, las vendían, y traían el precio de lo vendido, y lo ponían a los pies de los apóstoles; y se repartía a cada uno según su necesidad (Hechos 4:32-35).

Sin duda, estos pasajes muestran un gran nivel de confianza en Dios, generosidad y amor al prójimo, todo como resultado de una extraordinaria efusión del poder del Espíritu Santo en un tiempo de gran avivamiento. No obstante, es un gran error llamarlo "comunismo primitivo", ya que (1) lo que se daba era voluntario y el gobierno no lo exigía y (2) las personas aún tenían posesiones personales, ya que todavía se reunían en "las casas" (Hechos 2:46). Posteriormente, muchos otros cristianos aún poseían sus casas, tal como María, la madre de Juan (el que tenía por sobrenombre Marcos) (12:12), Jasón (17:5), Justo (18:7), muchos cristianos en Éfeso (20:20), Felipe el evangelista (21:8), Mnasón de Chipre (21:16, en Jerusalén), Priscila y Aquila (Ro 16:5; 1 Co 16:19), Ninfas (Col 4:15), Filemón (Flm 2) y otros cristianos en general a quienes Juan escribió (2 Juan 10).

Otra prueba de que la iglesia primitiva no practicaba un tipo de "comunismo primitivo" es que (3) inmediatamente después de la descripción de tal increíble generosidad en Hechos 4, se encuentra la historia de Ananías y Safira, quienes mintieron sobre el precio de venta de una tierra. Pero Pedro les dijo que no había necesidad de hacerlo:

> Reteniéndola, ¿no se te quedaba a ti? y vendida, ¿no estaba en tu poder? ¿Por qué pusiste esto en tu corazón? No has mentido a los hombres, sino a Dios (Hechos 5:4).

Es importante que esta historia ocurra inmediatamente después de que el pasaje diga "tenían todas las cosas en común" (Hechos 4:32). Nos recuerda que toda la generosidad que vemos en Hechos 4 fue voluntaria y no tenía la intención de anular las ideas de la propiedad individual o la desigualdad de bienes. Cuando Pedro dice: "Reteniéndola, ¿no se te quedaba a ti?" (5:4), reafirma la idea de la propiedad privada. Por lo tanto, nos aleja de la idea errónea de que la iglesia establecía un nuevo requisito de que los cristianos debían renunciar a toda propiedad privada o que todos los cristianos debían poseer bienes iguales.

3. El comunismo busca abolir la propiedad privada. Karl Marx dijo lo siguiente: "Los comunistas pueden resumir su teoría en una sola fórmula: abolición de la propiedad privada"[4]. Países comunistas tales como Corea del Norte, Cuba y la antigua Unión Soviética han prohibido todo tipo de propiedad privada, como tierra e inmuebles. Al hacer esto, estos gobiernos han atrapado a su población en un ciclo depresivo de brutal pobreza.

Por ejemplo, Corea del Norte, uno de los países más pobres del mundo con un ingreso per cápita de $1 800[5], es un ejemplo particularmente evidente de los efectos del comunismo, ya que contrasta de forma significativa con Corea del Sur, una economía de libre mercado que permite la propiedad privada. Como resultado, según el CIA World Factbook [Libro Mundial de Hechos], durante las últimas cuatro décadas, Corea del Sur ha demostrado un crecimiento económico increíble y una integración global para convertirse en una economía industrializada de alta tecnología. En 1960, su ingreso per cápita era comparable con los niveles de los países más pobres de África y Asia. Sin embargo, en el 2004, Corea del Sur se unió al club del billón de dólares de economías mundiales y, en el 2016, su ingreso per cápita fue de $36 511[6], es decir, 20 veces el de Corea del Norte. Esta comparación es especialmente importante, ya que Corea del Norte y Corea del Sur fueron un

---

[4] Karl Marx, Communist Manifesto [Manifiesto comunista] (Nueva York: International Publishers, 1948), pág. 23.

[5] El CIA World Factbook estimó un ingreso per cápita de $1 800 para Corea del Norte para el 2014, pero también señala que se basa en una extrapolación de una estimación anterior y que Corea del Norte no publica información económica nacional confiable. Sin duda, está entre las naciones más pobres del mundo y "una gran cantidad de la población sigue sufriendo de desnutrición prolongada y condiciones de vida precarias". Central Intelligence Agency [Agencia Central de Inteligencia], The World Factbook, https://www.cia.gov/library/publications/the-world-factbook/geos/kn.html.

[6] "2017 Index of Economic Freedom" ["Índice de Libertad Económica 2017"]. The Heritage Foundation [Fundación Heritage], http://www.heritage.org/index/country/southkorea.

solo país hasta 1948 y su población comparte el mismo contexto cultural, idioma e historia. La diferencia es que un país sufre de los efectos opresivos del comunismo y el otro se beneficia del crecimiento económico que se debe a un sistema económico de libre mercado.

Se puede observar una diferencia similar si comparamos China y Taiwán. En 1949, los funcionarios del gobierno de la República de China huyeron a Taiwán para continuar su gobierno en ese país, luego de que perdieran ante los comunistas en la Guerra Civil China. China continental se convirtió en una nación comunista, mientras que Taiwán estableció una economía de libre mercado. Ambas poblaciones compartían una cultura, un contexto étnico y un lenguaje similar; sin embargo, bajo el régimen comunista, la población de China permaneció atrapada en la extrema pobreza por décadas. A comienzos de 1978, Deng Xiaoping estableció amplias reformas de libre mercado en varias áreas de la economía, de modo que China dejó de ser un sistema económico totalmente comunista y se produjo un rápido crecimiento económico. Sin embargo, la libertad económica aún es limitada y las décadas de crecimiento que se perdieron debido al comunismo no se pudieron recuperar rápidamente. Por lo tanto, se mantiene una gran diferencia: Taiwán tiene un ingreso per cápita de $46 800, lo que hace que los chinos que viven en Taiwán sean tres veces más ricos que los que viven en China, con un ingreso per cápita de $14 100[7].

Tal abolición de la propiedad privada, como ocurre bajo un régimen comunista, es terriblemente deshumanizante, ya que minimiza grandemente la libertad de las personas para tomar decisiones sabias para administrar sus recursos y evita el desarrollo económico y cultural del ser humano como Dios desea que se produzca. No debería sorprendernos que una anulación del sistema de propiedad privada, que se encuentra tanto en el Antiguo como en el Nuevo Testamento, sea profundamente perjudicial para la vida de las personas.

4. La importancia del octavo mandamiento. Si el octavo mandamiento implica la propiedad privada, entonces tiene un enfoque diferente al de los otros nueve mandamientos. El octavo mandamiento abarca toda una gama de actividades humanas que no se abordan en los otros mandamientos.

> El primer, el segundo, el tercer y el cuarto mandamiento (Ex 20:3-11) se enfocan principalmente en nuestra relación con Dios y las responsabilidades que tenemos ante él (el cuarto mandamiento sí nos exige que trabajemos, pero no especifica para qué debemos trabajar).
>
> El quinto mandamiento protege a la familia ("Honra a tu padre y a tu madre", Ex 20:12).
>
> El sexto mandamiento protege la vida ("No cometas asesinato" (Ex 20:13 NTV).
>
> El séptimo mandamiento protege el matrimonio ("No cometerás adulterio", Ex 20:14).

---

[7] Ibid., http://www.heritage.org/index/country/taiwan y http://www.heritage.org/index/country/china.

El noveno mandamiento protege la verdad ("No hablarás contra tu prójimo falso testimonio", Ex 20:16).

El décimo mandamiento exige pureza de corazón ("No codiciarás la casa de tu prójimo, no codiciarás la mujer de tu prójimo, [...] ni cosa alguna de tu prójimo", Ex 20:17). Por inferencia, el décimo mandamiento también requiere pureza de corazón en relación con todos los otros mandamientos, pero no incluye ninguna área de la vida como un enfoque adicional que ya no se haya tratado en los mandamientos previos.

Por lo tanto, el octavo mandamiento es único. Protege la propiedad y los bienes. Por lógica, es correcto pensar que también protege el tiempo, los talentos y las oportunidades de otra persona; es decir, todo lo que le ha sido otorgado a las personas para que lo administren. No debemos robar la propiedad, el tiempo, el talento ni las oportunidades de otra persona.

Por ende, sin el octavo mandamiento, los Diez Mandamientos no abarcarían de forma resumida todos los aspectos de nuestra vida moral. Habríamos tenido las instrucciones de Dios en cuanto a la protección de la adoración, la familia, la vida, el matrimonio y la verdad. Pero, ¿en qué parte los Diez Mandamientos nos dirían *qué deberíamos hacer* con nuestros bienes, tiempo, talentos y oportunidades? Sí, los primeros cuatro mandamientos nos instruirían en la adoración a Dios, pero más allá de tal adoración, ¿se esperaría que *logremos* algo más que la mera existencia? ¿Se esperaría que actuemos como el reino animal lo hace: comer, dormir, tener hijos y morir, sin lograr otras cosas para demostrar la excelencia de la humanidad creada a imagen de Dios?

Sin embargo, el octavo mandamiento implica que tenemos bienes que cuidar. Por lo tanto, este es el mandamiento que nos diferencia del reino animal como propietarios de bienes y como aquellos a los que se les ha dado la administración de bienes. De esa manera, el octavo mandamiento se relaciona con la mayor parte de nuestra actividad laboral durante la mayor parte de nuestra vida en la tierra.

C. DIOS NOS DA LOS BIENES PARA ADMINISTRARLOS

1. Somos responsables ante Dios por cómo usamos "nuestros" bienes. Si el mismo Dios ordenó "no hurtarás" y si en ese mandamiento Dios establece un sistema de propiedad privada, entonces se deduce que somos responsables ante Él por cómo usamos los bienes. Sin duda, esta es la perspectiva de la Biblia: nuestra propiedad de bienes no es absoluta, sino que somos *administradores* que tendremos que rendir cuentas por nuestra administración. Esto se debe a que, finalmente, todo le pertenece a Dios: "De Jehová es la tierra y su plenitud; el mundo, y los que en él habitan" (Sal 24:1; ver también Gn 1:1; Lv 25:23; Sal 50:10-12 y Hag 2:8).

En términos prácticos, una vez que me doy cuenta de que Dios les ordena a los demás que no roben mi tierra, mi buey o mi burro (o mi auto o mi laptop), entonces comprendo que tengo una responsabilidad individual por cómo se usan tales cosas. Dios, el creador del universo, me ha confiado estas cosas y debo actuar como un "administrador" fiel para administrar lo que me ha confiado. Lo que Pablo dice sobre su administración del ministerio del evangelio también se puede aplicar en un amplio sentido a todo lo que Dios nos confía: "se requiere de los administradores, que cada uno sea hallado fiel" (1 Co 4:2).

Esta idea de administración aplica a mucho más que solo a los bienes físicos y la tierra. Dios nos confió el tiempo, los talentos y las oportunidades y somos igualmente responsables ante Él por cómo los usamos (ver 1 Co 4:2 en el párrafo anterior en relación con la administración de Pablo sobre su evangelio).

2. Mayores o menores responsabilidades de administración. En ninguna parte de las Escrituras se asume que todos tendrán responsabilidades de administración iguales. En el Antiguo Testamento leemos lo siguiente: "Jehová empobrece, y él enriquece; abate, y enaltece" (1 S 2:7). Y en el libro de la sabiduría leemos lo siguiente: "El rico y el pobre se encuentran; a ambos los hizo Jehová" (Pr 22:2). Este versículo no solo quiere decir que Dios *creó* a todos los seres humanos, ya que el contraste específico entre "el rico" y "el pobre" implica que Dios, en su soberanía, estableció o se convirtió en el "creador" de sus situaciones y condiciones individuales.

En el Nuevo Testamento, Jesús enseña sobre el funcionamiento del reino del cielo, que es como un hombre que confía su propiedad a sus siervos:

> A uno dio cinco talentos, y a otro dos, y a otro uno, a cada uno conforme a su capacidad; y luego se fue lejos (Mt 25:15).

Los sirvientes recibieron distintas cantidades de dinero que debían administrar, pero todos tenían la responsabilidad de ser fieles con lo que habían recibido (ver Mt 25:16-30). Incluso los que tenían que administrar pequeñas cantidades de dinero fueron elogiados cuando el señor regresó:

> Y su señor le dijo: Bien, buen siervo y fiel; sobre poco has sido fiel, sobre mucho te pondré; entra en el gozo de tu señor (Mt 25:21).

Esta recompensa era coherente con el principio que Jesús enseña en el Evangelio de Lucas: "El que es fiel en lo muy poco, también en lo más es fiel; y el que en lo muy poco es injusto, también en lo más es injusto" (16:10).

De hecho, los que tienen que administrar bienes más grandes tendrán un nivel de expectativa más alto:

> "[...] a todo aquel a quien se haya dado mucho, mucho se le demandará; y al que mucho se le haya confiado, más se le pedirá" (Lucas 12:48).

Este principio no solo aplica para la administración de bienes materiales, sino también para la administración de puestos de liderazgo y responsabilidades de enseñanza en la iglesia, ya que Santiago dice lo siguiente: "Hermanos míos, no pretendan muchos de ustedes ser maestros, pues, como saben, seremos juzgados con más severidad" (Santiago 3:1 NVI)[8].

---

[8] Incluso entre los ángeles, que no han pecado, existen distintos niveles de administración, ya que

Por lo tanto, aunque debemos recordar que muchos pasajes en las Escrituras nos animan a cuidar de los pobres (ver el análisis posteriormente, pág. 910; ver también Ex 23:11; Lv 19:10; Sal 41:1; Pr 14:21; 19:17; 21:20; 28:27; Mt 19:21; Ro 15:26; Gá 2:10; 1 Juan 3:17 y muchos otros versículos), no hay ninguna previsión en las Escrituras de que Dios vaya a establecer una completa igualdad de administración o de posesiones entre su pueblo, ni en esta vida ni en el siglo venidero[9].

D. LOS BENEFICIOS DE LA PROPIEDAD PRIVADA

Cuando nos preguntamos por qué Dios en su sabiduría estableció un sistema de propiedad privada entre los seres humanos (por ejemplo, a diferencia del reino animal), se evidencian varios beneficios de la propiedad privada.

1. Una oportunidad continua para glorificar a Dios. Podemos usar nuestros bienes (y otras responsabilidades administrativas) de manera sabia o imprudente. Si usamos nuestros bienes sabiamente, reflejamos la sabiduría de Dios, su creatividad y su soberanía sobre la creación (en comparación con nuestra soberanía derivada sobre una parte pequeña de su creación), así como también su amor por los demás, su honradez y varios otros atributos. Al actuar como administradores sabios, actuamos como "imitadores de Dios" (Ef 5:1) y de esa manera lo glorificamos.

Esto significa que no deberíamos pensar que el deseo de poseer objetos sobre los cuales ejercemos administración es un deseo malo en sí mismo. Es un deseo dado por Dios para imitar de una manera muy tenue su soberanía sobre la creación. Esta imitación de la soberanía de Dios está implícita cuando se les ordena a Adán y Eva a "llenar la tierra y sojuzgarla" y "tener dominio" sobre todos los animales (Gn 1:28 RVA-2015).

Tal deseo de poseer cierto grado de administración (un reflejo tenue de soberanía) sobre la creación se ve incluso en niños pequeños, quienes disfrutan tener pequeños juguetes que son suyos y a menudo se alegran de tener una mascota por la que son responsables. Aunque dicho deseo de poseer cosas propias puede distorsionarse y manifestarse en la falta de cuidado de los demás y en querer más de lo que a uno le corresponde, no debería denominarse automáticamente "codicia", ya que el deseo de ejercer la administración en sí mismo es una propiedad únicamente humana que Dios implantó en nuestros corazones al principio de la creación.

---

algunas veces las Escrituras no solo hablan sobre los ángeles, sino también sobre los arcángeles (ver "el arcángel Miguel" en Judas 1:9; ver también 1 Ts 4:16).

[9] 2 Co 8:14, se traduce mejor como "a fin de que haya justicia" (así como la ESV; la NRSV tiene "equilibrio justo"), no "a fin de que haya igualdad" (RSV y de manera similar la NIV y NASB). El término griego que se utiliza es isotēs, que puede significar "igualdad" o "justicia", dependiendo del contexto (ver BDAG, pág. 481), pero la única otra parte en donde aparece en el Nuevo Testamento es en Col 4:1, en donde la palabra se traduce como "justicia": "Amos, traten a sus siervos con equidad y justicia". Además, un análisis de la situación de los creyentes en Macedonia, Acaya (Corinto) y Jerusalén, sobre lo que Pablo escribía, demostrará que en este contexto él no busca lograr una completa igualdad económica entre los cristianos de estas diversas regiones del mundo antiguo (no le pidió a la rica iglesia de Corinto que ayudara a las iglesias pobres en Macedonia), sino que simplemente busca un reparto justo de la carga de cuidar a los cristianos extremadamente pobres en Jerusalén.

2. Una oportunidad continua para agradecer a Dios. Si Dios es el único "que nos da todas las cosas en abundancia para que las disfrutemos" (1 Ti 6:17), entonces siempre deberíamos tener un corazón agradecido hacia Él. "Bendice, alma mía, a Jehová, y no olvides ninguno de sus beneficios" (Sal 103:2). Esta frase aparece varias veces en las Escrituras: "Alabad a Jehová, porque él es bueno, porque para siempre es su misericordia" (Sal 136:1).

3. Una continua fuente de gozo. Cuando consideramos las cosas que Dios nos ha confiado como regalos suyos que quiere que disfrutemos con acción de gracias, entonces podemos disponer correctamente nuestros corazones a Dios "que nos da todas las cosas en abundancia para que las disfrutemos" (1 Ti 6:17). No dice que Dios "nos da todas las cosas para que nos sintamos culpables". Ni tampoco dice que Dios nos da las cosas para tentarnos a disfrutar de ellas *en vez de disfrutar a Dios*. Por el contrario, el propósito de Dios al confiarnos las cosas es que las disfrutemos. Él nos provee abundantemente con todo para *disfrutar*[10].

Esto se puede ilustrar con un simple ejemplo de la vida cotidiana. Cuando mi nieto Will tenía dos años, fuimos juntos a una tienda de juguetes y le compré un juego de pequeños trenes de madera. No tenía baterías, ni cables eléctricos y las piezas ni siquiera estaban pintadas. Solo había rieles de madera y algunos vagones de madera.

Al día siguiente, el papá de Will me dijo que Will estuvo jugando muy feliz toda la tarde con su juego de trenes de madera. ¿Me sentía triste porque Will disfrutaba jugar con su juego de trenes en lugar que conmigo, su abuelo? No, estaba feliz porque él disfrutaba del juego de trenes, que era lo que quería. Y no tengo duda alguna de que recordó varias veces durante la tarde que yo se lo había comprado. Fui el padre (abuelo) que le dio "todas las cosas para que las disfrutara". Del mismo modo sucede con los regalos que Dios nos da. Él quiere que los disfrutemos, con acción de gracias.

4. Una prueba continua para nuestros corazones. Aunque los bienes que Dios nos confía son buenos en sí mismos, también suponen una prueba continua de lo que hay en nuestros corazones. El rey David advierte sabiamente lo siguiente: "Si se aumentan las riquezas, no pongáis el corazón en ellas" (Sal 62:10). No debemos permitir que nuestros corazones se aparten de Dios y debemos tener continuamente esta actitud:

> ¿A quién tengo yo en los cielos sino a ti?
> Y fuera de ti nada deseo en la tierra.
> Mi carne y mi corazón desfallecen;
> mas la roca de mi corazón y mi porción es Dios para siempre (Sal 73:25-26).

En este pasaje, cuando el salmista dice que Dios es "mi porción [...] para

---

[10] Para un análisis actual y revelador sobre cómo podemos disfrutar de manera correcta toda la creación como una manifestación del propio carácter y gloria de Dios, ver el libro de Joe Rigney: *The Things of Earth: Treasuring God by Enjoying His Gifts* [Las cosas de la Tierra: Atesorando a Dios al disfrutar sus regalos] (Wheaton, Illinois: Crossway, 2015).

siempre", el lector naturalmente pensaría en la porción de tierra o bienes que se le han asignado. ¿Cuál será la "porción" que se le dará? Pero la perspectiva del salmista es que su "porción", por encima de todo, es el mismo Dios.

Por eso, Pablo advierte a los "ricos de este siglo" a "que no sean altivos, ni pongan la esperanza en las riquezas, las cuales son inciertas, sino en el Dios vivo, que nos da todas las cosas en abundancia para que las disfrutemos" (1 Ti 6:17).

Además, la propiedad de bienes pone a prueba nuestros corazones en relación con el interés por las necesidades de los otros, ya que Juan escribe lo siguiente:

> Pero el que tiene bienes de este mundo y ve a su hermano tener necesidad, y cierra contra él su corazón, ¿cómo mora el amor de Dios en él? (1 Juan 3:17).

E. LA ADMINISTRACIÓN PROVEE LA BASE PARA EL LOGRO HUMANO Y LA PROSPERIDAD EN LA TIERRA

1. La expectativa del logro humano. Existe otra implicación en esta idea de la administración de propiedad privada. Si Dios nos *confía* bienes como administradores, entonces espera que hagamos algo que valga la pena con ellos, algo que considere valioso.

Esto es evidente desde el principio, cuando Dios puso a Adán y Eva en la tierra. Él dijo lo siguiente:

> Hagamos al hombre a nuestra imagen, conforme a nuestra semejanza, y *tenga dominio* sobre los peces del mar, las aves del cielo, el ganado, *y en toda la tierra*, y sobre todo animal que se desplaza sobre la tierra.
>
> Creó, pues, Dios al hombre a su imagen;
> a imagen de Dios lo creó;
> hombre y mujer los creó.
>
> Dios los bendijo y les dijo: Sean fecundos y multiplíquense. Llenen la tierra; *sojúzguenla* y tengan dominio sobre [...] todos los animales que se desplazan sobre la tierra (Gn 1:26-28 RVA-2015).

La palabra hebrea traducida como "sojuzgar" (*kābash*), significa hacer que la tierra sea útil para beneficio y disfrute de los seres humanos. Dios le confiaba a Adán y Eva, y por ende a toda la raza humana, la administración de la tierra. Dios quería que crearan productos útiles de la tierra para su beneficio y disfrute (quizás, al principio, estructuras simples para vivir y guardar comida; posteriormente, varias formas de transporte, como carretas y vagones; luego, eventualmente, casas modernas, edificios con oficinas y fábricas, así como autos y aviones), la gama total de productos útiles que podían construirse en la tierra. De esta manera, Dios le dio a los seres humanos la capacidad de *crear un valor* en el mundo que antes no existía.

A continuación, se presentará un ejemplo simple: cerca de mi casa hay una tienda que vende lentes llamada LensCrafters. Cuando entré a la tienda, le di mi nueva prescripción de lentes a una empleada y ella se la entregó al técnico de laboratorio. Observé cómo el técnico seleccionaba un pequeño disco cóncavo de plástico y lo ponía en la máquina. Luego, ingresó algunos números en la máquina. Cuando presionó el botón, la máquina comenzó y en poco tiempo las lunas adecuadas para mis lentes salieron del otro extremo.

Ahora, el disco de plástico por sí solo, antes de que entrara a la máquina, tenía muy poco valor. Quizás, el plástico en bruto valía unos cuantos centavos (en términos del material en sí, antes de que se convirtiera en un disco cóncavo). Pero cuando el plástico salió del otro extremo de la máquina, era una luna bifocal especializada que valía cerca de ¡$100! Al pasar el disco de plástico por la máquina, el técnico había *creado* un nuevo valor de $100 que nunca había existido en el mundo antes de ese momento.

Este es el mismo proceso por el cual una mujer en un pueblo pobre puede comprar un trozo de tela por $3 y usarlo para confeccionar una camisa que puede vender en el mercado a $13. *Creó* un nuevo valor de $10 que no existía antes en el mundo. Cuando este proceso se realiza cientos de miles de veces con cientos de miles de productos, el logro humano en el ámbito de la producción material aumenta continuamente.

La administración de la tierra en obediencia a Dios implica este tipo de productividad. La administración de recursos implica lo que Dios espera del *logro y la prosperidad humana.*

Por lo tanto, el octavo mandamiento ofrece (1) *la oportunidad del logro humano* (al confiarnos bienes), (2) la *expectativa del logro humano* (al hacernos administradores responsables) y (3) la *expectativa del disfrute humano* de los productos hechos en la tierra, con acción de gracias a Dios.

2. Más que producción material. Sin duda, la prosperidad humana incluye más que las invenciones materiales. También incluye el arte, la música, la literatura y las relaciones complejas y maravillosas que tenemos en el hogar, la iglesia y la comunidad. Pero mientras participamos en esas actividades, seguimos utilizando productos hechos en la tierra: comida para vivir, materiales de construcción para construir casas y edificios, calefacción y aire acondicionado para hacer que las casas sean cómodas, autos y aviones para viajar y disfrutar la amistad con amigos y familia y las redes de comunicación para poder estar en contacto con ellos cuando no podemos estar juntos de manera presencial.

3. El deseo humano de comprender y crear productos en la Tierra. Ya que Dios les dio a los seres humanos la orden de sojuzgar la tierra, es lógico concluir que también puso en nuestros corazones el deseo de cumplir ese mandamiento. De hecho, la conducta de la raza humana a lo largo de la historia demuestra que los seres humanos tienen un deseo innato de comprender la tierra y crear cosas útiles a partir de ella.

No deberíamos desestimar este deseo innato humano de producción material y prosperidad como un materialismo codicioso o como un pecado. Se puede *distorsionar* por medio del pecado y el egoísmo, pero el impulso de crear, producir y disfrutar productos útiles finalmente viene de un instinto moralmente bueno dado por Dios que puso en la raza humana antes de que hubiera pecado en el mundo, cuando le ordenó a Adán y Eva llenar la tierra, sojuzgarla y tener dominio sobre todo.

4. La propiedad de bienes motiva el logro del ser humano. La propiedad de bienes aporta otro beneficio. Motiva a que las personas creen, inventen y produzcan, ya que tienen la esperanza de conservar y disfrutar lo que ganan. Esto quiere decir que el sistema personal de la propiedad de bienes que se afirma a lo largo de las Escrituras es fundamental para la prosperidad humana, puesto que sin la capacidad de poseer y disfrutar algo del fruto de su labor, una persona tendría muy poca motivación para crear y producir.

En 1776, Adam Smith, profesor escocés de filosofía moral, explicó por qué la esperanza de disfrutar los frutos de la labor propia inspira a que la gente sea productiva y saca a naciones enteras de la pobreza:

> Esa seguridad que las leyes de Gran Bretaña otorgan a cada hombre de que disfrutará de los frutos de su propio trabajo, es suficiente para hacer que un país prospere. [...] El esfuerzo natural de cada individuo para mejorar su propia condición, cuando se le concede ejercer con libertad y seguridad, es un principio tan poderoso, que es el único y sin ninguna ayuda [...] capaz de llevar a la sociedad a la riqueza y la prosperidad[11].

Las plantas y los animales muestran un grado de la gloria de Dios simplemente por sobrevivir y repetir las mismas actividades por cientos de años, mientras que los seres humanos glorifican a Dios *logrando* mucho más que solo sobrevivir. Glorificamos a Dios comprendiendo y dominando la creación, y luego mediante la producción de bienes cada vez más increíbles para nuestro disfrute, con acción de gracias al Dios que "nos da todas las cosas en abundancia para que las disfrutemos" (1 Ti 6:17).

F. NECESITAMOS SABIDURÍA PARA USAR Y DISFRUTAR CORRECTAMENTE LOS BIENES.

1. El peligro del materialismo. Aunque la propiedad de bienes es un buen regalo de Dios, la Biblia también da advertencias claras contra el gran amor a los bienes materiales. Pablo advierte que un anciano no debe ser "avaro" (1 Ti 3:3). Otros pasajes hablan claramente sobre este pecado:

> Ninguno puede servir a dos señores; porque o aborrecerá al uno y amará

---

[11] Adam Smith, *An Inquiry into the Nature and Causes of the Wealth of Nations* [La riqueza de las naciones], ed. Edwin Cannan (Nueva York, Modern Library, 1994; publicado por primera vez en 1776), Libro IV, cap. 5, pág. 581.

al otro, o estimará al uno y menospreciará al otro. *No podéis servir* a Dios y a *las riquezas* (Mt 6:24).

Porque los que quieren enriquecerse caen en tentación y lazo, y en muchas codicias necias y dañosas, que hunden a los hombres en destrucción y perdición; porque *raíz de todos los males es el amor al dinero*, el cual codiciando algunos, se extraviaron de la fe, y fueron traspasados de muchos dolores (1 Ti 6:9-10).

Sean vuestras costumbres *sin avaricia*, contentos con lo que tenéis ahora; porque él dijo: No te desampararé, ni te dejaré (He 13:5).

Que alguien se deje llevar o no por la "avaricia" es principalmente una cuestión del corazón. A menudo, otras personas pueden identificar signos externos de avaricia (¿de qué otra manera las iglesias sabrían cuando un candidato al puesto de anciano es un "avaro"?), así que debemos guardar nuestros corazones diariamente en comunión personal con Dios. "Si se aumentan las riquezas, no pongáis el corazón en ellas" (Sal 62:10).

Sin embargo, Juan también señala que nuestro trato hacia las personas en necesidad es un indicador de lo que hay en nuestros corazones: "Pero el que tiene bienes de este mundo y ve a su hermano tener necesidad, y cierra contra él su corazón, ¿cómo mora el amor de Dios en él?" (1 Juan 3:17).

2. El error de la "teología de la prosperidad". El peligro del materialismo está relacionado con el peligro de la "teología de la prosperidad" (también llamado "evangelio de la prosperidad"), un tipo de enseñanza que dice que, si uno tiene suficiente fe y si da suficiente dinero, entonces Dios lo hará próspero y lo protegerá de las enfermedades. Esta enseñanza afirma que la voluntad de Dios para cada creyente en esta vida es tener buena salud, prosperidad material y que nuestra función es simplemente creerlo (tener suficiente fe) y realizar una "confesión positiva" de esa fe con nuestras palabras.

Kenneth Copeland, uno de los líderes más conocidos de este movimiento, escribe lo siguiente:

Jesús llevó la maldición de la ley a nombre nuestro. [...] Por lo tanto, no hay ninguna razón para que usted viva bajo la maldición de la ley ni para que viva en ningún tipo de pobreza. [...] Ya que se estableció el pacto de Dios y la prosperidad es una provisión de este pacto, usted debe saber que la prosperidad le pertenece ¡ahora! [...] Debe saber que la voluntad de Dios es que usted prospere (ver 3 Juan 1:2). Esto está disponible para usted y, sinceramente, ¡sería tonto que no fuera parte de ello! [...] *Debe saber que la voluntad de Dios es que usted prospere*[12].

---

[12] Kenneth Copeland, *The Laws of Prosperity* [Las leyes de la prosperidad] (Fort Worth, Texas: Kenneth Copeland Publications, 1974), págs. 43–45; énfasis en el original, excepto por la última frase que en el original está en negrita (la misma redacción se encuentra en la edición de Kindle del año 2013 de este libro, publicado por Harrison House, pág. 579).

No estoy de acuerdo con este énfasis sobre la prosperidad material por las siguientes razones:

a. En el Nuevo Testamento no hay promesas de riqueza para los creyentes: Ningún versículo en el Nuevo Testamento promete que Dios hará que los creyentes sean ricos. Por el contrario, encontramos promesas en las que Dios suplirá las *necesidades* de su pueblo:

> Y poderoso es Dios para hacer que abunde en vosotros toda gracia, a fin de que, teniendo siempre en todas las cosas todo lo *suficiente*, abundéis para toda buena obra (2 Co 9:8; note que este versículo promete lo "suficiente", no prosperidad o riqueza).

> Mi Dios, pues, *suplirá toda necesidad* de ustedes conforme a sus riquezas en gloria en Cristo Jesús (Fil 4:19 RVA-2015).

Es cierto que el Antiguo Testamento promete lo siguiente: "Y serán llenos tus graneros con abundancia, y tus lagares rebosarán de mosto" (Pr 3:10), pero no encontramos promesas de ese tipo en el Nuevo Testamento. Esto es porque el Nuevo Testamento pone relativamente un gran énfasis en las bendiciones *espirituales* a diferencia del Antiguo Testamento y relativamente menos énfasis en las bendiciones *materiales* (aunque en ambos testamentos, los dos tipos de bendiciones están presentes en cierto grado).

Copeland ofrece una posible respuesta a esta objeción cuando cita Gálatas 3, mostrando que los cristianos en el Nuevo Pacto heredaron las bendiciones del pacto que Dios hizo con Abraham. A continuación, se mostrarán los versículos que cita:

> Cristo nos redimió de la maldición de la ley, hecho por nosotros maldición (porque está escrito: Maldito todo el que es colgado en un madero), para que en Cristo Jesús *la bendición de Abraham* alcanzase a los gentiles, a fin de que por la fe recibiésemos la promesa del Espíritu (Gá 3:13-14).

> Y si vosotros sois de Cristo, ciertamente linaje de Abraham sois, y herederos según la promesa (Gá 3:29).

Pero esta respuesta no es convincente, ya que Pablo no concluye a partir del pacto con Abraham que los cristianos seremos ricos. Por el contrario, concluye que recibimos el don del Espíritu Santo como resultado de la "bendición de Abraham", ya que dice "a fin de que por la fe recibiésemos la promesa del Espíritu" (Gá 3:14). Y, sin duda, enfatiza que nosotros, como Abraham, recibimos el regalo de la justificación por medio de la fe: "Así Abraham 'creyó a Dios, y le fue contado por justicia'" (Gá 3:6; ver también Ro 4:1-25).

Otra objeción puede provenir de las siguientes palabras de Jesús:

En cuanto a la interpretación de Copeland de 3 Juan 1:2, ver mi análisis posteriormente (pág. 911).

> Dad, y se os dará; medida buena, apretada, remecida y rebosando darán en vuestro regazo; porque con la misma medida con que medís, os volverán a medir (Lucas 6:38).

Sin duda, este versículo enseña que Dios recompensará nuestra donación generosa, pero este versículo no promete que seremos ricos en términos de bienes terrenales. Afirma que, cuando damos generosamente a su obra, él a cambio suplirá generosamente nuestras necesidades, una enseñanza que probablemente las iglesias evangélicas en la actualidad necesitan enfatizar más.

b. A diferencia de los milagros de sanación, en el Nuevo Testamento no hay milagros que hagan a las personas ricas: A menudo, Jesús realizaba milagros de sanación física (ver Lucas 4:40 y muchos más versículos en los Evangelios) y esto nos da la razón para creer que en la actualidad también es correcto pedirle a Dios por sanación física (ver Santiago 5:14-15). Sin embargo, no hay ejemplos de pilas de monedas de oro apareciendo de la nada cuando Jesús ministraba a la gente o cuando los apóstoles oraban por la gente. Cuando Jesús alimentó a los cinco mil con cinco panes y dos peces (Mt 14:13-21), suplió las necesidades inmediatas de las personas, pero no las mandó a casa con bolsas llenas de dinero ni comida para el día siguiente. Hubo una provisión milagrosa de dinero cuando Jesús le ordenó a Pedro que pescara un pez y luego sacara la moneda de su boca (Mt 17:27), pero esto solo era suficiente para pagar el impuesto establecido en ese momento, no el comienzo de una colección de pilas de dinero extra. El tema del Nuevo Testamento es sobre lo suficiente y no existe ninguna promesa de prosperidad.

c. El Nuevo Testamento muestra varias personas pobres como ejemplos de fe: Aunque el mensaje del evangelio de la prosperidad les dice a las personas: "la voluntad de Dios es que usted prospere [...] y, sinceramente, ¡sería tonto que no fuera parte de ello!"[13], el Nuevo Testamento tiene un mensaje diferente. Contiene varios ejemplos de personas que fueron obedientes a Dios y ricas en fe, pero que aún eran muy *pobres* en términos financieros.

El primer ejemplo es el mismo Jesús, quien era pobre ("el Hijo del Hombre no tiene dónde recostar su cabeza", Mt 8:20; cf. 2 Co 8:9). El propio Jesús elogió a la viuda pobre que solo tenía "dos blancas" para colocar en el arca de las ofrendas (Lucas 21:1-4). Además, Pablo alabó la generosidad de los cristianos macedonios, quienes dieron con libertad de su "profunda pobreza" (2 Co 8:2). Y el mismo Pablo, aunque tenía mucha fe, no era rico, ya que dijo lo siguiente: "Hasta esta hora padecemos hambre, tenemos sed, estamos desnudos, somos abofeteados, y no tenemos morada fija" (1 Co 4:11) y habló sobre viajar de ciudad en ciudad en sus viajes misioneros "en muchos desvelos, en hambre y sed, en muchos ayunos, en frío y en desnudez" (2 Co 11:27).

Santiago les escribió de manera más general a todos los cristianos del siglo I:

> ¿No ha elegido Dios a los *pobres de este mundo*, para que *sean ricos en fe*

---

[13] Copeland, *The Laws of Prosperity* [Las leyes de la prosperidad], pág. 44.

y herederos del reino que ha prometido a los que le aman? (Santiago 2:5)

Estos versículos parecen ser muy diferentes al énfasis en la predicación del evangelio de la prosperidad, en donde se muestran a personas ricas financieramente como ejemplos de fe y obediencia fiel a Dios. De hecho, algunos líderes del movimiento del evangelio de la prosperidad tienen vidas visiblemente lujosas y alardean flagrantemente su riqueza (que en gran parte vino de las donaciones sacrificiales de gente muy pobre). Pero mucha gente, tanto creyente como no creyente, objetan instintivamente esto. Parece ser muy distinto del modelo establecido por Jesús y sus seguidores en el Nuevo Testamento.

d. El Nuevo Testamento no nos enseña a buscar la prosperidad, sino que nos advierte de sus peligros: Aunque los defensores del evangelio de la prosperidad enseñan a la gente a buscar a Dios por prosperidad, creer que Dios se la dará y confesar con sus palabras que Dios se la dará (¡o incluso que Dios se la ha dado!), los autores del Nuevo Testamento no hablan de esa manera. Consideremos esta advertencia de Pablo:

Así que, teniendo sustento y abrigo, estemos contentos con esto. Porque *los que quieren enriquecerse caen en tentación* y lazo, y en muchas codicias necias y dañosas, que hunden a los hombres en destrucción y perdición; porque raíz de todos los males es el amor al dinero, el cual codiciando algunos, se extraviaron de la fe, y fueron traspasados de muchos dolores. Mas tú, oh hombre de Dios, huye de estas cosas (1 Ti 6:8-11).

Otros pasajes contienen advertencias similares:

Otra vez os digo, que es más fácil pasar un camello por el ojo de una aguja, que entrar un rico en el reino de Dios (Mt 19:24).

Mas ¡ay de vosotros, ricos! porque ya tenéis vuestro consuelo (Lucas 6:24).

Pero Dios le dijo [al rico necio que decidió derribar sus graneros y edificar mayores]: Necio, esta noche vienen a pedirte tu alma; y lo que has provisto, ¿de quién será? Así es el que hace para sí tesoro, y no es rico para con Dios (Lucas 12:20-21; ver también 16:19-31).

¿No os oprimen los ricos, y no son ellos los mismos que os arrastran a los tribunales? ¿No blasfeman ellos el buen nombre que fue invocado sobre vosotros? (Santiago 2:6-7).

¡Vamos ahora, ricos! Llorad y aullad por las miserias que os vendrán. Vuestras riquezas están podridas, y vuestras ropas están comidas de polilla. Vuestro oro y plata están enmohecidos; y su moho testificará contra vosotros, y devorará del todo vuestras carnes como fuego. Habéis acumulado tesoros para los días postreros (Santiago 5:1-3).

Esto no quiere decir que el Nuevo Testamento siempre considere que la prosperidad es mala, ya que no es así, como lo he analizado previamente en este capítulo. Los autores del Nuevo Testamento reconocen que Dios prosperará a algunos cristianos en esta era, advierten sobre las tentaciones de la riqueza y brindan algunas instrucciones sobre su uso adecuado. Sin embargo, el énfasis equilibrado en el Nuevo Testamento no se refleja en el mensaje del evangelio de la prosperidad, en donde la voluntad de Dios es hacer a todos los cristianos ricos y que simplemente deben creerlo y afirmarlo.

Alguien podría objetar que 3 Juan 1:2 parece motivarnos a orar por prosperidad material. En la versión de la Reina Valera 1960, este versículo usa el verbo "prosperar":

Amado, yo deseo *que tú seas prosperado* en todas las cosas, y que tengas salud, así como prospera tu alma (3 Juan 1:2).

"Prosperar" también se encuentra en otras traducciones (RVA-2015, LBLA). Sin embargo, todas las demás traducciones importantes, incluyendo la BLP, usan la expresión "vaya bien" en lugar de "prosperar":

Querido Gayo: es mi deseo que goces de buena salud y *vayan bien todos tus asuntos*, como te va bien en lo que toca al espíritu (3 Juan 1:2).

El verbo en griego es *euodoō*, que significa "que las cosas salgan bien, prosperar y lograr"[14]. Se puede usar para referirse a prosperidad económica como en el siguiente versículo: "Cada primer día de la semana cada uno de vosotros ponga aparte algo, según haya *prosperado*" (1 Co 16:2), pero también se puede usar para hablar de manera más general sobre un plan que tiene éxito o sale bien, como en el siguiente versículo: "siempre en mis oraciones, implorando que ahora, al fin, por la voluntad de Dios, *logre* ir a ustedes." (Ro 1:10 NBLA). También aplica para el bienestar espiritual, como en la segunda mitad de 3 Juan 1:2 (BLP): "como *te va bien* en lo que toca al espíritu"[15].

A partir de este versículo podemos concluir que es correcto orar para que otras personas se sanen tanto física como espiritualmente y que en general las cosas les "vayan bien". Es correcto orar para que el negocio de una persona tenga éxito o que alguien sea recompensado justamente o promovido por su trabajo en el mundo de los negocios o en otro ámbito (en la actualidad, esto es similar al tipo de cosas por las que normalmente los cristianos oran los unos por los otros). Pero el versículo no nos motiva directamente a orar para que las personas sean ricas, puesto que no usa términos que implicarían de una manera más explícita la prosperidad material, como el verbo ploutéō, "enriquecerse" (ver 1 Ti 6:9), o el adjetivo *plousios*, "rico" (como en Mt 19:23, 24; 27:57; Lucas 16:19; 1 Ti 6:17).

e. En la actualidad, muchos cristianos extremadamente pobres tienen una gran

---

[14] BDAG, pág. 410.

[15] Otros ejemplos en la Septuaginta muestran que la palabra euodoō se usa para hablar de planes que "van bien" o "tienen éxito", como en Gn 24:12 (DHH), 21; 39:3 e Is 54:17.

fe: Steve Corbett y Brian Fikkert narran cómo una visita a un barrio pobre en Kenia hizo que se dieran cuenta cómo en la actualidad muchos cristianos con una gran fe en Dios pueden seguir atrapados en la pobreza:

> En esencia, el evangelio de la salud y la prosperidad enseña que Dios premia niveles mayores de fe con mayores cantidades de riqueza. Dicho de esta forma, es fácil rechazar el evangelio de la salud y la prosperidad con varios fundamentos bíblicos. Por ejemplo, veamos el ejemplo de Job. Él tenía una gran fe y vivió una buena vida, pero pasó de la riqueza a la pobreza *porque* era justo y Dios quería probárselo a Satanás [...].
>
> Los pobres podrían haber llegado a esta situación por injusticias cometidas en su contra. [...] [Durante una visita al masivo barrio pobre de Kibera en Nairobi, Kenia] Y aún así, no pude dejar de asombrarme de la gente en ese barrio pobre de Kenia que era tan fuerte espiritualmente y devastadoramente pobre. Allí mismo, en las entrañas de la miseria, estaba la iglesia keniana llena de gigantes espirituales que luchaban para comer cada día. Esto me impactó. De alguna forma, yo había supuesto que mi superioridad económica reflejaba una superioridad espiritual. Esta es la mentira del evangelio de la salud y la prosperidad: la madurez espiritual lleva a la prosperidad económica[16].

f. El evangelio de la prosperidad sobrecorrige lo que considera como la falta de fe en las iglesias evangélicas: Se debe admitir que en la actualidad muchas iglesias evangélicas en naciones prósperas son débiles en fe y, en cierta medida, el movimiento del evangelio de la prosperidad se puede considerar como una "sobrecorrección" que promueve una hiperfe errónea en lugar de una genuina fe bíblica. Esto se puede observar en el siguiente cuadro:

	Falta de fe moderna	Fe bíblica	Hiperfe (la sobrecorrección del movimiento del evangelio de la prosperidad)*
Oración	Fatalismo: Dios rara vez o nunca contestará nuestras oraciones.	Podemos confiar en que Dios será fiel a sus promesas en las Escrituras (Juan 15:7), pero orar sigue siendo *pedirle* a Dios, no *exigirle* cosas.	Podemos trabajar la fe con nuestros propios esfuerzos mediante la confesión positiva y la visualización y Dios debe darnos lo que pedimos.

---

[16] Steve Corbett y Brian Fikkert, *When Helping Hurts: How to Alleviate Poverty without Hurting the Poor... and Yourself* [Cuando ayudar hace daño: Cómo aliviar la pobreza, sin lastimar a los pobres ni a uno mismo] (Chicago: Moody, 2009), págs. 69–70.

Prosperidad	Solo la pobreza es una señal de madurez espiritual y gran fe.	La gente espiritualmente madura puede experimentar pobreza, abundancia o prosperidad (Fil 4:12-13).	Solo la prosperidad es una señal de madurez espiritual y gran fe.
Las palabras que decimos	A menudo, las palabras afirman duda y escepticismo.	Nuestras palabras deberían afirmar verdaderamente lo que nuestros ojos perciben (Ef 4:25).	Nuestras palabras deberían afirmar que ya tenemos la sanación o la prosperidad por la que oramos, incluso si nuestros ojos perciben que sea falso.
Dar a la obra del Señor	En la práctica, las personas solo dan un poco, pensando que no pueden dar más.	Debemos dar de manera generosa, en proporción a cómo Dios nos ha bendecido (1 Co 16:2).	Debemos dar mucho más de lo que podemos, incluso dar lo que necesitamos para comida y refugio.
Las consecuencias de dar	Ya sea si damos o no, no tiene ningún efecto en nuestro estado financiero.	Si damos fielmente, Dios suplirá nuestras necesidades (2 Co 9:6-11).	Si damos más de lo que podemos, Dios nos hará prósperos.
Lo que Dios hará	No deberíamos asumir que Dios hará cualquier cosa para ayudarnos con nuestra situación financiera.	Dios suplirá nuestras necesidades si confiamos en él (Fil 4:19).	La Palabra le exige a Dios darnos salud y prosperidad.

* Sin duda, no todos los que pertenecen al movimiento del evangelio de la prosperidad afirmarán todas estas creencias de la "hiperfe", pero traté de representar de manera justa lo que mucha gente ha percibido como los excesos y errores que se ven con frecuencia en este movimiento.

Tabla 34.1. La "sobrecorrección" del movimiento del evangelio de la prosperidad.

g. La necesidad de un análisis equilibrado sobre el movimiento de la teología de la prosperidad: Mi objetivo no es brindar un análisis general sobre el movimiento de la teología de la prosperidad. Otros libros ya lo han hecho y algunos de ellos apoyan sus críticas negativas con citas largas de las enseñanzas de los líderes del evangelio de la prosperidad[17]. Estos libros documentan de manera efectiva la defensa de una serie de doctrinas no bíblicas y varios ejemplos preocupantes de recaudación de dinero mediante promesas manipuladoras de riqueza proclamadas en concentraciones masivas, especialmente entre personas desesperadas de países pobres. Asimismo, estos libros critican el lujoso estilo de vida de varios predicadores del evangelio de la prosperidad, cuyos ministerios son apoyados mediante la donación sacrificial de mucha gente relativamente pobre. Ya que cientos de pastores y evangelistas en varios países promueven el movimiento del evangelio de la prosperidad y no lo gobierna ninguna estructura denominacional u organización paraeclesiástica, no tengo ninguna duda de que estas críticas aplican para varios en este movimiento.

Sin embargo, se necesita un análisis equilibrado. En el lado positivo, considero que muchos de los predicadores conocidos del evangelio de la prosperidad no son incrédulos, sino cristianos con algunas enseñanzas y enfoques no bíblicos (y perjudiciales). En varias ocasiones, estos líderes defienden la creencia en la Biblia como la palabra inerrante de Dios, la creencia en el sacrificio expiatorio de Cristo como el único pago por nuestros pecados y la necesidad de una salvación personal solo mediante la fe en Cristo[18]. Muchos miles de personas lograron una fe genuina en Cristo a través de sus ministerios. Muchos de sus seguidores tienen una gran fe y una vida personal de oración genuina y profunda. Generalmente, sus servicios de adoración están llenos de una sincera alabanza a Jesús y muchos de los líderes enseñan la necesidad de vivir diariamente en completa obediencia a los mandamientos morales de Dios en las Escrituras. Muchos de ellos comenzaron ministerios de apoyo que ayudan a los pobres y personas en necesidad alrededor del mundo. Además, es justo reconocer que pocos líderes del movimiento, si es que hay alguno, tienen el tipo de formación teológica avanzada que podría haber evitado que dijeran varios comentarios imprudentes y especulativos sobre ciertas

---

[17] Ver David W. Jones y Russell S. Woodbridge, Health, *Wealth and Happiness: Has the Prosperity Gospel Overshadowed the Gospel of Christ?* [Salud, riquezas y prosperidad: Los errores del evangelio de la prosperidad] (Grand Rapids, Michigan: Kregel, 2011) y el libro de Hank Hanegraaff: Christianity in Crisis [Cristianismo en crisis] (Eugene, Oregon: Harvest House, 1993). Otra crítica reflexiva sobre el punto de vista de alguien que perteneció al movimiento del evangelio de la prosperidad por casi 20 años se puede encontrar en el libro de Don Enevoldsen: *The Wealth of the Wicked: The Truth about the Prosperity Message* [La riqueza de los malvados: La verdad sobre el mensaje de la prosperidad] (Los Angeles: ReWrite, 2012). Enevoldsen le dedica su libro "a todos mis amigos que hicieron exactamente lo que los predicadores del movimiento del evangelio de la prosperidad les dijeron que hicieran y perdieron todo" (pág. 1).

[18] Estoy de acuerdo con Douglas Moo, quien escribió lo siguiente: "La mayoría de los proponentes de este movimiento no buscan minimizar la importancia de la salvación espiritual. Lo que ellos creen sobre las doctrinas básicas de la fe va acorde con los parámetros de la ortodoxia. De hecho, si el suyo es 'otro evangelio', no es porque se haya sustraído alguna doctrina básica, sino porque se han añadido ciertas doctrinas cuestionables", Douglas Moo, "Divine Healing in the Health and Wealth Gospel" ["La curación divina en el evangelio de la salud y la riqueza"] TrinJ 9, n.s., n.° 2 (1988): pág. 191.

enseñanzas bíblicas.

En mi opinión, el análisis más equilibrado de este movimiento se encuentra en un libro que cuenta con mucha investigación: *Faith, Health and Prosperity* [Fe, salud y prosperidad], editado por Andrew Perriman[19]. El libro es el informe de una comisión establecida por la Evangelical Alliance [Alianza Evangélica] en el Reino Unido. Aunque este libro contiene varias críticas reflexivas en sus 316 páginas[20], también señala con aprecio que algunos "líderes de la teología de la prosperidad también han demostrado estar dispuestos a escuchar a sus detractores" y documenta algunas rectificaciones públicas de enseñanzas previas hechas por Kenneth Copeland, John Avanzini y F. K. C. Price[21]. Asimismo, menciona que "gran parte del extremismo y muchas de las enseñanzas más esotéricas se filtran naturalmente en el nivel de base"[22].

Aunque el libro contiene varias críticas sobre el movimiento del evangelio de la prosperidad, también añade al final que "existen algunas enseñanzas importantes que el evangelismo podría aprender mediante el diálogo y la exposición a la vida de las iglesias del evangelio de la prosperidad" y especialmente señala estos cinco aspectos: "1. La prioridad que se le da a la Palabra de Dios. [...] 2. La creencia en un Dios poderoso. [...] 3. Un optimismo profundo. [...] 4. La subordinación de Mammón en el reino de Dios. [...] 5. Una teología de prosperidad divina" (a diferencia de la enseñanza de algunos evangélicos de que solo la pobreza, nunca la prosperidad, puede ser espiritual y que la única buena manera de usar el dinero es donarlo)[23].

En cuanto a la prosperidad material en general, aunque estoy rotundamente en desacuerdo con las diferentes enseñanzas del evangelio de la prosperidad por las razones previas, debe quedar en claro desde la primera parte de este capítulo que no afirmo que el Nuevo Testamento siempre ve negativamente la prosperidad material. De hecho, en alguna parte he escrito que cuando los gobiernos nacionales siguen las enseñanzas bíblicas en sus leyes, en la conducta de sus autoridades gubernamentales, en su sistema económico y cuando sus culturas siguen en gran medida los valores bíblicos, esto producirá el aumento de la prosperidad en tales naciones como un todo[24].

No obstante, siempre permanecerá algo de pobreza en esta vida, incluso entre los cristianos, ya que la pobreza aún es el resultado de varios factores. *Las personas* pobres pueden ser espiritualmente maduras y aún ser pobres en términos

---

[19]Andrew Perriman, ed., Faith, *Health and Prosperity: A Report on Word of Faith and Positive Confession Theologies by ACUTE* (The Evangelical Alliance Commission on Unity and Truth among Evangelicals) [Fe, salud y prosperidad: Un informe sobre la teología de la prosperidad y la teología de la confesión positiva realizado por ACUTE (Comisión de la Alianza Evangélica para la Unidad y la Verdad entre los Evangélicos)] (Carlisle, Reino Unido: Paternoster, 2003).

[20] Sin embargo, sus análisis finales se encuentran en las págs. 195-235.

[21] Perriman, Faith, *Health and Prosperity* [Fe, salud y prosperidad], pág. 215. Además, al término de su vida, Kenneth Hagin publicó una crítica fuerte y expresiva sobre los excesos del movimiento del evangelio de la prosperidad en su libro *The Midas Touch: A Balanced Approach to Biblical Prosperity* [El toque de Midas: Un enfoque balanceado sobre la prosperidad bíblica] (Tulsa, Oklahoma: Kenneth Hagin Ministries, 2000).

[22] Perriman, *Faith, Health and Prosperity,* pág. 216.

[23] Ibid., págs. 217-222.

[24] Ver Grudem y Asmus, *The Poverty of Nations* [La pobreza de las naciones].

materiales debido a las injusticias cometidas en su contra, debido a las tragedias personales o desgracias o debido a los sistemas, leyes y políticas destructivas de las naciones en donde viven.

Por lo tanto, concluyo que es contrario a las Escrituras decir que si uno es un cristiano fiel Dios lo hará rico. A menudo no lo hará.

3. El error del falso ascetismo. Aunque Pablo advertía contra el materialismo, también advertía contra el error contrario: un falso ascetismo, que es un tipo de enseñanza que constantemente se opone y critica el disfrute de las cosas materiales que Dios ha puesto en este mundo:

> Si habéis muerto con Cristo y nada tenéis que ver con las potencias cósmicas, ¿por qué os dejáis imponer normas como si pertenecieseis a este mundo? *"Prescinde de esto; no pruebes eso; no toques aquello".* Pero todas esas son cosas destinadas a gastarse con el uso, como prescripciones y enseñanzas humanas que son. Tienen, ciertamente, un aire de sabiduría, con su *aspecto de religiosidad*, su pretendida humildad y su aparente *rigor ascético*. En realidad *carecen de todo valor*; sólo sirven para satisfacer las desordenadas apetencias humanas (Col 2:20-23 BLP).

Pablo también explica que personalmente aprendió cómo vivir en circunstancias tanto de pobreza como de prosperidad:

> Sé vivir humildemente, y *sé tener abundancia*; en todo y por todo estoy enseñado, así *para estar saciado* como para tener hambre, así para tener abundancia como para padecer necesidad. Todo lo puedo en Cristo que me fortalece (Fil 4:12-13).

El materialismo es principalmente una cuestión del corazón y también lo es el falso ascetismo. Es importante que los creyentes actúen con cautela para no criticar duramente a los demás (o incluso a sí mismos) por disfrutar de la prosperidad material. La Palabra de Dios nos manda a evitar tanto el error del materialismo como el error del ascetismo y para trazar el camino correcto de nuestros corazones en esta área se requiere oración diaria, meditación en las Escrituras y comunión regular con otros creyentes que nos hablarán con sinceridad sobre estos temas.

4. Existen varios usos buenos y sabios de los bienes. La administración sabia es mucho más que evitar el materialismo, la teología de la prosperidad y el falso ascetismo. Incluso si evitamos estas cosas, aún necesitamos la sabiduría de Dios para usar y disfrutar correctamente los bienes.

Entre los usos buenos y sabios de nuestros bienes, deberíamos incluir una asignación de cierta cantidad para gastarlo en nosotros (para comida, ropa, vivienda y otras cosas), cierta cantidad para dársela a la obra de la iglesia y a los necesitados, cierta cantidad para ahorrar para el futuro y cierta cantidad para invertir y aumentar nuestros recursos y productividad. En el capítulo 37 explicaré estos y otros usos de nuestros bienes.

PREGUNTAS PARA REFLEXIONAR

1. ¿Qué tipo de bienes posee (ropa, un celular, una bicicleta, una computadora, un auto, una casa)? ¿Hay algo que refleje su propia personalidad? ¿Cuán a menudo piensa en ello como un regalo de Dios?

2. ¿De qué manera su trabajo le permite crear valor para otra persona (si no tiene un trabajo, responda en términos del trabajo que quisiera en un futuro)?

3. ¿De qué maneras la administración de sus bienes glorifica a Dios y promueve la obra del reino de Dios en la tierra?

4. ¿Cree que puede disfrutar sus bienes e incluso más su relación con Cristo o sus bienes alejaron su corazón del amor de Dios y Cristo?

5. Observe de nuevo la Tabla 34.1 anterior (pág. 913) ¿Cree que tiende a cometer el error de la "falta de fe moderna" o el error de la "hiperfe" del movimiento del evangelio de la prosperidad o diría que se encuentra en la columna del medio de la "fe bíblica" en relación con la actitud diaria de su corazón?

6. ¿Su vida está libre de "avaricia" y está "contento con lo que tiene" porque sabe que Dios ha prometido lo siguiente: "No te desampararé, ni te dejaré" (He 13:5)? ¿Es posible combinar esa actitud del corazón con el deseo de esforzarse en su trabajo y de ese modo ganar más dinero?

7. ¿Cuáles cree que son las consecuencias más perjudiciales del movimiento del evangelio de la prosperidad? ¿Hay algo que pueda aprender sobre las enseñanzas de este movimiento?

8. ¿Algunas veces cae en el error del falso ascetismo?

9. ¿Qué rasgos de carácter cristiano (ver pág. 110) lo influenciarían más para actuar, pensar y sentir en maneras agradables a Dios en relación con la administración de sus bienes?

TÉRMINOS ESPECIALES

ascetismo
comunismo
teología de la prosperidad
prosperidad humana
bienes
evangelio de la prosperidad
hurtar
administración

BIBLIOGRAFÍA

Otras fuentes de referencia sobre ética

(ver datos bibliográficos completos, pág. 64)

Frame, 796-98
Gushee y Stassen, 375-77
Kaiser, 199-210
McQuilkin y Copan, 447-48

Otras obras

Blomberg, Craig L. *Christians in an Age of Wealth: A Biblical Theology of Stewardship. Biblical Theology for Life* [Cristianos en una era de riqueza: Una teología bíblica de la mayordomía]. Grand Rapids, Michigan: Zondervan, 2013.

Chan, Francis y Danae Yankoski. *Crazy Love: Overwhelmed by a Relentless God* [Loco amor: Asombrado por un Dios incesante]. Colorado Springs: Cook, 2008.

Copeland, Kenneth. The Blessing of the Lord: Makes Rich and He Adds No Sorrow with It [La bendición del Señor]. Fort Worth, Texas: Kenneth Copeland Publications, 2011.

———. *The Laws of Prosperity* [Las leyes de la prosperidad]. Fort Worth, Texas: Kenneth Copeland Publications, 1974.

Corbett, Steve y Brian Fikkert. *When Helping Hurts: How to Alleviate Poverty without Hurting the Poor . . . and Yourself* [Cuando ayudar hace daño: Cómo aliviar la pobreza, sin lastimar a los pobres ni a uno mismo]. Chicago: Moody, 2009.

Enevoldsen, Don. *The Wealth of the Wicked: The Truth about the Prosperity Message* [La riqueza de los malvados: La verdad sobre el mensaje de la prosperidad]. Los Angeles: ReWrite, 2012.

Farah, Charles. *From the Pinnacle of the Temple: Faith or Presumption* [Desde el pináculo del templo]. Plainfield, Nueva Jersey: Logos International, 1979.

Forster, G. S. "Property" ["Bienes"]. En el *New Dictionary of Christian Ethics and Pastoral Theology* [Nuevo Diccionario de Ética Cristiana y Teología Pastoral], editado por David J. Atkinson y David H. Field, págs. 696–97. Leicester, Reino Unido: Inter-Varsity y Downers Grove, Illinois: InterVarsity Press, 1995.

Grudem, Wayne y Barry Asmus. *The Poverty of Nations: A Sustainable Solution* [La pobreza de las naciones]. Wheaton, Illinois: Crossway, 2013.

Hagin, Kenneth E. *The Midas Touch: A Balanced Approach to Biblical Prosperity* [El toque de Midas: Un enfoque balanceado sobre la prosperidad bíblica]. Tulsa, Oklahoma: Kenneth Hagin Ministries, 2000.

Hanegraaff, Hank. *Christianity in Crisis* [Cristianismo en crisis]. Eugene, Oregon: Harvest House Publishers, 1993.

King, Paul L. *Only Believe: Examining the Origin and Development of Classic and Contemporary Word of Faith Theologies* [Solo cree: Examinando el origen y el desarrollo de las teologías clásicas y contemporáneas de la teología de la prosperidad]. Tulsa, Oklahoma: Word & Spirit, 2008.

Jones, David W. y Russell S. Woodbridge. *Health, Wealth and Happiness: Has the Prosperity Gospel Overshadowed the Gospel of Christ?* [Salud, riquezas y prosperidad: Los errores del evangelio de la prosperidad]. Grand Rapids, Michigan: Kregel, 2011.

Perriman, Andrew, ed. Faith, *Health and Prosperity: A Report on Word of Faith and Positive Confession Theologies by ACUTE* (The Evangelical Alliance Commission on Unity and Truth among Evangelicals) [Fe, salud y prosperidad: Un informe sobre la teología de la prosperidad y la teología de la confesión positiva realizado por ACUTE (Comisión de la Alianza Evangélica para la Unidad y la Verdad entre los Evangélicos)]. Carlisle, Reino Unido: Paternoster, 2003.

Piper, John. Don't Waste Your Life [No desperdicies tu vida]. Wheaton, Illinois: Crossway, 2003.

Platt, David. R*adical: Taking Back Your Faith from the American Dream* [Radical: Volvamos a las raíces de la fe]. Colorado Springs: Multnomah, 2010.

Read, Leonard. I, *Pencil: My Family Tree as Told to Leonard E. Read* [Yo, el lápiz: Mi árbol genealógico, según Leonard E. Read]. Irving on the Hudson, Nueva York: Foundation for Economic Education, 2006.

Richards, Jay W. *Money, Greed, and God: Why Capitalism Is the Solution and Not the Problem* [Dinero, codicia y Dios: Por qué el capitalismo es la solución y no el problema]. Nueva York: HarperOne, 2009.

Rigney, Joe. *The Things of Earth: Treasuring God by Enjoying His Gifts* [Las cosas de la tierra: Atesorando a Dios al disfrutar sus regalos]. Wheaton, Illinois: Crossway, 2015.

Schaeffer, Franky, ed. *Is Capitalism Christian? Toward a Christian Perspective on Economics* [¿El capitalismo es cristiano?]. Westchester, Illinois: Crossway, 1985.

Schlossberg, Herbert, Vinay Samuel y Ronald J. Sider, eds. Christianity and Economics in the Post-Cold War Era: The Oxford Declaration and Beyond [El cristianismo y la economía luego de la era de la Guerra Fría: La Declaración de Oxford y más]. Grand Rapids, Michigan: Eerdmans, 1994.

Schluter, Michael y John Ashcroft, eds. *Jubilee Manifesto: A Framework, Agenda and Strategy for Christian Social Reform* [Manifiesto del Jubileo: Un marco, agenda y estrategia para la reforma social cristiana]. Leicester, Reino Unido: Inter-Varsity, 2005.

Schneider, John R. *Godly Materialism: Rethinking Money and Possessions* [Materialismo divino: Reflexionando sobre el dinero y las posesiones]. Downers Grove, Illinois: InterVarsity Press, 1994.

Sirico, Robert A. *Defending the Free Market: The Moral Case for a Free Economy* [En defensa del libre mercado: El argumento moral en favor de una economía libre]. Washington: Regnery, 2012.

Smith, Adam. An Inquiry into the Nature and Causes of the Wealth of Nations [La riqueza de las naciones]. Editado por Edwin Cannan. Nueva York: Modern Library, 1994.

Sowell, Thomas. *A Conflict of Visions* [Conflicto de visiones]. Nueva York: Quill, 1987.

———. *Basic Economics: A Common Sense Guide to the Economy* [Economía básica: Un manual de economía escrito desde el sentido común]. Nueva York: Basic Books, 2007.

Sproul, R. C. *Biblical Economics: A Commonsense Guide to Our Daily Bread* [Economía bíblica: Un manual para nuestro pan de cada día escrito desde el sentido común]. Bristol, Tennessee: Draught Horse, 2002.

Weber, Max. *The Protestant Ethic and the Spirit of Capitalism* [La ética protestante y el espíritu del capitalismo]. Los Angeles: Roxbury, 1996.

Wittmer, Michael. *Becoming Worldly Saints: Can You Serve Jesus and Still Enjoy Your Life?* [Convirtiéndose en santos mundanos: ¿Puedes servir a Jesús y seguir disfrutando tu vida?]. Grand Rapids, Michigan: Zondervan, 2015.

Wuthnow, Robert, ed. *Rethinking Materialism: Perspectives on the Spiritual Dimension of Economic Behavior* [Reflexionando sobre el materialismo: Perspectivas sobre la dimensión espiritual del comportamiento económico]. Grand Rapids, Michigan: Eerdmans, 1995.

PASAJE BÍBLICO PARA MEMORIZAR

Efesios 4:28: El que hurtaba, no hurte más, sino trabaje, haciendo con sus manos lo que es bueno, para que tenga qué compartir con el que padece necesidad.

HIMNO

"Anhelo amarte más"

Anhelo amarte más, oh Salvador;
Busco tu amor y paz, Cristo Señor.
Oye mi petición: quiere mi corazón
Amarte más, amarte más.

Gozo del mundo yo busqué sin paz;
En ti ya mi alma halló dulce solaz.
Hoy esta es mi oración: quiere mi corazón
Amarte más, amarte más.

Al fin mi corazón te alabará,
Su última petición, Cristo será;
Oye mi oración, quiere mi corazón
Amarte más, amarte más.

AUTOR: ELIZABETH PRENTISS, 1818-1878

Capítulo 35

TRABAJO, DESCANSO, VACACIONES Y JUBILACIÓN

¿Por qué Dios nos mandó a realizar un trabajo productivo?

En la actualidad, ¿es el trabajo una bendición o una maldición?

¿Dios aprueba las vacaciones más largas?

¿Qué hay sobre la jubilación?

En esta parte del libro, analizaré temas éticos relacionados con la protección de la propiedad, que es un aspecto que implica el octavo mandamiento: "No hurtarás" (Ex 20:15). En este capítulo, abordaré el trabajo humano, que es el medio por el cual se producen y se mejoran los bienes. Asimismo, analizaré temas relacionados con el descanso del trabajo, incluyendo las vacaciones y la jubilación.

A. EL TRABAJO EN SÍ MISMO ES BUENO Y AGRADABLE A DIOS

Aunque mucha gente busca evitar trabajar o trabajar lo menos posible, la Biblia presenta, en general, una perspectiva positiva sobre el trabajo. Considera que el trabajo en sí mismo es bueno y agradable a Dios.

En primer lugar, vemos esto ya que, antes de que hubiera pecado en el mundo, Dios les encomendó a Adán y Eva un trabajo: "Sean fecundos y multiplíquense. Llenen la tierra; *sojúzguenla y tengan dominio* [...]" (Gn 1:28 RVA-2015). Asimismo, antes de que hubiera pecado en el mundo, "tomó, pues, Jehová Dios al hombre, y lo puso en el huerto de Edén, para que *lo labrara* y lo guardase" (2:15). El trabajo no es simplemente una parte dolorosa de la condición caída del hombre, sino que es parte de lo que Dios quería para nosotros dentro de su creación "buena en gran manera". De hecho, la primera cosa que Dios hace en la Biblia es trabajar, puesto que todo Génesis 1 describe el trabajo de la creación de Dios, lo que nos sugiere que nuestro trabajo es una imitación tenue del propio trabajo creativo de Dios (ver Juan 5:17).

Otros pasajes en el Antiguo Testamento también ven el trabajo de una manera positiva. El cuarto mandamiento no solo dice lo siguiente: "Acuérdate del día de reposo para santificarlo", sino que también añade *"seis días trabajarás, y harás toda tu obra"* (Ex 20:8-9). Con esta declaración, Dios estableció el requisito del trabajo productivo en los Diez Mandamientos y lo explicó diciendo que nuestro trabajo era imitar su propio trabajo: "Porque en seis días hizo Jehová los cielos y la tierra, el mar, y todas las cosas que en ellos hay" (Ex 20:11).

Algunos pasajes en los libros de la sabiduría del Antiguo Testamento también le dan un gran valor al trabajo:

> *En toda labor hay fruto*;
> mas las vanas palabras de los labios empobrecen (Pr 14:23).

> El que labra su tierra se saciará de pan;
> mas el que sigue a los ociosos se llenará de pobreza (Pr 28:19).

En varias partes del Nuevo Testamento se reafirma este énfasis respecto a lo bueno que es el trabajo. El trabajo de Pablo como fabricante de tiendas (Hechos 18:3) mientras viajaba de ciudad en ciudad en sus viajes misioneros sirvió como un ejemplo para que los creyentes se esforzaran y se mantengan a sí mismos. Pablo les recordó a los ancianos de la iglesia de Éfeso del ejemplo que había dado en su ministerio:

> Antes vosotros sabéis que *para lo que me ha sido necesario a mí y a los que están conmigo, estas manos me han servido*. En todo os he enseñado que, *trabajando así*, se debe ayudar a los necesitados, y recordar las palabras del Señor Jesús, que dijo: Más bienaventurado es dar que recibir (Hechos 20:34-35).

Pablo también escribió a las personas de Éfeso lo siguiente:

> El que hurtaba, no hurte más, *sino trabaje, haciendo con sus manos lo que es bueno*, para que tenga qué compartir con el que padece necesidad (Ef 4:28).

Y en sus dos cartas a la iglesia de Tesalónica escribió sobre la importancia de que las personas se mantengan mediante el trabajo:

> [...] y que procuréis tener tranquilidad, y ocuparos en vuestros negocios, y *trabajar con vuestras manos* de la manera que os hemos mandado, a fin de que os conduzcáis honradamente para con los de afuera, y no tengáis

necesidad de nada (1 Ts 4:11-12).

Pero os ordenamos, hermanos, en el nombre de nuestro Señor Jesucristo, que os *apartéis de todo hermano que ande desordenadamente*, y no según la enseñanza que recibisteis de nosotros. Porque vosotros mismos sabéis de qué manera debéis imitarnos; pues nosotros no anduvimos desordenadamente entre vosotros, ni comimos de balde el pan de nadie, sino que *trabajamos con afán y fatiga día y noche*, para no ser gravosos a ninguno de vosotros; no porque no tuviésemos derecho, sino por *daros nosotros mismos un ejemplo para que nos imitaseis*. Porque también cuando estábamos con vosotros, os ordenábamos esto: Si *alguno no quiere trabajar, tampoco coma*. Porque oímos que algunos de entre vosotros andan desordenadamente, no trabajando en nada, sino entremetiéndose en lo ajeno. A los tales mandamos y exhortamos por nuestro Señor Jesucristo, que *trabajando* sosegadamente, coman su propio pan (2 Ts 3:6-12).

Asimismo, es útil recordar que cuando trabajamos productivamente producimos algo que brinda un beneficio a los demás (ya sea si se crea un producto físico que se puede comprar o si se ofrece un servicio como impartir una clase o reparar un auto). Si nuestro trabajo realmente resulta ser beneficioso para otras personas, entonces deberíamos considerarlo como una manera de mostrar amor hacia los demás. Trabajar productivamente es una forma de obedecer el mandamiento "amarás a tu prójimo como a ti mismo" (Mt 22:39).

B. TRABAJO NO REMUNERADO

Existen muchos trabajos que no ofrecen una compensación monetaria, pero de todos modos son valiosos.

1. Ama de casa (cuidado de la casa y de los hijos). Varios pasajes en las Escrituras enseñan que el trabajo de una ama de casa es de suma importancia, incluso si dicho trabajo no recibe un pago económico en el mercado:

> Mujer virtuosa, ¿quién la hallará?
>   Porque su estima sobrepasa largamente a la de las piedras preciosas. [...]
> Busca lana y lino,
>   y con voluntad trabaja con sus manos.
> Es como nave de mercader;
>   trae su pan de lejos.
> Se levanta aun de noche
>   y da comida a su familia
>   y ración a sus criadas. [...]
>   Alarga su mano al pobre,
>   y extiende sus manos al menesteroso. [...]
>   Ella se hace tapices; de lino fino y púrpura es su vestido. [...]

> Abre su boca con sabiduría,
>> y la ley de clemencia está en su lengua.
> Considera los caminos de su casa,
>> y no come el pan de balde (Pr 31:10-27).

El Nuevo Testamento también elogia el trabajo de una mujer que cuida su casa, su familia e incluso a otros. Pablo escribe que una mujer ejemplarmente devota es aquella "que tenga testimonio de buenas obras; si ha criado hijos; si ha practicado la hospitalidad; si ha lavado los pies de los santos; si ha socorrido a los afligidos; si ha *practicado toda buena obra*" (1 Ti 5:10).

Pablo también le dice a Tito que las mujeres mayores en la iglesia deberían hacer lo siguiente:

> [...] tienen que instruir a las más jóvenes a amar a sus esposos y a sus hijos, a vivir sabiamente y a ser puras, a *trabajar en su hogar*, a hacer el bien y a someterse a sus esposos. Entonces no deshonrarán la palabra de Dios (Tito 2:4-5 NTV).

Estos pasajes no exigen que todas las mujeres se queden en casa en lugar de trabajar en algo fuera del hogar, ya que la "mujer virtuosa" de Proverbios 31 se dedica a las transacciones inmobiliarias: "Considera la heredad, y la compra" (Pr 31:16). También vende cosas en el mercado porque "ve que van bien sus negocios" (v. 18) y "hace telas, y vende, y da cintas al mercader" (v. 24). Sin embargo, no hace estas cosas *en lugar de* cuidar de su casa y sus hijos, sino *además* de cuidar de su casa y sus hijos, puesto que aún es verdad que "considera los caminos de su casa, y no come el pan de balde" (v. 27). A partir de estos pasajes, parece correcto concluir que, en una familia, la esposa tiene la responsabilidad principal de cuidar del hogar y los hijos (ver pág. 411) y, además de esas responsabilidades, algunas esposas también pueden optar por conseguir trabajos remunerados fuera de sus casas.

2. Trabajo voluntario en la iglesia y en otras organizaciones. Otra gran área de trabajo no remunerado es el trabajo voluntario que la gente realiza en la iglesia o en otras organizaciones caritativas. Pedro les recuerda a los cristianos que todos poseen talentos que pueden usar en beneficio de los demás: "Cada uno según el don que ha recibido, minístrelo a los otros, como buenos administradores de la multiforme gracia de Dios" (1 P 4:10). Las iglesias y otros miles de organizaciones de voluntarios ofrecen un inmenso beneficio a cada sociedad y lo realizan principalmente mediante el trabajo no remunerado que aportan quienes las apoyan.

A menudo, las personas jubiladas encuentran una gran satisfacción al contribuir con trabajo voluntario a la iglesia y a otras organizaciones caritativas. También he conocido a un número de personas jubiladas que siguen invirtiendo su tiempo en viajes misioneros de corto plazo y otras encuentran satisfacción ayudando a gente joven a comenzar sus nuevos negocios. Además, mucha gente jubilada considera que puede invertir más tiempo cuidando a sus nietos o a personas en casas de reposo u hospitales.

3. Escuela. Generalmente, los niños y jóvenes adultos pasan la mayoría de sus días en la escuela o haciendo tareas escolares. Esto es un trabajo no remunerado, pero los capacita para ser trabajadores productivos en el futuro, así como también (esperamos) para ser personas virtuosas y buenos ciudadanos.

Ya que en la actualidad la mayoría de las sociedades occidentales son muy complejas, poseen tecnología avanzada y grandes áreas de especialización, el recibir capacitación para ser trabajadores productivos a menudo tardará mucho más que en las generaciones anteriores, en sociedades que fueron principalmente agrícolas.

En cualquier caso, aquellos que están en la escuela desde la niñez, más adelante deberían considerar sus estudios académicos como la manera principal en la que deben "trabajar" en obediencia a Dios durante esta parte de sus vidas. Incluso los padres de Jesús, cuando él tenía 12 años, lo encontraron "en el templo, sentado en medio de los doctores de la ley, oyéndoles y preguntándoles" (Lucas 2:46). Jesús debió haber pasado muchas horas estudiando durante su niñez, ya que en Lucas 2:52 leemos lo siguiente: "Y Jesús *crecía en sabiduría* y en estatura, y en gracia para con Dios y los hombres".

C. EL "PEREZOSO" EN PROVERBIOS EJEMPLIFICA LA IMPRUDENCIA DE LAS PERSONAS OCIOSAS

Varios pasajes aleccionadores e incluso graciosos en Proverbios describen a una persona ociosa y a menudo la llaman "perezosa". A continuación, se mostrarán algunos ejemplos:

> *Perezoso,* ¿hasta cuándo has de dormir?
>   ¿Cuándo te levantarás de tu sueño?
> Un poco de sueño, un poco de dormitar,
>   y cruzar por un poco las manos para reposo;
> así vendrá tu necesidad como caminante,
>   y tu pobreza como hombre armado (6:9-11).

> El alma del *perezoso* desea,
>   y nada alcanza; mas el alma de los diligentes será prosperada (13:4).

> También el que es negligente en su trabajo
>   es hermano del hombre disipador (18:9).

> La pereza hace caer en profundo sueño,
>   y el alma negligente padecerá hambre (19:15).

> El perezoso no ara a causa del invierno;
>   pedirá, pues, en la siega, y no hallará (20:4).

> El deseo del perezoso le mata,
>
>   porque sus manos no quieren trabajar (21:25).

Dice el perezoso: "El león está en el camino;
  el león está en las calles".
Como la puerta gira sobre sus quicios,
  así el perezoso se vuelve en su cama.
Mete el perezoso su mano en el plato;
  se cansa de llevarla a su boca.
En su propia opinión el perezoso es más sabio
  que siete que sepan aconsejar. (26:13-16).

Estos pasajes describen a una persona que rechaza la visión positiva de la Biblia sobre el trabajo productivo, con varios resultados negativos.

D. ¿POR QUÉ DIOS NOS MANDÓ A REALIZAR UN TRABAJO PRODUCTIVO?

1. La satisfacción que proviene del trabajo productivo y el "éxito logrado". Dios creó a los seres humanos de una manera en que obtengan una profunda satisfacción y disfrute por realizar un trabajo productivo y significativo. El economista Arthur Brooks, antiguo profesor de la Universidad de Syracuse y actual presidente del American Enterprise Institute, resume las investigaciones académicas y demuestra que, sorprendentemente, la actividad económica más satisfactoria para el ser humano no es ganar grandes cantidades de dinero, sino obtener lo que denomina "éxito logrado"; es decir, tener una responsabilidad específica y luego realizar un buen trabajo para completar esa responsabilidad, en cualquier carrera o campo de la vida que uno elija. Brooks dice: "El secreto de la prosperidad humana no es el dinero, sino el éxito que se logra en la vida"[1] . Posteriormente, explica lo siguiente:

El éxito logrado significa la capacidad de crear valor de manera honesta, no ganando la lotería, heredando una fortuna, ni cobrando un cheque de bienestar. Ni siquiera significa solo hacer dinero. El éxito logrado es la creación de valor en nuestras vidas o en las vidas de los demás[2].

Considero que esta idea de "éxito logrado" refleja el tema bíblico de que experimentamos una profunda satisfacción cuando Dios reconoce que hemos sido siervos fieles y hemos logrado el trabajo que nos ha encomendado. Finalmente, esto se afirmará cuando Dios nos diga: "Bien, buen siervo y fiel; sobre poco has sido fiel, sobre mucho te pondré; entra en el gozo de tu señor" (Mt 25:21; ver también 2 Ti 4:7; 1 P 1:7).

2. El privilegio de crear algo nuevo. Cuando trabajamos para producir cosas (ya sea si construimos una casa, un carro o si simplemente horneamos un trozo de

---

[1] Arthur C. Brooks, *The Battle: How the Fight between Free Enterprise and Big Government Will Shape America's Future* [La batalla: El nuevo ideario del liberalismo político] (Nueva York: Basic Books, 2010), pág. 71 (ver cap. 37, pág. 968, para un ejemplo de éxito logrado).

[2] *Ibid.*, pág. 75.

pan), creamos algo que no existía en el mundo antes de que lo hiciéramos. Esta es una imitación tenue de la propia actividad creativa de Dios. Además, refleja otros atributos de Dios, como su sabiduría, conocimiento, fuerza y paciencia. Dios nos da el privilegio de imitarlo de varias formas, ya que la Biblia nos dice: "Sed, pues, imitadores de Dios como hijos amados" (Ef 5:1).

Sin duda, toda la naturaleza manifiesta la gloria de Dios. Por ejemplo, la gran complejidad de los reinos vegetal y animal, y las formas en las que trabajan juntos, dan testimonio de la gloria de Dios. Y, desde luego, los animales realizan un trabajo útil (los caballos y los bueyes ayudan a arar los cultivos y los perros son buenos en pastorear las ovejas o trabajan como perros guía o perros guardianes).

No obstante, la creatividad que exhiben los seres humanos es muy distinta a la de los animales. Solo los seres humanos pueden crear, inventar e innovar. Ningún animal ha usado el pensamiento inteligente para crear un producto nuevo que otros podrían valorar y comprar por su uso. Por lo tanto, nuestra capacidad para realizar un trabajo creativo muestra un aspecto importante de la excelencia de la naturaleza humana creada por Dios a su imagen.

3. El privilegio de crear valor. No solo se trata de crear productos, sino que esos productos tengan un valor para nosotros y otras personas. Ya sea si horneamos un trozo de pan o armamos una nueva computadora, tales cosas tienen un mayor valor que el que poseían las propias materias primas. Por lo tanto, al realizar un trabajo productivo, le agregamos valor al total de las cosas útiles que existen en el mundo en beneficio de la humanidad.

4. El privilegio de mantenernos a nosotros mismos. Pablo les dijo a los cristianos de Tesalónica lo siguiente: "trabajar con vuestras manos [...] a fin de que os *conduzcáis honradamente* para con los de afuera, y *no tengáis necesidad de nada*" (1 Ts 4:11-12).

Nuestro sentido humano de dignidad se reafirma cuando podemos mantenernos a nosotros mismos y ya no dependemos de nuestros padres u otras personas. En otras palabras, el trabajo productivo le da a las personas un nuevo sentido de autorrespeto y también glorifica a Dios mediante la imitación tenue de su propio atributo: la independencia.

Es por eso que el desempleo involuntario (en el caso de las personas que son despedidas y no pueden encontrar otro trabajo o no pueden trabajar debido a una enfermedad o una lesión) es un gran desafío y dificultad. No realizar un trabajo productivo produce frustración debido a que uno no puede hacer lo que Dios quiso que los humanos hicieran; es decir, realizar un trabajo productivo útil y de ese modo mantenerse a sí mismos.

5. La individualidad. Dios creó a los seres humanos con grandes diferencias en habilidades, preferencias e inclinaciones por los tipos de trabajos que disfrutamos y queremos enfocarnos. Esta diversidad entre los seres humanos es un don que nos lleva a especializarnos en distintos tipos de trabajos (conduce a una división de trabajo) y hace que la raza humana sea miles de veces más productiva que si todos tuviéramos que producir todo lo que necesitáramos (como lo hacen los animales, cuando todos tienen que encontrar su propia comida). Por lo tanto, gracias a la especialización podemos cumplir el mandamiento de Dios de "sojuzgar" la tierra (Gn 1:28) y crear productos útiles a partir de ella de una manera mucho más amplia de lo que podríamos hacer de otro modo.

La especialización individual en el trabajo es mucho más importante de lo que la mayoría de gente cree. Es la clave para una mayor productividad económica en cualquier sociedad o nación. En 1776, Adam Smith dio un famoso ejemplo sobre una fábrica de alfileres en donde la gente manufacturaba un producto muy simple: alfileres. Demostró que se producían más alfileres cuando cada trabajador realizaba un trabajo especializado que cuando cada persona se encargaba de la producción del producto desde el principio hasta el fin. (hacer alfileres puede parecernos un ejemplo trivial, pero antes que existieran las engrapadoras, que se inventaron y patentaron solo en 1866, a menudo las personas usaban alfileres para sujetar los papeles en los negocios. La mayoría de la gente también hacía su propia ropa en casa y usaba alfileres en el proceso, así que los alfileres fueron una parte crucial de una economía).

A continuación, se presentará la famosa descripción de Smith sobre la división del trabajo en una fábrica de alfileres.

> Consideremos por ello como ejemplo una manufactura de pequeña entidad, aunque una en la que la división del trabajo ha sido muy a menudo reconocida: la fabricación de alfileres. Un trabajador no preparado para esta actividad (que la división del trabajo ha convertido en un quehacer específico), no familiarizado con el uso de la maquinaria empleada en ella (cuya invención probablemente derive de la misma división del trabajo), podrá quizás, con su máximo esfuerzo, hacer un alfiler en un día, aunque ciertamente no podrá hacer veinte.
>
> Pero en la forma en que esta actividad es llevada a cabo actualmente no es solo un oficio particular, sino que ha sido dividido en un número de ramas, cada una de las cuales es por sí misma un oficio particular. Un hombre estira el alambre, otro lo endereza, un tercero lo corta, un cuarto lo afila, un quinto lo lima en un extremo para colocar la cabeza; el hacer la cabeza requiere dos o tres operaciones distintas; el colocarla es una tarea especial y otra el esmaltar los alfileres; hasta el empaquetarlos es por sí mismo un oficio; y así la producción de un alfiler se divide en hasta dieciocho operaciones diferentes, que en algunas fábricas llegan a ser ejecutadas por manos distintas, aunque en otras una misma persona pueda ejecutar dos o tres de ellas.
>
> He visto una pequeña fábrica de este tipo en la que solo había diez hombres trabajando y en la que consiguientemente algunos de ellos tenían a su cargo dos o tres operaciones. Y aunque eran muy pobres y carecían por tanto de la maquinaria adecuada, si se esforzaban podían llegar a fabricar entre todos unas doce libras de alfileres por día.
>
> En una libra hay más de cuatro mil alfileres de tamaño medio. Esas diez

personas, entonces, podían fabricar conjuntamente más de cuarenta y ocho mil alfileres en un solo día, con lo que puede decirse que cada persona, como responsable de la décima parte de los cuarenta y ocho mil alfileres, fabricaba cuatro mil ochocientos alfileres diarios. Ahora bien, si todos hubieran trabajado independientemente y por separado, y si ninguno estuviese entrenado para este trabajo concreto, es imposible que cada uno fuese capaz de fabricar veinte alfileres por día y quizás no hubiesen podido fabricar ni uno; es decir, ni la doscientas cuarentava parte, y quizás ni siquiera la cuatro mil ochocientasava parte de lo que son capaces de hacer como consecuencia de una adecuada división y organización de sus diferentes operaciones. En todas las demás artes y manufacturas las consecuencias de la división del trabajo son semejantes a las que se dan en esta industria tan sencilla[3].

E. EL TRABAJO SE VOLVIÓ MÁS DIFÍCIL E INCLUYÓ DOLOR DESPUÉS DE LA CAÍDA

Aunque Dios les había dado un trabajo a Adán y Eva cuando fueron creados, luego de que pecaran Dios introdujo cambios en el orden creado, lo que hizo que su trabajo fuera más difícil. Cuando Dios pronunció la sentencia sobre Adán, dijo lo siguiente:

Y al hombre dijo:

Por cuanto obedeciste a la voz de tu mujer,
   y comiste del árbol de que te mandé diciendo:
 No comerás de él;
    maldita será la tierra por tu causa;
con dolor comerás de ella todos los días de tu vida.
   Espinos y cardos te producirá,
y comerás plantas del campo.
   Con el sudor de tu rostro comerás el pan
hasta que vuelvas a la tierra,
   porque de ella fuiste tomado;
pues polvo eres, y al polvo volverás (Gn 3:17-19).

La maldición de Dios sobre la tierra significaba que produciría alimento útil para los seres humanos, solo como el resultado de un trabajo difícil. Los "espinos y cardos" causarían dolor y tenderían a ahogar las plantas que produzcan comida útil. Aún así, Adán y Evan podían seguir comiendo y no morirían, pero esa comida vendría del "sudor de tu rostro"; es decir, por medio de un trabajo difícil.

Por lo tanto, Moisés posteriormente podía caracterizar la vida humana como

---

[3] Adam Smith, *An Inquiry into the Nature and Causes of the Wealth of Nations* [La riqueza de las naciones], ed. Edwin Cannan (1776; reimpr., Nueva York: Modern Library, 1994), Libro I, cap. 1; págs. 4–5.

simplemente "molestia y trabajo":

> Los días de nuestra edad son setenta años;
> y si en los más robustos son ochenta años,
>> con todo, *su fortaleza es molestia y trabajo*,
> porque pronto pasan, y volamos (Sal 90:10).

Asimismo, incluso en la proclamación de Pablo sobre el evangelio, recordaba que a menudo trabajaba de la siguiente manera: "en trabajo y fatiga, en muchos desvelos, en hambre y sed, en muchos ayunos, en frío y en desnudez" (2 Co 11:27). Incluso el trabajo del ministerio evangélico incluye una parte importante de dolor y dificultad.

F. AÚN PODEMOS ENCONTRAR ALEGRÍA EN EL TRABAJO

Aunque Dios introdujo un elemento de dolor y molestia en el trabajo en Génesis 3, aún así, debido a la gracia común, es posible encontrar alegría en nuestro trabajo. De hecho, varios pasajes del Antiguo Testamento consideran la capacidad de disfrutar nuestro trabajo como una bendición de Dios en sí misma.

> [...] porque te habrá bendecido Jehová tu Dios en todos tus frutos, y en toda la obra de tus manos, y estarás verdaderamente *alegre* (Dt 16:15).

> Te abrirá Jehová su buen tesoro, el cielo, para enviar la lluvia a tu tierra en su tiempo, y para *bendecir toda obra de tus manos*. Y prestarás a muchas naciones, y tú no pedirás prestado (Dt 28:12).

> Sea la luz de Jehová nuestro Dios sobre nosotros,
>> y la obra de nuestras manos confirma sobre nosotros;
>> sí, la obra de nuestras manos confirma (Sal 90:17).

> [...] porque mi corazón *gozó de todo mi trabajo*; y esta fue mi parte de toda mi faena (Ec 2:10).

> No hay cosa mejor para el hombre sino que coma y beba, y que su alma se *alegre en su trabajo*. También he visto que esto es de la mano de Dios. Porque ¿quién comerá, y quién se cuidará, mejor que yo? (Ec 2:24-25).

> Asimismo, a todo hombre a quien Dios da riquezas y bienes, y le da también facultad para que coma de ellas, y tome su parte, y *goce de su trabajo*, esto es don de Dios. Porque no se acordará mucho de los días de su vida; pues Dios le llenará de alegría el corazón (Ec 5:19-20).

En el Nuevo Testamento no vemos tanto énfasis sobre la alegría en el trabajo, excepto por el autor de Hebreos que anima a los líderes de la iglesia a cumplir sus responsabilidades *"con alegría, y no quejándose"* (He 13:17; y note la advertencia contra "murmuraciones" en Fil 2:14). Pero los pasajes citados previamente de Eclesiastés sobre el gozo en el trabajo no contienen nada que nos lleve a pensar que aplican solo a Israel bajo el Antiguo Pacto. Por el contrario, deberíamos entenderlos como si aplicaran a la situación del trabajo humano en general.

Igualmente, aunque Dios impuso el dolor en relación con el trabajo en la declaración de la maldición en Génesis 3, el resto de las Escrituras muestran que Dios trabaja paciente y continuamente para lograr la redención de su pueblo de las maldiciones de la caída y ello significa que nunca debemos tratar de perpetuar, sino aliviar en la medida de lo posible, los aspectos dolorosos del trabajo en la actualidad.

Esta idea es contraria a la creencia hindú de que las personas merecen sufrir en esta vida debido a su conducta en una vida pasada. En el sistema de castas hindú, un grupo de personas llamadas dalits ocupaban el escalón más bajo del sistema. Supuestamente, habían cometido maldades en una vida anterior y, por lo tanto, se les negaba oportunidades de trabajo, se les trataba sin tener en cuenta la dignidad humana y eran condenados a una vida de pobreza y desesperanza, con pocas esperanzas de escapar del sistema que los oprimía a menos que renuncien a la fe hindú. Si renunciaban a esa fe, entonces a menudo se convertían en el blanco de persecuciones violentas, especialmente si se convertían en cristianos[4].

La importancia de minimizar los aspectos dolorosos y a menudo peligrosos del trabajo también va en contra de un tipo de fatalismo islámico, en donde la frase "si Alá quiere" se usa con mucha frecuencia para explicar graves e incluso fatales accidentes de trabajo. El escritor turco Mustafa Akyol dice lo siguiente: "El fatalismo se usa constantemente como una excusa para los errores y negligencias humanas" y añade que es "un problema musulmán mundial"[5].

G. DEBEMOS TRABAJAR PARA AGRADAR AL SEÑOR EN CADA LABOR

Pablo presentó una maravillosa perspectiva sobre el trabajo a los cristianos en Colosas, muchos de los cuales trabajaban para empleadores seculares en trabajos seculares. Aún así, los animó a que pudieran trabajar para el Señor en cualquier trabajo que tuvieran:

> Siervos, obedeced en todo a vuestros amos terrenales, no sirviendo al ojo, como los que quieren agradar a los hombres, sino con corazón sincero, temiendo a Dios. *Y todo lo que hagáis, hacedlo de corazón, como para el*

---

[4] Verificado por Tehmina Arora, consejero principal de Alliance Defending Freedom-India [Alianza para la Defensa de la Libertad-India], mediante varias conversaciones telefónicas y correos electrónicos en el 2016 y previamente con Craig Osten, director principal de investigación y redacción de subvenciones de *Alliance Defending Freedom* [Alianza para la Defensa de la Libertad].

[5] Mustafa Akyol, *"Islam's Tragic Fatalism"* [El trágico fatalismo islámico], The New York Times, 23 de septiembre de 2015, http://www.nytimes.com/2015/09/24/opinion/islams-tragic-fatalism.html. Akyol es el autor de libro *Islam without Extremes: A Muslim Case for Liberty* [Islám sin extremos: Un caso musulmán por la libertad] (Nueva York: W. W. Norton, 2013).

Señor y no para los hombres; sabiendo que del Señor recibiréis la recompensa de la herencia, porque a Cristo el Señor servís. Mas el que hace injusticia, recibirá la injusticia que hiciere, porque no hay acepción de personas (Col 3:22-25; ver también un pasaje similar en Ef 6:5-8).

H. DIOS LLAMA A DIFERENTES TIPOS DE PERSONAS PARA UNA GRAN VARIEDAD DE TRABAJOS O "VOCACIONES" DISTINTAS

Así como los cristianos de la iglesia primitiva, muchos cristianos en la actualidad no trabajan en un ministerio de la iglesia a tiempo completo, sino en trabajos más "seculares", a menudo trabajando para empleadores que no son creyentes. La mayoría de las Epístolas se escribieron a iglesias en donde los cristianos eran una pequeña minoría dentro de una sociedad mayoritariamente pagana o secular. Aún así, Pablo podía decir que las personas estaban en trabajos en donde Dios las había "llamado":

> Pero cada uno como el Señor le repartió, y como Dios *llamó* a cada uno, así haga; esto ordeno en todas las iglesias (1 Co 7:17; ver también el v. 24).

En este contexto específico, Pablo habla sobre ser un esclavo o ser una persona libre, pero sin duda su principio tiene una aplicación más amplia. En cualquier trabajo en el que alguien esté, al menos por ese tiempo, es la situación a la que "Dios llamó a cada uno" (la palabra *vocación* viene del término latín *voco/vocare*, un verbo que significa "llamar, convocar"). Cuando nos damos cuenta que Dios "llamó" a nuestros amigos de la iglesia a los puestos en los que trabajan, nos será mucho más fácil animarlos, orar por sus trabajos y honrarlos por el trabajo que hacen en obediencia al Señor y su llamado.

Sin embargo, Pablo reconoce que la gente también puede tener oportunidades de seguir la guía de Dios hacia otras situaciones laborales, ya que en este mismo pasaje les dice a los esclavos lo siguiente: "Aunque, si tienes la oportunidad de conseguir tu libertad, aprovéchala" (1 Co 7:21 NVI). Por lo tanto, es posible que Dios nos llame tanto para una labor específica como para un trabajo y que posteriormente nos llame de manera similar para otro trabajo o labor.

I. EL TRABAJO TAMBIÉN PRESENTA MUCHAS TENTACIONES PARA PECAR

Aunque las Escrituras consideran el trabajo como algo fundamentalmente bueno y a pesar de que Dios nos llama a trabajar en varios trabajos, aún vivimos en un mundo caído y el trabajo trae consigo un número de tentaciones para pecar.

1. Ser conflictivo, desagradable o incluso robarle a un empleador. Pablo sabía que los cristianos necesitaban ser advertidos sobre caer en patrones de comportamiento destructivos en su trabajo, quizás imitando las actitudes hoscas o rebeldes de los empleados no cristianos entre los que trabajaban y tal vez incluso hurtando ("robando") a sus empleadores:

> Enseña a los esclavos a someterse en todo a sus amos, *a procurar agradarles y a no ser respondones*. No deben robarles, sino demostrar que son dignos de toda confianza, para que en todo hagan honor a la enseñanza de Dios nuestro Salvador (Tito 2:9-10 NVI).

2. Ociosidad y descuido en el trabajo. El libro de Proverbios advierte lo siguiente: "El que es negligente en su trabajo es hermano del hombre disipador" (Pr 18:9), mostrando que la ociosidad y el descuido traen resultados perjudiciales en el trabajo que uno realiza. En contraste a esta actitud, Pablo escribe lo siguiente a los cristianos: "Y todo lo que hagáis, *hacedlo de corazón, como para el Señor y no para los hombres*" (Col 3:23).

3. Trabajar en exceso. El error opuesto a la ociosidad es trabajar de más, convertirse en un "adicto al trabajo". En el Antiguo Testamento, con el objetivo de evitar que la gente trabaje todo el tiempo, Dios les ordenó no trabajar un día a la semana: "Acuérdate del día de reposo para santificarlo. [...] no hagas en él obra alguna" (Ex 20:8-10). El día de reposo era un recordatorio de que Dios no exigía a las personas que trabajaran todo el tiempo, sino que les daba periodos de descanso placenteros. Al respecto, se encuentra una advertencia en el libro de los Salmos:

> *Por demás es que os levantéis de madrugada,*
> *y vayáis tarde a reposar,*
> *y que comáis pan de dolores;*
> pues que a su amado dará Dios el sueño (127:2).

Esto no quiere decir que nunca debería haber momentos de actividad laboral intensa, con largas horas y largos días de duro trabajo en ciertos periodos de tiempo. Sino que deberíamos estar advertidos de no convertir tal trabajo intenso en un patrón continuo y regular en nuestras vidas, al punto que descuidemos nuestra salud, nuestras responsabilidades familiares, nuestro tiempo en la iglesia, nuestro tiempo privado con el Señor mediante la lectura de las Escrituras y la oración y nuestro tiempo en comunión con amigos cristianos.

Así como las personas difieren en el tipo de habilidades que poseen, sus intereses, preferencias y en muchas otras maneras, así también las personas se distinguen mucho en la cantidad de trabajo que pueden mantener y aún así seguir manteniendo un equilibrio saludable en relación con otras áreas de responsabilidad en sus vidas.

4. Autosuficiencia. Aunque la Biblia varias veces nos ordena a trabajar, también nos advierte que no debemos confiar en última instancia en nuestras propias capacidades para el éxito de nuestro trabajo. Jesús nos dio un modelo de oración que nos hace recordar que necesitamos confiar en Dios para su provisión: "El pan nuestro de cada día, dánoslo hoy" (Mt 6:11).

La enseñanza de Jesús se basa en una idea que estaba presente en el Antiguo Testamento. Por ejemplo, Moisés le dio esta advertencia al pueblo de Israel:

> No sea que digas en tu corazón: 'Mi fuerza y el poder de mi mano me han traído esta prosperidad'. Al contrario, *acuérdate del SEÑOR tu Dios. Él es el que te da poder para hacer riquezas,* con el fin de confirmar su pacto que juró a tus padres, como en este día (Dt 8:17-18 RVA-2015).

Una advertencia similar se puede encontrar en este salmo escrito por Salomón:

> *Si Jehová no edificare la casa,*
> *en vano trabajan los que la edifican;*
> si Jehová no guardare la ciudad,
> en vano vela la guardia (Sal 127:1).

J. DEBERÍAMOS DESCANSAR REGULARMENTE DEL TRABAJO

Como analizamos previamente, el privilegio del trabajo productivo nos recuerda que podemos, de una pequeña manera, ser como Dios en nuestra creación de productos útiles a través de nuestro trabajo. Pero Dios no nos creó para ser máquinas que funcionen 24 horas al día sin necesidad de descansar. Por el contrario, Dios nos hizo con la necesidad de descansar y dormir regularmente. Esto nos hace recordar que, aunque imitemos a Dios de manera tenue en nuestro trabajo, sin duda no somos Dios ya que él "no desfallece, ni se fatiga con cansancio" (Is 40:28). Dios no necesita descansar o dormir, puesto que "ni se dormirá el que te guarda. He aquí, no se adormecerá ni dormirá El que guarda a Israel" (Sal 121:3-4)[6].

Por lo tanto, Dios le dio al pueblo de Israel un modelo regular de seis días de trabajo y un séptimo día, el día de reposo, en donde debían descansar (ver Ex 20:8-11). Y Dios elogió lo bueno que era dormir luego de un día de trabajo: "Dulce es el sueño del trabajador, coma mucho, coma poco" (Ec 5:12). Por ende, dormir es un regalo de Dios: "Pues que a su amado dará Dios el *sueño*" (Sal 127:2).

A veces, la capacidad de descansar y dormir es una cuestión de estar dispuestos a confiar en Dios y encomendarle el deseo urgente de tener éxito en el trabajo que hacemos. No deberíamos comer el "pan de dolores" (Sal 127:2).

Sin embargo, las Escrituras dicen que a menudo "los impíos" no pueden descansar ni estar en paz:

> Pero los impíos son como el mar en tempestad,
> que no puede estarse quieto,
> y sus aguas arrojan cieno y lodo.
> *No hay paz, dijo mi Dios, para los impíos* (Is 57:20-21).

---

[6] Cuando Dios reposó al final del sexto día de la creación (Gn 2:2) no fue por fatiga, sino que significaba la totalidad de su trabajo de creación junto con el deleite en la creación que había hecho.

K. VACACIONES MÁS LARGAS

Aunque ya no vivimos bajo el Antiguo Pacto, aún podemos obtener algo de sabiduría al observar que Dios no solo le exige a su pueblo que descanse del trabajo uno de los siete días, sino que también quiere que tomen algunos periodos más largos de descanso de sus trabajos. Cada año, celebraban las Fiestas a Jehová, que duraban siete días (ver Lv 23:34-43) y cada siete años era el año de reposo: "el séptimo año la tierra tendrá descanso, [...] [en el que] no sembrarás tu tierra, ni podarás tu viña, [...] [sino que] el descanso de la tierra te dará para comer a ti" (25:4-6; ver también las instrucciones sobre el Año del Jubileo cada 50 años en el vv. 8-12)[7].

Por lo tanto, parece ser prudente tomar vacaciones más largas del trabajo cada cierto tiempo, quizás una semana o dos al mismo tiempo, si es posible (las Escrituras no dan una instrucción específica sobre cuán largas deberían ser tales vacaciones o cada cuánto tiempo deberíamos tomarlas, así que las decisiones de las personas en relación con este tema variarán de acuerdo a la situación de sus vidas, tiempo de vida, situación financiera y la cantidad de vacaciones que sus empleadores les permitan; pero el principio de tomar vacaciones más largas del trabajo de vez en cuando parece ser prudente).

L. JUBILACIÓN

En la sociedad estadounidense moderna y también en muchas otras naciones existe una suposición de que la "vida ideal" para las personas es trabajar hasta los 65 años (o antes en Europa) y luego jubilarse y no realizar un trabajo productivo por el resto de sus vidas. Esta suposición no tiene ninguna base en las Escrituras que yo pueda encontrar.

Dios nos puso en la tierra para trabajar productivamente y realizar un trabajo que traiga beneficios para los demás. Pablo escribió para los cristianos "que tranquilamente se pongan a trabajar para ganarse la vida" (2 Ts 3:12 NVI), pero no señaló que había ciertos cristianos que pasaban cierta edad que ¡ya no deberían trabajar en lo absoluto!

Sin duda, mientras las personas envejecen, su capacidad física para trabajar disminuirá y, por lo tanto, es normal que comiencen a trabajar menos horas y quizás menos días cuando ya no tiene la capacidad física de trabajar tanto como lo hacían antes.

Además, si las personas han trabajado por muchos años y han ahorrado el dinero suficiente que ya no necesitan generar más ingresos, entonces pueden invertir sabiamente algo de tiempo cada semana en trabajos voluntarios ayudando a otras personas, ayudando en el trabajo de la iglesia o en otras actividades útiles. De esta manera, puede que realicen un trabajo mayoritariamente sin remuneración, pero seguiría siendo un tipo de trabajo. Debería haber alegría y

---

[7] Incluso el mismo Jesús y sus apóstoles trataron de tomarse un largo periodo de tiempo fuera del ministerio, ya que en un punto leemos lo siguiente: "Él les dijo: Venid vosotros aparte a un lugar desierto, y descansad un poco. [...] Y se fueron solos en una barca a un lugar desierto" (Marcos 6:31-32). Sin embargo, las multitudes los siguieron y Jesús siguió sanando (vv. 53-56).

un sentido de logro en seguir trabajando productivamente a lo largo de la vida. Para que esto sea posible, sociedades enteras y, particularmente, las iglesias deberían proveer tantas oportunidades como sean posibles para que la gente siga trabajando productivamente mientras envejecen, tanto con remuneración como sin remuneración.

Existen varios ejemplos de personas que hicieron importantes contribuciones después de los 65 años. ¡Moisés sacó al pueblo de Israel de Egipto cuando tenía 80 años (ver Ex 7:7)! Ronald Reagan se convirtió en presidente a los 69 años y comenzó su segundo mandato cuando tuvo 73 años[8]. Mientras escribo este capítulo, Donald Trump acaba de ser elegido como presidente de los Estados Unidos a la edad de 70 años[9].

Otros ejemplos de personas mayores de 65 años que realizan actividades y siguen contribuyendo a la sociedad en el 2016 incluyen al expresidente Jimmy Carter, quien tiene 92 años[10] ; al diplomático y exsecretario de estado Henry Kissinger, 93[11]; la Reina Isabel II, 90[12]; el actor y director Clint Eastwood, 87[13]; el famoso inversionista Warren Buffet, 86[14] y James Dobson de Family Talk y previamente de Focus on the Family, 81[15] .

Mirando hacia el pasado, otras personas que realizaron trabajos notables después de los 65 años incluyen a John Gleen, quien fue senador de los Estados Unidos hasta los 77 años y viajó al espacio a la misma edad[16] y sir Winston Churchill, quien se desempeñó como el primer ministro británico a los 76 años[17]. Y se pueden dar muchos más ejemplos.

Una idea particularmente destructiva en la sociedad es la que indica que los trabajadores de edad avanzada que aún son productivos deberían jubilarse para "hacer espacio" para que los trabajadores jóvenes tomen sus puestos. Esta equivocada idea se basa en la incorrecta suposición de que hay un número fijo de trabajos en un país, aunque, de hecho, un mayor número de trabajadores de la población activa podrá encontrar trabajo en nuevos negocios y al ampliar las capacidades de las empresas ya existentes (si las altas regulaciones gubernamentales

---

[8] Ronald Reagan nació el 6 de febrero de 1911 y tenía 69 años cuando fue elegido presidente en 1980; ver http://www.biography.com/people/ronald-reagan-9453198.

[9] Donald Trump nació el 14 de junio de 1946; ver https://www.biography.com/people/donald-trump-9511238.

[10] Jimmy Carter nació el 1 de octubre de 1924; ver http://www.biography.com/people/jimmy-carter-9240013#!.

[11] Henry Kissinger nació el 17 de mayo de 1923; ver http://www.biography.com/people/henry-kissinger-9366016.

[12] La Reina Isabel II nació el 21 de abril de 1926; ver https://www.biography.com/people/queen-elizabeth-ii-9286165.

[13] Clint Eastwood nació el 31 de mayo de 1930; ver http://www.imdb.com/name/nm0000142/.

[14] Warren Buffet nació el 30 de agosto de 1930; ver http://www.biography.com/people/warren-buffett-9230729.

[15] James Dobson nació el 21 de abril de 1936: ver http://www.imdb.com/name/nm1538867/.

[16] El senador John Glenn nació el 18 de julio de 1921. Viajó al espacio a los 77 años el 29 de octubre de 1998. Ver http://www.biography.com/people/john-glenn-9313269.

[17] Sir Winston Churchill nació el 30 de noviembre de 1874. Se convirtió en el primer ministro de Gran Bretaña por segunda vez en octubre de 1951. Ver http://www.biography.com/people/winston-churchill-9248164#world-war-ii.

y los impuestos no lo impiden), de modo que la productividad total de la sociedad aumentará al añadir trabajadores productivos. Esta noción de "hacer espacio para los trabajadores jóvenes" erróneamente supone que los trabajadores son personas que "toman trabajos" en lugar de lo que en realidad son: partes valiosas de la población activa total que trabajan productivamente en beneficio de la sociedad.

Asimismo, cuando las empresas o naciones adoptan una edad de jubilación obligatoria que exige que las personas dejen de trabajar cuando aún están sanas, son inteligentes, hábiles y trabajadores maduros, perjudica significativamente la productividad de la sociedad y resulta en una gran frustración para aquellos que tienen prohibido volver a trabajar en un momento en el que aún son muy productivos en sus trabajos. Por esta razón, es bueno cuando los negocios están dispuestos a contratar a personas mayores en trabajos de medio tiempo, ya que muchas de ellas no quieren trabajar tantas horas como lo hacían anteriormente, pero aún así necesitan un ingreso adicional.

PREGUNTAS PARA REFLEXIONAR

1. ¿Qué tipo de trabajo realiza? ¿Qué le agradada de su trabajo? ¿Qué es lo que le parece difícil o le desagrada de su trabajo?
2. ¿A menudo piensa en agradar a Dios mientras trabaja?
3. ¿Cree que está en un trabajo en el que Dios lo llamó? ¿Cree que Dios lo está llamando a buscar un trabajo diferente en el futuro?
4. ¿A qué tentaciones de pecado está más sujeto en su trabajo?
5. ¿Disfruta descansar del trabajo y tomar vacaciones o hacen que se sienta ligeramente culpable? ¿Descansa lo suficiente del trabajo?
6. ¿Qué piensa sobre la jubilación? ¿Planea jubilarse algún día? Si es el caso, ¿cómo planea pasar su tiempo?
7. ¿Qué rasgos de carácter cristiano (ver pág. 110) serían de mucha ayuda para animarlo a pensar, actuar y sentirse bien en relación con el trabajo y el descanso?

TÉRMINOS ESPECIALES

éxito logrado
perezoso
adicto al trabajo

BIBLIOGRAFÍA

Otras fuentes de referencia sobre ética

(ver datos bibliográficos completos, pág. 64)

Frame, 540-54
McQuilkin y Copan, 205-16, 458-61

Murray, 35-44, 82-106

Otras obras

Allison, Gregg R. *"Why Are You Here? Heavenly Work vs. Earthly Work"* ["¿Por qué estás aquí? El trabajo celestial vs. el trabajo terrenal"]. The Southern Baptist Journal of Theology 19, n.° 2 (2015): págs. 69–80.

Baab, Lynne. *Sabbath Keeping: Finding Freedoms in the Rhythms of Rest* [Guardando el día de reposo: Encontrando libertades en los ritmos del descanso]. Downers Grove, Illinois: InterVarsity Press, 2005.

Colson, Chuck y Jack Eckerd. *Why America Doesn't Work: How the Decline of the Work Ethic Is Hurting Your Family and Future*—and What You Can Do about It [Por qué Estados Unidos no trabaja]. Dallas: Word, 1991.

Crouch, Andy. *Culture Making: Recovering Our Creative Calling* [Crear cultura: Recuperar nuestra vocación creativa]. Downers Grove, Illinois: InterVarsity Press, 2008

Field, D. H. *"Sabbath"* ["Día de reposo"]. En el *New Dictionary of Christian Ethics and Pastoral Theology* [Nuevo Diccionario de Ética Cristiana y Teología Pastoral], editado por David J. Atkinson y David H. Field, págs. 754–55. Leicester, Reino Unido: Inter-Varsity y Downers Grove, Illinois: InterVarsity Press, 1995.

Grudem, Wayne. *Business for the Glory of God: The Bible's Teaching on the Moral Goodness of Business* [Negocios para la gloria de Dios: Enseñanzas bíblicas acerca de la ética en los negocios]. Wheaton, Illinois: Crossway, 2003.

Hamilton, James M., Jr. *Work and Our Labor in the Lord* [El trabajo y nuestra labor en el Señor]. Short Studies in Biblical Theology. Wheaton, Illinois: Crossway, 2017.

Hughes, R. Kent. *Disciplines of a Godly Man* [Las disciplinas de un hombre piadoso]. 2da ed. Wheaton, Illinois: Crossway, 2001.

Keller, Timothy. *Every Good Endeavor: Connecting Your Work to God's Work* [Toda buena obra: Conectando tu trabajo con el de Dios]. Nueva York: Dutton, 2012.

Laansma, John C. *"Rest"* ["Descanso"]. En el New Dictionary of Biblical Theology [Nuevo Diccionario de Teología Bíblica], editado por T. Desmond Alexander y Brian S. Rosner, págs. 729–32. Downers Grove, Illinois: InterVarsity Press, 2000.

Nelson, Tom. *Work Matters: Connecting Sunday Faith to Monday Work* [Trabajo y redención: Conectando tu adoración del domingo con tu trabajo del lunes]. Wheaton, Illinois: Crossway, 2011.

Marshall, P.A. *"Work"* ["Trabajo"]. En el *New Dictionary of Christian Ethics and Pastoral Theology* [Nuevo Diccionario de Ética Cristiana y Teología Pastoral], págs. 899–901.

Miller, Darrow L y Marit Newton. *Lifework: A Biblical Theology for What You Do Every Day* [Vida, trabajo y vocación: Una teología bíblica del quehacer cotidiano]. Seattle: YWAM, 2009.

Packer, J. I. *Finishing Our Course with Joy: Guidance from God for Engaging with Our Aging* [Terminando nuestra trayectoria con alegría: La guía de Dios para afrontar nuestro envejecimiento]. Wheaton, Illinois: Crossway, 2014.

—————. Packer, J. I. *"Leisure and Life-Style: Leisure, Pleasure, and Treasure"* ["Tiempo libre y estilo de vida: Tiempo libre, placer y tesoro"]. En *God and Culture: Essays in Honor of Carl F. H. Henry* [Dios y la cultura: Ensayos en honor a Carl F. H. Henry], editado por D. A. Carson y John D. Woodbridge. Grand Rapids, Michigan: Eerdmans, 1993.

Piper, John. *"Don't Waste Your Life"* ["No desperdicies tu vida"] En The Collected Works of John Piper [Las obras recopiladas de John Piper], editado por David Mathis y Justin Taylor, vol. 5, págs. 385–534. Wheaton, Illinois: Crossway, 2017.

—————. *Rethinking Retirement: Finishing Life for the Glory of Christ* [Reflexionando sobre la jubilación: Terminando la vida para la gloria de Cristo]. Wheaton, Illinois: Crossway, 2008.

Ryken, Leland. *Redeeming the Time: A Christian Approach to Work and Leisure* [Redimiendo el tiempo: Un enfoque cristiano sobre el trabajo y el tiempo libre]. Grand Rapids, Michigan: Baker, 1995.

Traeger, Sebastian. *The Gospel at Work: How Working for King Jesus Gives Purpose and Meaning to Our Jobs* [El evangelio en el trabajo: Cómo el servicio al Rey Jesús le da propósito y sentido a tu empleo]. Grand Rapids, Michigan: Zondervan, 2013.

Veith, Gene Edward. *God at Work: Your Christian Vocation in All of Life* [Dios en el trabajo: Tu vocación cristiana en todo ámbito de la vida]. Focal Point Series. Wheaton, Illinois: Crossway, 2002.

Whelchel, Hugh. *How Then Should We Work? Rediscovering the Biblical Doctrine of Work* [Entonces, ¿cómo deberíamos trabajar? Redescubriendo la doctrina bíblica del trabajo]. Bloomington, Indiana: WestBow, 2012.

Wittmer, Michael E. *Heaven Is a Place on Earth: Why Everything You Do Matters to God* [Así en la tierra como en el cielo: ¿Por qué todo lo que haces le importa a Dios?]. Grand Rapids, Michigan: Zondervan, 2004.

PASAJE BÍBLICO PARA MEMORIZAR

Proverbios 14:23: En toda labor hay fruto; mas las vanas palabras de los labios empobrecen.

HIMNO

"Pronto la noche viene"

Pronto la noche viene, tiempo es de trabajar;
Los que lucháis por Cristo, no hay que descansar,
Cuando la vida es sueño, gozo, vigor, salud,
Y es la mañana hermosa de la juventud.

Pronto la noche viene, tiempo es de trabajar;
Para salvar al mundo hay que batallar,
Cuando la vida alcanza toda su esplendidez,

Cuando es el medio día de la madurez.

Pronto la noche viene, tiempo es de trabajar;
Si el pecador perece, idlo a rescatar,
Aun a la edad provecta, débil y sin salud,
Aun a la misma tarde de la senectud.

Pronto la noche viene, ¡listos a trabajar!
¡Listos! Que muchas almas hay que rescatar.
¿Quién de la vida el día puede desperdiciar?
Viene la noche cuando nadie puede obrar.

AUTOR: ANNIE L. COGHILL, 1836-1907

Capítulo 36

EL AUMENTO DE LA PROSPERIDAD: ¿ES BUENO TENER MÁS PROSPERIDAD?

¿La pobreza es más agradable a Dios que la prosperidad?

¿Dios quería que los seres humanos sigan inventando y desarrollando nuevos y mejores productos?

¿Cómo podemos evitar el materialismo?

¿Por qué la influencia de la Biblia hizo que la prosperidad material aumentara en muchas naciones?

En los dos capítulos previos argumenté que Dios estableció la propiedad privada entre los seres humanos, quiso que ejerciéramos una administración fiel de lo que poseíamos (cap. 34) y deseó que trabajáramos fielmente produciendo bienes a partir de la tierra para nuestro beneficio (cap. 35). Pero, ¿qué pasará con los bienes que producimos? Consumiremos algunos de ellos (como la comida que cosechamos), pero otros durarán por un largo tiempo (como las casas y las fábricas que construimos, los autos y los camiones que fabricamos, los libros que escribimos, los instrumentos musicales que creamos y miles de otras cosas)[1].

Por lo tanto, las personas que trabajan de manera fiel y administran sus bienes cuidadosamente a menudo poseerán una mayor cantidad de posesiones. Con el tiempo, sociedades y naciones enteras serán cada vez más prósperas. Pero, *¿seguir*

---

[1] Partes de este capítulo se adaptaron del libro de Wayne Grudem y Barry Asmus: *The Poverty of Nations: A Sustainable Solution* [La pobreza de las naciones] (Wheaton, Illinois: Crossway, 2013), con el permiso de la editorial.

aumentando la prosperidad material de las personas es algo moralmente bueno? (para propósitos de este capítulo, definiré la prosperidad como la acumulación y el disfrute de una riqueza material significativamente mayor que la de las generaciones anteriores). El tema de este capítulo trata sobre el bien o el mal moral del aumento de la prosperidad.

A. ¿LA POBREZA ES MÁS AGRADABLE A DIOS QUE LA PROSPERIDAD?

Durante los últimos 5 siglos, y especialmente durante los últimos 100 años, muchas naciones en el mundo han experimentado un aumento sorprendente en términos de prosperidad material que no se parece a nada que se haya visto antes en la historia del mundo. Es fácil olvidar que, durante miles de años, nadie en el mundo tenía autos, teléfonos, radios, televisores, computadoras, agua potable, tuberías internas, corriente eléctrica, aire acondicionado y calefacción con control termostático, antibióticos, tiendas que ofrecen miles de alimentos distintos incluyendo frutas frescas y vegetales cada día del año, acceso a viajar a cualquier parte del mundo en auto, tren o avión y casi una infinita variedad de opciones en vestimenta y otros tipos de bienes de consumo.

El economista J. Bradford DeLong de la Universidad de California-Berkeley publicó una estimación del valor económico total anual de los bienes y servicios que se produjeron en el mundo a lo largo de la historia de la humanidad[2]. Sus estimaciones mostraron tanto el producto mundial bruto (el valor de todos los bienes producidos en el mundo) como el valor de los productos que se produjeron por persona cada año. A continuación, se mostrarán algunas de sus estimaciones:

Año	Producto Mundial Bruto Anual (en mil millones de dólares estadounidenses)*	Producto Mundial Bruto por Persona (en dólares estadounidenses)
2000 a. C.	3.02	112
1000 a. C.	6.35	127
1 d. C.	18.50	109
500	19.92	102
1000	35.31	133
1500	58.67	138
1600	77.01	141

---

[2] J. Bradford DeLong, *"Estimating World GDP, One Million B.C.–Present"* ["Una estimación del PBI mundial desde el año 1 000 000 a. C. hasta la actualidad"], http://holtz.org/Library/Social%20Science/Economics/Estimating%20World%20GDP%20by%20DeLong/Estimating%20World%20GDP.htm.

Año	Producto Mundial Bruto Anual (en mil millones de dólares estadounidenses)*	Producto Mundial Bruto por Persona (en dólares estadounidenses)
1700	99.80	164
1800	175.24	195
1850	359.90	300
1900	1 102.96	679
1920	1 733.67	956
1940	3 001.36	1 356
1960	6 855.25	2 270
1970	12 137.94	3 282
1980	18 818.46	4 231
1990	27 539.57	5 204
2000	41 016.69	6 539

* Las cifras de DeLong son estimaciones de paridad de poder adquisitivo (PPA) estandarizadas de acuerdo a su valor en dólares estadounidenses del año 1990.

Tabla 36.1. Producto Mundial Bruto, 2000 a. C. a 2000 d. C.

Según esta estimación, en el año 2000, los seres humanos producían, en promedio, un nivel de prosperidad económica que era aproximadamente 60 veces mayor por persona de lo que se producía en el tiempo de Cristo (comparando $109 con $6 539)[3]. Este aumento en el producto mundial bruto por persona ha continuado desde el año 2000[4]. Aunque cada nación en el mundo ha experimentado cierto grado de desarrollo económico, algunas naciones han alcanzado niveles de prosperidad mucho mayores que otras. La tendencia del crecimiento económico a largo plazo

---

[3] Lamentablemente, millones de personas no se han beneficiado tanto económicamente de este aumento mundial de prosperidad, ya que muchas naciones en el mundo siguen atrapadas en la pobreza. Sin embargo, el camino del desarrollo económico que siguieron las naciones ricas junto con las enseñanzas bíblicas y un sólido análisis económico, demuestra que hay soluciones viables para combatir la pobreza en todas las naciones del mundo. El economista Barry Asmus y yo escribimos un libro dedicado a solucionar la pobreza mundial basándose en principios bíblicos: ver Wayne Grudem y Barry Asmus, *The Poverty of Nations: A Sustainable Solution* [La pobreza de las naciones] (Wheaton, Illinois: Crossway, 2013). Ver también el cap. 37 (pág. 958) sobre los temas económicos relacionados con la pobreza y la riqueza.

[4] En el 2015, el producto mundial bruto per cápita (PPA) era de $15 700, según el World Factbook [Libro Mundial de Hechos] de la *Central Intelligence Agency* [Agencia Central de Inteligencia] (https://

continúa en la mayoría de países[5].

¿Este increíble desarrollo económico es algo bueno? ¿Deberíamos agradecerle a Dios por ello o deberíamos verlo como el mal resultado del materialismo y la codicia impía? ¿No parece que el aumento de la prosperidad contradice las enseñanzas de Jesús, quien dijo lo siguiente: "Bienaventurados vosotros los pobres, porque vuestro es el reino de Dios" (Lucas 6:20)? E incluso s i tal desarrollo económico ha sido bueno hasta este punto, ¿no es tiempo de que las naciones ricas del mundo finalmente digan "¡suficiente!" y decidan estar satisfechas con lo que tienen ahora?En este capítulo argumentaré que el desarrollo histórico continuo de la prosperidad material es fundamentalmente algo bueno que Dios quería para la raza humana, algo que muy probablemente seguirá de manera indefinida (hasta que Cristo regrese e incluso más allá de ese momento) y algo por lo que le deberíamos agradecer a Dios. Sin embargo, también advertiré que la prosperidad trae consigo grandes tentaciones de pecado.

B. LA PROSPERIDAD MATERIAL ES UN ASUNTO DE IMPORTANCIA SECUNDARIA Y TRAE PELIGROS.

Antes de considerar qué evaluación moral deberíamos darle al aumento de la prosperidad económica, es importante considerar este tema a la luz de la enseñanza de la Biblia sobre lo que es más importante en la vida. Con frecuencia, las Escrituras advierten que la relación de una persona con Dios es mucho más importante que la prosperidad material y que, de hecho, la búsqueda de la riqueza material fácilmente puede tomar el primer lugar en la vida de uno en vez que la relación con Dios.

Jesús fue muy directo: "Ningún siervo puede servir a dos señores; porque o aborrecerá al uno y amará al otro, o estimará al uno y menospreciará al otro. *No podéis servir a Dios y a las riquezas*" (Lucas 16:13). También dijo lo siguiente: "Pues ¿qué aprovecha al hombre, si gana todo el mundo, y se destruye o se pierde a sí mismo?" (9:25). Y contó una parábola sobre un hombre rico que decidió construir grandes graneros para almacenar toda su riqueza: "Pero Dios le dijo: Necio, esta noche vienen a pedirte tu alma; y lo que has provisto, ¿de quién será?" Luego, Jesús añadió: "Así es el que hace para sí tesoro, y no es rico para con Dios" (12:20-21). Asimismo, dijo lo siguiente en este contexto: "[...] la vida del hombre no consiste en la abundancia de los bienes que posee" (v. 15). Y enfatizó cuán fácil era para la gente rica no reconocer que necesita de Dios: "Otra vez os digo, que es más fácil pasar un camello por el ojo de una aguja, que entrar un rico en el reino de Dios" (Mt 19:24).

Es por eso que la Biblia señala que aquellos que obtienen cierto grado de prosperidad financiera en esta vida deberían poner sus corazones en Dios y no en

---

www.cia.gov/library/publications/the-world-factbook/geos/xx.html), pero este número no está estandarizado a los dólares estadounidenses del año 1990, así que no es comparable con las cifras del estudio de DeLong. Si ajustara $15 700 por inflación, sería equivalente a $8 658 en dólares estadounidenses del año 1990.

[5] Para un video fascinante de 4.5 minutos que traza el desarrollo económico y de salud de cada nación del mundo durante los últimos 200 años, ver el video producido por el profesor sueco Hans Rosling: *200 Years That Changed the World* ["200 años que cambiaron al mundo"], Gapminder, http://www.gapminder.org/videos/200-years-that-changed-the-world/.

su riqueza:

> A los ricos de este siglo manda que no sean altivos, *ni pongan la esperanza en las riquezas, las cuales son inciertas, sino en el Dios vivo*, que nos da todas las cosas en abundancia para que las disfrutemos. Que hagan bien, que sean ricos en buenas obras, dadivosos, generosos; atesorando para sí buen fundamento para lo por venir, que echen mano de la vida eterna (1 Ti 6:17-19).

Las relaciones con la familia, amigos y otras personas son incluso más importantes que la prosperidad material. El quinto mandamiento dice lo siguiente: "Honra a tu padre y a tu madre" (Ex 20:12). Aquí Dios establece y protege la importancia de mantener relaciones sólidas que incluyen el honor y el respeto dentro de una familia. Otros pasajes de la Biblia brindan instrucciones sobre cómo mantener matrimonios saludables y sobre cómo los padres deberían cuidar y disciplinar a sus hijos (ver Ef 5:22-6:4; Col 3:18-21). Asimismo, Jesús dijo que el segundo gran mandamiento era: "Amarás a tu prójimo como a ti mismo" (Mt 22:39). Por lo tanto, las relaciones con otras personas, y particularmente las relaciones con los miembros de la familia, son muy importantes para Dios. Sin tales relaciones, ¿cuál es el beneficio de acumular cada vez más riqueza personal?

Es por eso que la gran productividad económica, aunque es algo bueno en sí misma, también trae tentaciones significativas. La búsqueda de una mayor prosperidad fácilmente puede convertirse en el máximo objetivo de una persona y, entonces, la codicia, el egoísmo, la amargura y la frustración caracterizarán cada vez más su vida. Las relaciones familiares y amicales se destruirán en la búsqueda de una mayor prosperidad material. Pero esta incesante búsqueda de riqueza nunca puede llegar a satisfacer, ya que por sí misma alejará a una persona de los demás, no tendrá a nadie con quien pueda disfrutar de su prosperidad y estará alejada de Dios.

No obstante, sin duda, es posible que una persona o incluso que una sociedad entera incremente su prosperidad material *mientras mantiene un énfasis positivo en las relaciones saludables con Dios y otras personas*. Existen muchas personas en países ricos que son las grandes excepciones a los modelos occidentales de materialismo impío e individualismo excesivo, ya que su gran amor por Dios y sus sólidas vidas familiares testifican que es posible que incluso personas ricas con trabajos altamente productivos también le den una gran importancia a la fe personal, a la familia y los amigos. No han olvidado las palabras de Jesús: "No podéis servir a Dios y a las riquezas" (Lucas 16:13).

C. LA BIBLIA PRESENTA UNA PERSPECTIVA POSITIVA DEL AUMENTO DE LA PROSPERIDAD MATERIAL

Cómo lo expliqué en el capítulo 34, la Biblia contiene enseñanzas importantes que motivan a los seres humanos a crear cosas de valor a partir de los recursos de la tierra. La idea de crear productos útiles y beneficiosos a partir de la tierra comenzó con el mandamiento de Dios hacia Adán y Eva: "Sean fecundos y multiplíquense. Llenen la tierra; *sojúzguenla* y tengan dominio sobre los peces del mar, las aves del cielo y todos los animales que se desplazan sobre la tierra" (Gn 1:28 RVA-2015), un mandamiento que implicaba que Adán y Eva tenían que hacer que los recursos de la tierra fueran útiles para su propio beneficio y disfrute (ver cap. 34, pág. 904).

Esto significa que Dios quería que Adán y Eva exploraran la tierra y aprendieran a crear productos de los abundantes recursos que había puesto en ella. El propósito de Dios para Adán y Eva, mientras seguían el mandamiento, era que descubrieran y desarrollaran productos agrícolas, domesticaran animales, que luego crearan viviendas, hicieran obras de artesanía y belleza y, finalmente, edificios, medios de transporte e inventos de diversa índole[6]. Este es el proceso que al final resultó en la creación de computadoras, celulares, casas modernas, edificios de oficinas, autos y aviones. Dios quería que todo esto lo produjeran Adán, Eva y su descendencia cuando les dijo "sojuzguen" la tierra.

La idea de que Adán y Eva hicieran productos útiles a partir de la tierra también está implícita en el versículo que dice lo siguiente: "Tomó, pues, Jehová Dios al hombre, y lo puso en el huerto de Edén, para que lo *labrara* y lo guardase" (Gn 2:15). Mientras que Adán y Eva trabajaban en el huerto, descubrirían y desarrollarían productos útiles a partir de la tierra.

La capacidad de crear es única de los seres humanos (como lo expliqué en el cap. 34, pág. 905) y es parte de lo que significa que Dios nos hizo "a su imagen" (Gn 1:27). Nos creó para ser cómo él e imitarlo de muchas maneras. Es por eso que Pablo puede decir lo siguiente: "Sed, pues, imitadores de Dios como hijos amados" (Ef 5:1). Dios se alegra cuando nos ve imitar su creatividad mediante la creación de bienes y servicios a partir de los recursos de la tierra.

Por lo tanto, el ideal de Dios para nosotros no es que vivamos en cuevas y apenas sobrevivamos con una dieta de subsistencia a base de nueces y bayas, sino que descubramos y desarrollemos los abundantes recursos que ha puesto en la tierra para nuestro beneficio y disfrute. Pablo dice que Dios es el único "que nos da todas las cosas en abundancia para que las disfrutemos" (1 Ti 6:17).

Otra razón por la que a Dios le agrada cuando creamos bienes y servicios se refleja en el mandamiento de Jesús: "Amarás a tu prójimo como a ti mismo" (Mt 22:39). La mujer que crea una camisa que alguien usa y atesora, el hombre que crea un par de zapatos que alguien usa y disfruta y la maestra que genuinamente ayuda a sus hijos a aprender pueden hacer todo esto con una actitud de amor por su prójimo; es decir, buscando ofrecer un beneficio para los demás. De esta manera, crear bienes y servicios para otras personas es una manera de obedecer el mandamiento de Jesús de amar a nuestro prójimo como a nosotros mismos.

Un ejemplo del Antiguo Testamento es la descripción de la "mujer virtuosa" en Proverbios 31:10-31: Esta mujer es productiva porque "busca lana y lino, y con voluntad trabaja con sus manos" (v. 13). Produce productos de valor: "Hace telas, y

---

[6] Darrow L. Miller y Stan Guthrie, *Discipling Nations: The Power of Truth to Transform Cultures* [Discipulando naciones: El poder de la verdad para transformar culturas] (Seattle: YWAM, 1998), págs. 221–37. Este libro tiene un análisis excelente sobre las maravillas de la creatividad humana como una parte crucial de la administración responsable en obediencia a Dios.

vende, y da cintas al mercader" (v. 24). Produce productos agrícolas de la tierra, ya que "planta viña del fruto de sus manos" (v. 16). Vende productos en el mercado, puesto que "ve que van bien sus negocios" (v. 18)[7]. A través de toda su actividad económica creativa, esta mujer cada año aumenta la producción económica total de Israel.

Asimismo, Jesús nos da un ejemplo de tal productividad, ya que trabajó aproximadamente 15 años como "carpintero" (Marcos 6:3). El apóstol Pablo se mantenía a sí mismo fabricando tiendas (Hechos 18:3; 2 Ts 3:7-10). Pedro y algunos de los otros discípulos trabajaron como pescadores (Mt 4:18). Ellos no "creaban" peces (solo Dios puede hacerlo), sino que los pescaban en el mar y los llevaban al mercado, en donde se vendían como productos alimenticios útiles que los demás podían comer.

Pablo también le dijo a los cristianos primitivos que debían trabajar con sus manos, lo que implicaba que quería que siguieran creando bienes y servicios valiosos para otras personas:

> El que hurtaba, no hurte más, sino trabaje, *haciendo con sus manos lo que es bueno*, para que tenga qué compartir con el que padece necesidad (Ef 4:28).

> Y que procuréis tener tranquilidad, y ocuparos en vuestros negocios, *y trabajar con vuestras manos* de la manera que os hemos mandado (1 Ts 4:11).

> Porque también cuando estábamos con vosotros, os ordenábamos esto: *Si alguno no quiere trabajar, tampoco coma* (2 Ts 3:10).

Parece que en el cielo nuevo y la tierra nueva, las naciones del mundo seguirán produciendo bienes y servicios para los demás, quizás productos únicos de cada nación. Esto seguiría un sólido patrón histórico en donde los reyes de varias naciones enviarían abundantes productos como tributos o regalos a otras naciones (ver 2 Cr 9:9, 10, 24, 28). Esto se dice de la nueva Jerusalén: "Los reyes de la tierra traerán su gloria y honor a ella. [...] Y llevarán la gloria y la honra de las naciones a ella" (Ap 21:24-26).

D. DIOS LES DIO A LOS SERES HUMANOS UN DESEO INNATO DE CREAR MÁS Y MEJORES BIENES ECONÓMICOS

Como señalé en el capítulo 34 (pág. 906), Dios les dio a los seres humanos no solo el mandamiento de "sojuzgar" la tierra (Gn 1:28 RVA-2015), sino también el *deseo* innato de cumplir ese mandamiento[8]. Esta es la razón por la que los seres humanos

---

[7] La LBLA traduce este versículo como "Nota que su *ganancia es buena*". Esta también es una traducción legítima porque el término hebreo *sahar* puede referirse a la ganancia o el beneficio de la mercadería.

[8] Partes de esta sección se adaptaron del artículo de Wayne Grudem: *"The Eighth Commandment as*

tienen un impulso profundo e instintivo para crear productos útiles a partir de la tierra. Este impulso es increíblemente poderoso e *ilimitado*. Los conejos, ardillas, aves y venados están contentos viviendo en el mismo tipo de hábitats y comiendo el mismo tipo de comida por miles de generaciones. Sin embargo, los seres humanos somos diferentes. Tenemos un deseo innato de explorar, descubrir, entender, inventar, crear, producir y luego *disfrutar* los productos que se pueden hacer a partir de la tierra. Este impulso de sojuzgar la tierra nunca se ha satisfecho a lo largo de la historia de la humanidad. Ello es porque Dios no solo nos creó para simplemente *sobrevivir* en la tierra, sino para *prosperar*.

Dios nos creó con *necesidades muy limitadas* en términos de supervivencia física (si tenemos una cantidad mínima de comida, ropa y vivienda, podemos sobrevivir en una isla desierta o en un terrible campo de prisioneros de guerra). Pero también nos creó con *deseos ilimitados por productos nuevos y mejorados*.

Para poner un simple ejemplo, piense en los celulares. Por muchos miles de años, los seres humanos no sabían que querían celulares, ya que tales objetos no existían. Pero ahora que existen y son accesibles, todo el mundo parece querer uno. Son tanto útiles como entretenidos. Pablo dice que Dios "nos da *todas las cosas* en abundancia para que las disfrutemos" (1 Ti 6:17) y creo que en la actualidad "todas las cosas" incluyen los celulares.

Se puede decir lo mismo de los focos eléctricos, botellas de agua de plástico, hornos a gas, aire acondicionado, autos, computadoras y viajes en avión. Durante miles de años, los seres humanos no sabían que querían esas cosas, puesto que nadie sabía que se podían hacer. Pero el logro humano sigue progresando y, de ese modo, los seres humanos dan cada vez más evidencia de la gloria de nuestra creación a imagen de Dios. Con tales inventos, demostramos creatividad, sabiduría, conocimiento, habilidad en el uso de recursos, importancia por los que están lejos (mediante el uso de un teléfono o un sistema de correo electrónico) y muchas otras cualidades de Dios. Deberíamos disfrutar de estos inventos y darle gracias a Dios por ellas. Esto es parte del propósito de Dios para nosotros en la tierra.

E. LAS ADVERTENCIAS SOBRE LAS TENTACIONES DEL MATERIALISMO DEBEN TOMARSE CON SERIEDAD, PERO NO DEBERÍAN OCASIONAR QUE ABANDONEMOS LAS BENDICIONES DEL AUMENTO DE LA PROSPERIDAD

Cada situación de la vida trae consigo tentaciones únicas y, sin duda, es el caso de la prosperidad material. Si las personas aumentan su prosperidad material, deben tener cuidado de que nunca se convierta en su más alto objetivo, ni tampoco deben comenzar a pensar que la prosperidad material puede proveer una felicidad duradera o una comunión gratificante con Dios. La Biblia enseña esto varias veces:

the Moral Foundation for Property Rights, Human Flourishing, and Careers in Business" ["El octavo mandamiento como la base moral para los derechos de propiedad, la prosperidad humana y las carreras de negocios"], Themelios 41 (2016): págs. 76–87, con el permiso de la editorial.

> El que ama el dinero, no se saciará de dinero; y el que ama el mucho tener, no sacará fruto. También esto es vanidad (Ec 5:10).

> Porque ¿qué aprovechará al hombre, si ganare todo el mundo, y perdiere su alma? ¿O qué recompensa dará el hombre por su alma? (Mt 16:26).

> No podéis servir a Dios y a las riquezas (Lucas 16:13).

La abundante productividad de las economías ricas modernas proporciona grandes tentaciones de codicia, materialismo e insensibilidad hacia las necesidades de los demás. Dios le advirtió al pueblo de Israel mediante Moisés que cuando él los bendijera con prosperidad material, habría grandes tentaciones de ser orgulloso y olvidarse de Dios y sus mandamientos (ver Dt 8:11-18, citado posteriormente).

Otra tentación es ser víctima del mensaje engañoso de los llamados predicadores del "evangelio de la prosperidad", quienes declaran que si uno tiene suficiente fe, Dios lo hará rico. Como expliqué en el capítulo 34 (ver pág. 908), estoy totalmente en desacuerdo con este punto de vista. Jesús y Pablo eran pobres y cuando Pedro sanó al hombre cojo de nacimiento dijo lo siguiente: "No tengo plata ni oro, pero lo que tengo te doy" (Hechos 3:6). Y Santiago dijo: "¿No ha elegido Dios a los *pobres de este mundo*, para que sean *ricos en fe* y herederos del reino que ha prometido a los que le aman?" (Santiago 2:5). Por lo tanto, debo enfatizar que va en contra de las Escrituras decir que Dios lo hará rico si uno es un cristiano fiel. A menudo no lo hará.

Asimismo, otra tentación es caer en la trampa de la codicia constante; es decir, nunca estar satisfecho con lo que uno tiene. Aunque no es malo que las personas se esfuercen e intenten tener éxito en sus trabajos (esto a menudo resultará en el aumento de la prosperidad material), las Escrituras también nos dicen en varias partes que no debemos anhelar ser ricos, sino estar contentos con lo que tenemos:

> Pero gran ganancia es la piedad *acompañada de contentamiento*; porque nada hemos traído a este mundo, y sin duda nada podremos sacar. Así que, teniendo sustento y abrigo, estemos *contentos* con esto. Porque *los que quieren enriquecerse caen en tentación* y lazo, y en muchas codicias necias y dañosas, que hunden a los hombres en destrucción y perdición; porque raíz de todos los males es el amor al dinero, el cual codiciando algunos, se extraviaron de la fe, y fueron traspasados de muchos dolores (1 Ti 6:6-10).

> Sean vuestras costumbres sin avaricia, *contentos con lo que tenéis ahora*; porque él dijo: No te desampararé, ni te dejaré (He 13:5; ver también Lucas 3:14; Fil 4:11).

La prosperidad moderna también trae consigo otras tentaciones. El aumento de la movilidad laboral que viene con la prosperidad trae consigo la tentación de descuidar o romper lazos familiares importantes, la interacción con la comunidad y vivir vidas de aislamiento en donde es más fácil violar estándares éticos establecidos desde hace mucho tiempo. La tentación de obtener un salario cada vez más alto puede ocasionar una mentalidad adicta al trabajo que distorsiona otras partes de la vida. La abundancia de cosas materiales puede hacer que las personas se sientan autosuficientes y sean insensibles de su necesidad por Dios. Y las tentaciones de riqueza pueden hacer que la gente aparte tu corazón de Dios.

El apóstol Pablo dijo lo siguiente: "Porque los que quieren enriquecerse caen en tentación y lazo, y en muchas codicias necias y dañosas, que hunden a los hombres en destrucción y perdición" (1 Ti 6:9; cf. Lucas 16:13). El aumento de la riqueza puede conducir fácilmente al despilfarro y al gasto excesivo en lujos y baratijas llamativas, mientras se descuidan las necesidades urgentes de los pobres. El apóstol Santiago fue implacable en su condena a los ricos disolutos:

> ¡Vamos ahora, ricos! Llorad y aullad por las miserias que os vendrán. Vuestras riquezas están podridas, y vuestras ropas están comidas de polilla. Vuestro oro y plata están enmohecidos; y su moho testificará contra vosotros, y devorará del todo vuestras carnes como fuego. Habéis acumulado tesoros para los días postreros. [...] Habéis vivido en deleites sobre la tierra, y sido disolutos; habéis engordado vuestros corazones como en día de matanza (Santiago 5:1-5).

Asimismo, cuando una sociedad rica provee libertad de oportunidades a la gente, algunas personas eligen usar tal libertad de manera incorrecta, en formas que perjudican a otros y deshonran a Dios.

Sin embargo, es importante recordar que estos males no son *causados* por el aumento de la prosperidad, sino que son *tentaciones* que vienen junto con la prosperidad y necesitamos evitarlas. La mejor manera de contrarrestarlas no es regresando a la pobreza (que no es lo que Dios quiere para los seres humanos), sino mediante ejemplos y enseñanzas morales sólidas que muestren cómo las personas pueden resistir estas tentaciones. Esto es algo en lo que especialmente las iglesias están bien preparadas.

En cuanto a las tentaciones que vienen con las bendiciones de la prosperidad, Dios no le dijo al pueblo de Israel que debía buscar regresar a la pobreza, sino que le advirtió que cuidara su corazón:

> Cuídate de no olvidarte de Jehová tu Dios, para cumplir sus mandamientos, sus decretos y sus estatutos que yo te ordeno hoy; no suceda que comas y te sacies, y edifiques buenas casas en que habites, y tus vacas y tus ovejas se aumenten, y la plata y el oro se te multipliquen, y todo lo que tuvieres se aumente; y se enorgullezca tu corazón, y te olvides de Jehová tu Dios, que te sacó de tierra de Egipto, de casa de servidumbre; que te hizo caminar por un desierto grande y espantoso, lleno de serpientes ardientes, y de escorpiones, y de sed, donde no había agua, y él te sacó agua de la roca del pedernal; que te sustentó con maná en el desierto, comida que tus padres no habían conocido, afligiéndote y probándote, para a la postre hacerte bien; y digas en tu corazón: Mi poder y la fuerza de mi mano me han traído esta riqueza. Sino *acuérdate de Jehová tu* Dios, porque él te da el poder para

hacer las riquezas, a fin de confirmar su pacto que juró a tus padres, como en este día (Dt 8:11-18).

Si todo esto es cierto, entonces, ¿por qué necesitamos más "cosas"? Porque el aumento de la productividad y la prosperidad no son malos en sí mismos, sino que son moralmente buenos y proveen otra manera en la que podemos glorificar a Dios.

Las plantas y los animales muestran un grado de la gloria de Dios simplemente por sobrevivir y repetir las mismas actividades por miles de años, mientras que los seres humanos glorifican a Dios *logrando* mucho más que simplemente sobreviviendo. Lo glorificamos entendiendo y dominando la creación y produciendo bienes cada vez más maravillosos a partir de ella para nuestro disfrute, con acción de gracias a Dios. "Porque todo lo que Dios creó es bueno, y nada es de desecharse, si se toma con acción de gracias; porque por la palabra de Dios y por la oración es santificado" (1 Ti 4:4-5). El mandamiento "no hurtarás" (Ex 20:15), junto con todas las enseñanzas bíblicas sobre la administración, implica que Dios no solo nos creó para que simplemente sobreviviéramos, sino para lograr muchas cosas y para prosperar en la tierra.

Dios nos da distintas responsabilidades administrativas para que mediante ellas tengamos un potencial ilimitado para glorificarlo a través del descubrimiento, la creación, la producción, la distribución y el uso de recursos materiales e intelectuales potencialmente ilimitados. Todas estas cosas son buenas (aunque el pecado las puede distorsionar y utilizar de mala manera) y es correcto que nosotros las busquemos, con acción de gracias a nuestro sabio Creador por haber hecho una tierra tan excelente y provechosa y por darnos la sabiduría para desarrollar sus recursos y prosperar mientras vivimos en ella.

En la actualidad, muchos cristianos que viven en naciones ricas han descubierto con alegría que tienen una increíble oportunidad de usar su riqueza con gran eficacia en el avance de la obra del reino de Dios de miles de maneras en cientos de naciones en toda la tierra. Además, las personas ricas que no son cristianas, mediante la gracia común de Dios, pueden y proveen apoyo financiero para ayudar a la gente alrededor del mundo mediante una variedad de actividades filantrópicas que mejoran la educación, la atención médica, la producción agrícola y otros proyectos benéficos. De estas maneras, la riqueza de las naciones prósperas actuales se puede usar y se usa para hacer muchas cosas buenas en el mundo.

F. LA POBREZA SOLO SE PUEDE SOLUCIONAR CON EL AUMENTO DE LA PROSPERIDAD, NO INTENTANDO FORZAR LA IGUALDAD

Como analizaré de manera más extensa en el capítulo 37[9], los grandes problemas de la pobreza persistente en las naciones pobres nunca podrán resolverse mediante políticas gubernamentales que traten de penalizar a los ricos por el simple hecho

---

[9] Ver también el libro de Grudem y Asmus: The Poverty of Nations [La pobreza de las naciones].

de serlo, con el fin de reducir la "desigualdad" económica en una nación. Esto es porque el problema no es que algunas personas en una nación sean ricas. El problema es que mucha gente en una nación es pobre y la única solución a esta pobreza provendrá del aumento de la productividad económica, la producción de más bienes y servicios de valor, en una nación entera. En otras palabras, la pobreza solo se podrá solucionar cuando las naciones adopten sistemas económicos *productivos*.

Cuando una sociedad hace esto, pasa de la pobreza a una mayor prosperidad, proporcionando inmensas ventajas a los pobres, los que no tienen poder y a los desfavorecidos de esa sociedad. Daron Acemoglu y James A. Robinson nos recuerdan sobre las increíbles diferencias de las vidas de las personas en países ricos y muy pobres:

> En los países ricos, las personas son más saludables, viven más y tienen una mejor educación. Además, tienen acceso a una variedad de servicios y opciones en la vida, desde vacaciones hasta carreras profesionales, algo con lo que la gente pobre que vive en países pobres solo puede soñar. Las personas que viven en países ricos conducen por carreteras sin baches y disfrutan de servicios higiénicos, electricidad y agua potable en sus casas. Asimismo, normalmente tienen gobiernos que no los arrestan o los acosan de manera arbitraria; por el contrario, los gobiernos proveen servicios, incluyendo la educación, la atención médica, las carreteras y la ley y el orden. Igualmente, se destaca el hecho de que los ciudadanos votan en las elecciones y tienen una voz en la dirección política que toman sus países. Las grandes diferencias de la desigualdad mundial son evidentes para todos, incluso para aquellos que viven en países pobres[10].

No debemos abandonar la esperanza de los pobres de tener una mayor prosperidad por un miedo excesivo y paralizante al aumento del materialismo.

G. LA INFLUENCIA DE LA BIBLIA HISTÓRICAMENTE HA AUMENTADO LA PROSPERIDAD EN LAS NACIONES

Históricamente, la pobreza es menos común en las naciones del mundo en donde la Biblia ha sido la principal influencia en los valores morales de las personas. La gente de estas naciones tiene más ingresos, lo que le permite tener una mejor salud, una mejor educación, cuidar mejor el medio ambiente y tener más opciones en relación a dónde trabajar, dónde vivir y a dónde viajar.

Varios estudios han demostrado el efecto positivo de las creencias bíblicas en el desarrollo económico. Por ejemplo, Lawrence Harrison de la Universidad Tufts analizó 117 naciones que (1) tenían más de un millón de habitantes y (2) tenían una

---

[10] Daron Acemoglu y James A. Robinson, *Why Nations Fail: The Origins of Power, Prosperity and Poverty* [Por qué fracasan los países: Los orígenes del poder, la prosperidad y la pobreza] (Nueva York: Crown, 2012), págs. 40–41.

evidente "religión mayoritaria" (es decir, en donde más de la mitad de la población se identificaba con una gran religión mundial).

Harrison descubrió una relación evidente entre el contexto religioso dominante de una nación y cómo era la persona rica o pobre promedio en cada país. A continuación, se mostrarán los resultados del estudio de Harrison[11]:

Contexto religioso dominante en la nación	Producto Bruto Interno (PBI) Per Cápita
Protestante	$29 784
Judío	$19 320
Católico romano	$9 358
Ortodoxo	$7 045
Confusionista	$6 691
Budista	$4 813
Islámico	$3 142

Tabla 36.2. El contexto religioso y la prosperidad de una nación.

En este cuadro, las cuatro primeras categorías son protestante, judía, católica romana y ortodoxa. Todos estos grupos religiosos han basado históricamente sus enseñanzas a partir de la Biblia.

Entonces, ¿por qué existen algunas diferencias entre grupos que se basan en la Biblia? En el pasado, los grupos protestantes y judíos ponían más énfasis en que cada persona leyera las enseñanzas de la Biblia por sí misma, en lugar de que simplemente un pastor o un sacerdote les enseñara (aunque en la actualidad los líderes católico romanos y algunos ortodoxos también animan a que la gente lea la Biblia por sí misma). Esto era importante ya que la gente que valoraba la lectura individual de la Biblia ponía más énfasis en enseñar a los niños y niñas a leer y, como resultado, cada año más personas en tales países podían leer. Esto permitió la expansión de la educación, lo que a su vez permitió que la gente tenga más trabajos complejos, inventara más y ganara más ingresos.

Otros estudios han llegado a conclusiones similares. El profesor David Landes de la Universidad de Harvard, un experto en la historia del desarrollo económico alrededor del mundo, concluyó que el énfasis protestante de las enseñanzas bíblicas marcó la diferencia en el aumento de la prosperidad de Europa del Norte

---

[11] Lawrence E. Harrison, *The Central Liberal Truth: How Politics Can Change a Culture and Save It from Itself* [La verdad liberal central: Cómo la política puede cambiar una cultura y salvarla de sí misma] (Oxford: Oxford University Press, 2006), págs. 88–89.

y Norteamérica desde 1770 hasta la actualidad. Landes menciona lo siguiente: "De hecho, el centro de la cuestión recaía en la creación de un nuevo tipo de hombre que sea racional, ordenado, diligente y productivo. Estas virtudes, aunque no eran nuevas, apenas eran comunes. El protestantismo las generalizó entre sus defensores"[12].

Sin duda, las enseñanzas de la Biblia también tuvieron cierta influencia en los países en donde eran comunes las creencias religiosas judías, católica romanas y ortodoxas. Esto los diferenció de los países budistas, islámicos, hinduistas y confucionistas.

¿Cuáles eran las creencias que se enseñaron en la Biblia que marcaron una gran diferencia en estas naciones? Estas creencias incluían el fomento de varios hábitos de vida que contribuían al desarrollo económico:

1. Poder leer (Sal 1:2).
2. Trabajar como si fuera el llamado de Dios, ya que uno trabaja "como para el Señor y no para los hombres" (Col 3:23).
3. Ser honesto y diligente en el trabajo (Pr 10:4; 18:9).
4. Tratar a los empleados de manera justa (Col 4:1).
5. Ahorrar el dinero, el que Dios le confió a las personas para que lo administraran (Mt 25:14-30).
6. No ser codicioso o estafador (Lv 19:13; Pr 16:11; 20:10; 1 Co 6:10).
7. Usar bien el tiempo o "aprovechando bien el tiempo" (Ef 5:16).
8. Considerar la creación y la producción de bienes a partir de la tierra como un llamado de Dios (Gn 1:28).
9. Usar los recursos con alegría y con acción de gracias, puesto que la Biblia enseña que Dios "nos da todas las cosas en abundancia para que las disfrutemos" (1 Ti 6:17).
10. Investigar la naturaleza de manera racional y no ser supersticioso, ya que Dios creó un mundo ordenado que refleja su sabiduría y, por lo tanto, está sujeto a una investigación racional (Sal 104:24).
11. Recordar que todas las personas son responsables ante Dios por sus acciones: "Los ojos de Jehová están en todo lugar, mirando a los malos y a los buenos" (Pr 15:3; también 1 P 4:5).

Estas creencias permitieron que los trabajadores fueran diligentes y creativos, además de seguir investigando y creando nuevos productos a partir de los recursos de la tierra.

Finalmente, hay otros dos versículos bíblicos que son crucialmente importantes para el desarrollo económico. Es fundamental analizar estos dos valores con más detalle:

12. No mentir (Ex 20:16).

---

[12] David S. Landes, *The Wealth and Poverty of Nations: Why Some Are So Rich and Some So Poor* [La riqueza y la pobreza de las naciones: Por qué algunas son tan ricas y otras tan pobres] (Nueva York: W. W. Norton, 1999), pág. 177.

13. No hurtar (Ex 20:15).

La veracidad (no mentir) es importante, ya que la mayoría de transacciones comerciales se basan en la confianza. Una persona de negocios tiene que confiar en que un proveedor entregará un producto en la fecha que especificó y que el producto tenga la calidad y especificaciones acordadas. El proveedor tiene que confiar en que el comprador pagará por el producto cuando prometió hacerlo. Cuando los compradores y vendedores tienen el hábito de decir la verdad y cumplir su palabra, las transacciones comerciales fluyen sin problemas y la economía funciona de manera eficiente. Cuando un negocio crea un producto muy complejo (como un avión o un auto), puede haber cientos o incluso miles de proveedores y trabajadores en los que la empresa depende con el fin de producir un producto de calidad con puntualidad. La Biblia influencia la confianza, puesto que el estudio de Harrison también descubrió niveles significativamente más altos de confianza y bajos niveles de corrupción en los países que tuvieron más influencia bíblica[13].

No obstante, si una cultura tolera que alguien mienta y que no cumpla su palabra, entonces, todo el sistema económico comienza a derrumbarse. Los productos no se entregan a tiempo. Las partes que se necesitan llegan en tamaños incorrectos o no cumplen con los estándares de calidad. Los recibos y los informes contables se falsifican, de modo que las empresas dejan de tener una imagen exacta de sus inventarios o el costo de los bienes. Se tienen que añadir procesos adicionales que hacen perder el tiempo para verificar dos veces la exactitud de cada informe. La productividad económica comienza a descender rápidamente. Por lo tanto, no es extraño que el experto en desarrollo económico William Easterly de la Universidad de Nueva York señale que las culturas con mayores niveles de confianza tengan mayores ingresos per cápita y las culturas con menores niveles de confianza tengan un ingreso per cápita significativamente menor[14].

La Biblia se opone a tal ruptura de confianza en una cultura mediante la defensa de un gran nivel de veracidad en el discurso. Las Escrituras dicen lo siguiente: "No hablarás contra tu prójimo falso testimonio" (Ex 20:16) y "no mintáis los unos a los otros" (Col 3:9). Una sociedad que honre estos mandamientos valorará y esperará veracidad.

La creencia de que es incorrecto robar también es crucialmente importante. La idea de no robar supone la bondad moral de las personas que poseen bienes que les pertenecen. La Biblia no solo ordena "no *hurtarás*" (Ex 20:15), sino que también incluso prohíbe el *deseo* de hurtar, ya que dice lo siguiente: "No codiciarás la casa de tu prójimo, no *codiciarás* la mujer de tu prójimo, ni su siervo, ni su criada, ni su buey, ni su asno, ni cosa alguna de tu prójimo" (v. 17).

Sin embargo, en países donde se acepta el robo y no se respetan los bienes de los demás, esto tiende a destruir los incentivos para que las personas se esfuercen y ganen más. Esto es porque puede que una persona le arrebate a otra lo que gane

---

[13] Harrison, *The Central Liberal Truth* [La verdad liberal central], pág. 93.

[14] William Easterly, *The White Man's Burden: Why the West's Efforts to Aid the Rest Have Done So Much III and So Little Good* [La carga del hombre blanco: El fracaso de la ayuda al desarrollo] (Nueva York: Penguin, 2006), págs. 79–81.

o compre, ya que cree que lo "necesita" más. Una cultura de robo también tiende a evitar que alguien les preste dinero a otros, puesto que no hay la seguridad de que el dinero se devuelva. Asimismo, desmotiva el empleo porque un empleador no puede confiar en que un empleado maneje honestamente los fondos que se le confían. Por lo tanto, el empleador tiene que realizar muchas transacciones y mandados rutinarios, cuando puede pasar su tiempo realizando actividades más productivas. Todos estos problemas dificultan el crecimiento económico de una nación. La gran convicción cultural de que robar es moralmente incorrecto es crucial para el crecimiento económico de un país.

Por ende, no debería ser extraño que las naciones que han tenido una gran influencia bíblica y que han mantenido los valores positivos explicados previamente hayan tenido un mayor crecimiento económico en una nación tras otra. La historia demuestra que las naciones que siguen los estándares morales de la Biblia tienen un mejor resultado que las naciones que no lo hacen, especialmente en términos de la reducción de la pobreza y el aumento de la prosperidad para los habitantes de la nación.

Para un análisis más extenso sobre las cuestiones de la riqueza y la prosperidad, ver el capítulo 37.

PREGUNTAS PARA REFLEXIONAR

1. ¿Cree que el aumento de la prosperidad material en el mundo en los últimos 200 años ha sido en su mayoría algo bueno o algo perjudicial? ¿Cree que es lo que Dios quiso para los seres humanos en la tierra?

2. ¿Cree que los seres humanos que viven en naciones ricas ya tienen lo suficiente y deberían dejar de buscar producir aún más prosperidad cada año? ¿Qué cree que Dios quiere que las personas que viven en naciones ricas hagan en el futuro?

3. Jesús nos manda a orar de la siguiente manera: "Venga tu reino. Hágase tu voluntad, como en el cielo, así también en la tierra" (Mt 6:10). En su propia ciudad y vecindario, ¿cómo sería, en términos de prosperidad material, que el reino de Dios se realizara de manera más plena y que la voluntad de Dios se hiciera de manera más plena "como en el cielo"?

4. ¿Ha descubierto que su relación personal con Dios es más sana en tiempos de gran escasez o en tiempos de gran prosperidad financiera? ¿Cómo cree que el apóstol Pablo lidió con tales situaciones (Fil 4:12)?

5. ¿Qué rasgos de carácter cristiano (ver pág. 110) son especialmente útiles para motivar a que sociedades y naciones enteras pasen de la pobreza a una mayor prosperidad?

6. ¿Qué rasgos de carácter cristiano (ver pág. 110) son especialmente útiles para permitir que las personas eviten las tentaciones que siempre vienen con el aumento de la prosperidad?

TÉRMINOS ESPECIALES

producto mundial bruto
prosperidad

BIBLIOGRAFÍA

Otras fuentes de referencia sobre ética

(ver datos bibliográficos completos, pág. 64)

Frame, 590-92
McQuilkin y Copan, 471-79
Rae, 331-33

Otras obras

Acemoglu, Daron y James A. Robinson. *Why Nations Fail: The Origins of Power, Prosperity, and Poverty* [Por qué fracasan los países: Los orígenes del poder, la prosperidad y la pobreza]. Nueva York: Crown, 2012.

Alcorn, Randy. *Managing God's Money: A Biblical Guide* [Administrando el dinero de Dios: Una guía bíblica]. Carol Stream, Illinois: Tyndale, 2011.

———. *Money, Possessions, and Eternity* [El dinero, las posesiones y la eternidad]. 2da ed. Wheaton, Illinois: Tyndale, 2003.

———. *The Treasure Principle: Unlocking the Secret of Joyful Giving* [El principio del tesoro: Descubra el secreto del dador alegre]. Lifechange Books. Sisters, Oregon: Multnomah, 2001.

Beisner, E. Calvin. *Prosperity and Poverty: The Compassionate Use of Resources in A World of Scarcity* [Prosperidad y pobreza: El uso compasivo de los recursos en un mundo de escasez]. Westchester, Illinois: Crossway Books, 1988.

Blomberg, Craig L. Neither Poverty nor Riches: A Biblical Theology of Possessions [Ni pobreza, ni riquezas: Una teología bíblica de las posesiones materiales]. New Studies in Biblical Theology 7. Downers Grove, Illinois: InterVarsity Press, 1999.

Blomberg, Craig L. *Christians in an Age of Wealth: A Biblical Theology of Stewardship* [Cristianos en una era de riqueza: Una teología bíblica de la mayordomía]. Biblical Theology for Life. Grand Rapids, Michigan: Zondervan, 2013.

Forster, G. S. *"Property"* [Bienes] En el *New Dictionary of Christian Ethics and Pastoral Theology* [Nuevo Diccionario de Ética Cristiana y Teología Pastoral], editado por David J. Atkinson y David H. Field, págs. 696–97. Leicester, Reino Unido: Inter-Varsity y Downers Grove, Illinois: InterVarsity Press, 1995.

Grudem, Wayne. *Business for the Glory of God: The Bible's Teaching on the Moral Goodness of Business* [Negocios para la gloria de Dios: Enseñanzas bíblicas acerca de la ética en los negocios]. Wheaton, Illinois: Crossway, 2003.

Grudem, Wayne y Barry Asmus. *The Poverty of Nations: A Sustainable Solution* [La pobreza de las naciones]. Wheaton, Illinois: Crossway, 2013.

Harrison, Lawrence E. *The Central Liberal Truth: How Politics Can Change a Culture and Save It from Itself* [La verdad liberal central: Cómo la política puede cambiar una cultura y salvarla de sí misma]. Oxford: Oxford University Press, 2006.

Kotter, David. *"Greed vs. Self-Interest: A Case Study of How Economists Can Help Theologians Serve the Church"* ["Avaricia vs. interés propio": Un estudio de caso de cómo los economistas pueden ayudar a los teólogos a servir a la iglesia]. The Southern Baptist Journal of Theology 19, n.º 2 (2015): págs. 17–47.

Landes, David S. *The Wealth and Poverty of Nations: Why Some Are So Rich and Some So Poor* [La riqueza y la pobreza de las naciones: Por qué algunas son tan ricas y otras tan pobres]. Nueva York: W. W. Norton, 1999.

Mahaney, C. J., ed. *Worldliness: Resisting the Seduction of a Fallen World* [Mundanalidad: Resistiendo la seducción de un mundo caído]. Wheaton, Illinois:Crossway, 2008.

Miller, Darrow L. y Stan Guthrie. *Discipling Nations: The Power of Truth to Transform Cultures* [Discipulando naciones: El poder de la verdad para transformar culturas]. 2da ed. Seattle: YWAM Publishing, 2001.

Piper, John. *Desiring God: Meditations of a Christian Hedonist* [Sed de Dios: Meditaciones de un hedonista cristiano]. Colorado Springs: Multnomah, 2011.

Richards, Jay W. *Money, Greed, and God: Why Capitalism Is the Solution and Not the Problem* [Dinero, codicia y Dios: Por qué el capitalismo es la solución y no el problema]. Nueva York: HarperOne, 2009.

Rigney, Joe. *The Things of Earth: Treasuring God by Enjoying His Gifts* [Las cosas de la Tierra: Atesorando a Dios al disfrutar sus regalos]. Wheaton, Illinois: Crossway, 2015.

Schneider, John R. *Godly Materialism: Rethinking Money and Possessions* [Materialismo divino: Reflexionando sobre el dinero y las posesiones]. Downers Grove, Illinois: InterVarsity Press, 1994.

Sowell, Thomas. *Basic Economics: A Common Sense Guide to the Economy* [Economía básica: Un manual de economía escrito desde el sentido común]. 4ta ed. Nueva York: Basic Books, 2011.

Verbrugge, Verlyn D. y Keith R. Krell. *Paul and Money: A Biblical and Theological Analysis of the Apostle's Teachings and Practices* [Pablo y el dinero: Un análisis bíblico y teológico sobre las enseñanzas y prácticas del apóstol]. Grand Rapids, Michigan: Zondervan, 2015.

Whitney, Donald S. *Spiritual Disciplines for the Christian Life* [Disciplinas espirituales para la vida cristiana]. 2da ed. Colorado Springs: NavPress, 2014.

PASAJE BÍBLICO PARA MEMORIZAR

1 Timoteo 6:17-19: A los ricos de este siglo manda que no sean altivos, ni pongan la esperanza en las riquezas, las cuales son inciertas, sino en el Dios vivo, que nos da todas las cosas en abundancia para que las disfrutemos. Que hagan bien, que sean ricos en buenas obras, dadivosos, generosos;

atesorando para sí buen fundamento para lo por venir, que echen mano de la vida eterna.

HIMNO

"Cuán hermosa es la cruz"

Al contemplar la grandiosa cruz
donde el Rey de Gloria murió
todo tesoro y orgullo en mí
causan tristeza en mi corazón.

Veo en sus manos, cabeza, sus pies
muestra de amor y tristeza en Él
Nunca existió tan sublime amor
que una corona de espinas llevó.

¡Cuán hermosa es la cruz!, ¡Cuán hermosa es la cruz!
debo yo morir para vivir en libertad
¡Cuán hermosa es la cruz!, ¡Cuán hermosa es la cruz!
por tu gracia nos rendimos hoy para adorar.

Si el universo pusiera a sus pies
sería ofrenda muy pobre de dar
Amor divino, amor sin igual
demanda mi alma, mi ser y mi andar.

AUTOR: ISAAC WATTS, 1707

Capítulo 37

POBREZA Y RIQUEZA

¿Es moralmente mala toda la desigualdad económica?

¿Cuál es la mejor forma de ayudar a los pobres?

¿Cómo pueden las naciones tercermundistas superar la pobreza?

¿Son la riqueza occidental y la falta de generosidad las principales razones por las que la pobreza continúa hoy en día?

En el capítulo 36, argumenté que parte del plan de Dios para los seres humanos en la Tierra es que mejoremos en prosperidad material continuamente a medida que trabajemos fielmente y tratemos de ser buenos administradores de los bienes que se nos confía, pero también que la prosperidad trae consigo múltiples tentaciones de las que debemos cuidarnos.

Sin embargo, tanto los individuos como las naciones crecen en prosperidad material a ritmos diferentes a largo plazo. Algunas personas acumulan mucha riqueza, mientras que otras luchan por tener el dinero suficiente para vivir. Algunas naciones se han enriquecido, mientras que otras han seguido siendo pobres. En resumen, la prosperidad no llega a todos a la vez ni en la misma cantidad. Algunos se hacen ricos y otros siguen siendo pobres.

Por lo tanto, es importante considerar la cuestión de la pobreza y la riqueza, que es una preocupación importante en las Escrituras y el tema de este capítulo.

A. CIERTA DESIGUALDAD ES INEVITABLE

Antes de considerar la situación de la pobreza, será útil aclarar la noción general de desigualdad. Puede parecernos sorprendente pensar que algunas desigualdades de bienes en sí mismas pueden ser buenas y agradables a Dios. Pero no debería ser una sorpresa. No hay pecado ni maldad en el cielo, y sin embargo habrá diferentes grados de recompensa en el cielo y varios tipos de mayordomía que Dios confía a diferentes personas. Cuando estemos ante Jesús para dar cuenta de nuestras vidas, él le dirá a una persona "Tendrás autoridad sobre diez ciudades", y a otra: "Tú también sé sobre cinco ciudades" (Lucas 19:17, 19)[1].

Por lo tanto, habrá desigualdades de mayordomía y responsabilidad en la era venidera. Esto significa que la idea de algunas desigualdades de mayordomía en sí misma debe ser dada por Dios y por lo tanto debe ser buena.

En una enseñanza similar, Pablo no se dirige a los incrédulos sino a los cristianos de Corinto cuando dice: "Porque *es necesario que todos nosotros comparezcamos ante el tribunal de Cristo, para que cada uno reciba según lo que haya hecho mientras estaba en el cuerpo, sea bueno o sea malo*" (2 Co 5:10). Esto implica grados de recompensa por lo que hacemos en esta vida.

Muchos otros pasajes enseñan o implican grados de recompensa para los creyentes en el juicio final[2]. Incluso entre los ángeles, hay diferentes niveles de autoridad y mayordomía establecidos por Dios (1 Ts 4:16 y Judas 9 mencionan un "arcángel"), y no podemos decir que tal sistema sea malo o pecaminoso en sí mismo.

Las desigualdades son en realidad necesarias en un mundo que requiere la realización de una gran variedad de tareas. Algunas tareas requieren la mayordomía de grandes cantidades de recursos (como la propiedad de una planta siderúrgica o una empresa que fabrica aviones), y otras tareas requieren la mayordomía de pequeñas cantidades de recursos. Además, Dios ha dado a algunas personas grandes habilidades que otras en el arte, la música o el atletismo; las matemáticas o la ciencia; el liderazgo o los negocios; la compra y la venta, etc. Si la recompensa por el trabajo de uno se da de forma justa y se basa en el valor de lo que una persona produce, entonces aquellos con grandes habilidades en esas áreas obtendrán naturalmente mayores recompensas. Dado que las personas son diferentes en cuanto a sus capacidades y al esfuerzo que realizan, no creo que pueda haber un sistema justo de recompensas por el trabajo a menos que el sistema tenga diferentes recompensas para diferentes personas. La equidad de la recompensa requiere esas diferencias.

De hecho, nunca ha sido el objetivo de Dios producir igualdad de posesiones entre las personas, y nunca será el objetivo de Dios hacerlo. En el Año del Jubileo (ver Levítico 25), la tierra agrícola volvía a sus dueños anteriores y las deudas se cancelaban, pero no había igualdad de dinero, joyas, ganado u ovejas, y las casas

---

[1] Esta sección ha sido adaptada de Wayne Grudem, *Business for the Glory of God: The Bible's Teaching on the Moral Goodness of Business* [Negocios para la gloria de Dios: Enseñanzas bíblicas acerca de la ética en los negocios] (Wheaton, Illinois: Crossway: 2003), cap. 7, con permiso del autor. El material de las secciones siguientes es una adaptación de Wayne Grudem y Barry Asmus, *The Poverty of Nations: A Sustainable Solution* [La pobreza de las naciones: Una solución sostenible] (Wheaton, Illinois: Crossway, 2013), con permiso del autor.

[2] Ver especialmente 1 Co 3:12-15; también Dn. 12:2; Mt 6:20-21; 19:21; Lucas 6:22-23; 12:18-21, 32, 42-48; 14:13-14; 1 Co 3:8; 9:18; 13:3; 15:19, 29-32, 58; Gá 6:9-10; Ef 6:7-8; Fil 4:17; Col 3:23-24; 1 Ti 6:18; He 10:34-35; 11:10, 14-16, 26, 35; 1 P 1:4; 2 Juan 8; Ap 11:18; 22:12; ver también Mt 5:46; 6:2-6, 16-18, 24; Lucas 6:35. Para una mayor explicación de los diferentes niveles de recompensa en el cielo, ver Wayne Grudem, *Systematic Theology: An Introduction to Biblical Doctrine* [Teología Sistemática: Una introducción a la doctrina bíblica] (Leicester, Reino Unido: Inter-varsity, y Grand Rapids, Michigan: Zondervan, 1994), págs. 1144-45.

dentro de las ciudades amuralladas no volvían a los propietarios anteriores (ver v. 30).

Algunas personas han visto un argumento a favor de la igualdad de posesiones en 2 Corintios 8, pero allí Pablo no dijo que el objetivo de Dios fuera la igualdad. Por ejemplo, no dijo a los corintios ricos que enviaran dinero a los macedonios pobres mencionados en los versículos 1-5, sino solo que debían contribuir con su parte justa para ayudar a los cristianos afectados por el hambre en Jerusalén:

> Sino para que en este tiempo, con *igualdad*, la abundancia vuestra supla la escasez de ellos, para que también la abundancia de ellos supla la necesidad vuestra, para que haya *igualdad*, (2 Cor 8:13-14; la palabra griega *isotēs* también significa "equidad" en Col 4:1, donde no puede significar "igualdad")

El libro de los Hechos tampoco enseña un "comunismo primitivo" cuando dice que los creyentes "tenían todas las cosas en común" (Hechos 2:44). Como expuse con más detalle en el capítulo 34 (ver pág. 898), esta situación era muy diferente del comunismo, porque (1) el compartir era voluntario, y no obligado por un gobierno, y (2) la gente seguía teniendo posesiones personales y propiedades, porque todavía se reunían en "sus casas" (Hechos 2:46), y muchos otros cristianos después de esta época seguían siendo propietarios de casas (ver Hechos 12:12; 17:5; 18:7; 20:20; 21:8; 21:16; Ro 16:4-5; 1 Cor 16:19; Col 4:15; Flm. 2; 2 Juan 10). Además, (3) Pedro incluso les dijo a Ananías y Safira que no tenían que sentirse obligados a vender sus propiedades y donar el dinero: "Reteniéndola, ¿no se te quedaba a ti? y vendida, ¿no estaba en tu poder?" (Hechos 5:4).

Más adelante en el Nuevo Testamento, cuando Pablo da instrucciones específicas a los que son ricos, no les dice que renuncien a todas sus posesiones, sino simplemente que sean generosos y que pongan su corazón en Dios, no en su riqueza:

> *A los ricos de este siglo* manda que no sean altivos, ni pongan la esperanza en las riquezas, las cuales son inciertas, sino en el Dios vivo, que nos da todas las cosas en abundancia para que las disfrutemos. Que hagan bien, que sean ricos en buenas obras, dadivosos, generosos, atesorando para sí buen fundamento para lo por venir, que echen mano de la vida eterna. (1Ti 6:17-19)

Por lo tanto, no debemos pensar en todas las desigualdades de posesiones como algo malo o incorrecto. De hecho, la desigualdad de posesiones ofrece muchas oportunidades para glorificar a Dios.

Si Dios nos da una pequeña mayordomía con respecto a las posesiones materiales o a las oportunidades y habilidades, entonces podemos glorificarle estando contentos en él, confiando en él en nuestras necesidades, esperando la recompensa de él y siendo fieles a nuestros compromisos. De hecho, los pobres suelen dar con más sacrificio que los ricos. Jesús vio a una viuda pobre poner un céntimo en la ofrenda, y dijo a sus discípulos:

> Entonces llamando a sus discípulos, les dijo: De cierto os digo que esta viuda pobre echó más que todos los que han echado en el arca; porque todos han echado de lo que les sobra; pero esta, de su pobreza echó todo lo que tenía, todo su sustento. (Marcos 12:43-44)

Y Santiago nos dice:

> ¿No ha elegido Dios a los *pobres de este mundo*, para que sean *ricos en fe* y herederos del reino que ha prometido a los que le aman? (Santiago 2:5)

Por lo tanto, la Biblia no enseña una "teología de la prosperidad" (la idea de que si tienes suficiente fe Dios te hará sano y rico en esta vida), como argumenté anteriormente (ver pág. 908). En esta época actual, hay desigualdades de dones y capacidades, y también hay sistemas de opresión y maldad en el mundo, y debido a estas cosas muchas de las personas más justas de Dios no serán ricas en esta vida.

En cuanto a los que tienen grandes recursos, también deben contentarse con Dios y confiar en él, no en sus riquezas, y tanto Santiago como Pablo señalan que enfrentan mayores tentaciones (ver 1 Ti 6: 9-10; Santiago 2: 6-7; 5:1-6). Los ricos tienen más oportunidades y también más obligaciones de dar generosamente a los pobres (1 Ti 6:17-19) y a la obra de la iglesia (Lucas 12:48; 1 Co 4:2; 14:12).

Las desigualdades en las posesiones, las oportunidades y las habilidades proporcionan muchas tentaciones para pecar. Los ricos o los que tienen otro tipo de mayordomía tienen la tentación de ser orgullosos, egoístas, de tener un concepto demasiado elevado de sí mismos y de no confiar en Dios. Por otro lado, aquellos a los que Dios les ha confiado menos riqueza se enfrentan a la tentación de codiciar, de tener celos y de no valorar la posición y la misión en la vida a la que Dios les ha llamado, al menos por el tiempo presente.

Pero estas tentaciones que acompañan a la riqueza y a la pobreza, y las acciones erróneas de los ricos y los pobres que a veces les siguen, no deben hacernos pensar que la desigualdad en sí misma es mala, o que todas las desigualdades son erróneas, o que el objetivo de Dios es la igualdad total de posesiones. Las desigualdades en las posesiones, las oportunidades y las capacidades formarán parte de nuestra vida en el cielo para siempre, y son en sí mismas buenas y agradables a Dios, y proporcionan muchas oportunidades para glorificarlo.

Sin embargo, debo ser muy claro sobre otra distinción. El hecho de que no toda la desigualdad sea mala no anula otro tema frecuente en las Escrituras, que la pobreza no es agradable a Dios, sino que es una condición que las Escrituras nos ordenan que tratemos de erradicar. Aunque la Biblia no nos enseña a superar todas las desigualdades, sí nos enseña a tratar de superar la pobreza. Pero nuestra atención debe centrarse en superar la pobreza, no en superar la desigualdad. En gran parte del resto de este capítulo hablaré de las posibles soluciones a la pobreza.

B. POBREZA: ¿CUÁL ES LA MEJOR FORMA DE AYUDAR A LOS POBRES?

1. La problemática de la "justicia social". En relación con este debate sobre las soluciones a la pobreza, algunos lectores pueden esperar que argumente que los gobiernos (o las sociedades) deben practicar la "justicia social". Aunque ciertamente creo que los individuos, los gobiernos y las sociedades deberían actuar de forma "justa" (ya que la Biblia contiene frecuentes referencias a la "justicia"), no he utilizado generalmente la frase "justicia social" en este libro, por cuatro razones:

1. La frase "justicia social" no se encuentra en la Biblia, y por lo tanto la gente puede definirla de muchas maneras diferentes. Esto significa que es importante entender con precisión lo que *significa la frase* antes de que podamos pensar claramente en qué pasajes bíblicos, si es que hay alguno, se puede aplicar a este asunto.

2. En el uso cotidiano, la frase "justicia social" significa varias cosas diferentes para cada persona, y esto ha permitido que con demasiada frecuencia se utilice como un término vago y mal definido que puede atraer el apoyo inicial a algunas posiciones políticas que la gente no favorecería si entendiera lo que se está promoviendo con el uso de ese término. (Después de todo, ¿quién desearía oponerse a la "justicia"?)

3. La frase "justicia social" es utilizada a veces para defender la política o políticas económicas que yo personalmente no apoyo. Por ejemplo, David Gushee y Glen Stassen dedican un capítulo entero a la "justicia"[3], a la que también se refieren como "justicia social" (págs. 137, 146). Pero explican esta justicia como "el fin de las injustas estructuras económicas, la imposición injusta, la violencia injusta y la exclusión injusta de la comunidad" (pág. 147). ¿Qué quieren dar a entender con "injusto" en estas referencias? Otras secciones del libro muestran que, para ellos, la "dominación injusta" incluye la visión complementaria de los roles de hombres y mujeres en la iglesia (en contraposición a su visión feminista evangélica, págs. 143, 242); La "violencia injusta" incluye la participación en guerras, incluso las de defensa (en contraposición a su posición pacifista, págs. 308-38); y las "estructuras económicas injustas" parecen estar incluidas en la economía moderna de libre mercado (los sistemas económicos que, en su opinión, necesitan *más* regulación gubernamental para garantizar una distribución más justa de los bienes, págs. 359-78). Pero si esas políticas son lo que la gente entiende por "justicia social", entonces no sería prudente que utilizara la frase, ya que esto facilitaría que la gente me malinterpretara y pensara que estoy afirmando el feminismo, el pacifismo y el cuasi-socialismo, políticas con las que no estoy de acuerdo[4].

---

[3] David P. Gushee y Glen H. Stassen, *Kingdom Ethics: Following Jesus in Contemporary Context* [Ética del Reino: Seguir a Jesús en el contexto contemporáneo] , 2da ed. (Grand Rapids, Michigan: Eerdmans, 2016), págs. 126 -48.

[4] Curiosamente, no he encontrado la expresión "justicia social" en los índices de los textos de ética de John S. Feinberg y Paul D. Feinberg, John M. Frame, Norman L. Geisler, Richard B. Hays, David Clyde Jones, Walter C. Kaiser Jr., Robertson McQuilkin y Paul Copan, o Scott B. Rae. John Jefferson Davis men-

4. La frase "justicia social" puede fomentar erróneamente una mentalidad de víctima y resentimiento hacia toda la sociedad o nación. Esto se debe a que, en lugar de especificar con precisión la actividad ilegal o inmoral del individuo X, Y o Z, el adjetivo *social* en su totalidad centra la culpa en la "sociedad", fomentando así la convicción de que la sociedad en general es "injusta" y, por tanto, la sociedad en su totalidad debe ser obligada (mediante el uso del poder gubernamental) a mejorar las circunstancias de cualquier persona que siente que la vida no le ha ido bien[5].

2. Debemos ayudar a los pobres. ¿Por qué deberían los cristianos querer ayudar a los pobres? La Biblia nos da dos tipos de razones.

En primer lugar, están los *mandamientos generales* de la Escritura. Jesús dijo: "Amarás a tu prójimo como a ti mismo" (Mt 22:39). Si amamos a alguien que es pobre, vamos a querer ayudar a esa persona pobre.

Jesús también dijo: "Así alumbre vuestra luz delante de los hombres, para que vean vuestras buenas obras, y glorifiquen a vuestro Padre que está en los cielos" (Mt 5:16). Si queremos que la "luz" de nuestra conducta brille ante los demás, sin duda debemos ayudar a los necesitados. De hecho, el apóstol Pablo dice que Dios nos ha llamado a vivir vidas que se caracterizan por las "buenas obras": "Porque somos hechura suya, creados en Cristo Jesús para *buenas obras*, las cuales Dios preparó de antemano para que anduviésemos en ellas" (Ef 2:10). Ciertamente, una de las buenas obras que Dios quiere que hagamos es ayudar a los necesitados.

En segundo lugar, deberíamos querer ayudar a los pobres porque hay numerosos *mandamientos específicos* en las Escrituras que nos dicen que lo hagamos[6]. He aquí algunos de ellos:

Solamente nos pidieron que nos *acordásemos de los pobres*; lo cual también procuré con diligencia hacer. (Gá 2:10)

Pero el que tiene bienes de este mundo y *ve a su hermano tener necesidad*, y cierra contra él su corazón, ¿cómo mora el amor de Dios en él? (1 Juan 3:17)

Cuando haya en medio de ti menesteroso de alguno de tus hermanos en alguna de tus ciudades, en la tierra que Jehová tu Dios te da, no endurecerás

---

ciona la frase en la pág. 223 pero no la discute. (Ver la información bibliográfica completa sobre estos textos en el capítulo 1, pág. 64).

[5] Sin embargo, debo añadir que he sido coautor de un libro entero sobre soluciones sostenibles con base bíblica para la pobreza en naciones completas: ver Grudem y Asmus, *The Poverty of Nations* [La pobreza de las naciones].

[6] Una muy oportuna argumentación de las enseñanzas bíblicas sobre la necesidad de preocuparse por los pobres se encuentra en el libro *When Helping Hurts: How to Alleviate Poverty without Hurting the Poor* [...] *and yourself* [Cuando ayudar hace daño: Cómo aliviar la pobreza, sin lastimar a los pobres ni a uno mismo] de Steve Corbett y Brian Fikkert, (Chicago: Moody, 2009), págs. 31 -49. Ver también Craig L. Blomberg, *Neither Poverty nor Riches: A Biblical Theology of Material Possessions* [Ni pobreza, ni riquezas: Una teología bíblica de las posesiones materiales] (Grand Rapids, Michigan: Eerdmans, 1999).

tu corazón, ni cerrarás tu mano contra tu hermano pobre, sino *abrirás a él tu mano* liberalmente, y en efecto le prestarás lo que necesite (Dt 15:7-8).

Porque no faltarán menesterosos en medio de la tierra; por eso yo te mando, diciendo: Abrirás tu mano a tu hermano, *al pobre y al menesteroso* en tu tierra (Dt 15:11).

Bienaventurado el que *piensa en el pobre;*
   En el día malo lo librará Jehová (Sal 41:1).

El que oprime al *pobre* afrenta a su Hacedor;
   Mas el que tiene misericordia del pobre, lo honra. (Pr 14:31)

En algunas naciones del mundo, las leyes y especialmente los intereses establecidos pueden ser fuerzas "estructurales" que hacen imposible que las personas salgan de la pobreza. Las leyes y los sistemas judiciales funcionan para que las élites poderosas mantengan todo el poder y retengan toda la riqueza para sí mismas. De alguna manera, estos grupos poderosos deben ser persuadidos (u obligados por ley) a renunciar a parte de su poder y sus privilegios, y a su férreo control de la riqueza de la nación. (Pero nótese que hay que hacerlo porque las leyes han sido injustas y las acciones criminales de los poderosos han quedado impunes. No hay que hacerlo simplemente porque unos son ricos y otros pobres, sino porque algunos han actuado de forma inmoral e ilegal oprimiendo a los pobres e indefensos).

En estos casos, las palabras de Dios a través de Isaías son apropiadas:

¿No es más bien el ayuno que yo escogí,
   desatar las ligaduras de impiedad,
soltar las cargas de opresión,
   y dejar ir libres a los quebrantados,
y que rompáis todo yugo? (Is 58:6)

Si se pudieran aplicar verdaderas soluciones a las causas estructurales de la pobreza, esto proporcionaría a los pobres de muchas naciones un medio por el que se romperían los "lazos de la maldad" y el "yugo" de la opresión, y así el Señor mismo será glorificado. Si la Biblia nos manda amar y cuidar a los pobres que se cruzan en nuestro camino, ¿no debería nuestro amor por ellos llevarnos a intentar *cambiar las leyes y políticas opresivas* de toda una nación cuando tengamos la oportunidad, y así ayudar a miles e incluso millones de pobres a la vez?

El amor por los pobres, como seres humanos creados a imagen de Dios, debe brotar de nuestros corazones cuando nos damos cuenta de la trágica situación en la que se encuentran muchos pobres. Steve Corbett y Brian Fikkert señalan que, aunque los norteamericanos tienden a pensar en la pobreza en términos de "falta de cosas materiales como comida, dinero, agua potable, medicamentos, vivienda, etc.", no es así como los mismos pobres evalúan su situación:

Aunque los pobres mencionan la falta de cosas materiales, tienden a describir su condición en términos mucho más psicológicos y sociales que nuestro público norteamericano. Los pobres suelen hablar en términos de vergüenza, inferioridad, impotencia, humillación, miedo, desesperanza, depresión, aislamiento social y falta de voz[7].

Las personas con bajos ingresos se enfrentan a diario a una lucha por la supervivencia que genera sentimientos de impotencia, ansiedad, asfixia y desesperación que simplemente no tienen comparación en la vida del resto de la humanidad[8].

Cuando comprendemos estos aspectos de la pobreza, incluida la "falta de libertad para poder tomar decisiones significativas, y así tener la capacidad de influir en la propia situación"[9], nuestros corazones deberían estar realmente conmovidos para intentar buscar soluciones a estos problemas.

3. Ayuda inmediata a corto plazo: Ayuda directa a individuos y comunidades pobres.

a. Ayuda por parte de personas y organizaciones cristianas: Santiago nos advierte que las palabras por sí solas no son suficientes para ayudar a los pobres, sino que también son necesarias las acciones:

> Y si un hermano o una hermana están desnudos, y tienen necesidad del mantenimiento de cada día, y alguno de vosotros les dice: Id en paz, calentaos y saciaos, pero no les dais las cosas que son necesarias para el cuerpo, ¿de qué aprovecha? Así también la fe, si no tiene obras, es muerta en sí misma. (Santiago 2:15-17)

Un concepto similar se encuentra en la primera epístola de Juan:

> Pero el que tiene bienes de este mundo y ve a su hermano tener necesidad, y cierra contra él su corazón, ¿cómo mora el amor de Dios en él? (1 Juan 3:17)

Esta fue ciertamente la conducta seguida por la iglesia primitiva, pues "no había entre ellos ningún necesitado" (Hechos 4:34).

Por lo tanto, es correcto que los cristianos den regularmente comida, refugio y otras necesidades a los que son pobres y no pueden costear estas cosas. Muchas organizaciones de caridad, iglesias y gobiernos de todo el mundo ayudan regularmente a las personas y comunidades pobres de esta manera, a menudo con gran eficacia. Algunos ejemplos de esta labor son los programas de excavación de pozos, las clínicas médicas y dentales y la construcción de escuelas, así como el apoyo a la evangelización y la enseñanza de la Biblia en varios países.

Los proyectos de microfinanciación también han ayudado con éxito a las

---

[7] Corbett y Fikkert, *When Helping Hurts*, pág. 52 -53

[8] *Ibid.*, pág. 70

personas de muchos países, y podemos estar agradecidos por otros miles de proyectos de desarrollo que han facilitado el acceso a sistemas de agua potable y saneamiento, han mejorado el rendimiento de las cosechas, han promovido el progreso educativo y han avanzado hacia la erradicación de enfermedades en muchas naciones.

Muchas organizaciones cristianas han acumulado años de experiencia y sabiduría para ayudar a personas y comunidades pobres. Además, varios autores cristianos han aportado excelentes perspectivas cristianas sobre la ayuda a los pobres[10].

b. Ayuda de los programas gubernamentales de bienestar social: A veces he oído a los cristianos proponer que los *gobiernos civiles* no deberían participar en la ayuda a los pobres, porque hay un modelo de *iglesias* que lo hacen en el Nuevo testamento. Mi respuesta es que, sí, las iglesias ayudaban a los pobres, especialmente a los cristianos pobres, en la época del Nuevo testamento, y lo han hecho a lo largo de la historia, pero *no* hay ninguna enseñanza de las Escrituras que prohíba a los gobiernos civiles hacerlo también. En varios países, los cristianos evangélicos constituyen solamente unas décimas del 1% de la población, y simplemente no sería posible que un grupo tan pequeño de personas se ocupara de todos los pobres de esas naciones.

Desde una perspectiva bíblica sobre el gobierno, me parece que si un funcionario del gobierno es "servidor de Dios *para tu bien*" (Ro 13:4), entonces sin duda podríamos estar de acuerdo en que un programa de ayuda del gobierno está haciendo "bien" a las personas cuando evita que estos se mueran de hambre o por falta de ropa o refugio, y ciertamente no sería "bueno" para una sociedad permitir que ocurran tales tragedias.

Por lo tanto, creo que hay cierta necesidad de programas de bienestar social apoyados por el gobierno *para ayudar a los casos de necesidad urgente* (por ejemplo, para proporcionar una "red de seguridad" para evitar que la gente pase hambre o se quede sin ropa o vivienda). Además, creo que es conveniente que el gobierno utilice el dinero de los impuestos para proporcionar la financiación suficiente para

---

[9] Ibid., pág. 71, citando al economista Amartya Sen.

[10] Corbett y Fikkert, When Helping Hurts, explica cómo ayudar a la persona en su totalidad mientras se aprende con humildad y se respeta la sabiduría local. Darrow L. Miller y Stan Guthrie, Discipling Nations: The Power of Truth to Transform Cultures [Discipulando Naciones: El poder de la verdad para transformar culturas] (Seattle: YWAM, 1998), ofrece una amplia y perspicaz explicación de la visión cristiana del mundo, especialmente en lo que respecta a las cuestiones económicas.

Otro libro de gran utilidad, basado en experiencias de muchos países pobres, es Udo Middelmann, Christianity versus Fatalistic Religions in the War against Poverty [El cristianismo frente a las religiones fatalistas en la guerra contra la pobreza] (Colorado Springs: Paternoster, 2007). Middelmann afirma, con acierto, que cualquier solución a largo plazo de la pobreza debe incluir una transformación cultural hacia elementos clave de una cosmovisión cristiana, incluyendo una visión positiva del crecimiento de la productividad económica y una perspectiva esperanzadora sobre las posibilidades de cambio de la propia situación vital. Tras años de experiencia, escribe: "La mayoría de las propuestas de ayuda muestran una trágica ignorancia de la economía básica de la pobreza y la riqueza, así como un desconocimiento de la influencia de las prácticas culturales y religiosas antihumanas. En realidad, estos últimos factores suelen ser ignorados deliberadamente" (pág. 194).

que cada persona *pueda adquirir las habilidades y la educación suficientes para ganarse la vida.* Por lo tanto, creo que es correcto que tanto los gobiernos como las iglesias contribuyan a ayudar a los pobres en lo que respecta a la alimentación, el vestido, la vivienda y algún nivel de educación[11]. Estas convicciones se basan en el propósito del gobierno *de promover el bienestar general de la sociedad*[12].

c. La ayuda a corto plazo no es suficiente: Pero a pesar de estos diversos tipos de ayuda directa a corto plazo para los individuos y las comunidades, *las soluciones a largo plazo son todavía necesarias.* A nivel individual, una solución a largo plazo sería proporcionar formación laboral y oportunidades de trabajo a los pobres, para que finalmente puedan mantenerse por sí mismos y dejar de estar entre los pobres. Las iglesias cristianas podrían ser especialmente eficaces en esta tarea. En el siguiente punto, analizo el apoyo bíblico a esta solución. Luego, detallo otro factor crucial que hay que considerar, específicamente el efecto de las leyes, las políticas económicas y los valores culturales *en toda una nación,* que la conducen ya sea en la dirección de la pobreza prolongada o del crecimiento y desarrollo económico sostenido.

4. Para los individuos, la solución permanente a la pobreza es el trabajo productivo.

a. La Biblia no fomenta a ninguna persona capacitada a vivir continuamente de las donaciones de otros: Depender de las donaciones de otros (ya sea de amigos, iglesias o del gobierno) no es la idea de Dios para los seres humanos físicamente aptos en la tierra. Como hemos visto, el propósito de Dios desde el principio ha sido que las personas trabajen y creen bienes y servicios, no simplemente que reciban donaciones (Gn 1:28; 2:15)[13].

En la historia de Israel, cuando Dios prometió múltiples bendiciones económicas a su pueblo, estaba claro que estas bendiciones no llegarían a los israelitas que estuviesen sin trabajar simplemente viviendo de las donaciones de otras personas, sino que serían bendecidos cuando su trabajo diese resultados fructíferos:

> Porque Jehová tu Dios te introduce en la buena tierra, tierra de arroyos, de aguas, de fuentes y de manantiales, que brotan en vegas y montes; tierra de trigo y cebada, de vides, higueras y granados; tierra de olivos, de aceite y de miel; tierra en la cual no comerás el pan con escasez, ni te faltará nada

---

[11] Un funcionario del gobierno local me dijo una vez en privado: "Wayne, si no fuera por el trabajo de las iglesias que ayudan directamente a la gente de nuestra zona, nunca podríamos hacer frente a las necesidades que hay".

[12] Ciertamente, la ayuda a estas necesidades estaría dentro de uno de los principales propósitos del gobierno, tal y como se define al principio de la Constitución de los Estados Unidos: "promover el bienestar general". Ver http://constitutionus.com.

[13] Una excepción es la de las viudas mayores, que, según 1Ti 5:3-16, eran mantenidas por la iglesia, aparentemente porque ya no eran físicamente capaces de trabajar y mantenerse por sí mismas debido a su avanzada edad. Estoy de acuerdo en que "los ancianos que gobiernan bien" deben ser sostenidos por la iglesia (1 Ti 5:17-18; cf. 1 Co 9:14), pero se les paga por su trabajo; ellos no viven de meras donaciones gratuitas de otros.

en ella; tierra cuyas piedras son hierro, y de cuyos montes sacarás cobre. Y comerás y te saciarás, y bendecirás a Jehová tu Dios por la buena tierra que te habrá dado. (Dt 8:7-10)

Los israelitas tendrían que cosechar el trigo y la cebada; tendrían que cuidar y recoger las viñas y las higueras; tendrían que hornear el pan; y tendrían que excavar el cobre de la tierra para hacer herramientas y utensilios. La bendición de Dios llegaría a través *del trabajo productivo que crearía nuevos bienes y servicios* y no a través de la dependencia de las donaciones.

En lugar de ser receptores continuos de donaciones de otros países, el pueblo de Israel debía tener un excedente suficiente para ser prestamista: "prestarás entonces a muchas naciones, mas tú no tomarás prestado;" (Dt 15:6; cf. 28:11-12).

Incluso los pobres de Israel no debían depender de las donaciones de los demás, ya que tenían que *trabajar* para "espigar" su comida de lo que quedaba en los campos después de la primera cosecha (ver Lv 19:9, 22; Dt 24:19-22; Rt 2:2, 7).

Otra disposición para los pobres en Israel era que otros debían prestarles sin cobrarles intereses (ver Ex 22:25; Lv 25:37; Dt. 23:19; Pr 28:8; Neh 5:7-10). Pero el hecho de que Dios hablara de un *préstamo* (incluso uno sin intereses) suponía que sería devuelto, no que el receptor dependería de las donaciones año tras año[14].

Otra solución para la pobreza era la disposición de que una persona pobre podía convertirse en sirviente de una persona más rica durante un periodo de tiempo determinado, tras el cual sus deudas se considerarían saldadas y obtendría su libertad (Lv 25:39-43; Dt 15:12-18; compárese la historia de Jacob sirviendo a Labán en Gn 29:18-27). A los siervos contratados se les cancelaban automáticamente sus deudas en el séptimo año de su servidumbre (ver Dt 15:12-15) o en el Año del Jubileo (Lv 25:28, 40).

El punto importante es el siguiente: *en la Biblia no se afirma que los pobres se conviertan en receptores permanentes de donaciones de dinero, año tras año*, o que se vuelvan dependientes de tales donaciones. Las únicas excepciones eran las personas que eran completamente incapaces de trabajar debido a discapacidades permanentes, como un mendigo ciego (Marcos 10:46; Lucas 18:35) o un mendigo cojo (Hechos 3:2-10)[15].

En el Nuevo testamento, Pablo reprendió a los "ociosos" (1 Ts 5:14; 2 Ts 3:7), afirmando: "Si alguno no quiere trabajar, tampoco coma" (v 10).

Las expectativas de la Biblia de que las personas deben trabajar para ganarse la vida no deben considerarse duras o poco agradables. El hecho de que Dios diera

---

[14] Sin embargo, ver Dt 15:1-3 para los pagos de la deuda que se suspendían temporalmente cada siete años. Para un análisis de este pasaje, ver E. Calvin Beisner, *Prosperity and Poverty: The Compassionate Use of Resources in a World of Scarcity* [Prosperidad y pobreza: El uso compasivo de los recursos en un mundo de escasez] (Westchester, Illinois: Crossway, 1988), págs. 58-62, donde se argumenta que la liberación de los pagos era temporal, solo para ese año, y no una cancelación permanente, como en el Año del Jubileo.

[15] La tecnología moderna permite incluso a muchos físicamente discapacitados valerse por sí mismos mediante el trabajo de procesamiento de información o la creatividad intelectual. Un ejemplo es Stephen Hawking, un renombrado físico que está casi completamente paralizado y se comunica mediante tecnología de generación de voz.

trabajo a Adán y Eva antes de que hubiera pecado en el mundo (ver Gn 1:28; 2:15) indica que debemos ver el trabajo como una *bendición*, un valioso regalo de Dios. Aunque ahora Dios ha añadido una condición de dolor y dificultad a nuestro trabajo a causa del pecado de Adán (ver Gn 3:17-19), la capacidad de trabajar y crear bienes y servicios útiles sigue viéndose a lo largo del resto de la Biblia como un don positivo y como algo que Dios ordena a su pueblo para su bien (ver Ex 20:9; Ef 4:28).

b. El "éxito logrado" da más dignidad y plenitud humana que los regalos monetarios: Como expliqué en el capítulo sobre el trabajo y el descanso (ver cap. 35, pág. 921), Arthur C. Brooks, presidente del *American Enterprise Institute* [Instituto Empresarial Americano], sostiene que el principal factor económico que hace feliz a la gente no es el dinero, sino lo que él llama "éxito logrado", es decir, tener una responsabilidad específica y hacer un buen trabajo para cumplir con esa responsabilidad. Brooks escribe: "El secreto de la prosperidad humana no es el dinero, sino el éxito logrado en la vida"[16].

Un actual estudiante mío del Seminario de Phoenix es un ejemplo de esto. Él era un estudiante sobresaliente, que sacaba excelentes notas en sus clases. Trabajó para mí durante dos años y fue muy responsable en todas sus tareas. Tenía un matrimonio estable y espero que le vaya muy bien en su carrera.

Cuando llegué a conocerlo, descubrí que varios años antes su vida iba totalmente cuesta abajo. Tenía un historial de delincuencia y de abuso del consumo de sustancias, y había pasado un tiempo en la cárcel por tráfico de drogas. Pero al salir de la cárcel, consiguió un trabajo en un restaurante de comida rápida de *Wendy's*. Un día su gerente le dijo: "Estás haciendo un buen trabajo al mantener calientes las papas fritas".

Él recuerda ese comentario como un punto de inflexión en su vida. De repente se dio cuenta de que era capaz de hacer algo bien. Había experimentado una dosis de la alegría del "éxito logrado". Empezó a pensar que, si trabajaba duro, podría llegar a ser el jefe de turno, o incluso el gerente del propio restaurante. No era el dinero lo que le daba esa felicidad y sensación de satisfacción, sino el éxito logrado.

No es de extrañar que Dios nos haya creado con la capacidad de desarrollar bienes y servicios, y nos haya ordenado trabajar para ello. Y no es de extrañar que también nos haya creado para que tengamos una gran sensación de felicidad cuando sigamos su plan, trabajemos para crear bienes y servicios y consigamos el éxito logrado.

c. Las empresas privadas, y no el gobierno, deben ser el principal medio para proporcionar a los pobres empleos productivos: Anteriormente, he afirmado la importancia y la bondad moral de que el gobierno actúe como una "red de seguridad" para proporcionar a la gente al menos comida, ropa y refugio[17]. Sin

---

[16] Arthur C. Brooks, *The Battle: How the Fight between Free Enterprise and Big Government Will Shape America's Future* [La batalla: cómo la lucha entre la libre empresa y el gran gobierno marcará el futuro de Estados Unidos] (Nueva York: Basic Books, 2010), pág. 71.

[17] También incluí la educación para proporcionar habilidades que conduzcan a empleos productivos,

embargo, también debemos recordar que esa ayuda social del gobierno, aunque sean necesarias a corto plazo, *nunca proporcionarán una solución a largo plazo para el problema de la pobreza*. Esta ayuda social simplemente tiene que repetirse mes tras mes y año tras año, y los beneficiarios siguen siendo pobres. Y estos regalos del gobierno también pueden crear un tipo de dependencia errónea. La única solución a largo plazo para la pobreza se produce cuando las personas tienen la suficiente capacidad y disciplina para conseguir *trabajos económicamente productivos y mantenerlos*.

El gobierno por sí mismo no puede proporcionar a la mayoría de las personas empleos económicamente productivos (excepto algunos empleos financiados por el gobierno, como la policía, los bomberos, el personal militar, los trabajadores de mantenimiento de carreteras y los profesores del sistema educativo). La mayor parte de los *empleos económicamente productivos,* es decir, los que aportan algo valioso a la sociedad, se encuentran en el sector privado, en el mundo empresarial.

Un empleado de una panadería hornea nuevos panes cada día y crea esa cantidad de riqueza nueva en la sociedad. Alguien que trabaja en una fábrica de automóviles crea nuevos automóviles y, por tanto, añade riqueza económica a la sociedad. En el sector de los servicios, un fontanero repara un grifo que gotea y añade así el valor de un grifo que funciona a la sociedad. Un jardinero poda árboles y arbustos, añadiendo el valor estético de unos hermosos árboles y arbustos a la sociedad. De este modo, *toda empresa de éxito da a las personas trabajos económicamente productivos* por los que se les paga, y de ese modo aporta valor a la sociedad. La persona pobre que va a trabajar en ese empleo recibe una remuneración acorde con ese valor añadido, y así empieza a salir de la pobreza.

Esto es lo que debería ocurrir, ya que Dios pretende que las personas sean económicamente productivas. De hecho, Dios nos creó con la necesidad de comer para sobrevivir, al menos en parte porque esto proporciona un incentivo para el trabajo regular: "El alma del que trabaja, trabaja para sí. Porque su boca le estimula" (Pr 16:26).

Por lo tanto, para aquellos que desean ayudar a los pobres y superar el problema de la pobreza, *su objetivo principal no* debería ser aumentar y prolongar la ayuda social de dinero del gobierno a los que son pobres. Por el contrario, debería ser para proporcionar incentivos y condiciones adecuadas para que las empresas de propiedad privada crezcan y prosperen, y así proporcionar los puestos de trabajo que serán la única solución a largo plazo para la pobreza y la única manera de que los pobres ganen la dignidad y el autorespeto que viene de mantenerse a sí mismos.

d. Apoyo bíblico a la libertad del hombre en los sistemas económicos: Estoy de acuerdo en que hay un papel adecuado del gobierno para restringir el crimen y castigar las malas acciones criminales (ver la explicación de Ro 13:17 en el capítulo 16, pág. 429). Por lo tanto, la "libertad" del hombre no es un valor absoluto, ya que las personas no deberían tener libertad para cometer fraudes, violar contratos, utilizar publicidad engañosa o robar a los demás.

---

la cual es otra parte importante de la solución.

Pero el valor de la difusión de un sistema económico de libre mercado y la difusión de la libertad humana en las transacciones económicas encuentra un apoyo significativo en varios aspectos de la enseñanza de las Escrituras[18]:

1. *La enseñanza bíblica sobre la propiedad privada.* Se considera que la propiedad no pertenece al gobierno ni a la sociedad en su conjunto, sino a los individuos (ver Ex 20:15; Lv. 25:10; Dt 19:14; 1 S 8:10-18; 1 Reyes 21; y la explicación sobre la propiedad en el cap. 34).

2. *El concepto bíblico de la responsabilidad de la mayordomía personal ante Dios por la propiedad que tenemos* (ver Sal 24:1 y la enseñanza sobre la mayordomía en los capítulos 34 y 38). Esta mayordomía solo puede ejercerse cuando los individuos son libres de elegir cómo utilizar su propiedad.

3. *La enseñanza bíblica de que todos los seres humanos han sido creados a imagen y semejanza de Dios* (Gn 1:26-27; 9:6; Santiago 3:9) y, por tanto, deben tener los mismos derechos ante la ley. Una postura contraria es cuando un pequeño grupo de gobernantes tiene derechos exclusivos para dictar las decisiones económicas sobre todos los demás.

4. *La enseñanza bíblica de un papel limitado para el gobierno.* El gobierno debe castigar a los malhechores, recompensar a los que hacen el bien y mantener el orden en la sociedad. No hay ninguna enseñanza bíblica de que el gobierno tenga derecho a gestionar las decisiones económicas de una nación (ver Ro 13:1-6 y 1 P 2:13-14 sobre las responsabilidades del estado, y el cap. 16).

5. *La ausencia de cualquier apoyo bíblico preciso para la idea de que el gobierno debe controlar la economía de una nación y no debe permitir la libertad económica.* De hecho, el gobierno no necesita ningún permiso especial para dejar de inmiscuirse en los asuntos de la gente y la economía (excepto para castigar la actividad criminal).

Pero no quiero que los gobernantes piensen que de alguna manera tienen que "crear" un mercado libre. Si el gobierno se mantiene al margen y se limita a impedir que las personas se perjudiquen mutuamente, la libertad económica se produce sin problemas. En ese sentido, la libertad ya existe allí donde las personas comienzan a realizar intercambios voluntarios entre sí, lo que ocurre en todas las sociedades del ser humano. Los gobiernos no tienen que crear mercados libres. Pero sí tienen que proteger los mercados libres de varias maneras, como he explicado con más detalle en otra parte[19].

e. Los gobiernos que buscan ayudar a los pobres deben alentar y no castigar a las empresas: Por lo tanto, es importante que el gobierno no obstaculice el

---

[18] Ver Grudem y Asmus, *The Poverty of Nations*, págs. 188-90, sobre la importancia de promover la libertad del ser humano para elegir sus acciones morales; también el cap. 6 de ese libro habla sobre las ventajas morales de un sistema de libre mercado.

[19] Ver Grudem y Asmus, *The Poverty of Nations*, caps. 7-8.

desarrollo y la rentabilidad de las empresas, sino que las fomente. Este estímulo debe incluir un sistema económico de libre mercado (no socialista) con un sistema de precios que funcione y guíe la asignación de recursos, un sistema monetario estable y un sistema legal que castigue eficazmente el crimen, que haga cumplir los contratos, las leyes de las patentes y los derechos de autor, y que documente y proteja la propiedad privada. También debe incluir un sistema judicial justo que no sea parcial con los ricos o los pobres, o con los que tienen poder o los que no. También se necesitan niveles relativamente bajos de tributos, un sistema educativo eficaz y un sistema bancario fiable. Cuando los gobiernos aplican estos factores, las empresas pueden crecer y prosperar, proporcionando los puestos de trabajo que por sí solos sacarán a la gente de la pobreza de forma permanente[20].

Y no son solo los gobiernos los que deben animar a las empresas. También son importantes otras influencias en la cultura. Dado que las empresas son necesarias para proporcionar puestos de trabajo y producir bienes y servicios que saquen a la gente de la pobreza, es perjudicial para una nación que sus sistemas educativos dominantes y los medios de comunicación de entretenimiento muestren rutinariamente hostilidad hacia las empresas en general y solo presenten a los típicos ejecutivos de empresas como villanos en lugar de virtuosos. Sí, hay que denunciar las prácticas empresariales corruptas, pero también hay que celebrar el comportamiento empresarial socialmente beneficioso.

Dado que las empresas necesitan competir entre sí para producir mejores bienes a precios más bajos, el mercado libre competitivo *premia continuamente a quienes mejoran su productividad y la calidad de sus productos.* Así, en una economía de libre mercado se fomenta y se recompensa la actividad económicamente beneficiosa.

Por desgracia, demasiados cristianos de la sociedad contemporánea desconfían de la competencia económica. Piensan que de alguna manera es "poco espiritual" o "poco cristiana". No estoy de acuerdo con eso en absoluto. La competencia es simplemente un sistema que anima a las personas a esforzarse por la excelencia en su trabajo. Incluso las personas que dicen que no les gusta la competencia la fomentan comprando un producto al precio más bajo que puedan encontrar o comprando el producto de mejor calidad. Por ejemplo, la gente comprará las mejores fresas y tomates que pueda encontrar en un mercado agrícola local. Con ello, están fomentando al agricultor que sea más eficiente y eficaz y que produzca un producto de mayor calidad. Las personas que leen *Consumer Reports* [Informes del consumidor] para encontrar la mejor marca de computadora, lavadora o bicicleta también están fomentando la competencia, porque buscan un producto de mayor calidad que sea una "mejor compra", es decir, que se produzca a un precio más económico. Por lo tanto, ¡incluso aquellos que dicen que no les gusta la competencia, la apoyan continuamente con sus hábitos de compra! Si los cristianos van a ser buenos mayordomos de su dinero, tienen que actuar de manera que apoyen una competencia económica sana.

Pero la competencia del mercado libre, que mejora continuamente los productos

---

[20] En el libro *The Poverty of Nations* de Grudem y Asmus, especialmente en los capítulos 4 y 5, se explican mejor estos factores en un sistema eficaz de libre mercado.

y los precios, es muy diferente de lo que hace el gobierno, porque las actividades del gobierno normalmente no tienen competencia. Haga lo que haga el gobierno, es el único que está en el poder en ese momento y, por tanto, tiene el monopolio, tanto de la capacidad de recaudar impuestos como de la capacidad de exigir a la gente que compre sus productos. (El servicio postal de Estados Unidos es un monopolio gubernamental, por ejemplo, para la entrega de correo de primera clase). Dado que el gobierno no tiene que competir por clientes, el gobierno en general es un pobre creador de riqueza en la economía. De hecho, es difícil pensar en muchos bienes o servicios que un gobierno pueda producir que no podrían ser producidos mejor por empresas privadas[21].

5. La solución permanente a la pobreza es el aumento del producto bruto interno para naciones completas.

a. Soluciones que afectan a naciones enteras: En el punto 4 se han tratado las soluciones a la pobreza para los individuos. Pero en muchos casos, naciones enteras siguen atrapadas en la pobreza. Cuando observamos el mundo en su conjunto, *el principal factor que determina si una persona es rica o pobre es el país en el que vive*. La gran mayoría de los habitantes de los países pobres (como Bangladesh, Pakistán, Cuba, Haití, la República Democrática del Congo o Sierra Leona) son muy pobres en comparación con el resto del mundo. Pero la gran mayoría de los habitantes de los países ricos modernos (como Suiza, Noruega, Alemania, Reino Unido, Australia, Canadá o Estados Unidos) son bastante ricos en comparación con el resto del mundo. La comparación entre vivir en un país rico y vivir en un país pobre es especialmente llamativa cuando comparamos dos países cercanos entre sí, como Corea del Norte (donde la gente vive en una pobreza espantosa y muchos mueren de hambre) y Corea del Sur (hoy uno de los 50 países más ricos del mundo por ingreso per cápita).

Por lo tanto, es importante entender qué factores hacen que un país sea rico o pobre. La mejor respuesta es una combinación de factores que tienen que ver con (1) el sistema económico de una nación, (2) su gobierno y sus derechos, y (3) sus valores culturales. El economista Barry Asmus y yo analizamos 79 factores que conducen a la pobreza o a la prosperidad de las naciones en nuestro libro *The Poverty of Nations* [La pobreza de las naciones][22], y el siguiente material ofrecerá un breve resumen de nuestras conclusiones.

b. No hay una solución simple: La solución a la pobreza en las naciones pobres no es una simple "solución rápida", una que diga: "Solo haz esto y la pobreza desaparecerá". La solución es compleja y se compone de muchos factores diversos.

La solución a la pobreza a nivel de todo el país es compleja porque los sistemas económicos son complejos. Esto se debe a que los sistemas económicos son el

---

[21] Me doy cuenta de que algunos servicios y productos necesarios para toda la sociedad los proporciona mejor el gobierno, como el sistema judicial, la aplicación de la ley por parte de la policía, la defensa nacional y las carreteras y autopistas. No se trata de bienes y servicios de consumo cotidiano.

[22] Grudem y Asmus, *The Poverty of Nations*, págs. 369-73.

resultado de las millones de decisiones hechas por millones de seres humanos cada día. ¿Quién puede pretender entender todo esto?

De hecho, el escritor Jay Richards explica por qué la economía puede considerarse más compleja que cualquier otro campo de estudio:

> En biología, [...] entramos en un orden de complejidad superior al de la física y la química. Ahora nos enfrentamos a organismos que se resisten a las explicaciones matemáticas sencillas [..] De la biología pasamos a las ciencias humanas. Aquí los efectos de los agentes inteligentes aparecen por todos lados. Así que no es de extrañar que sea más difícil utilizar las matemáticas para modelar el comportamiento humano que para modelar, por ejemplo, el movimiento de una pelota rodando por una colina. Cuando llegamos a la economía, nos enfrentamos no solo a agentes humanos, sino a la complejidad de los intercambios de mercado de millones o miles de millones de agentes inteligentes. Al pasar de la física hasta un extremo y a la economía por el otro, estamos ascendiendo por una "jerarquía anidada" de complejidad, en la que los órdenes superiores limitan pero no pueden reducirse a los órdenes inferiores[23].

Por lo tanto, no debe sorprender q*ue la solución a la pobreza deba ser compleja, porque hay múltiples factores que afectan a la toma de decisiones humanas.* Algunos de esos factores son puramente económicos, pero otros tienen que ver con las leyes, los valores culturales, las convicciones morales, los hábitos y tradiciones a largo plazo, e incluso los valores espirituales. Todo influye, por lo que hay que tenerlo en cuenta.

c. El objetivo correcto: Para resolver el problema de la pobreza en una nación pobre, es importante tener en mente el objetivo correcto. Para descubrir este objetivo, primero debemos entender dos conceptos económicos que determinan si un país es rico o pobre: *el ingreso per cápita y el producto bruto interno* (PBI)[24].

Una vez comprendidos estos conceptos, resulta evidente que si queremos resolver la pobreza, el único objetivo correcto es que una nación produzca continuamente más bienes y servicios por persona cada año.

---

[23] Jay W. Richards, Money, *Greed, and God: Why Capitalism Is the Solution and Not the Problem* [Dinero, Codicia y Dios: Por qué el capitalismo es la solución y no el problema]: (Nueva York: HarperOne, 2009), págs. 222-23. Richards utiliza esta observación para argumentar a favor del diseño de Dios en el asombroso funcionamiento del mercado libre; porque, argumenta que en ninguna parte de la escala de complejidad creciente encontramos "evidencia de orden emergiendo del caos". Ibid. El libro de Richards, en su totalidad, es una excelente visión general de la comprensión bíblica de la economía.

[24] Aquí solo hablo de riqueza y pobreza económica. Como dije en el cap. 36 (pág. 943), la riqueza relacional y espiritual es más valiosa que la prosperidad económica. Y hay otros tipos de riqueza, como la riqueza moral, la riqueza de la sabiduría y la riqueza cultural y artística, que no son el objetivo de esta parte. Debo reafirmar que creo que la relación de una persona con Dios tiene prioridad sobre todo lo demás: "Jesús le dijo: "Amarás al Señor tu Dios con todo tu corazón, y con toda tu alma, y con toda tu mente" (Mt 22:37).

Aun así, nuestro bienestar material es importante para nosotros y también para Dios, y entiendo que crecer en lo material es la mejor y, de hecho, la única solución real para la pobreza mundial. Mi objetivo en este punto es ayudar a las naciones a aumentar su riqueza económica como un medio de

(1) Ingreso per cápita: La medida estándar para saber si un país es rico o pobre (en términos económicos) se llama "ingreso per cápita" ("per cápita" significa "por persona"). El ingreso per cápita per cápita se calcula dividiendo el valor total de mercado de todo lo que se produce en una nación en un año por el número de habitantes de la nación. Si clasificamos los países por su ingreso per cápita per cápita, nos hacemos una idea de las diferencias en las condiciones económicas entre los países ricos y los pobres.

Estos son algunos ejemplos del ingreso per cápita para el 2015 en varios países. En la categoría de "ingresos altos" podemos incluir naciones con más de $20 000 anuales de ingreso per cápit[25].

Noruega, $68 600

Suiza, $58 600

Estados Unidos, $56 100

Australia, $47 600

Alemania, $47 000

Taiwán, $46 800

Canadá, $45 600

Francia, $41 500

Reino Unido, $41 500

Japón, $38 100

Corea del Sur, $36 600

Israel, $34 100

Polonia, $26 500

Chile, $23 500

En la categoría de "renta media-alta" se encuentran los países con un ingreso per cápita de entre $8 000 y $20 000 al año[26]:

México, $18 400

Botsuana, $16 400

Brasil, $15 600

China, $14 300

Perú, $12 500

Albania, $11 300

Jamaica, $8 800

Ucrania, $8 000

La siguiente categoría es la de "renta media-baja", que incluye países con un

obediencia a Dios.

[25] Estas cifras se basan en la paridad del poder adquisitivo (PPA) y no en los tipos de cambio oficiales. Los datos de los países específicos se tomaron del *World Factbook,* Agencia Central de Inteligencia, https://www.cia.gov/library/publications/the-world factbook/rankorder/2004rank.html.

[26] Los rangos de ingresos para "renta alta", "renta media-alta", "renta media-baja" y "renta baja" son algo arbitrarios, pero he utilizado estos rangos de ingresos porque son consistentes con los que Barry Asmus y yo utilizamos en *The Poverty of Nations,* y constituyeron la base del mapa mundial codificado por colores de la portada de ese libro.

ingreso per cápita de entre $3 000 y $8 000 al año:

Filipinas, $7 300
India, $6 200
Honduras, $5 100
Pakistán, $4 900
Kenia, $3 200

Por último, la categoría de "bajos ingresos" incluye a los países con menos de $3 000 de ingreso per cápita al año:

Tanzania, $2 900
Nepal, $2 500
Uganda, $2 000
Zimbabue, $2 000
Afganistán, $1 900
Etiopía, $1 800
Corea del Norte, $1 800
Haití, $1 800
Congo (República Democrática), $800
Somalia, $400

Se trata de cifras de ingresos *promedio*, que incluyen un pequeño número de personas con altos ingresos dentro de cada país, cuyas cifras de ingresos hacen subir los promedios. Esto significa que *más de la mitad de los habitantes* de estos países estaban por *debajo* de estos niveles promedio de ingresos.

El ingreso per cápita no nos dice todo lo que necesitamos saber sobre una nación. Por ejemplo, no mide cosas importantes que no se venden en el mercado, como el tiempo de ocio, la fe religiosa o las familias fuertes. Pero el ingreso per cápita es la mejor medida numérica utilizada para saber si un país es rico o pobre en sentido económico.

El ingreso per cápita tampoco nos informa sobre la *distribución* de los ingresos, es decir, si un gran número de personas participan en la riqueza de la nación o si esta se concentra en manos de unos pocos ricos. Aumentar el ingreso per cápita no es una solución adecuada si solo se benefician unos pocos ricos. Por lo tanto, es importante que los países tomen medidas para evitar que una pequeña élite adinerada controle toda la riqueza y el poder de una nación, como ocurre con demasiada frecuencia en los países pobres hoy en día[27].

Pero el aumento de el ingreso per cápita sigue siendo muy importante, ya que mientras siga siendo baja, el país sigue siendo pobre. Y un mayor ingreso per cápita está fuertemente correlacionada con algunos factores innegablemente importantes, como una mayor esperanza de vida, una menor incidencia de enfermedades, una mayor alfabetización y un medio ambiente más saludable (por ejemplo, aire y agua

---

[27] Por políticas y valores específicos que permitan el funcionamiento de un mercado auténticamente libre y que, por tanto, habrá permanentemente las oportunidades para que cualquier persona pobre

limpios y un saneamiento eficaz)[28].

Si un país quiere ascender en la escala de "renta baja" a "renta media" y a "renta alta", ¿qué debe hacer? Debe aumentar la cantidad total de bienes y servicios que produce, lo que significa que habrá más para distribuir. Esto afectará al ingreso per cápita, porque el ingreso per cápita se calcula dividiendo el valor total de mercado de todo lo que se produce en una nación en un año por el número de habitantes de la nación.

Para entender lo que se necesita con más detalle, también es necesario comprender el concepto de producto bruto interno.

(2) Producto Bruto interno (PBI): La medida económica estándar de lo que produce la economía de un país se llama producto bruto interno. Es "el valor de mercado de todos los bienes y servicios finales producidos en un país en un periodo de tiempo determinado"[29]. El periodo de tiempo que se utiliza habitualmente es un año.

Esta definición incluye "bienes y servicios". "Bienes" incluye todos los zapatos, la ropa, las verduras, las bicicletas, los libros, los periódicos, los autos y cualquier otra cosa material que se produce y luego se vende en el mercado. Los "servicios" incluyen cosas como las clases impartidas por los profesores, los exámenes realizados por los médicos, las reparaciones de los autos realizadas por los mecánicos y el trabajo de las empleadas domésticas remuneradas.

El "valor de mercado" indica que los bienes y servicios contabilizados en el PBI se venden legalmente en los mercados. Un molde de pan horneado y consumido en casa no se contabiliza en el PBI porque no se vende en un mercado. Pero los moldes de pan horneados en casa y vendidos al público sí se contabilizan, porque se han vendido en un mercado y se les puede asignar un valor monetario.

El tamaño del PBI de una nación es el principal factor que determina su riqueza o pobreza. Esto se debe a que el ingreso per cápita se calcula dividiendo el PBI por la población total. Si la población no cambia mucho de un año a otro, pero el PBI crece, el ingreso per cápita aumenta[30].

Por ejemplo, en 2014, Zambia tenía un PBI de $61 mil millones (lo redondearé a $60 mil millones para facilitar el cálculo) con una población de 15 millones de personas[31]. Si dividimos $60 mil millones entre 15 millones, eso da un ingreso per cápita de $4 000 al año. Esto sitúa a Zambia cerca del extremo inferior de la categoría "media baja" entre las naciones del mundo.

Pero si Zambia pudiera *duplicar* de algún modo su PBI de $60 mil millones a

---

pueda salir de la pobreza y alcanzar un ingreso adecuado o incluso la prosperidad, ver Grudem y Asmus, *The Poverty of Nations*, especialmente. cap. 4, secc. D; cap. 5, seccs. B, F y G; cap. 6, seccs. B y C; todos los caps. 7 y 8; y el cap. 9, valores 4, 5, 8, 9, 14, 15, 18, 21-24 y 29.

[28] Por ejemplo, ver la sólida correlación entre el ingreso per cápita y la esperanza de vida en el libro de Stephen Moore, *Who's the Fairest of Them All? The Truth about Opportunity, Taxes, and Wealth in America* [¿Quién es el más justo de todos? La verdad sobre las oportunidades, los impuestos y la riqueza en Estados Unidos] (Nueva York: Encounter Books, 2012), pág. 57.

[29] N. Gregory Mankiw, *Principles of Economics* [Principios de economía] (Orlando, Florida: Dryden Press, 1998), pág. 480.

[30] Para ser más preciso, mientras el PBI crezca más rápido que la población, el ingreso per cápita aumentará.

$120 mil millones y siguiera teniendo una población de 15 millones de personas, de repente *su ingreso per cápita se duplicaría* a unos $8 000 ($120 mil millones divididos por 15 millones), lo que la situaría en la categoría de renta "media-alta" entre las naciones del mundo. La persona "promedio" de Zambia sería dos veces más rica que antes. Aumentar el PBI de una nación es lo que la hace pasar de la pobreza a una mayor prosperidad.

(3) ¿Cómo aumenta el PBI de un país? La pregunta más importante, por tanto, es esta: ¿Cómo aumentará el PBI de un país?

La respuesta es compleja, y en ella están involucrados decenas de factores, todos los cuales contribuyen o dificultan el crecimiento del PBI (ver en la siguiente la lista, pág. 984). Pero puedo decir brevemente aquí que el PBI aumenta cuando una nación crea continuamente más bienes y servicios que tienen suficiente valor para ser vendidos en el mercado. Por lo tanto, los esfuerzos para superar la pobreza deben centrarse en aumentar la producción de bienes y servicios.

El objetivo correcto para una nación pobre, por tanto, *es producir continuamente más bienes y servicios cada año*. Para que una nación logre superar la pobreza, debe estar dispuesta a examinar sus políticas oficiales, sus leyes, sus estructuras económicas y sus valores y tradiciones culturales para ver si promueven o frenan el aumento de la producción de bienes y servicios.

d. Objetivos erróneos: Cuando Barry Asmus, mi coautor de *The Poverty of Nations*, y yo hemos hablado ante diversas audiencias sobre las soluciones a la pobreza, hemos oído a mucha gente proponer otros objetivos para eliminar la pobreza, objetivos que no se centran en el aumento del PBI de un país. Pero estos enfoques no proporcionarán ninguna solución sostenible a la pobreza de una nación. Nos referimos a ellos como "objetivos erróneos" y discutimos cada uno de ellos con cierta extensión, pero los mencionaré brevemente aquí[32]:

(1) Más ayuda: Algunas personas argumentan que los países ricos deben dar cantidades masivas de dinero de ayuda adicional para poner en marcha las economías de las naciones pobres. Por desgracia, la ayuda no ha demostrado ser útil para aumentar el PBI a largo plazo. De hecho, ninguna nación pobre de la historia se ha enriquecido a costa de las donaciones de otras naciones[33].

Dambisa Moyo de Zambia, una economista africana formada en Oxford, sostiene que en realidad la ayuda exterior es la principal causa de la continuidad de la pobreza en África. Explica que la ayuda ha impedido a África avanzar hacia el crecimiento económico:

Pero ¿han ayudado los más $1 billón de las últimas décadas a mejorar la

---

[31] Estadísticas de Zambia tomadas de Terry Miller y Anthony B. Kim, eds., 2016 *Index of Economic Freedom* [Índice 2016 de Libertad Económica] (Washington: Heritage Foundation, y Nueva York: Dow Jones Co., 2016), pág. 455.

[32] Para un análisis más detallado de estos objetivos erróneos, ver Grudem y Asmus, *The Poverty of Nations*, cap. 2 (págs. 65-106).

[33] El Plan Marshall (1948-1952), que fue fundamental para la reconstrucción de Europa Occidental tras

situación de los africanos? No. De hecho, en todo el mundo los beneficiarios de esta ayuda están peor, mucho peor. La ayuda ha contribuido a que los pobres sean más pobres y a que el crecimiento sea más lento [...] La idea de que la ayuda puede aliviar la pobreza sistémica, y que lo haya hecho, es un mito. Millones de personas en África son más pobres hoy en día gracias a la ayuda; la miseria y la pobreza no han terminado, sino que han aumentado. La ayuda ha sido, y sigue siendo, un desastre político, económico y humanitario para la mayor parte del mundo en desarrollo[34].

Moyo explica a continuación que no se opone a la "ayuda humanitaria o de emergencia", que ayuda a las personas afectadas por catástrofes, ni tampoco a la ayuda "basada en la caridad", que es desembolsada por organizaciones caritativas (por ejemplo grupos religiosos y agencias humanitarias). Pero se opone a los "pagos de ayuda realizados directamente a los gobiernos", ya sea a través de transferencias de gobierno a gobierno o a través de organismos como el Banco Mundial[35].

¿Por qué es tan perjudicial la ayuda? Moyo explica que la ayuda extranjera apoya a los gobiernos corruptos proporcionándoles dinero en efectivo que pueden utilizar libremente:

Estos gobiernos corruptos interfieren con la ley, el establecimiento de instituciones civiles transparentes y la protección de los derechos civiles, haciendo que la inversión nacional y extranjera en los países pobres sea poco atractiva. La disminución de transparencia y menos inversiones reducen el crecimiento económico, lo que conlleva a menos oportunidades de empleo y un aumento de los niveles de pobreza. En respuesta a la creciente pobreza, los donadores dan más ayuda, lo que continúa la espiral descendente de la pobreza. Este es el círculo vicioso de la ayuda. El ciclo que ahoga las inversiones que se necesitan con urgencia, inculca una cultura de dependencia y facilita la corrupción desenfrenada y sistemática [....] [el cual] perpetúa el subdesarrollo y garantiza el fracaso económico en los países más pobres que dependen de la ayuda[36].

Moyo añade: "La ayuda apoya la búsqueda de rentas, es decir, el uso de la autoridad gubernamental para tomar y ganar dinero sin una mayor producción de riqueza" [37]. Menciona también al presidente de Ruanda, Paul Kagame, quien explica:

---

la Segunda guerra mundial, se cita a veces como ejemplo de cómo la ayuda exterior puede construir una economía. Pero el Plan Marshall no fue el desarrollo económico de un país pobre. Alemania había sido una nación rica con una infraestructura económica desarrollada, tradiciones y sistemas jurídicos, y un inmenso capital humano (trabajadores capacitados) antes de ser destruida por la guerra. Solo necesitaba una aportación masiva de dinero para reparar la destrucción y volver a su anterior condición de riqueza. Ver esta explicación con más detalle en el libro de Dambisa Moyo, *Dead Aid: Why Aid Is Not Working and How There Is a Better Way for Africa* [Ayuda muerta: Por qué la ayuda no funciona y cómo hay un camino mejor para África]. (Nueva York: Farrar, Straus & Giroux, 2009), págs. 35-37.

[34] *Ibid.*, xix.

[35] *Ibid.*, pág. 7.

[36] *Ibid.*, pág. 49.}

[37] *Ibid.*, pág. 52.

"Gran parte de esta ayuda se gastó en crear y mantener regímenes de clientes de un tipo u otro, con una mínima consideración de los resultados de desarrollo en nuestro continente"[38].

¿Por qué, entonces, los gobiernos occidentales siguen dando ayuda a los países pobres? Moyo calcula que actualmente en el mundo hay unas 500 000 personas que trabajan para las agencias de ayuda, y "todas ellas están en el negocio de la ayuda [...] 7 días a la semana, 52 semanas al año, y década tras década. Su sustento depende de la ayuda, al igual que la de los funcionarios que la reciben. Para la mayoría de las organizaciones para el desarrollo, el éxito de los préstamos se mide casi exclusivamente por el tamaño de la cartera de préstamos del donador"[39].

(2) Distribución más equitativa de la riqueza: Otros señalan que la solución a la pobreza es utilizar el poder del gobierno para redistribuir la riqueza de los ricos a los pobres. Sostienen que una mayor igualdad económica es una cuestión de simple justicia que los gobiernos deberían hacer cumplir. Ciertamente, estoy de acuerdo con el objetivo de ayudar a los pobres a ser más partícipes de la riqueza de una nación, y en varios puntos de *The Poverty of Nations*[40], Asmus y yo analizamos las formas en que esto puede ocurrir mediante soluciones justas, abiertas y basadas en el mercado. El objetivo de todo nuestro libro es encontrar formas realmente viables y sostenibles de superar la pobreza. Sin embargo, algunas naciones han tratado de lograr una mayor igualdad económica de formas económicamente perjudiciales, no mediante la apertura de mercados libres, sino mediante el uso agresivo del poder gubernamental. Hacer de la igualdad un objetivo más importante que el crecimiento económico general es un error para un gobierno, porque el simple hecho de distribuir la misma cantidad de riqueza de diferentes maneras no cambia la cantidad total de riqueza que una nación produce cada año, que es la única manera en que cualquier nación es capaz de salir de la pobreza a la prosperidad.

La libertad económica y la igualdad económica impuesta por el gobierno son objetivos opuestos, y cuando el gobierno impone la igualdad económica (por ejemplo, a través de altos impuestos a los ricos), en realidad puede disminuir los incentivos económicos y perjudicar el PBI. Esto puede verse en la historia de cada nación gobernada por el comunismo, ya sea la Unión Soviética, Cuba, Corea del Norte o China, antes de implementar muchas reformas de libre mercado. El economista Milton Friedman dijo con acierto: "Una sociedad que priorice la igualdad por sobre la libertad no obtendrá ninguna de las dos cosas. Una sociedad que priorice la libertad por sobre la igualdad obtendrá un alto grado de ambas"[41].

---

[38] Citado en *ibid*, pág. 27.

[39] *Ibid.*, pág. 54.

[40] Por ejemplo, podemos ver las partes dedicadas a facilitar, incluso a los pobres, la obtención de derechos de propiedad claramente documentados (págs. 152-154), a superar la opresión que se produce cuando unas pocas familias ricas controlan toda la riqueza y el poder (págs. 75-77, 297-307), a proteger las verdaderas oportunidades y la facilidad de acceso a los mercados libres (págs. 263-272), en la importancia de la educación y la alfabetización en general (págs. 253-256, 291-292), en la importancia de que las personas ricas y poderosas estén igualmente sujetas a la norma legal (págs. 154-155, 225-230, 239-241), y muchas otras partes.

[41] Milton Friedman, *"Created Equal"* ["Creados iguales"], quinta parte de la serie de videoconferen-

Una nación debe producir *riqueza* antes de poder redistribuirla o disfrutarla. El objetivo debe ser aumentar el PBI de una nación.

(3) Descubrimiento de los recursos naturales: Algunos creen que las naciones pobres necesitan descubrir nuevos recursos naturales, quizás petróleo, metales preciosos o tierras raras. Esta solución tiene cierto mérito, porque cuando se "producen" minerales del suelo, su valor incrementa directamente el PBI. Pero este enfoque es demasiado limitado, tanto porque algunas naciones tienen pocos recursos (por lo que esta solución no les ayuda) y también porque algunas naciones sin demasiados recursos naturales (Japón, Singapur, Taiwán, Suiza) se han vuelto muy ricas. En cambio, muchas naciones pobres de África y América Latina tienen enormes recursos naturales, pero siguen siendo pobres. Además, la prosperidad a largo plazo de una nación no se puede mantener solo con la riqueza de los recursos. Muchos economistas consideran que los recursos naturales son una maldición encubierta, porque estallan amargas contiendas e incluso conflictos armados por conseguir el control del gobierno para obtener el control del dinero que proviene de la riqueza de los recursos. Pero esto perjudica las condiciones para construir las instituciones que producen el crecimiento a largo plazo. El objetivo debe ser aumentar el PBI de una nación.

(4) Condonación de deuda: Otros dicen que las naciones ricas tienen que perdonar las deudas increíblemente altas que han contraído las naciones pobres, porque los costes de devolución de estos préstamos son una carga agobiante. Lamentablemente, esta sugerencia es similar a la propuesta de dar más ayuda a los países pobres, porque simplemente cambia un préstamo por un regalo, que es más ayuda (pero una ayuda dada en dos pasos: primero el préstamo y luego la condonación). La condonación de la deuda es, en el mejor de los casos, un medio para alcanzar un fin, no el fin en sí mismo. Solo ayuda si una nación produce más bienes y servicios a largo plazo. El objetivo debe ser aumentar el PBI de una nación.

(5) Mejores condiciones comerciales: Otros abogan por negociar precios más favorables para el comercio internacional entre las naciones ricas y pobres. Esto aumentaría el valor de las exportaciones de un país (el total de las exportaciones se añade al PBI, ya que un país produjo estas cosas) y disminuiría el coste de sus importaciones (las importaciones se restan del PBI, ya que una nación no produjo estas cosas sino que las compró en el extranjero). Por lo tanto, si algunos vendedores o compradores de una nación pueden negociar condiciones comerciales más favorables al tratar con varios miles de compradores y vendedores en un mercado mundial, estoy de acuerdo en que aquello aportaría algún beneficio[42].

---

cias *"Free to Choose"* ["Libre de elegir"] http://www.free tochoose.tv/program.php?id=ftc1980_5&series=ftc80.

[42] Además, no estoy de acuerdo con la mayoría de los aranceles y cuotas impuestas a los productos que los países pobres pretenden exportar a los países más ricos. También discrepo con la práctica de las naciones ricas de conceder subsidios por encima del mercado a algunos productos agrícolas y luego hacer "dumping" en los mercados mundiales, reduciendo los precios mundiales de esos productos (ver debate sobre el dumping en el capítulo 40, pág. 1083).

Pero no es probable que ningún país pobre ejerza por sí solo un gran efecto sobre los precios mundiales de sus productos. Centrar la esperanza y el esfuerzo en algo que probablemente no se pueda cambiar no es una estrategia inteligente. El objetivo debe centrarse en algo que una nación sí puede cambiar: producir más bienes y servicios, y así aumentar su PBI.

(6) Restricción de las empresas multinacionales: Otros creen que la solución es disolver o restringir de algún modo el poder de las grandes empresas multinacionales de las que se sospecha que se aprovechan injustamente de las naciones pobres. En cambio, aquellos que se centran en las empresas multinacionales rara vez evalúan su impacto global real en la producción de bienes y servicios de una nación[43].

El objetivo no debe ser perjudicar a las empresas *productivas* o hacerlas menos poderosas (sin embargo, si están realizando actividades ilegales o deshonestas, hay que ponerles fin, y los funcionarios del gobierno local que hayan permitido estas actividades deben rendir cuentas). El objetivo debe ser hacer que cada persona y cada empresa de la nación sea más productiva, y así aumentar el PBI de la nación.

(7) Comercio justo del café: Otros parecen pensar que la solución es persuadir a los clientes de Starbucks y a otros consumidores de café para que compren café de "comercio justo", y luego ampliar los contratos de comercio justo a otros productos y otras empresas. Esta es una forma del enfoque de "mejores condiciones comerciales", y la mayoría de los economistas creen que el movimiento de comercio justo beneficia principalmente a un pequeño número de productores mientras perjudica a otros, y que muy poco del precio más alto de venta al público llega realmente a los propios agricultores. (Ver mi análisis más extenso sobre el comercio justo del café en el capítulo 40, pág. 1080). En cualquier caso, dudo que este movimiento pueda tener éxito en persuadir a más de una pequeña porción del mercado mundial global para que pague más que el precio internacional de un commodity (esencialmente haciendo una contribución caritativa cada vez que compran ese commodity), mientras que el precio internacional sigue siendo determinado por la continua interacción de la oferta y la demanda, factores que se reajustan continuamente cada hora y cada día por millones de decisiones individuales hechas por millones de personas individuales en todo el mundo. El efecto de cualquier contribución caritativa de comercio justo para un commodity específico tiene un alcance extremadamente limitado con respecto a toda la economía mundial, por lo que esta práctica no tiene un impacto realmente significativo en la producción global de bienes y servicios de una nación.

Mientras que algunas de estas propuestas proporcionan una ayuda limitada otras son realmente perjudiciales, ninguna de ellas proporciona una solución global y sostenible a la pobreza. Eso solo se consigue aumentando el PBI de una nación.

e. El sorprendente proceso de crear valor que antes no existía: Cuando hablo de producir más bienes y servicios, me refiero a un proceso sorprendente por el que los seres humanos son capaces de mejorar su propia situación económica creando

---

[43] Ver Grudem y Asmus, *The Poverty of Nations*, págs. 99-106.

cosas valiosas que antes no existían. Cuando lo hacen, no solo aumentan su propia riqueza, sino también la de su nación. Lo hacen no tomando algo de valor de otra persona (lo que no aumentaría el PBI total), sino *creando* nuevos productos o servicios que nadie tenía porque antes no existían.

(1) Ejemplos de creación de productos de valor: Para poner un ejemplo sencillo, pensemos en el ejemplo que comenté en el capítulo 34 (pág. 906), el de una mujer de un país pobre que tiene una pieza de tela que le costó $3. Si utiliza esa tela para coser una camisa que vende por $13, entonces ha creado un nuevo producto de valor. Ha hecho una camisa que no existía en el mundo antes de que ella la hiciera. Ha hecho que el trozo de tela sea $10 más valioso de lo que era cuando lo compró. También ha aportado algo al valor total de todo lo que su nación producirá en ese año (el PBI). Si el valor total de todo lo producido en su país ese año era de $2 000 000 000 antes de que ella hiciera la camisa, luego después de que ella hiciera la camisa el valor total de todo lo producido era de $2 000 000 010[44] . Ella hizo avanzar a su nación $10 en el camino hacia la prosperidad.

Este sorprendente proceso de aumento del PBI mediante la creación de productos de valor es el núcleo de los medios por los que las naciones pueden pasar de la pobreza a una mayor prosperidad. Si este proceso creativo puede ampliarse a miles de personas que fabrican miles de tipos de productos, entonces el valor total de todo en la nación aumenta día tras día. Si una nación puede aumentar el valor de lo que produce cada año, el PBI crecerá y la nación será más próspera cada año. Este es el proceso que lleva a las naciones de la pobreza a la prosperidad.

El beneficio de $10 que la mujer obtuvo al vender la camisa es una medida del valor que añadió a la economía. El comprador de la camisa decidió voluntariamente que la camisa valía $13 para él. Por lo tanto (en términos económicos), vale $13. Pero la tela solo le costó a la mujer $3. Su ganancia de $10 es importante porque muestra *que se ha creado realmente un nuevo valor*. Es importante señalar aquí que su ganancia no es inmoral, sino que es una medida de *valor moralmente positivo* que se ha añadido a la nación.

Cuando un panadero utiliza $3 de harina y otros ingredientes para hacer un molde de pan que vende a $4, repentinamente ha añadido 1 dólar al PBI. Cuando un zapatero utiliza piezas de cuero que le cuestan $5 para hacer un par de zapatos que vende a $30 , ha añadido $25 al PBI.

Otro ejemplo es el de un agricultor que cultiva una cosecha de frijoles por valor de $400. Cuando la tierra no tenía cultivos, no producía nada de valor. Al cultivar la tierra, el agricultor "crea" (con la ayuda de Dios, que dirige el clima) frijoles por valor de $400 que no existían en el mundo antes de que él los cultivara y cosechara. Aumenta la prosperidad de la nación en $400 (menos el costo de las semillas, el fertilizante, el riego, etc.). Y si, con mejores semillas, fertilizantes y riego, cultiva frijoles por valor de $800 al año siguiente, entonces duplica su contribución al PBI de la nación.

---

[44] Después de utilizar la tela para hacer una camisa, la tela (que le costó $3) ya no sería un "producto final" que pueda contabilizarse en el PBI, por lo que el PBI aumenta en $13 - $3 = $10.

Los procesos más complejos pueden convertir materiales sencillos en artículos muy caros. Por mencionar otro ejemplo que dije antes, pensemos en los lentes. El valor original del plástico en bruto de los lentes podría ser de unos 3 centavos de dólar y el valor original del metal de la montura podría ser de unos 5 centavos de dólar. Pero un par de lentes puede costar $200 o más en los Estados Unidos hoy en día. ¿Cómo es posible que unos materiales de 8 centavos acaben teniendo un valor de $200? Esto es porque los seres humanos con habilidades crean un producto de valor a partir de los recursos de la tierra, y así el PBI crece.

Es fundamental tener en cuenta este proceso creativo para intentar resolver el problema de la pobreza en las naciones pobres. Una nación ampliará su PBI no tomando productos de otras naciones, sino creando más bienes y servicios dentro de la propia nación. Esta es la única solución permanente a la pobreza en las naciones pobres.

(2) Las transferencias de bienes de una persona a otra no aumentan el PBI: Cuando un hombre que tiene dos camisas da una camisa que vale $13 a otro que no tiene ninguna, se trata de una buena acción que ayuda realmente al pobre (ver Lucas 3:11). Sin embargo, no hace nada para aumentar el PBI. No se crea ningún producto nuevo, por lo que no se añaden los nuevos $13 de valor al PBI de la nación. La camisa solo se transfiere de una persona a otra.

(3) Imprimir dinero no aumenta el PBI: Aumentar la producción de bienes y servicios de una nación también es diferente de simplemente imprimir dinero, porque el dinero en sí mismo no es un "producto de valor". La gente no puede comer dinero, vestirse con él, transportarse con él, conducirlo o plantarlo. No pueden ponérselo sobre la cabeza para protegerse del sol y de la lluvia. Pueden utilizar el dinero para comprar otras cosas, por supuesto, pero esto se debe a que el dinero es un medio de intercambio. No es un producto de valor en sí mismo[45]. Para entender esta diferencia entre imprimir dinero y crear bienes y servicios, pensemos en nuestro ejemplo de la mujer que utilizó un trozo de tela de $3 para coser una camisa que vale $13. Ella aumentó el PBI de la nación en $10, digamos de $2 000 000 000 a $2 000 000 010.

Ahora imagina que el gobierno de ese país pobre imprime de repente otros $3 000 000 000 en papel moneda (suponiendo que los dólares sean la moneda de esa nación). ¿Cuál es el valor total de todos los productos y servicios de ese país? Sigue siendo de solo $2 000 000 010. Hay más dinero de papel en la nación, pero no hay más camisas, zapatos, frijoles o casas, no hay más productos de valor que la gente pueda vender o comprar y utilizar para sí misma. Imprimir dinero no aumenta el PBI ni mejora la riqueza de una nación. Eso debe hacerse mediante la producción de más bienes y servicios[46].

---

[45] Para aclarar la idea estoy simplificando al máximo este punto. En otro sentido, el dinero es un "producto de valor" porque proporciona a la sociedad un medio de intercambio comúnmente reconocido (que ahorra tiempo respecto al trueque), actúa como depósito de valor y proporciona una medida de valor y una unidad de contabilidad comúnmente reconocidas.

[46] Me doy cuenta que imprimir mucho más dinero causará inflación y los precios de todo aumentarán

He aquí otro ejemplo. Imagina que 200 personas de un barco que se hunde se encuentran varadas en una isla fértil pero deshabitada y tienen que mantenerse. Se organizan y, al cabo de unos días, algunas personas construyen casas, otras pescan, otras plantan hortalizas, otras recogen algodón para confeccionar telas y así sucesivamente. Todos producen bienes y servicios útiles, por lo que aumentan el "PBI" total de la isla, pero siguen aislados del mundo exterior.

Ahora imagina que alguien rescata una fotocopiadora y un generador del barco accidentado, imprime $100 000 "dólares de la Isla perdida", y luego da $500 de ese dinero a cada persona para que pueda comprar y vender sus bienes y servicios más fácilmente. ¿Imprimir ese dinero hace más próspera a la población de la isla? No. No da a nadie más comida, ropa o refugio. No produce más bienes y servicios. No aumenta el PBI de la isla.

Por supuesto, el dinero hace que el comercio sea más fácil que el simple trueque, y eso añade valor a la sociedad porque ahorra tiempo a la gente y les permite ser más productivos, pero imprimir dinero en sí mismo no hace que la isla sea más próspera en términos de bienes y servicios que tiene la gente.

(4) ¿Cómo puede una nación crear más bienes y servicios? Si mantenemos nuestro enfoque en el objetivo de producir continuamente más bienes y servicios, entonces la pregunta es: ¿cómo puede una nación aumentar el valor total de los productos y servicios que produce? Por ejemplo, ¿cómo puede la mujer producir más camisas por semana? ¿Y cómo puede producir camisas de mayor calidad que la gente valore más y, por tanto, pague más por comprarlas? Son muchos los factores que contribuyen a ese aumento (como disponer de una máquina de coser, tener fácil acceso a los mercados, contar con formación especializada, disponer de un microcrédito para comprar más materiales y mejor equipamiento, tener confianza en que puede conservar y utilizar sus ganancias, etc.). Asmus y yo analizamos estos factores con más detalle en *The Poverty of Nations*. Por ahora, lo importante es mantener nuestra atención en este único objetivo: las naciones pueden pasar de la pobreza a la prosperidad solo si crean continuamente más bienes y servicios.

f. 79 Factores que llevarán a las naciones de la pobreza a la prosperidad: He discutido brevemente varias soluciones *erróneas* al problema de la pobreza a nivel de toda una nación. En este punto voy a enumerar, sin dar más explicaciones, varios componentes que pertenecen a lo que creo que es la solución *correcta*. Estos factores, en conjunto, proporcionarán una solución realmente viable a la pobreza en una nación, y estos factores también son coherentes con las enseñanzas bíblicas. Para el análisis de cada punto, ver la parte correspondiente en el libro *The Poverty of Nations*, como se indica a continuación. Por supuesto, ninguna nación puede cambiar los 79 factores a la vez, pero una auténtica mejora de cualquier factor individual contribuirá positivamente al crecimiento económico general de la nación.

Estos 79 factores pueden simplificarse en realidad en tres grandes principios:

---

dentro de esa nación. Pero en términos de los bienes y servicios concretos disponibles para el uso de la gente, no se ha creado nada más de valor al imprimir ese dinero.

1. Un sistema económico de libre mercado con Estado de derecho y bajos impuestos (punto A)
2. Un gobierno que trabaje por el bien del pueblo en su conjunto y no por el bien de los gobernantes y sus amigos y parientes (punto B y C)
3. Valores culturales que reflejen las enseñanzas morales de la Biblia (punto D)

**Lista compuesta de factores que permiten
a una nación superar la pobreza**
Resumen sobre la solución a la pobreza planteada en
The Poverty of Nations: A Sustainable Solution,
de Wayne Grudem y Barry Asmus
(Wheaton, Illinois: Crossway, 2013).

Los números entre paréntesis se refieren a los números de página del libro.

A. Sistema económico de la nación (detalles en el capítulo 4)

1. La nación tiene una economía de libre mercado (págs. 131-221).
2. La nación tiene una propiedad privada generalizada. (págs. 141-154)
3. La nación cuenta con un proceso fácil y rápido para que las personas obtengan una propiedad documentada y de compromiso legal (págs. 149-154)
4. La nación mantiene una moneda estable. (pág. 155-158)
5. La nación tiene unos impuestos relativamente bajos. (págs. 158-162)
6. La nación mejora anualmente su puntuación en un índice internacional de libertad económica. (pág. 162)

B. Gobierno de la nación (detalles en el capítulo 7)

1. Todas las personas de la nación son igualmente responsables ante las leyes (incluidas las personas ricas y poderosas). (págs. 225-226)
2. Los tribunales de la nación no muestran ningún favoritismo ni parcialidad, sino que aplican la justicia de forma imparcial. (pág. 227)
3. El soborno y la corrupción son poco frecuentes en las oficinas gubernamentales, y se castigan rápidamente cuando se descubren. (págs. 227-229)
4. El gobierno de la nación tiene el poder adecuado para mantener la estabilidad gubernamental y prevenir el crimen. (pág. 229-230)
5. Existen límites adecuados a los poderes del gobierno de la

nación para que las libertades personales estén protegidas. (págs. 230-233)

6. Los poderes del gobierno están claramente separados entre los niveles nacional, regional y local, y entre las diferentes ramas de cada nivel. (pág. 234-236)

7. El gobierno es responsable ante el pueblo a través de elecciones regulares, justas y abiertas, y a través de la libertad de prensa y el libre acceso a la información sobre las actividades del gobierno. (pág 236-239)

8. El gobierno protege adecuadamente a los ciudadanos contra la delincuencia. (págs. 239-241)

9. El gobierno protege adecuadamente a los ciudadanos contra las epidemias de salud. (págs. 241-242)

10. El sistema jurídico del país protege adecuadamente a las personas y a las empresas contra los incumplimientos de los contratos. (págs. 242-243)

11. El sistema jurídico del país protege adecuadamente a las personas y a las empresas contra las infracciones de patentes y derechos de autor. (pág. 243-246)

12. El gobierno protege eficazmente a la nación contra la invasión extranjera. (pág.246-248)

13. El gobierno evita guerras de conquista innecesarias contra otras naciones. (págs. 248-250)

14. Las leyes de la nación protegen al país contra la destrucción de su medio ambiente. (págs. 250-252)

15. La nación requiere una educación universal para los niños hasta un nivel en el que sean capaces de ganarse la vida y contribuir positivamente a la sociedad. (págs. 253-256)

16. Las leyes del país protegen y dan algunos incentivos económicos a las estructuras de familia estables. (págs. 256-257)

17. Las leyes del país protegen la libertad de culto de todos los grupos religiosos y otorgan algunos beneficios a las religiones en general. (pág. 258)

C. Libertad de la nación (detalles en el capítulo 8)

1. Todos los habitantes de la nación tienen libertad para poseer bienes. (pág. 263)

2. Todos los habitantes de la nación tienen libertad para comprar y vender bienes y servicios, de modo que no haya monopolios protegidos. (págs. 263-264)

3. Todos los habitantes de una nación tienen libertad para viajar y transportar mercancías a cualquier lugar de la nación. (págs. 264-267)

4. Todos los habitantes de una nación tienen libertad para trasladarse a cualquier lugar de la nación. (pág. 267)

5. Todos los habitantes de una nación tienen libertad para comercializar con otros países sin tener que lidiar con cuotas o aranceles restrictivos. (págs. 267-269)

6. Todos los habitantes de una nación tienen libertad para crear y registrar una empresa de forma rápida y económica. (págs. 269-271)

7. Todos los habitantes de una nación están libres de las costosas y onerosas regulaciones gubernamentales. (págs. 271-272)

8. Todos los habitantes de una nación están libres de la exigencia de sobornos. (págs. 272-275)

9. Todos los habitantes de una nación tienen libertad para trabajar en el empleo que deseen. (págs. 275-277)

10. Todos los trabajadores de la nación tienen la libertad de ser recompensados por su trabajo a un nivel que motive el buen rendimiento laboral. (págs. 277-278)

11. Todo empleador tiene libertad para contratar y despedir a sus empleados en función del rendimiento laboral y a la variante de los ciclos económicos. (págs. 278-279)

12. Todos los empleadores de la nación tienen libertad para contratar y promover a los empleados basándose en el mérito, independientemente de las conexiones familiares o las relaciones personales. (págs. 279-280)

13. Todos los habitantes de la nación tienen la libertad de utilizar los recursos de la tierra con prudencia y, en particular, de utilizar cualquier tipo de recurso de energía. (págs. 280-284)

14. Todos los habitantes de la nación tienen libertad para cambiar y adoptar medios más nuevos y eficaces de trabajo y producción. (págs. 284-285)

15. Todos los habitantes de la nación tienen libertad para acceder a conocimientos útiles, innovaciones y desarrollos tecnológicos. (págs. 285-291)

16. Todos los habitantes de la nación tienen libre acceso a la educación (pág. 291-92).

17. Todas las mujeres de la nación tienen las mismas libertades educativas, económicas y políticas que los hombres (págs. 292-293).

18. Todos los habitantes de la nación, de cualquier localidad, religión, raza y origen étnico, tienen las mismas libertades educativas, económicas y políticas que los de otros contextos. (págs. 294-297)

19. Todos los habitantes de la nación tienen libertad para ascender en su estatus social y económico. (págs. 297-300)

20. Todos los habitantes de la nación tienen libertad para enriquecerse por medios legales. (págs. 301-307)

21. Todos los habitantes de la nación tienen libertad para practicar cualquier religión (pág. 307).

D. Valores de la nación (detalles en el capítulo 9)

1. La sociedad en general cree que existe un Dios que hará que todas las personas sean responsables de sus actos. (pp. 318-319)

2. La sociedad en general cree que Dios aprueba varios rasgos de conducta relacionados con el trabajo y la productividad. (pág. 319-322)

3. La sociedad en general valora la honradez. (pág. 322-324)

4. La sociedad en general respeta la propiedad privada. (pág. 324-326)

5. La sociedad en general otorga honor a varios otros valores morales. (págs. 326-329)

6. La sociedad en general cree que hay tanto bien como mal en cada corazón humano. (págs. 329-230)

7. La sociedad en general cree que los individuos son responsables de sus actos. (págs. 330-331)

8. La sociedad en general valora mucho la libertad del individuo. (págs. 331-332)

9. La sociedad en general se opone a la discriminación de las personas por motivos de raza, género o religión. (pág. 332)

10. La sociedad en general honra el matrimonio entre un hombre y una mujer. (págs. 333-334)

11. La sociedad en general valora la permanencia del matrimonio y tiene una baja tasa de divorcios. (págs. 334-335)

12. La sociedad en general cree que el ser humano es más importante que cualquier otra criatura de la tierra (págs. 335-336).

13. La sociedad en general cree que la tierra está aquí para el uso y beneficio de los seres humanos. (págs. 336-337)

14. La sociedad en general cree que el desarrollo económico es algo bueno y muestra la grandeza de la tierra. (págs. 337-338)

15. La sociedad en general cree que los recursos de la tierra nunca se agotarán. (págs. 339-340)

16. La sociedad en general cree que la tierra está ordenada y sujeta a una investigación racional. (págs. 340-341)

17. La sociedad en general cree que la tierra es un lugar de

oportunidades. (pág. 341)

18. La sociedad en general cree que el tiempo es lineal y que, por tanto, hay esperanza de mejora en la vida de los seres humanos y de las naciones. (págs. 341-342)

19. La sociedad en general cree que el tiempo es un recurso valioso y que debe ser utilizado sabiamente. (págs. 342-343)

20. La sociedad en general manifiesta un deseo amplio de mejorar en la vida, de hacer las cosas mejor, de innovar y de ser más productivos. (págs. 343-344)

21. La sociedad en general están dispuestos al cambio, por lo que la gente trabaja para resolver los problemas y mejorar las cosas. (págs. 344-345)

22. La sociedad en general honra el trabajo productivo. (págs. 345-348)

23. La sociedad en general honra a las personas, empresas, inventos y carreras económicamente productivas. (págs. 348-350)

24. Los propietarios de empresas y los trabajadores en general ven a sus empresas principalmente como medios para proporcionar a los clientes productos de valor, por las que luego se les pagará de acuerdo con ese valor. (págs. 350-351)

25. La sociedad en general asigna un alto valor al ahorro a diferencia del gasto. (pág. 351)

26. La sociedad en general cree que las ganancias mutuas provienen de los intercambios voluntarios y, por lo tanto, un acuerdo comercial es "bueno" si aporta beneficios tanto al comprador como al vendedor. (págs. 351-353)

27. La sociedad en general valora el conocimiento de cualquier fuente y lo hace ampliamente accesible. (págs. 353-354)

28. La sociedad en general valora la mano de obra altamente capacitada. (págs. 354-355)

29. La sociedad en general asume que debe haber una base racional para el conocimiento y canales reconocidos para difundir y poner a prueba el conocimiento. (págs. 355-356)

30. La sociedad en general demuestra una humilde disposición a aprender de otras personas, otras naciones y miembros de otras religiones. (págs. 356-357)

31. La sociedad en general cree que el propósito del gobierno es servir a la nación y aportar beneficios al pueblo en su conjunto. (págs. 358-359)

32. La sociedad en general cree que el gobierno debe castigar el mal y promover el bien. (pág. 359)

33. La sociedad en general valora el patriotismo y refuerza un

> sentido compartido de identidad y propósito nacional. (págs. 359-364)
>
> 34. La sociedad en general considera que la familia, los amigos y la alegría de vivir son más importantes que la riqueza material. (págs. 364-366)
> 35. La sociedad en general considera que el bienestar espiritual y la relación con Dios son más importantes que la riqueza material. (págs. 366-367)

g. La pobreza material es un tema secundaria, mientras que la pobreza espiritual es un tema primordial: Por último, es importante recordar el claro énfasis de la Biblia en que la relación de una persona con Dios es mucho más importante que la prosperidad material, y que la búsqueda de la riqueza material puede, de hecho, ocupar muy fácilmente el primer lugar en la vida de la persona.

Jesús dijo: "Ningún siervo puede servir a dos señores; porque o aborrecerá al uno y amará al otro, o estimará al uno y menospreciará al otro. No podéis servir a Dios y a las riquezas" (Lucas 16:13). También dijo: "porque la vida del hombre no consiste en la abundancia de los bienes que posee" (12:15).

Los escritores cristianos Corbett y Fikkert advierten sabiamente que la actitud equivocada hacia las posesiones materiales puede afectar fácilmente a los cristianos occidentales y perjudicar nuestros esfuerzos por ayudar a los pobres si es que no incluimos un componente espiritual en el ministerio que realizamos. Además, señalan que los cristianos económicamente ricos de Occidente tienen a menudo una "pobreza existencial", un "complejo de dios" y una "definición meramente material de la pobreza" que puede hacerles más daño que bien cuando intentan ayudar a los pobres[47].

Corbett y Fikkert también advierten que, para que podamos ayudar a los pobres de la manera más acertada, tanto nosotros como ellos necesitamos una visión adecuada del mundo y tener una relación correcta con Dios, con nosotros mismos, con los demás y con el resto de la creación[48]. Ellos comentan: "Somos muy propensos a poner nuestra confianza en nosotros mismos y en la tecnología para mejorar nuestras vidas, olvidando que es Dios quien es el creador y sustentador de nosotros y de las leyes que hacen funcionar la tecnología"[49].

Por eso la Biblia advierte que los que obtienen alguna medida de prosperidad financiera en esta vida no deben poner sus corazones y esperanzas en su riqueza, sino en Dios:

> A los ricos de este siglo manda que no sean altivos, *ni pongan la esperanza en las riquezas, las cuales son inciertas, sino en el Dios vivo*, que nos da

---

[47] Corbett y Fikkert, *When Helping Hurts*, págs. 65-67.

[48] *Ibid.*, págs. 84-89, analiza en detalle estas relaciones.

[49] *Ibid.*, pág. 95.

todas las cosas en abundancia para que las disfrutemos. Que hagan bien, que sean ricos en buenas obras, dadivosos, generosos; atesorando para sí buen fundamento para lo por venir, que echen mano de la vida eterna. (1 Ti 6:17-19)

Por lo tanto, mi esperanza para las naciones pobres del mundo es que empiecen a crecer en prosperidad material, pero también que no decaigan en prosperidad relacional o espiritual. Espero profundamente que la prosperidad material no se produzca a costa de la pérdida de las relaciones interpersonales, la pérdida del amor a la familia y el alejamiento de Dios. Ciertamente, no quiero fomentar una sociedad que adora y sirve al dinero, y que luego es destruida por esa codicia e idolatría[50]. Espero, más bien, que todas las naciones del mundo, mientras buscan el crecimiento de la prosperidad económica, sigan valorando las relaciones con los miembros de la familia y los amigos más que la riqueza, y que sean naciones que, en general, adoren y sirvan verdaderamente a Dios, no al dinero.

C. RIQUEZA: ¿CUÁNTO ES DEMASIADO?

1. Advertencias sobre las grandes riquezas sin condenarlas. ¿Existirá algo así como tener demasiada riqueza? No hay ninguna enseñanza específica de que una gran cantidad de riqueza sea mala en sí misma. No obstante, hay algunos ejemplos narrativos que nos dan advertencias, como la historia del joven rico (Mt 19:16-22) que habló con Jesús, pero luego "se fue triste, porque tenía muchas posesiones" (v. 22).

En el Antiguo Testamento, Dios dijo al pueblo de Israel que cuando tuvieran un rey gobernando sobre ellos, *"Ni tomará para sí muchas mujeres, para que su corazón no se desvíe; ni plata ni oro amontonará para sí en abundancia"* (Dt 17:17), pero estos dos mandatos fueron infringidos flagrantemente por Salomón: "Y tuvo setecientas mujeres reinas y trescientas concubinas; y sus mujeres desviaron su corazón. Y cuando Salomón era ya viejo, sus mujeres inclinaron su corazón tras dioses ajenos, y su corazón no era perfecto con Jehová su Dios, como el corazón de su padre David" (1 Reyes 11:3-4; Salomón también acumuló enormes cantidades de oro y otras riquezas, 1 Reyes 10:14-22).

Además, el Nuevo testamento hace una fuerte advertencia contra el gasto excesivo en uno mismo y la vida de lujo disoluta:

!Vamos ahora, ricos! Llorad y aullad por las miserias que os vendrán [...]
Vuestro oro y plata están enmohecidos; y su moho testificará contra vosotros,
y devorará del todo vuestras carnes como fuego. Habéis acumulado tesoros
para los días postreros [...] *Habéis vivido en deleites sobre la tierra, y sido*

---

[50] Paul Mills da mucha importancia a la influencia de la política económica en las relaciones: "El último objetivo de la política económica debería ser enriquecer la calidad de las relaciones dentro de una sociedad". "La economía", en Jubilee *Manifesto: A Framework, Agenda and Strategy for Christian Social Reform* [Manifiesto del Jubileo: Un marco, una agenda y una estrategia para la reforma social cristiana], ed. Michael Schluter y John Ashcroft (Leicester, Reino Unido: Inter-Varsity, 2005), pág. 217.

disolutos; habéis engordado vuestros corazones como en día de matanza (Santiago 5:1-5).

Santiago no indica aquí que *todos* los ricos sean malos, ya que en este mismo capítulo habla de los fraudes y asesinatos cometidos por estos ricos en particular a los que se refiere en (Santiago 5:4, 6). Además, Pablo no dice que los ricos deban regalar toda su riqueza, sino que "hagan bien, que sean ricos en buenas obras, dadivosos, generosos" (v. 18).

Sin embargo, Santiago advierte claramente contra un tipo de "tesoros y [..] disolutos" que es incorrecto, que muestra poca o ninguna preocupación por los demás y que no se toma en serio las obligaciones de mayordomía que Dios otorga junto con las grandes riquezas. Parece que aquellos que son ricos pueden ir más allá de un nivel de gasto en sí mismos que es apropiado para su nivel de vida y gastar excesivamente y ostentosamente en sí mismos mientras descuidan dar generosamente a los demás.

2. Los gobiernos deben sancionar a quienes se han enriquecido con actividades ilegales e inmorales. Sin embargo, ¿qué ocurre si la gente vive en un país donde casi todos los ricos han obtenido su riqueza por *medios inmorales*, como el tráfico de drogas, el robo o la corrupción política? En estos casos, la sociedad debe encontrar de alguna manera la fuerza suficiente para sancionar a esos delincuentes por las cosas malas que han hecho; no sancionarlos por la *riqueza* en sí, sino por los *medios* ilícitos que utilizaron para obtener esa riqueza. Después, tiene que abrir y proteger las verdaderas oportunidades para que cualquier persona se enriquezca por medios legales y moralmente correctos. Si se sabe que las únicas personas ricas de una nación se han enriquecido mediante el soborno, el robo o la corrupción, entonces ninguna persona honesta creerá que existe alguna esperanza de aumentar su propia riqueza[51].

Los países pueden impedir el crecimiento económico mediante un sistema político y jurídico corrupto que permite que la riqueza se concentre en manos de unas pocas familias especialmente privilegiadas y poderosas, mientras que la gran mayoría de la población está sumida en la pobreza. En Rusia y en otros países eslavos, "la servidumbre se mantuvo en su peor forma" mucho después de que comenzara la Revolución Industrial en el norte de Europa. Según David Landes, "tanta riqueza" estaba "en manos de una nobleza despilfarradora", pero los campesinos pobres tenían tan poco que ni siquiera habrían podido proporcionar una demanda suficiente para la compra de bienes de consumo comunes si se hubieran producido tales bienes[52]. Rusia durante el zarismo tenía "una aristocracia privilegiada y disoluta que se resistía despectivamente a la modernización"[53].

---

[51] Quiero dar las gracias a Jeff Michler por haberme insistido en la importancia de esta parte ya que en muchos países pobres, los delincuentes ricos quedan impunes con demasiada frecuencia.

[52] David S. Landes, *The Wealth and Poverty of Nations: Why Some Are So Rich and Some So Poor* [La riqueza y la pobreza de las naciones: Por qué algunas son tan ricas y otras tan pobres] (Nueva York: W. W. Norton, 1999), pág. 251.

[53] *Ibid.*, pág. 268.

Muchos países recién independizados de América Latina tenían problemas similares, con unos pocos ricos en la cúspide y masas sumidas en la pobreza: "En la cúspide, un pequeño grupo de corruptos, bien instruidos por sus anteriores amos coloniales, saqueaban libremente. En la parte inferior, las masas agachadas y que tratan de surgir como pueden"[54]. Landes resume lo que ocurre en estas situaciones para perjuicio tanto de los ricos como de los pobres:

> Cuando la sociedad está dividida entre unos pocos propietarios privilegiados y una gran masa de trabajadores pobres, dependientes y tal vez sin libertad (en efecto, entre una escuela para la holgazanería (o disoluto) frente a un lodazal de desprecio), ¿cuál es el incentivo [sic] para cambiar y mejorar? En la cúspide, una gran indiferencia; en la parte inferior, la resignación de la desesperación[55].

En todos los casos en los que una gran riqueza se encuentra en manos de unos pocos privilegiados y todos los demás están sumidos en la pobreza, el sistema económico no debería llamarse sistema de "libre mercado" porque no se permite que el libre mercado funcione. Algunas personas ricas están por encima de la ley. Se pueden cometer delitos y romper contratos sin temor a ser castigados. El gobierno tolera los monopolios e incluso los impone. Obtener una licencia para dirigir un negocio u obtener la propiedad documentada de un inmueble es tan difícil que resulta esencialmente imposible para la gente común.

No se trata de los errores del libre mercado, sino de los errores de un gobierno que no protege al libre mercado y permite que todos compitan de forma justa en él. Cuando un gobierno permite que funcione el libre mercado, el ingenio y la ambición del hombre común proporcionan cada vez más competencia y diversidad en el mercado. Cada vez más personas descubren que pueden ascender rápidamente a niveles más altos de ingresos y de estatus en la sociedad simplemente con el trabajo duro y la habilidad en lo que hacen. Si realmente se le permite funcionar al libre mercado, proporcionaría esa libertad social y económica para ascender de generación tras generación.

3. Los gobiernos que quieren que sus economías sean más productivas deben permitir la libertad de que cualquier persona haga riquezas por medios legales.
Si cualquier país pobre va a salir de la pobreza hacia una prosperidad creciente, y si cualquier país rico va a seguir haciendo crecer su economía, los gobiernos de estos países deben proteger (1) la libertad de *cualquier persona* de la sociedad para pasar a un nivel de ingresos más alto y (2) la libertad de *cualquier persona* para acumular y conservar incluso grandes cantidades de riqueza, siempre que lo haga por medios y actividades legales. Esto es lo contrario de la situación en la que la riqueza de una nación se concentra en manos de unas pocas familias privilegiadas y nadie más tiene la oportunidad de enriquecerse. Por el contrario, estoy hablando de una sociedad que promueve la oportunidad para que cualquiera que trabaje

---

[54] *Ibid.,* pág. 313.
[55] *Ibid.,* pág. 296.

duro y tenga habilidad aumente su estatus económico tanto como sea capaz.

Una vez más, los líderes del gobierno deben tener en cuenta la única opción que sacará a su nación de la pobreza hacia una prosperidad creciente: producir continuamente más bienes y servicios de valor. Para que esto ocurra, cada persona de la nación debe estar *motivada* de alguna manera para contribuir en lo que pueda al aumento de la actividad económica productiva.

¿Qué es lo que más motiva a las personas a hacer su mejor contribución a una economía más productiva? Lo que más les motiva es *la esperanza de ganar más y mejorar su posición en la vida,* así como la de sus familias. Nada más proporciona la motivación necesaria: ni los llamamientos al patriotismo, ni los retos de amar al prójimo, ni los llamamientos a hacer más para ayudar a los pobres, ni la envidia de los ricos, ni mucho menos el trabajo forzado en sistemas de esclavitud o totalitarismo. Nada motiva tanto a una persona como su propio interés, es decir, la esperanza de ganar más dinero y mejorar su propia condición.

Pero si la gente va a estar motivada por la esperanza de ganar más dinero, debe ser capaz de ver pruebas reales que esto es posible. Debe poder mirar a su alrededor e identificar ejemplos de personas comunes (como un tío, un primo o un vecino) que empezaron siendo pobres y luego se hicieron ricos o, al menos, medianamente ricos. La gente debe ser capaz de ver que una medida de éxito financiero es posible con buenos hábitos de trabajo, honestidad, ahorro y perseverancia[56].

Sin embargo, si la gente sabe que viven en un país en el que *ninguna persona común* es capaz de mejorar la condición económica de su familia (como un país comunista, donde los salarios son fijados por el gobierno) entonces nadie lo intenta. Del mismo modo, si la gente vive en un país en el que los poderosos funcionarios del gobierno y unas pocas familias ricas se han quedado con toda la riqueza durante generaciones (como en algunos países de América Latina), y donde los pobres no tienen realmente ninguna oportunidad de trabajar duro y tener éxito económicamente, entonces tampoco lo intentan.

La necesidad de que la gente vea ejemplos de otros que han pasado de la pobreza a la riqueza hace que sea muy destructivo para una sociedad que denigra continuamente a "los ricos", presentándolos como malvados y promoviendo la envidia y el odio hacia ellos (la idea de que la riqueza proviene de la explotación de otros y no de la creación de un nuevo valor es una idea marxista, y no es un punto de vista cristiano). Esta retórica de enfrentamiento de clases tiende a desanimar a los más pobres para que intenten triunfar en los negocios y hacerse ricos mediante el trabajo duro y la perseverancia. (Después de todo, ¿quién quiere ser odiado por todos los demás?) Si una sociedad se centra en la envidia o el odio a los ricos, dificulta considerablemente su productividad económica.

Cada vez que una nación pasa de la pobreza a una prosperidad creciente, a algunas personas les irá mejor económicamente que a otras. Las personas

---

[56] Thomas J. Stanley y William D. Danko, *The Millionaire Next Door: The Surprising Secrets of America's Wealthy* [El millonario de al lado: Los secretos sorprendentes de los ricos de América] (Nueva York: Pocket Books, 1996), está repleto de ejemplos de este tipo, así como de numerosos estudios sobre el estilo de vida sorprendentemente frugal y sin complicaciones de la mayoría de los millonarios estadounidenses.

tienen diferentes dones y habilidades, diferentes grados de ambición, diferentes hábitos de trabajo y diferentes niveles de inteligencia en diversas áreas. Muchas personas llegarán a ser moderadamente prósperas porque hacen un buen trabajo al proporcionar productos útiles de valor para la economía. El gobierno, y las costumbres de la sociedad, deben permitirles conservar el fruto de su trabajo, porque eso es lo que les motiva a seguir haciendo contribuciones valiosas a la economía. De hecho, en las sociedades independientes, la mayoría de las personas que se vuelven moderadamente ricas tienen ocupaciones bastante "comunes", como ser propietarios de una panadería, una tienda de abarrotes, un taller de reparación de automóviles o un negocio de construcción de viviendas. Con estos trabajos comunes mejoran claramente la situación económica de sus familias en comparación con las generaciones anteriores.

También habrá muy pocas personas que tengan un éxito espectacular. Suelen ser personas que inventan productos o nuevas formas de producirlos en masa. En la historia de Estados Unidos, han sido estas personas las que descubrieron cómo construir una cadena de ensamblaje para producir en masa automóviles para familias comunes (Henry Ford), cómo construir una vasta red de ferrocarriles (Cornelius Vanderbilt), cómo construir un vasto sistema de refinado y distribución de petróleo para toda la nación (John D. Rockefeller, fundador de Standard Oil), o cómo construir enormes fábricas de acero (Andrew Carnegie, fundador de U.S. Steel). Entre ellos, los que desarrollaron computadoras para el hogar y una nueva generación de celulares (Steve Jobs, fundador de Apple), un sistema operativo para computadoras que se usa en todos los países del mundo (Bill Gates, fundador de Microsoft), y una empresa de marketing en Internet que entrega miles de productos rápidamente en cualquier hogar (Jeff Bezos, fundador de Amazon).

Lo importante para el desarrollo económico de Estados Unidos no es que cada uno de estos líderes empresariales ganara varios millones de dólares. Es que cada uno de *ellos aportó una gran cantidad de productividad económica a su nación* y, en muchos casos, al mundo entero. Estas personas y otras como ellas permitieron que Estados Unidos produjera continuamente más productos y servicios de valor más allá de lo que podría imaginarse con el esfuerzo de una sola persona. Tuvieron éxito, y la economía de su país creció significativamente como resultado de sus esfuerzos.

Este tipo de cosas solo ocurren en una nación que permite que la gente tenga oportunidades ilimitadas de ganar dinero con la esperanza de quedarse con grandes cantidades. Las personas que pueden ganar esos millones de dólares son muy pocas, pero aportan una inmensa productividad económica al total de la sociedad.

Si una nación permite la libertad de que cualquiera acumule mucha riqueza de esta manera, anima a multitud de personas a intentarlo. Algunos fracasan, a muchos les va medianamente bien, y solo unos pocos se hacen verdaderamente ricos. Sin embargo, estas millones de personas que les va medianamente bien constituyen la columna vertebral de una economía sana, y a los que llegan a ser extremadamente ricos aportan un beneficio significativo a esa economía.

Si la oportunidad de trabajar duro, tener éxito y llegar a ser rico es anulada por las políticas del gobierno (como las tasas extremadamente altas de impuestos sobre "los ricos", o los juicios y encarcelamientos arbitrarios y prejuiciosos en contra de las personas ricas de alto perfil, como en Rusia o China), entonces casi nadie intentará siquiera llegar a ser rico mediante la construcción de un negocio productivo, y esto mantendrá a toda la nación alejada de gran parte del crecimiento económico que podría haber experimentado.

Por lo tanto, si una nación va a crecer desde la pobreza hacia una mayor prosperidad, no debe confiscar la riqueza a través de impuestos sancionadores a los ricos, a través de altos impuestos sobre herencias, a través de decisiones judiciales injustas contra los ricos, o a través del destierro social o condenas morales de la prosperidad.

4. La importancia del movimiento económico. La capacidad de cualquier persona para enriquecerse (analizada en el punto 3) puede cuantificarse intentando determinar cuántas de las personas ricas de un país comenzaron su vida en circunstancias de pobreza o de ingresos medios. Si existe un alto nivel de movimiento económico en un país, esto proporciona un gran incentivo para el crecimiento económico. Por poner un ejemplo, el movimiento económico en Estados Unidos sigue siendo una parte importante de su economía en la actualidad. Según afirman Thomas Stanley y William Danko[57], "El 80% de los millonarios de Estados Unidos son ricos de primera generación". Además, la mayoría de ellos no heredaron su riqueza y menos del 20% de los millonarios heredaron el 10% o más de su riqueza, y menos del 25% recibieron alguna vez un regalo de $10 000 o más de sus padres u otros familiares[58]. Por lo general, muchos de los "pobres" no permanecen pobres generación tras generación, o incluso año tras año, sino que muchos avanzan a niveles económicos más altos. Tampoco los "ricos" son necesariamente ricos año tras año y generación tras generación[59].

5. La importancia de honrar a las personas económicamente productivas. Las actitudes culturales hacia la productividad económica son un factor importante para superar la pobreza en cualquier nación. Si una sociedad quiere salir de la pobreza hacia una mayor prosperidad económica, dará mucha importancia a honrar a las personas, empresas, inventos y carreras económicamente productivas.

Cada sociedad utiliza diversos medios para honrar a determinadas personas, empresas, inventos y profesiones. Por ejemplo, las "historias de héroes" que se les narran a los niños, estos pueden tener una idea de un tipo de persona u otra, o un tipo de carrera u otra, como un buen ejemplo a imitar o un mal ejemplo a evitar. Las películas y los programas de televisión de una cultura hacen lo mismo, al igual que la música popular. La instrucción moral que se da a los niños en las escuelas e iglesias es otra forma de honrar a diversas personas y profesiones. La literatura que es popular en una sociedad puede desempeñar el mismo papel. Los profesores

---

[57] *Ibid.* pág. 3.

[58] *Ibid.* pág. 16.

[59] Ver un análisis más detallado del movimiento económico en The Poverty of Nations, págs. 297-307 de Grudem y Asmus; ver también el gráfico sobre el movimiento de los ingresos que figura en la pág. 193.

de las escuelas pueden influir enormemente en los tipos de personas, empresas, inventos y carreras que los alumnos consideran honorables, y los tipos de literatura y estudios históricos que los niños leen en las escuelas también tienen un impacto significativo. Además, los discursos realizados por los líderes gubernamentales y los responsables de las campañas políticas tienen un efecto sobre el tipo de personas y profesiones que se honran en la sociedad.

Si un país va a salir de la pobreza hacia una mayor prosperidad, su cultura debe honrar a las personas económicamente productivas que desarrollan diferentes segmentos de la economía. Debe honrar a los emprendedores que construyen pequeñas o grandes empresas que dan trabajo a muchas personas y producen bienes o servicios valiosos para la gente de la sociedad. Debe honrar a los inventores e innovadores, y a las cosas que ellos crean. Por último, la cultura debe honrar las profesiones que producen bienes y servicios con valor económico.

Por el contrario, una sociedad atrapada en la pobreza dará poco o ningún valor a las personas, las empresas, los inventos y las profesiones que crean y producen bienes y servicios. La sociedad honrará a los que obtienen algo a cambio de nada, ya sea por suerte, por cobrar sin trabajar mucho, por ganar mucho dinero produciendo poco valor o por depender de la ayuda social del gobierno a través de las películas, la música, la literatura, los discursos políticos y la enseñanza en las escuelas e iglesias. Incluso podría honrar a quienes viven del robo y la extorsión, a través de su literatura, películas y programación televisiva. Una sociedad así verá a las personas económicamente productivas con desprecio, culpa, vergüenza o envidia.

En un ámbito más amplio, cuando las personas de una sociedad de este tipo hablan de su esperanza de progreso económico en la nación, se centrarán sobre todo en la obtención de subvenciones del gobierno o de ayuda de otras naciones. También, la esperanza de progreso en una sociedad puede centrarse en los intentos de redistribuir los ingresos de los ricos a los pobres en lugar de dar oportunidades para que los pobres ganen dinero y se hagan ricos.

Varios pasajes de la Biblia honran a los que son económicamente productivos. La parábola de los talentos de Jesús, por ejemplo, honra al siervo cuyos cinco talentos hicieron cinco talentos más y al siervo cuyos dos talentos hicieron dos talentos más (ver Mt 25:20-23).

En el Antiguo Testamento, las bendiciones que Dios prometió al pueblo de Israel, si eran obedientes, incluían una abundante productividad agrícola (ver Dt 28:1-14). En Proverbios 31, la esposa ideal es descrita como aquella cuya mercancía es "provechosa" (v. 18). Por el contrario, el desprestigiado "holgazán" de Proverbios es aquel que es perezoso y produce muy poco de valor (6:9; 13:4; 20:4)

De acuerdo con este patrón bíblico, la historia económica señala la influencia de la "ética protestante" en el norte de Europa, una parte de la cual se le concedían el honor a quienes eran económicamente productivos y tenían éxito en el mundo de los negocios[60].

---

[60] Ver Landes, *The Wealth and Poverty of Nations*, págs. 175-78; ver también, sobre Gran Bretaña, págs. 234-235

Por el contrario, durante los siglos XVIII y XIX, cuando Europa y América del Norte progresaban económicamente con rapidez, los valores culturales de la India daban mucha importancia a la perpetuación de la antigua tradición del arduo trabajo manual para la mayoría de las clases inferiores. En consecuencia, nadie valoró mucho las innovaciones que hubieran facilitado el trabajo o hubieran incorporado máquinas para sustituir el esfuerzo humano y animal[61].

Una sociedad productiva que honra a las personas, empresas, inventos y carreras económicamente productivas no se centrará en la pregunta "¿Cuánto más tiene la persona A que la persona B?" (porque esa pregunta produce envidia y resentimiento). Más bien, se centrará en las preguntas "¿Cuánto ha contribuido la persona A al bienestar económico de la sociedad?" y "¿Ha ganado dinero la persona A por medios legales?". En una sociedad productiva se hará hincapié en la productividad, no en la igualdad.

D. ANEXO: ANÁLISIS DE LA OBRA DE RONALD SIDER, *RICH CHRISTIANS IN AN AGE OF HANGER.*

El libro más influyente en el mundo evangélico en los últimos 50 años en relación con el tema de la riqueza y la pobreza ha sido probablemente *Rich Christians in an Age of Hunger* [Los cristianos ricos en la era del hambre] de Ron Sider[62]. El libro contiene varios aspectos recomendables, que mencionaré a continuación. Sin embargo, me parece que las afirmaciones más básicas del libro son sumamente erróneas, tanto en lo que respecta al análisis de Sider del problema de la pobreza como a sus propuestas de *solución.*

1. Aspectos importantes según Sider. La parte más sólida del libro de Sider es su llamamiento a los cristianos para que tengan auténtica compasión por los pobres y atiendan los casos de necesidad urgente en todo el mundo. Su análisis de las enseñanzas bíblicas en su capítulo sobre "Dios y los pobres" (págs. 41-63) contiene un análisis muy profundo de las frecuentes enseñanzas bíblicas de que Dios quiere que cuidemos de los pobres. Claramente menciona: "Pero aunque los ricos no causaran ninguna parte de la la pobreza mundial, seguiríamos siendo responsables de ayudar a los necesitados" (pág. 134).

Además, Sider advierte oportunamente del peligro de las riquezas (págs. 93-97) y subraya claramente que la riqueza material no traerá a la gente verdadera alegría y satisfacción (págs. 23-24).

Sider también confirma con optimismo los beneficios de un sistema económico de libre mercado (lo que él llama una "economía de mercado"), y afirma acertadamente que "propiedad del estado y la planificación central del comunismo no funcionaron

---

[61] Ver *ibid.*, págs. 225-230.

[62] Ronald Sider, *Rich Christians in an Age of Hunger: Moving from Affluence to Generosity* , 5ª ed. (Nashville: Thomas Nelson, 2005). Este libro se publicó por primera vez en 1977. La portada de la edición de 2005 dice que el libro fue nombrado "Uno de los 100 mejores libros religiosos del siglo" por Christianity Today.

[....] En cambio, las economías de mercado han producido una enorme riqueza [...] La evidencia es abrumadora. Las economías de mercado tienen más éxito en la creación de crecimiento económico que las economías de propiedad y planificación centralizadas" (pág. 136). Más adelante añade: "La solución estructural más obvia al hambre es el rápido desarrollo económico de las naciones más pobres" (pág. 223). Sider pide, con razón, que se eliminen la mayoría de las barreras comerciales (págs. 143-146, 241) y las subvenciones agrícolas (págs. 146-147). Por último, explica que la falta de acceso a la propiedad de la tierra en muchos países pobres es un factor importante que atrapa a la gente en la pobreza, y que las élites adineradas de las naciones pobres mantienen su dominio sobre la propiedad privada en esos países a través de vínculos estrechos con funcionarios gubernamentales corruptos o al menos desinteresados (págs. 125-127).

2. Análisis erróneo de Sider acerca del problema como "Acumulación". El subtítulo del libro de Sider resume la perspectiva general que presenta. El título principal es *Rich Christians in an Age of Hunger*, pero el subtítulo es "*Moving from Affluence to Generosity* [De la acumulación a la generosidad]". Ese subtítulo indica que él piensa que el problema principal es el exceso de acumulación en el mundo. Sin embargo, en realidad el problema principal es el exceso de pobreza. El problema no es que los ricos tengan demasiado dinero, sino que los pobres tienen demasiado poco.

El subtítulo también resume el enfoque general de Sider para resolver el problema como "generosidad". En otras palabras, para resolver el problema de la pobreza, los cristianos ricos del mundo deben pasar "de la acumulación" (deben dejar de ser tan ricos) "a la generosidad" (deben dar más). No obstante, si la verdadera solución a la pobreza no es recibir continuamente obsequios de los ricos o de los gobiernos, sino aumentar la productividad de los pobres para que tengan trabajos productivos que les recompensen con ingresos estables, entonces centrarse en la "generosidad" tampoco consigue llegar al núcleo del problema.

Una analogía puede verse en el ámbito de la salud y la enfermedad[63]. Alguien podría decir: "Hay una brecha demasiado grande entre las personas sanas y las enfermas en el mundo actual. Tenemos que reducir esta desigualdad en la salud. Deberíamos tener más gente sana que enferme para que no haya tanta desigualdad". Esa sería una sugerencia tonta, porque el problema no es la brecha entre las personas sanas y las enfermas. El problema es que hay demasiados enfermos y la solución es buscar medidas para que los enfermos se curen. Del mismo modo, la única solución definitiva y a largo plazo para la pobreza es encontrar medidas para que los pobres de las naciones pobres puedan ser más productivos y producir su propia prosperidad.

a. Sider presenta erróneamente el aumento de la prosperidad y la "economía de mercado" como algo injusto y perjudicial para las personas, las familias, el medio ambiente y la cultura: Aunque Sider afirma expresamente los beneficios

---

[63] La primera vez que leí esta ilustración fue en el excelente libro de Jay Richards, Money, Greed, and God [Dinero, codicia y Dios], pág. 110.

del desarrollo económico y de una economía esencialmente de libre mercado (ver también), que lo que da con la mano derecha lo quita con la izquierda. Después de una breve afirmación de los beneficios de esta frase (págs. 135-138), dedica 40 páginas (págs. 138-179) a describir con gran detalle los daños que se derivan del crecimiento económico, del aumento de la prosperidad y de un sistema económico de libre mercado (lo que él llama una economía de mercado; ver págs. 138-139). Sider afirma: "Las economías de mercado en la actualidad también tienen debilidades fundamentales. Las injusticias son evidentes cuando se miden bajo criterios bíblicos". A continuación se describe 14 de estos puntos débiles:

1. Afirma que los pobres quedan en gran medida al margen del desarrollo económico porque "al menos una cuarta parte de la población mundial carece de capital para participar de forma significativa en la economía de mercado mundial" (pág. 138). Para solucionar este problema, aboga por la "redistribución" (pág. 138).

2. Afirma que es "muy preocupante" que "la brecha entre ricos y pobres esté aumentando de nuevo en los países muy ricos" (pág. 139). Aunque admite que "con el tiempo, y con medidas gubernamentales adecuadas, los pobres suelen beneficiarse" (pág. 139) del crecimiento económico de una nación (menciona a Corea del Sur, Taiwán, Singapur, Hong Kong, China, Indonesia, Malasia y Tailandia como naciones en las que los pobres "están mucho mejor económicamente" que antes, pág. 139), añade inmediatamente que "sin medidas correctas, los mercados mundiales actuales parecen crear peligrosos extremos injustos entre ricos y pobres [...] La riqueza centralizada equivale al poder concentrado. Y eso [...] es peligroso" (pág. 140).

3. Sider afirma que "el descenso cultural generalizado parece seguir a la expansión del mercado", incluido el "materialismo avasallador" y la "publicidad cada vez más seductora", especialmente en la televisión (pág. 140-141). Y este materialismo creciente "destruye las relaciones sociales" (pág. 142).

4. Como resultado del crecimiento económico y de la economía de mercado global, "nuestros ríos y lagos están contaminados, la capa de ozono está deteriorada y el calentamiento global ya ha comenzado [...] Las empresas rara vez contabilizan los costos de la contaminación en sus estados financieros [...] El mercado premia a los contaminadores que trasladan sus costos a los vecinos, a los que viven río abajo de donde vierten el agua contaminada en el río" (pág. 142).

5. El comercio internacional es en gran medida injusto debido a "los aranceles restrictivos y las cuotas de importación" que "mantienen fuera muchos de los bienes producidos en los países menos desarrollados" (pág. 144).

6. Muchas naciones pobres no pueden pagar sus deudas internacionales. Por ejemplo, en Tanzania, "el gobierno gastó $155 millones en 1993-1994 en el pago de la deuda. Esto fue más que el presupuesto combinado

para agua potable y salud" (pág. 147). Además, "los pagos de la deuda de las naciones pobres también han privado a los niños de la educación básica" (pág. 147).

7. Sider afirma que "la vida económica actual, especialmente en las sociedades industrializadas, está produciendo [..] una grave contaminación ambiental [...] Estamos destruyendo el aire, los bosques, las tierras y el agua tan rápidamente que nos enfrentamos a problemas muy graves" (pág. 149). El impacto medioambiental del desarrollo económico moderno incluye el calentamiento global (págs. 150-152), la destrucción de los mares (págs. 152-154), la deforestación (págs. 154-158) y la degradación de las tierras agrícolas (págs. 158-160).

8. Las naciones ricas consumen egoístamente los productos alimenticios que exportan las naciones pobres que realmente los necesitan (págs. 160-164). "Las naciones en desarrollo con un gran número de personas desnutridas e incluso hambrientas han exportado; sin embargo, cantidades sustanciales de alimentos a las naciones ricas" (pág. 160).

9. Las empresas multinacionales tienen demasiado poder y contribuyen a la corrupción en los países pobres (págs. 164-169).

10. En muchos países pobres existe una discriminación latente contra las mujeres (págs. 169-171).

11. En muchas naciones pobres persiste el racismo y la hostilidad étnica (págs. 171-172).

12. La guerra "es el resultado de una compleja red de males estructurales y ciertamente produce pobreza y muerte" (págs. 172-174).

13. El soborno es frecuente en los países pobres (pág. 175).

14. Estados Unidos ha apoyado a malos dictadores en el pasado (págs. 175-176).

La respuesta de Sider a todos estos males es decirles a los cristianos de los países ricos que "somos partícipes de estructuras que también contribuyen al sufrimiento y la muerte de millones de personas" (pág. 178). Sider cuenta cómo *United Brands*, una empresa estadounidense que importa fruta, pagó sobornos a funcionarios del gobierno de Honduras para que rebajaran un impuesto de exportación sobre sus plátanos (pág. 175). Sider concluye que "la historia de los plátanos muestra cómo todos nosotros estamos involucrados en estructuras económicas internacionales injustas" (pág. 177; Sider no menciona que ese pago de sobornos a funcionarios extranjeros es una transgresión de la ley estadounidense).

Concluye que debemos arrepentirnos de nuestra participación en estructuras económicas injustas (aparentemente el sistema de libre mercado, sobre el que lleva 40 páginas enumerando consecuencias nefastas). Él afirma

¿Cuál debe ser nuestra respuesta? Para los cristianos bíblicos, la única respuesta correcta al pecado es el arrepentimiento. Nos hemos enredado, hasta cierto punto inconscientemente, en una compleja red de pecado institucionalizado [...] El arrepentimiento bíblico implica la conversión. Implica un nuevo estilo de vida. Aquel que está dispuesto a perdonarnos por nuestra participación pecaminosa en la injusticia económica nos ofrece su gracia para empezar a vivir un nuevo estilo de vida generoso que empodere a los pobres y oprimidos [...] Si la palabra de Dios es cierta, entonces todos los que habitamos en naciones ricas naciones ricas estamos atrapados en el pecado. Nos hemos beneficiado de la injusticia sistemática [...] Nosotros somos culpables del pecado contra Dios y el prójimo (pág. 177).

El lector se queda con la clara impresión de que el aumento de la prosperidad económica y el sistema económico de libre mercado que lo produce son en su mayoría perjudiciales para los individuos y las naciones. Los que participan en estas cosas y se benefician de ellas necesitan arrepentirse.

b. Sider presenta de manera errónea el problema como desigualdad y no como pobreza: Sider afirma que la creciente "brecha entre los ricos y los pobres" es perjudicial porque "la riqueza centralizada equivale al poder concentrado" (págs. 139-140).

Sin embargo, Sider aparentemente no reconoce que cualquier acción *gubernamental* para quitar algo de riqueza a los que obtienen los ingresos más altos tendría como resultado más poder para el gobierno, que ya es el factor más poderoso en cualquier sociedad, mucho más poderoso que cualquier persona rica individual. Por lo tanto, cualquier aumento de los impuestos a los ricos con el fin de reducir su "poder concentrado" solo añadiría más poder al ya inmensamente concentrado del gobierno. Y aunque Sider deplora el "vasto poder político" de los ricos (pág. 140), no menciona que los donadores ricos, en general, dan casi la misma cantidad de apoyo a los demócratas que a los republicanos en Estados Unidos.

De hecho, a medida que las naciones individuales se desarrollan económicamente, y a medida que el desarrollo económico mundial avanza, la "brecha" entre ricos y pobres en términos de número absoluto de dólares *seguirá creciendo inevitablemente*, aunque los pobres seguirán siendo cada vez más prósperos. Lo que de hecho ha ocurrido en el último siglo, y lo que muy probablemente seguirá ocurriendo en el futuro, es que los pobres se harán más ricos y los ricos se harán más ricos a un ritmo aún más rápido.

Esto es simplemente una realidad matemática. Por ejemplo, si una economía crece un 20 por ciento en un año, un aumento del 20 por ciento para alguien que gana $500 000 va a ser necesariamente mayor en dólares que un aumento del 20 por ciento para alguien que gana $50 000 al año, y eso a su vez será mayor que un aumento del 20 por ciento para alguien con un trabajo a tiempo parcial que gana $5 000 al año. Pero todos estarán mejor, solo que la persona con mayores ingresos estará aún más adelantada. Esto ocurrirá año tras año, tanto si el crecimiento anual es del 2 por ciento, del 5 por ciento, del 10 por ciento o del 20 por ciento. La única manera de evitar esta "desigualdad" en perpetuo aumento es que el gobierno confisque por la fuerza la mayor parte de las ganancias obtenidas por un trabajador de ingresos altos. No obstante, eso concentra aún más poder en manos del gobierno, y elimina los incentivos para que los miembros más productivos de una sociedad sigan trabajando y produciendo, lo que dificulta el crecimiento económico.

Por lo tanto, el problema de los continuos ataques a la desigualdad es que, en realidad, tienen como resultado la obstaculización del crecimiento económico general y de la productividad, reduciendo así el crecimiento total del PBI. Lamentablemente, si el crecimiento del PBI se ve obstaculizado, esto afectará sin duda a los pobres y les dificultará, en lugar de ayudarles, a superar la pobreza[64].

c. Sider presenta de forma incorrecta el uso y aprovechamiento de los recursos de la Tierra como algo principalmente perjudicial: Sider sostiene que los recursos de la Tierra son tan limitados que debemos restringir su uso. Afirma que "Debido al consumo excesivo, un pequeño número de personas acomodadas agota los recursos limitados de la tierra mucho más que un número mucho mayor de personas pobres" (pág. 30). En otro lugar sostiene que "Los recursos de la Tierra son limitados" (pág. 240).

He argumentado extensamente en otro lugar que Dios nos ha dado una tierra con abundantes recursos naturales, y también nos ha dado el ingenio para utilizarlos sabiamente, de modo que tenemos suficientes recursos en términos de aire limpio, agua, bosques, carbón, petróleo y gas natural para durar muchos cientos de años[65].

Debido a que asume erróneamente la inminente escasez de recursos naturales, Sider se centra de manera incorrecta en cuánto *consumen* las naciones ricas y no en cuánto *producen*. Asegura que "los norteamericanos consumen mucha más energía al año por persona que los sudamericanos" (pág. 29; ver también las págs. 30-31). No obstante, Sider no menciona que los norteamericanos también producen mucha más energía al año por persona que los sudamericanos. América del sur también tiene vastos recursos de carbón, petróleo, gas natural y el potencial de producción de energía nuclear. Los norteamericanos no *roban* esos recursos a sudamérica, sino que los desarrollan a partir de los abundantes almacenes de suministros energéticos que Dios ha puesto en Norteamérica o los compran a otros países que quieren vender.

La crítica de Sider no es inofensiva. Cuando deplora el uso prudente de los recursos de la tierra y la gente le cree, esto obstaculiza el progreso económico humano y, por tanto, la ayuda a los pobres. También reduce la libertad humana.

Por ejemplo, Sider afirma que "Podemos organizar nuestras vidas de forma que sea más fácil y deseable caminar, ir en bicicleta, viajes compartidos y utilizar más el transporte público y usar menos los vehículos personales" (pág. 251). Pues bien, una vez probé esto. Durante algo más de un año, monté en bicicleta 30 minutos para dar clases en el seminario de Phoenix cuando estaba situado a solo seis millas de mi casa. Sin embargo, me di cuenta de que a menudo limitaba mi libertad para viajar desde el seminario a otras reuniones o citas que finalmente dejé la bicicleta y empecé a conducir. Ello utilizó más del ilimitado suministro de petróleo de la tierra, pero *también aumentó mi productividad* a largo plazo debido a una mayor libertad

---

[64] John M. Frame observa con precisión: "No tenemos un mandato bíblico, a mi parecer, de 'reducir la brecha entre ricos y pobres', como un fin en sí mismo. Sin embargo, sí tenemos el mandato de alimentar a los hambrientos". *The Doctrine of the Christian Life: A Theology of Lordship* [La Doctrina del conocimiento de Dios: Teología del señorío] (Phillipsburg, Nueva Jersery: P&R, 2008), 822n11

[65] Ver *Politics-According to the Bible: A Comprehensive Resource for Understanding Modern Political Issues in Light of Scripture* [La política según la Biblia: Un recurso completo para entender las cuestiones políticas modernas a la luz de las Escrituras] de Wayne Grudem (Grand Rapids, Michigan: Zondervan, 2010), págs. 320-361.

de horarios (El argumento de Sider para ir en bicicleta no son los beneficios para la salud física que se derivarían de ello, sino que se utilizarían menos recursos de la tierra. Ese es un argumento persuasivo solo si existe un peligro significativo de que se agote el suministro mundial de petróleo, lo que sencillamente no creo que sea el caso).

Sider nos anima a "comprar productos de papel reciclado" porque "ayudará a reducir la destrucción de las selvas tropicales en el extranjero" (pág. 253). Pero el papel que compro no procede de selvas tropicales de ultramar, sino de explotaciones forestales de Estados Unidos y Canadá, donde los árboles que se cosechan se sustituyen plantando nuevos árboles cada año. Y los productos de papel reciclado cuestan algo así como un 30% más (en el caso de los blocs de notas en Staples, por ejemplo). Así que me parece una sugerencia innecesaria y derrochadora (Sider tiene recomendaciones similares sobre la reducción del uso de recursos en las páginas 246-255).

d. Sider culpa de forma desproporcionada a las libres decisiones económicas de las naciones ricas y no responsabiliza debidamente a los gobernantes corruptos de las naciones pobres: En su extenso apartado de información sobre los efectos nocivos del aumento de la prosperidad y de la economía de libre mercado (págs. 138-179), Sider menciona de vez en cuando el daño que causan los líderes corruptos de las naciones pobres, pero atribuye la mayor parte de la culpa de estos abusos a las *naciones ricas* y no a los gobernantes corruptos de esos países pobres. De las 14 "debilidades" específicas de las economías de libre mercado que nombra Sider (ver la lista en el punto "a"), las siguientes son principalmente problemas que solo pueden resolverse mediante una reforma del gobierno dentro de la propia nación pobre (menciono aquí solo los puntos que entran en esa categoría): (1) Cuando los pobres quedan fuera de la participación en el sistema económico, las soluciones deben venir de los cambios en las leyes, las políticas y la corrupción del gobierno. (4) La contaminación debe ser regulada por leyes dentro del país. (6) La devolución de la deuda es necesaria solo porque el dinero que la nación pobre tomó prestado fue mal utilizado por los líderes corruptos y gran parte de él acabó en sus cuentas bancarias privadas. Ese dinero debe recuperarse para poder pagar las deudas. (7) La destrucción del medio ambiente solo puede ser controlada por leyes dentro de la nación pobre, al igual que las regulaciones anticontaminación han detenido la mayor parte de la contaminación dentro de casi todas las naciones ricas hoy en día. En cuanto (9) al excesivo poder ejercido por las corporaciones multinacionales, (10) la discriminación contra las mujeres, (11) el racismo, (12) la guerra, y (13) el soborno, estos también pueden ser detenidos solo por la reforma del gobierno dentro de la propia nación pobre (Sin embargo, muchas naciones ricas han prohibido, con razón, el pago de sobornos por parte de las empresas con sede en sus jurisdicciones).

3. Análisis erróneo de Sider sobre la solución a la pobreza de "generosidad". Al igual que Sider considera erróneo que el problema principal es la "acumulación" y no la pobreza, también considera erróneo que la solución principal es la "generosidad" y no que una nación pobre produzca más bienes y servicios.

a. Sider considera de manera errónea que la solución principal es la "generosidad" de los países ricos y no el aumento de la producción de los países pobres: Sider habla de la necesidad de "intentar repartir los recursos del mundo de forma más justa" (pág. 20) sin mencionar que muchos de los países más pobres de África, Asia y América Latina tienen inmensos recursos naturales. Sostiene que "hay suficiente comida para alimentar a todo el mundo si se reparte equitativamente" (pág. 35), sin mencionar que en todos o casi todos los países pobres del mundo hay tierra más que suficiente para producir alimentos adecuados, o para fabricar otros productos que puedan venderse para poder importar alimentos.

Ahora bien, si la única solución a largo plazo para la pobreza en las naciones pobres es que esas naciones empiecen a producir su propia prosperidad, entonces el énfasis de Sider incita de forma errónea a las naciones pobres a pensar que tienen que depender de una mayor generosidad de las naciones ricas para poder salir de la pobreza. Poner el énfasis principal en la necesidad de más generosidad por parte de las naciones ricas disminuye la atención que debería centrarse en la única solución real: corregir los gobiernos y las leyes corruptas, los sistemas económicos opresivos y los valores culturales perjudiciales que siguen atrapando a las naciones pobres en la pobreza[66].

b. Sider propone de manera errónea más control gubernamental en lugar de más libertad económica: Aunque hay abundantes pruebas económicas que indican que la *libertad económica*, y no el control gubernamental, es lo que conduce a una mayor prosperidad y a la superación de la pobreza en las naciones pobres,[67] Sider defiende con frecuencia políticas que aumentarían el control gubernamental y, por tanto, obstaculizarían la productividad económica en las naciones pobres. Afirma que "los cristianos deben insistir en la redistribución tanto a través de esfuerzos privados voluntarios como de programas gubernamentales eficaces" (pág. 230). También afirma que "solo si se produce la redistribución mediante medidas privadas y/o públicas, los más pobres obtendrán el capital necesario para ganarse la vida dignamente en el mercado global" (pág. 138). Aboga por mecanismos internacionales para la aplicación de normas laborales justas (págs. 243-244; dicha "aplicación" requeriría algún tipo de poder gubernamental internacional). Aboga por una mayor ayuda del exterior a las naciones pobres (pág. 32-34), pero como he argumentado anteriormente (ver pág. 977), esta ayuda exterior tiene múltiples efectos nocivos, pues afianza a los líderes corruptos en el poder, enriquece sus cuentas bancarias personales y a menudo fomenta la guerra civil para conseguir el control del tesoro del país (que supervisa la recepción y distribución de los pagos de la ayuda exterior).

---

[66] Ver las amplias pruebas de esta afirmación a lo largo de muchos capítulos en Grudem y Asmus, *The Poverty of Nations*.

[67] Por ejemplo, ver Terry Miller y Anthony B. Kim, 2016 *Index of Economic Freedom* [Índice de Libertad Económica] (Washington: Heritage Foundation, y Nueva York: Dow Jones Co., 2016).

c. Sider no enfatiza debidamente la necesidad de la sustitución de los gobernantes corruptos en los países pobres: Una y otra vez, Sider enfatiza en la necesidad de que las personas y las naciones ricas compartan más su riqueza con las naciones pobres (págs. 1-37, 41-63, 183-203), pero solo hace una mención muy ocasional y entre paréntesis a la causa principal de la pobreza en las naciones pobres: los gobernantes corruptos y las leyes y políticas económicas injustas son las que actualmente oprimen a los ciudadanos de todos los países pobres del mundo. Además, cuando Sider advierte del peligro de que los ricos tengan demasiado poder, no menciona el peligro mayor, el cual es la utilización del enorme poder que tienen los gobernantes de los países pobres para su beneficio personal.

Cuando menciona la maldad de los gobernantes en países extranjeros, los caracteriza como "élites adineradas" (pág. 224) o como malos dictadores, y luego centra la culpa no en esos gobernantes en sí mismos, sino en el apoyo que Estados Unidos supuestamente proporcionó para mantener a esos gobernantes en el poder (ver pág. 224).

d. Sider propone de manera errónea por más ayuda exterior gubernamental en lugar de menos ayuda: Sider propone por más ayuda exterior y argumenta que Estados Unidos es el menos generoso de los principales donadores occidentales a los países pobres (págs. 32-34), pero solo se basa en el porcentaje del PNB[68]dado en "ayuda oficial al desarrollo". En otras palabras, estos porcentajes son dados por los programas gubernamentales, y no menciona a las donaciones benéficas privadas de los EE.UU. como porcentaje del PBI que es muy alto comparado al de otros países desarrollados[69]. Y Sider también parece ignorar las extensas críticas sobre la ayuda extranjera "oficial" (es decir, gubernamental) por parte de expertos económicos que han documentado ampliamente sus fracasos y los daños que ha causado[70].

A diferencia del intento de Sider de caracterizar a los estadounidenses como tacaños, el *Almanac of American Philanthropy* informó que, entre 2011 y 2014 (datos disponibles de los años más recientes), *las donaciones de caridad privadas* de los individuos en Estados Unidos, como porcentaje del PBI de la nación, mostraban que "los estadounidenses son aproximadamente doblemente generosos en sus donaciones privadas que [...] los canadienses, y entre 3 a 15 veces más generosos que los residentes de otras naciones desarrolladas", como muestra el siguiente gráfico de ese informe[71]:

---

[68] El PNB (producto nacional bruto) es una medida económica similar (pero no igual) al PBI, pero es menos utilizada.

[69] Melanie Grayce West, "Charitable Giving in the U.S. Continues to Rise [Las donaciones de caridad en Estados Unidos siguen aumentando]", The Wall Street Journal, 16 de junio,

2015, http://www.wsj.com/articles/charitable-giving-in-u-s-continues-to-rise-1434427261.

[70] Ver la explicación de ayuda exterior anteriormente mencionada, pág. 977, Grudem y Asmus, The Poverty of Nations, págs. 65-75. También ver Moyo, Dead Aid [Ayuda muerta]; William Easterly, The *White Man's Burden: Why the West's Efforts to Aid the Rest Have Done So Much Ill and So Little Good* [La carga del hombre blanco: ¿Por qué los esfuerzos han hecho tanto daño y tan poco bien? (Nueva York: Penguin, 2006); Abhijit Vinayak Banerjee et al., Making Aid Work [Hacer que la ayuda funcione] (Cambridge, Massachusetts: The MIT Press, 2007).

[71] Karl Zinsmeister, *The Almanac of American Philanthropy* (Washington, DC: Philanthropy Roundtable, 2016), última página (las páginas en línea no están numeradas), http://www.philanthro-

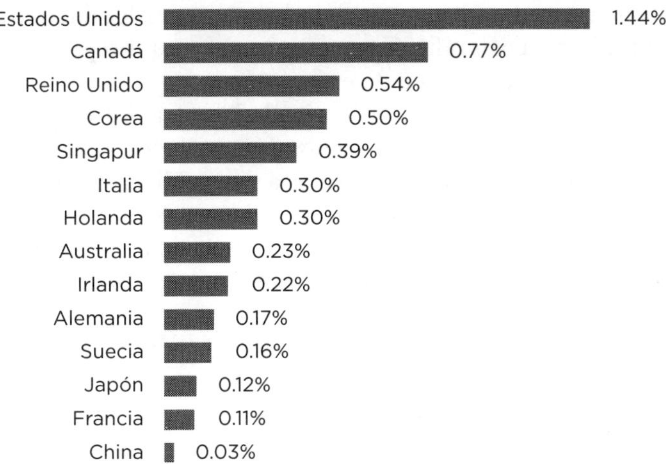

Gráfico 37.1. Donaciones de caridad por país (en porcentaje del producto bruto interno). (Fuente: Karl Zinsmeister, *The Almanac of American Philanthropy* [El Almanaque de la Filantropía Americana] [Washington: Philanthropy Roundtable, 2016]. Publicado con autorización).

Por supuesto, no todas las donaciones de caridad se destinan a los necesitados de los países pobres, pero si aislamos la parte de las donaciones de caridad personales que se destinan a ayudar a los pobres de otras naciones, Estados Unidos también da mucho más que cualquier otro país[72]:

Gráfico 37.2. Donaciones de caridad por país (donaciones privadas). (Fuente: Karl Zinsmeister, *The Almanac of American Philanthropy* [Washington: Philanthropy Roundtable, 2016]. Publicado con autorización)

El texto que acompaña a este gráfico explica las complejidades de la evaluación de las distintas fuentes de ayuda a los países pobres:

Los estadounidenses están mucho más dispuestos que otros pueblos a

---

pyroundtable.org/almanac/estadística/, cursiva original.

[72] *Ibid.* Para entender este gráfico es importante reconocer que el PBI de Estados Unidos es aproximadamente cuatro veces mayor que el PBI de Japón y aproximadamente seis veces mayor que el PBI del Reino Unido, y esto explica parte de la diferencia en las cantidades reales indicadas.

donar voluntariamente dinero para ayudar a los pobres y a los damnificados en tierras extranjeras. Los gráficos que se muestran aquí representan las donaciones de caridad privadas en diversas formas.

Por supuesto, además de la filantropía privada, hay otras formas en las que una nación puede ayudar a los países menos desarrollados: la ayuda oficial del gobierno, las remesas de los inmigrantes a sus familias, la inversión de las empresas privadas, etc [...] Si se suman todas estas fuentes de ayuda, Estados Unidos supera con creces a cualquier otra nación, enviando $365 000 millones al año al extranjero para los países en desarrollo.

A continuación, el informe explica también otras fuentes de ayuda para los países pobres:

Otra fuente muy importante de ayuda económica a los pobres de otros países, que hemos optado por no describir aquí pero que se ha calculado minuciosamente en el informe del Instituto Hudson del que se han extraído estos datos, son las remesas que envían a casa los inmigrantes estadounidenses procedentes de países pobres. Estas ascienden a más de cien mil millones de dólares cada año, y son más importantes para el bienestar familiar, la salud y la educación en muchos países subdesarrollados que la caridad privada o gubernamental.

Cualquiera que intente comprender los flujos financieros que ayudan a los pobres en el extranjero debe considerar también un último elemento: la inversión privada en los países en desarrollo. En 2014, más de $179 000 millones de capital estadounidense se destinaron a proyectos en naciones pobres, con aspiraciones de lucro. Este dinero que crea empleo y crecimiento es probablemente la forma más importante de todo el intercambio internacional[73].

Sider también insta a la condonación de la deuda externa que tienen las naciones pobres (págs. 147-149; también págs. 244-246), pero eso es simplemente más ayuda del exterior dada en un proceso de dos pasos: primero el préstamo, luego la condonación del mismo.

En resumen, Sider propone erróneamente una mayor generosidad por parte de las naciones ricas como la principal solución a la pobreza mundial. Si bien es cierto que una mayor generosidad ayudaría más a los casos de necesidad urgente, Sider no se centra en la única solución genuina a la pobreza en las naciones pobres, esto es, que las naciones pobres empiecen a producir más de su propia prosperidad[74].

4. Resultados perjudiciales del análisis de Sider.

a. Falsa culpa: El primer resultado perjudicial del análisis de Sider será un sentimiento de falsa culpa por parte de las personas de los países ricos que compran

---

[73] *Ibid,* penúltima página.

[74] Ver un extenso fundamento de esta afirmación en Grudem y Asmus, *The Poverty of Nations,* caps. 1- 4.

plátanos (ver pág. 177) o cualquier producto producido en los países pobres y llevado a los países ricos a través de los acuerdos comerciales internacionales. Aunque el llamado de Sider a una mayor generosidad y a compartir por parte de los cristianos ricos es recomendable y constituye un punto fuerte de su libro, la fuerza general de su argumento consiste en persuadir a los cristianos de los países ricos de que deben arrepentirse de su riqueza, vivir un estilo de vida mucho más sencillo y sentirse culpables por participar en los beneficios económicos de una mayor prosperidad. No encontré en todo el libro ninguna afirmación sobre la bondad del disfrute del uso de los recursos del mundo o del disfrute de los productos del desarrollo económico en los países ricos de hoy.

Pero si el énfasis general simplemente aumenta la culpa que sienten las personas ricas, incluso entre aquellos que ya son bastante generosos en dar su tiempo y dinero, y si este sentimiento de culpa es por cosas que no son en sí mismas moralmente malas o por cosas (como vivir en un país rico con un sistema de libre mercado) de las que la gente no es directamente responsable, entonces esto no es un resultado espiritual saludable.

b. Aumento de la hostilidad hacia el desarrollo económico: Otro resultado negativo del libro de Sider será un aumento neto de la hostilidad hacia el desarrollo económico en las naciones ricas y la hostilidad hacia cualquier sistema económico de libre mercado que haga posible el desarrollo. El libro de Sider aumentará la sospecha e incluso la hostilidad de la gente hacia las corporaciones, hacia el uso de los recursos de la tierra y hacia el crecimiento de la prosperidad económica en sí misma.

No obstante, si estas cosas son (como yo creo) básicamente buenas (aunque puedan utilizarse de forma maligna), el libro de Sider tendrá a largo plazo el resultado neto de obstaculizar el propio desarrollo económico que es la única solución genuina a la pobreza mundial.

Por lo tanto, me parece que, aunque el libro de Sider tendrá el efecto beneficioso de aumentar la generosidad de los cristianos ricos para satisfacer las necesidades urgentes a corto plazo de las personas en las naciones pobres, el efecto general del libro será obstaculizar la productividad económica y, por lo tanto, en última instancia, obstaculizar en lugar de ayudar a las personas en las naciones pobres que están tratando de salir de la pobreza[75].

---

[75] Una visión más equilibrada se encuentra en el libro de David Platt, *Radical: Taking Back Your Faith from the American Dream* [Radical: Volvamos a las raíces de la fe] (Colorado Springs: Multnomah, 2010). Desafía a los lectores a preguntarse si realmente están maximizando su impacto para el reino de Dios y advierte que las comodidades de una Norteamérica próspera pueden ensordecer nuestros oídos a las necesidades del mundo (ver pág. 64). Mi conclusión después de leer dos veces *Radical* es que es un libro muy bueno y muy necesario. Sin embargo, me sigo preguntando si Platt se olvidó del punto sobre el bien moral que supone el aumento de la prosperidad material, que creo que es el propósito de Dios, en términos económicos para todas las personas y todas las naciones de la tierra.

PREGUNTAS PARA PARA REFLEXIONAR

1. ¿Crees que toda desigualdad financiera es mala? En un mundo ideal, ¿crees que todos deberían tener la misma cantidad de dinero?
2. ¿Estás de acuerdo con Santiago cuando dice: "¿No ha elegido Dios a los pobres de este mundo, para que sean ricos en fe y herederos del reino que ha prometido a los que le aman?" (Santiago 2:5). ¿Has sido alguna vez "pobre en el mundo" y "rico en la fe" al mismo tiempo?
3. Si eres relativamente rico según los estándares del mundo, ¿estás consciente en tu propia vida sobre las tentaciones de actitudes incorrectas? Si eres relativamente pobre según los estándares del mundo, ¿eres consciente en tu propia vida de las tentaciones de actitudes erróneas?
4. ¿Has experimentado alguna vez lo que este capítulo llama "éxito logrado"? ¿Qué efecto tuvo en tu vida?
5. ¿Crees que tienes el mismo tipo de amor por los pobres que Jesús mostró en su ministerio terrenal?
6. ¿Cree usted que hay una cantidad de riqueza que es "demasiado" para un cristiano? ¿Cómo enfrentaría este asunto si de repente descubrieras un invento o diseñaras un sitio web que te hiciera ganar millones de dólares?
7. ¿Ha cambiado este capítulo su forma de pensar sobre las causas y soluciones de la pobreza en los países pobres?
8. ¿Ha creado alguna vez productos de valor que hayan contribuido al PBI de su país?
9. ¿Su actitud general hacia los negocios es de desconfianza o de aprecio? ¿Piensa usted bien de las personas de gran éxito en el mundo de los negocios?
10. ¿Qué rasgos de carácter cristiano (ver pág. 110) son especialmente útiles para que las personas piensen y actúen correctamente en cuestiones de pobreza y riqueza?

TÉRMINOS ESPECIALES

condonación de la deuda
café de comercio justo
producto bruto interno (PBI)
desigualdad
Ingresos per cápita
justicia social

BIBLIOGRAFÍA

Otros textos de ética relacionados

(ver datos bibliográficos completos, pág. 64)

Clark y Rakestraw, 2:339-80
Frame, 808-29
Gushee y Stassen, 359-75
Kaiser, 19 -30, 199-210
McQuilkin y Copan, 474 -79, 484-91
Rae, 332-33, 338-42

Otras obras

Alcorn, Randy. Money, *Possessions, and Eternity* [Dinero, posesiones y eternidad]. Carol Stream, Illinois: Tyndale, 2003.

Baker, David L. *Tight Fists or Open Hands? Wealth and Poverty in Old Testament Law* [¿Manos cerradas o manos abiertas? Riqueza y pobreza en la ley del Antiguo Testamento]. Grand Rapids: Eerdmans, 2009.

Banerjee, Abhijit Vinayak. *Making Aid Work* [Hacer que la ayuda funcione]. Cambridge, Massachuttes: The MIT Press, 2007.

Beisner, E.Calvin. *Prosperity and Poverty: The Compassionate Use of Resources in a World of Scarcity* [Prosperidad y pobreza: El uso compasivo de los recursos en un mundo de escasez]. 1988. Repr., Eugene, Oregón: Wipf & Stock, 2001.

Blomberg, Craig L. *Christians in an Age of Wealth: A Biblical Theology of Stewardship.* [Los cristianos en la era de la riqueza: Una teología bíblica de la mayordomía]. Biblical Theology for Life [Teología bíblica para la vida]. Grand Rapids, Michigan: Zondervan, 2013.

———. *Neither Poverty Nor Riches: A Biblical Theology of Material Possessions* [Ni pobreza ni riqueza: Una teología Bíblica de las posesiones materiales]. Grand Rapids, Michigan: Eerdmans, 1999.

Bradley, Anne, y Art Lindsley, eds. *For the Least of These: A Biblical Answer to Poverty* [Para los más pobres: Una respuesta bíblica a la pobreza]. Bloomington, Indiana: WestBow, 2014.

Brooks, Arthur C. *The Battle: How the Fight between Free Enterprise and Big Government Will Shape America's Future* [La batalla: cómo la lucha entre la libre empresa y el gran gobierno marcará el futuro de Estados Unidos]. New York: Basic Books, 2010.

Bunting, I. D. *"Pobreza".* En *New Dictionary of Christian Ethics and Pastoral Theology* [Diccionario de ética cristiana y teología pastoral, editado por David Atkinson y David H. Field, págs. 677-679. Leicester, Reino Unido: Inter-Varsity, y Downers Grove, Illinois: InterVarsity Press, 1995.

Chester, Tim. *Good News to the Poor: Social Involvement and the Gospel* [Buenas noticias para los pobres: la implicación social y el Evangelio]. Wheaton, Illinois: Crossway, 2013.

Corbett, Steve, y Brian Fikkert. *Helping without Hurting in Church Benevolence: A Practical Guide to Walking with Low-Income People* [Ayudar sin herir dentro de la benevolencia de la iglesia: Guía práctica para acompañar a las personas de bajos recursos]. Chicago: Moody, 2015.

———. *When Helping Hurts: How to Alleviate Poverty without Hurting the Poor [...] and Yourself* [Cuando ayudar duele: Cómo aliviar la pobreza sin perjudicar a los pobres... y a uno mismo]. Chicago: Moody, 2009.

DeYoung, Kevin y Greg Gilbert. *What Is the Mission of the Church? Making Sense of Social Justice, Shalom, and the Great Commission* [¿Cuál es la misión de la iglesia?: Entendiendo la justicia social, el Shalom, y la gran comisión] Wheaton, Illinois: Crossway, 2011.

Easterly, William. *The White Man's Burden: Why the West's Efforts to Aid the Rest Have Done So Much Ill and So Little Good* [La carga del hombre blanco: ¿por qué los esfuerzos han hecho tanto daño y tan poco bien? New York: Penguin, 2006.

Edwards, Jonathan. *"The Duty of Charity to the Poor"* ["El deber de caridad hacia los pobres"], en Works of Jonathan Edwards: Vol. 17, Sermons and Discourses [Obras de Jonathan Edwards: Vol. 17, Sermones y Discursos], 1730-1733, editado por Mark Valeri, págs. 369-405. New Haven, Connecticut: Yale University Press, 1999.

Fikkert, Brian, y Russell Mask. *From Dependence to Dignity: How to Alleviate Poverty through Church Centered Microfinance* [De la dependencia a la dignidad: Cómo aliviar la pobreza mediante la microfinanciación centrada en la iglesia]. Grand Rapids, Michigan: Zondervan, 2015.

Grudem, Wayne, y Barry Asmus. *The Poverty of Nations: A Sustainable Solution* [La pobreza de las naciones: Una solución sostenible]. Wheaton, Illinois: Crossway, 2013.

Hansen, Collin. *Blind Spots: Becoming a Courageous, Compassionate, and Commissioned Church* [Puntos ciegos: Convertirse en una iglesia valiente, compasiva y comisionada]. Cultural Renewal. Wheaton, Illinois: Crossway, 2015.

Haugen, Gary A., y Victor Boutros. *The Locust Effect: Why the End of Poverty Requires the End of Violence* [El efecto de la langosta: ¿Por qué el fin de la pobreza requiere el fin de la violencia?]. Oxford: Oxford University Press, 2014.

Henry, Carl F. H. *The Uneasy Conscience of Modern Fundamentalism* [La incómoda conciencia del fundamentalismo moderno]. Grand Rapids, Michigan: Eerdmans, 2003.

Hillyer, P. N. *"Mayordomía"*. En *New Dictionary of Christian Ethics and Pastoral Theology* [Nuevo diccionario de Ética Cristiana y Teología Pastoral], págs. 814-815.

Hubbard, R. Glenn, y William R. Duggan. *The Aid Trap: Hard Truths about Ending Poverty* [La trampa de la ayuda: duras verdades para acabar con la pobreza]. Nueva York: Columbia Business School Publishing, 2009.

Jones, David W. *Reforming the Morality of Usury: A Study of Differences That Separated the Protestant Reformers* [La reforma de la moral de la usura: Un estudio de las diferencias que separaron a los reformadores protestantes]. Dallas: University Press of America, 2004.

Jones, David W., y Russell S. Woodbridge. *Health, Wealth and Happiness: Has the Prosperity Gospel Overshadowed the Gospel of Christ?* [Salud, riqueza y felicidad: ¿Ha opacado el Evangelio de la Prosperidad al Evangelio de Cristo?] Grand Rapids, Michigan: Kregel, 2011.

Keller, Timothy. *Center Church: Doing Balanced, Gospel-Centered Ministry in Your City* [Iglesia centrada: Cómo ejercer un ministro equilibrado y centrado en el evangelio en la ciudad]. Grand Rapids, Michigan: Zondervan, 2012.

———. *Generous Justice: How God's Grace Makes Us Just* [Justicia generosa: Cómo la gracia de Dios nos hace justos]. New York: Dutton, 2010.

———. *Ministries of Mercy: The Call of the Jericho Road* [Ministerios de Misericordia: La llamada del camino de Jericó]. 3ª ed. Phillipsburg, Nueva Jersey: P&R, 2015.

Landes, David S. *The Wealth and Poverty of Nations: Why Some Are So Rich and Some So Poor* [La riqueza y la pobreza de las naciones: Por qué algunas son tan ricas y otras tan pobres]. Nueva York: W. W. Norton, 1999.

Litfin, Duane. *Word Versus Deed: Resetting the Scales to a Biblical Balance* [La palabra frente a los hechos: Reajustando la balanza a un equilibrio bíblico]. Wheaton, Illinois: Crossway, 2012.

Lupton, Robert D. *Toxic Charity: How Churches and Charities Hurt Those They Help* (And How to Reverse It) [Caridad tóxica: cómo las iglesias y las organizaciones benéficas perjudican a los que ayudan (y cómo revertirlo)]. Nueva York: HarperOne, 2011.

Mangalwadi, Vishal. *Truth and Transformation: A Manifesto for Ailing Nations* [Verdad y Transformación: Un manifesto para naciones enfermas]. Seattle: YWAM, 2009.

Maranz, David E. *African Friends and Money: Observations from Africa* [Amigos africanos y asuntos de dinero: Observaciones desde África]. 2nd ed. Dallas: SIL International, 2015.

McCloskey, Deirdre N. *Bourgeois Dignity: Why Economics Can't Explain the Modern World* [La dignidad burguesa: Por qué la economía no puede explicar el mundo moderno]. Chicago: University of Chicago Press, 2010.

McConnell, Mez y Mike McKinley. *Church in Hard Places: How the Local Church Brings Life to the Poor and Needy* [La iglesia en lugares difíciles: Cómo la iglesia local trae vida a los pobres y los necesitados]. 9Marks. Wheaton, Illinois: Crossway, 2016.

Middelmann, Udo W. *Christianity versus Fatalistic Religions in the War against Poverty* [El cristianismo frente a las religiones fatalistas en la guerra contra la pobreza]. Colorado Springs: Paternoster, 2007.

Miller, Darrow L., y Stan Guthrie. *Discipling Nations: The Power of Truth to Transform Cultures* [Discipulando Naciones: El poder de la verdad para transformar culturas]. 2nd ed. Seattle: YWAM, 2001.

Moore, Stephen. *Who's the Fairest of Them All? The Truth about Opportunity, Taxes, and Wealth in America* [¿Quién es el más justo de todos? La verdad sobre las oportunidades, los impuestos y la riqueza en Estados Unidos]. Nueva York, London: Encounter Books, 2012.

Moyo, Dambisa. *Dead Aid: Why Aid Is Not Working and How There Is a Better Way for Africa* [La ayuda muerta: Por qué la ayuda no funciona y cómo hay un camino mejor para África]. Nueva York: Farrar, Straus & Giroux, 2009.

Novak, Michael. *The Spirit of Democratic Capitalism* [El espíritu del capitalismo democrático]. Lanham, Maryland: Madison Books, 1991.

Nyquist, J. Paul. Is Justice Possible? *The Elusive Pursuit of What Is Right* [¿Es posible la justicia? La esquiva búsqueda de lo correcto]. Chicago: Moody, 2017.

Olasky, Marvin N. Compassionate Conservatism: What It Is, What It Does, and How It Can Transform America [El conservadurismo compasivo: Qué es, qué hace y cómo puede transformar América]. Nueva York: Free Press, 2000.

———. *The Tragedy of American Compassion* [La tragedia de la compasión americana]. Washington, DC: Regnery Gateway, 1995.

Platt, David. Counter Culture: Following Christ in an Anti-Christian Age [Contracultura: Siguiendo a Cristo en una era anticristiana]. 2ª ed. Carol Stream, Illinois: Tyndale, 2017.

———. *Radical: Taking Back Your Faith from the American Dream* [Radical: Volvamos a las raíces de la fe]. Colorado Springs: Multnomah, 2010.

Richards, Jay W. *Money, Greed, and God: Why Capitalism Is the Solution and Not the Problem* [Dinero, codicia y Dios. Por qué el capitalismo es la solución y no el problema]. Nueva York: HarperOne, 2009.

Ryken, Philip G., y Noah J. Toly. *What Is Mercy Ministry?* [¿Qué es el Ministerio de la Misericordia?] Fundamentos de la fe. Phillipsburg, Nueva Jersey: P&R, 2013.

Schneider, John R. *The Good of Affluence: Seeking God in a Culture of Wealth* [El bien de la abundancia: La búsqueda de Dios en una cultura de riqueza]. Grand Rapids, Michigan: Eerdmans, 2002.

Sider, Ronald J. *Rich Christians in an Age of Hunger: Moving from Affluence to Generosity* [Cristianos ricos en la era del hambre: Pasar de la abundancia a la generosidad]. 5th ed. Nashville: Thomas Nelson, 2005.

Smith, Warren Cole y John Stonestreet. *Restoring All Things: God's Audacious Plan to Change the World through Everyday People* [Restaurando todas las cosas: El audaz plan de Dios para cambiar el mundo a través de la gente común]. Grand Rapids, Michigan: Baker, 2015.

Stanley, Thomas J. y William D. Danko. *The Millionaire Next Door: The Surprising Secrets of America's Wealthy* [El millonario de la puerta de al lado: Los sorprendentes secretos de los millonarios estadounidenses]. Nueva York: Pocket Books, 1996.

Strom, Bruce D. *Gospel Justice: Joining Together to Provide Help and Hope for Those Oppressed by Legal Injustice* [Justicia evangélica: Uniéndose para ofrecer ayuda y esperanza a los oprimidos por la injusticia legal]. Chicago: Moody, 2013.

Wilkinson, Richard G. y Kate Pickett. *The Spirit Level: Why Greater Equality Makes Societies Stronger* [El nivel espiritual: Por qué mayor igualdad fortalece las sociedades]. Nueva York: Bloomsbury, 2011.

Winter, Bruce W. *Seek the Welfare of the City: Christians as Benefactors and Citizens* [Buscar el bienestar de la ciudad: Los cristianos como benefactores y ciudadanos]. Los cristianos del primer siglo en el mundo grecorromano. Grand Rapids, Michigan: Eerdmans, 1994.

PASAJE BÍBLICO PARA MEMORIZAR

1 Juan 3:17 Pero el que tiene bienes de este mundo y ve a su hermano tener necesidad, y cierra contra él su corazón, ¿cómo mora el amor de Dios en él?

HIMNO

"Si dejas tú que Dios te guie"

Si solo dejas que Dios te guíe,
y esperas en él en todos tus caminos,
Él te dará fuerza, pase lo que pase,
y te llevará a través de los días malos:
Quien confía en el amor inmutable de Dios
Construye sobre la roca que nada podrá mover.

¿De qué te servirán estas ansiosas preocupaciones,
estos lamentos y suspiros incesantes?
¿De qué pueden servir, si te lamentas
por cada momento oscuro que pasa?
Nuestra cruz y las pruebas no hacen más que presionar
más pesadas por nuestra amargura.

Solamente quédate quieto, y espera su tiempo libre
Con una alegre esperanza, con el corazón contento
Para tomar todas las cosas que tu Padre quiere
Y nos ha enviado el amor que todo lo merece;
No dudes de que nuestras necesidades más íntimas
son conocidas por aquel que nos eligió como suyos.

Todos son iguales ante el más alto;
Sabemos, es fácil para nuestro Dios,
levantarte aunque estés caído,
Para hacer al rico pobre y pequeño;
Aún así, él realiza verdaderas maravillas
que levanta y hace fracasar.

Canta, ora, y mantén sus caminos inquebrantables,
Realiza fielmente tu parte,
y confía en su palabra, aunque no la merezcas,
Encontrarás que es verdadera para ti;
Dios nunca ha abandonado en la necesidad
al alma que confía en él.

AUTOR: GEORG NEUMARK, 1641

Capítulo 38

MAYORDOMÍA DE LAS FINANZAS PERSONALES

¿Cuánto debemos dar de nuestros ingresos a la obra del Señor?

¿Qué bendiciones recibimos como resultado de dar generosamente?

¿Es correcto dejar herencia a nuestros hijos?

¿Cuánto debemos ahorrar para el futuro?

¿Cuánto debemos gastar en nosotros mismos?

¿Los juegos de azar son moralmente incorrectos?

Cuando un pastor predica un sermón sobre la "mayordomía", la mayoría de la gente supone que va a predicar sobre el dar y que les exhortará a dar más dinero para la obra de la iglesia. Estoy de acuerdo en que dar generosamente es una parte importante de la mayordomía con sabiduría, pero también incluye mucho más que dar.

En este capítulo, hablaremos de la mayordomía bajo tres categorías principales:

A. Dar con sabiduría: ¿cuánto debemos dar y dónde debemos darlo?

B. Ahorrar con sabiduría: ¿cuánto debemos ahorrar para el futuro y dónde debemos poner nuestros ahorros?

C. Gastar con sabiduría: ¿cuánto debemos gastar en nosotros mismos?

En el capítulo 34, cuando hablé sobre la propiedad privada, mencioné brevemente el concepto de mayordomía personal: si Dios nos confía la propiedad privada, espera que la utilicemos sabia y fielmente en su servicio. Este capítulo desarrolla esa idea de la mayordomía con mucho más detalle.

A. DAR CON SABIDURÍA

1. Tanto el Antiguo como el Nuevo Testamento enseñan que el pueblo de Dios debe dar parte de lo que gana. En el Antiguo Testamento, Dios requería que el pueblo de Israel diera un "diezmo" (es decir, una décima parte) de sus cosechas cada año:

> Indefectiblemente diezmarás todo el producto del grano que rindiere tu campo cada año. (Dt 14:22)

Se suponía que dicho diezmo se aplicaba también a los animales domésticos, pues leemos en Levítico:

> *El diezmo de tu grano, de tu vino y de tu aceite, y las primicias de tus manadas y de tus ganados, para que aprendas a temer a Jehová tu Dios todos los días.* (27:32; cf. Dt 14:23)

En esta ley el Señor reclamaba como propio el 10 por ciento de los productos agrícolas que proporcionaba a su pueblo. Esa cantidad no les pertenecía; era "santa para el Señor". Estos diezmos debían entregarse para el sostenimiento de los levitas, quienes atendían las necesidades del templo y del sistema de sacrificios (ver Nm 18:21-24; Dt 26:12-14; Neh 10:37-38; 13:5, 12), y también se utilizaban para mantener "al forastero, al huérfano y a la viuda" (Dt 26:13; ver también 14:28-29), es decir, a los pobres del pueblo de Israel, a los que no podían mantenerse por sí mismos. Además, parte del diezmo de cada persona se ofrecía en sacrificio y luego se comía en el viaje anual al templo de Dios, donde se hacían sacrificios adicionales (ver 14:22-26).

Algunos intérpretes han afirmado que las diferentes instrucciones sobre los diezmos en Levítico 27:30-32, Números 18:21-28 y Deuteronomio 12:5-19; 14:22 28; y 26:12-14 se refieren a diferentes diezmos con el resultado de que se esperaba que el pueblo de Israel diera quizás el 20 por ciento o incluso el 30 por ciento de sus ingresos en diezmos. Los eruditos evangélicos están divididos sobre esta cuestión[1].

Sin embargo, aunque no decidamos cuántos diezmos exigía Dios a los israelitas, está claro que Dios esperaba que dieran algo más que el 10 por ciento de sus ingresos, porque había otros numerosos sacrificios que les ordenaba (ver Levítico 1-7), así como "ofrendas voluntarias" que el pueblo hacía (ver Lv 22:18-23). Por lo tanto, podemos resumir con seguridad este material afirmando que el Señor esperaba que el pueblo de Israel diera "el 10 por ciento y algo más" de su crecimiento económico cada año.

En el Nuevo Testamento, no se exige ningún porcentaje específico de cuánto

---

[1] Para una visión general de estos temas, ver *Perspectives on Tithing: 4 Views* [Perspectivas sobre el diezmo: 4 puntos de vista], ed. David A. Croteau (Nashville: B&H Academic, 2011). Ver también las obras adicionales de Croteau en la bibliografía de este capítulo. En cuanto a la idea de que solo había un diezmo, ver J. A. Thompson, *Deuteronomy: An Introduction and Commentary* [Deuteronomio: Introducción y comentarios], Comentarios sobre el Antiguo Testamento de Tyndale (TOTC, por sus siglas en inglés) (Leicester, Reino Unido: Inter-Varsity, 1974), págs. 180-185.

deben dar los cristianos del nuevo pacto (las palabras de Jesús a los escribas y fariseos en Mt 23:23 y Lucas 11:42 se dirigían a las personas que aún vivían bajo la ley del antiguo pacto). Sin embargo, Pablo esperaba claramente que cada cristiano apartara algo para dar a las necesidades de los demás y a la obra del Señor:

> En cuanto a la ofrenda para los santos, haced vosotros también de la manera que ordené en las iglesias de Galacia. Cada primer día de la semana cada uno de vosotros *ponga aparte algo,* según haya prosperado, guardándolo, para que cuando yo llegue no se recojan entonces ofrendas (1 Co 16:1-2).

> Cada uno *dé* como propuso en su corazón: no con tristeza, ni por necesidad, porque Dios ama al dador alegre. (2 Co 9:7)

2. ¿Adónde deberían dar las personas? Ciertamente es correcto dar para la obra de la iglesia local y sus ministerios en general, ya que Pablo escribió a la iglesia de filipos que "la ayuda que me enviaron" era "ofrendas de delicioso perfume, sacrificios que agradan a Dios" (Fil 4:18 PDT). Sus dones ayudaban al ministerio de Pablo y daban como resultado "beneficios de Dios por ser generosos" (v. 17).

Además, Pablo animó directamente a dar para sostener a los que trabajan en el liderazgo y la enseñanza de la iglesia:

> Los ancianos que gobiernan bien, sean tenidos por dignos de doble honor, mayormente los que trabajan en predicar y enseñar. Pues la Escritura dice: No pondrás bozal al buey que trilla; y: Digno es el obrero de su salario. (1 Ti 5:17-18)

En otro lugar, les dijo a los cristianos de Corinto que debían "procurar abundar en ellos para edificación de la iglesia" (1 Co 14:12), y seguramente eso se aplica al hecho de dar con respecto a la ayuda que los cristianos hacen para apoyar el trabajo de la iglesia.

El patrón del Antiguo Testamento de dar los diezmos a los levitas que llevaban a cabo el ministerio del templo y el sistema de sacrificios (ver Nm 18:21-24; Dt 14:28-29; Neh 10:37-38; 13:5, 12) es un paralelismo del Antiguo Testamento hacia la idea de que parte de nuestras ofrendas que deben dirigirse a apoyar el ministerio de la iglesia local.

A veces la gente se pregunta si es correcto dar parte de su dinero para apoyar el trabajo de las *organizaciones paraeclesiásticas,* además de apoyar a sus iglesias locales. Tales organizaciones incluyen agencias misioneras; escuelas cristianas, universidades y seminarios; ministerios universitarios; las emisoras de radio y televisión cristianas y las editoriales, así como otros tipos de ministerios especializados. Ciertamente, también es correcto apoyar a estas organizaciones, ya que están haciendo avanzar la obra general del reino de Dios en todo el mundo y, aunque no formen parte de una iglesia o denominación local específica, son parte del cuerpo mundial de Cristo y, por lo tanto, merecen nuestro apoyo.

Otro énfasis significativo en las Escrituras es que debemos dar para *las necesidades de los pobres.* Esto es evidente en el Antiguo Testamento, donde algunos de los diezmos del pueblo de Israel debían darse al "extranjero, al huérfano y a la viuda" (Dt 14:29; 26:12-14). Esto también es evidente en otros pasajes del Antiguo Testamento que no mencionan explícitamente el "diezmo", sino que ordenan al pueblo de Israel dar generosamente a los necesitados (ver Dt 15:7-11; 24:19-22; Sal 41:1).

En el Nuevo Testamento, Pablo dedicó dos capítulos enteros (2 Corintios 8-9) a animar a la iglesia de Corinto a dar generosamente a las necesidades de los pobres de Jerusalén.

3. La confianza en Dios permite que las personas sean dadivosas. Cuando los cristianos de filipos enviaron ofrendas a Pablo, les escribió y les agradeció al decir: "estoy lleno, habiendo recibido de Epafrodito lo que enviasteis; olor fragante, sacrificio acepto, agradable a Dios" (Fil 4:18). Luego les aseguró que estas ofrendas eran "un sacrificio aceptable y agradable a Dios", y añadió esta promesa:

> *Mi Dios, pues, suplirá todo lo que os falta* conforme a sus riquezas en gloria
> en Cristo Jesús. (v. 19)

Habría sido natural que los cristianos de filipos pensaran: "Hemos enviado generosas ofrendas al apóstol Pablo, pero ahora ¿qué pasa con nuestras propias necesidades económicas? ¿Quién nos proveerá?". La respuesta de Pablo fue que Dios mismo proveería sus necesidades. Él "supliría *todas sus necesidades*". Podían sentirse libres de dar generosamente porque, si lo hacían, Dios también se ocuparía de ellos.

Pablo hizo una afirmación similar en 2 Corintios:

> Cada uno dé como propuso en su corazón: no con tristeza, ni por necesidad, porque Dios ama al dador alegre. Y poderoso es Dios para hacer que abunde en vosotros toda gracia, a fin de que, *teniendo siempre en todas las cosas todo lo suficiente*, abundéis para toda buena obra. (9:7-8)

Al igual que Pablo podía asegurar a los filipenses que Dios supliría sus necesidades, podía decir a los corintios que si daban alegremente a las necesidades de los cristianos pobres de Jerusalén, Dios haría que su "gracia" abundara para ellos y que tendrían "todo lo suficiente en todo momento". En otras palabras, podían confiar en que Dios se haría cargo de sus necesidades.

Estas declaraciones de Pablo hacen eco de un tema similar enseñado por Jesús:

> *Dad, y se os dará*; medida buena, apretada, remecida y rebosando darán en vuestro regazo; porque con la misma medida con que medís, os volverán a medir. (Lucas 6:38)

El Antiguo Testamento contiene varias promesas similares de que Dios supliría las necesidades de quienes dieran generosamente a él:

> Honra a Jehová con tus bienes,
> Y con las primicias de todos tus frutos;

> Y serán llenos tus graneros con abundancia,
> Y tus lagares rebosarán de mosto (Pr 3:9-10).

> Traed todos los diezmos al alfolí y haya alimento en mi casa; y probadme ahora en esto, dice Jehová de los ejércitos, si no os abriré las ventanas de los cielos, y derramaré sobre vosotros bendición hasta que sobreabunde. (Mal 3:10; ver también Hag 2:15-19)

Pero estos pasajes no deben ser malinterpretados. Nada en la Biblia enseña que debamos dar dinero *para ganar una relación correcdar geneta con Dios.* Eso se consigue solo por la fe (ver Ef 2:8-9). Pero después de que hayamos sido perdonados y hayamos entrado en una relación correcta con Dios a través de Cristo, entonces el dar generosamente será un resultado que fluye de nuestra confianza en Dios y del deseo de complacerlo en nuestra vida diaria.

4. Dios promete varias bendiciones para aquellos que son dadivosos. Cuando damos para apoyar la obra del Señor y para atender las necesidades de otros, Dios promete muchas bendiciones. Primero, Dios mismo se complacerá. Pablo dijo que las ofrendas que los filipenses le enviaban eran "una ofrenda fragante, un *sacrificio aceptable y agradable a Dios*" (Fil 4:18). Otro versículo que enfatiza esta idea dice simplemente: "Dios ama al dador alegre" (2 Co 9:7). Y el autor de Hebreos dice:

> Y de hacer bien y de la ayuda mutua no os olvidéis; porque de tales sacrificios se agrada Dios. (13:16)

Este versículo indica una analogía consciente con el sistema de sacrificios del Antiguo Testamento. Así como el Antiguo Testamento afirma que Dios se complacía cuando el pueblo de Israel ofrecía sus animales y cosechas como sacrificios en un altar físico, estos versículos del Nuevo Testamento ven nuestras ofrendas como "sacrificios" de otro tipo que son agradables a Dios. Por lo tanto, cuando ponemos dinero en el recipiente de la ofrenda, o emitimos un cheque para apoyar un determinado ministerio, o pasamos tiempo como voluntarios en un refugio para personas sin hogar, debemos recordar que Dios está observando nuestras acciones, y reconoce el sacrificio de tiempo o dinero que estamos haciendo, y se complace.

Una segunda bendición que resulta de nuestro generosidad es que Dios mismo proveerá para nuestras necesidades, como se explicó en el punto anterior (ver Lucas 6:38; Fil 4:17-19; 2 Co 9:7-8, 11, y pasajes similares del Antiguo Testamento como Pr 3:9 y Mal 3:10-11).

Una tercera bendición es que nuestra generosidad hará avanzar la obra del reino de Dios en la tierra. Cuando Pablo agradeció a los filipenses que le enviaran ofrendas, dijo: "No es que busque dádivas, sino que *busco fruto que abunde en vuestra cuenta*" (Fil 4:17). En otras palabras, las ofrendas de los filipenses permitieron a Pablo continuar su ministerio con mayor eficacia. Como resultado de su trabajo misionero, habría un mayor avance en la obra del reino de Dios, lo que Pablo llamó "fruto" en su trabajo. Y dijo que el fruto aumentaría "en vuestra cuenta", es decir, que las ofrendas de la iglesia de filipos aumentarían directamente el fructífero ministerio de Pablo para el reino, y Dios recordaría que las ofrendas de los filipenses fueron una parte crucial de ese aumento del ministerio.

De hecho, los que dan de manera más generosa a la obra del reino de Dios en la tierra verán resultados más abundantes, por esta razón Pablo escribe:

> Pero esto digo: El que siembra escasamente, también segará escasamente;
> y el que siembra generosamente, generosamente también segará (2 Co 9:6).

Además, Pablo parece indicar que cuando la gente da generosamente, Dios seguirá proveyendo sus necesidades de tal manera que podrán seguir dando generosamente en el futuro:

> Para que estéis enriquecidos en todo para toda liberalidad, la cual produce
> por medio de nosotros acción de gracias a Dios (2 Co 9:11).

Esto es similar a un versículo de Proverbios:

> Hay quienes reparten, y les es añadido más;
> Y hay quienes retienen más de lo que es justo, pero vienen a pobreza. (11:24)

Una cuarta bendición que deriva de nuestro dar es la alegría de poder ayudar directamente a los demás. El propio Jesús enseñó: "Más bienaventurado es dar que recibir" (Hechos 20:35). Pablo escribió que las ofrendas que los corintios enviaban a los cristianos pobres de Jerusalén eran un ministerio que estaba "supliendo las necesidades de los santos" (2 Co 9:12). De hecho, como resultado de la abundante generosidad observada en la iglesia primitiva de Jerusalén en Hechos 4, "no había ningún necesitado entre ellos", ya que las personas que vendían tierras o casas traían el producto "y lo ponían a los pies de los apóstoles; y se repartía a cada uno según su necesidad" (versículos 34-35).

Una quinta bendición que Dios promete a los que dan es el aumento de la recompensa celestial. Jesús enseñó esto:

> No os hagáis tesoros en la tierra, donde la polilla y el orín corrompen, y
> donde ladrones minan y hurtan; sino haceos tesoros en el cielo, donde ni la
> polilla ni el orín corrompen, y donde ladrones no minan ni hurtan. Porque
> donde esté vuestro tesoro, allí estará también vuestro corazón (Mt 6:19-21).

Pablo expresó una idea similar:

> Que hagan bien, que sean ricos en *buenas obras, dadivosos, generosos;*
> *atesorando para sí buen fundamento para lo por venir,* que echen mano de
> la vida eterna (1 Ti 6:18-19).

Sin embargo, estas bendiciones vendrán solo si nuestros corazones están bien ante Dios en nuestro dar. Si persistimos en conductas rebeldes y pecaminosas contra Dios en otras áreas de nuestras vidas, no debemos esperar estas bendiciones. Amós reprendió al pueblo de Israel "que oprimen a los pobres y maltratan a los necesitados," (Amós 4:1 DHH), a pesar de que eran personas que obedecían al mandato: "traed de mañana vuestros sacrificios, y vuestros diezmos cada tres días [...] pues que así lo queréis, hijos de Israel" (vv. 4-5).

5. El concepto erróneo del "Evangelio de la prosperidad". Algunos escritores y oradores cristianos han fomentado erróneamente el "evangelio de la prosperidad" (también llamado "teología de la prosperidad"), afirmando que la Biblia enseña que si el pueblo de Dios es fiel y da generosamente, entonces Dios recompensará su fe con riqueza material. En resumen, enseña en que si realmente confían en Dios, ¡se harán ricos! Esta enseñanza es ciertamente un error.

En el capítulo 34 respondí a esa postura (pág. 908), pero es oportuno volver a mencionarla en este capítulo. Aunque el Nuevo Testamento promete que Dios proveerá las *necesidades* de su pueblo (2 Co 9:8; Fil 4:19), no ofrece ninguna promesa de que Dios siempre hará ricos a los creyentes cuando confíen en él.

6. ¿Cómo debemos dar?

a. Con alegría: No es de extrañar que cuando damos de la manera que Dios quiere que lo hagamos, nuestro dar vaya acompañado de alegría, porque Jesús mismo enseñó que "es más dichoso dar que recibir" (Hechos 20:35). Esto es coherente con lo que dice Pablo:

> Cada uno dé como propuso en su corazón: no con tristeza, ni por necesidad, porque *Dios ama al dador alegre* (2 Co 9:7).

Esto nos da la oportunidad de considerar lo que hay en nuestros corazones cuando damos. ¿Estamos dando de mala gana, casi a regañadientes, simplemente porque sabemos que Dios lo demanda? Este no es el tipo de dar que Dios demanda, porque Pablo dice que se debe dar "no con tristeza, ni por necesidad". Sin embargo, si nos damos cuenta de que dar es un privilegio que Dios nos ha concedido, que nos permite, a través de nuestro dar, participar en el avance de su reino, que se complace con nuestras ofrendas, y que nuestras ofrendas son una forma de adoración, entonces dar debería traer alegría a nuestros corazones. Por eso "Dios ama al dador alegre".

b. Con regularidad: Aparentemente Pablo enseñó a todas sus iglesias a establecer un hábito regular de ofrendar, porque cuando escribió a Corinto sobre "la colecta para los santos", dijo que debían imitar lo que dijo a otras iglesias en Galacia:

> En cuanto a la ofrenda para los santos, haced vosotros también de la manera que ordené en las iglesias de Galacia. *Cada primer día de la semana* cada uno de vosotros ponga aparte algo, según haya prosperado, guardándolo, para que cuando yo llegue no se recojan entonces ofrendas (1 Co 16:1-2).

Muchos bancos modernos permiten a los clientes establecer pagos regulares para que se envíen automáticamente a donde deseen, y esto significa que los cristianos pueden establecer fácilmente un hábito regular de contribuciones a sus iglesias y a otras organizaciones de caridad. Con este método se pierde algo de participación personal en el proceso de dar cada semana o cada mes, pero se gana significativamente en la regularidad y predictibilidad del dar. Por supuesto, no todo nuestro dar debe hacerse de esta manera.

c. Con generosidad: Ver a continuación lo referente a dar generosamente, en la parte sobre cuánto debemos dar (pág. 1021).

d. Proporcionalmente: Los que ganan más pueden dar más, y Pablo dijo explícitamente que "cada uno de vosotros ponga aparte algo, según haya prosperado" (1 Co 16:2). Si Dios nos permite tener más ingresos, nuestro dar debería aumentar también.

Por otro lado, algunas personas no pueden dar mucho, y Pablo les asegura que Dios ve el deseo de su corazón de dar aunque solo puedan dar una pequeña cantidad:

> Porque si primero hay la voluntad dispuesta, *será acepta según lo que uno tiene*, no según lo que no tiene (2 Co 8:12).

e. Mientras hay vida: Hay varios ejemplos de personas adineradas que dejaron gran parte de su patrimonio a una fundación de caridad que continuó regalando su dinero muchos años después de su muerte, pero la fundación después comenzó a dar causas que el donante original nunca habría favorecido.

Por ejemplo, la Fundación Ford fue creada en 1936 por Henry Ford y su hijo Edsel Ford con la misión de que sus recursos se utilizaran "para fines científicos, educativos y de caridad, todo ello para el bienestar público"[2]. Henry Ford, en particular, era conocido por su actitud política conservadora. Sin embargo, tras el fallecimiento de ambos, el hijo de Edsel, Henry Ford II, tomó el relevo y la Fundación Ford se convirtió en uno de los principales financiadores de grupos políticamente liberales de todo el mundo, para causas como la "Justicia Reproductiva"[3]. Uno de los ejecutivos de la fundación, Anthony Romero, se convirtió en el director de *American Civil Liberties Union* [La Unión Americana de Libertades Civiles, ACLU por sus siglas en inglés] en 2001[4].

Otro ejemplo es la Fundación John D. y Catherine D. MacArthur. MacArthur era un conservador del libre mercado político. Después de que muriera de cáncer en 1978, los miembros del directorio comenzaron a destinar los fondos de la fundación a diversas causas políticamente liberales que él nunca hubiera apoyado, como el

---

[2] *"The Ford Foundation"* ["La Fundación Ford"], Discover the Networks, http:// www .discover the networks .org /fun der profile .asp?fn did = 5176.

[3] Joseph Smith, *"The Left Wing Money Machine"* ["La máquina del dinero de la izquierda"], American Thinker, 9 de agosto de 2012, http://www.americanthinker.com/articles/2012/08/the_leftwing_money_machine.html.

[4] "Anthony D. Romero es el nuevo director ejecutivo de la ACLU; el primer latino que encabeza el principal grupo de libertades civiles", American Civil Liberties Union, 1 de mayo de 2001,

https://www.aclu.org/news/anthony-d-romero-new-aclu-executive-director-first-latino-head-premier-civil-liberties-grup

Center for Reproductive Rights [Centro de derechos reproductivos] (que promueve el derecho al aborto) y *American Civil Liberties Union* [La Unión Estadounidense por las Libertades Civiles][5].

Con el fin de evitar este tipo de situaciones, los asesores financieros suelen recomendar que la gente intente donar todo el dinero que pueda antes de morir. De hecho, un asesor financiero cristiano utiliza este lema:

> Haz tu entrega mientras vives
> para que sepas a dónde va a parar[6].

No puedo decir que esto sea un requisito bíblico absoluto, porque no puedo señalar una enseñanza bíblica específica que apoye esta idea, excepto el principio general "Se requiere de los administradores, que cada uno sea hallado fiel" (1 Co 4:2). Sin embargo, parece un principio generalmente sabio, porque dejar nuestro dinero para que lo regalen otros que podrían no ejercer el mismo tipo de administración sabia que nosotros ejerceríamos, no parece ser un actuar como un mayordomo fiel.

7. ¿Cuánto debemos dar? Como expliqué anteriormente (ver pág. 1014), el Antiguo Testamento demandaba que los israelitas dieran un diezmo regular del 10 por ciento más una serie de otros sacrificios y ofrendas voluntarias. Así que la expectativa era por lo menos "10 por ciento y algo más".

En el Nuevo Testamento no se ordena a los cristianos de la nueva alianza que den el 10% de sus ingresos. Sin embargo, parece ciertamente una pauta sabia, un nivel de dar que es significativo y sin embargo no es excesivamente oneroso para la gente.

En la historia de la iglesia, hay miles de personas que han diezmado fielmente el 10 por ciento de sus ingresos a lo largo de su vida y que testifican que han visto innumerables ejemplos de la fidelidad de Dios en la provisión de sus necesidades y han experimentado el gozo de participar en el privilegio de dar a la obra del Señor regularmente a lo largo de su vida.

Uno de los primeros recuerdos de mi infancia es que recibía una asignación semanal de 50 centavos y que mis padres me enseñaron a poner cinco centavos en la ofrenda de la iglesia los domingos, lo que hacía fielmente, imitando el hábito de toda la vida de mi padre, que con frecuencia hablaba de diezmar regularmente desde el primer día que empezó a ganar dinero cuando era joven.

Margaret y yo llegamos al punto de poder dar más del 10% de nuestros ingresos, y desde hace muchos años decidimos qué porcentaje de nuestros ingresos al principio del año daremos a la obra del Señor. Después de eso, no considero que esa cantidad del dinero que gano sea "mía", sino que la considero del Señor.

Durante muchos años, cada vez que recibía por correo un cheque importante

---

5 Fundación John D. y Catherine T. MacArthur, Discover the Networks, http://www.discoverthenetworks.org/funderProfile.asp?fndid=5223.

6 Ron Blue, *Splitting Heirs: Giving Your Money and Things to Your Children without Ruining Their Lives* [Herencia dividida: Dar tu dinero y tus cosas a tus hijos sin arruinarles la vida] (Chicago: Northfield Publishing, 2004), pág. 99. Todo este libro está repleto de mucha sabiduría práctica, con base bíblica, sobre cómo asignar la distribución de los bienes propios después de la muerte.

por los derechos de autor de un libro (cuya cantidad es imposible de conocer de antemano), mi corazón no estaba en paz hasta que escribía un cheque por el porcentaje de ese pago que estábamos dando a la obra del Señor ese año, luego caminaba media cuadra desde mi casa y lo ponía en el buzón de salida. Hasta el día de hoy, cada vez que hago eso, este pasaje pasa por mi mente tan pronto como he dejado el cheque en el correo:

> Cuando acabes de diezmar todo el diezmo de tus frutos en el año tercero [...] Y dirás delante de Jehová tu Dios: "*He sacado lo consagrado de mi casa* [...]" (Dt 26:12-13)

Y hay alegría en mi corazón.

Varios versículos del Nuevo Testamento afirman que nuestro dar debe ser generoso:

> Que el que contribuya lo haga con *generosidad* (Ro 12:8).

> La idea es la siguiente: El que siembra escasamente, también segará escasamente; *y el que siembra generosamente, generosamente también segará.* (2 Co 9:6)

> Para que estéis *enriquecidos en todo para toda liberalidad*, la cual produce por medio de nosotros acción de gracias a Dios (2 Co 9:11).

> [Aquellos que son ricos] que hagan bien, *que sean ricos en buenas obras, dadivosos*, generosos (1 Ti 6:18; ver también Hechos 2:46; 10:2)

Varios versículos de la literatura de la sabiduría del Antiguo Testamento también elogian la generosidad del pueblo de Dios:

> El impío toma prestado, y no paga;
> Mas el justo *tiene misericordia*, y da (Sal 37:21; ver también v. 26).

> El hombre de bien *tiene misericordia*, y presta;
> Gobierna sus asuntos con juicio. (Sal 112:5).

> Peca el que menosprecia a su prójimo;
> Mas *el que tiene misericordia de los pobres es bienaventurado* (Pr 14:21).

> El que oprime al pobre afrenta a su Hacedor;
> Mas *el que tiene misericordia del pobre*, lo honra (Pr 14:31).

> A *Jehová presta el que da al pobre*,
> Y el bien que ha hecho, se lo volverá a pagar. (Pr 19:17).

Pero esos versículos sobre la generosidad no especifican ningún porcentaje concreto, y eso seguramente variará de una persona a otra y de una situación a otra. Esto nos lleva de nuevo al consejo de Pablo: "Cada uno debe dar como ha decidido en su corazón, no de mala gana o por obligación" (2 Co 9:7).

Por lo tanto, mi conclusión sobre cuánto debemos dar es que *el Nuevo Testamento no especifica ninguna cantidad determinada*, como el 10 por ciento, pero un diezmo ciertamente parece una pauta sabia, al menos cuando alguien está empezando a dar a la obra del Señor.

Por otra parte, no creo que el Nuevo Testamento exija que todos den todo lo que tienen, o que den hasta el punto de vivir cerca de la pobreza, pues la norma del Nuevo Testamento es la generosidad, no "dar hasta ser pobre".

Algunos pasajes enfatizan los beneficios de *manera sacrificada*. Este fue ciertamente el punto de la enseñanza de Jesús cuando vio a una viuda pobre que puso dos pequeñas monedas de cobre en el arca de ofrendas. Jesús dijo que "esta viuda pobre ha echado más que todos", porque la gente rica contribuía de su abundancia, "pero *ella de su pobreza* echó todo lo que tenía para vivir" (Lucas 21:1-4). Pablo también alabó el sacrificio de los cristianos de Macedonia, "pues en una dura prueba de aflicción, su abundancia de alegría y su *extrema pobreza* se han desbordado en una riqueza de generosidad por su parte" (2 Co 8:2). Agregó que incluso dieron "por encima de sus posibilidades, de su propia voluntad" (v. 3). Sin embargo, también debemos reconocer que estos pasajes fueron escritos con referencia a una viuda pobre y a cristianos muy pobres de Macedonia, personas para las que dar era realmente un sacrificio.

¿Deberían estos pasajes sobre el dar de manera sacrificial a las personas muy pobres aplicarse también a los cristianos ricos? Otras personas pueden diferir conmigo sobre esto, pero no creo que la Biblia requiera que los cristianos ricos den casi todos sus ingresos, hasta el punto de que estén dando "sacrificialmente" de una manera similar a la que dio con sacrificio la viuda pobre en Lucas 21 o de los macedonios extremadamente pobres. El consejo del Nuevo Testamento a los ricos no es que den "todo lo que tienen" (como la viuda pobre) o casi todo, sino que sean "ricos en buenas obras" y "generosos", según el mandato de Pablo para "los ricos de este tiempo":

> Que hagan bien, que *sean ricos en buenas obras, dadivosos, generosos;* atesorando para sí buen fundamento para lo por venir, que echen mano de la vida eterna. (1 Ti 6:18-19)

La posibilidad de disfrutar de los frutos de nuestro trabajo es un factor importante para motivar a la gente a trabajar duro en la creación de empresas o a esforzarse por sobresalir en profesiones muy especializadas, como el derecho o la medicina. Si les decimos que Dios espera que regalen casi todo lo que ganan, les quitaremos una motivación importante para trabajar, y creo que eso es contrario de lo que espera Dios, "que nos provee ricamente de todo para que lo disfrutemos" (1 Ti 6:17). En el caso de las personas ricas que ya están dando generosamente, quiero considerar la posibilidad de que el Espíritu Santo lleve a diferentes personas a diferentes conclusiones sobre el porcentaje real de sus activos que van a dar y el grado de sacrificio personal al que Dios les está llamando.

8. Dar al morir. Aunque ya he mencionado la conveniencia de dar la mayor parte de las contribuciones de caridad en vida (para saber a dónde van dirigidas), la mayoría de las personas seguirán teniendo algunos activos financieros cuando mueran. Por lo tanto, otra cuestión es cómo disponer sabiamente de los activos que le queden en el momento de su muerte.

a. El Antiguo Testamento consideró que dejar una herencia a la familia era una práctica normal: En el Antiguo Testamento, el Señor dio la siguiente ley a Moisés:

> Y a los hijos de Israel hablarás, diciendo: Cuando alguno muriere sin hijos, traspasaréis su herencia a su hija. Si no tuviere hija, daréis su herencia a sus hermanos; y si no tuviere hermanos, daréis su herencia a los hermanos de su padre. Y si su padre no tuviere hermanos, daréis su herencia a su pariente más cercano de su linaje, y de éste será; y para los hijos de Israel esto será por estatuto de derecho, como Jehová mandó a Moisés. (Nm 27:8-11)

Estos detalles de la ley garantizaban que la propiedad de una familia permaneciera dentro de ella en la medida de lo posible (y la conversación entre Dios y Abram en Gn 15:1-3 indica que esta costumbre de dejar la propiedad de uno a un heredero relacionado con su familia era anterior a la existencia de la nación de Israel).

b. El Antiguo Testamento consideraba que dejar una herencia a la familia era algo bueno: No hay ningún indicio en el Antiguo Testamento de que fuera moralmente malo dejar una herencia a los hijos. De hecho, tal práctica es vista de manera positiva:

> *El bueno dejará herederos a los hijos de sus hijos;*
> Pero la riqueza del pecador está guardada para el justo (Pr 13:22).

> La casa y las riquezas son herencia de los padres;
> Mas de Jehová la mujer prudente (Pr 19:14).

En cambio, si un hombre moría sin nada que dejar a sus herederos, se consideraba una tragedia:

> Hay un mal doloroso que he visto debajo del sol: las riquezas guardadas por sus dueños para su mal; las cuales se pierden en malas ocupaciones, y a los hijos que engendraron, nada les queda en la mano (Ec 5:13-14).

c. Los beneficios económicos y políticos en una familia por la herencia de propiedades a lo largo de las generaciones sucesivas: En la vida cotidiana suele ocurrir que las personas no mueren en la más absoluta pobreza, sino que siguen poseyendo algunos bienes cuando fallecen. Esto era cierto tanto en las sociedades antiguas como en las actuales. No es de extrañar, porque en el curso cotidiano de la vida, la gente suele acumular una casa y quizás alguna otra propiedad, como tierras, ganado, joyas o alguna cantidad de dinero. Pero luego mueren, dejando atrás alguna acumulación de riqueza.

A veces, los miembros de la siguiente generación despilfarran toda esa herencia, pero muy a menudo no lo gastan todo, sino que siguen acumulando más bienes a lo largo de su vida. Y así, en muchas naciones, se produce una acumulación gradual de más riqueza en las familias y en las naciones a lo largo de las sucesivas generaciones.

La pregunta es: *¿qué hay que hacer con esa riqueza a medida que se acumula?* Una posible solución es que el gobierno se quede con una parte o la totalidad de los bienes que tienen las personas cuando mueren (el llamado "impuestos de sucesiones"). Pero esto no está exento de consecuencias perjudiciales, porque el resultado es poner más poder en manos del gobierno, que ya es la fuerza más poderosa de cualquier sociedad. Además, esta política es contraria al principio básico de las Escrituras de que, en general, la mayoría de los bienes deben ser propiedad de los individuos en una sociedad, no del gobierno (ver la explicación en el capítulo 34, pág. 896).

Permitir que las familias conserven la propiedad que se transmite de una generación a otra evita la acumulación de más poder en manos del gobierno. Siempre y cuando la propiedad privada de la riqueza y la propiedad esté legalmente disponible para la gran mayoría de las personas en toda una sociedad (y no esté egoístamente confinada a unas pocas familias poderosas por leyes restrictivas y un gobierno corrupto en un país), entonces la herencia de una familia a través de las generaciones garantiza que habrá una propiedad privada generalizada en esa sociedad o nación. Esta es una condición necesaria para el crecimiento económico sostenido de cualquier nación[7].

d. En el Antiguo Testamento, los gobiernos no tenían derecho a tomar las propiedades de cada familia: Una narración dramática en la vida del rey Acab ilustró la maldad de un rey que pretendía apoderarse de una propiedad que no le pertenecía:

> Pasadas estas cosas, aconteció que Nabot de Jezreel tenía allí una viña junto al palacio de Acab rey de Samaria. Y Acab habló a Nabot, diciendo: Dame tu viña para un huerto de legumbres, porque está cercana a mi casa, y yo te daré por ella otra viña mejor que esta; o si mejor te pareciere, te pagaré su valor en dinero. Y Nabot respondió a Acab: Guárdeme Jehová de que yo te dé a ti la heredad de mis padres. (1 Reyes 21:1-3)

En la siguiente historia de Acab y su esposa, Jezabel, tramaron acusar falsamente a Nabot y luego hacerlo morir para que Acab pudiera apoderarse de la viña de Nabot (ver 1 Reyes 21:5-16). Sin embargo, Dios pronunció el juicio sobre Acab y Jezabel a través del profeta Elías (ver versículos 17-24).

Además, en la visión de Ezequiel de una futura restauración de Israel en la que reinarán las justas leyes de Dios, existe la siguiente consideración:

---

7 Ver explicación sobre la importancia económica de la propiedad privada en el libro de Wayne Grudem y Barry Asmus, *The Poverty of Nations: A Sustainable Solution* (Wheaton, Illinois: Crossway, 2013), págs. 141-154.

Y el príncipe no tomará nada de la herencia del pueblo, para no defraudarlos de su posesión; de lo que él posee dará herencia a sus hijos, a fin de que ninguno de mi pueblo sea echado de su posesión. (Ez 46:18)

e. El Nuevo Testamento contiene poca enseñanza explícita sobre la herencia monetaria: No hay declaraciones directas en el Nuevo Testamento que den instrucciones detalladas sobre los principios de Dios para la herencia. Sin embargo, como he sostenido anteriormente, el Nuevo Testamento da un apoyo significativo a la importancia de la propiedad privada (ver cap. 34, pág. 897) y a un papel del gobierno limitado a castigar el mal, recompensar y fomentar el bien, y mantener el orden (ver cap. 16, pág. 427). Estos principios apoyan indirectamente la idea de que es moralmente correcto que las personas puedan transmitir sus propiedades a sus herederos, o a quien deseen, cuando mueren, porque la propiedad sigue perteneciendo a ellos y no pertenece al gobierno o a la "sociedad", ni el gobierno tiene ningún derecho inherente a tomarla simplemente porque las personas mueren.

En el único pasaje en el que Jesús abordó la temática de la herencia, una persona de la multitud le pidió que resolviera una disputa familiar sobre lo que heredarían los distintos hermanos. Sin embargo, Jesús se negó a asumir el papel de repartidor de herencias terrenales, y en su lugar dirigió la atención de la gente hacia una mayor riqueza celestial:

Le dijo uno de la multitud: "Maestro, di a mi hermano que parta conmigo la herencia". Mas él le dijo: "Hombre, ¿quién me ha puesto sobre vosotros como juez o partidor?" Y les dijo: "Mirad, y guardaos de toda avaricia; porque *la vida del hombre no consiste en la abundancia de los bienes que posee*" (Lucas 12:13-15).

En los siguientes versículos, Jesús contó la parábola de un rico necio que murió repentinamente y tuvo que dar cuenta de sí mismo a Dios. Jesús concluyó:

Pero Dios le dijo: Necio, esta noche vienen a pedirte tu alma; y lo que has provisto, ¿de quién será? Así es el que hace para sí tesoro, y no es rico para con Dios. (Lucas 12:20-21)

Jesús también destacó la gran importancia de la herencia celestial:

Bienaventurados los mansos, porque *ellos recibirán* la tierra por heredad. (Mt 5:5)

Entonces el Rey dirá a los de su derecha: Venid, benditos de mi Padre, *heredad el reino* preparado para vosotros desde la fundación del mundo. (Mt 25:34)

Encontramos este mismo énfasis en las Epístolas del Nuevo Testamento:

[Mi oración es que] alumbrando los ojos de vuestro entendimiento, para que sepáis cuál es la esperanza a que él os ha llamado, y cuáles las riquezas de *la gloria de su herencia en los santos* (Ef 1:18).

[Esto es] sabiendo que del Señor *recibiréis la recompensa de la herencia*, porque a Cristo el Señor servís (Col 3:24).

Bendito el Dios y Padre de nuestro Señor Jesucristo, que según su grande misericordia nos hizo renacer para una esperanza viva, por la resurrección de Jesucristo de los muertos, para una *herencia* incorruptible, incontaminada e inmarcesible, reservada en los cielos para vosotros. (1 P 1:3-4).

Estos pasajes deberían animar a los cristianos a recordar que el legado espiritual que dejan a sus hijos y la relación con Jesucristo que transmiten a las generaciones siguientes, es un tesoro mucho mayor que cualquier riqueza terrenal.

Por otra parte, los pasajes del Antiguo Testamento citados anteriormente muestran la bondad moral de dejar una herencia a la familia, y por lo tanto parecen hablar de la situación humana en general, haciéndolos aplicables más allá del contexto específico de la nación de Israel en ese momento. Por lo tanto, considero que las leyes y los sistemas económicos que permiten a las personas dejar una herencia a sus familiares (o a otros si lo desean) siguen siendo adecuados.

f. Sabiduría práctica sobre la entrega de una herencia a los hijos: La conocida parábola del hijo pródigo muestra el error de dar una herencia a un joven demasiado pronto, ya que en la parábola "derrochó sus bienes en una vida imprudente" (Lucas 15:13).
Este es un ejemplo concreto de un principio general de los Proverbios.

Los bienes que se adquieren de prisa al principio,
No serán al final bendecidos. (Pr 20:21)

En un estudio clásico sobre las familias ricas de Estados Unidos, Thomas Stanley y William Danko incluyen muchas advertencias contra los padres ricos que dan a sus hijos demasiado y a un tiempo imprudente de modo que los hijos se convierten en "dependientes de papá". He aquí algunas de sus principales conclusiones:

En general, cuantos más dólares reciben los hijos adultos, menos acumulan, mientras que los que reciben menos dólares acumulan más[8].

Pagar una educación es el equivalente a enseñar a tus hijos a pescar [...] Por el contrario, ¿cuál es el efecto de los regalos en efectivo que se destinan intencionalmente al consumo y al sostenimiento de un determinado estilo de vida? Nos encontramos con que la entrega de tales regalos es el factor

---

[8] Thomas J. Stanley y William D. Danko, *The Millionaire Next Door: The Surprising Secrets of America's Wealthy* [El millonario de al lado: Los sorprendentes secretos de los ricos de Estados Unidos] (Nueva York: Pocket Books, 1996), pág. 143.

más significativo que explica la falta de productividad de los hijos adultos de los ricos [...] Los regalos en efectivo destinados al consumo merman la iniciativa y la productividad; además, se convierten en un hábito. Estos regalos deben prolongarse durante la mayor parte de la vida del receptor[9].

Si eres rico y quieres que tus hijos se conviertan en adultos felices e independientes, minimiza las discusiones y el comportamiento que se centran en el tema de recibir el dinero de otras personas[10].

En una categoría similar se encuentra una declaración del veterano psicólogo y defensor de la familia James Dobson, que señala que los grandes fondos fiduciarios suelen ser destructivos para quienes los heredan. En su libro *Solid Answers* [Respuestas sólidas], Dobson escribió:

En una palabra, estoy convencido de que es muy peligroso dar grandes cantidades de dinero a niños que no se lo han ganado. Un estudio sociológico publicado hace algún tiempo, titulado *Rich Kids* [Niños ricos], validó las preocupaciones que he observado. Los autores de ese estudio concluyeron que los grandes fondos fiduciarios suelen ser destructivos para quienes los heredan. Los estudios de casos que citaban eran convincentes[11].

También he observado que no *hay nada* que divida más rápidamente a los hermanos que el dinero. Darles una gran herencia aumenta la probabilidad de tensiones y desavenencias en la familia. Sus hijos e hijas se pelearán por el control de sus negocios y se resentirán con los que sean designados como responsables. Algunos de ellos perderán la motivación para ser responsables y experimentarán diversas conductas adictivas, desde el juego de azar hasta el alcoholismo. Por supuesto, hay excepciones a estas consecuencias negativas, y algunas personas manejan la riqueza y el poder dignamente. Sin embargo, es una tarea difícil en el mejor de los casos y que requiere la mayor madurez y autocontrol[12].

g. ¿Cuánto deben dar las personas a sus herederos? Si partimos del principio de que la propiedad pertenece a los individuos, no al gobierno, entonces se deduce que los individuos deben tener el derecho de decidir cómo disponer de sus bienes cuando mueren. Aunque en las leyes del Antiguo Testamento para Israel había reglas específicas para la herencia familiar, tales leyes no se repiten ni se afirman

---

[9] *Ibid*, págs. 148-149. Sin embargo, Stanley y Danko añaden que destinar regalos que un niño utilizará para iniciar o mejorar un negocio no suele tener este efecto negativo, sino que es similar a pagar una educación.

[10] *Ibid*, pág. 195. Ver también el consejo complementario sobre este asunto en págs. 203-209.

[11] James Dobson, *Solid Answers: America's Foremost Family Counselor Responds to Tough Questions Facing Today's Families* [Respuestas sólidas: El principal consejero familiar de Estados Unidos responde a las difíciles cuestiones que se plantean a las familias de hoy en día] (Wheaton, Illinois: Tyndale, 1997), pág. 430, citando a John Sedgwick, *Rich Kids: America's Young Heirs and Heiresses, How They Love and Hate Their Money* [Niños ricos: Los jóvenes herederos de Estados Unidos, cómo aman y odian su dinero] (Nueva York: William Morrow and Co., 1985).

[12] *Ibid*, pág. 431.

en el Nuevo Testamento. E incluso en el Antiguo Testamento, una afirmación de los Proverbios que parece tener una aplicación más amplia habla de dejar una herencia no solo a los hijos, sino a los "hijos de los hijos" (Pr 13:22).

Mi conclusión para la época del Nuevo Testamento, las enseñanzas de la Biblia dan cierto respaldo a la idea de que dejar una herencia a los miembros de la familia es algo bueno, pero no es lo único bueno que podemos hacer con los recursos que tenemos al morir. Por ejemplo, otra cosa buena que podemos hacer con nuestros recursos es darlos a la obra del Señor o a los necesitados (ver explicación anterior).

El tema se convierte entonces en mayordomía con sabiduría de nuestras posesiones. Las leyes sobre la herencia varían de un país a otro. Sin embargo, en Estados Unidos y otros países en los que se permiten los testamentos, es simplemente una mayordomía insensata no tener un testamento o un documento de planificación patrimonial similar (como un fideicomiso) que especifique cómo se van a disponer los bienes de uno en el momento de su fallecimiento. Si una persona fallece sin testamento, el gobierno intervendrá y aplicará una fórmula para determinar la distribución de los bienes. Cuando eso ocurre, la persona que fallece no ha ejercido ningún tipo de mayordomía y ha dejado la decisión en manos de los mecanismos impersonales del gobierno.

Un testamento es especialmente importante para los padres que tienen hijos menores de 18 años, porque el testamento puede especificar a quién desean los padres dejar la custodia legal de sus hijos en caso de que fallezcan, pero si los padres mueren repentinamente sin un testamento, el estado decidirá quién tiene la custodia legal de los hijos (ver el cap. 24, pág. 628, para más información sobre la importancia de un testamento y otros documentos legales que entrarán en vigor al fallecer).

La mayoría de los cristianos, en el ejercicio de la sabiduría sobre la distribución de sus bienes después de la muerte, decidirán dar algún porcentaje o alguna cantidad específica a su iglesia y a otros ministerios diversos. Luego, darán el resto a sus hijos y a otros familiares y amigos.

Un asesor financiero cristiano muy popular, Ron Blue, sostiene que no hay ninguna razón convincente para que la gente tenga que dejar sus bienes a sus hijos en cantidades iguales[13]. Especialmente en los casos en los que algunos hijos están viviendo vidas imprudentemente irresponsables y destructivas, y otros están viviendo de manera que honran a Dios y promueven la obra de su reino, sería una sabia mayordomía dejar cantidades desiguales a los propios hijos.

Sin embargo, esta decisión también tiene un inconveniente importante. Si se excluye a un hijo del testamento de sus padres por completo (o en alguna medida significativa), esto puede dejar un legado de amargura y resentimiento hacia los padres que puede durar décadas más allá de la muerte de estos y puede convertirse en un obstáculo más que en un incentivo para que el hijo lleve una vida más responsable. En todo caso, la decisión de dejar cantidades desiguales a los hijos de uno no es una acción trivial, sino una de gran peso que tendrá consecuencias que durarán muchos años. Especialmente si la decisión está motivada por la ira o

---

[13] Ver especialmente Blue, *Splitting Heirs* [Distribución de los herederos], págs. 72-92.

el deseo de perjudicar al hijo desfavorecido después de que uno muera, la decisión a menudo traerá más resultados negativos y más deshonra para el reino de Dios.

B. AHORRAR CON SABIDURÍA

Hasta ahora hemos hablado de un uso sabio del dinero y las posesiones: *dar* con sabiduría. Sin embargo, *ahorrar* para el futuro es otro uso sabio del dinero que recibimos.

1. Es correcto ahorrar para cuando no podamos mantenernos a nosotros mismos. En las sociedades occidentales modernas, solo unas pocas personas siguen trabajando y obteniendo ingresos hasta el día de su muerte. Debido a la avanzada edad, la debilidad física, la enfermedad prolongada o la pérdida de un empleo, la mayoría de las personas experimentarán un momento en la vida en el que no podrán trabajar lo suficiente para satisfacer sus propias necesidades. Por lo tanto, es prudente ahorrar regularmente para ese momento, a fin de seguir viviendo "sin depender de nadie" (1 Ts 4:12). Si las personas deciden no ahorrar para ese momento futuro, básicamente están decidiendo imponer una carga a sus hijos o familiares, o a la sociedad, en el futuro. (No creo que sea una respuesta persuasiva que tales personas digan: "Confío en que Dios cuidará de mí", y luego se nieguen a ahorrar si pueden hacerlo, porque es probable que la forma en que Dios pretende cuidar de ellos en el futuro sea a través de su ahorro regular en el presente).

Algunas personas pueden refutar y decir que disfrutan de su trabajo y que seguirán trabajando siempre mientras vivan, pero no sabemos cuáles serán nuestras futuras capacidades físicas. Asumir que siempre seremos capaces de trabajar lo suficiente para mantenernos me parece que es poner a prueba a Dios, todo lo contrario a las palabras de Jesús en Mateo 4:7: "No tentarás al Señor tu Dios".

2. Es correcto ahorrar para hacer frente a emergencias imprevistas. Incluso antes de la vejez, a veces surgen emergencias imprevistas, como una enfermedad prolongada, una lesión grave, un robo o la pérdida repentina de la casa o el coche a causa de un desastre natural, un incendio o un accidente. O los gastos imprevistos pueden provenir de una demanda, de grandes gastos médicos repentinos para un hijo u otro miembro de la familia, o por otras razones. Es prudente que la gente acumule algunos ahorros para poder cubrir las necesidades que surjan en estas situaciones de emergencia. Santiago nos anima a comprender que no podemos conocer el futuro:

> ¡Vamos ahora! los que decís: Hoy y mañana iremos a tal ciudad, y estaremos allá un año, y traficaremos, y ganaremos; *cuando no sabéis lo que será mañana*. Porque ¿qué es vuestra vida? Ciertamente es neblina que se aparece por un poco de tiempo, y luego se desvanece. En lugar de lo cual deberíais decir: Si el Señor quiere, viviremos y haremos esto o aquello. (Santiago 4:13-15).

Por lo tanto, parece prudente que las personas empiecen a acumular ahorros de forma regular desde el momento en que empiezan a obtener ingresos. Si ahorran con prudencia, la cantidad que aparten aumentará gradualmente con el tiempo. (Ver más adelante la explicación sobre ahorrar demasiado o demasiado poco)

3. Es correcto ahorrar comprando un seguro de valor razonable. Adquirir una póliza de seguro para la salud, el carro o la casa, y la vida es una forma de ahorro. La idea de un fondo de seguros es que muchos cientos de personas pongan un poco de sus ahorros en un gran fondo, y aunque solo unos pocos saquen dinero de ese fondo, todos se benefician de la seguridad financiera que proporciona el fondo. Dado que no conocemos el futuro, y que el sufrimiento y el mal siguen existiendo en este mundo, parece que adquirir un seguro es otra forma sabia de protegerse contra gastos grandes o catastróficos en el futuro.

4. Es correcto ahorrar para comprar cosas que son más costosas de lo que podemos pagar en la actualidad. A veces un niño ahorra durante mucho tiempo para comprar una bicicleta o para ir a un campamento de verano. Del mismo modo, los adultos suelen ahorrar para poder comprar una casa, abrir un negocio, pagar los gastos de la universidad o la boda de sus hijos, o tal vez tomar unas vacaciones especiales. No creo que este tipo de ahorro constituya una violación del mandato de Jesús: "No os hagáis tesoros en la tierra" (Mt 6:19), siempre que la futura compra deseada sea en sí misma algo moralmente bueno. El pasaje de la Escritura que parece más aplicable a esta situación es este:

> Las riquezas de vanidad disminuirán;
> Pero *el que recoge con mano laboriosa* las aumenta (Pr 13:11).

5. Algunos tipos de ahorro benefician a otros. Hay algunos tipos de ahorro que, quizás sorprendentemente, permiten que nuestro dinero haga algún bien a otras personas incluso mientras lo estamos ahorrando para nuestro propio uso en el futuro.

Por ejemplo, si ponemos $1000 que hemos ahorrado en un *banco*, éste podrá prestar parte de ese dinero a otra persona que esté intentando crear un negocio o construir una casa. De este modo, no solo ahorramos para nosotros mismos, sino que también permitimos que nuestro dinero haga el bien a los demás.

Del mismo modo, si compramos un bono de un gobierno municipal o de una empresa privada, no solo obtenemos intereses por el bono, sino que también permitimos a la ciudad o a la empresa utilizar nuestro dinero para otros buenos proyectos. Y si ahorramos el dinero comprando acciones de una empresa, estamos invirtiendo en esa empresa y permitiéndole cumplir su propósito de producir bienes y dar trabajo a la gente.

6. Las tentaciones que surgen del ahorro. A medida que la gente acumula ahorros, el dinero que se ahorra puede ser una fuente de tentaciones y puede atar cada vez más sus corazones a las cosas terrenales en lugar de a Dios y a su vida en el cielo. Varios pasajes del Nuevo Testamento advierten de esta tentación:

No os hagáis tesoros en la tierra, donde la polilla y el orín corrompen, y donde ladrones minan y hurtan; *sino haceos tesoros en el cielo,* donde ni la polilla ni el orín corrompen, y donde ladrones no minan ni hurtan. *Porque donde esté vuestro tesoro, allí estará también vuestro corazón* (Mt 6:19-21).

Así que, teniendo sustento y abrigo, estemos contentos con esto. Porque *los que quieren enriquecerse caen en tentación* y lazo, y en muchas codicias necias y dañosas, que hunden a los hombres en destrucción y perdición; porque *raíz de todos los males es el amor al dinero,* el cual codiciando algunos, se extraviaron de la fe, y fueron traspasados de muchos dolores (1Ti 6:8-10).

Sean *vuestras costumbres sin avaricia,* contentos con lo que tenéis ahora; porque él dijo: "No te desampararé, ni te dejaré" (He 13:5).

El Antiguo Testamento también contiene advertencias contra el amor a las riquezas:

Cuídate de no olvidarte de Jehová tu Dios, para cumplir sus mandamientos, sus decretos y sus estatutos que yo te ordeno hoy; no suceda que comas y te sacies, y edifiques buenas casas en que habites, *y tus vacas y tus ovejas se aumenten,* y la plata y el oro se te multipliquen, y todo lo que tuvieres se aumente; *y se enorgullezca tu corazón,* y te olvides de Jehová tu Dios, que te sacó de tierra de Egipto, de casa de servidumbre; (Dt 8:11-14).

No confiéis en la violencia,
 Ni en la rapiña; no os envanezcáis;
Si se aumentan las riquezas, no pongáis el corazón en ellas (Sal 62:10).

El que ama el dinero, no se saciará de dinero; y el que ama el mucho tener, no sacará fruto. También esto es vanidad (Ec 5:10).

Estos pasajes no especifican ninguna cantidad de dinero que sea incorrecta para ahorrar o que ciertamente nos haga ceder a la tentación, pero proporcionan una fuerte advertencia contra el hecho de permitir que el amor al dinero capture nuestros corazones, algo que puede suceder si los ahorros de una persona son pequeños o grandes.

7. Es posible ahorrar mucho y es posible ahorrar poco. Los pasajes citados en el punto anterior muestran que las personas pueden preocuparse demasiado por ahorrar para el futuro y tener un miedo inapropiado. Esto les llevará a acumular grandes cantidades de ahorros y a confiar en sus riquezas en lugar de Dios.

También es posible ahorrar muy poco. Esto sucede si alguien actúa de forma insensata y no se prepara razonablemente para el futuro. A veces esto toma la forma de acumular una deuda cada vez mayor en lugar de ahorrar para el futuro, pero acumular deudas es, en cierto sentido, consumir la vida futura de uno antes de que esto ocurra. (Ver un análisis más detallado del endeudamiento en el capítulo 39).

Entonces, ¿cuánto debe ahorrar una persona? Al igual que con la pregunta de cuánto una persona debe dar, la respuesta variará ampliamente según la situación de cada persona en la vida, su capacidad de ingresos y los gastos razonablemente previstos[14]. Sin embargo, hay varios ministerios cristianos que ofrecen programas de asesoramiento financiero para ayudar a las personas y a las familias a tomar tales decisiones[15].

8. Somos responsables ante Dios de nuestras decisiones sobre el ahorro. Al igual que en nuestra explicación sobre el hecho de dar, la Biblia no nos dice que cantidad o que porcentaje de nuestros ingresos es el adecuado para ahorrar. Eso variará mucho de una persona a otra y de una situación a otra. Sin embargo, sigue siendo cierto que se nos confían nuestros bienes como mayordomos, y "se requiere de los administradores, que cada uno sea hallado fiel" (1 Co 4:2). Debemos dar cuenta de nuestra mayordomía a Dios:

> Porque es necesario que todos nosotros comparezcamos ante el tribunal de Cristo, para que cada uno reciba según lo que haya hecho mientras estaba en el cuerpo, sea bueno o sea malo (2 Co 5:10).

Por lo tanto, es importante que busquemos la sabiduría de Dios y confiemos en él para que nos dé sabiduría en nuestras decisiones sobre cuánto ahorrar. Esta promesa es ciertamente aplicable:

> Y si alguno de vosotros tiene falta de sabiduría, pídala a Dios, el cual da a todos abundantemente y sin reproche, y le será dada (Santiago 1:5).

9. Varias formas de ahorrar. Hay diferentes maneras de ahorrar dinero, todas ellas moralmente aceptables, al menos en cierta medida, y ninguna de ellas es moralmente incorrecta en sí misma. De hecho, la mayoría de los asesores de inversión enseñan que es prudente ahorrar de varias maneras diferentes, de modo que uno tenga ahorros "variados"[16], que probablemente incluyan las cuatro categorías siguientes.

a. Colchón (guardar el dinero en casa): La forma más sencilla de ahorrar dinero es "meterlo debajo del colchón" o acumularlo en algún otro lugar oculto en casa o en una caja de seguridad de un banco.

---

[14] Una pauta que mucha gente ha encontrado útil es "dar el 10%, ahorrar el 10% y vivir con el resto". Se trata de una fórmula fácil y sencilla, y para muchas personas serán cantidades razonables, al menos como orientación para empezar, mientras que en el futuro se pueden hacer ajustes según cambien las circunstancias.

[15] Estos son cuatro ministerios cristianos que ayudan a la gente con la planificación financiera: Crown Financial Ministries, fundado por el difunto Larry Burkett como *Christian Financial Concepts*: http://www.crown.org/; Master Your Money, fundado por Ron Blue: http://masteryourmoney.com/home.html; Managing God's Money: http://www.managinggodsmoney.com/; y Dave Ramsey: www.daveramsey.com. Todos ellos ofrecen sabios consejos a las personas que no tienen ahorros y se encuentran agobiadas por una gran cantidad de deudas. Ofrecen consejos prácticos sobre cómo salir de las deudas y empezar a ahorrar.

[16] La idea de un ahorro variado cuenta con cierto respaldo en Ec 11:2: "Da una parte a siete, o incluso a ocho, porque no sabes qué desastre puede ocurrir en la tierra."

La tasa de rendimiento de este tipo de ahorro es exactamente del 0%. Y el beneficio que obtienen los demás de este dinero que se oculta de forma privada es exactamente nulo. Esto es similar a la acción del siervo malvado que le dijo al amo: "Fui y escondí tu talento en la tierra" (Mt 25:25). Sin embargo, no hay nada intrínsecamente malo en ahorrar dinero de esta manera, y tiene la ventaja de mantener el dinero inmediatamente disponible. En los países en los que el sistema bancario es inestable o poco fiable, la gente también puede pensar que guardar el dinero en efectivo en un lugar oculto proporciona más seguridad.

Comprar y almacenar monedas de oro o plata (u otros metales preciosos) tiene el mismo efecto sobre los demás (no hay beneficio), y la tasa de rendimiento es incierta porque fluctúan los precios del oro y la plata. La ventaja es que las monedas o los metales conservan su valor incluso en el caso de una inflación desenfrenada o de alguna otra perturbación en los bancos o el sistema económico de un país.

b. Banco: Poner el dinero en un banco es otra posibilidad. La tasa de rendimiento depende del tipo de interés vigente, que históricamente ha oscilado en general entre el 2% y el 5% (pero recientemente ha estado mucho más cerca del 0%, lo que desgraciadamente desalienta el ahorro). El beneficio que se obtiene para los demás al ahorrar dinero de esta manera es importante, ya que el banco puede prestar el dinero a otras personas y, por tanto, aportar un beneficio adicional a la sociedad.

En la mayoría de los países modernos, el riesgo de almacenar dinero en un banco es muy pequeño, y los depósitos suelen estar garantizados hasta una determinada cantidad por el propio gobierno.

c. Bonos: Comprar un bono es esencialmente prestar dinero a una empresa o a una agencia gubernamental. Si compro un bono de $1 000 de la ciudad de Phoenix, Arizona, a un tipo de interés del 4 por ciento, la ciudad de Phoenix me promete que me pagará $40 al año (4 por ciento de interés), además de devolverme los $1 000 cuando termine el plazo del bono.

De este modo, el bono me proporciona una tasa de rendimiento estable, y el dinero puede ser útil para ayudar a la ciudad en sus actividades (como la construcción de una carretera o un puente). Además, el valor del propio bono podría aumentar si los tipos de interés de los bonos son más bajos en el futuro (por ejemplo, si la gente solo puede conseguir bonos que paguen el 3%, podría estar dispuesta a pagar más de $1 000 para comprar mi bono, que está obteniendo el 4%).

El riesgo es bastante pequeño, especialmente en países estables con un estado de derecho establecido. Si la empresa o la agencia gubernamental a la que se ha comprado el bono pierde dinero, aún tendrá que hacer la devolución de los $1 000 en la fecha especificada.

d. Acciones:

(1) ¿Qué son las acciones? Las acciones se diferencian de los bonos en que la compra de un bono es una forma de *prestar dinero a una compañía* (dinero que se recuperará), mientras que la compra de acciones es una forma de *comprar una parte de la propia compañía*. Si una compañía emite 1 millón de acciones y usted compra una acción, acaba de adquirir una millonésima parte de esa compañía. Si la compañía prospera, el valor de la compañía aumentará y sus acciones valdrán más. Si la empresa fracasa, es posible que sus acciones valgan poco o nada.

La tasa de rendimiento de la propiedad de acciones es muy imprevisible, al igual que el éxito o el fracaso de los negocios individuales. Sin embargo, a largo plazo (por ejemplo, durante 10 años o más) las acciones han mostrado históricamente una pauta de aumento constante del valor (aunque también con muchos periodos de baja). Durante esos 10 años que culminaron el 30 de septiembre de 2014, las acciones del *Standard & Poor's 500* (un índice bursátil que mide el rendimiento de las 500 mayores compañías de Estados Unidos) registraron una rentabilidad total anual media del 8.11%[17]. Según la estrategia de inversión de *Oppenheimer Asset Management* , que también utilizó las cifras del S&P 500, si se mantienen las acciones durante 20 años, el rendimiento medio máximo de un año es del 14.4%[18]. Durante todo el siglo XX, la bolsa de valores obtuvo un rendimiento medio anual del 10.4%. Según un asesor financiero, si se invirtieran $1 000 en 1900, esa inversión habría valido $19.8 millones en 1999[19].

No es de extrañar que, en general, las acciones aumenten de valor con el tiempo. Si pensamos en la época preindustrial en Estados Unidos (o en Europa Occidental, Japón o China), nos damos cuenta de que todos los países en desarrollo han pasado de *no tener casi compañías de valor* a tener muchos miles de compañías con fábricas, edificios de oficinas y redes de transporte y comunicación que tienen un *valor inmenso*. Durante un largo periodo de tiempo, el valor total de las compañías de cada nación tiende a aumentar y, por tanto, el valor de esas compañías (reflejado en el valor de sus acciones) también tiende a aumentar. Esto refleja el creciente progreso de la humanidad en el sometimiento de la tierra, tal y como Dios pretende que hagamos (ver Gn 1:28).

Invertir en acciones también aporta beneficios a otras personas, ya que proporciona a las compañías los recursos financieros que necesitan para construir sus negocios, ser productivas, proporcionar puestos de trabajo a las personas que trabajan para ellas y producir bienes y servicios para la gente de la sociedad. Por lo tanto, la compra de acciones de una compañía (siempre y cuando la compañía tenga éxito) aporta beneficios a otras personas, así como una cierta tasa de rendimiento para el propietario de las acciones.

La compra de acciones de una compañía no es una idea totalmente moderna. Incluso en el antiguo Imperio Romano, la gente compraba "acciones" de las compañías más grandes, y obtenía un retorno de su inversión si la compañía

---

[17] Thomas Kenny, *"Stocks vs. Bonds: The Long-Term Performance Data"* ["Acciones vs. Bonos: Los datos de rendimiento a largo plazo"], The Balance, 6 de noviembre de 2016, https://www.thebalance.com/stocks-vs-bonds-the long-term-performance-data-416861.

[18] Adam Shell, *"Holding Stocks for 20 Years Can Turn Bad Returns to Good"* ["Mantener las acciones durante 20 años puede convertir los malos rendimientos en buenos"], USA Today, 8 de junio de 2011, http://usatoday30.usatoday.com/money/perfi/stocks/011-06-08-stocks-long-term-investing_n.htm.

[19] Tom DeGrace, *"The Historical Rate of Return for the Stock Market Since 1900"* ["La tasa de rendimiento histórica de la Bolsa de valores desde 1900"], Stock Picks System, 30 de julio de 2014, http://www.stockpickssystem.com/historicalrate of-return/.

prosperaba[20].

(2) Riesgos en la compra de acciones: Pero el riesgo en la compra de acciones es mayor. Si compras una acción de $30 en una compañía que fracasa, tu acción de $30 puede valer solo tres centavos, con lo que habrás perdido toda tu inversión. Dado que el rendimiento a corto plazo de las acciones es imprevisible, muchos asesores financieros dirán que no es prudente invertir dinero en acciones si es probable que lo necesite en los próximos años. Invertir en la bolsa de valores es especialmente peligroso para las personas que tienen poca experiencia o conocimientos técnicos, y que invierten su dinero siguiendo un "consejo buenísimo" que les ha dicho un amigo o por algún instinto.

Sin embargo, no estoy de acuerdo con la gente que dice que invertir en acciones es un "juego de azar" (esta categorización conlleva la insinuación de que comprar cualquier acción es imprudente o incluso moralmente incorrecta). El riesgo de las acciones es mucho menor que el de los juegos de azar. Por ejemplo, la probabilidad de perder todo el dinero invertido en un billete de lotería suele ser superior al 99%. Se ha calculado que la probabilidad de obtener un billete de lotería ganador de un premio de lotería relativamente pequeño, como por ejemplo $5 000, es de una entre diez mil, es decir, del 0.01%[21]. En el caso de los grandes premios de lotería tiene menos posibilidades.

No obstante, la probabilidad de perder toda la inversión en un grupo de acciones ampliamente diversificado es muy inferior al 1%. El asesor financiero Robert Farrington, que ayuda a los adultos jóvenes a tomar decisiones de inversión, escribió: "En la peor de la bolsa de valores durante la Gran Depresión, la bolsa perdió el 89% de su valor. En la más reciente crisis de la bolsa de valores en 2008-2009, la bolsa perdió el 54% de su valor desde el máximo hasta el mínimo del mercado. Aunque ambas son caídas enormes, es importante recordar [...] en ambos casos, la bolsa de valores no llegó a $0, lo que significa que si se invirtiera en todo el mercado, no se perdería todo"[22].

Comprar un billete de lotería es claramente un juego. Comprar acciones no es apostar, sino poner dinero en una inversión que conlleva cierto grado de riesgo.

Una forma habitual de minimizar el riesgo y la preocupación diaria por la inversión en acciones es comprar lo que se llama un "fondo de índice", un fondo de acciones que incluye un poco de cada acción de un índice bursátil determinado. De este modo, si algunas acciones bajan, otras subirán. A lo largo del tiempo, estos fondos índice parecen haber proporcionado un rendimiento saludable.

Otro método que algunas personas utilizan para minimizar el riesgo y la

---

[20] Ver Jules Toutain, The Economic Life of the Ancient World [La vida económica del mundo antiguo] (Londres: Routledge & Kegan Paul, 1930), págs. 246-249.

[21] Courtney Taylor, "What Are the Odds of Winning the Lottery?" [¿Cuáles son las probabilidades de ganar la lotería?] ThoughtCo., 7 de junio de 2017, http:// statistics.about.com/od/Applications/a/What-Are-The Odds-Of-Winning-The-Lottery.htm.

[22] Robert P. Farrington, "You Won't Lose All Your Money Investing (If You Take This Advice)" ["No perderá todo su dinero invirtiendo (si sigue este consejo)"], The College Investor, 11 de julio de 2015, http://thecollegeinvestor.com/16569/you-wont-lose all-your-money-investing-if-you-take-this-advice/.

preocupación diaria por las acciones es pagar una comisión a una empresa de gestión de inversiones que decida por usted qué acciones y bonos comprar y vender. (Por ejemplo, una empresa podría cobrarle el 1% de sus ahorros al año a cambio de su buena gestión de los mismos) Muchas personas que trabajan en grandes empresas tienen cuentas de ahorro para la jubilación que son gestionadas por un departamento de pensiones de esa empresa, lo que es similar a confiar en otros profesionales para gestionar los propios ahorros.

Estas dos formas de minimizar el riesgo también nos protegen contra el peligro de pasar tanto tiempo "gestionando nuestras inversiones" que empiece a consumir nuestras vidas y nuestros corazones. Esto puede desviar nuestra atención del trabajo productivo o del ministerio, y alejar nuestro corazón de Dios.

(3) ¿Qué pasa con la "inversión ética? A veces los cristianos abogan por la "inversión ética", lo que significa invertir solo en empresas que fabrican productos a los que no se tiene ninguna objeción moral[23]. Por ejemplo, un fondo de acciones de "inversión ética" podría decidir no invertir en empresas dedicadas al rubro del tabaco debido a la preocupación por el daño causado por el consumo de cigarrillos.

En principio, no me opongo a que se invierta o no en empresas en función de las convicciones éticas personales de cada uno, pero los cristianos deberían examinar primero con cierto detalle la filosofía de cualquier fondo de las denominadas "inversiones éticas". Esto se debe a que para algunos de ellos, ser "ético" podría significar, por ejemplo, no invertir en empresas que tienen vínculos con productores de productos militares o que tienen vínculos con Israel, y muchos cristianos no desearían apoyar las restricciones a la inversión antimilitar y antiisraelí.

C. GASTAR CON SABIDURÍA

En las dos primeras secciones de este capítulo, hemos hablado de *dar y ahorrar* como dos formas sabias de utilizar el dinero. El tercer uso sabio es *gastar* el dinero.

1. Debemos gastar para proveernos de comida, ropa, refugio y otras cosas. Pablo les dijo a los cristianos de Tesalónica que "trabajar con vuestras manos de la manera que os hemos mandado, a fin de que os conduzcáis honradamente para con los de afuera, y no tengáis necesidad de nada" (1 Ts 4:11 12). Cuando las personas trabajan, perciben un salario, y de ese modo ganan dinero para gastar en las necesidades de su vida. Este es un proceso moralmente bueno, y está implícito en las instrucciones de Pablo de "no depender de nadie". También le dice a Timoteo que una persona debe "proveer para [...] mayormente para los de su casa" (1 Ti 5:8).

2. El gasto convierte el dinero en bienes y servicios que debemos usar y disfrutar con agradecimiento a Dios. Evidentemente, Jesús disfrutaba comiendo

---

[23] El Instituto de Inversión Bíblicamente Responsable (http://www.briinstitute.com/index.htm) es una organización que ofrece a los cristianos información sobre más de 2.000 empresas y si apoyan o promueven ciertos tipos de actividades que preocupan a muchos cristianos (como el aborto, la pornografía, la homosexualidad y el juego).

y bebiendo con sus amigos y otras personas, porque la gente lo acusaba de excesiva complacencia en estas cosas:

> Vino el Hijo del Hombre, que come y bebe, y dicen: He aquí un hombre *comilón*, y *bebedor* de vino, amigo de publicanos y de pecadores. Pero la sabiduría es justificada por sus hijos (Mt 11:19)[24].

Cuando Jesús dijo: "La sabiduría es justificada por sus hijos", aparentemente quiso decir que la sabiduría de su conducta era evidente por las buenas obras que hizo a lo largo de su ministerio terrenal, incluyendo sin duda el bien que hizo en la conversación con otros durante las comidas.

Pablo también se enfrentó a las críticas de personas que enseñaban un tipo de ascetismo excesivo, un rechazo a las bendiciones materiales como el matrimonio y la comida:

> Pero el Espíritu dice claramente que en los postreros tiempos algunos apostatarán de la fe, escuchando a espíritus engañadores y a *doctrinas de demonios*; por la hipocresía de mentirosos que, teniendo cauterizada la conciencia, *prohibirán casarse, y mandarán abstenerse de alimentos* que Dios creó para que con acción de gracias participasen de ellos los creyentes y los que han conocido la verdad. Porque todo lo que Dios creó es bueno, y nada es de desecharse, si se toma con acción de gracias; porque por la palabra de Dios y por la oración es santificado. (1 Ti 4:1-5)

Pablo subraya que Dios se complace cuando disfrutamos de los productos de la tierra que nos ha proporcionado, pues Dios *"nos da todas las cosas en abundancia para que las disfrutemos"* (1 Ti 6:17).

De hecho, un versículo del Eclesiastés dice que es Dios quien nos da el poder de disfrutar de nuestras riquezas y posesiones:

> Asimismo, a todo hombre a quien Dios da riquezas y bienes, y le da también facultad para que coma de ellas, y tome su parte, y goce de su trabajo, esto es don de Dios (Ec 5:19).

3. Es posible gastar demasiado y es posible gastar muy poco. Los que gastan demasiado se entregan a un gasto insensato y extravagante en sí mismos, mientras que dan relativamente poco a los demás y ahorran muy poco para el futuro. Este fue el caso del hijo pródigo de la parábola de Jesús, que "derrochó sus bienes en una vida imprudente" (Lucas 15:13).

Santiago también reprende a las personas ricas que se dedican a la autocomplacencia glotona:

---

[24] Aunque algunos enemigos acusaron a Jesús de ser un "borracho", se trataba sin duda de una acusación falsa. Que Jesús se emborrachara habría sido pecar contra las enseñanzas bíblicas (ver cap. 27, pág. 678).

Habéis vivido en deleites sobre la tierra, y sido disolutos; habéis engordado vuestros corazones como en día de matanza. (Santiago 5:5).

Por otro lado, es posible que la gente gaste muy poco en sí misma y en su familia. Las personas pueden volverse avaras, tacañas e incluso temerosas, tal vez acaparadores de su riqueza (ahorrando demasiado) o tal vez simplemente siendo codiciosas (dejando de dar para las necesidades de los demás). (El personaje de Ebenezer Scrooge en el cuento de Charles Dickens *A Christmas Carol* [Un cuento de Navidad] es un ejemplo clásico). Estas personas no utilizan los buenos recursos de la tierra con agradecimiento a Dios. No tienen poder para disfrutar de la riqueza y las posesiones que Dios les ha dado:

> Hay un mal que he visto bajo el sol, y que pesa sobre la humanidad: un hombre al que Dios le da riquezas, posesiones y honores, de modo que no le falta nada de todo lo que desea, pero *Dios no le da poder para disfrutar de ellos*, sino que un extraño disfruta de ellos. Esto es vanidad; es un mal grave (Ec 6:1-2; ver también 1 Ti 4:1-5, citado anteriormente)

4. ¿Cuánto se debe gastar? Al igual que con el dar y el ahorrar, la Biblia no establece un porcentaje o cantidad específica que debamos gastar en nosotros mismos o en nuestras familias. Pero una manera sencilla de abordar este tema es que una persona decida primero cuánto dar y cuánto ahorrar. Entonces, el resto se puede gastar con alegría y agradecimiento a Dios. Si una persona acaba gastando menos de lo previsto en un mes o un año, entonces el exceso puede destinarse a dar más o a más ahorros, o designarse para algún gasto futuro. Me parece que Dios nos da mucha libertad con respecto a cuánto damos, cuánto ahorramos y cuánto gastamos. Pero seguimos siendo responsables ante él de todas nuestras decisiones.

Por último, no es aconsejable gastar más de lo que se tiene y luego endeudarse. Este es un problema cada vez más grave en Estados Unidos y en otros países. En el capítulo 39, hablo sobre el tema de la deuda. La regla simple para no endeudarse es "Gastar menos de lo que se gana".

D. JUEGOS DE AZAR

No hay ningún versículo bíblico específico que prohíba directamente los juegos de azar[25]. Sin embargo, en la mayoría de los casos, los juegos de azar son un uso imprudente del dinero de una persona. Si la gente pone su esperanza de progreso económico en ganar la lotería en lugar de desarrollar habilidades de trabajo, trabajar duro y ahorrar dinero, están actuando de forma necia y experimentarán una pérdida económica, tal vez una pérdida significativa, como resultado. Además, existe el peligro de convertirse en adicto al juego, algo que le ocurre a un cierto

---

[25] Esta parte ha sido adaptada de mi libro *Politics—According to the Bible: A Comprehensive Resource for Understanding Modern Political Issues in Light of Scripture* [La política según la Biblia: Un recurso comprensivo para entender las cuestiones políticas modernas a la luz de las Escrituras] (Grand Rapids, Michigan: Zondervan, 2010), 550-51, con permiso de la editorial.

porcentaje de personas. Los adictos al juego pierden su juicio racional y acaban endeudados por miles de dólares, destruyendo su vida y la de los que le rodean durante años.

Por lo tanto, aunque no puedo encontrar una base bíblica para insistir rotundamente en que está mal participar en una rifa de caridad (entendiendo que esencialmente estás dando dinero a la caridad en lugar de darlo con la esperanza de ganar algo) o en una colecta de la oficina que está apostando en un evento deportivo (en la que podrías participar por el valor social de ser parte de una actividad de grupo en el lugar de trabajo), mi práctica personal durante muchos años ha sido evitar el juego (excepto para comprar un boleto de rifa ocasional para ayudar a una organización de caridad), y así evitar el gasto tonto y el peligro de adicción que puede venir con él.

Además, mi opinión es que los grandes establecimientos comerciales de juego, como los casinos y las loterías patrocinadas por el Estado, aportan mucho más daño a una sociedad que los beneficios que generan (como se explica más adelante). Por lo tanto, personalmente votaría en contra de permitir una lotería en un estado o de permitir que los casinos indios o los casinos comerciales funcionen en un estado. También he decidido personalmente evitar cualquier tipo de juego en un establecimiento comercial, porque no quiero dar un apoyo visible o dar legitimidad a algo que creo que es socialmente tan dañino.

Pero admito que se trata de un juicio basado en la observación de las consecuencias del juego, no de una situación que yo pondría en la categoría de un claro bien o mal moral (como lo haría con el aborto, por ejemplo, o el robo o la mentira).

Los defensores del juego de azar argumentan que aporta beneficios a la sociedad. Permite que la gente sea libre de disfrutar del valor del entretenimiento que supone gastar dinero en casinos, comprar billetes de lotería, apostar en carreras de caballos, etc. El juego de azar informal a través de rifas es también una forma popular de recaudar dinero para organizaciones de caridad cuando venden boletos para recaudar fondos para determinados eventos. Y los defensores del juegos de azar afirman que proporciona puestos de trabajo e ingresos fiscales a los estados en los que se permite el juegos de azar, y que estos ingresos fiscales suelen utilizarse para mejorar los sistemas educativos de esos estados.

Sin embargo, se pueden plantear serias objeciones sociales contra el juego, o al menos contra el juego comercial como negocio. Diversos estudios han demostrado que el juego comercial tiene efectos negativos en la sociedad, que deben considerarse seriamente.

En primer lugar, es socialmente perjudicial porque un gran porcentaje de jugadores procede de los segmentos más pobres de la población, que toman decisiones financieras imprudentes y se endeudan cada vez más. Según la Comisión Nacional del Impacto del Juego, en 1999, las personas con ingresos anuales inferiores a $10 000 gastaron casi tres veces más en juegos de azar que las que tenían ingresos superiores a $50 000[26]. Un estudio publicado en la revista *American Indian*

---

[26] Mark Lange, *"The Gambling Scam on America's Poor"* ["La estafa de los juegos de azar a los po-

Law Journal ha revelado que los crecientes ingresos de las tribus por el juego se traducen en una pobreza aún mayor. El estudio analizó dos docenas de tribus del noroeste del Pacífico entre 2000 y 2010. Durante ese tiempo, los casinos propiedad de esas tribus duplicaron su recaudación anual total en términos reales, hasta los $2 700 millones. Sin embargo, la tasa media de pobreza de las tribus aumentó del 25% al 29%[27].

En segundo lugar, como se ha señalado anteriormente, la existencia de negocios de apuestas lleva a algunos a convertirse en adictos al juego, destruyendo matrimonios, familias y cualquier esperanza de progreso profesional. De este modo, aumenta la descomposición de la sociedad. Según el *National Council on Problem Gambling* [Consejo Nacional sobre el Problema del Juego], la adicción al juego cuesta a la sociedad al menos $6 000 millones al año[28]. *The California Council on Problem Gambling* [El Consejo de California sobre Problemas de Juego] informa de que, según una Encuesta de Prevalencia de California de 2006, los jugadores problemáticos tienen entre tres y tres veces y media más probabilidades de ser arrestados o de pasar un tiempo en la cárcel, y tienen entre dos y siete veces más probabilidades de fumar, beber en exceso y consumir drogas ilegales que la población general[29].

En tercer lugar, los estudios han demostrado que en los lugares en los que se establecen los negocios de juego aumentan los índices de delincuencia. Un estudio, realizado por investigadores de la Universidad de Baylor, la Universidad de Georgia y la Universidad de Illinois, descubrió que el 8% de los delitos en los condados que tenían casinos eran atribuibles a la presencia de los mismos, lo que suponía un costo para los residentes de una media de $65 al año[30]. Otro estudio, realizado por investigadores de la Universidad de Maryland sobre los casinos indios, descubrió que los robos de vehículos, los hurtos y las quiebras aumentaban un 10% en las comunidades que permitían el juego[31].

---

bres de Estados Unidos"], The Christian Science Monitor, 2 de mayo de 2007, http://www.csmonitor.com/2007/0502/p09s01coop.html.

[27] *"Of Slots and Sloth: How Cash from Casinos Makes Native Americans Poorer"* ["De tragamonedas y pereza: cómo el dinero de los casinos empobrece a los nativos americanos"], The Economist, 15 de enero 2015, http://www.economist.com/news/united-states/21639547-how-cash-casinos-makes-native-americans -poorer-slots-and-sloth.

[28] *"Don't Let Betting on the Super Bowl Take Control: The National Council on Problem Gambling Offers Help and Hope to Gambling Addicts"* ["No deje que las apuestas en la Super Bowl tomen el control: El Consejo Nacional sobre Problemas de Juego ofrece ayuda y esperanza a los adictos al juego"], National Council on Problem Gambling, 31 de enero de 2013, http://www.ncpgambling.org/files/Press/Super%20Bwl%20XLVII%20Release%202013.pdf.

[29] *"Problem Gamblers: Impacts on the Community"* [Jugadores problemáticos: Impactos en la comunidad"], California Council on Problem Gambling, http://www.calpg.org/impacts-on-the-community/, citado en "2006 California Gambling Prevalence Study: Final Report" ["Estudio sobre la prevalencia del juego en California en 2006: Informe final"], agosto de 2006, http://www.calpg.org/wp-content/uploads/2012/06/2006-California-Prevalence -Study.pdf.

[30] Dylan Matthews, *"Studies: Casinos Bring Jobs, But Also Crime, Bankruptcy, and Even Suicide"* ["Estudios: Los casinos traen puestos de trabajo, pero también delincuencia, quiebras e incluso suicidios"]. Washington Post, 30 de octubre de 2012, https://www.washingtonpost.com/news/wonk/wp/2012/10/30/studies-casinos-bring-jobs-but-also-crime-bankruptcy-and-even-suicide/.

[31] Ibid.

Por último, aunque el juego proporcione algunos ingresos a los estados, lo hace esencialmente al funcionar como un fuerte "impuesto" sobre algunas de las personas más pobres del estado, las que menos pueden permitirse pagarlo pero que apuestan por una esperanza equivocada de ganar una gran cantidad de dinero. Según el *National Center for Policy Analysis* [Centro Nacional de Análisis Político], citando una investigación de la National Gambling Impact Study Commission de la Universidad de Duke, los hogares que ganan $10 000 gastan el doble en juegos de azar que los que ganan $90 000. Esto se traduce que los hogares con menos ingresos gastan alrededor del 10.8% de sus ingresos en juegos de azar, frente al 0.7% de los ingresos de los que más ganan[32]. Por lo tanto, el juego de azar es una forma socialmente indeseable de obtener ingresos para los gobiernos estatales.

Las loterías son muy tentadoras para los Estados porque se consideran una forma inofensiva de generar ingresos. Pero la publicidad de las loterías es muy engañosa, ya que no informan de manera justa y clara, en términos que la mayoría de los compradores puedan entender, de las muy pocas probabilidades de ganar la lotería.

PREGUNTAS PARA PARA REFLEXIONAR

1. ¿Le gusta dar dinero a su iglesia o a los ministerios cristianos, o lo hace más bien por obligación? ¿O ambas cosas?
2. ¿En qué medida la confianza en Dios de proveer tus necesidades influye en tu forma de dar?
3. Si sus ingresos anuales se duplicaran de repente, ¿qué porcentaje de sus ingresos cree que regalaría? ¿Dónde lo darías?
4. ¿Hay alguna bendición específica que haya llegado a su vida como resultado de dar generosamente en el pasado?
5. ¿Ha habido alguna vez en la que no ha dado una cantidad que pensaba que el Señor quería que diera, y luego sus circunstancias financieras se volvieron aún más difíciles?
6. ¿Qué porcentaje de sus ingresos gasta? ¿Qué porcentaje ahorra? ¿Qué porcentaje regala? ¿Le ha convencido este capítulo de que debe modificar la cantidad de dinero que destina a alguna de esas categorías?
7. Cuando piensa en sus necesidades financieras futuras, especialmente en el momento en que usted puede ser demasiado mayor para trabajar mucho, ¿diría usted que confía principalmente en el dinero que ha ahorrado o que ahorrará, sobre todo en el Señor, sobre todo en sus hijos, o alguna combinación de ellos?
8. ¿Qué rasgos de carácter cristiano (ver pág. 110) son más importantes para tomar decisiones sabias y tener actitudes correctas con respecto a la mayordomía personal?

---

[32] *"Taxing the Poor"* ["Impuestos a los pobres"], National Center for Policy Analysis, 22 de junio de 2007, http://www.ncpa.org/pub/st300 ?pg=5

TÉRMINOS ESPECIALES

Bonos
Inversión ética
Organización paraeclesiástica
Mayordomía
Acciones
Diezmo

BIBLIOGRAFÍA

Otros textos de ética relacionados

(ver datos bibliográficos completos, pág. 64)

Frame, 796-807
Geisler, 377
Kaiser, 43-55
McQuilkin y Copan, 471-479
Rae, 335-338

Otras obras

Alcorn, Randy C. Money, *Possessions, and Eternity* [Dinero, posesiones y eternidad]. Wheaton, Illinois: Tyndale, 2003.

Blomberg, Craig L. *Christians in an Age of Wealth: A Biblical Theology of Stewardship*. [Los cristianos en la era de la riqueza: Una teología bíblica de la mayordomía]. Biblical Theology for Life. Grand Rapids, Michigan: Zondervan, 2013.

Blue, Ron. *Splitting Heirs: Giving Your Money and Things to Your Children without Ruining Their Lives* [Herederos divididos: Dar su dinero y cosas a sus hijos sin arruinarles la vida]. Chicago: Northfield Publishing, 2004.

Blue, Ron y Jodie Berndt. *Generous Living: Finding Contentment through Giving* [La vida generosa: Encontrar la satisfacción a través de dar]. Grand Rapids, Michigan: Zondervan, 1997.

Burkett, Larry. *Debt-Free Living: Eliminating Debt in a New Economy* [Vivir sin deudas: Eliminar las deudas en una nueva economía]. Edición revisada y ampliada. Chicago: Moody, 2010.

———. *Your Finances in Changing Times* [Sus finanzas en tiempos de cambio]. La serie de conceptos financieros cristianos. Chicago: Moody, 1982.

Crosson, Russ, y Kelly Talamo. The Truth about Money Lies: Help for Making Wise Financial Decisions [La verdad sobre las mentiras del dinero: Ayuda para tomar decisiones financieras sabias]. Eugene, Orlando: Harvest House, 2012.

Croteau, David A. *"A Biblical and Theological Analysis of Tithing: Toward a Theology of Giving in the New Covenant Era"* ["Un análisis bíblico y teológico del diezmo: hacia una teología del dar en la era del nuevo pacto"]. Tesis doctoral,

Southeastern Baptist Theological Seminary, 2005.

———, ed. *Perspectives on Tithing: Four Views* [Perspectivas sobre el diezmo: Cuatro puntos de vista]. Nashville: B&H Academic, 2011.

———, *Tithing after the Cross: A Refutation of the Top Arguments for Tithing and New Paradigm for Giving* [El diezmo después de la cruz: Una refutación de los principales argumentos a favor del diezmo y un nuevo paradigma para dar]. Areópago Temas Críticos Cristianos 7. González, Florida: Energion, 2013.

———, *You Mean I Don't Have to Tithe? A Deconstruction of Tithing and a Reconstruction of Post-Tithe Giving* [¿Quiere decir que no tengo que diezmar? Una deconstrucción del diezmo y una reconstrucción de la donación posterior al diezmo]. McMaster Theological Studies. Eugene, OR: Pickwick, 2010. Dayton, Howard. Your Money: Frustration or Freedom? [Su dinero: ¿Frustración o libertad?] Wheaton, Illinois: Tyndale, 1979.

Getz, Gene A. *Rich in Every Way: Everything God Says about Money and Possessions* [Rico en todos los sentidos: Todo lo que Dios dice sobre el dinero y las posesiones]. West Monroe, Los Ángeles: Howard, 2004.

Green, David. *Giving It All Away [...] And Getting It All Back Again: The Way of Living Generously.* [Darlo todo [...] Y recuperarlo todo de nuevo: El camino de la vida generosa]. Grand Rapids, Michigan: Zondervan, 2017.

Hillyer, P. N. *"Stewardship"* ["Mayordomía"]. En New Dictionary of Christian Ethics and Pastoral Theology [Diccionario de Ética Cristiana y Teología Pastoral], editado por David J. Atkinson y David H. Field, 814-15. Leicester, Reino Unido: Inter-Varsity, y Downers Grove, Illinois: InterVarsity Press, 1995.

Ramsey, Dave. *The Total Money Makeover: A Proven Plan for Financial Fitness* [La transformación total de su dinero: Un plan efectivo para alcanzar bienestar económico]. Nashville: Thomas Nelson, 2003.

Schreiner, Thomas R. *"7 Reasons Christians Are Not Required to Tithe"* ["7 razones por las que los cristianos no están obligados a diezmar"]. The Gospel Coalition , 28 de marzo de 2017, https://www.thegospelcoalition.org/article/7-reasons-christians-not-required-to-tithe.

Stanley, Thomas J., y William D. Danko. *The Millionaire Next Door: The Surprising Secrets of America's Wealthy* [El millonario de la puerta de al lado: Los sorprendentes secretos de los ricos de Estados Unidos]. Nueva York: Pocket Books, 1996.

Storms, Sam. *Tough Topics: Biblical Answers to 25 Challenging Questions* [Temas complicados: Respuestas bíblicas a 25 preguntas desafiantes]. Wheaton, Illinois: Crossway, 2013.

Verbrugge, Verlyn D. *Paul & Money: A Biblical and Theological Analysis of the Apostle's Teachings and Practices* [Pablo y el dinero: Un análisis bíblico y teológico de las enseñanzas y prácticas del apóstol]. Grand Rapids, Michigan: Zondervan, 2015.

PASAJE BÍBLICO PARA MEMORIZAR

2 Corintios 9:6-8 "Pero esto digo: El que siembra escasamente, también segará escasamente; y el que siembra generosamente, generosamente también segará. Cada uno dé como propuso en su corazón: no con tristeza, ni por necesidad, porque Dios ama al dador alegre. Y poderoso es Dios para hacer que abunde en vosotros toda gracia, a fin de que, teniendo siempre en todas las cosas todo lo suficiente, abundéis para toda buena obra".

HIMNO

Que mi vida entera esté
Que mi vida entera esté
Consagrada a Ti, Señor;
Que a mis manos pueda guiar
El impulso de tu amor,
El impulso de tu amor.

Que mis pies tan solo en pos
De lo santo puedas ir;
Y que a Ti, Señor, mi voz
Se complazca en bendecir

Que mis labios, al hablar,
Hablen solo de tu amor;
Que mis bienes dedicar
Yo los quiera a Ti, Señor.

Que mi tiempo todo esté
Consagrado a tu loor;
Que mi mente y su poder
Sean usados en tu honor.
Toma, ¡oh Dios!, mi voluntad,
Y hazla tuya nada más;
Toma, sí, mi corazón
Y tu trono en él tendrás.
Y tu trono en él tendrás.

FRANCES R. HAVERGAL, 1836-1879

Capítulo 39

PRÉSTAMOS, CRÉDITOS Y EL PROBLEMA DE LA DEUDA

¿Por qué la capacidad que tienen los seres humanos de pedir prestado y de prestar es un buen don de Dios?

¿La Biblia nos enseña que cobrar intereses por un préstamo siempre será incorrecto?

¿Cuándo es correcto endeudarse y cuáles son sus peligros?

Si entendemos que el octavo mandamiento, "No robarás" (Ex 20:15), implica la necesidad de tener una mayordomía de forma sabia con todo lo que Dios nos confía, entonces es oportuno tratar la problemática de los préstamos y créditos en este capítulo. ¿Pueden los préstamos y los créditos formar parte de una mayordomía fiel?

Hoy en día, muchos cristianos utilizan tarjetas de crédito (y, por tanto, piden dinero prestado temporalmente a la compañía de tarjetas de crédito) o piden un préstamo para comprar un auto o una casa, o para iniciar un negocio. No obstante, ¿es esto incompatible con el mandamiento "No debáis a nadie nada" (Ro 13:8)?

Además, los cristianos suelen depositar dinero en cuentas bancarias (y ganan intereses por ello) o compran certificados de depósito o bonos (que ganan intereses de la empresa, organización o gobierno que vende el certificado de depósito o el bono). Pero entonces, a veces se preguntan sobre versículos como el Salmo 15:5, que dice que una persona justa "su dinero no dio a usura".

Por lo tanto, es importante entender las enseñanzas bíblicas sobre los préstamos, los créditos y la idea de la deuda en general.

A. EL PRÉSTAMO Y EL CRÉDITO SON ACTIVIDADES HUMANAS NOTABLEMENTE BENEFICIOSAS

1. El préstamo y el crédito a veces son vistos positivamente en las Escrituras. Si bien las Escrituras dan advertencias en contra de los tipos de préstamos y créditos perjudiciales (ver más adelante), no todos los préstamos y créditos están prohibidos, y a veces los préstamos y créditos son vistos positivamente. Por ejemplo, leemos en el Antiguo Testamento:

> Cuando entregares a tu prójimo alguna cosa prestada, no entrarás en su casa para tomarle prenda (Dt 24:10).

La frase "Cuando entregares a tu prójimo alguna cosa prestada" asumía que la gente se prestaba cosas y se pedía prestado. El proceso estaba regulado, pero no estaba prohibido.

De hecho, algunos versículos elogian a la persona que hace un préstamo:

> El hombre de bien tiene misericordia, y presta;
> Gobierna sus asuntos con juicio (Sal 112:5; ver también 2 reyes 4:3; Sal 37:26).

En el Nuevo Testamento, tanto en la parábola de los talentos como en la de las 10 minas, Jesús asume la rectitud moral de depositar dinero en un banco y recibir intereses por ello:

> Por tanto, debías haber dado mi dinero a los banqueros, y al venir yo, hubiera recibido lo que es mío con los *intereses* (Mt 25:27).

> ¿por qué, pues, no pusiste mi dinero en el banco, para que al volver yo, lo hubiera recibido con los *intereses*? (Lucas 19:23)[1]

Por lo tanto, las advertencias contra el uso indebido del préstamo y el crédito no deben hacernos pensar que estas acciones son malas en sí mismas. De hecho, al reflexionar, nos daremos cuenta de que son actividades humanas maravillosamente beneficiosas.

Aunque Romanos 13:8 dice: "No debáis a nadie nada, sino amaros unos a otros", no creo que esto prohíba todos los préstamos, y el análisis del contexto lo muestra claramente:

> Pagad a todos lo que *debéis*: al que *tributo*, tributo; al que *impuesto*, impuesto; al que respeto, *respeto*; al que honra, *honra*. No debáis a nadie nada, sino el amaros unos a otros; porque el que ama al prójimo, ha cumplido la ley (Ro 13:7-8).

---

[1] Alguien podría argumentar que solo se trata de una parábola, y que el siervo que enterró el dinero en la tierra caracteriza al "noble" (Lucas 19:12) como un "hombre severo"(vv. 21-22), sugiriendo que Jesús no pretende que aprobemos la evaluación positiva del noble de ganar intereses en el banco. Sin embargo, esta argumentación no es convincente porque (1) el noble de la parábola representa al propio Jesús, que nunca es injusto, y (2) el siervo perezoso probablemente ha juzgado mal el carácter del noble.

La idea de Pablo aquí es dirigir a los cristianos en Roma a pagar todo lo que se espera de ellos, incluyendo los impuestos, pero también el honor y el respeto. Esta enseñanza no prohíbe todos los préstamos, *siempre que la deuda se pague en el momento en que se promete.* La idea es que debemos pagar lo que debemos cuando debemos, y el mandamiento "No le debas a nadie nada" es simplemente un resumen de los versos anteriores y significa que debemos pagar nuestras deudas a su debido tiempo.

Por lo tanto, si tengo una hipoteca sobre mi casa, debo hacer los pagos cuando se "debe"; es decir, debo hacer los pagos a tiempo, como me he comprometido a hacerlo. En ese sentido de "deber", el mandato "Pagad a todos lo que debéis" significa devolver el préstamo en las fechas especificadas, incluso si esas fechas incluyen múltiples pagos a lo largo de muchos años. En ese sentido, no "debo" todo el saldo de la hipoteca al prestamista hasta la fecha que acordamos cuando contraté el préstamo. Por lo tanto, si realizo los pagos acordados a tiempo, estoy obedeciendo completamente lo que dice Romanos 13:8. No "debáis a nadie nada" porque no tengo pagos atrasados en mi hipoteca.

2. El préstamo y el crédito multiplican la utilidad de la riqueza de una sociedad. El proceso de préstamos y créditos multiplica la riqueza disponible en el mundo más veces de lo que es posible calcular.

He aquí una sencilla ilustración de este principio: mi biblioteca local puede tener un solo ejemplar de un libro de referencia, pero 300 personas pueden utilizarlo en un año, con lo que mi comunidad obtiene aproximadamente el mismo valor que 300 ejemplares de ese libro si cada persona tuviera que comprar uno.

Otro ejemplo: soy propietario de un auto en Arizona, pero gracias al proceso de préstamo y crédito, puedo viajar a cualquier ciudad de Estados Unidos (o a casi cualquier ciudad del mundo) y disponer de un auto de alquiler durante un día sin tener que poseer un auto en esa ciudad. Pues, la existencia del maravilloso mecanismo de préstamos y créditos me da aproximadamente tanto valor como poseer miles de autos, ¡uno en cada ciudad a la que quiera viajar por todo el mundo! Y lo mismo ocurre con todas las demás personas de la sociedad. Lo mismo ocurre con las habitaciones de hotel, los apartamentos, las cabañas en los lagos, los barcos, la ropa de gala para las bodas, los camiones y remolques para trasladar cosas, y miles de otros bienes que pueden alquilarse por un tiempo.

El mismo tipo de beneficios se produce al pedir y prestar dinero. Cuando pido dinero prestado para comprar una casa o abrir un negocio, disfruto de la utilidad de ese dinero (igual que disfruto de la utilidad de un auto alquilado) durante un periodo de tiempo sin tener que poseer realmente el dinero. Al igual que pago la tarifa por el auto de alquiler mientras lo uso, también pago la "renta" por el dinero mientras lo uso (este pago de renta se llama interés). Pedir prestado dinero y utilizarlo durante un tiempo es mucho más fácil que obtener yo mismo todo el dinero antes de poder utilizarlo.

El proceso de pedir y prestar dinero también significa que más personas pueden utilizar el dinero, al igual que más personas pueden utilizar un auto de alquiler. Por poner un ejemplo simplificado, digamos que un banquero tiene $90 000 en la caja fuerte de su banco que no le sirven a nadie; simplemente están ahí. No obstante, quieres comprar una casa de $100 000 y solo tienes $10 000. Te llevaría muchos años ahorrar $100 000 para comprar esa casa. Sin embargo, el banquero te presta los $90 000 y, de repente, ese dinero sirve para algo: te permite comprar la casa y vivir en ella. (Y le pagas al banquero un 6% de interés por el uso del dinero, es decir, $5 400 al año, lo que también hace feliz al banquero).

Sin embargo, la historia no termina ahí. Usted paga los $100 000 al albañil de la casa. Digamos que el albañil, a su vez, pone $80 000 de ese dinero en el mismo banco durante un tiempo. El banquero ve ahora que esos $80 000 están en la caja fuerte de su banco, sin hacer nada que merezca la pena, así que presta parte de ellos (digamos $70 000) a la persona B, que los utiliza para comprar una casa de $80 000. Una vez más, el constructor de esa casa vuelve a poner el mismo dinero en el mismo banco, digamos que $60 000 esta vez. Entonces, el banquero presta $50 000 de este dinero a la persona C, y para entonces el dinero antes "sin utilidad" que estaba en la caja fuerte del banco se ha utilizado tres veces para permitir que tres personas distintas compren casas. Y el proceso continúa con el ciclo. De este modo, el préstamo y el crédito multiplican la utilidad del dinero muchas veces (y es una tarea técnica para los economistas calcular cuántas veces se multiplica, dados los distintos tipos de interés y otros factores de la economía).

Este proceso no es solo "espejismo" sin ninguna realidad detrás. Realmente estás haciendo uso de los $90 000 y realmente estás viviendo en tu propia casa, al igual que realmente estás utilizando el auto de alquiler cuando visitas otra ciudad. La diferencia es que no puedes utilizar el auto de alquiler y devolverlo para que lo alquile otra persona al mismo tiempo, pero sí puedes hacerlo con el dinero.

Lo que es cierto para la compra de una casa también lo es para la creación de una empresa. Muy pocas personas disponen de suficiente dinero para comprar el equipo y los suministros necesarios para poner en marcha un nuevo negocio. Pero cuando la gente puede pedir un préstamo, puede poner en marcha su negocio y luego devolver los préstamos con el dinero que gana. Este tipo de préstamos para poner en marcha pequeños negocios ("microcréditos" para "microempresas") están empezando a tener un impacto asombroso entre los pobres de muchos países del mundo. A través del sorprendente proceso de pedir y prestar, la utilidad del dinero se multiplica, e incluso personas muy pobres son capaces de iniciar negocios rentables y salir de la pobreza.

La idea es que si no pudiéramos pedir y prestar dinero, sino que tuviéramos que trabajar solo con dinero en efectivo, el mundo tendría un nivel de vida mucho más bajo, no solo en las naciones más ricas, sino también en las más pobres. La existencia de préstamos y créditos significa que la cantidad total disponible de bienes y servicios en el mundo se ha multiplicado muchas veces.

De este modo, el préstamo y el crédito multiplican fenomenalmente el disfrute que Dios nos ha dado de la creación material, así como nuestro potencial para dar gracias a Dios por todas estas cosas y glorificarle mediante su uso.

3. Préstamo y crédito son actividades exclusivamente humanas que dan la oportunidad de imitar a Dios de una manera que el resto de la creación no

puede hacer. Cuando reflexionamos sobre lo que es realmente préstamo y crédito, nos damos cuenta de que este proceso es otro maravilloso regalo que Dios nos ha dado como seres humanos. Es otra actividad que es única entre los seres humanos, ya que los animales no piden prestado, ni prestan, ni pagan intereses, ni siquiera podrían entender el proceso.

¿Qué es préstamo y qué es crédito? Un poco de reflexión mostrará que no son actividades del todo sencillas, sino que pueden darse con gran variación en detalles concretos. En sí mismo, *el préstamo es la transferencia temporal del uso de un bien, pero no de la propiedad, a otra persona.* Este maravilloso proceso ofrece al prestamista una infinita variedad de opciones entre quedarse con un bien o regalarlo:

1. Control: puedo prestarte mi auto y acompañarte mientras haces tus diligencias, o prestártelo con la condición de que no lo conduzcas hacia otro estado, o prestártelo sin restricciones.
2. Duración: puedo prestarte mi auto durante una hora, un día, una semana o un año.
3. Cantidad: puedo prestarte un objeto pequeño (como mi navaja) o uno grande (como mi auto o mi casa), y hay todo tipo de opciones intermedias.
4. Riesgo: hay un riesgo muy pequeño en prestarle a mi mujer las llaves de mi auto o mi casaca, pero hay un riesgo muy grande en prestarle a un total desconocido mi auto, y hay todo tipo de opciones intermedias.
5. Costo: puedo prestarte mi auto gratuitamente, puedo cobrar una tarifa de alquiler muy pequeña o muy grande, o cualquier cantidad intermedia.

Por el contrario, el crédito es obtener el uso temporal de un bien, pero no la propiedad del mismo. El crédito también ofrece al solicitante una variedad similar de opciones entre no utilizar un bien y poseerlo.

En el préstamo y crédito, podemos reflejar muchos de los atributos de Dios. Podemos demostrar que somos dignos de confianza, fieles mayordomos, honestos, sabios y agradecidos. Podemos reflexionar e incluso actuar con una expectativa razonable de lo que sucederá varios meses o incluso años en el futuro, mostrar amor y misericordia, y expresar agradecimiento a Dios.

B. LAS PROHIBICIONES DEL ANTIGUO TESTAMENTO DE COBRAR INTERESES SE LIMITABAN A CIERTOS TIPOS DE SITUACIONES

Algunos pasajes del Antiguo Testamento prohíben cobrar intereses por un préstamo. Se dice que la persona justa es aquella que "Quien su dinero no dio a usura, ni contra el inocente admitió cohecho" (Sal 15:5), y esto refleja una expectativa de obediencia a esta ley de Moisés: "No exigirás de tu hermano interés de dinero, ni interés de comestibles, ni de cosa alguna de que se suele exigir interés" (Dt 23:19). Versículos como estos plantean la disyuntiva de si es incorrecto trabajar en el negocio bancario, que cobra intereses por los préstamos, o tal vez incluso es incorrecto poner mi dinero en un banco que paga intereses por ese dinero; al hacer esto, ¿no estoy cobrando intereses al banco, y no es eso desobedecer estos versículos del Antiguo Testamento?

En primer lugar, es importante recordar que las leyes contra el cobro de intereses forman parte del pacto de Moisés, que ya no está en vigor hoy en día (ver el capítulo 8). Por lo tanto, estas leyes ya no son aplicables para nosotros. No obstante, podemos preguntarnos cuál era el propósito de estas leyes en la época del pacto de Moisés, y qué podríamos aprender de ellas hoy en día.

La mayoría de los comentaristas parecen estar de acuerdo en que estos pasajes tienen en cuenta una situación de préstamo a los pobres, que se ven obligados a pedir prestado por necesidad para poder tener lo suficiente para comer o para plantar las cosechas del año siguiente. Esto queda claro al menos en los dos pasajes siguientes:

> Cuando prestares dinero a uno de mi pueblo, al pobre que está contigo, no te portarás con él como logrero, ni le impondrás usura (Ex 22:25).

> *Y cuando tu hermano empobreciere y se acogiere a ti*, tú lo ampararás; como forastero y extranjero vivirá contigo. No tomarás de él usura ni ganancia, sino tendrás temor de tu Dios, y tu hermano vivirá contigo. No le darás tu dinero a usura, ni tus víveres a ganancia (Lv 25:35-37).

Estos pasajes que prohíben prestar con intereses cuando los pobres necesitan pedir prestado por necesidad indican que esta situación también se contempla en otros pasajes que prohíben prestar dinero con intereses pero que no mencionan a los pobres. Es probable que esta situación esté presente en pasajes como estos:

> No exigirás de tu hermano interés de dinero, ni interés de comestibles, ni de cosa alguna de que se suele exigir interés. Del extraño podrás exigir interés, mas de tu hermano no lo exigirás, para que te bendiga Jehová tu Dios en toda obra de tus manos en la tierra adonde vas para tomar posesión de ella (Dt 23:19-20)[2].

> Entonces lo medité, y reprendí a los nobles y a los oficiales, y les dije: ¿Exigís interés cada uno a vuestros hermanos? Y convoqué contra ellos una gran asamblea (Neh 5:7).

La situación en Nehemías capítulo 5 era de gran hambruna, en la que la gente se veía obligada a ser esclavizada (ver versículos 1-5). Una vez más, esto refuerza la idea de que es incorrecto cobrar intereses a los pobres cuando necesitan pedir

---

[2] "El préstamo se hacía generalmente para aliviar la pobreza, como queda claro en la legislación paralela a estos versículos". Peter Craigie, *The Book of Deuteronomy* [El libro del Deuteronomio], NICOT, 2ª ed. (Grand Rapids, Michigan: Eerdmans, 1976), pág. 302, con referencia en la nota de Ex 22:25; Lev 25:35-36. Craigie también hace referencia a estudios académicos más amplios que apoyan esta afirmación.

dinero prestado para poder vivir.

En Deuteronomio 23:20, Dios dijo al pueblo: "*Del extraño podrás exigir interés, mas de tu hermano no lo exigirás*". Esto se debía probablemente a que prestar a un extranjero conllevaba más riesgo (el extranjero podría regresar repentinamente a su tierra sin pagar la deuda). Este tipo de préstamos podía hacerse con fines comerciales, ya que la mayoría de los comerciantes que viajaban eran extranjeros. Sin embargo, este pasaje también muestra que no todo el cobro de intereses se consideraba incorrecto, y que la prohibición de cobrar intereses se limitaba a situaciones específicas. John Frame concluye de forma acertada que los pasajes que prohibían el cobro de intereses "se refieren a los préstamos de caridad, no a los préstamos comerciales o de vivienda"[3].

Se aplican consideraciones similares a otras prohibiciones contra el cobro de intereses en otras partes del Antiguo Testamento: probablemente tienen en mente la situación de aprovecharse de los pobres que necesitaban pedir préstamos para vivir o tener suficiente semilla para plantar para las cosechas del año siguiente (ver Neh 5:10; Sal 15:5; Pr 28:8; Ez 18:5-8, 13, 17; 22:12). Por ejemplo, Proverbios 28:8 dice: "El que aumenta sus riquezas con usura y crecido interés, para aquel que se compadece de los pobres las aumenta", y la nota de pie de página de la ESV después de la palabra *riquezas* explica: "Es decir, la ganancia que proviene de cobrar intereses a los pobres". La NVI traduce el versículo "El que amasa riquezas mediante la usura [...]", mientras que otras traducciones especifican "amontona riquezas" (DHH) o "interés excesivo" (CSB).

En el Nuevo Testamento no se prohíbe el cobro de intereses. Un pasaje que en principio podría entenderse así es este:

> Y si prestáis a aquellos de quienes esperáis recibir, ¿qué mérito tenéis? Porque también los pecadores prestan a los pecadores, para recibir otro tanto. Amad, pues, a vuestros enemigos, y haced bien, y prestad, *no esperando de ello nada*; y será vuestro galardón grande, y seréis hijos del Altísimo; porque él es benigno para con los ingratos y malos (Lucas 6:34-35)

En este pasaje, Jesús no puede estar prohibiendo que prestemos a aquellos de los que esperamos recibir, al igual que el versículo 32 prohíbe amar a los que nos aman ("Porque si amáis a los que *os aman*, ¿qué mérito tenéis?"). Jesús quiere decir que *también* debemos amar a nuestros enemigos que no nos aman, y que *también* debemos prestar a aquellos (los pobres) de los que no esperamos nada a cambio. Pero prestar a personas de las que esperamos que nos devuelvan el dinero con intereses (como la gente rica o los bancos) también está permitido.

C. CAMBIOS DE PERSPECTIVA EN EL COBRO DE INTERESES EN LA HISTORIA DE LA IGLESIA

---

[3] John M. Frame, *The Doctrine of the Christian Life: A Theology of Lordship* [La doctrina de la vida cristiana:Una teología del señorío] (Phillipsburg, Nueva Jersey: P&R, 2008), pág. 818.

Durante los primeros siglos de la Iglesia, los intérpretes estuvieron de acuerdo en que todo cobro de intereses era malo (el cobro de intereses se denominaba comúnmente "usura", la palabra utilizada para "interés" en la versión Reina Valera). Después de la Reforma protestante, cada vez más intérpretes adoptaron el punto de vista defendido anteriormente, es decir, que las prohibiciones del Antiguo Testamento contra el cobro de intereses tenían como objetivo evitar que alguien se aprovechara de los pobres, y no deben entenderse como una prohibición de todo cobro de intereses.

Robert Clouse resume la evolución histórica de la siguiente manera:

> En la época patrística, la usura fue condenada por la mayoría de los Padres de la Iglesia [...]. En el III Concilio de Letrán (1179) se condenó la usura, aunque en el IV Concilio de Letrán (1215) se permitió a los judíos practicarla [...]. Aunque algunos reformadores protestantes del siglo XVI, como Lutero, Zwinglio y Latimer, condenaron la práctica; otros, como Calvino y Beza, la justificaron distinguiendo entre los préstamos para el consumo y los destinados a la producción [...]. En Ginebra se aprobaron leyes que permitían un tipo de interés moderado. Más tarde, (1571) Inglaterra y Alemania, junto con otros países continentales, siguieron su ejemplo, aunque en Francia el interés no se legalizó hasta 1789[4].

Juan Calvino escribió lo siguiente sobre la prohibición de cobrar intereses en Éxodo 22:25:

> Pero si queremos formar un juicio equitativo, la razón no nos permite admitir que toda la usura debe ser condenada sin excepción [...] Si un hombre rico y adinerado, que desea comprar un terreno, pide prestada una parte de la suma requerida a otro, ¿no puede el que presta el dinero recibir una parte de los ingresos de la finca hasta que el capital sea devuelto? Diariamente se dan muchos casos de este tipo en los que, en lo que respecta a la equidad, la usura no es peor que la compra [...] Pero los que piensan de otra manera, pueden objetar que debemos acatar el juicio de Dios, cuando generalmente prohíbe toda usura a su pueblo. Respondiendo, que el asunto es solo en cuanto a los pobres, y en consecuencia, si tenemos que ver con los ricos, que la usura está libremente permitida; porque el Legislador, al aludir a una cosa, parece no condenar otra, respecto a la cual guarda silencio [...] La usura no es ahora ilícita, sino en la medida en que contraviene la equidad y la unión fraternal[5].

El respetado pastor puritano y especialista en ética Richard Baxter expresó una opinión similar en su *Christian Directory* [Directorio cristiano] de 1673:

---

[4] Robert Clouse, "Usura", *New International Dictionary of the Christian Church* [Nuevo Diccionario Internacional de la Iglesia Cristiana], ed. J. D. Douglas (Grand Rapids, Michigan: Zondervan, 1974), pág. 1006.

[5] Juan Calvino, *Commentaries on the Four Last Books of Moses* [Comentarios a los cuatro últimos libros de Moisés], trad. Charles Bingham (1852; repr., Grand Rapids, Michigan: Baker, 2005), 3:131-132.

Ahora demuestro que esa usura [prestar a personas que obtienen un beneficio] no está prohibida por Dios. 1. La ley de Moisés no lo prohíbe: (1.) Porque la ley de Moisés nunca lo prohibió [..] solo se trata de prestar a los necesitados, y no de prestar para llevar a cabo cualquier comercio enriquecedor, que es lo que se entiende cuando se prohíbe la usura [...] Y se permite expresamente que se utilice para los extraños [...] los que no se les puede hacer nada injusto o poco caritativo [...] Y había más comerciantes de extraños que comerciaban con ellos en productos extranjeros, que de judíos que los traían a casa: de modo que la prohibición de la usura está en la propia ley restringida solamente a sus préstamos a los pobres [...] (2.) Y si hubiera estado prohibido solo en la ley de Moisés, no se extendería a los cristianos ahora; porque la ley de Moisés, como tal, no está en vigor[6].

D. RAZONES CORRECTAS E INCORRECTAS PARA PEDIR PRÉSTAMOS Y DAR CRÉDITOS

1. Razones para pedir un préstamo. Si una persona pide prestado simplemente para hacer un uso temporal de un activo que no necesita comprar (como alquilar un auto en otra ciudad o alquilar una herramienta especializada en una tienda local de alquiler), se trata sin duda de una mayordomía inteligente. Los préstamos para la educación o para iniciar un negocio también son apropiados, siempre que haya una expectativa razonable de que el préstamo pueda ser pagado a través de una mayor capacidad de ingresos o un aumento de los beneficios en el negocio más adelante. También es apropiado pedir un préstamo para disfrutar del uso de un activo que se revaloriza (como una casa) mientras se adquiere gradualmente a lo largo de un periodo de tiempo (las hipotecas sobre casas suelen extenderse durante 15 o 30 años, por ejemplo). Además, el préstamo puede satisfacer necesidades repentinas e inesperadas que pueden surgir de un accidente personal, una enfermedad grave o una circunstancia similar.

Sin embargo, las Escrituras nos ordenan: "No codiciarás" (Ex 20:17), y "contentos con lo que tenéis ahora" (He 13:5), y por lo tanto sería un error pedir dinero prestado (o endeudarse con una tarjeta de crédito) simplemente para permitir que la codicia ilícita se satisfaga de inmediato, aunque no tengas ninguna expectativa razonable de pagar la deuda a corto plazo[7] (Ver más adelante los peligros de la deuda excesiva).

---

[6] Richard Baxter, *A Christian Directory* (1673; repr., Morgan, Pennsylvania: Soli Deo Gloria, 1996), pág. 838.

[7] Se pueden encontrar más consejos prácticos sobre los préstamos en Larry Burkett, *Debt-Free Living: Eliminating Debt in a New Economy* [Vivir sin deudas: Eliminar las deudas en una nueva economía], ed. revisada y actualizada (Chicago: Moody, 2010), y Mary Hunt, *Debt-Proof Living: How to Get Out of Debt & Stay That Way* [Vivir a prueba de deudas: Cómo salir de las deudas y mantenerse así,], ed. revisada. (Grand Rapids, Michigan: Revell, 2014). Muchas iglesias ofrecen hoy en día clases prácticas de gestión financiera personal. Ver también el cap. 38, pág. 1032, pie de página 15, para una lista de ministerios de asesoría financiera cristiana de buena reputación que ayudan a los cristianos a salir de las deudas y a mantenerse sin deudas.

2. Razones para dar crédito. Es apropiado prestar dinero u otros bienes a alguien por el deseo de mostrar misericordia a los necesitados o por amor a nuestro vecino o familiar.

Las referencias positivas de Jesús a la inversión de dinero en un banco y a la obtención de intereses (ver Mt 25:27; Lc 19:23) también implican que otra razón adecuada para prestar es simplemente el deseo de obtener un beneficio por prestar algo a otra persona, ya sea alquilando un auto o un apartamento a alguien, o prestando dinero a alguien y cobrando intereses por ello.

Sin embargo, sería un error prestar a alguien simplemente por el deseo de beneficiarse de la desgracia o la pobreza de esa persona, o por avaricia en lugar de por un interés legítimo.

3. Los peligros del préstamo. Pedir prestado, aunque es una actividad buena en sí misma, también conlleva peligros. Por ejemplo:

> Pero si alguno hubiere tomado prestada bestia de su prójimo, y fuere estropeada o muerta, estando ausente su dueño, deberá pagarla (Ex 22:14).

Por lo tanto, aunque el préstamo permite a una persona utilizar algo temporalmente, el que pide prestado es responsable de cualquier daño que pueda ocurrir con lo que se presta (esta es la razón por la que los propietarios de apartamentos exigen un depósito de seguridad a los inquilinos y por la que las personas que alquilan autos también contratan un seguro).

Además, el que pide prestado pierde parte de su libertad futura, porque debe pagar la deuda en lugar de destinar los ingresos futuros a otros usos. Esta realidad se resume en un breve proverbio: "Y el que toma prestado es siervo del que presta" (Pr 22:7). Aunque el que pide prestado no es literalmente un "siervo", el prestamista tiene derecho a reclamar parte de los futuros ingresos del que se presta, por lo que el futuro del que pide prestado está controlado en cierta medida por el prestamista.

Otro peligro de los préstamos es la posibilidad de endeudarse tanto que parezca imposible pagar la deuda. El Salmo 37 contiene esta advertencia:

> El *impío toma prestado, y no paga;*
> Mas el justo tiene misericordia, y da. (v. 21)

Se trata de una advertencia contra los préstamos que superan nuestra capacidad de reembolso. Tristemente, muchos cristianos (y muchos no cristianos también) en las naciones modernas y ricas piden prestado mucho más de lo que se considera sabio o necesario, y de repente se encuentran profundamente endeudados. El simple hecho de pagar los intereses de esa deuda es un tremendo desperdicio de dinero y, por lo tanto, una mala mayordomía.

Muchos estadounidenses se encuentran en esta situación. Según la empresa de calificación crediticia *Experian*, en septiembre de 2016, el saldo medio de una tarjeta de crédito que suele contar con saldo era de $7 527. En el caso de las tarjetas que se utilizan solo para hacer compras y que se pagan cada mes, el saldo medio era mucho menor, $1 154[8]. Sin embargo, muchas personas tienen saldos en más de una tarjeta de crédito, y una estimación en octubre de 2015 de la deuda total promedio de las tarjetas de crédito por hogar que mantienen un saldo de deuda de tarjetas fue de $9 600[9]. Según el Banco de la Reserva Federal, en julio de 2017, el total de la deuda pendiente de los consumidores de Estados Unidos era de $3,75 billones[10]. A modo de comparación, en julio de 2017, el importe total de la renta personal disponible en Estados Unidos (ingresos totales menos impuestos) era de $14,4 billones al año[11].

Para agravar el problema del préstamo imprudente y excesivo, algunos prestamistas sin escrúpulos (y compañías de tarjetas de crédito) prestan a personas que no tienen ninguna expectativa razonable de devolver la deuda, y luego se aprovechan de estas personas en su pobreza y angustia cobrando tipos de interés excepcionalmente altos.

Otro peligro relacionado con los préstamos es la práctica de garantizar la devolución del préstamo de otra persona:

> Con ansiedad será afligido el que sale por fiador de un extraño;
> Mas el que aborreciere las fianzas vivirá seguro (Pr 11:15).

> No seas de aquellos que se comprometen,
> ni de los que salen por fiadores de deudas (Pr 22:26; ver también 6:1-5; 17:18; 20:16; 27:13).

Ser "fiadores de deudas" es poner en garantía el pago de la deuda de otra persona. No obstante, esto puede eliminar gran parte del sentido de responsabilidad de la devolución de la persona que pide prestado el dinero u otro artículo. Algunos intérpretes pueden pensar que estos versículos prohíben esta práctica por completo, pero es más probable que simplemente nos adviertan de que suele ser una práctica imprudente, sin prohibirla de forma absoluta. En cualquier caso, lo que está claro es que cuando la persona A se compromete a devolver un préstamo contraído por la persona B, es muy probable que se produzcan tensiones o incluso daños importantes en la relación familiar o de amistad entre la persona A y la persona B. Por lo tanto, ser "fiadores de deudas" no suele ser aconsejable.

PREGUNTAS PARA PARA REFLEXIONAR

1. ¿Cuánto debe en este momento? ¿Ha aumentado o disminuido en los últimos tres años? ¿Siente usted que Dios está complacido con esta

---

[8] Fred O. Williams, *"How Much Is the Average Credit Card Debt in America?"* ["¿A cuánto asciende la deuda media de las tarjetas de crédito en Estados Unidos?"] CreditCards.com, 18 de enero de 2017, https://www.creditcards.com/credit-card-news/average-credit-card-debt.php.

[9] *Ibid.*

[10] *"Consumer Credit"* ["Crédito al consumidor"], "Board of Governors of the Federal Reserve System" ["Junta de Gobernadores del Sistema de la Reserva Federal"], 8 de septiembre de 2017, https://www.federalreserve.gov/releases/g19/current/default.htm.

[11] *"US Disposable Personal Income: 14.41T USD for July 2017"* ["Renta personal disponible en Estados Unidos: 14,41T USD para julio de 2017"], https://ycharts.com/indicators/disposable_personal_income.

cantidad de deuda, y que el préstamo que usted obtuvo fue una decisión correcta? ¿O deseas ahora haber hecho algunas cosas de manera diferente en el pasado con respecto a la deuda?

2. ¿Estás agradecido a Dios por darnos la capacidad, como seres humanos, de pedir y prestar cosas? ¿Tiene claro cómo este proceso multiplica la utilidad de los bienes en cada sociedad?

3. ¿Qué habilidades dio Dios a los seres humanos que nos permiten pedir y prestar cosas, mientras que animales aún más inteligentes son incapaces de hacerlo? ¿Cómo reflejan estas habilidades algo de la gloria de Dios?

4. ¿Qué rasgos de carácter cristiano (ver la pág. 110) serían más útiles para evitar que las personas acumulen grandes cantidades de deudas de tarjetas de crédito?

TÉRMINOS ESPECIALES

interés
fiadores de deudas
usura

BIBLIOGRAFÍA

Otros textos de ética relacionados

(ver datos bibliográficos completos, pag. 64)

Frame, 813-818
McQuilkin y Copan, 469-472

Otras obras

Burkett, Larry. *Debt-Free Living: Eliminating Debt in a New Economy* [Vida sin deudas: Eliminando la deuda en una nueva economía]. 1999. Ed. revisada y ed. ampliada. Chicago: Moody, 2010.

Chewning, R. C. *"Crédito". En New Dictionary of Christian Ethics and Pastoral Theology* [Nuevo Diccionario de Ética Cristiana y Teología Pastoral], editado por David J. Atkinson y David H. Field, págs. 271-272. Leicester, Reino Unido: Inter-Varsity, y Downers Grove, Illinois: InterVarsity Press, 1995.

———."Deuda". *En New Dictionary of Christian Ethics and Pastoral Theology,* págs. 286-287. Hunt, Mary. *Debt-Proof Living: How to Get Out of Debt & Stay That Way* [Vida a prueba de deudas: Cómo salir de las deudas y mantenerse así]. 1999. Ed. revisada. Grand Rapids, Michigan: Revell, 2014.

PASAJE BÍBLICO PARA MEMORIZAR

Salmos 37:21: El impío toma prestado, y no paga; Mas el justo tiene misericordia, y da.

HIMNO

"Querido Señor y Padre de la humanidad"

Perdona nuestras costumbres febriles
Revístenos en nuestra conciencia recta;
En vidas más puras encuentra tu servicio,
En una reverencia más profunda, alabanza
En simple confianza como la de aquellos que escucharon,
Junto al mar de Siria,
la llamada del Señor,
Dejemos que, como ellos, sin una palabra
nos levantemos y te sigamos.
¡Oh, descanso sabático junto a Galilea!
Oh calma de las colinas de arriba,
donde Jesús se arrodilló para compartir contigo
El silencio de la eternidad
Interpretado por el amor.

Deja caer tus rocíos de quietud
Hasta que cesen todos nuestros esfuerzos;
Quita de nuestras almas la tensión y el estrés,
y deja que nuestras vidas ordenadas confiesen
la belleza de tu paz.

Respira a través de los calores de nuestro deseo
Tu frescura y Tu bálsamo;
Deja que el sentido enmudezca, deja que la carne se retire;
Habla a través del terremoto, el viento y el fuego,
¡Oh, pequeña y tranquila voz de la calma!

JOHN G. WHITTIER, 1807-1892

Capítulo 40

ÉTICA EMPRESARIAL

¿Por qué comprar y vender son actividades moralmente correctas?

¿Por qué debemos considerar la ganancia, la competencia y la existencia de las empresas como algo moralmente bueno?

¿Las empresas multinacionales explotan a los países pobres?

Los cristianos de todo el mundo trabajan en empresas de un tipo u otro. Por supuesto, algunos cristianos en cada generación trabajarán en empleos de tiempo completo en el ministerio de la iglesia, y otros tendrán puestos de enseñanza, empleos militares u otros empleos gubernamentales. Sin embargo, el mayor número de cristianos trabajará en el mundo de los negocios. Por lo tanto, es importante considerar las cuestiones éticas particulares que surgen en las situaciones empresariales.

Muchos de los principios éticos tratados en los capítulos anteriores son también relevantes para la ética empresarial, por lo que asumo el trasfondo de los capítulos anteriores sobre la propiedad privada (cap. 34), el trabajo (cap. 35), la prosperidad (cap. 36), la pobreza y riqueza (cap. 37), la mayordomía personal (cap. 38) y los préstamos y créditos (cap. 39). Pero en este capítulo trataré la ética empresarial desde una perspectiva diferente, utilizando seis principios éticos fundamentales de la Escritura para abordar cuestiones específicas sobre la conducta empresarial.

Jesús y los autores del Nuevo Testamento no eran ajenos a los negocios. Jesús comenzó sus tres años de ministerio alrededor de los 30 años (Lucas 3:23), pero antes parece que había seguido los pasos de su padre terrenal, José, y había trabajado como carpintero, porque cuando regresó a su ciudad natal, Nazaret, la gente dijo: *"¿No es éste el carpintero*, hermano de Jacobo, de José, de Judas y de Simón? ¿No están también aquí con nosotros sus hermanas? Y se escandalizaban de él"* (Marcos 6:3; cf. Mateo 13:55). Si Jesús comenzó a trabajar como hombre alrededor de los quince años, debe haber trabajado en el mundo de los negocios durante quince años antes de comenzar su ministerio de tres años. Esto significa que pasó aproximadamente cinco veces más tiempo trabajando en el mundo de los negocios que en el ministerio a tiempo completo. El apóstol Pablo trabajó como fabricante de tiendas para mantenerse (Hechos 18:3; cf. Hechos 20:34; 2 Ts 3:8), y Pedro y Andrés trabajaron como pescadores antes de que Jesús los llamara (Mt 4:18).

Además, como los autores del Nuevo Testamento sabían que muchas de las personas de las iglesias a las que escribían trabajaban en diversos tipos de negocios o empleos comerciales, podemos suponer que escribieron con la expectativa de que muchos oyentes y lectores buscarían inmediatamente aplicar sus palabras a situaciones de la vida real en el mundo de los negocios.

A. SEIS CONVICCIONES ÉTICAS FUNDAMENTALES QUE ESTABLECEN LOS LÍMITES PARA LA TOMA DE DECISIONES EMPRESARIALES

Muchas decisiones empresariales de hoy en día pueden ser muy complejas, y otros libros sobre ética cristiana analizan dichas decisiones con mucho más detalle del que puedo desarrollar en este único capítulo[1]. Pero he descubierto que, al enseñar sobre ética empresarial, las siguientes seis "convicciones fundamentales" suelen ser inmensamente útiles para aclarar las decisiones empresariales que la gente tiene que tomar. Estas convicciones básicas no responderán por sí solas a todos los dilemas éticos, pero proporcionan unos límites morales útiles dentro de los cuales deben tomarse las decisiones empresariales. Cada principio básico se deriva de un conocido pasaje de las Escrituras.

1. La veracidad: "No darás falso testimonio" (Ex 20:16). En el capítulo 12 hablé extensamente de la veracidad al hablar, y aquí asumiré el trasfondo de esa discusión. La expectativa de Dios sobre la veracidad al hablar requiere que usted represente honestamente su producto, sin exagerar sus buenas cualidades de manera engañosa, y hablando honestamente sobre sus defectos, tal como usted desearía que la otra persona lo hiciera si sus situaciones fueran inversas (ver Mt 7:12).

Recuerdo que una vez compré un lavavajillas y pregunté si un cupón de descuento seguía siendo válido, a pesar de que tenía una fecha de caducidad del 14 de septiembre, que era una o dos semanas antes. El vendedor me contestó: "Oh, solo le daré un recibo con fecha del 14 de septiembre". Rechacé cordialmente su oferta, porque no creía que Dios se hubiera sentido honrado por semejante falsedad en la transacción, ni creía que Dios bendijera el uso del dinero que me hubiera ahorrado a causa de una mentira.

La veracidad significa mantener tu palabra cuando aceptas algo en un acuerdo comercial. Significa no decir que estás enfermo cuando no lo estás. Significa no decir: "No me acuerdo de eso", cuando sí lo recuerdas. Significa no decir: "Bueno,

---

[1] Ver especialmente el muy consultado libro de Scott B. Rae y Kenman L. Wong, *Beyond Integrity: A Judeo Christian Approach to Business Ethics* [Más allá de la integridad: un enfoque judeocristiano de la ética empresarial], 3rd ed (Grand Rapids, Michigan: Zondervan, 2012).

no entendí que quisieras decir eso", cuando realmente entendiste exactamente lo que se quería decir.

> Por lo cual, *desechando la mentira, hablad verdad* cada uno con su prójimo; porque somos miembros los unos de los otros (Ef 4:25).

2. No hurtar: "No hurtarás" (Ex 20:15). En el capítulo 34 (pág. 895) ya traté con cierta amplitud el significado de hurtar, y lo retomaré en este capítulo. El octavo mandamiento indica que no debemos tomar algo que no nos pertenece.

Esto significa que no debes cobrar a tu empresa por el tiempo de trabajo cuando no estás trabajando para la empresa, ni tampoco debes cobrar a un cliente por el tiempo de trabajo cuando no estás trabajando para ese cliente. Significa que nunca se debería poner artículos personales (no relacionados con el negocio) en un recibo de negocios y reclamar más reembolso del que le corresponde. Si se tiene acceso a información privilegiada o a alguna propiedad intelectual de la empresa para la que se trabaja, no robar significa que nunca se divulgará esa información a otra empresa ni se utilizará en beneficio personal de una forma que no esté aprobada por la empresa.

No hurtar también significa, obviamente, no coger productos de la empresa sin pagarlos. También significa no dar productos gratis o a bajo precio (como la comida en un restaurante) a tus amigos sin autorización del propietario. La cantidad de robos de los empleados de las empresas da que pensar, porque demuestra la poca convicción de honestidad que tienen muchas personas hoy en día. Según el *U.S. Department of Commerce* [Departamento de Comercio de EE.UU], los empleados roban $50 000 millones al año a las empresas estadounidenses[2]. Otras fuentes, como la *Association of Certified Fraud Examiners* [Asociación de Examinadores de Fraude Certificados], informan de que los robos o fraudes de los empleados provocan pérdidas del 7% de los ingresos anuales. El 75% de los empleados han robado supuestamente al menos una vez a sus empleadores, y el 37.5% más de dos veces. Los robos y fraudes cometidos por los empleados han provocado el 33% de las quiebras de empresas, y el 25.3% de los robos o fraudes ascienden a 1 millón o más. Los administradores han cometido el 37.1 por ciento del total de robos[3]. Se informó de que uno de cada 39.5 empleados fue detenido por robo de empleados en 2013 y un 6.5 por ciento más con respecto a 2012[4].

Mientras estaba en el seminario durante el verano, trabajé en una fábrica

---

[2] *"Employee Theft"* ["Robo de empleados"], Reference for business, http://www.referenceforbusiness. com/small/Di-Eq/Employee -Theft.html.

[3] *"Employee Theft Statistics"* ["Estadísticas de robos a empleados]," Statistic Brain, 1 de abril de 2017, http://www.statisticbrain.com/employee-theft-statistics/, citando a Association of Certified Fraud Examiners , Easy Small Business HR, Institute for Corporate Productivity, y Jack L.Hayes International Inc. Ver también "Workplace Theft Statistics" ["Estadísticas de robos en el lugar de trabajo y las últimas estadísticas y cómo prevenir los robos"]. Easy Small Business HR, http://easysmallbusinesshr. com/2011/06/workplace-theft-statistics-the-latest-statistics-and-how-to-prevent-theft/.

[4] *"The 2015 Hiscox Embezzlement Watchlist: A Snapshot of Employee Theft in the United States"* ["La lista de vigilancia de la malversación de 2015 de Hiscox: Una fotografía de los robos de empleados en los Estados Unidos"]. Hiscox USA, http://www.hiscoxbroker.com/shared-documents/2015%20 Hiscox%20Embezzlement%20 Watchlist.pdf.

papelera en mi ciudad natal, Eau Claire, Wisconsin. En el primer día de trabajo, me asignaron para ayudar a un hombre que había trabajado muchos años en esa fábrica papelera y que manejaba una gran máquina que convertía enormes rollos de papel en pequeños rollos individuales de papel higiénico. Durante la hora de almuerzo, nos sentamos cerca de la máquina y almorzamos, y cuando terminó cogió un rollo de papel higiénico y lo puso dentro de su lonchera vacía y luego la cerró. Me miró y me explicó: "Necesito conseguir algo por un día de trabajo" (como si no estuviera ya cobrando un sueldo con todos los beneficios bastante importante). Me dio la impresión de que esto había sucedido todos los días durante muchos años. No solo su familia no tenía que comprar nunca papel higiénico, sino que probablemente también estaba suministrando papel higiénico a algunos amigos y familiares. En pocas palabras, estaba robando. Se llevaba algo que no le pertenecía.

Pablo dice explícitamente a los siervos que no hagan esto (lo llama "robar"):

> A los miembros de la iglesia que son esclavos,[a] diles que obedezcan siempre a sus amos, y que sean amables y no discutan nada. No *deben robar*, sino ser totalmente honestos, para que todos vean lo hermosa que es la enseñanza acerca de Dios nuestro salvador (Tito 2:9-10, TLA).

3. Honrar el matrimonio: "No cometerás adulterio" (Ex 20:14). En el capítulo 28, expliqué ampliamente el significado de este mandamiento, por lo que no lo repetiré aquí.

La exigencia de Dios de que honremos y protejamos los matrimonios significa que los administradores y propietarios de empresas deben cuidar que los requisitos del lugar de trabajo no expongan a los hombres y mujeres a situaciones comprometedoras o tentadoras.

En el capítulo 28, mencioné que conozco una empresa de propiedad cristiana, por ejemplo, que tiene la política de que si un hombre y una mujer que no están casados entre sí viajan por negocios de la empresa a otra ciudad, no tendrán asientos de avión juntos y no tendrán habitaciones de hotel en el mismo piso, y se reunirán juntos solo en lugares públicos como el lobby del hotel. Estas normas ayudan a los empleados a evitar, en la medida de lo posible, la tentación de una conducta inapropiada y la apariencia del mismo. Por supuesto, los administradores de las empresas seculares podrían pensar que tales normas son irremediablemente anticuadas y retrógradas, y los cristianos que trabajan en esas situaciones tendrán que confiar en la sabiduría de Dios para saber cómo comportarse adecuadamente.

Los propietarios de las empresas y los administradores de las mismas también pueden ayudar a proteger los matrimonios reflexionando sobre la presión que ejercen sobre los matrimonios de sus empleados a través de las frecuentes expectativas de horarios de trabajo extremadamente largos o hasta altas horas de la noche. Otra forma en que los propietarios y administradores de empresas pueden proteger los matrimonios es mediante políticas que prohíban la exhibición abierta de pornografía en las fábricas o lugares de trabajo.

Sin embargo, los cristianos pueden encontrarse trabajando en empresas en las que no existen políticas prudentes como estas. Aun así, deben tratar de mantener la pureza personal de corazón y una conducta irreprochable ante esas situaciones difíciles.

4. Amar al prójimo: "Amarás a tu prójimo como a ti mismo" (Mt 22:39). Muchas cuestiones éticas confusas en los negocios pueden resolverse preguntando qué querríamos que hiciera alguien si nos encontráramos como la otra parte de la situación. Esta es una aplicación de la regla de oro que proclamó Jesús:

> Porque estrecha es la puerta, y angosto el camino que lleva a la vida, y pocos son los que la hallan (Mt 7:14).

El amor al prójimo significa que no entraremos en una tienda y le quitaremos mucho tiempo a un vendedor cuando en realidad no tenemos ninguna intención de comprar un producto en ese lugar, sino que ya estamos pensando en comprarlo por Internet a un precio más bajo. Si tú fueras ese vendedor o el dueño de ese negocio, ¿querrías que te trataran así?

Al negociar un precio, el amor al prójimo significa entender que un "buen negocio" es aquel que no solo es bueno para ti, sino que también permite a la otra persona ganar algo de dinero y obtener algún beneficio de la transacción. Significa que "un buen negocio es aquel que beneficia a ambas partes". Esto no significa que haya que ser necio o despilfarrador con el dinero o el producto, sino que también significa que no hay que ser despiadado ni dejarse llevar por la codicia o el deseo de extraer el último dólar posible de la negociación.

El amor al prójimo también es importante cuando los propietarios de las empresas experimentan una crisis en el negocio y tienen que despedir a algunos de sus empleados. Si eres dueño de un negocio, no creo que estés obligado a seguir pagando a la gente cuando hacerlo te acabe llevando a la quiebra (lo que tampoco haría ningún bien a tus empleados), pero el amor al prójimo aún cuando tengas que despedir a gente significa actuar en contra de tu voluntad y con un proceso justo y comprensible. Significa hacerlo de una manera que muestre cuidado y respeto por los empleados, en la medida en que sea posible.

5. Confianza en que siempre hay una decisión correcta: "pero fiel es Dios, que no os dejará ser tentados más de lo que podéis resistir, sino que dará también juntamente con la tentación la salida, para que podáis soportar" (1 Co 10:13). En el capítulo 7, se explica este principio con cierto detalle, por lo que solo lo resumiré aquí.

Cada vez que nos enfrentamos a una decisión difícil, ya sea en los negocios o en otros aspectos de la vida y si no aparece una solución clara de inmediato, siempre existe la tentación de ceder a la desesperación y pensar: "¡No hay ninguna decisión buena posible en esta situación! ¡Todas mis opciones son malas!"

Pero la palabra de Dios nos dice que este no será el caso de su pueblo. Incluso el propio Jesús se enfrentó a decisiones que, al menos en principio, eran similares a las difíciles decisiones que tenemos que hacer, y la Biblia utiliza ese hecho para animarnos a acudir a él en oración y buscar su ayuda:

Porque no tenemos un sumo sacerdote que no pueda compadecerse de nuestras debilidades, sino uno que *fue tentado en todo según nuestra semejanza, pero sin pecado*. Acerquémonos, pues, confiadamente al trono de la gracia, para alcanzar misericordia y hallar gracia para el oportuno socorro (He 4:15-16).

Pablo también nos asegura que, aunque pensemos que nos enfrentamos a situaciones singularmente difíciles, todas esas situaciones de "tentación" (es decir, cuando nos sentimos tentados a pensar que no hay una buena opción y debemos desobedecer algún mandamiento de la Escritura) son en realidad situaciones que, al menos en principio, han sido afrontadas también por otros, y Dios siempre proporcionará una solución correcta:

No os ha sobrevenido ninguna tentación *que no sea humana*; pero fiel es Dios, que no os dejará ser tentados más de lo que podéis resistir, *sino que dará también juntamente con la tentación* la salida, para que podáis soportar (1 Co 10:13).

Este pasaje nos anima a orar y a pedir a Dios que nos muestre la "salida", la forma en que podemos tomar una decisión correcta sin ceder a la tentación de hacer algo que es moralmente incorrecto.

Finalmente, ante una decisión difícil, es especialmente conveniente seguir el consejo de Santiago y pedir con confianza que Dios nos conceda su sabiduría para esa situación concreta:

Y si alguno de vosotros tiene falta de sabiduría, pídala a Dios, el cual da a todos abundantemente y sin reproche, y le será dada. Pero pida con fe, no dudando nada; porque el que duda es semejante a la onda del mar, que es arrastrada por el viento y echada de una parte a otra (Santiago 1:5-6).

Cuando nos enfrentamos ante una decisión difícil en el mundo de los negocios, antes de conocer la respuesta correcta a la situación, debería ser inmensamente esperanzador comenzar con la confianza de que siempre habrá una solución correcta y que Dios nos anima a pedir su ayuda para encontrarla.

6. Confiar en Dios: "mejor es lo poco con justicia que la muchedumbre de frutos sin derecho" (Pr 16:8). En cada decisión empresarial que tomemos, es necesario mantener una firme confianza en Dios para bendecir la obediencia a sus mandatos. Él nos dice:

No os engañéis; Dios no puede ser burlado: pues *todo lo que el hombre sembrare, eso también segará* (Gá 6:7)

Cada decisión y acción empresarial debe llevarse a cabo con la conciencia de que todo lo hacemos en presencia de Dios:

Los ojos de Jehová están en todo lugar, mirando a los malos y a los buenos

(Pr 15:3).

Esto significa que obtener una ganancia de $1 000 con la bendición de Dios es mucho mejor que obtener una ganancia de $2 000 con deshonestidad y luego no tener la bendición de Dios.

Para los filipenses a través de Pablo, un cristiano que actúa con una firme confianza en la promesa de Dios podrá tomar decisiones éticas mucho mejores que el que no lo hace:

> *Mi Dios, pues, suplirá todo lo que os falta* conforme a sus riquezas en gloria en Cristo Jesús (Fil 4:19).

Estas seis convicciones fundamentales no son en absoluto complejas ni difíciles de recordar, pero son notablemente útiles. Me han parecido relevantes una y otra vez al abordar docenas de cuestiones éticas que me han planteado y que han surgido en el mundo empresarial.

En los siguientes puntos de este capítulo, analizaré una serie de componentes básicos de la actividad empresarial y argumentaré que la actividad empresarial es moralmente buena en cada caso, pero también conlleva a tentaciones de pecado. A continuación, los tres últimos puntos de este capítulo tratarán sobre cuestiones éticas que se aplican especialmente a las empresas.

B. COMPRAR Y VENDER SON ACTIVIDADES MORALMENTE CORRECTAS

Varios pasajes de las Escrituras dan por sentado que comprar y vender son actividades moralmente correctas, al menos en muchas situaciones. Con respecto a la venta de tierras en el antiguo Israel, la ley de Dios decía[5]:

> Y cuando vendiereis algo a vuestro prójimo, o comprareis de mano de vuestro prójimo, no engañe ninguno a su hermano (Lv 25:14)

Esto implica que es posible, y de hecho se espera, que las personas compren y vendan sin perjudicarse mutuamente, es decir, que tanto el comprador como el vendedor *puedan hacer lo correcto* en la transacción (ver también Gn 41:57; Lv 19:35-36; Dt 25:13-16; Pr 11:26; 31:16; Jer 32:25, 42-44).

De hecho, la compra y la venta son necesarias para cualquier asunto que vaya más allá de la subsistencia. Ningún individuo o familia que satisfaga todas sus necesidades podría producir mucho más que un nivel de vida muy bajo (es decir, si no pudiera comprar ni vender *absolutamente nada*, y tuviera que vivir solo de lo que pudiera producir por sí mismo, que sería una variedad bastante simple

---

[5] Esta parte y las dos siguientes son una adaptación de mi libro *Business for the Glory of God: The Bible's Teaching on the Moral Goodness of Business* [Los negocios para la gloria de Dios: La enseñanza bíblica sobre la bondad moral de los negocios] (Wheaton, Illinois: Crossway, 2003), págs. 35-39, 41-45, 61-66, con autorización de la editorial.

de alimentos y ropa). Sin embargo, cuando podemos *vender* lo que fabricamos y *comprar* a otros que se especializan en producir leche o pan, jugo de naranja o arándanos, bicicletas o televisores, autos o computadoras; entonces, a través del mecanismo de compra y venta, todos podemos obtener un nivel de vida mucho más alto, y así podemos cumplir el propósito de Dios de disfrutar de los recursos de la tierra con acción de gracias (1 Ti 4:3-5; 6:17) mientras "comemos" y "bebemos" y "hacedlo todo para la gloria de Dios" (1 Co 10:31).

Por lo tanto, no debemos considerar la compra y la venta (es decir, las transacciones comerciales) como un mal necesario o como algo moralmente neutro. Más bien, las transacciones comerciales *son buenas en sí mismas*, porque a través de ellas hacemos el bien a otras personas. Esto se debe a la sorprendente verdad que, en la mayoría de los casos, *las transacciones comerciales voluntarias benefician a ambas partes.*

Si te vendo un ejemplar de mi libro por $12, entonces obtengo algo que quiero más que ese ejemplar del libro: tus $12. Así que estoy mejor que antes, cuando tenía demasiados ejemplares de ese libro, ejemplares que nunca iba a leer. Y estoy feliz con ello. Sin embargo, tú has conseguido algo que querías más que tus $12: un ejemplar de mi libro, que no tenías. Así que estás mejor que antes y eres feliz. Así, al darnos la posibilidad de comprar y vender, Dios nos ha dado un maravilloso mecanismo a través del cual podemos hacernos un bien. Deberíamos estar agradecidos por este proceso cada vez que compramos o vendemos algo. Podemos ver honestamente la compra y la venta como un medio para amar a nuestro prójimo como a nosotros mismos.

Comprar y vender también son actividades exclusivas de los seres humanos entre todas las criaturas que Dios creó. Los conejos y las ardillas, los perros y los gatos, los elefantes y las jirafas no practican esta actividad. A través de la compra y la venta, Dios nos ha dado un medio maravilloso para glorificarlo.

Si practicamos la honestidad, la fidelidad a nuestros compromisos, la equidad y la libertad de elección, podremos imitar los atributos de Dios cada vez que compramos y vendemos. Además, las transacciones comerciales ofrecen muchas oportunidades para la interacción personal, como cuando me doy cuenta de que no estoy comprando solo en una tienda, sino a una persona, a la que debo mostrar amabilidad y la gracia de Dios. De hecho, cada transacción de negocios es una oportunidad para ser justos y sinceros, y así obedecer la enseñanza de Jesús que debemos hacer a los demás lo que queremos que nos hagan a nosotros (Mt 7:12).

Debido a la naturaleza interpersonal de las transacciones comerciales, la actividad empresarial tiene una importante influencia estabilizadora en una sociedad. Puede que a un agricultor no le guste mucho el mecánico del pueblo, y puede que al mecánico no le guste mucho el agricultor, pero el agricultor sí quiere que su camioneta se arregle bien la próxima vez que se malogre, y al mecánico sí le encanta el maíz dulce y los tomates que vende el agricultor, así que les beneficia mutuamente llevarse bien, y así su enemistad es controlada. De hecho, ¡pueden incluso buscar el bien de cada uno por esta razón! Lo mismo ocurre con las transacciones comerciales en todo el mundo e incluso entre naciones. Esto es una evidencia de la gracia común de Dios, porque en el mecanismo de la compra y la venta Dios nos ha proporcionado un maravilloso estímulo para amar a nuestro prójimo mediante acciones que promueven no solo nuestro propio bienestar, sino también el bienestar de los demás, incluso mientras buscamos el nuestro. Al comprar y vender también manifestamos la interdependencia y de este modo reflejamos la interdependencia y el amor interpersonal entre los miembros de la Trinidad, y así glorificamos a Dios.

Sin embargo, las transacciones comerciales conllevan a muchas tentaciones para pecar. En lugar de buscar el bien del prójimo y de nosotros mismos, nuestro corazón puede llenarse de codicia, de modo que solo buscamos nuestro propio bien y no pensamos en el bien de los demás (esto sucede, por ejemplo, cuando una persona en una transacción de negocio quiere el 99% o el 100% del beneficio y quiere que la otra persona se reduzca al 1% o al 0% del beneficio). O nuestros corazones pueden ser invadidos por el egoísmo, un deseo desmedido de riqueza, y poner nuestro corazón en el anhelo de ganancias materiales. Pablo dice:

> Porque los que quieren enriquecerse caen en tentación y lazo, y en muchas codicias necias y dañosas, que hunden a los hombres en destrucción y perdición; porque raíz de todos los males es el amor al dinero, el cual codiciando algunos, se extraviaron de la fe, y fueron traspasados de muchos dolores (1Ti 6:9-10).

También podemos incurrir en prácticas deshonestas a causa del pecado, como la venta de materiales de mala calidad cuyos defectos se cubren con pintura brillante. Cuando hay una excesiva concentración de poder o un enorme desequilibrio en el conocimiento, a menudo se producirá opresión a los que carecen de poder o conocimiento (como en los monopolios patrocinados por el gobierno en los países socialistas o comunistas, donde los consumidores solo pueden acceder a bienes de mala calidad y alto precio de un fabricante para cada producto).

Pero las distorsiones de algo bueno no deben hacernos pensar que esto en sí es malo. La compra y la venta en sí mismas son fundamentalmente correctas y agradables a Dios. Son un maravilloso regalo de él a través del cual nos ha permitido tener muchas oportunidades para glorificarlo.

C. OBTENER GANANCIAS ES UNA ACTIVIDAD MORALMENTE CORRECTA

¿Qué es obtener ganancias? En esencia, es vender un producto por un precio superior al costo de producción. Si tengo una panadería y horneo 100 moldes de pan con un costo de $200, pero los vendo por un total de $400, he obtenido $200 de ganancia. Si la gente está dispuesta a pagar $4 por cada uno de mis moldes de pan, significa que piensan que lo que he producido es valioso: ¡el pan que me costó $2 vale $4 para ellos! Por tanto, la ganancia es un indicador de que he hecho algo útil para los demás, y de ese modo se puede mostrar que estoy haciendo un bien a los demás en los bienes y servicios que vendo.

Además, la ganancia puede indicar que he utilizado los recursos de forma más eficiente que otros, porque cuando mis costos son menores mi ganancia es mayor. Si otro panadero desperdicia harina y levadura y gasta $225 para hacer 100 panes, su ganancia es menor que la mía. Pero utilizar los recursos de forma más eficiente (no malgastarlos) también es bueno, ya que deja más recursos y más baratos para que otros los utilicen también. Por lo tanto, la ganancia suele ser una indicación de que estoy haciendo un uso bueno y eficiente de los recursos de la tierra, obedeciendo así el "mandato de creación" original de Dios de "someter" la tierra:

> Y los bendijo Dios, y les dijo: Fructificad y multiplicaos; llenad la tierra, y sojuzgadla, y señoread en los peces del mar, en las aves de los cielos, y en todas las bestias que se mueven sobre la tierra (Gn 1:28).

En la parábola de las minas (o libras), Jesús cuenta que un noble llamó a diez de sus siervos, les dio una mina a cada uno (el salario de unos tres meses) y les dijo: "Negociad entre tanto que vengo" (Lucas 19:13). El siervo que obtuvo una ganancia del 1000% fue recompensado con creces, pues cuando dijo: "Señor, tu mina ha ganado diez minas", el noble respondió:

> Está bien, buen siervo; por cuanto en lo poco has sido fiel, tendrás autoridad sobre diez ciudades (Lucas 19:16-17).

El siervo que ganó cinco minas más recibió autoridad sobre cinco ciudades, *pero el que no obtuvo ninguna ganancia fue reprendido* por no haber puesto al menos la mina en el banco para ganar intereses (v. 23).

El noble representa, por supuesto, al propio Jesús, que se ha ido a un "país lejano" para recibir un reino y volverá para recompensar a sus siervos. La parábola tiene aplicaciones obvias a la mayordomía de los dones espirituales y los ministerios que Jesús nos confía, pero para que la parábola tenga sentido, tiene que asumir que la buena mayordomía, a los ojos de Dios, incluye expandir y multiplicar cualquier recurso o mayordomía que nos confíe. Sin duda, no podemos excluir el dinero y las posesiones materiales de la aplicación en esta parábola, ya que son parte de lo que Dios nos confía a cada uno, y nuestro dinero y posesiones pueden y deben utilizarse para glorificarle. Por lo tanto, buscar la ganancia o tratar de multiplicar nuestros recursos es visto como algo fundamentalmente bueno. No hacerlo será condenado por el maestro cuando regrese.

La parábola de los talentos (Mt 25:14-30) tiene similitudes con respecto a este punto, pero las cantidades son mayores, ya que un talento valía unos 20 años de salario para un trabajador, y se dan diferentes cantidades al principio.

Una premisa similar se encuentra implícito en el reconocimiento que se le da a la mujer virtuosa en Proverbios 31:

> Ve que van bien sus negocios (v. 18).

La palabra traducida como "negocios" (hebreo, *sahar*) se refiere a las transacciones comerciales que producen ganancias. Esta "mujer virtuosa" es elogiada por vender mercancías para obtener ganancias.

Algunos alegarán que obtener ganancias es "explotar" a otras personas. ¿Por qué debería cobrarte $4 por un molde de pan si solo me cuesta $2 producirla? Una de las razones es que no solo pagas por mi materia prima, sino también por mi trabajo como "emprendedor", mi tiempo para hornear el pan, mi habilidad para hornear que aprendí a costa de más de mi tiempo, mi habilidad para encontrar y organizar los materiales y el equipo para hornear el pan, y (de forma significa) el riesgo que asumo al hornear 100 panes cada día, ¡antes de que ningún comprador haya entrado en mi tienda!

En cualquier sociedad, algunas personas son demasiado cautelosas por naturaleza para asumir los riesgos que conlleva la creación y gestión de una empresa, pero otras están dispuestas a asumir esos riesgos, y es correcto darles alguna ganancia como recompensa por asumir esos riesgos que nos benefician a todos los demás. Es la esperanza de esa recompensa lo que motiva a la gente a crear empresas y asumir esos riesgos. Si no se permitiera tener ganancia en una sociedad, la gente no asumiría esos riesgos y tendríamos muy pocos bienes disponibles para comprar. Por lo tanto, permitir las ganancias es algo muy bueno que trae beneficios a todos en la sociedad.

Por supuesto, puede haber ganancias ilícitas. Por ejemplo, si hay una gran desigualdad de poder o conocimientos entre tú y yo, y yo me aprovecho de ello y te engaño, no estaría obedeciendo el mandato de Jesús de hacer a los demás lo que quisiera que me hicieran a mí (Mt 7:12).

O si estoy a cargo de un monopolio de un bien necesario, de modo que la gente solo puede comprarme pan, agua o gasolina, y cobro un precio exorbitante que agota la riqueza de la gente, por supuesto que ese tipo de ganancia es excesiva y está mal. Ahí es donde el proceso de obtener una ganancia proporciona tentaciones de pecado.

No obstante, como he señalado anteriormente, la distorsión de lo bueno no debe hacernos pensar que aquello en sí es malo. Si la ganancia se obtiene en un sistema de intercambio voluntario no distorsionado por el poder del monopolio o por un conocimiento muy desigual, entonces cuando yo obtengo una ganancia también te ayudo a ti. Tú estás mejor porque tienes un molde de pan que querías, y yo estoy mejor porque he ganado $2 de ganancia, y eso me mantiene en el negocio y me hace querer hacer más pan para vender. Todos ganan, nadie es explotado. A través de este proceso, a medida que mi negocio se beneficia y crece, continúo glorificando a Dios al ampliar las posesiones sobre las que soy "soberano" y sobre las que puedo ejercer una mayordomía de forma sabia.

La capacidad de obtener ganancias se traduce, pues, en la multiplicación de nuestros recursos al tiempo que ayudamos a otras personas. Es una capacidad maravillosa que Dios nos ha dado, y no es mala ni moralmente neutra, sino que es fundamentalmente buena.

D. LA COMPETENCIA ES MORALMENTE CORRECTA

Al igual que con otros aspectos de la empresa que hemos considerado, lo mismo ocurre con la competencia: las malas acciones y las distorsiones que a veces han acompañado a la competencia han llevado a la gente a la conclusión de que la competencia es mala en sí misma, pero esto no es cierto.

Podemos pensar en algunos buenos ejemplos de competencia en otros ámbitos de la vida. Por ejemplo, la mayoría de la gente piensa que la competencia en los deportes es algo bueno, ya sea en las ligas de fútbol de los niños, en las ligas menores de béisbol, en las competencias de la secundaria y la universidad o en los deportes profesionales. Aunque todos podemos pensar en malos ejemplos de entrenadores excesivamente competitivos, en su mayor parte pensamos que el deporte de competencia es un buen sistema y que es justo que el mejor equipo reciba algún premio o galardón al final. (Ver 1 Co 9:25-26; 2 Ti 2:5 para algunas metáforas de la competencia deportiva que Pablo utiliza de forma positiva).

La competencia tiene varios beneficios:

1. Orientación profesional mediante la práctica de diferentes actividades. En la mayoría de los sistemas escolares, calificar con notas es una actividad competitiva en la que los mejores alumnos de matemáticas, los mejores alumnos de letras y los mejores alumnos de arte y música reciben notas más altas. El sistema de calificación "competitiva" sirve de orientación para ayudar a los estudiantes a encontrar algo que puedan hacer bien y para ayudar a la sociedad a asignar los puestos de trabajo para aquellos que están más preparados para esas funciones. El resultado es que cuando viajo en un avión, me alegro de que haya sido diseñado por personas que obtuvieron altas calificaciones en matemáticas e ingeniería. El sistema de calificación era "competitiva" y *guiaba a la sociedad a la hora de asignar los puestos de trabajo* a aquellos que están más calificados para esos trabajos.

En el mundo de los negocios, la competencia también lo hace. Una vez contratamos a un pintor negligente para nuestra casa, y solo duró un día, pero luego encontramos un buen pintor, y estuvimos dispuestos a pagar más por su trabajo de alta calidad. El mal pintor necesitaba encontrar otra ocupación, y le ayudamos a darse cuenta de ello pidiéndole que no volviera al día siguiente. El mundo es tan diverso, y el sistema económico tiene tantas necesidades, que estoy seguro de que hay algún área en la que puede satisfacer una necesidad y hacerlo bien, pero no era la pintura[6].

Por tanto, un sistema competitivo es aquel en el que ponemos a prueba nuestras capacidades y descubrimos si podemos hacer algo mejor que los demás, y así ser pagados por ello. El sistema funciona bien cuando recompensamos el mejor trabajo y las grandes cantidades de trabajo con mayores recompensas.

Si alguna vez has buscado el precio más bajo en una camisa, una computadora

---

[6] En toda sociedad habrá algunas personas que, debido a discapacidades físicas o mentales, no puedan encontrar un trabajo productivo sin ayuda de otros, ya sea de organizaciones de caridad o de organismos gubernamentales. No cabe duda de que debemos apoyar esos esfuerzos para proporcionar una "red de seguridad" a quienes no pueden valerse por sí mismos. Además, muchas empresas hacen esfuerzos especiales para ofrecer oportunidades de trabajo productivo a los adultos con discapacidad. Como resultado, en la sociedad estadounidense (con la que estoy más familiarizado) y en muchos otros países también, hay trabajo productivo disponible para la gran mayoría de la población, y la competencia es el mecanismo que ayuda a los trabajadores a encontrar los trabajos para los que sus intereses y habilidades se adaptan mejor.

o un auto, esa acción demuestra que apruebas la competencia en la economía, porque hiciste que la competencia funcionara. Usted compraba a la empresa que podía producir y distribuir una computadora más barata que otra, y animaba a ese fabricante más eficiente a seguir en el negocio y desanimaba a los fabricantes de computadoras menos eficientes y más caras a seguir en el negocio. Esto ocurre todos los días, por lo que lo damos por hecho. Esto debería hacernos caer en la cuenta de que si vamos a ser buenos mayordomos de nuestras posesiones, necesitamos tener competencia en el mercado.

2. Precios más bajos y mayor calidad de los productos. Los precios más bajos son otro beneficio que favorece a todo el mundo. Uno de los resultados de la competencia es que la gente sigue mejorando en la fabricación de artículos, y los precios (ajustados a la inflación) de los bienes de consumo siguen bajando y bajando en el transcurso de las décadas. Como resultado, la sociedad sigue obteniendo un mayor nivel de vida (en términos económicos).

Por ejemplo, las computadoras siguen mejorando y los precios siguen bajando, por lo que cada vez más gente puede adquirir una computadora, y todos los que compran una tienen más dinero del que habrían tenido un año antes. Las primeras calculadoras de bolsillo costaban unos $100, pero hoy en día puedo comprar una en la farmacia por $1. Estos son ejemplos de cómo la competencia aporta beneficios económicos a la sociedad en su conjunto.

3. Un incentivo para mejorar. Todavía hay otro beneficio de la competencia. Dios nos ha creado con el deseo de hacer el bien y de mejorar lo que somos capaces de hacer. La competencia nos estimula a mejorar las cosas que hacemos porque vemos a otros haciéndolo mejor y decidimos que nosotros también podemos hacerlo de una mejor manera. Un ejecutivo de una empresa que fabrica máquinas clasificadoras de correo me dijo una vez que sus ingenieros pensaban que habían hecho la máquina clasificadora de correo más rápida y silenciosa posible, hasta que los llevó a ver una máquina, fabricada por una empresa alemana, ¡que era aún más rápida y silenciosa! Entonces los ingenieros volvieron a trabajar, decididos a hacerlo aún mejor. Creo que Dios nos ha hecho con ese deseo de buscar la excelencia en nuestro trabajo para que podamos imitar su excelencia de forma más plena. El tipo de competencia para tratar de hacerlo tan bien o mejor que otro parece ser lo que Salomón tenía en mente cuando escribió:

> He visto asimismo que todo trabajo y toda excelencia de obras despierta la envidia del hombre contra su prójimo (Ec 4:4).

El término traducido como "envidia" (en la mayoría de las traducciones) o "rivalidad" (LBLA) es la palabra hebrea *qin'āh*, que puede tener connotaciones morales negativas o positivas, dependiendo del contexto (muy parecido a los términos en español "celos" y "pasión"). Aquí parece tener el sentido de "espíritu competitivo"[7]. El versículo no dice que esto sea bueno o malo, solo que ocurre (una

---

[7] La definición "espíritu competitivo" es dada para esta palabra en este versículo por HALOT, pág.

palabra diferente, *hāmad*, se utiliza en Ex 20:17, cuando Dios dice: "No codiciarás").

La gente ve lo que tiene otra persona y decide esforzarse más o adquirir mejores habilidades. De este modo, la competencia estimula a las personas a trabajar mejor para que ellas mismas prosperen y la sociedad prospere con ellas.

De hecho, hay un tipo de leve "competencia" implícita en el proceso de prueba que se someten los hombres antes de convertirse en diáconos:

> Y éstos también sean sometidos a prueba primero, y entonces ejerzan el diaconado, si son irreprensibles (1 Ti 3:10).

Si estos hombres se desempeñan bien en el tiempo de prueba ("si se muestran irreprensibles"), entonces pueden convertirse en diáconos. Si no es así, entonces deben encontrar alguna otra área de servicio dentro de la iglesia[8].

La competencia parece ser el sistema que Dios planeó cuando dio a algunas personas grandes talentos en un área y dio a otras personas grandes talentos en otra área, y cuando estableció un mundo donde la justicia y la equidad requerirían dar mayor recompensa por un mejor trabajo.

4. Oportunidades para glorificar a Dios y oportunidades para pecar. La competencia trae muchas oportunidades para glorificar a Dios, ya que tratamos de usar nuestros talentos a su máximo potencial y así manifestar las habilidades que Dios nos ha concedido con agradecimiento en nuestros corazones hacia él. La competencia permite a cada persona encontrar un papel en el que pueda contribuir positivamente a la sociedad, sirviendo a los demás haciendo el bien por ellos. Por tanto, la competencia es una especie de funcionamiento social de los atributos de sabiduría y bondad de Dios, y es una forma en que la sociedad ayuda a las personas a descubrir la voluntad de Dios para sus vidas. La competencia también nos permite demostrar individualmente la justicia y la bondad hacia los demás, incluso hacia aquellos con los que competimos.

Por otro lado, la competencia conlleva a muchas tentaciones de pecado. Hay una diferencia entre tratar de hacer un trabajo mejor que los demás, y por otro lado, tratar de perjudicar a los demás e impedir que se ganen la vida. No hay nada de malo en tratar de tener un taller de reparación de autos mejor que el de la otra calle, pero sí hay mucho de malo en mentir sobre el otro mecánico, robar sus herramientas o tratar de hacerle daño de cualquier otra manera.

La competencia también trae tentaciones de orgullo y de trabajo excesivo que no permite descansar ni pasar tiempo con la familia o con Dios. También existe la

---

1110. (La versión NET (New English translation) utiliza "competencia" aquí, pero la mayoría de las traducciones dicen "envidia").

[8] También parece que hubo algún tipo de competencia entre los "valientes" de David: "Abisai, hermano de Joab [...] fue el principal de los treinta [...] Era el más renombrado de los treinta y llegó a ser su jefe, mas no igualó a los tres primeros". (2 S 23:18-19). Obsérvese también la comparación que hace Pablo de sí mismo con los demás apóstoles: "yo soy el más pequeño de los apóstoles, que no soy digno de ser llamado apóstol, porque perseguí a la iglesia de Dios. [...] antes he trabajado más que todos ellos; pero no yo, sino la gracia de Dios conmigo" (1 Co 15:9-10).

tentación de distorsionar de tal manera los valores de la vida que no podemos ni siquiera disfrutar de los frutos de nuestro trabajo.

Pero las distorsiones de algo que es bueno no deben hacernos pensar que la misma sea mala. Estas tentaciones de pecar no deben oscurecer el hecho de que la competencia en sí misma, dentro de los límites apropiados (algunos de los cuales deben ser establecidos por el gobierno), es buena y agradable a Dios, y proporciona muchas oportunidades para glorificarlo.

E. LA PUBLICIDAD ES MORALMENTE CORRECTA

La publicidad es la divulgación de información sobre un producto o servicio con el fin de aumentar las ventas. El objetivo de la publicidad es informar a los demás sobre un producto o servicio y persuadirlos que es lo suficientemente valioso como para que quieran comprarlo.

Si se cree sinceramente que su producto va a beneficiar a otras personas, no hay nada intrínsecamente malo en tratar de informarles sobre el. Usted sí se beneficiará si vende su producto, pero publicitar su producto también es buscar el bien de otras personas. Puedes intentar conseguir ambas cosas (ayudarte a ti mismo haciendo ventas y ayudar a los demás poniendo a su disposición un buen producto), y esto es posible porque una buena transacción comercial aporta beneficios a ambas partes.

De vez en cuando he tenido un papel en la publicidad. Por ejemplo, mi foto apareció en un anuncio de una revista del *Phoenix Seminary* [Seminario de Phoenix] junto con una declaración sobre el excelente trabajo que realiza el seminario al combinar un sólido programa de formación, la atención al crecimiento espiritual de los estudiantes, la participación de los pastores locales y una sólida formación académica. Espero que el anuncio haya animado a los estudiantes a considerar el *Phoenix Seminary* y que ese proceso haya persuadido finalmente a algunos de ellos a inscribirse como estudiantes. Pude poner honestamente mi nombre en ese anuncio porque creía en lo que decía sobre la calidad del seminario.

Los principales principios éticos que hay que tener en cuenta en relación con la publicidad son la veracidad y la búsqueda genuina del bien de los demás, además de la propia. En otras palabras, no des falso testimonio y no dejes de amar a tu prójimo como a ti mismo en la publicidad.

Hay que tener cuidado con los peligros de la publicidad. Mencionar en la publicidad algo falso sería incorrecto, decir que su panadería solo vende pan "recién horneado todos los días" si, de hecho, parte de lo que vende son restos del día anterior. Sin embargo, me parece interesante que la ley estadounidense de una amplia libertad en los anuncios que dicen que algo es "lo mejor", "lo más grande", "lo más bonito", etc. Si tienes un restaurante que vende pizza, no es una infracción a la ley poner un anuncio que diga "¡La mejor pizza de Arizona!" o "¡La mejor pizza del mundo!". Esto es legalmente aceptable porque sería muy difícil para cualquiera determinar de manera definitiva lo que constituye "la mejor pizza", y además, los clientes que leen tales afirmaciones las entienden como una forma de "exageración publicitaria" comúnmente utilizada, es decir, un lenguaje que habla de un producto de forma superlativa[9].

Otro tipo de publicidad incorrecta trata de inducir a la gente a comprar cosas que son perjudiciales o imprudentes, como un billete de lotería, que muy probablemente es una gran pérdida de dinero. Y otro tipo de publicidad incorrecta trata de vender productos haciendo alarde de la sexualidad de una mujer (o de un hombre).

Otra pregunta que se plantea con frecuencia es la siguiente: ¿engendra la publicidad erróneamente una demanda de bienes que la gente no necesita, de modo que el resultado real de la publicidad es un aumento del materialismo y de los niveles irresponsables de endeudamiento de los consumidores?

Creo que se trata de una objeción legítima, pero mi opinión es que la principal solución a este problema tiene que pasar por instruir más eficazmente los corazones y las mentes de los consumidores para que no sean engañados y no tomen decisiones irresponsables de mayordomía con respecto a los anuncios que ven. Incluso si hay un aumento del materialismo como resultado de la publicidad (y estoy seguro de que lo hay), también hay un gran beneficio que proviene de permitir la libertad lícita de expresión y la libertad de publicidad en una sociedad, para que la gente pueda informar a los demás sobre sus productos. Me parece que cualquier solución impuesta por el gobierno para este tipo de daños causados por la publicidad también tendría que reconocer que prohibir o restringir severamente la publicidad daría lugar a una gran pérdida social de información sobre los productos, una pérdida de parte del aumento de la calidad y la reducción de los precios que resultan de la libertad de expresión y la competencia, y una gran pérdida de la libertad del consumidor para elegir qué escuchar y qué afirmaciones creer. Por lo tanto, creo que cualquier objeción sobre el materialismo al que incita la publicidad debería ir en la dirección de una mayor educación del consumidor y no en la dirección de una mayor restricción gubernamental de las libertades de las personas.

F. ¿LAS EMPRESAS SON ÉTICAMENTE LEGÍTIMAS?

Una empresa es una organización que se establece como "una entidad legal separada que tiene sus propios derechos, privilegios y responsabilidades distintas de las de sus miembros"[10]. ¿Es moralmente bueno una entidad legal de este tipo? Yo creo que sí.

Una empresa permite a las personas poseer partes de una compañía (estos son denominados accionistas) y gestionar una compañía (son los empleados que supervisan sus operaciones) sin ser legalmente responsables de las pérdidas en las que pueda incurrir una empresa, especialmente si entra en bancarrota y/o quiebra.

Algunas personas han dicho que tal acuerdo no es éticamente correcto porque fomenta la irresponsabilidad del individuo. Algunas veces, las personas afirman

---

[9] Sin embargo, si se tratara de mi restaurante, personalmente sería reacio a poner un cartel así porque no podría estar seguro de que fuera cierto.

[10] *American Heritage Dictionary* [Diccionario de la herencia americana], 4ª ed. (Boston: Houghton Mifflin, 2006), pág. 410

que esto se debe al hecho que los funcionarios y administradores de las empresas pueden evitar la responsabilidad sobre las decisiones que ellos toman. La empresa puede perder dinero y ellos no tienen que devolverlo personalmente[11]. No estoy de acuerdo con esta objeción. Esto se debe a que las personas que compran acciones de una compañía lo hacen sabiendo que existe una medida de riesgo y sabiendo que los administradores de la compañía no están poniendo en riesgo sus recursos personales. Además, las personas que hacen negocios con una empresa también reconocen que existe este tipo de riesgo.

El beneficio de las empresas es que hoy en día muchas compañías son demasiado grandes para que un solo individuo asuma la responsabilidad de ellas. Tienen ventas anuales de muchos miles de millones de dólares. Muchas de las actividades que llevan a cabo las empresas hoy en día (especialmente las que tienen ventas en toda una nación o en todo el mundo) probablemente serían imposibles si no existiera este tipo de estructura legal.

La idea de una empresa no es del todo nueva. En el mundo antiguo, algunas empresas (como el comercio con el extranjero a través del transporte marítimo) eran muy caras, por lo que muchas personas adquirían "acciones" de una empresa y compartían después sus beneficios o pérdidas. Pero ningún individuo sería responsable de todas las pérdidas[12].

Otra objeción es que una gran empresa se vuelve necesariamente "impersonal" y, por tanto, se convierte en un lugar poco humano para trabajar. Sin embargo, ni siquiera las grandes empresas tienen por qué ser impersonales a nivel de las interacciones individuales de los empleados, y las políticas y prácticas de la empresa pueden ciertamente establecer una cultura corporativa favorable a los empleados y que valore la contribución distintiva de cada individuo.

Por supuesto, reconozco que las empresas pueden ser utilizadas por la gente de forma moralmente incorrecta. Pueden engañar a los proveedores, tratar a los empleados con dureza e injusticia, vender productos mediante publicidad engañosa, fabricar productos defectuosos o dañinos, contaminar el medio ambiente y hacer otras cosas perjudiciales. Pero estos son abusos de la misma idea de empresa; no son inherentes a la institución en sí.

G. LA RESPONSABILIDAD SOCIAL DE LAS EMPRESAS Y LA PROBLEMÁTICA DEL "GIVING BACK"

Cuando las empresas hacen contribuciones de caridad a sus comunidades, a esto se le conoce cada vez más como "giving back". Creo que hay buenas razones para hacer tales contribuciones, pero creo que la expresión "giving back" es inoportuna y engañosa.

---

[11] Por supuesto, si un directivo de una empresa es culpable de un delito intencionado o de un fraude (en lugar de un simple error de apreciación), entonces está cometiendo un delito y puede ser considerado legalmente responsable por ello.

[12] Ver Jules Toutain, *The Economic Life of the Ancient World* [La vida económica del mundo antiguo] (Londres: Routledge & Kegan Paul, 1930), págs. 246-249.

1. Buenas razones para hacer donaciones a la Comunidad. Hay varias buenas razones por las que las empresas deberían hacer normalmente contribuciones a organizaciones de caridad en sus comunidades:

1. Un patrón de donaciones de este tipo crea buenas relaciones dentro de la comunidad y un espíritu de buena voluntad en la comunidad en conjunto.
2. Estas donaciones animan a otros a donar de forma similar a causas dignas.
3. Estas donaciones mejoran la imagen de la compañía en la comunidad y, por lo tanto, ayudan a la compañía en su negocio.
4. Estas donaciones suelen hacer que los empleados se sientan orgullosos de trabajar para la compañía.
5. La organización de caridad que recibe el dinero puede hacer un bien a la comunidad.

Todos estos son beneficios que provienen de las donaciones de las empresas. Al igual que los individuos de la comunidad *no están obligados legalmente* a contribuir a las organizaciones de caridad, pero a menudo donan *voluntariamente* tiempo y dinero, una empresa, como miembro responsable de una comunidad, no debería estar obligada legalmente a hacer tales donaciones, pero a mi parecer debería sentir cierto sentido de obligación moral de hacer tales donaciones de manera voluntaria. La cantidad de donaciones y el lugar en el que se realizan varían mucho de una empresa a otra[13].

2. "Giving back" es una expresión inoportuna y engañosa. A veces, cuando las empresas hacen donaciones a organizaciones de caridad en una comunidad, la gente se refiere a esto como "devolver/retribuir", sugiriendo así que la empresa ha "tomado" su ganancia de manera ilegítima o inmoral y, por lo tanto, tiene alguna obligación de *devolver algo de lo que ha "tomado".*

Sin embargo, como he explicado anteriormente, la ganancia no es moralmente malo, sino que es moralmente bueno (siempre que se obtenga legalmente y para productos moralmente buenos). Por tanto, una compañía no tiene la obligación de hacer donaciones de empresa como forma de expiar su "pecado" de obtener ganancias. Esa es una perspectiva moral totalmente distorsionada.

Por el contrario, cada vez que la compañía paga los salarios a los empleados, *ya está dando algo muy valioso a la comunidad.* Y cada vez que fabrica un producto que otras personas compran y encuentran útil, ya está dando un beneficio a la comunidad. Para entenderlo, imaginemos qué pasaría si la empresa dejara de funcionar de repente. No habría más productos ni puestos de trabajo. Entonces, el

---

[13] Sin embargo, no estoy de acuerdo con los que hablan de que todas las "partes interesadas" de una empresa (todos los que se ven afectados por ella o hacen negocios con ella) tienen algún tipo de derecho o autoridad para decidir cuánto debe dar la empresa a las organizaciones de caridad. Los propietarios legalmente constituidos son los únicos que tienen esa autoridad, aunque pueden considerar conveniente consultar a los miembros de la comunidad, los empleados, los clientes, los proveedores y otros.

beneficio que aporta a la comunidad se perdería por completo. Esto ilustra cómo los salarios y los productos ya dan mucho a la comunidad. Las contribuciones benéficas no significan "giving back" sino *dar más* que los buenos empleos y los buenos productos que las empresas ya están proporcionando.

3. Es un error pensar que el único objetivo de una empresa es obtener ganancias. Algunas personas han argumentado que los administradores de una empresa son en realidad los empleados de los accionistas, y por lo tanto los administradores no tienen derecho a hacer donaciones a la comunidad porque eso es gastar el dinero de los accionistas en formas que no están autorizadas a hacer[14].

No estoy de acuerdo con este punto de vista. Si una compañía tiene la costumbre de dar un porcentaje de sus ganancias a la comunidad en forma de donaciones de caridad, cualquiera que compre las acciones puede averiguarlo y puede comprar las acciones con pleno conocimiento de que eso es parte de lo que la compañía va a hacer con las ganancias. No hay deshonestidad ni engaño.

Además, me parece que, al igual que los individuos y los propietarios de negocios privados que viven en una comunidad deberían tener cierto sentido de la responsabilidad moral de hacer contribuciones de caridad a organizaciones dignas que ayudan a otros en la comunidad, las empresas, como entidades legales separadas, también deberían ejercer algo del mismo cuidado. Esto es parte de lo que significa ser un buen ciudadano en una comunidad.

H. ¿LAS EMPRESAS MULTINACIONALES EXPLOTAN A LOS PAÍSES POBRES?

A veces, la gente se opone a un sistema económico de libre mercado porque afirma que permite a las poderosas empresas mundiales explotar a los habitantes de los países pobres[15]. Esta afirmación es importante y merece un análisis profundo.

---

[14] Un famoso ensayo que defiende este punto de vista es el de Milton Friedman, *"The Social Responsibility of Business Is to Increase Its Profits"* ["La responsabilidad social de las empresas es aumentar sus ganancias"], *The New York Times Magazine*, 13 de septiembre de 1970, págs. 33, 122-126. Fue reimpreso en la primera edición de Rae y Wong, *Beyond Integrity* [Más allá de la integridad] (Grand Rapids, Michigan: Zondervan, 1996), págs. 241-245. Es interesante que la tercera edición de Beyond Integrity (2012) incluya una crítica al ensayo de Friedman por parte de John Mackey, fundador y director general de Whole Foods, y una contundente réplica del propio Friedman (ver las páginas 147-150).

[15] Esta parte es una adaptación de Wayne Grudem y Barry Asmus, *"Do Global Corporations Exploit Poor Countries?"* ["¿Explotan las empresas mundiales a los países pobres?"] en *Counting the Cost: Christian Perspectives on Capitalism* [Contando el costo: Perspectivas cristianas sobre el capitalismo], ed. Art Lindsley y Anne R. Bradley (Abilene, Texas: Abilene Christian University Press y McLean, Virginia: Instituto para la Fe, el Trabajo y la Economía, 2017), págs. 277-303, con permiso de la editorial. Algunas partes de ese ensayo fueron adaptadas de varias partes de Wayne Grudem y Barry Asmus, *The Poverty of Nations: A Sustainable Solution* (Wheaton, Illinois: Crossway, 2013), y este material se utiliza con permiso de la editorial. Como explicamos en ese libro, preferimos el término "libre mercado" al término "capitalismo" porque para muchas personas el "capitalismo" conlleva demasiadas connotaciones negativas, y el "libre mercado" transmite mejor el corazón del sistema económico que favorecemos (ver págs. 136-138). Sin embargo, tal y como se utiliza en este capítulo, el "capitalismo" debe entenderse en el sentido positivo en el que de forma más común se ha entendido en la literatura y el debate económico.

1. ¿Qué significa "explotar"? Para analizar esta objeción, primero tenemos que entender qué significa "explotar" a un país pobre. Puede significar diferentes cosas:

1. *Robo:* Puede significar tomar valiosos recursos naturales de un país pobre sin pagar por ellos.
2. *Precios injustos:* Puede significar la compra de recursos naturales o cultivos agrícolas a un país pobre a precios injustamente bajos.
3. *Daño medioambiental:* Puede significar la extracción de recursos naturales de un país pobre de forma perjudicial para el medio ambiente.
4. *Salarios injustos:* Puede significar la contratación de mano de obra en un país pobre por salarios injustamente bajos.
5. *Condiciones de trabajo inhumanas:* Puede significar exigir a los habitantes de los países pobres que trabajen en condiciones inseguras o inhumanas.

2. ¿Las empresas explotan a los países pobres de esta manera? En primer lugar, debo aclarar que las Escrituras condenan explícitamente a los ricos por defraudar a los trabajadores pobres mediante el uso indebido del poder que conlleva su riqueza:

> ¡Vamos ahora, ricos! Llorad y aullad por las miserias que os vendrán [...] Vuestro oro y plata están enmohecidos; y su moho testificará contra vosotros, y devorará del todo vuestras carnes como fuego [...] He aquí, clama *el jornal de los obreros* que han cosechado vuestras tierras, *el cual por engaño no les ha sido pagado* por vosotros; y los clamores de los que habían segado han entrado en los oídos del Señor de los ejércitos [....] Habéis condenado y dado muerte al justo, y él no os hace resistencia (Santiago 5:1-6).

Santiago también indica que algunos ricos del mundo del primer siglo oprimían a los cristianos pobres:

> *¿No os oprimen los ricos,* y no son ellos los mismos que os arrastran a los tribunales? (Santiago 2:6).

El apóstol Pablo también advierte que si la gente se deja dominar por el deseo de hacerse rico, las tentaciones de otras malas acciones le seguirán pronto:

> Porque los que quieren enriquecerse caen en tentación y lazo, y en muchas codicias necias y dañosas, que hunden a los hombres en destrucción y perdición (1 Ti 6:9)

¿Estas advertencias contra los males que hacían los ricos en el primer siglo se aplican también a algunas empresas multinacionales hoy en día? Sí, porque las empresas están formadas por *personas*, las decisiones de las empresas son tomadas por *personas*, y hay personas pecadoras en las empresas hoy en día al igual que había personas pecadoras en el primer siglo. Por lo tanto, seríamos tontos en negar que las empresas globales sean capaces de hacer cosas malas, y a veces (cuando sus ejecutivos piensan que pueden salirse con la suya) hacen cosas malas. Para ver ejemplos concretos, basta con leer la sección de negocios de un periódico durante una semana para encontrar otra historia de alguna empresa condenada por hacer cosas malas.

Pero esa no es la pregunta que intentamos responder aquí. La pregunta es si *un sistema de libre mercado (a veces llamado "capitalismo") fomenta el comportamiento incorrecto de las empresas mundiales*. En otras palabras, la pregunta correcta es si el comportamiento erróneo de las empresas es causado por un sistema económico de libre mercado o por el pecado en el corazón humano.

Mi respuesta a esa pregunta es que la verdadera causa es el pecado en el corazón humano, a menudo con la ayuda e instigación de funcionarios gubernamentales corruptos (como indicarán algunos ejemplos más adelante). Y lejos de fomentar el comportamiento incorrecto, el sistema de libre mercado hace mejor trabajo que cualquier otro sistema económico a la hora de disuadir dicho comportamiento incorrecto mediante la imposición de sanciones legales y económicas a los infractores empresariales[16].

Con estos antecedentes, podemos examinar ahora las cinco ideas diferentes que la gente puede tener en mente cuando dice que las poderosas empresas mundiales explotan a la gente de los países pobres.

a. ¿Robo? Si ExxonMobil realiza perforaciones para la obtención de petróleo en Nigeria o Brasil y luego se lo llevara sin pagar nada por él, eso sería un auténtico robo. Sin embargo, ese tipo de robo descarado simplemente no ocurre hoy en día. La policía nigeriana o brasileña arrestaría a los trabajadores de cualquier empresa que intentara robar su petróleo. Ellos embargarían y confiscarían sus camiones petroleros en el mismo puerto.

Reconozco que en la historia pasada sí se produjeron estos saqueos de recursos valiosos. Por ejemplo, a principios del siglo XVI, los conquistadores españoles invadieron México y Perú y se llevaron inmensos depósitos de oro. En 1519, Hernando Cortés y sus tropas armadas conquistaron el Imperio Azteca en México, y los españoles encontraron por fin el oro que tanto habían buscado. Luego, de 1532 a 1539, Francisco Pizarro capturó al Imperio Inca en Perú, y de nuevo los conquistadores encontraron fabulosas cantidades de oro que se llevaron a España. Estas conquistas violentas con sus saqueos fueron un verdadero robo, y fueron moralmente incorrectas (España acabó sufriendo durante siglos esta repentina maldición de la riqueza fácil. Ver el análisis hecho por Barry Asmus y yo[17]).

Pero el saqueo de oro por parte de la España del siglo XVI no es un fracaso de las empresas globales modernas.

Por supuesto, algunas empresas mundiales *compran* hoy en día recursos naturales (como petróleo, madera, oro y otros minerales) a países pobres. Pero se

---

[16] Ver cap. 37, pág. 970, sobre el apoyo bíblico a un sistema económico de libre mercado en contraposición a un sistema socialista o comunista, en el que los funcionarios del gobierno determinan lo que se produce y lo que se puede comprar y vender. Ver también Grudem y Asmus, *The Poverty of Nations*, cap. 6, sobre las ventajas morales de un sistema económico de libre mercado.

[17] Ver Grudem y Asmus, *The Poverty of Nations*, págs. 79-81.

trata de transacciones voluntarias, y las empresas pagan dinero por los recursos, por lo que esta práctica no debería llamarse "robar", sino *"comprar"* recursos. Dado que existe un mercado mundial de productos básicos, con muchas compañías que compiten para comprar los recursos de una nación pobre, cualquier compañía debe pagar el precio del mercado mundial o el país buscará otro comprador que pague. Esta práctica no explota a una nación pobre. Proporciona una importante entrada de dinero en efectivo para esa nación.

Sin embargo, ¿qué ocurre si los funcionarios del gobierno de un país pobre aceptan sobornos a cambio de conceder a una empresa multinacional el derecho exclusivo a perforar en busca de petróleo, de modo que ninguna otra empresa pueda hacer ofertas por el petróleo, y luego conceden a esta única empresa el derecho a pagar al país pobre un "precio de oferta especial" por el petróleo, muy por debajo del precio del mercado mundial? La compañía petrolera obtiene enormes beneficios incluso después de pagar regularmente a los funcionarios del gobierno.

Estoy de acuerdo en que este caso es una forma de robo, pero un robo llevado a cabo mediante acuerdos secretos entre la compañía multinacional y los funcionarios corruptos. Este ejemplo no nos muestra el sistema de libre mercado, *sino una ruptura* del sistema, porque el país no recibe el precio del mercado mundial por sus recursos, que un libre mercado abierto proporcionaría. Esta situación no es culpa del sistema de libre mercado, sino que se debe a que no se permite el funcionamiento del libre mercado. Por el contrario, muestra lo que ocurre en un "sistema de mercado no libre" impuesto por el gobierno corrupto de una nación. La culpa es de los funcionarios del gobierno que venden los derechos de perforación demasiado baratos y luego aceptan los sobornos, así como de la empresa que acepta pagar los sobornos y pagar muy por debajo del precio de mercado legítimo. En ambos casos, la culpa es de la codicia humana y no del libre mercado. La solución no es que el país abandone el libre mercado, sino que lo establezca más firmemente con un estado de derecho más eficaz, que incluya la rendición de cuentas de los funcionarios que se dedican a estos delitos.

b. ¿Precios injustos? El segundo gran argumento de "explotación" contra las grandes empresas se refiere a los precios que pagan por los productos. ¿Pagan las grandes empresas mundiales precios injustamente bajos por los recursos naturales o por los cultivos agrícolas? Esta será una explicación más extensa, porque hay que señalar cinco puntos distintos en respuesta a esta problemática. Aquí hablaré principalmente del café, pero los mismos argumentos se pueden aplicar a cientos de otros artículos.

(1) Nadie puede controlar los precios de las materias primas en los mercados mundiales: Miles de compañías grandes y pequeñas en el mundo buscan comprar café para sus clientes. Entre ellas se encuentran (en Estados Unidos) las compañías que comercializan Starbucks, Seattle's Best, Nestlé, Maxwell House, Folgers, Dunkin' Donuts, Yuban, Melitta y miles de otras marcas de café. Se trata de empresas independientes, y se encuentran en casi todos los países del mundo.

El precio mundial del café que deben pagar estas compañías está determinado principalmente por dos factores: la oferta y la demanda.

¿Cómo afecta *la demanda* a los precios? Cuando los clientes de todo el mundo beben más café, las empresas cafeteras necesitan comprar más, lo que significa que la cantidad demandada en los mercados del café aumenta. Esto hace que el precio suba. No obstante, si la gente bebe menos café, la cantidad demandada disminuye, y esto hace que el precio baje. Con muchos miles de compradores en todo el mundo, ninguna empresa o nación puede determinar la demanda global de café.

¿Qué pasa con la oferta? Si es un mal año para las cosechas de café, se provee de menos café, el café escasea y los clientes están dispuestos a pagar más o a beber menos para no quedarse sin él. La menor cantidad de abastecimiento hace que los precios suban. Pero si hay una cosecha abundante de café, se abastece más café y hay más para vender de lo que las empresas pensaban comprar. Los vendedores tienen que reducir sus precios para poder vender su café. Una mayor oferta hace bajar el precio del café.

Cada año, en todo el mundo, miles y miles de pequeños y grandes caficultores deciden la cantidad que van a plantar e intentan llevar a la cosecha. (tienen que planificar con antelación porque el árbol de café crece de tres a cinco años antes de dar granos de café). Con tantos miles de cultivadores, ninguna compañía o nación puede determinar la oferta global de café.

Por ejemplo, la tabla de precios por internet de *International Coffee Organization* [Organización Internacional del Café] mostraba que, el 25 de julio de 2014, el precio mundial compuesto del café era de 157.69 centavos (o $1,5769 en moneda estadounidense) por libra[18] (este es el precio compuesto entre varias variedades y mercados, que redondearé a 158 centavos en lo que sigue). En las negociaciones de café de varias ciudades del mundo, 158 centavos por libra era el precio al que se cruzaban la oferta y la demanda. Los agricultores estaban dispuestos a *vender* su café a ese precio (oferta), y las compañías cafeteras estaban dispuestas a *comprarlo* a ese precio (demanda) (en este comentario, mantengo constantes otros factores y omito los costes de transacción en aras de la simplificación).

En un sistema así, con un mercado mundial y con precios determinados por cientos de miles de decisiones individuales, no hay forma de que una compañía rica o una nación rica pueda decir: "Queremos aumentar nuestros beneficios, así que vamos a pagar a los caficultores un precio injustamente bajo porque podemos salirnos con la nuestra. No creemos que deban recibir 158 centavos por libra de café. Vamos a pagar 130 centavos por libra".

Supongamos que una compañía poderosa como Starbucks decidiera pagar solo 130 centavos por libra. Los compradores de Starbucks irían a las negociaciones de café de ciudades de todo el mundo y anunciarían: "¡Ofrecemos comprar café a 130 centavos por libra!" ¿Qué pasaría?

Los comerciantes se reirían de ellos. Nadie vendería café a los compradores de Starbucks. ¿Por qué han de vender a Starbucks a 130 centavos la libra cuando pueden vender a cualquier otra persona del mundo a 158 centavos la libra? Si nadie

---

[18] Los precios actuales están recogidos por la Organización Internacional del Café, Indicador de Precios de la OIC, http://www.ico.org/coffee_prices.asp.

vende a Starbucks a ese precio, Starbucks se quedará pronto sin café y sus clientes se hartarán y empezarán a comprar su café en otro sitio. Starbucks lo sabe, por lo que sus compradores no tienen más remedio que ofrecer 158 centavos por libra, el precio mundial del café. Así que ningún individuo, ningún gobierno y ninguna empresa poderosa puede "fijar" el precio mundial de los productos agrícolas.

(2) Los gobiernos de los países pobres a veces impiden que los agricultores reciban el precio mundial de sus cultivos: Los gobiernos de los países pobres pueden obligar a los agricultores pobres de estos países a aceptar precios injustamente bajos, muy por debajo del precio del mercado mundial. Lo hacen mediante impuestos, tasas, restricciones a las licencias, aranceles, cuotas y otras distorsiones del mercado. El economista británico P. T. Bauer explica cómo puede ocurrir esto:

> Los precios mundiales del café y del cacao [...] están determinados por las fuerzas del mercado y no por las disposiciones de Occidente. Por otra parte, los agricultores de muchos de los países exportadores reciben mucho menos que los precios del mercado, porque están sujetos a impuestos de exportación muy elevados y a diques gubernamentales similares[19].

Bauer añade que, tras el fin del dominio colonial británico, "la mayor parte de las exportaciones agrícolas de las colonias británicas en África, incluidas prácticamente todas las exportaciones producidas por africanos, *fueron gestionadas por monopolios estatales de exportación conocidos como juntas de comercialización* [...] Se convirtieron en el instrumento más importante de control económico estatal en África"[20]. Las juntas directivas de marketing recibían el precio mundial de una cosecha, se quedaban con gran parte de ella y luego pagaban a los agricultores locales un precio mucho más bajo con lo que sobraba.

Aunque muchas de estas juntas directivas de marketing ya han sido abolidas, sigue siendo importante determinar en cada país si existen aranceles, cuotas o monopolios de distribuidores locales impuestos por el gobierno que hacen que los productores reciban un precio mucho menor que el del mercado mundial por sus cosechas, y si los funcionarios del gobierno están sacando beneficios de estos aranceles, cuotas o monopolios. A veces esto sigue ocurriendo.

En estos casos, los agricultores reciben un precio injustamente bajo por sus cosechas, muy por debajo del precio del mercado mundial. Sin embargo, los funcionarios del gobierno que cobran sobornos y tasas de exportación exorbitantes, o los compradores monopolistas protegidos por el gobierno que pagan a los agricultores un precio terriblemente bajo y luego venden las cosechas en el mercado mundial con un enorme beneficio, son los verdaderos culpables que están utilizando el poder del gobierno para distorsionar el libre mercado para su

---

[19] P.T. Bauer, *Equality, the Third World, and Economic Delusion* [La igualdad, el tercer mundo y la economía] (Cambridge, Massachusetts: Harvard University Press, 1981), págs. 68-69. Ver también págs. 173, 177-82.

[20] *Ibid*, pág. 177, énfasis añadido.

propio beneficio egoísta.

¿Son estas prácticas de los gobiernos de los países pobres culpa de las grandes empresas mundiales que compran el café a esos gobiernos o a los vendedores monopolistas locales por el precio del mercado mundial? No. Las empresas pagan el precio justo. La injusticia la cometen los gobiernos de los países pobres, y esos gobiernos deben cargar con la culpa. Los precios bajos no son culpa del mercado libre ni de las empresas mundiales[21].

(3) El "comercio justo" del café es una forma de donación de caridad que no puede proporcionar un cambio a largo plazo en los precios mundiales: Aunque es un ligero desvío de la cuestión de si las empresas globales explotan a los países pobres, quiero comentar brevemente aquí la campaña para animar a la gente a comprar café de "comercio justo" a precios más altos, un tema que expliqué en el capítulo 37 (pág. 981). Esta campaña se promueve ampliamente como una alternativa al capitalismo puro y a las acciones sin restricciones del libre mercado. La promesa del movimiento de comercio justo es que los caficultores de las naciones pobres recibirán un precio más alto por el café si se produce en mejores condiciones de trabajo con salarios más altos. Entonces, el café que se comercializa como "comercio justo del café" se vende a un precio más alto a los consumidores de las naciones ricas.

Estos son algunos de los argumentos a favor del comercio justo del café:

1. *Precios injustos:* desde que los precios del café se han desplomado en los últimos años, los precios que reciben los pequeños agricultores pueden ser inferiores a los costes de producción. Esto no es justo para los agricultores, que no pueden ganar dinero cultivando café.
2. *Cuidado de la naturaleza:* El comercio justo del café se esfuerza por ser orgánico, respetuoso con las aves y orientado al crecimiento de la vegetación.
3. *Algo de éxito:* Este tipo de programa ya ha ayudado a miles de productores de comercio justo del café.

Sin embargo, estos argumentos no son tan persuasivos como parecen a primera vista.

1. *Precios injustos:* uno de los conceptos más básicos de la economía, que los estudiantes de Econ 101 recuerdan mucho después de haber olvidado todo lo demás, es que los precios están determinados por la interacción de la oferta y la demanda. Los precios no están determinados por las ideas de varias personas sobre

---

[21] Por otro lado, si el gobierno de una nación no está alterando el mercado, y los agricultores reciben algo parecido al precio del mercado mundial por las cosechas, y si siguen siendo muy pobres, no se debe culpar a las empresas mundiales. La oferta y la demanda mundial de un producto son el resultado de millones de decisiones individuales de millones de personas en todo el mundo, no el resultado de las acciones de unas pocas grandes empresas. La única solución viable para estos pobres cafeteros, por difícil que parezca al principio, es encontrar algún otro cultivo que sea más rentable, o incluso encontrar otra ocupación.

lo que es un precio "justo".

Esto significa que si un pequeño caficultor no puede pagar sus costes de producción y ganarse la vida cultivando café, solo hay dos formas de cambiar el precio: (1) disminuir *la oferta* mundial de café (pero es imposible que el agricultor lo haga de forma significativa) o (2) aumentar *la demanda* mundial de café (pero es imposible que un solo agricultor lo consiga). Si el agricultor no puede modificar el precio mundial, apelar a la gente para que pague más que el precio mundial es como mendigar; está pidiendo una donación de caridad. Puede que se consiga un poco de dinero para algunos agricultores, pero no cambiará el precio mundial. Si un pequeño caficultor no puede ganarse la vida cultivando café, la mejor solución a largo plazo es que cambie a otro cultivo que le permita ganarse la vida. Incluso puede que tenga que dejar la agricultura para dedicarse a otra ocupación.

He aquí una analogía: Supongamos que un hombre intenta ganarse la vida recogiendo latas de aluminio usadas de los contenedores de basura y vendiéndolas a un centro de reciclaje. Después de varias semanas, nos dice: "No estoy recibiendo un precio justo por estas latas. Trabajo todo el día y solo gano unos pocos dólares".

¿Debemos entonces decir: "le ayudaremos a conseguir un precio justo. Crearemos una red de centros de aluminio reciclado de "comercio justo" que le pagarán más que el precio de mercado"? No, eso sería una insensatez. Si realmente queremos ayudarle, deberíamos decir: "Necesitas otra ocupación", e incluso: "Te ayudaremos a formarte en otro oficio".

2. Cuidado de la Naturaleza: creo que el cuidado de la naturaleza es un tema importante, y lo analizo con más detalle en el capítulo 41. Sin embargo, en este punto quiero señalar que aparte de apoyar el café de comercio justo, la gente puede cuidar el mundo natural de muchas maneras distintas. El movimiento de comercio justo no es necesario para cuidar de la naturaleza de forma efectiva.

3. Algo de éxito: las campañas a favor del comercio justo del café, como todas las campañas de aportaciones caritativas, proveen una cierta ayuda para las personas a las que se destinan las aportaciones. No obstante, hay que tener en cuenta también el perjuicio que causa para todos los demás caficultores del mundo, que reciben precios más bajos cuando el movimiento de comercio justo aumenta la producción por encima de lo que exige el mercado mundial, como indica el precio mundial del café. Además, el movimiento de comercio justo mantiene a sus caficultores trabajando en un cultivo que puede proporcionarles una vida adecuada solo mientras sigan recibiendo estas contribuciones de caridad de otros. Les desalienta a cambiar de cultivo u otra ocupación en la que puedan mantenerse toda la vida sin depender de la caridad de otros.

Varios economistas están de acuerdo con estas conclusiones. El economista Victor Claar señala que "el café de comercio justo representa aproximadamente solo el uno por ciento de los mercados de café en Estados Unidos y Europa"[22]. Pero

---

[22] Victor Claar, *Fair Trade? Its Prospects as a Poverty Solution* [¿Comercio justo? Sus perspectivas como solución a la pobreza] (Grand Rapids, Michigan: Poverty Cure, 2012), pág. 39. Aunque el comercio justo del café representara el 3% o el 4% del mercado del café en Estados Unidos y Europa, eso no tendría en cuenta el resto del mundo, por lo que es dudoso que el comercio justo del café represente siquiera el 1% del mercado mundial.

Claar identifica un perjuicio económico que se deriva de un aumento artificial del precio de algunos cafés por encima de lo que soportaría el mercado mundial (es decir, más alto que el precio fijado por la oferta y la demanda mundial). Pagar a algunos cultivadores un precio superior al del mercado mundial del café les anima a *cultivar más café* del que realmente demanda el mercado. Claar escribe:

> Por lo tanto, mientras que hay demasiado café cultivado en relación con la demanda mundial en general, tampoco hay suficiente demanda para comprar, al precio de comercio justo, todo el café que se cultiva como café de comercio justo. En ambos casos, simplemente hay demasiado café[23].

La mayor oferta de café *reduce entonces el precio para otros caficultores* que no forman parte del movimiento de comercio justo. Como explico en la siguiente parte, esto es algo parecido a lo que ocurre con los subsidios agrícolas que Estados Unidos paga a ciertos agricultores, dándoles un precio superior al del mercado mundial por sus cosechas, para luego acabar con un excedente de cosechas que se "dump" en el mercado mundial, rebajando los precios agrícolas de otros países. En el caso del comercio justo del café, el exceso de oferta no se debe a las ayudas gubernamentales a los precios, sino a las contribuciones voluntarias de las personas que compran el café.

Claar continúa diciendo que el aumento artificial del precio del café solo prolonga el problema del exceso de café en el mercado mundial:

> Si el problema fundamental del mercado del café es que los precios son bajos porque hay demasiado café, entonces parece que el movimiento de comercio justo puede estar empeorando las cosas en lugar de mejorarlas porque aumenta los incentivos para cultivar más café[24].

Un problema adicional es que, al pagar un precio superior al del mercado mundial del café, el movimiento de comercio justo anima a los agricultores a seguir produciendo café cuando sería mucho mejor que se dedicaran a otros cultivos para los que hay más demanda. Claar muestra cómo Costa Rica cambió su producción a nuevos productos y aumentó significativamente el valor de sus exportaciones[25].

Paul Collier es profesor de economía en la Universidad de Oxford y exdirector de investigación del desarrollo en el Banco Mundial. Él escribe lo siguiente sobre el comercio justo del café, pero los argumentos se aplican también a las campañas de "comercio justo" de otros productos:

> El sobreprecio de los productos de comercio justo es una forma de transferencia de caridad, y evidentemente no hay nada malo en ello. Pero el problema que plantea, en comparación con el hecho de dar la ayuda a la gente de otras maneras, es que anima a los beneficiarios a seguir haciendo lo que están haciendo: producir café [...] Reciben caridad mientras sigan

---

[23] *Ibid.*, pág. 40.
[24] *Ibid.*, págs. 43-44.
[25] *Ibid.*, pág. 53.

produciendo los cultivos que los han sumido en la pobreza[26].

Estoy de acuerdo con estas valoraciones económicas y, por tanto, no puedo recomendar a la gente que apoye el movimiento del "comercio justo". Las contribuciones de caridad a los pobres son más eficientes por otros medios, y esas transferencias de caridad nunca conducirán a una solución a largo plazo para la pobreza mundial, o incluso para la mayoría de los agricultores que cultivan un solo producto, como el café.

(4) Cuando las naciones ricas "dump" el exceso de productos agrícolas en el mercado mundial, hacen que los precios mundiales bajen de forma errónea: ya he hablado del daño que se produce cuando los gobiernos de los países pobres impiden que los agricultores reciban los precios del mercado mundial por sus cosechas. Pero el "dumping de productos básicos" por parte de las naciones ricas también puede reducir los precios que reciben los agricultores.

El dumping de productos básicos se produce cuando los gobiernos (por lo general en las naciones europeas más ricas y en Estados Unidos) pagan enormes subvenciones a los agricultores de sus países, lo que significa que muchos agricultores cobran por encima de los precios del mercado mundial por cultivos como el trigo, los maníes, la remolacha azucarera y muchos otros. El gobierno garantiza un "precio de apoyo", por lo que los agricultores cultivan más cantidad de un producto (por ejemplo, trigo) que la que demanda el mercado mundial. El gobierno compra entonces el trigo a estos agricultores al precio prometido y lo almacena en enormes depósitos de grano. Esto ocurre en Estados Unidos año tras año.

¿Qué se debe hacer con el exceso de trigo? El gobierno estadounidense puede regalarlo a otros países del mundo (en cuyo caso destruiría el mercado del trigo cultivado localmente en esos países, porque los agricultores no pueden competir con un precio de cero) o puede ofrecer el trigo para la venta en el mercado mundial a un precio inferior al del mercado mundial (en cuyo caso la gran afluencia de oferta hace bajar el precio del trigo en el mercado mundial, y de nuevo los agricultores de los países pobres recibirán menos de lo que les correspondería).

Estoy de acuerdo que muchos economistas creen que este sistema de subvenciones agrícolas es económicamente perjudicial y desearían verlo eliminado. Cuando las naciones ricas "dump" cantidades masivas de un cultivo en el mercado mundial, perjudican sin duda a los agricultores de los países pobres. También creo que estas subvenciones son económicamente perjudiciales para los países donde se producen. Sin embargo, hay razones políticas por las que estas subvenciones continúan en varias naciones, he escrito en otro libro[27] sobre este tema.

---

[26] Paul Collier, *The Bottom Billion: Why the Poorest Countries Are Failing and What Can Be Done about It* [Los mil millones de abajo: Por qué fracasan los países más pobres y qué se puede hacer al respecto] (Oxford: Oxford University Press, 2007), pág. 163.

[27] Ver la explicación de los subsidios agrícolas en el libro de Wayne Grudem, *Politics-According to the Bible* [Política según la Biblia] (Grand Rapids, Michigan: Zondervan, 2010), págs. 528-533. Ver también Barry Asmus y Donald B. Billings, *Crossroads: The Great American Experiment: The Rise, Decline, and Restoration of Freedom and the Market Economy* [Encrucijada: El Gran Experimento Americano:

Sin embargo, una vez más, este problema es culpa de las políticas gubernamentales erróneas, no de las empresas mundiales. No es culpa del mercado libre, sino de los gobiernos que distorsionan el mercado libre[28].

(5) Las naciones ricas imponen de forma errónea aranceles y cuotas perjudiciales a los productos que importan de las naciones pobres: existe otra práctica perjudicial por parte de las naciones ricas. Cuando los países ricos imponen aranceles o cuotas restrictivas a las mercancías importadas de los países pobres, obstaculizan injustamente a esos países pobres. Si un país latinoamericano puede cultivar tomates más baratos que los productores de Estados Unidos, los consumidores estadounidenses se benefician de los precios más bajos, y los productores latinoamericanos se benefician al obtener más ingresos. El gobierno estadounidense no debe impedir que los productores latinoamericanos obtengan este beneficio obligándoles a pagar elevados aranceles cuando importen tomates a Estados Unidos, solo para que los productores de tomate estadounidenses estén protegidos. El libre comercio aporta beneficios a ambas naciones[29].

Sin embargo, ¿qué ocurriría con los productores de tomate de Estados Unidos, quienes se verían perjudicados si se permitiera la entrada de tomates latinoamericanos más baratos en Estados Unidos sin que los productores tuvieran que pagar aranceles? ¿No debería Estados Unidos preocuparse por sus propios productores de tomate?

Reconozco que los negocios de algunos productores de tomate estadounidenses se verían perjudicados por las importaciones a menor precio. Sin embargo, en conjunto, la evidencia económica es clara y contundente: mientras que un pequeño grupo se ve beneficiado por esos aranceles, el resto de la población de un país se ve perjudicado al tener que pagar precios más altos.

Por lo tanto, aunque al principio los aranceles elevados parecen ayudar a los productores locales y pueden justificarse como una forma de "salvar el empleo", el resultado real acaba siendo la protección de unos pocos puestos de trabajo y la destrucción de otros en otras zonas, ya que, después de pagar precios más altos

---

El ascenso, el declive y la restauración de la libertad y la economía de mercado] (Lanham, Maryland: University Press of America, 1984), págs. 224-27.

[28] ¿Pueden las naciones pobres de hoy en día hacer algo para acabar con el tal dumping de productos básicos? Sinceramente, es poco probable que ninguna nación o grupo de naciones pobres pueda poner fin al dumping de productos excedentes en el mercado mundial en un futuro previsible. La práctica solo puede ser modificada por los poderes políticos internos de cada país que dump productos básicos, y eso podría o no suceder pronto. Sin duda, espero que así sea. Por ahora, el único único paso que pueden dar los países pobres parece ser adaptarse a las circunstancias tal y como son.

Si el mercado mundial del trigo es imprevisible y, por tanto, el cultivo del trigo no puede proporcionar a un agricultor unos buenos ingresos año tras año, la única solución (a falta de producir mucho más trigo) es que se dedique a otros cultivos. En otras palabras, los países pobres pueden adaptarse con éxito al dumping extranjero de productos básicos cultivando otras cosechas o produciendo otros productos que no estén sujetos a dicho dumping.

[29] Ron Sider, *Rich Christians in an Age of Hunger: Moving from Affluence to Generosity* [Cristianos adinerados en la era del hambre: Pasar de la abundancia a la generosidad], 5ª ed. (Nashville: Thomas Nelson, 2005), págs. 143-147, 240-244, ofrece estadísticas inquietantes sobre el daño que esos aranceles imponen a las naciones pobres.

por los tomates, a la gente no le queda tanto para gastar en otras cosas. La misma situación es válida tanto para una nación como para un hogar: si paga precios más altos de lo necesario por algunos productos, le queda menos dinero para gastar en otros.

Los economistas llevan 240 años exponiendo este argumento. Adam Smith en su libro de 1776 *The Wealth of Nations* dijo:

> Esto es lo máximo de todo jefe de familia prudente, nunca intentar hacer en casa lo que le costará más hacer que comprar [...] Si un país extranjero puede suministrarnos un producto más barato de lo que nosotros mismos podemos fabricar, es mejor comprárselo con alguna parte del producto de nuestra propia industria, empleada de una manera en la que tengamos alguna ventaja[30].

La conclusión es que es importante que los ciudadanos y los líderes de las naciones ricas trabajen para eliminar esos aranceles y cuotas perjudiciales que no hacen más que subir los precios para todos y robar a los agricultores pobres de otras naciones el derecho a beneficiarse de sus precios más bajos. De hecho, las dos primeras recomendaciones legislativas del informe de la Comisión HELP al Congreso estadounidense en 2007 incluían: "Conceder un acceso libre de aranceles y de cuotas a los mercados estadounidenses" a muchos países pobres, incluyendo especialmente a "aquellos países con un producto bruto interno (PBI) per cápita inferior a $2 000[31].

Pero una vez más, la imposición de aranceles y cuotas es una acción perjudicial llevada a cabo por los gobiernos de algunos países ricos, en beneficio de ciertas personas influyentes dentro de sus propios países. No es culpa de las empresas mundiales.

c. ¿Daños medioambientales? El tercer tipo principal de "explotación" que a veces se alega contra las empresas mundiales es que dañan el medio ambiente. Los críticos de las empresas mundiales pueden señalar catástrofes medioambientales como el derrame de petróleo cuando el petrolero Exxon Valdez chocó contra un arrecife en Prince William Sound, Alaska, el 24 de marzo de 1989. El barco derramó más de 10 millones de galones de su carga de 55 millones de galones de petróleo en el mar, causando grandes daños a la costa y a la vida marina[32]. ¿Son estos acontecimientos culpa del capitalismo o de un sistema económico de libre mercado?

---

[30] Adam Smith, *An Inquiry into the Nature and Causes of the Wealth of Nations* [Investigación sobre la naturaleza y las causas de la riqueza de las naciones], ed. Edwin Cannan (1776; repr., Nueva York: Modern Library, 1994), Libro IV, cap. 2, págs. 485-486.

[31] *"Beyonce Assitance: The HELP Commission Report on Foreign Assistance Reform* [Más allá de la ayuda: Informe de la Comisión HELP sobre la reforma de la ayuda exterior]", 7 de diciembre de 2007, pág. 24, http://www.americanprogress.org/wp-content/uploads/issues/2007/12/pdf/beyond_assistence. pdf. HELP son las siglas de Helping to Enhance the Livelihood of People around the Globe [Ayudar a mejorar los medios de vida de la gente en todo el mundo].

[32] Ver *"The Exxon Valdez Oil Spill: A Report to the President* [El derrame de petróleo del Exxon Valdez: Un informe para el Presidente]", por el National Response Team, mayo de 1989, pág. 2.

Estoy de acuerdo que las naciones deben proteger sus recursos naturales del descuido y la destrucción humana. No obstante, la economía de libre mercado es la que mejor satisface esta necesidad, siempre que el gobierno sea responsable con el pueblo. En una economía de libre mercado, con libertad de prensa y una auténtica responsabilidad gubernamental para con el pueblo, no tardarán en surgir salvaguardias medioambientales más estrictas tras una catástrofe como la del Exxon Valdez (Exxon fue declarada culpable de negligencia y pagó enormes precios por los daños y las labores de limpieza, y a raíz de ello se endurecieron las normas y procedimientos marítimos). En un sistema de libre mercado, los que causan esos daños son considerados responsables de los perjuicios que causan.

Además de las sanciones que pagó, Exxon sufrió la pérdida financiera de más de 10 millones de galones de petróleo, por un valor aproximado de $9,7 millones[33]. Dado que Exxon es una empresa, tuvo que asumir esa pérdida. Especialmente en un sistema de libre mercado, las empresas tienen grandes incentivos financieros para proteger el medio ambiente evitando que se produzcan este tipo de accidentes.

Sin embargo, esta responsabilidad por los daños no suele producirse si el culpable es el gobierno o una empresa de su propiedad, como ocurre en las economías fuertemente socialistas o planificadas. En estos sistemas, la destrucción del medio ambiente suele ser mucho peor que en las economías de libre mercado, porque hay menos responsabilidad del gobierno ante la población. La destrucción desenfrenada del medio ambiente puede persistir durante décadas, sin que el gobierno se preocupe por ello.

Por ejemplo, el economista P. J. Hill escribe:

> Con el colapso de la Unión Soviética y la llegada de la democracia a Europa del Este, la información ha fluido mucho más libremente, y el alcance de los problemas ecológicos se ha hecho más conocido.
>
> Se ha descubierto que los niños de la zona de la Alta Silesia (Polonia) tienen cinco veces más plomo en la sangre que los niños de las ciudades de Europa Occidental. La mitad de los niños de esa zona padecen enfermedades relacionadas con la contaminación.
>
> La peor contaminación atmosférica se produce en el corredor industrial del sur de Alemania Oriental, a través del norte de Checoslovaquia, y en el sur de Polonia.
>
> En Leuna, en la antigua Alemania del Este, el 60% de la población padece en todo momento enfermedades respiratorias. En Espenhain, cuatro de cada cinco niños desarrollan bronquitis crónica o dolencias cardíacas antes de cumplir los siete años. En Telpice, una ciudad del noroeste de Checoslovaquia, la contaminación del aire mantiene a los niños dentro de casa durante una tercera parte del invierno.
>
> La contaminación del agua también ha sido un problema importante

---

[33] He estimado este valor aproximado multiplicando 42 galones por barril y un precio mundial del petróleo crudo de $40,90 por barril en marzo de 1989, obtenido de www.macrotrends.net/1369/crude-oil-price-history-chart. Esto da $0,974 por galón x 10 millones de galones = $9,74 millones.

en numerosos países de Europa del Este. El agua potable de Hungría está gravemente contaminada con arsénico. El tratamiento de las aguas residuales es inexistente o muy precario en muchas grandes ciudades. La agricultura búlgara sufre la contaminación por metales pesados a través del agua de riego de gran parte de sus mejores regiones agrícolas.

Por muy deplorables que sean las condiciones en Europa del Este, la situación en la antigua Unión Soviética es un poco mejor. Allí también abunda la contaminación del aire y del agua[34].

Aunque gran parte de los daños se han limpiado desde que la libertad llegó a Europa del Este, el trágico historial de destrucción que trajo la economía socialista/comunista es innegable.

Excluyendo los accidentes (como el del *Exxon Valdez*), ¿se producen daños medioambientales en las economías de libre mercado porque las grandes empresas recortan *intencionadamente* y contaminan los ríos o talan los bosques sin replantar los árboles solo para reducir sus costes? Sí, esto ocurre en algunos países, porque en todos los sistemas económicos del mundo hay algunas malas personas que están dispuestas a dañar el medio ambiente en aras de su propio beneficio. Sin embargo, si se les permite hacer esto sin ninguna sanción impuesta por la ley, entonces los funcionarios del gobierno que lo permiten (quizás por generosos sobornos) también son responsables. Tanto la empresa que contamina como el gobierno corrupto son culpables.

Si el gobierno no es corrupto, pero una empresa daña intencionadamente el medio ambiente y simplemente no la descubren, esto sigue siendo culpa del carácter defectuoso de las personas que dirigen el negocio. No se trata de un defecto inherente en las empresas mundiales o en un sistema de libre mercado, que en realidad desalienta esas malas acciones mejor que cualquier otro sistema económico.

d. ¿Salarios injustos? ¿Qué pasa con la cuarta objeción principal, la afirmación de que las grandes empresas multinacionales pagan salarios injustamente bajos en los países pobres, aprovechándose así de los trabajadores de esos países? Para responder a esta pregunta, es importante distinguir entre un mercado laboral en un país que es completamente libre y un mercado laboral que está limitado por leyes y permisos de contratación restrictivos.

Al igual que el gobierno de un país pobre puede restringir las exportaciones de café para que los agricultores locales reciban mucho menos que el precio mundial por su producto (y los funcionarios del gobierno se embolsan la enorme diferencia cuando venden el café en el mercado mundial), el gobierno puede mantener los salarios artificialmente bajos. Por ejemplo, el gobierno puede conceder a una sola empresa un permiso para construir una fábrica y contratar trabajadores en una determinada región.

Supongamos que los funcionarios del gobierno de un país pobre firman un

---

[34] P. J. Hill, *"Environmental Problems under Socialism"* ["Problemas medioambientales en el socialismo"], Cato Journal 12, nº 2 (otoño de 1992): págs. 321 -334.

lucrativo acuerdo con *World Famous Running Shoes* para construir una fábrica de zapatos en una zona determinada, y como parte del acuerdo garantizan (por el dinero que reciben) que denegarán a todas las demás empresas los permisos para construir fábricas en esa zona. De este modo, World Famous Running Shoes obtiene un control monopolístico sobre la contratación de trabajadores locales (lo que técnicamente se denomina "monopsonio", un mercado en el que solo hay un comprador), y puede pagar salarios extremadamente bajos y permitir lamentables condiciones de trabajo.

En esta situación, gran parte de la culpa debe recaer en los funcionarios del gobierno que establecieron y protegieron el monopolio de *World Famous* en el mercado laboral local. Los funcionarios de la empresa *World Famous* también comparten la culpa de esta irregularidad.

Por otro lado, si no existen esas restricciones impuestas por el gobierno a la contratación, entonces cualquier empresa del mundo es libre de venir a contratar trabajadores, y un elemento de competencia entra al mercado laboral. Entonces, los salarios se fijan según el precio vigente en el mercado. Si *World Famous* ofrece a la gente solo $1 por hora, entonces Saucony es libre de venir y ofrecer a la gente $1.50 por hora, y Jockey es libre de construir una fábrica de camisas y ofrecer a la gente $1.75 por hora, y así sucesivamente. Con un libre mercado laboral, todas las empresas que fabrican cualquier tipo de bienes en el mundo son libres de competir por los trabajadores locales.

En un mercado laboral de este tipo, los trabajadores locales son libres de trabajar para la empresa que quieran, y nadie puede "fijar" el precio de la mano de obra, sino que se regula por la interacción de la oferta y la demanda en el mercado libre. Si una empresa ofrece $1.50 por hora para 500 puestos de trabajo y comprueba que tiene 500 solicitantes cualificados, la oferta de mano de obra está ciertamente satisfaciendo la demanda, y $1.50 es un salario "justo" y "equitativo". Es el precio al que los trabajadores están dispuestos a trabajar en ese mercado laboral. Probablemente, han decidido que es mucho mejor trabajar por $1.50 la hora que no trabajar o trabajar en una agricultura de subsistencia.

¿Los $1.50 por hora que paga la fábrica *hace que estos trabajadores sean pobres*? No. Los hace más prósperos de lo que eran antes, y el aumento de la prosperidad de estos trabajadores, sin duda, también trae beneficios al resto de la economía.

Una de las ventajas económicas que tienen hoy los países pobres es la oferta de mano de obra barata. Los bajos costos de la mano de obra hacen que sea económicamente atractivo para las empresas construir fábricas e invertir en los países pobres, y así ayudar a esos países a crear bienes y servicios, y a avanzar hacia la prosperidad.

Cuando la gente se opone a que las compañías no paguen salarios tan bajos (sugiriendo que algo más cercano a los salarios estadounidenses o de Europa Occidental sería más "justo"), no entienden que cualquier regulación que obligue a las compañías a pagar salarios más altos en un país pobre tiende a quitarle a ese país su ventaja económica, haciendo más difícil que compita en el mercado mundial y atraiga las fábricas e inversiones necesarias para el crecimiento económico.

En resumen, los salarios que las empresas mundiales pagan en los países pobres no son injustos si están determinados por la libre interacción de la oferta y la demanda de mano de obra en la zona local, y si cualquier compañía que quiera es libre de establecer una fábrica allí. No obstante, si los funcionarios corruptos del gobierno distorsionan el proceso y solo dan permiso a una compañía para operar en una zona, entonces los salarios artificialmente bajos son el resultado de la corrupción del gobierno en el país pobre, no el resultado de la existencia de empresas globales o de un sistema de libre mercado.

e. ¿Condiciones de trabajo inhumanas? La última gran acusación de "explotación" se refiere a las condiciones de trabajo. Para ampliar nuestro ejemplo de la fábrica de zapatos anterior, ¿qué pasa si *World Famous Running Shoes* establece una fábrica en la que el entorno de trabajo es inseguro, los trabajadores sufren regularmente graves lesiones, y las horas de trabajo y las condiciones laborales en general son terriblemente inhumanas?

En gran medida esta situación es culpa de la empresa *World Famous*, que ha permitido que la codicia excesiva triunfe sobre la justa preocupación por sus trabajadores. Además, cuando existen estas condiciones inhumanas en una fábrica como la de *World Famous*, también es culpa de los líderes del gobierno nacional (o de los funcionarios locales) que han permitido tales abusos. Tanto los funcionarios del gobierno como la empresa *World Famous* comparten la culpa de este sufrimiento injusto, pero no el sistema de libre mercado o el mero hecho de que existan empresas multinacionales.

Se encontraría una solución si los líderes que tienen autoridad en el gobierno y en la empresa hicieran caso a la enseñanza del Nuevo Testamento: "Amos, haced lo que es justo y recto con vuestros siervos, sabiendo que también vosotros tenéis un Amo en los cielos" (Col 4:1).

3. Las naciones pobres eran pobres antes de que existieran las empresas globales. Además del análisis anterior acerca de cinco acusaciones diferentes de "explotación", deseo señalar dos puntos más sobre el amplio espectro de la historia mundial.

Hoy en día es fácil mirar a las empresas multimillonarias que operan en los países pobres y asumir que "estas empresas ricas han hecho a este país pobre". Sin embargo, esa rápida presunción no es cierta, por varias razones.

En primer lugar, las naciones que hoy son pobres no fueron prósperas en el pasado[35]. En segundo lugar, los países que hoy son ricos llegaron a serlo produciendo sus propios bienes y servicios y comerciando con otros países. En general, no se enriquecieron haciendo pobres a las naciones pobres[36]. En tercer lugar, la evidencia

---

[35] Alguien podría alegar que China era relativamente rica en el siglo XV. Eso es parcialmente cierto, porque al menos algunas personas en China eran bastante ricas; pero luego China pasó por siglos de atraso y pobreza antes de empezar a desarrollarse rápidamente a finales de los años 70.

[36] Sin embargo, anteriormente mencioné que los exploradores españoles robaron por la fuerza grandes cantidades de oro de los imperios azteca e inca en América Latina a principios del siglo XVI, y España obtuvo grandes cantidades de riqueza en el proceso, lo que en última instancia fue destructivo no solo para los pueblos conquistados sino también para la propia España. Los exploradores españoles también esclavizaron a los nativos de América Central y del Sur para que trabajaran en sus minas,

fáctica de la historia muestra que la acusación de que las grandes empresas de los países ricos son responsables de la pobreza en los países pobres es sencillamente falsa.

Aproximadamente, hasta 1770 había muy poca diferencia en la vida de la gente común en los países más ricos y más pobres del mundo. La mayoría de la gente trabajaba arduamente, obtenía suficiente comida, ropa y refugio para sobrevivir, y vio pocos cambios en su nivel de vida siglo tras siglo. Vivir con menos de un dólar al día era habitual.

Sin embargo, alrededor de 1770 comenzó la Revolución Industrial en Gran Bretaña y pronto se extendió a otros países. David Landes señala que el ingreso per cápita británico "se duplicó entre 1780 y 1860, y luego se multiplicó por seis entre 1860 y 1990"[37]. En resumen, algunas naciones produjeron una nueva y formidable prosperidad, y otras siguieron siendo pobres. Landes indica que: "La Revolución Industrial hizo a algunos países más ricos y a otros (relativamente) más pobres; o más exactamente, algunos países hicieron una revolución industrial y se enriquecieron, y otros no lo hicieron y siguieron siendo pobres"[38].

Por lo tanto, la pobreza de las naciones pobres no ha sido causada por las naciones ricas modernas, por las empresas mundiales o por los sistemas económicos de libre mercado. Las naciones pobres eran pobres mucho antes de que existieran tales cosas.

4. Las relaciones económicas con las empresas mundiales en los países ricos han beneficiado en su mayoría a los países pobres. Lejos de causar pobreza, las relaciones con las empresas mundiales que quieren hacer negocios en los países pobres han sido generalmente beneficiosos. El economista P. T. Bauer explica los resultados de las transacciones económicas entre naciones ricas y pobres:

> No es Occidente el causante de la pobreza en el Tercer Mundo, sino que el contacto con Occidente ha sido el principal agente del progreso material en ese país [...] El nivel de logros materiales suele disminuir a medida que uno se aleja de los focos de impacto occidental. Los pueblos más pobres y atrasados tienen pocos o ningún contacto con el exterior, como los aborígenes, los pigmeos y los pueblos del desierto[39].

La prosperidad de Occidente fue generada por sus propios pueblos y no fue

---

infligiéndoles un gran sufrimiento, y dejaron un legado destructivo que continúa hasta cierto punto incluso hoy en día. Ver los comentarios de Daron Acemoglu y James A. Robinson, Why Nations Fail: The Origins of Power, Prosperity and Poverty [Por qué fracasan los países: Los orígenes del poder, la prosperidad y la pobreza] (Nueva York: Crown, 2012) págs. 9-19, 114-115, 432-433. Sin embargo, estas acciones no fueron la causa inicial de la pobreza, ya que la gente común de América Central y del Sur era extremadamente pobre incluso antes de la llegada de los españoles.

[37] David S. Landes, *The Wealth and Poverty of Nations: Why Some Are So Rich and Some So Poor* [La riqueza y la pobreza de las naciones: Por qué algunas son tan ricas y otras tan pobres] (Nueva York: W. W. Norton, 1999), pág. 194.

[38] *Ibid.*, pág.169.

[39] Bauer, *Equality, the Third World, and Economic Delusion* [La igualdad, el tercer mundo y el engaño económico], pág. 70.

tomada de otros[40].

Occidente no ha causado las hambrunas en el Tercer Mundo. Estas se han producido en regiones atrasadas que prácticamente no tienen comercio exterior. [Este atraso a veces] refleja la política de los gobernantes que son hostiles a los comerciantes [...] y a menudo a la propiedad privada [...]

Al contrario de las diversas alegaciones y acusaciones [...] el mayor nivel de consumo en Occidente no se consigue privando a otros de lo que han producido. El consumo occidental se paga con creces con la producción occidental[41].

Bauer señala que la frecuente acusación de que los países ricos han "explotado" a las naciones pobres del mundo comenzó con la ideología marxista y se ha convertido en una afirmación habitual de los académicos marxistas. A continuación, escribe:

La idea de la explotación occidental del Tercer Mundo es habitual en las publicaciones y declaraciones procedentes de la Unión Soviética y otros países comunistas [...] Según la ideología marxista-leninista [...] cualquier rendimiento del capital privado implica la explotación [...] La principal hipótesis que subyace a la idea de la responsabilidad de Occidente en la pobreza del Tercer Mundo es que la prosperidad de los individuos y las sociedades refleja generalmente la explotación de los demás [..] Según la ideología marxista-leninista, el estatus colonial y la inversión extranjera son, por definición, pruebas de explotación[42].

Sin embargo, la propia conclusión de Bauer es todo lo contrario. Escribió:

De hecho, la inversión privada extranjera y las actividades de las compañías multinacionales han ampliado las oportunidades y han aumentado los ingresos de los gobiernos en el Tercer Mundo. Las referencias al colonialismo económico y al neocolonialismo degradan el lenguaje y distorsionan la verdad[43].

Ciertamente, debemos reconocer que algunas interacciones económicas entre naciones ricas y pobres han causado daños. A veces, las empresas multinacionales ricas han sobornado a los funcionarios de los gobiernos de las naciones pobres para asegurarse privilegios de monopolio que han oprimido a los ciudadanos de a pie de esos países y han impedido el funcionamiento de los mercados libres (mencionado anteriormente). En estos casos, tanto las empresas que pagaron los sobornos como los funcionarios que los aceptaron comparten la culpa moral. Sin embargo, entiendo que eso es el *quiebre* de los libres mercados, no la culpa del propio sistema de libre mercado (y muchos países, como Estados Unidos, declaran

---

[40] *Ibid.*, pág. 75.
[41] *Ibid.*, pág. 82.
[42] *Ibid.*, pág. 74-76.
[43] *Ibid.*, pág. 76.

ilegales estas prácticas para las empresas estadounidenses que hacen negocios en otros países). Además, este tipo de soborno es al menos tan común, por no decir mucho más, en los sistemas económicos socialistas y comunistas.

Sin embargo, en términos generales, Bauer no duda de que la interacción económica entre las naciones ricas y pobres ha sido inmensamente beneficiosa para las naciones pobres:

> En general, es extraño o incluso perverso sugerir que las relaciones comerciales exteriores son perjudiciales para el desarrollo o para el nivel de vida de los pueblos del Tercer Mundo. Ya que, actúan como canales para el movimiento de recursos humanos y financieros y para nuevas ideas, métodos y cultivos. Beneficiando a la población al proporcionar una fuente amplia y diversa de importaciones y al abrir mercados para las exportaciones[44].

> Las zonas más pobres del Tercer Mundo no tienen comercio exterior. Su situación demuestra que las causas del atraso son internas y que los contactos comerciales externos son beneficiosos. Incluso si la relación de intercambio fuera desfavorable según algún criterio, esto solo significaría que la gente no se beneficiaría del comercio exterior tanto como lo haría si la relación de intercambio fuera más favorable. Las personas se benefician de la ampliación de oportunidades que que representa el comercio exterior[45].

5. Conclusión. Las empresas mundiales y la economía de libre mercado, en general, no explotan a los países pobres, excepto cuando los gobiernos corruptos permiten prácticas injustas por parte de malvados y codiciosos líderes de algunas empresas ricas. En esos casos, el delito es culpa de los gobernantes que lo permiten, así como de las empresas que lo realizan. Sin embargo, ese tipo de delito no es característico de las empresas globales en general, ni es fundamental para la idea misma de una empresa global. Es una distorsión de lo que esas corporaciones deberían ser.

PREGUNTAS PARA REFLEXIONAR

1. ¿Las seis convicciones éticas fundamentales al principio de este capítulo le han hecho pensar que debería haber actuado de forma diferente en alguna situación empresarial en en el pasado?
2. ¿Crees que estas convicciones éticas fundamentales te ayudarán a tomar decisiones correctas en el futuro? ¿En qué sentido?
3. Antes de leer este capítulo, ¿habías pensado que tanto la compra como la venta como actividades moralmente buenas mediante las cuales las personas pueden hacer el bien a los demás? ¿Cómo cambiará esta idea su actitud respecto a la compra y la venta?
4. ¿La lectura de este capítulo ha cambiado su opinión sobre la situación

---

[44] *Ibid.*, pág. 79
[45] *Ibid.*, pág. 76.

moral de los ganancias?

5. ¿Puede pensar en algunos beneficios que han llegado a tu vida gracias a la competencia? ¿Algún resultado negativo?

6. ¿Qué rasgos de carácter cristiano (ver pág. 110) le serán más útiles para permitirle tener acciones, pensamientos y actitudes correctas en las actividades empresariales?

TÉRMINOS ESPECIALES

Competencia
Explotación
Comercio justo del café
Giving back
Empresa multinacional
Hurtar
Ganancias

BIBLIOGRAFÍA

Otros textos de ética relacionados

(ver los datos bibliográficos completos en la pág. 64)

Frame, 798-800
Gushee y Stassen, 377-378
McQuilkin y Copan, 482-484
Rae, 342-353

Otras obras

Clements, Philip J., ed. *Business Ethics Today: Foundations* [La ética empresarial hoy: Fundamentos]. Philadelphia: Westminster Seminary Press, 2011.

Cramp, A. B. *"Economic Ethics"* ["Ética económica"]. En New Dictionary of Christian Ethics and Pastoral Theology [Diccionario de Ética Cristiana y Teología Pastoral], editado por David J. Atkinson y David H. Field, págs. 115-121. Leicester, Reino Unido: InterVarsity, y Downers Grove, Illinois: InterVarsity Press, 1995.

Grudem, Wayne. *Business for the Glory of God: The Bible's Teaching on the Moral Goodness of Business* [Negocios para la gloria de Dios: Enseñanzas bíblicas acerca de la ética en los negocios]. Wheaton, Illinois: Crossway, 2003.

Novak, Michael. *Business as a Calling: Work and the Examined Life* [Negocios como una llamada: El trabajo y la vida examinada]. New York: The Free Press, 1996.

Pollard, C. William, ed. *The Heart of a Business Ethic* [El corazón de la ética empresarial]. Lanham, Maryland: University Press of America, 2005.

Rae, Scott B. y Kenman L. Wong. Beyond Integrity: A Judeo-Christian Approach to

Business Ethics [Más allá de la integridad: Un enfoque judeocristiano de la Ética empresarial]. 3rd ed. Grand Rapids, Michigan: Zondervan, 2012.

Wong, Kenman L. y Scott B. Rae. *Business for the Common Good: A Christian Vision for the Marketplace* [Empresas para el bien común: Una visión cristiana para el mercado]. Christian Worldview Integration Series [Serie de integración de la visión cristiana del mundo]. Downers Grove, Illinois: IVP Academic, 2011.

PASAJE BÍBLICO PARA MEMORIZAR

Mateo 7:12: Así que, todas las cosas que queráis que los hombres hagan con vosotros, así también haced vosotros con ellos; porque esto es la ley y los profetas.

HIMNO

Sé tú mi visión

Sé tú mi visión, oh Dios de mi alma.
Nada te aparte de mi corazón.
Que día y noche piense todo el tiempo en ti.
Que tu presencia sea luz para mí.

Sé mi sabiduría, mi palabra fiel.
Siempre yo contigo y tú en mi ser.
Sé tu mi gran Padre y yo, tu servidor.
Tú en mi morando, yo agradándote Dios.

Yo no quiero riquezas, ni adulación.
Sé tú mi herencia, sé tú mi porción.
Tú, solo tú Cristo, mi primer amor.
Rey de los cielos, tesoro mejor

Gran Rey de los Cielos, y mi Redentor,
vengo a tu trono, ¡oh brilla Señor!
En toda circunstancia sé mi corazón
Oh Rey supremo, sé tú mi visión.

ELEANOR H. HULL, 1860-1935

Capítulo 41

MAYORDOMÍA DEL MEDIO AMBIENTE

¿Por qué la preservación de la "naturaleza virgen" no es un ideal bíblico?

¿Por qué la creación de Dios de una tierra "buena en gran manera" debería llevarnos a esperar que no agotaremos los recursos de la tierra en el futuro previsible?

¿Existe un peligro real de que el uso humano de combustibles fósiles cree un calentamiento global destructivo?

Los capítulos anteriores han discutido varios aspectos sobre nuestra mayordomía de los bienes y habilidades que Dios confía a nuestro cuidado. Ahora, en el capítulo final de esta unidad, analizaremos la mayordomía de los recursos de la tierra: una responsabilidad que Dios ha confiado a la raza humana. Por lo general, es conocido como la "mayordomía del medio ambiente"[1].

Como fue el caso con varias cuestiones éticas anteriores (como honrar el nombre de Dios, la veracidad, el aborto, la ética sexual, el divorcio o la homosexualidad), así ocurre con el medio ambiente: la Biblia aborda este tema desde una perspectiva muy diferente a la que es común en gran parte de la cultura secular de hoy.

A. ENSEÑANZA BÍBLICA

1. La creación original fue "buena en gran manera". Cuando Dios completó su

---

[1] Gran parte de este capítulo ha sido adaptado de Wayne Grudem, *Politics—According to the Bible: A Comprehensive Resource for Understanding Modern Political Issues in Light of Scripture* (Grand Rapids, Michigan: Zondervan, 2010), cap. 10, con permiso del editor. En muchas partes he reformulado el material y actualizado estadísticas con información más reciente.

obra de creación, "Y vio Dios todo lo que había hecho, y he aquí que *era bueno en gran manera*" (Gn 1:31). Había creado un mundo en el que no había enfermedades ni "espinos ni cardos" (ver 3:18) que dañen a los seres humanos; era un mundo de gran abundancia y belleza, mucho más allá de lo que podamos imaginar hoy. La frase "bueno en gran manera" también se refería a Adán y a Eva, por lo que estaban perfectamente libres de pecado. Además, no estaban sujetos a enfermedades, envejecimiento o muerte (ver Ro 5:12; Ec 7:29)[2].

Pero incluso en este mundo perfecto, Dios les dio trabajo a Adán y Eva: "Tomó, pues, Jehová Dios al hombre, y lo puso en el huerto de Edén, *para que lo labrara y lo guardase*" (Gn 2:15). Dios también puso ante Adán y Eva toda la tierra creada y les dijo que la desarrollaran y la hicieran útil, con la implicación de que la disfrutarían y le darían las gracias: "Y les dijo: Fructificad y multiplicaos; llenad la tierra, y *sojuzgadla, y señoread* en los peces del mar, en las aves de los cielos, y en todas las bestias que se mueven sobre la tierra" (1:28).

2. Debido a que Adán y Eva pecaron, Dios puso una maldición sobre todo el mundo natural. Cuando Adán y Eva pecaron, muchas cosas cambiaron, incluso el mundo natural mismo. El estado actual del mundo natural no es el mismo para el que Dios lo creó. Uno de los castigos que Dios impuso sobre Adán y Eva fue cambiar el funcionamiento del mundo natural para que ya no fuera idílico, sino un lugar mucho más peligroso y difícil para que vivan los seres humanos:

Y al hombre dijo:

Por cuanto obedeciste a la voz de tu mujer,
   y comiste del árbol de que te mandé diciendo:
No comerás de él;
   maldita será la tierra por tu causa con dolor
comerás de ella todos los días de tu vida.
   Espinos y cardos te producirá,
y comerás plantas del campo.
   Con el sudor de tu rostro comerás el pan
hasta que vuelvas a la tierra,
   porque de ella fuiste tomado; pues polvo eres,
   y al polvo volverás. (Gn 3:17-19)

En ese primer momento en la historia de la humanidad, Dios "maldijo" la tierra para que Adán ya no pudiera comer alimentos en gran abundancia, sino que cultivaría cosechas solo con "dolor" (Gn 3:17) y trabajo duro, porque "con el sudor

---

[2] Para un análisis más detallado sobre la ausencia de pecado original, enfermedad, envejecimiento y muerte en Adán y Eva, y sobre la perfección del mundo natural como fue creado originalmente, ver mi discusión en Wayne Grudem, *"Theistic Evolution Undermines Twelve Creation Events and Several Crucial Christian Doctrines"* ["La evolución teísta socava doce eventos de la creación y muchas doctrinas cristianas fundamentales"], en Theistic Evolution: A Scientific, Philosophical, and Theological Critique [Evolución teísta: una crítica teológica, filosófica y científica], ed. J. P. Moreland, Stephen C. Meyer, Chris Shaw, Ann K. Gauger y Wayne Grudem (Wheaton, Illinois: Crossway, 2017), págs. 783-838.

de tu rostro comerás el pan" (v. 19).

a. La tierra ahora tendría "espinas y cardos" y muchas otras cosas peligrosas y dañinas: Las palabras de Dios indicaron a Adán que ahora habría peligro y daño en la tierra, pues saldrían "espinas y cardos" (Gn 3:18). Aquí la expresión "espinas y cardos" funciona como una figura retórica conocida como sinécdoque, un ejemplo específico y concreto que representa una categoría completa de cosas, como plantas, serpientes e insectos venenosos, animales salvajes y hostiles, huracanes, inundaciones, sequías, terremotos, que hacen de la tierra un lugar donde la belleza y la utilidad naturales se mezclan constantemente con elementos que traen destrucción, enfermedad e incluso la muerte. La naturaleza no es ahora para lo que fue creada, sino que está "caída".

Carl Keil y Franz Delitzsch comentan este pasaje:

> La maldición pronunciada, por culpa del hombre, sobre el suelo creado para él, consistió en el hecho de que la tierra no produciría espontáneamente los frutos requeridos para su manutención, sino que el hombre fue obligado a esforzarse por las necesidades de la vida por medio del trabajo y vigorosos esfuerzos [...] [Los efectos del pecado] se difundieron sobre todo el mundo material; de modo que en todas partes de la tierra se podían ver lugares salvajes y escabrosos, desolación y ruina, muerte y corrupción, o *mataiotēs* [vanidad] y *phthora* [corrupción] (Ro 8:20, 21). Todo lo dañino para el hombre en la creación orgánica, vegetal y animal, es el efecto de la maldición pronunciada sobre la tierra por el pecado de Adán, no obstante podemos explicar muy poco de la manera en que el efecto se ha producido[3].

Juan Calvino también comenta:

> Antes de la caída, el estado del mundo era el reflejo más limpio y agradable del favor divino y la indulgencia paterna hacia el hombre. Ahora, en todos los elementos percibimos que estamos malditos[4].

Este componente de una cosmovisión cristiana tiene importantes implicancias sobre cómo la gente ve el medio ambiente hoy. La creación *no es perfecta ahora,* como lo fue antes y algún día lo volverá a ser. En la actualidad, la naturaleza todavía existe en un estado "caído". Por tanto, *lo que hoy consideramos "natural" no siempre es bueno.* Por ejemplo, debemos proteger a los niños para que no pongan sus manos en el agujero de una cobra o una víbora, y debemos construir muros de contención y diques para protegernos de las inundaciones. Regamos campos para cultivar

---

[3] Carl Friedrich Keil y Franz Delitzsch, *Commentary on the Old Testament* [Comentario sobre el Antiguo Testamento], vol. 1 (Peabody, Massachusetts: Hendrickson, 1996), págs. 65-66. Ver también K. A. Mathews, Genesis 1-11:26, vol. 1A, Nuevo Comentario Americano (NAC, por sus siglas en inglés) (Nashville: Broadman & Holman, 1996), pág. 252.

[4] Juan Calvino y John King, *Commentary on the First Book of Moses Called Genesis* [Comentario sobre el primer libro de Moisés llamado Génesis], vol. 1 (Bellingham, Washington: Logos Bible Software, 2010), pág. 173.

donde la "naturaleza" no decidió cultivar. Colocamos mosquiteros en las ventanas y rociamos repelente de insectos para evitar que los mosquitos "naturales" nos piquen. *¡La naturaleza caída de hoy no es el huerto del Edén!* Mejoramos la naturaleza en miles de formas para hacer del mundo un lugar más adecuado para vivir.

El hecho de que la naturaleza no sea perfecta hoy tiene muchas otras implicancias. Significa que, las personas con una cosmovisión cristiana pueden decidir, por ejemplo, que es moralmente correcto usar insecticidas para matar mosquitos portadores de malaria. Pueden decidir que es correcto limpiar las ramas muertas inflamables en los parques nacionales para prevenir incendios forestales y cortar árboles secos en áreas residenciales para que las casas no se consuman en el próximo incendio forestal. Significa que puede ser moralmente correcto, e incluso agradable ante Dios, cultivar uvas, naranjas y sandías sin semillas, o utilizar la investigación biológica y el cultivo selectivo de plantas para desarrollar variedades de arroz o maíz que sean resistentes a los insectos y al moho, aun cuando todas estas actividades están "alterando la naturaleza". En realidad, implican alterar la naturaleza caída, mejorando los productos naturales. Eso *es lo que Dios quiere que hagamos*. Parte de la tarea encomendada por Dios de sojuzgar la tierra y señorearla (Gn 1:28) es inventar diversas medidas para superar la forma en que la naturaleza a veces es dañina para el hombre y otras veces no es de mucha utilidad. (Dios les dijo a Adán y Eva que "sojuzgaran" incluso el mundo no caído, lo cual implica que él quería que *mejoraran* la naturaleza tal como fue creada originalmente, es decir, ¡Dios la creó para ser investigada, explorada y desarrollada!).

Evidentemente, las personas pueden cometer errores en sus intentos de sojuzgar la tierra y puede haber resultados dañinos (como la contaminación del aire). Pero evaluar si esos intentos son "útiles" o "dañinos" es *simplemente una cuestión de evaluar los hechos resultantes*, no algo que deba descartarse simplemente porque están "alterando la naturaleza". Intentar hacer tales modificaciones a lo que es "natural" es, en general, moralmente correcto y parte de lo que Dios quiere que los seres humanos hagan con la tierra[5]. Los cristianos no deben asumir automáticamente que lo que es "natural" es probablemente o siempre mejor.

Por el contrario, algunas personas de hoy, especialmente entre los movimientos ecologistas más radicales, no comprenden el estado "caído" del mundo natural, sino que piensan que lo "natural" es lo ideal y, por lo tanto, se oponen frecuentemente a los esfuerzos humanos habituales y beneficiosos por mejorar la forma en que existen las cosas en el mundo natural. Esta tendencia lleva a algunas personas a oponerse a toda nueva fábrica, represa o proyecto de desarrollo residencial, sin importar cuán cuidadosamente construidos y cuán prudentes sean los planes para proteger el medio ambiente circundante, todo porque su bien mayor, su "dios" en cierto modo, es la tierra *en su estado natural virgen*. Por lo tanto, se oponen a todo lo que "altere" la tierra, a todo lo que cambia el hábitat de un animal o el crecimiento de los árboles. Esto hace que la naturaleza sea Dios y no es consistente

---

[5] Lógicamente, esto no significa que debamos aprobar los usos moralmente incorrectos del desarrollo tecnológico, como la creación de fármacos que provoquen abortos (ver cap. 21) o el uso de la FIV de modo que destruyan intencionalmente los embriones vivos (ver cap. 30).

con una cosmovisión bíblica.

No está mal *en principio*, como creen muchos ecologistas, que los seres humanos modifiquen el mundo, desde la macroescala (como represas hidroeléctricas y canales enormes) hasta la microescala (organismos genéticamente modificados). Dios creó la tierra para ser ocupada y desarrollada por seres humanos hechos a su imagen. Isaías dice que Dios "formó la tierra, el que la hizo y la compuso; no la creó en vano, *para que fuese habitada la creó*" (Is 45:18).

b. Dios no destruyó la tierra después de la caída, sino que dejó mucho de lo bueno en ella: Una cosmovisión bíblica también reconoce que Dios no *destruyó por completo* la tierra cuando Adán y Eva pecaron, ni la hizo *totalmente malvada y dañina* (no todas las plantas son venenosas, por ejemplo). Simplemente la cambió para que ya no sea perfecta. La tierra que Dios creó todavía es "buena" en gran medida. Y cuenta con *muchísimos recursos* gracias a los grandes tesoros que ha depositado en ella para que descubramos, mejoremos y disfrutemos.

Dios no les dijo a Adán y Eva que no podrían comer de la tierra, sino que su existencia en ella sería dolorosa. En el mismo versículo en el que dijo, "espinos y cardos te producirá", añadió, "y comerás plantas del campo" (Gn 3:18). Esto implica que todavía habría mucho bien por descubrir, usar y disfrutar en la tierra para los seres humanos.

De hecho, muchas veces en el Antiguo Testamento, Dios prometió abundantes bendiciones sobre las cosechas y el ganado como recompensa por la obediencia de su pueblo (ver Dt 28:1-14). Con respecto a los diversos tipos de alimentos, Pablo podría decir: "*Todo lo que Dios creó es bueno,* y nada es de desecharse, si se toma con acción de gracias; porque por la palabra de Dios y por la oración es santificado" (1 Ti 4:4-5). Pablo también dijo que Dios "nos da todas las cosas en abundancia para que las disfrutemos" (6:17). Esto implica que los seres humanos deben sentirse libres en usar los recursos de la tierra con gozo y acción de gracias a Dios.

c. Dios promete un tiempo futuro en el que la abundante prosperidad del Edén será restaurada a la tierra: La Biblia predice un tiempo, después del regreso de Cristo, donde "la creación misma será libertada de la esclavitud de corrupción, a la libertad gloriosa de los hijos de Dios" (Ro 8:21). En ese día:

> Morará el lobo con el cordero,
>   y el leopardo con el cabrito se acostará;
> el becerro y el león y la bestia doméstica andarán juntos,
>   y un niño los pastoreará [...]
> *Y el niño de pecho jugará sobre la cueva del áspid, y el recién destetado*
>   *extenderá su mano sobre la caverna de la víbora.*
> No harán mal ni dañarán en todo mi santo monte; porque la tierra será llena
>   del conocimiento de Jehová, como las aguas cubren el mar. (Is 11:6-9)

Por lo tanto, el profeta Amós podría decir que en este tiempo futuro, las cosechas brotarán y crecerán repentinamente en cuanto se planten, y las tierras agrícolas no necesitarán tiempo para descansar y recuperar sus capacidades productivas:

> He aquí vienen días, dice Jehová, en que el que ara alcanzará al segador, y el pisador de las uvas al que lleve la simiente; y los montes destilarán mosto, y todos los collados se derretirán. (Amós 9:13)

Otros pasajes proféticos del Antiguo Testamento también predicen este tiempo futuro donde habrá una maravillosa renovación de la naturaleza, de modo que "se alegrarán el desierto [...] y florecerá como la rosa" (Is 35:1), y Dios cambiará el "desierto" de Sion "en huerto de Jehová" (51:3; cf. 55:13). En los tiempos del Nuevo Testamento, Pedro repetía este tema al predicar que en el futuro llegarían "los tiempos de la restauración de todas las cosas, de que habló Dios por boca de sus santos profetas que han sido desde tiempo antiguo" (Hechos 3:21).

También considero que tal restauración de la tierra no necesita esperar completamente hasta el regreso de Cristo y la renovación milagrosa de la tierra por parte de Dios, sino que la obra redentora de Cristo brinda la base para que, incluso ahora, *trabajemos gradualmente hacia la dirección que Dios nos muestra es su buena intención futura para la tierra*[6]. El teólogo y economista Cal Beisner lo expresa así:

> Los efectos de la muerte expiatoria, la resurrección victoriosa y la ascensión triunfante de Cristo se extienden a toda la creación, incluyendo al hombre, los animales, las plantas e incluso la propia tierra. Incluyen la restauración de la imagen de Dios en los redimidos y, a través de ellos, y por la gracia común, incluso a través de muchos que no han sido redimidos, la restauración del conocimiento, la santidad y la creatividad para llevar a cabo el mandato cultural, incluyendo la multiplicación humana, sojuzgar y señorear la tierra, la transformación del desierto mediante el cultivo en un huerto, y la protección de ese jardín contra daños[7].

3. Dios ahora quiere que los seres humanos desarrollen los recursos de la tierra y los utilicen con sabiduría y gozo. Como ya se ha mencionado, al comienzo de la historia de la humanidad, inmediatamente después de que Dios creó a Adán y Eva, les dijo:

> Fructificad y multiplicaos; llenad la tierra, y *sojuzgadla, y señoread* [...] en todas las bestias que se mueven sobre la tierra. (Gn 1:28)

---

[6] En el famoso himno *"Joy to the World"* ["Al mundo paz, nació Jesús"], Isaac Watts vio la conexión entre el gozo de la primera venida de Cristo y nuestra tarea actual de quitar las "espinas" de la tierra que Dios había maldecido en su castigo a Adán:

> Que no crezcan más los pecados y las penas
> Ni las espinas infesten el suelo:
> Él viene a regar sus bendiciones
> Hasta donde se encuentre la maldición.

[N. del T.: Esta estrofa pertenece al himno original en inglés].

[7] E. Calvin Beisner, *Where Garden Meets Wilderness: Evangelical Entry into the Environmental Debate* [Donde el huerto se encuentra con el desierto: El paso de los evangélicos en el debate medioambiental] (Grand Rapids, Michigan: Acton Institute y Eerdmans, 1997), pág. 107.

También les dijo cómo debían cuidar específicamente el huerto del Edén, principalmente "para que lo labrara y lo guardase" (Gn 2:15).

Esta responsabilidad de "sojuzgar" la tierra y "señorear" en ella implica que Dios esperaba que Adán y Eva y sus descendientes exploren y desarrollen los recursos de la tierra de tal manera que se beneficien a sí mismos y a otros seres humanos. (La palabra hebrea *kābash* en Gn 1:28 significa "sojuzgar, señorear, someter a servidumbre o esclavitud"[8] y se usa luego, por ejemplo, para referirse a sojuzgar la tierra de Canaán para que sirva y provea al pueblo de Israel; cf. Nm 32:22, 29; Jos 18:1).

a. Sojuzgar la tierra después de la caída: La responsabilidad de desarrollar la tierra y disfrutar de sus recursos recursos continuó después del pecado de Adán y Eva, pues ya entonces Dios les había ordenado: "y comerás plantas del campo" (Gn 3:18).

David también expresa en el Salmo 8:

¿Qué es el hombre, para que tengas de él memoria, [...]?
Le hiciste señorear sobre las obras de tus manos;
Todo lo pusiste debajo de sus pies:
Ovejas y bueyes, todo ello,
Y asimismo las bestias del campo,
Las aves de los cielos y los peces del mar;
Todo cuanto pasa por los senderos del mar. (vv. 4-8)

Otra prueba sobre nuestra responsabilidad de "sojuzgar" la tierra se mantiene en pie después de la caída es la propia necesidad de cultivar la tierra para producir alimentos para comer. ¡Tenemos que "sojuzgar" la tierra en cierta medida o todos moriremos de hambre!

Además, el hecho de que después del diluvio Dios le haya dicho explícitamente a Noé: "Todo lo que se mueve y vive, os será para mantenimiento" (Gn 9:3), confirma el hecho de que Dios todavía les da a los seres humanos la responsabilidad de ejercer dominio sobre la creación natural, incluyendo el reino animal. En el Nuevo Testamento, Pablo da a entender que comer carne es moralmente correcto y que nadie debería juzgar a otra persona por ello (ver Ro 14:2-3; 1 Co 8:7-13; 1 Ti 4:4; también Marcos 7:19, donde dice que Jesús "declaró limpios todos los alimentos" RVR 1995).

Jesús también enseñó que los *seres humanos son mucho más valiosos a los ojos de Dios que los animales,* y esto tiende a confirmar nuestra responsabilidad continua de "señorear" en el reino animal y buscar que los animales nos sean útiles, ya que son la buena provisión de Dios para la raza humana. Jesús dijo: "Pues ¿cuánto *más* vale un hombre que una oveja?" (Mt 12:12). También dijo: "Mirad las aves del cielo [...] ¿No valéis vosotros mucho más que ellas?" (6:26). Y volvió a decir: "Más valéis vosotros que muchos pajarillos" (10:31).

Sin embargo, estos mandatos de sojuzgar la tierra y señorear en ella no significan

---

[8] BDB, 461.

que debamos destruir o desaprovechar la tierra, o que debamos tratar a los animales con crueldad adrede. Más bien, Dios declara: "El justo cuida de la vida de su bestia" (Pr 12:10), y le dijo al pueblo de Israel que se encargue de proteger los árboles que dan frutos en tiempos de guerra (ver Dt 20:19-20). Además, el mandamiento "Amarás a tu prójimo como a ti mismo" (Mt 22:39) implica la responsabilidad de pensar en las necesidades de otros seres humanos, incluso de los que vendrán en las generaciones futuras. Por lo tanto, no debemos usar la tierra de tal manera que destruyamos sus recursos o los volvamos inservibles para las generaciones futuras. *Debemos usar los recursos de la tierra sabiamente, como buenos mayordomos,* no desperdiciando ni abusando de ellos.

b. Contrastar una visión bíblica de la tierra y una visión ecologista radical: Este principio bíblico sobre la bondad moral de desarrollar y disfrutar de los recursos de la tierra contrasta con las opiniones de los ecologistas radicales; porque para muchos la "naturaleza virgen" es su ideal y, por tanto, se oponen a actividades donde se usen animales (como los conejillos de indias o los chimpancés) para la investigación médica. Los ecologistas intentarán bloquear muchos proyectos de construcción mediante demandas judiciales alegando que alguna especie de tortuga u otra criatura pequeña, como el búho pigmeo, se verá perjudicada[9].

Por ejemplo, a finales de 2008 en el valle de San Joaquín de California, gran parte del agua que los agricultores usaban para los cultivos se desvió al Océano Pacífico para salvar un pez de tres pulgadas llamado el delta smelt[10]. Como resultado, las tasas de desempleo alcanzaron casi un 50 % en algunas partes de la región, la cual suministra gran parte de la producción para el resto de la nación[11]. Así, esta acción ecologista, resultado de una política equivocada que obstaculiza el uso responsable del riego para importantes cultivos alimentarios humanos, ha hecho que los pececillos sean más importante que los seres humanos y, además del creciente desempleo, ha provocado escasez de alimentos y precios más altos, perjudicando a los pobres sobre todo. The Wall Street Journal escribió:

> California tiene una nueva especie en peligro de extinción en sus manos ubicada en el valle de San Joaquín: los agricultores. Gracias a las regulaciones ambientales diseñadas para proteger algo como el delta smelt de tres pulgadas de largo, una de las principales regiones agrícolas de Estados Unidos está sufriendo una sequía agravada por las regulaciones

---

[9] *"Pygmy Owl Leaves a Conservation Legacy"* ["El búho pigmeo deja un legado de conservación"], Arizona Star, 5 de agosto de 2005, http://www.biologicaldiversity.org/news/media-archive/Pygmy%20 Leaves%20a%20Conservation%20Legacy.pdf y Leslie Carlson y Pete Thomas, "Back off, Bambi" ["Fuera, Bambi"], Los Angeles Times, 15 de junio de 2004, http://articles.latimes.com/2004/jun/15/news/ os-deer15.

[10] Peter Fimrite, *"U.S. Issues Rules to Protect Delta Smelt"* ["EE. UU. emite normas para proteger el delta smelt"], San Francisco Chronicle, 16 de diciembre de 2008, www.sfgate.com/cgi-bin/article.cgi?-f=/c/a/2008/12/15/MNDD14OIOF.DTL.

[11] Jonathan Wood, *"In California, a Flood of Missed Opportunities"* ["En California: Oleada de oportunidades perdidas"], The Washington Times, 19 de abril de 2015, http://www.washingtontimes.com/ news/2015/apr/19/jonathan-wood-in-california-delta-smelt-gets-water/.

federales.

La emergencia hídrica del estado se está desarrollando gracias a la última mala gestión de la Ley Federal de Especies en Peligro de Extinción. El pasado diciembre, el Servicio de Pesca y Vida Silvestre de EE. UU (FWS, por sus siglas en inglés) emitió lo que se conoce como una "opinión biológica" imponiendo reducciones de agua en el valle de San Joaquín y sus alrededores para salvaguardar el *hipomesus transpacificus*, también conocido como el delta smelt, protegido por el gobierno federal. Como resultado, decenas de miles de millones de galones de agua de las montañas al este y al norte de Sacramento se han canalizado lejos de los agricultores hacia el océano, dejando cientos de miles de acres de tierra cultivable abandonados o quemados [...]

El resultado ya ha sido devastador para la economía agrícola del estado. En las zonas del interior afectadas por las restricciones de agua ordenadas por la corte, la tasa de desempleo ha alcanzado un 14,3 %, y algunas ciudades agrícolas como Mendota registran cifras de desempleo cercanas al 40 %. En todo el estado, la tasa alcanzó un 11,6 % en julio (la más alta en 30 años). En agosto, 50 alcaldes del valle de San Joaquín firmaron una carta pidiendo al presidente Obama que observe de primera mano el impacto de las draconianas reglas del agua[12].

Ocho años después, la trágica situación en el valle de San Joaquín de California permanece sin cambios. El 5 de abril de 2017, después de que tormentas masivas y fuertes nevadas finalmente hayan puesto fin al largo período de sequía de California, *The Wall Street Journal* informó nuevamente cómo los ecologistas habían logrado evitar que el agua tan necesaria llegara a estos mismos agricultores y sus tierras resecas:

Los embalses y los ríos se están desbordando debido a que las tormentas han azotado a California este invierno, y después de años de sequía, esta debería ser una buena noticia. El problema es que el ecologismo desacertado está desperdiciando el agua. [...]

Millones de acres pies desembocarán invariablemente hacia el océano debido a la falta de capacidad de almacenamiento y normas para proteger las especies de peces en peligro de extinción. [...] Si bien la población del estado ha aumentado un 70 % desde 1979, el almacenamiento no se ha expandido. [...]

Sin embargo, los ecologistas se han opuesto a todos los proyectos importantes de almacenamiento en superficie durante tres décadas. [...]

Las regulaciones destinadas a proteger el smelt y el salmón tienen un bombeo limitado en el delta del río Sacramento-San Joaquín. Como resultado, unos 7 millones de acres pies de agua que alguna vez estuvieron

---

[12] *"California's Man-Made Drought"* ["Sequía en California causada por el hombre"], The Wall Street Journal, 2 de septiembre de 2009, A14, http://online.wsj.com /article/SB10001424052970204731804574384731898375624.html.

disponibles para los agricultores del Valle Central y el sur de California se vierten en la bahía de San Francisco cada año[13].

Una y otra vez, se le otorga una prioridad más alta a la "naturaleza virgen" que al bienestar humano. Los ecologistas seculares se opondrán a la matanza de ciervos o gansos en vecindarios residenciales, incluso cuando estos animales son tan numerosos que son una molestia pública considerable e incluso un peligro para la salud (como ocurre con las muchas garrapatas que propagan la enfermedad de Lyme)[14]. Se opondrán a la matanza de mosquitos con pesticidas incluso cuando los mosquitos propagan el virus del Nilo Occidental y (en África) propagan la malaria que mata a millones de personas[15]. Considero una aplicación correcta de Mateo 10:31 el pensar que Jesús habría dicho: "Las personas *valen más* que muchos millones de mosquitos".

Otra tendencia de la cultura secular es ver gran parte del uso de los recursos de la tierra con temor a que los seres humanos dañen parte de la "naturaleza virgen", la cual parece ser el ideal de los ecologistas. Tal miedo llevará a que las personas se opongan a las represas hidroeléctricas (dañan a los peces)[16], los molinos de viento (dañan a las aves)[17], el desarrollo de petróleo y gas natural (las plataformas petrolíferas estropean como luce la naturaleza y podría haber un derrame)[18], cualquier quema de carbón, petróleo o gas (hacerlo podría dañar el clima)[19], y cualquier uso de energía nuclear (podría provocar un accidente)[20].

Los ecologistas radicales enfatizan en repetidas ocasiones los peligros (ya sean reales o imaginarios) y rara vez evalúan de manera realista un *riesgo insignificante* de peligro en comparación con una *promesa certera* de gran beneficio. ¡Algunos dan la impresión de que piensan que el gran problema de toda la tierra es la presencia

---

[13] *"California's Wasted Winter Rains"* ["El desperdicio de las lluvias de invierno en California"], The Wall Street Journal, 6 de abril de 2017, A18, https://www.wsj.com /articles/californias-wasted-winter-rains-1491434129.

[14] Ver *"Environmental Impacts of Overabundant Deer Populations"* ["Impactos ambientales de la sobrepoblación de ciervos"], Connecticut Coalition to Eradicate Lyme Disease [Coalición de Connecticut para Erradicar la Enfermedad de Lyme], www.eradicatelymedisease.org/environment.html.

[15] Michael Doyle, *"Environmentalists Challenge Pesticide Rule"* ["Ecologistas desafían la norma del pesticida"], McClatchy Newspapers, 29 de noviembre de 2006, http://www.sitnews.us/1106news/112906/112906_shns_pesticides.html.

[16] *"How Dams Damage Rivers"* ["Cómo las represas dañan los ríos"], https://www.americanrivers.org/threats-solutions/restoring-damaged-rivers/how-dams-damage-rivers/, y Erik Robinson, "Latest Dam Plan Already under Fire from Groups" ["Nuevo plan de represa ya en la mira por grupos"], The Columbian, 6 de mayo de 2008, https://www.highbeam.com/doc/1P2-21735032.html (se necesita de una subscripción para leer el artículo completo).

[17] John Ritter, *"Wind Turbines Take Toll on Birds of Prey"* ["Las turbinas eólicas afectan a las aves de presa"], USA Today, 4 de enero de 2005, http://www.energybc.ca/cache/wind2/www.usatoday.com/news/nation/2005-01-04-windmills-usat_x.htm.

[18] *"Congress Allows Offshore Oil Drilling Ban to Expire"* ["El Congreso permite que expire la prohibición de las perforaciones petroleras costa afuera"], NBC News, 30 de septiembre de 2008, http://www.nbcnew york.com/news/green/Congress_Allows_Offshore_Oil_Drilling_Ban_to_Expire.html.

[19] Ver *"Coal: Dangerous Power"* ["El carbón: un poder nocivo"], Energy Justice Network, www.energyjustice.net/coal/.

[20] *"Nuclear Energy"* ["Energía nuclear"], Greenpeace, http://www.greenpeace.org/usa/global-warming/issues/nuclear/.

de seres humanos!

De hecho, el ecologista radical Paul Watson del *Sea Shepherd Institute* escribió sobre la amenaza que él cree que los seres humanos causan a la tierra:

> Hoy en día, las poblaciones humanas en aumento han superado ampliamente la capacidad de carga mundial y ahora producen cantidades masivas de desechos sólidos, líquidos y gaseosos. La diversidad biológica se ve amenazada por la sobreexplotación, la contaminación tóxica, el monocultivo agrícola, las especies invasoras, la competencia, la destrucción de hábitat, la expansión urbana, la acidificación del océano, el agotamiento de la capa de ozono, el calentamiento global y el cambio climático. Es un tren sin control de calamidades ecológicas.
>
> Es un tren que transporta a toda especie terrestre como pasajeros reacios teniendo de ingenieros a los *humanos* locos quienes no están dispuestos a usar el pedal del freno[21].

Watson también llamó a los seres humanos el "SIDA de la Tierra" y declaró que las personas deben reducir la población mundial a una cantidad menor de mil millones de personas (de los 6,8 mil millones vigentes hasta el momento), habitar en comunidades no mayores de "20 000 personas y separadas de otras comunidades por zonas silvestres", y reconocerse a sí mismos como "terrícolas" que habitan en un estado primitivo con otras especies. Watson escribió: "Curar un cuerpo de cáncer requiere una terapia radical e invasiva y, por lo tanto, curar la biosfera del virus humano también requerirá un enfoque radical e invasivo"[22].

Cuando se tocó el tema del medio ambiente en Gran Bretaña, John Guillebaud, copresidente de *Optimum Population Trust* y profesor emérito de planificación familiar en el University College de Londres, dijo al Sunday Times que los padres deben considerar el medio ambiente primero cuando planean tener un hijo. Comentó: "Lo mejor que podría hacer cualquiera en Gran Bretaña para ayudar al futuro del planeta sería tener un hijo menos"[23], visión directamente contraria a lo que la Biblia enseña de que los niños son una gran bendición (ver discusión en el cap. 29, pág. 747). Un informe con el mismo propósito, titulado *A Population-Based Climate Strategy* [Una estrategia climática basada en la población], manifestaba: "Por lo tanto, limitar la población debe verse como la estrategia de compensación de carbono más rentable disponible para los individuos y las naciones"[24].

En contraste, la perspectiva de Dios en la Biblia es que al crear a los seres humanos a su imagen y situarlos en la tierra para gobernarla como sus representantes es la

---

[21] Paul Watson, *"The Beginning of the End for Life as We Know It on Planet Earth?"* ["¿El principio del fin de la vida tal como la conocemos en el planeta Tierra?"] Sea Shepherd Conservation Society, 4 de mayo de 2007, http://www.seashepherd.org/news-and-commentary/commentary/archive/the-beginning-of-the-end-for-life-as-we-know-it-on-planet-earth.html.

[22] *Ibíd.*

[23] Sarah-Kate Templeton, *"Having Large Families 'Is an Eco-Crime'"* ["Tener familias numerosas es un 'delito ecológico'"], Sunday Times, 6 de mayo de 2007, https:// www.thetimes.co.uk/article/having-large-families-is-an-eco-crime-5fl0tvlr5sk.

[24] Peter J. Smith y Steve Jalsevac, *"Environmentalist Extremists Call Humanity 'Virus,' a 'Cancer,'* Large

culminación de toda su obra de creación.

Una cosmovisión cristiana consideraría moralmente correcto, y agradable delante de Dios, y no es motivo de temor irracional, que los seres humanos ejerzan sabiamente un dominio amplio y efectivo sobre la tierra y sus criaturas. Esta cosmovisión no presentará ninguna objeción moral a comer carne de distintos animales o vestir cuero o pieles hechas del pelaje de animales. (Dios mismo vistió a Adán y Eva con pieles de animales en Génesis 3:21, estableciendo así un precedente para el uso beneficioso de los animales para los seres humanos.) Tal cosmovisión cristiana también pensaría que es moralmente correcto, incluso moralmente imperativo, usar animales (de manera racional y compasiva) para la investigación médica que pueda conducir a soluciones contra las enfermedades humanas.

Otra implicancia de este componente de una cosmovisión cristiana es que *deberíamos ver el desarrollo y la producción de bienes a partir de la tierra como algo moralmente bueno,* no simplemente como un tipo de "materialismo" maligno. Dios puso en la tierra recursos que permitirían al hombre desarrollar mucho más que comida y ropa. Hay recursos que permiten la construcción de hermosas casas, automóviles, aviones, computadoras y millones de otros bienes de consumo. Si bien estas cosas pueden usarse incorrectamente, y si bien los corazones de las personas pueden tener actitudes erróneas sobre ellas (como orgullo, celos y codicia), *las cosas en sí mismas* deberían considerarse *moralmente buenas* porque son parte de la intención de Dios al colocarnos en la tierra para sojuzgarla y señorearla.

Por lo tanto, la creación de grandes cantidades de riqueza en algunas de las naciones económicamente más desarrolladas del mundo no debe considerarse moralmente como algo malo en sí mismo, sino fundamentalmente bueno; es parte de lo que Dios pretendía cuando les dijo a Adán y Eva que sojuzgaran la tierra y señorearan en ella. Esto significa que las naciones y personas con riquezas no deben ser considerados automáticamente "malvadas" o incluso "no espirituales". Más bien, debemos hacer todo lo posible para ayudar a otras naciones a lograr niveles similares de riqueza para sí mismas, como sucede cada año en más y más países de todo el mundo. Si sojuzgar la tierra y hacerla útil para la humanidad es una buena actividad, entonces es correcto promover diversos tipos de desarrollo de los recursos de la tierra y varios tipos de producción de bienes materiales de la tierra.

El mandato de Dios a los seres humanos de sojuzgar la tierra y señorearla también implica *que no era su intención que todos los seres humanos vivieran en la absoluta pobreza o vivieran de la agricultura como su sustento, sobreviviendo apenas de un cultivo a otro.* Más bien, su intención era que todas las personas disfrutaran de la abundancia de los recursos de la tierra dándole gracias. Esto implica que es moralmente correcto que busquemos superar la pobreza dondequiera que haya; también es moralmente correcto que ayudemos a los pobres del mundo a adquirir la capacidad de desarrollar y disfrutar de los buenos recursos de la tierra

Families Guilty of 'Eco-Crime'" ["Los extremistas ecologistas llaman a la humanidad 'virus', 'cáncer' y a las familias numerosas culpables de un 'delito ecológico'"], LifeSite News, 8 de mayo de 2007, www.lifesitenews.com/ldn/2007/may/07050812 .html.

en abundancia.

4. Dios creó una tierra con recursos y abundante. ¿Creó Dios una tierra que se quedaría sin recursos esenciales debido al desarrollo humano? Esta no es la imagen que se muestra en la Biblia. Dios creó una tierra que declaró ser "buena en gran manera" (Gn 1:31). Aunque maldijo la tierra después del pecado de Adán y Eva, también prometió un tiempo futuro en el que esta misma tierra sería renovada y produciría abundante prosperidad (ver pág. 1100). Esa tierra renovada tendrá los mismos recursos naturales (no considero que sea un reemplazo de esta creación actual sino una versión renovada de esta creación)[25], pero los peligros, la nocividad y el dolor para el hombre desaparecerán. Una vez más volverá a producir en abundancia, como el huerto original del Edén y la tierra original "buena en gran manera" (Gn 1:31).

Por lo tanto, la imagen que la Biblia tiene de la tierra en general es que tiene abundantes recursos que Dios ha puesto allí para traernos un gran beneficio como seres humanos hechos a su imagen. No hay indicios de que la humanidad en algún punto agotará los recursos de la tierra si los desarrolla y usa sabiamente.

¿La información actual sobre la tierra confirma esta idea de que tiene abundantes recursos? Esta pregunta se aborda en el punto B.

B. RECURSOS DE LA TIERRA: ESTADO ACTUAL

Muchas preguntas sobre la aplicación de las enseñanzas bíblicas a los problemas ambientales tienen que ver con *evaluar correctamente los hechos* sobre la situación actual de la tierra. ¿Cuál es el estado actual de los recursos de la tierra y qué podemos aprender de las líneas de tendencia a largo plazo de los distintos recursos?

1. ¿Estamos destruyendo la tierra? La gente a menudo teme que estemos a punto de quedarnos sin tierra para cultivar alimentos, agua potable o algún otro recurso esencial, de modo que la tierra ya no pueda sustentar la vida humana. Este miedo los lleva a vivir con un ligero sentimiento de culpa continua cada vez que conducen un automóvil, riegan el césped o usan vasos y platos de papel.

Sin embargo, creo que esos sentimientos de miedo y culpa son ilusorios. En las páginas que siguen, presento datos que indican *que no hay una buena razón para pensar que en algún punto nos quedaremos sin ningún recurso natural esencial.* Dios ha creado para nosotros una tierra que cuenta con una abundancia increíble, y cuando parezca que algún recurso se está volviendo escaso, nos ha dado la sabiduría para inventar sustitutos útiles. Examinaré los datos sobre los siguientes factores:

1. Población mundial
2. Tierra para cultivar alimentos
3. Agua

---

[25] Ver Wayne Grudem, *Systematic Theology: An Introduction to Biblical Doctrine* (Leicester, Reino Unido: InterVarsity, y Grand Rapids, Michigan: Zondervan, 1994), págs. 1160-1161.

4. Aire limpio
5. Eliminación de desechos
6. Bosques en el mundo
7. Herbicidas y pesticidas
8. Esperanza de vida

2. La importancia de utilizar información procedente de las tendencias mundiales a largo plazo en lugar de las historias locales a corto plazo de las catástrofes. En muchas conversaciones, he descubierto que las impresiones *poco claras* de las personas sobre lo que le está sucediendo a la tierra casi siempre son incorrectas. Las personas han desarrollado sus opiniones no a partir de datos reales que muestran el verdadero estado de la tierra en su totalidad y que muestran tendencias a largo plazo, sino a partir de una lluvia de información por los medios sobre incidentes locales específicos donde algo salió mal: cierto derrame de petróleo o pérdida de cosechas y hambruna en un país en particular, o la tala de árboles y la pérdida de área forestal en otro país, o un video de un oso polar saltando de un bloque de hielo derretido en algún lugar del Ártico, etc.

Sin embargo, siempre debemos tener en cuenta que los periódicos necesitan lectores y los programas de televisión necesitan espectadores, y el miedo es una de las mejores formas de aumentar la audiencia. Por lo tanto, los medios de comunicación tienen un sesgo natural por dar información sobre eventos alarmantes, ya sea un accidente aéreo, un asesino en serie o una escasez de agua o alimentos en un lugar u otro; pero estos eventos particulares casi siempre tienen causas locales específicas que pueden no existir en otros lugares.

Muchas de las estadísticas que cito a continuación provienen de uno de los libros más influyentes de las últimas dos décadas, *The Skeptical Environmentalist* [El ecologista escéptico] de Bjørn Lomborg[26]. La ventaja del libro de Lomborg es que, como fue docente de estadística y director del *Environmental Assessment Institute* del gobierno de Dinamarca, es un experto en el uso justo y preciso de las estadísticas, en especial las estadísticas ambientales, y basa repetidamente sus argumentos en información oficial y públicamente disponible de fuentes como agencias de las Naciones Unidas y el Banco Mundial[27]. También cita tendencias a largo plazo y no solo fragmentos de datos aislados de períodos cortos.

Debido a que el libro de Lomborg representó un gran desafío para las opiniones ecologistas aceptadas por muchos, fue gravemente criticado por distintos escritores y organizaciones; pero Lomborg ha respondido de manera elocuente y acertada a la más grave de estas críticas (cualquiera puede leer estos intercambios de opinión en internet). Por lo que he leído sobre la controversia, me parece claro que Lomborg ha llegado al mejor de los argumentos y que sus críticos son descuidados y emocionales en sus afirmaciones, pero no muy persuasivos. No es una sorpresa que la revista Time haya nombrado a Lomborg como una de las 100 personas más

---

[26] Bjørn Lomborg, *The Skeptical Environmentalist: Measuring the Real State of the World* [El ecologista escéptico: midiendo el estado real del mundo] (Cambridge, Reino Unido: Cambridge University Press, 2001), págs. 8-31.

[27] *Ibíd.*, pág. 31.

influyentes del mundo en 2004[28] y la revista *Foreign Policy* como uno de los 100 principales intelectuales públicos en 2008 . Asimismo, en 2008[29], la revista Esquire lo nombró como una de las 75 personas más influyentes del siglo XXI[30] .

El uso de datos confiables a largo plazo es necesario si vamos a evaluar correctamente el estado de los recursos del mundo; pero un factor importante en las impresiones erróneas de la gente sobre la escasez de recursos hoy en día es la existencia de una serie de organizaciones de intereses especiales que recaudan dinero y se mantienen empleados solo publicando comunicados de prensa donde declaran que el desastre ambiental del mundo está a la vuelta de la esquina. Lomborg cita diversos ejemplos de una deshonestidad que asombra por lo descarada que es al usar datos en publicaciones de organizaciones ecologistas como el *Worldwatch Institute*, el Fondo Mundial para la Naturaleza (WWF, por sus siglas en inglés) o *Greenpeace*. Por ejemplo, Lomborg escribe que Lester Brown y el Worldwatch Institute hacen declaraciones como esta:

> Los indicadores ambientales clave son cada vez más negativos. Los bosques se están reduciendo, los niveles freáticos están cayendo, los suelos se están erosionando, los humedales están desapareciendo, las pesquerías están colapsando, los pastizales se están deteriorando, los ríos se están secando, las temperaturas están aumentando, los arrecifes de coral están muriendo y las especies de plantas y animales están desapareciendo.

Lomborg agrega: "Lectura poderosa, expresada en su totalidad sin referencias"[31], y continúa refutando estas afirmaciones; por ejemplo, comenta que los informes de la Organización de las Naciones Unidas para la Agricultura y la Alimentación (FAO, por sus siglas en inglés) muestran que la cubierta forestal global de la superficie terrestre mundial *aumentó* del 30,04 % en 1950 al 30,89 % en 1994[32].

Con respecto a la escasez de agua, Lomborg escribe:

> Uno de los libros universitarios más utilizados sobre el medio ambiente, *Living in the Environment* [Vivir en el medio ambiente], afirma que "según un estudio del Banco Mundial de 1995, 30 países que contienen el 40 % de la población mundial (2.3 mil millones de personas) ahora experimentan una escasez crónica de agua que amenaza su agricultura, industria y la salud de su gente". Este estudio del Banco Mundial se menciona en muchos y diversos textos ambientales con cifras ligeramente diferentes. Desafortunadamente, ninguno menciona una fuente.

---

[28] Matt Ridley, *"Bjorn Lomborg: Green Contrarian"* ["Bjorn Lomborg: opositor ecológico"], Time, 26 de abril 2004, www.time.com/time/magazine /article/0,9171,994022,00.html?iid=chix-sphere.

[29] *"The Top 100 Public Intellectuals: Bios"* ["Los 100 principales intelectuales públicos: biografías"], Foreign Policy, abril de 2008, http://foreignpolicy.com/2008/04/19 /the-top-100-public-intellectuals-bios/.

[30] *"The Heretic's New Book"* ["El nuevo libro del hereje"], Esquire, 24 de septiembre de 2007, www. esquire.com/news-politics/a3446/globalwarming1007/.

[31] *Ibíd.*, pág. 16.

[32] *Ibíd.*

Con gran ayuda del Banco Mundial, logré ubicar el famoso documento. Resulta que el mito tuvo su origen en un comunicado de prensa redactado a la ligera. El titular del comunicado era "El mundo se enfrenta a una crisis de agua: el 40 % de la población mundial es víctima de una escasez crónica de agua". Sin embargo, al seguir leyendo, de repente queda claro que la gran mayoría del 40 % son personas que no usan demasiada agua, sino personas sin acceso al agua o a establecimientos de saneamiento, exactamente el punto opuesto. Además, si uno lee la nota a la que se refiere el comunicado de prensa, se muestra que la crisis mundial del agua que preocupa a Lester Brown y a otros no afecta al 40 %, sino al 4 % de la población mundial. Y, sí, no eran 30, sino 80 países a los que se refería el Banco Mundial[33].

Por lo tanto, es importante que encontremos algunos datos confiables que muestren con precisión las tendencias a largo plazo en los recursos de la tierra. ¿Cuál es el resultado general del desarrollo humano en el medio ambiente mundial en el que vivimos? ¿La presencia de la humanidad está realmente destruyendo la tierra? En términos generales, ¿el desarrollo humano es útil o perjudicial para los recursos de la tierra?

Estas preguntas son especialmente importantes a la luz de las enseñanzas bíblicas que discutí anteriormente (ver el comienzo de la pág. 1095), sobre todo la enseñanza de que la tierra que Dios creó era "buena en gran manera" (Gn 1:31) y la enseñanza de que Dios dijo a Adán y Eva que debían "fructificad y multiplicaos; *llenad la tierra, y sojuzgadla, y señoread* en los peces del mar, en las aves de los cielos, y en todas las bestias que se mueven sobre la tierra" (v. 28).

Si Dios creó una tierra para que el hombre la sojuzgara y la desarrollara (lo cual hizo), entonces es razonable pensar que creó (1) una tierra con abundantes recursos que están disponibles para ser desarrollados y (2) una tierra que se beneficiaría del desarrollo dado por el hombre, no una que sería destruida por tal proceso. Además, si Dios quiso que los seres humanos "llenaran la tierra" (lo cual quiso), entonces parece razonable esperar que la expansión de la población humana sobre la tierra pueda ocurrir sin necesariamente dañarla o destruirla.

La "maldición" que Dios puso sobre la tierra (Gn 3:17-18) haría que el desarrollo de los recursos de la tierra fuera más difícil y más doloroso, pero no cambiaría el carácter básico de dicho desarrollo ni lo convertiría en algo perjudicial en lugar de útil. En cambio, sojuzgar la tierra sería aún más necesario en un planeta lleno de "espinos y cardos" los cuales debían ser quitados antes de que cualquier parcela de tierra fuera un lugar adecuado y agradable para los seres humanos.

Nuestro punto de vista general sobre estos asuntos afecta nuestras expectativas básicas. ¿Esperamos básicamente que el desarrollo de los recursos de la tierra sea útil o perjudicial para la tierra? ¿Esperamos que la obediencia a los mandamientos de Dios nos traiga beneficios a nosotros mismos y a la tierra, o que perjudique a

---

[33] *Ibíd.*, pág. 20, énfasis añadido. Su punto es que el estudio del Banco Mundial se refería a personas que no tienen pozos (aunque haya abundante agua subterránea donde viven), y esto no nos dice nada sobre una escasez de agua a nivel mundial.

ambos? ¿Tendemos a suponer que Dios hizo una tierra que está a punto de quedarse sin todo tipo de recursos necesarios para la supervivencia humana, o pensamos que hizo una tierra tan abundante con recursos tan ricos y diversos que serían útiles para la vida y disfrute de los humanos?

Si el *propósito de Dios* es que desarrollemos y disfrutemos de los recursos de la tierra dándole gracias a él (que sí lo es), entonces también esperaríamos que el *propósito de Satanás* fuera oponerse y obstaculizar tal actividad de desarrollo en cada punto y de todas las formas posibles.

En el punto 3, me referiré a las *tendencias a largo plazo* que muestran un progreso humano notable en hacer que la tierra sea útil para la humanidad y hacerlo de manera sostenible. Como indican las enseñanzas del Génesis, la evidencia moderna confirma que Dios creó una tierra con mucha abundancia y recursos, y también creó a los seres humanos con la sabiduría y la habilidad para desarrollar y usar esos recursos para darle la gloria y las gracias a él.

3. Las tendencias a largo plazo muestran que los seres humanos podrán vivir en la tierra, disfrutar de una prosperidad cada vez mayor y nunca agotar sus recursos.

a. Población mundial: La población mundial ha crecido de 750 millones de personas en 1750 a más de 7.5 mil millones de personas en la actualidad[34]. Un rápido aumento en este crecimiento comenzó alrededor de 1950, pero ya se está desacelerando y se proyecta que terminará en unos 11 mil millones alrededor del año 2100[35]. Otras proyecciones muestran que la población mundial se estabiliza en niveles aún más bajos (como de 8 mil millones a 9 mil millones) y luego disminuye, como ya lo está haciendo la población en Europa occidental. De hecho, según datos del Departamento de Asuntos Económicos y Sociales de las Naciones Unidas (DESA, por sus siglas en inglés), la población también podría disminuir en Asia y América Latina[36].

Evidentemente, las estimaciones de la población mundial futura dependen de las tasas de fecundidad que se utilicen para las proyecciones. El Instituto Internacional de Análisis de Sistemas Aplicados (IIASA, por sus siglas en inglés) publicó una investigación que indica que la población mundial podría reducirse a la mitad de lo que es hoy en 2200, y a una séptima parte de la población actual para 2300, si las tasas de fecundidad caen a la tasa actual de Europa de 1,5. Los autores escriben: "A finales del siglo XXII [la población mundial] descendería por debajo de los tres mil millones, aunque en este escenario, la esperanza de vida seguiría aumentando hasta alcanzar los 100 años en todas las partes del mundo. Sin embargo, la supuesta baja en la fecundidad, basada en el tipo de cifras que se observan actualmente

---

[34] Ver *"Current World Population"* ["Población mundial actual"], Worldometers, http://www.worldometers.info/world-population/.

[35] Naciones Unidas, *World Population Prospects, the 2015 Revision: Key Findings and Advance Tables* [Perspectivas de la población mundial 2015: Aspectos destacados y tablas detalladas], pág. 2, https://esa.un.org/unpd/wpp/Publications/Files/Key_Findings_WPP_2015.pdf

[36] *Ibíd.*, pág. 1

en Asia oriental, daría lugar a descensos más rápidos y, para el año 2200, a una población mundial total de unos mil millones o menos"[37].

La población mundial ha crecido rápidamente en los últimos 250 años porque el desarrollo moderno les ha brindado a las personas un mejor acceso a alimentos, agua, atención médica y saneamiento, por lo que en promedio han vivido mucho más tiempo. No obstante, la población mundial probablemente se estabilizará porque a medida que las naciones aumentan en riqueza, por ejemplo, sus tasas de natalidad disminuyen, como es evidente en las tasas de natalidad inferiores en Europa y Japón en la actualidad[38].

Pero ¿nos quedaremos sin espacio en la tierra? No, hay mucho más espacio disponible para que la gente viva. Los dos países más grandes del mundo en términos de población son India y China, con las siguientes densidades de población en 2017[39]:

País	Población/Mi²
India	1 169*
China	389†

*Ver "India Population" ["Población de la India"], Worldometers, http://www.worldometers.info/world-population/india -population/.

†Ver "China Population" ["Población de la China"], Worldometers, http://www.worldometers.info/world-population/china -population/.

Tabla 41.1. Densidades de población en la India y China.

Pero algunos países de Europa tienen densidades de población similares, como se muestra en el siguiente gráfico:

---

[37] Stuart Gietel-Basten, Wolfgang Lutz, y Sergei Scherbov, "Very Long Range Global Population Scenarios to 2300 and the Implications of Sustained Low Fertility" ["Escenarios de población mundial de muy largo alcance hasta 2300 y las implicaciones de una baja fecundidad sostenida"], Demographic Research [Estudio demográfico] 28, artículo 39 (30 de mayo de 2013), https://www.demographic-research.org/volumes/vol28/39/default.htm.

[38] El sitio web de la División de Población de la ONU, https://esa.un.org/unpd/wpp/Download/SpecialAggregates/Geographical/ (en el subgrupo de "Crude Birth Rate" ["Tasa bruta de natalidad"]), muestra que se ha producido un gran descenso de la natalidad a nivel mundial y que está más presente en Europa: La tasa de natalidad mundial disminuyó de 36,9 nacimientos por cada 1 000 habitantes en 1950-1955 a 31,6 (1970-1975), luego a 27,8 (1980-1985), después a 24,5 (1990-1995), luego a 20,8 (2000-2005) y finalmente a 19,6 (2010-2015). Se calcula que en el futuro habrá nuevos descensos. En el caso de Europa, la tasa de natalidad ha disminuido de 21,5 nacimientos por cada 1 000 habitantes en el periodo 1950-1955 a 10,8 para 2010-2015. Ver también Mark Henderson, "Europe Shrinking as Birthrates Decline ["Europa se reduce a medida que disminuye la natalidad"], London Times, 28 de marzo de 2003, https://www.thetimes.co.uk/article/europe-shrinking-as-birthrates-decline-qkqj68xpwpj.

[39] Estas cifras han sido convertidas de kilómetros cuadrados a millas cuadradas.

País	Población/Mi²
Bélgica	979*
Reino Unido	701†
Alemania	599‡
Italia	527**
Suiza	554††

*Ver "Belgium Population" ["Población de Bélgica"], Worldometers, http://www.worldometers.info/world-population/belgium -population/.

†Ver "United Kingdom Population" ["Población de Reino Unido"], Worldometers, http://www.worldometers.info/world-population /uk-population/.

‡Ver "Germany Population" ["Población de Alemania"], Worldometers, http://www.worldometers.info/world-population/germany -population/.

**Ver "Italy Population" ["Población de Italia"], Worldometers, http://www.worldometers.info/world-population/italy -population/.

††Ver "Switzerland Population" ["Población de Suiza"], Worldometers, http://www.worldometers.info/world-population /switzerland-population/.

Tabla 41.2. Densidades de población en otras naciones.

Estas cifras son mucho más altas que las de Estados Unidos, que tiene una densidad de población de 91,5 personas por milla cuadrada[40]. Pero como puede atestiguar cualquiera que haya visitado Bélgica, el Reino Unido o Alemania, estos países todavía tienen grandes extensiones de tierras de cultivos y espacios abiertos no masificados.

Podemos comparar estas densidades con algunos estados de los Estados Unidos (2015)[41].

País	Población/Mi²
Nueva Jersey	1 218
Rhode Island	1 022
Massachusetts	871
Nueva York	420

---

[40] *"Population Density of the United States from 1790 to 2015 in Residents Per Square Mile of Land Area"* ["Densidad de población de Estados Unidos de 1790 a 2015 en residentes por milla cuadrada de superficie"], Statista, https://www.statista.com/statistics/183475/united-states-population-density/.

[41] *"Population Density in the U.S. by Federal States Including the District of Columbia: 2015"* ["Densidad de población en EE.UU. por estados federales, incluido el Distrito de Columbia: 2015"], Statista, https://www.statista.com/statistics/183588/population-density-in-the-federal-states-of-the-us/.

País	Población/Mi²
Florida	378
Ohio	284
California	251
Illinois	232
Virginia	212
Carolina del Norte	207

Tabla 41.3. Densidades de población en estados seleccionados.

Ciertamente, los estados más densamente poblados tienen muchas ciudades grandes, pero también tienen grandes extensiones de tierra en bosques, parques y zonas agrícolas.

En otras palabras, la población mundial se está estabilizando y todavía queda una inmensa cantidad de espacio en la tierra donde todos pueden vivir cómodamente.

b. Tierra para cultivar alimentos: ¿Pero nos quedaremos sin tierra para cultivar suficientes alimentos para alimentar a la población mundial? No, en lo absoluto. De la superficie terrestre total sin hielo que se encuentra en la tierra, una estimación es que alrededor del 24 % de la tierra es "cultivable"[42], es decir, podría producir un nivel aceptable de cultivos de alimentos, siendo esto aproximadamente 3,2 mil millones de hectáreas (7,9 mil millones de acres) de tierra que podrían producir alimentos. (La tierra restante se ubica en zonas demasiado frías, secas, rocosas o duras, o que tienen un suelo muy pobre para realizar cultivos). Pero esta tierra de cultivo potencial es más de tres veces el área que realmente se usa para cultivos en cualquier año hoy en día[43], es decir, actualmente cultivamos en *menos de un tercio de la tierra cultivable que existe.*

¿A cuántas personas podría alimentar la tierra disponible? Roger Revelle, exdirector del *Center for Population Studies* [Centro de Estudios sobre Población] de la Universidad de Harvard, había estimado ya en 1984 que incluso si esta tierra produjera menos de la mitad de la producción promedio del "cinturón del maíz" en los Estados Unidos, permitiría que unas 35 mil millones de personas puedan "comer un promedio de 2 350 kcal por día"[44]. Otra estimación fue que la tierra disponible

---

[42] Roger Revelle, *"The World Supply of Agricultural Land"* ["El suministro mundial de tierras agrícolas"], en The Resourceful Earth: A Response to Global 2000 [La tierra con recursos: una respuesta a Global 2000], ed. Julian Simon y Herman Kahn (Nueva York: Basil Blackwell, 1984), pág. 184.

[43] *Ibíd.*, pág. 185.

[44] *Ibíd.*, pág. 186. Kilocaloría se abrevia como "kcal", lo cual equivale a 1 000 gramos de calorías.

[45] *"Resources Unlimited"* ["Recursos ilimitados"], National Center for Policy Analysis [Centro Nacional

fácilmente podría alimentar a alrededor de 18 mil millones de personas por año[45], lo cual sigue siendo dos veces y media la población mundial actual de alrededor de 7,5 mil millones, y es mucho más que las mejores estimaciones actuales de que la población mundial se estabilizará en alrededor de 11 mil millones de personas. No nos estamos quedando sin tierra para cultivar.

Además, la *producción de alimentos por acre* ha aumentado notablemente en los últimos 50 años y probablemente seguirá aumentando en el futuro con los mejores métodos agrícolas y un mejor uso de la tecnología moderna. Nuestra capacidad para cultivar más y más alimentos (y de mejor calidad) en más tipos de tierra debería seguir aumentando gracias a la gran capacidad creativa que Dios ha puesto en la mente humana.

De acuerdo con el Gráfico 41.1, la cantidad de grano de cereal cultivado por hectárea en el mundo se duplicó con creces entre 1961 y 2014[46]. (La "hectárea" es una unidad métrica que mide la superficie y equivale a 2.47 acres). Estos avances se han producido gracias a las semillas de alto rendimiento, los fertilizantes modernos, un control mayor de las plagas, nuevas plantas que toleran un clima más frío y a un inicio temprano de la época de cultivo[47] .

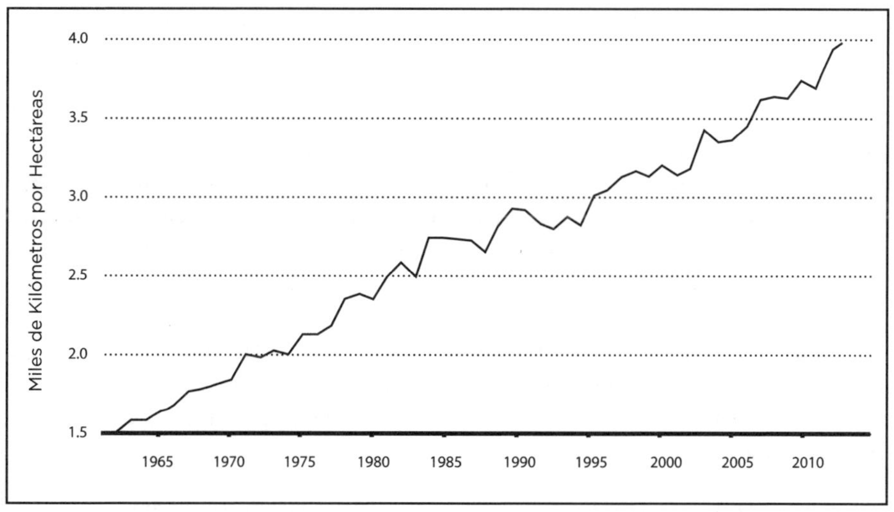

Gráfico 41.1. Rendimiento mundial de los cereales (Fuente: FAO).

de Análisis de Políticas], 19 de febrero de 1996, www.ncpa.org/sub/dpd/index.php?Article_ID=12935, citando a Thomas Lambert, "Defusing the 'Population Bomb' with Free Markets" ["Desactivar la 'bomba demográfica' con los mercados libres"], Estudio de política nro. 129, febrero de 1996, Center for the Study of American Business [Centro para el Estudio de la Empresa Americana], Washington University, St. Louis, Missouri.

[46] *"Cereal yield (kg per hectare)"* ["Rendimiento de los cereales (kg por hectárea)"], Banco Mundial, http://data.worldbank.org/indicator/AG.YLD.CREL.KG?end=2014&start=1961&view=chart.

Ver datos similares para varias regiones del mundo en The State of Humanity [El estado de la humanidad], ed. Julian Simon (Oxford, Reino Unido, y Cambridge, Massachusetts: Blackwell, 1995), pág. 381.

[47] Ver una mayor discusión en Dennis Avery, "The World's Rising Food Productivity" ["El aumento de

Por esto, se ha producido un aumento constante de los alimentos disponibles y de los que realmente se consumen. Según Lomborg, "aunque ahora somos el doble de personas que en 1961, cada uno de nosotros tiene más para comer, tanto en los países desarrollados como en los que están en vías de desarrollo; hay menos personas que pasan hambre y los alimentos son mucho más baratos"[48]. (Desde luego que el número de calorías consumidas ha llegado a ser excesivo para muchas personas en los países desarrollados, ¡pero ese es otro tipo de problema!).

Esto no significa que no haya problemas pendientes. Se calcula que el porcentaje de población que sigue pasando hambre en el mundo es de alrededor del 10,9 %[49]. (Las Naciones Unidas definen "pasar hambre" como la falta de alimentos suficientes para realizar una actividad física ligera). Sin embargo, la dirección a largo plazo de las líneas de tendencia es bastante alentadora. Según se calcula en un período de 40 años (1970-2010), el porcentaje de personas del mundo que pasaban hambre se redujo del 35 % al 12 %[50]. (En 2016, el 13,5 % de la población ubicada únicamente en las zonas en vías de desarrollo del mundo estaba crónicamente desnutrida)[51].

Sin embargo, el avance no ha sido uniforme en todas las partes del mundo. Mientras que en la mayoría de las regiones del mundo se ha producido un rápido descenso desde 1970 en la proporción de personas que viven en condiciones de hambre, el avance en el África subsahariana no ha seguido el ritmo del avance en el resto del mundo, sino que su 20,0 % sigue viviendo en condiciones de hambre[52].

c. El agua: En un notable desarrollo durante un período de 45 años, ¡el porcentaje de personas en los países en vías de desarrollo con acceso al agua potable aumentó del 30 % en 1970 al 91 % en 2015![53] Sin embargo, estos avances tan alentadores no siempre se reconocen y a veces se ocultan. Como ya se ha mencionado, Lomborg documenta cómo un libro de texto universitario muy utilizado referente al medio ambiente cita estadísticas erróneas sobre la escasez de agua, afirmando que proceden de un estudio del Banco Mundial[54].

Sin embargo, ¿realmente estamos agotando el suministro mundial de agua con demasiada rapidez? De ninguna manera. Hay una gran cantidad de agua en la tierra, y el 71 % de la superficie terrestre está cubierta por agua. Así es como se distribuye el agua:

---

la productividad de alimentos en el mundo"] en The State of Humanity, págs. 376-391.

[48] Lomborg, *The Skeptical Environmentalist*, pág. 60.

[49] *"The State of Food Insecurity in the World 2015"* ["El estado de la inseguridad alimentaria en el mundo 2015"], FAO, pág. 8, http://www.fao.org/3/a-i4646e.pdf.

[50] *Lomborg, The Skeptical Environmentalist*, pág. 61.

[51] *"2016 World Hunger and Poverty Facts and Statistics"* ["Datos y estadísticas sobre el hambre y la pobreza en el mundo en 2016"], Hunger Notes, http://www.worldhunger.org/2015 -world-hunger-and-poverty-facts-and-statistics/.

[52] *Ibíd.*

[53] Lomborg, *The Skeptical Environmentalist, pág. 21, y el Programa Conjunto OMS/UNICEF de Monitoreo del Abastecimiento de Agua y del Saneamiento (JMP, por sus siglas en inglés), "Progress on Sanitation and Drinking Water"* ["Progresos en materia de saneamiento y agua potable"], "Informe de actualización 2015 y evaluación del ODM", pág. 4. El informe puede descargarse en https://washdata. org/reports?reports%5B0%5D=date%3Am 2015&reports%5B1%5D=monitoring-category%3Awater.

[54] Lomborg, *The Skeptical Environmentalist*, pág. 20.

Agua en los océanos	97,2 %
Agua en el hielo polar	2,15 %
Agua restante, incluida toda el agua dulce de los lagos, ríos y del subsuelo (debajo de la tierra)	0,65 %
Total	100 %

Tabla 41.4. Distribución del agua de la Tierra[55].

De ese 0,65 % de agua potencialmente disponible para el uso humano, una parte se encuentra en zonas tan remotas que es inaccesible para el ser humano para todos los fines prácticos; pero del agua restante que es accesible para el uso humano, *utilizamos menos del 17 % del agua que puede renovarse cada año en la tierra*, lo cual no es el 17 % del agua dulce de la tierra, sino solo el 17 % del "agua de fácil acceso y renovable" que se renueva cada año en la tierra[56]. Las proyecciones actuales de alto nivel dictan que solo el 22 % del agua de fácil acceso y renovable cada año se utilizará para 2025[27].

¿Dónde se utiliza la mayor parte del agua? En términos de uso global, así se divide:

Agricultura	69 %
Industria	23 %
Viviendas	8 %
Total	100 %

Tabla 41.5. Uso del agua en el mundo[58].

Por lo tanto, ¿debemos preocuparnos por si agotaremos el agua del mundo en el futuro? No lo creo, al menos por dos razones:

1. Hoy en día se pierde muchísima agua al ser utilizada en muchos países, tanto por las fugas como por el ineficiente uso agrícola[59]. Sin embargo, países como Israel han desarrollado un uso muy eficiente del agua, tanto con un sistema de riego por

[55] *Ibíd.*, págs. 149-150.
[56] *Ibíd.*, págs. 150-151.
[57] *Ibíd.*, pág. 150.
[58] *Ibíd.*, pág. 154.
[59] *Ibíd.*, págs.154-156.

goteo como con un reciclaje eficaz del agua[60]. Si se permite que los precios del agua aumenten de modo que sus usuarios sean mucho más responsables con su uso, se podría lograr una eficiencia mucho mayor[61].

2. La desalinización del agua es cada vez más factible desde el punto de vista económico. El precio actual por quitar la sal del agua del océano ha caído por debajo de $0.50 por metro cúbico en algunas zonas[62], es decir, menos de un quinto de céntimo por galón, ¡siendo mucho menos que los $1.15 por metro cúbico que pago actualmente en mi casa de Arizona![63]En 2013, el precio promedio del agua en los Estados Unidos era de $0.74 por metro cúbico, mientras que en el Reino Unido era de $2.37 y en Alemania de $5.65[64]. (Sin embargo, muchos de estos costos reflejan no solo el costo bruto de producción, sino también el costo de entrega y, sin duda, otras tasas públicas).

Según la *International Desalination Association* [Asociación Internacional de Desalinización] (IDA, por sus siglas en inglés), en junio de 2015 funcionaban en todo el mundo 18 426 plantas desalinizadoras cuya producción era de 86,8 millones de metros cúbicos al día, brindando así agua a 300 millones de personas en 150 países[65]. En Medio Oriente se encuentra el mayor número de plantas de agua desalinizada (53 % del total)[66]. Para el 2030, se calcula que se producirán más de 110 millones de metros cúbicos al día de agua desalinizada, y el 70 % de esa agua se producirá en Arabia Saudita, los Emiratos Árabes Unidos, Kuwait, Argelia y Libia[67]. En Malta, el 70 % del consumo total de agua es agua desalinizada[68].

---

[60] *Ibíd.*

[61] *Ibíd.*

[62] En otras zonas, el costo se mantiene en torno a 1 dólar por metro cúbico, pero la tendencia general es a la baja debido a la mejora de la tecnología. Ver Noreddine Ghaffour, Thomas M. Missimer, Gary L. Amy, *"Technical Review and Evaluation of the Economics of Water Desalination: Current and Future Challenges for Better Water Supply Sustainability"* ["Revisión técnica y evaluación de los aspectos económicos de la desalinización del agua: Retos actuales y futuros para mejorar la sostenibilidad del suministro de agua"], Desalination 309 (Enero 2013): págs. 197-207, http://www.sciencedirect.com/science/article/pii/S0011916412005723.

[63] La factura de agua residencial en mi casa de Arizona se basa en una escala de precios que aumenta con la cantidad de agua utilizada, pero cogí mi factura de octubre de 2016 (un mes normal) y descubrí que pagaba $0,0043415 por galón de agua. Hay 264,17 galones en un metro cúbico de agua (1 000 litros), así que mi costo por metro cúbico fue de $1.15.

[64] Alex Webb, *"German Water Charges Second-Highest Rate in Europe, Handelsblatt says"* ["El agua alemana cobra la segunda tasa más alta de Europa, según Handelsblatt"], Bloomberg, 7 de agosto de 2013, https://www.bloomberg.com/news/articles/2013-08-07/german-water-charges-second-highest-in-europe-handelsblat -says.

[65] *"Desalination by the Numbers"* ["La desalinización en cifras"], IDA, http://idadesal.org/desalination -101/desalination-by-the-numbers/.

[66] Konstantinos Zotalis, Emmanuel G. Dialynas, Nikolaos Mamassis y Andreas N. Angelakis, "Desalination Technologies: Hellenic Experience" ["Tecnologías de desalinización: La experiencia helénica"], Water 6, nro. 5 (30 de abril de 2014): pág. 1136, http://www.mdpi.com/2073 -4441/6/5/1134/htm.

[67] *Ibíd.*, citando a M. Isaka, *Water Desalination Using Renewable Energy* [Desalinización de agua del mar mediante energías renovables], *Technology Brief* [Resumen tecnológico] I12, Programa de Análisis de Sistemas de Tecnología Energética (ETSAP, por sus siglas en inglés)-Agencia Internacional de la Energía (IEA, por sus siglas en inglés), París, Francia; Agencia Internacional de Energías Renovables (IRENA, por sus siglas en inglés), Abu Dabi, Emiratos Árabes Unidos, 2012.

[68] *Ibíd.*, pág. 1 139.

Es alentador que el 14 de diciembre de 2015 se haya abierto una nueva y gran planta desalinizadora en Carlsbad, California (cerca de San Diego)[69], que producirá el 8 % del agua requerida para la región de San Diego[70]. Para el 2014, había más de 20 plantas desalinizadoras en funcionamiento o en construcción en California cuya producción era de 2,6 millones de metros cúbicos de agua desalinizada al día, o también el 15 % del agua que requiere el estado[71].

Si consideramos la estabilización de la población mundial en el futuro, la mayor eficiencia con la que los países más desarrollados utilizan su suministro de agua, el más del 80 % de los suministros de agua dulce disponibles y renovables que no se están utilizando actualmente y el suministro de agua que prácticamente es ilimitado y se obtiene de los océanos por un precio ligeramente superior, no hay razón para suponer que la tierra *podría* quedarse sin agua. Cuando Dios dotó a la tierra de agua, realmente nos dispuso de un recurso maravillosamente abundante.

¿Hay zonas locales y regionales donde el suministro de agua sea escaso y difícil de conseguir? Sí, pero esos son problemas locales que tienen que ver con el *acceso al agua*, mas no con el suministro total de agua en la tierra. En muchos casos, la escasez local de agua se debe a la falta de desarrollo económico de la nación en su totalidad (y, por tanto, a una falta de capacidad para transportar, purificar, suministrar y pagar el agua) o a los obstáculos políticos, económicos y legales ya sean nacionales o locales para el acceso al agua.

Por ejemplo, el estado de California se encuentra junto a los inagotables recursos hídricos del Océano Pacífico, pero la oposición política local a la construcción de plantas desalinizadoras ha impedido por muchos años que los californianos aprovechen esta fuente de agua para satisfacer todas sus necesidades. Si bien por fin se están construyendo plantas, todavía se podría hacer mucho más.

d. Aire limpio: Recuerdo de niño lo desagradable que era caminar por la acera de cualquier calle de la ciudad cuando muchos autos esperaban en un semáforo y el escape de los autos contaminaba el aire, haciendo que el simple hecho de respirar sea desagradable y algunos días incluso hacía que me piquen los ojos. Sin embargo, si ahora camino por la misma acera y hay muchos autos esperando en un semáforo, puedo respirar libremente y el escape de los autos casi ni se percibe. ¿Qué ha pasado?

El cambio se produjo porque las personas en Estados Unidos (de manera colectiva y a través de sus representantes elegidos) decidieron que merecía la pena el gasto adicional que suponía exigir controles de contaminación en los motores de los autos, e hicieron lo mismo con los camiones, las fábricas, el sistema de calefacción del hogar y muchas otras fuentes de contaminación del aire. Como resultado, el aire se volvió mucho más limpio.

---

[69] Bradley J. Fikes, *"$1-Billion Desalination Plant, Hailed as Model for State, Opens in Carlsbad"* ["Se inaugura en Carlsbad una planta desalinizadora de $1 000 millones, considerada un modelo para el Estado"], Los Angeles Times, 15 de diciembre de 2015, http://www.latimes.com/local/california/la-me-desalination-20151215-story.html.

[70] *Zotalis et al., "Desalination Technologies: Hellenic Experience"*, pág. 1140.

[71] *Ibíd.*

Esta limpieza del aire es el modelo que siguen todos los países del mundo conforme crecen sus economías y se enriquecen en general, permitiéndoles destinar el dinero extra que se necesita para controlar la contaminación del aire.

Por poner otro ejemplo, el Gráfico 41.2 (pág. 1119) muestra las concentraciones de dióxido de azufre (SO2) y de humo en Londres durante un periodo de 400 años. En la actualidad, estos contaminantes principales están presentes en el aire de Londres en concentraciones más bajas de lo que han estado desde antes de 1585, mucho antes del periodo industrial moderno. Los contaminantes urbanos también han disminuido en un 90 % desde 1930[72].

Otro gráfico notable muestra que *el desarrollo económico es la forma en que las naciones pueden superar la contaminación del aire.* El Gráfico 41.3 (pág. 1120) muestra que los países extremadamente pobres (la parte izquierda del gráfico) casi no presentan material particulado, y esto se debe a que tienen pocos autos, camiones o fábricas que contaminan el aire. Cuando las naciones empiezan a desarrollarse económicamente, las personas conducen autos y camiones más antiguos que chispean pero que contaminan más, y queman combustibles en sus hogares y fábricas que aumentan la contaminación del aire; sin embargo, cuando el ingreso anual per cápita de una nación alcanza unos $3 000 (el pico de las líneas del centro del gráfico), las personas deciden que el aire contaminado es tan perjudicial para su calidad de vida que empiezan a imponer normas y tasas para reducirlo. Por último, cuando las naciones se desarrollan hasta el punto de tener un ingreso per cápita de $30 000 al año o más (lado derecho del gráfico), su aire vuelve a tener la pureza que tenía cuando era una nación no desarrollada, sin autos ni fábricas.

Lo más alentador de este gráfico es el avance que revela entre 1972 y 1986. *El gráfico completo de las partículas contaminantes es más bajo* para cada nivel de desarrollo económico. Incluso los países más pobres pudieron desarrollarse con menos contaminación total gracias al uso de tecnologías más baratas y limpias (incluidos autos y camiones menos contaminantes) que pudieron importarse de los países más desarrollados. (El gráfico también muestra que la reducción de la contaminación puede producirse con niveles de ingresos más bajos a lo largo del tiempo, ya que los países más pobres pasan a utilizar la tecnología desarrollada en los países más ricos).

---

[72] Derek M. Elsom, *"Atmospheric Pollution Trends in the United Kingdom"* ["Tendencias de la contaminación atmosférica en el Reino Unido"], en *The State of Humanity,* págs. 476-490

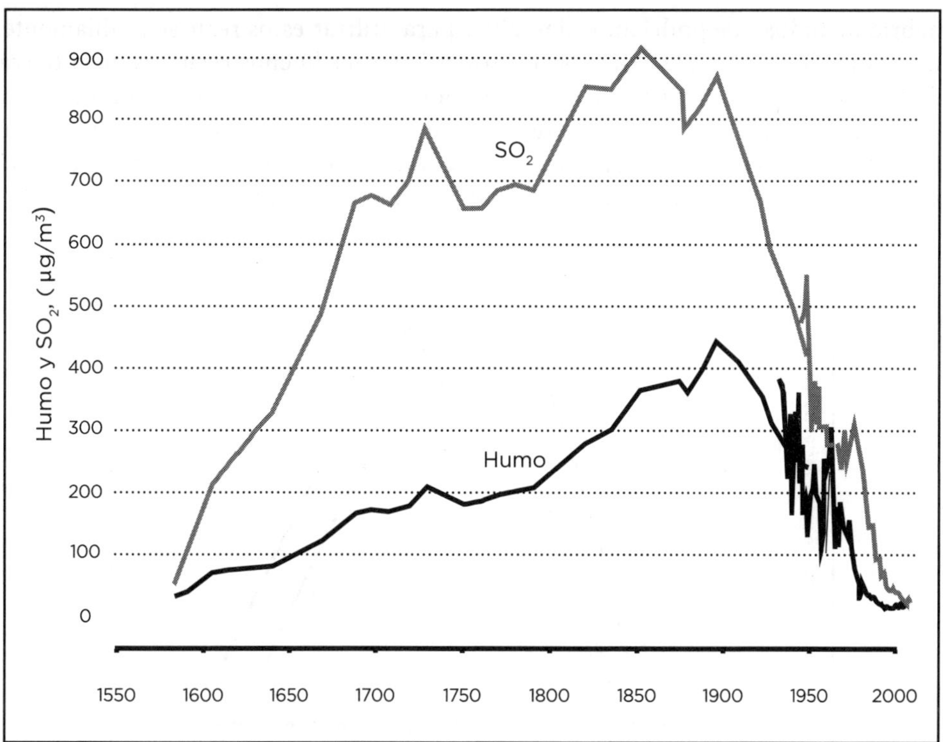

Gráfico 41.2. Concentraciones en promedio de SO2 y humo en Londres entre 1585-1994/1995. (Adaptado de Bjørn Lomborg, *The Skeptical Environmentalist: Measuring the Real State of the World* [Cambridge, Reino Unido: Cambridge University Press, 2001], pág. 165, con permiso del editor).

En cuanto a las tendencias futuras de la contaminación del aire, Lomborg destaca el ejemplo de Estados Unidos:

En Estados Unidos, el número total de millas que recorren los autos se ha duplicado con creces en los últimos 30 años, al igual que su economía; además, la población ha aumentado en más de un tercio. Sin embargo, en el mismo periodo las emisiones han disminuido un tercio y las concentraciones se han reducido mucho más. Por esto, es razonable ser optimista cuando se habla del desafío de la contaminación del aire[73].

Como cristiano, no me sorprenden en absoluto estos resultados. Me parece coherente con lo que enseña la Biblia, porque si Dios nos posicionó en la tierra para desarrollar y utilizar sus recursos *para beneficio nuestro, para ser agradecidos, y para su gloria,* y si Dios es un Creador bueno y sabio, entonces es completamente razonable pensar que él crearía en la tierra los recursos que necesitamos y que

---

[73] Lomborg, *The Skeptical Environmentalist*, pág. 177.

habría métodos que podríamos descubrir para utilizar estos recursos sabiamente. Es razonable pensar que él nos permitiría utilizar los buenos recursos de la tierra de forma maravillosa y agradable, mejorando al mismo tiempo la calidad de vida de los seres humanos y protegiendo el medio ambiente. Hemos comprobado que esto es cierto no solo con el suministro de alimentos y de agua sino también con el suministro cada vez más abundante de aire limpio en la tierra.

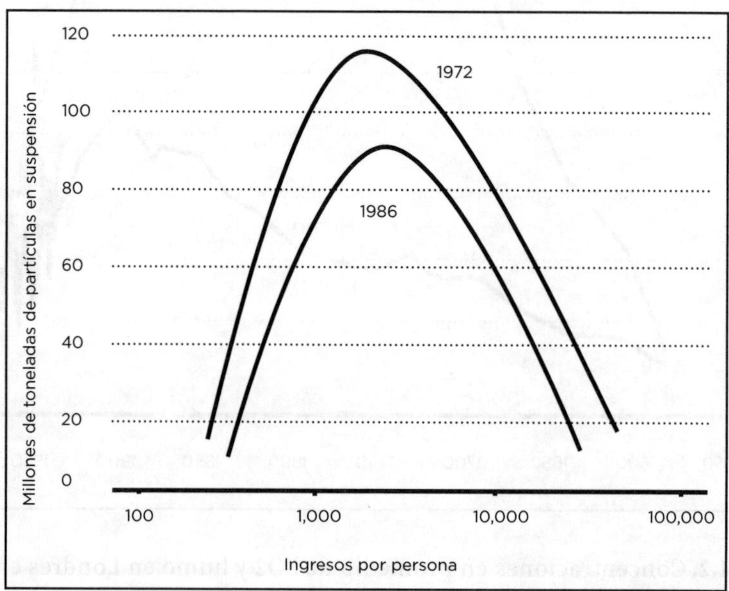

Gráfico 41.3. Conexión entre el PIB per cápita y el material particulado en 48 ciudades de 31 países entre 1972 y 1986. (Adaptado de Bjørn Lomborg, The Skeptical Environmentalist: Measuring the Real State of the World [Cambridge, Reino Unido: Cambridge University Press, 2001], pág.177, con permiso del editor).

e. Eliminación de desechos: ¿Seguirán las naciones de este mundo produciendo más y más desechos que acabarán por saturar nuestras ciudades y hacer la vida desagradable, por no decir realmente peligrosa? Las estadísticas fidedignas sobre la eliminación de desechos indican que la respuesta es no.

Parte de los desechos generados por el ser humano se recicla o se deposita en pilas de abono, y otra parte de estos desechos en algunas ocasiones se quema en plantas de incineración que producen energía. Varios países de Europa, en especial Francia, Alemania, Dinamarca, Reino Unido e Italia, hacen un uso considerable de las plantas de incineración modernas, empleando grandes medidas para minimizar la contaminación del aire o la de las cenizas resultantes. Francia sola cuenta con 225 plantas de incineración para la producción de energía[74]. Además, la producción de energía a partir de la incineración de desechos parece ser el más barato de todos

---

[74] Bernt Johnke, *"Emissions from Waste Incineration"* ["Emisiones de la incineración de desechos"],

los métodos que existen si se mide en kilovatios hora[75]. En Francia, por ejemplo, solo tres plantas pueden abastecer la suficiente energía (200 000 megavatios) para brindar calefacción a 40 000 apartamentos cada año[76]. Asimismo: "Las plantas también producen el vapor necesario para abastecer el 40 % de la calefacción que requiere París, lo que actualmente es suficiente para brindar calefacción a 200 000 apartamentos, los 24 hospitales de la ciudad y docenas de lugares turísticos y museos de renombre, incluido el Louvre"[77]. La energía generada al incinerar los desechos ahorra 300 000 toneladas de combustibles fósiles y evita la emisión de 900 000 toneladas de dióxido de carbono al aire cada año, siendo esto equivalente a retirar 200 000 coches de las carreteras[78].

Pero no todos los desechos se queman para producir energía. De hecho, gran parte del resto de los desechos que generan las personas se depositan en vertederos. Estados Unidos cuenta con vertederos modernos que están muy regulados por la Agencia de Protección Ambiental (EPA, por sus siglas en inglés) y se consideran muy seguros para las aguas subterráneas de la zona que los rodea[79].

Ahora bien, un vertedero no es simplemente un "espacio sin uso". Una vez fui a ver a uno de mis hijos correr en un hermoso parque con colinas onduladas cuando formaba parte de su equipo de atletismo de la escuela secundaria en Illinois. Solo después me enteré de que el parque había sido construido en lo que antes fue un vertedero que había sido cuidadosamente cubierto con tierra. De hecho, el gran vertedero de Fresh Kills, en Staten Island (Nueva York), está ahora cerrado para ser convertido en un parque público paisajista de un tamaño tres veces superior al del Central Park. El sitio web de New York City Parks dice:

> La transformación de lo que antes fue el más grande vertedero del mundo en un destino cultural productivo y bello hace que el parque sea un símbolo de renovación y una expresión de cómo nuestra sociedad puede devolver el equilibrio a su paisaje. Además de ofrecer una amplia gama de oportunidades recreativas, incluidas muchas no muy conocidas en la ciudad, el diseño del parque, la restauración ecológica y la programación

---

Good Practice Guidance and Uncertainty Management in National Greenhouse Gas Inventories [Orientación del IPCC sobre las buenas prácticas y la gestión de la incertidumbre en los inventarios nacionales de gases de efecto invernadero], IPCC, pág. 456, www.ipcc -nggip.iges.or.jp/public/gp/bgp/5_3_Waste_Incineration.pdf.

[75] *The Cornwall Alliance for the Stewardship of Creation* [La Alianza de Cornwall para la Mayordomía de la Creación], *A Renewed Call to Truth, Prudence, and Protection of the Poor: An Evangelical Examination of the Theology, Science, and Economics of Global Warming* [Un llamado renovado a la verdad, la prudencia y la protección de los pobres: un análisis evangélico de la teología, la ciencia y la economía del calentamiento global] (Burke, Virginia: The Cornwall Alliance, 2009), pág. 66, tabla 3, *"Index of lifetime generation costs by generating type"* ["Índice de costos de generación vitalicia por tipo de generación"], www.cornwallalliance.org/docs/a-renewed-call-to-truth-prudence-and-protection-of-the-poor.pdf.

[76] *"How the French are Burning Garbage to Heat Homes"* ["Cómo los franceses queman basura para dar calefacción a los hogares"], PBS Newshour, 22 de noviembre de 2015,
http://www.pbs .org/newshour/bb/how-the-french-are-burning-garbage-to-heat-homes/.

[77] *Ibíd.*

[78] *Ibíd.*

[79] Lomborg, *The Skeptical Environmentalist*, pág. 208.

cultural y educativa destacan la sostenibilidad del medio ambiente y en una preocupación pública renovada por nuestro impacto humano en la tierra[80].

¿Cuánto espacio se necesitaría para recepcionar toda la basura que se produce en Estados Unidos? Incluso con suposiciones bastante generosas sobre la cantidad de desechos producidos por persona y sobre el tamaño del crecimiento de la población estadounidense, si todos los desechos generados en Estados Unidos durante los próximos cien años se colocaran en un vertedero, encajarían en una zona de menos de dieciocho millas por lado y de unos cien pies de altura (menos que el vertedero de Fresh Kills en la ciudad de Nueva York). Este único vertedero ocuparía menos del 0,009 % de la superficie de Estados Unidos[81] y podría convertirse en otro parque público paisajista para el uso de las personas en los siglos próximos. Haciendo otra comparación, si cada estado tuviera que gestionar sus propios desechos, tendrían que encontrar simplemente un sitio para un único vertedero de dos millas y media por lado[82]. Al estar llenos, estos sitios también podrían cubrirse con tierra y convertirse en hermosos parques estatales, (lo cual supone que cada uno de estos vertederos se rellena con desechos y tierra sobre cada capa y se compacta adecuadamente, según las normas medioambientales modernas).

Pero en la realidad, se utilizarán miles de vertederos locales de tamaño mucho más reducido que serán totalmente adecuados para gestionar los desechos que generamos. Al igual que yo, otros padres verán a sus hijos hacer atletismo en las onduladas y boscosas colinas y nunca sabrán que bajo el suelo hay un vertedero.

Otro factor importante es que con los avances tecnológicos descubrimos continuamente nuevos usos para los desechos y nuevas formas de producir bienes con menos desechos. Por lo que, la cantidad de desechos generados será probablemente mucho menor que estas predicciones actuales. En cualquier caso, podremos manejar fácilmente tal cantidad de desechos y nunca nos quedaremos sin espacio para almacenar nuestra basura.

¿Entonces merece la pena reciclar? Sí que reduce la cantidad de desechos que se depositan en los vertederos, pero un enfoque sensato cuestionaría, con respecto a cada tipo de material que se recicla, *¿si merece la pena el tiempo, el esfuerzo y el gasto que supone realizar dicho reciclaje?* Esto es simplemente un análisis basado en los hechos que debe llevarse a cabo.

Por ejemplo, ¿debemos dedicar recursos a reciclar el papel, o simplemente quemarlo en las plantas de incineración y producir energía con él? Una rápida mirada al sitio web de Staples donde compro material de oficina me muestra que un paquete normal de 12 unidades de bloc de notas que utilizo cuesta $13.99, mientras que un paquete también de 12 unidades del mismo tamaño de bloc de notas hecho de papel reciclado cuesta $19.99, ¡siendo esto un 43 % más caro! Así que el papel reciclado cuesta *mucho más* que el papel de nueva producción. ¿Hay

---

[80] *"The Park Plan"* ["El plan del parque"], The Freshkills Park Alliance, http://freshkillspark.org/the-park/the-park-plan.

[81] Lomborg, *The Skeptical Environmentalist*, pág. 207.

[82] *Ibíd.*

alguna buena razón para que me gaste un 43 % más por el papel que utilizo? No es necesario hacerlo para reducir el uso de los vertederos, ya que existe espacio más que suficiente para ellos. ¿Debo utilizar papel reciclado para no tener que talar tantos árboles? Eso solo tendría sentido si el mundo se fuera a quedar sin árboles para fabricar papel, algo que sencillamente no va a ocurrir (ver más adelante).

El papel es un *recurso renovable* porque los árboles se pueden plantar y cultivar, al igual que la avena, el trigo y el maíz. (Los árboles tardan más, pero son un recurso renovable). Si el papel reciclado cuesta más, eso significa que la cantidad total de recursos utilizados para producir papel reciclado es mayor que los recursos utilizados para producir papel nuevo, ya que el precio refleja, en general, el coste de producción, y probablemente refleja menos que el coste real de producción debido a las subvenciones del gobierno para las plantas de reciclaje. Comprar el papel reciclado supondría un gasto de $6, algo que no voy a hacer. Compro blocs de notas hechos con papel normal.

f. Bosques en el mundo: Si nunca pudiéramos cultivar más árboles en el mundo, o si estuviéramos agotando rápidamente la cantidad de árboles disponibles para la producción de papel y madera, pues claro que el reciclaje tendría mucho sentido. Pero ¿está el mundo quedándose sin árboles? Una vez más, esto es simplemente una cuestión de analizar *los hechos que muestran las tendencias mundiales.*

Cerca de un tercio de la superficie terrestre está cubierta por bosques hoy en día, cifra que se ha mantenido relativamente estable desde la Segunda Guerra Mundial. Dicho de manera más exacta, la cubierta forestal aumentó del 30,04 % de la superficie terrestre mundial en 1950[83] al 30,825 % en 2015[84], dando así un aumento de 0,821 puntos porcentuales en 65 años. Cuatro países (Rusia, Brasil, Estados Unidos y Canadá) tienen juntos más del 50 % de los bosques del mundo, y en todo el mundo, los bosques ocupan entre dos y tres veces más tierra que las tierras agrícolas de cultivo[85].

En cuanto a los Estados Unidos, desde los inicios de su historia hasta aproximadamente 1920 se ha talado una gran cantidad de la cubierta forestal (en gran parte para el uso agrícola); pero desde 1920, la cantidad de terreno forestal se ha mantenido bastante estable[86].

Después de talar una zona de bosque natural donde los árboles crecen de forma aleatoria para utilizar la madera o el papel, se plantan nuevos árboles en hileras ordenadas para que crezca mucha más madera total en cada terreno. El resultado de este uso más eficiente de la tierra ha sido que la cantidad de madera (en pies cúbicos) que crece realmente en Estados Unidos cada año *es tres veces y media mayor que en 1920*[87].

---

83 *Ibíd.*, pág. 111.

84 *"Forest Area (% of land area)"* ["Área selvática (% del área de tierra)"], Banco Mundial, http://data.worldbank.org/indicator/AG.LND.FRST.ZS.

85 Lomborg, *The Skeptical Environmentalist*, pág. 112.

86 Roger A. Sedjo y Marian Clawson, *"Global Forests Revisited"* ["Los bosques del mundo renovados"] en The State of Humanity, pág. 331.

87 *Ibíd.*, págs. 331-332.

En lo que respecta a todo el mundo, hemos perdido alrededor del 20 % de la cubierta forestal original de la tierra desde que comenzó la agricultura[88], pero ese porcentaje ya se ha estabilizado. Los países en vías de desarrollo tienden a talar los bosques y a destinar más tierras para la agricultura, pero luego esa tendencia se estabiliza a medida que se adoptan mejores métodos agrícolas y se satisfacen las necesidades alimentarias del país. Otro factor es que las sociedades menos desarrolladas tienden a utilizar madera como combustible para fogatas, pero con desarrollo se utilizan otras fuentes de energía.

En cualquier caso, el uso en el mundo del papel y otros productos fabricados con madera no supone una amenaza importante para la cubierta forestal mundial. Lomborg escribe que "todo nuestro consumo de madera y papel puede cubrirse con el crecimiento de los árboles de solo el 5 % de la superficie forestal actual"[89].

La pérdida de selvas tropicales en algunos países sigue siendo una preocupación válida, ya que los bosques tropicales contienen muchas y miles de especies biológicas diversas y producen gran parte del oxígeno del mundo. Sin embargo, las estimaciones anteriores de una pérdida anual del 2 % o más de las selvas tropicales de Brasil han demostrado ser excesivamente altas[90]. El índice de pérdida de los bosques tropicales brasileños se ha estimado recientemente en torno al 0,2-0,5 % anual[91].

La mayor proporción de selva tropical del mundo se encuentra principalmente en Brasil. Los bosques del Amazonas constituyen aproximadamente un tercio de la superficie forestal tropical del mundo. Alrededor del 19 % de la selva amazónica ha sido talada desde los primeros tiempos en la historia de la humanidad, quedando un 81 % restante en 2016[92]. El gobierno brasileño ha impuesto sabiamente restricciones a la deforestación en la zona del Amazonas. En última instancia, este es un problema que solo puede ser resuelto por el gobierno de cada nación que posea bosques tropicales, incluido Brasil. Ahora bien, la causa principal de la pérdida de superficie forestal no es la madera utilizada para el papel, sino el uso excesivo de combustible de madera debido a los bajos ingresos de los países menos desarrollados[93]. En cualquier caso, el consumo de madera y papel a nivel mundial puede satisfacerse de forma sencilla sin una gran deforestación en todo el mundo.

g. Herbicidas y pesticidas: Una de las razones más importantes del aumento de la producción de alimentos en todo el mundo ha sido la invención de los modernos herbicidas (que matan las malas hierbas perjudiciales) y pesticidas (que matan los

---

[88] Lomborg, The Skeptical Environmentalist, pág. 112.

[89] *Ibíd.*, pág. 115.

[90] *Ibid.*, pág. 114, citando a William P. Cunningham y Barbara Woodworth Saigo, *Environmental Science: A Global Concern* [Ciencia del medio ambiente: una preocupación mundial] (Dubuque, Iowa: Wm. C. Brown, 1997), págs. 297–298.

[91] Rhett Butler, *"Calculating Deforestation Figures for the Amazon"* ["Cálculo de las cifras de deforestación del Amazonas"], Mongabay, 27 de enero de 2017,
http://rainforests.mongabay.com/amazon/deforestation_calculations.html.
Lomborg, The Skeptical Environmentalist, pág. 114, da la cifra del 0,5 % para 1999.

[92] *Ibíd.*

[93] Lomborg, *The Skeptical Environmentalist*, pág. 114.

insectos y bacterias perjudiciales); ambos mejoran el rendimiento de los cultivos y hacen que las frutas y verduras tengan menor precio. Si se restringe o incluso se prohíbe el uso de herbicidas y pesticidas, la proporción de ingresos necesaria para una familia de Norteamérica o Europa en gastos de alimentos podría duplicarse, dando pie a que las personas coman menos frutas y verduras y compren más almidón primario y consuman más grasa. Los pobres estarían siendo afectados terriblemente a efecto de esto, lo cual podría conducir a un aumento de algo así como 26 000 muertes adicionales por cáncer al año en los Estados Unidos[94]. En resumen, los herbicidas y pesticidas generan *grandes beneficios para la salud y una mayor producción de alimentos* en gran manera y se requiere de un *menor uso de tierra* para ellos.

¿Son realmente dañinos los pesticidas? Las agencias gubernamentales de EE. UU. como la Administración de Alimentos y Medicamentos (FDA, por sus siglas en inglés) y la EPA establecen límites estrictos sobre el uso de pesticidas en función de las cantidades mensurables que ingresan a los alimentos y agua que consumimos. Después de pruebas exhaustivas, se establece un valor llamado "nivel sin efectos adversos observados" (NOAEL, por sus siglas en inglés). Un nivel por debajo de este es un valor llamado "ingesta diaria aceptada" (IDA, por sus siglas en inglés). El límite de la IDA suele ser entre cien y diez mil veces más bajo que el NOAEL[95]. Estos límites aparentemente previenen cualquier daño de los pesticidas.

Uno de los estudios más respetados sobre las distintas causas de cáncer en Estados Unidos, por ejemplo, llegó a la conclusión de que no podía encontrar *ningún porcentaje notable de cánceres causados por pesticidas en Estados Unidos*[96]. El cáncer puede tener distintas causas (como el tabaco, la alimentación, la exposición al sol y las infecciones), pero los pesticidas ni siquiera figuran en la lista. Lomborg concluye que "prácticamente nadie muere de cáncer causado por los pesticidas"[97]. En otro punto, resume una serie de estudios diciendo que "los pesticidas contribuyen en muy poco a las muertes causadas por el cáncer"[98]. Asimismo, comenta que una "estimación plausible" del número de muertes por cáncer debidas al uso de pesticidas en Estados Unidos es aproximadamente de 20 por año de un total de 560 000[99] o una de cada 28 000 personas que mueren de cáncer. Cuando esta baja tasa de mortalidad se compara con los inmensos beneficios que se obtienen de los pesticidas, y el gran daño que supondría para la población y la alimentación mundial si se suprime el uso de pesticidas, parece que no debería haber ninguna objeción relevante a su nivel actual de uso prudente y cuidadosamente restringido. Las investigaciones más recientes también indican que los bajos niveles de uso de

---

[94] *Ibíd.*, pág. 247-248.

[95] *Ibíd.*, pág. 226.

[96] *Ibíd.*, pág. 229, citando a Richard Doll y Richard Petro, *"The Causes of Cancer: Quantitative Estimates of Avoidable Risks of Cancer in the United States Today"* ["Las causas del cáncer: estimaciones cuantitativas de los riesgos evitables del cáncer en los Estados Unidos en la actualidad"], Revista de the National Cancer Institute 66, nro. 6:1, págs. 191-1 308, 1981.

[97] *Ibíd.*, pág. 228-229.

[98] *Ibíd.*, pág. 245.

[99] *Ibíd.*

pesticidas no dan lugar a más casos de cáncer[100].

Reitero, esta conclusión no debería sorprendernos, y como Dios quiso que sojuzguemos la tierra y desarrollemos sus recursos de forma útil, es razonable esperarse que nos diera la capacidad de descubrir medios para superar las "espinas y cardos" que crecen en la tierra, así como las plagas que tienden a destruir los cultivos de alimentos. Además, hay que reconocer que muchos de los pesticidas que se utilizan no son compuestos químicos sintéticos, sino que son derivados de sustancias naturales que ya se dan en uno u otro lugar del mundo vegetal; son sustancias que ya permiten a algunas plantas luchar contra las plagas que las atacarían[101].

h. Esperanza de vida: ¿Está convirtiéndose la tierra en un lugar más seguro o más peligroso para que vivan los seres humanos? Una medida muy importante es la esperanza de vida en general. Las personas podrán vivir más tiempo si cuentan con mejor salud, si pueden superar las enfermedades, si pueden mantenerse a salvo de los desastres naturales y si disponen de una mejor nutrición. Por lo tanto, es de esperarse que haya una mayor esperanza de vida en las personas conforme avanzan en el desarrollo de los recursos de la tierra y los hacen útiles para los seres humanos, tal y como Dios pretendía que lo hicieran.

De hecho, esto es lo que ha ocurrido a medida que las naciones se han desarrollado económicamente y los seres humanos han descubierto más formas de hacer que los recursos de la tierra sean útiles para ellos mismos.

Si bien los registros de los siglos pasados son menos detallados, se conserva suficiente información para hacerse una idea bastante aproximada de la esperanza de vida general en varias naciones. Inglaterra puede considerarse un ejemplo típico de lo que ocurre cuando las naciones se desarrollan económicamente:

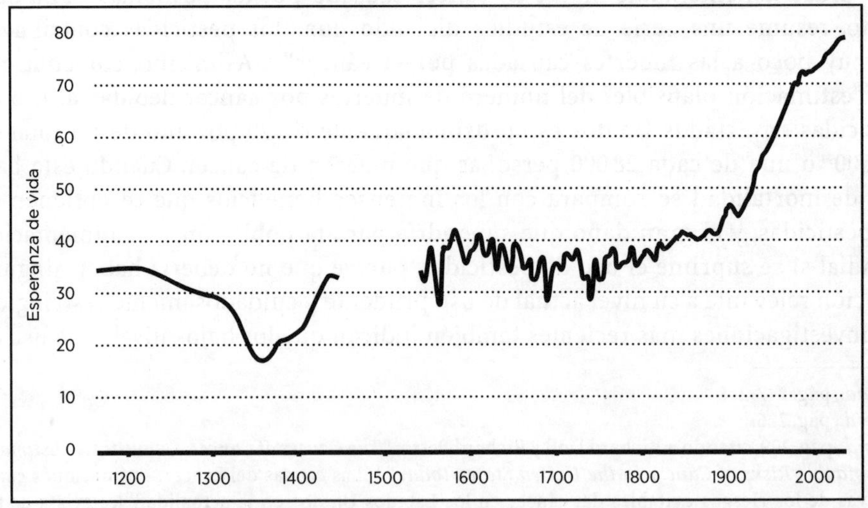

---

[100] *"Agricultural Health Study"* ["Estudio de Salud Agrícola"], Instituto Nacional del Cáncer, 16 de junio de 2011, https://www.cancer.gov/about -cancer/causes-prevention/risk/ahs-fact-sheet.
[101] Lomborg, *The Skeptical Environmentalist*, págs. 232-233.

Gráfico 41.4. Esperanza de vida en Inglaterra y Gales entre 1200-1998. (El gráfico muestra la esperanza de vida al nacer para los propietarios de tierras varones en Inglaterra, 1200-1450, y para ambos sexos en Inglaterra y Gales o el Reino Unido entre 1541-1998. Adaptado de Bjørn Lomborg, *The Skeptical Environmentalist: Measuring the Real State of the World* [Cambridge, Reino Unido: Cambridge University Press, 2001], pág. 165, con permiso del editor).

Observe usted que la esperanza de vida en los últimos 200 años ha aumentado de unos 38 años a unos 78 años, lo cual viene a ser un aumento impresionante. Otros países han experimentado un crecimiento similar, de modo que la esperanza de vida media en los países desarrollados es ahora de 78,3 años[102].

En los países menos desarrollados, la esperanza de vida media a principios del siglo XX era inferior a 30 años. En 1950 había alcanzado los 41 años y en 2015 se situaba en los 68,8 años[103], por lo que sorprende el hecho de que incluso en los países menos desarrollados, la esperanza de vida se haya duplicado con creces en poco más de cien años[104]. Las previsiones de desarrollo futuro son continuamente al alza para todas las partes del mundo.

Estas estadísticas son valiosas porque sirven como indicador general del progreso humano en la capacidad de vivir una vida productiva en la tierra, superar los peligros y hacer que los recursos de la tierra sean beneficiosos para nuestra salud y bienestar, cuyo panorama general es muy alentador en crecimiento y progreso continuos, mostrando que aprovechamos mejor el medio ambiente en el que vivimos y también lo cuidamos mejor cada año.

Dios creó una tierra abundante y llena de recursos, y estamos desarrollando una capacidad cada vez mayor para hacer un uso sabio de los recursos que él ha puesto en ella para nuestro beneficio, a fin de que usemos estos recursos dándole las gracias y la gloria a él.

C. ENERGÍA: RECURSOS Y USOS

A veces la gente asume ingenuamente que nos estamos quedando rápidamente sin fuentes de energía, lo cual sencillamente no es cierto.

Para tener una idea general de la producción mundial de energía, primero tenemos que entender que la energía procede de varias fuentes. El siguiente diagrama muestra la distribución de las fuentes de energía utilizadas en un año determinado para todo el mundo:

---

[102] Naciones Unidas, *World Population Prospects, the 2015 Revision: Vol. 1: Comprehensive* Tables [Perspectivas de la población mundial 2015: Vol. 01: Tablas completas], pág. 168,
   https://esa.un.org/unpd/wpp/Publications/Files/WPP2015_Volume-I_Comprehensive-Tables.pdf.
[103] *Ibíd.*
[104] *Ibíd.*

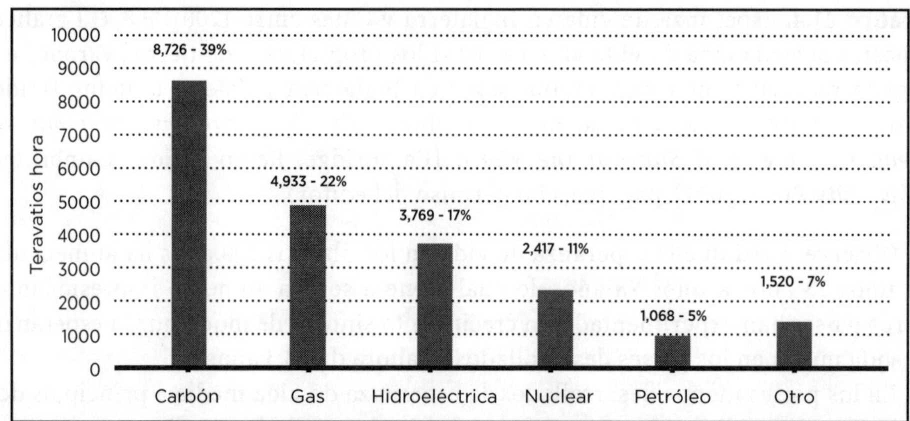

Gráfico 41.5. Producción mundial de electricidad de todas las fuentes de energía en 2014. (Las cifras están en teravatios hora. Fuentes: Administración de Información Energética de Estados Unidos (EIA, por sus siglas en inglés) y el Banco Mundial).

Un teravatio equivale a un billón de vatios de potencia. Un teravatio hora de electricidad es suficiente para brindar energía a 85 000 y 100 000 hogares al año[105]. En total, hubo una producción de 22 433 teravatios hora de electricidad en 2014[106] .

1. Energía eólica. En 2014, según los indicadores de desarrollo del Banco Mundial, la electricidad generada a partir de la energía eólica representó solo el 3 % de la producción mundial de electricidad[107] , y representó casi el 4 % de la producción de electricidad de EE.UU. en 2014[108]. Este tipo de energía tiene cierto potencial, pero su contribución a la producción mundial de energía probablemente seguirá siendo bastante pequeña porque no es fiable en la mayoría de las zonas del mundo (el viento no sopla todo el tiempo y varía en intensidad) y la energía del viento es muy difusa, lo cual hace que los parques eólicos requieran de enormes extensiones de tierra (o zonas oceánicas) con cientos de molinos gigantes que destruyen la belleza del paisaje en kilómetros a la redonda.

2. Energía hidroeléctrica. Si bien Estados Unidos obtiene el 6,5 % de su electricidad

---

[105] DOE, *"Energy Department Invests $16 Million to Harness Wave and Tidal Energy"* ["El DOE invierte $16 millones para aprovechar la energía de las olas y las mareas"], 29 de agosto de 2013, https://energy.gov/articles/energy-department-invests-16-million-harness-wave-and -tidal-energy, y *"Opower to Save One Terawatt Hour of Energy by 2012"* ["Opower ahorrará un teravatio hora de energía en 2012"], BusinessWire, 15 de junio de 2011, http://www.businesswire.com/news/home/20110615005924/en/Opower-Save-Terawatt-Hour-Energy-2012.

[106] Un teravatio hora se refiere a la obtención de energía con una capacidad de 1 teravatio (1012 vatios) por una hora. Un teravatio hora equivale a una potencia sostenida de aproximadamente 114 megavatios por un período de un año.

[107] *"Breakdown of Electricity Generation by Energy Source"* ["Distribución de la producción eléctrica por fuente de energía"], The Shift Project, http://tsp-data-portal.org /Breakdown-of-Electricity-Generation-by-Energy-Source#tspQvChart.

[108] *Ibíd.*

(2016)[209] a partir de represas hidroeléctricas en los ríos, es poco probable que esta capacidad pueda ampliarse notoriamente debido a que quedan pocos lugares que sean idóneos para nuevas represas. La situación es similar en gran parte de los países desarrollados, por lo que es poco probable que el 17 % de la energía eléctrica mundial que se produce mediante plantas hidroeléctricas tenga un aumento considerable.

3. Petróleo. Gracias a las nuevas tecnologías y a las nuevas exploraciones, se descubren constantemente nuevas reservas de petróleo y otras fuentes de energía. Por ejemplo, el Gráfico 41.6 muestra cómo se han multiplicado las *reservas conocidas* de petróleo en el mundo desde 1980.

Además, cuando el precio del petróleo aumenta, el petróleo de las zonas más difíciles se vuelve económicamente más viable de desarrollar. Si tenemos en cuenta el petróleo disponible en las arenas alquitranadas y en los yacimientos de esquisto bituminoso, ¡la cantidad de petróleo restante equivale al consumo total de energía de todo el mundo por más de 5 000 años![111] Pero, claro está, también utilizaremos otras fuentes de energía, y es probable que los avances tecnológicos de los próximos 25 a 50 años hagan que nuestro uso incluso llegue a alejarse de la cantidad de energía mundial que produce ahora el petróleo. En otras palabras, nunca nos quedaremos sin petróleo.

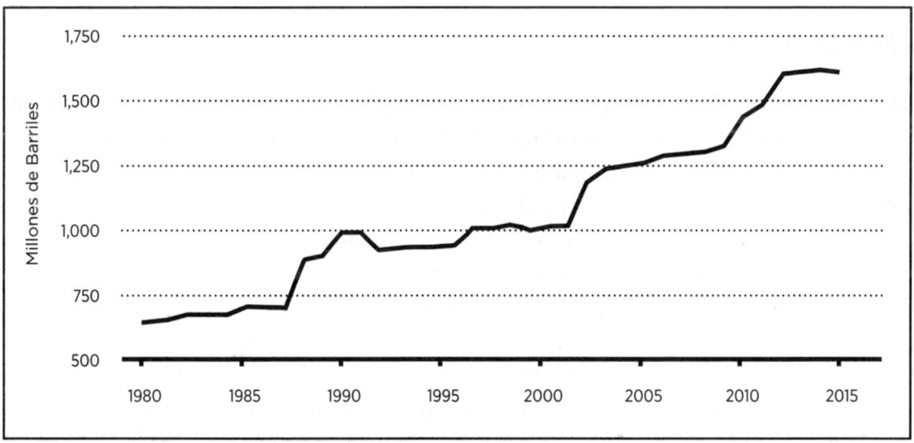

Gráfico 41.6. Reservas probadas de petróleo crudo mundial (Fuente: Administración de Información de Energía de EE. UU.).

En muchos casos, la gasolina y el gasóleo derivados del petróleo seguirán siendo los combustibles de preferencia en los próximos años por su alto contenido

---

[109] *"Hydropower Explained"* ["La energía hidroeléctrica explicada"], EIA, 13 de junio de 2017, http://www.eia.gov /energyexplained/index.cfm?page=hydropower_home.

[110] *"Breakdown of Electrical Generation by Energy Source"* ["Distribución de la producción eléctrica por fuente de energía"].

[111] Lomborg, *The Skeptical Environmentalist,* pág. 128.

de energía y porque es fácil de transportar; sin embargo, no se puede quemar carbón en el motor de un auto o un avión, y las baterías eléctricas no proporcionan (actualmente) suficiente energía durante el tiempo necesario para brindar energía a camiones o aviones de gran envergadura. Además, el petróleo sigue siendo relativamente barato y abundante.

4. Carbón. El carbón es otra fuente de energía muy utilizada, y las plantas eléctricas de carbón de hoy en día son mucho más limpias y eficientes que en años anteriores. Los recursos totales de carbón disponibles en el mundo serán suficientes para "mucho más allá de los próximos 1 500 años".

5. Gas natural. El gas natural es una excelente fuente de energía para la calefacción del hogar y también se utiliza bastante para generar energía eléctrica, y en algunas zonas se utiliza para brindar energía a automóviles y autobuses, pero las estaciones de servicio especiales solo se encuentran en algunos lugares. Ahora, que el gas natural exista en estado gaseoso y no líquido a temperaturas normales permite que se transporte fácilmente por tuberías; pero debe mantenerse bajo presión para ser utilizado en forma líquida, por lo que requiere de bombas de reabastecimiento especialmente presurizadas y de tanques gruesos, pesados y reforzados en los autos que lo utilizan. La combustión del gas natural es muy limpia y cuesta menos que la gasolina producida a partir de petróleo.

6. Energía nuclear.

a. Los beneficios de la energía nuclear: La energía nuclear es también una excelente fuente de energía. ¡La energía producida por un gramo (es decir, una 28a parte de una onza)[113] de uranio 235 equivale a la energía producida por casi tres toneladas de carbón![114] Una ventaja importante de la energía nuclear es que casi no contamina; además, la energía disponible a partir de la energía nuclear es inmensa. El exsenador de los Estados Unidos, Pete Domenici, quien nació en Nuevo México y se dedicó por muchos años al conocimiento de la energía nuclear y fue presidente del Comité de Energía y Recursos Naturales del Senado de los Estados Unidos, afirmó que las plantas nucleares podrían fácilmente satisfacer las necesidades de energía de todo Estados Unidos por miles de años si no se impidiera su construcción por una oposición "basada en el miedo irracional encabezado por la ficción de Hollywood, los lobbies ecologistas y los medios de comunicación, miedos injustificados. Es más, la energía nuclear, desde sus inicios en 1952, ha demostrado ser la más segura de todas las fuentes de energía"[115].

---

[113] Un centavo americano pesa 2.5 gramos, por consiguiente 1 gramo pesa algo menos de medio penique/centavo.

[114] Lomborg. *The Skeptical Environmentalist*, pág. 129, citando a Craig y otros, Resources of the Earth, pág. 164.

[115] Pete Domenici, *A Brighter Tomorrow: Fulfilling the Promise of Nuclear Energy* [Un mañana más brillante: Cumpliendo la promesa de la energía nuclear] (Lanham, Maryland: Rowman & Littlefield, 2004), pág. 211. Este libro contiene abundante información sobre las ventajas de aumentar la energía nuclear, y cuenta con respuestas detalladas a las objeciones.

b. La eliminación de los desechos nucleares: La producción de energía nuclear genera desechos radiactivos que deben almacenarse de forma segura, lo cual se ha convertido en una controversia política en Estados Unidos; sin embargo, muchas naciones ya han resuelto este problema de manera independiente, y tampoco debería ser un problema en Estados Unidos. Domenici señaló que en Francia, para eliminar los desechos nucleares: "un solo contenedor de cristal de 150 litros almacena los desechos (productos de fisión y actínidos) de 360 000 familias de cuatro personas cuya calefacción en el hogar es a base de electricidad durante un año"[116]. Haciendo una comparación, 150 litros es aproximadamente lo que mide un bidón de acero común de 40 galones (o el tanque de agua dentro de todo el aislamiento de un calentador de agua común en el hogar), es decir, los desechos nucleares anuales de *más de un millón de personas* podrían almacenarse en un contenedor de este tamaño (y para esto, Estados Unidos tendría que adoptar un método para reprocesar el combustible nuclear que ahora se utiliza de forma segura en Francia y otros países).

Según la Oficina de Gestión de Desechos Radiactivos Civiles (OCRWM, por sus siglas en inglés) del Departamento de Energía de los Estados Unidos (DOE, por sus siglas en inglés), Francia almacena su combustible nuclear gastado durante un año en sus plantas nucleares en estanques de almacenamiento especialmente construidos. Tras el almacenamiento, este combustible nuclear gastado se transporta a las plantas de reprocesamiento de La Hague y Marcoule, donde se almacena durante dos o tres años. Francia también ha reprocesado combustible nuclear para Alemania, Bélgica, Japón y los Países Bajos[117]. El combustible y los desechos radiactivos se entierran de 400 a 1 000 metros bajo tierra. En Japón, los desechos se entierran a 300 metros de profundidad[118]. Un 76,8 % de la electricidad que genera Francia procede de la energía nuclear[119].

Actualmente existen 100 plantas nucleares operando en Estados Unidos (incluida la central nuclear de Palo Verde, al oeste de Phoenix, misma zona metropolitana en la que vivo). Estas plantas proporcionan el 19,7 % de la electricidad generada para Estados Unidos[120].

Hasta mediados de la década de 1970 se habían planificado varios cientos de plantas nucleares más, pero debido a las interminables barreras legales y reglamentarias, en los últimos 40 años se ha aprobado la construcción de muy pocas plantas nucleares nuevas en Estados Unidos[121].

---

[116] *Ibíd.*, pág. 157.

[117] *"France's Radioactive Waste Management Program"* ["Programa de gestión de desechos radiactivos en Francia"], DOE, OCRWM, https://biotech.law.lsu.edu/Courses/adlawf04/doeymp0411.pdf.

[118] *The Federation of Electric Power Companies of Japan* [La Federación de Empresas de Energía Eléctrica de Japón]. www.japannuclear.com/nuclearpower/program/waste.html. Ver también "FAQ", Nuclear Waste Management Organization of Japan [Organización de Gestión de Desechos Nucleares de Japón], www.numo.or.jp/en/faq/main1.html.

[119] *"Country Profile: France"* ["Perfil del país: Francia"], Agencia de la Energía Nuclear (NEA, por sus siglas en inglés), www.nea.fr/html/general/profiles/france.html.

[120] *Ver "Nuclear Explained"* ["La energía nuclear explicada"], EIA, 31 de agosto 2017, http://www.eia.gov/energyexplained/index.cfm?page=nuclear_home#tab2.

[121] Sin embargo, la planta nuclear de Watts Bar 2 en Tennessee entró en funcionamiento en 2016. Ver

¿A qué se debe esto? Domenici atribuyó el fracaso de Estados Unidos en cambiar estas barreras prohibitivas a dos causas: (1) "muchos americanos tienen un miedo irracional a todo lo 'nuclear'", y (2) "la política de desinformación deliberada que emplean los opositores a la energía nuclear con un desprecio descarado de la verdad"[122].

c. Accidentes en plantas nucleares: Tres accidentes en plantas nucleares se han hecho bastante populares: (1) Three Mile Island en Pensilvania (1979); (2) Chernóbil en Rusia (1986); y (3) Fukushima en Japón (2011). Estos accidentes ilustran que el descuido o la negligencia humana pueden provocar accidentes en las plantas nucleares, pero no demuestran que la energía nuclear sea insegura por su propia naturaleza.

(1) Three Mile Island: Al contrario de lo que se piensa, el accidente por un fallo en el sistema de refrigeración de la planta nuclear de Three Mile Island, en Pensilvania, ocurrido el 29 de marzo de 1979, no causó ninguna muerte ni lesiones a los trabajadores de la planta ni a los residentes aledaños[123]. El generador que sufrió el accidente volvió a funcionar luego de reparaciones y un largo litigio en octubre de 1985[124].

(2) Chernóbil: En la antigua Unión Soviética, el reactor nuclear de Chernóbil, en Ucrania, fue destruido por un terrible accidente el 26 de abril de 1986, pero eso se debió a una flagrante y deficiente calidad de construcción y mantenimiento bajo el gobierno comunista, sumándole una evidente despreocupación por la seguridad, lo cual nunca se ha permitido en Estados Unidos, Francia, Reino Unido u otros países con una importante producción de energía nuclear. Según la Comisión Reguladora Nuclear de Estados Unidos (NRC, por sus siglas en inglés): "los reactores de Estados Unidos cuentan con diseños de plantas distintas, márgenes de paro más amplios, estructuras de contención robustas y controles operativos para protegerlos contra la combinación de fallos que condujeron al accidente de Chernóbil"[125].

(3) Fukushima: El 11 de marzo de 2011, un terremoto estimado entre 8.9 y 9.1 en la escala de Richter (el mayor de la historia de Japón), tuvo lugar a 231 millas al noreste de Tokio[126]. Le siguió un tsunami con olas de hasta 30 pies de altura y muchas

---

Chris Mooney, *"It's the First New U.S. Nuclear Reactor in Decades: And Climate Change Has Made That a Very Big Deal"* ["Es el primer reactor nuclear de los Estados Unidos en décadas: Y el cambio climático lo ha convertido en algo muy importante"], The Washington Post, 17 de junio de 2016,
https://www.washingtonpost.com/news/energy-environment/wp/2016/06/17/the-u-s-is-powering-up-its-first-new-nuclear-reactor-in-decades/.

[122] Domenici, *A Brighter Tomorrow,* cap. XII.

[123] *"Backgrounder on the Three Mile Island Accident"* ["Antecedentes del accidente de Three Mile Island"], NRC, 12 de diciembre de 2014, www.nrc.gov/reading-rm/doc-collections/fact-sheets/3mile-is-le.html.

[124] Ver *"Three Mile Island Unit 1"* ["Unidad 1 de Three Mile Island"], www.ucsusa.org/assets/documents/nuclear_power/three-mile-island -1.pdf.

[125] *"Background on Chernobyl Nuclear Power Plant Accident"* ["Antecedentes del accidente de la planta nuclear de Chernóbil"], NRC, 12 de diciembre de 2014,

[126] *"2011 Japan Earthquake-Tsunami Fast Facts"* ["Datos básicos del terremoto y tsunami de Japón

réplicas que dañaron varios reactores nucleares[127]. Para entonces, Japón contaba con 54 reactores nucleares en diecisiete plantas eléctricas que eran responsables de generar el 30 % de la electricidad del país[128]. En la planta nuclear de Fukushima Daini, tres de las cuatro unidades fallaron, lo que provocó que la radiación cerca de la entrada principal de la planta se dispare ocho veces por encima del nivel normal. No hubo muertos, pero varias docenas de personas resultaron heridas, y finalmente 185 000 personas tuvieron que ser evacuadas de la zona[129].

El problema se produjo cuando unos operarios sin mucha capacitación interpretaron erróneamente un sistema de ayuda y esperaron demasiado tiempo para empezar a bombear agua a las unidades. Se determinó que los colapsos resultantes fueron un "desastre provocado por el hombre" que se produjo debido a la connivencia entre el operador de la instalación, los reguladores y el gobierno a fin de evitar la necesidad de preparar adecuadamente la planta para un desastre de este tipo, restando importancia a los riesgos de seguridad. Tres ejecutivos de la Compañía de Energía Eléctrica de Tokio (TEPCO, por sus siglas en inglés) serían posteriormente acusados por su papel en el desastre[130]. Sin embargo, cuando se produjo otro gran terremoto (de 7.4) el 22 de noviembre de 2016, la bomba de refrigeración de la planta de Fukushima Daini se restableció en una hora y media y no hubo mayores problemas, habiéndose aplicado esta vez las precauciones de seguridad adecuadas y brindando capacitación.

Pero la limpieza del desastre de 2011 sigue en marcha y ha tenido dificultades. El 8 de febrero de 2017 se anunció que el reactor dos de la planta emitía niveles de radiación peligrosamente altos. La radiación se midió en 530 siéverts (unidad para medir los niveles de radiación) por hora; en comparación, la mayoría de las radiografías dentales son de apenas 0,01 milisiévert. Una estimación es que podrían necesitarse cuatro décadas para resolver todos los problemas de limpieza[131].

Debido a la falla de la planta de Fukushima y a los consiguientes problemas de limpieza, la mayoría de las 54 plantas nucleares de Japón siguen cerradas al día de hoy. El primer ministro Shinzo Abe es partidario de volver a poner en marcha la mayoría de ellas, pero los grupos que se oponen a la energía nuclear tratan de mantenerlas cerradas e impulsan en su lugar las energías renovables como la solar

---

de 2011"], CNN, 22 de noviembre de 2016, http://www.cnn.com/2013/07/17 /world/asia/japan-earth-quake—-tsunami-fast-facts/index.html.

[127] Motoko Rich, *"New Quake Tests Resilience, and Faith in, Japan's Nuclear Plants"* ["Un nuevo te-rremoto pone a prueba la resiliencia y la fe en las plantas nucleares de Japón"], The New York Times, 22 de noviembre de 2016, https://www.nytimes.com/2016/11/22/world/asia/japan-earthquake-tsuna-mi-fukushima.html.

[128] *"An Overview of Japan's Nuclear Issues"* ["Un panorama general de los problemas nucleares de Japón"], CNN, 14 de marzo de 2011, http://www.cnn.com/2011/WORLD /asiapcf/03/13/japan.nuclear.facts/index.html.

[129] *"2011 Japan Earthquake-Tsunami Fast Facts"*.

[130] Ibíd.

[131] *"Incredibly High Radiation Levels Discovered at Crippled Fukushima Plant"* ["Se descubren niveles de radiación increíblemente altos en la planta de Fukushima averiada"], Fox News, 8 de febrero de 2017, http://www.foxnews.com/science/2017/02/08/incredibly-high-radiation-levels-discovered-at-cri-ppled-fukushima-plant.html.

y la eólica[132].

No considero que estos tres accidentes sean razón suficiente para oponerse a la energía nuclear en el futuro. Sí, el descuido humano o la corrupción pueden hacer que no se sigan los procedimientos de seguridad adecuados, y entonces pueden ocurrir accidentes; pero ningún tipo de producción de energía está libre de riesgos, porque también se han producido accidentes, lesiones y muertes (en un número mucho mayor) en la minería del carbón, la extracción de petróleo y la construcción de represas hidroeléctricas. El hecho de que sigan existiendo muchos cientos de plantas nucleares sin accidentes en todo el mundo es un sólido testimonio de que la energía nuclear es una fuente de energía notablemente segura y fiable.

d. Nuevos desarrollos de la energía nuclear: Con el desarrollo del llamado reactor "reproductor rápido", ahora hay suficiente uranio para "hasta 14 000 años" de producción de energía[133]; además, existe otro método de producción de energía nuclear, no a partir de la *fisión* nuclear (división de un átomo), sino de la *fusión* nuclear (unión de núcleos atómicos). El combustible para esto no es el uranio, sino que se obtiene del agua de mar ordinaria debido a que el suministro es ilimitado; sin embargo, esta tecnología aún no se ha perfeccionado hasta un nivel que la haga comercialmente útil, y se desconoce cuándo se producirá un avance tecnológico.

7. Energía solar. Los precios de la energía eólica y solar han bajado considerablemente en los últimos años, pero todavía no se utilizan en gran medida, principalmente porque todavía no son económicamente competitivas con el carbón, el gas natural, el petróleo, la energía hidroeléctrica y la energía nuclear. En 2015, la energía solar produjo menos del 1 % de la electricidad en Estados Unidos[134], pero los recientes avances en las células solares han hecho que la energía solar sea más asequible, dando chances así de que incremente su uso. La energía solar es poco fiable en muchas zonas que suelen estar nubladas y, obviamente, no puede generarse por la noche, lo que significa que la energía solar debe utilizarse de inmediato (durante el día), a menos que la tecnología de las baterías mejore para que la energía generada pueda almacenarse en baterías de mayor capacidad; sin embargo, la energía solar es, con mucha diferencia, la mayor fuente de energía disponible. Además, la cantidad de energía solar que cae sobre la Tierra *cada año* equivale a unas 7 000 veces nuestro actual consumo de energía global[135].

8. Conclusión. Hay una increíble abundancia de energía disponible para el uso humano en la tierra; y reitero, esto no es sorprendente. Dios nos puso en la tierra para desarrollar y utilizar sus recursos sabiamente, por lo que es razonable que nos haya brindado de múltiples fuentes de energía que podamos descubrir para

---

[132] Rich, *"New Quake Tests Resilience, and Faith in, Japan's Nuclear Plants"*.

[133] Lomborg, The Skeptical Environmentalist, pág. 129, citando a Craig et al., Resources of the Earth, pág. 181.

[134] *"Electricity Explained: Electricity in the United States"* ["La electricidad explicada: electricidad en Estados Unidos"], EIA, 10 de mayo 2017, http://www.eia.gov/energyexplained/index.cfm?page=electricity_in_the_united_states.

[135] Lomborg, *The Skeptical Environmentalist*, pág. 133.

realizar las tareas que nos encomienda.

Por lo tanto, no tiene sentido que la gente piense que hay alguna virtud en buscar siempre "reducir nuestro uso de energía". La energía sustituye al trabajo físico humano (como caminar a todas partes y llevar todo a mano en lugar de conducir) y al trabajo animal (como arar los campos o moler el grano con bueyes), y la energía hace posible el desarrollo económico. Al aumentar el uso de las fuentes de energía que Dios ha provisto, por ejemplo cuando utilizamos un camión para transportar mercancías a cientos de millas, volamos en avión a una ciudad lejana, manejamos rápido a una reunión a 30 millas de distancia, utilizamos un tractor para arar un campo, encendemos el lavavajillas o la lavadora, o vivimos cómodamente en una casa climatizada en veranos calurosos e inviernos fríos, *disminuimos el tiempo que tenemos que dedicar a los viajes* o al trabajo servil. Por lo tanto, *hacemos que crezca la cantidad de trabajo* que podemos realizar (y por lo tanto hay más prosperidad humana), dando así *más libertad al ser humano* porque tenemos más tiempo para dedicar a tareas más creativas y valiosas de nuestra propia elección. Utilizar todas las fuentes de energía disponibles es una maravillosa habilidad que Dios ha provisto para la raza humana, y nos posiciona muy por encima del reino animal, como criaturas hechas verdaderamente a imagen de Dios. Nunca debemos *malgastar* la energía por descuido, pero tampoco debemos tener miedo de utilizarla con fines productivos y útiles; y deberíamos estar agradecidos por la capacidad que tiene el ser humano de *utilizar* cada vez más los recursos de energía que Dios ha puesto en el mundo para nuestro beneficio y disfrute.

Si las personas quieren reducir su consumo de energía para *ahorrar dinero* (por ejemplo, al apagar las luces que no se usan), pues claro que es prudente; pero si reducir el uso de la energía significa que se trabajará menos, que se tendrá que trabajar más tiempo para realizar la misma tarea (lavar muchos platos a mano cuando se tiene un lavavajillas), o que se reducirá la calidad de vida (temblar en una habitación fría y oscura en una noche de invierno para "ahorrar energía" cuando uno se podría permitir fácilmente calentar e iluminar la casa), pues no veo ninguna virtud en ello, sino que sencillamente el tiempo estaría siendo desperdiciado y también la energía humana, ya que Dios da el maravilloso regalo de la abundante energía no humana.

También deberíamos darnos cuenta de que durante los últimos cien años el recurso más importante de todos ha sido el *ingenio humano* para descubrir y desarrollar nuevas fuentes de energía y encontrar formas más eficientes de llevar a cabo diversas tareas. No hay duda de que es razonable esperarse que el ingenio humano siga desarrollando nuevas fuentes de energía y mejores formas de utilizarla en el futuro. Ahora, así como las predicciones del pasado subestimaron enormemente la cantidad de energía que queda en la tierra[136], es probable que las predicciones actuales sean también demasiado pesimistas, y a medida que se produzcan nuevos avances tecnológicos nos daremos cuenta de que la cantidad de energía que queda durará incluso por mucho más allá de las predicciones actuales.

---

[136] *Ibíd.*, págs. 118-136.

D. CALENTAMIENTO GLOBAL Y COMBUSTIBLES DE CARBONO

Antes de poder decidir qué hacer con la cuestión del "calentamiento global" (en los últimos tiempos llamado "cambio climático"), es necesario comprender algunos de los factores científicos relacionados con la temperatura de la Tierra y el dióxido de carbono[137].

1. La atmósfera de la Tierra influye en el calentamiento y en el enfriamiento de la Tierra.

a. Efectos del calentamiento de la atmósfera: Podemos vivir en la Tierra solo porque su atmósfera retiene parte del calor del sol; si la Tierra no tuviera atmósfera, la temperatura media de su superficie sería de unos 0° Fahrenheit, lo cual es demasiado frío para sustentar la mayor parte de la vida. Sin embargo, debido a que existe una atmósfera que rodea la Tierra, las temperaturas medias globales tienden a rondar los 59° F, pero son mucho más frías cerca de los polos y mucho más cálidas cerca del ecuador; más frías por la noche y más cálidas durante el día; más frías en invierno y más cálidas en verano; etc. En la mayor parte de la Tierra, casi siempre la temperatura es adecuada para la vida humana y para la vida vegetal y animal de diversos tipos.

La forma en que la atmósfera calienta la Tierra suele denominarse "efecto invernadero", es decir, una parte de la atmósfera retiene la energía de calor procedente del sol; sin embargo, no toda la atmósfera hace esto. El nitrógeno, que constituye el 78 % de la atmósfera, y el oxígeno, que constituye el 21 %, no retienen el calor del Sol, lo que significa que el 99 % de la atmósfera no retiene el calor ni funciona como "gas de efecto invernadero".

En el 1 % restante de la atmósfera hay otros catorce elementos o compuestos, cuya mayoría tampoco tiene un efecto de calentamiento y constituyen el 0,55 % de la atmósfera; los que sí tienen un efecto de calentamiento se denominan "gases de efecto invernadero" y constituyen aproximadamente el 0,45 % de la atmósfera, siendo esto algo menos de la mitad del 1 %. El vapor de agua constituye el 89 % de estos gases de efecto invernadero, es decir, alrededor del 0,4 % de toda la atmósfera (siendo mayor en la superficie de la Tierra, pero disminuye con la altitud). Los otros gases de efecto invernadero son el dióxido de carbono (alrededor del 0,04 % de la atmósfera total), el metano (alrededor del 0,00018 %), el óxido nitroso (alrededor del 0,00003 %), el ozono (menos del 0,000007 %) y varios gases traza. Todos estos otros gases de efecto invernadero (aparte del agua) representan menos del 0,05 % de la atmósfera.

Por lo tanto, el vapor de agua es el gas de efecto invernadero más importante y es

---

[137] Me gustaría agradecer a mi amigo E. Calvin Beisner, un destacado experto sobre la mayordomía cristiana del medio ambiente, por escribir el borrador inicial de esta sección sobre el calentamiento global; sin embargo, he reescrito algunas partes y añadido otras, y la responsabilidad final del contenido de esta sección es mía. Beisner es el fundador y portavoz nacional de la Cornwall Alliance for the Stewardship of Creation, http://cornwallalliance.org/.

responsable de cerca del 80 % del efecto total de calentamiento de toda la atmósfera.

Otro 15 % del efecto de calentamiento de la atmósfera procede de las nubes (consideradas vapor de agua porque en realidad están formadas por gotas de agua en estado líquido, no gaseoso). Sin embargo, el efecto de las nubes es complejo, porque algunas calientan la Tierra y otras la enfrían. *Las nubes de baja altitud* principalmente enfrían la Tierra al reflejar el calor del sol en el espacio antes de que llegue a la superficie, lo cual notamos cuando una nube pasa por delante del sol en un día caluroso, y la sombra de la nube nos hace sentir más frescos que bajo la luz directa del sol. Aunque, por el contrario, *las nubes de gran altitud tienden a calentar* la Tierra porque retienen más calor del que reflejan al espacio.

Por mayor comodidad, la mayoría de los científicos se limitan a combinar el vapor de agua (80 % del calentamiento) y el efecto neto de calentamiento de las nubes (15 %) para decir que el agua causa alrededor del 95 % del "calentamiento por efecto invernadero". El 5 % restante del calentamiento por efecto invernadero procede del dióxido de carbono (alrededor del 3,6 %), del metano (alrededor del 0,36 %), del óxido nitroso (alrededor del 0,95 %) y de otros gases como el ozono (alrededor del 0,072 %)[138] .

¿Cómo exactamente estos gases de efecto invernadero calientan la Tierra? A pesar de la metáfora, no funcionan como un invernadero, ya que en un invernadero las paredes y el techo de cristal calientan el interior atrapando el aire caliente de adentro, donde el cristal impide que el aire calentado por la luz solar que ingresa se eleve y se vaya. Sin embargo, los gases de efecto invernadero no impiden que el aire caliente suba y se vaya, sino que *absorben la energía del calor* y la *irradian* hacia el exterior.

Esto es lo que ocurre: en primer lugar, la energía viene del sol, principalmente en forma de luz. Cuando esa luz llega a la superficie de la Tierra, esta absorbe la energía luminosa y la devuelve en forma de *energía infrarroja*, lo que llamamos calor. Si usted pone la mano sobre una roca que ha estado expuesta al sol, puede sentir la energía de calor que irradia la roca caliente. Ahora, al mantener su mano sobre la roca caliente por algún tiempo, su mano también se calienta, por lo que su mano ha absorbido la energía de calor de la roca caliente, y ahora su mano también irradia energía de calor. Si usted se lleva la mano a la mejilla, sentirá la energía de calor que irradia su mano.

De la misma manera, los gases de efecto invernadero *absorben* la energía

---

[138] Los datos sobre la composición de toda la atmósfera están disponibles en fuentes convencionales, pero las cantidades exactas varían ligeramente de una fuente a otra, siendo las principales variaciones el porcentaje de dióxido de carbono, que ha aumentado en los últimos años, por lo que es menor en las fuentes más antiguas y mayor en las más recientes. Los porcentajes indicados aquí reflejan los de *Fundamentals of Physical Geography* [Fundamentos de la geografía física], 2da ed., cap. 7, *"Introduction to the Atmosphere"* ["Introducción a la atmósfera"], tabla 7a-1, disponible online en www.physicalgeography.net/fundamentals/7a.html, actualizado en el caso del dióxido de carbono de 360 a 400 ppmv (partes por millón en volumen). Ver también John Houghton, *Global Warming: The Complete Briefing* [Calentamiento global: el informe completo], 3ra ed. (Cambridge, Reino Unido: Cambridge University Press, 2004), pág. 16. Los datos de composición de los gases de efecto invernadero proceden de *"Water Vapor Rules the Greenhouse System"* ["El vapor de agua gobierna el sistema de invernaderos"], Geocraft, www.geocraft.com/WV Fossils/greenhouse_data.html, tabla 4a.

infrarroja (calor) y, tras absorberla, la irradian hacia el exterior. Una parte sube al espacio, enfriando así la Tierra al alejar el calor, pero otra parte vuelve a irradiar hacia la superficie de la Tierra y la calienta.

Es bueno para nosotros que no toda la energía del sol se quede en la superficie de la Tierra porque nos cocinaríamos; también es bueno que no toda rebote en el espacio porque nos congelaríamos. Como cristianos, podemos estar agradecidos de que, por el sabio diseño de Dios, la absorción de infrarrojos por parte de los gases de efecto invernadero garantice que la Tierra conserve el equilibrio adecuado de energía entrante y saliente.

b. Efectos de enfriamiento de la atmósfera: Sin el "efecto invernadero", la temperatura media de la superficie de la Tierra sería de unos 0° F, pero con él, la temperatura es de unos 59° F; sin embargo, si la atmósfera no tuviera ningún *factor de equilibrio que modifique* el efecto invernadero, habría otro problema: el calentamiento total provocado por los gases de efecto invernadero de la atmósfera de la Tierra haría que la temperatura media de la superficie fuera de unos 140° F, lo cual es demasiado calor para la mayor parte de la vida[139]. Entonces, ¿por qué la temperatura media es de solo 59° F? Esto es porque además de *la influencia de calentamiento*, la atmósfera también cuenta con la *influencia de enfriamiento* que modera el efecto invernadero; y estas influencias pertenecen a la categoría general de "retroalimentación" del clima (cambios en la atmósfera que son causados por otros cambios en la atmósfera, que a su vez provocan otros cambios).

Estas retroalimentaciones de enfriamiento, cuyo efecto neto es el de traer la influencia de enfriamiento a la tierra, incluyen cosas como la evaporación, la precipitación (lluvia, nieve, rocío y aguanieve), la convección (movimiento ascendente del aire caliente) y la advección (movimiento lateral del aire, es decir, el viento). A todo esto lo llamamos "clima", que incluye desde suaves brisas hasta huracanes, desde las violentas corrientes descendentes de la cizalladura del viento hasta las masivas corrientes ascendentes de los tornados, y mucho más.

También hay otras retroalimentaciones, literalmente miles de ellas, siendo las más importantes los cambios en la nubosidad (que pueden calentar o enfriar la Tierra), la expansión o contracción del hielo (el hielo refleja la energía solar lejos de la Tierra y la enfría), la expansión o contracción de los bosques, las praderas y los desiertos, y los cambios en la rapidez con que las plantas absorben o emiten agua a través de sus hojas.

Un entendimiento completo de todas estas retroalimentaciones no es fundamental para el debate sobre el calentamiento global, lo importante es saber si, a fin de cuentas, *aumentan o disminuyen* el calentamiento causado por los gases de efecto invernadero, y en qué medida, siendo la respuesta muy sencilla a esta pregunta. Como ya se ha mencionado, sin el efecto invernadero, la temperatura media de la superficie sería de unos 0° F, pero con él, aunque sin retroalimentación, sería de

---

[139] Las temperaturas de la Tierra sin efecto invernadero, con efecto invernadero pero sin retroalimentación y con retroalimentación proceden de S. Manabe y R. F. Strickler, *"Thermal equilibrium of the atmosphere with a convective adjustment"* ["Equilibrio térmico de la atmósfera con un ajuste convectivo"], Journal of the Atmospheric Sciences 21 (1964): págs. 361-365.

unos 140° F; sin embargo, con el efecto invernadero más la retroalimentación, es de unos 59° F. Entonces parece evidente que a fin de cuentas estas retroalimentaciones disminuyen el efecto invernadero. ¿En qué medida? Bueno, 59 es alrededor del 42 % de 140, lo que implica que *las retroalimentaciones consideradas en total eliminan alrededor del 58 % del "calentamiento por efecto invernadero".*

c. Entonces, ¿cuál es la controversia sobre el dióxido de carbono? La controversia sobre el calentamiento global se ha centrado principalmente en el dióxido de carbono (CO2). Las personas que advierten sobre los peligros del calentamiento global argumentan que las actividades humanas están causando un aumento en la concentración de gases de efecto invernadero (principalmente el dióxido de carbono, luego el metano, y en mucha menor medida el ozono y los clorofluorocarbonos), y que este aumento podría calentar la tierra lo suficiente como para causar un gran daño, incluso catastrófico, a las personas y los ecosistemas.

El mayor culpable, según esta postura, es el dióxido de carbono, responsable de cerca del 3,6 % del efecto invernadero total.

¿Qué es el dióxido de carbono? Es un gas incoloro y casi inodoro que se utiliza para producir burbujas (carbonatación) en las bebidas carbonatadas. Se le conoce como hielo seco en su forma congelada. El dióxido de carbono se libera cuando un material orgánico (como la madera) arde en fuego, y también cuando se quema carbón, gasolina o gas natural (metano). Por lo tanto, gran parte de la producción de energía libera dióxido de carbono a la atmósfera.

En nuestro cuerpo, el dióxido de carbono desempeña un papel importante en la regulación del flujo sanguíneo y la frecuencia respiratoria. Cuando respiramos, inhalamos oxígeno y exhalamos dióxido de carbono en cada respiración. De hecho, todos los insectos, animales y personas emiten dióxido de carbono al exhalar, y el dióxido de carbono constituye unas 40 000 ppmv (partes por millón en volumen) de lo que exhalamos, ¡casi 100 veces la concentración actual en la atmósfera! Además, los océanos, los volcanes y otras fuentes naturales también lo emiten. El dióxido de carbono forma parte de la manera natural en que Dios ha hecho funcionar el mundo.

El dióxido de carbono también es fundamental para las plantas, ya que es necesario para la fotosíntesis (proceso que utiliza la energía de la luz para producir varios compuestos necesarios para que una planta viva y crezca). Durante la fotosíntesis, las plantas absorben dióxido de carbono y liberan oxígeno. De esta forma, en un maravilloso ciclo de la naturaleza que ha sido diseñado por Dios, los animales y las personas utilizan continuamente el oxígeno y liberan dióxido de carbono para que las plantas lo utilicen, y luego las plantas utilizan ese dióxido de carbono y liberan oxígeno para que las personas y los animales lo utilicen. *Por ende, el dióxido de carbono es esencial para todos los principales sistemas de vida de la Tierra.* No debemos pensar en el dióxido de carbono como un contaminante, sino como una parte esencial de la sabia organización de la vida en la Tierra por parte de Dios.

Muchos científicos atmosféricos creen que la concentración de dióxido de carbono en la atmósfera ha aumentado de unas 280 a unas 400 ppmv, o de un 0,028 %

a un 0,040 %, desde la era preindustrial (antes de 1750 aproximadamente)[140]. ¿De dónde viene este aumento del dióxido de carbono? Principalmente, y de acuerdo con la teoría, de la quema de combustibles ("fósiles") a base de carbono: el carbón, el petróleo y el gas natural. (Aunque hay algunas razones para cuestionar si el dióxido de carbono atmosférico ha aumentado tanto, y qué parte del aumento se debe a la quema de combustibles fósiles, responder a estas preguntas no es fundamental para nuestra discusión)[141].

¿Cuál es el efecto de aumentar el dióxido de carbono de 280 a 400 ppmv? Podemos compararlo con algunas estimaciones de cuál sería el efecto de la temperatura al *duplicar* realmente la concentración de dióxido de carbono. Según diversas estimaciones, duplicar la concentración de dióxido de carbono elevaría la temperatura media de la superficie de la Tierra, *antes de la retroalimentación*, entre 1.8° y 2.16° F[142]. Francamente, se trata de un aumento relativamente pequeño de la temperatura media que no asusta a nadie con conocimientos de climatología.

Lo que hace que algunas personas tengan miedo de un calentamiento mucho mayor es la creencia de que las retroalimentaciones climáticas aumentan este calentamiento. Por ello es que esta creencia se incorpora a los modelos informáticos que predicen las temperaturas globales para muchas décadas en el futuro. Todos los modelos informáticos utilizados por el IPCC de las Naciones Unidas parten de la base de que las retroalimentaciones climáticas aumentan el calentamiento provocado por los gases de efecto invernadero.

Es importante entender aquí que los miedos sobre un futuro calentamiento global se basan en las *predicciones de modelos informáticos* que dan diferentes peso a distintos factores. Los programas informáticos no son infalibles, pero predecirán lo que requieran los datos y las fórmulas que se les comuniquen; es decir, datos y fórmulas diferentes, basados en supuestos diferentes, darán lugar a predicciones diferentes.

Por lo tanto, los miedos sobre el calentamiento global futuro se basan en *hipótesis* representadas por modelos informáticos, mas *no en observaciones empíricas* del mundo real. Estos modelos, al *suponer diversas retroalimentaciones que se suman al efecto invernadero*, predicen que el calentamiento provocado por duplicar el dióxido de carbono desde la era preindustrial daría lugar a un aumento de entre

---

[140] Roy W. Spencer et al., *"The Science of Global Warming"* ["La ciencia del calentamiento global"], en *A Renewed Call to Truth, Prudence, and Protection of the Poor: An Evangelical Examination of the Theology, Science, and Economics of Global Warming* (Burke, Virginia: The Cornwall Alliance for the Stewardship of Creation, 2009), pág. 27, www.cornwallalliance.org /docs/a-renewed-call-to-truth-prudence-and-protection-of-the-poor.pdf.

[141] Nuestra discusión se centrará en si es importante reducir las emisiones de dióxido de carbono para reducir el calentamiento global. Si el dióxido de carbono se ha elevado menos de lo que se piensa desde la era preindustrial, o si las fuentes de combustibles no fósiles han contribuido más de lo que se piensa, entonces los argumentos a favor de la reducción de las emisiones pierden peso.

[142] La cifra baja (1.8° F) procede de Spencer et al., *"The Science of Global Warming"*, pág. 27. La cifra alta (2.16° F) procede de Martin L. Weitzman, *"On Modeling and Interpreting the Economics of Catastrophic Climate Change"* ["Sobre el modelado e interpretación de la economía del cambio climático catastrófico"], The Review of Economics and Statistics 91, nro. 1 (Febrero 2009): págs. 1-19, https://dash.harvard .edu/bitstream/handle/1/3693423/weitzman_onmodeling.pdf?sequence=2.

3,5° F y una estimación de rango medio de 5.4° F hasta una estimación alta de unos 7° F en todo el periodo. (La temperatura media global ya ha aumentado unos 1,8° F desde la Revolución Industrial, lo que deja otros 1,7° F a 3,6° F a 5,2° F por venir, si los modelos son correctos).

Posteriormente, otras tantas fórmulas informáticas (otros modelos) han utilizado el rango superior de este primer conjunto de predicciones y han pasado a predecir daños graves a partir de dicho calentamiento. (Pero recuerde: los resultados de los modelos que predicen el futuro no son pruebas, sino meras hipótesis. Se consideran pruebas únicamente las observaciones empíricas sobre hechos que ya han ocurrido).

Sin embargo, otros científicos han planteado importantes objeciones a todo este proceso de hacer predicciones, señalando que las retroalimentaciones climáticas son retroalimentaciones climáticas, *y que no hay ninguna razón para pensar que las retroalimentaciones actuarán de forma diferente con los "gases de efecto invernadero" producidos por el hombre que con los naturales*. Dado que las retroalimentaciones eliminan actualmente alrededor del 58 % del efecto de calentamiento de los gases naturales de efecto invernadero, es lógico que hagan lo mismo con el efecto de calentamiento de los gases producidos por el hombre.

Estos científicos comentan que quienes están a favor del calentamiento global *tienen en retroceso las retroalimentaciones en sus fórmulas informáticas*. Al apelar a lo que ya sabemos por la observación del mundo real, comentan que aunque algunas retroalimentaciones tienden a calentar la Tierra, *el efecto combinado de retroalimentación* debe ser negativo (demasiado negativo), y por lo tanto, las retroalimentaciones tenderán a tener un efecto general de *enfriamiento* con los gases de efecto invernadero adicionales producidos por el hombre.

¿El resultado? Ya he mencionado que *si no tuviéramos en cuenta las retroalimentaciones climáticas*, al duplicar la cantidad de dióxido de carbono desde la era preindustrial de modo que aumente de 280 a 560 ppmv, tendría como resultado neto un aumento de la temperatura media de la superficie de la Tierra de entre 1,8° F y 2,16° F. Sin embargo, si esperamos que las retroalimentaciones climáticas resten al calentamiento, podemos esperar que reduzcan los efectos del calentamiento en cerca de un 58 % hasta entre 0,76° F y 0,9° F; en otras palabras, *duplicar* realmente la cantidad de dióxido de carbono desde la era preindustrial conduciría a un "calentamiento global" total de menos de 1° F[143].

Un aumento de la temperatura media global de menos de 1º F no es peligroso. De hecho, y en general, este ligero calentamiento sería beneficioso, en especial para la agricultura. Esto se debe a que la mayor parte del calentamiento se produciría en latitudes más altas (cerca de los polos), en invierno y por la noche, y no en lugares ya calurosos en épocas de calor. El resultado sería *temporadas de cultivo más largas*

---

[143] Spencer et al., *"The Science of Global Warming"*, págs. 26-27, cifras recalculadas utilizando la estimación más alta de Weitzman (2,16° F) del calentamiento debido al doble de dióxido de carbono. Si la estimación más baja de Spencer (1,8° F) para el calentamiento debido al doble de dióxido de carbono es correcta, las estimaciones del IPCC de las Naciones Unidas requieren incrementos añadidos mucho mayores (de 94 %, 200 % o 289 %) y el calentamiento neto después de la retroalimentación es de unos 0,76° F en lugar de 0,9° F.

en climas más fríos, menos daños en las cosechas por las heladas y menos olas de frío mortales (que tienden a matar a unas 10 veces más personas al día que las olas de calor). Tener temporadas de cultivo más largas permitiría una mayor producción de alimentos y, por lo tanto, habría más accesibilidad a estos, lo que supondría un gran beneficio para la población pobre del mundo[144].

Esta forma de argumentar que existe una baja sensibilidad climática al aumento de los gases de efecto invernadero, desde el punto de vista general de lo que sabemos acerca del efecto de las retroalimentaciones generales sobre el "calentamiento del efecto invernadero", no es la única forma de llegar a esta conclusión, ya que también se ha llegado a ella a través de estudios más específicos. Por ejemplo, Richard Lindzen y Yong-Sang Choi concluyen su análisis del Experimento sobre el balance de la radiación terrestre (ERBE, por sus siglas en inglés) diciendo que "los datos del ERBE parecen demostrar una sensibilidad climática de aproximadamente 0,5° C [0,9° F]"[145.] Por lo que este estudio también muestra un calentamiento menor de 1° F.

Por lo tanto, ¿debemos creer las predicciones sobre los peligrosos resultados que tendrá el aumento de las temperaturas? No lo creo, por tres razones: (1) los datos empíricos reales sobre los efectos de las retroalimentaciones climáticas (a partir de la observación de eventos que ya han ocurrido) muestran que no multiplican el efecto de calentamiento de los gases de efecto invernadero como los programas informáticos de calentamiento global (que predicen eventos futuros) nos quieren hacer creer (como se ha explicado anteriormente); (2) algunos principios de la Biblia me hacen dudar de estas predicciones del calentamiento global; y (3) algunos hechos importantes de otras pruebas científicas también me hacen dudar de ellas. El material que sigue explicará las razones 2 y 3.

---

[144] Ver William Nordhaus, *A Question of Balance: Weighing the Options on Global Warming Policies* [Una cuestión de equilibrio: sopesando las opciones de las políticas del calentamiento global] (New Haven, Connecticut: Yale University Press, 2008); *Bjørn Lomborg, Cool It: The Skeptical Environmentalist's Guide to Global Warming* [En frío: la guía del ecologista escéptico para el cambio climático] (Nueva York: Knopf, 2007); *Robert Mendelsohn, Climate Change and Agriculture: An Economic Analysis of Global Impacts, Adaptation and Distributional Effects* [Cambio climático y agricultura: un análisis económico de los impactos globales, la adaptación y los efectos distributivos], *New Horizons in Environmental Economics* (Northampton, Massachusetts: Edward Elgar, 2009).

[145] Richard S. Lindzen y Yong-Sang Choi, en *"On the Determination of Climate Feedbacks from ERBE Data"* ["Sobre la determinación de retroalimentaciones climáticas a partir de datos ERBE"], Geophysical Research Letters 36 (26 de agosto de 2009): pág. 5, http://www.leif.org/EOS/2009GL039628-pip.pdf. Stephen E. Schwartz, en *"Heat Capacity, Time Constant, and Sensitivity of Earth's Climate System"* ["La capacidad térmica, la constante de tiempo y la sensibilidad del sistema climático de la Tierra"], Journal of Geophysical Research 112 (2 de noviembre de 2007): pág. 17, www.ecd.bnl.gov/steve /pubs/HeatCapacity.pdf, concluye que la sensibilidad climática podría oscilar entre 1,08° F y 2,88° F (1,1 ± 0,5 K). Richard S. Lindzen, Ming-Dah Chou y Arthur Y. Hou, en *"Does the Earth Have an Adaptive Infrared Iris?"* ["¿Tiene la Tierra un iris infrarrojo adaptativo?"] Bulletin of the American Meteorological Society 82, nro. 3 (Marzo 2001): págs. 417-432, www-eaps.mit.edu/faculty/lindzen/adin-friris.pdf, ofrecen pruebas de que las nubes responden al calentamiento de la superficie al permitir que se escape más calor al espacio, actuando así como una fuerte retroalimentación negativa. Roy W. Spencer, William D. Braswell, John R. Christy y Justin Hnilo, en *"Cloud and Radiation Budget Changes Associated with Tropical Intraseasonal Oscillations"* ["Cambios en el presupuesto de radiación y nubes asociados con oscilaciones intraestacionales tropicales"], Geophysical Research Letters 34 (9 de agosto de 2007), http://ruby.fgcu.edu/courses/twimberley/EnviroPhilo/Intraseasonal.pdf, cada uno llegó a conclusiones similares utilizando métodos diferentes.

2. Lo que enseña la Biblia sobre la Tierra.

a. ¿Dios diseñó una Tierra frágil o resistente? Las predicciones en torno al calentamiento global, sobre todo las del IPCC de la ONU, nos obligan a creer que la respuesta de la retroalimentación climática neta al "calentamiento por efecto invernadero" es bastante positiva (o caliente) y, por lo tanto, que es probable que se produzca un peligroso calentamiento global.

Pero ¿deben los cristianos creer que Dios verdaderamente ha diseñado la tierra para que sea así de frágil en respuesta a la actividad humana? Sería lo mismo que creer que un arquitecto diseñó un edificio de modo que si alguien se apoyara en una pared, ¡las reacciones estructurales del edificio aumentarían tanto la tensión del peso de esa persona que el edificio se derrumbaría! Nadie consideraría ese diseño arquitectónico como "bueno en gran manera", mas Génesis 1:31 nos dice: "Y vio Dios todo lo que había hecho, y he aquí que era *bueno en gran manera*".

Dado que la Tierra es el producto de un Dios infinitamente sabio y omnisciente, y está sostenida por su providencia, parece más razonable pensar que los mecanismos fundamentales del sistema climático de la Tierra son sólidos, se autorregulan y se autocorrigen, ya que están diseñados para funcionar como un termostato: enfriando el planeta cuando empieza a calentarse y calentándolo cuando empieza a enfriarse.

Existen pruebas a largo plazo de que la Tierra se ha calentado y enfriado cíclicamente a lo largo de su historia, lo que es coherente con la expectativa de mecanismos de autocorrección de la temperatura en la Tierra y su atmósfera. Fred Singer y Dennis Avery lo explican así en el prólogo de su libro *Unstoppable Global Warming–Every 1.500 Year*s [Calentamiento global imparable: cada 1 500 años]:

> La historia del clima de la Tierra es una historia de cambios constantes. Al menos a lo largo del último millón de años, un ciclo moderado de 1500 años de calor y frío se ha superpuesto a las glaciaciones más largas y de mayor intensidad, y a los interglaciares cálidos. En el Atlántico Norte, la temperatura cambia unos 4° C [7,2° F] de máximo a mínimo durante estos "ciclos de Dansgaard-Oeschger" [146].

b. Las promesas de Dios de mantener la estabilidad en las estaciones y los océanos: Algunas otras enseñanzas bíblicas apuntan en esta misma dirección, mostrando detalles de la protección de Dios de las estaciones y los océanos de la Tierra. Por ejemplo, después del gran diluvio en los días de Noé, Dios prometió: "Mientras la tierra permanezca, no cesarán la sementera y la siega, el frío y el calor, el verano y el invierno, y el día y la noche" (Gn 8:22). Esto parece indicar que el compromiso de Dios por mantener los diversos ciclos de los que depende la vida humana, animal y vegetal en la Tierra hasta el juicio final.

Asimismo, tras el diluvio, Dios prometió: "Ni habrá más diluvio para destruir

---

[146] S. Fred Singer y Dennis T. Avery, *Unstoppable Global Warming–Every 1.500 Years*, 2da ed. (Lanham, Maryland: Rowman & Littlefield, 2008). (Al citar este material no pretendo dar a entender ningún punto de vista particular sobre la edad de la Tierra. Ver Grudem, *Systematic Theology*, cap. 15).

la tierra" (Gn 9:11; ver también v. 15). Aunque esto no descarta por sí mismo la posibilidad de un aumento considerable del nivel del mar (probablemente el efecto más temido que se predice del calentamiento global), sí indica que Dios controla el nivel del mar. El Salmo 104:9 también afirma en relación con las aguas de los mares: *"Les pusiste término, el cual no traspasarán, ni volverán a cubrir la tierra"*. Y Dios dice en Jeremías:

> Yo puse la arena como límite del mar,
>> como frontera perpetua e infranqueable.
> Aunque se agiten sus olas,
>> no podrán prevalecer;
> aunque bramen,
>> no franquearán esa frontera. (Jer 5:22 NVI)

c. Las personas desagradan a Dios cuando niegan su soberanía sobre el clima: En los siguientes versículos después de Jeremías 5:22, Dios reprendió a Israel por no reconocer que él controla el clima:

> No obstante, este pueblo tiene corazón falso y rebelde;
>> se apartaron y se fueron.
> Y no dijeron en su corazón:
>> Temamos ahora a Jehová Dios nuestro,
> que da lluvia temprana y tardía en su tiempo,
> y nos guarda los tiempos establecidos de la siega.
>> Vuestras iniquidades han estorbado estas cosas [es decir, los tiempos de lluvia y siega],
> y vuestros pecados apartaron de vosotros el bien. (Jer 5:23-25)

Aquí Jeremías reprendió al pueblo judío por temerle a un patrón climático fuera de control (sin lluvia) que destruiría la tierra, pero ellos "no dijeron en su corazón: Temamos ahora a Jehová Dios nuestro, que da lluvia temprana". Si existe un paralelismo con respecto al temor de la gente a un clima fuera de control hoy en día, este pasaje indica que la causa fundamental de los temores sobre el peligroso calentamiento global podría no ser la ciencia, sino el rechazo a la confianza en Dios. ¿Acaso su control soberano del clima de la Tierra ha sido realmente anulado por la actividad humana? ¿Realmente creemos que él controlaba el clima en los tiempos del Antiguo Testamento, pero que no lo controla hoy en día? ¿Y realmente creó una tierra tan frágil que su soberanía sobre la naturaleza sería destruida por los seres humanos al descubrir y usar fuentes de energía poderosas y con la capacidad de transportarse como el carbón, el petróleo y el gas natural? Y ¿tal anulación del control de Dios sobre el clima estaría tan oculta a la gente común que nadie podría verla, excepto un pequeño grupo de científicos altamente capacitados que utilizan complejas predicciones informáticas?

En el Nuevo Testamento, el apóstol Pablo se refiere de manera similar a las personas que "detienen la verdad" sobre la existencia y los atributos de Dios (Ro 1:18). Estas personas "no le glorificaron como a Dios, ni le dieron gracias, sino que se envanecieron en sus razonamientos, y su necio corazón fue entenebrecido" (v. 21). Seguramente esto incluye a las personas que no honran a Dios ni le dan gracias por el brillante orden y la estructura de su creación, y así, "profesando ser sabios, se hicieron necios" (v. 22) y "cambiaron la verdad de Dios por la mentira, honrando y dando culto a las criaturas antes que al Creador" (v. 25). Esta descripción podría aplicarse a gran parte del movimiento ecologista, para quienes la "madre tierra", en lugar del único Dios verdadero, es su objeto de devoción más elevado.

Muchos otros pasajes de las Escrituras afirman el control de Dios sobre el clima de la Tierra (cf. Lv 26:18-20; Dt 28:12, 23-24; 2 S 21:1; 1 Reyes 17-18; Job 37:9-13; Sal 107:23-38; 148:8; Amós 4:7-8; Jonás 1:4-16; Mt 8:24-27).

d. Dios no diseñó la Tierra para que la destruyéramos al obedecer sus órdenes: En un principio Dios dio a Adán y Eva el siguiente mandamiento (y por ende a toda la humanidad):

> Fructificad y multiplicaos; *llenad la tierra, y sojuzgadla*, y señoread en los peces del mar, en las aves de los cielos, y en todas las bestias que se mueven sobre la tierra. (Gn 1:28)

Este mandato parece incoherente con la creencia en el peligroso calentamiento global provocado por el hombre. ¿Creemos que *Dios hizo la tierra para que la destruyéramos al obedecer sus mandatos de desarrollar los recursos de la tierra y utilizarlos en nuestro beneficio?* ¿Realmente creemos que Dios creó la Tierra para que la destruyamos al desarrollar sus recursos (quemando madera para calentarnos o cocinar; quemando gasolina para ir al trabajo, a la escuela o a la iglesia; usando gasóleo para transportar alimentos, ropa y artículos domésticos de la granja o la fábrica al mercado; o quemando petróleo, carbón o gas natural para producir electricidad para cocinar, calentar o enfriar nuestras casas o para iluminarlas) *y mientras más hagamos estas cosas moralmente correctas, más destruiremos la Tierra?*

Estas preguntas jugaron un papel importante en mi pensamiento cuando empecé a leer sobre la supuesta amenaza del calentamiento global provocado por el hombre, donde una y otra vez reflexionaba en que no creo que Dios haya hecho la tierra para que funcione de esta manera y para que la destruyamos inevitablemente al obedecer sus mandatos. Sino más bien creo que Dios puso madera, carbón, petróleo y gas natural en la tierra para que podamos tener fuentes de combustible abundantes y fáciles de transportar para su uso en diversas aplicaciones.

Pero es evidente que todos estos recursos pueden usarse de forma necia y peligrosa, y en lugar de encender un fuego seguro para cocinar, alguien puede provocar un incendio forestal por descuido. Del mismo modo, las plantas y fábricas que queman carbón y que han sido construidas sin cuidado pueden arrojar hollín y sustancias químicas contaminando el aire. No estoy defendiendo el uso imprudente y peligroso de los combustibles fósiles.

Sin embargo, no es de eso de lo que se quejan los alarmistas del calentamiento global; también advierten sobre los usos limpios y seguros de todos estos combustibles, y señalan que no hay un *uso seguro de estos combustibles* porque incluso si se queman con llamas 100 % libres de contaminación, *seguirán emitiendo necesariamente dióxido de carbono* debido a que es un resultado inevitable de la combustión. No se oponen al abuso de los combustibles fósiles que conduce a la contaminación o destrucción del medio ambiente, sino a su propio uso. Quieren arrebatar a los seres humanos las mejores, más convenientes y más baratas fuentes de energía que tenemos actualmente.

¿Creemos realmente que Dios creó la Tierra para que su sistema climático se precipitara hacia la catástrofe si el dióxido de carbono aumentara del 0,028 % al 0,056 % de la atmósfera (es decir, de 28 a 56 milésimas de 1 % de la atmósfera)? Esto es lo que insinúan los alarmistas del calentamiento global. O por el contrario, ¿creemos que Dios ha hecho la Tierra de modo que sea inmensamente resistente y pueda adaptarse y ser útil para la vida humana en muchísimas condiciones?

Mi propia conclusión es que Dios ha puesto en la Tierra y en su atmósfera una serie de mecanismos de autorregulación y autocorrección mediante los cuales puede gestionar su propia temperatura, siendo un ejemplo de esto el efecto "iris global" de las nubes sobre los océanos[147]. Cuando la superficie se calienta, las nubes de alto nivel disminuyen, y esto permite que más calor escape al espacio. Cuando la superficie se enfría, las nubes de alto nivel aumentan y retienen más calor. El teólogo cristiano ambientalista E. Calvin Beisner escribe:

> [La evidencia de que las nubes regulan la temperatura de la Tierra debería llevar] a los cristianos a alabar a Dios por la forma en que la Tierra, como el cuerpo humano, es una obra "formidable y maravillosa". En algunos sentidos, este planeta, como el ojo, puede ser frágil; pero también puede ser, por el sabio diseño de Dios, más resistente de lo que muchos temerosos ecologistas pueden imaginar[148].

La variación de las nubes de alto nivel parece ciertamente un mecanismo de autocorrección que Dios construyó en el sistema de la Tierra para mantener las temperaturas relativamente estables. ¿Quién sabe si hay otros sistemas como este que aún no hemos descubierto, en los que un factor de calor desencadena un factor de enfriamiento de equilibrio, y viceversa? No sería una sorpresa, ya que los promedios de temperatura a largo plazo de la Tierra tienden a ir y venir entre tendencias de calentamiento seguidas de tendencias de enfriamiento seguidas de tendencias de calentamiento.

e. Los alarmistas del calentamiento global nos quitan la motivación para agradecer a Dios por sus maravillosos regalos de recursos de energía asequibles y abundantes: La Biblia alaba a Dios por su creación de la Tierra:

---

[147] Lindzen et al., *"Does the Earth Have an Adaptive Infrared Iris?"* págs. 417-432.

[148] E. Calvin Beisner, *What Is the Most Important Environmental Task Facing American Christians Today?* [¿Cuál es la tarea medioambiental más importante a la que se enfrentan los cristianos americanos hoy en día?] Mt. Nebo Papers, Nro. 1 (Washington: Institute for Religion and Democracy, 2008), pág. 23, en el sidebar, *"Climate Science and Doxology"* ["La climatología y la doxología"], http://ecalvin-beisner.com/freearticles/MtNebo.pdf.

Y vio Dios todo lo que había hecho, y he aquí que era bueno en gran manera. (Gn 1:31)

De Jehová es la tierra y su plenitud; El mundo,
   y los que en él habitan. (Sal 24:1)

Porque todo lo que Dios creó es bueno, y nada es de desecharse, si se toma con acción de gracias. (1 Ti 4:4)

Estos pasajes y otros nos dicen que debemos dar gracias y alabar a Dios por la excelente tierra que ha creado. Dios quiere que desarrollemos y utilicemos los recursos de la tierra porque "para que fuese habitada la creó" (Is 45:18). Debemos utilizar los recursos que él puso en la tierra dándole gracias a él.

Según los alarmistas, nos enfrentamos a un peligroso calentamiento global y ellos manifiestan que deberíamos sentirnos culpables por utilizar madera, carbón, petróleo y gas natural para producir energía, y en lugar de permitirnos utilizar las buenas dádivas de Dios con acción de gracias, nos cargan de culpa por hacerlo, quitándole así a la gente la motivación de agradecer a Dios por las cosas maravillosas que ha dado.

3. ¿Qué dicen las pruebas científicas sobre el calentamiento global? Una respuesta a los argumentos anteriores es decir que "los científicos están de acuerdo" en que las emisiones humanas de gases de efecto invernadero están causando un calentamiento global que podría causar grandes daños. Por ejemplo, este es el mensaje que pregona sin cesar el exvicepresidente Al Gore, cuyo vídeo documental *An Inconvenient Truth* [Una verdad incómoda] se ha proyectado en miles de escuelas e incluso ha ganado un óscar, y que con el IPCC recibió el Premio Nobel de la Paz por advertir al mundo del inminente desastre climático.
Pero ¿es realmente tan claro el consenso científico? No, desde luego que no lo es. Todos los intentos por demostrar la existencia de dicho consenso científico han fracasado.

a. La opinión científica está muy dividida sobre el peligro del calentamiento global:

(1) Muchos científicos rechazan las predicciones de un calentamiento global catastrófico: Es probable que más científicos que han estudiado verdaderamente el tema (posiblemente la gran mayoría) rechacen y no acepten la idea de que el calentamiento global provocado por el hombre es lo suficientemente peligroso como para justificar el gasto de literalmente entre $1 y $2 billones al año en todo el mundo (el coste de aplicar el tratado climático de París de 2015). Todo esto con el fin de reducirlo en un mero 0,306° F en el año 2100[149]. Este dinero podría traer beneficios mucho mayores si se utiliza en actividades que mejoren directamente

---

[149] *Bjørn Lomborg, "Impact of Current Climate Proposals"* ["Impacto de las propuestas climáticas actuales"], Global Policy 7, nro. 1 (Febrero 2016): págs. 109-118, http://onlinelibrary.wiley.com/doi/10.1111/1758-5899.12295/full.

el bienestar humano (como el suministro de electricidad, agua potable purificada, el saneamiento de aguas residuales, la mejora de la nutrición y el control de las enfermedades infecciosas). Según una lista recopilada por un panel del Senado de los Estados Unidos, más de *700 científicos* han publicado sus rechazos a la totalidad o a muchas partes significativas de la hipótesis del calentamiento global[150]. Según otra lista, más de 31 000 científicos titulados, incluidos más de 9 000 con doctorado, han firmado la *"Global Warming Petition"* ["Petición sobre el calentamiento global"], que indica que:

> *No hay pruebas científicas convincentes* de que la liberación humana de dióxido de carbono, metano u otros gases de efecto invernadero esté causando o vaya a causar, en un futuro previsible, un calentamiento catastrófico de la atmósfera de la Tierra y una alteración de su clima. Además, existen muchas pruebas científicas sustanciales de que el aumento del dióxido de carbono atmosférico produce muchos efectos beneficiosos en el entorno natural de las plantas y los animales de la Tierra[151].

El Wall Street Journal informó que varios científicos de renombre, incluidos Premios Nobel, han disentido de la idea de que el calentamiento global provocado por el hombre constituya un peligro importante:

> Ivar Giaever, Premio Nobel de Física de 1973 [...] renunció la semana pasada de la Sociedad Americana de Física (APS, por sus siglas en inglés) en protesta por la insistencia del grupo en que las pruebas del calentamiento global provocado por el hombre son "incuestionables".
>
> En un correo electrónico enviado a la sociedad, el Sr. Giaever, quien trabaja en el Instituto Politécnico Rensselaer, escribió que "la afirmación (¿cómo se puede medir la temperatura media de toda la Tierra durante todo un año?) es que la temperatura ha cambiado de ~288,0 a ~288,8 grados Kelvin en unos 150 años, lo cual (de ser cierto) significa para mí [...] que la temperatura ha sido increíblemente estable, y que tanto la salud como la felicidad de los seres humanos claramente han mejorado en este periodo de 'calentamiento'". El Sr. Giaever fue socio de la APS, un honor que se concede a "solo la mitad del uno por ciento" de los miembros, según un representante.
>
> Además que sigue los pasos del catedrático emérito de física de la

---

[150] El Comité del Medioambiente y Obras Públicas del Senado de EE. UU., *"U.S. Senate Minority Report Update: Over 700 International Scientists Dissent over Man-Made Global Warming Claims"* ["Actualización del informe de la minoría del Senado de EE. UU.: Más de 700 científicos internacionales disienten de las afirmaciones sobre el calentamiento global provocado por el hombre"], 11 de diciembre de 2008, https://www .epw.senate.gov/public/index.cfm/press-releases-all?ID=2674e64f-802a-23ad-490b-bd9faf4dcdb7.

[151] *"Global Warming Petition Project"* ["Proyecto de petición sobre el calentamiento global"], Instituto de Ciencia y Medicina de Oregón, http://petitionproject.org/, énfasis añadido. El sitio incluye listas completas de firmantes y, en http://petitionproject.org/qualifications_of_signers.php, se resumen las cifras de las distintas especialidades relevantes para el debate.

Universidad de California en Santa Bárbara, Harold Lewis, un antiguo socio de la APS que renunció en 2010, calificando al calentamiento global como "el mayor fraude pseudocientífico y el más exitoso que he visto en mi larga vida como físico".

Otros opositores son el físico y nobel de la Universidad de Stanford, Robert B. Laughlin; el fallecido icono de la revolución verde y nobel, Norman Borlaug; el físico de Princeton, William Happer; y el presidente de la World Federation of Scientists [Federación Mundial de Científicos], Antonino Zichichi.

No se trata de que todos estos hombres estén de acuerdo con el cambio climático, y mucho menos con la contribución del ser humano al mismo, sino de que, en un grado u otro, mantienen una mentalidad abierta sobre el calentamiento o sobre lo que hay que hacer al respecto. Uno de los rasgos menos favorables de los defensores del cambio climático es la forma en que han tratado de intimidar a cualquiera que mantenga una mente abierta, lo cual es cierto para muchos proyectos políticos, pero es o debería ser un anatema para el método científico[152].

Otros científicos destacados han disentido públicamente de la idea de que el uso humano de los combustibles fósiles esté causando niveles peligrosos de calentamiento global; entre ellos se encuentran Judith Curry, catedrática emérita y expresidenta de la Escuela de Ciencias de la Tierra y la Atmósfera del Instituto de Tecnología de Georgia[153]; Richard Lindzen, profesor Alfred P. Sloan emérito de meteorología del MIT [Instituto Tecnológico de Massachusetts][154] ; Roy Spencer, científico investigador principal de la Universidad de Alabama en Huntsville y jefe del U.S. Science Team [equipo científico estadounidense] del radiómetro de barrido de microondas avanzado del satélite Aqua de la NASA[155]; John Christy, distinguido profesor de ciencias atmosféricas y director del Centro de Ciencias del Sistema Terrestre de la University of Alabama en Huntsville[156]; y William Happer, profesor

---

[152] *"High School Physics': Another Nobel Laureate Breaks from the Climate Change Pack"* ["'Física avanzada': otro premio nobel se separa del grupo del cambio climático"], The Wall Street Journal, 18 de septiembre de 2011, https://www.wsj.com/articles/SB10001424053111903927204576572842778437276.

[153] *"Full Committee Hearing—Climate Science: Assumptions, Policy Implications, and the Scientific Method"* ["Audiencia en pleno del Comité–Climatología: supuestos, implicaciones políticas y el método científico"], Comité de Ciencia, Espacio y Tecnología, 29 de marzo de 2017,
https://science.house.gov/legislation/hearings/full-committee-hearing-climate-science-assumptions-policy-implications-and. (Note en la siguiente lista de nombres cómo muchos de los científicos de gran prestigio que discrepan públicamente de las alarmas sobre el calentamiento global tienen el estatus de "eméritos", lo que indica que en su mayoría están jubilados y ya no tienen que temer que sus carreras académicas se desbaraten por hablar veraz y públicamente sobre los hechos científicos relacionados con el calentamiento global).

[154] Marc Morano, *"MIT Climate Scientist Dr. Richard Lindzen on 'Hottest Year' Claim: 'Why Lend Credibility to This Dishonesty?'"* ["El Dr. Richard Lindzen, científico climático del MIT, sobre la afirmación del 'año más caluroso': '¿Por qué dar credibilidad a esta deshonestidad?'"] Climate Depot, 20 de enero de 2016, http://www.climatedepot.com/2016/01/20/mit-climate-scientist-dr-richard-lindzen-on-hottest-year-claim-why-lend-credibility-to-this-dishonesty/.

[155] *"About"* ["Roy Spencer, Ph.D."], http://www.drroyspencer.com/about/.

[156] Michael Wines, *"Though Scorned by Colleagues, a Climate-Change Skeptic is Unbowed"* ["Aunque

emérito de física de Princeton[157].

Los científicos que afirman que el calentamiento global provocado por el hombre es un peligro han politizado demasiado la climatología que cualquier discrepancia se recibe con insultos y ataques *ad hominem* en lugar de con argumentos serios. Curry, en un testimonio ante un comité de la Cámara de Representantes de Estados Unidos el 29 de marzo de 2017, dijo lo siguiente:

> La politización de la ciencia del clima ha contaminado la investigación académica sobre el clima y las instituciones que apoyan la investigación sobre el clima, de modo que cada científico y las instituciones se han convertido en activistas y defensores de las políticas de reducción de emisiones. En el mejor de los casos, los científicos con una perspectiva que no coincide con el consenso son marginados (es difícil obtener financiación y conseguir que publiquen sus artículos los editores "gatekeepers" de las revistas) o, en el peor de los casos, condenados al ostracismo con las etiquetas de "negacionistas" o "herejes" […].
>
> Cuando se cuestiona el consenso del IPCC […], estos científicos y organizaciones activistas tildan a los opositores de "negacionistas" y que alegan una "guerra contra la ciencia". Estos científicos activistas parecen menos preocupados por la integridad del proceso científico que por su posición privilegiada y su influencia en el debate público sobre la política del clima y la energía; no argumentan ni debaten sobre la ciencia, sino que denigran a los científicos que no están de acuerdo con ellos. Estos científicos y organizaciones activistas están pervirtiendo el proceso político e intentan inocular a la climatología del escrutinio. Esta es la verdadera guerra contra la ciencia[158].

Un recurso importante en relación con los científicos que no están de acuerdo con el peligro del calentamiento global provocado por el hombre es el libro de Lawrence Solomon *The Deniers: The World-Renowned Scientists Who Stood Up against Global Warming Hysteria, Political Persecution, and Fraud*[159] [Los negacionistas: Los

---

sea despreciado por sus colegas, un escéptico del cambio climático no se doblega"], The New York Times, 15 de julio de 2014, https://www.nytimes.com/2014/07/16/us/skeptic-of-climate-change-john-christy-finds-himself-a-target-of-suspicion.html.

[157] Chris Mooney, *"Trump Meets with Princeton Physicist Who Says Global Warming Is Good for Us"* ["Trump se reúne con un físico de Princeton quien dice que el calentamiento global es bueno para nosotros"], The Washington Post, 13 de enero de 2017, https://www.washingtonpost.com/news/energy-environment/wp/2017/01/13/trump-meets-with-princeton-physicist-who-says-global-warming-is-good-for-us/?utm_term=.e09700f36212, y William Happer, *"Global Warming Models Are Wrong Again: The Observed Response of the Climate to more CO2 Is Not in Good Agreement with Predictions"* ["Los modelos de calentamiento global se equivocan de nuevo: La respuesta comprobada del clima a más CO2 no coincide con las predicciones"], The Wall Street Journal, 27 de marzo del 2012, https://www.wsj.com/articles/SB10001424052702304636404577291352882984274.

[158] Judith A. Curry, *"Statement to the Committee on Science, Space and Technology of the United States House of Representatives"* ["Declaración ante el Comité de Ciencia, Espacio y Tecnología de la Cámara de Representantes de los Estados Unidos"], 29 de marzo de 2017, https://science.house.gov/sites/republicans.science.house.gov/files/documents/HHRG-115-SY-WState-JCurry-20170329.pdf.

[159] Lawrence Solomon, *The Deniers: The World-Renowned Scientists Who Stood Up against Global*

científicos de renombre mundial que se enfrentaron a la histeria del calentamiento global, la persecución política y el fraude], donde el autor muestra que entre los que rechazan las alarmas del calentamiento global se encuentran muchos de los mejores expertos del mundo en sus campos.

(2) La literatura científica está dividida sobre la hipótesis del calentamiento global: A diferencia de lo que se suele afirmar, la literatura científica publicada está dividida sobre esta cuestión. Una investigación realizada en 2003 por la profesora de historia Naomi Oreskes sobre los artículos científicos que pretendían demostrar un acuerdo científico sobre el calentamiento global demostró ser muy defectuoso, y una revisión de la base de datos no encontró tal consenso[160]. Posteriormente, un estudio de la misma información que abarcaba hasta 2007 mostró un cambio considerable de lo que antes (y erróneamente) se había afirmado como el acuerdo. Como dijo Klaus-Martin Schulte en el último de esos estudios:

> Aunque Oreskes afirmó que el 75% de los análisis de las muestras respaldaban el consenso, ahora menos de la mitad lo apoyan. Solo el 6% lo hace explícitamente. Además, solo un artículo habla del cambio climático "catastrófico", pero sin ofrecer pruebas, por lo que parece ser que hay pocas pruebas en las revistas científicas que justifiquen la alarma sobre el cambio climático que ahora perjudica a los pacientes [médicos] [cuyo bienestar se vio afectado negativamente por el miedo al calentamiento global][161].

Desde entonces, otros estudios similares que afirman sobre un consenso abrumador también han tenido errores similares[162]. Por ejemplo, un estudio basado en una encuesta realizada en 2009 registraba que el 97,4% de los científicos "que mencionan a la climatología como su área de especialización y [...] han publicado más del 50% de sus artículos recientes revisados por colegas sobre el tema del cambio climático" estaban de acuerdo en que "cuando se comparan con los niveles anteriores a los años 1800 [...] las temperaturas medias globales han aumentado en general" y "la actividad humana es un factor significativo que contribuye en gran

---

Warming Hysteria, Political Persecution, and Fraud (Minneapolis: Richard Vigilante Books, 2008), págs. 207-208.

[160] Naomi Oreskes, *"The Scientific Consensus on Climate Change"* ["El consenso científico sobre el cambio climático"], Science 306, nro. 5702 (3 de diciembre de 2004): 1686, www.sciencemag.org/cgi/content/full/306/5702/1686. La carta de Benny J. Peiser a Science cuestiona esto, 4 de enero de 2005, ID: 56001, http://www.cfact.org/2005/05/04/dr-benny-peisers-letter-to-science-magazine-and-the-story-of-its-rejection/.

Las encuestas se presentan en Dennis Bray y Hans von Storch, The Perspectives of Climate Scientists on Global Climate Change [Las perspectivas de los científicos del clima sobre el cambio climático global] (Geesthacht, Alemania: GKSS–Forschungszentrum Geesthacht, 2007), http://www.academia.edu/4840717/Perspectives_of_climate_scientists_on_global_climate_change

[161] Klaus-Martin Schulte, *"Scientific Consensus on Climate Change?"* ["¿Consenso científico sobre el cambio climático?"] Energy and Environment 19, nro. 2 (julio 2008): págs. 281-286, http://scienceandpublicpolicy.org/images/stories/papers/reprint/schulte_two_colm un_fomat.pdf.

[162] Joseph Bast y Roy Spencer, *"The Myth of the Climate Change '97%'"* ["El mito del '97%' del cambio climático"], The Wall Street Journal, 27 de mayo de 2014, http://blog.heartland.org/2014/06/the-myth-of-the-climate-change-97/.

manera al cambio de las temperaturas medias globales"[163]. Un estudio basado en la revisión de la literatura de 2010 afirmaba que "el 97-98 % de los investigadores del clima que publican más activamente en el campo" creen que "los gases de efecto invernadero antropogénicos han sido responsables de la 'mayoría' del 'evidente' calentamiento"[164]. Una revisión de 2013 de los resúmenes de la literatura evaluada afirmaba que "el 97,1 % respaldaba la postura del consenso de que los humanos están provocando el calentamiento global"[165].

Sin embargo, todos estos estudios definen la afirmación de forma demasiado amplia. Prácticamente todos los que cuestionan la afirmación de que los humanos están provocando un *peligroso* calentamiento global estarían de *acuerdo* con las afirmaciones del estudio de 2009 de que la temperatura media global ha aumentado desde 1800 y que la actividad humana probablemente ha contribuido de manera considerable. De hecho, uno podría creer que los seres humanos causan solo el 1 % del calentamiento global o el 100 % del mismo y seguir contándose entre el 97 %. Una nueva revisión de los mismos resúmenes cubiertos por el estudio de 2013 encontró solo "un 0,3 % de apoyo a la definición estándar del consenso: que la *mayor* parte del calentamiento desde 1950 ha sido antropogénica"[166]. Tal vez lo más relevante para la cuestión de qué se debe hacer (si es que hay algo) en respuesta al calentamiento inducido por el hombre, ninguno de los estudios abordó si los científicos creían que el calentamiento inducido por el hombre causaría más daño que beneficio, y mucho menos si es probable que sea lo suficientemente peligroso como para justificar las políticas que cuestan $1 billón o más al año para reducirlo.

Estudios más rigurosos quitan peso a la afirmación del abrumador consenso científico de que la actividad humana ha provocado la mayor parte del calentamiento y que es peligroso, siendo estas las dos condiciones necesarias para justificar políticas costosas para mitigarlo. Un estudio de 2016 informó de que el 87 % de los científicos encuestados estaba de acuerdo en que "la *mayor* parte del cambio climático reciente o del futuro próximo es o será el resultado de causas antropogénicas" y que el 86 % estaba de acuerdo en que "el cambio climático supone una amenaza muy grave y peligrosa para la humanidad"[167]. Sin embargo, el estudio

---

[163] Peter T. Doran y Maggie Kendall Zimmerman, *"Examining the Scientific Consensus on Climate Change"* ["Examinando el consenso científico sobre el cambio climático"], Eos 90, nro. 3 (20 de enero de 2009): págs. 22-23, http://www.ucsusa.org/sites/default/files/legacy/testfolder/aa-migration-to-be-deleted/assets-delete-me/documents-delete-me/ssi-delete-me/ssi/DoranEOS09.pdf.

[164] William R. L. Anderegg et al., *"Expert Credibility in Climate Change"* ["Credibilidad de los expertos sobre el cambio climático"], Proceedings of the National Academy of Sciences 107, nro. 27 (6 de julio de 2010): págs. 12107-12109, http://www.pnas.org/content/107/27/12107.full.pdf.

[165] John Cook et al., *"Quantifying the Consensus on Anthropogenic Global Warming in the Scientific Literature"* ["Cuantificación del consenso sobre el calentamiento global antropogénico en la literatura científica"], Environmental Research Letters 8 (2013): 024024, http://iopscience.iop.org/article/10.1088/1748-9326/8/2/024024/pdf.

[166] David R. Legates et al., *"Climate Consensus and 'Misinformation': A Rejoinder to Agnotology, Scientific Consensus, and the Teaching and Learning of Climate Change"* ["Consenso climático y "desinformación": una réplica a la agnotología, el consenso científico y la enseñanza y el aprendizaje del cambio climático"], Science & Education 24, nro. 3 (Abril 2015): págs. 299-318, énfasis añadido, http://link.springer.com/article/10.1007/s11191-013-9647-9.

[167] D. Bray y H. von Storch, *The Bray and von Storch 5th International Survey of Climate Scientists*

no distinguía si los encuestados consideraban específicamente el calentamiento inducido por el hombre, excluyendo el calentamiento natural, como una "amenaza para la humanidad". Una encuesta realizada en 2016 entre los miembros de la Sociedad Meteorológica Americana (AMS, por sus siglas en inglés) encontró que aproximadamente "el 67 % considera que los humanos están provocando al menos el 61 % del calentamiento", mientras que el 14 % considera que las causas humanas y naturales son más o menos iguales, el 12 % considera que la naturaleza causa la mayor parte del calentamiento, y el 6 % indica no saber el equilibrio de las causas humanas y naturales[168]. Sin embargo, como señaló la climatóloga Curry, solo el 53 % de los miembros de la AMS que recibieron la encuesta respondieron, y la notoriedad del autor principal y del centro de investigación que organizó la encuesta como entidades que exigen la persecución penal de los "escépticos del clima"[169]podría haber dado lugar a una muestra poco representativa y sesgada hacia la alarma[170] .

El consenso científico que surge de forma espontánea es una manera legítima de mostrar las opiniones de los científicos sobre una cuestión determinada. Sin embargo, el valor de un "consenso" fabricado intencionadamente a lo largo del tiempo, sobre todo por el gobierno o por alianzas entre el gobierno y el mundo académico apoyadas por miles de millones de dólares en fondos fiscales, es dudoso. Además, cuando algunos funcionarios públicos y científicos influyentes piden que se procese penalmente a quienes rechazan el supuesto consenso, es probable que la autosupervivencia enmascare su disconformidad, sesgando todos los resultados de las encuestas con el fin de alarmar, dejándolos así sin efecto.

Dicho consenso sobre el cambio climático ha sido fabricado oficialmente[171] y dichos disidentes han sido amenazados con la persecución profesional[172] y el proceso penal es históricamente cierto. De hecho, el senador Sheldon Whitehouse

2015/2016 ["La quinta encuesta internacional de científicos del clima de Bray y von Storch 2015/2016"] (Geesthacht, Alemania: Helmholtz-Zentrum Geesthacht, 2016), págs. 10 y 98, https://www.hzg.de/imperia/md/content/hzg/zentrale_einrichtungen/bibliothek/berichte/hzg_reports_2016/hzg_report_2016_2.pdf1

[168] Edward Maibach et al., *A 2016 National Survey of American Meteorological Society Member Views on Climate Change: Initial Findings*, Centro de Comunicación sobre el Cambio Climático, Universidad George Mason, marzo 2016, https://gmuchss.az1.qualtrics.com/CP/File.php?F=F_cRR9lW0HjZaiVV3.

[169] *Letter to President Obama, Attorney General Loretta Lynch, and OSTP Director Holdren* ["Carta al Presidente Obama, a la Fiscal General, Loretta Lynch, y al Director de la OSTP, Holdren"], 1 de septiembre de 2015, http://web.archive.org/web/20150920110942/http://www.iges.org/letter/LetterPresidentAG.pdf.

[170] Judith Curry, *New AMS Members Survey on Climate Change* ["Encuesta a los nuevos miembros de la AMS sobre el cambio climático"], Climate Etc., 24 de marzo de 2016, https:// judithcurry.com/2016/03/24/new-ams-members-survey-on-climate-change/.

[171] J. A. Curry y P. J. Webster, *Climate Change: No Consensus on Consensus* ["Cambio climático: No hay consenso sobre el consenso"], CAB Reviews 8, nro. 001, (Septiembre 2013), https://www.researchgate.net/publication/274619323_Climate_change_no_consensus_on_consensus; texto completo en https://curryja.files.wordpress.com/2012/10/consensus-paper-revised-final.doc

[172] Will Happer analiza dos (Patrick Michaels y David Legates) de los muchos ejemplos de académicos que sufren persecución en el Apéndice 3 de *Sustainability: Higher Education's New Fundamentalism* [Sostenibilidad: el nuevo fundamentalismo de la enseñanza superior] de la National Association of Scholars [Asociación Nacional de Académicos], 25 de marzo de 2015, https://www.nas.org/images/documents/NAS-Sustainability_Appendix_3.pdf.

(demócrata de Rhode Island) pidió que se investigara y se procese a los "escépticos del clima" bajo la Ley de Organizaciones Corruptas e Influenciadas por el Crimen Organizado[173] (RICO, por sus siglas en inglés). El congresista Raúl Grijalva (demócrata de Arizona) escribió a siete universidades que emplean a científicos "escépticos del clima" para pedirles información sobre su financiación[174]. Los senadores Edward Markey (demócrata de Massachusetts), Barbara Boxer (demócrata de California) y Whitehouse escribieron cartas a un centenar de empresas, grupos de expertos y otras organizaciones, exigiendo información sobre la financiación de la investigación y las publicaciones de los "escépticos del clima"[175]. Los fiscales generales de diecisiete estados formaron la organización AGs United for Clean Power [Fiscales Generales Unidos por la Energía Limpia] para investigar y potencialmente procesar a los "escépticos del clima"[176]. La exfiscal general de Estados Unidos, Loretta Lynch, dijo al Congreso que estaba considerando emprender acciones civiles contra los "escépticos del clima" y que había remitido el asunto al FBI[177].

Es imposible saber cuántos disidentes se censuran a sí mismos para evitar esa persecución (y posiblemente ser procesados), pero es probable que su número no sea pequeño. Podemos estar agradecidos de que otros trece fiscales generales estatales hayan reprendido a los AGs United for Clean Power en una carta propia, acusando a sus miembros de imparcialidad, de alinearse con los competidores de sus objetivos industriales y de socavar la libertad de expresión[178]. No obstante,

---

[173] El senador Sheldon Whitehouse (demócrata de Rhode Island), *"The Fossil-Fuel Industry's Campaign to Mislead the American People"* ["La campaña de la industria de los combustibles fósiles para engañar al pueblo americano"], The Washington Post, 29 de mayo de 2015, https://www.washingtonpost.com/opinions/the-fossil-fuel-industrys-campaign-to-mislead-the-american-people/2015/05/29/04a2c448-0574-11e5-8bda -c7b4e9a8f7ac_story.html

[174] Brad Johnson, *"Rep. Grijalva Asks for Conflict-of-Interest Disclosures from GOP's Go-To Climate Science Witnesses"* ["El diputado/congresista Grijalva pide que se declaren los conflictos de intereses de los testigos del Partido Republicano sobre la climatología"], Hill Heat, 24 de febrero de 2015, http://www.hillheat.com/articles/2015/02/24/rep-grijalva-asks-for-conflict-of-interest-disclosures-from-gops-go-to-climate-science-witnesses. Un modelo de carta se encuentra en https://wattsupwiththat.com/2015/02/26/anatomy-of-a-climate-witch-hunt-letter-from-u-s-representative-raul-m-grijalva/.

[175] *"Markey, Boxer, Whitehouse Query Fossil Fuel Companies, Climate Denial Organizations on Science Funding"* ["Markey, Boxer y Whitehouse consultan a las empresas de combustibles fósiles y a las organizaciones que niegan el clima sobre la financiación de la ciencia"], Ed Markey, Senador de los Estados Unidos por Massachusetts, 25 de febrero de 2015, https://www.markey.senate.gov/news/press-releases/markey-boxer-whitehouse-query-fossil-fuel-companies-climate-denial-organizations -on-science-funding.

[176] *"Al Gore and New York Attorney General Eric Schneiderman Launch AGs United for Clean Power Coalition"* ["Al Gore y el fiscal general de Nueva York, Eric Schneiderman, lanzan la coalición AGs United for Clean Power"], The Climate Reality Project, 30 de marzo de 2016, https://www.climaterealityproject.org/blog/al-gore-and-new-york-attorney-general-eric-schneiderman-launch-ags-united-clean-power-coalition.

[177] Melanie Arter, "AG Lynch: DOJ Has Discussed Whether to Pursue Civil Action Against Climate Change Deniers" ["Fiscal general Lynch: El DOJ ha discutido si debe emprender acciones civiles contra los negacionistas del cambio climático"], CNS News, 9 de marzo de 2016, http://www.cnsnews.com/news/article/melanie-hunter/ag-lynch-doj-has-discussed-whether-pursue-legal-action-against-climate.

[178] Fiscal general de Alabama, Luther Strange et al., carta a los *"AGs United for Clean Power"*, 15 de junio de 2016, https://assets.documentcloud.org/documents/2862197/AG-Coalition-Resp-Letter-2016-06-15.

las amenazas generalizadas, por parte de quienes están en posición de hacerlas efectivas, de castigar penal, civil o profesionalmente a quienes disienten del supuesto consenso sobre el calentamiento global, hacen que todas las afirmaciones de consenso sean propensas a la exageración.

(3) El consenso es un valor político, no un valor científico: Como señaló de forma tan célebre Thomas Kuhn en The Structure of Scientific Revolutions [La estructura de las revoluciones científicas], los grandes avances de la ciencia, que a menudo implican importantes cambios de paradigma, se producen cuando pequeñas minorías señalan pacientemente (y a menudo frente a una oposición feroz) las anomalías de los datos y las insuficiencias de los paradigmas explicativos dominantes hasta que su número y peso son tan grandes que exigen un cambio de paradigma total, y lo que antes era una opinión minoritaria se convierte en una nueva opinión mayoritaria. Muchas teorías que antes eran aceptadas por todos o casi todos los científicos han sido derribadas por nuevas pruebas. Por este motivo, el consenso no es un valor científico a pesar de que sea un valor político. Si usted quiere saber quién ha ganado unas elecciones, cuenta los votos, y si quiere saber cuánto calentamiento se produce al añadir una determinada cantidad de dióxido de carbono a la atmósfera, no cuente votos, sino haga el esfuerzo de construir una hipótesis basada en su comprensión de los innumerables sistemas geológicos, oceanográficos, atmosféricos e incluso solares y cósmicos implicados, luego haga una predicción basada en la hipótesis, y por ultimo compare la predicción con la observación. Como indicó Richard Feynman, Premio Nobel de Física:

> En general, buscamos una nueva ley mediante el siguiente proceso: primero, hacemos una hipótesis; luego, calculamos las consecuencias de la hipótesis para ver qué implicaría si esta ley que conjeturamos es correcta; después, comparamos el resultado del cálculo a la naturaleza con el experimento o la experiencia, lo comparamos directamente con la observación, para ver si funciona. Si no coincide con el experimento, la hipótesis es errónea. En esta simple afirmación está la clave de la ciencia. No importa lo hermosa que sea la hipótesis, ni lo inteligente que sea uno, ni quién haya hecho la hipótesis, ni cómo se llame: si no coincide con el experimento, es errónea. Eso es todo[179].

b. Las mediciones de la temperatura media global socavan la credibilidad de los modelos informáticos en los que se basan las predicciones del peligroso calentamiento: Como explicó Feynman, el proceso normal en la investigación científica es proponer una hipótesis y luego probarla corroborando si los datos empíricos la confirman o la invalidan. ¿Qué ha ocurrido con el calentamiento global?

La hipótesis es que los recientes aumentos del dióxido de carbono en la atmósfera

---

pdf.
[179] Richard P. Feynman, *The Character of Physical Law* [El carácter de la ley física] (Nueva York: Modern Library, 1965), pág. 156.

deberían provocar un aumento relativamente rápido de la temperatura media global. Para ser más exactos, si la temperatura media global durante el periodo 1979-2016 se hubiera ajustado a la media prevista por los 102 modelos CMIP-5[180] (en los que se basan el IPCC, varias academias nacionales y otros investigadores que generalmente creen en el peligroso calentamiento provocado por el hombre), debería haber aumentado en promedio unos 0,389° F por década o un total de 1,44° F.

Sin embargo, según nuestras fuentes más confiables para la temperatura media global (satélites)[181] no hubo ninguna tendencia ascendente estadísticamente notoria desde principios de 1997 hasta finales de 2015 (período de casi diecinueve años)[182]; además, la tasa de aumento medida entre 1979-2016 fue solo de 0,223° F por década o un total de 0,83° F[183]. Entonces, incluso asumiendo que todo el calentamiento de los últimos 37 años ha sido causado por las emisiones humanas de dióxido de carbono y nada por otros factores, los modelos exageran el efecto de calentamiento por dióxido de carbono en unas tres cuartas partes (74,4 %). Si parte del calentamiento fue natural, lo cual no puede descartarse y es probable, dada la recuperación a largo plazo de la Tierra tras la era glacial que terminó hace unos 12 000 años y de la llamada Pequeña Edad de Hielo que terminó a principios del siglo XIX, la exageración es mayor.

Además, la tendencia de calentamiento por decenios calculada a partir de los datos satelitales entre 1979-2016 es en sí misma probablemente muy errónea. ¿Por qué? Porque un El Niño[184] extraordinariamente potente (como el que hizo de 1998

---

[180] CMIP 5 significa *"Coupled Model Intercomparison Project Version 5"* ["Fase 5 del Proyecto de Intercomparación de Modelos Acoplados"], los modelos climáticos informáticos más avanzados y de última generación.

[181] Los datos de los satélites son más fiables que las mediciones de superficie por varias razones. En primer lugar, las mediciones por satélite están distribuidas aleatoriamente (y casi por completo) por todo el mundo en longitud, latitud y altitud, mientras que los instrumentos de superficie son mucho menos numerosos, se limitan a la superficie terrestre y marina, y se distribuyen con un sesgo hacia las zonas urbanas y otras zonas habitadas, que tienen su propio calentamiento localizado (como el efecto de "isla de calor urbana", que puede ser responsable de aproximadamente la mitad del calentamiento global aparente; ver Ross McKitrick y Patrick J. Michaels, *"A Test of Corrections for Extraneous Signals in Gridded Surface Temperature Data"* ["Prueba de las correcciones de las señales extrañas en los datos de temperatura de la superficie en cuadrícula"], *Climate Research 26* [2004]: págs. 159-173, http://www. rossmckitrick.com/uploads/4/8/0/8/4808045/mckitrick-michaels-cr04.pdf. En segundo lugar, las mediciones por satélite están menos sujetas a las diferencias en la instrumentación de una estación a otra y de un año a otro. En tercer lugar, las mediciones por satélite están menos sujetas al establecimiento incorrecto de los instrumentos, un problema generalizado incluso en las estaciones de superficie con mejor mantenimiento del mundo, las de Estados Unidos. Ver http://surfacestations.org/.

[182] Christopher Monckton, *"The Pause Lengthens Again—Just in Time for Paris: No Global Warming at All for 18 Years 9 Months—a New Record"* ["La pausa se alarga de nuevo, justo a tiempo para París: No hay calentamiento global desde hace 18 años y 9 meses, un nuevo récord"], Climate Depot, 4 de noviembre 2015, http://www.climatedepot.com/2015/11/04/no-global-warming-at-all-for-18-years-9-months-a-new-record-the-pause-lengthens-again-just-in -time-for-un-summit-in-paris/.

[183] Correo electrónico de John R. Christy a E.Calvin Beisner, 17 de enero de 2017. Christy es el distinguido profesor de ciencias atmosféricas y director del Centro de Ciencias del Sistema Terrestre de la Universidad de Alabama en Huntsville. Con su colega de investigación, el Dr. Roy W. Spencer, gestiona los datos de temperatura global recogidos por los satélites de la NASA. Christy actualiza los datos regularmente en http://www.nsstc.uah.edu/data/msu/v6.0/tlt/uahncdc_lt_6.0.txt.

[184] El Niño es una de las fases de la Oscilación del Sur de El Niño, un ciclo de temperaturas superficia-

el año más caluroso según el registro de los satélites) elevó la temperatura media global a partir de 2015[185]. Además, alcanzó su pico más alto a principios de 2016, y luego comenzó a disminuir lentamente en respuesta a La Niña.

¿Podría explicarse la disminución del calentamiento entre 1997 y 2016 por una desaceleración del aumento de la concentración de dióxido de carbono en la atmósfera? En teoría es posible, pero en realidad, la tasa de aumento del dióxido de carbono ha aumentado ligeramente durante el período[186].

La concentración de dióxido de carbono en la atmósfera y la temperatura media global están muy bien correlacionadas. Los que creen en el peligroso calentamiento global provocado por el hombre tienden a suponer que esto se debe a que el dióxido de carbono impulsa la temperatura. Si bien el dióxido de carbono contribuye en cierta medida (menos del 4 %) al calentamiento total provocado por los gases de efecto invernadero (es decir, el dióxido de carbono influye en la temperatura), la temperatura también influye en el dióxido de carbono. Usted mismo puede observar esto fácilmente al notar la diferencia entre abrir una lata de refresco con gas caliente y una fría, donde la lata caliente espumea mucho más, y esto se debe a que el agua fría retiene mejor los gases (como el dióxido de carbono) que el agua caliente. Por esto, a medida que los océanos se calientan, liberan dióxido de carbono a la atmósfera, y al enfriarse, lo absorben. Así, la correlación podría ser controlada más por los cambios de temperatura que por los cambios en el dióxido de carbono.

¿Cómo podemos saber qué produce qué? Debemos examinar cuidadosamente la secuencia en el tiempo de los cambios en la temperatura media global y la concentración de dióxido de carbono en la atmósfera. Las pruebas de los núcleos de hielo obtenidos en Groenlandia y la Antártida indican que, durante períodos muy largos, la temperatura aventaja al dióxido de carbono entre unos 200 y 1 000 años[187].

Pero ¿podría haber cambiado la secuencia en el tiempo debido al rápido aumento del dióxido de carbono impulsado por el uso de combustibles fósiles? Teóricamente

les del mar por encima de la media (fase de El Niño) y por debajo de la media (fase de La Niña) en el Océano Pacífico tropical central y oriental. El Niño calienta la atmósfera en la mayor parte de la Tierra, mientras que La Niña la enfría. Ver Michelle L'Heureux, *"What Is the El Niño Southern Oscillation (ENSO) in a Nutshell?"* ["¿Qué es El Niño/Oscilación del Sur (ENOS) de forma resumida?"] 5 de mayo de 2014, https://www.climate.gov/news-features/blogs/enso/what-el-ni%C3%B1o%E2%80%93southern-oscillation-enso-nutshell.

[185] Ver E. Calvin Beisner, *"Did the Pause End, or Did El Niño Interrupt It?"* ["¿Terminó la pausa o la interrumpió El Niño?] The Cornwall Alliance, 2 de febrero de 2017, http://cornwallalliance.org/2017/02/did-the-pause-end-or-did-el-nino-interrupt-it/.

[186] Información calculada por la NOAA en ftp://aftp.cmdl.noaa.gov/products/trends/co2/co2_mm_mlo.txt. La tasa media de aumento por decenios desde 1977 hasta 2017 fue del 0,000414 %. Para la década que terminó en enero de 1997 fue del 0,000338 %; para la década que terminó en enero de 2007 fue del 0,000438 %; y para la década que terminó en enero de 2017 fue del 0,000504 %.

[187] H. Fischer et al., *"Ice Core Records of Atmospheric CO2 around the Last Three Glacial Terminations"* ["Registros de CO2 atmosférico en los núcleos de hielo durante los tres últimos periodos glaciares"], Science 283 (1999): págs. 1712-1714, http://science.sciencemag.org/content/283/5408/1712. N. Caillon et al., *"Timing of Atmospheric CO2 and Antarctic Temperature Changes across Termination III"* ["Calendario de cambios del CO2 atmosférico y de la temperatura de la Antártida a lo largo de la Terminación III"], Science 299 (2003): págs. 1728-1731, http://scrippsscholars.ucsd.edu/jseveringhaus/

es posible. Sin embargo, por el contrario, la observación empírica ha encontrado que durante el mismo período en el que el dióxido de carbono debería, según la teoría del "consenso", haber tenido su efecto más potente sobre la temperatura, los cambios de temperatura han precedido a los cambios en la concentración de dióxido de carbono entre nueve y doce meses[188] .

Por último, otros factores parecen poder explicar mejor los cambios observados en las temperaturas globales, en especial los cambios en las corrientes oceánicas y la actividad solar[189] .

c. ¿Debemos confiar en que el IPCC de la ONU tenga la última palabra? Muchas personas se refieren al IPCC como el organismo más fidedigno del mundo cuando se habla sobre el calentamiento global y describen sus pronunciamientos como los de "miles de científicos del clima". No cabe duda de que el IPCC advierte sobre un peligroso calentamiento global, pero debemos entender qué ha dicho el IPCC y qué tipo de organización es.

El "Resumen para Responsables de Políticas" que publica el IPCC no siempre representa con exactitud la ciencia detallada en sus Informes de Evaluación (que se han publicado en 1992, 1995, 2001, 2007 y 2013). En cambio, el Resumen para Responsables de Políticas suele exagerar las conclusiones científicas reales, pero como pocos periodistas o políticos leen la verdadera ciencia, suelen desconocer este problema[190] .

Además, no debemos suponer que el IPCC es un organismo *objetivo* de científicos *objetivos* que no sirve a agendas políticas particulares. Por el contrario, el IPCC está *muy politizado*. En su estatuto se pedía que se estudie la influencia *humana* en la temperatura global; en consecuencia, ignora en gran medida las influencias *naturales* (y cientos de empleados saben ahora que su trabajo depende de seguir encontrando y publicando pruebas que apoyen la teoría del peligroso calentamiento global provocado por el hombre, lo que hace que sus datos tengan un sesgo incorporado). El crucial capítulo 9 de su Informe de Evaluación de 2007, que evaluaba el probable cambio de temperatura debido a las emisiones humanas de "gases de efecto invernadero" y del que depende todo el resto del informe, se basó en gran medida en el trabajo de un pequeño grupo de científicos que tienden a ser propensos al "pensamiento de grupo" por falta de interacción adecuada con

---

content/timing-atmospheric-co2-and-antarctic-temperature-changes-across-termination-iii.

[188] O. Humlum, K. Stordahl y J. Solheim, *"The Phase Relation between Atmospheric Carbon Dioxide and Global Temperature"* ["La relación de fase entre el dióxido de carbono atmosférico y la temperatura global"], Global and Planetary Change 100 (2013): págs. 51-69, http://www.sciencedirect.com /science/article/pii/S0921818112001658.

[189] Ver David R. Legates y G. Cornelis van Kooten, *A Call to Truth, Prudence, and Protection of the Poor 2014: The Case against Harmful Climate Policies Gets Stronger* [Un llamado a la verdad, la prudencia y la protección de los pobres 2014: El argumento contra las políticas climáticas perjudiciales se hace más fuerte] (Burke, Virginia: The Cornwall Alliance: 2014), págs. 19-24, http://www.cornwallalliance. org/wp-content/uploads/2014/09/A-Call-to-Truth-Prudence-and-Protection-of-the-Poor-2014-The-Case-Against-Harmful-Climate-Policies-Gets-Stronger.pdf

[190] Mark W. Hendrickson, *"A Closer Look at the IPCC"* ["Un vistazo más de cerca al IPCC"], Center for Vision and Values, Grove City College, 22 de mayo de 2009, www.visandvals.org/A_Closer_Look_at_the_IPCC.php.

otros. Las fallas estructurales reducen la credibilidad del IPCC[191].

Por último, la autoridad del IPCC se vio profundamente socavada por un gran número de escándalos que salieron a la luz a finales de 2009 y principios de 2010. Entre ellos destacan el "Climategate" y el descubrimiento de que el IPCC había basado algunas de sus predicciones más aterradoras en fuentes no científicas, como comunicados de prensa de grupos que defienden el medio ambiente, mientras que los datos científicos reales las refutaban[192].

El término "Climategate" se refiere a la filtración de miles de correos electrónicos, códigos informáticos y otros documentos en noviembre de 2009 por parte de la Unidad de Investigación Climática de la Universidad de East Anglia del Reino Unido. Estos documentos revelaron que un grupo central de científicos climatológicos de una amplia gama de organismos, el CRU, el Instituto Goddard de Estudios Espaciales (GISS, por sus siglas en inglés) de la NASA, la Administración Nacional Oceánica y Atmosférica (NOAA, por sus siglas en inglés), el Centro Nacional de Investigación Atmosférica (NCAR, por sus siglas en inglés), el Centro Nacional de Datos Climáticos, la Oficina Meteorológica del Reino Unido, entre otros, en los que el IPCC y los gobiernos nacionales se basaron para obtener datos básicos para las proyecciones sobre el calentamiento global habían cometido graves faltas científicas. Entre las fechorías estaban las siguientes:

- Fabricar, cherry picking, suprimir, ocultar y destruir datos relacionados con las temperaturas históricas y actuales.
- No mantener los archivos de investigación adecuados.
- Utilizar programas informáticos diseñados intencionalmente para exagerar el calentamiento reciente y minimizar la variabilidad climática anterior (tanto el calentamiento como el enfriamiento) para crear la apariencia de que el calentamiento reciente no tiene precedentes cuando no es así.
- Negarse a compartir los datos y los códigos fuente con otros académicos que lo soliciten, tal y como exigen tanto las prácticas científicas

---

[191] David Henderson, "Governments and Climate Change Issues: A Flawed Consensus" ["Los gobiernos y los problemas del cambio climático: Un consenso defectuoso"], artículo que puede leerse en *The Global Warming Debate: Science, Economics, and Policy* ["El debate sobre el calentamiento global: ciencia, economía y política"], Proceedings of a Conference Sponsored by the American Institute for Economic Research, 2 y 3 de noviembre de 2007, pág. 61, https://www.aier.org/sites/default/files/Files/Documents/Research/3220/EEB200805.pdf, y Ross McKitrick, *"Response to David Henderson's 'Governments and Climate Change Issues'"* ["Respuesta al artículo de David Henderson 'Los problemas de los gobiernos y el cambio climático'"], American Institute of Economic Research Economic Education Bulletin 48, nro. 5 (Mayo 2008): págs. 83-104, http://ross.mckitrick.googlepages.com/McKitrick.final.pdf, los dos se encuentran en American Education Bulletin XLVIII, nro. 5 (Mayo 2008); John McLean, *Prejudiced Authors, Prejudiced Findings: Did the UN Bias Its Attribution of "Global Warming" to Humankind?* [Autores con prejuicios, conclusiones con prejuicios: ¿la ONU ha atribuido de forma sesgada el "calentamiento global" a la humanidad?] (Washington: Science & Public Policy Institute, 2008), http://scienceandpublicpolicy.org/images/stories/papers/originals/McLean_IPCC_bias.pdf.

[192] Mark Landsbaum, *"What to Say to a Global Warming Alarmist"* ["Qué decirle a un alarmista del calentamiento global"], Orange County Register, 12 de febrero de 2010, www.ocregister.com/articles/-234092—.html, ofrece una lista y un resumen útiles de estos errores del IPCC.

estándares como, en algunos casos, las normas escritas de las revistas en las que se publicó su trabajo.

- Intimidar a los científicos que discrepan esta postura para que no publiquen investigaciones contrarias a la creencia en el peligroso calentamiento global provocado por el hombre.
- Corromper el proceso de revisión de colegas para impedir la publicación de investigaciones discrepantes.
- Intentar que los editores de revistas que publicaron investigaciones discrepantes sean destituidos de sus puestos de trabajo.
- Boicotear a las revistas que publican artículos discrepantes.
- Negarse a entregar información sujeta a las leyes de libertad de información tanto en Estados Unidos como en el Reino Unido.

Esta sencillamente no es la forma de actuar de los investigadores cuando están seguros de que los hechos reales están de forma predominante de su lado. La mala conducta fue tan grave y sistémica que *socavó la credibilidad de todos los datos históricos y contemporáneos sobre la temperatura* publicados en los Informes de Evaluación del IPCC . ¡Pero este grupo de datos fue la base de las afirmaciones de los alarmistas del calentamiento global! En resumen, la autoridad del IPCC[193] sobre el calentamiento global es deficiente, y es poco probable que pueda recuperar la credibilidad que tenía en el mundo científico antes del Climategate. El IPCC se mantuvo utilizando datos distorsionados e incorrectos.

Un alto funcionario de las Naciones Unidas en materia de cambio climático, Yvo de Boer, anunció su renuncia el 19 de febrero de 2010. El Washington Times informó que "La salida del burócrata no es una sorpresa porque su religión pseudocientífica del calentamiento global se demostró que era un engaño bajo su supervisión"[194]. En el mismo artículo, el Times informó la siguiente revelación notable:

Joseph D'Aleo, primer director de meteorología y cofundador del Weather Channel, y Anthony Watts, meteorólogo y fundador de SurfaceStations.org, son científicos muy conocidos y respetados. El 29 de enero, publicaron un estudio sorprendente que muestra que, a partir de 1990, la NOAA comenzó a eliminar sistemáticamente estaciones de medición del clima en los lugares más fríos del mundo. La eliminación de estaciones que tendían a registrar temperaturas más frías incrementó la temperatura media calculada. Las

---

[193] Cuatro análisis exhaustivos del *"Climategate"* son los de John Costella, *The Climategate Emails* [Los correos electrónicos del Climategate], SPPI Reprint Series, 8 de junio de 2010, en Washington, D.C., fundado por el *Science & Public Policy Institute,* http://scienceandpublicpolicy.org/images/stories/papers/reprint/climategate_analysis.pdf; Steven Mosher y Thomas Fuller, Climategate: The CRUtape Letters [Climategate: las cartas del CRUtape] (Charleston, Carolina del Sur: CreateSpace/Amazon.com, 2010); Brian Sussman, *Climategate: A Meteorologist Exposes the Global Warming Scam* [Climategate: Un meteorólogo expone la estafa del calentamiento global] (Torrance, California: WND Books, 2010); y A. W. Montford, *The Hockey Stick Illusion: Climategate and the Corruption of Science* [La ilusión del palo de hockey: El Climategate y la corrupción de la ciencia] (Londres: Stacey International, 2010).

[194] *"Editorial: More Errors in Temperature Data"* ["Editorial: más errores en los datos de temperatura"], The Washington Times, 18 de febrero de 2010, www.washington times.com/news/2010/feb/18/more-errors-in-temperature-data/?feat=home_editorials.

estaciones eliminadas se encontraban en latitudes y altitudes más altas, en zonas alejadas del mar y en lugares más rurales. El descenso en el número de estaciones meteorológicas fue drástico, pasando de más de 6 000 estaciones a menos de 1 500[195].

Lawrence Solomon, autor de *The Deniers*, ya había escrito que el escándalo del Climategate hacía que los datos históricos de la temperatura sean sospechosos y que la "contribución del dióxido de carbono al calentamiento global sigue siendo aproximadamente nula"[196]. En los años transcurridos desde el Climategate, se han producido escándalos similares de manipulación de datos, incluyendo serias dudas sobre la fiabilidad de las técnicas de "homogeneización" de datos que utilizaron los científicos relacionados con el IPCC, que elevan sistemáticamente las temperaturas más recientes y reducen las más remotas, dando la impresión de un calentamiento más rápido. En principio, la homogeneización de datos es legítima, ya que no se pueden comparar directamente diferentes instrumentos, en diferentes lugares, situados y operados de manera distinta; pero si los errores fueran aleatorios, cabría esperar que las correcciones de los datos recientes y los más remotos los aumentaran y los disminuyeran con la misma frecuencia, lo que no provocaría ningún cambio en la tendencia aparente[197].

d. ¿Se están derritiendo los glaciares y está subiendo el nivel del mar? Desde hace años, el público ha sido bombardeado con mensajes de que el calentamiento global provocado por el hombre está causando consecuencias desastrosas, como el derretimiento de los glaciares, los osos polares en peligro de extinción y el aumento del nivel del mar. ¿Qué debemos pensar sobre estas afirmaciones?

Si viéramos que los glaciares se derriten y el nivel del mar aumenta, esto bien podría deberse a otros factores, como a las variaciones en la actividad solar, las variaciones en las corrientes oceánicas y los ciclos meteorológicos ordinarios a largo plazo, y no a los cambios en los niveles de dióxido de carbono (como se ha explicado anteriormente). Sin embargo, ninguno de los desastres alegados está bien respaldado por las pruebas. He aquí algunos ejemplos:

(1) Glaciares y capas de hielo: Los glaciares se han ido reduciendo lentamente desde el final de la última era glacial (quizá hace unos 12 000 años), y durante más del 99 % de ese tiempo el ser humano no emitió suficientes gases de efecto invernadero

---

[195] *Ibíd.*

[196] Lawrence Solomon, *"The Ozone Hole Did It"* ["El agujero de la capa de ozono lo hizo"], Financial Post, 9 de enero de 2010, http://www.odlt.org/dcd/docs/solomon_The%20ozone%20hole%20did%20it.pdf.

[197] Para una introducción y ejemplos de prácticas sospechosas de homogeneización de datos de la temperatura global, ver *"On Sunday, Goulburn Got Colder Than the BOM Thought Was Possible (and a Raw Data Record Was 'Adjusted')"* ["El domingo Goulburn se volvió más frío de lo que el BOM creía posible (y se 'ajustó' un registro de datos sin procesar)"], JoNova, 5 de julio de 2017, http://joannenova.com.au/tag/adjustments-to-data/, que se centra en las prácticas de Australia. El bloguero Paul Homewood ha publicado muchas críticas a la homogeneización de datos, como *"Five Years of GISS Cheating"* ["Cinco años de engaños por parte del GISS"], Not a Lot of People Know That, 17 de diciembre de 2016, https://notalotofpeopleknow that.wordpress.com/2016/12/17/five-years-of-giss-cheating/.

como para influir en la temperatura media global. Por lo tanto, el simple hecho de que se reduzcan no es nada nuevo y no es una prueba del calentamiento inducido por el hombre. Durante el Holoceno (aproximadamente los últimos 12 000 años de la historia de la Tierra), "los glaciares de todo el mundo han fluctuado ampliamente de acuerdo con el cambio climático, a veces reduciéndose a posiciones y volúmenes más pequeños que los actuales", y "los glaciares de montaña [...] muestran una amplia variedad de respuestas a la variación climática local, y no responden al cambio de temperatura global de una manera simple y uniforme. Los glaciares tropicales de montaña, tanto en Sudamérica como en África, han retrocedido en los últimos 100 años debido a la reducción de las precipitaciones y al aumento de la radiación solar [...] [y] los datos sobre la historia global de los glaciares y el balance de masas de hielo no apoyan las afirmaciones del IPCC de que las emisiones de CO2 están provocando el retroceso y el deshielo de la mayoría de los glaciares actualmente"[198].

En cuanto a las capas de hielo en el Ártico y el Antártico, las observaciones a corto plazo no prueban nada. El hielo se derrite en las estaciones más cálidas y se congela en las más frías cada año, y hay años más cálidos y años más fríos, por lo que un video de un oso polar saltando cuando se derrite el hielo del Ártico no demuestra una tendencia a largo plazo. Los osos polares han saltado del hielo y capturan peces desde hace siglos. Además, ahora está claro que, lejos de disminuir, las poblaciones de los osos polares han crecido durante el período de supuesto calentamiento global provocado por el hombre y la disminución del hielo marino del Ártico[199].

Durante el periodo relativamente corto en el que se supone que ha prevalecido el calentamiento inducido por el hombre, no hay una tendencia clara en la superficie o la masa del hielo marino *del mundo*[200]. "La cubierta de hielo marino del mundo sigue siendo similar en superficie a la que había al comienzo de las observaciones por satélite en 1979, y la reducción del hielo en el Océano Ártico desde entonces se ha visto compensada por el crecimiento alrededor de la Antártida"[201]. El hielo marino del Ártico ha disminuido, mientras que el hielo marino de la Antártida ha aumentado. Parece que las fluctuaciones en la superficie y la masa del hielo marino son impulsadas, al menos en parte, por la misma Oscilación del Sur de El Niño que ya hemos comentado que ha impulsado los años excepcionalmente calurosos de

---

[198] Donald J. Easterbrook, Clifford D. Ollier y Robert M. Carter, *"Observations: The Cryosphere"* ["Observaciones: La criosfera"], cap. 5 de *Climate Change Reconsidered II: Physical Science* [El cambio climático reconsiderado II: la ciencia física], ed. Craig D. Idso, Robert M. Carter y S. Fred Singer (Chicago: Heartland Institute, 2013), págs. 629-712, en págs. 629-630, https://www.heartland.org/_template -assets/documents/CCR/CCR-II/CCR-II-Full.pdf.

[199] Paul Homewood, *"As Polar Bear Numbers Continue to Increase, GWPF Calls for Re-assessment of Endangered Species Status"* ["Mientras el número de osos polares sigue aumentando, el GWPF pide que se reevalúe la situación de la especie en peligro de extinción"], *Not a Lot of People Know That*, 27 de febrero de 2017, https://notalotofpeopleknowthat.wordpress.com/2017/02/27/as-polar-bear-numbers-continue-to-increase-gwpf-calls-for-re-assessment-of -endangered-species-status/

[200] Para las descripciones gráficas de los datos actualizados regularmente, ver *"Sea Ice Page"* ["Página sobre el hielo marino"], WUWT, https://wattsupwith that.com/reference-pages/sea-ice-page/.

[201] Easterbrook et al., *"Observations: The Cryosphere"*, págs. 629-712, en la 629.

1998 y 2016[202]. Es difícil saber qué más podría estar impulsando los ciclos del hielo marino. Una teoría reciente, que aún no ha sido probada por completo, es que el hielo marino (y terrestre) del Ártico y del Antártico oscila en extensión (expandiéndose en el Antártico mientras se contrae en el Ártico, y viceversa), actuando como un termostato para mantener la temperatura de la Tierra dentro de ciertos límites[203].

(2) El nivel del mar: Al Gore, en su libro *Earth in the Balance* [La Tierra en equilibrio], afirmaba de forma dramática que "muchos residentes de las naciones insulares del Pacífico de baja altitud ya han tenido que evacuar sus hogares debido al incremento en el nivel del mar", una afirmación que se ilustra con una foto de Tuvalu (una nación insular de 12 000 habitantes situada entre Hawái y Australia)[204]. Pero como señaló Marlo Lewis en su devastadora crítica de 154 páginas al libro de Gore: "los registros de los mareógrafos muestran que el nivel del mar en Tuvalu *descendió* durante la última mitad del siglo XX. Los datos altimétricos del satélite Topex/Poseidon muestran que el nivel del mar en Tuvalu descendió incluso durante la década de los 90"[205]. De hecho, nadie ha tenido que evacuar ninguna nación insular del Pacífico por el aumento del nivel del mar. La afirmación de Gore era simplemente errónea.

En la película *Una verdad incómoda*, Gore afirmó que el deshielo de la Antártida Occidental y Groenlandia provocaría un aumento de 20 pies en el nivel del mar en todo el mundo. Aunque no especificó *cuándo* ocurriría esto, el contexto deja claro que su intención es que la predicción impulse a tomar acciones inmediatas ahora para proteger a nuestros hijos o quizás a nuestros nietos. Está claro que tenía en mente lo que queda de este siglo.

Sin embargo, el IPCC, incluso con su cuestionable suposición de un elevado calentamiento por el aumento de los gases de efecto invernadero, por el contrario, estimó que el deshielo de esos dos lugares solo añadiría unas *2.5 pulgadas* (¡no 20 pies!) al nivel del mar en los próximos 100 años[206]. De hecho, el nivel del mar, que ha ido subiendo lentamente desde el final de la última era glacial, solo aumentó unas 6.3 pulgadas en todo el siglo XX, y el tasa de crecimiento *disminuyó* en la

---

[202] Craig Lindberg, "A Relationship between Sea Ice Anomalies, SSTs, and the ENSO?" ["¿Una relación entre las anomalías del hielo marino, las SST y el ENOS?"] WUWT, 13 de febrero de 2014, https://watt-supwiththat.com/2014/02/13/a-relationship-between-sea-ice-anomalies-ssts-and-the-enso/.

[203] La teoría es de Herman A. Pope, quien la explica en su página web, http://www.popesclimatetheory.com/.

[204] Al Gore, *Earth in the Balance: Ecology and the Human Spirit* [La Tierra en equilibrio: La ecología y el espíritu humano] (Nueva York: Rodale, 2006), pág. 186.

[205] Marlo Lewis Jr., *Al Gore's Science Fiction: A Skeptic's Guide to An Inconvenient Truth* [La ciencia ficción de Al Gore: guía para escépticos de una verdad incómoda], Congressional Briefing Paper (Washington: Competitive Enterprise Institute, s.d.), pág. 88, http://cei.org/pdf/5820.pdf. Ver también Cliff Ollier, *"Sea Level in the Southwest Pacific is Stable"* ["El nivel del mar en el Pacífico suroeste es estable"], New Concepts in Global Tectonics Newsletter 51 (Junio 2009), http://nzclimatescience.net/images/PDFs/paperncgtsealevl.pdf.

[206] Christopher Monckton, *35 Inconvenient Truths: The Errors of Al Gore's Movie* [35 verdades incómodas: Los errores en la película de Al Gore] (Washington: Science and Public Policy Institute, 2007), pág. 4. http://scienceandpublicpolicy.org/images/stories/press_releases/monckton -response-to-gore-errors.pdf.

segunda mitad del siglo[207]. Aunque el ritmo de incremento del nivel del mar tiene ciclos ascendentes y descendentes, parece probable que se mantenga en torno a 0,08 pulgadas por año, es decir, unas 8 pulgadas por siglo .

Un tribunal británico determinó que la película de Gore tenía tantos y tan graves errores que no podía seguir proyectándose en las escuelas públicas británicas sin una lista y una refutación adjuntas de sus errores. De lo contrario, dijo el juez, violaría una ley del Parlamento que prohíbe el adoctrinamiento político de los niños[209].

e. ¿El calentamiento global está alterando el clima? ¿El supuesto calentamiento de la Tierra ha provocado una mayor frecuencia o intensidad de las *condiciones climáticas adversas*? No[210]. La afirmación más común (que la frecuencia y la fuerza de los huracanes han aumentado con el reciente calentamiento global) no solo ha sido refutada empíricamente, sino que también ha sido abandonada por el científico que más la promovió[211]. El intento del climatólogo Michael Mann (autor del desacreditado gráfico del "palo de hockey", que eliminó el Período Cálido Medieval y la Pequeña Edad de Hielo para hacer que el calentamiento del siglo XX pareciera extraordinario) por mostrar un aumento de los huracanes en los últimos años, provocó una refutación devastadora por parte de Chris Landsea, uno de los

---

[207] S. J. Holgate, "On the Decadal Rates of Sea Level Change during the Twentieth Century" ["Sobre las tasas decenales en el cambio del nivel del mar durante el siglo XX"], Geophysical Research Letters 34 (2007), citado en Craig Idso y S. Fred Singer, Climate Change Reconsidered: 2009 Report of the Nongovernmental International Panel on Climate Change [El cambio climático reconsiderado: 2009 Reporte del Grupo No Intergubernamental de Expertos sobre el Cambio Climático] (NIPCC) (Chicago: Heartland Institute, 2009), págs. 186–187, http://f1a.fa0.myftpupload.com/climate-change-reconside-red-2009-nipcc-report/.

[208] Willem de Lange y Robert M. Carter, *"Observations: The Hydrosphere and Ocean"* ["Observaciones: La hidrosfera y el océano"], cap. 6 del Climate Change Reconsidered II, págs. 713-808, en la pág. 753, https://www.heartland.org/_template-assets/documents/CCR/CCR -II/CCR-II-Full.pdf.

[209] Monckton, 35 Inconvenient Truths, pág. 3. Ver también William Lee Adams, "British Court: Gore Film 'Political'" ["Tribunal británico: La película de Gore es 'política'"], Time, 12 de octubre de 2007, www.time.com/time/world/article/0,8599,1670882,00.html.

[210] Idso y Singer, *Climate Change Reconsidered*, págs. 281-360; Randall S. Cerveny, *"Severe Weather, Natural Disasters, and Global Change"* ["Condiciones meteorológicas adversas, desastres naturales y cambio global"], en *Shattered Consensus: The True State of Global Warming* [Consenso destruido: El verdadero estado del calentamiento global], ed. Patrick J. Michaels (Lanham, Maryland: Rowman & Littlefield, 2005), págs. 106-120; Patrick J. Michaels, Meltdown: The Predictable Distortion of Global Warming by Scientists, Politicians, and the Media [El deshielo: La previsible distorsión del calentamiento global por parte de científicos, políticos y medios de comunicación] (Washington: Cato Institute, 2004), págs. 111-161.

[211] NOAA, *"NOAA Attributes Recent Increase in Hurricane Activity to Naturally Occurring Multi-Decadal Climate Variability"* ["La NOAA atribuye el reciente aumento de la actividad de los huracanes a la variabilidad climática multidecenal que se produce de forma natural"], 29 de noviembre de 2005, http://zfacts.com/metaPage/lib/NOAA-2005-11-Hurricane-Story-184.pdf, Eric Berger, *"Hurricane Expert Reconsiders Global Warming's Impact"* ["Experto en huracanes reconsidera el impacto del calentamiento global"], Houston Chronicle, 12 de abril de 2008, www.chron.com/disp/story.mpl/tech/news/5693436.html; Kerry Emanuel, Ragoth Sundararajan y John Williams, *"Hurricanes and Global Warming: Results from Downscaling IPCC AR4 Simulations"* ["Huracanes y calentamiento global: Resultados de la reducción de escala en las simulaciones del AR4 del IPCC"], *Bulletin of the American Meteorological Society* 89, nro. 3 (Marzo 2008): págs. 347-367, http://journals.ametsoc.org/doi/pdf/10.1175/BAMS-89-3-347.

principales expertos en huracanes del mundo[212].

¿Qué hay de las sequías e *inundaciones*? ¿Son cada vez más frecuentes y fuertes? Aunque así fuera, eso no demostraría por sí solo que el aumento del dióxido de carbono es el culpable; de hecho, las sequías y las inundaciones no están aumentando ni en frecuencia ni en intensidad[213].

4. Los beneficios que genera el aumento del dióxido de carbono en la atmósfera. No debemos ignorar un aspecto completamente diferente de la discusión. El efecto del dióxido de carbono sobre la *temperatura media global* es probablemente insignificante y benigno, como ya he argumentado. Sin embargo, su efecto sobre la vida vegetal –y, por tanto, sobre el resto de la vida, que depende de la vida vegetal– es grande y de *gran beneficio*.

Cientos y cientos de estudios científicos revisados por expertos han demostrado que el aumento del dióxido de carbono atmosférico provoca un mayor crecimiento de las plantas. De hecho, en promedio, la doble cantidad de dióxido de carbono aumenta la eficiencia del crecimiento de las plantas en un 35 % aproximadamente. Con el aumento del dióxido de carbono, las plantas crecen mejor, independientemente de que estén sometidas a temperaturas más altas o más bajas, o a un suelo más seco o más húmedo. En consecuencia, su área de distribución geográfica se amplía, al igual que la de los diversos animales que dependen de ellas. Las plantas también se vuelven más resistentes a las enfermedades y las plagas[214].

El nivel de dióxido de carbono atmosférico de la Tierra es ahora muy bajo en comparación con muchos períodos geológicos pasados, en los que la vida vegetal y animal prosperaba. El IPCC y otros alarmistas del calentamiento global tienden a ocultar este hecho refiriéndose al aumento del dióxido de carbono solo desde la era preindustrial. Como ya se ha mencionado, podemos ver la gran variación al comparar períodos anteriores con nuestra concentración actual de 385 ppmv. Muchos científicos creen que la concentración era de 270 ppmv en la época preindustrial[215].

¿Pero qué hay de los períodos mucho más tempranos? Un estudio indica que a principios de la era paleozoica (hace 540 millones a 250 millones de años[216] [Ma], según las escalas de tiempo utilizadas en los estudios geológicos modernos), el dióxido de carbono subió de unas 5000 a 7000 ppmv y luego volvió a bajar, para luego descender gradualmente hasta unas 3000 ppmv a finales del periodo silúrico (440-415 Ma), subió a unos 4000 en la primera mitad del Devónico (415-360 Ma), bajó a unos 400 en el Carbonífero (360-300 Ma) y en el Pérmico (300-250 Ma), volvió

---

[212] Chris Landsea, carta sin título en respuesta a Michael Mann y coautores, http://icecap.us/images/up loads/LetterMann.pdf.

[213] Idso y Singer, *Climate Change Reconsidered*, págs. 281-309.

[214] *The Center for the Study of Carbon Dioxide and Global Change* [El Centro para el Estudio del Dióxido de Carbono y el Cambio Global], www.co2science.org, mantiene una enorme y creciente base de datos de estudios científicos publicados sobre el tema. Una revisión de los resultados se encuentra en *Idso y Singer, Climate Change Reconsidered*, págs. 361-578.

[215] Spencer et al. *"The Science of Global Warming"* pág. 27, www.cornwallalliance.org/docs/a-renewed-call-to -truth-prudence-and-protection-of-the-poor.pdf.

[216] Ver pág. 1141, nota 153, sobre la edad de la Tierra.

a subir a unos 2000 en el Triásico (250-200 Ma), bajó gradualmente a unos 1300 a mediados del Jurásico (200-145 Ma), subió durante un tiempo en ese período hasta unos 2800, y luego comenzó un largo declive a lo largo del Cretácico (145-65 Ma) y el Terciario (65-3 Ma), hasta llegar a unos 200-300 en el Cuaternario (3 Ma hasta el presente).

¿Estos grandes cambios en las concentraciones de dióxido de carbono provocaron grandes cambios de temperatura? Contrario a la opinión de que el dióxido de carbono eleva la temperatura, a lo largo de la historia geológica no ha habido una correlación clara entre ambos. A veces han aumentado juntos, a veces han bajado los dos, y a veces han ido en direcciones opuestas[217].

Lo que está claro es que los periodos de mayor dióxido de carbono han sido también periodos de crecimiento vegetal *mucho más prolífico*. Como indica Ian Plimer:

> La concentración de CO2 en el aire casi nunca ha sido tan baja como ahora y los ecosistemas sufren por ello. Al principio de la historia de la Tierra, la concentración de CO2 en el aire era de decenas a cientos de veces superior al actual y, con el tiempo, este CO2 se ha almacenado en forma de compuestos de carbono en las rocas, el petróleo, el gas, el carbón y las rocas carbonatadas[218].

La liberación de dióxido de carbono ahora, por nuestra quema de combustibles fósiles, está devolviendo parte de él a la atmósfera y beneficiando en gran manera la vida en la Tierra. Parece que está haciendo que los desiertos se reverdezcan, y ha contribuido de forma significativa a aumentar el rendimiento de las cosechas desde 1950, haciendo que los alimentos sean más abundantes y menos costosos, y por lo tanto, reduciendo el porcentaje de la población humana que pasa hambre e inanición.

Sherwood Idso, uno de los investigadores más importantes del mundo sobre este tema, afirma: "Parece que estamos viviendo las fases iniciales de lo que podría llamarse realmente un *renacer de la biosfera*, el comienzo de un rejuvenecimiento biológico que no tiene precedentes en toda la historia de la humanidad"[219]. Por esta razón, obligar intencionadamente a la gente a reducir las emisiones de dióxido de

---

[217] Robert A. Berner y Zavareth Kothavala, *"Geocarb III: A Revised Model of Atmospheric CO2 over Phanerozoic Time"* ["Geocarb III: un modelo revisado del CO2 atmosférico en el Fanerozoico"], American Journal of Science 301 (2001): págs. 182-204, resumido en Ian Wishart, *Air Con: The Seriously Inconvenient Truth about Global Warming* [Air Con: La verdad gravemente incómoda sobre el calentamiento global] (North Shore, Nueva Zelanda: Howling at the Moon Publishing, 2009), págs. 33-36.

[218] Ian Plimer, *Heaven and Earth: Global Warming, the Missing Science* [El cielo y la Tierra: El calentamiento global, la ciencia olvidada] (Lanham, Maryland: Taylor Trade Publishing, 2009), pág. 411.

[219] Sherwood B. Idso, *CO2 and the Biosphere: The Incredible Legacy of the Industrial Revolution* [El CO2 y la Biosfera: El increíble legado de la revolución industrial] (St. Paul, Minnesota: University of Minnesota Department of Soil [Departamento de Suelos de la Universidad de Minnesota], Water and Climate, 1995). El Center for the Study of Carbon Dioxide and Global Change ofrece dos excelentes documentales sobre los beneficios del aumento del dióxido de carbono: *The Greening of Planet Earth and The Greening of Planet Earth Continues* [El reverdecimiento del planeta Tierra y su continuación], www .co2science.org.

carbono supondría en realidad un daño enorme, no solo para la economía humana sino también para toda la biosfera.

5. La inaceptable pérdida de libertad humana que supondría el control gubernamental del uso de la energía. Un factor que no se tiene en cuenta en esta discusión es hasta qué punto pensamos que los gobiernos deben controlar nuestras vidas. La controversia sobre el calentamiento global es, en gran medida, una controversia sobre la libertad humana frente al control gubernamental[220]. Los políticos liberales que buscan continuamente más control gubernamental lo hacen porque creen que los gobernantes ilustrados pueden dirigir la vida de la gente mejor que ellos mismos. Estas personas acudirán con entusiasmo en grandes grupos a la cruzada del calentamiento global porque parece ser un mecanismo maravilloso por el cual el gobierno puede controlar la vida de más personas.

Regular el uso de la energía que utilizan los ciudadanos es una forma increíblemente eficaz de aumentar el control de los gobiernos centrales sobre la vida de las personas. Si el gobierno puede dictar hasta dónde conduce su carro, cuánto calienta o enfría su casa, con qué frecuencia utiliza luces eléctricas, computadoras o televisores, cuánta energía puede utilizar su fábrica y cuánto combustible puede tener para volar un avión, entonces puede controlar la mayor parte de la sociedad.

Václav Klaus, presidente de la República Checa, señaló que en su opinión, la alarma sobre el calentamiento global y la campaña para reducir el dióxido de carbono suponen la mayor amenaza para la libertad humana que ha llegado a la tierra desde el comunismo. Escribió en el Financial Times que "la histeria del calentamiento global se ha convertido en un claro ejemplo del problema de la verdad frente a la propaganda". Además, añadió:

> Como alguien que vivió bajo el comunismo la mayor parte de su vida, me siento obligado a decir que la mayor amenaza para la libertad, la democracia, la economía de mercado y la prosperidad la veo ahora en el ambicioso ecologismo, no en el comunismo. Esta ideología quiere sustituir la evolución libre y espontánea de la humanidad por una especie de planificación central (ahora global).
>
> Los ecologistas exigen una acción política inmediata porque no creen en el impacto positivo a largo plazo del crecimiento económico e ignoran tanto el progreso tecnológico del que sin duda disfrutarán las generaciones futuras, como el hecho evidenciado de que cuanto mayor es la riqueza de la sociedad, mayor es la calidad del medio ambiente. Son pesimistas maltusianos[221].

Esta afirmación es importante porque Klaus vivió muchos años de comunismo en la antigua Checoslovaquia, y también es un economista de formación.

---

[220] Para una discusión sobre la necesidad de que los gobiernos protejan una parte importante de la libertad humana, ver Grudem, *Politics—According to the Bible*, págs. 91-95.

[221] Václav Klaus, *"Freedom, Not Climate, at Risk"* ["La libertad está en peligro, no el clima"], Financial Times, 13 de junio de 2007, www.ft.com/cms/s/2 /9deb730a-19ca-11dc-99c5-000b5df10621.html.

6. Los costes inaceptables de reducir nuestro uso de combustibles de carbono. Los alarmistas del calentamiento global quieren que el mundo reduzca drásticamente el uso de combustibles fósiles para disminuir las emisiones de dióxido de carbono; sin embargo, los mejores análisis económicos muestran que intentar reducir el uso de combustibles fósiles causaría mucho más daño que beneficio[222]. ¿Por qué? Porque la energía abundante y asequible es crucial para la producción económica, especialmente para las sociedades que pretenden salir de la pobreza más extrema. Es importante recordar que cuando utilizamos fuentes de energía, reducimos la necesidad de trabajo humano: arar un campo con un tractor en lugar de caminar detrás de un caballo, conducir un carro en lugar de caminar largas distancias, conducir un camión en lugar de empujar una carreta, etc. El uso de la energía hace posible todo el progreso económico humano y nos libera para utilizar nuestro tiempo en esfuerzos intelectuales superiores, relaciones humanas interpersonales, o incluso en varios ministerios cristianos. El uso de la energía nos da una libertad que podemos utilizar como queramos, para bien o para mal.

¿De dónde podemos obtener energía? Los combustibles fósiles son (junto con la energía nuclear) las fuentes de energía más asequibles que existen. Al obligar a las personas a sustituir los combustibles fósiles, les obligaría a cambiar a fuentes de energía alternativas; sin embargo, generar electricidad con energía solar, eólica y biocombustibles (las fuentes que se mencionan con frecuencia) suele costar *entre dos y ocho veces más que* con los combustibles fósiles[223]. Este cambio *aumentaría drásticamente el precio de la energía,* y frenaría el desarrollo económico, atrapando a los pobres del mundo en su pobreza y perpetuando las altas tasas de enfermedad y muerte prematura que se derivan de su pobreza.

Los seres humanos ya viven en climas muy diferentes, desde el gélido Ártico hasta el abrasador Sahara. La temperatura no es un desafío importante. Cuanto más rica es la gente, mejor puede hacer frente al calor y al frío, a las sequías e inundaciones, a las tormentas, a las enfermedades y a otras dificultades. Las reducciones forzadas del uso de combustibles fósiles causarían un daño económico a todas las personas del mundo (ya que los precios de todo aumentarían), pero especialmente un gran daño a los pobres del mundo.

Bjørn Lomborg, respetado ecologista danés y profesor de estadística, convocó una serie de reuniones bajo el título "el Copenhagen Consensus", a partir de 2004. Los participantes asumieron (a efectos de sus discusiones) que se está produciendo un calentamiento global provocado por el hombre y luego se preguntaron cuál sería la mejor respuesta humana. Concluyeron que "para algunos de los países más

---

[222] Nordhaus, *A Question of Balance; Lomborg, Cool It; Bjørn Lomborg, ed., Global Crises, Global Solutions* [Crisis globales, soluciones globales] (Cambridge, Reino Unido: Cambridge University Press, 2004); *Solutions for the World's Biggest Problems: Costs and Benefits* [Soluciones para los más grandes problemas del mundo: Costes y beneficios] (Cambridge, Reino Unido: Cambridge University Press, 2007); y How to Spend $50 Billion to Make the World a Better Place [Cómo gastar $50 mil millones para hacer del mundo un mejor lugar] (Cambridge, Reino Unido: Cambridge University Press, 2006).

[223] G. Cornelis van Kooten, *"The Economics of Global Warming Policy"* ["La economía de la política de calentamiento global"], en *A Renewed Call to Truth, Prudence, and Protection of the Poor,* pág. 66, www. cornwallalliance.org/docs/a-renewed-call-to-truth-prudence -and-protection-of-the-poor.pdf.

pobres del mundo, que se verán afectados negativamente por el cambio climático, problemas como el VIH/SIDA, el hambre y la malaria son más urgentes y pueden resolverse con mayor eficacia".

En consecuencia, después de comparar cuidadosamente la gravedad de muchos desafíos y la relación costo-beneficio de las soluciones propuestas, acordaron que las principales prioridades debían ser la lucha contra las enfermedades transmisibles, el alivio de la malnutrición y el hambre, y la eliminación de los subsidios y las barreras comerciales, de los cuales todos tienen beneficios que superan con creces sus costes, mientras que las propuestas para luchar contra el cambio climático recibían el peor uso de los fondos, ya que sus costos superan en gran manera sus beneficios[224].

Como he mencionado anteriormente en este capítulo, Lomborg calculó, utilizando las propias estimaciones del IPCC del calentamiento que provocaría el aumento del dióxido de carbono atmosférico que predice para lo que queda de siglo, que la plena implementación completa del tratado climático de París de 2015, aunque costaría más de $1 billón al año entre 2030 y 2100, reduciría la temperatura media global en un casi indetectable 0,306° F, una cantidad que no tendría ningún efecto considerable en ningún ecosistema o economía humana en el año 2100[225].

Los cristianos que se preocupan por aliviar la pobreza en el mundo no pueden ignorar el tremendo daño económico que supondría obligar a reducir las fuentes de energía basadas en el carbono. Las políticas promovidas para luchar contra el calentamiento global perjudicarían más a los pobres que al propio calentamiento, incluso si este fuera real.

En 2009, me uní a los 29 eruditos evangélicos que fueron autores y apoyaron la declaración A Renewed Call to Truth, Prudence, and Protection of the Poor: *An Evangelical Examination of the Theology, Science, and Economics of Global Warming*[226]. La declaración concluye:

> Las políticas que exigen reducciones drásticas de las emisiones de dióxido de carbono no son realistas y amenazan el bienestar humano, especialmente a los países en vías de desarrollo, donde al restringir el uso de las fuentes de energía más abundantes, confiables y accesibles, prolongarían la pobreza extrema y las miserias del trabajo, la enfermedad y la muerte prematura que vienen con esto. [...]
>
> La respuesta política más justificable desde el punto de vista

---

[224] Lomborg, *How to Spend $50 Billion to Make the World a Better Place*. La premisa general de este libro es documentar cómo el gasto de fondos en el cambio climático perjudica los esfuerzos más valiosos para eliminar el sufrimiento humano y mejorar la sociedad.

[225] Bjorn Lomborg, *"We Have a Climate Treaty—But at What Cost?"* ["Tenemos un tratado sobre el clima, pero ¿a qué costo?"] Forbes, 13 de diciembre de 2015, https://www.forbes.com/sites/bjornlomborg/2015/12/13/we-have-a-treaty-but-at-what-cost/#4f5e4507558c; Lomborg, "Impact of Current Climate Proposals", págs. 109-118, http://onlinelibrary.wiley.com/doi/10.1111/1758-5899 .12295/full.

[226] Ver van Kooten, *"The Economics of Global Warming Policy"*, pág. 68, www.cornwallalliance.org/docs/a-renewed-call-to-truth-prudence-and-protection-of-the-poor.pdf. Ver también las conclusiones de los economistas y premios nobel del Centro de Consenso de Copenhague, http://copenhagenconsensus.com/CCC%20Home%20Page.aspx.

científico, económico y ético al supuesto y peligroso calentamiento global antropogénico es promover el desarrollo económico, especialmente para los pobres del mundo; primero, mediante políticas que garanticen una energía abundante y asequible, y segundo, por medio de la reducción de los riesgos específicos que sufren los pobres independientemente del cambio climático (por ejemplo la desnutrición y la malnutrición; las enfermedades transmitidas por el agua, las plagas y las enfermedades contagiosas; los ingresos reducidos a causa de los impuestos, las restricciones comerciales y los gobiernos corruptos; los altos índices de lesiones y muertes accidentales a causa de las deficientes infraestructuras de transporte e industria).

Hoy no encuentro ninguna razón para rescindir tal apoyo. Más bien, estoy más firmemente convencido de ello que nunca, y por esto en 2015 me uní a cientos de otros teólogos, científicos, economistas y otros académicos para firmar *"An Open Letter to Pope Francis on Climate Change"* ["Una carta abierta al Papa Francisco sobre el cambio climático"] que concluía lo siguiente: "Creemos que es imprudente e injusto adoptar políticas que exijan un menor uso de combustibles fósiles para la energía. Tales políticas condenarían a cientos de millones de nuestros semejantes a la pobreza permanente"[227].

7. Conclusión. Las advertencias sobre el peligroso calentamiento global provocado por el hombre se basan en evidencias y métodos científicos deficientes, no están probadas por datos empíricos previos, entran en conflicto con las enseñanzas de la Biblia sobre la naturaleza de la Tierra y el propósito del hombre en la Tierra, y proponen soluciones que paralizarían la economía del mundo y traerían un enorme daño a los pobres. Estas soluciones también traerían consigo pérdidas inaceptables para la libertad humana[228] y un enorme aumento del poder gubernamental.

Aunque el dióxido de carbono no contribuye en gran medida a los niveles peligrosos de calentamiento global, el aumento de su cantidad en la atmósfera aportaría importantes beneficios agrícolas en términos de un mayor crecimiento de las plantas. Un ligero aumento de la temperatura global también aportaría, en general, importantes beneficios a la agricultura, especialmente en términos de la prolongación de las temporadas de cultivo en los climas fríos.

A la luz de estos factores, los gobiernos no deberían adoptar ninguna política para regular la cantidad de combustible de carbono utilizado o para disminuir la cantidad de dióxido de carbono en la atmósfera.

PREGUNTAS PARA REFLEXIONAR

---

[227] *"An Open Letter to Pope Francis on Climate Change"*, The Cornwall Alliance for the Stewardship of Creation, Junio 2015, http://cornwallalliance.org/anopenlettertopopefrancisonclimatechange/.

[228] Para un análisis sobre la pérdida innecesaria de vidas humanas y de la libertad de elección de los seres humanos provocada por las normas de ahorro de combustible impuestas por el gobierno (normas CAFE) para los vehículos de motor fabricados en Estados Unidos, ver Grudem, *Politics-According to the Bible*, págs. 383-386. El temor a un calentamiento global catastrófico ha sido el principal motivo para mantener e incluso reforzar las normas CAFE.

1. ¿Ha cambiado en algo su opinión sobre el uso adecuado de los recursos de la Tierra después de leer este capítulo?
2. ¿Cree que corremos el riesgo de quedarnos sin algún recurso natural esencial en los próximos 1 000 años?
3. ¿Cree que el uso humano de los combustibles de carbono está causando niveles peligrosos de calentamiento global provocado por el hombre? Ya sea que lo crea o no, ¿cuál cree que es el mejor argumento para defender la postura opuesta a la suya?
4. De forma específica, ¿realiza algo diferente en su propia vida con el fin primordial de reducir el uso de combustibles de carbono?
5. ¿Con qué frecuencia agradece conscientemente a Dios por los maravillosos recursos de la tierra que ha puesto aquí para nuestro deleite? ¿Disfruta realmente utilizar los recursos de la tierra de forma sabia?
6. ¿Qué rasgos de carácter cristianos (ver pág. 110) necesita para tomar decisiones sabias y tener actitudes correctas sobre el uso correcto y el cuidado del medio ambiente?

TÉRMINOS ESPECIALES

calentamiento global antropogénico
dióxido de carbono
combustibles de carbono
Chernóbil
cambio climático
Climategate
ecologismo
retroalimentaciones
Fukushima
IPCC

BIBLIOGRAFÍA

Otras fuentes de referencia sobre ética

(ver datos bibliográficos completos, pág. 64)

Clark y Rakestraw, 2: 381-422
Davis, 258-273
Frame, 743-745
Geisler, 314-334
Gushee y Stassen, 379-395
Kaiser, 211-230
McQuilkin y Copan, 491-493
Rae, 352

Otras obras

Bauckham, Richard. *Bible and Ecology: Rediscovering the Community of Creation* [Biblia y Ecología: redescubriendo la comunidad de la creación]. Waco, Texas: Baylor University Press, 2010.

———. *Living with Other Creatures: Green Exegesis and Theology* [Viviendo con otras criaturas: exégesis y teología ambientalistas]. Milton Keynes, Reino Unido: Paternoster, 2012.

Beisner, E. Calvin. *Where Garden Meets Wilderness: Evangelical Entry into the Environmental Debate* [Donde el huerto se encuentra con el desierto: El paso de los evangélicos en el debate medioambiental]. Grand Rapids, Michigan: Acton Institute and Eerdmans, 1997.

Domenici, Pete V. A *Brighter Tomorrow: Fulfilling the Promise of Nuclear Energy* [Un mañana más brillante: Cumpliendo la promesa de la energía nuclear]. Lanham, Maryland: Rowman & Littlefield, 2004.

Essex, Christopher y Ross McKitrick. *Taken by Storm: The Troubled Science, Policy, and Politics of Global Warming* [Tomados por la tormenta: Ciencia, normas y política conflictivas del calentamiento global]. Toronto, Ontario: Key Porter Books, 2007.

Horner, Christopher C. *The Politically Incorrect Guide to Global Warming* [La guía políticamente incorrecta del calentamiento global]. Washington: Regnery, 2007.

———. *Red Hot Lies: How Global Warming Alarmists Use Threats, Fraud, and Deception to Keep You Misinformed* [Mentiras al rojo vivo: cómo los alarmistas del calentamiento global utilizan las amenazas, el fraude y la mentira para mantener la desinformación]. Washington: Regnery, 2008.

Houghton, John. *Global Warming: The Complete Briefing* [Calentamiento global: el informe completo]. 4ta ed. Cambridge, Reino Unido: Cambridge University Press, 2009.

Huber, Peter W. *Hard Green: Saving the Environment from the Environmentalists* [Hard Green: Salvar el medio ambiente de los ecologistas]. Nueva York: Basic Books, 1999.

Idso, Craig D., R. M. Carter y S. Fred Singer. *Why Scientists Disagree about Global Warming: The NIPCC Report on Scientific Consensus* [Por qué los científicos no están de acuerdo con el calentamiento global: el informe del NIPCC sobre el consenso científico]. Arlington Heights, Illinois: Nongovernmental International Panel on Climate Change [Grupo No Intergubernamental de Expertos sobre el Cambio Climático] (NIPCC), 2015.

Laframboise, Donna. *The Delinquent Teenager Who Was Mistaken for the World's Top Climate Expert* [El adolescente delincuente que fue confundido con el mayor experto en clima del mundo]. Toronto: Penguin, 2011.

Liederbach, Mark y Seth Bible. *True North: Christ, the Gospel, and Creation Care* [El verdadero norte: Cristo, el Evangelio y el cuidado de la creación]. Nashville: B&H, 2012.

Lin, Johnny Wei-Bing. *The Nature of Environmental Stewardship: Understanding Creation Care Solutions to Environmental Problems* [La naturaleza de la mayordomía del medio ambiente: comprendiendo las soluciones del cuidado de la creación a los problemas medioambientales]. Eugene, Oregón: Wipf & Stock, 2016.

Lomborg, Bjørn. *Cool It: The Skeptical Environmentalist's Guide to Global Warming* [En frío: la guía del ecologista escéptico para el cambio climático]. Nueva York: Knopf, 2007.

———, ed. *Global Crises, Global Solutions* [Crisis globales, soluciones globales]. Cambridge, Reino Unido: Cambridge University Press, 2004.

———. *The Skeptical Environmentalist: Measuring the Real State of the World* [El ecologista escéptico: midiendo el estado real del mundo]. Cambridge, Reino Unido: Cambridge University Press, 2001.

———, ed. *Solutions for the World's Biggest Problems: Costs and Benefits* [Soluciones para los más grandes problemas del mundo: costes y beneficios]. Cambridge, Reino Unido: Cambridge University Press, 2007.

Michaels, Patrick J. *Meltdown: The Predictable Distortion of Global Warming by Scientists, Politicians, and the Media* [El deshielo: La previsible distorsión del calentamiento global por parte de científicos, políticos y medios de comunicación]. Washington: Cato Institute, 2004.

———, ed. *Shattered Consensus: The True State of Global Warming* [Consenso destruido: El verdadero estado del calentamiento global]. Lanham, Maryland: Rowman & Littlefield, 2005.

Moo, Douglas J. *"Nature in the New Creation: New Testament Eschatology and the Environment"* ["La naturaleza en la Nueva Creación: la escatología del Nuevo Testamento y el medio ambiente"]. JETS 49 (2006): págs. 449-488.

Moo, Jonathan. *"Continuity, Discontinuity, and Hope: The Contribution of New Testament Eschatology to a Distinctively Christian Environmental Ethos"* ["Continuidad, discontinuidad y esperanza: la contribución de la escatología del Nuevo Testamento a una ética medioambiental claramente cristiana"]. Tyndale Bulletin 61 (2010): págs. 21-44.

Moo, Jonathan A. y Robert S. White. *Let Creation Rejoice: Biblical Hope and Ecological Crisis* [Regocíjese la creación: esperanza bíblica y crisis ecológica]. Downers Grove, Illinois: InterVarsity Press, 2014

Moore, Russell D. *"Heaven and Nature Sing: How Evangelical Theology Can Inform the Task of Environmental Protection (and Vice Versa)"* ["El cielo y la naturaleza cantan: cómo la teología evangélica puede informar sobre la tarea de protección del medio ambiente (y viceversa)"]. JETS 57 (2014): págs. 571-588.

Moss, R. P. *"Environment"* ["Medio Ambiente"]. En *New Dictionary of Christian Ethics and Pastoral Theology* [Nuevo Diccionario de Ética Cristiana y Teología Pastoral], editado por David J. Atkinson y David H. Field, págs. 349-352. Leicester, Reino Unido: Inter-Varsity y Downers Grove, Illinois: InterVarsity Press, 1995.

Murray, Iain. T*he Really Inconvenient Truths: Seven Environmental Catastrophes Liberals Don't Want You to Know About—Because They Helped Cause Them* [Las verdades realmente incómodas: siete catástrofes medioambientales que los liberales no quieren que usted conozca, porque han contribuido a provocarlas]. Washington: Regnery, 2008.

Nordhaus, William D. *A Question of Balance: Weighing the Options on Global Warming Policies* [Una cuestión de equilibrio: sopesando las opciones de las políticas del calentamiento global]. New Haven, Connecticut: Yale University Press, 2008.

Plimer, Ian. *Heaven and Earth: Global Warming, the Missing Science* [El cielo y la Tierra: el calentamiento global, la ciencia olvidada]. Lanham, Maryland: Taylor Trade Publishing, 2009.

Schaeffer, Francis A. y Udo W. Middelmann. *Pollution and the Death of Man* [La contaminación y la muerte del hombre]. Wheaton, Illinois: Crossway, 2011.

Simon, Julian, ed. The State of Humanity [El estado de la humanidad]. Oxford, Reino Unido y Cambridge, Massachusetts: Blackwell, 1995.

———. *The Ultimate Resource 2* [El recurso definitivo 2]. Rev. ed. Princeton, Nueva Jersey: Princeton University Press, 1998.

Simon, Julian y Herman Kahn, eds. T*he Resourceful Earth: A Response to Global 2000* [La tierra con recursos: una respuesta a Global 2000]. Nueva York: Basil Blackwell, 1984.

Singer, S. Fred y Dennis T. Avery. *Unstoppable Global Warming: Every 1,500 Years* [Calentamiento global imparable: cada 1 500 años]. 2da ed. Lanham, Maryland: Rowman & Littlefield, 2008.

Smith, Wesley J. *A Rat Is a Pig Is a Dog Is a Boy: The Human Cost of the Animal Rights Movement* [Una rata es un cerdo es un perro es un niño: el costo humano del movimiento a favor los derechos de los animales]. Nueva York: Encounter Books, 2010.

———. *The War on Humans* [La guerra contra el ser humano]. Seattle: Discovery Institute, 2014.

Solomon, Lawrence. *The Deniers: The World-Renowned Scientists Who Stood Up against Global Warming Hysteria, Political Persecution, and Fraud* [Los negacionistas: Los científicos de renombre mundial que se enfrentaron a la histeria del calentamiento global, la persecución política y el fraude]. Rev. ed. Minneapolis: Richard Vigilante Books, 2010.

Spencer, Roy W. *Climate Confusion: How Global Warming Hysteria Leads to Bad Science, Pandering Politicians, and Misguided Policies That Hurt the Poor* [Confusión climática: cómo la histeria del calentamiento global lleva a una mala ciencia, a los políticos corruptos y a las políticas erróneas que perjudican a los pobres]. Nueva York: Encounter Books, 2008.

———. *The Great Global Warming Blunder: How Mother Nature Fooled the World's Top Climate Scientists* [La gran equivocación del calentamiento global: cómo la madre naturaleza engañó a los mejores científicos climáticos del mundo]. Nueva York: Encounter Books, 2010.

Vantassel, Stephen *M. Dominion over Wildlife? An Environmental Theology of Human-Wildlife Relations* [¿Dominio sobre la vida silvestre? Una teología ambiental sobre las relaciones entre el hombre y la vida silvestre]. Eugene, Oregón: Wipf & Stock, 2009.

Wanliss, James. *Resisting the Green Dragon; Dominion, Not Death* [Resistiendo al Dragón Verde; dominio, no muerte]. Burke, Virginia: The Cornwall Alliance,

2010.

Williamson, Kevin D. *"What to Think About Global Warming"* ["Qué pensar sobre el calentamiento global"]. National Review, 8 de diciembre de 2009, http://www.nationalreview.com/article/228756/what-think-about-global-warming-kevin-d-williamson.

PASAJE BÍBLICO PARA MEMORIZAR

Génesis 1:28 "Y los bendijo Dios, y les dijo: Fructificad y multiplicaos; llenad la tierra, y sojuzgadla, y señoread en los peces del mar, en las aves de los cielos, y en todas las bestias que se mueven sobre la tierra"

HIMNO

"El mundo entero es del Padre"

El mundo entero es del Padre celestial;
Su alabanza en la creación escucho resonar.
¡De Dios el mundo es! ¡Qué grato es recordar
Que en el autor de tanto bien podemos descansar!

El mundo entero es del Padre celestial;
El pájaro, la luz, la flor proclaman Su bondad.
¡De Dios el mundo es! El fruto de Su acción
Se muestra con esplendidez en toda la expansión.

El mundo entero es del Padre celestial;
Y nada habrá de detener Su triunfo sobre el mal.
¡De Dios el mundo es! Confiada mi alma está,
Pues Dios en Cristo, nuestro Rey, por siempre reinará.

MALTBIE D. BABCOCK, 1858-1901

Parte 7

PROTEGIENDO LA PUREZA DEL CORAZÓN

"No codiciarás".

Capítulo 42

PUREZA DEL CORAZÓN

¿Por qué le preocupa a Dios la pureza de nuestros corazones?
¿Cómo podemos contentarnos con lo que Dios nos ha dado?

El décimo mandamiento indica lo siguiente[1]:

> No codiciarás la casa de tu prójimo, no codiciarás la mujer de tu prójimo, ni su siervo, ni su criada, ni su buey, ni su asno, ni cosa alguna de tu prójimo. (Ex 20:17).

A. EL SIGNIFICADO DEL MANDAMIENTO

1. El mandamiento en el Antiguo Testamento. El verbo hebreo traducido como "codiciar" es *hāmad*, que significa simplemente "desear, complacerse en" algo[2]. Este verbo puede usarse para hablar de un fuerte deseo en sentido positivo o negativo. Cuando se usa en un sentido bueno, el verbo describe el deseo o el deleite en algo que es hermoso o atractivo, como los árboles que eran "*deliciosos* a la vista" cuando Dios los creó (Gn 2:9) o las leyes de Dios, que son "*deseables* más" que el oro (Sal 19:9-10). Además, se utiliza incluso en un sentido positivo de que Dios desea el monte Sión para "su morada" (Sal 68:16). Y también se utiliza para referirse al placer del amor romántico (Cantares 2:3).

Pero en muchos otros pasajes, el contexto muestra claramente que el verbo se utiliza en un sentido negativo para hablar de un deseo desmesurado, incontrolado y egoísta que es contrario a la voluntad de Dios. Con este sentido negativo, este verbo se utiliza en Génesis 3 para hablar de la percepción que tuvo Eva del fruto

---

[1] No me he saltado el noveno mandamiento: "No hablarás falso testimonio". Lo he abordado en el cap. 12, a partir de la pág. 309 (ver mi explicación de por qué ha sido abordado fuera de orden, pág. 310).

[2] El pasaje paralelo en Dt 5:21 utiliza este mismo verbo para decir: "No codiciarás la mujer de tu prójimo", pero luego cambia a un verbo diferente con un significado similar, que es *'āwāh* ("desear, anhelar"), en el resto del versículo: "Ni desearás la casa de tu prójimo, ni su tierra, ni su siervo, ni su sierva, ni su buey, ni su asno, ni cosa alguna de tu prójimo". La Septuaginta traduce ambos verbos de Dt 5:21 con el griego epithymeō, que significa "tener un fuerte deseo, anhelar".

prohibido del árbol de la ciencia del bien y del mal, el cual vio que era "*codiciable* para alcanzar la sabiduría" (v.6). Además, Acán lo utilizó para describir su respuesta cuando vio mucha plata y oro, así como un hermoso manto entre los despojos de la conquista de Jericó (ver Jos 6:19; 7:1); confesó: "lo cual *codicié* y tomé; y he aquí que está escondido bajo tierra en medio de mi tienda, y el dinero debajo de ello" (7:21).

El verbo también se utiliza para hablar de un deseo erróneo sobre el sexo fuera del matrimonio, pues Proverbios advierte lo siguiente sobre el adulterio: "No *codicies* su hermosura en tu corazón" (6:25). En otra parte se utiliza para hablar de los poderosos opresores que "*codician* las heredades, y las roban; y casas, y las toman" (Mi 2:2).

2. El mandamiento en el Nuevo Testamento. El décimo mandamiento se cita directamente dos veces en el Nuevo Testamento:

> ¿Qué diremos, pues? ¿La ley es pecado? En ninguna manera. Pero yo no conocí el pecado sino por la ley; porque tampoco conociera la codicia, si la ley no dijera: *No codiciarás*. (Ro 7:7)

> Porque: No adulterarás, no matarás, no hurtarás, no dirás falso testimonio, *no codiciarás*, y cualquier otro mandamiento, en esta sentencia se resume: Amarás a tu prójimo como a ti mismo. (Ro 13:9)

En ambos versículos, el verbo griego es *epithymeō*, el mismo verbo utilizado en la traducción de la Septuaginta para Éxodo 20:17 y Deuteronomio 5:21. Este verbo significa "tener un fuerte deseo, anhelar" y tiene un rango de significado similar al de *hāmad* en el Antiguo Testamento, porque puede usarse para un fuerte deseo que puede ser positivo o negativo.

Por ejemplo, *epithymeō* se utiliza para transmitir un deseo positivo cuando Jesús dice: "¡Cuánto he deseado comer con vosotros esta pascua!" (Lucas 22:15). Se utiliza de forma similar cuando Pablo dice que un hombre que anhela obispado "buena obra *desea*" (1 Ti 3:1). También se utiliza para describir el deseo de los ángeles buenos cuando Pedro dice que "*anhelan* mirar" la forma en que se aplica el Evangelio a las vidas de sus lectores (1 P 1:12).

Pero el verbo también se utiliza en varios versículos con sentido negativo para hablar de un deseo erróneo, un fuerte deseo por algo que es contrario a la voluntad de Dios. Santiago dice: "*Codiciáis* y no tenéis, por *eso* cometéis homicidio" (Santiago 4:2 LBLA). Y Pablo dijo a los ancianos de Éfeso que, cuando estaba con ellos: "Ni plata ni oro ni vestido de nadie he *codiciado*" (Hechos 20:33). Jesús utilizó este verbo para hablar del deseo sexual erróneo cuando dijo: "cualquiera que mira a una mujer para *codiciarla* [literalmente con el propósito de codiciarla], ya adulteró con ella en su corazón" (Mt 5:28).

Sin embargo, el Nuevo Testamento también prohíbe la codicia con el uso de una palabra diferente: *pleonexia* ("avidez, insaciabilidad, avaricia, codicia"). Esta palabra se utiliza siempre en sentido negativo, y se traduce como "avaricia" muchas veces en el Nuevo Testamento, como en los siguientes versículos:

Y les dijo: Mirad, y guardaos de toda *avaricia*; porque la vida del hombre no consiste en la abundancia de los bienes que posee. (Lucas 12:15)

Pero fornicación y toda inmundicia, o *avaricia*, ni aun se nombre entre vosotros, como conviene a santos. (Ef 5:3)

Porque sabéis esto, que ningún fornicario, o inmundo, o *avaro*, que es idólatra, tiene herencia en el reino de Cristo y de Dios. (Ef 5:5; Pablo utiliza aquí un sustantivo cognado: *pleonektēs*, "alguien que es codicioso o avaricioso").

Haced morir, pues, lo terrenal en vosotros: fornicación, impureza, pasiones desordenadas, malos deseos y *avaricia*, que es idolatría. (Col 3:5)[3]

3. Resumen del significado. Por lo tanto, este mandamiento, tanto en los Diez Mandamientos como en sus reafirmaciones en varios pasajes del Nuevo Testamento, se refiere a desear o anhelar algo que no le corresponde. "No *codiciarás* la casa de tu prójimo", porque la casa pertenece a su prójimo, no a usted. "No *codiciarás* la mujer de tu prójimo", porque es la mujer de su prójimo, no la suya.

Esto no significa que todos los deseos de cosas que no se tienen ahora sean erróneos. Hay un tipo de deseo correcto que lleva a planificar y ahorrar para futuras compras (como un niño que ahorra para comprarse una bicicleta o una pareja que ahorra para comprar una casa). Y existe un deseo correcto de ser colocado en un cargo eclesiástico que una persona no tiene ahora, pues Pablo dice: "Si alguno anhela obispado, buena obra *desea* [en griego *epithymeō*]" (1 Ti 3:1).

Para distinguir estos deseos correctos e incorrectos, a continuación tres preguntas útiles que uno debe hacerse:

1. ¿Este deseo se basa en una planificación moralmente correcta para la adquisición futura de algún bien, o se basa en un anhelo moralmente incorrecto de algo que nunca podría esperar razonablemente adquirir de una manera moralmente correcta (como la esposa de su prójimo, una casa o un carro muy caro que no tiene ninguna esperanza razonable de obtener)?

2. Este deseo es por algo que Dios quiere que usted tenga y le ha dado la capacidad de obtener (como una casa que pueda pagar o un papel de liderazgo en la iglesia para el que es apto), o es el anhelo de algo que Dios no quiere que tenga y no le ha dado la capacidad de obtener?

3. ¿Puede tomar algunas acciones moralmente correctas para empezar a avanzar y obtener lo que desea, o no hay acciones moralmente correctas que puedan resultar razonables en obtenerlo (de modo que solo seguirá revolcándose en un deseo codicioso que no tiene ninguna esperanza razonable de realización)?

---

[3] Estas dos mismas voces griegas, *pleonexia* y *pleonektēs*, se utilizan también para referirse a la "avaricia" o a "alguien avaro" en versículos como 1 Co 5:10, 11; 6:10; Ef 4:19; 1 Ts 2:5; 2 P 2:3, 14.

B. EL DEBER OPUESTO ES EL CONTENTAMIENTO

También sucede aquí lo que ocurre con otros mandamientos: cuando Dios prohíbe algo que está mal, implica que hay una responsabilidad opuesta que es moralmente correcta y que debemos procurar cumplir. En este caso, lo opuesto a la codicia es estar *contentarnos* con lo que Dios nos ha dado y deleitarnos en ello dándole gracias:

> *Contentaos* con vuestro salario. (Lucas 3:14)

> [No] lo digo en razón de indigencia, pues he aprendido á contentarme con lo que tengo. (Fil 4:11 RVA)

> Pero gran ganancia es la piedad acompañada de *contentamiento;* porque nada hemos traído a este mundo, y sin duda nada podremos sacar. Así que, teniendo sustento y abrigo, estemos contentos con esto. (1 Ti 6:6-8)

> Sean vuestras costumbres sin avaricia, *contentos con lo que tenéis* ahora; porque él dijo: No te desampararé, ni te dejaré. (He 13:5)

C. EL SIGNIFICADO MÁS PROFUNDO DE ESTE MANDAMIENTO: DIOS SE PREOCUPA POR LA PUREZA DEL CORAZÓN

Cuando Dios dijo al pueblo de Israel: "No codiciarás la casa de tu prójimo, [...] ni su buey, ni su asno, ni cosa alguna de tu prójimo" (Ex 20:17), les estaba enseñando que exigía algo más que simplemente no robar la propiedad de sus prójimos. Dios también quería que sus corazones estuvieran libres del *deseo* de robar algo de su prójimos.

Luego, cuando dijo: "No codiciarás la mujer de tu prójimo", les estaba enseñando que no bastaba con abstenerse del acto físico del adulterio (el séptimo mandamiento), pues esperaba que también no *desearan* cometer adulterio.

Por lo tanto, el décimo mandamiento tiene un significado más profundo: Dios requiere que su pueblo tenga pureza de corazón, así como acciones correctas durante su vida diaria.

Esto significa que, si entendemos bien el significado del décimo mandamiento, nos daremos cuenta de que Dios nos exige que no deseemos tener dioses ajenos (el primer mandamiento), que no deseemos hacernos imagen (el segundo mandamiento), que no deseemos tomar el nombre de Dios en vano (el tercer mandamiento) y que no deseemos profanar el día de reposo (el cuarto mandamiento). Nos está diciendo que debemos desear honrar a nuestro padre y a nuestra madre (el quinto mandamiento). Y nos exige que no deseemos asesinar (sexto mandamiento), ni cometer adulterio (séptimo mandamiento), ni hurtar (octavo mandamiento), ni hablar falso testimonio (noveno mandamiento). Dios exige de nosotros una pureza de corazón que sea coherente con sus normas morales a lo largo de las

Escrituras: "Porque Jehová no mira lo que mira el hombre; pues el hombre mira lo que está delante de sus ojos, pero *Jehová mira el corazón*" (1 S 16:7). Dios desea que tengamos comunión con él, pero es un Dios omnisciente, omnipresente y santo, y por esto exige pureza de corazón a los que se acercan a él:

> ¿Quién subirá al monte de Jehová?
> ¿Y quién estará en su lugar santo?
> El limpio de manos y puro de corazón. (Sal 24:3–4)

> Bienaventurados los de limpio corazón, porque ellos verán a Dios. (Mt 5:8)
> Otros pasajes de las Escrituras también indican así:

> Escudríñame, oh Jehová, y pruébame;
> Examina mis íntimos pensamientos *y mi corazón*. (Sal 26:2)

> *Examíname*, oh Dios, y conoce mi corazón;
> Pruébame y conoce mis pensamientos. (Sal 139:23)

> Yo Jehová, que escudriño la mente, que pruebo el corazón, para dar a cada
> uno según su camino, según el fruto de sus obras. (Jer 17:10)

> Y todas las iglesias sabrán que *yo soy el que escudriña la mente y el corazón;*
> y os daré a cada uno según vuestras obras. (Ap 2:23)

Esta perspectiva nos muestra que Jesús estaba interpretando los Diez Mandamientos correctamente, según su intención más profunda, cuando conectó el sexto mandamiento ("No matarás") con la ira contra el hermano (Mt 5:21-22) y cuando conectó el séptimo mandamiento ("No cometerás adulterio") con mirar a una mujer "para codiciarla" (vv. 27-28).

D. POR QUÉ SE DEBE OBEDECER ESTE MANDAMIENTO

Podríamos preguntarnos, ¿qué hay de malo en codiciar? Siempre que nuestra codicia no perjudique a nadie más, ¿por qué Dios lo considera malo?
Podemos sugerir varias razones para obedecer este mandamiento, todas ellas relacionadas con nuestra relación con Dios.

1. Codiciar implica que no confiamos en Dios. Cuando codiciamos lo que no tenemos, demostramos que no confiamos en que Dios nos provee lo que necesitamos y lo que es mejor y correcto para nosotros. Hay una fuerte correlación entre nuestra relación diaria con Dios y nuestro contentamiento con lo que tenemos:

> Sean vuestras costumbres sin avaricia, *contentos con lo que tenéis ahora;*
> *porque él dijo: No te desampararé, ni te dejaré.* (He 13:5)

2. Codiciar implica que no estamos de acuerdo con las leyes de Dios. Codiciar demuestra que consideramos que las leyes de Dios son incorrectas, y que no estamos contentos con sus leyes que protegen los matrimonios o las propiedades de otras personas. Eva vio que "el árbol era codiciable para alcanzar la sabiduría" (Gn 3:6), lo cual implicaba que el mandato de Dios no era lo mejor para ella. Si piensa en una mujer adúltera y "*codicies* su hermosura en tu corazón" (Pr 6:25), implica que no cree que la provisión de Dios de una esposa (o de la soltería) para usted sea sabia o buena.

3. Codiciar implica que nos disgusta la provisión de Dios para nuestras vidas. Si codiciamos las posesiones de otras personas, o tal vez los dones, las habilidades y las oportunidades de otras personas, esto significa que pensamos que las provisiones de Dios para nuestras propias vidas están equivocadas. Por lo tanto, reconocer que otras personas tienen diferentes dones y habilidades (y por lo tanto resultan teniendo diferentes posesiones en la vida) es en muchos sentidos una prueba de nuestra confianza en Dios y la bondad de sus provisiones para nosotros.

Pablo advirtió a los corintios que recordaran que todo lo que poseían había venido de Dios:

> Porque ¿quién te distingue? *¿o qué tienes que no hayas recibido?* Y si lo recibiste, ¿por qué te glorías como si no lo hubieras recibido? (1 Co 4:7)

4. Codiciar implica que queremos algo más que a Dios. Cuando codiciamos, estamos mostrando que queremos algo más en esta tierra que a Dios, que no es lo primero en nuestros corazones, que no estamos obedeciendo el mandamiento de "amarás a Jehová tu Dios de todo tu corazón, y de toda tu alma, y con todas tus fuerzas" (Dt 6:5), que según Jesús es el primero y más grande mandamiento (Mt 22:37-38).

Por eso Pablo dice que codiciar es "idolatría", ya que nos muestra dónde está realmente nuestro corazón: "Haced morir, pues, lo terrenal en vosotros: fornicación, impureza, pasiones desordenadas, malos deseos y avaricia, que es *idolatría*" (Col 3:5; ver también Ef 5:5).

Cuando deseamos algo en la tierra más que a Dios, ese deseo nos lleva inevitablemente a otras consecuencias perjudiciales: "Porque los que quieren enriquecerse caen en tentación y lazo, y en muchas codicias [en griego *epithymia*, el sustantivo que corresponde al verbo *epithymeō*] necias y dañosas, que hunden a los hombres en destrucción y perdición" (1 Ti 6:9).

Aunque nunca obedeceremos este mandamiento del todo en esta vida, el alto nivel de perfección al que Dios nos llama es el de no desear, en última instancia, nada en la tierra excepto a Él:

> ¿A quién tengo yo en los cielos sino a ti?
> Y *fuera de ti nada deseo en la tierra.*
> Mi carne y mi corazón desfallecen;
> Mas *la roca de mi corazón y mi porción es Dios para siempre.* (Sal 73:25-26)

5. Codiciar implica que estamos olvidando el propósito de nuestras posesiones. La codicia muestra que hemos olvidado el propósito de lo que Dios nos ha dado en esta vida. Su intención al darnos cosas buenas no es que centremos todo nuestro deleite en esas cosas, sino que atraigan nuestros corazones hacia él como el Dador, y que revelen el amor de Dios a otros cuando usemos esos dones para ayudarlos. Pero si las cosas que Dios ya nos ha dado no nos atraen hacia él, entonces conseguir lo que no tenemos seguramente no atraerá nuestros corazones hacia él. Codiciar muestra que realmente lo que queremos son las cosas materiales, no a su Creador. ¡Queremos las dádivas, no al Dador!

> A los ricos de este siglo manda que no sean altivos, *ni pongan la esperanza en las riquezas, las cuales son inciertas, sino en el Dios vivo, que nos da todas las cosas en abundancia para que las disfrutemos.* (1 Ti 6:17)

6. La codicia es terriblemente destructiva para los seres humanos. Varios pasajes de las Escrituras nos muestran lo terriblemente destructivo que puede ser codiciar. Por ejemplo, Santiago dice que conduce a pleitos e incluso al asesinato:

> Codiciáis, y no tenéis; *matáis* y ardéis de envidia, y no podéis alcanzar; *combatís* y *lucháis*, pero no tenéis lo que deseáis, porque no pedís. (Santiago 4:2)

Este versículo también se aplica a los asuntos de las naciones, porque muchas guerras se han desatado debido a la codicia de un gobernante por el territorio de otro gobernante u otra nación.

El Antiguo Testamento también da algunos ejemplos de las trágicas consecuencias de la codicia, y dos de estos ejemplos muestran que no solo la gente pobre sino también la gente sumamente rica puede ser culpable de codiciar. El rey Acab codiciaba la viña de su vecino Nabot, pero este no quiso vendérsela. "Y vino Acab a su casa triste y enojado, por la palabra que Nabot de Jezreel le había respondido, diciendo: No te daré la heredad de mis padres" (1 Reyes 21:4). El hecho de que Acab codiciara esa viña hizo que su esposa Jezabel acusara falsamente a Nabot y lo matara (vv. 9-14), y luego Acab tomó la viña que quería (v. 16). Dios envió entonces una terrible palabra de juicio a Acab y Jezabel a través del profeta Elías (vv. 17-24).

El sorprendente y trágico pecado del rey David también se produjo por codiciar. En este caso, tuvo lugar por codiciar (y tomar) la mujer de su prójimo Urías el hitita (2 S 11:2-5), lo cual llevó a que finalmente David mande a matar a Urías (vv. 14-17). "Mas esto que David había hecho, fue desagradable ante los ojos de Jehová" (v. 27). Todo comenzó con la codicia.

Es probable que gran parte de la excesiva acumulación de deudas de los consumidores en muchas sociedades modernas se deba a que la gente se deja llevar por la codicia y compra cosas que no necesita ni puede pagar. Desgraciadamente, gran parte de la publicidad moderna y la retórica política que anima a la gente a oponerse a la "desigualdad" también despiertan tipos de codicia destructivos que hacen mucho más daño que bien en la sociedad.

E. LOS MARAVILLOSOS BENEFICIOS DE OBEDECER ESTE MANDAMIENTO

Cuanto más reflexionamos sobre este mandamiento contra la codicia, más nos damos cuenta de los grandes beneficios que aporta a nuestra vida.

1. Quita el pecado de raíz. Gracias a que este mandamiento habla a nuestros corazones, es maravillosamente adecuado para contrarrestar las primeras etapas del pecado. Si no codicia las posesiones de su prójimo, ciertamente nunca las robará. Y si no codicia la mujer de su prójimo, seguramente nunca cometerá adulterio con ella.

Por lo tanto, este mandamiento nos sirve como un excelente desafío y nos brinda un punto de interés beneficioso mientras buscamos crecer como cristianos. Si por la gracia de Dios y la ayuda del Espíritu Santo somos capaces de progresar en la superación de los hábitos codiciosos en nuestras vidas, llegando a estar más contentos con lo que Dios nos ha dado, habremos dado un gran paso importante en el crecimiento hacia la madurez como cristianos.

Si de alguna modo todas las ciudades, regiones o países pudieran experimentar una importante reducción de la codicia, la delincuencia también disminuiría drásticamente. Si alguna ciudad o nación pudiera liberarse de la codicia, no habría robos, ni adulterios, ni se centraría en las posesiones materiales. Probablemente tampoco habría asesinatos.

2. Nos acerca a Dios. Al enseñarnos a no centrar nuestros deseos en las cosas terrenales, este mandamiento nos muestra el propósito de todas las buenas dádivas que hemos recibido: tener más contentamiento en Dios, contentarnos más en Dios, ser más agradecidos, amarle más, e gozarnos más en su presencia.

3. Nos mueve a pedir ayuda a Cristo. ¿Quién puede obedecer este mandamiento a la perfección? Este mandamiento, el más exigente de todos, el que revela los deseos de nuestro corazón, debería hacernos desfallecer por mostrarnos justos ante Dios. Este sentir debería hacernos correr a Cristo para que nos perdone y limpie nuestros corazones de forma en que nosotros no podamos realizarlo.

> ¿Qué diremos, pues? ¿La ley es pecado? En ninguna manera. Pero yo no conocí el pecado sino por la ley; porque tampoco conociera la codicia, si la ley no dijera: No codiciarás. Mas el pecado, tomando ocasión por el mandamiento, produjo en mí toda codicia. (Ro 7:7-8)

> ¡Miserable de mí! *¿quién me librará de este cuerpo de muerte? Gracias doy a Dios, por Jesucristo Señor nuestro.* (Ro 7:24-25)

Para los incrédulos, este mandamiento también puede servir como un mensaje "evangélico" (o más específicamente un mensaje preevangélico) para hacerles ver a los incrédulos su necesidad de Cristo. Ciertamente, ninguna persona en la tierra puede liberar su corazón de toda codicia por sus propios esfuerzos. "¿Quién podrá decir: Yo he limpiado mi corazón, limpio estoy de mi pecado?" (Pr 20:9). Cuando los incrédulos se enfrentan a la imposibilidad de cumplir este mandamiento, esa incapacidad debe hacerles ver su necesidad de Cristo, haciendo que se dirijan a él como el único que puede rescatarlos del fracaso y la desesperación.

Además, según el razonamiento de los incrédulos que estudian diversos sistemas de ética, este mandamiento deja muy claro que la ética cristiana, correctamente entendida, es mucho más que un estudio de leyes morales meramente humanas. Este mandamiento nos recuerda que la ética cristiana debe ser estudiada y practicada en presencia de un Dios vivo que examina lo más profundo de nuestros corazones. Y este es un Dios que demanda una pureza absoluta de corazón.

4. Promueve la paz, el amor y la unidad en la familia de Dios. Cuando la codicia disminuye dentro de una iglesia, entonces florece el amor entre hermanos, porque "el amor es sufrido, es benigno; el amor no tiene envidia, el amor no es jactancioso" (1 Co 13:4). Además, cuando la codicia disminuye, los creyentes de una iglesia no enfrentan las dificultades o los éxitos solos, sino en comunión unos con otros, porque "De manera que si un miembro padece, todos los miembros se duelen con él, y si un miembro recibe honra, todos los miembros con él se gozan" (12:26).

5. Nos recuerda que la riqueza no produce la felicidad por sí misma. Hoy en día, la gente se imagina con mucha frecuencia: "Si solo pudiera recibir un millón de dólares, entonces sería feliz", o "si solo pudiera ganar la lotería, entonces estaría contento". Pero este mandamiento reprende esos deseos insensatos y nos recuerda que el verdadero gozo viene solo cuando nos deleitamos en Dios y nos contentamos con las posesiones que él ha establecido para nuestras vidas. "Pero gran ganancia es la piedad acompañada de contentamiento" (1 Ti 6:6).

PREGUNTAS PARA REFLEXIONAR

1. ¿Ha notado algún cambio en su corazón después de leer este libro? ¿En su estilo de vida?
2. ¿Hay personas o cosas materiales que codicia erróneamente? ¿Por qué cree que esta codicia específica desagrada a Dios? ¿Qué resultados perjudiciales podría traer esta codicia?
3. Considerando la forma en que Dios le ha creado, ¿está contento o codicia lo que Dios no le ha dado con respecto a su aspecto físico? ¿Su inteligencia? ¿Su personalidad? ¿Su habilidad atlética? ¿Su trabajo? ¿Tus responsabilidades dentro de la iglesia?
4. ¿Puede pensar en algo que Dios le esté guiando a hacer para lograr una mayor pureza de corazón en estas áreas?
5. ¿Hay momentos en los que desea a Dios por encima de cualquier cosa o persona?
6. ¿Le agrada que Dios nos mande a no codiciar?
7. ¿Qué rasgos de carácter cristiano (ver p. 110) nos permitirán vencer la codicia errónea?

TÉRMINOS ESPECIALES

contentamiento
codicia

BIBLIOGRAFÍA

Otras fuentes de referencia sobre ética

(ver datos bibliográficos completos, pág. 64)

Frame, 844-848
Gushee y Stassen, 365-370
Jones, 37-58
McQuilkin y Copan, 140-141

Otras obras

Beale, G. K. *We Become What We Worship: A Biblical Theology of Idolatry* [Nos convertimos en lo que adoramos: una teología bíblica sobre la idolatría]. Downers Grove, Illinois: InterVarsity Press, 2008.

Bigney, Brad. *Gospel Treason: Betraying the Gospel with Hidden Idols* [Traición al Evangelio: traicionar el Evangelio con ídolos ocultos]. Phillipsburg, Nueva Jersey: P&R, 2012.

Fitzpatrick, Elyse M. *Idols of the Heart: Learning to Long for God Alone* [Ídolos del corazón: aprendiendo a anhelar solo a Dios]. 2da ed. Phillipsburg, Nueva Jersey: P&R, 2016.

Hardyman, Julian. *Idols: God's Battle for Our Hearts* [Ídolos: La lucha de Dios por nuestros corazones]. Leicester, Reino Unido: Inter-Varsity, 2010.

Keller, Timothy. *Counterfeit Gods: The Empty Promises of Money, Sex, and Power, and the Only Hope That Matters* [Dioses falsos: Las promesas vacías del dinero, sexo y poder, y la única esperanza que importa]. Nueva York: Dutton, 2009.

Pigott, G.J. *"Covetousness"* ["Codicia"]. En *New Dictionary of Christian Ethics and Pastoral Theology* [Nuevo Diccionario de Ética Cristiana y Teología Pastoral], editado por David J. Atkinson y David H. Field, págs. 267–268. Leicester, Reino Unido: Inter-Varsity, y Downers Grove, Illinois: InterVarsity Press, 1995.

Raymond, Erik. *Chasing Contentment: Trusting God in a Discontented Age* [En búsqueda de la satisfacción: Confiando en Dios en tiempos de descontento]. Wheaton, Illinois: Crossway, 2017.

Rosner, Brian S. *Greed as Idolatry: The Origin and Meaning of a Pauline Metaphor* [La codicia como idolatría: El origen y el significado de una metáfora de Pablo]. Grand Rapids, Michigan: Eerdmans, 2007.

PASAJE BÍBLICO PARA MEMORIZAR

Éxodo 20:17 "No codiciarás la casa de tu prójimo, no codiciarás la mujer de tu prójimo, ni su siervo, ni su criada, ni su buey, ni su asno, ni cosa alguna de tu prójimo".

HIMNO

"Sed puros y santos"

Sed puros y santos, mirad al Señor,
Permaneced fieles siempre en oración;
Leed la Palabra del buen Salvador,
Socorred al débil, mostrad compasión.

Sed puros y santos, Dios nos juzgará,
Orad en secreto, respuesta vendrá;
Su Espíritu Santo revela a Jesús,
Y su semejanza en nos Él pondrá.

Sed puros y santos, Cristo nos guiará;
Seguid su camino, en Él confiad;
En paz o en pena la calma dará,
Quien nos ha salvado de nuestra maldad.

AUTOR: WILLIAM D. LONGSTAFF, 1887

Anexo A

¿DEBEMOS IR MÁS ALLÁ DEL NUEVO TESTAMENTO HACIA UNA MEJOR ÉTICA?

Un Análisis del libro Slaves, Women & Homosexuals: Exploring the Hermeneutics of Cultural Analysis [Esclavos, mujeres y homosexuales: Explorando la hermenéutica del análisis cultural], por William J. Webb

Nota del autor: En 2001, William Webb publicó un libro de gran influencia en el que abogaba por la "hermenéutica del movimiento redentor" o "hermenéutica de la trayectoria redentora", una de las principales propuestas de un método bastante reciente para determinar qué mandatos morales de las Escrituras fueron válidos solo para la cultura antigua en la que fueron escritos y cuáles desea Dios que sigamos obedeciendo hoy. Debido a la naturaleza intrincada y extensa del sistema de interpretación de Webb, y porque plantea cuestiones importantes que son relevantes para cualquier sistema de ética bíblica, consideré apropiado incluir mi reseña del libro de Webb como un apéndice. Esta reseña se publicó por primera vez en el Journal of the Evangelical Theological Society[1] [Revista de la Sociedad Evangélica Teológica].

---

[1] Esta reseña de William J. Webb, Slaves, *Women & Homosexuals: Exploring the Hermeneutics of Cultural Analysis* (Downers Grove, Illinois: InterVarsity Press, 2001), apareció por primera vez en JETS 47, nro. 2 (Junio de 2004): págs. 299-346, y se vuelve a publicar aquí con permiso. Todos los versículos de las Escrituras están tomados de la *RVR60* a menos que se indique lo contrario.

¿Cómo pueden los cristianos de hoy saber qué partes de la Biblia son "culturalmente relativas" y qué partes se aplican a todos los creyentes de todas las culturas a lo largo de la historia?

William Webb ha aportado un enfoque totalmente nuevo a esta cuestión en un libro que se centra específicamente en las cuestiones de la esclavitud, el rol de los hombres y las mujeres, y la homosexualidad, pero que también presenta un enfoque general a la cuestión de la relatividad cultural, un enfoque que Webb espera que sea útil para resolver cuestiones similares de otros temas también.

El libro contiene un extenso y bastante complejo sistema de análisis cultural que Webb denomina "hermenéutica del movimiento redentor". Espero que para la mayoría de los lectores sea de utilidad la explicación de Webb sobre por qué la Biblia reguló pero no prohibió la esclavitud. Los lectores también encontrarán útil la explicación de Webb sobre por qué las prohibiciones bíblicas contra la conducta homosexual no deben pensarse como culturalmente relativas, sino como transculturales. Webb ha estudiado ampliamente con profundidad la literatura que explica el texto histórico relacionado a la esclavitud y la homosexualidad en los contextos culturales que rodearon a los escritores del Antiguo Testamento y del Nuevo Testamento, y su libro aporta un recurso útil en estas áreas.

Además, el libro de Webb presenta un nuevo e importante desafío para quienes creen que la Biblia enseña que las esposas deben estar sujetas a sus maridos en la actualidad (según varios pasajes del Nuevo Testamento), y que algunas funciones de liderazgo y enseñanza en la iglesia, como el cargo de anciano o pastor, están restringidas a los hombres. En contraste con muchos egalitarianistas que han argumentado que el Nuevo Testamento no enseña que las esposas deben estar sujetas a sus maridos, o que solo los hombres deben ser ancianos, Webb aborda un enfoque diferente: él considera que el Nuevo Testamento *sí* enseña estas cosas *para la cultura en la que el Nuevo Testamento fue escrito*, pero que en la cultura actual el trato hacia las mujeres es un área en la que *"llevar a cabo una mejor ética que la expresada en las palabras aisladas del texto es posible"* (pág. 36, cursiva añadida).

Webb admite que el Antiguo y el Nuevo Testamento mejoraron el trato hacia las mujeres en comparación con las culturas de su entorno, pero afirma que:

> Si se adopta una hermenéutica del movimiento redentor, el debilitamiento del patriarcado (que las mismas Escrituras comienzan) puede ser llevado a una distancia considerable. Llevar el movimiento redentor dentro de las Escrituras a una expresión más adecuada para las relaciones de género [...] [hoy] termina en un patriarcado muy sutil o en un egalitarianismo complementario. (pág. 39)

Posteriormente en el libro, Webb define ese "patriarcado muy sutil" como una postura en la que no hay funciones de liderazgo únicas para los hombres en el matrimonio o en la iglesia, pero a los hombres se les da "un cierto nivel de honor *simbólico*" (pág. 243). Define el "egalitarianismo complementario" como un sistema en el que hay plena interdependencia y "sujeción mutua" dentro del matrimonio, y las únicas diferencias en las funciones están "basadas en las diferencias biológicas entre hombres y mujeres", por lo que Webb estaría a favor de "una mayor participación de las mujeres en la primera etapa de la crianza de los hijos" (pág. 241). Por lo tanto, el "patriarcado muy sutil" de Webb solo difiere de su "egalitarianismo complementario" en el ligero "honor simbólico" que el patriarcado muy sutil seguiría otorgando a los hombres.

Por el detalle, novedad y complejidad de su enfoque, este libro merece ser tomado en serio por los complementarianistas. Sin embargo, debido a las preocupaciones que se detallan a continuación, no considero que el libro consiga demostrar que la autoridad masculina en el hogar y la iglesia son culturalmente relativas. Tampoco considero que el libro ofrezca un sistema de análisis sobre la relatividad cultural que sea en última instancia útil para los cristianos de hoy en día.

1. La hermenéutica de la trayectoria redentora de Webb anula en principio la autoridad moral de todo el Nuevo Testamento. A primera vista, puede no parecer que Webb "anule" la autoridad moral de todo el Nuevo Testamento, porque está de acuerdo, por ejemplo, en que la conducta homosexual es moralmente incorrecta, y que lo que condena el Nuevo Testamento de la conducta homosexual son transculturales (págs. 39-41, 250-252, y en muchas otras ocasiones en el libro). También afirma que las advertencias del Nuevo Testamento de que los hijos deben estar sujetos a sus padres son transculturales (pág. 212). ¿No está Webb afirmando entonces que algunos aspectos de la ética del Nuevo Testamento son transculturales?

El punto importante a tener en cuenta es la *base* sobre la que Webb afirma que estos son mandatos transculturales. La mayoría de los evangélicos *de hoy* leerían un pasaje como "Hijos, obedeced en el Señor a vuestros padres, porque esto es justo" (Ef 6:1) y concluirían que los hijos de hoy deben obedecer a sus padres porque el Nuevo Testamento fue escrito para los cristianos en la era/los tiempos del nuevo pacto (después de la muerte de Cristo), y puesto que los cristianos de hoy también estamos en la era/los tiempos del nuevo pacto (el período de tiempo hasta que Cristo regrese), este mandamiento es obligatorio para nosotros hoy en día.

La mayoría de los evangélicos de hoy en día razonarían de forma similar sobre los textos del Nuevo Testamento que tratan sobre la conducta homosexual (ver, por ejemplo, Ro 1:26-27; 1 Co 6:9), y concluirían que estos son moralmente obligatorios para nosotros hoy en día, porque somos parte de la era del nuevo pacto y estos textos fueron escritos para los cristianos del nuevo pacto.

Pero para Webb, *el proceso es completamente distinto,* y la base de la autoridad es diferente. Los mandatos sobre los niños y los homosexuales no son obligatorios para nosotros hoy en día *porque somos parte de la era del nuevo pacto,* para la que se escribió el Nuevo Testamento (no pude encontrar tal consideración en ninguna parte del libro de Webb), sino *porque estos mandatos han pasado por el sistema de filtrado de los dieciocho criterios de Webb* y han permanecido. De hecho, el mandamiento sobre los niños no ha superado del todo a su proceso de filtrado, porque Webb considera que los mandatos del Nuevo Testamento que indican que los hijos obedezcan a sus padres en realidad enseñan que los hijos adultos deben seguir siendo obedientes a sus propios padres a lo largo de su vida adulta, pero que este aspecto del mandamiento, como Pablo escribió, era culturalmente relativo y no hay motivo para obedecerlo hoy en día (ver pág. 212).

De este modo, considero que es razonable señalar que el sistema de Webb invalida la autoridad moral de todo el Nuevo Testamento, al menos en el sentido de que hoy deberíamos ser obedientes a los mandatos morales que se escribieron para los cristianos del nuevo pacto. En cambio, solo son obligatorios los mandatos que han pasado por su filtro de dieciocho criterios. (Webb no considera la posibilidad, mucho más sencilla, de que los lectores del primer siglo hubieran entendido que la palabra niños (en griego, tekna) se aplicaba solo a las personas que no eran adultas, y por ello podemos decir hoy que Efesios 6:1 se aplica a los creyentes modernos de la misma manera que se aplicaba a los creyentes del primer siglo, y no es necesario aplicar ningún "filtro cultural" a este mandamiento).

Alguien podría objetar en este punto: "¿No todos tienen que usar algún tipo de filtro cultural como este? ¿No todos tienen que poner a prueba los mandatos del Nuevo Testamento para ver si son culturalmente relativos o transculturales antes de decidir si obedecerlos o no?"

Yo respondería a esa pregunta señalando que hay una gran diferencia en este planteamiento. La mayoría de los evangélicos (incluyéndome a mí) diría que *estamos* bajo la autoridad moral del Nuevo Testamento, y que estamos moralmente obligados a obedecer sus mandatos cuando nos encontramos en la misma situación a la que se refieren los mandatos del Nuevo Testamento (por ejemplo, como ser un padre, un hijo, una persona que está pensando en divorciarse, una iglesia que escoge ancianos o diáconos, una iglesia que se prepara para celebrar la Cena del Señor, un esposo, una esposa, etc.). Cuando no hay un equivalente moderno exacto para algún aspecto de un mandamiento (como "honrad al rey" en 1 P 2:17), entonces seguimos estando obligados a obedecer el mandamiento, pero lo hacemos *aplicándolo* a situaciones que son esencialmente similares a la que se encuentra en el Nuevo Testamento. Por lo tanto, "honrad al rey" se podría aplicar a honrar al presidente o al primer ministro. De hecho, en muchos de estos casos el contexto inmediato contiene indicaciones de aplicaciones más amplias (como en 1 P 2:13-14, que menciona el sometimiento a "toda institución humana", incluyendo al "rey" y a los "gobernadores" como ejemplos específicos). (Para el pequeño grupo de casos algo más complejos, como el "ósculo santo" y el "lavado de pies", ver el punto 10 más adelante).

Pero con Webb la situación es totalmente diferente. Él no considera que los mandatos morales del Nuevo Testamento representen un sistema moral perfecto o definitivo para los cristianos, sino que son más bien un indicador que "facilita la dirección hacia el destino divino, pero sus palabras literales y aisladas no son siempre el destino mismo. A veces las instrucciones de Dios están simplemente diseñadas para hacer que su rebaño se mueva" (pág. 60).

En el núcleo del sistema de Webb está lo que él llama una "hermenéutica del movimiento redentor". Afirma que algunos pueden preferir llamar a su enfoque una hermenéutica "progresiva" o "de desarrollo" o "de trayectoria", y afirma que "eso está bien" (pág. 31). Webb explica su hermenéutica mediante lo que llama "el principio X→Y→Z". La letra Y indica lo que la Biblia afirma sobre un tema. Webb afirma: "*La posición central* (Y) representa el lugar en el que las palabras aisladas de la Biblia están en su desarrollo de un tema" (pág. 31). La letra X representa "la perspectiva de la *cultura original*", y la letra Z representa "una ética *fundamental*", es decir, el ideal final de Dios hacia el que se aproxima la Biblia.

Por lo tanto, en el sistema de Webb, lo que los evangélicos han entendido normalmente como "la enseñanza de la Biblia" sobre temas particulares es de hecho solo un paso en el camino (indicado por la letra Y) hacia el desarrollo de una ética final o definitiva (Z). Webb afirma:

> El principio X→Y→Z ilustra cómo numerosos aspectos del texto bíblico *no* fueron escritos para establecer una sociedad utópica con plena justicia y equidad, sino que fueron escritos dentro de un marco cultural con pasos limitados hacia una ética definitiva. (pág. 31)

Por lo tanto, Webb revela una serie de aspectos en los que "nuestra cultura contemporánea" cuenta con una mejor ética que la que se encuentra en las palabras de la Biblia. Nuestra cultura cuenta con una mejor ética hoy en día "donde se refleja una mejor ética social, una más parecida a una *ética definitiva* (Z) que a la ética revelada en las palabras aisladas del texto bíblico" (pág. 31).

El enfoque de Webb sobre las Escrituras también se puede ver en la forma en que aborda los textos bíblicos relacionados a la esclavitud. Mientras que la mayoría de los intérpretes evangélicos de hoy en día afirmarían que el *Nuevo Testamento* no ordena ni alienta ni respalda la esclavitud, sino que más bien indica a los cristianos que fueron esclavos cómo deben comportarse dentro de esa situación, y también da principios que modificarían y finalmente conducirían a la abolición de la esclavitud (1 Co 7:21-22; Gá 3:28; Flm 16, 21), Webb no adopta este enfoque. Por el contrario, Webb considera que la Biblia realmente está a favor de la esclavitud; sin embargo, es un tipo de esclavitud con "mejores condiciones y menos abusos" (pág. 37).

La hermenéutica del movimiento redentor de Webb aborda la cuestión de la esclavitud explicando que la cultura original (X) aprobaba "la esclavitud con muchos abusos" (pág. 37). En segundo lugar, la Biblia (Y) aprueba "la esclavitud con mejores condiciones y menos abusos" (pág. 37). Sin embargo, Webb considera que en la cuestión de la esclavitud "nuestra cultura está mucho más cerca de una ética definitiva que de la ética no desarrollada que se refleja en las palabras aisladas de la Biblia" (pág. 37). Hoy en día la ética de nuestra cultura, superior a la de la Biblia, ha "eliminado la esclavitud y mejorado las condiciones de trabajo" (pág. 37). Webb considera que nuestra cultura está mucho más cerca de una "ética definitiva" (Z) en la que veremos "mejores salarios para todos" (pág. 37)[2].

Al final del libro, Webb vuelve a mencionar los resultados de su análisis sobre la esclavitud:

> Las Escrituras no presentan una "ética definitiva" en todos los ámbitos

---

[2] Webb no explica a qué se refiere con "mejores salarios para todos", pero los lectores podrían preguntarse si significa que las ganancias se reducirían y la inversión de capital se reduciría para que los salarios mejoren. ¿O significa que todos tendrían los mismos salarios, ya que "todos" tendrían mejores salarios y esto debe significar que ninguno tendría salarios más bajos que otros? No aclara en qué sentido piensa que los salarios serían "mejores para todos".

> de las relaciones humanas. [...] Detenerse donde la Biblia se detiene (con sus palabras aisladas) no permite, a la larga, volver a aplicar el espíritu redentor del texto tal y como fue dirigido al público original. No ve que haya sido posible una nueva reforma. [...] Aunque las Escrituras tuvieron una influencia positiva en su tiempo, deberíamos tomar ese espíritu redentor y avanzar hacia una ética más adecuada y más completa hoy en día. (pág. 247)

Por lo tanto, en lugar de afirmar que el Nuevo Testamento no ordena ni avala la esclavitud, Webb considera que sí aprueba un sistema de esclavitud para el pueblo en la época en que fue escrito. Sin embargo, en sus modificaciones y regulaciones sobre la institución de la esclavitud, la Biblia nos hace avanzar en una trayectoria que llevaría a la abolición definitiva de la esclavitud, aunque el Nuevo Testamento nunca llega a ese punto.

Webb cuestiona por qué la Biblia se presenta de esta manera:

> ¿Por qué Dios transmite su mensaje de una manera que refleja una ética que no es la definitiva [...] que evidencia un espíritu redentor subyacente y algún movimiento en una dirección positiva, pero que a menudo permite que sus palabras se queden cortas para cumplir completamente con tal espíritu? ¿Por qué Dios no nos dio simplemente un modelo claramente establecido para una sociedad utópica con una ética definitiva? ¿Cómo es posible que un Dios de justicia absoluta no nos dé una revelación sobre la justicia absoluta en cada una de sus páginas? (pág. 57)

La respuesta de Webb a estas interrogantes es ver este movimiento incompleto hacia una ética definitiva como una manifestación de la sabiduría de Dios. Al mostrarnos que la Biblia avanzaba frente a la cultura que la rodeaba, pero sin corregirla completamente, podemos ver la sabiduría pastoral de Dios (pág. 58), su capacidad pedagógica (pág. 60), su cuidado evangelizador a personas que podrían no haber escuchado el Evangelio si proclamara una ética definitiva (pág. 63), y otros aspectos de la sabiduría de Dios (págs. 64-66).

Por lo tanto, según el sistema de Webb, los cristianos no pueden simplemente ir al Nuevo Testamento, comenzar a leer los mandatos morales en una de las epístolas de Pablo y creer que deben obedecerlos. Según Webb, eso sería utilizar una "hermenéutica estática" que se limita a leer las "palabras aisladas del texto" y no comprende "el componente de movimiento espiritual del significado que modifica considerablemente el significado de los textos para las generaciones futuras" (pág. 34). Por el contrario, debemos comprender que las enseñanzas del Nuevo Testamento representan simplemente una etapa en una trayectoria de avance hacia una ética definitiva.

¿Cómo pues, pueden los cristianos descubrir esta "ética definitiva"? Webb dedica el resto del libro a explicar dieciocho criterios bastante complejos con los que los cristianos deben evaluar los mandatos de la Biblia y descubrir así el sistema ético más justo y equitativo hacia el que apuntaba la Biblia. Una vez descubierta esta ética definitiva, esta ética definitiva es la norma moral que debemos seguir y obedecer.

Por lo tanto, lo que esto significa en la práctica es que la autoridad moral del Nuevo Testamento queda completamente anulada, *al menos en principio*. De hecho, puede haber algunos mandatos del Nuevo Testamento que Webb concluya que realmente representan una ética definitiva, pero incluso en ese caso debemos obedecerlos *no porque se enseñen en el Nuevo Testamento*, sino porque el sistema de Webb ha llegado a la conclusión de que lo que el Nuevo Testamento enseña es también la norma moral que se encuentra en su "ética definitiva".

Las consecuencias de esto para la moral cristiana son extremadamente graves. Significa que nuestra principal autoridad ya no es la Biblia, sino el sistema de Webb. Por supuesto, él afirma que el "espíritu redentor" que conduce su hermenéutica para cada área de la ética se deriva del texto bíblico, pero según su propia declaración este "espíritu redentor" no es el mismo que las enseñanzas de la Biblia, sino que se deriva del propio análisis de Webb de la interacción entre la cultura antigua y el texto bíblico. Aquí su explicación clave:

> La principal y más importante característica de una hermenéutica del movimiento redentor es su enfoque en el espíritu de un texto. [...] La expresión "hermenéutica del movimiento redentor" se deriva de la preocupación de que los cristianos apliquen el *espíritu redentor* de las Escrituras, y no solo, o incluso principalmente, su interpretación aislada. *Encontrar el espíritu subyacente de un texto es una cuestión delicada. No es tan directo o explícito como leer las palabras en la página.* Para encontrar el espíritu de un texto, *el intérprete debe entender cómo funcionan los textos dentro de sus diversos contextos sociales.* Hay dos contextos vitales que son cruciales: el contexto social más general, proveniente del antiguo Oriente Próximo y grecorromano, y el contexto social inmediato y local israelita o eclesiástico. Hay que preguntarse qué cambios o mejoras aporta el texto en la vida de los miembros de la comunidad del pacto. Y ¿cómo influye el texto en el mundo del antiguo Oriente Próximo y grecorromano más general? Al reflexionar sobre estas cuestiones de contexto social, *el lector moderno comenzará a percibir el espíritu redentor del texto.* Además, un tercer contexto permite otra forma de encontrar el espíritu redentor, es decir, el desarrollo canónico a través de varias épocas bíblicas. (pág. 53; énfasis añadido).

Este párrafo es notable por la franqueza con la que revela la naturaleza subjetiva e indeterminada del sistema ético de Webb. Si el núcleo de la "característica más importante" de su hermenéutica se encuentra a través de la "reflexión sobre" el modo en que la Biblia interactúa con las antiguas culturas del Próximo Oriente y grecorromana, y a través de esa reflexión el intérprete "empieza a sentir el espíritu redentor del texto", hemos entrado en un terreno tan subjetivo que probablemente ningún intérprete en el futuro podrá ponerse de acuerdo sobre a dónde conduce el "espíritu redentor del texto" que empieza a "sentir", y qué tipo de "ética definitiva" debe considerar como voluntad de Dios para él.

Aquellos con una predisposición hacia el socialismo estarán sin duda encantados de que Webb haya empezado a "sentir" un "espíritu redentor" que llevará a "mejores salarios para todos" (pág. 37). Pero los más inclinados al capitalismo sin duda "comenzarán a sentir" otro "espíritu redentor" en el que los temas bíblicos predominantes sobre la libertad y la recompensa justa por el trabajo de uno conducen a una "ética definitiva" (Z) que fomenta la inversión y un sistema de libre comercio, uno con *mejora en las ganancias* para aquellos individuos dignos que, a través de sus actividades empresariales, satisfacen mejor las necesidades materiales de la humanidad, y por lo tanto, por medio de la alta calidad de los bienes que producen para otros demuestren que aman a su prójimo como a sí mismos.

No cabe duda de que los arminianos "empezarán a sentir el espíritu redentor" del arminianismo moviéndose contra el fatalismo del mundo antiguo en una dirección mucho más arminiana que la que encontramos incluso en el Nuevo Testamento. Y los calvinistas, a través de una reflexión seria y sensata sobre la forma en que el texto bíblico corrige a los dioses débiles e insignificantes del panteón griego y romano, "comenzarán a sentir el espíritu redentor" del calvinismo moviéndose a través del Nuevo Testamento hacia un énfasis aún mayor de la soberanía de Dios que del que encontramos en los textos actuales del Nuevo Testamento.

Y así sucesivamente. Los bautistas "empezarán a sentir el espíritu redentor" del bautismo de creyentes a medida que el Nuevo Testamento modifique la naturaleza inclusiva de las religiones del mundo antiguo, y los paidobautistas "empezarán a sentir el espíritu redentor" de la inclusión de los niños en la comunidad del pacto a medida que el Nuevo Testamento modifique de forma decisiva el abandono y el abuso de los niños que se daba en muchas culturas antiguas. Las personas que buscan una justificación para su deseo de obtener un divorcio "comenzarán a sentir el espíritu redentor" de más y más razones para el divorcio, pasando de la única razón que Jesús permitió (el adulterio en Mt 19:9) hasta la mayor libertad que se encuentra en Pablo, quien permite una segunda causa de divorcio (el abandono por parte de un incrédulo en 1 Co 7:15) a lo largo de una trayectoria hacia muchas más razones para el divorcio a medida que avanzamos hacia una "ética definitiva" (Z) en la que todos deberían ser completamente felices con su cónyuge.

Ahora bien, Webb puede objetar que estas hipotéticas conclusiones sobre el "espíritu redentor" no podrían derivarse de un uso responsable de sus dieciocho criterios. Por otro lado, he estado involucrado en el mundo académico durante más de 30 años, y tengo mucha confianza en la capacidad de los estudiosos para tomar un conjunto de dieciocho criterios como este y argumentar a favor de casi cualquier cosa que deseen, a través de una ingeniosa manipulación de los factores variables que intervienen en los criterios. Pero sea o no el resultado de un uso adecuado de los criterios de Webb, el punto permanece: *la norma ya no es lo que afirma el Nuevo Testamento, sino el punto hacia el que algún erudito bíblico piensa que la Biblia se dirigía.* Y por esto considero que es correcto afirmar que la hermenéutica del movimiento redentor de Webb anula en principio la autoridad moral de todo el Nuevo Testamento.

2. Webb presenta erróneamente en casi todas las secciones del libro que los cristianos ya no están sujetos a las leyes del antiguo pacto, y por lo tanto omite el uso de la división estructural fundamental de toda la Biblia (la diferencia entre el Antiguo Testamento y el Nuevo Testamento) como medio para determinar las obligaciones morales de los cristianos de hoy. Es notable que en una sección tras otra, Webb no distingue entre las enseñanzas del Antiguo Testamento y las del Nuevo Testamento. Las encierra todas en una gran categoría que llama "la Biblia". Por lo tanto, al abordar el tema de la esclavitud, combina pasajes del Nuevo Testamento y del Antiguo Testamento en la misma lista, sin notar ninguna distinción entre ellos (págs. 44, 74-76, 163-164, y en otras partes). Lo mismo hace con los textos que se refieren a la mujer (págs. 46-47, 76-81, 160, 165-167) y a la primogenitura (págs. 94-95, 136-142), así como con otros elementos del código de la ley de Moisés.

Aunque Webb presta ocasionalmente una atención limitada a lo que denomina "movimiento canónico" del Antiguo Testamento al Nuevo Testamento (ver por ejemplo las págs. 77-78), para él estos son solo dos pasos en el camino en dirección a un mayor movimiento redentor en el desarrollo ético que va más allá del Nuevo Testamento. *Nunca considera la posibilidad de que el desarrollo del Antiguo Testamento al Nuevo Testamento sea el final, y que el propio Nuevo Testamento proporcione la norma ética definitiva para los cristianos en el nuevo pacto.*

Cuando Webb afirma que "una hermenéutica del movimiento redentor ha sido siempre una parte importante de la iglesia histórica, apostólica y posterior" (pág. 35), y por lo tanto que todos los cristianos creen en algún tipo de hermenéutica del "movimiento redentor", no hace una distinción importante: ¡los evangélicos siempre han sostenido que el movimiento redentor dentro de las Escrituras termina con el Nuevo Testamento! Webb lo lleva más allá del Nuevo Testamento.

Así es, el Nuevo Testamento nos indica explícitamente que ya no estamos bajo las leyes del antiguo pacto (He 8:6-13), por lo que tenemos una clara justificación para decir que las leyes de los sacrificios y las leyes sobre los alimentos ya no son obligatorias para nosotros. Y vemos a los apóstoles en un proceso de llegar a entender la inclusión de los gentiles en la iglesia (Hechos 15; Gá 2:1-14; 3:28). Pero *este proceso se completó dentro del Nuevo Testamento*, ¡y los mandamientos dados a los cristianos en el Nuevo Testamento no afirman nada sobre excluir a los gentiles de la iglesia! No tenemos que avanzar en una "trayectoria" más allá del Nuevo Testamento para descubrir esto.

Los cristianos que vivían en la época de las epístolas de Pablo vivían bajo el nuevo pacto. Nosotros los cristianos que vivimos en el año 2003 también vivimos bajo el nuevo pacto, el cual es "el nuevo pacto en mi sangre" (1 Co 11:25) que Jesús estableció y que nosotros afirmamos cada vez que tomamos la Cena del Señor. Esto significa que los cristianos de hoy vivimos en el mismo período del plan de Dios para *"la historia de la redención"* que los cristianos del primer siglo. Por lo tanto, podemos leer el Nuevo Testamento y ver que se aplica directamente a nosotros mismos en la actualidad.

Intentar ir *más allá* de los documentos del Nuevo Testamento y derivar nuestra autoridad partiendo de "hacia dónde apuntaba el Nuevo Testamento" es rechazar los mismos documentos que Dios nos dio para regir nuestra vida bajo el nuevo pacto hasta que Cristo vuelva.

Cuando Webb toca el tema de la relación entre el Antiguo y el Nuevo Testamento, afirma que no va a decidir cómo se relaciona el Antiguo Testamento con el Nuevo Testamento. Después de haber dicho que rechaza tanto la idea de que "*solo* aquellos detalles de la ley de Moisés que el Nuevo Testamento *sanciona expresamente* se aplican a los creyentes del Nuevo Testamento", como la idea de que "los cristianos están obligados a obedecer *todos* aquellos detalles de la ley de Moisés que el Nuevo Testamento no *abroga expresamente*", entonces Webb nos indica:

> Tampoco voy a establecer un dictamen más duradero y alternativo sobre cómo se relaciona el Antiguo Testamento con el cristiano moderno porque estaría fuera del alcance de este trabajo. (pág. 205)

El problema es que a lo largo del libro Webb utiliza una serie de ejemplos del Antiguo Testamento para establecer y respaldar la necesidad de utilizar sus dieciocho criterios para determinar lo que es culturalmente relativo, y para respaldar la idea de que deberíamos abandonar lo que él llama "patriarcado bíblico" e ir más allá de esto, "adoptando [...] un enfoque de movimiento redentor a la aplicación actual del patriarcado bíblico" (pág. 172, por ejemplo, luego de haber apelado a varias leyes del pacto de Moisés sobre el trato a las mujeres en las págs. 165-167). Para ejemplificar, en lugar de afirmar que no debemos cumplir la ley de que una mujer deba ser apedreada si no es virgen antes del matrimonio (Dt 22:20-21) *porque estamos bajo el nuevo pacto y ya no estamos sujetos a las leyes del pacto de Moisés,* Webb utiliza esta ley sobre la muerte por ser apedreado como uno de sus ejemplos que demuestran que "el cristiano que adopta la hermenéutica del movimiento redentor seguramente llevará el espíritu redentor del *texto bíblico* al contexto actual" (pág. 167). Lo que resulta revelador en esta afirmación (y en muchas otras a lo largo del libro) es su frase "el texto bíblico". Para Webb, todo lo que se encuentra en cualquier parte de la Biblia es simplemente parte del "texto bíblico", lo cual se ve muy afectado por su cultura antigua y que debemos superar en el presente.

Cuando Webb da repetidamente una larga lista de leyes de Moisés sobre la esclavitud o las esposas, y luego afirma que sería una tontería obedecer lo que "la Biblia" afirma sobre estos temas hoy en día, los lectores crédulos pueden pensar que ha construido un argumento convincente para sus dieciocho criterios. Pero no lo ha hecho, porque el cambio del antiguo pacto al nuevo pacto significa que esas tantas leyes de Moisés no forman parte de lo que "la Biblia" exige a los cristianos de hoy. No estamos bajo la ley de Moisés[3].

Sin embargo, esta omisión tan grave está presente en todo el libro de Webb. Si alguien revisa su libro y elimina todos los ejemplos que toma del Antiguo

---

[3] Webb señala en un momento dado que los cristianos ya no están obligados a obedecer las leyes relacionadas con los sacrificios del Antiguo Testamento, las leyes sobre los alimentos y la circuncisión (págs. 201-202), porque estas se anulan explícitamente en el Nuevo Testamento, pero el reconocimiento de estos puntos específicos de anulación no se extiende en ninguna otra parte a una conclusión general de que los cristianos del Nuevo Testamento no están bajo el código de la ley de Moisés.

Testamento, y todas las conclusiones que extrae de esos ejemplos, no nos quedaría un libro de Webb sino un pequeño folleto.

El hecho de que Webb no tenga en cuenta debidamente que los cristianos ya no están sujetos a la ley del pacto de Moisés es una omisión de gran magnitud que podría anular el valor de este libro como guía para la hermenéutica.

3. Webb confunde repetidamente los acontecimientos con los mandamientos, y no distingue que lo que la Biblia relata como situación de fondo (por ejemplo la esclavitud o la monarquía) no lo aprueba ni lo impone necesariamente como mandamiento. Una y otra vez en su análisis Webb asume que "la Biblia" (en la forma indefinida de Webb, amontonando versículos del Antiguo y del Nuevo Testamento) respalda cosas como la esclavitud (ver págs. 33, 36-37, 84, 106, 186, 202-203). También utiliza la monarquía como ejemplo, asumiendo que la Biblia presenta la monarquía como una forma de gobierno idónea que la gente debería aprobar o incluso decir que la Biblia la exige (ver por ejemplo págs. 107, 186, 203).

Por lo tanto, en cuanto a la esclavitud, Webb afirma que:

> una hermenéutica estática [este es el término de Webb para la hermenéutica utilizada por todos los que no utilizan su hermenéutica del movimiento redentor] aplicaría este texto que protege la esclavitud *permitiendo la adquisición de esclavos hoy en día,* siempre que la iglesia ofrezca formas similares de refugio para los esclavos fugitivos. [...] *Los cristianos no se atreverían a hablar en contra de la esclavitud,* sino que apoyarían la institución de la esclavitud [...] (pág. 33, cursiva añadida)

Lo que es bastante sorprendente es que la única alternativa que Webb reconoce contra su postura es lo que él llama una "hermenéutica estática". Pero luego afirma que esa "hermenéutica estática" tendría que respaldar la esclavitud:

> Más trágico aún es que, al argumentar a favor o *al permitir la esclavitud bíblica hoy en día, una hermenéutica estática haga retroceder* a pasos agigantados nuestro estándar actual de derechos humanos y condiciones de trabajo. Nos avergonzaríamos de un Evangelio que proclama la libertad del cautivo. [...] Una hermenéutica estática no condenaría la esclavitud de tipo bíblica si ese orden social resurgiera en la sociedad actual" (págs. 34, 36).

A sus ojos solo hay dos opciones: ¿está a favor del sistema de Webb o está a favor de la esclavitud? ¿Cuál de las dos opciones respaldará? Webb parece ignorar el hecho de que millones de cristianos desde los tiempos del apóstol Pablo se han opuesto a la esclavitud *desde el propio texto de las Escrituras,* sin utilizar el nuevo sistema de interpretación de Webb y sin rechazar la autoridad moral definitiva del Nuevo Testamento. Afirmar que tenemos que elegir entre el sistema de Webb y la esclavitud es históricamente desacertado, es bíblicamente falso y es desconcertante al no poder considerar otras alternativas.

Webb en ocasiones recurre al hecho de que los defensores de la esclavitud o los defensores de la monarquía en el pasado apelaban a la Biblia para demostrar la validez de sus argumentos. Afirma que "los defensores de la esclavitud frecuentemente argumentaban a partir de analogías teológicas y cristológicas en el texto" (pág. 186), y que "en el pasado, los textos sobre el sometimiento citados anteriormente fueron utilizados por los cristianos para respaldar la monarquía como la única forma de gobierno apropiada y que honra a Dios" (p. 107). Pero el hecho de que algunos cristianos en el pasado utilizaban la Biblia para respaldar la esclavitud no prueba que la Biblia respalde la esclavitud, como tampoco se puede probar que la Biblia respalde una serie de falsas enseñanzas (como el arrianismo, las Cruzadas, la Inquisición o la salvación por las obras) que fueron respaldadas antiguamente por personas que "utilizaban la Biblia", pero que finalmente fueron rechazadas por la Iglesia.

Con respecto a la esclavitud, el hecho es que la Biblia fue utilizada por más cristianos para *oponerse* a la esclavitud que para *defenderla,* y al final sus argumentos ganaron, por lo que la esclavitud fue abolida. Pero la diferencia con respecto a Webb es que los cristianos evangélicos y creyentes en la Biblia que terminaron por lograr la abolición de la esclavitud *no abogaron por modificar o anular ninguna enseñanza bíblica,* ni por ir "más allá" del Nuevo Testamento hacia una mejor ética. Enseñaron la abolición de la esclavitud desde el propio Nuevo Testamento.

El Nuevo Testamento nunca ordenó la esclavitud, sino que dio principios que la regulaban y que llevaron después a su abolición. Pablo exhorta a los esclavos: *"si puedes hacerte libre, procúralo más"* (1 Co 7:21). Y a Filemón le indica, en cuanto a su esclavo Onésimo, que debe acogerlo *"no ya como esclavo,* sino como más que esclavo, como hermano amado"* (Flm 16), y "recíbele como a mí mismo" (v. 17), y que debía perdonar todo lo que Onésimo le debía, o al menos que Pablo lo pagaría él mismo (vv. 18-19), y finalmente afirma: "Te he escrito confiando en tu obediencia, sabiendo que harás *aun más de lo que te digo"* (v. 21). Se trata de una señal importante y no muy sutil para que Filemón conceda la libertad a Onésimo.

Si unimos estos versículos con la idea de que todo ser humano ha sido creado a imagen y semejanza de Dios (ver Gn 1:27; 9:6; Santiago 3:9; ver también Gá 3:28), vemos que la Biblia, y especialmente el Nuevo Testamento, contiene principios sólidos que conducirían a la abolición de la esclavitud. El Nuevo Testamento nunca ordena a las personas que practiquen la esclavitud o que posean esclavos, sino que da principios que conducirían al derrocamiento de esta práctica, y también la regula mientras existe por medio de declaraciones tales como "Amos, haced lo que es justo y recto con vuestros siervos, sabiendo que también vosotros tenéis un Amo en los cielos" (Col 4:1).

La Biblia no aprueba ni ordena la esclavitud como mandamiento, como tampoco aprueba ni ordena la persecución de los cristianos como mandamiento. Cuando el autor de Hebreos elogia a sus lectores diciendo: "Y el despojo de vuestros bienes sufristeis con gozo, sabiendo que tenéis en vosotros una mejor y perdurable herencia en los cielos" (He 10:34), no significa que la Biblia *esté a favor* del despojo de los bienes de los cristianos, ¡o *que ordene el robo* como mandamiento! Solo significa que si los cristianos se encuentran en una situación en la que su propiedad es tomada como resultado de la persecución, todavía deberían regocijarse por su tesoro celestial el cual no puede ser robado. Del mismo modo, cuando la Biblia menciona que los esclavos deben someterse a sus amos, no significa que la Biblia apoye u ordene la esclavitud como mandamiento, sino que le indica a la gente que se encuentra en una situación de esclavitud cómo debe responder.

La evaluación errónea de Webb sobre la enseñanza bíblica acerca de la esclavitud constituye un elemento fundamental para construir su hermenéutica. Si retiramos su afirmación de que "la Biblia" avala la esclavitud, el anexo A de Webb quedaría invalidado, y habría perdido su mecanismo principal de apoyo a la afirmación de que necesitamos su "hermenéutica del movimiento redentor" para ir más allá de la ética de la propia Biblia.

4. Webb asume reiteradamente interpretaciones inverosímiles de las Escrituras para presentar una "Biblia" que es tan claramente errónea que es imposible creer en ella y obedecerla hoy en día. En muchas secciones, Webb presenta lo que según él es la enseñanza de "la Biblia" para elaborar una larga lista de enseñanzas culturalmente relativas, enseñanzas a las que evidentemente los lectores responderán pensando: "¡Claro que no podemos creer ni obedecer esas cosas hoy en día!" Luego, Webb utiliza estas listas de enseñanzas "imposibles para la actualidad" con el fin de demostrar que sus dieciocho criterios son necesarios y válidos para determinar la relatividad cultural.

El problema es que la mayoría de los evangélicos no necesitan la "hermenéutica del movimiento redentor" de Webb para saber que la Biblia no enseña estas cosas. De hecho, pocos o ningún exégeta responsable de las Escrituras hoy en día afirmarían que la Biblia enseña alguna de estas cosas como ideas o normas éticas que deban seguir los cristianos en la actualidad. Cuando Webb asume que "la Biblia" las enseña fuera de la interpretación con su hermenéutica del movimiento redentor, asume interpretaciones contrarias a los propios textos bíblicos.

Aquí hay una lista de cosas que Webb supone que la Biblia enseña:

a. La ocupación de las personas debe ser la agricultura (págs. 124-125): Webb deduce esto del hecho de que "el hombre fue puesto en el huerto para que labrara la tierra y comiera de sus frutos" (pág. 124). El problema aquí es que Webb toma algo *bueno* de la Biblia (cultivar alimentos de la tierra) y lo convierte erróneamente en un *mandamiento para cada persona*, en lugar de verlo como una de las tantas responsabilidades que Dios le dio a la raza humana. Una aplicación más acertada de este texto sería decir que Dios aún espera que los seres humanos obtengan alimento de la tierra, pero la diversidad de ocupaciones dentro de las Escrituras muestra que esto nunca fue una expectativa o un mandamiento para cada persona.

b. El transporte terrestre debe ser el único que utilicen las personas: Webb afirma que "el modelo de transporte dentro del huerto era a pie", y permite ampliarlo al "transporte a caballo y otros animales" (pág. 125). Afirma que el modelo de la creación "encaja perfectamente" con el estilo de vida de los que hoy en día se transportan solo a caballo y carreta. Pero añade que gran parte de los cristianos verían esto como un "patrón no obligatorio dentro de los textos de la creación" (pág. 125). El problema en este caso es que, incluso en los dos primeros capítulos del Génesis, los mandatos de "sojuzgar" la tierra y "señorear" en ella implican una expectativa de que los seres humanos desarrollarían todo tipo de productos a partir de la tierra, incluyendo diversos medios de transporte. No necesitamos la hermenéutica del movimiento redentor de Webb para saber que la Biblia nunca presenta el "transporte terrestre" como el medio de transporte que la gente debe utilizar exclusivamente (pensemos en todos los viajes por barco que se mencionan en la Biblia), ni tampoco se utiliza este modelo de transporte en otras ocasiones como base para los mandatos al pueblo de Dios.

Y también en este caso Webb ha tomado un acontecimiento (Adán y Eva caminando) y lo ha considerado erróneamente como un mandamiento que luego tiene que ser solucionado por la hermenéutica del movimiento redentor de Webb.

c. La soltería está fuera de la voluntad de Dios: Webb afirma que, dado que Adán y Eva se casaron en el huerto del Edén, "si el texto de la creación establece un paradigma estrechamente ordenado para toda la humanidad, uno podría tener la impresión de que la soltería estaba fuera de la voluntad de Dios" (pág. 124). Aquí Webb ha interpretado erróneamente el relato del Génesis. Génesis 1-2 no presenta un modelo en el que el matrimonio sea la única opción aceptable, ya que el mandamiento de Dios a Adán y Eva de "fructificad y multiplicaos" (Génesis 1:28) supone una situación en la que que tendrían hijos, y estos hijos tendrían que ser solteros durante algún tiempo antes de poder casarse. Lo que vemos más bien en el relato de la creación es que Dios estableció el matrimonio, que es "bueno en gran manera", y que la relación entre Adán y Eva en el matrimonio no era pecaminosa, sino que era buena a los ojos de Dios. Pero afirmar que el matrimonio es *bueno* no implica que la soltería sea *mala*, o que el matrimonio sea *imprescindible*, ni la narración del Génesis implica estas cosas.

d. Las mujeres deben ser vistas como una propiedad: Webb afirma que: "En el texto bíblico encontramos una mentalidad de propiedad en el trato a las mujeres. Las mujeres suelen ser mencionadas junto al ganado y los sirvientes (Ex 20:17; cf. Dt 5:21; Jue 5:30)" (pág. 165). Pero Webb simplifica mucho al dar por sentado que el hecho de mencionar "junto a" algo implica un estatus similar. El versículo principal que cita es Éxodo 20:17:

> No codiciarás la casa de tu prójimo, no codiciarás la mujer de tu prójimo, ni su siervo, ni su criada, ni su buey, ni su asno, ni cosa alguna de tu prójimo.

Esto no implica una "mentalidad de propiedad" hacia las mujeres, ¡como tampoco demuestra que la gente pensara en las mujeres como casas! Este asombroso mandamiento en realidad establece un alto nivel de protección y honor para las mujeres y para el matrimonio, ya que aborda la pureza de corazón[4]. Las personas

---

[4] Webb menciona otros factores, como el precio por la novia que se paga al padre, y el hecho de que a veces se llame al marido *ba'al* ("amo"). Pero estas cosas no establecen una visión de la mujer como

no debían codiciar la casa o la esposa o los animales de otra persona, pero esto seguramente también implica que las esposas no debían codiciar los maridos de sus prójimas, y seguramente el mandamiento tampoco implica que los maridos fueran vistos como una propiedad. Los oyentes podrían distinguir fácilmente entre casas, animales y esposas. Además, en los versículos anteriores el séptimo mandamiento (que prohíbe el adulterio) es independiente del octavo (que prohíbe el hurto), con lo que se hace una clara distinción entre los maridos y las esposas, por un lado, y la propiedad, por otro. En cualquier caso, no es legítimo desde el punto de vista hermenéutico tomar aspectos del código de la ley de Moisés como parte de lo que "la Biblia" enseña sobre las mujeres, pues los cristianos ya no están sujetos bajo el pacto de Moisés. No necesitamos la hermenéutica del movimiento redentor de Webb para entender esto, ni estas disposiciones del pacto de Moisés demuestran la legitimidad de la hermenéutica de Webb.

e. Las familias deben practicar la primogenitura: Webb considera que el sistema de primogenitura, en el que el hijo mayor recibía "una doble porción de la herencia [...] dirigía la protección militar de la familia [...] vengaba los agravios cometidos contra los miembros de la familia [...] realizaba las ceremonias religiosas" (pág. 141), y así sucesivamente, es un patrón que se encuentra en el sistema ético recogido dentro de "la Biblia". Pero afirma que la primogenitura es culturalmente relativa y que ya no debería practicarse en la actualidad. Pero en este caso una vez más Webb ha confundido erróneamente *eventos que la Biblia relata con cosas que se exigen en el sistema ético que la Biblia enseña.* En ninguna parte la Biblia ordena a la gente seguir las costumbres de la primogenitura (y el propio Webb muestra muchos ejemplos en los que las Escrituras se desvían de este patrón, págs. 136-139), y por tanto no necesitamos una hermenéutica del movimiento redentor para saber que ese patrón no es obligatorio que la gente deba seguir, ni fue nunca algo que Dios puso como mandamiento a todo el mundo, incluso en el mundo antiguo.

f. Debemos establecer y respaldar la esclavitud (págs. 33, 36-37, 84, 106, 186, 202-203).

g. Las personas deben establecer y respaldar la monarquía como la forma idónea de gobierno (págs. 153, 186).

h. Las personas deben lavarse los pies los unos a los otros (págs. 204, 211).

i. Los hijos adultos deben obedecer a sus padres (pág. 212).

j. La Tierra es el centro del universo: Webb afirma que: "Las Escrituras describen un modelo geocéntrico o centrado en la Tierra del universo. La Tierra está situada sobre una base estacionaria en un lugar céntrico con otros cuerpos luminosos girando por encima a su alrededor" (págs. 221-222).

---

propiedad, ya que el precio por la novia podría ser simplemente una expresión del honor y el alto valor que el futuro marido atribuía a su novia, y la palabra *ba'al* puede significar simplemente "marido" (BDB, 127).

k. La Tierra es plana: Webb afirma que: "La Iglesia tuvo dificultades para aceptar [que la Tierra era redonda] [...] porque la Biblia contemplaba una visión 'terraplanista' del mundo" (pág. 223).

l. Las esposas deben estar sujetas a sus maridos porque los maridos son mayores y cuentan con mejor educación (págs. 213-216).

m. A los maridos se les debe permitir disciplinar físicamente a sus esposas (pág. 167, 189-190): De hecho, Webb afirma que la Biblia aprueba la idea de que el marido debe "desnudar a su esposa" y "encerrarla físicamente" (pág. 189). Webb fundamenta esta afirmación en su propia interpretación errónea de Oseas 2:1-23. Afirma que en este pasaje,

> si Gomer no renuncia a su promiscuidad sexual, Oseas tomará medidas
> contra su esposa:
>
> [Yo, Oseas] la desnudaré [Gomer] por completo;
> la dejaré como el día en que nació. [...]
> Por eso le cerraré el paso con espinos;
> la encerraré para que no encuentre el camino. (pág. 189) [NVI]

Lo que Webb no revela a los lectores es que la gran mayoría de los comentaristas entienden que todo este capítulo no habla de Oseas y Gomer, sino del juicio de Dios sobre Israel. Con metáforas proféticas, como es común entre los profetas del Antiguo Testamento, Dios afirma que, si Israel no abandona sus pecados, "la desnudaré por completo; la dejaré como el día en que nació" (Os 2:3 NVI), lo cual ilustra gráficamente el juicio de Dios sobre la nación[5].

n. Las personas deben saludarse con un ósculo santo (págs. 203-204).

o. Las mujeres son simplemente "jardines fértiles" y los maridos son quienes aportan el 100% de la nueva vida del bebé: Webb afirma que la representación bíblica es una en la que

> una mujer aporta la "tierra" en la que un hombre plantó la semilla del hijo
> en miniatura [...] para que crezca durante nueve meses. [...] Una estrecha
> metáfora agrícola, el hombre aporta por completo la nueva vida en forma

---

[5] Thomas McComiskey escribe: "Es obvio que el extenso relato en 2:3-25 [Oseas 2:1-23] está dirigido a la nación y no a Gomer personalmente". *"Hosea"* ["Oseas"], en *The Minor Prophets* [Los profetas menores], ed. Thomas McComiskey (Grand Rapids, Michigan: Baker, 1992), pág. 32. Ver también Keil y Delitzsch, Douglas Stuart y el título de la sección que precede al cap. 2 en muchas traducciones de la Biblia, que manifiestan algo similar al título de la *NIV Study Bible* [Biblia de estudio de la NVI], "Israel castigado y restaurado" (pág. 1323). McComiskey señala que la frase del versículo 15, "como en el día en que salió de Egipto", no puede aplicarse a Gomer e indica que todo el pasaje debe referirse principalmente a Israel. (Dado que el pasaje es una alegoría generalizada, hay elementos del mismo que está claro que podrían aplicarse también a la situación entre Oseas y Gomer, pero eso no significa que la referencia principal sea a Gomer, y definitivamente no significa que el pasaje sirva para justificar que un marido discipline físicamente a su mujer.

de semilla, mientras que la mujer solo aporta el entorno fértil para su crecimiento, refleja un componente cultural dentro del texto. (págs. 223-224)

p. La Biblia aprueba la obediencia a muchos detalles de la narrativa del Antiguo Testamento y de las leyes de Moisés del Antiguo Testamento, tales como "la poligamia y el concubinato, el levirato, el valor inequitativo entre hombres y mujeres en la redención de los votos [...] el trato a las mujeres como despojos de batalla" y así sucesivamente (págs. 166-167): si los lectores realmente creen en Webb cuando da a entender que la Biblia enseña estas cosas, entonces se verán predispuestos a estar de acuerdo con su argumento de que necesitamos ir más allá del sistema ético de "la Biblia" y utilizar la "hermenéutica del movimiento redentor" de Webb para acercarnos a una "ética definitiva".

Pero el tema es que la Biblia no enseña ni ordena ninguna de estas cosas para los cristianos de hoy. Y esto no se debe a que la "hermenéutica del movimiento redentor" de Webb nos permita ir *más allá* de la ética de la Biblia. Es más bien porque los cristianos del nuevo pacto saben que el propio sistema ético de la Biblia no respalda ni exige estas cosas. Webb nos ha dado una olla de guiso revuelta con leyes del pacto de Moisés que ya no se aplican, fragmentos de historia narrativa que nunca se ordenaron, costumbres o hábitos culturales que la Biblia nunca nos ordenó seguir, y observaciones fenomenológicas del mundo natural que la Biblia nunca presentó como una descripción de la forma de la tierra o la estructura del universo. No necesitamos una "hermenéutica del movimiento redentor" para saber que la Biblia no exige estas cosas a las personas en la actualidad. Solamente necesitamos la propia Biblia, entendida en cada caso con sensibilidad sobre el contexto propicio y la estructura más completa de la historia redentora del antiguo pacto y el nuevo pacto que se encuentra en la propia Biblia.

5. Webb ha creado un sistema de interpretación exageradamente complejo que requerirá una clase de "sacerdotes" que tengan que interpretar la Biblia por nosotros a la luz de la antigua cultura del Oriente Próximo y grecorromana. En el núcleo del sistema de Webb encontramos esta exigencia de que el intérprete "debe entender cómo funciona el texto dentro de sus diversos contextos sociales", especialmente "el contexto social más general, extranjero del antiguo Oriente Próximo y grecorromano, y el contexto social inmediato, local israelita o eclesiástico" (pág. 53).

¿Cómo se logra esto? Webb presenta dieciocho criterios que hay que utilizar para aplicar correctamente su hermenéutica del movimiento redentor. Su primer criterio de estos dieciocho se llama "movimiento preliminar", y aquí está cómo él afirma que debe realizarse:

Evaluar el movimiento redentor tiene sus complicaciones. Sin entrar en una explicación elaborada, me limitaré a sugerir una serie de pautas: (1) el mundo *real* del antiguo Oriente Próximo y grecorromano debe ser examinado junto con su mundo *legal,* (2) el tema bíblico debe ser examinado en su *totalidad* junto con sus partes, (3) el texto bíblico debe ser comparado con una serie de otras culturas del antiguo Oriente Próximo y grecorromano que a su vez deben ser comparadas entre sí y (4) cualquier descripción del movimiento debe estar compuesto por una gran cantidad de información procedentes de las tres líneas de evaluación: extranjera, local y canónica. (pág. 82)

¡Y este es solo su método para el primero de los dieciocho criterios! ¿Quién será capaz de hacerlo? ¿Quién conoce la historia de las culturas antiguas lo suficientemente bien como para hacer estas evaluaciones?

Hablando con la perspectiva de más de 30 años en el mundo académico, no afirmaré que solo el uno por ciento de los *cristianos* en el mundo será capaz de utilizar el sistema de Webb y decirnos qué normas morales debemos seguir hoy. Ni siquiera diré que el uno por ciento de los *pastores formados en seminarios* alrededor del mundo podrán aplicar el sistema de Webb y decirnos qué normas morales debemos obedecer hoy. Ni siquiera diré que el uno por ciento de los *profesores de los seminarios* podrá tener los conocimientos necesarios sobre las culturas antiguas para utilizar el sistema de Webb y decirnos qué normas morales debemos seguir hoy. Esto se debe a que la evaluación y apreciación de cualquier cultura antigua, por no hablar de todas las culturas antiguas que hay en la Biblia, es una labor enorme, incluso en lo que se refiere a un tema concreto, como las leyes sobre el matrimonio y el divorcio, o los derechos de propiedad, o la educación y la formación de los niños, etc. Lleva mucho tiempo y requiere muchos conocimientos especializados y una excelente biblioteca de investigación. Por lo tanto, ni siquiera diré que el uno por ciento de los *profesores de seminario que tienen doctorados académicos en el Antiguo Testamento o en el Nuevo Testamento* podrán utilizar el sistema de Webb y decirnos qué normas morales debemos seguir hoy en día, ya que muchos de ellos no tienen conocimientos especializados y vastos en las culturas que habían en el pueblo de Dios en la época en que se escribió la Biblia. No, *a fin de cuentas el sistema de Webb, tal como lo describe anteriormente, solo puede ser utilizado por mucho menos del uno por ciento de los profesores de Nuevo Testamento y Antiguo Testamento en el mundo cristiano actual,* siendo estos unos pocos eruditos que tienen el tiempo y el conocimiento especializado en estudios rabínicos, la cultura grecorromana, y de las antiguas culturas egipcia, babilónica, asiria y persa, y que tengan acceso a una importante biblioteca de investigación, y que podrán entonces utilizar la "hermenéutica del movimiento redentor" de Webb de la manera que describe en el párrafo que acabamos de citar. Este reducido grupo de expertos tendrá que decirnos qué normas morales quiere Dios que sigamos en la actualidad.

Y esto es solo para el criterio 1 de su lista de dieciocho criterios.

Si el mundo evangélico comienza a adoptar el sistema de Webb, no es difícil imaginarse que pronto necesitaremos una nueva clase de "sacerdotes", esos eruditos académicos con suficiente experiencia en el mundo antiguo como para poder darnos conclusiones fiables sobre qué tipo de "ética definitiva" debemos seguir hoy.

Pero esto crearía otro problema, uno que he observado a menudo al haber vivido y enseñado en el mundo académico por más de 30 años: *los eruditos con conocimientos tan especializados suelen estar en desacuerdo.* Cualquiera que esté familiarizado con los debates sobre los puntos de vista rabínicos de la justificación en las últimas dos décadas se dará cuenta de lo difícil que puede ser entender exactamente lo que se creía en una cultura antigua incluso sobre un tema limitado, por no hablar de toda la amplia lista de mandatos éticos que encontramos en el Nuevo Testamento.

¿Adónde pues nos llevará el sistema de Webb? *Nos llevará a la enorme incapacidad colectiva de saber con seguridad cualquier cosa que Dios requiera de nosotros.* Cuantos más eruditos se dediquen a decirnos "qué quería decir la Biblia" en relación con tal o cual aspecto de la cultura antigua, más opiniones tendremos, y mayor será la desesperación de la gente al no poder saber nunca lo que Dios exige de nosotros, cuál es su "ética definitiva".

¡Qué diferente del sistema de Webb es la enseñanza simple y directa del Nuevo Testamento! Considere los siguientes mandatos:

Por lo cual, desechando la mentira, hablad verdad cada uno con su prójimo; porque somos miembros los unos de los otros. (Ef 4:25)

El que hurtaba, no hurte más, sino trabaje, haciendo con sus manos lo que es bueno, para que tenga qué compartir con el que padece necesidad. (Ef 4:28)

Ninguna palabra corrompida salga de vuestra boca, sino la que sea buena para la necesaria edificación, a fin de dar gracia a los oyentes. (Ef 4:29)

Quítense de vosotros toda amargura, enojo, ira, gritería y maledicencia, y toda malicia. Antes sed benignos unos con otros, misericordiosos, perdonándoos unos a otros, como Dios también os perdonó a vosotros en Cristo. (Ef 4:31-32)

Pero fornicación y toda inmundicia, o avaricia, ni aun se nombre entre vosotros, como conviene a santos. (Ef 5:3)

No os embriaguéis con vino, en lo cual hay disolución; antes bien sed llenos del Espíritu. (Ef 5:18)

Las casadas estén sujetas a sus propios maridos, como al Señor. (Ef 5:22)

Maridos, amad a vuestras mujeres, así como Cristo amó a la iglesia, y se entregó a sí mismo por ella. (Ef 5:25)

Hijos, obedeced en el Señor a vuestros padres, porque esto es justo. (Ef 6:1)

Y vosotros, padres, no provoquéis a ira a vuestros hijos, sino criadlos en disciplina y amonestación del Señor. (Ef 6:4)

No creo que Dios nos haya dado una Biblia tan directa, clara y sencilla, solo para exigir que todos los creyentes, a lo largo de toda la historia, deban filtrar primero estos mandatos mediante un complejo sistema de dieciocho criterios antes de poder saber si deben obedecerlos o no. Esa no es la clase de Biblia que Dios nos dio, ni hay ninguna referencia en las Escrituras mismas de que los creyentes tengan que tener algún tipo de conocimiento académico especializado, y algún tipo de sistema hermenéutico elaborado, antes de que puedan estar seguros de que estas son las cosas que Dios demanda de sus hijos.

6. Webb crea un sistema demasiado dependiente de la influencia subjetiva y, por lo tanto, es impreciso y dará lugar a grandes equivocaciones. Una responsabilidad intrínseca de la influencia subjetiva es evidente en el manejo de varios temas por parte de Webb, particularmente en su manejo de los textos relacionados con el rol de la mujer en el matrimonio y en la iglesia. Con pocas excepciones, la selección de textos y la evaluación de los criterios están sesgados para que Webb pueda mostrar una y otra vez cómo el liderazgo masculino en el hogar y en la iglesia es una idea culturalmente relativa. Por ejemplo, posiciona sus tres primeros criterios: (1) Movimiento preliminar, (2) Ideas incipientes y (3) Fallas en la categoría de "criterios convincentes" (pág. 73) porque los tres suponen que hay que pasar a una ética superior que la del Nuevo Testamento. Por lo tanto, estas categorías le permiten afirmar que las enseñanzas del Nuevo Testamento sobre las mujeres son solo "preliminares", y que las excepciones que encuentra en Gálatas 3:28 y en Débora y Junia son los criterios verdaderamente "convincentes" que apuntan a la "ética definitiva" que es mucho mejor que la del Nuevo Testamento, la ética hacia la que apunta el Nuevo Testamento.

Por el contrario, cuando llega al criterio 6, el cual es "Base en la creación original, sección 1: patrones" (pág. 123), Webb introduce varios elementos extraños, como "la agricultura como ocupación" y el "transporte terrestre", elementos que ningún intérprete responsable diría que la Biblia exige para todos en la actualidad. ¿Por qué lo hace? Esto le permite afirmar que "los patrones originales de la creación no ofrecen una guía automática para evaluar lo que es transcultural dentro de las Escrituras" (pág. 126). Pero cuando alguien presenta interpretaciones tan extrañas para poder decir que los patrones de creación original del matrimonio no son claramente transculturales, entonces el lector sospecha, con toda razón, que en la selección del texto ha entrado un sesgo subjetivo.

Del mismo modo, cuando llegamos al criterio 14, "Base en la analogía teológica" (pág. 185), claramente la dificultad para los egalitarianistas va a ser el hecho de que Pablo hace una analogía entre la relación de un marido y una mujer y la relación entre Cristo y la iglesia en Efesios 5:22-33. ¿Cómo elude Webb la solidez del argumento de que esto se trata obviamente de una comparación transcultural? Para esto afirma que hay otras "analogías teológicas en las Escrituras que no son transculturales" y afirma que la esclavitud, la monarquía y la *mano derecha* también se apoyan en la "analogía teológica" dentro de las Escrituras (págs. 186-187). El problema es, obviamente, que los ejemplos no son paralelos. La Biblia nunca afirma: "Respaldad la monarquía como el mejor sistema de gobierno porque

Dios es un rey celestial", o "Respaldad la esclavitud como institución porque Dios es el máximo dueño de esclavos en el cielo", o "Es mejor ser diestro porque Cristo está sentado a la derecha de Dios". Así pues, los ejemplos de Webb no son paralelos al ejemplo de la declaración de Pablo:

> el marido es cabeza de la mujer, así como Cristo es cabeza de la iglesia. [...] Como la iglesia está sujeta a Cristo, así también las casadas lo estén a sus maridos en todo. Maridos, amad a vuestras mujeres, así como Cristo amó a la iglesia, y se entregó a sí mismo por ella. (Ef 5:23-25)

El hecho de que Webb introduzca lo que él llama ejemplos de "analogía teológica" que no son realmente paralelos es en mi opinión una prueba del sesgo subjetivo en la formulación y desarrollo de sus criterios. Cuando introduce estos ejemplos, es capaz de clasificar la "base en la analogía teológica" como un criterio "no concluyente" (pág. 185), uno que realmente no puede utilizarse con razón para demostrar que la sumisión de la esposa a su marido es transcultural.

Webb aplica un procedimiento similar en el criterio 16, "Apelación al Antiguo Testamento" (pág. 201). Para demostrar que este también es un criterio "no concluyente", Webb presenta ejemplos que no son paralelos a las citas del Antiguo Testamento relativas al rol de la mujer. Webb afirma que "varios textos sobre esclavos y amos dentro del Nuevo Testamento se basan en gran medida en el Antiguo Testamento para la formulación de sus ideas y palabras" (pág. 202), pero los pasajes que menciona (como 1 P 2:22-25) son simplemente utilizados por los autores del Nuevo Testamento para mostrar que los cristianos deben confiar en Dios cuando son maltratados, y los pasajes no afirman de ninguna manera que el maltrato a otros sea apropiado o que la esclavitud sea una institución moralmente correcta. Del mismo modo, cuando Webb habla de "reyes y súbditos", afirma: "Los textos sobre la monarquía dentro del Nuevo Testamento derivan su mensaje en gran medida del Antiguo Testamento" (pág. 203), y menciona en particular 1 Pedro 2:13-17 y Romanos 13:1-5. Pero estos pasajes no respaldan lo que afirma Webb, sino que indican que los cristianos deben estar sujetos a la autoridad gobernante, pero no citan en ninguna parte el Antiguo Testamento para demostrar que la monarquía es obligatoria como institución. Webb incluso llega a afirmar en esta sección que el "ósculo santo" y el "lavado de pies" están respaldados por el Antiguo Testamento (págs. 203-204), aunque nunca se citan versículos del Antiguo Testamento que los respalden.

Cuando Webb ha afirmado que todas estas cosas están respaldadas por el Antiguo Testamento pero no son transculturales, es la base sobre la que afirma que las enseñanzas del Nuevo Testamento sobre el rol de la mujer no son transculturales solo porque están respaldadas por citas del Antiguo Testamento (menciona 1 Corintios 14:34, 1 Timoteo 2:14-15 [sic] y 1 Pedro 3:5-6) (pág. 204). Pero como sus otros ejemplos "culturales" no son paralelos, este argumento tiene poca validez.

Entonces, ¿por qué Webb introduce estos ejemplos que no son paralelos en su criterio 16, "Apelación al Antiguo Testamento"? Los lectores pueden suponer que en la selección del texto ha intervenido un sesgo subjetivo. Pero los mismos criterios podrían ser fácilmente utilizados por otros, con otros ejemplos seleccionados, para producir resultados sumamente divergentes.

7. Webb niega de manera reveladora la historicidad de Génesis 2-3 para negar la validez contemporánea de la autoridad masculina que él considera que está registrada en el texto. Webb está de acuerdo en que "la práctica de la primogenitura en la que se concede al primogénito la prominencia dentro del 'orden natural' de una unidad familiar" (pág. 135) está presente en la narración de Génesis 2. Webb ve esto como un respaldo a la autoridad masculina dentro del texto de Génesis 2. También considera que así lo entiende Pablo cuando afirma: "Porque Adán fue formado primero, después Eva" (1 Ti 2:13). Pero Webb contempla este tema de la "primogenitura" en Génesis 2 como un componente cultural en ese texto.

Pero ¿cómo pudo haber una influencia cultural cambiante en el huerto del Edén antes de la caída? Webb responde a esta pregunta de tres maneras. En primer lugar, afirma que estas referencias sobre la autoridad masculina pueden ser un recurso literario que anticipa acontecimientos en el futuro, en lugar de registrar con precisión lo que realmente sucedía en el huerto:

> Una segunda cuestión es cómo es posible que haya rasgos culturales en el huerto antes de la influencia de la cultura. Existen varias explicaciones. En primer lugar, los indicios del patriarcado en el huerto pueden haber sido puestos allí para anticiparse a la maldición. (págs. 142-143)

A continuación, Webb afirma que la construcción literaria de Génesis 2-3 incluye al menos otro ejemplo de la "anticipación literaria de la maldición" en la descripción peyorativa de la serpiente como "astuta, más que todos los animales del campo" (Gn 3:1). Webb se cuestiona entonces: "Si el huerto es completamente puro, ¿cómo es posible que ciertas criaturas del reino animal recién creado reflejen astucia? Evidentemente, este texto edénico encierra un *prólogo artístico de los acontecimientos venideros*" (pág. 143, cursiva añadida).

El análisis de Webb asume aquí que *realmente* no hubo pecado ni maldad en el huerto, sino que por un recurso literario el autor describió a la serpiente como "astuta" (siendo así engañosa y por lo tanto pecadora), anticipando de este modo lo que sería luego, después de la caída.

Aquí hay dos problemas. En primer lugar, hace que Génesis 3:1 afirme algo que no era cierto en ese momento, y esto niega la veracidad de una sección de la narrativa histórica en las Escrituras. En segundo lugar, ni siquiera considera la explicación más probable, esto es, que hubo pecado en el mundo de los ángeles en algún momento después de la creación inicial (Gn 1:31) pero antes de Génesis 3:1[6]. Debido a esta rebelión en el mundo de los ángeles (ver 2 P 2:4; Judas 6), el propio Satanás hablaba de alguna manera a través de la serpiente[7]. Así pues, la afirmación

---

[6] Este es un punto de vista muy habitual entre los eruditos evangélicos, pero Webb ni siquiera lo considera. Ver Wayne Grudem, *Systematic Theology: An Introduction to Biblical Doctrine* (Leicester, Reino Unido: Inter-Varsity y Grand Rapids, Michigan: Zondervan, 1994), pág. 412, y las páginas correspondientes a otras teologías sistemáticas en las págs. 434-435.

[7] La serpiente, el acto de engañar y Satanás están conectados en algunos contextos del Nuevo

de Webb de que debe haber una "predicción artística de los acontecimientos venideros" no es convincente con respecto a la serpiente de Génesis 3:1.

Lo mismo debe decirse de su afirmación de que "los indicios del patriarcado en el huerto pueden haber sido puestos allí para anticipar la maldición" (págs. 142-143). En esta afirmación, Webb está diciendo que el patriarcado no existía *realmente* en el huerto, sino que el autor colocó indicios de esto en la historia como una forma de anticipar la situación que se originaría después de que hubiera pecado en el mundo. Esto también es una negación explícita de la exactitud histórica del relato de Génesis 2.

Webb continúa con una segunda explicación para las indicaciones de la autoridad masculina en Génesis 2:

> En segundo lugar, los sosegados ecos del patriarcado en el Edén pueden ser una forma de *describir el pasado mediante categorías presentes.* El relato de la creación puede estar *utilizando las categorías sociales con las que el público de Moisés habría estado familiarizado.* Dios permite a veces este tipo de adecuaciones para no confundir el punto principal que quiere comunicar con factores que son secundarios a ese tema general. (pág. 143, cursiva añadida)[8].

Esta es otra forma en la que Webb niega la historicidad del relato de Génesis 2. Está diciendo que Moisés en la época en que escribió utilizaba "categorías del presente" como el patriarcado para describir el pasado, y que esto era simplemente una "adecuación" de Dios "para no confundir el punto principal". Todo esto quiere decir que el patriarcado no existía realmente en el huerto del Edén, pero de todos modos Moisés lo insertó allí en el Génesis 2 para no confundir a su público en un momento posterior. Así pues, Moisés insertó en Génesis 2 hechos que no eran ciertos.

Por último, Webb da una tercera razón:

> En tercer lugar [...] *el patriarcado del huerto puede reflejar la anticipación de Dios acerca del contexto social en el que Adán y Eva iban a desenvolverse.* Un estilo de vida agrario [...] produciría naturalmente algún tipo de jerarquía entre hombres y mujeres. [...] La presentación de la relación hombre-mujer en formas patriarcales puede ser simplemente una forma de anticipar este primer (y principal) ambiente de vida en el que entraría la humanidad. (pág. 144)

Testamento. Pablo afirma: "temo que como la serpiente con su astucia engañó a Eva, vuestros sentidos sean de alguna manera extraviados de la sincera fidelidad a Cristo" (2 Co 11:3, en un contexto dirigido a los falsos apóstoles a los que califica de siervos de Satanás que "se disfrazan como ministros de justicia", v. 15). Apocalipsis 12 describe a Satanás como "la serpiente antigua, que se llama diablo y Satanás, el cual engaña al mundo entero" (v. 9). Ver también Juan 8:44 y 1 Juan 3:8, que aluden a las etapas iniciales de la historia.

[8] Webb explica en una nota a pie de página que el "punto principal" del relato de la creación "es que Yahveh creó los cielos y todo lo que hay en ellos, y Yahveh creó la tierra y todo lo que hay en ella. Dios lo creó todo" (pág. 143, nota 46).

Nuevamente, Webb considera que el elemento de la primogenitura (Adán siendo creado antes que Eva) en Génesis 2 puede haber sido escrito allí no porque reflejara los hechos reales de la situación en el huerto del Edén, sino *porque Adán y Eva después de pecar entrarían en una situación en la que Adán, como esposo, tenía el dominio sobre su esposa*. Una vez más, esto es una negación explícita de la exactitud histórica de la autoridad de Adán y su creación inicial como se encuentra en Génesis 2. Era simplemente "una *anticipación* práctica y misericordiosa del ambiente agrario al que se dirigían Adán y Eva" (pág. 145, cursiva añadida; repetida en la pág. 151, nota 55).

Es importante comprender cuánto está negando Webb de la narración del Génesis como hecho histórico. No solo niega que hubiera realmente una serpiente "astuta" que hablara con Eva (Gn 3:1), sino que también niega todo *el tema de la primogenitura* que se encuentra en Génesis 2. Es decir, está negando toda la estructura narrativa que muestra al hombre como creación antes que la mujer, ya que esta es la base del tema de la "primogenitura" a la que Webb observa que Pablo se refiere en 1 Timoteo 2:13, "Porque Adán fue formado primero, después Eva".

¿Qué parte de Génesis 2 tiene que ver con esto? ¿Cuánto texto inexacto tiene que ser insertado en Génesis 2, ya sea como un recurso literario que anuncia la caída (razón 1), o como una adecuación a la situación familiar de los lectores en los días de Moisés (razón 2), o como una anticipación de una sociedad agraria que se establecería después de la caída (razón 3)? No es poco.

Según la visión de Webb respecto a la primogenitura en Génesis 2 como recurso literario, toda la narración de Dios poniendo al hombre en el huerto (Gn 2:8) y de poner al hombre en el huerto "para que lo labrara y lo guardase" (2:15) y de mandar al hombre por sí mismo que comiera de todo árbol del huerto, mas no del árbol de la ciencia del bien y del mal (2:16-17), y de afirmar: "No es bueno que el hombre esté solo, le haré una ayuda idónea para él" (2:18), y de traer al hombre toda bestia del campo y toda ave de los cielos para que viese cómo las había de llamar (2:19), y el hombre poniendo nombre a todo ganado y a toda ave de los cielos y a toda bestia del campo (2:20), y el hecho de que no se halló una ayuda idónea para el hombre (2:20), y Dios haciendo caer sueño profundo sobre el hombre y tomando una de sus costillas y haciendo una mujer (2:21-22), toda esta secuencia que es resumida por Pablo cuando declara "Porque Adán fue formado primero, después Eva", todo esto es un mero recurso literario que no ocurrió realmente, según Webb.

Y todo esto le permite afirmar que el criterio 7, "Base en la creación original, sección 2: Primogenitura" es solo un "criterio moderadamente convincente" (pág. 123) para poder decir entonces que la apelación de Pablo a la creación de Adán primero que Eva no es una prueba de una norma ética transcultural.

8. Webb presenta erróneamente que las enseñanzas del Nuevo Testamento sobre los hombres y las mujeres en el hogar y en la iglesia son culturalmente relativas. A lo largo del libro, Webb intenta desmontar la mayoría de los argumentos complementarianistas a favor del liderazgo masculino en el hogar y en la iglesia, alegando que los textos bíblicos sobre dicho liderazgo masculino son culturalmente relativos por diversas razones. Sin embargo, en cada caso, sus intentos por demostrar la relatividad cultural de estos textos no resultan convincentes. En el siguiente punto, considero cada una de las afirmaciones de Webb sobre la relatividad cultural en el orden en que aparecen en su libro.

a. Webb presenta erróneamente que los mandatos del Nuevo Testamento respecto a la autoridad masculina son solo un "movimiento preliminar" y que la ética del Nuevo Testamento necesita más mejoras (Criterio 1): Webb afirma que los mandatos sobre la sumisión de las esposas a sus maridos en Efesios 5:22-33 no son una ética definitiva que debamos seguir hoy, sino que son simplemente una indicación de "hacia dónde apuntan las Escrituras en la cuestión del poder patriarcal" (págs. 80-81). Pero esta afirmación no es convincente porque depende de su suposición de que las normas éticas del Nuevo Testamento no son las normas éticas definitivas de Dios para nosotros, sino que son simplemente un paso en el camino hacia una especie de "ética definitiva" que deberíamos adoptar en la actualidad (págs. 36-39).

b. Webb presenta erróneamente que Gálatas 3:28 es una "idea incipiente" que en última instancia conduciría a la abolición de la autoridad masculina una vez que los cambios culturales hicieran posible adoptar una ética superior a la del Nuevo Testamento (Criterio 2): Una vez más, la concepción de Webb de una "idea incipiente" se basa en su afirmación de que algunos mandatos del Nuevo Testamento son incoherentes con esa idea incipiente, y esos mandatos solo muestran que "el autor bíblico llevó a la sociedad tan lejos como podía llegar en ese momento sin crear más daño que bien" (pág. 73). Webb afirma que la "idea incipiente" es simplemente un indicador que muestra que debe haber "un movimiento posterior" hacia una "ética más plenamente desarrollada" que sea "más justa, más equitativa y más amorosa [...] una mejor ética que la expresada en las palabras aisladas del texto" (pág. 36).

Pero como indiqué anteriormente, no es necesario "ir más allá" de la ética del Nuevo Testamento para argumentar a favor de la abolición de la esclavitud, ya que el Nuevo Testamento nunca aprueba ni autoriza la esclavitud como institución, y nunca afirma que haya sido creada por Dios (como lo fue el matrimonio), y el propio Nuevo Testamento ofrece afirmaciones que con el tiempo llevarían a la abolición de la esclavitud *basándose en la propia ética del Nuevo Testamento*, y no basándose en alguna "ética superior" que se descubriría posteriormente. Del mismo modo, Gálatas 3:28 no debe verse como una "idea incipiente" que apunta a una futura "ética superior", sino como un texto que es totalmente coherente con otras cosas que el apóstol Pablo y otros autores del Nuevo Testamento escribieron sobre las relaciones entre hombres y mujeres. Si tomamos todo el Nuevo Testamento como las propias palabras de Dios para nosotros en el nuevo pacto actualmente, entonces cualquier afirmación de que Gálatas 3:28 debe anular otros textos como Efesios 5 y 1 Timoteo 2 debe verse como una afirmación de que el apóstol Pablo se contradice a sí mismo, y por lo tanto que la Palabra de Dios se contradice a sí misma.

**c. Webb presenta erróneamente que 1 Corintios 7:3-5 establece un modelo

egalitarianista dentro del matrimonio (Criterio 3): En 1 Corintios 7:3-5 Pablo afirma:

> El marido cumpla con la mujer el deber conyugal, y asimismo la mujer con el marido. La mujer no tiene potestad sobre su propio cuerpo, sino el marido; ni tampoco tiene el marido potestad sobre su propio cuerpo, sino la mujer. No os neguéis el uno al otro, a no ser por algún tiempo de mutuo consentimiento, para ocuparos sosegadamente en la oración; y volved a juntaros en uno, para que no os tiente Satanás a causa de vuestra incontinencia.

Webb afirma que la explicación que John Piper y yo dimos para este texto en nuestro libro, *Recovering Biblical Manhood and Womanhood*[9] [Recuperando la masculinidad y feminidad bíblica], anula toda la autoridad masculina dentro del matrimonio. Webb afirma que el enfoque de Piper y Grudem "abandona en última instancia su propia postura" porque "una vez que se ha eliminado cualquier diferencia de poder y se ha establecido la deferencia mutua y el consentimiento mutuo como base para toda la toma de decisiones en un matrimonio (como han hecho Piper y Grudem) no hay nada que haga que el punto de vista sea sustancialmente diferente del egalitarianismo" (pág. 101).

Sin embargo, Webb ha interpretado erróneamente nuestro argumento. En la misma sección a la que se refiere, nosotros afirmamos:

> ¿Qué repercusiones tiene este texto para el liderazgo del marido? ¿El llamamiento a la sujeción mutua a la necesidad sexual y la renuncia a la planificación unilateral anulan la responsabilidad del marido en el liderazgo general del matrimonio? Consideramos que no. Pero este texto [...] deja claro que su liderazgo no implicará decisiones egoístas y unilaterales. (pág. 88)

Por lo tanto, Piper y yo estamos de acuerdo en que 1 Corintios 7:3-5 muestra que hay áreas de obligación mutua entre el marido y la mujer, y que podemos extrapolar de eso y afirmar que el liderazgo del marido en el matrimonio no debe ser un liderazgo egoísta que no escuche las preocupaciones de su mujer. Pero en ese mismo contexto, y en muchas otras partes del libro, sostenemos que el marido tiene un rol de liderazgo autoritario en el matrimonio que la mujer no tiene. Decir que la palabra *autoridad* a veces se malinterpreta no significa que neguemos el concepto. Matizamos y modificamos el concepto de autoridad, como lo hacen las Escrituras en muchos pasajes, pero seguimos afirmándolo en el resto del libro.

d. Webb presenta erróneamente que el único propósito de la sumisión de la esposa a su marido es el evangelismo, o que este propósito ya no es válido (Criterio 4): Al abordar su criterio 4, "Afirmaciones sobre el propósito o la intención", Webb señala que Pedro "indica a las esposas que obedezcan a sus

---

[9] John Piper y Wayne Grudem, eds., *Recovering Biblical Manhood and Womanhood: A Response to Evangelical Feminism* (Wheaton, Illinois: Crossway, 1991), págs. 87–88.

maridos para que los maridos incrédulos 'sean ganados sin palabra' (1 P 3:1)", pero que hoy en día el tipo de "sumisión unilateral, de tipo patriarcal" que Pedro predica "puede en realidad repelerlo e impedir que sea ganado para Cristo". Webb concluye que "el propósito evangelizador declarado del texto no es probable que se cumpla en nuestro contexto actual" (pág. 107-108). Debemos tener muy claro lo que Webb está afirmando aquí. Está afirmando que las esposas con maridos incrédulos hoy en día no deben obedecer 1 Pedro 3:1-2, que indica:

> Asimismo vosotras, mujeres, estad sujetas a vuestros maridos; para que también los que no creen a la palabra, sean ganados sin palabra por la conducta de sus esposas, considerando vuestra conducta casta y respetuosa.

Un problema con la afirmación de Webb es que trivializa el testimonio de miles de mujeres cristianas que todavía hoy tienen maridos incrédulos que *han* sido ganados por el comportamiento sumiso de sus esposas creyentes.

Un segundo problema con la afirmación de Webb es que convierte el evangelismo cristiano del primer siglo en la principal estrategia de venta por efecto señuelo (bait and switch). Webb afirma que el mandato de Pedro buscaba atraer a los maridos no cristianos por el comportamiento sumiso de sus esposas, pero una vez que estos hombres se convirtieran en cristianos y comenzaran a crecer hacia la madurez, descubrirían las "ideas incipiente" para la igualdad y la "sumisión mutua" en textos como Gálatas 3:28, y luego (según Webb) aprenderían que *este mandato de sumisión por parte de sus esposas es un patrón moralmente deficiente* que tiene que ser abandonado en favor de una postura egalitarianista. Por lo tanto, según la lógica de la postura de Webb, el evangelismo del primer siglo fue una maniobra engañosa donde la Palabra de Dios le ordenaba a las personas usar un patrón de comportamiento moralmente deficiente solo para ganar a los incrédulos.

El tercer problema con la explicación de Webb es que da pie a que las personas desobedezcan muchos otros mandatos del Nuevo Testamento si creen que la razón dada para el mandato ya no se cumplirá en nuestra cultura moderna. Por ejemplo, el mandato de someterse al gobierno humano también se basa en un buen resultado esperado:

> Por causa del Señor someteos a toda institución humana, ya sea al rey, como a superior, ya a los gobernadores, como por él enviados para castigo de los malhechores y alabanza de los que hacen bien. Porque esta es la voluntad de Dios: *que haciendo bien, hagáis callar la ignorancia de los hombres insensatos.* (1 P 2:13-15)

Pero las personas hoy en día podrían afirmar que someterse al gobierno podría no "acabar con la ignorancia de los insensatos", porque algunos gobiernos en algunas sociedades actualmente están tan endurecidos contra el evangelio que no les hará ninguna diferencia. Por lo tanto (según el razonamiento de Webb), tampoco tenemos que obedecer ese mandamiento[10] .

---

[10] Webb afirma que debemos someternos a la ley hoy en día, no a los líderes políticos (pág. 107), pero

Un cuarto problema con el enfoque de Webb es que no tiene para nada en cuenta las otras razones dadas en el Nuevo Testamento sobre la sumisión de la esposa a su marido. Pablo afirma:

> Las casadas estén sujetas a sus propios maridos, como al Señor; porque el marido es cabeza de la mujer, así como Cristo es cabeza de la iglesia [...] (Ef 5:22-23)

Del mismo modo, cuando Pablo habla de someterse a "las autoridades superiores" no da como razón el evangelismo, sino que expresa que el representante del gobierno "es el siervo de Dios, un vengador que ejecuta la ira de Dios sobre el malhechor. Por lo tanto, hay que estar sometido, no sólo para evitar la ira de Dios, sino también por el bien de la conciencia" (Ro 13:4-5).

Es mejor rechazar la hermenéutica del movimiento redentor de Webb y ver el Nuevo Testamento como las palabras de Dios para nosotros hoy en día, palabras que contienen las normas moralmente puras de Dios para que las obedezcamos, y obedecer *todos* los mandatos del Nuevo Testamento *simplemente porque son las palabras de Dios*, quien nos hace responsables de obedecerlas. No tenemos el derecho de afirmar, como implica la postura de Webb: "Si una esposa se somete hoy en día a su marido incrédulo según 1 Pedro 3:1, no considero que esto ayude a la evangelización en nuestra cultura moderna, así que las mujeres no deberían seguir ese texto hoy en día". Esto es simplemente establecer nuestro propio juicio moral como una norma superior a la Palabra de Dios.

e. Webb presenta erróneamente que el hecho de que Adán nombre a Eva en Génesis 2 solo indica igualdad (discutido en el Criterio 5): Webb afirma que cuando Adán llama a la mujer *'ishshah* en Génesis 2:23, al ser una palabra para "mujer" que suena como la palabra hebrea para hombre (*'ish*), esto demuestra que "Adán manifiesta una afinidad entre la mujer y él mismo. Este acto de nombrar convierte al hombre y a la mujer en socios al señorear en el reino animal/vegetal" (pág. 116).

Este argumento no es convincente porque los nombres de "hombre" y "mujer" son similares pero no son idénticos (*'ish* e *'ishshah*), por lo que son hasta cierto punto iguales y hasta cierto punto diferentes. Para Webb, afirmar que este nombre *solo* indica igualdad es sencillamente reduccionista: es tomar una parte de la verdad y convertirla en toda la verdad. Los nombres significan *tanto* la semejanza *como* la diferencia.

En segundo lugar, Webb no tiene en consideración la razón más contundente por la que este proceso demuestra la autoridad masculina, y es que en todo el Antiguo Testamento el que da un nombre a otro tiene autoridad sobre el que recibe ese nombre. Por lo tanto, así como la acción previa de Adán de nombrar a los animales mostraba que él tenía el derecho de nombrarlos porque tenía autoridad sobre ellos,

---

la amonestación de Pedro de someterse a "toda institución humana" seguramente incluiría tanto a la ley como a los funcionarios del gobierno. El hecho es que nos sometemos no solo a la ley, sino a las personas que hacen cumplir la ley y que son los representantes del gobierno y llevan su autoridad en la actualidad.

la acción de Adán de dar un nombre a la mujer es una demostración del hecho de que Dios le había concedido a Adán una autoridad o rol de liderazgo frente a su esposa.

f. Webb presenta erróneamente que hubo componentes culturalmente relativos en el huerto del Edén antes de la caída (Criterio 6): En primer lugar, Webb intenta minimizar la importancia del hecho de que Dios llamara a Adán a rendir cuentas primero, tras haber pecado Adán y Eva (Gn 3:9). Webb admite que esto podría calificarse como "un silencioso indicio del patriarcado" (pág. 130), pero esto es minimizar lo que está ahí en las Escrituras. Si este es el obrar de *Dios* y la exhortación de Dios a Adán, ¡es cualquier cosa menos un indicio! Esta es la acción del Dios soberano del universo llamando al hombre a rendir cuentas primero por lo que había sucedido en su familia (aunque Eva había pecado primero). Esto muestra que Dios consideraba a Adán el principal responsable de lo que había sucedido.

En cuanto a la propia narrativa anterior a la caída, Webb afirma encontrar algunos elementos culturalmente relativos dentro del relato, como "la agricultura como ocupación" y "el transporte terrestre" y una "dieta vegetariana" (págs. 124-125). Pero esta es una lista de ejemplos poco convincentes porque Webb no toma en consideración la naturaleza de los elementos que enumera. Indudablemente, nada en el texto insinúa, y ningún intérprete responsable afirma, ¡que estos hechos son presentados como las *únicas* actividades que pueden realizar los seres humanos! Por lo tanto, no está claro por qué Webb considera que pueden contarse como ejemplos de principios "culturalmente relativos".

El punto que Webb pasa por alto es que todo lo que hay en el huerto es *bueno* porque ha sido creado por Dios y fue declarado por él como "bueno en gran manera" (Gn 1:31). Por lo tanto, cultivar y obtener alimentos de la tierra es bueno. Caminar por el jardín es bueno. Los vegetales son buenos. Tener hijos es bueno. Ninguna de estas cosas es superada posteriormente por una "ética superior" que declararía que la bondad de estas cosas es culturalmente relativas, ¡de modo que la agricultura ya no sería buena, o caminar sobre la tierra ya no sería bueno, o los vegetales ya no serían buenos, o tener hijos ya no sería bueno!

Del mismo modo, tenemos en el huerto la igualdad entre el hombre y la mujer junto con la autoridad masculina en el matrimonio, lo cual también es *bueno* y ha *sido creado por Dios*, y no deberíamos hacer como Webb al pensar que podemos crear un día una "ética superior" que declare que la autoridad masculina es algo que no es bueno o que *no* está aprobado por Dios[11].

g. Webb presenta erróneamente que 1 Timoteo 2:13, "Porque Adán fue formado primero, después Eva", es culturalmente relativo (Criterio 7): La razón por la que los egalitarianistas encuentran 1 Timoteo 2:13 particularmente complicado es porque Pablo utiliza el relato de la creación original, en el que "Porque Adán fue

---

[11] Algunas cosas que Webb afirma que existen en el huerto, como la práctica de guardar el sabbat o el sexto día de la semana laboral (págs. 125-126), son interpretaciones cuestionables, y no es evidente que hayan estado presentes en el huerto. Por lo tanto, no constituyen un argumento convincente de que algunas cosas del huerto son culturalmente relativas.

formado primero, después Eva", como base para decir: "Porque no permito a la mujer enseñar, ni ejercer dominio sobre el hombre, sino estar en silencio" (1 Ti 2:12). Si la creación original de Dios de Adán y Eva fue buena en gran manera y sin pecado (que lo fue), y si Pablo ve en la creación de Adán antes que Eva una muestra de que algunas funciones de enseñanza y liderazgo en la iglesia del Nuevo Testamento deberían estar reservadas a los hombres (que Webb está de acuerdo en que es el razonamiento de Pablo), entonces es difícil evitar la conclusión de que la creación de Adán antes que la de Eva muestra un principio permanente y transcultural que respalda algunos tipos de funciones de enseñanza y liderazgo exclusivamente para hombres en la iglesia para todas las generaciones.

Webb intenta evitar esto afirmando que hay algunas cuestiones culturalmente relativas en el relato de la creación original. Pero como señalé en la sección anterior, Webb no tiene en consideración el hecho de que todo lo que hay en la creación original es moralmente *bueno* y libre de pecado, y esto incluye la autoridad de Adán en el matrimonio. Además de esto, si el razonamiento de Webb fuera correcto, entonces Pablo tampoco podría haber apelado al relato de la creación en el primer siglo, porque la gente en el primer siglo no se limitaba a la "agricultura como ocupación" (¡Pablo era un fabricante de tiendas!), y la gente en el primer siglo no se limitaba al "transporte terrestre" (¡Pablo viajaba por mar!), y no todas las personas en el primer siglo estaban casadas (¡tanto Jesús como Pablo eran solteros!), y no se exigía que todos tuvieran hijos (¡tanto Jesús como Pablo eran solteros!), y no había restricción alguna que impidiera ser vegetariano (Pablo aprobaba el consumo de carne, Ro 14:2-4; 1 Co 10:25-27). Por lo tanto, el propio apóstol Pablo no creía que ninguno de los factores considerados "culturalmente relativos" por Webb se encontraran realmente en el propio relato de la creación, o pudieran utilizarse para demostrar que no era válido apelar a la creación de Adán antes que a la de Eva para obtener principios transculturales que se aplicaran a la conducta dentro de la iglesia del Nuevo Testamento. En resumen, a Pablo no le convencía ninguno de los factores que Webb afirma para mostrar la relatividad cultural en el relato de la creación. Pablo sabía que todos esos factores estaban allí, pero aún así creía que "Porque Adán fue formado primero, después Eva" daba un fundamento válido para afirmar un principio transcultural perdurable.

El argumento de Webb de que el autor del Génesis proyectó circunstancias posteriores en el relato del huerto del Edén y, por lo tanto, colocó la primogenitura en el relato de Génesis 2, aunque de hecho no ocurrió así (págs. 142-145; ver la discusión anterior), tampoco es convincente, porque niega la veracidad histórica de extensas secciones de la narración de Génesis 2.

Por último, Webb objeta que si los complementarianistas consideran seriamente el argumento de Pablo en 1 Timoteo 2:13, entonces, para ser consecuentes, deberíamos argumentar que la primogenitura debería practicarse también en la actualidad. Afirma: "Es interesante que quienes apelan a la primogenitura para consolidar el estatus transcultural de 1 Timoteo 2:13 digan muy poco sobre la aplicación sostenible de otros textos acerca de la primogenitura en nuestras vidas" (pág. 142).

Pero aquí Webb simplemente confunde la cuestión. La Biblia nunca afirma nada como "Todas las familias deben dar una doble porción de la herencia al hijo primogénito, porque Adán fue formado primero, después Eva". La Biblia nunca ordena tal pensamiento, y el propio Webb muestra cómo la Biblia rechaza con frecuencia tal práctica (ver págs. 136-139). Webb ha implantado en la discusión una idea de "coherencia" que es ajena a la propia Biblia. Webb argumenta básicamente lo siguiente:

1. La Biblia hace una aplicación a partir de la creación previa de Adán.
2. Si usted afirma que la Biblia es correcta en esta primera aplicación, entonces *tiene que* afirmar que la Biblia hace *otras* aplicaciones a partir de la creación previa de Adán.

Pero ese razonamiento no es válido. ¡No somos libres de afirmar que la Biblia "debería" hacer aplicaciones que en realidad no hace! Esta decisión está en manos de Dios, no de nosotros.

La coherencia en este asunto es simplemente afirmar lo que dice la Biblia, y no negar la validez de ninguno de los procesos de razonamiento de las Escrituras (como intenta hacer Webb con 1 Ti 2:13), así como no añadir nada a los mandatos de las Escrituras (como Webb intenta empujar a los complementarianistas a hacer con respecto a este texto). La "coherencia" no implica que debamos hacer todo tipo de aplicaciones de un principio bíblico incluso cuando la Biblia no hace esas aplicaciones; más bien, la consistencia consiste en afirmar que la aplicación que Pablo hizo de Génesis 2 es válida y buena, y las Escrituras también nos exigen que la afirmemos como un principio transcultural hoy en día.

Pablo afirma en 1 Timoteo 2:12-13 que la creación previa de Adán demuestra al menos una cosa, y es que en la iglesia que se reúne, una mujer no debe "enseñar" ni "ejercer dominio sobre un hombre" (1 Ti 2:12). ¿Debemos considerar que Pablo se equivocó?

h. Webb presenta erróneamente que Gálatas 3:28 es el diseño de la "nueva naturaleza" que derriba el diseño de la "antigua naturaleza" del liderazgo masculino en el hogar y la iglesia (Criterio 8): Webb afirma que existen muchas declaraciones "en Cristo" como la de Gálatas 3:28, que nos indica que "no hay varón ni mujer; porque todos vosotros sois uno en Cristo Jesús". Estas declaraciones "en Cristo", afirma, "deberían tener prioridad sobre los modelos de la antigua naturaleza" que incluyen lo que Webb entiende como "patriarcado" dentro de los modelos de la "antigua naturaleza". Según él, "la teología de la nueva naturaleza transforma el estatus de todos sus participantes [...] en uno de igualdad. [...] La misma [...] favorece en gran medida una postura egalitarianista" (pág. 152).

También en este caso, Webb no tiene debidamente en cuenta el hecho de que la autoridad masculina en el matrimonio que existía en el huerto era en sí misma "buena en gran manera" a los ojos de Dios, y no deberíamos buscar una ética moralmente superior para sustituirla. Además, Webb no toma en cuenta otras declaraciones de la "nueva naturaleza" que afirman la autoridad masculina en el matrimonio, como Colosenses 3:18, "Casadas, estad sujetas a vuestros maridos, como conviene *en el Señor*". Este mandato forma parte de la nueva naturaleza "en Cristo" o "en el Señor", así como como "Hijos, obedeced en el Señor a vuestros padres, porque esto es justo" (Ef 6:1) es parte de la nueva naturaleza en Cristo. De hecho, los mandatos de Pablo como apóstol para la iglesia del Nuevo Testamento son parte de la "nueva naturaleza" en Cristo, y por lo tanto "no permito a la mujer enseñar, ni ejercer dominio sobre el hombre" *también es parte de esa nueva naturaleza*, porque es parte de la enseñanza del Nuevo Testamento para la iglesia después de Pentecostés.

i. Webb presenta erróneamente que la Biblia adoptó el liderazgo masculino porque no había otras opciones (Criterio 9): Webb afirma: "Es razonablemente prudente asumir, por tanto, que la realidad social de los escritores bíblicos era el mundo del patriarcado. [...] Esta consideración aumenta la probabilidad de que el patriarcado sea un componente cultural dentro de las Escrituras" (págs. 154-155). Webb explica que esto se debe a que una postura egalitarianista con respecto al matrimonio o la iglesia simplemente no era una opción, dada la cultura que los rodeaba.

Pero este criterio no es muy convincente. El Nuevo Testamento enseña muchas cosas que no se encontraban en la cultura de su entorno. No había gente en la cultura de alrededor que creyera en Jesús como el Mesías antes de que él viniera. Incluso Webb admite que la idea de que los maridos deben amar a sus esposas como Cristo amó a la iglesia fue revolucionaria en términos de la cultura circundante. La idea de que pudiera haber una iglesia formada por judíos y gentiles que se unieran en igualdad de condiciones no era una opción en la cultura circundante.

Lo cierto es que las Escrituras suelen desafiar y transformar las sociedades y culturas a las que se dirige. Por lo tanto, si un modelo verdaderamente egalitarianista para el matrimonio hubiera sido lo que Dios quería para su pueblo, seguramente podría haberlo proclamado claramente a través de las páginas del Nuevo Testamento y de las enseñanzas de Jesús y los apóstoles. Pero (como admite Webb) el propio Nuevo Testamento no enseña una postura tan plenamente egalitarianista. (Según Webb, tenemos que ir "más allá" de la ética del Nuevo Testamento para alcanzar el pleno egalitarianismo).

j. Webb presenta erróneamente que el principio general de "justicia" invalida los mandatos específicos del Nuevo Testamento sobre el liderazgo masculino (Criterio 13): Webb plantea: "¿La desigualdad de poder entre hombres y mujeres viola una teología de la justicia? ¿Hay algún indicio de desigualdad o injusticia en el trato a las mujeres en la Biblia?" (pág. 181). La respuesta de Webb es que "los principios generales o globales de las Escrituras parecen favorecer el movimiento desde un patriarcado sutil hacia una postura egalitarianista" (pág. 184)[12].

---

[12] Lo que Webb denomina "patriarcado sutil" parece ser la postura que él considera que el Nuevo Testamento enseñaba para su época, porque considera que es la postura de la que debemos "partir". También es esencialmente la postura que sostenemos el *Council on Biblical Manhood and Womanhood* [Consejo sobre la Masculinidad y Feminidad Bíblica] y mi persona, postura a la cual he denominado "complementarianista"; ver Webb, págs. 26-27.

El problema del análisis de Webb en este caso es que confronta las Escrituras con las Escrituras. No somos libres de tomar "principios generales" como la "justicia" o el "amor" y luego afirmar que tienen prioridad sobre las enseñanzas específicas de las Escrituras. ¿Debemos proclamar que los mandatos de la Biblia en Efesios 5 o 1 Timoteo 2 son "injustos"?

Otro problema con todo el criterio 13 de Webb (sobre los principios específicos frente a los generales) es que permite a un intérprete seleccionar cualquier "principio general" que quiera, y así dirigir la discusión en una u otra dirección. Webb elige los principios generales de "justicia" e "igualdad", pero ¿por qué deben ser estas las razones principales? ¿Por qué no elegir el principio general de "la imitación de Cristo" al someterse a la autoridad legítima y a la voluntad de su Padre? ¿Por qué no elegir el principio general de "someterse a la autoridad legítima" que se encuentra en muchos niveles de la Biblia, y que incluso se encuentra en la relación del Hijo con el Padre en la Trinidad? Evidentemente, Webb no escoge este principio general porque conduce a una postura complementarianista.

Este procedimiento de argumentar que algún principio general invalida textos específicos de las Escrituras no es una idea nueva para Webb. Es notablemente similar al procedimiento que utilizaban los liberales a principios del siglo XX, cuando apelaban al principio general del "amor de Dios" para invalidar las enseñanzas específicas de la Biblia sobre la ira de Dios, y en particular sobre el hecho de que la ira de Dios se descargara sobre su Hijo en la cruz por nuestros pecados. De este modo, los liberales solían negar el principio de la expiación, es decir, la doctrina de la muerte de Cristo como sacrificio sustitutorio que cargó sobre sí la ira de Dios por nuestros pecados (la doctrina sustitutiva de la expiación).

Por lo tanto, este criterio (el Criterio 13 de Webb, "Instrucciones específicas frente a principios generales") es uno de los más peligrosos entre los criterios de Webb porque tiene la fuerza como para dar legitimidad a desobedecer los textos específicos de las Escrituras sobre cualquier tema que resulte incómodo y sobre el que la gente pueda encontrar algún "principio general" que lo invalide. El principio del "amor de Dios" podría invalidar la doctrina del infierno o podría invalidar la idea de que no todos serán salvos. El principio de la "gracia de Dios" podría invalidar la necesidad de estar a la altura de unos rasgos de carácter específicos para los ancianos de la iglesia. El principio de la "gracia y el perdón de Dios" podría utilizarse para invalidar las enseñanzas específicas del Nuevo Testamento sobre el divorcio y el nuevo matrimonio. Y así sucesivamente.

El propio Webb afirma que este criterio es "posible que se utilice mal" (pág. 183), con lo que estoy totalmente de acuerdo. Pero luego afirma que igualmente es "sumamente útil" (pág. 183), afirmación con la que debo discrepar rotundamente. Las Escrituras no se contradicen con las Escrituras.

k. Webb presenta erróneamente que la sumisión de la esposa puede ser culturalmente relativa porque se basa en una analogía con Cristo o con Dios (Criterio 14): Webb argumenta que hay una serie de normas culturalmente relativas en la Biblia, como la "esclavitud" o la "monarquía" o la "mano diestra" (págs. 186-187), que se basan en una analogía con Cristo o con Dios, y por lo tanto, no es válido afirmar que las enseñanzas del Nuevo Testamento sobre la autoridad masculina son transculturales porque se basan en una analogía con Cristo o con Dios. En concreto, Webb sostiene que Efesios 5:22-33 y 1 Corintios 11:3 no deben considerarse transculturales solo porque dependen de una "analogía teológica" (págs. 188-189).

Pero una vez más Webb ha mezclado cosas que no son paralelas. Primera de Corintios 11:3 establece un paralelismo entre la autoridad del Padre con respecto al Hijo y la autoridad de un marido con respecto a su esposa:

> Pero quiero que sepáis que Cristo es la cabeza de todo varón, y el varón es la cabeza de la mujer, y Dios la cabeza de Cristo.

Pero la Biblia nunca hace afirmaciones como esta con respecto a las otras categorías que menciona Webb. No encontramos en ninguna parte de las Escrituras afirmaciones como estas:

> Quiero que sepáis que los diestros están por encima de los zurdos, porque Cristo está sentado a la derecha de Dios.

> Pero quiero que sepáis que la esclavitud es el mejor sistema económico, porque Dios es el gran esclavista y todos vosotros sois sus esclavos.

> Quiero que sepáis que la monarquía es la forma de gobierno que deberían adoptar todas las naciones, porque Dios es el rey supremo del universo y todos vosotros sois sus súbditos.

Todas estas son afirmaciones ridículas que las Escrituras nunca harían. Por supuesto que Dios es el rey del universo y por supuesto que Jesús *sí está* sentado a la diestra de Dios, pero la Biblia nunca razona a partir de estas cuestiones para llegar al tipo de afirmaciones ridículas que Webb tendría que hacer en la Biblia para que su argumento funcione con respecto a la naturaleza culturalmente relativa de algunos paralelismos teológicos.

Otro problema con el argumento de Webb aquí es que se basa una vez más en su suposición subjetiva de que es posible avanzar hacia una "mejor ética" (pág. 32) que la ética del Nuevo Testamento. Pero consideremos una vez más 1 Corintios 11:3:

> Pero quiero que sepáis que Cristo es la cabeza de todo varón, y el varón es la cabeza de la mujer, y Dios la cabeza de Cristo.

¿Debemos saber que "Dios es la cabeza de Cristo" solo es aplicable a ciertas culturas y a ciertas épocas? ¿Debemos saber que "Cristo es la cabeza de todo varón" solo es aplicable a ciertas culturas y a ciertas épocas? Por supuesto que no (a menos que Webb también considere que estas afirmaciones son culturalmente relativas). Pero si las primera y tercera frase de este versículo son transculturales, ¿no debemos considerar también transcultural la segunda frase, "el varón es la cabeza de la mujer"? El razonamiento de Pablo aquí indica que hay un paralelismo entre la relación eterna del Padre con el Hijo y la Trinidad y la relación de una esposa con su marido. Y si Pablo está en lo cierto al afirmar que existe tal paralelismo, entonces la autoridad de un marido con respecto a su esposa es indudablemente transcultural. Webb no ha mostrado ningún pasaje del Nuevo Testamento en el que tal argumento sea culturalmente relativo.

Las mismas consideraciones se aplican a Efesios 5:22-33, donde Pablo afirma:

> Las casadas estén sujetas a sus propios maridos, como al Señor; porque el marido es cabeza de la mujer, *así como Cristo es cabeza de la iglesia*.

Pablo está fundamentando su mandato en el hecho de que la relación entre un esposo y una esposa es semejante a la relación entre Cristo y la iglesia. Esta también es una verdad transcultural. ¿Podría afirmar Webb que "Cristo es cabeza de la iglesia" es algo culturalmente relativo? *Webb no ha presentado ningún ejemplo del Nuevo Testamento en el que un mandato culturalmente relativo se fundamente de forma similar en una apelación a la conducta de Cristo o a su relación con la iglesia.*

Contrario a lo que afirma Webb en la página 186, ¡1 Pedro 2:18-25 no *respalda* la esclavitud sobre la base de la sumisión de Cristo al sufrimiento! Primera de Pedro 2 explica a los cristianos *cómo han de padecer* por imitar el ejemplo de Cristo, pero no por esto *promueve la persecución* de los cristianos ni afirma que dicha persecución o maltrato sean correctos. Del mismo modo, no argumenta: "La esclavitud es una institución moralmente buena porque Cristo se sometió al maltrato". El Nuevo Testamento nunca hace tal afirmación.

La otra respuesta de Webb a Efesios 5 y 1 Corintios 11 es afirmar que si Pablo se hubiera dirigido a una cultura diferente habría ordenado algo distinto:

> Si Pablo se hubiera dirigido a una cultura egalitarianista, podría haber utilizado la misma analogía cristológica (con su componente transcultural) y reaplicarla a una relación egalitarianista entre marido y mujer. Simplemente habría exhortado al marido y a la mujer a amarse sacrificialmente el uno al otro. (págs. 188-189)

Esta gran declaración revela lo profundamente comprometido que está Webb con la búsqueda de una ética egalitarianista que sea "mejor que" la enseñada en el Nuevo Testamento. Aunque admite que P*ablo no enseñó una visión egalitarianista del matrimonio*, afirma que *Pablo habría enseñado una visión egalitarianista del matrimonio* si se hubiera dirigido a una cultura diferente, ¡como nuestra cultura egalitarianista de ahora! Webb no se somete en absoluto a lo que Pablo enseñó, pero aquí, como en otras ocasiones, se siente con la libertad de utilizar su especulación sobre lo que Pablo "podría haber" enseñado en una situación diferente como una autoridad moral superior a lo que Pablo realmente enseñó.

Como mencioné anteriormente, Webb también afirma que la Biblia en Oseas 2 respalda la idea de que un marido discipline físicamente a su esposa según la analogía de Dios, que disciplina al pueblo de Israel (págs. 189-190). Pero aquí Webb está asumiendo una visión muy improbable de Oseas 2, y con seguridad está asumiendo una visión moralmente negativa de Dios y de la Biblia, porque está afirmando que en su tiempo, Oseas 2 podría haber sido utilizado correctamente por maridos dentro de Israel como justificación para despojar y desnudar a sus esposas y confinarlas físicamente, ¡disciplinándolas así por sus malas acciones! Esto es algo que la Biblia no enseña en ninguna parte, y definitivamente no se enseña en Oseas 2, pero Webb afirma que se enseña allí para encontrar otro texto de "analogía teológica" que pueda afirmar como transcultural. Esto conlleva un largo tramo, y es cualquier cosa menos convincente.

l. Webb presenta erróneamente que las listas sobre el sometimiento del Nuevo Testamento tienen algunos mandatos relativos a la cultura y otros transculturales (Criterio 15): Webb afirma que cuando observa las "listas sobre el sometimiento" dentro del Nuevo Testamento, dos de los puntos están "ligados a la cultura" (la monarquía y la esclavitud), mientras que dos son "transculturales" (hijos/padres y congregación/ancianos) (pág. 196). Por lo tanto, afirma que no es seguro que el mandato de sujeción de la esposa/esposo sea cultural o transcultural, basándose únicamente en este criterio.

El problema con el análisis de Webb aquí es la forma en que descarta dos de los mandatos del Nuevo Testamento como culturalmente relativos. Según Webb, el mandamiento "Por causa del Señor someteos a toda institución humana, ya sea al rey, como a superior, ya a los gobernadores, como por él enviados para castigo de los malhechores y alabanza de los que hacen bien" (1 P 2:13-14) es "culturalmente relativo" y tenemos que avanzar hacia una mejor ética que la del Nuevo Testamento, una ética en la que ya no tengamos que someternos a los gobernantes. Pero un mejor enfoque, y el que utilizan los evangélicos que no consideran que podemos avanzar hacia una "mejor ética" que la del Nuevo Testamento, sería afirmar que seguimos *obedeciendo* ese mandamiento, pero que debemos *aplicarlo* al paralelismo más cercano a nuestra situación actual, que es someternos a las autoridades del gobierno en el que nos encontramos. De hecho, Pedro lo permite cuando habla de "toda institución humana", y Pablo hace el mismo tipo de afirmación general, sin mencionar siquiera a un "rey", sino diciendo simplemente: "Sométase toda persona a *las autoridades superiores*" (Ro 13:1). No veo ninguna razón por la que debamos tratar de ir más allá de esta enseñanza del Nuevo Testamento o considerarla culturalmente relativa.

Del mismo modo, los cristianos hoy en día pueden obedecer el mandato "Siervos, obedeced a vuestros amos terrenales" (Ef 6:5) *aplicándolo* a la situación paralela más cercana en nuestra cultura moderna, es decir, una situación de empleados sometidos y obedientes a sus empleadores. La condición del "esclavo" (en griego, *doulos*) era por lo general muy diferente a los horribles abusos encontrados en la esclavitud americana del siglo XIX, y era de hecho la situación laboral más común en el mundo antiguo[13]. Hacer una aplicación en paralelo con los empleados en su relación con sus empleadores sigue significando someterse a la ética del Nuevo Testamento y obedecerla, y es muy diferente del sistema de Webb, en el que ya no debemos obedecer esta ética sino avanzar hacia una "mejor ética" en la que los empleados no tienen que obedecer las directivas de sus empleadores, sino que

---

[13] Ver la discusión sobre la esclavitud en el cap. 16, pág. 441.

simplemente tienen que "cumplir los términos de su contrato lo mejor que puedan" (pág. 38) con la esperanza de que avancemos hacia la "ética definitiva" de Webb, la cual cuenta con "mejores salarios para todos" (pág. 37; no explica en ninguna parte esta perogrullada utópica. ¿Deben ganar todos $10 000 000?)

m. Webb presenta erróneamente que las esposas debían estar sujetas a sus maridos solo porque eran más jóvenes y menos educadas (Criterio 17): Webb afirma que era lógico que las esposas estuvieran sujetas a sus maridos en la cultura antigua porque tenían menos educación, menos exposición social, menos fuerza física y eran considerablemente más jóvenes que sus maridos (págs. 213-214). Pero estas razones, afirma Webb, ya no se aplican hoy en día, y por lo tanto el mandato de que las esposas estén sujetas a sus maridos debe considerarse como culturalmente relativo. Una esposa en la actualidad solo debe dar cierto tipo de "honor" y "respeto" a su marido (pág. 215).

Sin embargo, el argumento de Webb aquí no es convincente, porque estas no son las razones que la Biblia da para que las esposas estén sujetas a sus maridos. Las razones que da la Biblia son el paralelismo de la relación de Cristo con la iglesia (Ef 5:22-24) y el paralelismo de la relación entre el Padre y el Hijo en la Trinidad (1 Co 11:3). Otra razón que da Pablo es que esto es lo que "conviene en el Señor" (Col 3:18). Otra razón es que forma parte de "lo que es bueno" (Tito 2:3-4 NTV), y otra razón es que los maridos incrédulos sean "ganados sin palabra por la conducta de sus esposas" (1 P 3:1).

Las razones de Webb aquí son meramente especulativas, y no hay ningún indicio de que los autores bíblicos tengan en cuenta estos factores al dar estos mandatos. Además, estos mandatos del Nuevo Testamento se aplican a *todas* las esposas, incluso a aquellas que eran más inteligentes que sus maridos, o de la misma edad que sus maridos, o físicamente tan fuertes como sus maridos, o que tenían tanta exposición social y rango social como sus maridos, o tanta riqueza como sus maridos. Las razones de Webb simplemente no son las razones que usa la Biblia.

En resumen, Webb afirma que la Biblia enseña sobre la sumisión de la esposa debido a las razones inventadas por él mismo. Luego retira estas razones inventadas para la cultura actual, y concluye que podemos considerar el mandato como culturalmente relativo. Sería mucho mejor prestar atención a las razones que la Biblia realmente da, y considerar que estas son las razones por las que la Biblia ordena a las esposas estar sujetas a los maridos.

n. Webb presenta erróneamente que 1 Timoteo 2:14, "Y Adán no fue engañado, sino que la mujer, siendo engañada, incurrió en transgresión", es culturalmente relativo (Criterio 18, "Pruebas científicas y socio-científicas"): Webb sostiene que las mujeres eran más fáciles de engañar en el mundo antiguo porque no estaban tan bien educadas como los hombres, eran más jóvenes y tenían menos exposición social y menos conocimientos (pág. 229). Pero Webb se esfuerza por demostrar que estos factores no son válidos para las mujeres de hoy en día (incluso cuenta con un apéndice sobre investigaciones que demuestran que el género desempeña un papel muy reducido en las diferencias de la capacidad de detectar el engaño, págs. 269-

273). Por lo tanto, afirma que 1 Timoteo 2:14 es culturalmente relativo y no se aplica a las mujeres en la actualidad.

Este argumento no es convincente porque Pablo no hace ninguna referencia a su cultura actual ni a que las mujeres fueran susceptibles a ser engañadas en el primer siglo. Pablo vuelve a hablar de Adán y Eva, y afirma que otra razón por la que las mujeres no deben "enseñar" ni "ejercer dominio sobre el hombre" es porque "Adán no fue engañado, sino que la mujer, siendo engañada, incurrió en transgresión" (1 Ti 2:12-14). Sea como sea que entendamos este pasaje, es evidente que (el hecho de que Eva fue engañada y no Adán) *tiene un significado transcultural para las mujeres y los hombres generalmente en la iglesia del Nuevo Testamento*, ya que Pablo le está dando validez. Pablo no está basando su argumento en la educación o la edad o la exposición social o el conocimiento (porque no cabe duda de que había muchas mujeres mayores y más sabias en la gran iglesia de Éfeso cuando Pablo estaba escribiendo a Timoteo), sino que está basando su argumento en algo que él ve como un principio transcultural que tiene aplicación a los hombres y mujeres en general. Algunos complementarianistas entienden que este versículo se refiere al hecho de que Eva asumió erróneamente el liderazgo en la familia y tomó la decisión de comer el fruto prohibido por su cuenta, y otros complementarianistas entienden que esto se refiere a la "naturaleza más amable y bondadosa" de la mujer y al hecho de que, por lo tanto, es menos probable que marque una postura firme cuando los amigos cercanos están enseñando un error doctrinal y sea necesario romper amistades[14]. Sea cual sea la interpretación que tomemos, Pablo está argumentando a partir de la acción de Eva en la caída una verdad general sobre los hombres y las mujeres que enseñan y gobiernan la iglesia; no está argumentando explícitamente a partir de ninguna afirmación sobre las mujeres en su cultura o en cualquier otra cultura.

o. Webb no llega a plantearse la pregunta: "¿Y si estoy equivocado?" sobre todo su sistema, sino que solo se la plantea sobre un punto intrascendente: Cuando los lectores vean el título del último capítulo de Webb, "¿Y si estoy equivocando?" (pág. 236), es probable que crean que como este capítulo se encuentra al final del libro Webb está planteando la pregunta: "¿Y si me equivoco en todo mi sistema?". Pero cuando leemos este capítulo con atención, descubrimos que eso no es en absoluto lo que Webb está planteando. *Ni siquiera plantea la posibilidad de que todo su sistema sobre el avance hacia una "mejor ética" que la del Nuevo Testamento pueda estar equivocado.* Solo se plantea: "¿Y si estoy equivocado?" respecto a un punto muy pequeño, y es sobre si la apelación de Pablo a la primogenitura en 1 Timoteo 2:13 debe considerarse transcultural y no cultural. Afirma: "Estoy dispuesto a plantear la pregunta de reflexión en este capítulo sobre un aspecto de mis conclusiones, concretamente de mi análisis de 1 Timoteo 2:13" (pág. 236). Pero concluye que, al final no hay mucha diferencia, ya que aunque se considere que la primogenitura es

---

[14] (Para la discusión de este versículo, ver Thomas R. Schreiner, *"An Interpretation of 1 Timothy 2:9-15: A Dialogue with Scholarship"*, en Women in the Church: A Fresh Analysis of 1 Timothy 2:9-15 [Las mujeres en la iglesia: un nuevo análisis de 1 Timoteo 2:9-15], ed. Andreas Köstenberger, Thomas R. Schreiner y H. Scott Baldwin (Grand Rapids, Michigan: Baker, 1995), págs. 140-146.

un factor transcultural, se trata de "un valor poco importante (no tan importante) en las Escrituras" (pág. 238), y se ve notablemente modificado por otros "factores basados en la cultura" (pág. 238), y Gálatas 3:28 sigue teniendo "repercusiones sociológicas que modificarán aún más su aplicación" (pág. 240).

Por lo tanto, incluso si Webb se encuentra "equivocado" en cuanto a la primogenitura respecto a 1 Timoteo 2:13, afirma que esto supondrá muy poca diferencia. Si está en lo cierto al afirmar que 1 Timoteo 2:13 es totalmente relativo desde el punto de vista cultural, entonces acabará con un "egalitarianismo complementario" en el que no hay "diferencia de poder basada únicamente en el género" ni "distinción de roles en función de esa diferencia de poder" (pág. 231). La única diferencia entre los géneros estaría "basada en las diferencias biológicas entre hombres y mujeres" e incluiría, por ejemplo, "una mayor participación de las mujeres en las primeras etapas de la crianza de los hijos" debido a "los beneficios de la lactancia materna durante la formación temprana del bebé" (pág. 241).

Pero si Webb está equivocado con respecto a 1 Timoteo 2:13, entonces considera que esto llevaría a un "patriarcado muy sutil" en el que hay "una diferencia de poder equitativa" entre hombres y mujeres en el hogar y en la iglesia (pág. 243), pero en el que a los hombres se les concedería "un cierto nivel de honor *simbólico* por su condición de primogénitos dentro de la familia de la humanidad" (pág. 243).

¿Acaso existe alguna diferencia entre los dos modelos de Webb, ya sea que esté "correcto" o "equivocado" respecto a 1 Timoteo 2:13? El propio Webb afirma que la diferencia es muy mínima, porque en cualquiera de los dos casos:

> La aplicación de 1 Timoteo 2 va a ser muy similar tanto para los egalitarianistas complementarios como para los patriarcalistas ultrasuaves. La única diferencia consiste en si debe haber una dimensión de honor *simbólico* concedido a un género sobre el otro. (pág. 241)

Lo que Webb nos está diciendo entonces es que *las únicas dos opciones que su sistema permite son ambas opciones plenamente egalitarianistas.* En ambos casos, todas las funciones de enseñanza y liderazgo en la iglesia están abiertas tanto a las mujeres como a los hombres. En ambas situaciones, el matrimonio se basa en la "sujeción mutua" y no hay ningún rol de liderazgo o autoridad único para el marido en el matrimonio. *La única diferencia es que no existe ninguna diferencia en realidad,* sino que se trata de una mera cuestión de si se debe conceder algún tipo de "honor simbólico" a los hombres, un tipo de honor del que Webb no da más detalles. Considero que sería difícil que alguien considerara ese "honor simbólico" como algo más que un mero simbolismo sin sentido.

p. Webb propone un engañoso "Foro para la Armonía" (pág. 243) que exige el retiro de todo liderazgo basado en el género para los hombres y pide que ambas partes comiencen a dialogar sobre la base de una capitulación del 99 % de las afirmaciones egalitarianistas: Al final de su libro, Webb afirma: "El egalitarianismo complementario y el patriarcado muy sutil ofrecen un foro para la armonía y la sanación dentro de la iglesia" (pág. 243). Sus reflexiones en este capítulo final se han incluido porque, según afirma: "Espero que despierten un espíritu de reconciliación entre egalitarianistas y patriarcalistas" (pág. 243).

¿En qué se basa Webb para proponer este "foro para la armonía"? Es un foro para debatir si debemos adoptar (opción 1) el "egalitarianismo complementario" (que es el nombre que da Webb a una postura egalitarianista absoluta) o si debemos adoptar (opción 2) el "patriarcado muy sutil" (que es la otra opción egalitarianista de Webb, la que otorga una cantidad mínima de "honor simbólico" a los hombres).

Personalmente encuentro esto algo insultante. No consigo entender cómo Webb espera que su invitación pueda ser tomada en serio cuando las dos únicas opciones que ofrece en su "foro" son capitular en un 99 % a las afirmaciones egalitarianistas o capitular en un 100 % a las afirmaciones egalitarianistas. E incluso la capitulación del 99 % que se encuentra en lo que él denomina "patriarcado muy sutil" resulta a fin de cuentas indignante porque espera que los hombres renuncien a todas las funciones de liderazgo masculino en el hogar y en la iglesia, y acepten a cambio una especie mínima de "honor simbólico".

Además, los complementarianistas considerarán la terminología de Webb ofensiva y confusa. Como cofundador del Council on Biblical Manhood and Womanhood en 1987, y como coautor del libro complementarianista *Recovering Biblical Manhood and Womanhood: A Response to Evangelical Feminism* (Wheaton, Illinois: Crossway, 1991), deseo elevar una protesta bastante firme contra el uso que hace Webb de dos términos. Su frase "egalitarianismo complementario", que utiliza para describir una postura egalitarianista absoluta, no hace más que confundir las cuestiones al utilizar la palabra *complementario* para una postura que es totalmente antitética a lo que sostienen los complementarianistas. En 1991, en el prefacio de *Recovering Biblical Manhood and Womanhood*, John Piper y yo escribimos:

> Si hay que utilizar una palabra para describir nuestra postura, preferimos el término *complementarianista*, ya que sugiere tanto la igualdad como las diferencias beneficiosas entre hombres y mujeres. Nos sentimos incómodos con el término "tradicionalista" porque implica una falta de voluntad para dejar que las Escrituras desafíen los modelos tradicionales de comportamiento, y desde luego rechazamos el término "jerárquico" porque enfatiza excesivamente la autoridad estructurada y no da ninguna sugerencia de igualdad o la belleza de la interdependencia mutua. (pág. xiv)

Desde entonces, el término "complementarianista" ha sido el que hemos utilizado constantemente para describir nuestra postura, y ha sido ampliamente (y cortésmente) utilizado por otros para describir nuestra postura también. Para Webb, aplicarlo a una postura egalitarianista es confundir innecesariamente las cuestiones en la mente de los lectores.

Por razones similares, encuentro objetable que Webb caracterice constantemente nuestra postura como "patriarcado". Ese término (que literalmente significa "gobierno del padre") tiene casi uniformemente una connotación peyorativa en la sociedad moderna, y conlleva la idea de un padre autoritario que gobierna sobre varias generaciones de adultos e hijos dentro de una familia extensa en una cultura antigua, nada de lo cual estamos defendiendo hoy. El término por sí mismo no afirma nada sobre la igualdad de valor que la Biblia y nuestra postura atribuyen a hombres y mujeres por igual, ni afirma nada sobre un rol de liderazgo para el *marido* dentro del matrimonio (ya que se centra en el rol del "padre" o páter en la relación). *Por lo tanto, es un término particularmente inapropiado, peyorativo y engañoso para referirse a la postura que representamos.* ¿No es de común cortesía en el debate académico referirse a las posturas por los términos que los representantes de esas posturas elegirían para sí mismos?

9. Muchos de los dieciocho criterios de Webb para determinar la relatividad cultural, de la forma en que los ha elaborado, son guías poco fiables para los cristianos de hoy. Como he argumentado anteriormente, todo el sistema de Webb se basa en la suposición de que los mandatos morales que encontramos en las páginas del Nuevo Testamento representan solo un sistema ético temporal para esa época, y que deberíamos utilizar la "hermenéutica del movimiento redentor" de Webb para ir más allá de esas enseñanzas éticas y llegar a una "mejor ética" (pág. 32) que esté más cerca de la "ética definitiva" que Dios quiere que adoptemos en última instancia. Dado que todos los criterios de Webb se basan en esa suposición, todo el sistema me parece poco convincente e inconsistente con la creencia en la autoridad moral absoluta de las propias enseñanzas del Nuevo Testamento.

Pero en este punto es apropiado comentar específicamente cada uno de los dieciocho criterios que Webb elabora, porque en algunos casos su análisis aporta una visión útil a pesar de que se basa en un supuesto subyacente con el que me encuentro en desacuerdo.

En el siguiente material, solo presento breves observaciones sobre cada uno de los dieciocho criterios.

a. Movimiento preliminar (pág. 73): Encuentro este criterio poco útil porque supone que puede haber un "movimiento posterior" más allá de las enseñanzas éticas del Nuevo Testamento hacia una ética más adecuada o mejor. Sin embargo, la discusión que plantea Webb es útil, ya que se aplica a una serie de mandatos morales del Antiguo Testamento, que todos los intérpretes, considero, admitirían que son un conjunto de normas "preliminares" y no las normas morales definitivas de Dios para su pueblo en la actualidad. (Desde luego, todos los cristianos ven el Antiguo Testamento como "preliminar" al Nuevo Testamento, pero eso es muy diferente de ver el Nuevo Testamento también como "preliminar" a un mayor desarrollo ético. Otra forma de expresar esto es afirmar que todos los cristianos están de acuerdo en que hay un "movimiento redentor" que va del Antiguo al Nuevo Testamento, ¡pero los evangélicos han sostenido que el movimiento culmina con el Nuevo Testamento! Antes de Webb, solo los católicos romanos y los protestantes liberales, no los evangélicos, consideraban los desarrollos más allá del Nuevo Testamento como una parte o toda su autoridad final).

b. Ideas incipientes (pág. 83): Encuentro esta categoría poco útil y poco convincente porque asume que algunas ideas del Nuevo Testamento (como Gá 3:28) son realmente contradictorias con otros mandatos del Nuevo Testamento, y estas "ideas incipientes" nos muestran la dirección en la que debemos buscar una ética superior a la del Nuevo Testamento.

c. Fallas (p. 91): También encuentro esta categoría poco útil y poco convincente porque supone que hay ciertos personajes en la Biblia (como Débora o Junias) que practican actividades contrarias a las enseñanzas morales que se encuentran en el texto bíblico, pero que anticipan un movimiento hacia una ética superior a la que se encuentra en la Biblia.

d. Afirmaciones sobre el propósito o la intención (pág. 105): Encuentro esta categoría poco convincente y de hecho preocupante porque implica que podemos desobedecer los mandatos del Nuevo Testamento (como el mandato de que las esposas estén sujetas a sus maridos) si decidimos que el propósito especificado en el mandato ya no se cumplirá (por ejemplo, si decidimos que las esposas sujetas a sus maridos ya no ayudarán a la evangelización). Nuevamente, esto supone que podemos avanzar hacia un nivel ético más elevado que el de las enseñanzas del Nuevo Testamento. Sin embargo, si el análisis de Webb no tuviera el supuesto de que podemos avanzar hacia un sistema ético más elevado que el del Nuevo Testamento, su explicación de los detalles específicos de aplicación en la actualidad (como su explicación de por qué no debemos dar un "ósculo santo" porque puede hacer que la gente no se sienta bien recibida en absoluto, sino que deberíamos dar algún otro tipo de saludo cálido) es útil. (Ver en la siguiente sección un análisis del "ósculo santo" y de otras prácticas físicas similares con finalidad simbólica).

e. Principios en la caída o la maldición (pág. 110): Estoy de acuerdo con el argumento de Webb de que los mandatos morales basados en la maldición que Dios impuso en Génesis 3 no son válidos como norma para que los obedezcamos hoy. También estoy de acuerdo en que los resultados de la maldición continúan en el tiempo presente, por lo que todavía estamos obligados a morir, la tierra todavía produce malas hierbas, y las mujeres todavía experimentan dolor en el parto. También estoy de acuerdo con Webb en que hoy debemos intentar superar estos efectos de la maldición (porque considero que ese ha sido el propósito de Dios en la historia de la redención desde que impuso con justicia la maldición en Génesis 3).

f. Principios en la creación original, sección 1: los patrones (pág. 123): No encuentro convincente el argumento de Webb de que un componente de un texto "puede" ser transcultural solo si está basado en el texto de la creación original (pág. 123), porque no considero que haya descubierto nada en el huerto antes de la caída que no sea moralmente bueno o que no debamos ver como moralmente bueno actualmente. Sus intentos por hallar componentes culturalmente relativos en el relato del Génesis se basan en una lectura errónea del propósito y la intención de ese relato en su contexto original.

g. Principios en la creación original, sección 2: la primogenitura (pág. 134): El análisis de Webb aquí no lo encuentro convincente, tanto porque su postura se basa en negar la historicidad del relato de la creación de Adán antes que Eva en el Génesis 2, como porque considera que el principio de la primogenitura que se encuentra en la creación de Adán antes que Eva no debe tomarse como un principio transcultural a menos que la gente esté dispuesta a aplicar la primogenitura en otros aspectos de la sociedad actual. Como he explicado anteriormente, esto supone que Pablo no puede hacer correctamente una aplicación de un patrón que se encuentra en Génesis 2 a menos que también haga muchas otras aplicaciones de un principio que se encuentra en Génesis 2. A diferencia de Webb, considero que le corresponde a Dios, no a nosotros, decidir qué mandatos nos dicta basándose en los principios del Génesis, y que simplemente debemos acatar los que en efecto nos dicta.

h. Principios en la nueva naturaleza (pág. 145): Encuentro este criterio poco convincente y útil, no porque piense que los "patrones de la nueva naturaleza" en el Nuevo Testamento sean incorrectos, sino porque Webb asume erróneamente que estos patrones son contrarios al patrón de liderazgo masculino que se encuentra en la creación original de Dios de Adán y Eva, y porque Webb no tiene en cuenta otros mandatos de la "nueva naturaleza" que animan a las esposas a estar sujetas a sus maridos "en el Señor" (Col 3:18), y porque Webb vuelve a suponer que las afirmaciones sobre la "nueva naturaleza" que se encuentran en el Nuevo Testamento son simplemente un indicador que nos lleva por el camino de una norma ética más elevada que la que se encuentra en los mandatos del propio Nuevo Testamento.

i. Opciones contrapuestas (pág. 152): Encuentro útil este criterio en relación con la discusión de Webb sobre por qué Dios no dio inmediatamente órdenes para abolir la esclavitud (habría causado un revuelo económico enorme y devastador), sino que dio principios que llevarían a su abolición. Sin embargo, encuentro este criterio carente de utilidad por asumir que el Nuevo Testamento realmente ordenó o respaldó la esclavitud, y también lo encuentro poco convincente por afirmar que el Nuevo Testamento no pudo haber enseñado una postura egalitarianista en la época en que fue escrito (algo que considero que Webb simplemente no ha podido demostrar, y algo que no considero que pueda demostrarse a la luz de la clara voluntad del Nuevo Testamento en desafiar la cultura en muchos puntos).

j. Oposición a la cultura original (p. 157): Encuentro que este criterio es generalmente útil, especialmente porque indica las formas en que tanto el Antiguo como el Nuevo Testamento se oponen a muchas actitudes y prácticas culturales actuales relacionadas con la esclavitud. No estoy tan seguro de que sea útil el argumento de Webb de que los mandatos contra la homosexualidad son transculturales porque la homosexualidad era ampliamente aceptada en el mundo antiguo, pues considero que Webb subestima hasta qué punto existía una desaprobación moral generalizada de la conducta homosexual en muchos sectores de la sociedad antigua. También considero que en esta sección Webb no ha considerado adecuadamente la forma en que el Nuevo Testamento se opone a algunos valores culturales referentes al matrimonio cuando enfatiza vigorosamente la necesidad de que los esposos amen a sus esposas como Cristo amó a la iglesia. Pero esto muestra que el Nuevo

Testamento sí estaba dispuesto a oponerse a los puntos de vista culturales sobre el matrimonio cuando era algo moralmente correcto.

k. Temas estrechamente relacionados (pág. 162): Encuentro que esta categoría es poco útil y poco convincente porque Webb aborda prácticamente en su totalidad las leyes de Moisés referentes a las mujeres sin tener en cuenta que los cristianos ya no están bajo el pacto de Moisés, y que estas leyes no son lo que "la Biblia" enseña a los cristianos del Nuevo Testamento en ningún caso. En esta sección, Webb parece estar en una expedición de pesca en busca de elementos deficientes en las Escrituras, especialmente con respecto al trato de las mujeres, a fin de poder argumentar que necesitamos avanzar hacia una ética más elevada que la enseñada en los mandatos del texto bíblico.

l. Código Penal (pág. 179): Encontré esta sección útil en su observación de que la mayoría de las acciones que recibían el duro castigo de la pena de muerte en el Antiguo Testamento siguen recibiendo la desaprobación divina hoy en día (pero hay un par de excepciones con respecto a la ruptura del sabbat y las violaciones del culto, por lo que el análisis no es del todo convincente). Este criterio no tiene mucha aplicación a la relación entre maridos y esposas, como admite el propio Webb (pág. 179).

m. Instrucciones específicas frente a principios generales (pág. 179): Encontré esta sección poco convincente y de hecho bastante peligrosa para los cristianos de hoy en día, porque podría fácilmente dar legitimidad a la desobediencia de muchos textos específicos de las Escrituras sobre cualquier tema incómodo, con el simple hecho de permitir que la gente encuentre un "principio general" de las Escrituras que pueda ser usado para invalidar esa enseñanza específica.

n. Principios en la analogía teológica (pág. 185): Encuentro que esta sección tiene muchas fallas, porque asume erróneamente que la Biblia enseñó y aprobó la esclavitud, la monarquía, ¡e incluso la "mano diestra"! Luego argumenta que no todas estas analogías teológicas son transculturales, y por lo tanto las enseñanzas sobre el matrimonio en Efesios 5 y 1 Corintios 11:3 no son necesariamente transculturales.

Mediante este procedimiento, Webb invalida con toda seguridad todos los pasajes sobre "imitar de Cristo" en el Nuevo Testamento. La afirmación de Webb de que un mandato que se basa en una analogía teológica no tiene por qué ser transcultural se basa en su afirmación de que algunos mandatos culturalmente relativos se basan en analogías teológicas similares, pero realmente no ha presentado ningún ejemplo que sea realmente paralelo a Efesios 5 o 1 Corintios 11:3.

o. Referencias contextuales (pág. 192): Encontré que esta categoría es poco útil porque Webb asume erróneamente que el Nuevo Testamento aprueba y respalda la esclavitud y la monarquía.

p. Apelación al Antiguo Testamento (pág. 201): Encontré este análisis poco convincente y poco útil porque Webb incluye erróneamente una serie de textos que no apelan al Antiguo Testamento para probar la validez de la esclavitud o la monarquía, y también porque incluye una serie de textos que no apelan al Antiguo Testamento en absoluto, sino que simplemente tienen paralelismos en el Antiguo Testamento (como el lavado de pies o el "ósculo santo"). Por lo tanto, Webb descarta erróneamente los textos relativos a las mujeres que apelan al Antiguo Testamento (como 1 Co 14:33, 36; 1 Ti 2:11-15; 1 P 3:1-7).

Además, para Webb es correcto que si el Nuevo Testamento abandona una práctica no es necesario que los cristianos la obedezcan (pág. 201). Pero erróneamente considera que esto es una evidencia del cambio cultural y no una evidencia de un cambio del antiguo pacto al nuevo pacto.

q. Principios pragmáticos entre dos culturas (pág. 209): Encuentro este criterio poco convincente porque en varios casos (particularmente relacionados con los maridos y las esposas) Webb asumió que conocía las razones de un mandato, y luego utilizó estas supuestas razones (como que las esposas eran más jóvenes o menos educadas) para reemplazar las verdaderas razones que la Biblia daba para el mandato. Sin embargo, en el ejemplo bastante obvio de por qué no lavamos los pies de otras personas hoy en día, la discusión de Webb sobre el hecho de que no viajamos por los caminos de tierra con sandalias permitió expresar lo que la gente entiende instintivamente sobre las diferencias entre la cultura antigua y la moderna en este sentido.

r. Pruebas científicas y socio-científicas (pág. 221): Encuentro toda esta sección poco convincente porque Webb afirma que la Biblia enseña muchas cosas que en realidad no enseña (como una tierra plana y un modelo geocéntrico del universo). A continuación, utiliza estos ejemplos para demostrar que tenemos que renunciar a las enseñanzas de la Biblia porque en muchos casos van en contra de las pruebas científicas actuales. Además, si Webb realmente considera que la Biblia enseña estas cosas incorrectas, parece indicar que no cree que la Biblia sea inerrante en todo lo que afirma (y esto es similar a su negación de la historicidad de la creación de Adán antes que la de Eva en Génesis 2).

10. Los pasajes que resultan difíciles a la hora de determinar la relatividad cultural son pocos, y la mayoría de los evangélicos ya han llegado a una conclusión adecuada sobre ellos. Dado que todo el libro de Webb se ocupa de los principios para determinar cuándo alguna parte de las Escrituras es culturalmente relativa, es apropiado señalar al final de esta discusión algo sobre cómo la mayoría de los evangélicos han abordado esta cuestión con anterioridad al libro de Webb, y antes de su teoría de una "hermenéutica del movimiento redentor".

Considero que Webb ha hecho de la cuestión de determinar cuándo algo es "culturalmente relativo" un problema mucho mayor de lo que realmente es. La cuestión principal no es si las secciones históricas de la Biblia *informan* sobre acontecimientos que ocurrieron en una cultura antigua, porque la Biblia es un libro histórico, y por supuesto que informa sobre miles de acontecimientos que ocurrieron en una época antigua y en una cultura muy diferente a la nuestra. La cuestión es más bien cómo debemos abordar los *mandatos morales* que se encuentran en el Nuevo Testamento. ¿Debemos obedecer esos mandatos también hoy?

Quisiera hacer la siguiente sugerencia (y me interesaría ver si otros encuentran útil esta sugerencia): la cuestión de qué mandatos del Nuevo Testamento son culturalmente relativos no es realmente una cuestión muy complicada. No es ni mucho menos tan complicada como la plantea Webb. Sugiero que los mandatos que son culturalmente relativos son principalmente, o exclusivamente, los que se refieren a *prácticas físicas que tienen un significado simbólico.* Cuando examinamos los mandatos del Nuevo Testamento, considero que solo hay seis ejemplos principales de textos sobre los que la gente se pregunta si son transculturales o si son culturalmente relativos:

1. El ósculo santo (Ro 16:16; 1 Co 16:20; 2 Co 13:12; 1 Ts 5:26; 1 P 5:14)
2. El lavado de pies (Juan 13:14; cf. 1 Ti 5:10, que no es un mandamiento)
3. Uso del velo por parte de las mujeres o esposas en el culto (1 Co 11:4-16)
4. Cabello corto en hombres (1 Co 11:14)
5. Ni joyas ni peinados ostentosos en mujeres (1 Ti 2:9; 1 P 3:3)
6. Levantar las manos para orar (1 Ti 2:8)

Lo primero que observamos en esta lista es que *todos estos ejemplos se refieren a prácticas físicas que conllevan un significado simbólico.* El ósculo santo era una expresión física que comunicaba la idea de un saludo de bienvenida. El lavado de pies (según el modelo de Jesús en Juan 13) era una práctica física que simbolizaba una actitud de servicio hacia los demás. El velo era una prenda de vestir que simbolizaba algo sobre el estatus o el rol de la mujer (muy probablemente que era una mujer casada, o posiblemente que era una mujer y no un hombre; otros han propuesto otras interpretaciones, pero todas ellas son un intento de explicar lo que simbolizaba el velo). Tal y como Pablo entiende el cabello largo para un hombre "le es deshonroso" en 1 Corintios 11:14, porque es algo (al menos en esa cultura) que era distintivo de las mujeres, y por lo tanto era un símbolo físico de que un hombre era como una mujer y no como un hombre.

Para estos cuatro primeros ejemplos, todavía se pueden encontrar algunos ejemplos de cristianos que argumentan que debemos seguir estos mandatos literalmente hoy en día, y que todavía son aplicables a nosotros. Pero la gran mayoría de los evangélicos, al menos en Estados Unidos (no puedo hablar por el resto del mundo), no han necesitado la "hermenéutica del movimiento redentor" de Webb para llegar a la conclusión de que la Biblia no pretende que sigamos esos mandatos literalmente en la actualidad. Esto se debe a que no son en sí mismas *prácticas fundamentales y profundas* que tienen que ver con componentes esenciales de nuestras relaciones mutuas (como amarse, ser honestos unos con otros, someterse a la autoridad legítima, decir la verdad y no mentir sobre los demás, no cometer adulterio o asesinato o hurto, etc.), sino que son más bien *manifestaciones externas y superficiales* de las realidades más profundas que deberíamos manifestar hoy (como saludarse con amor, o servirse mutuamente, o evitar vestirse de manera que dé la impresión de que un hombre intenta ser una mujer o que una mujer intenta ser un hombre). Por lo tanto, la gran mayoría de los evangélicos no se preocupan por estos cuatro mandatos "culturalmente relativos" del Nuevo Testamento porque han llegado a la conclusión de que *solo la manifestación física y superficial es culturalmente relativa,* y que la intención de implícita del mandato *no es culturalmente relativa* sino que sigue siendo aplicable a nosotros hoy en día.

Es importante comprender que al ver estas manifestaciones externas como culturalmente relativas (mucho antes de que se escribiera el libro de Webb), los evangélicos no han adoptado el punto de vista de Webb de que necesitamos avanzar hacia una "mejor ética" que la que se encuentra en los mandatos del Nuevo Testamento. Los evangélicos que toman la Biblia como las mismísimas palabras de Dios, y que creen que los mandatos morales de Dios para su pueblo son buenos, justos y perfectos, no han visto estos mandatos como parte de un sistema moral deficiente que es solo un "indicador" de una ética más adecuada, sino que han visto estos mandatos como parte de toda la ética del Nuevo Testamento a la que incluso hoy deben someterse y obedecer.

Para la mayoría de las personas del mundo evangélico, decidir que un ósculo santo es un saludo que podría manifestarse de otra manera no es física cuántica. Es algo que surge casi instintivamente, ya que las personas se dan cuenta intuitivamente de que obviamente hay diferencias en las formas de saludar entre las distintas culturas.

Los dos últimos puntos de la lista deben tratarse de forma un poco diferente. Si interpretamos correctamente los textos sobre las joyas y los peinados ostentosos de las mujeres, no considero que prohibieran tales cosas *ni siquiera en la época en que fueron escritos.* Pablo afirma que "las mujeres se *atavíen* de ropa decorosa, con pudor y modestia; no con peinado ostentoso, ni oro, ni perlas, ni vestidos costosos" (1 Ti 2:9). Pablo no está afirmando que las mujeres no deban vestir nunca estas cosas. Lo que afirma es que estas cosas no deben ser la fuente de su belleza. No es así como se deben "ataviar".

Este sentido de la prohibición queda aún más claro en 1 Pedro 3:3. La RVA, una versión muy literal, traduce el pasaje de la siguiente manera:

> El adorno de las cuales no sea exterior con encrespamiento del cabello, y atavío de oro, *ni en compostura de ropas;* Sino el hombre del corazón que está encubierto, en incorruptible ornato de espíritu agradable y pacífico, lo cual es de grande estima delante de Dios. (1 P 3:3-4 RVA)

Si este pasaje prohíbe los peinados ostentosos y los adornos de oro, ¡entonces también debe prohibir "el vestir ropa"! ¡Pero indudablemente Pedro no estaba afirmando que las mujeres debían ir sin ropa a la iglesia! Más bien estaba afirmando que estas cosas externas no deberían ser lo que ellas buscan para su "atavío", como fuente de atractivo y belleza para los demás. Deben ser más bien las cualidades internas del carácter las que menciona[15]. Por lo tanto, no considero

---

[15] Algunas traducciones de 1 Pedro 3:3 afirman que las mujeres no deben ponerse "vestidos lujosos"

que las afirmaciones sobre las joyas y los peinados ostentosos para las mujeres, *cuando se entienden correctamente,* sean mandatos "culturalmente relativos", sino que tienen una aplicación directa también para las mujeres de hoy[16].

Por último, ¿deben los hombres "levantar las manos santas" en la oración hoy en día? Personalmente, me inclino a pensar que esto puede ser algo transcultural y que deberíamos considerar restaurar nuestra práctica de orar (y alabar) en los círculos evangélicos de hoy. (Entiendo que muchos cristianos ya lo hacen en el culto). Por otro lado, dado que se trata de una práctica externa y física (y por tanto algunos pueden pensar que entra en la misma categoría que el ósculo santo o el lavado de los pies), puedo entender que otros lleguen a la conclusión de que se trata simplemente de una expresión cultural externa variable que expresa físicamente una actitud interior del corazón hacia Dios y la dependencia de él y que se centra en él en nuestras oraciones. Considero que hay cabida para que los cristianos difieran en esta cuestión, pero en cualquier caso no es en absoluto una cuestión tan complicada como para requerir toda la "hermenéutica del movimiento redentor" de Webb para animarnos a ir más allá de la ética de los mandatos que encontramos en el Nuevo Testamento.

¿Es realmente tan sencillo? ¿Las únicas cuestiones en disputa sobre la relatividad cultural son estas simples prácticas físicas, todas ellas con un significado simbólico? Tal vez se me hayan escapado uno o dos ejemplos más, pero sospecho que realmente es así de sencillo. Considero que Dios nos ha dado una Biblia cuya intención es que los creyentes en general sean capaces de entender (lo que tradicionalmente se ha llamado la claridad o la perspicuidad de las Escrituras). La cuestión desde luego no es tan compleja y confusa como la presenta el libro de Webb.

En este punto alguien puede objetar: ¿qué hay de todos esos otros pasajes que Webb enumera al principio de su libro (págs. 14-15), pasajes que nos resultaron muy difíciles de clasificar respecto a la cuestión de la relatividad cultural?

Mi respuesta es que existen otros principios de interpretación bíblica ampliamente aceptados que explican por qué muchos otros mandatos de la Biblia no son aplicables hoy en día. Sin embargo, estos principios de interpretación son muy diferentes de los principios de Webb, ya que argumentan que ciertos mandatos no son aplicables a los cristianos de hoy en día por *convicciones teológicas sobre la naturaleza de la Biblia y su historia,* no por un *análisis cultural* o por convicciones sobre la relatividad cultural, y desde luego no por ninguna convicción de que los mandatos del Nuevo Testamento eran simplemente representativos de una ética de

---

(así lo hace la NVI; igualmente la RVR1977, DHH, BLP, NBLA), pero no hay ningún adjetivo que modifique "ropas" (del griego himation), y la RVA y JBS lo han traducido con mayor precisión.

[16] Entiendo que otros podrían argumentar que tales peinados ostentosos y joyas en el primer siglo eran reconocidos como un símbolo externo de bajo carácter moral, y esta fue la razón por la que Pablo y Pedro los prohibieron. No me convence esto porque Pedro sigue prohibiendo el "vestirse", y no puedo concebir que solo las mujeres de bajo carácter moral usaran ropa en el primer siglo. Pero si alguien adopta esta postura, no tiene mucha importancia para mi argumento, ya que entonces se trataría simplemente de una práctica física adicional que conlleva un significado simbólico, y en este caso también la prohibición no se aplicaría de forma absoluta a las mujeres que quisieran llevar peinados ostentosos o joyas hoy en día, ya que los peinados ostentoso y las joyas no indicarían que una mujer tiene un bajo carácter moral en la sociedad moderna.

transición más allá de la cual necesitamos avanzar a medida que encontramos una mejor ética en la sociedad actual.

La siguiente lista recoge algunos tipos de mandatos de la Biblia que los cristianos no tienen que obedecer en ningún sentido literal o directo hoy en día (un hecho que es evidente aparte de la "hermenéutica del movimiento redentor" de Webb):

1. Los detalles del código de la ley de Moisés, que fueron escritos para las personas bajo el pacto de Moisés[17].

2. Mandatos antes de Pentecostés para situaciones exclusivas del ministerio terrenal de Jesús (como "por camino de gentiles no vayáis" en Mt 10:5).

3. Los mandatos que se aplican solo a personas en la misma situación de vida que el mandato original (como "trae el capote [...] y mayormente los pergaminos" en 2 Ti 4:13, y también "ya no bebas agua" en 1 Ti 5:23). También pondría en esta categoría Hechos 15:29, que es un mandato para la gente en una situación de evangelización judía en el primer siglo: "Que os abstengáis de lo sacrificado a ídolos, de sangre, de ahogado" (note que el mismo Pablo permite explícitamente el consumo de alimentos sacrificados a los ídolos en 1 Corintios 10).

4. Todos están de acuerdo en que hay algunos pasajes, sobre todo los de las enseñanzas terrenales de Jesús, que son complejos de entender en términos de su aplicación general. Algunos pasajes como "al que quiera tomar de ti prestado, no se lo rehúses" (Mt 5:42) deben interpretarse a la luz de la totalidad de las Escrituras, incluidos los pasajes que nos ordenan ser sabios y buenos mayordomos de lo que Dios nos ha dado. Pero *estos pasajes complejos no son una cuestión de relatividad cultural*, ni nos llevan a pensar que debemos ir más allá de las enseñanzas de Jesús hacia algún tipo de ética más elevada y mejor. Estamos de acuerdo en que debemos someternos a esta enseñanza y obedecerla, y buscamos con ahínco saber exactamente cómo pretende Jesús que la obedezcamos.

5. Existen diferencias entre los cristianos de hoy en día sobre hasta qué punto debemos intentar seguir los mandatos respecto a la obra milagrosa del Espíritu Santo, como "sanad enfermos, limpiad leprosos, resucitad muertos, echad fuera demonios" (Mt 10:8). Algunos cristianos consideran que debemos obedecer estos mandatos directamente, y procuran hacer exactamente lo que Jesús ordenó. Otros cristianos creen que estos mandatos fueron dados solo para ese momento específico en la obra soberana de Dios en la historia de la redención. Pero lo

---

[17] Entiendo que muchas personas, entre las que me incluyo, argumentarían que muchas de las leyes del código de la ley de Moisés nos orientan sobre el tipo de cosas que son agradables y desagradables a Dios hoy en día. En cierto modo, esta cuestión es una de las más complejas de la interpretación bíblica. Pero no conozco a ningún cristiano que afirme que los cristianos de hoy en día están bajo el pacto de Moisés y, por lo tanto, están obligados a obedecer todos los mandatos del pacto de Moisés, incluidos los mandatos sobre los sacrificios, los alimentos puros e impuros, etc.

importante es que estas diferencias son teológicas. No se trata de una disputa sobre si ciertos mandatos son culturalmente relativos, porque lo que está en cuestión no es un asunto de la cultura antigua frente a la cultura moderna, sino que es una cuestión teológica sobre la enseñanza de toda la Biblia acerca de la obra de los milagros, y acerca del propósito de Dios para los milagros en determinados momentos de la historia de la redención.

Una vez hechas estas precisiones, ¿cuánto queda del Nuevo Testamento? Gran parte del Nuevo Testamento sigue siendo sencillo y directamente aplicable a nuestras vidas como cristianos hoy en día, y muchos otros pasajes son aplicables con solo pequeños cambios a los equivalentes modernos. Mientras me preparaba para escribir este análisis del libro de Webb, me puse a leer rápidamente las epístolas del Nuevo Testamento, y me sorprendió la poca cantidad de mandatos que se encuentran en las epístolas que plantean alguna cuestión sobre la relatividad cultural. (Animo a los lectores a que hagan el mismo ejercicio por sí mismos).

Cuando es necesario trasladar un mandato a un equivalente moderno, no suele ser complicado porque hay semejanzas suficientes entre la realidad antigua y la moderna, y los lectores cristianos suelen ver la conexión con bastante facilidad. No es muy complicado pasar de "el jornal de los *obreros que han cosechado vuestras tierras,* el cual por engaño no les ha sido pagado por vosotros" (Santiago 5:4) a "el jornal de los *empleados que han trabajado en vuestras fábricas,* el cual por engaño no les ha sido pagado por vosotros". Tampoco es muy complicado pasar de "honrad al rey" (1 P 2:17) a "honrad a los *funcionarios públicos* que están puestos en autoridad sobre vosotros". Del mismo modo, no es muy complicado pasar de "amos, haced lo que es justo y recto con vuestros siervos" a "empleadores, haced lo que es justo y recto con vuestros *empleados*". En la misma medida, no es muy complicado pasar de "siervos, obedeced en todo a vuestros amos terrenales, no sirviendo al ojo, como los que quieren agradar a los hombres, sino con corazón sincero, temiendo a Dios" a "*empleados,* obedeced a vuestros empleadores" (con el principio bíblico general de que nunca debemos obedecer a los que tienen autoridad sobre nosotros cuando la obediencia significaría desobedecer las leyes de Dios). De igual forma, no es muy difícil pasar de "un alimento que se ofreció a un ídolo" (1 Co 8:10 NTV) a otro tipo de cosas que alientan a los cristianos a violar sus conciencias. Asimismo, y por poner un ejemplo del Antiguo Testamento de un mandamiento que todo el mundo cree que nos revela lo que Dios está esperando hoy, no es muy difícil pasar de "no codiciarás el buey de tu prójimo" (Ex 20:17) a "no codiciarás el carro o el bote de tu prójimo".

Por lo tanto, mi sugerencia sobre la cuestión de los mandatos culturalmente relativos es que no es una cuestión tan compleja. Hay quizás entre tres y cinco mandatos "culturalmente relativos" sobre prácticas físicas que conllevan un significado simbólico (al menos el ósculo santo, el uso del velo y el lavado de los pies; quizás el cabello corto para los hombres y levantar las manos para orar), pero todavía los obedecemos aplicándolos de distintas formas actualmente. Existen otras categorías generales de mandatos (como las leyes de Moisés) que no son aplicables a nosotros porque estamos bajo el nuevo pacto. Hay algunos temas delicados que requieren una reflexión madura (como hasta qué punto los detalles del Antiguo Testamento nos muestran lo que agrada a Dios hoy). Pero el resto, especialmente los mandatos del Nuevo Testamento dirigidos a los cristianos del nuevo pacto, fueron escritos para nuestro beneficio, y no son para que los "sobrepasemos", sino para que los obedezcamos.

11. Por lo tanto, ¿es el libro de William Webb una guía útil para los cristianos de hoy? Aunque Webb plantea muchas cuestiones interesantes y desafiantes con respecto a la relatividad cultural, como análisis final considero que Slaves, Women & Homosexuals: *Exploring the Hermeneutics of Cultural Analysis* es un libro sumamente deficiente que invalida en principio la autoridad moral de todo el Nuevo Testamento y la sustituye por la autoridad moral de una "mejor ética", una ética que Webb afirma poder descubrir a través de un complejo proceso hermenéutico que es totalmente ajeno a la forma en que Dios quiso que se leyera, entendiera, creyera y obedeciera la Biblia. Debido a que la negación en principio de la autoridad moral de los mandatos del Nuevo Testamento constituye el núcleo de todo el sistema, y debido a que el sistema niega la exactitud histórica del relato de la creación, no creo que la "hermenéutica del movimiento redentor" de Webb deba aceptarse como un sistema válido para que los evangélicos lo practiquen hoy.

VERSIONES DE LAS CITAS BÍBLICAS

A menos que se indique lo contrario, todas las citas bíblicas han sido tomadas de la Santa Biblia, versión Reina-Valera 1960 © 1960 por Sociedades Bíblicas en América Latina. © renovado 1988 por Sociedades Bíblicas Unidas. Usada con permiso. Reina-Valera 1960® es una marca registrada de la American Bible Society y puede ser usada solamente bajo licencia. Todos los derechos reservados.

Otras versiones de las citas bíblicas incluyen las siguientes:

Las citas bíblicas marcadas BLP son de la Santa Biblia, La Palabra, (versión española). © 2010 Texto y Edición, Sociedad Bíblica de España. Usada con permiso. Todos los derechos reservados.

Las citas bíblicas marcadas BLPH son de La Palabra (versión hispanoamericana). © 2010 Texto y Edición, Sociedad Bíblica de España. Usada con permiso. Todos los derechos reservados.

Las citas bíblicas marcadas CST son de la Nueva Versión Internacional (Castellana). © 2011-2015 Bíblica. Usada con permiso. Todos los derechos reservados.

Las citas bíblicas marcadas DHH son de la Biblia Dios habla hoy®, Tercera edición. © Sociedades Bíblicas Unidas, 1966, 1970, 1979, 1983, 1996. Usada con permiso. Todos los derechos reservados.

Las citas bíblicas marcadas JBS son de la Biblia del Jubileo 2000®. © 2000, 2001, 2010 por LIFE SENTENCE PUBLISHING, LLC. Usada con permiso. Todos los derechos reservados.

Las citas bíblicas marcadas LBLA son de La Biblia de las Americas®. © 1986, 1995, 1997 por The Lockman Foundation. Usada con permiso. Todos los derechos reservados.

GLOSARIO

Por Phil Hoshiwara

(Los números entre paréntesis al final de cada entrada hacen referencia a los capítulos y secciones de este libro).

abortivo: Cualquier método anticonceptivo que cause la muerte de un niño recién concebido. (29D)

aborto: Cualquier acción que cause intencionadamente la muerte y la extracción de un niño no nacido del vientre de la madre. (21)

absolutismo graduado: Punto de vista de que ciertas categorías de las leyes morales de Dios son superiores a otras; de que en algunas situaciones es imposible obedecer todos los mandatos morales de Dios; y de que en tales situaciones una persona está exenta de obedecer la ley "inferior" para obedecer la ley "superior". (7A.1)

absolutismo moral no conflictivo: Se trata del punto de vista de que los cristianos nunca se verán obligados a elegir si cometen un "pecado menor", sino que en cada situación habrá al menos un curso de acción que no implique la desobediencia a ninguno de los mandatos de Dios (cuando se entiende y aplica correctamente). (7C)

abstinencia total: Práctica de abstenerse completamente de todas las bebidas alcohólicas. (27C.1)

acciones: Acciones de propiedad parcial de una empresa. (38B.9.d.(1))

adicto al trabajo: Persona que trabaja demasiado. (35I.3)

adopción embrionaria: Proceso de adopción de los embriones "sobrantes" del proceso de fecundación in vitro de otra persona, los cuales han sido congelados y almacenados. El embrión se implanta en el útero de una mujer y se le permite crecer y nacer como un niño normal. (30C.3)

adulterio: Relaciones sexuales voluntarias/consensuadas entre una persona casada y una pareja que no es el cónyuge por ley. (28)

afirmaciones con "es": Afirmaciones descriptivas sobre el mundo (ver afirmaciones con "se debe"). (2D)

afirmaciones con "Se debe": Afirmaciones sobre el bien y el mal morales (ver afirmaciones con "es"). (2D)

anarquía: Situación de ausencia de un gobierno civil en vigor. (16A.1.b)

ancianos: En el Nuevo Testamento, autoridades de la iglesia que tenían responsabilidades de liderazgo y de enseñanza en las iglesias locales. (17B.1)

antiguo pacto: Pacto de Moisés. (8A)

ascetismo: Doctrina que se opone y critica el disfrute de las cosas materiales que Dios ha puesto en este mundo. (34F.3)

asesinar: Se trata de la privación ilegal de otra vida humana. (18A)

autodefensa: Acto de defenderse de un ataque físico, en particular mediante el uso de la fuerza física. (20)

autoridad de la Escritura: Cualidad de la Biblia por la que es la palabra escrita de Dios, de modo que no creer o desobedecer cualquier parte de ella es no creer o desobedecer a Dios. En ética, esto significa que la Biblia es nuestra única autoridad absoluta para definir el bien y el mal moral. (3C.1)

bienes: Algo que pertenece a alguien. (34B)

bonos: Certificados emitidos por una compañía o agencia gubernamental en los que se indica la cantidad de dinero que una persona ha prestado a la compañía o agencia; la cantidad de intereses que la compañía o agencia promete pagar al prestamista; y la fecha en la que la compañía o agencia devolverá la cantidad total de dinero al prestamista. (38B.9.c)

buenas obras: Obras de bien que hacen los cristianos para agradar a Dios después de haber sido sido justificados solo por la fe en Cristo. (5A.4)

cabeza: Se utiliza en el Nuevo Testamento para referirse a las relaciones interpersonales. Este término (traducción de la palabra griega kephalē) significa "autoridad sobre" en versículos como Efesios 5:23, "el marido es cabeza de la mujer, así como Cristo es cabeza de la iglesia". (15D)

café de comercio justo: Café que se compra a los caficultores de bajos ingresos de naciones pobres a un precio superior al del mercado mundial y que luego se vende a un precio superior en las naciones más ricas. (37B.5.d.(7) y 40H.2.b.(3))

calentamiento global antropogénico: Teoría según la cual las actividades humanas están provocando el aumento de la concentración atmosférica de gases de efecto invernadero, y este aumento de concentración podría calentar la tierra lo suficiente como para causar graves daños (quizás incluso catastróficos) a las personas y a los ecosistemas. (41D.1.c)

cambio climático: Otro término para "calentamiento global", pero que se refiere más ampliamente a cambios en los patrones climáticos del mundo. (41D)

canon dentro del canon: Determinada sección preferida/predilecta de las Escrituras (como las enseñanzas de Jesús o los escritos de Pablo) que se utiliza como autoridad de una persona para tomar decisiones éticas (un "canon personal") en lugar de utilizar todos los libros de la Biblia (todo el canon) como autoridad propia. (1E.3)

Chernóbil: Lugar donde se produjo el accidente de una planta nuclear en Ucrania el 26 de abril de 1986, causado por una construcción y un mantenimiento flagrantemente deficientes. (41C.6.c)

claridad de la Escritura: Cualidad de las Escrituras que permite su comprensión, pero no de golpe, ni sin esfuerzo, ni sin medios convencionales, ni sin la voluntad de obedecerla, ni sin la ayuda del Espíritu Santo, ni sin algún error de comprensión, y nunca de forma completa. (3C.2)

Climategate: Se refiere a la filtración de miles de correos electrónicos, códigos informáticos y otros documentos en noviembre de 2009 por parte de la Unidad de Investigación Climática de la Universidad de East Anglia del Reino Unido. Estos documentos revelaron las graves faltas científicas cometidas por un grupo central de científicos climatológicos en un intento de sesgar las proyecciones sobre el calentamiento global (41D.3.c)

clonación: Proceso de creación de un organismo genéticamente idéntico al organismo del que procede. (30D.4)

codiciar: Desear o anhelar algo que no le corresponde y que no podría esperar adquirir razonablemente de forma moralmente correcta. (42A.1)

combustibles de carbono: Combustibles como la madera, el carbón, el petróleo y el gas natural que producen dióxido de carbono cuando se queman. (41D.6)

competencia: Sistema en el que se anima a las personas mediante la recompensa de sus esfuerzos a continuar y mejorar en las actividades en las que se desempeñan bien, y se las disuade mediante la falta de recompensa de continuar en las actividades en las que no se desempeñan bien. (40D)

complementarianista: Punto de vista de que los hombres y las mujeres son iguales en valor ante Dios, pero tienen roles distintos en la familia y la iglesia. (15B)

comunismo: Sistema social y económico en el que la propiedad privada queda abolida y todos los bienes y servicios, así como todas las responsabilidades laborales, las distribuye el gobierno. (34B.3)

condonación de la deuda: Exoneración de las deudas contraídas por las naciones pobres. (37B.5.d.(4))

conflicto moral imposible: Situación de mucha dificultad donde una persona se ve obligada a elegir entre desobedecer uno de los mandatos morales de Dios u otro, y por lo tanto se ve obligada a elegir cometer el "pecado menor". (Este libro niega que tales situaciones ocurran). (7)

consciencia: Sentido instintivo e interno de una persona sobre el bien y el mal. (6C.6)

Consejo sobre la Masculinidad y Feminidad Bíblica (CBMW): Organización que defiende la postura complementarianista de que, según las Escrituras, los hombres y las mujeres son iguales en valor pero tienen roles distintos en el matrimonio y la iglesia. (15B)

contentamiento: Estado de satisfacción que nos produce lo que Dios nos ha dado. (42.B)

convivencia: Estado de dos personas no casadas que viven juntas en una relación sexual. (28J)

corazón: Centro interior de las inclinaciones y convicciones morales y espirituales más profundas de una persona, especialmente en relación con Dios. (6C.7)

cribado genético preimplantacional: Proceso de test genético del marido antes de la fecundación del óvulo de una mujer mediante fecundación in vitro o antes de la inseminación artificial por parte del marido. Este test puede revelar si determinadas enfermedades genéticas se transmitirán del padre a los hijos. (30C.4)

criopreservación: Se refiere a la congelación de los embriones restantes en el contexto de la fecundación in vitro para su posible uso por parte de la pareja en futuros ciclos de tratamiento o para su posible uso por otras personas. (30C.2)

Cristianos por la Igualdad Bíblica (CBE): Organización que defiende la postura egalitarianista de que todos los roles de liderazgo en el matrimonio y la iglesia deben estar abiertos tanto a las mujeres como a los hombres (15B).

cuestión ética básica: Cuestión ética que tiene un efecto amplio y duradero en la vida de uno y en la vida de los demás. (1D)

cuestión ética secundaria: Se trata de una cuestión ética que afecta poco a la vida de uno mismo y a la de los demás. (1D)

deber prima facie: Deber que la gente percibe instintivamente como válido (la expresión prima facie significa aquí "evidente por sí mismo, obvio"). (7A.2.c)

Declaración de Danvers: Publicación de una declaración de principios realizada por el Concilio sobre la Masculinidad y Feminidad Bíblica en 1988 sobre los roles bíblicos de los hombres y las mujeres. (15B)

Declaración de Nashville: Declaración publicada por el Concilio sobre la Masculinidad y Feminidad Bíblica en 2017 sobre los principios bíblicos respecto a la homosexualidad y el transgenerismo. (33J)

dejar morir: En el contexto de la eutanasia, permitir pasivamente que alguien muera por su enfermedad u otras causas naturales, sin interferir en ese proceso. (22B)

desigualdad: Diferentes grados de capacidad o administración (como la material, vocacional, relacional, intelectual, educativa o deportiva) que Dios confía a diferentes personas. (37A)

día de reposo: Se trata del séptimo día de la semana, un día bendecido por Dios en el que se debía descansar del trabajo y acercarse a Dios para adorarlo, según el cuarto mandamiento (Ex 20:8-11). (13A)

diezmo: En el Antiguo Testamento, décima parte de los ingresos de los israelitas, porción que debía que debía ser entregada al Señor. (38A.1)

dióxido de carbono: Gas de efecto invernadero del cual se afirma que contribuye en cantidades significativas al calentamiento global. (41D.1.c)

directiva médica anticipada: Documento legal que establece instrucciones sobre los cuidados en la etapa final de vida. (24E.1.b)

discriminación racial: Trato injusto hacia las personas por su procedencia racial. (25)

disgusto paternal: Desagrado de Dios por los pecados de sus hijos justificados y adoptados. (5C.3.b)

DIU: Abreviatura de "dispositivo intrauterino", dispositivo médico que permite que el óvulo de la mujer sea fecundado por el esperma del hombre, pero impide que el embrión se implante en el útero de la mujer, provocando así un aborto muy temprano. (29D)

documento de poder legal médico: Documento legal que designa a la persona o personas que están autorizadas a tomar decisiones médicas en nombre de una persona si esta queda inconsciente y no puede tomar decisiones por sí misma. (24E.1.b)

doulos: Término griego que a veces se traduce como "siervo", "criado" o "esclavo" en el Nuevo Testamento. (17A.1)

drogas ilícitas: Drogas ilegales, especialmente las que se utilizan no con fines medicinales sino con la finalidad de disfrutar de los estados mentales y emocionales que provocan. (27G)

ecologismo: Ideología que afirma que la "naturaleza virgen" es casi siempre el ideal, y que por lo tanto se opone a muchos desarrollos económicos realizados por el hombre que afectarían al medio ambiente. (41A.3.b)

educación en casa: Método educativo en el que los padres de los niños realizan la mayor parte o toda la formación. (14D.3)

egalitarianista: Visión que sostiene que las diferencias en los roles de hombres y mujeres no deben basarse únicamente en su género. En concreto, los egalitarianistas niegan que exista un rol único de liderazgo masculino en el matrimonio o en la iglesia. (15B)

el evangelio: En un sentido estricto, el "evangelio" se refiere al simple mensaje de: "Cree en el Señor Jesucristo, y serás salvo" (Hechos 16:31). En un sentido más amplio, "evangelio" es una traducción al español de la palabra griega euangelion, que significa "buenas nuevas", y estas buenas nuevas incluyen todo lo que Dios hizo en la historia pasada (desde Génesis 1) como preparación para el Mesías, todo lo que ha hecho en Cristo, que es el Mesías, y todo lo que está haciendo ahora y hará en el futuro en la vida de los creyentes y en el mundo entero como resultado de la obra redentora de Cristo. (3B.3)

elección de escuela: Sistema en el que los padres son libres de elegir el tipo de escuela a la que se enviarán los fondos del gobierno para pagar la educación de sus hijos, incluyendo escuelas públicas, chárteres, privadas o religiosas. (14D.4)

elección moral trágica: Situación en la que no hay opciones no pecaminosas, de modo que una persona se ve obligada a cometer un pecado "menor" para evitar un pecado "grave". (Este libro niega que tales situaciones ocurran). (12F.3)

embriaguez: Condición incapacitante inducida por el alcohol y marcada por (1) la pérdida de buen juicio, (2) la falta de claridad en el pensamiento, (3) la pérdida de control moral, (4) el comportamiento difamatorio, o (5) la pérdida de coordinación física. (27A)

empresa multinacional: Empresa que opera en varios países. (40F)

en vano: Se utiliza en el tercer mandamiento (Ex 20:7), y se refiere a todo uso del nombre de Dios de forma irreverente o deshonrosa. (11A.2; 11B.1)

espíritu: Parte no material de una persona, aquella que sobrevive cuando el cuerpo físico de la persona muere. (6C.8)

Estado de Derecho: Principio según el cual todos los ciudadanos de un país, incluidos sus dirigentes, están sometidos a la autoridad de sus leyes. (16J)

ética cristiana: Cualquier estudio que responda a la pregunta "¿Qué nos enseña toda la Biblia sobre qué actos, actitudes y rasgos de carácter personal reciben la aprobación de Dios y cuáles no?" (1A.1)

ética de la virtud: Estudio de la ética que no hace hincapié en si las acciones específicas son correctas o incorrectas, sino en el carácter moral del individuo y en los rasgos de carácter que las personas deben esforzarse por ejemplificar. (1B.4 y 4C)

ética filosófica: Estudio de temas éticos en gran medida sin apelar a la Biblia, que utiliza las herramientas y métodos del razonamiento filosófico y analiza lo que se puede saber sobre el bien y el mal moral a partir de la observación del mundo. (1A.2)

ética histórica: Estudio del modo en que los cristianos de diferentes épocas de la historia de la Iglesia han entendido diversos temas éticos. (1A.2)

ética para toda la vida: Ética que se opone a todo tipo de privación intencionada de la vida humana, incluyendo el aborto, la eutanasia, la pena de muerte y la guerra. (18D.8)

ética situacional: Punto de vista de que no hay acciones absolutamente correctas o incorrectas, sino que una persona debe hacer siempre lo más amoroso en función de los distintos hechos en cada nueva situación. (1B.3)

ética teológica: Estudio de la ética que parte de una o unas pocas doctrinas cristianas principales, y luego razona a partir de dichas doctrinas para llegar a conclusiones éticas. (1A.2)

eutanasia: Acto de poner fin intencionadamente a la vida de una persona anciana con una enfermedad terminal o que padece una patología o enfermedad incurable. (22)

Evangelio de la prosperidad: Ver Teología de la prosperidad. (34F.2)

éxito logrado: Se trata de la experiencia de tener una responsabilidad específica y hacer un buen trabajo para cumplir con esa responsabilidad, en cualquier carrera o esfera de la vida que uno elija. (35D.1)

explotación: Cuando se utiliza con respecto a las naciones pobres, la explotación se refiere a la presunta práctica de las empresas poderosas o las naciones más ricas que se aprovechan de los países más pobres a través de robos, precios injustos, daños ambientales, salarios injustos o condiciones de trabajo inhumanas. (40H)

fecundación in vitro: Proceso que consiste en la unión del óvulo de una mujer y el esperma de un hombre en un laboratorio y no dentro del cuerpo de la mujer, para luego implantarlo en el útero de la mujer. (La expresión latina in vitro significa "en vidrio"). (30C.2)

feminista evangélica: Persona que defiende una postura egalitarianista (ver egalitarianista). (15)

fiadores de deudas: Se trata de poner en garantía que uno pagará la deuda de otra persona si esta no la paga. (39D.3)

fornicación: Relaciones sexuales entre personas no casadas. (28F.3)

Fukushima: Lugar del accidente de una planta nuclear en Japón el 11 de marzo de 2011, que fue causado por un tsunami y un error humano. (41C.6.c)

ganancias: Ganancia financiera que resulta de la venta de un producto por un precio superior al coste de producirlo. (40C)

Giving back: Acto en el que las empresas hacen contribuciones caritativas a sus comunidades. El término puede ser ambiguo, ya que implica que las empresas deben haber "tomado" sus beneficios de manera ilegítima o inmoral, y por lo tanto están obligadas a "devolver". (40G)

guerra injusta: Toda guerra que se considera moralmente incorrecta porque no cumple ciertos criterios o se lleva a cabo fuera de los límites de ciertos restricciones morales (ver guerra justa). (19C)

guerra justa: Toda guerra que se considera moralmente correcta (o "justa") porque cumple ciertos criterios y se desarrolla dentro de los límites de ciertas restricciones morales (ver guerra injusta). (19C)

guerra preventiva: Guerra en la que una nación descubre pruebas contundentes de que otra nación está a punto de lanzar un ataque contra ella, por lo que ataca a esa otra nación, no para conquistarla, sino para evitar un ataque. (19C)

hablar falso testimonio: Utilizada en el noveno mandamiento (Ex 20:16), expresión con la que se alude concretamente al falso testimonio contra el prójimo en un tribunal, así como a todo tipo de mentira. (12A)

hechicería (en la Biblia): Actividad moralmente prohibida de utilizar prácticas mágicas antiguas, que a menudo implican drogas que alteran la mente y conjurar hechizos sobre las personas. (27G.5)

hermenéutica posmoderna: Punto de vista que afirma que no existe una verdad absoluta, ni un significado único en un texto, sino que el significado depende de las suposiciones y propósitos que un lector aporta a un texto. (3C.2.c)

hijos: Utilizado en el mandamiento "hijos, obedeced a vuestros padres" (Ef 6:1), término que se refiere solo a los jóvenes que aún no son considerados adultos en su sociedad. (14B)

hipérbole: Afirmaciones exageradas hechas para conseguir un sentido retórico, pero que no pretenden ser tomadas como literalmente ciertas. (12B.2)

honor: Se utiliza en el quinto mandamiento (Ex 20:12), y se refiere a la práctica de tratar al padre y a la madre con respeto, deferencia y cuidado; tratarlos como dignos de honor, como importantes y significativos. (14A.2)

hurtar: Otro término para referirse al robo. (40A.2)

identidad transgénero: Considerarse a sí mismo (o "identificarse") con un género diferente al sexo biológico. (33I)

imagen mental: Con respecto al segundo mandamiento, imagen en la mente de uno en la que se imagina a Dios como si tuviera un cuerpo físico o pareciera un hombre o alguna otra parte de la creación. (10F)

imagen tallada: Figura tallada o esculpida en madera, piedra o metal que se utiliza como objeto de culto, es decir, un ídolo. (10A.1)

impresión subjetiva: Sentido instintivo de una persona sobre lo que debe hacer. Las impresiones subjetivas pueden provenir de la conciencia, el corazón o el espíritu humano de una persona, o del Espíritu Santo; son útiles pero no infalibles y deben ser probadas por las Escrituras porque también pueden provenir de los deseos pecaminosos de una persona o de la influencia demoníaca. (6C.10-11)

infertilidad: Incapacidad de una pareja para concebir y dar a luz debido a que el sistema reproductor del hombre o de la mujer no funciona correctamente. (30A)

ingreso per cápita: Se trata de la medida estándar de la riqueza o la pobreza de los habitantes de un país (en promedio), calculada dividiendo el valor total de mercado de todo lo que se produce en una nación en un año (PBI) entre el número de habitantes de la nación. (37B.5.c.(1))

inmoralidad sexual: En la Biblia, término ampliamente inclusivo que se refiere a cualquier tipo de relación sexual moralmente prohibida, particularmente entre personas que no están casadas entre sí. (28F.3)

Inseminación artificial con semen de donante (IAD): Proceso mediante el cual se obtiene el esperma de un donante masculino y se inyecta en el cuello uterino o en el útero de una mujer que no es su esposa. Este procedimiento se lleva a cabo utilizando una jeringa sin aguja u otro dispositivo médico de modo que se produzca la concepción/un embarazo. (30D.2)

Inseminación Artificial Conyugal (IAC): Proceso mediante el cual se obtiene el esperma del marido y luego se inyecta en el cuello uterino o en el útero de la mujer. Este procedimiento se lleva a cabo utilizando una jeringa sin aguja u otro dispositivo médico de modo que se produzca la concepción/un embarazo. (30C.1)

interés: Se trata de la "cuota de alquiler" que se paga por el dinero prestado. (39A)

inversión ética: Práctica que consiste en invertir únicamente en compañías a las que no se tiene objeción moral sobre los productos que producen. (38B.9.d.(3))

IPCC: Grupo Intergubernamental de Expertos sobre el Cambio Climático, organización internacional que se encarga de analizar el cambio climático. (41D.1.c)

juramento: Apelación al castigo de Dios si la afirmación de uno es falsa. (11D)

justicia social: Término ambiguo utilizado para describir la corrección de los errores percibidos en una sociedad. El término no se emplea a menudo en este libro debido a sus ambiguas connotaciones políticas y económicas. (37B.1)

legalismo: Término muy amplio que puede referirse a (1) una visión de la salvación basada en obras; (2) el agregado de requisitos morales hechos por el hombre a las Escrituras; (3) una actitud excesivamente crítica y orgullosa; o (4) un énfasis en doctrinas o comportamientos secundarios en lugar de los principales. (4E.4)

lenguaje obsceno: Lenguaje que utiliza palabras ofensivas o vulgares para hablar sobre necesidades fisiológicas o sexuales. (11B.3)

ley de Cristo: Expresión del Nuevo Testamento que se refiere a todo el conjunto de enseñanzas cristianas sobre una vida agradable a Dios. (8D.4)

ley natural: En ética, conjunto de conclusiones morales derivadas de la razón, la conciencia y la observación de la naturaleza humana. (3C.3.a)

Ley Volstead: Ley aprobada por el Congreso en 1919 que especifica los detalles de la aplicación de la Decimoctava Enmienda (Prohibición). (27)

leyes ceremoniales: Categoría utilizada por algunos intérpretes para referirse a las leyes del Antiguo Testamento que regulaban las instituciones del antiguo pacto del sistema de sacrificios, el sacerdocio y el templo (suelen distinguirse de las "leyes civiles" y las "leyes morales"). (8E)

leyes civiles: Categoría utilizada por algunos intérpretes para referirse a las leyes del Antiguo Testamento que eran impuestas por las autoridades que gobernaban en Israel, pero que no eran leyes ceremoniales (suelen distinguirse de las "leyes ceremoniales" y de las "leyes morales"). (8E)

leyes morales: Categoría utilizada por algunos intérpretes para referirse a las leyes del Antiguo Testamento que revelan las normas morales de Dios que son aplicables a toda la humanidad durante toda la historia (suele distinguirse de las "leyes ceremoniales" y de las "leyes civiles"). (8E)

liberalismo teológico: Punto de vista de que la Biblia es un registro humano falible del pensamiento y la experiencia religiosa, más que una revelación divina de la verdad y la realidad. (3C.2.c)

libertad: Se trata de la libertad y la responsabilidad individual del ser humano para elegir sus acciones. (16F)

libertad de religión: Derecho constitucional (en Estados Unidos y en otros países) por el que toda persona es libre de seguir la religión que elija. (16H.2)

pecados capitales: Lista resumida, elaborada por cristianos, de varios vicios que se oponen a Dios y se oponen a tener un carácter semejante al de Cristo en nuestras vidas. La lista tradicionalmente incluye siete: el orgullo, la envidia, la ira, la pereza, la avaricia, la lujuria y la gula. (4C.4)

maldecir: Expresar el deseo de que alguien sea maldecido o condenado. (11B)

mandamientos bíblicos no contradictorios: Se trata del punto de vista de que los cristianos nunca se verán obligados a elegir si cometen un "pecado menor", sino que Dios requiere que las personas obedezcan todos los mandatos morales de toda la Biblia que se apliquen correctamente a sus situaciones, en lugar de solo un puñado de absolutos morales. (7C)

matar: En el contexto de la eutanasia, hacer activamente algo a un paciente que acelera o que provoque su muerte. (22B)

maternidad subrogada: Proceso en el que una mujer queda embarazada y lleva consigo al hijo de otra pareja. Esto puede implicar la fecundación in vitro, utilizando tanto el óvulo y el esperma de la pareja original, o la inseminación artificial de donante utilizando el esperma del marido y el óvulo de la madre subrogada. (30D.3)

matrimonio: En la Biblia, relación de por vida entre un hombre y una mujer que se establece mediante un pacto solemne ante Dios. (28A.1)

mayordomía: Responsabilidad de administrar lo que Dios le ha confiado a una persona. (34C; 38)

mentir: Afirmar oralmente o por escrito algo que se considera falso. (12B)

método del ritmo: Forma de planificación familiar natural basada en evitar las relaciones sexuales durante los días de cada mes en que la mujer puede concebir. (29D)

necesidad de la Escritura: Cualidad de las Escrituras que las hace necesarias para conocer el Evangelio, para mantener la vida espiritual y para conocer lo que Dios afirma sobre el bien y el mal, pero que no son necesarias para saber que Dios existe o para conocer algo sobre su carácter y sus leyes morales. (3C.3)

nombre: En la Biblia, el "nombre" de una persona es con frecuencia una descripción de su carácter o reputación. (11A.1)

nuevo pacto: Se trata del pacto entre Dios y su pueblo que entró en vigor con la muerte de Cristo y que sigue vigente en la actualidad. (8A)

nutrición e hidratación: Alimentos y líquidos suministrados a un paciente que no puede alimentarse por sí mismo. (22B)

organización paraeclesiástica: Organización cristiana que trabaja junto a las iglesias y denominaciones en un ministerio especializado. Estas organizaciones incluyen agencias misioneras; escuelas, colegios y seminarios cristianos; ministerios universitarios; emisoras de radio y televisión cristianas; editoriales de libros, etc. (38A.2)

pacifismo: Punto de vista de que siempre es moralmente incorrecto que los cristianos usen la fuerza militar contra otros y, por lo tanto, es incorrecto que los cristianos participen en combates militares. Una visión pacifista de este tipo sostiene que es incorrecto que cualquier persona participe en un combate militar. (19E)

Pacto de Mayflower: Se trata del primer documento de gobierno redactado por los peregrinos americanos a bordo del Mayflower en 1620, que introdujo un modelo de gobierno establecido por el consentimiento de los gobernados. (16K.6)

Pacto de Moisés: Pacto que Dios hizo con el pueblo de Israel bajo Moisés en el monte Sinaí; era una administración de leyes escritas detalladas, dadas por un tiempo para restringir los pecados del pueblo y para ser un custodio que dirigiera al pueblo hacia Cristo. (8A)

patriotismo: Cualidad de amar, apoyar y defender a la propia patria, y de buscar siempre su bien, incluso cuando eso requiere criticar a sus líderes si actúan en contra de las normas morales bíblicas. (16L)

PBI: Ver producto interior bruto.

pecados mayores: Pecados que resultan más perjudiciales en su efecto, que quebrantan los mandatos bíblicos que Dios considera de mayor importancia, o que son cometidos por una persona a la que se le ha confiado una mayor responsabilidad. (5C.2)

pecados menores: Pecados que son menos dañinos en su efecto, que rompen los mandamientos bíblicos que Dios considera de menor gravedad, o que son cometidos por una persona a la que se le ha confiado menos responsabilidad. (5C.2)

pena de muerte: Condena a muerte de una persona dictada por las autoridades del gobierno cuando se cometen ciertos delitos particularmente atroces, como el asesinato. (18A-B)

pendiente resbaladiza: En el contexto de la eutanasia, movimiento sutil pero predecible que va desde permitir "el derecho a morir" hasta la creencia de que existe "una obligación de morir". (22C.2)

perezoso: Término de las Escrituras utilizado para referirse a una persona holgazana. (35C)

piedra de tropiezo: En la Biblia, práctica que es moralmente buena en sí misma, pero que se convierte en moralmente mala cuando lleva a otros cristianos a actuar en contra de las convicciones de sus conciencias. (27C.2)

plagio: Acto de publicar una parte de la obra de otro autor pero reivindicándola como propia. (12J.2)

planificación familiar natural (PFN): Método de control de la natalidad basado en el conocimiento de la fertilidad que evita los medios "artificiales" de control de la natalidad. (29F)

posición "prudente pero no necesaria": Punto de vista según la cual es una práctica sabia establecer tiempos periódicos de descanso del trabajo, generalmente un día a la semana, pero que esto no es específicamente ordenado por Dios en el nuevo pacto, y por lo tanto trabajar en ese día de vez en cuando no debe ser considerado un pecado. (13D.2.c)

posición sabatariana: Punto de vista de que el día de reposo del Antiguo Testamento debe seguir siendo guardado hoy en día, pero que el día de su cumplimiento se ha trasladado del sábado al domingo. (13B)

producto mundial bruto: Valor total de mercado de todos los bienes y servicios finales producidos en todo el mundo en un periodo de tiempo determinado, que suele ser un año. (36A)

Prohibición: Período de tiempo (1920-1933) durante el cual el transporte y venta de bebidas alcohólicas estaban prohibidos en los Estados Unidos por la Decimoctava Enmienda a la Constitución de los Estados Unidos. (27)

prosperidad: Como se define en este libro, se trata de la acumulación y el disfrute de una riqueza material significativamente mayor que la de las generaciones anteriores. (36)

prosperidad humana: Actividad que consiste en crear productos útiles a partir de la tierra, incluyendo productos tecnológicos, artísticos, musicales, culinarios, literarios y de otro tipo, y de desarrollar relaciones interpersonales en el hogar, la iglesia y la comunidad, todo ello para el beneficio y el disfrute del ser humano en acción de gracias a Dios. (34E)

punto de vista sobre la guía de "Solo la Biblia y la sabiduría": Pensamiento según el cual Dios no actúa normalmente por medio de sensaciones subjetivas para guiar a una persona hacia una "voluntad individual", sino que espera que su pueblo utilice la sabiduría que le ofrece la Biblia para evaluar las decisiones de acuerdo con su "voluntad moral". (6F.1)

punto de vista sobre la guía de "Solo la sabiduría": Ver punto de vista sobre la guía de "Solo la Biblia y la sabiduría". (6F.1)

puntualidad: Virtud de llegar siempre a tiempo a las citas acordadas. (12J.3)

Reino de Dios: Se trata de la llegada de la nueva era del reino de Dios en el corazón y en la vida de las personas, que comenzó a manifestarse en el ministerio terrenal de Jesús. (8B.3)

relativismo: Creencia de que no existe un bien y un mal absolutos, por lo que las decisiones éticas deben basarse en lo que es comúnmente aceptado en la cultura de cada persona (relativismo cultural) o en las preferencias personales de cada individuo (relativismo individual). (1B.3)

retroalimentaciones: Cambios en la atmósfera que son causados por otros cambios en la atmósfera, que luego conducen a otros cambios. (41D.1.b)

robar: Acto de tomar algo que no nos pertenece. (34A)

RU-486: Pastilla que actúa como abortivo, comúnmente conocida como pastilla del "día siguiente". (29D)

separación de poderes: Modelo de gobierno en el que el poder del Estado se divide entre varios grupos o personas distintas, y no se concentra en un solo grupo o persona. (16I)

servicios sensibles al buscador: Servicios de la iglesia diseñados en gran medida para atraer a los no cristianos, a menudo a expensas de la verdad bíblica que se percibe como ofensiva, en particular la verdad sobre el pecado, la obediencia y la santidad de Dios. (3B.1)

siervo: En el Imperio romano del siglo I d. C., persona que estaba "atada" por ley a su dueño durante un determinado periodo de tiempo; "siervo" se utiliza a veces para traducir la palabra griega doulos. (17A.1)

sistemas deontológicos: Sistemas éticos que se basan en reglas para el bien y el mal, es decir, reglas para determinar lo que se debe o no se debe hacer. (1B.1)

sistemas teleológicos: Sistemas éticos basados en la búsqueda de los mejores resultados de una acción. (1B.2)

snowflake children (bebés copo de nieve): Niños que, en estado embrionario, fueron congelados para su conservación y posteriormente implantados en el útero de una mujer, donde crecieron y nacieron. (30C.3)

suficiencia de la Escritura: Cualidad de las Escrituras de contener todas las palabras de Dios que necesitamos para la salvación, para confiar perfectamente en él y para obedecerle perfectamente. (3C.4.a)

suicidio asistido: Suicidio cometido con la "intervención" de un médico, ya sea por información o por medios. (22C.2-3)

sumisión mutua: Interpretación egalitarianista de Efesios 5:21, "someteos unos a otros", en la que los maridos no ejercen ninguna autoridad única en el matrimonio, sino que hombres y mujeres se someten "mutuamente". (15D)

temor a Dios: Se trata de un sano temor al desagrado paternal y a la disciplina paternal de Dios, lo que conduce a la sabiduría, pero no contempla ningún temor a la ira de Dios en el juicio final, de la cual Cristo ha liberado a los cristianos. (6E.3)

Teología de la prosperidad: Enseñanza que afirma que si una persona tiene suficiente fe y da suficiente dinero, Dios la hará próspera y la protegerá de la enfermedad. También llamado evangelio de la prosperidad. (34F.2)

teonomía: Punto de vista de que las leyes "morales" y "civiles" del pacto de Moisés continúan vigentes en la actualidad y, por lo tanto, las leyes civiles del Antiguo Testamento deben ser aplicadas por los gobiernos civiles de hoy. (8C)

tercer uso de la ley: Uso de la ley moral de Dios en las Escrituras para instruir a los creyentes en la obediencia. (3B.2)

testamento: Documento legal que estipula la distribución de los bienes de una persona después de su muerte. (24E.1)

usura: Utilizado en la versión Reina Valera de la Biblia, cobro de intereses (término considerado generalmente arcaico hoy en día). (39C)

vales de matrícula: Certificados de financiación pública que pueden utilizarse para matricular a los niños en cualquier escuela. (14D.4)

venganza: Castigo infligido por un mal. La Biblia condena la venganza personal, pero aprueba la justa venganza de Dios, que a veces es llevada a cabo por agentes humanos. (18C.4)

vicios: Cualidades o comportamientos opuestos a las prácticas cristianas. (4C.4)

virtudes: Disposiciones internas habituales para actuar, sentir, responder y pensar de forma moralmente buena. (4C)

voluntad moral de Dios: Normas morales que Dios ha revelado en las Escrituras. (6F)

voluntad soberana de Dios: Voluntad secreta de Dios según la cual dirige todos los acontecimientos acontecimientos de nuestra vida. (6F.1)

voto: Promesa hecha a Dios de realizar una determinada acción o comportarse de una manera determinada. (11E)

ÍNDICE DE NOMBRES

ÍNDICE DE LAS ESCRITURAS